Das große Flugzeugtypenbuch

Das große FLUGZEUG TYPENBUCH

von

Wilfried Kopenhagen

Motor
buch
Verlag

Bildnachweis:
Avro, Billeb, Beechcraft, Bell, Boeing, Cessna, Deutsche Aerospace, Eurocopter, Archiv Eyermann, Archiv FLUG REVUE, Fokker, Grass, Grob, Hindustan Ltd., (Archiv) Kopenhagen, Köppler, Kouba, Learjet, Lockheed, McDonnell Douglas, (Archiv) Noppens, Northrop, PAC, Piaggio, Pilatus/Norman-Britten, Promavia, Rohls, Ruschmeyer, Saab, Archiv Heinz A. F. Schmidt, Skrinnikowa, (Archiv) Stache, Suchoi, TASS, Archiv Wissmann, Zentralbild.

ISBN 3-613-01686-9

8. Auflage 1997

Druck: Maisch & Queck, 70839 Gerlingen.
Bindung: Karl Dieringer, 70839 Gerlingen.
Printed in Germany.

Ein Wort zuvor

Die Geschichte dieses nun in 7. deutscher Auflage vorliegenden Bandes begann 1975 mit der Anfrage von Editions de la Courtille Paris an den transpress Verlag in Berlin-Ost nach einem Flugzeugtypenbuch. Es sollte einen Überblick zur Entwicklung der Luftfahrzeuge in aller Welt, in möglichst vielen Ländern und zu allen Zeiten geben. Militärische Maschinen mußten ebenso enthalten sein wie zivile, Hubschrauber ebenso wie Segelflugzeuge. Gewünscht wurde die Ausgabe in einem handlichen Band, womit bereits die Schwierigkeit der Auswahl begann und der Ansatzpunkt für die Leserkritik gegeben war: Bei bestem Willen konnten nicht sämtliche Entwicklungen aufgenommen werden, und bei allem Bemühen nach Straffung müssen Autor und Verlag auch bei der 7. Auflage weiter mit dem Mut zur Lücke leben. Nach dem Erscheinen der „encyclopedie des avions" im Jahre 1976 interessierte sich der Motorbuch-Verlag Stuttgart für diesen großformatigen Band, und so kam 1977 erstmals „Das große Flugzeugtypenbuch" heraus.

Die 2., überarbeitete und ergänzte Auflage erschien mit etwas kleinerem Format, das für alle späteren Ausgaben beibehalten wurde. In der 4., bearbeiteten und ergänzten Auflage hatten die Segelflugzeuge weichen müssen, um Platz für weitere Flugzeuge und Hubschrauber zu finden. In der 5. Auflage ist die Lücke bei den Lastenseglern aus aller Welt geschlossen worden – einer Flugzeugart, die mit dem Ende des Zweiten Weltkrieges und dem Aufkommen von Kampfzonentransportern und Frachthubschraubern ausstarb. Von Auflage zu Auflage sind die Angaben aktualisiert und erweitert worden, soweit neue Informationen verfügbar waren. Das betraf vor allem Militärmaschinen aus der UdSSR bzw. aus dem Warschauer Pakt infolge der übertriebenen Geheimhaltungsargumente.

Die 6., aktualisierte und bearbeitete Auflage von 1990 dokumentierte einen politischen Wendepunkt: Seit dem 3. Oktober 1990 ist Deutschland wieder ein Land, die UdSSR und der Warschauer Pakt zerfielen, die Tschechoslowakei (Abk. damals ČSSR bzw. ČSFR) gibt es nicht mehr, und auch Jugoslawien ist kein einheitlicher Staat geblieben.

Wären alle diese politischen und wirtschaftlichen Veränderungen im vorliegenden Typenbuch berücksichtigt worden, so hätte der gesamte Band umgestellt werden müssen, was sich nicht zuletzt im höheren Preis ausdrükken würde. Verlag und Autor haben sich deshalb entschlossen, den ursprünglichen Typenteil mit seiner Einteilung und den früheren Ländernamen beizubehalten.

Die dynamischen Veränderungen in der Luftfahrtindustrie mit dem Trend zur nationalen und internationalen Konzentration sind im Verzeichnis der Flugzeugfirmen und Konstruktionsbüros ebenfalls nicht berücksichtigt worden. Dafür sind aber die Neuentwicklungen vertreten, denn seit 1990 ist natürlich eine ganze Reihe weiterer Passagier- und Militärmaschinen sowie Hubschrauber erschienen. Diese Typen sind im einleitenden Kapitel „Luftfahrzeuge der neunziger Jahre" zusammengefaßt.

Dabei sind solche Institutionen wie Daimler Benz Deutsche Aerospace als Zusammenschluß der deutschen Luftfahrtindustrie (einschließlich der Tochtergesellschaft Fokker) oder EUROCOPTER als Gemeinschaft für den westeuropäischen Hubschrauberbau berücksichtigt. Selbstverständlich wird hier auch den neuen Firmennamen der privatisierten Flugzeugindustrie Polens und der Tschechischen Republik oder der russischen und ukrainischen Konstruktionsbüros Rechnung getragen.

Neu ist der NATO-Code für alle Flugzeuge bzw. Hubschrauber der UdSSR, die in diesem Band enthalten sind.

Kein Typenbuch der Welt ist in der Lage, alle Flugzeuge und Hubschrauber vorzustellen. Auch mit dem „Großen Flugzeugtypenbuch" ist das nicht beabsichtigt. Vielmehr soll es dazu beitragen, einen Überblick zur Geschichte des Luftfahrzeugs – auch zu der in den kleineren Ländern – zu vermitteln und so vielleicht einen Grundstock für eine eigene, weitergehende Sammlung zu geben.

Berlin, am 27. März 1995

Wilfried Kopenhagen

Inhaltsverzeichnis

Luftfahrzeuge der neunziger Jahre

Typenbeschreibungen

INDIEN

INTERNATIONAL

ISRAEL

ITALIEN

JAPAN

JUGOSLAWIEN

NATO-Code für militärische Flugzeuge und Hubschrauber der früheren UdSSR

Die nach 1945 im Westen eingeführte, von der NATO übernommene Codierung für sowjetische Luftfahrzeuge verwendet kurze Wörter, die je nach Flugzeugkategorie mit dem ersten Buchstaben der englischen Bezeichnung beginnen:

Jäger	– Fighter	– F…
Bomber	– Bomber	– B…
Transportflugzeug	– Cargo	– C…
Trainer, Marineflugzeuge u. a.	– Miscellaneus	– M…
Hubschrauber	– Helicopter	– H…

Antonow (An-)

An-2	Colt
An-4/8	Camp
An-10	Cat
An-12	Cub
An-14	Clod
An-22	Cock
An-24	Coke
An-26	Curl
An-28	Cash
An-30	Clank
An-32	Cline
An-72	Coaler
An-74	Madcap
An-124	Condor
An-225	Cossack

Berijew (Be-)

MBR-2	Mote
Be-6	Madge
Be-10	Mallow
Be-12	Mail
Be-42/A-40	Mermaid

Iljuschin (Il-)

Il-2	Bark
Il-4	Bob
Il-10	Beast
Il-12	Coach
Il-14	Crate
Il-18	Coot (ex Clam)
Il-20	Coot-A
Il-22	Coot-B
Il-28	Beagle (ex Butcher)
Il-28U	Mascot
Il-38	May
Il-62	Classic
Il-76	Candid
Il-76/A-50	Mainstay
Il-78	Midas

Jakowlew (Jak-; auch: Yakowlew – Yak-)

UT-2	Mink
Ja-6/Jak-8	Crib
Jak-7UTI	Mark
Jak-9	Frank
Jak-11	Moose
Jak-12	Creek (ex Crow)
Jak-14	Crow
Jak-16	Cork
Jak-17	Feather
Jak-17UTI	Magnet
Jak-18	Max
Jak-23	Flora
Jak-24	Horse
Jak-25	Flashlight
Jak-26/27	Mangrove
Jak-28	Brewer
Jak 28P	Firebar
Jak-28U	Maestro
Jak-30	Magnum
Jak-32	Mantis
Jak-36	Freehand
Jak-38	Forger
Jak-40	Codling
Jak-42	Clobber
Jak-141	Freestyle

Kamow (Ka-)

Ka-10	Hat
Ka-15	Hen
Ka-18	Hog
Ka-20	Harp
Ka-25	Hormone
Ka-26/126	Hoodlum
Ka-27/28/29/32	Helix
Ka-50	Hokum

Lawotschkin (La-)

La-7	Fin
La-9	Fritz
La-11	Fang
La-15/17	Fantail

Lisunow (Li-)

Li-2	Cab

Mikojan/Gurjewitsch (MiG-)

MiG-9	Fargo
MiG-15	Fagot (ex Falcon)
MiG-15UTI	Midget
MiG-17	Fresco
MiG-19	Farmer
MiG-21	Fishbed (ex Faceplate)
MiG-21U	Mongol
MiG-23/27	Flogger
E-266	Flipper
MiG-25	Foxbat
MiG-29	Fulcrum
MiG-31	Foxhound

Mil (Mi-)

Mi-1/SM-1	Hare
Mi-2	Hoplite
Mi-4	Hound
Mi-6/22	Hook
Mi-8/17	Hip
Mi-10	Harke
Mi-12/W-12	Homer
Mi-14	Haze
Mi-24/25/35	Hind
Mi-26	Halo
Mi-28	Havoc

Mjassischtschew (M-)

M-4	Bison
M-17	Mystic
M-50	Bounder

Petljakow (Pe-)

Pe-2	Buick (ex Buck)

Polikarpow (Po-)

Po-2/U-2	Mule

Suchoi (Su-)

Su-7B	Fitter A
Su-7U	Moujik
Su-9	Fishpot B
Su-11	Fishpot C
Su-15	Flagon
Su-17/20	Fitter C
Su-22	Fitter F
Su-24	Fencer (Fehleinschätzung: Su-24 ist tatsächlich ein Frontbomber, müßte demnach B-Kennung haben)
Su-25	Frogfoot
Su-27	Flanker

Tupolew (Tu-)

Tu-2	Bat
Tu-4	Bull
Tu-12	Bot
Tu-14	Bosun
Tu-16	Badger
Tu-20/95/142	Bear
Tu-22	Blinder
Tu-22M	Backfire
Tu-28/128	Fiddler
Tu-70	Cart
Tu-104	Camel
Tu-110	Cooker
Tu-114	Cleat
Tu-124	Cookpot
Tu-126	Moss
Tu-134	Crusty
Tu-144	Charger
Tu-154	Careless
Tu-160	Blackjack

Lend-Lease-Flugzeuge
(im Zweiten Weltkrieg an die UdSSR geliefert)

Bomber	Douglas A-20G	Box
	North American B-25	Bank
Jäger	Bell P-63	Fred
Seeflugzeug	Consolidated PBY	Mop

Luftfahrzeuge der neunziger Jahre

BELGIEN

Promavia „Jet Squalus" F 1300
Schul- und Übungsflugzeug

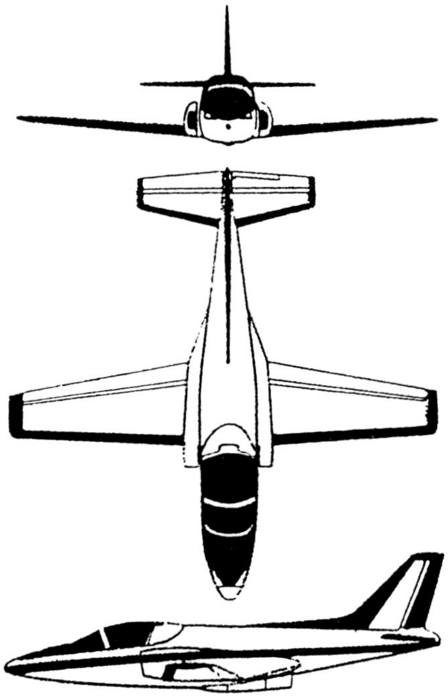

Die 1980 in Charleroi-Gosselis Aeroport gegründete Firma Promavia entwickelte das leichte Schul- und Übungsflugzeug „Jet Squalus" für die Anfangs- und Fortgeschrittenen-Ausbildung. Der 1. Prototyp nahm am 30. April 1986 die Flugerprobung auf. Nach 500 Flugstunden wurde er im April/Mai 1992 der Luftwaffe Kanadas mit dem stärkeren Triebwerk TFE 109-3 (Startleistung gegenüber dem vorher verwendeten TFE 109-1 von 5,92 auf 7,12 kN gesteigert; alternativ ist das Nachbrennertriebwerk Williams-Rolls FJ 44 mit 8,45 kN möglich) vorgeführt. Der 2. Prototyp ist für die Ausbildung und das Training von Airline-Piloten modifiziert, und der 3. Prototyp hat eine Druckkabine.
Die Belgier rechnen mit Aufträgen aus Entwicklungsländern (Stückpreis: 1,8 bis 2,5 Mio. Dollar). Promavia hebt hervor, das Flugzeug hätte nur ein Drittel des sonst üblichen Treibstoffverbrauchs, und das Triebwerk wäre gegenüber vergleichbaren Antrieben um 20 Dezibel leiser. Auf Flächentanks wäre verzichtet worden, um den Flugschülern Balanceprobleme zu ersparen.
In der Grundkonzeption hat das Flugzeug nebeneinanderliegende Schleudersitze Martin-Baker Mk. 11.

An vier Unterflügelstationen können die unterschiedlichsten Waffenzuladungen (bis je 150 kg) bzw. Kraftstoffzusatzbehälter mitgeführt werden.
Projektiert sind eine AWS-Version (Air Ward System, vier Maschinen vorgesehen) sowie die Ausführung ATTA 3000 mit hintereinanderliegenden Sitzen (als Gemeinschaftsentwicklung mit MiG [Rußland]). Außerdem ist auf der Basis von ATTA 3000 ein leichter einsitziger Jagdbomber/Aufklärer Promavia ARA 3600 vorgesehen.
Als Ergänzung ist zu dem Trainer ein bodenständiges System von Simulatoren und Übungsgeräten geplant (Promavia Jet Air Academy).

Rumpf: seitliche Lufteinläufe; Schleudersitze nebeneinander liegend; gewölbtes, durchgehendes Kabinendach; Gasaustritt an Hinterkante Tragflügelwurzel; Ganzmetall-Halbschalenbauweise.
Tragwerk: freitragender Tiefdecker in Ganzmetall.
Leitwerk: freitragend, Normalbauweise.
Fahrwerk: einziehbares Bugradfahrwerk; Einzelräder.

BRASILIEN

EMBRAER EMB-145
Regionalverkehrsflugzeug

Die 1994 privatisierte Firma EMBRAER konnte im Herbst 1992 die Auslieferung des 4500. Flugzeuges melden. Ihre in Konkurrenz zum CANADAIR Regionaljet entwickelte EMB-145 – das größte bisher in Brasilien gebaute Flugzeug – soll den Strahlantrieb im Regionalverkehr vorwärts bringen (schneller und komfortabler auf längeren Linienabschnitten). Nach den Projekten mit geradem Flügel und darüber angeordnetem Mantelstromtriebwerk, mit um 22,5° gepfeilten Tragflügeln und hängenden Triebwerken entstand im Dezember 1991 die endgültige Form. In der Anordnung der Triebwerke am Heck sehen die Konstrukteure neben dem sauberen Tragflügel die Vorteile im kürzeren Fahrwerk sowie in der großen Bodenfreiheit der Turbinen, um die Ansauggefahr von Fremdkörpern zu senken.
Die Änderungen verzögerten das Programm stark, obwohl die Rumpfkonstruktion der erfolgreichen EMB-120 (um 7 m verlängert) sowie andere Elemente der „Brasilia" übernommen wurden. In den Serienbau – rund 150 Bestellungen/Optionen liegen vor – sollen Fremdfirmen zum Bau von Tragflügeln, Flügelwurzelverkleidungen, hinterem Rumpfabschnitt, des Leitwerkes sowie der Triebwerksausleger und -verkleidungen einbezogen werden. Nach erfolgreichem Test des Prototyps (Erstflug 11. 8. 1995) wird mit der Übernahme in den Liniendienst für 1998 gerechnet.

Rumpf: Ganzmetall-Halbschalenbauweise mit kreisförmigem Querschnitt; Triebwerke beidseits des Hecks.
Tragwerk: freitragender Tiefdecker in Ganzmetallbauweise mit herkömmlichen Auftriebshilfen.
Leitwerk: freitragende Ganzmetallbauweise, T-förmig, gepfeilt.

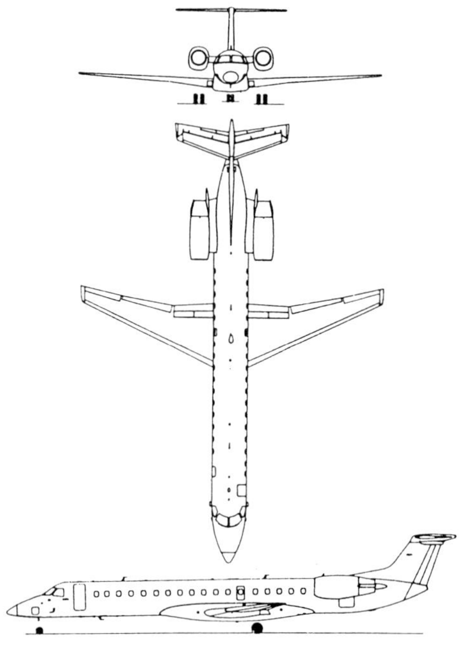

DEUTSCHLAND

Daimler-Benz / Deutsche Aerospace Dornier 328 Regionalverkehrsflugzeug

Die Design-Arbeiten an diesem PTL-Zubringer der neuesten Generation begann 1986, die eigentliche Entwicklung fing im Oktober 1988 an. Dem Rollout am 13. Oktober 1991 folgte am 6. Dezember des gleichen Jahres der Erstflug der Dornier 328. Die zweite von insgesamt vier Erprobungsmaschinen nahm am 4. Juni 1992 die Flüge auf, und am 21. Oktober 1993 übernahm die Air Engiadina (Foto) das erste Serienflugzeug (Zulassungen: 15. Oktober 1993 Europa JAA, 10. November 1993 USA FAA; Dornier 328-110: 3./4. November 1994 LBA, FAA).

Obwohl die errechnete Höchstgeschwindigkeit von 650 km/h nicht erreicht wurde, ist der Typ mit 620 km/h dennoch schnellstes Flugzeug seiner Klasse. Die Verbesserungen der leistungsgesteigerten 328-110 (höhere Startmasse, größere Reichweite – 1350 km auf 1850 km; bessere Start-/Landeeigenschaften – Startstrecke bei maximaler Abflugmasse – 1230 m auf 1088 m, Landestrecke 1240 m auf 1166 m; reduzierter Kraftstoffverbrauch) sind inzwischen Serienstandard. Äußerliche Kennzeichen der 328-110 sind: vergrößerte Rückenflosse, in Form und Lage veränderte Kielflosse, um 10 cm auf 3,60 m vergrößerter Luftschraubendurchmesser.
Bis zum Februar 1995 waren 21 Maschinen ausgeliefert (10 Kunden in Europa, den USA, Asien, Afrika). Für weitere 76 lagen Festbestellungen und 75 Optionen von 17 Kunden aus allen Erdteilen vor. Die Dornier 328 wird mit starker internationaler Beteiligung gefertigt (Rumpfschalen: Daewoo / Südkorea; Cockpitschalen/Rumpfmontage: Aermacchi / Italien; Triebwerksgondeln und Türen: Westland / GB; Triebwerke PW 119 B: Pratt & Whitney / Kanada; Sechsblattpropeller: Hartzell / USA, Einzelteile für Flügel / Leitwerk / Heck: Daimler-Benz München und Augsburg; Baugruppenmontage, Systemintegration, Endmontage, Flugerprobung: DASA-Produktionsbereich Regionalflugzeuge Oberpfaffenhofen.

Rumpf: 23% Faserverbundwerkstoffe, kreisförmig, Druckbelüftung, nach neuer Rumpftechnologie NRT besondere aerodynamische Formgebung, Sitzreihen 2 + 1.
Tragwerk: freitragender Schulterdecker in Ganzmetallbauweise, Übernahme des TNT-Flügelkonzepts der kleineren Do 228, jedoch neu: Mittelstück und Klappensystem.
Leitwerk: freitragende Normalbauweise.
Fahrwerk: einziehbares Bugradfahrwerk, alle Streben doppelt bereift.

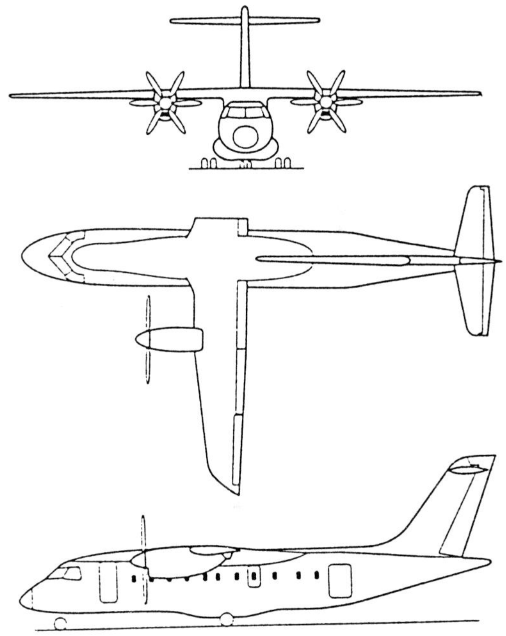

Grob G 115 T Schulflugzeug

Die 1971 gegründete Firma Burkhart Grob Luft- und Raumfahrt GmbH & Co. KG in Tussenhausen-Mattsies ist heute weltgrößter Hersteller von Faserverbund-Flugzeugen (bisher weltweit über 3500 ausgeliefert). Zum Angebot gehört auch die Mehrzweckflugzeug-Serie G 115, die aus mehreren Modellen von Reise- sowie zivilen und militärischen Schulmaschinen besteht. Begonnen hatte es mit den Club-Trainern G 115, deren Prototypen im November 1985 bzw. Anfang 1986 die Flugerprobung aufgenommen hatten (Zertifikationen: LBA 31. März 1987; FAA 21. Dezember 1988). Damit erhielt erstmals ein Vollkunststoff-Motorflugzeug diese Zulassungen, und die Kunststoffbauweise hielt Einzug in der Motorflugzeugproduktion.
Nach der Auslieferung von 110 Maschinen schloß Ende 1992 die Fertigung der G 115/115 A. Die G 115 G erhielt ein stärkeres Triebwerk (120 statt 85 kW). Mit neuem Design und 120-kW-Motor Textron Lycoming 0-320 erschien 1993 die G 115 C Utility (Erstflug: 26. Januar 1993, 4 Vorserienmustern bis Jahresende) gefolgt von der G 115 D Acrobatic (Utility) mit Textron Lycoming AEIO-360 (135 kW). Völlig auf den USA-Standard abgestimmt wurde ab 1991 der Trainer G 115 T entwickelt. Der Erstflug war am 11. Juni 1993. Dieses Modell (Foto) mit 195-kW-Triebwerk gilt bei Grob als Flaggschiff der Reihe G 115.

Rumpf: völlig aus Kunststoff, stark verglaste Kabine, nebeneinanderliegende Sitze, Haube öffnet nach hinten.
Tragwerk: freitragender Tiefdecker, Vollkunststoff.
Leitwerk: freitragende Normalbauweise, aus Kunststoff.
Fahrwerk: festes, verkleidetes Bugradfahrwerk, bei G 115 T einziehbar.

Rumpf: aus Kunststoff gefertigt, viersitzige Kabine, Tür links vorn, rechts Mitte Einstiegsluke, Lufteinlauf hinter Kabinendach, Luftschraube im Hecksteiß, kohlefaserverstärkte Antriebswelle, Motor schallhemmend gekapselt im Flugzeugschwerpunkt eingebaut.
Tragwerk: freitragender Tiefdecker aus Kunststoff.
Leitwerk: freitragend in T-Form mit großer Stabilisierungsfläche unter dem Heck, aus Kunststoff.
Fahrwerk: einziehbares Bugradfahrwerk, alle Streben mit Einzelrädern.

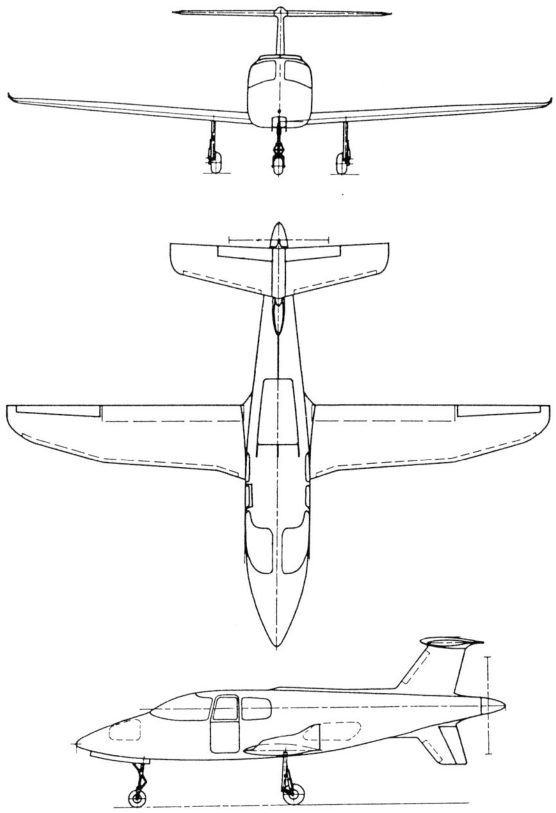

Grob GF 200
Geschäftsreiseflugzeug

1983 entwickelte Grob-Chefkonstrukteur Fischer die Idee, die revolutionierenden Erkenntnisse aus dem Kunststoff-Segelflugzeugbau für ein neues Geschäftsreiseflugzeug anzuwenden. 1989 waren die Zulassungsvoraussetzungen erfüllt und der endgültige Entwurf für den Viersitzer GF 200 fertig. Windkanalerprobung des Modells sowie Bau des Prototyps liefen 1990 parallel. Am 26. November 1991 nahm der Prototyp die Flugerprobung auf (Steuerbarkeit, Steuerkräfte, Überziehverhalten; ab Ende 1992: Flugleistungsmessungen; bis Ende März 1994: 145 Teststunden in der Luft). Zur gleichen Zeit wurden die Druckkabine sowie das Enteisungssystem entwickelt und erfolgreich getestet. Mit der Musterzulassung (Europa/USA) wird für Ende 1995 gerechnet. Projektiert sind folgende Versionen:

GF 200 mit Kolbenmotor, 4 bis 5 Sitze, Enteisungssystem, mit oder ohne Druckkabine, 420 km/h Reisegeschwindigkeit.
GF 300: 6sitzig, Turbinenantrieb, Enteisungssystem, Druckkabine, 450 km/h.
GF 350: 6- bis 8sitzig, Twin-Turbinenantrieb, sonst wie GF 300, 560 km/h.

Grob „Strato" 2 C
Höhenflugzeug

Im Auftrag der Deutschen Forschungsanstalt für Luft- und Raumfahrt (DLR) entwickelte die Firma Grob ab 1. April 1992 mit Unterstützung durch Fördermittel des Bundesministers für Forschung und Technologie das revolutionäre Höhenflugzeug Strato 2 C. Es soll unter anderem der Ozon- und Klimaforschung, aber auch der Erdbeobachtung und Kommunikation bis in eine Gipfelhöhe von 26 km dienen. Geplant ist, mit der für 2 Piloten und 2 Wissenschaftler ausgelegten Maschine 8 h in einer Höhe um 24 km sowie bis zu 50 h oberhalb von 16 km und einer Reichweite von 18000 km operieren zu können. Für diese hochgesteckten Ziele war ein sehr großer technischer Aufwand zu betreiben, und zahlreiche Probleme waren zu meistern: Der aus einem Stück bestehende Flügel mit einer Spannweite von 56,6 m wurde einem Strukturversuch am Boden unterworfen, bei dem die positiven Beschleunigungslasten mit einem System aus Klammern und Seilen simuliert wurden. Die fünfblättrige Luftschraube (Durchmesser 6 m) ist im Windkanal des Moskauer Versuchsinstitutes ZAGI erprobt worden. Ursprünglich war Zugbetrieb vorgesehen, doch mußte man bei den Turbocompoind-Triebwerken zur Leistungsverbesserung auf Druckbetrieb wechseln. Für die dreistufige Aufladung mußten die Kühler noch größer als geplant ausgelegt werden. Damit der Kraftstoff bei dem geringen Luftdruck nicht verdampft, ist auch der Tank zu kühlen. Die 18 Mio. DM teure Avionik-Ausrüstung kommt von Honeywell.
Am 31. März 1995 starteten die Testpiloten Einar Enevoldson und Hans-Ludwig Meyer vom Grob-Werkflugplatz zum problemlosen einstündigen Erstflug. Standort der Strato 2 C soll Oberpfaffenhofen werden, und Betreiber ist die DLR.

Rumpf: Halbschalenbauweise; vor Schließen beider Schalen Einbau aller Spanten, Böden und Stege sowie Steuerstangen in die rechte Hälfte; Kombination Kohlefaser/Kunststoff; hochgezogene Verdickung für die Tragflügelaufnahme; Stummelflügel; Tür der geräumigen Druckkabine links; Ruhemöglichkeit, Küche und Toilette; makellose Oberfläche ohne Nieten.
Tragwerk: freitragender Schulterdecker in Faserverbundbauweise (größte, jemals gefertigte CFK-Komponente). Ober- und Unterschale in Sandwichbauweise, Wurzelrippe und Holm; vorgefertigte Teile durch Bindemittel zusammengefügt;
Leitwerk: freitragend; völlig aus Kohlefaser/Kunststoff, Seitenleitwerk in T-Form aufgesetzt.
Fahrwerk: Bugrad in Rumpfnase, Hauptfahrwerke in Stummelflügel einziehbar.

Ruschmeyer R 90
Geschäftsreiseflugzeug

Die Anfang der 80er Jahre in Melle bei Osnabrück gegründete Firma Ruschmeyer Aircraft Production wollte mit ihrem Erstling MF 85 ein lärmarmes, wenig Treibstoff verbrauchendes, sicheres und einfach zu fliegendes Geschäftsreiseflugzeug auf den Markt bringen. Der 1. Prototyp MF-85 P-RG (V001/D-EEHE; Erstflug: 8. August 1988) hatte den Porsche-PFM 3200 als Antrieb. Da Porsche 1989 jedoch die Flugmotorenproduktion (nach 100 PFM) einstellte, mußte Ruschmeyer seine Konstruktion auf einen anderen Motor umstellen. Der 2. Prototyp, nunmehr als R 90, erhielt den Lycoming IO-540 (V002/D-EERO, 25. September 1990; V003/D-EERH, 12. Februar 1992). Die 1. Version R 90-230 RG erhielt ihr deutsche Zertifikat im Juni 1992 zur ILA in Berlin-Schönefeld.
Die Entwicklung des Flugzeuges ist vom niedersächsischen Technologie-Förderungsprogramm nachhaltig unterstützt worden. Im Juni 1994 wurde die Musterzulassung für den Viersitzer mit Einziehfahrwerk erteilt, und seit Mitte 1992 läuft der Serienbau (monatlich 2 Maschinen). Zu der vorgesehenen Flugzeugfamilie gehören weiterhin die Muster R 90-230 FG (festes Fahrwerk, Erstflug Prototyp Juni 1993; zu Beginn 1995 in der abschließenden Flugerprobung; Foto) und R 90-420 AT (Erstflug Prototyp November 1993, mit Allison Turbine, 350 kW).
Geplant sind die Versionen R 90-180 FG (Einsteigermodell für Schul- und Vereinsbetrieb), R 90-300 T-RG (Spitzenmodell als viersitzige Reisemaschine) und R 95 (5- bis 6sitziges Reiseflugzeug).

Rumpf: aus glasfaserverstärktem Kunststoff (GFK); Integralbauweise; viersitzige Kabine mit Doppelsteuerung; Einstiege vorn von beiden Seiten über Flügeltüren.
Tragwerk: freitragender Tiefdecker, GFK-Bauweise.
Leitwerk: freitragend in Normalbauweise, GFK.
Fahrwerk: einziehbares Bugradfahrwerk, alle Streben einfach bereift; R 90-230 FG mit starrem Fahrwerk.

FRANKREICH

Dassault „Rafale"
Mehrzweckjagdflugzeug

Ursprünglich wollte Frankreich mehrere Jäger (Mirage- und Jaguar-Versionen, F-8 E „Crusader", „Super Etendard") durch den „Eurofighter" ersetzen. Doch 1985 wurde festgelegt, die Zusammenarbeit mit dem Konsortium zu beenden und ein eigenes Flugzeug für die Luftwaffe (M, zweisitzig) und für die Marine (D, Einsitzer) zu bauen. Die hohen Kosten wurden bewußt in Kauf genommen.
Den am 4. Juli 1986 zum Erstflug gestarteten Erprobungsträger „Rafale" A (F-ZJRE) testeten 25 Piloten, um die Serienausführung den Einsatzbedingungen optimal anzupassen. Nach 461 Flügen ersetzte ein SNECMA M 88 eines der beiden Triebwerke GE F 404. Mit dem Erstflug der einsitzigen Rafale C (C01/F-ZWVR; 19. Mai 1991) begannen die Tests mit den eigentlichen Prototypen, zu denen noch die Marineversion M 01 (12. Dezember 1991; 1. Decklandung auf Träger FOCH 19. April 1993), der Doppelsitzer-Trainer B 01 (30. April 1993) sowie die M 02 (8. November 1993) zählen.
Seit Beginn des „Rafale"-Programms hat sich – nicht zuletzt aus Kostengründen – der Beschaffungsumfang ständig verändert. Die ursprünglich geplanten 250 Einsitzer C für die Luftwaffe wurden gestrichen. Sie soll 235 Rafale B erhalten, und ab 1997/98 ist der Zulauf von 86 Rafale M für die Träger Clemencau, Foch und Charles de Gaulle vorgesehen. Alle „Rafale" erhalten eine Ausrüstung zum Nachbetanken in der Luft.

Rumpf: bei Rafale M für Bordbedingungen verstärkte Struktur; Korrosionsschutz gegen Salzwasser; Landehaken unter dem Heck; zu 80% gleiche Elemente bei den Versionen; Lufteinläufe beidseits unter dem Rumpf. 30-mm-Kanone DEFA 791 fest eingebaut.
Tragwerk: Tandem-Mitteldecker mit kleinerem Deltabugflügel (Höhenruder Canard), Delta-Tragwerk nach unten gestaffelt mit kombiniertem Höhen-/Querruder. An 13 Aufhängepunkten Zuladung für insgesamt 6000 bis 8000 kg Waffen/Kraftstoffzusatzbehälter.
Leitwerk: Seitenruder nach hinten überhängend.
Fahrwerk: in den Rumpf einziehbares Bugradfahrwerk, doppelt bereifte Bugradstrebe; bei Rafale M für harte Decklandungen bis Sinkrate 6,5 m/s ausgelegt.
Foto: Motor-Presse International

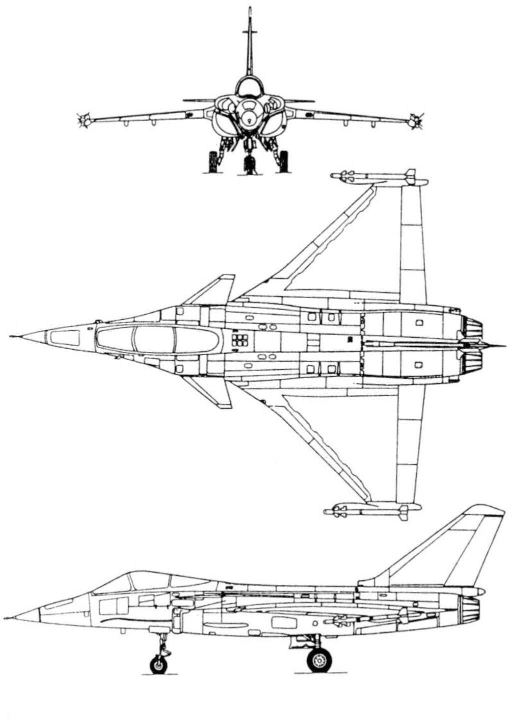

GROSSBRITANNIEN

Avro International Aerospace RJ 85/RJ 115 Regionalflugzeuge

1993 wurde die Firma Avro International Aerospace als ein Unternehmen der Gruppe British Aerospace (BAe) zur Fertigung der Regionalflugzeuge RJ Avroliner gegründet. Sie baute auf dem Erfolg der ursprünglich für den Einsatz von kleinen Flugfeldern ausgelegten BAe 146 (siehe Seite 203) auf, die als Basis für eine Reihe modernisierter Modelle diente. Typisch für alle ist die auffallende Bauweise als Schulterdecker mit 4 hängenden Strahltriebwerken. Angeboten werden die Ausführungen RJ 70 (ex BAe 146-100), RJ 85 (146-200), RJ 100 (146-300) und RJ 115 (neu aus RJ 100 abgeleitet; die Zahl gibt jeweils die Anzahl der Sitze an). Alle Modelle gibt es auch in den Ausführungen QC (Quick-Change), Combi oder QT (Dedicated Freighter).
Die RJ 85 startete am 23. März 1992 zum Erstflug, die RJ 100 am 13. Mai 1992 (erste öffentliche Vorstellung zur ILA 92 in Berlin-Schönefeld). Gegenüber den Ausgangsmodellen haben die neuen, wesentlich überarbeiteten Varianten (Innenausstattung, modernisiertes Cockpit) eine leichtere Struktur sowie neue gedrosselte Mantelstromtriebwerke (bessere Wirtschaftlichkeit, längere Lebensdauer). Es sind bisher 60 Maschinen bestellt worden (30 ausgeliefert): Turkish Airlines 8 (8) RJ 100; SAM Kolumbien 8 (8) RJ 100; Lufthansa 10 (3) RJ 85 (Foto: am 18. Oktober 1984 geliefert); Crossair Schweiz 4 (4) RJ 85; Malmo Aviation Schweden 5 (0) RJ 85, Pelita Air Service Indonesien 1 (1); Air Malta 4 (3) RJ 70; Business Express USA 20 (3) RJ 70.

Rumpf: Ganzmetall-Halbschalenbauweise; Cockpit mit 2 Plätzen, 6 Sitzreihen Economy-Klasse, 5 Business-Klasse; Einstieg vorn und hinten; Treppen ausklappbar.
Tragwerk: Schulterdecker; leicht gepfeilt; hängende Triebwerke in Einzelaufhängung.
Leitwerk: T-förmig; Ganzmetallbauweise; Enteisungsanlage.
Fahrwerk: doppelt bereiftes Bugrad in den Rumpfbug, doppelt bereifte Haupträder in kleine Rumpfwülste in Tragflügelhöhe einfahrbar.

Pilatus / Norman-Britten „Defender 4000" Mehrzwecktransporter und Überwachungsflugzeug

Vorläufig letztes Glied der langen Modellreihe auf dem Grundmuster BN-2 T „Turbine Islander" / „Defender" ist die „Defender 4000". Charakteristisch sind stärkere Triebwerke, größere Spannweite und höhere Abflugmasse, erweiterter Kraftstoff-Vorrat sowie teilweise verstärkte Strukturelemente, aber auch modernere Avionik- und Geräteausrüstung. Verwendbar ist der leichte militärische Transporter für eine Vielzahl von Aufgaben. Die Überwachung von Seegebieten oder Küsten- und Flußabschnitten gehört ebenso dazu wie AEW- oder Elint-Aufgaben. Im Rumpf sowie an den 4 Aufhängepunkten unter den Flügeln (innere je 340 kg, äußere je 159 kg; entsprechen dem NATO-Standard) lassen sich Geräte und/oder Sensoren unterbringen.
Die Ausführung BN 3 T-4 S (Riß) flog erstmals am 17. August 1994 und wurde im gleichen Jahr zur Farnborough Air Show vorgeführt. Die mit Systemen von Westinghouse Electronic / USA versehene Version BN 2 T-4 R (Foto) wird auch als MSSA (Multi-Sensor Surveillance Aircraft) bezeichnet. Bereits 1991 flog eine mit dieser Ausrüstung (360°-Radarscanner AN/APG-66 in Rumpfnase, Reichweite 265 km; Infrarot-Darstellungssystem WF-360 unter der Kabine, Reichweite bis 30 km) versehen BN-2 T 2 als Demonstrator. Sie wurde 1992 von der USA Navy zur Erprobung geleast. Die Türkei bestellte den Typ MSSA, und paramilitärische Institutionen weiterer Staaten (Australien 6, Marokko 4) interessieren sich dafür.

Rumpf: Ganzmetallhalbschalenbauweise, Türen links und rechts. MSSA: zwei Plätze im Cockpit, zwei weitere im Frachtraum vor den Geräten; weit nach vorn gezogene und ausgebeulte Bugnase für das Radar, IR-Topf unter der Kabine.
Tragwerk: freitragender Schulterdecker in Ganzmetallbauweise mit 2 Holmen; Spalt-Querruder und Spaltauftriebshilfen; nach oben abgeschrägte Flügelspitzen; hängende Triebwerke; 4 Flügelstationen.
Leitwerk: freitragende Normalbauweise in Ganzmetall; Trimmklappen in den Rudern.
Fahrwerk: starr; Zwillingsräder an den Hauptstreben; steuerbares, einfaches Bugrad; ölpneumatische Dämpfung; Scheibenbremsen.

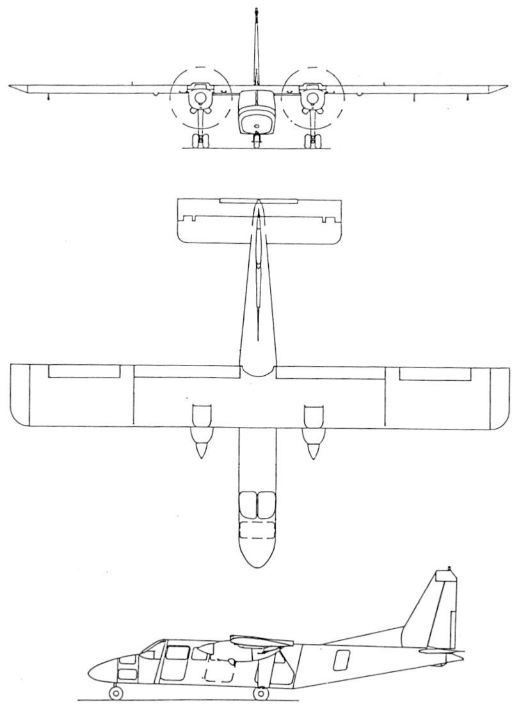

INDIEN

Hindustan Advanced Light Helicopter (ALH) Mehrzweckhubschrauber

Im November 1984 begann das ALH-Programm nach einem Vertrag zwischen Indiens Regierung und der damaligen MBB (inzwischen Teil von Deutsche Aerospace). Zur technischen Unterstützung von Hindustan Aeronautics Limited in Auslegung, Entwicklung und Prototypenfertigung eines Transporthubschraubers der 4- bis 5-t-Klasse nahm ein 11köpfiges Team mit Vertragsbeginn die Tätigkeit in Bangalore auf.
Der ALH ist zunächst für den Eigenbedarf vorgesehen. Erwartet werden Regierungsaufträge über 250 bis 300 ALH für Armee und Küstenwache, um damit die „Chetaks"/„Cheetahs" abzulösen. Geplant ist aber auch der Export ziviler und militärischer Versionen.
Konzipiert ist der ALH als Mehrzweck-Helicopter mit einem Angebot von bis zu 14 Plätzen sowie Einbaumöglichkeit für Sonderausrüstungen oder interne und externe Lasten. Von dem mit 2 Triebwerken versehenen ALH wurden Einmotoren-Betriebsmöglichkeit, sehr gute Leistungen in großen Höhen und bei hohen Temperaturen sowie hohe Fluggeschwindigkeit verlangt. Im April 1991 begannen die Bodentests, am 29. Juni 1992 war Rollout für den 1. Prototyp Z 3182, und am 20. August 1992 startete er zum Erstflug („offizieller Erstflug": zehn Tage später), gefolgt vom 2. Prototyp am 26. April 1993 (Foto). Der 3. flog 1994, und 1995 nahm der 4. Prototyp die Flugerprobung auf. In der Armeevariante soll der ALH als Truppen- und leichter Materialtransporter, für Aufklärungs- und Panzerabwehraufgaben oder als Minenleger dienen. Im maritimen Bereich sind Transport-, U-Boot-Such- und SAR-Missionen vorgesehen. Zivil kann er neben den beiden Besatzungsmitgliedern 10 Passagiere und Gepäck aufnehmen sowie VIP-, Ambulanz- oder Vermessungsaufgaben erfüllen. Der ALH gilt als überzeugendes Beispiel erfolgreicher deutsch-indischer Zusammenarbeit.

Rumpf: Heck hochgezogen zum Heckträger; Triebwerke über der Kabine; Halbschalenbauweise aus Aluminium, Karbon und Kevlar: Faser-Metall-Sandwich-Zelle; Türen auf beiden Seiten; Kabinenvolumen 7,3 m^3, Frachtraumvolumen 2,16 m^3.
Tragwerk: Hauptrotorsystem aus Kohlefaserstrukturen, vier Blätter mit Hochleistungsprofilen; IDS (integriertes dynamisches System: Hauptgetriebe, Taumelscheibe mit rotorseitigem Steuersystem und hydraulische Kraftverstärkung bilden eine Einheit).
Leitwerk: vierblättriger Ausgleichsrotor (Durchmesser 2,55 m) rechts; Stabilisierungsflächen beidseits mit Endscheiben.
Fahrwerk: feste Kufen oder Dreipunktfahrwerk.

INTERNATIONAL

Airbus Industrie A-321/A-319 Kurz- und Mittelstrecken-verkehrsflugzeuge

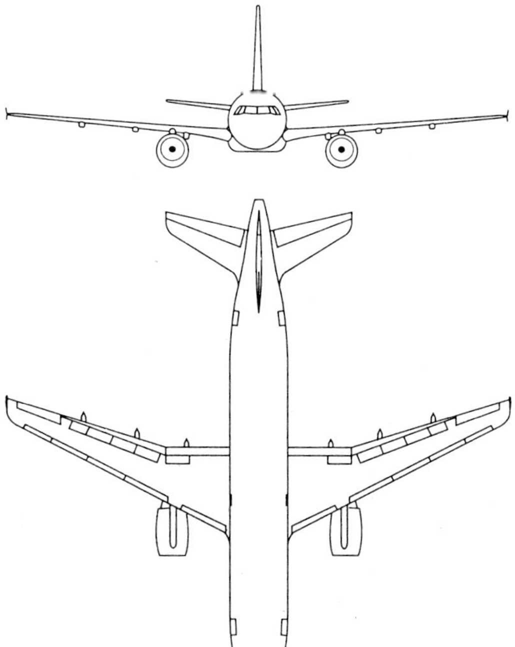

Die in über 500 Einheiten gefertigte A-320 (Ende 1994: 671 Bestellungen, 477 Optionen) war die Basis für die Weiterentwicklung A-321.
Im November 1989 wurde das Programm begonnen, das erste von 4 Erprobungsmustern startete am 11. März 1993 zum Erstflug, und am 27. Januar 1994 ging die erste Maschine an die Lufthansa (154 Bestellungen und 100 Optionen von 13 Gesellschaften). Mit der A-321 findet erstmals die komplette Endmontage eines Airbus-Modells in Deutschland (Hamburg-Finkenwerder, bis dahin ausschließlich Toulouse) statt.
Partner sind neben Frankreich, Großbritannien und Spanien nun auch Alenia / Italien und Kawasaki / Japan. Gegenüber der A-320 erhielt der Rumpf vor und hinter dem Tragflügel je eine neue Sektion (13 zusätzliche Rumpfspanten, gesamt: 6,93 m länger). Mit ihren 186 Sitzen und einer Reichweite von 4350 km gilt die A-321 als ideale Lösung in der Flugzeugkategorie mit 180/200 Sitzen.
Mit gleichem Rumpfquerschnitt wie A-320/321 sowie gleichem 2-Mann-Cockpit wie diese ist die zweite, um 3,7 m kürzere A-320-Ableitung A-319 versehen. Diese Version mit 120/130 Sitzen ist für den Regional-Luftverkehr mit seinem ständig steigenden Passagieraufkommen bestimmt. Für die Fluggesellschaften soll die weitgehend identische Modell-Reihe A-319/320/321 erhebliche Kostenvorteile durch bessere Auslastbarkeit, höhere Crew-Produktivität, verringerten Trainingsbedarf und vereinfachte Bodenabwicklung bringen.
Die Endmontage der ersten A-319 begann am 23. März 1995. Rollout soll am 25. August und Erstflug im September 1995 sein. Für April 1996 ist die Auslieferung an Swissair und darauf an die Lufthansa (ersetzt damit ab 1996 die Boeing 737-200) geplant. 71 Bestellungen für die A-319 (Riß) lagen zu diesem Zeitpunkt vor.

Rumpf (A-319): wie A-320/321, Länge verändert; mit 4, 5 oder 6 Sitzen pro Reihe; Cockpit mit 6 Bildschirmen; vor jedem Piloten Primary Flight Displey (Informationen: Fahrt, Lage, Höhe, Kurs) und Navigation Display, 2 weitere Bildschirme für Triebwerks- und Systemzustände; Mini-Steuerknüppel (Side Stick Controller), Passagierkabine in Modulbauweise.
Tragwerk: freitragender Tiefdecker; zwei Kastenholme, dritter Holm im Mittelteil; hängende Triebwerke.
Leitwerk: freitragende Normalbauweise, Verbundwerkstoffe, auch bei tragenden Strukturen von Höhen- und Seitenleitwerk.
Fahrwerk: hydraulisch betätigt; Bugstrebe mit Zwillingsrädern; Hauptstrebe mit je vier Rädern (Wagenfahrwerk).

Airbus Industrie A-330
Mittel- bis Langstrecken-Verkehrsflugzeug

Am 23. September 1993 wurde die neue A-330 der Öffentlichkeit vorgestellt. Sie hatte die Flugerprobung am 2. November 1992 in Toulouse aufgenommen. Am zwölfmonatigen Zulassungsprogramm waren 12 Maschinen beteiligt. Bis zum Erscheinen der Boeing 777 war die A-330 mit ihren 412 Sitzplätzen das größte zweistrahlige Verkehrsflugzeug der Welt. Es erhielt Ende Oktober 1993 seine Verkehrszulassung – erstmals gleichzeitig von den europäischen Behörden und vom US-Luftfahrtbundesamt.

Im Grunde genommen stellt der Airbus 330 die zweistrahlige Version des vierstrahligen Großraumjets A-340 dar. Von Anfang an waren beide Ausführungen als Doppelprogramm vorgesehen. Bis auf Abweichungen durch die Anzahl der Triebwerksaufhängungen sind selbst die Tragflügel beider Versionen gleich. Als Vorteile werden gute Verkaufschancen sowie die Beschleunigung des Zulassungsverfahrens angesehen.
Von der Air Inter – einer Air France-Tochter – ist berechnet worden, daß die A-330 bei gleichem Treibstoffverbrauch wie die kleinere A-300 über eine Strecke von 9000 km 30% mehr Nutzmasse – anders ausgedrückt rund 100 zusätzliche Passagiere – befördert. Das ist angesichts der überfüllten Rollfelder sowie überlasteten Flughafenterminals ein gewichtiger Beweis für höhere Wirtschaftlichkeit. Es verwundert daher nicht, daß Air Inter im Januar 1994 ihren ersten A-330 in Dienst stellte (mit Triebwerken CF 6). Mit 2 Turbofan-Triebwerken Pratt & Whitney PWE 4000 ist die A-330 von Thai Airways ausgerüstet, und die von Cathay Pacific erhielt Rolls-Royce Trent.
Gegenüber früheren zweistrahligen Typen müssen heutige Muster bei simulierten Pannen in der Lage sein, längere Zeiten mit nur einem Triebwerk zu fliegen: 1985 sollte eine zweistrahlige Maschine innerhalb von 60 min einen Ausweichflughafen erreichen. Dann waren es 75 bzw. 120 min, und jetzt werden 180 min angestrebt. Von der A-330 sind bis 1994 von 14 Gesellschaften zunächst 145 Einheiten bestellt, dann jedoch 27 annulliert worden. 10 Maschinen waren ausgeliefert.

Rumpf: Ganzmetall-Halbschalenbauweise; Cockpit für 2 Piloten; 262 in Dreiklassen- und 375 Passagiersitze in Zweiklassen-Kabine, 10 Flugbegleiter; Rumpfsegmente aus Fertigung des A-300-600.
Tragwerk: freitragender Tiefdecker in Ganzmetallbauweise; computergesteuerte Ausschläge der Auftriebsklappen, um Flügelwölbung optimal der Geschwindigkeit anzupassen.
Leitwerk: freitragende Normalbauweise; komplettes Seitenleitwerk aus CFK (kohlefaserverstärkter Kunststoff); zur Kostensenkung Leitwerkteile aus Bau der A-300-600; Höhenleitwerk-Kraftstofftank.
Fahrwerk: doppelt bereiftes Bugrad in Rumpfspitze, Hauptfahrwerk in Wagenform in Rumpf einziehbar, zusätzlich 2 Räder unter Rumpf (Auslegung wie bei DC-10/30: 12 Räder).

Airbus Industrie A-340
Langstrecken-Verkehrsflugzeug

Mit dem am 5. Juni 1987 begonnenen Doppel-Programm A-330/340 wurde der Versuch unternommen, in den bis dahin von US-Modellen dominierten Markt der 250-t-Langstreckenmaschinen einzubrechen. Die in Flügel, Cockpit, Heck und Rumpf der zweistrahligen A-330 entsprechende vierstrahlige A-340 löste bei der Lufthansa seit 1993 schrittweise die DC-10/30 ab.
Getestet wurden 4 A-340 und 2 A-340-200 (Beginn der Flugerprobung erste A-340-300: 25. Oktober 1991; 2. Prototyp A-340-200: 3. Februar 1992). Im 2. Quartal 1993 begann die Auslieferung für den Sommerflugplan der Lufthansa. Bis 1994 waren 15 A-340 gebaut und 138 bestellt. Erster Bezieher der A-330 und A-340 (10 A-330-300, 4 A-340-200 und 6 A-340-300) war Cathay Pacific Hongkong. Neben den gegenwärtigen Versionen A-340-200 (Skizze) für 228 bis 262 Passagiere in 3-Klassenauslegung (Reichweite 14000 km) und A-340-300 (4 m länger, 262 bis 295 Passagiere, 3 Klassen, Reichweite 12000 km) gibt es die 3. Grundversion A-340-300 C für die Beförderung von 194 Passagieren und zusätzlicher Fracht (6 Paletten) im Oberdeck (Umrüstungsmöglichkeiten im hinteren Kabinenbereich). Gedacht ist an militärische Transporter und Tanker. Eine A-340-200 flog am 16./17. 6. 1993 in 48 h 23 min mit einer Zwischenlandung in Auckland/Neuseeland einmal um die Welt: Start Paris, Landung LeBourget. Auf der letzten Etappe wurde mit 19246 km ein Weltrekord für Passagierflugzeuge im Nonstop-Flug aufgestellt.

Rumpf: Ruheraum hinter zweisitzigem Cockpit für Reservebesatzung (bei mehr als 16-h-Flug), im hinteren Laderaum Ruhegelegenheit (über Wendeltreppe) für 6 der 12 Flugbegleiter. Kabine für Schnellumbau geeignet. Cockpitausrüstung wie bei A-330 mit Avionik auf neuestem Stand (multifunktionale Bildschirme, integrierte Geräte) sowie modernster Flugsteuerungstechnik (Flugbetrieb computergesteuert, Lastminderung).
Tragwerk: Rumpfmittelstück; bewegliche Flügelteile wie A-330.
Leitwerk: freitragend, gepfeilte Normalbauweise; Seitenleitwerk komplett aus CFK; 5000-l-Kraftstofftank in der Höhenflosse.
Fahrwerk: hydraulisch betätigt; Bugstrebe mit Zwillingsrädern, Hauptstreben mit je 4 Rädern (je 2 hintereinander), zusätzlich Doppelrad unter Rumpf (Auslegung wie DC-10/30: 12 Räder).

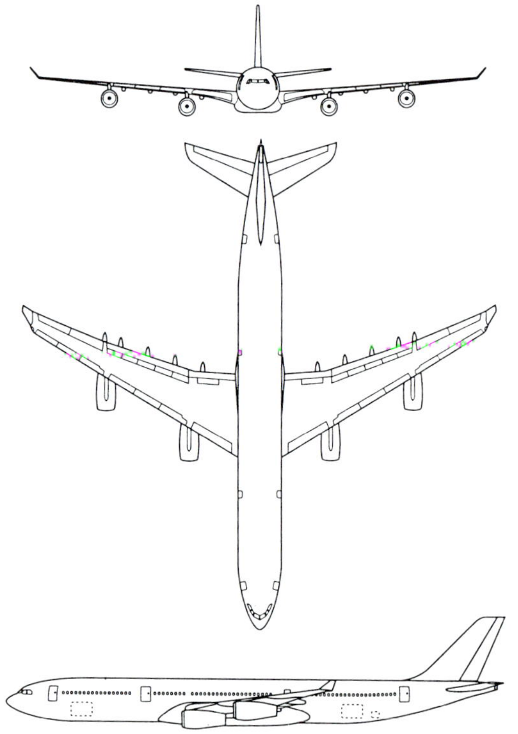

BAe/McDonnell Douglas „Harrier II Plus" V/STOL-Mehrzweck-Kampfflugzeug

Die von British Aerospace und McDonnell Douglas gemeinsam vorgenommene Weiterentwicklung des Typs „Harrier II" führte zur AV-8 B „Harrier II Plus". Aus dem „bomb truck" – wie US-Piloten ihren Senkrechtstarter nennen – wird damit ein Multi-Role-Waffensystem. Konnten bisher beispielsweise gegen Luftziele nur passive AIM-9 Sidewinder eingesetzt werden, so ist nun auch die Bewaffnung mit aktiven Lenkflugkörpern möglich.

Dafür wurde das von der F/A-18 „Hornet" bekannte Radar Hughes APG-65 übernommen. Es ist in der Lage, Luftziele aus überhöhter Position aufzufassen und zu verfolgen. Mit Beyond-visual-range-Flugkörpern (AIM-120 AMRAAM) sind auch Ziele außerhalb der Sichtreichweite zu bekämpfen. Bodenziele lassen sich über eine größere Entfernung erkennen und identifizieren. Damit wird die Präzision des Waffeneinsatzes auch bei schlechter Sicht oder in der Nacht verbessert. Mit dem Bordradar und dem stärksten Triebwerk der Pegasus-Familie (F 402-RR-408) gilt die Version „Harrier II Plus" als Hochleistungs-Mehrzweck-Kampfflugzeug.
Gegenüber dem Ausgangsmuster AV-8B mußte für die „Harrier II Plus" der Rumpf um 0,43 m verlängert werden, und die Leermasse erhöhte sich um 404 kg. Die Anzahl der Unterflügelstationen je Seite vergrößerte sich von 2 auf 3 zur Mitnahme von Flugkörpern AIM-9 L Sidewinder, AMRAAM, AIM-7 Sparrow, Sea Eagle und Harpoon (damit ist auch das Bekämpfen von Seezielen möglich). Je eine 25-mm-Kanone ADEN befindet sich beidseits des Rumpfes. Insgesamt können an 9 Waffenstationen 4175 kg mitgeführt werden, dazu zählen bis zu 4 Zusatzbehälter für je 1200 l Kraftstoff. Die erste Maschine dieser Version (modifizierte AV-8 B Nr. 205; Werknummer 164129) nahm am 22. September 1992 die Flugerprobung auf, und im Herbst 1993 erhielt das US-Marinecorps die ersten AV-8 B II Plus (ab AV-8 B Nr. 233, Werknummer 164542; außerdem werden 114 AV-8 B auf Plus II-Standard nachgerüstet).
Italiens Marine übernimmt 16 AV-8 B Plus II (8 Optionen), Spanien 8 als VA. 2 Matador II (bereits 25 EAV-8 B Matador vorhanden, davon werden 11 modifiziert) und Indien 25. Am Bau sind McDonnell Douglas mit 40% (Vorderrumpf/Tragflügel; Endmontage in beiden Partnerländern) sowie CASA/SP und Alenia/IT (15%) beteiligt (Foto: AV-8B Harrier II Night Attack; Skizze: „Harrier II Plus").

Rumpf: Ganzmetall-Halbschalenbauweise; Radarbug; Steuerdüsen in Rumpfnase und in Heckspitze; aufgesetzte Kabine; Lufteinläufe und Gasaustritte beidseits des Rumpfes; Kanonengondeln an Unterseite.
Tragwerk: freitragender Schulterdecker, negative V-Stellung; Steuerdüsen an den Flügelspitzen; 4 Waffenaufhängungen je Seite; Stützräder hinten weit überstehend.
Leitwerk: freitragende Normalbauweise; Höhenleitwerk negative V-Stellung; Kiel unter dem Heck.
Fahrwerk: steuerbares Bugrad; in Höhe Flügelhinterkante doppelt bereifte Hauptstrebe unter Rumpf; Stützräder an Außenflügeln; Kiel als Notsporn.

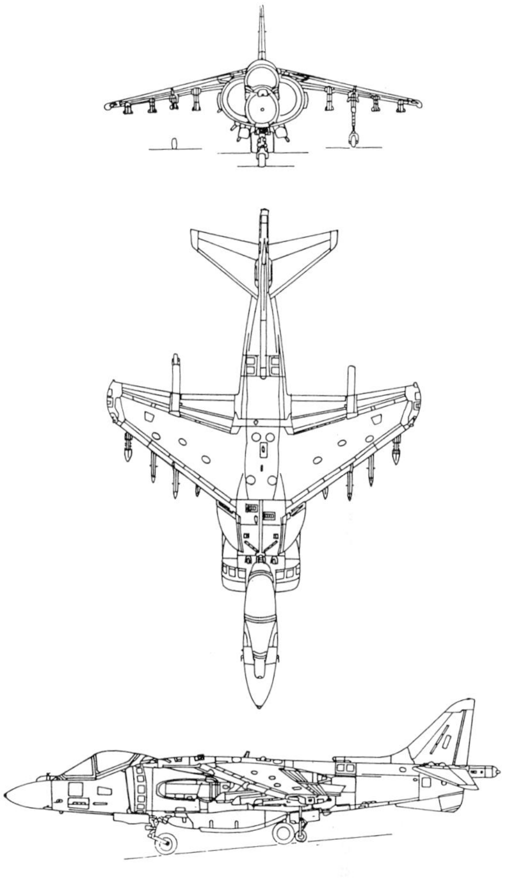

CNAMC-PAC K-8 „Karakorum 8" Strahltrainer

Erste Informationen über den gemeinsam von China (CNAMC – China Nanchang Aircraft Manufactoring Corporation) und Pakistan (PAC – Pakistan Aeronautical Complex Kamra) entwickelten Strahltrainer gab es zum Pariser Luftfahrtsalon 1987. Mitte des gleichen Jahres begannen die Arbeiten, und bis 1992 nahmen drei fliegende Prototypen (K-8-001, -003 und -004) die Erprobung auf (Erstflug K-8-001: 21. November 1990). Zwei weitere Prototypen dienten statischen Untersuchungen (K-8-002, 005). 1992 begann die Fertigung von 15 Maschinen für China. Pakistan erhielt 1994 die ersten 6 K-8, und die Gesamtfertigung belief sich 1994 auf etwa 30 Trainer. Die Angaben für den chinesischen Bedarf schwanken zwischen 500 und 1000 K-8. Pakistans Luftwaffe will 75 Flugzeuge beschaffen. Die nach der amerikanischen Militärnorm MIL-F-8785 C IV konstruierte Maschine (soll einen möglichen Export erleichtern) ist bei den wichtigsten Teilen der Instrumentierung mit Collins-Geräten ausgerüstet. Die Avionik kommt von Bendix/King. Das Mantelstromtriebwerk Garrett TFE 731-2 A-2 A stammt aus den USA (chinesischer Lizenzbau bei SMPMC Zhuzhou).
Das sich äußerlich kaum von anderen Jet-Trainern unterscheidende Flugzeug ist sehr wartungsarm konzipiert. So soll ein Triebwerkswechsel nur 50 min dauern. Wie üblich kann auch die K-8 als leichtes Kampfflugzeug eingesetzt werden. Die ebenfalls zu Übungszwecken verwendbare Bewaffnung besteht aus einer 23-mm-Kanone mit 120 Granaten in einem Unterrumpfbehälter sowie vier Unterflügelaufhängungen für insgesamt 500 kg Bomben und/oder Raketen. Die beiden abwerfbaren Zusatzbehälter fassen je 250 l Kraftstoff.

Rumpf: Halbschalenbauweise in Ganzmetall, 2 Katapultsitze Martin-Baker MK. 10 L, hinten etwas höher, Kabine druckbelüftet, seitliche Lufteinläufe.
Tragwerk: trapezförmiger, freitragender Tiefdecker in Ganzmetall, Fowler-Klappen Start 23°, Landung 35°.
Leitwerk: Normalbauweise, Ganzmetall.
Fahrwerk: hydraulisch einziehbares Bugradfahrwerk; alle Streben einfach bereift.

D 500/G 520 EGRETT/„Strato" 1
Höhenforschungsflugzeuge

Die deutsche Firma Grob hat umfangreiche Erfahrungen in der Entwicklung und im Bau von Kunststoff-Segelflugzeugen sowie -Motorseglern (bis 1994: etwa 3500 Grob-Flugzeuge). Auf dieser Technik für den Seglerbau basiert das einsitzige Mehrzweckflugzeug EGRETT. Die Bezeichnungs setzt sich aus den Namen der beteiligten Firmen E-Systems/USA (Sensorik), Grob/Deutschland (Zelle) und Garrett/USA (Antrieb) zusammen. Gedacht ist der Typ für Flüge in großen Höhen über lange Zeiten mit folgenden zivilen/militärischen Missionen: Umweltforschung und -überwachung, Relaisstation für Funkübertragungen, zu Such- und Rettungszwecken, für Aufgaben der Rüstungskontrolle u. ä.

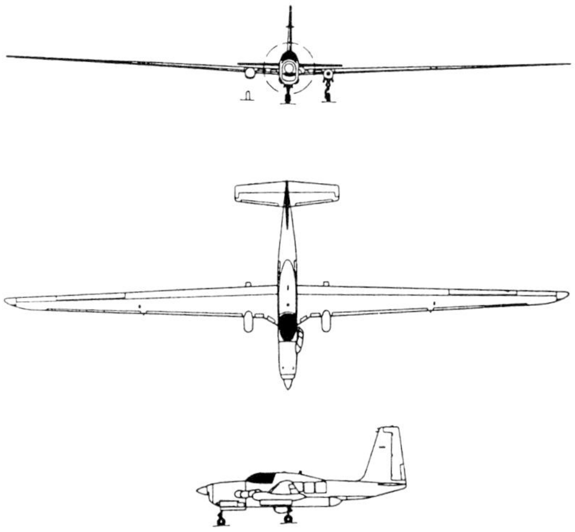

Das 1986 begonnene Programm hat mehrere Änderungen erfahren. Es war vorgesehehen, daß die Luftwaffe 10 Maschinen als LAPAS (luftgestütztes abstandsfähiges Primäraufklärungssystem) beschafft. Im Februar 1993 wurde das Vorhaben aufgegeben. Laut Presseberichten erprobten Bundeswehrsoldaten noch im November 1993 die D-FGEE auf ihre Eignung als Fernaufklärer. Insgesamt sind 5 D 500/G 520 gebaut worden, nachdem der Erprobungsträger „Strato" 1 die Flugerprobung am 24. Juni 1987 aufgenommen (damit 5 Weltrekorde) hatte.

Versionen:

D 500/D-FGEE: Vor-Prototyp für EGRETT II (Spannweite um 5 m vergrößert); Erstflug: 20. April 1989, Zertifikate: LBA 22. März 1991, FAA 13. September 1991.

D 500/D-FGEO: Systemintegrationsflugzeug, Erstflug: 9. September 1990.

G 520/D-FDEM: EGRETT II, Demonstrator für die Luftwaffe, Erstflug: 19. Januar 1991; FAR Pt 23: Dezember 1991.

G 520 „Strato" 1/D-FGRO: ziviles Forschungsflugzeug; Erstflug: 5. Juni 1991.

G 520 T/D-FDST: zweisitziger Trainer; Erstflug: 21. April 1993 (Foto, Skizze: EGRETT II).

Die Erfahrungen mit diesen Flugzeugen dürften für die Entwicklung des doppelt so großen zweimotorigen Höhenforschungsflugzeuges „Strato" 2 C berücksichtigt worden sein.

Rumpf: vollständig aus Verbundwerkstoffen, Kabine druckbelüftet, auswechselbare Module in Unterrumpfbehältern.
Tragwerk: freitragender Mitteldecker großer Spannweite, völlig aus Verbundwerkstoffen, keulenförmige Verdickungen in Rumpfnähe für Hauptfahrwerk.
Leitwerk: freitragende Normalbauweise, Verbundwerkstoffe, sehr hohes Seitenleitwerk.
Fahrwerk: Bugrad in den Rumpf, Hauptfahrwerk in Unterflügelgondeln einziehbar.

EH/EH-101
Mehrzweckhubschrauber

Im Juni 1980 schlossen sich die Firmen Agusta (Italien) und Westland (Großbritannien) zum Konsortium European Helicopter Industries – EHI – zusammen. Ihr Ziel war es, einen zivil und militärisch (über Festland und über See) gleichermaßen gut einsetzbaren modernen Hubschrauber kostengünstig zu entwickeln. Beide Firmen hatten verschiedene Baukomponenten zu schaffen, die Endmontage nehmen die Partner eigenständig vor. Erprobt wurden 9 Versuchsmaschinen: Erstflug Nr. 1 am 9. Oktober 1987 Großbritannien; Nr. 2 am 14. Dezember 1987 Italien; Nr. 4 (seit 1993 mit Rolls-Royce/Turbomeca RTM 322; Absturz EH 101/PP 4: 7. April 1995, Ursache: Probleme mit dynamischen Komponenten; Besatzung gerettet); Nr. 5: Marinetests; Nr. 6: Armeeversion; Nr. 8/9: Zivilversionen. 1994 waren 15 EH-101 ausgeliefert. Während Kanada die 50 bestellten Maschinen aus finanziellen Gründen stornierte, wird die Royal Navy zunächst 44 EH-101 H.A.S. Mk. 1 Merlin und die Marine Italiens 16 EH-101 erhalten. Anfang März 1995 bestellte die Royal Air Force 22 EH-101. Gerechnet wird mit einem Gesamtbedarf von 500 EH-101.

Versionen:

Zivile EH-101: 30 Passagiere.

Mehrzwecktransporter (Heer): 30 Soldaten/4350 kg Innenlast / 1 Jeep + Besatzung + 1740 kg Fracht / 1 Kanone mit Bedienung und Munition / 16 Liegende.

Marineversion: Heck klappbar, 30 Landesoldaten oder je nach Aufgabe 4 Torpedos bzw. Tiefenbomben/Anti-Schiff-Lenkwaffen.

SAR-Ausführung: je nach Einsatzzweck mit unterschiedlicher Ausrüstung.

Rumpf: Modulbauweise mit großem Anteil an Verbundwerkstoffen; Einstieg- und Beladeöffnungen links und rechts; Heckladeluke; über dem Rumpf 3 Triebwerke und Hilfsturbine.
Tragwerk: Vierblatt-Tragschraube mit Enteisung, besondere Form der Blattenden (Rotor: kleiner als bei „Sea King", aber über 30% mehr Auftrieb).
Leitwerk: Vierblatt-Ausgleichsschraube links, mit Enteisung.
Fahrwerk: doppeltes Bugrad in den Rumpf, doppelt bereifte Hauptträder in Bugwülste einziehbar; ausgelegt für Aufsetzgeschwindigkeiten bis 4 m/s.

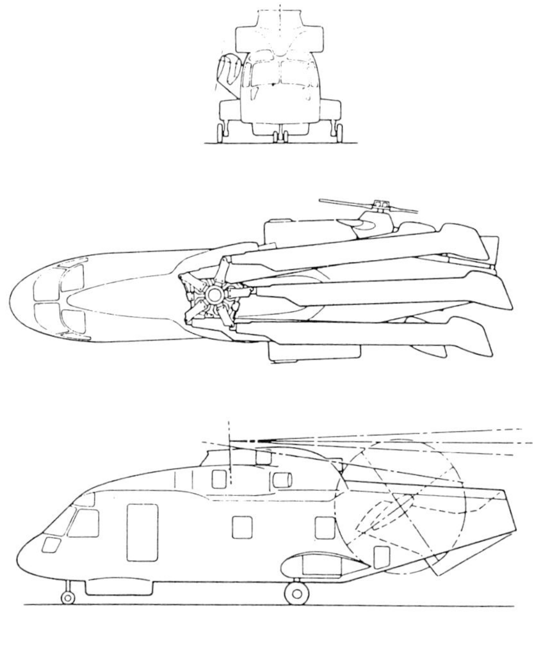

Rumpf: in der Struktur zu über 75% aus Verbundwerkstoffen; weitgehend mit Kupfer-Bronze-Gitter überzogen (Schutz vor Blitzeinschlag/elektromagnetischen Einflüssen); in der Höhe unterschiedliche Sitze hintereinander, vorn Schütze/Operateur, hinten Hubschrauberführer; „Gerfaut": bewegliche 30-mm-Kanone im Bug (750 Schuß, Reichweite 1,5 km); Abkühlvorrichtung der Triebwerkabgase, erschwert IR-Erfassung.
Tragwerk: Tragschraube mit 4 Blättern (geringe Geräuschkulisse bzw. Radarsignatur); über Nabe mastmontiertes Visier; Stummelflügel mit 4 Aufhängungen für Bewaffnung (bis zu 12 Lenkkörper zur Panzerabwehr, Reichweite 4 bis 5 km; 4 Luft-Luft-Raketen).
Leitwerk: dreiblättriger Ausgleichsrotor rechts; Stabilisierungsflosse mit Endscheiben vor Heckschraube.
Fahrwerk: festes Heckradfahrwerk; alle Streben einfach bereift.

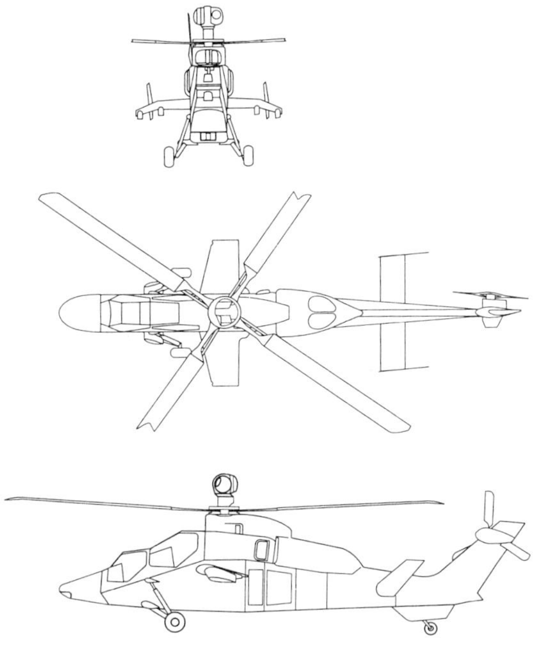

Eurocopter „Tiger" / „Gerfaut" Panzerabwehr- und Erdkampfunterstützungshubschrauber

Nach mehrjähriger Vorbereitung wurde der Bau von 5 Prototypen des deutsch/französischen Panzerabwehrhubschraubers „Tiger" festgelegt. Geplant sind die Versionen HAP (Helicoptere d'Appui Protection – Feuerunterstützung) und HAC (Helicoptere Anti Char – Panzerabwehr) für Frankreich (75 und 140 Einheiten) sowie PAH-2 für Deutschland (vorgesehen waren 140, gebaut werden 80 bis 100 Einheiten als Ablösung der nicht nachtkampffähigen Panzerabwehrhubschrauber des Heeres).
Die Flugerprobung begann am 27. April 1991 mit der unbewaffneten PT 1. Es folgten PT 2 (22. April 1993; Version HAP, als „Gerfaut" bezeichnet), PT 3/F-/ZWWT (19. Januar 1993; PT 2 und PT 3 für Avionik-Tests), PT 4 (Oktober 1994, volle „Gerfaut"-Ausrüstung) und PT 5 (März 1995, volle „Tiger"-Ausrüstung).
Die „Tiger"/„Gerfaut" (Foto/Skizze) sind bei Tag und Nacht allwettertauglich. Beide Ausführungen sollen 1997 in den Truppendienst gelangen.

Eurocopter EC 135 Leichter Mehrzweckhubschrauber

Der auf der Basis des Demonstrators (MBB) BO 108 ab April 1992 entstandene leichte Zweiturbinenhubschrauber EC 135 gilt als erste zivile Neuentwicklung des deutsch-französischen Konzerns Eurocopter. Die mit mehreren Neuerungen ausgestattete BO 108 (Erstflug der Prototypen: V 1, am 15. Oktober 1988 mit Allison-, „V 2 PLUS" am 5. Juni 1991 mit Arrius-Triebwerken) hatte noch eine konventionelle Zweiblatt-Ausgleichschraube. Inzwischen wurde festgelegt, mit der EC 135 die BO 105 (etwa 1350 gefertigt) zu ersetzen.
Dem Modell BO 105 LS gegenüber hat die EC 135 einige Vorteile. Nutzmasse 15% und Reichweite 45% größer, Betriebskosten 23% geringer und dazu geräuschärmer. Der Helicopter hat bis zu 7 (BO 108: 5) Plätze. Er soll für den Polizei-Einsatz mit integrierter Wärmebild- und TV-Kamera sowie für Versorgungsflüge (integrierter Lasthaken, maximale Startmasse mit Außenlast 2700 kg) ebenso verwendbar sein wie für Rettungsflüge (Primäreinsatz: 1 Pilot, 1 Trage, 3 Ärzte/Begleiter oder Passagiere; Sekundärrettung: 1 Pilot, 2 Tragen, 2 Ärzte/Begleiter oder Passagiere). Der mit einer Vielzahl von schnell austauschbarer Sonderausrüstung versehene Typ soll ab 1996 verfügbar sein. Erprobt werden die Vorserientypen S-01 (D-HECX; Erstflug: 15. Februar 1994; 2 Turbomeca Arrius-2 B; Foto), S-02 (D-HECY); Erstflug 16. April 1994 und S-03 (D-HECZ; Erstflug: November 1994).

Rumpf: stark verglastes Cockpit mit hervorragenden Sichtverhältnissen; zweiteilige Heckladeluke; Struktur aus Kunststoff.
Tragwerk: neuartiger lager- und gelenkloser Hauptrotor mit 4 Blättern hoher Leistungsfähigkeit aus Faserverbundwerkstoffen mit flexiblem Blatthals und Elastomer-Dämpfung;
Leitwerk: Fenestron-(ummantelter)Heckrotor aus Faserverbundwerkstoffen; Übertragungswelle besonders vibrationsgedämpft.
Fahrwerk: hydraulisch gefederte Kufen.

„Eurofighter 2000" EF 2000 (EFA) Abfang- und Luftüberlegenheitsjäger

Der zu Beginn der 80er Jahre von mehreren europäischen Ländern konzipierte Abfangjäger EFA (European Fighter Aircraft; Deutschland: Jäger 90) sollte etwa 1995 einsatzreif sein. Das Ende des Ost-West-Konfliktes sowie die enorm gestiegenen Kosten führten zu mehrjährigen politischen Querelen im Inland sowie mit den Partnern um diesen Typ. Frankreich hatte ohnehin ab 1985 die „Rafale" entwickelt. Mit der Einigung von 1992 auf die vereinfachte Variante „Eurofighter 2000" schufen die beteiligten Regierungen das Konsortium NEFMA (Nato European Fighter Management Agency – Leitung von Entwicklung und Bau: Eurofighter GmbH München; British Aerospace und DASA: je 33%, Alenia/Finmeccanica Italien 21%, CASA/Spanien 13%). Es plante den Bau von 7 Prototypen (zunächst 9 DA – Development Aircraft) sowie die Serienfertigung ab 2002 (Großbritannien: 250; Italien: 150; Deutschland: 140 – zunächst 287 vorgesehen, dann auf 250, 200 und 140 reduziert; Spanien: 100 Maschinen). Für die gemeinsame Entwicklung des Triebwerkes EJ 200 ist der Dachverband Eurojet (München) zuständig.
Vorgesehen ist der in der Luft nachzubetankende Typ hauptsächlich als Abfangjäger (Bordkanone Mauser 27 mm, max. 6 Luft-Luft-Lenkwaffen), der aber auch für andere Aufgaben verwendbar ist. Dazu können an den 13 Stationen unter den Flügen und dem Rumpf die unterschiedlichsten Waffen und Spezialcontainer mitgeführt werden. Nach über sechsjähriger Entwicklungszeit und mehrfach verschobenem Start begann am 27. März 1994 in Manching die Flugerprobung der DA-1 (JP 001, Erstflug-Testpilot Peter Weger, Dauer 45 min). Wenige Tage später startete die DA-2 in Warton („offiziell") 4. Mai 1994 zum Erstflug – beide noch mit den Tornado-Triebwerken RB. 199 (Umrüstung auf EJ 200 vorgesehen). Die DA-3 erhielt bereits die Triebwerke EJ 200 (Rollversuche ab Ende Juli 1994). Erster Doppelsitzer ist die DA-4 (Mai 1994 Rollout in Warton). Die DA-5 (Manching) ist mit dem Radar ECR 90 ausgerüstet. Den Zweisitzer DA-6 stellt CASA her, den Einsitzer DA-7 baut Alenia. Insgesamt werden mit den 7 Maschinen 28 Erprobungstriebwerke getestet. Großbritannien soll im Jahre 2000 die ersten Flugzeuge erhalten, die anderen Länder ab 2002.

Rumpf: aufgesetzte Kabine (mit digitalem, vierfach redundantem Flugsteuerungs- und Regelsystem); Lufteinläufe weit unter dem Rumpf; Masse durch neue Werkstoffe stark reduziert, Canards in Kabinenhöhe.
Tragwerk: freitragender Tiefdecker; Deltaflügel; Massereduzierung durch neue Werkstoffe.
Leitwerk: freitragend; stark gepfeilt, Lufteinlauf in Wurzel des Seitenleitwerkes.
Fahrwerk: Bugrad fährt in den Schacht zwischen den Triebwerken, Hauptfahrwerk in Tragwerk/Triebwerkschacht ein; alles Einzelräder.

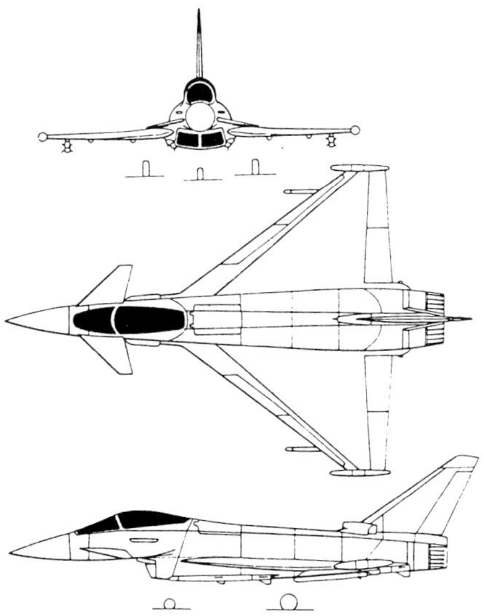

ITALIEN

Aermacchi MB-339 C Schul- und Erdkampfflugzeug

Im Oktober 1989 vereinbarten Aeronautica Macchi und Lockheed die gemeinsame Beteiligung am USA-Programm Joint Primary Aircraft Training System (JPATS, Trainer für Air Force und Navy). Rolls-Royce trat dem Team im September 1990 bei. Das Ergebnis ist der unbewaffnete Demonstrator T-Bird II. Am 20. Mai 1992 ist das Flugzeug zum Lockheed-Werk Marietta/Georgia verlegt worden. Die Basis für die T-Bird II bildet die MB-339 C von Aermacchi, die seit 1990 eine Neuauflage erlebt. Am 12. August 1976 hatte der Prototyp des neuen Basis-/Fortgeschrittenentrainers und leichten Erdkämpfers MB-339 seinen Erstflug. Nach einem weiteren Prototyp und 6 Vorserienmustern folgte am 20. Juli 1978 die erste Serienmaschine. Bisher sind insgesamt etwa 180 MB-339 aller Versionen ausgeliefert worden.
Italiens Luftwaffe bezog von 1979 bis 1987 101 MB-339 A, 4 MB-339 RM (elektronischer Kampf) und 17 MB-339 PAN.

Hauptversionen:
MB-339 A: Trainer;
MB-339 AS: leichter Erdkämpfer. 56 exportiert: Argentinien, Peru, Malaysia, Nigeria.
MB-339 B: Antrieb von Rolls-Royce Viper 632-43 auf Viper 680-43 verbessert. 1985 vorgestellt.
MB-339 C: Entwicklungsbeginn 1982/83; Erstflug 17. Dezember 1985 (I-AMDA), digitale Navigationsausrüstung; Erdkämpfer; RR Viper 680-43.
MB-339 K Veltro 2: einsitziges Erdkampfflugzeug, Erstflug 30. Mai 1980; nur Prototyp.
MB-339 PAN: Version für Italiens Kunstflugstaffel „Frecce Tricolori".
Im Mai 1990 bestellte Neuseeland 18 MB-339 C, die bis 1993 ausgeliefert wurden. Im April 1994 nahm Aermacchi mit dem überarbeiteten Prototyp I-AMDA als Demonstrator für die weiterentwickelte MB-339 C (neue Cockpitinstrumentierung nach USAF Mil Spezifikation und Luftbetankungseinrichtung) die Erprobung auf.

Rumpf: Laserbeleuchter in Rumpfspitze; tandemförmig angeordnete Schleudersitze Martin-Baker MK IT 10 LK; Head-up-Display für beide Plätze; 781-l-Tank hinter Kabine; Ganzmetall-Schalenbauweise.
Tragwerk: freitragender Tiefdecker in Ganzmetallbauweise; feste Tragflügelendtanks (je 1000 l); je Flügel 3 Aufhängungen (650-l-Tanks, Bomben, Raketen, Lenkwaffen, Container für Kanonen, Aufklärungsgeräte, Störträger ECM, Anti-Schiffs-Waffen; gesamt: 1815 kg).
Leitwerk: freitragende Normalbauweise, Ganzmetall.
Fahrwerk: hydraulisch einziehbar mit steuerbarem Bugrad, ölpneumatischer Dämpfung; hydraulische Bremsen.

Piaggio P-180 „Avanti“ Geschäftsreiseflugzeug

Die 1884 gegründete Firma Industrie Aeronautiche e Meccaniche Rinaldo Piaggio S. p. A. in Genua hat bisher 50 Flugzeug- und 16 Flugtriebwerk-Typen geschaffen. Im Herbst 1983 kündigte sie an, gemeinsam mit Gates Learjet (50% Beteiligung) das Projekt GP-180 „Avanti“ zu entwickeln. 1986 trennte sich Gates von dem Vorhaben, und Piaggio baute die „Avanti“ allein. Das Ziel war eine neue Art von Firmenflugzeug, dessen Flugleistungen denen eines Jets nahekommen und dessen Wirtschaftlichkeit der eines Turboprops entsprechen sollte. Das Ergebnis zeigt sich im revolutionären Design der P-180, deren erster von zwei Prototypen erstmals am 23. September 1986 flog. Am 29. Januar 1990 folgte die erste Serienmaschine, Anfang 1991 waren 4 Maschinen ausgeliefert (Zulassung USA-Luftfahrtamt: 2. Oktober 1990). Von den bisher bestellten 50 P-180 waren 1994 35 fertig. Monatlich verlassen 2 „Avanti“ die Werkhallen. Italiens Luftwaffe erhält 6 und möchte 40 weitere P-180 als Mehrzweckmaschinen (Beobachtung, Kalibrierung) beschaffen. In Zusammenarbeit mit Grumman soll der US Army eine P-180-Variante für Mehrzweckaufgaben angeboten werden. Zum Aerosalon 1987 Paris wurde festgestellt, daß die für ein bis zwei Piloten und sieben bis acht Fluggäste (bei einem Piloten bis zehn) ausgelegte Kabine (1,83 m breit, 1,75 m hoch) mehr Platz bietet als die vergleichbarer Typen. Die in der Form extravagante P-180 hat zudem einen günstigen Kraftstoffverbrauch, einen geringen Lärmpegel sowie sehr gute Flugleistungen (Spitzengeschwindigkeit 731 km/h!).

Rumpf: torpedoförmig, kreisförmiger Querschnitt; kleine Stützflügel an Bugspitze (three-surface-concept – Drei-Flächen-Konzept: Stützflügel balancieren in allen Fluglagen aus, Höhenruder nur für Richtungsänderung benötigt); unter dem Heck Stabilisierungsflächen in V-Form; Tür links vorn, links hinten Ladeluke. Kunststoffteile an Rumpfspitze.
Tragwerk: freitragender Mitteldecker, Flügel hoher Streckung mit Laminarprofil. Kunststoffteile an Haupt- und Stützflügel sowie an Triebwerksverkleidungen. Turboprop-Triebwerke mit Druckschrauben über dem Flügel.
Leitwerk: gepfeilt, in T-Form, weitgehend aus Leichtmetall, jedoch auch Kunststoffteile.
Fahrwerk: doppelte Bugräder und einfach bereifte Hauptfahrwerkstreben in den Rumpf einfahrbar.

NIEDERLANDE

Fokker 70 Verkehrsflugzeug

Erste Informationen über eine auf der erfolgreichen F-100 basierenden JetLine gab Fokker 1991 zum Pariser Luftfahrtsalon. Anlaß waren Marktstudien über den Bedarf von 70sitzigen Verkehrsmaschinen für die nächsten Jahre. Im Oktober 1992 wurden die Bezeichnungen Fokker 70 und 130 für die F-100-Ableitungen bekannt. Die umgebaute 2. F-100 war es dann auch, die am 4. April 1993 als Prototyp für die um knapp 5 m kürzere Fokker 70 die Flugerprobung aufnahm. Für den 1993 in Paris gezeigten Typ (die Fokker 130 soll ab 1997 folgen) gingen ab November 1993 die ersten Bestellungen an. Bis Dezember 1994 lagen 37 Festbestellungen und 12 Optionen vor.
Start für die Serienproduktion war der 1. Februar 1994, und 7 Monate später (12. Juli 1994) startete die erste serienmäßige Fokker 70 zum Erstflug. Noch vor der offiziellen Vorstellung am 28. September 1994 zum 75jährigen Fokker-Jubiläum hatte die MALEV (Ungarn) als erste Fluggesellschaft des früheren Ostblocks 4 Fokker 70 geordert. Am 14. Oktober 1994 erhielt der Typ die Zertifikate RDL (Niederlande) und FAA (USA). Gegenüber dem Ausgangsmuster F-100 (273 Bestellungen/Optionen) wurde bei der kleineren Version die Elektronik vereinfacht. Für den USA-Markt ist die Fokker 70 A vorgesehen, und für den Geschäftsreiseflug ist die Executive Jet 70 mit 30 bis 52 Plätzen gedacht (1 Bestellung).

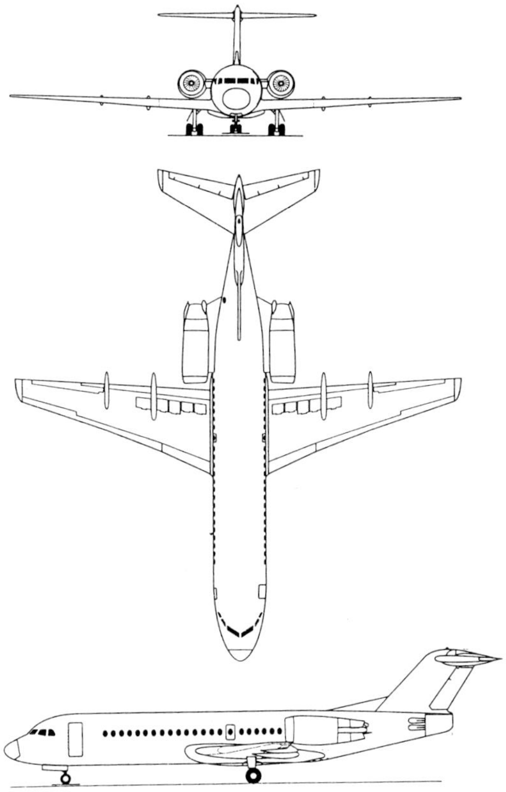

Rumpf: Ganzmetall-Schalenbauweise; runder Querschnitt, 70 Sitze in Zweiklassenkonfiguration; 79 in All-Economy-Bestuhlung.
Tragwerk: freitragender Tiefdecker in Ganzmetallbauweise; Mittelstück integral mit dem Rumpf verbunden; komplett von F-100 übernommen.
Leitwerk: T-Leitwerk in Ganzmetallbauweise; thermische Enteisung.
Fahrwerk: einziehbares Bugradfahrwerk; alle Fahrwerkbeine mit Doppelreifen.

RUSSLAND

Kamow Ka-50 Kampfhubschrauber

Während der neue Mil-Kampfhubschrauber Mi-28 zum Pariser Aerosalon 1989 erstmals im Westen vorgeführt wurde, gab es über den nach der gleichen Ausschreibung für einen Mi-24-Nachfolger (Grundlage: Kriegserfahrungen bei Afghanistan-Invasion) entwickelten Ka-50 keinerlei Informationen. Deshalb war die Überraschung perfekt, als er 1992 in Farnborough ausgestellt wurde. Generalkonstrukteur S. Michejew und General W. Pawlow, Chef der russischen Heeresflieger, nannten in London gegenüber Fachleuten Details: Der einzige einsitzige Kampfhubschrauber der Welt (Ausrüstung weitgehend automatisiert, kein Waffensystemoperateur nötig) hat einen Katapultsitz (nach Armeeforderung installiert, minimale Flughöhe 37 m, wird 6 s nach Absprengen der Rotorblätter ausgelöst). Der Prototyp startete am 27. Juli 1982 (5 Erprobungsmuster). Entwickelt wird eine Nachtkampfversion, und ab 1993 kann der Typ exportiert werden (Stückpreis: 12 Mio. US-Dollar). Neben dem Ka-50 (HUD-Darstellung für sämtliche Flug- und Waffenanzeigen; Bildschirm und Helmvisier für Waffeneinsatz; Tageslicht-TV-Kamera, Laserentfernungsmesser und Laserzielzuweiser für Überschall-Panzerabwehr-Flugkörper „Vichr") war in Paris die gesamte Palette der Bewaffnung ausgestellt. Die rechts vorn eingebaute 30-mm-Kanone 2 A 42 (bekannt vom Schützenpanzer BMP-2; Kadenz 800 Schuß/min; Kampfsatz 500 Granaten) ist nur in der Höhe schwenkbar. Die Reichweite der „Vichr" wird mit 8 bis 10 km, die Durchschlagsfähigkeit mit 900 mm Panzerstahl angegeben.
Die 1993 angelaufene Serienfertigung mußte wegen unzureichender finanzieller Mittel unterbrochen werden (7 Ka-50 in unterschiedlichem Baustadium standen Anfang 1995 im Werk Progress in Arsenjew). Sie ist 1995 fortgesetzt worden. Zur Parade am 9. Mai 1995 flogen in Moskau im Helicopterverband drei Ka-50. Ein Zweisitzer wird entwikkelt und soll 1996 zur Asian Aerospace Show Singapur gezeigt werden.

Rumpf: durch 2 Stahlblechschichten (Masse: 350 kg) geschütztes Cockpit; 50 mm dicke Verglasung als Schutz vor 12,7-mm-Geschossen; hinter Kabine Kastenträger aus Verbundwerkstoff (Querschnitt: 1 m^2) zur Aufnahme der Triebwerke mit Getriebe, Ausleger, Kraftstoffbehälter, Kanone mit Zuführung und 2 Munitionskästen sowie Rumpfheck. Gesamtdicke der 5 Schichten: 75 mm (außen 2 × 10 mm Karbon/Epoxydharz, innen 2 × 20 mm Kevlar/Epoxydharz, Kern 15 mm Wabenmaterial Nomex/Epoxy).
Tragwerk: dreiblättriger Koaxialrotor.
Leitwerk: Höhenleitwerk mit kleinen, nach unten überstehenden Endscheiben, großes Seitenleitwerk.
Fahrwerk: einziehbares Dreibeinfahrwerk, vorn doppelt, an den Seiten einfach bereift; in Bodennähe kann im gesamten Geschwindigkeitsbereich mit ausgefahrenem Fahrwerk geflogen werden.

Mikojan/Gurjewitsch MiG-31 Langstrecken-Abfangjäger

Die Umrüstung der Boeing B-52 auf Abwurflenkwaffen ab 1972 war für die UdSSR-Luftverteidigung Anlaß, aus der MiG-25 einen Abfangjäger zu entwickeln, der stark manövrierende Ziele in großen und in geringen Höhen unter allen Wetterbedingungen von vorn und von hinten abfangen konnte. Das sollte auch bei starken elektronischen Störungen sowie angesichts der langen Grenzen des Landes über große Entfernungen möglich sein. Die Komplexität der Aufgabe bedingte eine umfangreiche Ausrüstung und Bewaffnung, die nicht von einem Besatzungsmitglied zu bedienen war. Deshalb erhielt das als MiG-31 bezeichnete Flugzeug einen Waffenoperateur. Mit seinem Radar ZASLON S-800 (Bereich Azimut ± 70°, Höhe +70°/–60°; Auffassung 200 km; Look-down-/Shoot-down-Fähigkeit) kann er gleichzeitig 10 Ziele verfolgen und 4 bekämpfen. Mit einem seitlichen Abstand von je 200 km können 4 MiG-31 einen 800 bis 900 km breiten Luftraum überwachen. Die Bewaffnung besteht aus einer 23-mm-Kanone GSh-23-6 (6 Rohre, Gatling-Prinzip; 260 Schuß) und 8 Luft-Luft-Raketen (R-33/AA-9 AMOS bis 110 km; R-40 T/AA-6 ACRID bis 30 km, R-60 AA-8 APHID Nahbereich; typische Bewaffnungen: 4 R-33; 4 R-33 + 2 R-40 T; 4 R-33 + 4 R-60/2 R-60 + 2 Zusatzbehälter je 2500 l Kraftstoff).
Der Prototyp E-155 MP erhielt die Bordnummer 831 – Symbol für die erste Maschine des Typs 83 (Werk-Code für MiG-31). A. W. Fedotow nahm damit am 16. September 1975 die Flugerprobung auf, und 1979 begann in Gorki die Serienproduktion, obwohl die staatlichen Tests erst 1981 beendet waren (nach 2 Abstürzen). Danach gingen die ersten Maschinen in die Truppenerprobung, und 1982 erhielten die ersten Staffeln den Typ. Die nicht exportierte MiG-31 ist bis 1992 in Serie (geschätzt: 160 bis 200) gebaut worden und zählt noch heute zur Luftverteidigung. Seit Februar 1992 wird die stark verbesserte MiG-31 M produziert. Die Kanone fehlt, dafür werden 6 statt 4 Langstrecken-Flugkörper Luft-Luft mitgeführt. Erstmals ist die MiG-31 1991 zum Luftfahrtsalon Le Bourget im Ausland gezeigt worden. Zur ILA 92 war sie in Berlin.

Rumpf: spitzer Rumpfbug mit rundem Querschnitt, flache Tandemkabine, hinten nur teilweise verglast, in Rückenwulst übergehend und als Bremsschirmbehälter auslaufend, rechteckig-hochkantige Lufteintritte seitlich, zwei Turbofan-Triebwerke nebeneinander im Rumpf; Nachbrenner-Schubdüsen weit herausragend; ausfahrbare Betankungssonde links neben Kabinenvorderteil; 4 Aufhängevorrichtungen unter dem Rumpf.
Tragwerk: Schulterdecker in Ganzmetallbauweise, Vorderkante angewinkelt, Hinterkante gering gepfeilt, negative V-Stellung, je Tragflügel ein Grenzschichtzaun und 2 Unterflügelstationen.
Leitwerk: doppeltes Seitenleitwerk, gepfeilt, V-Stellung, flach angewinkelte Seitenleitwerksvorderkante, abgeschrägte Oberkante; tiefgesetzte Höhenflossen, abgeschrägte Enden.
Fahrwerk: einziehbar, Bugradstrebe doppelt bereift, Hauptfahrwerksbeine je 2 Räder hintereinander mit versetzter Spur.

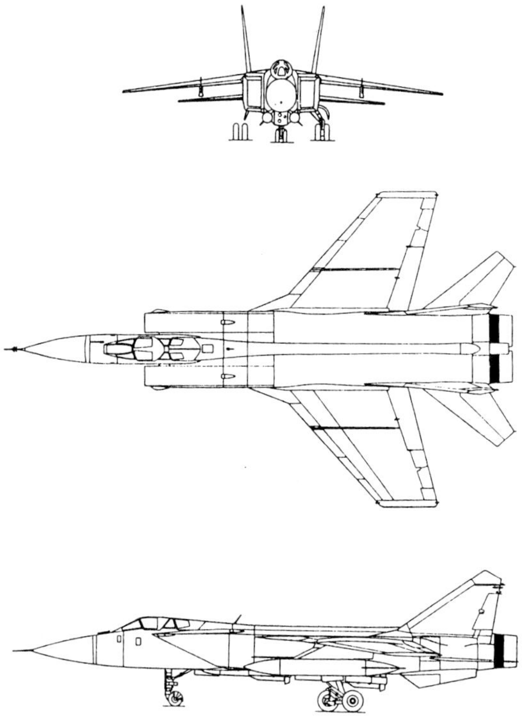

Mil Mi-35 M 1
Kampfhubschrauber

Seit die Armeefliegerkräfte der „Gruppe der sowjetischen Streitkräfte in Deutschland" 1974/75 als erste UdSSR-Verbände überhaupt den Kampfhubschrauber Mi-24 übernahmen, sind mehr als 2300 Helikopter dieses Typs ausgeliefert worden. Rund 1350 gingen an die eigenen Streitkräfte, den Rest erhielten 18 Staaten in Europa, Asien, Afrika und Lateinamerika. Neben den Hauptversionen Mi-24 A (eckige, stark verglaste Kabine, 1 MG 12,7 mm im Bug), Mi-24 D (neue, stufenförmig angeordnete Kabine; 12,7-mm-Vierling), Mi-24 W (neue Panzerabwehrlenkraketen – PALR), Mi-24 P (2 × 30-mm-Kanonen rechts im Rumpf) sowie Modifikationen als Aufklärer Mi-24 R und Feuerleithubschrauber Mi-24 K sind auch mehrere spezielle Exportversionen ausgeliefert worden, so Mi-25 (Mi-24 D) für Afghanistan, Kuba und Indien. Die Exportausführung der Mi-24 W heißt Mi-35 (Skizze), die der Mi-24 P Mi-35 P.

Zur ILA 94 in Berlin stellte Rußland die neue Version Mi-35 M 1 im Bild und im Modell (Foto) vor. Äußerlich ist sie an der zweirohrigen schwenkbaren 23-mm-Kanone 9 A 624 unter dem Bug zu erkennen (Kampfsatz 450 Granaten). Gegenüber den Vorgängern ist die Bewaffnung stark erweitert worden. So kann die Mi-35 M 1 nicht nur alle neueren PALR-Typen mitführen (Mi-24 D nur 9 M 17 P FALANGA, Mi-24 W/P nur 9 M 114 SCHTURM), sondern es ist auch möglich, die Luft-Luft-Rakete 9 M 39 IGLA-W zur Selbstverteidigung aufzunehmen, die bis zu 5,2 km wirksam ist. Hinzu kommen diverse Luft-Boden-Waffen sowie Behälter mit einer 23-mm-Zwillingskanone oder mit 3 Vierlauf-Maschinengewehren – eine im Kaliber 12,7 mm und 2 im Kaliber 7,62 mm oder ein 30-mm-Granatwerfer und 2 Vierlings-MG 7,62 mm.

Rumpf: Ganzmetall-Halbschalenbauweise; vorn Operateur mit Notsteuerung, Haube nach links schwenkbar; hinten Pilot, Tür rechts; Durchgang (mit Platz für Wartungs-Mechaniker) zum Laderaum, Klappluken rechts und links; Platz für 8 Soldaten; Fenster zur Aufnahme der MPi/des IMG zum Schießen auf Bodenziele; Stummelflügel mit je 4 Aufhängepunkten.
Tragwerk: Fünfblatt-Rotor, Enteisungsanlage.
Leitwerk: Dreiblatt-Ausgleichsschraube links; Enteisungseinrichtung.
Fahrwerk: einziehbar, Bugrad doppelt, Hauptstreben einfach bereift.

Mjassischtschew M-17 / M-55 „Geofisika"
Höhenaufklärer / Forschungsflugzeuge

Die Luftverteidigung der UdSSR registrierte zwischen Mitte der 50er und Ende der 70er Jahre über ihrem Territorium etwa 4000 Ballone bis in Höhen um 45 km. In der Zeit des Kalten Krieges konnte sie nicht annehmen, daß es sich dabei nur um Forschungsballone handelt. 1970 wurde das Büro Mjassischtschew beauftragt, ein spezielles Abfangflugzeug zu entwickeln. Im Endergebnis aller Vorarbeiten entschieden sich die Konstrukteure für den doppelten Leitwerksträger sowie für ein bis dahin nicht angewendetes superkritisches Profil, dessen Unterseite eine große Wölbung im hinteren Bereich aufweist. Die als M-17 bezeichnete Maschine sollte einen 23-mm-Zwilling GSch-23 sowie Laser-Entfernungsmesser und ein optronisches System zur Zielerfassung erhalten, das in einer Tu-16 getestet wurde. Die in Ufa gebaute M-17 stürzte im Dezember 1978 beim Erstflug ab.
Nach einer Pause begann in Smolensk der Bau von 3 weiteren M-17 mit geändertem Flügel und unterschiedlichem Profil im Mittelflügel. Erprobt wurden die M-17 in Shukowski/Ramenskoje bei Moskau (Erstflug: 26. Mai 1982), wobei sie von einem US-Satelliten erfaßt wurden. Danach erhielt der neue Typ den Code RAM-M. Inzwischen hatte sich die Ansicht zur Ballonabwehr geändert, und das TR-1-Programm der USA dürfte für die Idee Pate gestanden haben, das Flugzeug vom eigenen Gebiet aus zum Sammeln von Zieldaten sowie zur Gefechtsfeldüberwachung sowie als Höhenaufklärer zu benutzen. Die neue Aufgabe führte zum Umbau (2 Triebwerke, größerer Rumpf, umfangreichere Bordelektronik, Nutzlasträume) und zur neuen Bezeichnung M-55. Am 16. August 1988 nahm die erste M-55 die Flugerprobung auf, bis 1992 folgte eine zweite. Insgesamt sind 4 Flugzeuge am inzwischen weitgehend auf zivile Aufgaben umgestellten Erprobungsprogramm beteiligt. Das veränderte politische und militärische Klima brachte es mit sich, daß der Typ nicht mehr als Höhenaufklärer benötigt wird. Zwei Prototypen M-17 (NATO-Code MYSTIC A) mit je einem nachbrennerlosen Triebwerk RD-36-1 W (Startschub 68,6 kN) dienten 1989/90 Rekord- und Höhenerkundungsflügen. Eine Maschine (SSSR-17103) steht heute in Monino im Museum der Luftstreitkräfte. Zwei M-55 (auch M-17 R, „Mystic" B) erhielten je zwei PS-30-W 12 mit je 49 kN Startschub. Zwei Vorserienmaschinen M-55 komplettieren die Reihe. Vom 28. März bis zum 14. Mai 1990 wurden 25 internationale Rekorde (Höhe, Geschwindigkeit und Steigfähigkeit) registriert.
Erstmals wurde die „Geofisika M-55" genannte Maschine zur ILA 94 außerhalb Rußlands gezeigt. Aussteller war das „Experimentelle Werk für Maschinenbau W. M. Mjassischtschew" aus Shukowski bei Moskau, und Hersteller ist das Flugzeugwerk Smolensk. Vom Aussteller wurde die Maschine als Mehrzweckhöhenunterschallflugzeug bezeichnet, das mit Betonbahnen 2. Klasse auskommt.

Angaben M-55
Rumpf: seitliche Lufteinläufe, aufgesetzte Kabine, Nutzlasträume 5,5 m³, 1,05 m³ und 2,8 m³ für Sensoren, Wärmeaustauscher für Klimaanlage der Bordelektronik zwischen den Schubdüsen; doppelter Leitwerksträger.
Tragwerk: freitragender Schulterdecker großer Spannweite.
Leitwerk: doppeltes Seitenleitwerk, durchgehendes Höhenleitwerk aufgesetzt.
Fahrwerk: doppelt bereiftes Bugrad in den Rumpf, doppelt bereifte Hauptfahrwerkbeine in die Leitwerksträger einfahrbar.

Suchoi Su-30
Allwetterjäger und Jagdbomber

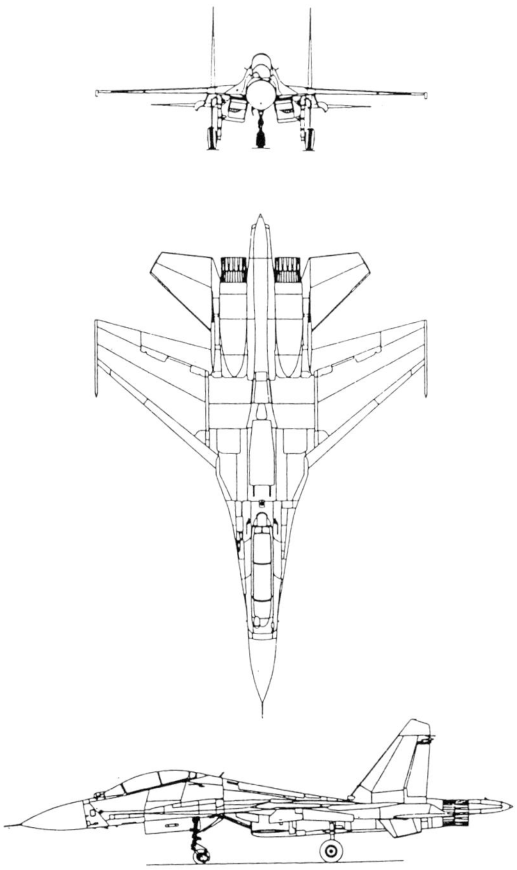

Aus dem Langstreckenjäger Su-27 sind inzwischen mehrere Kampfflugzeugreihen abgeleitet worden. So entstand auf der Basis des mit zusätzlichen Canards versehenen Versuchsmusters T-10-24 (Mai 1985) das Trägerflugzeug Su-27 K (früher auch Su-27 M genannt; Fanghaken, verstärktes Fahrwerk; vorn Doppelrad, kürzerer Heckausleger, Infrarot-System links, ausfahrbare Betankungssonde, für vollautomatische Landung ausgerüstet; Erstflug Prototyp T-10 K: 17. August 1987; erste Landung auf Deck der TBILISSI – heute ADMIRAL KUSNEZOW – 1. November 1989). Seit 1991 wird die Version als Su-33 in Komsomolsk am Amur in kleiner Serie gebaut.

Aus dem doppelsitzigen Trainer Su-27 UB entwikkelte das Suchoi-Büro den Langstrecken-Abfangjäger Su-30, der als Su-30 M (Exportausführung Su-30 MK; zur ILA 94 in Berlin gezeigt) auch die unterschiedlichsten Bodenziele bekämpfen kann. Die Entwicklung des zur Betankung in der Luft eingerichteten Doppelsitzers begann 1988, und am 30. Dezember 1989 startete der Prototyp T-10 PU vom Werkflugplatz Irkutsk zum Erstflug.

Die Su-30 kann als Leitstand für den Gruppeneinsatz von Abfangjägern fungieren. Neben der eingebauten 30-mm-Kanone GSch-30 I lassen sich an 12 Aufhängepunkten 10 Luft-Luft- oder 6 Luft-Boden-Lenkwaffen oder 80 ungelenkte Flugkörper mit einer Gesamtmasse bis zu 8 t befestigen. Bodenziele können bis zu einer Entfernung von 120 km mit hochpräzisen Waffen bekämpft werden. Dazu zählen Ch-29 T und Ch-59 M (TV-Lenkung), Ch-31 (Antiradar), Ch-25 LD und Ch-25 L (Lasersuchkopf) sowie lasergelenkte Bomben KAB-500 KR. Zur Ausstattung gehören ein kohärentes-Doppler-Radar, ein optoelektronisches Zielgerät, Helmzielzuweisung sowie aktive/passive Störvorrichtungen gegen Radar- und Infrarotbereiche. Bei Suchoi sieht man das Aufgabengebiet für die Su-30 als zwischen dem der Su-27 und dem der Su-35 liegend. Den neuen Doppelsitzer sollen die Luftverteidigungsverbände im Norden Rußlands erhalten. Mit einem Su-30-Prototyp sind mehrere Nonstop-Flüge mit übergroßer Reichweite unternommen worden, so auf der Strecke Moskau – Komsomolsk – Moskau über 13440 km in 15 h 42 min.

Rumpf: kein eigentlicher Rumpf; integrale Bauweise mit hohem Anteil an Titanlegierungen; aufgesetzte Kabine mit hintereinanderliegenden Sitzen für Pilot und Navigator/Waffenoperateur, Luftbremse als Hecksteiß.
Tragwerk: Mitteldecker mit leicht negativer V-Form; vorn Pfeilung 40°; automatisch verstellbare Vorder- und Hinterkante; 5 Aufhängungen je Seite.
Leitwerk: doppeltes gepfeiltes Seitenleitwerk; gepfeiltes Seitenleitwerk.
Fahrwerk: einfach bereiftes Bugradfahrwerk.

Suchoi Su-35
Mehrzweckjäger

Neben den Versionen Su-27 K/Su-33 und Su-30/30 M/30 MK gibt es eine weitere zweisitzige Su-27-Ableitung – die in Nowosibirsk gebaute Su-34. Dieser zunächst als Su-27 IB (auch Su-27 KU) bezeichnete schwere Jagdbomber mit nebeneinanderliegenden Sitzen (Erstflug Prototyp 13. April 1990; Februar 1992 in Minsk mit voller Bewaffnung gezeigt: Ch-31 P, Ch-29 T, Ch-29 L, R-77, R-73, Bomben UAB-500 und KAB-1500; maximale Zuladung: 8,2 t; Erstflug Vorserienversion: 28. Dezember 1994) verfügt über Präzisionsnavigationsgeräte (wirkt mit Satelliten-Navigationssystem GLONASS zusammen), Radar im Bug für den automatischen Geländefolgeflug und im Heck für den Selbstschutz. Bis 1998 sollen etwa 12 Maschinen erprobt werden. Im Gespräch ist die Su-34 als Ersatz für den Frontbomber Su-24.

Als eigentlicher Su-27-Nachfolger jedoch gilt der zur ILA 94 in Berlin vorgeführte Einsitzer-Jäger Su-35 (Foto). Bis 1992 hieß die seit 1988 entwikkelte Version Su-27 M. Die der Su-27 weitgehend gleichende Zelle erhielt voll bewegliche Canards, einen ausfahrbaren Tankstutzen, stärkere Triebwerke und statt des analogen ein digitales Flugsteuerungssystem. Die Seitenleitwerke sind als Integraltanks ausgebildet. Mit dem völlig neuen Radargerät sollen die Geländedarstellung zum Bekämpfen von Bodenzielen und die gleichzeitige Verfolgung von 8 Luftzielen möglich sein. In einem weiteren Regime lassen sich 15 Luftziele – größte Reichweite 400 km – gleichzeitig verfolgen und 6 simultan bekämpfen. Mit rund 10 Versuchsmaschinen – darunter einigen aus der Vorserie (Werk Komsomolsk) – läuft die Erprobung, wozu auch Versuche gehören, nach hinten gestartete Luft-Luft-Raketen R-73 mit dem kleinen Heckradar zu leiten. Multifunktionsdisplays, Datenlink, Satellitenkommunikation und Helmvisier zählen zu den Merkmalen dieses zukünftigen russischen Top-Jägers. Er ist hauptsächlich für den Luftkampf über kürzere Entfernungen bestimmt. In der Zweitrolle soll er mit seinen Hochpräzisionswaffen diverse Bodenziele bekämpfen.

Gearbeitet wird an der Su-35 mit westlichen Komponenten für den Export sowie an der Ausführung mit Schubvektorsteuerung. Erprobt wird eine Ausführung mit rechteckigen und eine weitere mit runden Düsen, die in jede Richtung beweglich sind.

Suchoi Su-39 (Su-25 TK)
Panzerjäger

Nach der Entdeckung durch US-Satelliten über dem Testzentrum Ramenskoje im Jahre 1977 erhielt die bis dahin unbekannte Su-25 die Bezeichnung Ram-J. Inzwischen sind mehrere Versionen (einsitziges Schlachtflugzeug, bewaffnete und unbewaffnete Doppelsitzer-Trainer) entwickelt, z. T. exportiert und im Ausland ausgestellt worden. In den neuen Bundesländern waren bis zum Abzug der GUS-Truppen aus Deutschland zwei mit der Su-25 ausgerüstete Regimenter stationiert (Demmin, Brandis), die in Afghanistan eingesetzt worden waren. Die dort mit der Su-25 gewonnenen Erfahrungen – der Typ konnte optimal nur gegen Flächenziele verwendet werden – führten mit dazu, eine speziell gegen Panzer einzusetzende Version zu entwickeln.
Das erste von drei aus dem Doppelsitzer Su-25 UB umgebauten Erprobungsmuster flog im August 1984. Den im hinteren Kabinenteil frei gewordenen Raum (ursprünglich Platz des Fluglehrers) nutzten die Konstrukteure zum Unterbringen von zusätzlichem Kraftstoff sowie der umfangreicheren Ausrüstung. Völlig neue Bordapparaturen waren zu installieren: leistungsfähige Bordcomputer, bessere optoelektronische Systeme. Da der Pilot unter Gefechtsbedingungen Ziele am Boden höchstens bis zu einer Entfernung von 3 km sehen und auffassen kann – zudem die Maschine im Tiefflug führen und sich vor Angriffen schützen muß –, wurde ein 50 km weit reichendes TV-System eingebaut. Laut Chefkonstrukteur Wladimir Babak können damit am Tage und in der Nacht bei jedem Wetter echte Ziele (Panzer, Lkw) von unechten (Bäume, Gebäude) unterschieden werden. Der zum TV-System gehörende Infrarot-Zielfinder ist in einem Unterrumpf-Container untergebracht. Mit Knopfdruck wird ein Rahmen auf das Ziel gelegt, wonach der Teleautomat auch fahrende Ziele verfolgt, selbst wenn diese Richtung und/oder Geschwindigkeit ändern. Die Abschußentfernung der Panzerabwehr-Rakete beträgt 8 km, die Flugzeit etwa 12 s und die Zielgenauigkeit 0,5 m.
Der mit 16 Raketen zur Panzerabwehr, 4 Luft-Boden- oder Antiradar-Lenkwaffen bzw. Bomben und/oder Luft-Luft-Raketen zur Selbstverteidigung (Gesamtmasse: 4000 kg) und einer Zwillings-Kanone 30 mm (weitere in Containern möglich) bewaffnete Typ soll die Nachteile von Kampfhubschraubern vor allem im Geschwindigkeitsbereich und in der Flugweite ausgleichen.
Der Panzerjäger ist in verbesserter Form als Su-25 TK erstmals zur Airshow Dubai 91 gezeigt worden. Damals verfügten Rußlands Heeresflieger über 10 als Su-34 bezeichnete Maschinen. Die weiterentwickelte Exportversion Su-25 TK (intern Su-25 TM) wird vom Suchoi Design Bureau Moskau inzwischen als Su-39 bezeichnet (Foto, Skizze).

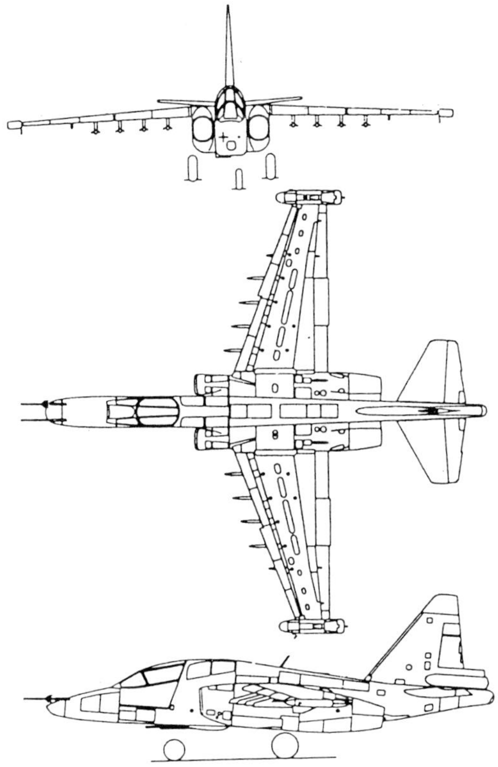

Rumpf: ovaler Querschnitt; sechseckiges Fenster für TV-System im Bug; Triebwerke an den Seiten; Hecksteiß mit IR-Sensoren, zahlreichen Antennen und Abschußvorrichtungen für Köderpatronen gegen IR-gelenkte Waffen; rechts neben Bugrad Kanone, dahinter Container mit IR-Zielfinder.
Tragwerk: Schulterdecker mit leicht gepfeilter Vorder- und gerader Hinterkante; je Seite 5 Aufhängungen; Spreizbremsen an Flügelenden.
Leitwerk: Normalbauweise in Trapezform.
Fahrwerk: Bugrad nach links versetzt (Kanone); Hauptträger in Triebwerkschächte einziehbar; alle Streben einfach bereift.

SCHWEDEN

SAAB-39 „Gripen" (JAS 39)
Mehrzweckjagdflugzeug

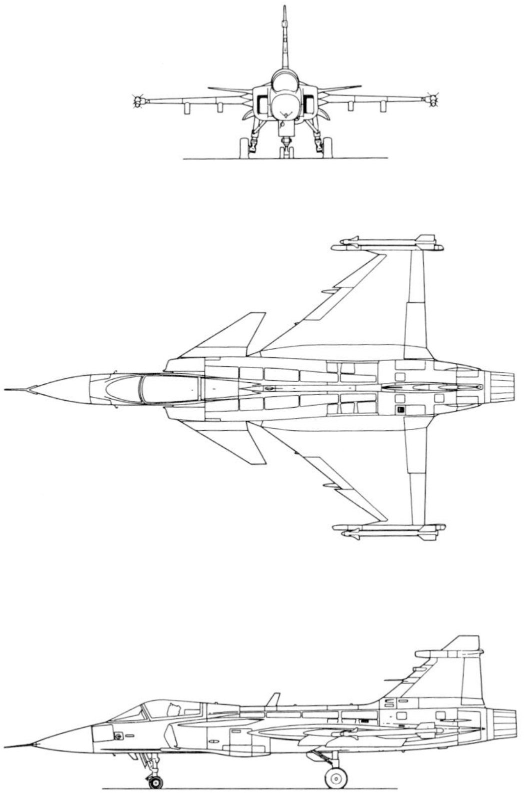

Bei Beginn der Projektphase für einen Nachfolger der schweren und teuren SAAB-37 „Viggen" (1980) wurde festgelegt, den neuen Typ als leichtes, in der Unterhaltung günstiges Mehrzweckflugzeug zu entwickeln. Im September des gleichen Jahres bildete sich die Industrie-Gruppe JAS (**J**akt – Jäger; **A**ttack – Jagdbomber; **S**paning – Aufklärer) mit den Firmen SAAB-SCANIA (65%), Volvo-Flygmotor, Ericsson Radar Electronics und FFV Aerotech. Nach dem Regierungsvertrag vom 30. Juni 1982 über den Bau von 5 Prototypen und 30 Serienmaschinen (1. Los) legte ein Wettbewerb den Namen „Gripen" (Greif) fest.
Der 1. Prototyp 39-1 (Erstflug 9. Dezember 1988) verunglückte am 2. Februar 1989 bei der Landung nach dem 6. Testflug. Bis zum 15. Februar 1993 hatten die 5 Prototypen insgesamt 825 Flüge absolviert, und am 10. September 1992 begann die 1. Serienmaschine 39.101 die Flugerprobung. Gleichzeitig liefen Tests mit den Raketen Rb 15 und Rb 75 „Maverick" an. Im Jahr darauf kamen die ersten Maschinen zur Truppe. Nach dem Absturz der 39.102 am 8. August 1993 wurde die Steuerungssoftware verbessert.

Die bis 1996 auszuliefernden 30 SAAB-39 gehen an das F 7 Wing in Satenäs, während mit dem 2. Los (110 „Gripen"; darunter 14 Doppelsitzer JAS 39 B; Erstflug für 1996 erwartet, zur Truppe ab 1998) bis 2002 16 Staffeln ausgerüstet werden sollen. Der schwedische Gesamtbedarf wird mit 300 SAAB-39 angegeben. Primär ist die Maschine für die Abfangjagd ausgelegt (Standard-Kombination: Mauser-Kanone 27 mm, 6 Luft-Luft-Raketen plus Zusatztank). Für Jagdbomber- oder Aufklärungsmissionen sind Avionik und rechnergestützte Kampfelektronik vorprogrammiert. Anzuhängen sind die entsprechende Bewaffnung bzw. Container, und der Pilot hat den Einsatzmodus zu wählen. Der um 0,5 m längere Doppelsitzer-Trainer SAAB-39 B soll für die Aufklärung sowie weitere Gefechtsaufgaben (so elektronischer Kampf; dazu Störbehälter oder andere spezielle Außenlasten) geeignet sein.

Rumpf: besteht zu etwa 30% aus Kohlefaser-Verbundwerkstoffen; Lufteinläufe seitlich der Druckkabine; O-O-Schleudersitz Martin-Baker S 10 LS. Aufhängung für Kraftstoff-Zusatzbehälter.
Tragwerk: Mitteldecker; Kombination Delta-Flügel, voll bewegliche Canards mit Fly-by-wire-Steuerung; kombiniertes Quer- und Höhenruder. 6 Waffenstationen.
Leitwerk: Seitenflosse mit Ruder und Kielflosse.
Fahrwerk: einziehbar, Zwillingsräder am Bug, einfache Räder am Hauptfahrwerk.

SAAB-340 AEW
Luftgestütztes Aufklärungssystem

Von dem erfolgreichen Regionalverkehrsflugzeug SAAB 340 betrieb die Luftwaffe Schwedens eine VIP-Maschine als Tp. 100. Dieser Flugzeugtyp diente als Basis für das 1992/93 vom schwedischen Luftwaffenmaterialamt in Auftrag gegebene luftgestützte Aufklärungssystem SAAB-340 AEW (**Air**borne **E**arly **W**arning and Controll – luftgestütztes Frühwarn- und Kontroll-System). Nach der Erprobung sollen 6 Maschinen ab 1997 in das taktische Kommandosystem der Luftverteidigung des Landes (Seeüberwachung) eingegliedert werden. Dafür liefert Ericcson Radar Electronics 6 komplette Radaranlagen vom Typ PS 890 (ERIEYE Seitensichtradar im S-Band). Dieses System ist ab 1990 in einer Fairchild „Metro III" erprobt worden. Nach Ansicht von Fachleuten bietet die starre, phasengesteuerte Antenne des ERIEYE gegenüber einer drehbaren eine höhere Abtastfrequenz (Reichweite bei Jets 350 km, bei Marschflugkörpern 150 km).
Die erste SAAB-340 AEW begann am 17. Januar 1994 die Flugerprobung. Zur Aufnahme des starren Radars ist der Rumpf des Flugzeuges verstärkt worden. Eine 60-kW-Hilfsgasturbine im Heck dient der Stromversorgung. Der Gepäckraum nimmt einen Wärmeaustauscher für die Kühlung der Elektronik auf.

Rumpf: konventionelle Halbschalenbauweise; Einstiegtür vorn links, Ladeluke links hinten; auf 5 Streben befestigter Radar-Balken; Hecksteiß und 2 große Strakes am Rumpfende.
Tragwerk: Freitragender Tiefdecker, positive V-Form, trapezförmig; Triebwerke aufgesetzt; Teile aus Kevlar bzw. Glasfiber.
Leitwerk: gepfeilt; stufenförmiger Übergang zum Rumpf, Höhenleitwerk positive V-Form; zum Ausgleich für den aerodynamischen Einfluß der 907 kg schweren Antenne vergrößerte Heckflossen.
Fahrwerk: doppelt bereiftes Bugrad in die Bugspitze, doppelt bereifte Haupträder in Triebwerkgondeln einfahrbar.

SAAB-2000
Regionalflugzeug

Den eigentlichen Anstoß zum Bau dieses schnellen Turboprop-Zubringers gab die Bestellung von CROSSAIR (Schweiz) im Jahre 1988 für 25 Maschinen sowie die Option für 20 bis 25 weitere. SAAB hatte den Typ in jenem Jahr auf der Basis ihrer erfolgreichen kleineren SAAB-340 konzipiert, und im Mai 1989 gab es das Go-ahead. Wenige Monate später begann der Bau des ersten von 3 Prototypen, dessen Flugerprobung am 26. März 1992 aufgenommen wurde. Trotz des verschärften Erprobungstempos ließ es sich SAAB nicht nehmen, der ILA 92 in Berlin mit dem neuen Flugzeug (SE-001) einen kurzen Besuch abzustatten. Der für 50 bis 58 Passagiere und 2 Flugbegleiter ausgelegte Commuter hat mehr Raum für Bordküche sowie Kabinengepäck-Staufächer als die SAAB-340.

Die steigschnelle, gegenüber Jets nur wenig langsamere SAAB-2000 ermöglicht bereits bei 50prozentiger Auslastung einen wirtschaftlichen Betrieb. Am Bau sind mehrere Länder beteiligt: CASA / Spanien (Tragflügel), Westland / Großbritannien (Rumpfheck), Valmet / Finnland (Leitwerk), SAAB / Schweden (80% des Rumpfes, Cockpit sowie Endmontage und Einfliegen in Linköping). Nach dem Urteil der Fachleute verbindet die SAAB-2000 den nur von Jets gewohnten Komfort mit der Wirtschaftlichkeit des Turboprop-Antriebes.
Einige Längsstabilitäts-Probleme verzögerten die Erprobungsphase, so daß CROSSAIR etwas später als geplant den Dienst mit der SAAB-2000 aufnehmen konnte. Dafür eröffnete die Deutsche BA im Sommerflugplan 1995 wie vorgesehen die neue Strecke Berlin – Riga mit der ersten von 5 bestellten SAAB-2000. Insgesamt lagen zum Zeitpunkt des Erstfluges der 1. Serienmaschine (SE-004; 17. März 1993) etwa 50 Bestellungen und 150 Optionen vor.

Rumpf: Halbschalenbauweise, weitgehend aus Metall; gleicher Durchmesser wie SAAB-340, Einstiegtür mit eingebauter Treppe links vorn, Frachtluke hinten;
Tragwerk: freitragender Tiefdecker; positive V-Form, trapezförmig, Triebwerke aufgesetzt.
Leitwerk: stufenförmiger Übergang des Seitenleitwerks zum Rumpf; Normalbauweise, Höhenleitwerk positive V-Form.
Fahrwerk: doppelt bereiftes Bugrad in Bugspitze, doppelt bereifte Haupträder in Triebwerkgondeln einziehbar.

SCHWEIZ

Pilatus PC-12
Mehrzweck- und Firmenflugzeug

Mit der Ausstellung einer Mahuette im Maßstab 1:1 kündigte Pilatus im Oktober 1989 zur National Business Aircraft Association in Atlanta (USA) die Entwicklung eines relativ großen einmotorigen Tiefdeckers mit Druckkabine und Einziehfahrwerk an. Neben 2 Piloten sollten 9 bis 14 Passagiere (Firmenflugzeug: 6 Sitze) oder 1400 kg Fracht zu befördern sein. Der erste Prototyp P.01 (HB-FOA) nahm am 31. Mai 1991 die Flugerprobung auf, der 2. (HG-FOB) am 28. Mai 1993. Der Schweizer Zulassung folgte 1993 die der USA. Der 2. Prototyp flog bereits mit neuem Flügel (Erprobungs-Ergebnis mit der 1. Maschine) sowie Druckkabine. 1994 begann der Serienbau von 28 Maschinen. 25 waren davon fest bestellt, darunter auch von Australiens Flying Doctor Service.
Die PC-12 (Schreibweise in der Schweiz: PC XII) wird in folgenden Ausführungen angeboten:
Corporate Commuter: 9 Einzelsitze.
Combi: 4 Einzelsitze, Frachtraum 5,95 m^3.
Executive: Geschäftsreiseflugzeug mit 5 Einzelsitzen und 3 Tischen.
Frachter: 9,34 m^3 Frachtraum.
Für den militärischen Einsatz ist die Aufnahme von 14 Fallschirmspringern möglich. Es lassen sich Krankentragen sowie andere spezielle Ausrüstungen einbauen.
Gerechnet wird für die nächsten 15 Jahre mit einem Gesamtbedarf von bis zu 870 PC-12, wovon 60% in die USA und nach Kanada gehen werden.

Rumpf: Ganzmetallkonstruktion in Halbschalenbauweise mit Elementen aus Kevlar und Glasfiber; Einstiegtür (vorn links) mit eingebauten Stufen nach unten klappbar; große Ladeluke hinten links, kleine Stabilisierungsflächen am Heck.
Tragwerk: trapezförmiger Tiefdecker, leicht V-förmig, mit Winglets.
Leitwerk: freitragend, T-förmig.
Fahrwerk: Bugrad in den Rumpf, Haupträder in die Tragflügel einziehbar; alle Streben einfach bereift.

SÜDAFRIKA

Atlas CSH-2 „Rooivalk“
Kampfhubschrauber

Die Kampfhandlungen der 80er Jahre gegen SWAPO-Stützpunkte in Angola und die Erfahrungen mit deren Luftabwehr („Alouette II“ und „Puma“ waren ihr nicht gewachsen) hatten Südafrikas Luftwaffe veranlaßt, einen modernen Kampfhubschrauber zu fordern. Er sollte stark bewaffnet und sehr leise sein, dabei über beste Manövrierfähigkeit und Tiefstflugeigenschaften (5 bis 15 m) verfügen.
Die Entwicklung zu diesem XH-2, nun CSH-2 (**Com**bat **S**upport **H**elicopter) genannten Typ auf der Basis der SA-330 „Puma“ verlief in mehreren Etappen. Den ersten Schritt bildete der Technologie-Demonstrator XH-1. Diese umgebaute „Alouette III“ mit Tandemsitzen und Bugturmkanone nahm am 2. Februar 1985 die Flugerprobung auf. Nach diesen Erfahrungen wurden 1986 2 „Puma“ modifiziert: die XTP-1 mit verstärktem Antrieb, Stummelflügeln sowie Baugruppen aus Kompositwerkstoffen und die XTP-2 mit elektronisch/optischer Ausrüstung sowie unterschiedlichen Luft-Boden-Waffen.
Für den eigentlichen Kampfhubschrauber CSH-2 übernahmen die Konstrukteure die dynamischen Komponenten der SA-330 „Puma“, aber nicht deren Triebwerksanordnung. Eigenentwicklungen sind Rumpf, Waffensysteme sowie Elektronik. Den beiden Prototypen XDM (**Ex**perimental **D**evelopment **M**odel; Erstflug 11. Februar 1990; Erprobung unterschiedlicher Vertikal-Stabilisatoren) und AMD (**A**dvanced **D**evelopment **M**odel; Erstflug 16. März 1992; Test der volldigitalisierten Avionik und Bewaffnung) soll der dritte (EDM – **E**ngineering **D**evelopment **M**odel; bereits mit voller Ausrüstung) im Mai 1996 folgen. Für 1996/97 wird die Lieferung der 16 Serienmaschinen für Südafrikas Luftwaffe erwartet.

Rumpf: abgestufte Besatzungskabine, Doppelsteuerung, vorn Pilot, hinten Bordschütze; beweglich gelagerter Sensorbehälter mit Infrarot-Sichtgerät, TV-Kamera und Laser für Entfernungsmessung sowie Zielmarkierung in Bugnase; darunter schwenkbare 20-mm-Kanone GAF-1 oder 30-mm-Kanone DEFA; Stummelflügel zur Aufnahme der Bewaffnung (z. B. Behälter mit ungelenkten 68-mm-Raketen, 4 80-mm-Panzerabwehrlenkraketen und 2 Luft-Luft-Lenkwaffen V3 B Kukri zur Selbstverteidigung).
Tragwerk: vierblättrige Tragschraube.
Leitwerk: fünfblättrige Heckschraube (3,04 m Durchmesser) rechts; Stabilisierungsfläche unter Heckträger.
Fahrwerk: nicht einziehbares, an allen Rädern einfach bereiftes Heckradfahrwerk.
Foto: Motor-Presse International

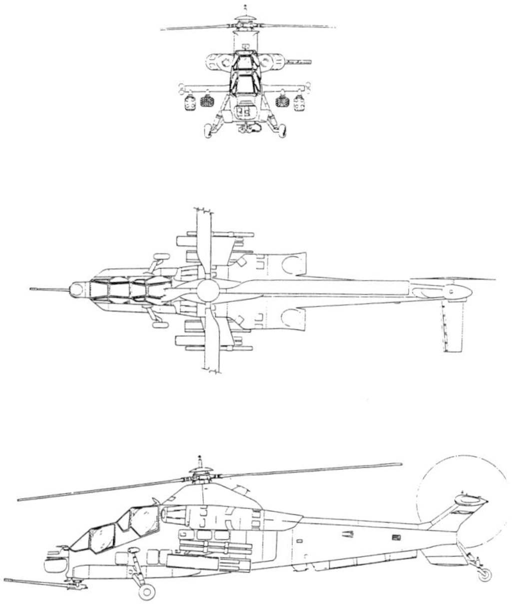

TSCHECHIEN

Aero L-139
Schul- und Übungsflugzeug

Das Flugzeugwerk Aero in Vodochody nordwestlich Prags war im Warschauer Pakt auf die Produktion von Strahltrainern spezialisiert. Hauptabnehmer war die UdSSR, aber auch die anderen Staaten des Paktes sowie die Länder der Dritten Welt nahmen beträchtliche Stückzahlen ab. Insgesamt mehr als 3500 L-29 „Delfin" sowie über 2800 des Nachfolgers L-39 „Albatros" verließen die Werkhallen. Diesen Umfang wird die Produktion der Weiterentwicklung L-39 MS/L-59 bei weitem nicht erreichen: Der Zusammenbruch des östlichen Machtbereichs, die politische und wirtschaftliche Lage in der Welt sowie die Trennung der Tschechoslowakei in zwei Staaten trugen dazu bei, daß sich der Kundenstamm stark reduzierte (1993 erhielt die tschechische Fliegerschule die ersten 5 L-59, Ägypten bezieht seit 1993 48 L-59 E – E für Egypt, und Tunesien bestellte 12 L-59).

Um neue Märkte zu gewinnen, entwickelte Aero Vodochody die Ausführung L-139 mit kompletter West-Avionik (Bendix/King) sowie Garrett-Triebwerk TFE 731-4 (Schubleistung 17,9 kN). Die Verbindung wurde im Juni 1991 fixiert, und am 10. Mai 1993 nahm der Prototyp die Flugerprobung auf. Erstmals öffentlich vorgeführt wurde er (5001) zum Luftfahrtsalon 1993 in Le Bourget. Ursprünglich sollte das Muster im amerikanischen JAPS-Wettbewerb angeboten werden.

In Tschechien gibt es Vorstellungen, die 64 MiG-23 der Luftwaffe aus Kostengründen durch L-139 oder durch die einsitzige Version L-159 zu ersetzen. Von den gegenwärtigen Haupttypen MiG-21, MiG-23, MiG-29 und Su-25 ist der Schwenkflügler MiG-23 die kostenintensivste Maschine (1 Flugstunde 6900 US-Dollar, L-139: 800 bis 1000 US-Dollar; durchschnittliche Flugzeit eines tschechischen Militärpiloten: 50 h/Jahr – NATO-Pilot: 200!).

Der Grundaufbau der L-39/59 ist für die L-139 beibehalten worden. Neben der 23-mm-Zwillingskanone GSch-23 mit 150 Granaten in dem flachen Unterrumpfbehälter lassen sich an vier Flügelstationen außer je eine Bombe á 250 kg und innen á 500 kg befestigen. Möglich sind aber auch 6 × 250 kg oder Kombinationen, wozu Aufklärungscontainer sowie 350-l-Zusatzbehälter für Kraftstoff oder IR-Raketen Luft-Luft zählen. Zur Ausbildung werden der Flugsimulator TL-139 sowie der Katapulttiertrainer NKTL-139 angeboten. Der einsitzige Jagdbomber L-159 erhält ein Triebwerk AlliedSignal F 124-100 mit 28 kN Startschub. Die Waffenzuladung soll 2450 kg betragen, und der Erstflug ist für 1996 vorgesehen. Der tschechische Bedarf wird mit 70 L-159 angegeben.

Rumpf (L-139): Ganzmetall-Halbschalenbauweise; Druckkabine mit Tandem-Schleudersitzen VS-2 A und Head-up-Display; getrennte Kabinendächer nach rechts klappbar; große Wartungsluken über gesamten Bug; 1100-l-Kraftstoffbehälter hinter Kabine.
Tragwerk: freitragender, ungepfeilter Tiefdecker; feste Tragflügelendtanks je 100 l (Zusatzbehälter unter den Flügeln: 4 × 150 l oder für Überführung 4 × 350 l).
Leitwerk: freitragende Normalbauweise in Ganzmetall, Höhenleitwerk auf Rumpfoberseite.
Fahrwerk: einziehbares Bugradfahrwerk, einfach bereift; alle Fahrwerkbeine als Schwinggabeln.

UKRAINE

Antonow An-70/An-77
Frachtflugzeuge

Die UdSSR bestellte den Transporter An-70 als Ersatz für die militärischen und zivilen An-12 sowie als Ergänzung zur Il-76 bei Antonow (Kiew). Der Typ gilt als Pendant zum geplanten Euroflag FLA (**F**uture **L**arge **A**ircraft). Forderungen waren: Wirtschaftlichkeit bei hoher Fluggeschwindigkeit; kurze Start- und Landestrecken, autonomer Betrieb mit bordeigenen Befrachtungsanlagen. So wurde die An-70 für einen autonomen Flugbetrieb über 30 Tage auf unbefestigten Plätzen ausgelegt. Für die typische Aufgabe, 20 t Fracht zu befördern, reichen 600 bis 800 m lange, unbefestigte Flächen aus.

Trotz der veränderten politischen Lage bleibt die Zusammenarbeit der beteiligten Werke in Rußland, Usbekistan und in der Ukraine bestehen. Rußland gilt als Haupt-Geldgeber und -Abnehmer.

Die Planung sieht bis zum Jahre 2007 etwa 500 An-70 vor (gemäß Finanzierungsanteil: 80% für die Luftwaffe Rußlands, 20% für die der Ukraine). Am 20. Januar 1994 rollte der neue Transporter erstmals aus der Montagehalle in Kiew. Der Erstflug fand am 16. Dezember 1994 statt (28 min; erster Flug einer ausschließlich von Propfans angetriebenen Maschine). Der ukrainischen Kabinettsverordnung vom 4. Februar 1995 über die Aufnahme der Serienproduktion im Kiewer Staatsflugzeugwerk (KiGAS) folgten am 8. und 9. Februar 1995 weitere Tests. Während des 4. Fluges (10. Februar 1995) stürzte die An-70 durch Kollision mit dem Begleitflugzeug An-72 W ab. Alle sieben Besatzungsmitglieder fanden den Tod, die schwer beschädigte An-72 W konnte landen. Das bereits hinter dem Zeitplan liegende Projekt wurde dadurch um mindestens ein Jahr verzögert. Die Erprobung wird mit dem 2. Prototyp fortgesetzt. Vorgesehen ist die Maschine als militärischer (An-70) und als ziviler (An-70 T; Unterschiede in Elektronikausrüstung und Besatzung) Transporter mit einer Abflugmasse von 100 bis 130 t. Der druckbelüftete Frachtraum (mit Rampe 22,4 m lang; Abmessungen ohne Rampe: 18,6 m × 4,0 m × 4,1 m) nimmt bis zu 30 t Nutzlast auf.

Als An-77 gilt eine Version mit teilweise westlicher Ausrüstung für den Export, die u. a. dem britischen Verteidigungsministerium als Ersatz für die C-130 „Hercules" angeboten werden soll.

Rumpf: hochgezogenes Heck mit sehr weit nach oben reichender Ladepforte, Wülste für das Fahrwerk; je Seite 4 höhenversetzte Türen; 25% Anteil von Kompositwerkstoffen am Gesamtkonstruktionsvolumen (Baugruppen damit insgesamt um 15 bis 20% leichter).
Tragwerk: freitragender Schulterdecker; Vorflügel, Landeklappen, Interzeptoren und Querruder aus Kompositwerkstoffen. Alu-Lithium-Legierungen und Titan an besonders belasteten Verbindungen. Flügel großer Streckung mit verdickten superkritischen Profilen; sehr starke Landehilfen durch Klappen und Spoiler.
Leitwerk: Normalbauweise, Höhen- und Seitenleitwerk völlig aus Kompositwerkstoffen.
Fahrwerk: Bugrad doppelt bereift, wagenförmiges Hauptfahrwerk mit 3 Radpaaren je Seite.

USA

Beechcraft „Beechjet 400 A" / T-1 A „Jayhawk"
Reiseflugzeug/Trainer

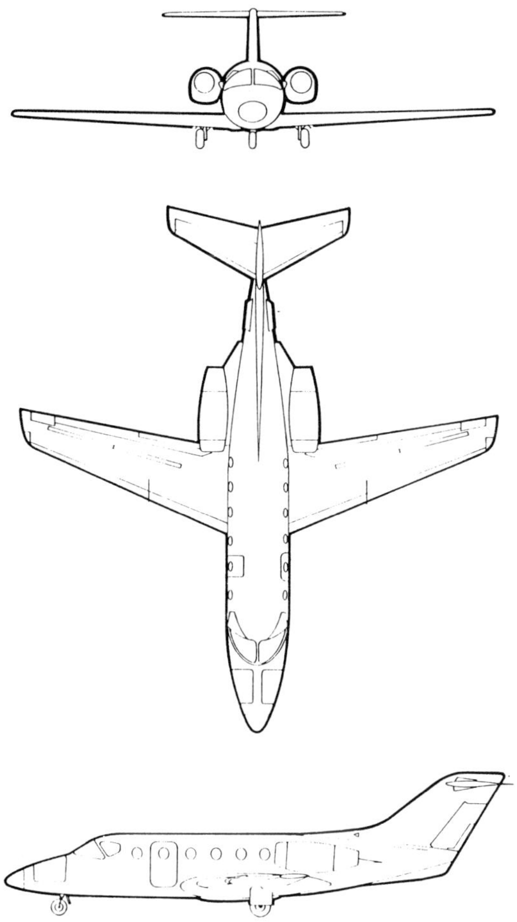

Beechcraft übernahm 1985 von Mitsubishi die Rechte für die in Japan in nur 11 Einheiten gefertigte „Diamond II". Als „Beechjet 400" rollte die erste Maschine in den USA am 19. Mai 1986 vom Band. Neben dem Piloten finden bis zu 8 Passagiere Platz. Als „Beechjet 400 A" (Foto, Skizze) erschien im November 1989 eine Version mit verlängerter und komfortablerer Kabine sowie verbesserter Avionik. Die Auslieferung begann im November 1990. Bis 1992 sind 64 „Beechjet 400" und 29 400 A verkauft worden, und im April 1995 rollte die 100. Maschine vom Band.
Von der „Beechjet 400 A" leitete Beechcraft die Militärversion T-1 A „Jayhawk" als Trainer für Besatzungen von Bombern und Tankern ab. Die Änderungen betreffen neben der speziellen Trainer-Ausrüstung vor allem folgende Details: stärkerer Schutz der Cockpitverglasung vor Vogelschlag; robusteres Fahrwerk; Übergang zur Einpunktbetankung.
Erstmals flog eine T-1 A am 5. Juli 1991, und im September 1992 wurde auf der AFB Reese die erste Staffel mit diesem Typ in den Dienst gestellt. Anfang Januar 1995 ist die 100. der 180 bestellten T-1 A ausgeliefert worden. Sie ging an die Vance AB bei Enid (Oklahoma). Damit hat die 4. Einsatzbasis den Typ erhalten. Der Gesamtbedarf der USAF wird mit 211 T-1 A angegeben. Die japanische Luftwaffe bestellte von dem Typ vier Maschinen als leichte Transporter und Trainer (Bezeichnung: T-400). Eine T-400 wurde 1994 abgeliefert. Gerechnet wird mit der Bestellung von 6 weiteren Maschinen.

Rumpf: Doppelsteuerung; 6, 7 oder 8 Sessel und 2 Tische; Pantry; Einstiegtür mit Klapptreppe links; Gepäckräume in Kabine und dahinter; Triebwerke beidseits des Rumpfes zwischen Flügel und Leitwerk.
Tragwerk: freitragender Tiefdecker in Ganzmetall.
Leitwerk: freitragende Normalbauweise in T-Form; gepfeilt, Ganzmetall.
Fahrwerk: Bugrad in den Rumpf, Haupträder in die Flügel einziehbar; einfach bereift.

Bell 230/430
Leichte Mehrzweckhubschrauber

Weltweit sind bis 1994 etwa 32000 Hubschrauber mit dem Firmenzeichen Bell ausgeliefert worden, davon rund 9000 für kommerzielle Zwecke. Nach einem Regierungsabkommen von 1983 verlegte die Bell Helicopter Textron Inc. im Jahre 1987 einen Teil der Produktion nach Montreal-Mirabel (Kanada). Dort wird auch das Modell Bell 230 hergestellt. Damit wird die Bell 222 ersetzt, von der nur 184 Einheiten hergestellt worden sind. Die ersten beiden Bell 230 – umgebaute Bell 222 – nahmen 1991 die Flugerprobung auf (C-GEXP: 12. August; C-GBLL: 3. Oktober). Kanada erteilte die Transportzulassung am 12. März 1992, am 23. Mai 1992 startete die erste Serienmaschine C-GAHJ zum Erstflug. Seit November 1992 wird das Modell ausgeliefert.
Während die ersten 50 Bell 230 noch Allison-Triebwerke erhielten, wurden die folgenden Maschinen mit Textron-Lycoming LTS-101 ausgerüstet. Ab Hubschrauber Nr. 15 wird das Vibrationsunterdrükkungssystem LIVE (**L**iquid **I**nertial **V**ibration **E**limination – funktioniert auf Flüssigkeitsbasis) eingebaut.
In der Standard-Ausführung wird die Bell 230 mit 8, 9 oder 10 Sitzen und entsprechend verändertem Gepäckraum angeboten. Sie eignet sich für den Personen- und Frachttransport ebenso wie für den Polizei-Einsatz. Die EMS-Version (**E**mergency **M**edical **S**ystem – Notfallhelicopter) verfügt über eine medizinische Einrichtung und hat bruchsichere Kraftstofftanks sowie selbstdichtende Kraftstoffleitungen. Chiles Marine bestellte eine SAR-Ausführung mit Radar im verlängerten Bug (Foto). Sie ist für Deckslandungen geeignet. 1994 ist die Version Bell 430 (Vierblatt-Rotor aus Kunststoff, Fenestron-Heckrotor, um 0,45 m verlängerter Rumpf, stärkere Triebwerke Allison 240-C 40) abgeleitet worden (Erstflug: 25. Oktober 1994; Startmasse 3900 kg, maximale Nutzmasse 1550 kg).

Rumpf: Halbschalenbauweise; Doppelsteuerung, 3 bis 4 Sitzreihen in Flugrichtung; je Seite 2 Türen; Triebwerke über dem Dach; beidseits Verdickung an Rumpfunterseite.
Tragwerk: Zweiblatt-Tragschraube aus Metall.
Leitwerk: Zweiblatt-Ausgleichsrotor links; Höhenstabilisierungsflosse am Rumpf.
Fahrwerk: wahlweise feste Kufe mit nach außen gewölbten Verstrebungen; festes oder einziehbares Bugradfahrwerk mit einfacher Bereifung; Notsporn.

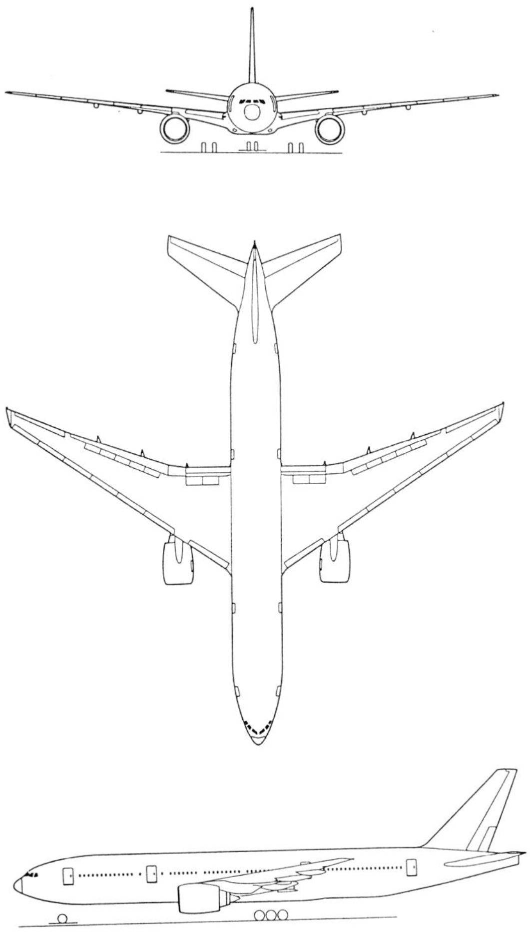

Boeing 777 „Triple Seven" Verkehrsflugzeug

Als Antwort auf die Reihe Airbus 330/340 begannen 1990 bei Boeing die Projektarbeiten am Typ 767 X. Dieser Nachfolger der 767-300 hatte am 9. April 1994 als Boeing 777 im Endmontagewerk Everett seinen Rollout und am 12. Juni 1994 seinen Erstflug (mit 2 Triebwerken Pratt & Whitney PW 4084). Nach der Erprobung von 7 Maschinen begann im Mai 1995 der Liniendienst bei United Airlines. Noch vor dem Erstflug lagen 147 Bestellungen und 108 Optionen von 17 Firmen aus 4 Kontinenten vor.
Die 777 wird mit 3 verschiedenen Triebwerkstypen sowie mit starren oder hochklappbaren Tragflügel-Ende angeboten (weniger sperrig auf überfüllten Flughäfen: Spannweite von 60,2 m auf 47,3 m verringert). Wählbar ist die Bestuhlung zwischen 6 und 10 Sitzen in einer Reihe. Geplant sind 18 Modifikationen für den Mittel- und/oder Langstreckenbereich.
Die Boeing 777 gilt als größter zweistrahliger Verkehrsflieger (der erste für bis zu 400 Passagiere), und sie wird vom Hersteller als „modernstes Flugzeug der Welt" bezeichnet. Trotz Fly-by-wire-System ist die altmodische Steuersäule auf Pilotenwunsch dennoch geblieben.
Für den Bau des neuen Typs schloß sich Boeing mit den japanischen Mammut-Konzernen Mitsubishi, Fuji und Kawasaki zusammen. Diese liefern rund ein Drittel aller Komponenten. Das Flugzeug mit Zwei-Mann-Cockpit ist erstmals völlig am Computer konstruiert worden, ohne Papierskizzen und reale Modelle.

Rumpf: Schalenbauweise unter starker Verwendung von Verbundwerkstoffen (Heck, Zwischenböden); runder Querschnitt.
Tragwerk: Mitteldecker mit Vorflügel, Landeklappen, Querrudern und hängenden Triebwerken; starke Pfeilung; Teile aus kohlefaserverstärktem Kunststoff (9%); Enden wahlweise hochklappbar ausgeführt.
Leitwerk: freitragende Normalausführung; Seitenleitwerk in Verbundbauweise.
Fahrwerk: einziehbar, Zwillingsräder an allen Streben; 6 Räder an jedem Hauptfahrwerksbein.

Boeing / Northrop / Grumman E-8 „Joint Stars" Gefechtsfeldüberwachungsflugzeug

Das bis Ende Mai 1991 in rund 1010 Exemplaren gefertigte Verkehrsflugzeug Boeing 707 (ohne die Tanker-/Frachterserie KC/C-135) ist mehrmals als Basis für militärische Ableitungen verwendet worden. Dazu zählen die VIP-Maschinen VC-137 (3 707-120, 2 707-320 B) ebenso wie die AWACS E-3. Weltweit gab es 1992 bei 27 Luftwaffen insgesamt 198 Boeing 707 der Baujahre 1954 bis 1992, die als elektronische Plattformen unterschiedlicher Ausstattung dienten.
Am 19. Februar 1987 flog mit der E-6 A „Hermes" erstmals ein spezielles Flugzeug für die Langstrecken-Kommunikation mit den nuklear bestückten Trident-U-Booten der US Navy. Insgesamt 16 dieser mit 2 Cockpitbesatzungen (je 4), einem Fernmeldeoffizier sowie 5 Systemoperateuren versehenen E-6 A sind von 1987 bis 1992 ausgeliefert worden.
Die bisher letzte Ausführung der langen 707-Reihe stellt ein Typ dar, der als fliegender Gefechtsstand, Gefechtsfeldüberwachungs- und Aufklärungsflugzeug zu bezeichnen ist. Die Idee für einen solchen Typ entstand 1973 bei Northrop/Grumman während der Kriegsereignisse im Nahen Osten. Die technische Entwicklung im Verlaufe der 80er Jahre sowie intensive Absprachen mit den Militärs führten bis September 1985 zum Programm „Joint STARS" (Joint **S**urveillance **T**arget **A**ttack **R**adar **S**ystem – soviel wie: verbundenes Radarsystem zur Überwachung und Zielzuweisung). Die Aufgabe besteht – grob gesagt – darin, vor allem mittels Radar einen sehr großen Geländeabschnitt zu überwachen, alle Daten (z. B. erfaßte Flugplätze, Luftfahrzeuge, Startstellungen von Raketen, Fahrzeugkolonnen, Artillerie) zu bearbeiten, zu speichern und gleichzeitig den handelnden Formationen von Luftwaffe und Heer in Echtzeit zu übermitteln.
Die erste von zwei umgebauten Boeing 707-320 C nahm am 22. Dezember 1988 die Flugerprobung als E-8 A auf. Am 17. Dezember 1990 kam die Einsatzanweisung, und am 12. Januar 1991 landeten die beiden Maschinen in Saudi-Arabien. Ihre Einsatzergebnisse während des Golfkrieges 1991 führten dazu, die beiden Prototypen im Dezember 1993 zu komplettieren und nach einer Vorserienmaschine 18 vervollkommnete Einheiten als E-8 C zu bestellen. Sie basieren auf der Boeing 707-300 und werden von Northrop/Grumman mit der modernsten Technik ausgestattet. Jede Maschine hat 18 Arbeitsplätze. An 17 Konsolen sitzen die Operateure zur Gefechtsfeldüberwachung (auch für SAR-Zwecke eigener Flugzeuge), die 18. Konsole dient der Navigation/Selbstverteidigung der Maschine. Die normale Einsatzdauer beträgt 11 h, beim Nachtanken in der Luft fliegt die E-8 20 h. Die Cockpitbesatzung (3) wird bei Langstreckenflügen verdoppelt, die Anzahl der Operateure von 18 auf 28 erhöht.

Rumpf: Ganzmetallbauweise mit elliptischem Querschnitt; Radarantenne zwischen Bugrad und Tragflügelvorderkante; Topf-Antenne im Rumpfhinterteil.
Tragwerk: freitragender Tiefdecker in Ganzmetall; hängende Triebwerke.
Leitwerk: freitragende Normalbauweise.
Fahrwerk: einziehbar; Zwillingsräder am Bud, Fahrwerksschlitten mit je vier Rädern an Hauptstreben.

Cessna „Citation X“ Firmenflugzeug

Exakt 177841 Flugzeuge hat die Cessna Aircraft Company bis zum Dezember 1992 produziert, und weitere 5477 Bestellungen lagen per 1. Januar 1993 vor. Zum Firmenprogramm gehört die Familie der Citation Jets, die inzwischen immer größer geworden ist und von der es auch militärische Ableitungen gibt (Beispiel: „Citation II“, Erstflug 31. Januar 1977 – leichter Transporter und Trainer T-47 A für die US Navy). 1993 ist die 2000. „Citation“ ausgeliefert worden.
Mit der Cessna 750 „Citation X“ sollte eine neue Qualität im Bereich der Firmen-Jets erreicht werden. Nonstop ist damit in den USA von Küste zu Küste zu fliegen: mit der höchsten Reisegeschwindigkeit aller Zivilflugzeuge außer der „Concorde“. Entwicklungsbeginn war im Oktober 1990. Das Triebwerk wurde ab 21. August 1992 an einer „Citation VII“ (N 650) getestet, und Rollout der ersten Citation X war am 15. September 1993. Die Flugerprobung begann am 21. Dezember 1993 (Jungfernflug der ersten von drei Erprobungsmaschinen), und die Auslieferung ist ab 1995/96 vorgesehen. Neben 32 Festbestellungen gab es 1994 weitere Optionen.

Rumpf: Querschnitt kreisförmig; Übernahme von Teilen früherer Versionen, so Cockpit und Rumpfvorderteil von „Citation IV“; Doppelsteuerung; 8 Sessel; erste Cessna-Maschine mit servounterstützter Flugsteuerung.
Tragwerk: freitragender Tiefdecker: gegenüber früheren „Citation“-Versionen völlig neu entwickelt, Pfeilung 35° („Citation“ III, VI, VII: 25°).
Leitwerk: freitragend, Normalbauweise in T-Form; gepfeilt.
Fahrwerk: einziehbares Bugradfahrwerk; alle Fahrwerkbeine mit Doppelreifen.

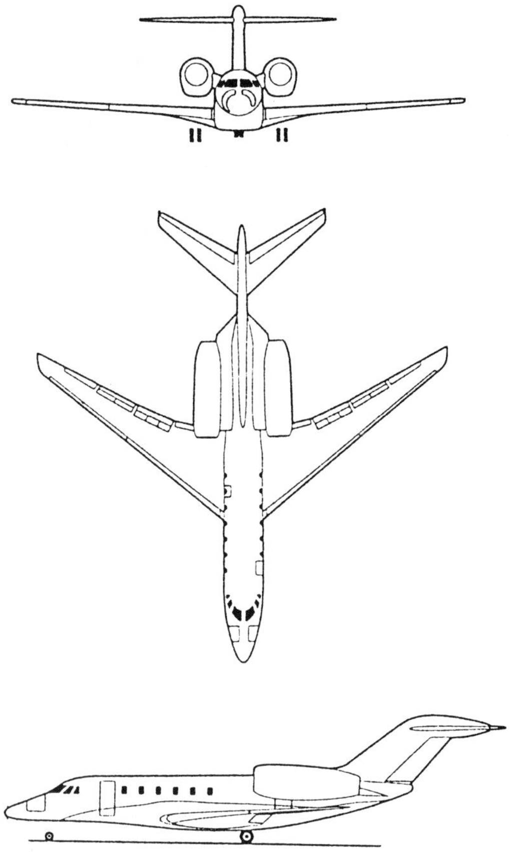

Learjet 31 A/60 Firmenflugzeuge

Seit April 1990 gehört die Firma Learjet zur kanadischen Gruppe Bombardier. Das 1960 von Bill Lear gegründete Flugzeugwerk Swiss American Aviation Corporation übersiedelte 1962 als Lear Jet Corporation nach Wichita (Kansas) und hieß ab 1967 nach Übernahme von 60% der Aktien Gates Learjet Corp. (siehe Gates Lear Jet, S. 500). 1988 wurden die in Tucson (Arizona) ansässigen Betriebsteile nach Wichita verlegt. Hauptprodukt ist von Anfang an die Learjet, die weltweit mit über 1700 Einheiten als das populärste Geschäftsreiseflugzeug gilt.
Für den Bedarf der 90er Jahre entstanden die kleine Learjet 31 A (Erstflug 11. Mai 1987, bis 1993 70 geliefert, Foto), die 45 (Ablösemuster für 31 A, Erstflug 1995, ab 1996 Auslieferung, Rumpf um 2,85 m verlängert; 8 bis 10 Plätze, Startmasse 8,8 t, Spannweite um 2,5 m vergrößert, TFE 731 mit 15 kN Startleistung) und die Learjet 60. Dieser bisher größte und leistungsfähigste Typ der Reihe basiert auf der Learjet 55. Erstmals wurden damit bei Learjet 10 t Startmasse überschritten. Gegenüber dem Vorgänger ist die Maschine komfortabler eingerichtet. Sie nimmt maximal 10 Passagiere auf. Der auf den neuen Standard umgebaute Prototyp Learjet 55 begann am 18. Oktober 1990 die Flugerprobung, und am 13. Juni 1991 startete er erstmals mit den gestreckten Flügeln sowie mit Triebwerken PW 305. Die erste Learjet 60 aus der Serie flog ab 15. Juni 1992, und die ersten von 30 bestellten Maschinen wurden im Januar 1993 abgeliefert.

Rumpf: spitzer Bug, stark verglastes Cockpit, Tür links vorn, links hinten Ladeluken; Kabinenboden gegenüber Learjet abgesenkt, damit durchgängige Stehhöhe 1,75 m; Kabine bei gleichem Rumpfdurchmesser um 1,09 m länger; große Stabilisierungsflächen unter Rumpfheck (Deltafinnen) von Learjet 55 übernommen. Doppelsteuerung, 4 EFIS-Bildschirme (EFIS – **E**lectronic **F**light **I**nstrument **Sy**stems – elektronische Bildschirmanzeigeinstrumente).
Tragwerk: freitragender Tiefdecker, Winglets.
Leitwerk: freitragendes T-Leitwerk, wie Learjet 55.
Fahrwerk: Bugrad einfach, Haupträder doppelt bereift.

Lockheed/Boeing F-22
Überlegenheitsjäger

Das 1983 konzipierte ATF-Programm (**A**dvanced **T**actical **F**ighter) sollte den F-15-Nachfolger bestimmen. Dazu sind je 2 Prototypen YF-22 (unter Federführung von Lockheed mit Boeing und General Dynamics) sowie YF-23 (von Northrop/McDonnell Douglas) getestet worden. Mit den Prototypen wurden auch zwei neue Triebwerks-Typen getestet. Erstflüge: 27. August 1990: YF-23 A mit 2 General Electric YF 120; 29. August 1990: YF-22 (N 22 YF) mit 2 YF 120 (1. Luftbetankung 26. 10. 1990 im 11. Flug); 30. Oktober 1990: YF-22 (N 22 YX) mit P & W YF 119.
Neueste Ausrüstung, Stealth-Eigenschaften, Marschgeschwindigkeit Mach 1,5 ohne Nachbrenner, Unterbringung der Raketen innerhalb des Rumpfes und Startmasse um 22700 kg waren einige Forderungen an das ATF.

Als „Jagdflugzeug zur Sicherung der Luftüberlegenheit für den weltweiten Einsatz" ist schließlich die F-22 bestimmt worden. Nach der Auswahlentscheidung des Pentagon vom 23. April 1991 erhielt die Firmengruppe Boeing den Auftrag zum Bau von 9 (7 Jäger F-2 A, 2 Trainer-Doppelsitzer F-22 B) weiteren Flugzeugen mit den Triebwerken F 119-PW-100 (geplanter Erstflug: Mai 1997). Am 25. April 1992 stürzte eine YF-22 ab, der Pilot konnte sich mit dem Schleudersitz retten. In Abhängigkeit von der wirtschaftlichen Lage schwanken die Angaben für das Gesamtprogramm von 648 bis 442. Ablieferungsbeginn soll 1998 sein, um ab 2004 die F-15 durch die F-22 ablösen zu können.
Die Elektronik der F-22 soll etwa doppelt so effektiv sein wie die der F-15, um den Piloten stärker zu entlasten. Fest eingebaut ist eine weiterentwickelte Revolverkanone im Kaliber 20 mm. Für die F-22 sind zahlreiche Komponenten der F-117 A übernommen worden. Gegenüber den beiden Prototypen gibt es bei den nächsten Maschinen äußerlich folgende Veränderungen: Spannweite von 13,10 auf 13,56 m erhöht, Vorderkantenpfeilung von 48 auf 42° verringert, Seitenleitwerk verkleinert und in der Höhe um 12 cm reduziert, Cockpit rückt leicht nach vorn, die Lufteinläufe wandern um 46 cm nach hinten. Die Gesamtlänge verringert sich von 19,5 auf 18,92 m.

Rumpf: Kabine aufgesetzt, seitliche Lufteinläufe, Mittelrumpf aus Verbundwerkstoff-Komponenten, hinten als Leitwerkträger überstehend.
Tragwerk: stark gepfeilter Schulterdecker.
Leitwerk: doppeltes Seitenleitwerk in V-Form angeordnet, alle Flächen stark gepfeilt.
Fahrwerk: Bugrad in Rumpfspitze, Haupträder in die Triebwerkschächte einziehbar; Einzelräder an allen Streben.

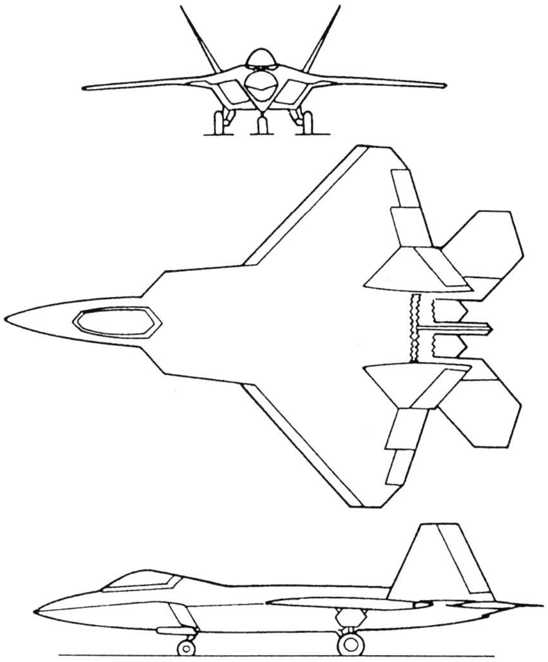

McDonnell Douglas C-17 A „Globemaster III"
Langstrecken-Schwerlast-Transportflugzeug

1981 gewann das Projekt C-17 den Wettbewerb für die C-141-Nachfolge. Durch politische Kontroversen konnte der Prototyp jedoch erst am 15. September 1991 die Flugerprobung aufnehmen. Der Name „Globemaster III" weist darauf hin, daß ihn bereits andere US-Militärtransporter trugen (C-74 „Globemaster", C-124 „Globemaster II"). Die Planung sah den Bau von 210 C-17 vor, Etatkürzungen reduzierten das Vorhaben auf 120. 1994/95 waren aber erst 40 Maschinen bestellt, Umrüstung der 1. Staffel mit C-17 A ab August 1993: 437 th WA/17 th AS, Charleston AFB, South Carolina.
Mit diesem Typ sollte das Air Mobility Command der USA ein „Arbeitspferd" erhalten, dessen Aufgabe im Rahmen des Kalten Krieges darin bestand, 10 Heeresdivisionen innerhalb von 10 Tagen aus den USA nach Europa zu verlegen. Die Änderung der weltpolitischen Lage bedingte eine verringerte Beschaffung (Ende 1994: 16 ausgeliefert, 24 geordert) und geänderte Aufgaben: Nun müssen großvolumige Frachten (z. B. 1 Panzer M-1 oder 3 Kampfhubschrauber AH-64 A, Paletten mit bis zu 49895 kg Gesamtmasse oder Einzelmassen von je 27215 kg, aber auch 150 Fallschirmjäger oder 202 Soldaten; Gesamtnutzmasse 80 t) an jeden Punkt der Erde befördert werden können. Die C-17 soll die Aufgaben der C-5/C-141 (schwere Lasten über strategische Distanzen) und der C-130 (Missionen in der Kampfzone) kombinieren. Dazu wurde sie sehr robust und so ausgelegt, daß sie mit 1400 m langen Lande-/Startbahnen auskommt. Die mit Fly-by-wire-Anlage und 2 Steuerknüppeln versehene Maschine ist in der Luft betankbar.

Rumpf: Querschnitt kreisförmig, Durchmesser 6,85 m, Bestandteile: 77% Aluminium, 12% Stahl, 6% Titan, 5% Verbundwerkstoffe; Cockpit für Pilot/Copilot (3. Mann: Lademeister), dahinter 2 Plätze für Reservebesatzung und 2 Ruheplätze. Kabinenabmessungen: Länge ohne Rampe 20,79 m, mit 26,85 m; Breite 5,41 m; Höhe 3,60 m/4,11 m. Laderaum druckbelüftet. 4 Sensoren des Warn- und Täuschsystems gegen IR-Lenkwaffen an Bug und Heck, Düppelwerfer an den Seiten.
Tragwerk: Schulterdecker mit superkritischem Flügel, Pfeilung 25°, Winglets, angeblasenes Klappensystem, Flügelnasenklappen über gesamte Spannweite.
Leitwerk: freitragend, T-förmig, gepfeilt.
Fahrwerk: einziehbar, Bugradstrebe doppelt bereift, Hauptfahrwerk je Seite 6 Räder (3 nebeneinander), sehr stabil ausgelegt, erlaubt Manövrieren aus eigener Kraft am Boden.
Foto: Motor-Presse International

Aero Boero AB 95 / 115 / 180 / 210
Schul- und Reiseflugzeuge

Der Prototyp der AB 95 flog erstmalig am 12. März 1959. Die Serienlieferungen begannen 1962.

Versionen:
AB 95 Standard: Ausführung als Schul- und Sportflugzeug, kunstflugtauglich, 70-kW-Triebwerk.
AB 95A de Lujo: mit 75-kW-Triebwerk.
AB 95A Fumigador: Landwirtschaftsausführung
AB 95 B: mit 110-kW-Triebwerk.
Die AB 115 (Foto und Skizze) ist aus der AB 95 hervorgegangen. Sie wurde im Vergleich zu ihrer Vorgängerin verschiedentlich verbessert. Unter anderem erhielt sie ein 90-kW-Triebwerk, wobei die Triebwerkverkleidung durch die Anwendung von Plast strömungsgünstiger gestaltet wurde. Ferner wurden die Fahrwerkräder stromlinienförmig verkleidet und die Querruder sowie die Auftriebsklappen aus Leichtmetall hergestellt. Neben ihrem eigentlichen Verwendungszweck kann die Maschine auch in der Landwirtschaft eingesetzt werden.
Der Erstflug war im März 1969. Im Juli des gleichen Jahres begann der Serienbau, der im Januar 1973 beendet wurde.
Als Sanitätsversion wird die AB 115 BS mit einem 112-kW-Motor ausgeliefert.
Es folgten die AB 150 Ag mit größerem Tank und geänderten Details.
Die Reihe wurde fortgesetzt mit der AB 180. Der Erstflug war im Januar 1968. Die Maschine eignet sich auch zum Schleppen von Segelflugzeugen, für den Landwirtschafts- und Sanitätsdienst sowie zur Luftbildvermessung. Der Serienbau begann ebenfalls 1969.
Seit 1972 werden die verbesserte Standardversion AB 180 RV, die Schleppversion AB 180 RVR und die schwächere Ausführung AB 150 RV geliefert. Das Landwirtschaftsflugzeug AB 180 Ag ist mit einem Chemikalienbehälter unter dem Rumpf ausgestattet. Die AB 180 SP ist die Doppeldeckerausführung der AB 180 Ag. Sie hat Sprühtanks in den Unterflügeln.

Die AB 210 unterscheidet sich von den früheren Flugzeugen dieser Firma vor allem durch das stärkere Triebwerk, das gepfeilte Leitwerk und das Bugradfahrwerk. Die Entwicklung der Maschine begann im Jahr 1968. Erstflug des Prototyps: 22. April 1971.

Rumpf: Stahlrohrbauweise mit Stoffbespannung; geschlossene Kabine mit drei Plätzen; Gepäckraum an der Backbordseite hinter den Sitzen; Doppelsteuerung.
Tragwerk: abgestrebter Hochdecker (V-Streben) in Leichtmetallbauweise mit Stoffbespannung; Leichtmetallquerruder und Auftriebsklappen; Streben stromlinienförmig verkleidet.
Leitwerk: verspannte Normalbauweise in Strahlrohr mit Stoffbespannung.
Fahrwerk: starres Fahrwerk mit steuerbarem Spornrad; stromlinienförmige Verkleidung der Räder; hydraulische Scheibenbremsen.

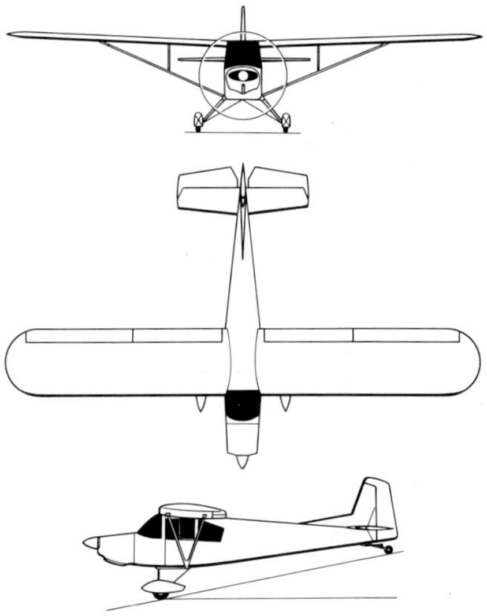

FMA I. A. 50 „Guarani II"
Reise-, Zubringer- und Transportflugzeug

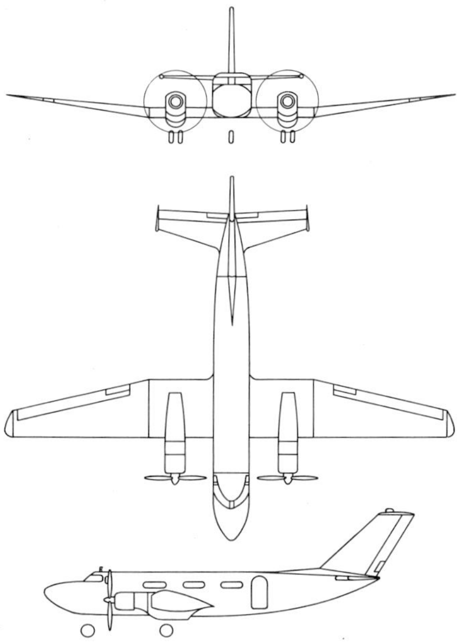

DINFIA hieß die 1927 gegründete Zentralstelle für Luftfahrtforschung und -produktion FMA zwischen 1957 und 1968. Sie beschloß im Jahr 1960, das erste PTL-Flugzeug Lateinamerikas zu bauen.

Unter Verwendung von Bauteilen der I. A. 35 „Huanquero", eines Flugzeugs mit zwei Kolbentriebwerken, entstand die F. A. 1 „Guarani I" (Flugerprobung: 6. Februar bis 20. April 1962).
Auf der Grundlage der Erfahrungen mit dieser Maschine entstand die I. A. 50 (vorher als F. A. II bezeichnet) „Guarani II". Statt des doppelten Seitenleitwerks erhielt sie ein neues, stark gepfeiltes Seitenleitwerk, stärkere Triebwerke und Enteisungseinrichtungen. Der Erstflug war am 23. April 1963. Bei Aufnahme der Serienproduktion wurden ein neues Triebwerk eingebaut und die Cockpitverglasung geändert.
Von 1966 bis 1971 wurden 41 Flugzeuge dieses Typs (2 Prototypen, 1 Vorserienmaschine, 38 Serienmaschinen) als Truppentransporter, Regierungsmaschinen, Fotoflugzeuge und Aufklärer für Argentiniens Luftstreitkräfte und Marine gebaut.

Rumpf: Leichtmetall-Halbschalenbauweise.
Tragwerk: freitragender Tiefdecker in Ganzmetallbauweise mit einem Holm; Querruder stoffbespannt; Ganzmetall-Landeklappen.
Leitwerk: freitragende Normalbauweise in Ganzmetall; gepfeiltes Seitenruder.
Fahrwerk: hydraulisch betätigtes, einziehbares Bugradfahrwerk mit Zwillingsrädern an beiden Hauptstreben; hydraulische Scheibenbremsen.

FMA I. A. 58 „Pucara"
Mehrzweck-Kampfflugzeug

Die Firma FMA entwickelte in der zweiten Hälfte der sechziger Jahre ein mit zwei Turboprop-Triebwerken ausgerüstetes leichtes Mehrzweck-Kampfflugzeug zum Bekämpfen von Bodentruppen in unwegsamem Gelände.
Der erste von drei Prototypen startete am 20. August 1969 zum Erstflug (AX-01 mit zwei Triebwerken AiResearch TPE 331, je 675 kW). Der zweite Prototyp AX-02, dessen Flugerprobung am 6. September 1970 begann, hatte bereits die Standardtriebwerke. Mitte 1973 folgte die AX-03. Am 8. November 1974 flog die erste Serienmaschine I. A. 58 A „Pucara".
Am 15. Mai 1979 startete der Prototyp AX-05 zum Erstflug. Nach dem Muster dieses stärker bewaffneten Flugzeugs war geplant, die Version I. A. 58 B „Bravo" in Serie zu bauen, doch wurde die I. A. 58 A weitergebaut, und zwar monatlich 3 Exemplare. 1984 soll die Produktion nach dem Bau von 116 Flugzeugen eingestellt worden sein. Exportiert wurde die Maschine u. a. nach Uruguay (6) und in die Zentralafrikanische Republik (12).
Pilot und Copilot der I. A. 58 A haben tandemartig angeordnete Schleudersitze, die das Katapultieren am Boden aus dem Stand ermöglichen. Der hintere Sitz ist 25 cm höher.
1980 begann die Flugerprobung des Prototyps I. A. 66 (AX-06) mit 2 Triebwerken Garrett TPE 331 (je 745 kW). Offensichtlich kam es infolge des Falklandkonflikts (bei dem 36 I. A. 58 eingesetzt worden sind) nicht zum Serienbau. Projektiert worden ist eine einsitzige Version I. A. 58 C als leichter Jagdbomber.

Rumpf: Ganzmetall-Halbschalenbauweise.
Tragwerk: Ganzmetallbauweise mit sehr großem Mittelteil und nach oben gezogenen Enden.
Leitwerk: freitragend in Ganzmetall; Normalbauweise mit hochgesetztem Höhenleitwerk.
Fahrwerk: einziehbar; Bugstrebe einfach, Hauptstreben doppelt bereift.

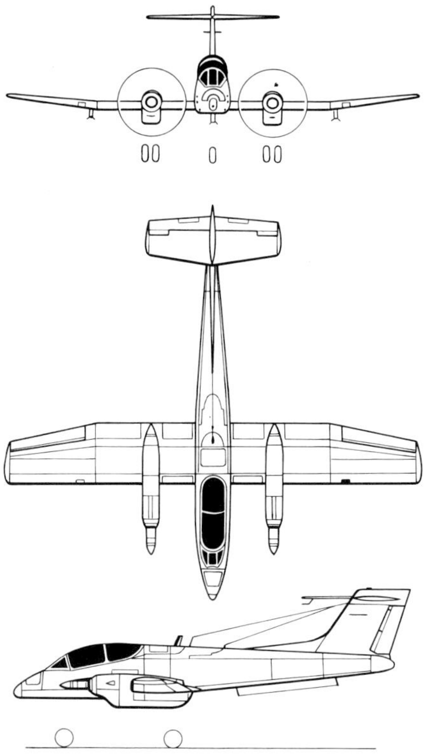

FMA I. A. 63 „Pampa"
Schulflugzeug

Am 6. Oktober 1984 begann die Erprobung des ersten Prototyps der I. A. 63 „Pampa". Ein zweiter Prototyp war im Sommer 1985 fertig. Dieser Strahltrainer ist von der argentinischen Flugzeugfirma FMA unter Beteiligung von Dornier entwickelt worden. Da auch äußerlich eine Ähnlichkeit zum Typ „Alpha-Jet" besteht, erhielt die I. A. 63 „Pampa" den Beinamen „Mini-Alpha-Jet".
Die I. A. 63 wurde erstmals zum Pariser Luftfahrtsalon 1985 vorgestellt. Drei Prototypen (Erstflüge am 6. Oktober 1984, 7. August 1985, 25. März 1986) folgten im März 1988 die ersten drei Serienflugzeuge. Sechs weitere waren Ende 1988 fertig.
Zunächst sollen insgesamt 64 Flugzeuge für die eigenen Streitkräfte gefertigt werden, bevor an einen Export des Typs gedacht werden kann. Zwar ist das Flugzeug in erster Linie als Schul- und Übungsflugzeug entwickelt worden, doch ist vorgesehen, die Möglichkeit zur Mitnahme von 1550 kg Außenlasten dafür auszunutzen, den Typ auch als leichtes Erdkampfflugzeug zu verwenden (erprobt am dritten Prototyp).

Rumpf: Ganzmetallbauweise; seitliche Lufteinläufe; Schubrohr unter dem Heck; stark verglaste Kabine mit hintereinanderliegenden Sitzen.
Tragwerk: freitragender Schulterdecker; gerade Tragflügelvorderkante; angedeutete Grenzschichtzäune.
Leitwerk: gepfeilt; Normalbauweise in Ganzmetall; Höhenleitwerk leicht negative V-Form.
Fahrwerk: einziehbares Bugradfahrwerk; alle drei Streben in den Rumpf einzufahren.

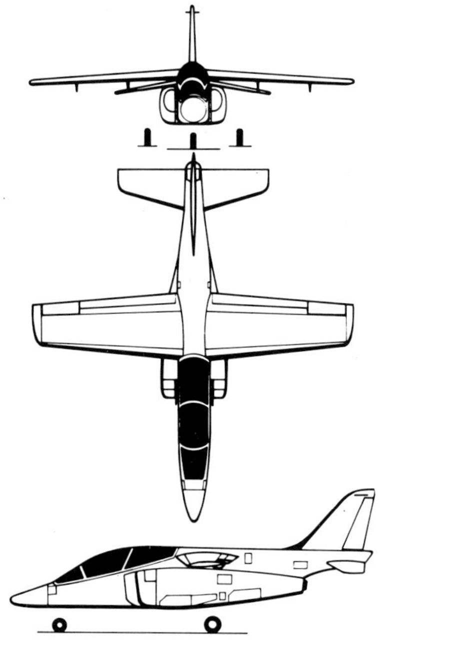

Rumpf: Gemischtbauweise; geschlossene, stark verglaste Kabine mit hintereinanderliegenden Sitzen; nach vorn synchronisiert durch den Luftschraubenkreis schießend zwei MG Vickers Mk. V; hinten ein bewegliches MG Vickers Mk. I im Drehkranz für den Beobachter; unter dem Rumpf Leuchtbomben möglich.
Tragwerk: freitragender Tiefdecker; festes Tragflügelmittelstück; Bomben unter den Flügeln möglich.
Leitwerk: freitragende Normalbauweise.
Fahrwerk: Haupträder einziehbar, Heckrad nicht; alle Streben einfach bereift.

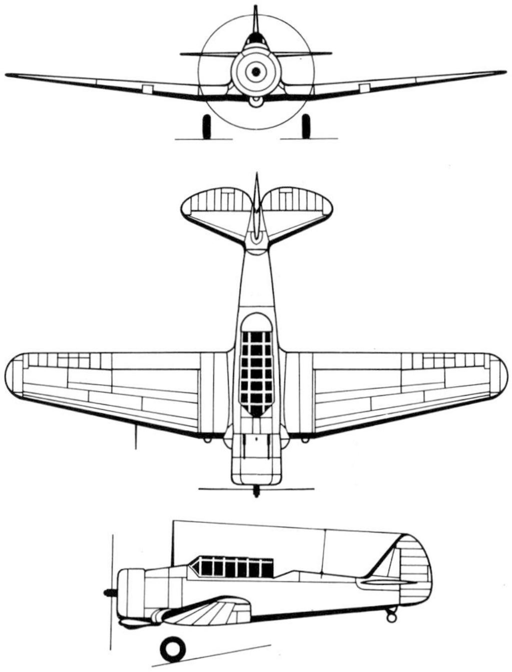

Commonwealth Aircraft Corporation CA-1 „Wirraway" Mehrzweck- und Schulflugzeug

Das Erstarken des militanten japanischen Kaiserreichs veranlaßte Australien Mitte der dreißiger Jahre, eine eigenständige Flugzeugindustrie zu fördern. Die am 17. Oktober 1936 gegründete Firma Commonwealth Aircraft Corporation begann zunächst, den zweisitzigen Trainer North American NA-33 nachzubauen. Der erste Prototyp nahm am 3. Dezember 1937 die Erprobung auf. Nach den Erfahrungen mit einem weiteren Prototyp (als NA-32 bzw. NA-33 bezeichnet) verstärkte man die Tragflügel und das Leitwerk.
Außerdem wurden zusätzliche Waffen und Ausrüstungen eingebaut, um die Maschinen auch für Gefechtsaufgaben verwenden zu können. Im März 1939 startete die erste der umgerüsteten Maschinen, die in sieben Serien in einer Gesamtstückzahl von 755 CA-1, 3, 5, 7, 8, 9 bzw. 16 gebaut worden sind. Bereits zu Beginn des zweiten Weltkriegs dienten Maschinen vom Typ CA-1 „Wirraway" als Nahaufklärer und Artilleriebeobachtungsflugzeug. Maschinen dieses Typs sind auch von niederländischen Fliegerkräften im Pazifikraum geflogen worden.
Nach der Ablösung von Maschinen des Typs „Wirraway" durch solche vom Typ „Boomerang" sind die CA-1 bis CA-16 nach 1945 zu Schulflugzeugen CA-20 umgebaut und von den Marinefliegerkräften Australiens bis zum Jahr 1959 geflogen worden.

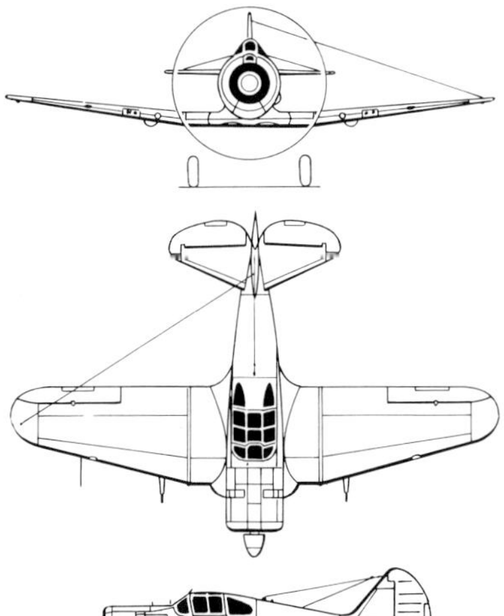

Commonwealth Aircraft Corporation CA. 12 „Boomerang" Jagdflugzeug

Um die Jahreswende 1941/42 wuchs die Gefahr japanischer Luftangriffe auf die Häfen Australiens. Die Luftwaffe des Landes verfügte jedoch über keine Abfangjagdflugzeuge für Gegenmaßnahmen. Aufgrund eines diesbezüglichen Entwicklungsauftrags stellte die Commonwealth Aircraft Corporation innerhalb weniger Wochen aus der CA-1 „Wirraway" den Prototyp eines Jagdflugzeugs her. Dieser startete am 29. Mai 1942 zum Erstflug. Fast unmittelbar darauf wurde der Auftrag erteilt, 105 der als CA. 12 „Boomerang I" bezeichneten Maschinen zu produzieren. Noch vor Beginn der Serienproduktion wurde der Auftrag auf 250 erweitert. Anfang 1943 erhielt die australische Luftwaffe die ersten Flugzeuge. Den 105 CA. 12 „Boomerang I" folgten 95 CA. 13 „Boomerang II" mit geringfügigen Änderungen. Einige Maschinen waren als Bildaufklärer ausgerüstet. Die folgende Weiterentwicklung CA. 14/CA. 14A, deren Triebwerk mit einem Turbokompressor ausgerüstet war, diente als Versuchsausführung für Änderungen an Rumpf und Tragwerk. Nochmals leicht verändert erschienen 49 CA. 19 „Boomerang II", 39 mit einem Reihenbildgerät.
Da sich die Kriegslage inzwischen geändert hatte, benutzte man die 250 Maschinen als Jagdflugzeuge und Jagdbomber sowie als Artilleriebeobachter zur Unterstützung der australischen Truppen in Neuguinea. Als Jagdbomber war die CA. 13 (Foto) mit zwei Kanonen, vier MGs und einer 230-kg-Bombe bewaffnet.

Rumpf: Gemischtbauweise mit kreisförmigem Querschnitt; nach hinten stark verjüngt; Kabine in die Rumpfkontur einbezogen; Sicht nach hinten durch reichliche Verglasung verbessert.
Tragwerk: freitragender Tiefdecker mit Tragflügelmittelstück; Enden leicht hochgezogen; Gemischtbauweise.
Leitwerk: Normalausführung in Gemischtbauweise.
Fahrwerk: einziehbar mit Heckrad; alle Streben einfach bereift.

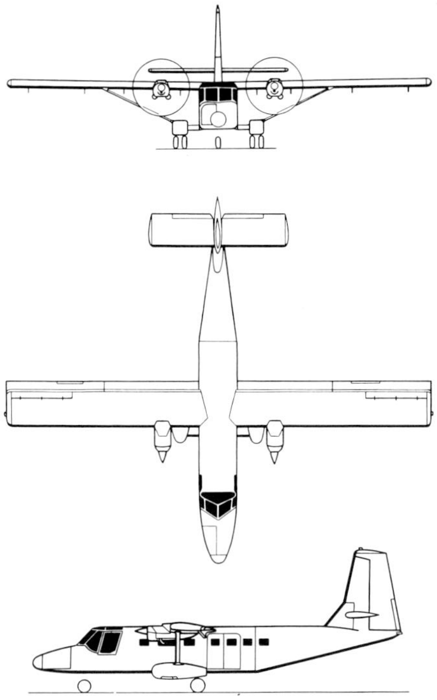

Government Aircraft Factories GAF N 24 / N 22 „Nomad" STOL-Mehrzweckflugzeuge

Am 23. Juli 1971 startete die N 2-01 „Nomad" (VH-SUP) als erster Prototyp für ein vielseitig verwendbares Mehrzweckflugzeug zum Erstflug. Der zweite Prototyp N 2-02 (VH-SUR) folgte am 5. Dezember des gleichen Jahres. Hergestellt wurden zwei Grundversionen – die um 1,80 m kürzere N 22 B und die längere N 24 A. Beide Versionen sind in drei Ausführungen (Personen-, Fracht- oder gemischte Ausführung) verwendbar. Die Kabinen lassen sich schnell umrüsten.
Die Maschinen sind einfach und robust sowie von Bodeneinrichtungen weitgehend unabhängig.

Versionen:

N 22 B: Arbeitsflugzeug, auch für 13 Passagiere geeignet; in der Ausführung „Floatmaster" mit zwei Schwimmern; als „Missionsmaster" für militärische Aufgaben mit zwei Waffenaufhängepunkten unter jedem Flügel und unter dem Flügelstummel, Schleudersitz sowie gepanzertem Cockpit und mit flexiblen, sich bei Schußbeschädigungen selbst schließenden Gummitanks, die eine explosionsunterdrückende Schaummasse enthalten [geliefert an Australien (1), die Philippinen (12), Papua-Neuguinea (7) und Thailand (20)].

N 24 A: Zivilversion mit unterschiedlicher Inneneinrichtung für 17 Passagiere; bis 1983 wurden 39 Maschinen ausgeliefert (Skizze).

„Searchmaster B" (Foto): maritime Überwachungsversion mit Radar im Rumpfbug.

„Searchmaster L": ebenfalls maritimes Überwachungsflugzeug, aber mit Radargerät im aufgebeulten Rumpfbug.

Bis Produktionsende 1984 sind 170 „Nomad" aller Versionen an zivile und militärische Abnehmer in Australien, Indonesien, Japan, Papua-Neuguinea, Neuseeland, den Philippinen, Thailand, den USA und Westsamoa geliefert worden.

Rumpf: Ganzmetallbauweise; rechteckiger Querschnitt; hinterer Teil des Rumpfes kann zur Erleichterung der Beladung nach der Seite klappbar ausgeführt werden; große Tür auf der linken Seite; Doppelsteuerung.
Tragwerk: abgestrebter Schulterdecker in Ganzmetallbauweise; Flügelstummel zur Aufnahme des Fahrwerks und der Streben zum Tragflügel; elektrisch betätigte Doppelspalt-Auftriebsklappen; pneumatische Enteisung.
Leitwerk: Normalbauweise; ungedämpftes Höhenleitwerk etwas nach oben versetzt; Trimmklappen an allen Rudern; pneumatische Enteisung.
Fahrwerk: einziehbares Bugradfahrwerk (Bugrad nach vorn, doppelt bereifte Haupträder in Gondeln).

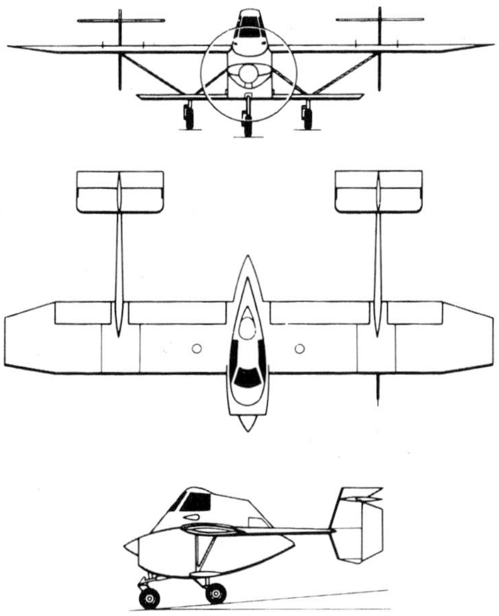

Transavia PL-12 „Airtruk / PL-12 U „Flying Mango" Landwirtschaftsflugzeug / STOL-Mehrzweckflugzeug

Die 1964 gegründete Firma Transavia schuf die PL-12 „Airtruk" speziell für Australien und Neuseeland. Die Maschine zeichnet sich durch eine sehr große Arbeitsbreite aus, die bei Chemikalien 32 m und bei Flüssigkeiten 30 m beträgt. Der Chemikalientank hat ein Fassungsvermögen von 818 l. Die Form des Flugzeugs wurde gewählt, um mit einem Lkw leicht von hinten heranzukommen. Der Pilot sitzt hoch über dem Triebwerk und hat eine gute Sicht. Im hinteren Teil der Rumpfgondel befindet sich eine Kabine mit zwei Sitzen nebeneinander für Hilfspersonal. Die beiden Leitwerkträger sind nicht miteinander verbunden, jeder trägt ein vollständiges Leitwerk.

Der Erstflug des Prototyps war am 22. April 1965, die Serienfertigung begann im November 1966. Bis 1988 wurden 120 Maschinen für Australien, Dänemark, Indien, Jugoslawien, Neuseeland, Südafrika, Taiwan, Thailand und die USA gebaut, darunter die Modifikationen T-300 „Skyfarmer" und T-320 „Airtruk". Bisher ist jede vierte PL-12 exportiert worden. China kaufte 5 T-400 „Skyfarmer".

Eine Version der PL-12 ist die PL-12 U „Flying Mango". Wie die Grundversion kann sie auf kleinen, unbefestigten Flugplätzen starten und landen. Ein Passagier sitzt mit dem Rücken zum Piloten, die anderen drei Passagiere sitzen in der unteren Kabine.

In der Frachtversion kann die Maschine bis zu 680 kg befördern. Dazu werden die Sitze ausgebaut. Für Sanitätszwecke hat die PL-12 U zwei Sitze und Platz für zwei Tragen. In dem geräumigen Rumpf können Luftbildkameras und Meßgeräte eingebaut werden. Ferner wird die Maschine als Aufklärungs- und Verbindungsflugzeug sowie für die Erdkampfunterstützung PL-12 Mil (PL-12 300) angeboten.

Der Erstflug war am 16. Dezember 1970. Die Serienproduktion der PL-12 U begann 1975. Projektiert ist die PL-12 550 T, eine PL-12 300 mit Turboproptriebwerk.

Rumpf: Rumpfgondel in Stahlrohrbauweise mit zwei Leitwerkträgern; Pilot sitzt zur Verbesserung der Sicht über dem Triebwerk; Kabine für zwei Personen im hinteren Teil der Gondel hinter dem Chemikalientank; Heizung und Belüftung bei der PL-12 U.

Tragwerk: abgestrebter Anderthalbdecker in Ganzmetallbauweise; Landeklappen in drei Stellungen (0, 13 und 30°); Grenzschichtzaun auf oberem Flügel.

Leitwerk: freitragende Leitwerke mit nach oben versetzten Höhensteuern; unter der Seitenflosse Notsporne; Schwimmer bei der PL-12 U möglich.

Fahrwerk: starres Bugradfahrwerk; hydraulische Scheibenbremsen; Gummidämpfung.

Avions Fairey T. 66 „Tipsy Nipper"
Sport- und Übungsflugzeug

Die „Tipsy Nipper" (auch als „Tipsy T. 66 Nipper" bezeichnet) ist von der Konstruktion her einfach und robust, was sich auf Wartung und Betrieb günstig auswirkt. Die Maschine ist kunstflugtauglich. Sie eignet sich besonders für das Training und die Weiterbildung von Piloten. Der erste Prototyp flog am 2. Dezember 1957 noch mit offenem Pilotensitz. Der zweite Prototyp im Jahr 1958 hatte einen verlängerten Rumpf und ein geschlossenes Cockpit. Das erste Serienflugzeug T. 66 Mk. 1 flog am 10. März 1959.

Am 16. Februar 1959 flog erstmals die mit einem 35-kW-Motor Stark Stamo 1900 A versehene Version der Mk. 2. Flugzeuge beider Versionen wurden von Fliegerklubs und Privatfliegern mehrerer Länder benutzt. 1961 übernahm die Firma Cobelavia Company die Produktion der Maschine.

Rumpf: Stahlrohrkonstruktion aus geschweißten Chrom-Molybdän-Rohren mit Stoffbespannung; Vollsichtkabinenhaube aus einem Stück; GFK an Motorhaube und Rumpfunterseite.

Tragwerk: freitragender Mitteldecker in Holzbauweise mit Stoffbespannung; einteilige Fläche; durchgehender Kastenholm; Sperrholznase.
Leitwerk: freitragende Normalbauweise; Seitensteuer aus Stahlrohr; Höhensteuer aus Holz; beide mit Stoffbespannung.
Fahrwerk: starres Bugradfahrwerk; steuerbares Bugrad; mechanisch betätigte Scheibenbremsen an den Haupträdern; Parkbremse, Notsporn.

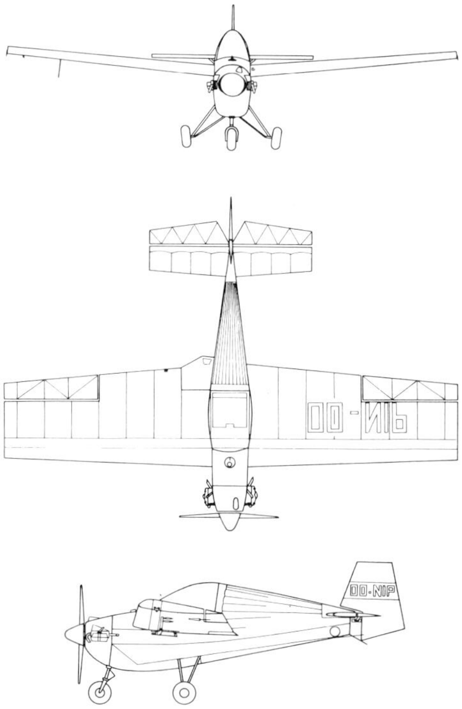

Renard R-31
Nahaufklärungs- und Artilleriebeobachtungsflugzeug

Das Flugzeugwerk Constructions Aéronautiques G. Renard in Evére bei Brüssel schuf zu Beginn der dreißiger Jahre die dreisitzigen Sportflugzeuge R-16 und R-17 sowie das dreimotorige Transportflugzeug R-30. Danach begann die Arbeit an dem Nahaufklärer R-31, dessen Prototyp mit einem Motor Rolls-Royce „Kestrel IIS" versehen war. Im Jahr 1932 wurde die Maschine erprobt. Danach fertigte die Firma Renard im Auftrag der Regierung Belgiens 12 Serienmaschinen, und die Firma SABCA stellte 24 weitere in Lizenz her. Alle Flugzeuge waren mit dem Triebwerk Rolls-Royce „Kestrel IISDS" mit einer Startleistung von 355 kW ausgestattet. Als R-32 wurde eine zeitweilig aus einer R-31 umgebaute Ausführung bezeichnet, die eine geschlossene Flugzeugführerkanzel sowie einen Motor Gnôme et Rhône 14 Krsd mit 640 kW (später erprobt mit Hispano-Suiza 12 Ydrs mit 635 kW) erhalten hatte. Eine in zwei Exemplaren gebaute Version als Schul- und Verbindungsflugzeug hieß R-33.

Zur Zeit des Überfalls Hitlerdeutschlands auf Belgien waren noch zwei Staffeln der belgischen Fliegerkräfte mit 22 R-31 ausgerüstet. Obwohl die Maschinen starke Verluste erlitten, blieben sie bis zum Ende der Kämpfe im Einsatz.

Rumpf: Ganzmetallbauweise; zwei offene Sitze hintereinander; vorn Flugzeugführer (bediente die starr über dem Motor eingebauten, synchronisiert durch den Luftschraubenkreis feuernden Vickers-MGs); hinten Beobachter mit Vickers-MG K im Drehkranz.
Tragwerk: abgestrebter Schulterdecker; elliptischer Tragflügel; Einschnitt über dem Pilotensitz.
Leitwerk: Gemischtbauweise; Höhenflossen abgestrebt; Ruder ausgeglichen.
Fahrwerk: nicht einfahrbares Heckspornfahrwerk; Streben einfach bereift.

SABCA S-2
Verkehrsflugzeug

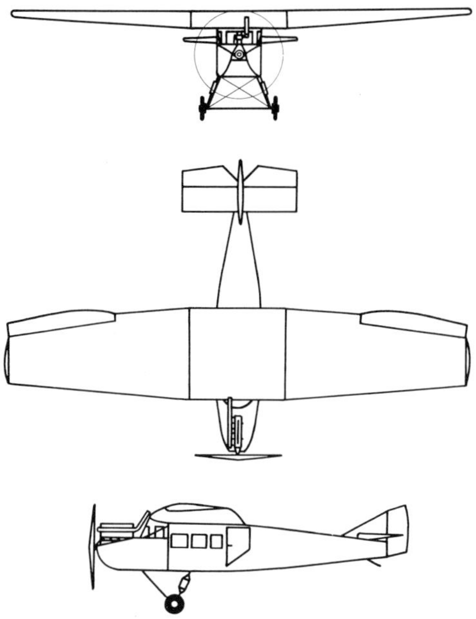

Die 1926 geschaffene S-2 ist eines der wenigen in Belgien konstruierten und gebauten Verkehrsflugzeuge.
Da die Maschine für den Einsatz im Kongo vorgesehen war, wurde sie in Ganzmetallbauweise ausgeführt. Der dicke Flügel und das Leitwerk aus Wellblech ähneln den entsprechenden Baugruppen der F 13 von Junkers.
Die Firma SABCA baute vor allem Leichtflugzeuge oder in Lizenz Maschinen britischer, niederländischer oder italienischer Konstruktion.

Rumpf: Ganzmetallbauweise mit rechteckigem Querschnitt; Cockpit an den Seiten offen.
Tragwerk: freitragender Hochdecker mit dickem Profil; Ganzmetallbauweise.
Leitwerk: freitragende Normalbauweise in Metall.
Fahrwerk: starres Fahrwerk mit durchgehender Achse und Hecksporn.

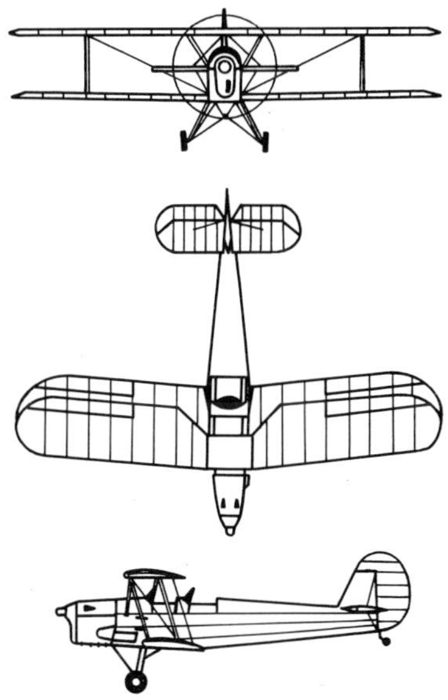

Stampe et Vertongen SV-4
Schul-, Kunstflug- und Kurierflugzeug

Im Jahr 1933 startete der Prototyp eines kleinen Doppeldeckers der belgischen Firma Stampe et Vertongen zum Erstflug, der als Schulflugzeug vorgesehen war. Der Prototyp sowie die ersten 5 Serienmaschinen (Motor: de Havilland Gipsy III mit 90 kW Startleistung) wurden als SV-4 bezeichnet. Es folgten die SV-4 A mit einem 105-kW-Motor Renault 4-PO5 als Fortgeschrittenen-Kunstflugzeug und die SV-4 B mit geringerer Länge und Spannweite (Motor: de Havilland Gipsy Major I, 95 kW) sowie neuen Tragflügeln.

Bis 1939 wurden 35 SV-4 B gebaut, von denen etwa 20 nach Beginn des zweiten Weltkriegs als Behelfsverbindungsmaschinen der belgischen Streitkräfte verwendet wurden. Während die militärischen SV-4 in der Mehrzahl nach Frankreich entkommen konnten, wurden zivile Flugzeuge dieses Typs nach dem Einmarsch der Truppen Hitlerdeutschlands beschlagnahmt.
Nach 1945 wurden weitere 66 SV-4 B hergestellt (zu erkennen an der geschlossenen Kanzel). Die mit einem Motor Renault 4-Pei (105 kW) versehene Version hieß SV-4 C (Skizze und Foto). Davon sind in Belgien sowie in französischer (von SNCA du Nord) und algerischer (AIAA) Lizenzproduktion etwa 940 Maschinen gefertigt worden, die bis in die siebziger Jahre vor allem als militärische Schul- und zivile Kunstflugmaschinen – teilweise auch mit einem anderen Motor – verwendet worden sind. Versuchsweise ist nach 1945 ein als SV-4 D bezeichnetes Flugzeug mit einem 130-kW-Motor Mathis C 7 R gebaut worden.
Da die Firma Stampe et Vertongen nach dem Krieg mit Renard fusionierte, wird der Typ auch als Stampe et Renard SV-4 bezeichnet.

Rumpf: Holzbauweise mit Stoffbespannung; Sitze hintereinander; Doppelsteuerung.
Tragwerk: einstieliger, verspannter Doppeldecker in Holzbauweise mit Stoffbespannung.
Leitwerk: verspannte Normalbauweise.
Fahrwerk: starres Spornradfahrwerk.

EMBRAER EMB-110 „Bandeirante" Mehrzweckflugzeug

Die EMB-110 „Bandeirante" entstand im Auftrag der brasilianischen Luftstreitkräfte. Der Erstflug war am 26. Oktober 1968. Bis 1972 wurden unter den Bezeichnungen YC-95 und EMB-100 vier Prototypen gebaut. Ab 1. August 1972 wurden drei C-95 (EMB-110) als leichte militärische Transporter hergestellt. Der Typ wird in zahlreichen Versionen gefertigt:

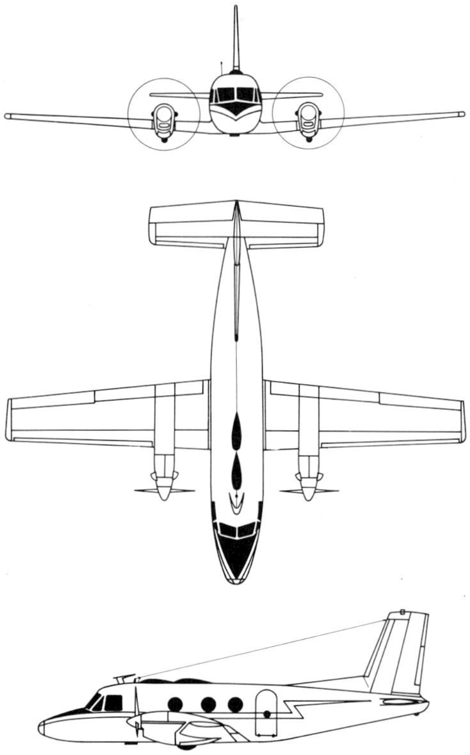

EMB-110: 12sitziges Basisflugzeug, 60 Maschinen bei Brasiliens Luftwaffe als C-95.

EMB-110 B-1 als Foto-/Passagierversion in Brasilien und Uruguay.

EMB-110 C: Verkehrsflugzeug für 15 Passagiere, in Chiles Marine als EMB-110 C (3), in Uruguays Luftwaffe als EMB-110 N (5).

EMB-110 E: Luxus-Reiseflugzeug mit 7 Sitzen.

EMB-110 F: Fotoflugzeug, 6 als RC-95 in Brasilien.

EMB-110 K-1: Mehrzwecktransporter, 20 Flugzeuge als C-95 B in Brasilien.

EMB-110 P: 18sitzige Version für die brasilianische Luftverkehrsgesellschaft TABA (Reichweite 2200 km), Übergabe der ersten 5 Maschinen im Frühjahr 1976, Modifikationen P-1 und P-2 sowie P-1 K (30 als S-95 A oder SC-95 B an Brasiliens Luftwaffe für Verbindung, Transport und Fallschirmabsprung) und P-1 K SAR als Seenotrettungsflugzeug. Produktionsende: Mai 1989.

EMB-110 S 1: mit automatischen Sensoren versehenes Forschungsflugzeug für geophysikalische Aufgaben:

EMB-111 (P-95): maritimes Patrouillenflugzeug mit Funkmeßgeräten im Bug und Flügelendtanks. Brasilien bezog 12 P-95 und 12 P-95 B, Chile 6 P-95. Bis Produktionsende 1990 wurden etwa 250 zivile und ebenso viele militärische Maschinen fertig. Der Exportanteil an der Gesamtproduktion betrug 50%.

Rumpf: Ganzmetall-Halbschalenbauweise; Tür mit eingebauter Treppe backbords; Gepäckraum hinter der Kabine; Toilette, Sauerstoffausrüstung.
Tragwerk: freitragender Tiefdecker in Ganzmetallbauweise; Doppelspalt-Landeklappen; Enteisung an der Flügelnase.
Leitwerk: freitragende Normalbauweise in Ganzmetall; Enteisung an den Flossennasen.
Fahrwerk: einziehbares Bugradfahrwerk; an jeder Strebe ein Rad; Haupträder ragen in eingefahrenem Zustand aus den Triebwerksgondeln etwas heraus zum Schutz bei Notlandungen.

EMBRAER EMB-120 „Brasilia" Verkehrsflugzeug

Die Erfahrungen mit dem Verkehrs- und Mehrzweckflugzeug EMB-110 „Bandeirante" (mehr als 100 in die USA geliefert) veranlaßten die Flugzeugfirma EMBRAER, ein Kleinverkehrsflugzeug mit einer Druckkabine für 30 bis 40 Passagiere zu entwikkeln. Die Arbeiten am Projekt EMB-120 begannen 1977, und planmäßig nahm der erste der drei Prototypen am 27. Juli 1983 die Flugerprobung auf. 1985 begann die Serienproduktion der „Brasilia", ausgerüstet mit zwei PTL-Triebwerken PW 115. Bis Ende Oktober 1993 erhielten die 26 Kunden 266 von 323 bestellten (weitere Optionen: 152) Maschinen. Neben der Standardversion EMB-120 RT für 12 bis 20 Personen bietet EMBRAER seit 1991 die EMB-120 ER für größere Reichweiten (Nachrüstsatz für ältere Maschinen), die Kombiversion EMB-120 QC und die Frachtausführung EMB-120 C an. Als VIP-Maschine Brasiliens heißt die Version VC-97, als militärischer Transporter C-97.

Rumpf: kreisförmig; Halbschalenbauweise; Ganzmetall; Büfett und Toilette hinter der Passagierkabine; Türen auf der linken Seite hinter Cockpit und rechts am Rumpfende.

Tragwerk: freitragender Tiefdecker; Ganzmetallbauweise, leichte V-Form; je Flügel zwei Kraftstoffbehälter.
Leitwerk: Ganzmetallbauweise; gepfeilt; T-Form.
Fahrwerk: einziehbares Bugradfahrwerk; alle drei Streben doppelt bereift.

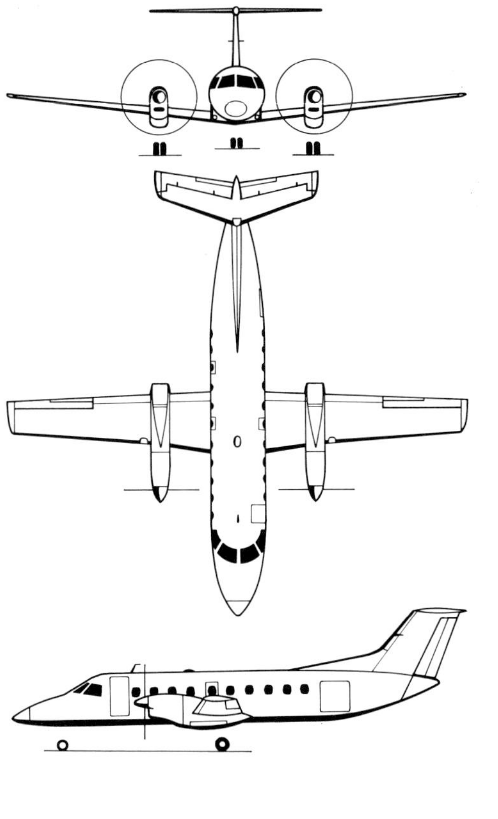

EMBRAER EMB-121 „Xingu“ Verbindungsflugzeug

Aus der Serienproduktion des erfolgreichen Mehrzwecktyps EMB-110 „Bandeirante“ leiteten die Fachleute der Firma EMBRAER die verkürzte und mit einer Druckkabine versehene Verbindungsmaschine EMB-121 „Xingu“ ab. Der Prototyp startete am 10. Oktober 1976 zum Erstflug, das erste Serienmodell am 20. Mai 1977. Die von einer Zweimannbesatzung geflogene Maschine kann 5 bis 9 Personen oder maximal 900 kg Fracht aufnehmen.
Bis Produktionsende 1987 sind 107 Maschinen ausgeliefert worden. Davon erhielten Brasiliens Luftwaffe (25) und Marineflieger (16) Ausführungen als Besatzungstrainer und Verbindungsflugzeuge (militärische Bezeichnung VU-9), und Frankreich bezog 17 Flugzeuge als Navigationstrainer. Eine mit zwei Triebwerken PT6A-135 (je 550 kW) versehene Ausführung wird als „Xingu II“ (Erstflug: 4. September 1982) und eine mit längerem Rumpf (13,1 m) und zwei Triebwerken PT6A-42 (je 625 kW) ausgestattete Version als „Xingu III“ bezeichnet.

Rumpf: Ganzmetall-Halbschalenbauweise; Toilette; Sauerstoffausrüstung; Stabilisierungsfläche unter dem Heck.
Tragwerk: freitragender Tiefdecker in Ganzmetallbauweise; Doppelspaltlandeklappen.
Leitwerk: freitragend, in T-Form.
Fahrwerk: einziehbares Bugradfahrwerk.

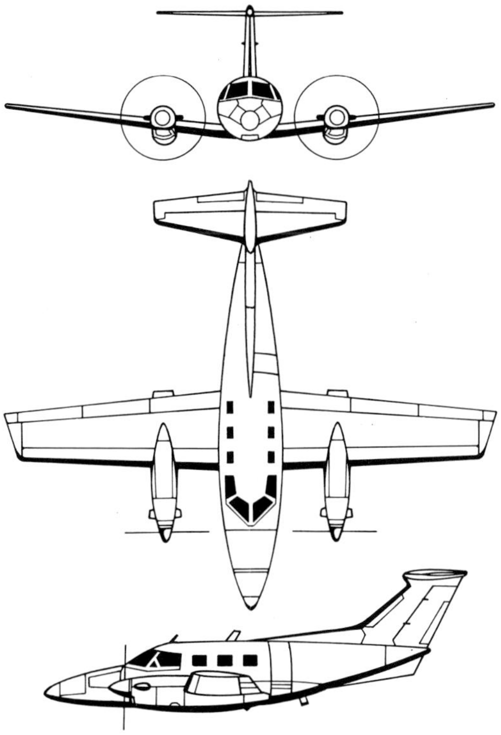

EMBRAER EMB-200 / 201 „Ipanema“ Landwirtschaftsflugzeuge

Die Empresa Brasileira de Aeronautica S. A. (EMBRAER) in Sao Paulo entwickelte im Auftrag des brasilianischen Landwirtschaftsministeriums ab Mai 1969 die „Ipanema“. Der Erstflug des Prototyps (PP-ZIP) war am 30. Juli 1970.
Bis Mitte 1974 wurden 73 Flugzeuge der Versionen EMB-200 und EMB-200 A gebaut. 1975 entstand die verbesserte Modifikation EMB-201 mit einem 220-kW-Triebwerk und einem 680-l-Chemikalienbehälter. Von 1974 bis 1977 verließen 200 EMB-201 das Werk, das inzwischen die verbesserte EMB-201 A produziert (bis Dezember 1983 208 Exemplare). Die Schleppversion heißt EMB-201 R, davon erhielt die Luftwaffe Brasiliens 3 Maschinen als U 19.
1981 ging die Produktion an die Firma NEIVA über. Ihr Gesamtumfang betrug bis 1989 etwa 600 Maschinen.

Rumpf: Stahlrohrbauweise mit Leichtmetallbeplankung; geschlossenes Cockpit.
Tragwerk: freitragender Tiefdecker in Metallbauweise; Landeklappen.
Leitwerk: freitragende Normalbauweise.
Fahrwerk: starres Fahrwerk mit Spornrad; Scheibenbremsen.

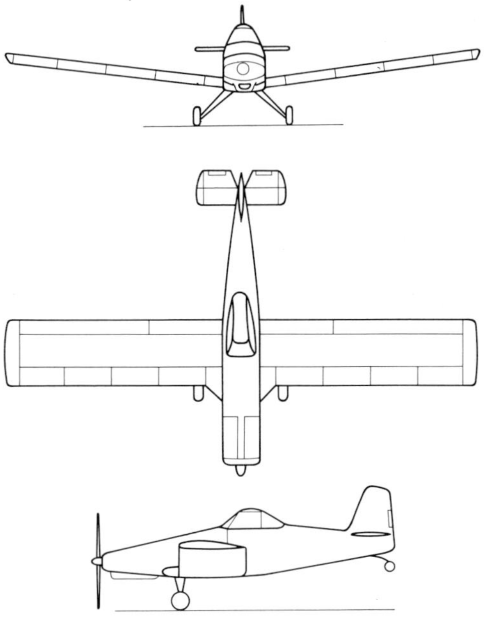

EMBRAER EMB-312 „Tucano" (T-27) Schulflugzeug

Im Jahr 1978 beauftragten die Luftstreitkräfte Brasiliens die Flugzeugfirma EMBRAER mit der Entwicklung eines neuen Schulflugzeugs als Ablösemuster für die T-25 „Universal". Verlangt wurde eine kostengünstige Maschine für die fliegerische Grundausbildung. Am 15. August 1980 flog der erste von vier Prototypen. Danach bestellten die Luftstreitkräfte des Landes 168 Flugzeuge, von denen von September 1983 bis Mitte 1988 über 100 ausgeliefert waren. Sie erhielten die militärische Bezeichnung T-27. Die monatliche Produktionsrate beträgt 7 Flugzeuge.

Bis Ende 1993 erhielten die 14 Abnehmer 580 der 654 bestellten Trainer (Frankreich 80 EMB-312 F). Shorts fertigte ab 1986 130 S 312 „Tucano" für die RAF (modifiziert; T. Mk. 1), 12 T. Mk. 51 für Kenia und 16 T. Mk. 52 für Kuwait; Ägypten montiert 120 „Tucano" für Eigenbedarf und Export. Für das USA-Trainerprogramm entstand 1991 die um 1,42 m längere EMB 312 H „Super Tucano" mit PT6-Triebwerk.

Für die Waffenausbildung kann die EMB-312 an vier Unterflügelstationen bis zu 1 000 kg unterschiedliche Kampfmittel aufnehmen. Die Konstrukteure legten Wert darauf, durch den Einbau eines PTL-Triebwerks die Flugeigenschaften eines Strahlflugzeugs zu simulieren, so die Ausbildung kostengünstig zu halten und dennoch den Übergang auf Kampfflugzeuge mit Strahltriebwerk problemlos zu ermöglichen. Unterstützt wird diese Absicht durch den Einbau einer Einhebelsteuerung für die Triebwerksleistung und die Luftschraubensteigung.

Rumpf: Ganzmetall-Halbschalenbauweise; höhenversetzte Schleudersitze in Tandemordnung; sehr gute Sicht für Flugschüler (vorn) und Fluglehrer; einteilige Kabinenhaube.
Tragwerk: freitragender Ganzmetall-Tiefdecker; trapezförmige Flügel.
Leitwerk: konventionelle Normalbauweise; Seitenleitwerk nach vorn in den Rumpf übergehend.
Fahrwerk: einziehbares Bugradfahrwerk, alle Streben einfach bereift.

Neiva 360 C „Regente" / „Regente Elo" / „Lanceiro" Mehrzweckflugzeuge

Der Erstflug des Prototyps der 360 C „Regente" fand am 7. September 1961 statt. Die Serienlieferung begann im April 1965. Das Flugzeug (Foto) erfüllt militärische und zivile Aufgaben als Reise-, Schul-, Verbindungs- und Beobachtungsmaschine. Die Luftstreitkräfte Brasiliens erhielten von 1965 bis 1968 80 Mehrzweckflugzeuge U-42 (auch C-42).

Die „Regente Elo" (Skizze) ging aus der 360 C „Regente" hervor. Von dieser unterscheidet sie sich vor allem durch das stärkere Triebwerk und den kleineren Rumpf. Deshalb konnten hinten Fenster zur Rundumsicht eingefügt werden. 40 „Regente Elo" dienen den brasilianischen Streitkräften als Artilleriebeobachtungs- und als Verbindungsflugzeug L-42. Der Erstflug des Prototyps war im Oktober 1967, der des ersten Serienflugzeugs im Juni 1969. Als zivile Modifikation wird eine im Vergleich zur L-42 geringfügig veränderte „Lanceiro" gebaut. Dem Prototyp von 1970 folgten ab 5. September 1973 die Serienmaschinen.

Rumpf: Ganzmetall-Halbschalenbauweise; Doppelsteuerung; Gepäckraum hinter den Rücksitzen; auf jeder Seite eine Tür; Kabine schallisoliert und mit Belüftung.
Tragwerk: abgestrebter Hochdecker in Ganzmetallbauweise mit einem Holm; Fowler-Klappen.
Fahrwerk: starres, steuerbares, ölgedämpftes Bugrad; hydraulische Bremsen.

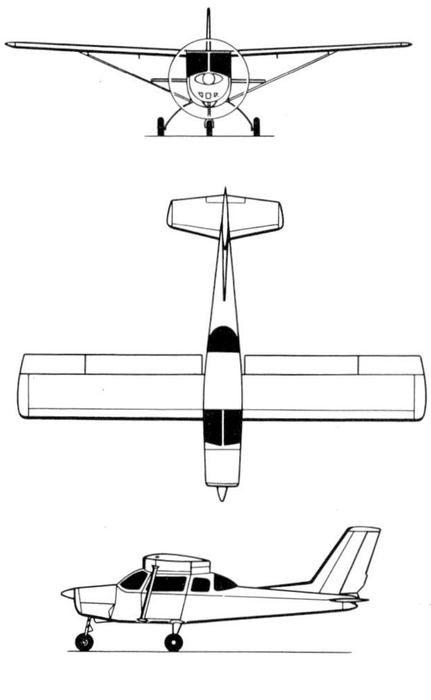

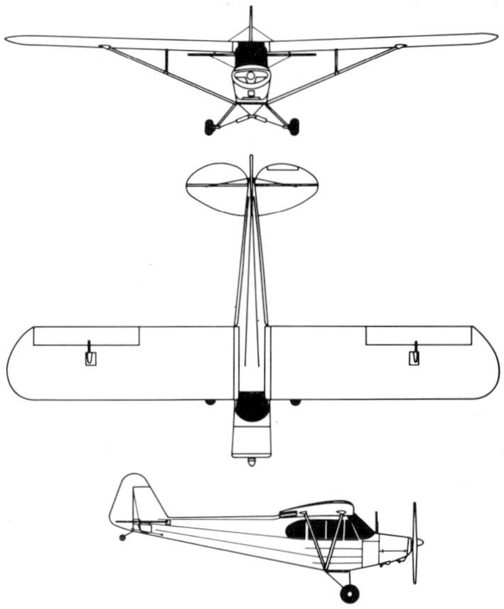

Neiva Paulistinha 56-C / 56-D
Mehrzweckflugzeuge

Die brasilianische Flugzeugfabrik Companhia Aeronautica Paulista (CAP) bestand von 1939 bis 1948. Sie baute kleine einmotorige Sport-, Schul- und Reiseflugzeuge. Im Jahr 1942 war ein zweisitziger Hochdecker fertig, der als Schul- (CAP-4), Sanitäts- (CAP-4 B) und Aufklärungs- sowie Verbindungsflugzeug (CAP-4 C) dienen sollte. Die Serienproduktion der mit einem 50-kW-Triebwerk Franklin ausgestatteten Maschine dauerte von 1944 bis 1948, als die Firma in wirtschaftliche Schwierigkeiten geriet.
Die Flugzeugfabrik Sociedade Construtora Aeronautica NEIVA verbesserte die CAP-4 zur Paulistinha 56 (Prototyp mit Continental C 90-8 F, 65 kW) und zur 56-B (Lycoming, 75 kW). Das Serienmodell 56-C wurde von 1958 bis 1963 in 210 Exemplaren geliefert. Die Luftstreitkräfte Brasiliens verwendeten 19 als L-6 bezeichnete Maschinen mit dem 75-kW-Triebwerk ab 1959 für Aufklärungszwecke.
Die Paulistinha 56-C (Foto und Skizze) wurde in erster Linie für Fliegerklubs und private Sportflieger entwickelt. Sie dient aber auch als Schul-, Reise- und Landwirtschaftsflugzeug.
Im Frühjahr 1966 begann die Flugerprobung der weiterentwickelten Paulistinha 56-D, die aufgrund des 110-kW-Triebwerks besssere Voraussetzungen für den Segelflugzeugschlepp und den Einsatz als Landwirtschaftsflugzeug hat. In Aufbau und Abmessungen entspricht sie ihrer Vorgängerin.

Rumpf: Stahlrohrbauweise mit Stoffbespannung; rechteckiger Querschnitt; Sitze hintereinander; Doppelsteuerung; Tür steuerbords.
Tragwerk: abgestrebter Hochdecker in Holzbauweise mit zwei Holmen und Stoffbespannung; V-förmige Spalt-Querruder-Streben aus Stahlrohr mit Stromlinienverkleidung.
Leitwerk: verspannte Normalbauweise in Stahlrohr mit Stoffbespannung.
Fahrwerk: starres Spornradfahrwerk; Gummidämpfung; hydraulische Bremsen; steuerbares Spornrad.

Neiva N-621 „Universal" / T-25
Schul- und Übungsflugzeug

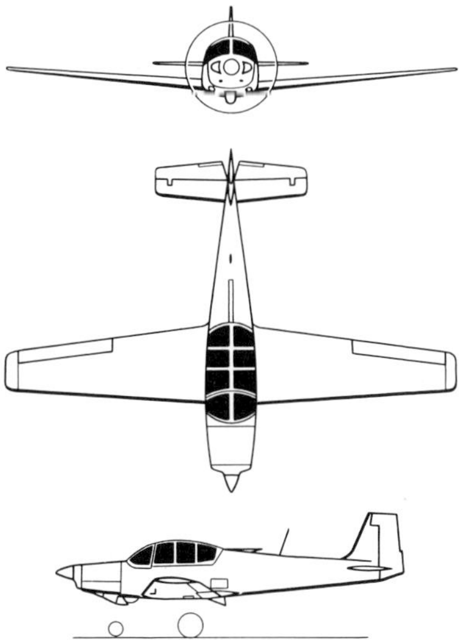

Die IPD-6201 „Universal" (Serienbezeichung N-621, militärische Bezeichnung T-25) diente den brasilianischen Luftstreitkräften als Grundschulflugzeug. Für die Schießausbildung ließen sich unter den Tragflügeln zwei 7,62-mm-MGs, Bomben und Raketen anbringen.
Im Januar 1963 begann Kovacs mit der Projektierung, im Mai 1965 mit der Konstruktion des Prototyps (PP-ZTW), der am 29. April 1966 zum Erstflug startete. Die erste Serienmaschine flog 1971.
Bis 1975 waren die bestellten 150 T-25 an die brasilianischen Luftstreitkräfte ausgeliefert. 1978/79 wurden weitere 28 Maschinen gebaut, davon erhielt Chile acht.
Während die T-25 als Schulflugzeug verwendet wurde, dient die modifzierte T-25 A in Brasilien als bewaffneter Aufklärer sowie als leichtes Tiefangriffsflugzeug. Die Weiterentwicklung N-622 „Universal II" / T-25 B hat einen 295-kW-Motor, etwas größere Abmessungen und Leistungen. Der Prototyp YT-25 B flog erstmals am 22. Oktober 1978. Ab 1979 sind 80 T-25 B gebaut worden. Diese Version hat eine umkonstruierte Rumpfnase, eine weitgehend verstärkte Zelle sowie je Flügel 3 Waffenaufhängepunkte.

Rumpf: vorn Stahlrohrbauweise mit Leichtmetallbeplankung; hinten Leichtmetall-Schalenbauweise; zwei Sitze nebeneinander; Doppelsteuerung; voll verglaste, nach hinten aufschiebbare, notfalls abwerfbare Haube; Gepäckraum hinter der Kabine.
Tragwerk: freitragender Tiefdecker in Ganzmetallbauweise mit einem Holm; Spaltlandeklappen im Mittelflügel.
Leitwerk: freitragende Normalbauweise in Ganzmetall.
Fahrwerk: einziehbares, hydraulisch betätigtes Bugradfahrwerk; Öl-Dämpfung; hydraulische Scheibenbremsen; steuerbares Bugrad.

Aero-Technik-Canary / Bücker Bü 133 D „Jungmeister" Übungs- und Sportflugzeug

Die Bücker Bü 133 D „Jungmeister" war vor dem zweiten Weltkrieg ein weit verbreitetes, kunstflugtaugliches Übungs- und Sportflugzeug. Nach dem Krieg übernahm die Firma Aero-Technik-Canary die Lizenz dieses Flugzeugs. Die ersten 3 Maschinen baute die Firma Josef Bitz in Haunstetten bei Augsburg. Vom vierten Flugzeug an begann die Serienproduktion gemeinsam mit der Wolf Hirth GmbH.

Bei dem Triebwerk wurden Restbestände genutzt und neue Teile gefertigt, um Reparaturen und Überholungen sicherzustellen. Die Produktion begann im März 1967. Dabei wurde die Zelle so verstärkt, daß Kunstflug unbeschränkt möglich ist. Der Erstflug der neuen „Jungmeister" fand im Sommer 1968 statt.

Rumpf: vieleckiger, ovaler Querschnitt; offenes Cockpit.

Tragwerk: einstieliger (N-Stiele), verspannter Doppeldecker mit Stoffbespannung; Ober- und Unterflügel austauschbar; Baldachin mit N-Streben; Querruder an allen Flügeln; keine Klappen; zwei Holme in Doppel-T-Form.

Leitwerk: verspannte Normalbauweise in Stahlrohr mit Stoffbespannung; Trimmklappen im Höhenruder.

Fahrwerk: starres Fahrwerk mit Öldämpfung; Bremsen, gefedertes, lenkbares Spornrad.

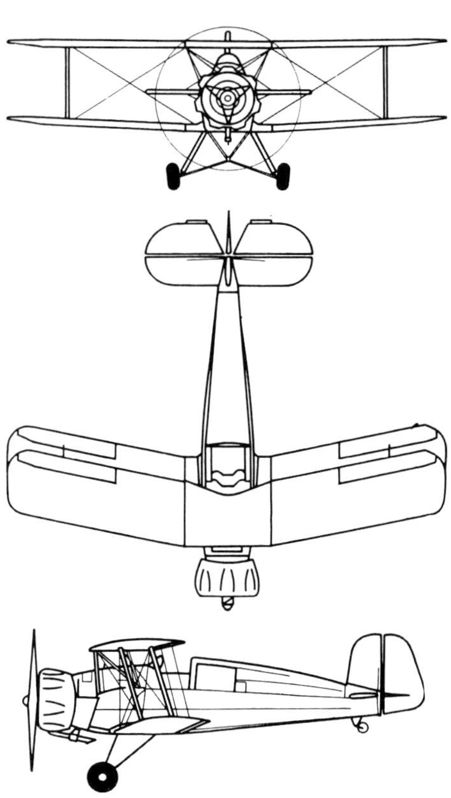

Claudius Dornier SEASTAR Amphibienflugzeug

Die im Frühjahr 1986 gegründete Firma Claudius Dornier SEASTAR GmbH & Co. KG in Oberpfaffenhofen projektierte ein leichtes Mehrzweckamphibium gleichen Namens, das ohne Spezialausrüstung von Graspisten, von Wasser-, Schnee- und Eisflächen aus operieren kann. Es ist daran gedacht, die Maschine als Marineüberwachungs- oder Seenotrettungsflugzeug mit einem stillgelegten Triebwerk 8 h lang fliegen zu lassen, wobei die Unabhängigkeit von Pisten und Flugplätzen sehr vorteilhaft ist.

Der Experimental-Prototyp VT-01 (auch als PT 01 bezeichnet) nahm am 17. August 1984 die Flugerprobung auf. Um Zeit und Kosten zu sparen, war diese Maschine mit dem Metallflügel der Do 27 ausgerüstet. Von vornherein war jedoch Kunststoff geplant. Um eine gegen Korrosion durch Meerwasser sehr beständige Zelle zu erhalten, ist sie weitgehend aus glasfaser- und graphitverstärktem Epoxydharz hergestellt. Nach den Flugerprobungen des Prototyps ergaben sich einige Änderungen, so der Tragflügel mit einer um 2,12 m^2 größeren Fläche und modifizierten Flügelspitzen, ein neuer Bootsrumpf sowie größere Massen.

Die Musterzulassung wurde im Oktober 1990 erteilt. Obwohl zwei feste Kaufaufträge, fünf Optionen und 72 Bestellungen vorlagen, mußte das Projekt auf Eis gelegt werden, da das Bundeswirtschaftsministerium die Förderung einstellte. Die SEASTAR ist für 12 Passagiere, in der Ambulanzversion für 5 Patienten und 2 Pfleger ausgelegt. Sie sollte 5 Mio. DM kosten. Äußerlich erinnert sie an die Dornier Wal.

Rumpf: Faserverbundbauweise; Boden bootsförmig ausgearbeitet; Rumpf nach einer Stufe nach oben gezogen; seitliche Stabilisierungsstummel; verglaste Flugzeugführerkabine; Passagierkabine mit kreisförmigen Fenstern.

Tragwerk: abgestrebter, halb freitragender Schirmhochdecker mit aufgesetzten Tandemtriebwerken (Druck- und Zugschraube).

Leitwerk: Normalbauweise; sehr hoch gesetztes Höhenleitwerk, freitragend.

Schwimm-/Fahrwerk: Bootsrumpf mit Flossenstummeln; einfach bereiftes Bugrad in den Rumpfbug, doppelt bereifte Hauptfahrwerkbeine in die Stummel einziehbar.

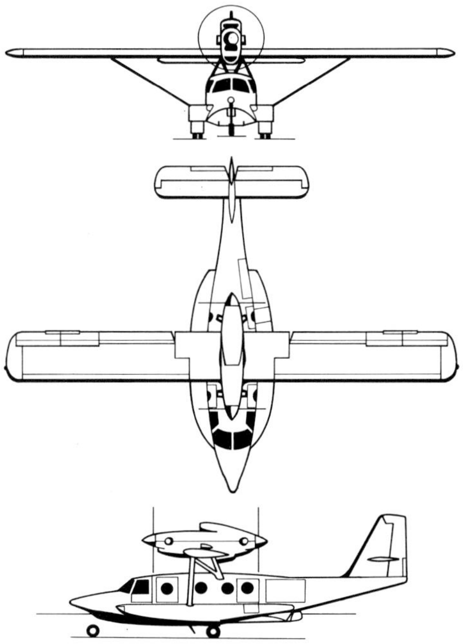

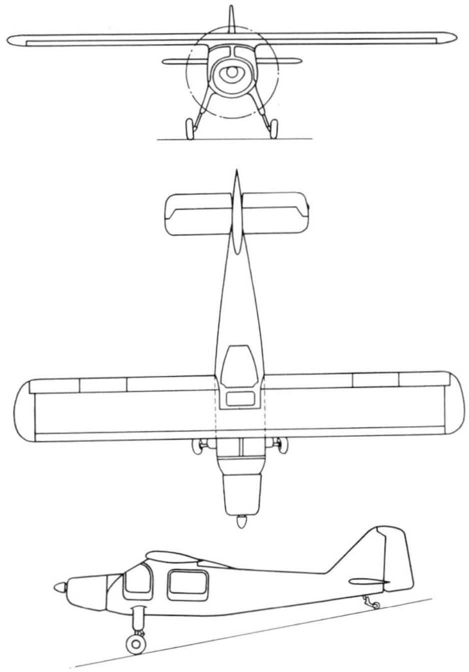

Dornier Do 27 STOL-Mehrzweckflugzeug

Dornier arbeitete nach dem zweiten Weltkrieg in Spanien, bis der Flugzeugbau in der BRD wieder möglich war. In den Jahren 1953/54 entwickelte er in Madrid das einmotorige Mehrzweckflugzeug Do 25, das von dem spanischen Flugzeugwerk CASA gebaut wurde und am 25. Juni 1954 erstmalig flog. Dieses Flugzeug entwickelte Dornier zur Do 27 weiter, deren Prototyp am 27. Juni 1955 mit einem 165-kW-Triebwerk erstmalig flog. Der Erstflug des ersten Serienflugzeugs Do 27 A fand am 17. Oktober 1956 statt.

Das Flugzeug hat Kurzstart- und Kurzlandeeigenschaften und kann für Reise- und Geschäftsflug, Zubringerdienst und Transport, Schlepp-, Foto- und Vermessungsflug, in der Landwirtschaft, in der Sanitätsfliegerei und als militärisches Verbindungs- und Beobachtungsflugzeug eingesetzt werden.

Ingesamt wurden 3 Prototypen und zwischen 1956 und 1965 621 Do 27 der verschiedenen Serien gebaut. Die Maschinen flogen in Belgien, der BRD, Israel, Kongo, Malta, Nigeria, Portugal, Schweden, der Schweiz, Spanien, Togo und der Türkei.

CASA baute 50 Maschinen als CASA C. 127 in Lizenz.

Versionen:

Do 27 A-1: Grundversion für sechs Personen mit 200-kW-Triebwerk.
Do 27 A-3: Ausführung mit verstärktem Rumpfaufbau und Holm sowie kräftiger Beplankung.
Do 27 A-4: Ausführung als Verbindungs-, Beobachtungs-, Sanitäts- und Rettungsflugzeug.
Do 27 B-1: Schulflugzeug mit Doppelsteuer.
Do 27 B-2: wie B-1 aber mit Schnellverstellung an beiden Pilotensitzen und Bremseinrichtung am Sitz des zweiten Piloten.
Do 27 B-3: wie B-2 und A-3.
Do 27 H-1: Reiseflugzeug mit 250-kW-Triebwerk.
Do 27 H-2: wie H-1, aber mit größerem Seitenleitwerk.
Do 27 Q-1: Reiseflugzeug mit 200-kW-Triebwerk für sechs Personen.
Do 27 Q-3: viersitziges Reiseflugzeug mit 170-kW-Triebwerk.
Do 27 Q-4: sechssitziges Reiseflugzeug mit Zusatztank und 200-kW-Triebwerk.
Do 27 Q-5: sechs- bis achtsitziges Reiseflugzeug mit verbessertem Fahrwerk.
Do 27 Q-5 (R): Ausführung mit landwirtschaftlicher Spezialausrüstung, ein Pilot.
Do 27 Q-6: Reiseflugzeug.
Do 27 S-1: Wasserflugzeug mit zwei einstufigen Ganzmetall-Schwimmern, vergrößertem Seitenruder und zusätzlicher Kielflosse.

Rumpf: Ganzmetallbauweise; im Cockpit zwei Sitze, in der Kabine zwei Bänke einander gegenüber; vier Türen.
Tragwerk: freitragender Hochdecker in Ganzmetallbauweise; Metall-Kastenholm; durchlaufender Vorflügel an der Tragfläche; Doppelspalt-Landeklappen und Querruder.
Leitwerk: freitragende Normalbauweise, Ruder stoffbespannt.
Fahrwerk: starres Heckspornradfahrwerk mit ölpneumatischer Dämpfung und Scheibenbremsen; steuerbares Spornrad; auf Wunsch Ausrüstung mit Kombination von Rädern und Schneekufen oder Schwimmern möglich.

Dornier Do 28 / Do 28 D „Skyservant“ STOL-Mehrzweckflugzeuge

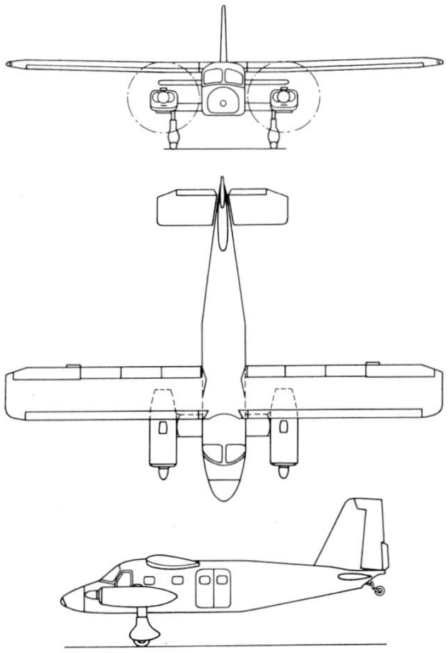

Die Do 28 (Foto) entstand aus der Do 27. Die beiden 130-kW-Triebwerke wurden an kleinen Stummelflügeln angebracht, die unterhalb des Cockpits am Rumpf befestigt sind. Im Interesse einer größeren Flügelfläche wurde ein 1,80 m breites Tragflügelmittelstück eingefügt.

Die Do 28 eignet sich für die gleichen Zwecke wie die Do 27. Da sie mit zwei Motoren sicherer als ihre Vorgängerin ist, bietet sie sich besonders für Blind- und Schlechtwetterflüge sowie für Einsätze über Wasser und Wüsten an.

Der erste Prototyp, der im Aufbau noch der Do 27 entsprach, flog erstmalig am 29. April 1959. Der zweite Prototyp hatte bereits die größere Spannweite und 190-kW-Triebwerke. Er flog erstmalig am 20. März 1960. Die Serienproduktion dieser Ausführung wurde noch im gleichen Jahr aufgenommen.

Versionen:

Do 28 A-1: zivile Ausführung; von 1961 bis 1966 60 Exemplare gebaut.

Do 28 B-1: mit 215-kW-Triebwerken und Kraftstoffeinspritzung, Erstflug im April 1963, Serienproduktion von 1964 bis 1971 (60 Stück).

Do 28 B-2: mit 215-kW-Triebwerken und Turbolader.

Als Weiterentwicklung und als Konkurrenzmuster zur britischen BN-2 „Islander“ und zur kanadischen DHC-6 „Twin Otter“ entstand die größere Do 28 D „Skyservant“. Die Entwicklung begann im August 1964. Der Erstflug des Prototyps war am 23. Februar 1966. Im Februar 1967 lief der Serienbau der Do 28 D (Skizze) an, ab November des gleichen Jahres wurde die Militärversion Do 28 D-1 hergestellt. Ab 1971 produzierten die Dornier-Werke die D-2. Bis 1976 waren die bestellten 220 „Skyservant“ fertig. Die Luftwaffe der BRD erhielt 101 Do 28 D-2 als leichte Transporter und Sanitätsflugzeuge, die BRD-Marine 20 als Aufklärer. Die Do 28 / 28 D wurde in 30 Länder geliefert.

Anfang 1978 wurde eine mit Turboproptriebwerken ausgerüstete Do 28 D-2 erprobt, und seit 1980 gibt es die verbesserte Do 28 D-6 „Turbo-Skyservant“ mit PTL-Triebwerken. 1979 flog erstmalig das Forschungsflugzeug Do 28 TNT.

Weiterentwicklungen sind die mit Einziehfahrwerken versehenen Typen Do 128 und Do 228.
1993 stellte die Bundeswehr ihre Do 28 (Spitzname Bauernadler) außer Dienst.

Konstruktive Angaben zur Do 28 D „Skyservant“:

Rumpf: Ganzmetallbauweise; rechteckiger Querschnitt; Doppeltür auf der Backbordseite; auf Wunsch Einbau einer zusätzlichen Tür steuerbords und Doppelsteuerung.
Tragwerk: freitragender Schulterdecker in Ganzmetallbauweise; rechteckiger Tragflügel aus einem Stück mit durchlaufendem Kastenholm; fester Vorflügel; Doppelspalt-Auftriebsklappen; ungeteilte Querruder.
Leitwerk: freitragende Normalbauweise; zweiteiliges Pendel-Höhenleitwerk mit Hilfsrudern; Seitenleitwerk mit Hilfsruder zur Trimmung; Ruder stoffbespannt.
Fahrwerk: starres Heckradfahrwerk mit Scheibenbremsen; auf Wunsch Niederdruckreifen; Schneekufen, Schwimmer oder Schneekufen/Radfahrwerk.

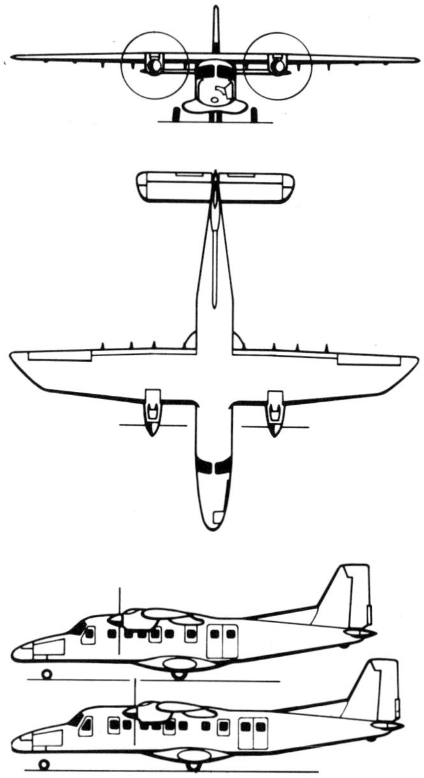

Dornier Do 128/Do 228 Mehrzweckflugzeuge

Die Do 28 D „Skyservant“ war der Ausgangspunkt für die Entwicklung der verbesserten Variante Do 128, von der mehrere Prototypen (so die Do 128-2 mit Kolbenmotor und Rundsuch-Radar unter dem Rumpfbug) erprobt wurden. Die Do 128 erhielt 2 PTL-Triebwerke Pratt & Whitney PT6A-110, größere Kraftstoffbehälter sowie einen verstärkten Unterflügel. Die Do 128-6 (Erstflug 4. März 1980) schließlich war der Prototyp für die Do 228-200, die erstmals am 9. Mai 1981 flog. Wenige Wochen zuvor hatte die Erprobung der etwas kürzeren Do 228-100 begonnen. Öffentlich bekanntgegeben war der Bau dieser neuen Serie von Mehrzweckflugzeugen am 24. April 1980 zur Luftfahrschau in Hannover. Die Firma Dornier hatte eine Lücke im Angebot für Flugzeuge dieser Größe erkannt und in kurzer Zeit die neuen Typen entwickelt. Folgende Einsatzbereiche und -zwecke wurden für die 15- und 19sitzigen Muster genannt:

- Passagierbeförderung;
- Frachttransport (dazu kann statt der 0,64 m × 1,24 m großen Kabinentür mit integrierten Stufen eine Ladetür mit 2 Türflügeln in den Abmessungen 1,28 m × 1,34 m geliefert werden);
- kombinierter Passagier- und Frachttransport;
- Verbindungsflüge, Überwachungsaufgaben sowie Such- und Rettungseinsätze;
- Absetzen von Fallschirmspringern;
- Ambulanzflüge, Schulung sowie Flüge zur Fotogrammetrie und Erderkundung.

Äußerlich unterscheidet sich die Do 228 von den Vorgängern Do 28 und Do 128 durch die Anordnung der Triebwerke unter den Flügeln. Typisch ist außerdem die neue Flügelform, die an einer Do 28 TNT (Tragflügel neuer Technologie) erprobt worden ist. Sie ähnelt dem sog. superkritischen Profil, das für neue Strahlflugzeuge verwendet wird. Ermöglicht werden eine bessere Start- und Steigleistung, eine Nutzlasterhöhung sowie Kraftstoffeinsparungen – neben aerodynamischen Verbesserungen eine höhere Wirtschaftlichkeit.
Seit Anfang 1982 wird die Do 228 in den Hauptversionen Do 228-100 (Erstflug am 20. März 1981, 15 Plätze, obere Seitenansicht) und Do 228-200 (Erstflug am 9. Mai 1981, 19 Plätze, untere Seitenansicht) gebaut. Die Varianten Do 228-101 und Do 228-201 haben eine größere Abflugmasse. Weitere Modifikationen sind die Do 228-202, Do 228-203 F und Do 228-212. Aus der Do 228-100 sind Versionen als maritime Patrouillenflugzeuge in den Ausführungen A und B abgeleitet worden.
Bis 1993 waren 208 Do 228 ausgeliefert worden, 200 Bestellungen lagen vor. Indien baut 140 Maschinen in Lizenz.

Die Do 228 dient bei der Bundeswehr als Seeüberwachungsflugzeug gegen Umweltsünder (Öl).

Rumpf: Ganzmetallbauweise, rechteckiger Querschnitt; Passagier- bzw. Frachttür links hinter Flügel, Cockpittür links; schnelle Umrüstbarkeit für verschiedene Verwendungen.
Tragwerk: freitragender Schulterdecker in Ganzmetallbauweise; Flügel mit trapezförmigem Grundriß; gerader, durchgehender Innenflügel; Außenflügel mit leichter V-Stellung sowie dreieckförmigen Randbögen; Hochauftriebssystem aus Einfach-Spalt-Fowlerklappen und verstellbarem Querruder.
Leitwerk: freitragende Normalbauweise.
Fahrwerk: einziehbares Bugradfahrwerk; Bugstrebe doppelt bereift; Niederdruckreifen für nicht befestigte Flugfelder möglich.

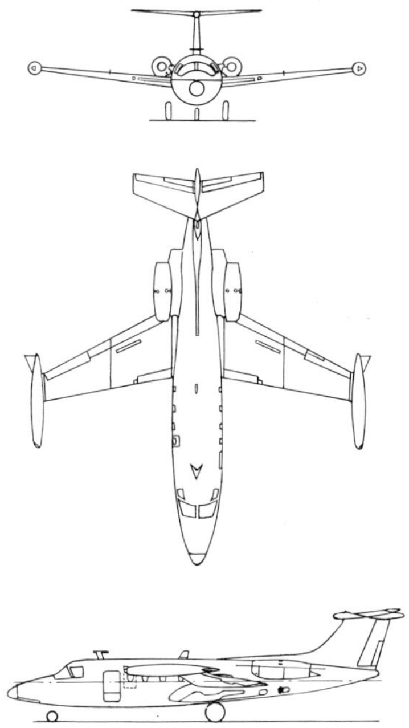

Hamburger Flugzeugbau HFB 320 „Hansa-Jet" Mehrzweckflugzeug

Die HFB 320 „Hansa-Jet" fällt durch ihren nach vorn gepfeilten Tragflügel auf. Dieser Flügel ist hinter der Kabine durch den Rumpf geführt. Dadurch werden eine große Kabinenhöhe bei kleinem Rumpfdurchmesser und freie Sicht von allen Plätzen aus ermöglicht. Die Vorpfeilung bringt gute Langsamflugeigenschaften und damit kurze Start- und Landestrecken, so daß auch kleine Flugplätze mit Graspisten benutzt werden können.
Mit der Konstruktion wurde 1960/61 begonnen. Die Entwurfsarbeiten waren im März 1962 abgeschlossen. Der erste Prototyp HFB 320 V-1 flog erstmalig am 21. April 1964. Beim 121. Versuchsflug am 12. Mai 1965 verunglückte er bei Überziehversuchen infolge extrem hohen Anstellwinkels. Der Erstflug des zweiten Prototyps V-2 fand am 19. Oktober 1964 statt.
Von dem schlecht zu verkaufenden Typ beschaffte die BRD-Bundeswehr 1977 12 Vorserienmaschinen HFB 320-2 (4 Maschinen als VIP-Transporter und 8 Sonderflugzeuge HFB 320 ECM für die elektronische Kriegsführung). Bis 1980 wurden insgesamt 45 „Hansa-Jet" (nach anderen Quellen 50) gebaut. 1994 gingen die letzten 7 HFB 320 (M) des JaboG 32 Lechfeld außer Dienst. Das Luftwaffenmuseum Berlin-Gatow erhielt die 16+26 als Exponat.

Rumpf: Ganzmetall-Schalenbauweise; Rumpfspitze aus GFK für Radar; Druckkabine mit je vier elliptischen Doppelfenstern auf jeder Seite; jeweils ein Fenster als Notausstieg konstruiert; Hinterteil und Leitwerk bilden eine Einheit.

Tragwerk: freitragender Mitteldecker, vorgepfeilt; dreiteiliger Flügel in Schalenbauweise; Spoiler oder Ober- und Unterseite zur Gleitwinkelsteuerung; Vorflügel innen und Doppelspalt-Landeklappen gleichzeitig ausfahrbar; elektrische Enteisung.
Leitwerk: freitragendes T-Leitwerk mit aerodynamisch günstig geformtem Verdrängungskörper im Schnittpunkt; elektrische Enteisung.
Fahrwerk: einziehbares Bugradfahrwerk mit Niederdruckreifen; Bugrad hydraulisch lenkbar.

MBB Bo 105 Hubschrauber

Die Projektierung des Hubschraubers Bo 105 begann im Juli 1962, die Konstruktion zwei Jahre darauf. Der starre Rotor aus Glasfaserkunststoff wurde in Zusammenarbeit mit der französischen Firma Sud Aviation auf einer Alouette II „Astazou" erprobt. Dabei erzielte man Geschwindigkeiten von 250 km/h. Der Erstflug fand am 16. Februar 1967 statt. Bis 11. Januar 1971 wurden 3 Prototypen und 4 Vorserienmuster gebaut. Der ersten Serienversion Bo 105 C vom August 1969 (monatlich 6 bis 9 Maschinen) folgte für Großbritannien die Bo 105 D.
Neben den BRD-Streitkräften haben die der USA, der Niederlande, Nigerias, Spaniens, Chiles (6) sowie China (4) die Bo 105 erhalten.
Zu Versuchszwecken entstand die mit kurzen Tragflügeln ausgestattete Bo 105 HGH. Außerdem schuf MBB die 7sitzige Bo 106 sowie die 9sitzige Bo 107.
Für spezielle Aufgaben entwickelte MBB den Panzerabwehrhubschrauber PAH-1 mit beiderseitig je drei Panzerabwehrlenkraketen HOT.
Neben 212 Bo 105 P/PAH-1 (Foto, Übergabe der ersten Maschine: 9. Mai 1978 an Heeresflieger in Bückeburg) erhielt die Bundeswehr der BRD auch 227 Verbindungs- und Beobachtungshubschrauber Bo 105 M/VBH (Ersatz für die veraltete Alouette II). Bo 105 werden in Spanien bei CASA in Lizenz gebaut (von dort u. a. Lieferung von 24 Bo 205 mit HOT-Bewaffnung an den Irak) und auf den Philippinen aus eingeführten Baugruppen montiert. Seit 1975 fertigt die indonesische Firma Nurtanio die Bo 105. Zunächst war es nur eine Montage von aus der BRD bezogenen Teilen. Ab etwa 1984 jedoch werden 80 Prozent aller Zellen und Leitwerksträgerelemente im Land selbst hergestellt. Bis Ende 1993 hat Nurtanio insgesamt 103 N Bo 105 an indonesische Abnehmer geliefert.
1985 wurde die für warmes Klima und Startplätze in großen Höhen besonders geeignete Version Bo 105 LS (2 Triebwerke Allison 250-C 28) bekannt.
Mit Kawasaki (Japan) baut MBB die 8- bis 10sitzige BK-117. Bis 1993 wurden über 1300 Bo 105 aller Versionen ausgeliefert. Am 13. Dezember 1988 startete der Experimentalhubschrauber Bo 108 als Weiterentwicklung zum Erstflug.

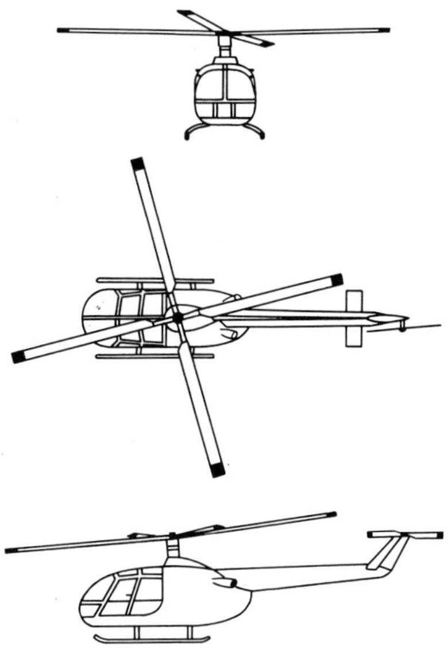

Rumpf: Ganzmetallbauweise.
Tragwerk: gelenkloser Hauptrotorkopf aus Titan; vier starre Blätter aus GFK; Rotorbremse; zwei Einzelsitze vorn; dreisitzige Sitzbank hinten; auf jeder Seite eine Tür; Heck nach beiden Seiten aufklappbar.
Leitwerk: Zweiblatt-Ganzmetall-Ausgleichsrotor.
Fahrwerk: hydraulisch gefederte Kufen; Ausrüstung mit Rädern oder Schwimmern auf Wunsch.

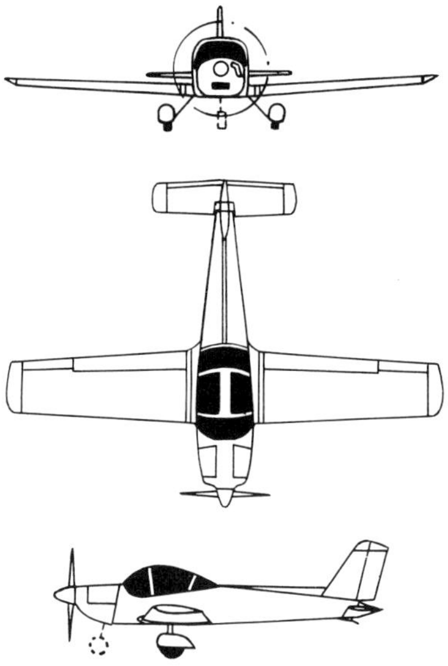

MBB Bo 209 „Monsun“
Schul-, Sport- und Reiseflugzeug

Im Frühjahr 1968 flog erstmals ein von Mylius und Mitgliedern der Entwicklungsgruppe Leichtflugzeuge der Firma Bölkow entwickeltes zweisitziges Sportflugzeug mit der Bezeichnung MHK-101. Nach eingehender Erprobung des Prototyps übernahm Messerschmitt-Bölkow-Blohm die Fertigung der ab Anfang 1969 als Bo 209 „Monsun“ bezeichneten Maschine. Insgesamt verließen 100 Bo 209 das Werk. Die kunstflugtaugliche, zum Segelflugzeug- und Bannerschlepp verwendbare Maschine konnte auf Wunsch mit verschiedenen Luftschrauben ausgerüstet werden. Der Erstflug war im Frühjahr 1968. Die erste Serienmaschine flog am 28. Mai 1969.

Versionen:
Bo 209 A: mit 85-kW-Triebwerk.
Bo 209 B: mit 110-kW-Triebwerk.
Bo 209 C: mit 120-kW-Triebwerk.

Rumpf: Ganzmetallbauweise; nach hinten aufschiebbare Haube, die auch während des Fluges geöffnet werden kann; Haube gegen ultraviolette Strahlen blau eingefärbt; Doppelsteuerung; Gepäckraum für 50 kg.
Tragwerk: freitragender Tiefdecker in Ganzmetallbauweise; elektrisch betätigte Landeklappen am größten Teil der Hinterkante; Tragflächen an den Rumpf anklappbar.
Leitwerk: freitragende Normalbauweise in Ganzmetall.
Fahrwerk: starres Fahrwerk mit elektrisch einziehbarem Bugrad; staudruckgesteuerte Ausfahrautomatik; Scheibenbremsen mit Parkbremse.

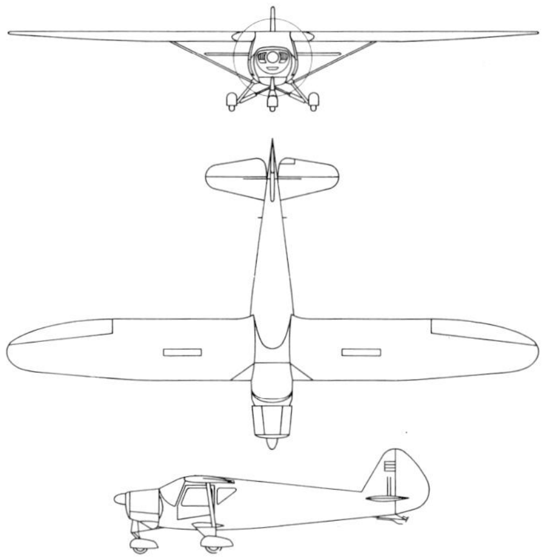

Pützer „Elster“
Schul- und Sportflugzeug

Die Firma Pützer entwickelte Ende der fünfziger Jahre die „Elster“ aus dem Motorsegler „Motorraab“.

Versionen:
„Elster A“: Prototyp mit 40-kW-Triebwerk Porsche 678/3.
„Elster B“: Serienflugzeug mit 70-kW-Triebwerk Continental C 90-12 F, gebaut wurden ab 1960 21 Maschinen für die Sportgruppen der BRD-Bundeswehr.
„Elster C“: Schleppflugzeug mit 110-kW-Triebwerk Lycoming 0-320, in Serie produziert.

Entsprechend dem Verwendungszweck hat das Flugzeug eine Luftschraube mit sehr kleiner Steigung. Am besten steigt es bei 90 km/h, der für den Segelflugschlepp günstigsten Geschwindigkeit. Auf eine größere Horizontalgeschwindigkeit wurde trotz des starken Triebwerks verzichtet.

Rumpf: Holz-Schalenbauweise; zwei Sitze nebeneinander mit Doppelsteuerung; auf jeder Seite eine nach oben aufklappbare Tür.
Tragwerk: Hochdecker; auf beiden Seiten mit stromlinienförmiger Metallstrebe abgestrebt; ein Holzholm und Nasentorsionskasten; Landeklappen, Störklappen zur Gleitwinkelsteuerung auf Flügeloberseiten.
Leitwerk: freitragende Normalbauweise in Holz; stoffbespanntes Ruder.
Fahrwerk: starres Fahrwerk mit Gummifederung; mechanische Bremsen, steuerbares Bugrad.

Rhein Flugzeugbau „Fantrainer“ Schulflugzeug

Das in Mönchengladbach ansässige Unternehmen Rhein Flugzeugbau (Tochterunternehmen von MBB) hat in den siebziger Jahren das Prinzip erprobt, im Rumpf hinter der Flugzeugführerkabine eine ummantelte Luftschraube unterzubringen, um damit Flugeigenschaften zu erreichen, die denen herkömmlicher Strahlflugzeuge ähneln. Gedacht war von Beginn an daran, dieses Prinzip für Schulflugzeuge anzuwenden.
Bei dem ersten, ab Oktober 1977 erprobten Demonstrations-Muster AWI 2 („Fantrainer D 1“) baute man zwei Wankel-Motoren mit je 110 kW Startleistung ein, bei dem zweiten Prototyp ATI-1 statt dessen eine Gasturbine Allison 250 C-20 B mit 330 kW Startleistung (erprobt ab Mai 1978). Damit lagen die Steigleistung um 45 % und die Höchstgeschwindigkeit um 25 % über den Werten des ersten Musters. Obwohl der zweite Prototyp im Herbst 1978 abstürzte (wegen eines Strömungsabrisses am Verdichter stellte der Pilot das Triebwerk ab und versuchte eine Notlandung), blieb man bei dieser Ausführung. Dennoch kam es zu keiner Bestellung des Typs durch die Bundeswehr. Im Frühjahr 1985 lieh diese lediglich einige Flugzeuge für etwa 2 ½ Monate aus, um die Ausbildungskonzeption zu untersuchen: Das Jagdbombergeschwader Nörvenich übernahm zwei „Fantrainer 600“, das Jagdbombergeschwader Fürstenfeldbruck einen „Fantrainer 400“ (295 bzw. 440 kW).
Thailand ist der einzige Kunde für diesen Flugzeugtyp: Das Land bestellte 31 „Fantrainer 400“ und 16 „Fantrainer 600“. 2 Maschinen wurden 1984 geliefert. Seit 1986 werden in Koproduktion mit Thailand 45 gebaut. 1988 waren 13 fertig, darunter die 16. „Fantrainer 600“.

Rumpf: Vorderteil mit nur einem als Notkufe ausgebildeten inneren Längsträger als tragende Struktur; nimmt die Bugradkräfte, die Sitzlasten sowie die Steuerung auf; 2. Sitz um 20 cm erhöht, kommt der günstigen Sicht sowie der Bauhöhe des Längsträgers entgegen; weitgehende Anpassung an Situation in der „Alpha Jet“; ab integriertem Mantelschraubenantrieb schmaler Träger für das Leitwerk.
Tragwerk: gepfeiltes Tragflügelmittelstück; leicht nach vorn gezogene Flügel in Mitteldeckerbauweise.
Leitwerk: freitragende Ganzmetallbauweise in T-Form.
Fahrwerk: Bugradfahrwerk; alle Streben einfach bereift und in den Rumpf einziehbar.

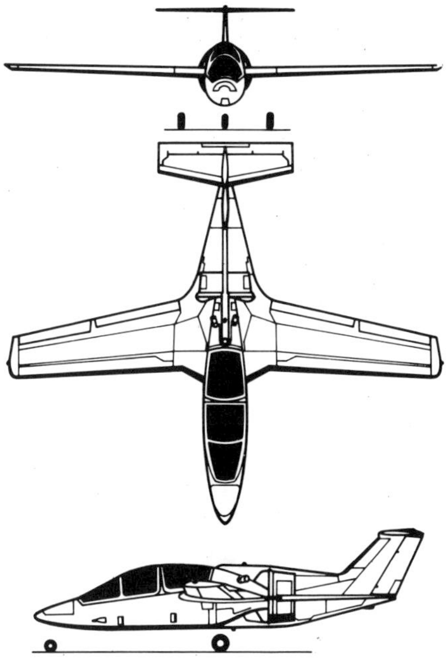

Vereinigte Flugtechnische Werke VFW 614 Verkehrsflugzeug

Die VFW 614 ist ein Kurzstrecken-Verkehrsflugzeug für Entfernungen zwischen 150 und 500 km. Sie läßt sich von der Passagierausführung sehr schnell in eine Fracht oder gemischte Passagier-/Frachtausführung umrüsten. Die Maschine kann wegen der großen Niederdruckreifen und wegen des Einbaus der Triebwerke über dem Flügel auch unbefestigte Start- und Landebahnen benutzen. Nach dem Bau von drei Prototypen (G-1: Erstflug am 14. Juli 1971, abgestürzt im Februar 1972; G-2: am 14. Januar 1972, zunächst gesperrt, nach Modifikationen am Höhenrudersystem am 19. August 1972 wieder in der Flugerprobung; G-3: am 10. Oktober 1972), zwei Vorführmaschinen und zwei Bruchversuchszellen begann Anfang 1975 der Bau von 10 Serienmaschinen. Die erste absolvierte am 28. April 1975 den Erstflug.
MBB baute 1988 eine Maschine für Kontrollaufgaben zur VFW 614 ATTAS um.

Rumpf: konventionelle Ganzmetall-Halbschalenbauweise mit kreisförmigem Querschnitt und abklappbarem Rumpfbug; Druckkabine; eingebaute Fluggasttreppe; Sichtscheiben elektrisch beheizt.
Tragwerk: freitragender Tiefdecker in Schalenbauweise; Triebwerke auf den Tragflügeln an Stielen aufgesetzt; Doppelspaltklappen; Flüssigkeitsenteisung.
Leitwerk: freitragende Normalbauweise in Ganzmetall; Ruder aerodynamisch ausgeglichen; Flüssigkeitsenteisung.
Fahrwerk: einziehbar; Bugrad steuerbar; Hauptfahrwerk mit Zwillingsrädern; Niederdruckreifen.

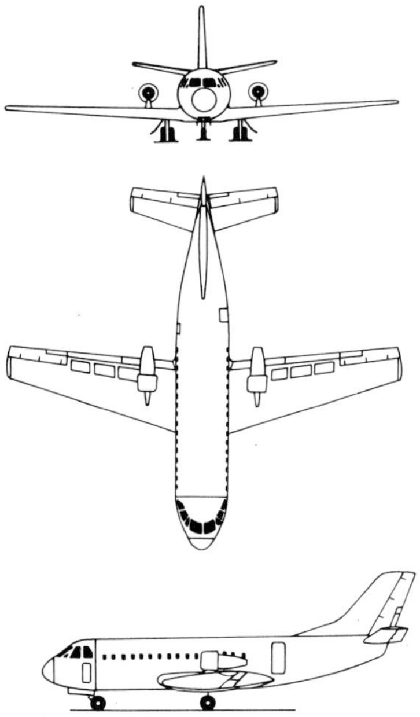

DAR-3 „Garvan" (LAZ-3) DAR-3a (LAZ-3a)
Aufklärungsflugzeuge

Im Jahr 1924 begann im Werk Dshiershawna Aeroplanna Rabotilnica (DAR) in Sofia-Bojurista im bescheidenen Umfang die Flugzeugproduktion. Zunächst wurden die Albatros-Nachbauten DAR-U-1 (7 Stück) und DAR-2 (12 Stück) sowie der kleine Schuldoppeldecker DAR-1A (12 Stück) hergestellt. Im Jahr 1929 folgte das Aufklärungsflugzeug DAR-3 „Garvan" (Rabe). Konstrukteur war Lazarow. Daher rührt neben der Werkbezeichnung DAR-3 „Garvan" die Bezeichnung LAZ-3. Die LAZ-3 wurde in einer Kleinserie hergestellt, hatte eine offene Flugzeugführer- und Beobachter-Kabine sowie unterschiedliche Triebwerke. So wurde der Lorraine-Dietrich-Motor mit 295 kW Startleistung oder der Gnôme et Rhône „Jupiter" mit 355 kW eingebaut.

Als DAR-3a (LAZ-3a) wurde die ebenfalls nur in geringer Stückzahl 1939/40 produzierte Version mit geschlossener Kabine (Foto) bezeichnet, die mit dem 490-kW-Motor Wright Cyclone oder dem Alfa Romeo 126 (550 kW Startleistung) versehen war.

Da sich die Flugzeuge DAR-3 / DAR-3a wenig für militärische Zwecke eigneten, wurden sie vorwiegend für Ausbildungs- und Kurierflüge verwendet.

Rumpf: Gemischtbauweise; hinten stoffbespannt; DAR-3: offene Sitze; DAR-3a: Glaskabine hinten offen.
Tragwerk: Doppeldecker in Gemischtbauweise mit N-förmigen Streben ohne Verspannung; Ober- und Unterflügel zum Rumpf hin verstrebt.
Leitwerk: Gemischtbauweise; normales Seiten- und verstrebtes Höhenleitwerk.
Fahrwerk: starres Heckspornfahrwerk; Abstrebungen zum Rumpfboden und zu den Rumpfseiten; Hauptstreben einfach bereift; mit oder ohne Radverkleidung.

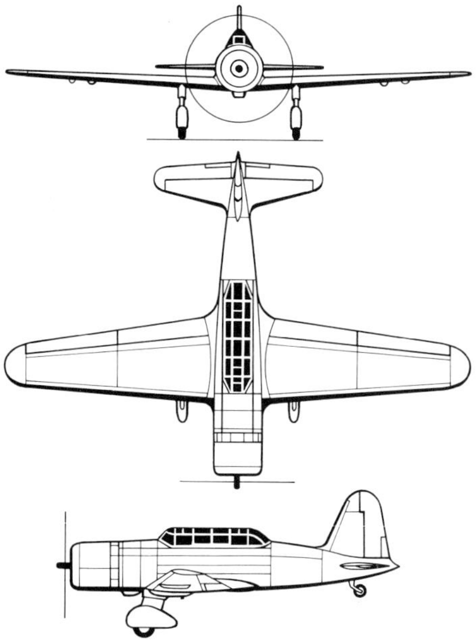

DAR-10
Leichtes Bomben- und Sturzkampfflugzeug

Das bulgarische Flugzeugwerk Dshiershawna Aeroplanna Rabotilnica in Sofia-Bojurista hat vor allem Wartungs- und Reparaturarbeiten an Flugzeugen ausgeführt, jedoch auch Flugzeuge gebaut. In den Jahren 1924 bis 1941 sind die Typen DAR-U-1 bis DAR-10 entstanden – Lizenzbauten und Eigenentwicklungen. Einige davon sind in einer Kleinserie produziert worden. Als letzte Entwicklung der Reihe wurde etwa 1939 die DAR-10 geschaffen. Grundlage für diesen einmotorigen Zweisitzer war die Forderung der Luftstreitkräfte Bulgariens nach einem modernen leichten Kampfflugzeug, das Bomben tragen und diese auch im Sturzflug ins Ziel bringen, aber auch für Aufklärungsflüge verwendbar sein sollte.

Die damaligen königlich-bulgarischen Luftstreitkräfte waren mit etwa 130 Flugzeugen der ersten und zweiten Linie (Kampf- und Hilfsmaschinen) ausgerüstet, die vor allem aus polnischer (PZL P-24 F, PZL P-43) und tschechoslowakischer (Bomber Avia B-71, aber auch Aero-Typen) Produktion stammten. Unter dem Eindruck der Einsätze von Sturzbombenflugzeugen in Spanien und beim Überfall der Luftwaffe Hitlerdeutschlands auf Polen wurde – wie in einigen anderen Ländern – bei den Luftstreitkräften Bulgariens das Interesse an einem solchen Flugzeug geweckt.

Aus der Literatur geht nicht hervor, ob der Prototyp noch im Stammwerk DAR oder in dem ab 1938 geschaffenen Flugzeugwerk Dshiershawna Samoletna Fabrika (DSF) in Lowetsch entstanden ist.

Offensichtlich gab es eine Reihe von Problemen mit der Übernahme des neuen Werkes sowie mit dem Bau des Prototyps DAR-10 A unter Leitung von Lazarow, denn der Erstflug unter dem Testpilot Popgantschew fand erst am 2. Juli 1941 statt. Als Motor der DAR-10 A (Foto) diente ein Alfa Romeo.

Während der Flugerprobung stürzte der Testpilot Stefanow mit der DAR-10 A ab. Bis 1943 überarbeitete Lazarow den Typ zur Serienausführung DAR-10 F. Die Zelle wurde verstärkt und das leistungsfähigere Triebwerk Fiat A. 74 RC eingebaut.

Insgesamt sind 10 DAR-10 F (Skizze) fertiggestellt und an eine Fliegereinheit Bulgariens ausgeliefert worden.

Die DAR-10 F ist das einzige Kampfflugzeug eigener Entwicklung, das während des zweiten Weltkriegs in Bulgarien produziert und von den Luftstreitkräften des Landes geflogen worden ist.

Rumpf: Gemischtbauweise; hinten stoffbespannt; verglaste Kabine mit hintereinanderliegenden Sitzen, vorn Flugzeugführer, hinten Beobachter; über dem Motor zwei 7,92-mm-MGs 17 starr eingebaut und synchronisiert durch die Luftschraube schießend; 1 7,92 mm-MG 15 (nach anderen Quellen sollten 20-mm-Kanonen eingebaut worden sein bzw. sind 7,7-mm-MGs Modell Vickers verwendet worden) beweglich für den Beobachter; Aufhängung für eine 250-kg-Bombe.
Tragwerk: Tiefdecker in Gemischtbauweise; festes Mittelstück; einteilige Außenflügel; Landeklappen; Aufhängung für zwei 50-kg-Bomben je Seite.
Leitwerk: Gemischtbauweise; normales Seiten- und Höhenleitwerk; unverstrebt.
Fahrwerk: nicht einziehbares Heckradfahrwerk; Hauptträder verkleidet.

Harbin Y-11/Y-12 / Xian Y-7-100 Mehrzweckflugzeuge

Die französisch-chinesische Zeitschrift „Chine Nouvelle“ informierte am 26. August 1977 über ein zweimotoriges Mehrzweckflugzeug, das in China die Nachfolge der in Lizenz gebauten An-2 von Antonow (dort als C-5 bezeichnet) antreten sollte. Zunächst wurde der neue Typ als C-11 bekannt. Inzwischen wird er in der Fachliteratur als Y-11 (Yunshuji 11, auch Yun 11 – Transportflugzeug 11) bezeichnet.
Als Antrieb dienen zwei 215-kW-Triebwerke Huosai 6 (Nachbau des sowjetischen AI-14 R). Der Prototyp flog erstmals im Jahr 1977. Im gleichen Jahr begann die Produktion einer Erprobungsserie von etwa 15 Flugzeugen, die auch in der Land- und Forstwirtschaft verwendet worden sind. Gefertigt wurde die Y-11 (oberes Foto) im Werk Harbin, in dem auch der sowjetische Hubschrauber Mi-6 als H-6 in Lizenz hergestellt worden ist.
Eine siebensitzige Y-11 ist mit zwei Turboproptriebwerken PT6A-110 (je 355 kW Startleistung) versehen und als Y-11 T erprobt worden. Am 12. Juli 1982 nahm die erste von drei als Y-12-2 bezeichneten Erprobungsmaschinen (Antrieb: je zwei Turboproptriebwerke Allison 250-B 17B, je 300 kW) die Flugerprobung auf (mittleres Foto).
Dieser Typ wird in großer Stückzahl für die Luftverkehrslinien des Landes sowie für landwirtschaftliche Zwecke gebaut.
Für den Bau der Y-11/Y-12 sind die sowjetischen An-14/An-28 das Vorbild gewesen. Die nachgebaute An-24 wird in China als Y-7 bezeichnet. Eine Mustermaschine ist in Hongkong im Jahr 1985 modernisiert und mit einer neuen Innenausstattung versehen worden.
Die mit Winglets ausgestattete Ausführung wird als Y-7-100 bezeichnet. Sie wird ebenso wie die Y-12 für den Export angeboten (unteres Foto). Seit 1986 baute das Werk Xian 40 Maschinen.

Konstruktive Angaben zur Y-11:
Rumpf: konventionelle Halbschalenbauweise in Ganzmetall; rechteckiger Querschnitt.
Tragwerk: Hochdecker; Rechteckflügel mit Vorfügel; nach außen und innen gegen die kleinen Vorflügel abgestrebt; Sprühvorrichtung unter den Flügeln.
Leitwerk: freitragende Normalbauweise.
Fahrwerk: starr; Bugstrebe einfach, Hauptstreben doppelt bereift.

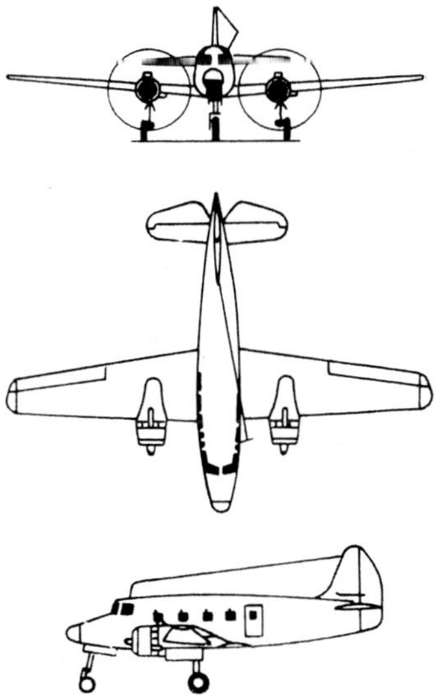

„Peking-1“ Verkehrsflugzeug

Um den Bedarf der chinesischen Zivilluftfahrt an einem leichten Verkehrsflugzeug für Zubringer- und Kurzstreckendienste zu decken, entwickelte die Pekinger Luftfahrtakademie die zweimotorige „Peking-1“. Das Flugzeug ist von den 1400 Lehrern und Studenten in 100 Tagen entwickelt und aus eigenen Mitteln finanziert worden. Neben dem in den Metallwerken von Charbin hergestellten zweimotorigen Reiseflugzeug „Sunchnazjan-1“ (5 Passagiere oder 640 kg Fracht) zählt die „Peking-1“ zu den ersten chinesischen Passagierflugzeugen.
Der Erstflug fand am 24. September 1958 statt.

Rumpf: Ganzmetall-Halbschalenbauweise; eine Tür an der Backbordseite; Toilette und Gepäckraum hinter der Kabine.
Tragwerk: freitragender Tiefdecker in Ganzmetallbauweise.
Leitwerk: freitragende Normalbauweise.
Fahrwerk: einziehbares Bugradfahrwerk; Notsporn.

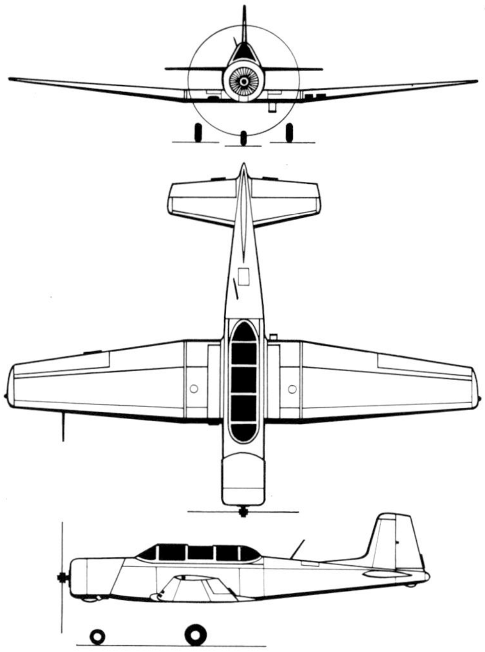

Shenyang BT-6
Schulflugzeug

In den fünfziger Jahren begann in China der Lizenzbau des sowjetischen Schulflugzeugs Jakowlew Jak-18 mit dem Motor M-11 FR. Unter der Bezeichnung Shenyang BT-5 folgte der Serienbau des sowjetischen Schulflugzeugs Jak-18 A mit dem Triebwerk AI-14. Aus diesem Typ leitete die Flugzeugindustrie Chinas das Schulflugzeug Shenyang BT-6 ab, von dem es in der Fachliteratur verschiedene Bezeichnungen gibt: Shinshi-lin Kao Chi Chao Lien (Anfangsschulflugzeug Typ 6), abgekürzt Chujiao 6, Shenyang Typ 6 u. a.

Äußerliches Kennzeichen des chinesischen Flugzeugs ist vor allem das veränderte Seitenleitwerk mit seiner eckigen Form. Als Antrieb dient ein Triebwerk Housai-6 (Luftschraubentyp J 9-G 1) mit einer Startleistung von 215 kW. Die Flugdauer des Schulflugzeugs wird mit 3 h 35 min angegeben, der Kraftstoffvorrat mit 110 kg.
Die BT-6 ist den Fliegerschulen Chinas ab 1977 zugeführt worden. Insgesamt sollen etwa 2 000 Maschinen hergestellt und auch an die KDVR, nach Vietnam und Zaïre geliefert worden sein.

Rumpf: Stahlrohrbauweise; aluminiumbeplankt; Sitze hintereinanderliegend mit getrennten Kabinenhauben; nach hinten aufschiebbar; vorn Flugschüler; hinten Instrukteur.
Tragwerk: freitragender Tiefdecker in Metallbauweise; Tragflügelmittelstück und trapezförmige Außenflügel.
Leitwerk: Normalbauweise; Seitenleitwerk zum Rumpf übergehend.
Fahrwerk: einziehbares Bugradfahrwerk; alle Streben einfach bereift.

Shenyang FT-6/Nanchang Q-5/A-5
Schul- bzw. Jagdbombenflugzeuge

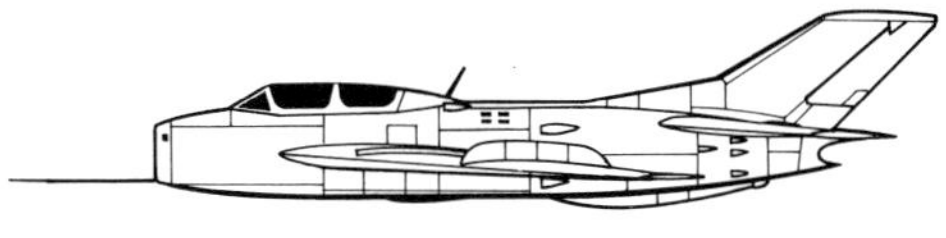

Das sowjetische Jagdflugzeug MiG-17 ist in China als F-4 und F-5 in Lizenz produziert worden. Im Jahr 1961 begann die Serienproduktion des Jagdflugzeugs MiG-19 als Qianjiji 6 (Jagdflugzeug 6, Abkürzung in der internationalen Presse: F-6). Von der ursprünglichen Ausführung wurden Versionen abgeleitet, in großer Stückzahl hergestellt und auch exportiert, so nach Ägypten, Albanien, Bangladesh, in den Iran, nach Irak, in die KDVR, nach Kambodscha, Pakistan, Sambia, Tansania und Vietnam.
Eine der Versionen ist das zweisitzige Schulflugzeug FT-8 (Foto, Seitenansicht S. 54). Der Rumpf wurde zur Aufnahme eines zweiten Sitzes um 0,84 m verlängert, jedoch fehlen die Kanonen in den Flügelwurzeln. Die Mitnahme von Kraftstoffzusatzbehältern unter den Flügeln ist möglich. Da die Flugzeuge von den Shenyang-Werken produziert werden, steht oft deren Name vor der Typenbezeichnung.
Aus der mit zwei Strahltriebwerken versehenen Maschine hat die chinesische Luftfahrtindustrie einen ab 1970 produzierten Typ abgeleitet, der in der internationalen Fachliteratur unterschiedliche Bezeichnungen erhalten hat: zunächst Nanchang F-6bis, später Nanchang A-5 und Q-5 Fantan. Letztere gilt als die chinesische und A-5 als Bezeichnung für den Export. Äußere Kennzeichen sind der verlängerte Bug und die seitlichen Lufteinläufe (Foto, Skizze Seite 55).
Während bei der F-6 das Kabinendach nach hinten geschoben wird, klappt man es bei der Q-5 nach oben. Der hintere Rumpfteil, das Leitwerk und die Tragflügelkonfiguration entsprechen den Baugruppen der MiG-19. Allerdings ist die Spannweite der Q-5 um 20 cm größer als die der anderen chinesischen F-6-Versionen.
Seitlich der Lufteinläufe trägt die Q-5 zwei 30-mm-Kanonen, in neueren Ausführungen sind es 23-mm-Waffen mit je 100 Granaten. Unter den Tragflügeln sowie unter dem Rumpf können Kraftstoffzusatzbehälter, Bomben, Luft-Luft- oder Luft-Boden-Raketen mitgeführt werden.
Der Grundausführung Q-5 A folgte die Q-5 B (auch Q-5 II) mit der Aufnahmemöglichkeit eines zusätzlichen Kraftstoffbehälters in der Bombenkammer, einem Funkmeßgerät im Bug und einem Bremsschirm. Die Produktion wurde 1978 abgeschlossen, und nach Expertenschätzungen befanden sich 1987/88 noch etwa 600 Q-5 im Bestand der Streitkräfte Chinas, einschließlich der etwa 100 von den Marinefliegerkräften verwendeten Maschinen.
Als Pakistan 1981 Flugzeuge dieses Typs bestellte, entstand die Q-5 III bzw. A-5 C mit zwei weiteren Aufhängungen für Luft-Luft-Raketen PL-2 sowie stärkeren Triebwerken WP-6A. Im Februar 1983 begann die Lieferung von 43 A-5 C an Pakistan. Inzwischen sollen insgesamt 140 Maschinen dieses Typs bestellt worden sein.
In China wird daran gearbeitet, die Q-5 mit einer Nachtankvorrichtung zu versehen und sie durch den Bomber H-6 (Nachbau der Tu-16) in der Luft zu betanken. In Zusammenarbeit mit italienischen Avionik-Firmen begann im Juli 1986 die Entwicklung der Q-5 M / A-5 M, von der seit 1988 zwei Prototypen erprobt werden. Aus Italien stammen: Radar, Trägheitsnavigationssystem, Blickfelddarstellung, Luftwerterechner, Zentralrechner, Radarwarnsystem, verbesserte Funkausrüstung.
Am 17. September 1988 begann außerdem die Flugerprobung der als A-5 K Kong Yun bezeichneten Version mit französischer Ausrüstung: Blickfelddarstellung, Laser-Entfernungsmesser, Träg-

heitsnavigationssystem, Radarhöhenmesser, Staudruckmesser, Instrumentenbrett, Videokamera, Verkabelung, elektrischer Generator.
Die Angaben über den Gesamtproduktionsumfang schwanken zwischen 500 und 1 000 Maschinen.

Konstruktive Angaben zur A-5 C:
Rumpf: Ganzmetallbauweise; Kabine in Rumpfkontur einbezogen.
Tragwerk: Ganzmetallbauweise; stark gepfeilt; je Seite zwei Aufhängevorrichtungen und ein großer Grenzschichtzaun.
Leitwerk: Ganzmetallbauweise; Höhenruder voll beweglich; Seitenleitwerk nach hinten überhängend.
Fahrwerk: einziehbar; Bugrad; alle Streben einfach bereift.

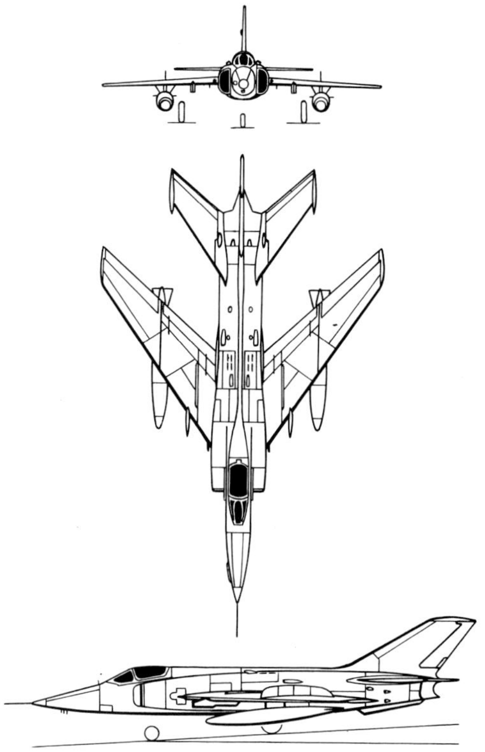

Xian J-7/F-7
Jagdflugzeug

Die frühe Version MiG-21 F war das Vorbild für den Bau von etwa 60 bis 70 als J-7 bezeichneten Jagdflugzeugen im Werk Xian. Inzwischen hat sich dafür auch die Bezeichnung F-7 eingebürgert. Die Triebwerke R-11-300 baute das Werk Chengdu als Wopen WP-7 nach. Die erste J-7 soll das Werk am 8. Januar 1965 verlassen haben, die letzte im Jahre 1969. Nach einer Unterbrechung begann die Produktion 1972 erneut, wobei die Jahre 1976 bis 1980 als Hauptproduktionszeitraum gelten. Nach Albanien sind 12 und nach Tansania 16 F-7 geliefert worden.
Ab 1970 fertigte das Werk eine modifizierte J-7/F-7. Äußere Kennzeichen sind das nach hinten zu öffnende Kabinendach (vorher blasenförmige, nach vorn oben zu öffnende Haube), ein neuer Schleudersitz sowie der Bremsschirmbehälter über dem Schubrohr (vorher in der linken unteren Rumpfseite in Hecknähe). Außerdem installierte man das verbesserte Triebwerk WP-7A.
Seit 1984 wird vom Werk CAC (Chengdu Aircraft Company) die Exportausführung F-7 M AIRGUARD (Foto, Skizze) bzw. die für Pakistan modifizierte F-7 P SKYBOLT (im August 1988 20 abgeliefert) hergestellt. Diese Maschinen weisen Merkmale mehrerer MiG-21-Generationen auf. So sind von der MiG-21 F die Rumpf- und Leitwerksform sowie die beiden 30-mm-Kanonen im Rumpf übernommen worden. An die Reihe MiG-21 PF/PFM/SPS erinnern das Funkmeßgerät im Lufteinlaufkegel, der verlegte Bremsschirm, der andere Schleudersitz und damit im Zusammenhang die Veränderungen am Kabinendach. Der Generation MiG-21 M/MF hingegen entstammen die beiden Außenlasthalterungen je Tragflügel (vorher je eine) sowie die Möglichkeit zur Mitnahme von drei Kraftstoffzusatzbehältern (vorher nur einer unter dem Rumpf). An den Trägern können Luft-Luft- oder Luft-Boden-Raketen unterschiedlichen Kalibers und Bomben mitgeführt werden.
Die von der Außenhandelsfirma CATIC angebotenen F-7 M sind mit Geräten der britischen Firma GEC Avionics ausgestattet. Dazu zählen ein leichtes Entfernungsmeßradar, ein Luftwerterechner und ein Weitwinkel-Blickfelddarstellungsgerät (HUD – Head-up Display) mit Rechner für den Waffeneinsatz sowie für die Landung.
Gearbeitet wird an dem Nachfolgemuster Super-7, dessen Äußeres von seitlichen Lufteingangsteilen geprägt ist. Im Juli 1985 flog erstmals die von der Firma Guizhou Aviation Industry Group (GAIGC) gefertigte Schul- und Übungsversion FT-7 der F-7 M. Seit 1986 wird das auch für Kampfeinsätze verwendbare Flugzeug als JJ-7 an die Luftstreitkräfte Chinas geliefert.

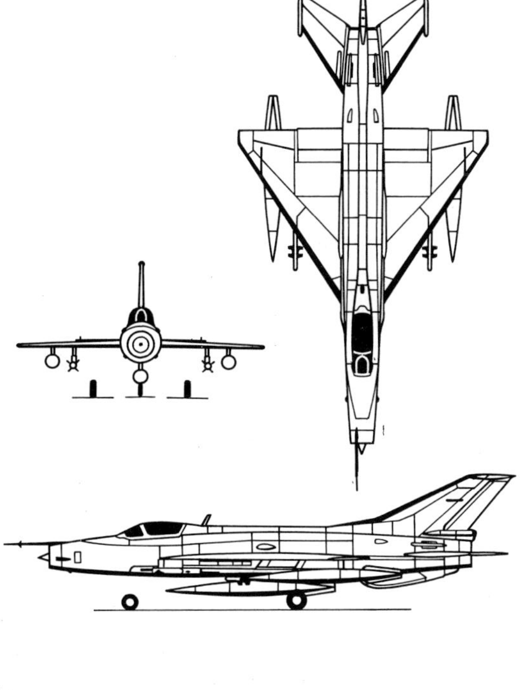

Rumpf: Ganzmetall-Schalenbauweise; Druckkabine mit Schleudersitz; zentraler Lufteinlauf; im verschiebbaren Konus Funkmeßvisier installiert; zwei Kanonen in der Rumpfunterseite; Munitionsvorrat ringförmig an den Rumpfwänden; Kraftstoffzusatzbehälter und Bremsklappen unter dem Rumpf; Bremsschirm im Heck.
Tragwerk: freitragender Delta-Mitteldecker; kleiner Grenzschichtzaun kurz vor der Flügelspitze; zwei Außenaufhängungen je Flügel.
Leitwerk: freitragende Normalbauweise; stark gepfeilt; Stabilisierungsflosse unter dem Heck.
Fahrwerk: einziehbar mit Bugrad; alle Fahrwerkbeine einfach bereift und im Rumpf unterzubringen.

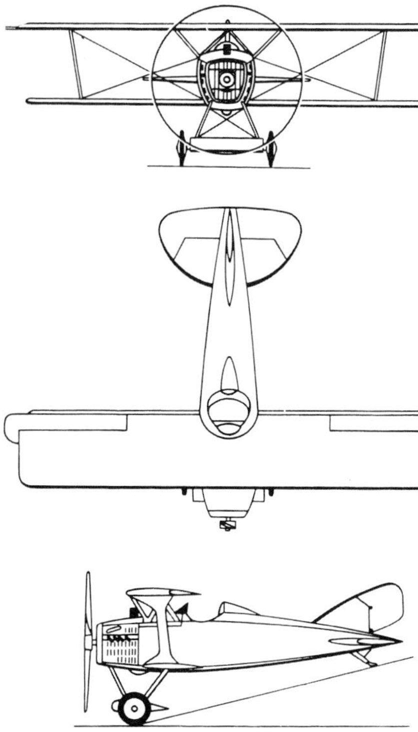

Aero Ae-02
Jagdflugzeug

Eines der Flugzeugwerke, das sich in den Jahren 1918/19 in der jungen Tschechoslowakischen Republik etablierte, trug den Namen Aero. Dort entstand das erste tschechoslowakische Jagdflugzeug Ae-02, konstruiert von Husnik und Vlasák. Der Erstflug fand im Herbst 1920 statt. Die Ae-02 ging nicht in die Serienproduktion, sie diente als Ausgangspunkt für die Weiterentwicklungen Ae-03 und Ae-04. Unter der Bezeichnung A. 1 (zunächst Ae-10) hatte die Firma im Jahr 1919 ein zweisitziges Schulflugzeug (eine Kopie der Hansa-Brandenburg B. I) mit einem 75-kW-Triebwerk entwickelt und in 35 Exemplaren gebaut.

Rumpf: rechteckiger Querschnitt; offenes Cockpit mit Kopfschutz.
Tragwerk: einstieliger, verspannter Doppeldecker; Baldachin mit N-Stielen; oberer Tragflügel über dem Sitz des Piloten ausgeschnitten; Querruder am oberen Tragflügel.
Leitwerk: freitragende Normalbauweise; Ruder aerodynamisch ausgeglichen.
Fahrwerk: starr mit durchgehender Achse; in der tragflügelartig geformten Verkleidung der Achse ein abwerfbarer Kraftstofftank; Hecksporn.

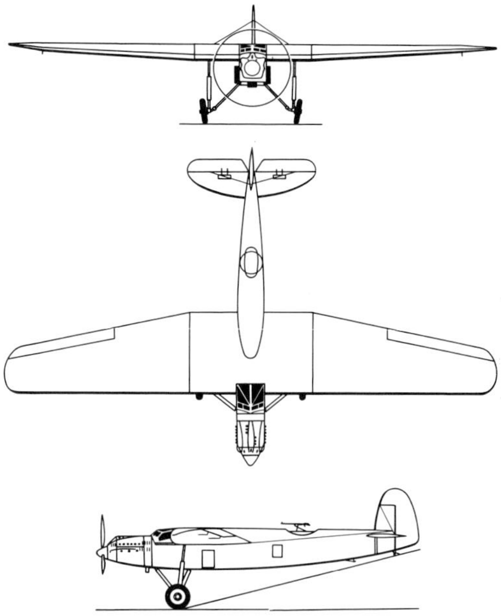

Aero A-42
Bombenflugzeug

Mit der A-42 deutete sich 1929/30 auch in der Tschechoslowakei eine neue Richtung im Bau von Militärflugzeugen an. Von den verstielten und verspannten Doppeldeckern, die zwar eine große Baufestigkeit boten, wegen ihres großen Widerstands aber sehr langsam waren, ging man zu freitragenden Eindeckern über.
In der Tschechoslowakei stellte die Maschine über eine Strecke von 1 000 km und bei einer Nutzmasse von 1 000 kg mit 253,428 km/h einen Geschwindigkeitsrekord auf.
Von diesem einmotorigen Bombenflugzeug wurden mehrere Versionen gebaut, die sich im Antrieb, in der Bewaffnung sowie in konstruktiven Details (z. B. offene und geschlossene Flugzeugführerkabine) unterschieden.
Im Jahr 1933 entstand die zweimotorige Version A-42 c (Triebwerke Walter „Merkur IV“ mit je 370 kW Startleistung) mit je einem MG-Stand auf dem Rumpfboden.

Rumpf: Stahlrohrbauweise, geschlossenes Cockpit; offener MG-Stand mit Drehkranz hinten auf dem Rumpf, dazwischen Gang zum hinteren Waffenstand.
Tragwerk: freitragender Hochdecker in Ganzholzbauweise mit zwei Holmen.
Leitwerk: verspannte Normalbauweise; Seitenruder aerodynamisch ausgeglichen.
Fahrwerk: starr mit gepfeilter Achse; Federstreben am vorderen Rumpfholm abgestützt; Hecksporn.

Aero 145 „Super Aero" Mehrzweckflugzeug

Kurz nach der Befreiung des Landes begannen die Konstrukteure Baitler, Bonzek, Némec und Vlk im damaligen Flugzeugwerk Aero in Prag Vyšočaní mit der Entwicklung eines viersitzigen Reiseflugzeugs, das sich auch als Zubringerverkehrsflugzeug und als Lufttaxi eignete, ferner als Sanitäts-, Schul- und Übungsflugzeug sowie für Luftbildaufnahmen, zur geologischen Erkundung und zur Hochwasseraufklärung verwendbar war.
Das erste Serienmuster war die Aero 45 (militärisch: K-75), die ihren Erstflug am 21. Juli 1947 hatte und bis 1951 in 200 Exemplaren gebaut wurde. Die Maschine (Skizze) wurde vor allem exportiert, erster Exportkunde war Ungarn. Die Sowjetunion kaufte viele Flugzeuge dieses Typs.
Eine verbesserte, fünfsitzige Version war ab 1954 die Aero 45 S „Super". Davon wurden in 12 Serien 228 Maschinen gebaut, zahlreiche Flugzeuge wurden nach Afrika und Asien exportiert. In China wurde sie unter der Bezeichnung „Suingari-1" in Lizenz gebaut.
Die Aero 145 erschien 1959. Sie hatte stärkere Triebwerke mit Lader und direkter Kraftstoffeinspritzung sowie serienmäßig eine Funkanlage.
Insgesamt wurden 590 Aero 45, Aero 45 S und Aero 145 gebaut. Die Produktion endete 1961.
Zu Beginn der sechziger Jahre verwendeten die Luftstreitkräfte der DDR einige Maschinen dieses Typs als Verbindungsflugzeuge.

Rumpf: Ganzmetall-Halbschalenbauweise mit Profilblechspants und durchlaufenden Holmen aus Walzprofilen; Kabine schall- und wärmeisoliert und mit Heizung; Rumpf und Tragflügelmittelstück sind ein Ganzes.
Tragwerk: freitragender Ganzmetall-Tiefdecker; dreiteilig mit zwei Holmen; Mittelteil trägt die Motorgondeln, das Fahrwerk und die inneren Auftriebsklappen.
Leitwerk: Normalbauweise in Ganzmetall; Ruder stoffbespannt.
Fahrwerk: einziehbares Heckradfahrwerk, elektrisch betätigt; hydraulische Bremsen; Anbau von Schneekufen möglich.

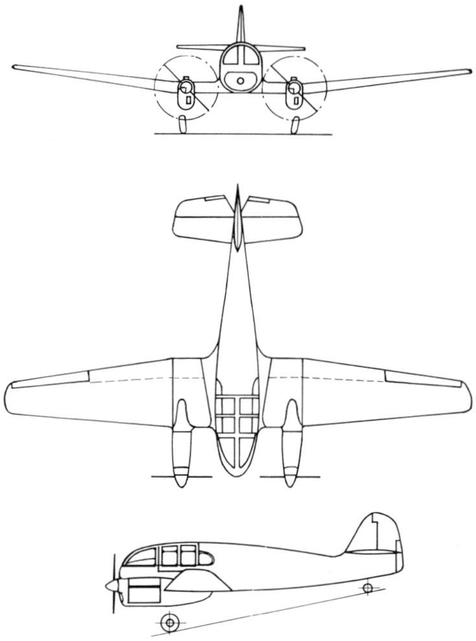

Avia BH-3 Jagdflugzeug

Das dritte Flugzeugwerk, das in der Tschechoslowakei nach Erlangung der staatlichen Souveränität entstand, nannte sich Avia. Dort begannen im Jahr 1920 die Konstrukteure Beneš und Hajn mit dem Bau bemerkenswerter Eindecker. Ihre ersten Flugzeuge mit relativ schwachem Motor erwiesen sich denen mit stärkerem Triebwerk in mancher Beziehung überlegen.
Ihr erstes Flugzeug, die BH-1, hatte ein 18-kW-Triebwerk, das zweite, die nicht vollendete BH-2, ein 35-kW-Triebwerk. Die BH-3, der erste in Serie gebaute Jagdtiefdecker der Welt, entstand 1921. Sie flog erstmals am 4. Dezember 1922. Das Flugzeug zeichnete sich durch Wendigkeit und Schnelligkeit aus. Es wurde in zwei Versionen entwickelt, aber nicht in Serie gebaut: mit BMW-IIIa- oder mit Walter-W-IV-Motor (160 kW). Insgesamt erhielten die tschechoslowakischen Streitkräfte 10 BH-3. Die Weiterentwicklung BH-4 (mit 160-kW-Motor) ging nicht in den Serienbau. Der Einsitzer BH-5 sowie die Zweisitzer BH-9 und BH-11 stellten ebenfalls BH-3-Ableitungen dar.

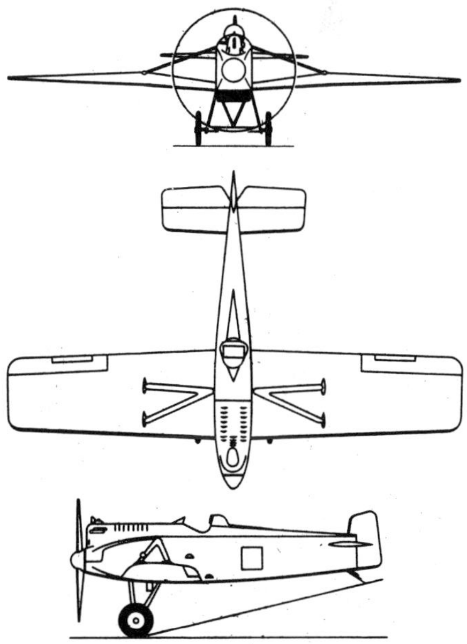

Rumpf: Holzbauweise mit Sperrholzbeplankung; offenes Cockpit mit Kopfschutz.
Tragwerk: Tiefdecker in Holzbauweise; nach oben durch eine V-Strebe auf jeder Seite am Rumpf abgestützt; Flügelnase bis zum vorderen Holm sperrholzbeplankt, dahinter Stoffbespannung.
Leitwerk: freitragende Normalbauweise; Seitenruder an den spitz zulaufenden Rumpf direkt abgelenkt.
Fahrwerk: starr mit durchgehender Achse, die stromlinienförmig verkleidet ist; Hecksporn.

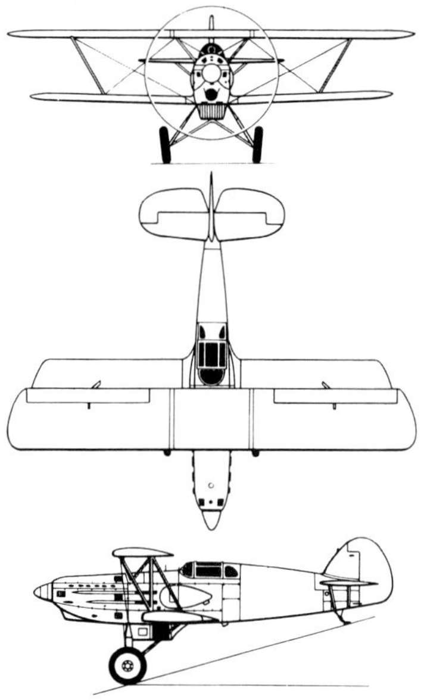

Avia B-534
Jagdflugzeug

Die B-534 entstand aus der Jagdflugzeug-Reihe B-34, B-134 und B-234. Die Konstruktion von Novotny flog erstmalig im Jahr 1933, der Öffentlichkeit wurde sie am 28. Juli 1933 vorgestellt.
Das sehr wendige Flugzeug zeichnete sich durch eine gute Steigfähigkeit aus. In den Jahren 1934 bis 1939 war die B-534 das am meisten geflogene Jagdflugzeug der Tschechoslowakei und vergleichbaren ausländischen Maschinen ebenbürtig. Ihre Leistungsfähigkeit bewies sie beim Internationalen Flugmeeting 1937 in Zürich, wo sie sich unmittelbar hinter der damals sehr modernen Messerschmitt Bf 109 plazierte.
Von der B-534 wurden mehrere Serien gebaut. Äußerlich unterschieden sie sich kaum. Die Maschinen der vierten Serie hatten eine geschlossene Kabine sowie eine Fahrwerkverkleidung. 1934 kamen die ersten 20 Maschinen zu den Jagdfliegerstaffeln, in den Jahren darauf 70, 100 und 120. Bestellt waren insgesamt 445 B-534, jedoch wurden bis zur faschistischen Besetzung nur 424 B-534 ausgeliefert. 55 Flugzeuge wurden als Kanonenversion BK-534 (auch B-534 K) geliefert. Nach der Besetzung wurden 21 B-534 und 66 BK-534 gebaut. 78 B-534 erhielt Ungarn („Dogan"), 60 die Tiso-Slowakei.
Während des zweiten Weltkriegs spielte die Maschine u. a. beim Slowakischen Nationalaufstand gegen die faschistischen Okkupanten eine wesentliche Rolle. Nach dem Krieg wurde sie zum Schleppen von Lastenseglern verwendet. Eine aus Originalteilen sowie nachgefertigten Baugruppen rekonstruierte B-534 ist im Luftfahrtmuseum Prag-Kbely ausgestellt (Foto).

Rumpf: Stahlrohrgerüst mit rechteckigem Querschnitt; geschlossenes Cockpit; bis hinter das Cockpit mit Blech beplankt, dahinter stoffbespannt.
Tragwerk: einstieliger (M-Stiele), verspannter Doppeldecker; Unterflügel mit etwas geringerer Spannweite; beide Flügel zweiteilig; Oberflügel an einem Baldachinmittelstück befestigt; Querruder nur am Oberflügel.
Leitwerk: Normalbauweise; Höhenleitwerk abgestrebt; beide Ruder aerodynamisch ausgeglichen; Stahlrohrbauweise mit Stoffbespannung; Höhenflosse mit Trimmung.
Fahrwerk: starr mit Hecksporn; Radbremsen und Radverkleidung.

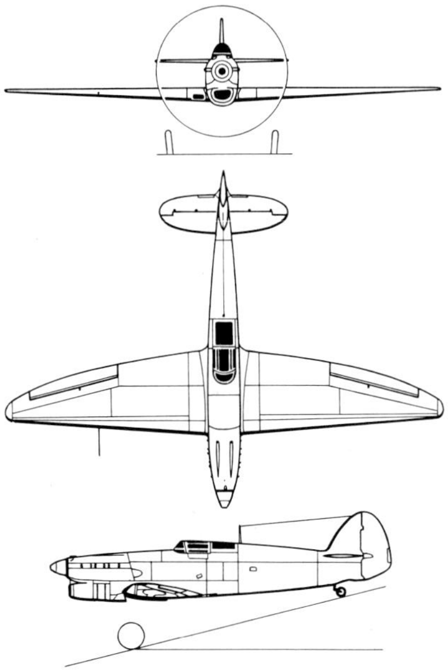

Avia B-135
Jagdflugzeug

In der zweiten Hälfte der dreißiger Jahre zeichnete sich der Trend zum Eindecker-Jagdflugzeug deutlich ab, obwohl noch in mehreren Ländern leistungsstarke Doppeldecker-Jagdflugzeuge entwickelt wurden. Noch während der Serienfertigung des Doppeldecker-Jagdflugzeugs Avia B-534 bemühte sich das Werk um die Entwicklung eines modernen Tiefdecker-Jagdeinsitzers. Chefkonstrukteur Novotny schuf dazu das Projekt.
Der erste Prototyp B-35.1 startete am 28. September 1938 zum Erstflug. Als Antrieb diente ein Reihenmotor Hispano-Suiza HS-12 Ydrs mit einer Startleistung von 630 kW und einer Dauerleistung von 550 kW. Der zweite Prototyp B-35. 2 wurde ab Januar 1939 erprobt (beide mit starrem, verkleidetem Fahrwerk und elliptischem Flügelumriß), und unter der faschistischen Okkupationsherrschaft folgte der dritte Prototyp B-135.1 mit Einziehfahrwerk und geraden Flügelvorderkanten. Er flog erstmalig am 20. Juni 1939.
Unter deutscher „Oberaufsicht" entstand bei Avia ab 1941 eine Kleinserie von 12 Avia B-135. Diese Maschinen wurden ebenso wie die Lizenzrechte an Bulgarien verkauft.

Rumpf: Gemischtbauweise; sehr flache Kabine hinten in den Rumpf übergehend; flacher Kühler unter dem Motor; sehr breite verstellbare Luftschraube.
Tragwerk: Tiefdecker in Ganzmetallbauweise; elliptische Form.
Leitwerk: Normalbauweise.
Fahrwerk: B-35 (Foto) mit starrem Heckradfahrwerk; B-135 mit einziehbarem Fahrwerk.

HC-2 „Heli Baby" / HC-102 Verbindungshubschrauber

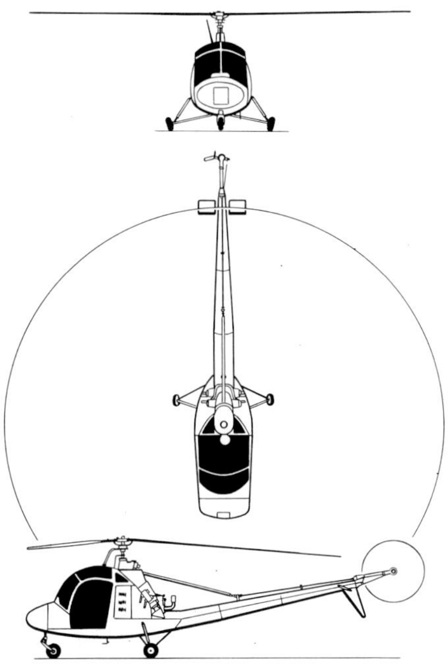

Nach 1945 beschäftigte sich die tschechoslowakische Luftfahrtindustrie auch mit der Entwicklung von Hubschraubern. Zunächst wurden aus vorhandenen Teilen zwei Focke-Achgelis Fa 223 (Triebwerk: Brama 323) zusammengebaut und als Vr-1 verwendet. 1947 schuf Šlechta den Versuchsbau Praga XE-1 mit einem Rotor. Angetrieben wurde dieser einsitzige Hubschrauber von dem 80-kW-Motor M-107. Dem folgte in den Jahren 1948/49 der zweisitzige Versuchshubschrauber Praga XE-II (Antrieb: Praga D, 55 kW).
Dieser zunächst offene Hubschrauber mit hintereinanderliegenden Sitzen wurde im Verlauf der Erprobung verkleidet, jedoch blieben die Seiten offen. Nach den Erfahrungen mit diesem Fluggerät begann zu Beginn der fünfziger Jahre die Entwicklung des leichten Hubschraubers HC-2 „Heli Baby" mit nebeneinanderliegenden Sitzen. Der Prototyp startete erstmals 1954, ein Jahr darauf nahm der zweite Prototyp die Flugerprobung auf. Nach Abschluß der Erprobung begann 1958 die Serienfertigung der HC-2 im Flugzeugwerk „Moravan" in Otrokovice. Verwendet wurde der Hubschrauber vor allem für militärische Verbindungsaufgaben.
Im Jahr 1960 verbesserte man die HC-2 durch Einbau eines stärkeren Motors (M-110 H mit 85 kW) zur HC-102, so daß sich Startmasse, Geschwindigkeit und Reichweite erhöhten.
Diese beiden Hubschrauber wurden in 34 Exemplaren gefertigt. Danach enstanden noch einige Prototypen sowie Projekte, jedoch wurden nur der „Heli Trainer" Z-35 (1960) und der Hubschrauber HC-3 (1962, Foto und Skizze unten) in geringen Stückzahlen gebaut. Dann ging die ČSSR dazu über, ihren Bedarf an leichten Hubschraubern durch Einfuhr des in Polen nach sowjetischen Lizenzen gefertigten Helikopters Mi-2 zu decken.

Rumpf: stark verglaste Kabine; offene Seiten; zwei Sitze nebeneinander; verstrebter, nach oben gezogener Heckträger; Stabilisierungsflächen am Heck nach unten und seitlich.
Tragwerk: dreiblättrige Tragschraube, zweiblättrige Heckschraube auf der rechten Seite.
Fahrwerk: starres, verstrebtes Dreiradfahrwerk.

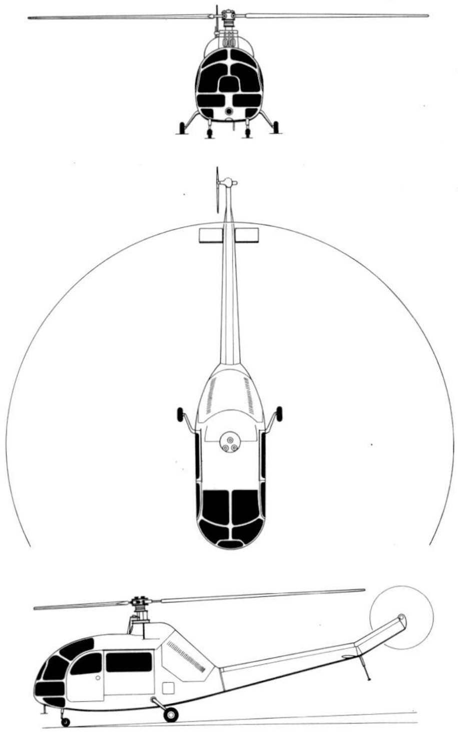

L-60 „Brigadyr"
STOL-Mehrzweckflugzeug

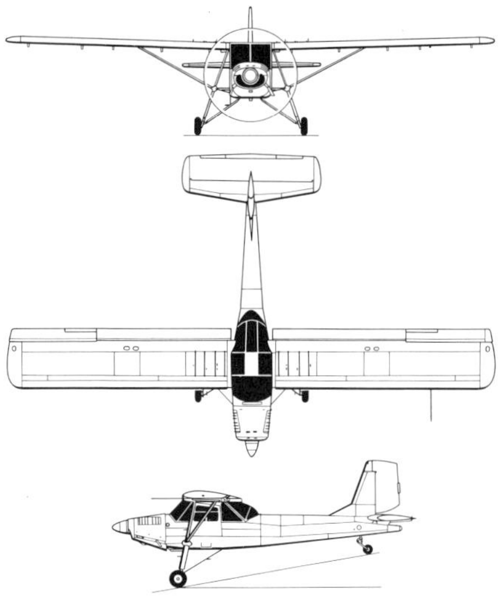

Auf der Basis des als K-65 „Čap" (C-5) von den tschechoslowakischen Luftstreitkräften nach 1945 verwendeten Kurier- und Verbindungsflugzeugs Fi 156 „Storch" entstand 1951 das Projekt LB-60 für ein dreisitziges Nachfolgemuster. Jedoch fand die L-60 „Brigadyr" ihre Hauptverwendung als Arbeitsflugzeug in der Land- und Forstwirtschaft. Dazu hatte sie einen Chemikalienbehälter mit 350 l Fassungsvermögen. Diese Version wird als „Brigadyr" bezeichnet. In zahlreichen Ländern heißt sie auch „Agricolta", in den südamerikanischen Ländern „El Langostero".
Als Reiseflugzeug bietet die Maschine den Vorteil, auf kleinsten Plätzen starten und landen zu können. Dieser Vorteil gilt auch für die Version als Sanitätsflugzeug. Beim Segelflugzeugschlepp kann es gleichzeitig zwei Segelflugzeuge hochziehen. Außerdem findet das Flugzeug Verwendung als Fallschirmspringer-Absetzmaschine, für das Schleppen von Reklameschriften und für Luftbildaufnahmen. Die Flugerprobung der Prototypen XL-60 wurde im Jahr 1955 abgeschlossen.
Bis in die sechziger Jahre wurden 273 L-60 in folgenden Versionen gebaut:
L-60 A: militärisches Verbindungsflugzeug; auch mit MGs und leichten Bomben möglich (militärische Bezeichnung: K-60, verwendet in der ČSSR von 1958 bis 1968).
L-60 B: Landwirtschaftsflugzeug mit verschiedenen Behältern, Streu- und Spritzgeräten.
L-60 C: Sportausführung.
L-60 D: Schleppversion für den Segelflug.
L-60 E: Sanitätsflugzeug mit zwei Tragen.
L-60 F: veränderte Version C; als Verbindungsmaschine verwendet.
XL-160: Versuchsausführung mit nach hinten klappbaren Tragflügeln (1957).
Die L-260 und die L-360 blieben Projekte.
Nach Versuchen mit stärkeren Motoren entstanden 1975 die L-60 S mit dem Triebwerk AI-14 RA, 1983 4 L-60 SF mit AI-14 R für die Slov-Air.
Eingesetzt wurde die Maschine in Ägypten, Argentinien, der BRD, Bulgarien, Ceylon (heute Sri Lanka), der ČSSR, der DDR, Kuba, Jugoslawien, Österreich, Polen, Rumänien, der Schweiz (mit Schneekufen), Syrien, der UdSSR und Ungarn.

Rumpf: Ganzmetall-Schalenbauweise.
Tragwerk: abgestrebter Hochdecker mit trapezförmigem Grundriß; ausfahrbare, mechanisch gekoppelte Schlitzflügel und Spaltlandeklappen.
Leitwerk: freitragende Normalbauweise in Metall; Ruder stoffbespannt.
Fahrwerk: starres Heckspornfahrwerk mit ölpneumatischer Federung; Ausrüstung mit Schneekufen möglich; hydraulische Bremsen; Niederdruckreifen.

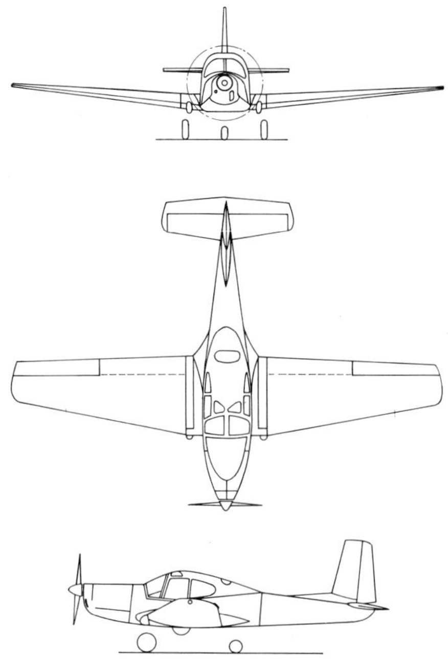

L-40 „Meta Sokol"
Reise- und Sportflugzeug

Die L-40 „Meta Sokol" aus Ganzmetall hat eine Reihe von Vorläufern. Im Jahr 1950 kam das Reise- und Sportflugzeug M-1 D „Sokol" mit einem 75-kW-Triebwerk heraus. Dieses Flugzeug war noch in Holzbauweise hergestellt worden, hatte drei Plätze und ein Heckspornfahrwerk mit einziehbaren Haupträdern. Im Jahr 1953 erschien die LD-40 „Meta Sokol" in Ganzmetallbauweise mit dem gleichen Triebwerk und einem neuartigen Fahrwerk. Das Dreirad-Fahrwerk war kein Bugradfahrwerk, sondern das dritte Rad war unter dem Rumpf hinter der Flügelhinterkante angebracht. Dadurch erhielt das Flugzeug bei Start und Landung eine waagerechte Lage. Auch dieses Fahrwerk war einziehbar.
Als letzte Entwicklung kam die in großer Serie gebaute L-40 „Meta Sokol" heraus. Dieses Flugzeug hatte ebenfalls das „umgekehrte" Dreiradfahrwerk. Die wichtigste Neuerung war jedoch das stärkere Triebwerk (105 kW) mit Kraftstoffeinspritzung und Lader. Die Flugerprobung der L-40 „Meta Sokol" wurde 1956 abgeschlossen. Das Werk produzierte bis 1961 rund 200 L-40, die bis nach Australien exportiert wurden. Das Nachfolgemuster ist die Z-43.
In der GST diente die L-40 vor allem zur Ausbildung im Instrumentenflug.

Rumpf: Ganzmetall-Schalenbauweise; Plexiglashaube nach hinten wegschiebbar, auch während des Fluges zur Entlüftung; auf Wunsch Doppelsteuerung.
Tragwerk: freitragender Tiefdecker in Ganzmetallbauweise; Mittelteil mit Rumpf fest verbunden; Haupt- und Hilfsholm; Querruder stoffbespannt; Auftriebsklappen metallbeplankt.
Leitwerk: freitragende Normalbauweise in Metall; Höhen- und Seitenruder stoffbespannt.
Fahrwerk: einziehbares Dreiradfahrwerk, wobei das dritte Rad hinter den Haupträdern unter dem Rumpf angeordnet ist; Haupträder ragen auch im eingezogenen Zustand etwas hervor zum Schutz des Rumpfes bei Notlandungen; ölpneumatische Federung; mechanische Bremsen; Hinterrad steuerbar mit Seitenruderpedal.

L-200 „Morava“
Reiseflugzeug

Die L-200 „Morava“ war der Nachfolger der Aero 45/145 als Reise-, Zubringer- und Mietflugzeug. Sie konnte auch für Luftbildaufnahmen, als Schulflugzeug, zur Ausbildung im Instrumentenflug sowie als Sanitätsflugzeug verwendet werden. In Ungarn benutzte der Flugrettungsdienst die L-200, in der DDR die GST. Das Flugzeug wurde von Smrcek konstruiert. Der Erstflug fand am 8. April 1957 statt.

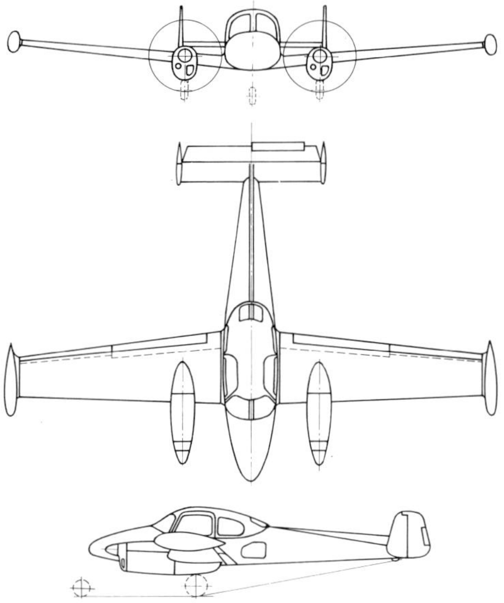

Versionen:

L-200: erste Ausführung 1957 mit zwei 120-kW-Triebwerken.

L-200 A: Weiterentwicklung (1960) mit zwei 155-kW-Triebwerken M 337 und elektrisch verstellbaren Zweiblattluftschrauben.

L-200 D: Weiterentwicklung (1962) mit hydraulisch betätigten Dreiblatt-Verstellluftschrauben, verstärktem Fahrwerk, verbessertem Hydrauliksystem sowie verfeinerter Ausrüstung und Ausstattung (Foto).

Insgesamt wurden 370 L-200 gebaut, davon zahlreiche exportiert. Eine Weiterentwicklung mit 180-kW-Triebwerken M 338 hieß L-210 (OK-PHB). Das Projekt von 1958, die Maschine als L-300 mit dem PTL-Triebwerk M-601 zu versehen, wurde angesichts des Baues der L-410 nicht verwirklicht.

Rumpf: Ganzmetall-Halbschalenbauweise; Kabine isoliert und mit Klimaanlage; auf jeder Seite eine Tür; Doppelsteuerung; Gepäckraum hinter der Kabine.
Tragwerk: freitragender Tiefdecker in Ganzmetallbauweise mit zwei Holmen; Trapezform; thermische Enteisung; Auftriebsklappen hydraulisch ausfahrbar als Spaltklappen; an den Flügelenden tropfenförmige Kraftstoffbehälter (je 115 l) und in jedem Flügel ein Tank (je 95 l).
Leitwerk: Ganzmetall-Normalbauweise mit zwei Seitenrudern als Endscheiben am Höhensteuer im Strom der Luftschrauben.
Fahrwerk: hydraulisch betätigtes Bugradfahrwerk; Bugrad um 360° drehbar und durch Seitenruderpedale lenkbar; hydraulische Bremsen; Ausstattung mit Schneekufen möglich.

L-29 „Delfin“
Schul- und Übungsflugzeug

Die ab 1955 unter Leitung von Rutlič entwickelte L-29 „Delfin“ wurde 1961 in einem Wettbewerb der sozialistischen Länder als bestes Schulflugzeug mit TL-Triebwerk ausgewählt. Konkurrenten waren dabei die Jak-30 (UdSSR) und die TS-11 „Iskra“ (Polen). Die Maschine diente zur Anfangsschulung, Weiterbildung, Ausbildung im Instrumentenflug bei Nacht und unter schwierigen meteorologischen Bedingungen, zur Schießausbildung Luft–Luft und Luft–Boden und zu Übungen im Bombenwurf.
Der erste Prototyp XL-29 (OK-70) startete am 5. April 1959 noch mit einem importierten Triebwerk Bristol Siddeley „Viper“ Mk. 20 (7,80 kN Startschub), da das im Land geschaffene Triebwerk M-701 noch nicht verfügbar war. Der zweite Prototyp diente Bruchversuchen an der Zelle, und der dritte Prototyp XL-29 (OK-14) flog ebenfalls mit einem „Viper“-Triebwerk. Der Prototyp mit der Seriennummer 00031 (später OK-02, im Heckbereich wesentlich umgebaut) flog im Juli 1960 bereits mit einem tschechoslowakischen Triebwerk, der nächste war zugleich das Vorserienmuster und schloß die Flugerprobung im Jahr 1961 ab. Die Serienproduktion begann im April 1963. Bis zu ihrem Auslaufen im Jahr 1974 verließen rund 3600 L-29 die Werkhallen von Aero Vodochody. Außer den sozialistischen Ländern (Hauptabnehmer UdSSR, in der NVA von 1963 bis 1978 Strahltrainer) kauften auch zahlreiche Nationalstaaten (so Ägypten, Indonesien, der Irak, Nigeria, Syrien und Uganda) die L-29.
Die veränderte Ausführung L-129 von 1962 sowie die einsitzige Kampfflugzeugausführung L-229 blieben Projekte.
Neben der Standardversion L-29 gibt es die Aufklärungsversion L-29 R (Werkbezeichnung L-329, in kleiner Serie gefertigt) mit Kameras in der Bugspitze und Unterflügelstationen für Raketen sowie die einsitzige Kunstflugversion L-29 A „Delfin Akrobat“ (untere Seitenansicht, Werkbezeichnung L-429, verwendet wurde der umgebaute Prototyp 00031, auch als Prototyp 0517 bezeichnet, Kennzeichen OK-SZA). Letztere flog erstmalig am 21. November 1967.
Noch Mitte der 80er Jahre wurde die L-29 in der ČSFR sowie in anderen Ländern (z. B. in der UdSSR) geflogen.

Rumpf: Ganzmetall-Halbschalenbauweise mit kreisförmigem Querschnitt; Druckkabine mit zwei Sitzen hintereinander; hydraulisch betätigte Luftbremsen beiderseits am Heck, zwei Haupttanks in der Mitte hinter dem Schwerpunkt.
Tragwerk: freitragender Mitteldecker in Ganzmetallbauweise mit einem Holm.
Leitwerk: freitragende Ganzmetallbauweise in T-Form; Seitenflosse mit drei Holmen. Seitenruder einholmig; Höhenflosse in Duralumin-Halbschalenbauweise mit drei Holmen; Höhenruder in Ganzmetall-Halbschalenbauweise.
Fahrwerk: einziehbares, hydraulisch betätigtes Bugradfahrwerk mit Niederdruckreifen; ölpneumatische Federung mit Shimmy-Dämpfer; Bugrad nicht steuerbar

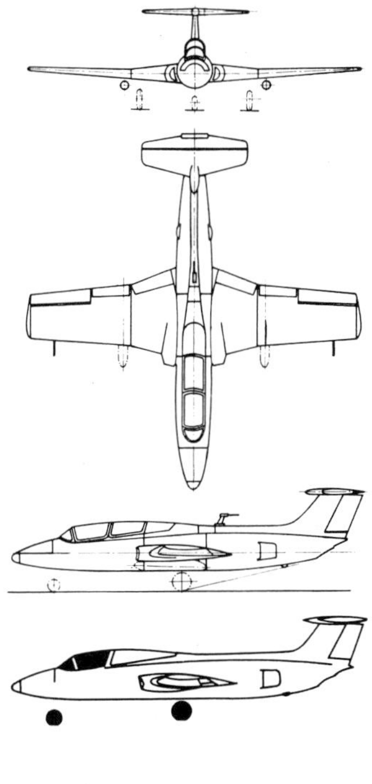

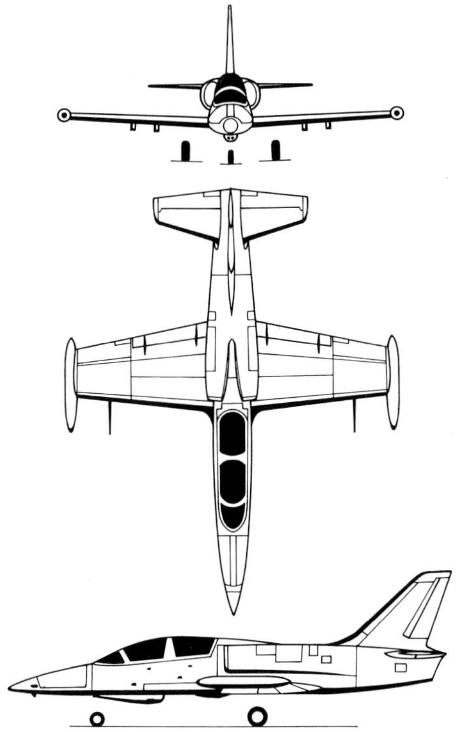

L-39 „Albatros"
Schul- und Übungsflugzeug

Die im Werk Aero Vodochody gebaute L-39 ist eine Weiterentwicklung der bewährten L-29 „Delfin". Die Erfahrungen, die mit der L-29 „Delfin" unter oft extremen und stark unterschiedlichen klimatischen Bedingungen gesammelt werden konnten, wurden bei der Konstruktion der L-39 berücksichtigt. So kann dieses Flugzeug auch von Behelfsplätzen mit minimaler Ausrüstung aus eingesetzt werden. Das in Lizenz gefertigte Triebwerk ist eine Entwicklung von Iwtschenko (UdSSR).
Der erste Prototyp X-01 diente für Festigkeits-Untersuchungen am Boden. Der Erstflug des Prototyps X-02 (OK-32) mit dem Triebwerk AI-25 W (14,5 kN) fand am 4. November 1968 statt. Für die bis 1970 dauernden Tests in der ČSFR und in der UdSSR dienten insgesamt 7 Prototypen. 1971 gab es 10 Vorserienmuster, und 1974 begann die Serienproduktion. Bis zum 1. Januar 1993 sind über 2800 L-39 an folgende Länder geliefert worden: Afghanistan, Algerien, Bulgarien, ČSFR, DDR (ab Ende 1973: 50 L-39 ZO, 2 L-39 V; 1993 erhielt Ungarn davon 20 L-39 ZO; die L-39 exNVA ist auch Exponat des Luftwaffenmuseums Berlin-Gatow), Irak, Kuba, Libyen, Nigeria, Rumänien, Simbabwe, Syrien, UdSSR (2094!) und Vietnam.

Versionen:
L-39 (auch L-39 C): Grundausführung für die Anfänger- und Fortgeschrittenenausbildung.
L-39 ZO: mit vier Unterflügelaufhängungen für 2 × 500 kg und 2 × 250 kg (Bomben, Raketen, Raketenkassetten, Zusatzbehälter).
L-39 ZA: Aufhängungen wie die ZO; zusätzlich zweirohrige 23-mm-Kanone GSch-23 unter dem Rumpf.
L-39 V heißt die Version als Schlepper von Zielmaschinen KT-04. Sie ist mit einer Staudruckturbine unter dem Rumpf für das Einziehen des Schleppseiles ausgerüstet. Zum L-39-Komplex gehören der Simulator TL-39, der Katapulttrainer NKTL-29/39 sowie die halbautomatische Kontrollapparatur KL-39 in einem Kleinbus. Im Museum Prag-Kbely steht der fünfte Prototyp der L-39 mit der Nummer 3905. Am 30. September 1986 begann die Flugerprobung der Version L-39 MS, die in der Serienproduktion L-59 heißt.

Rumpf: Ganzmetall-Halbschalenbauweise; Druckkabine mit Doppelsteuerung; Sitze (Schleudersitze) hintereinander; zwei einzelne, nach rechts klappbare Verglasungen; halbkreisförmige Lufteinläufe auf beiden Seiten; Gummi-Kraftstofftanks hinter der Kabine.
Tragwerk: freitragender, nicht gepfeilter Tiefdecker in Ganzmetallbauweise; unter der Vorderkante zwei schwenkbare Bremsklappen; Doppelspalt-Landeklappen; feste 150-l-Kraftstoffbehälter in den Flügelenden; vier Unterflügelaufhängungen.
Leitwerk: freitragende Normalbauweise in Ganzmetall; Seitenleitwerk stark, Höhenleitwerk nicht gepfeilt.
Fahrwerk: einziehbares Bugradfahrwerk mit Niederdruckreifen; alle Fahrwerkbeine sind Schwinggabeln.

L-410 „Turbolet"
Verkehrsflugzeug

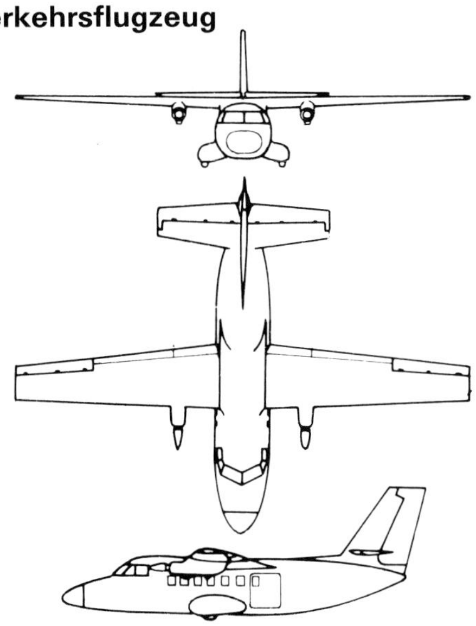

Die L-410 ist für den Passagier- und Frachtverkehr auf Kurzstrecken bestimmt. Sie kann auf Grasflugplätzen starten und landen.
Der Erstflug fand am 16. April 1969 statt. Im Jahr 1971 nahmen die ersten von 12 L-410 A den Dienst bei der Slov-Air auf. Die UdSSR kaufte 1973 fünf Flugzeuge dieses Typs. Bis Anfang 1978 waren 90 L-410 gebaut worden.

Versionen:
L-410: 3 Vorserienmaschinen (OK-ADO, -ADN, -ADQ).
L-410 A: erste Serienausführung für Passagier- oder Frachtflüge; als Antrieb dienen zwei kanadische PTL-Triebwerke PT 6 A-27 mit je 525 kW, ab 1971 bei Slov-Air 12 Maschinen im Dienst.
L-410 AS: 5 Flugzeuge für Erprobungen in der UdSSR (Walter M 601 A, je 515 kW).
L-410 AB und AG: leicht modifizierte Ausführungen der L-410 A.
L-410 AF: Vermessungsflugzeug (1974) mit stark verglastem Bug sowie umfangreicher Fotoausrüstung, sonst wie die L-410 A; 1 Maschine wurde für Ungarn (HA-YFA) gebaut.
L-410 M: Serienausführung (1973) mit PTL-Triebwerk M 601 A (je 515 kW); auch als Sanitätsmaschine zu verwenden (fünf sitzende, sechs liegende Verletzte); 1977 hat die UdSSR 50 Maschinen als Lufttaxis bestellt.
L-410 MA: eine mit dem Triebwerk M-601 B ausgerüstete Maschine (OK-DZA).
L-410 MU: mit dem gleichen Triebwerk; Zwischenstufe zur UVP.
L-410 UVP: nach Erfahrungen in der UdSSR 1977 entwickelte Version mit größerer Flügelfläche und Spannweite; längerem Rumpf, vergrößertem Höhenleitwerk in V-Form, neuen Bauelementen (Störklappen, automatische Klappeneinstellung) und verbesserten Bordsystemen sowie Ge-

räteausrüstungen; verwendbar für Fracht-, Sanitäts-, Fallschirmspringerabsetz-, Feuerlösch- und Fotoaufgaben; von der UdSSR in größerer Stückzahl bestellt (1985 wurde die 500. Maschine übergeben). In der DDR dienten die UVP im zivilen (u. a. mit der MKF 6 als Luftbildflugzeug) und militärischen Einsatz: Die 4 Salonmaschinen der NVA-Verbindungsstaffel Strausberg verwendet die Flugbereitschaft der Bundeswehr, die 8 Mehrzwecktransporter der NVA-Ausbildungsstaffel Kamenz wurden abgegeben (je 2 nach Estland, Lettland, Litauen, 2 in die USA verkauft und mit zusätzlichen Kraftstoffbehältern über den Ozean geflogen).

L-410 UVPE: 19sitzige Ausführung von 1984 mit Triebwerken M-601 E (560 kW), „gestutzter" 5-Blatt-Luftschraube Avia V 510 (Durchmesser 2,3 m) und Tragflügeltank für je 200 kg (Foto). In Schweden fliegen 5 UVPE, 24 sind bestellt.

L-510: weiterentwickelte L-410 mit Integral-Kraftstoffbehältern, geringerem Kraftstoffverbrauch und verbesserter Geräteausrüstung.

Bis Anfang 1993 waren 1034 L-410 aller Versionen ausgeliefert. Verfügbar ist der Simulator TL-410.

Rumpf: Ganzmetall-Halbschalenbauweise; Doppeltür, im Vorderteil weitere Tür als Notausstieg; Cockpit mit Doppelsteuerung und hydraulisch angetriebenen Scheibenwischern; Sitzanordnung in jeder Reihe 2 + 1; Gepäckraum im Heck.
Tragwerk: freitragender Hochdecker in Ganzmetallbauweise mit zwei Holmen; sechs Gummi-Flügeltanks; hydraulisch betätigte Doppelspalt-Landeklappen; Querruder mit automatischem Ausgleichruder.
Leitwerk: Normalbauweise mit nach oben versetztem Höhenleitwerk; Ganzmetall-Schalenbauweise.
Fahrwerk: hydraulisch einziehbares Bugradfahrwerk mit hydraulischen Radbremsen; Hauptfahrwerk fährt in Rumpfwülste ein.

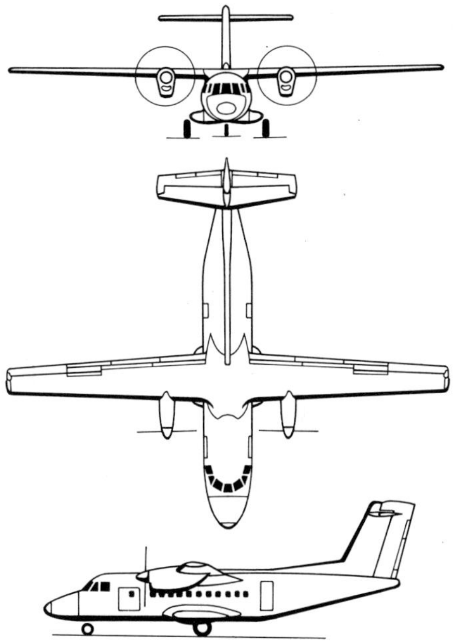

L-610
Zubringerflugzeug

LET Narodni Podnik, das Flugzeugwerk in Uherské Hradiste-Kunovice, begann 1979 gemeinsam mit sowjetischen Fachleuten die Projektstudien für ein 40sitziges Passagierflugzeug für den Kurzstreckenbereich. Sie dauerten bis 1984. Am 28. Dezember 1988 startete LET-Chefpilot Smec mit dem ersten Prototyp zum Erstflug. Mit ihm sind insgesamt 470 Flugstunden zu absolvieren. Der zweite und vierte Prototyp ist statischen und Festigkeitsprüfungen vorbehalten, und der fünfte dient der Erprobung der Turboproptriebwerke Motorlet M-602. Zunächst waren vier Triebwerke M-601 vorgesehen. Aus wirtschaftlichen Gründen verzichtete man darauf ebenso wie auf die Heckladeluke. Bei der Konstruktion der Druckkabine sowie der den Kraftstoff aufnehmenden Tragflügel wurden sowjetische Erfahrungen genutzt.

Wie bei der L-410, so sollte die UdSSR auch der Hauptabnehmer der L-610 sein, deren auf etwa 600 Exemplare geschätzte Serienproduktion mit einem jährlichen Ausstoß von 40 Maschinen geplant war. Die L-610 wurde in 450 Flugstunden unter härtesten Bedingungen in der UdSSR getestet. In Wüstengebieten mit +50°C geschah das ebenso wie in Sibirien bei −50°C.

Die für eine Nutzlast von 3800 kg vorgesehene Maschine soll auf 300 bis 1500 km langen Strecken mit einem Kraftstoffverbrauch von 29 g je Passagierkilometer auskommen. Bei der L-410 sind es 48 g. Dieser Vorteil wird den neuen Triebwerken Walter M-602 zugeschrieben. Ein weiterer Vorteil wird darin gesehen, daß die L-610 auch von unbefestigten Pisten aus operieren kann.

Innerhalb kurzer Zeit läßt sich die L-610 von einem Passagierflugzeug in eine Frachtmaschine mit Passagierteil oder in eine reine Frachtmaschine umrüsten. Vorbereitet werden eine Ambulanzversion für 12 Krankentragen sowie eine Spezialausführung für Luftbildaufgaben.

Am 18. Dezember 1992 nahm die L-610 G mit Triebwerken General Electric LT 7-9 D und westlicher Avionik die Flugerprobung auf.

Rumpf: drei Sektionen; Heck mit Seitenleitwerk technologische Einheit; links hinten im Rumpf Einstiegtür; Frachttür (1,3 m × 1,25 m) links vorn im Rumpf; Cockpit mit Doppelsteuerung; Verwendung von Glas- und Kohlefaserverbundwerkstoffen; Sitzanordnung in jeder Reihe 2 + 2 in klimatisierter Überdruckkabine.
Tragwerk: freitragender Schulterdecker mit großer Bodenfreiheit für die mit niedriger Propellerdrehzahl laufenden Luftschrauben; dadurch niedriges Niveau der Innen- und Außengeräusche; Spoiler werden auch zur Erhöhung der Querruderwirksamkeit benutzt und dienen beim Einmotorflug für eine automatische Quersteuerung.
Leitwerk: T-förmiges Leitwerk; freitragend.
Fahrwerk: einziehbares Dreibeinfahrwerk mit Niederdruckreifen.

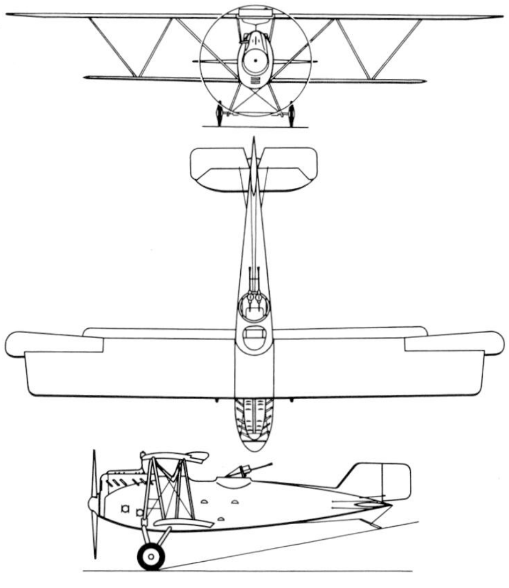

Letov ŠM-1
Aufklärungsflugzeug

Sofort nach Errichtung der Tschechoslowakischen Republik im Oktober 1918 bildete man in Prag aus einem Lager beschädigter Flugzeuge ein Militärflugzeugarsenal. Aus diesem Arsenal entstand später das Flugzeugwerk Letov. Šmolik konstruierte dort das erste Flugzeug, das noch im Arsenal gebaut wurde. Zur Auswahl standen die Motoren Hiero L (ŠH-1) und Maybach Mb VIa, für den man sich entschied. Dieser zweisitzige Doppeldecker ŠM-1 flog erstmalig im April 1920. Es wurden sodann 40 Flugzeuge gebaut.
Als Passagierausführung entstand daraus die „Luft-Limousine" ŠM-A 1.

Rumpf: Ganzholz-Halbschalenbauweise mit ovalem Querschnitt; zwei offene Sitze hintereinander; hinten Beobachtersitz mit Drehkranz für MG.
Tragwerk: einstieliger, verstrebter, leicht gestaffelter Anderthalbdecker in Holzbauweise; Oberflügel auf Baldachin, über dem Pilotensitz ausgeschnitten; Querruder an den Oberflügeln.
Leitwerk: freitragende Normalbauweise.
Fahrwerk: starres Fahrwerk mit durchgehender Achse; Hecksporn.

Letov Š-8
Sportflugzeug

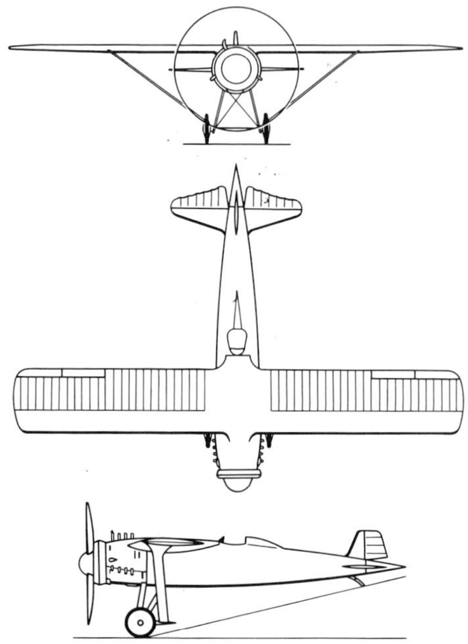

Ebenso wie in anderen Ländern bemühten sich zu Beginn der zwanziger Jahre auch in der Tschechoslowakei Konstrukteure und Piloten, die Geschwindigkeit der Flugzeuge immer mehr zu steigern. Der Präsident der ČSR hatte hierfür einen Preis gestiftet, um den alljährlich Geschwindigkeitswettbewerbe stattfanden. Sie führten zur Entwicklung bemerkenswerter Flugzeuge, die in ihrer Zeit beachtliche Leistungen erzielten. Dazu gehörte auch die Š-8, die von Šmolik nach dem Vorbild von Nieuport-Maschinen konstruiert wurde und 1923 ihren Erstflug unternahm.

Die Š-8 gab es in verschiedenen Versionen, so auch mit geschlossener Kabine. Im Foto ist die Š-8 mit Lamblin-Kühler unter dem Rumpf zu sehen, die Version in der Skizze hat diesen Kühler nicht.

Rumpf: Holzbauweise mit Stoffbespannung; runder Querschnitt; offenes Cockpit mit Kopfschutz.
Tragwerk: Hochdecker, zum Fahrwerk abgestrebt.
Leitwerk: freitragende Normalbauweise.
Fahrwerk: starres Fahrwerk mit durchgehender Achse und Drahtauskreuzung; Hecksporn.

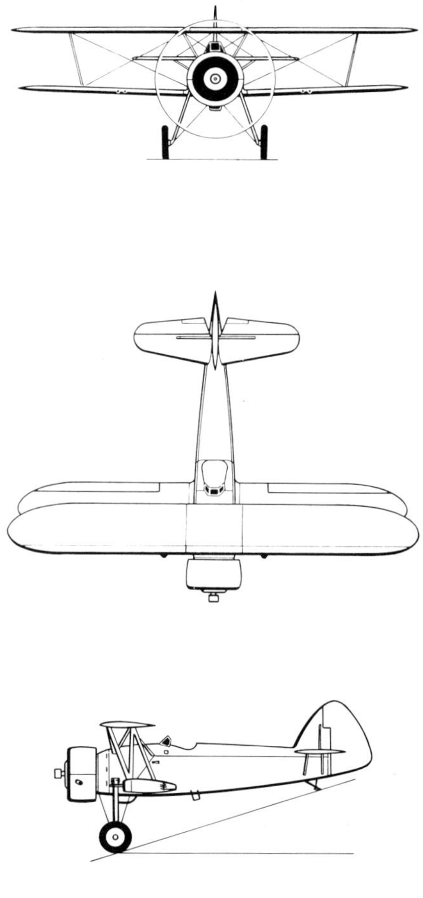

Letov Š-231
Jagdflugzeug

Seit Anfang der dreißiger Jahre bemühten sich die Letov-Werke um die Entwicklung eines neuen Jagdeinsitzers für die Luftstreitkräfte der Tschechoslowakei. Erstes Ergebnis war das Jagdflugzeug Š-31. Von diesem als verspannter und verstrebter Doppeldecker mit starrem Fahrwerk ausgelegten Typ verließen 1931/32 32 Maschinen die Werkhallen. Etwa zur gleichen Zeit entwickelte man bei Letov aus der Š-31 mehrere modernisierte Versionen, so die Š-31 A und die Š-131. Šmolik schuf im Jahr 1933 auf der Basis der Š-31 Abis das Jagdflugzeug Š-231 in Gemischtbauweise. In wesentlichen Details stimmten beide Muster überein, jedoch erhielt die Š-231 einen britischen Sternmotor mit fester Holzluftschraube und Townend-Ring. Bewaffnet wurde das neue

Jagdflugzeug mit vier Maschinengewehren, die zu je zwei in den unteren Tragflügelhälften untergebracht wurden.
Bis 1936 waren neben 2 Prototypen (Foto: zweiter Prototyp) insgesamt 25 Jagdflugzeuge Š-231 ausgeliefert worden. Nach Versuchen mit modifizierten Maschinen (1934: Š-331; erreichte im Jahr darauf die Rekordhöhe von 10651 m; bis auf das französische 660-kW-Triebwerk Gnôme & Rhône 14 Kfs völlig identisch mit der Š-231; 1935: Š-431; ein Prototyp gebaut, der nach Übergabe an die Armee abstürzte; Triebwerk Armstrong Siddeley „Tiger" mit 500 kW, Höchstgeschwindigkeit 370 km/h) wurde die Entwicklung der Š-231 eingestellt. Die leistungsstärkere Avia-534 war inzwischen zum Standardjagdflugzeug der Tschechoslowakei geworden.
Für kurze Zeit flogen einige tschechoslowakische Jagdfliegerstaffeln mit der Š-231. Nach wenigen Monaten jedoch wurde sie ausgesondert, zusammengezogen und über Estland nach Spanien gebracht, wo sie auf Seiten der republikanischen Fliegerkräfte von tschechoslowakischen Freiwilligen gegen die Franco-Faschisten flogen.

Rumpf: Gemischtbauweise; kleiner Ölkühler unter dem Rumpf zwischen den Fahrwerkbeinen; offenes Cockpit; Kreiskornvisier auf dem Rumpf.
Tragwerk: Doppeldecker in Gemischtbauweise mit N-förmigen Streben und X-förmiger Verspannung.
Leitwerk: Gemischtbauweise; normales Seiten- und verstrebtes Höhenleitwerk.
Fahrwerk: starres Heckradfahrwerk; verspannte und sehr hoch angesetzte Hauptfahrwerkbeine.

Letov Š-328 Aufklärungsflugzeug

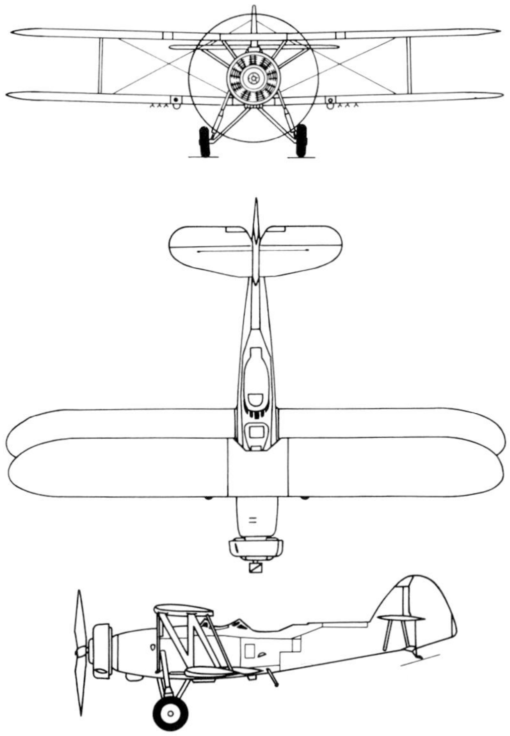

Die Letov-Werke entwickelten im Jahr 1929 die zweisitzige Š-28, die ein 175-kW-Triebwerk „Castor" hatte. Die daraus abgeleitete Version Š-128 erhielt ein stärkeres Triebwerk. Eine an Estland gelieferte, weiter verbesserte Version hieß Š-228, aus der schließlich die Š-328 entwickelt wurde. Das geschah über das Zwischenmuster Š-320 F. Diese Maschine war 1933 für Finnland entwickelt, aber nicht abgenommen worden. Das Verteidigungsministerium der ČSR wurde bei der Suche nach einem „Vierzweckflugzeug" (Beobachtung, Aufklärung, Bombenangriffe, Jagdaufgaben) auf diese Maschine aufmerksam, zu der parallel die Entwicklung des Typs Š-328 M zur Š-428 und zur Š-528 mit 590-kW-Motor verlief.
1934 wurde der Prototyp Š-328.1 erprobt, und noch im gleichen Jahr konnte die Serienfertigung beginnen. 1935 übernahmen die ČSR-Luftstreitkräfte die 81 Š-328 der ersten Serie. Die Schwimmerversion wurde als Š-328 v bezeichnet. Nach der faschistischen Besetzung wurde der Typ Š-328 in den Letov-Werken weiter gebaut. Als die Produktion 1940 endete, waren 445 Š-328 der Serien I bis VII mit verschiedenen Änderungen (ab Serie VI mit dem Triebwerk Walter „Pegasus" III-M 2, 475 kW) fertig. Diese bis 1938 von den tschechoslowakischen Luftstreitkräften vor allem als Standard-Aufklärungsflugzeug verwendete Maschine wurde nach 1938 an die Luftwaffe der Slowakei (von Tiso regierter Vasallenstaat Hitlerdeutschlands) sowie Bulgarien (62 Š-328, dort als „Vrana" bezeichnet) übergeben. Zur Ausstattung zählten Funk- und Fotogeräte. Im Jahr 1944 waren 3 Maschinen dieses Typs am Slowakischen Nationalaufstand beteiligt.

Rumpf: geschweißtes Stahlrohrgerüst; vorn und oben abnehmbare Bleche, sonst stoffbespannt; zwei offene Sitze hintereinander.
Tragwerk: gestaffelter, einstieliger, verspannter Doppeldecker; obere Flächen am Mittelstück des Baldachins angesetzt, untere Flächen am Rumpf angelenkt; zwei viereckige Holme aus Duralumin; Rippen aus Duralumin gepreßt; Flügelnase bis zum vorderen Holm blechbeplankt, dahinter Stoffbespannung; Querruder unten und oben.
Leitwerk: Normalbauweise in Metall mit Stoffbespannung; Höhen- und Seitenflosse verstrebt und verspannt; Ruder aerodynamisch ausgeglichen; Höhenruder mit Trimmung.
Fahrwerk: Dreibeinfahrwerk mit ölpneumatischer Dämpfung; Luftdruckbremsen.

Praga E-114 „Air Baby" Reiseflugzeug

Die E-114 „Air Baby" wurde zu einem internationalen Erfolg. Die Konstruktion von Šlechta flog erstmalig im Jahr 1934 und ging anschließend in Serie. Die Maschine wurde in zahlreiche Länder exportiert. In Großbritannien baute sie Hills and Son als Hillson „Praga Baby" in Lizenz.
Im Jahr 1937 stellte sie in ihrer Klasse einige Weltrekorde auf. Über 100 km erreichte sie 146,7 km/h und über 1000 km 144,2 km/h. Bekannt wurde sie aber vor allem durch ihre Nonstopflüge Prag–Moskau (1680 km) und Prag–Bagdad (3200 km). Eine „Praga-Baby" legte die 14722 km lange Strecke London–Kapstadt in 14 Tagen zurück.
Nach dem zweiten Weltkrieg wurde der Serienbau wieder aufgenommen. So bauten die Praga-Werke 1947 100 und das Werk Rudy Letov 26 E-114. In den Jahren 1948 und 1949 wurden die E-114 D und E-114 M mit Bugradfahrwerk und stärkerem Triebwerk ausgeliefert. Ein Teil der Flugzeuge wurde nach Frankreich exportiert.

Rumpf: Ganzholzbauweise mit vier- bis sechseckigem Querschnitt, nach hinten in eine senkrechte Schneide auslaufend; zwei Sitze nebeneinander; Doppelsteuerung.
Tragwerk: freitragender Hochdecker in Ganzholzbauweise; ungeteilter Flügel; zwei Kastenholme aus Fichtenholz-Gurten und Sperrholzstegen, Sperrholzrippen und Sperrholzbeplankung.
Leitwerk: abgestrebtes Höhenleitwerk in Stahlrohrbauweise mit Stoffbespannung; freitragendes Seitenleitwerk in Holzbauweise mit Sperrholzbeplankung.
Fahrwerk: Dreibeinfahrwerk mit Hecksporn aus Blattfedern; Abfederung durch Druckgummiringe in den Radachsen.

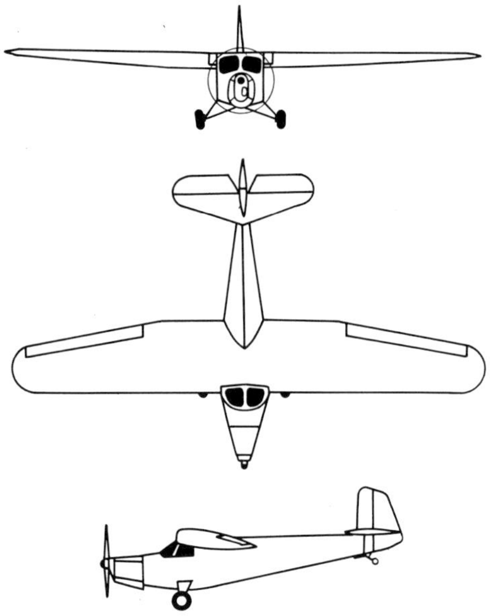

Z-126 / Z-226 „Trener" / Z-326 „Trener Master" Schul-, Übungs- und Sportflugzeuge

Über viele Jahre gehörten die Zlin-„Trener" der Moravan-Werke in Otrokovice zu den Favoriten aller bedeutenden Kunstflugwettbewerbe. So belegten sie bei den Kunstflugweltmeisterschaften 1960, 1962, 1964 und 1968 die ersten Plätze. Außerdem gewannen sie zahlreiche internationale Wettbewerbe.
Eröffnet wurde die Reihe mit der Z-26 „Trener" im Jahr 1947, einem Schulflugzeug von Tomuš (vorher Chefkonstrukteur von Avia) mit einem 110-kW-Motor in Ganzholzkonstruktion, von dem 1949/50 163 Maschinen gebaut wurden. Als militärisches Schulflugzeug hieß die Maschine C-5.
Daraus wurde die Z-126 „Trener" (C-105) abgeleitet, deren Prototyp im Jahr 1953 erstmalig flog. Im gleichen Jahr begann die Serienfertigung dieser Maschine.
Die Z-126 „Trener" (Foto, Skizze) ist bei voller Flugmasse voll kunstflugfähig. Im Schleppflug kann sie Segelflugzeuge bis zu 500 kg Masse starten. Gebaut wurden 166 Z-126, wovon zahlreiche nach Australien, Belgien, in die BRD, die DDR, nach Finnland, Indonesien, Österreich, in die Schweiz und die UdSSR exportiert wurden.
Im Jahr 1956 folgte die Z-226. Mit der Z-126 stimmen die Bauteile zu 80% überein. Außer verschiedenen Verfeinerungen besteht der Unterschied vor allem im stärkeren Triebwerk (120 kW). Wegen des Sechszylinder-Motors wird dieses Flugzeug oft auch als „Trener Six" bezeichnet.

Versionen:
Z-226 A „Akrobat" und Z-226 AS „Akrobat-Spezial": einsitzige Kunstflugausführungen, 9 Stück gebaut.
Z-226 B „Bohatyr": Ausführung für Segelflugzeugschlepp mit Spezialluftschraube und einfacher Steuerung; Notsitz für einen Segelflieger.
Z-226 T „Trener": Standardausführung als zweisitziges Schul-, Übungs- und Sportflugzeug mit Doppelsteuerung; Beginn des Serienbaus im Jahr 1956.
Gebaut wurden vom Typ Z-226 „Trener" insgesamt 364 Maschinen.

Die Z-326 „Trener Master" ist eine Weiterentwicklung der Z-226 „Trener". Sie hat ein einziehbares Fahrwerk (untere Seitenansicht) und ein serienmäßig eingebautes Funkgerät. Ferner kann sie mit Schneekufen und einer Segelflugzeugschleppeinrichtung ausgerüstet sein. An den Tragflügelenden lassen sich Zusatztanks für zusammen 70 l anbringen, um die Reichweite auf 800 km zu erhöhen. Der Erstflug des Prototyps fand 1957 statt, der Serienbau begann zwei Jahre darauf.

Neben der zweisitzigen Z-326 „Trener Master" gibt es die einsitzige Z-326 „Akrobat", von der 15 gefertigt wurden. Gebaut wurden insgesamt 436 Z-326.

Rumpf: Stahlrohrgerüstbauweise mit Stoffbespannung; Stahlrohrgerüst mit Stahlholmmittelstück, das auch die zwei Fahrwerkbeine trägt, zusammengeschweißt; Sitze hintereinander mit Doppelsteuerung; abwerfbare Plexiglashaube.
Tragwerk: freitragender Tiefdecker; Tragflügel und Querruder in Halbschalenbauweise mit tragender Haut aus Duraluminblech; zwei Holme; Tragflügel mit zwei Bolzen am Rumpf befestigt; Landeklappen elektrisch betätigt.
Leitwerk: freitragende Normalbauweise in Holz mit Sperrholzbeplankung; Ruder stoffbespannt; spätere Serien erhielten Leitwerk in Metallbauweise.
Fahrwerk: starres Heckradfahrwerk mit mechanischen Bremsen; Spornrad mit Seitenruderpedalen lenkbar; ölgedämpfte Luftfederbeine; Ausrüstung mit Schneekufen möglich.

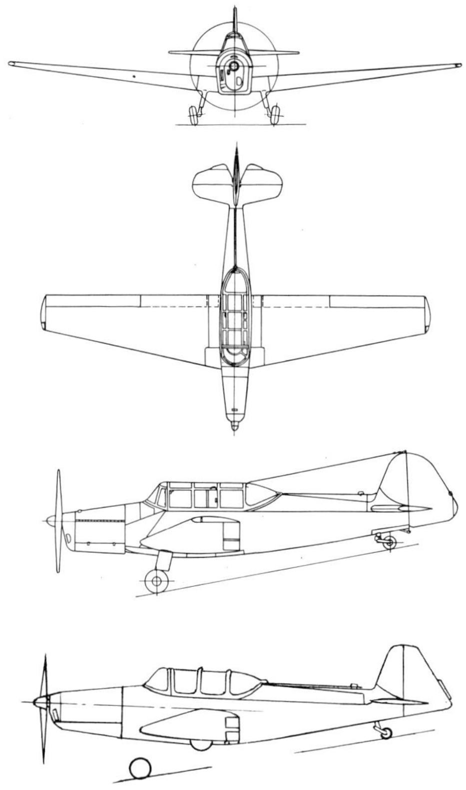

Z-526 „Trener" / Z-726 „Universal"
Schul-, Übungs- und Sportflugzeuge

Die Z-526 (Skizze) wurde 1965 von der Z-326 „Trener Master" abgeleitet. Dabei verstärkte man insbesondere die Zelle und die Triebwerkaufhängung. Ferner wurde die Instrumentierung reichhaltiger.

Versionen:
Z-526 A „Akrobat": einsitziges Kunstflugzeug (1966), 20 Stück gebaut.
Z-526 „Trener-Master": zweisitziges Schul- und Sportflugzeug, auch zum Segelflugzeugschlepp geeignet (1966), 61 Exemplare gebaut, in 16 Länder exportiert.
Z-526 AF „Akrobat": einsitziges Kunstflugzeug, etwas leichter als die Z-526 A (1970).
Z-526 AFS „Akrobat Spezial": einsitziges Kunstflugzeug, aus der Z-526 F abgeleitet; kürzer, niedriger und leichter als diese, zudem kleinere Flügelfläche (1971), 5 Stück gebaut.
Z-526 F „Trener": mit 130-kW-Triebwerk; dadurch lassen sich vertikale Kunstflugfiguren besser ausführen; Erstflug im Herbst 1968; bis Ende 1974 172 Maschinen gebaut; geliefert in 15 Länder (z. B. Polen 60, Rumänien 32, Irak 15 Z-526 FJ); Weiterentwicklung ist die Z-726 K „Universal".
Z-526 L „Trener": mit 150-kW-Triebwerk Lycoming; Erstflug am 28. August 1969, Beginn der Serienproduktion 1971, insgesamt 250 Exemplare ausgeliefert.
Z-526 AFM „Condor": von Aerotechnik 1981 vorgestellt; mit Triebwerk M 337, Verstelluftschraube und verbesserter Motorkühlung; Reichweite mit Zusatztank 900 km; als Schleppflugzeug Flugdauer 3 h; zulässige Höchstgeschwindigkeit auf 260 km/h erhöht.

Den Abschluß der „Trener"-Reihe bildet die Z-726. Im Mai 1973 starteten zwei Prototypen zum Erstflug. Nach der Z-726 wurde das neue Hochleistungsflugzeug Z-726 K „Universal" mit stärkerem Triebwerk geschaffen (Foto). Wie ihre Vorgängerinnen ist die Maschine vor allem für Ausbildungszwecke sowie für Kunstflüge gedacht.
Insgesamt baute die ČSSR-Luftfahrtindustrie rund 1 500 „Trener" und „Akrobat", die in mehr als 25 Ländern fliegen.

Konstruktive Angaben zur Z-526:

Rumpf: Stahlrohrbauweise, oben und unten metallbeplankt, sonst stoffbespannt; geschlossenes Cockpit mit entweder zwei Sitzen hintereinander oder einem Sitz.
Tragwerk: freitragender Tiefdecker in Ganzmetallbauweise mit zwei Holmen, Landeklappen.
Leitwerk: freitragende Normalbauweise in Metall mit Stoffbespannung; Trimmklappen.
Fahrwerk: einziehbares, elektrisch betätigtes Fahrwerk mit steuerbarem Spornrad; Hauptfahrwerkräder verschwinden nur bis zur Achse im Tragflügel zum Schutz der Zelle bei Notlandungen; hydraulische Bremsen.

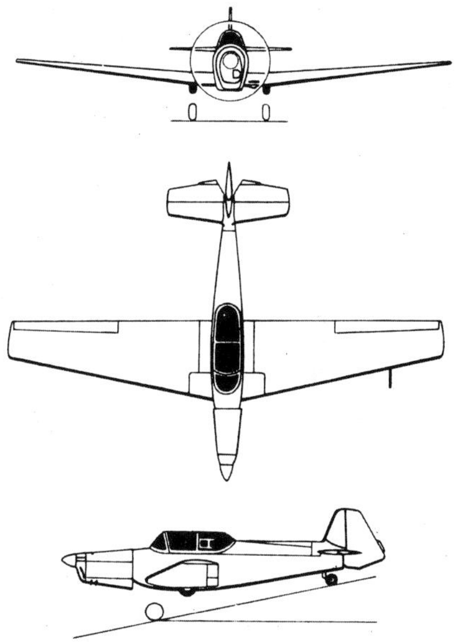

Z-50 L
Sportflugzeug

Die Zlin-Werke in Otrokovice haben bisher über 1 600 Kunstflugmaschinen in mehr als 40 Länder aller Kontinente exportiert. Dazu zählen die klassischen Zlin-„Trener".
Auf der XVII. Internationalen Maschinenbaumesse in Brno wurde am 14. September 1975 die neue Hochleistungsmaschine für den Kunstflug Z-50 L vorgestellt (Belastungsgrenzen zwischen +8 und −6 g). Am 18. Juli 1975 startete die Z-50 L zum Erstflug. Der Typ gilt als Nachfolger der Z-526 „Akrobat". Seit 1977 wird er in Serie gefertigt.
Die Entwicklungsarbeiten hatten 1972 begonnen. Zunächst sollte das Flugzeug als L-50 mit dem 170-kW-Triebwerk M-337 ausgeliefert werden. Dann wurde aber das amerikanische Triebwerk Lycoming AEIO-8 540-D485 (195 kW) mit der Luftschraube Hoffmann HO-V123K-F/200AH eingebaut und der Typ als Z-50 L bezeichnet. Beschafft wurde die Maschine von Kunstfliegern der BRD, der ČSFR, Großbritanniens, Italiens und Spaniens. Verfügbar sind außer der Z-50 L die Versionen Z-50 LA mit einem 180-kW-Lycoming und die Z-50 LS mit einem 225-kW-Lycoming.
Bis Anfang 1992 verließen 72 Z-50 L / LA / LE / LS die Werkhallen. Seit 1988 gibt es drei Z-50 M mit dem Triebwerk Avia M 137 AZ (137 kW; der Lycoming-Motor mußte mit Devisen bezahlt werden!). Export-Kunden waren: Bulgarien, Bundesrepublik, DDR, Großbritannien, Italien, Polen, Rumänien, Spanien, Südafrika, Ungarn.

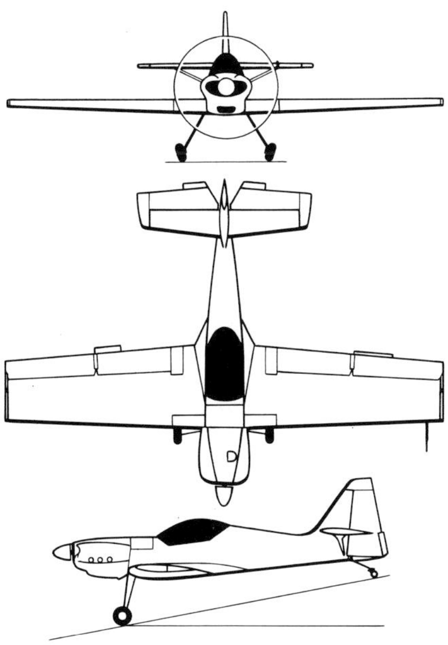

Rumpf: Ganzmetallbauweise; Kabine in Rumpfkontur einbezogen; Kabinenhaube aus einem Stück.
Tragwerk: trapezförmige Ganzmetallflügel mit symmetrischem Profil zur Verbesserung der Steuerbarkeit im Rückenflug; Flügelendtanks sind anbringbar; Querruder über die gesamte Spannweite; ohne Landeklappen.
Leitwerk: Normalbauweise in Ganzmetall.
Fahrwerk: starres Heckradfahrwerk; einteilige Streben aus Titan.

Z-37 „Čmelak“ STOL-Arbeitsflugzeug

Die Z-37 „Čmelak“ wurde in Otrokovice als Spezialflugzeug für die Land- und Forstwirtschaft entwickelt. Um sie das gesamte Jahr über nutzen zu können, kann sie auch für Transportzwecke, zur Fotogrammetrie, für den Rettungsdienst, als Feuerlöschflugzeug, zur Kontrolle von Hochspannungsleitungen, zu Beobachtungen für die Wasserwirtschaft und zum Segelflugzeugschlepp eingesetzt werden. Bei der Konstruktion wurde auf gute Start- und Landeeigenschaften selbst auf schlechtem Boden geachtet, auf eine niedrige Arbeitsgeschwindkeit, leichte Steuerbarkeit, gute Gestaltung der Kabine mit ausgezeichneter Sicht und auf leichte Wartung. Für das Stäuben, Sprühen und Streuen wurden entsprechende Geräte entwickelt, ebenso für eine schnelle Beladung. Die Arbeitsbreite beträgt bei Feststoffen 28 m, bei Flüssigstoffen 40 m.

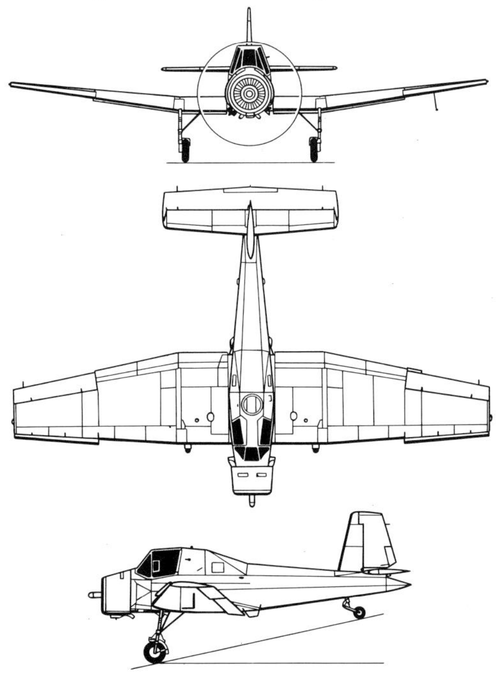

Die Konstruktionsarbeiten an der Maschine begannen im Jahr 1962, ab 1963 wurden Prototypen für die Flugerprobung und die statischen Prüfungen hergestellt. Der erste Prototyp XZ-37 begann die Flugerprobung am 29. Juni 1963. Insgesamt gab es 10 Prototypen. Die Serienproduktion wurde 1965 aufgenommen. Bis zum Ende der Produktion 1977 wurden insgesamt 673 Z-37 für Bulgarien, die ČSSR, die DDR, Finnland, Großbritannien, Indien, den Irak, Jugoslawien, die Mongolei, Polen und Ungarn gebaut. Ab der 11. Serie (1971) wurde die Maschine als Z-37 A bezeichnet. Als Schulflugzeuge dienen 27 zweisitzige Z-37 A-2. Im Jahr 1977 baute das Werk eine Z-37 A für die staatliche Fluginspektion der ČSSR in eine viersitzige Maschine um (Z-37-2).

1981 wurde die XZ-37 T „Čmelak-Turbo“ (OK-146) mit dem Triebwerk M-601 B erprobt. 1984 war der Erstflug der Z-37 T „Agro-Turbo“, einer mit dem PTL-Triebwerk M-601 Z (360 kW) ausgerüsteten Z-37 A mit Flügelohren (Winglets). Ihre maximale Zuladung wurde von 650 auf 1 000 l erhöht, die Arbeitsgeschwindigkeit beträgt 165 km/h. Die Maschine kann auch zum Feuerlöschen verwendet werden. 1985 nahmen 6 Flugzeuge dieses Typs die Flugerprobung bei der Slov-Air auf.

Rumpf: geschweißtes Gerüst; vorn blechbeplankt, hinten stoffbespannt; Kabine mit Klimaanlage; Chemikalienbehälter für 700 l.
Tragwerk: freitragender Tiefdecker in Ganzmetallbauweise.
Leitwerk: Normalbauweise, Ruder mit Stoff bespannt.
Fahrwerk: starres Heckradfahrwerk mit ölpneumatischen Stoßdämpfern und ölhydraulischen Backenbremsen; Heckrad um 360° schwenkbar und um 30° nach jeder Seite mit dem Seitenruder lenkbar; Ausrüstung mit Schneekufen möglich.

Z-42 / Z-43 Schul-, Sport- und Reiseflugzeuge

Die Moravan-Flugzeugwerke in Otrokovice begannen noch vor Abschluß der „Trener“-Produktion mit der Entwicklung einer neuen Leichtflugzeugreihe nach den Forderungen für ein modernes Schul-, Sport- und Reiseflugzeug. Das Ergebnis war die voll kunstflugtaugliche Z-42, aus der mehrere Versionen sowie die Typen Z-43 und Z-142 abgeleitet worden sind. Projektiert wurde zunächst die zweisitzige Kunstflugmaschine Z-41 mit dem Motor M-132 (kompressorlose Ausführung des M-332). Jedoch entschied man sich für das Projekt Z-42 mit dem Motor M-137. Am 17. Oktober 1967 startete der Prototyp (OK-41) zum Erstflug. Die Serienfertigung begann 1970/71. Der Z-42 mit fester Holzluftschraube (untere Seitenansicht) folgten die Versionen Z-42 L (Exportausführung mit 120-kW-Triebwerk Lycoming AIO-320-B 1 B und Hartzelluftschraube; Erstflug des Prototyps OK-72 am 6. August 1971), Z-42 M (Erstflug November 1972; Ganzmetall-Verstellschraube Avia V-503 A mit konstanter Drehzahl, verbessertes Triebwerk M-137 AZ und in den Rumpf übergehende vergrößerte Seitenleitwerksfläche der Z-43; Foto) und Z-42 MU (verstärkte Zelle, für Schleppflüge geeignet).
Von 1970 bis 1973 sind 48 Z-42 ausgeliefert worden, von denen etwa die Hälfte in die DDR (Anfängerausbildung im Motorflug der GST) exportiert worden sind. Von 1975 bis 1980 verließen 131 Maschinen die Werkhallen von Otrokovice. Ein großer Teil davon ging in die DDR, nach Polen und Ungarn.
Ursprünglich war vorgesehen, auf der Basis des Ausgangstyps das einsitzige Hochleistungsflugzeug Z-44 (Motor: M-137 A), das einsitzige Landwirtschaftsflugzeug Z-45 mit Heckrad sowie das zweimotorige Schulterdeckerflugzeug Z-46 (Lufttaxi), den mit einem PTL-Triebwerk versehenen Hochdecker Z-47 sowie einen mit dem gleichen Triebwerksmodell versehenen Typ mit Druckluftschraube und schmalen Heckträgern Z-48 zu konstruieren. Diese Projekte wurden nicht verwirklicht, jedoch leitete man aus der zweisitzigen Z-42 die viersitzige Z-43 ab und versah sie mit einem Triebwerk M-337 A. Da diese Flugzeuge nach dem Baukastenprinzip konstruiert sind, können bei der Z-43 etwa 80 % der Bauteile der Z-42 verwendet werden. Um Platz für vier Personen zu schaffen, wurde der mittlere Rumpfteil verlängert. Die da-

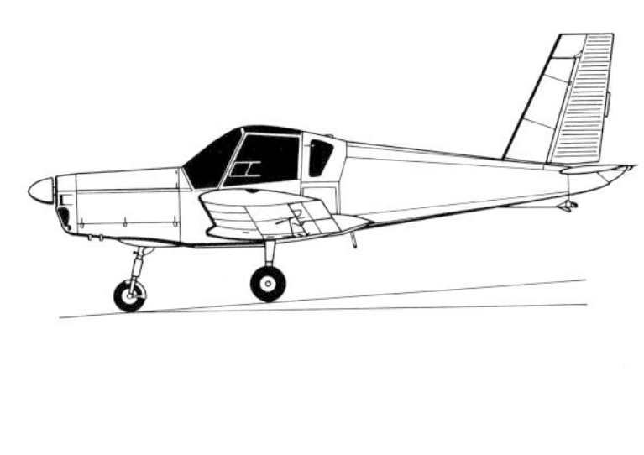

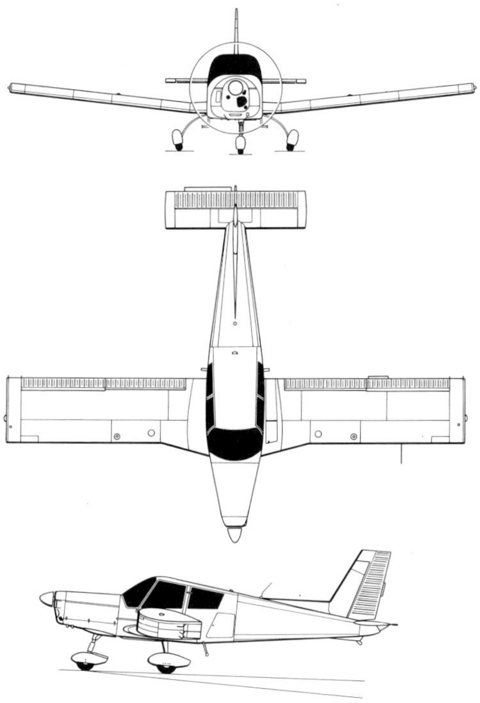

mit größere Flugmasse erforderte zugleich eine größere Flügelfläche und ein stärkeres Fahrwerk. Der Erstflug des Prototyps OK-XKN fand am 16. Dezember 1968 statt. Die Serienfertigung begann 1972. Insgesamt wurden 84 Z-43 gebaut (Skizze).
Für Sanitätsflüge entstand 1974 die Version Z-43 S. Anstelle der beiden hinteren Sitze werden hier zwei Tragen für Kranke eingeschoben. Die Luftstreitkräfte der ČSSR und der DDR benutzten die Z-43 als Verbindungs- und Kuriermaschine. Auch in der BRD, Polen und Ungarn wird die Z-43 als Schul- und Reiseflugzeug verwendet.
Seit 1980 wird die aus der Reihe Z-42 / Z-43 abgeleitete Z-142 in Serie gebaut.

Konstruktive Angaben zur Z-43:
Rumpf: Ganzmetallbauweise; mittlerer Teil als Stahlrohr-Fachwerk mit GFK-Verkleidung, Triebwerkverkleidung aus Leichtmetall und GFK, Heck in Metall-Halbschalenbauweise; eine Tür auf jeder Seite; Doppelsteuerung.
Tragwerk: freitragender Tiefdecker in Ganzmetallbauweise, negativ gepfeilt; Spitzen aus GFK; Landeklappen.
Leitwerk: freitragende Normalbauweise; Spitze aus GFK.
Fahrwerk: starres Bugradfahrwerk; Hauptfahrwerkstreben aus Federstahl-Paketen; Scheibenbremsen; Bugrad steuerbar; ölpneumatische Stoßdämpfer.

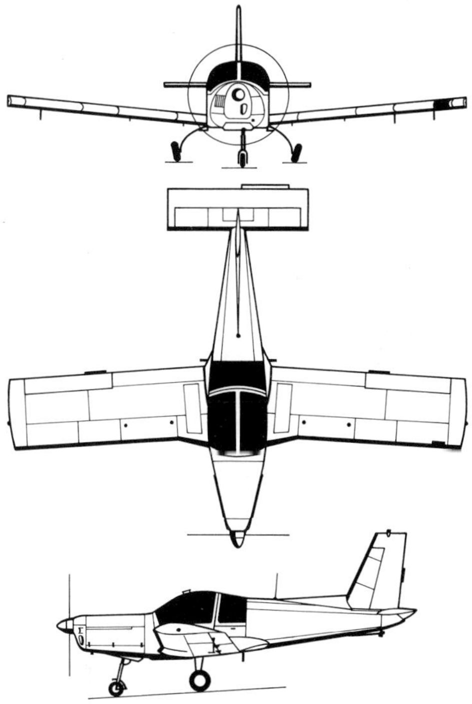

Z-142
Schul- und Sportflugzeug

Die Moravan-Werke in Otrokovice überarbeiteten den Typ Z-42 zum Zweisitzer Z-142, der Ende 1979 die Flugerprobung begann und bald darauf in den Serienbau überführt werden konnte. Bis 1988 waren 240 Z-142 hergestellt und in die DDR, nach Kuba, Polen, Rumänien und Ungarn sowie in die BRD exportiert worden.
Der grundsätzliche Aufbau sowie zahlreiche Details der Reihe Z-42 / Z-43 sind beibehalten worden. Typisch für die Z-142 ist die neue, wesentlich flachere und somit aerodynamisch günstiger geformte einteilige Vollsicht-Kabinenhaube. Sie läßt sich nach vorn aufschieben. Das Ein- und Aussteigen ist so unter Ausbildungsbedingungen mit angelegtem Fallschirm bequemer.
Im Vergleich zu den Vorgängern ist der Rumpf etwas länger. Um die Flugleistungen und die Flugeigenschaften zu verbessern und damit eine effektive Ausbildung der Anfänger sowie der Fortgeschrittenen (z. B. in der Nacht und mit Navigationsgeräten) zu erreichen, sind mehrere Elemente verändert worden. So erhielt die auch für den Sportflug sowie zum Schleppen von Segelflugzeugen geeignete, voll kunstflugtaugliche Maschine den von der Z-43 bekannten Sechszylinder-Reihenmotor Avia M-337 AK mit der automatischen Ganzmetall-Verstell-Luftschraube V-500 A. Auf diese Weise konnte die Abflugmasse erhöht werden. In der Normalausführung beträgt sie 1090 kg, in der Übungskategorie 1020 kg und in der Kunstflugkategorie 970 kg.
Die Geräte und Bedienhebel sind günstiger angeordnet als bei den Vorgängern, die Standardausrüstung wurde erweitert. Statt drei können nun acht zusätzliche Geräte für den Fluglehrer bzw. für den zweiten Flugzeugführer untergebracht werden. Die Zeit für die Wartung der Zelle erhöhte sich von 400 auf 800 Flugstunden. Anfang 1992 waren 335 Z-142 A / U / N fertig. Weitere Kunden waren: Algerien, Bulgarien, Jugoslawien, Kanada und Südafrika.
Für den USA-Markt entstand die L-242.

Rumpf: Ganzmetallbauweise; mittlerer Teil als Stahlrohrfachwerk mit GFK-Verkleidung; Verkleidung des Triebwerks aus Leichtmetall und GFK; Heck in Metall-Halbschalenbauweise; auf jeder Seite eine Tür; Doppelsteuerung.
Tragwerk: freitragender Tiefdecker in Ganzmetallbauweise, negativ gepfeilt; Spitzen aus GFK; Landeklappen.
Leitwerk: freitragend; Normalbauweise; zum Rumpf übergehend; Spitze aus GFK.
Fahrwerk: starres Bugradfahrwerk; Hauptfahrwerkstreben aus Federstahl-Paketen; Scheibenbremsen; Bugrad steuerbar; ölpneumatische Stoßdämpfer.

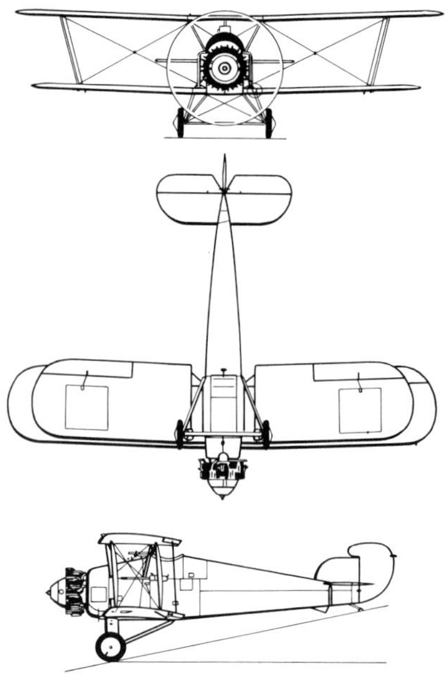

LB-II „Dankok" Jagdflugzeug

Die Flugzeugwerke in Kopenhagen bauten für die Kriegsmarine des Landes ab 1926 15 Jagdflugzeuge LB-II „Dankok" (auch „Dane Kock") nach britischen Lizenzen. Die Bezeichnung ist ein Kurzwort für „Danske Woodcock", denn das 1924 von Hawker geschaffene britische Flugzeug hieß „Woodcock". Diese Maschine hatte ursprünglich den 14-Zylinder-Motor Jaguar IV (285 kW) von Armstrong Siddeley, erhielt später jedoch den etwas stärkeren Jupiter IV, womit sich die Geschwindigkeit allerdings lediglich um 11,2 km/h erhöhte. Mit diesem Triebwerk war auch die „Dankok" ausgerüstet.
Während des Serienbaues in Dänemark wurde die Maschine aerodynamisch und fertigungstechnisch verbessert. Die bis zur Besetzung Dänemarks durch Hitlerdeutschland im Jahr 1940 verwendeten Flugzeuge trugen die taktischen Nummern 151 bis 164. Bei der Nummer 165 führten aerodynamische Verbesserungen an den Zylindern zu einer Erhöhung der Geschwindigkeit von 235 auf 245 km/h. Eine LB-II „Dankok" befindet sich heute im Armeemuseum in Kopenhagen.

Rumpf: Gemischtbauweise; vorn kreisförmiger Querschnitt; offene und höckerartige Kabine; je ein synchronisiertes 7,9-mm-MG seitlich des Rumpfes, von Hand durchzuladen; Zieloptik vor der Windschutzscheibe; Funkstation und Signalpistole in der Kabine.
Tragwerk: einstieliger, verspannter Doppeldecker in Gemischtbauweise; unterer Tragflügel kürzer; Querruder oben und unten.
Leitwerk: freitragend; Seitenruder überragt die Flosse nach vorn.
Fahrwerk: starr mit Hecksporn; durchgehende Achse; einfach bereift.

Haerens Flygvertroppers Vaerksteder CV-E Aufklärungs- und Bombenflugzeug

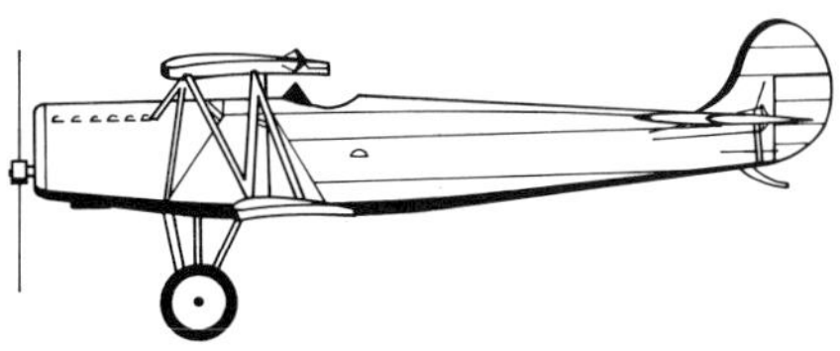

Die 1914 gegründete Flugzeugwerkstatt der dänischen Streitkräfte Haerens Flygvertroppers Vaerksteder in Klovermarksvej bei Kopenhagen setzte nicht nur das militärische Fluggerät des Landes instand. Vielmehr baute man dort nach ausländischen Lizenzen sowie in einigen Fällen nach Eigenentwicklungen einige Flugzeugtypen. Dazu zählte auch der Mehrzweckdoppeldecker Fokker C-I mit einem BMW-Motor (160 kW) von 1920/21. Dieser Typ diente dem Werk als Grundlage für die Neuentwicklung des Schul- und Verbindungsflugzeugs I O. Dessen Prototyp flog erstmals im Jahr 1926. Danach bauten die Werkstätten 15 Serienmaschinen, denen ab 1932 sieben weitere II O mit einem 118-kW-Motor Mercedes folgten. Diese Flugzeuge dienten bis zur Besetzung Dänemarks durch deutsche Truppen (9. April 1940) als Schulflugzeug für Fortgeschrittene sowie als Verbindungsmaschine. Danach sind sie verschrottet worden.
Ähnlich diesem Flugzeug war ein weiterer Fokker-Typ, den die Werkstätten etwa im gleichen Zeitraum in einer geringen Stückzahl produziert haben. Das niederländische Grundmuster Fokker C–V (Schreibweise auch C. V.) ist 1925 als Mehrzweckflugzeug gebaut worden. Es ist in der Folgezeit von mindestens 10 Ländern in den Versionen Bomber, Nah- und Fernaufklärer sowie zweisitziger Jäger verwendet und in einigen in Lizenz gebaut worden. Binnen einer Stunde konnte eine der drei Flügelarten (A für taktische Aufgaben, B für strategische und C als Bomber) an die Stelle einer anderen montiert werden. Als Antrieb dienten luft- oder wassergekühlte Triebwerke zwischen 370 und 625 kW. Dänemark produzierte die Version CV-E mit dem 330-kW-Motor Bristol „Jupiter" als Aufklärer und mit dem Bristol „Pegasus" (500 kW) als leichten Bomber. Damit waren in den dreißiger Jahren zwei Staffeln ausgerüstet.

Rumpf: Stahlrohr-Fachwerk in Rechteckform; verstrebtes Vorderteil; Rest verspannt; abnehmbare Blechverkleidung vorn, Stoffbespannung hinten; zwei offene Sitze hintereinander; Drehkranz mit MG hinten möglich.
Tragwerk: einstieliger, verspannter Anderthalbdecker; einteiliger Ober-, zweiteiliger Unterflügel, dieser an Rumpfunterkante befestigt; zwei Kastenholme; Rippen aus Spruce und Sperrholz; obere Flügelseiten sperrholzbeplankt, untere mit Stoff bespannt.
Leitwerk: Höhen- und Seitenleitwerk Stahlrohrgerüst stoffbespannt; Querruder aus Holzgerüst mit Sperrholzbeplankung nur am Oberflügel.
Fahrwerk: nicht einziehbar; vordere Streben als Federstreben ausgeführt; befestigt am Vorderholm des Oberflügels (Anschlußpunkt der vorderen Spannturmstrebe).

VEB Flugzeugwerk Dresden
Flugzeug 152
Verkehrsflugzeug

Fast gleichzeitig mit der Aufnahme des Serienbaus der Il-14 P begann Mitte der fünfziger Jahre unter maßgeblicher Mitarbeit von Baade die Entwicklung eines Mittelstrecken-Verkehrsflugzeugs mit Strahlantrieb (ursprüngliche Bezeichnung: BB-152, später: Flugzeug 152). Gefordert wurde eine Maschine mit optimaler Sicherheit sowie hoher Wirtschaftlichkeit und Zuverlässigkeit.
Geplant waren folgende Versionen: für 48 Passagiere und 1570 kg Fracht, für 57 Passagiere und 1055 kg Fracht, für 72 Passagiere und 1280 kg Fracht sowie als reine Frachtmaschine mit einem 100 m³ großen Laderaum.
Vier Strahltriebwerke vom Typ Pirna 014 mit einem Startschub von je 31000 N waren paarweise an Stielen unter den Flügeln befestigt. Wetterradar im Bug, ein aerodynamisch sauberer Flügel mit Torsionskasten zur Aufnahme des gesamten Kraftstoffs in Gummibehältern, große Fowler-Landeklappen, Doppelsteuer sowie eine fortschrittliche Blindflugausrüstung waren einige Details des Typs, der sich durch sehr gute Start- und Landeeigenschaften mit kurzen Start- und Landestrecken auszeichnen sollte.
Die Umrüstung der Innenausstattung von einer in die andere Version war ohne konstruktive Änderungen möglich. Das Kollisions- und Wetterradar im mit einer Kunststoffkappe abgeschlossenen Rumpfbug war in einem nicht druckdichten Raum installiert. Der druckdichte Teil des Rumpfes begann mit der Besatzungskabine, die von unten über eine Einstiegluke – versehen mit einer einziehbaren Leiter – zu erreichen war. Die Besatzung bestand aus den beiden Flugzeugführern sowie dem Funker und dem Bordingenieur. Beide hatten ihre Plätze entgegengesetzt zur Flugrichtung hinter den Piloten. Zwischen Funker und Bordingenieur gab es einen weiteren Arbeitsplatz für den im Bedarfsfall mitzunehmenden Navigator. Die außen gewölbten Doppelscheiben gewährleisteten eine sehr gute Sicht. Zum Schutz der Frontscheiben vor Vereisen und Beschlagen waren Trockenpatronen und Enteiserflüssigkeit vorgesehen. Rechts schloß sich dem Besatzungsraum eine große Garderobe mit einer gesonderten Kleiderablage für die Besatzung an. Der Gepäckraum nahm die linke Rumpfseite ein. Die Fluggastkabine mit den Abmessungen 13,5 m × 1,95 m × 3,1 m wies eine gewölbte Decke auf, die an den Seitenwänden in Gepäckkonsolen überging. Die 940 mm × 1670 mm große, hydraulisch zu betätigende, manuell von innen oder außen zu verriegelnde Einstiegtür befand sich in der linken Seitenwand. Für eine hervorragende Sicht von allen Plätzen sowie für eine ausreichende Helligkeit sollten 23 ovale Fenster sorgen – mit 370 mm × 490 mm recht groß dimensioniert. Davon waren vier auf jeder Seite als Notausstiege ausgelegt, wodurch sich im Notfall für die Fluggäste Öffnungen mit den Abmessungen 490 mm × 660 mm ergeben hätten.

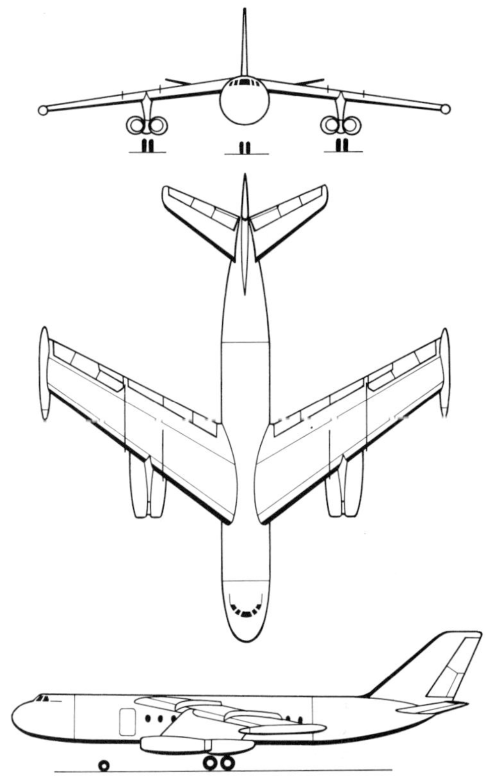

Der druckdichte Gepäckraum im Heck mit einem Fassungsvermögen von 13,6 m³ war durch eine der beiden Toiletten zugänglich. An der rechten Seite des Gepäckraumes befand sich eine nach oben außen zu öffnende Tür von 700 mm × 1180 mm.
Der erste Prototyp BB-152 V-1 (DM-ZYA, Foto oben) wurde ab 30. April 1958 am Boden erprobt. Am 4. Dezember 1958 startete die Maschine zum Erstflug. Bei einem weiteren Probeflug am 4. März 1959 ging sie verloren.
Der zweite Prototyp BB-152 V-2 (DM-ZYB) nahm am 26. August 1958 die Flugerprobung auf (Foto unten, Skizze). Im Gegensatz zum ersten Prototyp mit seinem Tandemfahrwerk (doppelt bereifte Streben unter dem Rumpf, Stützräder in Flügelendbehältern) und dem verglasten Bug hatte der zweite Prototyp wie die geplante Serienausführung ein Wagenfahrwerk, dessen vierfach bereifte Hauptstreben in die Triebwerkgondeln und dessen doppelt bereifte Bugstrebe in den Rumpf eingezogen wurden (9 Flugzeuge gefertigt).
Vom Serienbau der Maschine wurde 1961 abgesehen, da er für die DDR volkswirtschaftlich nicht vertretbar war. Nach entsprechenden Abstimmungen übernahm die UdSSR für das gesamte Wirtschaftsgebiet des RGW die äußerst kostenaufwendige Entwicklung, Erprobung und Produktion der modernen Großflugzeuge, während sich Polen und die ČSFR auf Strahltrainer, Sport- und Landwirtschaftsflugzeuge sowie die Entwicklung zugehöriger Simulatoren konzentrierten.

Rumpf: Ganzmetallbauweise mit kreisförmigem Querschnitt; dreiteiliger Schalenrumpf; Tragflügelmittelstück in das Rumpfmittelstück einbezogen; Doppelsteuer.
Tragwerk: freitragender Schulterdecker in Ganzmetallbauweise; negative V-Stellung; Triebwerke paarweise an Stielen hängend; zwei aerodynamische Grenzschichtzäune: Tragflügelendbehälter; Warmluftenteisung.
Leitwerk: freitragende Normalbauweise in Ganzmetall mit gepfeilten Flächen.
Fahrwerk: einziehbar; vierrädrig je Hauptstrebe und doppelt bereift an der steuerbaren Bugstrebe.

VEB Flugzeugwerk Dresden Il-14 P Verkehrs- und Transportflugzeug

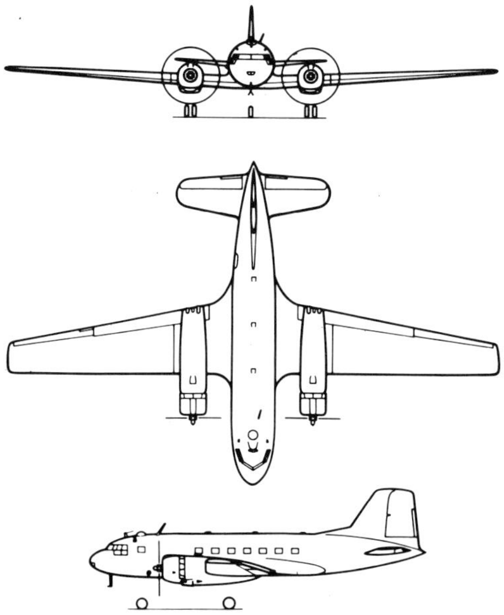

Auf der Grundlage eines Abkommens zwischen der UdSSR und der DDR begann im Jahr 1955 im damaligen VEB Flugzeugwerk Dresden die Produktion der Il-14 P. Am 1. Mai 1956 war erstmals eine in Dresden gefertigte Il-14 am Himmel zu sehen. Die Maschine hatte die Bezeichnung „3. Parteikonferenz" erhalten. Die ersten Maschinen hatten eine Sitzplatzkapazität für 26 Passagiere. Da es während der Serienproduktion gelang, Leichtbaumaterialien einzuführen, konnten die Rüstmasse verringert und die Kapazität auf 32 Plätze erhöht werden.
Insgesamt haben zwischen 1956 und 1959 80 Il-14 P die Werkhallen in Dresden verlassen. Geliefert wurden sie an die Luftverkehrsgesellschaft und an die Luftstreitkräfte der DDR, aber auch an Ägypten, Bulgarien, China, Jugoslawien, die Mongolei, Polen, Rumänien, Syrien, Ungarn, Vietnam.
Alle in Dresden hergestellten, in der Literatur auch als VEB Il-14 P bezeichneten Maschinen sind äußerlich an einem kleinen Firmenschild an der linken Bugseite zu erkennen. Eine VEB Il-14 P (exNVA 482) von der historischen Vorstartlinie der Fliegerschule Bautzen ist als Leihgabe des Luftwaffenmuseums Berlin-Gatow von der Luftfahrtsammlung des Flugplatzes Finow übernommen worden. Die von der NVA verwendeten Il-14 – Passagiermaschinen ebenso wie Transporter – waren äußerlich nicht voneinander zu unterscheiden. Während die für diese Zwecke verwendeten Maschinen mit dem natürlichen metallischen Äußeren flogen, hatten die an der Transportfliegerschule in Dessau benutzten einen dunkelgrünen Anstrich. In den letzten Jahren ihres Dienstes hatten jedoch alle einen Tarnanstrich erhalten.
Nach den Erfahrungen mit der Il-12 hatte die Aeroflot ein schnelleres Flugzeug mit größerer Tragfähigkeit gefordert. Das Kollektiv Iljuschin entwickelte deshalb im Jahr 1949 die Il-12 weiter, wobei insbesondere die erhöhten Anforderungen an die Flugsicherheit erfüllt wurden. Aufgrund der stärkeren Triebwerke konnten die Zuladung erhöht und die Geschwindigkeit vergrößert werden. Verbessert wurden auch das Seitenleitwerk und die Ausrüstung für Flüge unter schwierigen klimatischen Bedingungen.
Der Erstflug des Prototyps war am 20. September 1950 mit zwei AM-82 T-Triebwerken. Die Aeroflot setzte die Maschine ab 30. November 1954 im Liniendienst ein.
Die Il-14 beförderte 18 Passagiere, die Il-14 M (ab 1956 gebaute, 1 m längere Version) bis zu 26. Dieses Flugzeug wurde in der ČSFR ab 1957 als Avia-14 P, -14 M, -14 Super (Druckkabine, 11 runde Fenster, abnehmbare Flügelendtanks), Avia-14 Salon (sieben eckige Fenster, Flügelendbehälter) Avia-14-36 und -14-40 für 22 bis 40 Passagiere in Lizenz gebaut. In den Luftstreitkräften der ČSFR wurde die Avia-14 (mit vier Aufhängungen) zum Transport von Luftlandetruppen eingesetzt. 1977 flog die Il-14 in der ČSFR noch als Postflugzeug, während sie in der UdSSR in der Arktisflotte dient.

Die Luftbildversion Il-14 FG der ČSFR hat einen stark verglasten Rumpfbug.
Die ersten Il-14 der DDR-Luftfahrtgesellschaft sowie die der NVA kamen aus sowjetischer Produktion. Sowohl die sowjetischen Maschinen als auch die in Dresden gefertigten gab es in der NVA in der Passagierausführung mit Bestuhlung oder in der Frachtvariante mit Einrichtungen zum Verzurren der Fracht sowie abklappbaren Metallsitzen an beiden Seitenwänden. In den Laderäumen konnten auch Vorrichtungen zur Aufnahme von Krankentragen installiert werden. Weil sich die nach innen (in Passagierausführung nach außen) zu öffnende Tür als wenig geeignet für ein schnelles Be- und Entladen erwies, sind alle Frachtmaschinen der NVA zu Beginn der sechziger Jahre im VEB Flugzeugwerft Schkeuditz mit einer Ladeluke versehen worden, die einen nach oben zu klappenden und dort zu arretierenden Rahmen besaß. Dennoch war es schwierig, den sehr hoch liegenden Rumpf der Il-14 unter Feldbedingungen mit schweren und sperrigen Frachten zu be- oder zu entladen. Alle auf diese Weise umgebauten Maschinen werden als Il-14 P (T) bezeichnet. Ein solches Flugzeug ist als Navigationsschulmaschine verwendet worden, wozu der vordere Teil des Frachtraumes Arbeitsplätze und Tische für die auszubildenden Navigatoren erhielt.
Die Einrichtungen der zivilen sowie der militärischen Il-14 waren sehr unterschiedlich. So gab es Salonausführungen mit neun Sitzen (eine Salonmaschine hatte im hinteren Rumpf einen Schlafplatz) ebenso wie Passagiermaschinen mit bis zu 32 Plätzen. Eine der in Dessau geflogenen Il-14 P hatte im vorderen Rumpf hinter dem Cockpit eine Kabine für acht Passagiere und hinten einen Frachtraum.
Im Jahre 1962 sind im VEB Flugzeugwerft Schkeuditz drei Il-14 P zu Fotoflugzeugen Il-14 F umgebaut worden, um für Fotoaufnahmen sowie für Kontroll- und Meßflüge im Interesse der Wirtschaft des Landes (z. B. regelmäßiges Vermessen von Braunkohletagebauen) verfügbar zu sein. Zu erkennen waren sie an der wulstartigen Wanne unter dem Vorderrumpf (Foto unten, im Dienst bis zum 27. September 1982). Sie wies eine bei Start und Landung mit Hilfe einer Jalousie zu schließende Verglasung nach vorn auf. Während des Fotofluges lag der Steuermann der Maschine in dieser Wanne, um das mit einem Fadenkreuz versehene optische Vergrößerungsgerät zu bedienen. Damit sicherte er das genaue Einhalten der vorgesehenen Strecke aus Höhen um 4500 m. Im Rumpf der Maschine kontrollierte der Foto-Operateur über ein Periskop den Kurs der Il-14. Jedoch hatte der Navigator in der Bodenwanne die bessere Übersicht. Beteiligte an diesen Flügen versichern, daß nur durch diese konstruktive Änderung an der Flugzeugzelle die geforderte Genauigkeit der Aufnahmen zu gewährleisten gewesen sei. Eine der letzten Il-14 der NVA ist am 1. Dezember 1980 dem Museum der Kilian-Fliegerschule in Szolnok (Ungarn) zur Verfügung gestellt worden. Das Museum für Verkehr und Technik Berlin ist im Besitz der Il-14 F exNVA 422.
Bei den Luftstreitkräften der DDR wurden die letzten Il-14P zu Beginn der achtziger Jahre außer Dienst gestellt und durch die An-26 ersetzt.

Rumpf: Ganzmetall-Halbschalenbauweise; Tür bzw. Tür mit Frachtluke rechts.
Tragwerk: freitragender Tiefdecker in Ganzmetallbauweise; dreiteiliger Flügel mit Holmträgern; thermische Enteisung.
Leitwerk: freitragende Normalbauweise in Ganzmetall; thermische Enteisung.
Fahrwerk: hydraulisch einziehbar; ein Bugrad; Zwillingsräder an den Hauptstreben, Bremsen am Hauptfahrwerk.

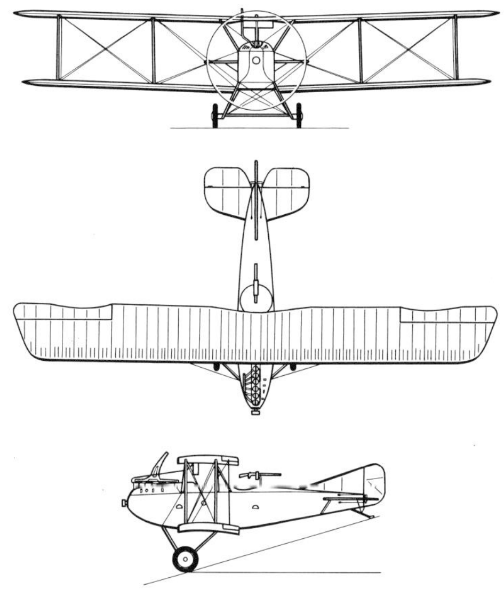

AEG I 1
Infanterieflugzeug

Im Jahr 1917 entwickelten die Firmen Junkers (J 4/I 1), Albatros (L 40/I 1) und AEG sog. Infanterieflugzeuge (abgekürzt I oder IFL) für Tiefangriffe, Bodenunterstützung, Gefechtserkundung und Verbindungsaufgaben. Die Typen erhielten alle ein Funkgerät zum Senden und Empfangen. Damit sollte die Aufklärungstätigkeit aus der Luft verbessert werden.
Die Infanterieflugzeuge waren damals im Gefecht das wichtigste Verbindungsmittel zwischen den vordersten Gräben, den Divisionsstäben und der Artillerie. Es kam vor, daß das Feuer der Grabenkanonen und der Minenwerfer von den Infanterieflugzeugen direkt geleitet wurde.
Um diese Flugzeuge möglichst gut zu schützen, panzerte man die Sitze der Besatzung und weitere Baugruppen. Am besten löste man dieses Problem bei der J 4 von Junkers. Auch die in rund 300 Exemplaren gebaute I 1 von AEG hatte eine Panzerung aus 5 mm starkem Stahlblech, die sich am Rumpfboden und an den Seitenwänden von der Nase bis zur Hinterkante des Beobachtersitzes hinzog. Nach hinten schützte ein 5 mm starkes Stahlblechquerschott den Beobachter.
Wie bei der I 1 von Albatros waren auch bei der hier vorgestellten Maschine die beiden nach vorn gerichteten 7,9-mm-MGs 08/15 unter einem Winkel von 45° schräg nach unten eingebaut, um Ziele auf der Erde anvisieren zu können, ohne in den Sturzflug übergehen zu müssen. Im Drehkranz des Beobachters war ein weiteres 7,9-mm-MG untergebracht. Für jedes MG wurden 500 Patronen mitgeführt.
Die I 1 (Skizze) ist 1918 zu den Versionen I 2 (Foto, auch als I 1a bezeichnet, 1918 noch 309 Exemplare gebaut) und I 3 weiterentwickelt worden. Dabei blieben der Antrieb und die Abmessungen gleich, jedoch erhöhte man bei der I 3 die Startmasse auf 4800 kg und die Reichweite auf 1160 km.
Eine Maschine vom Typ I 1 wurde nach 1919 von den Luftstreitkräften Polens geflogen.
In Deutschland dienten 9 I 2 mit offener Kabine und Windschutz für den Passagier sowie 7 weitere Maschinen mit Kabine als zivile Flugzeuge der Deutschen Luftreederei.

Rumpf: rechteckiger Querschnitt; Rumpfdecke im vorderen Teil gewölbt; drahtverspanntes Stahlrohrgerüst; Rumpfnase mit Aluminiumblech verkleidet, sonst stoffbespannt.
Tragwerk: zweistieliger, verspannter Doppeldecker; Unterflügel etwas kürzer; Querruder oben und unten.
Leitwerk: dreieckige Seitenflosse; unausgeglichenes Seitenruder; Stahlrohrrahmen mit Stoffbespannung bei Ruder und Flosse, ebenso bei dem zweiteiligen unausgeglichenen Höhenruder.
Fahrwerk: starr; durchgehende Achse; keine Bremse; Sporn aus Stahlblech.

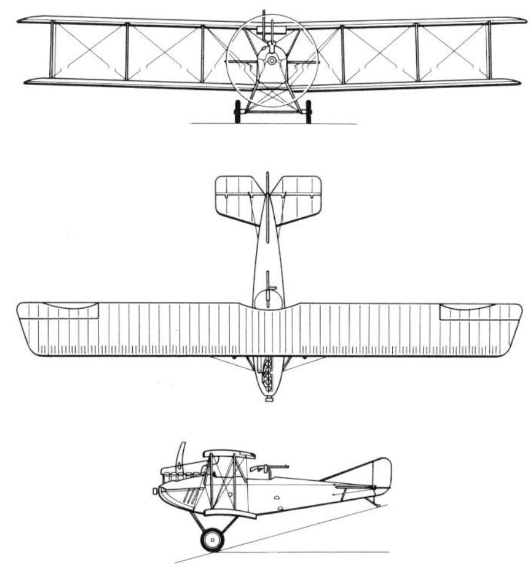

AEG C IV / C IV N
Aufklärer und Nachtbomber

Eines der typischen Beobachtungsflugzeuge aus dem Jahr 1916 war die C IV, die bei Fokker in rund 250 Exemplaren hergestellt und in leicht modifizierter Form auch als Nachtbomber verwendet wurde (C IV N, Skizze). Der Nachtbomber trug sechs 50-kg-Bomben unter den Flügeln, als Antrieb diente der Motor Bz III (100 kW) von Benz, während der Aufklärer einen Mercedes III hatte.
Die zweiflügelige hölzerne Zugschraube, der rechteckige Stirnkühler unter dem Baldachin und der Kraftstofftank im Rumpf waren bei beiden Ausführungen gleich. Bewaffnet war die C IV mit einem neben dem Motor auf dem Rumpf starr montierten und durch den Luftschraubenkreis feuernden 7,9-mm-MG. Im Drehkranz des Beobachters befand sich – nach hinten gerichtet – ein weiteres 7,9-mm-MG. Für jedes MG wurden 500 Patronen mitgeführt.

Rumpf: Stahlrohrgerüst mit Drahtverspannung; vorn mit Aluminiumblech, hinten mit Stoff verkleidet; rechteckiger Querschnitt, nach hinten in senkrechte Schneide auslaufend; Rumpfdecke vorn gewölbt.
Tragwerk: zweistieliger (C IV) bzw. dreistieliger (C IV N), verspannter Doppeldecker; Baldachinmittelstück an Hinterkante ausgeschnitten; zwei Stahlrohrholme; hölzerne Rippe und Nasenleiste; Stoffbespannung; Unterflügel mit gleichem Aufbau, aber zweiteilig und mit etwas geringerer Spannweite; Querruder nur oben.
Leitwerk: dreieckige Seitenflosse; Stahlrohrrahmen, Seitenruder, Höhenflosse und -ruder stoffbespannt.
Fahrwerk: durchgehende Achse; Sporn; einfach bereift; keine Bremse.

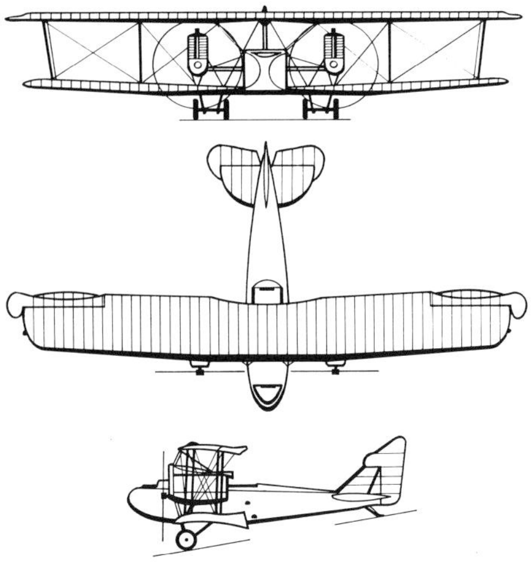

AEG G I bis G V
Bombenflugzeuge

Anfang 1910 begann die AEG, Abteilung Flugzeugbau in Hennigsdorf bei Berlin, mit der Flugzeugproduktion. Das waren zunächst reine Holzkonstruktionen nach dem Vorbild des Wright-Doppeldeckers. Ab 1911 folgten Maschinen in Gemischtbauweise aus Stahlrohr, Holz und Stoffbespannung. Während des ersten Weltkriegs sind von der AEG insgesamt 658 Aufklärer und 523 Bomber gebaut worden.
Der 1915 zum Erstflug gestartete Typ G I (Werksbezeichnung: GZ 1) war als dreisitziges Doppeldecker-Kampfflugzeug gedacht, wurde jedoch als Bomber verwendet. Ab Juli 1915 folgte die etwas größere, schwerere und mit stärkeren Triebwerken versehene G II (GZ 2) in 24 Exemplaren. Die Reichweite war von 450 auf 700 km gesteigert worden. Nach den Erfahrungen mit den Flugzeugen G I und G II schuf die AEG das erste, speziell für Bombenangriffe im tiefen gegnerischen Hinterland vorgesehene Flugzeug. Als G III war es Ende 1915 truppenreif und kam Anfang 1916 zu Fronteinheiten. Von den etwa 120 gebauten G III befanden sich im Oktober 1916 20 Maschinen in Mazedonien sowie an der Westfront.
Ab 1917 baute AEG den Bombertyp G IV (Skizze), von dem im gleichen Jahr 216 Maschinen die Werkhallen verließen. Die Version G IVb mit um 11,5 m^2 vergrößerten Tragflügeln wurde nur in einem Exemplar hergestellt. Offensichtlich diente sie als Prototyp für die im Jahr darauf gebaute G V (Foto) mit einer Spannweite von 27,5 m. Davon gab es 151 Flugzeuge, während die G IV K mit der Spannweite von 18,4 m ebenfalls nur Prototyp blieb. Die ab Mai 1917 an der Westfront, in Saloniki, in Italien, Rumänien und Mazedonien verwendeten G IV sowie die ab Mai 1918 ebenfalls im Truppendienst befindlichen G V flogen vor allem in Kampfgeschwadern, die der Obersten Heeresleitung unterstanden. Nach dem Krieg dienten noch einige G V als sechssitzige Passagierflugzeuge in Deutschland.
Verwendet wurden wassergekühlte Triebwerke Mercedes D I mit je 75 kW (G I), Benz Bz III mit je 110 kW (G II), Mercedes D IV mit je 160 kW (G III) sowie Mercedes D IVa mit je 190 kW (G IV und G V). Die Bewaffnung bestand bei der G I und der G II aus 2 beweglichen 7,92-mm-MGs und 200 kg Bomben, bei der G III aus der gleichen MG-Bewaffnung und 300 kg Bomben. Die Bombenzuladung vergrößerte sich bei der G IV um 50 kg und bei der G V um 300 kg Bomben gegenüber der G III. In der Version G IV K war die Kabine gepanzert, und es wurde eine 20-mm-Kanone mitgeführt.

Rumpf: rechteckiger Querschnitt, flach gewölbte Decke, hinten in senkrechte Schneide auslaufend; Stahlrohrgerüst mit Drahtverspannung, sperrholzbeplankte Rumpfnase, sonst Stoffbespannung; Sitz des Bordschützen vorn, dahinter in Tandemform Pilot und Beobachter.
Tragwerk: zweistieliger verspannter Doppeldecker; Oberflügel mit breitem Baldachinmittelstück und flachem Kreisausschnitt in der Hinterkante, Außenflügel abnehmbar; Unterflügel mit kleinerer Spannweite und Tiefe als Oberflügel, festes Flügelmittelstück mit großem Bogenausschnitt in der Hinterkante, Außenflügel abnehmbar; Querruder nur oben.
Leitwerk: dreieckige Seitenflosse, stoffbespannter Stahlrohrrahmen, unausgeglichenes Seitenruder (G II dreifaches Seitenleitwerk); Höhenflosse freitragend, zweiteiliges Höhenruder ohne Ausgleich, Aufbau wie Seitenleitwerk.
Fahrwerk: je Seite zwei Räder mit durchgehender Achse unter V-Streben aus Profilstahlrohr, Schraubenfedern; geschweißter Stahlsporn.

Albatros B I / B II
Aufklärungs- und Schulflugzeuge

Grohmann konstruierte 1913 das Aufklärungs- und Schulflugzeug DD-1 (Doppeldecker 1, Werksbezeichnung L-1). Bei Ausbruch des ersten Weltkriegs wurde es B I genannt: B kennzeichnete

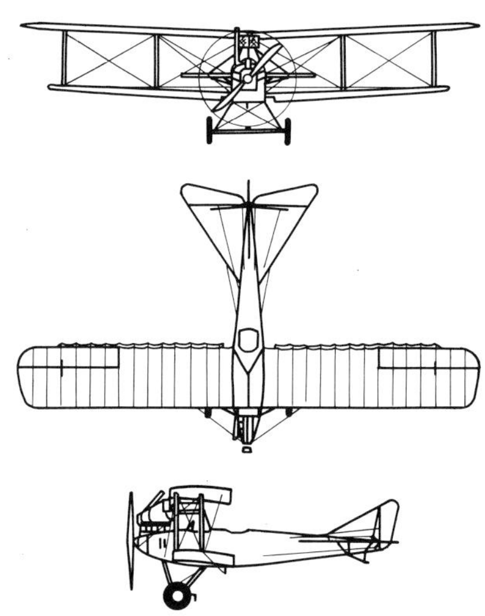

unbewaffnete, zweisitzige Doppeldecker, die bis zum Jahr 1915 als Aufklärungsflugzeuge und danach bis zum Jahr 1918 als Schulflugzeuge gebaut wurden. Die B I (Foto) gab es mit 55-, 75- und 90-kW-Triebwerken. Im Frühjahr 1914 flog Thelen mit einer 75-kW-Maschine einen Weltrekord, als er mit vier Begleitern nach 50 m Startrollstrecke in 75 min 2850 m Höhe erreichte. Die große Kälte hinderte ihn, weiter zu steigen.
Die B II war eine Weiterentwicklung der B I, ebenfalls von Grohmann (Projektbezeichnung L-2, Werksbezeichnung DD-2, Skizze). Sie wurde mit 75-, 80- und 90-kW-Triebwerken geliefert. Damit der Beobachter im vorderen Sitz eine bessere Sicht hatte, waren die unteren Tragflächen an der Flügelwurzel rechteckig ausgeschnitten. 1916 wurden 2 B IIw mit Schwimmern geliefert.
Das Flugzeug diente bis 1915 als unbewaffneter Aufklärer, wurde dann aber durch stärkere und bewaffnete Typen ersetzt. Aufgrund ihrer hervorragenden Flugeigenschaften, der Wirtschaftlichkeit und der Zuverlässigkeit des Triebwerks wurde die B II als Schulflugzeug benutzt.
Eine Weiterentwicklung der B II war der Aufklärer C I als Ausgang einer neuen Serie (bis C XII). Die Ausführung mit 90-kW-Triebwerk erhielt eine verstärkte Zelle und die Bezeichnung B II a (Werksbezeichnung L-30). Sie war das gebräuchlichste Schulflugzeug mit Doppelsteuer für die Anfangsausbildung. Die Maschine wurde auch von verschiedenen Lizenznehmern hergestellt.
Nach dem ersten Weltkrieg benutzten die Luftstreitkräfte Polens 24 Albatros B II und B II a noch mehrere Jahre als Schulflugzeuge.

Rumpf: Ganzholzbauweise aus vier Holmen und Spants mit Sperrholzbeplankung; Pilot im hinteren Sitz, Begleitersitz davor unter dem Baldachin.
Tragwerk: zweistieliger (bei der B I dreistieliger) verspannter Doppeldecker in Holzbauweise mit Stoffbespannung; etwas größerer Oberflügel, zwei Kastenholme.
Leitwerk: verspannte Normalbauweise in Stahlrohr mit Stoffbespannung.
Fahrwerk: starres Fahrwerk mit durchgehender Achse und Stoffbespannung; Erdhaken als Bremse in der Mitte der Achse; Hecksporn.

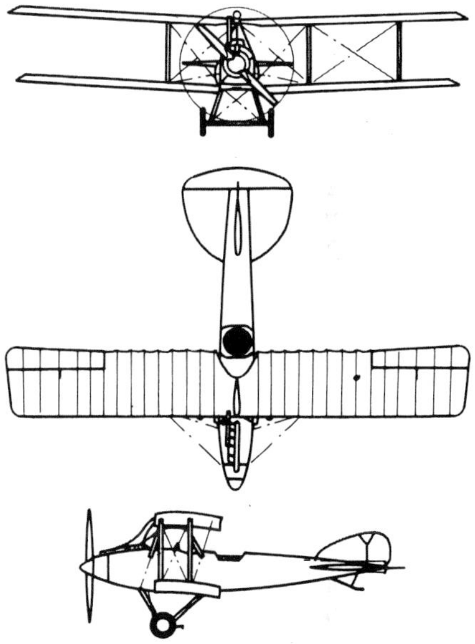

Albatros C V / C VII Aufklärungsflugzeuge

Die Albatros-Werke schufen im Jahr 1916 die bewaffnete, zweisitzige C V (oberes Foto, Skizze) für Aufklärung, Artilleriebeobachtung und Bombenwurf (Werksbezeichnung L-14). Sie war der Nachfolger der C III, die aus der C I entwickelt worden war. Während sich die C I und die C III kaum unterschieden, erhielt die C V wegen des längeren und schwereren Triebwerks eine neue Zelle. Für dieses Flugzeug war ein 160-kW-Motor entwickelt worden. Metallbleche verkleideten das Triebwerk fast vollständig. Die Verkleidung auf der Luftschraubenbefestigung ergab eine gute Linienführung. Als die Produktion der C V wegen Schwierigkeiten mit dem Triebwerk eingestellt werden mußte und die C VI (130-kW-Triebwerk) nicht in Serie ging, schuf man 1917 die C VII (Werksbezeichnung L-18) für die gleichen Aufgaben. Dabei griff man auf möglichst viele Bauteile der C V zurück und verwendete einen 145-kW-Motor (unteres Foto).
Insgesamt wurden 300 Maschinen der Serie C gebaut. Jede Maschine konnte mit Kamera oder Funkgerät – bei Bedarf mit beiden – ausgerüstet werden. An den Aufhängungen ließen sich insgesamt 180 kg Bomben anbringen.

Rumpf: Ganzholzbauweise mit Holmen und Spants sowie Sperrholzbeplankung; Rumpfbug mit Metallbeplankung; keine Drahtauskreuzung; Kühler auf beiden Seiten vor dem Unterflügel.
Tragwerk: zweistieliger, verspannter Doppeldecker in Holzbauweise mit zwei Holmen und Stoffbespannung.
Leitwerk: Normalbauweise; Höhenruder ungeteilt aus einem Stück und aerodynamisch ausgeglichen; Flossen in Holzbauweise mit Sperrholzbeplankung; Ruder in Stahlrohrbauweise mit Stoffbespannung.
Fahrwerk: starres Fahrwerk mit durchgehender Achse und Hecksporn; Erdbremse in der Mitte der Achse.

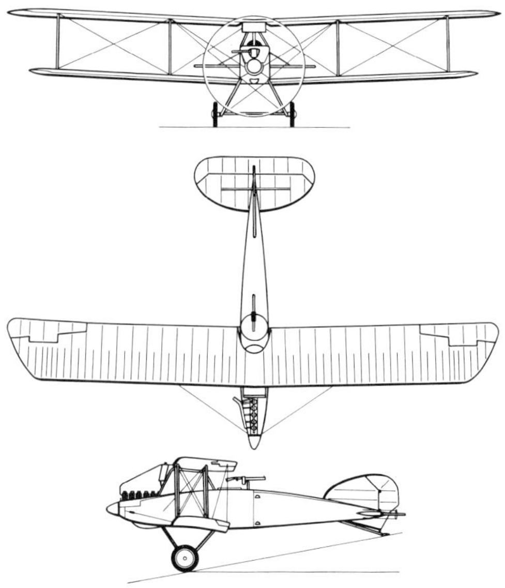

Albatros I 1
Infanterieflugzeug

Im Jahr 1917 waren die Fliegerkräfte der Entente den deutschen überlegen. Daher versuchte man auf deutscher Seite, die Abwehrtaktik der Jagdflugzeuge zu verbessern sowie zwischen Gefechts-, Nah- und Fernerkundung organisatorisch klar zu trennen. Die Gefechtserkundung kam dabei den Infanterieflugzeugen zu. Das waren in der Regel doppelsitzige, gepanzerte und bewaffnete Doppeldecker, die grundsätzlich mit einem Funkgerät (Senden und Empfangen) ausgerüstet wurden und auch als Schlacht- und Verbindungsmaschinen dienten.
Die Albatros-Werke schufen 1917 unter der Projektnummer L-40 einen konventionellen Doppeldecker, der noch im gleichen Jahr in Serie ging. Bis zum Kriegsende wurden etwa 240 Maschinen dieses Typs ausgeliefert. Die Konstrukteure Thelen und Schubert hatten eine ganze Reihe von Bauelementen von dem Aufklärungs- und Bombenflugzeug C XII (L-27) übernommen, so das komplette Leitwerk, Teile des Rumpfes und der Kühlung und des Triebwerks.
Die nach vorn gerichteten beiden starren 7,9-mm-MGs 08/15 waren so in den Rumpf eingebaut, daß ihre Mündungen unter einem Winkel von 45° nach unten wiesen, um so Ziele auf der Erde auch im Horizontalflug anvisieren zu können. Der hinten sitzende Beobachter verfügte über ein im Drehkranz untergebrachtes Parabellum-MG. Für jede Waffe wurden 500 Patronen mitgeführt.
Die Albatros-Werke haben den Typ 1918 zur I 2 modifiziert und bis Kriegsende etwa 90 Maschinen ausgeliefert. Nach 1919 benutzten die Luftstreitkräfte Polens 9 Maschinen dieses Typs.

Rumpf: rechteckiger Querschnitt; Sitze hintereinander; an beiden Sitzen und unten Panzerung aus 5 mm starkem Stahlblech.
Tragwerk: zweistieliger, verspannter Doppeldecker; Oberflügel zweiteilig; halbkreisförmiger Ausschnitt an der Hinterkante; Querruder oben und unten; Unterflügel etwas kleiner; kleine dreieckige Ausschnitte an der Hinterkante.
Leitwerk: elliptische Flächen; dreieckige Kielflosse unter dem Rumpf; ausgeglichenes Höhenruder.
Fahrwerk: starr; Sporn an der Kielflosse; durchgehende Achse.

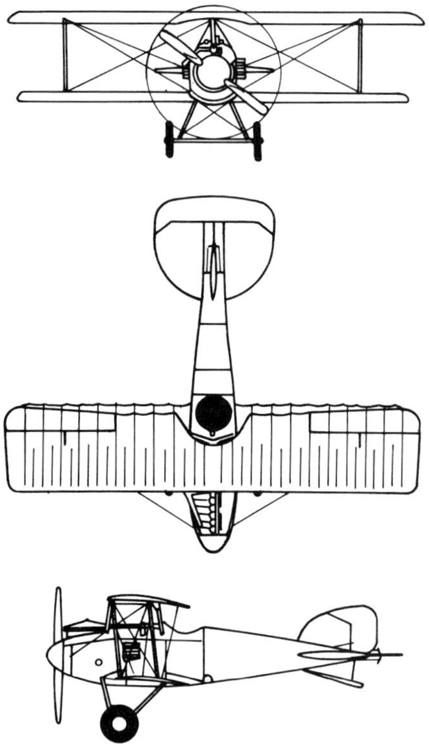

Albatros D I
Jagdflugzeug

Wegen der Stärke der britischen und französischen Jagdflugzeuge der Typen DH-2, BE-2 und Nieuport 11 C 1 schuf man bei Albatros im Frühjahr 1916 Jagdeinsitzer mit leistungsfähigerem Triebwerk und besserer Bewaffnung. So erhielt die D I ein 120-kW-Triebwerk und zwei MGs. Der Konstrukteur Thelen konnte sich bei der Entwicklung dieses Flugzeugs auf die Erfahrungen stützen, die die Albatros-Werke 1914 mit einem kleinen Renndoppeldecker gesammelt hatten.
D kennzeichnete einsitzige bewaffnete Doppeldecker (1916 bis 1918) und Eindecker (1918). Die Werksbezeichnung war L-15, gebaut wurden 50 D I.
Die Konstruktion von Thelen zeichnete sich durch einen ganz neuen Rumpf aus Holz in Halbschalenbauweise aus, der sich von allen anderen bis dahin üblichen Bauweisen unterschied.
Die D I war infolge der größeren Flächenbelastung nicht so wendig wie die erwähnten britischen und französischen Flugzeuge, aber schneller. Nachteilig war, daß der Tragflügel dem Piloten die Sicht nach vorn oben einengte. Dieser Mangel war bei der D II (Januar 1917, Werksbezeichnung: L-17, 275 Exemplare gebaut) beseitigt, weil der Baldachin aus kurzen N-Stielen bestand und der obere Tragflügel an den Rumpf herangerückt wurde.
In Lizenz bauten L. V. G. (Luftverkehrsgesellschaft) sowie Oeffag (Österreich-Ungarn) die D I und D II. Weiterentwickelte Varianten dieser Maschinen stellten die D III (Werksbezeichnung: L-20; ab Februar 1917, 1 352 Maschinen gebaut), D V (Werks-

bezeichnung: L-24, 900 Stück gebaut; von der D Va wurden 1917/18 1 012 Maschinen gebaut), D 53, D 153 und D 253 dar.
Die Albatros-Jagdflugzeuge bildeten 1917 den Hauptteil der deutschen Fliegerkräfte. Polens Luftstreitkräfte verwendeten von 1918 bis 1921 28 Albatros D I und D II als Schul- und Übungsflugzeuge.
Eine D Va befindet sich im Nationalen Luftfahrtmuseum der USA in Washington.

Rumpf: stromlinienförmiger Rumpf in Ganzholz-Halbschalenbauweise mit sechs Holmen und Sperrholzaußenhaut, vorn mit kreisrundem Querschnitt, in der Mitte oval, hinten in eine Schneide auslaufend; an beiden Seiten Kastenkühler zwischen den Tragflügeln.
Tragwerk: einstieliger, verspannter Doppeldecker in Holzbauweise mit Stoffbespannung; zwei Kastenholme; rechteckiger Grundriß; Oberflügel aus einem Stück.
Leitwerk: Normalbauweise; Flossen in Ganzholzbauweise; Ruder in Stahlrohrbauweise mit Stoffbespannung; aerodynamisch ausgeglichen; Querruder nur an den oberen Flächen.
Fahrwerk: starres Fahrwerk mit durchgehender Achse; Hecksporn an unterer Seiten-Stabilisierungsflosse.

Albatros W 4
Jagdflugzeug

Zur Abwehr von Fliegerangriffen auf Seeflugstationen an der Nordsee entstanden mehrere Schwimmerflugzeuge – die Jagdeinsitzer-Wasser (dazu zählten: Brandenburg KDW, Rumpler 6 B I und 6 B II sowie Albatros W 4). Um diese Entwicklung zu beschleunigen, verwendeten Thelen, Schubert und Gnädig 1916 für die W 4 viele Teile der D I. Obwohl die Maschine oft als D I auf Schwimmern bezeichnet wurde, war sie größer und unterschied sich in Einzelheiten von dieser. So mußte das Seitenleitwerk vergrößert werden, da die Seitenflosse am Hecksporn entfiel. Außerdem wurde die Spannweite vergrößert, die Baldachinkonstruktion verstärkt, und alle vier Flügel erhielten Querruder. Die W 4 konnte im Patrouillenflug länger als 3 h in der Luft bleiben.
Von September 1916 bis Dezember 1917 wurden 118 W 4 an die Marinefliegerkräfte ausgeliefert. Die Seeflieger Österreichs erhielten im Juli 1918 8 W 4. Als E 5 bis E 12 dienten sie mit einer automatischen Kamera an Bord für die Bildaufklärung.

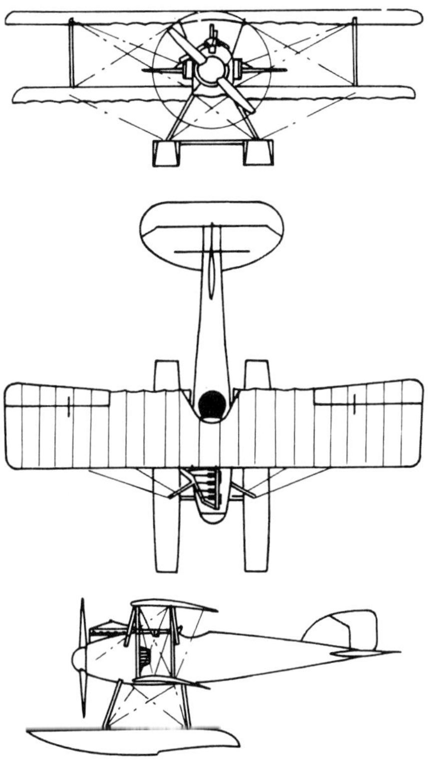

In Polen wurden noch 1920 einige W 4 in der Seefliegerstation Puck verwendet.

Rumpf: stromlinienförmiger Rumpf in Ganzholz-Halbschalenbauweise mit sechs Holmen und Sperrholzaußenhaut; an beiden Seiten Kastenkühler zwischen den Tragflügeln.
Tragwerk: einstieliger, verspannter Doppeldecker in Holzbauweise mit Stoffbespannung; zwei Kastenholme; rechteckiger Grundriß; Oberflügel aus einem Stück.
Leitwerk: Normalbauweise; Flossen in Ganzholzbauweise; Ruder in Stahlrohrbauweise mit Stoffbespannung, aerodynamisch ausgeglichen; Querruder an den oberen und unteren Flächen.
Schwimmwerk: zwei Schwimmer mit rechteckigem Grundriß und einer Stufe; abgefangen am Rumpf durch Stahlrohre; mit Stahlkabeln zum Rumpf und zum Unterflügel verspannt.

Albatros G III
Bombenflugzeug

Für die Ausrüstung der Bombengeschwader nahm Albatros 1915 den Bau mehrmotoriger Großflugzeuge auf: Die von Grohmann entworfene G I (vier 75-kW-Triebwerke Mercedes D I) startete am 31. Januar 1916 zum Erstflug. Im gleichen Jahr erschien die G II (L-11) mit zwei 110-kW-Triebwerken Benz Bz III, von der bis 1917 wohl 6 Flugzeuge gebaut wurden. Die G III (L-21, Foto) mit zwei 160-kW-Motoren Benz Bz IV wurde ab Ende 1916 in kleiner Serie von etwa 12 Exemplaren gebaut. In Entwicklung befand sich schließlich noch die G IV, die aber zugunsten des Baues von Jagd- und Schulflugzeugen eingestellt wurde.
Charakteristisch für die Ausführungen G I und G II waren die Stützräder unter dem Bug. Die Albatros-Bomber wurden in Mazedonien eingesetzt.

Rumpf: Ganzholzbauweise mit Sperrholzbeplankung.
Tragwerk: einstieliger, verspannter Doppeldecker in Holzbauweise mit Stoffbespannung.
Leitwerk: Normalbauweise; Ruder aerodynamisch ausgeglichen; Höhenruder aus einem Stück.
Fahrwerk: zwei Hauptfahrwerke mit je zwei Rädern, abgestrebt zum Rumpf und zu den Triebwerkgondeln, mit breiter Spur; Hecksporn.

Albatros L 58
Verkehrsflugzeug

Bei Albatros begann man 1919 mit der Entwicklung des Verkehrsflugzeugs L 57, die aber auf Anordnung der Entente-Mächte eingestellt werden mußte. 1922 konnten die Erfahrungen für die L 58 ausgewertet werden. Ab 1923 wurde sie gebaut und im deutschen und sowjetischen Luftverkehr verwendet. Der Deutsche Aero-Lloyd benutzte die L 58 als erstes deutsches Flugzeug auf der Strecke Berlin—Hamburg—Amsterdam—London. Die Maschine wurde mit 175-, 190- und 265-kW-Triebwerken ausgerüstet.

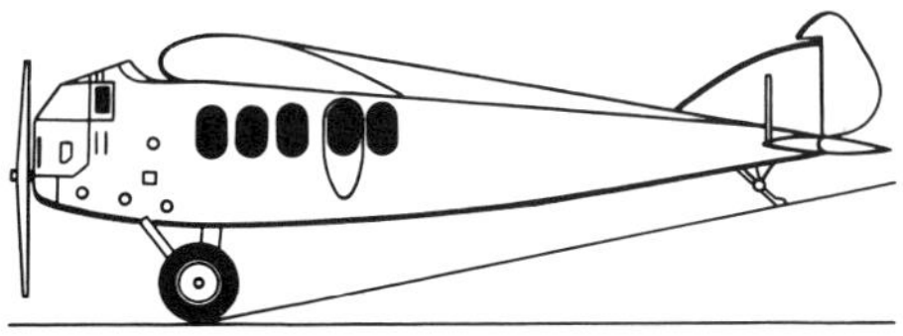

Rumpf: Holzbauweise mit Sperrholzbeplankung; rechteckiger Querschnitt; offenes Cockpit in der Flügelnase im oberen Teil des Rumpfes; Kabine mit zwei Türen und fünf Fenstern.
Tragwerk: freitragender Hochdecker in Holzbauweise mit Sperrholzbeplankung.
Leitwerk: Normalbauweise in Holz mit Stoffbespannung; Höhenflosse gegen Seitenflosse verstrebt; Ruder mit aerodynamischem Ausgleich.
Fahrwerk: starres Fahrwerk mit Drahtverspannung und durchgehender Achse; Hecksporn.

Albatros L 73
Verkehrsflugzeug

Die L 73 galt zu ihrer Zeit als „Schlafwagenflugzeug". Der Konstrukteur Schubert begann 1926 mit der Entwicklung dieses achtsitzigen Verkehrsflugzeugs, das auch nachts fliegen konnte. Aus den Sitzplätzen ließen sich ohne größeren Aufwand vier Betten herrichten.
Die Maschine bediente ab 1927 als Nachtflugzeug die Linie Berlin—Moskau, ferner flog sie auf den Linien Berlin—Lübeck—Kopenhagen—Malmö und Berlin—Brno—Wien. Die L 73 wurde mit 170-, 230- und 265-kW-Triebwerken ausgerüstet.

Rumpf: Stahlrohrbauweise, mit Sperrholz und Stoff verkleidet; Vorderteil senkrechte Schneide; geschlossenes Cockpit mit Doppelsteuerung; Kabinenwände doppelt mit Schallisolierung und Heizung; Gepäckräume unter dem Cockpit für 160 kg und hinter der Kabine; Waschraum hinter der Kabine; zwei Landescheinwerfer unter dem Bug.
Tragwerk: einstieliger, verspannter Doppeldecker (N-Stiele); Kastenholme aus Duralumin, Rippen aus Stahlrohr; Flügel innen mit Drahtverspannung; Flügel stoffbespannt.
Leitwerk: Normalbauweise in Metall mit Stoffbespannung; Höhenflosse zur Trimmung im Flug verstellbar; zweiteiliges Höhenruder; Seitenruder mit Hecksporn gekoppelt.
Fahrwerk: starres Fahrwerk mit geteilter Achse; Hecksporn, Gummidämpfung.

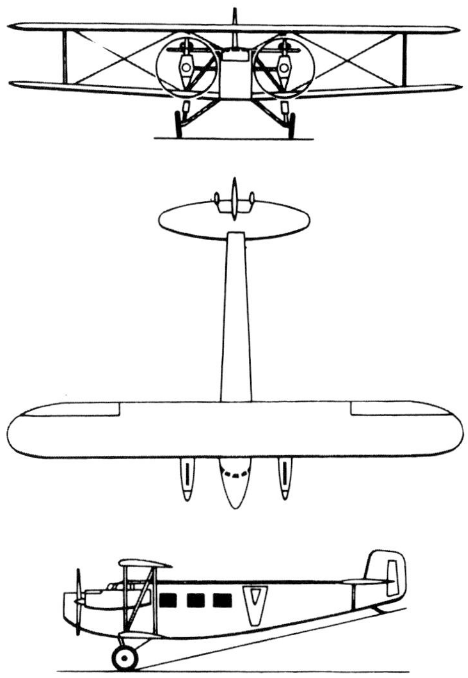

Albatros L 75 „Ass"
Schul-, Übungs- und Sportflugzeug

Im Frühjahr 1928 brachten die Albatros-Werke das kunstflugtaugliche Flugzeug L 75 „Ass" heraus. Es war gedacht für die Weiterbildung von Flugschülern vor dem Einsatz auf schweren Flugzeugen, für die Navigationsausbildung auf langen Überlandflügen, für die Ausbildung von Funkern und für die Luftbildvermessung. Der hintere Sitz konnte zurückgeklappt werden; darunter befand sich ein Raum mit einer verschiebbaren großen Bodenklappe für eine Luftbildkamera. Der Windschirm war nach hinten zurückzuschieben, so daß der hintere Sitz gegen Wind ausreichend geschützt war.

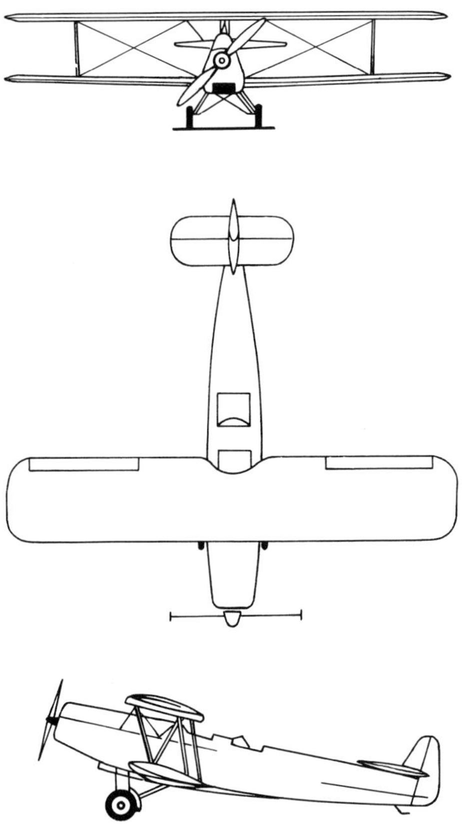

Rumpf: geschweißter Stahlrohrrumpf mit dreieckigem Querschnitt und Stoffbespannung; Bug mit Blechverkleidung; im Vorderteil Rohrdiagonale, im Hinterteil Stahldrahtverspannung; offene Sitze hintereinander mit Doppelsteuerung.
Tragwerk: einstieliger, verspannter Doppeldecker mit zwei Kastenholmen aus Holz; Unterseite zwischen Vorder- und Hinterholm sperrholzbeplankt, sonst stoffbespannt; Querruder im Ober- und Unterflügel.
Leitwerk: Normalbauweise in Stahlrohr mit Stoffbespannung; Höhenflosse im Rumpf verstellbar.
Fahrwerk: starres Fahrwerk mit geteilter Achse und lenkbarem Hecksporn; Druckgummifederung mit Öldämpfung.

Arado Ar 66
Sport-, Schul- und Übungsflugzeug

Den Entwurf für das Sportflugzeug Ar 66 schuf Rethel Anfang 1933, der früher in den Fokker-Werken Schwerin gearbeitet und seit Bestehen der Arado-Werke (1925 in Warnemünde gegründet) alle Arado-Modelle entwickelt hatte. Während der Konstruktion der Ar 66 wurde Blume Chefkonstrukteur bei Arado. Er veränderte die Grundkonzeption der Ar 66 etwas, die dann als Ar 66 a, b und c in Serie gebaut wurde. Als Ar 66 a besaß die Maschine Hochdruckreifen mit großem Durchmesser, ein kleinflächiges Seitenruder sowie ein nicht ausgeglichenes Höhenruder.
Als Ar 66 b war die Maschine mit zwei großen Schwimmern in Holzbauweise ausgestattet. Es wurden etwa 10 Ar 66 b zur Segelflugzeugführerausbildung gebaut. Die Ar 66 c wich im Leit- und Fahrwerk von der Version b geringfügig ab. Sie wurde ab Mitte 1933 in großen Stückzahlen zur Ausbildung von Militärpiloten gefertigt. Der Einbau von Blind- und Nachtflugeinrichtungen sowie von Funk- und Kamera-Ausrüstungen war möglich.
Die Ar 66 wurde bis in die ersten Kriegsjahre als militärisches Standardschulflugzeug verwendet. Aus Mangel an geeigneten Maschinen wurden ab 1942/43 mit 2- oder 3-kg-Splitterbomben versehene Ar 66 c an der deutsch-sowjetischen Front als Nachtschlachtflugzeuge eingesetzt. Insgesamt waren zu jener Zeit 16 Staffeln mit dieser Aufgabe beauftragt.

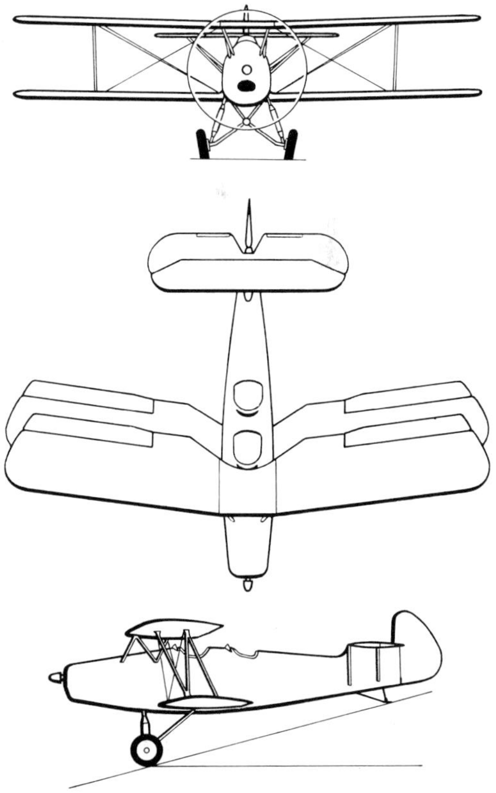

Rumpf: geschweißte Stahlrohre mit ovalem Querschnitt; stoffbespannt; N-Stiele.
Leitwerk: abgestrebte Höhenflosse auf vorgezogener Seitenflosse über Rumpfoberkante ruhend; über das Höhenruder nach oben hinausragendes Seitenruder; Stahlrohr mit Stoffbespannung.
Fahrwerk: starres und geteiltes Normalfahrwerk; Haupträder mit Druckgummifederung und Öldämpfung; V-Strebe zur Rumpfunterseite; hydraulische Bremsen; Sporn mit beweglichem Teller und Druckgummifederung.

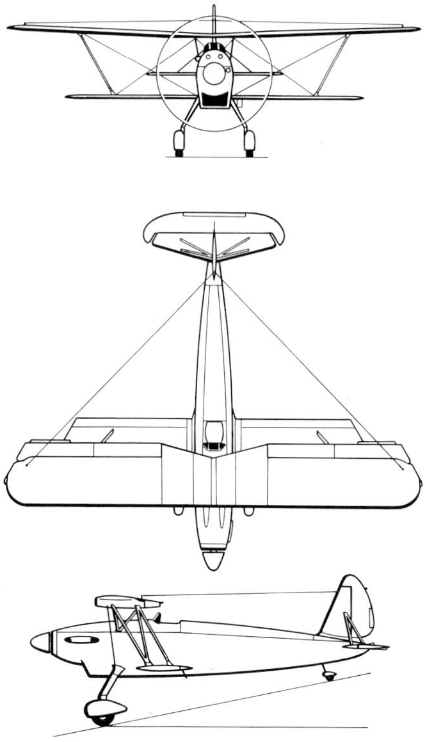

Arado Ar 68
Jagd-, Sport- und Reiseflugzeug

Zur Ausrüstung der „enttarnten" Luftwaffe Hitlerdeutschlands wurden schnell Jagdflugzeuge benötigt. Neben dem Doppeldecker-Jagdeinsitzer He 51 – der wenig beliebt war – entstand als zweites Muster nach der gleichen Auslegung die Ar 68, entwickelt von Rethel und 1934 in Warnemünde erstmals gestartet.
Von den 5 Prototypen Ar 68a, b, c, d und e waren der erste und der vierte mit dem 550-kW-Motor BMW IV, die anderen mit dem 450-kW-Motor Jumo 210 A ausgerüstet. Dieses Triebwerk erwies sich trotz geringerer Leistung als das bessere (hängende Zylinder, bessere Sicht, keine Abgase in der Kabine, Höhenlader). Da bei seiner Produktion aber Verzögerungen auftraten, verließ nicht die mit dem Jumo 210 geplante Ar 68 E die Bänder, sondern die Ar 68 F mit dem BMW-Motor. Davon wurde bis 1937 nur eine kleine Serie gebaut. Flugzeuge dieses Typs verwendete die faschistische „Legion Condor" gegen die Republik Spanien. Ab Frühjahr 1937 verließen die mit Jumo 210 D- und 210 E-Motoren versehenen Maschinen der Version Ar 68 E-1 die Werkhallen. Mit diesem Typ war 1939 noch eine der 13 Jagdfliegergruppen ausgerüstet. Die Ar 68 wurde 1939 als erster Nachtjäger gegen die britischen Bomber verwendet. Im Verlauf des Jahres 1940 nahm man sie aus der ersten Linie heraus und übergab sie den Jagdfliegerschulen als Fortgeschrittenentrainer.
Als spezielles Höhenflugzeug entstand die Ar 68 G, die mangels eines geeigneten Motors aber nicht in Serie ging. Im Frühjahr 1937 entwikkelten die Arado-Werke eine mit vier statt mit zwei MGs bewaffnete Version, die Ar 68 H. Äußerlich unterschied sie sich von den anderen Mustern durch die als gewölbte Schiebehaube ausgeführte Kabinenverkleidung sowie den 9-Zylinder-Sternmotor BMW 132 (Lizenz-Nachentwicklung des amerikanischen Pratt & Whitney Hornet). Aus dieser Version ging die für den geplanten Flugzeugträger „Graf Zeppelin" vorgesehene, jedoch nur in 3 Prototypen gefertigte Ar 197 hervor. Von den Typen Ar 68 F und E wurden mehrere hundert Maschinen ausgeliefert.

Rumpf: geschweißtes Stahlrohrgerüst mit ovalem Querschnitt; vorderer Teil bis zum Cockpit mit Blech beplankt, ebenso Rumpfrücken bis Leitwerk; Rumpfseiten und -unterseite mit Stoff bespannt.
Tragwerk: verspannter und gestaffelter Anderthalbdekker; Holzbauweise mit Stoffbespannung; blechbeplankte Landeklappen (die damals für Doppeldecker im allgemeinen als überflüssig erachtet wurden) über die ganze Spannweite der Unterflügel; im Oberflügel große Querruder fast über die gesamte Hinterkante.
Leitwerk: verspanntes Metallgerippe; an Flossen blechbeplankt; an Ruderflächen stoffbespannt.
Fahrwerk: starres, aber gut verkleidetes Spornradfahrwerk; Federbeine ölgedämpft; Spornrad mit Druckgummifederung.

Arado Ar 96
Schul- und Übungsflugzeug

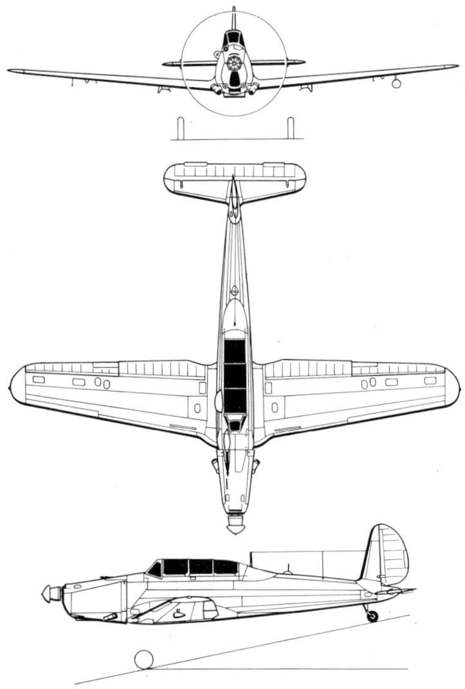

Im Jahr 1936 entwickelten die Arado-Werke, dem Trend zum Eindecker mit Einziehfahrwerk auch bei Schulflugzeugen folgend, die Mehrzweckübungsmaschine Ar 96. Dem ersten Prototyp mit nebeneinanderliegenden offenen Sitzen folgte das Modell V-2 mit Tandemsitzen und Kabinendach. Nach dem Einbau verschiedener Motoren sowie dem Umbau des bei der Serie Ar 96 nach außen einfahrenden Fahrwerks auf ein nach innen einzuziehendes (größere Spurweite, für Schulflugzeuge günstiger) wurde 1940 die Produktion der leistungsstärkeren Ar 96 B aufgenommen. Es entstanden die sich nur geringfügig unterscheidenden Serien B-1 und B-2, die zur Kunst-, Blind- und Nachtflugausbildung sowie zum Jagdfliegertraining verwendet wurden. Der größte Teil der zwischen 1939 und 1945 gebauten 11 546 Ar 96 entfiel auf die Version B. Die mit einer verbesserten Funkausrüstung versehene Version hieß Ar 96 B-5. Der Bombenwurfausbildung sollte die mit dem 355-kW-Motor Argus As 410 C ausgerüstete Ar 96 C dienen. Diese Version (mit einem Plexiglasfenster im Rumpf) ging jedoch nicht in Serie, ebenso nicht die wegen der zunehmenden Rohstoffknappheit statt in Ganzmetall in Gemischtbauweise gefertigte Ar 296.
In den nach der Besetzung Frankreichs von Arado „unter Kontrolle" genommenen S.I.P.A.-Werken in Neuilly bei Paris wurde die Ar 396 in Holzbauweise nach der Befreiung Frankreichs vollendet. Am 29. Dezember 1944 startete der Prototyp zum Erstflug. Es wurden zunächst 28 Maschinen gebaut, dann in einer Serie von 200 Stück in weiterentwickelter Form produziert und von den französischen Luftstreitkräften als S.10 verwendet.
Einige Ar 396 wurden in den ebenfalls okkupierten Letov-Werken in der Tschechoslowakei fertiggestellt. Dort sowie bei Avia waren während des Krieges Maschinen vom Typ Ar 96 B gebaut worden. Deshalb wurde dieser Typ dort bis 1949 in 394 Exemplaren weitergebaut. Die Luftstreitkräfte der Tschechoslowakei verwendeten die Ar 96 als C-2 B 1 (bewaffnet mit MG 17, Foto-MG, Funkstation und Nachtflugausrüstung) und als C-2 A (unbewaffnet, ohne Funk). Zahlreiche Maschinen dienten nach dem Übergang der Fliegerschulen auf die Jak-11 im Jahr 1956 als Erprobungsträger in der Luftfahrtindustrie. 1958 flog die letzte C-2 im Versuchsinstitut Letnany.
Ab 1939 verwendeten die Luftstreitkräfte Ungarns die Ar 96 (insgesamt 65 Ar 96 A und 46 Ar 96 B). 1950 wurden die letzten Maschinen ausgesondert. Einige Ar 96 sind auch an Rumänien geliefert worden.

Rumpf: Ganzmetall-Schalenbauweise; ovaler Querschnitt.
Tragwerk: freitragender Tiefdecker; zweiteiliger Ganzmetallflügel; Unterseite z. T. stoffbespannt; Landeklappen zwischen Querruder und Rumpf.
Leitwerk: freitragende Normalbauweise; Flossen blechbeplankt; Ruder stoffbespannt; alle Ruder mit Gewichtsausgleich und Trimmklappen.
Fahrwerk: hydraulisch einziehbares Fahrwerk; Haupträder mit Scheibenbremsen; mit Blechen abgedeckt; starres und verkleidetes Spornrad.

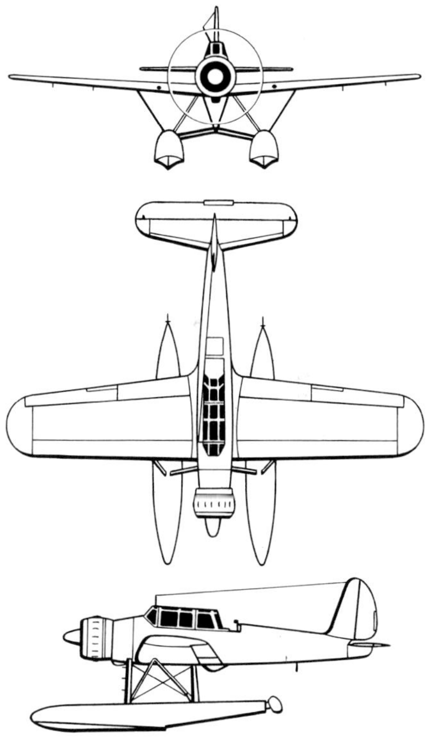

Arado Ar 196
Maritimes Aufklärungsflugzeug

Als Ablösemuster für die He 60 entstand im Jahr 1936 das hochsee- und katapultfähige Schwimmerflugzeug Ar 196, das im Sommer 1937 zum Erstflug startete. Ab Sommer 1939 wurde die erste Bauserie A-1 ausgeliefert. Die Serien A-1 und A-4 dienten zur Seeaufklärung sowie zur Ausstattung der Schlachtschiffe „Tirpitz" und „Bismarck" (je 6), „Scharnhorst" und „Gneisenau" (je 4), schwerer Kreuzer (3), Panzerschiffe und leichter Kreuzer (je 2); sie starteten aber auch von Land aus. Die mit Kriegsbeginn stärker bewaffneten Maschinen des Typs Ar 196 A-3 wurden gegen U-Boote, Flugboote, Radaraufklärer und kleinere Schiffe eingesetzt. Wegen der starken Verluste durch britische Fernjagdflugzeuge wurde die letzte Bauserie A 5 (ab Frühjahr 1943) noch stärker bewaffnet.
Obwohl sich bei der Erprobung der Prototypen die drei Muster mit unterschiedlichen Zentralschwimmern (besseres Masseverhältnis, größere Geschwindigkeit) ebenfalls als sehr gelungen erwiesen und den Doppelschwimmer-Ausführungen nicht nachstanden, blieb man bei der Zweischwimmer-Ausführung.
Mit den bis 1943 produzierten 435 Exemplaren (nach anderen Quellen 526) war diese Maschine, die volle Sturz- und Blindflugfähigkeit besaß, darüber hinaus sehr robust und wendig war, das deutsche Seeflugzeug mit der größten Bauserie. Im Schwarzen Meer benutzten Fliegereinheiten Bulgariens (12) und Rumäniens (28) die Ar 196 als Aufklärer und zur Geleitzugüberwachung. Auch an Finnland sind einige Ar 196 geliefert worden.
Im Marinemuseum Varna steht eine Ar 196 (Foto).

Rumpf: geschweißtes Stahlrohrgerüst; Vorderteil blechbeplankt, Hinterteil stoffbespannt.
Tragwerk: freitragender Tiefdecker; zweiholmiger Ganzmetallflügel mit Landeklappen zwischen Querruder und Rumpf; Flügel seitlich an den Rumpf zu klappen.
Leitwerk: freitragende Gemischtbauweise.
Schwimmwerk: einstufiger Ganzmetallschwimmer; mit Wasserrudern und Katapultbeschlägen; Kraftstofftank im rechten Schwimmer.

Blohm & Voß Ha 139 / BV 142
Post- und Frachtflugzeuge

Mitte der dreißiger Jahre entwarf Vogt im Auftrag der Lufthansa ein neues Atlantik-Postflugzeug, das mit Katapult starten und 400 kg Nutzmasse mit 250 km/h Reisegeschwindigkeit über eine 5000 km lange Strecke befördern sollte. Die ersten beiden Flugzeuge Ha 139 „Nordwind" (D-AJEY; Erstflug: Herbst 1936) und „Nordmeer" (D-AMIE) erhielt die Lufthansa im Frühjahr und Sommer 1937. Mit voller Flugmasse konnte das Flugzeug mit drei Motoren weiterfliegen, mit verminderter Flugmasse auch noch mit zwei Motoren. Der dreiteilige Knickflügel war charakteristisch für die Ha 139 (Skizze), er hielt Pilotenraum und Leitwerk frei von Spritzwasser.
Im August 1937 fanden einige Atlantik-Flüge über die Azoren nach New York statt. Daraufhin wurde das Leitwerk bei der Überholung im Winter

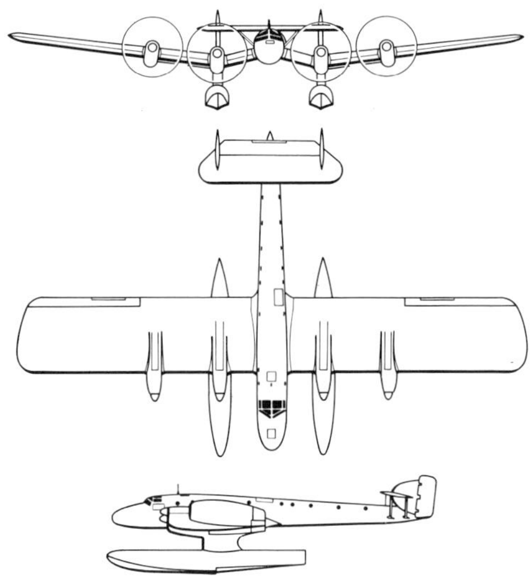

1937/38 etwas verändert, und die Kühler wurden aus den Schwimmerträgern unter die Flügel verlegt (Bezeichnung: Ha 139 B). Diese Verbesserungen erhöhten die Reisegeschwindigkeit und die Reichweite.
Die dritte Ha 139 B „Nordstern" (D-ASTA) besaß außer diesen Verbesserungen eine größere Spannweite und eine größere Flügelfläche. Außerdem waren die Triebwerke tiefer gelegt worden.
Alle drei Maschinen wurden im zweiten Weltkrieg zunächst als Seeaufklärer und Minenleger, später als Transportflugzeuge eingesetzt.
Im Jahr 1938 schuf man bei Blohm & Voß aus der Ha 139 B das Post- und Frachtflugzeug für lange Strecken über Land und See BV 142 (Foto). Rumpf und Leitwerk unterschieden sich von denen der Ha 139 nicht. Das Tragwerk hatte entlang der Innenflügel-Hinterkante sechs hydraulisch betätigte Spreizklappen, während die Ha 139 nur je eine Spreizklappe hatte. Im Interesse einer höheren Geschwindigkeit wurden luftgekühlte 645-kW-Sternmotoren eingebaut. Die Lufthansa verwendete die vier Maschinen probeweise. Eine mit Vollsichtnase ausgestattete BV 142 wurde als Fernerkundungsflugzeug eingesetzt. Im Krieg flogen 4 BV 142 als Transporter bzw. als Aufklärer.

Rumpf: Ganzmetall-Schalenbauweise mit ovalem Querschnitt; Vorrichtungen für den Katapultstart; im Bug die Seeausrüstung, dahinter Cockpit für zwei Piloten, steuerbords Bordmechaniker, backbords Navigator; hinter dem Holm Frachtraum mit fünftem Sitz und Toilette.
Tragwerk: dreiteiliger Knickflügel, freitragend; durchgehender Röhrenholm; in fünf Räume unterteilte Holmröhre des Mittelflügels dient zur Aufnahme des Kraftstoffs; Mittelflügel metallbeplankt, Außenflügel stoffbespannt; Innenflügel-Hinterkante mit je einer Spreizklappe; an der Innenflügel-Hinterkante sechs hydraulisch betätigte Spreizklappen.
Leitwerk: Normalbauweise; Höhenleitwerk hoch über dem Rumpfende (spritzwasserfrei) und abgestrebt; zwei scheibenförmige Seitenleitwerke im Luftschraubenstrahl liegend.
Schwimm-/Fahrwerk: zwei einstufige, freitragende Schwimmer mit je 12500 l Rauminhalt, durch Schotte in 12 wasserdichte Räume unterteilt; BV 142: einziehbares Heckspornradfahrwerk; Hauptfahrwerk mit Zwillingsrädern nach hinten einfahrbar; einziehbares Spornrad mit Zwillingsrädern.

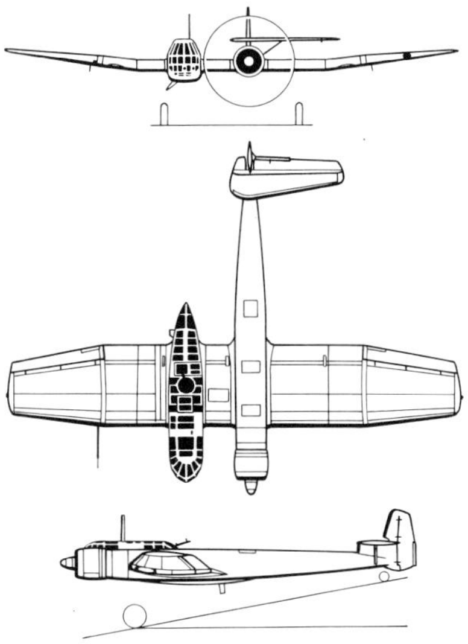

Blohm & Voß BV 141 Mehrzweckflugzeug

Im ersten Weltkrieg hatte die Gothaer Waggonfabrik mehrere Patente für asymmetrische Flugzeuge angemeldet. Mit dieser Bauweise wollte man bessere Sichtbedingungen und Schußmöglichkeiten schaffen, als sie herkömmliche Maschinen hatten. Im Jahr 1918 wurde mit der G VI das erste asymmetrische Flugzeug gebaut, das aber keinerlei Bedeutung erlangte.
Nach 1930 tauchten in verschiedenen Ländern mehrere Projekte derartiger Maschinen auf, ohne verwirklicht zu werden. In Deutschland ließ 1937 Vogt, zu jener Zeit Technischer Direktor von Blohm & Voß, mehrere Bauvorschläge asymmetrischer Flugzeuge patentieren. Während seiner Tätigkeit in den japanischen Kawasaki-Werken von 1923 bis 1936 hatte er mehrmals versucht, ähnliche Pläne zu realisieren.
Diesem Interesse sowie dem Profitstreben von Blohm & Voß kam eine Ausschreibung des Reichsluftfahrtministeriums nach einem Nahaufklärer entgegen, der neben sehr guten Sichtbedingungen auch die Eigenschaften aufweisen sollte, als Hilfsbomber und Schlachtflugzeug verwendet zu werden. Da der Auftrag an Arado ging, baute Blohm & Voß nach den Vorschlägen von Vogt auf eigene Kosten die BV 141, deren erster Prototyp am 25. Februar 1938 zum Erstflug startete.
Nach dem Bau von 3 Versuchsmustern (mit unterschiedlichen Längen und Spannweiten) lief der Bau der Serie A-0 an, von der 5 Maschinen gebaut wurden. Sie befriedigten ebensowenig wie die Prototypen, obwohl die Sicht zumindest nach einer Seite ungewöhnlich gut war. Als 1940 das 1175-kW-Triebwerk BMW 801 verfügbar war, baute man 5 Maschinen der etwas größeren Serie B-0 mit ebenfalls asymmetrischem Höhenleitwerk. Obwohl es auch hier Probleme mit der Hydraulik gab und ständig einzelne Baugruppen zu verstärken waren, bauschte man die Vorzüge dieser Technik propagandistisch auf. Einige der 13 BV 141 kamen unter Führung von Werkpiloten sogar an die Front, wo sie sich jedoch nicht bewährten. Nach dem Muster der BV 141 entstanden noch mehrere Projekte; es wurde aber kein asymmetrisches Flugzeug mehr gebaut.

Rumpf: Ganzmetallbauweise; links Triebwerk und Leitwerkträger; rechts Vollsichtkabine mit den Plätzen für Pilot, Beobachter und Bordschütze auf hintereinanderliegenden Sitzen.
Tragwerk: freitragender Tiefdecker in Ganzmetallbauweise; rechteckiges Tragflügelmittelstück.
Leitwerk: freitragende Normalbauweise in Ganzmetall; bei der B-0-Version bis in Höhe des Höhenleitwerks vorgezogene Seitenleitwerkflosse; Höhenleitwerk ebenfalls asymmetrisch.
Fahrwerk: nach außen einziehbares, bremsbares Hauptfahrwerk; nicht einziehbares Heckrad.

Bücker Bü 131 „Jungmann"
Schul- und Sportflugzeug

Bücker kehrte 1933 von den SAAB-Flugzeugwerken aus Schweden nach Deutschland zurück und gründete die Bücker-Flugzeugwerke. Zuerst entwickelte er den robusten kunstflugtauglichen Doppeldecker Bü 131 „Jungmann" mit Rückenfluganlage und Doppelsteuer, der bald Weltruf erlangte und in 19 Länder exportiert wurde. Der Prototyp startete am 27. April 1934 zum Erstflug. Gebaut wurden die Versionen Bü 131 A, B, C und D. Bei internationalen Wettbewerben konnte sich die Maschine hervorragend plazieren. In der Schweiz (die 16 Maschinen importierte und 78 in Lizenz fertigte – diese wurden in den sechziger Jahren mit einem Schalldämpfer im Fahrwerk versehen und 1971 außer Dienst gestellt), in Spanien (als CASA-1-131 in 200 Exemplaren), in Schweden (als S-4) und in der Tschechoslowakei (als Tatra T-131) wurde dieses Flugzeug kurz danach in Lizenz gebaut. Japan stellte es in großer Serie unter der Bezeichnung Ki-86 „Cypress" Typ 4 (1 037 Maschinen, Marine: K 9 W 1 „Momiji", 217 Stück) her, und von 1945 bis 1949 wurden von den tschechoslowakischen Aero-Werken 260 Bü 131 unter den Bezeichnungen C-4, C-104 (Foto) und Z-131 gebaut (C-4: HM 504, 75 kW). Je eine C-104 steht im Luftfahrtmuseum Prag-Kbely und im Luft- und Raumfahrtmuseum Kraków.

Nach dem zweiten Weltkrieg flogen Bü 131 als Schul- und Sportflugzeuge in Polen, Bulgarien, Rumänien, Ungarn (von 1936 bis 1942 315 Bü 131 geliefert, bis 1950 als Schulflugzeuge verwendet), in der Tschechoslowakei, in der UdSSR sowie in Frankreich, der Schweiz und Schweden.

Rumpf: Stahlrohrbauweise; Vorderteil mit Leichtmetall verkleidet, dahinter stoffbespannt; offene Sitze hintereinander.

Tragwerk: einstieliger, verspannter Doppeldecker in Holzbauweise mit Stoffbespannung; zwei Holme; Querruder an allen vier Flächen; leichte Pfeilung; Ober- und Unterflügel austauschbar; Oberflügel dreiteilig mit Baldachin am Mittelteil.

Leitwerk: verspannte Normalbauweise in Stahlrohr mit Stoffbespannung; Querruder an allen vier Flügeln.

Fahrwerk: starres Spornfahrwerk mit geteilter Achse; lenkbares Spornrad; mechanische Bremsen.

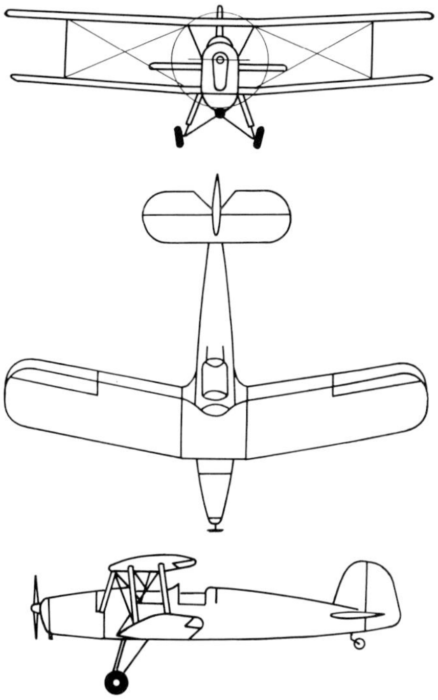

Deutsche Forschungsanstalt für Segelflug DFS 230
Lastensegler

Von dem Standard-Lastensegler der Luftwaffe Hitlerdeutschlands DFS 230, dessen Prototyp erstmalig am 25. Januar 1941 flog, wurden zwischen 1941 und 1944 insgesamt 1 528 Exemplare in verschiedenen Modifikationen gebaut. In die Produktion und in den Umbau waren weitere Werke einbezogen worden, so auch die Fabrik Mraz in der besetzten Tschechoslowakei. Erstmals war der Öffentlichkeit das Vorhandensein von Lastenseglern durch den Überfall auf das belgische Fort Eben-Emael am 10. Mai 1940 bekannt geworden. Lastensegler vom Typ DFS 230 sind im Verlauf des zweiten Weltkriegs auch zur Versorgung abgeschnittener oder eingekesselter Verbände benutzt worden, und sie dienten für „Durchhalteflüge" in der letzten Etappe des Krieges, so im Januar 1945 nach Budapest und im März 1945 nach Breslau (heute Wrocław), um die gesetzmäßige Niederlage Hitlerdeutschlands hinauszuzögern.

Versionen:
- DFS 230 V-1 bis V-6: Prototypen.
- DFS 230 A-0: Vorserienausführung.
- DFS 230 A-1: Hauptserienausführung.
- DFS 230 A-2: wie die A-1, aber mit Doppelsteuerung.
- DFS 230 B-1: verbesserte Serienausführung; Zelle verstärkt; Bremsschirm im Heck; Vorrichtungen zum Einhängen von drei MGs.
- DFS 230 B-2: wie die B-1, aber mit Doppelsteuerung.
- DFS 230 C-1: mit neuem Rumpfbug und je drei Bremsraketen versehene B-1.
- DFS 230 D-1: wie die C-1, durch Umbau eines Prototyps entstanden; eine Maschine gebaut.
- DFS 230 V-7: Prototyp für die geplante Serie F-1 mit größerem Rumpf und einer Kabine für 15 bis 17 Soldaten.

Als Schleppflugzeuge wurden verschiedene einmotorige Flugzeuge erprobt.

Rumpf: Gemischtbauweise aus Stahlrohr mit Holzbeplankung bzw. Stoffbespannung; aufgesetzte Glaskanzel; eckige Seitenfenster; Tür links.

Tragwerk: abgestützter Schulterdecker in Gemischtbauweise; Tragflügel mit abgerundeter Trapezform.

Leitwerk: freitragend; Höhenflosse vor dem Seitenleitwerk.

Fahrwerk: zweirädriger, abwerfbarer Startwagen; Landung auf Gleitkufe; Hecksporn.

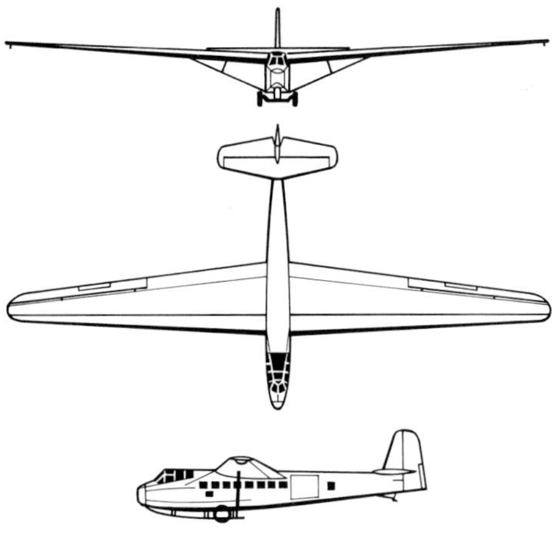

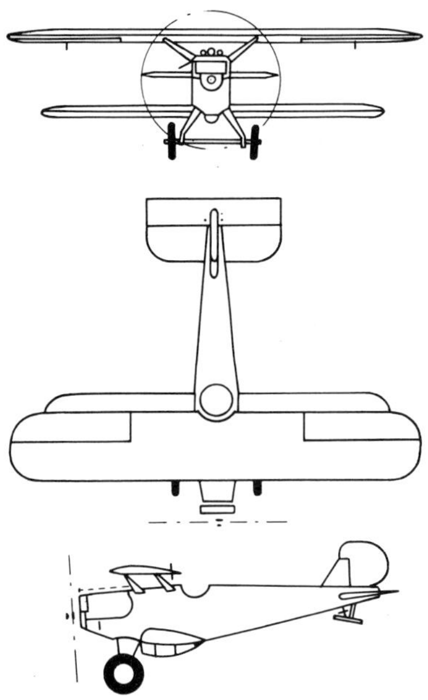

Dornier Do D 1 Jagdflugzeug

Die Do D 1 war das erste Jagdflugzeug von Dornier. Ihr Erstflug am 4. Juni 1918 zeigte die Ergebnisse seiner Entwicklungsarbeit: Der Schalenbau wurde vollkommen beherrscht, wobei wie bei früheren Flugzeugen nicht nur die Rumpfbeplankung, sondern auch die Beplankung des Tragwerks als tragendes Element ausgenutzt wurde. Die freitragenden Flügel des Doppeldeckers erregten ebenso Aufsehen wie die stromlinienförmige Verkleidung des Fahrwerks und der abwerfbare Zusatztank unter dem Rumpf. Vergleiche zeigten jedoch, daß die mit dem 135-kW-Triebwerk BMW erreichbare Geschwindigkeit von anderen Jagdflugzeugen übertroffen wurde.
Die Do D 1 war das erste Flugzeug, das vollständig mit glatten Blechen – mit sog. tragender Haut – versehen war. Es galt als Vorläufer des modernen Metallflugzeugs, wurde jedoch nicht in Serie gebaut.

Rumpf: Ganzmetall-Schalenbauweise.
Tragwerk: freitragender Doppeldecker in Metallbauweise; zwei Drittel mit Duralumin beplankt; vom Hinterholm bis zur Hinterkante stoffbespannt.
Leitwerk: Normalbauweise in Metall; Seitenflosse metallbeplankt, sonst stoffbespannt.
Fahrwerk: Hauptfahrwerk mit verkleideten Streben und durchgehender Achse; Hecksporn.

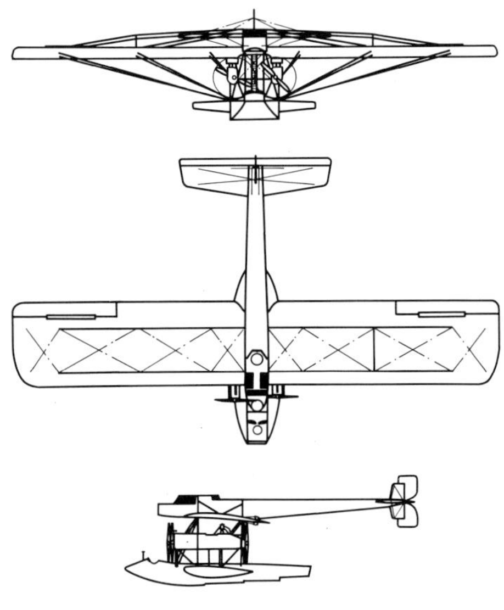

Dornier Rs I bis Rs IV Flugboote

Graf Zeppelin beauftragte im Jahr 1914 den jungen Dornier mit der Entwicklung von Riesenwasserflugzeugen. Dornier verwendete aufgrund seiner Erfahrungen im Luftschiffbau Stahl und das neue Material Duralumin, was für die damalige Zeit ein Novum darstellte.
Die Entwicklung der Rs I (Riesenflugboot See I) begann 1914 auf der Werft Seemos bei Friedrichshafen, der Bau im Jahr darauf. Im Oktober 1915 sollte die dreimotorige Rs I auf dem Bodensee erprobt werden. Ein Sturm zerstörte jedoch die Maschine auf ihrem Liegeplatz am 21. Dezember 1915. Bei der Erprobung auf dem Wasser konnten aber wichtige Erkenntnisse (beispielsweise bezüglich der erstmals in Ganzmetall ausgeführten Stützschwimmer) für die Struktur großer Flugboote gesammelt werden. Sie wurden für die Konstruktion der Rs II genutzt, die im Dezember 1915 begann. Am 30. Juni 1916 wurde die Flugerprobung der zunächst dreimotorigen Rs II, später viermotorigen Rs IIb (Erstflug: 6. November 1916) aufgenommen. Als drittes Muster startete am 4. November 1917 die Rs III zum Erstflug. Am 19. Februar 1918 wurde das Flugboot im siebenstündigen Nonstop-Flug vom Bodensee nach Norderney überführt.
Das Eindeckerflugboot Rs III übertraf die Leistungen der Zweischwimmer-Doppeldecker. Über der Nordsee fanden zahlreiche Flüge mit Zuladungen bis 3400 kg und bis zu 10 bis 12 h Dauer statt.
Das letzte Riesenflugboot von Dornier, die Rs IV (Foto und Skizze), ähnelte in den äußeren Abmessungen des Tragwerks, der Anordnung der Motoren und des Rumpfes der Rs III. Es hatte allerdings erstmalig Flossenstummel, die dem Flugboot eine hohe Seitenstabilität verliehen, Start und Wasserung erleichterten und eine erhebliche Verringerung der Bootsbreite (von 4,7 auf 3,5 m) erlaubten. Das Leitwerk war vereinfacht worden. Die Startmasse verminderte sich auf diese Weise im Vergleich zur Rs III.
Der Erstflug fand am 12. Oktober 1918 auf dem Bodensee statt. Später sollte die Rs IV in ein Verkehrsflugboot für 20 Passagiere umgebaut werden, was aber an der ausländischen Konkurrenz scheiterte. Geplant war auch eine achtmotorige Ausführung.

Rumpf: Bootsrumpf in Ganzmetallbauweise mit Flossenstummeln; Pilot im Bootsrumpf, Besatzung im Rumpf auf dem Tragwerk.
Tragwerk: abgestrebter und verspannter Schirmhochdecker; drei Stahlholme; Stoffbespannung.
Leitwerk: Normalbauweise mit einfachem Höhen- und Seitensteuer; Seitensteuer über und unter dem Rumpf.
Schwimmwerk: Bootsrumpf mit Flossenstummeln.

Dornier Gs I / Gs II Verkehrsflugboote

Das zweimotorige Flugboot Gs I (Foto) befand sich bei Kriegsende 1918 im Bau. Es war für die deutsche Marine entworfen worden, wurde aber nach dem Waffenstillstand zu einem Verkehrsflugboot umgebaut. Dabei brachte man aus Sparsamkeit die Passagierkabine in einem nicht gerade schön wirkenden Aufbau am Bug unter. Die Anordnung der beiden Motoren in Tandembauweise in der Mittelebene des Flugzeugs wurde seinerzeit im In- und Ausland skeptisch beurteilt. Die Flugeigenschaften widerlegten die Befürchtung, und Piloten, die keine Erfahrung mit mehrmotorigen Wasserflugzeugen hatten, beherrschten das Flugboot schnell.

Die Gs I war die Vorläuferin der „Wal"-Baureihe. Der Erstflug fand am 31. Juli 1919 statt. Bemerkenswert war ein direkter Flug vom Bodensee nach Potsdam. Notlandungen bei großer Kälte auf der Havel, der Spree und der Elbe unter schwierigsten Bedingungen zeigten die guten Eigenschaften dieses Typs in gleicher Weise wie die Erprobungen in der Schweiz und in den Niederlanden. Die Maschine hatte alle Merkmale des späteren Flugboots.

Die Gs I wurde schließlich ebenso wie die beiden im Bau weit fortgeschrittenen und für je neun Passagiere gedachten Flugboote Gs II (Skizze) von den Alliierten verboten.

Rumpf: Leichtmetallbauweise mit Schotten; offenes Cockpit, dahinter geschlossene Kabine.
Tragwerk: abgestrebter Schirmhochdecker; Stielabstützung an den Flossenstummeln.
Leitwerk: Kastenleitwerk mit doppeltem Seitensteuer.
Schwimmwerk: Bootsrumpf mit Flossenstummeln.

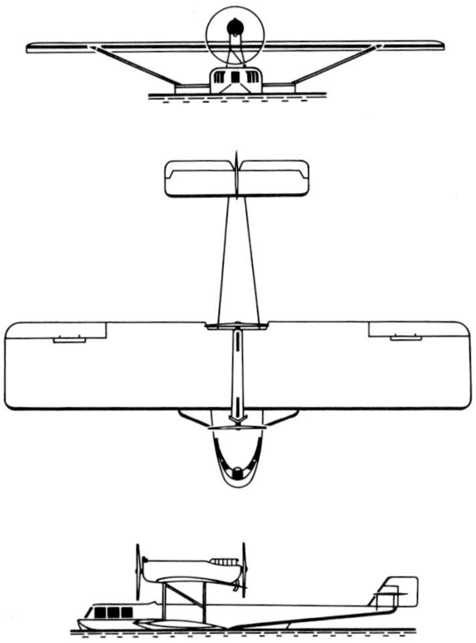

Dornier Cs 2 „Delphin" (Do L 1) Verkehrsflugboot

Die Cs 2 „Delphin" war als Ganzmetallflugzeug mit geschlossener Kabine und verspanntem Tragwerk eine für die damalige Zeit fortschrittliche Konstruktion. Zur Erhöhung der Stabilität auf dem Wasser hatte das Flugboot bereits die bekannten Dornier-Flossenstummel beiderseits des Rumpfes. Der Erstflug war am 24. November 1920 in der Schweiz.

Versionen:
Do L 1a: verbesserte Ausführung von 1922 mit einem weit nach vorn reichenden Bugausbau, der Propeller und Motor vor Spritzwasser schützte; später mit einem überdachten Cockpit versehen.
Do L 2 „Delphin II": verlängertes Boot, Pilotensitz in geschlossener Kabine mit sieben Fenstern; Erstflug am 15. Februar 1924.
Do L 3 „Delphin III" (Skizze): größte Version mit Zwölfzylindermotor, 440 kW Start- und 370 kW Dauerleistung; Spannweite und Flügelfläche waren vergrößert worden; Erstflug am 30. März 1928.

Alle Versionen wurden mehrere Jahre von verschiedenen Gesellschaften verwendet.

Rumpf: Leichtmetall-Schalenbauweise; blechbeplankt; offenes Cockpit hinter dem Triebwerk vor dem Tragwerk.
Tragwerk: abgestrebter Hochdecker mit zwei Stahlprofilholmen; Leichtmetallrippen und -beplankung; zwei Stahlrohrstreben auf jeder Seite; keine Verspannung.
Leitwerk: freitragende Normalbauweise in Leichtmetall; Ruder aerodynamisch ausgeglichen.
Schwimmwerk: Bootsrumpf mit Flossenstummeln.

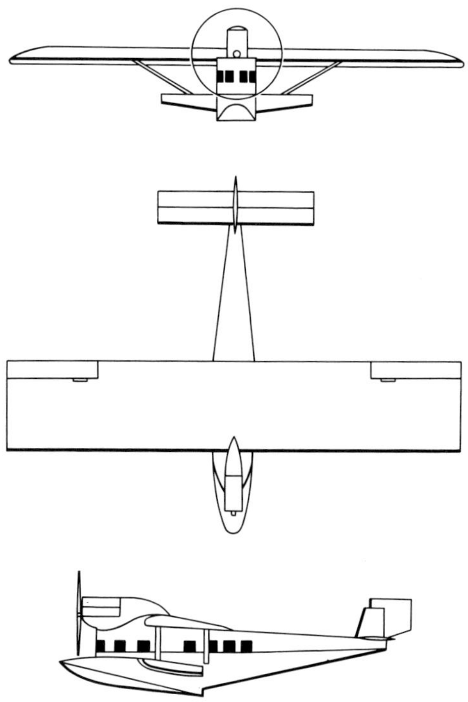

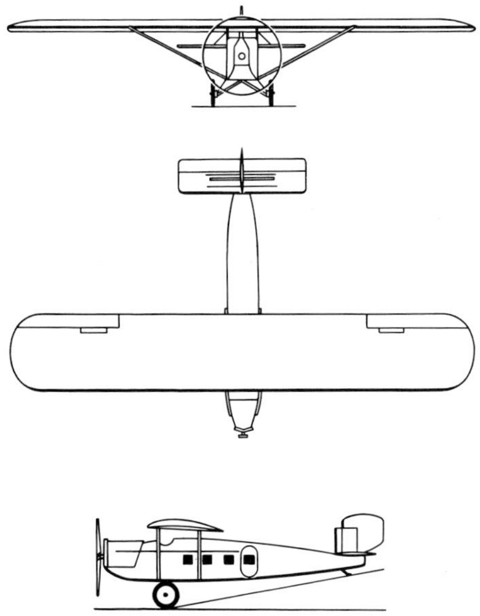

Dornier Do C 3 „Komet I" bis „Komet III" Verkehrsflugzeuge

Dornier entwickelte das einmotorige Verkehrsflugzeug Do C 3 als Landversion des Verkehrsflugboots Cs 2 „Delphin". Tragwerk und Leitwerk stimmten weitgehend überein. Der Rumpf war dagegen verändert worden. Da er sehr tief lag, konnte ohne Hilfsmittel ein- und ausgestiegen werden. Die Passagiere saßen sich in der Kabine paarweise gegenüber. Bei einer Ausführung wurde der offene Pilotensitz hinter dem Tragflügel oben im Rumpf angeordnet.

Die Ausführungen „Komet I" und „Komet II" unterschieden sich im Triebwerk und damit auch in Abmessungen, Massen und Leistungen. Der Erstflug der „Komet I" fand im Jahr 1921, der der „Komet II" (oberes Foto) im Jahr darauf statt.

Silvester 1922 landete eine „Komet II" als erstes deutsches Verkehrsflugzeug in London-Lympne. Im Sommer 1923 beflog diese Maschine die Strecke Moskau—Odessa und ab März 1924 die Strecke Berlin—Dresden—Prag—Wien. Flugzeuge dieses Typs wurden auch in der UdSSR, der Schweiz, in Spanien und in Kolumbien geflogen. Von der Ausführung mit einem 175-kW-Triebwerk gingen mehrere Maschinen in die UdSSR.

1924 erschien die „Komet III" als letztes Baumuster (unteres Foto, Skizze) in der „Komet"-Reihe von Dornier mit stärkerem Triebwerk und Platz für zwei Mann Besatzung und sechs Passagiere. Der Erstflug fand am 7. Dezember 1924 statt. Am 15. April 1925 überquerte die „Komet III" als erstes Verkehrsflugzeug die Alpen. Außer im deutschen Luftverkehr wurde sie auch in Dänemark eingesetzt. Sechs Maschinen dieses Typs schaffte die ukrainische Luftverkehrsgesellschaft Ukrwosduchput an. In Japan und in Italien wurde die Maschine in Lizenz gebaut. Das offene Cockpit mit Doppelsteuerung lag unter dem Tragflügel. Eine Toilette sowie zwei von außen zugängliche Gepäckräume gehörten zur Ausstattung. Die Flügel hatten an den Enden elliptischen Umriß und ein in der Dicke abnehmendes Profil.

Rumpf: Ganzmetall-Schalenbauweise; tiefgezogener Rumpf direkt über dem Erdboden; offenes Cockpit hinter dem Triebwerk in der Flügelnase.
Tragwerk: abgestrebter, nicht verspannter Hochdecker in Ganzmetallbauweise.
Leitwerk: freitragende Normalbauweise in Ganzmetall; Ruder aerodynamisch ausgeglichen.
Fahrwerk: Flügelfahrwerk-Achse im Rumpf mit tragflügelähnlicher Verkleidung, Hecksporn.

Dornier „Wal" Mehrzweckflugboot

Das Flugboot „Wal" – eine der bekanntesten Dornier-Konstruktionen – wurde in dem eigens dafür in Italien errichteten Zweigwerk nach dem Vorbild der Gs I ab 1921 für den Passagier-, Post- und Frachtverkehr sowie für militärische Zwecke entwickelt. Es konnte vom Katapult gestartet werden. Im Gegensatz zu ausländischen Flugzeugen der damaligen Zeit war die „Wal" ein Eindecker und vollständig aus Duralumin.

Das Flugboot stellte zahlreiche Weltrekorde auf und wurde durch Forschungs- und Langstreckenflüge berühmt. So benutzten es Amundsen und Eilsworth für ihre Nordpolexpedition. Italiener flogen damit nach Island (1924), Spanier nach Süd-

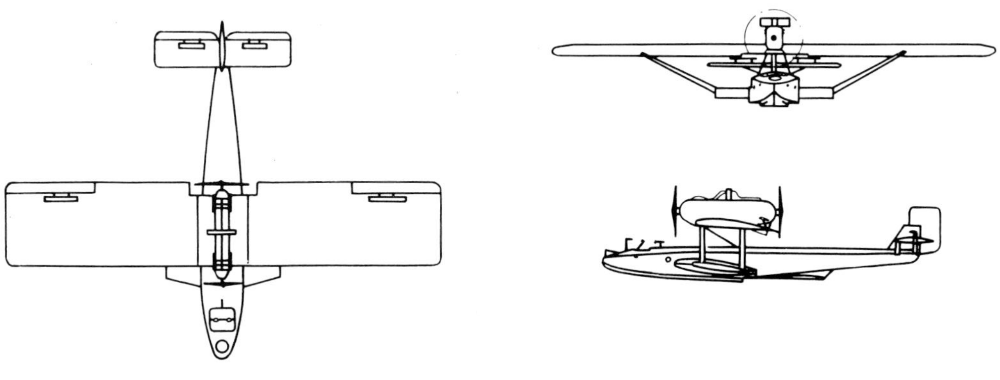

amerika (1925) und Uruguayer von Südamerika nach Afrika; v. Gronau flog 1930 mit einer „Wal" über Island nach den USA, 1931 nach Grönland und um die Welt. Die „Wal" beförderte von 1934 bis 1937 regelmäßig Post über den Südatlantik.
Das Flugboot („J-Wal") flog erstmalig am 6. November 1922. In der Folgezeit wurden die Leistungen systematisch verbessert. Die erste „Wal" nahm eine Nutzmasse von nicht ganz 1000 kg auf, die Amundsen-„Wal" (1924) von beinahe 2000 kg und die Südatlantik-„Wal" (1933) von 4400 kg.
Die „Wal" wurde in viele Länder (Argentinien, Brasilien, Chile, Jugoslawien, Kolumbien, Norwegen u. a.) exportiert sowie in Japan, den Niederlanden, der Schweiz, in Spanien und den USA in Lizenz hergestellt. Es sind etwa 300 Flugzeuge dieses Typs mit über 20 verschiedenen luft- bzw. wassergekühlten Motortypen gebaut worden.
Nach der Startmasse wurden die letzten Maschinen vom Typ „Wal" als 8-t- und 10-t-Wal bezeichnet. Als Militärversion hieß die 8-t-Wal ab 1933 „Militär-Wal-33" und später Do 15. Eine Weiterentwicklung war die Do 18.
1928 entstand die viermotorige Do R „Superwal" (14 t) für 20 Passagiere, die noch im gleichen Jahr 12 Weltrekorde aufstellte.

Rumpf: Ganzmetall-Schalenbauweise; im Bug Platz für Ankergeschirr, Taue usw.; anschließend Fluggastkabine; dann offene Pilotensitze mit Doppelsteuerung sowie Funkraum; an den Flügelstummeln ließen sich Räder ansetzen.
Tragwerk: abgestrebter, halb freitragender Schirmhochdecker; blechbeplanktes Mittelstück.
Leitwerk: Normalbauweise; hochgesetztes Höhenleitwerk, gegen Boot abgestrebt; Flossen blechbeplankt; Ruder stoffbespannt.
Schwimmwerk: Bootsrumpf mit Flossenstummel.

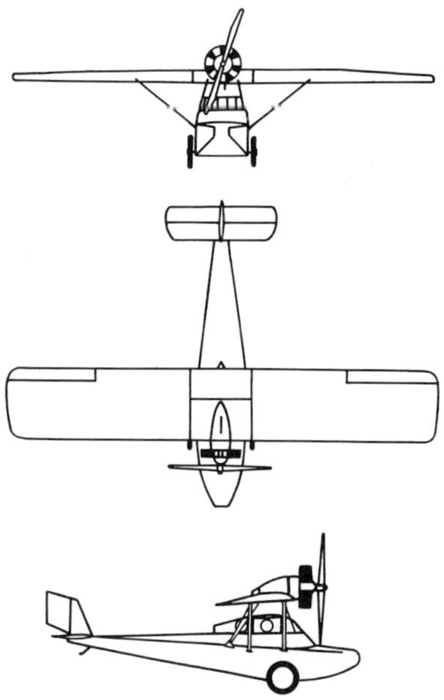

Dornier „Spatz"
Schul- und Sportflugzeug

In den zwanziger Jahren leitete Dornier aus bewährten Flugbooten Landflugzeuge ab. Bei den damaligen bescheidenen aerodynamischen Anforderungen machte man sich das verhältnismäßig einfach: Das Flugboot wurde auf Räder gesetzt. So entstand aus dem kleinen Flugboot „Libelle" (ab 1921 gebaut) die „Spatz". Der Erstflug der „Spatz" war am 12. Februar 1924.

Rumpf: Duralumin-Schalenbauweise in Bootsform; zwei Sitze nebeneinander mit Doppelsteuerung, der dritte Sitz dahinter; alle Sitze offen.
Tragwerk: Baldachin-Hochdecker in Ganzmetallbauweise; auf jeder Seite zwei Streben zum Rumpf; Tragflügel nach hinten klappbar; hinterer Flächenteil stoffbespannt.
Leitwerk: freitragende Normalbauweise in Leichtmetall; Ruder stoffbespannt.
Fahrwerk: starres Fahrwerk mit Achse im Rumpf und Hecksporn.

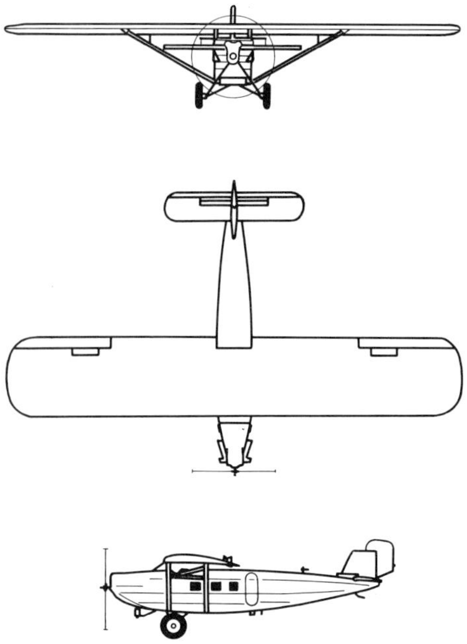

Dornier Do-B „Merkur" Verkehrsflugzeug

Die Do-B „Merkur" war eine Weiterentwicklung der „Komet III", von der sie sich im wesentlichen durch das stärkere Triebwerk und verschiedene Zellenverstärkungen unterschied. Der Erstflug war am 10. Februar 1925.

Am 24. und 29. Juni 1926 stellte die Maschine mehrere Weltrekorde auf: Mit 500 kg Nutzmasse: Dauerrekord mit 14 h 43 min, Entfernungsrekord mit 2300 km und Geschwindigkeitsrekord auf 2000-km-Basis mit 164 km/h; mit 1000 kg Nutzmasse: Dauerrekord mit 10 h 15 min, Entfernungsrekord mit 1400 km, Geschwindigkeitsrekord auf 500-km-Basis mit 162 km/h und über 1000 km mit ebenfalls 162 km/h.

Unmittelbar nach ihrer Fertigstellung legte die Do-B „Merkur" eine 7000 km lange Strecke ohne Zwischenfälle zurück: Friedrichshafen—Berlin—Königsberg (heute Kaliningrad)—Moskau—Tiflis (heute Tbilissi)—Baku—Charkow. Im Jahr 1927 eröffnete die Maschine eine Flugverbindung über den Hindukusch von Taschkent nach Kabul. Ende 1926 war der Schweizer Pilot Mittelholzer mit einer „Merkur" auf Schwimmern in 97,5 Flugstunden von Zürich nach Kapstadt über Zentralafrika geflogen.

Ab 1927 verkehrte die „Merkur" auf der ersten regelmäßig beflogenen Nachtverbindung Berlin—Königsberg. Auch die DERULUFT setzte die „Merkur" auf der Strecke nach Moskau ein. Zahlreiche Flugzeuge dieses Typs wurden in Bolivien, Brasilien, Chile, Japan, Kolumbien, der Schweiz und der UdSSR geflogen.

Rumpf: Ganzmetall-Schalenbauweise mit rechteckigem Querschnitt; offenes Cockpit unter dem Tragwerk; hinter der Kabine Gepäckraum und Toilette.

Tragwerk: verstrebter Hochdecker in Ganzmetallbauweise; Holme, Rippen und Beplankung aus Duralumin; auf jeder Seite zwei stromlinienförmig verkleidete Stahlrohrstreben zur Unterseite.

Leitwerk: freitragende Normalbauweise in Leichtmetall; Ruder aerodynamisch ausgeglichen.

Fahrwerk: starres Fahrwerk mit Hecksporn.

Dornier Do X Verkehrsflugboot

Die Do X erregte als das zu ihrer Zeit größte Flugzeug der Welt gewaltiges Aufsehen. Technisch wurde damit das Problem der Vergrößerung von Flugzeugen gelöst.

Es war eine Sensation, als das Flugzeug am 20. Oktober 1929 mit 169 Personen an Bord einen einstündigen Rundflug über dem Bodensee unternahm.

Die Vorarbeiten hatten bereits 1924 begonnen, und nach zahllosen Entwürfen nahm das Projekt 1926 Gestalt an. Am 19. Dezember 1927 begann der Bau, am 12. Juli 1929 wurden die Versuche auf dem Wasser aufgenommen. Am 13. Juli 1929 fand der Erstflug statt.

Die Do X besaß drei Decks. Im Oberdeck lagen Piloten-, Navigations-, Ingenieur-, Funk- und Hilfsmaschinenraum. Im Hauptdeck waren die Passagiere, das Gepäck und die Fracht untergebracht. Im Unterdeck befanden sich die Kraftstofftanks und die Hilfseinrichtungen.

Die relativ leistungsschwachen 385-kW-Triebwerke ließen nur eine Dienstgipfelhöhe von 420 m zu. Deshalb erhielt das Flugzeug wassergekühlte Zwölfzylindermotoren mit je 440 kW.

Am 5. November 1930 begab sich das „Flugschiff" auf einen Langstreckenflug von Europa nach Afrika, Südamerika und Nordamerika. Im Mai 1932 flog es von dort zurück und landete nach einer Gesamtstrecke von 45000 km auf dem Berliner Müggelsee.

Die Möglichkeit wurde erwogen, das Flugzeug auch militärisch zu nutzen. Davon zeugen die finanzielle Beteiligung der Kriegsmarine sowie die Versuchsflüge als Fernaufklärer und Torpedoträger.

1931 bestellte Italien 2 Do X (mit je 12 Fiat-Triebwerken zu 440 kW) für den Mittelmeerverkehr der Gesellschaft SANA. Da dieses Vorhaben nicht

verwirklicht wurde, dienten die als „Umberto Maddalena" und „Alessandro Guidoni" bezeichneten Do X 2 RI und Do X 3 RI als Superbomber (mit verglastem Heckstand versehen) in einer Versuchsstaffel.
Die Do X 1 wurde während des zweiten Weltkriegs im Deutschen Museum in München bei einem Bombenangriff zerstört.

Rumpf: Ganzmetallbauweise mit scharfem Bug, allmählich in flachen Boden übergehend; eine Querstufe im Boden; beiderseits Bootsstummel; neun wasserdichte Abteilungen durch acht Schottwände, bemannter Heckstand.
Tragwerk: halb freitragender Hochdecker, an jeder Seite durch drei Stiele gegen die Bootsstummel abgestützt; rechteckiger Grundriß; drei Holme; Flügelnase mit Leichtmetall beplankt, sonst stoffbespannt; kleiner Ganzmetall-Hilfsflügel über dem Haupttragwerk mit Triebwerken.
Leitwerk: verstrebte und verspannte Normalbauweise; Höhensteuer nach oben versetzt; alle Ruder durch Hilfsflächen ausgeglichen.
Schwimmwerk: Bootsrumpf mit Flossenstummel.

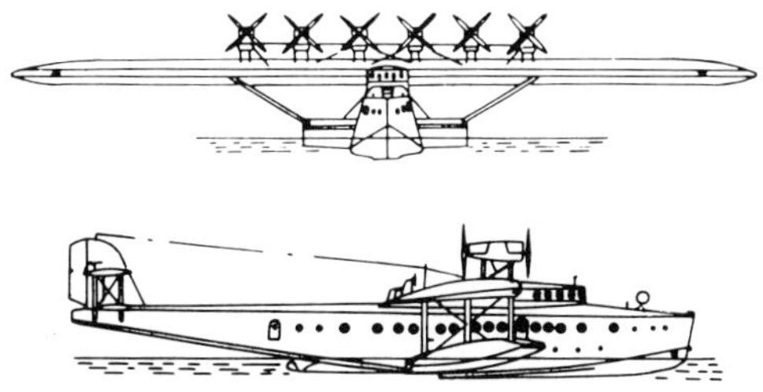

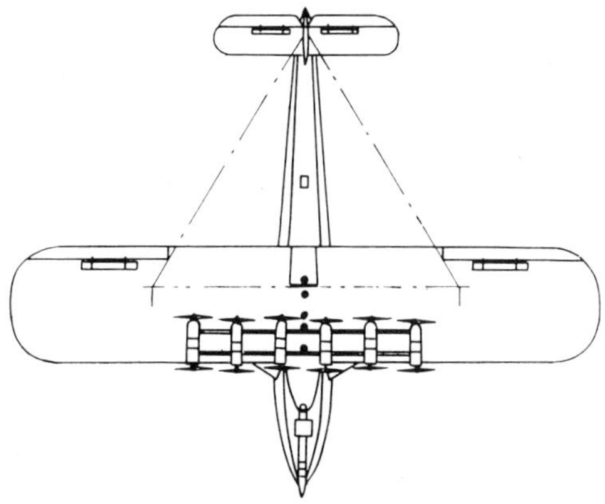

Rumpf: Ganzmetall-Schalenbauweise; eckiger Querschnitt; offene Drehkränze und offene Pilotenkabine mit nebeneinanderliegenden Sitzen.
Tragwerk: abgestrebter Schulterdecker; gesamte Tragflügelhinterkante (etwas hängend) als Klappen ausgebildet (die äußeren als Querruder, die inneren als Landeklappen).
Leitwerk: abgestrebtes Höhenleitwerk; kleine Stabilisierungsflächen darunter; Seitenruder die Flosse überragend.
Fahrwerk: starres, verstrebtes Heckradfahrwerk; Haupträder verkleidet.

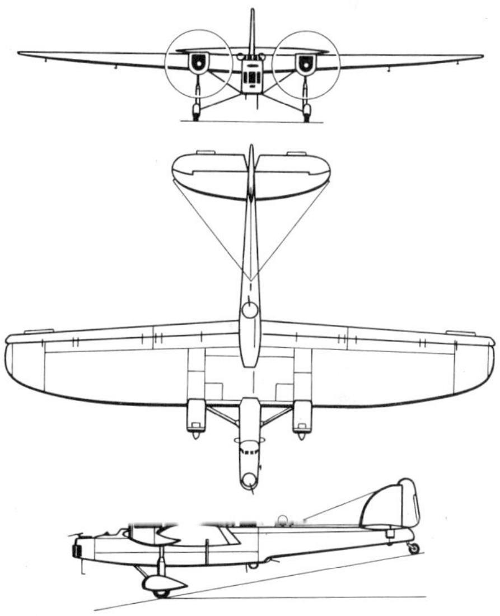

Dornier Do 23
Bombenflugzeug

Im Jahr 1925 entwickelte Dornier in Japan ein als Do F bezeichnetes zweimotoriges Flugzeug, das ab 1926 in der Schweiz mit anderen Triebwerken als 18sitziges Passagierflugzeug verwendet wurde. Aus diesem Muster entstand durch Überarbeitung die ab 1933 in etwa 150 Exemplaren gebaute Do 11 als erstes Bombenflugzeug der faschistischen Luftwaffe. Im Gegensatz zur Do F besaß die Do 11 eine geringere Spannweite sowie ein starres Fahrwerk. Geringfügig verändert, erschien das Flugzeug Ende 1934 als Do 13 C, von der 12 Stück gebaut wurden. Dieses Flugzeug wurde zur Do 13e modifiziert, die in der Serienausführung als Do 23 bezeichnet wurde. Von 1934 bis 1935 verließen etwa 210 Do 23 (einige mit doppeltem Seitenleitwerk) die Werkhallen, um die dem Rüstungsprogramm entsprechenden neuen Bomberverbände aufzufüllen. Hauptsächlich entstanden die Versionen Do 23 F und Do 23 G. Ab 1937 ersetzte man diesen zu langsamen Typ durch die Do 17, die He 111 und die Ju 86.
Die Do 23 diente Trainingszwecken. Während des Krieges wurden einige mit elektrisch geladenem Minenring versehene Maschinen über See zum Entmagnetisieren der Minenfelder verwendet. Die Do 23 verfügte über bessere Flug- und günstigere Landeeigenschaften als die Do 11, von denen man 12 Maschinen der Version Do 11 D an Bulgarien geliefert hatte, wo sie im zweiten Weltkrieg als Bombenflugzeuge benutzt wurden.

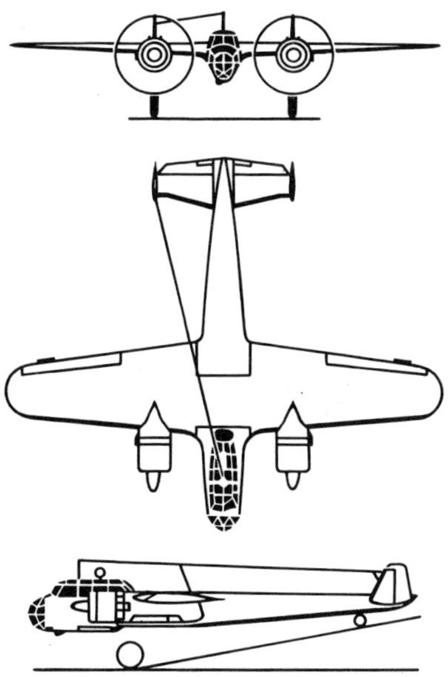

Dornier Do 17
Bomben- und Aufklärungsflugzeug

Ende 1933 bestellte die Lufthansa bei Dornier ein schnelles Post- und Reiseflugzeug. Der Erstflug des Prototyps fand bereits am 23. November 1934 statt. Die Lufthansa übernahm jedoch nur 3 Flugzeuge, denn deren Kabinen waren für sechs Passagiere und Post zu klein. Die Maschine diente vielmehr als Grundlage für die Entwicklung eines Schnellbombers. Der so entstandene Prototyp V-9 war die erste militärische Ausführung mit doppeltem Seitenleitwerk, um freies Schußfeld nach hinten zu bekommen. Der Serienbau endete im Jahr 1940.

Versionen:
Do 17 E-1: erstes Serienflugzeug mit verkürztem und verglastem Rumpfbug; ein MG nach hinten oben im offenen Waffenstand; Auslieferung ab 1937, von der „Legion Condor" gegen die Republik Spanien benutzt.
Do 17 F-1: Aufklärungsflugzeug mit Fotoausrüstung statt der Bombenzuladung; sonst wie die E-1.
Do 17 Ka-1: Exportausführung für Jugoslawien und Ungarn mit französischen 725-kW-Motoren und zwei starren MGs nach vorn in der Kanzel.
Do 17 Kb-1: Exportausführung für Jugoslawien: wie die Ka-1, jedoch mit elektrisch und nicht hydraulisch betätigtem Fahrwerk und Klappen.
Do 17 M: verbesserte E-1 mit elektrisch betätigtem Fahrwerk und Klappen, geschlossenem Waffenstand nach hinten oben, zwei Sternmotoren mit je 620 kW und Verstelluftschrauben.
Do17 MV-1: Ausführung mit langem Rumpfbug und zwei 770-kW-Triebwerken; Sieger im internationalen Alpenrundflug für Militärmehrsitzer 1937 in Dübendorf bei Zürich.
Do 17 P: Aufklärungsflugzeug mit zwei Sternmotoren mit je 640 kW, sonst wie die Do 17 M; Jugoslawien baute 70 Do 17 M und P in Lizenz.
Do 17 R: Versuchsflugzeug zur Erprobung von Triebwerken und Geräten.
Do 17 S: Weiterentwicklung der Do 17 P mit größerem Besatzungsraum als bei der Do 17 Z.
Do 17 U: Ausführung der Do 17 Z als fliegender Kommandostand mit fünf Mann Besatzung.
Do 17 Z: 1939/40 in 506 Exemplaren gebaute Version als Bomben- und Aufklärungsflugzeug mit vier Mann Besatzung, vier bis acht MGs im verglasten Rumpfbug sowie in MG-Ständen nach oben hinten und unten hinten; auch an Finnland geliefert; eine Serie dieser Baureihe erhielt als Nachtjäger Do 17 Z-10 „Kauz II" einen gepanzerten Bug und eine stärkere Bewaffnung sowie Funkmeßgeräte; zur Do 215 (Bestellungen aus Schweden und Jugoslawien) und Do 217 weiterentwickelt. Die UdSSR kaufte 1940 2 Do 215, und Ungarn erhielt 1941 10 Do 215 B. Insgesamt verließen 92 Do 215 die Werkhallen. Von 1939 bis 1945 wurde 1 730 Do 217 gebaut.

Rumpf: Ganzmetall-Schalenbauweise mit verglastem Bug.
Tragwerk: freitragender Schulterdecker in Metallbauweise; zwei Holme; Spreiz-Landeklappen; Schlitz-Querruder.
Leitwerk: freitragendes Höhenleitwerk in Ganzmetallbauweise; Flosse zur Trimmung verstellbar; Ruder mit Trimmklappen; zwei Seitenleitwerke als Endscheiben in Ganzmetallbauweise; Ruder mit Trimmklappen.
Fahrwerk: einziehbares Fahrwerk mit Spornrad; Radbremsen; Haupträder hydraulisch nach hinten in die Motorgondeln einziehbar.

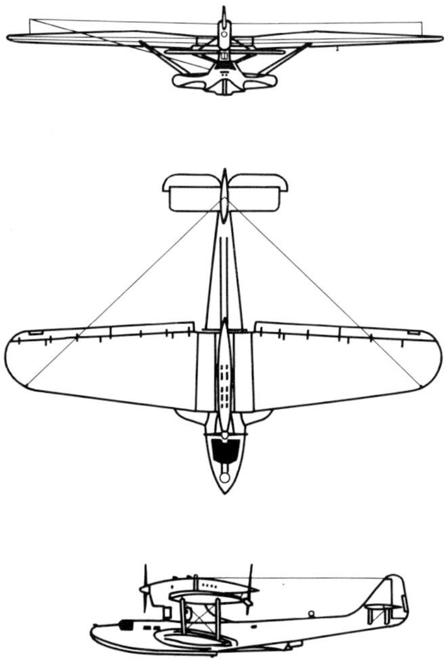

Dornier Do 18 Mehrzweckflugboot

Der Do 18 sieht man die Abstammung von der „Wal"-Reihe an. Die aerodynamische Verfeinerung hat das hochseetüchtige und katapultierfähige Flugboot leistungsfähiger gemacht.
Der Erstflug des Prototyps war am 15. März 1935, die ersten 6 Serienflugzeuge wurden 1936 an die Lufthansa geliefert. Alle anderen Serienflugzeuge dienten militärischen Zwecken.
Die erste Do 18 hatte 400-kW-Triebwerke, die späteren Serien erhielten 440-kW-Motoren.
Im Jahr 1936 überflog die Do 18 erstmalig den Atlantik. Vom 27. bis 29. März 1938 stellte die Do 18 F einen internationalen Langstreckenrekord auf. Nach dem Katapultstart im Kanal flog sie in 43 h über 8 400 km nach Caravelas in Brasilien.

Versionen:
Do 18 E: Verkehrsausführung in 4 Exemplaren.
Do 18 F: Rekordausführung mit größerer Spannweite und Startmasse; nur in 1 Exemplar gebaut.
Do 18 L: Versuchsausführung mit zwei Sternmotoren mit je 645 kW; Erstflug am 21. November 1939; kein Serienbau.

Die Do 18 D, G, H, N waren Militärversionen als Fernaufklärer. Die D-1 und die D-2 lösten den „Militär-Wal" ab und wurden von 1937 bis 1940 als Fernaufklärer verwendet. Ab 1940 diente die Do 18 überwiegend für Schul- und Seenotaufgaben. Mit 71 Flugbooten stellte die G-Reihe die größte Bauserie der bis 1940 gebauten 177 Do 18 dar. 1941/42 wurden mehrere Do 18 G zu unbewaffneten Seenotflugzeugen Do 18 N umgerüstet, weil die Maschine wenig fronttauglich war.

Rumpf: Ganzmetallbauweise mit vorn scharfer, gegen die Stufe flacher werdender Kielung; parallel zur Mittelebene laufende Längsstufe beiderseits des Kiels; beiderseits abgerundete Flossenstummel, bis Do 18 G mit rundem Bug, ab Do 18 H mit Kreuzerbug.
Tragwerk: Hochdecker in Leichtmetallbauweise mit Blechbeplankung bis Hinterholm und Flügelspitze; Flügelhinterteil stoffbespannt; Flügel hochgesetzt und angestrebt; Flügel zusammen mit Querrudern und Wölbungsklappen als Doppelflügel ausgebildet.
Leitwerk: abgestrebte Normalbauweise; Ruder statisch und aerodynamisch ausgeglichen; hinter der Bootsstufe Wasserruder.
Schwimmwerk: Bootsrumpf.

Dornier Do 24 Mehrzweckflugboot

Die Regierung der Niederlande beauftragte 1935 die Dornier-Werke, ein Hochseeflugboot zu entwickeln, das in den westindischen Kolonien eingesetzt werden sollte. Nach dem Vorbild der Do 18 entwarf man ein Projekt mit flachem Bootsrumpf und damit organisch verbundenen Dornier-Stummeln. Es war als dreimotoriger Hochdecker ausgelegt. Da die von den Niederlanden gewünschten Wright-Motoren für die Prototypen Do 24 V-1 und V-2 beim Erstflug im Juli 1937 noch nicht zur Verfügung standen, stattete man diese Maschinen mit den Junkers-Dieselmotoren Jumo 205 c (je 440 kW) aus, die sich jedoch als zu schwach erwiesen. Die Do 24 V-3 erhielt als erste Maschine das Triebwerk Wright Cyclone GR-1820 G (je 560 kW). Sie kam 1937 unter der Bezeichnung X-1 zur Marine der Niederlande (Foto).

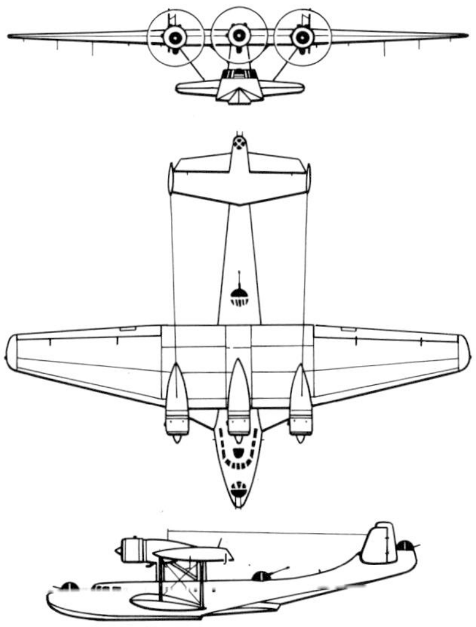

Nach diesem Vorbild fertigten die Werke in Friedrichshafen und Altenrhein 11 Flugzeuge der Serien Do 24 K-1 und K-2. Sie wurden von den niederländischen Seefliegern zu Beginn des zweiten Weltkriegs im Fernen Osten verwendet. Die nach Australien ausgewichenen 6 Maschinen bezeichnete man dort als A-49.
Als Hitlerdeutschland 1940 die Niederlande überfiel, waren bei Aviolanda (Rumpffertigung und Endmontage, Flügel bei de Schelde) die ersten von 25 Lizenzmaschinen fast fertig. Alle Maschinen wurden montiert, verschiedentlich umgebaut und als Do 24 N-1 zunächst unbewaffnet im Seenotdienst eingesetzt. Die für geeignet befundene Version Do 24 T (mit BMW-Motoren Bramo 323 R-2 und drei Drehtürmen mit je einem MG 15) benutzte man als Fernaufklärungs-, Transport- und Seenotflugboote. Von 1941 bis 1943 entstanden in niederländischen, französischen und deutschen Werken insgesamt 134 Do 24 der Reihen T-1 bis T-3.
In Spanien begann 1944 der Lizenzbau der Do 24. Nach der Befreiung Frankreichs fertigte man bei SNCAN die Do 24 weiter. Insgesamt sollen 294 Do 24 aller Versionen produziert worden sein.
Die Weserflug GmbH in Bremen (Lizenznehmer für die Do 24 T-2) verbesserte den Typ zur Do 318. Der Flügel sollte eine Grenzschichtabsaugung erhalten. Infolge des Kriegsendes wurde der Bau abgebrochen.
In den Niederlanden, in Frankreich und in Schweden verwendete man den Typ bis in die sechziger Jahre, in Indonesien und in Spanien bis in die siebziger. In der BRD diente die Do 24 als Vorlage für die Konstruktion der Do 24 TT und der „SEA-STAR".

Rumpf: flacher, zweistufiger Rumpf mit Flossenstummeln zur Erhöhung der Querstabilität auf dem Wasser und zur Aufnahme von Kraftstoff.
Tragwerk: halb freitragender Hochdecker mit dreiteiligem Flügel; Mittelteil mit den drei Triebwerken durch umgedrehte V-Streben mit dem Rumpf verbunden und mit Parallelstreben zu den Stummeln abgefangen; im Schraubenstrahl liegende Flächen blechbeplankt, sonst stoffbespannt; über Flügelaußenteile durchgehende Schlitzquerruder mit Trimmklappen zugleich als Landeklappen verwendbar; im Mittelteil durchlaufende Spreizklappen.
Leitwerk: Metallaufbau; Flossen blechbeplankt; Ruder stoffbespannt; Höhenleitwerk durch Einzelstiele abgefangen; Ruder statisch ausgeglichen; Seitenleitwerk mit doppelten Endscheiben.
Schwimmwerk: Bootsrumpf.

Dornier Do 19
Versuchsbombenflugzeug

Noch während der geheimen Wiederaufrüstung hatte die Führung der Luftwaffe Hitlerdeutschlands durch ihren Generalstabschef, General Wever, Entwicklungsaufträge für ein viermotoriges Bombenflugzeug erteilt. Bei Junkers entstand die Ju 89 (später zur Ju 90 weiterentwickelt), und die Dornier-Werke begannen 1934 die Projektierungsarbeiten an der Do 19. Bis 1936 wurden drei Prototypen (V-1, V-2, V-3) fertiggestellt und erprobt. Vorgesehen war, bis zu 3000 kg Bomben sowie vier MG-Stände in der Maschine unterzubringen. Die Entwicklung dieses für strategische Bombenangriffe vorgesehenen Flugzeugs wurde ebenso eingestellt wie die des für gleiche Zwecke geplanten Bombers Ju 89, als General Wever abstürzte. Die Piloten hatten die Do 19 als „fliegenden Sarg" bezeichnet.

Rumpf: Ganzmetall-Schalenbauweise; rechteckiger Querschnitt; dreiteilig ausgeführt mit Trennstellen vor dem Pilotenraum, vor dem Vorderholm und hinter dem Hinterholm; Bug mit drei großen, planverglasten Fenstern (wie bei der Do 23); geschlossene Kabine.

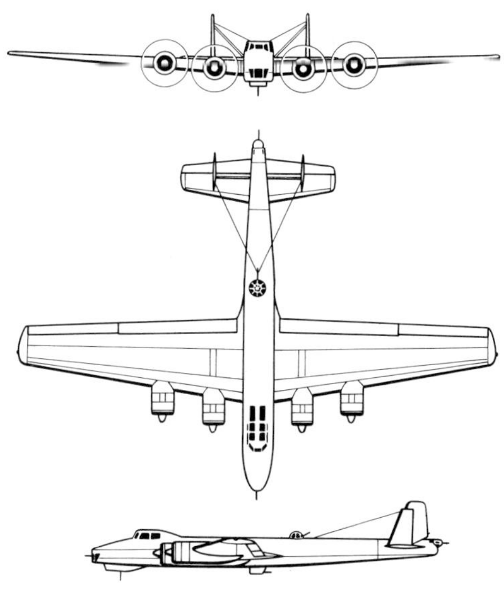

Tragwerk: freitragender Mitteldecker in Ganzmetall-Schalenbauweise; zweiholmig und in drei Teilen ausgeführt; Schlitzquerruder und -landeklappen zwischen Querruder und Rumpf.
Leitwerk: freitragendes Höhenleitwerk; doppeltes Seitenleitwerk; durch Stiele abgestrebt.
Fahrwerk: hydraulisch einfahrbares, bremsbares Heckradfahrwerk; Heckrad ebenfalls einziehbar.

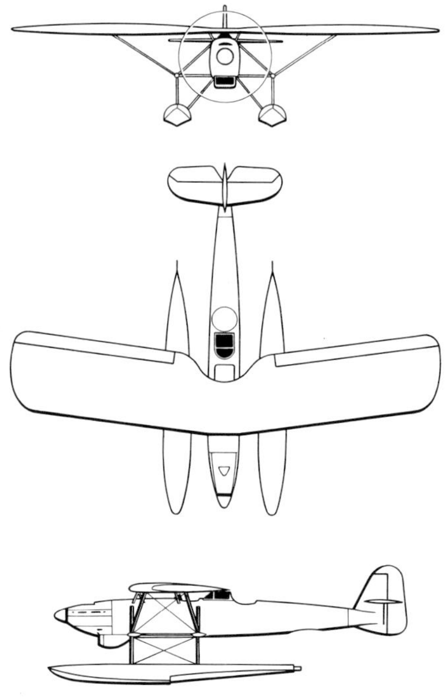

Dornier Do 22
Aufklärungs- und Torpedoflugzeug

Das 1934 in der Schweiz (Aktiengesellschaft für Dornier-Flugzeuge Altenrhein) entwickelte einmotorige Mehrzweckflugzeug Do C 3 auf zwei Schwimmern wurde von den Dornier-Werken Friedrichshafen zum militärischen Seeflugzeug komplettiert und in 2 Exemplaren gebaut. Es wurde 1938 als maritimer Aufklärer, leichter Bomber und Torpedoträger Do 22 K für den Export angeboten, da im Inland kein Interesse an dem Typ bestand (deutsche Bezeichnung Do 22 W).
Im gleichen Jahr erhielt Jugoslawien 6 Do 22 Kj, von denen nach der Besetzung des Landes 1941 4 mit jugoslawischen Besatzungen im Bestand der 230. RAF-Squadron in Ägypten bei Akubir eingesetzt wurden. Griechenland kaufte 12 Do 22 Kg und Lettland 4 Do 22 Kl. Die griechischen und jugoslawischen Maschinen nahmen im April 1941 an den Kämpfen auf dem Balkan gegen die deutsch-italienischen Truppen teil. Alle Maschinen waren mit dem Triebwerk Hispano-Suiza 12 Y in V-Form ausgerüstet, das eine dreiblättrige Verstelluftschraube mit einem Durchmesser von 3,5 m antrieb.
Gebaut wurde die Maschine außerdem als Do 22 L. Diese mit einem Fahrwerk versehene Version wurde 1942 für Finnland gefertigt. Außer dem Fahrwerk unterschieden sich beide Muster im Kraftstoffvorrat: Bei der Do 22 W betrug er 990 l, bei der Do 22 L 880 l.
Neben zwei Prototypen wurden 31 Serienmaschinen gefertigt.

Rumpf: geschweißtes Stahlrohrgerüst; vorn blechbeplankt, hinten stoffbespannt; offener Sitz und offener Waffenstand auf dem Rumpf; ein Abwehrstand unter dem Heck in kleiner Stufe; Bomben- oder Torpedoaufhängung unter dem Rumpf.
Tragwerk: abgestrebter Hochdecker mit rechteckigem Flügel; zweiholmiger Aufbau in Metall mit Stoffbespannung; Klappen über die gesamte Hinterkante.
Leitwerk: abgestrebte Normalbauweise; Kielflosse nach unten durchgezogen; alle Flächen aus Metall mit Stoffbespannung.
Fahrwerk: starres Heckradfahrwerk; bremsbare Haupträder; verkleidetes Spornrad (Do 22 L).

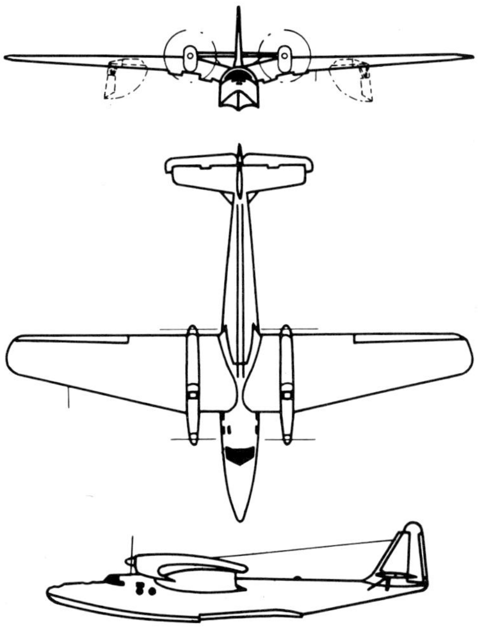

Dornier Do 26
Mehrzweckflugboot

Die Do 26 war das letzte Flugboot in der langen Reihe dieser von Dornier gebauten Flugzeugart. Sie unterschied sich erheblich von ihren Vorgängerinnen und war eines der aerodynamisch am besten gestalteten Flugboote. Anstelle der bisherigen Flossenstummel besaß die Do 26 zwei nach innen in die Unterseite der Flügel einziehbare Stützschwimmer.
Da die Flossenstummel wegfielen, konnte der Rumpf schmaler gehalten werden. Demzufolge verringerte sich der Luftwiderstand, so daß Geschwindigkeit und Reichweite erhöht werden konnten. Die Motoren ließen sich während des Fluges vom Rumpf aus erreichen. Die beiden Zugschrauben wurden direkt angetrieben, die Druckschrauben über eine Fernwelle. Zur Vermeidung von Spritzwassereinflüssen wurden die hinteren Triebwerke beim Start um 10° nach oben geschwenkt. Das Flugboot konnte auch weiterfliegen, wenn zwei Triebwerke auf der gleichen Seite ausfielen. Gedacht war die katapultierfähige Maschine als Ersatz für die Do 18. Der Prototyp Do 26 N-1 „Seeadler" (Foto) flog erstmals am 21. Mai 1938. Es folgten die zweite Do 26 A sowie die Do 26 B mit stärkeren Triebwerken und Passagierkabine. Drei weitere Flugzeuge (Do 26 D) erhielten sofort

die militärische Ausrüstung, während die Do 26 A und B mit vier Waffenständen zur Do 26 C nachgerüstet wurden. Aus den sechs Do 26 bildete man 1939/40 die Sonderstaffel „Transozean" für Luftspionage und Diversionsaufgaben. Da sich die Do 26 als zu beschußempfindlich und zu langsam erwies, wurde sie nicht in Serie gebaut.

Rumpf: Ganzmetallbauweise; zweistufig und stark gekielt; acht wasserdichte Schottwände; Cockpit für vier Personen, dahinter Tankbehälter, Frachtraum, Ruhekabine mit Toilette und Waschraum für die Besatzung; im Bug Seeausrüstung und zweiter Frachtraum.
Tragwerk: freitragender Schulterdecker in Ganzmetallbauweise mit zwei Holmen; Knickflügel besteht aus V-förmigem Mittelstück mit den beiden Triebwerkgondeln und den zwei Außenflügeln.
Leitwerk: abgestrebte Normalbauweise in Ganzmetall.
Schwimmwerk: Bootsrumpf und in die Flügelhinterseite einziehbare, stufenlose Stützschwimmer.

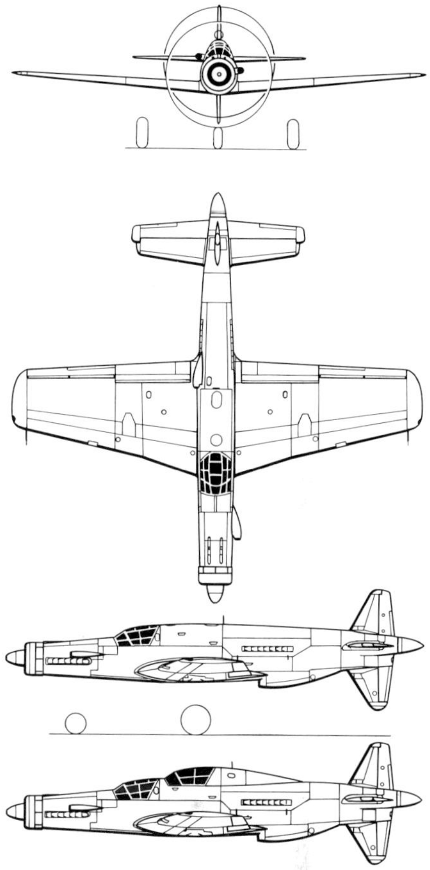

Dornier Do 335
Kampfflugzeug

Unter der Projektbezeichnung 8-231 begann im Winter 1942/43 bei Dornier die Entwicklung einer Maschine, die zu den eigenartigsten des zweiten Weltkriegs zählte. Der zunächst als zweimotoriger Jagdbomber gedachte Tiefdecker wurde in Do 335 umbenannt, da die Nummer 231 für ein Schwimmerflugzeug-Projekt von Arado vergeben worden war. Als die immer deutlichere Luftüberlegenheit der Alliierten dazu zwang, die deutsche Luftkriegsführung zu verändern, legte man die Do 335 als schweren Jagdeinsitzer aus, der insbesondere die in großen Höhen einfliegenden britischen „Mosquito"-Schnellbomber abfangen sollte.
Am 26. Oktober 1943 startete Dieterle bei Sigmaringen mit der Do 335 V-1 zum Erstflug.
Von seinen Leistungen her war dieses mit Zug- und Druckschraube ausgestattete Flugzeug (vorderer Motor mit Ringkühler und durch die hohle Nabe schießender 3-cm-Kanone, 60 Granaten, hinterer Motor mit Fernwelle und Tunnelkühlung, Lufteintritt unter dem Rumpf) eine gelungene Entwicklung. Technologisch stellte es jedoch sehr hohe Anforderungen.
Insgesamt sind 14 Prototypen für die verschiedensten Einsatzzwecke (darunter Schulmaschinen und Nachtjäger mit erhöhter zweiter Kabine, untere Seitenansicht) und 21 Vor- und Serienflugzeuge gebaut worden.
Nach dem Einmarsch der USA-Armee sind in den Dornier-Werken in Oberpfaffenhofen noch 4 halbfertige Maschinen komplettiert worden. Die nach dem Krieg in die USA überführte Do 335 A-02 ist bis 1947 im Testzentrum der USA-Marine in Patuxent River erprobt worden. Danach stand sie 27 Jahre im Nationalen Luftfahrtmuseum der USA in Washington. Im Jahr 1974 erhielt die BRD diese Maschine als Leihgabe, wo sie nach einer Restaurierung im Deutschen Museum in München aufgestellt wurde.

Rumpf: Ganzmetall-Schalenbauweise aus Stringern und 24 Spants mit Ausschnitten für Bugrad, Bombenraum und Hecktriebwerk; Preßluftschleudersitz; vor dem Katapultieren wurden Heckschraube und oberes Seitenleitwerk abgesprengt, bei Bauchlandung unteres.
Tragwerk: freitragender Tiefdecker in Ganzmetallbauweise; mehrholmiger Flügel; Mittelstück am Rumpf angeflanscht; Enteisungsanlage in Flügelnase; hydraulisch betätigte Landeklappen zwischen Querruder und Rumpf; Hauptkompaß, Tanks der hydraulischen Anlage, Sauerstoffflaschen und Kraftstofftanks in den Flügeln.
Leitwerk: freitragend und kreuzförmig; Ganzmetallbauweise; lediglich die Seitenflossennasen aus Holz; sämtliche Ruder mit Masseausgleich und Trimmrudern.
Fahrwerk: einziehbar mit Bugrad; untere Seitenflosse mit gefederter Spornkufe.

Fieseler Fi 156 „Storch"
STOL-Mehrzweckflugzeug

Den im Frühjahr 1935 ausgeschriebenen Wettbewerb zur Entwicklung eines Flugzeugs, das durch Kurzstart- und Kurzlandeeigenschaften vielseitig einsetzbar sein und ohne Hochauftriebshilfen auskommen sollte, gewann Fieseler mit seiner Fi 156 „Storch" gegen die Focke-Wulf FW 186, die Siebel Si 201 und die Messerschmitt Bf 163. Der Entwurf stammte von Winter. Dem 1936 erprobten Prototyp Fi 156 V-1 (mit Metallpropeller, am Boden in zwei Stellungen zu bringen; Ausrüstung mit Schneekufen möglich) folgten bis 1937 vier weitere.

Versionen:
Fi 156 A-0: Nullserie 1937/38, der V-3 entsprechend, 10 Exemplare gebaut
Fi 156 A-1: Kleinserie 1938, der V-5 entsprechend.

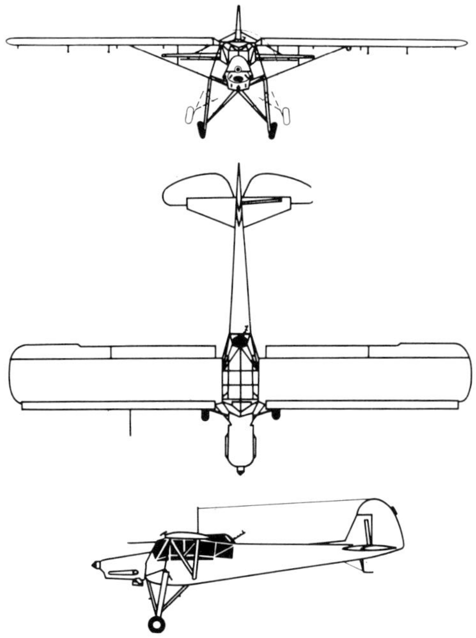

Fi 156 B: Ausführung als ziviles Flugzeug, das aber nicht gebaut wurde.
Fi 156 C-0: Nullserie 1939 mit einem MG 15 nach hinten auf dem Rumpf, Verbindungsflugzeug.
Fi 156 C-1: Serie 1939/40, wie C-0.
Fi 156 C-2: Serie 1940 als Aufklärungs- und Rettungsflugzeug mit vergrößertem Kabinenraum und einer Trage oder einer Reihenbildkamera.
Fi 156 C-3: Serie 1940/41 mit stärkerem Triebwerk.
Fi 156 C-3 Trop: Serie 1940/42 mit Tropenausrüstung.
Fi 156 C-5: Serie 1941/45 als Mehrzweckflugzeug mit abwerfbarem Zusatztank, Reichweite 1015 km.
Fi 156 C-5 Trop: Ausführung mit Tropenausrüstung.
Fi 156 D-0: Serie 1941 als Rettungsflugzeug mit größerem Nutzraum und größerer Tür.
Fi 156 D-1: Serie 1942/45, wie D-0.
Fi 156 E-0: Serie 1941/42, wie C-1, aber mit Raupenfahrwerk.

Ungarn kaufte 1942 36 Fi 156, Bulgarien 20, Finnland 2, Italien 6, Schweden 19, die Tiso-Slowakei 10, Spanien etwa 10, und Rumänien baute den Typ ab 1942 in Lizenz (45 Stück). Er blieb dort als Sanitätsflugzeug bis 1964 im Dienst. In Großbritannien, der UdSSR und den USA sind mehrere erbeutete Fi 156 geflogen worden. Eine Fi 156 C-1 steht heute im Museum der USA-Luftwaffe, eine weitere befindet sich im Deutschen Museum in München. In der Tschechoslowakei wurde die Fi 156 von 1945 bis 1949 in 149 Exemplaren als K-65 A und K-65 B gebaut und als militärisches Kurierflugzeug verwendet. Später wurde die K-65 zur L-60 „Brigadyr" weiterentwickelt. Auch in Frankreich (wo die Fi 156 ebenso wie in der Tschechoslowakei nach der faschistischen Okkupation gefertigt wurde), baute man das Flugzeug nach 1945 weiter (von Morane-Saulnier insgesamt 784 Exemplare als MS 500 und mit Sternmotor als MS 502). Dort entstanden auch zwei Fi 256 (Zivilausführung für fünf Personen), von denen nur die Fi 256 V-1 fertiggestellt worden war.
Bei Fieseler sind bis 1945 1549 Fi 156 „Storch" gebaut worden, in den besetzten Gebieten etwa 700.
Die Luft- und Seestreitkräfte Polens verwendeten nach 1945 ebenfalls noch einige Fi 156 C.

Rumpf: Stahlrohrbauweise mit Stoffbespannung; rechteckiger Querschnitt; geschlossene Kabine mit dem Pilotensitz vorn und zwei Sitzen gestaffelt dahinter.
Tragwerk: abgestrebter (V-Stahlrohr-Stiele) Hochdekker; Holzbauweise; zweiholmiger, zweiteiliger Flügel; Flügelnase sperrholzbeplankt, sonst stoffbespannt; Vorflügel aus Leichtmetall; Spaltlandeklappen; Querruder absenkbar.
Leitwerk: abgestrebte Normalbauweise in Holz; Flossen sperrholzbeplankt, Ruder stoffbespannt; starrer Hilfsflügel unter dem Höhenruder.
Fahrwerk: starres, hochbeiniges Fahrwerk mit extrem langem Federweg, breiter Spur und Niederdruckreifen; Hecksporn.

Focke-Wulf A 16
Verkehrsflugzeug

Das erste Flugzeug der 1924 gegründeten Firma Focke-Wulf Flugzeugbau war die A 16. Der Prototyp mit einem 55-kW-Triebwerk flog erstmalig am 23. Juni 1924. Dann folgten die Versionen A 16 a, A 16 b, A 16 c und A 16 d, die sich – von Details abgesehen – nur durch das Triebwerk unterschieden.
Trotz des schwachen Motors beförderte das Flugzeug drei bis vier Passagiere, und es hatte gute Start- und Landeeigenschaften. Beim Einbau der leistungsstärkeren Triebwerke mußte man verschiedene Veränderungen vornehmen. Der Flügelaufbau wurde verstärkt, der Rumpf in Länge und Breite vergrößert, so daß vier Fluggäste Platz fanden. Damit das Flugzeug nicht kopflastig wurde, mußte der Motor möglichst weit nach hinten versetzt werden. Pilotensitz und Triebwerk lagen somit nebeneinander, wobei der Motor 10 cm aus der Längsachse versetzt wurde. Dieser als A 16a bezeichnete Typ wurde am 18. März 1925 zugelassen. Insgesamt konnten 23 Kleinverkehrsflugzeuge verkauft werden.

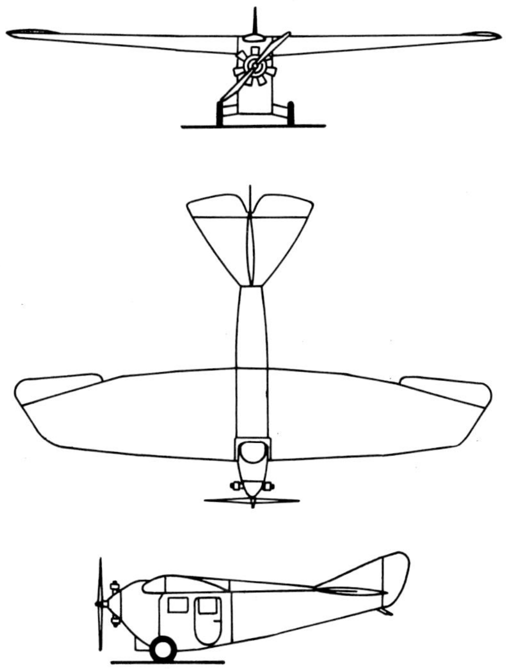

Rumpf: Ganzmetallbauweise, tief heruntergezogen mit rechteckigem Querschnitt; Kabine mit doppelten Sperrholzwänden; offener Pilotensitz vor Kabine und Flügel neben Motor.
Tragwerk: freitragender Schulterdecker in Holzbauweise; Flügel abnehmender Dicke in einem Stück; zwei Kastenholme.
Fahrwerk: starres Fahrwerk mit Hecksporn; Kastenträger unter dem Rumpf, in dem die geteilte Achse angelenkt und geführt ist.

Focke-Wulf A 17 „Möwe"
Verkehrsflugzeug

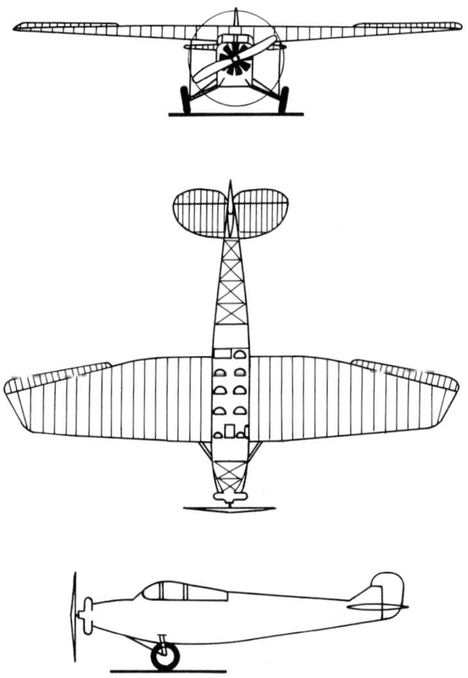

Der Erfolg mit der A 16 veranlaßte Focke-Wulf zur Entwicklung eines größeren Verkehrsflugzeugs, das sich wiederum durch niedrige Anschaffungs- und Betriebskosten auszeichnen sollte. Die A 17 übertraf in wirtschaftlicher Hinsicht nahezu alle damals im internationalen Luftverkehr eingesetzten Flugzeuge. Die Lufthansa und verschiedene andere Unternehmen stellten diese Flugzeuge in Dienst und flogen sie bis 1937. So verkehrte die A 17 nicht nur auf Inlandstrecken, sondern auch auf den Linien Berlin – Zürich und Berlin – Paris.
Die A 17 kam 1927 mit einem 310-kW-Triebwerk heraus, ein Jahr darauf folgte die A 17 a mit einem 355-kW-Motor. Später wurde ein Flugzeug mit einem 380-kW-Dieselmotor ausgerüstet. Diese als A 17 c bezeichnete Maschine erhielt außerdem eine Verstelluftschraube und ein größeres Seitensteuer.
Weiterentwicklungen der A 17 waren die von der Lufthansa auf Inlandstrecken benutzten A 21, A 28 und A 38.

Rumpf: Stahlrohrbauweise; vorn mit Blech beplankt, Kabine sperrholzbeplankt, dahinter Stoffbespannung; geschlossenes Cockpit.
Tragwerk: freitragender Schulterdecker mit dickem Profil in der Mitte, das sich nach den Flügelenden hin verjüngt; Taubenform der Flügelenden zur Verbesserung der Querstabilität.
Leitwerk: freitragende Normalbauweise.
Fahrwerk: starres Fahrwerk mit Hecksporn; Haupträder am unteren Rumpfholm angebracht und durch senkrechte Strebe zum Tragflügel abgestützt.

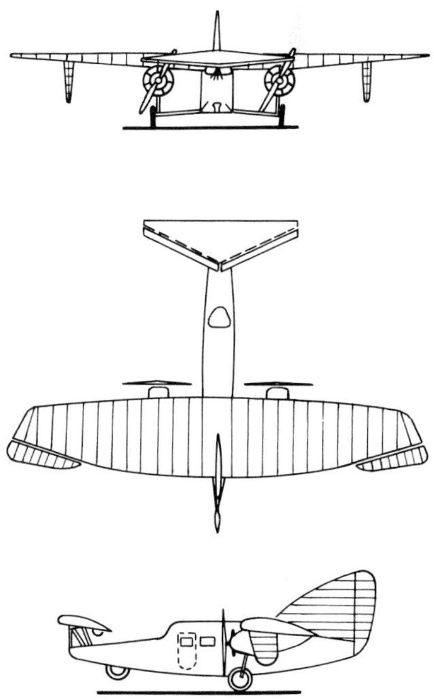

Focke-Wulf F 19 „Ente"
Verkehrsflugzeug

Die Bezeichnung verdeutlicht, daß das Flugbild dieser Flugzeuge dem der Ente ähnelte. Der Rumpf ragte weit nach vorn, und das Höhenleitwerk befand sich im Gegensatz zu anderen Flugzeugen vorn. Dieses System hatten bereits die Brüder Wright benutzt, und auch in Frankreich und Deutschland war mit Entenflugzeugen viel experimentiert worden.
Da die Flugzeuge früher infolge Überziehens oft zu trudeln begannen, kam es in geringer Höhe zu Abstürzen. Die Flugzeuge der Entenbauart konnten nicht überzogen werden, da die Strömung am Höhensteuer mit größerem Einstellwinkel zuerst abriß, die Rumpfspitze sich senkte und das Flugzeug wieder Fahrt aufnahm. Infolge einer Verkettung unglücklicher Umstände stürzte der Mitbegründer und Technische Leiter des Werkes, Wulf, bei einem Vorführungsflug mit der F 19 „Ente" am 29. September 1927 tödlich ab. Das zweite Flugzeug F 19 a wurde bis 1939 für Forschungsaufgaben verwendet und führte auch Streckenflüge, unter anderem über den Ärmelkanal, aus.

Rumpf: Stahlrohrbauweise mit Stoffbespannung; offenes Cockpit.
Tragwerk: freitragender Schulterdecker in Holzbauweise mit Taubenform.
Leitwerk: Höhenruder am Vorderflügel; Seitensteuer als Kielflosse und Ruder hinter dem Tragflügel am Rumpfende; zwei Seitenflossen am Flügel.
Fahrwerk: starres Bugradfahrwerk.

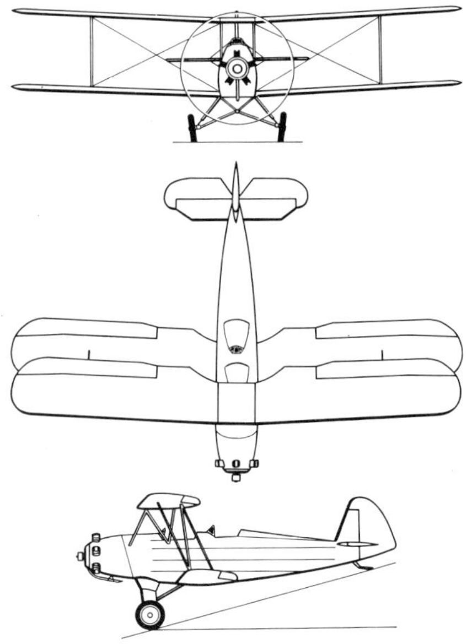

Focke-Wulf FW 44 „Stieglitz"
Schul- und Sportflugzeug

Der 1932 entwickelte Übungsdoppeldecker FW 44 stellte die erste Arbeit des neuen Technischen Direktors von Focke-Wulf, Kurt Tank, dar. Zu jener Zeit hatte sich auch in Deutschland bei den Sportflugzeugen der Eindecker durchgesetzt. Die FW 44 wurde jedoch als verspannter Doppeldekker ausgeführt, um ein stabiles und wendiges Flugzeug für die Ausbildung im Kunstflug und für den Kunstflug selbst zu erhalten. Das bei zahlreichen internationalen Wettbewerben und Kunstflugvorführungen erfolgreiche Flugzeug wurde in Deutschland viel geflogen und in zahlreiche Länder (so nach Österreich, Finnland [34], Bulgarien, Bolivien, in die Türkei, nach Rumänien, China, in die Tschechoslowakei [30] und Schweden) in größerer Anzahl exportiert. In Argentinien, Brasilien und Schweden wurde es in Lizenz gebaut.
Der Erstflug der FW 44 fand im Spätsommer 1932 statt. Dem Musterflugzeug FW 44 folgten eine Kleinserie FW 44 B mit 90-kW-Reihenmotor As 8 sowie die Großserie FW 44 C mit Sternmotor. Für Versuchszwecke startete eine FW 44 vom Luftschiff LZ 126 „Graf Zeppelin" aus (Aufhängung unter dessen Rumpf). Bis 1945 wurde der Typ auch als militärisches Standardschulflugzeug verwendet. Ende der siebziger Jahre gab es in der BRD noch etwa 10 flugfähige FW 44.

Rumpf: Stahlrohrbauweise mit Stoffbespannung; zwei offene Sitze hintereinander; Doppelsteuerung.
Tragwerk: einstieliger, abgestrebter Doppeldecker mit Stahlverspannung; Holzbauweise mit Stoffbespannung.
Leitwerk: verspanntes Höhenleitwerk; Normalbauweise.
Fahrwerk: starr mit geteilter Achse; Hecksporn.

Focke-Wulf FW 56 „Stößer"
Übungsflugzeug

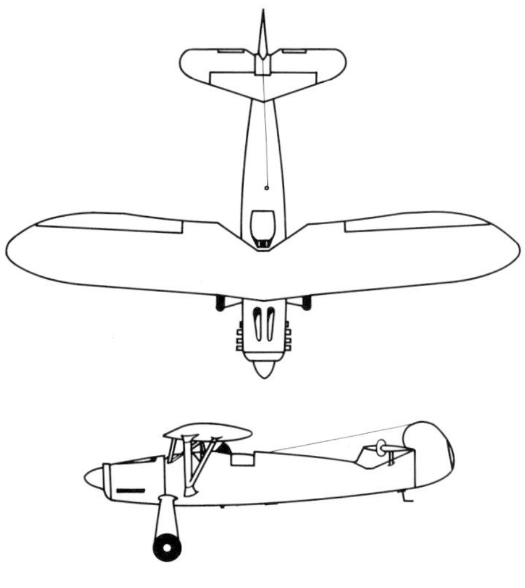

Im Jahr 1933 wurde ein Wettbewerb zur Entwicklung eines leichten Flugzeugs für den Kunstflug, die Ausbildung von Jagdfliegern und die eventuelle Verwendung als leichtes Jagdflugzeug ausgeschrieben. Focke-Wulf entwickelte für diesen Wettbewerb die FW 56 „Stößer". Diese Maschine war aus der FW 55 hervorgegangen, deren Entwicklung Anfang 1932 in den von Focke-Wulf aufgekauften Albatros-Werken begonnen hatte.
Nach den 3 Prototypen FW 56 V 1 bis V 3 mit unterschiedlichem Fahr- und Tragwerk folgten 3 Maschinen der Nullserie (bewaffnete FW 56 A-0, auch als V 4 bis V 6 bzeichnet). Vom Serienmodell FW 56 A-1 wurden etwa 900 Flugzeuge gebaut.

Rumpf: geschweißtes Stahlrohrfachwerk mit Stoffbespannung; trapezförmiger Querschnitt durch Formleisten auf ovalen Querschnitt gebracht; vorn Blechbeplankung.
Tragwerk: leicht gepfeilter, abgestrebter Hochdecker in Holzbauweise; zweiteiliger, zweiholmiger Flügel; zum größten Teil sperrholzbeplankt, hinten stoffbespannt; Verbindung zum Rumpf durch Baldachin mit zwei N-Streben und Kabelauskreuzung; Außenflügel mit V-Streben abgefangen.
Leitwerk: Normalbauweise in Holz mit Stoffbespannung; abgestrebtes und nach vorn versetztes Höhenleitwerk.
Fahrwerk: starres Heckspornfahrwerk als freitragendes Einbeinfahrwerk mit Hochdruckreifen.

Focke-Wulf FW 200 „Condor"
Verkehrsflugzeug

Anfang 1936 begann der Konstrukteur Tank mit der Entwicklung eines für die damalige Zeit sehr modernen, viermotorigen Verkehrsflugzeugs, der FW 200 „Condor".
Der erste Prototyp flog erstmalig im Juli 1937. Einige Fernflüge, die die FAI als Weltrekorde anerkannte (August 1938 Berlin–New York und zurück, November 1938 Berlin–Hanoi und Berlin–Tokio), erregten in der Welt Aufsehen und führten zu Bestellungen aus Dänemark, Brasilien, Japan und Finnland. In Dänemark wurde die Maschine zuerst eingesetzt, und zwar die FW 200 „Damin" und „Jutlandia" (Juli und November 1938). Die beiden Flugzeuge für Brasilien wurden

auch noch ausgeliefert, die für Finnland und Japan bei Ausbruch des zweiten Weltkriegs für militärische Zwecke beschlagnahmt. Die 10 Maschinen der Lufthansa wurden zum großen Teil als Militärflugzeuge verwendet. Da die FW 200 „Condor" als Verkehrsflugzeug entworfen worden war, genügte sie dabei in Leistung und Festigkeit nicht allen Anforderungen. Einschließlich der Prototypen sowie ziviler Ausführungen wurden 276 Maschinen dieses Typs hergestellt.
Zwischen 1940 und 1944 bauten die Focke-Wulf-Werke insgesamt 262 als FW 200 (Serien C-1 bis C-8) bezeichnete Maschinen, die als Fernbomber verwendet werden sollten. Da sie sich dazu ungenügend eigneten, setzte man sie vorwiegend zur U-Boot-Unterstützung sowie zur Geleitzugbekämpfung, aber auch als Seeaufklärer und als Transportflugzeuge ein (z. B. nach Stalingrad, heute Wolgograd, wobei große Verluste auftraten). Hauptversion war die FW 200 C-4 als schweres Seekampfflugzeug, von dem 1942 114 Maschinen vorhanden waren.
Die Version FW 200 C-8 war Träger von zwei Gleitbomben Hs 293.

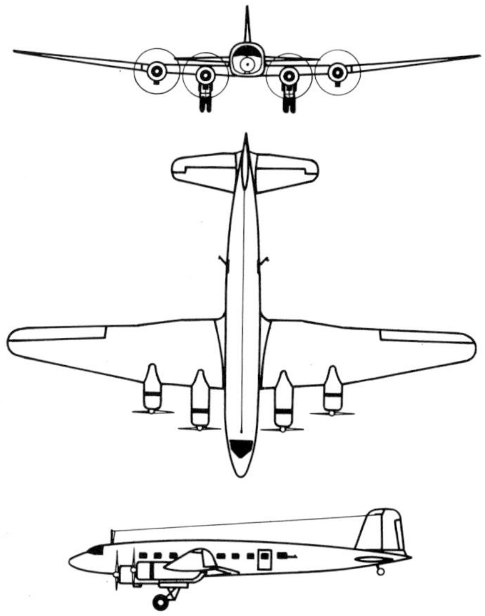

Rumpf: Ganzmetall-Halbschalenbauweise.
Tragwerk: freitragender Tiefdecker in Metallbauweise; dreiteiliger Flügel mit zwei Holmen; Metallbeplankung bis zum Hinterholm, dahinter Stoffbespannung.
Leitwerk: freitragende Normalbauweise.
Fahrwerk: einziehbares Heckradfahrwerk; Haupträder fahren in die inneren Triebwerkgondeln ein, Heckrad in den Rumpf.

Focke-Wulf FW 189 Aufklärungsflugzeug

Dieses eigenartige Flugzeug, von den sowjetischen Soldaten als „Rahmen" bezeichnet, war ursprünglich als Mehrzweckmaschine mit schnell auswechselbarer Gondel zwischen den Rümpfen gedacht. Nach dem Projekt von 1937 sollte es als Schlachtflugzeug, Aufklärer, leichter Bomber und als Schulflugzeug dienen. Der 1938 erprobte erste Prototyp FW 189 V-1 war ein Schlachtflugzeug mit einer stark gepanzerten Gondel, die eine sehr kleine Stirnfläche aufwies, zwei Sitze hintereinander und im Heck einen Schützenstand hatte. Schnelligkeit und Wendigkeit ließen in Bodennähe jedoch zu wünschen übrig.
Dagegen war man mit den Leistungen des zweiten Prototyps zufrieden, der eine dreisitzige Vollsichtkanzel mit drei beweglichen 7,9-mm-MGs hatte. Fast unverändert ging diese Maschine in Serie, allerdings mit zwei beweglichen MGs – die beiden starren Waffen in den Tragflügelwurzeln blieben erhalten.
Die drei Versionen der A-Reihe (A-1 bis A-3) unterschieden sich nur geringfügig. Sie wurden ab 1940 als Aufklärer der Landstreitkräfte, zum Transport Verwundeter, als Navigationstrainer und als Verbindungsmaschine, behelfsmäßig auch als Nachtschlacht- und als Jagdflugzeug gegen die sowjetische Po-2 verwendet. Bis 1944 sind insgesamt 846 FW 189 gebaut worden.
Eine mit leistungsfähigeren Triebwerken versehene Ausführung hieß FW 189 F (je 425 kW), deren Bewaffnung ebenfalls verstärkt worden war. Die FW 189 G, mit der in 4500 m Höhe eine Geschwindigkeit von 435 km/h erreicht werden sollte, blieb dagegen Projekt.
An Ungarn sind etwa 30 FW 189 A-2 und an die Tiso-Slowakei 14 FW 189 A-1 geliefert worden.

Rumpf: Gondel auf dem Tragflügelmittelstück in Ganzmetall; stark verglast; zwei Leitwerkträger in Verlängerung der Motorgondeln in Ganzmetall.
Tragwerk: Tiefdecker mit dreiteiligem, dreiholmigem Ganzmetallflügel; Außenteile trapezförmig; Vorder- und Hinterkanten abnehmbar; zweiteilige, stoffbespannte Querruder in Außenflügeln; elektrisch betätigte Spreizklappen zwischen Querruder und Leitwerkträger sowie unter Mittelflügel.
Leitwerk: doppeltes Seitenleitwerk; Ganzmetall-Seitenflossen; Ganzmetall-Höhenflosse; sämtliche Ruder aus Metall mit Stoffbespannung, mit Masseausgleich und elektrischen Trimmrudern, aerodynamisch ausgeglichen.
Fahrwerk: einziehbar, auch Heckrad; alle Streben einfach bereift.

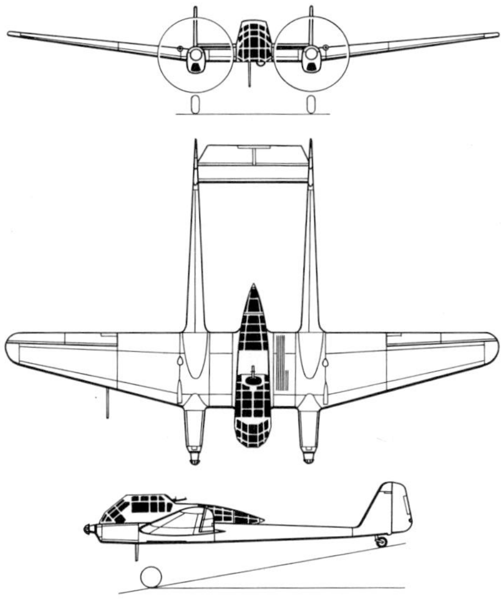

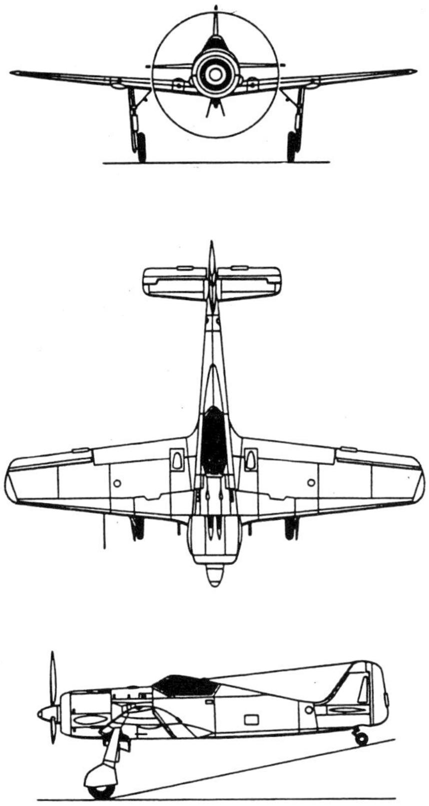

Focke-Wulf FW 190
Jagdflugzeug

Die FW 190 gehörte zu den leistungsfähigsten Jagdflugzeugen des zweiten Weltkriegs. Bei der Projektierung untersuchte man zwei Auslegungen: eine mit flüssigkeitsgekühltem und eine mit luftgekühltem Triebwerk. Der Prototyp V-1 mit einem luftgekühlten 1140-kW-Triebwerk flog erstmalig am 1. Juni 1939. Ab der V-5 wurden 1250-kW-Triebwerke eingebaut. Diese Flugzeuge hatten eine kleinere Spannweite. Ende 1940 begann die Lieferung der Vorserie FW 190 A-0, die wieder die ursprüngliche, größere Spannweite hatte. Die Flugerprobung führte zu verschiedenen Verstärkungen und Verbesserungen. 1941 erschienen die ersten Serienflugzeuge FW 190 A, deren Feuerkraft sich aber bald als zu schwach erwies, weshalb man die beiden MGs in den Tragflügeln durch 2-cm-Kanonen ersetzte. Diese Maschine wurde als FW 190 A-2 bezeichnet.

Einige Versionen:
- FW 190 A-3: mit verbessertem Triebwerk und verbesserter Bewaffnung sowie stärkerer Panzerung des Pilotensitzes (Herbst 1941).
- FW 190 A-4: mit Kraftstoffeinspritzung und Lader, so daß kurzzeitig eine Leistung von 1550 kW abgegeben werden konnte.
- FW 190 A-4/R-6: mit Aufhängungen für Raketenbehälter unter den Tragflügeln.
- FW 190 A-4/U-8: Langstreckenjagdbomber mit einer 500-kg-Bombe unter dem Rumpf und einem 300-l-Abwurftank je Tragflügel.
- FW 190 A-5: mit verbesserter Triebwerkaufhängung: Vorläufer des Nachtjagdflugzeugs FW 190 A-5/U-2 (Sommer 1943).
- FW 190 A-5/U-3: Jagdbomber mit einer 500-kg-Bombe und zwei 250-kg-Bomben.
- FW 190 A-5/U-8: Langstreckenausführung mit Abwurftanks.
- FW 190 A-5/U-11: Erdkampfflugzeug mit zwei 3-cm-Kanonen in den Tragflügeln (November 1943).
- FW 190 A-5/U-15: Spezialausführung zum Torpedoabwurf.
- FW 190 A-6: mit MG 151.
- FW 190 A-6/R-2: Jagdbomber.
- FW 190 A-7: mit 13-mm-MG auf dem Rumpf und verstärktem Fahrwerk.
- FW 190 A-8: mit vergrößertem Rumpftank (Ende 1943).
- FW 190 A-8/R-1: mit vier 2-cm-Kanonen, paarweise unter den Tragflügeln.
- FW 190 A-8/R-11: Allwetterjäger mit spezieller Funkausrüstung und Autopilot.
- FW 190 A-8/U-1: zweisitziger Trainer.
- FW 190 D: mit flüssigkeitsgekühltem Zwölfzylinder-Triebwerk (Foto).
- FW 190 F: Erdkampfausführung mit verbesserter Cockpitverglasung und Panzerung sowie verstärktem Fahrwerk.
- FW 190 G: Sturzkampfflugzeug, eine schwere Bombe bis zu 1800 kg.

Insgesamt wurden 19 999 FW 190 gebaut, davon 13 365 Jäger oder Nachtjäger und 6634 Jagdbomber. 75 FW 190 A-3 sind an die Türkei verkauft worden. Ungarn erhielt etwa 35 Maschinen. Mehrere erbeutete FW 190 sind in der UdSSR, in Großbritannien und den USA geflogen worden. In Frankreich wurden nach 1945 bei SNCA 64 FW 190 A-8 gebaut und von den Luftstreitkräften einige Jahre lang als NC 900 geflogen. In der Tschechoslowakei flogen nach 1945 2 FW 190 A-8 als Š-90. Eine Weiterentwicklung war die Ta 152 mit flüssigkeitsgekühltem Reihenmotor, von der 67 Maschinen gebaut wurden.

Rumpf: Ganzmetall-Schalenbauweise; Cockpit nach hinten aufschiebbar; Sitz gepanzert; unter dem Cockpit gepanzerter Kraftstofftank.
Tragwerk: freitragender Tiefdecker in Ganzmetallbauweise; zwei Holme; Flügel einteilig mit einem durch den Rumpf geführten vorderen Holm; Ganzmetall-Spreiz-Landeklappen elektrisch betätigt; Querruder in Metallbauweise mit Stoff bespannt.
Leitwerk: freitragende Normalbauweise; Flossen in Ganzmetallbauweise; Ruder in Metallbauweise mit Stoffbespannung.
Fahrwerk: einziehbares, elektrisch betätigtes Fahrwerk; Spornrad teilweise einziehbar.

Fokker A-1912 „Spinne"
Schul- und Militärflugzeug

Die Firma Goedecker in Mainz brachte 1911 ein neues Flugzeug mit Holmen aus Stahlrohr und einer nur einseitigen Segeltuchbespannung heraus. Fokker bestellte bei dieser Firma ein Flugzeug nach seinen Ideen, das mit einem 35-kW-Motor ausgerüstet war. Damit erwarb Fokker am 16. Mai 1911 sein Pilotendiplom. Im August 1911 bestellte er bei Goedecker sein drittes Flugzeug, das bei seiner Vorführung in den Niederlanden den Spitznamen „Haarlemer Spinne" erhielt und danach „Spinne" genannt wurde.
Ab Anfang 1912 baute Fokker in Berlin-Johannisthal rund 25 Flugzeuge dieses Typs. Die Einzelteile dazu lieferte Goedecker. Zuerst fertigte Fokker die zweisitzige A-1912 mit dem 35-kW-Motor Argus,

später folgte die B-1912 mit dem 45- bzw. 50-kW-Argus. Einige „Spinnen“ versah man mit dem 50-kW-Motor Renault. Verwendet wurden diese Flugzeuge von Sportfliegern sowie von der Fliegerschule Fokker in Schwerin.
Im Juni 1912 erhielt Fokker vom preußischen Kriegsministerium den Auftrag für eine „Spinne“ mit einem 75-kW-Motor und 1913 für zwei weitere Flugzeuge. Diese Maschinen wurden als M-1 (M = Militär) bezeichnet. Sie erhielten statt des üblichen Steuerrades einen Steuerknüppel.
Die „Spinne“ erwies sich als nicht so stabil und nicht so leicht zu fliegen wie die „Taube“. Sie wurde als unbewaffnetes Aufklärungsflugzeug und bis Ende des Jahres 1914 als Schulflugzeug verwendet.
Im Luftfahrtmuseum Kraków befindet sich eine „Spinne“, die 1925 in den niederländischen Fokker-Werken aus Teilen anderer „Spinne“-Maschinen zusammengesetzt wurde. Dieses Flugzeug war nach der Besetzung der Niederlande nach Berlin gebracht und von dort wegen der zunehmenden Bombenangriffe in das damalige Westpommern „ausgelagert“ worden.

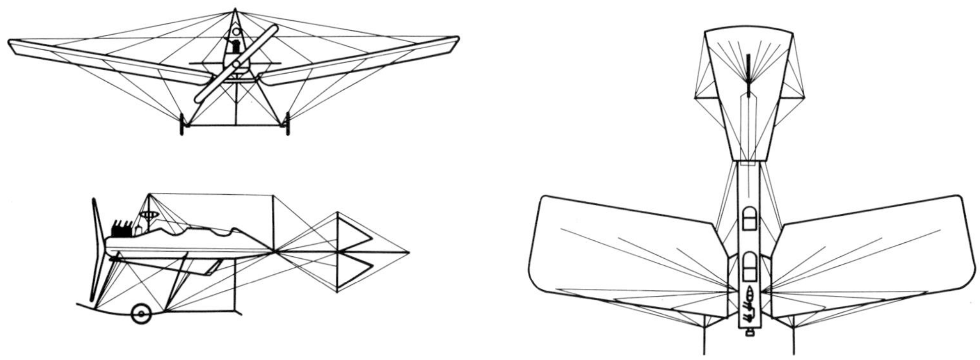

Rumpf: Holzbauweise; Sitze mit Blech verkleidet; zwei Holme.
Tragwerk: Tiefdecker mit zwei Holmen aus Stahlrohr, stoffbespannt; Flügelverwindung; starke V-Stellung und Flügelpfeilung; nur eine Seite stoffbespannt; Vorderholm an der Flügelnase; Verspannung durch Stahlkabel.
Leitwerk: Normalbauweise; Bambusrohr mit Stoffbespannung; Höhensteuerung durch Verwindung der Höhensteuerfläche; zwei dreieckige Seitenflossen über und unter dem Höhensteuer.
Fahrwerk: starres Fahrwerk mit durchgehender Achse, zwei Rädern und zwei Kufen; Hecksporn; Gummidämpfung; Militärausführung mit zwei Zwillingsrädern; Drahtverspannung.

Fokker M-5
Übungs- und Militärflugzeug

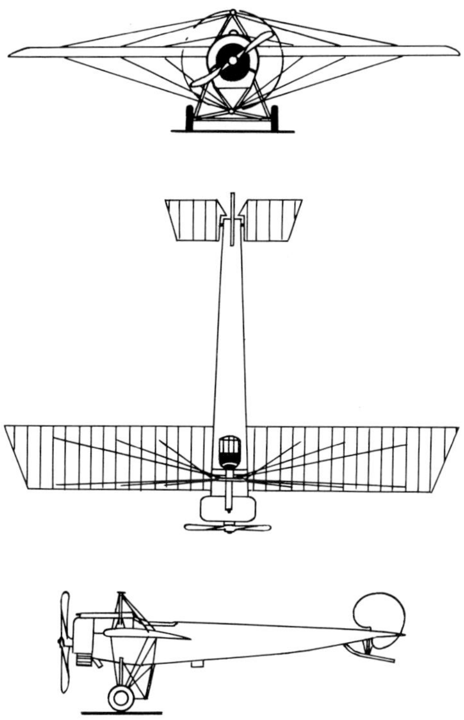

Fokker hatte mit seinen Flugzeugen M-1 („Spinne“), M-2 (10 Exemplare im Jahr 1913 gebaut), M-3 und M-4 wenig Erfolg. Bevor er an die Konstruktion eines weiteren Flugzeugs ging, kaufte er eine französische „Morane-Saulnier“, die beschädigt worden war, und baute sie wieder auf.
Aufgrund seiner dabei gewonnenen Erkenntnisse schuf er den leichten Eindecker M-5. Von der „Morane-Saulnier“ unterschied sich dieser vor allem durch die Stahlrohrbauweise des Rumpfes, das Fahrwerk und den Motoreinbau.
Zu Beginn des ersten Weltkriegs wurden die Fokker-Eindecker als unbewaffnete Beobachtungsflugzeuge eingesetzt. Ab 1915 wurden sie mit einem synchronisierten MG bewaffnet, das von den Nocken des Motors betätigt wurde. Die Geschosse verließen nur dann den Lauf, wenn sich die Propellerblätter nicht im Schußfeld befanden.

Versionen:
M-5 K: Version der M-5 mit kurzen, nur zweimal abgefangenen Tragflügeln und mit MG.
M-5 L: erste, zweisitzige Ausführung mit durch Stahlkabel dreimal abgefangenen Tragflügeln.
M-8: Ausführung der M-5 L als Artilleriebeobachtungsflugzeug mit einem 75-kW-Triebwerk.
M-14 (E-II): mit 75-kW-Triebwerk.
M-14 (E-III): mit größerer Spannweite und verbessertem Motor.
M-15 (E-IV): vergrößerte Version mit 120-kW-Triebwerk und zwei bis drei MGs.

Rumpf: geschweißte Stahlrohrbauweise mit Stoffbespannung; vier Holme, vorn mit Diagonalverstrebungen, hinten mit Draht ausgekreuzt.
Tragwerk: Schulterdecker, an Spanntürmen über und unter dem Rumpf mit Stahlkabel abgefangen; zwei Holme, Stoffbespannung; Flügelverwindung.
Leitwerk: Normalbauweise; ungedämpfte Ruder.
Fahrwerk: starres Fahrwerk mit durchgehender Achse, Hecksporn.

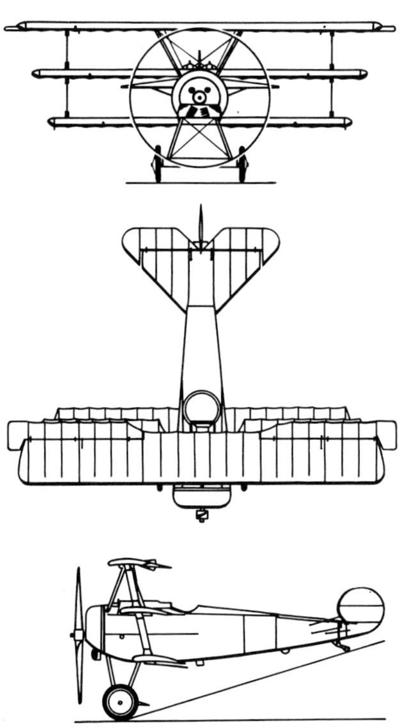

Fokker Dr. 1
Jagdflugzeug

Als die Entente-Mächte im Frühjahr 1917 die Sopwith „Triplane" einsetzen, beschäftigten sich in Deutschland und Österreich nicht weniger als 14 Flugzeugwerke mit der Entwicklung von Dreideckern. Als Vorteil versprach man sich vom Dreidecker eine gute Wendigkeit, weil die Flügel trotz der großen Gesamtfläche eine geringe Spannweite aufwiesen.

Der Konstrukteur Platz entwickelte bei Fokker den verspannungslosen, freitragenden Dreidecker V-3. Trotz der dicken Flügel ergaben sich starke Flügelvibrationen, so daß die V-4 einen Stiel erhielt. Dieses Flugzeug war sodann die Basis für die Serienflugzeuge, die ab Sommer 1917 unter der Werkbezeichnung F 1 geliefert wurden. Die militärische Typenbezeichnung lautete später Dr. 1. Obwohl der Dreidecker nicht schneller war als die anderen Jagdflugzeuge, war er jedoch wegen seiner kurzen Tragflügel außerordentlich wendig und sehr steigfähig. Verschiedene Flügelbrüche machten den Dreidecker erst nach Beseitigung ihrer Ursachen, nämlich ab November 1917, voll einsatzfähig. Die Produktion wurde aber schon im Mai 1918 eingestellt. Bis dahin hatten die Fokker-Werke 321 Dr. 1 geliefert. Bei Kriegsende gab es in den Kampfstaffeln noch etwa 60 Dr. 1. Bewaffnet waren sie mit zwei synchronisierten MGs Spandau 08/15 (je 500 Patronen).

Im Deutschen Museum München steht heute eine Dr. 1, die von der darauf spezialisierten Firma Williams in Augsburg nachgebaut wurde. Als Originalteile wurden Instrumente, Triebwerk, Luftschraube und Reifen verwendet.

Rumpf: Stahlrohrbauweise mit Stoffbespannung; offenes Cockpit.
Tragwerk: verspannungsloser, einstieliger, gestaffelter Dreidecker; Oberflügel größer als Mittelflügel, dieser größer als Unterflügel; dicke Flügel, in jedem Flügel ein Holmkasten, bestehend aus zwei Kastenholmen, die oben und unten durch Sperrholz verbunden wurden; Flügelnase sperrholzbeplankt; sonst Stoffbespannung; Querruder nur an den oberen Flächen.
Leitwerk: Normalbauweise in Stahlrohr mit Stoffbespannung.
Fahrwerk: starres, verspanntes Fahrwerk mit durchgehender Achse; Achse tragflügelartig verkleidet; Gummidämpfung; Hecksporn.

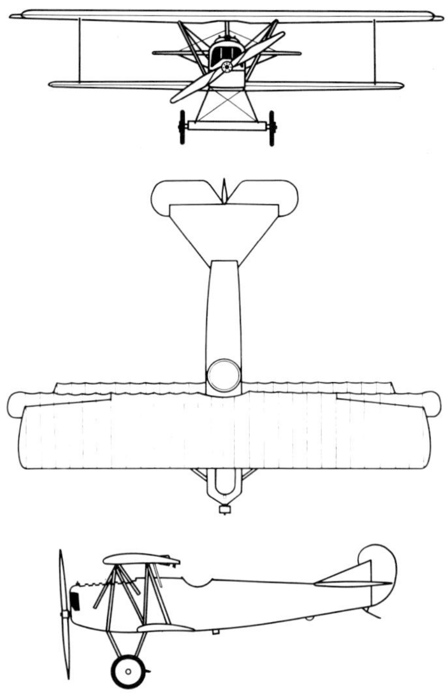

Fokker D VII
Jagdflugzeug

Da die Dr. 1 den alliierten Luftstreitkräften im ersten Weltkrieg nicht gewachsen war, wurde ein Wettbewerb zur Entwicklung neuer Jagdflugzeuge ausgeschrieben. Fokker beteiligte sich an diesem Wettbewerb mit mehreren Flugzeugen, darunter dem von Platz konstruierten Prototyp V-11, der das Vergleichsfliegen gewann. Dieses Flugzeug ging leicht verändert unter der Bezeichnung D VII (Werksbezeichnung V-18) in die Produktion. Da Fokker die geforderten Stückzahlen allein aber nicht liefern konnte, wurden andere Werke mit der Lizenzproduktion beauftragt, darunter auch Fokkers damaliger größter Konkurrent Albatros.

Die Steigleistung und die Geschwindigkeit der D VII waren im Vergleich zu anderen Flugzeugen durchaus nicht überragend. Wenn die Maschine

trotzdem zu einem gefürchteten Jagdflugzeug wurde, so deshalb, weil sie außerordentlich wendig und auch in großen Höhen zu beherrschen war.
Das Flugzeug wurde von anderen deutschen Flugzeugwerken kopiert, so als LFG „Roland" D XV. Als Weiterentwicklung der D VII entstanden im Sommer 1918 bei Fokker die V-33, die V-36 und die V-38. Vom Typ V-38 wurden rund 70 Maschinen gebaut, von denen zahlreiche nach Kriegsende in die Niederlande gebracht wurden. Bis November 1918 wurden etwa 800 D VII gefertigt. Hinzu kam die D VII F (V-24) mit dem stärkeren Motor BMW III a (135 kW). Diese etwa 20 km/h schnelleren Maschinen wurden 1918 in der Schweiz gebaut und bis 1938 geflogen.
Nach dem Krieg wurde die Maschine in den Niederlanden weitergebaut und vor allem in die Kolonien ausgeführt. Die USA kauften 142 Maschinen. In Polen flogen von 1918 bis 1927 etwa 50 D VII. Deutschland bezog 1923 in den Niederlanden 50 D XII (verbesserte D VII) und verkaufte sie an Rumänien weiter. Einige D VII befanden sich 1919 in Ungarn. Auch die UdSSR benutzte mehrere Maschinen vom Typ D VII bis in die zwanziger Jahre.

Rumpf: Stahlrohrbauweise mit recheckigem Querschnitt; Stoffbespannung; am Motor mit Blech beplankt; gewölbte Oberseite hinter dem Pilotensitz aus Sperrholz.
Tragwerk: Doppeldecker in Holzbauweise mit Stoffbespannung; dickes Profil mit zwei Holmen; Oberflügel auf Stahlrohrbaldachin und mit Stahlrohren verstrebt; Ober- und Unterflügel durch N-Stiel auf jeder Seite verbunden.
Leitwerk: Normalbauweise in Holz mit Stoffbespannung.
Fahrwerk: Heckspornfahrwerk; Räder mit fester, ungeteilter Achse, Achse tragflügelartig verkleidet.

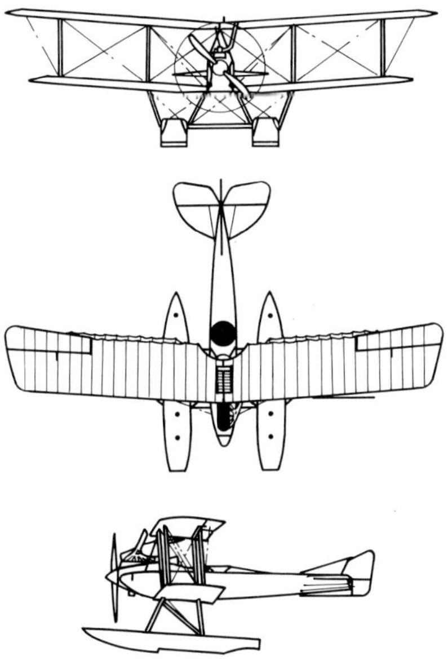

Friedrichshafen FF-33 / FF-49 c Aufklärungsflugzeuge

Die FF-33 (Skizze) wurde in zahlreichen Versionen gebaut. Die ersten Ausführungen erschienen 1914. Es waren dreistielige, verspannte Doppeldecker als unbewaffnete Aufklärungsflugzeuge, die einige leichte Bomben mitnehmen konnten. Bei diesen Ausführungen saß der Pilot hinten und der Beobachter vorn. In der späteren Ausführung FF-33 b saß der Pilot vorn, und der Beobachter hatte hinten ein bewegliches MG. Weitere Versionen erhielten statt der Bewaffnung eine Sende- und Empfangsausrüstung (FF-33 e). Dieser Typ wurde unter Begleitschutz bewaffneter Maschinen eingesetzt. Verschiedene Ausführungen hatten Doppelsteuer und dienten als Schulflugzeuge. Von der Version FF-33 f ab waren die Flugzeuge kleiner und als zweistielige, verspannte Doppeldecker ausgeführt. Sie waren somit wendiger. Spätere Versionen erhielten zusätzlich ein starres MG für den Piloten.
Das Flugzeug wurde in über 500 Exemplaren gebaut und bis zum Ende des ersten Weltkriegs eingesetzt. Eine FF-33 („Wölfchen") wurde von November 1916 bis Februar 1918 im Indischen und im Pazifischen Ozean an Bord des Hilfskreuzers „Wolf" zum Aufklären und zum Stoppen von Handelsschiffen mitgeführt.
Die ab September 1916 in 135 Exemplaren gebaute Weiterentwicklung wurde als FF-331 bezeichnet.
Ab Mai 1917 wurde die FF-49 c (Foto) als Weiterentwicklung der FF-33 j ausgeliefert. Zur Verbesserung der Flugleistungen erhielt sie ein stärkeres Triebwerk und eine verstärkte Zelle. So entstand ein außerordentlich robustes Flugzeug, das auch auf offener See starten und wassern konnte, beispielsweise, um notgelandete Besatzungen zu retten. Es hob auch mit der doppelten Last sicher vom Wasser ab. Der hintere Beobachtersitz verfügte über ein bewegliches MG. Außerdem war ein Funkgerät vorhanden. Von der FF-49 c wurden 235 Maschinen im Stammwerk sowie in anderen Flugzeugwerken gebaut.
Die Version FF-49 b war ein Bombenflugzeug, bei dem der Pilot hinten saß. Von dieser Version verließen 25 Maschinen die Werkhallen.
Noch nach 1920 flog eine FF-49 b bei den polnischen Seefliegern. Ab 1923 verwendete die Reichsmarine der Weimarer Republik 13 FF 49 mit zivilem Anstrich als FF 71. Die letzte Maschine wurde 1934 außer Dienst gestellt.

Rumpf: Holzbauweise mit Stoffbespannung und rechteckigem Querschnitt, nach hinten in eine vertikale Schneide auslaufend; Oberseite abgerundet.
Tragwerk: zweistieliger (FF-49 c: dreistieliger), verspannter Doppeldecker in Holzbauweise; zwei Holme und Rippen, Stoffbespannung.
Leitwerk: Normalbauweise; Höhenruder geteilt; Seitenruder nach unten verlängert; Stahlrohrbauweise mit Stoffbespannung; unter dem Rumpf eine Seitenflosse.
Schwimmwerk: zwei Schwimmer mit je zwei Stufen.

Friedrichshafen G I bis G IV Bombenflugzeuge

Die im Juli 1912 gegründete Firma Flugzeugbau Friedrichshafen schuf bereits vor dem ersten Weltkrieg mehrere Flugboote und Schwimmerflugzeuge. Während des Krieges war sie zwar Hauptlieferant von militärischen Seeflugzeugen, jedoch stellte sie ab 1914 auch eine größere Anzahl zweimotoriger Bomber her, die die Baumusterbezeichnung G für Großflugzeug erhielten. Darunter waren mit Maschinengewehren oder Kanonen bewaffnete zweimotorige Doppeldecker zu verstehen.
Ausgangsmuster der Bomberserie war die Ende 1914 projektierte und 1915 ausgelieferte G I (Werkbezeichnung FF 30) – ein Doppeldecker mit Druckschrauben und doppeltem Höhenleitwerk. Von diesem Typ sollen 24 Maschinen gebaut worden sein, jedoch gibt es auch Quellen, wonach die G I nicht in Serie gegangen ist. Als Antrieb dienten zwei Benz Bz III mit je 110 kW. Im Jahr darauf folgte die G II (FF 38) mit zwei Bz IV (je 150 kW) und von 150 auf 450 kg vergrößerter Bombenladung. Von dieser Version (Foto) sollen 160 Flugzeuge ausgeliefert worden sein. Die vergrößerte und leistungsstärkere Weiterentwicklung G III (FF 45) erschien 1917. Sie war das am meisten produzierte Modell der Friedrichshafen-Bomber. Von der mit einfachem Höhenleitwerk ausgestatteten G III (Skizze) wurden 1917 236 Maschinen hergestellt. 1918 verließen 279 G IIIa (FF 61) die Werkhallen. Sie hatten ein doppeltes Höhenleitwerk und bei sonst gleichem Aufbau eine um 1,10 m größere Spannweite. Außerdem waren sie

0,10 m länger und 195 kg schwerer als die G III. Die Besatzung war im Rumpfmittelteil untergebracht. Als interessantes Konstruktionsmerkmal galt der Stahlrohrrahmen des viereckigen Rumpfes. Er war an Bug und Heck mit Holz beplankt, in der Mitte stoffbespannt. Nach vorn und hinten war je ein bewegliches MG gerichtet. Dadurch ergaben sich gute Abwehrmöglichkeiten gegen feindliche Jagdflugzeuge.

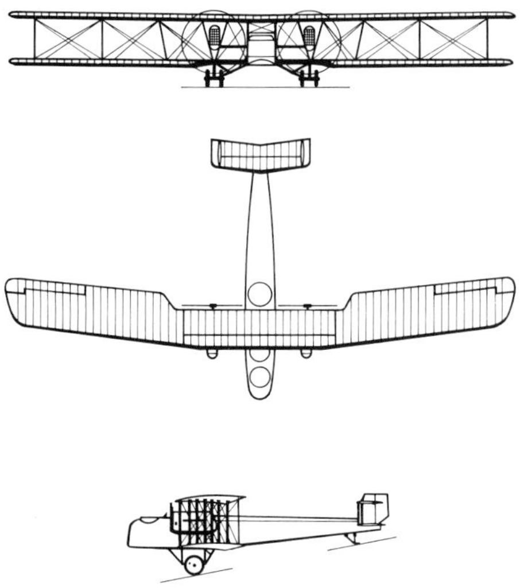

Eine Weiterentwicklung der G III war die 1918 in 48 Exemplaren ausgelieferte G IV (FF 62 a). Sie war 0,90 m kürzer und 0,64 m niedriger, jedoch etwas schwerer als die G IIIa. Der Hauptunterschied

bestand jedoch darin, daß die G IV im Unterschied zu den anderen Reihen Zugschrauben besaß. Diese konstruktive Umstellung von Druck- auf Zugschrauben kann man bei mehreren Flugzeugtypen jener Zeit feststellen. Von der Version G IV a wurden nochmals 38 Maschinen gebaut.
Äußerlich unterschieden sich die G-Flugzeuge von Friedrichshafen nur wenig von denen der Gothaer Waggonfabrik. Die Maschinen der beiden Firmen bildeten von 1916 bis Kriegsende den Hauptbestand der deutschen Bomberverbände und wurden wiederholt für die Angriffe auf London verwendet.
Eine Friedrichshafen G IVa wurde 1920 von Angehörigen des Roten Frontkämpferbundes mit einer großen Medikamentensammlung in die Sowjetunion geflogen. 1922 kaufte die Sowjetunion eine zweite Maschine dieses Typs. Bis zum Jahr 1926 wurde eine Friedrichshafen G III von den Luftstreitkräften Polens geflogen.

Angaben zur G III:

Rumpf: rechteckiger Querschnitt, vorn leicht gewölbte Rumpfdecke; senkrechte Schneide; Bombenschütze im Bug; Flügelmittelstück mit Motorträgern und Sitzen für Flugzeugführer und Beobachter bildeten eine Einheit, Stände durch Laufgänge verbunden.
Tragwerk: dreistieliger verspannter Doppeldecker gleicher Spannweite, Außenflügel abnehmbar; Flügelmittelstück auf zwei Stahlrohrholmen aufgebaut; Rippen aus Sperrholz; teils Sperrholzabdeckung, teils Stoffbespannung; Querruder an Ober- und Unterflügel.
Leitwerk: große dreieckige Seitenflosse; Seitenruder mit rechteckiger Ausgleichsfläche; trapezförmige Höhenflosse, zum Rumpf durch Stahlrohrstrebe abgestützt; Anstellwinkel im Flug verstellbar; geteiltes Höhenruder mit überstehenden Ausgleichsflächen; Flossen und Ruder von Seiten- und Höhenleitwerk aus Stahlrohr mit Holzrippen und Stoffbespannung.
Fahrwerk: unter jedem Motorträger U-förmiges Hauptfahrgestell, zum Rumpf gestützt; zwei Zweiradfahrgestelle mit kurzer Achse; Blattfedern; Bugrad mit kurzer Achse und Gummiseilfederung; gefederter Sporn.

Gotha G I
Aufklärungsflugzeug

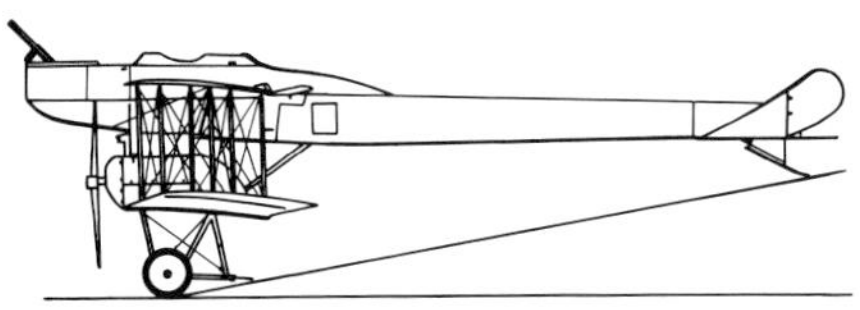

Die Ausschreibung vom März 1914 zur Entwicklung eines bewaffneten, zweimotorigen Doppeldeckers für drei Mann Besatzung und 6 h Flugdauer veranlaßte Ursinus zu dem Projekt eines zweimotorigen Wasserflugzeugs. Dabei ließ er die Idee, den Rumpf mit dem Oberflügel zu verbinden, patentieren. Eine solche Ausführung gab dem Bordschützen vorn ein ungehindertes Schußfeld und ermöglichte zugleich, die Triebwerke auf dem Unterflügel so dicht beieinander anzuordnen, daß sich die Schraubenkreise fast berührten. Das Aneinanderrücken der Triebwerke sollte den asymmetrischen Zug bei Ausfall eines Triebwerks vermindern. Der Nachteil dieser Ausführung lag in der Gefährdung des Bordschützen bei Kopfständen und Überschlägen.
Die Inspektion der Fliegertruppen beauftragte im Frühjahr 1915 die Gothaer Waggonfabrik mit dem Serienbau. Die Fabrik übernahm im März 1915 die Lizenz von Ursinus und beschloß gleichzeitig, sich nur noch mit Landgroßflugzeugen zu beschäftigen. Die erste G I (Werksbezeichnung GUH) war am 27. Juli 1915 fertiggestellt. Die Lieferung von 18 Maschinen zog sich bis 1916 hin.
Das Originalprojekt von Ursinus wurde unter der Bezeichnung UWD (Ursinus-Wasser-Doppeldekker) von der Marine im April 1915 in Auftrag gegeben und im Januar 1916 geliefert.

Rumpf: Gitterrumpf in Holzbauweise, vorn mit Aluminium beplankt; Besatzungsräume gepanzert; Pilot im hinteren Sitz; dreiteiliger Rumpf zum Verladen auf Eisenbahnwagen; Mittelrumpfteil mit Flächenmittelstück und Triebwerkanlage zusammengebaut.
Tragwerk: dreistieliger, verspannter Doppeldecker; zwei Motoren auf dem Unterflügel durch Panzerung geschützt; Flügel mit zwei Holmen in Holzbauweise mit Stoffbespannung.
Leitwerk: Normalbauweise mit zwei Seitenleitwerken.
Fahrwerk: starres Fahrwerk mit zwei Rädern unter jeder Triebwerkgondel; Hecksporn.

Gotha G V
Bombenflugzeug

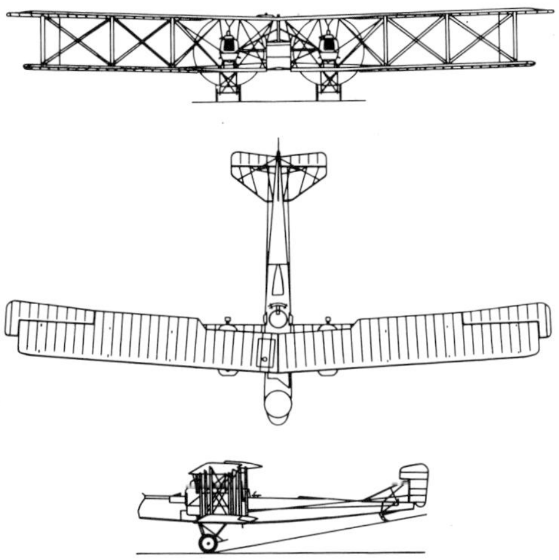

Nach den Erfahrungen mit den seit 1915 gebauten Großflugzeugen G I bis G IV schuf die Gothaer Waggonfabrik im Auftrag der Inspektion der Fliegertruppen ab November 1916 die G V. Bei dieser Maschine befanden sich die Triebwerke in stromlinienförmigen Gondeln zwischen den Tragflügeln. Die früher in den Gondeln untergebrachten Kraftstofftanks kamen in den Rumpf. Bei Bruchlandungen hatte es oft Tankbeschädigungen gegeben, so daß der Kraftstoff an den heißen Triebwerken in Brand geriet. Außerdem versuchte man, die Zelle im Vergleich zur G IV zu verstärken und zugleich leichter zu bauen. Die ersten G V wurden im August 1917 geliefert.
Die Absicht, mit diesen Flugzeugen Tagesangriffe auf Großbritannien zu fliegen, konnte jedoch nicht verwirklicht werden. Es gab Materialschwierigkeiten; die zusätzliche Ausrüstung, die Zusatztanks und die stärkere Zelle erhöhten die Flugmasse; die schlechte Ölqualität verminderte die Motorleistung. Als Folge dessen wurde die Angriffshöhe geringer. Als einige Flugzeuge bei Nachtlandungen beschädigt wurden, rüstete man mehrere mit einem Stoßfahrgestell aus, das entweder aus zwei zusätzlichen Rädern unter dem Rumpfbug oder aus zusätzlichen Rädern vor jedem Fahrwerk bestand.
Die Version G V b hatte ein Kastenleitwerk mit zwei Seitenleitwerken und doppeltem Höhenleitwerk. Insgesamt wurden in Gotha gebaut: 18 G I, 14 G II, 25 G III, 142 G IV, 120 G V. Polen verwendete bis 1920 vier G IV und G V.

Rumpf: Holzbauweise mit durchgehenden Längsholmen und Sperrholzbeplankung; Drahtauskreuzung; Schießtunnel für den hinteren MG-Stand.
Tragwerk: dreistieliger, verspannter Doppeldecker in Holzbauweise mit Stoffbespannung; Oberflügel zwei-, Unterflügel fünfteilig; Triebwerke zwischen den Flügeln.
Leitwerk: abgestrebte und verspannte Normalbauweise in Stahlrohr mit Stoffbespannung.
Fahrwerk: unter jedem Triebwerk ein starres Fahrwerk mit zwei Rädern und durchgehender Achse; abgestrebt und verspannt; Hecksporn und Spornschuh aus Stahl.

Gotha Go 242
Lastensegler

Die Gothaer Waggonfabrik war zunächst Hauptproduzent des Lastenseglers DFS 230. Als das Werk den Auftrag erhielt, einen größeren Lastensegler für 20 Soldaten zu entwickeln, schuf Chefkonstrukteur Kalkert nach verschiedenen Entwurfsstudien die Go 242, deren beide Prototypen V-1 und V-2 (mit zweirädrigem abwerfbarem Achsfahrwerk und Stahl-Gleitkufe) im Frühjahr 1941 erprobt wurden. Im Gegensatz zu den damals üblichen Lastenseglern erhielt die Go 242 einen sehr großen Laderaum sowie ein hochklappbares Rumpfheck zum Be- und Entladen von sperrigen Lasten. Deshalb sah man auch einen doppelten Leitwerkträger vor. Die Go 242 war der Standard-Transportlastensegler der deutschen Luftwaffe in den Jahren 1952 bis 1944.
Insgesamt sind 1528 Go 242 gebaut worden. Hinzu kamen 43 motorisierte Ausführungen Go 244 mit unterschiedlichen Triebwerken, die sich aber nicht bewährten.
Versionen:
Go 242 A-0: Vorserie; Leitwerkträger an der Flügeloberseite angeschlossen.
Go 242 A-1: Standardausführung mit vergrößerten Leitwerkträgern, 6-t-Schleppkupplung im Bug und Bremsdorn in der vorderen Kufe.
Go 242 A-2: als Kampfsegler verwendet; mit 10-t-Kupplung und Bremsschirm; im hochklappbaren Heck zusätzliche Türen.
Go 242 B-1: Standardausführung mit Dreiradfahrwerk; 1942 gebaut.
Go 242 B-2: wie die B-1, aber mit Auslegerfahrwerk; Bugrad hochziehbar; neuer Laderaumboden; Leermasse 3800 kg.
Go 242 B-3: Achsfahrwerk wie die B-1, aber zusätzliche Doppeltür im Rumpfheck für Fallschirmjägereinsatz.
Go 242 B-4: Fahrwerk wie die B-2, ebenso der Laderaumboden; Hecktüren wie die B-3; Leermasse 3600 kg.
Go 242 B-5: abgeänderte B-2; mit Doppelsteuerung.
Go 242 C-1: 1943 für Sondereinsätze über See in kleiner Stückzahl gefertigt; schwimmfähiger Rumpfboden; Stützschwimmer an den Außenflügeln; Start auf abwerfbarem Achsfahrgestell.
Als Schleppmaschinen wurden He 111, Ju 52 oder He 177 verwendet.

Rumpf: Gemischtbauweise aus Stahlgerüst und Holzbeplankung; Heck hochklappbar; doppelte Leitwerkträger.
Tragwerk: abgestrebter Schulterdecker; Tragflügel in Trapezform; Gemischtbauweise.
Leitwerk: doppeltes Seitenleitwerk; nach unten über die schmalen Leitwerkträger überhängend; durchgehendes Höhenleitwerk.
Fahrwerk: abwerfbares Zweirad-Achsfahrwerk mit stählernen Gleitkufen und Hecksporn oder Dreiradfahrwerk mit Bugrad; alle Streben einfach bereift.

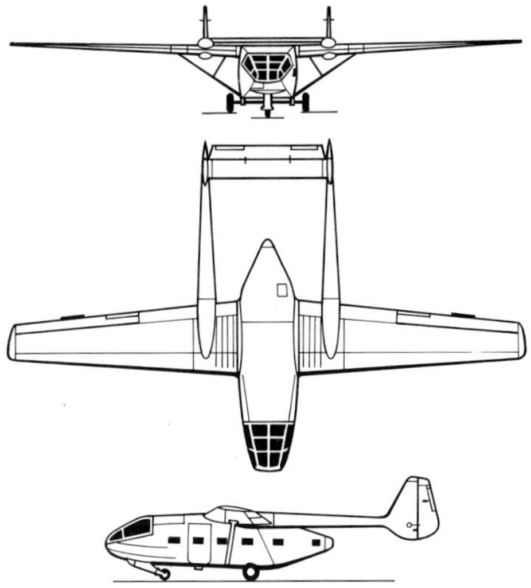

Grade Eindecker

Grade gehört zu den hervorragenden Pionieren des deutschen Motorflugs. Am 28. Oktober 1908 unternahm er mit seinem Dreidecker in Magdeburg die ersten Flüge. Im Sommer 1909 baute er in Magdeburg seinen Eindecker, mit dem er die Flugerprobung im August 1909 in Bork aufnahm. Mit diesem Flugzeug wollte Grade den „Lanz-Preis der Lüfte" gewinnen. Bei dem ersten Versuch am 25. September 1909 in Bork zersplitterte der Propeller in 30 m Höhe, und das Flugzeug stürzte in ein Kiefernwäldchen. Nach der Reparatur gelangen Grade im Oktober des gleichen Jahres Flüge bis zu 13 min 10 s. Für den Lanz-Preis wurde eine Achterschleife von etwa 2,5 km um zwei Wendepunkte verlangt. Am 30. November 1909 gelang Grade dieser Flug in Johannisthal, und er gewann den Preis.
Im Kulturhistorischen Museum Magdeburg ist ein restaurierter Grade-Eindecker zu sehen.

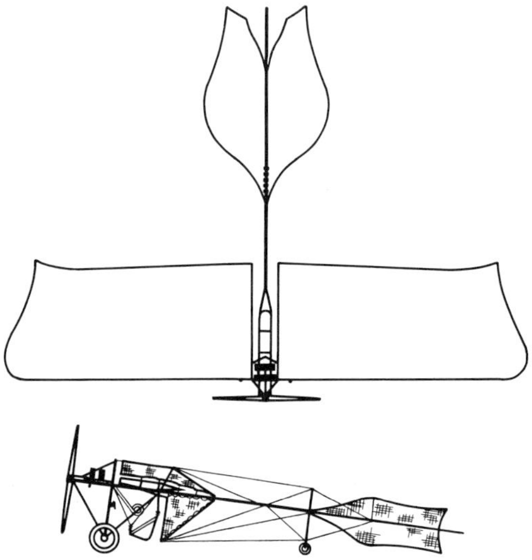

Rumpf: offenes Stahlrohrgerüst mit Drahtverspannung; am Ende Bambusstange als Leitwerkträger, durch Spanndrähte verstärkt; durch Spiralfedern abgefederte Hängesitze.
Tragwerk: verspannter Hochdecker mit drei Längsträgern aus Bambus, in der Nähe des Rumpfes von Stahlrohren gefaßt und mit dem Rumpfrahmen autogen verschweißt; Bambusrippen mit aufgenähter Stoffbespannung, dazwischen Holzrippen zur Profilgestaltung; äußere hintere Tragflügelenden zur Quersteuerung verwindbar.
Leitwerk: Kielflossen hinter dem Pilot über der Mittelachse zur Stabilitätserhöhung, ebenso an der Schwanzzelle; dazwischen Leitwerk aus Bambus in Normalbauweise; kein Ruder; Leitwerkteile durch Steuerdrähte verwindbar.
Fahrwerk: Stahlrohr mit zwei gummibereiften Rädern, ungefedert, durch dreieckige Stahlrohrkonstruktion mit dem Rumpf verbunden; Schleifbremsen an beiden Rädern; kleines Heckrad im Bambusrahmen.

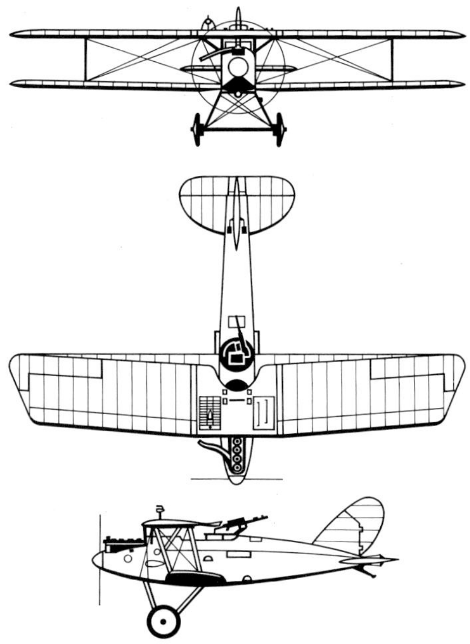

Halberstadt CL II/CL IV Jagdflugzeuge

Im Jahr 1917 setzte die deutsche Fliegertruppe erstmals CL-Flugzeuge ein. Das waren leichte zweisitzige Doppeldecker, die auch als Jagdzweisitzer, Schutzflugzeug und Schlachtflugzeug bezeichnet wurden.
Eines der ersten CL-Flugzeuge war die CL II, die ab 6. September 1917 in der Schlacht an der Somme und im November des gleichen Jahres in der Schlacht um Cambrai eingesetzt wurde. Aufgrund der Erfahrungen mit diesem in 779 Exemplaren gebauten Typ entwickelten die Halberstädter Flugzeugwerke das Muster C IV, von dem bis Kriegsende etwa 380 Exemplare gebaut wurden. Bewaffnet war diese Maschine mit zwei synchronisierten, fest auf dem Rumpf eingebauten 7,9-mm-MGs sowie einer beweglichen Waffe gleichen Kaliber im Drehkranz des hinten sitzenden Beobachters.
Konstruiert wurde die Maschine von Theiß, der auch die CL II geschaffen hatte. Während die CL II bei den BFW-Werken in Lizenz gebaut worden war, übernahm LFG „Roland" die Herstellung der CL IV. Im Vergleich zur CL II hatte Theiß bei der CL IV die Abmessungen geringfügig geändert, eine andere Motorverkleidung angebracht, die Luftschraubennabe unverkleidet gelassen und das Fahrgestell vorn und hinten querverspannt. Ansonsten glichen sich beide Muster weitgehend.
Nach 1919 flogen 6 CL II in Polen. Eine nicht vollständige Maschine befindet sich heute im Luftfahrtmuseum Kraków (Fabriknummer 1046, Serie 154-59/17).

Rumpf: Holzbauweise, vier Gurte und Spants; Boden und Seiten flach, Rücken gewölbt; beide Sitze im Cockpit, Flugzeugführer vorn; Rumpfnase nur im Bereich des Motors mit Aluminiumblech verkleidet; sonst stoffbespannt; nicht gepanzert.

Tragwerk: einstieliger, verspannter Doppeldecker; oberer Flügel mit rechteckigem Mittelstück und Ausschnitt an der Hinterkante; Außenflügel leicht pfeilförmig; Holzbauweise und Stoffbespannung; Unterflügel zweiteilig, gerade, mit geringerer Spannweite und Tiefe; Aufbau wie Oberflügel; ausgeglichenes Querruder nur oben.

Leitwerk: unverstrebte Holzbauweise der Seiten- und Höhenflosse; durchgehendes, unausgeglichenes Höhenruder.
Fahrwerk: durchgehende Achse; Holzsporn; beide mit Schraubenfedern.

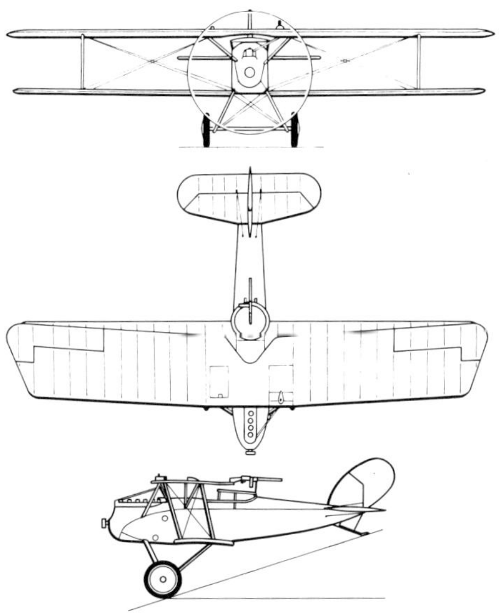

Hansa-Brandenburg W. 12 / W. 29 Seekampfflugzeuge

Im Jahr 1915 schuf Heinkel als Chefkonstrukteur der Brandenburgischen Flugzeugwerke in Briest den Seeaufklärer NW als erstes Militärflugzeug dieser Firma. Die daraus abgeleitete Version LW war leichter und mit einem MG bewaffnet. Sie galt als das Ausgangsmuster der bis 1918 gebauten Aufklärungs-, Torpedo- und Jagdflugzeuge von Hansa-Brandenburg.
Das erfolgreichste Muster war dabei der in 136 Exemplaren gebaute Seekampf-Doppeldecker W. 12. Diese Maschine stieß wegen ihrer extremen Leichtbauweise zunächst auf Ablehnung der Militärs, sie konnte sich aufgrund ihrer für damalige Vorstellungen hohen Geschwindigkeit und Steigleistung sowie ihrer starken Bewaffnung (zwei starre MGs nach vorn durch den Luftschraubenkreis feuernd, ein bewegliches MG nach hinten) schließlich aber doch durchsetzen. Als Doppeldecker war die W. 12 Anfang 1918 jedoch nicht mehr schnell und steigfähig genug.
Obwohl die Marine weiterhin Doppeldecker forderte, wurde in Briest ein Eindecker entwickelt, der im Prinzip eine W. 12 ohne oberen Tragflügel darstellte: Rumpf, Schwimmer und Leitwerk blieben erhalten, der Spannturm entfiel. Dafür vergrößerte man die Fläche des unteren Flügels. Als Antrieb diente ein relativ schwacher Daimler-Benz-Motor mit einer Leistung von 120 kW oder der etwas stärkere Bz IIIa mit 135 kW. Der Stirnkühler lag in der Rumpfspitze vor dem Motor. Die hölzerne Zugschraube hatte zwei Flügel. Auch die Bewaffnung blieb wie bei der W. 12.

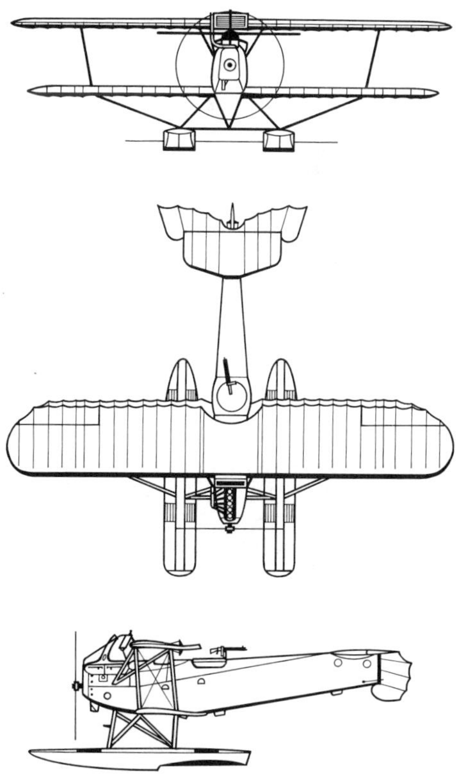

Insgesamt sind 40 Flugzeuge des Typs W. 29 gebaut worden. Bei der Marine trug er die Bezeichnung CHFT.
Das bei der W. 12 / W. 29 angewendete Rumpfschema behielt Heinkel auch nach dem ersten Weltkrieg bei. So war die später in Schweden nachgebaute S 1 (als Typ 32) praktisch eine weiterentwickelte W. 29.

Rumpf: gewölbter Rücken; Boden und Seiten flach; Spants aus dickem Sperrholz; Sitze hintereinander; Flugzeugführer vorn.

Tragwerk: verstrebter Tiefdecker; zweiteiliger Trapezflügel am Rumpfuntergurt angeschlossen und von den äußeren Schwimmerstreben unterstützt; Hinterkante der Flügelwurzel mit rundem Ausschnitt; Rippen aus Sperrholz; Nasen- und Endleiste aus Holz; Stoffbespannung.
Leitwerk: Seitenflosse mit unten überstehender Ausgleichsfläche; Stahlrohrgerüst mit Stoffbespannung; freitragende Höhenflosse aus Holz mit Stoffbespannung; Höhenruder geteilt mit außen überstehenden Ausgleichsflächen.
Schwimmwerk: zwei einstufige Schwimmer; Seiten und Boden flach; Decke leicht gewölbt; alles aus Holz oder Sperrholz; Streben aus Rundstahlrohr mit Sperrholzverkleidung.

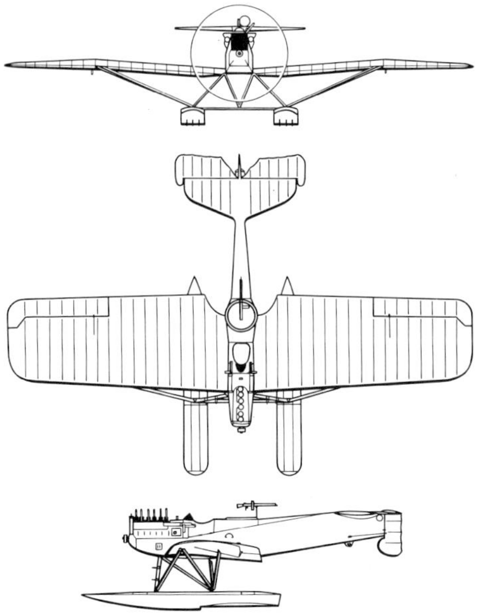

Heinkel He 45 Aufklärungsflugzeug

Im Jahr 1931 entwickelte Heinkel einen Doppeldecker als Nahaufklärer und leichtes Bombenflugzeug. Dieses Flugzeug wurde ab 1933 in Serie gebaut und von der Gothaer Waggonfabrik, den Bayrischen Flugzeugwerken und Focke-Wulf in Lizenz hergestellt.
Der erste Prototyp hieß zunächst HD 45 a (D-2064), später He 45 a. Er hatte noch einen 440-kW-Motor. Der zweite Prototyp He 45 b unterschied sich vom ersten nur durch die Vierblattluftschraube statt der Zweiblattluftschraube. Der dritte Prototyp He 45 c erhielt ein starr im Rumpf nach vorn eingebautes MG 17 und ein bewegliches MG 15 im Drehkranz für den Beobachter. Alle Flugzeuge hatten Querruder in der oberen und unteren Tragfläche. In der Serie wurden Querruder nur im oberen Tragflügel angebracht, versuchsweise baute man bei einigen Mustern im unteren Flügel Landeklappen ein. Da der hochgelegene Abgasstutzen Vergiftungserscheinungen bei der Besatzung verursachte, erhielt die Serie ein langes Abgasrohr zur Rumpfunterseite. Probeweise wurden einige Flugzeuge mit einem 645-kW-Triebwerk ausgerüstet. Ab 1936 wurden verschiedene Maschinen in Spanien als Nahaufklärer eingesetzt.

Serienversionen:
He 45 A-1, A-2: unbewaffnete Schulflugzeuge oder Aufklärer (gebaut bei Focke-Wulf 159, bei BFW 126 und in Gotha 68).
He 45 B-1, B-2: Nahaufklärer, leichtes Kampfflugzeug mit einem 7,9-mm-MG 17, 100 kg Bomben (gebaut bei Focke-Wulf 60, bei BFW 30).
He 45 C: veränderte He 45 B mit stärkerem Motor und größerem Seitenruder.
He 45 D: geringfügig modifizierte He 45 C.

Die Heinkel-Werke selbst produzierten 66 He 45 A bis D. Insgesamt sind 512 He 45 aller Versionen gebaut worden. Bulgarien erhielt 12, Ungarn 2 Maschinen dieses Typs.

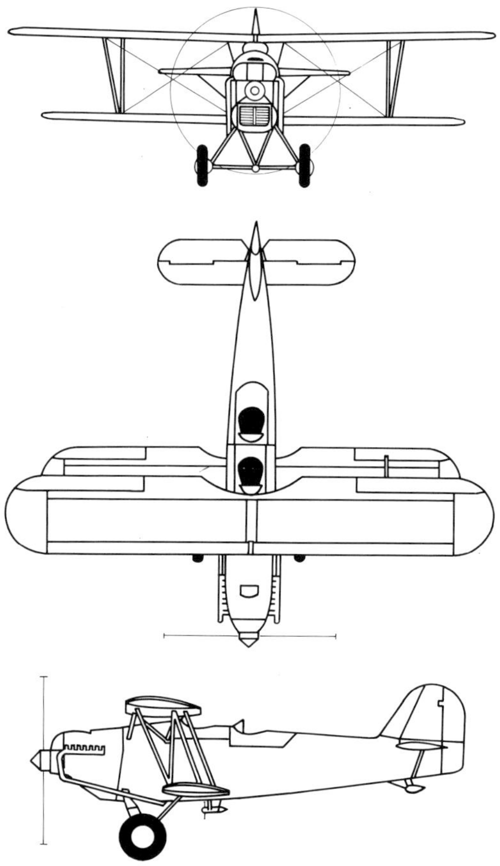

Speziell für den Export wurde die der He 45 sehr ähnliche He 61 gebaut und in einer kleinen Serie an Chinas Luftwaffe geliefert.

Rumpf: Stahlrohrgerüst mit Formspants und Stoffbespannung; Oberteil an den Sitzen mit Leichtmetall beplankt; zwei offene Sitze hintereinander.
Tragwerk: einstieliger (N-Stiele), verspannter Doppeldecker; Holzbauweise; zwei Holme; Tragflügel gestaffelt; Stoffbespannung; Querruder in der oberen Fläche.
Leitwerk: abgestrebte Normalbauweise in Duralumin mit Stoffbespannung.
Fahrwerk: starres Fahrwerk mit durchgehender Achse und Hecksporn; Hochdruckbereifung.

Heinkel He 46
Aufklärungsflugzeug

Die He 46 entstand fast gleichzeitig mit der He 45. Das Flugzeug war als Artilleriebeobachter gedacht und deshalb leichter gehalten. Den ersten Prototyp He 46 a hatte man noch als Doppeldekker ausgeführt, wobei die obere Fläche pfeilförmig und die untere bedeutend kürzer war. Für die leichte Zelle genügte ein 330-kW-Motor. Die beim Erstflug (1931) verwendete Zweiblattluftschraube wurde später durch eine Vierblattluftschraube ersetzt.

Die Doppeldecker-Bauart war damals für Militärflugzeuge üblich, jedoch zeigte sich bald, daß die untere Tragfläche bei der Aufklärung die Sicht schräg nach vorn nahm. Aus diesem Grund wurde aus dem Doppeldecker in 14 Tagen ein abgestrebter Hochdecker mit stärkerem Triebwerk Bristol Jupiter, wobei die Spannweite von 11,5 auf 14,0 m vergrößert wurde. Die Leermasse der He 46 konnte trotzdem verringert werden. Die obere Fläche war weit vorgesetzt über einen Spannbock mit dem Rumpf verbunden.

Der zweite Prototyp He 46 b machte Anfang 1932 den Erstflug. Der dritte Prototyp He 46 c erhielt einen 440-kW-Motor SAM 22 B, eine Funkausrüstung sowie Bewaffnung. Eine Maschine dieses Typs erprobte man ohne Funkausrüstung und Bewaffnung als Ausgangsmuster der D-Serie (7 He 46 D-0 als unbewaffnete Aufklärer). Die Flugzeuge der F-Serie schließlich (14 He 46 F-1, F-2) wurden ohne Bewaffnung zur Ausbildung gebaut. Da keine besseren Aufklärer zur Verfügung standen, benutzte man die He 46 C (C-1 von Heinkel

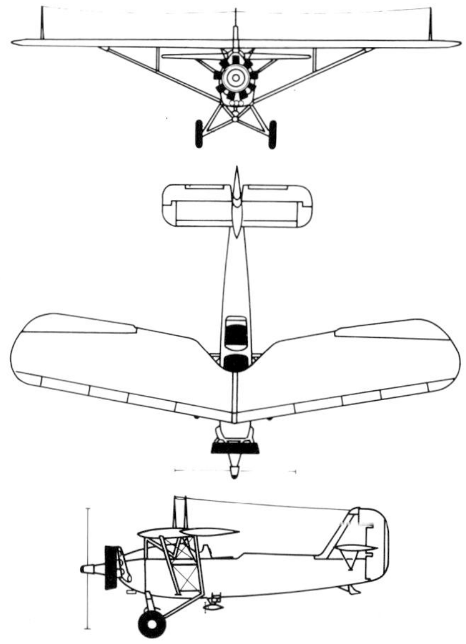

und Lizenznehmern in 400 Exemplaren gebaut; C-2 wie die C-1, aber mit NACA-Haube, für Bulgarien) zur Nahaufklärung, ab 1943 auch als Nachtschlachtflugzeug. Spanien erhielt 20 He 46 C-1, Bulgarien 18 und Ungarn 36 He 46 E Un. Mehrere Versionen (He 46 e und f) wurden für Versuchszwecke gebaut.

Insgesamt sind 481 He 46 aller Versionen gebaut worden.

Rumpf: Stahlrohrbauweise mit Stoffbespannung.
Tragwerk: abgestrebter Hochdecker mit zwei Streben auf jeder Seite; Holzbauweise; zwei Holme; Stoffbespannung.
Leitwerk: Normalbauweise in Duralumin mit Stoffbespannung; Höhenleitwerk etwas nach oben versetzt mit V-Strebe.
Fahrwerk: starres Fahrwerk mit geteilter Achse und Hecksporn; Hochdruckreifen.

Heinkel He 50
Sturzkampf- und Aufklärungsflugzeug

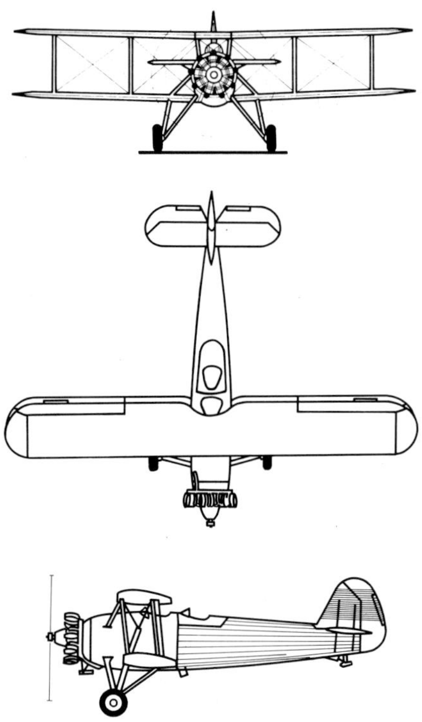

Anfang der dreißiger Jahre erregten Flugzeuge Aufsehen, die in den USA vor allem von Curtiss entwickelt wurden und die die Bombenlast im Sturzflug abwarfen. Dadurch verringerte sich der große Streubereich beim Bombenabwurf.

Die japanische Marine beauftragte Heinkel mit der Entwicklung eines Doppeldeckers für 250 bis 500 kg Bomben, der mit Schwimmern ausgerüstet sein sollte, um per Katapult von Schiffen aus zu starten.

1932 wurde die Maschine als He 50 entwickelt. Der erste Prototyp He 50 aW mit zwei Schwimmern begann im gleichen Jahr die Flugerprobung. Die Ausrüstung mit dem 285-kW-Motor Junkers

L-5 ergab jedoch keine überragenden Flugleistungen. Der zweite Prototyp He 50 aL (in 4 Exemplaren gebaut) war als Landflugzeug mit einem starren, abgestrebten Fahrwerk ausgerüstet und hatte einen 360-kW-Motor. An der Fahrwerkabstrebung konnte innerhalb weniger Minuten ein Landfahrwerk oder ein Schwimmer angebracht werden. Mit diesen Flugzeugen fand die gesamte Flugerprobung statt. Schließlich erhielt eine Maschine ein 440-kW-Triebwerk, da die geforderten Leistungen mit allen Bomben (500 kg) mit dem 360-kW-Triebwerk nicht erreicht wurden.

Versionen:

He 50 A: von Heinkel in 25 und BFW in 35 Exemplaren hergestellt, Ausgangsmodell war die He 50 aL, der Motor SAM 21B erhielt keine Motorhaube; die Maschinen kamen für kurze Zeit zu den Sturzkampfgruppen, wurden aber ab April 1937 an die Schulen abgegeben; da keine besseren Maschinen verfügbar waren, wurden sie 1943 an der deutsch-sowjetischen Front als leichte Schlachtflugzeuge verwendet.

He 50 b (He 66): in einem Exemplar für Japan hergestellte Mustermaschine mit dem Triebwerk Bristol Jupiter VI und Motorhaube, in Japan durch den Motor Nakajima Kotobuki II-Kai ersetzt.

D1A1, 2: Bezeichnung für die 560 von Aichi in Japan produzierten He 66.

He 66 aCh: in 12 Exemplaren für China gebaute He 50 b.

He 66 bCh: in 12 Exemplaren für China gebaute He 50 A mit dem 480-kW-Triebwerk SAM 22B mit NACA-Haube, jedoch nicht ausgeliefert, sondern von Deutschland militärisch als He 50 B eingesetzt.

In Deutschland sind insgesamt 60 He 50 aller Ausführungen gebaut worden.

Rumpf: Stahlrohrbauweise mit Stoffbespannung; ovaler Querschnitt; zwei offene Sitze hintereinander.
Tragwerk: zweistieliger, verspannter Doppeldecker mit zwei Holmen; Holzbauweise; Stoffbespannung.
Leitwerk: abgestrebte und verspannte Normalbauweise; Trimmklappen in allen Rudern.
Fahrwerk: starres Fahrwerk mit Hecksporn und Hochdruckreifen; Hauptfahrwerk über den Unterflügel zum Rumpf hin angestrebt.

Heinkel He 51
Jagdflugzeug

Im Jahr 1932 veranlaßte das Reichsverkehrsministerium im Auftrag der Reichswehr die Heinkel-Flugzeugwerke zur Entwicklung eines Jagdeinsitzers, der als Doppeldecker eine große Wendigkeit, eine gute Steigleistung und eine hohe Geschwindigkeit haben sollte.
Im November 1932 war der Erstflug des Prototyps He 49 a. Das zweite Versuchsmuster He 49 b hatte einen um 40 cm längeren Rumpf und flog erstmalig im Februar 1933. Es wurde kurz darauf mit einem Schwimmwerk ausgerüstet. Das dritte Muster He 49 c entsprach der He 49 a, hatte aber schon anstatt des unverkleideten Fahrwerks mit geteilter Achse Federbeine.
Der eigentliche He-51-Prototyp hieß He 51 a. Er hatte den BMW-Motor VI 7,3 Z mit 550 kW. Ihm folgten ab Mai 1933 9 Vorserienflugzeuge A-0 mit verschiedenen Verbesserungen.

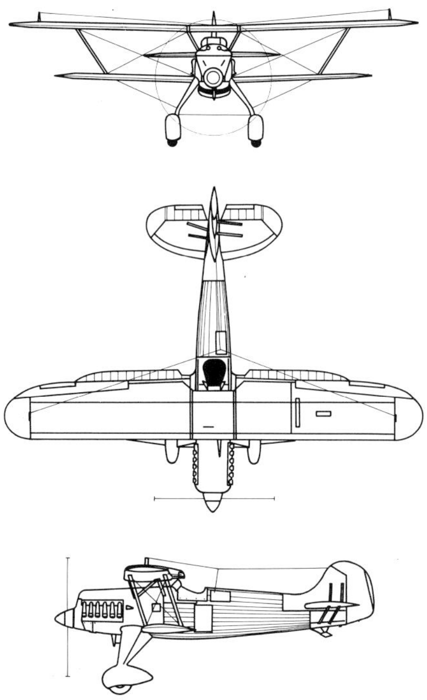

Versionen:

He 51 A-1 (auch als He 51 L bezeichnet): wie die A-0, mit 2 7,9 mm-MGs 17; von Heinkel und Arado je 75 Stück gebaut.

He 51 A-2: Seeausführung; Umbau einer He 51 A-1.

He 51 B-0: Nullserie; modifizierte A-1 mit abwerfbarem Zusatztank und verbessertem Fahrwerk; 12 Stück gebaut.

He 51 B-1: Serienmodell der B-0; bei Arado 150, Erla 200 und Fokker 100 in Lizenz gebaut.

He 51 B-2: Seeausführung der B-1; 46 Exemplare gebaut, davon 8 umgebaute B-1.

He 51 B-3: ein Versuchsmuster eines Höhenjägers mit größerer Spannweite.

He 51 C-1: Jagd- und Schlachtflugzeug mit 10 kg Bomben unter den Tragflügeln; bei Fieseler 79 Stück gebaut.

He 51 C-2: wie die C-1, aber mit verbesserter Funkausrüstung; 21 Stück gebaut.

He 51 W: ein Exemplar mit Schwimmern; Umbau der He 49 c.

Insgesamt sind 725 He 51 aller Versionen gebaut worden. 135 Flugzeuge He 51 A-1 kamen in Spanien bei der berüchtigten „Legion Condor" zum Einsatz, zeigten sich dort jedoch den sowjetischen Flugzeugen nicht gewachsen, weshalb man die He 51 nur noch als Schlachtflugzeug für Bodenangriffe verwendete.
In der Folgezeit entstanden einige Versuchsausführungen, z. B. eine zweisitzige Zelle mit größerer Flügelfläche, die als Höhenjäger dienen sollte und als He 52 bezeichnet wurde.
Mit der Einführung der Me 109 wurde die He 51 zum Schuljagdflugzeug.

Rumpf: geschweißter Stahlrohrrumpf mit Holz-Spants und Stoffbespannung; offenes Cockpit.
Tragwerk: einstieliger, verspannter Doppeldecker in Holzbauweise; zwei Holme, Parallelstiele mit Drahtauskreuzung; Querruder nur im oberen Tragflügel, im Unterflügel Landeklappe; Sperrholznase; Oberseite sperrholzbeplankt, sonst stoffbespannt.
Leitwerk: verspannte Normalbauweise in Duralumin mit Stoffbespannung.
Fahrwerk: verkleidetes, starres Fahrwerk mit Hecksporn.

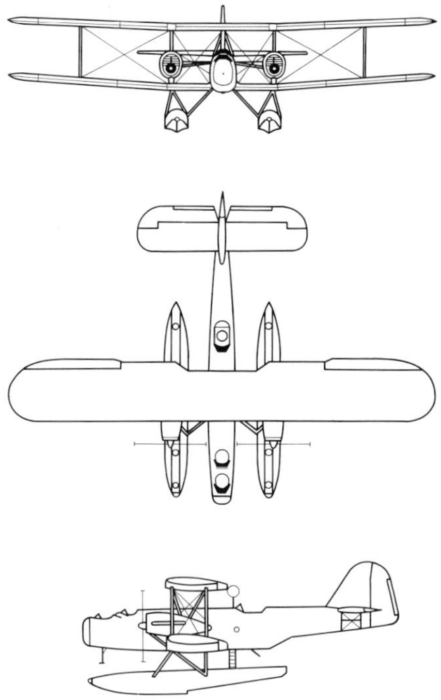

Heinkel He 59
Seenot- und Aufklärungsflugzeug

Mewes konstruierte 1930 die He 59, das bis dahin größte in den Heinkel-Werken gebaute Flugzeug. Der Serienbau begann 1932 und wurde Mitte 1937 abgeschlossen. Obwohl das Flugzeug bereits 1933 veraltet war, wurde es aus Mangel an modernen Schwimmer-Flugzeugen in großer Stückzahl für militärische Zwecke (bei der Firma Bachmann in Ribnitz die Versionen He 59 C bis N) hergestellt.

Versionen:
He 59 a: 2 Prototypen als Seeflugzeug mit Schwimmern bzw. als Landflugzeug mit verkleidetem Fahrwerk.
He 59 A: wie He 59 a; Erprobungsflugzeuge.
He 59 B-1: 16 Vorserienmodelle; bewaffnet.
He 59 B-2: erste Serienausführung; im Vergleich zur B-1 verbesserte Ausstattung und Bewaffnung; bei Arado hergestellt.
He 59 B-3: verglaster Rumpfbug; als Seefernaufklärer eingesetzt; 2 7,9-mm-MGs 15.
He 59 C-1: Seenotflugzeug mit verkleideter Leichtmetall-Rumpfspitze ohne Waffen.
He 59 C-2: wie die C-1, aber mit Spezialfunkausrüstung und sechs Schlauchbooten.
He 59 D-1: aus der He 59 C-1 abgeleitetes Seenotflugzeug; veränderter Bug (Skizze).
He 59 E-1, E-2: Ausführungen als Torpedoträger, Seeaufklärer und Schulflugzeug.
He 59 N: aus der D-1 umgebautes Navigations-Übungsflugzeug mit Tarnanstrich und drei Waffenständen; Nebelbomben und ein Torpedo konnten mitgeführt werden.

Auch die He 59 wurde von der faschistischen „Legion Condor" in Spanien verwendet.

Rumpf: Leichtmetallbauweise mit Stoffbespannung; rechteckiger Querschnitt.
Tragwerk: zweistieliger, verspannter, ungestaffelter Doppeldecker in Holzbauweise mit Sperrholznase und Stoffbespannung; Querruder in beiden Flügeln.
Leitwerk: Normalbauweise in Leichtmetall mit Stoffbespannung; Höhenflosse abgestrebt, Trimmklappen in allen Rudern.
Schwimmwerk: zwei Leichtmetallschwimmer mit einer Stufe.

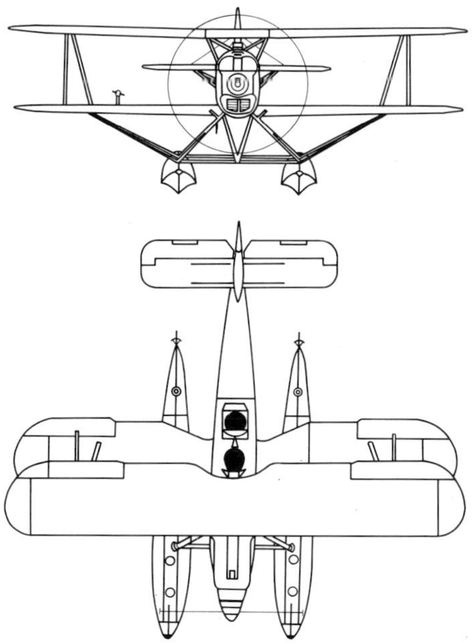

Heinkel He 60
See-Aufklärungsflugzeug

Heinkel entwickelte im Jahr 1932 das hochseetüchtige Aufklärungsflugzeug He 60, das durch Katapult von Kriegsschiffen aus starten konnte. Der Konstrukteur war Mewes. Der Prototyp He 60 V-1 flog erstmals Anfang 1933. Das zweite Muster, die He 60 V-2, erhielt einen 550-kW-Motor, da der ursprüngliche 485-kW-Motor bei einer Startmasse von 3400 kg keine Reserven besaß. Mit dem stärkeren Triebwerk verbesserten sich jedoch die Flugleistungen nicht, so daß man bei dem 485-kW-Motor blieb, der zuverlässiger war. Im April 1933 flog als vierte Maschine das erste Vorserienmuster He 60 A (gebaut in 21 Exemplaren).

Versionen:
He 60 B: wie die A, jedoch bewaffnet und etwas modifiziert.
He 60 C: verbesserte Ausführung der He 60 B.
He 60 D: mit einem 7,9-mm-MG 17; später zum unbewaffneten Schulflugzeug umgebaut.
He 60 E: wie die D bewaffnet; an Spanien in 6 Exemplaren geliefert.
Insgesamt sind etwa 250 He 60 aller Versionen gebaut worden, davon bei Arado und den Weserflugzeugwerken je 100. Auf den Schiffen wurde die He 60 durch die He 114 und die Ar 196 ersetzt.

Rumpf: geschweißtes Stahlrohrfachwerk mit Holz-Formgebungsgerüst und Stoffbespannung; zwei offene Sitze hintereinander; Kraftstoff- und Schmierstofftanks unter dem Pilotensitz.
Tragwerk: einstieliger, gestaffelter, unverspannter Doppeldecker in Holzbauweise mit Stoffbespannung; zwei Holme; N-Stiele; Querruder in Leichtmetallbauweise mit Stoffbespannung.
Leitwerk: Normalbauweise in Leichtmetall mit Stoffbespannung; durchlaufendes Höhenleitwerk mit N-Strebe abgestrebt und verspannt; alle Ruder mit Trimmklappen; Höhenruder aerodynamisch ausgeglichen.
Schwimmwerk: Zweischwimmerwerk, zur unteren Fläche und zum Rumpf abgestrebt, mit einer Stufe und gekieltem Boden; an jedem Schwimmer vom Cockpit aus hochziehbare Wasserruder.

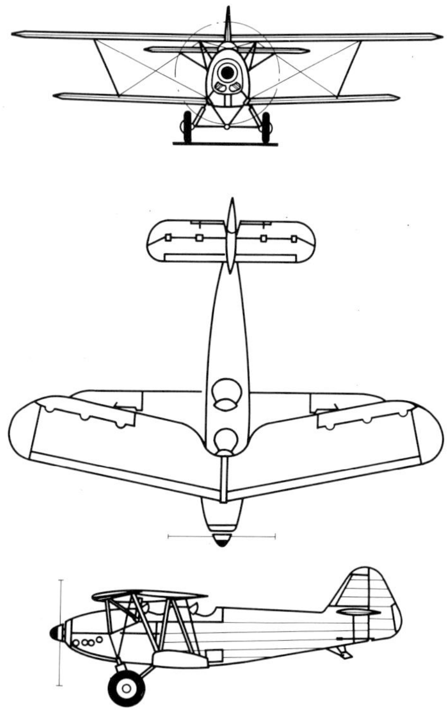

Heinkel He 63
Schul- und Übungsflugzeug

Heinkel schuf 1932 als Schulflugzeug die He 63, die als Landausführung mit starrem Fahrwerk (He 63 L) und als Seeausführung mit Schwimmwerk (He 63 W) benutzt werden konnte. Der große Rumpf ließ eine vielseitige Ausrüstung zu, so daß die Maschine auch zur Ausbildung von Beobachtern, Funkern, Fotografen usw. dienen konnte.
Zuerst wurden zwei Landausführungen mit Schwimmwerk ausgerüstet; die kleinere untere Tragfläche erlaubte jedoch nur den Einsatz als Einsitzer. Die Seeausführung erhielt deshalb wegen der höheren Rüstmasse einen um 6 m² größeren Unterflügel, wodurch die Spannweite gleich der des Oberflügels wurde. Der stark pfeilförmige Oberflügel war zweiteilig, durch den Baldachin mit dem Rumpf und beiderseitig durch einen N-Stiel mit dem ebenfalls zweiteiligen Unterflügel verbunden.

Rumpf: Stahlrohrbauweise mit trapezförmigem Querschnitt; vier Längsholme; Leichtmetallprofile zur Formgebung; Stoffbespannung; Oberteil und Motorverkleidung aus Leichtmetallblechen; zwei offene Sitze hintereinander.
Tragwerk: einstieliger, verspannter Doppeldecker; obere Fläche stark gepfeilt; zwei Holme aus Profilstahl mit Leichtmetallrippen; Flügelnasen mit Duralumin beplankt, sonst stoffbespannt.
Leitwerk: Normalbauweise mit Stahlrohrholm und Leichtmetallrippen; Ruder aus Leichtmetall und durch Gewichte in den Klappennasen ausgeglichen.
Fahrwerk: starres Fahrwerk mit fester Achse und Hochdruckreifen; Hecksporn.

Heinkel He 64
Sportflugzeug

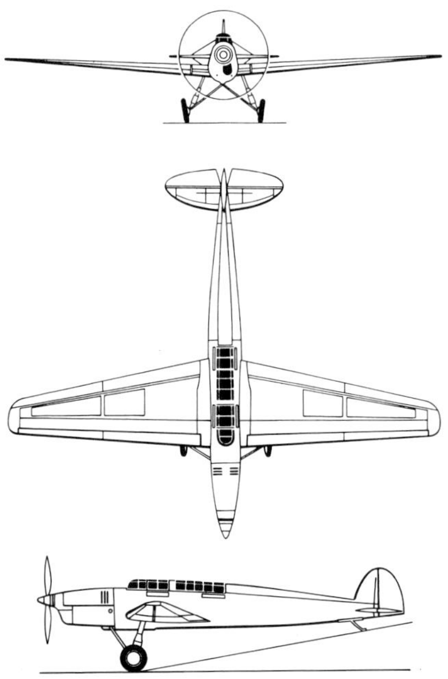

Die Brüder Günter entwarfen unter Berücksichtigung der Wettbewerbsbedingungen für den Europa-Rundflug 1932 die He 64. Heinkel ging dabei von den Doppeldecker-Konstruktionen ab und schlug den Weg zu den Hochleistungsflugzeugen ein. Bei dem dritten Europa-Rundflug sollte die 7 500 km lange Strecke statt in zwölf in sechs Tagen durchflogen werden.

Versionen:
He 64 A: mit zwei offenen Sitzen.
He 64 B: mit zurückschiebbarer Haube; mit diesem Flugzeug legte Seidemann im Augsut 1932 beim Europa-Rundflug die 7 500 km lange Strecke in nur drei Tagen zurück.
He 64 C: im wesentlichen wie He 64 B, aber mit anderem Triebwerk.
He 64 D: mit hochwertigem Ovalflügel, ähnlich der He 70; dadurch verschlechterten sich die Langsamflugeigenschaften, die Höchstgeschwindigkeit erreichte jedoch fast 300 km/h.

Rumpf: Holzbauweise aus Spants und Längsholmen mit Sperrholzbeplankung; ovaler Querschnitt; zwei Sitze hintereinander mit zurückschiebbarer Haube; Doppelsteuerung.
Tragwerk: freitragender, trapezförmiger Tiefdecker in Holzbauweise mit Sperrholzbeplankung und Stoffbespannung; ein Holm; zwei Flügelhälften am Mittelstück befestigt; Schlitzflügel, Landeklappen.
Leitwerk: Normalbauweise in Holz mit Sperrholzbeplankung.
Fahrwerk: starr mit ölpneumatischer Federstrebe; schwenkbarer Scheifsporn mit Gummipufferfederung.

Heinkel He 70 „Blitz" Verkehrsflugzeug

Nachdem Lockheed 1931 das Schnellverkehrsflugzeug „Orion" herausgebracht hatte, verlangte die Lufthansa ein ebenso schnelles Flugzeug. Die Brüder Günter begannen am 19. Mai 1932 mit den Projektierungsarbeiten an der He 70. Am 1. Dezember des gleichen Jahres startete der Prototyp He 70 V-1 zum Erstflug (370 km/h).

Die He 70 übertraf in Formgebung und Leistungen das amerikanische Vorbild, sie war schneller als alle damaligen Jagdflugzeuge. Bereits im Frühjahr 1933 erreichte die Maschine zahlreiche Rekordleistungen. So kam sie mit 500 kg Nutzmasse über eine Strecke von 1 000 km auf eine Geschwindigkeit von 347,477 km/h. Vom 14. März bis zum 28. April 1933 stellte die He 70 acht internationale Rekorde auf.

Versionen:
He 70: Prototyp mit 470-kW-Motor BMW VI 6,0 Z.
He 70 a: ziviler Prototyp mit einem 465-kW-Motor.
He 70 b: Prototyp; etwas schwereres Musterflugzeug für die Lufthansa.
He 70 c: militärischer Prototyp; Aufklärungsflugzeug; hinter dem Pilotensitz offenes Cockpit mit Schiebehaube und MG-Stand.
He 70 d: zweiter militärischer Prototyp.
He 70 D-0: Nullserie mit 3 zivilen und 9 militärischen Maschinen; 550-kW-Motor BMW 7,3 Z.
He 70 D-1: Serienausführung als militärisches Schnellverbindungsflugzeug.
He 70 e und f: zwei Prototypen für leichte Bomber und Aufklärer.
He 70 E-1: verbesserte Ausführung mit 550-kW-Motor als Aufklärer und Bomber; kleine Serie.
He 70 F-1: militärisches Mehrzweckflugzeug, aus der He 70 c und e hervorgegangen; in Serie gebaut.
He 70 G: Schnellverkehrs- und Postflugzeug der Lufthansa; Höchstgeschwindigkeit 410 km/h; 550-kW-Motor BMW 7,3 Z; 1 Maschine an Großbritannien mit Rolls Royce „Kestrel V" geliefert; insgesamt 22 Exemplare gebaut.
He 70 L: Exportausführung mit Gnôme-et-Rhône-Triebwerk 14 „Mistrel Major"; 1938 in 18 Exemplaren an Ungarn geliefert (oder auch als He 70 K oder He 170 A bezeichnet).
He 270: Versuchsmuster mit 865-kW-Triebwerk; umgebaute He 70 F; Höchstgeschwindigkeit bei 300 kg Bomben und zwei MGs 460 km/h; nicht in Serie gebaut.

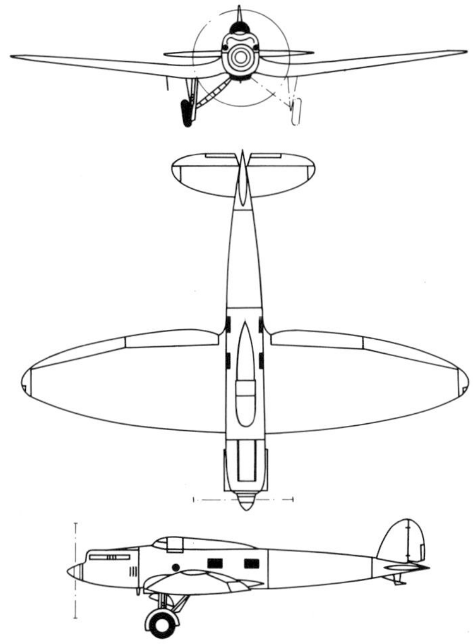

In Spanien wurde die He 70 (12 Maschinen der Version F-2) von der berüchtigten „Legion Condor" geflogen. Nachfolger der He 70 wurde die He 111.

Insgesamt sind ohne die He 170 306 Flugzeuge gebaut worden, davon 265 der Versionen He 70 E-1, F-1, F-2 und F-3.

Rumpf: Ganzmetall-Schalenbauweise mit Versenknietung; ovaler Querschnitt.
Tragwerk: freitragender Tiefdecker in Holzbauweise mit Sperrholzbeplankung; zwei Holme; Landeklappen; ovale Flügelform.
Leitwerk: freitragende Normalbauweise in Holz mit Sperrholzbeplankung.
Fahrwerk: einziehbares Fahrwerk mit Hecksporn.

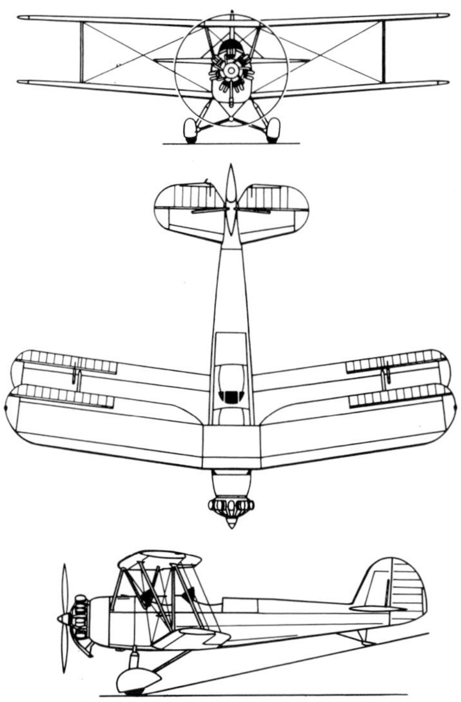

Heinkel He 72 „Kadett" Schul-, Sport- und Kurierflugzeug

Die He 72 „Kadett" war 1933 als Schulflugzeug für die Verkehrsfliegerschulen, für die Sportflugschulen und für die Luftstreitkräfte entstanden. Sie diente auch zur Kunstflugausbildung und war einsitzig voll kunstflugtauglich. Nach der Erprobung eines Prototyps mit dem 100-kW-Motor Argus As 8 B begann die Serienproduktion.

Versionen:
He 72 A: kleine Serie; mit 100-kW-Reihenmotor.
He 72 B: mit Siemens-Sternmotor; Hauptserienmuster.

He 72 W: Schwimmerflugzeug, nur in einem Exemplar gebaut.
He 72 B-3 „Edelkadett“: ziviles Schulflugzeug; Weiterentwicklung der B-Serie mit höher verdichtetem Triebwerk; zur Verminderung des Widerstands Fahrgestell verkleidet und Triebwerk mit Ringverkleidung; 30 Stück gebaut.
He 172: Weiterentwicklung der „Edelkadett“, auch als He 72 D bezeichnet.

Im zweiten Weltkrieg dienten einige He 72 als leichte militärische Kurier- und Verbindungsflugzeuge. Mehrere der an die Tiso-Slowakei gelieferten Maschinen wurden im Slowakischen Nationalaufstand als Aufklärer der Partisanen verwendet.

Rumpf: Stahlrohrbauweise mit Stoffbespannung; zwei offene Sitze hintereinander; Doppelsteuerung.

Tragwerk: einstieliger, verspannter, gestaffelter Doppeldecker; N-Stiele; dreiteiliger Oberflügel durch Baldachin mit Rumpf verbunden; zweiteilige Unterflügel; zwei Holme und Rippen aus Holz; Nase sperrholzbeplankt, sonst stoffbespannt.
Leitwerk: Normalbauweise in Holz mit Stoffbespannung; Höhen- und Seitenflosse durch I-Stiel verbunden; Trimmklappen in allen Rudern.
Fahrwerk: starres Fahrwerk mit geteilter Achse; Schleifsporn.

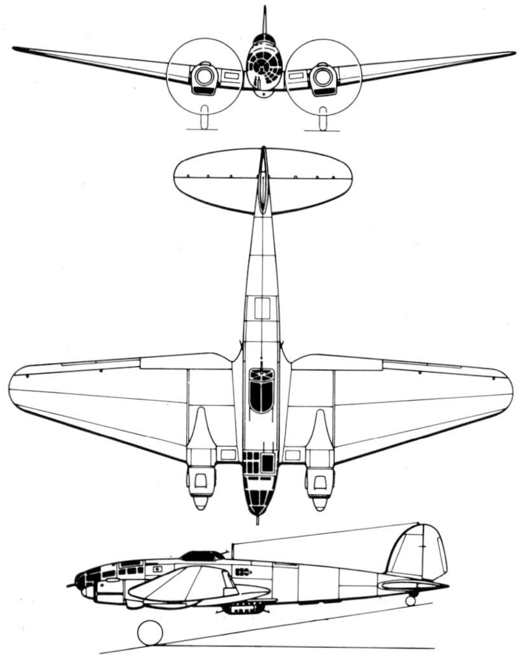

Heinkel He 111
Bombenflugzeug

Nach den Erfahrungen mit der He 70 „Blitz“ verlangte die Lufthansa ein größeres Verkehrsflugzeug mit zwei Motoren, das für zwei Mann Besatzung und zehn Passagiere ausgelegt sein sollte. Anfang 1934 begannen die Brüder Günter mit der Entwicklung der He 111. Die Konstruktion lag in den Händen von Schwärzler. Da der Lufthansa-Auftrag die Kosten der Entwicklung und Produktion nicht decken konnte, entwickelte Heinkel die He 111 von Anfang an vor allem als Bombenflugzeug. Die He 111 wurde somit nicht zum deutschen Standard-Verkehrs-, sondern zum Standard-Bombenflugzeug.
Am 24. Februar 1935 war der Erstflug der He 111 a (V-1). Die Erprobung hatte verschiedene Änderungen zur Folge. Beispielsweise ersetzte ein halb einziehbares Spornrad den Schleifsporn. Der zweite Prototyp wies bereits den für die He 111 charakteristischen Übergang zum Flügel auf. Das erste Muster erreichte eine Höchstgeschwindigkeit von 350 km/h. Die Flugzeuge mit Waffen flogen höchstens 310 km/h, was den Militärs aber nicht genügte. Erst mit dem 735-kW-Motor kam das Bombenflugzeug auf 360 km/h. Ab März 1937 wurden 30 He 111 B-1 gegen die Spanische Republik eingesetzt.
Die aerodynamisch hochwertige Zelle war in der Produktion zu teuer. Daher versuchte Heinkel bereits 1936 in der G-Serie, die Kosten durch einen neuen Flügel mit gerader Linienführung zu senken. Die F-Serie hatte einen neuen trapezförmigen Flügel. Die He 111 wurde in zahlreichen Versionen gebaut. Der Serienbau wurde im Herbst 1944 eingestellt.

Einige Versionen:
He 111 A-0: 10 Maschinen als Vorserie der Bombenausführung; an China geliefert.
He 111 B: erste Serienausführung als Bomber; aus V-17 und V-19 entwickelt; Vorserie B-0, Serie B-1; beide mit 2 DB 600 G (je 770 kW); langer verglaster Rumpfbug.
He 111 D: Versuchsausführung D-0 mit 2 DB 600 G; ging nicht in Serie.
He 111 E-3: Großserie mit verbesserter Ausrüstung für 2000 kg Bomben.
He 111 F: ähnlich der B-Reihe, aber mit verglastem Rumpfbug; als He 111 F-0 an die Türkei geliefert.
He 111 H-3: Großserie ab November 1939 mit 885-kW-Motoren; Tagbomber; Rumänien erhielt 65, Ungarn 1 und die Tiso-Slowakei einige Maschinen.
He 111 H-4: Torpedobomber mit zwei Torpedos (je 800 kg) in Außenaufhängung.
He 111 H-6: Großserie als Bomben- und Torpedoflugzeug (ab Ende 1941).
He 111 H-8: Spezialversion zum Kappen von Sperrballon-Drahtseilen.
He 111 H-10: Nachtbomber mit verstärkter Panzerung.
He 111 H-12: Trägerflugzeug für Fernwaffen.
He 111 H-20/R-1: Transportflugzeug für 16 Fallschirmjäger (ab 1944).
He 111 H-20/R-2: Schleppflugzeug für Lastensegler.
He 111 P: Flugzeug mit der „schiefen Nase“; der vordere Waffenstand mit der Bombenzieleinrichtung war aus der Mitte nach rechts versetzt worden, so daß eine asymmetrische Kanzel entstand; 1940 zwei Maschinen an Ungarn geliefert.
He 111 P-3: Schulflugzeug mit Doppelsteuerung; Ungarn erhielt ab 1941 10 He 111 P-6.
He 111 Z: Schleppflugzeug für große Lastensegler; entstanden aus zwei He-111-H-6-Zellen mit einem neuen Mittelflügel und einem zusätzlichen Triebwerk; also fünfmotoriges Flugzeug; 12 Flugzeuge gebaut.
Die Türkei hat 30 He 111 F-1 und 5 He 111 G-5 erhalten, Franco-Spanien mehrere He 111 B und E. Insgesamt sind über 7300 He 111 aller Versionen und Serien gebaut worden. Noch während des Krieges wurden einige Maschinen auf Seiten der Alliierten geflogen.

Rumpf: Ganzmetall-Schalenbauweise mit ovalem Querschnitt; Pilotensitz, Schützenstände auf und unter dem Rumpf gepanzert.
Tragwerk: freitragender Tiefdecker in Ganzmetallbauweise mit zwei Holmen.
Leitwerk: freitragende Normalbauweise in Ganzmetall.
Fahrwerk: einziehbares Fahrwerk; Spornrad halb einziehbar; Niederdruckreifen; Ölfederbeine; hydraulische Bremsen.

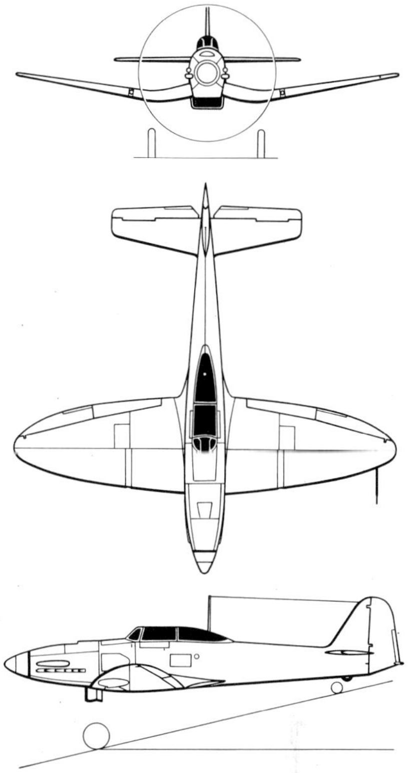

Heinkel He 112 Jagdflugzeug

Die He 112 entstand aufgrund einer Ausschreibung von 1934 für ein Jagdflugzeug, das 450 km/h erreichen, drei bis vier MGs und einen Motor von 660 kW erhalten und das Nachfolgemuster für die He 51 und die Ar 68 werden sollte. Den Wettbewerb zwischen Ar 80, FW 159, Bf 109 und He 112 gewann Messerschmitt 1935 mit der Bf 109, da sie angeblich billiger zu produzieren und schneller serienreif gewesen sein soll. Die Ar 80 und die FW 159 schieden wegen technischer Unzulänglichkeiten aus.
Der Erstflug des ersten Prototyps He 112 V-1 fand im Sommer 1935 statt. Ihm folgten fünf weitere, wobei Triebwerke, Bewaffnung, Leitwerke und Spannweiten unterschiedlich waren. Die He 112 V-3 erhielt zwei MGs 17, die V-4 drei MGs 17. Das relativ schwere Flugzeug war robust und verfügte über ein breitspuriges, niedriges Fahrwerk. Da die A-Serie nicht den Erwartungen der Auftraggeber entsprach, entstanden zwei weitere Prototypen: die besser durchkonstruierten V-7 und V-8 mit dem Triebwerk DB 600. Nach weiteren V-Mustern (V-9 bis V-12, geänderte Rümpfe, Tragflügel und Leitwerke, unterschiedliche Triebwerke) entstand die ausschließlich für den Export bestimmte B-Serie:

He 112 B-0: Vorserienmodell mit Jumo 210 Ea (Startleistung 500 kW); 43 Stück gebaut.
He 112 B-1: Serienmuster; wie die B-0, aber mit Jumo 210 G und besonderem Abgassystem; 14 Stück gebaut.
He 112 E: Exportausführung mit Jumo 210 G, 210 Ea oder DB 601.

Um doch noch mit Jagdflugzeugen ins große Rüstungsgeschäft einzusteigen, schickte Heinkel 1939 17 He 112 B-0 nach Spanien, um deren „Eignung im Kampf" nachzuweisen. An Rumänien wurden schließlich 24 He 112 (13 B-0, 11 B-1) geliefert, und auch Japan bekam mehrere Maschinen (JMV-12, 12 He 112 B-0, dort als A 7 He 1 bezeichnet). Ungarn erhielt 1940 vier He 112 (Prototyp V-9, 3 He 112 B-1). Insgesamt wurden 68 He 112 aller Ausführungen gebaut.

Die He 112 wurde auch als Versuchsträger für das Raketentriebwerk He 176 verwendet. Das Flugzeug soll schwer zu fliegen und bei den Flugzeugführern sehr unbeliebt gewesen sein.

Rumpf: Ganzmetallbauweise; aufgesetzte Kabine; erste Ausführungen mit offenem Cockpit; Beplankung nicht freitragend, nur Verkleidung der Zelle.
Tragwerk: Tiefdecker in Ganzmetallbauweise; elliptische Flügel mit Knick; doppelter Hauptholm; Fachwerkbauweise.
Leitwerk: Normalbauweise in Ganzmetall.
Fahrwerk: nach außen in die Flügel einfahrbare Haupträder; einziehbares Heckrad.

Heinkel He 100 Jagdflugzeug

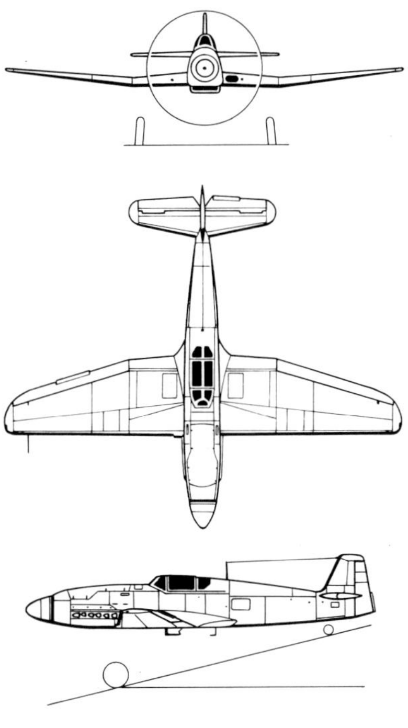

Um doch noch in das Jagdflugzeug-Geschäft einzusteigen, ließ Heinkel Ende 1937 von den Brüdern Günter ein im statischen Aufbau der He 112 weitgehend entsprechendes, jedoch stärker auf den Serienbau zugeschnittenes Jagdflugzeug entwerfen (He 112: 2885 Einzelteile, He 100: 969). Geplant war außerdem, mit dieser Maschine die bestehenden Geschwindigkeitsrekorde zu brechen, um so größere Absatzchancen zu erhalten.

Am 22. Januar 1938 startete der Prototyp He 100 V-1 mit einem Triebwerk DB 601 zum Erstflug. Er stellte im Prinzip eine vereinfachte He 112 dar. Mit der He 100 V-2 (Triebwerk DB 601 M) gelang es, den Geschwindigkeitsweltrekord für Landflugzeuge über 100 km auf 634,73 km/h zu steigern. Das ebenfalls mit einem DB-601-Motor (750 kW) ausgerüstete Flugzeug wurde der Öffentlichkeit als He 112 U vorgestellt. Der absolute Geschwin-

digkeitsweltrekord (709 km/h, Italien) sollte mit der äußerlich veränderten He 100 V-3 im Herbst 1938 übertroffen werden. Da die Maschine aber im September abstürzte, stand mit der He 100 V-8 erst im März 1939 ein neues Rekordflugzeug zur Verfügung. Als Antrieb diente beiden Maschinen ein frisierter DB-601-Motor, der für kurze Zeit 1 175 bis 1 325 kW abgeben konnte (Lebensdauer: maximal 60 min). Am 30. März 1939 erreichte die He 100 V-8 (bei Trainingsflügen erhielt sie ein normales Triebwerk) schließlich die Rekordgeschwindigkeit von 746,606 km/h.
Dennoch gelang es Heinkel nicht, Messerschmitt aus dem Jagdflugzeug-Geschäft zu verdrängen. Bei Heinkel entstanden neben den weiteren Prototypen He 100 V-4 und V-5 (für die geplante B-Serie), He 100 V-6, V-7 und V-9 (bewaffnete Prototypen für die geplante C-Serie) sowie der statischen Testzelle He 100 V-10 ohne Auftrag drei Vorserienmaschinen He 100 D-0 (mit großer Kanzel und Seitenflosse) und 12 He 100 D-1 (mit vergrößerter Höhenflosse). Die 3 He 100 D-0 wurden nach Japan verkauft (Bezeichnung AX-Hei), und die He 100 D-1 erhielt kriegsmäßigen Anstrich, um Propagandazwecken als „Nachtjäger He 113" zu dienen. Die geplante bewaffnete Serienausführung der He 100 sollte He 113 heißen, doch im eigentlichen Sinn gab es das Jagdflugzeug He 113 nie. Sechs der acht Prototypen sowie eine Serienmaschine wurden 1939 an die UdSSR verkauft.

Rumpf: Ganzmetallbauweise mit ovalem Querschnitt; Kabine hinten in den Rumpf übergehend; Teile der Rumpfbeplankung dienten als Wärmeaustauscher für die komplizierte Öl- und Wasseroberflächenkühlung (Kondensationskühlung).
Tragwerk: Tiefdecker in Ganzmetallbauweise; Mittelteil des Tragflügels gerade, Enden leicht nach oben gezogen; Teile der Flügelbeplankung dienten der Kondensationskühlung als Wärmeaustauscher.
Leitwerk: Normalbauweise in Ganzmetall.
Fahrwerk: hydraulisch einfahrbares Heckradfahrwerk.

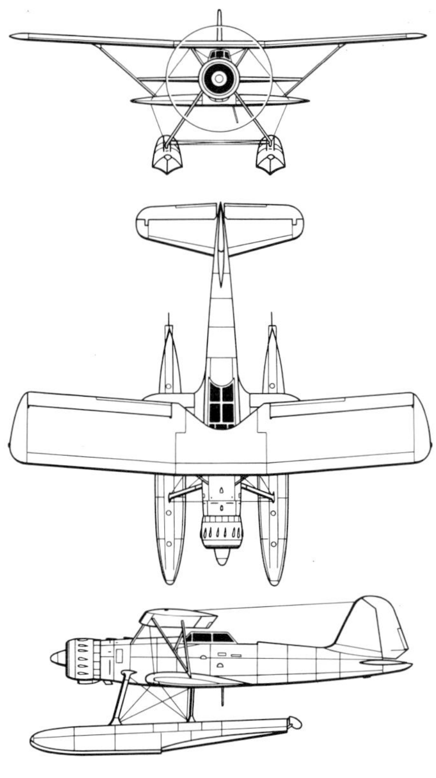

Heinkel He 114 See-Nahaufklärer

Als Nachfolgemuster für das 1933 entstandene Katapult-Flugzeug He 60 entwickelten die Heinkel-Werke 1937 einen Anderthalbdecker mit extrem kurzem Unterflügel. Die Maschine war als See-Nahaufklärer ausgelegt, der auch von dem Katapult eines Kriegsschiffs aus starten konnte. Die Enden des Oberflügels ließen sich über den Y-Stielen nach oben klappen.
Die beiden ersten Prototypen He 114 V-1 und V-2 waren mit flüssigkeitsgekühlten 12-Zylindermotoren Jumo 210 (je 495 kW) ausgerüstet. Die Prototypen V-3 und V-4 hatten wie die Serienmaschinen den 9-Zylinder-Sternmotor BMW 132. Bei der V-4 hatte man das Seitenleitwerk im Umriß vereinfacht und unter den Schwimmern Eiskiele angebracht. Die Prototypen unterschieden sich zudem durch die Flügelspitzen und die Kabinenhauben.
Die He 114 V-4 bildete die Mustermaschine für die Serie, die von der Firma Weserflugzeugbau in Lizenz hergestellt wurde.
Nach fünf Prototypen und zehn Vorserienmaschinen (He 114 A-0, BMW 132 De mit 645 kW Startleistung oder BMW 132 K) baute man 33 He 114 A-1 (Schulversion, neues Seitenleitwerk, BMW 132 W mit 635 kW Startleistung, Zwei- oder Dreiblattluftschraube) und mehrere He 114 A-2 (wie die A-1, aber mit verstärkter Zelle). Die geringen Stückzahlen lassen darauf schließen, daß man mit dieser Maschine nicht völlig zufrieden war. Beide Versionen unterschieden sich in der Luftschraube (A-1: Zweiblatt-Luftschraube aus Metall).

Weitere Versionen:
He 114 C-1: wie die A-2; zusätzlich mit einem nach vorn schießenden MG 17; 14 Stück gebaut.
He 114 C-2: in 4 Exemplaren gebautes, unbewaffnetes Bordflugzeug.

Die He 114 wurde nach Schweden (14 B-1), Spanien (3 als Ersatz der He 60) und Rumänien (6 B-1 und B-2, 12 B-3 mit je zwei zusätzlichen 7,9-mm-MGs 17) exportiert. Der Beobachter im hinteren, rückwärts offenen Sitz hatte ein 7,9-mm-MG 15. Insgesamt wurden 98 He 114 hergestellt.

Rumpf: Ganzmetall-Schalenbauweise; ovaler Querschnitt; NACA-Haube für das Triebwerk; Sitze hintereinander, nach vorn und seitlich verglast.
Tragwerk: einstieliger, verspannter Anderthalbdecker mit Y-Stielen; dreiteiliger Oberflügel; Baldachin fest über dem Rumpf; Außenteile abklappbar; Unterflügel zweiteilig; Querruder und Landeklappen nur oben; Ganzmetallbauweise; Klappen stoffbespannt.
Leitwerk: freitragend; Normalbauweise; Ganzmetall mit stoffbespannten Rudern.
Schwimmwerk: Ganzmetall; Wasserruder; einstufig; stark gekehlt; durch je zwei Streben zum Rand hin abgefangen und verspannt.

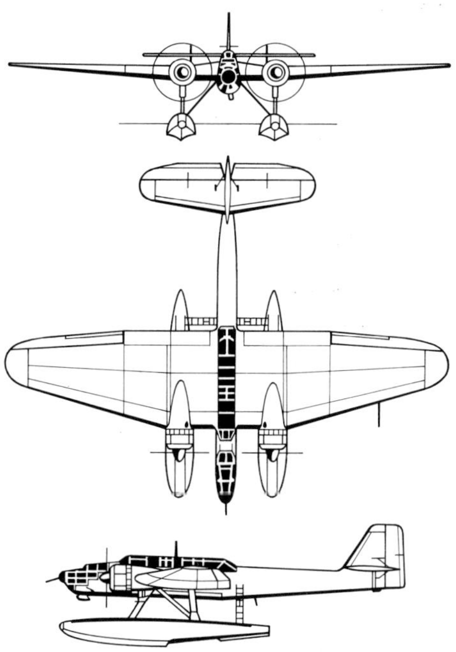

Heinkel He 115
Mehrzweckflugzeug

Im Jahr 1937 entstand in den Heinkel-Werken in Rostock-Warnemünde ein für die Seeaufklärung und den Torpedoabwurf vorgesehenes Schwimmerflugzeug, das am Jahresende seinen Erstflug ausführte. Am 20. März 1938 wurden mit dem abgeänderten Prototyp V-1 acht Geschwindigkeitsrekorde auf den 2000- und 1000-km-Strecken mit einer Nutzmasse von 0, 500, 1000 und 2000 kg aufgestellt. Die durchschnittliche Geschwindigkeit betrug dabei 328 bzw. 320 km/h.

An Norwegen sind vor dem zweiten Weltkrieg 15 He 115 A-2 verkauft worden. Als Hitlerdeutschland 1940 dieses Land überfiel, wurden die Maschinen gegen die deutschen Truppen eingesetzt. Mehrere nach Großbritannien entkommene He 115 wurden später von britischen Fliegerkräften im Mittelmeerraum für Sonderausgaben verwendet. Einige He 115 wurden in Finnland und in Schweden (10 A-1 bzw. A-2) geflogen.
Die Angaben über die Gesamtproduktion schwanken zwischen 142 und 269 Maschinen.

Versionen:
He 115 V-1 bis V-4: Prototypen mit unterschiedlichem Bug, Leitwerk und verschiedenen Kabinen; V-1 zuerst mit verglastem Bug, später mit Glattblech; in dieser Form Rekordflug.
He 115 A-0: in 10 Exemplaren hergestellte Vorserie; bis zu 1250 kg Waffen.
He 115 A-1: erstes Exportmodell; größere Startmasse als die A-0; als Torpedobomber entwikkelt; 34 Stück gebaut.
He 115 A-2: Exportversion, aber mit geänderter Bewaffnung und Ausrüstung; 18 Stück gebaut.
He 115 A-3: wie die A-1, aber geänderte Funkausrüstung, anderer Bombenschacht; Torpedoabwurfvorrichtung.
He 115 V-5: aus einer A-0 abgewandelter Prototyp; mit verstärkter Zelle und größerem Kraftstoffvorrat.
He 115 B-0: Vorserie; wie die V-5, jedoch mit veränderten Tragflügeln; 10 Stück gebaut.
He 115 B-1: Serienausführung mit mehreren Unterversionen, so als Fotoaufklärer und Minenleger oder mit verstärkten Schwimmern.
He 115 C: durch Umbau aus der B-Reihe entstanden.

Rumpf: Ganzmetall-Schalenbauweise mit ovalem Querschnitt und verglastem Bug.
Tragwerk: freitragender Mitteldecker; Flügelaufbau zweiteilig in zweiholmiger Ganzmetallbauweise; zwischen Rumpf und Querruder zweiteilige Wölbungsklappe.
Leitwerk: abgestrebte Normalbauweise in Ganzmetall; alle Ruder mit über die gesamte Hinterkante reichenden Trimmklappen.
Schwimmwerk: zwei einstufige, stark gekielte Ganzmetallschwimmer an N-Stielen unter den Motorgondeln; mit je zwei Parallelstielen zum Rumpf hin verstrebt.

Heinkel He 116
Post- und Luftbildflugzeug

Die He 116 wurde 1937 im Auftrag der Lufthansa als Langstrecken-Postflugzeug für den Dienst über den Südatlantik und nach Ostasien entwikkelt. Auf dieser Strecke konnte sie jedoch nicht eingesetzt werden, weil dazu Höhenmotoren mit etwa 370 kW Leistung gebraucht worden wären, die es in Deutschland nicht gab. Eingebaut wurden vier Triebwerke geringerer Leistung, die jedoch selbst bei Ausfall eines Triebwerks noch ausreichte.
Der Rumpf wurde dicht genietet, damit das Flugzeug bei Notlandungen auf dem Wasser schwimmfähig war. Mit um insgesamt 3 m vergrößertem Tragflügel stellte die D-ARFD „Rostock" am 30. Juli 1938 einen Langstreckenrekord über 10000 km in geschlossener Bahn auf. Bei 46 h 18 min Flugdauer erreichte sie eine Durchschnittsgeschwindigkeit von 216 km/h.
Den zivilen 8 Prototypen He 116 V-1 bis V-8 als Langstreckenflugzeug (Skizze, auch als He 116 A bezeichnet) folgten 6 militärische He 116 V-9 bis V-14 (Foto, auch als He 116 B bezeichnet) mit verlängertem Rumpfbug und Vollsichtkanzel. Dieses Flugzeug sollte als Langstreckenfotoaufklärer eingesetzt werden. Mit ihren schwachen Triebwerken war die Maschine für diese Zwecke jedoch zu langsam. Ihr Bau wurde deshalb 1939 eingestellt.
Die vorhandenen Maschinen wurden als militärische Luftbildvermessungs- und Verbindungsflugzeuge verwendet. Durch Umbau entstand aus der He 116 V-3 (auch als He 116 A-03 bezeichnet) die Langstrecken-Rekordmaschine He 116 R.
Die He 116 V-5 und V-6 wurden an eine japanische Luftverkehrsgesellschaft verkauft.

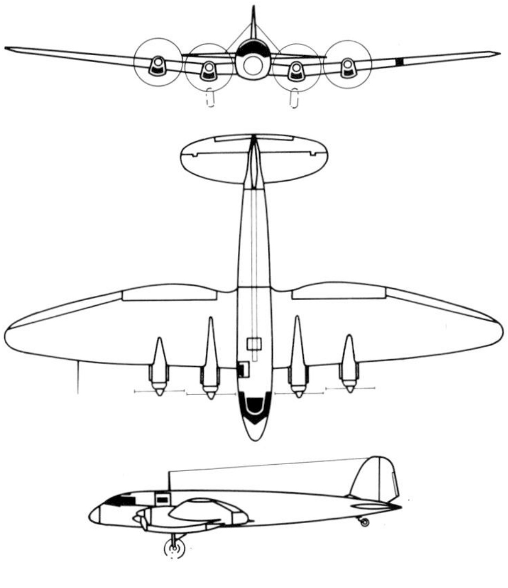

Rumpf: dicht genieteter Ganzmetall-Schalenrumpf mit ovalem Querschnitt.
Tragwerk: freitragender Tiefdecker mit elliptischem Grundriß in Holzbauweise; zwei Holme, Sperrholzbeplankung; Auftriebsklappen zwischen Querruder und Rumpf.
Leitwerk: freitragende Normalbauweise.
Fahrwerk: Haupträder nach rückwärts in die inneren Triebwerkgondeln, Spornrad in den Rumpf voll einziehbar.

Heinkel He 176 Raketenflugzeug

Die He 176 war das erste eigenstartfähige Raketenflugzeug der Welt.

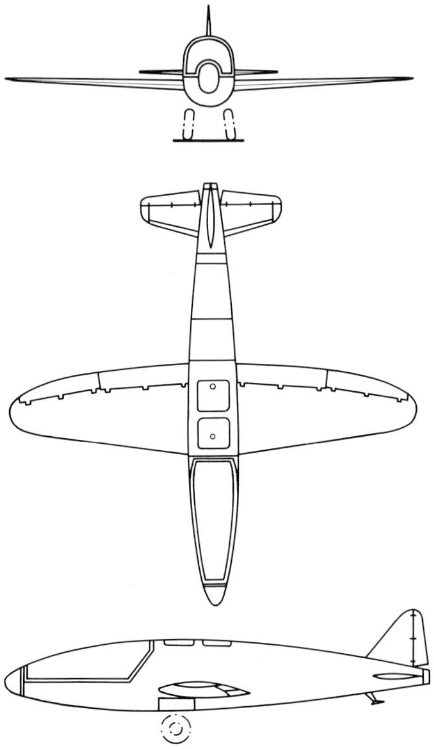

Für Bodenlaufversuche des Raketentriebwerks sowie Erprobungen in der Luft wurden mehrere He 112 verwendet. Da die He 176 mit 5 m Länge und 5,20 m Spannweite sehr klein war, wurde der Pilot in fast liegender Stellung untergebracht. Die Vollsichtverglasung bot jedoch gute Sicht. Die Verglasung mußte wegen der hohen Beanspruchungen zahlreichen Versuchen unterzogen werden. Im Notfall konnte der gesamte Kabinenteil vom Rumpf abgesprengt werden.
Bei Rollversuchen hinter einem 7,6-l-Mercedes-Kompressorwagen wurden Geschwindigkeiten bis zu 155 km/h erreicht. Anfang März 1939 machte das Flugzeug die ersten Luftsprünge mit eigenem Raketentriebwerk. Den Erstflug von 50 s Dauer am 20. Juni 1939 führte der Werkpilot Warsitz aus.
Bis zum Beginn des zweiten Weltkriegs wurde an der He 176 weitergearbeitet. Dann kam sie nach Berlin ins Museum, wo sie 1944 bei einem Luftangriff zerstört wurde.

Rumpf: Schalenbauweise als symmetrischer Rotationstropfen mit heruntergezogener Nase.
Tragwerk: freitragender Mitteldecker mit fast elliptischem Grundriß; Ganzmetall-Schalenbauweise mit zwei Holmen.
Leitwerk: freitragende Normalbauweise in Ganzmetall.
Fahrwerk: Fahrwerk geringer Spurweite mit Hecksporn; durch Preßluft in den Rumpf einfahrbar.

In die He 178 wurde das Triebwerk He S 3 B eingebaut, das stärker als das in die He 118 eingebaute war.
Der erste Flug (durch Warsitz) war am 24. August 1939 in Rostock-Marienehe. Nach den Erfahrungen mit der He 178 wurde die He 280 mit zwei Strahltriebwerken He S 8 gebaut.

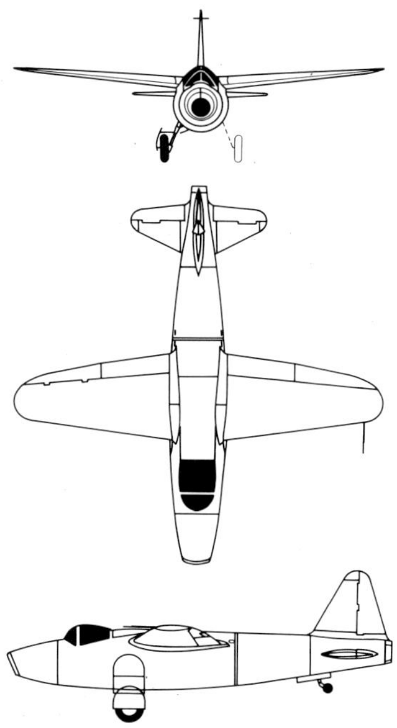

Heinkel He 178 Versuchsflugzeug

Am 27. August 1939 fand der Erstflug der He 178, des ersten TL-Flugzeugs der Welt, statt.
Der Physiker v. Ohain und sein Assistent Hahn hatten sich bereits 1933 in Göttingen mit Strahltriebwerken befaßt. Heinkel holte sie nach Rostock und ließ dort in einer Geheimabteilung Strahltriebwerke entwickeln. Im Sommer 1937 lief zum ersten Mal eine Luftstrahlturbine, allerdings mit Wasserstoffgas. Das Triebwerk He S 1 erreichte 1 270 N Schub. Bei der He S 2 wurde erstmalig Flugzeugtreibstoff verwendet; allerdings reichte die Schubkraft trotzdem noch nicht aus. Das verbesserte Triebwerk He S 3 testeten die Piloten Warsitz und Künzel mit einer He 118. Dabei konnte die Maschine zeitweilig allein mit diesem neuen Triebwerk fliegen.
Für dieses Triebwerk baute Heinkel ein Spezialflugzeug, die He 178. Der in der Rumpfmitte eingebauten Turbine wurde die Luft von einer Einlaßöffnung im Rumpf durch eine abgeflachte Rohrleitung unter dem Pilotensitz und durch den vorderen Teil des Rumpfes zugeführt. Die Abgase verließen das Flugzeug durch ein leicht konisches Rohr zum Rumpfende hin. An der Austrittsöffnung befanden sich Regelklappen, die im Stand geöffnet, im Schnellflug geschlossen waren.

Rumpf: Leichtmetall-Schalenbauweise.
Tragwerk: freitragender Schulterdecker in Holz mit einem Holm; Laminarprofil; Landeklappen.
Leitwerk: freitragende Normalbauweise in Holz.
Fahrwerk: in den Rumpf einziehbares Fahrwerk mit Spornrad.

Heinkel He 177 „Greif" Bombenflugzeug

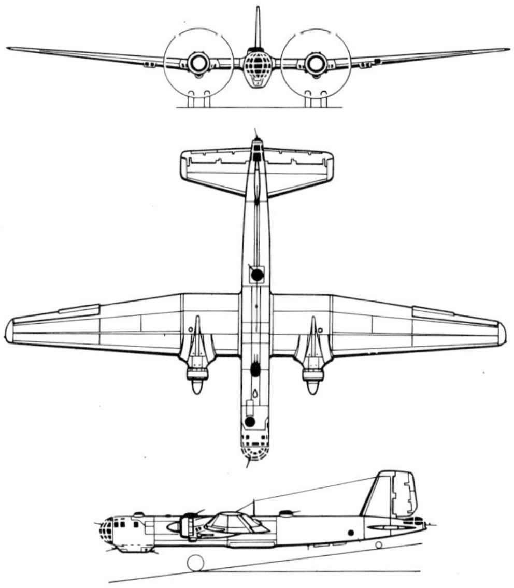

Nach den erfolgreichen Versuchen mit Doppeltriebwerken in der He 119 erhielt Heinkel im Jahr 1938 den Auftrag, einen sturzflugfähigen Bomber mit Doppeltriebwerken zu bauen, da man über keine leistungsstarken Einzeltriebwerke verfügte. Am 19. November 1939 startete die He 177 V-1 mit vier jeweils zu zweit gekoppelten und eine gemeinsame Luftschraube antreibenden DB 610 zum Erstflug. Durch Überhitzung der Triebwerke kam es wiederholt zu Bränden, was der Maschine den Namen „Reichsfeuerzeug" einbrachte. Von fünf Prototypen stürzten drei ab, zwei wurden verschrottet. Der Serienbau mußte verschoben werden, bis das neue Muster fertig war.
Obwohl die Forderung nach Sturzflugfähigkeit inzwischen zurückgenommen worden war, erwies sich auch die neue Vorserie A-1 als unzuverlässig; Anfang 1941 wurde der Bau gestoppt. Das Tragwerk mußte völlig umkonstruiert werden. Außerdem erhielt die He 177 geänderte Triebwerke und ein neues Kühlsystem. In größeren Stückzahlen verließ ab Herbst 1942 die He 177 A-3 mit längerem Rumpf und stärkerer Bewaffnung die Hallen. 1943 folgte die A-5 mit einfacherem Flügelmechanismus.
Trotz des Einbaus unterschiedlicher, verbesserter Triebwerke wurden die Doppeltriebwerke nicht betriebssicher. Deshalb stellte man die Produktion der He 177 im Oktober 1944 nach der Auslieferung von 1 094 (nach anderen Quellen 909) Maschinen ein.
Neben der A-Reihe (in mehreren Versionen) war kurz vor Kriegsende noch die B-Reihe mit vier Einzeltriebwerken Jumo 211 (je 885 kW) entstanden, womit Heinkel die Eignung der He 177 als strategischer Bomber beweisen wollte.
Da infolge der hohen Verluste an der deutsch-sowjetischen Front nicht mehr genügend gut ausgebildetete Flugzeugführer zur Verfügung standen, blieben über 800 He 177 unbenutzt.

Rumpf: Ganzmetallbauweise; stark verglaster Bug; Abwehrstände in der Rumpfwanne nach vorn und hinten sowie auf dem Rumpf vor und hinter der Tragfläche, dazu im Heckstand.
Tragwerk: Mitteldecker in Ganzmetallbauweise; gerades Mittelstück mit den Motoren; trapezförmige Außenflügel.
Leitwerk: trapezförmiges Höhen- und sehr großes Seitenleitwerk; Ganzmetallbauweise.
Fahrwerk: einziehbares Heckradfahrwerk; Haupträder doppelt bereift.

Heinkel He 219 „Uhu" Nachtjagdflugzeug

Als sich im Jahr 1941 die Ju 88 und die Me 110 den alliierten Flugzeugen nicht gewachsen zeigten, griff Heinkel auf ein Projekt aus dem Jahr 1940 zurück, das einen zweimotorigen Schulterdecker mit zweisitziger Druckkabine und Bugradfahrwerk vorgesehen hatte. Nach einigen Umbauten (das Projekt war auf einen Fernaufklärer ausgerichtet) war die He 219 Anfang 1943 als Nachtjagdflugzeug fertig. Bei einem Vergleichsfliegen mit der zum gleichen Zweck geschaffenen Ju 188 soll sich die He 219 als besser erwiesen haben.
Offensichtlich war man sich nicht einig, ob die technisch gelungene He 219 oder die neuen Strahljagdflugzeuge in Serie gehen sollten. Nach anfänglichen Forderungen, die He 219 so umzubauen, daß sie auch als Zerstörer im Tageseinsatz sowie als Bomber und Aufklärer zu verwenden ist, stellte man doch nur Nachtjagdflugzeuge her. Bis 1945 waren es insgesamt 268 (nach anderen Quellen 294) He 219 der Reihen A-0, A-0 / R-1, A-2, A-5 und A-7, die sich nur geringfügig unterschieden. Einige Maschinen wurden als He 219 B (Höhenflugzeug für Tag- und Nachteinsätze) ausgeliefert.
Die ursprünglich für zwei Besatzungsmitglieder vorgesehene Kabine der He 219 A wurde zuletzt stets mit drei Mann besetzt.
Nach dem Krieg sind mehrere He 219 „Uhu" von den Alliierten, so von Großbritannien, zu Versuchszwecken geflogen worden. Eine He 219 A steht im Luftfahrtmuseum Washington.

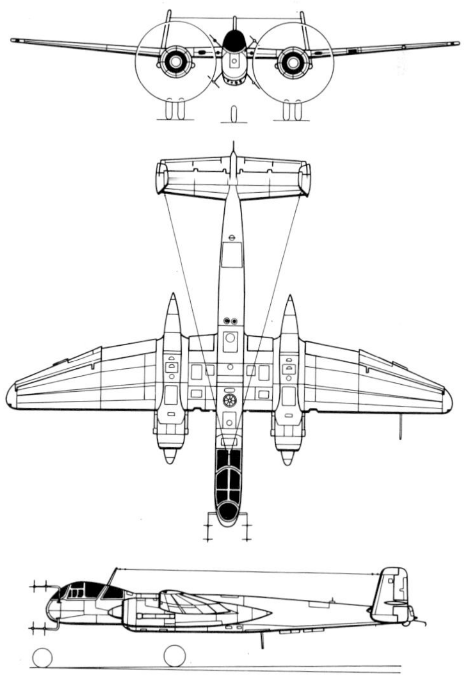

Rumpf: Ganzmetall-Schalenbauweise mit fast rechteckigem Querschnitt; Vorderteil mit Bug und Druckkabine; Hauptteil mit drei selbstschließenden Tanks; Pilot, Funker und Funkmeßoperateur mit Schleudersitzen.
Tragwerk: freitragender Schulterdecker in Ganzmetallbauweise; einteilig mit einem Holm; Fowler-Landeklappen.
Leitwerk: doppeltes Seitenleitwerk; Ganzmetallbauweise.
Fahrwerk: einziehbar; Bugstrebe einfach, Hauptstreben doppelt bereift.

Henschel Hs 123
Erdkampfflugzeug

In den USA beschäftigte man sich Anfang der dreißiger Jahre mit der Entwicklung von Sturzkampfflugzeugen. Auch in deutschen Flugzeugwerken wurde an derartigen Flugzeugen gearbeitet. So entstand 1935 in den Henschel-Werken der Doppeldecker Hs 123. Da die Ausschreibung von 1936 aber ein Eindecker-Sturzkampfflugzeug verlangte, wurde die robuste Maschine (der letzte deutsche Doppeldecker) als Erdkampfflugzeug in Auftrag gegeben.
Nach 4 Prototypen folgte die Hs 123 A als Serienausführung mit offenem Cockpit. Die Hs 123 V-5 und V-6 mit dem Triebwerk BMW 123 K (705 kW Startleistung) oder BMW 132 Dc waren Prototypen für die geplante B-Reihe (Weiterentwicklung mit geschlossenem Cockpit und stärkerer Panzerung). Die auch gegen die Republik Spanien eingesetzte Maschine (1936 an Franco-Spanien 5 Flugzeuge, später 16 Hs 123 A geliefert) wurde bis 1940 gebaut und bis 1942 an der Front verwendet.

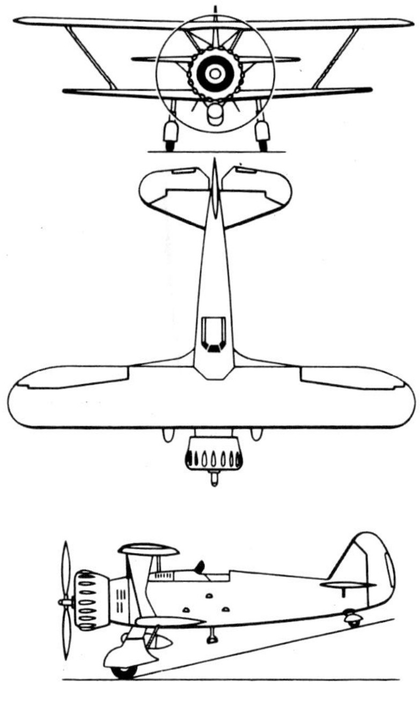

Rumpf: Leichtmetall-Schalenbauweise mit ovalem Querschnitt; versteift durch Längsprofile und Spants; offenes Cockpit hinter dem Oberflügel.
Tragwerk: einstieliger, unverspannter Doppeldecker in Ganzmetall, nur Flügelunterseite z. T. stoffbespannt; Unterflügel durchgehend, einholmig, mit tragender Beplankung; Oberflügel zweiteilig in Rumpfmitte verbunden, zweiholmig, durch Baldachinstreben und I-Stiele abgestützt; Spreizklappen als Landehilfe im Unterflügel.
Leitwerk: Normalbauweise in Leichtmetall; Flossen mit Leichtmetall beplankt; Ruder stoffbespannt; abgestrebtes Höhenleitwerk mit Trimmruder im Höhenruder.
Fahrwerk: starres Fahrwerk mit Spornrad; Hauptfahrwerk mit „Hosen" verkleidet; Radbremsen.

Henschel Hs 126
Nahaufklärer

Auf der Basis ihres als Nahaufklärer gedachten Flugzeugs Hs 122 b-0 entwickelten die Henschel-Flugzeugwerke im Herbst 1936 die Hs 126 V-1 mit dem Reihenmotor Jumo 210 C (Startleistung 450 kW). Die beiden im Frühjahr 1937 folgenden Prototypen V-2 und V-3 erhielten den Sternmotor Bramo Fafuir 323 A-1 mit Lader (625 kW). Die Maschinen hatten ein neues Seitenruder sowie zusätzliche Leitwerkstreben erhalten. Bei der Erprobung stellte sich nach mehreren Änderungen heraus: Die Maschine entspricht den militärischen Erwartungen an einen Nahaufklärer.
So verließen nach 10 Vorserienmaschinen Hs 126 A-0 ab Anfang 1938 die ersten serienmäßigen Hs 126 A-1 (BMW 132 Dc mit 645 kW Startleistung) die Montagehallen in Schönefeld und Johannisthal, um in den Aufklärungsstaffeln die veralteten He 45 und He 46 zu ersetzen. Sechs Maschinen wurden im Spätherbst 1938 zur „Legion Condor" geschickt, um „militärische Erfahrungen zu sammeln".
Mit Verstelluftschraube und besserem Motor versehen wurde die Hs 126 B-1 hergestellt. Da sich bereits im Jahr 1940 herausgestellt hatte, daß die Konzeption dieser Maschine völlig überholt war (trotzdem baute man 1940 noch 368 Hs 126, insgesamt verließen bis 1941 etwa 810 Hs 126 die Werkhallen), bemühte man sich verstärkt um das Nachfolgemuster FW 189, das ab Frühjahr 1942 alle Hs 126 in den Frontverbänden ablöste.
Die Hs 126 wurde auf Nebenkriegsschauplätzen als Nachtschlachtflugzeug, gegen Partisanen sowie als Schleppmaschine für den Lastensegler DFS 230 verwendet. Rein fliegerisch soll die Hs 126 kein schwieriges Flugzeug gewesen sein.

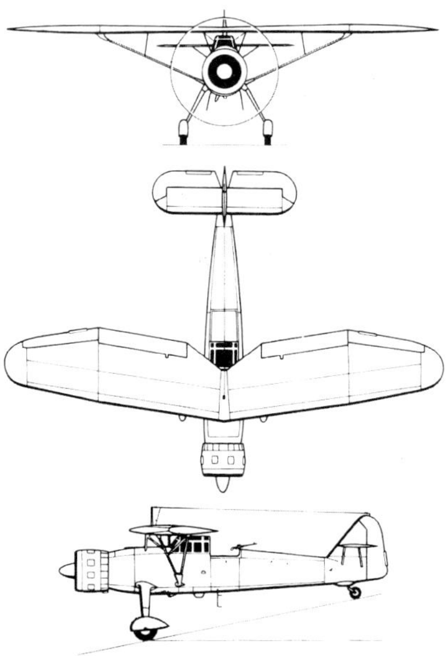

Rumpf: Ganzmetall-Schalenbauweise mit ovalem Querschnitt; große und leicht abzunehmende Wartungsluken am Vorderteil.
Tragwerk: abgestrebter Hochdecker mit zweiholmigem Flügel in Ganzmetall bis auf ganz geringe Stoffflächen.
Leitwerk: Normalleitwerk in Gemischtbauweise; hoch angesetztes und abgestrebtes Höhenleitwerk.
Fahrwerk: starres Heckradfahrwerk; Hauptträder verkleidet; hydraulisch bremsbar.

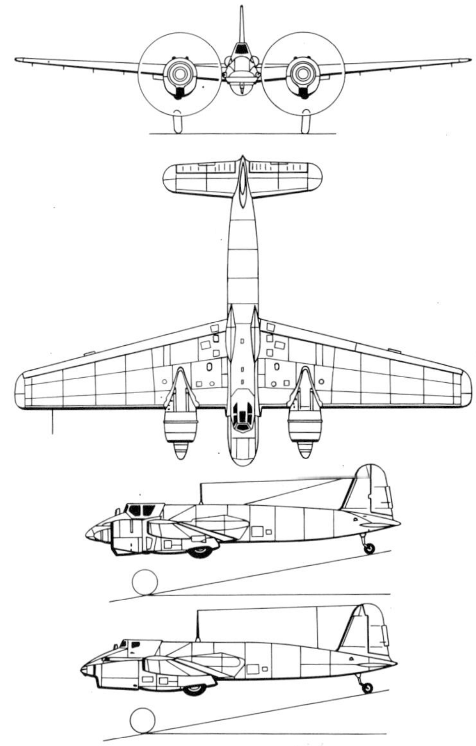

Henschel Hs 129 Schlachtflugzeug

Im Jahr 1940 lief die Serie Hs 129 A an. Bei dieser Maschine meinte man, die in Spanien gewonnenen Erfahrungen ausgewertet und ein kleines, wendiges, stark gepanzertes, schwer bewaffnetes und zur Verringerung der Beschußempfindlichkeit mit zwei Triebwerken ausgerüstetes Flugzeug geschaffen zu haben. Einige Prototypen waren schon vor dem Krieg geflogen.
Jedoch erwiesen sich die Triebwerke mit je 340 kW als zu schwach und die Panzerung als unzweckmäßig, weil für die Besatzung kaum noch Sicht blieb (untere Seitenansicht). Die Sehschlitze ließen keinen Verbandsflug zu – die Kollisionsgefahr war zu groß. Deshalb verkaufte man kurzerhand die nicht befriedigenden Maschinen der Serie Hs 129 A an Rumänien.
In Frankreich erbeutete, relativ kleine Doppelsternmotoren erwiesen sich später als geeignet für diesen Flugzeugtyp. Die Kabine wurde verändert, die Bewaffnung verstärkt, und man schuf auswechselbare Rüstsätze. Nach einer Vorserie von sieben Hs 129 B-0 lief im Herbst 1941 die Serienproduktion der Hs 129 B-1 an, die mehrfach modifiziert wurde (zusätzliche MGs, Kanonen oder Bombengehänge unter dem Rumpf, als Hs 129 B-1 / R-5 mit Reihenbildkamera). Ab Sommer 1942 wurden Versuche mit großkalibrigen Kanonen unter dem Rumpf unternommen. Danach wurde die Hs 129 B-2 mit unterschiedlichen Waffen gebaut, so als Hs 129 B-2 / R-3 mit zwei 20-mm- und einer 37-mm-Kanone, als Hs 129 B-2 / R-4 mit einer 75-mm-Kanone, die sich allerdings nicht bewährt haben soll.
Von 1941 bis 1944 sind insgesamt 870 Maschinen der Versionen Hs 129 B-1 und B-2 gebaut worden. An Rumänien wurden 62 Hs 129 B verkauft.

Rumpf: Ganzmetallbauweise; dreiteilig; dreieckiger Querschnitt; Vorderteil aus 6 bis 12 mm dickem geschweißtem Stahlblech, eine kompakte Panzerkabine bildend; Abdeckhaube aus 75 mm starkem Panzerglas; gepanzerter Haupttank im Rumpf; Ölkühler und Vergaser ebenfalls gepanzert; durch Fachwerk versteiftes Mittelteil fest mit Tragflügelmittelstück verbunden; Hinterteile als Leichtmetallschale.
Tragwerk: freitragender Tiefdecker mit dreiteiligem zweiholmigem Ganzmetallflügel; Mittelteil fest mit dem Rumpf verbunden; gesamte Flügelhinterkante als zweiteilige Schlitzklappe ausgebildet; außen als aerodynamisch und statisch ausgeglichenes Querruder, innen als hydraulisch betätigte Wölbungsklappen fungierend.
Leitwerk: freitragende Normalbauweise in Ganzmetall.
Fahrwerk: einziehbar mit Spornrad; alle Streben einfach bereift; hydraulisch bremsbare Haupträder.

Junkers J. 1/J. 2 (E. 1) Versuchsflugzeuge

Junkers begann im Jahr 1914 in Dessau mit der Entwicklung seines ersten Flugzeugs, der J. 1. Es war das erste verspannungslose Ganzmetallflugzeug. Anfang Dezember 1915 setzten die Probebelastungen ein, und am 12. Dezember 1915 fand der Erstflug statt.

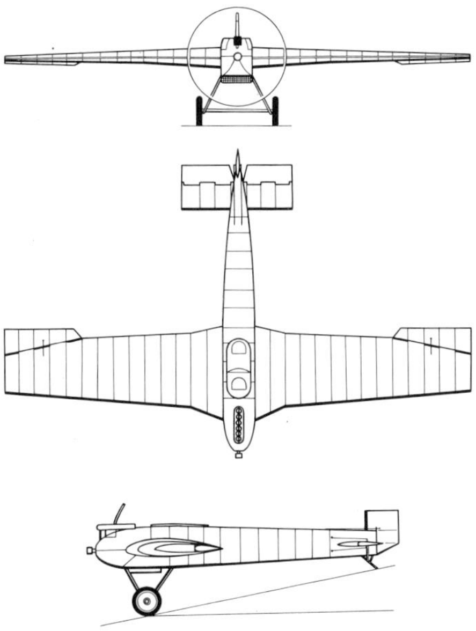

Sowohl die Bauweise als auch die Auslegung der J. 1 stießen auf Widerstand. Der Metallbau von Flugzeugen galt als Hirngespinst; das Junkers-Flugzeug erhielt den abfälligen Beinamen „Blechesel". Außerdem wurde Anfang 1916 die Eindekkerbauweise als veraltet abgelehnt. Hinzu kam, daß die Eisenbauweise das Flugzeug in der Tat schwer machte und die Steigleistungen nicht überragend waren. Die verspannungslose Eindekkerbauweise ergab indes eine damals hohe Geschwindigkeit.
Die bis Januar 1916 unternommenen Versuche bewiesen die Brauchbarkeit der Bauweise. Der nur in einem Exemplar gebauten (ab 1926 im Deutschen Museum München aufgestellten, 1944 bei einem Bombenangriff zerstörten) J. 1 folgte in sechs Exemplaren das einsitzige Ganzmetall-Jagdflugzeug J. 2 (Erstflug Juli 1916, militärische Bezeichnung: E. 1). Gebaut wurden eine Maschine (E. 250/16) mit 11,0 m Spannweite und einem 88-kW-Motor sowie fünf Flugzeuge (E. 251/16 bis E 255/16) mit 11,7 m Spannweite und einem 120-kW-Motor.

Rumpf: Ganzmetallbauweise in Eisenblech; rechteckiger Querschnitt.
Tragwerk: freitragender Mitteldecker in Eisenbauweise mit tragender Flügelhaut; auf das glatte 0,1 mm dicke Eisenblech außen Wellblech aufgeschweißt; keine Holme, sondern mit der Haut verschweißtes Rippengerüst.
Leitwerk: Normalbauweise in Eisen.
Fahrwerk: starres Fahrwerk mit durchgehender Achse und Hecksporn.

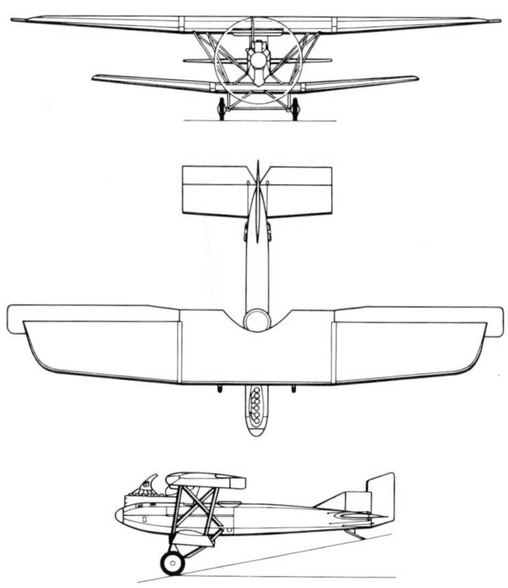

Junkers J. 4 (I 1)
Infanterieflugzeug

Nach den Erfahrungen mit den Typen J. 1 und J. 2 entstand 1916 der Tiefdecker J. 3, der als Jagdeinsitzer mit Rotationsmotor gedacht war. Als tragende Außenhaut benutzte man erstmals dünnes Leichtmetall-Wellblech. Doch wurde dieser Typ nicht fertiggestellt, da die Militärs kurzfristig ein gepanzertes Schlachtflugzeug verlangten, das die Infanterie auf dem Gefechtsfeld unmittelbar unterstützen konnte. Es sollte über den gegnerischen Stellungen kleine Bomben abwerfen und durch die Panzerung am Motor und Besatzungsraum gegen Beschuß geschützt sein. Eine hohe Steigfähigkeit wurde nicht verlangt.
Die bei der Truppe als I 1 bezeichnete Maschine hieß im Werk J. 4. Konstruiert wurde sie 1917 von Mader. Bis zum Kriegsende verließen 227 (nach anderen Quellen 189) J. 4 das Werk, ab Seriennummer 101 war im Rumpf Platz für einen Fotoapparat.
Dieses ungewöhnliche Flugzeug soll sich gut bewährt haben. Die Beschußfestigkeit ergab sich bei den Tragflügeln aus dem räumlichen Fachwerk aus Duraluminrohren und der mittragenden Haut aus Duralumin-Wellblech, beim Rumpf durch die geschweißte Wanne aus 5 mm starkem Chrom-Nickel-Stahl sowie einem Querschott aus dem gleichen Material.
Der freitragende Anderthalbdecker (bei Erstflug Frühjahr 1917 zunächst Hochdecker) hatte ein Funkgerät. Als Antrieb diente ein Benz-Motor mit einer zweiflügeligen hölzernen Zugschraube, deren Nabe mit Aluminium verkleidet war. Der flache, breite und rechteckige Kühler lag unter dem Baldachin-Mittelstück. Die beiden starren MGs 08/15 beiderseits des Rumpfes schossen durch den Luftschraubenkreis. Im Drehkranz des hinteren Sitzes war ein schwenkbares Parabellum-MG.
Die einzige, komplett erhaltene J. 4 – (Werk-Nr. 252, Dessau Juli 1918) – 1919 mit anderen Beutemaschinen nach Kanada verschifft – ist im Bestand der National Aeronautical Collection of Canada in Rockcliffe und muß restauriert werden. Der Rumpf einer J. 4 der k.u.k.-Luftfahrttruppen liegt im Technischen Museum Mailand.

Rumpf: achteckiger Querschnitt; Gerüst aus Duralumin-Fachwerk; hinter den Sitzen zunächst Stoffbespannung, zuletzt Beplankung mit Duralumin-Wellblech.
Tragwerk: Oberflügel: rechteckiges Mittelstück mit Kreisbogenausschnitt an der Hinterachse; trapezförmiger Außenflügel; sehr dickes Profil; Unterflügel etwas kleiner; abnehmbare Außenflügel; je Seite vier Baldachinstreben.
Leitwerk: Seitenflosse als Duralumingerüst mit Wellblechbeplankung; zum Rumpf eine Strebe; Seitenruder gleiche Bauweise mit überstehender Ausgleichsfläche; Höhenruder gleiche Bauweise.
Fahrwerk: starr; durchgehende Achse; Gummiseilfederung; gummiseilgefederter Sporn aus Eschenholz.

Junkers J. 10 (CL. I)
Erdkampfflugzeug

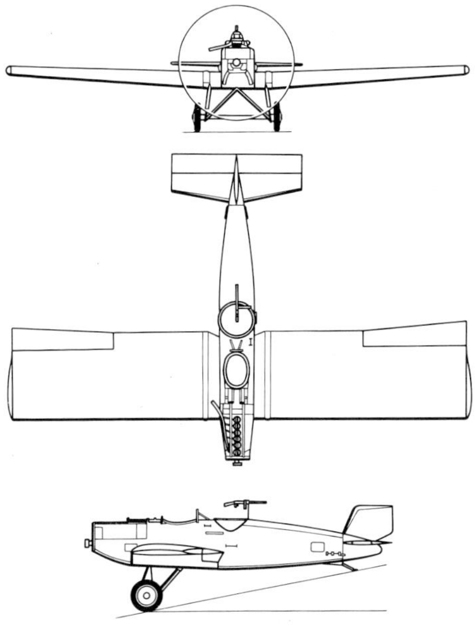

Parallel zu den Ganzmetall-Einsitzer-Jagdflugzeugen J. 7 und J. 9 entwickelte Junkers den zweisitzigen Aufklärer J. 8, der auch als Schlachtflugzeug verwendet werden sollte. Der Ende 1917 geschaffenen J. 8 folgte die Serienausführung J. 10, die erstmals am 4. Mai 1918 flog und die militärische Bezeichnung CL. I erhielt. Bis Anfang 1919 waren 43 J. 10 fertig, die z. T. von deutschen Freikorps im Baltikum verwendet wurden. 1919 baute man zwei J. 10 provisorisch zu Passagiermaschinen um und setzte sie auf der Strecke Dessau – Weimar ein.
Aus der J. 10 leitete Junkers 1918 das in drei Exemplaren gefertigte, etwas vergrößerte Marineflugzeug J. 11 mit zwei Schwimmern ab. Nach 1919 flogen zwei J. 10 bei den polnischen Luftstreitkräften.

Rumpf: Leichtmetallbauweise mit Wellblechbeplankung, offene Sitze; als Passagiermaschine Fluggastsitz mit Schutzhaube.
Tragwerk: freitragender Tiefdecker in Ganzmetallbauweise aus Duralumin mit Wellblechbeplankung; rechteckige Flügelform; Flügelgerüst in viele tragende Teile aufgelöst.
Leitwerk: freitragende Normalbauweise in Ganzmetall mit Wellblechbeplankung.
Fahrwerk: starres Fahrwerk mit durchgehender Achse und Hecksporn; Ausrüstung mit Schwimmern möglich.

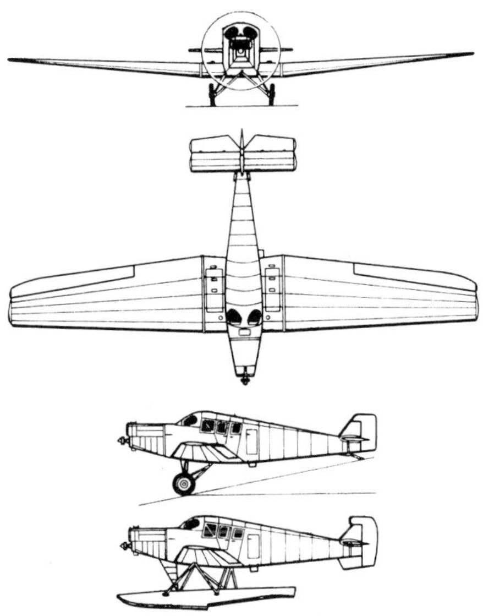

Junkers F 13
Verkehrsflugzeug

Die F 13 gilt als erstes Flugzeug der Welt, das speziell für den Passagierflug geschaffen wurde. Tiefdeckerbauweise, freitragendes Tragwerk, Ganzmetallausführung und geschlossene Kabine waren erstmalig bei diesem Flugzeug vereinigt.
Ende 1918 beauftragte Junkers seinen Chefkonstrukteur Reuter mit der Entwicklung dieses Flugzeugs, das zuerst als Ju 13, später als F 13 bezeichnet wurde. Der Prototyp der F 13 mit dem Namen „Anneliese" flog erstmalig am 25. Juni 1919. Diese Maschine hatte einen 120/125-kW-Motor. Die ersten Serienflugzeuge F 13a waren mit einem 135-kW-Triebwerk ausgerüstet.
Insgesamt gab es mehr als 60 Versionen der F 13a bis k. So wurden bald 160- und 170-kW-Triebwerke eingebaut, die zahlreiche Veränderungen hervorriefen. Die Triebwerksleistung wurde im Laufe der Zeit bis auf 265 kW gesteigert.
Insgesamt entstanden von 1919 bis 1930 350 (nach anderen Quellen 322) mit Fahrwerk, Schwimmern oder Schneekufen ausgestattete F 13, die als Verkehrs-, Sanitäts-, Post-, Expeditions-, Rettungs- oder Fotomaschinen Verwendung fanden. Das Flugzeug wurde außer in europäische Staaten auch nach Nord- und Südamerika, nach Asien und Afrika exportiert.
Eine F 13 steht heute im Deutschen Museum in München, eine weitere im Verkehrsmuseum Budapest. Das Wasserflugzeug W 33 war eine Weiterentwicklung der F 13.
Ab Mai 1922 wurden 20 F 13 in die Sowjetunion exportiert und in Moskau-Fili montiert. Nach dem Aussondern beschädigter oder verschlissener F 13 (in der Sowjetunion als Ju 13 bezeichnet) wurden aus einheimischem Material 5 neue Ju 13 gebaut. Einige Ju 13 flogen mit dem Triebwerk BMW IIIa (135 kW), andere mit dem L 5 (230 kW).

Rumpf: Ganzmetallbauweise aus Duraluminprofil mit tragender Wellblechbeplankung; offenes Cockpit mit zwei, Kabine mit vier Sitzen.
Tragwerk: freitragender Tiefdecker in Ganzmetallbauweise; Holmgerüst aus neun Duralumin-Rohrholmen mit diagonalen Stegen und mittragender Wellblechbeplankung.
Leitwerk: freitragende Normalbauweise in Ganzmetall.
Fahrwerk: starres Fahrwerk mit Hecksporn; Schwimmer oder Schneekufen möglich.

Junkers G 23 / G 24
Verkehrsflugzeuge

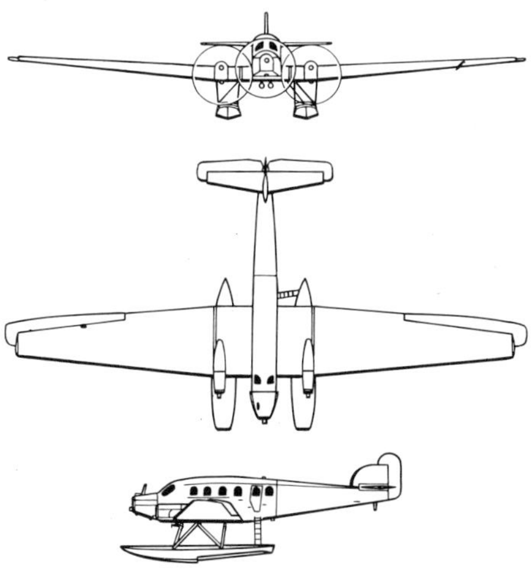

Nach den bewährten Bauprinzipien der F 13 entwickelte Junkers im Jahr 1923 die G 23 (G = Großflugzeug, Skizze). Die Vergrößerung bedeutete mehr Platz für die Passagiere, die drei Triebwerke erhöhten die Sicherheit. Funkgeräte erweiterten die Einsatzfähigkeit.
Es gab verschiedene Versionen mit unterschiedlichen Triebwerken. Der erste Start war im September 1924.
Gebaut wurde die G 23 in Dessau und im Zweigwerk A. B. Flygindustri Linham (Schweden). Luftverkehrsgesellschaften Deutschlands, Schwedens, der Schweiz (vier G 23) und Polens (eine G 23 W mit Schwimmern) verwendeten den Typ bis Mitte der dreißiger Jahre.
Die 1925 entstandene G 24 (Foto) war eine Weiterentwicklung der G 23. Sie entsprach in Form und Bauweise weitgehend ihrer Vorgängerin, unterschied sich von dieser aber durch ein verändertes Seitenleitwerk (vergrößerte Flosse) und stärkere Triebwerke. Dadurch konnten Geschwindigkeit, Zuladung und Reichweite erhöht werden. Das Flugzeug wurde bis 1930 in etwa 80 Exemplaren gebaut und ständig vervollkommnet. Die G-24-Versionen (darunter Bomber K 30 und R 42) wurden auch in andere Länder – so in die UdSSR, nach Chile, Griechenland und Jugoslawien – geliefert. Allein in Schweden flogen von 1925 bis 1932 fünf G 23 / G 24. In Moskau-Fili sind ab 1926 einige Dutzend K 30 unter der sowjetischen Bezeichnung JuG-1 (zivil) bzw. TB-2 (militärisch) montiert oder gebaut worden. Sie waren mit Radfahrwerk oder Schwimmern, später auch mit Schneekufen versehen. Eine JuG-1 wurde bei der Suche nach der Nobile-Expedition als Bordflugzeug des Eisbrechers „Krassin" benutzt.
Die Aeroflot verwendete die als Bomber ausgemusterten Maschinen ab 1930/31 in Sibirien als Transporter.
Anfangs erhielt die Maschine drei 170-kW-Triebwerke, später drei 230-kW-Motoren. Nach 1930 wurden alle G 24 der Lufthansa als Frachtmaschinen F 24 Ko noch einige Jahre verwendet. Außerdem entwickelte Junkers eine einmotorige Verkehrsmaschine F 24, die entweder ein 480- oder ein 515-kW-Triebwerk erhielt.
Von der Serie G 23 / G 24 existierten insgesamt 20 Versionen mit unterschiedlichen Motoren, Fahr- und Schwimmwerken.

Rumpf: Ganzmetallbauweise mit Wellblechbeplankung; sechs Fenster auf jeder Seite; im Heck Toilette und Waschraum sowie Post- und Gepäckräume.
Tragwerk: freitragender Tiefdecker in Ganzmetallbauweise; mehrere Holme; Wellblechbeplankung.
Leitwerk: freitragende Normalbauweise in Ganzmetall.
Fahrwerk: starres Spornfahrwerk mit durchgehender (G 24: mit geteilter) Achse; Ausrüstung mit Schwimmern oder Schneekufen möglich.

Junkers W 33 / W 34
Verkehrs- und Frachtflugzeuge

Am 12./13. April 1928 gelang Köhl, v. Hünefeld und Fitzmaurice mit der W 33 L „Bremen" (steht heute im Ford-Museum in Dearborn/USA-Staat Michigan) die erste Ost-West-Überquerung des Nordatlantiks.
Die nach einer Ausschreibung von Dezember 1925 für ein seetüchtiges Postflugzeug entstandene W 33 war eine größere und aerodynamisch verbesserte Weiterentwicklung der F 13. Sie gab es als Land- und als Wasserflugzeug.
Die W 33 wurde von April bis Juni 1926 erprobt und bis 1934 gebaut. In zahlreichen Ländern diente sie als Passagier-, Fracht-, Luftbild- und Landwirtschaftsflugzeug. Im Jahr 1927 stellte sie verschiedene Rekorde auf, darunter einen Weltrekord im Dauerflug mit 52 h 23 min über die Meßstrecke Flugplatz Leipzig-Mockau–Flugplatz Dessau. Dabei legte die Maschine 4626,174 km zurück. Im Jahr 1928 überbot sie diesen Rekord.
Zur Erkundung des Luftverkehrsweges von Deutschland nach dem Fernen Osten unternahm die Lufthansa zusammen mit der DERULUFT und der Dobrolet im August/September 1928 mit der W 33 „Ural" Flüge nach Irkutsk. 1930 fand ein Erkundungsflug nach Bagdad statt, und am 5. Mai 1930 wurde der planmäßige Luftpostdienst nach Istanbul aufgenommen.
Einige Dutzend W 33 sind in der Land- (W 33 L) und in der Schwimmerversion (W 33 D) an die UdSSR geliefert und dort als PS-4 bis 1941 sehr erfolgreich auf sibirischen Linien verwendet worden. Zwischen 1931 und 1935 wurden in Irkutsk (7) und Moskau (10) neue PS-4 als Ersatz für verschlissene Maschinen gebaut.
Parallel zur W 33 (Foto) mit dem Reihenmotor Junkers 25 war die mit dem Sternmotor Bristol Jupiter versehene W 34 (Skizze) entstanden. Beide Muster baute man ab 1933 als militärische Transporter sowie für Kanada und Schweden (wo sie noch nach 1945 flogen) in über 2000 Exemplaren.
Verwendet wurden die W 33 und die W 34 als Personen-, Post-, Sanitäts-, Landwirtschafts-, Luftbild- und Kampfflugzeug (als K 43 bezeichnet). Nach 1933 entstanden Versionen als Blindflugtrainer, Kurier- und Schleppflugzeuge.
Die 1931/32 geschaffene Ju 46 löste die W 34 als katapultierfähiges Schwimmerflugzeug ab.
Mindestens eine W 34 ist nach 1945 von den sowjetischen Luftstreitkräften geflogen worden.

Rumpf: Ganzmetallbauweise; Cockpit anfangs offen, später verglast.
Tragwerk: freitragender Tiefdecker in Ganzmetallbauweise; Flügelgerüst aus mehreren rohrförmigen Duraluminholmen mit verbindenden Stegen und tragender Wellblechaußenhaut.
Leitwerk: Normalbauweise in Ganzmetall; Höhenflosse abgestrebt.
Fahrwerk: starres Fahrwerk mit Hecksporn, Schneekufen oder Schwimmer möglich.

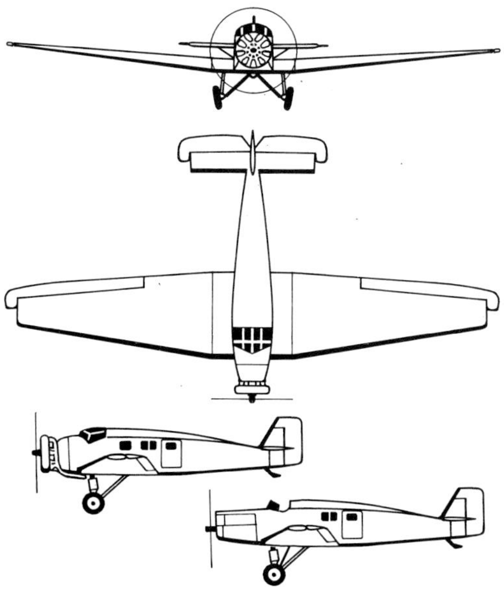

Junkers T 29
Schul- und Sportflugzeug

Die 1925 entwickelte, in nur zwei Exemplaren als Erprobungsmuster gebaute T 29 fiel äußerlich durch den Schutzbügel über den Sitzen auf. Er sollte die Insassen bei Überschlägen schützen. Erstmalig erhielt dieses Flugzeug den später berühmt gewordenen Doppelflügel (praktische Erprobung nach mehrjährigen theoretischen Untersuchungen, danach bei vielen Junkers-Typen wie G 38, Ju 52, Ju 86 und Ju 160 angewendet): Hinter dem Hauptflügel erstreckte sich über die gesamte Spannweite ein Hilfsflügel. Schließlich wurden die beiden Sitze im Gegensatz zu der damals bei Schulflugzeugen üblichen Anordnung nebeneinander untergebracht.

Rumpf: Ganzmetallbauweise in Duralumin mit wenigen Spants und Wellblechbeplankung; zwei Sitze nebeneinander mit Doppelsteuerung; Schutzbügel über den Sitzen.
Tragwerk: freitragender Tiefdecker in Ganzmetallbauweise; dreiteiliger Flügel in Duralumin-Fachwerk mit Duraluminbeplankung; Doppelflügel über die gesamte Spannweite.
Leitwerk: abgestrebte Normalbauweise in Ganzmetall.
Fahrwerk: festes Fahrwerk mit zweiteiliger Achse und Hecksporn; Gummidämpfung.

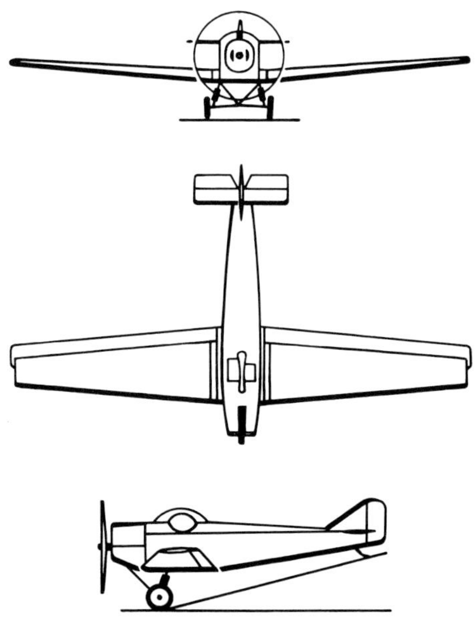

Junkers G 31
Verkehrs-, Fracht- und Sanitätsflugzeug

1926 schuf Junkers ein dreimotoriges Verkehrsflugzeug mit der Bezeichnung G 31. Es ähnelte der G 24, unterschied sich von dieser bei fast gleicher Spannweite durch einen breiten und etwas längeren Rumpf sowie die Leitwerkkonstruktion.
Der Prototyp flog erstmalig Anfang September 1926. Am 7. September des gleichen Jahres wurde die Luftverkehrszulassung erteilt.
Die Kabine bot großen Komfort: Bei Nachtflügen konnten die Sitze an beiden Seiten in zehn jeweils übereinanderliegende Betten verwandelt werden. Die G 31 war das erste Verkehrsflugzeug, in dem ein Steward die Passagiere mit Speisen und Getränken versorgte.
Die Lufthansa setzte die G 31 auf der Linie Berlin—Amsterdam—London ein. Die Österreichische Luftverkehrs AG beflog mit der G 31 die Linie Wien—Berlin. Von 1936 an bediente die G 31 nur noch die Linie Berlin—Hamburg.
Auf Neuguinea wurden vier G 31 bis 1942 als Frachtflugzeuge verwendet. Diese Maschinen wurden durch eine 3,6 m breite und 1,52 m hohe Luke beladen.
Insgesamt bauten die Junkers-Werke 13 G 31 mit unterschiedlichen Triebwerken. Teilweise verwendete man als mittleren Motor ein stärkeres Triebwerk.

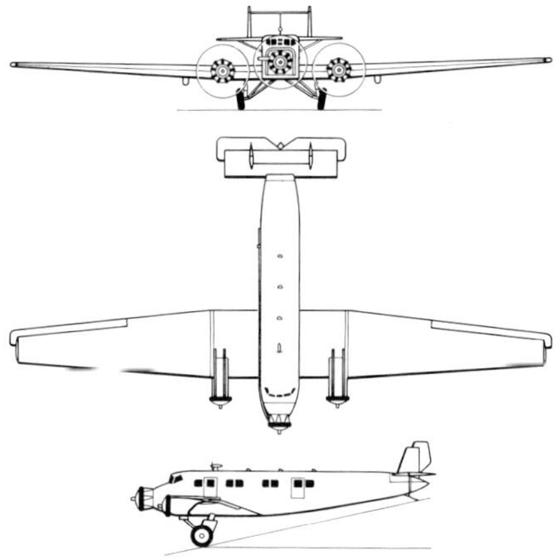

Rumpf: Ganzmetallbauweise mit Wellblechbeplankung; geschlossenes Cockpit; drei Kabinen; dahinter Wasch- und Frachträume.
Tragwerk: freitragender Tiefdecker mit Wellblechbeplankung; Ganzmetallbauweise; Rohrholmgerüst.
Leitwerk: abgestrebte Normalbauweise in Ganzmetall; Höhenleitwerk aufgesetzt; zwischen den Seitenleitwerken oben eine zweite Höhenflosse.
Fahrwerk: starres Fahrwerk mit geteilter Achse und Hecksporn.

Junkers G 38
Verkehrsflugzeug

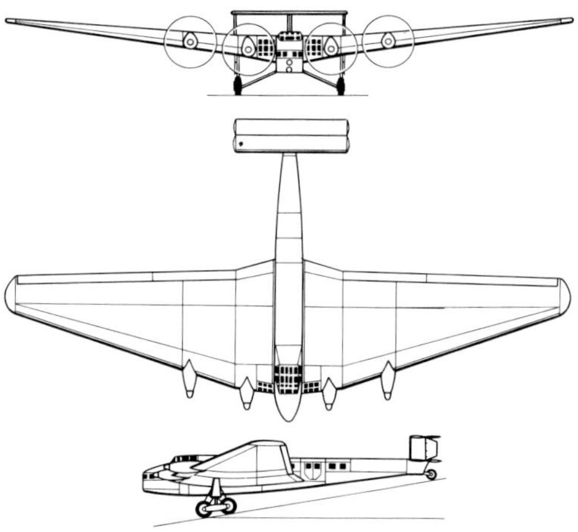

Junkers hatte bereits 1909 die Idee zu einem Nurflügel-Flugzeug. 1910 erhielt er dafür ein Patent. Diese Idee versuchte Junkers zumindest teilweise mit der G 38 zu verwirklichen, deren Bau Mitte 1928 begann.
Die Triebwerke wurden bei der G 38 in den Flügel verlegt. Sie trieben die Luftschrauben vor der Flügelvorderkante über Fernwellen an. Die Betriebssicherheit sollte nicht nur durch die mehrmotorige Auslegung erhöht werden, sondern auch dadurch, daß die Triebwerke während des Fluges gewartet werden konnten.
Der Erstflug der G 38 (D 2000, später D-AZUR; 1936 durch Montagefehler zu Bruch gegangen) fand am 6. November 1929 statt. Die Maschine hatte innen 295- und außen 590-kW-Triebwerke (L 8). Die Lufthansa übernahm die Maschine im Juni 1930. Das zweite Flugzeug wurde am 1. September 1931 geliefert. Diese G 38 b (D-APIS; am 17. Mai 1941 in Athen bei einem Bombenangriff zerstört) hatte einen größeren Rumpf und einen Hilfsflügel fast über die gesamte Spannweite. Das Cockpit befand sich über der Flügelnase.
Beide Flugzeuge erhielten im Laufe der Zeit stärkere Triebwerke, 1934/35 wurden sie auf Dieselmotoren umgerüstet.
Die Lufthansa beflog mit der G 38 die Strecken nach Amsterdam, London, Kopenhagen, Malmö, Venedig, Rom, Stockholm sowie verschiedene innerdeutsche Linien. Japan produzierte sechs Flugzeuge als Bomber (Ju K-51) als Typ 92 (Ki-92) bei Mitsubishi in Lizenz.

Rumpf: im Bereich des Tragwerks im Flügel eingebaut; dahinter ein Rumpffortsatz als Leitwerk- und Sporntäger; vor der Flügelvorderkante Navigationsraum.
Tragwerk: freitragender Eindecker mit sehr dickem Profil in Trapezform; positiv gepfeilt und mit erheblicher V-Stellung; Hilfsflügel; aufgelöste Holmgerüst-Bauweise in Ganzmetall; Triebwerke im Flügel eingebaut.
Leitwerk: doppeltes Höhen-, dreifaches Seitenleitwerk als Kastenleitwerk auf dem Rumpf aufgebaut; Querruder, Höhenruder und das mittlere Seitenruder als Doppelflügelruder; äußere Seitenruder als Balanceruder ausgeführt.
Fahrwerk: starres Hauptfahrwerk mit je zwei hintereinander angeordneten Rädern mit Druckluftbremsen; strömungsgünstig verkleidet; Spornrad.

Junkers Ju 49
Höhenversuchsflugzeug

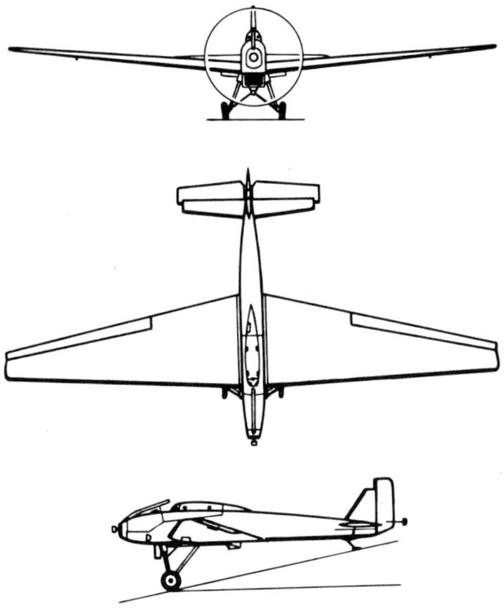

Zur Vorbereitung des Baues zukünftiger Höhenbomber und -aufklärer begannen die Junkers-Werke in Dessau 1927/28 mit der Entwicklung eines Höhenversuchsflugzeugs sowie einer Druckkammer für zwei Besatzungsmitglieder. Diese als Ju 49 (Registrierbezeichnung: D-2688, später D-UBAZ) vorgestellte Maschine startete 1931 zum Erstflug, und noch im gleichen Jahr begannen die Höhenversuche mit der Kabine sowie mit dem Triebwerk. Schrittweise vergrößerte man die Flughöhe: 1933 wurden 9300 m und 1935 die Gipfelhöhe von 13000 m erreicht. Die Kabine hatte man mit Bullaugen versehen und den Körperformen der beiden Besatzungsmitglieder angepaßt. Sie ließ sich als geschlossene Einheit aus der Flugzeugzelle lösen. Das Triebwerk hatte man für diesen speziellen Zweck umgebaut (luftdicht verschlossene Magnete, besondere Zündkerzen, Spezialvergaser, Schleudergebläse, Ladeluftkühler) und mit einer starren Vierblatt-Luftschraube extrem großen Durchmessers versehen.
Das mehrmals verbesserte Flugzeug wurde in seiner letzten Ausführung als Ju 49 ba bezeichnet.

Rumpf: Ganzmetallbauweise (Leichtmetall), tragende Beplankung aus Wellblech; geheizte Druckkabine.
Tragwerk: freitragender Tiefdecker; zweiteiliger Flügel in Ganzmetallbauweise; formgebende Rohrkonstruktion mit tragender Beplankung aus Wellblech-Leichtmetall; normale Querruder.
Leitwerk: freitragende Normalbauweise in Ganzmetall; tragende Wellblechhaut.
Fahrwerk: starre Haupträder an langen und abgestrebten Federbeinen; Schleifsporn.

Junkers Ju 52/3m
Verkehrs- und Transportflugzeug

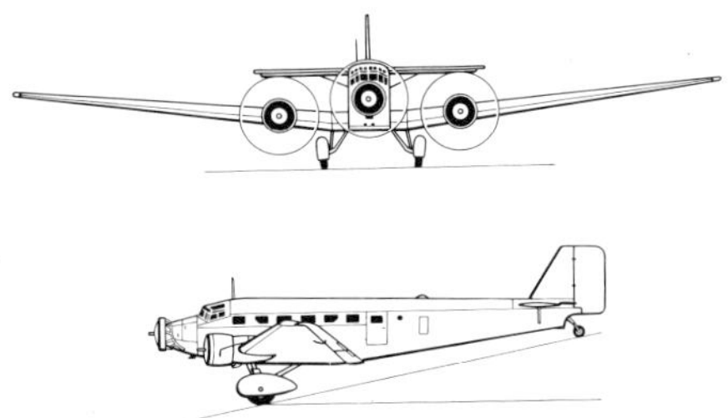

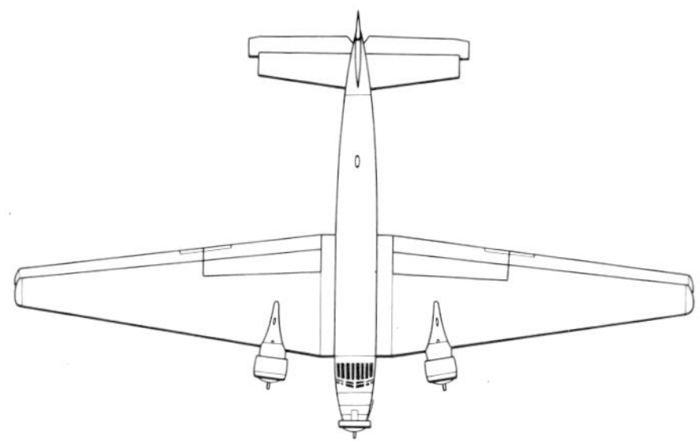

Im Jahr 1929 begann Zindel mit der Konstruktion der einmotorigen Ju 52/1m. Die Erkenntnisse mit dieser nach Kanada und Schweden exportierten Maschine führten zur Entwicklung des dreimotorigen Passagierflugzeugs Ju 52/3m, das im März 1932 erstmals flog.
Das neue Flugzeug erhielt in der Serie die Junkers-Doppelflügel zur Auftriebserhöhung. Außerdem wurde die Flügelnasen-Warmluftenteisung eingebaut, die im Vergleich zur Gummienteisung keine störende aerodynamische Veränderung des Profils brachte. Die Kraftstofftanks wurden in den Flügeln elastisch aufgehängt, so daß auch bei Fahrwerksbruch keine Brandgefahr entstand.
Im zweiten Jahrzehnt der Verkehrsluftfahrt wurde die in über 5000 Exemplaren gebaute Ju 52/3m ein Standardflugzeug. Die Maschine flog bei

30 Luftverkehrsgesellschaften in 25 Ländern auf allen Erdteilen. Außerdem benutzten sie die Luftstreitkräfte mehrerer Länder. Für die Ju 52/3 m wurden unterschiedliche Motoren verwendet. Ungarn und Rumänien bauten die Maschine in Lizenz.
Als Militärflugzeug spielte die Ju 52/3 m schon vor dem zweiten Weltkrieg eine Rolle. Sie diente der illegalen Risiko-Luftwaffe Deutschlands sowie der „Legion Condor" in Spanien als Behelfs-Kampfflugzeug für den Nachteinsatz. Dafür erhielt sie MG-Stände im Rumpfrücken zwischen Flügel und Leitwerk und unter dem Rumpf hinter dem Fahrwerk. An Bomben konnten 1 500 kg mitgeführt werden.
Nach Kriegsende wurden in Frankreich und Spanien mehrere hundert Ju 52 produziert, in Spanien unter der Bezeichnung CASA 352-1. Einige Maschinen dieses Typs befanden sich noch 1979 im Einsatz, so zwei im Dienst der Schweizerischen Luftstreitkräfte. Die Lufthansa der BRD verwendet eine rekonstruierte Ju 52/3 m als Traditionsmaschine. Sie flog 1990 erstmals in der DDR.
Weiterentwicklungen der Ju 52 waren die ab 1941 gebauten 15 Maschinen der Typen Ju 252 und Ju 352.

Rumpf: Ganzmetallbauweise mit tragender Wellblechbeplankung; rechteckiger Querschnitt.
Tragwerk: freitragender Tiefdecker in Ganzmetallbauweise; dreiteiliger Flügel mit Holmgerüst aus acht Leichtmetallrohren mit Diagonalstreben; tragende Leichtmetall-Wellblechbeplankung; hinten über die gesamte Spannweite zweiteilige Doppelflügel, innen als Landeklappen, außen als Querruder.
Leitwerk: abgestrebte Normalbauweise in Ganzmetall; aerodynamisch ausgeglichen.
Fahrwerk: starres Fahrwerk mit Spornrad; pneumatische Bremsen; Schwimmer oder Schneekufen (so für DERULUFT) möglich.
Schwimmwerk: zwei einstufige Leichtmetallschwimmer mit je 11 000 l Inhalt.

Junkers Ju 86
Bomben- und Transportflugzeug

Nach der Ausschreibung von 1934 für ein schnelles militärisch-ziviles Flugzeug (Umschreibung für getarnte Bomber) entwickelten die Junkers-Werke die Ju 86, deren Zelle so gestaltet war, daß verschiedene Abdeckbleche schnell gegen MG-Stände ausgewechselt werden konnten. Dem militärischen Zweck diente auch die große Schußfreiheit nach hinten bietende Bauweise mit doppeltem Seitenleitwerk.
Der erste der fünf Prototypen (Erstflug am 4. November 1934) war noch rein zivil ausgelegt, der zweite trug bereits drei MG-Stände. Der Vorserie von 13 Ju 68 A-0 für Versuchsflüge (zur Tarnung vorwiegend im zivilen Bereich) folgten ab Mai 1936 rund 20 Ju 86 A-1 (800 kg Bomben im Rumpf) für das Kampfgeschwader 152.
Flugzeuge des Typs Ju 86 wurden auch von der faschistischen „Legion Condor" in Spanien verwendet.

Weitere Versionen:
Ju 86 B: zivile Ausführung mit Otto- statt mit Dieselmotoren; ab 1937 an Südafrika in 18 Exemplaren geliefert (diese wurden nach Kriegsausbruch mit französischen Triebwerken in Nordafrika gegen Italien als Bomber verwendet).
Ju 86 C: zivile Ausführung; 6 Stück gebaut.
Ju 86 D: mit verlängertem Rumpf und größerem Kraftstoffvorrat; in geringen Stückzahlen gebaut.

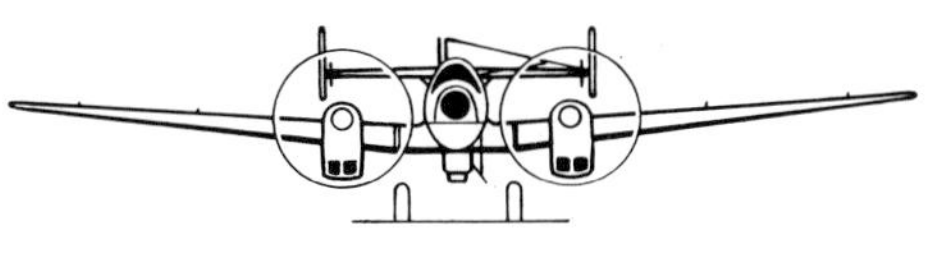

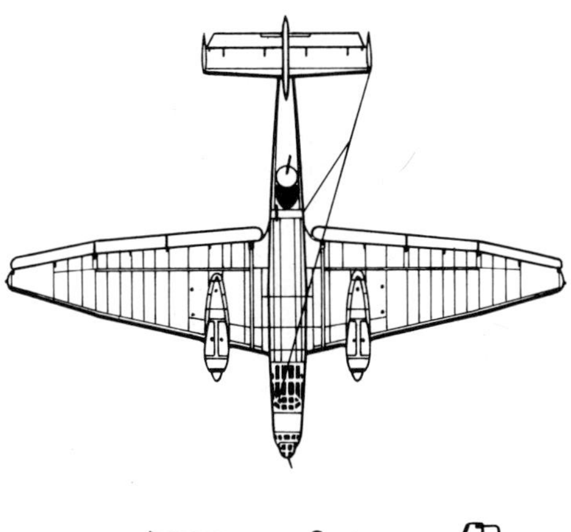

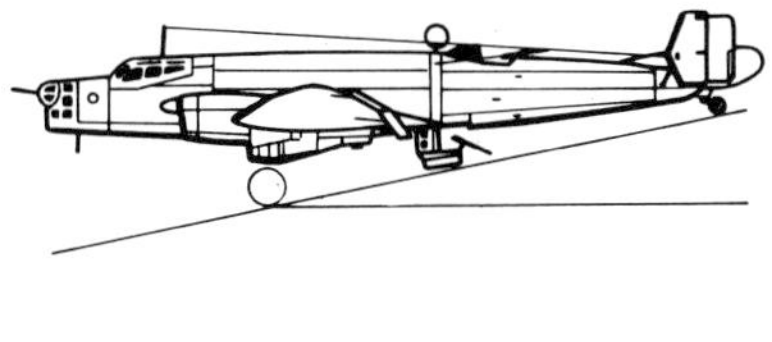

Ju 86 E: ab Spätsommer 1937 in rund 50 Exemplaren als Bomber mit teilverglastem Bug sowie drei Waffenständen; Version E-1 mit Diesel-, Version E-2 mit Otto-Motoren; abgeleitet davon wurde die als Ju 86 K1 bezeichnete Version (in drei Exemplaren an Schweden geliefert, dort als Bomber B 3A in 20 Exemplaren und in 17 Exemplaren als B 3B mit anderen Triebwerken in Lizenz gebaut – deutsche Bezeichnung: Ju 86 K4 und K5); in geringeren Stückzahlen wurde die Ju 86 K auch an Chile und Portugal (mit Hornet-Motoren) geliefert; 66 Maschinen baute Ungarn mit Gnôme-et-Rhône-14 K-Triebwerken in Lizenz.
Ju 86 G: 40 als Ju 86 E-2 begonnene Rümpfe wurden durch Vorschieben des Cockpits (bessere Sicht) sowie völlige Verglasung des Bugs und andere Aufhängung des Bugstands zur Ju 86 G umgewandelt.

Ab Herbst 1938 wurden die 235 Ju 86 A, D, E, G allmählich aus der ersten Linie zurückgezogen und durch He 111 und Do 17 ersetzt. Von 30 Bombergruppen besaß bei Kriegsausbruch nur noch eine die Ju 86, alle anderen Maschinen dienten Übungszwecken.

Ju 86 P: 1939 veränderte man die Ju 86 G durch Austausch der Rumpfnase gegen eine Druckkabine für zwei Mann, Einbau von Höhenmotoren, Wegfall der MG-Bewaffnung sowie einige andere Maßnahmen in den Höhenstörbomber Ju 86 P-1 (1940 gegen Großbritannien verwendet, von Höhen-„Spitfire" aber abgefangen) und den Höhenaufklärer Ju 86 P-2 mit drei Reihenbildkameras, aber ohne Bombenaufhängungen (vorwiegend zu Spionageflügen gegen die UdSSR verwendet) um; es wurden rund 40 Ju 86 P gebaut.
Ju 86 R: da die Gipfelhöhe der Ju 86 P bald nicht mehr vor den britischen und sowjetischen Abfangjägern schützte, wurde neben einigen geringfügigen aerodynamischen Verbesserungen die Spannweite der neuen Höhenaufklärer (Ju 86 R-1) und Höhenbomber (Ju 6 R-2) auf 32 m vergrößert; außerdem wurden Einspritzmotoren und Vierblatt-Luftschrauben verwendet; die für 17 000 m Höhe ausgelegte Ju 86 R-3 blieb ebenso Projekt wie die viermotorige Ju 186 und die sechsmotorige Ju 286 (beides Höhenbomber).

Insgesamt wurden 840 Ju 86 aller Versionen gebaut.

Rumpf: Ganzmetall-Schalenbauweise mit ovalem Querschnitt; durchgehend mit Glattblech beplankt; Kabine aufgesetzt; Bug bei Bombern verglast, bei Passagierversionen aus Ganzmetall; bei Bombern MGs im Bug, im offenen Stand auf Rumpfrücken sowie im ausfahrbaren Stand an der Unterseite.
Tragwerk: Tiefdecker in Ganzmetallbauweise; dreiteiliger und zweiholmiger Flügel; Mittelteil fest am Rumpf; Glattblechbeplankung; Junkers-Doppelflügel über die gesamte Hinterkante; innen als zweiteilige Landehilfe, außen als Querruder.
Leitwerk: Höhenflosse zum Rumpf mit V-Streben; doppeltes Seitenleitwerk als Endscheiben; alle Flossen glattblechbeplankt; Ruder stoffbespannt.
Fahrwerk: hydraulisch einziehbares und mit Öldruckbremsen ausgestattetes Hauptfahrwerk; starres Heckrad.

Junkers Ju 87
Sturz- und Erdkampfflugzeug

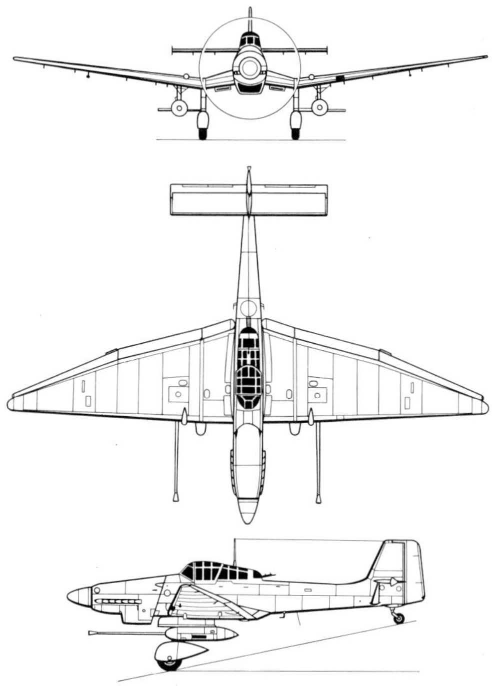

Mitte der dreißiger Jahre vertraten Militärs zahlreicher Länder die Ansicht, allein sturzflugfähige Bomber könnten die Mängel der ungenauen Bombenzielgeräte wettmachen. So wurde 1936 auch in Deutschland die Entwicklung eines Sturzkampfbombers ausgeschrieben. An diesem Wettbewerb beteiligten sich außer den Junkers-Werken auch die Firmen Arado, Blohm & Voß und Heinkel. Pohlmann hatte die Ju 87 aus der K 47/A 48 von Junkers abgeleitet.
Der Prototyp wies noch ein doppeltes Seitenleitwerk auf, damit man nach hinten freies Schußfeld hatte.
Der Serienbau begann im Jahr 1937 (von 1939 bis 1944 verließen 4881 – nach anderen Quellen: 5709 – Ju 87 die Werkhallen). Die Ju 87 wurde an Italien (dort als „Picchiatello" bezeichnet), Bulgarien, Rumänien, Ungarn und die Tiso-Slowakei geliefert.

Versionen:
Ju 87 A: mit 470-kW-Triebwerk; ab 1937 in Spanien eingesetzt („Legion Condor").
Ju 87 B: mit stärkerem Triebwerk und verändertem Fahrwerk (1938 bis 1940 gefertigt).
Ju 87 C: geplante Version für den Einsatz auf dem Flugzeugträger „Graf Zeppelin", die davon abgeleitete Variante C-1 sollte anklappbare Flügel erhalten.
Ju 87 D: ab 1940 gebaute Serie mit stärkerem Triebwerk, verstärkter Panzerung und mit Aufhängung für größere Bomben; anstatt des bisherigen großen Bauchkühlers zwei Kühler unter dem Flügelmittelstück; abwerfbares Fahrwerk (D-5); in großer Stückzahl gebaut; auch zum Schleppen von Lastenseglern (D-2) und als Erdkampfflugzeug (D-3, stärkere Panzerung) eingesetzt.
Ju 87 G: Erdkampfflugzeug, speziell für die Panzerbekämpfung; mit zwei 3,7-cm-Kanonen unter den Tragflügeln (Skizze).
Ju 87 H: Schulflugzeug mit Doppelsteuer; ansonsten wie Ju 87 D.
Ju 87 R: wie Ju 87 B mit Zusatztanks zur Vergrößerung der Reichweite.
Die verbesserte Ausführung Ju 187 blieb ein Projekt. Es wurde lediglich eine Attrappe gebaut.
Ju 87 dienten auch zur Erprobung von Schleudersitzen. Neben Originalteilen und zwei kompletten Ju 87 gibt es mehrere Nachbauten.

Rumpf: Ganzmetallbauweise mit Glattblechbeplankung; ovaler Querschnitt; verglaste Kabine notfalls abwerfbar; Motorverkleidung und Sitze gepanzert; Besatzung Rükken an Rücken.
Tragwerk: freitragender Tiefdecker mit Knickflügel in Ganzmetallbauweise, zwei Holme; Doppelflügel über die gesamte Spannweite, innen als Landeklappe, außen als Querruder wirkend, unter dem Flügel am Vorderholm Sturzflugbremsen.
Leitwerk: abgestrebte Normalbauweise in Ganzmetall; Trimmklappen an den Ruderhinterkanten.
Fahrwerk: starres, stromlinienförmig verkleidetes Fahrwerk mit Spornrad; ölpneumatisch gedämpft; angelenkt jeweils am Flügelknick.

Junkers Ju 88
Kampfflugzeug

Für die Ausschreibung zur Entwicklung eines Schnellbombers (500 km/h) im Jahr 1935, an der sich neben Junkers auch Henschel (Hs 127), Heinkel (He 119) und Messerschmitt (Bf 162) beteiligten, schufen A. Gassner und der Amerikaner W. H. Evers die Ju 88.
Der Prototyp V-1 flog erstmalig am 23. Dezember 1936, die V-2 am 10. April 1937. Während die V-1 noch Bauchkühler hatte, war die V-2 mit Ringkühlern für die 770-kW-Triebwerke ausgestattet. Der dritte Prototyp V-3 hatte 885-kW-Triebwerke (Erstflug am 13. September 1937). Ende 1937 wurde das Flugzeug umgearbeitet, da es auch als Sturzkampfbomber verwendet werden sollte. Es wurde verstärkt und bekam Sturzflugbremsen. Diese Ausführung (V-6) flog erstmalig am 18. Juni 1938. Im Herbst des gleichen Jahres wurde der Auftrag zur Serienfertigung erteilt.

Einige Versionen:
Ju 88 A: erste Serienausführung als Horizontal- und Sturzkampfflugzeug; ab A-4 (meistgebaute Variante) größere Spannweite, stärkere Motoren, bessere Bewaffnung, stärkeres Fahrwerk.
Ju 88 B: Weiterentwicklung der Ju 88 A mit verbesserter Vollsichtkanzel und 1180-kW-Motor; Fernaufklärungsflugzeug.
Ju 88 C: schweres Jagdflugzeug mit drei Mann Besatzung; ursprünglich als Ju 88 Z (Z = Zerstörer) bezeichnet; mit verstärkter Bewaffnung auch als Jagdbomber.
Ju 88 D: Langstrecken-Aufklärer, abgeleitet aus der Ju 88 A; Kameraausrüstung; zusätzlicher Kraftstoff im Bombenschacht.
Ju 88 G: Weiterentwicklung der Ju 88 C als Nachtjagdflugzeug mit Bordradar.
Ju 88 H: Langstrecken-Aufklärer und -Jäger mit 3,29 m längerem Rumpf für Kraftstoffbehälter.
Ju 88 R: Nachtjagdflugzeug, abgeleitet aus der Ju 88 C; mit Radar.
Ju 88 S: Bombenflugzeug, aus der Ju 88 A-4 abgeleitet; zahlreiche Verbesserungen (aerodynamisch verbesserter Rumpfbug, stärkere Triebwerke, kleine Bodenwanne).
Ju 88 T: Ausführung der Ju 88 S als Aufklärer.
Bis zum Ende des zweiten Weltkriegs wurden 14676 Ju 88 in mehr als 60 Varianten gebaut. Als Weiterentwicklung entstanden 1036 Ju 188 (Aufklärer und Bomber), die nur in zahlreichen Prototypen gebaute Ju 288 und rund 140 Ju 388.
Maschinen vom Typ Ju 88 sind an Finnland (24 A-4), Rumänien (50 A-4, 19 D-1), Ungarn (etwa 30 A-4, ferner mehrere der C-Serie) und Italien ge-

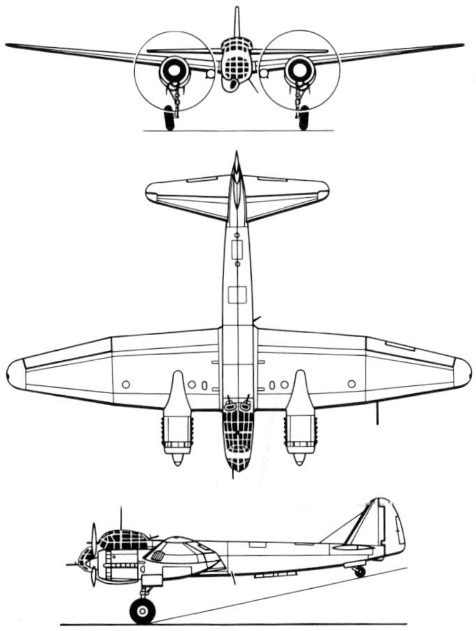

liefert worden. Eine größere Anzahl veralteter Ju 88 wurde zu einer Huckepack-Kombination (bemanntes Jagdflugzeug auf unbemanntem Bomber als Träger des Lenkflugzeugs und der Sprengladung) umgebaut, jedoch 1944/45 nur vereinzelt eingesetzt.
Das US Air Force Museum besitzt eine Ju 88 D-1/Trop (Werk-Nr. 430650), die von ihrem rumänischen Piloten am 22. Juli 1943 in Limassol/Zypern bei den Briten gelandet war. In Hendon steht im Battle of Britain Museum eine Ju 88 R-1 (Werk-Nr. 360043), außerdem gibt es mehrere Wracks, von denen einige wieder aufgebaut werden sollen. Das National Air and Space Museum Washington besitzt die einzige erhalten gebliebene Ju 388.

Rumpf: Ganzmetall-Schalenbauweise; Ober- und Unterschale aus Längsholmen und senkrecht zur Flugrichtung angeordneten Spants; Glattblechhaut mit Versenknietung; Bug als verglaste Vollsichtkanzel, dahinter voll verglaster Besatzungsraum auf dem Rumpf; Liegewanne unter dem Rumpf nach Steuerbord versetzt.
Tragwerk: freitragender Tiefdecker; zwei Holme; gitterförmige Sturzflugbremsen am Vorderholm unter den Außenflügeln; Warmluft-Enteisungsanlage in der Flügelnase.
Leitwerk: freitragende Normalbauweise in Ganzmetall; Trimmklappen am Höhen- und Seitenleitwerk; pneumatische Enteisung; Abfangautomatik.
Fahrwerk: einziehbares Einbeinfahrwerk mit Spornrad; Öldruckbremsen.

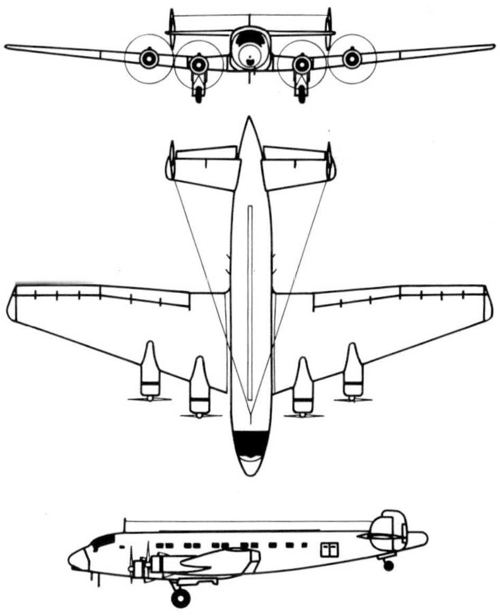

Junkers Ju 90 Verkehrsflugzeug

Zindel begann im Jahr 1936 mit der Entwicklung der viermotorigen Ju 90. Von dem viermotorigen Bombenflugzeug Ju 89 (zwei gebaut) wurde das Tragwerk übernommen. Das Leitwerk änderte man verschiedentlich, der Rumpf entstand neu.
Der Prototyp Ju 90 V-1 „Der große Dessauer" flog erstmalig am 7. Juni 1937 mit 735-kW-Motoren DB 600. Die Prototypen V-2 bis V-4 hatten 610-kW-Triebwerke BMW 132 H. Die Ju 90 V-4 erhielt später 4 BMW 801 MA mit je 1280 kW Startleistung.
Die 1937 bis 1940 in 8 Exemplaren gebaute Ju 90 B-1 (Triebwerke BMW 132 H, 38 bis 40 Passagiere) nahm 1938 den Liniendienst auf der Strecke Berlin—Wien auf. Sie flog später auch auf verschiedenen anderen Strecken. Bei Beginn des zweiten Weltkriegs behielt die Lufthansa nur zwei Maschinen dieses Typs, die anderen wurden militärische Transportflugzeuge sowie Schlepper von Lastenseglern.
Kindermann stellte 1939 mit einer Ju 90 mehrere Weltrekorde auf. Beispielsweise erreichte er mit 10 000 kg Nutzmasse eine Höhe von 7 242 m und mit 5 000 kg Nutzmasse eine solche von 9 312 m.
1940 entwickelte man die zu leistungsschwache Ju 90 durch völlige Umkonstruktion zur Ju 290 (zunächst Ju 905) weiter. Neben 14 Ju 90 wurden über 65 Ju 290 verschiedener Versionen gebaut. Nach dem Krieg flog eine Ju 290 A-6 in der Tschechoslowakei (fertiggestellt in den Letov-Werken) als L 290 „Orel", in Spanien blieb eine Ju 290 A-6 bis 1955 im zivilen Luftverkehr. Die 1943 in zwei Prototypen gebaute sechsmotorige Weiterentwicklung hieß Ju 390.

Rumpf: Ganzmetall-Schalenbauweise mit ovalem Querschnitt; Glattblechbeplankung.
Tragwerk: freitragender Tiefdecker in Ganzmetallbauweise; fünfteiliger Flügel leicht gepfeilt; am Mittelteil und unter dem Rumpf Spreiz-Landeklappen; Doppelflügel außen als Querruder, innen als Landeklappen; Holmgerüst mit Glattblechbeplankung; Warmluftenteisung.
Leitwerk: freitragendes Höhensteuer mit zwei Seitensteuern als Endscheiben in Ganzmetallbauweise.
Fahrwerk: einziehbares Fahrwerk; Haupträder in die inneren Motorgondeln, Spornrad in den Rumpf einfahrbar.

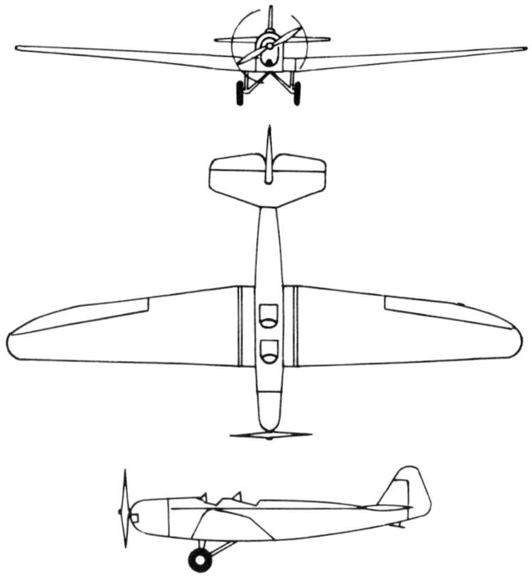

Klemm L 25
Schul-, Sport- und Reiseflugzeug

Klemm wurde international als „Vater des Leichtflugzeugs" bekannt. Nach der L 15 und der L 20 konstruierte er zusammen mit Lusser die L 25, die das erfolgreichste Klemm-Flugzeug wurde.
Die L 25 wurde von 1928 bis 1939 in Serie gebaut. Sie diente als Schul- und Übungsflugzeug, als Sport- und Reiseflugzeug, und sie war auch für den einfachen Kunstflug zugelassen. Nach Beginn des zweiten Weltkriegs wurde sie für Kurier- und Verbindungsflüge verwendet.
Die Versionen der L 25 erhielten verschiedene Triebwerke. Die Wasserausführung mit zwei Schwimmern hieß Wl 25. Bauarten mit Schneekufen und kombiniertem Rad-Kufen-Fahrwerk waren auch möglich.
Normalerweise hatte das Flugzeug zwei offene Sitze hintereinander. Es gab jedoch auch einige Versionen mit Kabinenaufbau. Ferner gab es eine dreisitzige Ausführung Vl 25 mit offenen Sitzen oder Kabinenüberdachung. Bei dieser Version war der Rumpf vorn breiter gehalten, so daß zwei Personen nebeneinander sitzen konnten.
Lizenzen wurden nach Großbritannien (134 Maschinen als British Klemm produziert) und in die USA vergeben. In Deutschland sind etwa 600 L 25 gebaut worden. Ungarn erhielt 6 L 25.

Rumpf: Holzgerüst mit rechteckigem Querschnitt; sperrholzbeplankt; zwei offene Sitze hintereinander mit Doppelsteuerung; Pilotensitz hinten.
Tragwerk: freitragender Tiefdecker in Holzbauweise; elliptische Form; zweiteiliger, zweiholmiger Flügel; bis zum Hinterholm sperrholzbeplankt, dahinter stoffbespannt.
Leitwerk: freitragende Normalbauweise in Holz; Flossen sperrholzbeplankt, Ruder stoffbespannt.
Fahrwerk: starres Fahrwerk mit Hecksporn, Bremsen und Niederdruckreifen.

Klemm Kl 32
Reiseflugzeug

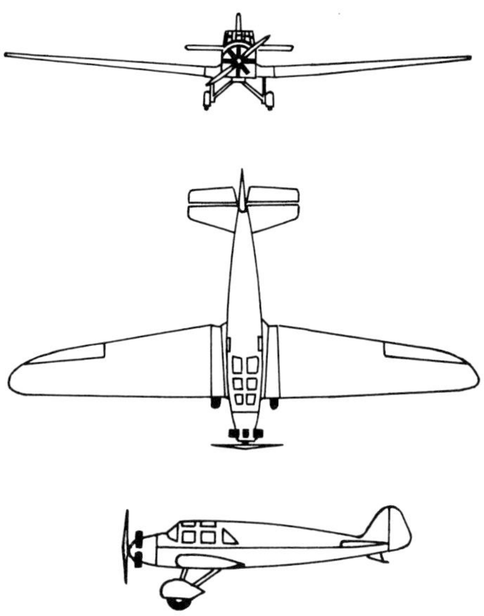

Um den Bedarf an Reiseflugzeugen zu decken, die mehr Komfort und besseren Schutz gegen das Wetter boten, entwickelte Lusser 1930/31 Kabinen-Reiseflugzeuge, die „Klemm-Limousinen".
Bei der dreisitzigen Kl 32 verwendete Klemm erstmalig Landeklappen. Das Flugzeug wurde mit verschiedenen Triebwerken zwischen 90 und 120 kW Leistung ausgerüstet.

Rumpf: Holzbauweise mit Sperrholzbeplankung; geschlossene Kabine mit drei Sitzen; Kabinenverglasung auf beiden Seiten nach vorn aufklappbar.
Tragwerk: freitragender Tiefdecker in Holzbauweise; Mittelstück fest am Rumpf; zweiteiliger Flügel mit Schnellkupplung an den Rumpf klappbar; zwei Holme; Sperrholzbeplankung bis zum hinteren Holm, dahinter Stoffbespannung; Landeklappen.
Leitwerk: freitragende Normalbauweise in Holz; Flossen sperrholzbeplankt; Ruder stoffbespannt.
Fahrwerk: starres Fahrwerk mit Hecksporn; Hauptfahrwerk verkleidet; Gummifederung mit Öldämpfung.

LFG Roland C-II
Mehrzweckflugzeug

Im Oktober 1915 startete als viertes Modell der Roland-Serie die C-II. Um Verwechselungen mit der LVG zu vermeiden, hatte die Luft-Fahrzeug-Gesellschaft in Stralsund (LFG) für ihre Flugzeuge das Markenzeichen Roland eingeführt. Im Jahr 1916 war dieser Typ eines der am meisten verwendeten Mehrzweckflugzeuge bei den deutschen Fliegerkräften. Der Zweisitzer wurde als Fern- und Nahaufklärer, als Jagdflugzeug, als Artillerie-Aufklärer sowie als Nachtbomber benutzt.
Die zweiflügelige hölzerne Zugschraube hatte eine große Nasenverkleidung aus Aluminium-Blech, und an beiden Seiten lagen die großen Ohrenkühler. Der Kraftstofftank befand sich im Rumpf. Die fast vollständige Verkleidung und die aerodynamische Linienführung gaben der Maschine ein fischähnliches Aussehen, weshalb sie den Beinamen „Walfisch" erhielt.
Zunächst war die C-II nur mit einem 7,9-mm-MG 09/15 im Drehkranz des Beobachters bewaffnet. Damit nach allen Seiten ein gutes Schußfeld vorhanden war, hatte man den oberen Tragflügel direkt auf den Rumpf gesetzt. Das war jedoch insofern nachteilig, als für den Flugzeugführer ein großer toter Winkel entstand und jede Landung fast im Blindflug ausgeführt werden mußte. Im Flug wies der Typ jedoch sehr gute Eigenschaften auf, und er stand in der Manövrierfähigkeit den damaligen Jagdeinsitzern kaum nach.

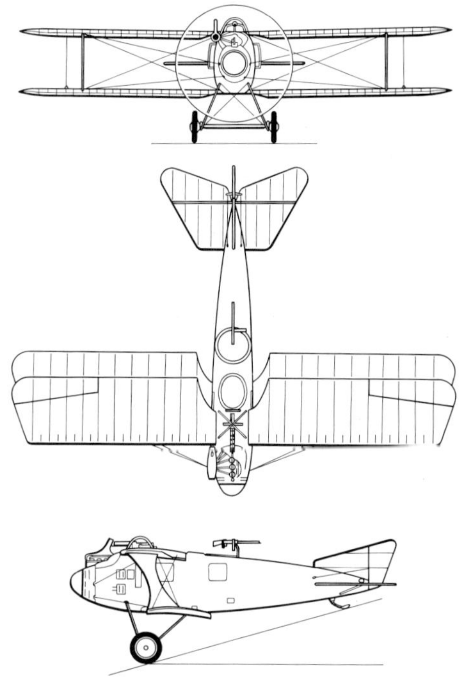

Um die Feuerkraft zu erhöhen, baute man auf der oberen Tragfläche ein starr nach vorn durch den Luftschraubenkreis feuerndes MG 08/15 ein. Flog die Maschine Aufklärung, so wurde eine Kamera eingebaut.
Die von Tantzen konstruierte Maschine wurde bei Linke-Hoffmann in Breslau (heute: Wroclaw) in Lizenz gefertigt und als C-II (L) oder Li C-II bezeichnet. Gebaut wurden insgesamt etwa 300 Flugzeuge. Ab Mitte 1917 zog man sie von der Front ab. An ihre Stelle trat die Roland D-1 „Haifisch", die im Juli 1916 vorgestellt worden war.

Rumpf: ovaler Querschnitt; aufgebaut aus Sperrholz-Formspants und Spruce-Stringern, mit Sperrholzstreifen in mehreren Lagen und in entgegengesetzter Richtung umwickelt und verleimt, danach mit Stoff überzogen und lackiert; bei beiden Flügeln war das Mittelstück ein Teil des Rumpfes; Sitze hintereinander; Überschlagbügel vor dem Flugzeugführersitz auf dem Oberflügel.

Tragwerk: einstieliger, verspannter Doppeldecker mit gleich großen Ober- und Unterflügeln; beide zweiteilig und mit runden Ausschnitten an der Hinterkante; je zwei hölzerne Kastenholme; Stahlrohr-Druckstreben und Drahtauskreuzung.
Leitwerk: Seitenruder und geteiltes Höhenruder aus Stahlrohr mit Stoffbespannung; Seiten- und freitragende Höhenflosse aus Holz mit Stoffbespannung.
Fahrwerk: starr; V-Fahrgestell aus Profilstahlrohr; Achse und beide Hilfsachsen stromlinienförmig verkleidet; Gummiseilfederung; Sporn aus Eschenholz.

LFG V 13 „Strela-See" / V 130 „Strela-Land" Verkehrsflugzeuge

Die Luft-Fahrzeug-Gesellschaft schuf 1921 ein See-Verkehrsflugzeug mit Schwimmern. Mit der V 13 „Strela-See" beflog sie Strecken entlang der Ostseeküste. Einige Flugzeuge wurden nach Norwegen verkauft. Die Firma Aero Sport in Warnemünde benutzte das Flugzeug für „Rundflüge über Ostseebad Wustrow und Fischland".
Aus der V 13 leitete die LFG den Doppeldecker V 130 „Strela-Land" ab. Das Flugzeug wurde mit verschiedenen Triebwerken ausgerüstet.

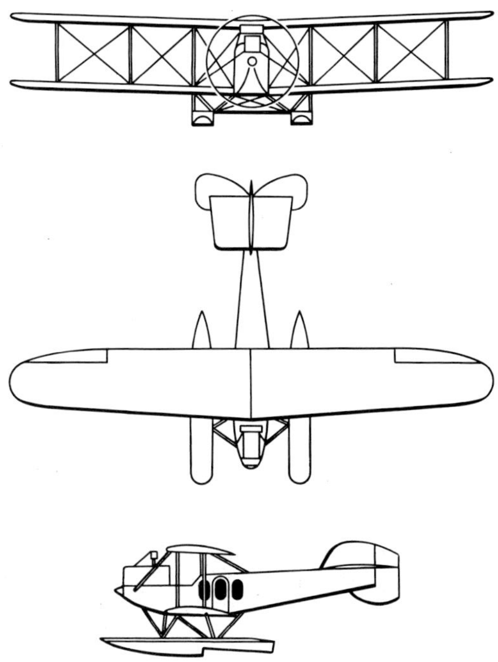

Rumpf: Holzbauweise mit Sperrholzbeplankung; rechteckiger Querschnitt; offenes Cockpit hinter dem Triebwerk; geschlossene Kabine.
Tragwerk: dreistieliger, verspannter Doppeldecker in Holzbauweise mit Stoffbespannung.
Leitwerk: Normalbauweise; Flossen in Holz-, Ruder in Metallbauweise mit Stoffbespannung; geteiltes Höhenruder mit durchgehendem Seitenruder.
Fahrwerk (V 130): festes Fahrwerk mit durchgehender Achse und Hecksporn; Gummidämpfung; Anbau eines Schwimmwerks möglich.
Schwimmwerk (V 13): zwei Schwimmer mit je einer Stufe.

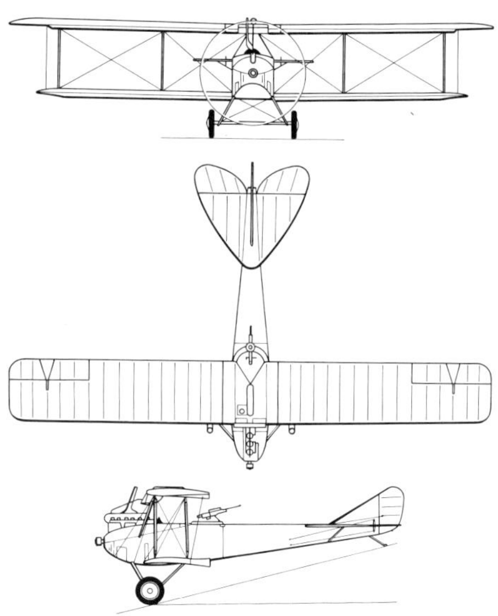

LVG C II
Aufklärer

Nach dem damals üblichen Bauschema entwickelte der Schweizer Schneider im Jahr 1915 bei der Luft-Verkehrs-Gesellschaft (LVG) Berlin-Johannisthal mit dem Doppeldecker C II ein Aufklärungsflugzeug, das auch als Bomber und Artillerieaufklärer an allen Fronten des ersten Weltkriegs verwendet wurde. Auch die Luftstreitkräfte Österreichs flogen diesen Typ.
Der Vorläufer C I, der ebenfalls 1915 gebaut wurde, war übrigens das erste deutsche Flugzeug, das mit einem Beobachter-MG ausgestattet war. Auch die C II führte im Drehkranz des Beobachter-Sitzes (damals als B-Stand bezeichnet) ein 7,9-mm-MG mit 500 Patronen. Außerdem konnten zehn 10-kg-Bomben mitgeführt werden. Der Kraftstoff war am Baldachin – in der Mitte des Oberflügels – in einem Falltank untergebracht.
Die C II wurde bei AGO in Lizenz gefertigt. Eine Weiterentwicklung dieses Typs war die C IV aus dem Jahr 1916, die aber als Fernaufklärer galt.
Nach der Kapitulation Deutschlands befanden sich nahe Poznań außer anderen deutschen Flugzeugen auch mehrere C II sowie Einzelteile weiterer Maschinen. Daraus stellten die Warschauer Flugzeugwerkstätten CWL für die neuen polnischen Luftstreitkräfte drei flugfähige Maschinen her. Zehn weitere Flugzeuge dieses Typs wurden in Deutschland nach 1919 gekauft. Sie gelangten über mehrere deutsche Handelsfirmen nach Poznań, wo sie als bewaffnete Aufklärer übernommen wurden. Offensichtlich haben diese Flugzeuge nachträglich zwei synchronisierte 7,62-mm-MGs erhalten, denn in polnischer Literatur werden die C II als mit drei MGs bewaffnet bezeichnet.

Rumpf: Holzbauweise; Seitenwände und Boden flach; Rumpfdecke vom Cockpit bis vorn gewölbt; Rumpfunterseite von vorn bis Hinterkante Cockpit mit Sperrholz verkleidet; alles andere stoffbespannt; zwei offene Sitze hintereinander.
Tragwerk: zweistieliger, verspannter Doppeldecker; Holzbauweise mit Stoffbespannung; Querruder nur oben.
Leitwerk: abgestrebte Höhenflosse; geteiltes Höhenruder.
Fahrwerk: starr mit Hecksporn; Gummifederung.

Lilienthal Gleitflugzeug

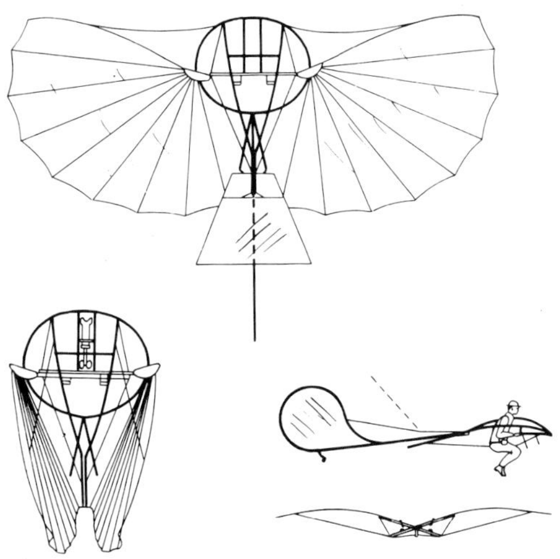

Otto Lilienthal flog 1891 als erster Mensch mit einem Luftfahrzeug „schwerer als Luft" und legte dabei 15 m zurück. 23 Jahre lang hatte er zusammen mit seinem Bruder Gustav die physikalischen Grundlagen des Vogel- und Menschenflugs untersucht, ehe er 1889 mit dem Bau seines ersten Gleitflugzeugs begann. Insgesamt hat Lilienthal mindestens 18 verschiedene Typen von Flugapparaten gebaut, von den ersten vogelähnlichen Gleitflugzeugen über die zusammenlegbaren Eindecker, bei denen er sich um eine bessere Steuerung bemühte, bis zu den Doppeldeckern. Er wollte tragfähige Apparate aus Weidenruten mit Stoffbespannung herstellen, die bei 10 m² Tragfläche nicht mehr als 15 kg wiegen sollten. Von seinem „Normal-Segelapparat" wurden etwa 20 Exemplare in verschiedene Länder geliefert.
Mit diesem Flugapparat wollte er einen Standard-Typ schaffen. Dieser hatte eine Spannweite von 6,7 m bei einer größten Flügeltiefe von 2,4 m und einer Flügelfläche von 13 m². Jeder Flügel besaß zwei parallel zur Flugrichtung angebrachte formgebende Profilstreben, die die vorderen Rippen mit den hinteren verbanden.
Sieben dieser historischen Flugzeuge Lilienthals sind heute im Shukowski-Museum in Moskau (Modell von 1894), im National Air Museum in Washington (Modell von 1894), im Deutschen Museum München (Modell von 1890 und Doppeldek-

ker von 1896), im Technischen Museum Wien (Modell von 1892), im Technischen Museum Warschau (Modell von 1894) und im Science Museum London (Modell von 1896) zu sehen. Nach anderen Quellen gibt es allerdings nur noch fünf Original-Lilienthal-Flugzeuge. In der DDR existierten fünf Nachbildungen (je eine in Berlin, Dresden und Stölln, zwei in Anklam). Eine Nachbildung hat das Museum der Luft- und Raumfahrt Kraków.
Das Gleitflugzeug war so gebaut, daß der Pilot sich mit den Unterarmen auf Polster stützte und den Apparat mit den Händen festhielt. Die Beine waren zum Anlaufen und für die Landung frei, so daß kein Hilfspersonal benötigt wurde. Gesteuert wurde durch die Verlagerung des Körpers oder der Beine.
Mit einem Flugzeug dieses Typs verunglückte Otto Lilienthal am 9. August 1896 tödlich.

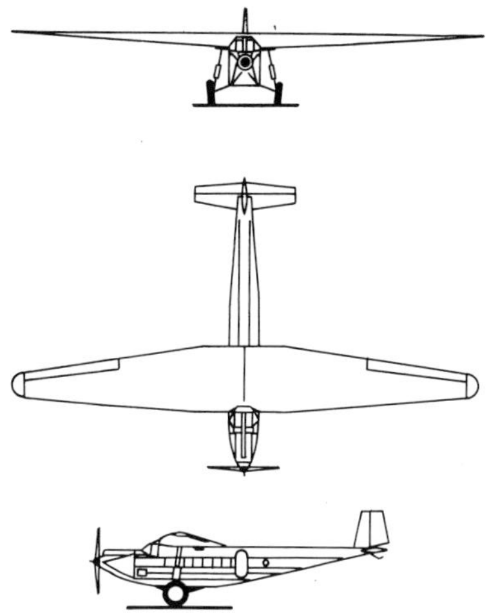

Messerschmitt M 20
Verkehrsflugzeug

Im Herbst 1926 gingen die Bayerischen Flugzeugwerke AG (BFW) und die Messerschmitt-Flugzeugbau GmbH eine Interessengemeinschaft ein, wonach die BFW die Produktion und Messerschmitt die Entwicklung von Flugzeugen übernahmen.
Aufgrund der guten Erfahrungen mit dem kleinen Zubringerflugzeug M 18b erhielt Messerschmitt den Auftrag zur Entwicklung eines größeren Flugzeugs für acht bis zehn Passagiere oder 1 000 kg Fracht. Die Arbeiten für die M 20 begannen im Herbst 1927. Der erste Prototyp stürzte bei seinem Erstflug am 26. Februar 1928 ab, da sich die Bespannung an der Hinterkante des Flügels gelöst hatte. Der zweite Prototyp flog erstmalig am 3. August 1928.
Die einfache Konstruktion war in der Produktion und in der Unterhaltung billig, die Zuladung war mit 90 % der Leermasse außerordentlich gut.
Die Lufthansa erhielt 1929 zwei M 20a (D-1480 „Franken“ und D-1676 „Schwaben“). Wegen der guten Zuladefähigkeit wurde ein Frachtflugzeug bestellt, das die Lufthansa 1930 bekam (D-1928 „Rheinpfalz“). Diese Ausführung hatte keine Kabinenfenster, sondern auf jeder Seite nur drei bzw. zwei verglaste runde Öffnungen. Die verbesserte Ausführung M 20b hatte einen längeren Rumpf und ein etwas verändertes Leitwerk. Insgesamt erhielt die Lufthansa 14 M 20. Eine als M 24 bezeichnete Version entstand 1929.
Eine M 24a erhielt das Triebwerk L 5, die zweite den BMW-Motor Va, während die M 24b einen Pratt & Whitney-Motor bekam. Im Jahr 1932 waren einige M 20b mit einem 470-kW-Triebwerk ausgerüstet worden.
Eine dieser als M 20b-2 bezeichneten Maschinen wurde 1937 an eine südamerikanische Luftverkehrsgesellschaft verkauft.
Anfang 1942 flogen bei der Lufthansa noch eine M 20a und fünf M 20b.

Rumpf: Duralumin-Ganzmetallbauweise; rechteckiger Querschnitt; geschlossenes Cockpit; Kabine mit Toilette; von außen zugänglicher Gepäckraum.
Tragwerk: freitragende Hochdecker in Ganzmetallbauweise; nur Flächenauslauf stoffbespannt; große Flügelstreckung; Metallholm.
Leitwerk: freitragende Normalbauweise in Leichtmetall; Ruder stoffbespannt.
Fahrwerk: starres Fahrwerk mit Hecksporn; zum Tragwerk mit Federstrebe abgestrebt.

Messerschmitt Bf 108 „Taifun“
Reiseflugzeug

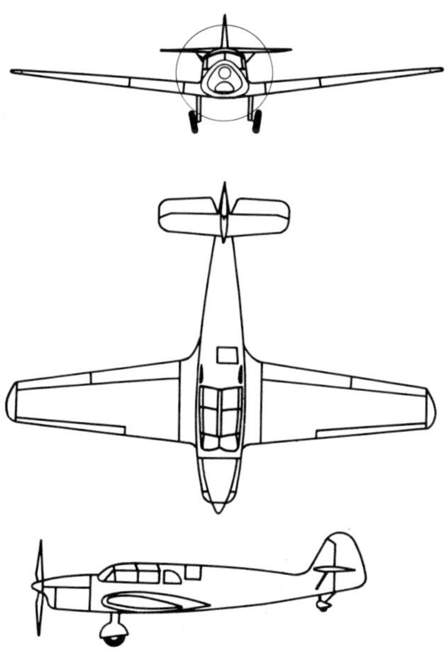

Die Bf 108 (auch als Me 108 bezeichnet) kann als das Grundmuster aller modernen Reiseflugzeuge angesehen werden.
Messerschmitt erhielt 1933 den Auftrag, ein Flugzeug für den Europa-Rundflug 1934 zu schaffen. Unter der Bezeichnung M 37 begann die Konstruktion der Bf 108 „Taifun“, die ihrer Zeit weit voraus war und durch zahlreiche Siege in vielen internationalen Wettbewerben Ansehen gewann. Im Juli 1939 stellte sie mit 9 075 m einen Höhenrekord auf.
Nach dem zweiten Weltkrieg wurde das Flugzeug in Frankreich bis in die fünfziger Jahre als Nord 1 000 „Pingouin“ und Nord 1 100 „Noralpha“ hergestellt.

Insgesamt wurden in rund 15 Jahren 1170 Flugzeuge dieses Typs für zivile und militärische Zwecke gebaut. Die Bf 108 wurde auch exportiert: Bulgarien (6), Rumänien (etwa 30), Schweiz (13), UdSSR (2), Ungarn (etwa 120), Jugoslawien (12). Nach 1945 flogen einige Bf 108 in Polen. Zu Beginn der siebziger Jahre gab es noch einige flugfähige Bf 108. 1973 versuchte Messerschmitt ergebnislos eine Neuproduktion mit stärkerem Antrieb.
Der Erstflug des Prototyps Bf 108 AV 1 fand am 13. Juni 1934 statt.

Versionen:
Me 108 A: mit 160- bzw. 185-kW-Triebwerk (Argus As 17 bzw. Hirth HM 8 U).
Me 108 B: Serienausführung; im Vergleich zur Me 108 A größer; hinten auf jeder Seite ein zusätzliches Fenster, ziviles Reise- und militärisches Verbindungsflugzeug, mit Bugrad und geändertem Leitwerk.
Me 108 C: Versuchsmuster (B-Zelle) mit einem luftgekühlten 12-Zylinder-295-kW-Motor Hirth HM 512.
Me 108 D: in 170 Exemplaren ab 1942 im okkupierten Frankreich bei SNCAN als weiter verbessertes Muster Nord 1000, 1001 und 1002 „Penguin" gebaut.
Me 208: Weiterentwicklung mit Bugradfahrwerk und 175-kW-Triebwerk; vor 1945 in zwei Mustern (Me 208 V-1 und V-2), dann als Nord 1100 und 1101 „Noralpha" in Serie gebaut. An die Stelle des Argus As 10 C der V-1/V-2 trat der Renault GQ 10 gleicher Leistung. Die Gesamtkonstruktion war etwas größer.
1990 gab es weltweit 88 „Taifun" aus deutscher und französischer Produktion (12 Bf 108 B / B-1 / D-1; 1 Nord 1001, 26 Nord 1002, 49 Nord 1101), davon mehrere flugfähig.

Rumpf: Ganzmetall-Schalenbauweise mit ovalem Querschnitt; vorn und hinten je zwei Plätze nebeneinander; dahinter Gepäckraum; Doppelsteuerung; Kabinenverglasung in zwei Hälften nach vorn aufklappbar.
Tragwerk: freitragender Tiefdecker in Ganzmetallbauweise; Mittelstück mit dem Rumpf fest verbunden; zwei Außenflügel; automatische Vorflügel; Landeklappen.
Leitwerk: abgestrebte Normalbauweise; Flossen in Ganzmetall; Ruder in Metallbauweise mit Stoffbespannung.
Fahrwerk: Einziehfahrwerk mit freitragenden Federbeinen; durch Handkurbel in die Flügel nach außen klappend einziehbar, Spornrad.

Messerschmitt Me 109 (Bf 109) Jagdflugzeug

Die Entwicklung der Me 109 (Bf 109) begann 1934. Der Erstflug der Bf 109 V-1 war im September 1935. Diesem Versuchsmuster folgten 1936 die verbesserten Prototypen V-1, V-2 und V-3. Im Wettbewerb mit der Ar 80 von Arado, der FW 159 von Focke-Wulf und der He 112 von Heinkel wurde die Me 109 zum Standard-Jargflugzeug der Luftwaffe.

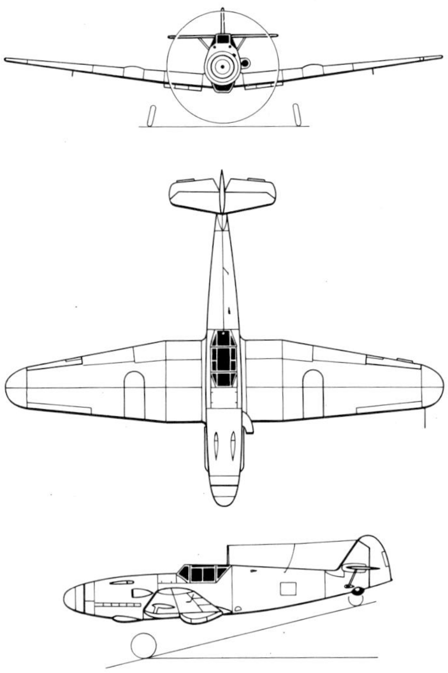

Während des zweiten Weltkriegs wurde die Maschine ständig verbessert. Die Forderungen nach größerer Reichweite, zusätzlicher Bewaffnung, mehr Munition und stärkerer Panzerung ließen die Startmasse von 1800 bis auf 3200 kg, schließlich sogar auf 3600 kg ansteigen. Die Geschwindigkeit erhöhte sich mit den stärkeren Triebwerken in Bodennähe von 480 auf 620 km/h. Die größere Masse, die stärkeren Motoren und die höhere Geschwindigkeit erforderten Verstärkungen der Zelle und des Fahrwerks, wobei die Reifen nicht wesentlich vergrößert werden konnten, da sie sonst nicht im Tragflügel unterzubringen waren.
Bis Mai 1945 lieferten die Haupt- und Nebenwerke insgesamt 30573 Me 109 aus. Exportiert wurden über 690 Me 109 bis 1944 in folgende Länder: Bulgarien (19 E, 145 G), Finnland (160 G), Ungarn (3 D, 40 E, 59 G), Japan (2 E, 2 G), Rumänien (69 E, 70 G), Slowakei (16 E, 15 G), Spanien (15 G), Schweiz (10 D, 80 E), UdSSR (5 E), Jugoslawien (73 E). Ungarn baute etwa 300 Me 109 G-2, G-6 und G-14 in Serie, auch Bulgarien fertigte eine kleine Serie, Rumänien ab 1944 die Me 109 G in Lizenz.
Nach dem zweiten Weltkrieg wurde die Maschine in Spanien bis zum Jahr 1958 weitergebaut. In der okkupierten Tschechoslowakei waren zwangsweise Me 109 gebaut worden. Aus den nach 1945 vorhandenen Teilen der Versionen Me 109 G-6 und G-14 fertigten die Avia-Werke in einer kleinen Serie Jagdflugzeuge, die als Š-99 bezeichnet wurden. Als keine DB-605-Triebwerke mehr verfügbar waren, baute man den Jumo 211 um. So entstand die Š-199, deren Prototyp am 25. April 1947 zum Erstflug startete. Von Februar 1948 bis Ende 1951 gelangten 551 Š-199 in die Truppe. 1948 erhielt Israel 25 Maschinen als Jagdbomber C.210. Mitte der fünfziger Jahre wurden die letzten Staffeln von der Š-199 auf die MiG-15 umgerüstet. Eine doppelsitzige ČŠ-199 (Me 109 G-12) steht heute im Luftfahrtmuseum Prag-Kbely. Das Deutsche Museum München besitzt mit seiner Bf 109 E-1 (Werk-Nr. 790, bis 1954 in spanischen Staffeln geflogen) wohl die älteste Original-Me 109. Neben mehreren Maschinen aus deutscher, spanischer (56 als HA 1109, 173 als HA 1112; 1968 für „Luftschlacht um England" 28 HA 1112 – 18 flugfähig – angekauft) und tschechischer Produktion gibt es zahlreiche Wracks und Nachbauten.

Einige Versionen:
Me 109 B: erste Serienausführung mit Zweiblatt-Holzpropeller und drei MGs 17; 1937 von der „Legion Condor" verwendet.
Me 109 C: stärkeres Triebwerk und stärkere Bewaffnung; ab 1937 in kleiner Serie.
Me 109 E: ab 1939 in großer Serie gebaute Weiterentwicklung; zu Beginn des zweiten Weltkriegs im Bestand aller Jagdfliegergeschwader Deutschlands.
Me 109 F: 955-kW-Triebwerk mit Höhenlader; ab 1941 ausgeliefert.
Me 109 G: Weiterentwicklung mit 1085-kW-Triebwerk und stärkerer Panzerung; ab 1943 in Großserie; 70 Prozent aller Varianten.
Me 109 H: Höhenflugzeug mit 11,92 m Spannweite (Skizze).
Me 109 K: Weiterentwicklung der Me 109 G; ab 1944 gebaut; mit höherem Seitenleitwerk.
Me 109 L: Weiterentwicklung der G-Reihe; mit Jumo 213 E (1305 kW); größerer Rumpfquerschnitt; Spannweite 13,3 m; Höchstgeschwindigkeit 765 km/h.
Me 109 T: Umbau von E-Flugzeugen zu T-Flugzeugen (T = Träger), die von dem Flugzeugträger „Graf Zeppelin" (nicht fertiggestellt) aus eingesetzt werden sollten.

Rumpf: Ganzmetall-Schalenbauweise mit ovalem Querschnitt; Druckkabine.
Tragwerk: freitragender Tiefdecker in Ganzmetallbauweise mit einem Holm; zweiteiliger Flügel mit Landeklappen und Vorflügel.
Leitwerk: Normalbauweise in Metall; Ruder stoffbespannt; bis Serie E und Serie H abgestrebt, ab Serie F freitragend; Ruder aerodynamisch ausgeglichen.
Fahrwerk: hydraulisch nach außen in die Tragflügel einziehbares Fahrwerk mit Spornrad; hydraulische Bremsen.

Messerschmitt Me 110 (Bf 110) Schweres Jagd- und Jagdbomben-flugzeug

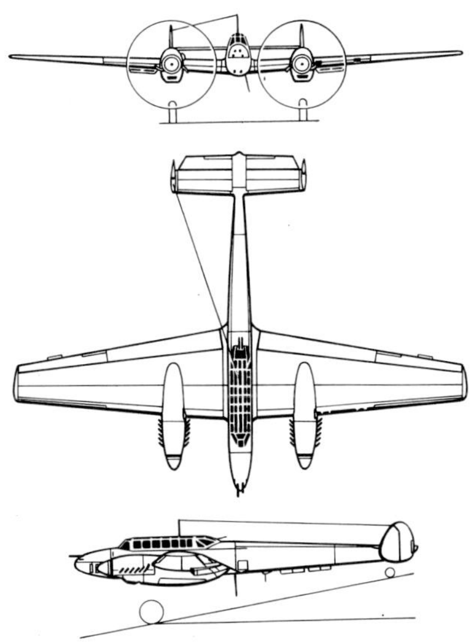

Aufgrund der Forderungen nach einem zweimotorigen, nach hinten mit Abwehrwaffen versehenen sowie mit einem großen Kraftstoffvorrat ausgestatteten Flugzeug begann Ende 1934 in den damaligen Bayerischen Flugzeugwerken die Projektierung der Bf 110. Als Konkurrenzmuster entwickelte Henschel die Hs 124 und Focke-Wulf die FW 57.
Am 12. Mai 1936 begann das Probefliegen mit dem ersten Prototyp (Antrieb: DB 600 A; 670 kW; 510 km/h). Nach der Erprobung von drei Prototypen mit dem gleichen Antrieb wurde ab August 1937 die Vorserie A-0 in vier Exemplaren gebaut. Der Motor Jumo 210 Da (500 kW gegenüber 670 kW bei den Prototypen) befriedigte jedoch nicht. Mit Bewaffnung erreichte die Bf 110 A-0 nur 430 km/h. Nach der Prüfung mehrerer Motortypen und 45 Maschinen B-1 (Zerstörer) und B-2 (Aufklärer mit Kameraausrüstung, ohne Kanonen; mehrere umgebaut zu Schulflugzeugen Bf 110 B-3) ging ab Januar 1939 die Bf 110 C-1 in Serie. Als Polen überfallen wurde, hatten die Verbände 70 Maschinen dieses Typs erhalten. Im Gegensatz zu den runden Tragflügelenden hatte die Bf 110 C-1 eckige. Dabei wurde die Spannweite von 16,81 auf 16,30 m verringert.
Bereits bei dem Überfall auf Polen sowie wenig später auf Frankreich zeigte sich die Unterlegenheit der zweimotorigen gegenüber den einmotorigen Jägern: Sie waren nicht manövrierfähig genug und benötigten selbst Jagdschutz. Diese Feststellung mußten auch andere Länder treffen, die ähnliche Flugzeuge gebaut hatten. Verstärkt zeigte sich diese Tatsache auch während der Luftkämpfe über Großbritannien und der UdSSR. Allein während der Luftschlacht um England 1940 wurden über 200 Bf 110 abgeschossen.
Ab Ende 1940 verließen deshalb die veränderten Bf 110 die Bänder als Jagdbomber, Schlepper von Lastenseglern sowie als Aufklärer und Nachtjäger. Auch die Weiterentwicklungen Me 210 (1942) und Me 410 (1943) erwiesen sich als Fehlschläge.
Insgesamt wurden etwa 6 000 Bf 110 der Baureihen A, B, C, D, E, F und G in 67 Versionen gebaut, davon kamen 5 762 (3 028 Jäger, 2 240 Nachtjäger, 494 Aufklärer) zum Einsatz. An Italien wurden drei, an Ungarn sechs Bf 110 G-4, an die UdSSR fünf Bf 110 C geliefert.
Mehrere requirierte oder erbeutete Bf 110 wurden in Rumänien, der Schweiz und Großbritannien geflogen.

Rumpf (alle Angaben zur Bf 110 C): Ganzmetallbauweise mit Glattblechbeplankung; Waffen im Rumpf; langgestreckte Kabine aufgesetzt.
Tragwerk: Tiefdecker; einholmig; Ganzmetallbauweise.
Leitwerk: Höhenleitwerk auf dem Rumpf; doppeltes Seitenleitwerk; unten breite und oben abgerundete Endscheiben.
Fahrwerk: Heckradfahrwerk; einfach bereift; Heckrad nicht einfahrbar.

Messerschmitt Me 321 / Me 323 „Gigant" Lastensegler/Transportflugzeug

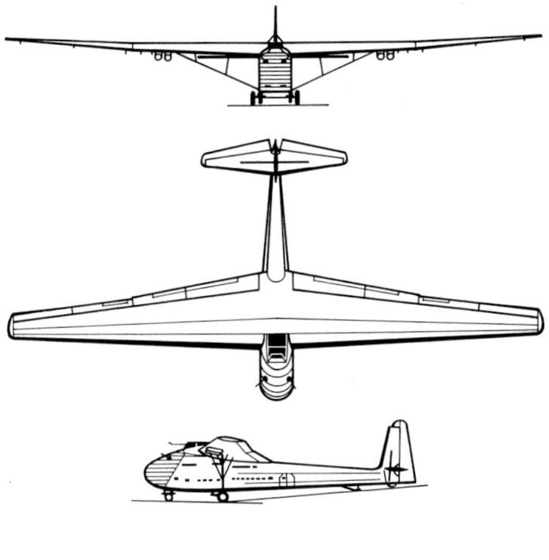

Für die geplante Invasion in Großbritannien war in den Messerschmitt-Werken im Jahr 1940 als Transporter für Panzer und andere schwere Waffen der Großraum-Lastensegler Me 321 (linke Skizze) entwickelt worden. Der Erstflug des Prototyps fand am 25. Februar 1941 statt. Bis Ende 1941 wurden 100 Me 321 A-1 hergestellt, Anfang 1942 folgten 100 Me 321 B-1 mit veränderter Führerkanzel und Bewaffnung.
Die auf dem Boden sehr unbeweglichen und in der Luft von mehreren Schleppmaschinen zu ziehenden Segler bewährten sich jedoch weder in Afrika noch an der deutsch-sowjetischen Front, wo sie nach dem Abblasen der Invasion gegen Großbritannien vorwiegend als Nachschubgerät verwendet wurden. Deshalb beschloß man, den Segler mit erbeuteten französischen Triebwerken zu motorisieren. Nach zahlreichen Änderungen entstanden die motorisierten Maschinen Me 323, deren 12 Prototypen völlig unterschiedliche Triebwerke, und zwar zunächst vier, dann sechs, besaßen.
Von 1942 bis 1944 verließen 201 Serienmaschinen in den Versionen Me 323 D-1 und D-2 (komplette Triebwerke der französischen Bomber Bloch-175, 5 MGs), Me 323 D-6 (stärkere Triebwerke, Verstell-Luftschrauben, stärkere Bewaffnung, in größter Stückzahl gebaute Version), Me 323 E-1 und E-2 (wiederum verstärkte Triebwerke und Bewaff-

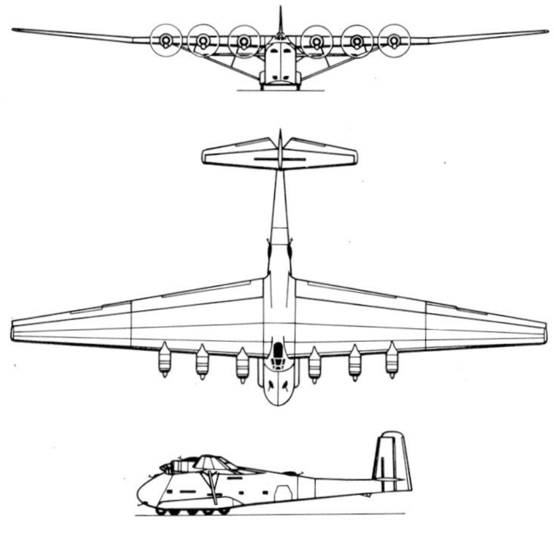

nung) sowie ZMe 323 F-1 (nur wenige Exemplare bei Zeppelin mit Jumo-221-R-Motoren gebaut) die Werkhallen.
Während der gesamten Bauzeit konnten die hohen Steuerdrücke, die Witterungsanfälligkeit der Zelle sowie die starken Schwingungen der Flügel nicht beseitigt werden. Außerdem wurden die großen und sehr schwerfälligen Transportmaschinen eine leichte Beute der Luftverteidigung und der Jagdflugzeuge.

Rumpf: Holzformgestell mit Stoffbespannung über verschweißtem Stahlrohrgerüst; rechteckiger Querschnitt; bis zu fünf MG-Stände.
Tragwerk: abgestrebter Schulterdecker in Gemischtbauweise; dreiteiliger Flügel mit Holmen aus verschweißtem viereckigem Stahlrohrfachwerk; Holzrippen; Sperrholznasen; teils sperrholzbeplankt, teils stoffbespannt.
Leitwerk: abgestrebte Normalbauweise aus Holz; hydraulisch verstellbare Höhenflosse.
Fahrwerk: auf jeder Seite fünf geländegängige, nicht einziehbare Räder hintereinander; durchlaufende Kastenverkleidung.

Messerschmitt Me 163 „Komet" Raketenflugzeug

Die Me 163 „Komet" war das erste in Serie gebaute Raketenflugzeug und das erste Flugzeug, das im Horizontalflug eine Geschwindigkeit von mehr als 1 000 km/h erreichte.
Lippisch hatte viele Jahre lang Versuche mit schwanzlosen Flugzeugen unternommen. Doch erst im Frühjahr 1940 wurde die erste Zelle unter der Bezeichnung DFS 194, später Me 194, fertiggestellt. Obwohl die Zelle nur für 300 km/h ausgelegt war, wurde mit einem 2930-N-Schub-Triebwerk bereits bei den ersten Flügen eine Geschwindigkeit von 550 km/h erreicht. Zur Tarnung erhielt das Flugzeug kurz darauf die Bezeichnung Me 163. 1939 war unter dieser Nummer ein Hochdecker entstanden, der der Fi 156 „Storch" von Fieseler ähnelte, aber nicht weiterentwickelt worden war.
Im Frühjahr 1941 fand der erste Gleitflug der Me 163 statt, nachdem eine Me 110 sie hochgeschleppt hatte. Am 2. Oktober 1941 wurden erstmalig (in 3600 m Höhe) 1 003 km/h erreicht. Im August 1943 flog die erste Me 163 B. Ende Juni 1944 wurde damit die erste Jagdfliegereinheit ausgerüstet. Die ersten Einsätze gegen B-17 „Flying Fortress" waren erfolglos. Die zu kurze Flugzeit und Reichweite sowie der Mangel an geschultem Personal wurden als Begründung dafür genannt, daß bei dem Verlust von 14 Me 163 nur 9 Abschüsse erreicht werden konnten.

Versionen:
Me 163 A V-1 bis V-6: Prototypen mit Triebwerk HWK R II-203b mit 7350 N.
Me 163 A-0: 10 von Hirth gebaute Schulgleiter ohne Antrieb.
Me 163 B V-1 bis V-6: Prototypen mit neuem Rumpf, wesentlich geändertem Seitenleitwerk, zusätzlicher Bodenwanne mit ausfahrbarer Landekufe und Spornrad, Vollsichthaube und Triebwerk R II-211 mit 1,7 kN.
Me 163 Ba-1 V-7 bis V-41: Vorserien- und Erprobungsflugzeuge mit 2 20-mm-Kanonen.
Me 163 B-1a: erstes Serienmodell; Panzerung und Funkausrüstung; 2 30-mm-Kanonen (Foto, Skizze).
Me 163 S: zweisitziger Schulgleiter; abgeänderte B-1a; insgesamt etwa 300 B-1a und S gebaut.

Es folgten noch einige andere Prototypen mit verlängertem Rumpf, einziehbarem Bugradfahrwerk und anderem Triebwerk.
Bereits bei der Ausbildung verursachte das unzuverlässige Triebwerk zahlreiche Verluste. Der Kraftstoff, bestehend aus T- und C-Stoff (T = Wasserstoffsuperoxid, C = Hydrazinhydrat und Methanol), entzündete sich sehr schnell. Restmengen im Tank konnten bei der Landung zur Explosion und damit zur Zerstörung der Maschine führen.
Bis Ende 1944 waren etwa 370 Me 163 fertigt. In den Junkers-Werken sollte die vergrößerte Version Ju 248 entstehen. Bis Kriegsende wurde jedoch nur ein Prototyp erprobt.
In Japan ist die Me 163 nachgebaut worden.
Zehn Me 163 stehen heute in Museen der BRD, Australiens, Großbritanniens, Kanadas und der USA.

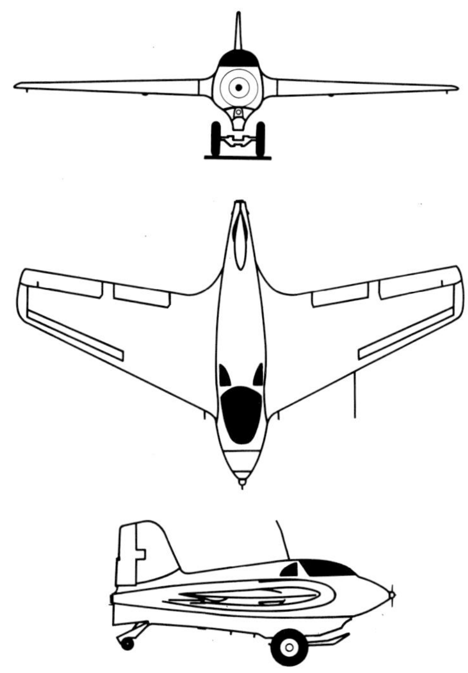

Rumpf: Ganzmetall-Schalenbauweise; gepanzertes Cockpit; im Bug kleiner Propeller für den Generator.
Tragwerk: freitragender Mitteldecker, gepfeilt; zweiteiliger Flügel mit Haupt- und Hilfsholm; Sperrholzbeplankung; fester Vorflügel; Metall-Landeklappen.
Leitwerk: nur Seitenleitwerk, mit Trimmung; Klappen an der Flügelhinterkante dienen als Querruder, gemeinsam betätigt als Höhenruder.
Fahrwerk: gefederte, einfahrbare Kufe und ausklappbares Spornrad; für den Start Zweiradfahrwerk, das beim Einfahren der Kufe nach dem Start automatisch abgeworfen wurde.

Messerschmitt Me 262 Jagdflugzeug

Die Me 262 gilt als das erste in Serie gebaute Jagdflugzeug mit TL-Antrieb.
Am 4. April 1941 startete die Me 262 V-1 zum Erstflug. Da die Strahltriebwerke nicht rechtzeitig zur Verfügung gestanden hatten, wurde zur Flugerprobung der Zelle ein Kolbentriebwerk eingebaut. Die Flugerprobung mit Strahltriebwerken begann am 25. November 1941. Wegen deren Unzuverlässigkeit benutzte man beim zweiten Prototyp außer den Turbinen sicherheitshalber auch noch ein Kolbentriebwerk. Erst am 17. Juli 1942 fand der Erstflug des dritten Prototyps mit Strahltriebwerken und Heckradfahrwerk statt. Ab der Me 262 V-5 wurde der Typ mit einem Bugradfahrwerk ausgestattet.
Die aus propagandistischen Gründen überstürzte Produktion der Me 262 ließ keine ausreichende Erprobung von Zelle und Triebwerk zu. Da die Ausbildung auf dieser Maschine zudem ungenügend war, mußten viele junge Menschen die praktische Erprobung mit dem Leben bezahlen. Ein großer Teil der vom Frühjahr 1944 bis Mai 1945 gebauten 1 433 Maschinen gelangte wegen technischer Mängel und wegen fehlenden Kraftstoffs überhaupt nicht zum Einsatz. Eine einsitzige Me 262 steht im Prager Nationalmuseum, eine zweisitzige im Luftfahrtmuseum Prag-Kbely, je eine Me 262 A-2 im Deutschen Museum München und im Luft- und Raumfahrtmuseum Washington.
Die nach 1945 von den Avia-Werken in kleiner Serie gebauten und von den tschechoslowakischen Luftstreitkräften bis zur Ablösung durch die MiG-15 Mitte der fünfziger Jahre verwendeten Me 262 hießen Š-92 (Skizze), die doppelsitzigen ČŠ-92 (untere Seitenansicht).

Rumpf: Ganzmetall-Schalenbauweise mit dreieckigem Querschnitt; Bug in Stahl, sonst Leichtmetall; Druckkabine gepanzert.
Tragwerk: freitragender Tiefdecker in Ganzmetallbauweise; einteiliger, trapezförmiger Flügel geringer Pfeilung mit einem Holm; Spalt-Landeklappen; automatischer Vorflügel.

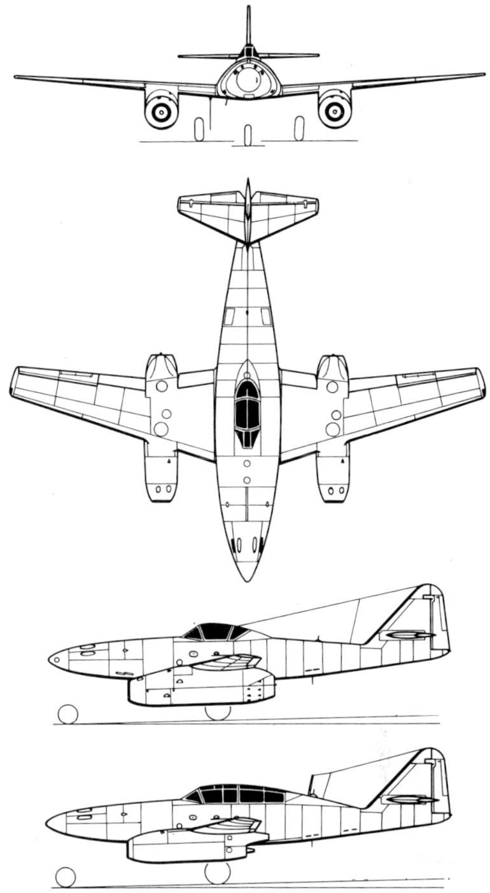

Leitwerk: freitragende Normalbauweise in Ganzmetall; Höhensteuer nach oben versetzt.
Fahrwerk: hydraulisch einfahrbares Bugradfahrwerk; Haupträder nach innen in den Flügel, steuerbares Bugrad nach hinten in den Rumpf einfahrbar; hydraulische Bremsen an allen Rädern.

Pfalz D-XII Jagdflugzeug

Im Jahr 1918 kam das Jagdflugzeug D-XII an die Front, das Evorobusch für die Pfalz Flugzeugwerke in Speyer nach dem Vorbild der Jagdflugzeugserie D-VII, E-V und D-VII von Fokker geschaffen hatte. Insgesamt sind etwa 800 Maschinen dieses Typs gebaut worden. Sie kamen jedoch nicht mehr alle an die Front.
Die Bewaffnung bestand aus zwei synchronisierten 7,62-mm-MGs. Nach der Kapitulation Deutschlands befanden sich mehrere D-XII in Polen, wo die neuen Luftstreitkräfte alle vorhandenen Flugzeuge erfaßten und überholten, darunter acht einsatzfähige D-XII. Gemeinsam mit vier später in Deutschland gekauften Maschinen des gleichen Typs befand sich dieser nach damaligen Gesichtspunkten klassische einsitzige Doppeldecker-Jäger bis 1920 in Polen im Dienst. Eine Maschine steht heute im Luftfahrtmuseum Paris-Meudon.

Rumpf: ovaler Querschnitt; Seitenwände flach gekrümmt; Halbschalenbauweise aus Holz mit integriertem Mittelstück; Seitenflosse aufgesetzt.
Tragwerk: zweistieliger, verspannter Doppeldecker; Oberflügel durchgehend, mit gleicher Tiefe; Hinterkante mit flachem Ausschnitt; Unterflügel zweiteilig, Spannweite etwas geringer, gleiche Tiefe; Querruder nur oben.

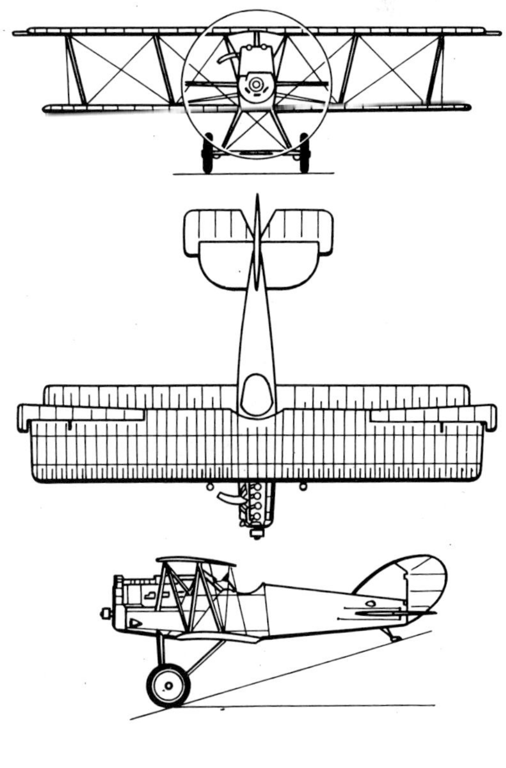

Leitwerk: Stahlrohrgerüst mit Stoffbespannung; freitragende Höhenflosse aus Holz mit Stoffbespannung; geteiltes Höhenruder mit Stoffbespannung.
Fahrwerk: starr mit Hecksporn; durchgehende Achse.

Rohrbach „Rocco“ Verkehrsflugboot

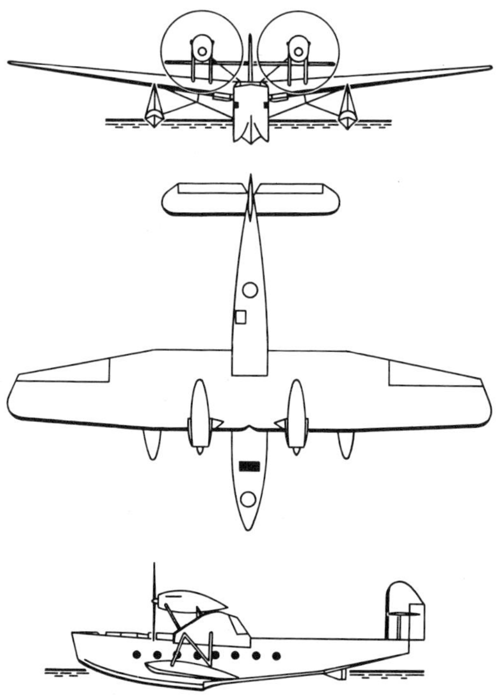

Rohrbach gründete Anfang 1922 in Berlin die Rohrbach Metall-Flugzeugbau GmbH. Fast gleichzeitig errichtete er eine Firma in Kopenhagen. Seine ersten Flugboote hatten eine flache Kielung, die ab 1926 gebauten hingegen einen scharfen Kiel und einen Kreuzerbug. Die Stabilisierung auf dem Wasser besorgten seitliche Stützschwimmer. Damit die Triebwerke und die Luftschrauben bei Start und Wasserung vor Spritzwasser geschützt waren, befanden sich die Triebwerke auf Stützböcken über dem Flügel.
Die „Rocco“ wurde 1926/27 in Berlin gebaut, in Kopenhagen montiert und auf dem Luftweg nach Travemünde überführt, wo sie im Luftverkehr auf den Ostseestrecken Dienst tat.

Rumpf: stark gepfeilter Rumpf mit hohem Kreuzerbug; mittragende Duralumin-Beplankung; zweistufiger Bootsrumpf; Kollisionsraum in der Bootsspitze mit Bord- und Seeausrüstung; dahinter offenes Cockpit mit zwei Sitzen nebeneinander und mit Doppelsteuerung.
Tragwerk: abgestrebter Schulterdecker mit zwei Streben auf jeder Seite; Flügel am Rumpf mit je zwei Stahlbolzen befestigt; Kasten-Flügelträger mit tragender Glattblechbeplankung.
Leitwerk: abgestrebte Normalbauweise in Ganzmetall; Höhenleitwerk nach oben versetzt.
Schwimmwerk: Bootsrumpf; auf beiden Seiten Stützschwimmer mit gekieltem Boden; Rumpf und Schwimmer mit Schotten.

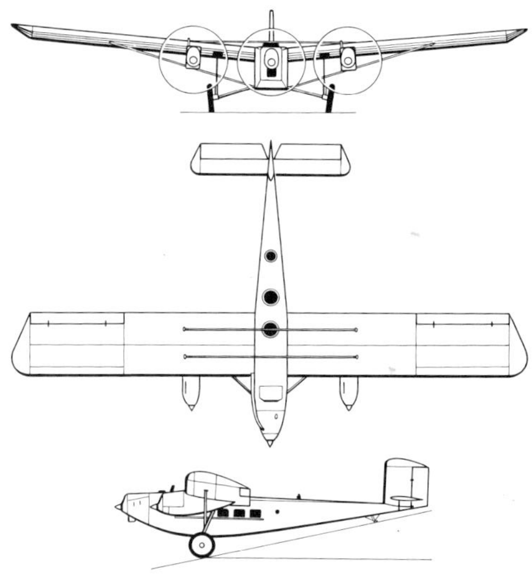

Rohrbach Ro-VIII „Roland“ Verkehrsflugzeug

Rohrbach vollendete im Jahr 1926 das dreimotorige Verkehrsflugzeug Ro-VIII „Roland“ (D-991), das die im gleichen Jahr gegründete Lufthansa übernahm. 1927 erhielt die Lufthansa weitere fünf Ro-VIII, 1928 drei Ro-VIIIa (mit BMW Va, je 235 kW). Die spanische Gesellschaft Iberia kaufte fünf Ro-VIIIa. Die verbesserte Ro-VIIIb „Roland II“ von 1929 hatte stärkere Triebwerke, einen geschlossenen Pilotensitz sowie ein Fahrwerk mit Bremsen. Die Lufthansa erhielt neun „Roland II“, und drei Maschinen dieses Typs flogen bei der DERULUFT (D-1712, D-1729, D-1735) auf der Strecke Berlin—Königsberg (heute: Kaliningrad)—Moskau.
Am 13. April 1927 überflog eine „Roland“ erstmals die Alpen von München nach Mailand. Im gleichen Jahr eröffnete eine „Roland“ die Strecke Genf—Marseille, die 1928 bis Barcelona verlängert wurde. Am 1. April 1931 wurde eine neue Linie über die Alpen, und zwar die Verbindung München—Rom, mit einer „Roland“ in Betrieb genommen.
1934 wurden die letzten Ro-VIII und Ro-VIIIa, 1936 die Ro-VIIIb außer Dienst gestellt.

Rumpf: Ganzmetallbauweise; rechteckiger Querschnitt; schallisolierte Kabine.
Tragwerk: halb freitragender Schulterdecker in Ganzmetallbauweise; Flügel mit Stahlrohren abgestrebt; rechteckiger Grundriß mit abgerundeten Außenkanten und nach oben gebogenen Flügelenden (V-Stellung); in der Mitte Hohlkastenträger, vorn und hinten Rippenkästen.
Leitwerk: Normalbauweise; Höhenleitwerk abgestrebt.
Fahrwerk: Heckspornfahrwerk; Räder am Rumpf angelenkt und gegen die Tragflügel mit Federstrebe abgestützt.

Rohrbach „Romar“ Verkehrsflugboot

Während des Baues der „Rocco“ hatte Rohrbach mit seinem Konstrukteur Tank bereits die Entwicklung eines dreimotorigen Verkehrsflugboots begonnen. Der Baubeginn der „Romar“ war im Dezember 1927. Der Erstflug fand am 7. August 1928 statt. Die „Romar“ kam auf den Ostseestrecken zum Einsatz und blieb bis 1933 in Dienst.
Das Flugboot wurde im Laufe der Zeit umgebaut, so daß es 16 und später schließlich 20 Passagieren Platz bot. Eine „Romar“ lieferte Rohrbach nach Frankreich.

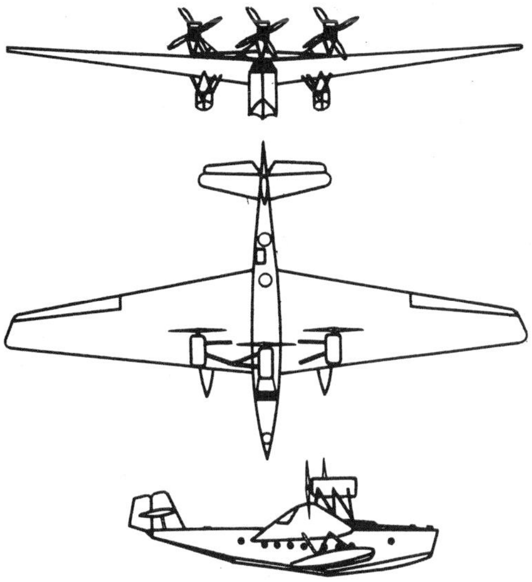

Rumpf: Ganzmetallbauweise mit vier Längsholmen und Spants; sechs wasserdichte Schotte mit wasserdicht schließenden großen Türen.
Tragwerk: freitragender Schulterdecker in Ganzmetallbauweise; hohlkastenartiger Flügelträger mit Nasen- und Endkästen vorn und hinten an Scharnieren leicht aufklappbar und auszuwechseln; ein Teil der Kästen diente als Kraftstofftanks.
Leitwerk: Normalbauweise in Ganzmetall mit Hohlkastenträgern, Nasenrippenkästen und Rudern; hochgesetztes, abgestrebtes Höhenleitwerk.
Schwimmwerk: Bootsrumpf mit scharfem Kiel und Kreuzerbug; seitliche Stützschwimmer.

Sablatnig Sab P-I Verkehrsflugzeug

Die Sablatnig Flugzeugbau GmbH in Berlin leitete das erste deutsche Verkehrsflugzeug aus dem zweisitzigen Nachtbomber N 1 der gleichen Firma ab. Die Konstrukteure Sablatnig und Seehase gingen dabei davon aus, daß man den Fluggästen eine geschlossene Kabine bieten müßte. Die Sab P-I erhielt deshalb eine mit Fenstern, Heizung und elektrischem Licht versehene Kabine für vier Personen, während der Pilot hinter der Kabine im offenen Cockpit saß. In der Presse wurde dieses Flugzeug gelegentlich als „Luftdroschke“ bezeichnet. Auf einem Fernflug von Berlin nach Kopenhagen im Mai 1919 sammelte man Erfahrungen mit diesem Flugzeug.

Rumpf: Holzbauweise mit Sperrholzbeplankung; Kabine hinter dem Triebwerk; Einstieg durch hochklappbares Fenster; offenes Cockpit hinter der Kabine.
Tragwerk: zweistieliger, verspannter Doppeldecker in Holzbauweise mit Stoffbespannung.
Leitwerk: abgestrebte Normalbauweise.
Fahrwerk: starres Fahrwerk mit durchgehender Achse und Hecksporn.

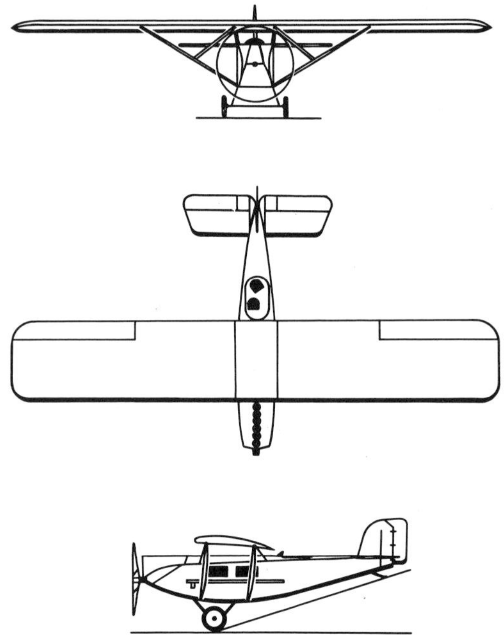

Sablatnig Sab P-III Verkehrsflugzeug

Der sechssitzige Hochdecker Sab P-III entstand auf der Grundlage der Erfahrungen mit der Sab P-I. Zum Einsatz als Frachtflugzeug ließen sich die sechs Passagiersitze ausbauen. In der Sanitätsversion konnte ein Kranker auf einer Liege mit zwei Begleitern untergebracht werden. In der Luftbildausführung war ein Reihenbildgerät in der Mitte der Kabine eingebaut.
In den Flugzeugen dieses Typs wurden Triebwerke verschiedener Bauart und Leistung (zwischen 150 und 190 kW) verwendet.

Rumpf: Holzbauweise mit Sperrholzbeplankung; geschlossene Kabine mit Heizung und Tür steuerbords; offenes Cockpit hinter der Kabine.

Tragwerk: abgestrebter Hochdecker in Holzbauweise mit Stoffbespannung; zwei Kastenholme; Flügel nach hinten an den Rumpf anklappbar.
Leitwerk: abgestrebte Normalbauweise; Höhenruder mit Trimmklappen (Hilfshöhensteuer).
Fahrwerk: starres Fahrwerk mit durchgehender Achse und flügelartiger Verkleidung; im Winter mit Schneekufen.

Siebel Fh 104 „Hallore" Reise- und Verkehrsflugzeug

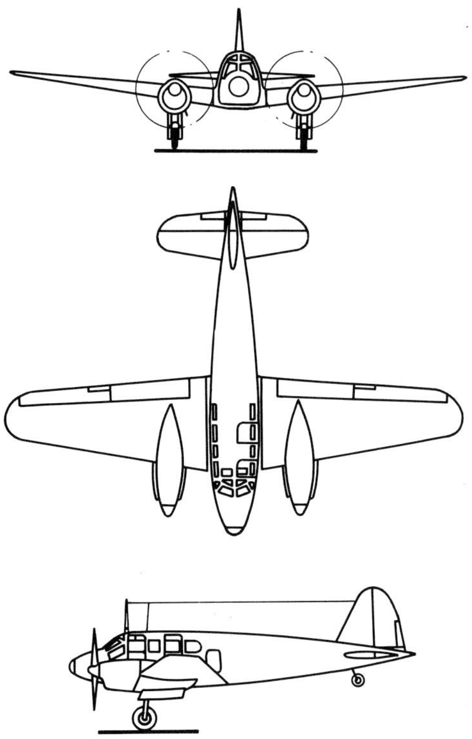

Klemm entwickelte nach einer Ausschreibung für ein fünfsitziges Reiseflugzeug in den Jahren 1935 bis 1937 die Fh 104. Der Erstflug war am 25. Februar 1937. Als Reiseflugzeug für vier Personen und für Nacht- und Blindflug ausgerüstet, war die Fh 104 zu ihrer Zeit eines der besten Flugzeuge dieser Art. In den Jahren 1938/39 konnte sie mehrere internationale Wettbewerbe gewinnen.
Im September 1938 erregte sie Aufsehen, als sie im Rahmen eines Europa-Rundflugs an einem Tage 6 200 km in 21 Flugstunden zurücklegte und dabei 12 Länder berührte.
Gebaut wurde der Typ von den Siebel-Flugzeugwerken in Halle (Saale). Die beiden Prototypen Fh 104 V-1 und V-2 (mit je zwei HM 508 C, je 200 kW Startleistung) unterschieden sich geringfügig. Von der Serienausführung Fh 104 A wurden 46 Maschinen gebaut, die bis Kriegsende vor allem als Kurier-, Verbindungs- und Reiseflugzeuge benutzt wurden.

Rumpf: Ganzmetall-Schalenbauweise; zwei Türen auf der Backbordseite; Pilotensitz im Rumpfbug, Passagiersitze dahinter paarweise nebeneinander.
Tragwerk: freitragender Tiefdecker in Holzbauweise; trapezförmiger Grundriß, Landeklappen.
Leitwerk: Normalbauweise in Ganzmetall.
Fahrwerk: einziehbares Fahrwerk mit Spornrad; hydraulische Bremsen.

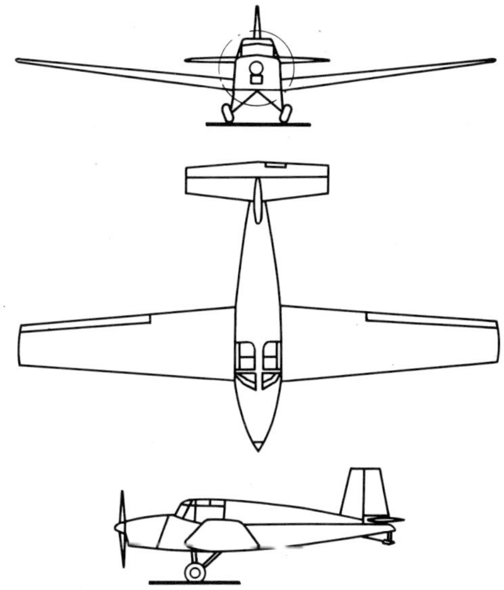

Siebel Si 202 „Hummel"
Schul-, Übungs- und Sportflugzeug

Die Si 202 „Hummel" entstand im Jahr 1938 als dritte Entwicklung der Siebel-Flugzeugwerke. Neu für die damalige Zeit war, daß bei einem so kleinen Flugzeug die Sitze nebeneinader in geschlossener Kabine untergebracht waren. Die kurze Startrollstrecke und die niedrige Landegeschwindigkeit machten das Flugzeug zur Schulung geeignet. Der Steuerknüppel war zwischen den Sitzen angebracht, und zu jedem Sitz ragte ein Handgriff hinüber. Für den einfachen Kunstflug war die Maschine einsitzig zugelassen. Gebaut wurden etwa 70 Si 202, Ungarn erhielt zwei Si 202.

Versionen:
Si 202 A: zweisitziges Sport- und Schulflugzeug mit Salmson 7 Ad (35 kW).
Si 202 B: wie die A, aber mit Zündapp-Motor (35 kW).
Si 202 C: wie die B, aber größerer Kraftstoffvorrat; Tragflügel und Leitwerk verändert.

Nach Kriegsbeginn wurden die meisten Si 202 requiriert und als militärische Kurier- und Verbindungsflugzeuge verwendet.

Rumpf: Ganzholzbauweise; Kabine mit zwei Sitzen nebeneinander; Doppelsteuerung; seitliche Kabinenverglasungen beiderseits nach vorn aufklappbar.
Tragwerk: freitragender Tiefdecker in Ganzholzbauweise; trapezförmiger Grundriß; Holzgerippe sperrholzbeplankt und stoffbespannt.
Leitwerk: Normalbauweise in Holz; Holzgerippe und Flossen sperrholzbeplankt; Ruder stoffbespannt.
Fahrwerk: starres Heckspornfahrwerk; Ballonräder; Gleitsporn; Radbremsen.

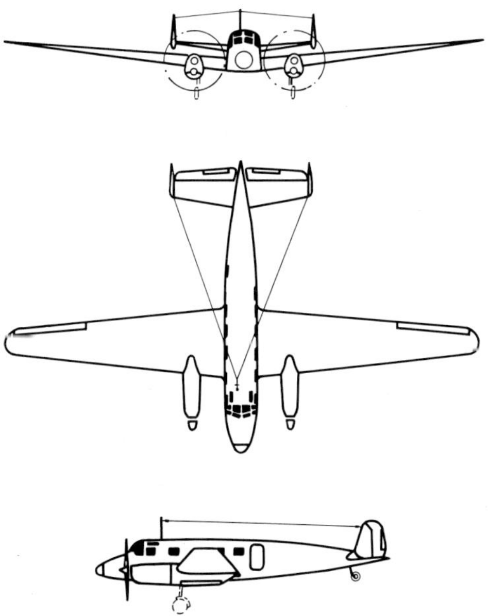

Siebel Si 204
Reise- und Verkehrsflugzeug

Die Si 204 entstand nach der Ausschreibung für ein schnelles Zubringer-Verkehrsflugzeug. Der Prototyp Si 204 AV-1 flog erstmals am 23. Mai 1941. Die Besatzung bestand aus dem Piloten und dem Funker. Die Maschine war für Blindflug voll ausgerüstet. Als Verkehrsflugzeug beförderte sie acht Passagiere.
Für den militärischen Einsatz entstanden auch Versionen als Blindflug-Schulflugzeug, als Fracht-, Sanitäts-, Wetter- und Fotoaufklärungsflugzeug. Außerdem diente es zur Ausbildung von Piloten für zweimotorige Flugzeuge und als Navigationstrainer.

In größerer Serie wurde die Si 204 D (Unterschied zur A-Variante: Vollsichtkanzel) gefertigt. Während des Krieges wurde der Typ in den okkupierten Ländern Frankreich und Tschechoslowakei gebaut. Bis 1945 sind insgesamt über 1 000 Si 204 A und D gebaut worden. Nach dem Krieg lief die Fertigung für die Luftstreitkräfte dieser Länder (Frankreich: N. C. 701 und N. C. 702 „Martinet"; mit je 2 Renault 12 S-00 und je 435 kW Startleistung; über 300 Stück gebaut; einige an Polen geliefert, dort 1948 bis 1950 geflogen; Tschechoslowakei: Aero C-3 und C-103, Schul- und Kampfflugzeug; bis 1949 179 Exemplare gebaut) weiter.

Rumpf: Ganzmetall-Schalenbauweise mit ovalem Querschnitt; Gerippe aus Längsstringern mit glattem Duraluminblech beplankt; Cockpit mit zwei Sitzen nebeneinander und Doppelsteuerung; Kabine mit vier Fenstern auf jeder Seite.
Tragwerk: freitragender Tiefdecker in Ganzmetallbauweise aus Duralumin; Trapezform mit abgerundeten Ecken; elektrohydraulisch betätigte Landeklappen.
Leitwerk: Höhenleitwerk mit zwei als Endscheiben ausgeführten Seitenleitwerken in Ganzmetallbauweise.
Fahrwerk: einziehbares Spornradfahrwerk; Haupträder elektrohydraulisch nach hinten in die Triebwerkgondeln einziehbar; Ballonreifen, hydraulische Bremsen.

Siemens-Schuckert R I bis R VIII Bombenflugzeuge

Zwischen 1907 und 1911 hatten die Siemens-Werke drei Luftschiffe gebaut. Bereits 1909 begannen sie mit der Fertigung von Flugzeugen. Dazu zählte auch eine Doppeldecker-Serie, die von den Brüdern Steffen ab Dezember 1914 entwickelt worden war. Über die Maschinen sind in der Literatur unterschiedliche Angaben, Daten und Bezeichnungen zu finden. Als gesichert erscheint folgendes: Die aus sieben Flugzeugen bestehende Serie ist als Steffen R I bekannt geworden. Typisch für alle sieben Flugzeuge, die sich vor allem in den Abmessungen und in den Triebwerken unterschieden, waren der Gabelrumpf (sollte ein gutes Schußfeld nach hinten bieten) sowie die Unterbringung der Triebwerke im Rumpf. Damit wollte man eine Reparaturmöglichkeit während des Fluges schaffen. Alle drei Triebwerke waren über eine Kombination von Lederkegel- und Fliehkraft-Keilkupplung mit dem Getriebe verbunden. Von dort gelangte die Motorkraft über je eine Welle mit Gelenken zu den Luftschrauben (Durchmesser: 3,60 m). Die Kühlung besorgten drei rund um den Bug gruppierte Lamellen. Der rechteckige Rumpf bestand aus gegenseitig mit Draht verspannten Stahlrohren.

Die Maschine R I/15 flog erstmals am 24. Mai 1915. Danach gab es einige Änderungen an Getriebe, Wellen und Luftschraubenantrieb. Am 26. Juli 1915 übernahm die Fliegertruppe den zunächst unbewaffneten, dann mit einem MG und 500 kg Bomben ausgerüsteten Typ. Ende 1915 folgte die R II/15 mit drei Mercedes D IVa und größerer Spannweite. Dieses Muster blieb ebenso wie die R III/15 Schulmaschine (Antrieb: drei Benz Bz IV). Dagegen wurden die Ausführungen R IV bis R VII von der Riesenflugzeugabteilung 501 an der Ostfront im Raum Vilnius verwendet. Alle Maschinen hatten andere Abmessungen. Die Flugzeuge R I/15 bis R VII/15 (Schreibweise auch R 1/15 bis R 7/15) werden in der Literatur auch als SSW R I bis R VII bezeichnet.

Offensichtlich hatte der Gabelrumpf nicht die Erwartungen erfüllt, denn der gegen Kriegsende in zwei Exemplaren gebaute, jedoch nicht mehr fertiggestellte und nicht geflogene Typ R VIII (Foto) hatte einen geschlossenen Rumpf. Die Spannweite war auf 48 m, die Länge auf 21,6 m und die Anzahl der Triebwerke auf sechs erhöht worden.

Konstruktive Angaben zur R I:

Rumpf: Bug mit rechteckigem Querschnitt; Pilotenraum vor Flügelvorderkante zunächst offen, später teilweise geschlossen; ab Flügelhinterkante zwei übereinanderliegende Leitwerkträger mit dreieckigem Querschnitt, hinten je in eine Spitze auslaufend; Rumpfgerüst aus geschweißtem Stahlrohr; vorn bis Führerraum aluminiumverkleidet, sonst stoffbespannt.
Tragwerk: dreistieliger verspannter Doppeldecker; Trapezflügel; oben mit größerer Spannweite und Tiefe; hölzerne Holme; verbunden durch horizontale Stahlrohrdruckstreben und drahtverspannt; Querruder nur oben mit kleinen Hilfsflächen wie beim Höhenruder.
Leitwerk: dreieckige Höhenflosse auf oberem Leitwerkträger aufliegend, nach unten durch zwei Streben gestützt; durchgehendes rechteckiges Höhenruder; Ruderausgleich durch hintere Vertikalstrebe und kleine Ausgleichsruder; großes und ungedämpftes Seitenruder mit kleiner Ausgleichsfläche; gelagert zwischen den Spitzen der Leitwerkträger.
Fahrwerk: unter den inneren Flügelstielen je ein Zweiradfahrwerk; Achse mit Gummiseilfederung; doppeltes Spornrad am Ende des unteren Leitwerkträgers.

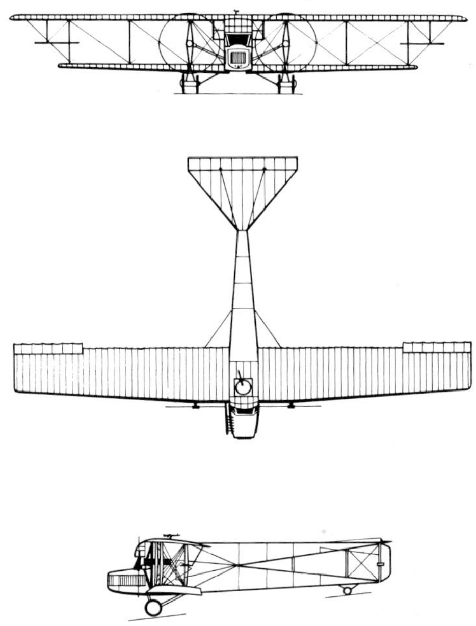

Siemens-Schuckert D.III/D.IV Jagdflugzeuge

Die Erfolge der leichten französischen Nieuport-Anderthalbdecker waren Ursache dafür, daß man sich in Deutschland nach dem Erbeuten einiger Nieuport XI und XVII dazu entschloß, das Jagdflugzeug nachzubauen. Das geschah bei den Firmen Albatros, Euler und Siemens-Schuckert (S.S.W.). Als der S.S.W.-Prototyp D.1 im Oktober 1916 in 45 min auf 5 000 m stieg, erhielt die Firma den Auftrag zum Bau von 250 Anderthalbdeckern D.I, die im Jahr darauf abgeliefert worden sind. Vielfach ist der Typ an Schulen geflogen worden. Nach einer D.II-Prototypenreihe ist bei S.S.W. das Jagdflugzeug D.III gebaut worden – im Gegensatz zur D.I als Doppeldecker. In der letzten Dezemberwoche 1917 gelangten die ersten 20 Maschinen an die Front. Insgesamt verließen 1918 von diesem Typ 80 Maschinen das Werk, gefolgt von 119 Jagdflugzeugen S.S.W. D.IV.

Während Rumpf, Leitwerk, Fahrwerk und Bewaffnung (je 2 MGs 08/15 mit je 500 Patronen, fest auf dem Rumpf installiert, mit Fokker-Steuerung synchronisiert durch den Luftschraubenkreis feuernd) bei beiden Versionen völlig identisch waren, wies die D.IV einen anderen Motor sowie ein verändertes Tragwerk auf: Bei der D.III lag das Sh.III in einer ringförmigen Aluminiumhaube, während die Motorhaube des Sh.IIIa bei der D.IV unten offen war. Beide Triebwerke hatten eine vierflüglige Zugschraube mit Nabenverkleidung aus Aluminium, und der Kraftstofftank befand sich im Rumpf. Bei der D.IV war der Flügel oben und unten gleich lang, vom Stielfuß bis zur Motorhaube zog sich ein Stirnkabel. Das Foto zeigt einen als D.III lang (längerer Oberflügel) bezeichneten Prototyp, die Skizze zeigt die D.IV.

Rumpf: aus Sperrholzspants und -schotten, Stringer aus Spruce, durch diagonale Formspants verstärkt; Sperrholzbeplankung; kreisförmiger Querschnitt; bis kurz vor dem Cockpit an Motorhaube Aluminiumverkleidung; Flügelanschlüsse und Leitwerkflossen mit Rumpf in einem Stück gebaut.
Tragwerk: oben einteiliger Flügel mit rechteckigem Umriß und Halbkreisausschnitt an Hinterkante; unten zweiteilig, geringfügig kürzere Spannweite und geringere Tiefe, 22°-Staffelung; 2 Kastenholme aus Spruce, Sperrholzrippen mit Kiefernholzgurten, hölzerne Endleiste; bis zum Vorderholm Flügelnase sperrholzbeplankt, danach stoffbespannt; Flügelhinterkante Draht; hölzerne Baldachinstreben und V-Stiele, mit Stoff bewickelt und lackiert; in zwei Ebenen Querverspannung.
Leitwerk: Seiten-, Höhen- und Kielflosse stellen ein in einem Stück mit dem Rumpf gebautes Holzgerüst mit Sperrholzverkleidung dar; Seiten- (vorstehende Ausgleichfläche) und Höhenruder (ausgeglichen); Stahlrohr mit Stoffbespannung; Querruder an Ober- und Unterflügel mit überstehenden Ausgleichflächen; Knüppelsteuerung, Torsionsrohre und Stoßstangen.
Fahrwerk: durchgehende Achse in V-Fahrgestell (Aluminiumrohre, stromlinienförmig mit Aluminiumblech verkleidet), Hilfsachse, Schraubenfedern; unter Kielflosse gummiseilgefederter Eschenholzsporn.

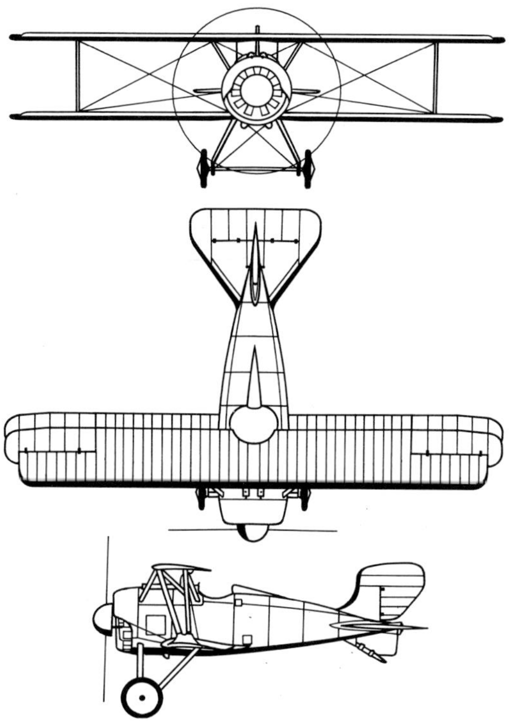

Udet U 11 „Kondor"
Verkehrsflugzeug

Der Chefkonstrukteur Hermann entwickelte 1925 bei der Udet-Flugzeugbau GmbH das viermotorige Verkehrsflugzeug U 11 „Kondor". Dieses ungewöhnliche Flugzeug hatte vier leichte Motoren, die Druckluftschrauben über lange Wellen antrieben. Im Rumpfbug befanden sich vorn ein offener Sitz für den Navigator, dahinter ein offenes Cockpit für zwei Piloten.

Von 1926 bis 1928 war die U 11 „Kondor" im Dienst der Lufthansa.

Rumpf: bootsähnlicher Rumpf in Ganzmetallbauweise (Duarlumin); Kabine mit Heizung; hinter der Kabine Wasch- und Gepäckraum.

Fahrwerk: starres Fahrwerk mit geteilter Achse und Gummidämpfung; Kotflügel hinter den Rädern zum Schutz der Druckpropeller; Hecksporn aus Eschenholz mit Gummidämpfung.

Tragwerk: freitragender Schulterdecker mit zwei Kastenholmen; Holme und Rippen aus Holz; Flügel mit Sperrholzbeplankung und Stoffbespannung.

Leitwerk: abgestrebte Normalbauweise; Höhenflosse in Holzbauweise mit Sperrholzbeplankung; Höhenruder, Seitenflosse und Seitenruder in Duraluminbauweise.

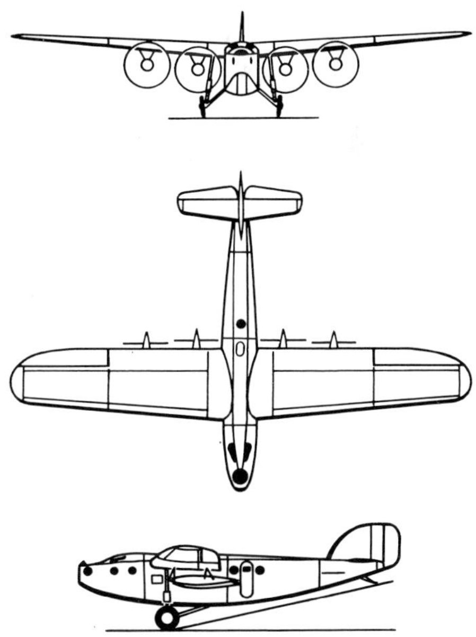

Udet U 12 „Flamingo"
Schul- und Sportflugzeug

Im Jahr 1925 entwickelte Hermann mit der U 12 den ersten Doppeldecker der Firma Udet, um ein sicheres und solides Schulflugzeug zu erhalten. Die U 12 „Flamingo" wurde auch weitergebaut, als die Udet-Flugzeugbau GmbH in die Bayerischen Flugzeugwerke überging. Die hohe Festigkeit des Flugzeugs machte es für den Kunstflug geeignet, seine geringe Landegeschwindigkeit prädestinierte es als Schulflugzeug. Die Anfänger-Schulflugzeug-Version U 12 a hatte einen 60-kW-Motor. Die Sportflugzeug-Version U 12 b war mit einem 80-kW-Triebwerk ausgestattet.

Insgesamt wurden rund 200 U 12 (allein bei BFW 150) gebaut, von denen die letzten bis in die vierziger Jahre flogen. Die Maschine wurde auch exportiert und in Lizenz gebaut (in Österreich, Ungarn, Lettland, Estland und Litauen).

Die erste U 12 startete Ostern 1925 zum Erstflug. Dieser Flugzeugtyp galt als das populärste deutsche Schulflugzeug der zwanziger Jahre.

Rumpf: Holzbauweise mit Sperrholzbeplankung; rechtekkiger Querschnitt; Sitze hintereinander mit Doppelsteuerung.

Tragwerk: einstieliger, verspannter Doppeldecker mit leichter V-Stellung und Staffelung; Holzbauweise mit zwei Kastenholmen und Stoffbespannung; Doppel-T-Stiele.

Leitwerk: verspannte Normalbauweise; Flossen in Holzbauweise mit Stoffbespannung; Ruder in Leichtmetall mit Stoffbespannung.

Fahrwerk: starres Fahrwerk mit durchgehender Achse und Hecksporn.

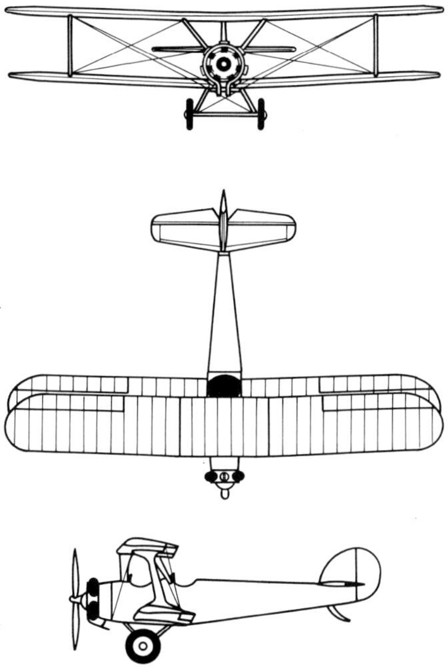

Zeppelin V.G.O. I bis III
Bombenflugzeuge

In einer von der Gothaer Waggonfabrik zur Verfügung gestellten Werkanlage etablierte sich 1915 die von Graf Zeppelin, Gustav Klein und Robert Bosch gegründete Firma V.G.O.-Zeppelin Versuchsbau GmbH Gotha Ost. Im Jahr darauf übersiedelte die Firma nach Berlin-Staaken, da die Werkhallen in Gotha für den Bau der damals Riesenflugzeuge (R) genannten Bomber nicht mehr ausreichten.
Der erste Zeppelin-Langstreckenbomber – damals auch oft als Gigant bezeichnet – unternahm am 11. April 1915 als V.G.O. I seinen Erstflug. Der in der üblichen Bauweise gefertigte Doppeldecker hatte im Rumpfbug einen Motor mit Zugpropeller und in jeder der beiden Gondeln (nach vorn mit je einem MG bestückt) einen Motor mit Druckpropeller. Die für die Marine gebaute und dort als RML 1 bezeichnete Maschine wurde nach einem kurzen Einsatz an der Ostfront mit zwei weiteren Triebwerken ausgerüstet, jedoch nach einem Unfall aufgegeben.
Ähnlich der V.G.O. I war auch der Bomber V.G.O. II gebaut, der ebenfalls an der Ostfront flog, später aber als Trainer diente. Da beide Maschinen eine nicht befriedigende Motorleistung aufwiesen, stattete man die V.G.O. III mit sechs Triebwerken aus (zwei nebeneinander im Rumpfbug, dahinter befanden sich die offenen Besatzungsplätze; je Gondel zwei Tandemtriebwerke). Die auch als R 10/15 oder R III bezeichnete Maschine ist ebenfalls an die Ostfront verlegt worden.
Die drei Flugzeuge V.G.O. I bis III stellten gewissermaßen die Prototypen für die weiteren Zeppelin-Bomber dar.

Rumpf: im Querschnitt rechteckig, ab Flügelhinterkante in horizontale Schneide auslaufend; im vorderen Teil Rumpfdecke stark gewölbt; Cockpit offen, beide Pilotensitze nebeneinander, dahinter Kommandantensitz im Navigationsraum; MG-Stände auf dem Rumpf an Flügelhinterkante und direkt darunter im Rumpfboden; aufgebaut aus vier hölzernen Gurten; Spants aus Stahlrohr geschweißt, vorn durch Stahlrohrdiagonale, hinten durch Drahtauskreuzung versteift; gewölbte Decke mit Sperrholzbeplankung, sonst Stoffbespannung.
Tragwerk: gleich lange und tiefe Ober- und Unterflügel; beide dreiteilig; Gemischtbauweise (Holz, Stahlrohr, Draht, teilweise stoffbespannt).
Leitwerk: Doppeldeckeranordnung in Gemischtbauweise.
Fahrwerk: zwei Hauptfahrwerke unter Motorgondeln; Gummiseilfederung; Bugfahrwerk leichter, nur zwei Räder; Holzsporn mit Stahlschuh.

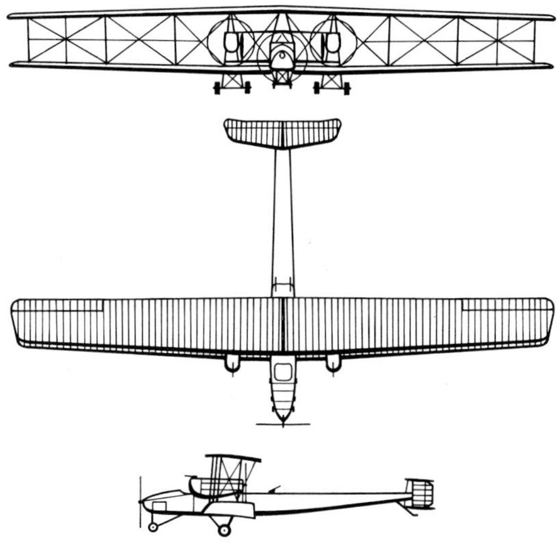

Zeppelin R VI
Bombenflugzeug

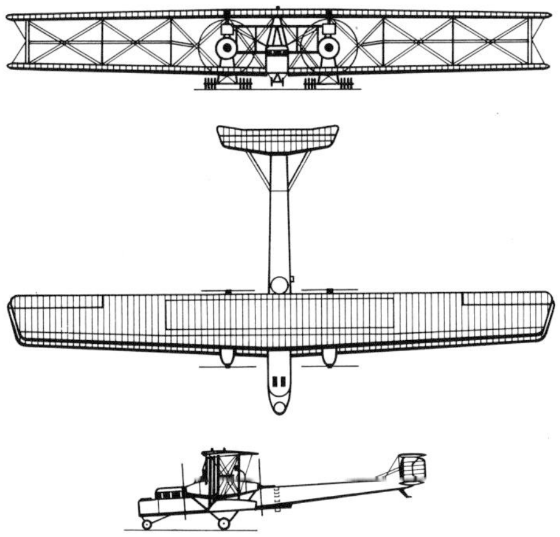

Nach den Erfahrungen mit den in Gotha in je einem Exemplar gefertigten Langstreckenbombern V.G.O. wurde in Staaken ein Typ entwickelt, der erstmals 1916 flog und als R IV bezeichnet wurde. Das mit zwei Triebwerken Mercedes D III (je 120 kW) und vier Benz Bz IV (je 160 kW) ausgerüstete und mit acht Mann besetzte Flugzeug wurde bis 1917 erprobt, wobei man eine Höchstgeschwindigkeit von 125 km/h erreichte. Im gleichen Jahr baute man eine mit sieben Mann besetzte R IV mit gleichen Abmessungen, aber um rund 700 kg höherer Leermasse und 5 statt 7 MGs. Sie erreichte eine Höchstgeschwindigkeit von 135 km/h und hatte eine um 800 m größere Gipfelhöhe, war jedoch mit nur fünf Triebwerken (Maybach Mb IVa je 180 kW) versehen.
Nach der R IV entstand die Version R VI, die noch 1917 an die Front kam und bis Kriegsende in neun Exemplaren ausgeliefert wurde. Diese um rund 1 m kürzere Ausführung war 110 kg leichter als die erste R IV und hatte nur vier Triebwerke, die in zwei Gondeln zwischen den Tragflügeln hintereinanderliegend mit Druck- und Zugluftschraube versehen waren. Die R VI gehörte zu den Riesenflugzeugabteilungen 500 und 501 und unternahm mehrere Bombenangriffe im Hinterland von Frankreich und Großbritannien.
Die Firma lieferte bis zum Kriegsende noch folgende Riesenflugzeuge an die Fliegerkräfte ab: 3 R XIV (mit 5 Mb IVa), 4 R XIVa (bei 150 kg größerer Zuladung um 350 kg geringere Eigenmasse, gleiche Triebwerke) und 3 R XV. Alle Versionen hatten gleiche Abmessungen, 6 Mann Besatzung, 4 MGs Parabellum oder Lewis mit je 500 Patronen sowie 1 000 kg Bomben.
Neben 18 R VI entstand eine Maschine als Staaken L in Seeausführung (abgeliefert: 14. November 1917).

Rumpf: rechteckiger Querschnitt; leicht gewölbte Decke; Schneide waagerecht; in der Rumpfspitze offener Stand des Bombenschützen; dahinter geschlossener Raum für die beiden nebeneinander sitzenden Piloten; anschließend auf einer Seite Navigations-, auf der anderen Funkraum; 2 MG-Stände hinter den Flügeln mit Schußrichtung nach oben bzw. unten.
Tragwerk: vierstieliger verspannter Doppeldecker; gleiche Spannweite und Tiefe bei Ober- und Unterflügel; Querruder nur oben; beide Flügel dreiteilig; zwei Hauptholme; Doppelkastenprofil; Gemischtbauweise (Stahlrohr, Drahtverspannung, aufgeleimtes Sperrholz stoffumwickelt).
Leitwerk: Doppeldeckerleitwerk; zuletzt mit ausgeglichenen Seitenrudern; bei einigen Maschinen zusätzliche dreieckige Flosse und Ruder in der Mitte.
Fahrwerk: zwei Hauptfahrwerke unter den Motorgondeln mit je acht Rädern auf einer Achse; durch Diagonalstreben verstärkt; Gummiseilfederung; am Bug zwei Räder auf einer Achse; Sporn im Rumpfinneren gelagert.

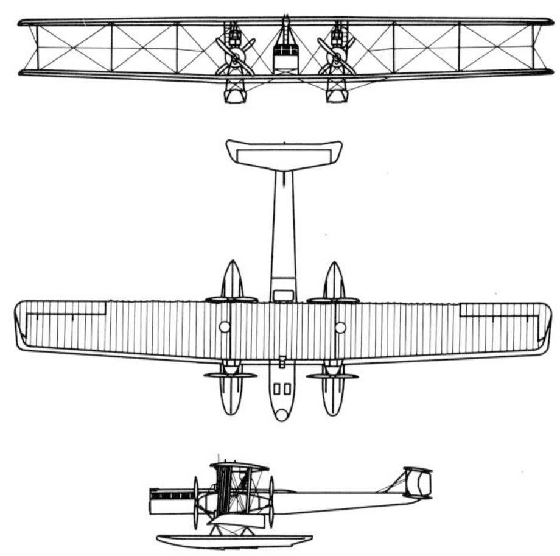

Zeppelin 8 301
Aufklärungs- und Bombenflugzeug

Die in den Zeppelin-Werken in Staaken gebaute 8 301 gehörte zu den mehrmotorigen, mehrsitzigen Riesenflugzeugen. Sie war zu ihrer Zeit das größte Schwimmerflugzeug. Der Erstflug fand im Sommer 1918 statt. Das Flugzeug erhielt für die Flugerprobung und für die Überführung nach Warnemünde ein Landfahrwerk, das dann gegen ein Schwimmwerk ausgetauscht wurde.
Die Triebwerke waren in Gondeln tandemartig untergebracht. In den Gondeln zwischen den Triebwerken befanden sich Plätze für den Bordmechaniker. Die hinteren Triebwerke übertrugen den Antrieb über eine lange Welle auf den Druckpropeller. Für das Leitwerk wurde Leichtmetall verwendet. Das Doppelleitwerk hatte die Größe eines Jagdeinsitzers.
Die Zahl 8301 ist die Nummer, unter der dieses Flugzeug von der Marine bestellt und gebaut worden ist. Eine Typenbezeichnung gab es nicht. Die 3 anderen Flugzeuge wurden als 8302 bis 8304 bezeichnet. Die beiden letzten hatten veränderte Flügel. Zwei oder drei dieser Flugzeuge dienten nach dem Krieg für Wochenendflüge zwischen Berlin und Swinemünde (Swinoujscie) sowie für den Bäderverkehr. 1920 auf alliierte Anweisung zerstört.

Rumpf: Holzbauweise, mit Draht verspannt und mit Stoffbespannung; vorn MG-Stand und Bombenzielgerät, dahinter zwei Piloten, anschließend Funker, Bordmechaniker und Navigator, hinten im Rumpf hinter dem Tragwerk zwei Bordschützen.
Tragwerk: dreistieliger, verspannter Doppeldecker in Holzbauweise mit zwei Kastenholmen; Stoffbespannung.
Leitwerk: gepfeilter Doppeldecker; Höhenruder oben und unten aerodynamisch ausgeglichen; drei Seitenleitwerke; Duralumin-Bauweise mit Stoffbespannung.
Schwimmwerk: zwei vierstufige Duralumin-Schwimmer mit je 12 Schotträumen.

Zeppelin E-4 / 20 „Staaken" Verkehrsflugzeug

In den Zeppelin-Werken begannen die Arbeiten an diesem 735-kW-Flugzeug im Jahr 1919. Im Gegensatz zu allen anderen damaligen Flugzeugen war diese Maschine ein Eindecker in Metallbauweise.
Rohrbach ordnete die vier Motorgondeln wie auch heute gebräuchlich an, während damals Gondeln an Strebenböcken über oder unter den Flügeln üblich waren. Er sah eine nach außen abnehmende Profilwölbung vor, die sich erst 20 Jahre später durchsetzte. Auf der Vergaserseite jedes Motors befand sich ein Raum, in dem ein Monteur das Triebwerk beobachten und von dort Störungen beseitigen konnte. Große Fenster und die Auslegung als Schulterdecker boten eine gute Bodensicht. Im vorderen Teil des Rumpfes lag ein Raum, der bei Start und Landung nicht betreten werden durfte, er sollte als Kollisionsraum wirken. Während des Fluges war er Küche und Aussichtsraum. Das Gepäck wurde durch eine Öffnung in der Oberseite des Rumpfes verladen.
Als erstes viermotoriges Ganzmetallflugzeug der Welt war dieser Typ seiner Zeit weit voraus. Gedacht war es für die Strecke Berlin – Friedrichshafen. Dem Erstflug am 9. November 1920 folgte die erfolgreiche Erprobung. Die E-4 / 20 mußte jedoch zerstört werden, da die Alliierten die E-4 / 20 als „verkappten Bomber" eingestuft hatten. Das gleiche Schicksal traf auch die kleinere, zweimotorige Maschine gleicher Bauart.

Rumpf: Metallbauweise mit Duraluminbeplankung; rechteckiger Querschnitt; Cockpit über der Kabine offen, später verglast; Doppelsteuerung; Einstieg über eine Leiter in den aufgeklappten Bug.
Tragwerk: Schulterdecker; jede Flügelseite durch zwei Zugkabel zur Rumpfunterseite abgefangen; Flügelmittelstück rechteckig, Außenflügel elliptisch; Metallbauweise, nur hinter den Holmen und Außenflügelnase stoffbespannt, sonst metallbeplankt; Kriechgang vom Pilotenraum zu den Triebwerkgondeln; dreistegiger Torsions- und biegefester Kastenträger; abklappbare Nasenkästen zur Wartung des Flügelinneren.
Leitwerk: Normalbauweise in Ganzmetall; Ruder stoffbespannt.
Fahrwerk: starres Fahrwerk mit Hecksporn; V-förmige Schwingachsen, an der unteren Rumpfkante angelenkt; Räder mit Doppelbereifung; langhubige Federstrebe zum Flügelholm.

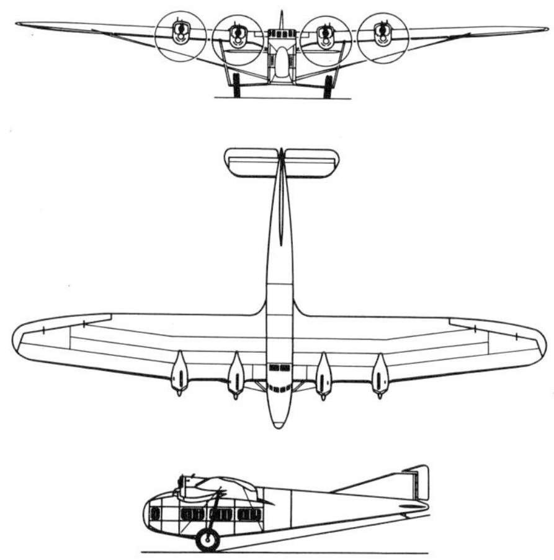

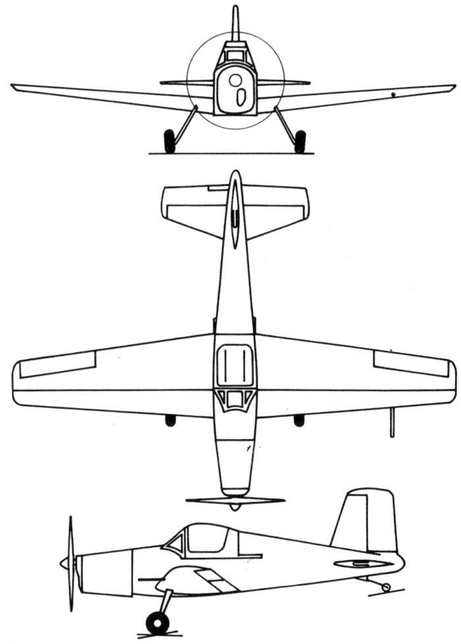

Heinonen HK-1 / HK-2 Sportflugzeuge

Der Flugzeugkonstrukteur Heinonen entwickelte und baute aus Liebhaberei in der Segelflugschule Jäni das einsitzige Sportflugzeug HK-1 (oberes Foto). Es flog erstmalig im August 1954. Mit diesem Flugzeug stellte Heinonen am 10. Juli 1957 einen Langstreckenrekord für Flugzeuge mit weniger als 500 kg Flugmasse auf. Er legte die Strecke von Madrid nach Turku in Finnland (2 844 km) im Nonstop-Flug in 17 h 1 min zurück.
Im Auftrag des finnischen Luftfahrtverbandes entwickelte Heinonen aus der HK-1 das zweisitzige Schul- und Sportflugzeug HK-2 mit gleichem Aufbau. Das Flugzeug kann auch von den Klubs selbst gebaut werden. Es ist für den Kunstflug beschränkt zugelassen und dient zum Segelflugzeugschlepp.
Die Konstruktionsarbeiten begannen im Oktober 1960. Der Erstflug der HK-2 fand am 29. März 1963 statt.

Rumpf: Holzbauweise mit Sperrholzbeplankung; vier Holme; Gepäckraum hinter dem Sitz (HK-2: Sitze nebeneinander); Rumpf mit dem Seitenleitwerk integral verbunden.
Tragwerk: freitragender Tiefdecker in Holzbauweise; ein Hauptholm in Doppel-T-Form; Querruder stoffbespannt.
Leitwerk: freitragende Normalbauweise in Holz mit Stoffbespannung der Ruder.
Fahrwerk: Heckradfahrwerk; Haupträder an freitragenden Federbeinen aus Federstahl; steuerbares Heckrad.

PIK-15 „Hinu" Sportflugzeug

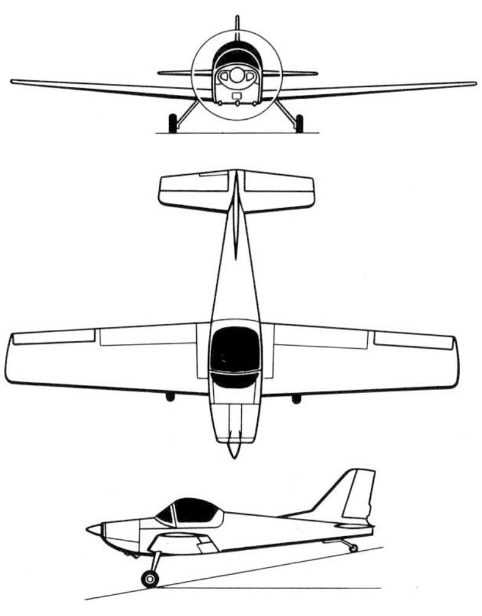

Der seit 1931 bestehende Fliegerklub an der Technischen Hochschule in Helsinki beschäftigt sich vorwiegend mit der Entwicklung und dem Bau von Segelflugzeugen. Das erste Motorflugzeug wurde im Jahr 1953 gebaut.
Die PIK-15 „Hinu" ist speziell für den Segelflugzeugschlepp gedacht. Sie wurde von Mellen, Lounamaa und Rinta entwickelt. Die sehr wirksamen Luftbremsen lassen das Flugzeug nach dem Ausklinken des Segelflugzeugs in einen steilen Gleitflug übergehen. Auf diese Weise verkürzen sich die Schleppzeiten beachtlich. In einer Stunde können bis zu 15 Segelflugzeuge geschleppt werden.

Die Entwicklung begann Ende 1960. Der Erstflug fand am 29. August 1964 statt.

Rumpf: Halbschalenbauweise in Holz mit Sperrholzbeplankung; zwei Sitze nebeneinander; Haube nach hinten aufschiebbar; Gepäckraum hinter den Sitzen; Überschlagbügel aus Stahl; Heizung und Belüftung.

Tragwerk: freitragender Tiefdecker in Holzbauweise mit Sperrholzbeplankung; einteiliger Kastenholm, durch den Rumpf gehend; Hilfsholm zum Anschluß der Querruder und Auftriebsklappen, Querruder in Holzbauweise mit Stoffbespannung; Leichtmetall-Spreizklappen dienen zugleich als Luftbremsen.

Leitwerk: freitragende Normalbauweise in Holz; Flossen sperrholzbeplankt, Ruder stoffbespannt; Trimmklappen im Höhenruder.

Fahrwerk: starres Fahrwerk mit Spornrad; am Flügel angelenkte Hauptstreben aus Federstahl; steuerbares Spornrad; hydraulische Scheibenbremsen.

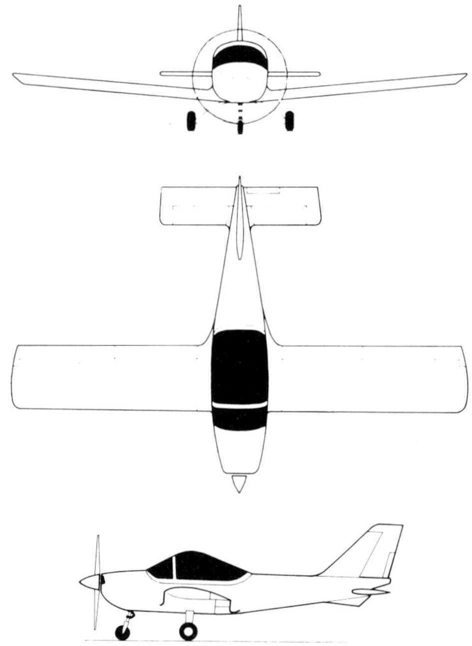

PIK-19 „Muhinu" / PIK-23 Schul- und Sportflugzeuge

Die PIK-19 „Muhinu" wurde im Laboratorium für Leichtbau der Technischen Hochschule in Helsinki entwickelt und gebaut. Dieses Institut hat bezüglich der Entwicklung von GFK-Bauteilen große Erfahrungen.
Für den Einsatz als Schleppflugzeug wurden Bremsklappen geschaffen, die nach jedem Schlepp ein schnelles Sinken ermöglichen.
Der Entwurf und der Bau des Prototyps beanspruchten etwa zweieinhalb Jahre. Der Erstflug war am 23. Mai 1972. Zu einem Serienbau ist es nicht gekommen. Jedoch wurde der Typ zur PIK-23 weiterentwickelt, die mit dem Triebwerk Arco Lycoming 0-360-A4M (135 kW) ausgestattet ist. Erprobt wurden zwei Prototypen: OH-TOW, Erstflug am 22. März 1982; OH-TUG, Erstflug im April 1983. Die PIK-23 ist 7,4 m lang, 3,3 m hoch, 1 200 kg schwer und erreicht 360 km/h.

Rumpf: glasfaserverstärktes Epoxidharz mit glatter Oberfläche in Sandwichkonstruktion; zwei Sitze nebeneinander; Doppelsteuerung; Kabinenhaube nach hinten aufschiebbar; Heizung und Belüftung; Kupplung für Segelflugzeugschlepp.

Tragwerk: freitragender Tiefdecker in GFK-Bauweise; rechteckiger Flügel; einteilige Haupt- und Hilfsholme, durch den Rumpf gehend; Landeklappen dienen zugleich als Luftbremsen; Tragflügel, Querruder und Landeklappen in GFK-Sandwichbauweise.

Leitwerk: Normalbauweise; Seitenflosse mit Rumpf integral verbunden; Trimmung im Höhenruder; am Boden verstellbare Trimmklappe im Seitenruder.

Fahrwerk: starres Bugradfahrwerk; Bugrad mit ölpneumatischer Strebe mit Seitenruder zusammen steuerbar; Hauptfahrwerk aus GFK; hydraulische Scheibenbremsen.

Valmet L-70 „Miltrainer Vinka" Schul- und Übungsflugzeug

Als Ersatz für den inzwischen veralteten schwedischen Trainer SAAB-91 „Safir" bestellten die Luftstreitkräfte Finnlands bei der Firma Valmet ein neues Schul- und Übungsflugzeug. Nach der Erprobung – u. a. im Winterbetrieb mit 3 Kufen – des Prototyps Leko-70 (Leko ist ein Kurzwort für Lentokone – Flugzeug), dessen Erstflug am 1. Juli 1975 war, wurden Anfang 1977 30 Maschinen dieses Typs in Auftrag gegeben. Sie erhielten die militärische Bezeichnung L-70 „Miltrainer Vinka". Im Dezember 1979 begann die Auslieferung, und Ende 1982 war der Auftrag erfüllt. Für die Maschine steht eine ganze Reihe von Abwurf-, Raketen und Rohrwaffen zur Verfügung (an zwei Unterflügelstationen), um die Maschine als Kampftrainer oder leichtes Kampfflugzeug verwenden zu können.
Die Ambulanz-Version nimmt einen Pfleger und einen liegenden Patienten auf.
In der zivilen Version dient die Maschine als zweisitziges Kunst- und viersitziges Reiseflugzeug.
Etwa ab 1983 wurde die L-70 durch den Einbau eines Turboproptriebwerks Allison 250-B 17 D mit 270 kW Startleistung zur L-80 TP weiterentwickelt.

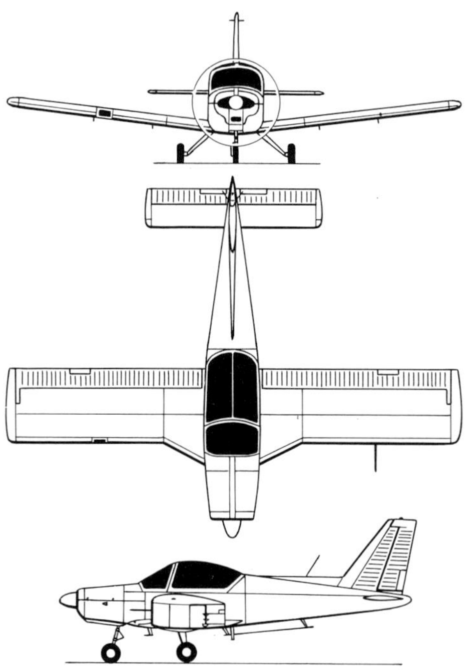

Der am 12. Februar 1985 gestartete Prototyp OH-VBB verunglückte am 24. April 1985.
Es folgen zwei Prototypen L-90 TP „Redigo" (Erstflug am 1. Juli 1986 bzw. im Dezember 1987, Antrieb Allison 250 bzw. Turbomeca TP 319, 315 kW) mit neuem Tragflügel und anderer Landeklappe.
Die 10 bestellten L-90 TP gingen bis 1992 in die Truppe. 10 von 18 Exportmaschinen bezog Mexiko.

Rumpf: konventionelle Halbschalenbauweise.

Tragwerk: Tiefdecker in Ganzmetallbauweise; nimmt die Kraftstoffbehälter auf.

Leitwerk: Normalbauweise in Ganzmetall.

Fahrwerk: starr mit Bugrad; alle Streben einfach bereift.

Aerospatiale SA-318 „Alouette II" Hubschrauber

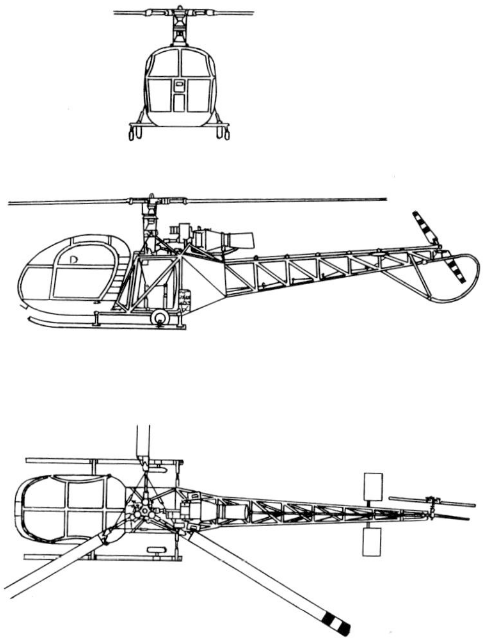

Die Firma Sud Aviation, 1970 in der SNIAS aufgegangen, begann im Jahr 1946 mit der Entwicklung von Hubschraubern. So entstand aus dem leichten Hubschrauber SE-312 „Alouette I" mit Kolbenmotor (Erstflug 31. Juli 1951) der Turbinenhubschrauber SE-313 „Alouette II" (Erstflug 12. März 1955).
Dieser gehörte neben der SO-1221 „Djinn" zu den ersten Turbinenhubschraubern der Welt, die in Serie gefertigt wurden. Am 6. Juni 1955 brachte er den Höhenweltrekord für Hubschrauber auf 8209 m und am 13. Juni 1958 auf 10984 m.
Die SA-318 C „Alouette II" ist eine Weiterentwicklung der SE-313. Sie flog erstmalig am 31. Januar 1961. Ihre Turbine hat einen besseren thermischen Wirkungsgrad, so daß sich bei gleichen Abmessungen und Massen einige Daten (insbesondere die Reichweite und der Kraftstoffverbrauch) verbesserten.
Nach 2 Prototypen und 3 Vorserienmodellen sind von 1957 bis 1965 923 SE-313 gebaut worden. Von der SA-318 C sind von 1971 bis zum 28. Februar 1985 an 30 Staaten 365 Exemplare geliefert worden. Insgesamt kauften über 45 Länder die „Alouette II". Allein die französische Armee erhielt rund 400 Hubschrauber dieses Typs. Den größten Teil der 300 von der Bundeswehr bezogenen „Alouette II" erhielten die Heeresflieger (Verbindung / Beobachtung).

Rumpf: Gerüst aus dreieckförmig verschweißten Stahlrohren mit Hauptgerüst (enthält alle wichtigen Teile) und Gitterträger (trägt Stabilisierungsflächen, Heckrotor, hintere Antriebswelle und Heckstütze); zwei Vordersitze, dahinter Sitzbank für drei Personen.
Tragwerk: drei Metallblätter mit symmetrischem Profil.
Fahrwerk: Landegestell auf Kufen mit elastischen Querstreben und Stoßdämpfern; Ausrüstung mit Rädern möglich.

Aerospatiale SA-316/SA-319 „Alouette III" Hubschrauber

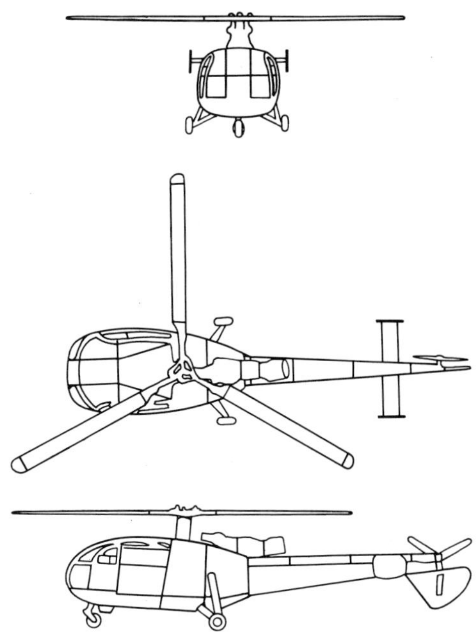

Die SA-316 „Alouette III" ist eine Weiterentwicklung der SE-313 „Alouette II". Von dieser unterscheidet sie sich durch den vollständig verkleideten Rumpf, eine größere Kabine, eine verbesserte Ausrüstung, die hydraulische Steuerung, das stärkere Triebwerk und höhere Leistungen.
Der Prototyp flog erstmals am 28. Februar 1959, der erste Serienhubschrauber im Juli 1960. Nach 2 Prototypen und 2 Vorserienmodellen wurden in Frankreich von 1961 bis 1971 981 SA-316 A, in Indien von 1965 bis 1975 bei HAL 250 Maschinen, in der Schweiz von 1970 bis 1974 bei F + W 60 „Alouette III S" und in Rumänien von 1973 bis 1980 180 IAR-316 B gebaut.
Verwendungsmöglichkeiten sind:
- Hubschrauber für sechs Passagiere,
- Sanitätsausführung mit zwei Tragen, einem sitzenden Kranken und einem Sanitäter,
- Rettungshubschrauber bei Berg- oder Seenot,
- Lastenhubschrauber für 740 kg Fracht in der Kabine und 750 kg Außenlast,
- Ausführung zur Überwachung von Waldbränden oder zur Kontrolle von Überlandleitungen, für Luftbildaufnahmen und geologische Forschungen,
- militärische Zwecke.

Eine Weiterentwicklung der SA-316 ist die SA-319 B „Alouette III", die am 27. Juni 1968 erstmalig flog. Diese Maschine hat ein stärkeres Triebwerk und eine wesentlich höhere Startmasse. Die Version SA-316 C (1968–1985: 474) erhielt ein anderes Triebwerk.
Bei Abschluß der Produktion am 1. Mai 1985 hatten 74 Länder insgesamt 1455 „Alouette III" für zivile und militärische Zwecke erhalten.

Rumpf: vollständig verkleidet, Kabine mit vier Türen.
Tragwerk: drei Metall-Rotorblätter.
Leitwerk: Heck-Ausgleichschraube; Höhen- und Seitenstabilisierungsflächen am Heck.
Fahrwerk: starres Dreirad-Fahrwerk; Kufen oder Schlauchschwimmer lassen sich anbringen.

Aerospatiale SA-321 „Super Frelon" Amphibienhubschrauber

Die schwimmfähige SA-321 „Super Frelon" wurde aus dem Prototyp SA-3200 „Frelon" (3 Triebwerke Turmo III B, 2 Exemplare gebaut) als schwerer Transport- und Kampfhubschrauber entwickelt, der erstmalig am 10. Juni 1959 flog. Die beiden folgenden Prototypen SA-3210 „Super Frelon" waren mit je 3 Triebwerken Turmo III C ausgerüstet. Das erste von vier Vorserienmustern SA-321 flog erstmals am 7. Dezember 1962. Mit dem Serienbau wurde 1965 begonnen.
Die Entwicklung geschah in Zusammenarbeit mit der Firma Sikorsky Aircraft (USA), die insbesondere Hauptrotor und Ausgleichschraube konstruierte. An der Produktion des Hubschraubers war auch die Firma FIAT (Italien) beteiligt.
Infolge der Ausrüstung mit drei Turbinentriebwerken kann der Hubschrauber bei jedem Wetter und auch über Seegebieten eingesetzt werden, da er den Flug bei Ausfall einer Turbine fortsetzen kann. Die Ausführung mit Schwimmrumpf erlaubt Starts und Landungen vom Wasser aus.

Gebaut wurden folgende Versionen:
SA-321 F: zivile Ausführung als Passagierhubschrauber mit 34 bis 37 Sitzen; Erstflug des Prototyps am 7. April 1967, Serie ab 1968.
SA-321 G: U-Boot-Jagd-Hubschrauber; 25 Exemplare gebaut; bewaffnet mit zielsuchenden Torpedos oder 2 Abwurflenkwaffen; auch auf dem Hubschrauberträger „Jeanne d'Arc" (Foto).
SA-321 H: Luftwaffenausführung.
SA-321 Ja: Personal- und Frachttransporter (Skizze, 27 Personen oder 5000 kg außen); an China 13 Stück geliefert. (Kopie: Changhe Z-8).
SA-321 K: an den Iran und Israel geliefert.
SA-321 L: an Südafrika geliefert; von der Ja abgeleitet.
SA-321 M: 9 an Libyen geliefert; zur Seenotrettung und U-Boot-Jagd.

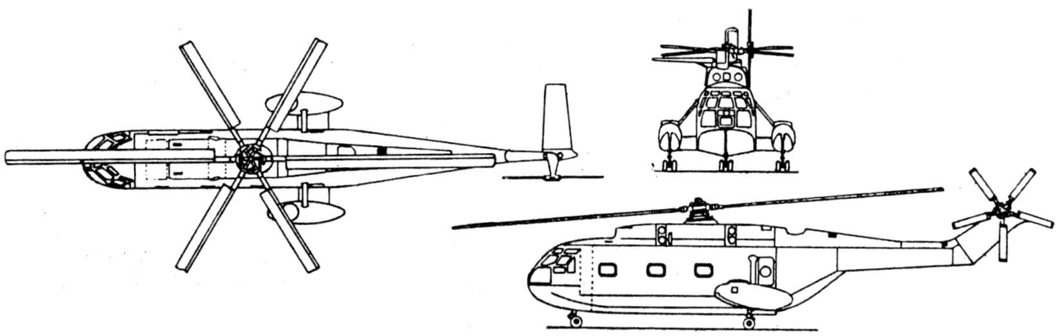

Rumpf: Metall-Halbschalenbauweise in Bootsform.
Tragwerk: Ganzmetall-Sechsblattrotor.
Fahrwerk: starres Bugradfahrwerk mit Zwillingsrädern; hydraulische Scheibenbremsen an den Haupträdern; in der Seeausführung an den Hauptstreben Stabilisierungsschwimmer.

Aerospatiale SA-315 B „Lama" Hubschrauber

Der Hubschrauber SA-315 B „Lama" wurde nach den Anforderungen der indischen Luftstreitkräfte konstruiert. Dabei verband man die verstärkte Zelle der SA-318 C „Alouette II" mit den Antriebssystemen und dynamischen Teilen der SA-316 „Alouette III". Die Höhenerprobung war 1969 in den Bergen des Himalaja. Dabei wurden in einer Höhe von 7000 m Starts und Landungen mit zwei Mann Besatzung ausgeführt. Der Hubschrauber eignet sich mit einer maximalen Anhängemasse

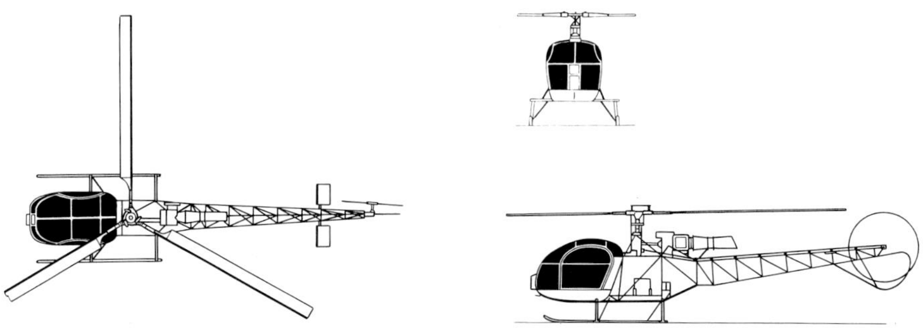

von 1000 kg besonders für den Einsatz in heißen und hochgelegenen Gebieten.
Außer als Kranhubschrauber kann die SA-315 B „Lama" für Rettungszwecke mit einer Winde von 1180 N Tragkraft, für Verbindungs-, Beobachtungs-, Luftbild- und Landwirtschaftsflüge eingesetzt werden. Als Sanitätshubschrauber nimmt sie zwei Tragen und einen Sanitäter auf.
Die Konstruktion begann 1968, der Erstflug war am 17. März 1969. Die Serienfertigung begann Ende Februar 1971. Bis zum 1. März 1988 (Produktionsende) sind 401 Hubschrauber SA-315 B für 31 Staaten gebaut worden.
Am 21. Juni 1972 stellte eine „Lama" mit 12442 m den absoluten Höhenweltrekord in der Klasse E 1-b auf. Die Firma Hindustan Aircraft (Indien, 100) baute die Maschine als „Cheetah", die Firma Helibras (Brasilien) als „Gariao" in Lizenz.

Rumpf: Metallbauweise; Kabine in Leichtmetall mit zwei Sitzen vorn und drei Passagieren nebeneinander auf einer Bank dahinter; Hinterteil in dreieckiger Form in Stahlrohr-Gitterbauweise.
Tragwerk: Dreiblatt-Rotor; Rotorblätter in Ganzmetallbauweise.
Leitwerk: Ausgleichsrotor am Rumpfende; Dämpfungsflächen.
Fahrwerk: Kufen; Räder für den Bodentransport anbringbar; Schlauchschwimmer für Wassereinsatz; auf Wunsch außer den Kufen notfalls in der Luft aufblasbare Schlauchschwimmer.

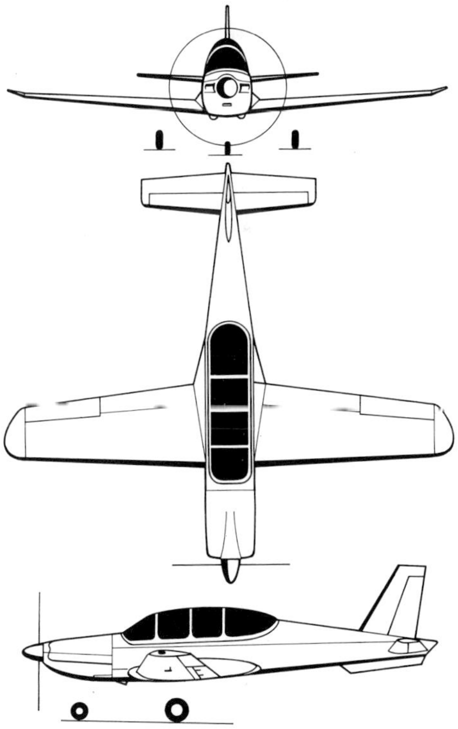

Aerospatiale TB 30 „Epsilon" Schulflugzeug

Als Reaktion auf die gestiegenen Kosten untersuchten die Luftstreitkräfte Frankreichs in der zweiten Hälfte der siebziger Jahre die Möglichkeit, mit Hilfe eines kolbenmotorgetriebenen, leichten Schulflugzeugs die Anfängerschulung zu betreiben, dabei geeignete Piloten für die weitere Ausbildung auf Strahlflugzeugen auszusuchen und durch die Ausrüstung des neuen Typs zugleich einen schnelleren Übergang auf strahlgetriebene Kampfmaschinen zu schaffen. Im Ergebnis der gemeinsam mit Aerospatiale betriebenen Forschung lagen im September 1977 die ersten Details über das zukünftige Flugzeug vor, das zunächst die Bezeichnung TB-30, später „Epsilon" erhielt.
Am 22. Dezember 1979 begann der erste Prototyp die Flugerprobung, am 12. Juli 1980 der zweite. Die Serienproduktion verzögerte sich jedoch, weil die Flugerprobung u. a. ergab, daß eine Kielflosse und das Leitwerk niedriger anzubringen waren. So verbesserten die Konstrukteure die Gierstabilität und das Verhalten bei hohen Geschwindigkeiten.
Im Laufe der Entwicklung ist auch das Design dieses robusten Tandem-Zweisitzers verbessert worden. Das Cockpit ist mit Schleudersitzen ausgerüstet und ähnelt auch von der Ausrüstung her dem eines Kampfflugzeugs. So eignet sich die „Epsilon" zur Ausbildung für Anfänger, für den Kunst-, Instrumenten-, Nacht- und Formationsflug sowie zum Ausführen von Kampfmanövern. Frankreichs Luftstreitkräfte bestellten 150 Schulflugzeuge „Epsilon". Portugal erhält seit 1989 18 Maschinen. Es ist vorgesehen, eine Version als viersitziges Verbindungsflugzeug zu entwickeln.
Als Exportversion wurde eine „Epsilon"-Ausführung geschaffen, die unter jedem Tragflügel zwei Stationen für Kampfzuladungen aufweist und für leichte Bodenunterstützungsaufgaben verwendet werden soll. Diese Ausführung ist von Togo gekauft worden.
Hersteller des im Jahr 1982 in den Serienbau übergeleiteten Typs (Erstflug am 29. Juni 1983) ist das Werk Socata in Tarbes, eine Tochterfirma von Aerospatiale.
Ab November 1985 wurde der Prototyp 01 der „Epsilon" als Erprobungsträger für die neue Propellerturbine TP 319 von Turbomeca verwendet. Auf private Initiative entstand die mit einem Turboprop-Triebwerk TP 319 Arrius 1A2 versehene TB-31 „Omega" (F-WOMG, Erstflug 30. April 1989).

Rumpf: Ganzmetallkonstruktion mit einer Lebensdauer von 10000 Flugstunden; Schleudersitze in Tandemform, hinterer Sitz 70 mm höher; beide Sitze sind höhenverstellbar, die Pedale lassen sich verstellen; Gepäcksektion hinter der Kabine.
Tragwerk: freitragender Tiefdecker in Ganzmetallbauweise; trapezförmige Tragflügel; je zwei Aufhängepunkte für Bomben oder Behälter mit Raketen; 7,62-mm-MG (maximale Außenlast: 300 kg).
Leitwerk: Normalbauweise; Ganzmetall; Kielflosse unter dem Heck.
Fahrwerk: hydraulisch einziehbares Dreibeinfahrwerk; alle Streben einfach bereift.

Avions Marcel Dassault MD-450 „Ouragan“ Mehrzweckjagdflugzeug

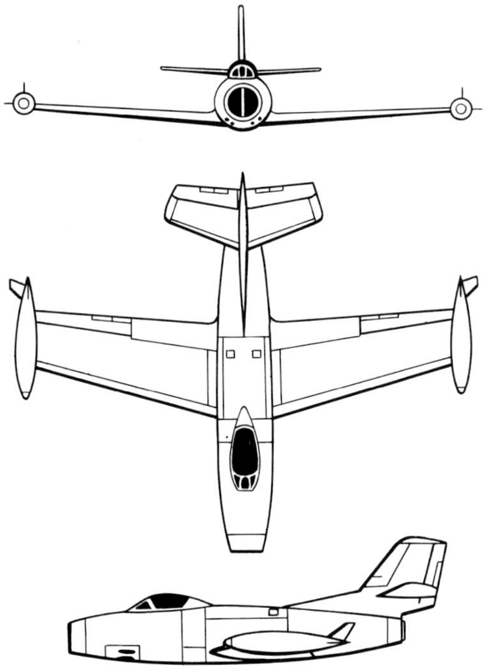

Marcel Dassault sah im Jahr 1947 im französischen Flugzeugpark eine Lücke, die er durch das Strahlflugzeug MD-450 „Ouragan“ schließen wollte; denn bis zur Einführung dieser Maschine waren in Frankreich nur ausländische Strahlflugzeuge (vor allem die britische „Vampire“) geflogen worden.

Mitte 1948 begann der Bau eines Prototyps, der sich am 28. Februar 1949 als MD-450-01 erstmals in die Luft erhob. Diesem Muster sollte eine lange und erfolgreiche Karriere beschieden sein. Mit ihm rüsteten die französischen Luftstreitkräfte zwischen 1951 und 1953 mehrere taktische Staffeln aus. Sie beschafften 362 „Ouragan“, von denen später eine große Anzahl an Israel verkauft wurde. Insgesamt wurden 421 „Ouragan“ gebaut. Ab 1965 wurden die Maschinen in Frankreich außer Dienst gestellt. Ein Flugzeug befindet sich im Luftfahrtmuseum Paris-Meudon.

Indien beschaffte insgesamt 104 Maschinen dieses Typs. Noch 1970 befanden sich diese Maschinen sowohl in Indien wie in Israel im Einsatz.

Aus der „Ouragan“ entwickelte Dassault eine ganze Reihe von Experimentalflugzeugen, so Muster mit seitlichen Lufteinläufen oder die „Barougan“ für notdürftig hergerichtete Flugfelder. Bereits kurz nach dem Erstflug der Maschine entstand die MD-452 „Mystére II“ mit geringerer Flügeldicke und stärkerer Pfeilung.

Rumpf: Ganzmetall-Sektionsbauweise; zentraler Lufteinlauf; Schubrohr im Heck; Kabine aufgesetzt.
Tragwerk: Tiefdecker in Ganzmetallbauweise; Flügelvorderkante 18° gepfeilt; leichte V-Form.
Leitwerk: Ganzmetallbauweise; hoch angesetztes gepfeiltes Höhenleitwerk; trapezförmiges Seitenleitwerk nach hinten überhängend.
Fahrwerk: einziehbares Bugradfahrwerk.

Avions Marcel Dassault „Mystére IV“ Jagdflugzeug

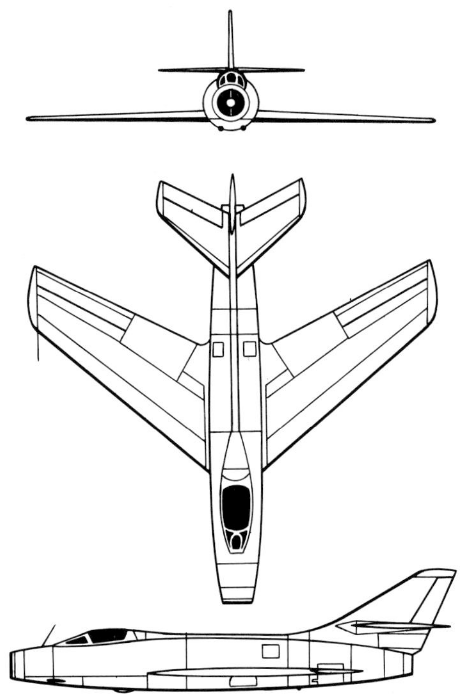

Die „Mystére IV“ ging aus der Strahljäger-Reihe hervor, die Dassault mit der MD-450 „Ouragan“ begonnen hatte. Dieser Typ bildete die Grundlage für die „Mystére II C“, die als Pfeilflügler in 150 Exemplaren von den französischen Luftstreitkräften übernommen wurde. Aufgrund der damit gesammelten Erfahrungen entstand nach der 1953 im Erprobungsstadium steckengebliebenen Allwetterversion „Mystére III“ die „Mystére IV“. Der Prototyp „Mystére IV An-01“ startete am 28. September 1952 zum Erstflug.

Während von dem zweisitzigen Nachtjäger „Mystére IV B“ nur einige Maschinen gebaut wurden, verließen zwischen 1953 und 1958 421 Mehrzweck-Tagjäger und Jagdbomber „Mystére IV A“ die Werke. Frankreich erhielt 251, Indien 110 und Israel 60 Maschinen.

Bis in die zweite Hälfte der siebziger Jahre benutzten die Luftstreitkräfte Frankreichs rund 30 „Mystére IV“ als Schulflugzeuge. Zwei „Mystére IV A“ (Prototyp und Serienmaschine) befinden sich im Luftfahrtmuseum Paris Le Bourget.

Rumpf: Ganzmetall-Halbschalenbauweise; aufgesetzte Kabine; zentraler Lufteinlauf.
Tragwerk: freitragender Tiefdecker in Ganzmetallbauweise; Vorderkante 45° gepfeilt.
Leitwerk: freitragende Normalbauweise in Ganzmetall.
Fahrwerk: einziehbares Bugradfahrwerk.

Avions Marcel Dassault „Mirage IV" Bombenflugzeug

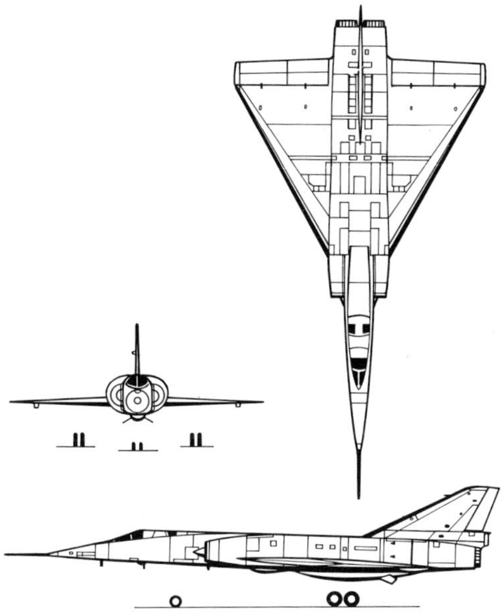

Das zweistrahlige Mach-2-Bombenflugzeug „Mirage IV" wurde aus der „Mirage III" abgeleitet, als Dassault 1956 den Regierungsauftrag erhielt, ein Überschallflugzeug für die französische Kernladungsbombe zu entwickeln.
Der erste Prototyp begann am 17. Juni 1959 die Flugerprobung. Beim 33. Flug erreichte er eine Geschwindigkeit von Mach 2. Diese Maschine flog im Überschallbereich in Höhen zwischen 3000 und 18000 m.
Das erste Serienflugzeug wurde im Dezember 1963 ausgeliefert. Am 1. Oktober 1964 nahm die erste mit „Mirage IV" ausgerüstete Staffel („Gascogne", 91. Bombergeschwader in Mont-de-Marsan) die 24-Stunden-Startbereitschaft auf. Das strategische Fliegerkommando Frankreichs erhielt insgesamt 50 Maschinen (36 bei Einsatzstaffeln, 14 in Reserve).
Das Flugzeug hatte elektronische Abwehreinrichtungen zur Ablenkung von Luft-Luft- oder Boden-Luft-Raketen. Es war mit elektronischen Navigations- und Bombenzieleinrichtungen ausgestattet. Der Einsatzradius von 1600 km konnte durch Betanken in der Luft auf 3000 km vergrößert werden. Dazu standen 11 KC-135 F zur Verfügung. Die „Mirage IV" war mit Starthilfsraketen ausgerüstet. Zunächst waren die Maschinen für Einsätze in großen Höhen mit einer Höchstgeschwindigkeit um Mach 2 vorgesehen. Später wurden sie für den Tiefflug im hohen Unterschallbereich modifiziert. Die Zelle wurde verstärkt, die Navigationsausrüstung verbessert, neue Geräte für den elektronischen Kampf eingebaut. Mitgeführt wurde die Nuklearbombe AN-22 (60 kt, halbversenkt unter dem Rumpf, wird freifallend geworfen). Einige Maschinen hatten optische Sensoren für die strategische Aufklärung.
Seit 1986 führen die noch vorhandenen „Mirage IV" statt der AN-22 Abstandsflugkörper A5M (Reichweite bis zu 300 km, Mach 2, mehrere 100 kt) mit. Die Flugzeuge haben neue Trägheitsnavigationsanlagen und elektronische Geräte erhalten. Die modifizierten Maschinen werden als „Mirage IV P" bezeichnet.
Die KC-135 F sollen Maschinen der Typen „Mirage F-1", „Mirage 2000" und „Jaguar" betanken. 12 „Mirage IV A" sind als Multisensor-Aufklärungsplattformen ausgerüstet.

Rumpf: Ganzmetallbauweise; zwei Sitze hintereinander; Lufteinläufe an beiden Seiten des Rumpfes; Kernladungsbombe im Rumpfunterteil halb eingelassen.
Tragwerk: Deltaflügel.
Leitwerk: freitragendes Seitenleitwerk.
Fahrwerk: einziehbares Bugradfahrwerk; Bugstrebe mit Zwillingsrädern, Hauptstreben mit je vier Rädern.

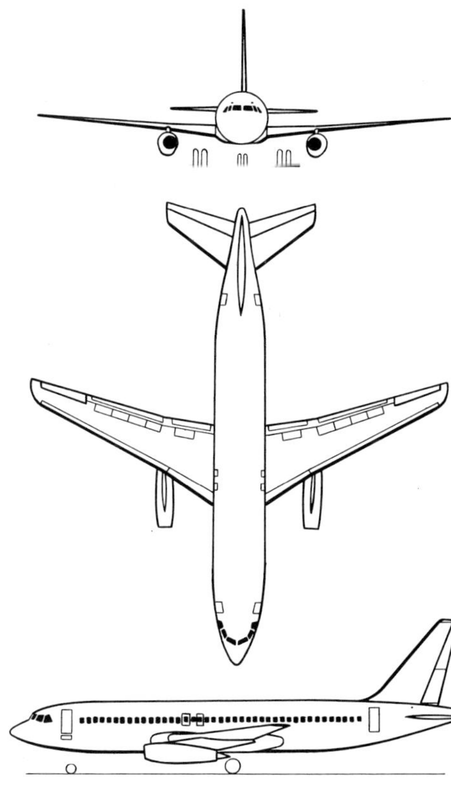

Avions Marcel Dassault „Mercure" Verkehrsflugzeug

Bei Marktstudien in den sechziger Jahren stellte die Firma Dassault fest, daß ein erheblicher Bedarf für ein TL-Kurzstrecken-Verkehrsflugzeug mit 130 bis 150 Plätzen bestehen wird. Die Vorarbeiten dafür begannen Anfang 1966.
An dem Bau der „Mercure" waren verschiedene ausländische Firmen beteiligt. So lieferte FIAT (Italien) das Rumpfheck mit dem Leitwerk, CASA (Spanien) das Rumpfvorderteil, SABCA (Belgien) das Querruder sowie EFW (Schweiz) die Verkleidungen der Triebwerkgondeln.
Um den Lärm bei Start und Landung zu verringern, erhielt die Maschine eine Schubumkehr- und Schalldämpferanlage. Für die Schubumkehr sorgte ein Plattensystem, das die Austrittsdüse nach hinten verschloß und den Luftstrom durch ringförmige Kaskaden nach vorn umlenkte.
Der Erstflug des Prototyps 01 fand am 28. Mai 1971 statt. Am 15. Mai 1974 verließ das erste Flugzeug der zehn von AIR INTER bestellten „Mercure 100" die Werkhallen. Im Jahr 1976 ist in Hannover das Modell der vergrößerten Version „Mercure 200" vorgestellt worden. Offenbar gab es dafür jedoch keine Interessenten.

Rumpf: Ganzmetall-Halbschalenbauweise; zwei Türen backbords; zwei Notausstiege auf jeder Seite über dem Flügel; zwei Service-Türen steuerbords; Gepäck- und Frachträume unter der Kabine.
Tragwerk: freitragender Tiefdecker in Ganzmetallbauweise; zwei Holme; auf jeder Seite hydraulisch betätigte Vorflügel in fünf Teilen mit thermischer Enteisung; Dreifach-Spalt-Landeklappen; Spoiler.
Leitwerk: freitragende Normalbauweise in Ganzmetall; Seitenruder aus zwei Teilen, die unabhängig voneinander betätigt werden; Höhenflosse zur Trimmung verstellbar.
Fahrwerk: einziehbares Bugradfahrwerk; Zwillingsräder; Bugrad lenkbar.

Blériot XI „La Manche" / XI/2

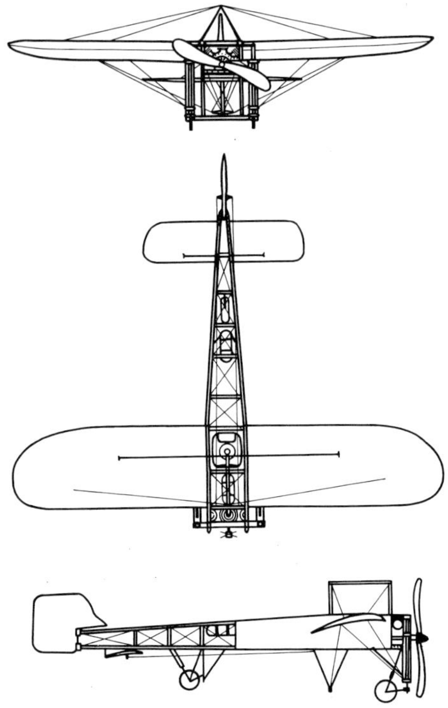

Louis Blériot schuf mit der „La Manche" den ersten modernen Eindecker. Seit 1900 hatte er sich mit der Flugtechnik beschäftigt. 1903 baute er sein erstes Schwingenflugzeug, anschließend bis 1907 Doppeldecker. Im gleichen Jahr baute er seinen ersten Eindecker („Monoplan") als Entenflugzeug. Aber auch dieses Flugzeug war ebenso wie seine Vorgänger ein Mißerfolg. Kurze Zeit nach seinem ersten Eindecker glückte Blériot mit einem Tandemeindecker der erste Flug. Nach dem Einbau eines stärkeren Motors ging dieses Flugzeug allerdings beim Start zu Bruch. Auch die nächsten drei Flugzeuge hatten keinen Erfolg, und Blériot, der als Fabrikant von Automobillampen reich geworden war, stand vor dem Bankrott. Mit seinem letzten Geld baute er in größter Eile die Nr. XI. Am 25. Juli 1909 gelang es ihm als erstem, mit dieser Maschine den Ärmelkanal zwischen Calais und Dover zu überqueren. Bei der Landung gingen zwar Fahrwerk und Luftschraube zu Bruch, aber die erste Kanalüberquerung brachte Blériot den Preis der „Daily Mail" in Höhe von 25000 Francs. Dieser Erfolg machte ihn weltbekannt, und sein Flugzeugwerk nahm einen großen Aufschwung.
Die Maschine, mit der Blériot den Kanal überquerte, befindet sich im Luftfahrtmuseum Paris Le Bourget.
Aus der XI „La Manche" entwickelte er weitere Versionen mit stärkeren Triebwerken. Diese Maschinen stellten in den Jahren 1910 und 1911 zahlreiche Rekorde auf.
Die XI/2 (Foto) mit einem 60-kW-Umlaufmotor wurde als Zwei- und als Einsitzer in größerer Stückzahl von den französischen, britischen (bis 1915) und italienischen (noch nach 1915) Streitkräften verwendet. Die unbewaffneten Maschinen dienten als Aufklärungs- und Artilleriebeobachtungsflugzeuge.
Auch die Luftwaffe der Schweiz benutzte diesen Typ von 1914 bis 1919 als einsitzige sowie als zweisitzige Version Blériot XI-b. Die für Trainings- und Übungsaufgaben beschafften Maschinen führten einen seitlich befestigten Karabiner als Bewaffnung mit.

Rumpf: Gitter mit Drahtauskreuzung; vorn stoffbespannt, hinten offen.
Tragwerk: verspannter Schulterdecker in Holzbauweise; zwei Holme und Rippen aus Holz mit Stoffbespannung; keine Tragflügelverwindung und keine Querruder.
Leitwerk: stoffbespanntes Höhenleitwerk mit zwei Holmen, festem Mittelteil und beweglichen Außenteilen; bei gleichsinnigem Ausschlag als Höhen-, bei entgegengesetztem Ausschlag als Querruder wirkend; ungedämpftes Seitensteuer.
Fahrwerk: starres Spornradfahrwerk; Räder abgefedert; Fahrwerk zum Schutz vor Überschlägen weit vorn angeordnet.

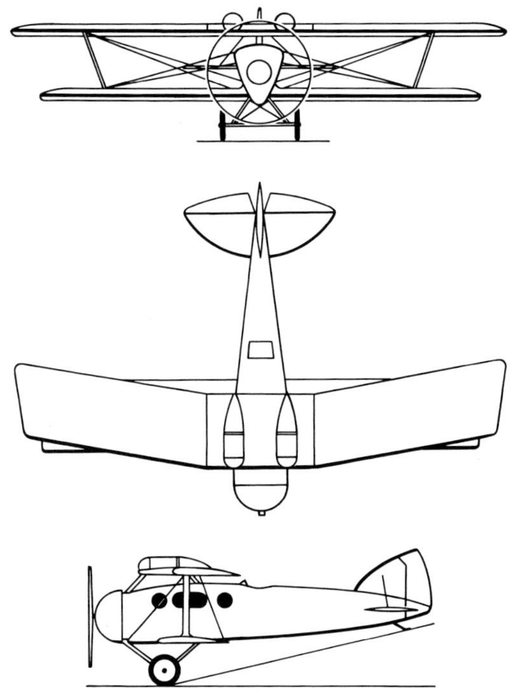

Blériot Spad-56 Verkehrsflugzeug

Ende 1920 brachte Blériot die Spad-33 heraus, die den Ausgangspunkt einer Reihe erfolgreicher einmotoriger Verkehrsflugzeuge darstellte. Im Jahr darauf erschienen die Weiterentwicklungen Spad-46 und Spad-50.
Die Spad-56 flog erstmalig am 3. Februar 1923. Sie war größer als ihre Vorgängerinnen, das Tragwerk war in Metallbauweise ausgeführt. Der Prototyp stellte 1923 einen Rekord auf, als er mit 250 kg Nutzmasse eine Höhe von 8200 m erreichte.

Versionen:
Spad-56/1: Serienausführung mit 275-kW-Sternmotor.
Spad-56/2: mit 295-kW-Motor: Erstflug am 28. September 1925.
Spad-56/3: mit 280-kW-Motor: Erstflug am 14. Juni 1926; beflog die Linien Paris–Straßburg (heute: Strasbourg)–Zürich–Innsbruck–Wien–Budapest–Belgrad–Bukarest sowie Paris–Straßburg–Zürich–Innsbruck–Wien–Prag–Warschau.
Spad-56/4: mit 310-kW-Motor; Erstflug am 25. Oktober 1926; Cockpit unter dem Oberflügel, Kabine nach hinten verlegt und für sechs Passagiere ausgelegt.
Spad-56/5: mit 280-kW-Motor; Kabine für vier bis sechs Passagiere; ein Flugzeug dieses Typs, der bis 1930 gebaut wurde, flog noch 1940.

Rumpf: Holz-Stahlbauweise; Kabine mit drei Fenstern auf jeder Seite; offenes Cockpit hinter der Kabine.
Tragwerk: einstieliger, verspannter Doppeldecker in Metallbauweise mit Stoffbespannung; Oberflügel mit größerer Spannweite; zwei große Kraftstofftanks auf dem Oberflügel.
Leitwerk: verspannte Normalbauweise in Holz mit Stoffbespannung; Höhenruder aerodynamisch ausgeglichen.
Fahrwerk: starres Fahrwerk mit durchgehender, verkleideter Achse; Hecksporn.

Bloch-220
Verkehrsflugzeug

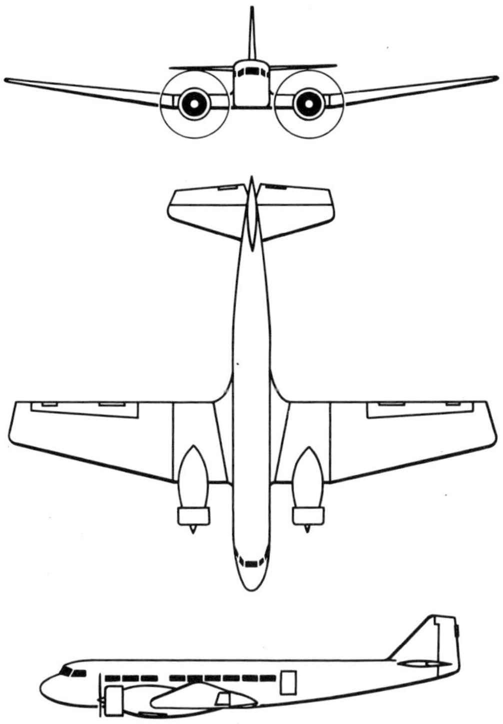

Nach den Erfahrungen mit dem viermotorigen Verkehrsflugzeug Bloch-160, das 1935 als 12sitziger Tiefdecker für die Air Afrique gebaut wurde, schuf die Firma Marcel Bloch die kleinere, aber 16 Passagiere fassende Bloch-220. Der Prototyp der Bloch-220 flog erstmalig im Dezember 1935. 1937 wurden die ersten von insgesamt 14 Serienmaschinen ausgeliefert. Im Winter 1937/38 nahmen sie den Liniendienst bei der Air France zwischen Paris und Marseille auf. Ab 27. März 1938 beflogen sie auch die Strecke Paris–London. Kurz darauf folgten Dienste nach Amsterdam, Bukarest, Prag, Stockholm und Zürich.
Im Jahr 1949 wurden die noch vorhandenen 9 Maschinen mit Triebwerken Wright R-1820-97 „Cyclone" ausgerüstet und als MB-221 bezeichnet.

Rumpf: Leichtmetall-Schalenbauweise mit rechteckigem Querschnitt und abgerundeten Kanten; acht Sitze auf jeder Seite; Tür backbords.
Tragwerk: freitragender Tiefdecker in Ganzmetallbauweise mit Glattblechbeplankung; zwei Holme; vierteiliger Flügel; hydraulisch betätigte Spreizklappen; pneumatische Enteisung.
Leitwerk: Normalbauweise in Metall; Höhenflosse abgestrebt; Ruder mit Trimmklappen; pneumatische Enteisung.
Fahrwerk: nach vorn in die Motorgondeln einziehbares, hydraulisch betätigtes Fahrwerk mit Spornrad; pneumatische Bremsen.

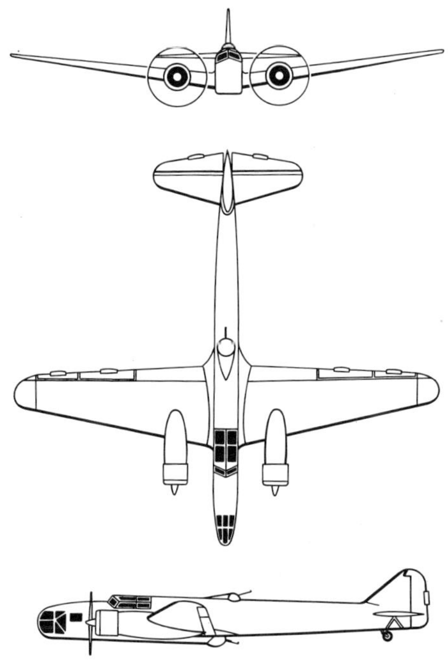

Bloch MB-131
Bombenflugzeug

In den zwanziger und dreißiger Jahren schuf die französische Luftfahrtindustrie zahlreiche Bombenflugzeuge, die international sehr beachtet wurden. Meist handelte es sich allerdings um Prototypen. Daher waren die französischen Bomberstaffeln zu Beginn des zweiten Weltkriegs überwiegend mit veraltetem Gerät ausgerüstet.
Zu den wenigen modernen Flugzeugen gehörte die MB-131. Sie war eines der beiden zweimotorigen Bombenflugzeuge (außer der Le 0-45), die überhaupt zum Einsatz kamen.
Die MB-131 war aus neun Projekten ausgewählt worden. Am 12. April 1936 nahm der erste Prototyp die Flugerprobung auf, am 5. Mai 1937 der zweite. Die Serienfertigung begann 1937, das erste Serienflugzeug wurde im Mai 1938 übergeben.
Versionen:
MB-131 RB 4 No 1 und No 2: Prototypen mit 2 Gnôme et Rhône 14 K Mistral-Major (je 660 kW), später 14 N 10/11.
MB-131 R 4: Aufklärer; 13 Stück gebaut; 2 Gnôme et Rhône 14 N 10/11, 1 7,5-mm-MG MAC unter dem Rumpf.
MB-131 Ins: in 5 Exemplaren gebautes Schulflugzeug mit Doppelsteuerung.
MB-131 RB-4: in 119 Exemplaren produzierter Aufklärungs-Bomber; wie die R 4, aber mit Bombenschacht und verbesserter Ausrüstung.
Insgesamt verließen 143 MB-131 in den Versionen Bomber, Aufklärer und Schulflugzeug die Werkhallen.
Als MB-133 wurde ein Prototyp mit neuem Leitwerk erprobt. Ein weiterer Prototyp MB-134 war mit 2 Triebwerken Hispano Suiza L-4-AA (je 800 kW Startleistung) ausgerüstet.

Rumpf: Ganzmetall-Schalenbauweise mit Glattblechbeplankung.
Tragwerk: freitragender Tiefdecker in Ganzmetallbauweise mit Glattblechbeplankung; Landeklappen; geteilte Querruder mit Trimmklappen.
Leitwerk: Normalbauweise in Metall mit Glattblechbeplankung; Höhenflosse auf jeder Seite durch V-Strebe abgestützt.
Fahrwerk: Einziehfahrwerk mit Spornrad.

Bloch MB-150 / MB-151 / MB-152 / MB-155 Jagdflugzeuge

Aufgrund einer Ausschreibung des französischen Luftfahrtministeriums von 1934 zur Entwicklung eines modernen Jagdflugzeugs (was auch zur Konstruktion der Morane 405, der Dewoitine 513, der Loire 250 und der Nieuport 161 führte) entwarf Roussel bei der Firma Bloch das Ganzmetall-Jagdflugzeug MB-150. Der Erstflug der MB-150-1M fand am 29. September 1937 statt. (Beim geplanten Erstflug am 17. Juli 1936 erhob sich die MB-150-01 nicht vom Boden.) Die Flugerprobung hatte eine Reihe von Verbesserungen zur Folge, und 1938 ging der Auftrag für 25 Vorserienmuster ein.

Die SNCASO (Société Nationale de Constructions Aéronautiques du Sud-Ouest), die am 16. November 1936 gegründet worden war, sollte die Großserienfertigung übernehmen. Aus technologischen Gründen eignete sich die MB-150 jedoch nicht für eine Massenproduktion. Die Maschine mußte deshalb völlig umkonstruiert werden, insbesondere wurde das Tragwerk geändert. Das neue Flugzeug erhielt die Bezeichnung MB-151 (Foto und Skizze). Die Flugerprobung begann am 18. August 1938. Dabei ergaben sich eine Überhitzung des Triebwerks und ungenügende Steuerwirkungen.

Als Weiterentwicklung entstand noch während des Baus der 25 MB-151 die MB-152 mit verschiedenen Verbesserungen und stärkerem Triebwerk. Sie flog erstmalig am 15. Dezember 1938. Bis Mitte Mai 1939 wurden 22 MB-151 (9 Maschinen an Griechenland) und MB-152 ausgeliefert, die jedoch entsprechend den Truppenwünschen geändert werden mußten. Bis kurz nach Kriegsausbruch hatten 140 MB-151 und 483 MB-152 die Werkhallen verlassen, ohne jedoch komplett zu sein. So fehlten vielen die Luftschraube.

Ende 1939 entstand bei SNCASO als Weiterentwicklung die MB-155. Außer dem Prototyp (Erstflug: 3. Dezember 1939) wurden noch 12 MB-155 gebaut.

Von den erbeuteten Maschinen wurden 20 MB-151 und MB-152 an Rumänien geliefert, andere dienten an den Militärfliegerschulen Hitlerdeutschlands als Übungsflugzeuge oder wurden von den Luftstreitkräften Vichy-Frankreichs verwendet.

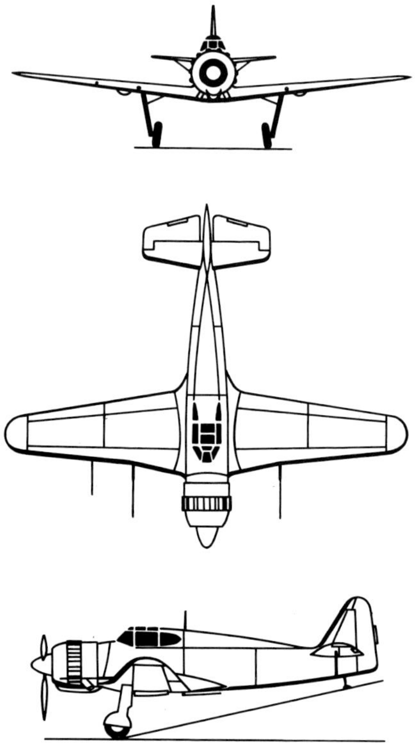

Rumpf: Ganzmetall-Schalenbauweise; geschlossenes Cockpit.
Tragwerk: freitragender Tiefdecker in Ganzmetallbauweise; Landeklappen zwischen Querruder und Rumpf.
Leitwerk: Normalbauweise in Metall; Höhenleitwerk nach unten zum Rumpf abgestrebt.
Fahrwerk: nach innen einziehbares Fahrwerk mit Hecksporn.

Bréguet 1 „Gyroplane" Hubschrauber

Der erste Hubschrauber, der sich mit Motorantrieb und einem Menschen an Bord vom Boden abhob, wurde in Frankreich gebaut. Am 16. September 1907 gab die Französische Akademie der Wissenschaften dieses Ereignis bekannt.

Das Gerät hatten die Brüder Bréguet in Zusammenarbeit mit Richet erbaut; es erhielt die Bezeichnung Bréguet 1 „Gyroplane". Das merkwürdig aussehende Gerät besaß einen Benzinmotor, der vier paarweise angeordnete Hubschrauben antrieb. Dieser erste Hubschrauber stieg mit einer Person auf 1,5 m Höhe.

Die Konstrukteure bauten noch einen zweiten Hubschrauber, erzielten aber auch damit keine größeren Erfolge. Sie wandten sich sodann dem Bau von Drachenflugzeugen zu.

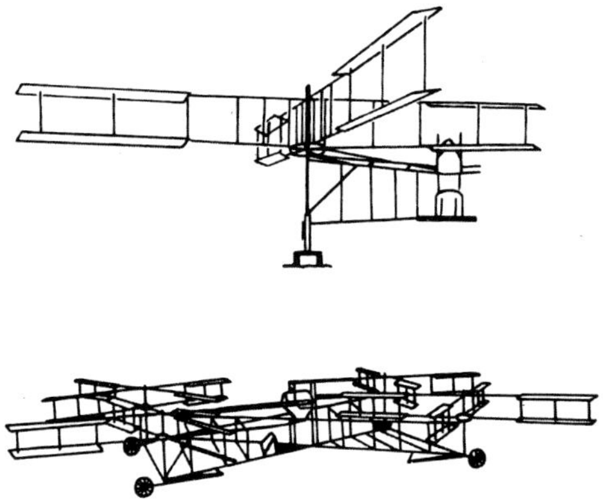

Rumpf: Stahlrohrgerüst, kreuzweise angeordnet, im Schnittpunkt Pilotensitz und darüber Triebwerk; an den Enden vertikale Wellen mit je acht Rotorblättern.
Tragwerk: vier Rotorpaare in Doppeldeckerform, je zwei gegenläufig drehend; an jeder Welle acht Tragflügelblätter.
Fahrwerk: vier Räder, je eins an den Enden des Stahlrohrgerüsts.

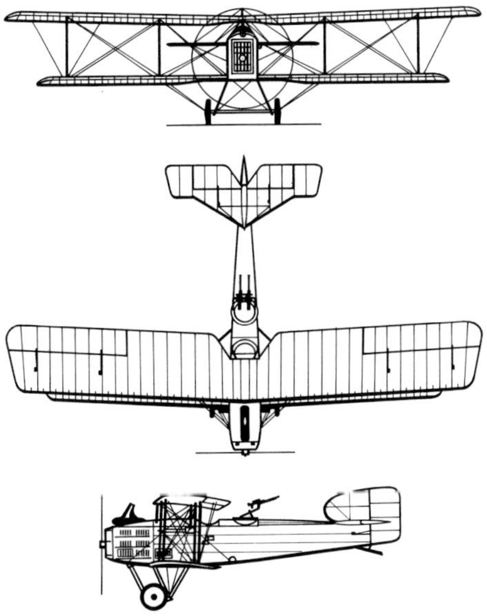

Bréguet 14
Bombenflugzeug

Bréguet entwickelte im Jahr 1916 das zweisitzige Beobachtungs- und Bombenflugzeug Bréguet 14 (auch als Bréguet XIV bezeichnet), dessen Prototyp er am 21. November 1916 einflog.
Diese Maschine wurde das beste französische Aufklärungs- und Bombenflugzeug des ersten Weltkriegs (55 französische Staffeln waren damit ausgerüstet) und ersetzte die langsamen und veralteten Farman und Caudron. Auch nach dem Krieg war dieses Flugzeug noch lange im Dienst. Zahlreiche Langstreckenflüge, insbesondere das Überfliegen des Mittelmeers im Januar 1919 mit der Besatzung Roget und Coli, machten es bekannt.

Versionen:
Br-14 A-2: zweisitziges Aufklärungsflugzeug; Erstflug des Prototyps am 21. November 1916; danach Serienproduktion.
Br-14 B-1: einsitziges Bombenflugzeug; 1918 in geringer Stückzahl gebaut.
Br-14 B-2: zweisitziges Bombenflugzeug mit größerem Unterflügel, Auftriebsklappen über der gesamten Spannweite, Bombenaufhängungen unter dem Flügel und großen rechteckigen Fenstern in den Rumpfseiten; Erstflug des Prototyps am 15. April 1917; danach Beginn der Serienproduktion; eine Maschine steht im Luftfahrtmuseum Paris Le Bourget (Foto).
Br-14 E-2: unbewaffnetes Schulflugzeug.
Br-14 H: Wasserflugzeug mit Schwimmern.
Br-14 S: Sanitätsflugzeug (1918).
Br-14 AP 2: Versuchsausführung von 1918 als zweisitziges Jagdflugzeug.
Br-14 TOE: Version für die französischen Kolonialtruppen in Indochina.
Br-16 Bn-2: weiterentwickelte Ausführung als Nachtbomber.
Br-17 C-2: zweisitziges Begleitflugzeug mit zwei MGs nach vorn und 295-kW-Triebwerk; an die Jagdstaffeln Belgiens und der USA-Luftstreitkräfte in Frankreich geliefert.

Bis 1918 waren 5500 Br-14 aller Versionen fertig, und bei Produktionsende 1926 waren es 8000. Nach dem Weltkrieg flogen rund 200 Maschinen als Br-14 T, T 2 und Tbis auf Linien der zivilen Luftfahrt Frankreichs im Inland und nach Tanger, Casablanca, Oran sowie Dakar mit Passagieren oder Post. Maschinen vom Typ Br-14 wurden bis weit in die zwanziger Jahre hinein für diese Zwecke in Belgien, Brasilien, Siam (heute Thailand), Schweden und den USA verwendet.
Die Luftstreitkräfte Polens benutzten 110 Br-14 (davon 53 Br-14 B-2) von 1919 bis 1925 als Kampfflugzeuge der ersten Linie. In den USA wurde die Br-14 als Lizenzbau mit dem 300-kW-Motor „Liberty 12“ versehen. Auch in Brasilien, China, Dänemark, Finnland, Griechenland, Japan, Portugal, Siam, Spanien und der Tschechoslowakei flog die Br-14 B-2 nach dem ersten Weltkrieg als Bomber.

Rumpf: Metallbauweise; Rohre und Profile aus Duralumin; Triebwerk mit Aluminium verkleidet, sonst stoffbespannt; zwei Sitze hintereinander.
Tragwerk: zweistieliger, verspannter Doppeldecker; rechteckige Flügelform; Duralumin-Holme; Holzrippen; Stoffbespannung; Querruder an den Oberflügeln, an den Unterflügeln über die gesamte Spannweite; Auftriebsklappen, die bei 112 km/h automatisch ausfahren.
Leitwerk: abgestrebte und verspannte Normalbauweise in Stahlrohr mit Stoffbespannung.
Fahrwerk: starres Fahrwerk mit durchgehender Achse; Hecksporn.

Bréguet XIX
Aufklärungs- und Bombenflugzeug

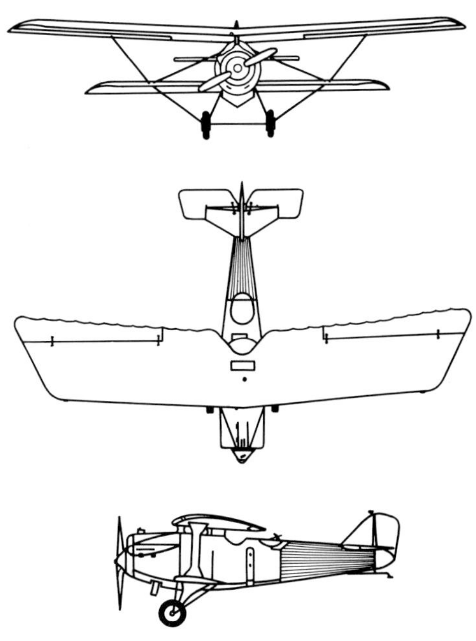

Die Entwicklung dieser Maschine begann im Jahr 1920 als Bomben- und Aufklärungsflugzeug. Sie wurde im Laufe der Zeit mit verschiedenen Triebwerken ausgerüstet. Der Prototyp startete im Mai 1922 zum Erstflug, die Serienproduktion begann 1924. In Frankreich sind rund 1100 Bomber (A 2) und Aufklärer (B 2) sowie 20 Langstreckenmaschinen (GR) gebaut worden. Insgesamt wurden etwa 1800 bis 2000 Br-XIX hergestellt. Zwei Br-XIX stehen heute im Luftfahrtmuseum Le Bourget.
Das Flugzeug wurde in mehreren Ländern in Lizenz gebaut (so von SABCA in Belgien etwa 150, CASA in Spanien 103, Nakajima in Japan, Ikarus in Jugoslawien und Griechenland) und in zahlreiche Staaten geliefert.
Französische, japanische, polnische, spanische und belgische Piloten stellten mit diesem Flugzeug eine ganze Reihe von Langstrecken-Weltrekorden auf. Im Jahr 1924 flogen Pelletier d'Oisy und Besin von Paris nach Tokio. Ein Jahr später stellte die „Grand Raid" auf der Strecke Paris–Villa Cisneros (heute Dakhla, nordwestafrikanische Küste, 3166 km) einen Weltrekord auf. Eine japanische Besatzung flog von Tokio nach Paris und eine polnische von Paris über Tunis nach Warschau (8000 km) in sechs Tagen. 1926 folgten Flüge von Brüssel nach Léopoldville (heute Kinshasa), von Madrid nach Manila, von Paris nach Peking, von Warschau nach Tokio und zurück sowie von Paris nach Assuan. Im gleichen Jahr stellten Girier und Derdilly mit ihrem Flug von Paris nach Omsk über 4716 km einen neuen Weltrekord auf, den Challe und Weiser mit 5174 km (Paris–Bender Abbas) bald darauf überboten. Costes und Rignot erhöhten diesen Rekord auf 5450 km (Paris–Djask). Im Jahr 1929 überquerte eine spanische Besatzung erstmals den Südatlantik (Sevilla–Bahia 6880 km). Mit der Br-XIX Super TR „Point d'Interrogation" brachten Costes und Bellonte den Langstreckenrekord auf 7905 km (Paris–Moullart). Dieselbe Besatzung überquerte mit demselben Flugzeug im Jahr 1930 den Nordatlantik von Paris nach New York. Mit einer „Super Bidon" flog eine spanische Besatzung im Jahr 1933 von Sevilla nach Kuba (7200 km).
Die Luftstreitkräfte Polens verwendeten von 1925 bis 1936 insgesamt 253 Br-XIX als Flugzeuge der ersten Linie. Bis Anfang der vierziger Jahre standen zahlreiche Br-XIX in mehreren Ländern im Dienst. Weiterentwicklungen waren die Br-191, -192, -197, -198 und -199.

Rumpf: Rumpfgerüst aus Duraluminrohren mit ovalem Querschnitt; größtenteils mit Duralumin beplankt, sonst stoffbespannt; zwei offene Sitze hintereinander.
Tragwerk: verstielter Anderthalbdecker; zum Rumpf und Tragwerk hin verspannt; zwei Holme; Aufbau aus Duralumin; vorn blechbeplankt, hinten stoffbespannt.
Leitwerk: abgestrebte und verspannte Normalbauweise in Metall mit Stoffbespannung.
Fahrwerk: starres Fahrwerk mit durchgehender Achse und Hecksporn; Gummidämpfung.

Bréguet 521 „Bizerte" Fernaufklärungsflugboot

Im Jahr 1931 erwarb Bréguet die Lizenz für die „Calcutta"-Flugboote der Firma Short (Großbritannien) und baute 1931/32 vier Maschinen. Danach entwickelte er entsprechend den Forderungen der französischen Marine ein Langstrecken-Aufklärungsflugboot.
Der Erstflug des Prototyps fand am 11. September 1933 statt. Die Flugerprobung dauerte bis September 1934 und hatte einige Verbesserungen, insbesondere eine Verkleidung der Triebwerke, zur Folge. Am 1. April 1935 erhielten die französischen Seefliegerkräfte die erste „Bizerte" zur Einsatzerprobung. Dabei wurden verschiedene Änderungen für die nächsten Maschinen abgeleitet. Beispielsweise verlängerte man den verglasten Cockpitaufbau nach vorn und brachte anstelle der 20-mm-Kanone im Rumpfbug je ein Doppel-MG an der Rumpfseite vor der Flügelvorderkante an. Die bis Frühjahr 1940 ausgelieferten 34 Serienmaschinen erhielten stärkere Triebwerke als der Prototyp. Mitte August 1940 befanden sich noch 20 „Bizerte" im aktiven Dienst. Neben den frei-französischen Staffeln sowie denen Vichy-Frankreichs verwendete die Luftwaffe Hitlerdeutschlands 8 Br-521 bis 1944 als Seenot- und Transportmaschinen an der französischen Atlantikküste.
Zwei zivile Reiseflugzeuge für 19 bis 20 Passagiere und mit drei Triebwerken vom Typ Hispano Suiza 12 Ybr (je 575 kW) wurden als Br-530 „Saigon" bezeichnet.

Rumpf: zweistufiger, gekielter Bootsrumpf mit drei Kasten-Hauptspants, oben mit Duralumin, unten mit Stahlblech beplankt; Doppelsteuerung.
Tragwerk: verstrebter Anderthalbdecker; Oberflügel fünfstielig, Unterflügel zweistielig; drei Holme mit Profilauskreuzungen aus Duralumin; Flügelnase bis Vorderholm blechbeplankt, sonst stoffbespannt; Querruder nur am Oberflügel.
Leitwerk: Seitenleitwerk (freitragend) und Höhensteuer aus Duralumin mit Stoffbespannung; Höhensteuer am Seitensteuer befestigt und beiderseits durch N-Streben abgestützt; Trimmklappen am Seiten- und Höhenruder.
Schwimmwerk: Bootsrumpf und einstufige Stützschwimmer an den Enden des Unterflügels.

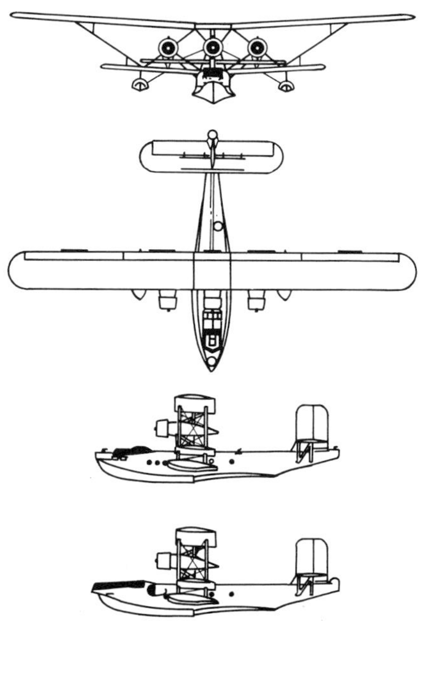

Bréguet 462 „Vultur" / 470 „Fulgur"
Bomben-/Verkehrsflugzeug

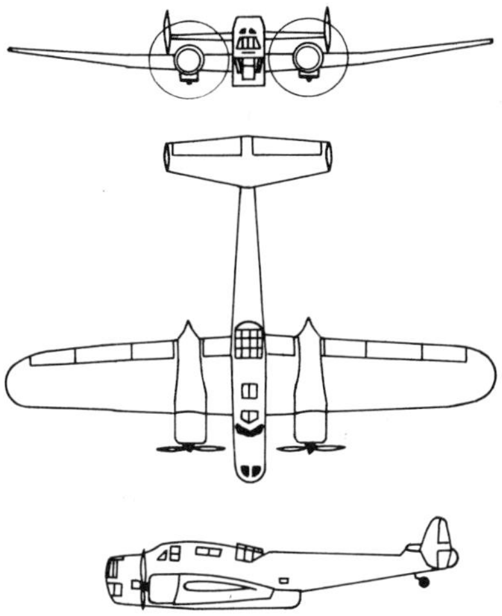

Die Bréguet 462 wurde als schweres Bombenflugzeug und als Kampfmehrsitzer entwickelt. Sie erschien im Jahr 1936. Der zweistöckige Rumpfvorderteil kennzeichnete diese Flugzeuggattung Bréguets. In der gleichen Weise waren auch der Anderthalbdecker Bréguet 41/3 (1933) und die Bréguet 460 ausgeführt worden.
Zur Verbesserung des Schußfeldes nach hinten baute man bei der Bréguet 462 ein freitragendes doppeltes Seitenleitwerk ein. Die Besatzung dieses experimentellen Bombers (es gab nur einen Prototyp) bestand aus zwei Flugzeugführern sowie dem Bombenschützen, Navigator und dem Funker. Der Br-462 entsprach weitgehend der Passagierflugzeug-Prototyp Br-470 „Fulgur". Er hatte einen schlanken Rumpf mit ovalem Querschnitt.

Rumpf: Ganzmetallbauweise mit Stahlrohrholmen, Duraluminspants und -beplankung; Vorderteil zweistöckig mit verglaster Bugkanzel.
Tragwerk: freitragender Tiefdecker mit dreiteiligem Flügel; Mittelstück geht durch den Rumpf; zwei I-Holme und dazwischen Stahl-Auskreuzungen; Leichtmetallrippen; Flügelnase bis zum vorderen Holm und Flügelhinterkante bis zum hinteren Holm duraluminbeplankt, dazwischen stoffbespannt.
Leitwerk: Normalbauweise in Metall; Ruder ausgeglichen und mit Trimmklappen versehen; Flossen blechbeplankt; Ruder stoffbespannt.
Fahrwerk: Hauptfahrwerk in die Triebwerkgondeln nach oben hinten einziehbar; Spornrad; Niederdruckreifen.

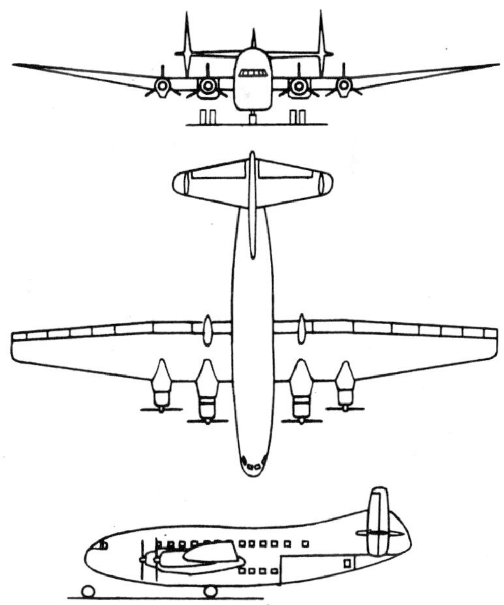

Bréguet 763 „Provence"
Verkehrs- und Frachtflugzeug

Die Besonderheit dieses Flugzeugs bestand darin, daß der Rumpf zwei Decks hatte, so daß entweder nur Passagiere oder nur Fracht oder beides gleichzeitig befördert werden konnten.
Der Prototyp Br-761 „Deux Ponts" (die Entwicklungsarbeiten für dieses viermotorige Passagierflugzeug hatten bereits 1944 begonnen) mit vier 1180-kW-Triebwerken flog erstmalig am 15. Februar 1949. Es hatte eine Startmasse von 40000 kg. Die drei Vorserienflugzeuge 761 S hatten 1470-kW-Triebwerke und eine Startmasse von 45000 kg. Sie flogen erstmalig 1951.
Die 12 Maschinen des Serienmodells Br-763 wurden 1951 von der Air France bestellt. Von der Br-761 unterschied es sich durch eine größere Spannweite und ein stärkeres Triebwerk. Der Erstflug fand am 20. Juli 1951 statt. Bei der Air France erhielt dieser Typ die Bezeichnung „Provence". Nach der Übergabe von sechs Br-763 an die Luftwaffe Frankreichs im Jahr 1964 wurden die der Air France noch verbliebenen fünf Br-763 als Frachter (Bezeichnung: „Universel") verwendet. Diese hatten im Oberdeck eine kleine Kabine für 32 Passagiere. Der übrige Raum wurde für den Frachttransport hergerichtet. Um auch das Oberdeck ausnutzen zu können, wurde ein Lastenfahrstuhl mit 25500 N Tragkraft eingebaut.
Unter der Bezeichnung Br-765 „Sahara" wurde 1956 eine Militärversion in Auftrag gegeben. Diese vier Maschinen dienten zum Absetzen von Fallschirmspringern, zum Abwerfen von Nachschublasten und als Transportflugzeug.
Bis zum Ende der sechziger Jahre benutzte die 64. Transportstaffel die drei Br-761 S, die sechs Br-763 und vier Br-765.

Rumpf: Ganzmetall-Schalenbauweise; zwei Decks.
Tragwerk: freitragender Mitteldecker in Ganzmetall-Schalenbauweise; pneumatisch betätigte Spaltklappen; Mittelteil nimmt die vier Triebwerke auf, Außenflügel die Kraftstofftanks.
Leitwerk: freitragende Ganzmetallbauweise; hochgesetztes, zweiteiliges Höhenleitwerk; zwei Seitenleitwerke als Endscheiben.
Fahrwerk: einziehbares Bugradfahrwerk mit Zwillingsrädern an den Hauptstreben.

Bréguet 1050 „Alizé“
Bordgestütztes U-Boot-Such- und Bekämpfungsflugzeug

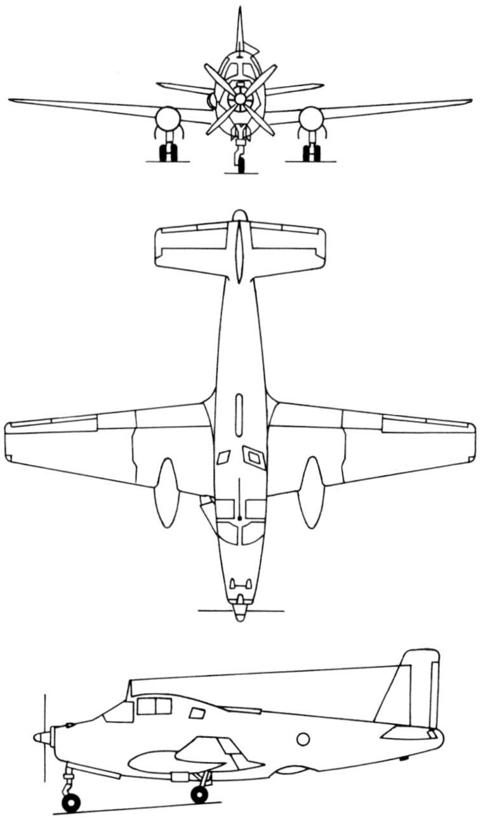

Die „Alizé“ stammt, konstruktiv gesehen, von dem Typ „Vultur“ aus dem Jahr 1948 ab. Dem Prototyp (Erstflug am 6. Oktober 1956) folgten ein weiterer Prototyp und drei Vorserienflugzeuge, darauf 87 Serienmaschinen, davon 75 für die französischen Flottillen 4 F, 6 F und 9 F, die auf den Flugzeugträgern „Clémenceau“ und „Foch“ stationiert waren. Die Auslieferung begann 1959. Die erste Serienmaschine flog am 26. März 1959. Anfang 1976 besaß die französische Marine noch 40 Bréguet 1050 „Alizé“, 1982 noch 34 in zwei U-Boot-Jagdstaffeln. 1961 wurden 12 „Alizé“ an die 310. Schwadron der indischen Seefliegerkräfte geliefert, wo 1983/84 noch fünf im Dienst standen.
Die Bréguet 1050 „Alizé“ kann von kleineren Trägerschiffen aus eingesetzt werden, um Flottenverbände, Geleitzüge oder Landflugplätze zu schützen und Küsten zu überwachen. Die Besatzung besteht aus dem Piloten und zwei Radar-Navigatoren. Der Pilot und ein Navigator sitzen vorn nebeneinander, der zweite Navigator dahinter.
Zwischen 1981 und 1986 wurden 28 französische „Alize“ modernisiert, um bis in die 90er Jahre im Dienst zu bleiben. Indien hatte nach den 12 „Alize“ weitere, von Frankreich ausgesonderte Maschinen gekauft.

Rumpf: Ganzmetall-Halbschalenbauweise; Suchradar ausfahrbar nach unten im hinteren Rumpfteil; Fanghaken.
Tragwerk: freitragender Tiefdecker in Ganzmetallbauweise mit hydraulisch faltbaren Außenflügeln; zwei Holme; Doppelspaltklappe; Gondeln zur Aufnahme des Fahrwerks.
Leitwerk: freitragende Normalbauweise in Ganzmetall.
Fahrwerk: einziehbares Bugradfahrwerk mit Zwillingsrädern an den Hauptstreben.

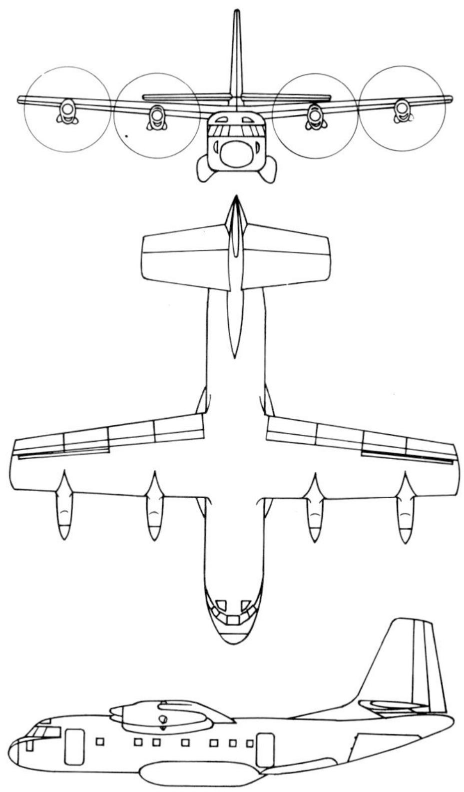

Bréguet 941
STOL-Verkehrs- und Transportflugzeug

Die Bréguet 941 ist ein Flugzeug in konventioneller Form, das wie jedes andere Flugzeug gesteuert werden kann, aber mit sehr kurzen Start- und Landestrecken auskommt. Dies wurde durch große Propeller in Verbindung mit strömungslenkenden Klappen über die gesamte Spannweite erreicht.
Der Erprobungsträger Br-940 nahm mit vier 295-kW-PTL-Triebwerken Turmo II am 21. Mai 1958 die Flugerprobung auf. Danach wurde die größere Br-941 für militärische und zivile Zwecke entwikkelt.
Der Prototyp flog erstmalig am 1. Juni 1961. Er entsprach weitgehend der Br-940, hatte aber ein einfacheres, trapezförmiges Seitenleitwerk und ein neues Einziehfahrwerk. Die Br-940 hatte rechteckige Tragflügel, ein rechteckiges Doppelseitenleitwerk und ein starres Fahrwerk.
Obwohl eine größere Serie für die französischen Luftstreitkräfte sowie eine USA-Lizenzproduktion vorgesehen waren, kam es nur zum Bau von vier militärischen Frachtflugzeugen Br-941 S.

Rumpf: Ganzmetallbauweise mit rechteckigem Querschnitt; Einbau einer Hochladerampe möglich.
Tragwerk: freitragender Hochdecker in Metallbauweise; Doppelschlitz-Klappen über die gesamte Flügelhinterkante.
Leitwerk: freitragende Normalbauweise.
Fahrwerk: einziehbar, Bugrad zwillingsbereift; Hauptfahrwerk in Rumpfwülste einziehbar; auf jeder Seite zwei Räder hintereinander, die hydraulisch miteinander verbunden sind; Scheibenbremsen; Ausrüstung mit kombiniertem Rad-Schneekufen-Fahrwerk möglich.

Bréguet 1150 „Atlantic" Aufklärungs- und U-Boot-Bekämpfungsflugzeug

Die Bréguet 1150 „Atlantic" (G 1 oder ATL 1) wurde aufgrund einer Ausschreibung der NATO vom Juli 1957 entwickelt. Dabei arbeitete die Firma Bréguet (Hauptrumpf, Endmontage und Entwicklung) zusammen mit Dornier und Siebel/ATG (Rumpfhinterteil und Leitwerk), Sud Aviation (Außenflügel), der belgischen ABAP-Gruppe (verschiedene Zellenteile) und Fokker (Tragflügelmittelteil und Triebwerkgondeln). Die Triebwerke wurden ebenfalls von internationalen Firmen gebaut. Ausrüstungen lieferten westeuropäische, US-amerikanische und kanadische Firmen.

Das Flugzeug dient zur U-Bootjagd, für den elektronischen Krieg, zum Minenlegen, zum Geleitschutz und für den Seenotrettungsdienst.
Der erste Prototyp flog am 21. Oktober 1961, der zweite am 23. Februar 1962 (er verunglückte am 19. April 1962), der dritte am 25. Februar 1963 mit seinem um 1 m längeren Rumpf und der vierte am 10. September 1964. Die Serienauslieferung begann Ende 1965. Bis Ende 1972 erhielten Frankreich 37, die BRD 20, Italien 18, Pakistan 3 und die Niederlande 9 „Atlantic" (SP-13 A, Skizze).
Für die Zukunft ist die modifizierte Version „Atlantic" ATL 2 vorgesehen, nachdem man die zu kostspieligen Projekte Mk. 2 und Mk. 3 fallen ließ. Der erste Prototyp (eine umgebaute ATL 1) nahm am 8. Mai 1981 die Flugerprobung auf. Bis zum 15. April 1985 wurden zwei Flugzeuge ausgeliefert (Foto). Die ATL 2 (auch G 2) mit zentralem Datenverarbeitungs- und Auswertesystem soll die zehn „Neptune" ablösen. Geplant ist die Auslieferung von 30 ATL 2 bis zum Jahre 1998. Die Bundeswehr hat 15 ihrer 19 „Atlantic" modernisiert. Holland gab 1985 das „Atlantic"-Programm auf (dafür P-3 C „Orion") und verkaufte BR 1150 an Frankreich.

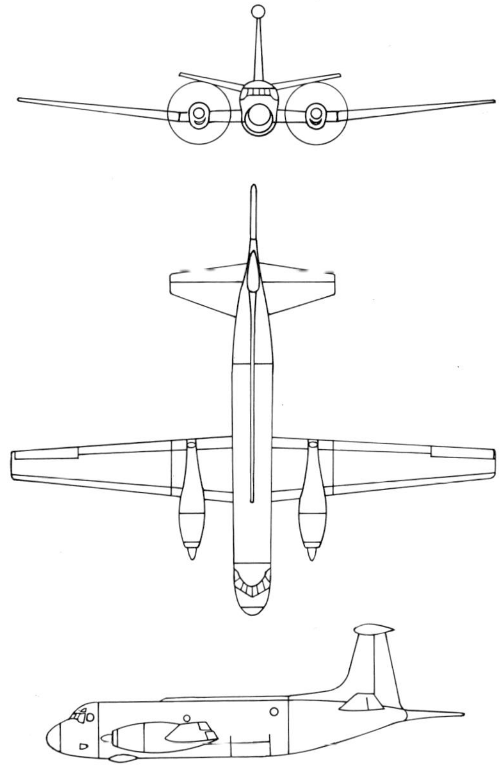

Rumpf: Ganzmetallbauweise mit Doppelkreis-Querschnitt; im Oberteil Druckkabine mit Küche und Ruheraum, im Unterteil Waffenschacht ohne Druckausgleich.
Tragwerk: freitragender Mitteldecker in Ganzmetallbauweise mit Wabenbauteilen zur Torsionsaussteifung in der Flügelnase; drei Holme; drei Spoiler auf jeder Seite vor den Auftriebsklappen.
Leitwerk: freitragende Normalbauweise in Ganzmetall.
Fahrwerk: einziehbares Bugradfahrwerk mit Zwillingsrädern an allen Streben.

Bréguet-Michelin BrM-5 Bombenflugzeug

Obwohl die Angriffe schwerer Bomber während des ersten Weltkriegs die bürgerlichen Luftkriegsplaner der Nachkriegsjahre bedeutend beeinflußt haben, leisteten gerade die kleinen Maschinen nach Ansicht von Luftkriegshistorikern den wichtigsten Beitrag zum Bombenkrieg der Jahre 1914 bis 1918. Für die vielfältigen Handlungen im taktischen Bereich sind bemerkenswerte und sehr erfolgreiche Flugzeugtypen gebaut worden. Da diese Maschinen damals weder über eine große Reichweite noch Zuladung verfügten, mußten sie dicht hinter der Frontlinie starten und landen. Dazu benötigten sie eine robuste Konstruktion, weil meistens nur sehr kurze und nicht immer ebene Flächen verfügbar waren. Als besonders geeignet erwiesen sich die Voisin-Leichtbomber, da sie sehr stabil gebaut waren und bereits über Radbremsen verfügten.
Als mit dem Aufkommen des nach vorn schießenden Jagdflugzeugs der Vorteil der Druckluftschrauben-Flugzeuge verlorenging, wendete man sich anderen einmotorigen Bombern zu. So entstand die hervorragende Bréguet 14. Dennoch baute man bis 1918 auch Typen mit Druckpropeller, die aufgrund ihrer geringen Geschwindigkeit und der fehlenden Abwehrmöglichkeiten nach hinten nur nachts flogen. Zur Tarnung strich man sie völlig schwarz an. Das war z. B. bei der 1918 an der Front auftauchenden Voisin 10 der Fall.
Ein weiterer Bomber-Typ mit Druckschraube, der bis Kriegsende im Dienst blieb, war die Bréguet-Michelin. Als die Brüder André und Edouard Mi-

chelin dem Militär 1915 ihre ersten 100 BrM-3 und BrM-5 verkauften, hatten sie große Chancen für einen Riesenauftrag: In einem Wettflug gegen den vom Franzosen Paul Schmitt gebauten Doppeldecker mit Zugschraube siegte die BrM spielend. Die robuste Maschine der Michelins hatte damit alle Aussicht, als Tagbomber für die Angriffe auf deutsche Munitionsfabriken verwendet zu werden. Für diese und andere Aufgaben im deutschen Hinterland wurde nämlich zu jeder Zeit ein Flugzeugtyp gesucht.

Da sich das Renault-Triebwerk jedoch als unzuverlässig erwies, verzögerte sich der Serienbau. Als die Maschine schließlich 1916 an der Westfront erschien, konnte sie wie die Voisin ebenfalls nur noch für Nachtangriffe verwendet werden. In dieses als BrM-5 (auch als BM-5) bezeichnete Serienmuster baute man wahlweise ein MG oder eine 37-mm-Kanone Hotchkiss ein.
Im Aufbau war die BrM-5 den Voisin-Modellen sehr ähnlich, jedoch war die Bugstrebe nur mit einem Rad versehen.

Rumpf: verkleideter Bug mit hintereinanderliegenden Sitzen; Motor mit Druckschraube als Abschluß; zwei Gitterträger für das Leitwerk.
Tragwerk: vierstieliger, verspannter und verstrebter Doppeldecker; unterer Flügel mit geringerer Spannweite; Querruder nur oben.
Leitwerk: einfaches Höhenleitwerk, große Seitenleitwerkfläche sowie zwei kleinere.
Fahrwerk: verstrebtes und verspanntes Bugradfahrwerk mit je einem Rad an den Streben; Schleifsporn unter der nach unten überragenden großen Seitenleitwerksfläche.

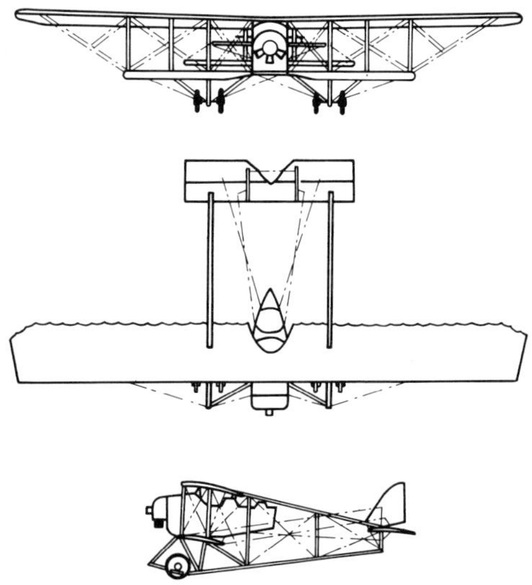

Caudron G-3
Artilleriebeobachtungsflugzeug

Die G-3 wurde im Jahr 1913 entwickelt. Im ersten Weltkrieg diente sie bis zum Sommer 1916 als Artilleriebeobachter. Später verwendete man sie in Frankreich, China, Italien, Rußland, Belgien und den USA als Schulflugzeug.
1914 bieb Poulet mit einer G-3 16 h 28 min in der Luft. Die Flugzeuge waren mit luftgekühlten 7-Zylinder-Motoren von 60 bis 75 kW ausgerüstet. Die Firma British Caudron Co. baute diese Maschine von 1914 bis 1918 in Großbritannien und versah sie mit einem 10-Zylinder-Sternmotor von 75 kW Leistung. Die Bauweise der G-3 ist während des ersten Weltkriegs auch für andere Typen, so für zweimotorige Aufklärungs- und Bombenflugzeuge, übernommen worden.
Nach dem ersten Weltkrieg erregten einige Flüge mit der G-3 Aufsehen. Am 1. April 1921 überflog Bolland die Anden. Durafor landete auf dem Mont Blanc und Vedrines auf dem Dach eines Warenhauses in Paris!
Eine G-3 befindet sich im Luftfahrtmuseum von Paris-Meudon.

Rumpf: Rumpfgondel für Triebwerk und zwei Sitze hintereinander in Holzbauweise mit Stoffbespannung; zwei Gitterschwänze als Leitwerkträger aus Holz mit Drahtauskreuzung.
Tragwerk: zweistieliger, verspannter Anderthalbdecker; außerdem parallele Stiele zwischen Ober- und Unterflügel; Holzbauweise mit Stoffbespannung; Tragflügelverwindung.
Leitwerk: breites, über beide Gitterschwänze hinausgehendes Höhenleitwerk, darauf aufgesetzt zwei parallele Seitenleitwerke.
Fahrwerk: Hauptfahrwerk mit je zwei parallelen Rädern; Gitterschwänze als Hecksporn dienend, nach vorn zwischen den Rädern hindurch verlängert.

Caudron G-IV
Bombenflugzeug

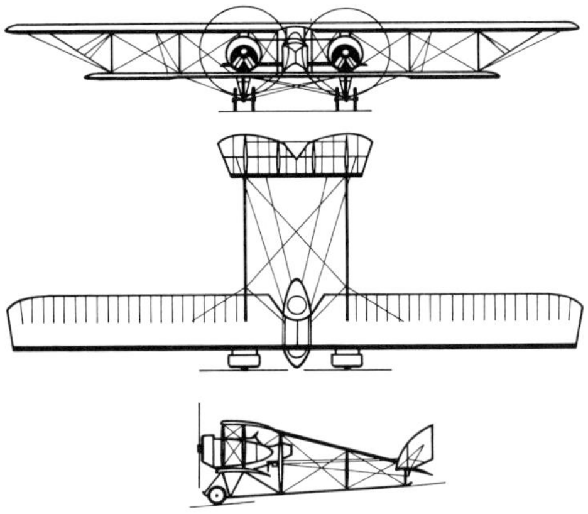

Frankreichs Luftfahrt hatte vor dem ersten Weltkrieg größere Fortschritte gemacht als andere Länder. Insgesamt verfügte die Armee über 138 Flugzeuge, und noch vor Kriegsbeginn war eine Heeresluftwaffe entstanden. Dazu hatte General Joffre seine Zustimmung gegeben, weil er im Gegensatz zu den meisten damaligen hohen Militärs dem Flugzeug neben der Aufklärung auch andere militärische Einsatzbereiche einräumte. So ließ er bereits verschiedene Angriffsvarianten erforschen. Während nur wenige Wochen nach Kriegsbeginn die kleinen einsitzigen Maschinen mit Zugschraube zu Jagdstaffeln zusammengefaßt wurden, bildete man aus den größeren zweisitzigen Doppeldeckern mit Druckschraube eine

Bombergruppe aus 3 Staffeln mit je 6 Maschinen unter dem Kommando von Göys. Da man zu jener Zeit noch nicht über spezielle Flugzeuge für den Abwurf von Bomben verfügte, wurden alle dafür einigermaßen geeignete Typen verwendet. Dazu zählte auch die vor dem Krieg entwickelte doppelsitzige Caudron G-3, die man provisorisch mit einem nach hinten gerichteten MG bewaffnete (bei den mit Druckschrauben versehenen Maschinen war das nicht möglich und erwies sich für die Abwehr von Jagdflugzeugen als Nachteil) und mit einigen 9-kg-Bomben ausstattete. Mit diesem Typ war zunächst eine Staffel ausgerüstet.

Aus der G-3 entwickelten die Brüder Caudron im Jahr 1915 die zweimotorige Maschine G-IV (auch G-4), bei der alle Konstruktionsmerkmale des einmotorigen Vorgängers weitgehend erhalten blieben.
Im November 1915 unternahm eine Gruppe G-IV einen stark beachteten Tagesangriff im Rheinland. Später diente der Typ auch bei britischen und italienischen Staffeln (vor allem im Alpengebiet) als Aufklärer. Die G-IV und die Caudron R-11 von 1918 waren die einzigen zweimotorigen französischen Flugzeugtypen des ersten Weltkrieges.

Rumpf: Rumpfgondel in Holzbauweise mit Stoffbespannung; zwei offene Sitze hintereinander; zwei Gitterschwänze aus Holz mit Drahtauskreuzung, vorn Träger des Motors.
Tragwerk: dreistieliger, verspannter Anderthalbdecker; parallele Stiele zwischen Ober- und Unterflügel; Holzbauweise mit Stoffbespannung; Tragflügelverwindung.
Leitwerk: breites, über beide Gitterschwänze hinausgehendes Höhenleitwerk; darauf aufgesetzt 4 parallele Seitenleitwerke.
Fahrwerk: Hauptfahrwerk mit je 2 parallelen Rädern; Gitterschwänze als Hecksporn dienend, nach vorn zwischen den Rädern hindurch verlängert und im Notfall als Gleitkufe zu benutzen.

Dassault-Bréguet „Etendard IV"/„Super-Etendard" Bordgestützte Mehrzweckjäger

Ursprünglich wurde die „Etendard IV" für die französischen Luftstreitkräfte als Abfangjagd- und als Erdkampfflugzeug (Start des Prototyps am 24. Juli 1956) geschaffen, dann aber aufgegeben und in eine bordgestützte Version umgewandelt. In der Reihe der Dassault-Flugzeuge ist die „Etendard" die Zwischenstufe zwischen der „Mystére"-Serie und der „Mirage III". Sie löste zwischen 1962 und 1964 die „Corsair" ab. 1965 stürzten 14 „Etendard IV" ab, worauf es zu Höhen- und Geschwindigkeitsbeschränkungen kam.

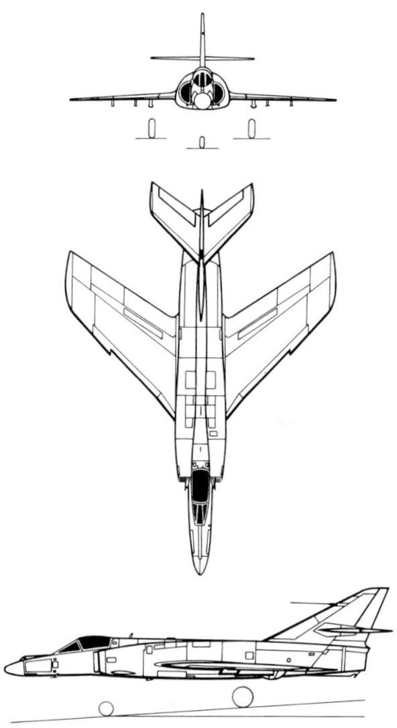

Versionen:
„Etendard IV-M": Abfangjäger und taktisches Kampfflugzeug für Flugzeugträger; Erstflug am 28. Mai 1958; Beginn der Serienproduktion im Juni 1961; die französische Marine erhielt 69 Stück.
„Etendard IV-P": Aufklärungsflugzeug mit Luftbildausrüstung in der Rumpfnase und im Mittelrumpf, bodenunabhängigem Navigationssystem und „Rüssel" für Luftbetankung; Einsatz als Tankflugzeug für andere Maschinen in der Luft ist möglich; Serienproduktion von 21 Exemplaren begann im Juni 1962.
„Super Etendard": verbesserte Version mit stärkerem Antrieb; Erstflug des ersten Prototyps am 28. Oktober 1974, des zweiten am 28. März 1975; Erstflug der ersten Serienmaschine: 24. November 1977; die meisten Flugzeuge wurden für die Träger „Foch" und „Clemenceau" bestellt. Bis zum Produktionsende am 15. April 1985 sind 85 Maschinen (Frankreich 71) ausgeliefert worden. Argentinien kaufte 14 mit Exocet-Flugkörpern bewaffnete Maschinen.

Rumpf: Ganzmetallbauweise unter Beachtung der Flächenregel; Luftbremsen links und rechts unter dem Rumpf; Bremsschirm im Heck; einziehbare Tanksonde im Rumpf vor der Cockpitverglasung.
Tragwerk: freitragender Mitteldecker in Ganzmetallbauweise mit zwei Holmen; Flügel lassen sich falten zur Unterbringung auf Flugzeugträgern.
Leitwerk: freitragende Normalbauweise; Höhenleitwerk hochgesetzt.
Fahrwerk: einziehbares Bugradfahrwerk mit Niederdruckreifen.

Dassault-Bréguet „Mirage III" Militärisches Mehrzweckflugzeug

Die „Mirage III" erreicht mit voller Bewaffnung Geschwindigkeiten von Mach 2. Sie kann auch auf unbefestigten, kleinen Flugplätzen starten und landen. Sie ist für folgende Einsatzzwecke ausgelegt: Abfangjagd in großen Höhen, taktische Unterstützung in mittleren Höhen oder Tiefflug, Luftbildaufklärung über große Entfernungen. Von Vorteil ist, daß die gesamte Ausrüstung für die verschiedenen Einsatzzwecke in Baugruppen zusammengefaßt ist.
Die Entwicklung der „Mirage III" geschah mit zwei ganz verschiedenen Prototypen. Die „Mirage I" wurde nach einem Regierungsprogramm aus dem Jahr 1954 als leichter Abfänger mit hoher Steiggeschwindigkeit gebaut. Sie hatte zwei TL-Triebwerke mit je 7 840 N und ein Raketentriebwerk mit 14 700 N Schub. Der Erstflug fand am 25. Juni 1955 statt. Diese Entwicklung wurde aber zugunsten eines leistungsfähigeren Flugzeugs mit umfangreicher elektronischer Ausrüstung aufgegeben. Daraufhin entstand die „Mirage III 001", die erstmals am 19. November 1956 flog. Sie hatte ein TL-Triebwerk, das mit Nachbrenner 43 200 N Schub erzeugte. Zusätzlich hatte sie ein Raketentriebwerk mit 14 700 N Schub. Das Flugzeug erreichte eine Geschwindigkeit von Mach 1,8. Aufgrund der Versuchsflüge wurde eine Vorserie von zehn „Mirage III A" bestellt. Diese Maschinen erhielten 58 800-N-Triebwerke. Das erste Flugzeug dieser Serie „Mirage III A 01" flog erstmalig am 12. Mai 1958. Das dritte Flugzeug stellte am 18. Juni 1959 mit 1 785 km/h einen Geschwindigkeitsrekord auf. Am 14. Juni 1962 erreichte Jaqueline Auriol in einer geschlossenen Strecke über 100 km einen Geschwindigkeitsrekord von 2 023 km/h. Mit der Vorserie wurden über 2 100 Flüge unternommen.
Wichtigste Versionen:
„Mirage III B/D": Ausführungen für Schulungszwecke mit zwei Sitzen hintereinander; ohne Radar; aber mit gleicher Erdkampfausrüstung wie die III C.
„Mirage III C": Serienversion der III A; Allwetter-Abfangjäger und Erdkampfflugzeug; Feuerleitradar; zwei Raketen; zwei 30-mm-Kanonen.
„Mirage III CI": an Israel gelieferte III C.
„Mirage III CZ": an Südafrika gelieferte III C.
„Mirage III E": Allwetter-Erdkampfflugzeug; Unterschied zur III C und zur III R: Radargerät, Navigations-Rechner und Dopplerradar.

„Mirage III O“: in Australien in Lizenz hergestellt (48 Jäger III OF, 50 Jagdbomber III OA, 18 Trainer III DO).

„Mirage III R“: äußerlich der III C ähnlich; Rumpfnase 30 cm länger; statt des Bugradars Luftbildausrüstung für Tag- und Nachtaufnahmen; für Erdkampfunterstützung mit gleicher Bewaffnung ausrüstbar wie die III C.

„Mirage III RD“: wie die III R, außerdem mit Doppler-Navigationsradar; in Außenbehältern Seitensichtradar und Infrarot-Aufzeichnungsgerät.

„Mirage III S“: in der Schweiz in 48 Stück gebaute Ausführung der III B und der III R; 3 Maschinen tragen zur Erprobung Canard-Flächen (Vorflügel in Entenbauweise); alle 48 „Mirage III S“ sollen modernisiert werden.

Maschinen des Typs „Mirage III“ fliegen in 22 Ländern. 1978 wurde die Produktion von vier Flugzeugen je Monat auf 2,5 gedrosselt. Bis zum 15. April 1985 sind insgesamt 1 412 „Mirage III“, „Mirage 5“ und „Mirage 50“ gebaut worden.

Ein Prototyp der „Mirage III NG“ (NG = neue Generation) ist ausgeliefert.

Rumpf: Ganzmetallbauweise unter Berücksichtigung der Flächenregel; Bremsschirm im Heck.
Tragwerk: freitragender Delta-Tiefdecker in Ganzmetallbauweise.
Leitwerk: freitragendes Seitenleitwerk mit hydraulisch betätigten Rudern.
Fahrwerk: einziehbar; mit Bugrad; Einzelräder und Niederdruckreifen.

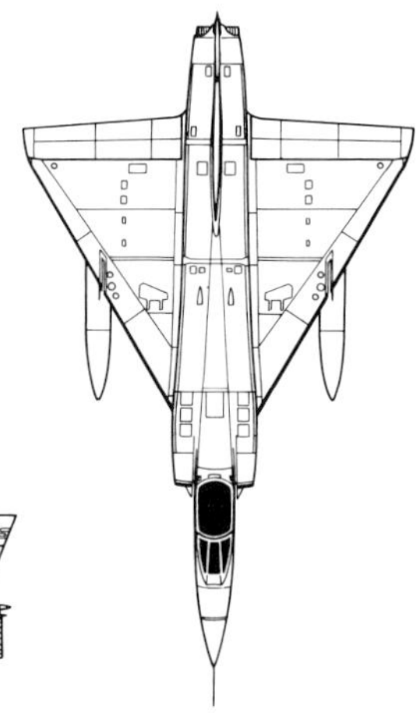

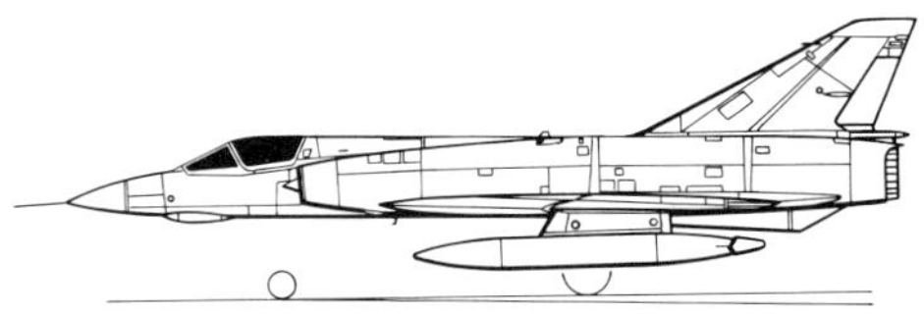

Dassault-Bréguet „Mirage 5“ Mehrzweckjagdflugzeug

Im Bestreben, die großen Exporterfolge der „Mirage III“ auszudehnen, entwickelte Dassault Mitte der sechziger Jahre den einfacher ausgerüsteten Typ „Mirage 5“ mit größerer Reichweite und höherer Waffenzuladung. In der Grundkonzeption entsprach er weitgehend der „Mirage III E“-Zelle.

Da die Maschine vor allem für den Tageseinsatz gedacht war, verzichtete man auf viele Elemente der Avionik, die bei der III E rund 40 % des Preises ausmachte. Gedacht war sie in erster Linie für kleinere Länder, die damit veraltetes Fluggerät ersetzen sollten.

Obwohl die „Mirage 5“ nicht die Produktionsziffern der „Mirage III“ erreichte, kam doch ein beachtliches Rüstungsgeschäft zustande, zumal nur geringfügige Veränderungen notwendig waren, um das Jagdflugzeug in einen Jagdbomber zu verwandeln.

Der Erstflug des Prototyps fand am 19. Mai 1967 statt. Die Serienproduktion begann im Jahr darauf. Bis 1982 sind von den Luftstreitkräften aus 11 Ländern 428 Exemplare der „Mirage 5“ bestellt worden.

Versionen:
„Mirage 5-AD“ und 5-RAD: von Abu Dhabi 1972 bestellte Version.
„Mirage 5-BA“: einsitziger Jagdbomber für Belgien mit umfangreicherer Navigationsausrüstung als der „Mirage 5“-Prototyp; Erstflug: 6. März 1970; weitere Maschinen bei SABCA in Lizenz gebaut.
„Mirage 5-BD“: zweisitzige Version als Schulflugzeug der belgischen Luftwaffe; aus der 5-BA abgeleitet.
„Mirage 5-BR“: einsitziger, taktischer Aufklärer der belgischen Luftwaffe mit fünf Kameras im Bug; Einbau von Infrarot-Aufnahmegeräten ist möglich.
„Mirage 5-COA“, 5-COD und 5-COR: von Kolumbien bestellte Versionen (Jagdbomber, zweisitziger Trainer und taktischer Aufklärer).
„Mirage 5-D“, 5-DD, 5-DE und 5-DR: von Libyen 1970 bestellte Ausführungen; Lieferungen begannen 1971.
„Mirage 5-DAD“: zweisitzige Version für Abu Dhabi.
„Mirage 5-DP“: zweisitziger Trainer für Peru.
„Mirage 5-DV“: Zweisitzer für Venezuela.
„Mirage 5-I“: von Israel bestellte Version als Jagdbomber; wegen der Ereignisse im Nahen Osten von der Regierung Frankreichs beschlagnahmt; seit dem Jahre 1973 als „Mirage 5-F“ von den taktischen Fliegerstaffeln Frankreichs verwendet.
„Mirage 5-M“ und 5-MM: einsitziger Jagdbomber und zweisitziger Trainer für Zaïre.
„Mirage 5 Milan“ (linke Skizze); mit ausfahrbaren Stützflügeln im Rumpf zur Verbesserung der Start- und Landeeigenschaften; Erstflug: 29. Mai 1970; nicht weiterentwickelt.
„Mirage 5-P“: im April 1968 von Peru bestellter einsitziger Jagdbomber.

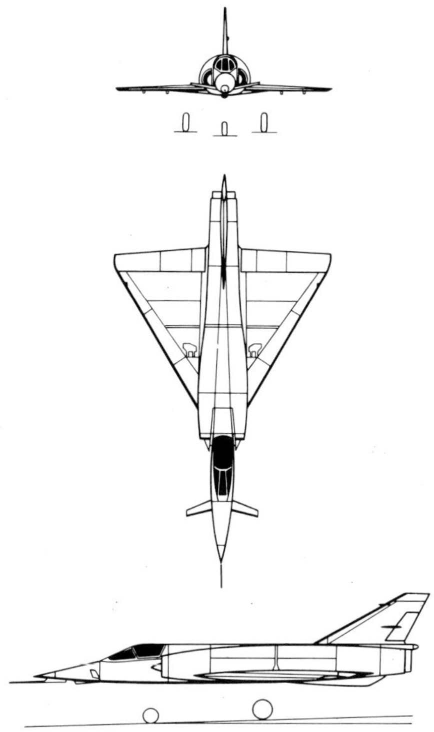

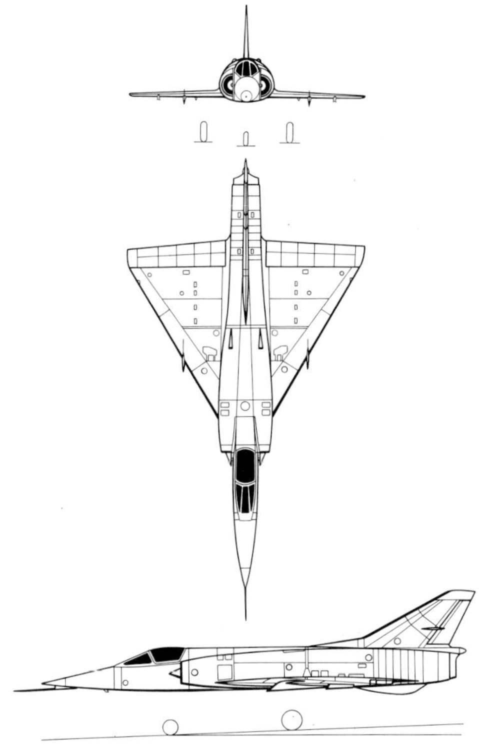

„Mirage 5-PA“: Einsitzer für Pakistan.
„Mirage 5-SDD“ und 5-SDE: Zweisitzer und Einsitzer für Saudi-Arabien.
„Mirage 5-V“: Einsitzer für Venezuela.
„Mirage 50“: mit Triebwerk „Atar“ 9 K 50 und miniaturisierter Elektronik (Waffencomputer, Hochleistungsradar); 30-mm-Waffen; Abflugmasse 600 kg größer; Rumpf 6 cm länger als bei der „Mirage 5“.

Rumpf: Ganzmetallbauweise unter Berücksichtigung der Flächenregel; Bremsschirm im Heck; Schleudersitz.
Tragwerk: freitragender Delta-Tiefdecker in Ganzmetallbauweise; Holm als Torsionskasten.
Leitwerk: freitragendes Seitenleitwerk mit hydraulisch betätigtem Ruder; Höhensteuerung durch gleichsinnigen Ausschlag der Querruder.
Fahrwerk: einziehbares Bugradfahrwerk; an jeder Strebe ein Rad mit Niederdruckreifen; hydraulische Scheibenbremsen.

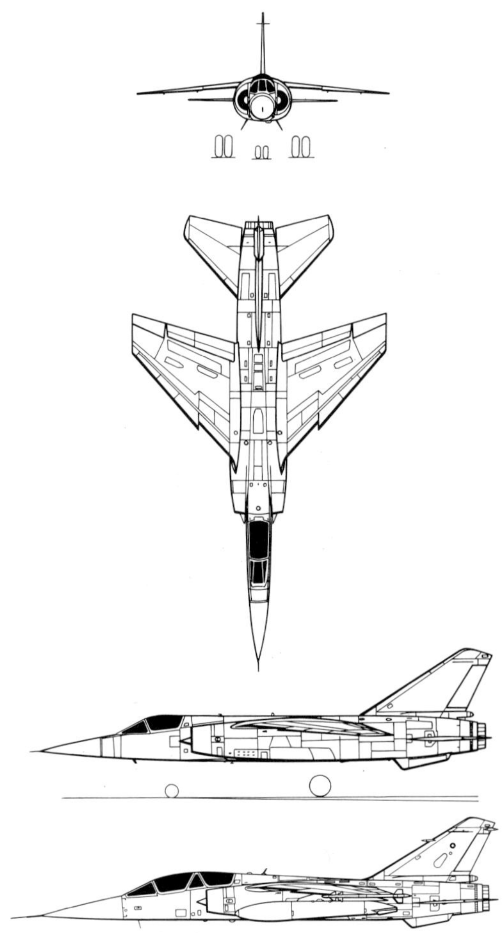

Dassault-Bréguet „Mirage F-1“ Jagd- und Erdkampfflugzeug

Die „Mirage F-1“ ist der Nachfolger der „Mirage III / 5“-Serien. In ihrer Auslegung entspricht sie der „Mirage F-2“, ist aber kleiner als diese. Im Vergleich zur „Mirage III“ hat sie bedeutend kürzere Start- und Landestrecken, die je nach Kampflast zwischen 500 und 800 m liegen. Infolge neuer Bauweisen konnte auch der Kraftstoffvorrat im Rumpf bedeutend vergrößert werden. Das stärkere Triebwerk bringt eine bessere Steigleistung, der neue Pfeilflügel mit Hochauftriebshilfen ergibt günstige Start- und Landestrecken sowie sehr gute Langsam- und Tiefflugeigenschaften.
Der Erstflug fand am 23. Dezember 1966 statt. Während der Hochgeschwindigkeitserprobung stürzte der Prototyp am 26. Mai 1967 ab. Drei weitere Versuchsflugzeuge flogen bis zum 17. Juni 1970. Die erste Serienmaschine startete am 15. Februar 1973.

Versionen:
„Mirage F-1 A“: erst nach der F-1 C entwickelte Mehrzweckversion für Tiefangriffe unter einfachen Wetterbedingungen; mit geringer Avionik; Antrieb: „Atar“ 9 K-50.

„Mirage F-1 AZ": leicht veränderte F-1 A für Südafrika (32, ab Anfang 1975).
„Mirage F-1 B": aus der Grundversion F-1 C abgeleiteter zweisitziger Kampftrainer; Erstflug: 26. Mai 1976; gleiche Avionik und gleiches Triebwerk wie die F-1 C; für Frankreich 10 Maschinen gebaut.
„Mirage F-1 C": Grundversion; für Allwettereinsätze zum Abfangen von Luftzielen sowie gegen Bodenziele; zur Aufklärung mit Panorama-Kamera versehen; Seitensichtradar soll angebracht werden; seit 1973 105 F-1 C in französischen Staffeln.
„Mirage F-1 CE": F-1 C für Spanien (15, als C-14 bezeichnet).
„Mirage F-1 CG": 1985 36 Maschinen für Griechenland bestellt.
„Mirage F-1 CR": Aufklärer; soll die „Mirage III R", die „Mirage III RD" sowie die „Mirage IV B" ersetzen; für Betankung in der Luft eingerichtet; Autopilot.
„Mirage F-1 CZ": F-1 C für Südafrika (16).
„Mirage F-1 E": mit verbessertem Navigations- und Feuerleitsystem sowie Nachbrennertriebwerk; als Konkurrenzmuster zur F-1 C entwikkelt; Erstflug: 22. Dezember 1974.
„Mirage F-1 R": bewaffneter Aufklärer.
Bis zum Produktionsende 1989 verließen 725 „Mirage F-1" aller Versionen die Werkhallen. Größte Abnehmer waren: Frankreich (270), Irak (133), Spanien (73), Marokko / Südafrika (je 50), Libyen / Griechenland (je 40), Kuwait (34) und Quatar (14). 1994 flogen in 12 Luftwaffen der Welt etwa 700 „Mirage F-1". Mit dem Typ beteiligte sich Frankreich in den 70er Jahren am Wettbewerb für den neuen NATO-Abfangjäger, den die F-16 gewann.

Rumpf: Ganzmetallbauweise; Integraltanks mit großem Fassungsvermögen; Feuerleitradar im Bug.
Tragwerk: freitragender, stark gepfeilter Schulterdecker in Ganzmetallbauweise; Vorflügel und große Landeklappen als Auftriebshilfen; „Sägezahn".
Leitwerk: Normalbauweise in Ganzmetall; Pendel-Höhenruder tief angesetzt.
Fahrwerk: einziehbar; mit Bugrad; an Hauptstreben Zwillingsräder.

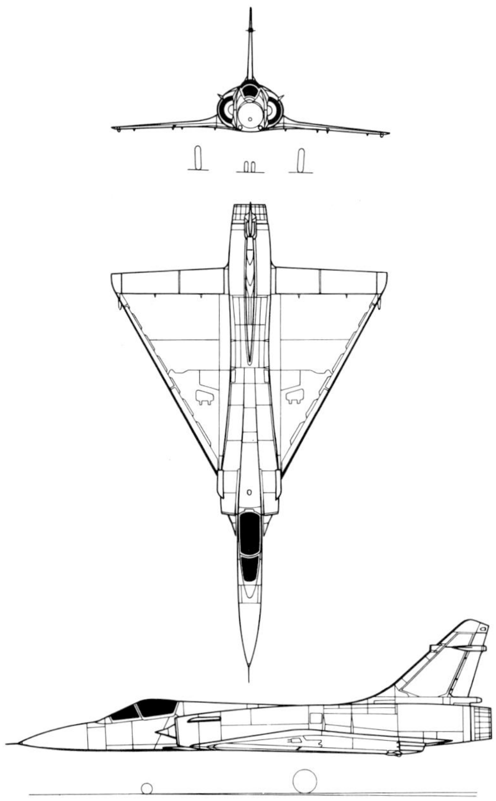

Dassault-Bréguet „Mirage 2000" Mehrzweckjagdflugzeug

Zu Beginn der siebziger Jahre forderten die französischen Luftstreitkräfte im Programm ACF (Avion de Combat Futur – Kampfflugzeug der Zukunft) einen Typ mit 2 Mantelstromtriebwerken SNECMA M 53-3. Danach entstand bei Dassault eine Maschine, die im Jahr 1975 zum Erstflug starten sollte. Etwa 6 Monate davor stoppte die Regierung das Programm ACF. Man war zu der Ansicht gelangt, das ein wesentlich kleineres Kampfflugzeug benötigt wird.
Am 18. Dezember 1975 erteilte die französische Regierung offiziell die Freigabe für das neue Programm „Mirage 2000". Damit diese Maschine so klein und so leicht wie möglich gehalten werden konnte (Schub/Masse-Verhältnis sollte 1:1 sein), sahen die Dassault-Fachleute nur ein Triebwerk vor. Man kehrte zu den Delta-Tragflügeln der „Mirage III" zurück, verbesserte jedoch die Manövrierfähigkeit gegenüber dieser Maschine, indem man eine elektronische Flugsteuerung verwendete. Dadurch ließ sich der Schwerpunkt des Flugzeugs bedeutend weiter nach hinten verlegen, als das bei herkömmlicher Bauweise der Fall ist. Um die Flächenbelastung zu reduzieren, wählte man eine größere Flügelfläche als bei der „Mirage III". Dadurch ergeben sich bessere Langsamflugeigenschaften und eine bessere Kurvenfähigkeit in größeren Höhen. Dazu tragen auch die gemeinsam mit den Höhenquerrudern verwendeten automatischen Vorflügelklappen bei.
Fachleute meinen, die „Mirage 2000" sei ein Kompromiß aus „Mirage III", „Mirage 5" und „Mirage F-1". Es wurden 5 Prototypen gebaut, davon 4 im Regierungsauftrag und einer im Interesse der Firma, um damit zukünftige Varianten zu untersuchen sowie technische Neuerungen zu erproben. Der erste Prototyp nahm am 10. März 1978 die Flugerprobung auf. Die erste doppelsitzige Schulversion, die „Mirage 2000 B", flog erstmals am 11. März 1980 und die zweisitzige Tiefangriffsausführung „Mirage 2000 N" am 2. Februar 1983.
Die „Mirage 2000" ersetzt in Frankreichs Luftstreitkräften die „Mirage III C" und später auch die „Mirage F-1". Am 2. Juli 1984 erhielt die erste Einheit die „Mirage 2000".
Es wird damit gerechnet, daß Frankreich etwa 200 „Mirage 2000" beschafft. Bis zum 15. April 1985 waren folgende Maschinen ausgeliefert: „Mirage 2000" (mit Mehrzweckradar, Allwetteravionik, Bewaffnung gegen Luft- und Bodenziele) an 6 Länder 202 Stück; „Mirage 2000 B" (mit Impuls-Doppler-Abfangradar, als Schulflugzeug und Kampftrainer, aber auch für Gefechtseinsätze verwendbar) an 6 Länder 40 Stück; „Mirage 2000 N" (mit spezieller Avionik für Tiefflugaufgaben sowie mit nuklearem Luft-Boden-Flugkörper ASMP) an Frankreich 33 Stück.
Bis zum 31. Dezember 1991 hat Frankreich total 318 „Mirage 2000" bestellt (33 2000 B, 135 2000 C, 75 2000 N, 75 2000 D). Ende 1993 waren 230 abgeliefert. Für 1997 ist der Abschluß des Auftrages vorgesehen. Folgende Länder bestellten die „Mirage 2000": Ägypten 16 2000 EM / 4 BM; Indien 42 2000 H / 7 TH; Peru 10 2000 P / 2 DP; Abu Dhabi 22 2000 EAD / 8 RAD / 6 DAD; Griechenland 36 2000 EGM / 4 BGM; Jordanien 10 2000 EJ / 2 DJ; Taiwan 60 2000-5; Pakistan 44 2000 E. („Mirage 2000-5": verbesserte Mehrzweckvariante; Erstflug: Zweisitzer 24. Oktober 1990, Einsitzer 27. April 1991).

Rumpf: Ganzmetallbauweise, seitliche Lufteinläufe; bei Versionen B und N tandemförmige Sitze; 5 Stationen für Außenlasten unter dem Rumpf.
Tragwerk: freitragender Tiefdecker; Deltaflügel; Unterflügelstationen.
Leitwerk: nach hinten abfallendes Seitenleitwerk.
Fahrwerk: einziehbares Bugradfahrwerk; Bugstrebe doppelt, Hauptstreben einfach bereift.

Dassault-Bréguet „Mirage 4000" Versuchsflugzeug

Der Flugzeugkonzern Dassault setzte nach dem Einstellen des ACF-Programms die Entwicklung einer größeren Version der „Mirage 2000" fort. Zunächst wurde das Projekt als „Super Mirage Delta" bezeichnet, nach Fertigstellen des Prototyps aber in „Super Mirage 4000" geändert. Am 9. Mai 1979 startete die Maschine zum Erstflug. Sie ist der kleineren „Mirage 2000" sehr ähnlich. Der äußerliche Hauptunterschied besteht in den im Anstellwinkel veränderlichen Entenflügeln beidseits über dem Beginn der Lufteintrittsöffnungen der Triebwerke. Über die gesamten Vorderflügelkanten erstrecken sich Klappen, die gemeinsam mit den Höhenquerrudern wirken. Damit wird der Effekt einer veränderlichen Tragflügelgeometrie erreicht, was zur besseren Manövrierfähigkeit sowie zu günstigeren Start- und Landeeigenschaften führt. Die große Flexibilität und die hohen Leistungen des Typs werden allerdings mit gigantischen Kosten erkauft. Die „Mirage 4000" ist ähnlich der „Mirage 2000" mit einem computergesteuerten Elektroniksystem zur aktiven Flugsteuerung ausgerüstet. Der Typ – nur in einem Exemplar gebaut – wurde als Abfangjagdflugzeug sowie als Jagdbomber für den Tiefflug erprobt. Dazu waren ein Mehrzweckradar sowie das Waffensystem der „Mirage 2000" verfügbar. Es ließen sich zwei 30-mm-Kanonen sowie 11 Aufhängepunkte für Waffenzuladungen unter den Flügeln und dem Rumpf installieren.
Die Maschine ist zum Technologie-Vorführflugzeug für die „Rafale" umgebaut worden (Erstflug 4. Juli 1986).

Rumpf: Ganzmetallbauweise; seitliche Lufteinläufe mit Entenflügeln am Eingang.
Tragwerk: freitragender Tiefdecker; Deltaflügel.
Leitwerk: nach hinten abfallendes Seitenleitwerk.
Fahrwerk: einziehbares Bugradfahrwerk.

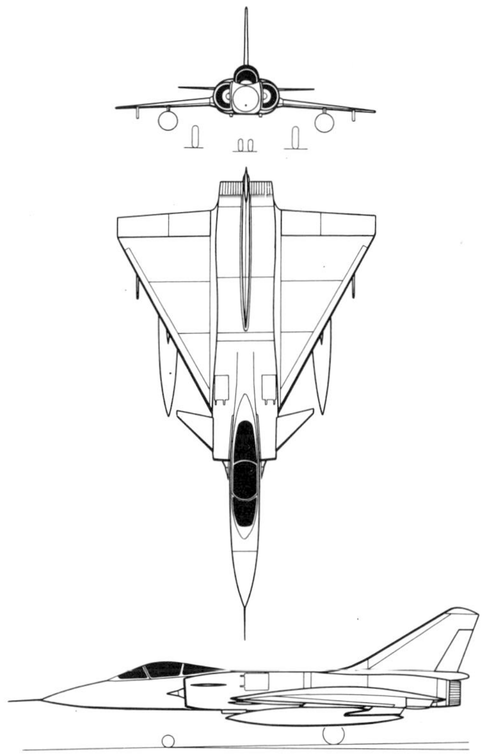

Dassault-Bréguet „Falcon-10" Reiseflugzeug

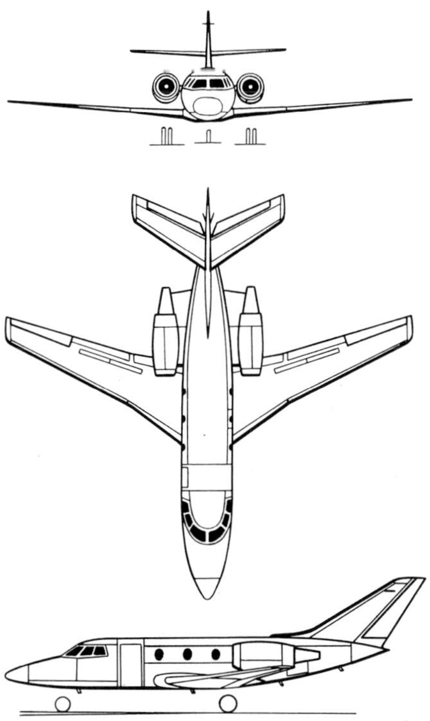

Nach dem Erfolg mit der „Falcon-20" (Erstflug am 4. Mai 1968; Serienfertigung ab August 1969; bis April 1985 in 42 Länder 426 „Falcon-20 F" geliefert) für acht bis zwölf Passagiere entwickelte Dassault die „Falcon-10" (Foto, Skizze) für vier bis acht Passagiere. Diese Maschine ist kleiner als ihre Vorgängerin, wie diese aber auch in verschiedenen Versionen (Verbindungs-, Reise-, Vermessungs- und Sanitätsmaschine) lieferbar. Der Typ wurde später in „Mystére-Falcon 100" umbenannt.
Der Prototyp flog erstmalig am 1. Dezember 1970 mit General-Electric-Triebwerken (CJ 610). Am 1. Juni 1971 wurde damit ein internationaler Rekord über eine geschlossene Strecke von 1 000 km mit einer Durchschnittsgeschwindigkeit von 930 km/h aufgestellt. Der zweite Prototyp (Erstflug am 15. Oktober 1971) wurde mit Garrett Ai Research TFE 731-2 ausgestattet, der dritte (14. Oktober 1972) mit dem gleichen Antrieb.
Auch die Serienmaschinen (Erstflug: 30. April 1973) erhielten diese Triebwerke.
Bis April 1985 waren 204 „Falcon-10" ausgeliefert. Auf den Serien „Falcon-20" und „Falcon-10" / „Mystére-Falcon-100" basieren weitere Typen von Passagierflugzeugen:

„Mystére-Falcon 200": Mehrzweckflugzeug für 8 bis 13 Passagiere; Erstflug am 30. April 1980; von 1983 bis 1985 12 Exemplare an 6 Länder geliefert.
„Gardian": Version der 200; Erstflug am 15. April 1981; bis April 1985 46 Maschinen geliefert.
„Mystére-Falcon 50": mit 3 Triebwerken Garrett TFE 731-3, superkritischem Flügelprofil, neuem Leitwerk und geändertem Rumpf; Erstflug am 7. November 1976; von 1979 bis 1985 147 Maschinen an 25 Länder geliefert (Foto).
„Mystére-Falcon 900": für 12 bis 19 Passagiere und eine Flugweite von 7000 km: Erstflug des ersten Prototyps am 21. September 1984, des zweiten am 30. August 1985. Die ersten Serienmaschinen wurden im März 1986 ausgeliefert.

Bis Ende 1993 lagen rund 120 Bestellungen für die „Falcon 900" (größtes Modell dieser Geschäftsreisemaschinen; 900 B stärkere Triebwerke) vor. Australien, Frankreich, Malaysia, Nigeria, Schweiz und Spanien benutzen den Typ im Regierungsauftrag. In Japan fliegen 2 „Falcon 900" für Seeüberwachungsaufgaben. Aus dem Programm „Falcon X" von 1989 ging die „Falcon 2000" hervor (ausgelegt wie 900, jedoch mit 2 Triebwerken; Erstflug 4. März 1993; bis Ende 1993 14 Bestellungen und 40 Optionen).

Rumpf: Ganzmetall-Halbschalenbauweise; Tragflügelkasten mit zwei Hauptholmen mit dem Rumpf verbunden; Druckkabine; Tür backbords, Notausstieg steuerbords; zwei Hecktanks.
Tragwerk: freitragender Tiefdecker in Ganzmetallbauweise; Vorflügel; Doppelspalt-Landeklappen; zweiteilige Luftbremse auf der Oberfläche jedes Flügels.
Leitwerk: Normalbauweise in Ganzmetall; Höhenleitwerk nach oben versetzt und verstellbar.
Fahrwerk: einziehbares Bugradfahrwerk, hydraulisch betätigt; Zwillingsräder an den Hauptstreben; Öldämpfung.

Dewoitine D-338
Verkehrsflugzeug

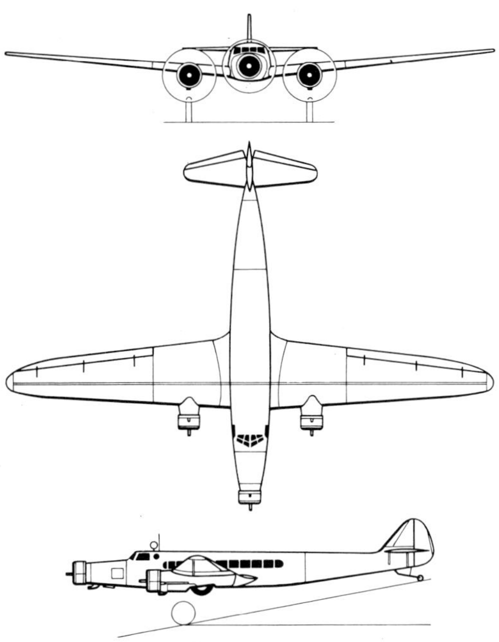

Die Air France gab bei der Firma Société Aéronautique Francaise (früher Constructions Aéronautiques E. Dewoitine) ein dreimotoriges Verkehrsflugzeug zum Einsatz auf den Strecken in Europa, nach dem Fernen Osten und nach Südamerika in Auftrag. Der Prototyp der D-338 wurde 1935 gebaut und im Jahr darauf an die Air France geliefert. Er war eine Weiterentwicklung der dreimotorigen D-332 aus dem Jahr 1933 und der D-333, die 1934 gebaut und 1935 an die Air France geliefert worden war. Das neue Flugzeug war größer als seine Vorgänger, hatte stärkere Triebwerke und ein Einziehfahrwerk.
Die Air France setzte die D-338 auf der Strecke Paris—Marseille—Cannes, über Damaskus nach Hanoi und ab 1938 nach Hongkong sowie über Afrika nach Südamerika ein. Für die Air France wurden 31 Maschinen gebaut, von denen neun den zweiten Weltkrieg überlebten. Die D-338 wird als bestes französisches Verkehrsflugzeug der Vorkriegszeit bezeichnet.

Rumpf: Ganzmetallbauweise mit rechteckigem Querschnitt; vier Hauptholme, Nebenholme und Spants aus Duralumin.
Tragwerk: freitragender Tiefdecker in Ganzmetallbauweise; siebenteiliger Flügel; Spreizklappen; ein Kastenholm; Nasenkasten aus versteiften Duraluminrippen; Hinterkante aus Rippen-Fachwerk; Blechbeplankung.
Leitwerk: Normalbauweise in Ganzmetall; abgestrebtes Höhenleitwerk.
Fahrwerk: Hauptfahrwerk nicht völlig einziehbar; nicht einziehbarer Teil stromlinienförmig abgedeckt.

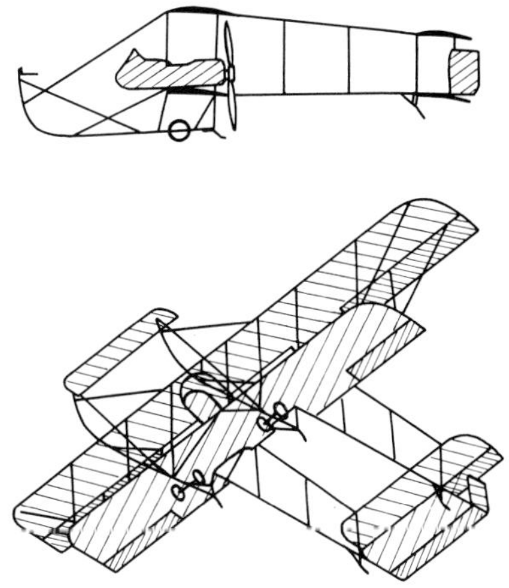

Farman MF-7 / MF-11
Aufklärungs- und Schulflugzeuge

Die MF-7, oft auch als Typ 1913 bezeichnet, wurde 1910 entwickelt. Am 7. März 1911 gewann sie das Rennen um den Michelin-Preis. Bis zum Jahr 1915 diente sie als Aufklärungsflugzeug. Danach verwendeten die Fliegerkräfte Frankreichs und der Verbündeten die Maschine für die Anfangsausbildung. In Großbritannien wurde das Flugzeug in Lizenz gebaut und mit 55- oder 75-kW-Triebwerken ausgerüstet.
Wegen der vorn liegenden Kufen hieß die Maschine in Großbritannien oft „Longhorn" (Foto und Skizze).
Eine Weiterentwicklung ist das Doppelgitterrumpfflugzeug MF-11 von 1914, das ebenfalls einen Motor mit Druckschraube erhielt. Da die Kufen stark verkürzt waren, erhielt dieser Typ die Bezeichnung „Shorthorn".
Mehrere MF-7 und MF-11 sind ab 1912 nach Rußland geliefert und dort als Farman VII und Farman XI bezeichnet worden. Sie wurden teilweise umgebaut. Eine Farman VII wurde für den Langstreckenflug Petersburg (heute Leningrad)—Sewastopol im Jahr 1913 mit einem zusätzlichen Kraftstofftank ausgerüstet.

Rumpf: Bootsrumpf, oben offen, in Holzbauweise mit Stoffbespannung; zwei Sitze hintereinander; zwei Gitterschwänze als Leitwerkträger.
Tragwerk: mehrteiliger, verspannter Doppeldecker in Holzbauweise mit Stoffbespannung; Oberflügel größer als Unterflügel; zwei Holme; Querruder an beiden Flügeln.
Leitwerk: zwei Höhenleitwerke in Doppeldeckerbauart mit dazwischen liegenden parallelen Seitenrudern ohne Flossen; vorn auf dem Bootsrumpf auf den Kufen zusätzliches Höhenleitwerk; Holzbauweise mit Stoffbespannung.
Fahrwerk: starres Fahrwerk mit vier Rädern; zwei Kufen nach vorn; hinten zwei Sporne.

Farman F-20
Militärflugzeug

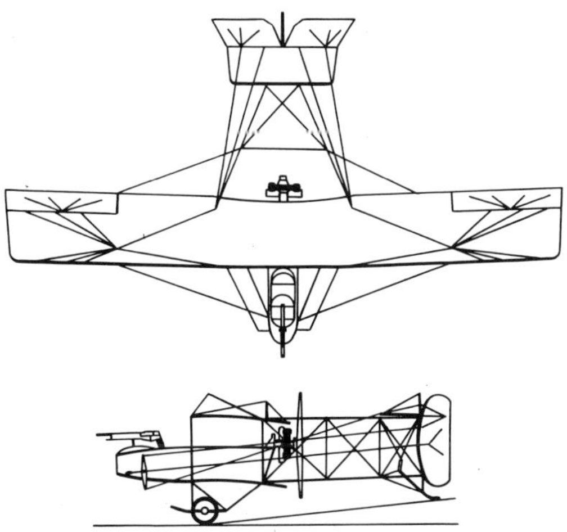

Die Brüder Henri und Maurice Farman gründeten 1912 die Firma Avions H. et M. Farman (Billancourt/Seine) zum Bau von Flugzeugen. Sie war die erste Flugzeugfabrik der Welt mit großer Serienfertigung. Henri Farman hatte bereits 1908 sein erstes Gitterschwanz-Flugzeug gebaut. Derartige Flugzeuge wurden auch während des ersten Weltkriegs trotz der Proteste der Flieger, die in den Druckschrauben-Flugzeugen nach hinten wehrlos waren, weiter produziert.
Im ersten Weltkrieg benutzte man die 1913 entwickelte F-20 in Frankreich, Belgien, in der Schweiz und in Großbritannien als Schulflugzeug und unbewaffneten Aufklärer. Die Versuche, sie als bewaffneten Aufklärer und als leichtes Bombenflugzeug einzusetzen, führten zu erheblichen Verlusten, da die Waffenausrüstung für die leichten Flugzeuge zu schwer war und deren Leistungen dadurch verschlechterten. Eine F-20 ist heute im Luftfahrtmuseum Paris Le Bourget zu sehen.
Mehrere Farman-Typen sind während des ersten Weltkriegs auch nach Rußand geliefert oder dort in Lizenz gebaut worden. Dazu zählten die F-20 und die mit stärkerem Triebwerk versehene F-XXII, die auch als Farman-Militär bezeichnet und in Rußland mit Schwimmern versehen wurde. In den Jahren 1916/17 und 1921/22 sind in den Werken Schtschetinin und Anatra etwa 200 F-20 gebaut worden. In Sewastopol wurden einige Farman-Maschinen bis 1923 als Schulflugzeuge verwendet.

Rumpf: Bootsrumpf, oben offen; Aluminium- oder Sperrholzbeplankung; zwei Sitze hintereinander; zwei Gitterschwänze als Leitwerkträger.
Tragwerk: dreistieliger, verspannter Doppeldecker; Oberflügel größer als Unterflügel; auf jedem Oberflügel ein Spannturm; Querruder; Flügel baumwollbespannt.
Leitwerk: Normalbauweise mit Stoffbespannung; Höhenleitwerk nach oben versetzt; so daß es auf dem Gittergerüst aufliegt; Baumwollbespannung.
Fahrwerk: starres Fahrwerk mit Hecksporn; Hauptfahrwerk auf jeder Seite mit zwei Rädern und dazwischen mit einer kurzen Kufe.

Farman F-60 / F-62 „Goliath" Verkehrsflugzeuge

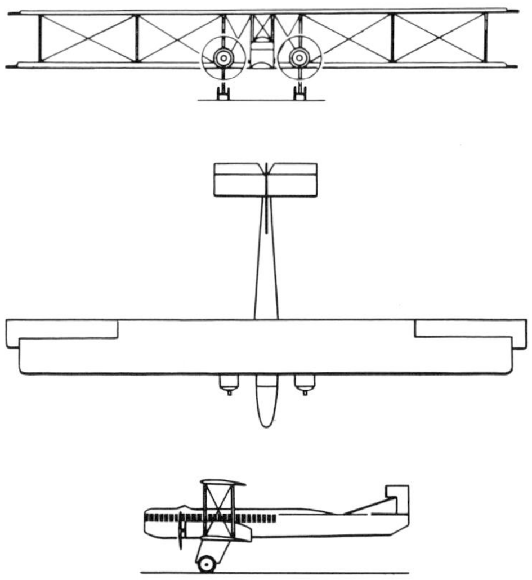

Farman entwickelte im ersten Weltkrieg unter der Bezeichnung F-50 ein Bombenflugzeug, das jedoch nicht mehr zum Einsatz kam. Daraus entstand mit der F-60 eines der ersten Verkehrsflugzeuge, das in den Anfängen des Luftverkehrs eine wichtige Rolle spielte. In Frankreich wurden 60 F-60 gebaut.
Am 8. Februar 1919 flog die F-60 „Goliath" mit 11 Passagieren von Paris nach London. Im gleichen Jahr stellte der Pilot Bossoutrot, der auch den Flug nach London ausgeführt hatte, mehrere Rekorde auf: am 1. April 1919 mit vier Passagieren auf 6300 m Höhe in 1 h 5 min; am 3. April 1919 mit 14 Passagieren auf 6200 m Höhe in 1 h 5 min; am 5. Mai 1919 mit 25 Passagieren auf 5100 m Höhe 1 h 15 min.
Im August 1919 legte er die Strecke Paris—Casablanca in 18 h 23 min zurück und stellte damit einen Langstreckenrekord mit 2050 km auf.
Am 29. März begann der regelmäßige Linienverkehr zwischen Paris und London und am 1. Juli zwischen Paris und Brüssel, der später nach Amsterdam und Berlin verlängert wurde. Die belgische Luftverkehrsgesellschaft SNETA benutzte die F-60 „Goliath" zwischen Brüssel und London. In der Tschechoslowakei wurde die Maschine in Lizenz gebaut. Außerdem flog dieses Flugzeug in Rumänien und in einigen Ländern Südamerikas. In der UdSSR wurden mit der Weiterentwicklung F-62 „Goliath" zwei Staffeln ausgerüstet. Die Maschine wurde als Bomber sowie als Fallschirmabsetzmaschine verwendet, bis die eigene TB-1 einsatzbereit war.
Die F-60 „Goliath" befand sich bis 1933 im Einsatz.
Ein Originalrumpf befindet sich im Luftfahrtmuseum Paris Le Bourget.
Das ebenfalls auf der Reihe F-50 / F-60 / F-62 basierende Bombenflugzeug F-68 BN 4 „Goliath" flog erstmals im Jahr 1925. An Polen wurden 32 Maschinen geliefert, die dort 1929/30 als Kampfflugzeuge der ersten Linie verwendet wurden.

Rumpf: Holzbauweise mit Stoffbespannung; vorn Kabine mit vier Sitzen; dahinter offenes Cockpit, anschließend Kabine mit acht Sitzen.
Tragwerk: dreistieliger, verspannter Doppeldecker in Holzbauweise mit Stoffbespannung; rechteckiger Flügel; Querruder an allen Flügeln.
Leitwerk: abgestrebte Normalbauweise in Holz mit Stoffbespannung.
Fahrwerk: unter jeder Triebwerkgondel verkleidete Fahrwerkstreben mit zwei Rädern; Hecksporn.

Farman F-121 „Jabiru" Verkehrsflugzeug

Im Jahr 1923 brachte Farman ein merkwürdig aussehendes Verkehrsflugzeug heraus, die F-121 „Jabiru", mitunter auch als F-3 X bezeichnet. Das eigenartige Aussehen ergab sich durch den 3 m hohen Rumpf und das offene Cockpit auf dem Rumpf im Tragwerk sowie den Flügel, dessen Tiefe mit 6 m an der Flügelwurzel fast die Hälfte der Rumpffläche einnahm. Die Triebwerke waren paarweise an mittragenden Flügelstummeln angebracht. Diese Anordnung brachte allerdings lange Zeit Kühlschwierigkeiten bei den hinteren Triebwerken mit sich.
Farman hatte mit der F-121 „Jabiru" eine Ausschreibung zur Entwicklung eines sicheren Verkehrsflugzeugs im Jahr 1923 gewonnen. Infolge der Kühlschwierigkeiten wurde die Maschine jedoch erst 1926 in Dienst gestellt. Im Jahr 1924 gab es eine Version mit drei Triebwerken (Skizze), wobei sich das dritte Triebwerk oben im Rumpf befand. Der Rumpf mußte unten verkürzt werden, damit die Luftschraube des zentralen Triebwerks Platz hatte. Diese Version konnte nur sechs Passagiere befördern. Ab März 1925 beflogen vier Flugzeuge F-4 X die Linie Paris—Zürich. Der Prototyp der F-4 X hatte nur zwei Motoren Lorraine-Dietrich von je 295 kW Leistung (Foto).
Die viermotorige Version beflog ab 1926 die Strecke Paris—Brüssel—Amsterdam. Die dänische Luftverkehrsgesellschaft setzte vier „Jabiru" auf der Linie Kopenhagen—Hamburg—Köln ein. Die Maschinen vom Typ F-121 „Jabiru" befanden sich bis 1931 im Einsatz.

Rumpf: gemischte Metall- und Holzbauweise; im Bug zwei Passagiersitze, dahinter ein Sitz, anschließend Kabine mit sechs Plätzen; offenes Cockpit auf dem Rumpf im Tragflügel.
Tragwerk: abgestrebter Hochdecker in Holzbauweise mit großer Dicke (maximal 76 cm) und Tiefe; Flügelstummel an der Rumpfunterseite zur Aufnahme von Trieb- und Fahrwerk.
Leitwerk: Normalbauweise in Holz.
Fahrwerk: starres Fahrwerk mit geteilter Achse; Hecksporn.

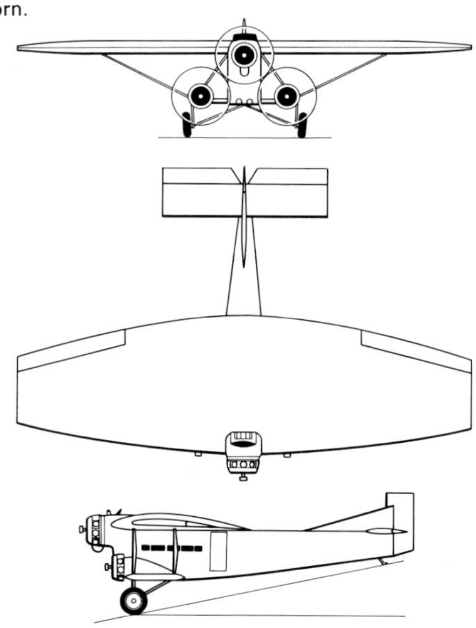

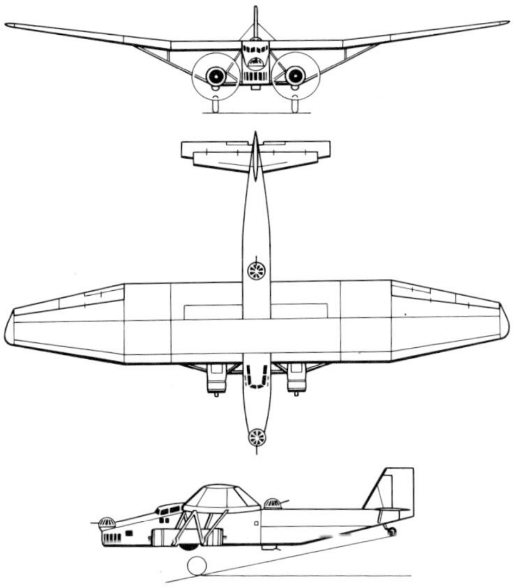

Farman F-222 BN 5
Bombenflugzeug

Einer der zahlreichen französischen Bomber der Vorkriegszeit war der Nachtbomber F-221 (Foto), der nach dem Schema der F-121 „Jabiru" gebaut worden war. Obwohl dieser 1934 entwickelte Typ aus Ganzmetall bestand und dreiblättrige Metall-Luftschrauben hatte, entsprachen das Hochdekkerschema, das starre Fahrwerk und die technologisch sehr aufwendige Form nicht mehr den Erfordernissen der Zeit. Dennoch waren die Typen F-221 / F-222 bei Beginn des zweiten Weltkriegs die einzigen französischen viermotorigen Bomber, die sich im Truppeneinsatz befanden.
Ausgangspunkt für die F-221 war der schwere Bomber F-220 BN 5 aus dem Jahr 1933 gewesen, dessen zivile Version F-220 „Le Centaure" (F-ANLG) im Jahr 1935 durch mehrere Flüge auf der Strecke Dakar—Natal (Dauer 14 h 52 min) bekannt geworden war.
Aus der Weiterentwicklung der F-221 von denen einige – als F-221-2 bezeichnet – als Transporter für 24 Soldaten benutzt wurden, entwickelte Farman 1934 für die Air France vier Verkehrsflugzeuge F-2200 für Strecken über den Südatlantik. 1937 kam eine Maschine F-2220 (1938 mit fünftem Motor als Kompressor ausgerüstet) hinzu, die 300 Atlantiküberquerungen unternahm.
Leicht verändert bot Farman 1935 den Typ als schweres Bombenflugzeug F-222 BN 5 an (Skizze). Der Hauptunterschied zu dem Vorgänger war das einziehbare Fahrwerk. Außerdem verwendete man stärkere Triebwerke sowie einen anderen Drehturm im Rumpfbug und auf dem Rumpfhinterteil. Der Bomber F-222 BN 5 ist nur in geringen Stückzahlen in den Serien F-222. 1 und F-222. 2 gebaut worden.
Auch von dem Bomber F-222 gab es eine zivile Ausführung: die F-224 für 40 Passagiere und mit stärkeren Triebwerken. Sie war auf dem Pariser Luftfahrtsalon 1936 zu sehen.
Als F-223 BN 5 erschien 1937/38 ein aerodynamisch verbesserter Bomber mit vier Triebwerken je 810 kW. Daraus entstand wiederum eine neue Reihe, aber stets mit dem gleichen Bauschema: die F-2231 als Postflugzeug für Langstrecken, die F-2232 als militärischer Transporter und die F-2234 als Mehrzweckflugzeug. Die drei F-2234 unterstellte man bei Kriegsbeginn der Marine und rüstete sie als Bombenträger aus. Sie waren im Juni 1940 die ersten alliierten Flugzeuge, die bis Berlin flogen. Nach der Kapitulation Frankreichs erhielt die Air France die F-2234. Insgesamt sind 53 Militärmaschinen dieser Serie gebaut worden.

Rumpf: Ganzmetallbauweise; stark verglaster Bug; darüber Drehturm mit Zwillings-MG; Heck hochgezogen; Drehturm mit einem MG auf dem Rumpfrücken.
Tragwerk: verstrebter Hochdecker; Stummelflügel am Rumpfboden mit tandemförmigen Motorgondeln am Ende.
Leitwerk: abgestrebtes Höhenleitwerk; Normalbauweise in Ganzmetall.
Fahrwerk: Haupträder in Triebwerkgondeln einziehbar; Heckrad nicht einziehbar, alle Streben einfach bereift.

Hanriot-Dupont HD-1
Jagdflugzeug

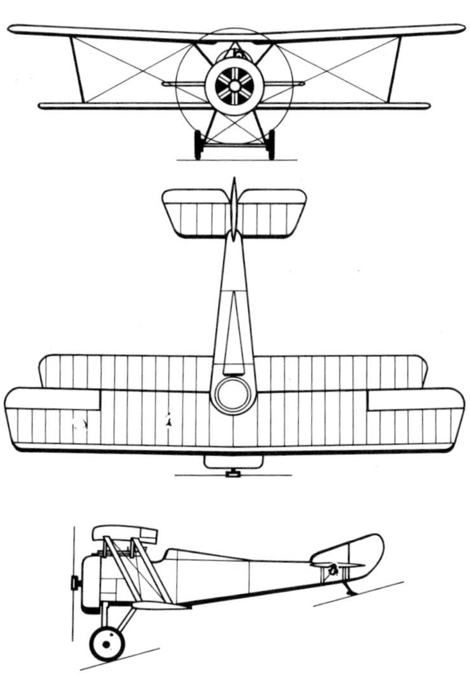

Im Jahr 1916 konstruierte Dupont bei den Hanriot-Werken mit dem einsitzigen Doppeldecker HD-1 ein Jagdflugzeug, das als manövrierfähig und brauchbar galt. Dennoch nahmen es die Fliegerkräfte Frankreichs nicht in ihren Bestand auf, sondern überließen es denen Belgiens und Italiens. Ab 1916 baute das Macchi-Werk in Varese 901 Maschinen dieses Typs, mit dem 16 italienische Fliegerstaffeln ausgerüstet wurden. Das mit einem synchronisierten Vickers-MG bewaffnete Flugzeug hatte einen Rotationsmotor Le Rhône unterschiedlicher Leistung (so mit 80 bzw. 100 kW). (Gesamtproduktion: 1145 HD-1).
Während des Krieges folgten der HD-1 weitere Jagdflugzeugmuster der HD-Reihe: 1916 die HD-2 mit stärkerem Motor (100 kW); 1917/18 die

HD-3 C-2 mit einem Motor doppelter Leistung (200 kW); 1918 die Nachtjäger HD-3bis CN-2 mit gleichem Antrieb und C-2 mit Hispano Suiza 8 FB (240 kW) sowie die Marinejäger HD-6 C-2 und HD-7 C-1 und das Begleitjagdflugzeug HD-9 AP-1 mit unterschiedlichem Antrieb. Es ist nur wenig darüber bekannt, in welcher Stückzahl die einzelnen Muster produziert worden sind. Offensichtlich sind aber einige in Serie gegangen. Einer Aufstellung über Flugzeugkäufe der UdSSR im Ausland vom Jahr 1922 ist beispielsweise zu entnehmen, daß dazu auch 54 HD-9 gehörten.
Die HD-1 sowie einige ihrer 7 Versionen wurden nach 1918 von den Marinefliegern der USA erworben und in kleiner Serie in Philadelphia nachgebaut. Sie dienten über viele Jahre als Schulflugzeuge. Auch die Schweiz erwarb einige HD-1.

Rumpf: runder Querschnitt; Holzgerüst mit Stoffbespannung.
Tragwerk: einstieliger, verspannter Doppeldecker; unterer Tragflügel kürzer und ohne Querruder; oberer Tragflügel mit kreisförmigem Ausschnitt über Führersitz; Holzgerippe mit Stoffbespannung.
Leitwerk: nach unten abgestrebt; Normalbauweise; geteiltes Höhenruder.
Fahrwerk: nicht einziehbar; durchgehende Achse; Hecksporn.

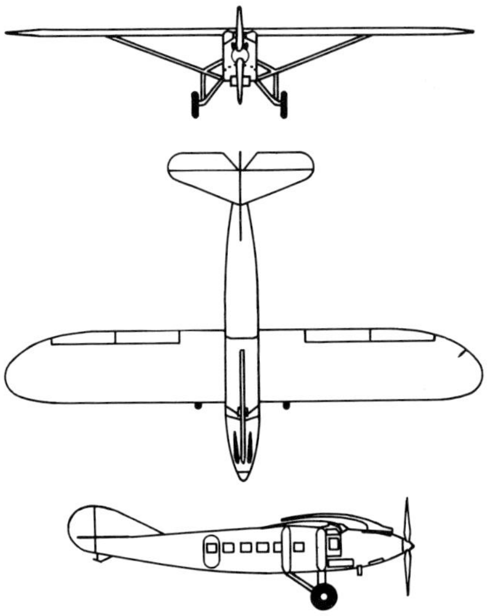

Latécoère L. 28
Verkehrs- und Postflugzeug

Im Jahr 1928 begann Cousineta bei Latécoère mit der Entwicklung eines einmotorigen Hochdeckers zur Passagier- und Postbeförderung. Das Flugzeug war zum Einsatz auf den Strecken der Luftverkehrsgesellschaft Aéropostale zwischen Frankreich und Westafrika und in Südamerika bestimmt.
Versionen:
L. 28-0 / L. 28-1: Landflugzeug für acht Passagiere; wassergekühlte 12-Zylinder-Motoren mit je 370 kW.
L. 28-3: Postflugzeug mit zwei 9,30 m langen Schwimmern und einem 440-kW-Triebwerk; Mermoz flog mit einem solchen Flugzeug am 12./13. Mai 1930 den ersten Postflug von Toulouse nach Rio de Janeiro, wobei er den Südatlantik zwischen St. Louis (Senegal) und Natal (Brasilien) in 21 h überquerte.
L. 28-5: Maschinen dieser Version stellten 1930 neun Rekorde für Geschwindigkeit, Flugdauer und Entfernung mit Zuladungen von 500, 1 000 und 2 000 kg auf.
L. 28-6: nach Argentinien und Venezuela exportierte Version.

Rumpf: Metallbauweise mit rechteckigem Querschnitt; Rohrholme und Längsstringer; Kabine metallbeplankt, dahinter stoffbespannt.
Tragwerk: abgestrebter Schulterdecker in Metallbauweise mit Stoffbespannung; zwei stromlinienförmig verkleidete Streben auf jeder Seite; abgerundete Flügelenden.
Leitwerk: Normalbauweise in Metall mit Stoffbespannung.
Fahrwerk: starr; einfach bereift; mit Öldämpfung; abgestützt an den oberen Tragwerkstreben; Hecksporn; Bremsen.

Latécoère L. 300 / L. 301 / L. 302
Flugboote

Zu den berühmtesten Flugzeugen der französischen Luftfahrtgeschichte gehört das 1929/30 für den Dienst über den Südatlantik entwickelte Flugboot von Latécoère L. 300 „Croix du Sud" (Foto und Skizze). Die Entwicklung basierte auf einer Ausschreibung des französischen Luftfahrtministeriums für ein Flugzeug, das 1 000 kg Post zwischen Dakar und Natal befördern sollte.
Der Erstflug des Prototyps fand 1931 statt. Das Flugboot versank jedoch Ende 1931 bei Marseille. Es wurde gehoben und wieder aufgebaut. Ab 7. Oktober 1932 flog es erneut. Vom 31. Dezember 1933 bis zum 1. Januar 1934 gelangen der Maschine zwei internationale Rekorde für Wasserflugzeuge: Rekord für die Distanz von 3 679 km zwischen Frankreich und Senegal in gerader Strecke und Entfernungsrekord über die geflogene Strecke von 3 793 km.
Am 3. Januar 1934 fand die erste Überquerung des Südatlantiks statt, und 1934 wurde der Atlantik

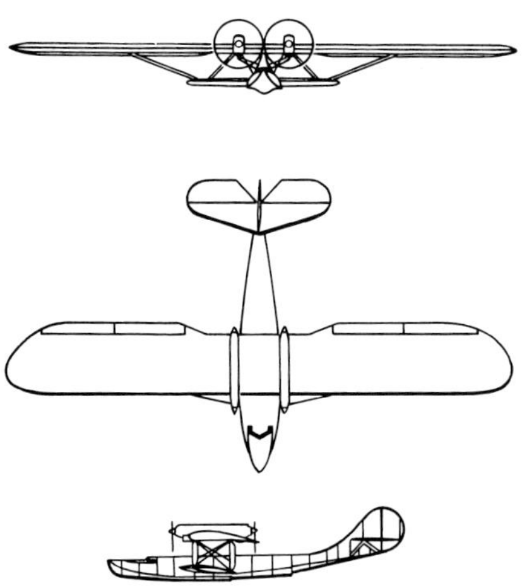

insgesamt sechsmal überflogen. Das Flugboot ging bei der 24. Überquerung am 7. Dezember 1936 mit der Besatzung Mermoz verloren. Es blieb verschollen.
Etwas verändert waren die Versionen L. 301 (4 Hispano Suiza 12 Nbr, je 480 kW, Seitenleitwerk und Tragflügel verändert, später eine Maschine für Marineflieger umgerüstet) für die Air France und die L. 302 (4 Hispano Suiza 12 Ydrs 2 mit Lader, veränderte Ausstattung und Bombenaufhängungen) für die französische Marine, von denen je drei Maschinen gebaut wurden. Die erste L. 302 absolvierte am 22. Februar 1936 ihren Erstflug. Kurze Zeit darauf folgten die beiden anderen Maschinen. Alle drei wurden der Fernaufklärungsstaffel E 4 in Dakar zugeteilt und erhielten die Aufgabe, die Seewege zwischen dem Ärmelkanal und Westafrika zu kontrollieren. Trotz mehrerer Verbesserungen befriedigten Geschwindigkeit und Reichweite mit militärischer Zuladung nicht. Zwischen April und Dezember 1941 mußten die L. 302 wegen fehlender Ersatzteile außer Dienst gestellt werden.

Rumpf: Bootsrumpf in Ganzmetallbauweise mit Flossenstummeln; Rumpf zweistufig und flach gekielt, abgeschottet; tandemartig angeordnete Triebwerke während des Fluges über Leiter und Kriechschacht erreichbar.
Tragwerk: abgestrebter und verspannter Hochdecker in Metallbauweise mit Holzrippen und Stoffbespannung; Bootsstummel mittragend; Flügel mit zwei Holmen; sehr große, geteilte Querruder; Hinterkante am Mittelteil ausgeschnitten für Druckpropeller.
Leitwerk: abgestrebte und verspannte Normalbauweise in Metall mit Holz und Stoffbespannung; Ruder mit Trimmklappen.
Schwimmwerk: Bootsrumpf mit Flossenstummeln.

Latécoère L. 380 / L. 381 Verkehrsflugboote

Latécoère schuf die L. 380 (Foto und Skizze) für den Postflugdienst über den Südatlantik. Die beiden Triebwerke waren tandemartig in einer Motorgondel auf dem Flügelmittelstück angebracht und wirkten auf eine Zug- und eine Druckschraube. Die Motoren waren während des Fluges zugänglich und wartbar.

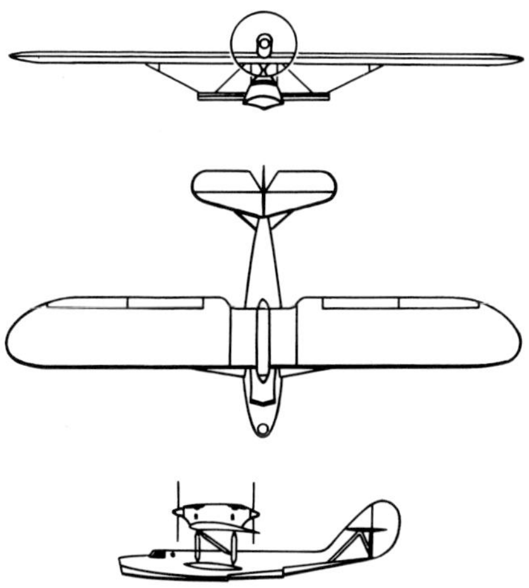

1933 entstand die Weiterentwicklung L. 381 als Flugboot für die Fernaufklärung. Sie verfügte im Rumpfbug über ein Zwillings-MG auf einem Drehkranz und auf der Rumpfoberseite hinter der Flügelhinterkante über zwei Waffenstände nebeneinander, die ebenfalls je ein Zwillings-MG auf einem Drehkranz hatten. Die L. 381 soll kurzzeitig im Krieg verwendet worden sein.
Die L. 380 stellte mehrere internationale Rekorde auf: Am 2. September 1931 flog sie mit 163,6 km/h einen Geschwindigkeitsrekord über 2 000 km mit einer Nutzmasse von 2 000 kg und zugleich mit 2 208,42 km einen Entfernungsrekord über eine geschlossene Strecke. Am 30. September des gleichen Jahres wurden vier internationale Rekorde aufgestellt: Entfernung über eine geschlossene Strecke mit 5 000 kg Nutzmasse mit 514,280 km, Dauer mit ebenfalls 5 000 kg Nutzmasse mit 4 h 3 min 1 s, Geschwindigkeit mit 5 000 kg Nutzmasse über 100 km mit 141,9 km/h und über 500 km mit 140,6 km/h.

Rumpf: Bootsrumpf in Ganzmetallbauweise, gekielt, zweistufig; Bootsstummel auf jeder Seite.
Tragwerk: abgestrebter Hochdecker mit mittragenden Bootsstummeln; dreiteiliger Flügel als Metallgerüst mit Stoffbespannung.
Leitwerk: abgestrebte Normalbauweise in Metall mit Stoffbespannung; Höhenleitwerk nach oben versetzt; Ruder mit Trimmklappen.
Schwimmwerk: Bootsrumpf mit Bootsstummeln in Ganzmetallbauweise; fünf wasserdichte Abteilungen.

Latécoère L. 521 „Lieutenant de Vaisseau Paris"/ L. 522 / L. 523 Verkehrsflugboote

Latécoère begann 1930 mit der Entwicklung des viermotorigen Transatlantik-Flugboots L. 520. Aber noch in der Entwurfsphase änderte er es in die sechsmotorige L. 521 ab, die 30 Passagiere über den Atlantik oder 70 im Mittelmeerraum befördern sollte (Foto, Skizze: vier Zug-, zwei Druckschrauben).
Der Erstflug fand am 17. Januar 1935 statt. Zum ersten Male nach Nordamerika startete die Maschine am 8. Dezember 1935. Dabei flog sie über Dakar, Natal und Martinique. Am 4. Januar 1936 sank das Flugboot bei einem Taifun, es wurde aber gehoben und wieder aufgebaut. Ende Dezember 1937 stellte das Flugzeug einige Rekorde auf: am 27. Dezember mit 15 000 kg Nutzmasse über 1 000 km 212 km/h, am 29. Dezember mit 15 000 kg Nutzmasse über 1 000 km 189,7 km/h. Am 30. Dezember schließlich erreichte die Maschine mit 15 000 kg Nutzmasse eine Höhe von 3 508 m, und die Nutzmasse von 18 040 kg brachte sie auf eine Höhe von 2 000 m.
Unter der Bezeichnung L. 522 flog ein verbessertes Flugboot erstmalig am 20. April 1939. Der Beginn des zweiten Weltkriegs verhinderte jedoch die Aufnahme eines regelmäßigen Transatlantikdienstes.
Für die französische Marine wurden im April 1936 drei bewaffnete Ausführungen als L. 523 („Altair", „Algol" und „Aldebaran") in Auftrag gegeben. Mit diesen drei Maschinen wurde Ende 1938 die Fernaufklärerstaffel E 6 gebildet. Nach Kriegsausbruch erhielt die französische Marinefliegerei auch das verbesserte Flugboot L. 522 (Erstflug 20. April 1939). Die Flugboote „Algol" und „Aldebaran" gingen während des Krieges verloren (1939/40), während die „Altair" bis zur Außerdienststellung im August des Jahres 1942 für die Vichy-Streitkräfte von Westafrika aus Fernaufklärung über dem Atlantik flog.

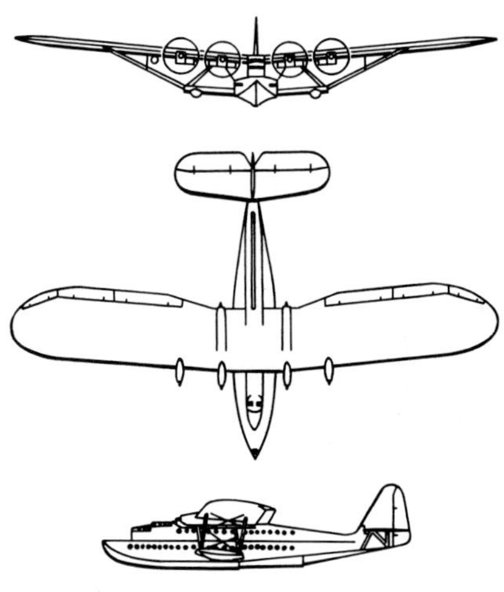

Beide Verkehrsflugboote wurden von den zurückweichenden deutschen Truppen im August 1944 gesprengt.

Rumpf: zweistufiger, leicht gekielter Bootsrumpf mit Stummeln in Leichtmetallbauweise; zwei Decks, oben Besatzungsräume und Kabine für 18 Plätze, unten technische Räume, Kabinen, Küche, Wasch- und Gepäckräume.
Tragwerk: abgestrebter, verspannter Hochdecker mit mittragendem Bootsstummel; zwei Holme; Metallbauweise mit Stoffbespannung; dreiteiliges Querruder.
Leitwerk: abgestrebte und verspannte Normalbauweise in Metall mit Stoffbespannung.
Schwimmwerk: Bootsrumpf und Bootsstummel mit schwimmartigen Ausbuchtungen.

Latécoère L.298 Torpedoflugzeug

Latécoère brachte im Jahr 1935 für die französische Marine als Weiterentwicklung des 1932 entstandenen Schulterdeckers L.290 ein Torpedoflugzeug heraus, das vom Land aus Küstengewässer überwachen und feindliche Kriegsschiffe abwehren sollte. Am 8. Mai 1936 absolvierte der Prototyp L.298-01 seinen Erstflug. Ab März 1937 wurde die Maschine in den Versionen A (Land- oder Seeversion, Doppelsteuerung), B (bordgestütztes Seeflugzeug), D (abgeänderte B) und E (Seeüberwachungsflugzeug, statt Torpedo- bzw. Bombengehänge verglaste Bodenwanne für den Beobachter) gebaut. Geplant waren 200 Flugzeuge. Bei Kriegsbeginn waren jedoch noch nicht alle einsatzbereit. Sie wurden in fünf Küsten- oder Bordstaffeln als sturzfähiger Bomber (bzw. Torpedoflugzeug), als Aufklärer sowie als Schlacht- und U-Boot-Abwehrflugzeug für Tag- und Nachteinsätze verwendet. 20 Maschinen befanden sich im Bau.
Unter deutscher Besatzung wurden etwa 30 geringfügig geänderte L.298 D als L.298 F fertiggestellt und von der Luftwaffe Hitlerdeutschlands geflogen.
Die Aufgaben der L.298 waren sehr vielfältig. So flogen Maschinen dieses Typs mit 500-kg-Bomben gegen deutsche Panzerspitzen bei Cherbourg ebenso wie Torpedoangriffe auf italienische Kreuzer im Mittelmeer. Die Staffeln des „Freien Frankreich" benutzten den Typ ab 1944 von Großbritannien aus zur U-Bootjagd. Die meisten Flugzeuge wurden 1946 ausgesondert. Drei Maschinen blieben bis 1950 im Dienst. Von der L.299 (aus der L.298 B abgeleiteter Aufklärer und Torpedobomber mit verlängertem Rumpf als Trägerflugzeug mit einziehbarem Fahrgestell, Hispano-Suiza-Triebwerk 12 Y 43, 715 kW) wurden zwei Prototypen gebaut.

Rumpf: Leichtmetallfachwerk mit Glattblechbeplankung; geschlossenes Cockpit.
Tragwerk: freitragender Mitteldecker in Ganzmetallbauweise.
Leitwerk: freitragende Normalbauweise in Ganzmetall; Ruder stoffbespannt.
Schwimmwerk: zwei einstufige Schwimmer aus Metall, durch je ein Strebenpaar gegen Rumpf und Flügel abgestützt.

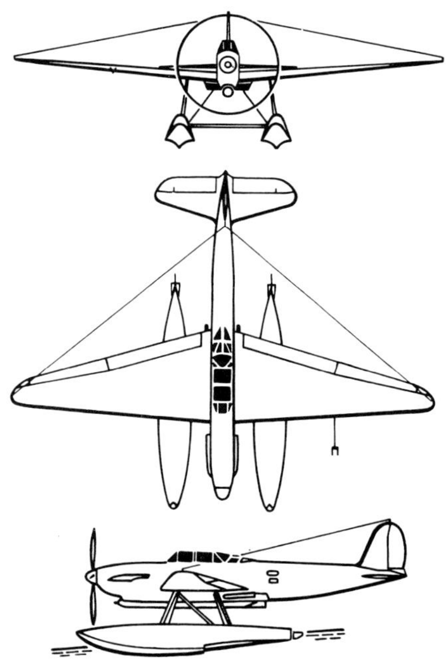

Latécoère L. 631 „Lionel de Marmier" Verkehrsflugboot

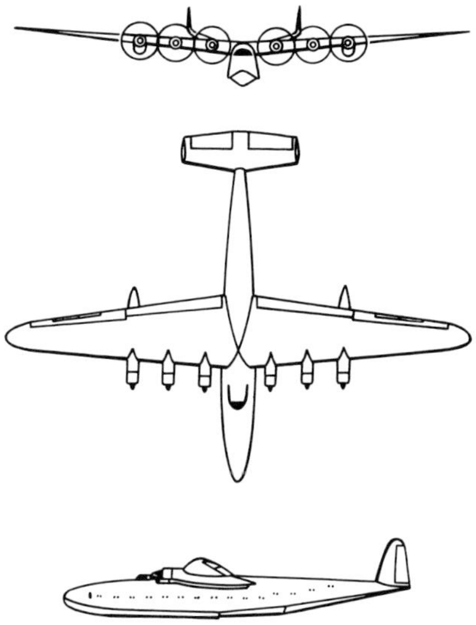

Das französische Luftfahrtministerium veröffentlichte 1936 die Forderungen für ein Transatlantik-Flugboot, das 40 Passagiere bei einem Gegenwind von 60 km/h über eine Entfernung von 6 000 km befördern sollte. Latécoère entwickelte dafür die L. 631.
Der Auftrag zum Bau eines Prototyps mit 6 Triebwerken Gnôme et Rhône P-18 (je 1215 kW) wurde 1938 erteilt. Infolge des Kriegsausbruchs wurde das Flugzeug zunächst nicht fertiggestellt. Nach Inkrafttreten des deutsch-französischen Waffenstillstandsabkommens wurden die Konstruktionsarbeiten fortgesetzt. Der Prototyp – eingerichtet mit Luxuskabinen für 40 Passagiere – flog erstmalig am 4. November 1942, wurde aber von der deutschen Wehrmacht beschlagnahmt und zum Bodensee überführt, wo er 1944 bei einem Luftangriff vernichtet wurde. Zwei weitere, 1942 bestellte Maschinen wurden bis 1944 gebaut. Nach der Befreiung Frankreichs nahm man die Produktion von sechs weiteren L. 631 auf, so daß die Air France am 26. Juni 1944 acht Flugboote in Dienst stellen konnte. Sie zog sie aber im August 1948 zurück, nachdem zwei von ihnen verlorengegangen waren. Die L. 631 wurde dann zur Frachtbeförderung in Afrika eingesetzt.
Die Serienmaschinen nahmen 100 Passagiere auf und waren mit 6 Triebwerken Wright „Cyclone" GR 2 600-AB-B (je 1 175 kW) ausgestattet. Ihre Startmasse betrug 75 000 kg.
Die Firma Latécoère schuf mit den Typen L. 634, L. 635, L. 636 und L. 637 vier- und sechsmotorige Versionen der L. 631, von denen die L. 636 mit 84 000 kg Startmasse die schwerste war.

Rumpf: gekielter, zweistufiger Bootsrumpf in Ganzmetallbauweise.
Tragwerk: freitragender Hochdecker in Ganzmetallbauweise; Landeklappen.
Leitwerk: freitragende Ganzmetallbauweise; zwei Seitenleitwerke an den Enden des V-förmigen Höhenleitwerks.
Schwimmwerk: Bootsrumpf und auf jeder Seite ein einziehbarer Stützschwimmer.

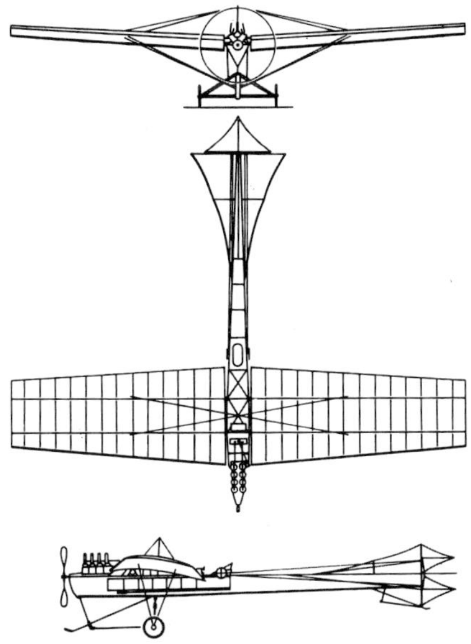

Levavasseur „Antoinette"

In der Pionierzeit der Luftfahrt gehörten die „Antoinette"-Flugzeuge zu den bekanntesten und erfolgreichsten Konstruktionen. Ihr Erfolg beruhte vor allem auf dem hervorragenden Triebwerk, das der Konstrukteur Levavasseur aus einem Rennbootmotor abgeleitet hatte. Levavasseur hatte auch die Zelle konstruiert, die wegen der dreieckigen Rumpfbauart auffiel.
Am 19. Juli 1909 versuchte Latham, mit einem Flugzeug dieser Bauart den Ärmelkanal zu überqueren, um Blériot zuvorzukommen. Da das Triebwerk ausfiel, mußte er auf dem Meer notlanden. Das Flugzeug schwamm jedoch so gut, daß der Pilot keinen Schaden nahm.
Am 4. September 1909 führte Latham in Deutschland den ersten „Überlandflug" von Tempelhof nach Johannisthal aus, wofür ihm die Berliner Polizei ein Strafmandat wegen groben Unfugs erteilte! Am 7. Januar 1910 erreichte Latham mit einer „Antoinette" (als erster Mensch mit einem Flugzeug!) eine Höhe von 1 000 m.

Rumpf: Aluminium-Fachwerk mit dreieckigem Querschnitt.
Tragwerk: verspannter Schulterdecker in Aluminium-Fachwerk mit Stoffbespannung; Querruder.
Leitwerk: Normalbauweise mit Stoffbespannung.
Fahrwerk: starres Fahrwerk mit durchgehender Achse und Hecksporn; Bugkufe zum Schutz gegen Überschlag.

Lioré-Olivier LeO-451 Bombenflugzeug

Am 17. November 1934 teilte das französische Luftfahrtministerium die Bedingungen für ein schnelles Bombenflugzeug mit. Vier Firmen (Amiot, Latécoère, Romano und Lioré-Olivier) beteiligten sich an diesem Wettbewerb, mit dessen Hilfe die veralteten mittleren Bomber Frankreichs ersetzt werden sollten. Der Aktionsradius des neuen Schnellbombers sollte mit zwei Hispano-Suiza-Motoren 79 bei einer Beladung von 1 200 kg nicht unter 700 km liegen.
Bereits am 16. Januar 1937 startete der von Lioré-Olivier geschaffene Bomber LeO-45 zum Erstflug. Da das Triebwerk nicht ausgereift war und das Leitwerk den Anforderungen nicht genügte, ent-

stand die verbesserte LeO-451 mit einem leistungsfähigeren Triebwerk und einem größeren Leitwerk. Die Firma Lioré-Olivier war inzwischen in die SNCASE eingegliedert worden. Sie erhielt den Auftrag, 20 Bomber zu bauen.
Der damals modernste französische Bomber unternahm in der Serie mit 760-kW-Triebwerken am 24. März 1939 seinen Erstflug.
Durch den schleppenden Serienbau standen am 30. August 1939, als die französische Armee mobil machte, nur fünf LeO-451 zur Verfügung. Energische Maßnahmen der französischen Regierung sorgten dann für ein schnelles Anwachsen der Produktion. Bis zum 25. Juni 1940 konnten 452 Maschinen ausgeliefert werden, die von 10 Bombergruppen zur Erdkampfunterstützung über Frankreich und als Bomber über Bayern und Sizilien (von Afrika aus) verwendet wurden. Etwa 130 Maschinen gingen dabei verloren, 90 wurden beschlagnahmt und ab 1942 von der Luftwaffe Hitlerdeutschlands als Transporter (so für geheime Einsätze als LeO-451 T) verwendet. Nach dem Krieg flogen die Luftstreitkräfte und die Marineflieger Frankreichs diesen Typ bis Ende der fünfziger Jahre.

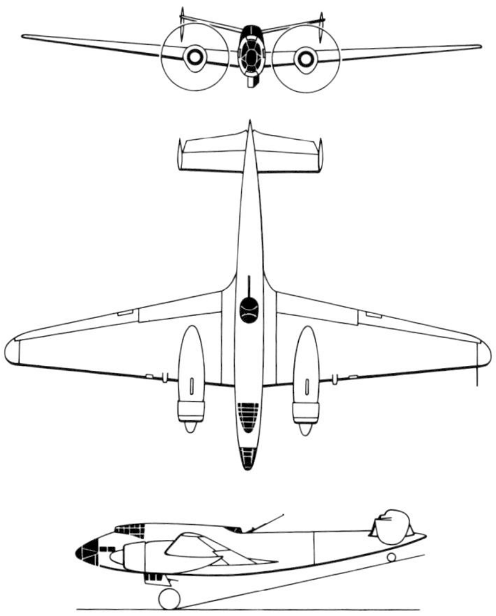

Einige Versionen:
LeO-451 B 4: Serienmodell als Bomber; während der Fertigung nochmals verändert; später umgebaut.
LeO-451 M: Ausführung für die Marine (LeO-456).
LeO-454: Prototyp mit Bristol-Triebwerken.
LeO-458: Ausführung mit Wright-Triebwerken.
LeO-455: verbesserte LeO-451 mit stärkeren Triebwerken.
Gesamtproduktion: 584.

Rumpf: Vorderteil in Stahlrohrbauweise, Hinterteil in Ganzmetall-Schalenbauweise; drei Bombenschächte im Rumpf.
Tragwerk: freitragender Tiefdecker in Ganzmetallbauweise mit Glattblechbeplankung; dreiteiliger Flügel; Mittelteil zweiholmig, Außenflügel in Kastenbauweise.
Leitwerk: freitragendes Höhenleitwerk mit V-Stellung; zwei Seitenleitwerke als Endscheiben.
Fahrwerk: einziehbar; Spornrad; alle Räder einfach bereift.

Morane-Saulnier Typ N Jagdflugzeug

Die Firmen Deperdussin und Morane-Saulnier konstruierten bereits vor dem ersten Weltkrieg in Frankreich Eindecker, deren hohe Qualität allgemein bekannt war. Zu diesen Flugzeugen zählte auch die 1913 gebaute Morane-Saulnier Typ N. Diesen Typ mit moderner Linienführung kennzeichneten je ein Spannturm über und unter dem Rumpf. Die charakteristische große Luftschraubennabe brachte der Maschine die Bezeichnung „Schmorpfanne" ein.
Bei Kriegsausbruch interessierte sich das französische Kriegsministerium für diese leichte und bewegliche Maschine, die als erstes Flugzeug Frankreichs 100 Meilen in der Stunde flog und eine Höhe von 3000 m erreichte. Als es sich zeigte, daß man zum Abfangen feindlicher Aufklärer und Bomber spezielle Flugzeuge benötigte, die nach vorn durch den Propellerkreis schießen können, ließ der Pilot Garros in Zusammenarbeit mit den Konstrukteuren in Vilacoublay über der Motorhaube einer Maschine vom Typ N ein Hotchkis-MG starr anbauen und die Blätter der Luftschraube panzern. Im März 1915 erreichte er mit dieser umgerüsteten Typ N die ersten Erfolge im Luftkampf. Als Garros am 18. April 1915 mit seiner Maschine hinter den deutschen Linien landen mußte, wertete man das Geheimnis des nach vorn durch den Luftschraubenkreis schießenden Maschinengewehres aus und benutzte die Erkenntnisse für die in Entwicklung befindliche MG-Synchronisation.
Von der Typ N sind 200 (nach anderen Quellen etwa 600) Maschinen hergestellt worden. Ab Sommer 1916 übernahmen auch britische Staffeln diesen Typ, der in der Geschichte des Luftkriegs als eines der ersten Jagdflugzeuge angesehen wird. An Rußland wurden ebenfalls einige Flugzeuge geliefert. Als im April 1916 ein Vergleichsfliegen zwischen einer Morane-Saulnier Typ N und einer Fokker E III unternommen wurde, zeigte sich der französische Typ als überlegen. Als Antrieb diente ein 60-kW-Motor Gnôme oder ein Le Rhône-Motor 80 kW.

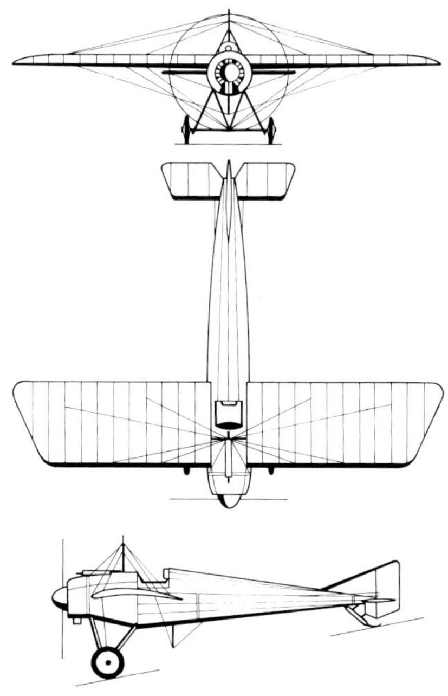

Rumpf: runder Querschnitt; Spannturm über dem Rumpf vor dem offenen Pilotensitz und unter dem Rumpf dahinter; Stoffbespannung.
Tragwerk: verspannter Mitteldecker; gerade Tragflügelvorderkante und -hinterkante; Enden nach vorn abgeschrägt; Stoffbespannung.
Leitwerk: freitragend; Normalbauweise; Seitenruder nach unten überstehend; Höhenruder geteilt.
Fahrwerk: nicht einziehbar; durchgehende Achse; gefederter Hecksporn.

Morane-Saulnier MS-35 Schulflugzeug

Die von den Brüdern Leon und Robert Morane sowie Raymond Saulnier ab 1911 entwickelten Eindecker zählten vor dem ersten Weltkrieg zu den besten Flugzeugen Frankreichs. Der Typ A wurde von den Militärbehörden als MS-11 angekauft und von den Streitkräften übernommen. Die verbesserten Typen C und F gingen ins Ausland.
Mit Flugzeugen von Morane-Saulnier wurden mehrere Rekorde aufgestellt.
Ab 1914 lieferte die Firma einen Hochdecker mit einem Spannturm über dem Flügel. Diese Bauart modifizierte man bis in die Nachkriegsjahre mehrfach – als einsitzige Jagdflugzeuge MS-3 L wie als zweisitzige Schulmaschinen.
Die MS-3 L war zu Beginn des ersten Weltkriegs sehr erfolgreich, sie wurde auch von britischen Staffeln verwendet. 100 Maschinen exportierte man nach Rußland, wo weitere 430 Stück in Lizenz gebaut wurden. Auch Schweden und Spanien erwarben Lizenzen.

Im Jahr 1922 baute man das Schulflugzeug MS-30, das wenig später zum Schulflugzeug MS-35 umgebaut wurde. Die Werksbezeichnung lautete AR-35 EP 2, die militärische MS-35. Im Jahr 1935 verkaufte Frankreich 70 Flugzeuge dieses Typs an Polen, wo diese Schulflugzeuge von den Luftstreitkräften bis weit in die dreißiger Jahre verwendet wurden. So gab es beispielsweise noch 1937 fünf flugbereite MS-35 mit Originalumlaufmotor Le Rhône C.
In Rumänien bauten die IAR-Werke in Braşov ab 1927 in Lizenz 30 MS-35 als Schulflugzeuge für die Luftstreitkräfte.
Für die Schulflugzeuge verwendete Morane-Saulnier nach dem ersten Weltkrieg einen Umlaufmotor von Gnôme et Rhône mit 60 kW Leistung, so auch für die MS-35. Diese Maschine konnte aber auch mit dem 95-kW-Motor von Clerget versehen werden. 1926/27 verbesserte man die MS 35 und lieferte sie als MS-135 EP 2 und MS-136 EP 2 mit unterschiedlichen Triebwerken. Im Jahr 1928 erschien die weiter verbesserte Version MS-138. Als MS-53 bezeichnete das Werk eine 1926 geschaffene Ausführung, bei der an die Stelle des Spannturms sowie der Stahlseilverspannung je Seite zwei am Rumpfunterteil angelenkte, untereinander verspannte Streben traten. Dieser Flugzeugtyp diente auch als leichter Aufklärer und als Postflugzeug.

Rumpf: kreisförmige, nach hinten stark verjüngte Gitterkonstruktion; im vorderen Teil aluminiumbeplankt, im mittleren stoffbespannt, im hinteren durch mehrere geklebte Schichten verstärkt.
Tragwerk: Hochdecker mit Spannturm und Stahldrähten; Gitterkonstruktion mit Stoffbespannung; Querruder.
Leitwerk: Normalbauweise; ungedämpfte Ruder; verspanntes Höhenleitwerk.
Fahrwerk: starr mit Hecksporn; durchgehende Achse; Holzräder mit Gummibereifung; Gummifederung.

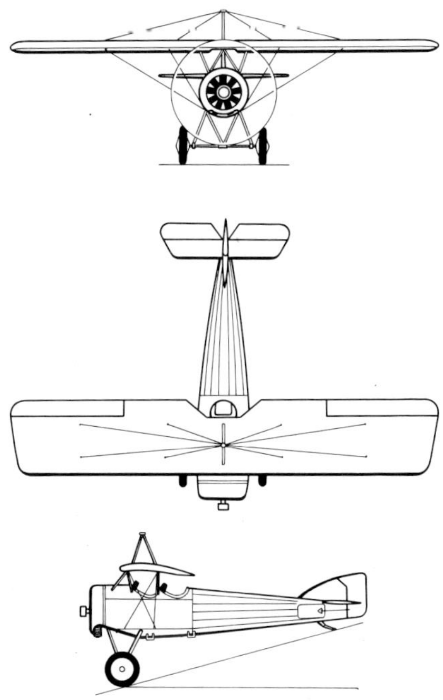

Morane-Saulnier MS-406 Jagdflugzeug

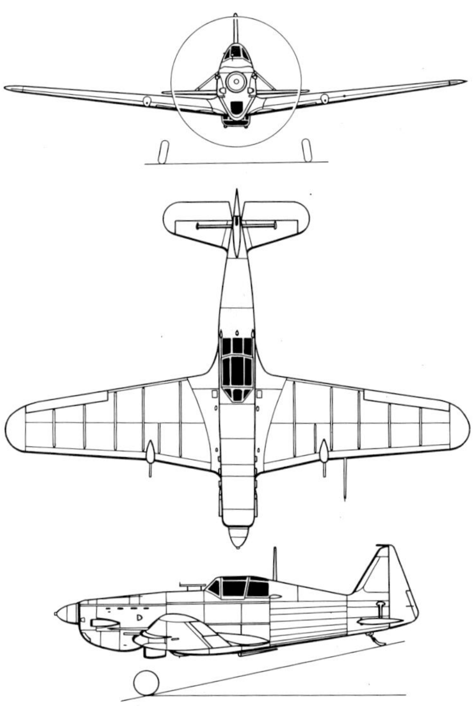

Die vor allem durch ihre Hochdecker bekannten Flugzeugwerke Morane-Saulnier schufen im Jahr 1932 mit der MS-325 ihren ersten Tiefdecker. Danach stellten sie sich relativ schnell auf Eindecker mit Einziehfahrwerk um.
Am 8. August 1935 startete der Jagdflugzeug-Prototyp MS-405-01 (Konstrukteur Gauthier) zum Erstflug, aus dem die MS-406 abgeleitet werden sollte. Der vierte Prototyp MS-405-04, der am 20. Mai 1937 erstmals flog, war das Ausgangsmuster für die Serienproduktion, die im Juni 1938 in geringem Umfang anlief: Von diesem modernen Typ bestellte man zunächst nur 11 Maschinen! Angesichts der drohenden Kriegsgefahr beschleunigte man dann die Produktion der MS-406 C, so daß die Luftstreitkräfte im September 1939 über 300 MS-406 C 1 verfügten. Insgesamt sind 1 037 Maschinen dieses Typs gebaut worden, der das Gros der französischen Jagdfliegerkräfte ausmachte.
Vor Beginn des Krieges bestellten mehrere Länder diese Maschine in Frankreich: China, Finnland, Polen und die Türkei. Allerdings konnten nicht alle Flugzeuge ausgeliefert werden. Finnland erhielt 30 MS-406, die Türkei 45. An die Schweiz wurden 1939 zwei MS-406 geliefert, worauf die Lizenzpro-

duktion folgte (82 als D-3800, 209 als D-3801 mit 735-kW-Motor Hispano Suiza 12 Y 51; im Dienst bis 1959, zuletzt Zieldarsteller für Flak).
Eine Version mit anderen Tragflügeln und vier MGs hieß in Frankreich MS-410. Sie wurde in Luftkämpfen nicht mehr eingesetzt.
Mit der MS-406 C 1 waren auch französische Staffeln in den Kolonien ausgerüstet. Die Einheiten Vichy-Frankreichs setzten den Typ ebenfalls ein. Zwei MS-406 gelangten nach China, und mehrere Maschinen wurden nach der Besetzung Frankreichs an die Luftwaffe des profaschistischen Kroatiens übergeben. Eine MS-406 steht im Luftfahrtmuseum Paris Le Bourget (Foto).

Rumpf: Ganzmetallgerüst; Blechbeplankung und Stoffbespannung.
Tragwerk: freitragender Tiefdecker in Gemischtbauweise.
Leitwerk: abgestrebt; Normalbauweise; Metallgerüst; Stoffbespannung.
Fahrwerk: einziehbar; einfach bereift; Hecksporn.

Die Skizze stellt einen Entwurf der Firma Nieuport dar, bei dem das Triebwerk zwei Druckschrauben nach Art der Wright-Flugzeuge antreiben sollte.

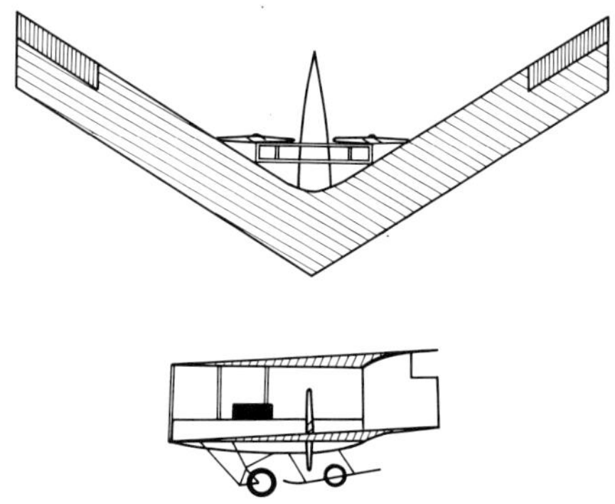

Nieuport-Dunne Beobachtungsflugzeug

Im Jahr 1909 entwickelte Leutnant John William Dunne (Kommandeur einer Drachenballon-Abteilung) in Großbritannien einen Doppeldecker als Pfeilflieger. Daraufhin entstand im Jahr 1911 ein schwanzloser Eindecker mit Pfeilflügeln. Mit einem 45-kW-Motor gelangen damit mehrere Flüge über mehr als 100 km.
In Großbritannien baute die Blair Atholl Flugzeuggesellschaft diese Flugzeuge. Für Frankreich erwarb die Firma Nieuport die Lizenz für den Doppeldecker Dunne D-8. Im Jahr 1913 brachte sie den abgebildeten Doppeldecker heraus, eines der ersten schwanzlosen Flugzeuge mit starker Flügelpfeilung.

Rumpf: oben offener Bootsrumpf in Holzbauweise mit Stoffbespannung; zwei Sitze hintereinander.
Tragwerk: mehrstieliger, verspannter Doppeldecker in Holzbauweise mit Stoffbespannung; stark gepfeilt („horizontales V"); Querruder an den Enden des ersten Flügels.
Leitwerk: Höhenruder als Klappen im unteren Tragflügel; Seitenleitwerke am Ende der Tragflügel.
Fahrwerk: zwei Räder und eine nach vorn gezogene Kufe; Schleifsporne an den unteren Tragflügelenden.

Nieuport 2 Sportflugzeug

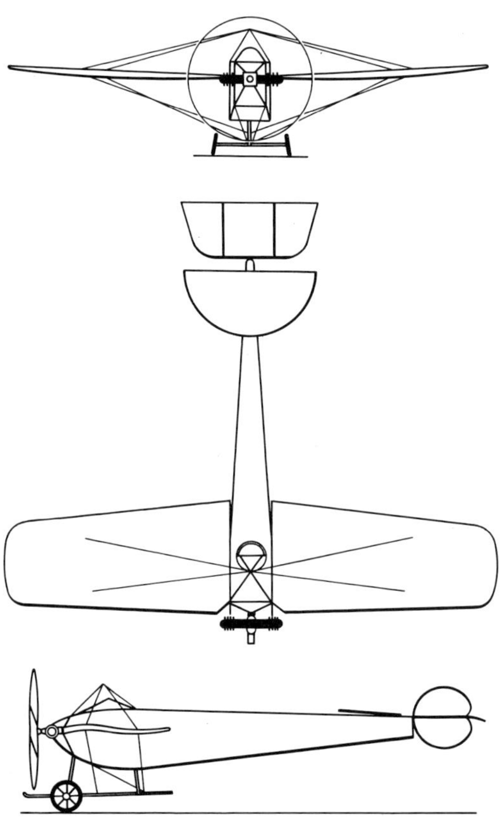

Die 1909 gegründete Firma Société Anonyme des Établissements Nieuport gehörte zu den seinerzeit bekanntesten französischen Flugzeugherstellern. Ein Grund dafür waren die von dem schweizerischen Konstrukteur Schneider entworfenen erfolgreichen Eindecker. Im Jahr 1914 wurde Delage Chefkonstrukteur. Von ihm stammten die berühmten Anderthalbdecker, die im ersten Weltkrieg eine gewisse Rolle spielten und Nieuport eine Stellung verschafften, die der von Sopwith in Großbritannien entsprach.
Eine namhafte Konstruktion von Schneider war der Mitteldecker Nieuport 2, der ab 1910 in verschiedenen Versionen erschien.
Die mit unterschiedlichen Triebwerken (2 N: 20-kW-Nieuport, 2 G: 35-kW-Gnôme, andere mit 75-kW-Motor) ausgestatteten Maschinen stellten 1911 mehrere Rekorde auf: am 9. März 80 km in 44 min 52 s (106 km/h); am 11. Mai 119 km/h; im September über 200 km 120 km/h (Durchschnittsgeschwindigkeit). Im gleichen Jahr übernahm das Militär den Typ. Der Nieuport 2 folgten mehrere ähnliche Versionen, so die zweisitzige IV G (35 kW). Eine Nieuport 2 N steht im Luftfahrtmuseum Paris Le Bourget.

Rumpf: rechteckiger, geschlossener Rumpf, am Bug abgerundet.
Tragwerk: verspannter Mitteldecker mit Spannturm auf dem Rumpf; Verspannung nach unten zum Fahrwerk; Tragflächenverwindung auf Wunsch mit Händen oder Füßen betätigt.
Leitwerk: Normalbauweise.
Fahrwerk: starres Fahrwerk mit durchgehender Achse; zwischen den Rädern Kufe als Sporn und Bremse.

Nieuport 17 C-1
Jagdflugzeug

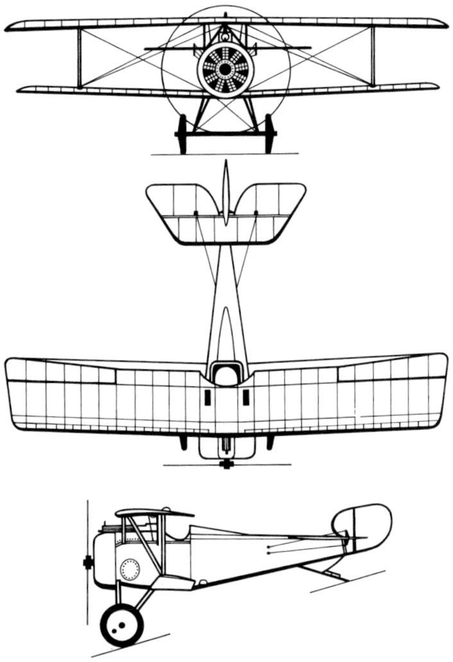

Die von Edouard de Nieuport gegründete Société Anonyme des Établissiments Nieuport hatte bereits vor dem ersten Weltkrieg mehrere erfolgreiche Flugzeuge entwickelt. Mit dem zweisitzigen Doppeldecker Nieuport X schuf Delage (ab Januar 1914 Chefkonstrukteur bei Nieuport) ein Flugzeug, das bereits alle Merkmale der später so erfolgreichen Nieuports aufwies. Abgeleitet wurde davon der zierlich wirkende Jagdeinsitzer Nieuport XI, der im Sommer 1915 an die Front kam und mit seiner großen Steigleistung sowie Wendigkeit zum begehrten Jagdflugzeug der Alliierten wurde (auch Rußland erhielt Maschinen dieses Typs).
Nach den Erfahrungen mit der Nieuport XI und der mit einem anderen Motor versehenen Nieuport XVI schuf man mit der Nieuport 17 (auch: XVII) das erfolgreichste französische Jagdflugzeug der beiden ersten Kriegsjahre. Der sehr einfach gebaute Typ wurde in Deutschland als Siemens-Schuckert D-I kopiert sowie in Italien von Macchi (in der Literatur auch als Nieuport-Macchi bezeichnet) und in Rußland von Dux, den Russisch-Baltischen Werken sowie Stschetin & Co in Lizenz gefertigt. Auch britische und belgische Staffeln wurden mit der Nieuport 17 ausgestattet.
Der zum Abfangen feindlicher Flugzeuge vorgesehene Jäger wurde wie einige andere Nieuport-Typen mit mehreren Le-Prieur-Raketen (benannt nach ihrem Erfinder, dem Marineleutnant Le Prieur) an der Flügelverstrebung versehen, um damit Ballons und Luftschiffe in Brand zu schießen. Zunächst erhielt die Nieuport 17 noch wie die Modelle XI und XVI ein über der oberen Tragfläche angeordnetes Lewis-MG, das über den Luftschraubenkreis hinweg feuerte. Diese Anordnung war zwar kompliziert und bewährte sich im Luftkampf nicht besonders, doch stellte sie einen Schritt zum späteren Jagdflugzeug dar. In der Folgezeit wurde die Nieuport 17 mit einem synchronisiert durch den Luftschraubenkreis schießenden MG bewaffnet. Mehrere Maschinen wurden als Versuchsmuster sowie als Bomber erprobt und gebaut.
Insgesamt gesehen trug das Erscheinen der Nieuport 17 C-1 dazu bei, die Luftüberlegenheit der Alliierten zu sichern, bis auf deutscher Seite die ersten Albatros- und Halberstadt-Jagdflugzeuge an die Front kamen. Bei Nieuport entwickelte man daraufhin die Modelle 24, 27 und 28.
Nach dem ersten Weltkrieg wurden Nieuports noch in mehreren Ländern geflogen, so in Polen und in der Sowjetunion. Die sowjetischen Fliegerkräfte verfügten in den ersten Jahren ihres Bestehens über 307 Nieuports (53% des Gesamtbestands), worunter sich zahlreiche Nieuport 17 befanden.
Als Antrieb der Nieuport 17 dienten vorwiegend die Motortypen Le Rhône (80 kW) bzw. Clerget (95 kW).

Rumpf: kastenförmig, nach unten leicht verjüngt; aus drahtverspanntem Holzrahmen; vorn holzbeplankt; hinten stoffbespannt.
Tragwerk: einstieliger Doppeldecker mit wesentlich kürzerem und schmalerem Unterflügel; oben zweiholmig und mit Querruder; unten einholmig und ohne Querruder; Holzgerippe mit Stoffbespannung.
Leitwerk: Normalbauweise; Steuerseile am Rumpf außen geführt, Höhenruder geteilt.
Fahrwerk: nicht einziehbar; durchgehende Achse; Hecksporn.

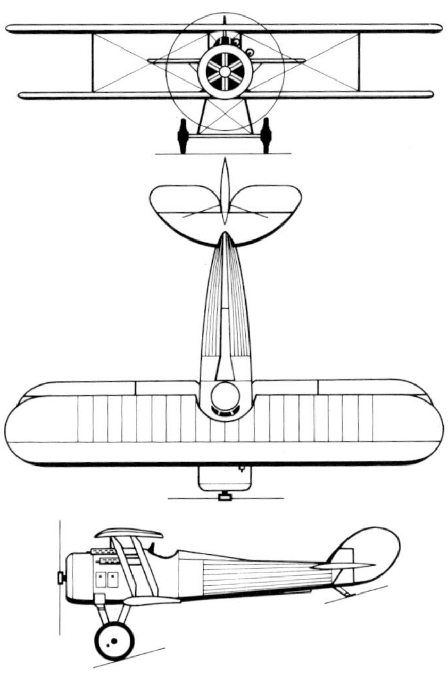

Nieuport 28
Jagdflugzeug

Im Gegensatz zu vielen anderen Flugzeugherstellern des ersten Weltkriegs hielt man bei Nieuport über einen langen Zeitraum hinweg an der Grundidee für ein einfaches, manövrierfähiges und leichtes Jagdflugzeug fest. Nach dieser Konzeption war die Reihe Nieuport X bis 24 entstanden. Zwar hatte man die Abmessungen der etwas klein geratenen Nieuport XI bei den folgenden Typen vergrößert und einige andere Veränderungen vorgenommen, doch im Prinzip behielt man die Bau-

weise mit dem unteren, nur halb so tiefen Tragflügel, dem V-Stiel als Verstrebung sowie einem MG (Masseeinsparung) bei, während andere Typen schon längst mit zwei MGs bewaffnet waren.
Mit der 1917 erprobten Nieuport 27 erwies sich das Konzept des leichten Triebwerks als überholt. Schnellere Jagdflugzeuge mit einer größeren Steigleistung waren nur noch mit stärkeren Triebwerken herzustellen. Bei Nieuport schuf man deshalb ein Versuchsmuster mit gleich tiefen Flügeln sowie einem 120-kW-Umlaufmotor, um über eine größere Tragfläche deren Belastung zugunsten der Manövrierfähigkeit niedrig zu halten. Neu waren außerdem: zwei MGs (eines an den linken Streben zwischen Rumpf und Oberflügel, das andere etwas links versetzt auf der Rumpfoberseite; gegen Ballons ein 11-mm-MG Vickers in der Rumpfoberseite), Motor Monosoupape mit 125 kW.
Das aus dem Versuchsmuster hervorgegangene Jagdflugzeug Nieuport 28 wurde zwar von den französischen Fliegerkräften bestellt, jedoch nach Auslieferung der Serie nicht abgenommen. Da die nach Europa verlegten USA-Fliegerstaffeln über keine eigenen Jagdflugzeuge verfügten, stattete man diese mit dem Typ aus. Insgesamt übernahmen sie 297 Nieuport 28, von denen später etwa 50 in die USA kamen, davon 12 zu den Marinefliegern als Bordflugzeuge für Schlachtschiffe. Dieser Typ erreichte bei weitem nicht den Erfolg seiner Vorgänger. Es gab Schwierigkeiten mit dem Triebwerk, und in einigen Fällen löste sich beim Sturzflug die Bespannung des oberen Tragflügels. Als auch für die Alliierten genügend SPAD XIII zur Verfügung standen, verlegten die USA-Staffeln in Frankreich ihre Nieuport 28 als Schulmaschinen in das Hinterland.
Nach dem Krieg verkaufte Frankreich noch vorhandene Flugzeuge dieses Typs an das Ausland (so nach Polen) oder verwendete sie zu Kurierzwecken.

Rumpf: runder Querschnitt; Stoffbespannung; Nackenschutz für den Flugzeugführer auf dem Rumpf.
Tragwerk: einstieliger, verspannter Doppeldecker; Tragflügel oben und unten mit gleicher Tiefe und Spannweite; Querruder unten; Stoffbespannung.
Leitwerk: verstrebt; Normalbauweise; sehr großes Seitenruder; Höhenleitwerk mit stark abgerundeter Vorderkante; geteiltes Höhenruder; Stoffbespannung.
Fahrwerk: nicht einziehbar; durchgehende Achse; gefederter Sporn.

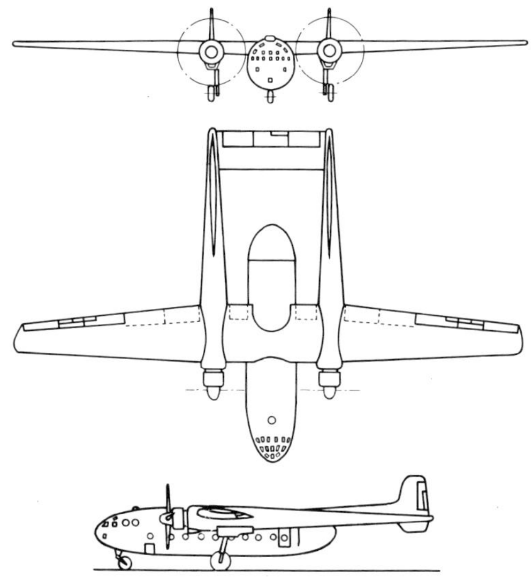

Nord Aviation Nord-2501 „Noratlas" Fracht-, Transport- und Verkehrsflugzeug

Die Nord-2501 „Noratlas" wurde ursprünglich als Militärtransporter entwickelt. Der Prototyp Nord-2500 flog erstmalig am 10. September 1949. Von den zwei Prototypen der Nord-2501 unternahm der erste am 30. November 1950 den Erstflug.
Insgesamt wurden in Frankreich 267 Nord-2501 produziert und an die Luftstreitkräfte des Landes sowie an die Griechenlands, Israels, Portugals und von Niger geliefert. Der Flugzeugbau Nord (BRD) baute von September 1958 bis 1963 161 „Noratlas" in Lizenz. Anfang 1976 verfügte die Luftwaffe der BRD noch über fünf „Noratlas", die inzwischen ausgesondert sind.

Versionen:
Nord-2502: wie die Nord-2501, aber mit zusätzlichen TL-Triebwerken an den Flügelenden.
Nord-2503: wie die Nord-2501, aber statt der Hercules-Triebwerke Pratt-&-Whitney-Motoren.
Nord-2504: von der Nord-2502 abgeleitete Ausführung der französischen Marine zur Ausbildung und zum Training von Piloten, Navigatoren, Radarpersonal, besonders aber zur Ausbildung von Spezialisten zur U-Boot-Bekämpfung und -Aufspürung; fünf Maschinen gebaut.
Nord-2506: wie die Nord-2502, aber mit einem besonderen Fahrwerk für kurze und schlechte Landeplätze; das Hauptfahrwerk läßt sich am Boden zur Erleichterung der Beladung absenken.
Nord-2507: aus der Nord-2502 abgeleitete Ausführung für Such- und Rettungszwecke.
Nord-2508: aus der Nord-2502 abgeleitet, aber statt der Hercules-Triebwerke mit Pratt-&-Whitney-Motoren und zusätzlichen TL-Triebwerken an den Flügelenden.
Die Luftstreitkräfte Frankreichs benutzten 1985 noch 30 „Noratlas", die in der Mehrzahl 1986 außer Dienst gestellt wurden.

Rumpf: Zentralrumpf mit Flugdeck und Kabine; Rumpfende senkrecht geteilt und nach beiden Seiten ausklappbar; zwei untereinander auswechselbare Leitwerkträger mit den Triebwerkgondeln verbunden.
Tragwerk: freitragender Hochdecker in Ganzmetallbauweise; am Tragflügelmittelteil Triebwerkgondeln.
Leitwerk: doppeltes Seitenleitwerk in Ganzmetallbauweise; Flossen und Leitwerkträger aus einem Stück; Ruder stoffbespannt.
Fahrwerk: einziehbares Bugradfahrwerk.

Potez 25 Aufklärungsflugzeug

Die Potez 25 gehörte zu den erfolgreichsten Konstruktionen von Henry Potez. Es gab von dieser Maschine 87 Versionen! In den zwanziger und dreißiger Jahren war sie das Flugzeug, das am meisten exportiert wurde.
Der Prototyp Potez 24 flog erstmalig 1925. Die Potez 25 wurde im Laufe der Zeit mit verschiedenen Triebwerken zwischen 330 und 380 kW ausgerüstet. Noch im Jahr 1940 befanden sich etliche Maschinen dieser Art im Einsatz, u. a. in Afrika und im Fernen Osten.
Zahlreiche Fernflüge machten die Potez 25 in aller Welt bekannt. So im August 1925 der Europaflug von Paris über Belgrad, Konstantinopel, Moskau, Kopenhagen zurück nach Paris über 7420 km in 39 h. 1927 flog eine jugoslawische Besatzung von Paris nach Bombay und zurück nach Belgrad über 14000 km mit einer Durchschnittsgeschwindigkeit von 164 km/h. Aufsehen erregte auch ein Geschwaderflug von 28 Maschinen, die im November 1933 über Spanien nach Afrika starteten und nach einer Flugstrecke von 23000 km ohne Zwischenfall alle zurückkehrten.
Die Schweiz beschaffte 1927 für ihre Fliegertruppe sechs Potez L-25 A-2 „Jupiter" und fünf L-25 A-S „HS" mit Hispano-Suiza-Motor (sie dienten bis 1940 als Fernaufklärer und leichte Bomber). 1931 wurden nochmals sechs L-25 A-2 „Jupiter" – aber statt mit 340 kW jetzt mit 315 kW – beschafft und eine weitere Maschine aus Ersatzteilen zusammengebaut. Mit diesen Flugzeugen wurde eine Fliegerkompanie der Schweiz ausge-

rüstet. Teilweise erhielten die Maschinen Schneekufen.
Die Firma IAR in Brașov (Rumänien) baute 70 Potez 25 als Aufklärungsbomber in Lizenz, die auch nachts verwendet werden konnten. Auch in Jugoslawien lief eine Lizenzproduktion.

Insgesamt sind etwa 3500 Potez 25 hergestellt und in etwa 20 Ländern verwendet worden.

Rumpf: rechteckiger Querschnitt; vorn Metallbeplankung, hinten Stoffbespannung.
Tragwerk: einstieliger, verspannter Doppeldecker; Oberflügel mit größerer Spannweite.
Leitwerk: verspannte und abgestrebte Normalbauweise.
Fahrwerk: starres Fahrwerk mit durchgehender Achse und Hecksporn; Gummi-Teleskop-Dämpfung.

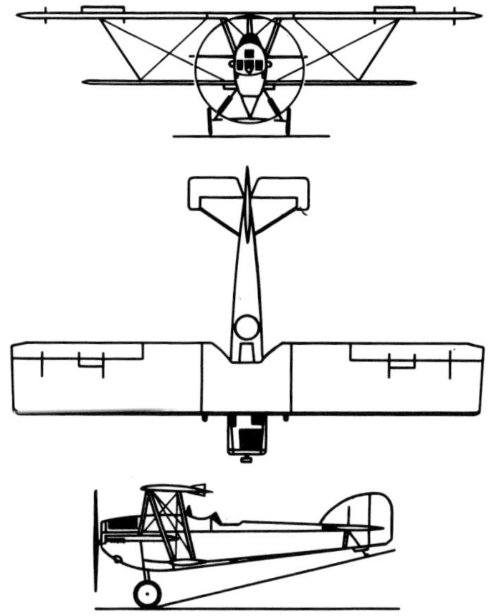

Potez CM-170 „Magister" / „Fouga 90"
Übungsflugzeug/Mehrzwecktrainer

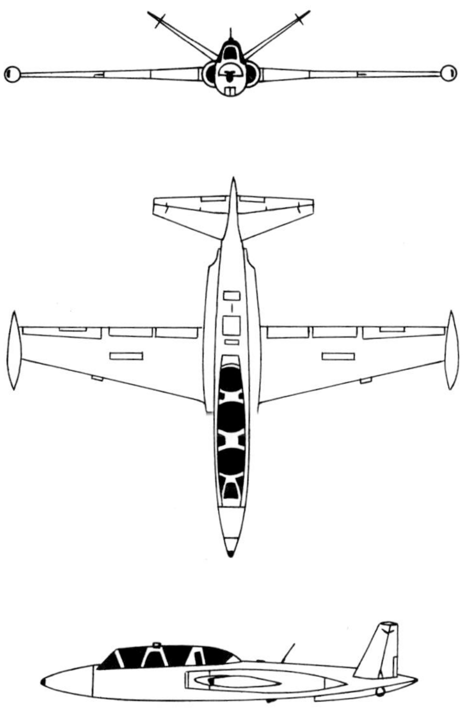

Die CM-170 „Magister" ist von der französischen Firma Air Fouga entwickelt worden, die 1958 von Potez übernommen wurde.
Der Erstflug des Prototyps fand am 23. Juli 1952 statt, der des ersten Vorserienflugzeugs am 7. Juli 1954 (3 Prototypen, 10 Vorserienflugzeuge), der des ersten Serienflugzeugs am 29. Februar 1956.
Bis 1970 wurden 929 CM-170 gebaut und in 12 Länder geliefert.
Die BRD, Finnland (von Valmet 62 Stück gebaut), Israel (von IAI 36 Stück gebaut) und Österreich erwarben Lizenzrechte. In der BRD wurde zum Nachbau der „Magister" die Flugzeug-Union Süd aus der Messerschmitt AG und der Heinkel Flugzeugbau GmbH gebildet. 40 Maschinen wurden aus Frankreich direkt bezogen, 194 (nach anderen Quellen 188) vom Frühjahr 1958 bis Frühjahr 1961 an die Luftwaffe der BRD ausgeliefert.
Im Jahr 1963 entstand die CM-173 „Super Magister" mit stärkeren Triebwerken, einem neuen Rumpfbug und Schleudersitzen. Diese Maschine wurde auch als CM-172 bezeichnet. Zwischen 1963 und 1968 wurden 137 Exemplare gebaut und in Frankreich, Irland und Libanon geflogen. Als Übungsflugzeug für die Marine wurde die CM-175 „Zéphyr" geschaffen. Von 1959 bis 1961 wurden für Frankreich 32 Maschinen gebaut. Die Potez 94 ist eine Weiterentwicklung der CM-173 „Super Magister". Sie erhielt leistungsfähigere Triebwerke, größere Kraftstofftanks und eine stärkere Bewaffnung. Am 8. Juni 1964 startete der Prototyp zum Erstflug. Mangels Nachfrage kam es nicht zur Serienproduktion.
Die modernisierte Version „Fouga 90" flog erstmals am 20. August 1979 (Flügel und Leitwerk aerodynamisch verbessert, Rumpfmittelstück neu, mehr Kopffreiheit, bessere Sicht, zwei Triebwerke Turbomeca „Astafan II G"). Mit dem „Astafan IV G" flog die Maschine erstmalig am 26. September 1979.

Rumpf: Ganzmetall-Halbschalenbauweise mit ovalem Querschnitt; zwei Sitze hintereinander mit Doppelsteuerung; Druckkabine; zwei Kraftstofftanks im Rumpf.
Tragwerk: freitragender Mitteldecker in Leichtmetall-Schalenbauweise; ein Holm; Auftriebsklappen; ausfahrbare Luftbremsen an der Ober- und Unterseite; Flügelendtanks.
Leitwerk: V-Form mit 110° Öffnungswinkel; einholmige Ganzmetallbauweise.
Fahrwerk: hydraulisch betätigtes, einfahrbares Bugradfahrwerk; steuerbares Bugrad; hydraulisch bremsbare Haupträder.

Potez MS-760 „Paris"
Reise- und Übungsflugzeug

Das seit 1911 bestehende Flugzeugwerk Morane-Saulnier wurde im Jahr 1963 von Potez übernommen. Damit gingen die Flugzeuge dieser Firma „Rallye" und „Paris" in die Gruppe Potez über. Die aus der MS-755 „Fleuret" (1953) hervorgegangene MS-760 „Paris" wird für zahlreiche Zwecke verwendet. In erster Linie ist sie ein schnelles Reiseflugzeug. Außerdem dient sie als Schulflugzeug für Kunst- und Blindflug. Einige Maschinen wurden für Luftbildaufnahmen ausgerüstet. Die „Paris I" und die „Paris II" können auch zur Waffenausbildung und zur Erdkampfunterstützung benutzt werden. Die Bewaffnung besteht dann aus MGs oder Kanonen im Rumpfbug und Raketen oder Bomben unter den Tragflügeln.

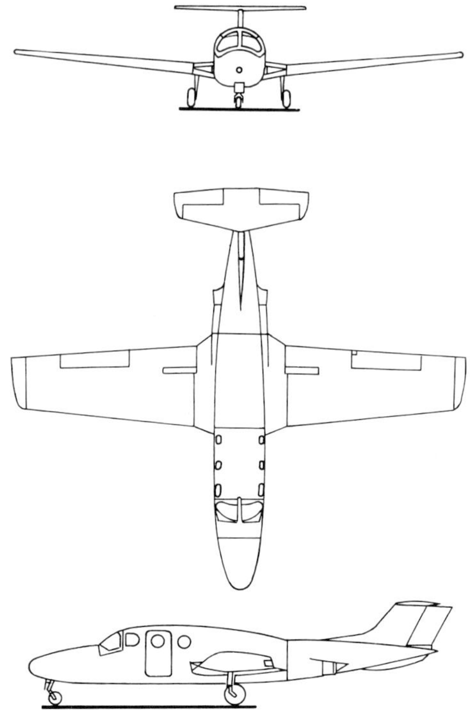

Versionen:

MS-760 A „Paris I": erste Serienausführung mit 3920-N-Triebwerken; Erstflug des Prototyps am 29. Juli 1954, des ersten Serienflugzeugs am 27. Februar 1958; 72 Stück an die französischen Luftstreitkräfte sowie an die Marineluftwaffe und in 30 Exemplaren nach Brasilien geliefert; 36 „Paris I" wurden in Argentinien für die Luftwaffe des Landes gebaut, 12 für den zivilen Bedarf.

MS-760 B „Paris II": Weiterentwicklung der „Paris I" als Schul- und Verbindungsflugzeug mit stärkeren Triebwerken Marbore II (4700 N), größeren Kraftstofftanks, Druckkabine; Luftverkehrszulassung am 22. Juni 1962 erteilt; 48 Maschinen erhielt Brasiliens Armee; bis zum Auslaufen der Produktion im Mai 1964 wurden in Frankreich 15 „Paris II" gebaut, in Brasilien 48; nachträglich sind mehrere Maschinen der Version A zur B umgerüstet worden.

MS-760 C „Paris III": Weiterentwicklung der „Paris II"; statt der Kabine für vier Personen mit nach hinten aufschiebbarem Dach Kabine für sechs Personen mit festem Dach und seitlicher Tür; größere Kraftstofftanks; Lufteinläufe der Triebwerke mit Enteisungsvorrichtung; Enteisung der Tragflügel und des Leitwerks ist möglich; Erstflug des Prototyps am 28. Februar 1964; im Herbst 1964 begann die Serienproduktion; benutzt wird die „Paris III" auch zur Ausbildung von Flugzeugführern für strahlgetriebene Passagiermaschinen.

Bis 1977 wurden 153 „Paris III" ausgeliefert.

Rumpf: Ganzmetall-Schalenbauweise.
Tragwerk: freitragender Mitteldecker in Ganzmetallbauweise; Spaltklappen und Luftbremsen elektrisch betätigt mit mechanischer Notbetätigung.
Leitwerk: freitragendes T-Leitwerk in Ganzmetallbauweise.
Fahrwerk: elektrisch einziehbares Bugradfahrwerk; hydraulische Bremsen.

Potez 840 / 841 / 842
Verkehrs- und Reiseflugzeuge

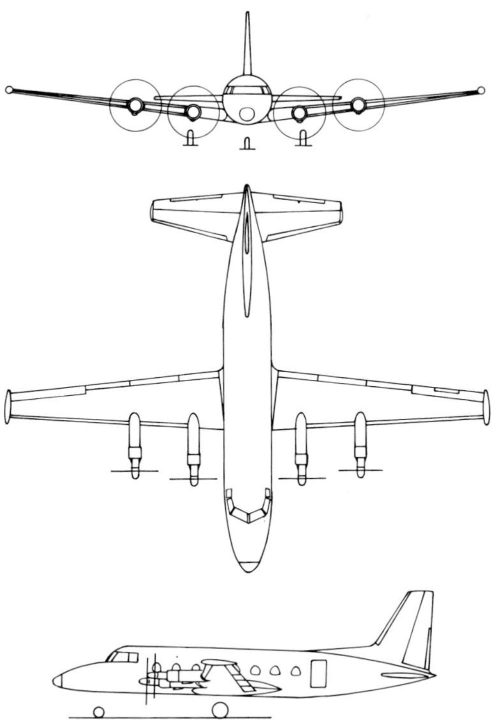

Im Mai 1959 beschäftigte sich Potez mit dem Entwurf einer leichten PTL-Maschine als Zubringer- und Kurzstreckenverkehrsflugzeug für 24 Passagiere und als Reiseflugzeug für acht Fluggäste.
Der erste Prototyp Potez 840 flog erstmalig am 29. April 1961 mit vier Astazou-II-Propellerturbinen (je 390 kW). Der zweite Prototyp (Erstflug 17. Juni 1962) wies verschiedene Änderungen auf. Die Scheiben im Cockpit wurden vergrößert, und die Bugnase wurde verlängert, um mehr Platz für Gepäck und ein Wetterradar zu schaffen, und schließlich wurde die Startmasse erhöht. Die Serienausführung erhielt stärkere Triebwerke und Flügelendtanks. Das erste Serienflugzeug wurde am 23. Dezember 1963 fertiggestellt (Foto und Skizze).
Die Serienflugzeuge Potez 841 und Potez 842 unterschieden sich durch die Triebwerke voneinander. Die Potez 841 mit US-amerikanischen Triebwerken war besonders für den USA-Markt gedacht. Beide Ausführungen wurden als Reiseflugzeug mit 15,9 m Länge (Potez 841 A bzw. 842 A) und als Verkehrsflugzeug mit 16,8 m Länge (Potez 841 L) geliefert.
Flugzeuge der Baureihe Potez 841 / 842 wurden an französische und BRD-Luftverkehrsgesellschaften sowie an Marokko geliefert.

Rumpf: Ganzmetall-Schalenbauweise; Druckkabine.
Tragwerk: freitragender Tiefdecker in Ganzmetallbauweise mit einem Holm; trapezförmiger Grundriß; elektrisch betätigte Doppelspaltklappen; pneumatische Enteisung; Flügelendtanks und Tragflügeltanks.
Leitwerk: freitragende Normalbauweise in Ganzmetall; pneumatische Enteisung.
Fahrwerk: hydraulisch betätigtes, einfach bereiftes einziehbares Bugradfahrwerk; ölpneumatische Dämpfung; hydraulische Scheibenbremsen.

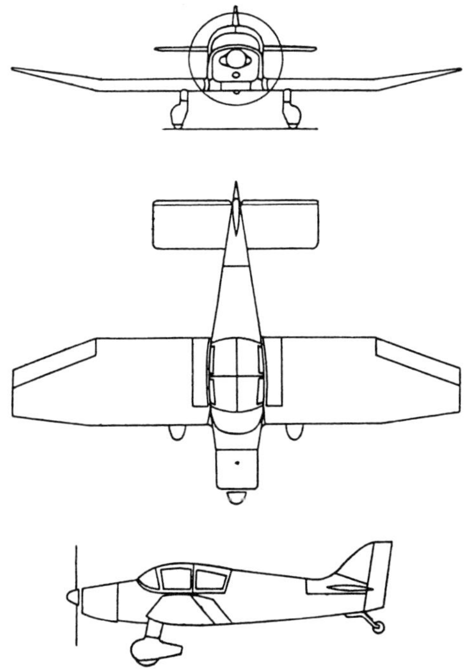

Robin DR-1051 „Sicile Rekord"
Reiseflugzeug

Das erste Flugzeug der im Oktober 1957 gegründeten Firma Avions Pierre Robin (Centre Est Aéronautique) war die DR-100 „Ambassadeur", deren Prototyp am 14. Juli 1958 erstmalig flog.
Die ab 1960 gebaute, verbesserte Version DR-1050 „Ambassadeur" hatte einen 75-kW-Motor. Ein Jahr darauf folgte die DR-1051 mit einem 80-kW-Triebwerk. Dieses bei internationalen Wettbewerben sehr erfolgreiche Flugzeug wurde in DR-1051 „Sicile" umbenannt. Weitere Verbesserungen, insbesondere ein neues Leitwerk und eine bessere Schallisolierung, führten zur Version DR-1051 „Sicile Rekord" (Foto und Skizze). Die Weiterentwicklung beider Muster ist die DR-1052 „Excellence" (bessere Stabilität durch umgestaltetes Leitwerk, eleganteres Aussehen, neue Innenausstattung, weniger Lärm).
Aufgrund der Erfahrungen mit diesen Maschinen entstand nach den Forderungen der französischen Fliegerklubs im Juni 1965 das Projekt des Schulzweisitzers DR-220, dessen Erstflug am 5. Februar 1966 stattfand. Aus diesem Muster gingen zahlreiche Modifikationen (DR-200 / 2 + 2, DR-250 „Capitane", DR-221 „Dauphin" u. a.) hervor, die unterschiedlich in Ausrüstung, Zuladung, Antrieb und Reichweite waren. Typisch für diese Maschinen sind das feste Heckradfahrwerk sowie die hochgezogenen Außenflügel.
Schließlich entstand noch eine ganze Serie von zwei- bis sechssitzigen Schul-, Sport- und Reiseflugzeugen mit gleicher Tragflügelbauweise, jedoch mit Bugfahrwerk. Teilweise ist das Bugrad starr, teilweise einfahrbar. Zu dieser Reihe gehören die äußerlich nur wenig unterschiedlichen DR-253 „Regent", DR-300 / 108 „2 + 2 Tricycle", DR-300 / 140 „Acrobat", DR-300 / 180 „Remorquer", DR-315 „Petit Price", DR-340 „Major", DR-360 „Chevalier" und DR-380 „Prince". In den letzten Jahren ist noch die Serie DR-400 mit unterschiedlichen Größen der Kabine und des Triebwerks hinzugekommen.
Die stärkste Ausführung ist die vier- bis fünfsitzige DR-400 / 180. Typisch für die nach der Jodel-Konzeption entwickelte DR-Reihe sind die perfektionierte Holzbauweise und die Knickflügel.

Rumpf: Ganzholz-Schalenbauweise mit rechteckigem Querschnitt; Doppelsteuerung; Schallisolierung; Heizung und Belüftung.
Tragwerk: freitragender Tiefdecker in Holzbauweise mit einem Holm; Flügelnase mit Sperrholzbeplankung, dahinter Stoffbespannung; Luftbremsen unter dem Tragflügel.
Leitwerk: freitragende Normalbauweise in Holz; Ruder stoffbespannt; Höhenleitwerk ungedämpft.
Fahrwerk: starr; Gummidämpfung; hydraulische Bremsen; steuerbares Spornrad.

Robin HR-100 / 200
Reiseflugzeug

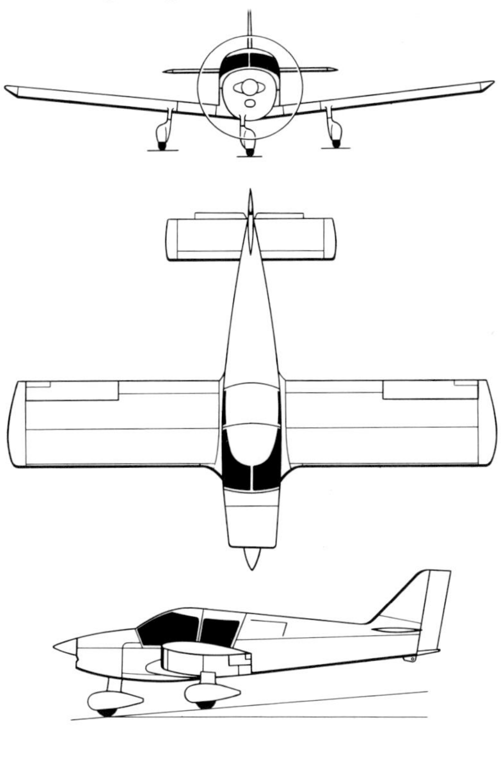

Nach ihren Erfolgen mit den Jodel-Flugzeugen in Holzbauweise ist die HR-100-200 die erste Metall-Maschine der Firma Robin (HR: Heintz-Robin). Bei dieser Baureihe fehlt der Knickflügel, das typische Merkmal der Jodel-Flugzeuge. Die Maschine ist schwerer als die Holz-Flugzeuge, sie ist aerodynamisch aber so gut durchgebildet, daß sie mit ihrem starren Fahrwerk etwa die gleichen Leistungen erreicht wie vergleichbare amerikanische Flugzeuge mit Einziehfahrwerk. Vorarbeiten für die Ganzmetallmuster wurden mit einer DR-253 geleistet, die Metalltragflügel erhielt. Die Konstruktionsarbeiten an der Ganzmetallausführung begannen 1968.
Der Erstflug fand am 3. April 1969 statt, drei Vorserienmuster folgten 1970, und die Serienfertigung der nunmehr als HR-100 / 200 bezeichneten Maschine mit 145-kW-Motoren begann im Jahr 1971. Gebaut wurden 30 HR-100 / 200. Es folgten: Ende 1972 der Viersitzer HR-100 / 200 (54 bestellt)

mit starrem Bugradfahrwerk; HR-100/210 R mit Einziehfahrwerk; 1974 die HR-100/235 mit 175-kW-Motor; HR-100/Tiara (eine Weiterentwicklung der HR-100/200); HR-100/4 + 2 mit 235-kW-Turboprop-Triebwerk (Weiterentwicklung der HR-100/Tiara); HR-200 (Erstflug: 29. Juli 1971; zweisitziges, kunstflugtaugliches Schulflugzeug; auch für Sport und Reise geeignet); von der HR-200 wurden mehrere Versionen abgeleitet (HR-200/100; HR-200/120; HR200/140; HR-160), die mit unterschiedlichen Triebwerken ausgestattet sind.

Insgesamt baute die Firma Robin 199 Flugzeuge aller HR-Versionen, von denen 89 exportiert wurden.

Rumpf: Ganzmetallbauweise mit Längsgurten und Spants; Oberseite mit GFK beplankt; Kabinenverglasung nach vorn aufschiebbar; hinter den Rücksitzen Gepäckraum mit Tür auf der Backbordseite; Schallisolierung; Heizung und Belüftung.
Tragwerk: freitragender Tiefdecker in Ganzmetallbauweise; ein Metallholm; Flügelspitzen aus GFK; elektrisch betätigte Auftriebsklappen.
Leitwerk: freitragende Normalbauweise in Ganzmetall.
Fahrwerk: starr; aerodynamisch verkleidet; ölpneumatische Dämpfung; hydraulische Scheibenbremsen; steuerbares Bugrad.

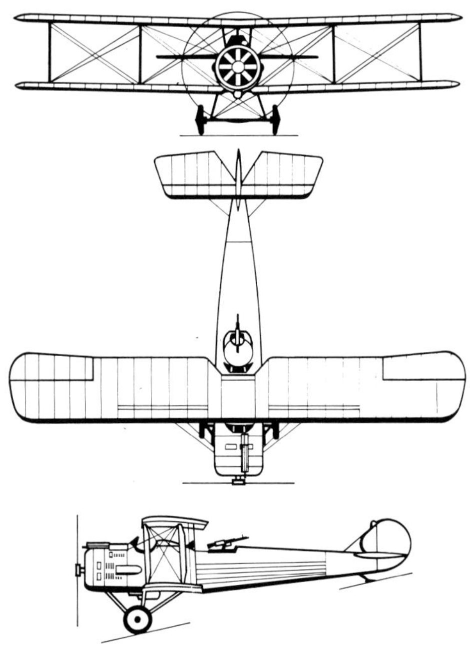

Salmson Sal II A 2
Mehrzweck-Kampfflugzeug

Luftkriegshistoriker sind der Ansicht, die kleinen und schnellen Bomber hätten im ersten Weltkrieg mit ihren vielfältigen Handlungen den bedeutsamsten Beitrag unter den Bombenflugzeugen geleistet. Da diese Maschinen damals weder über eine große Reichweite noch Zuladung verfügten, mußte man sie möglichst dicht hinter der Frontlinie stationieren. Dazu benötigten sie eine robuste Konstruktion. Als besonders geeignet erwiesen sich die Voisin-Leichtbomber, da ihre Zelle zum Teil aus Stahl bestand. Als mit dem Aufkommen des nach vorn schießenden Jagdflugzeugs der Vorteil der Druckluftschrauben-Maschinen verloren ging, wendete man sich anderen einmotorigen Bombern zu.
Der erfolgreichste Typ wurde die Bréguet Br XIV. In deren Schatten blieb der einmotorige Doppeldecker Sal II A 2 der Firma Société des Moteurs Salmson in Billancourt (Seine), der 1917 als Aufklärer und Bomber entwickelt worden war. Dabei wies diese äußerlich recht modern und robust anmutende Maschine bereits beachtliche Flugleistungen auf.
Der Flugzeugführer saß unmittelbar hinter dem Motor vor dem oberen Tragflügel. Auf der Motorhaube befand sich etwas nach links versetzt ein starr eingebautes, wassergekühltes MG, das der Pilot bediente. Im ebenfalls offenen Sitz des Beobachters war ein Drehkranz mit einem MG oder einer Zwillingswaffe installiert.
Insgesamt sind 1514 Maschinen dieses Typs gebaut worden. Einige davon erhielt das USA-Expeditionskorps in Europa. Nach dem Krieg sind zahlreiche Sal II A 2 in das Ausland verkauft worden. So verfügten drei polnische Staffeln über insgesamt 45 Maschinen.

Rumpf: Gemischtbauweise; zwei offene Sitze hintereinander; Aufhängungen unter dem Rumpf für mehrere kleine Bomben.
Tragwerk: zweistieliger Doppeldecker in Gemischtbauweise mit Verspannung; oberer und unterer Tragflügel mit gleicher Spannweite und Tiefe, keine Staffelung; Querruder an oberen Tragflügeln; Aufhängungen für mehrere kleine Bomben.
Leitwerk: Normalbauweise mit Verspannung; Metallrahmen mit Stoffbespannung.
Fahrwerk: nicht einziehbar, durchgehende Achse, Hecksporn.

Savary
Militärflugzeug

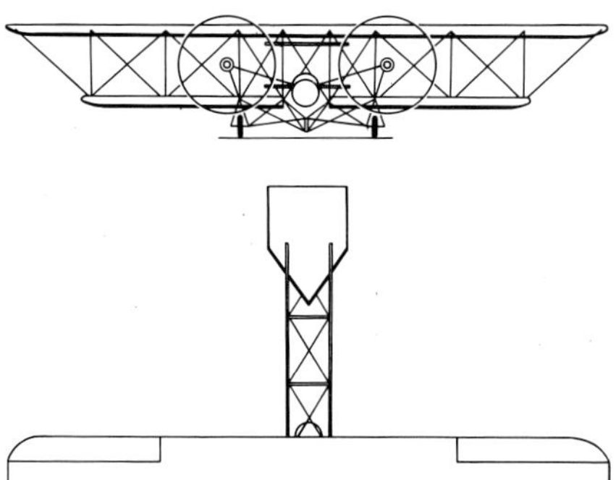

Die Firma Savary gehörte zu den französischen Flugzeugwerken, die schon vor dem ersten Weltkrieg Militärflugzeuge bauten. Bei dem hier vorgestellten Doppeldecker benutzte Savary für die Quersteuerung nicht mehr die Verwindung der Tragflügel, sondern bereits Querruder. Als Rumpf dienten die in Frankreich lange Zeit gebräuchlichen Gitterschwänze. Die Luftschrauben waren ebenso wie bei den Flugzeugen der Brüder Wright angeordnet, indem ein mittleres Triebwerk zwei seitliche Schrauben antrieb. Originell war die Anordnung der Seitenruder zwischen den Tragflügeln.

Rumpf: Gondelrumpf für Triebwerke und Besatzung; zwei parallele Gitterschwänze als Träger für das Höhenleitwerk.
Tragwerk: vierstieliger, verspannter Doppeldecker; Querruder.
Leitwerk: Höhenleitwerk in Doppeldeckerbauart; vier Seitenleitwerke am Tragwerk; je zwei auf jeder Seite außen an den Seiten.
Fahrwerk: starr mit durchgehender Achse und großer Spurweite; in der Mitte Kufe als Schutz gegen Überschläge.

SIPA S-2510 „Antilope" Mehrzweckflugzeug

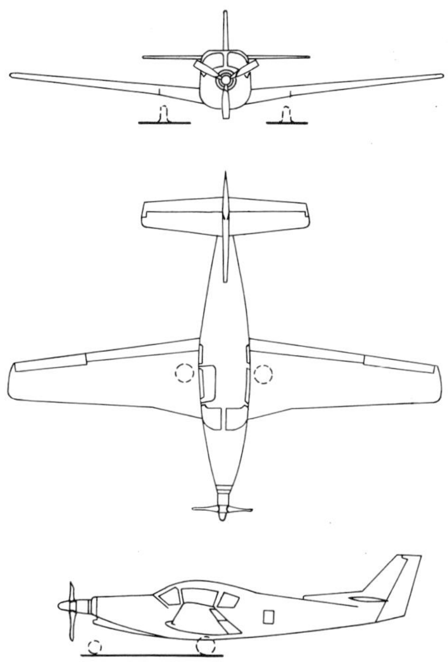

Die PTL-Maschine S-2510 „Antilope" ist vor allem als Reiseflugzeug gedacht, sie kann aber auch als militärisches Verbindungs-, als Luftbild- und als Sanitätsflugzeug benutzt werden. Die Kabine mit Schallisolierung kann auch als Druckkabine ausgeführt werden. Zweisitzig geflogen läßt sich die Maschine zur Kunstflugausbildung benutzen.
Die S-2510 (auch als S-251 bezeichnet) gilt als erstes Leichtflugzeug mit Turboprop-Antrieb.
Das starke Triebwerk ermöglicht den Einsatz von kleinen Flugplätzen ohne befestigte Piste.
Der Erstflug des Prototyps fand am 7. November 1962 statt, die Luftverkehrszulassung wurde am 13. April 1964 erteilt.

Rumpf: Ganzmetall-Halbschalenbauweise; vorn zwei Sitze, dahinter Sitzbank für drei Personen; Tür steuerbords; Druckkabine auf Wunsch; Schallisolierung; Heizung und Belüftung.
Tragwerk: freitragender Tiefdecker in Ganzmetallbauweise mit zwei Holmen; Spitze in Halbschalenbauweise; elektrisch betätigte Fowler-Klappen; pneumatische Enteisung.
Leitwerk: freitragende Normalbauweise in Ganzmetall; pneumatische Enteisung.
Fahrwerk: elektrisch einziehbar; ölpneumatische Dämpfung; steuerbares Bugrad; hydraulische Scheibenbremsen.

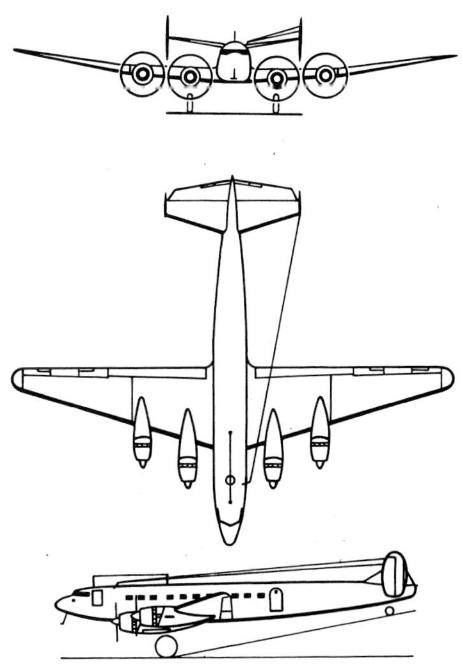

SNCASE SE-161 „Languedoc" Verkehrsflugzeug

Im Jahr 1936 schuf Marcel Bloch für die Air Afrique das 12sitzige Kurzstrecken-Verkehrsflugzeug Bloch-160 mit vier 530-kW-Triebwerken. Daraus entstand die Bloch-161, die erstmals im September 1939 flog. Den Bau der Maschine übernahm die SNCASE Sud-Ouest, die durch Zusammenschluß von Bloch und Blériot entstanden war. Die Erprobung verlief erfolgreich, und die Air France bestellte vorerst 20 Maschinen, wovon die erste am 17. September 1945 als SE-161 „Languedoc" mit Gnôme-et-Rhône-Triebwerken flog.
Folgende Versionen wurden gebaut:
– für 33 Passagiere und 1 000 kg Fracht mit einer Reichweite von 1 000 km,
– für 24 Passagiere und 1 000 kg Fracht mit einer Reichweite von 1 500 km,
– für 10 bis 12 Passagiere und 1 000 kg Fracht mit einer Reichweite von 2 500 km,
– für 6 500 kg Nutzmasse (Frachtausführung) mit einer Reichweite von 800 km.

Ab 1947 wurde die Maschine mit 885-kW-Triebwerken Pratt and Whitney „Twin Wasp" ausgestattet. Diese Version wurde als SE-161 P 7 bezeichnet.
Die Air France nahm mit der ersten von 40 bestellten SE-161 „Languedoc" am 28. Mai 1946 den regelmäßigen Dienst zwischen Paris und Algier auf,

wo diese die Ju 52 ablöste. 1947 bestellte die polnische Luftverkehrsgesellschaft LOT fünf Maschinen SE-161 P-7. Auch die ägyptische Gesellschaft Misrair, die spanische Avioco sowie die Iberia kauften einige Exemplare.
Insgesamt wurden rund 100 SE-161 gebaut, von denen einige bei den Luftstreitkräften und den Marinefliegern Frankreichs bis 1960 flogen.
Einige SE-161 dienten als Erprobungsträger und fliegende Prüfstände (so für das Versuchsjagdflugzeug Leduc 021) von Triebwerken und Zubehör. Die letzten zivilen SE-161 flogen Anfang der sechziger Jahre in Spanien.

Rumpf: Ganzmetallbauweise mit Glattblechbeplankung; in der Kabine 11 Reihen mit je drei Plätzen; Heizung und Belüftung.
Tragwerk: freitragender Tiefdecker in Ganzmetallbauweise; auch unter dem Rumpf durchlaufende Spreizklappen.
Leitwerk: freitragende Ganzmetallbauweise; zwei Seitenleitwerke als Endscheiben; Höhenruder mit Trimmklappen.
Fahrwerk: nach vorn einziehbares Fahrwerk mit Spornrad.

SNIAS SO-4050 „Vautour"
Taktisches Mehrzweckflugzeug

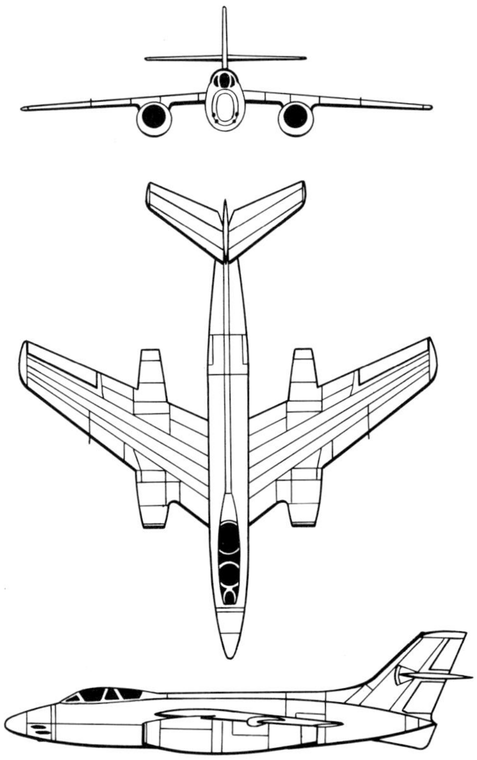

Unter der Bezeichnung SO-4050 begann Anfang der fünfziger Jahre bei Sud-Aviation die Entwicklung eines taktischen Mehrzweckflugzeugs, aus dem ein Jagdbomber, ein Nacht- und Allwetterjäger sowie ein Bomber abgeleitet werden sollten. Für jede Modifikation wurde ein eigener Prototyp geschaffen. Der erste Prototyp startete am 16. Oktober 1952 zum Erstflug.

Versionen:
„Vautour" II A: einsitziger Jagdbomber; Erstflug am 30. April 1956; 30 Stück gebaut, davon 25 an Israel geliefert.
„Vautour" II B: zweisitziger Bomber mit Bugkanzel, ohne seitliche Kanonen, mit Bombenschacht; Erstflug am 31. Juli 1957; mit den 40 Maschinen dieses Typs erhielten die französischen Luftstreitkräfte ihren ersten Atomwaffenträger.
„Vautour" II N: zweisitziger Allwetterjäger; Erstflug im April 1956; 70 Maschinen gebaut; erst im Jahr 1975 gab die letzte Staffel ihre „Vautour" II N gegen die „Mirage F-1" ab.

Rumpf: Ganzmetall-Schalenbauweise; aufgesetzte Kabine; große Bremsklappen beiderseits des Rumpfes; Funkmeßgerät unter Kunststoffnase im Bug.
Tragwerk: Mitteldecker mit Pfeilflügeln; hängende Triebwerke; ein Grenzschichtzaun je Außenflügel; Flügelpfeilung 35°.
Leitwerk: Normalbauweise; Höhenleitwerk hoch über dem Rumpf angesetzt; Höhen- und Seitenleitwerk stark gepfeilt; Stabilisierungsfläche unter dem Heck.
Fahrwerk: Hauptstreben in Triebwerkgondeln, Bugstrebe in Rumpf einziehbar; alle Streben doppelt bereift.

SNIAS SE-210 „Caravelle"
Verkehrsflugzeug

Sechs große französische Flugzeugfirmen erhielten 1951 die Ausschreibung für ein Strahl-Verkehrsflugzeug, worauf die damalige Firma S.N.C.A. du Sud-Est (Sud Aviation) im Juni 1952 zwei Vorschläge einreichte. Für das erste Projekt waren drei Atar-Triebwerke vorgesehen, während das zweite mit zwei Mantelstrom-Triebwerken ausgerüstet werden sollte, die es jedoch noch nicht gab. Schließlich stimmte man dem überarbeiteten Projekt X-210 zu, das statt der drei Atar- zwei leistungsstärkere Avon-Triebwerke erhalten sollte. In dieser Ausführung bestellte man 1953 zwei Prototypen und zwei Bruchzellen, die statischen Versuchen dienten. Am 27. Mai 1955 nahm der erste Prototyp F-WHHH die Flugerprobung auf, der zweite folgte am 6. Mai 1956. Während die erste Maschine die Test- und Abnahmeflüge absolvierte, unternahm die zweite ein umfangreiches Vorführprogramm in Europa und den USA. Beide Prototypen hatten Rolls Royce-Triebwerke Avon R.A.26 mit je 45 360 N Startschub. Frankreich erteilte die Luftverkehrszulassung am 2. April 1958, die USA sechs Tage später.
Die SE-210 „Caravelle" gilt in der Geschichte der Luftfahrt als französische Pionierleistung. Sie war aerodynamisch hervorragend gestaltet und erreichte in 9 000 m Höhe eine Reisegeschwindigkeit von 830 km/h. Neu war die Unterbringung der beiden Triebwerke in Gondeln am hinteren Rumpfteil. Bei Ausfall eines Triebwerks blieb die Stabilität erhalten; Start und Landung waren auch unter diesen Umständen möglich.
Die erste Serienmaschine „Caravelle I" startete am 18. Mai 1958 zum Erstflug. Ausgerüstet war sie mit zwei Triebwerken Avon 522 (je 46 650 N Startschub). Ab April 1959 setzten die Air France und die SAS ihre „Caravelle I" ein. Bis zum Ende der Produktion im Jahr 1973 sind insgesamt 280 „Caravelle" an 27 Luftverkehrsgesellschaften geliefert worden.

Versionen:
„Caravelle I": erste Serienausführung.
„Caravelle I A": wie die I, aber mit je 47 630 N Startschub.
„Caravelle III": Erstflug am 30. Dezember 1959; je 53 070 N Startschub; für 64 bis 80 Fluggäste; höhere Flugleistungen und größere Startmasse; die 23 Maschinen der Typen I und I A wurden 1961 auf den Typ III umgerüstet.
„Caravelle VI N": Erstflug am 10. September 1960; je 55 350 N Startschub; erste Maschinen im Januar 1961 an die Sabena geliefert; Gesamtproduktion 55 Maschinen.
„Caravelle VI R": Erstflug am 6. Februar 1961; je 56 000 N Startschub; erste Maschinen im Juli 1961 an die USA geliefert; Gesamtproduktion 54 Stück.
„Caravelle VII": zu Versuchszwecken umgebauter Typ III mit zwei Mantelstrom-Triebwerken General Electric CJ805-23C (je 71 630 N); ging nicht in Serie.
„Caravelle 10 A": Prototyp mit den Triebwerken des Typs VII; aerodynamisch modifiziert, z. B. im Bereich der Flügelwurzeln.
„Caravelle 10 B": Serienmodell mit Pratt & Whitney JT8D-1 (je 63 500 N).
„Caravelle 10 B1R": später auch als Typ 10 R bezeichnet; Erstflug am 18. Januar 1965; Triebwerke Pratt & Whitney JT8D-7 (je 62 600 N) und Hilfstriebwerk.
„Caravelle 11 R": vor dem Flügel Rumpf um 0,93 m verlängert und mit großem Frachttor versehen; gilt als Kombiversion; sonst wie die 10 R; Erstflug am 21. April 1967.
„Super Caravelle": weitgehend umkonstruierte, aerodynamisch verbesserte 10 B; besonders an den Flügelwurzeln verändert; Rumpf um 1 m verlängert; für 68 bis 106 Passagiere; ursprünglich vorgesehen als „Caravelle Horizon" in den Ausführungen Super A mit CJ805-23C und Super B mit JT8D-1; gefertigt wurde nur die Super B; Erstflug der ersten Serienmaschine am

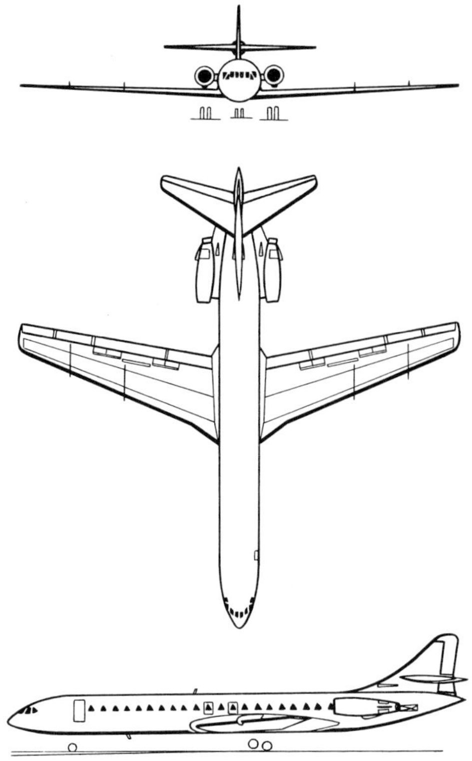

3. März 1964; Aufnahme des Liniendienstes bei der Finnair im zweiten Halbjahr 1964.

„Caravelle 12": von der „Super Caravelle" abgeleitet; Rumpf um 3,21 m länger; je 64500 N Startschub; bis zu 140 Plätze; letzte Serienausführung; Erstflug am 29. Oktober 1970; Serienfertigung ab 1971.

Die Veränderungen bei der „Super Caravelle" und der „Caravelle 12" betrafen auch den geringeren Kraftstoffverbrauch, die Modernisierung der elektrischen und der hydraulischen Ausrüstung und eine größere Startmasse. Das Hilfstriebwerk ab dem Typ 10 R machte die Maschine von Bodeneinrichtungen unabhängig.

Obwohl die „Caravelle" einen großen technischen Fortschritt darstellte, galt sie in finanzieller Hinsicht als weniger erfolgreich.

Rumpf: Ganzmetall-Halbschalenbauweise mit rundem Querschnitt.
Tragwerk: freitragender Tiefdecker in Ganzmetallbauweise; zweiteiliger Flügel; drei Holme; zweiteilige, hydraulisch betätigte Querruder an jedem Flügel; hydraulisch betätigte Fowler-Klappen; Luftbremsen oben und unten vor den Klappen; dreiteilige Spoiler; zwei Grenzschichtzäune auf jeder Seite; thermische Enteisung.
Leitwerk: freitragende Normalbauweise in Ganzmetall; Höhenleitwerk nach oben versetzt; Ruder hydraulisch betätigt; thermische Enteisung.
Fahrwerk: Bugstrebe mit Zwillingsrädern nach vorn einfahrbar; Hauptstreben mit Fahrwerkschlitten mit je vier Rädern nach innen einfahrbar; Blockierungsschutz.

SNIAS „Frégate" Verkehrsflugzeug

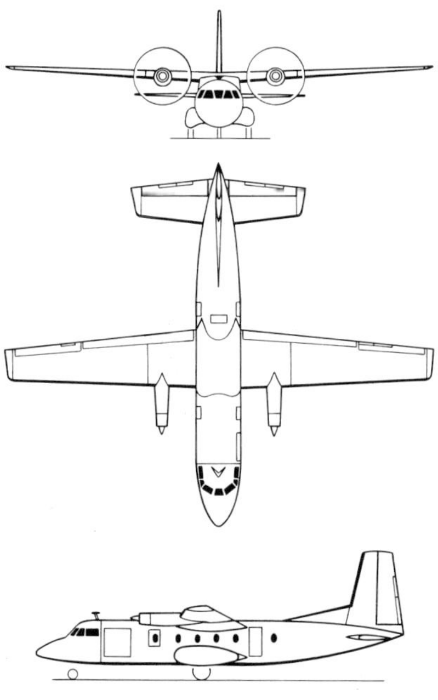

Die SNIAS schuf mit der „Frégate" ein leichtes TL-Verkehrsflugzeug, das auch von Flugplätzen ohne feste Piste aus eingesetzt werden kann. Die Maschine ist eine Weiterentwicklung des Kolbenmotorflugzeugs MH-260 zur Nord-262. Der Erstflug des Prototyps war am 24. Dezember 1962. Die Maschine war als Ersatz für die DC-3 gedacht. Von der N-262 A und der N-262 B wurden insgesamt 205 Exemplare gebaut. Die N-262 C und die N-262 D wurden mit stärkeren Triebwerken versehen und als „Frégate" bezeichnet.

Es gibt zahlreiche Ausführungen:
- Verkehrsflugzeug für bis zu 29 Passagiere,
- Frachtflugzeug,
- kombiniertes Verkehrs- und Frachtflugzeug,
- Vermessungsflugzeug,
- Sanitätsflugzeug für 12 Tragen und zwei Begleiter,
- Reiseflugzeug für 16 bis 19 Passagiere,
- Flugzeug für Luftbildaufnahmen,
- Militärflugzeug für Transport- und Verbindungszwecke und zum Absetzen von Fallschirmjägern.

Der Erstflug war am 9. Juli 1968. Die Serienfertigung begann 1970. Bis Ende 1977 waren 110 Maschinen verkauft worden. Am 7. Januar 1975 startete in den USA eine auf zwei PTL-Triebwerke (je 875 kW) mit Fünfblattluftschrauben von den Mohawk-Werken umgerüstete Version „Mohawk 298" zum Erstflug.

Rumpf: Ganzmetall-Schalenbauweise; Druckkabine; zweiteilige Tür hinter dem Flügel an der Backbordseite; Tür zum Gepäckraum vor dem Tragwerk backbords; Notausstieg vorn auf jeder Seite, hinten auf der Steuerbordseite und am Cockpit; Cockpitverglasung mit elektrischer Enteisung.
Tragwerk: freitragender Hochdecker in Ganzmetallbauweise; ungepfeilt; zwei Holme; Auftriebsklappen an der Hinterkante; pneumatische Enteisung.
Leitwerk: freitragende Normalbauweise in Metall; Ruder stoffbespannt; pneumatische Enteisung.
Fahrwerk: einziehbar mit einem Rad an jeder Strebe; ölpneumatische Dämpfung; hydraulische Scheibenbremsen mit Blockierungsschutz; hydraulisch steuerbares Bugrad.

SNIAS SN-600 „Corvette“ Mehrzweckflugzeug

Die SN-600 „Corvette“ ist als Reise-, kleines Verkehrs- sowie als kleines Frachtflugzeug vorgesehen. Die Kabine kann für 6, 10 oder 14 Passagiere eingerichtet werden. Als Frachtflugzeug bietet die Maschine 10 m³ Raum. In der Sanitätsversion können drei Tragen und zwei Sitze untergebracht werden. Schließlich gibt es Versionen als Luftbild-, Schul- und Übungsflugzeuge.
Der Erstflug des Prototyps war am 16. Juli 1970. Nach etwa 250 Flugstunden stürzte die Maschine am 26. März 1971 ab. Die weitere Flugerprobung führte zu einigen Verbesserungen, und das erste Serienflugzeug nahm die Testflüge am 20. Dezember 1972 auf.
Die Flugzeuge der ersten Serie wurden als SN-601 bezeichnet. Bis 1978 waren 40 SN-601 fertig. Im Vergleich zum Prototyp war der Rumpf verändert worden. Die zweite Serienversion SN-602 mit stärkeren Triebwerken (12300 N Schub) wurde nicht gebaut, da von der SN-601 nur 36 Flugzeuge verkauft werden konnten.

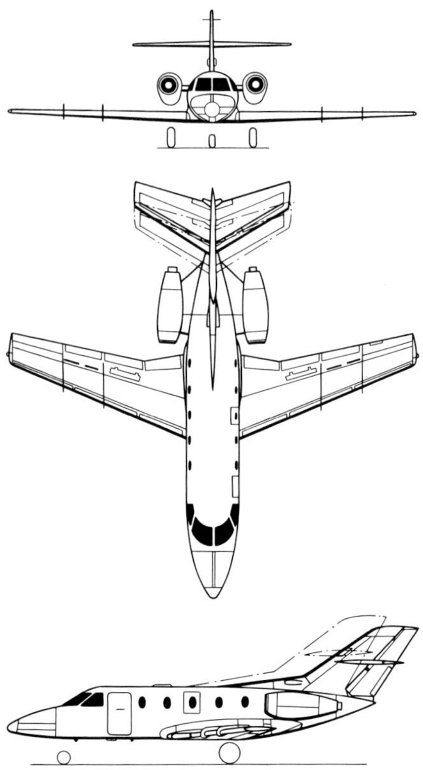

Rumpf: Leichtmetall-Halbschalenbauweise mit kreisförmigem Querschnitt; Einstiegtür mit eingebauter Treppe vorn backbords; auf Wunsch Frachttür; Klimaanlage.
Tragwerk: freitragender Tiefdecker in Ganzmetallbauweise; zwei Holme; Doppelspalt-Landeklappen in Leichtmetall-Wabenbauweise; Spoiler vor den Außenklappen; Luftbremsen über und unter jedem Flügel; pneumatische Enteisung; Tragflügelendbehälter möglich.
Leitwerk: freitragende, gepfeilte Normalbauweise in Leichtmetall; Höhenleitwerk nach oben versetzt; elektrisch verstellbare Höhenflosse; Trimmklappen an allen Rudern.
Fahrwerk: einziehbar; ein Rad je Strebe, hydraulische Dämpfung; Niederdruckreifen; hydraulische Bremsen mit Blockierungsschutz; steuerbares Bugrad.

SNIAS SO-1221 „Djinn“ Hubschrauber

Die SO-1221 „Djinn“ gehört mit der SE-313 „Alouette II“ zu den ersten in Serie produzierten Turbinenhubschraubern der Welt. Der Erstflug des Prototyps war am 16. Dezember 1953. Die Serienproduktion begann im Januar 1956.
Die SO-1221 „Djinn“ wurde vor allem in der Landwirtschaft zum Nebeln (Arbeitsbreite bis zu 60 m), Sprühen (Arbeitsbreite bis zu 18 m) und Stäuben (Arbeitsbreite bis zu 13 m) eingesetzt. Die landwirtschaftliche Spezialausrüstung konnte schnell ausgewechselt werden. Der Chemikalienbehälter faßte 200 l.
In der Militärversion trug die „Djinn“ Panzerabwehrraketen. Außer Frankreich verwendeten die BRD, Österreich und die Schweiz sowie fünf weitere Länder Helikopter dieses Typs auch als Beobachtungs- und Verbindungshubschrauber sowie für Sanitäts- und Rettungsaufgaben, beispielsweise in den Alpen.
Insgesamt 178 „Djinn“ wurden bis Ende 1965 produziert, allein 100 erhielten die französischen Luftstreitkräfte.

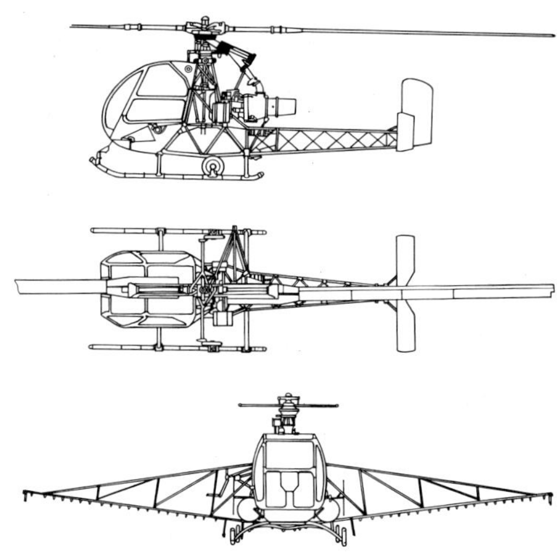

Rumpf: Gitterrumpf mit Kabine; zentraler Teil des Gitterrumpfes trägt das Fahrwerk, den Kraftstofftank, das Triebwerk und das Gerät für den Rotor.
Tragwerk: zwei Ganzmetall-Rotorblätter.
Leitwerk: Höhen- und Seitenleitwerk in Normalbauweise wie bei Starrflüglern mit Endscheiben; Ruder liegen im Strahl des Luftaustritts der Gasturbine, so daß sie auch im Schwebeflug wirksam sind.
Fahrwerk: zwei Kufen mit herausschwenkbaren Rädern für Bodenbewegungen.

SNIAS SA-360 / SA-361 „Dauphin“ / SA-365 „Dauphin 2“
Hubschrauber

Nach dem Erfolg mit dem fünfsitzigen leichten Turbinenhubschrauber SA-341 „Gazelle“ übernahm man dessen Konstruktionsschema in etwas abgeänderter Form für den neuen zehnsitzigen Mehrzweckhubschrauber SA-360 „Dauphin“, dessen Prototyp am 2. Juni 1972 erstmals flog. Nach 180 Flügen wurde er mit einem stärkeren Triebwerk versehen und in verschiedenen Details verbessert. In dieser Form flog der Hubschrauber erstmalig am 4. Mai 1973. Vom 15. bis zum 17. Mai 1973 stellte die SA-360 mehrere Geschwindigkeitsrekorde auf.

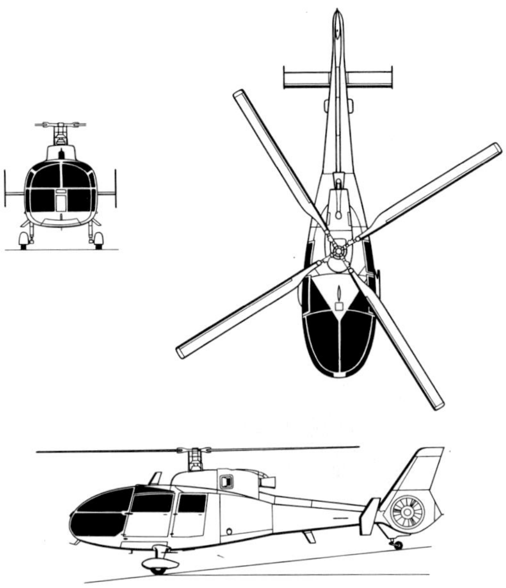

Die SA-360 kann acht voll ausgerüstete Soldaten, eine Panzerabwehrlenkraketengruppe MILAN, innen 1 200 kg oder außen 1 500 kg in Lastenschlingen, vier Verwundete und vier Sanitäter transportieren oder als Kran mit 2 700 N Hubkraft verwendet werden.
Die mit stärkerem Triebwerk versehene, etwas längere Ausführung SA-361 kann mit acht Panzerabwehrlenkraketen HOT sowie mit 20- und 7,62-mm-Waffen ausgerüstet werden.
Aus der einmotorigen SA-360 wurde außerdem die zweimotorige Version SA-365 „Dauphin 2“ abgeleitet, deren Prototyp am 24. Januar 1975 die Flugerprobung aufnahm.
Bis 1993 sind total über 560 AS-365/366 von zivilen und militärischen Abnehmern in 44 Ländern bestellt und 475 abgeliefert worden. Dazu zählen auch die 50 Harbin Z-9/9 A aus chinesischer Lizenzfertigung (wird als Z-9A-100 fortgesetzt) sowie die 101 Such- und Rettungshubschrauber AS 366 G-1 und G-2 für die US-Küstenwache (als HH-65 „Dolphin“, Ersatz für HH-52 A). Diese Hubschrauber der US Coast Guard sind mit Triebwerken Textron Lycoming LTS 101-750 A-1 versehen.
Dem Serienmuster SA 365 C (1978) folgte die SA-375 N (Erstflug Prototyp F-WZJD 31. März 1979). Seit 1990 wird die AS-365 N 2 ausgeliefert. Sie hat stärkere Triebwerke, eine höhere Abflugmasse und neugestaltete Türen (im November 1991 wurde die 83. AS-365 N 2 als 500. „Dauphin“ aller Versionen ausgeliefert). Die Militärausführung Eurocopter AS-565 PANTHER ist im 1. Kapitel beschrieben.

Rumpf: Ganzmetall-Halbschalenbauweise; stark verglaste Kabine; zwei Türen auf der linken Seite; Heckträger stark verjüngt.
Tragwerk: Vierblatt-Rotor; zusammenklappbar.
Leitwerk: Seitenflosse mit ummanteltem Heckrotor; Höhenflosse mit kleinen Stabilisierungsflossen.
Fahrwerk: starres Heckradfahrwerk; je Strebe ein Rad (SA-365: Bugrad einziehbar); Kufen möglich.

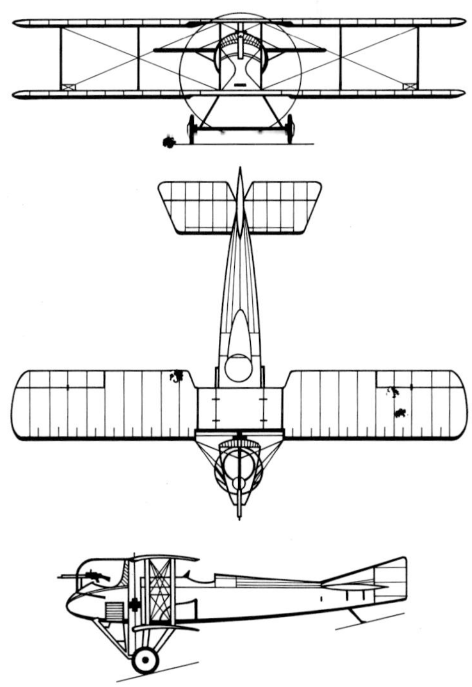

SPAD SA-2
Mehrzweck-Kampfflugzeug

Zu den französischen Maschinen, die in der ersten Hälfte des ersten Weltkriegs aufgrund ihrer konstruktiven Besonderheiten geeignet waren, die Bodentruppen mit Maschinengewehrfeuer zu unterstützen, gehörte die SA-2 (auch S. A. 2 oder A-2), die am 21. Mai 1915 die Flugerprobung aufgenommen hatte. Nur wenige Monate später erhielten die Frontstaffeln die ersten Serienmaschinen. Dabei erwies sich die Bauweise der SA-2 als geeignet für den Einsatz als Artilleriebeobachtungs-, Aufklärungs- und Tiefangriffsflugzeug. Als Nachteil erwies sich jedoch die fehlende Bewaffnung nach hinten.
Insgesamt sind 99 SA-2 gebaut worden, von denen die Luftstreitkräfte Frankreichs 42 und die Rußlands 57 erhielten. Mehrere Maschinen dieses Typs sind noch von den sowjetischen Fliegerkräften gegen die Interventen erfolgreich verwendet worden. Vor allem dienten sie als Aufklärer sowie als Unterstützungsflugzeuge der Bodentruppen gegen die feindliche Reiterei.
Da sich der Le-Rhône-Motor mit seinen 60 kW als etwas schwach erwies, modifizierten die SPAD-Werke den Typ durch den Einbau eines 80-kW-Motors zur SA-4, die erstmals am 22. Februar 1916 flog. Dieser Typ ging jedoch nicht in die Serienfertigung. Eine der 11 gebauten Maschinen blieb in Frankreich, 10 wurden an Rußland verkauft. Davon übernahmen die Fliegerkräfte der Sowjetmacht 6 einsatzbereite Maschinen. Im Winter erhielten die SA-2 und SA-4 in Rußland bzw. in der

Sowjetunion Schneekufen, wie das auch bei anderen Flugzeugtypen üblich war. Die Fliegerkräfte Polens verfügten 1918 über 4 SA-2. Es handelte sich um von den österreichischen Truppen erbeutete russische Maschinen, die bei Kriegsende auf polnischem Gebiet verblieben waren.

Rumpf: Holzbauweise mit Stoffbespannung; vor dem Rumpf mit dem Triebwerk zur Seite abklappbare Gondeln für Wartungsarbeiten; Gondel mit Platz für den Beobachter sowie die in Flugrichtung schießende, durch die Luftschraube unbehinderte Waffe.
Tragwerk: dreistieliger Doppeldecker in Holzbauweise mit Verspannung; oberer und unterer Tragflügel mit gleicher Spannweite und Tiefe, keine Staffelung; Querruder an oberen Tragflügeln; Aufhängungen für einige Bomben.
Leitwerk: Normalbauweise mit Verspannung; Holzrahmen mit Stoffbespannung; dreieckiges Seitenleitwerk.
Fahrwerk: nicht einziehbar, durchgehende Achse; Hecksporn.

SPAD S-11 / S-16
Mehrzweck-Kampfflugzeug

Im September 1916 projektierte die Firma SPAD ihr erstes zweisitziges Flugzeug. Jedoch wurde die als SPAD VIII (S-VIII) bezeichnete Maschine nicht gebaut. Da sich das einsitzige Jagdflugzeug S-VII als sehr erfolgreich erwies, schuf man nach der gleichen Auslegung mit etwas vergrößerten Abmessungen den Zweisitzer SPAD S-11 A-2 (Skizze), der als Fotoaufklärer und Artilleriebeobachter gedacht war, aber auch mit Bomben und Maschinengewehren feindliche Bodentruppen angreifen sollte. Im August 1917 kamen die ersten S-11 A-2 an die Front. Obwohl sich die Maschine schwer steuern ließ, sollte die S-11 mit großer Dringlichkeit produziert werden. Ein Brand in der Herstellerfirma Bernard am 15. März 1918 ließ die Herstellung jedoch rund 2 Monate stocken.
Ab Juli 1918 wurden alle 15 mit der S-11 A-2 ausgerüsteten Staffeln aus dem Fronteinsatz genommen, weil sich der Typ nicht bewährte. Bemängelt wurden die zu schwache Triebwerksleistung, das geringe Steigvermögen sowie die schnelle Querneigung. Die belgischen Fliegerkräfte hatten 3 Staffeln mit diesem Typ ausgerüstet und benutzten ihn bis Kriegsende für unterschiedliche Aufgaben. Mitte 1918 rüsteten die USA 2 Staffeln mit der S-11 A-2 aus.
Ab Januar 1918 versah man einige Maschinen mit dem Triebwerk Lorraine-Dietrich 8 Fb (Startleistung: 175 kW) und bezeichnete sie als S-16 A-2 (Foto). Davon kauften die USA sechs Maschinen, Belgien eine. Versuchsweise baute man in eine S-11 einen Renault-Motor mit 160 kW Startleistung ein. Dieses Flugzeug sowie die S-16 A-2 erreichten eine höhere Geschwindigkeit und Gipfelhöhe als die S-11 A-2. Das änderte aber nichts an der Tatsache, daß die Zweisitzer S-11 / S-16 keine Rolle spielten und nicht an den Erfolg der Jagdflugzeug-Serie S-VII / S-XIII heranreichten.

Rumpf: Holzbauweise mit Stoffbespannung; offene Sitze in Tandemanordnung.
Tragwerk: zweistieliger verspannter Doppeldecker in Holzbauweise mit Stoffbespannung; leichte Vorwärtsstaffelung; oberer und unterer Tragflügel mit gleicher Tiefe, unterer mit etwas geringerer Spannweite; Aufhängungen für einige kleine Bomben.
Leitwerk: Normalbauweise mit Verspannung; Holzrahmen mit Stoffbespannung.
Fahrwerk: nicht einziehbar, durchgehende Achse, Hecksporn.

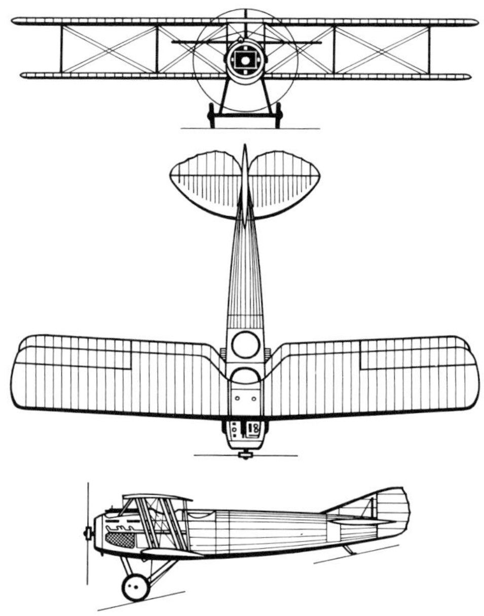

SPAD 13
Jagdflugzeug

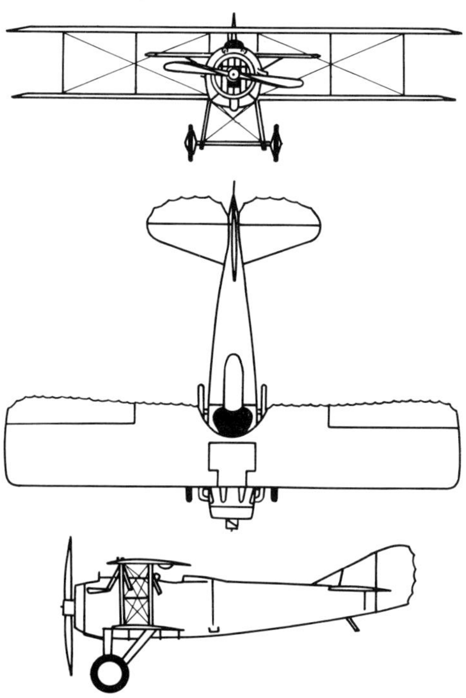

Die im Jahr 1910 gegründete Firma Société pour les Appareils Deperdussin (SPAD) war durch ihre Eindecker berühmt geworden. Als Blériot 1914 die Firma übernahm, nannte er sie – um die Bezeichnung SPAD zu erhalten – Société pour Aviation et ses Dérivés.
Schon 1915 erkannte der Konstrukteur Becherau, daß die Rotationsmotoren nicht mehr weiterentwickelt werden konnten, da die Rotationsmassen bei schweren Triebwerken zu groß wurden. Er verfolgte deshalb aufmerksam die Arbeiten des Schweizers Birkigt an einem neuen Motor.
Sein erstes, mit einem V-Motor ausgerüstetes Flugzeug war die SPAD 7, die aber bald von der besser bewaffneten SPAD 13 (Erstflug des Prototyps am 4. April 1917) abgelöst wurde. Der runde Stirnkühler gab ihr das Aussehen einer Maschine mit Sternmotor. Gute Steigfähigkeit und hohe Sturzfluggeschwindigkeit zeichneten die SPAD 13 aus, wenngleich sie nicht leicht zu fliegen war und beim Landen sogar Gas gegeben werden mußte.
Die SPAD 13 wurde in großen Serien (8 472 Stück) gefertigt. Insgesamt wurden im ersten Weltkrieg

über 15000 SPAD-Flugzeuge gebaut. Außer in Frankreich wurde die SPAD 13 in den USA, in Italien, Japan, Belgien, Polen (von 1919 bis 1923 40 SPAD 13 G-1 als Flugzeuge der ersten Linie), der Tschechoslowakei und anderen Ländern noch viele Jahre nach dem ersten Weltkrieg geflogen. Eine Maschine dieses Typs steht im Luftfahrtmuseum Paris Le Bourget.

Rumpf: Holzbauweise mit Stoffbespannung; vier Holzholme; Holzspants, ausgekreuzt mit Klavierdraht.
Tragwerk: einstieliger, verspannter Doppeldecker mit Hilfsstielen im Knotenpunkt der Verspannung; Holzbauweise mit zwei Holmen und Stoffbespannung, Oberflügel aus einem Stück , Querruder nur am oberen Flügel.
Leitwerk: Normalbauweise in Holz; Höhenleitwerk zum Rumpf nach unten verstrebt, zur Seitenflosse verspannt; Stoffbespannung.
Fahrwerk: Heckspornfahrwerk mit starrer Achse und Gummidämpfung; Sporn aus Holz mit Stahlschuh.

Voisin LA 5 B 2
Bombenflugzeug

Zu Kriegsbeginn verfügten 4 französische Staffeln über den Voisin-Doppeldecker mit Druckschraube. Die wegen ihrer Spannweite von 13,5 m auch Voisin 13,5 genannte Voisin 3 wurde in mehr als 2000 Exemplaren gebaut und außer an die Fliegerkräfte Frankreichs auch an die Belgiens, Großbritanniens, Italiens, der USA und Rußlands geliefert.
Da es das Thema Luftkampf vor dem Krieg noch nicht gab, hatte die Maschine keine Bewaffnung nach hinten. Nach vorn gab es aber infolge der fehlenden Luftschraube gutes Schußfeld für ein MG (später auch eine Kanone) und gute Sicht für den Bombenschützen, der in der ersten Zeit die außen aufgehängten Bomben mit der Hand abwarf. Da sich die eigenwilligen Maschinen zudem als recht robust, verläßlich und ausdauernd erwiesen (sie konnten 3 h lang mit 66 km/h fliegen sowie auf unebenem Boden starten und landen), waren die Voisin-Doppeldecker mit Druckschraube in den beiden ersten Kriegsjahren die am meisten verwendeten Bomber der Verbündeten. Einer Voisin 3 (nach anderen Quellen: Voisin 1) wird der erste Abschuß einer feindlichen Maschine zugeschrieben: Am 4. Oktober vernichtete die zweiköpfige Besatzung in der Nähe von Reims eine deutsche Aviatik in der Luft.

Die 1915 erschienene Voisin 5 war der erste französische Bomber, mit dem auch nächtliche Angriffe geflogen wurden. In diesen Flugzeugtyp baute man erstmals eine 37- bzw. 45-mm-Kanone ein. Die so ausgerüsteten Versionen sollen sich gut für Einsätze gegen Bodenziele geeignet haben. Eine Bomberversion LA 5 B 2 steht heute im Luftfahrtmuseum Paris Le Bourget.
Im Verlauf des Krieges ist die Reihe dieser typischen Druckpropeller-Doppeldecker (die Versionen unterschieden sich nicht sehr wesentlich voneinander) bis zur Voisin 10 fortgesetzt worden. Insgesamt hat man über 3300 Voisin 1 bis 10 gebaut, eine große Anzahl davon auch in Italien. Flugzeuge dieser Serie flogen auch als Aufklärer, Schulflugzeug und Trainer. In den Fliegerkräften der Sowjetunion wurden in den ersten Jahren ebenfalls Voisin-Maschinen geflogen – insgesamt 6 Versionen, importierte und in Lizenz gebaute. Eine Voisin ist im Museum der Luftstreitkräfte in Monino bei Moskau ausgestellt.

Rumpf: Rumpfgondel für zwei offene, hintereinanderliegende Sitze; als hinterer Abschluß Triebwerk; Holzbauweise mit Stoffbespannung; zwei Gitterschwänze als Leitwerkträger aus Holz mit Drahtauskreuzung.
Tragwerk: verspannter und verstrebter Doppeldecker; unten kürzere Tragflügel; Querruder oben und unten.
Leitwerk: verspannt; sehr schmales, unten weit überstehendes Seitenleitwerk; seitlich der Gitterschwänze verlaufende Seilzüge.
Fahrwerk: nicht einziehbares Wagenfahrwerk; alle 4 Streben einfach bereift; Abstand der Räder vorn schmaler; Hecksporn unter dem Seitenleitwerk.

Wassmer D-120 „Paris-Nice"
Übungs- und Reiseflugzeug

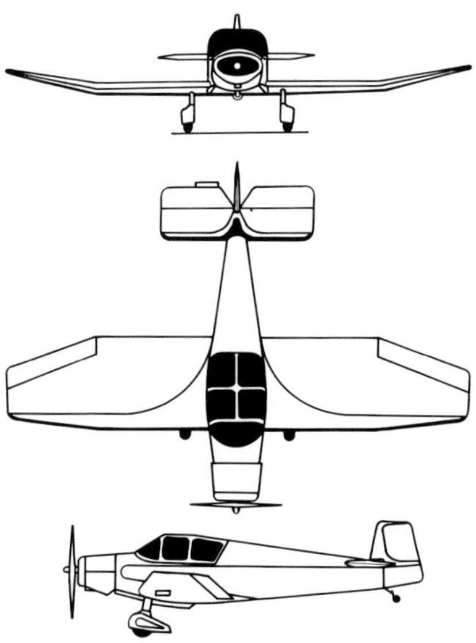

Aus der D-112, einer Konstruktion von Jodel (**Jo**ly und **Del**emontez), die von Wassmer in Lizenz gebaut wurde, entstand die luxuriöse D-120 „Paris-Nice". Das weitgehend verbesserte Flugzeug eignet sich für Schulung und Übung, Reisezwecke und Segelflugzeugschlepp. Es kann Segelflugzeuge mit einer Masse von 400 kg schleppen.
Der Prototyp flog erstmalig am 5. Juni 1955. Neben der Standardversion D-120 S entstanden die Modifikationen D-120 R und D-120 L. Von der D-120 wurden einige hundert Maschinen gebaut.

Rumpf: Holzbauweise mit Sperrholzbeplankung und rechteckigem Querschnitt, oben abgerundet; zwei Sitze nebeneinader in verglaster Kabine; Schallisolierung, Heizung und Belüftung.
Tragwerk: freitragender Tiefdecker mit Knickflügel in Holzbauweise mit Stoffbespannung; Flügel aus einem Stück mit einem Holm.
Leitwerk: freitragende Normalbauweise in Holz mit Stoffbespannung.
Fahrwerk: Einbein-Hauptfahrwerk; gefedertes, steuerbares Spornrad; Gummidämpfung; Niederdruckreifen; hydraulische Bremsen.

AIRCO DH-2
Jagdflugzeug

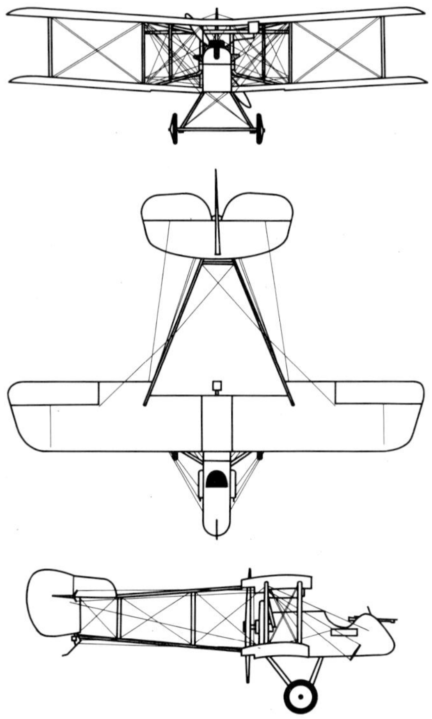

Die deutschen Fokker-Eindecker hatten sich Ende 1915 in der Luft als überlegen gezeigt, so daß die Entwicklung eines Jagdflugzeugs erforderlich wurde, bei dem der Pilot nach vorn schießen konnte.
Dazu leitete de Havilland als Chefkonstrukteur der Aircraft Manufacturing Company (AIRCO) aus der zweisitzigen DH-1 a (Beardmore-Triebwerk, Druckluftschraube) durch maßstäbliche Verkleinerung sein erstes Jagdflugzeug DH-2 ab (in der Literatur auch als De Havilland DH-2 bezeichnet). Der Prototyp wurde Anfang Juli 1915 erprobt, und Ende Juli kam er nach Frankreich an die Front. Obwohl er am 9. August 1915 abgeschossen wurde, bestellten die britischen Fliegerkräfte den Typ.
Die DH-2 wurde ab 1916 eingesetzt und trug wesentlich zur Überlegenheit der alliierten Luftstreitkräfte bei. Das bewegliche Maschinengewehr bereitete allerdings erhebliche Schwierigkeiten, da die Piloten mit der einen Hand fliegen, mit der anderen das Maschinengewehr bedienen und vielleicht noch in eine andere als in die Flugrichtung zielen mußten.
Das Flugzeug war sehr beliebt: Es war robust und manövrierfähig, hatte eine relativ beschußunempfindliche Zelle und ein gutes Schußfeld nach vorn. Von den etwa 400 bis 450 produzierten DH-2 gelangten 226 nach Frankreich zu den Kampfstaffeln.
Nach dem Aufkommen stärkerer deutscher Jagdflugzeuge (Albatros-Doppeldecker) wurde die DH-2 zwischen März und Juni 1917 von der DH-5 und anderen Typen abgelöst und für Ausbildungszwecke benutzt.

Rumpf: Bootsgondel in Holzbauweise, vorn und oben mit Sperrholz beplankt, seitlich stoffbespannt; vorn offener Sitz, dahinter Kraftstofftank, anschließend Triebwerk; Hinterteil als Doppel-Leitwerkträger in Holz mit Drahtauskreuzung.
Tragwerk: zweistieliger, verspannter Doppeldecker in Holzbauweise mit Stoffbespannung; Querruder an allen vier Flügeln.
Leitwerk: Normalbauweise in Holz mit Stoffbespannung; Seitenruder geht durch das geteilte Höhenruder nach unten durch.
Fahrwerk: starr; durchgehende Achse und Hecksporn.

AIRCO DH-4
Bombenflugzeug

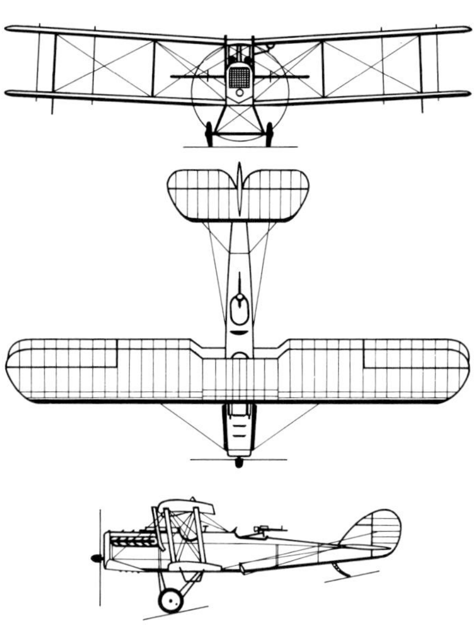

Auch in Großbritannien wurden zunächst zahlreiche Flugzeugtypen für Bombenabwürfe verwendet, die dafür an sich nicht vorgesehen waren. Als für diese Aufgabe geeignet erwiesen sich auch einmotorige Maschinen. Ab März 1917 setzten die britischen Fliegerkräfte erstmals ein Flugzeug ein, das speziell für den Bombenabwurf projektiert war und der beste einmotorige Typ auf diesem Gebiet zu jener Zeit werden sollte. De Havilland hatte ihn projektiert und konstruiert, und AIRCO hatte ihn gebaut.
Im Gegensatz zu vielen anderen Maschinen jener Zeit war der schlichte Doppeldecker mit Zugschraube völlig aus Holz. Die vordere Rumpfhälfte hatte man mit Sperrholz verschalt, hinten war sie stoffbespannt. Unüblich war der große Zwischenraum der Plätze: Der vorn sitzende Pilot hatte eine gute Sicht für den Bombenabwurf, der hinten sitzende Beobachter einen großen Schußbereich für sein Lewis-MG. Für die Verständigung zwischen beiden diente ein Zeichensystem. Zunächst gab es nach vorn ein, später zwei synchronisierte Vikkers-MGs. Die beiden 104- oder vier 51-kg-Bomben hingen unter dem Rumpf und den unteren Tragflügeln. Der im Herbst 1916 erprobte Prototyp hatte einen Beardmore-Halford-Pullinger-Motor (Startleistung 170 kW), der sich aber als zu schwach erwies. Deshalb erhielten die Serienmaschinen den stärkeren Rolls-Royce „Eagle"

(185 kW, später 275 kW). Mit dem stärkeren „Eagle"-Motor erreichte die DH-4 in Bodennähe 229 km/h und eine Gipfelhöhe von 6700 m, womit sie den meisten damaligen deutschen Jagdflugzeugen überlegen war.
Während das britische Fliegerkorps die DH-4 von Anfang an als Tagbomber benutzte, flogen die Marineflieger den Typ als Abwehrmittel gegen deutsche Luftschiffe. So wurde das Luftschiff L 70 im August 1918 von einer DH-4 abgeschossen.
Die DH-4 flog auch in Italien, in der Ägäis, in Mazedonien und Palästina. Insgesamt sind 6295 Maschinen dieses Typs gebaut worden, davon 4846 in den USA mit Liberty-Motor. Damit war die DH-4 der einzige britische Flugzeugtyp jener Zeit, der in den USA in größeren Stückzahlen gebaut worden ist. Von den 3431 an die USA-Fliegerkräfte gelieferten Maschinen sind 1231 für die Expeditionsstreitkräfte in Frankreich eingeschifft und 417 an der Front geflogen worden.
Nach dem ersten Weltkrieg ist der Typ noch etwa ein Jahrzehnt lang in den USA benutzt worden. Man baute zahlreiche Maschinen für den Luftpostdienst um, wo sie sehr erfolgreich waren.

Rumpf: vorn eckiger Querschnitt, hinten abgerundet; Holzkonstruktion mit Sperrholzverkleidung im vorderen und Stoffbespannung im hinteren Teil; offene Sitze.
Tragwerk: zweistieliger, verspannter Doppeldecker in Holzbauweise mit Stoffbespannung; Flügel mit gleicher Spannweite und Tiefe; Querruder oben.
Leitwerk: Normalbauweise in Holz mit Stoffbespannung; Steuerseile an den Heckseiten außen verlaufend; Höhenleitwerkruder geteilt.
Fahrwerk: nicht einziehbar; durchgehende Achse; Hecksporn.

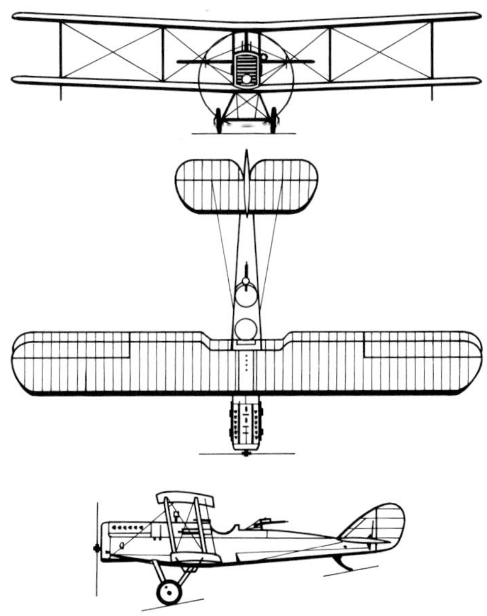

AIRCO DH-9
Bombenflugzeug

Als im ersten Weltkrieg für die deutschen Bombenangriffe auf London nicht mehr Luftschiffe, sondern Flugzeuge (Typ Gotha u. a.) verwendet wurden, wuchsen die Schäden und die Verluste unter der Bevölkerung stark an. Daraufhin beschloß die britische Regierung, die Stärke der Fliegerkräfte von 108 auf 200 Staffeln zu erhöhen und die meisten der neuen Einheiten mit Bombern auszurüsten, um damit deutsche Städte und Industriegebiete anzugreifen.
Neben der DH-4 bestellte man für diese Aufgabe auch zahlreiche DH-9. Dieser Typ war aus der DH-4 hervorgegangen. Im Gegensatz zu ihr hatte man bei der DH-9 den Sitz des Flugzeugführers weit nach hinten verlegt, um so die Verständigung mit dem Beobachter/Bordschützen zu vereinfachen.
Man hatte angenommen, die DH-9 würde die Vorteile der DH-4 übertreffen. Insbesondere wünschte man sich eine größere Bombenzuladung. Das trat jedoch zunächst nicht ein, weil sich Probleme mit dem Beardmore-Halford-Pullinger-Motor ergaben: Um eine schnelle Produktion zu sichern, mußte man ihn umbauen und zudem auf 170 kW drosseln. Mit diesem in Siddeley Puma umgetauften Antrieb erreichte die DH-9 vollbeladen und vollbetankt nur eine Gipfelhöhe von 3662 m. Damit war sie der älteren DH-4 unterlegen. Als man diese Tatsache erkannte, waren schon zahlreiche DH-9 produziert und an die Truppe ausgeliefert worden.
Die Verluste der Tagbomberstaffeln waren sehr hoch: Die Piloten flogen bis zu sechs Einsätze am Tag, um Präzisionsabwürfe vorzunehmen. Die zu geringe Gipfelhöhe sowie die niedrige Geschwindigkeit trugen dazu bei, die Verluste zu vergrößern. Während eines Angriffs auf Mainz im Juli 1918 wurden beispielsweise von 12 anfliegenden DH-9 7 abgeschossen, 3 mußten mit Motorschäden abdrehen.
Die Situation verbesserte sich, als die DH-9a erschien. Flugzeuge dieser Version waren meist mit dem Liberty-Motor (295 kW) aus den USA ausgerüstet, einige Maschinen hatten auch den Rolls-Royce „Eagle". Während die DH-9 nur zwei 104-kg-Bomben mitführen konnte, betrug die Bombenzuladung bei der DH-9a 300 kg. Zudem war eine Gipfelhöhe von 5180 m erreichbar. Diese Maschinen konnten auch am Tag ohne Begleitschutz fliegen. Es gab jedoch nicht genügend Liberty-Triebwerke, so daß bis zum Kriegsende lediglich vier Staffeln mit der DH-9a ausgerüstet waren.
Bis Kriegsende sind in 15 britischen Werken 2166 DH-9 / DH-9a gebaut worden, insgesamt waren es etwa 4000. Nach 1918 flogen DH-9 in Belgien, Polen (12), in der UdSSR und in Indien. Die letzten DH-9 sind 1931 außer Dienst gestellt worden.

Rumpf: Holzkonstruktion, teilweise holzbeplankt, teilweise stoffbespannt; offene Sitze hintereinander.
Tragwerk: zweitstieliger, verspannter Doppeldecker in Holzbauweise mit Stoffbespannung; Flügel mit gleicher Spannweite und Tiefe.
Leitwerk: Normalbauweise in Holz mit Stoffbespannung; geteiltes Höhenruder; Steuerseile an den Heckseiten außen verlaufend.
Fahrwerk: nicht einziehbar; durchgehende Achse; Hecksporn.

Airspeed A. S. 6 „Envoy"
Verkehrs- und Reiseflugzeug

Als Weiterentwicklung der einmotorigen A. S. 5 „Courier" von 1932 für vier bis fünf Passagiere konstruierten Norway und Tiltman die „Envoy", ein zweimotoriges Zubringer-Verkehrsflugzeug für sechs bis acht Fluggäste. Der Prototyp G-ACMT mit 2 Motoren Wolseley AR-9 (je 135 kW) wurde nach dem Erstflug am 26. Juni 1934 erstmalig am 1. Juli 1934 vorgeführt.
Eine spezielle Langstreckenausführung ohne Fenster, mit großem Zusatztank in der Kabine und aufgeladenen Triebwerken entstand unter der Bezeichnung A. S. 8 „Viceroy" für das Luftrennen von Großbritannien nach Australien. Aufgrund der Erfahrungen dabei erhielt die „Envoy" stärkere Triebwerke, Landeklappen und ein größeres Leitwerk. Die A. S. 6 D „Envoy II" (8 Stück gebaut) wurde mit 160-kW-, die A. S. 6 E „Envoy III" mit 260-kW-Triebwerken ausgerüstet. Letztere Version wurde auch nach Indien und in die Tschechoslowakei (4) geliefert. Als „Envoy III" wurden auch die 10 A. S. 6 J bezeichnet, von denen eine die Triebwerke Cheetah IX (je 255 kW) erhielt.
In Japan baute Mitsubishi 1936/37 10 A. S. 6 in Lizenz. Von den insgesamt produzierten 50 Maschinen kamen einige ab 1936 in Spanien sowie im Krieg Japans gegen China zum Einsatz. Die britischen Luftstreitkräfte benutzten den Typ während des zweiten Weltkriegs in Großbritannien für Verbindungsaufgaben und in Indien für Verteidigungszwecke. Auch in Südafrika flogen einige A. S. 6.

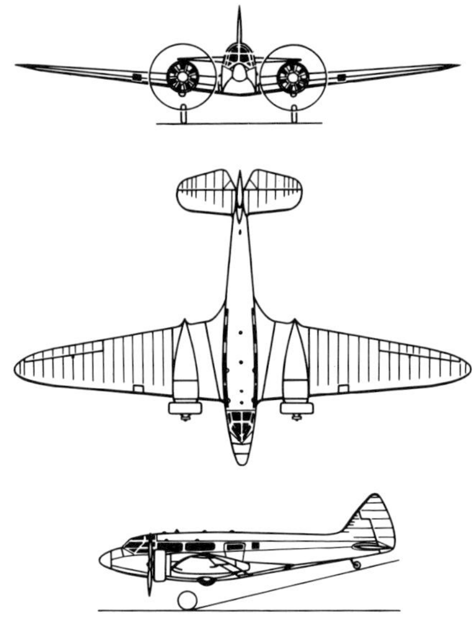

Rumpf: Halbschalenbauweise in Holz mit rechteckigem Querschnitt; geschlossenes Cockpit.
Tragwerk: freitragender Tiefdecker in Holzbauweise mit zwei Kastenholmen; Holzbeplankung; dreiteiliger Flügel; Spreizklappen, die von Querruder zu Querruder durchlaufen.
Leitwerk: freitragende Normalbauweise in Holz mit Stoffbespannung.
Fahrwerk: einziehbar mit Spornrad; ölpneumatische Dämpfung; Bremsen.

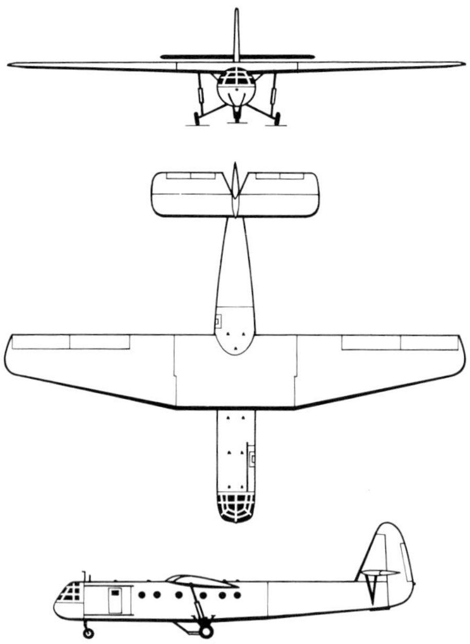

Airspeed A. S. 51 / A. S. 58 „Horsa" Lastensegler

Die Firma Airspeed erhielt im Dezember 1940 vom britischen Luftfahrtministerium unter der Projekt-Nummer X.26/40 den Auftrag, einen Lastensegler für den Transport von Truppen und Ausrüstungen zu entwickeln. Die Ladekapazität sollte doppelt so hoch sein wie die des für die US-Streitkräfte geschaffenen CG-4 A „Hadrian" von Waco. Das Ministerium genehmigte den vom Werk vorgelegten Entwurf und ließ 7 Prototypen herstellen, 2 von Fairey und 5 von Airspeed. Sie wurden von den britischen Truppen getestet und für brauchbar befunden.
Während des Krieges sind insgesamt 3799 Lastensegler dieses Typs hergestellt worden, davon etwa 700 bei Airspeed in Christchurch. Da die Forderung gestellt worden war, die Segler aus einer Anzahl vorgefertigter Baugruppen herzustellen, unterteilte man die Konstruktion in 30 Baugruppen. Sie sind von zahlreichen Werken und Werkstätten – hauptsächlich der holzverarbeitenden und der Möbelindustrie – gefertigt und in Flugzeugwerken oder Instandsetzungsstaffeln der britischen Luftwaffe zusammengebaut und eingeflogen worden.
Am 12. September 1941 wurde der erste Prototyp von einer „Whitley" (Armstrong Whitworth) erstmals geschleppt. Als erster bedeutsamer Einsatz von Lastenseglern dieses Typs gilt der 10. Juli 1943, als 30 Schleppzüge von Großbritannien nach Afrika flogen, um auf Sizilien zu landen. 27 Schleppzüge überstanden jenen Flug. Diese britischen Standard-Lastensegler spielten dann noch mehrmals eine wesentliche Rolle, so bei der Invasion in der Normandie (Juni 1944) und in Südfrankreich (August 1944) sowie bei den Landungen in Arnheim (September 1944) und bei der Rheinüberquerung (März 1945). Bei diesen Unternehmen sind sie auch von der USA-Luftwaffe verwendet worden.

Versionen:
A. S. 51 „Horsa I": Truppentransporter; von Airspeed 470, von Austin 300 und von Harris Lebus 1 461 hergestellt.
A. S. 58 „Horsa II": Transporter mit aufklappbarem Bug; von Airspeed 225, von Austin 65 und von Harris Lebus 1 271 gefertigt.
A. S. 52: Projekt eines Bombenträgers.
A. S. 53 und A. S. 54: Projekte für den Fahrzeugtransport.

Rumpf: Holzbauweise mit rundem Querschnitt; aus 3 Sektionen mit Sollbruchstellen bestehend.
Tragwerk: freitragender Schulterdecker; aus 3 Segmenten bestehend, versehen mit Querruder, Spaltklappen und Bremsklappen.
Leitwerk: abgestrebtes Höhenleitwerk.
Fahrwerk: nicht einziehbares Bugradfahrwerk, jede Strebe einfach bereift, bei A. S. 58 doppelte Bereifung; bei Landung in schwierigem Gelände wurde das Hauptfahrwerk abgeworfen und auf dem Bugrad sowie der gefederten Gleitkufe unter der Rumpfmitte gelandet; Schleppkupplungen an den Trennstellen zwischen Fahrwerkbeinen und Tragflügeln.

Airspeed A. S. 57 „Ambassador" Verkehrsflugzeug

Nach dem zweiten Weltkrieg wurden zahlreiche Flugzeuge als Ersatz für die DC-3 von Douglas (USA) entwickelt. In Großbritannien gehörte die A. S. 57 „Ambassador" dazu. Hierbei gingen die Konstrukteure davon aus, daß dieses Flugzeug die Linien zwischen den westeuropäischen Hauptstädten befliegen, aber entsprechend dem gewachsenen Luftverkehrsaufkommen zumindest die doppelte Anzahl von Passagieren befördern sollte. Kurz nach Kriegsende begann der Bau von Prototypen.
Der erste Prototyp flog erstmalig am 10. Juli 1947, der zweite folgte am 26. August 1948, der dritte erhielt statt der Centaurus 631 (je 1 910 kW) zwei

Leitwerk: Ganzmetallbauweise; dreifaches Seitenleitwerk.
Fahrwerk: einziehbares, hydraulisch betätigtes Bugradfahrwerk; Zwillingsräder; Bugrad steuerbar; hydraulisch betätigte Scheibenbremsen.

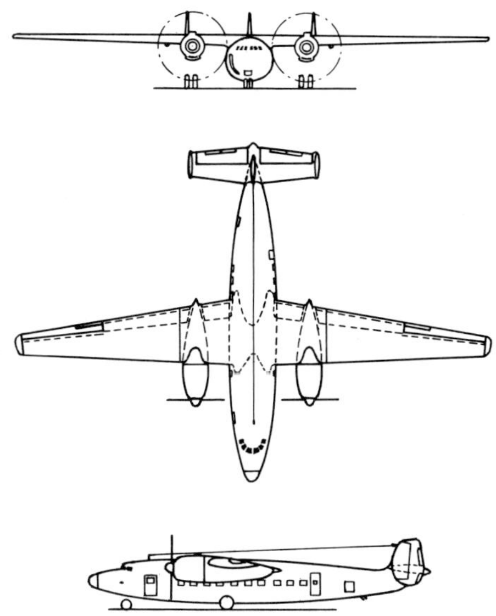

Triebwerke Centaurus 611 (Erstflug: Mai 1950). Im Jahr 1951 fand die Tropenerprobung statt. Den Luftverkehrsdienst nahm die Maschine am 13. März 1952 auf der Strecke London—Paris auf.

Die britische Luftverkehrsgesellschaft bezeichnete diesen Flugzeugtyp als „Elizabethan"-Klasse. 20 A. S. 57 wurden von der BEA bestellt, nach fünfeinhalb Jahren aber durch die „Viscount" ersetzt. Die sehr wirtschaftlichen Maschinen wurden dann an verschiedene Länder (Dänemark, Schweiz, Jordanien) verkauft, jedoch wieder nach Großbritannien zurückverlegt, wo 1967 noch 15 Maschinen im Dienst standen. 1971 wurde die letzte britische A. S. 57 außer Dienst gestellt. Einige A. S. 57 dienten auch als fliegende Prüfstände.

Projekte (so A. S. 59, A. S. 60 und A. S. 67) als viermotorige zivile und militärische Transporter wurden nicht verwirklicht.

Rumpf: Ganzmetallbauweise; Druckkabine.
Tragwerk: freitragender Hochdecker mit zwei Holmen; thermische Enteisungsvorrichtung; Querruder mit Stoffbespannung.

Armstrong-Whitworth F. K. 3 / F. K. 8 „Big Ack" Mehrzweck-Kampfflugzeuge

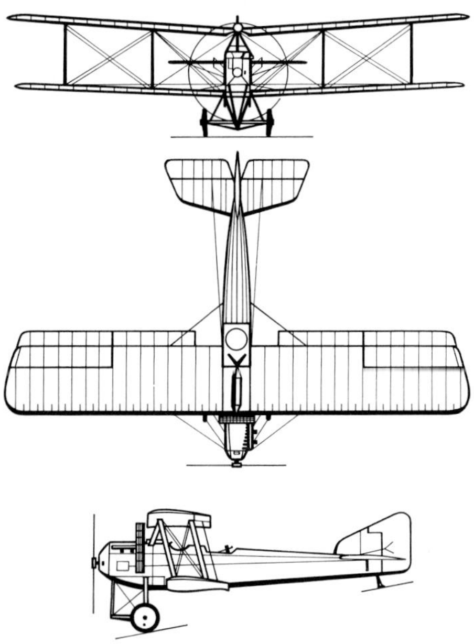

Der niederländische Flugzeugkonstrukteur Frederick Koolhoven hatte bereits umfangreiche Erfahrungen im Dienst der französischen Flugzeugfirma Deperdussin sammeln können, bevor er Chefkonstrukteur der britischen Flugzeugwerke Armstrong-Whitworth Ltd. in Newcastle wurde. Dort konstruierte er das 1915 in rund 400 Exemplaren gebaute zweisitzige Doppeldecker-Mehrzweckflugzeug F. K. 3 (Foto). Da sich die meist als Aufklärer verwendete Maschine als gelungen erwies, entwickelte er sie zur F. K. 8 weiter (Skizze). Gegenüber dem Ausgangsmuster war die im Mai 1916 fertige F. K. 8 etwas vergrößert worden. Im Vergleich mit anderen Flugzeugen jener Zeit fallen die großen Seiten- und Querruder beider Typen auf.

Im Januar 1917 kamen die ersten F. K. 8 zu den britischen Frontstaffeln nach Frankreich. Dort ist der Typ bis zum Kriegsende als Aufklärer, Beobachtungs- und Feuerleitflugzeug verwendet worden. Die F. K. 8 galt als leistungsfähiges und kampfstarkes Flugzeug, das es auch mit gegnerischen Jagdmaschinen aufnahm. So ist eine F. K. 8 am 27. März 1918 von 8 deutschen Jagdflugzeugen Dr-1 angegriffen worden, wobei sich die tapfere Besatzung nicht einschüchtern ließ und 4 Angreifer abschoß.

Insgesamt sind in 2 Werken bis Juli 1918 etwa 1 200 F. K. 8 produziert worden. Am 31. Oktober 1918 gab es in den britischen Fliegerkräften noch 694 F. K. 8, von denen sich etwa 200 in Frankreich befanden. Nach dem ersten Weltkrieg dienten mehrere dieser Maschinen in Großbritannien und Australien für zivile Aufgaben.

Rumpf: Holzbauweise; vorn blechbeplankt, hinten stoffbespannt; offene Sitze in Tandemform.
Tragwerk: zweistieliger, verspannter und gestaffelter Doppeldecker in Holzbauweise; unten geringfügig kleinere Spannweite, gleiche Tiefe.
Leitwerk: verspannte Normalbauweise in Holz und Leinwand.
Fahrwerk: nicht einziehbar; durchgehende Achse; Gleitkufe zwischen den Rädern; Hecksporn.

Armstrong-Whitworth A. W. 16 / A. W. 35 „Scimitar" Jagdflugzeuge

Im Jahr 1930 entwickelte Armstrong-Whitworth nach dem damals üblichen Bauschema einen Jagdeinsitzer-Doppeldecker (Projekt Nr. 21/21). Der mit dem Triebwerk „Panther III" (395 kW) versehene Prototyp F.9/26 sowie zwei weitere, 1931 gebaute Maschinen fanden jedoch weder bei den Fliegerkräften, noch bei der Marine Interesse. Auch ein 1933 geschaffenes verbessertes Muster wurde im Inland nicht abgesetzt. Japan konnte sich ebenfalls nicht zur Bestellung der A. W. 16 (untere Seitenansicht) entschließen, obwohl man sich für die Prototypen interessiert hatte. So

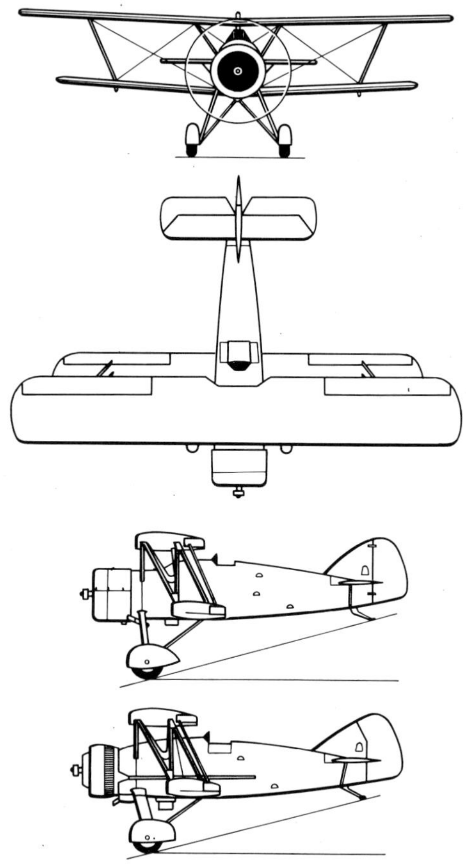

wurde die 1745 kg schwere und 250 km/h schnelle Maschine nicht in Serie gebaut.
In Serie ging dagegen die A.W. 35 „Scimitar“ (obere Seitenansicht), die aerodynamisch verbessert und mit einem stärkeren Triebwerk versehen war. Norwegen kaufte vier Maschinen dieses Typs für seine Jagdflieger, die seinerzeit durchweg mit britischen Flugzeugen ausgerüstet waren.
Die mit den Triebwerken „Panther VII“ (445 kW) oder „Panther XI A“ (530 kW) ausgestattete Maschine war das letzte Doppeldecker-Flugzeug dieser Firma, das in Serie gebaut wurde. Zur Ausstattung gehörten zwei starre, durch den Luftschraubenkreis feuernde 7,7-mm-MGs (mit je 600 Patronen), ein Funkgerät, die Nachtflugausrüstung sowie eine Heizung für die Kabine und ein Atemgerät für Höhenflüge. Beiderseits des Rumpfes ließen sich unter den Flügeln je zwei 9-kg-Bomben anbringen.

Rumpf: rechteckiges Stahlrohrfachwerk; durch Holzstringer auf ovalen Querschnitt verkleidet; stoffbespannt; nicht gepanzert; offene Kabine.
Tragwerk: einstieliger, verspannter Doppeldecker; Oberflügel mit großer Spannweite; zweiholmig; Flügelgerippe aus Stahl; stoffbespannt; beide Flügel zweiteilig; obere Hälften an Baldachin-Mittelstück, untere an Rumpfunterkante befestigt; Querruder oben und unten.
Leitwerk: Stahlgerüst mit Stoffbespannung; Höhenflosse abgestützt, im Flug verstellbar; Höhen- und Seitenruder ausgeglichen.
Fahrwerk: starr mit Hecksporn; verkleidete Haupträder; Niederdruckreifen; Radbremsen.

Armstrong-Whitworth A.W. 38 „Withley“ Bombenflugzeug

Vor Beginn des zweiten Weltkriegs gehörten die A.W. 38 „Withley“, die H.P. 52 „Hampden“ von Handley Page und die „Wellington“ von Vickers zur Ausrüstung der britischen Bomberverbände.

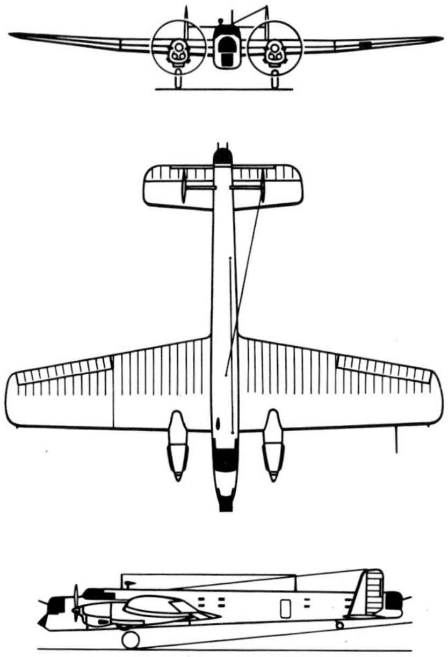

Im Unterschied zu diesen, die anfangs für Tagangriffe eingesetzt wurden, flog die „Withley“ von Beginn an nur Nachtangriffe.
Die Entwicklung dieser Maschine beruhte auf einer Ausschreibung des britischen Luftfahrtministeriums aus dem Jahr 1934 für einen schweren, zweimotorigen Nachtbomber. Der erste von zwei Prototypen flog erstmalig am 17. März 1936. Die Triebwerksleistung wurde bei den verschiedenen Versionen von 585 kW auf 840 kW erhöht.
Die strömungstechnisch unvorteilhafte Konstruktion brachte dem Flugzeug die wenig schmeichelhafte Bezeichnung „fliegendes Scheunentor“ ein. Im März 1937 verließen die ersten von 34 „Withley I“ das Band. Zu Kriegsbeginn stellten die zu einer Gruppe zusammengefaßten Maschinen die einzige Nachtbombereinheit der britischen Luftstreitkräfte dar. Ab April 1942 gehörte die A.W. 38 nicht mehr zum Bomberkommando, sondern bis August 1942 bzw. Juli 1943 zu den Küstenfliegern bzw. zu den U-Jägern. Danach wurde sie als Schlepper für Lastensegler, als Schulmaschine für Fallschirmjäger sowie zum Absetzen von Agenten und Landetruppen verwendet. Insge-

samt wurden 1814 A.W. 38 der verschiedenen Versionen gebaut, die sich in der Bewaffnung, in der Ausrüstung und in den Triebwerken unterschieden.

Versionen:
„Withley I" (Mk. I): erste Serie; 34 Maschinen gebaut.
Mk. II: wie die Mk. I; 2 Triebwerke Tiger III (je 640 kW); 46 Exemplare gebaut.
Mk. III: elektrisch gesteuerter Drehturm am Bug; neue Bombenaufhängung; 80 Exemplare gebaut.
Mk. IV: elektrisch gesteuerter Drehturm am Heck; 2 Rolls-Royce „Merlin IV"; 33 Stück gebaut.
Mk. IV A: wie die Mk. IV, aber mit „Merlin X"; 7 Stück gebaut.
Mk. V: mit verlängertem Heck, neuen Rudern und Flossen, größerem Kraftstoffvorrat; 1466 Maschinen gebaut.
Mk. VI: Projekt geblieben.
Mk. VII: Seeaufklärer; mit Radar ausgerüstet; 146 Exemplare gebaut.

Rumpf: Ganzmetall-Schalenbauweise mit Glattblechbeplankung; geschlossenes Cockpit; Waffenstände im Rumpfbug und im Rumpfheck hinter dem Leitwerk.
Tragwerk: freitragender Mitteldecker in Metallbauweise; Flügel einholmig, vorn mit Blech beplankt, hinten stoffbespannt; hydraulisch betätigte Landeklappen.
Leitwerk: freitragende Metallbauweise mit Stoffbespannung; zwei Seitenleitwerke auf dem Höhenleitwerk, nach innen abgestrebt; alle Ruder mit Trimmklappen.
Fahrwerk: einziehbar mit Spornrad; Radbremsen.

Armstrong-Whitworth „Sea Hawk" Mehrzweckflugzeug

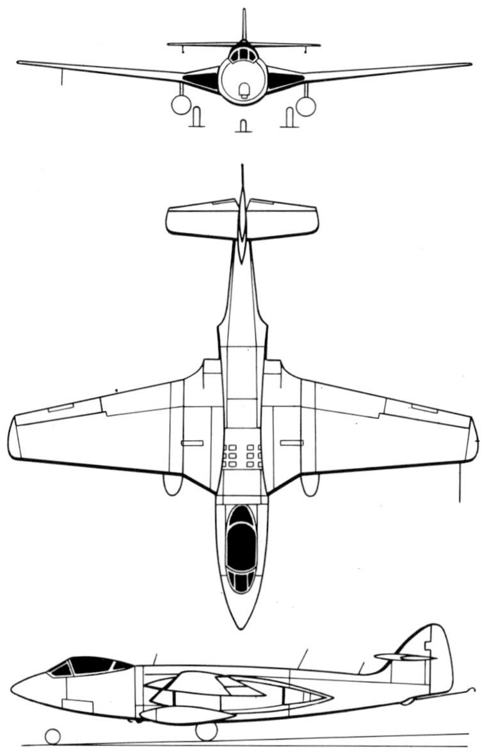

Die Entwicklung dieses bordgestützten einsitzigen Mehrzweckjägers und Jagdbombers geht bis in das Jahr 1944 zurück, als Hawker dieses Flugzeug für die britischen Luftstreitkräfte schuf. Jene lehnten den Entwurf allerdings ab. Da die britischen Marineflieger nach 1945 einen strahlgetriebenen Bordjäger suchten, griffen sie auf das weit fortgeschrittene Projekt zurück. Der erste Prototyp VP 401 (Erstflug am 2. September 1947) war noch als landgestützter Abfangjäger konzipiert, die beiden nächsten Muster (VP 413 und VP 422) trugen bereits den spezifischen Forderungen der Marine Rechnung.

Versionen:
F-Mk. 1: leichter Marine-Tagjäger; aus dem dritten Prototyp hervorgegangen; bis Mitte 1953 von Hawker in 31 Exemplaren gebaut; danach gingen Produktion und Weiterentwicklung an Armstrong-Whitworth über, wo im gleichen Jahr noch 68 Maschinen hergestellt wurden.
F-Mk. 2: nur unwesentlich verändert, bis Februar 1954 gebaute Serie (43 Stück).
F-Mk. 3: Jagdbomberversion, die aber wenig befriedigte.
F-Mk. 4: Jagdflugzeug sowie Jagdbomber und Jagdaufklärungsflugzeug; Erstflug am 26. August 1954.
F-Mk. 5: mit stärkerem Triebwerk.
F-Mk. 6: aus der F-Mk. 4 abgeleitete Version als Mehrzweckflugzeug für den taktischen Einsatz; Ausgangspunkt aller Exportausführungen, die nach Indien (24), den Niederlanden (30) und der BRD (68) geliefert wurden.

Rumpf: vorn und in der Mitte Halbschalenbauweise; hinten Schalenbauweise; zum Bug und Heck verjüngt; fast kreisförmiger Querschnitt; unterhalb des Leitwerks vertikal schwenkbarer Fanghaken; weit vorn liegende Kabine mit Rücken- und Kopfpanzerung.
Tragwerk: freitragender Mitteldecker mit trapezförmigem Umriß; Außenflügel nach oben klappbar; Lande- und Bremsklappen; V-Stellung 45°.
Leitwerk: freitragende Normalbauweise in Ganzmetall.
Fahrwerk: einziehbar mit Bugrad.

Aviation Traders ATL-98 „Carvair" Fracht- oder kombiniertes Fracht-/ Passagierflugzeug

Ende der fünfziger Jahre benötigte man einen Ersatz für die veraltete Bristol 170 „Freighter". Daraufhin entstand die ATL-98 „Carvair" durch Umbau der DC-4 von Douglas. Sie ist vor allem als Kraftfahrzeug-Fähre gedacht, wobei sie außerdem auch Passagiere befördert. Zur Be- und Entladung der Kraftfahrzeuge mußte der Vorderteil des Rumpfes neu gestaltet werden. Das Cockpit wurde nach oben verlegt und eine große, nach der Seite schwenkbare Bugladepforte angebracht.
Der Erstflug des Musters fand am 21. Juni 1961 statt.

Insgesamt wurden 21 DC-4 zu „Carvair" umgebaut (18 von ATL, 3 in Australien), wobei man zur Stabilitätsverbesserung das Seitenleitwerk der DC-7 übernahm. Maschinen dieses Typs benutzten Luftverkehrsgesellschaften Großbritanniens, Italiens, Frankreichs und Australiens.

Rumpf: Halbschalenbauweise; aufgesetztes Cockpit; nach links zu schwenkende Ladeluke im Bug.
Tragwerk: freitragender Tiefdecker mit drei Holmen; einfache Landeklappen, keine Luftbremsen.
Leitwerk: freitragende Normalbauweise.
Fahrwerk: einziehbar; Zwillingsräder an den Hauptfahrwerkstreben; hydraulisch gesteuertes Bugrad.

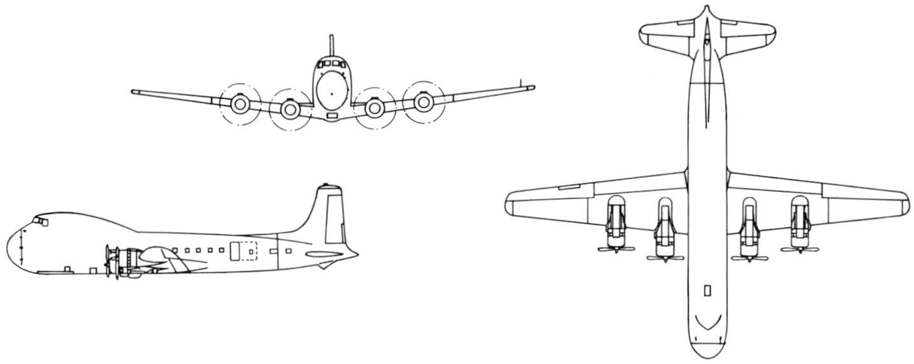

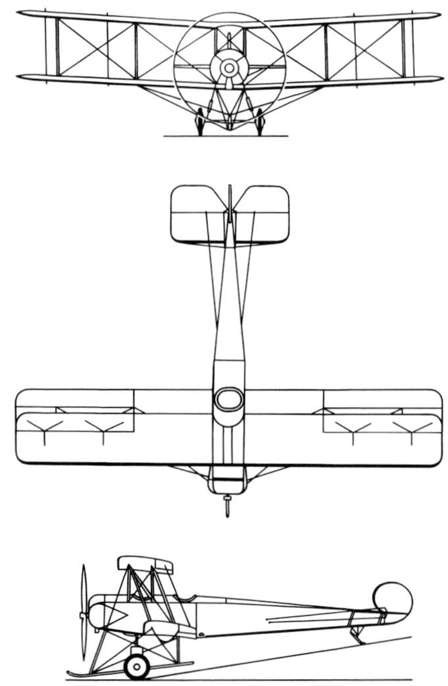

Avro 504
Aufklärungs- und Schulflugzeug

Die Avro 504 war mehr als 15 Jahre **das** Schulflugzeug der britischen Fliegerverbände. Der Prototyp mit einem 60-kW-Motor und Tragflügelverwindung flog erstmalig im Juli 1913.

Einige Versionen:
Avro 504 B: mit 60-kW-Motor; Übungszweisitzer der Seeflieger.
Avro 504 C: mit nach oben gerichtetem MG zur Luftschiffbekämpfung; vorn saß der Beobachter, hinten der Pilot; die Maschine erwies sich jedoch für den Einsatz an der Front als überholt, indes war sie für die Ausbildung hervorragend geeignet; Flugzeug der Seefliegerkräfte.
Avro 504 E: mit 75-kW-Motor.
Avro 504 G: für die Ausbildung im Luftschießen; aus der B abgeleitet.
Avro 504 H: Versuchsflugzeug für den Katapultstart.
Avro 504 J: Standard-Schulflugzeug mit 75-kW-Motor; im November 1918 in 2267 Exemplaren an Fliegerschulen eingesetzt.
Avro 504 K: mit 75-, 80- oder 95-kW-Motor verschiedener Typen; einsitzig als Nachtjagdflugzeug.

Die Avro 504 A und D waren die den Versionen B und C entsprechenden Ausführungen des britischen Fliegerkorps.
In Großbritannien wurden von 1919 bis 1933 8340 Avro 504 aller Versionen gebaut. In der Sowjetunion wurde die Produktion dieser während des ersten Weltkriegs von den Moskauer „Dux"-Flugzeugwerken hergestellten Maschinen im Jahr 1922 wieder aufgenommen.

Rumpf: Holzbauweise mit Stoffbespannung; zwei offene Sitze hintereinander.
Tragwerk: zweistieliger, gestaffelter und verspannter Doppeldecker in Holzbauweise mit Stoffbespannung; zwei Holme, Querruder an allen Flügeln.
Leitwerk: abgestrebte Normalbauweise.
Fahrwerk: starr; mit durchgehender Achse; eine Kufe zwischen den Rädern; Hecksporn.

Avro 652 A „Anson"
Maritimes Aufklärungsflugzeug

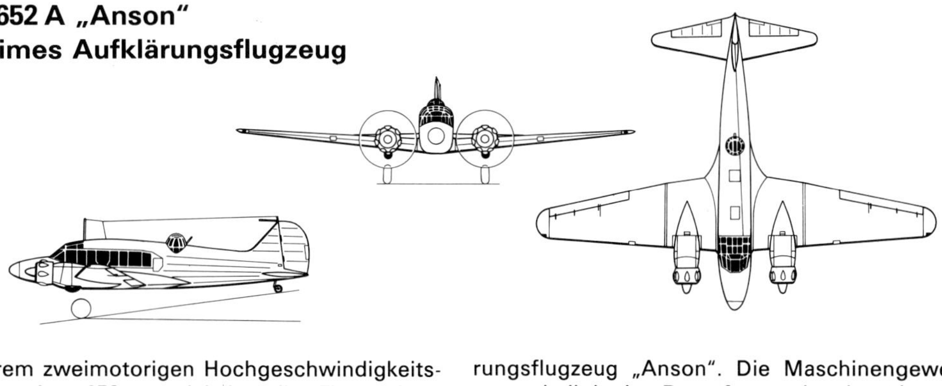

Aus ihrem zweimotorigen Hochgeschwindigkeitsflugzeug Avro 652 entwickelte die Firma Avro Mitte der dreißiger Jahre für das britische Küstenkommando das bewaffnete Mehrzweck-Aufklärungsflugzeug „Anson". Die Maschinengewehre waren halb in den Rumpf starr eingebaut bzw. befanden sie sich in einem Drehturm auf dem Rumpf.

Im Jahr 1935 bestellte das Luftfahrtministerium 175 „Anson", die damit einer der ersten Eindecker sowie eine der ersten Maschinen mit Einziehfahrwerk in den britischen Luftstreitkräften waren. Obwohl das Flugzeug zu Beginn des zweiten Weltkriegs veraltet war, bildete es 1939 als Standardaufklärer das Rückgrat des Küstenkommandos, und es wurde erst 1941 als Kampfmaschine abgelöst.
Die „Anson" wurde auch von niederländischen Freiwilligen in der 217. Staffel der britischen Luftstreitkräfte geflogen. Diese Maschinen trugen neben dem britischen Nationalitätsabzeichen an der Seitenflosse oberhalb des Rumpfes ein kleines orangefarbenes Dreieck.
Nach 1941 kam die „Anson" zu Schulen und Verbindungsstaffeln. Nach insgesamt 20 Dienstjahren bei den britischen Luftstreitkräften wurden die

letzten Maschinen dieses Typs im zivilen Bereich bis in die sechziger Jahre hinein verwendet.
Insgesamt sind 11 022 Maschinen der verschiedenen Versionen gebaut worden, davon 2 882 in Kanada. Die Avro 652 A „Anson" ist von den Luftstreitkräften folgender Länder geflogen worden: Ägypten, Australien (1 021), Deutschland (in Griechenland erbeutete Maschinen), Finnland (3), Griechenland (12), Großbritannien, Irland, Kanada, Südafrika (etwa 750), Türkei, USA (50).

Rumpf: Gemischtbauweise; stark verglaste Kabine; Suchscheinwerfer im Bug; Drehturm auf dem Rumpf.
Tragwerk: freitragender Tiefdecker in Gemischtbauweise; Aufhängevorrichtungen für neun kleine Bomben.
Leitwerk: verspannte Normalbauweise.
Fahrwerk: einfach bereifte Hauptstreben in Motorgondeln einziehbar; Heckrad starr.

Avro „Lancaster" Bombenflugzeug

Die „Lancaster" wurde als dritter und zugleich erfolgreichster der drei britischen viermotorigen Bomber (neben der „Stirling" von Short und der „Halifax" von Handley Page) Anfang 1942 in Dienst gestellt.
Begonnen hatte die Entwicklung dieser Maschine, als Triebwerkschwierigkeiten beim zweimotorigen Bomber „Manchester" 1940 grundlegende Untersuchungen über künftige Antriebe notwendig werden ließen. Man verwarf das Projekt „Manchester II" mit zwei Bristol „Centaurus" oder Napier „Sabre", weil festgestellt worden war, daß die besten Ergebnisse mit vier Rolls Royce „Merlin" möglich sein würden. Eine serienmäßige „Manchester"-Zelle erhielt ein neues Tragflügelmittelstück zur Aufnahme der vier Triebwerke, und bereits am 9. Januar 1941 startete die „Manchester III" zum Erstflug.
Da die Erprobung erfolgreich verlief, ging man zum Serienbau der nun als „Lancaster" Mk. I bezeichneten Maschine über. Am 31. Oktober 1941 flog das erste Serienflugzeug, das vier Rolls Royce „Merlin XX" (je 945 kW), eine Flugmasse von 27 215 kg, eine Bombenmasse von 6 340 kg (Reichweite damit bei 338 km/h Geschwindigkeit 2 670 km) und eine Abwehrbewaffnung von acht 7,7-mm-MGs in drei hydraulisch gesteuerten Abwehrständen hatte.
Die Produktion dieses mehrmals geringfügig modifizierten Musters lief bis zum 2. Februar 1946 und umfaßte insgesamt 3 544 Maschinen. Als Antrieb diente bei späteren Serien der „Merlin 22" (1 195 kW). Den Bombenraum hatte man vergrößert – er nahm 5 445 kg auf. Spezialversionen der Mk. I trugen halb versenkbare Riesenbomben (u. a. die größte Bombe des zweiten Weltkriegs, die 10 t schwere „Grand Slam").
Nach einem mißglückten Tagesangriff ohne Jagdschutz unternahmen die Luftstreitkräfte keine Angriffe bei Tag auf Deutschland, und die „Lancaster" wurde aufgrund ihres einfachen Aufbaus zum britischen Standardnachtbomber.
Parallel zur Produktion der Mk. I begann 1942 der Bau von 300 „Lancaster" Mk. II mit luftgekühlten Doppelsternmotoren Bristol „Hercules VI" oder „Hercules XVI" (je 1 270 kW) bei Armstrong-Whitworth. Als Mk. III wurde die Version bezeichnet, die mit von Packard (USA) in Lizenz gefertigten „Merlin"-Triebwerken ausgerüstet war und verschiedene Verbesserungen (geänderter Bug zur besseren Sicht der Bombenschützen) erhalten hatte. Von ihr wurden 2 990 Maschinen gebaut. 1944 kam die Version Mk. IV mit umfangreicher Funkmeßausrüstung sowie Vierblatt-Luftschrauben heraus. Von der Mk. VII wurden 180 Maschinen bei Auster gebaut. In Kanada stellte man die Version Mk. X in 400 Exemplaren her.
Insgesamt haben 7 366 „Lancaster" die Bänder verlassen. 1945 verfügten die britischen Luftstreitkräfte noch über mehr als 1 000 Maschinen.
Im Jahr 1944 erschien die Transport- und Passagierversion „Lancastrian" (unteres Foto), und im gleichen Jahr entwickelte das Werk die Avro 694 „Lincoln". Dieser nach dem „Lancaster"-Bauschema gefertigte Bomber löste nach dem Krieg die „Lancaster" ab.

Rumpf: Ganzmetallbauweise; verglaster Bug; aufgesetzte Kabine; Waffenstände auf dem Rumpf und im Heck.
Tragwerk: Mitteldecker, hängende Triebwerke.
Leitwerk: freitragend; gerades Höhenleitwerk; doppeltes Seitenleitwerk, abgerundet, als Endscheiben ausgebildet.
Fahrwerk: einziehbar mit Heckrad; alle Streben einfach bereift.

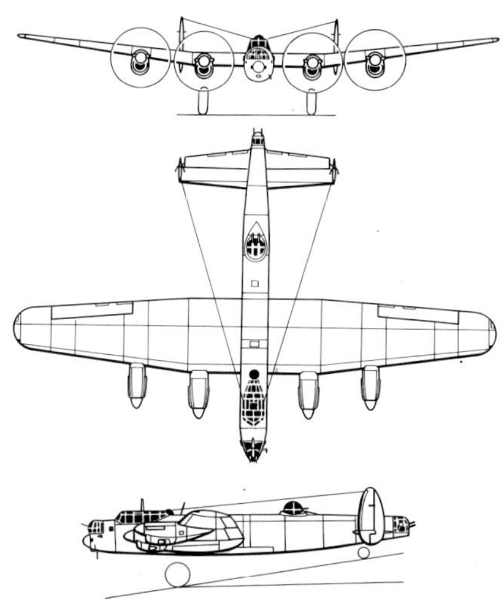

BAC „Canberra"
Militärisches Mehrzweckflugzeug

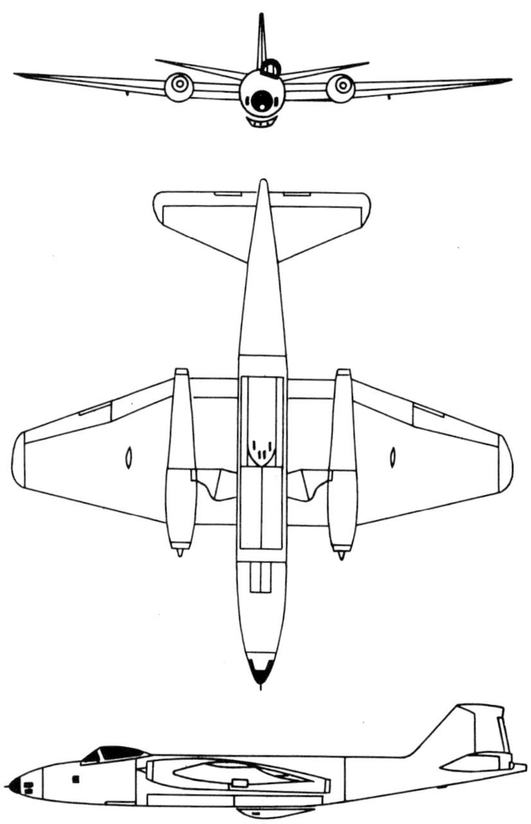

Die später in den Konzern BAC eingegliederte Firma English Electric schuf in den ersten Nachkriegsjahren mit dem Mehrzweckkampfflugzeug „Canberra" eine Maschine, die als erfolgreichstes Bombenflugzeug der NATO bezeichnet wurde. Ursprünglich für die Luftwaffen Großbritanniens, Neuseelands, Perus und Venezuelas vorgesehen, ist der Typ später von denen zahlreicher anderer Länder ebenfalls geflogen sowie in Australien und in den USA in Lizenz gebaut worden.
Der Prototyp English Electric A. 1 startete am 13. Mai 1949 zum Erstflug. Da die Entwicklung des Radarbombenvisiers für die erste Serienausführung „Canberra" B. Mk. 1 nicht gelang, wurde dieser Höhenbomber nicht gebaut. Statt dessen wurde ab 1951 die Version B. Mk. 2 hergestellt, die aus dem letzten der vier „Canberra"-Prototypen abgeleitet worden war. Von dieser Version sind bei vier britischen Firmen 418 Maschinen und von der Firma GAF in Australien 49 als B. Mk. 20 unverändert hergestellt worden. Eine B. Mk. 2 ist am 31. August 1951 als Mustermaschine für den Lizenzbau in die USA (403 Martin B-57, außer Dienst 1983) überflogen worden.
Zu den frühen britischen Serienausführungen zählen als weitere Ableitungen die Aufklärer P. R. 2 (34 gebaut) und P. R. 3 (etwas längerer Rumpf) sowie die Radartrainer T. 2 (8 gebaut) und T. 4 (75 produziert). Ab Ende 1953 lieferten die Werke English Electric (99) und Short (30) die mit stärkeren Triebwerken Rolls-Royce „Avon" 109 (Startleistung je 35000 N) versehenen Bomber B. Mk. 6 aus. Als Prototyp hatte dazu die nur in einem Exemplar gebaute Version B. Mk. 5 gedient, die als Zielmarkierer vorgesehen war. Die B. Mk. 6 diente ihrerseits als Grundlage für den Aufklärer P. R. 7 von English Electric, aus dem Short die Aufklärungsversion P. R. 9 ableitete.

Weitere Versionen:
„Canberra" B(I) Mk. 8: zweisitziger Höhenbomber und Zielsucher.
„Canberra" PR. Mk. 9: Höhenluftbildaufklärer mit größeren Abmessungen.
„Canberra" U. Mk. 10: unbemanntes Zielflugzeug.
„Canberra" T. Mk. 11: viersitziges Ausbildungsflugzeug für Piloten und Navigatoren.
„Canberra" B. Mk. 15: Luftbildaufklärer mit verbesserter Navigationsausrüstung.
„Canberra" B. Mk. 16: ähnlich der B. Mk. 15, aber mit Ausrüstung für Tiefangriffe.

Insgesamt sind bis 1961 954 „Canberra" aller Versionen (nach anderen Quellen: 1330) gebaut worden, von denen man bis 1975 viele Maschinen modernisiert oder für andere Zwecke umgebaut hat. Übernommen wurden „Canberra" von folgenden Ländern: Äthiopien (B. 52), Argentinien (B. 62, T. 64), Australien (B. 20), Ekuador (B. 6), Großbritannien (Bomber B. 2, B. 6, B. 15, Aufklärer PR. 7, PR. 9, Trainer T. 11, T. 17, T. 19, T. 22, Scheibenschlepper TT. 18), Indien (B.(I) 58), B. 66, PR. 57, T. 4, T. 67), Peru (B. 72, B.(I) 78, B.(I) 68, T. 74), Rhodesien (heute Simbabwe B. 2, T. 4), Südafrika (B.(I) 12, T. 4) und Venezuela (B. 82, B.(I) 88, PR. 83, T. 84). Seit 1985 fliegen drei „Canberra TT" für die britische Marine Zieldarstellung.
Die Bundeswehr kaufte 1964 drei „Canberra" B. Mk. 2 – offiziell für Zielschleppeinsätze. Tatsächlich erhielt die heutige Wehrtechnische Dienststelle 61 (WTD 61) den Typ aber als „Versuchsträger für funk- und radargestützte Navigationssysteme". Außerdem diente er für Versuche mit Luft-Luft-Raketen sowie für Erprobungen neuer Navigations-, Aufklärungs- und Waffenleitsysteme. Je eine Maschine ist inzwischen Exponat des Auto-Technik-Museums Sinsheim und des Luftwaffenmuseums Berlin-Gatow.
Bis zum Dezember 1992 gab es in Peru mindestens noch 4 „Canberra".

Rumpf: Ganzmetall-Halbschalenbauweise mit kreisförmigem Querschnitt; Druckkabine.
Tragwerk: freitragender Mitteldecker in Ganzmetallbauweise mit einem Holm; vier hydraulisch betätigte Spreiz-Landeklappen; Luftbremsen über und unter dem Flügel.
Leitwerk: freitragende Normalbauweise in Ganzmetall, außer der Flosse des Seitenleitwerks (Holz mit Stoffbespannung).
Fahrwerk: hydraulisch einziehbar; Bugstrebe mit Zwillingsrad; Scheibenbremsen mit Blockierungsschutz.

BAC „Lightning"
Allwetter-Abfangjagdflugzeug

Die „Lightning" – der erste britische Abfangjäger der Mach-2-Klasse – wurde von der Firma English Electric projektiert, die später im Konzern BAC aufging.
Der Erstflug des Prototyps P. 1 A fand am 4. August 1954 statt, der des Serienflugzeugs P. 1 B am 4. April 1957. Im Jahr 1960 wurden die ersten Maschinen dieses Typs in Dienst gestellt. Die Version „Lightning F. 3" unternahm am 16. Juni 1962 ihren Erstflug, sie wurde 1964 in Dienst gestellt. Bei ihr hatte man Tragflügel und Seitenruder verändert und einen großen, nicht absprengbaren Tank unter dem Rumpf angebracht.
Sowohl von der P. 1 B wie von der F. 3 gibt es Trainer-Versionen (T. Mk. 4 bzw. T. Mk. 5, auch als T. 4 bzw. T. 5 bezeichnet) mit breiterem Rumpf und zwei Sitzen nebeneinander.
Die F. Mk. 6 erhielt moderne Elektronik. An die Stelle der Kanonen traten Lenkgeschosse. Als Exportversion heißt dieses Modell F. Mk. 53.
Nach 5 Prototypen und 20 Vorserienmodellen sind von 1958 bis 1972 insgesamt 338 „Lightning" produziert worden: 20 F-1, 28 F- 1 A, 44 F. 2 (davon 30 zu F. 2 A und 5 zu F. 52 umgebaut), 58 F. 3, 67 F. 6 (davon 24 als F. 6 A modernisiert), 47 F. 53, 20 T. 4 (davon 2 zu T. 54 umgebaut), 22 T. 5 und 8 T. 55. In Großbritannien flogen die Versionen F. 1, F. 1 A, F. 2, F. 2 A, F. 3, F. 6, F. 6 A, T. 4 und T. 5, in Saudi-Arabien die F. 52 und F. 54. Ende 1987 waren alle Maschinen außer Dienst.

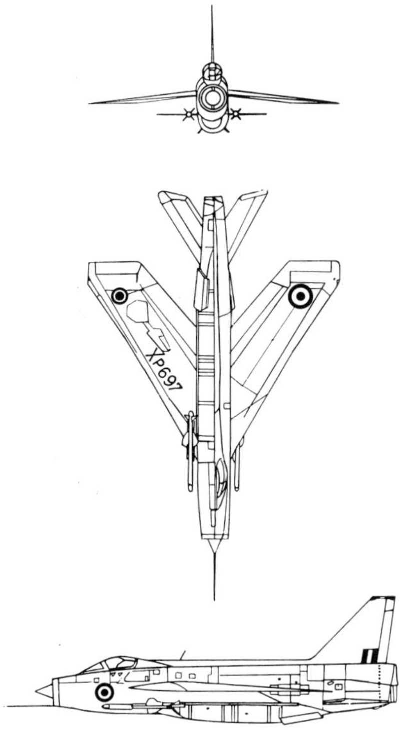

Rumpf: Ganzmetall-Schalenbauweise; Druckkabine mit Schleudersitz; Luftbremsen beiderseits am Heck in Höhe des Seitenleitwerks; Landebremsschirm im Oberteil des Rumpfes.

Tragwerk: ausgeschnittener Deltaflügel mit 60° Stirnkantenpfeilung; Querruder parallel zur Flugzeugquerachse; Tragflügelnase nach vorn heruntergezogen; jeder Flügel mit fünf Hauptholmen; Mittelstück vierholmig; integrale Tanks mit Einrichtung für Luftbetankung.

Leitwerk: an Rumpfheckunterseite das nur als Ruder ausgeführte Höhenleitwerk; Seitenleitwerk auf dem Rumpf.
Fahrwerk: einziehbar; Bugrad hydraulisch steuerbar; Bremsen mit Blockierungsschutz.

BAC VC-10 / Super VC-10
Verkehrsflugzeuge

Die VC-10 wurde von den Vickers-Werken entwikkelt, bevor diese in die BAC eingingen. Sie wird oft als erstes Langstrecken-Verkehrsflugzeug der zweiten Generation bezeichnet. Der Entwurf dieser Maschine geht auf ein Pflichtenheft für ein Nachfolgemuster der „Comet" auf den Afrika- und Asien-Linien der BOAC zurück. Nach der im Frühjahr 1958 aufgenommenen Detailprojektierung begann im Januar 1959 der Bau des Prototyps (Skizze).
Der Erstflug der VC-10 fand am 29. Juni 1962 statt. Den planmäßigen Luftverkehrsdienst nahm die Maschine am 29. April 1964 auf. Es handelte sich dabei um 12 Flugzeuge der Serie 1101, die ausschließlich für die BOAC flogen. Die Serie 1102 erhielten die Ghana Airways, und die Serie 1103 ging an die British United. Mit veränderten Triebwerken und zusätzlichen Kraftstofftanks ausgestattet, gingen die 14 Maschinen der Serie 1106 an das Transportkommando der britischen Luftstreitkräfte (1966, als VC-10 C. Mk. 1, ab 1979 vier zu Tankern VC-10 K. Mk. 2 umgebaut). Die ersten Tanker wurden 1982 in Dienst gestellt. Sie können 75 t Kraftstoff abgeben und gleichzeitig 2 Maschinen betanken.
Die Super VC-10 ist aus der VC-10 abgeleitet worden. Sie hat einen 3,96 m längeren Rumpf (139 Passagiere; VC-10 109) und kann eine wesentlich größere Nutzmasse aufnehmen. Um trotz der größeren Masse die gleiche Geschwindigkeit wie die VC-10 zu erreichen, wurde die Spannweite verringert. Der Erstflug der Super VC-10 (Foto) fand am 7. Mai 1964 statt (Aufbau VC-10).
Von der Super VC-10 entstanden ebenfalls mehrere Serien, so die reinen Passagierausführungen 1151 (BOAC) und 1157 (Varan Air, Thailand) sowie die mit zusätzlichem Frachttor versehene 1154 (East African Airways). Auch Ghana kaufte die Super VC-10. Bis zum Abschluß der Serienproduktion am 16. Februar 1970 sind 32 VC-10 und 22 Super VC-10 gebaut worden.
1994 flogen noch folgende Umbauten: 13 C.1 (K) – mit Nachtankvorrichtung versehene C. Mk. 1 –; 5 VC-10 ex zivil als Tankflugzeuge VC-10 K.2; 9 Super VC-10 als VC-10 K.3 (4) und VC-K.4 (5).

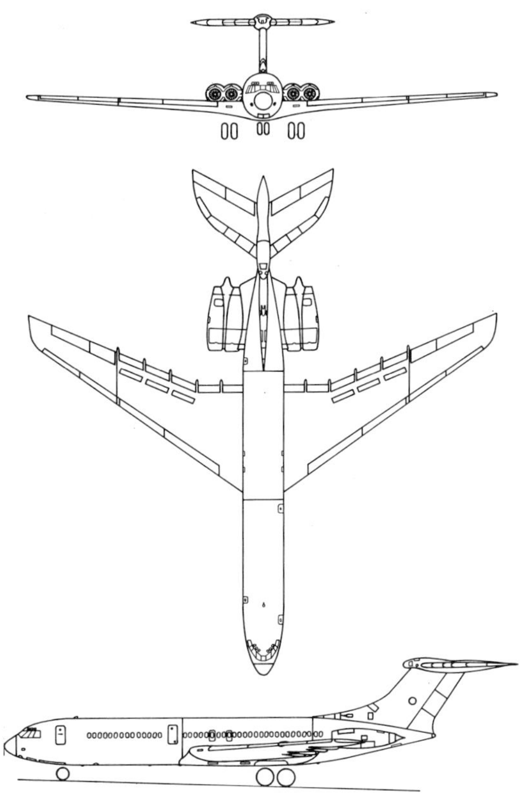

Rumpf: Halbschalenbauweise mit doppelkreisförmigem Querschnitt.
Tragwerk: freitragender Tiefdecker; vier integrale Kraftstofftanks in den Flügeln; fünfteilige Fowler-Klappen an jeder Tragflügelhinterkante; drei Spoiler an jedem Tragflügel; Nasenklappen über die volle Spannweite; thermische Enteisung.
Leitwerk: T-Leitwerk mit gepfeilten Flächen; thermische Enteisung.
Fahrwerk: einziehbar; Bugrad mit Zwillingsrädern; jedes Hauptfahrwerk mit vier Rädern.

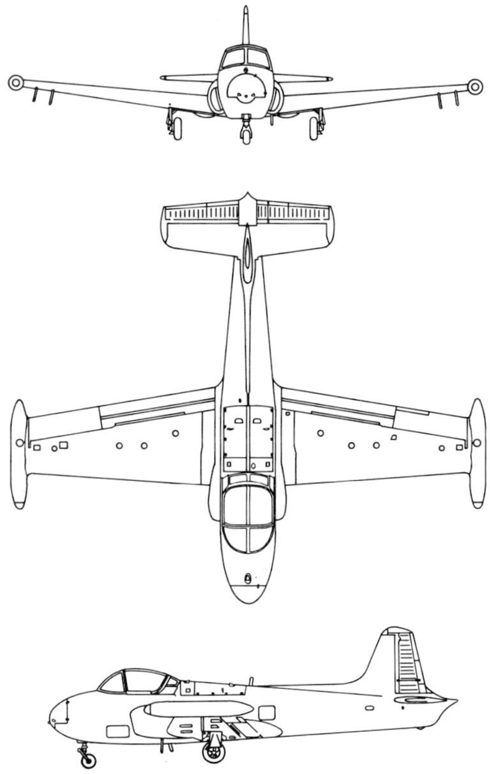

BAe (BAC 145) „Jet Provost" Schul- und Übungsflugzeug

Das TL-Flugzeug „Jet Provost" T. Mk. 4 entstand aus der „Provost" mit Kolbenmotor, die am 23. Februar 1950 erstmals flog. Die T. Mk. 1 flog zum ersten Mal am 26. Juni 1954. Für sie waren noch viele Teile der „Provost" übernommen worden. Das Triebwerk hatte einen Startschub von 7300 N. Aus der Weiterentwicklung T. Mk. 2 mit 7800-N-Triebwerk und verschiedenen konstruktiven Änderungen entstand 1958 die T. Mk. 3 mit Schleudersitzen und weiteren konstruktiven Verbesserungen.

Die „Jet Provost" T. Mk. 4 (Foto, Skizze) als weitere Entwicklung dieser Reihe ist voll kunstflugtauglich. Sie war das Standardflugzeug für die Anfängerschulung und die Weiterbildung bei den britischen Luftstreitkräften. Da sie bewaffnet war, diente sie auch zur Waffenausbildung. Sie konnte auch für Erdkampfeinsätze verwendet werden.

Bis 1964 waren 450 „Jet Provost" ausgeliefert worden. Von der T. Mk. 1 und der T. Mk. 2 wurden jedoch nur wenige Maschinen gebaut. 1967 begann der Bau von 115 „Jet Provost" T. Mk. 5, die ebenfalls mit dem Viper 11 und einer Druckkabine ausgestattet wurden. Die nach Sudan exportierte T. Mk. 55 erhielt das stärkere Triebwerk Viper Mk. 535. Die ältere T. Mk. 3 hat man inzwischen zur T. Mk. 3 A, die T. Mk. 5 mit anderer Elektronik zur T. Mk. 5 A umgerüstet.

Rumpf: Ganzmetall-Schalenbauweise; Schleudersitze nebeneinander.
Tragwerk: freitragender, zweiholmiger Tiefdecker in Ganzmetallbauweise; Spalt-Landeklappen hydraulisch betätigt; in jedem Tragflügel drei Behältertanks und Flügelendtanks.
Leitwerk: freitragende Normalbauweise in Ganzmetall.
Fahrwerk: hydraulisch einziehbar; mit Bugrad.

BAe (BAC 1-11) „One Eleven" Verkehrsflugzeug

Die Hunting Percival Aircraft beschäftigte sich im Herbst 1956 mit dem Projekt H-107, einem Kurzstrecken-Verkehrsflugzeug mit zwei am Heck angeordneten TL-Triebwerken für 40 Passagiere. Nach dem Beitritt dieser Firma zur BAC im Februar 1960 übernahm diese das Projekt unter der Bezeichnung BAC 107. Daraus entstand im Februar die 1-11 „One Eleven".

Versionen:
Serie 200: Erstflug am 20. August 1963; am 22. Oktober 1963 stürzte das erste Flugzeug ab; 56 Maschinen gebaut.
Serie 300: gleiche Abmessungen wie die 200, mit stärkeren Triebwerken und Zusatztanks; für Mittelstrecken geeignet; 10 Exemplare gebaut.
Serie 400: wie die 300, aber mit stärkerem Triebwerk und niedrigerer Startmasse; für kleine Flughäfen in den USA entwickelt; 69 Exemplare gebaut.
Serie 475: Rumpf von der 400, Tragwerk und Triebwerk von der 500; verstärktes Fahrwerk mit Niederdruckreifen; in Frachtausführung große Ladeluken; Erstflug am 27. August 1970; 9 Maschinen gebaut.
Serie 500: im Vergleich zur 400 längerer Rumpf, größere Spannweite; stärkeres Fahrwerk und bessere Bremsen; leistungsfähigere Triebwerke; Erstflug des Prototyps am 30. Juni 1967, des ersten Serienflugzeugs am 7. Februar 1968; ab Sommer 1970 87 Exemplare ausgeliefert (Foto und Skizze).
Serie 670: Spezialausführung der 475; als Nachfolgemuster der NAMC Y-11 angeboten.

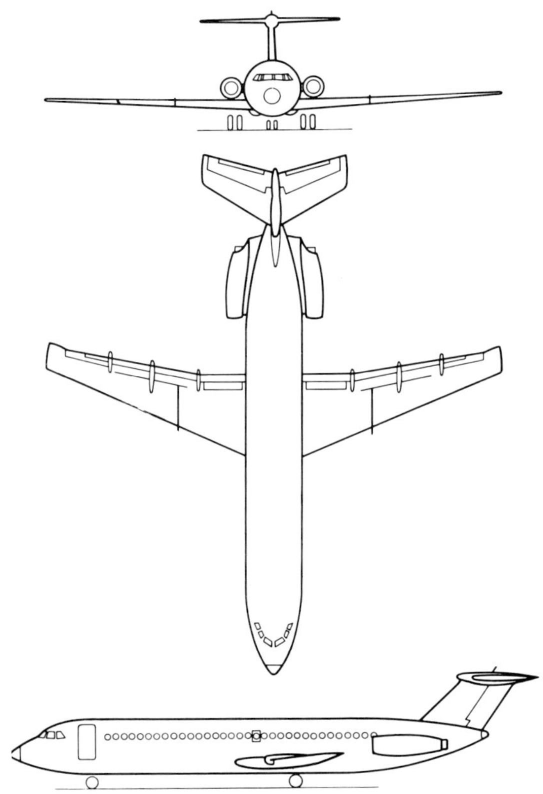

Seit Januar 1981 liefert IAV Bukarest in Lizenz gefertigte Maschinen als Rombac 1-11 Serie 495 und Serie 560.
Gesamtproduktion: 220, davon 1988 noch etwa 150 im Dienst.

Rumpf: Ganzmetall-Halbschalenbauweise mit kreisförmigem Querschnitt; Fracht- und Gepäckräume unter dem Kabinenboden; Notausstiege.
Tragwerk: freitragender Tiefdecker in Ganzmetallbauweise; hydraulisch betätigte Fowler-Auftriebsklappen; hydraulisch betätigte Spoiler auf der Flügeloberseite; thermische Enteisung.
Leitwerk: freitragendes T-Leitwerk in Ganzmetallbauweise; verstellbare Höhenflosse; thermische Enteisung.
Fahrwerk: einziehbar mit Zwillingsrädern an allen Streben; ölpneumatische Dämpfung; hydraulische Bugradsteuerung; Scheibenbremsen mit Blockierungsschutz.

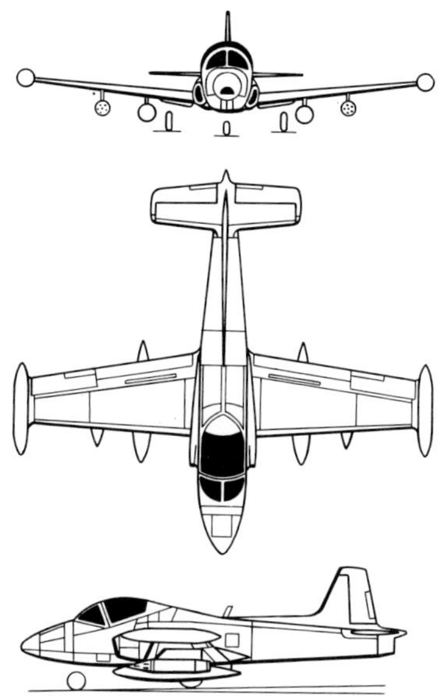

BAe (BAC) 167 „Strikemaster"
Schul- und Übungsflugzeug

Für den Export in den Nahen Osten leitete BAC aus der Reihe der doppelsitzigen Strahltrainer BAC 145 „Jet Provost" Mitte der sechziger Jahre das einsitzige leichte Erdkampfflugzeug BAC 167 „Strikemaster" ab. Vor dem eigentlichen Serienbau wurden einige Muster erprobt:
BAC 164: Erdkampfflugzeug mit einem 15200-N-Triebwerk.
BAC 166: aus der „Jet Provost" T. Mk. 4 abgeleitete Version; Erstflug 16. März 1965.
BAC 167 „Strikemaster": Zelle wie T. Mk. 5 (Foto), jedoch mit stärkerem Triebwerk; an sechs Aufhängungen können insgesamt 1350 kg angehängt werden; als Erdkampfflugzeug mit Panzerung und beschußsicheren Tanks (Skizze); die erste BAC 167 (G-27-8) flog am 27. Oktober 1967.
Von 1968 bis zum Produktionsende 1988 sind 151 „Strikemaster" in Serie gebaut worden. Geliefert wurden folgende Ausführungen:
Mk. 80 / 80 A: 1968/69 47 Exemplare an Saudi-Arabien.
Mk. 81: 1969 4 Maschinen für die VDR Jemen.
Mk. 82 / 82 A: ab 1969 25 Maschinen für Oman.
Mk. 83: bis 1971 12 Maschinen für Kuweit.
Mk. 84: bis 1970 16 Maschinen für Singapur.
Mk. 87: 6 Maschinen für Kenia.
Mk. 88: 16 Maschinen für Neuseeland.
Mk. 89: 22 Maschinen für Ekuador.

Rumpf: Ganzmetall-Halbschalenbauweise; Druckkabine, zwei Schleudersitze nebeneinander; Triebwerk hinter dem Cockpit.
Tragwerk: freitragender Tiefdecker in Ganzmetallbauweise mit Haupt- und Hilfsholm; hydraulisch betätigte Spalt-Landeklappen; Luftbremsen vor den Klappen am hinteren Holm.
Leitwerk: freitragende Normalbauweise in Ganzmetall.
Fahrwerk: hydraulisch betätigt, einziehbar; Bugrad steuerbar; Scheibenbremsen; ölpneumatische Dämpfung.

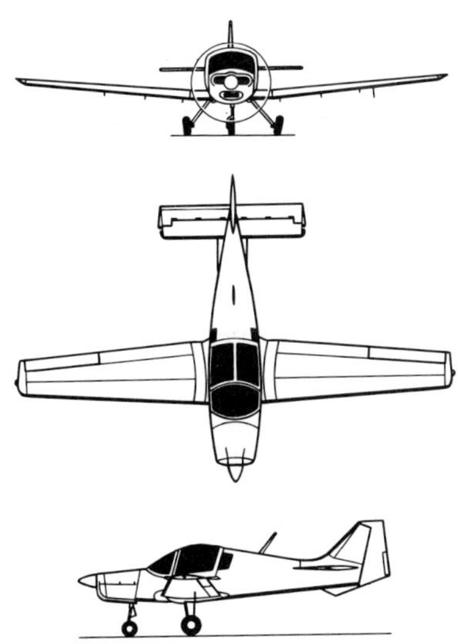

BAe SA-3 „Bulldog"
Schul-, Sport-, Übungs- und Reiseflugzeug

Eine Vorläuferin der Firma Beagle war die durch ihre Leicht- und Schulflugzeuge bekannte Firma Auster. Dort entstand beispielsweise die vor allem für Flugsportklubs und Ausbildungszwecke konstruierte „Airedale" (Erstflug: 16. April 1961, Schulterdecker, vier Sitze, starres Fahrwerk). Einige Jahre später entwickelte die Firma den Tiefdecker B-121 „Pup", der zweisitzig zur Kunstflugausbildung, einsitzig auch für schwierige Kunstflugfiguren benutzt werden kann. In der Reiseflugversion finden auf dem hinteren Sitz ein Erwachsener oder zwei Kinder Platz.
Die Viersitzer-Reiseausführung B-121 M wird auch als Militärtrainer benutzt, wobei sie aufgrund der kleineren Spannweite (damit kleinere Flügelfläche) und aufgrund des stärkeren Triebwerks gute Reiseleistungen hat. Die Grundversion B-121 C,

die vor allem als zweisitziges Schulflugzeug gedacht ist, hat ein festes Bugradfahrwerk, die anderen Ausführungen haben ein einziehbares Bugradfahrwerk. Der Erstflug des Prototyps fand am 8. April 1967 statt.
Aus der B-121 wurde die SA-3 „Bulldog" abgeleitet. Der Erstflug des Prototyps war am 19. Mai 1969 noch bei Beagle. Da diese Firma ihre Tätigkeit einstellte, übernahm Scottish Aviation (später ein Teil von British Aero Space – BAe) die Produktion.
Die „Bulldog" dient der militärischen Grund- und Kunstflugausbildung, aber auch zum Segelflugzeugschlepp, für leichte Erdkampfunterstützung, für die Gefechtsfeldbeobachtung, für die Luftbildaufklärung, für den Lastenabwurf und für das Waffentraining. Sie löste die „Chipmunk" ab.
Der zweite Prototyp flog erstmalig am 14. Februar 1971. Das erste Flugzeug der daraus hervorgegangenen Serie SA-3-100 wurde ein halbes Jahr später ausgeliefert.
Von der Serie 100 wurden 98 Maschinen gebaut. Im Februar 1973 erschien die verbesserte und noch heute gebaute Serie 120 (Skizze), die von den Luftstreitkräften zahlreicher Länder bestellt wurde (Ghana, Großbritannien, Hongkong, Jordanien, Kenia, Libanon, Malaysia, Nigeria, Schweden). Je nach Abnehmer erhielten die Maschinen der Serie 120 gesonderte Bezeichnungen. So hießen die 130 an die britischen Luftstreitkräfte gelieferten Maschinen Serie 121 (Foto), die in die afrikanischen und asiatischen Staaten exportierten Flugzeuge Modell 122 bis 128. Die Serie 200 ist eine etwas vergrößerte Version, deren zivile Ausführung „Bullfinch" heißt. Der Prototyp flog erstmalig am 20. August 1976, die Serienfertigung läuft seit Anfang 1977.

Konstruktive Angaben zur SA-3:
Rumpf: Ganzmetall-Halbschalenbauweise, zwei Sitze nebeneinander, auf Wunsch dritter Platz dahinter; nach hinten aufschiebbare Kabinenverglasung mit Notabwurf; Heizung und Belüftung.
Tragwerk: freitragender Tiefdecker in Ganzmetallbauweise mit einem Holm; Spalt-Querruder; elektrisch betätigte Spalt-Auftriebsklappen.
Leitwerk: freitragende Normalbauweise in Ganzmetall; Bauchflosse; Trimmklappen in den Rudern.
Fahrwerk: nicht einziehbar; steuerbares Bugrad; ölpneumatische Dämpfung; hydraulische Scheibenbremsen; auf Wunsch Schneekufen.

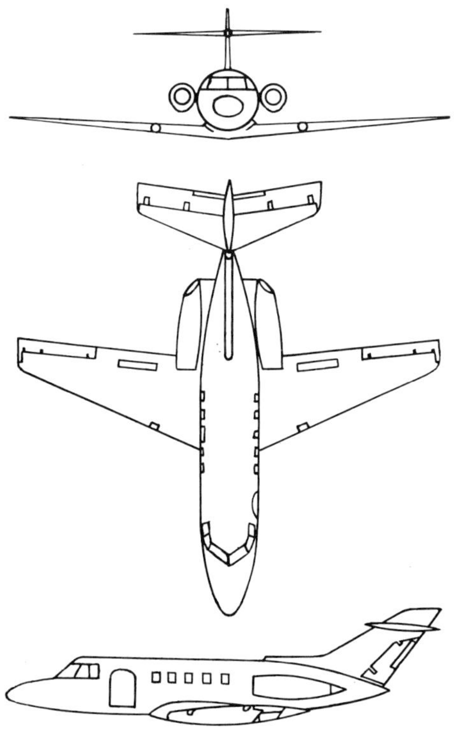

BAe HS-125/„Dominie" T. Mk. 1
Reiseflugzeug

Die HS-125 wurde von de Havilland nach den Prinzipien für TL-Verkehrsflugzeuge entwickelt.
Als Reiseflugzeug bietet sie sechs bis acht Personen Platz, als Transportflugzeug 12 Passagieren. Als Sanitätsflugzeug hat sie Platz für vier Tragen und zwei Sitze. Ferner wird das Flugzeug als Trainer für Piloten und Navigatoren verwendet.
Der erste Prototyp flog am 13. August 1962, der zweite am 12. Dezember 1962. Das dritte Flugzeug war die Serienausführung und flog erstmalig am 2. Februar 1963. Bis 1968 wurden 130 HS-125 gebaut.
Die britische Luftwaffe verwendet eine Staffel HS-125 für die Verbindungsflüge der Regierung. Außerdem benutzt sie die HS-125 als „Dominie" T. Mk. 1 für die Navigationsausbildung (Erstflug am 30. Dezember 1964; Foto).
Im September 1968 kam die HS-125-400 mit verschiedenen Verbesserungen heraus. Auch die Startmasse war erhöht worden. Davon wurden 130 Maschinen gebaut. Die HS-125-600, deren Erstflug am 21. Januar 1971 war, hat stärkere Triebwerke und dadurch eine um 20 % höhere Zuladung, eine um 74 km/h höhere Reisegeschwindigkeit und eine um 10 % größere Reichweite sowie günstigere Start- und Landeeigenschaften. Der Rumpf wurde um 0,60 m verlängert, so daß zwei Passagiere mehr Platz finden.
Von 1979 bis 1985 modernisierte man 63 der inzwischen als BAe 125-400 bezeichneten Maschinen (neue Avionik, Triebwerke Garrett TFE 731 statt Rolls Royce „Viper", Kraftstoffverbrauch um 42 % gesenkt, Reichweite von 2835 auf 4000 km erhöht). Auch die Version BAe 125-700 (Erstflug: 28. Juni 1976) erhielt die Triebwerke TFE 731. Es folgte die BAe 125-800 (stärkere Triebwerke TFE 731-5, neue Tragflügel größerer Spannweite, neue Querruder, modernere Ausrüstung, mehr Kraftstoff; Erstflug: 26. Mai 1983). Der inzwischen als BAe 125 CORPORATE 800 bezeichnete Typ wird als 800 A für die USA und als 800 B für den übrigen Markt, als C-29 A für die US Air Force (6 ab April 1990), als U-125 für Japan (5 für SAR ab 1992) sowie als P.134 und P.135 für militärische Zwecke ausgeliefert.
Als bisher letzte Version gilt die BAe 125 CORPORATE 1000 mit längerer Kabine und erweiterter Ausstattung. Bei Entwicklungsbeginn 1988 hieß sie BAe 125 Series 900 (Erstflug 16. Juni 1990, bestellt 27, ausgeliefert 18).
Bis Januar 1993 sind 840 BAe 125 aller Versionen an 41 Länder verkauft worden. Das Produktionsprogramm umfaßt die Versionen 800 und 1000.

Rumpf: Ganzmetall-Halbschalenbauweise; Triebwerke beiderseits am Heck; fünf oder sechs Kabinenfenster auf jeder Seite.
Tragwerk: Ganzmetallbauweise mit Mehrfachholm.
Leitwerk: freitragende Normalbauweise mit hochgesetztem Höhenleitwerk.
Fahrwerk: einziehbar mit Bugrad; jede Fahrwerkstrebe mit Zwillingsrädern.

BAe ATP
Zubringerflugzeug

British Aerospace (BAe) benutzte die bewährte BAe/HS-748 für die Entwicklung einer gestreckten und modernisierten Weiterentwicklung, die als 64- bis 72sitziges Zubringerflugzeug die Bezeichnung ATP (**A**dvanced **T**urbo**P**rop – fortgeschrittenes Turbopropflugzeug) erhielt. Äußerlich unterschiedlich zum Vorgänger sind der lange Rumpf, das veränderte Seitenleitwerk, neue Fenster und Türen sowie neue Konturen von Rumpfnase und Triebwerkverschalung.
Die eigentliche Modernisierung betrifft aber neben der Geräteausrüstung die Propellerturbinen PW 124 A mit langsamer drehenden 6-Blatt-Luftschrauben, die bedeutend geräuschärmer sind als frühere Triebwerke. Verwiesen wird darauf, daß die ATP bisher das einzige neue Zubringerflugzeug ist, das sich für Fluggastbrücken eignet.

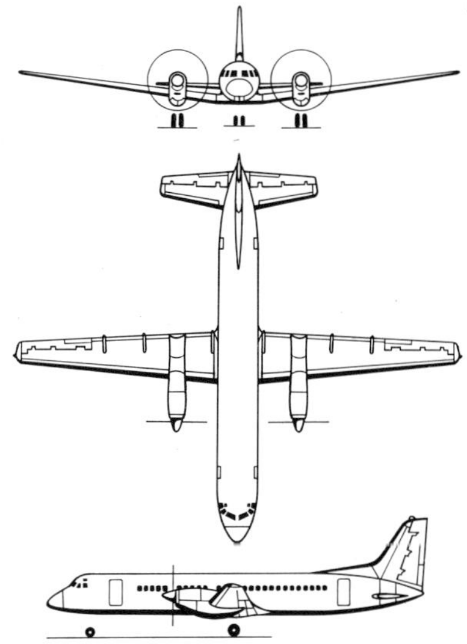

Der erste Prototyp nahm am 6. August 1986 die Flugerprobung auf, der zweite am 20. Februar 1987. Zugelassen und abgeliefert wurden die ersten fünf Serienmaschinen im Frühjahr 1988 – mit etwa einjähriger Verspätung. Bis zum Dezember 1992 waren 59 ATP bestellt und 51 ausgeliefert. Da die Wirtschaftlichkeit der zunächst auch als Super 748 bezeichneten Maschine nicht befriedigte, ist im April 1992 das Programm zur Entwicklung der 70-sitzigen BAe JETSTREAM 61 angelaufen.
Die zum Erprobungsträger umgebaute ATP nahm am 21. Juni 1993 die Flugerprobung auf.

Rumpf: Ganzmetall-Halbschalenbauweise; generell wie Rumpf der BAe/HS-748, aber 5 m länger.

Tragwerk: freitragender Tiefdecker; Rumpf und Tragflügelmittelstück als Integralkonstruktion; Außenflügel positive V-Form; pneumatische Enteisung.
Leitwerk: freitragende Normalbauweise; Seitenleitwerk gepfeilt.
Fahrwerk: einziehbar; Hauptfahrwerkbeine und Bugradbeine doppelt bereift.

BAe 146
Zubringerflugzeug

Der ehemalige britische Flugzeugkonzern Hawker Siddeley arbeitete ab 1966 an einem Strahlverkehrsflugzeug für den Nahbereich, das mit relativ kurzen Start- und Landestrecken auskommen sollte. Das Projekt wurde von BAe (Werk Hatfield, Hertfordshire) übernommen und realisiert. Die Flugerprobung begann am 3. September 1981, und am 27. Mai 1983 stellte Dan-Air London die erste BAe 146 in den Liniendienst.

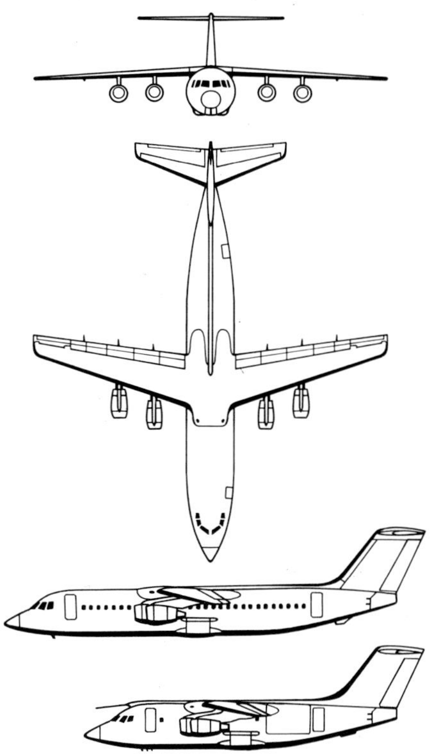

Versionen:
BAe 146-100: Grundversion für 93 Passagiere; zwei Maschinen als BAe 146 CC. Mk. 2 bei den Luftstreitkräften für das Königshaus.
BAe 146-200: um 2,40 m verlängerte Ausführung für 111 Passagiere; Erstflug (G-WISC) am 1. August 1982; im Dienst seit 1983; Kraftstoffvorrat: 11 545 l, Verbrauch: 2600 l/h.
BAe 146-300: Rumpf gegenüber der Serie 200 um 2,40 m verlängert; geräumigere Innenabmessungen; 122 Sitze; Erstflug des umgebauten Prototyps der Serie 100 am 1. Mai 1987; im Dienst seit Sommer 1988.
BAe 146-350: Modifikation der Serie 300 mit 1,5 m längerem Rumpf.
BAe 146 QC Convertible: Passagier- / Frachtausführung der Serien 200 QT und 300 QT.
Statesman: Luxusausführung aller Serien.
Bis Dezember 1992 wurden an 45 Gesellschaften 205 von 209 bestellten BAe 146 ausgeliefert (34 Serie 100, 91 Serie 200, 57 Serie 300, 13 Serie 200 QT, 4 Serie 200 QC, 10 Serie 300 QT). Seit Abschluß der Produktion 1993 wird die Weiterentwicklung Avro International RJ hergestellt.

Rumpf: Ganzmetall-Halbschalenbauweise; Cockpit mit zwei Besatzungsmitgliedern; BAe 146-300: 110 Passagiere in Sechserreihen oder 100 Passagiere in Fünferreihen; Türen links vorn und hinten.
Tragwerk: Schulterdecker; leicht gepfeilt; hängende Triebwerke.
Leitwerk: T-förmig; Ganzmetallbauweise; Enteisungsanlage.
Fahrwerk: doppelt bereiftes Bugrad in den Rumpf, doppelt bereifte Haupträder in kleine Rumpfwülste in Tragflügelhöhe einfahrbar.

BAe HS-1127 „Harrier"
Erdkampf- und Aufklärungsflugzeug

Die HS-1127 „Harrier" hat Kurzstart- und Senkrechtstarteigenschaften. Die sechs Erprobungsmuster für dieses Flugzeug hießen P-1127 „Kestrel", deren erste Mustermaschinen am 24. November 1960 erstmalig geflogen waren. Die „Harrier" flog erstmalig am 31. August 1966.
Äußerlich ähneln sich die „Harrier" und die „Kestrel" sehr, konstruktiv weichen sie voneinander ab. Das Triebwerk ist stärker, Triebwerkseinläufe, Flügelform, Luftbremse, Rückenflosse, Rumpfheck und -bug sind völlig neu. Die Bordsysteme wurden verändert, die Spannweite vergrößert.

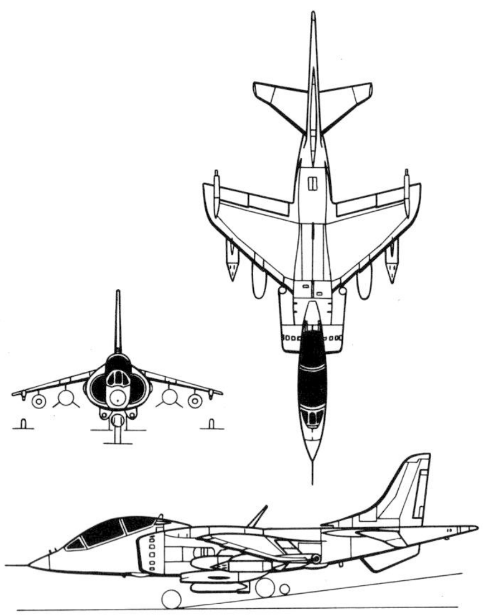

Versionen:
„Harrier" GR. Mk. 1, 1 A und 3: einsitziges Erdkampf- und Aufklärungsflugzeug; von 1968 bis 1971 in Serie und seit 9. April 1969 in der Truppe (124).
„Harrier" T. Mk. 2, 2 A, 4, 4 A und 4 RN: zweisitzige Allwetter- und Trainingsversion mit längerem Rumpf; von 1969 bis 1972 13 T. Mk. 2 gebaut.
„Harrier" Mk. 50: Ausführung für die USA-Marine (als AV-8 A bezeichnet); entspricht der GR. Mk. 1; von 1970 bis 1976 108 Maschinen gebaut.
„Harrier" Mk. 54: mit anderem Triebwerk; Zweisitzer.
Die GR. Mk. 1 erhielt ein stärkeres Triebwerk und wurde auf den GR. Mk. 3-Standard gebracht: verlängerte Nase, Laserentfernungsmesser, Störavionik. Die T. Mk. 2 und 2 A wurden ebenfalls umgerüstet (zu 21 T. Mk. 4).
Im Juni 1979 erhielten die britischen Seestreitkräfte die erste von 48 „Sea Harrier" FRS Mk. 1. Diese sind für die neuen Führungskreuzer mit 15° Startrampe (Sprungstart) vorgesehen. Bis 1990 wurden alle „Sea Harrier" FRS Mk. 1 auf das Niveau der FRS Mk. 2 gebracht (störsicheres Fernmeldesystem und neue Ausrüstung für den elektronischen Kampf, neue Luft-Luft- und Luft-Schiff-Raketen; Erstflug im September 1988).
Am 30. April 1985 startete die „Harrier II" zum Erstflug. Sie ist das britische Gegenstück zur AV-8 B von McDonnell-Douglas, von der sie sich in der elektronischen Ausrüstung und durch die Luft-Luft-Raketen an den Tragflügeln unterscheidet. Die Bezeichnung der britischen Luftstreitkräfte lautet GR. Mk. 5 (4 t Waffen an 9 Außenstationen; Verwendung massesparender Kohlefaserverbundwerkstoffe; Flügelfläche um 50 % vergrößert).
Spanien erhielt über die USA 11 AV-8 S und TAV-8 S für den Träger „Dedalo".
Ende 1988 war in den USA die erste mit 21 AV-8 B „Harrier II" ausgerüstete Staffel einsatzbereit. Der Gesamtbedarf der USA-Marine wird mit 328 Maschinen angegeben. Dieser Typ löst in den nächsten Jahren die AV-8 A und die A-4 „Skyhawk" ab.
Indien hat seit 1985 auf dem Träger „Vikrant" 6 FRS Mk. 51 und 2 T. Mk. 60 stationiert. Bestellt sind außerdem 9 FRS Mk. 51 und 2 T. Mk. 60. Alle Maschinen sollen mit Seezielraketen „Sea Eagle" ausgerüstet werden.

Rumpf: Ganzmetall-Halbschalenbauweise aus Leichtmetall und Titan am Triebwerk; Steuerdüsen in der Rumpfnase und in der Heckspitze; drei Waffenaufhängungen unter dem Rumpf.
Tragwerk: freitragender Schulterdecker; Flügel aus einem Stück, Steuerdüsen in den Flügelspitzen; vier Waffenaufhängungen unter den Flügeln; an der Vorderkante ein Sägezahn; negative V-Stellung.
Leitwerk: freitragende Normalbauweise in Ganzmetall; negative V-Stellung des Höhenleitwerks.
Fahrwerk: steuerbares Bugrad, dahinter Hauptstrebe mit Zwillingsrad; Stützräder an den Flügelspitzen; Niederdruckreifen; Bremsen; Notsporn.

BAe HS-801 „Nimrod“
Aufklärungs-, Frühwarn- und U-Boot-Bekämpfungsflugzeug

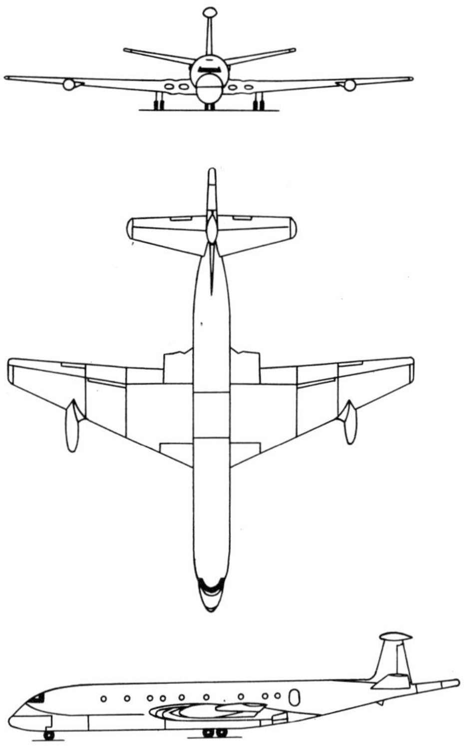

Im Juni 1965 begann die Entwicklung einer vom britischen Küstenkommando für die Ablösung des kolbenmotorgetriebenen Seeüberwachungsflugzeugs „Shackleton“ vorgesehenen Maschine. Als Ausgangsmuster des Projekts HS-801 diente die „Comet 4 C“. Das Tragwerk wurde etwas verändert, der Rumpf etwas verkürzt. Der Rumpf läuft in einen „Stachel“ aus, in dem sich ebenso wie in dem Behälter auf dem Leitwerk elektronische Geräte für die U-Boot-Suche befinden.

Der erste von zwei Prototypen flog am 23. Mai 1967. Kurze Zeit darauf begannen Typenerprobungen und Serienproduktion. (Erstflug am 28. Juni 1968; Foto, Skizze).

Der Serienbau der 46 „Nimrod“ MR. Mk. 1 dauerte von Oktober 1969 bis August 1972. Auf neue Geräte umgerüstet, erhielten sie die Bezeichnung MR. Mk. 2. Mit den 36 Maschinen sind sechs Staffeln ausgestattet. „Nimrod“ R. Mk. 1 heißt die in drei Exemplaren gebaute und aus der „Comet 2“ abgeleitete ECM-Version (für den elektronischen Kampf geeigneter Aufklärer) ohne Ausleger im Rumpfheck.

Am 28. Juni 1977 flog die erste „Nimrod“ AEW. 3 (Frühwarnung) mit breiten Funkmeßwülsten am Bug und am Heck. Zwei Triebwerke der AEW. 3 lassen sich zur Vergrößerung der Reichweite abschalten. Die Maschine hat 15 Mann an Bord.

Statt der 11 geplanten AEW. 3 sind 7 Frühwarnmaschinen E-3D als AEW. 1 beschafft worden.

Rumpf: Ganzmetall-Halbschalenbauweise in Form einer stehenden Acht; im unteren Teil Waffenschächte und Geräte für die Aufklärung.
Tragwerk: freitragender Tiefdecker in Ganzmetallbauweise; in jeder Flügelwurzel zwei Triebwerke; zwei Holme; Luftbremsen über und unter jedem Tragflügel; thermische Enteisung.
Leitwerk: freitragende Normalbauweise in Ganzmetall; thermische Enteisung.
Fahrwerk: hydraulisch einziehbar; hydraulisch steuerbares Bugrad mit Zwillingsrädern; an den Hauptstreben Schlitten mit je vier Rädern.

BAe HS-1182 „Hawk“ T. Mk. 1
Kampf- und Übungsflugzeug

Zu Beginn der siebziger Jahre entschied sich das britische Verteidigungsministerium für einen Nachfolger der Strahltrainer und Übungsflugzeuge der Typen „Jet Provost“, „Gnat“ und „Hunter“. Die Wahl fiel auf das Projekt P. 1182 von Hawker Siddeley. Am 2. März 1972 wurde der Serienbau von 175 „Hawk“ festgelegt. Prototypen wurden nicht gebaut, weil alle Erprobungen mit den ersten fünf Vorserienmaschinen absolviert werden sollten. Am 21. August 1974 nahm das erste Vorserienmuster XX-154 die Flugerprobung auf.

Seit 1976 wird die „Hawk“ als Fortgeschrittenen-Trainer und für die Waffenausbildung sowie von der Kunstflugstaffel „Red Arrows“ geflogen.

Die britische Luftwaffe bestellte 175, Finnland 50 Mk. 51 (als Ersatz für die Fouga „Magister“), Kenia 12 Mk. 52 und Indonesien 20 „Hawk“. In Simbabwe fliegen 8 Mk. 60 mit größerer Triebwerksleistung. Die Exportversionen sind als Jagdbomber/Trainer ausgelegt. Saudi-Arabien bestellte 1985 30 Mk. 65 und Dubai 9 Mk. 61. Kuweit fliegt 12 Mk. 64 und die Schweiz 20 Mk. 66.

Bis Mai 1986 sind 88 britische „Hawk“ T. Mk. 1 auf den Standard T. Mk. 1 A modernisiert (Vorrichtungen für 2 Luft-Luft-Raketen, für eine 30-mm-Kanone unter dem Rumpf sowie die Seezielrakete „Sea Eagle“) worden.

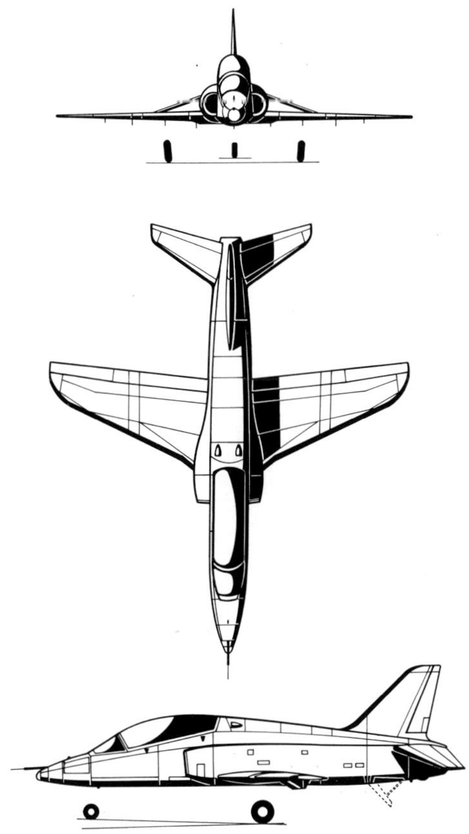

Saudi-Arabien bestellte 1994 zu den schon vorhandenen 30 weitere Mk. 65. Die doppelsitzige „Hawk" Serie 100 wird seit 1990 produziert (Abu Dhabi: 18). Sie ist die Basis für den Trainer T-45 A „Goshawk" der US Marine, den McDonnell-Douglas in 268 Exemplaren fertigt (Erstflug: 16. Dezember 1991; Fahrwerk verstärkt, Fanghaken, Korrosionsschutz gegen Meerwasser). Gesamtproduktion: etwa 550 „Hawk" 50 / 60 / 100. 1987 begann die Flugerprobung des Einsitzers „Hawk" 200, 1993 war er einsatzreif. Malaysia bestellte 18 Maschinen, 15 waren 1994 ausgeliefert.

Rumpf: Ganzmetall-Halbschalenbauweise mit Holmen, Stringern und Beplankung; Kabine mit zwei Schleudersitzen hintereinander, zur besseren Sicht ist der hintere höher; ausfahrbare Luftbremsen unter dem Rumpfheck.
Tragwerk: freitragender Tiefdecker in Ganzmetallbauweise; Doppelspalt-Landeklappen; zweiholmiger Torsionskasten mit integral gefräster Beplankung; vier Flügelhalterungen für Waffen oder Zusatztanks.
Leitwerk: freitragende Normalbauweise in Ganzmetall; ungedämpftes Höhenruder mit negativer V-Stellung.
Fahrwerk: einfahrbar mit Bugrad; Blockierungsschutz.

Beagle „Husky" Mehrzweckflugzeug

Das billige und robuste Flugzeug wird für Sport-, Schul- und Übungszwecke, für Segelflugzeugschlepp, für Reklameflüge, für Luftbildaufnahmen und für den Einsatz in der Landwirtschaft verwendet. In der Kabine haben vorn zwei Erwachsene und auf der hinteren Sitzbank entweder ein Erwachsener oder zwei Kinder Platz. Die weit verbreitete D-Serie entstand im Frühjahr 1960. Die wichtigsten Modelle sind der Zweisitzer D.4/108 sowie die Dreisitzer D.5/160 und 180. Am 17. März 1960 begann die Flugerprobung des Prototyps D.5/160 mit dem Motor Lycoming 0-320. Am 30. November 1961 wurde das erste Serienflugzeug ausgeliefert. Am 10. Januar startete die erste D.5/180 „Husky" mit dem Lycoming 0-360 zum Jungfernflug.
Im Mai 1964 waren 147 D.4, 153 D.5/160 und 16 D.5/180 fertig.
An den OGMA-Konzern in Portugal ist im Dezember 1960 die Lizenz für den Bau von 170 „Husky" vergeben worden. Von dort wurden sie nach Ghana und Nigeria exportiert.
Die Landwirtschaftsversion der D.5/180 hat in der Kabine einen Tank für 320 l.

Rumpf: Stahlrohrbauweise mit Stoff- bzw. GFK-Bespannung; Kabinendach verglast.
Tragwerk: V-förmig abgestrebter Schulterdecker; zweiteiliger Tragflügel mit Metallholmen und Metallrippen; Nase mit Leichtmetall verkleidet, sonst stoffbespannt.
Leitwerk: verspannte Normalbauweise in Stahlrohr mit Stoffbespannung.
Fahrwerk: Spornrad steuer- und feststellbar; Haupträder mit hydraulischen Scheibenbremsen; Schneekufen, Schwimmer oder großvolumige Ballonreifen lassen sich anbringen.

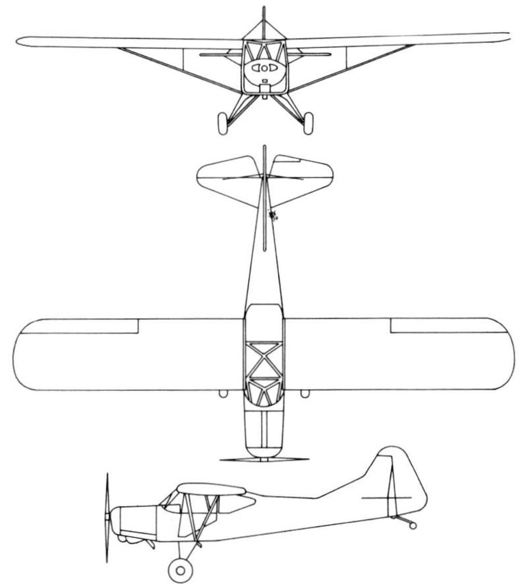

Beagle „Terrier 2" Sport- und Übungsflugzeug

Die „Terrier 2" entstand aus dem Artilleriebeobachtungsflugzeug AOP.Mk. 6 (A. 61) von Auster, das als zivile Version mit einer bequemeren Innenausstattung unter der Bezeichnung „Terrier" herauskam. Um das Flugzeug in der Bedienung noch leichter zu machen, erhielt die „Terrier 2" ein neues Fahrgestell, ein größeres Leitwerk, neue Landeklappen und Querruder. Die Maschine eignet sich auch zum Segelflugzeugschlepp. Von den drei Sitzen liegen vorn zwei nebeneinander und einer etwas nach Steuerbord versetzt dahinter. Die erste umgerüstete Maschine flog erstmals am 13. April 1961. Anfang 1964 waren 60 „Terrier 2" fertig.

Rumpf: Stahlrohrbauweise mit Stoffbespannung; Kabinendach verglast; Doppelsteuerung; Wärmeisolierung.
Tragwerk: V-förmig abgestrebter Schulterdecker in Stahlrohrbauweise mit Stoffbespannung; Landeklappen als Metall-Doppelflügel unterhalb der Flügelhinterkante.
Leitwerk: verspannte Normalbauweise.
Fahrwerk: Heckrad hat Blattfederung und hydraulischen Dämpfer; in der Serienausführung ist es starr eingebaut.

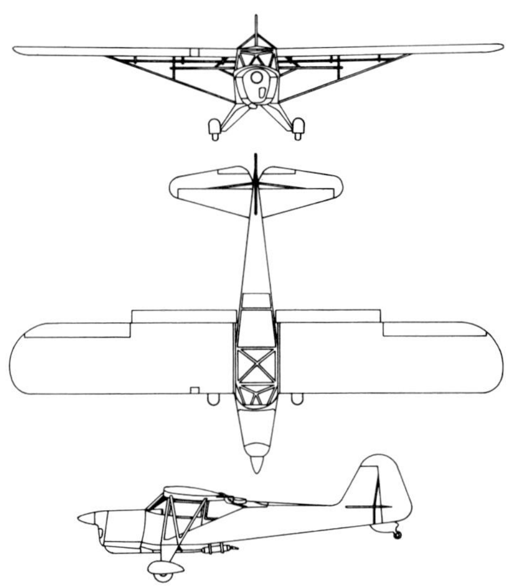

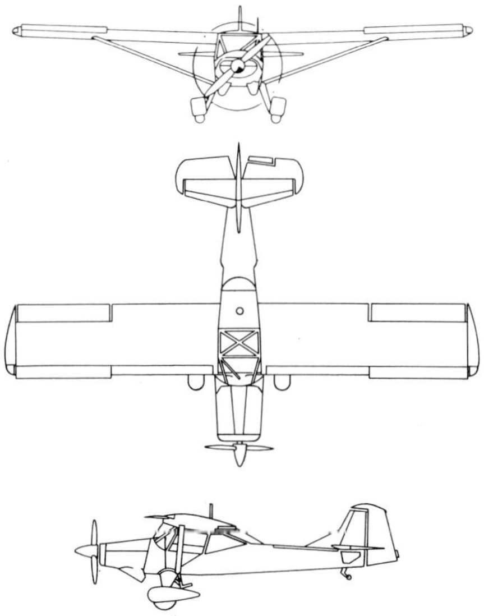

Beagle AOP Mk. 11 (A. 115) „Mark Eleven" Militärisches Mehrzweckflugzeug

Die Auster Aircraft Ltd. baute lange Zeit für die britische Armee leichte Verbindungs- und Beobachtungsflugzeuge. Nachdem die Firma in die Beagle-Werke eingegangen war, entstand aus der erfolgreichen „Mark Nine" (Erstflug als Kurier-, Verbindungs- und Beobachtungsflugzeug AOP Mk. 9 am 19. März 1954) das dreisitzige STOL-Flugzeug „Mark Eleven". Die um die Hälfte höhere Motorleistung und die nur um 4 % angestiegene Startmasse sorgten für wesentlich bessere Flug- und Startleistungen. Das machte sich insbesondere in hochgelegenen und tropischen Gebieten bemerkbar. Der Erstflug fand am 18. August 1961 statt.

Rumpf: Stahlrohrbauweise mit Stoffbespannung; vorn auf jeder Seite eine Tür, steuerbords eine weitere Tür.
Tragwerk: abgestrebter Hochdecker mit zweiteiligem, einholmigem Flügel; Metallholm und -rippen; Nase mit Leichtmetall beplankt, sonst stoffbespannt; Spaltklappen; Vorflügel außen.
Leitwerk: freitragende Normalbauweise in Ganzmetall.
Fahrwerk: starr mit Spornrad.

Beagle B-206 / B-242 Reiseflugzeuge

Die B-206 (oberes Foto) zeichnet sich durch außerordentliche Geräumigkeit und Bequemlichkeit aus. Die Maschine ist mit voller Blindflugausrüstung versehen.

Versionen:
B-206 X: Prototyp (G-ARRM); Erstflug am 15. August 1961.
B-206 Y: zweiter Prototyp mit veränderter Zelle und stärkeren Triebwerken.
B-206 Z1: Vorserienmodell.
B-206 Z2: Vorserienmodell für die militärische Ausführung.
B-206 C: Reiseflugzeug; Erstflug am 17. Juli 1964.

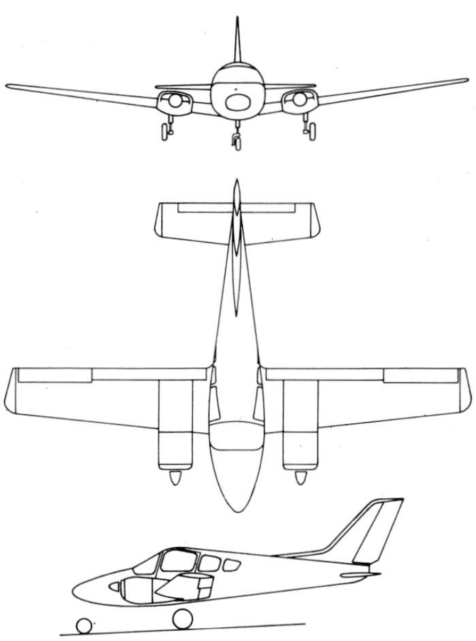

B-206 R: militärisches Ausbildungsflugzeug für Piloten und Navigatoren mit umfangreicher elektronischer Ausrüstung (Bezeichnung: Beagle „Basset" CC Mk. 1); 20 Stück bestellt und bis 1965 ausgeliefert.
B-206 S: Ausführung der R mit stärkeren Triebwerken (je 250 kW); Erstflug 1965 (Gesamtproduktion bis 1969: 85)

Mit der B-242 wollte die Firma Beagle eine Maschine schaffen, die bedeutend leichter und billiger sein sollte als die B-206. Die B-242 (unteres Foto, Skizze) ist eine Weiterentwicklung der B-218, die aus einem Projekt einer der Vorläufergesellschaften von Beagle, der Firma F. G. Miles Ltd., abgeleitet wurde. Die B-218, die am 19. August 1962 erstmalig flog, hatte als Außenverkleidung zum großen Teil GFK. Bei der B-242 ging man davon allerdings wieder ab und wechselte zur Ganzmetallbauweise über.

Rumpf: Ganzmetall-Halbschalenbauweise; Kabinentür, Bugnase und Heckteile aus GFK; B-242: je Seite eine Tür zum Gepäckraum.
Tragwerk: freitragender Tiefdecker in Ganzmetallbauweise mit zwei Holmen; Torsionskästen bilden integrale Kraftstofftanks.
Leitwerk: Normalbauweise in Ganzmetall mit GFK-Verkleidung; B-242: stark gepfeiltes Seitenleitwerk.
Fahrwerk: hydraulisch betätigt, einziehbar; steuerbares Bugrad; Scheibenbremsen und Niederdruckreifen.

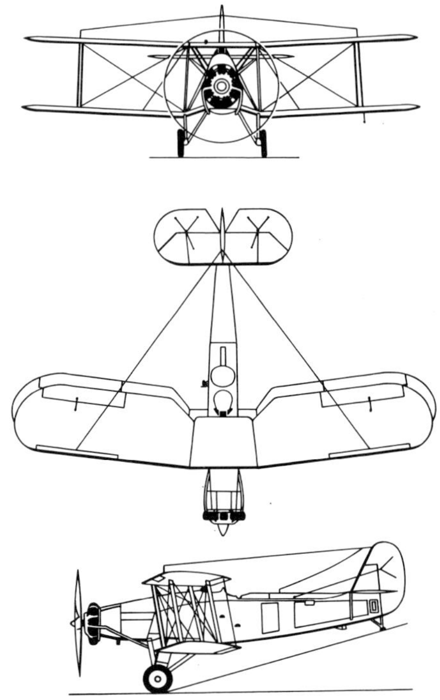

Blackburn „Baffin" Bombenflugzeug

Die britische Marine erhielt im Jahr 1933 das Torpedobombenflugzeug für Flugzeugträger „Baffin". Diese Maschine hatte unter den Flugzeugen für Trägereinsatz als erste einen luftgekühlten Sternmotor.
Im Vergleich zu ihrer Vorgängerin „Ripon II" brachte die „Baffin" jedoch nur unwesentlich bessere Leistungen, so daß sie sich lediglich einige Jahre im Einsatz befand. Im September 1937 wurde sie als überholt zurückgezogen. Dennoch flogen mehrere Maschinen im zweiten Weltkrieg in Großbritannien und Neuseeland (29) als Torpedobomber, vor allem aber als Seeaufklärer an Neuseelands Küsten.
Gebaut wurden insgesamt 99 Maschinen: 2 Prototyen, 2 Vorserienflugzeuge, 13 Serienflugzeuge (davon 3 mit dem Triebwerk Pegasus II. M3, 425 kW), 38 Flugzeuge umgebaut aus der „Ripon II A" und 44 Flugzeuge aus der „Ripon II C".

Rumpf: vorn Stahlrohrbauweise, hinten Holzbauweise; Stoffbespannung; Schwimmsäcke im hinteren Rumpfteil.
Tragwerk: einstieliger, verspannter, zum Rumpf abgestrebter Doppeldecker in Holzbauweise mit zwei Holmen und Stoffbespannung; beide Flügel zweiteilig mit gleicher Spannweite und Tiefe; Oberflügelhälften am Baldachin, Unterflügelhälften an Flügelstummeln befestigt, die gegen Rumpfoberkante abgestrebt sind; Querruder an beiden Flügeln.
Leitwerk: Normalbauweise in Holz mit Stoffbespannung; Höhenflosse trimmbar, auf beiden Seiten durch zwei Streben abgestützt; Ruder aerodynamisch ausgeglichen.
Fahrwerk: starr, mit Hecksporn; austauschbar gegen Schwimmer.

Blackburn „Perth" Flugboot

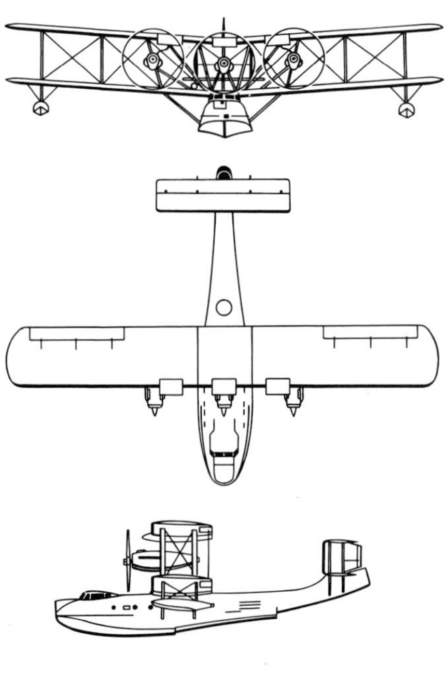

Das Flugboot für Fernaufklärung und Küstenschutz „Perth" löste bei den britischen Luftstreitkräften im Jahr 1934 die „Iris" ab. Der Prototyp hatte 1933 seinen Erstflug unternommen. Im Gegensatz zu ihren Vorgängerinnen verfügte die „Perth" über stärkere Triebwerke und ein geschlossenes Cockpit. Das Flugboot war sehr geräumig; es hatte einen großen Navigationsraum, eine Funkkabine, einen Schlafraum mit Betten, eine Küche und einen Waschraum.

Bei den britischen Luftstreitkräften war die „Perth“ das größte und schnellste Fluboot, bis die „Singapore“ von Short sie im Jahr 1936 übertraf. Ungewöhnlich zur damaligen Zeit war auch die Ausrüstung mit einer 3,7-cm-Kanone im Rumpfbug. Die Kraftstoffbehälter befanden sich an der Oberflügel-Unterseite über den drei Motorgondeln; jeder Behälter faßte 2614 l.

Rumpf: Bootsrumpf, geschlossenes Cockpit; Räume untereinander durch Gänge verbunden.
Tragwerk: dreiteiliger, verspannter Doppeldecker in Duraluminbauweise mit Stoffbespannung; Ober- und Unterflügel dreiteilig, mit gleicher Spannweite und Tiefe; Mittelteil des Unterflügels auf dem Rumpfoberteil befestigt; Querruder an beiden Flügeln.
Leitwerk: abgestrebtes Höhenleitwerk in Doppeldeckerform und Duraluminbauweise mit Stoffbespannung; obere Höhenflosse mit größerer Spannweite; Höhenruder nur an der oberen Höhenflosse, an der unteren Trimmruder; zwei Seitenflossen und drei Seitenruder zwischen den Höhenflossen.
Schwimmwerk: zweistufiger, gekielter Bootsrumpf mit Glattblechbeplankung; auf jeder Seite Stützschwimmer.

Boulton-Paul „Sidestrand“ / „Overstrand“ Bombenflugzeuge

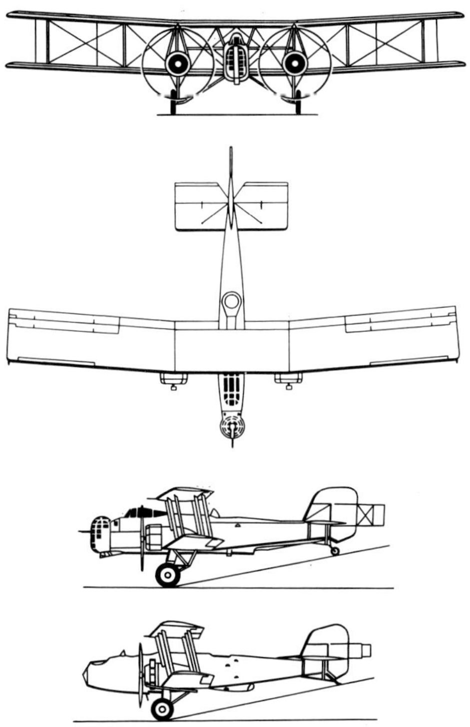

Aufgrund der Erfahrungen mit den zweimotorigen Bombenflugzeugen „Bourges“ und „Buble“ entwickelte Boulton-Paul die „Sidestrand“ (untere Seitenansicht). Der Prototyp flog erstmalig im Jahr 1926.

Die „Overstrand“ (Foto, Skizze) löste 1934 die „Sidestrand“ ab. Sie war bei den britischen Luftstreitkräften bis 1937 im Dienst.
In der Auslegung ähnelte die „Overstrand“ ihrer Vorgängerin. Die stärkeren Triebwerke brachten jedoch bessere Leistungen und ließen eine größere Bombenzuladung zu. Die Triebwerke hatten Townendringe, das Cockpit war geschlossen, die Stände für die Besatzung konnten geheizt werden, am Waffenstand auf dem Rumpfbug befand sich ein großer Windschutz, und zur Erleichterung der Flugzeugführung verfügte die „Overstrand“ bereits über einen Flugregler (Autopilot). Der neuartige Waffenstand im Rumpfbug bestand aus einem völlig geschlossenen Turm, den der Schütze infolge des maschinellen Antriebs schnell in alle Richtungen drehen konnte. Die „Overstrand“ war das erste britische Bombenflugzeug mit dieser Ausrüstung.

Der Erstflug des Prototyps fand 1933 statt. Die ersten Flugzeuge hießen noch „Sidestrand V“, ab März 1934 wurden sie in „Overstrand“ umbenannt.

Rumpf: vorn Holz-Schalenbauweise, dahinter bis zum Tragwerk Duralumingerüst, von dort bis hinten Stahlrohrbauweise mit Stoffbespannung; geschlossenes Cockpit mit Heizung („Sidestrand“: offen).
Tragwerk: dreistieliger, gestaffelter, verspannter Doppeldecker in Metallbauweise mit Stoffbespannung; Ober- und Unterflügel mit gleicher Spannweite; Oberflügel dreiteilig; Unterflügel vierteilig; Vorderflügel in der Oberflügelvorderkante; Querruder an allen Flügeln.
Leitwerk: Normalbauweise in Metall mit Stoffbespannung; Ruder aerodynamisch ausgeglichen; Hilfsruder am Seitenruder.
Fahrwerk: nicht einziehbar; mit geteilter Achse; abgestrebt und verspannt; Spornrad steuerbar; Radbremsen.

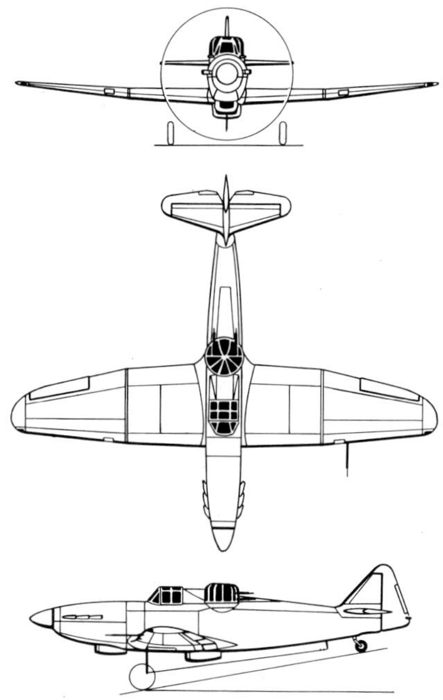

Boulton-Paul „Defiant“ Jagdflugzeug

Die „Defiant“ hatte als erstes Jagdflugzeug einen geschlossenen und mit hydraulischem Antrieb versehenen Gefechtsturm. Dieses zweisitzige Flugzeug bot jedoch einen großen Widerstand und war deshalb schwerfälliger als ein einsitziges. Nach der Ausschreibung, auf deren Grundlage die „Defiant“ entstand, hieß diese Maschine oft auch F. 9/35.
Der Erstflug des ersten Prototyps fand am 11. August 1937 statt, der des zweiten am 18. Mai 1939 (mit Rolls Royce „Merlin I“ oder „Merlin II“, 760 kW). Das erste Serienflugzeug (Tagjäger

F. Mk. I, daraus entstand durch Umbau der Nachtjäger NF. Mk. I) flog am 30. Juli 1939, die Serienlieferungen begannen im Dezember des gleichen Jahres.
Es zeigte sich schließlich, daß die „Defiant" als Tagjäger ungeeignet war. Sie wurde deshalb zum Nachtjäger Mk. I A umgerüstet und mit Radargeräten versehen. Als für diesen Verwendungszweck andere Flugzeuge zur Verfügung standen, wurde die „Defiant" ab März 1942 für den Seenotdienst eingesetzt. Als Schleppflugzeug für Luftziele kam der später noch mehrmals veränderte Typ ab 1941 unter der Bezeichnung T. T. Mk. I zum Einsatz. Außerdem wurde er zur Schießausbildung benutzt. Insgesamt wurden 1064 (nach anderen Quellen 1075) „Defiant" gebaut.

Rumpf: Ganzmetallbauweise; hinter dem geschlossenen Cockpit des Piloten der automatische Drehturm mit vier MGs.
Tragwerk: Tiefdecker in Ganzmetallbauweise mit zwei Holmen; Flügelmittelstück, zwei Außenflügel und abnehmbare Flügelspitzen.
Leitwerk: freitragende Normalbauweise in Ganzmetall.
Fahrwerk: einziehbar mit Spornrad; Haupträder hydraulisch nach innen einziehbar.

Bristol F 2 B „Fighter"
Mehrzweckflugzeug

In den 1910 gegründeten Werken British Aeroplane Company Ltd. schuf der Konstrukteur Barnwell nach dem ersten Militärflugzeug Bristol „Scout" im Jahr 1916 die zweisitzige Bristol F 2 A „Fighter". Dieser von 1916 bis 1926 in 4470 Exemplaren (nach anderen Quellen 5103) gebaute Typ wird als das beste britische Mehrzweckflugzeug des ersten Weltkriegs bezeichnet. Es diente als Jagd- und Begleitflugzeug, als Aufklärer, Bomber, als Schlacht- und schließlich als Schulflugzeug. Zum Bestand der britischen Fliegerkräfte gehörte es bis 1932. Fast ebensolange stand es in Polen im Dienst: 1919 hatte das Land in Großbritannien 105 Maschinen der Typen F 2 A, F 2 B (Weiterentwicklung mit verändertem Leitwerk und verlängerten Tragflügeln) und F 14 „Fighter" (Bezeichnung der nach 1918 gebauten Serien) gekauft.
Der erste Prototyp der „Fighter" nahm am 9. September 1916 die Flugerprobung auf, und ein zweiter folgte am 2. Oktober mit einem Motor Hispano Suiza. Bereits im Dezember erhielt die Truppe die ersten Maschinen. Nach amtlichen britischen Quellen sind bis November 1918 von mehreren Firmen insgesamt 3101 F 2 A / B „Fighter" hergestellt worden. Nach der Lieferung von zwei F 2 B in die USA sollte die Massenproduktion bei Curtiss beginnen. Von den geplanten 2000 wurden ab 5. März 1918 jedoch nur insgesamt 27 Flugzeuge ausgeliefert. Offensichtlich hatte sich der gegen den Rat von Fachleuten vorgenommene Einbau des 300-kW-Motors Liberty 12 nicht bewährt.
In Großbritannien baute man in die Serienmaschinen unterschiedliche Triebwerke ein – solche von Rolls Royce, Sunbeam, Siddeley, Hispano-Suiza, RAF oder Wolsely. Je nach Motortyp betrug die Startleistung zwischen 140 und 225 kW. Als Standardtyp galt der Rolls Royce „Falcon III". Die F 2 A hatte zunächst nur ein MG, das sich im Drehkranz des hinten sitzenden Beobachters befand. Diese unzweckmäßige Bewaffnung mußte man schnell ändern: Die Maschine erhielt ein synchronisiertes MG Vickers und ein Doppel-MG Lewis für den Beobachter.

Rumpf: ovaler Querschnitt; Gemischtbauweise; zwei offene Sitze hintereinander.
Tragwerk: zweistieliger, verspannter Doppeldecker; nach vorn abgestuft; oberer und unterer Tragflügel mit gleicher Tiefe und Spannweite; Querruder nur oben.
Leitwerk: freitragend; Steuerseile außen am Rumpf; Höhenruder geteilt; Seitenruder leicht unten überhängend; stark abgerundet.
Fahrwerk: nicht einziehbar; durchgehende Achse; abgefederter Hecksporn.

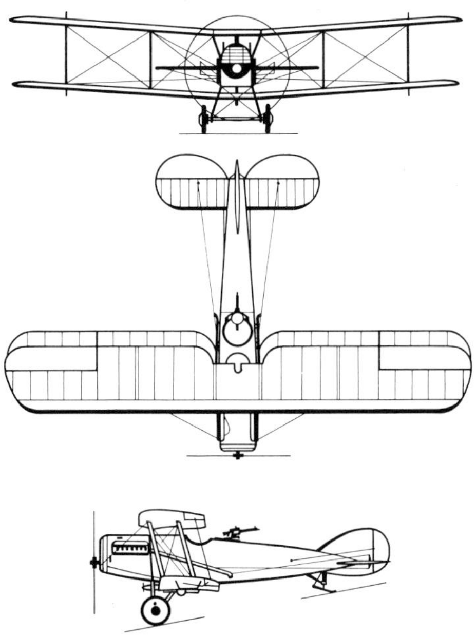

Bristol 105 „Bulldog"
Jagdflugzeug

Eines der bekanntesten Jagdflugzeuge Großbritanniens in den dreißiger Jahren war die Bristol 105. Für die Entwicklung des neuen, als Ablösemuster für die Doppeldecker-Jäger "Siskin" und „Gamecock" gedachten Abfangjägers war eine Ausschreibung der britischen Luftstreitkräfte ausschlaggebend (Projekt F. 9/26).
Die Konstruktion stand unter der Leitung von Barnwell bei der Aeroplane Co. Zwei Musterflugzeuge waren entwickelt worden: der Typ 105 „Bulldog" mit dem Sternmotor Jupiter VII (Erstflug am 17. Mai 1927) und der Typ 107 „Bullpup" J 9051 mit Mercury-Sternmotor. Im November 1927 folgte der zweite, etwas verlängerte „Bulldog"-Prototyp Mk. II. Beide „Bulldog"-Muster wurden in den ersten Monaten des Jahres 1928 in der Truppe erprobt, worauf eine Serie von 25 Maschinen mit Jupiter-VII-Motoren bestellt wurde. Diese ersten Serienmaschinen erhielten die britischen Fliegerkräfte im Mai 1929. Es folgte eine Serie von 92 „Bulldog II". Hauptsächlich wurde aber die

Version „Bulldog II A“ mit dem etwas stärkeren Triebwerk Jupiter VII F, verstärkter Zelle, neuem Ölsystem sowie größerer Nutz- und Abflugmasse gebaut (268 Maschinen).
Als Trainer dienten 59 zweisitzige „Bulldog TM“. Die letzte Version (in 18 Exemplaren für Finnland gebaut und noch 1939/40 verwendet; bewaffnet, beheizbar, Räder gegen Schneekufen austauschbar) war zugleich das schnellste Muster: Mk. IV A (Foto) mit dem Triebwerk Mercury-VI S. 2. Dieser Typ war um 74 km/h schneller als die anderen „Bulldog“-Muster.
Insgesamt sind 449 Bristol 105 gebaut worden. Davon erhielten die Luftstreitkräfte Großbritanniens 293 einsitzige und 55 zweisitzige „Bulldog“. Maschinen der Versionen II und II A gingen nach Australien (8), Dänemark (4), Estland (12), Lettland (12), Siam (heute Thailand, 2) und Schweden (11). Von Schweden gingen drei dort als J-7 bezeichnete Maschinen als Trainer nach Finnland. Zwei Maschinen des gleichen Typs erhielt Japan, wo ein Serienbau vorgesehen war, jedoch nicht zustande kam. Bei der britischen Luftwaffe wurde die „Bulldog“ 1939 vom letzten britischen Doppeldecker-Jagdflugzeug „Gladiator“ von Gloster abgelöst. Schon vorher war die „Bulldog“ in einigen Staffeln durch die „Gauntlet I“ ersetzt worden.

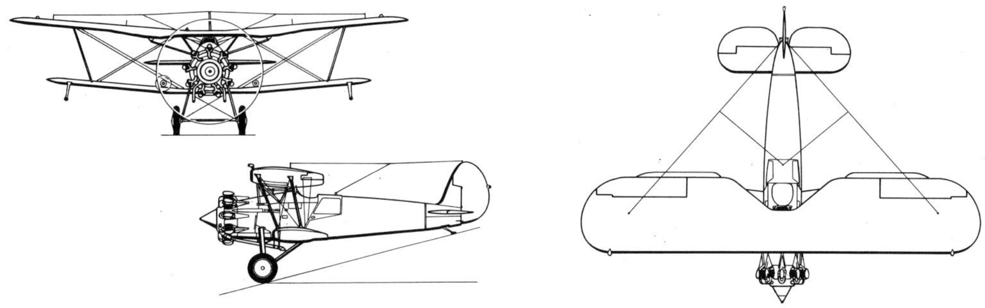

Rumpf: Ganzmetallbauweise; im Rumpfhinterteil teilweise mit Stoff bespannt; offener Flugzeugführersitz; Zielfernrohr vor der Windschutzscheibe; zwei synchronisierte MGs seitlich der Kabine im oberen Rumpfteil.
Tragwerk: verstrebter und verspannter Doppeldecker; Querruder nur oben; offene Langdrahtantenne zwischen Rumpf, linkem oberem Tragflügel und Seitenleitwerk.
Leitwerk: unverspannte Normalbauweise; Metallgerüst mit Stoff bespannt.
Fahrwerk: starres und verstrebtes Hauptfahrwerk; starrer Sporn.

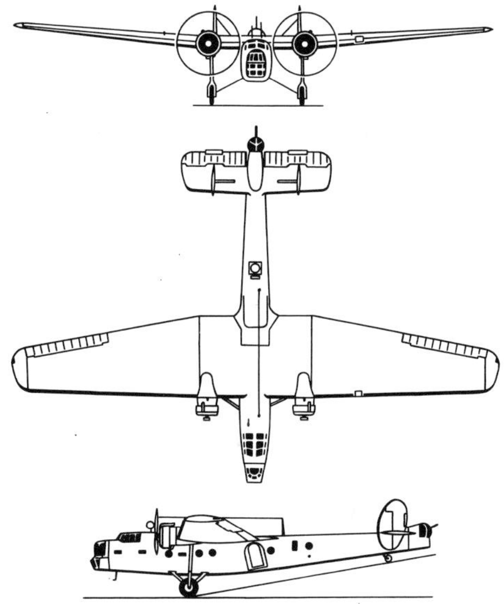

Bristol 130 „Bombay“ Bomben- und Transportflugzeug

Eine Ausschreibung des britischen Luftfahrtministeriums in den dreißiger Jahren forderte ein Bomben- und Transportflugzeug. Bristol entwarf dafür das zweimotorige Muster 130. Der Prototyp mit zwei 550-kW-Motoren Bristol Pegasus III M3 flog erstmalig am 23. Juni 1935. In der Flugerprobung wurden verschiedene Verbesserungen vorgenommen, wie stärkere Triebwerke, hydraulisch betätigte Waffentürme und Verstellpropeller. Dieser Typ 130 Mk. II erhielt die Bezeichnung „Bombay“.
Das erste von insgesamt 50 Serienflugzeugen flog im März 1939. Als Bombenflugzeug trug es bis zu 2 000 kg Bomben im Rumpf, als Transportflugzeug konnte es 24 voll ausgerüstete Soldaten befördern.
Die Maschinen wurden im zweiten Weltkrieg vor allem im Mittelmeerraum verwendet, so als Transporter der britischen Truppen nach Griechenland. Ferner wurden sie 1941 im Irak eingesetzt und flogen in Ägypten und Libyen als Nachtbomber.

Rumpf: Ganzmetall-Schalenbauweise mit ovalem Querschnitt.
Tragwerk: freitragender Hochdecker in Ganzmetallbauweise; dreiteiliger Flügel mit einem Holm; hydraulisch betätigte Spaltflügel und Landeklappen.
Leitwerk: Ganzmetallbauweise; Höhen- und Seitenflossen durch Streben gegen den Rumpf abgestützt.
Fahrwerk: starr; mit Spornrad.

Bristol 170 „Freighter“ / „Wayfarer“ Fracht- und Passagierflugzeug

Ende des zweiten Weltkriegs hatte Bristol ein Transportflugzeug geschaffen, das in der Lage sein sollte, auch von kleinen Flugplätzen ohne feste Landebahnen aus eingesetzt zu werden. Dieses Flugzeug wurde dann für den zivilen Luftverkehr herausgebracht. Es war das erste Verkehrsflugzeug, das in Großbritannien nach dem Krieg gebaut wurde. „Freighter“ war die Bezeichnung der Frachtversion, „Wayfarer“ die der Passagierversion.

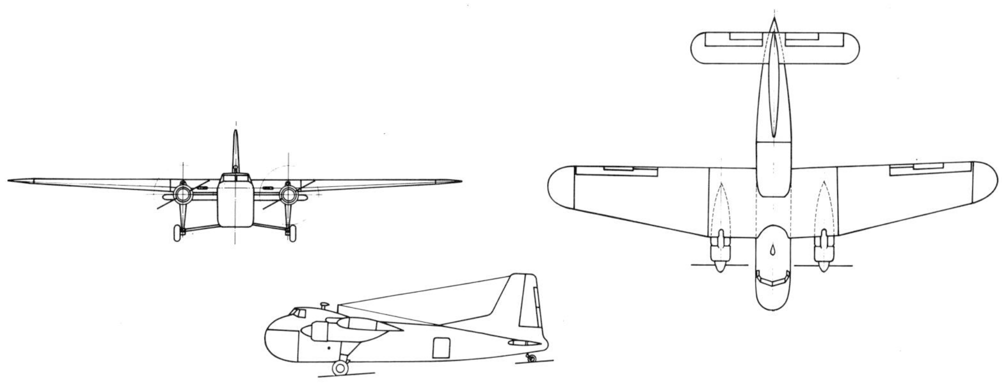

Folgende Serien wurden gebaut:
Mk. 21: Frachtflugzeug mit großer Bugladepforte.
Mk. 21 A: gemischte Fracht-/Passagierausführung mit Bugladepforte.
Mk. 22: Passagierflugzeug ohne Ladeluke.
Mk. 31: mit stärkeren Triebwerken Herkules 734 (je 1 455 kW) und größerer Startmasse (1949/50).
Mk. 31 E: gemischte Fracht-/Passagierausführung oder reine Passagierausführung, bei der die Kabine lärmisoliert war.
Mk. 32: Version mit längerem Rumpf (22, 42 m) als Kraftwagenfähre; sie konnte drei Pkws und 20 Passagiere befördern (1952).

Insgesamt sind bis 1958 214 Flugzeuge dieses Typs gebaut worden, davon 16 als „Wayfarer", die letzte als „Super Wayfarer" für 60 Passagiere. Abgelöst wurde die Bristol 170 durch die aus umgebauten DC-4 entstandenen ATL-98 „Carvair".

Rumpf: Ganzmetallbauweise; Bugladepforte in der Mitte geteilt, so daß sie nach Back- und Steuerbord je zur Hälfte aufklappt.
Tragwerk: freitragender Schulterdecker in Ganzmetallbauweise mit zwei Holmen; Querruder stoffbespannt; Spaltklappen.
Leitwerk: Normalbauweise; Ruder stoffbespannt.
Fahrwerk: starr; mit Spornrad.

Bristol 175 „Britannia" Verkehrsflugzeug

Die Bristol 175 „Britannia" wurde als PTL-Verkehrsflugzeug für den Mittel- und Langstreckenverkehr der britischen Luftverkehrsgesellschaft BOAC nach einer Ausschreibung dieser Gesellschaft von 1947 entwickelt. Im Juli 1948 wurden drei Prototypen in Auftrag gegeben. Der erste, „Britannia 101", flog am 15. August 1952, ein zweiter Prototyp 101 folgte am 23. Dezember 1953.

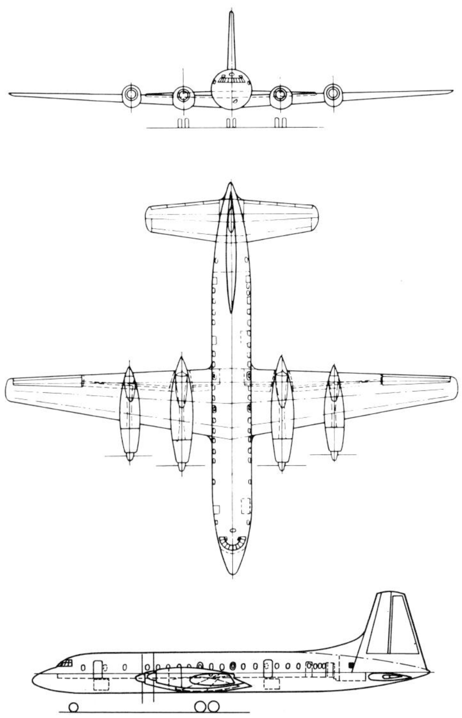

Beide Maschinen hatten statt der ursprünglich vorgesehenen Kolbentriebwerke Centauros je vier PTL-Triebwerke Bristol Proteus. Eine Weiterentwicklung dieser Maschine brachte die kanadische Firma Canadiar im Jahr 1960 unter der Bezeichnung „Forty Four" heraus.

Versionen:
„Britannia 100": für maximal 98 Passagiere.
„Britannia 250": gemischte Passagier-/Frachtausführung mit einem um 3,12 m verlängerten Rumpf und stärkeren Triebwerken.
„Britannia 300": entspricht der „Britannia 250", ist aber ein Passagierflugzeug; befördert bis zu 139 Passagiere.
„Britannia 310": Langstreckenausführung der „Britannia 300" mit zusätzlichen Flügeltanks.
„Britannia 320" (Skizze): Weiterentwicklung der „Britannia 310" mit verschiedenen Verstärkungen und Verfeinerungen.

Bei den britischen Luftstreitkräften wurden 23 Maschinen dieses Typs – als C. Mk. 1 und Mk. 2 (Serie 200) bezeichnet – als Transport-, Fracht- und Verwundetenflugzeug verwendet. Die Firma Aviation Traders baute die „Britannia" unter der Bezeichnung „Britannia 300" zu einem Frachtflugzeug um. Dazu erhielt die Maschine backbords vorn eine große Ladeluke. Vier „Britannia" sind an Kuba geliefert worden. Davon erhielt die tschechoslowakische Luftverkehrsgesellschaft ČSA zwei Flugzeuge (OK-MBA und OK-MBM, vorher CU-T668 und CU-T671).

Rumpf: Ganzmetall-Schalenbauweise.
Tragwerk: freitragender Tiefdecker in Ganzmetallbauweise mit Kastenholm; Doppel-Spaltklappen; thermische Enteisung.
Leitwerk: freitragende Normalbauweise.
Fahrwerk: einziehbar; Bugstrebe mit Zwillingsrädern; Hauptstrebe mit Fahrwerkschlitten mit je vier Rädern; hydraulische Bremsen.

Britten-Norman BN-2 „Islander / BN-2 A Mk. III „Trislander" Mehrzweckflugzeuge

Die BN-2 „Islander" wurde als sog. „Buschtransporter" entwickelt. Für diesen Zweck brauchte man eine robuste und einfache Konstruktion ohne Schwierigkeiten bei der Wartung. Außerdem muß ein derartiges Flugzeug mit kurzen Start- und Landestrecken sowie mit unbefestigten Flugplätzen auskommen. Die Entwicklung des Flugzeugs begann im November 1963. Der Erstflug des Prototyps fand am 13. Juni 1965 statt. In der Normalausführung beförderte das Flugzeug einen Piloten und neun Passagiere. Die geräumige Kabine erlaubt auch den Transport von sperriger Fracht. Als Sanitätsflugzeug befördert die Maschine auf Tragen zwei Schwerkranke und auf Sitzen entweder sechs Leichtkranke oder sechs Begleitpersonen. Außer der BN-2 werden die Versionen BN-2 A (seit Juni 1969) und BN-2 A-26 bzw. 20 (seit August 1972) gebaut. Am 6. April 1977 startete die mit zwei PTL-Triebwerken LTP 101 ausgestattete „Turbo-Islander" zum Erstflug. Von diesem als BN-2 T bezeichneten Typ sind bis Mitte September 1984 18 Maschinen ausgeliefert worden.

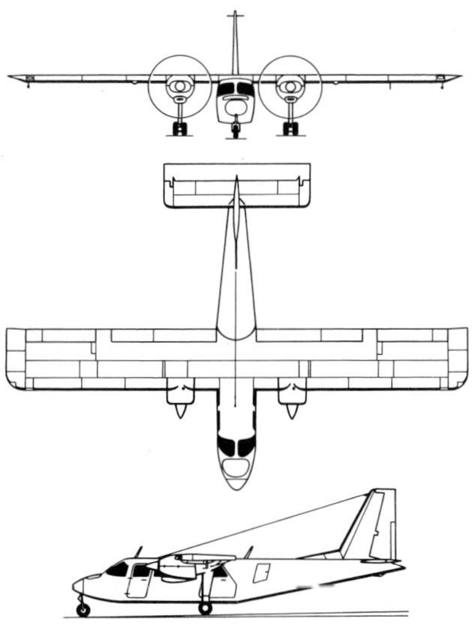

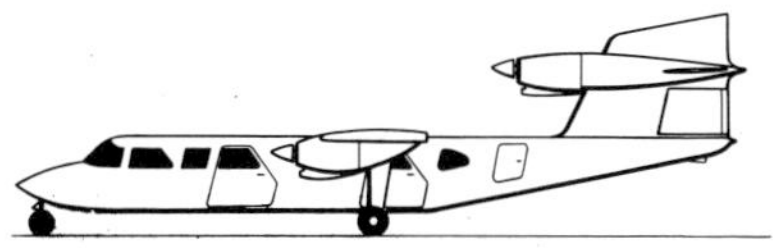

Eine militärische Version der BN-2 ist die „Defender" (Foto). Das Flugzeug kann ebenfalls mit den drei Lycoming-Triebwerken ausgerüstet werden: 190-kW-Ansaugmotor, 200-kW-Motor mit Kraftstoffeinspritzung und Turbolader sowie 220-kW-Motor mit Kraftstoffeinspritzung. Die Maschine eignet sich für Such- und Rettungszwecke, Langstrecken-Überwachungsflüge an Küsten und Grenzen, Kampffeldbeobachtung, als Sanitätsflugzeug, zum Transport von neun bewaffneten Soldaten und zum Abwurf von Nachschub. Die „Defender" wurde auf dem Pariser Salon der Luft- und Raumfahrt 1971 erstmals gezeigt. Die Version „Maritime Defender" ist mit Suchscheinwerfern, Kameras, Suchradar im Rumpfbug und vier Unterflügelstationen für Waffen ausgerüstet.
Bis 1993 sind insgesamt 1160 „Islander" / „Defender" an 120 Abnehmer ausgeliefert worden. Die Produktion wird fortgesetzt. In Rumänien und auf den Philippinen wird der Typ in Lizenz hergestellt.
Für 17 Passagiere entwickelte die Firma die dreimotorige „Trislander" BN-2A Mk. III-1 (Erstflug des Prototyps: 11. September 1970). Dabei galt es, von der „Islander" möglichst viele Teile zu übernehmen.
Bei der neuen Konstruktion (untere Seitenansicht) wurde das dritte Triebwerk am Leitwerk befestigt. Der Rumpf der „Islander" war verlängert worden, indem man vor dem Flügel eine 2,29 m langes Stück einsetzte. Ferner wurde das Rumpfheck verstärkt und ein neues Fahrwerk mit größeren Rädern angebracht. Die erste Serienmaschine flog erstmalig am 6. März 1971.
Eine BN-2T diente als Demonstrator für die „Defender 4000" (Erstflug Anfang 1991) mit Radar für militärische Überwachungsaufgaben, u. a. von Australien (3), Marokko und Türkei bestellt. Die Version hat stärkere Triebwerke, größere Spannweite, höhere Abflugmasse, verstärkte Zelle und mehr Kraftstoff.

Rumpf: Ganzmetall-Halbschalenbauweise mit vier Holmen, Spants und Stringern; fünf Sitzbänke hintereinander mit je zwei Sitzen; zwei Türen auf der Backbord-, eine auf der Steuerbordseite; Gepäckraum hinter der Kabine.
Tragwerk: freitragender Hochdecker in Ganzmetallbauweise mit zwei Holmen; Spalt-Querruder und Spalt-Auftriebshilfen; nach oben abgeschrägte Flügelspitzen.
Leitwerk: freitragende Normalbauweise in Ganzmetall; Trimmklappen in den Rudern.
Fahrwerk: starr; Zwillingsräder an den Hauptstreben; steuerbares Bugrad; ölpneumatische Dämpfung; Scheibenbremsen.

De Havilland
DH-60 „Moth" / DH-87 „Hornet Moth"
Schul- und Sportflugzeuge

Für die Entwicklung leichter Schul- und Sportflugzeuge haben Klemm in Deutschland und de Havilland in Großbritannien die wichtigsten Beiträge geliefert. Die DH-60 „Moth" war die berühmteste Maschine von de Havilland. Der Prototyp flog erstmalig am 22. Februar 1924.
Die DH-60 „Moth" sorgte für einen großen Aufschwung der Fliegerklubs in Großbritannien. Das Flugzeug wurde durch viele Erfolge in Wettbewerben und durch Langstreckenflüge bekannt. Im Mai 1925 flog Cobham an einem Tag von London nach Zürich und zurück (1600 km). Am 5. Juli 1927 stellte Lady Bailey mit 5275 m einen Höhenrekord auf.
Im Laufe der Jahre wurde die Maschine verschiedentlich verbessert. So wurden Triebwerke mit 55, 63, 66 und schließlich 77 kW eingebaut.

Die DH-87 „Hornet Moth" (Skizze) ist eine der zahlreichen Weiterentwicklungen der DH-60 „Moth". Der Erstflug des Prototyps fand am 9. Mai 1934 statt. Unter der Bezeichnung DH-87 A begann im August 1935 die Lieferung der Serienflugzeuge, die an den Spitzen abgerundete Flächen hatten. 1936 erschien die neue Baureihe DH-87 B mit verschiedenen Verbesserungen und rechteckigen Flügeln.
Von beiden Versionen wurden insgesamt 165 Maschinen gebaut. Während des zweiten Weltkriegs wurden sie als Verbindungs-, Radarvermessungs- und Schulflugzeuge verwendet.

Rumpf: Holzbauweise mit Sperrholzbeplankung; zwei offene Sitze hintereinander; DH-87: je Seite eine Tür, verkleidete Kabine.
Tragwerk: einstieliger, verspannter Doppeldecker in Holzbauweise mit Stoffbespannung; leicht gestaffelt; Flügel nach hinten klappbar.
Leitwerk: Normalbauweise in Holz mit Stoffbespannung; Höhenleitwerk abgestrebt; Seitenleitwerk aerodynamisch ausgeglichen.
Fahrwerk: starr; durchgehende Achse und Gummidämpfung; Hecksporn.

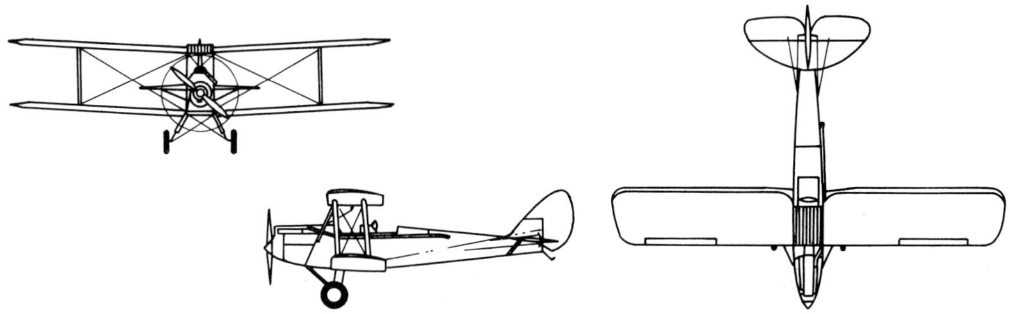

De Havilland DH-89 A „Dragon Rapide" / „Dominie" Verkehrs- und Transportflugzeug

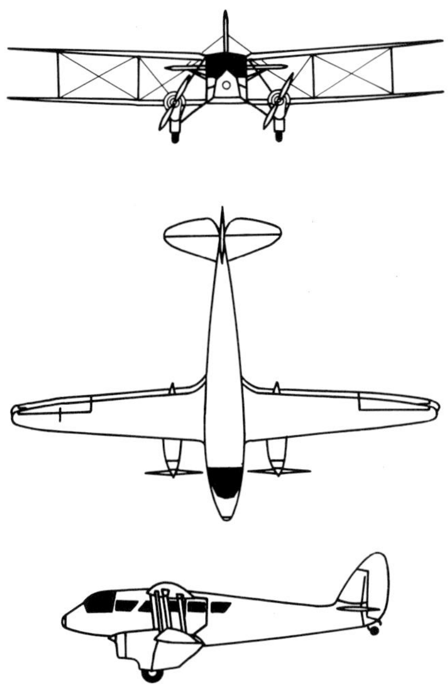

Die Konstruktion der DH-89 A „Rapide" stammt aus dem Jahr 1933. Sie wurde wie die viermotorige DH-86 aus der DH-84 „Dragon" abgeleitet. Diese Maschine flog erstmals im November 1932. In Großbritannien wurden 115 Flugzeuge (als militärischer Transporter Mk. I sowie als Land- oder Seeflugzeug Mk. II), in Australien 87 gebaut. Geliefert wurde die DH-84 auch an Dänemark, den Irak und Portugal. Für die DH-89 wurden von ihr die konstruktiven Merkmale im Aufbau des Rumpfes, des Tragwerks und des Fahrwerks übernommen.
Wegen der „Gipsy Six"-Triebwerke wurde die Maschine eine Zeitlang auch als DH-89 „Dragon Six" bezeichnet, dann als „Dragon Rapide" und schließlich nur noch als „Rapide". Die Versionen für die Navigations- und Funkausbildung erhielten den Namen „Dominie". Die Luftverkehrsgesellschaft BEA, die diese Flugzeuge bis in die sechziger Jahre flog, bezeichnete sie als „Islander".
Während von der DH-86 (Erstflug am 14. Januar 1934) nur 62 Flugzeuge gebaut wurden, stellte man von der DH-89 (Erstflug am 17. April 1934) 728 Exemplare (nach anderen Quellen 737) her.
Die DH-89 war der letzte Vertreter der in Großbritannien und anderen Ländern lange Zeit üblichen Doppeldeckerbauweise, während in Deutschland und in der UdSSR schon seit Jahren Eindecker vorherrschten.

Versionen:
DH-89 „Dragon Rapide": Bezeichnung für den Prototyp und die Serienausführung; 59 Maschinen als Verkehrsflugzeuge (ein Pilot, sechs bis acht Passagiere) ausgeliefert.
DH-89 M: bewaffneter Transporter für die Küstenflieger; ein Prototyp durch Umbau; je drei an Spanien und Litauen geliefert; geeignet zur Mitnahme von etwa 130 kg Waffen.
DH-89 A: in 240 Exemplaren (davon 100 durch Umbau von DH-89 B nach dem Krieg) ausgeliefert; wie DH-89, aber mit Kabinenheizung, Landescheinwerfer im Bug sowie geänderten Tragflügelspitzen.
DH-89 B Mk. I „Dominie": militärisches Schulflugzeug.
DH-89 B Mk. II „Dominie": militärisches Verbindungsflugzeug, beide Versionen aus der „Dragon Rapide" abgeleitet und in den Kriegsjahren gefertigt; insgesamt 188 bei der Stammfirma de Havilland und 236 bei der Firma Brush in Lizenz produziert.

Im Mai/Juni 1940 dienten viele Maschinen der Reihe DH-89 als Versorgungstransporter für das britische Expeditionskorps in Frankreich. Bis Kriegsende setzte man sie dann vor allem als Verbindungs- und leichte Transportmaschinen ein. Bei den britischen Marinefliegern flogen 3 Flugzeuge der DH-89-Reihe bis Anfang der sechziger Jahre.
Exportiert hat man den Typ in der Vorkriegszeit nach Litauen, Kenia, Neuseeland, Spanien und Südafrika. Während des Krieges wurde er auch von USA-Luftwaffeneinheiten in Großbritannien geflogen.

Rumpf: Holzbauweise mit Stoffbespannung.
Tragwerk: verstielter und verspannter Doppeldecker mit elliptischem Grundriß; Landeklappen am unteren Flügel.
Leitwerk: verspannte Normalbauweise in Holz mit Stoffbespannung.
Fahrwerk: starres Hauptfahrwerk mit „Hosen"-Verkleidung, die mit der der Triebwerkgondeln ein Stück bilden; Heckspornrad.

De Havilland DH-91 „Albatros“ Verkehrsflugzeug

Aufgrund einer Ausschreibung des britischen Luftfahrtministeriums für ein Postflugzeug über den Atlantik entwarf Hagg 1936 die DH-91 „Albatros“, die sich von allen früheren Typen der Firma de Havilland unterschied. Die aerodynamische Auslegung war sehr sorgfältig, und die gerundeten Linien verliehen dem Flugzeug ein formschönes Aussehen.

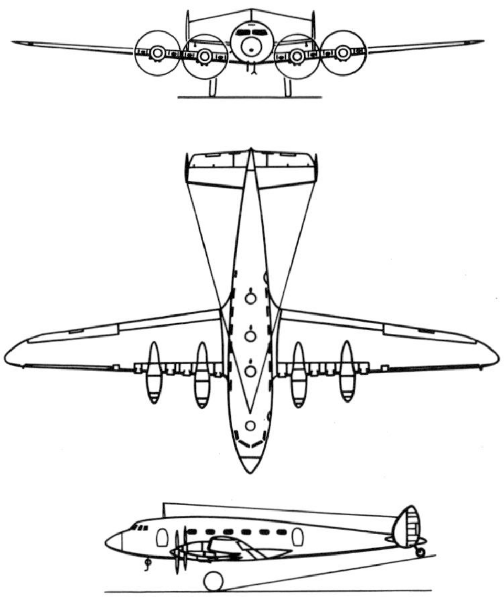

Der Erstflug des Prototyps fand am 20. Mai 1937 mit dem Testpiloten Waight statt.

Zur besseren Verkleidung der Triebwerke wurde die Luft für deren Kühlung auf ungewöhnliche Weise geführt: Sie trat in die Flügelnase ein, von wo sie von hinten zu den Triebwerken gelangte.

Der zweite Prototyp ging am 27. August 1938 zu Bruch. Bei der Landung barst der Rumpf, der daraufhin für die ab Oktober 1938 gelieferten Serienflugzeuge verstärkt wurde.

Zwischen der Post- und der Passagierausführung bestanden nur geringe Unterschiede. Das Postflugzeug hatte größere Kraftstofftanks, die Passagierausführung mehr Fenster; außerdem waren die Landeklappen unterschiedlich.

Die „Albatros“ besorgte den Liniendienst von London nach Paris, Brüssel und Zürich. Nach Beginn des zweiten Weltkriegs verkehrte sie bis 1943 von London nach Lissabon und Shannon (Irland). Die Langstreckenpostflugzeuge flogen bis Juli 1943 zwischen Großbritannien und Island. Es wurden zwei Post- und fünf Passagiermaschinen gebaut.

Rumpf: Ganzholz-Schalenbauweise mit ovalem Querschnitt.
Tragwerk: freitragender Tiefdecker in Ganzholzbauweise; Spreizklappen; Einlauföffnungen für die Kühlluft in den Flügelnasen.
Leitwerk: freitragendes Leitwerk mit zwei Seitenleitwerken als Endscheiben in Holzbauweise.
Fahrwerk: seitlich nach innen einziehbare Federbeine; einziehbares Spornrad.

De Havilland DH-98 „Mosquito“ Bomben- und Jagdflugzeug

Die zweimotorige DH-98 gehörte zu den bekanntesten britischen Flugzeugen des zweiten Weltkriegs. Das ganz aus Holz gefertigte, damit vom Radar schwer zu ortende Flugzeug wurde als Schnellbomber ebenso verwendet wie als Pfadfindermaschine, Aufklärer, Höhen- und Nachtjäger sowie als von Flugzeugträgern einzusetzendes Mehrzweckflugzeug (ab 1943 als „Sea Mosquito“ mit zum Rumpf zurückzuklappenden Flügeln, um Platz auf Deck zu sparen).

De Havilland hatte die Maschine 1938 als unbewaffneten Schnellbomber konzipiert. Er sollte eine Geschwindigkeit von über 600 km/h erreichen und mit einer Bombenzuladung von rund 450 kg 2400 km weit fliegen können. Interesse weckte dieser Vorschlag bei der britischen Luftwaffe aber erst nach dem deutschen Überfall auf Polen am 1. September 1939. Bestätigt wurde das Projekt Ende Dezember 1939, und am 1. März 1940 kam es unter der Bezeichnung B. 1/40 zur Bestellung von 50 Bombern, deren erster Prototyp am 25. November 1940 zum Erstflug startete. Mitte 1941 erhielten die britischen Luftstreitkräfte die ersten „Mosquito“ als Aufklärer R. F. Mk. 1. Wenig später waren die ersten Bomber fertig. Der Version B. Mk. 1 Serie I folgte bald die Serie II. Als spezieller Höhenbomber entstand die B. Mk. IX., mit Druckkabine als B. Mk. XVI bezeichnet. Beide Versionen konnten im Rumpf eine 1800-kg-Bombe aufnehmen.

Der dringende Bedarf an Nachtjägern hatte die Idee hervorgebracht, aus der „Mosquito“ eine Nachtjägerversion abzuleiten. Der entsprechende Prototyp startete am 15. Mai 1941 zum Erstflug. Als erste Serienmaschine leitete de Havilland daraus den Nachtjäger N. F. Mk. II ab, der vier 20-mm-Kanonen und vier 7,7-mm-MGs starr im und unter dem Bug aufwies sowie ein Funkmeßgerät trug.

Bis 1945 wurden 6711 „Mosquito“ in 43 Versionen gebaut, darunter auch als Jagdbomber mit Raketen unter den Tragflügeln. Nach dem Krieg lief die Produktion weiter: Insgesamt wurden 7785 Maschinen vom Typ DH-98 gebaut. Neben Großbritannien erhielten auch andere Länder die „Mosquito“: Aufklärer wurden von Südafrika (Fotoaufklärer PR. Mk. II) und den USA (Höhenbildaufklärer mit Druckkammer PR. Mk. XVI) übernommen. Bomberversionen bezogen Australien, Kanada, Südafrika und die USA, Nachtjäger Australien, Kanada und Neuseeland. Jagdbomber schließlich flogen in Australien, Kanada, Neuseeland und den USA. Die nach 1945 in der Tschechoslowakei verwendeten „Mosquito“ FB. Mk. VI wurden als B 36 bzw. LB 36 bezeichnet.

Rumpf: Holzbauweise; Bug verglast oder verkleidet; flache Kabine aufgesetzt; kurzer Hecksteiß; Bombenschacht im Bug.
Tragwerk: Mitteldecker in Ganzholzbauweise; gerades Tragflügelmittelstück etwas nach vorn gezogen; Enden leicht V-förmig; getrennte Landeklappen.
Leitwerk: Normalbauweise in Holz.
Fahrwerk: einziehbar mit Heckrad.

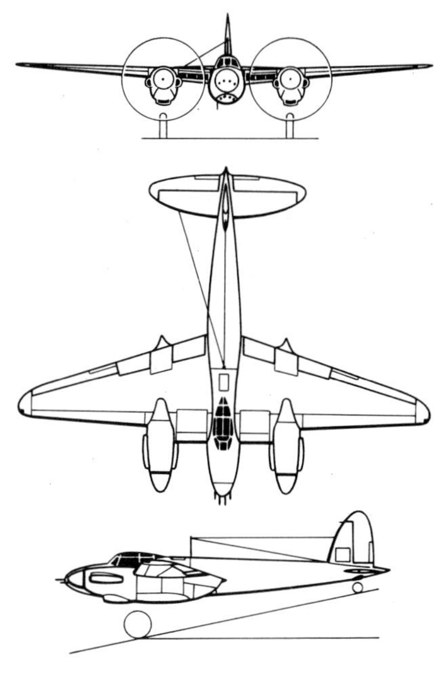

De Havilland DH-100 „Vampire“ Jagdflugzeug

Die DH-100 „Vampire“ war das zweite TL-Flugzeug der britischen Luftstreitkräfte. Im Gegensatz zur G-41 „Meteor“ von Gloster kam sie jedoch im zweiten Weltkrieg nicht mehr zum Einsatz. Ihre Entwicklung begann 1941 aufgrund einer Ausschreibung des britischen Luftfahrtministeriums. Der Erstflug – noch unter der Bezeichnung „Spider-Crab“ – fand am 26. September 1943 statt.
Mehrere Maschinen dienten 1946 als „Vampire“ F. Mk. 1 für Versuche. In großen Serien folgten die F. Mk. 3 (auch exportiert: Kanada 85, Norwegen 4; in Australien 80 mit RR Nene als FB. Mk. 30 gebaut), der Jagdbomber FB. Mk. 5 (Export: Ägypten, Finnland, Frankreich, Irak, Libanon, Neuseeland, Norwegen, Indien, Südafrika). Italien fertigte das Modell als FB. Mk. 52 A (80 bei Macchi), Frankreich montierte aus britischen Bauteilen 67 FB. Mk. 5, fertigte danach weitere 183 mit Goblin-Triebwerk selbst, außerdem 250 FB. Mk. 53 mit RR Nene als Sud Est SE 535 „Mistral“. Die Schweiz kaufte 1947 75 F. Mk. 6 und baute 103 in Lizenz (letzte 1981 außer Dienst). Die britische Marine bezog 30 „Sea Vampire“ F. Mk. 20 und 6 F. Mk. 21. Mit der letzten Variante FB. Mk. 9 sind bis Ende Dezember 1953 insgesamt 1900 Einsitzer in Großbritannien hergestellt worden (auch nach Sri Lanka, Jordanien und Simbabwe exportiert). Als Doppelsitzer-Nachtjäger wurden 95 DH-113 „Vampire“ NF. Mk. 10 ausgeliefert (vor allem für RAF, 1954/58 an Indien 29 abgegeben, einige als NF. Mk. 54 an Italien). Die Erfahrungen mit den nebeneinanderliegenden Sitzen der NF. Mk. 10 führten zur Trainerreihe DH-115 „Vampire-Trainer“ (Erstflug: 15. November 1950, erstmals mit Martin-Baker-Schleudersitzen). Die RAF bezog von den 804 in England produzierten DH-115 530, die Navy erhielt 73. 30 Länder importierten den Typ, Australien stellte 109 als T. Mk. 33 / 34 / 35 her, und Indien montierte 50. Die Schweiz setzte erst 1990 die letzten von 39 DH-115 außer Dienst.
Eine DH-100 Mk. 6 ist im Verkehrshaus der Schweiz in Luzern ausgestellt.
Im Luftfahrtmuseum Manchester ist eine „Vampire“ FB-6 zu sehen.

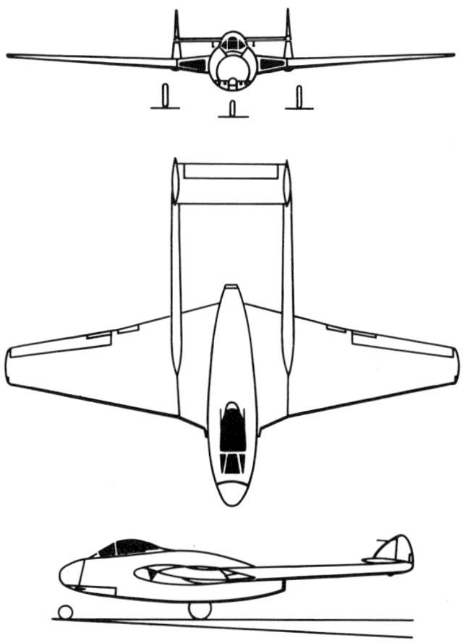

Rumpf: Ganzmetall-Schalenbauweise; kurze Rumpfgondel für Bewaffnung, Cockpit, Triebwerk; auslaufend in Schubdüse; zwei Leitwerkträger.
Tragwerk: freitragender Mitteldecker in Ganzmetallbauweise; Lufteinläufe für das Triebwerk beiderseits des Rumpfes in den Flügelwurzeln.
Leitwerk: zwei Seitenleitwerke an den Enden der Leitwerkträger; dazwischen Höhenleitwerk.
Fahrwerk: einziehbar mit Bugrad.

De Havilland DH-112 „Venom“ Jagdflugzeug

Die DH-112 „Venom“ erschien als Nachfolgemuster der DH-100 „Vampire“. Wenn sie dieser auch äußerlich ähnelte, so war sie doch ein vollständig neuer Entwurf mit besseren Leistungen. Vor allem war das Tragwerk geändert worden, und das Triebwerk hatte eine höhere Leistung. Leitwerkträger und Leitwerk wurden von der „Vampire“ übernommen.
Das Flugzeug wurde als einsitziges Tag-Jagdflugzeug und als Jagdbombenflugzeug gebaut. Als „Venom F. B. 1“ flog der Prototyp erstmalig am 2. September 1949. 1955 erschien die verbesserte „Venom F. B. 4“ mit Schleudersitz und kraftverstärkter Steuerung. Wie bei der „Vampire“ gab es auch von dieser Maschine eine zweisitzige Version als Nacht-Jagdflugzeug. Der Erstflug der „Venom N. F. 2“ war am 22. August 1950. Am 22. Februar 1952 fand der Erstflug der „Venom N. F. 3“ mit verbessertem Radar, kraftverstärktem Ruder und einer neuen Cockpitverglasung statt.
Am 19. April 1951 startete die „Sea Venom“ als bordgestützter Jagdbomber zum Erstflug. Diese Ausführung wurde in den Versionen „Sea Venom F. (AW)“ 20, 21 und 22 gebaut. Die Exportausfüh-

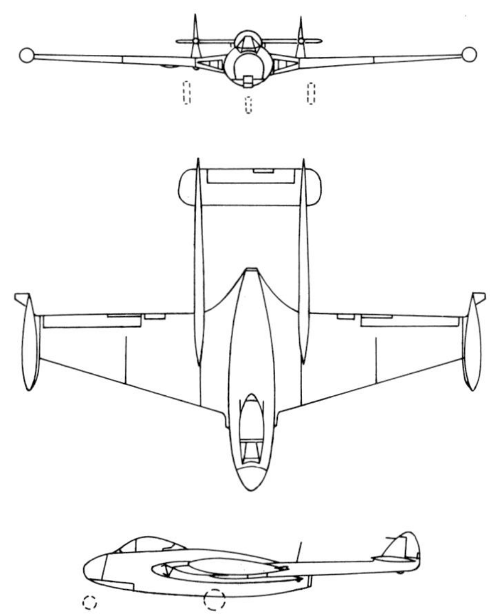

rung hieß FAW. 53. Nach 5 Prototypen stellte man von 1952 bis 1958 256 (nach anderen Quellen 295) „Sea Venom" her. In Frankreich wurde das Flugzeug von 1952 bis 1958 bei Sud Aviation als „Aquilon" in Lizenz produziert (94, nach anderen Quellen 117 Maschinen).
In Großbritannien sind von 1950 bis 1957 insgesamt 887 „Venom" hergestellt worden.
Maschinen dieses Typs wurden nach Australien, Frankreich, dem Irak, Schweden und der Schweiz geliefert. In der Schweiz wurde die Maschine bei F + W Emmen ab 1954 in Lizenz gebaut. Insgesamt fertigte die Schweiz 250 DH-112 Mk. 1.
Als Ersatz für die ausgemusterten 12 P-51 D-Aufklärer zweigte man in der Schweiz von der laufenden DH-112-Produktion ab 1956 24 Maschinen ab und rüstete sie mit neuesten Reihenbildkameras zu Aufklärern Mk. 1 R um. Als die „Mirage III"-Aufklärer verfügbar waren, wurde die Mk. 1 R-Staffel auf acht Maschinen reduziert, die danach noch für die Ausbildung von Aufklärer-Piloten benutzt wurden (1984 außer Dienst gestellt).

Rumpf: Rumpfgondel mit zwei Leitwerkträgern in Ganzmetallbauweise; großer Radarbug.
Tragwerk: freitragender Mitteldecker in Ganzmetallbauweise mit je einem Grenzschichtzaun auf den Tragflügeln; Lufteinläufe beiderseits des Rumpfes in den Flügelwurzeln; Fowler-Klappen.
Leitwerk: zwei freitragende Seitenflossen fest mit den Leitwerkträgern verbunden; dazwischen Höhenleitwerk.
Fahrwerk: hydraulisch einziehbar; steuerbares Bugrad.

Fairey „Campania" Aufklärungs- und Beobachtungsflugzeug

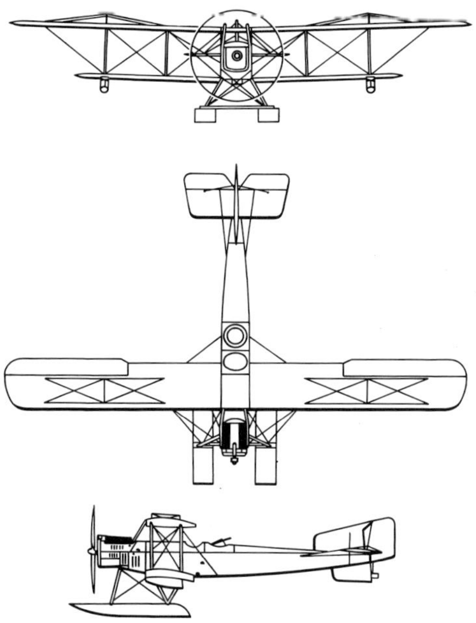

Die „Campania" war das erste Flugzeug, das für Einsätze von Trägerschiffen aus entwickelt wurde.
Der Prototyp F. 16 mit einem 185-kW-Triebwerk flog erstmalig am 16. Februar 1917. Die Flugerprobung machte Veränderungen am Trag- und Leitwerk sowie den Einbau eines 190-kW-Triebwerks erforderlich. Unter der Werksbezeichnung F. 17 wurden 62 Wasserflugzeuge gebaut. Die mit Rolls-Royce-Triebwerken „Eagle VIII" (Startleistung 255 kW) ausgerüsteten Maschinen waren auf den Trägerschiffen „Campania", „Nairana" und „Pegasus" stationiert. Für den Start mußten die Bordmaschinen von einem Kran auf die Wasseroberfläche gesetzt werden. Nach der Landung nahm man sie auf die gleiche Weise wieder an Bord.
Im Jahr 1917 wurden mit einer F. 127 (Bauschema wie die F. 17, aber kleiner und leichter) Versuche mit dem Katapultstart vom Vorschiff der „Slinger" unternommen. Die 25 Flugzeuge mit Maori-Triebwerken flogen von Küstenstationen aus (Bezeichnung: F. 22 „Campania").

Rumpf: Holzbauweise mit rechteckigem Querschnitt und Stoffbespannung; zwei offene Sitze hintereinander; Kühler für das Triebwerk vorn auf beiden Seiten des Rumpfes.
Tragwerk: zweistieliger, verspannter Doppeldecker in Holzbauweise mit Stoffbespannung; Oberflügel mit größerer Spannweite.
Leitwerk: Normalbauweise in Holz mit Stoffbespannung.
Schwimmwerk: zwei Hauptschwimmer in Pontonform; Hilfsschwimmer unter den unteren Außenflügeln und unter dem Rumpfheck.

Fairey „Fox" Bombenflugzeug

Die Firma Fairey entwickelte den Doppeldecker-Tagbomber „Fox" ohne Auftrag des britischen Luftfahrtministeriums. Als sie die Maschine sodann vorführte, erwies sich diese nicht nur als bedeutend schneller als die bisherigen Bombenflugzeuge, sondern auch schneller als die damaligen Jagdflugzeuge.
Die Leistungen der „Fox" beruhten auf einer sehr sorgfältigen aerodynamischen Formgebung, dem Einbau eines Kühlers in einer stromlinienförmigen Verkleidung unter dem Rumpf sowie auf dem Wegfall des wirbelbildenden MG-Drehkranzes, den eine neuartige Waffenaufhängung nach einem Patent von Fairey ersetzte. Hauptsächlich verminderte sich der Widerstand aber wegen der sehr kleinen Stirnfläche des amerikanischen Curtiss-Triebwerks (D 12).
Die mit dem amerikanischen Triebwerk ausgerüstete Maschine hieß „Fox I". Sie flog erstmalig am 3. Januar 1923. Gebaut wurden 28 „Fox I". Die „Fox IA" flog erstmalig am 29. August 1924. Sie war mit dem britischen Triebwerk „Kestrel" von Rolls Royce ausgestattet und durch Umbau aus der „Fox I" entstanden.
Die britischen Luftstreitkräfte stellten die „Fox" ab August 1926 in Dienst.

Versionen:
„Fox II": 12 Flugzeuge mit „Kestrel II S" und starrem Kühler gebaut; SABCA (Belgien) stellte 31 Maschinen her.
„Fox III": mehrmals verwendete Bezeichnung für zwei unterschiedliche Einzelflugzeuge und 13 belgische Serienmaschinen.
„Fox III C": abgewandelte „Fox II"; in Belgien 48 Stück gebaut.
„Fox III S": Schulflugzeug; in Belgien 4 Stück gebaut.
„Fox IV": 6 Seeflugzeuge für Peru.
„Fox V": Prototyp mit Hispano Suiza 12 Ybrs; Umbau aus der „Fox II".
„Fox VI": zweisitziges, in Serie produziertes Aufklärungs- und Jagdflugzeug. Die belgische Firma Avions-Fairey (SABCA) fertigte 85 „Fox VI" in Lizenz und exportierte sie zum Teil. So kaufte die Schweizer Fliegertruppe 1935 zwei „Fox" Mk. VI (geschlossene Kabine, stark abgerundetes Seitenleitwerk, geänderte Verstrebung, großer Flüssigkeitskühler vor dem Fahrwerk) zum Schießen auf Wasserziele sowie für Luft-Luft-Übungen. Da weder Flugeigenschaften noch Flugleistungen befriedigten, dienten beide bis 1945 als Schleppflugzeuge für Flak-Ziele. Vier „Fox VI" waren als Schulmaschinen mit Doppelsteuerung versehen worden.
„Fox VII": in Belgien zum Jagdeinsitzer veränderte „Fox VI"; 2 Stück gebaut.
„Fox VIII": verbesserte „Fox VI"; in Belgien 12 Stück gebaut.

Insgesamt wurden etwa 245 „Fox I" bis „Fox VIII" produziert. 1937 erschien die „Seafox" (letzter britischer katapultierfähiger Doppeldecker) als Aufklärer für Kreuzer. Die 66 „Seafox" blieben bis 1943 in Dienst.

Rumpf: Stahlrohrbauweise mit ovalem Querschnitt; vorn mit abnehmbarer Blechverkleidung, sonst stoffbespannt; offenes Cockpit mit Heizung.
Tragwerk: einstieliger, gestaffelter, verspannter Doppeldecker; Oberflügel mit größerer Spannweite und Tiefe als der Unterflügel; Ober- und Unterflügel zweiteilig; Oberflügel am Baldachin, Unterflügel an Rumpfunterkante befestigt; Querruder an beiden Flügeln.
Leitwerk: Normalbauweise in Metall mit Stoffbespannung; Höhenflosse trimmbar, auf jeder Seite mit zwei Streben nach unten abgestützt.
Fahrwerk: starr; durchgehende Achse; an beiden Seiten an der Rumpfunterkante abgestützt; Radbremsen; Hecksporn.

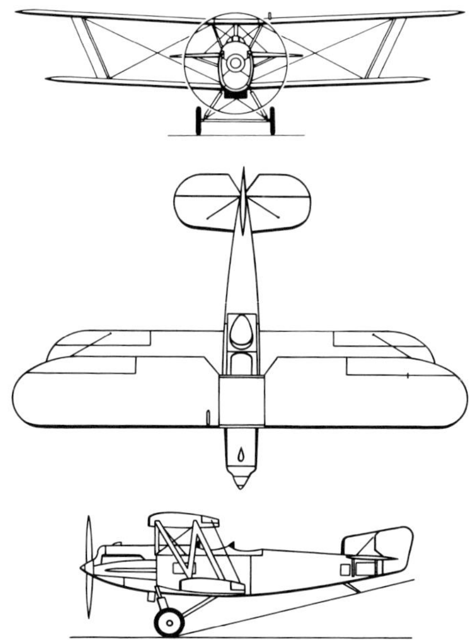

Fairey „Hendon“ Nachtbomber

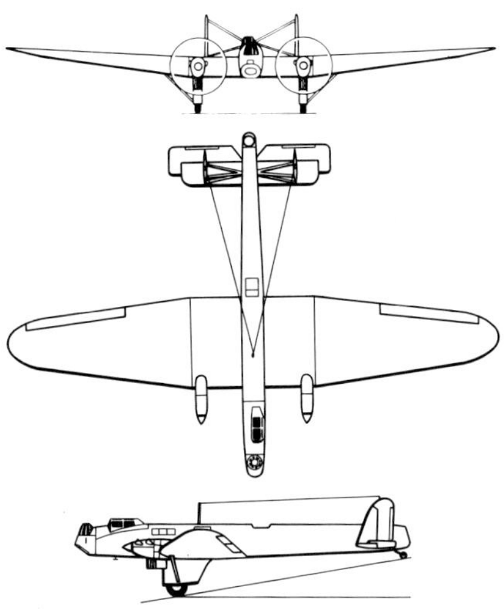

Im Jahr 1930 begann unter der Projektbezeichnung B. 19/27 die Entwicklung eines Nachtbombers, der im Gegensatz zu den damals noch weit verbreiteten Vorstellungen als unverspannter Eindecker, allerdings noch mit einem starren Fahrwerk, ausgelegt war. Im November 1931 nahm der mit zwei Bristol „Jupiter VIII“ (je 340 kW) ausgerüstete Prototyp (K 1695) die Flugerprobung auf. Im Jahr darauf baute man die stärkeren Rolls Royce „Kestrel III S“ (je 355 kW) ein. Damit ging der Typ als Nachtbomber „Hendon“ Mk. I (Foto) an die Luftstreitkräfte.
Die 4-Mann-Besatzung verteilte sich auf die MG-Stände im Bug, auf der Rumpfoberseite hinter dem Tragflügel sowie im Heck hinter dem Leitwerk und auf die Flugzeugführerkabine. Alle vier Plätze waren oben offen und untereinander zugänglich. Funkgerät und Nachtflugausrüstung gehörten zum Standard. Als Transporter konnte die Maschine 20 Soldaten samt Ausrüstung befördern. Im Bombenraum im Rumpf ließen sich 750 bis 1 100 kg Bomben unterbringen.
Im Jahr 1935 folgte der Prototyp B. 20/34 für die Version „Hendon“ Mk. II (Skizze). Sie erhielt die stärkeren Triebwerke „Kestrel IV“ (je 440 kW), eine geschlossene Kabine für zwei Flugzeugführer sowie eine durchsichtige Kuppel für das Bug-MG.

Rumpf: rechteckiges Stahlrohrfachwerk; mit Duralumin-Hilfsgerüst auf ovalen Querschnitt verkleidet; Stoffbespannung.
Tragwerk: freitragender Tiefdecker; dreiteiliger Flügel; Stahl- und Duralumin-Gerippe mit Stoffbespannung; Kraftstoffbehälter im Mittelstück.
Leitwerk: Höhenflosse und Seitenflossen durch je eine V-Strebe gegen Rumpfoberkante abgestrebt; ausgeglichenes Höhen- und Seitenruder; Stahlrohrgerüst mit Stoffbespannung.
Fahrwerk: starr mit Heckrad; verkleidetes, halb freitragendes Fahrgestell; Radbremsen; Verkleidung der Kühler unter den Motorgondeln in Fahrgestellverkleidung übergehend.

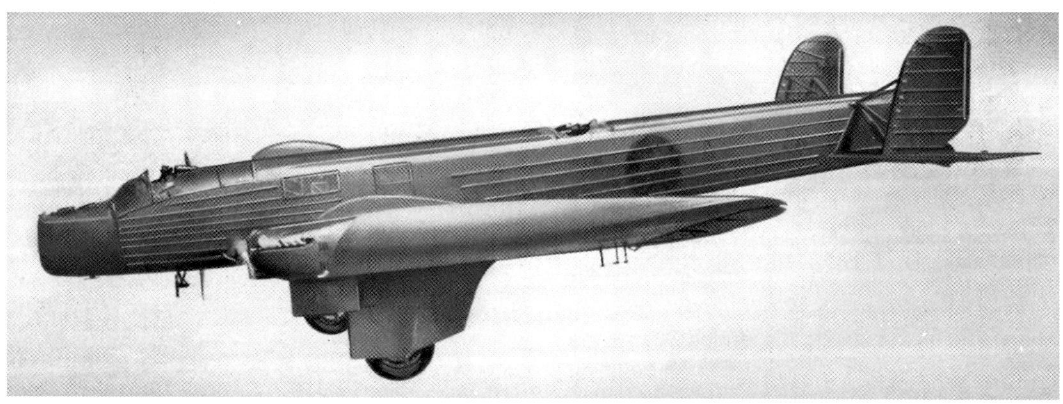

Fairey „Swordfish“ Torpedo- und Aufklärungsflugzeug

Das berühmteste britische Militärflugzeug im zweiten Weltkrieg war neben der „Spitfire“ von Supermarine die „Swordfish“. Das ist besonders deshalb bemerkenswert, weil dieses Flugzeug bei Beginn des Krieges bereits als veraltet galt.
Die „Swordfish“ verdankt ihre Berühmtheit den hervorragenden Flugeigenschaften, der leichten Steuerbarkeit, der Stabilität und der niedrigen Landegeschwindigkeit, die sie besonders zum Einsatz von Flugzeugträgern aus geeignet machte. Die „Swordfish“ diente zum Schutz von Geleitzügen. Ferner wurde sie zur Aufklärung und zur Lenkung des Artilleriefeuers der Schiffe eingesetzt.
Die Entwicklung begann im Jahr 1933, der Erstflug des Prototyps T. S. R. II. fand am 17. April 1934 statt. Am 10. November 1934 flog erstmals die Ausführung mit Schwimmern. Dieser Typ wurde später von Kriegsschiffen aus katapultiert und nach der Landung auf See wieder an Bord genommen. Bis 1939 waren 13 Staffeln, bis 1945 26 Staffeln der britischen Marineflieger, 2 der Luftwaffe sowie Schuleinheiten mit diesem in 2 393 Exemplaren gefertigten Flugzeug ausgerüstet.

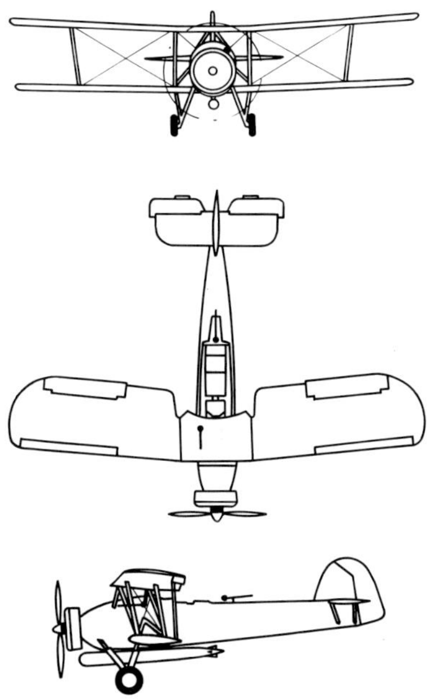

Versionen:

„Swordfish I": erstes Serienflugzeug; als Land- oder Seeflugzeug verwendbar; bei Fairey 689, bei Blackburn 300 Stück gebaut.
„Swordfish II": mit verstärktem unterem Tragflügel zur Aufnahme von acht U-Boot-Raketen von je 27 kg (1943); mit Pegasus III M3 oder XXX; als Land- oder Seeflugzeug von Blackburn in 1 080 Exemplaren gebaut.
„Swordfish III": mit einer Radaranlage zwischen dem Fahrwerk (1943); von Blackburn 320 Stück hergestellt.

Für die kanadischen Fliegerkräfte wurde die „Swordfish II" zur Version Mk. IV umgebaut und mit geschlossener Kabine versehen.
Eine „Swordfish" wird noch heute von den britischen Seefliegern in Yeovilton im flugbereiten Zustand gehalten.

Rumpf: Metallbauweise mit Stoffbespannung; Sitze hintereinander.
Tragwerk: zweiteiliger, verspannter und verstrebter Doppeldecker in Metallbauweise mit Stoffbespannung; Oberflügelmittelteil auf Baldachin.
Leitwerk: verspannte und verstrebte Normalbauweise in Stahlrohr mit Stoffbespannung; Querruder an allen vier Flügeln.
Fahrwerk: starr mit Spornrad; Haupträder mit Bremsen.
Schwimmwerk: zwei Metall-Schwimmer.

Fairey „Battle"
Bombenflugzeug

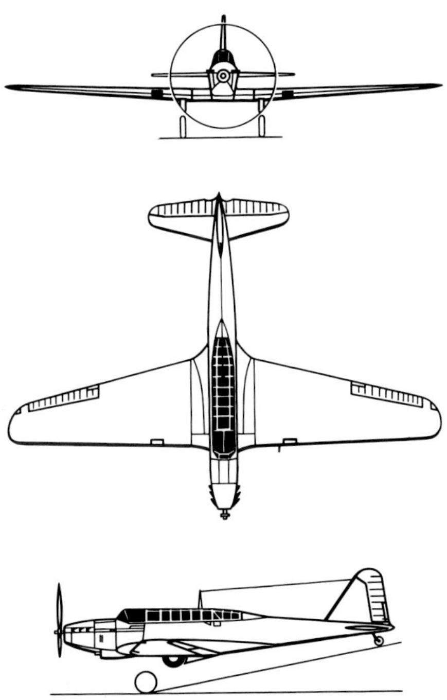

Die „Battle" sollte als leichter Bomber die bis Mitte der dreißiger Jahre gebräuchlichen Doppeldecker ersetzen. Als aerodynamisch gut ausgebildeter Eindecker trug sie die doppelte Bombenlast bei doppelter Geschwindigkeit wie die „Hart" und die „Hind" von Hawker Siddeley. Allerdings reichte die Motorleistung für die Erfordernisse des modernen Luftkriegs nicht aus. Auch die Feuerkraft zur Verteidigung blieb zu schwach.
Der Prototyp flog erstmalig am 10. März 1936. Das erste Serienflugzeug unternahm den Erstflug Anfang 1937. Zu Beginn des zweiten Weltkriegs flog die „Battle" als erstes Flugzeug der britischen Luftstreitkräfte von Frankreich aus bewaffnete Aufklärung über dem sog. Westwall. Ab September 1940 diente sie ausschließlich für Ausbildungszwecke. Eine besondere Version war das zweisitzige Schul- und Übungsflugzeug ohne durchgehende Kabinenverglasung, aber mit zwei getrennten Cockpits.
Verwendet wurde die „Battle" von den Fliegerkräften Australiens (366), Belgiens (18, in Lizenz gebaut), Griechenlands (9), Großbritanniens, Irlands, Kanadas, Südafrikas (über 190) und der Türkei (29). Insgesamt wurden 2419 „Battle" gebaut.

Rumpf: Ganzmetallbauweise; vorn Stahlrohrfachwerk mit Glattblechbeplankung, hinter dem Vorderholmspant Schalenbauweise.
Tragwerk: freitragender Tiefdecker in Ganzmetallbauweise; dreiteiliger, trapezförmiger Flügel mit zwei Holmen; Spreizklappen.
Leitwerk: freitragende Normalbauweise in Metall; Flossen in Ganzmetall; Ruder als Duralumingerüst mit Stoffbespannung.
Fahrwerk: Haupträder und Spornrad ragen im eingefahrenen Zustand zum Schutz der Zelle bei Notlandungen zur Hälfte heraus.

Fairey „Firefly“
Jagdflugzeug

Im Jahr 1939 gewann die britische Firma Fairey Aviation Co. Ltd. die Ausschreibung für ein zweisitziges, einmotoriges Jagdflugzeug für den Einsatz von Trägerschiffen aus. Mit diesem nach den Luftwaffenspezifikationen N. 8/39 und N. 9/39 entwickelten Flugzeug, das als „Firefly“ bezeichnet wurde, sollten die Fairey-Maschinen des Typs „Fulmar“ abgelöst werden. Noch während der Projektierung des Flugzeugs änderte man die Bezeichnung in N. 5/40, worunter eine Maschine mit dem Triebwerk Rolls Royce „Griffon“ sowie mit vier Maschinenkanonen zu verstehen war.
Nach dem Erstflug des ersten von vier Prototypen am 22. Dezember 1941 begann im März 1943 die Serienproduktion der Jägerversion F. Mk. I sowie der Aufklärerversion FR. Mk. I, die ihren Truppendienst im Oktober 1943 an Bord des Flugzeugträgers „Indefatigable“ begannen. Von beiden Versionen wurden von Fairey 805 und von General Aircraft 132 Maschinen gebaut.
Außer diesen beiden nochmals modifizierten Versionen entstanden folgende weitere Muster:

F. Mk. III und IV: verbesserte Jägerversion; Erstflug des Prototyps 1944; bis Ende 1947 im Einsatz.
FR. Mk. 5: Aufklärerversion mit dem Triebwerk Rolls Royce „Griffon“ 74 (1 650 kW).
NF. Mk. II: Nachtjäger mit Radargerät; 37 Stück gebaut.

Nach dem Krieg sind 645 FR. Mk. 4 und AS. 6 gebaut worden. Die Gesamtproduktion umfaßte 1 623 „Firefly“.

Rumpf: Ganzmetallbauweise; langgestreckte, jedoch unterteilte Kabine, besonders im hinteren Teil stark verglast; ausfahrbarer Fanghaken zwischen Flügelhinterkante und Spornrad.
Tragwerk: Tiefdecker in Ganzmetallbauweise; gerade Tragflügelvorderkante, je Flügel zwei weit nach vorn herausragende Kanonen.
Leitwerk: Höhenleitwerk weit vor dem Seitenleitwerk auf dem Rumpf beginnend.
Fahrwerk: einfach bereiftes, einfahrbares Heckradfahrwerk.

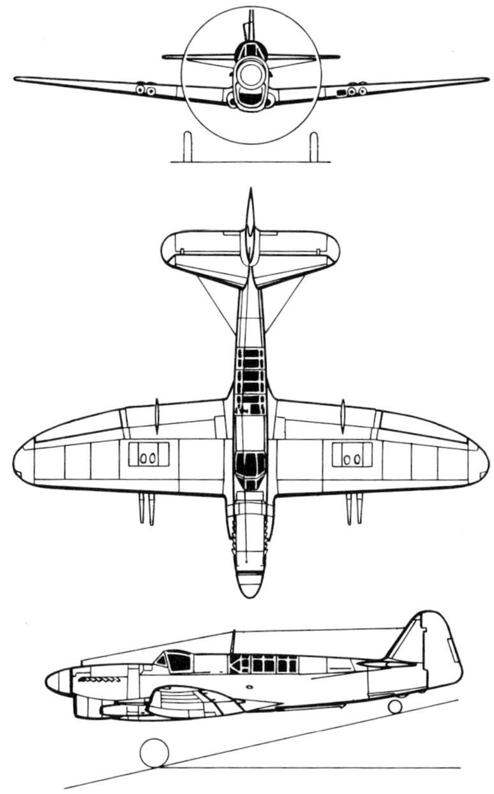

Fairey „Gannet“
Maritimes Mehrzweckflugzeug

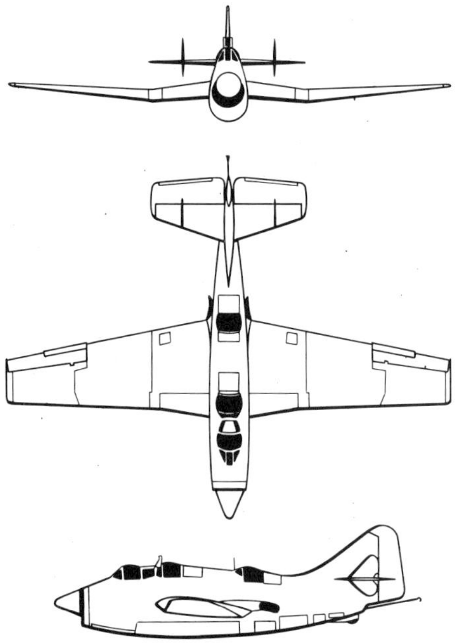

Ende der vierziger Jahre entwickelten die britischen Fairey-Werke das Seeaufklärungs- und U-Boot-Jagdflugzeug „Gannet“ für den Einsatz von Flugzeugträgern aus.
Um die Vorteile der Ein- und Zweimotor-Bauweise miteinander zu verbinden, versahen die Konstrukteure den zunächst als Fairey Q bezeichneten Prototyp mit zwei Turboproptriebwerken, die auf eine Doppel-Luftschraube wirkten. Da es sich um ein trägergestütztes Flugzeug handelte, konstruierte man die Triebwerke so, daß sie sowohl mit herkömmlichem Kerosin als auch mit Schiffsturbinen- und Schiffsdiesel-Kraftstoff arbeiteten. Damit sollte bei Bedarf auf besondere Flugzeugkraftstofftanks auf den Trägerschiffen verzichtet werden können.
Eine weitere Besonderheit dieser Maschine bestand darin, daß nicht nur alle Einrichtungen zur U-Boot-Suche am und im Flugzeug vorhanden waren, sondern daß auch im Rumpfinneren alle Waffen zum Bekämpfen von Unterwasserfahrzeugen mitgeführt wurden. Üblich war aus Kapazitätsgründen damals die Trennung in U-Boot-Such- und U-Boot-Bekämpfungsflugzeuge.
Vom Erstflug des Prototyps am 19. September 1949 bis zum Mai 1950 wurden die Probleme (es hatte einige Unfälle gegeben) mit der Trimmung, mit dem Fahrwerk und der Stabilität beseitigt. Am

19. Juni 1950 begann deshalb die Deckserprobung des nun F. 17 oder G. R. 17 genannten Prototyps. Der zweite zweisitzige Prototyp startete am 6. Juli 1950 zum Erstflug. Nach abgeänderten Forderungen der britischen Marine und entsprechenden Versuchen mit Attrappen konstruierte man den dritten Prototyp zum Dreisitzer um. Das Radargerät wurde weiter nach hinten versetzt, der Waffenschacht verlängert und das Höhenleitwerk mit Hilfsflächen versehen.
Bis zum Jahr 1954 unterzog man die vier Vorserienmaschinen „Gannet" A. S. 1 (Erstflug der ersten am 9. Juni 1953) umfangreichen Untersuchungen. Alle bis dahin gebauten sechs Flugzeuge waren mit Armstrong-Siddeley ASMD 1 Double Mamba Mk. 100 (Startleistung 2 200 kW) ausgerüstet. Ab 1954 sind insgesamt 181 „Gannet Mk. 1" gebaut worden.
In den folgenden Jahren wurde dieses Muster durch 75 A. S. Mk. 4 (Erstflug am 13. April 1956) ergänzt.

Weitere Versionen:
A. S. Mk. 5 und 6: mit verbesserten elektronischen Geräten ausgerüstete A. S. Mk. 4 für die britische Marine.
T. Mk. 1: Trainervariante der dreisitzigen A. S. Mk. 1, jedoch ohne ausfahrbaren Suchtopf.
T. Mk. 5: Trainervariante der A. S. Mk. 4.
Die australische Marine übernahm 20 A.S. Mk. 4 für den Flugzeugträger „Melbourne", 16 „Gannet" gleichen Typs erhielt Indonesien. Am 25. Februar 1958 übernahm die Marinefliegergruppe 1 der Bundeswehr die ersten vier der 15 A. S. Mk. 4 sowie den Trainer T. Mk. 5. Bereits bei der Einführung galt der Typ als veraltet. Im Gebrauch waren 10 Maschinen, 6 dienten als Reserve. Sie wurden Anfang der 70er Jahre verschrottet. Im Luftwaffenmuseum Berlin-Gatow steht die FG A. S. 4 UA+106 (ex UA+110 XG 797, Baujahr 1957).
In Australien und Indonesien flogen die Maschinen bis Ende der siebziger Jahre. In den Seestreitkräften Großbritannien gab es Anfang 1976 noch 10 „Gannet" als Aufklärer und 5 als Schulmaschinen. 1978 wurden die letzten britischen „Gannet" außer Dienst gestellt.
Aus der „Gannet" entstand 1958 für die britische Marine das mit einem großen Funkmeßgerät unter dem Rumpf versehene bordgestützte Frühwarnflugzeug A. E. W. Mk. 3, das erstmals am 20. August 1958 flog. Zwischen 1958 und 1961 wurden 48 Maschinen dieses Typs gebaut.

Rumpf: Ganzmetall-Schalenbauweise; drei höckerförmige Kabinen mit unregelmäßigem Abstand; ausfahrbares Funkmeßgerät im Rumpftopf kurz vor dem Heck; nach unten klappbarer Landehaken.
Tragwerk: Mitteldecker in Ganzmetallbauweise; Trapezknickflügel; Außenflügel hochklappbar.
Leitwerk: Normalbauweise in Ganzmetall mit zusätzlichen kleinen Scheiben an den Höhenflossen.
Fahrwerk: einziehbar mit Heckrad.

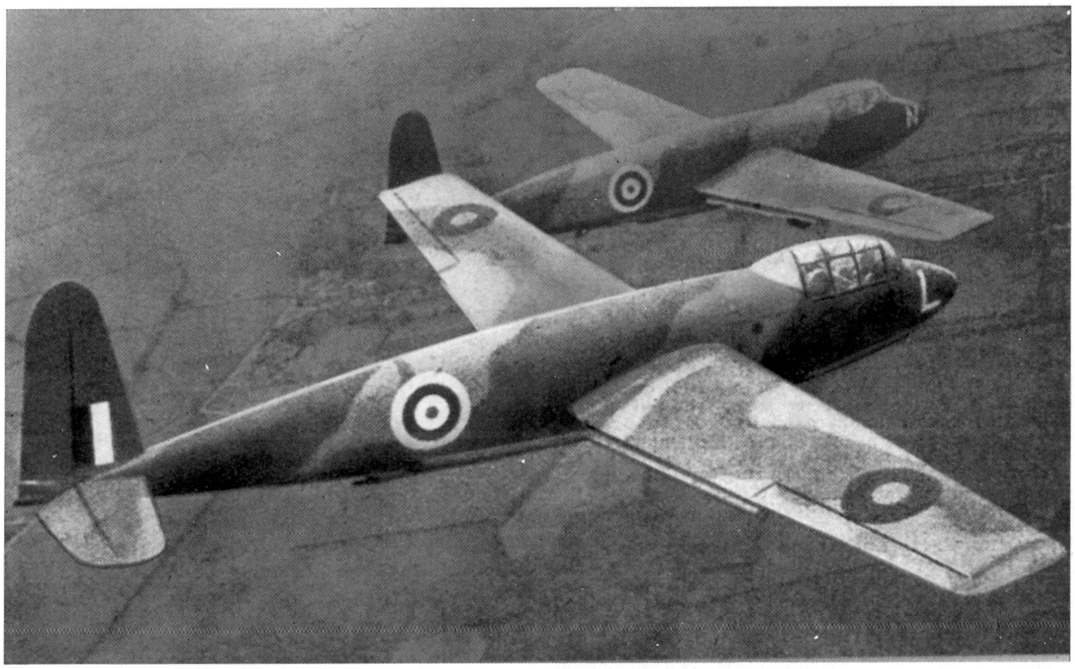

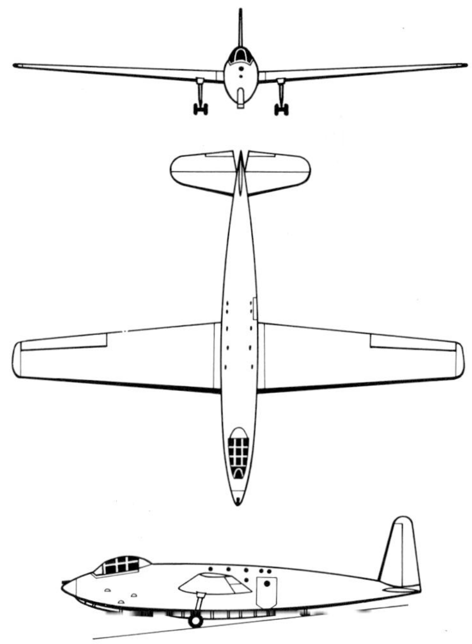

General Aircraft „Hotspur" Lastensegler

In Großbritannien setzte sich Generalmajor Browning mit Unterstützung des Segelfliegers Robert Kronfeld bereits vor dem zweiten Weltkrieg für die Entwicklung von Lastenseglern ein. Ihm ist es zu verdanken, daß dort im Jahr 1940 die Entwicklung von 4 Lastensegler-Typen begann. Den ersten Typ stellte das Unternehmen General Aircraft Ltd. unter der Bezeichnung G. A. L. 48 „Hotspur" her. Unter den maßgeblichen Stellen gab es zu jener Zeit unterschiedliche Auffassungen über den Wert eines derartigen Fluggeräts. So wurden von der „Hotspur" Mk. I (Erstflug am 5. November 1940, Spannweite 19,8 m) nur 18 Exemplare hergestellt. Schließlich wurde der Bau weiterer Typen von Lastenseglern festgelegt, für die zahlreiche Piloten benötigt wurden. Für deren Ausbildung brauchte man einen einfach und schnell herzustellenden Gleiter. Außerdem wollte man das Fluggerät zum Üben für die Luftlandesoldaten haben. Dazu griffen die Verantwortlichen auf die „Hotspur" zurück. Mit einer Spannweite von 13,8 m (später nochmals verändert) und verschiedenen Verbesserungen erprobte man die „Hotspur" Mk. II (Foto, Skizze) als Übungs-Lastengleiter und gab ihn schließlich in die Serienproduktion. Gebaut wurden davon 997 Stück. Mit veränderter Schleppeinrichtung und um 30 kg geringerer Eigenmasse hießt der Typ „Hotspur" Mk. III und mit Doppelrumpf „Twin Hotspur". Insgesamt sind 50 „Hotspur" Mk. II und Mk. III umgebaut worden.
Der Lastensegler „Twin Hotspur" nahm zwei Piloten und 14 Soldaten auf. Bei einer Eigenmasse von 1 480 kg betrug die Zuladung 1 600 kg. Die Schleppgeschwindigkeit lag bei 240 km/h.

Rumpf: Halbschalenbauweise mit aufgesetzter Kabine für 2 Piloten; im Laderaum 6 Plätze für Luftlandesoldaten; Ausstiegtür links.
Tragwerk: freitragender Mitteldecker; Holzbauweise.
Leitwerk: Normalbauweise aus Holz.
Fahrwerk: nicht einfahrbar; Fahrwerkbeine doppelt bereift; Schleifsporn im letzten Rumpfdrittel; Gleitkufe von Bugspitze bis Rumpfmitte für Landungen in schwierigem Gelände.

General Aircraft „Hamilcar" Lastensegler

Speziell für die Landung in der Normandie schuf die britische Firma General Aircraft den Lastensegler „Hamilcar". Er wurde als Großgleiter bezeichnet und so konstruiert, daß er das leichte britische gepanzerte Fahrzeug „Tetrarch" Mk. IV, den USA-Panzer „Locust", 2 MG-Wagen oder eine Bofors-Flak tranportieren konnte. Nach dem Projekt G. A. L. 49 entwickelte General Aircraft das verbesserte Projekt G. A. L. 50, wonach 2 Prototypen gebaut wurden. Der erste nahm am 27. März 1942 die Flugerprobung auf. Um den 41 m³ großen Frachtraum schnell be- und entladen zu können, war der Rumpfbug aufklappbar, so daß die Fahrzeuge ohne Laderampe ein- oder ausfahren konnten. Insgesamt sind von den verschiedenen Werken 410 „Hamilcar" Mk. I hergestellt worden. Erstmals wurden sie während der Landung der Al-

liierten in der Normandie am 6. Juni 1944 eingesetzt. Auch bei der Landung in Arnheim waren „Hamilcar" beteiligt. Der Bomber „Halifax" A. Mk. III diente als Schleppmaschine.
Zwei Mk. I sind durch den Einbau von je 2 Triebwerken Bristol Mercury 31 (je 710 kW Startleistung) versuchweise motorisiert worden.

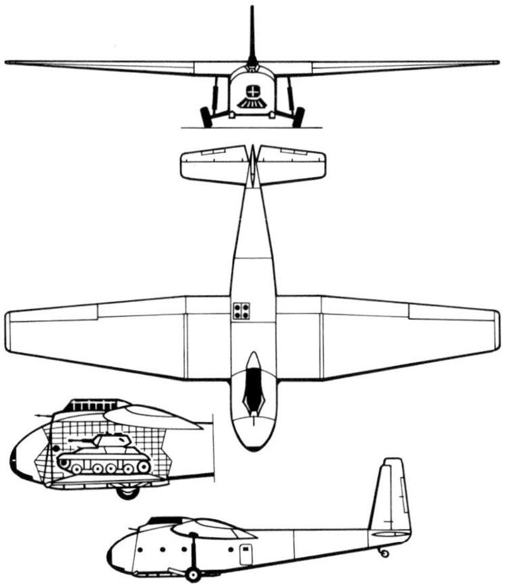

Rumpf: Holzbauweise; Bug aufklappbar; Kabine aufgesetzt; Einstiegtür links.
Tragwerk: durch Fahrwerkstrebe abgestützter Schulterdecker; dreiteiliger Trapezflügel.
Leitwerk: Normalbauweise aus Holz.
Fahrwerk: nicht einziehbares Heckradfahrwerk; alle Streben einfach bereift; Gleitkufen an beiden Rumpfseiten für Landung in schwierigem Gelände.

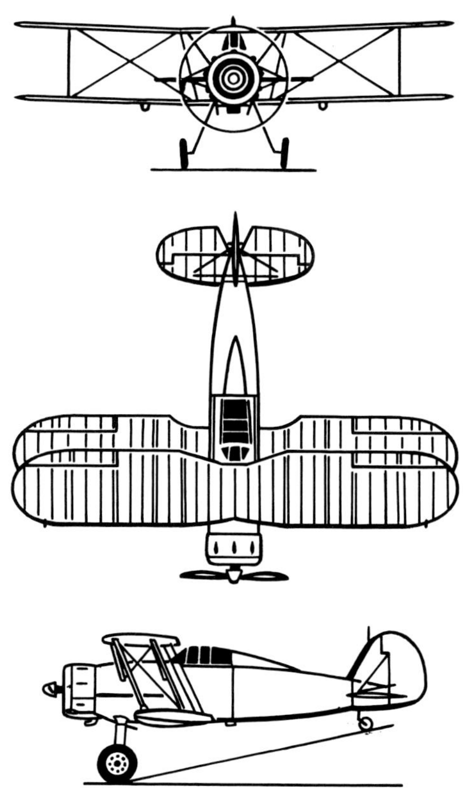

Gloster „Gladiator" Jagdflugzeug

Die „Gladiator" war das letzte Doppeldecker-Jagdflugzeug der britischen Luftstreitkräfte und der britischen Seeflieger. Der Erstflug des Prototyps S. S. 37 fand im September 1934 statt. Als dieser Doppeldecker im Januar 1937 in Dienst gestellt wurde, hatte sich bereits gezeigt, daß nur noch Ganzmetall-Eindecker als Jagdflugzeuge den damaligen Ansprüchen genügen konnten.
Das erste Serienmodell „Gladiator I" (ab 1937 insgesamt 378 Maschinen in Dienst gestellt) hatte eine feste Zweiblatt-Holzluftschraube.
Ab 1938 gab es die „Gladiator II" mit Dreiblatt-Metalluftschraube, elektrischer Anlaßvorrichtung und besonderen Filtern für den Einsatz in Wüsten sowie mit Blindfluginstrumentierung. Insgesamt wurden 311 „Gladiator II" produziert, davon 38 behelfsmäßig zu „Sea Gladiator" umgerüstet. Als Träger-Jagdflugzeug sind insgesamt 60 „Sea-Gladiator" (mit Fanghaken, Beschlägen für den Katapultstart und Schlauchboot) ausgeliefert worden.
Insgesamt haben 768 „Gladiator" die Werkhallen verlassen. Übernommen hatten den Typ Australien, Ägypten (45 Mk. II), Belgien (22 Mk. I), China (36 Mk. I), Finnland (30 Mk. I), Griechenland (19 Mk. I, 6 Mk. II), Großbritannien, Irak (9 Mk. I), Irland (4 Mk. I), Lettland (26 Mk. I), Litauen (14 Mk. I), Norwegen (je 6 Mk. I und II), Portugal (15 Mk. II), Schweden (37 Mk. I, 18 Mk. II), Sowjetunion (ehemalige Maschinen Lettlands und Litauens).
Die „Gladiator"-Flugzeuge flogen bis 1942.

Rumpf: Stahlrohrbauweise mit Stoffbespannung; geschlossenes Cockpit.
Tragwerk: einstieliger, verspannter, gestaffelter Doppeldecker mit Baldachin in Stahlrohrbauweise mit Stoffbespannung; zwei Stahlholme; Duraluminrippen; Querruder an allen vier Flügeln; Landeklappen.
Leitwerk: verspannte Normalbauweise in Stahlrohr mit Stoffbespannung.
Fahrwerk: starr mit Spornrad.

Gloster G-40
Forschungsflugzeug

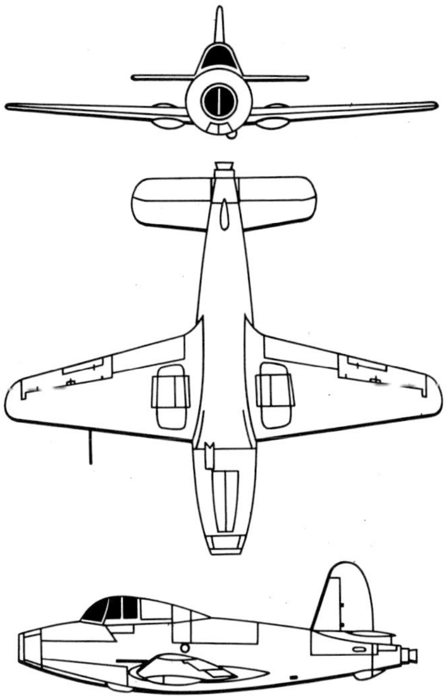

Die G-40 war das erste TL-Flugzeug, das in Großbritannien in die Flugerprobung ging.
Whittle hatte 1928 die Entwicklung eines Strahltriebwerks begonnen, wofür er sein Geld und seine Freizeit opferte. 1930 bekam er zwar sein erstes Patent darauf, ernst genommen wurde er jedoch nicht. Als er endlich sein Triebwerk am 12. April 1937 vorführen konnte, ermöglichte ihm die britische Regierung die Gründung einer Gesellschaft für Forschung und Entwicklung von Strahltriebwerken, der „Power Jets Ltd.".
Im Jahr 1939 beauftragte das britische Luftfahrtministerium die Firma Gloster mit der Entwicklung eines Versuchsflugzeugs für das Triebwerk von Whittle. Die Projektierung begann im September 1939.
Der Erstflug mit dem Triebwerk „Whittle 1" mit einem Schub von 3780 N fand am 15. Mai 1941 statt. Nach einer Erprobung von 10 Flugstunden, in denen man bis zu 480 km/h und 7500 m Höhe erreichte, baute man das verbesserte Triebwerk W. 1A mit 3820 N Schub ein. Das spätere Triebwerk W. 2/500 mit 7560 N Schub erhöhte die Leistungen beträchtlich.
Der zweite Prototyp flog erstmalig am 1. März 1943. Er diente zur Erprobung verschiedener britischer TL-Triebwerke mit 5430, 6220 und 6770 N. Mit letzerem erreichte die G-40 eine Geschwindigkeit von 745 km/h.

Rumpf: Ganzmetallbauweise; Lufteinlaufkanal teilt sich kurz hinter dem Rumpfbug und führt an beiden Seiten des Cockpits vorbei; geschlossenes Cockpit; Triebwerk hinter dem Cockpit im Rumpf; Abgasöffnung im Heck.
Tragwerk: freitragender Tiefdecker in Ganzmetallbauweise.
Leitwerk: freitragende Normalbauweise in Ganzmetall.
Fahrwerk: einziehbar mit Bugrad; Haupträder klappen seitlich nach innen in die Flügel.

Gloster G-41 „Meteor"
Jagd- und Aufklärungsflugzeug

Die G-41 „Meteor" war das einzige TL-Flugzeug, das die Westalliierten im zweiten Weltkrieg einsetzten. Dem Flugzeug kamen die Erprobungsergebnisse mit der G-40 zugute. Der erste Prototyp flog am 5. März 1943 unter der Bezeichnung G-41 „Thunderbolt". Weil es in den USA bereits die P 47 „Thunderbolt" gab, änderte man den Namen in „Meteor".
Insgesamt wurden 8 Prototypen mit unterschiedlichen Triebwerken getestet. Das erste Serienflugzeug F. 1 ging im Austausch gegen das erste US-amerikanische TL-Flugzeug P. 59 „Airacomet" in die USA. Die ersten sieben von acht „Meteor I" erhielt die 616. Staffel Anfang Juli 1944. Am 27. Juli 1944 griffen sie erstmals die fliegende V-1 mit Erfolg an.
Noch während des Krieges verließen mehrere hundert G-41 die Werkhallen. Während die Version Mk. II Projekt blieb, lieferte Gloster 280 Mk. III als verbesserte Version der Mk. I aus. Die ersten 11 Maschinen hatten je 2 Triebwerke „Welland I", alle anderen je 2 Rolls Royce „Derwent I" mit je 9070 N Schub. Im Vergleich zum ersten Serienmodell war der Kraftstoffvorrat vergrößert und die Kabinenhaube verbessert worden. Nach dem Krieg sind die Versionen Mk. VI bis U-21 geschaffen und in 3237 Exemplaren ausgeliefert worden. Die Gesamtproduktion umfaßte 3533 „Meteor" aller Versionen.
Allein von dem Jagdbomber F. Mk. 8 wurden bei Gloster Aircraft, in Belgien und in den Niederlanden 1580 Maschinen hergestellt. Einige hundert „Meteor" wurden Mitte der fünfziger Jahre zu Zielflugkörpern umgebaut. Die Niederlande waren mit 226 „Meteor" F. 4, F. 8 und T. 7 wichtigster ausländischer Abnehmer.

Weitere Versionen:
„Meteor F. 4": mit 15600-N-Triebwerken, erreichte 935 km/h.
„Meteor F. 8": mit stärkeren Triebwerken, zusätzlichen Kraftstofftanks und Veränderungen am Trag- und Leitwerk (Erstflug 9. Oktober 1948).
„Meteor FR. 9": Jagd-Aufklärungsflugzeug.
„Meteor N. F. 11": zweisitziges Nacht-Jagdflugzeug (Erstflug 21. Mai 1950).
„Meteor N. F. 12": Ausführung mit verbesserter Radarausrüstung.
„Meteor N. F. 13": Version zur Verwendung in den Tropen.
„Meteor P. R. 10": Höhenaufklärer.
„Meteor T. 7": G-43; zweisitziges Schul- und Übungsflugzeug.

Rumpf: Ganzmetall-Schalenbauweise.
Tragwerk: freitragender Tiefdecker in Ganzmetallbauweise.
Leitwerk: Normalbauweise in Ganzmetall; Höhenleitwerk nach oben versetzt.
Fahrwerk: einziehbar mit Bugrad.

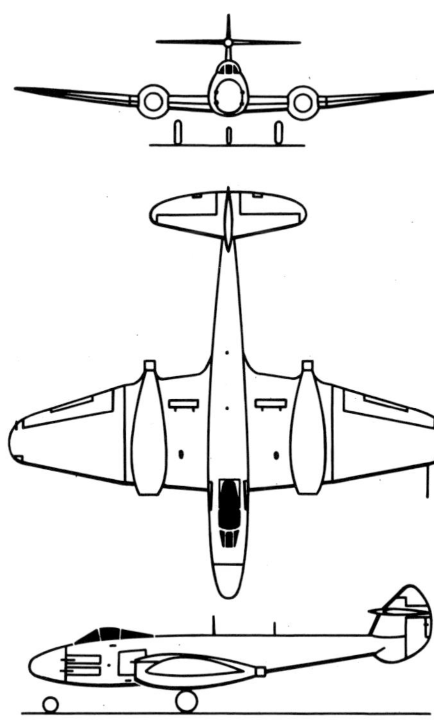

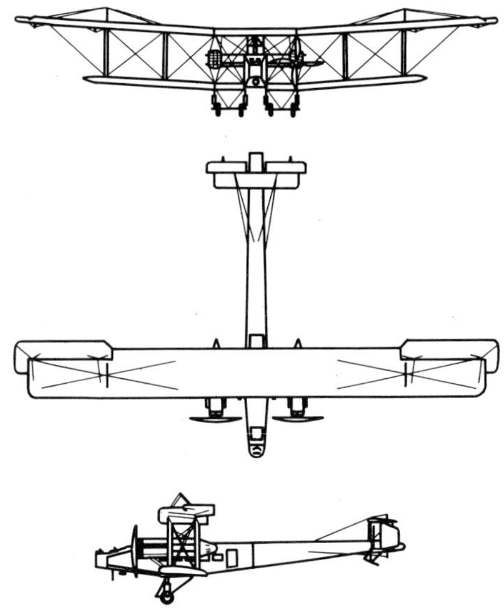

Handley Page H. P. 12
Bomben- und Verkehrsflugzeug

Das erste britische Lufttüchtigkeitszeugnis – am 1. Mai 1919 ausgestellt – erhielt ein zweimotoriger Doppeldecker von Handley Page aus dem ersten Weltkrieg. Von diesem Muster waren nach Forderungen für ein Flugzeug zu Langstrecken-Patrouillen über See in den Jahren 1916 bis 1918 zwei Versionen (0/100 – 46 Maschinen und 0/400 – 550 Maschinen) als schwere Bomber H. P. 12 gebaut worden. Davon wurden 43 zu Verkehrsflugzeugen umgerüstet.
Der erste Passagierflug fand am 4. Mai 1919 von London nach Manchester statt. Die zehn Passagiere waren im fensterlosen Rumpf behelfsmäßig untergebracht. Nur die mit einem Sturzhelm ausgerüsteten Fluggäste, die ihre Plätze in den offenen, einstigen MG-Ständen hatten, konnten etwas vom Himmel und von der Landschaft sehen.
Kurz darauf kam die Verkehrsversion 0/7 mit Fenstern und geräumiger Kabine für 14 Passagiere heraus. Die Firmenbezeichnung dieser Maschine lautete H. P. 1. Die Flugzeuge hatten bereits eine Funkausrüstung. Diese Ausführung wurde auf der ersten Luftverkehrsausstellung in Amsterdam im August 1919 gezeigt. Am 25. August 1919 wurde der internationale Verkehr auf der Strecke London–Paris mit sieben Fluggästen aufgenommen, am 22. September folgte die Route London–Brüssel.
In den ersten neun Monaten wurden mit acht 0/400 und zwei 0/7 1 500 Passagiere und 40 000 kg Fracht befördert! Die 0/400 flog noch bis 1923.

Rumpf: Kastenbauweise in Holz mit Stoffbespannung.
Tragwerk: verstielte und verspannte Holzkonstruktion mit Stoffbespannung.
Leitwerk: Kastenleitwerk mit doppeltem Höhen- und Seitenleitwerk.
Fahrwerk: vier Räder nebeneinander, davon jeweils zwei auf einer durchgehenden Achse; zum Rumpf hin verstrebt; Hecksporn.

Handley Page H. P. 15 (V/1500)
Bomben- und Verkehrsflugzeug

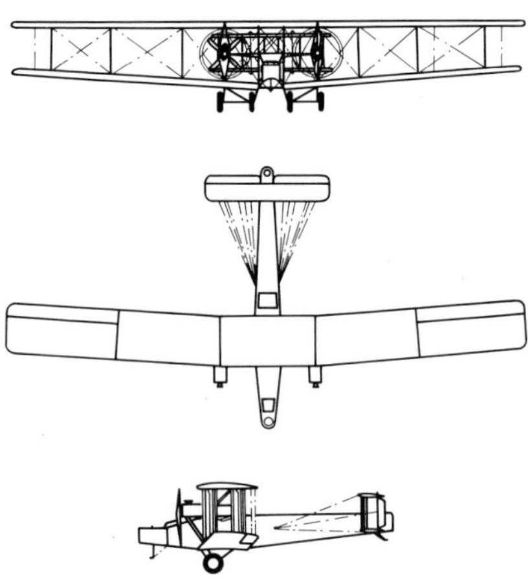

In der ersten Zeit der Verkehrsluftfahrt griff man meistens auf Militärflugzeuge zurück, die mehr oder weniger erfolgreich für die Beförderung von Passagieren umgebaut wurden.
Auch die V/1500 war als Bombenflugzeug entworfen worden. Mit ihren vier Motoren war sie der größte britische Bomber des ersten Weltkriegs und das erste in Großbritannien gebaute strategische Bombenflugzeug. Die Maschine war im Auftrag des Luftfahrtministeriums entwickelt worden.
Die V/1500 (Werkbezeichnung H. P. 15) sollte 3400 kg Bomben (darunter eine 1500-kg-Bombe) bis Berlin befördern. Als der Waffenstillstand unterzeichnet wurde, waren 6 Bomber fertig, zum Einsatz war aber keiner gekommen.
Der Erstflug fand im Mai 1918 statt. Vom Dezember 1918 bis zum Januar 1919 unternahm die V/1500 „Carthusian" den ersten durchgehenden Flug von Großbritannien nach Indien. Die Strecke führte über Rom, Malta, Kairo und Bagdad. Bei der Landung auf dem Zielflughafen in Karatschi liefen nur noch zwei Triebwerke.
1919 wurde eine V/1500 über den Atlantik nach Neufundland verschifft, um eine Atlantiküberquerung zu versuchen. Dieses Vorhaben wurde jedoch aufgegeben, da Alcock und Brown mit einer „Vimy" von Vickers zuvorkamen.
Die V/1500 machte dann zahlreiche Vorführungsflüge in den USA und in Kanada. In Europa wurde sie im Verkehr zwischen verschiedenen Ländern eingesetzt.
Insgesamt baute man bei Handley Page 32 V/1500.

Rumpf: Holzbauweise mit rechteckigem Querschnitt; Sperrholzbeplankung und Stoffbespannung.
Tragwerk: verspannter, dreistieliger Doppeldecker in Holzbauweise mit Stoffbespannung; Querruder an beiden Tragflügeln.
Leitwerk: zwei Höhen- und vier Seitenleitwerke.
Fahrwerk: vier Räder nebeneinander; je zwei an einer Achse; Hecksporn.

Handley Page „Heyford" Bombenflugzeug

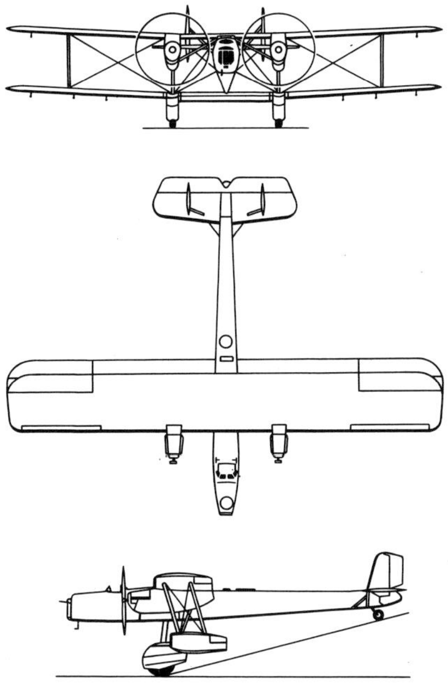

Das Nacht-Bombenflugzeug „Heyford" war leicht zu erkennen, weil der Rumpf auf etwas ungewöhnliche Weise am Ober- und nicht am Unterflügel befestigt war. Die Bomben wurden zum leichteren Beladen im dicken Mittelstück des Unterflügels untergebracht. Die „Heyford" war das letzte schwere Doppeldecker-Bombenflugzeug der britischen Luftstreitkräfte. Sie stand bis 1939 in der ersten Linie und diente in den ersten Kriegsjahren noch als Ausbildungsflugzeug.
Der Prototyp H. P. 38 flog erstmalig im Juni 1930. Das erste Serienflugzeug unternahm den Erstflug im Juni 1933.
Die Triebwerke der „Heyford I" leisteten 425 kW, die der „Heyford II" 440 kW und die der „Heyford III" 470 kW. Die ersten „Heyford II" hatten noch ein offenes Cockpit, die späteren ebenso wie die „Heyford III" ein geschlossenes.

Rumpf: Bug in Ganzmetall-Schalenbauweise; drei hintere Teile in Stahlrohrbauweise mit Stoffbespannung.
Tragwerk: zweistieliger, gestaffelter und verspannter Doppeldecker in Metallbauweise mit Stoffbespannung; Ober- und Unterflügel mit gleicher Spannweite und Tiefe; beide Flügel dreiteilig; an den Oberflügeln Vorflügel, an beiden Flügeln Querruder.
Leitwerk: Metallbauweise mit Stoffbespannung; Höhenflosse trimmbar, zum Rumpf nach unten abgestrebt; doppeltes Seitenleitwerk; je eine kleine Seitenflosse unter der Höhenflosse.
Fahrwerk: starr mit Spornrad; Räder einzeln in Gabeln mit stromlinienförmiger Verkleidung.

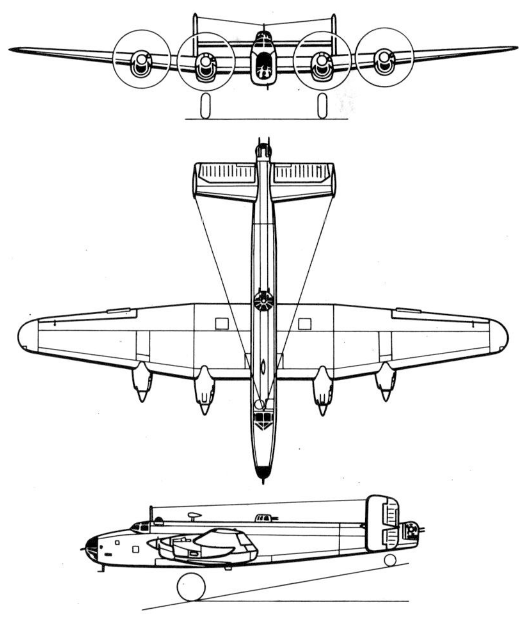

Handley Page „Halifax" Bombenflugzeug

Die „Halifax" gehörte zu den strategischen Bombern der britischen Luftstreitkräfte im zweiten Weltkrieg. Sie war nach der gleichen Ausschreibung wie der „Lancaster"-Vorläufer „Manchester" entstanden. Chefkonstrukteur Volkert hatte allerdings früher erkannt, daß die Rolls Royce „Vulture"-Motoren dafür ungeeignet waren. Das Luftfahrtministerium griff seinen Vorschlag auf, vier „Merlin"-Triebwerke einzubauen und bestellte am 3. September 1937 zwei umkonstruierte Prototypen. Der erste begann am 25. Oktober 1938 seine Flugerprobung mit vier „Merlin X" (je 795 kW), wobei die Waffenstände noch durch Bleche verkleidet waren. Die zur Erhöhung des Auftriebs eingebauten Vorflügel ließ man bei den Serienmaschinen weg, weil die Flügelnasen zum Zerschneiden von Sperrballon-Kabeln ausgerüstet werden mußten. Erst im Januar 1939 bestellte man 100 Serienmaschinen, von denen die erste als „Halifax" Mk. I im Oktober 1940 flog. Bis zum Frühjahr 1942 waren 12 Staffeln mit etwa 500 „Halifax" ausgestattet.
Die Grundserie wurde durch die „Halifix" B. Mk. I Serie II abgelöst (um 2 200 kg auf 27 200 kg erhöhte Flugmasse). Dieser folgte die B. Mk. I Serie III mit vergrößertem Kraftstoffvorrat und „Merlin XX"-Triebwerken (je 945 kW).
Ab Juli 1941 wurde die B. Mk. II ausgeliefert – mit einem zusätzlichen Drehturm auf dem Rumpfrücken. Dadurch verbesserte sich die Abwehrmöglichkeit, zugleich erhöhte sich der Widerstand beträchtlich. Bei der B. Mk. II Serie IA war der Turm widerstandsärmer, der Bombenschacht größer und das Triebwerk „Merlin 22" oder „Merlin 24" (je 1 090 bzw. 1 195 kW) eingebaut worden. Wegen des immer noch zu großen Widerstands demontierte man den Drehturm im Bug und ersetzte ihn durch eine glatte Vollsicht-Plexiglashaube mit einem handbetätigten 7,7-mm-MG. Ab 27. März 1942 erprobte man eine „Halifax" B. Mk. II mit einem Funkmeßgerät (erstmals in ein britisches Flugzeug eingebautes Bombenzielgerät), das in einer tropfenförmigen Verkleidung unter dem Rumpf hinter dem Bombenschacht eingebaut war. Dieses Radargerät erhielten von den letzten Maschinen der Mk. II Serie IA an alle weiteren „Halifax". Zum gleichen Zeitpunkt bekamen alle „Halifax" statt der dreieckigen Seitenleitwerk-Endscheiben viereckige. Insgesamt sind 1966 „Halifax" Mk. II gebaut worden.
Die B. Mk. III wurde ab 29. August 1943 produziert, und zwar in etwa 2 000 Exemplaren. Sie hatte Bristol-Triebwerke „Herkules 100" mit je 1 330 kW. Die Spannweite wurde von 30,12 m auf 31,75 m vergrößert.
Die B. Mk. V erhielt ein neues Fahrgestell, einen größeren Bombenraum und eine verstärkte Zelle.
Die B. Mk. VI war die schnellste Version.
Alles in allem sind bis zum 2. November 1946 6 168 „Halifax" gebaut worden, davon 4 751 als

Bomber, 916 für Mehrzweckaufgaben und 500 für das Küstenkommando. Die Maschinen der Nachkriegsproduktion wurden in erster Linie als Transporter verwendet. Sie blieben bei den britischen Luftstreitkräften bis 1952 im Dienst.

Rumpf: Ganzmetallbauweise; verglaster Bug; Flugzeugführerkabine in Rumpfkontur einbezogen; Drehturm auf dem Rumpf und im Heck; Verbindungsgang durch den gesamten Rumpf.
Tragwerk: Mitteldecker; dreiteiliger Flügel; gerades Mittelstück; Triebwerke eingebaut.
Leitwerk: gerades Höhenleitwerk; Seitenleitwerke als Endscheiben.
Fahrwerk: einziehbar mit Heckrad; alle Streben einfach bereift.

Handley Page H. P. 52 „Hampden" Bombenflugzeug

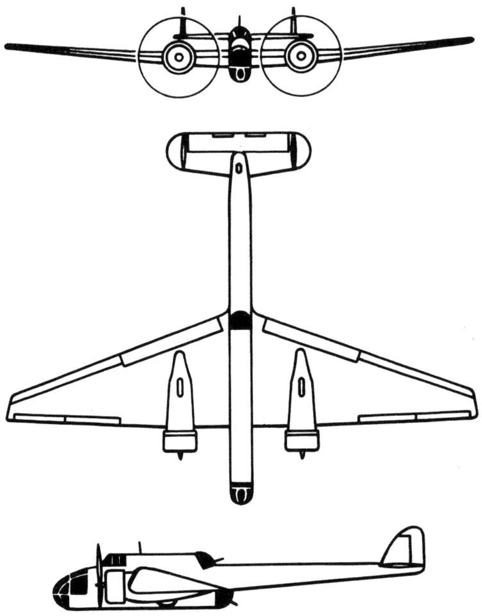

Aufgrund einer Ausschreibung für ein zweimotoriges Tag-Bombenflugzeug schuf Chefkonstrukteur Lachman bei Handley Page die H. P. 52 „Hampden". Dieses Flugzeug war in verschiedener Hinsicht neuartig. Der sehr schmale Rumpf verminderte den Frontwiderstand. Er war vorn zweistökkig, so daß die Tragflügel in der Mitte angebracht wurden. Die Ausbildung des Rumpfes hinten als Leitwerkträger trug zur Masseersparnis bei, ermöglichte es, vorn die Bomben unterzubringen, faßte die Besatzung dort kompakt zusammen und gab hinreichend Schußfeld nach allen Seiten.
Der Prototyp flog erstmalig am 21. Juni 1936. Die Serienlieferungen begannen im Mai 1938. Im August 1940 wurde die Lizenzproduktion in Kanada aufgenommen.
Zu Beginn des zweiten Weltkriegs waren zehn britische Staffeln mit diesem Flugzeug ausgerüstet. Am ersten Bombenangriff auf Berlin am 25. August 1940 waren Maschinen dieses Typs beteiligt.
Insgesamt wurden 1 430 Bomber H. P. 52 gebaut. Ab September 1942 nahm man die Maschine aus der ersten Linie heraus und verwendete sie als Minenleger und Torpedobomber.
Neben den Luftstreitkräften Großbritanniens erhielten auch die Australiens, Kanadas, Schwedens und der UdSSR die „Hampden".

Rumpf: Ganzmetallbauweise mit Glattblechbeplankung.
Tragwerk: freitragender Mitteldecker in Ganzmetallbauweise mit trapezförmigem Grundriß; Vorflügel; zweiteilige Wölbungsklappen zwischen Querruder und Rumpf, die äußeren als Querruder und Landeklappen, die inneren nur als Landeklappen.
Leitwerk: freitragendes Leitwerk in Ganzmetallbauweise; doppeltes Seitenleitwerk; alle Ruder mit Trimmklappen.
Fahrwerk: Hauptstreben nach hinten in die Triebwerkgondeln einziehbar; einziehbares Spornrad; Radbremsen.

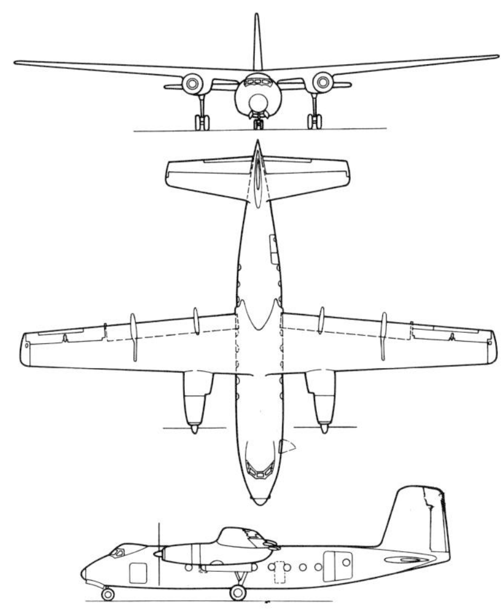

Handley Page „Dart Herald" Verkehrsflugzeug

Handley Page entwickelte das Verkehrsflugzeug „Herald" ursprünglich mit vier Kolbenmotoren. Der Prototyp flog erstmalig am 25. August 1955. Diese Ausführung wurde jedoch aufgegeben, da damals bereits erkennbar war, daß Kolbenmotoren für Verkehrsflugzeuge überholt waren. Daher wurden die vier Kolbenmotoren durch zwei PTL-Triebwerke vom Typ Dart ersetzt.
Der Erstflug des Prototyps der „Dart Herald" fand am 11. März 1958 statt, der des zweiten Prototyps am 17. Dezember 1958 und der des ersten Serienflugzeugs am 30. Oktober 1959.

Versionen:
„Dart Herald Serie 100": erstes Serienflugzeug für 38 bis 44 Passagiere.
„Dart Herald Serie 200": mit um 1,07 m längerem Rumpf; beförderte bis zu 56 Passagiere (Hauptserie).
„Dart Herald Serie 300": wie die 200, aber mit einigen Änderungen zur Erlangung des Lufttüchtigkeitszeugnisses, das am 25. Mai 1962 erteilt wurde.
„Dart Herald Serie 400": Militärversion mit großer seitlicher Ladeluke; beförderte Fracht, 50 Soldaten und in der Sanitätsausführung 24 Verwundete auf Tragen und Sanitätspersonal; Rumpftür ließ sich auch während des Fluges öffnen, um Fallschirmspringer abzusetzen oder Lasten abzuwerfen.
„Dart Herald Serie 600": Verlängerung des Rumpfes um 1,52 m, nahm bis zu 68 Passagiere auf.
„Dart Herald Serie 700": für 60 Passagiere, 20% größere Reichweite.
„Dart Herald Serie 800": aus der 600 / 700 abgeleitete Militärversion.

Bis 1956 erhielten Abnehmer in 11 Ländern 43 „Dart Herald".

Rumpf: Ganzmetall-Schalenbauweise; gleichbleibende Rumpfgröße über den größten Teil der Kabinenlänge.
Tragwerk: freitragender Hochdecker; Flügelmittelteil als Sandwichkonstruktion; Außenflügel mit zwei Holmen in Ganzmetall-Schalenbauweise; Fowler-Klappen.
Leitwerk: freitragende Normalbauweise; thermische Enteisung.
Fahrwerk: einziehbar, hydraulisch betätigt; alle Streben mit Zwillingsrädern; hydraulisch steuerbares Bugrad; Scheibenbremsen.

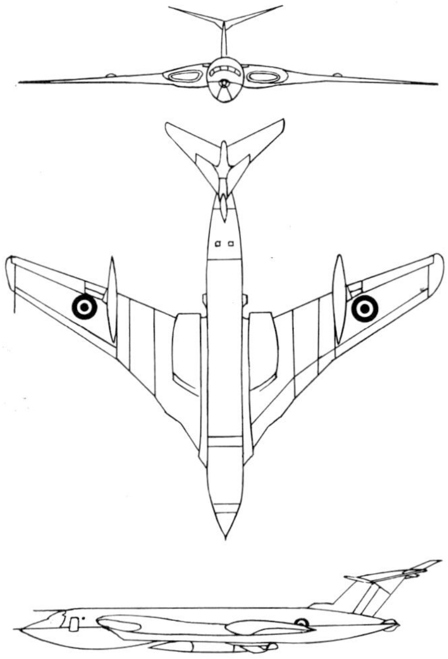

Handley Page (BAe) „Victor"
Strategisches Bomben- und Aufklärungsflugzeug

Der Prototyp „Victor B-1" flog erstmalig am 24. Dezember 1952, angetrieben von vier Haupttriebwerken mit je 49000 N Schub. Die Spannweite betrug nur 33,53 m. Von 1956 bis 1958 sind 46 „Victor" B. Mk. 1 und 1 A gebaut worden.
Die verbesserte Ausführung „Victor B-2" unternahm ihren Erstflug am 20. Februar 1959. Anfang 1962 wurde sie bei den britischen Luftstreitkräften in Dienst gestellt. Bis 1964 wurden 28 Maschinen ausgeliefert. Da die Maschine den Anforderungen an hochfliegende Bombenflugzeuge nicht gerecht wurde, entschloß man sich, sie zu einem tieffliegenden Bomber umzubauen. Dazu mußten die Baustruktur verstärkt und moderne Tiefflug-Radaranlagen eingebaut werden.
Die letzten Ausführungen der „Victor B-2" erhielten an den Flügelhinterkanten Verdrängungskörper, wodurch sich die aerodynamischen Qualitäten im Hochgeschwindigkeitsbereich verbesserten und zugleich Raum für zusätzliche Ausrüstungen gewonnen wurde.
Zwischen 1965 und 1970 wurden 6 B. Mk. 1 zu Tankern B.(K) 1 A und weitere 25 B. Mk. 1 zu Tankern K. 1 und K. 1 A umgebaut. In den Jahren 1973/75 folgten 20 K. 2, die aus der K. 1 A hervorgingen. Von 1971 bis 1974 entstanden aus 9 B. Mk. 2 Aufklärer B.(SR) 2, aus weiteren 24 B. Mk. 2 Tanker K. 2 mit je 3 Zapfstellen, die auch als K. Mk. 2 bezeichnet werden.

Rumpf: Ganzmetallbauweise mit kreisförmigem Querschnitt, nach vorn dicker werdend; eingestrakte Cockpitverglasung.
Tragwerk: freitragender Mitteldecker mit Lufteinläufen in der Flügelwurzel; Pfeilung nimmt von der Flügelwurzel bis zur Flügelspitze stark ab.
Leitwerk: T-Leitwerk mit gepfeilten Flächen.
Fahrwerk: einziehbar; Bugrad mit Zwillingsrädern, jedes Hauptfahrwerk mit vier Rädern.

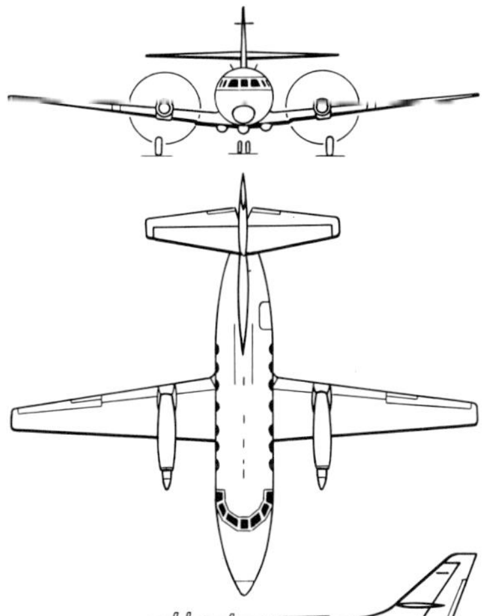

Handley Page H. P. 137 „Jetstream"
Verkehrs- und Reiseflugzeug

Die bereits 1909 gegründete Flugzeugfirma Handley Page ist vor allem durch ihre Großflugzeuge bekannt geworden. Da sie sich jedoch weigerte, sich den von der britischen Regierung geforderten beiden Flugzeugkonzernen anzuschließen, konnte sie nicht mehr mit Regierungsaufträgen auf große Flugzeuge rechnen. Sie entschloß sich deshalb, ein Reiseflugzeug zu entwickeln.
Die H. P. 137 „Jetstream" kann von nur einem Piloten geflogen werden, Platz für einen zweiten Piloten ist jedoch vorhanden. Die Kurzstrecken-Verkehrsausführung befördert 18 Passagiere und Gepäck. Die gemischte Passagier-/Frachtausführung ist für 9 Passagiere vorgesehen und hat außerdem einen Frachtraum von 3,70 m^3. Die Sanitätsausführung hat 6 Liegen und 13 Sitzplätze.
Der Erstflug des Prototyps fand am 18. August 1967 statt. Die Serienfertigung für britische und USA-Luftverkehrsgesellschaften begann 1969. Insgesamt wurden zunächst 190 Maschinen bestellt.
Von der zivilen Version Serie 200 ist die militärische Ausführung T. Mk. 1 für die Luftstreitkräfte Frankreichs, Großbritanniens, Kanadas und der USA abgeleitet worden. Die Firma Scottish Aviation hat in den siebziger Jahren die Produktion

des Flugzeugtyps übernommen. Die „Jetstream 200" wird geliefert als Verkehrsflugzeug für 18 Passagiere, als Reiseflugzeug für 12 Passagiere sowie als Militärtrainer für die Navigations- und Pilotenausbildung auf mehrmotorigen Maschinen.

Rumpf: Ganzmetallbauweise mit Spants und Stringern; Druckkabine; sieben Fenster auf jeder Seite; Klimaanlage; Windschutzscheibe elektrisch beheizt.
Tragwerk: freitragender Tiefdecker in Ganzmetallbauweise; Doppelspaltklappen; pneumatische Enteisung; integrale Kraftstoff-Flügeltanks.
Leitwerk: freitragende Normalbauweise; hochgesetztes Höhenleitwerk; Trimmklappen am Seitenruder und an beiden Höhenrudern; pneumatische Enteisung.
Fahrwerk: einziehbar mit steuerbarem Zwillings-Bugrad und Niederdruckreifen.

Hawker „Audax"
Schul- und Aufklärungsflugzeug

Mit dem 1929 erschienenen Doppeldecker-Jagdeinsitzer „Fury" war den Hawker-Werken ein seltener Erfolg beschieden. In Großbritannien wurde dieses Jagdflugzeug bis 1935 in großer Stückzahl und in mehreren Versionen gebaut. Hinzu kam die Lizenzproduktion ab 1933 in Jugoslawien, Norwegen, Persien (heute Iran), Portugal, Spanien und Südafrika. In den Versionen „Hoopoe" und „Nimrod" wurde der Typ für die Marine Großbritanniens, Dänemarks und Japans gebaut.
Nach dem gleichen Bauschema – nur leicht modifiziert – fertigte man bis 1940 2201 zweisitzige leichte Bomber „Hart" in 70 Versionen. Weitere Muster der mit der „Fury" begonnenen Doppeldecker-Reihe waren der Jagdzweisitzer „Demon" von 1932, der Mehrzweckzweisitzer „Hardy" von 1935, der Tagbomber „Hind" von 1935 und das Schulflugzeug „Hector" von 1936.
Äußerlich und in den Abmessungen von den anderen Zweisitzern dieser Familie kaum zu unterscheiden ist das Schul- und Aufklärungsflugzeug „Audax", von dem zwischen 1932 und 1937 insgesamt 761 (nach anderen Quellen 784) Maschinen ausgeliefert worden sind. Außer Hawker (265 Exemplare) stellten mehrere britische Firmen den Typ in Lizenz her (Gloster 25, Bristol 141, Avro 287, Westland 43). Während des zweiten Weltkriegs wurde dieses Flugzeug für die verschiedensten Aufgaben (Kurier- und Verbindungszwecke, Schlepp von Lastenseglern) eingesetzt.
In der Regel hatte die „Audax" ein im Bug eingebautes, synchronisiertes MG und im Drehkranz des Beobachters eine Doppelwaffe. Funk- und Fotogerät sowie hochziehbare Haken zur Aufnahme von Meldebeuteln im Flug gehörten zur Standardausrüstung. Unter den Flügeln konnten bis zu 250 kg Bomben mitgenommen werden.
Die „Audax" ist von den Luftstreitkräften folgender Länder geflogen worden: Ägypten (24), Australien, Großbritannien, Irak (34), Iran (56), Malaysia (2) und Südafrika (über 80).

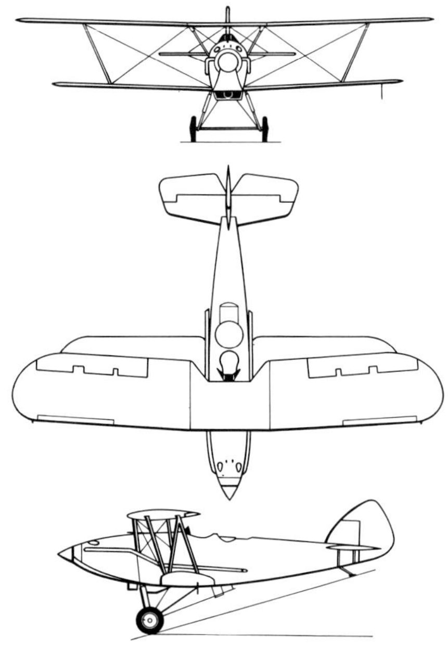

Rumpf: vierteiliges, auf ovalen Querschnitt verkleidetes, rechteckiges Fachwerk aus Stahl und Duralumin; Vorderteil mit abnehmbarer Blechverkleidung; Rest stoffbespannt; offene Sitze hintereinander.
Tragwerk: einstieliger, verspannter und gestaffelter Doppeldecker; Metallgerippe mit Stoffbespannung; Querruder und Spaltflügel an Vorderkante nur oben.
Leitwerk: abgestützte Höhenflossen; Metallgerüst mit Stoffbespannung.
Fahrwerk: starr mit Hecksporn; durchgehende Achse; Radbremsen.

Hawker „Hurricane"
Jagdflugzeug

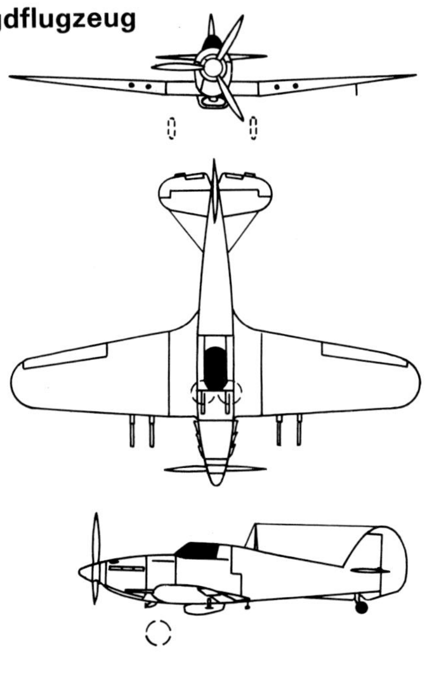

Die „Hurricane" wurde bei der Verteidigung Großbritanniens gegen die deutschen Luftangriffe weltbekannt. Sie war das erste Jagdflugzeug der britischen Luftstreitkräfte, das schneller als 300 Meilen pro Stunde (483 km/h) flog.
Hawker hatte mit der Entwicklung dieser Maschine im Oktober 1933 begonnen. Der Erstflug des Prototyps fand am 6. November 1935 statt. Das erste Serienflugzeug flog erstmalig am 12. Oktober 1937. Das Tragwerk der ersten Flug-

zeuge war noch stoffbespannt. Im Dezember 1937 erhielt die 111. Staffel als erste britische Einheit das neue Jagdflugzeug. Im September 1938 waren 18 Staffeln damit ausgerüstet. Zum Höhepunkt der Luftschlacht um England gab es 32 „Hurricane"-Staffeln. Die weiterentwickelte „Hurricane Mk. II" flog erstmalig am 11. Juni 1940. Die Maschinen dieses Typs wurden in Westeuropa, in Nordafrika und im Fernen Osten eingesetzt, im Herbst 1941 auch in der Sowjetunion.
Im Jahr 1942 war die „Hurricane" als Jagdflugzeug in Europa überholt; sie wurde zum Schlachtflugzeug (Mk. II D) umgerüstet. Dazu erhielt sie zwei 4-cm-Kanonen und Raketengeschosse. 1943 kam als letzte Version das gepanzerte Schlachtflugzeug Mk. IV heraus, das entweder zwei 4-cm-Kanonen, acht Raketen, 226 kg Bomben oder Langstreckenzusatztanks besaß. In Kanada gebaute „Hurricane" hießen Mk. X, Mk. XI, Mk. XII und Mk. XII A.
14 233 „Hurricane" aller Typen verließen die Werkhallen. 1941 wurden einige Mk. I zu katapultierfähigen „Hurricats" umgerüstet und von Handelsschiffen aus gestartet. 1942 entstand die „Sea Hurricane" als katapultierfähiges Träger-Jagdflugzeug. Insgesamt sind über 450 Maschinen unterschiedlicher Versionen umgebaut worden.
Im Rahmen des Pacht- und Leihvertrags erhielt die UdSSR 2 952 Jagdflugzeuge vom Typ „Hurricane". Außerdem wurde die Maschine in Ägypten (20), Australien, Belgien (22), Finnland (12), Frankreich, Indien (300), Iran (2), Irland (16), Jugoslawien (über 40), Kanada, Neuseeland, Niederlande, Polen (1), Rumänien (12), Südafrika (über 180) und der Türkei (29) geflogen.
Die jugoslawischen Partisanen benutzten im Krieg 16 Mk. IV RP als Jagdbomber.

Rumpf: rechteckiges Stahlrohrfachwerk, durch Formleisten auf ovalen Querschnitt gebracht; vorn metallbeplankt, hinten stoffbespannt; geschlossenes Cockpit.
Tragwerk: freitragender Tiefdecker in Ganzmetallbauweise; Spreizklappen.
Leitwerk: Normalbauweise; Seitenflosse freitragend; Trimmklappe; Höhenflosse abgestrebt.
Fahrwerk: einziehbar; Spornrad; Radbremsen.

Hawker „Typhoon"
Jagdflugzeug und Jagdbomber

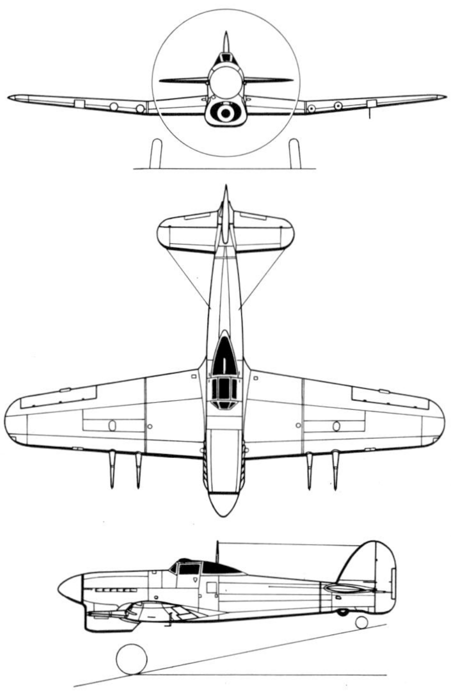

Im Jahr 1937 – als noch keine Serien-„Hurricane" flog – gab es bereits Forderungen für deren Nachfolger. Er sollte eine um 20% höhere Leistung aufweisen und mit 12,7-mm-MGs bewaffnet sein. Für das Projekt F. 18/37 war als Triebwerk entweder der Napier „Sabre" oder der Rolls Royce „Vulture" (beide 1 470 kW) vorgesehen. Der mit dem „Vulture" versehene Prototyp flog erstmals am 6. Oktober 1939, der zweite Prototyp „Typhoon" mit dem „Sabre" am 24. Februar 1940. Nach den Flugversuchen ließ man die „Tornado" wegen Triebwerksmängeln fallen und brachte die „Typhoon"-Version zur Serienreife. Der Produktionsauftrag ging an die Gloster-Werke, wo bis 1945 insgesamt 3 330 „Typhoon" (nach anderen Quellen 3 253) der Versionen Mk. I A (254) und I B gebaut wurden (I A: 12 7,62-mm-MGs, I B: 4 Kanonen, 900 kg Bomben und Raketen).
Bereits die ersten Jagdfliegereinsätze der „Typhoon" im September 1941 zeigten jedoch, daß die Maschine keine besonders guten Eigenschaften aufwies. Ab 1943 wurde sie daher mehr und mehr als Jagdbomber eingesetzt, nachdem zeitweilig mehr Flugzeuge infolge technischen Versagens als durch Feindeinwirkung abgestürzt waren.
Insgesamt waren 27 Staffeln Großbritanniens und der Commonwealth-Staaten mit dem Jagdbomber ausgestattet. Von der Aufklärerversion F. R. I B sind nur 2 Maschinen, von der Nachtjägerausführung N. F. I B ist nur eine Maschine gebaut worden.
Die „Typhoon" bildete trotz ihres enttäuschenden Debüts als Jagdflugzeug das Ausgangsmuster der „Tempest"-Serie. Dazu war im September 1941 mit der Konstruktion eines neuen Flügels begonnen worden.

Rumpf: Kühler unmittelbar unter der Bugspitze; Kabine aufgesetzt.
Tragwerk: Tiefdecker in Ganzmetallbauweise; gerades Mittelstück; Enden leicht nach oben gezogen; Landescheinwerfer seitlich der äußeren Kanonen in Tragflügelvorderkante.
Leitwerk: Normalbauweise.
Fahrwerk: einziehbar.

Hawker Siddeley „Comet"
Verkehrsflugzeug

Die später in den Konzern Hawker Siddeley eingegangene Flugzeugfirma de Havilland entwickelte unter der Bezeichnung DH-106 das erste TL-Verkehrsflugzeug der Welt. Die Flugerprobung des Prototyps begann im Juli 1947, die Streckenflugerprobung am 25. Oktober 1949. Der zweite Prototyp nahm die Flugerprobung im Juli 1950 und die Streckenerprobung im April 1951 auf. Am 2. Mai 1952 startete in London die „Comet" zum ersten planmäßigen TL-Verkehrsflug.
In den Jahren 1952, 1953 und 1954 kam es infolge der übereilten Indienststellung dieses Flugzeugs zu einigen Abstürzen, so daß man die Maschine sperren mußte. Sie wurde dann umkonstruiert.

Versionen:
„Comet 1": erste Version, von der britischen Regierung für Forschungszwecke übernommen.
„Comet 2": Version für die britischen Luftstreitkräfte als Transportflugzeug.
„Comet 3 B": zur Entwicklung von automatischen Landeverfahren benutzt.

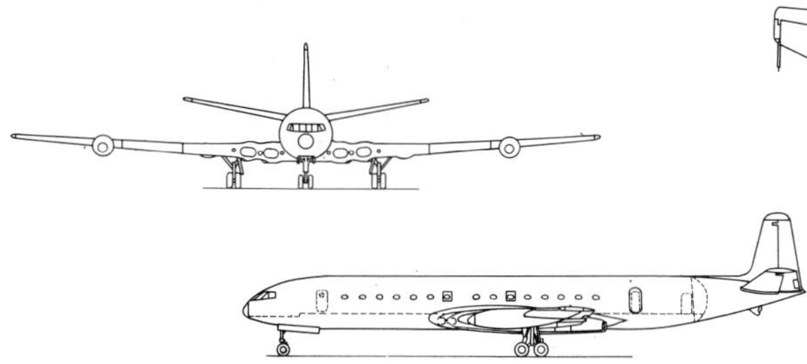

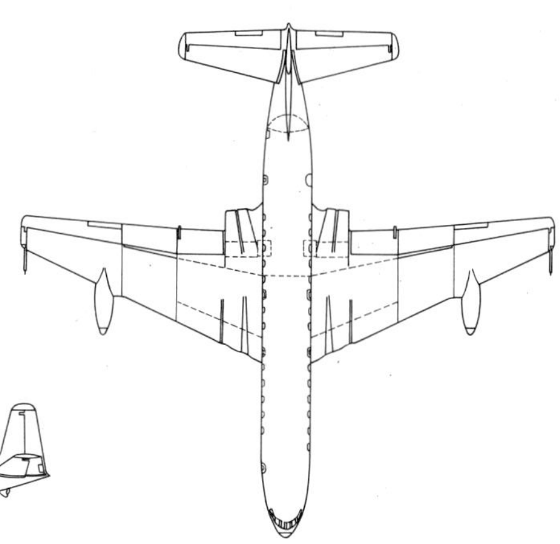

„Comet 4": Langstreckenversion für 60 bis 81 Passagiere; Erstflug am 27. April 1958; Serienlieferung ab September 1958.
„Comet 4 B": Mittelstreckenversion für 72 bis 101 Passagiere; Rumpf um 1,98 m, Spannweite um 2,14 m verlängert; Erstflug am 27. Juni 1959; 18 Exemplare gebaut.
„Comet 4 C": Ausführung für 72 bis 102 Passagiere; Rumpf wie „Comet 4 B"; Tragwerk wie „Comet 4"; Erstflug am 31. Oktober 1959.

Außerdem gab es Ausführungen als Transport- und Frachtflugzeug. Insgesamt sind 74 „Comet 4" gebaut worden.
Die britische Luftwaffe stellte 20 Transporter C. Mk. 2 und C. Mk. 4 sowie T. Mk. 2 (Schulversion) ab 1953 in Dienst. Eingerichtet waren die Maschinen für 94 Soldaten oder 8800 kg Fracht.

Rumpf: Ganzmetallbauweise mit kreisförmigem Querschnitt, dessen Durchmesser über die gesamte Länge der Kabine unverändert bleibt; weitgehend geklebt.
Tragwerk: freitragender Tiefdecker mit je zwei TL-Triebwerken in den Flügelwurzeln; Ganzmetallbauweise mit zwei Holmen; Tragflügelmittelteil, je zwei Tragflügelinnen- und -außenteile; thermische Enteisung; weitgehend geklebt.
Leitwerk: freitragende Normalbauweise.
Fahrwerk: einziehbar; hydraulisch steuerbares Bugrad mit Zwillingsrädern; Hauptfahrwerk mit Fahrwerkschlitten und je vier Rädern.

Hawker Siddeley „Shackleton" Seeaufklärungs- und Frühwarnflugzeug

Die Firma Avro entwickelte die „Shackleton" aus der Reihe der schweren Bomber „Lancaster", „York" und „Lincoln" als Seeaufklärungs-, Seenotrettungs- und U-Boot-Bekämpfungsflugzeug. Sie kann 24 Stunden in der Luft bleiben und unter dem Rumpf ein Motorboot mitführen, das ggf. mit Fallschirm abgeworfen wird. Um den nutzbaren Raum im Rumpfbug nicht zu beeinträchtigen, erhielt der Typ zunächst ein Heckradfahrwerk, das jedoch später durch ein Bugradfahrwerk ersetzt wurde.

Versionen:
„Shackleton" M. R. Mk. 1 / 1 A: erstes Serienmuster; Erstflug des Prototyps am 1. März 1949; bis 1952 insgesamt 77 M. R. Mk. 1 gebaut; einige Maschinen zu T. Mk. 4 umgebaut.
„Shackleton" M. R. Mk. 2: Fernaufklärungsbomber mit 6800 kg Bomben und zwei Kanonen im Bug sowie aerodynamischen Verfeinerungen; Erstflug am 17. Juni 1952; bis 1955 insgesamt 69 M. R. Mk. 2 gebaut; 1971/72 12 Maschinen zu Frühwarnflugzeugen AEW-2 umkonstruiert.
„Shackleton" M. R. Mk. 3: verbesserte Version für das britische Küstenkommando (34) und die südafrikanische Luftwaffe (8); Erstflug am 2. September 1955; zwischen 1956 und 1959 ausgeliefert; ab 1965 mit zwei zusätzlichen Strahlturbinen mit je 11 100 N Schub ausgerüstet; dadurch größere Startmasse.
„Shackleton" T. Mk. 4: Navigationsausbildungsflugzeug; wie die Mk. 1.

Eine „Shackleton" M. R. Mk. 2 befindet sich im Luftfahrtmuseum in Manchester.

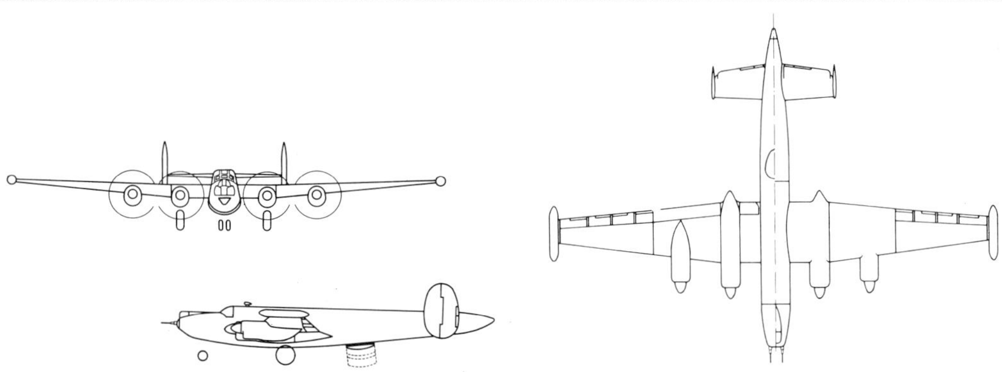

Rumpf: Ganzmetall-Halbschalenbauweise.
Tragwerk: freitragender Mitteldecker in Ganzmetallbauweise; zwei Holme; Landeklappen.
Leitwerk: freitragend mit zweifachem Seitenleitwerk in Ganzmetallbauweise als Endscheiben.
Fahrwerk: einziehbar mit Bugrad.

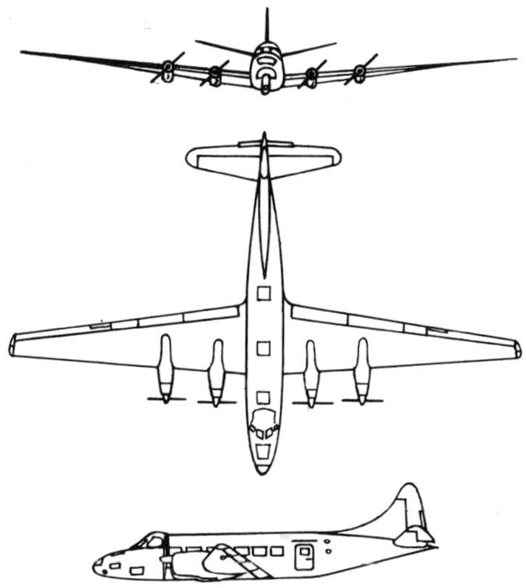

Hawker Siddeley DH-114 „Heron"
Reise- und Verkehrsflugzeug

Nach dem zweiten Weltkrieg beabsichtigte die britische Firme de Havilland die Entwicklung eines leichten Verkehrsflugzeugs als Ersatz für die viermotorige DH-86, das auch im Zubringerdienst eingesetzt werden sollte. Da der Bedarf nach einem derartigen Flugzeug damals aber noch nicht sehr groß war, wurde die Konstruktion bis 1949 aufgeschoben. Das recht einfache Flugzeug, bei dem auf jede komplizierte Hydraulik verzichtet wurde und bei dem die Propeller direkt angetrieben wurden, flog erstmalig am 10. Mai 1950 (Prototyp G-ALZL mit 4 Gipsy Queen 30, je 185 kW Startleistung). Für die „Heron" wurden viele Bauteile von der „Dove" übernommen. Das erste Serienflugzeug „Heron 1" mit Gipsy Queen 30 Mk. 2 wurde 1952 geliefert (ursprünglich: DH-114 „Heron").
Die Weiterentwicklung „Heron 2" mit einziehbarem Bugfahrwerk unternahm ihren Erstflug am 14. Dezember 1952.
Als Verkehrsflugzeug bot die Maschine 14 Passagieren Platz, als Reiseflugzeug acht bis zehn Fluggästen.
Bis 1966 wurden nach 51 „Heron 1" über 100 „Heron 2" für Abnehmer in rund 30 Ländern gebaut (25 militärische Verbindungsflugzeuge, 4 für das Königshaus).

Rumpf: Ganzmetall-Schalenbauweise.
Tragwerk: freitragender Tiefdecker in Ganzmetallbauweise; auf beiden Seiten dreiteilig; pneumatisch betätigte Landeklappen; Enteisungseinrichtung.
Leitwerk: freitragende Normalbauweise in Metall; Ruder mit Stoff bespannt.
Fahrwerk: pneumatisch betätigt, einziehbar mit Bugrad.

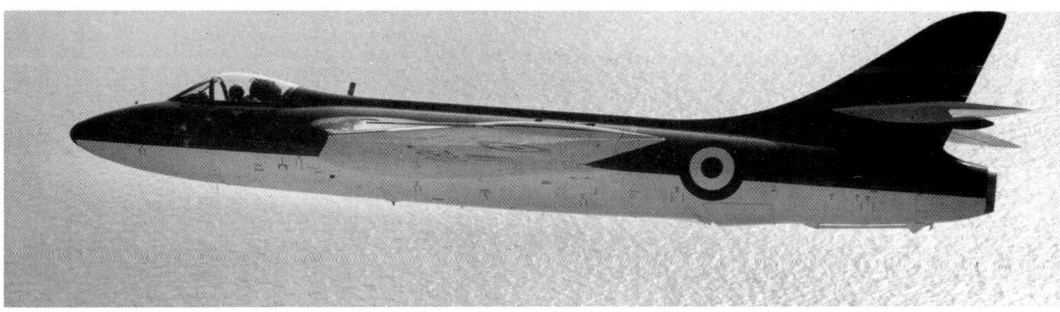

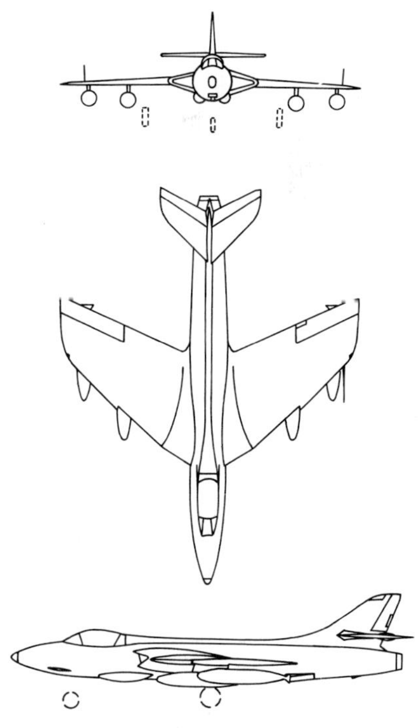

Hawker Siddeley „Hunter"
Jagd-, Erdkampf- und Aufklärungsflugzeug

Die „Hunter" wurde als Tag-Abfangjäger entwikkelt. Der Prototyp P-1067 unternahm den Erstflug am 20. Juli 1951. Die ersten Serienflugzeuge wurden am 31. Juli 1954 in Dienst gestellt. Sie fanden außer in Großbritannien bei den Luftstreitkräften vieler Länder Verwendung, so in Belgien, Dänemark, Indien, Irak, Libanon, Kuweit, den Niederlanden, Peru, Schweden und in der Schweiz. In den Niederlanden und in Belgien wurden von 1954 bis 1961 208 „Hunter F. 4" und 237 „Hunter F. 6" in Lizenz gebaut. Der Serienbau endete in Großbritannien 1962. Er umfaßte seit 1954 1 420 Jagdflugzeuge und Jagdbomber, darunter 383 „Hunter F. 6" (Foto) sowie 101 zweisitzige Kampftrainer der Versionen T. 7, T. 8, T. 53 und T. 66. Zahlreiche ältere Ausführungen sind später modernisiert worden, bis Mitte der siebziger Jahre 550 Maschinen. Im Jahr 1971 wurden aufgrund von Exportbestellungen nochmals 35 „Hunter" produziert. Anfang 1976 gab es im Bestand der Schweizer Fliegerkräfte noch 120 „Hunter" F 58 als Erdkampfflugzeuge sowie sechs Mk. 68 als Trainer. In Großbritannien waren es um diese Zeit noch 50. 1978 sind 20 Maschinen an Chile verkauft worden.
1994 ging in der Schweiz die letzte von 160 „Hunter" außer Dienst.

Rumpf: Ganzmetall-Halbschalenbauweise; in Übungs- und Erdkampfversion mit Bremsschirm im Heck; unter dem Rumpf eine Luftbremse; Druckkabine mit Schleudersitz.
Tragwerk: freitragender Mitteldecker in Ganzmetallbauweise; hydraulisch betätigte Spaltklappen.
Leitwerk: freitragende Normalbauweise in Ganzmetall; Höhenleitwerk nach oben versetzt.
Fahrwerk: hydraulisch betätigt, einziehbar mit Bugrad.

Hawker Siddeley „Sea Vixen"
Allwetter-Jagdflugzeug

De Havilland entwickelte die „Sea Vixen" ursprünglich als Allwetter-Jagdflugzeug für die britischen Luftstreitkräfte. Der Erstflug fand am 26. November 1951 statt. Sie hieß damals noch DH-110. Da sich die britischen Luftstreitkräfte für die „Javelin" als Standardjäger entschieden, wurde die DH-110 im Jahr 1955 von den britischen Seestreitkräften übernommen und für Decklandungen umkonstruiert. In dieser Ausführung unternahm die „Sea Vixen" am 5. April 1956 die erste Decklandung.
Das Serienmodell erhielt aufklappbare Tragflügel und einen abklappbaren Rumpfbug, um das Flugzeug auf den Flugzeugträgern und in deren Lifts

besser unterzubringen. Die „Sea Vixen" F.A.W. Mk. 1 ist die erste Serienausführung, die erstmalig am 20. März 1957 flog und am 2. Juli 1959 den Dienst aufnahm. Die „Sea Vixen" F.A.W. Mk. 2 entspricht im wesentlichen der ersten Version.
Insgesamt erhielt die britische Marine über 100 „Sea Vixen" beider Modifikationen.

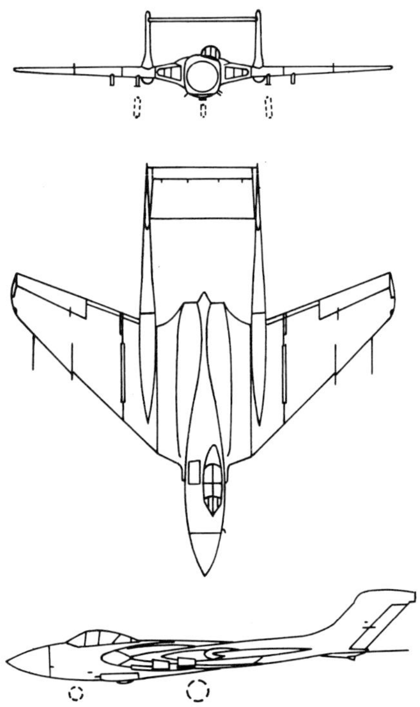

Rumpf: Ganzmetall-Schalenbauweise; Zielradar im Bug, hydraulisch betätigte Luftbremse unter dem Rumpf; zwei Sitze hintereinander; Druckkabine mit Schleudersitzen.
Tragwerk: freitragender Mitteldecker in Ganzmetallbauweise; drei Holme; Flügel hydraulisch faltbar; Fowler-Klappen.
Leitwerk: zwei Leitwerkträger in Ganzmetallbauweise mit integralen Seitenleitwerken; hochgesetztes Höhenleitwerk zwischen den Seitenleitwerken.
Fahrwerk: einziehbar, hydraulisch betätigt; steuerbares Bugrad; hydraulisch ausfahrbarer Fanghaken.

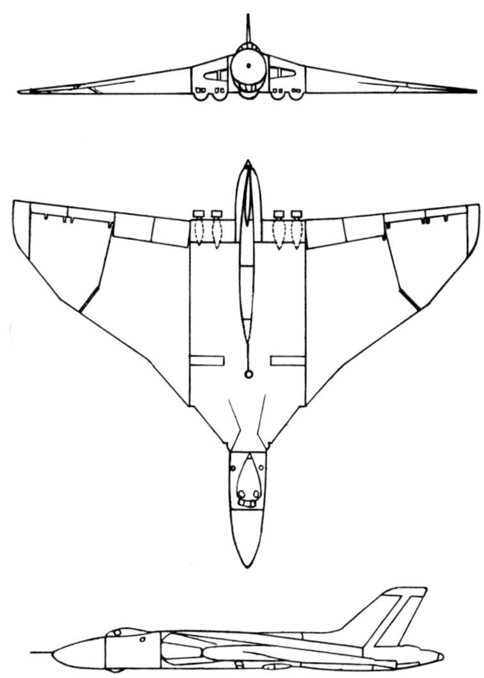

Hawker Siddeley „Vulcan"
Strategisches Bombenflugzeug

Das Langstreckenbombenflugzeug „Vulcan" flog als Prototyp erstmalig am 30. August 1952, ein weiterer folgte. Nach verschiedenen Änderungen unternahm die erste Serienmaschine B. Mk. 1 ihren Erstflug am 4. Februar 1955. Zwei Jahre darauf wurde sie bei den britischen Luftstreitkräften in Dienst gestellt.

Die weiterentwickelte „Vulcan" B. Mk. 1 A flog als Prototyp erstmalig am 31. August 1957 und als erste Serienmaschine ein Jahr später. Ferner kam die „Vulcan" B. Mk. 1 B mit modernisierter Ausrüstung heraus. Die neuen Versionen haben größere Tragflügel und stärkere Triebwerke, so daß sie eine größere Reichweite und Gipfelhöhe erzielen können. Nach der Lieferung von 42 B. Mk. 1 im Zeitraum von 1955 bis 1957 wurden von 1958 bis 1964 76 B. Mk. 2 gebaut. Später konstruierte man mehrere B. Mk. 1 und B. Mk. 1 A zu Aufklärern um.

1974/75 wurden auch Maschinen der Version B. Mk. 2 zu Aufklärern umgebaut. Sie erhielten die Bezeichnung „Vulcan" SR. Mk. 2.
Ende 1983 befanden sich bei den britischen Luftstreitkräften noch 40 „Vulcan" B. Mk. 2 als taktische Bomber für nukleare und konventionelle Aufgaben sowie vier SR. Mk. 2 als strategische Aufklärer im Einsatz.
Als Zwischenlösung wurden 6 „Vulcan" zu Tankflugzeugen umgerüstet.

Hawker Siddeley „Gnat"
Jagd-, Erdkampf-, Aufklärungs- und Übungsflugzeug

Die frühere britische Flugzeugfirma Folland beschäftigte sich mit der Entwicklung eines Leichtbau-Jagdflugzeugs, das trotz geringer Beschaffungs- und Wartungskosten hervorragende Leistungen aufweisen sollte. 1951 wurde die Fo-139 „Midge" begonnen, die als Prototyp im August 1954 den Erstflug unternahm. Aus dieser Maschine wurde die Fo-141 „Gnat" abgeleitet, die am 18. Juli 1955 erstmalig flog.

Versionen:
„Gnat" Mk. 1: einsitziges, leichtes Jagd-Erdkampf- und Aufklärungsflugzeug; von 1956 bis 1959 45 Stück gebaut; an Indien, Finnland und Jugoslawien geliefert; in Indien (von 1962 bis 1974 215 Stück – nach anderen Quellen 236) als HAL „Gnat" und in Finnland in Lizenz gebaut.
„Gnat" T. Mk. 1: zweisitziges Übungsflugzeug; aber auch als Kampfflugzeug verwendbar; Erstflug am 31. August 1959; von 1962 bis 1964 105 Stück gebaut.

Die britische Luftwaffe erhielt 105 Maschinen als Nachfolger für die „Vampire" T. Mk. 11. 1965 erhielt die britische Kunstflugstaffel „Red Arrows" die „Gnat". Die Maschinen wurden 1979/80 außer Dienst gestellt.

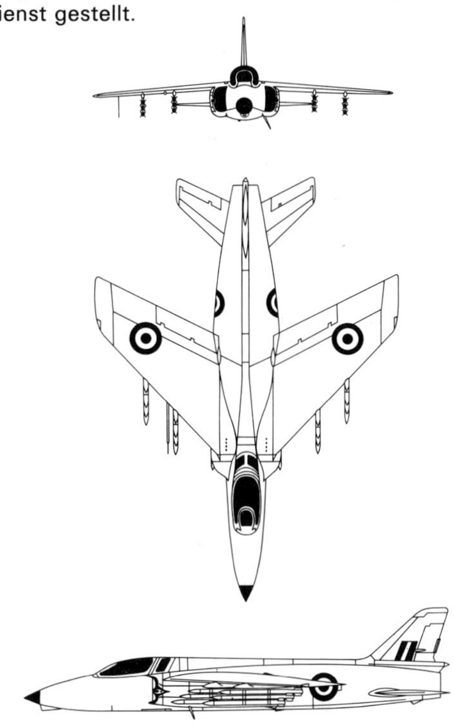

Rumpf: Ganzmetall-Halbschalenbauweise; Druckkabine mit Schleudersitz; Bremsschirm im Heck.
Tragwerk: freitragender Schulterdecker in Ganzmetallbauweise mit zwei Holmen.
Leitwerk: Normalbauweise in Leichtmetall.
Fahrwerk: einziehbar, hydraulisch betätigt; mit Bugrad; Scheibenbremsen.

Hawker Siddeley „Buccaneer"
Tiefangriffs- und Aufklärungsflugzeug

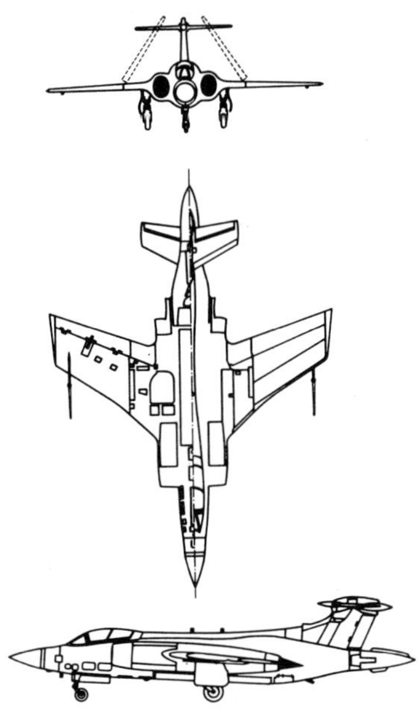

Die „Buccaneer" eignet sich für Tiefangriffe mit Bomben und mit Luft-Boden-Raketen, für Fernaufklärung, für Seegebietsaufklärung und als Tankflugzeug. Die Tiefangriffsflugzeuge sollten den Funkmeßbereich unterfliegen und sich so der Funkortung entziehen. Die Entwicklung derartiger Flugzeuge ergab sich, weil auch hochfliegende, sehr schnelle Flugzeuge durch Lenkabwehrwaffen gefährdet sind.

Der Prototyp der „Buccaneer" S. Mk. 1 flog erstmalig am 30. April 1958, die erste der bis 1963 gebauten Serienmaschinen am 23. Januar 1962. Dieser Typ wurde 1962 bei der britischen Marine in Dienst gestellt. Der Prototyp der „Buccaneer" S. Mk. 2 flog erstmalig am 17. Mai 1963 und das erste Serienflugzeug im Juli 1964. Die S. Mk. 2 unterscheidet sich von der S. Mk. 1 vor allem durch die stärkeren Triebwerke.
Bis 1970 waren 20 Versuchsflugzeuge, 40 S. Mk. 1 und 84 S. Mk. 2 für die britische Marine sowie 16 S. Mk. 50 für die Luftwaffe Südafrikas gebaut worden. Ab Oktober 1969 wurden 80 „Buccaneer" nach und nach mit verstärkter Bewaffnung an die britischen Luftstreitkräfte als S. Mk. 2 A und S. Mk. 2 B (mit Flugkörper „Martel") sowie als S. Mk. 2 C und S. Mk. 2 D als Tiefangriffsflugzeug übergeben. Ende 1988 befanden sich in Großbritannien noch 65 „Buccaneer" im Einsatz, in Südafrika sechs.
Im Jahr 1985 begann man damit, den Kampfwert der britischen Maschinen zu erhöhen (Anpassung an den Seezielflugkörper „Sea Eagle", modernisierte Avionik und neues Trägheitsnavigationssystem). 1994 ging der Typ außer Dienst.

Rumpf: Ganzmetallbauweise; großer Waffenschacht, durch Drehplatte verschlossen.
Tragwerk: freitragender Mitteldecker; große Teile integral gefräst; Aufhängungsmöglichkeiten an vier Punkten für je 450 kg Bomben oder Lenkwaffen.
Leitwerk: T-Leitwerk.
Fahrwerk: einziehbar mit Bugrad.

Hawker Siddeley „Argosy“ Passagier- und Transportflugzeug

Auf Verlangen des britischen Luftfahrtministeriums entwickelte die damals noch bestehende Firma Armstrong-Whitworth als Ablösemuster für die veraltete „Hasting“ das Passagier- und Transportflugzeug „Argosy“. Der Rumpfboden liegt nur 1,20 m über dem Erdboden, so daß die Maschine leicht be- und entladen werden kann.
Der Prototyp flog erstmalig am 8. Januar 1959.

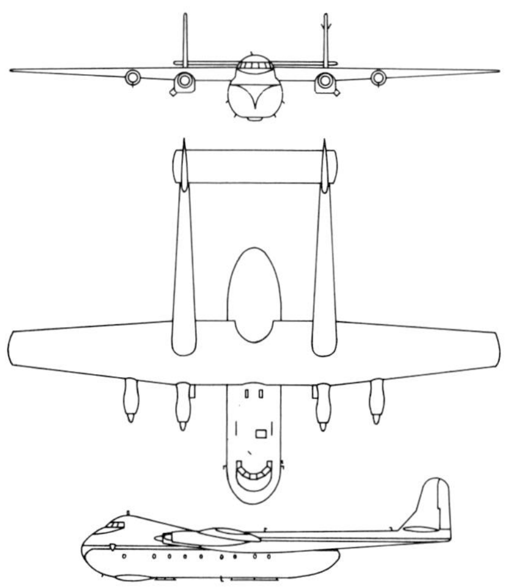

Versionen:
„Argosy 650 Serie 100“: an die britische Luftfahrtgesellschaft geliefertes Frachtflugzeug; auch in die USA exportiert; 10 Stück gebaut.
„Argosy 650 Serie 200“: aus der 100 abgeleitete Version mit leichterem Flügel und Kastenholm; dadurch günstigeres Verhältnis zwischen Flugmasse und Nutzmasse; Erstflug am 11. März 1964.
„Argosy 650 Serie 220“: mit stärkeren Triebwerken und integralen Kraftstoffbehältern in den Tragflügeln; größere Zuladung und höhere Reisegeschwindigkeit; 1965 sechs an die BEA.
„Argosy 660 C. Mk. 1“: aus der 100 abgeleitete Version als Militärtransporter; Erstflug des Prototyps am 28. Juli 1960; Heckklappe kann nicht seitlich, sondern nach unten – auch während des Fluges – weggeklappt werden.

Geliefert wurden 56 C. Mk. 1, die nach und nach ausgesondert oder für die elektronische Kriegsführung (1977: neun im Bestand) umgerüstet wurden. Als Transporter wurden sie durch die C-130 ersetzt.

Rumpf: als Gondel in Ganzmetall-Halbschalenbauweise mit Druckkabine; große Beladeklappen im Rumpf und im Heck; Cockpit auf dem Rumpf.
Tragwerk: freitragender Hochdecker mit dreiteiligem Flügel; dreiteilige Querruder und dreiteilige Landeklappen; vier integrale Tanks.
Leitwerk: zweifaches Seitenleitwerk an zwei Ganzmetall-Leitwerkträgern mit ovalem Querschnitt; Höhenleitwerk zwischen den Seitenleitwerken.
Fahrwerk: einziehbar; Bugrad in den Rumpf, Hauptfahrwerke in die inneren Triebwerkgondeln.

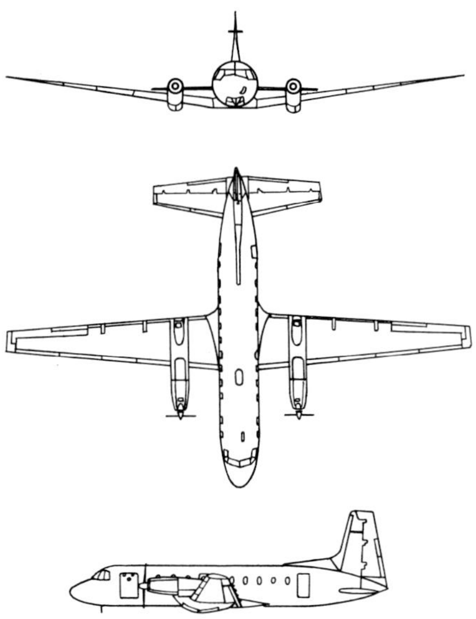

Hawker Siddeley (BAe) HS-748/ „Andover“ C. Mk. 1 Verkehrs- und Transportflugzeug

Die HS-748 (Skizze) wurde ab Anfang 1959 als Kurz- und Mittelstreckenflugzeug sowie als Zubringermaschine von der britischen Firma A. V. Roe entwickelt, die dann in dem Konzern Hawker Siddeley aufging.

Versionen:
HS-748 Serie 1: für 48 Fluggäste; Erstflug am 24. Juni 1960; zwei Prototypen folgten 16 Maschinen; in Indien in Lizenz gebaut.
HS-748 Serie 2: für 58 Fluggäste; stärkere Triebwerke; erste Lieferungen im Dezember 1962; sechs als „Andover“ an die britische Luftwaffe.
HS-748 Serie 2 A: ab 1967 mit stärkeren Triebwerken und kleinen Veränderungen; bis 2. August 1978 332 Maschinen fertig, davon 31 als Militärtransporter „Andover“ C. Mk. 1 mit hochgezogenem Heck (Foto), einem nach vorn verlängerten Rumpf sowie etwas geringerer Spannweite; 270 Flugzeuge wurden exportiert; seit 1979 Produktion der verbesserten Serie BAe / HS-748 2 B.
HS-748 „Coastguarder“: Seeüberwachungsvariante; Erstflug am 18. Februar 1977.
Indien baut militärische und zivile HS-748 in Lizenz.

Einige C. Mk. 1 sind zu Spezialflugzeugen E. Mk. 1 und E. Mk. 3 umgerüstet worden. In der BRD fliegen seit April 1976 sieben HS-748 bei der Bundesanstalt für Flugsicherung mit spezieller Ausrüstung. Insgesamt erhielten neben 80 Luftverkehrsgesellschaften die Luftstreitkräfte von 17 Ländern Maschinen vom Typ HS-748.
Bis Produktionsende 1987 verließen 380 HS-748 die Werkhallen.

Rumpf: Ganzmetallbauweise mit kreisrundem Querschnitt; Rumpf und Tragflügelmittelstück in Integralkonstruktion; Druckkabine.
Tragwerk: freitragender Tiefdecker; zwei Holme in jedem Tragflügel; in jedem Tragflügel ein Integraltank.
Leitwerk: freitragende Normalbauweise.
Fahrwerk: einziehbar mit Bugrad; Niederdruckreifen.

Hawker Siddeley „Trident"
Verkehrsflugzeug

Die britische Luftverkehrsgesellschaft BEA benötigte als Nachfolgemuster der „Viscount" von Vikkers ein TL-Flugzeug. Projektiert wurden deshalb die Bristol 200, die Avro 740 und die DH-121 von de Havilland. Nach der praktischen Erprobung gelangten alle drei Firmen zu dem Ergebnis: weniger als vier, aber mehr als zwei Triebwerke!
Der Erstflug der „Trident", die aus der DH-121 hervorging, war am 9. März 1962. Die BEA stellte sie im März 1964 in Dienst. Die Maschine wurde von Anfang an für automatische Landungen ausgerüstet.

Versionen:
„Trident 1 E": Weiterentwicklung mit stärkeren Triebwerken und größerer Spannweite; zur Verbesserung der Start- und Landeeigenschaften Vorflügel über die gesamte Spannweite; statt der vier integralen Kraftstofftanks der „Trident 1" ein integraler Tank im Flügelmittelstück; verstärktes Hilfstriebwerk; Erstflug am 2. November 1964.
„Trident 2 E": Weiterentwicklung der „Trident 1 E"; größere Reichweite (4000 km) durch größere Kraftstoffbehälter; höhere Startmasse; stärkeres Fahrwerk, verstärktes Tragwerk und verstärkter Rumpf; stärkere Triebwerke (Rolls Royce „Spey" RB 163-25); vielseitige Anwendung von Titanlegierungen; Kabinenauslegungen für 98/109, 117, 123, 132/149 Sitze; Erstflug am 27. Juli 1967; China hatte 33 Maschinen dieses Typs bestellt.
„Trident 3 B": Kurzstreckenversion der „Trident 2 E"; befördert bis zu 170 Passagiere; außer den drei Haupttriebwerken ein Zusatztriebwerk am Heck; Erstflug am 11. Dezember 1969; Indienststellung 1971.
„Super Trident 3 B": Weiterentwicklung mit 152 Passagierplätzen und um 700 km längerer Reichweite; Erstflug am 9. Juli 1975.

Ende 1976 waren alle 117 bestellten „Trident" ausgeliefert und die Produktion beendet worden.

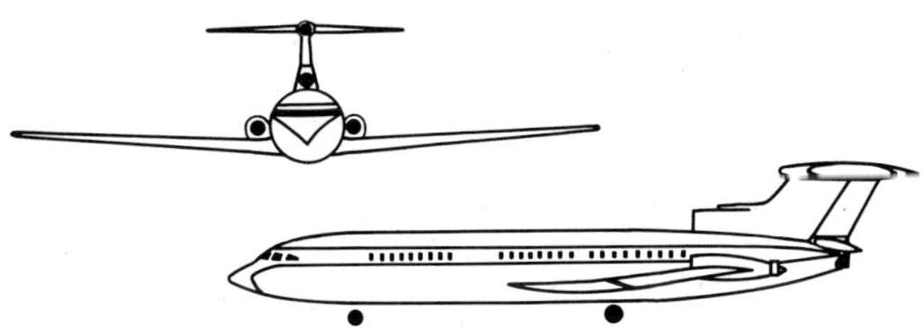

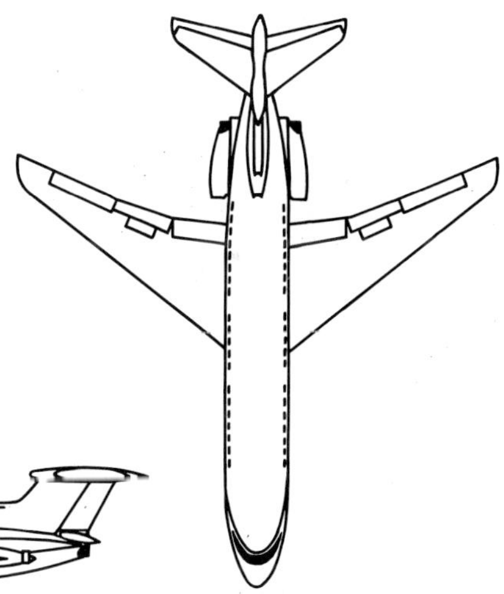

Rumpf: Ganzmetall-Halbschalenbauweise mit kreisförmigem Querschnitt.
Tragwerk: freitragender Tiefdecker in Ganzmetallbauweise; integrale Tragflügeltanks; Doppelspalt-Auftriebsklappen; Spoiler auf jedem Tragflügel, die zugleich als Luftbremse wirken; thermische Enteisung.
Leitwerk: T-Leitwerk in Ganzmetallbauweise; freitragend; thermische Enteisung.
Fahrwerk: hydraulisch einziehbar; ölpneumatische Dämpfung; Bugstrebe mit Zwillingsrädern; Hauptstreben mit je vier Rädern; Scheibenbremsen.

Miles M. 14 „Magister"
Schul- und Übungsflugzeug

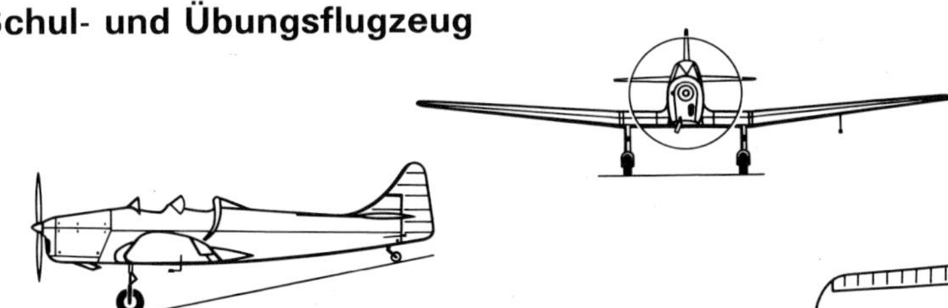

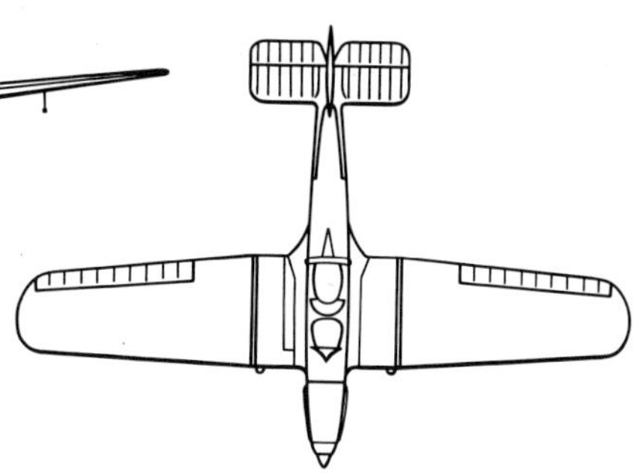

Die „Magister" löste in Großbritannien die verstielten und verspannten Doppeldecker-Schulflugzeuge ab. Sie war eine Weiterentwicklung der 1932 herausgebrachten „Hawk", mit der sie zwar den gleichen Aufbau gemein hatte, sich von ihr aber in einigen Abmessungen unterschied. Die „Magister" wurde ab Oktober 1937 als Schulflugzeug bei den britischen Luftstreitkräften eingeführt.
Sie war schneller als die Doppeldecker-Schulflugzeuge; ihre Landegeschwindigkeit war trotzdem nicht größer. Sie verfügte bereits über Landeklappen und war voll kunstflugtauglich. Mit geringfügig veränderter Ausstattung wurden 1293 Flugzeuge der Versionen Mk. I, Mk. II und Mk. III produziert.
Als eine Landung deutscher Truppen in Großbritannien zu befürchten war, wurden im Jahr 1940

15 der eigentlich als Schulflugzeuge für Anfänger gedachten Maschinen als Behelfsschlachtflugzeuge ausgerüstet. Dazu erhielt jedes Flugzeug acht 11,3-kg-Bomben.
Im Mittleren Osten flogen während des Krieges mehrere Maschinen als Verbindungsflugzeuge.
Nach dem zweiten Weltkrieg flogen noch zahlreiche Flugzeuge dieses Typs lange Zeit in zivilen Fliegerschulen und Fliegerklubs, wo sie auch als „Hawk" Mk. III bezeichnet wurden.

Rumpf: Ganzholzbauweise mit rechteckigem Querschnitt; zwei offene Sitze hintereinander mit Doppelsteuerung.
Tragwerk: freitragender Tiefdecker in Ganzholzbauweise mit zwei Kastenholmen, Kastenrippen im Mittelstück, Fachwerkrippen in den Außenflügeln; Flügel dreiteilig und faltbar; Sperrholzbeplankung; hydraulisch betätigte Spreizklappen.
Leitwerk: freitragende Normalbauweise in Holz mit Stoffbespannung.
Fahrwerk: starr mit Spornrad; stromlinienförmige Verkleidung; Spiralfederdämpfung; Radbremsen.

Royal Aircraft Factories BE-2 Mehrzweckflugzeug

Das Mehrzweckflugzeug BE-2 (BE – British Experimental) entstand 1912. Im Juni des gleichen Jahres konnte sein Konstrukteur de Havilland mit einem Passagier einen britischen Höhenrekord mit 3220 m aufstellen. Neben RAF nahmen auch die Werke Handley Page, Vickers und Hewlett-Blondau im Jahr 1912 die Serienproduktion auf. Die ersten Lieferungen gelangten 1913 an die Fliegertruppen.

Versionen:
BE-2 A: verbessertes Serienflugzeug; wurde 1914 in Frankreich als erstes britisches Flugzeug für Aufklärungs- und Bombenflüge eingesetzt; 50-kW-Motor.
BE-2 B: im Jahr 1914 gelieferte Ausführung mit höher geschlossenen Sitzen; ebenfalls noch nicht bewaffnet.
BE-2 C: im April 1915 herausgebrachte Version mit 65-kW-Motor; Beobachter saß zwischen den Tragflügeln; er hatte für sein MG allerdings kaum ein Schußfeld.
BE-2 D: Ausführung von 1916, bei der der Beobachter hinten saß und der Pilot vorn ein zusätzliches, starres MG bediente.
BE-2 E: ebenfalls 1916 entwickelte Version mit verbessertem Tragflügel und besserem Leitwerk.

Während des ersten Weltkriegs bauten 22 britische Firmen insgesamt 3535 BE-2 aller Versionen.

Rumpf: Holzbauweise mit Stoffbespannung; zwei offene Sitze hintereinander.
Tragwerk: zweistieliger, gestaffelter und verspannter Doppeldecker in Holzbauweise mit Stoffbespannung; zwei Holme.
Leitwerk: mit Kabeln verspannte Normalbauweise in Stahlrohr mit Stoffbespannung.
Fahrwerk: starr mit durchgehender Achse; Hecksporn.

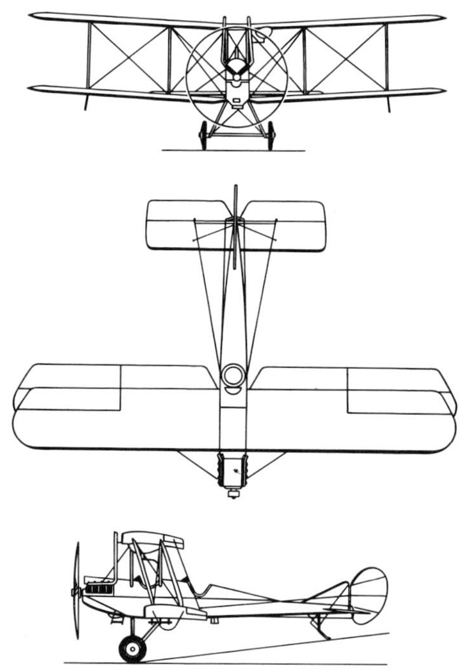

Royal Aircraft Factories S. E. 5 Jagdflugzeug

Im Februar 1915 brachte der Schweizer Ingenieur Birkigt einen wassergekühlten 8-Zylinder-Flugmotor in V-Form heraus. Britische und französische Firmen hatten diesen hervorragenden Motor bestellt und bauten ihn später in vielen Exemplaren in Lizenz.
Für die S. E. 5 wurde beispielsweise ein derartiger 110-kW-Motor verwendet. Der Erstflug dieser Maschine fand am 22. November 1915 statt, und im März 1917 wurde sie in Dienst gestellt. Nach einem Absturz infolge Tragflügelbruches im Januar 1917 verringerte man die Spannweite. Die S. E. 5 war neben der „Camel" F-1 von Sopwith das am meisten benutzte britische Jagdflugzeug des ersten Weltkriegs.

Insgesamt wurden 5205 (davon 2222 mit dem Hispano Suiza, 105 kW) S.E.5 und S.E.5a gefertigt, die von 24 britischen, zwei US-amerikanischen und einer australischen Staffel verwendet wurden.
Die weiterentwickelte Ausführung S.E.5a hatte einen 145-kW-Motor der Firma Wolseley oder den gleichstarken Hispano Suiza 8B.
Die britischen Luftstreitkräfte flogen die S.E.5 und die S.E.5a bis in die zwanziger Jahre. Polen erhielt 1920 einige Maschinen dieses Typs.

Rumpf: Holzbauweise mit rechteckigem Querschnitt, oben abgerundet; vorn bis zum Vorderholm des Unterflügels sperrholzbeplankt, sonst stoffbespannt.
Tragwerk: einstieliger Doppeldecker; Tragflügel gestaffelt; zwei Holme aus Holz; Stoffbespannung; verstrebter und verspannter Baldachin; Mittelflügel oben und unten ausgeschnitten zur Verbesserung der Sicht.
Leitwerk: verspannte Normalbauweise; Querruder an allen vier Flächen.
Fahrwerk: starr; Hecksporn.

Royal Aircraft Factories RE-8 Aufklärungsflugzeug

Die britischen Flugzeugwerke Royal Aircraft Factories in South Farnborough begannen im Herbst 1915 mit den Projektierungsarbeiten an einem zweisitzigen Aufklärungsflugzeug in der üblichen verspannten und verstrebten Doppeldeckerbauweise. Am 17. Juni 1916 nahm der Prototyp die Flugerprobung auf. Um seine Gefechtseigenschaften zu testen, verlegte man ihn zu den in Frankreich kämpfenden britischen Truppen. In insgesamt 441 Flugstunden absolvierte er dort 147 Gefechtsflüge. Obwohl sich der Typ dabei als gelungen erwies, konnte die Serienproduktion infolge von Materialschwierigkeiten erst im August 1916 beginnen. Dennoch erhielten die britischen Luftstreitkräfte in Frankreich im November 1916 die ersten RE-8. Festigkeitsprobleme mit der Zelle führten bei den ersten Serienmaschinen zu einer Reihe von Unfällen, wobei man Sabotage in der Produktion nicht ausschloß.
Nach kurzer Zeit ließen sich die Mängel beheben, und 7 britische Flugzeugwerke stellten bis zum Kriegsende insgesamt 4077 (nach anderen Quellen 4099) RE-8 her. Damit gehörte dieser Typ zu den britischen zweisitzigen Flugzeugen, die in den Jahren 1917/18 auf dem europäischen Kriegsschauplatz am meisten verwendet worden sind. Offiziell gilt die RE-8 als **das** britische Standard-Aufklärungsflugzeug der zweiten Hälfte des ersten Weltkriegs.
Verwendet wurde der Typ (auf dem Foto mit seitlich des Rumpfes installierter Kamera) in Frankreich, Italien, Mesopotamien, Palästina sowie in Großbritannien. Bei den britischen Luftstreitkräften diente er auch als Beobachtungs-, Nachtbomben- und Schlachtflugzeug (dann meist mit zwei 51-kg-Bomben unter den Tragflügeln). Im Oktober 1918 gab es 18 britische Staffeln mit RE-8. 22 Maschinen sind an Belgien geliefert worden. Die RE-8 galt als robustes, zuverlässiges, aber nicht leicht zu fliegendes Flugzeug.

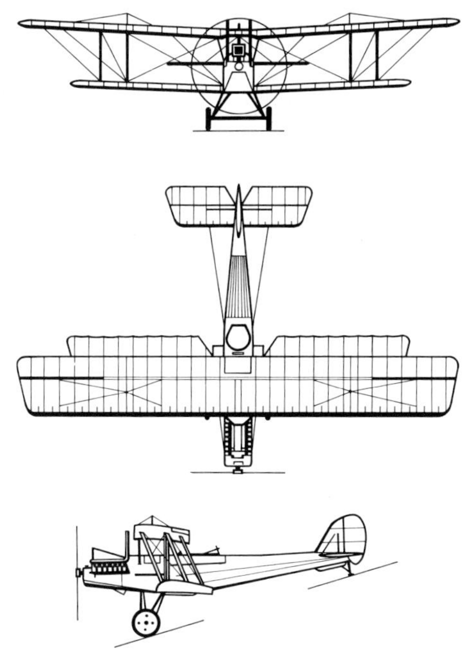

Rumpf: Holzbauweise; vorn blechbeplankt, hinten stoffbespannt; offene Sitze in Tandemform; hinten MG-Drehkranz für den Beobachter.
Tragwerk: einstieliger, verspannter und gestaffelter Doppeldecker mit Hilfsstielen und Spanntürmen auf den oberen Tragflügeln.
Leitwerk: verspannte Normalbauweise; Holz und Leinwand.
Fahrwerk: nicht einziehbar; durchgehende Achse; Hecksporn.

Scottish Aviation „Twin Pioneer" Mehrzweckflugzeug

Das STOL-Flugzeug „Twin Pioneer" ist eine Kurzstrecken- und Zubringermaschine für 16 Personen oder für Fracht. Außerdem gibt es Ausführungen als Luftbildflugzeug, als Flugzeug für geophysikalische Forschungen, als Sanitäts- und als Reiseflugzeug. Als Militärflugzeug wird es z.B. zum Absetzen von Fallschirmspringern und zum Abwerfen von Versorgungsgütern benutzt. Der Erstflug des Prototyps war am 25. Juni 1955.

Versionen:
„Twin Pionieer" Serie 1: erstes Produktionsmodell mit 410-kW-Motor; Erstflug am 28. April 1956; übernommen von den britischen Luftstreitkräften sowie in geringer Stückzahl von Fliegerklubs und Luftverkehrsgesellschaften mehrerer Länder.
„Twin Pioneer" Serie 2: mit 440-kW-Motoren; Erstflug am 31. August 1958.
„Twin Pioneer" Serie 3: mit 470-kW-Motoren; Erstflug am 12. November 1958; in diese Ausführung wurden die meisten der Serie 1 umgerüstet.

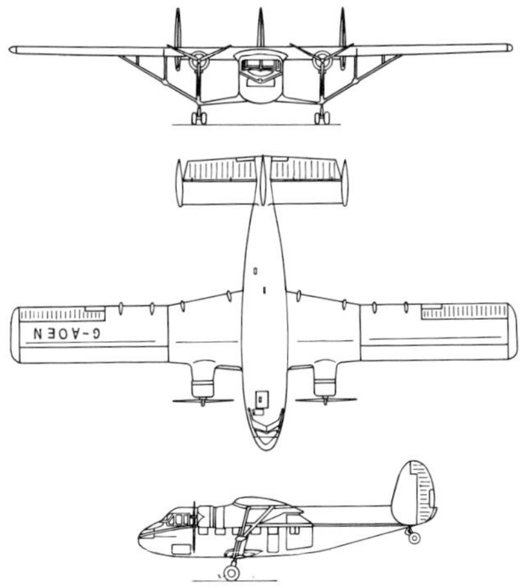

Von den 87 Maschinen gingen 29 in den Export, 19 dienten zivilen britischen Zwecken und der Rest flog von 1958 bis 1968 als militärische Mehrzwecktransporter C. C. Mk. 1 (32) und C. C. Mk. 2 (7).

Rumpf: Ganzmetall-Halbschalenbauweise.
Tragwerk: abgestrebter Hochdecker in Ganzmetallbauweise; zwei Holme; Fowler-Klappen.
Leitwerk: freitragende Normalbauweise in Ganzmetall; dreifaches Seitenruder.
Fahrwerk: starr mit Zwillingsrädern an den Hauptstreben und am Heck; hydraulische Bremsen.

Short-Bomber

In den britischen Streitkräften hatten die Marinefliegereinheiten früher als die Heeresflieger begonnen, Flugzeuge für Bombenangriffe – so im deutschen Hinterland auf Luftschiffhallen – zu verwenden. Auch die ersten britischen Bomber sind im Auftrag der Admiralität entwickelt worden, als sich die geringe Effektivität der verfügbaren Maschinen ebenso wie die Erfolge von Bombenangriffen erwiesen hatten. Bereits Ende 1914/Anfang 1915 wurde geplant, eine strategische Luftstreitmacht aufzubauen und damit von Plätzen in Großbritannien und Frankreich aus über weite Entfernungen hinweg zu operieren.
Da Triebwerke zu dieser Zeit äußerst knapp waren, kam zunächst nur ein einmotoriger Typ in Frage. Zu diesem Zweck entwickelte die auf Wasserflugzeuge spezialisierte Firma Short Company aus ihrem erfolgreichen Marineflugzeug Short 184 (Prototyp 1915, mit unterschiedlichen Triebwerken als maritimer Bomber, Torpedoflugzeug und Fernaufklärer mit Radfahrgestell eingesetzt; 2 Pontonschwimmer sowie Stützschwimmer unter Tragflügeln und Hecksporn; untere Seitenansicht) eine Landversion, die ab 1915 in 83 Exemplaren gebaut und im Herbst 1916 in Dienst gestellt wurde.
Mit diesen als Short-Bomber bezeichneten Maschinen sowie der von Frankreich beschafften Caudron G-IV flogen die britischen Marineflieger ihre Bomberoffensive gegen militärische und industrielle Ziele in Deutschland sowie auf Einrichtungen der deutschen Seestreitkräfte in Ostende und Zeebrücke.
Die Zuladung des neuen Bombers war doppelt so hoch wie bei der G-IV, doch war seine Geschwindigkeit sehr gering. Zudem verfügte er nur über ein MG zur Abwehr von Jagdflugzeugen. Um das MG bedienen zu können, mußte der Beobachter aus dem Cockpit herausklettern und sich auf den Rumpf stellen. Diese Mängel führten bei diesem Bombertyp dazu, daß er ebenso wie die G-IV nur noch nachts verwendet wurde. Erschwerend war außerdem, daß der Beobachter seinen Sitz vor dem Flugzeugführer hatte und diesem beim Schießen die Sicht nahm. Zwar verlegte man den Sitz während des Serienbaus nach hinten, doch insgesamt konnten die Probleme nicht beseitigt werden.
Gebaut wurden die Maschinen von den Firmen Short, Parnal & Sons, Egerton, Phoenix Dynamo und Sunbeam. Bei Sunbeam wurde das firmeneigene 165-kW-Triebwerk eingebaut, bei den anderen das neue und stärkere von Rolls Royce. Ab April 1917 wurde der Typ von der Handley Page 0/100 abgelöst.

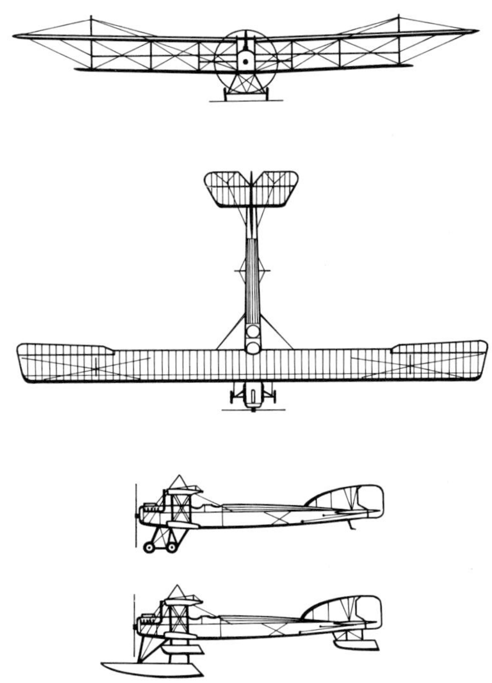

Rumpf: Holzbauweise mit Stoffbespannung ab Tragflügelhinterkante; zwei hintereinanderliegende offene Sitze; eckiger Querschnitt.
Tragwerk: dreistieliger verspannter Doppeldecker; auf oberen Tragflügeln über letztem äußerem Stiel Spannturm; untere Tragflügel mit geringerer Spannweite; Querruder nur oben.
Leitwerk: verspannt; Normalbauweise; sehr große Seitenleitwerksflosse; Seitenruder leicht unten überstehend; geteiltes Höhenruder.
Fahrwerk: nicht einziehbares Wagenfahrwerk; vorn und hinten gleiche Spurbreite; alle Streben einfach bereift; verspannter und gefederter Hecksporn.

Short S-19 „Singapore" Aufklärungsflugboot

Mit der „Singapore" begannen die britischen Luftstreitkräfte, große Flugboote für die Seeüberwachung einzusetzen. Diese Maschinen waren die letzten Flugboote von Short in Doppeldeckerausführung.
Die S-5 „Singapore I" (eine Maschine gebaut, Foto) flog erstmalig im Jahr 1926. Sie besaß zwei nebeneinanderliegende 480-kW-Triebwerke und Zugschrauben sowie ein einfaches Seitenleitwerk. Bekannt wurde sie durch den Flug von Cobham um Afrika (37000 km) in den Jahren 1927/28. Im Jahr 1930 kam die S-12 „Singapore II" heraus, die Tandem-Triebwerke mit Zug- und Druckschraube und ein Seitenleitwerk hatte. Diese Ausführung ging ebenfalls nicht in Serie.
Die S-19 „Singapore III" als wesentlich verstärkte und verbesserte Ausführung (die ersten Maschinen hatten den Rolls Royce „Kestrel II/III" mit 470 kW, die letzten den „Kestrel VIII/IX" mit 535 kW) flog erstmalig im Juni 1934.
Die bis zum Auslaufen der Produktion Mitte 1937 gefertigten 37 S-19 wurden fünf Staffeln des Küstenkommandos in Großbritannien und im Fernen Osten zugeteilt, wo sie bis 1941 als Fernaufklärer, zur U-Boot-Jagd und zum Geleitschutz sowie als Transporter flogen.
Die Fliegerkräfte Neuseelands benutzten von 1941 bis 1945 vier S-19.

Rumpf: gekielter Ganzmetall-Bootsrumpf aus rostfreiem Stahl; Oberteil aus Aluminium.
Tragwerk: zweistieliger, verspannter Doppeldecker in Metallbauweise (Duraluminergerüst) mit Stoffbespannung.
Leitwerk: abgestrebtes Höhenleitwerk auf dem hochgezogenen Rumpf; darauf drei Seitenleitwerke.
Schwimmwerk: Bootsrumpf und zwei Stützschwimmer unter dem Tragwerk.

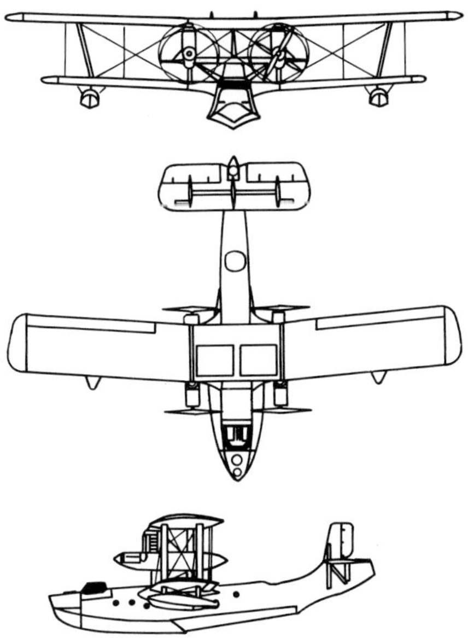

Short S-8 „Calcutta" Verkehrsflugboot

Die „Calcutta" war das erste britische Verkehrsflugboot mit Ganzmetallrumpf. Gouge schuf es im Jahr 1927 für die Fluglinien der Imperial Airways im Mittelmeer. Bei der Konstruktion stützte er sich auf die Erfahrungen mit der „Singapore".
Der Erstflug der „Calcutta" fand am 21. Februar 1928 statt. Nach der Erprobung in Großbritannien nahm sie im April 1929 den Mittelmeerdienst in Genua auf. Die „Calcutta" flog auf der Route Genua—Rom—Neapel—Corfu—Athen—Suda Bay—Tobruk—Alexandria. Eine weitere Linie wurde am oberen Nil beflogen. Im September 1935 gingen die Flugboote nach Großbritannien zurück. Auf ihnen bildete man schließlich die Besatzungen der „Empire"-Klasse aus.
Der Bauumfang umfaßte 7 S-8 „Calcutta", 6 S-8/8 „Rangoon" (militärische Version, 1934) und 1 S-15 K. F. 1 für Japans Marine (von Kawanishi 4 Nachbauten als H3K).
Die französische Firma Bréguet erwarb 1931 die Lizenz und fertigte auf dieser Basis die Typen Br. 521 „Bizerte" (Fernaufklärungsboot) und Br. 530 „Saigon" (Passagierflugboot).

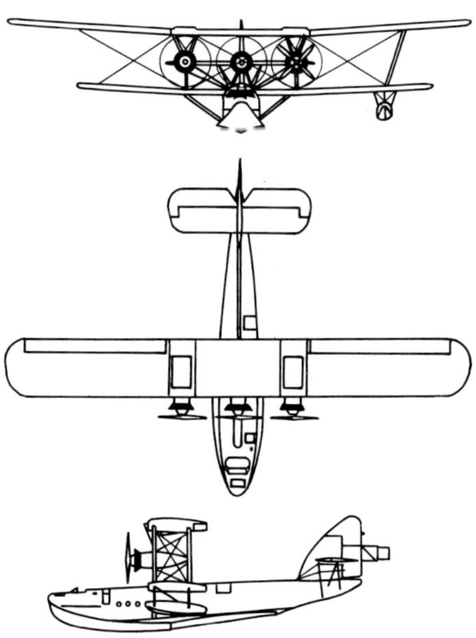

Rumpf: gekielter Ganzmetall-Bootsrumpf; offenes Cockpit.
Tragwerk: mehrstieliger, verspannter Doppeldecker in Metall mit Stoffbespannung; Unterflügel abgestrebt.
Leitwerk: Normalbauweise in Metall mit Stoffbespannung; Ruder aerodynamisch ausgeglichen.
Schwimmwerk: Bootsrumpf und zwei Stützschwimmer.

Short S-23 „Empire" Verkehrsflugboot

Mitte der dreißiger Jahre begann Gouge mit der Konstruktion von Flugbooten zur Luftpostbeförderung. Am 4. Juni 1936 flog der Prototyp S-23 „Canopus" (Foto) erstmalig. Am 31. Oktober des gleichen Jahres begann das Flugboot seinen Dienst im Mittelmeer.
Die „Empire"-Boote flogen ab 1938 von Großbritannien siebenmal in der Woche nach Ägypten, viermal nach Indien, dreimal nach Ostafrika und zweimal nach Südafrika, Malaya, Hongkong und Australien. Ein weiteres Flugboot wurde für den Dienst nach New York auf den Bermudas eingesetzt. Am 5./6. Juli 1937 überflog ein Flugboot dieser Klasse zum ersten Male den Nordatlantik nach New York.
Maschinen der „Empire"-Klasse wurden nach Australien und nach Neuseeland geliefert. Die letzte

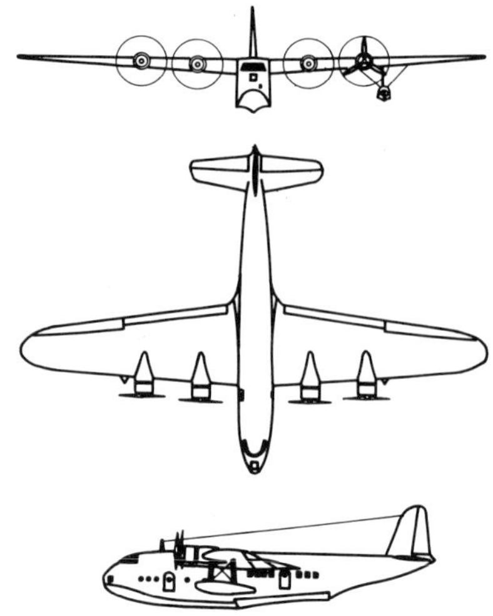

Ausführung erschien im Jahr 1940 mit 745-kW-Triebwerken. Zwei S-23-Flugboote wurden während des Krieges durch den Einbau von acht 7,7-mm-MGs in Drehtürmen auf der Rumpfoberseite und im Heck sowie eines Bordradargeräts und die Möglichkeit, 2000 kg Bomben oder sechs 195-kg-Wasserbomben mitzunehmen, zur S-23 M (M – Military) modifiziert. Die Antennen- und Waffenanlagen verringerten die Flugleistungen der Maschinen bedeutend.
Die letzte Maschine wurde erst 1948 nach 3 200 000 Flugkilometern außer Dienst gestellt. Insgesamt gab es 42 Flugboote der „Empire"-Klasse: 31 der Serie 23, neun der mit stärkeren Triebwerken ausgerüsteten S-30 und zwei S-33 (mit verstärktem Bootsrumpf). Während des Krieges sind die vier an die australische Luftverkehrsgesellschaft Quantas gelieferten „Empire"-Flugboote von den Luftstreitkräften als Seeaufklärer verwendet worden.
Die „Empire"-Flugboote waren das Vorbild der Fernaufklärungs- und U-Jagd-Flugboote S-25 „Sunderland", von denen 749 Maschinen gebaut wurden.
Bei den britischen Seefliegern wurden die letzten „Sunderland" 1959 ausgesondert, bei den französischen 1960 und bei den neuseeländischen erst 1967.

Rumpf: gekielter, zweistufiger Bootskörper in Ganzmetall-Schalenbauweise; geschlossenes Cockpit; Kabine mit Heizung.
Tragwerk: freitragender Schulterdecker in Ganzmetallbauweise; zwei Fachwerkholme mit Gurten und Stegen aus Stahlrohr; Nasenkästen in Halbschalenbauweise; elektrisch betätigte Landeklappen.
Leitwerk: freitragende Normalbauweise; Flossen in Ganzmetallbauweise; Ruder mit Stoffbespannung.
Schwimmwerk: Bootsrumpf und zwei einstufige, elastisch unter den Tragflügeln befestigte Stützschwimmer.

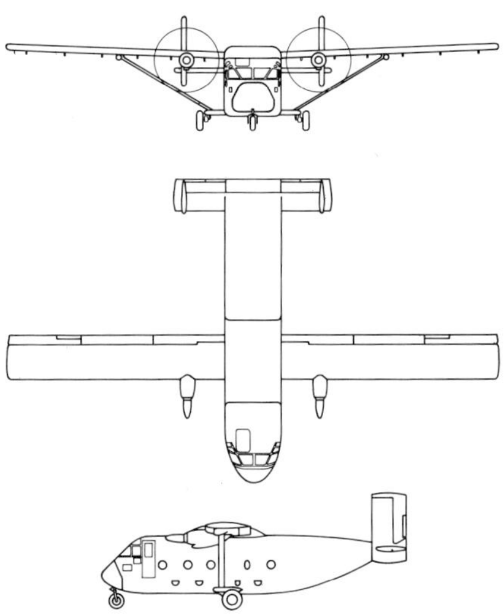

Short SC. 7 „Skyvan"/S-330/S-360 Frachtflugzeuge

Das leichte Frachtflugzeug, das sich auch zur Passagierbeförderung eignet, ist für den Einsatz auf kleinen Flugplätzen ohne Betonpiste vorgesehen. Der Prototyp flog noch mit 285-kW-Kolbenmotoren. Der Erstflug der als „Skyvan" bezeichneten Maschine war am 17. Januar 1963. Die auf PTL-Antrieb umgerüstete „Turbo Skyvan" flog erstmalig am 2. Oktober 1963.

Versionen:
„Skyvan" Serie 1 / 1 A: erste Ausführungen; Serienbau ab 1970.
„Skyvan" Serie 2: ab 1975 gebaute Version (20 Stück) mit 535-kW-Triebwerken.
„Skyvan" Serie 3: zivile Ausführung der Serie 2: ab Januar 1968 in Serie.
„Skyvan" Serie 3 A: höhere Startmasse; Erstflug am 15. Dezember 1967; etwa 50 Stück gebaut bzw. aus der Serie 2 umgerüstet.
„Skyvan" Serie 3 M: Militärversion der Serie 3 für Luftlandetruppen; Bugradar; Prototyp flog Anfang 1970; bis Mitte 1975 50 Maschinen exportiert, u. a. nach Österreich.
„Skyliner" Serie 1: Verkehrsflugzeug für 19 Personen mit größerem Laderaum; erstmals 1970 gezeigt.

Bis 1980 wurden 134 „Skyvan" aller Typen an 10 Länder in Europa, Südamerika, Afrika und Asien ausgeliefert.
Eine Ableitung der „Skyvan" ist das Regional-Verkehrsflugzeug SD 3-30 für 30 Passagiere oder 23 Soldaten. Der Erstflug des Prototyps war am 22. August 1974.
Die Ausführung für die Seeflieger wird als SD 3-MR bezeichnet. In der Serienausführung heißt die SD 3-30 Short 330 (ab 1976 120 gefertigt). Die USA-Luftwaffe kaufte 1984 18 als C-23 A „Sherpa" bezeichnete Maschinen. Eine Weiterentwicklung der Short 330 ist die Short 360, die erstmalig am 1. Juli 1981 flog. Äußerlich ist diese für 36 Passagiere eingerichtete Ausführung an dem einfachen, hochgezogenen Seitenleitwerk zu erkennen.
Die neueste Version ist die Short 360-300 mit 6-Blatt-Luftschrauben und Detailverbesserungen. Bis 1988 sind davon 125 Maschinen gebaut worden.

Rumpf: Wellblechbauweise, außen mit Glattblech verkleidet; Rumpfboden aus Leichtmetallplatten mit Balsaholzfüllung in Sandwichbauweise; Tür auf Backbordseite; große Heckladepforte; im Rumpfdach Notausstiegklappe.
Tragwerk: abgestrebter Schulterdecker in Ganzmetallbauweise.
Leitwerk: einfaches Höhen- und doppeltes Seitenleitwerk.
Fahrwerk: starr; steuerbares Bugrad; hydraulisch betätigte Scheibenbremsen.

Short SC. 5/10 „Belfast" Transportflugzeug

Das strategische Transportflugzeug SC. 5/10 „Belfast" mit der militärischen Bezeichnung „Belfast" C. Mk. 1 (das Projekt hieß „Britannic") war auch als Frachtflugzeug, als Tankflugzeug, als Sanitätsflugzeug, als Aufklärungsflugzeug sowie zum Bekämpfen von U-Booten gedacht.
Der Erstflug fand am 5. Januar 1964 statt. Im Januar 1966 erhielten die britischen Luftstreitkräfte die erste Maschine, im Jahr darauf die letzte. Die „Belfast" war das erste schwere britische Transportflugzeug, das sperrige Lasten aufnehmen konnte (z. B. 3 Panzerautos, 2 Polaris-Raketen, 3 Hubschrauber „Wessex", 4 Hubschrauber „Whirlwind", 6 Hubschrauber „Wasp" oder 150 bis 250 Soldaten). Der Frachtraum hatte ein Volumen von 311 m^3. Das Absetzen von Fallschirmjägern oder Fallschirmlasten war im Flug aus der Heckladeluke möglich. Inzwischen wurden die zehn „Belfast" bei den britischen Luftstreitkräften außer Dienst gestellt und an ein westafrikanisches Land verkauft.

Rumpf: Metallbauweise mit Holmen, Stringern und tragender Außenhaut; große Heckklappe; druckbelüfteter Besatzungs- und Frachtraum.
Tragwerk: freitragender Hochdecker mit glatter Tragflügeloberseite, da die Triebwerkgondeln an der Unterseite angehängt sind.
Leitwerk: freitragende Normalbauweise.
Fahrwerk: elektrohydraulisch betätigt, einziehbar; hydraulisch steuerbares Bugrad mit Zwillingsrädern; Hauptfahrwerk mit je vier Rädern.

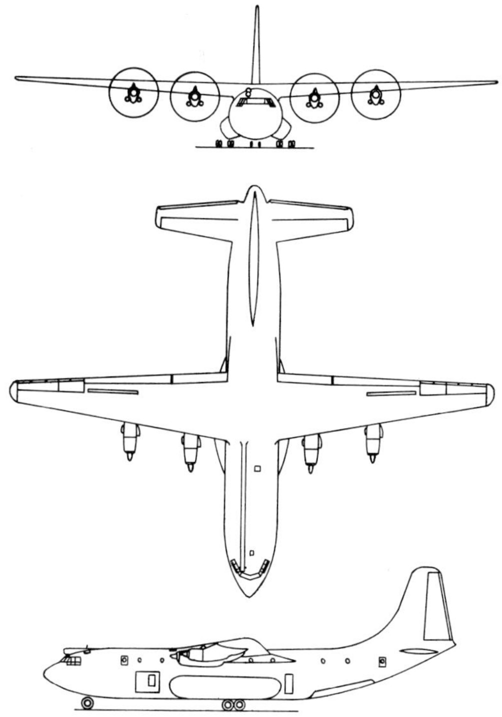

Sopwith „Tabloid" Mehrzweckflugzeug

Zu den im August 1914 nach Frankreich verlegten britischen Fliegereinheiten zählte auch eine Seefliegerstaffel, zu deren Flugzeugpark einige „Tabloid" gehörten. Die Maschinen dieser Staffel sollten den Ablenkungsangriff einer britischen Marineinfanterie-Brigade unterstützen. Da das Unternehmen aber nicht klappte und die Marineinfanterie abgezogen wurde, sollten auch die Flugzeuge zurückverlegt werden. Sie sollten aus der Nähe von Dünkirchen Aufklärung fliegen und in Sicht kommende deutsche Luftschiffe und Flugzeuge angreifen. Dazu war die „Tabloid" mit einem über den Luftschraubenkreis feuernden 7,7-mm-MG Lewis bewaffnet. An einigen Maschinen hatte man das MG an der rechten Rumpfseite schräg zur Längsachse eingebaut.
In dieser Form sowie zusätzlich mit einigen 9-kg-Bomben bewaffnet, griffen die „Tabloid" von Antwerpen aus in den Kampf ein, um die deutschen Truppen am Erreichen der Küste zu hindern. Zwei Maschinen flogen von Antwerpen aus einen Angriff auf die Zeppelinhallen in Köln und Düsseldorf.
Ursprünglich waren die mit einer Zugschraube versehenen winzigen „Tabloid" keineswegs für derartige Aufgaben vorgesehen. Vielmehr waren sie vor dem Krieg bekannte Sportflugzeuge. Der Prototyp war im Herbst 1913 erstmals geflogen. Eine mit Schwimmern versehene und mit einem 75-kW-Motor Gnôme Monosouape ausgerüstete „Tabloid" gewann 1914 das Schneider-Pokal-Rennen. Kurze Zeit später stellte die Maschine mit 148 km/h einen Weltrekord für Wasserflugzeuge auf. Da eine „Tabloid" mit Fahrgestell ebenfalls 1914 die Geschwindigkeit von 169 km/h erreichte und sich die Maschine als recht robust erwies, bestellten die britischen Fliegerkräfte des Heeres und der Marine bereits vor dem Krieg mehrere einsitzige Flugzeuge dieses Typs. Im Mittelmeerraum war die „Tabloid" weniger erfolgreich als in Frankreich. Nach wenigen Einsätzen zog man die dort verwendeten 40 „Tabloid" in rückwärtige Gebiete zurück.

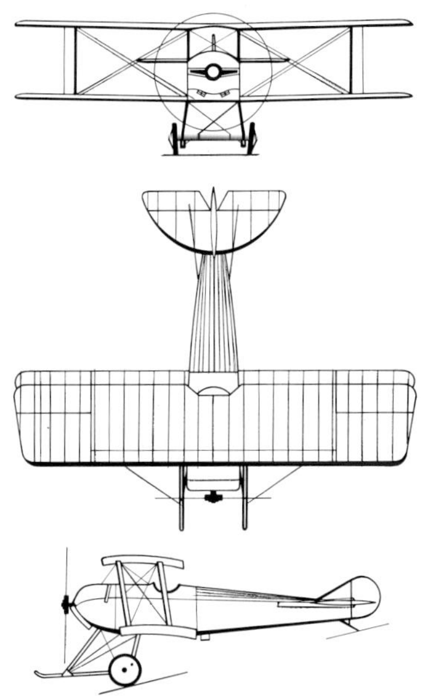

Rumpf: Motorhaube und Flugzeugführersitz aluminiumbeplankt; Hinterrumpf mit leichtem, wasserdichtem Leinwandgewebe; Holzgerüst.
Tragwerk: gestaffelter, einstieliger und verspannter Doppeldecker; Gerüst aus Fichten- und Kiefernholz; bespannt wie Rumpf.
Leitwerk: Holzgerüst; bespannt wie Rumpf und Flügel; Steuerseile außenliegend.
Fahrwerk: nicht einziehbares Fahrwerk, neben jedem Rad eine Gleitkufe für den Fall des Radbruchs und der Landung auf schwierigem Gelände; Hecksporn.

Sopwith „Baby" Jagdflugzeug

Im Auftrag der Marine entstand bei der Sopwith Aviation Company ein Wasserflugzeug mit 2 Schwimmern und einem 145-kW-Motor. Es war zur Mitnahme eines Torpedos ausgerüstet. Dieser dreisitzige Doppeldecker Typ C flog erstmals Ende 1913. Er war Ausgangspunkt für den zweisitzigen Typ S, der später als „Tabloid" bekannt wurde und in einsitziger Ausführung als Militärflugzeug diente. Die mit Schwimmern versehene Maschine war die Basis für die Entwicklung des Jagdflugzeugs „Baby", das 1915 an die Front gelangte. Die ersten 5 Maschinen hatten noch das 75-kW-Triebwerk Gnôme Monosouape. Die nächsten Serien erhielten ein 80-kW-Triebwerk, und die letzten 246 Flugzeuge dieses Typs hatten einen 95-kW-Motor.

Insgesamt lieferten das Stammwerk sowie Blackburn, Parnall und Fairey (dort als „Hamble-Baby" bezeichnet) 457 Flugzeuge dieses Typs. In den Jahren 1917/18 waren 12 britische Marinebasen sowie 11 Flugzeugschiffe (HMSS „Ben-My-Shree", „Campania", „City of Oxford", „Empress", „Engadine", „Furious", „Manxman", „Peony", „Raven II", „Reviera" und „Vindex") mit der „Baby" ausgerüstet, die sich auch bei Aufklärungsflügen über See bewährt haben soll. 40 Maschinen waren mit je 40 Le-Prieur-Brandraketen zum Abfangen von Luftschiffen bewaffnet.

Während des ersten Weltkriegs und danach erhielten Kanada 4, Frankreich 3, Italien 2, Japan, Dänemark und die Niederlande je 1, die USA 4 und Norwegen 10 Flugzeuge dieses Typs, die teilweise bis 1931 im Dienst standen. Zwei „Baby" befinden sich im Museum der britischen Marine.

Rumpf: Ganzholzkonstruktion mit Leinwand bespannt; offener Sitz.
Tragwerk: einstieliger, leicht gestaffelter Doppeldecker in Ganzholz.
Leitwerk: verstrebtes, stark abgerundetes Höhenleitwerk; Seitenruder größer als Seitenflosse; offen liegende Steuerseile.
Schwimmwerk: pontonförmige Holzschwimmer; Stützschwimmer am Heck.

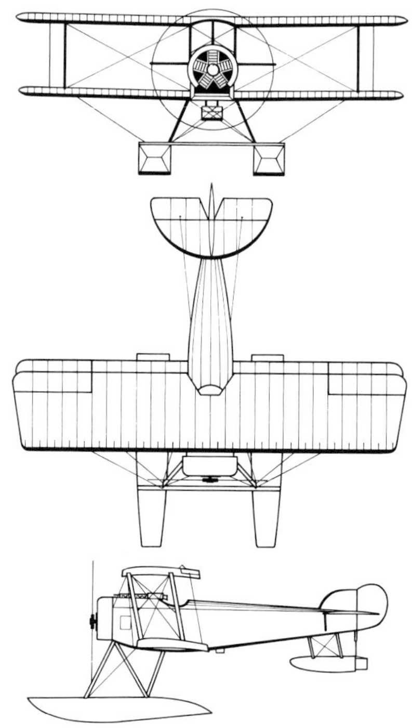

Sopwith „Pup" Jagdflugzeug

Die „Pup" erschien im September 1916 und wurde aufgrund ihrer hervorragenden Flugeigenschaften bis Ende 1917 eingesetzt. Ursprünglich war sie für die britischen Marineflieger entwickelt worden, doch setzte man von den 1806 gebauten Flugzeugen auch bei den anderen Staffeln zahlreiche Maschinen ein.

Mit der „Pup" wurden die ersten erfolgreichen Versuche unternommen, von kleinen Plattformen auf Kriegsschiffen zu starten und dort auch zu landen. Beim Landen war der Unterschied zwischen der Geschwindigkeit des Flugzeugs und der des Schiffes so gering, daß die Decksmannschaft das Flugzeug mit den Händen zum Stehen bringen konnte!

Die Maschine wurde mit verschiedenen Triebwerken zwischen 60 und 75 kW Leistung ausgerüstet. Abgelöst wurde die „Pup" von der „Camel".

Rumpf: Holzbauweise mit rechteckigem Querschnitt; Drahtauskreuzung und Stoffbespannung; hinter dem Triebwerk mit Alumium verkleidet; Oberteil bis einschließlich Cockpit mit Sperrholz beplankt; Tanks im Rumpf hinter dem Triebwerk.
Tragwerk: einstieliger, verspannter Doppeldecker mit zwei Holzholmen; Flügelenden und -hinterkante aus Stahlrohr; Stoffbespannung; Mittelteil zur Sichtverbesserung ausgeschnitten und mit durchsichtigem Material verkleidet.
Leitwerk: Normalbauweise in Holz mit Metallholm und Stoffbespannung; Querruder an allen Flügeln.
Fahrwerk: starr; durchgehende Achse; Hecksporn.

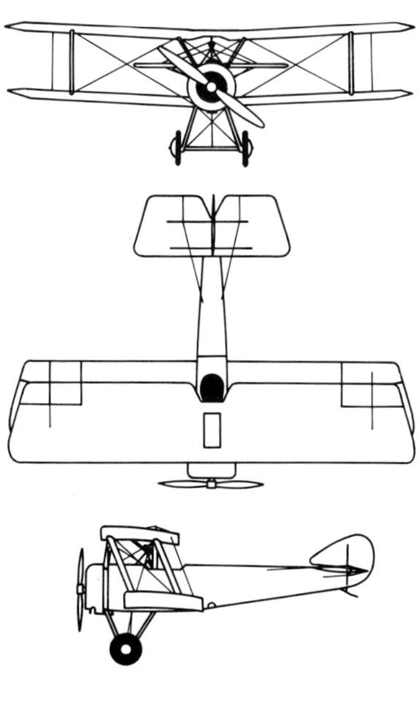

Sopwith „Triplane" Jagdflugzeug

Im Bestreben, eine möglichst große Fläche bei geringer Spannweite zu erhalten, schufen die britischen Sopwith-Werke 1916 den Dreidecker „Triplane", der auch als „Tripehound" bekannt wurde. Mit einem Prototyp wurde am 26. August 1916 eine Höhe von 6705 m erreicht, wenig später schaffte man eine Höchstgeschwindigkeit von 186,6 km/h.
Als die Maschine im Februar 1917 an der Front erschien, erwies sie sich zunächst in den Luftkämpfen als überlegen. Der Kanadier Collishaw schoß in den ersten vier Wochen seiner Flüge mit dieser Maschine 16 deutsche Flugzeuge ab, und seine Staffel errang mit diesem Typ in zwei Monaten 61 Luftsiege bei fünf eigenen Verlusten.
Insgesamt sind nur 152 Maschinen dieses Typs mit unterschiedlichen Triebwerken (80, 95, 110, 145 oder 185 kW) gebaut worden, da an ihre Stelle bald die bessere „Camel" trat.
Das Auftauchen der „Triplane" sowie das Studium der erbeuteten Maschinen bewog jedoch nicht weniger als 14 deutsche Flugzeugwerke, das Dreidecker-Konzept zu prüfen und ähnliche Flugzeuge nachzubauen.
Im Mai 1917 gelangten mehrere „Triplane" nach Rußland (das insgesamt 34 Sopwith-Doppeldecker und -Dreidecker erhielt), die z. T. noch von der Roten Armee verwendet wurden. Im Museum der Luftstreitkräfte in Monino bei Moskau ist eine „Triplane" ausgestellt.

Rumpf: runder Querschnitt; Holzbauweise; Stoffbespannung; keine Panzerung; offener Sitz; ein MG vor dem Flugzeugführer auf dem Rumpf montiert, synchronisiert durch den Luftschraubenkreis feuernd.
Tragwerk: verspannter, einstieliger Dreidecker; alle drei Flügel mit gleicher Spannweite und Tiefe; Querruder an allen Flügeln; Holzbauweise mit Stoffbespannung.
Leitwerk: Normalbauweise; geteiltes Höhenruder.
Fahrwerk: starr mit Hecksporn; durchgehende Achse.

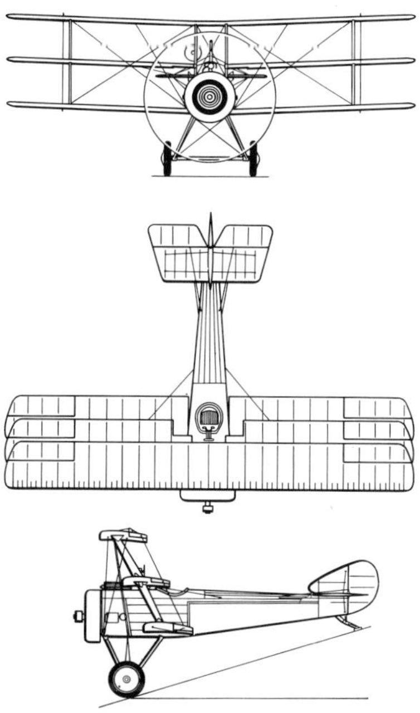

Sopwith „Camel" F-1 Mehrzweckflugzeug

Der Prototyp der von Smith geschaffenen Maschine war im Dezember 1916 fertig (ausgerüstet mit einem 80-kW-Rotationsmotor). Der Doppeldecker „Camel" löste die „Pup" und den Dreidecker „Triplane" ab.
Die verbesserten Serienlieferungen begannen am 7. Mai 1917, und das Flugzeug blieb bis zum Ende des ersten Weltkriegs im Einsatz. Es gab zahlreiche Versionen mit unterschiedlichen Triebwerken zwischen 75 und 125 kW Leistung.
Gefertigt wurden 5490 Maschinen, als Schlachtflugzeug, doppelsitzige Schulmaschine, gepanzertes Tiefangriffsflugzeug sowie als Bordflugzeug für Kreuzer, Schlachtschiffe und mehrere Träger. Die Jagdflugzeugversionen wurden als F-1 bezeichnet. Die Marineversion gehörte zur Ausstattung von 43 schweren britischen Kriegsschiffen im ersten Weltkrieg.

Rumpf: Holzbauweise; vorn metallbeplankt, bis hinter das Cockpit sperrholzbeplankt, sonst stoffbespannt.
Tragwerk: einstieliger, verspannter Doppeldecker in Holzbauweise mit Stoffbespannung; zwei Holme; Querruder an allen Flügeln.
Leitwerk: verspannte Normalbauweise in Holz mit Stoffbespannung.
Fahrwerk: starr mit durchgehender Achse und Hecksporn.

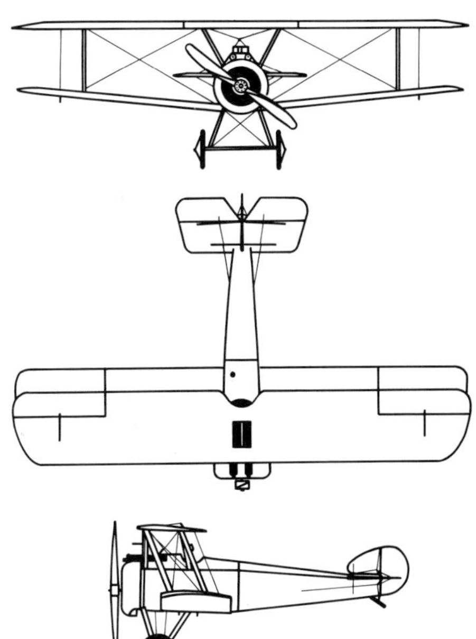

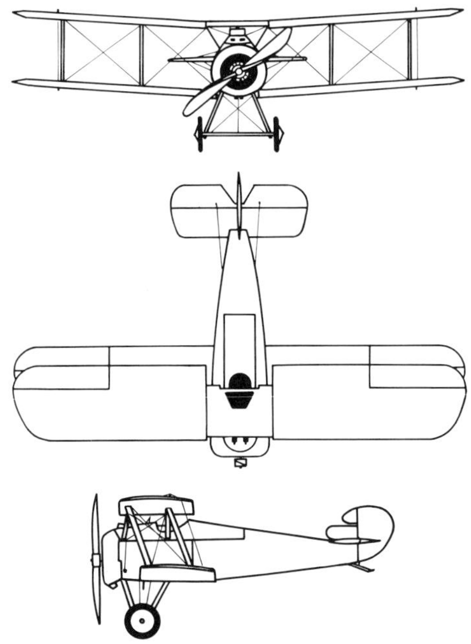

Sopwith 7 F-I „Snipe" Jagdflugzeug

Die 7 F-I „Snipe" war das letzte Jagdflugzeug von Sopwith mit einem Rotationsmotor. Sie sollte die „Camel" ablösen. Der Prototyp mit einem 110-kW-Motor kam im Sommer 1917 heraus. Die stärkere Version (mit einem 170-kW-Motor) flog erstmalig im Dezember des gleichen Jahres. Im Sommer 1918 begannen die Serienlieferungen dieses Typs. Etwa 100 gelangten bis Kriegsende nach Frankreich. Bis Produktionsende 1919 waren 497 Maschinen fertig. Anfang 1918 erreichte der „Snipe"-Prototyp mit dem 239-kW-Motor A.B.C. Dragonfly I 241 km/h. Die daraufhin gefertigten 76 Jäger Sopwith „Dragonfly" gelangten aber nicht mehr an die Front. Die britischen Streitkräfte setzten die „Snipe" bis 1927 ein. Sie galt seinerzeit als das beste Jagdflugzeug der Alliierten.

Rumpf: Holzbauweise mit ovalem Querschnitt; Vorderteil metallbeplankt, sonst stoffbespannt; offenes Cockpit.
Tragwerk: zweistieliger, verspannter Doppeldecker; zur Sichtverbesserung Ausschnitt in der oberen Fläche am Baldachin; Holzbauweise mit Stoffbespannung.
Leitwerk: verspannte Normalbauweise in Holz mit Stoffbespannung; Höhenruder aerodynamisch ausgeglichen.
Fahrwerk: starr mit durchgehender Achse und Hecksporn.

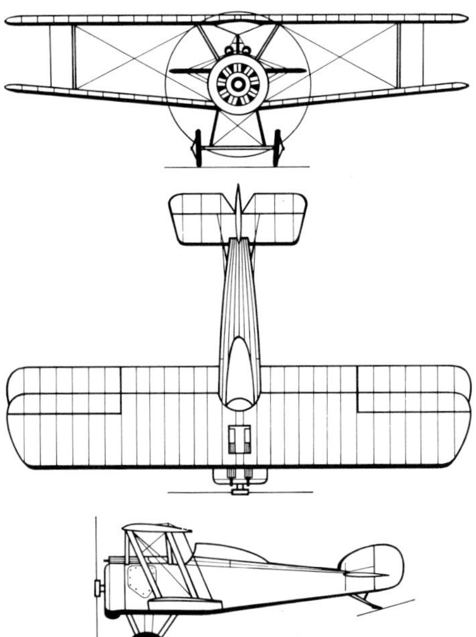

Sopwith T.F. 2 „Salamander" Schlachtflugzeug

Bis zum Beginn der Schlacht an der Somme (24. Juni 1916) hatten die Streitkräfte Großbritanniens vorwiegend einmotorige Bomber, Aufklärer und Artilleriebeobachtungsflugzeuge verwendet. Danach gingen sie dazu über, die schnellen Jagdflugzeuge SE-5 a und „Camel" mit je vier 9-kg-Bomben unter den Flügeln zu bewaffnen und sie ebenfalls als Schlachtflugzeuge zu verwenden. Als diese Flugzeuge jedoch während der Materialschlachten bei Ypern und Cambrai sehr hohe Verluste erlitten, begann die Firma Sopwith, ein spezielles Schlachtflugzeug zu entwickeln. Anfang 1918 rüstete man eine „Camel" als gepanzerte Ausführung um: Zum Schutz des Flugzeugführers gegen Bodenfeuer baute man eine Panzerplatte ein, und zu dem starr nach vorn durch den Luftschraubenkreis feuernden MG kamen 2 nach unten gerichtete Waffen hinzu. Die schließlich aus der Erprobung hervorgegangene gepanzerte Ausführung „Trench Fighter No. 1" (Schützengraben-Jäger) war eine Weiterentwicklung der „Camel" und der „Snipe". Nach einigen Änderungen der T. F. 1 war der endgültige Serientyp T. F. 2 „Salamander" im Mai 1918 fertig. Offensichtlich hat man jedoch dieser Ausführung zu jener Zeit keine Priorität mehr beigemessen, denn bis Kriegsende sind lediglich 40 „Salamander" (Foto) ausgeliefert worden. An die Front sollen diese Maschinen nicht mehr gelangt sein. Gegenüber dem Erprobungsmuster hatte man bei der Serienausführung die Bewaffnung auf zwei 7,7-mm-MGs Vickers reduziert.

Eine 295 kg schwere Panzerung im Vorderrumpf schützte Pilot und Kraftstofftank. Nach Kriegsende blieben die 82 „Salamander" nicht weiter im Dienst der RAF.

Rumpf: Gemischtbauweise; offene Sitze; großer Nackenschutz.
Tragwerk: einstieliger, verspannter und gestaffelter Doppeldecker; untere Tragflügel mit leichter V-Form, obere gerade; gleiche Spannweite und Tiefe.
Leitwerk: verspannte Normalbauweise; Holz mit Stoffbespannung.
Fahrwerk: nicht einziehbar; durchgehende Achse; Hecksporn.

Supermarine „Spitfire“ Jagdflugzeug

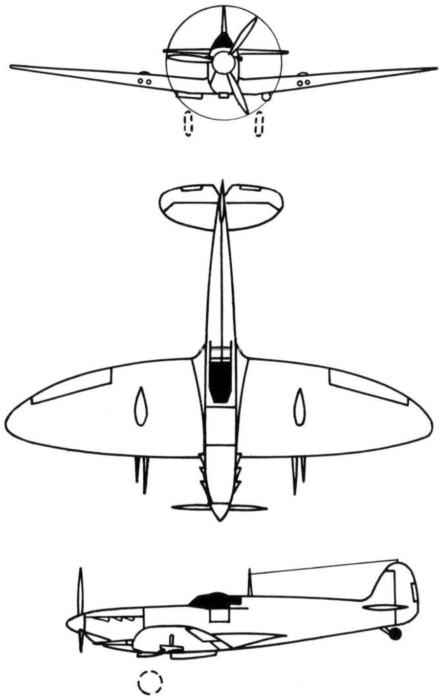

Die „Spitfire“ gehört zu den bekanntesten Jagdflugzeugen des Zweiten Weltkriegs. Sie war ebenso wie die „Hurricane“ von Hawker an der Verteidigung Großbritanniens gegen die deutschen Luftangriffe maßgeblich beteiligt. Sie gehörte zu den wenigen Flugzeugen, die während des gesamten Zweiten Weltkriegs in der Produktion blieben. Im Laufe der Bauzeit stieg die Triebwerksleistung um 100%, die Masse um 40%, die Höchstgeschwindigkeit um 35% und die Steigfähigkeit um 80%. Die Höchstgeschwindigkeit von 730 km/h der letzten Baureihe machte sie zu einem der schnellsten Flugzeuge mit Kolbenmotoren. Konstruiert wurde sie von Mitchell.
Der Prototyp der „Spitfire“ flog erstmalig am 5. März 1936. Die Produktion der „Spitfire I“ begann 1937. Das Triebwerk dieser ersten Version hatte eine Leistung von 756 kW.
Gebaut wurden (ohne die „Seafire“) 20 351 „Spitfire“ in 40 Hauptversionen. Allein von den Versionen „Spitfire V“ und „Spitfire IX“ verließen 5 665 Maschinen die Werkhallen.

Wichtigste Versionen:
„Spitfire I A“: erstes Serienmodell; von Supermarine 1 533 und von Westland 50 Stück gebaut.
„Spitfire II“: mit 865-kW-Motor; acht MGs bzw. vier MGs und zwei 2-cm-Kanonen; Serienlieferung ab Ende 1940.
„Spitfire IV“: Fotoaufklärer.
„Spitfire V“: mit 1 060-kW-Motor; Bewaffnung wie die „Spitfire II“, ab März 1941.
„Spitfire VI“: verlängerter Flügel mit einer Spannweite von 12,25 m; Druckkabine; ab Juni 1941.
„Spitfire VIII“: mit 1 120-kW-Motor; voll einziehbares Spornrad; Spannweite von 9,82, 11,24 und 12,25 m.
„Spitfire IX“: Höchstgeschwindigkeit 655 km/h; Versionen für den Einsatz in niedrigen, mittleren und größeren Höhen; ab Juli 1942.
„Spitfire X“: unbewaffneter Fotoaufklärer mit Druckkabine.
„Spitfire XI“: unbewaffneter Fotoaufklärer; Zusatztanks; nach dem zweiten Weltkrieg noch mehrere Jahre im Einsatz.
„Spitfire XII“: mit 1 275-kW-Motor; ab Frühjahr 1943.
„Spitfire XIII“: Fotoaufklärer zum Einsatz in niedrigen Höhen; bewaffnet mit vier MGs; 1 100 kW Triebwerk.
„Spitfire XIV“: mit 1 510-kW-Triebwerk; für Höheneinsätze bestimmt; ab Januar 1944.
„Spitfire XVIII“: verstärktes Tragwerk und Fahrwerk, verbesserte Cockpitverglasung und größere Kraftstoffbehälter; etwa ab Kriegsende.
„Spitfire XIX“: unbewaffneter Fotoaufklärer; bis 1954 im Einsatz.
„Spitfire F-21“: Produktionsbeginn am Ende des zweiten Weltkriegs; Rumpf, Tragwerk und Fahrwerk verstärkt; Tragwerk neu gestaltet.
„Spitfire F-24“: letzte Ausführung dieses Typs; mit Raketen und 2-cm-Kanonen.
„Seafire“: im Juni 1942 in Dienst gestellte, ebenfalls in mehreren Serien und Versionen gebaute Ableitung als bordgestütztes Jagdflugzeug; insgesamt wurden 2 408 Maschinen gebaut, die nur in Großbritannien verwendet wurden.

In den Niederlanden wurden 54 „Spitfire“ (1946 geliefert) bis 1954 geflogen. Jugoslawien verwendete 16 „Spitfire V“, und in der Tschechoslowakei flogen ebenfalls nach 1945 Maschinen dieses Typs als Š-92 („Spitfire“ 2 FMk. XE). Ein Flugzeug steht heute im Luftfahrtmuseum Prag-Kbely.
Maschinen vom Typ „Spitfire“ wurden während des Krieges an insgesamt 15 Staaten geliefert. Die Sowjetunion erhielt 143 „Spitfire V B“, ab Mitte 1944 sind weitere 1 331 „Spitfire“ an die Sowjetunion abgeschickt worden, die dort infolge der Kriegsereignisse aber nicht alle ankamen.

Rumpf: Ganzmetall-Schalenbauweise; geschlossenes Cockpit; ovaler Querschnitt.
Tragwerk: freitragender Tiefdecker in Ganzmetallbauweise mit elliptischem Grundriß; Spreizklappen.
Leitwerk: freitragende Normalbauweise in Ganzmetall.
Fahrwerk: einziehbar mit Spornrad.

Vickers F. B. 2 Jagdflugzeug

Im Jahr 1913 erregte auf der Luftfahrtschau in London ein als E. F. B. 1 „Destroyer“ (Zerstörer) bezeichneter Doppeldecker Aufsehen, dessen gitterförmiger Rumpf ein hochgesetztes Leitwerk trug. Das Triebwerk befand sich am Ende des bootsförmigen Besatzungsraums und hatte eine Druckschraube. Im Bug des Rumpfes mit den beiden hintereinander angeordneten Sitzen befand sich ein starr nach vorn weisendes Maschinengewehr. Aussteller dieses damals einmaligen Flugzeugs war die 1911 zum Flugzeugbau übergegangene Firma Vickers Sons & Maxim Ltd. (Vickers Aircraft). Aus dem auch als „Gunbus“ bezeichneten Flugzeug ging die Reihe E. F. B. 2, 3, 4 und 5 hervor – alle mit einem Gnôme- Rotationsmotor und einer Druckschraube ausgestattet, wobei aus dem

schmalen, unten angebrachten Gitterrumpf ein zweiteiliger geworden war, dessen beide Teile sich im Leitwerk vereinigten. Der Rumpf mit den beiden Sitzen hatte noch stärker eine Bootsform angenommen.
Aus dieser Baureihe leitete Vickers zu Beginn des ersten Weltkriegs den Typ F. B. 2 (Fighting Biplane) ab, mit dem im Februar 1915 die erste Einheit ausgerüstet wurde. Gegenüber anderen damals nur provisorisch nach der Seite oder nach vorn bewaffneten Flugzeugen bot das freie Schußfeld nach vorn dieses mit Druckschraube ausgerüsteten Typs zweifellos große Vorteile. Die britischen Fliegerkräfte verwendeten die F. B. 2 bis Mitte 1916 als Jagdflugzeug. Dann waren sie nur noch als Aufklärer oder Schulflugzeuge zu gebrauchen.
Von den 200 Serienmaschinen F. B. 5 erhielt die Marine 15. Frankreich und Dänemark fertigten den Typ in Lizenz.

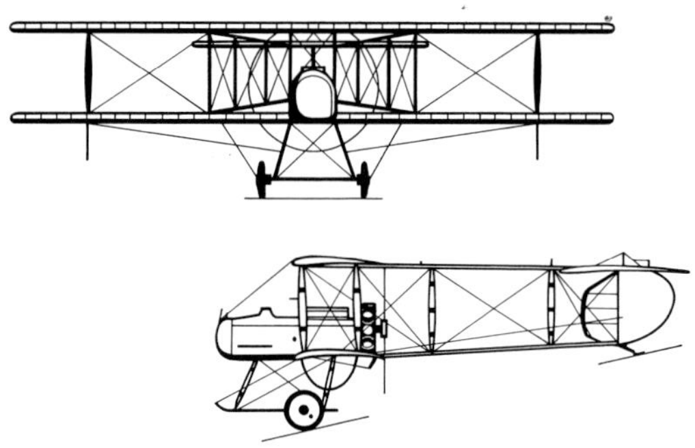

Rumpf: bootsförmiger Zentralrumpf mit tandemartigen Sitzen für Beobachter mit MG und Flugzeugführer; Triebwerk im Heck; zweiteiliger Heckträger in Gitterform.
Tragwerk: zweistieliger, verspannter, nicht gestaffelter Doppeldecker; beide Flügel mit gleicher Spannweite und Tiefe.
Leitwerk: gerades Höhenleitwerk über dem verspannten Seitenleitwerk.
Fahrwerk: nicht einziehbar; Gleitkufen an beiden Seiten; Hecksporn.

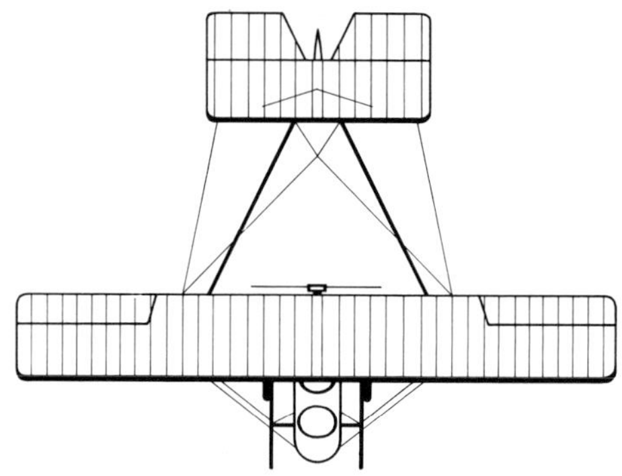

Vickers „Vimy"
Bombenflugzeug

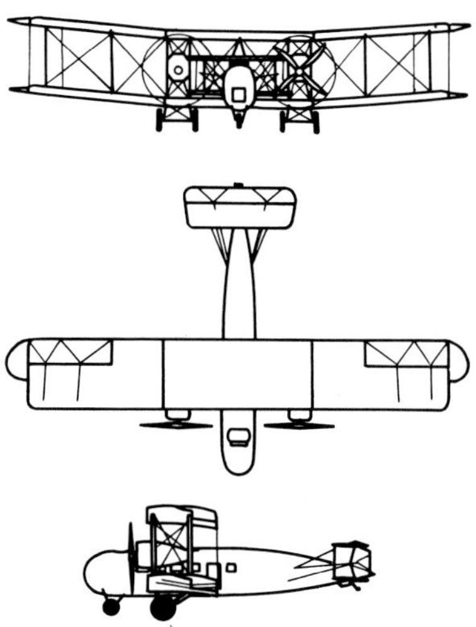

Die Firma Vickers beteiligte sich mit dem Prototyp F. B. 27 A am Wettbewerb für einen schweren Bomber, der strategische Angriffe auf Deutschland fliegen sollte. Nach 4 Prototypen mit unterschiedlichen Triebwerken wurde der Typ als F. B. 27 A „Vimy" Mk. II in Großserie bestellt. Das Kriegsende stoppte den Bau nach der 230. „Vimy". Sie blieben von 1919 bis 1924/25 im Dienst der RAF. 80 dienten mit stärkeren Triebwerken ab 1925 als Schul- und Fallschirmjägerabsetzflugzeug (1931 außer Dienst). Erstmalig flog die Maschine am 30. November 1917. Im Laufe der Zeit entstanden verschiedene Versionen mit Triebwerksleistungen zwischen 205 und 265 kW.

Berühmt wurden die Maschinen dieses Typs durch verschiedene Langstreckenflüge. Alcock und Brown flogen mit einer „Vimy" am 14./15. Juni 1919 von St. John in Neufundland nach Clifden in Irland und überquerten damit erstmalig den Atlantik von Amerika nach Europa. Im November des gleichen Jahres flog erstmalig ein Flugzeug von Großbritannien nach Australien. Die Entfernung von 18 250 km wurde in 135 Flugstunden mit einer Durchschnittsgeschwindigkeit von 120,7 km/h zurückgelegt. Auch den Wettbewerb um den ersten transafrikanischen Flug von Kairo nach Kapstadt gewann im Jahr 1920 eine Maschine vom Typ „Vimy".
Der Bomber „Vimy" war der Ausgangspunkt für das zehnsitzige Verkehrsflugzeug „Commercial" (Skizze).

Dem Prototyp (Erstflug: 13. April 1919) folgten 43 „Commercial" (China 40, UdSSR 1), 5 weitere mit Ladeluke im Bug als „Vimy Ambulance" (4 liegende, 8 sitzende Patienten, 2 Begleiter) und das Frachtflugzeug Vickers „Vernon" (20 Mk. I, 25 Mk. 2 mit Lion II- und 10 Mk. III mit Lion III-Motoren).

Rumpf: Holzbauweise mit rechteckigem Querschnitt und Stoffbespannung; offenes Cockpit.
Tragwerk: dreistieliger, verspannter Doppeldecker in Holzbauweise mit Stoffbespannung; aerodynamisch ausgeglichene Querruder an allen Flügeln.
Leitwerk: Höhenleitwerk in Doppeldeckerbauart; zwei Seitenleitwerke zwischen den Höhenleitwerken; Holzbauweise mit Stoffbespannung.
Fahrwerk: unter den Triebwerkgondeln jeweils zwei Räder nebeneinander; unter den Seitenleitwerken spornartige Schutzbügel; zum Schutz gegen Überschlag nach vorn Kufe oder Bugrad.

Vickers „Wellington"
Bombenflugzeug

Aufgrund einer Ausschreibung für einen zweimotorigen Tagbomber schufen Handley Page die „Hampden" und Vickers die „Wellington". Das erste Projekt der „Wellington" sah einen Hochdekker mit starrem Fahrwerk vor. Man entschied sich dann aber doch für einen Mitteldecker mit Einziehfahrwerk, wobei die Duralumin-Gerüstbauweise als neue Technologie angewendet wurde. Konstrukteur des Flugzeugs war Pierson.
Der Erstflug des Prototyps fand am 15. Juni 1936 statt. Das erste Serienflugzeug flog am 23. Dezember 1937. Ab 1938 erhielten die britischen Luftstreitkräfte die ersten Maschinen. Insgesamt wurden 11 462 Bomber dieses Typs in 12 Serien gefertigt.
Die „Wellington" unterschied sich ganz erheblich von dem schlanken Ganzmetallflugzeug „Hampden", obwohl beide für den gleichen Zweck bestimmt waren. Die „Wellington" zeigte aber sehr gute Flugeigenschaften und konnte große Bombenlasten über weite Strecken transportieren.
Ab 1940 wurde die Maschine nur noch nachts eingesetzt. Verschiedene Versionen dienten der Küstenüberwachung und der U-Boot-Bekämpfung, für Transportzwecke und für die Aufklärung mit Nachtfotografie.
Die Serienfertigung endete im Oktober 1945. Nach dem Krieg spielte die Vickers Type 271 „Wellington" in England bis zum Beginn der 50er Jahre eine große Rolle als Schulflugzeug, Radartrainer und Truppen-Transporter für je 18 Soldaten. Frankreich erhielt zahlreiche Maschinen in 3 Versionen, Griechenland kaufte 6 T. Mk. 10.
Die Vickers Type 284 „Warwick" (Erstflug: 13. August 1939) war als Ergänzung, dann sogar als Ersatz für die „Wellington" vorgesehen. Tatsächlich nahmen diesen Platz jedoch die viermotorigen Bomber ein. Deshalb dienten die 845 „Warwick"

zur Seenotrettung, als Transporter (auch zivil), für die Wetteraufklärung und U-Boot-Jagd.
Die „Wellington" ist in Australien, Großbritannien und Neuseeland geflogen. Von ihr wurden verschiedene weitere Maschinen abgeleitet, so der Bomber „Warwich" und das Verkehrsflugzeug „Viking".

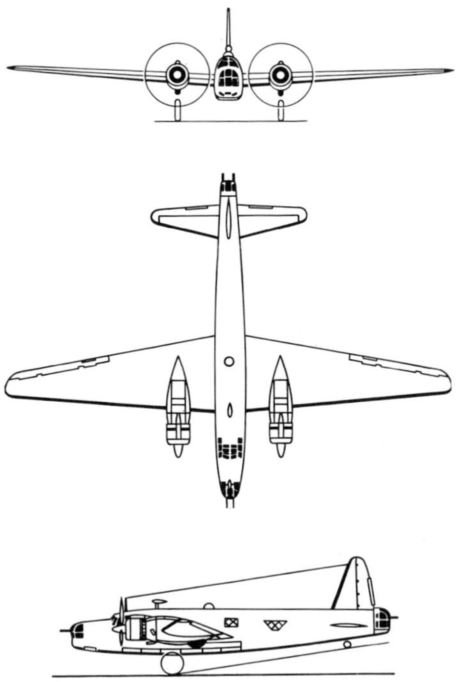

Rumpf: Duralumin-Gerüstbauweise mit Stoffbespannung.
Tragwerk: freitragender Mitteldecker in Duralumin-Gerüstbauweise mit Stoffbespannung; Spreizklappen zwischen Querruder und Rumpf.
Leitwerk: freitragende Normalbauweise in Duralumin mit Stoffbespannung; alle Ruder aerodynamisch ausgeglichen.
Fahrwerk: nach rückwärts in die Triebwerkgondeln einziehbar; verkleidetes Spornrad; Niederdruckreifen; Radbremsen.

Vickers „Viking" Verkehrsflugzeug

Die „Viking" als erstes britisches Nachkriegsverkehrsflugzeug war als Ersatz für die DC-3 von Douglas (USA) gedacht. Sie wurde 1944 aus dem Bombenflugzeug „Wellington" abgeleitet, von dem die stoffbespannten Außenflügel, die Triebwerkgondeln und das Fahrwerk fast unverändert übernommen wurden. Der Prototyp VC-1, noch ohne Druckkabine, flog erstmalig am 22. Juni 1945. Die „Viking I A" (19 Stück gebaut) hatte noch stoffbespannte Tragflügel und Ruder. Bei der „Viking I" (31 Stück gebaut) waren die Tragflügel in Ganzmetallbauweise hergestellt worden. Die „Viking I B" (113 Stück gebaut) erhielt durch Ausbau der Bugnase einen um 70 cm längeren Rumpf. Bis 1947 verdrängten Maschinen dieses Typs die DC-3 von zahlreichen westeuropäischen Strecken.
Nach 1967 wurden zahlreiche „Viking" I/I A und I B zur „Viking" 3/3 A und 3 B mit um 500 kg höherer Nutzmasse umgebaut.
1974 waren alle „Viking" – sie flogen in Europa, Afrika und Asien – außer Dienst. Von der Militärversion Type 607 „Valetta" (verstärkter Boden, große Ladeluken, stärkere Triebwerke) liefen über 250 Maschinen als „Valetta" C. Mk. 1 (Sanitäts-, Fracht-, Transport- und Segelflugzeug-Schlepp-Maschine), C. Mk. 2 (VIP-Ausführung mit 9 / 15 Plätzen) und T. Mk. 3 (fliegender Hörsaal für Navigatoren) vom Band. Als Besatzungsschulflugzeuge (Ersatz für „Wellington" T. Mk. 10) diente die zweite Militärversion der „Viking" – die „Varsity" T. Mk. 1 (Type 648, bis Produktionsende 1954: 160, alle für RAF). Merkmale waren: größere Spannweite, einziehbares Bugradfahrwerk, Rumpfgondel für Bombenschützen.

Rumpf: Ganzmetall-Schalenbauweise.
Tragwerk: freitragender Mitteldecker in Ganzmetall-Schalenbauweise.
Leitwerk: freitragende Normalbauweise.
Fahrwerk: einziehbar mit Heckrad.

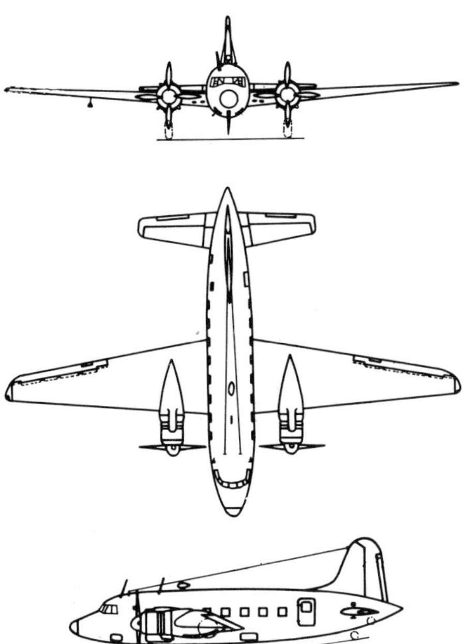

Vickers „Viscount“ Verkehrsflugzeug

Die „Viscount“ war das erste PTL-Verkehrsflugzeug der Welt. Die Serie 700 als erste Produktionsausführung flog erstmalig am 28. August 1950. Von dieser Serie gab es die vier Grundversionen 700, 700 D, 770 D und 771 D. Während die 700 eine Triebwerksleistung von je 1 030 kW hatte, wurde diese bei der 700 D auf 1 175 kW gesteigert. Die 770 D entsprach der 700 D, sie wurde speziell für Nordamerika geschaffen, um das USA-Lufttüchtigkeitszeugnis zu erhalten. Die 771 D schließlich entsprach der 770 D, hatte aber serienmäßig alle die Ausrüstungen, die sonst nur auf Bestellung geliefert wurden: ausfahrbare Passagiertreppen, Gepäckraum in der Kabine, Bremsen für die Luftschrauben, Bodenheizungsanlage und Kabine mit zwei Toiletten.
Außer den Prototypen wurden insgesamt 287 „Viscount“ der Versionen 700, 700 D und 770 D produziert, von denen 1967 noch rund 60 benutzt wurden. Weitere Maschinen dieses Typs dienten als militärische Transporter und als Reiseflugzeuge. Die Serie 800 war eine Weiterentwicklung. Sie hatte das gleiche Triebwerk wie die 700, aber einen um 1,17 m längeren Rumpf. Aus der 800 entstand die 810 mit stärkeren Triebwerken (je 1 485 kW). Diese Version wurde ab 1958 geliefert. Die Hauptproduktion lief 1959 aus. Bis 1964 wurden noch kleine Bestellungen ausgeführt. Insgesamt verließen 67 „Viscount“ 800 und 84 „Viscount“ 810 die Werkhallen. Anfang 1967 flogen davon noch 145 im Liniendienst.

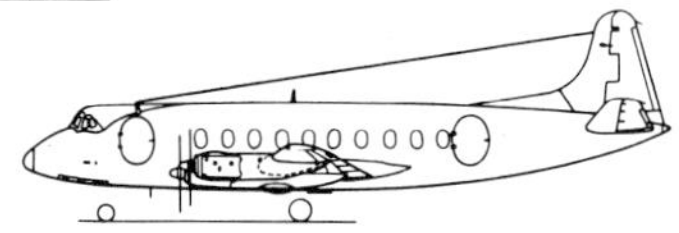
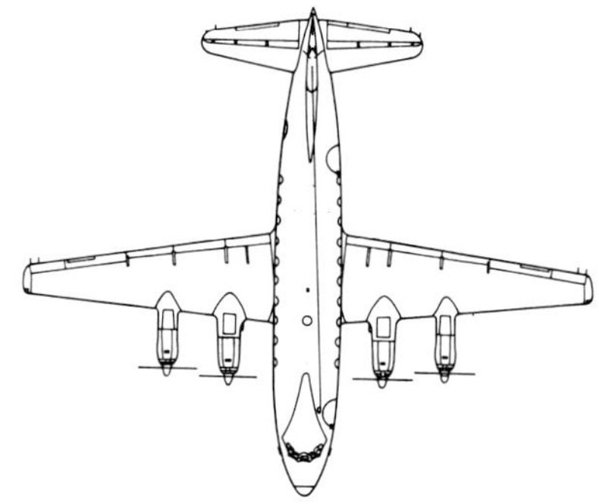

Rumpf: Ganzmetall-Halbschalenbauweise; Druckkabine.
Tragwerk: freitragender Tiefdecker in Ganzmetallbauweise; ein Hauptholm; Doppelspalt-Klappen; thermische Enteisung.
Leitwerk: freitragende Normalbauweise; 15°-(700) bzw. 14°-Stellung (800) des Höhenleitwerks; thermische Enteisung.
Fahrwerk: hydraulisch einziehbar mit Bugrad und Zwillingsrädern; Scheibenbremsen.

Vickers „Scimitar“ F. Mk. 1 Jagd- und Tiefangriffsflugzeug

Die „Scimitar“ war als Jagd-, Flottenschutz- und Angriffsflugzeug für die britische Marine bestimmt. Sie flog erstmalig am 20. Januar 1956. Bei ihrer Konstruktion sah man die Ausrüstung mit Atomwaffen vor.
Im Jahr 1957 gingen die ersten Maschinen dieses Typs auf dem Flugzeugträger „Ark Royal“ in die Erprobung. Im Jahr darauf wurde die erste Einheit auf dem Flugzeugträger „Victorious“ aufgestellt. Bis zum Auslaufen der Serienproduktion im Juni 1960 wurden 76 „Scimitar“ F. Mk. 1 gebaut. Sie zählten bis Mitte der sechziger Jahre zur Standardbewaffnung der britischen Flugzeugträger, bis sie von der „Buccaneer“ abgelöst wurden.

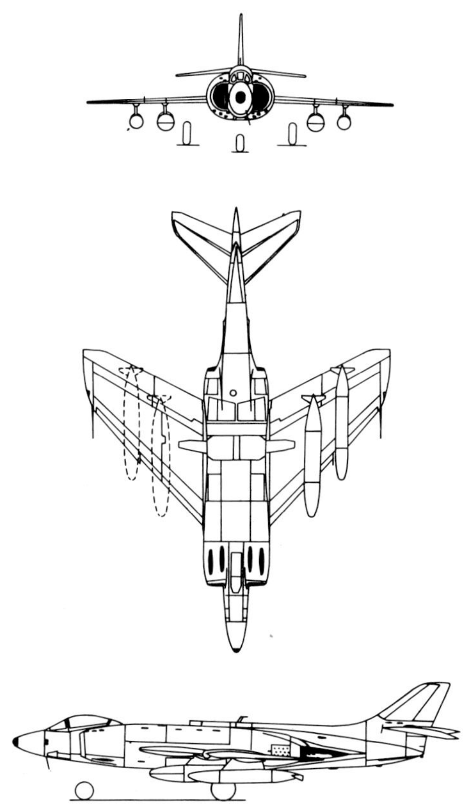

Rumpf: Ganzmetall-Schalenbauweise; Bug vor dem Cockpit um 90° klappbar.
Tragwerk: freitragender Mitteldecker in Ganzmetallbauweise; drei Holme; Flügel klappbar; Landeklappen; hydraulisch betätigter Vorflügel.
Leitwerk: freitragende Normalbauweise in Ganzmetall; Höhenleitwerk nach oben versetzt.
Fahrwerk: einziehbar mit Bugrad; Fanghaken unter dem Heck.

Vickers „Vanguard“ Verkehrsflugzeug

Die „Vanguard“ setzte die „Viscount“-Reihe fort. Verbessert wurden vor allem die Geschwindigkeit und die Zuladung.

Versionen:
„Vanguard 951“: Ausführung für die BEA für 119 Passagiere; Triebwerksleistung je 3670 kW; Erstflug am 20. Januar 1959; sechs Maschinen gebaut.
„Vanguard 952“: Ausführung für Trans-Canada Air Lines; Triebwerksleistung je 4080 kW; Erstflug am 21. Mai 1960; 23 Flugzeuge gebaut.
„Vanguard 953“: Ausführung für die BEA; entsprach der 951, aber mit verschiedenen Verstärkungen zur Erhöhung der Nutzmasse; beförderte bis zu 139 Passagiere; 14 Stück gebaut.

Die Firma Aviation Traders baute die „Vanguard“ unter der Bezeichnung „Merchantman“ zu einem Frachtflugzeug um. Dazu wurde backbords vorn eine große Ladeluke eingebaut. Der Umbau begann 1968. Die ersten Flugzeuge wurden Ende 1968 in Dienst gestellt.

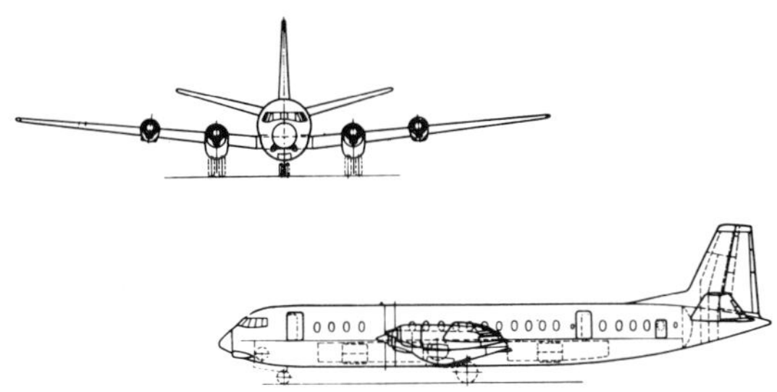

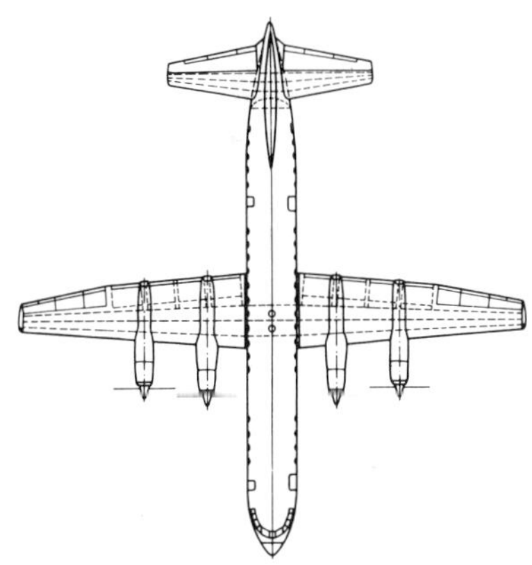

Rumpf: Ganzmetallbauweise mit doppelkreisförmigem Querschnitt.
Tragwerk: freitragender Mitteldecker in Ganzmetallbauweise; doppelter Kastenholm; Fowler-Klappen; thermische Enteisung.
Leitwerk: freitragende Normalbauweise; elektrische Enteisung.
Fahrwerk: einziehbar mit Bugrad und Zwillingsrädern; Bremsen mit Blockierungsschutz.

Vickers-Supermarine „Walrus“ Flugboot

Der im Jahr 1932 geschaffene Mehrzweckdoppeldecker „Seagull V“ war eine private Entwicklung der Firma Supermarine. Die katapultfähige Maschine nahm am 21. Juni 1933 die Flugerprobung auf. Für Australiens Luftstreitkräfte baute man 26 dieser Amphibienflugzeuge. Die Marine Großbritanniens interessierte sich für die „Seagull V“, da sie sich sowohl als Bordflugzeug von Kreuzern, Schlachtschiffen und Flugzeugträgern aus zur Nahaufklärung, Artilleriebeobachtung, U-Boot-Abwehr und für Verbindungsflüge als auch von Land her (z. B. zur Seenotrettung) verwenden ließ.

Als die Marine das Flugboot 1935 übernahm, erhielt es die Bezeichnung „Walrus I“. Insgesamt wurden von Supermarine 281 und von Saro 270 Maschinen dieses Typs gebaut. Sie hatten einen Ganzmetallrumpf und Stützschwimmer ebenfalls aus Metall. Als Antrieb diente ein Bristol „Pegasus II L 2“ (440 kW) oder „Pegasus M 2“ (465 kW). Die teilweise mit Bordradar versehenen Maschinen sind nicht nur von den britischen Seefliegern, sondern auch von den Luftstreitkräften geflogen worden. Irland und Neuseeland erhielten je eine „Walrus II“.

In den Jahren 1940/41 übernahm die Firma Saunders Roe (Saro) die Produktion. Bis 1944 verließen weitere 183 dieser plump und altmodisch wirkenden Doppeldecker die Werkhallen. Verwendet wurden diese als „Walrus II“ bezeichneten Maschinen (Rumpf und Stützschwimmer aus Holz, Antrieb „Pegasus VI“ mit 570 kW) vor allem für Seenotaufgaben.
Die „Walrus“ zählte zu den am meisten gebauten britischen Seeflugzeugen. Die äußerst vielseitig einsetzbare Maschine war außerdem eines der wenigen Amphibienflugzeuge des zweiten Welt-

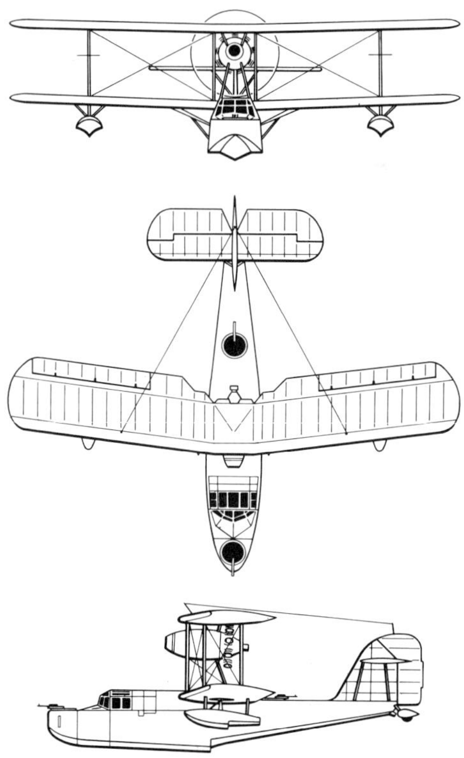

kriegs. Der Motor konnte während des Fluges gewartet werden. Er hatte eine zwei- oder dreiflügelige Druckschraube und nahm im Vorderteil den Schmierstoffbehälter sowie den Ölkühler auf. Die beweglichen MGs befanden sich in je einem Drehkranz im Rumpfbug und auf dem Rumpfrücken. Bei Aufklärungsflügen zählten zur Ausstattung eine Kamera, ein Funkgerät, Doppelsteuerung, Landefackeln und eine Ausrüstung zur Hilfe für Menschen in Seenot.

Nach dem Krieg wurden zahlreiche „Walrus" an Argentinien, Australien und die Türkei verkauft.

Nach dem Prinzip der „Walrus" schuf die Firma 1938 das Amphibienflugzeug „Sea Otter", das jedoch nicht die Bedeutung des Vorgängermusters erlangte.

Rumpf: einstufiger, gekielter Bootsrumpf; Längsholme und Querspants aus Aluminium-Legierung; Beplankung aus Glattblechplatten („Walrus I").
Tragwerk: einstieliger, verspannter Doppeldecker; beide Flügel gleiche Spannweite und Tiefe, beim Bordeinsatz nach hinten zu falten; beide Flügel zweiteilig und zweiholmig; Stahlholme; Rippen aus Sperrholz; Flügelnase sperrholzbeplankt; alles andere stoffbespannt; Querruder oben und unten; Oberflügel nahm in zwei Behältern Kraftstoffvorrat auf.
Leitwerk: Seitenflosse ein Stück mit dem Rumpf; Metallgerüst mit Blechbeplankung; alle Ruder ausgeglichen und aus Holz mit Stoffbespannung.
Fahrwerk: Hauptträder in die Unterflügel einziehbar; Heckrad verkleidet; Radbremsen; Stützschwimmer.

Westland „Wessex" Hubschrauber

Westland entwickelte diesen Hubschrauber aus dem Kolbenmotorhubschrauber S-58 von Sikorsky (USA). Statt des Kolbenmotors baute Westland ein Turbinentriebwerk ein. Am 17. Mai 1957 flog dieser Hubschrauber erstmalig, wobei die Zelle noch aus den USA importiert worden war. Der erste von Westland gebaute Prototyp begann die Flugerprobung am 20. Juni 1958.

Versionen:
„Wessex I": Verwendung als Transporthubschrauber (HC. 2), U-Boot-Such- und Bekämpfungsmittel (HAS. 1 / HAS. 3), Passagier- und Frachthubschrauber sowie als Sanitätshubschrauber; beförderte 12 Passagiere oder 16 voll ausgerüstete Soldaten oder 1814 kg Fracht.
„Wessex II": aus der „Wessex I" weiterentwickelte, zweimotorige Ausführung; im Einsatz bei den britischen Luftstreitkräften.
„Wessex V": zweimotorige Ausführung für die britische Marine als Transporthubschrauber HU. 5; Erstflug am 31. Mai 1963; auch mit Waffenzuladungen möglich.
„Gnome Wessex": zweimotorige zivile Ausführung.

Insgesamt stellte Westland von 1958 bis 1978 376 „Wessex" aller Versionen her. Australien bezog U-Jagd-Hubschrauber HAS. 31, Oman einige HC. 2 und Bangladesh mehrere HU. 5.

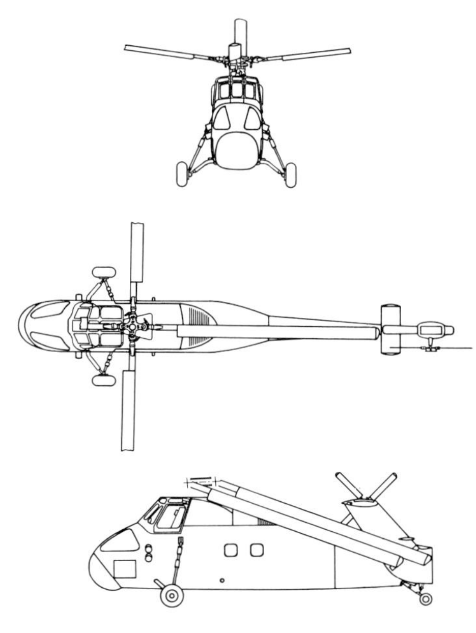

Rumpf: Ganzmetallbauweise; Heck umklappbar.
Tragwerk: faltbarer Rotor.
Fahrwerk: starr mit Heckrad.

Westland „Scout" / „Wasp"
Leichte Mehrzweckhubschrauber

Mit dem Entwurf der „Scout" (Skizze) begann die Saunders Roe Ltd., die später in dem Hubschrauber-Konzern Westland aufging, im November 1957. Der erste Prototyp flog erstmalig am 20. Juli 1958. Die britische Marine begann mit der Mustererprobung der weiterentwickelten Maschine 1959. Die Serienproduktion von 150 „Scout" begann am 6. März 1961 und endete 1970.

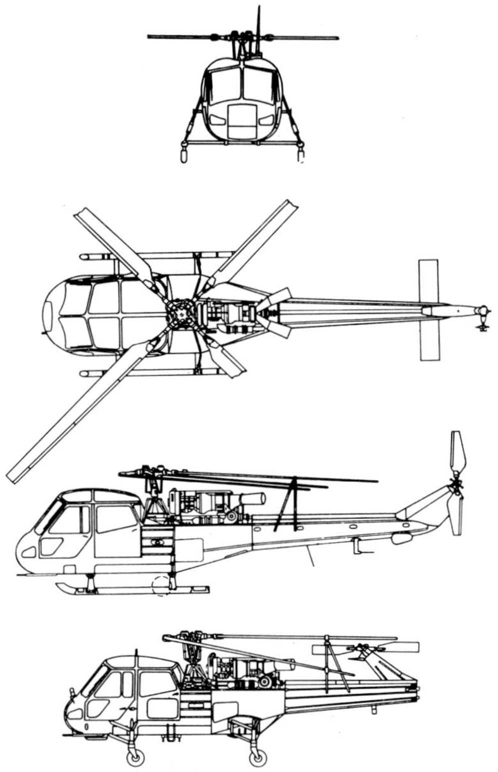

Der Hubschrauber wird in Großbritannien und in anderen Ländern (Passagierbeförderung, Frachttransport, Beobachtung und Aufklärung, Kranken- und Verwundetentransport, See- und Bergrettungsdienst, U-Boot-Bekämpfung, Luftbildvermessung sowie Ausbildung; außen oder innen 680 kg Fracht, bei Rettungsaktionen drei Personen) geflogen.

Aus der „Scout" wurde die „Wasp" (Foto, untere Seitenansicht) abgeleitet. Zahlreiche Teile der Zelle und des Antriebs stammen von dieser Maschine. In der Zivilversion flog der Prototyp P. 531 der „Wasp" erstmalig am 9. August 1959, die erste Serienmaschine flog erstmalig am 6. März 1961. In der militärischen Version (Erstflug am 28. Oktober 1962, Serienproduktion ab 1963) diente die „Wasp" als Kurier-, Rettungs-, Sanitäts-, Aufklärungs- und Schulhubschrauber, vor allem für die U-Boot-Bekämpfung. Zu diesem Zweck wurde sie von Zerstörern und Fregatten aus eingesetzt. Zur Unterbringung auf den kleinen Schiffen waren Rumpfheck und Rotorblätter zusammenklappbar. Der Hubschrauber war mit Autopilot und Allwetterausrüstung ausgestattet.

Die „Wasp" wurde auch nach Südafrika (17), Brasilien (3), Neuseeland (3) und den Niederlanden (12) geliefert. Die Produktion endete 1974.

Rumpf: Ganzmetallbauweise; vier Türen, davon eine große Tür an der Steuerbordseite; Triebwerk hinter der Kabine freiliegend.
Fahrwerk: zwei Kufen mit einem Rad an jeder Kufe zum Bewegen am Boden oder für Anlaufstarts; „Wasp": speziell entwickeltes Vierradfahrwerk für Landungen auf kleinen Plattformen von Zerstörern und Fregatten auch bei schwerer See; lange Federwege; Stoßdämpfer und feststellbare Räder, die sonst um 360° drehbar sind, so daß der Hubschrauber auf der Stelle wenden kann.

Westland „Whirlwind"
Hubschrauber

Die Westland-Werke bauten den USA-Hubschrauber S-55 von Sikorsky in den fünfziger Jahren in Lizenz als „Whirlwind". Während die Serie 1 wie das Original den Motor Pratt and Whitney R-1340 (440 kW) hatte, verfügte die Serie 2 über einen Alois Lemides Major. Von beiden Serien sind über 400 Hubschrauber verschiedener Versionen ausgeliefert worden:

Serie 1: HAR. Mk. 1 und Mk. 2 für die Marine und die Luftstreitkräfte mit R-1340-40; HAR. Mk. 3 für die Marine mit R-1340-3; HAR. Mk. 4 für die Luftstreitkräfte mit R-1340-47.

Serie 2: HAR. Mk. 5 für die Land- und Luftstreitkräfte; HAS. Mk. 7 als U-Jagd-Hubschrauber.

12 überseeische Länder bezogen Maschinen beider Serien.

Die Serie 3 wurde mit Turbinenantrieb gebaut. Diese Version flog erstmalig am 28. Februar 1959. Im April 1960 wurde diese Ausführung (Foto, Skizze) als HAR. Mk. 10 für die Transport- und Küstenfliegereinheiten bestellt. Außen konnten Panzerabwehrlenkraketen befestigt werden. Die Kolbenmotortypen wurden im Laufe der Zeit ebenfalls auf Turbinenantrieb umgestellt.

Als Passagierhubschrauber beförderte die „Whirlwind" acht (Serie 3 zehn) Fluggäste. Als Sanitätshubschrauber nahm sie einen Arzt und sechs Kranke auf Tragen mit. In der Frachtversion konnten 907 kg transportiert werden. Ferner diente die „Whirlwind" zum Abschleppen von Schiffen oder Fahrzeugen, zur Minensuche sowie zur U-Boot-Bekämpfung.

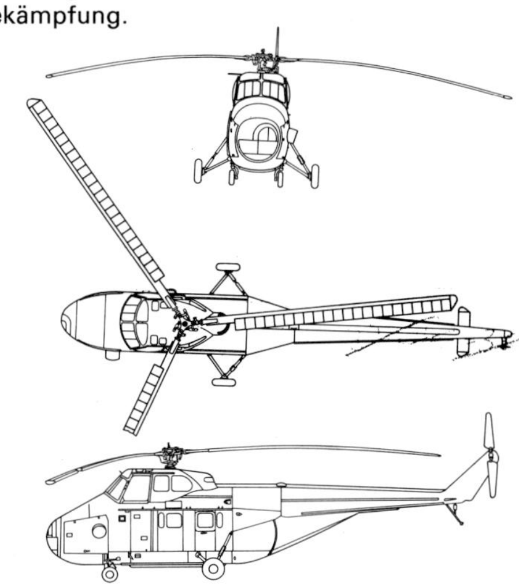

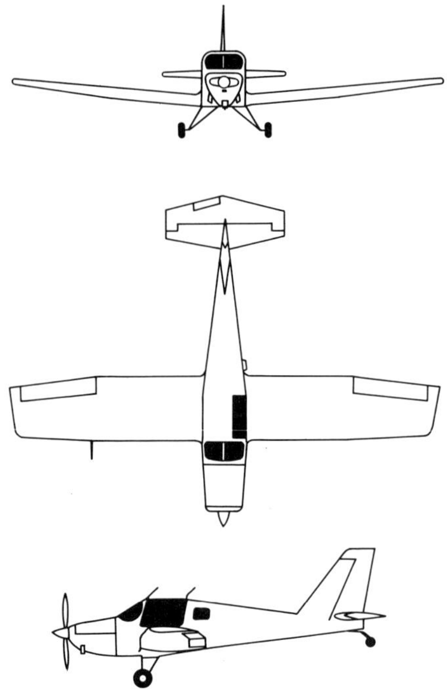

CAD „Revathi“
Schul- und Sportflugzeug

Das Civil Aviation Department (CAD) schuf die „Revathi“ als Schulflugzeug für die indischen Fliegerklubs. Zweisitzig läßt sich das Flugzeug auch für die Einweisung in Gefahrenzustände und einfachen Kunstflug verwenden. Als Reiseflugzeug hat es außer den beiden Sitzen nebeneinander mit Doppelsteuerung einen Sitz dahinter.
Der Prototyp Mk. I flog erstmals am 13. Januar 1967. Als verbesserte Weiterentwicklung startete die Mk. II mit Ganzmetallflächen am 20. Mai 1970 zu ihrem Erstflug. Nach mehreren Modifizierungen im Jahr 1974 folgte die Serienproduktion der weitgehend aus Metall bestehenden Mk. II.

Rumpf: Stahlrohrbauweise; bis hinter die Kabine Leichtmetallbeplankung, dann Stoffbespannung; aufklappbare Tür backbords.
Tragwerk: freitragender Mitteldecker in Holzbauweise mit zwei Holmen; sperrholzbeplankt an der Nase und zwischen den Holmen, sonst stoffbespannt; Spaltlandeklappen.
Leitwerk: freitragende Normalbauweise; Höhenleitwerk in Holzbauweise; Flosse sperrholzbeplankt; Ruder stoffbespannt mit Trimmklappe; Seitenleitwerk in Stahlrohrbauweise mit Stoffbespannung; Flosse integral mit dem Rumpf verbunden.
Fahrwerk: starr mit Spornrad und Gummidämpfung; hydraulische Bremsen.

Hindustan HT-2
Schul- und Übungsflugzeug

Die HT-2 war das erste Flugzeug, das in Indien entworfen und hergestellt wurde. Bis dahin waren ausnahmslos ausländische Flugzeuge in Lizenz gebaut worden.
Die Maschine wurde im Jahr 1948 projektiert. Der Erstflug fand am 13. August 1951 statt. Die Serienfertigung begann im Jahr 1953. Am 9. Januar 1953 war die erste in Indien erteilte Flugzeugzulassungsurkunde ausgestellt worden.
Die HT-2 ist voll kunstflugtauglich. Sie eignet sich für die Anfangsschulung sowie zur Ausbildung im Nacht- und Blindflug. Die indischen Luftstreitkräfte erhielten 90 HT-2.
Bis zum Produktionsende 1958 stellte die Firma HAL 169 HT-2 her, die im eigenen Land von den Luftstreitkräften und den Fliegerklubs verwendet wurden. Auch Indonesiens Luftstreitkräfte bezogen die HT-2

Rumpf: Ganzmetall-Halbschalenbauweise; zwei Sitze hintereinander; Doppelsteuerung; Kabinenhaube für jeden Sitz einzeln nach hinten aufschiebbar.
Tragwerk: freitragender Tiefdecker in Ganzmetallbauweise; zwei Holme; in jedem Flügel ein Kraftstofftank; Spaltlandeklappen.
Leitwerk: freitragende Normalbauweise in Ganzmetall; Ruder mit Trimmklappen.

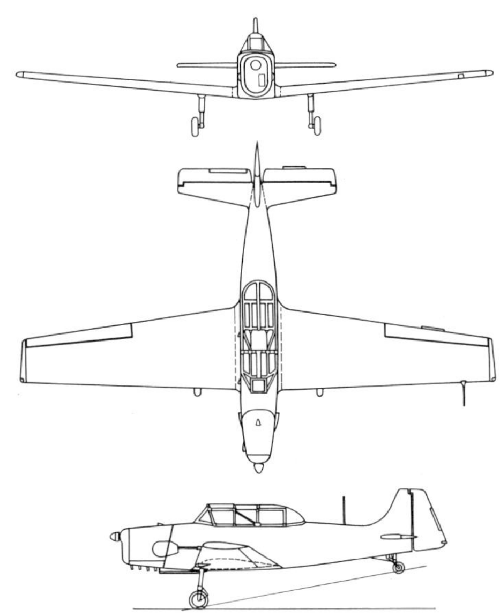

Fahrwerk: nicht einziehbar mit Spornrad und ölpneumatischer Dämpfung; Haupträder mit hydraulischen Scheibenbremsen; Parkbremse.

Hindustan HUL-26 „Pushpak" Mehrzweckflugzeug

Die „Pushpak" diente als Schul- und Übungsflugzeug, als Reiseflugzeug, für Luftbildaufnahmen, zur Waldbrandkontrolle und für landwirtschaftliche Zwecke. Bei den Luftstreitkräften, der Armee und der Marine wurde sie als Verbindungs- und Beobachtungsflugzeug verwendet. Der Prototyp flog erstmalig am 28. September 1958. Im Jahr 1964 begann die Produktion von 160 „Pushpak". Die dafür benötigten Triebwerke (4-Zylinder-Boxer Continental C 90-8 F) mußten noch importiert werden.

Rumpf: Stahlrohrbauweise mit Stoffbespannung; zwei Sitze nebeneinander; breite Tür auf jeder Seite; Doppelsteuerung.

Tragwerk: abgestrebter Hochdecker; zwei Holme und Rippen aus Metall mit Stoffbespannung; keine Auftriebsklappen.
Leitwerk: verspannte Normalbauweise in Stahlrohr mit Stoffbespannung.
Fahrwerk: starr mit Spornrad; Haupträder hydraulisch gefedert; mechanische Bremsen; Spornrad steuerbar.

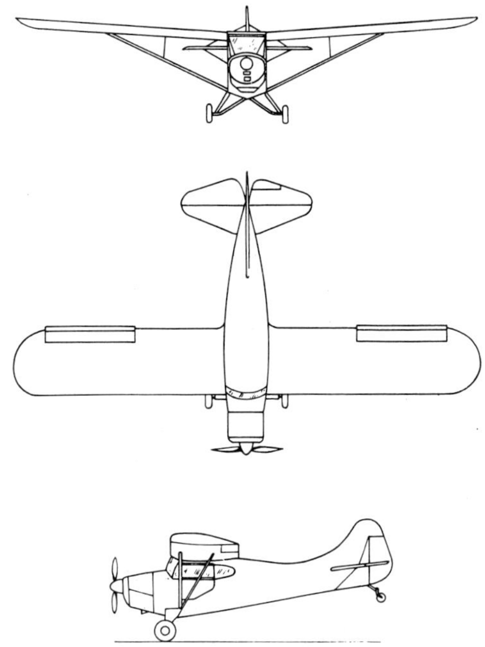

Hindustan HA OP-27 „Krishak" Mehrzweckflugzeug

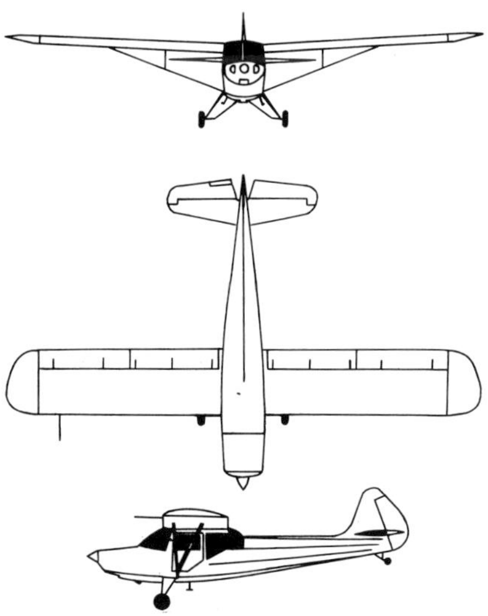

Bei der Entwicklung der „Krishak", die im Jahr 1958 begann, wurden die Erfahrungen mit der „Pushpak" ausgewertet. Der erste Prototyp flog erstmalig im November 1959, der zweite im November darauf. Diese Prototypen hatten noch 140-kW-Motoren, während die Serienflugzeuge Triebwerke mit je 165 kW Leistung erhielten. Von 1964 bis 1969 sind 68 militärische Beobachtungsflugzeuge HAOP-27 „Krishak 2" gebaut worden.

Versionen:
- leichtes Reiseflugzeug für vier Personen;
- Arbeitsflugzeug, insbesondere zur Schädlings- und Unkrautbekämpfung;
- Sanitätsflugzeug für drei sitzende Kranke oder für einen liegenden Kranken und eine sitzende Person;
- Schulflugzeug.

Rumpf: Stahlrohrbauweise mit Stoffbespannung; breite Tür auf jeder Seite; Doppelsteuerung.
Tragwerk: abgestrebter Hochdecker; Holme und Rippen aus Metall mit Stoffbespannung; Auftriebsklappen.
Leitwerk: verspannte Normalbauweise.
Fahrwerk: starr mit Spornrad; Hauptfahrwerk mit Bremsen, Spornrad steuerbar.

Hindustan HF-24 „Marut" Jagd-, Erdkampf- und Aufklärungsflugzeug

Die Entwicklung des einsitzigen Jagdbombenflugzeugs HF-24 „Marut" (konstruiert von Kurt Tank nach Forderungen der indischen Luftstreitkräfte) begann im Jahr 1956. Die Prototypen erhielten britische Triebwerke mit einem Schub von je 21 600 N, die in Indien in Lizenz gebaut wurden. Der erste Prototyp flog am 17. Juni 1961, der zweite am 4. Oktober 1962.
Die ersten als Vorserienmuster produzierten 18 HF-24 Mk. 1 verließen ab März 1963 ohne Nach-

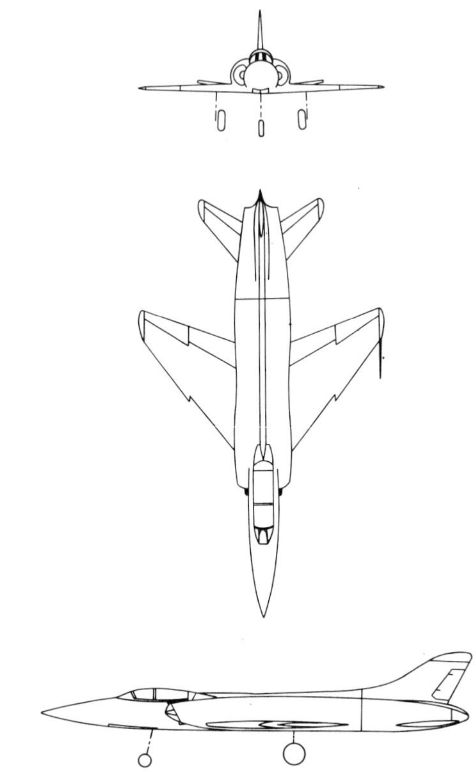

brenner aus Band. Von diesen Maschinen erhielten die Luftstreitkräfte Indiens 12 für die Truppenerprobung, die restlichen 6 dienten Tests und Werkerprobungen. Eine dieser als Mk. 1 A bezeichneten Testmaschinen wurde mit einem Nachbrennertriebwerk ausgerüstet.
Vom November 1967 bis Anfang 1975 erhielten die Luftstreitkräfte insgesamt 110 HF-24 „Marut" Mk. 1 als Jagdflugzeuge und Jagdbomber. Flugzeuge dieses Typs wurden auch im Krieg gegen Pakistan im Dezember 1971 eingesetzt.
Am 30. April 1970 begann einer der beiden Prototypen der zweisitzigen Trainerversion Mk. 1 T die Flugerprobung. In den Jahren 1973/74 wurden 4 HF-24 mit stärkeren Triebwerken ausgeliefert. Bis 1977 sind insgesamt 147 HF-24 gebaut worden. Mitte 1982 wurde die letzte von insgesamt noch vorhandenen 129 HF-24 „Marut" ausgemustert und durch in Lizenz hergestellte MiG-27 ersetzt.
Die geplante Weiterentwicklung HF-25 wurde wegen des Lizenzbaus von 193 leichten Jagflugzeugen „Gnat" (Hawker Siddeley) nicht weiter verfolgt.
Die „Marut" gilt als erstes Überschallflugzeug eines asiatischen Landes.
Das Deutsche Museum München zeigt in seiner Sammlung in der Flugzeugwerft Schleißheim eine HF-24 Baujahr 1964.

Rumpf: Ganzmetall-Halbschalenbauweise; Druckkabine mit Schleudersitz.
Tragwerk: freitragender Tiefdecker mit gepfeilten Flügeln; „Sägezahn" in den Flügelnasen.
Leitwerk: freitragende Normalbauweise; tief angesetztes Höhenruder.
Fahrwerk: einziehbar mit Bugrad und Einzelrädern an allen drei Streben.

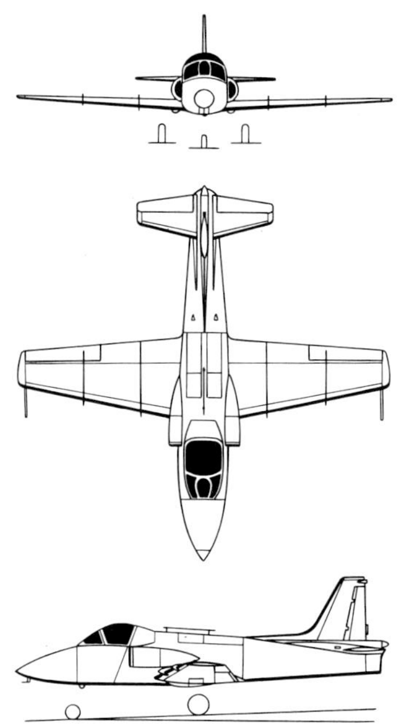

Hindustan HJT-16 „Kiran" Übungsflugzeug

Die Arbeiten an der HJT-16 „Kiran", einem Übungsflugzeug für die indischen Streitkräfte als Nachfolger für die britische „Vampire", begannen im Jahr 1961 unter der Leitung von Ghatgae und Mahindra. Der Erstflug des Prototyps war am 4. September 1964, der des zweiten im August des folgenden Jahres. Die Serienlieferungen der HJT-16 Mk. I „Kiran" (Foto, Skizze) an die indischen Luftstreitkräfte begannen im März 1968. Bis September 1982 waren insgesamt 190 Mk. I / I A ausgeliefert worden.
Am 30. Juli 1976 flog erstmals die leistungsstärkere „Kiran II" als Waffentrainer und leichter Jagdbomber mit 2 MGs im Bug und 2 Unterflügelstationen. Ab 1984 wurden 40 Maschinen für Indiens Luftstreitkräfte gebaut.
1989 waren 120 Mk. I, 72 Mk. I A und 61 Mk. II verfügbar.

Rumpf: Ganzmetall-Halbschalenbauweise; Druckkabine mit nebeneinanderliegenden Schleudersitzen; Kabinendach nach hinten aufschiebbar.
Tragwerk: freitragender Tiefdecker in Ganzmetall mit drei Holmen; hydraulisch betätigte Spaltlandeklappen.
Leitwerk: freitragende Normalbauweise in Ganzmetall; Höhenflosse elektrisch verstellbar.
Fahrwerk: hydraulisch einfahrbar mit ölpneumatischer Dämpfung; hydraulische Bremsen; Bugrad nicht steuerbar.

Hindustan HA-31 „Basant"
Arbeitsflugzeug

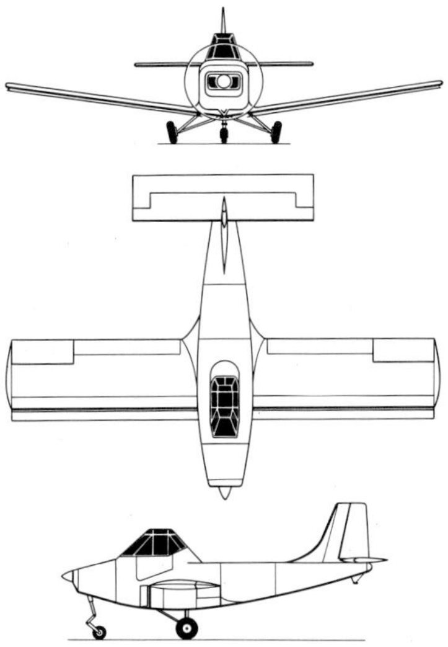

Die Hindustan Aeronautics Ltd. (HAL) begannen im Sommer 1968 mit der Entwicklung eines Landwirtschaftsflugzeugs. Der Prototyp wurde im Jahr darauf fertiggestellt. Er flog erstmalig am 30. März 1970, ein weiteres Vorserienmuster im September 1972. Die ersten acht Maschinen wurden am 21. Juni 1974 ausgeliefert.

Insgesamt produzierte HAL bis 1982 24 HA-31, 8 weitere wurden bestellt. Die Ausrüstung mit einem PTL-Triebwerk ist für eine neue Version geplant.
Die HA-31 eignet sich zur Schädlingsbekämpfung, zum Düngen und zum Säen. Außerdem kann sie für Überwachungsaufgaben, insbesondere von Waldbränden, verwendet werden.

Rumpf: Stahlrohrbauweise mit rechteckigem Querschnitt; vorn metallbeplankt, sonst stoffbespannt; aufgesetztes, geschlossenes Cockpit mit Rundumverglasung; Tür steuerbords.
Tragwerk: freitragender Tiefdecker mit Vorflügeln und Landeklappen.
Leitwerk: Normalbauweise; Höhenruder aerodynamisch ausgeglichen.
Fahrwerk: starr mit Bugrad.

Hindustan HAL „Ajeet"/„Ajeet Trainer"
Jagdflugzeug/Jagdbomber

Die Erfahrungen mit dem von 1962 bis 1974 in über 200 Exemplaren in Lizenz gebauten britischen Kampfflugzeug Folland „Gnat" Mk. 1 veranlaßten die Firma Hindustan Aircraft, einen Nachfolgetyp zu entwickeln, der möglichst ebenso zuverlässig im Betrieb und billig in Produktion und Unterhaltung sein sollte. Zunächst war vorgesehen, das als „Gnat" Mk. 2 bezeichnete Flugzeug für den Überschallbereich auszulegen. Davon ging man jedoch ab, und aus den letzten beiden Serienmaschinen „Gnat" Mk. 1 entwickelte man die beiden Prototypen für das leichte Jagdflugzeug „Ajeet", das auch als Jagdbomber verwendet werden kann.
Der erste Prototyp nahm am 5. März 1975 die Flugerprobung auf, der zweite am 5. November des gleichen Jahres. Im Grunde behielt man die Zelle der „Gnat" Mk. 1 bei, stattete sie aber mit einer modernen Ausrüstung aus und baute ein neues Steuersystem sowie eine neue Kraftstoffanlage ein.
Von 1977 bis 1981 verließen 89 „Ajeet" die Werkhallen. Ein Jahr nach Produktionsende des Einsitzers begann der Bau des zweisitzigen Schul- und Übungsflugzeugs „Ajeet Trainer" (mitunter auch als „Ajeet 2" bezeichnet, im Gegensatz zur einsitzigen „Ajeet 1").
Neben den beiden fest im Rumpf installierten 30-mm-Kanonen mit 90 Granaten können 680 kg Waffen an vier Unterflügelstationen mitgeführt werden (z. B. zwei Raketenbehalter mit je 18 ungelenkten 68-mm-Raketen sowie zwei 227-kg-Bomben).

Rumpf: Ganzmetall-Halbschalenbauweise; seitliche Lufteinläufe; Druckkabine mit Schleudersitz; Bremsschirm im Heck.
Tragwerk: Ganzmetall-Schulterdecker; um 40° gepfeilter Trapezflügel mit negativer V-Form (5°).
Leitwerk: Normalbauweise in Leichtmetall.
Fahrwerk: einziehbares Bugradfahrwerk; hydraulisch betätigt; einfache Bereifung; Scheibenbremsen.

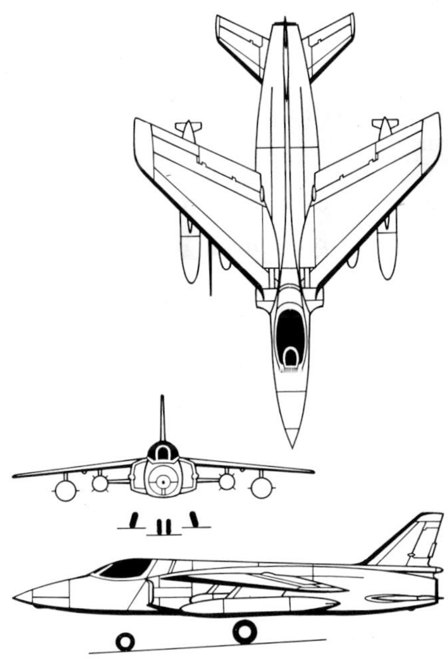

Aerospatiale/Westland SA-330 „Puma" / AS-332 „Super Puma" Hubschrauber

Die zweimotorige SA-330 (Foto, Skizze) wurde auf Anforderung der französischen Armee nach einem mittleren Mehrzweckhubschrauber entwikkelt, der nachts bei jedem Wetter und Klima gefahrlos auch über See fliegen sollte. Am 15. April 1965 startete der erste von zwei Prototypen, am 30. Juli 1968 die letzte von sechs Vorserienmaschinen zum Erstflug. Das erste Serienmuster erschien am 12. September 1968, und 1969 begann die Ausrüstung des französischen Heeres mit diesem Hubschrauber.
Die SA-330 „Puma" ist von 34 Ländern bestellt worden, davon sind bis Mai 1988 über 700 ausgeliefert worden.

Versionen:
SA-330 B: für die französischen Streitkräfte, 100 bestellt und ausgeliefert.
SA-330 C/H: militärisches Exportmuster.
SA-330 F/G: ziviles Passagier- und Frachtmuster; Erstflug am 26. September 1969.
SA-330 J: mit Kunststoffrotorblättern.
SA-330 L: für 21 voll ausgerüstete Soldaten.
AS-332: Weiterentwicklung mit zusätzlichem Rumpfsegment; Erstflug am 13. September 1978; in 4 Versionen gebaut.
AS-332 B1: verschiedene Versionen; militärischer Transporthubschrauber für 21 Soldaten; 20-mm-Kanone und seitliche Raketenbehälter sind möglich; Erstflug 1984; Auslieferung ab 1986.
A-332 L 1: zivile Ausführung der B1; Erstflug 1984; Auslieferung ab 1986.
AS-332 M 1: für spezielle militärische Einsätze; Erstflug 1984; Auslieferung ab 1986.
AS-332 „Super Puma" Mk. 2 (Erstflug: 6. Februar 1987); längere Hauptrotorblätter, verlängerter Heckkonus.
AS-532 A 2 „Cougar" Mk. 2: bewaffnete Ausführung für Heer / Marine / Luftwaffe.
AS-332 L 2: ab 1992 ausgeliefert.
AS-532 MC: für SAR-Aufgaben.
AS-532 SC: für U-Boot-Suche/-Jagd.
AS-532 U 2 / UC / UL: Versionen für Transport-Aufgaben.
AS-332 F 1: Marineversion mit Radar; Erstflug 1984; Auslieferung ab 1986.
Bis März 1985 waren 230 AS-332 „Super Puma" aller Versionen bestellt.
In Rumänien wurde die SA-330 als IAR-330 „Puma"in Lizenz gebaut. In Indonesien wurden bis 1985 13 NAS-330 „Puma" montiert. Der Bau der NAS-332 „Super Puma" begann 1987.

Rumpf: Ganzmetall-Halbschalenbauweise; verstärkter Kabinenboden; darunter Kraftstofftanks; Notausstieg am Rumpfheck; Tür zum Cockpit auf der Steuerbordseite, Türen zur Kabine auf beiden Seiten; Außenlastaufhängung für 2500 kg, Rettungswinde für 225 kg.
Tragwerk: **Vierblatt-Rotor; Blätter nach hinten klappbar.**
Leitwerk: Fünfblatt-Ausgleichsschraube steuerbords.
Fahrwerk: einziehbar mit Bugrad und Zwillingsrädern an allen Streben.

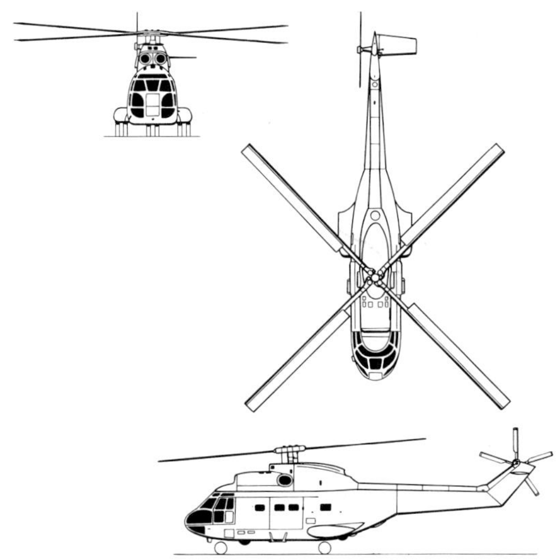

Aerospatiale/Westland SA-341 / SA-342 „Gazelle" Leichte Mehrzweckhubschrauber

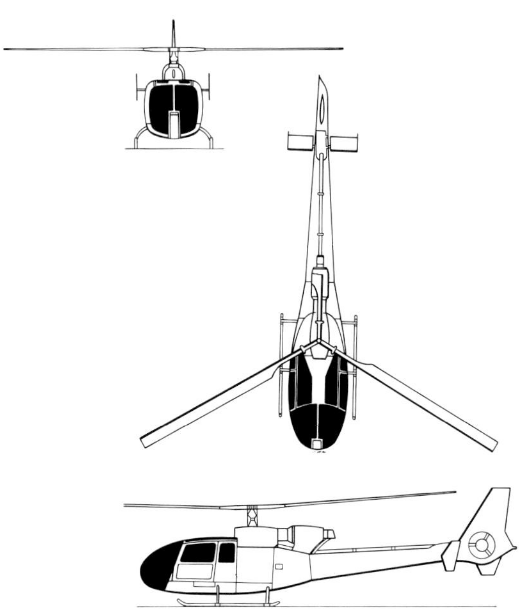

Als Nachfolger der „Alouette II" fertigten Aerospatiale in Frankreich und Westland in Großbritannien den Hubschrauber SA-341 „Gazelle". Der Erstflug fand am 7. April 1967 statt. Nach einem weiteren Prototyp und vier Vorserienmaschinen begannen die Serienlieferungen 1971.

Versionen:
SA-341 B: für die britische Armee („Gazelle" AH. 1).
SA-341 C: für die britische Marine („Gazelle" HT. 2).
SA-341 D: Schulhubschrauber der britischen Luftstreitkräfte („Gazelle" HT. 3).
SA-341 E: Verbindungshubschrauber der britischen Luftstreitkräfte („Gazelle" HCC. 4).
SA-341 F: für die französische Armee.

SA-341 G: Zivilversion.
SA-341 H: militärische Exportversion.
SA-342: bewaffnete Exportversion für Einsätze in großen Höhen und heißen Gegenden; Erstflug am 11. Mai 1973; Serienbau ab 1976.
SA-342 L1: für 4 Passagiere eingerichtet; mit verschiedenen Waffen versehen.
SA-342 M: mit vier bis sechs HOT-Panzerabwehrlenkraketen für die französische Armee.

Bis März 1988 sind 1 209 „Gazelle" aller Versionen in 41 Länder geliefert worden. In Jugoslawien sind ab 1973 200 SA-341 H bei Soko in Lizenz produziert worden.

Rumpf: Leichtmetall-Wabenbauweise; zwei Sitze hintereinander; dahinter Sitzbank für drei Personen; auf jeder Seite zwei Türen.
Tragwerk: Dreiblatt-Rotor mit GFK-Blättern und einem Holm; Blätter nach hinten klappbar.
Leitwerk: Seitenflosse mit ummanteltem Ausgleichsrotor; Höhenflosse mit kleinen Seitenstabilisierungsflossen.
Fahrwerk: Kufen aus Stahlrohr; Ausrüstung mit Rädern möglich; Ausrüstung mit Schwimmern oder Schneekufen auf Wunsch.

Airbus Industrie A-300/A-310/A-320 Verkehrsflugzeuge

Im Jahre 1967 beschlossen Frankreich, Großbritannien und die BRD, gemeinsam das erste zweistrahlige Großraum-Verkehrsflugzeug A-300 zu entwickeln. Nachdem die britische Regierung ihre Beteiligung gekündigt hatte, übernahm die Firma Hawker Siddeley als Unterauftragnehmer die Flugelentwicklung. Ende 1970 schloß sich die niederländische Regierung, ein Jahr später die spanische Regierung dem Projekt an. Die Triebwerke liefert General Electric (USA).
Im September 1969 begann der Bau der ersten A-300, als A-300 B-1 bezeichnet. Die beiden Prototypen flogen erstmals am 28. Oktober 1972 und am 5. Februar 1973. Beide Flugzeuge haben je 302 Sitze und eine Länge von 50,97 m.
Die sechs nächsten Airbus-Muster stellen die Reihe A-300 B-2 der Air France dar (Erstflüge der beiden ersten: 28. Juni und 20. November 1973).
Am 23. Mai nahm die A-300 B-2 mit 26 Plätzen der 1. und 225 Plätzen der Touristenklasse auf der Strecke Paris–London den Luftverkehr auf. Gegenüber der B-1 wurde der Rumpf auf fünf Spants verlängert und die Sitzplatzkapazität vergrößert. Der neunte Airbus ist das erste Flugzeug der Langstreckenserie A-300 B-4.
Nach anfänglichen Absatzschwierigkeiten setzte sich die A-300 weltweit durch.
Zum Produktionsprogramm zählten bzw. zählen:

Airbus A-300
A-300 B 2-100/101/103;
A-300 B 2-200/201/203;
A-300 B 2-300;
A-300 B 2-600;
A-300 B 4-100 / 101 / 103 / 120;
A-300 B 4-200 / 201 / 203 / 220 / 221;
A-300-600, seit 1984 verfügbar; geringfügig veränderte Flugweite; Instrumentierung wie die A-310;
A-300 B-600 R: zusätzlicher Tank, Reichweite 8000 km, ab 1988 auch reine Frachtversion.
Abschluß Serienproduktion 1984 nach 248 A-300-B 2 / B 4 (Unterschiede: Triebwerke, Ausrüstung, Bestuhlung) für 40 Abnehmer. 220 A-300-600 wurden bis 1993 von 25 Gesellschaften bestellt (ausgeliefert 150).

Airbus A-310/310-300
Diese erheblich verkleinerte Version ist aus dem Projekt A-300 B-10 hervorgegangen. Erstflug war am 13. Mai 1982, die Zertifikation wurde 1983 erteilt, und im gleichen Jahr begann die Serienfertigung. Bis 1988 erhielten 13 Abnehmer insgesamt 105 A-310. Diese Flugzeuge haben in der Version A-310-200 mit 218 Passagieren eine Reichweite von 6500 km, mit der ab 1985 verfügbaren A-310-300 (Erstflug am 8. Juli 1985) sind es 8500 km. Es ist auch möglich, 14 Container des Typs A 1 an Bord zu nehmen (Kabinenvolumen: 102,3 m^3). Die Ausführungen A-310-200, -202 und -221 unterscheiden sich durch die Triebwerke. Von der Version A-310-300 (Reichweite 9000 km, 280 Sitze) wurden bis 1993 150 Maschinen gebaut.

Airbus A-320
Diese Version für 135 bis 179 Passagiere flog erstmals am 22. Februar 1987, im Liniendienst ist sie seit April 1988. Gesamtproduktion A-310 bis 1993: 350.

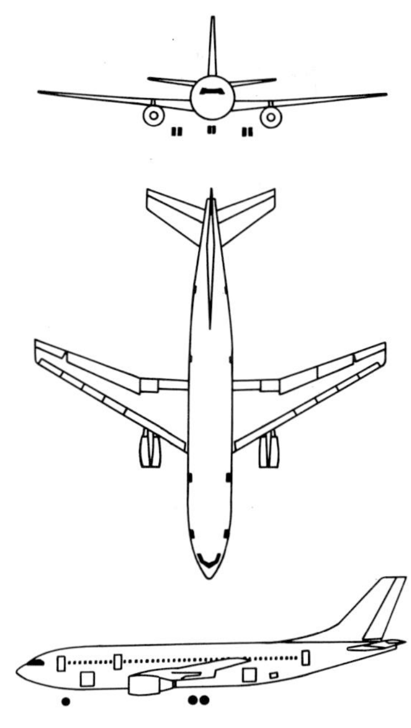

Rumpf: Ganzmetall-Halbschalenbauweise mit rundem Querschnitt; Hauptwerkstoff Aluminium, bei hochbeanspruchten Teilen Stahl oder Titan, bei weniger beanspruchten Teilen GFK oder Wabenbauteile; zwei Türen vor und eine Tür hinter dem Tragwerk auf jeder Seite.
Tragwerk: freitragender Tiefdecker in Ganzmetallbauweise; zwei Kastenholme, dritter Holm im Mittelteil; Vorflügel und Fowler-Klappen; außen Querruder für niedrige, innen für hohe Geschwindigkeiten, dazwischen Fowler-Klappen und davor Spoiler; thermische Enteisung.
Leitwerk: freitragende, gepfeilte Normalbauweise in Ganzmetall.
Fahrwerk: hydraulisch betätigt; Bugstrebe mit Zwillingsrädern; Hauptstreben mit je vier Rädern (je zwei hintereinander); hydraulische Scheibenbremsen mit Blockierungsschutz.

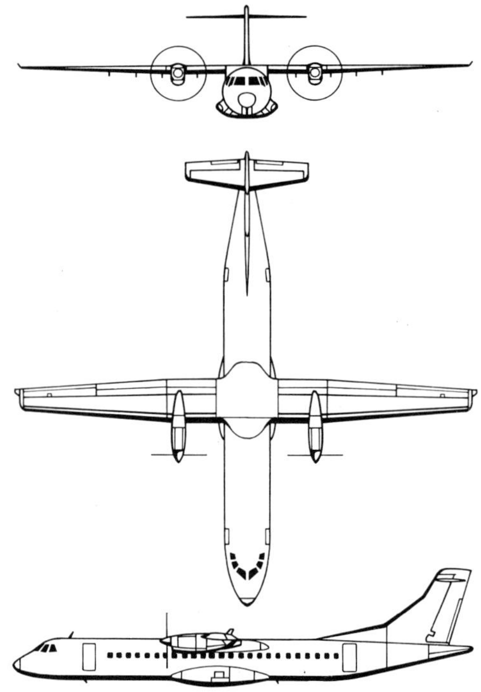

ATR-42/ATR-72
Zubringerflugzeuge

Aéropatiale (Frankreich) und Aeritalia (Italien) gründeten im Februar 1981 das Konsortium Avion de Transport Regional, das ein Zubringerflugzeug für 42 Passagiere (ATR-42) schuf. Am 16. August 1984 begann die Flugerprobung, die ohne größere Probleme verlief, im Dezember 1985 der Liniendienst bei Air Littoral (Frankreich), bald darauf auch bei BRD-Gesellschaften. Der Typ hat wegen seiner Wirtschaftlichkeit einen guten Ruf (Kraftstoffvorrat: 5625 l, Verbrauch: 660 l/h).
Als Nachfolger solcher Typen wie Fokker 27 und BAe 748 fand die ATR-42 schnell weltweite Aufnahme. Bis 1993 sind 250 Maschinen in den Liniendienst übernommen und weitere 250 bestellt worden. Bei der ATR-42-300 wurde die Startmasse von 15,6 t auf 16,6 t vergrößert. Eine Passagier-/Frachtausführung hat eine große Ladeluke. Die Militärvariante heißt ATR-42 M.
ATR-42-500: geräuschärmer, neuer Innenraum, Erstflug 16. September 1994.
Im Januar 1986 begannen die Arbeiten an der gestreckten Version ATR-72, deren Prototyp am 27. Oktober 1988 die Flugerprobung aufnahm. Der um 4,40 m längere Rumpf hat sechs Sitzreihen mehr. 1993: 100 ausgeliefert, 50 bestellt.

Rumpf: konventionelle Halbschalenbauweise; Cockpitbesatzung 2 Mann; maximal 50 Passagierplätze; Teile in Kevlar/Nomex-Sandwich-Bauweise.
Tragwerk: freitragender Schulterdecker; gerader Flügelmittelteil; Enden trapezförmig; hängende Triebwerke.
Leitwerk: T-förmig; gepfeilt; pneumatische Enteisung.
Fahrwerk: doppelt bereiftes Bugrad in Rumpfnase, doppelt bereifte Haupträder in kleine seitliche Rumpfwülste einziehbar.

Dassault/Bréguet/Dornier „Alpha Jet"
Schul-, Übungs- und Erdkampfflugzeug

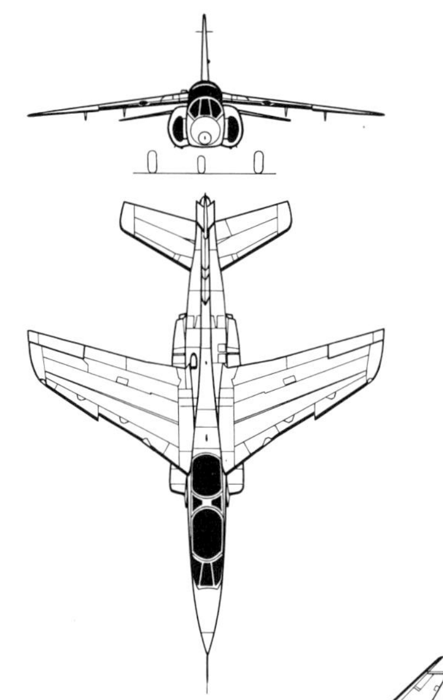

Frankreich und die BRD schrieben 1969 einen Wettbewerb zur Entwicklung eines klassischen Mehrzweckflugzeugs aus. Verlangt wurde ein allwettertauglicher Zweisitzer mit hintereinanderliegenden Schleudersitzen als Schulflugzeug für Anfänger und Fortgeschrittene sowie als Erdkampfflugzeug. An dem Wettbewerb beteiligten sich Messerschmitt-Bölkow-Blohm (BRD) und SNIAS (Frankreich) mit der E-650 „Eurotrainer", VFW (BRD)/Fokker (Niederlande) mit der T-291 sowie Dassault/Bréguet/Dornier mit der „Alpha Jet TA-501". Im Juni 1970 wurde der zuletzt genannte Entwurf angenommen.
Der Prototyp 01 startete am 26. Oktober 1973 in Frankreich zum Erstflug. Es folgten: 02 am 9. Januar 1974 in der BRD, 03 am 6. Mai 1974 in Frankreich und 04 am 11. Oktober 1974 in der BRD. Die erste Serienmaschine „Alpha Jet E" startete am 4. November 1977 zum Erstflug. Insgesamt sind 512 Maschinen an 11 Länder ausgeliefert worden, u. a. an Belgien 33, an Ägypten 15 und an Nigeria 24. Seit Februar 1980 erhielt die BRD 175 Jagdbomber „Alpha Jet A". Frankreich bezog 200 „Alpha Jet E" als Trainer. Der Jagdbomber unterscheidet sich von diesem wie folgt: vier statt zwei Unterflügelstationen, Fanghaken, steuerbares Bugrad, verstärktes Radbremssystem, andere Avionik.
In der BRD wurden die Maschinen in mehreren Etappen modernisiert. Im April 1982 startete die französische „Alpha Jet NGEA" (neue Generation eines Schulflugzeugs) zum Erstflug. 1985 kündigte Frankreich die Weiterentwicklung „Lancier" an.
Die neue Weltlage veranlaßte die Bundeswehr, ihre „Alpha Jets" 1994 außer Dienst zu stellen.

Rumpf: Ganzmetall-Halbschalenbauweise mit ovalem Querschnitt; Sitze hintereinander mit Katapulteinrichtung; getrennte Cockpithauben nach hinten aufklappbar.
Tragwerk: freitragender, gepfeilter Schulterdecker in Ganzmetallbauweise; Spoiler auf jedem Flügel; Doppel-Spaltlandeklappen in den Querrudern; negative V-Stellung.
Leitwerk: gepfeilte Normalbauweise in Ganzmetall; Trimmklappen an allen Rudern; negative V-Stellung des Höhenleitwerks.
Fahrwerk: einziehbar mit Bugrad und einem Rad an jeder Strebe, hydraulisch betätigt; Niederdruckreifen; Scheibenbremse mit Blockierungsschutz.

EMBRAER/Aeritalia/Aermacchi AMX Militärisches Mehrzweckflugzeug

Die brasilianische Firma EMBRAER sowie die italienischen Luftfahrtkonzerne Aeritalia und Aermacchi entwickelten nach Verhandlungen von 1977 gemeinsam ein von beiden Ländern einzusetzendes militärisches Mehrzweckflugzeug. Es soll für Schul- und Ausbildungsaufgaben ebenso dienen wie zur Bekämpfung von Erd- und Überwasserzielen sowie zum elektronischen Kampf. Zum Pariser Luftfahrtsalon 1985 wurden zwei italienische Prototypen vorgestellt. Der Erstflug des ersten brasilianischen Prototyps fand am 16. Oktober 1985 statt. Der erste italienische Prototyp ging am 31. Mai 1984 durch Absturz verloren.

Geplant ist, für die Luftstreitkräfte Italiens 110 einsitzige Flugzeuge und für die Brasiliens 45 zu bauen. Außerdem sind 26 Zweisitzer für Italien und 11 für Brasilien bestellt. Weitere Länder haben ihr Interesse an diesem Mehrzweckflugzeug bekundet.

Das nachbrennerlose Triebwerk Rolls Royce Spey MK 807 wird von Alfa Romeo und Fiat Aviazione in Lizenz gefertigt. Nach dem Bau von insgesamt 7 Prototypen werden zwei Fertigungsstraßen eingerichtet, eine bei EMBRAER und eine in Italien. In Brasilien werden die Tragflügel, die Lufteinläufe, die horizontalen Stabilisatoren, die Träger für die Außenlasten, die abwerfbaren Zusatzkraftstoffbehälter sowie die Fahrwerke und die Aufklärungsbehälter hergestellt. Das sind insgesamt 30% aller Baugruppen. Von Aeritalia kommen 48 und von Aermacchi die restlichen 22%.

Die erste Serienmaschine flog am 5. Mai 1988 in Italien. In Brasilien erhielt der Typ die Bezeichnung A-1.

Von 192 bestellten sind bis 1993 etwa 100 Einsitzer AMX/A-1 und Doppelsitzer AMX-T ausgeliefert worden. Der Fertigungsumfang wurde von beiden Ländern deutlich reduziert.

Rumpf: konventionelle Ganzmetallbauweise; brasilianische Maschinen mit je 2 30-mm-Kanonen; italienische mit 1 20-mm-Kanone.
Tragwerk: freitragender Schulterdecker in Ganzmetallbauweise; 5 Unterflügelstationen für 3500 kg; je eine Luft-Luft-Rakete an den Enden des Tragwerks.
Leitwerk: Normalbauweise in Ganzmetall; alle Flächen gepfeilt.
Fahrwerk: einziehbares Bugradfahrwerk; alle Streben einfach bereift.

Panavia MRCA „Tornado" Kampfflugzeug

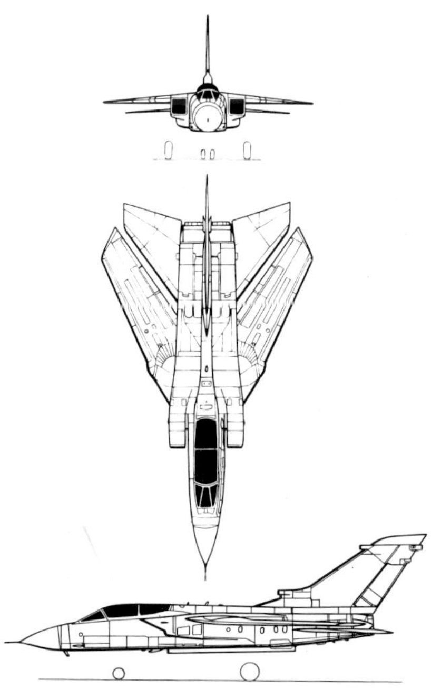

Die BRD, Großbritannien und Italien entwickelten gemeinsam die Panavia MRCA. Triebwerk, Zelle und Grundausrüstung sind für alle drei Länder gleich. Die Avionik-Ausrüstung richtet sich nach dem jeweiligen Einsatzzweck. Dieses Flugzeug sollte sich sowohl zum Abfangen von Luftzielen wie für die Erdkampfunterstützung und die Luftaufklärung eignen. Großbritannien plante 385 (davon 165 ADV FMk. 2 als Abfangjagdflugzeuge zur Ablösung der „Lightning" und der „Phantom II"), die BRD 429 (ersetzt die F-104 G) und Italien 100 MRCA (als Ersatz für die F-104).

Die Entwicklung verlief wie folgt: Studienbeginn 1968, Gründung der Firma Panavia 1969, Entwicklungsphase ab März 1970, Beginn der Statiktests 1974. Am 14. August 1974 startete der Prototyp 01 in der BRD zum Erstflug, gefolgt von der 02 am 30. Oktober 1974 in Großbritannien. In den USA flog eine Convair 240 und in Großbritannien eine „Buccaneer" mit Teilen der MRCA zu Testzwecken. Der erste Prototyp mit Doppelsteuer startete am 5. August 1975 in Großbritannien zum Erstflug. Anfang 1976 erhielt das Projekt in der BRD die Bezeichnung „Tornado".

Insgesamt wurden neun Prototypen hergestellt. Am 27. Oktober 1979 flog erstmals die britische Luftverteidigungsvariante ADV. Mit Verspätung begann 1979 der Serienbau.

Während der Serienproduktion ist die ADV F. Mk. 2 zur Mk. 3 modifiziert worden (Erstflug am 20. November 1985).

Bis Anfang 1994 sind 944 „Tornado" aller Versionen geliefert worden:

RAF: 228 IDS (Allwetter-Mehrzweckjäger), 173 ADV (Rumpf 1,36 m länger; Langstrecken-Abfangjäger als „Tornado" F. Mk. 2, 2 A und 3); Bundeswehr Luftwaffe: 254 IDS (davon 35 als ECR für den elektronischen Kampf), Marine 112 IDS; Italien: 99 IDF (davon 16 als ECR); Saudi-Arabien: 48 IDS, 24 ADV, 48 weitere IDS bestellt.

Rumpf: Ganzmetall-Schalenbauweise; zwei Sitze hintereinander; zwei Luftbremsen auf der Rumpfoberseite, zwei unter dem Rumpf.
Tragwerk: freitragender Schulterdecker in Ganzmetallbauweise mit Schwenkflügeln; Schwenkbereich 25 bis 66°; pneumatisch gesteuerte Gummisäcke dichten die Schlitze am Schwenkgelenk ab; unter jedem Flügel zwei Waffenaufhängungen.
Leitwerk: Normalbauweise in Ganzmetall; Höhenruder einteilig und ungedämpft in der Mitte des Rumpfhecks; Seitenleitwerk mit Flosse und Ruder.
Fahrwerk: einziehbar; Bugrad doppelt, Hauptstreben einfach bereift.

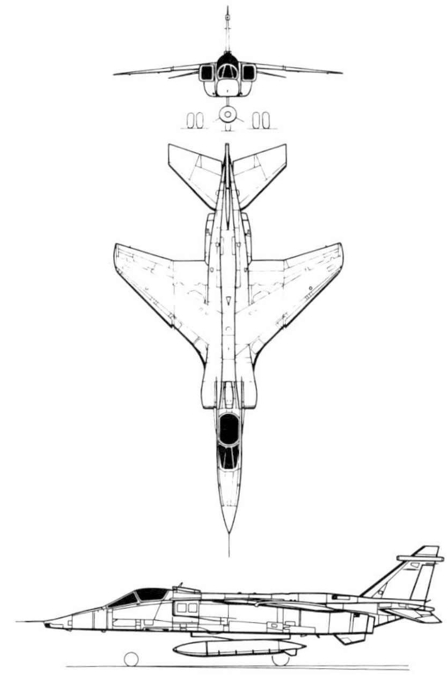

SEPECAT „Jaguar"
Übungsflugzeug

Im Mai 1966 bildeten französische und britische Konzerne die Vereinigung SEPECAT für das Gemeinschaftsprojekt „Jaguar". Damit sollte einerseits versucht werden, der starken USA-Konkurrenz zu begegnen, und andererseits, die von einem dieser Länder nicht mehr zu tragenden Kosten möglichst niedrig zu halten. Es wurden acht Prototypen gebaut.
In Frankreich und Großbritannien wurden folgende Versionen gebaut:
„Jaguar" M: Marineversion für Frankreich, 1972 eingestellt.

„Jaguar" A: französische einsitzige Jagdbomberversion; Prototypen A-03 und A-04 flogen erstmals am 29. März und 27. Mai 1969; 1972 wurden die ersten der bestellten 160 „Jaguar" A ausgeliefert, von denen Ende 1981 alle Maschinen im Truppendienst standen.
„Jaguar" B: britische zweisitzige Trainerversion (militärische Bezeichnung: „Jaguar" T. Mk. 2); Prototyp B-08 startete am 30. August 1971 zum Erstflug; alle 37 bestellten Maschinen waren bis Ende 1981 ausgeliefert.
„Jaguar" E: französische zweisitzige Trainerversion; Erstflug der Prototypen E-01 und E-02 am 8. September 1968 und 11. Februar 1969; die Serienfertigung begann im November 1971; mit der Auslieferung der 40 „Jaguar" E (gleichzeitig der 200. „Jaguar" insgesamt) hat die französische Luftwaffe 1981 die Ausrüstung mit diesem Flugzeugtyp abgeschlossen.
„Jaguar" S: britische einsitzige Jagdbomberversion mit Waffenrechner, Lasergerät und zwei 30-mm-Kanonen (als GR. Mk. 1 bezeichnet); Prototypen S-06 und S-07 flogen erstmals am 12. Oktober 1969 und 12. Juni 1970; alle 165 bestellten Flugzeuge waren 1977 ausgeliefert worden.

In etwas modifizierter Form ist die „Jaguar-International" für den Export gebaut worden.
Das Gesamtprogramm umfaßte in Europa: RAF: 203, Armee de l'Air: 200; Jaguar International: 139 (Ecuador 12, Indien 85 – weitere 46 bei HAL in Lizenz –, Nigeria 18, Oman 24).
Rumpf: Ganzmetall-Schalenbauweise; beim Übungsflugzeug Sitze hintereinander.
Tragwerk: freitragender, stark gepfeilter Schulterdecker mit Hochauftriebshilfen.
Leitwerk: freitragende Normalbauweise in Ganzmetall; Höhenleitwerk mit negativer V-Stellung.
Fahrwerk: einziehbar mit Bugrad und Niederdruckreifen.

SNIAS/BAC „Concorde"
Verkehrsflugzeug

Die britisch-französische Zusammenarbeit bei der Entwicklung des Überschall-Verkehrsflugzeugs „Concorde" beruht auf einem Regierungsabkommen, das am 29. November 1962 unterzeichnet wurde. Das Flugzeug wurde sowohl in Toulouse als auch in Filton zusammengebaut und eingeflogen. Beide Werke hatten die Hauptteile nach einer vereinbarten Aufteilung produziert und an die Hersteller geliefert.
Die „Concorde" unternahm als zweites Überschall-Verkehrsflugzeug der Welt am 2. März 1969 in Toulouse-Blagnac ihren Erstflug. Der Flug dauerte 28 min, bei der Landung wurde der Bremsschirm ausgefahren. Beim zweiten Flug am 8. März 1969, der 1 h dauerte, wurde das Fahrwerk eingezogen und die abgeschwenkte Rumpfnase von 12 auf 5° hochgeklappt. Der Erstflug des in

Großbritannien gebauten Prototyps 002 (Foto) der BAC war am 9. April 1969. Die erste Maschine der Serie 200 flog erstmals am 6. Dezember 1973, nachdem die beiden Prototypen sowie zwei Vorserienmaschinen erprobt worden waren.
Erste Schwierigkeiten entstanden, als der britische Partner in Zahlungsschwierigkeiten geriet, so daß sich die Indienststellung verzögerte. Bis zur Aufnahme des Liniendienstes im Januar 1976 hatten lediglich Frankreich und Großbritannien die „Concorde" in Dienst gestellt. Ende 1978 waren neun Maschinen verkauft und fünf weitere verfügbar. Damals wurden Rio de Janeiro, Washington, Bahrein, Caracas, Mexiko und Dallas angeflogen, was sich als enormes Verlustgeschäft erwies. Für New York verweigerten die USA über ein Jahr die Landerechte. Die „Concorde" fliegt seit 1982 nur noch von Paris und London nach New York. Die Serienproduktion umfaßte 17 (nach anderen Angaben 20) Maschinen. Ursprünglich lagen 75 Optionen (LUFTHANSA: 3) vor. Nach der Ölkrise 1973 traten viele Besteller zurück. Seit 1985 fliegt die „Concorde" in der Gewinnzone. Sie soll bis in das nächste Jahrhundert im Dienst bleiben.

Rumpf: Ganzmetall-Halbschalenbauweise; Rumpfnase um 12° absenkbar.
Tragwerk: freitragender Tiefdecker in Ganzmetallbauweise; schlanker Deltaflügel; Torsionskastenbauweise mit mehreren Holmen; im Flügelmittelstück gehen die Holme durch den Rumpf hindurch; vordere Flügelteile als Einzelteile an den Rumpf angebaut; drei Klappen an jeder Hinterkante; elektrische Nasenenteisung.
Leitwerk: Seitenleitwerk in Ganzmetallbauweise; zwei Seitenruder; keine Enteisung.
Fahrwerk: einziehbar; Zwillingsräder an der Bugstrebe und Fahrwerkschlitten mit je vier Rädern an den Hauptstreben; einziehbarer Sporn.

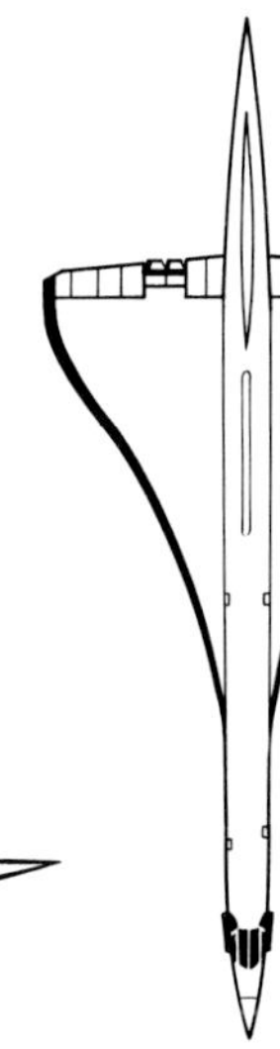

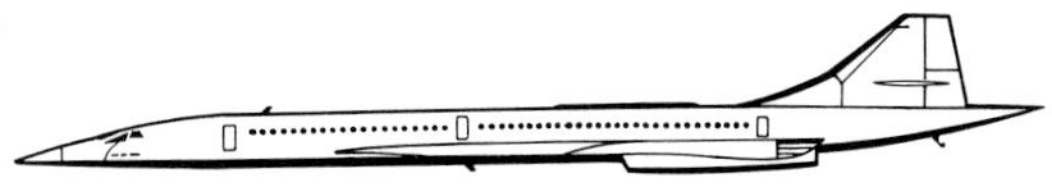

Soko/CNIAR „Orao" / IAR-93 Jagdbombenflugzeug

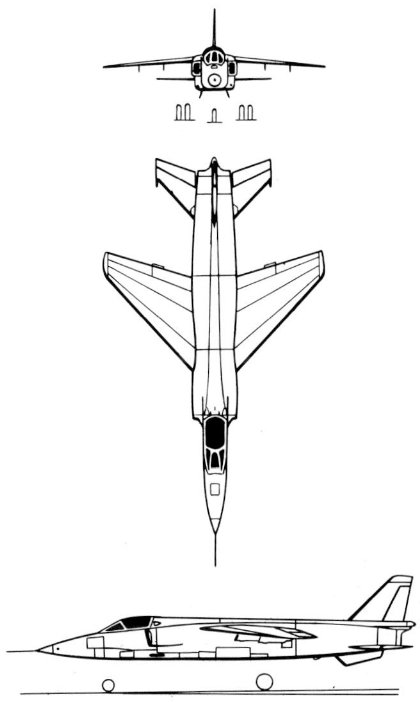

Am 15. April 1975 wurde das in jugoslawisch-rumänischer Gemeinschaftsarbeit entwickelte leichte Kampfflugzeug „Orao" vorgestellt, für das die Triebwerke und die Avionik importiert (England, Frankreich, Schweden) wurden.
Grundlage war ein Regierungsabkommen beider Länder von 1971. Den Einsitzer-Prototypen beider Länder (31. Oktober 1974) folgten die beiden Doppelsitzer (29. Januar 1977) sowie 15 Vorserienmuster (Erstflug 1977). IAv Craiova/Aviona/Rum. (1979) und Soko Mostar/ex Jug. (1980, 1992 gestoppt) nahmen die Serienproduktion auf. Ausgeliefert wurden: Rumänien 26 Ein- / 10 Zweisitzer IAR-93 A (Viper Mk 632-41 ohne), 165 IAR-93 B (Viper Mk 633-47 mit Nachbrenner) sind bestellt.
Soko fertigte 15 Einsitzer-Aufklärer IJ-22 und Doppelsitzer-Trainer INJ-22 (ohne NB), 35 Doppelsitzer-Aufklärer NJ-22 „Orao" (ohne und mit Nachbrenner, Erstflug: 18. Juli 1986) sowie 74 von 165 bestellten Einsitzer-Jagdbombern J-22 „Orao" (ohne bzw. mit NB; Erstflug: 20. Oktober 1983).

Rumpf: Ganzmetall-Halbschalenbauweise; Lufteinläufe beiderseits des Rumpfes in Kabinenhöhe; spitzer Bug; Kanonenöffnungen im unteren Rumpfteil hinter den Lufteinläufen; Kabine in Rumpftunnel übergehend.
Tragwerk: Schulterdecker in Ganzmetallbauweise; leicht negative V-Form; einfache Wölbungsklappen.
Leitwerk: Normalbauweise mit extrem angesetztem Pendel-Höhenruder; Bremsschirm in der Seitenleitwerkswurzel; zwei zusätzliche Stabilisierungsflossen unter dem Rumpfheck.
Fahrwerk: einziehbar mit Bugrad; Hauptstreben mit Zwillingsrädern.

VFW/HFB/SNIAS „Transall" C-160 Transportflugzeug

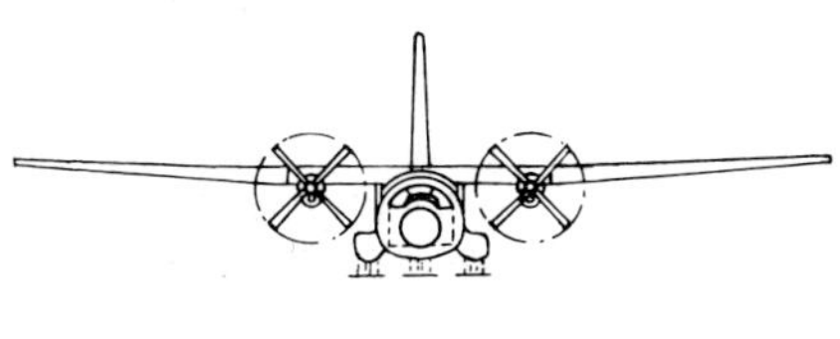

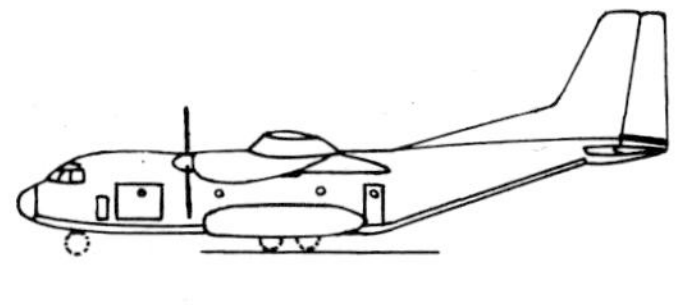

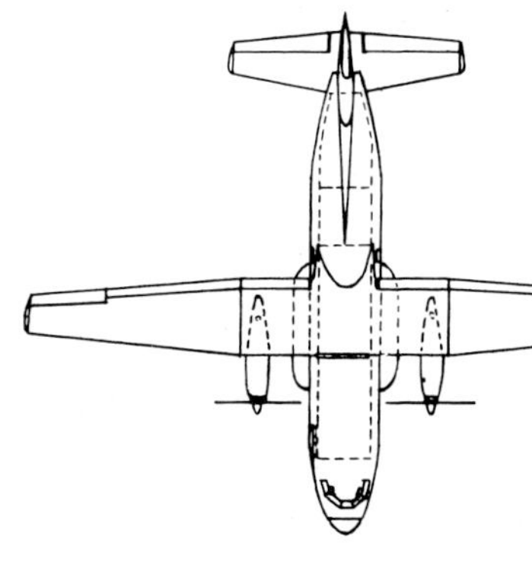

Um selbst stärker ins Rüstungsgeschäft zu kommen und der Konkurrenz von USA-Flugzeugen zu begegnen (insbesondere der C-130 „Hercules"), gründeten vier BRD- und französische Firmen im Jahr 1959 die „Arbeitsgemeinschaft Transall" (Transportallianz) mit dem Ziel, für die NATO ein neues militärisches Transportflugzeug zu entwikkeln. Es sollte besonders den Bedingungen der europäischen NATO-Länder entsprechen und von Luftlandeverbänden verwendet werden.
Die „Transall" hat eine zum Absetzen von Fallschirmlasten auch im Fluge abzuschwenkende Heckladerampe und über die gesamte Ladelänge von 13,50 m volles Eisenbahn-Transitprofil. Das Flugzeug kann auf unbefestigten Flugplätzen starten und landen. Drei Prototypen (Endmontage 1: Nord-Aviation, 25. Februar 1963; 2: VFW 25. Mai 1963) wurden bis 1966 erprobt. Von 1965 bis 1968 lief die Truppenerprobung von 6 Vorserienmaschinen. Die Serienproduktion begann 1967. Bis 1972 wurden für die BRD 90 C-160 D und für Frankreich 55 C-160 F gebaut. Die Türkei erhielt 20 C-160 T und Südafrika 9 C-160 Z.
Die 1985 noch in der BRD-Luftwaffe fliegenden 89 C-160 D befinden sich seit 1967 im Truppendienst. Sie waren für 4000 Flüge mit etwa 5000 Flugstun-

den vorgesehen. Da diese Maschinen jedoch bis etwa zum Jahr 2000 im Dienst verbleiben sollen, wurden die Tragflügelmittelstücke aller Maschinen mit einem Kostenaufwand von etwa 30 Mill. DM verstärkt. Weitere Modernisierungen (so der Avionik) sollen folgen, damit die Flugzeuge bis ins nächste Jahrzehnt im Bestand bleiben können.

Die Luftstreitkräfte Frankreichs meldeten Ende der siebziger Jahre den Bedarf von etwa 28 neuen „Transall" an. Am 9. April 1981 flog die erste Maschine (zeitweilig als C-160 NG – neue Generation – bezeichnet), und am 10. Dezember des gleichen Jahres wurde sie von Frankreichs Luftwaffe übernommen. Von den bis April 1985 an zwei Länder ausgelieferten 26 neuen C-160 sind 15 in der Lage, in der Luft nachbetankt zu werden oder Kraftstoff an andere Flugzeuge abzugeben. Einige Maschinen dieses Typs sollen für maritime Belange (C-160 S) und einige für den elektronischen Kampf (C-160 SE) verwendbar sein, während eine der Frühwarnung dienende Version als C-160 AAA (mit großen Funkmeßgeräten an Bug und Heck) bezeichnet wird.

Nach dem Beispiel der in der BRD als Feuerlöschflugzeug erprobten C-160 D ist die neue C-160 in die Lage versetzt worden, 15 t Wasser an Bord zu nehmen. In der Transportausführung kann sie entweder 93 voll ausgerüstete Soldaten oder 62 Verwundete auf Tragen und 4 medizinische Begleitpersonen oder 61 bis 88 Fallschirmjäger oder Fahrzeuge auf Paletten bis zu einer Gesamtmasse von 16 t befördern. Ausgerüstet sind die neuen Maschinen mit moderner Elektronik und Kraftstofftanks für zusätzlich 9000 l.

Rumpf: Ganzmetall-Halbschalenbauweise mit kreisförmigem Querschnitt; hochgezogenes Heck mit Laderampe; Druckkabine.
Tragwerk: freitragender Hochdecker in Ganzmetallbauweise; Tragflügel aus drei Teilen; Doppelspaltklappen; elektrische Enteisung.
Leitwerk: freitragende Normalbauweise; elektrische Enteisung.
Fahrwerk: einziehbar; jede Hauptstrebe trägt zwei Halbfahrwerke in Tandemanordnung mit zwei Zwillingsrädern; steuerbares Zwillingsbugrad.

Westland/SNIAS „Lynx" Mehrzweckhubschrauber

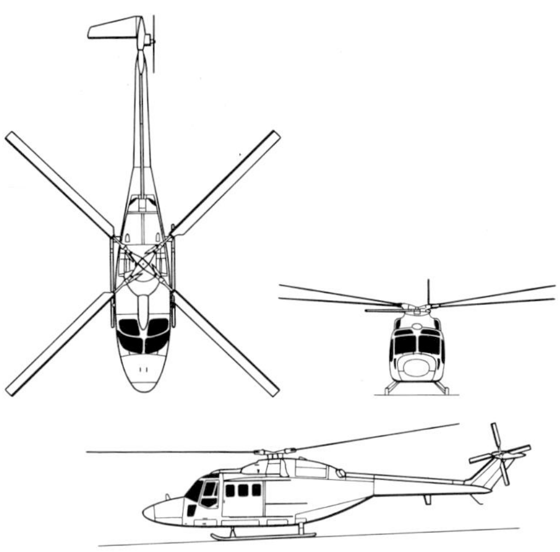

Die „Lynx" ist neben der „Gazelle" und der „Puma" ein Hubschrauber, der auf das 1967/68 abgeschlossene britisch-französische Hubschraubergemeinschaftsprogramm zurückgeht. Die Entwicklungs- und Konstruktionsarbeiten, den Bau der 13 Prototypen sowie der Serie übernahm bei diesem Typ die britische Firma Westland.

Am 21. März 1971 startete der erste Prototyp, dem bis Mai 1973 fünf weitere folgten. Der letzte Prototyp entspricht der ersten Serie AH.Mk. 1. Nach der Truppenerprobung mehrerer Muster dieses Typs wurde die „Lynx" AH.Mk. 1 ab 1976 als taktischer Truppentransporter, Panzerabwehr- und Aufklärungs- sowie Rettungshubschrauber eingeführt.

Versionen:

„Lynx" AH.Mk. 1: militärischer Mehrzweckhubschrauber; von britischen Landstreitkräften 114 Stück bestellt.

„Lynx" Mk. 2: U-Boot-Jagdversion der britischen Marine; Bau ab 1976; Versuchsmuster seit 1973 an Bord britischer und französischer Kriegsschiffe erprobt; 1976 alle 60 ausgeliefert.

„Lynx": der Mk. 2 entsprechende Modifikation für die französische Marine (80 Exemplare ausgeliefert); zwei Versuchsmuster 1973.

„Lynx" HAR Mk. 25: britische Bezeichnung für die 6 UH-14 A der niederländischen Marine.

„Lynx" SH-14 B: Variante zur U-Boot-Jagd.

„Lynx" SH-14 C: mit Geräten zur magnetischen Messung ausgerüstete U-Jagd-Variante.

„Super-Lynx" HAS Mk. 3: verbesserte britische Version von 1982; zur Panzerabwehr.

„Lynx" Mk. 7: „Army-Lynx"; Erstflug 1985.

Westland 30: 22 Sitze für Soldaten oder 10 Sitze und 6 Tragen.

Westland 606: zivile Ausführung für 12 Passagiere; ab August 1974 erprobt.

Nach 5 Prototypen und 7 Vorserienmaschinen sind von 1976 bis 1994 über 500 „Lynx" aller Versionen in zahlreiche Länder exportiert worden, so nach Brasilien (Mk. 21/23), Dänemark (Mk. 23/80/90), Deutschland (Mk. 88), Frankreich (HAS. 2/4), Großbritannien (AH. 1/5/7/9, HAS. 3/8), Niederlande (SH-14 D), Nigeria (Mk. 89), Norwegen (Mk. 86), Super Lynx: Brasilien, Portugal (Mk. 95) und Südkorea (Mk. 99). 1987 erhielt die britische Armee 16 Mk. 9 Battlefield Lynx (5,1 t, Triebwerk und Bewaffnung stärker). Danach wurden ältere Maschinen auf Mk. 9-Stand modernisiert.

„Lynx"-Hubschrauber sind auch von Argentinien, Katar, Norwegen und Südkorea übernommen bzw. bestellt worden.

Rumpf: Ganzmetall-Halbschalenbauweise.
Tragwerk: vier halbstarre Rotorblätter aus rostfreiem Stahl.
Leitwerk: Ausgleichsrotor und Stabilisierungsflosse.
Fahrwerk: zwei Kufen oder starres Bugradfahrwerk mit langen Federwegen und Zwillingsrädern an der Bugstrebe.

IAI-101/102/201/202 „Arava" STOL-Mehrzweckflugzeuge

Im Jahr 1966 begann die Firma Israel Aircraft Industries mit der Konstruktion eines Mehrzweckflugzeugs, das STOL-Eigenschaften aufweisen und mit Feldflugplätzen auskommen sollte. Der noch im gleichen Jahr in Produktion genommene Prototyp 4X-IAI startete am 17. November 1969 zum Erstflug, der zweite flog erstmalig am 8. Mai 1971. Im April 1972 wurde die Zulassung für die IAI-101 erteilt. Neben der zivilen IAI-102 gab es eine als IAI-201 „Military-Arava" bezeichnete Version, deren Prototyp 4X-IAB erstmals am 7. März 1972 startete. Sie war für Aufklärungs-, Transport- und Erdkampfaufgaben gedacht. Die Weiterentwicklung mit einem längeren Rumpf heißt IAI-202. Sie ging in Serie.
Mitte 1987 waren mehr als 90 „Arava" ausgeliefert worden. Neben der Luftwaffe Israels (14, darunter 4 für den elektronischen Krieg) haben das Flugzeug u. a. die Luftstreitkräfte Boliviens (6), Ekuadors (10), Mexikos (5), Nikaraguas (2), Paraguays (6), Brasiliens, Guatemalas (10) und El Salvadors (4) erhalten.
Seit 1984 wird als Ablösemuster für die C-47 eine Mischkonstruktion aus der IAI-201 und der IAI-202 entwickelt.

Rumpf: Ganzmetall-Halbschalenbauweise; zwischen den Leitwerkträgern hängender Zentralrumpf; je eine Tür hinter dem Tragwerk; Heck nach beiden Seiten zu öffnen; herabklappbare Laderampe.
Tragwerk: abgestrebter Schulterdecker in Ganzmetallbauweise; doppelter Leitwerkträger, vorn in Triebwerke übergehend.
Leitwerk: Höhenleitwerk zwischen den Leitwerkträgern; doppeltes, nach unten überstehendes Seitenleitwerk.
Fahrwerk: starr; an jeder Strebe ein Rad; steuerbares Bugrad; ölpneumatische Dämpfung; elektrohydraulische Bremsen.

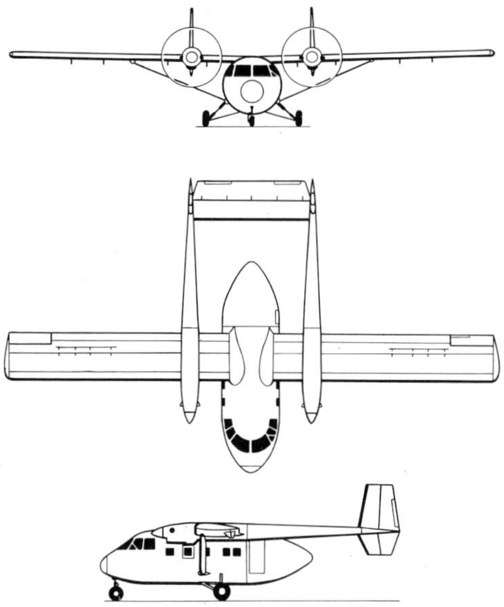

IAI „Kfir" Jagdflugzeug

Israel beschaffte sich durch eine Geheimdienstaktion aus der Schweiz die Konstruktionsunterlagen der „Mirage III", die dort in Lizenz produziert wurde. Unter strenger Geheimhaltung gingen Konstruktion, Erstflüge und Erprobung der aus dieser Maschine abgeleiteten israelischen Jagdflugzeugversion vor sich. Seit 1969 wurde der Name des Projekts mehrmals geändert: Hieß es zunächst „Black Curtain", so wurde die Bezeichnung nach dem Erstflug im September 1971 in „Nesher" und nach der Übernahme des ersten von 40 Flugzeugen durch die israelische Luftwaffe im Jahr 1972 in „Barak" geändert. Schließlich wurde die Maschine nach der Vorstellung von zwei Exemplaren am 14. April 1975 in Lydda in „Kfir" (junger Löwe) umbenannt.
Nach dem Bau von 100 mit General Electric J 79-GE-17 versehenen „Kfir" C-1 (als Abfangjäger, Jagdbomber und begrenzt auch als Aufklärer verwendet) stellte die IAI am 20. Juli 1976 die Weiterentwicklung C-2 vor (mit Entenflügeln über den Lufteinläufen zur besseren Manövrierfähigkeit, zwei kleinen Stabilisierungsflächen an der Rumpfspitze und zwei „Sägezähnen" an den Flügelvorderkanten).
Die israelische Luftwaffe besitzt inzwischen über 200 Flugzeuge dieses Typs, der eine Mischung aus der „Mirage III" und der „Mirage 5" darstellt.
Im Februar 1981 nahm der Doppelsitzer „Kfir" TC-2 die Flugerprobung auf, von dem 60 Exemplare gebaut wurden, einige als elektronische Störer bzw. Aufklärer.
Die „Kfir" C-7 ist mit verbesserter Avionik und verbessertem Antrieb versehen. Die Trainerversion heißt TC-7. 1988 verfügte Israel über 200 „Kfir" C-2, TC-2, C-7 und TC-7.
1991 flog die C-7 erstmals mit dem Triebwerk Atar 9 K-50 für die Exportausführung (Alternative zum GE F 404). Kolumbien erhielt 1989 13 C-7, die Philippinen kauften 16 C-7 und 2 TC-7, Taiwan bezog 34 C-7 und 6 TC-7.

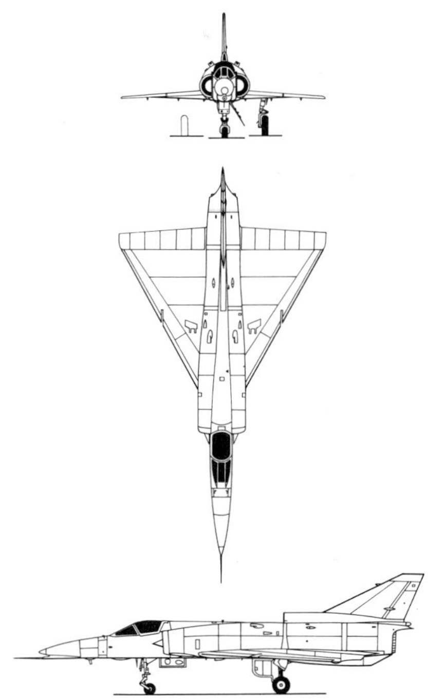

Rumpf: Ganzmetall-Halbschalenbauweise; halbrunde Lufteinläufe seitlich des Rumpfes; spitzer Bug.
Tragwerk: freitragender Tiefdecker in Ganzmetallbauweise mit Deltaflügeln.
Leitwerk: normales Seitenleitwerk; hinten leicht überhängend; kein besonderes Höhenleitwerk; Bremsschirm hinter dem Seitenleitwerk.
Fahrwerk: einziehbar mit Bugrad; alle Streben einfach bereift.

Aeritalia G-91
Kampf- und Aufklärungsflugzeug

Die G-91 wurde aufgrund einer Ausschreibung der NATO im Frühjahr 1954 für ein leichtes Erdkampfflugzeug entwickelt. Der Erstflug des Prototyps war am 9. August 1956. Bei der Erprobung im Herbst 1957 in Frankreich erfüllte die Maschine die NATO-Anforderungen. In Serie ging sie jedoch nur in zwei NATO-Ländern: in Italien (FIAT) und in der BRD (ARGE 91 – Arbeitsgemeinschaft der Firmen Dornier, Heinkel, Messerschmitt und Siebel/ATG).
Für die BRD-Luftwaffe wurden Ende der fünfziger Jahre die Version G-91 R-3 und das Trainermuster G-91 T-4 ausgewählt. 30 FIAT G-91 lieferte Italien direkt, und 294 G-91 R-3, R-4 und T-3 wurden von Juli 1960 bis Januar 1965 in der BRD in Lizenz gebaut. 1970/71 wurden 22 G-91 T-3 nachgebaut.

Versionen:
G-91: einsitziges Erdkampfflugzeug.
G-91 R: Aufklärungsflugzeug; R-1: 98 Stück gebaut; R-1 A und R-6 mit verbesserter Navigationsausrüstung; R-3 und R-4 mit geringfügigen Änderungen; Italien baute je 50 R-3 und R-4.
G-91 T: Schul- und Übungsflugzeug; Erstflug am 31. Mai 1961.
G-91 Y: aus der G-91 T abgeleitete Ausführung mit zwei Triebwerken; Erstflug am 27. Dezember 1966; 2 Prototypen, 20 Vorserienmaschinen und bis 1974 55 Serienflugzeuge gebaut.
G-91 Y/R: einsitzige Erdkampf- und Aufklärungsversion.
G-91 Y/T: zweisitzige Ausbildungsversion; nicht in Serie gebaut.

Italien hatte 1988 noch 45 G-91 R, 71 G-91 T und 38 G-91 Y.
Die letzten G-91 gingen 1994 außer Dienst. Als Nachfolger ist die AMX gedacht.

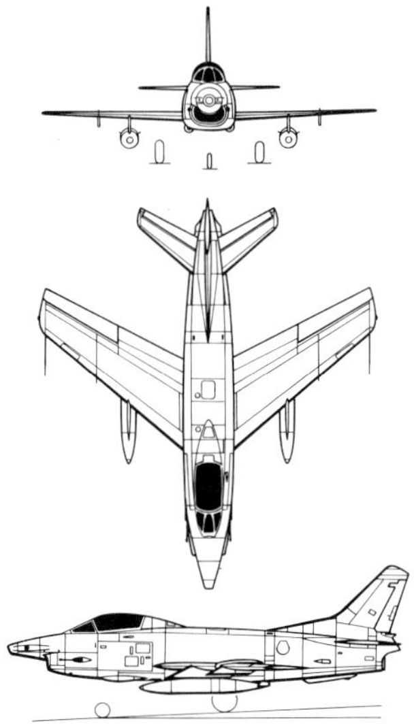

Rumpf: Ganzmetall-Halbschalenbauweise; zwei hydraulisch betätigte Luftbremsen nebeneinander unter dem Mittelrumpf; Bremsschirm im Heck; gepanzerte Druckkabine; automatischer Schleudersitz.
Tragwerk: freitragender Tiefdecker mit Laminarprofil in Ganzmetall mit zwei Holmen; Mittelstück mit dem Rumpf fest verbunden.
Leitwerk: freitragende Normalbauweise in Ganzmetall.
Fahrwerk: hydraulisch betätigt mit Bugrad und Niederdruckreifen; hydraulische Bremsen.

Aeritalia AM-3 C
Mehrzweckflugzeug

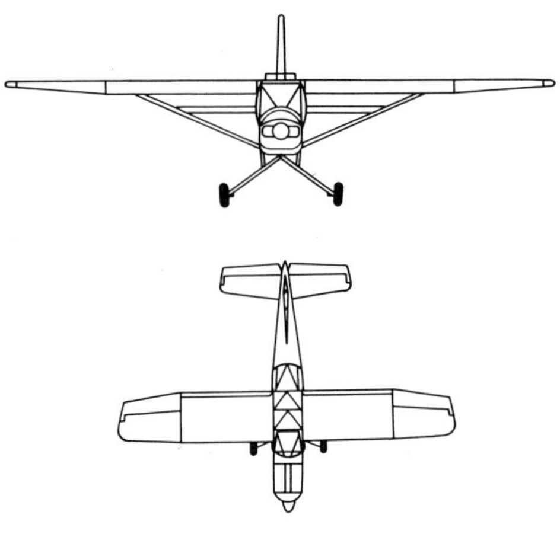

Rumpf: vorn Stahlrohrbauweise mit Leichtmetall- und GFK-Beplankung; hinten Leichtmetall-Schalenbauweise; drei Sitze hintereinander; gesamte Steuerbordseite durch eine nach vorn aufgehende und nach oben klappbare Tür zu öffnen.
Tragwerk: abgestrebter Ganzmetall-Schulterdecker mit einer Strebe auf jeder Seite; Ganzmetall-Kastenholm; Fowler-Klappen mit zwei Holmen.
Leitwerk: freitragende Normalbauweise in Leichtmetall; Höhenflosse zur Trimmung verstellbar.
Fahrwerk: starr mit Heckrad und ölpneumatischer Dämpfung; hydraulische Scheibenbremsen; Ausrüstung mit Schwimmern oder hydraulischem Räder-/Kufen-Fahrwerk mit Heckkufen möglich.

Im Auftrag der italienischen Luftstreitkräfte schuf die Firma Aerfer zusammen mit Aeronautica Macchi das STOL-Mehrzweckflugzeug AM-3. Es dient für den bewaffneten Patrouillendienst, für den Geleitschutz von Hubschraubern, für die taktische Aufklärung, Zielmarkierung und Kampfzonenbeleuchtung; außerdem eignet es sich als Verbindungsflugzeug sowie als Sanitätsflugzeug.
Für das Tragwerk konnte man auf den Flügel der AL-60 von Aermacchi/Lockheed zurückgreifen. Die anderen Teile sind neu entwickelt worden. Der erste von drei Prototypen startete am 12. Mai 1967 zum Erstflug. 1970/71 wurde die Maschine von den Streitkräften Italiens und der USA getestet. Danach schloß Beech Aircraft einen Vertrag für den Lizenzbau in den USA ab. In Italien sind ab 1972 63 AM-3 C gebaut worden. Die Luftwaffe Südafrikas kaufte von Mitte 1973 bis Dezember 1974 40 AM-3 C, die dort als „Bosbok" bezeichnet werden. In Zusammenarbeit von Aermacchi und Atlas Aircraft (Südafrika) entstand in Südafrika die Atlas Ç-4 M „Kudu" als Weiterentwicklung der AM-3 C. Im Februar 1974 nahm der Prototyp die Erprobung auf, die 1975 abgeschlossen wurde.

Aeritalia G-222
Transportflugzeug

FIAT entwickelte 1960 zusammen mit den Firmen Finmeccanica, Aerfer, Aermacchi, Piaggio und SIAI-Marchetti ein Transportflugzeug für zivile und militärische Zwecke. Ursprünglich war ein von der BRD, Italien und Frankreich gemeinsam gebauter, senkrecht startender und landender Transporter vorgesehen. Da die BRD und Frankreich von dem Projekt zurücktraten, änderte Gabrielle (daher G-222) es nach den neuen Forderungen in ein Kurzstart- und Kurzlandeflugzeug. Der erste Prototyp hatte seinen Erstflug am 18. Juli 1970, der zweite am 22. Juli 1971. Ein dritter Prototyp diente 1971 Bruchversuchen.
Nach längerem Zögern übernahmen die Luftstreitkräfte Italiens 44 G-222 (30 Standardtransporter G-222, 8 G-222 SAA, 4 G-222 RM und 2 G-222 GE). Am 24. Dezember 1974 bestellte die Regierung Argentiniens zwei G-222 und erteilte die Option für eine weitere. Dubai kaufte zwei G-222, Somalia vier, Venezuela zwei. Bestellt wurden insgesamt 83 Maschinen.
Die auch im Flug abzusenkende Heckladeluke ermöglicht den Fallschirm-Lastenabwurf.

Versionen:
G-222: Standardmilitärtransporter; geliefert ab 21. April 1978.
G-222 RM: für Fluginspektion (Radiomisure) und Abflüge von Bodennavigationsmitteln.
G-222 SAA: Feuerlöschflugzeug (Sistema Aeronautico Antiocentio) mit Tank für 6300 l Wasser.
G-222 T: mit Rolls Royce Tyne, längeren Propellerblättern und höherer Abflugmasse; 20 für Libyens Luftwaffe gebaut, davon 2 als VIP-Version.
G-222 VS: Spezialversion (Versione Speciale) für den elektronischen Kampf; Erstflug am 9. März 1978.

Studien wurden erarbeitet für Versionen als Tanker, U-Jäger und maritime Aufklärer.

Rumpf: Ganzmetallbauweise mit kreisrundem Querschnitt; Druckkabine.
Tragwerk: freitragender Hochdecker in Ganzmetallbauweise mit drei Holmen; Tragflügelmittelstück mit Triebwerksgondeln und zwei Außenflügeln; außen Steuerdüsen für geringe Geschwindigkeiten; Doppelspaltklappen.
Leitwerk: freitragende Normalbauweise in Ganzmetall; Steuerdüsen im Heck zur Steuerung bei VTOL.
Fahrwerk: einziehbar mit Bugrad; Mehrfachscheibenbremsen.

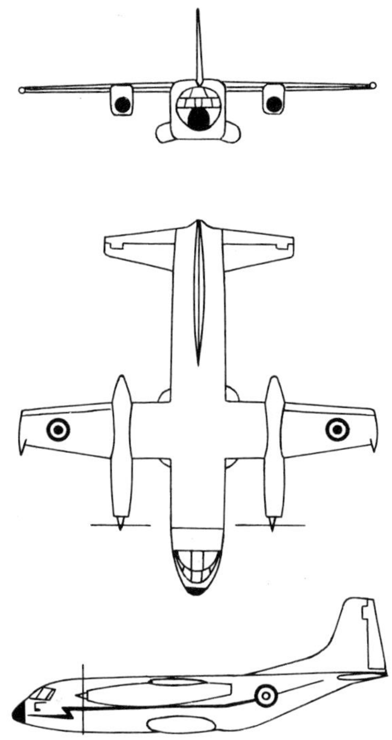

Aermacchi MC-72
Rennflugzeug

Bei der Entwicklung schneller Flugzeuge spielte der Schneider-Pokal-Wettbewerb, der erstmals 1913 stattfand, eine große Rolle. Als die damaligen Flugzeuge vor allem durch den Einbau stärkerer Motoren schneller wurden, ging man zu Wasserflugzeugen über, da die Flugplätze für die längeren Startstrecken nicht mehr ausreichten. Außerdem versuchte man, den Widerstand zu verringern, indem man statt der Doppeldecker Eindecker baute. Alle widerstandserzeugenden Körper wurden verkleidet oder eingebaut.
Die MC-72 (C weist auf den Konstrukteur Castoldi hin) wurde 1931 entwickelt. Schwierigkeiten mit dem Triebwerk verhinderten allerdings einen Start im Pokal-Wettbewerb. Die Maschine wurde deshalb für Geschwindigkeits-Weltrekordversuche vorbereitet. Am 10. April 1933 flog Agello mit 682,08 km/h einen Rekord. Am 8. Oktober des gleichen Jahres legte Cassinelli eine geschlossene Strecke von 100 km mit einer Geschwindigkeit von über 682 km/h zurück. Und am 23. Oktober schraubte Agello den Geschwindigkeits-Weltrekord auf damals phantastische 709,209 km/h. Dieser Rekord wurde erst fünf Jahre später durch die He 100 von Heinkel gebrochen.

Rumpf: ovaler Querschnitt; offenes Cockpit.
Tragwerk: verspannter Tiefdecker.
Leitwerk: freitragende Normalbauweise.
Schwimmwerk: zwei Schwimmer, abgestrebt und verspannt.

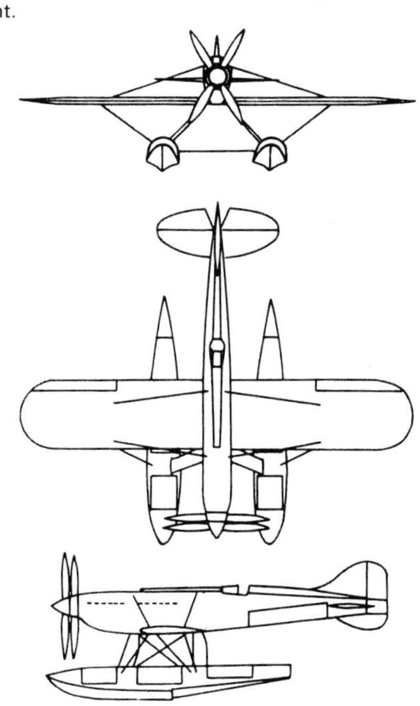

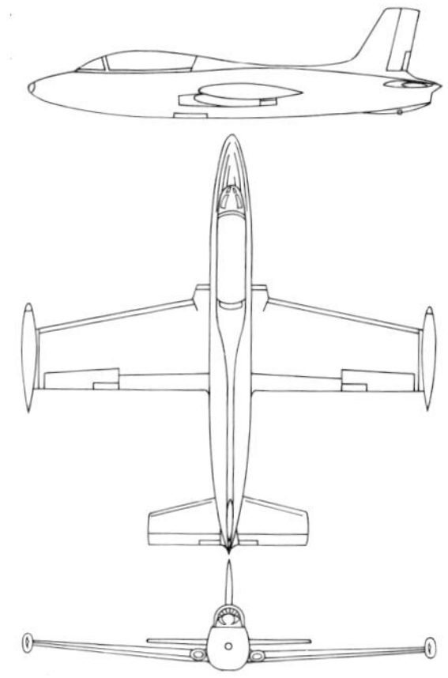

Aermacchi MB-326
Schul- und Erdkampfflugzeug

Die MB-326 ist ein Schul-, Übungs- und leichtes Erdkampfflugzeug für militärische und zivile Zwecke. Der Prototyp flog erstmalig am 10. Dezember 1957 mit dem Triebwerk Rolls Royce „Viper 8", die Serienausführung erhielt das stärkere „Viper 11".

Versionen:
MB-326: Schul- und Übungsflugzeug für Italien; Erstflug des ersten Serienflugzeugs am 5. Oktober 1960; 100 Stück gebaut.
MB-326 B: Ausführung für Tunesien; 8 Stück gebaut.
MB-326 C: Cockpit und Ausrüstung der F-104 „Starfighter" von Lockheed (USA) angeglichen.
MB-326 D: wie die MB-326, geeignet für die Ausbildung von Verkehrspiloten.
MB-326 E: stärkeres Triebwerk; veränderte Tragflügel zur Aufnahme von Waffen in Aufhängungen; verbesserte elektronische Ausrüstung.
MB-326 K: einsitziges Erdkampfflugzeug, das sich auch für die Waffenausbildung eignet; gepanzerte Druckkabine; Zusatztank im Rumpf; Erstflug am 22. August 1970.

Bis 1985 erhielten die Luftstreitkräfte von 13 Ländern über 750 MB-326, darunter Ghana die MB-326 G, Australien die MB-326 H, Südafrika die MB-326 M (dort als „Impala" in Lizenz gebaut), Brasilien die MB-326 GC (dort als AT-26 „Xavante" in Lizenz gebaut).

Aus der MB-326 K wurden 1975 zwei Prototypen entwickelt; ein zweisitziger Trainer (MB-326 L) und ein Jagdbomber (MB-339, Erstflug am 12. August 1976, Sitze weiter vorn und in der Höhe gestaffelt, anderes Triebwerk). Gedacht war die Maschine als Ersatz für die MB-326 K. Die MB-339 A ist von den Streitkräften in Dubai, Malaysia und Nigeria beschafft worden. Die MB-339 C ist eine Version mit verbesserter Avionik. Die MB-339 K „Veltro 2" flog erstmals am 30. Mai 1980, sie fand aber keine Abnehmer.
Italien hat die MB-326 außer Dienst gestellt.

Rumpf: Ganzmetall-Schalenbauweise; hydraulisch betätigte Luftbremse unter dem Mittelrumpf; zwei Sitze hintereinander; Druckkabine mit Schleudersitzen; Glashaube aus einem Stück.
Tragwerk: freitragender Mitteldecker in Ganzmetallbauweise mit einem Holm; Mittelstück fest mit dem Rumpf verbunden; Fowler-Klappen.
Leitwerk: freitragende Normalbauweise in Ganzmetall.
Fahrwerk: hydraulisch einziehbar mit Bugrad und ölpneumatischer Dämpfung; hydraulische Bremsen; steuerbares Bugrad.

Agusta A-109 „Hirundo"
Hubschrauber

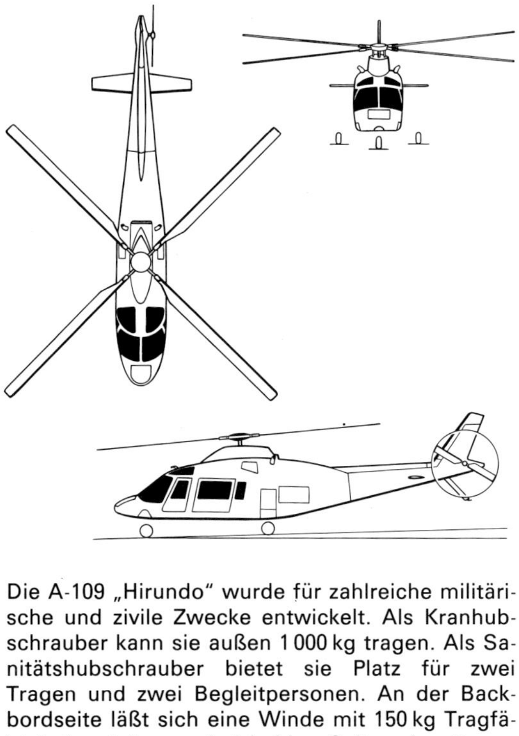

Die A-109 „Hirundo" wurde für zahlreiche militärische und zivile Zwecke entwickelt. Als Kranhubschrauber kann sie außen 1 000 kg tragen. Als Sanitätshubschrauber bietet sie Platz für zwei Tragen und zwei Begleitpersonen. An der Backbordseite läßt sich eine Winde mit 150 kg Tragfähigkeit anbringen. Auf beiden Seiten des Rumpfes lassen sich MGs anordnen, desgleichen Flugkörper oder Raketen.

Die Flugerprobung des Prototyps A-109 (NC-7101) begann am 4. August 1971.
Die Grundausführung gab es in den Versionen A-109 A für zivile Zwecke (7 Passagiere oder 2 Tragen und 2 Sitze), für die Landstreitkräfte (7 Sitze) sowie für die Marine. Die A-109 M ist die für das italienische Heer entwickelte Aufklärungsversion. Mitte 1975 wurde die Maschine mit Panzerabwehrraketen erprobt.
Die A-109 C war die Basis für den Panzerabwehrhelikopter A-129. Den 4 Prototypen und 10 Vorserienmaschinen folgten von 1974 bis 1993 rund 500 A-109, darunter etwa 50 militärische für Abnehmer in 10 Ländern. SABCA/Belgien fertigt die A-109 seit 1992.
Im Jahr 1984 entstand für die italienischen Finanzorgane die A-109 Mk. II, die 1985 auch an Japan verkauft wurde. Für den Einsatz in Afrika und im Fernen Osten ist seit 1983 die A-109 K verfügbar. Die neueste Zivilversion ist die A-109 X Mk. II „Videbody" mit modernisierter Ausrüstung.

Rumpf: Ganzmetallbauweise; Doppelsteuerung; vorn zwei Sitze, dahinter zwei Reihen mit je drei Sitzen; Heizung und Belüftung; auf beiden Seiten je zwei Türen.
Tragwerk: Vierblatt-Starr-Rotor; Rotorblätter nach hinten klappbar.
Leitwerk: horizontale Dämpfungsflächen beiderseits; Seitendämpfungsfläche auf dem Träger für den Zweiblatt-Ausgleichsrotor mit 2 m Durchmesser auf der Backbordseite.
Fahrwerk: hydraulisch betätigt, einziehbar; steuerbares Bugrad; Bremsen; auf Wunsch Ausrüstung mit Schneekufen; Hecksporn.

Agusta A-129 „Mangusta“ Kampfhubschrauber

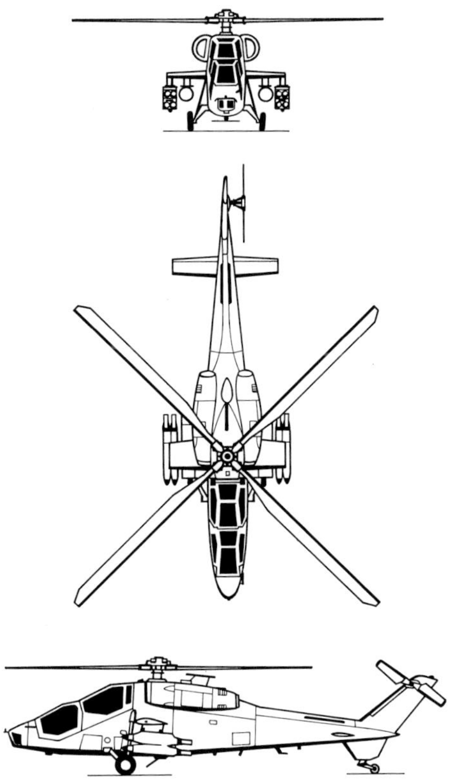

Seit mehreren Jahren – erste Erwägungen wurden 1972 laut – gibt es Informationen darüber, daß der italienische Hubschrauberhersteller Agusta aus dem Typ A-109, von dem es zahlreiche Varianten gibt, einen Kampfhubschrauber A-129 ableitet. Auf dem Luftfahrtsalon in Paris im Mai 1985 wurde der 5. Prototyp vorgestellt. Während die Streitkräfte des Landes verlangt hatten, daß der Kampfhubschrauber in der Grundausstattung mit acht Panzerabwehrlenkraketen oder ungelenkten Luft-Boden-Raketen zu bewaffnen sei, wurde am 5. Prototyp eine ganze Reihe weiterer Bewaffnungsmöglichkeiten demonstriert: 27-mm-Kanone in beweglicher Lafette unter dem Bug; Luft-Luft- und Luft-Boden-Raketen unterschiedlichen Typs.

Die Prototypen nahmen zu folgenden Terminen die Flug- und Einsatzerprobung auf: 11. September 1983, 1. Juli und 5. Oktober 1984, 27. Mai 1985 sowie 1. März 1986. Erst 1990 nahm die italienische Armee den Typ ab und bezog 15 von 60 geplanten Einheiten. 20 A-129 sind für den bewaffneten Begleitschutz vorgesehen (12,7-mm-MG im Bug, Luft-Luft-Raketen). Erprobt werden A-129 mit mastmontiertem Visier für Aufklärung/Beobachtung sowie für den Export mit stärkerem Antrieb LHTEC T 800-LHT-800 für heiße Gebiete.

Rumpf: Ganzmetallbauweise; beide Sitze hintereinanderliegend; seitliche Stummelflügel hinter der Hauptfahrwerkstrebe zur Aufnahme der Waffenaußenlasten bis 1000 kg; rechts hinter der Kabine Lufteinlauf; schlanker Heckträger; sehr bruchfeste Zelle; besonders gesichertes Tanksystem.
Tragwerk: vierblättrige Tragschraube.
Leitwerk: zweiblättrige Ausgleichsschraube auf der linken Seite, darunter Stabilisierungsfläche.
Fahrwerk: starres Heckradfahrwerk; einfach bereift.

Agusta/Bell AB-47 / AB-47 J „Super Ranger“ Hubschrauber

Agusta baute in Italien den USA-Hubschrauber Bell 47 (Skizze) in Lizenz. Dieser erhielt als erster Hubschrauber im Jahr 1946 die Luftverkehrszulassung. Er wird verwendet in der Landwirtschaft, bei Vermessungsflügen und geologischen Forschungen, beim Bautransport, zur Kontrolle und Reparatur von Hochspannungsleitungen und Pipelines, zur Verkehrskontrolle und als Sanitätshubschrauber. Ferner dient er zur Postbeförderung auf Berge und nach Inseln, für Filmaufnahmen und zur Waldbrandüberwachung. Zahlreich sind auch die militärischen Einsatzzwecke. Als Schulhubschrauber hat er Doppelsteuerung.

Eine der vielen Versionen ist die AB-47 J „Super Ranger“ (Foto) mit einer größeren Kabine. Vorn in der Mitte sitzt der Pilot, dahinter finden auf einer Bank drei bis vier Passagiere Platz. Statt des Gitterrumpfes ist die AB-47 J vollständig mit Leichtmetall verkleidet.

Die Produktion lief 1971 aus. Insgesamt wurden mehr als 1000 Hubschrauber aller AB-47-Versionen gebaut. Sie dienten auch als Mehrzweckhubschrauber auf Kriegsschiffen. Eine spezielle U-Boot-Jagdversion ist mit einem Unterwassertorpedo ausgerüstet.

1988 hatten Italiens Luftstreitkräfte noch 30 AB-47 G/J im Bestand.

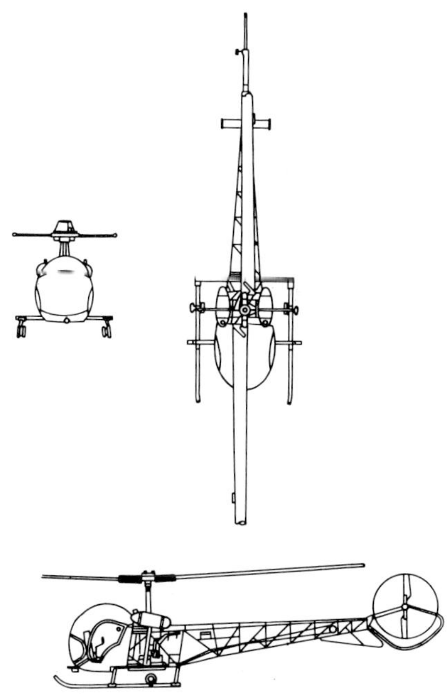

Rumpf: Kabine aus geblasenem Plexiglas für drei Personen nebeneinander; Tür auf jeder Seite; Mittelteil aus Stahlrohr trägt Kabine und Triebwerk; hinterer Teil aus Stahlrohr in Dreiecksform als Träger des Ausgleichsrotors.
Tragwerk: halbstarrer Zweiblatt-Rotor aus Ganzmetall.
Leitwerk: Zweiblatt-Ausgleichsrotor in Metallbauweise; kleine Steuerflächen zur Stabilisierung.
Fahrwerk: Stahlrohrkufen; darauf lassen sich Liegen oder Fracht befestigen; AB-47 J: mit abklappbaren Rädern für den Bodentransport; auf Wunsch Ausrüstung mit Schlauchschwimmern oder Schneekufen.

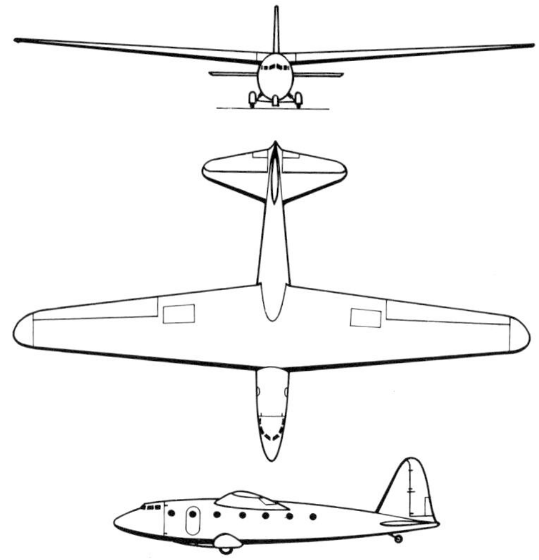

Ambrosini AL-12 P Lastensegler

Italiens Luftfahrtindustrie schuf während des zweiten Weltkriegs unter dem Eindruck des massenhaften Einsatzes von Lastenseglern in unterschiedlichen Operationsgebieten zwei Typen derartiger Gleiter, die aber militärisch unbedeutend blieben. Die Firma Caproni brachte 1943 den Prototyp TM-2 (steht heute im Luftfahrtmuseum des Landes) für 2 Flugzeugführer und 20 Luftlandesoldaten heraus. Auf der linken Seite des Schulterdeckers gab es zwei große Ladetüren. Bei der im Jahr davor erprobten AL-12 P der Firma Ambrosini ließ sich dagegen die gesamte Bugsektion mit dem Cockpit der beiden Flugzeugführer nach oben klappen. Von diesem für 12 Luftlandesoldaten oder 1 600 kg Fracht geeigneten Typ fertigte die Firma Aerolombardi 16 Exemplare, von denen mehrere zu Transportaufgaben im Hinterland benutzt wurden. Einige AL-12 P stattete man mit je zwei Triebwerken Alfa Romeo 115 (je 165 kW Startleistung) aus. Diese motorisierten Lastensegler erhielten die Bezeichnung P-512.

Rumpf: geklebte Holzkonstruktion mit Stoffbespannung; Halbschalenbauweise.

Tragwerk: freitragender Schulterdecker in Holzbauweise mit Stoffbespannung.
Leitwerk: Normalbauweise; Holzrahmen mit Stoffbespannung.
Fahrwerk: nicht einziehbares Heckradfahrwerk; alle Streben einfach bereift; Haupträder verkleidet; Kufe unter dem Rumpfbug.

Ansaldo SVA-5 Jagdflugzeug

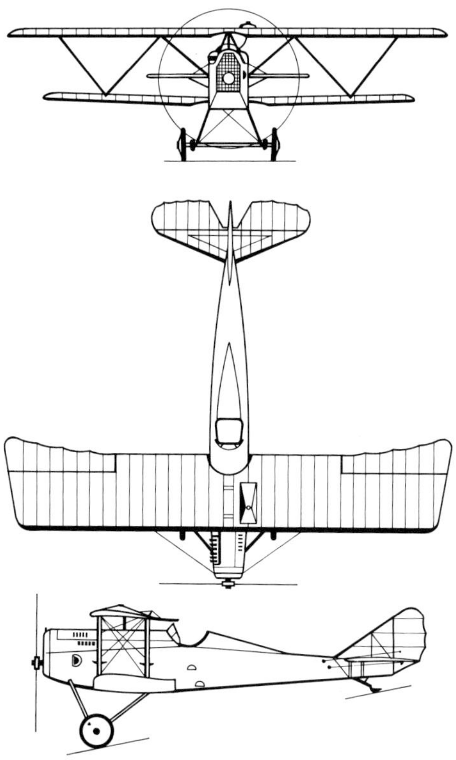

Die SVA-Doppeldecker gehörten gegen Ende des ersten Weltkriegs in Italien zu den beliebtesten Militärflugzeugen. Ihre Entwicklung geht auf Arbeiten zurück, die Savoia und Verduzio 1916 im Direktorium für Militärluftfahrt an einem Jagdeinsitzer begonnen hatten. Da die Firma Societa Ansaldo Cia Turin die Bauaufsicht erhielt, bezeichnete man den Typ nach den Konstrukteuren und dem Werk als SVA.

Am 19. März 1917 startete der Prototyp zum Erstflug. Nach einigen Verbesserungen kamen die ersten Flugzeuge noch im gleichen Jahr zur Truppe. Die leicht modifizierten Maschinen der nächsten Bauserien wurden als SVA-2 und SVA-3 bezeichnet. Mit verkürzten Tragflügeln wurde die SVA-3ridotto (die Verkleinerte) ab Frühjahr 1918 zum Abfangen von Luftschiffen und zum Bekämpfen von Ballons geliefert. Einige Maschinen dieser Version erhielten deshalb zusätzlich zu den beiden synchronisierten MGs schräg nach unten gerichtete Waffen.
Die Konstrukteure, die sich bei ihrem Projekt an die französische HD-1 gehalten hatten, leiteten aus dem Grundmuster eine ganze Reihe von Versionen, so den Aufklärer SVA-4 (ab Februar 1918 an der Front), das Jagdflugzeug SVA-5 (Skizze) und die Doppelsitzer SVA-9/SVA-10 ab.
Insgesamt wurden 1 245 Jagdflugzeuge SVA-5 und 50 Idro-AM (mit Schwimmern versehen) gebaut. Damit wurden 5 italienische Jagdflieger-Truppenteile sowie eine Seefliegerstaffel ausgerüstet. Die SVA-5 bewährte sich nicht nur als Jagdflugzeug, der Typ wurde auch als Langstreckenaufklärer verwendet. So flogen die Piloten Locatelli und Ferrarin am 21. Mai 1918 bis Friedrichshafen (708 km) und fotografierten die Zeppelin-Werke. Einen Monat später flog Locatelli bis Zagreb (904 km), um dort ebenfalls Ziele aus der Luft zu fotografieren. In Italien und einigen afrikanischen Ländern blieb die SVA-5 bis in die dreißiger Jahre im Einsatz. Sie wurde auch im zivilen Bereich (Italien, USA) als Schulflugzeug benutzt.
Nach 1918 wurden SVA-Maschinen nach Argentinien, Ekuador, Litauen und Polen exportiert. Polen kaufte 1919 den gegenüber der SVA-5 nur geringfügig geänderten Typ Ansaldo A-1 „Ballila" (Foto; in Italien 1918 in 104 Exemplaren gebaut, 35 davon an Polen geliefert, an die UdSSR 30, dort von 1924 und 1926 als Jagdflugzeuge geflogen). Die polnische Firma Plage & Laskiewicz in Lublin produzierte 150 A-1 sowie 75 NA-5 in Lizenz. Sie blieben bis 1926 Flugzeuge der ersten Linie.

Rumpf: rechteckiger Querschnitt; nach hinten stark verjüngt; Stoffbespannung.
Tragwerk: mit V-Streben versehener, verspannter Doppeldecker; unterer Tragflügel kürzer; Querruder nur oben; Stoffbespannung.
Leitwerk: verspannt; Normalbauweise; Stoffbespannung.
Fahrwerk: nicht einziehbar; durchgehende Achse; abgefederter Sporn.

Breda 25
Schul- und Übungsflugzeug

Die Breda 25 war in den dreißiger Jahren das verbreitetste Schul- und Übungsflugzeug Italiens. Über 10 000 italienische Piloten wurden darauf ausgebildet. Außerdem wurde es in zahlreiche Länder exportiert, z. B. nach Afghanistan, China und Paraguay.
Dieses Flugzeug gab es in verschiedenen Versionen. Die übliche Ausführung für Schul- und Übungszwecke hatte zwei Sitze hintereinander und einen 175-kW-Motor. Es gab ferner eine einsitzige Ausführung als Trainingsflugzeug für Fortgeschrittene. Die Breda 25 „Idro" war ein zweisitziges Wasserflugzeug mit zwei Schwimmern.

Rumpf: ovaler Querschnitt; Stoffbespannung; zwei offene Sitze hintereinander.
Tragwerk: verstielter und verspannter Doppeldecker; Baldachin mit N-Streben.
Leitwerk: abgestrebte und verspannte Normalbauweise mit Stoffbespannung.
Fahrwerk: starr mit geteilter Achse und Hecksporn.

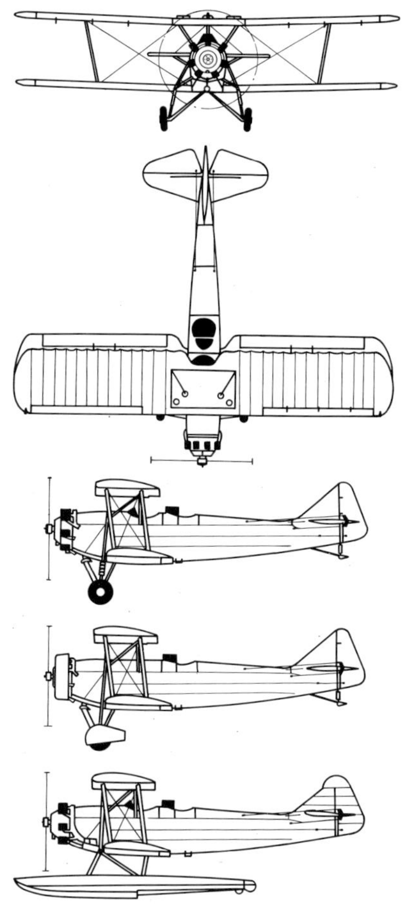

Caproni Ca-33
Bombenflugzeug

Als Italien am 24. Mai 1915 in den ersten Weltkrieg eintrat, verfügte das Land über eine kleine, aber leistungsfähige Flugzeugindustrie. Diese produzierte zunächst vorwiegend Maschinen nach französischen Lizenzen (1915 insgesamt 382 Maschinen; bei Kriegsbeginn verfügten die Fliegerkräfte des Landes über 89 Flugzeuge). Doch bald waren es ausschließlich eigene Typen, die auch an die Verbündeten geliefert oder von denen in Lizenz gebaut wurden.
Zu den führenden Konstrukteuren jener Zeit zählte in Italien Gianni Caproni. Offensichtlich unter dem Eindruck der ersten militärischen Flugzeugeinsätze im Jahr 1911 und der dabei aufgetretenen Mängel begann er mit der Konstruktion eines dreimotorigen Doppeldecker-Bombers, der 1913 fertig war, später durch den Einbau unterschiedlicher Triebwerke sowie geringfügiger Veränderungen mehrfach modifiziert wurde. Die erste Ausführung wurde als Ca-30 bezeichnet. Sie verfügte über zwei Triebwerke Le Rhône mit je 60 kW Startleistung und einen Motor mit 75 kW. Die schwächeren Triebwerke befanden sich an den Spitzen der beiden Rümpfe, während das stärkere am Ende der zentralen Rumpfgondel (dem Raum für Besatzung und Bewaffnung) angeordnet war und eine Druckluftschraube hatte. Es folgten die Ausführungen Ca-31 (militärische Bezeichnung Ca-1), Ca-32 (Ca-2) und Ca-33 (Ca-3) mit Triebwerken Curtiss, Gnôme, Fiat oder Isotta-Fraschini, deren Startleistungen zwischen 60 und 110 kW lagen.
Im Jahr 1914 verließen 8 Ca-1 die Werkhallen, bis 1916 folgten 164 Ca-2 (alle drei Triebwerke mit Zugschrauben, der dritte Motor also vor der Gondel). Damit war Italien damals neben Rußland (mit der viermotorigen „Ilja Muromez") das zweite Land, das über ein spezielles Bombenflugzeug verfügte. Als Antrieb dienten der Ca-2 75-kW-Motoren Fiat A.10 (die Weiterentwicklung hatte 80 kW).
Die Ca-2 galt als Grundlage für Italiens Bombenfliegerkräfte. Es war eine gut zu fliegende Maschine mit einer Bombenzuladung von 454 kg und einer Reichweite, die über der vergleichbarer Typen jener Zeit lag.
Von 1916 bis 1918 lieferte das Werk 269 (nach anderen Quellen 250) Bomber Ca-33 (Ca-3) aus. Sie hatten einen verbreiterten Rumpf, und der dritte Motor (B-4 B mit 110 kW) war wieder am Gondelende befestigt. Über dem Gondelheck vor dem Triebwerk gab es einen turmförmigen Aufbau, damit der Beobachter mit seinem 6,5-mm-MG Revelli besser über das Seitenleitwerk schießen und von hinten angreifende feindliche Flugzeuge abwehren konnte. Erstmals erhielt mit der Ca-3 ein Flugzeug zwei Kanonen, eine befand sich im Heck, die andere über den beiden nebeneinandersitzenden Flugzeugführern. Als Standardbewaffnung des Typs galten jedoch 1 bis 3 6,5-mm-MGs.

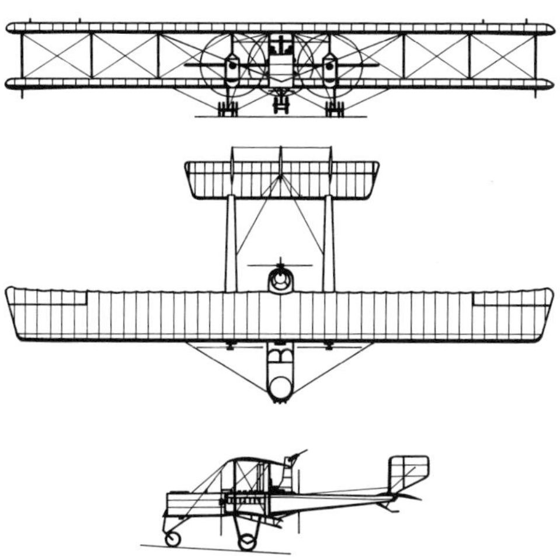

Mit Maschinen vom Typ Ca-33 sind insgesamt 15 Staffeln der Marineflieger sowie eine weitere italienische Staffel in Albanien ausgerüstet worden. Die französischen Werke Esnault-Pelterie bauten 19 Ca-33 als Caproni-CEP in Lizenz. Ausgestattet wurden damit zwei französische Staffeln.
Gegen Kriegsende trat an die Stelle der Ca-3 (Ca-33) die Ca-5. Im Unterschied zum Bugradfahrwerk der Ca-3 (Foto, Skizze) hatte die neue Ausführung ein Heckspornfahrwerk. Außerdem war sie etwas größer: Die Spannweite der Flügel war um 1,27 m, die Länge um 1,7 m vergrößert worden. Als Antrieb dienten 3 Fiat-Triebwerke mit je 220 kW Startleistung, die Bombenzuladung betrug 500 kg, die Bewaffnung 2 6,5-mm-MGs Revelli.
Aus der Ca-33 hatte Caproni bereits vor der Ca-5 mehrere Versionen abgeleitet: Ca-34 ohne Bugräder, Ca-35 mit anderer Besatzungsgondel, Ca-36 mit zurückklappbaren Tragflügeln, Ca-36 S als Sanitätsausführung, Ca-37 mit kürzeren Flügeln, Ca-39 Projekt für ein Wasserflugzeug, Ca-57 Zivilausführung.

Rumpf: Bootsgondel in Holzbauweise; vorn offener Sitz des Beobachters; vor den Flügeln nebeneinanderliegende Sitze der beiden Flugzeugführer; hinten Beobachter; Kraftstofftanks in der Gondel; Hinterteil als Doppel-Leitwerkträger, darin in der Stirn je ein Triebwerk.
Tragwerk: dreistieliger, verspannter Doppeldecker in Holzbauweise mit Stoffbespannung; Tragflügel oben und unten mit gleicher Spannweite und Tiefe; Querruder oben.
Leitwerk: Höhenleitwerk überragt die beiden Leitwerkträger an den Seiten; dreifaches verspanntes Seitenleitwerk; Holz mit Stoffbespannung.
Fahrwerk: nicht einziehbares Bugradfahrwerk, alle drei Streben doppelt bereift.

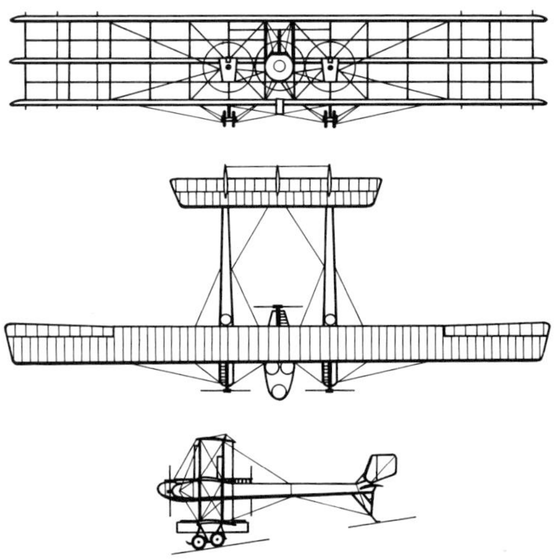

Caproni Ca-42
Bombenflugzeug

Nach dem Erfolg mit der Doppeldecker-Serie Ca-31 / Ca-33 (Ca 1 / Ca 3) konstruierte Caproni im Jahr 1916 den Dreidecker Ca-4. Es handelte sich dabei im Grunde genommen um eine andere Ausführung des Doppeldeckers Ca-3. Das Prinzip – Doppel-Leitwerkträger, zentrale Gondel, 2 Triebwerke mit Zug-, ein Motor mit Druckschraube sowie dreifaches Seitenleitwerk – blieb erhalten. Allerdings mußte man stärkere Triebwerke verwenden – von Fiat, Isotta-Fraschini oder Liberty (USA). Je nach Ausführung hießen die Prototypen Ca-40, Ca-41 oder Ca-42.
Die Ca-42 galt als Hauptversion (Foto). Sie wurde Mitte 1918 in Dienst gestellt – bei den Armeefliegern Italiens und bei den Seefliegern Großbritanniens, die 6 übernahmen.
Die ab Anfang 1918 eingeführten Maschinen der Version Ca-41 (Skizze, Gesamtleistung der Triebwerke: 440 kW) befriedigten nicht und mußten überarbeitet werden. Der Bomber erhielt stärkere Triebwerke, und man veränderte konstruktive Details. So wurden die zunächst nebeneinanderangeordneten Pilotensitze tandemförmig eingebaut, und zwischen dem mit Doppelrädern versehenen Fahrwerk baute man einen Behälter für die Bomben ein. Zunächst waren sie unterhalb des Rumpfbodens außen angebracht.
Die Ca-42 galt als kräftiges und zuverlässiges Flugzeug, das jedoch wenig manövrierfähig war. Um es vor gegnerischen Fliegerangriffen besser zu schützen, setzte man es gegen Kriegsende nur noch nachts ein. Die Ca-42 wurde zu Bombenangriffen über Österreich sowie an der Adria-Küste verwendet. Trotz ihres unförmigen Aussehens galt sie mit ihrer großen Bombenladung und der langen Flugdauer von 7 h als einer der erfolgreichsten schweren Bomber des ersten Weltkriegs.
Insgesamt sind 41 Ca-4 hergestellt worden. Wie bei der Ca-3-Reihe, so gab es auch von der Ca-4 mehrere Ausführungen mit unterschiedlichen Triebwerken: Ca-43 Seeflugzeug mit 3 Liberty, je 255 kW; Ca-44 von 1917 mit Fiat A. 12, je 185 kW; Ca-45 von 1917 mit Isotta-Fraschini V. 6, je 185 kW; Ca-46 mit Liberty; Ca-47 als Marineflugzeug; Ca-48 als Zivilflugzeug mit Passagierkabine und Ca-49 als Seeflugzeug in gleicher Aufmachung. Nach den Erfahrungen mit der Dreidecker-Serie kehrte Caproni wieder zur Doppeldecker-Bauweise zurück und schuf die Ca-5-Reihe. Sie kam noch im letzten Kriegsjahr in die Frontverbände und verdrängte dort die Ca-3-Serie.

Rumpf: zentrale Rumpfgondel mit dem Platz für den Beobachter; Schützen im Bug, dahinter die beiden Sitze der Flugzeugführer; im Heck Motor mit Druckschraube; doppelte Leitwerkträger, verspannt und mit Triebwerken in der Spitze sowie je einem Beobachtersitz an der Tragflügel-Hinterkante; alle Besatzungsplätze offen.
Tragwerk: fünfstieliger, verspannter und verstrebter Dreidecker in Holzbauweise; alle Flügel mit gleicher Spannweite und Tiefe.
Leitwerk: Holzbauweise mit Stoffbespannung; durchgehendes Höhenleitwerk; an beiden Seiten weit überstehend; dreifaches Seitenleitwerk.
Fahrwerk: nicht einziehbares Wagenfahrwerk, doppelt bereift; sehr langer Hecksporn.

Caproni Ca-101
Bomben- und Transportflugzeug

Nach dem Bauschema des Hochdeckers Ca-97 (1928) mit einem Motor oder drei Motoren (einmotorig: Ca-97 Schul-, Übungs- und Reiseflugzeug; Ca-97 b mit anderem Antrieb und gleichen Aufgaben; Ca-97 d mit stärkerem Triebwerk; Ca-97 e und i Schwimmerausführungen mit unterschiedlichen Triebwerken; dreimotorig: Ca-97 a mit gleichen Aufgaben) entwickelte das Werk in den Jahren darauf eine ganze Familie ein- und dreimotoriger Maschinen. In der dreimotorigen Ausführung brachte man am Kreuzungspunkt der Verstrebung zwischen Tragflügel, Fahrwerk und Rumpf jeweils ein Triebwerk unter, ohne daß man die Zelle oder das Tragwerk grundsätzlich hat ändern müssen.
So erschien als erste Version die Ca-101 „Colonial" für den Einsatz in den Kolonien Italiens. Ihr folgten 1932 der mittlere Bomber Ca-101 sowie die zweimotorige Ausführung Ca-102 (bei der man das Triebwerk in der Rumpfspitze weggelassen hatte) als Transporter, Bomber und Passagierflugzeug. Die viermotorige Ca-102 „quater" blieb ein Prototyp. Die Triebwerke waren tandemartig angeordnet.
Mit einem anderen Triebwerk versehen, kam 1933 das einmotorige Langstrecken-Aufklärungsflugzeug Ca-111 hinzu, dessen Modifikation als Schwimmerflugzeug für Fernaufklärung sowie für Bomben- und Torpedoangriffe entwickelt wurde (1934). Im Jahr 1935 erschienen die dreimotorigen Ausführungen Ca-133 (Bomber und Transporter) und Ca-148.
Bei der Ca-101 deuteten lediglich der Drehkranz mit einem MG auf der Rumpfoberseite sowie der Waffentopf unter dem Rumpf mit den beiden MGs auf die militärische Verwendung hin. Im Rumpf konnten 500 kg Bomben mitgeführt werden.

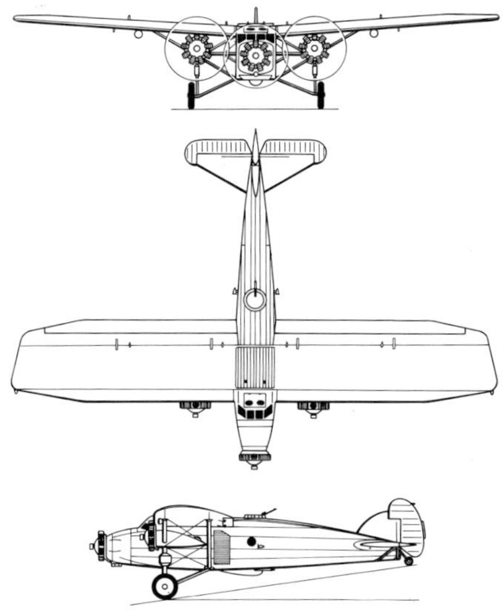

Bomber des Typs Ca-101 wurden im Krieg gegen Äthiopien auch zum Absprühen geruchs- und geschmackloser Giftkampfstoffe gegen die Zivilbevölkerung verwendet. Ungarns Luftstreitkräfte verfügten im Jahr 1943 noch über 20 Ca-101 und Ca-102.

Rumpf: rechteckiges Stahlrohrfachwerk mit Stoffbespannung.

Tragwerk: abgestrebter Hochdecker; Handley-Page-Spaltflügel an den Enden der Vorderkanten; Querruder über die gesamte Hinterkante; Holzgerippe mit Stoffbespannung.

Leitwerk: verspannt und verstrebt; Höhen- und Seitenruder ausgeglichen; Stahlrohrgerüst mit Stoffbespannung.

Fahrwerk: starr mit Heckrad; Radbremse; Radverkleidung.

C. R. D. A. Cant Z. 501 „Gabbiano"
Mehrzweckflugboot

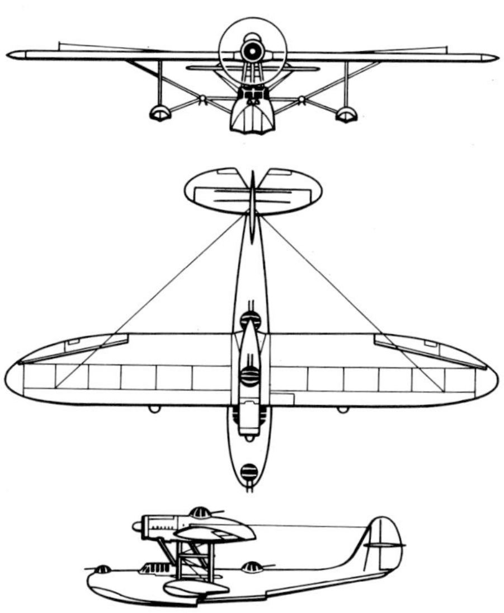

Die Z. 501 (Erstflug im Februar 1934) war das erste Projekt, das Zappata für die Firma C. R. D. A. entwickelt hatte. Mit einer Maschine dieses Typs stellte Stoppani am 18./19. Oktober 1934 mit 4130,8 km einen Langstreckenrekord für Seeflugzeuge auf gerader Fluglinie auf. Im Jahr darauf verbesserte er diesen Rekord mit der gleichen Maschine auf 4959 km. Im Jahr 1936 bestellten die Seefliegerkräfte diesen Typ als küstengestützten Seeaufklärer. Die letzte Z. 501 wurde 1949/50 verschrottet.

Bis dahin hatten diese Flugzeuge ihren Dienst bei den Seefliegerkräften Italiens versehen. Einige Maschinen wurden gegen die Republik Spanien eingesetzt und einige 1937/38 an Rumänien verkauft.

Als Italien 1940 in den Krieg eintrat, verfügte es über 202 Z. 501, die zur Aufklärung, für Bombenangriffe, zur Geleitschutzsicherung und U-Bootbekämpfung eingesetzt wurden. Dabei gingen viele Maschinen infolge ihrer geringen Geschwindigkeit und ihrer schwachen Abwehrbewaffnung verloren. Insgesamt sind 445 Z. 501 gebaut worden.

Da von dem neuen, dreimotorigen, leistungsfähigen Schwimmerflugzeug Z. 506 B „Airone" nur 95 Exemplare hergestellt wurden, blieb die Z. 501 weiterhin im Einsatz. Sie spielte auch eine wichtige Rolle bei der Seenotrettung im Mittelmeer, weshalb die Maschine bei den italienischen Streitkräften auch „Mammaiuto" („Mama hilf") hieß.

Dicht hinter dem Motor der Z. 501 befand sich der Sitz des Bordmechanikers, der das Einzel- oder Zwillings-MG (7,7 mm) bediente. Im Rumpfbug sowie auf dem Rumpfrücken befanden sich zwei weitere Waffenstände. Einige der letzten Serien hatten einen geschlossenen Bug und keine Waffen. Funkgeräte und Kameras gehörten zum Ausrüstungsstandard. Die Maschine konnte 7 bis 12 h in der Luft bleiben.

Im Jahr 1936 hatte Zappata als geometrische Vergrößerung der Z. 501 die dreimotorige Z. 508 entwickelt. Die wenigen als Fernaufklärungs- und Transportflugboote verwendeten Maschinen bewährten sich jedoch während des Krieges nicht.

Rumpf: zweistufiger Bootsrumpf mit drei wasserdichten Schotten; Rumpfteil unter der Wasserlinie aus zwei Schichten Holz mit imprägnierter Stoffbespannung, dazwischen eine Schicht Schutzlack; Stützschwimmer mit gleichem Aufbau; übriger Rumpf aus Tulpenholz und mit imprägniertem Stoff überzogen.

Tragwerk: abgestrebter Hochdecker; zweiteiliger Flügel; Flügelhälften an der Motorgondel befestigt; in jeder Flügelhälfte vier Kraftstoffbehälter.

Leitwerk: stoffbespanntes Holzgerippe in Normalbauweise mit abgestrebter Höhenflosse.

Schwimmwerk: Bootsrumpf mit zwei Stützschwimmern.

FIAT CR-20
Jagdflugzeug

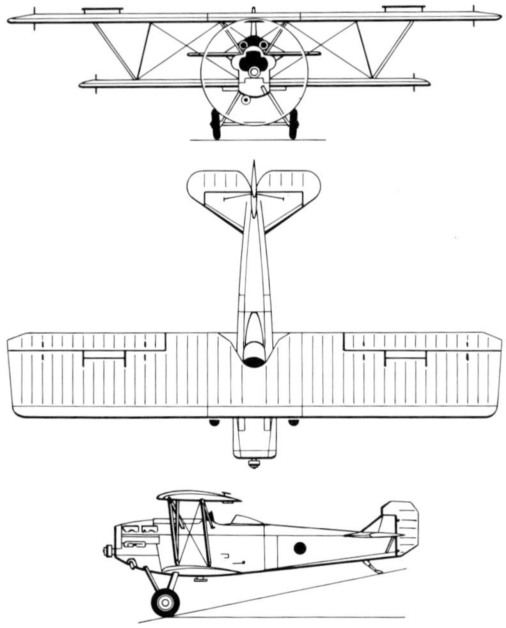

Unter der Typenbezeichnung CR schuf Celestino Rosatelli bei FIAT eine Anzahl von Militärflugzeugen. Die ersten Flugzeuge kamen 1923 heraus.
Die CR-20, die erstmalig im September 1926 flog, war die erste Ausführung, die in größeren Stückzahlen gebaut wurde. Sie wurde exportiert und bildete außerdem bis in die dreißiger Jahre die Hauptausrüstung der italienischen Jagdflieger. Verwendet wurde sie zum Beispiel in den italienischen Kolonien sowie bei der Besetzung Libyens und Äthiopiens.

Versionen:
CR-20: Serienmodell; mit FIAT A. 20; Startleistung 295 kW; exportiert nach Litauen; 127 Stück gebaut.
CR-20 AQ: Höhenjagdflugzeug mit 315-kW-Triebwerk.
CR-20 B: Ausführung für Ausbildungszwecke mit zwei Sitzen hintereinander (1927).
CR-20 „Idro": Seejagdflugzeug mit zwei Schwimmern (1928).
CR-20 bis: Weiterentwicklung mit verschiedenen Verbesserungen und verkleinerter Flügelfläche (1929); 226 Stück gebaut.
CR-20 Asso: wie die CR-20, aber mit Isotta-Fraschini Asso Caccia (330 kW Startleistung); etwa 200 Stück gebaut.
Insgesamt sind etwa 600 CR-20 aller Versionen gebaut worden. Österreich erhielt 16 CR-20bis und Ungarn 26 CR-20 B sowie CR-20bis.

Rumpf: Metallbauweise mit Blechbeplankung vorn und Stoffbespannung hinten.
Tragwerk: Anderthalbdecker in Metallbauweise mit Stoffbespannung; zweiteilige Flügel.
Leitwerk: abgestrebte Normalbauweise.
Fahrwerk: starr mit durchgehender oder geteilter Achse; Hecksporn.

FIAT CR-25
Begleitjagd- und Aufklärungsflugzeug

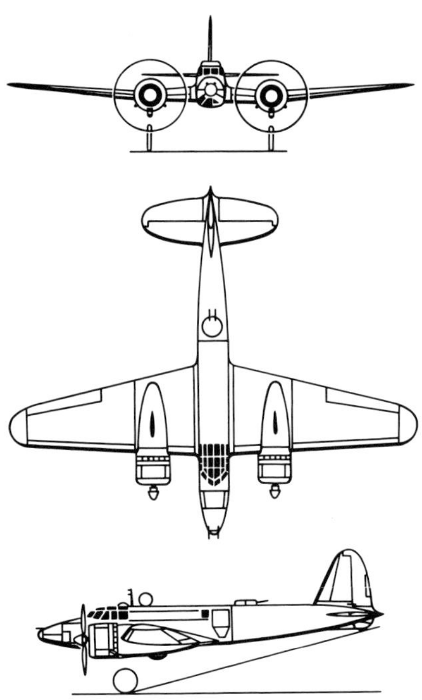

Die CR-25, deren Entwicklung 1936 begann, unterschied sich erheblich von den Vorgängermustern. Es handelte sich um einen freitragenden Tiefdekker mit zwei Triebwerken und drei Mann Besatzung zum Einsatz als Langstrecken-Begleitjagdflugzeug zwischen dem italienischen Festland und Sizilien, als Jagdbomber und als Aufklärungsflugzeug. Da die Bewaffnung jedoch unzureichend war und sich Wartungsprobleme ergaben, verwendete man die Maschine als Transporter.

Versionen:
CR-25: zwei Prototypen.
CR-25 bis: Vorserienmodell als Aufklärungsflugzeug mit anderer Bewaffnung.
CR-25 D: Reiseflugzeug.
CR-25 quater: 1940 projektierte Weiterentwicklung mit stärkerer Bewaffnung; nicht gebaut.
Insgesamt wurden 12 CR-25 gebaut.

Rumpf: Stahlrohrbauweise; vorn mit Metallbeplankung, hinten mit Stoffbespannung.
Tragwerk: freitragender Tiefdecker in Metallbauweise mit zwei Holmen.
Leitwerk: freitragende Normalbauweise in Metall mit Stoffbespannung.
Fahrwerk: einziehbar mit Spornrad.

FIAT CR-32
Jagdflugzeug

Die CR-32 war eine Weiterentwicklung der 1932 erschienenen CR-30, von der 125 Maschinen gebaut und an Italien, China, Österreich, Paraguay und Ungarn geliefert wurden. Im Vergleich zu dieser hatte sie ein stärkeres Triebwerk, kleinere Abmessungen und aerodynamische Verbesserungen. Sie flog erstmalig im Jahr 1933 und wurde eines der bekanntesten Jagdflugzeuge von FIAT. Die Maschine wurde auch von den Luftstreitkräften Chinas (24), Österreichs, Ungarns (124 Stück ab 1936), Paraguays und Venezuelas eingesetzt.
Die Luftwaffe Italiens verwendete diesen Typ zur Unterstützung Francos gegen die Republik Spa-

nien. Dafür wurden etwa 380 Maschinen geliefert, und in Spanien wurden 100 in Lizenz gebaut.

Versionen:

CR-32: Prototyp und erstes Serienmodell mit FIAT A. 30 RA (440 kW Startleistung); etwa 350 Stück gebaut.

CR-32bis: außer den zwei MGs auf dem Rumpf zwei weitere in den unteren Tragflügeln und zwei Aufhängungen unter dem Rumpf für Bomben; 1935 herausgebracht; 283 Stück hergestellt.

CR-32 ter: verbesserte CR-32; neues Fahrgestell; 150 Stück gebaut.

CR-32 quater: 1936 entstandene Weiterentwicklung mit geringerer Masse und einige mit Funkgerät, die ebenso wie die CR-32 ter noch bei Eintritt Italiens in den zweiten Weltkrieg die Hauptausrüstung der italienischen Jagdflieger bildete; 337 Stück gebaut.

HA-132 L „Chirú“: Bezeichnung in Spanien für die CR-32 quater; über 100 Stück in Lizenz gebaut; davon später 40 zu zweisitzigen Schlachtflugzeugen C. 1 umgebaut.

Insgesamt wurden 1 312 CR-32 aller Versionen einschließlich der Lizenzbauten hergestellt.

Zu Beginn des zweiten Weltkriegs wurde die CR-32 vor allem in Griechenland und Ostafrika als Nachtjagd- und als Schlachtflugzeug verwendet, später für Ausbildungszwecke.

Rumpf: rechteckiges Fachwerk aus Duralumin mit Stahlverbindungsstücken und Verkleidung auf ovalem Querschnitt; Vorderteil mit Blechbeplankung, sonst stoffbespannt.

Tragwerk: Anderthalbdecker in Duraluminbauweise mit Stoffbespannung; beide Flügel zweiteilig; Querruder nur am oberen Flügel.

Leitwerk: abgestrebte und verspannte Normalbauweise in Duralumin; alle Ruder aerodynamisch ausgeglichen; Höhenflosse trimmbar.

Fahrwerk: starr mit geteilter Achse; Radverkleidung und Radbremsen; Spornrad.

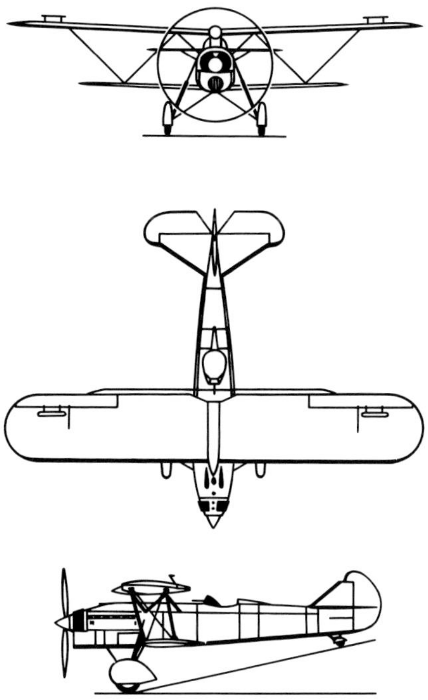

FIAT CR-42 „Falco“
Jagd- und Jagdbombenflugzeug

Das letzte Muster der langen, im Jahr 1923 begonnenen Doppeldecker-Jagdflugzeugreihe von Rosatelli bildete die zwischen 1939 und 1942 in 1 784 Exemplaren gefertigte CR-42. Davon erhielten die Jagdfliegerstaffeln Italiens 1 481 Maschinen, den Rest die Luftstreitkräfte Schwedens (72 CR-42bis, als J 11 von 1940 bis 1945 im Dienst), Ungarns (70 Stück ab 1939), Norwegens (18) und Belgiens (34). In Deutschland flogen 100 CR-42, Italien hatte zu Beginn des zweiten Weltkriegs etwa 300 CR-42 verfügbar.

Die Unterschiede zwischen den Versionen bestanden vor allem in der Bewaffnung. So hatte die Jagdflugzeugversion CR-42 ein 12,7- und ein 7,7-mm-MG. Davon wurden für Ungarn 50, für Belgien 34 Maschinen gebaut. Die Jagdbomberausführung CR-42 AS (Tropenausführung) konnte zwei 100-kg-Bomben unter den Flügeln tragen, die Jagd- bzw. Begleitjagdflugzeuge CR-42ter besaßen zusätzlich zwei 12,7-mm-MGs.

Weitere Versionen:

CR-42 B: wie die CR-42; statt des FIAT A. 74 R RC 38 mit Daimler Benz DB 601 mit 745 kW; Prototyp.

CR-42 CN: Nachtjäger mit Gondeln für zwei Scheinwerfer unter den Tragflügeln; Funkgerät.

ICR-42: mehrere Prototypen eines Seejagdflugzeugs.

Bereits 1942 hatte es sich bei den Kämpfen mit sowjetischen Maschinen herausgestellt, daß die CR-42 als Jagdflugzeug veraltet war.

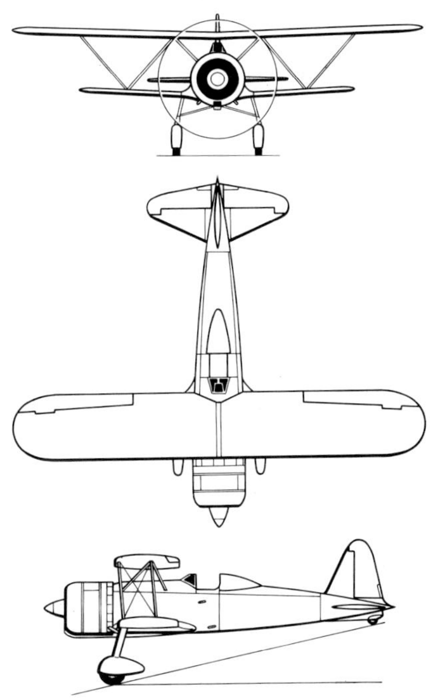

Rumpf: Gemischtbauweise; offenes Cockpit; Nackenschutz.

Tragwerk: verspannter und verstrebter Anderthalbdekker in Gemischtbauweise; Querruder nur am Oberflügel.

Leitwerk: freitragende Normalbauweise; Leichtmetallgerüst mit Stoffbespannung.

Fahrwerk: verstrebt und starr; mit Verkleidung der Haupträder und des Heckrades.

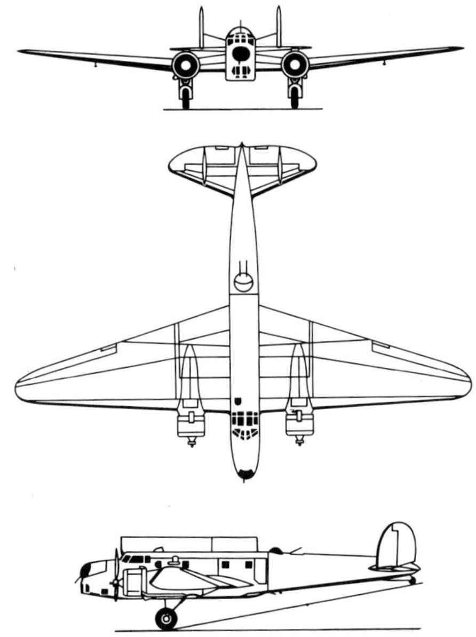

FIAT BR-20 „Cicogna"
Bombenflugzeug

Die BR-20 „Cicogna" wurde 1935 von Rosatelli konstruiert. Der Prototyp flog erstmalig am 10. Februar 1936. Die Serienfertigung begann im September 1936. Die Maschine wurde bis 1942 in 602 Exemplaren produziert.
Die BR-20 spielte eine ähnliche Rolle wie die „Wellington" von Vickers (Großbritannien) oder die Ju 88 von Junkers (Deutschland). Exportiert wurden 85 BR-20 nach Japan (von dort wurden 75 BR-20 nach China geschickt) sowie nach Spanien (20) und Venezuela (1). 1940 schaffte Italien 75 dieser leichten Bomber nach Brüssel, wo sie für den Angriff auf Großbritannien bereitgestellt wurden.

Versionen:
BR-20: Prototyp und erstes Serienmodell; 2 FIAT A. 80 RC 41 mit je 730 kW Startleistung; 2 ausfahrbare MG-Türme, 1 fester MG-Stand; bis 1 600 kg Waffen; 320 Maschinen bestellt.
BR-20 A und L: zivile Rekordausführungen; 2 Stück gebaut; 1939 herausgebracht; legte die Strecke Rom – Addis Abeba (4 500 km) im Nonstopflug mit einer Durchschnittsgeschwindigkeit von 400 km/h zurück.
BR-20 M: verbesserte Militärausführung; 264 Stück gebaut.
BR-20bis: Weiterentwicklung von 1941 mit verschiedenen Verbesserungen; 15 Stück gebaut.

Rumpf: Stahlrohrbauweise mit rechteckigem Querschnitt; vorn Blechbeplankung, hinten Stoffbespannung; Doppelsteuerung; drei Waffenstände: nach vorn im Bug, nach hinten oben auf dem Rumpf, nach hinten unter dem Rumpfboden.
Tragwerk: freitragender Mitteldecker in Metallbauweise; Flügelmittelstück und Landeklappen mit Glattblechbeplankung; Außenflügel stoffbespannt.
Leitwerk: Duraluminbauweise mit Stoffbespannung; zwei abgestrebte Seitenleitwerke; alle Ruder aerodynamisch ausgeglichen.
Fahrwerk: einziehbar mit Spornrad; ölpneumatische Dämpfung; Niederdruckreifen; Radbremsen.

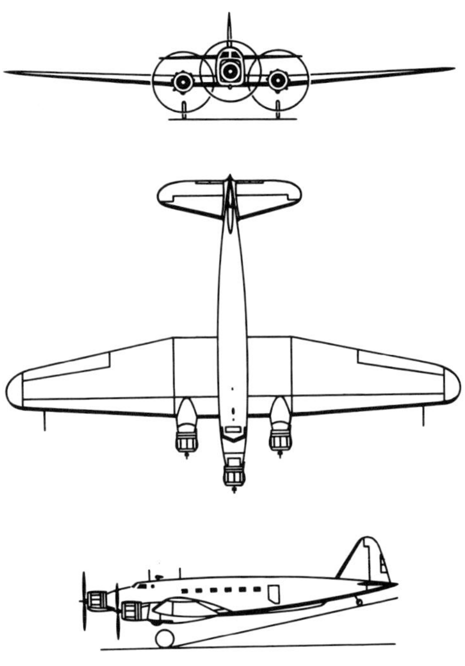

FIAT G-12
Verkehrs- und Transportflugzeug

Mit der G-12 wollte FIAT ein 14sitziges Verkehrsflugzeug für europäische Routen schaffen, das eine große Sicherheit bot und in Höhen über 6 000 m (z. B. bei Alpenflügen) noch gut steuerbar war. Es wurde deshalb auf eine niedrige Flächenbelastung und auf wirksame Ruder Wert gelegt. Zugleich sollte die Maschine als Truppentransporter für 22 voll ausgerüstete Soldaten dienen. Der Bau begann 1939; im Mai 1941 fand der Erstflug statt.

Versionen:
G-12 C: erstes Serienmodell; 14 Passagiere; 3 Stück gebaut.
G-12 GA: mit unterschiedlichen Triebwerken versehene Transozeanversion.
G-12 LGA: Langstreckenversion.
G-12 RT und RT bis: in 2 Exemplaren gebaute Prototypen für Transozeanflüge; RT bis mit größerem Kraftstoffvorrat.
G-12 T: Ausführung der C als Truppentransporter.
G-12 Gondar: aus der C abgeleitetes militärisches Frachtflugzeug für Reichweiten bis 5 800 km.

Nach dem Krieg wurde die G-12 weiterentwickelt, so zu den Passagiermaschinen C-50 CA, L, LA, LB und LP für 16 bis 22 Fluggäste. Außerdem entstand die G-12 Aula Volante als Schulflugzeug.

Rumpf: Metallbauweise mit Duraluminbeplankung; Schall- und Wärmeisolierung, Heizung und Belüftung.
Tragwerk: freitragender Tiefdecker in Metallbauweise; Außenflügel mit drei Holmen; Mittelstück in Stahlrohrbauweise; Metallbeplankung, nur Flügelhinterkante und Querruder stoffbespannt.
Leitwerk: abgestrebte Normalbauweise in Metall; Flossen metallbeplankt; Ruder stoffbespannt.
Fahrwerk: einziehbar mit starrem Spornrad; ölpneumatische Dämpfung; pneumatische Bremse.

FIAT G-55 „Centauro“
Jagd- und Jagdbombenflugzeug

Die G-55 flog erstmalig am 30. April 1943. Sie wurde zwar von der G-50 abgeleitet, ist aber trotzdem als Neuentwicklung zu betrachten. Der Rumpf war verkleinert worden, so daß der Widerstand abnahm. Auch der Flügel und andere Teile wurden aerodynamisch verbessert. Der Serienbau begann Anfang 1943.

Die G-55 wird als bestes italienisches Jagdflugzeug jener Jahre bezeichnet. Insgesamt sind bis Kriegsende aber nur etwa 200 Maschinen gebaut worden.

Versionen:

G-55: 3 Prototypen; Daimler Benz DB 605 A-1; 1 085 kW Startleistung.
G-55/0: 8 Exemplare; 1 20-mm-Kanone, 2 12,7-mm-MGs im Rumpf und in den Tragflügeln.
G-55/I: Hauptmodell; anders bewaffnet; etwas verändert; etwa 185 Stück gebaut.
G-55/II: mit 5 20-mm-Kanonen bewaffnetes Abfangjagdflugzeug; blieb unvollendet.
G-55 S: Torpedo- und Jagdflugzeug.
G-57: Projekt für ein Jagdflugzeug mit FIAT A. 83 RC 24-52 (920 kW Startleistung).

Rumpf: Ganzmetall-Halbschalenbauweise vorn, Ganzmetall-Schalenbauweise hinten.
Tragwerk: freitragender Tiefdecker in Ganzmetallbauweise mit Kastenholm; Querruder mit Stoffbespannung.
Leitwerk: freitragende Normalbauweise; Flossen in Ganzmetall; Ruder in Metallbauweise mit Stoffbespannung.
Fahrwerk: einziehbar; ölpneumatische Dämpfung; Niederdruckreifen; Radbremsen.

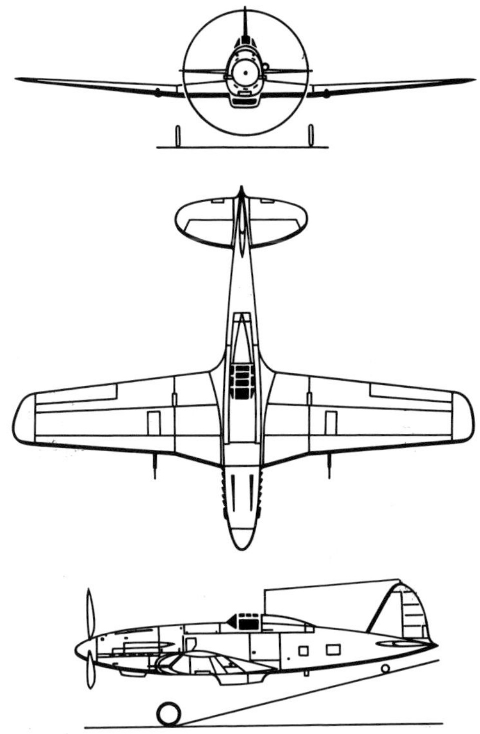

Macchi MC-94
Verkehrs- und Transportflugboot

Das Verkehrsflugboot MC-94 wurde im Jahr 1936 entwickelt. Die Triebwerke waren in Gondeln untergebracht, die sich auf Böcken über dem Tragflügel befanden. Dort waren die Triebwerke vor Spritzwasser geschützt. Das Flugboot flog erstmalig im Jahr 1936.

Im gleichen Jahr entstand aus dieser Ausführung die Amphibienversion MC-94 amfibio mit unveränderten Abmessungen. Davon wurde aber nur ein Prototyp gebaut.

11 Flugzeuge des Typs MC-94 beflogen mit je 12 Passagieren die Mittelmeerlinien. Bis Kriegsbeginn übernahmen die italienischen Seeflieger mehrere Maschinen.

Die MC-99 war eine Weiterentwicklung der MC-94 als Aufklärungs- und Bombenflugboot (1 Exemplar gebaut). Die MC-100 schließlich war die Weiterentwicklung als Passagierflugboot mit 26 Plätzen. Sie hatte ein doppeltes Seitenleitwerk und 3 Triebwerke Alfa Romeo 126 RC 10 mit je 590 kW Startleistung. Gebaut wurden davon 3 Exemplare.

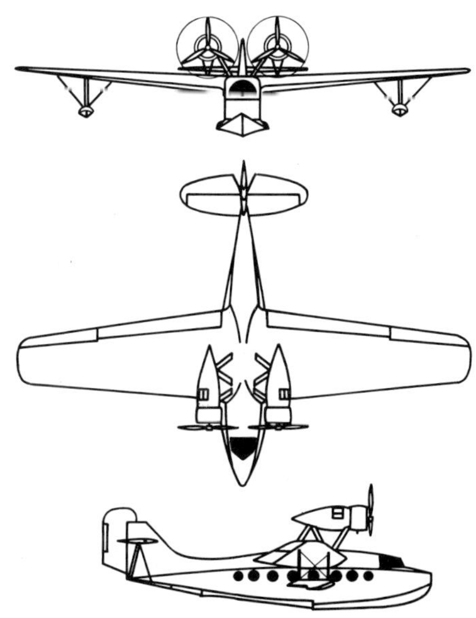

Rumpf: einstufiger, gekielter Bootsrumpf in Ganzholzbauweise.
Tragwerk: freitragender Schulterdecker in Ganzholzbauweise mit Kastenholmen, Rippen und Sperrholzbeplankung; hydraulisch betätigte Spaltwölbungsklappen.
Leitwerk: Normalbauweise; Höhenleitwerk nach oben versetzt und abgestrebt; Höhenflosse verstellbar.
Schwimmwerk: Bootsrumpf und Stützschwimmer unter dem Tragwerk auf jeder Seite.

Macchi MC-200 „Saetta“
Jagdflugzeug

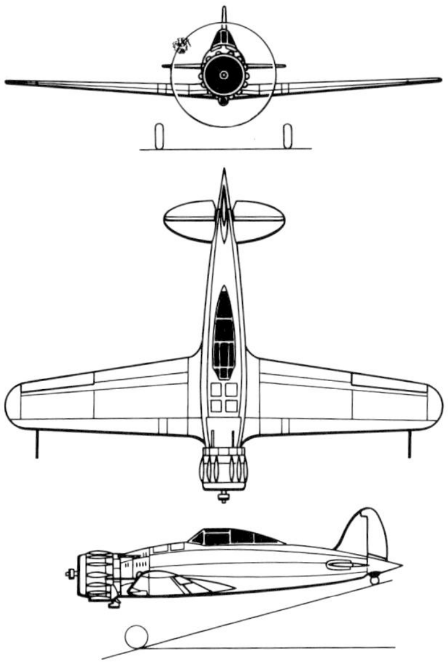

Aufgrund der Erfahrungen mit den Rennflugzeugen (z. B. MC-72) konstruierte Castoldi das Jagdflugzeug MC-200. Die Maschine war sehr stabil und überaus wendig. Die geringe Leistung des Triebwerks und die schwache Feuerkraft der schweren MGs ließen sie jedoch anderen Jagdflugzeugen unterlegen sein.
Die beiden Prototypen hatten ein geschlossenes Cockpit (Skizze). Auf Wunsch der italienischen Piloten erhielten die mit einem stärkeren Triebwerk versehenen Serienflugzeuge ein offenes Cockpit, das man später durch verglaste Seitenklappen ergänzte. Um die Sicht zu verbessern, war das Cockpit hochgesetzt worden.

Versionen:
MC-200: teilweise mit 2 7,7-mm-MGs in den veränderten Tragflügeln (Foto).
MC-200 AS: Tropenausführung.
MC-200 CB: Jagdbomber mit Aufhängevorrichtungen unter den Tragflügeln für 320 kg Waffen oder zwei Kraftstoffzusatzbehälter.
MC-201: verbesserte MC-200; in 3 Exemplaren gebauter Prototyp mit stärkerem Triebwerk.

Die MC-200 wurde ab Oktober 1939 ausgeliefert. 1940 waren drei Jagdfliegergruppen mit 156 MC-200 ausgerüstet. Insgesamt wurden 1 153 MC-200 / 200 CB und 201 „Saetta“ produziert.

Rumpf: Ganzmetall-Schalenbauweise; ovaler Querschnitt; offenes Cockpit; Überschlagbügel.
Tragwerk: freitragender Tiefdecker in Ganzmetallbauweise; dreiteiliger Flügel mit zwei Holmen.
Leitwerk: freitragende Normalbauweise in Ganzmetall.
Fahrwerk: einziehbar mit Spornrad.

Partenavia
P-57 „Fachiro II“ / P-59 „Jolly“ / P-64 B „Oscar B“
Schul- und Reiseflugzeuge

Die P-57 „Fachiro II“ ist eine Weiterentwicklung der „Fachiro“, wobei vor allem das Triebwerk verstärkt wurde. Der Prototyp der „Fachiro II“ flog erstmalig am 7. November 1958 und das erste Serienmodell am 3. Januar 1959. Diese Flugzeuge hatten ein 125-kW-Triebwerk, während die neue Serie „Fachiro II f“ mit einem 130-kW-Motor ausgerüstet wurde (Foto und Skizze).
Kurze Zeit nach der P-57 entwickelte die Firma Partenavia entsprechend den Forderungen des italienischen Aeroklubs ein Standard-Schulflugzeug, den Zweisitzer P-59 „Jolly“, der sich auch als Reiseflugzeug eignet. Bei der Konstruktion wurde Wert auf Robustheit und gutmütige Flugeigenschaften gelegt. Der Prototyp mit einem 70-kW-Motor flog erstmalig am 2. Februar 1960. Die Serienflugzeuge erhielten 75-kW-Triebwerke. Außerdem vergrößerte man die Spannweite nach der Flugerprobung um 1 m.
Als Weiterentwicklung der P-57 und P-59 entstand ab November 1966 die P-64 B „Oscar B“, deren Hauptunterschied zu den Vorgängern im herabgezogenen Hinterteil besteht. Dadurch konnte die Kabine auch hinten verglast werden, die Sicht ist jetzt besser. Der Rumpf ist in Ganzmetall-Schalenbauweise gefertigt. Die Kabine mit Doppelsteuerung hat auf jeder Seite eine Tür. Das Fahrwerk ist starr, das Bugrad lenkbar.
Tragwerk, Leitwerk und Fahrwerk der viersitzigen P-64 B wurden für die Konstruktion der zweisitzigen P-66 B „Oscar 100“ verwendet, die in über 200 Exemplaren für Schul- und Reiseflüge benutzt wird. Deren Weiterentwicklung ist die viersitzige P-66 C „Charlie“, von der etwa 250 Maschinen produziert werden sollen.

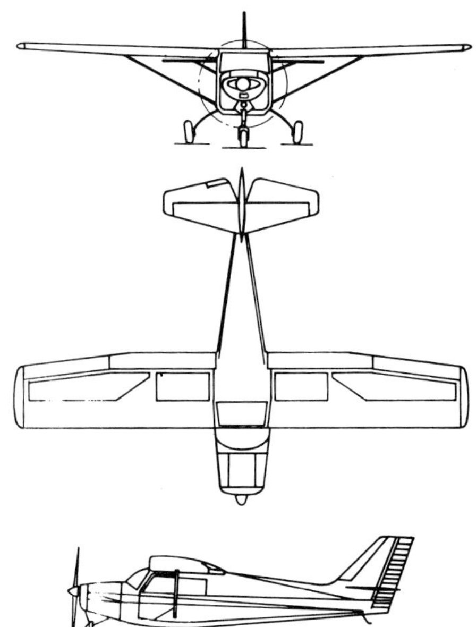

Rumpf: Stahlrohrbauweise mit Stoffbespannung; P-59: Sitze nebeneinander, Doppelsteuer.
Tragwerk: abgestrebter Hochdecker in Holzbauweise mit einem Holm; Querruder und Klappen stoffbespannt.
Leitwerk: Normalbauweise in Stahlrohr; Flossen stoffbespannt; Ruder mit Metallbeplankung; Höhenleitwerk beiderseits zum Rumpf abgestrebt.
Fahrwerk: starr; Bugrad steuerbar; Haupträder mit hydraulischen Bremsen; P-59: starres Spornradfahrwerk.

Partenavia
P-68 „Victor" / „Observer" / „Turbo"
Mehrzweckflugzeuge

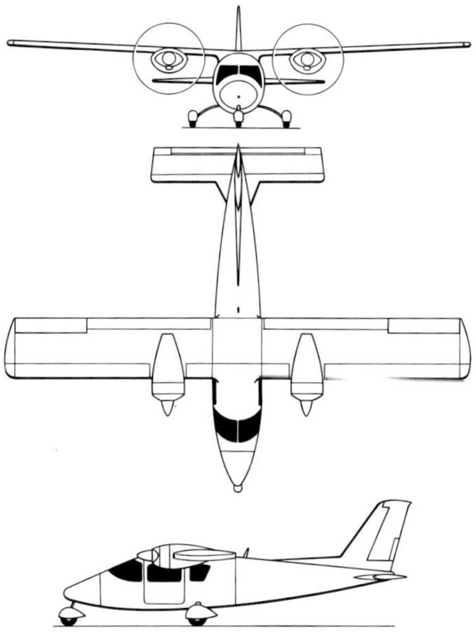

Pascale schuf die P-68 „Victor" als Konkurrenz zu den Reiseflugzeugen mit Kolbentriebwerk der USA. Die P-68 wird auch als Luftbildflugzeug mit einer während des Fluges zu öffnenden Luke im Rumpfboden sowie als Frachtflugzeug mit verstärktem Rumpfboden und einer großen Ladetür geliefert. Der Erstflug der Maschine fand am 25. Mai 1970 statt.
Die sechssitzige P-68 C hat zwei 145-kW-Triebwerke, die ebenfalls sechssitzige P-68 C-CT zwei 155-kW-Triebwerke mit Turbolader. Als P-68 E wird ein zweisitziges Schulflugzeug in größerer Stückzahl verwendet. Die P-68 R (Frühjahr 1977) hat Einziehfahrwerk, die P-68 T Turboladermotoren TIO-360 (155 kW), die P-68 RT Einziehfahrwerk und die Triebwerke der P-68 T.
Seit 1972 wird die P-68 nach Dänemark, Finnland, Israel, Frankreich, in die Schweiz, nach Australien, Brasilien, Großbritannien, in die BRD, nach Portugal und Schweden exportiert.
Für Überwachungsaufgaben (Verkehr, Küstenschutz, Pipelines, Fischerei) wurde die P-68 „Observer" mit voll verglastem Bug entwickelt, für militärische Zwecke die P-68 „Turbo" mit zwei Turboproptriebwerken (je 260 kW) und sechs Aufhängepunkten unter den Flügeln sowie an den Rumpfseiten.
Anfang 1988 waren etwa 400 P-68 aller Versionen an 20 Länder ausgeliefert.

Rumpf: Ganzmetall-Halbschalenbauweise; eine Tür auf der Backbordseite zur Kabine, eine Tür auf der Steuerbordseite zum Gepäckraum; Schallisolierung, Heizung und Belüftung; Doppelsteuerung.
Tragwerk: freitragender Hochdecker in Ganzmetallbauweise; elektrisch betätigte Spaltlandeklappen; ein Holm; pneumatische Enteisung.
Leitwerk: freitragende Normalbauweise in Ganzmetall; Höhenruder ungedämpft; Trimmklappen in den Rudern.
Fahrwerk: starr mit Bugrad; hydraulische Scheibenbremsen.

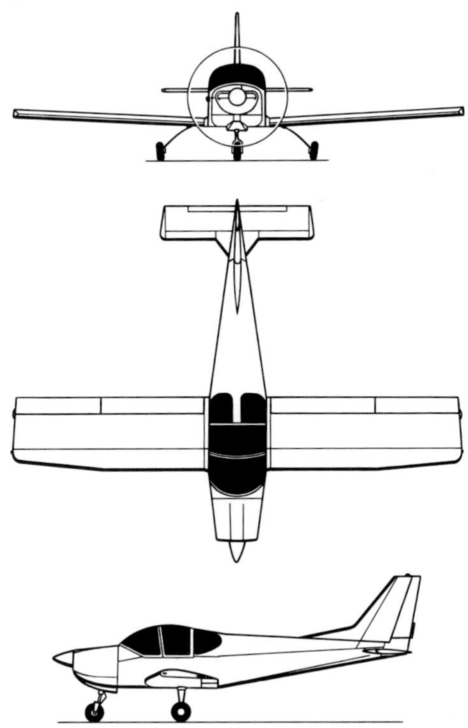

Partenavia P-70 „Alpha"
Schul-, Reise- und Sportflugzeug

Die P-70 „Alpha" wurde ebenfalls von Pascale entwickelt. Sie wurde so ausgelegt, daß Anschaffung und Unterhaltung möglichst wenig Mittel bzw. Aufwand erfordern.
Es gibt Versionen mit 75-kW-Motor (Schulflugzeug), 95-kW-Motor (Reiseflugzeug) und 120-kW-Motor (kunstflugtaugliches Sportflugzeug).
Die Konstruktion der Maschine begann im Jahr 1971. Der Erstflug fand am 27. Mai 1972 statt.

Rumpf: Metallbauweise mit rechteckigem Querschnitt, zum Heck hin abgerundet; GFK-Beplankung; Kabine mit Rundumsicht; Haube nach hinten aufschiebbar; Doppelsteuerung.
Tragwerk: freitragender Tiefdecker in Metallbauweise mit zwei Holmen; Flügelnase aus GFK, sonst metallbeplankt; rechteckiger Flügel, im letzten Viertel etwas zugespitzt; Auftriebsklappen.
Leitwerk: freitragende Normalbauweise in Metall.
Fahrwerk: starr; steuerbares Bugrad; hydraulische Bremsen.

Piaggio P-32
Bombenflugzeug

Das zweimotorige Bombenflugzeug P-32 war eine Weiterentwicklung der P-23. Die P-32 I-F hatte wie der Prototyp (Erstflug im Januar 1936) zwei 605-kW-Triebwerke. Gebaut wurden 16 Maschinen. Die P-32 N/P. XI erhielt zwei 750-kW-Motoren. Im Rumpfbug hatte sie ein zusätzliches MG. Der Erstflug fand am 23. Dezember 1936 statt. Von dieser Version wurden 12 Maschinen gebaut.

Die 29 Flugzeuge wurden 1937/38 an eine italienische Bombergruppe ausgeliefert. Sie erwiesen sich als nicht fronttauglich. Bis 1942 waren alle P-32 verschrottet oder als Bodenziele vernichtet.

Rumpf: Holzbauweise mit ovalem Querschnitt; Bug aus Stahlrohr mit Blechbeplankung, sonst sperrholzbeplankt; Bombenschacht im Rumpf.
Triebwerk: freitragender Mitteldecker in Holzbauweise mit Sperrholzbeplankung; zwei Holme; automatische Vorflügel; Querruder und Landeklappen als doppelte Wölbungsklappen in Metallbauweise mit Stoffbespannung.
Leitwerk: freitragende Bauweise; doppeltes Seitenleitwerk als Endscheiben am Höhenleitwerk; Flossen in Holzbauweise mit Sperrholzbeplankung; Ruder in Stahlrohrbauweise mit Stoffbespannung.
Fahrwerk: einziehbar mit Spornrad; Niederdruckreifen; Radbremsen.

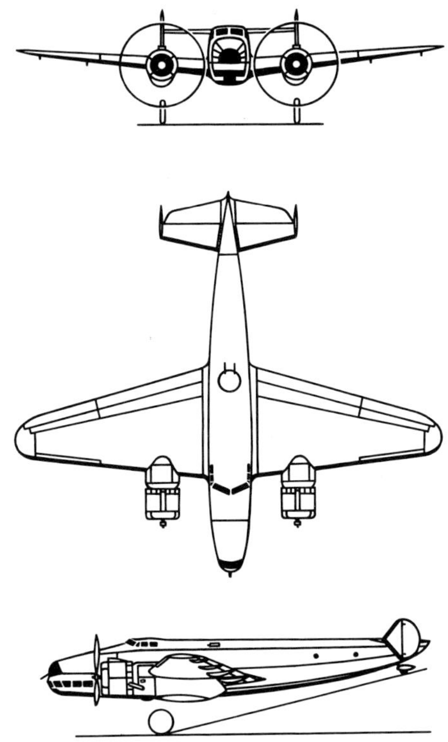

Piaggio P-136
Amphibienflugzeug

Die P-136 eignete sich als Reise-, Fracht-, Taxi-, Seenot- und Küstenüberwachungsflugzeug. Die Luftwaffe Italiens beschaffte bis 1952 14 P-136 als Schul- und Küstenüberwachungsflugboote.

Versionen:
P-136: Prototyp mit zwei 160-kW-Triebwerken; Luftverkehrszulassung im Februar 1949.
P-136 L: Serienausführung mit 190-kW-Motoren.
P-136 L-1 und P-136 L-2: Weiterentwicklungen mit stärkeren Triebwerken (L-1: 2 × 170 kW; L-2: 2 × 235 kW).

Erstflug 1948. Export von 3 fertigen und Baugruppen von 29 Maschinen zum Zusammenbau an Trakker Aircraft Corporation/USA als „Royal Gull". Trakker fertigte eine kleine Serie in Lizenz.

Rumpf: Ganzmetall-Halbschalenbauweise; Bootskörper mit zwei Stufen durch Schotte wasserdicht abgeteilt; zwei breite Türen; vorn zwei Sitze mit Doppelsteuerung, hinten drei Plätze.
Tragwerk: freitragender Knickflügel-Schulterdecker in Ganzmetallbauweise mit einem Kastenholm; Querruder und Landeklappen stoffbespannt.
Leitwerk: freitragende Normalbauweise in Metall; Flossen blechbeplankt; Ruder stoffbespannt.
Fahrwerk: hydraulisch einziehbar mit Spornrad; starre Stützschwimmer an Stielen unter den äußeren Tragflügeln; vor dem Spornrad einziehbares Wasserruder.

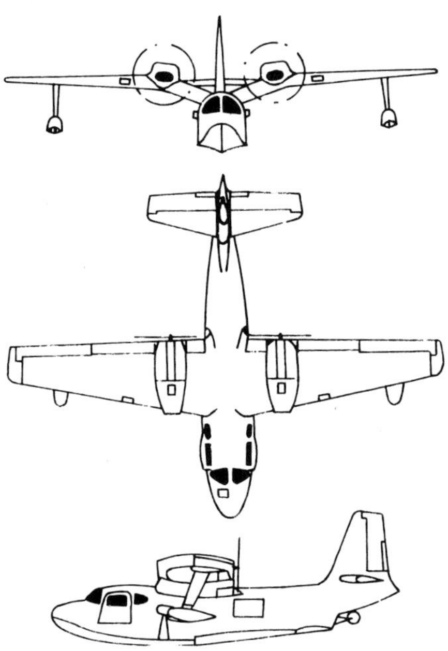

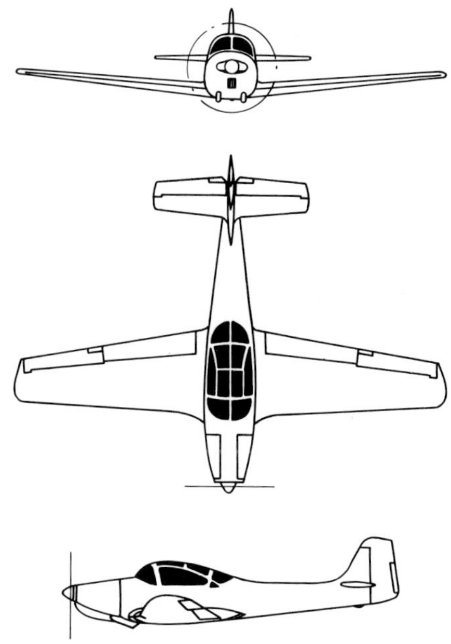

Piaggio P-149
Schul-, Übungs- und Reiseflugzeug

Im Jahr 1950 begann Piaggio mit der Entwicklung eines zweisitzigen Schulflugzeugs für die Grundausbildung bei den italienischen Luftstreitkräften. Der Erstflug des Prototyps fand am 12. Februar 1951 statt. Im Juni 1952 erhielten die Maschinen die Bezeichnung P-148. Von 1952 bis 1955 wurden 100 P-148 für Italien und Spanien produziert.
Aus dem mit Heckspornrad versehenen Typ leitete Piaggio das vier- bis fünfsitzige Reiseflugzeug P-149 mit einem einziehbaren Bugradfahrwerk ab. Der Prototyp flog erstmals im Juli 1953. Zweisitzig ist das Flugzeug für Kunstflug zugelassen. 1955 entstand die verbesserte Version P-149 D, die statt des 190-kW-Triebwerks der P-149 mit einem 200-kW-Motor ausgestattet war. Dieser Typ wurde ab 1957 unter der Bezeichnung FW-149 D bei Focke Wulf (BRD) in 194 Exemplaren in Lizenz produziert. 1988 wurde der Typ noch für die Pilotengrundausbildung in der BRD-Luftwaffe benutzt (30 Maschinen).
Eine P-149 ist Exponat des Luftwaffenmuseums Berlin-Gatow.

Rumpf: Ganzmetall-Schalenbauweise; vorn zwei Sitze mit Doppelsteuerung, dahinter Sitzbank für drei Personen; nach hinten aufschiebbare Plexiglashaube.
Tragwerk: freitragender Tiefdecker in Ganzmetallbauweise; Spaltquerruder und -klappen.
Leitwerk: freitragende Normalbauweise in Ganzmetall.
Fahrwerk: elektrisch einziehbar mit Bugrad; ölpneumatische Dämpfung; hydraulische Bremsen.

1988 verfügten Italiens Luftstreitkräfte über 27 P-166 M sowie 6 P-166 DL-3.
Von der letzten Version P-166 DL-3 SEM lieferte das Werk bis 1991 31 Einheiten ab.

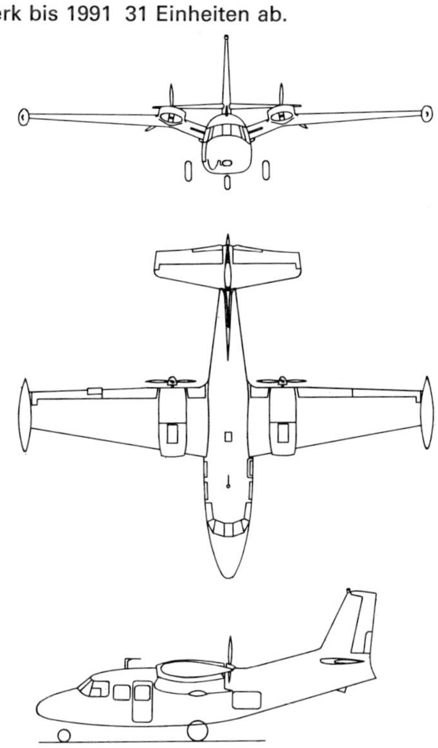

Piaggio P-166
Mehrzweckflugzeug

Die P-166 B „Portofino" wurde aus der sechs- bis achtsitzigen P-166 abgeleitet, die am 26. November 1957 erstmals flog. Von den 85 P-166 erhielten die Luftstreitkräfte Italiens 21 als Verbindungsmaschinen. Sie eignen sich als Kleinverkehrsflugzeug für 10 Passagiere, als Reiseflugzeug für sechs Passagiere, als Sanitäts-, Luftbild- und Kleinfrachtflugzeug sowie als Schulflugzeug zur Ausbildung von Piloten und Navigatoren. Die Flugerprobung der Maschine, die sich von ihrer Vorgängerin durch die stärkeren Triebwerke und die längere Rumpfnase unterscheidet, begann am 27. März 1962.
Aus der P-166 B „Portofino" wurde die P-166 C (Erstflug am 2. Oktober 1964) für 12 Passagiere abgeleitet.
Die P-166 B als Standardmuster wurde Mitte der siebziger Jahre von der P-166 DL-2 abgelöst, die einen größeren Kraftstoffvorrat und eine höhere Startmasse hat.
Die Mehrzweckversion P-166 DL-3 (Nutzmasse 1 300 kg, Reichweite 1 800 km, zwei Turboproptriebwerke LTP 101 mit je 430 kW) flog erstmals am 3. Juli 1976. In der Militärversion kann der Typ ungelenkte Raketen, 277 kg Bomben, MG-Behälter oder einen Torpedo mitführen.

Rumpf: Ganzmetallbauweise mit je einer Tür auf beiden Seiten; Gepäckraum hinter der Kabine mit besonderer Tür backbords.
Tragwerk: freitragender Schulterdecker mit Knickflügel.
Leitwerk: freitragende Normalbauweise.
Fahrwerk: einziehbar mit Bugrad.

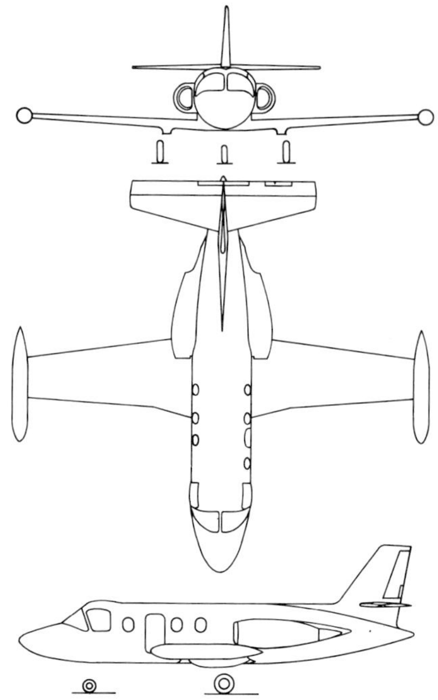

Piaggio / Douglas PD-808 „Vespa Jet“ Mehrzweckflugzeug

Die PD-808 ist ein leichtes Mehrzweckflugzeug. Die USA-Firma Douglas hat diese Maschine zwar projektiert, Konstruktion und Produktion wurden jedoch der italienischen Firma Piaggio übertragen.
In der Standardausführung hat die PD-808 „Vespa Jet“ sieben oder zehn Sitze. Außerdem wird sie als leichtes Verkehrs-, Fracht- und Sanitätsflugzeug, Navigations- und Radartrainer sowie für militärische Zwecke als Luftbild- und Erdkampfflugzeug verwendet.
Der erste Flug fand am 29. August 1964 statt. Der zweite, verbesserte Prototyp mit größeren Kraftstoffbehältern war Mitte 1965 fertig.
Im März 1967 begann die Produktion. Neben 2 siebensitzigen Geschäftsreiseflugzeugen umfaßte sie 25 Militärmaschinen: 12 PD-808 RM (Meßflugzeug/ Navigation); 3 PD-808 ECM (elektronischer Kampf; 2 Piloten, 3 ECM-Operateure); 6 PD-808 TA (Navigationstrainer); 4 PD-808 VIP-Transporter (6 Passagiere; Foto). Ende 1987 hatte Italiens Luftwaffe noch 21 PD-8087 im Dienst.

Rumpf: Ganzmetallbauweise mit Spants und Stringern; Druckkabine; Tür backbords mit eingebauter Treppe; hydraulisch betätigte Luftbremse unter dem Rumpf; Doppelsteuerung.
Tragwerk: freitragender Tiefdecker, nicht gepfeilt; hydraulisch betätigte Landeklappen.
Leitwerk: Normalbauweise; Höhenleitwerk wegen der Hecktriebwerke hochgesetzt.
Fahrwerk: hydraulisch betätigt, einziehbar mit steuerbarem Bugrad.

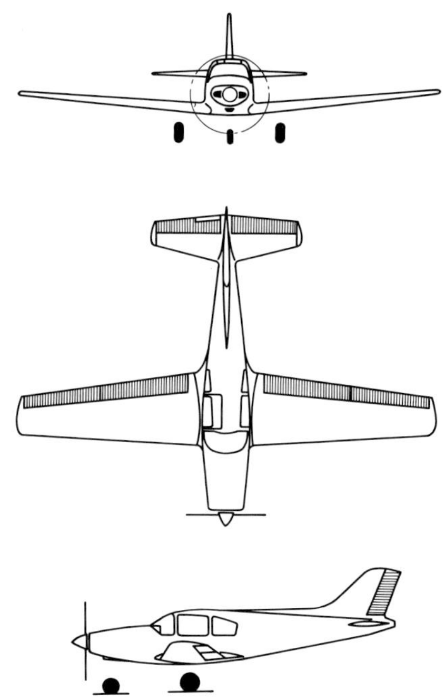

Procaer / Picchio F-15 Reise- und Sportflugzeug

Die F-15 wurde von Frati konstruiert. Das Ganzholzflugzeug ist über dem Sperrholz mit Aluminiumfolie bezogen. Dadurch wurde außer einer hervorragenden Oberflächengüte zugleich Unempfindlichkeit gegen Witterungseinflüsse erzielt. Zweisitzig ist die Maschine voll kunstflugtauglich. Der Prototyp flog erstmals am 7. Mai 1959.

Versionen:
F-15: erste Serienausführung mit drei Sitzen und kleinerer Fläche; Triebwerksleistung 120 kW; 15 Maschinen produziert.
F-15 A: Serienausführung mit vier Sitzen und 130-kW-Motor; Erstflug am 16. März 1960; 54 Stück hergestellt.
F-15 B: Weiterentwicklung der F-15 A mit größerer Fläche; Luftverkehrszulassung am 14. April 1963; 35 Exemplare gebaut.
F-15 C: Weiterentwicklung der F-15 B; Erstflug 1964; Serienfertigung ab 1966.
Es folgten weitere Versionen (F-15 D/E, Ambrosini NF-15 und F-15 F), doch der erwartete Militärauftrag blieb aus.

Rumpf: Ganzholz-Halbschalenbauweise mit ovalem Querschnitt; Holzschale mit Aluminium bezogen; Vorderteil bildet mit Tragfläche einen integralen Bauteil; Hinterteil trägt Leitwerk; Tür steuerbords; zwei Einzelsitze mit Doppelsteuerung; dahinter Sitzbank für zwei Personen.

Tragwerk: freitragender Tiefdecker in Ganzholzbauweise mit Aluminiumfolie bezogen; Tragfläche aus einem Stück mit Haupt- und hinterem Hilfsholm und kurzem vorderem Hilfsholm; Laminarprofil; Fowler-Klappen und Querruder aus Metall.
Leitwerk: freitragende Normalbauweise in Ganzholz mit Aluminiumfolie bezogen; Ruder in Ganzmetall.
Fahrwerk: einziehbar; steuerbares Bugrad; ölpneumatische Dämpfung; hydraulische Scheibenbremsen.

Reggiane Re. 2005 „Sagittario“ Jagdflugzeug

Aufgrund einer Ausschreibung des italienischen Luftfahrtministeriums für ein schnelles und modernes Jagdflugzeug aus dem Jahr 1938 schufen FIAT die C. 50, Macchi die MC. 200 und Reggiane die Re. 2000. Als Vorbild für letztere Maschine hatte die amerikanische P-35 von Serversky gedient. Die Re. 2000 flog erstmalig am 24. Mai 1939. Die italienischen Luftstreitkräfte gaben jedoch der MC. 200 den Vorzug, und die Re. 2000 Serie I wurde für den Export freigegeben: 60 Maschinen gingen als J-20 nach Schweden, 70 mit unterschiedlichen Triebwerken nach Ungarn als „Heija I“, wo MAVAG 191 als „Heija II“ in Lizenz fertigte. Lediglich 36 Flugzeuge übernahm die italienische Marine, davon 10 als Re. 2000 Serie II durch Umbau aus der Serie I mit stärkerem Motor für den Katapultstart von Großkampfschiffen aus. 12 weitere Re. 2000 Serie II wurden zu Fernjägern Re. 2000 (GA) umgebaut.

Ab 1941 wurde die Re. 2001 „Falco II“ mit dem Reihenmotor Daimler-Benz DB-601 in 252 Exemplaren ausgeliefert. Obwohl sich dieser Typ bewährte, wurde das bei Alfa Romeo in Lizenz hergestellte Triebwerk vorrangig in die MC. 202 eingebaut.
Gleichzeitig mit der Re. 2001 wurde der Jagdbomber Re. 2002 „Ariete“ (Foto) mit dem Doppelsternmotor Piaggio P. XIX RC. 45 (865 kW) in 218 Exemplaren gebaut. Das Mehrzweckjagdflugzeug Re. 2003 wurde dagegen nur in zwei Prototypen hergestellt (1942).
Zu dieser Zeit lief bereits die Produktion der Re. 2005 „Sagittario“ (Skizze). Sie war nach einer Ausschreibung des italienischen Luftfahrtministeriums für ein Jagdflugzeug entstanden, das mit dem in Lizenz zu bauenden Motor Daimler-Benz DB-605 A ausgestattet werden sollte. An der Ausschreibung hatten sich ferner beteiligt: Macchi mit der MC. 205 „Veltro“ und FIAT mit der G. 55. Nach der Erprobung von acht Vorserienmaschinen wurden 750 Serienflugzeuge bestellt. Da infolge der Kriegslage Schwierigkeiten mit den Triebwerken entstanden, baute man italienische Motoren ein. Bis Kriegsende wurden lediglich 36 Maschinen vom Typ Re. 2005 fertig. Bewaffnet waren sie mit je zwei im Motorraum eingebauten synchronisierten 12,7-mm-MGs (mit je 350 Patronen), einer 20-mm-Kanone (150 Granaten) und je Flügel einer weiteren Kanone (je 200 Granaten). Zusätzlich konnten unter jedem Flügel 160 kg Bomben mitgenommen werden.

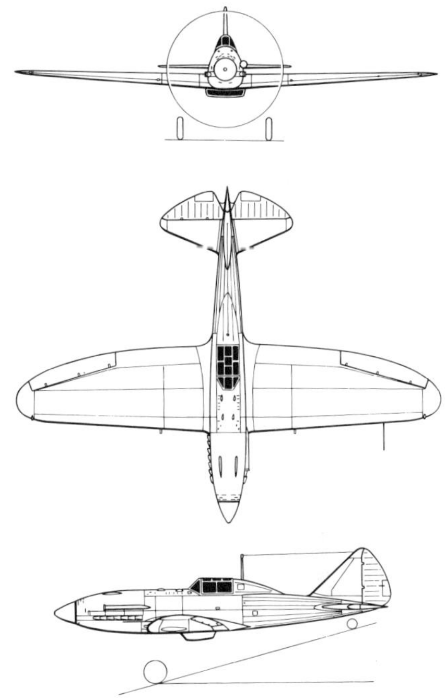

Rumpf: Ganzmetallbauweise; Kabine aufgesetzt.
Tragwerk: freitragender Tiefdecker.
Leitwerk: freitragende Normalbauweise.
Fahrwerk: einziehbar mit Heckrad; jede Strebe einfach bereift.

Savoia-Marchetti S-55 Bomben- und Aufklärungsflugboot

Die S-55 gehört zu den bekanntesten Flugbooten der Luftfahrtgeschichte. Bemerkenswert an ihr waren die zwei Rumpfboote mit den Leitwerkgitterträgern, die drei Seitenleitwerke und die beiden Motoren in Tandem-Anordnung auf hohen Stahlböcken. Die Entwicklung der Maschine begann 1923. Der Erstflug der Militärversion SM-55 war 1925. Diese Maschinen hatten 295-kW-Triebwerke. Die Versionen SM-55 C und SM-55 P waren Verkehrsflugboote für 12 Passagiere. In jedem Bootsrumpf fanden sechs Passagiere Platz.
Ab 1926 erhielt das Flugboot 370-kW-Motoren. Noch im gleichen Jahr wurden mit einer S-55 insgesamt 14 Weltrekorde für Geschwindigkeit, Höhe, Entfernung und Nutzmasse aufgestellt. Ab 1930 wurde die Version SM-55 A gebaut, die entweder mit 515- oder mit 590-kW-Triebwerken ausgestattet wurde. 12 Maschinen dieses Typs unternahmen 1930 einen Geschwaderflug von Rom nach Rio de Janeiro. 1933 schließlich erschien als letzte Militärversion die SM-55 X (in Italien und Rumänien als Aufklärer und Transporter verwendet), die verschiedene aerodynamische Verbesserungen aufwies und zwei 550-kW-Motoren hatte. 24 derartige Flugboote flogen 1933 von Italien über den Nordatlantik nach Chicago zur Weltausstellung.

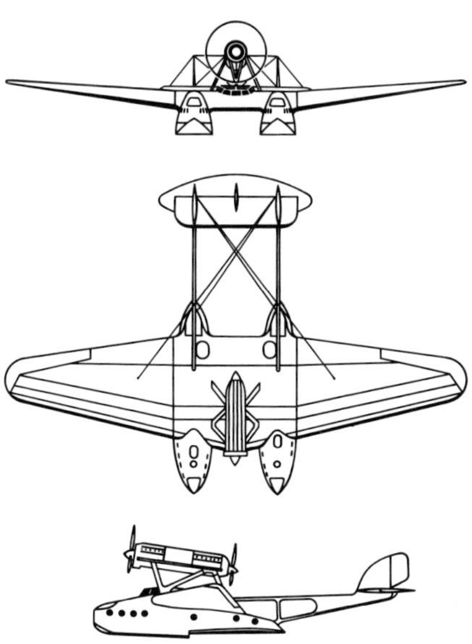

Rumpf: Doppelrumpfboot mit je einer Stufe; Gitterrümpfe als Leitwerkträger mit je einer senkrechten Strebe und Drahtauskreuzung; Cockpit mit Doppelsteuerung vorn im Flügelmittelstück.
Tragwerk: freitragender Schulterdecker mit dreiteiligem Flügel in Holzbauweise mit Sperrholzbeplankung; drei Holme; Flügelmittelstück verbindet die beiden Bootsrümpfe.
Leitwerk: trimmbare Höhenflosse auf den Leitwerkträgern; zwei Seitenflossen und drei Seitenruder auf der Höhenflosse; Holzbauweise; Ruder stoffbespannt.
Schwimmwerk: zwei einstufige Bootsrümpfe; Holme und Spants aus Holz; Sperrholzbeplankung; unter der Wasserlinie doppelt ausgeführt.

Die zivile Version für 4 Passagiere und 2 Mann Besatzung hieß S-62 C.

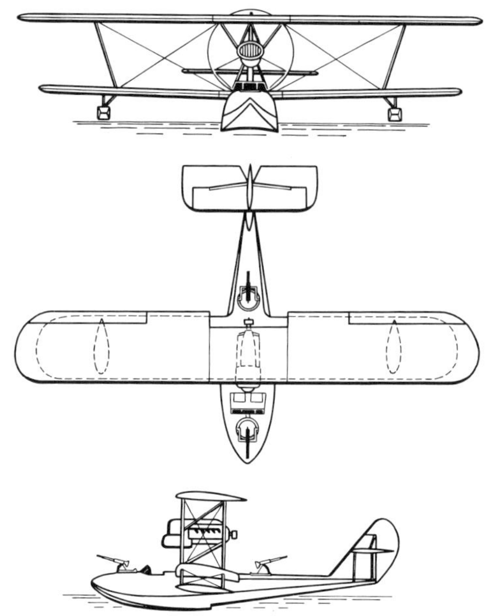

Savoia-Marchetti S-62 Aufklärungsflugboot

Im Jahr 1926 entwickelte Savoia-Marchetti das Doppeldeckerflugboot S-62 für Aufklärungszwecke. Die dreiköpfige Besatzung bestand aus dem Flugzeugführer (untergebracht in der offenen, doppelsitzigen Kabine vor dem Tragwerk), dem Mechaniker und dem Navigator (beide zugleich Bordschützen am beweglichen Vickers-MG im Bug bzw. hinter dem Flügel). Bei den bewaffneten Aufklärungsflügen konnten unter den Flügeln acht 50-kg-Bomben mitgeführt werden.
Die Marine Italiens verwendete die S-62 und die verbesserte S-62bis (statt des 365-kW-Triebwerks eins mit 550 kW, um 10 cm längerer Rumpf, etwas höhere Geschwindigkeit). In Italien diente der Typ als Ausgangsmuster für weitere Flugboote, und in Rumänien wurde die S-62 bis ab 1936 in Lizenz gebaut: Den Rumpf und die komplette Ausrüstung fertigte das Werk IAR in Braşov, während die Tragflügel aus dem Werk ICAR in Bukarest kamen. Zusammengebaut und eingeflogen wurden die rumänischen S-62bis in Mamaia.
Die Maschinen konnten bis zu 10 h in der Luft bleiben. Für das Steigen auf eine Höhe von 2000 m wurden 10 min benötigt, von 4000 m 34 min 40 s. Die Druckschraube mit vier Propellerblättern bestand aus Walnuß-Holz.
Spanien kaufte 20 S-62; außerdem ist der Typ nach Südamerika und Japan exportiert worden.

Rumpf: Ganzholzbauweise mit Metallverstärkungen an den am stärksten beanspruchten Teilen; offene Plätze vor und hinter dem Tragwerk.
Tragwerk: mit Stielen verstrebter und kreuzweise verspannter Doppeldecker; Holzbauweise; unterer Tragflügel etwas kürzer; Querruder nur oben; Triebwerk zwischen den Flügeln befestigt.
Leitwerk: abgestrebte Normalbauweise; Höhenruder sehr hoch angesetzt.
Schwimmwerk: Bootsrumpf mit einer Stufe; auf jeder Seite ein verstrebter Stützschwimmer.

Savoia-Marchetti SM-73 / SM-81 „Pipistrello" Verkehrs- und Bombenflugzeug

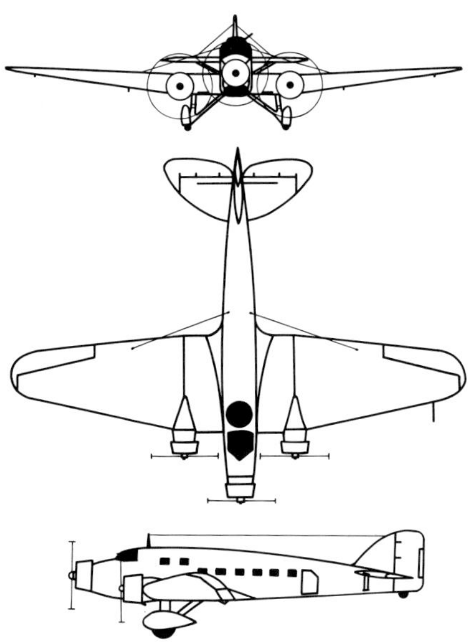

Das dreimotorige Verkehrsflugzeug SM-73 für 18 Passagiere wurde zu Beginn der dreißiger Jahre geschaffen. Der Prototyp flog erstmalig am 4. Juni 1934. Die ersten Serienflugzeuge, die 1935 herauskamen, hatten einen etwas längeren Rumpf. Die belgische Firma SABCA baute 7 Flugzeuge in Lizenz. Zahlreiche SM-73 (Foto und Skizze) flogen bei der SABENA sowie bei italienischen Fluggesellschaften auf Europa- und Nordafrika-Routen. Insgesamt sind 48 SM-73 gebaut worden.
Parallel zum Verkehrsflugzeug SM-73 war die SM-81 „Pipistrello" als militärische Ausführung entstanden. Sie wurde ab 1934 als Bomben- und Transportflugzeug gebaut. Obwohl diese Maschine schon lange vor dem zweiten Weltkrieg überholt war, fand sie vor allem als Nachtbomber, Transportflugzeug und zum Absetzen von Fallschirmjägern noch Verwendung. Die SM-81 war eine zweimotorige Ausführung mit verglastem Rumpfbug und 620 kW starken Motoren.
Insgesamt wurden 535 SM-81 produziert. Maschinen dieses Typs waren die ersten italienischen Flugzeuge, die 1936 zur Unterstützung Francos gegen die Republik Spanien eingesetzt wurden. Im zweiten Weltkrieg dienten sie als Bomber, U-Boot-Jagdflugzeug und Schlepper von Lastenseglern.

Rumpf: Stahlrohrgerüst, teils mit Holzbeplankung, teils mit Stoffbespannung; schallisolierte Kabine.
Tragwerk: freitragender Tiefdecker in Holzbauweise; dreiteiliger Flügel mit drei Holmen und Sperrholzbeplankung; Spreizklappen zwischen Rumpf und Querruder; Klappen und Querruder in Metallbauweise mit Stoffbespannung.
Leitwerk: Normalbauweise in Stahlrohr mit Stoffbespannung; Höhenleitwerk abgestrebt und verspannt; Höhenflosse verstellbar, Höhenruder aerodynamisch ausgeglichen.
Fahrwerk: starr mit geteilter Achse; Räder stromlinienförmig verkleidet; Heckspornrad; Bremsen.

Savoia-Marchetti SM-79 „Sparviero" Bomben-, Torpedo- und Transportflugzeug

In Anlehnung an die große SM-81 „Pipistrello" entwickelte Marchetti, Chefkonstrukteur von Savoia, die kleinere SM-79 als aerodynamisch besser geformtes Schnellverkehrsflugzeug mit einziehbarem Fahrwerk. Ende 1934 startete die Maschine zum Erstflug. Nachdem sie leistungsstärkere Triebwerke erhalten hatte, stellte sie unter der Bezeichnung SM-79 P im Jahr 1935 mehrere Rekorde auf. Mit nochmals verbesserten Triebwerken versehen, folgten 1936 weitere Rekorde. Da die Flugleistungen des ersten Prototyps das Flugzeug auch für militärische Belange als geeignet erscheinen ließen, wurde bereits der zweite Typ als Bomber vollendet. Die Luftwaffe Italiens bestellte dieses Muster in Großserie. Parallel zum Bomber SM-79 wurde aus diesem das zivile Flugzeug SM-83 entwickelt.
Insgesamt sind über 20 SM-83, 83 A und 83 T als zivile Transportausführung der SM-79 als Reiseflugzeug für 10 Passagiere und Post oder als reines Postflugzeug ausgeliefert worden (mit drei 550-kW-Motoren).

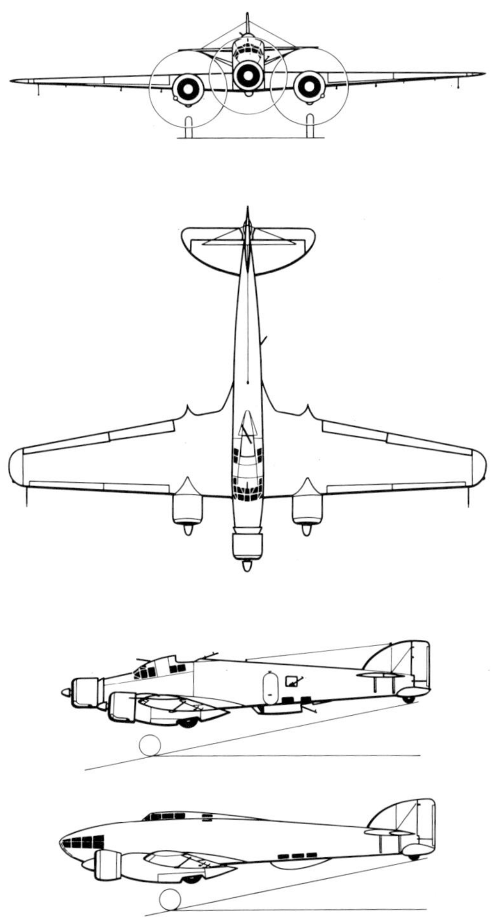

Nach der Truppenerprobung erhielt die italienische Luftwaffe ab Herbst 1937 die erste Bomberserie SM-79-I (mit drei 575-kW-Motoren). Diese Version konnte 1 000 kg Bomben aufnehmen. Als Abwehrwaffen dienten ein im „Katzbuckel" über der Kanzel starr nach vorn gerichtetes MG, ein bewegliches MG im nach hinten völlig zu öffnenden Buckel sowie ein nach hinten gerichtetes MG in der Wanne unter dem Rumpf. Außerdem konnte im Rumpf ein MG wahlweise nach rechts oder links aus einem Fenster geschwenkt werden (Foto, obere Seitenansicht).
Flugzeuge dieses Typs wurden gegen die Republik Spanien eingesetzt. 45 SM-79-I wurden von Jugoslawien gekauft.
Die SM-79 war der am meisten produzierte italienische Bomber. Von den 975 Bombern des Jahres 1940 waren 504 SM-79.
Für Exportzwecke hatte man bereits 1936 eine zweimotorige Version entwickelt, die zwei 755-kW-Triebwerke erhielt (untere Seitenansicht). Argentinien interessierte sich für diese als SM-79 B bezeichnete Version und erhielt 3 Maschinen, kaufte dann aber aus Nachschubgründen die amerikanische Martin 139-W. Der Irak beschaffte vier SM-79 B. Rumänien wünschte eine zweimotorige Version mit stärkeren Triebwerken, worauf die SM-79-JR mit zwei Jumo 211 Da entstand. Nach dem Erwerb der Lizenz nahm Rumänien (IAR) die Produktion von 24 SM-79 B und 40 SM-79 JR auf. Rumänische Bombereinheiten benutzten Maschinen dieses Typs für Bombenangriffe gegen Ziele auf sowjetischem Gebiet.
Im Jahr 1937 wurden 16 serienmäßige SM-79-I für Rekordflüge mit besseren Triebwerken und ohne Waffenstände zur SM-79 C und zur SM-79 T umgebaut.

Nach Versuchen, aus der SM-81 ein Torpedoflugzeug abzuleiten, erprobte man 1937/38 eine SM-79 für den gleichen Zweck. Diese Maschine erwies sich im Prinzip als geeignet, jedoch war sie für den Transport von zwei Torpedos zu leistungsschwach. Deshalb wurde ab Oktober 1939 die mit drei 735-kW-Motoren ausgerüstete SM-79-II als Torpedo- und Bombenflugzeug gebaut. Als Italien im Juni 1940 in den Krieg eintrat, verfügte es über 385 SM-79-I und 200 SM-79-II. Zu dieser Zeit gab es einige SM-79-I mit 990-kW-Triebwerken.
Ein Versuch, die SM-79 als ferngelenkten unbemannten Flugkörper mit einer Sprengladung an Bord gegen Schiffe zu verwenden, schlug infolge eines Defekts in der Fernsteuerung fehl.
Gegen Ende 1943 erschien die SM-79-III ohne Bodenwanne sowie mit stärkeren Abwehrwaffen und Flammenvernichtern an den Motoren.
Während die nach der Kapitulation am 8. September 1943 zu den Alliierten überflogenen 34 SM-79 als Bomber verwendet wurden, übernahm die Luftwaffe Hitlerdeutschlands die verbliebenen Maschinen als Transportflugzeuge, die gute Flugeigenschaften gehabt haben sollen.
Nach 1945 haben mehrere Länder noch einige der insgesamt 1 300 Bomber vom Typ SM-79 für zivile und militärische Zwecke verwendet.

Rumpf: Stahlrohrbauweise; vorn mit Duralumin beplankt; hinten mit Stoff bezogen.
Tragwerk: Tiefdecker in Holzbauweise; dreiholmig; durchlaufend in einem Stück gefertigt; über gesamte Vorderkante des Außenflügels zweiteiliger automatischer Handley-Page-Vorflügel.
Leitwerk: Stahlrohrbauweise mit Stoffbespannung; verstrebt.
Fahrwerk: einziehbar mit Heckrad; Haupträder ragten zu einem Viertel heraus; Spornrad verkleidet.

Savoia-Marchetti SM-82 „Marsupiale" / „Canguro" Bomben- und Transportflugzeug

Die dreimotorige SM-82 als Weiterentwicklung der SM-75 war das größte italienische Transportflugzeug der Vorkriegszeit. Der Erstflug der SM-82 war 1938. Während die ersten Serien noch 700-kW-Motoren hatten, wurden später solche mit einer Leistung von 785 kW eingebaut.

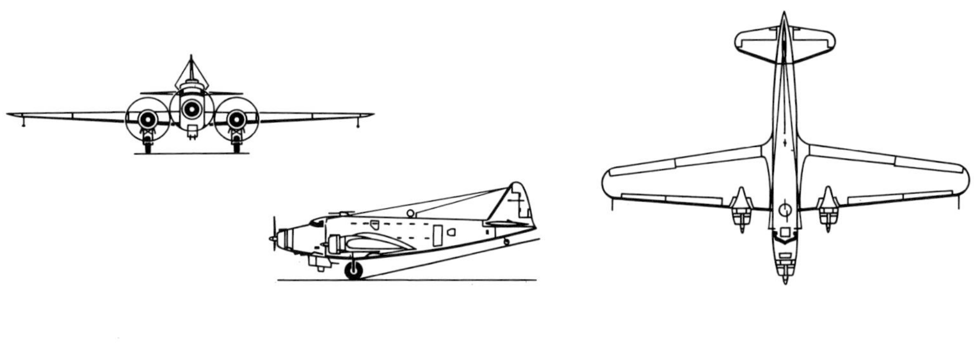

Die Maschine diente zum Transport von Soldaten und Lasten. Der Rumpf war so ausgelegt, daß Jagdflugzeuge, beispielsweise die CR-42, befördert werden konnten, wozu deren Trag- und Leitwerk parallel zum Rumpf untergebracht wurde. Davon gab es im Juni 1940 12 Flugzeuge.
Ab 1941 kam die Bomberversion in geringer Stückzahl an die Front. Insgesamt sind etwa 400 SM-82 ausgeliefert und nach dem Krieg vielfach mit 895-kW-Triebwerken ausgerüstet worden. Zu Beginn der sechziger Jahre flogen noch mindestens 30 Flugzeuge.

Rumpf: Stahlrohrbauweise mit Stoffbespannung; große Luke im Boden zur Beladung mit sperrigem Gut.
Tragwerk: freitragender Tiefdecker in Holzbauweise mit Sperrholzbeplankung; drei Holme; Spaltflügel über ⅔ der Flügelvorderkante; Landeklappe.
Leitwerk: freitragende Normalbauweise in Holz mit Stoffbespannung; Höhenflosse trimmbar; Seitenruder mit Trimmklappe.
Fahrwerk: einziehbar mit Spornrad; Niederdruckreifen; Bremsen.

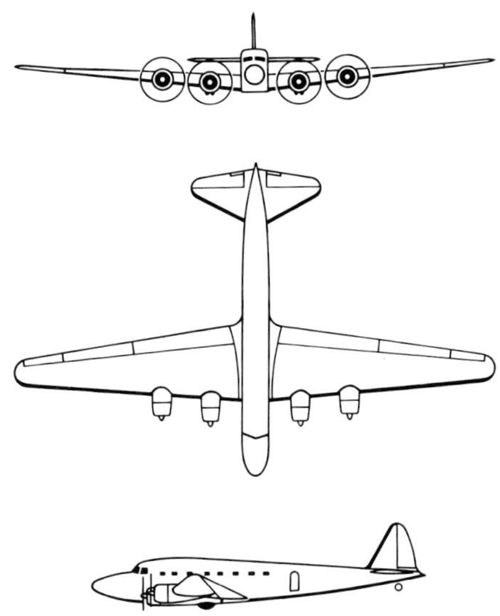

Savoia-Marchetti SM-95 Verkehrsflugzeug

Die SM-95 entstand 1942 als viermotoriges Verkehrsflugzeug für Transatlantikflüge. Der Erstflug des Prototyps mit 575-kW-Motoren fand am 8. Mai 1943 statt. Es folgte ein Vorserienmodell, das wie der Prototyp gebaut war. In ihrem 22,25 m langen Rumpf fanden 18 Passagiere und die vierköpfige Besatzung Platz. Die Reichweite der SM-95 (bei einer Startmasse von 21 455 kg) betrug in dieser Form 2 000 km.
Die zweite Vorserienmaschine SM-95 GA besaß einen längeren Rumpf sowie einen größeren Kraftstoffvorrat. Ein weiterer Prototyp wurde als SM-95 B bezeichnet. Das war ein Fernbomber mit breiterem Rumpf und vier 12,7-mm-MGs. Mit diesen vier Maschinen war die Kriegsproduktion dieses Typs beendet.
Nach dem zweiten Weltkrieg erhielt die SM-95 einen größeren Rumpf (24,70 m), so daß 20 bis 30 oder auf Kurzstrecken 30 bis 59 Passagiere untergebracht werden konnten. Die Triebwerksleistung war inzwischen auf 735 bzw. 1 045 kW erhöht worden. Der Typ verkehrte bis 1951 bei italienischen und ägyptischen Luftverkehrsgesellschaften auf Linien in Europa und im Mittelmeerraum.
Neben 12 zivilen SM-95 wurden zwei für die italienische Luftwaffe gebaut. Anfang der fünfziger Jahre wurde die SM-95 durch modernere Muster ersetzt.

Rumpf: Stahlrohrbauweise mit Metall- und Holzbeplankung bzw. Stoffbespannung; Passagiersitze mit Sauerstoffmasken.
Tragwerk: freitragender Tiefdecker in Holzbauweise mit Sperrholzbeplankung; drei Holme; Spaltlandeklappen.
Leitwerk: freitragende Normalbauweise; Flossen in Holzbauweise; Ruder in Metallbauweise mit Stoffbespannung; Trimmklappen in den Höhenrudern.
Fahrwerk: einziehbar mit Spornrad; an den Hauptstreben Zwillingsräder; Niederdruckreifen; Radbremsen.

SIAI-Marchetti „Riviera FN-333" Amphibienflugzeug

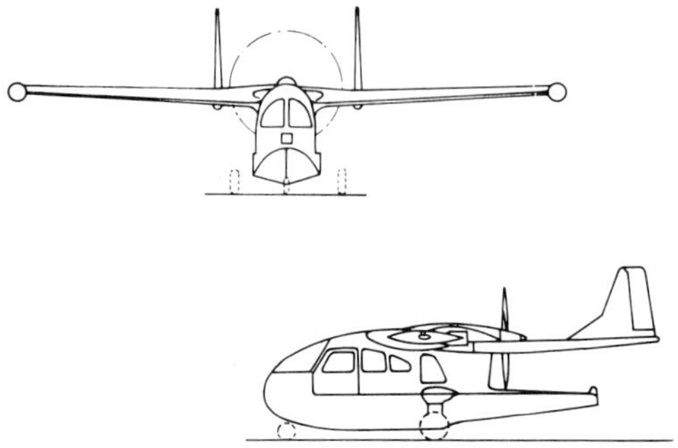

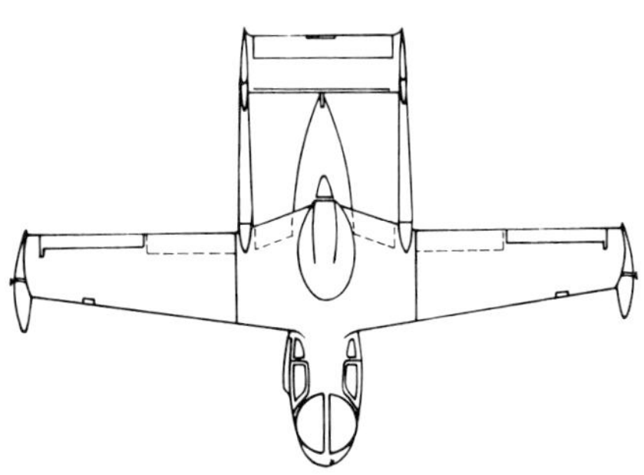

Die „Riviera FN-333" wurde von der Firma Nardi geschaffen. Der erste Prototyp war dreisitzig und hatte ein 105-kW-Triebwerk. Der zweite Prototyp war viersitzig und mit einem 185-kW-Motor ausgerüstet. Der Erstflug dieser Ausführung war am 8. Dezember 1954. Ein Vorserienmodell, das im Rahmen der Flugerprobung gebaut wurde, flog erstmalig am 14. Oktober 1956. SIAI-Marchetti übernahm die Lizenzfertigung, und das erste Se-

rienflugzeug flog im Februar 1962. Mitte 1965 waren 13 FN-333 ausgeliefert, weitere wurden von den USA bestellt.
Im Jahr 1960 stellte das Flugzeug einige Geschwindigkeitsrekorde für Wasserflugzeuge seiner Klasse auf. Über geschlossene Strecken von 100 bzw. 500 km erreichte es dabei Geschwindigkeiten von 270 bzw. 286 km/h. Außerdem stellte die Maschine mit 7189 m einen Höhenrekord auf.

Rumpf: Ganzmetallbauweise mit abgeschottetem Boden; Doppelsteuerung.
Tragwerk: freitragender Hochdecker in Ganzmetallbauweise mit zwei Holmen; am Mittelteil befinden sich die Leitwerkträger und die Triebwerke.
Leitwerk: Leitwerkträger laufen in Seitenleitwerke aus; Höhenleitwerk zwischen den Seitenleitwerken; Ganzmetallbauweise.
Fahrwerk: einziehbar mit Bugrad; an den Flügelenden hydraulisch ausfahrbare Stützschwimmer; Wasserruder am Ende des schwimmerartig auslaufenden Rumpfes.

SIAI-Marchetti S-205 / S-208 / S-210 Reiseflugzeuge

Die Projektierung des viersitzigen Reiseflugzeugs S-205 (Skizze) begann im März 1964, die Konstruktion im Juli des gleichen Jahres. Die ersten drei Maschinen waren im April 1965 fertig. Wenig später begann die Serienproduktion. Die einzelnen Versionen unterscheiden sich vor allem in der Triebwerksleistung und dadurch, daß sie ein einziehbares oder ein starres Fahrwerk besitzen.

Versionen:
S-205-18/F: Ausgangsmuster mit 130-kW-Motor; Baubeginn Februar 1966.
S-205-18/R: mit veränderter Landeklappe.
S-205-20/F: mit 145-kW-Motor, anderer Luftschraube und geänderter Landeklappe.
S-205-20/R: wie die 20/F, aber mit anderer Landeklappe.
S-205-22/R: mit 160-kW-Triebwerk; in den USA als Waco S-220 in Lizenz gebaut.

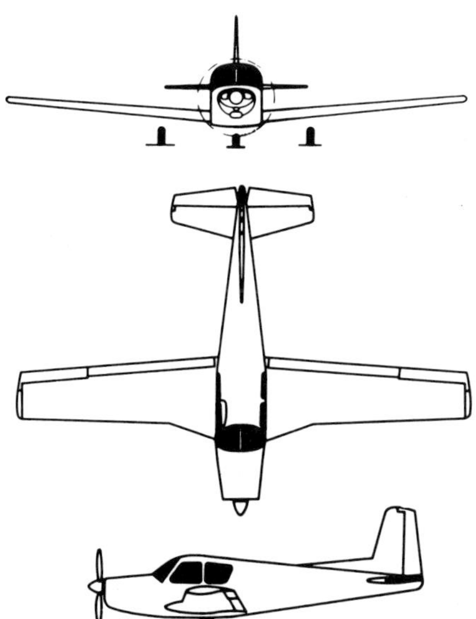

Für die S-208 als Weiterentwicklung wurden 60% der Teile übernommen. Die S-208 (unteres Foto) hat ein stärkeres Triebwerk und fünf Plätze. Mit diesem Reiseflugzeug der oberen Preisklasse brach SIAI-Marchetti das Monopol der USA auf diesem Gebiet. Der Erstflug des Prototyps fand am 22. Mai 1967 statt. Im Frühjahr 1968 begann die Serienproduktion. 44 von 1968 bis 1974 gefertigte S-208 M mit veränderter Kabine verwendet die Luftwaffe Italiens als Verbindungs- und Schulflugzeuge.
Für Mehrzweckaufgaben dient die S-208 AG. Seit 1977 gibt es verbesserte Versionen, so die S-208 A als Sanitäts-, Landwirtschafts- und Frachtflugzeug. Der italienische Aeroklub bestellte 140 S-208 AC mit 150-kW-Motor für Trainingszwecke.
Die S-210 (oberes Foto) ist eine zweimotorige Ausführung, bei der ebenfalls viele Bauteile der S-205 verwendet werden konnten. Diese Maschine flog erstmalig am 19. Februar 1970. Die Luftverkehrszulassung wurde 1972 erteilt. Die 1971 in Paris gezeigte Militärversion S-210 M ging nicht in die Serienproduktion.

Technische Angaben der S-205:
Rumpf: Ganzmetall-Halbschalenbauweise; zwei Einzelsitze vorn mit Doppelsteuerung; dahinter Sitzbank für zwei Personen; auf jeder Seite große Kabinentür; steuerbords Tür zum Gepäckraum; Schallisolierung, Heizung und Belüftung.
Tragwerk: freitragender Tiefdecker in Ganzmetallbauweise; Honigwaben-Klebebauweise; Spaltlandeklappen.
Leitwerk: freitragende Normalbauweise in Ganzmetall; Trimmung im Backbord-Höhenruder.
Fahrwerk: starr oder einziehbar mit Bugrad; ölpneumatische Dämpfung; hydraulische Scheibenbremsen.

SIAI-Marchetti SM-1019
Mehrzweckflugzeug

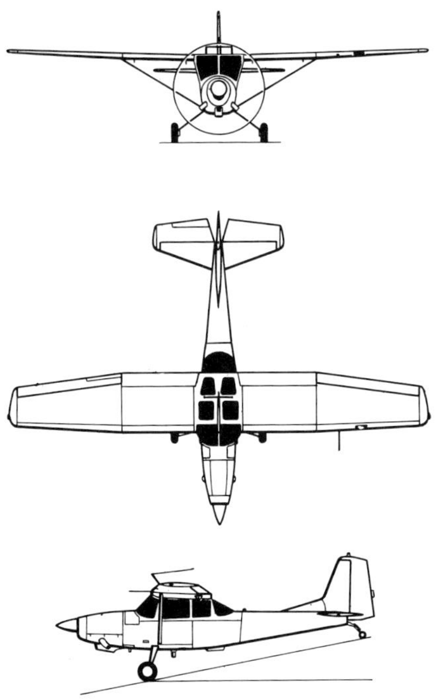

Das leichte militärische Mehrzweckflugzeug SM-1019 wurde im Januar 1969 entwickelt. Als Ausgangsmuster diente die Cessna L-19 / 01-1 „Bird Dog". Der erste Prototyp SM-1019 flog erstmalig am 24. Mai 1969, der zweite SM-1019 A am 18. Februar 1971. Letzterer hatte ein verändertes Kraftstoffsystem, eine zweite Tür und eine andere Instrumentierung.
Die Serienproduktion der SM-1019 E begann im Jahr 1974, und 1975 wurden die ersten Maschinen ausgeliefert.
Die SM-1019 eignet sich für Aufklärungs- und Verbindungsaufgaben, aber auch für die Bekämpfung von Erdzielen.
Die Heeresfliegerkräfte Italiens erhielten 100 SM-1019 A, davon waren 1988 noch 68 im Bestand.

Rumpf: Ganzmetall-Halbschalenbauweise; stark verglaste Kabine; Sitze hintereinander.
Tragwerk: abgestrebter Hochdecker mit Verglasung des Tragflügelmittelstücks; Ganzmetallbauweise; Trimmruder; an zwei Aufhängepunkten bis zu 227 kg Waffen möglich.
Fahrwerk: einfach; starr mit Heckrad; bereift.

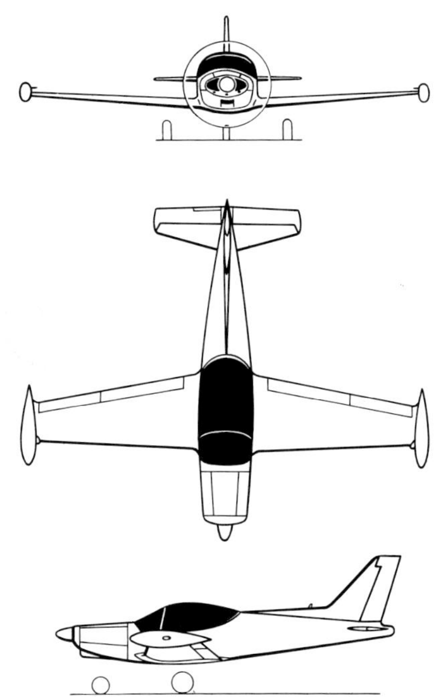

SIAI-Marchetti SF-260 MX
Schul- und Übungsflugzeug

Das zwei- bis dreisitzige Schulflugzeug SF-250 (gebaut von Frati bei Aviamilano) startete am 15. Juli 1964 zum Erstflug. Aus dieser Maschine wurde das Serienflugzeug SF-260 abgeleitet, das in über 100 Exemplaren gebaut und auch exportiert wurde (Frankreich, Marokko). Die erste Version SF-260 A erhielt im Frühjahr 1966 die Tauglichkeitszulassung. Als letzte zivile Version gilt die SF-260 C. Sie hatte Tragflügelendbehälter für Kraftstoff und wurde 1985 zur SF-260 D verbessert.
Nach strukturellen und aerodynamischen Verbesserungen für den militärischen Bedarf flog am 10. Oktober 1970 erstmals die neue Maschine, die als SF-260 MX bezeichnet wird und der militärischen Anfängerschulung dient.

Versionen:
SF-260 AMI: 25 Muster für die italienischen Luftstreitkräfte; Ende 1975 ausgeliefert.
SF-260 M: 36 Maschinen an Belgien.
SF-260 MC: 12 Maschinen an Zaire.
SF-260 MN: 2 Maschinen an Marokko.
SF-260 MP: 32 Maschinen an die Philippinen; 1979 Aufnahme der daraus abgeleiteten philippinischen Weiterentwicklung XT-001 mit größerer Spannweite und Leermasse.
SF-260 MS: 16 Maschinen an Singapur.
SF-260 MT: 12 Maschinen an Thailand.
SF-260 MZ: 8 Maschinen an Sambia.
SF-260 W „Warrior": bewaffnete Version für maritime Verwendung (leichtes Radar im linken Tragflügelendbehälter) mit Verstärkungen zur Aufnahme der zwei bis vier Unterflügelstationen; Erstflug im Mai 1972; geliefert an Dubai, Irland, Tunesien und die Philippinen; eine Maschine wurde zur SF-260 SW „Sea Warrior" weiterentwickelt.

Weitere SF-260 M wurden geliefert an Bolivien (6), Burma (10), Ekuador (12) und Libyen (etwa 250, seit 1980 dort Lizenzbau). Bis 1988 waren etwa 800 SF-260 aller Versionen an die Armeen in 20 Ländern ausgeliefert.
Von der Turbopropversion SF-260 TP (Erstflug im Juli 1980) waren bis 1988 über 60 Maschinen bestellt.

Rumpf: Halbschalenbauweise unter Verwendung von Glasfiber; Sitze nebeneinander; Kabinenhaube nach hinten aufschiebbar.
Tragwerk: freitragender Tiefdecker mit gerader Tragflügelvorderkante und Tragflügelendtanks.
Leitwerk: Normalbauweise in Ganzmetall.
Fahrwerk: einziehbar mit Bugrad.

Fuji T-1 „Hatsutaka“
Übungsflugzeug

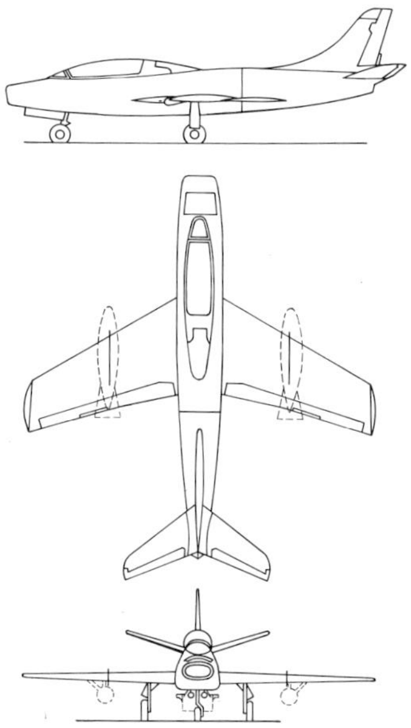

Die T-1 entstand als erstes japanisches Nachkriegsflugzeug bei Fuji aufgrund einer Ausschreibung der japanischen Luftstreitkräfte zur Entwicklung eines TL-Übungsflugzeugs, mit dem die Piloten auf TL-Militärflugzeuge umgeschult werden sollten. Die Maschine, die diese Ausschreibung gewann, wurde in der relativ kurzen Zeit von 16 Monaten entwickelt.
Der Erstflug des ersten Prototyps T-1 F-2 fand am 19. Januar 1958 mit dem britischen Triebwerk Bristol Orpheus 805 statt, das auch in Serienmaschinen verwendet wurde. Es folgten ein weiterer Prototyp sowie vier Vorserienmodelle. Die Serienlieferung von 40 T-1 A mit einem japanischen Triebwerk begann im September 1960. Ab 1962 folgten 20 verbesserte T-1 B (Erstflug am 17. Mai 1960, Triebwerk Ishikawajima-Harima JI-IHI-3, je 11800 N). Das Flugzeug eignet sich außer seiner eigentlichen Zweckbestimmung zum Kunstflugtraining und mit Waffenausrüstung für Schieß- und Bombenabwurfübungen.

Rumpf: Ganzmetall-Halbschalenbauweise; Druckkabine mit Schleudersitzen; Doppelsteuerung; zwei Sitze nebeneinander; Luftbremse unter dem Rumpf; Kabinendach aus einem Stück.
Tragwerk: freitragender Tiefdecker in Ganzmetallbauweise.
Leitwerk: freitragende Normalbauweise; Höhenleitwerk mit 11° V-Stellung.
Fahrwerk: einziehbar mit Bugrad und ölhydraulischer Federung.

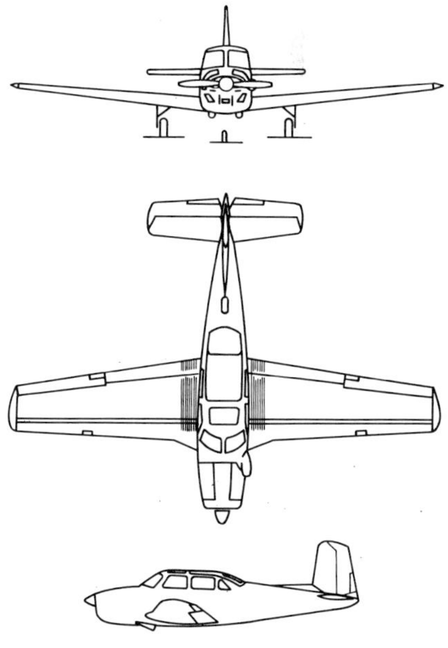

Fuji LM-1 / KM-2
Schul-, Übungs- und Reiseflugzeuge

Fuji erwarb 1953 die Lizenz zur Fabrikation des Schulflugzeugs T-34 A „Mentor“ (Beech 45) von Beechcraft (USA). Aus diesem Muster entstand das Mehrzweckflugzeug LM-1 „Nikko“, dessen Prototyp am 6. Juni 1955 erstmalig flog. Da der Rumpf größer war als der des Vorgängermusters, bot die Maschine vier bis fünf Personen Platz. Für die Fliegerkräfte Japans wurden 1956/57 27 LM-1 gebaut.
Aus diesem Typ entstand die KM-2, die über eine volle Blindflugausrüstung verfügt. Der Rumpf wurde verstärkt, anstelle des 165-kW-Triebwerks wurde eins mit 250 kW eingebaut. Der Prototyp flog im Dezember 1958. Von 1963 bis 1969 wurden 28 Schul- und Verbindungsflugzeuge für die Streitkräfte ausgeliefert.
Einige LM-1 rüstete man nachträglich mit stärkeren Motoren zu KM-2 um. Bis 1979 wurden 54 der weiterentwickelten KM-2 B (Erstflug am 26. September 1974, Schulflugzeug mit zwei hintereinanderliegenden Sitzen, Luftwaffenbezeichnung T-3) ausgeliefert.
Dem Prototyp KM-2 D (Turboprop Allison 250-B 17 D, Erstflug: 28. Juni 1984) folgte die Serienausführung KM-2 Kai mit geänderter Cockpitverglasung (militärische Bezeichnung T-5, Erstflug: 27. April 1988, bestellt 29, ausgeliefert bis Ende 1993: 20).

Rumpf: Ganzmetall-Halbschalenbauweise; ein Teil des Kabinendachs läßt sich zur Beladung mit sperriger Fracht öffnen.
Tragwerk: freitragender Tiefdecker in Ganzmetallbauweise.
Leitwerk: freitragende Normalbauweise in Ganzmetall.
Fahrwerk: einziehbar; ölpneumatische Dämpfung; hydraulische Scheibenbremsen; steuerbares Bugrad.

Fuji FA-200 „Aero Subaru" Reiseflugzeug

Die FA-200 „Aero Subaru" ist eine ernsthafte Konkurrenz für die viersitzigen Ganzmetall-Reiseflugzeuge der USA. Sie eignet sich für den Reise-, Schul-, Schlepp- und Kunstflug. Die Entwicklung der Maschine begann im Jahr 1964, und der Prototyp flog erstmalig am 12. August 1965.

Versionen:

FA-200-160: viersitzige Maschine mit einem 120-kW-Triebwerk; zugelassen am 1. März 1966, als Zweisitzer-Kunstflugzeug am 29. Juli 1967.

FA-200-180: viersitzige Maschine mit einem 130-kW-Triebwerk; zugelassen am 25. April 1968.

FA-200-180 AD: mit größerem Kabinenkomfort und verbessertem Triebwerk, ab 1975 ausgeliefert.

298 Flugzeuge vom Typ FA-200 wurden bis zum 1. Februar 1982 ausgeliefert und z. T. exportiert (Japan 100, BRD 110, Australien 20, Großbritannien 14, Südkorea 3).

Rumpf: Ganzmetall-Halbschalenbauweise; je zwei Sitze hintereinander; Einstieg durch Zurückschieben des vorderen Kabinenteils von beiden Seiten aus; Doppelsteuerung; bei der FA-200-180 besondere Gepäckraumtür.
Tragwerk: freitragender Tiefdecker in Ganzmetallbauweise; ein Holm; Spaltlandeklappen; Flügelspitzen aus Kunststoff; Trimmklappen in den Querrudern.
Leitwerk: freitragende Normalbauweise in Ganzmetall; Trimmklappe im Backbord-Höhenruder.
Fahrwerk: starr mit Bugrad; ölpneumatische Dämpfung; hydraulische Scheibenbremsen; auf Wunsch stromlinienförmige Radverkleidung.

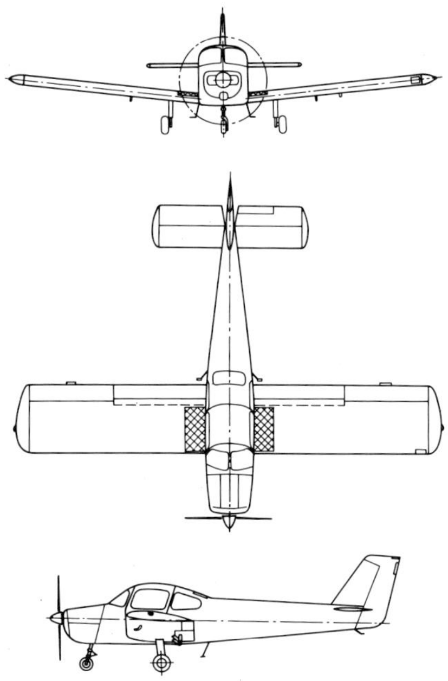

Kawanishi N 1 K 2-J „Shiden-kai" Jagd- und Bombenflugzeug

Am 6. Mai 1942 startete die von Kawanishi entwickelte N 1 K 1 „Kyofu" zum Erstflug. Sie war ein einsitziger Mitteldecker mit großem Zentralschwimmer und zwei Stützschwimmern und als katapult- und hochseefähiges Abfangjagdflugzeug entworfen worden. Der Serienbau wurde im März 1944 nach 105 Exemplaren abgebrochen, weil sich die Maschine den alliierten Flugzeugen als unterlegen erwies. Zudem war der Versuch fehlgeschlagen, die großen Widerstand erzeugenden Schwimmer einziehbar zu gestalten.
Der gleichzeitig entwickelte Typ mit einziehbarem Fahrwerk ging im Juli 1943 in die Flugerprobung. Er hatte die gleiche Zelle wie das Ausgangsmuster und den gleichen Motor mit 1465 kW Leistung. Da dieses Triebwerk ohne gründliche Erprobung in den Serienbau gegangen war, blieb es die schwache Stelle des Flugzeugs. Der als N 1 K 1-J „Shiden" bezeichnete Typ wurde bis Ende 1943 in rund 1000 Exemplaren gebaut.
Während des Serienbaus wurde das vereinfachte Muster N 1 K 2-J „Shiden-kai" geschaffen, dessen Prototyp am 31. Dezember 1943 mit der Flugerprobung begann. Diese Maschine unterschied sich von ihrer Vorgängerin durch das veränderte Leitwerk und die Tiefdeckerbauart. Das Doppelsterntriebwerk behielt man bei, allerdings mit einer Vierblatt-Luftschraube. Bis zum Kriegsende wurden 1435 Maschinen aller Versionen als Jagdflugzeug sowie als Jagdbomber ausgeliefert. Der Typ galt als eines der besten Mehrzweck-Jagdflugzeuge jener Zeit im Pazifik.

Rumpf: Ganzmetallbauweise; runder Querschnitt; aufgesetzte Kabine.
Tragwerk: Tiefdecker; zweiteiliger Flügel; zwei starre 20-mm-Kanonen.
Leitwerk: freitragende Normalbauweise.
Fahrwerk: einziehbar mit Heckrad; alle Streben einfach bereift.

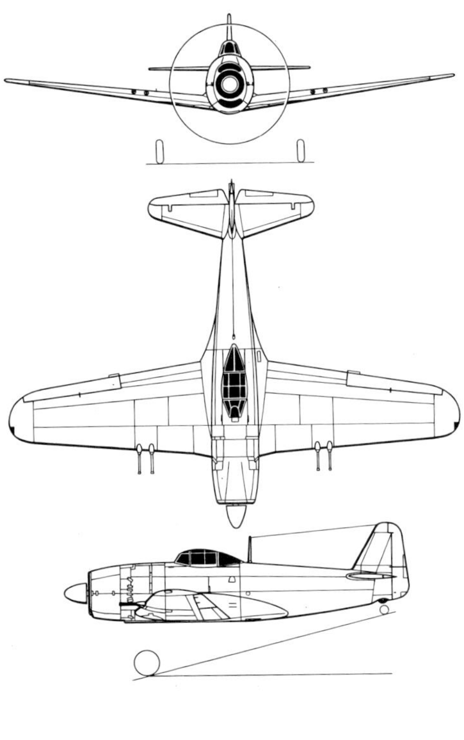

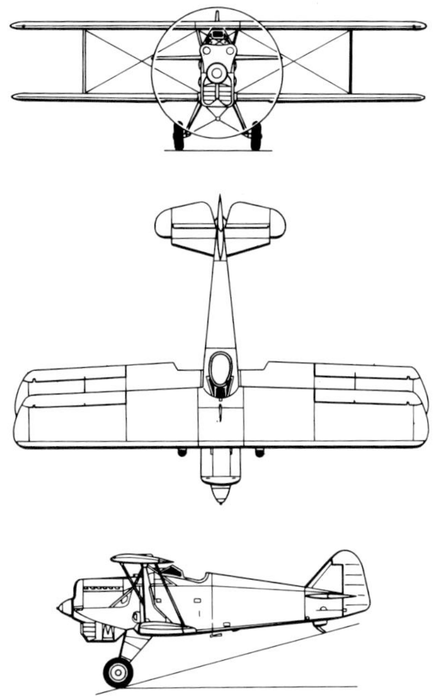

Kawasaki 92 / 93
Jagd- und Bombenflugzeuge

Anfang der dreißiger Jahre entwickelte Vogt für Kawasaki einen konventionellen Doppeldecker-Einsitzer in robuster Ganzmetallbauweise mit Stoffbespannung. Als Antrieb diente ein in Japan in Lizenz gebauter BMW-Motor. Bewaffnet war die Maschine mit zwei 7,7-mm-MGs, die synchronisiert durch den Luftschraubenkreis feuerten.
In den Jahren 1932/33 baute man 180 Maschinen der Serie 92 Modell 1, 1933/34 folgten 200 Flugzeuge der Serie 92 Modell 2. Als Triebwerk erhielten sie den Kawasaki/BMW IV mit einer Leistung von 550 kW.
Die Serie 93 war nach dem gleichen Bauschema ausgelegt wie die Serie 92, allerdings etwas größer, zweisitzig und mit etwas verändertem Kühler. Sie wurde in großer Stückzahl als Bomber und als Aufklärer geliefert. Wie bei den ersten Maschinen der Serie 92 wurde ein Kawasaki / BMW-Motor mit 440 kW verwendet. Damit errreichte der Bomber eine Höchstgeschwindigkeit von 260 km/h.

Rumpf: rechteckiger Querschnitt; Metallfachwerk mit Stoffbespannung; keine Panzerung; Kühler im Tunnel unter dem Bug mit regelbaren Klappen; offener Sitz (Serie 93: zwei offene Sitze hintereinander).
Tragwerk: einstieliger, verspannter, gestaffelter Doppeldecker; beide Flügel mit gleicher Spannweite und Tiefe; Metallgerippe mit Stoffbespannung; Querruder an beiden Flügeln, jeweils durch eine Strebe verbunden.
Leitwerk: unverstrebte Normalbauweise; Metallgerippe mit Stoffbespannung; ausgeglichenes Seitenruder; geteiltes Höhenruder.
Fahrwerk: starr; an Rumpfunterkante beiderseits je ein dreieckiger Blechträger; Halbachsen; Innenfederung der Räder; Hecksporn.

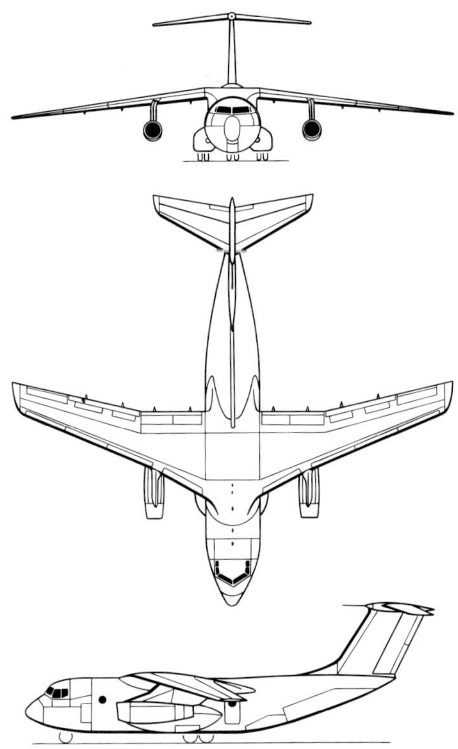

Kawasaki C-1
Transport- und Frachtflugzeug

Die Entwicklung der C-1 begann nach Forderungen der Fliegerkräfte Japans im Jahr 1966 bei der Firma NAMC als Ersatz für die veraltete C-46 von Curtiss (USA). Der Erstflug des ersten Prototyps (schon bei Kawasaki) fand am 12. November 1970 statt, der des zweiten am 16. Januar 1971. Das erste Vorserienflugzeug flog 1972, das zweite im Februar 1974.
An der Produktion der Maschine waren zahlreiche japanische Flugzeugfirmen beteiligt, so Fuji, Kawasaki, Mitsubishi, Nihon, Shin Meiva und Sumitomo.
Die erste Serienmaschine C-1 A (48-1008) wurde im Dezember 1974 ausgeliefert. Im Jahr 1981 verfügten die japanischen Luftstreitkräfte über alle bestellten 31 C-1 A. Davon waren 1988 noch 27 im Bestand. An einer Experimental-STOL-Version wurde gearbeitet.
Ende 1985 nahm eine als C-1 KA (78-1021) bezeichnete Maschine mit verändertem Bug (Einbau eines Radargeräts) die Flugerprobung auf. Sie dient zur Schulung des fliegenden Personals der Staffeln, die für den elektronischen Kampf vorgesehen sind.

Rumpf: Ganzmetall-Halbschalenbauweise; Druckkabine; verstärkter Kabinenboden; Ladeeinrichtungen; Heckladerampe; Tür zum Cockpit backbords; Türen zum Rumpf auf beiden Seiten.
Tragwerk: freitragender Schulterdecker in Ganzmetallbauweise; zwei Holme; zwei vierstufige Fowler-Klappen; davor drei Flug- und ein Bodenspoiler; vierteiliger Vorflügel; thermische Enteisung.
Leitwerk: T-Leitwerk in Ganzmetallbauweise; freitragend; Trimmklappen in den Rudern; verstellbare Höhenflosse; thermische Enteisung.
Fahrwerk: einziehbar; an dem Hauptfahrwerk vier tandemartig angeordnete Räder; Bugstrebe mit Zwillingsrädern; Öldämpfung; Scheibenbremsen mit Blockierungsschutz.

Kawasaki T-4
Strahltrainer, Mehrzweckflugzeug

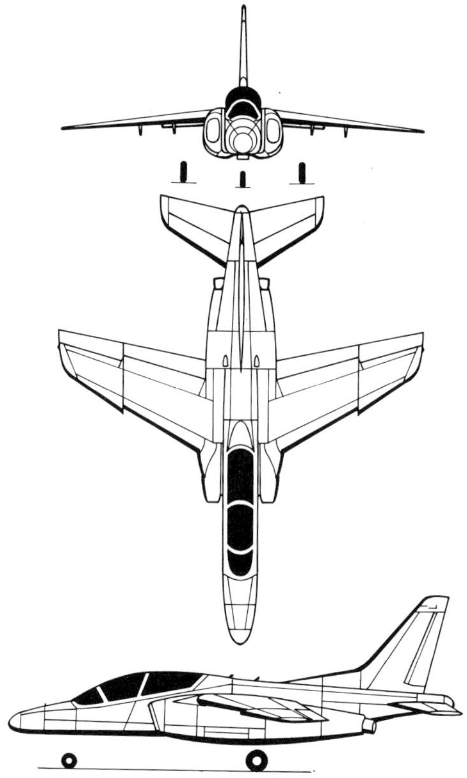

Am 4. September 1981 übernahm die Firma Kawasaki von den Selbstverteidigungskräften Japans den Auftrag, ein Nachfolgemuster für die Strahltrainer Lockheed T-33 und Fuji T-1 A / B zu schaffen. Unter der Leitung von Kohki Isozaki entstand das Projekt KA-851, das aus Kostengründen die Mitarbeit anderer Firmen vorsah. So baut Mitsubishi das Tragflügelmittelstück sowie die Lufteinläufe, Fuji Tragwerk, Rumpfheck und Leitwerk. Hauptauftragnehmer Kawasaki fertigt die Rumpfvorderteile, montiert die Maschinen und fliegt sie ein. Im Oktober 1982 waren die Konstruktionsarbeiten beendet, im April 1984 begann der Prototypenbau, am 29. Juli 1985 nahm der erste (56-5601) von vier Prototypen XT-4 die Flugerprobung auf, die im Juli 1986 abgeschlossen war. Die erste Serienmaschine T-4 startete am 28. Juni 1988 zum Erstflug, und der Truppendienst der beiden ersten T-4 begann am 20. September 1988.
Hauptverwendungszweck der T-4 ist die Ausbildung von Flugzeugführern für Kampfflugzeuge. Jedoch ermöglicht die Mitnahme von 2000 kg Waffenlasten an vier Unterflügelaufhängungen auch den Einsatz als leichtes Erdkampfflugzeug. Außerdem ist der Typ für Verbindungs- und Zielschleppaufgaben vorgesehen. Da Japan seit 1945 keine Waffen ausführen darf, ist eine unbewaffnete Exportausführung geplant. Die T-4 ist die erste japanische Flugzeugentwicklung mit einheimischen Triebwerken seit Mitte der sechziger Jahre.
Bis zum 31. März 1993 waren 95 der vorerst 135 bestellten T-4 geliefert. Der japanische Gesamtbedarf wird mit 200 T-4 angegeben. Gearbeitet wird an einer Version, welche die Aufgaben der Mitsubishi T-2 übernehmen kann.

Rumpf: Ganzmetall-Halbschalenbauweise; hauptsächlich Duralumin, an kritischen Stellen ein Minimum an Titan; vorn Katapultsitz des Schülers, hinten des Fluglehrers; 1 Zusatzbehälter (Waffen oder Kraftstoff) möglich; keine Waffen im Rumpf; Triebwerksaustritte leicht auswärts gerichtet.
Tragwerk: freitragender Schulterdecker in Ganzmetallbauweise; teilweise Verbundwerkstoffe; superkritisches Profil; zwei Aufhängungen je Tragflügel.
Leitwerk: Ganzmetallbauweise; Seitenleitwerk gepfeilt; Höhenleitwerk negative V-Form.
Fahrwerk: einziehbares Bugradfahrwerk; alle Fahrwerkbeine einfach bereift.

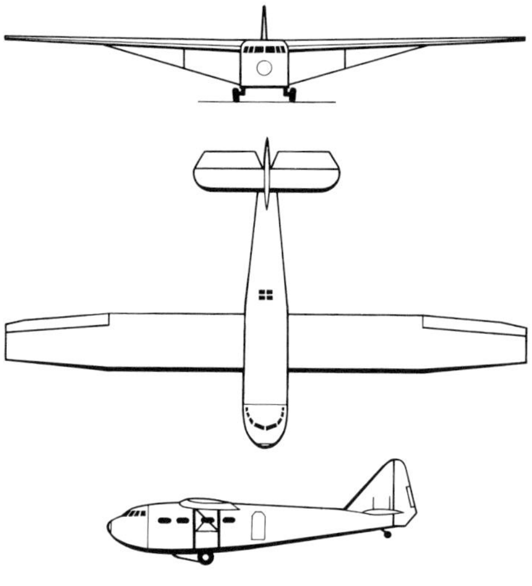

Kokusai Ku-8
Lastensegler

Von den ab 1941 in Japan entwickelten 6 Lastensegler-Typen hat die Ku-8 Bedeutung erlangt. Von der Ku-1 der Firma Maeda sind 100 Exemplare gefertigt worden, von der Ku-6 der gleichen Firma und der Ku-7 (Kokusai) je einer, von der Ku-11 (Nihon Kogata) 11 und von der MXY5 (Yokosuka) 12.
Den Auftrag für den Bau eines leichten Lastenseglers erhielten die Flugzeugwerke Nippon Kokusai Kogyo im Jahr 1941. Um Zeit zu gewinnen und den Aufwand so gering wie möglich zu halten, benutzten sie dafür das leichte zweimotorige Transportflugzeug Ki-59. So stellte der im April 1943 eingeflogene Prototyp Ku-8-I eine Ki-59 dar, bei der man die Triebwerke entfernt und das Fahrwerk durch Landekufen ersetzt hatte. Die nächste Ausführung – der Prototyp Ku-8-II – hatte eine aufklappbare Bugnase und eine Tür auf der linken Seite. In dieser Form ging der Typ in die Serienproduktion, die trotz der vereinfachten Entwicklung erst im Frühjahr 1944 begann. Bis zum März 1945 lieferten die Kokusai-Werke etwa 700 Lastensegler Ku-8-II aus.
Als Schleppflugzeuge dienten vor allem Maschinen vom Typ Mitsubishi Ki-21-II.

Rumpf: Gemischtbauweise; Bug als Ladetor aufklappbar; Flugzeugführersitze nebeneinander; Tür zum Laderaum auf der linken Seite.
Tragwerk: abgestrebter Schulterdecker in Gemischtbauweise.
Leitwerk: Normalbauweise; stoffbespannt.
Fahrwerk: nicht einziehbares Heckradfahrwerk; Landekufe unter dem Bug; alle Streben einfach bereift.

Mitsubishi G-3 M Typ 96
Bombenflugzeug

Mitsubishi entwickelte 1934 für die japanische Marine ein mittleres Bombenflugzeug für große Strecken, das im Juli 1935 zum Erstflug startete.

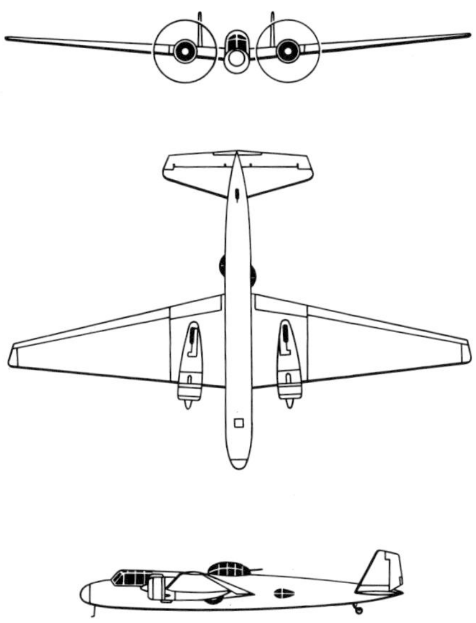

Die ersten Ausführungen hatten wassergekühlte Motoren mit je 440 kW, die späteren Doppelsternmotoren. Bei den Serienausführungen variierten Bewaffnung und Art ihrer Unterbringung.
Bis zum Ende des Krieges bauten Mitsubishi, Nakayima und das Marinearsenal von Hiro 1 048 Bomber. Dieser zweimotorige Bomber war das erste japanische Einsatzkriegsflugzeug mit Einziehfahrwerk.
Das Muster wurde auch als Transport- und Verkehrsflugzeug gebaut. Es führte einige Langstreckenflüge aus, z. B. nach dem Iran und Italien und 1939 einen Flug um die Erde.

Ab 1943 dienten die Maschinen nur noch zur Ausbildung, als Transporter sowie als Schlepper von Lastenseglern.

Rumpf: Ganzmetallbauweise mit rundem Querschnitt; geschlossenes Cockpit und geschlossene Waffenstände.
Tragwerk: freitragender Mitteldecker in Ganzmetallbauweise; Querruder in Form des Junkers-Doppelflügels.
Leitwerk: freitragende Normalbauweise mit zwei Seitenleitwerken auf dem Höhenleitwerk.
Fahrwerk: einziehbar mit Spornrad.

Mitsubishi Ki-15 Typ 97
Mehrzweckflugzeug

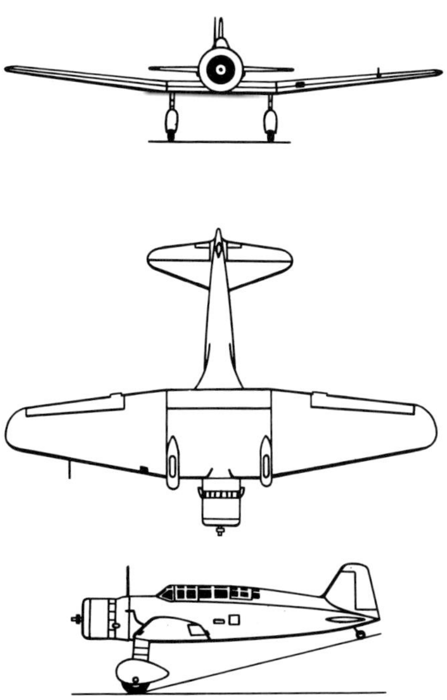

Mitsubishi entwickelte die Ki-15 Typ 97 im Jahr 1936 als Aufklärungsflugzeug für die japanische Armee. Getestet wurden ein militärischer und ein ziviler Prototyp. Die Zivilversion diente bei Langstrecken-Postflügen. Bekannt wurde der Fernflug des zweiten Prototyps „Kamikaze" im April 1937 von Tokio nach London über 15 440 km in 94 h 17 min, was einen Langstreckenrekord bedeutete.
Insgesamt sind für die japanischen Heeresflieger über 430 Ki-15 Typ 97 Modell 1 (410-kW-Motor) und Modell 2 (stärkeres Triebwerk) sowie zwei zivile, als „Karigane II" bezeichnete Flugzeuge gebaut worden. Von der Ki-15 III verließen nur zwei Prototypen (mit 770-kW-Motor) die Werkhallen.
Im Jahr 1939 nahm die japanische Marine das Aufklärungsflugzeug C-5 M-1 in Dienst, das praktisch eine Kopie der Ki-15 darstellte, jedoch mit einem stärkeren Triebwerk (645 kW) ausgerüstet war. Zunächst diente der Typ als Aufklärer, später nur noch als Verbindungsflugzeug. Einige Maschinen wurden gegen Kriegsende für „Kamikaze"-Selbstopfereinsätze verwendet.

Rumpf: Ganzmetall-Schalenbauweise; geschlossenes Cockpit mit Sitzen hintereinander.
Tragwerk: freitragender Tiefdecker in Duraluminbauweise; dreiteiliger Flügel mit trapezförmigem Umriß; im Flügelmittelstück Spreizklappe, die unter dem Rumpf durchläuft.
Leitwerk: freitragende Normalbauweise.
Fahrwerk: starr mit stromlinienförmiger Verkleidung; Hecksporn; Radbremsen.

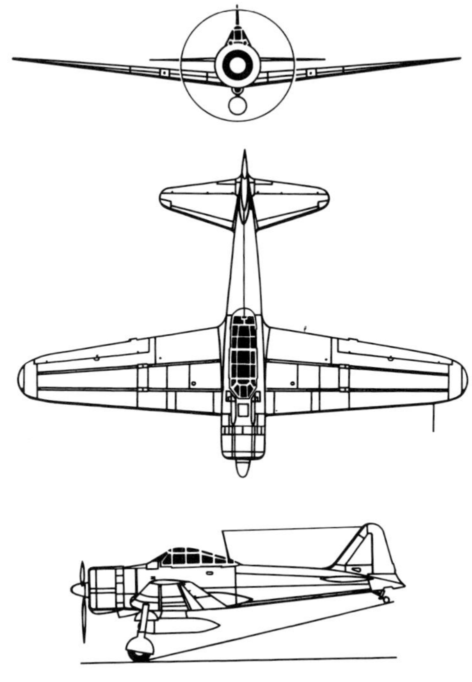

Mitsubishi A6 M „Zero-sen" Jagdflugzeug

Die A6 M „Zero-sen" beruhte auf einer Ausschreibung der japanischen Marine von 1937 als Ersatz für die Mitsubishi A5 M 4. Es waren eine Höchstgeschwindigkeit von 502 km/h, eine Flugdauer von 1½ h und eine Bewaffnung mit zwei Kanonen und zwei MGs gefordert worden. Der Erstflug des Prototyps A6 M 1 mit einem 575-kW-Triebwerk fand am 1. April 1939 statt, der zweite folgte im Oktober 1939. Der dritte Prototyp (A6 M 2) hatte ein 690-kW-Triebwerk. In dieser Form begann die Serienproduktion. Die japanische Marine übernahm 64 Flugzeuge als Modell 11, die als Trägermaschinen dienten.
Am Modell 21 (740 Stück gebaut) waren die Flügel zur leichteren Unterbringung auf Flugzeugträgern hochzuklappen. Das Modell 32 (343 Stück produziert) hatte einen Motor mit Höhenlader und keine hochklappbaren Flügelspitzen, so daß der Umriß eckig war. Am Modell 22 (560 Stück gebaut) dagegen waren die Flügel wieder hochklappbar.
Beim Modell 52 (A6 M 5) wurde auf Klappflügel verzichtet. Von dieser meistgebauten Ausführung gab es verschiedene Versionen, die sich vor allem in der Bewaffnung unterschieden.
Die „Zero-sen" übertraf als erstes bordgestütztes Jagdflugzeug die Leistungen landgestützter Jäger. Bis zum Kriegsende blieb dieses Muster der am meisten geflogene japanische Jagdeinsitzer. Insgesamt wurden 11 283 „Zero-sen" gebaut. 465 Flugzeuge dieses Typs wurden von Selbstopfer-Piloten als „Kamikaze" gegen wichtige Ziele eingesetzt.

Rumpf: Ganzmetall-Schalenbauweise; geschlossenes Cockpit.
Tragwerk: freitragender Tiefdecker in Ganzmetallbauweise; zwei Holme.
Leitwerk: freitragende Normalbauweise.
Fahrwerk: einziehbar mit Spornrad.

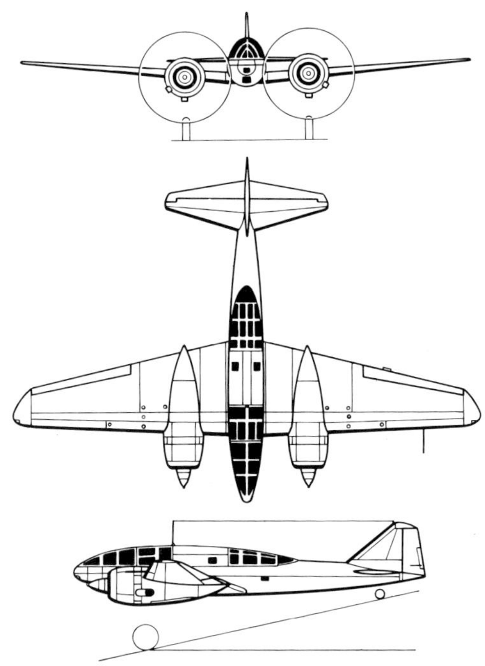

Mitsubishi Ki-46 „Dinah" Fernaufklärer, Übungsflugzeug

In den dreißiger Jahren forderte die japanische Heeresluftwaffe einen schnellen Langstreckenjäger. Nachdem sich der kleine einmotorige Tiefdecker Ki-15 (mit starrem Fahrwerk) als zu langsam erwiesen hatte, entwickelte man aus den Projekten Ki-39 (zweimotoriger Jäger, blieb im Entwicklungsstadium) und Ki-40 (neues Projekt für einen zweimotorigen Jäger) mit der Ki-46 eines der formschönsten japanischen Flugzeuge. Nach aerodynamischen Untersuchungen für die formgünstigsten Motorgondeln sowie für die besten Luftschraubenblätter war der Prototyp Ki-46 im November 1939 fertig. Mit zwei 575-kW-Motoren Ha-26-I startete die Maschine am 14. November zum Erstflug. Mit dem gleichen Antrieb ging die Ki-46-I in Serie.
Unter der Heeresbezeichnung Typ 100 Modell 1 diente die Maschine als Aufklärer, in erster Linie jedoch der Truppenerprobung sowie der Ausbildung des Personals. Nach 34 Ki-46 und Ki-46-I lieferte das Werk die Ki-46-II mit Ha-102-Motoren aus (Heeresbezeichnung: Typ 100 Modell 2). Von dieser Version wurden insgesamt 1 093 Maschinen gebaut. Eingesetzt wurden diese Aufklärer im gesamten Fernen Osten. Mehrere Maschinen wurden von den japanischen Marinefliegerkräften übernommen. Ende 1942 gaben die Alliierten der Ki-46 die Tarnbezeichnung „Dinah".
Die Ki-46-II wurde 1943 in geringer Stückzahl zum dreisitzigen Navigationstrainer Ki-46-II KAI umgebaut, der über der Flugzeugführerkabine ein zusätzliches, abgestuftes Cockpit erhielt.
Aeordynamisch verbessert, mit 1 105-kW-Triebwerken und größerem Kraftstoffvorrat versehen, erschien 1944 die Ki-46-III (Skizze und Foto). Als spezielles Flugzeug gegen die USA-Bomberverbände entstand im November 1944 die Ki-46-III KAI, und kurz darauf schuf man den Jagdbomber Ki-46-III b sowie das Projekt der Ki-46-III c mit Kanonen.
Vier mit Abgasturboladern, verbesserten Triebwerken sowie verlängerten Motorgondeln versehene Maschinen wurden als Ki-46-IV a bezeichnet. Das Jagdflugzeug Ki-46-IV b blieb Projekt.
Insgesamt verließen 1 742 Ki-46 das Mitsubishi-Werk.

Rumpf: abgesetztes Cockpit; ab Ki-46-III verglaste Kanzel bis zum Bug vorgezogen; Kraftstoffbehälter zwischen Flugzeugführer- und Funker-Kabine.
Tragwerk: Tiefdecker in Ganzmetallbauweise; leichte V-Stellung der Tragflügel.
Leitwerk: Normalbauweise; trapezförmiges Höhen- und Seitenleitwerk.
Fahrwerk: einfach bereift, einziehbar mit Heckrad.

Mitsubishi J2 M „Raiden“ Abfangjagdflugzeug

Die J2 M „Raiden“ entstand 1942 aufgrund einer Ausschreibung der japanischen Marine für ein Abfangjagdflugzeug mit hoher Steigleistung, großer Geschwindigkeit und starker Kampfkraft. Bis dahin hatte Japans Marine die Luftverteidigung als Angelegenheit der Armeeluftwaffe angesehen.
Die drei Prototypen J2 M 1 hatten einen 1 050-kW-Motor. Um den großen Stirnwiderstand zu verringern, setzte man eine lange Propellerwelle mit einem großen Spinner auf das Triebwerk und zog die Motorhaube nach vorn zusammen. Die Flugerprobung ergab Schwierigkeiten mit dem Triebwerk und dem Fahrwerk, außerdem hatte der Pilot wegen des Triebwerks eine schlechte Sicht. Deshalb wurden nur drei Maschinen gebaut.
Das erste Produktionsmodell J2 M 2 bekam zur Leistungssteigerung ein verbessertes Triebwerk mit Methaneinspritzung sowie zwei MGs im Rumpf und zwei Kanonen in den Tragfügeln. Zudem wurde der Bug verkürzt. Von diesem Modell wurden 155 Maschinen gebaut. Eine weitere verbesserte Version war die J2 M 3, die in zwei Ausführungen (260 und 26 Expemplare) produziert wurde. Darauf folgte das Höhenabfangjagdflugzeug J2 M 5 „Raiden“ in geringer Stückzahl.
Insgesamt wurden 476 „Raiden“ gefertigt, wovon einige zu Versuchen dienten, so das Muster 32 (J2 M 4) mit Verbundturbine. Als das vorwiegend zur Luftverteidigung Japans eingesetzte Jagdflugzeug im September 1944 in der Seeschlacht vor den Marianen-Inseln sein Debüt gab, lag die Einstellung der Produktion wegen verschiedener Mängel bereits sechs Monate zurück.

Rumpf: Ganzmetall-Schalenbauweise; geschlossenes Cockpit.
Tragwerk: freitragender Tiefdecker in Ganzmetallbauweise; Fowler-Klappen.
Leitwerk: freitragende Normalbauweise.
Fahrwerk: einziehbar mit Spornrad.

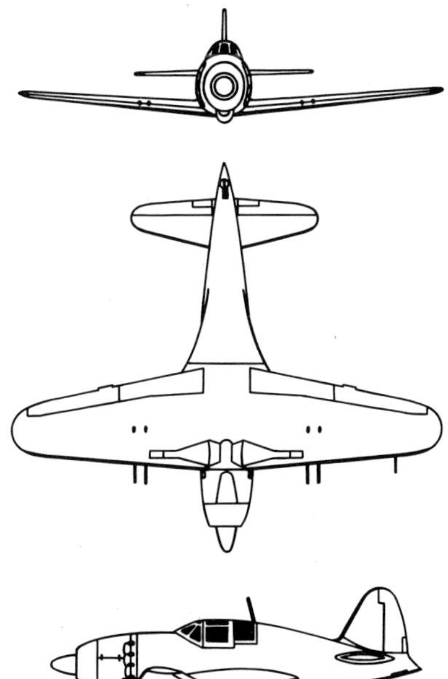

Mitsubishi J8 M „Shusui“ Jagdflugzeug

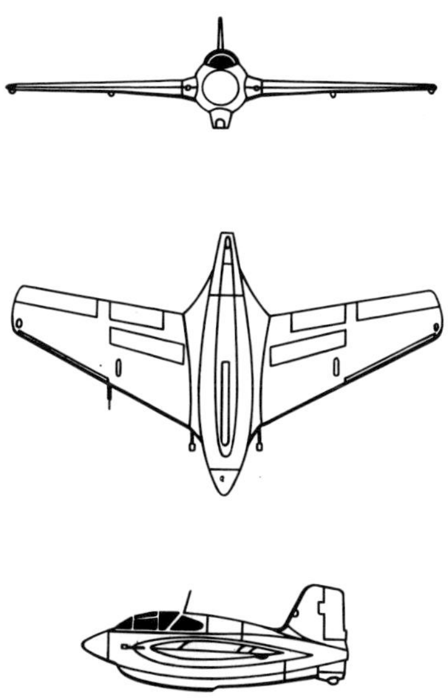

Mitsubishi entwickelte in Anlehnung an die Me 163 von Messerschmitt ein eigenes Raketenflugzeug. Das Flugtechnische Arsenal der japanischen Marine schuf gemeinsam mit Mitsubishi das Raketentriebwerk, bei dem als Kraftstoffe Wasserstoffperoxid und eine Mischung aus Wasserstoff und Methan benutzt wurden.

Das Raketenflugzeug war im Juni 1945 fertig. Es startete auf einem abwerfbaren Fahrwerk und landete auf einer Kufe. Beim Erstflug am 7. Juli 1945 fiel das Triebwerk in 400 m Höhe aus, weil die Kraftstoffzufuhr bei dem steilen Steigflug unterbrochen war.

Rumpf: Ganzmetall-Schalenbauweise.
Tragwerk: freitragender, gepfeilter Mitteldecker; Vorflügel und Landeklappen.
Leitwerk: nur Seitenleitwerk mit Trimmung; Klappen an der Flügelhinterkante dienten als Querruder und gemeinsam betätigt als Höhenruder.
Fahrwerk: nach dem Start abwerfbar; Landekufe.

Mitsubishi MU-2 Mehrzweckflugzeug

Im Jahr 1959 wurde im Mitsubishi-Konzern der Beschluß gefaßt, ein leichtes, zweimotoriges PTL-Flugzeug mit Kurzstarteigenschaften zu schaffen. Das PTL-Flugzeug wurde in erster Linie als Reiseflugzeug entwickelt; es eignet sich jedoch auch für zahlreiche andere Zwecke.
Der Erstflug des Prototyps MU-2 A fand am 13. September 1963 statt. Nach dieser Maschine wurden zwei weitere MU-2 A gebaut, jedoch mit Flügeltanks.

Versionen:
MU-2 B: US-amerikanische Triebwerke; Erstflug am 11. März 1965; höhere Startmasse; Montage der für den amerikanischen Markt bestimmten Maschine in den USA.

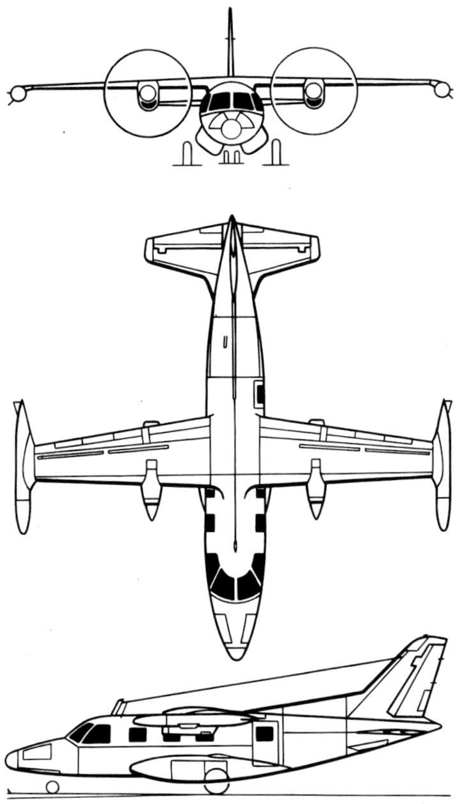

MU-2 C: Aufklärungs- und Verbindungsflugzeug der japanischen Armee; Erstflug am 11. Mai 1967; ohne Druckkabine, als LR-1 mit Kameras ausgerüstet; einige Maschinen tragen in der Rumpfnase zwei 13-mm-MGs.
MU-2 D: für zivile Zwecke; Erstflug am 5. März 1966; 18 Maschinen wurden als weiterentwickelte MU-2 B gebaut.
MU-2 E: Such- und Rettungsflugzeug; Erstflug am 15. August 1967; größere Reichweite; höhere Startmasse; ohne Druckbelüftung; 16 MU-2 E für die japanischen Luftstreitkräfte gebaut.
MU-2 F: für zivile Zwecke; Erstflug am 6. Oktober 1967; verbesserte MU-2 D mit stärkeren Triebwerken; über 100 wurden gebaut.
MU-2 G: aus der MU-2 F abgeleitete Version mit einem um 1,90 m gestrecktem Rumpf; Erstflug am 10. Januar 1969; verkauft wurden über 50 MU-2 G.
MU-2 J: stärkere Triebwerke; sonst wie die MU-2 C; Erstflug im August 1970; Export nach Kongo und Mexiko.
MU-2 K: Rettungs- und Suchflugzeug der japanischen Luftstreitkräfte; höhere Reisegeschwindigkeit, sonst wie die MU-2 F; Erstflug am 8. Mai 1972; ab September 1973 mit besser schallisolierter Kabine.
MU-2 L: Weiterentwicklung der MU-2 J; Erstflug 1974.
MU-2 M: Weiterentwicklung der MU-2 K mit stärkeren Triebwerken und größerer Startmasse; wie die MU-2 L wird auch die MU-2 M in den USA in Lizenz gebaut.
MU-2 N: wie die MU-2 L, aber mit PTL-Triebwerken und Vierblattluftschrauben.
MU-2 P: wie die MU-2 M; Antriebs- und Luftschrauben wie die MU-2 N.
MU-2 „Marquise" und „Solitaire": auf der MU-2 N bzw. P basierende Reiseflugzeuge für 11 bzw. 9 Personen.
Die Versionen A, B, D, E, F und G wurden bis 1975 gebaut. Bis 1982 wurden 721 Maschinen verkauft, davon 53 an japanische und 668 an ausländische Abnehmer.

Rumpf: Ganzmetall-Halbschalenbauweise; Druckkabine; Tür hinter dem Tragwerk backbords; Notausstieg gegenüber.
Tragwerk: freitragender Hochdecker in Ganzmetallbauweise; zwei Metallholme; Spoiler; elektrisch betätigte Doppelspalt-Auftriebsklappen; pneumatische Enteisung.
Leitwerk: freitragende Normalbauweise in Ganzmetall; Trimmklappen in den Rudern; kleine Stabilisierungsflossen auf jeder Seite unten am Rumpfheck; pneumatische Enteisung.
Fahrwerk: einziehbar; Niederdruckreifen; steuerbares Bugrad mit Zwillingsrädern; ölpneumatische Dämpfung; hydraulische Scheibenbremsen.

Mitsubishi T-2 / F-1
Schul-, Übungs- und Jagdbomben-flugzeug

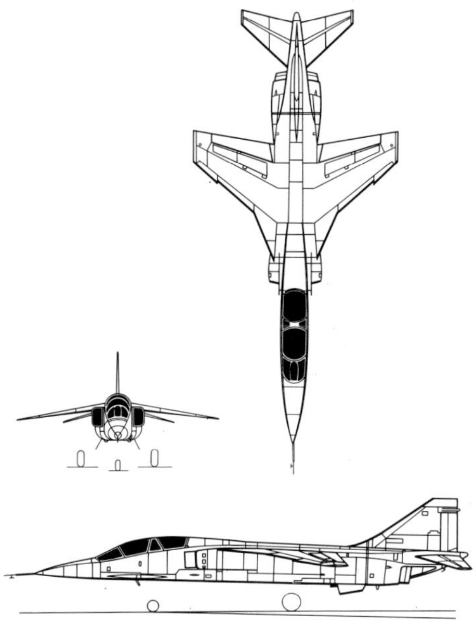

Die Firma Mitsubishi erhielt im September 1967 den Auftrag zur Entwicklung der T-2, die als Schul- und Übungsflugzeug, zugleich aber als leichte Luftnahunterstützungs- und Aufklärungsmaschine verwendbar sein sollte. Konstruiert wurde das erste japanische Überschallflugzeug unter Leitung von Ikeda. Am Bau der T-2 waren Mitsubishi mit Rumpfvorderteil, Rumpfmittelteil, Endmontage und Flugerprobung sowie Fuji mit Tragwerk, Rumpfhinterteil und Leitwerk beteiligt.

Der erste Flug des Prototyps XT-2 (19-5101) fand am 20. Juli 1971 statt. Von Dezember 1971 (Erstflug der 29-5102) bis März 1972 wurden beide Prototypen umfangreichen Tests unterzogen. Die beiden 1972 ausgelieferten Vorserienmaschinen ergänzten die Erprobung bis Januar 1974. Im März 1975 wurde die erste T-2 A ausgeliefert. Ende März 1988 befanden sich die 90 bestellten T-2 (28) und T-2 A (62) in Dienst. Damit ersetzte man vor allem die veraltete T-33 A. Die T-2 ist ein Trainer, die T-2 A ein Übungskampfflugzeug.

Anfang 1975 erhielten die japanischen Luftstreitkräfte zwei Prototypen FS-T 2 KAI (einsitzige Version der T-2, später als F-1 bezeichnet), die der Spezialbekämpfung und Nahunterstützung dienen soll. 1988 befanden sich 75 F-1 im Einsatz. Als Nachfolger wird der Typ FS-X bezeichnet.

Rumpf: Ganzmetall-Halbschalenbauweise nach der Flächenregel; zwei Sitze hintereinander mit zwei aufklappbaren Cockpithauben und Schleudersitzen; am Heck in der Nähe der Schubdüsen Titan.
Tragwerk: freitragender Schulterdecker in Ganzmetallbauweise; stärkere Pfeilung an den Flügelwurzeln; Vorflügel mit „Sägezahn“; Auftriebsklappen fast über die gesamte Hinterkante, davor zweiteilige Spoiler für Quersteuerung.
Leitwerk: freitragende Normalbauweise in Ganzmetall, gepfeilt; Höhenleitwerk mit negativer V-Stellung.
Fahrwerk: einziehbar mit Bugrad und einem Rad an jeder Strebe; ölpneumatische Dämpfung.

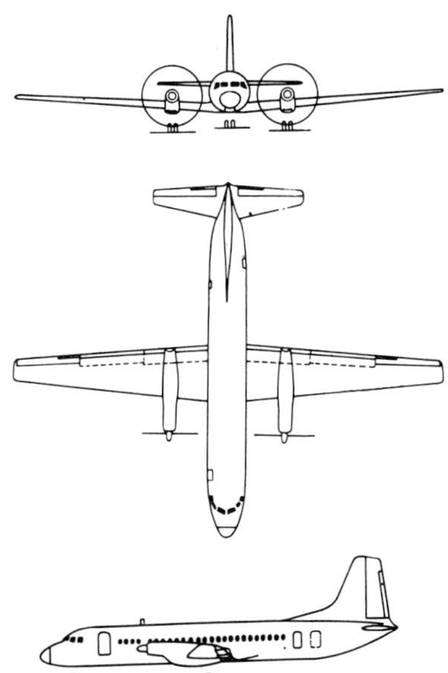

NAMC YS-11
Fracht- und Verkehrsflugzeug

Die Entwicklung des PTL-Verkehrsflugzeugs YS-11 geht auf einen Vorschlag des japanischen Ministeriums für internationalen Handel und Industrie aus dem Jahr 1956 zurück. Für die Produktion und den Vertrieb dieses Flugzeugs wurde im Juni 1959 die Nihon Aeroplane Manufacturing Co. Ltd. (NAMC) gebildet. Das Kapital dafür stellten die japanische Regierung und die an der YS-11 beteiligten Flugzeugfirmen (Mitsubishi, Fuji, Shin Meiva, Japan Aircraft Manufacturing, Showa) zur Verfügung.

Der erste Prototyp flog am 30. August 1962, der zweite am 28. Dezember des gleichen Jahres. 1963 wurde die Serienproduktion aufgenommen. Im April 1965 begann der reguläre Flugbetrieb mit der YS-11.

Nach der Produktion von 50 Maschinen verließ die um 1 000 kg Fracht erweiterte YS-11 A das Werk. Im April 1970 wurde die Tragfähigkeit um weitere 500 kg erhöht. Die Militärversion wurde als YS-11 P (Luftstreitkräfte) bzw. YS-11 M (Marineflieger) bezeichnet. Das Schulflugzeug trug die Bezeichnung YS-11 T. Alle YS-11 können als kombinierte Fracht-/Passagierflugzeuge verwendet werden.

Weitere Versionen:
YS-11-100: 52 bis 60 Plätze; 47 gebaut.
YS-11-200: Exportmotor; 21 geliefert.
YS-11-300: verbesserte Ausführung; 16 gebaut.
YS-11-400: weiterentwickelte Version; 9 gebaut.
YS-11-500: um 500 kg höhere Nutzmasse.

Bis zum Produktionsabschluß im Februar 1974 wurden 180 YS-11 nach Japan, Kanada, Brasilien, Peru, Argentinien, Griechenland, Indonesien, Südkorea, Taiwan, Zaïre, Gabun und Philippinen geliefert.

Rumpf: Ganzmetallbauweise mit kreisförmigem Querschnitt.
Tragwerk: freitragender Tiefdecker in Ganzmetallbauweise mit zwei Holmen; Mittelteil mit Rumpfunterseite fest verbunden; Fowler-Klappen.
Leitwerk: freitragende Normalbauweise.
Fahrwerk: einziehbar mit Bugrad und Zwillingsrädern.

Shin Meiva PS-1 / US-1 Aufklärungs- und U-Boot-Bekämpfungsflugboote

Die Entwicklungsarbeiten für das STOL-Flugboot PS-1 begannen bereits 1953. Dabei wurde unter anderem eine „Albatros" von Grumman (USA) so umgebaut, daß sie etwa der geplanten japanischen Maschine entsprach. Die Flugerprobung mit diesem als UF-XS bezeichneten ersten Prototyp dauerte von 1962 bis 1964. Im April 1963 begann die Konstruktion des zweiten Prototyps PX-S und zwei Jahre darauf der Bau. Besonderen Wert legte man bei der PX-S auf Seetüchtigkeit und eine geringe Geschwindigkeit bei Start und Landung.
Am 2. September 1967 begann der Prototyp 5801 die Boden- und am 5. Oktober 1967 die Flugerprobung. Der zweite Prototyp 5802 (Erstflug am 14. Juni 1968) wurde am 30. November 1968 in Dienst gestellt. Anfang 1972 lieferte das Werk zwei Vorserienmaschinen PS-1 (5803, 5804) aus. Nach den Erfahrungen mit den Prototypen und den Vorserienmaschinen wurden bis Ende 1979 22 PS-1 in Dienst gestellt. 1988 dienten noch 15 PS-1 zur Küstenüberwachung und Langstreckenaufklärung bzw. zur U-Jagd.
Aus der PS-1 wurde das Amphibienflugboot US-1 (zunächst als SS-2 A bezeichnet) abgeleitet. Der erste Prototyp 9071 begann am 16. Oktober 1974 die Flugerprobung (Foto, Skizze). Es folgten die Flugboote 9072 und 9073. Der Typ war vor allem als Such- und Rettungsmaschine gedacht.
Bis 1993 waren 15 US-1/-1 A (mehrheitlich US-1 A) ausgeliefert. 1976 ist eine PS-1 zu einem Feuerlösch-Amphibium modifiziert worden.

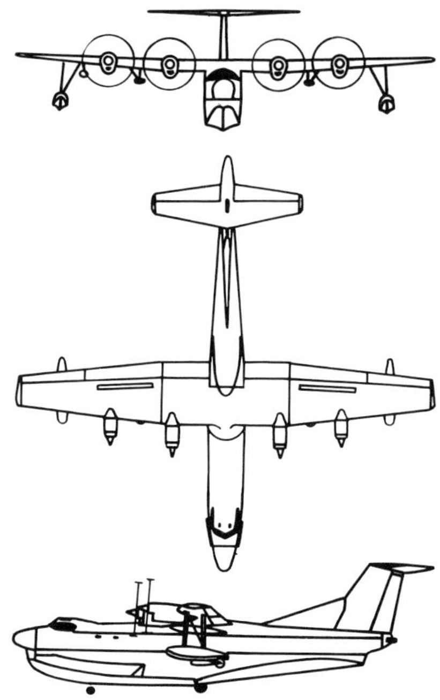

Rumpf: gekielter Bootsrumpf.
Tragwerk: freitragender Hochdecker; große Klappen zur Propellerstrahl-Umlenkung und Grenzschichtsteuerung für geringe Start- und Landegeschwindigkeiten.
Leitwerk: T-förmig; aufgesetztes Höhenleitwerk; stark nach vorn gezogene Fläche des Seitenleitwerks.
Schwimmwerk: Bootsrumpf mit Stützschwimmern.

Yokosuka MXY-7 „Ohka" Bemannte Flügelbombe

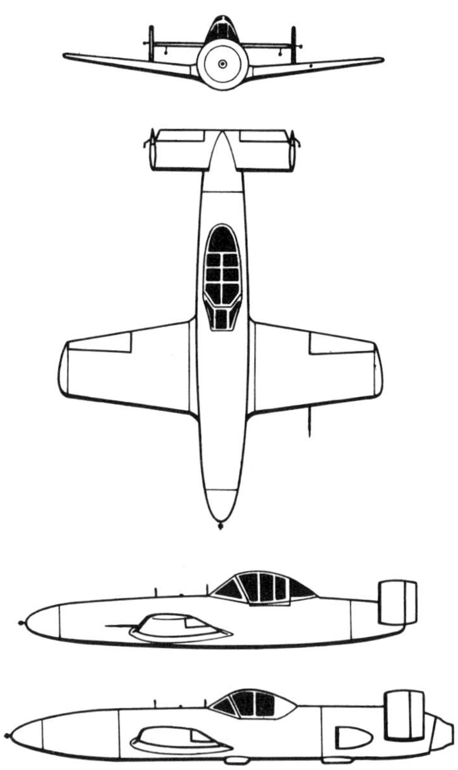

Ähnlich wie in Deutschland wurde auch in Japan alles unternommen, um die militärische Niederlage zu verhindern.
Dazu diente auch eine bemannte Flügelbombe, die vom Flugzeugführer auf gegnerische Schiffe gesteuert werden sollte, um beim Aufschlag mit der Sprengladung im Bug das Ziel zu zerstören.
Im August/September 1944 wurde das Fluggerät projektiert, und es wurden zehn Flügelbomben fertiggestellt. Den zunächst noch motorlosen Flügen folgten im November 1944 solche mit Antrieb. Bis zum März 1945 wurden 755 Flügelbomben des Modells 11 gebaut, deren Einsatz so vor sich ging: Ein Bomber G4M 2-E trug an Aufhängungen im Bombenschacht eine Flügelbombe mit einem Piloten in der Kabine bis in Zielnähe. In 8000 m Höhe wurde die Bombe etwa 30 bis 80 km vor dem Ziel ausgeklinkt. Mit einer Geschwindigkeit von 280 bis 320 km/h glitt die MXY-7 in Zielrichtung. In der letzten Phase schaltete der Pilot das Triebwerk ein, das für 8 bis 10 s Schub abgab. Die Geschwindigkeit stieg dabei bis auf 855 km/h, unter einem Sturzwinkel von 50° sogar bis auf 930 km/h. Da der Flugzeugführer die äußerst kurze Brenndauer seines Triebwerks nutzen mußte, konnte er mit seinem Selbstopfergerät den Abwehrwaffen kaum ausweichen, während die angegriffenen Schiffe ständig manövrierten. Daher war die Wirksamkeit der MXY-7 relativ gering.
Das Modell 22 stellte eine Weiterentwicklung dar, die aber nur in 50 Exemplaren gebaut wurde (untere Seitenansicht).
Als MXY-7 „Ohka" K-1 entstanden 45 Trainer, die statt der Sprengladung einen Wasserballast trugen. Auf einer ausfahrbaren Kufe konnte die Maschine mit einer Geschwindigkeit von 222 km/h landen.
Unter der Bezeichnung Modell 43 K-1 KAI wurden zwei zweisitzige Trainer gebaut. Als Antrieb diente eine Feststoffrakete im Heck.

Rumpf: torpedoförmiger Rumpf mit der Sprengladung; dahinter Kabine; im Heck die Raketen bzw. das Triebwerk.
Tragwerk: Mitteldecker; leicht positive V-Form.
Leitwerk: gerades Höhenleitwerk auf dem Rumpf; doppeltes, trapezförmiges Seitenleitwerk.
Fahrwerk: ohne.

Ikarus Ik-2
Jagdflugzeug

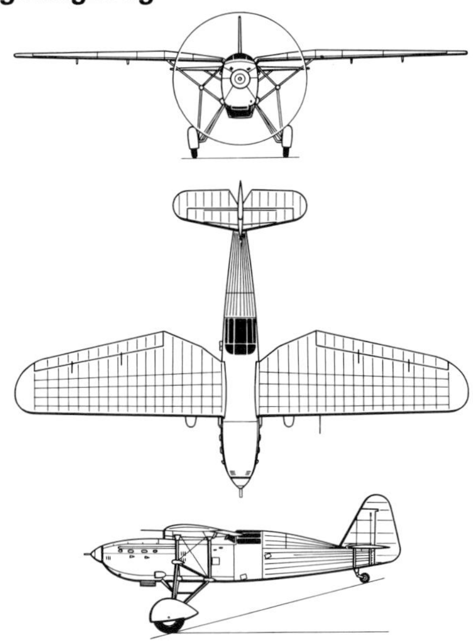

Siwtschew konstruierte 1934/35 mit dem Hochdecker Ik-1 das erste jugoslawische Jagdflugzeug. Der 1935 erprobte Prototyp 01 hatte als Antrieb einen Hispano-Suiza-Motor mit einer Leistung von 635 kW. Nach drei Flügen verunglückte er.
Der zweite Prototyp 02 erhielt eine 20-mm-Kanone sowie zwei 7,7-mm-MGs. Die Maschine zeigte gute Eigenschaften. Daraufhin wurde die Ik-2 entwickelt, die 1936 in die Flugerprobung ging und ebenfalls gute Ergebnisse erzielte. Auch sie hatte einen Hispano-Suiza-Motor. Die relativ stark bewaffnete Maschine (eine 20-mm-Kanone in der hohlen Luftschraubenwelle sowie zwei synchronisierte 7,92-mm-MGs) erwies sich bezüglich der Manövrierfähigkeit im simulierten Luftkampf den damals von den jugoslawischen Luftstreitkräften verwendeten Doppeldecker-Einsitzern „Fury" von Hawker als überlegen. Dennoch wurden nur 12 Serienmaschinen gebaut, von denen 1941 noch acht einsatzfähig waren.
Eine als Ik-4 bezeichnete Schulversion blieb Projekt.

Rumpf: Gemischtbauweise mit geschlossener Kabine; flacher Kühler unter dem Rumpf.
Tragwerk: verstreber Schulterdecker; fast gerade Flügelvorderkante; großer Einschnitt an der Hinterkante zum Rumpf hin; Ganzmetallbauweise.
Leitwerk: Gemischtbauweise; verstrebtes Höhenleitwerk; Seitenruder weit über die Seitenflosse greifend.
Fahrwerk: starr mit Heckrad; verkleidete Haupträder; alle Streben einfach bereift.

Ikarus S-49
Jagdflugzeug

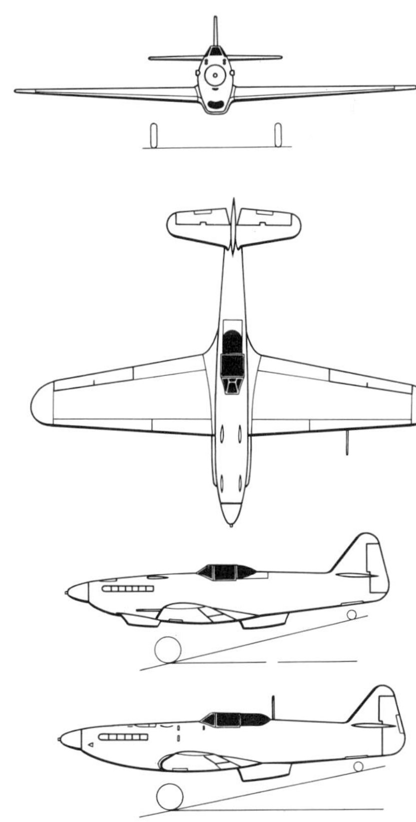

Siwtschew, Zrnic und Ilic entwickelten nach dem Vorbild der sowjetischen Jak-9 als eines der ersten jugoslawischen Nachkriegsflugzeuge den Jagdeinsitzer S-49 (Werkbezeichnung Ik-3).
Im Jahr 1948 flog die S-49 A (obere Seitenansicht) mit dem Klimow-Triebwerk WK-105 PF (895 kW). Damit erreichte das 8,4 m lange und 3000 kg schwere Flugzeug in 5000 m Höhe eine Geschwindigkeit von 580 km/h. Die Gipfelhöhe betrug 9500 m, die Bewaffnung bestand aus einer 20-mm-Kanone und zwei 12,7-mm-MGs.
Die 1950 geschaffene Version S-49 B erhielt den Daimler-Benz-Motor DB-605 mit einer Leistung von 1085 kW. 1952 schließlich folgte die in Serie gebaute S-49 C mit dem Hispano-Suiza-Triebwerk 12 Z-11 Y (1105 kW). Sie hatte Ganzmetallflügel (S-49 hölzerne) und einen etwas längeren Rumpf. Bewaffnet war die S-49 C (untere Seitenansicht) mit einer 20-mm-Kanone sowie zwei 12,7-mm-MGs. Unter den Flügeln konnten vier 50-kg-Bomben oder vier ungelenkte 82- bzw. 132-mm-Raketen mitgeführt werden.
Die als Jagdbomber und Jagdflugzeug verwendeten Maschinen blieben im Bestand der jugoslawischen Luftstreitkräfte, bis sie durch die in den USA gekauften Strahljäger vom Typ F-84 G „Thunderjet" der Firma Republic Aviation abgelöst wurden.

Rumpf: Ganzmetallbauweise; aufgesetzte, geschlossene Kabine.
Tragwerk: freitragender Tiefdecker in Ganzmetallbauweise; Vorflügel.
Leitwerk: freitragende Normalbauweise in Ganzmetall.
Fahrwerk: einziehbar; Heckrad ebenfalls; alle Streben einfach bereift.

Soko G-2 A „Galeb"
Schul- und Übungsflugzeug

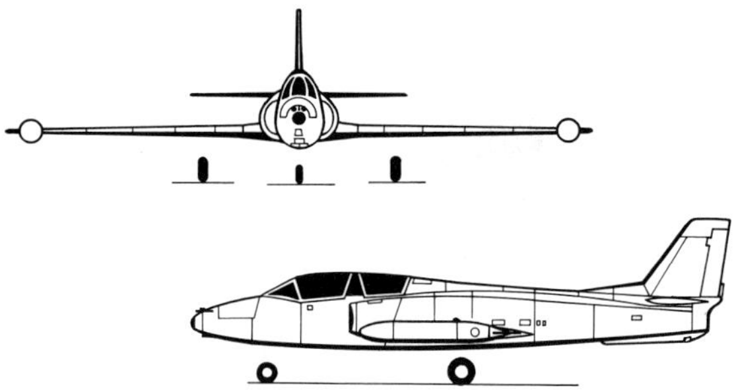

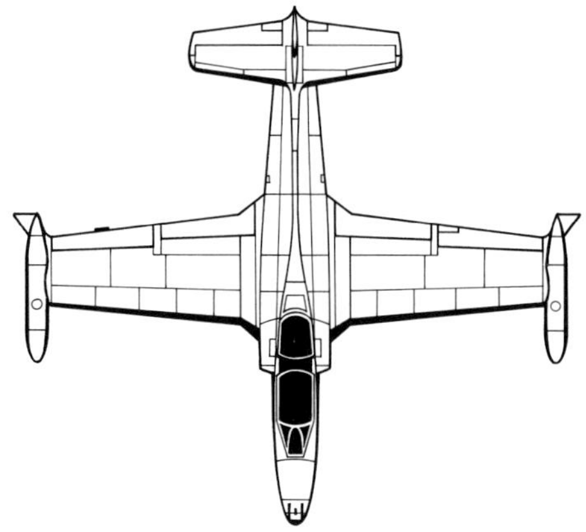

In den Soko-Werken Mostar begann 1957 die Arbeit an einem Strahltrainer mit der Projektbezeichnung N-60 „Galeb". Da während der Konstruktion gefordert wurde, den Einsatzbereich auf Erdkampf- und Aufklärungsaufgaben zu erweitern, verzögerte sich der Bau des Typs.
Der Erstflug des ersten Prototyps fand im Mai 1961 statt. Ein Jahr später flog der stark verbesserte zweite Prototyp.
Die Produktion von etwa 150 G-2 A lief von Ende 1963 bis 1972. Aus dem Trainer „Galeb" wurde das nur geringfügig abgeänderte einsitzige Jagdbomben- und Aufklärungsflugzeug „Jastreb" abgeleitet.
Im Jahr 1969 entwickelte man die Versionen Casta-1 (unbewaffnete Standardmaschine für Anfänger- und Fortgeschrittenenschulung) und Casta-TT (einsitziges Zielschleppflugzeug).
Für den Export wurde die 1974 erprobte und seit Mitte 1975 in Serie produzierte Version G-2 A-E angeboten. Die Version G-3 A (Erstflug am 19. August 1970) hat unter den Flügeln acht Außenaufhängungen wie die J-1 „Jastreb". Die „Galeb" wurde nach Libyen, Tansania und Sambia exportiert.
Die Erfahrungen mit der G-2 / G-3 führten zur Konstruktion der G-4 „Super-Galeb" (Riß unten).
Der erste von 2 Prototypen nahm am 17. Juli 1978 die Flugerprobung auf (Erstflug 2. Prototyp: 17. Dezember 1979. Vorserienmaschine: 17. Dezember 1980; Produktion ab 1980; Entwicklung der verbesserten G-4 M durch politische Lage nicht vollendet). 12 G-4 bezog Burma.
Jugoslawiens Luftstreitkräfte verfügten 1988 über 150 G-2 A und 50 G-4.

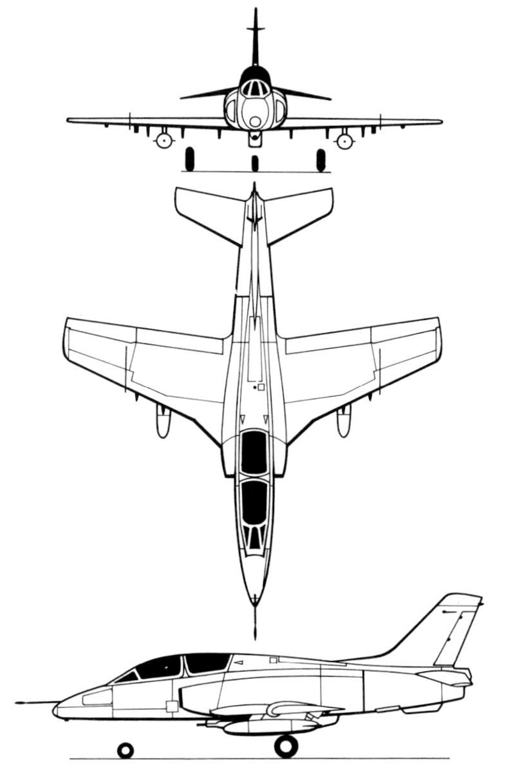

Rumpf: Ganzmetall-Schalenbauweise; zwei Schleudersitze hintereinander.
Tragwerk: freitragender Tiefdecker.
Leitwerk: freitragende Normalbauweise.
Fahrwerk: einziehbar mit Bugrad.

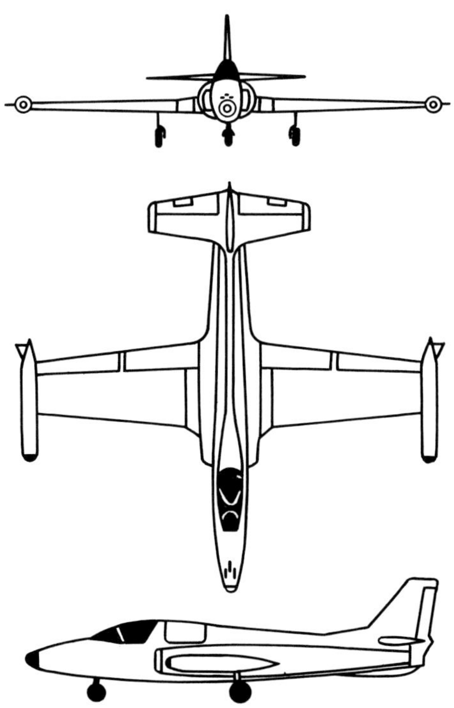

Soko J-1 „Jastreb"
Erdkampf- und Aufklärungsflugzeug

Die einsitzige „Jastreb" wurde aus der zweisitzigen G-2 A-E „Galeb" abgeleitet. Im Vergleich zu dieser wurden das Triebwerk und die Zelle verstärkt. Die Serienfertigung begann 1968, der Truppendienst 1970.
Die Maschine kann auch von unbefestigten Flugplätzen aus starten und dort landen. Starthilfsraketen verkürzen die Startstrecke.
Die Produktion lief Ende 1972 aus. Mitte 1975 wurde die Version J-1 E für den Export angeboten. Außerdem wurde die Trainerversion TJ-1 produziert (Erstflug 1974).
Etwa 150 „Jastreb" erhielten die Luftstreitkräfte Jugoslawiens. In Sambia fliegen vier.

Die J-1 ist mit zwei 12,7-mm-MGs und acht Unterflügelaufhängungen für 500 kg Waffen ausgerüstet. Der Aufklärer J-2 (auch als RJ-1 bezeichnet) hat drei bis fünf Kameras im Rumpf und Leuchtbomben an vier Unterflügelstationen.
1988 verfügte Jugoslawien über 100 J-1, 20 RJ-1 und 20 TJ-1.

Rumpf: Ganzmetall-Halbschalenbauweise; Druckkabine; hydraulisch betätigte Luftbremse unter dem Mittelrumpf.
Tragwerk: freitragender Tiefdecker in Ganzmetallbauweise; Mittelstück mit dem Rumpf verbunden; zwei Außenflügel; zwei Holme; Fowler-Klappen; vier Waffenaufhängungen unter jedem Flügel.
Leitwerk: freitragende Normalbauweise in Ganzmetall; Trimmklappen; Höhenleitwerk nach oben versetzt.
Fahrwerk: einziehbar mit Bugrad, hydraulisch betätigt; ölpneumatische Dämpfung; hydraulische Scheibenbremsen.

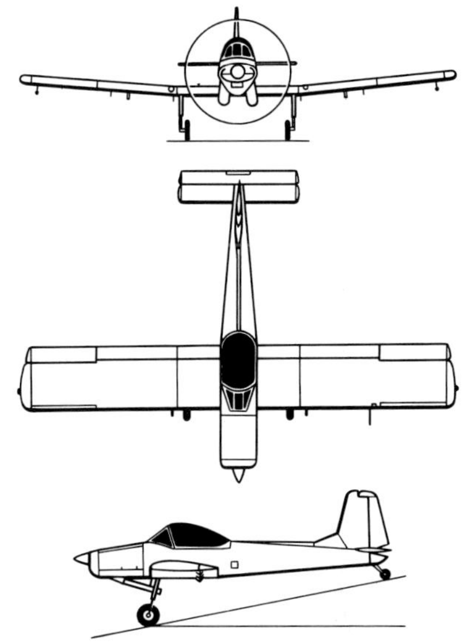

Soko P-2 „Kraguj"
Erdkampfflugzeug

Im Jahr 1966 startete in Jugoslawien ein leichtes Flugzeug zum Erstflug, das speziell für die Bedingungen gebirgsreicher Gebiete mit kleinen unbefestigten und provisorischen Landeplätzen entwickelt worden war. Die ersten Vorserienflugzeuge dieses Typs wurden 1968 an die jugoslawischen Luftstreitkräfte ausgeliefert.
Die „Kraguj" sollte die Landstreitkräfte unterstützen, eigene Hubschrauber begleiten und gegnerische vernichten, aber auch als ziviles und militärisches Transportflugzeug (bis 300 kg) dienen. Außerdem ist die Maschine als Trainings- und Aufklärungsflugzeug geeignet. Jugoslawiens Luftstreitkräfte erhielten 30 „Kraguj", von denen 1988 noch 25 vorhanden waren.

Rumpf: Ganzmetallbauweise; geschlossenes Cockpit; Haube nach hinten aufschiebbar; Heizung und Belüftung.
Tragwerk: freitragender Tiefdecker in Ganzmetallbauweise; dreiteiliger Flügel; zwei Holme; feste Vorflügel; Landeklappen.
Leitwerk: freitragende Normalbauweise in Ganzmetall; Trimmklappe am Höhenruder.
Fahrwerk: starr mit Spornrad; ölpneumatische Dämpfung; hydraulische Scheibenbremsen.

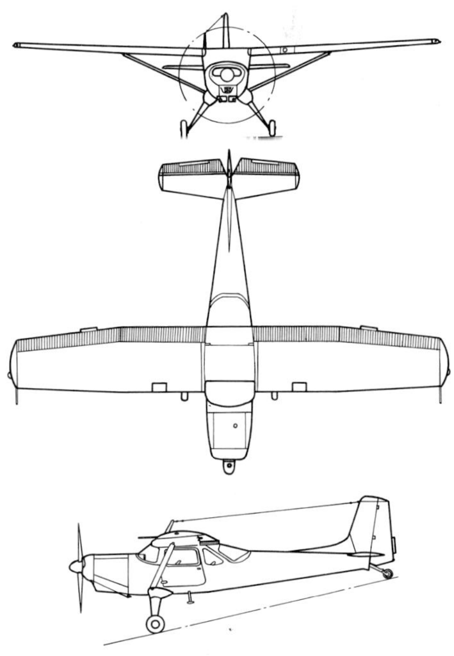

UTVA-56 / 60 / 66
Mehrzweckflugzeuge

Die UTVA-56 wurde als Prototyp eines viersitzigen Mehrzweck-Arbeitsflugzeugs mit Kurzstarteigenschaften von Nikolič und Petkovič entwickelt. Sie flog erstmalig am 22. April 1959. Die UTVA-60 entstand aus dem Prototyp UTVA-56 (Foto und Skizze). Sie ging 1960 in die Serienfertigung und wurde ab 1961 von den Luftstreitkräften verwendet.
Versionen:
UTVA-60 AG: Ausführung für die Land- und Forstwirtschaft.
UTVA-60 AM: Sanitätsausführung mit zwei Tragen und einem Sitz für medizinisches Personal oder einen Leichtkranken oder 412 kg Fracht.
UTVA-60 AT-1: Lufttaxi für vier Personen; auch für Frachtflüge, Verbindungsaufgaben, Reisezwecke, zum Absetzen von Fallschirmspringern und zum Segelflugzeugschlepp verwendbar.
UTVA-60 AT-2: wie die AT-1, aber mit Doppelsteuerung, so für Schul- und Ausbildungszwecke einsetzbar.
UTVA-60 H: Wasserflugzeug, und zwar in den gleichen Ausführungen wie das Landflugzeug.

1974 begann der Serienbau der Weiterentwicklung UTVA-66, die 1968 erprobt wurde.

Rumpf: Ganzmetallbauweise; Bug und Kabine in Schalen-, Heck in Halbschalenbauweise.
Tragwerk: Ganzmetallbauweise; abgestrebter Hochdecker in Halbschalenbauweise; Klappen hydraulisch betätigt.
Leitwerk: freitragende Normalbauweise in Ganzmetall mit zwei Holmen.
Fahrwerk: starr; Gummidämpfung; hydraulische Scheibenbremsen; Ausführungen mit Schwimmern, Kufen und Rädern/Kufen kombiniert lieferbar.

Avro Canada CF-100 „Canuck“ Jagdflugzeug

Ende der vierziger Jahre begann Avro Canada mit der Entwicklung des ersten kanadischen Strahlflugzeugs. Die als CF-100 „Canuck“ bezeichnete Maschine war als zweisitziges Allwetter- und Langstrecken-Jagdflugzeug gedacht. Der erste Prototyp CF-100 Mk. 1 (18 101) nahm am 19. Januar 1950 die Flugerprobung auf. Als Antrieb dienten zwei Rolls Royce „Avon“. Mit kanadischen Triebwerken „Orenda“ flog der dritte Prototyp erstmals am 20. Juni 1951. Solche Triebwerke erhielten auch die ab Oktober 1951 gebauten zehn Vorserienmuster CF-100 Mk. 2.

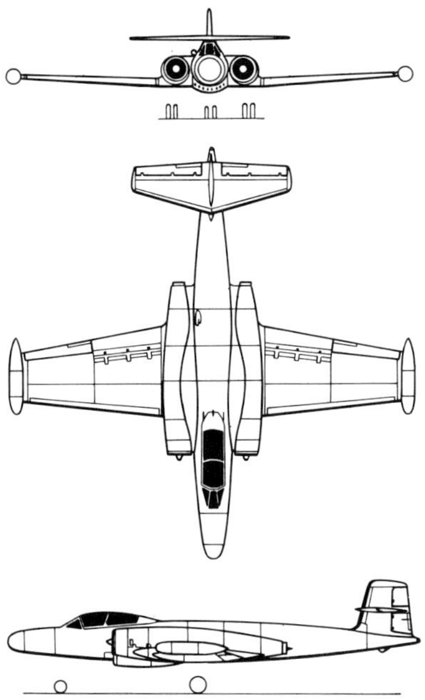

Versionen:
CF-100 Mk. 3: erste Serienmaschine; Erstflug am 11. Oktober 1952; von den 70 Maschinen dieses Typs wurden 50 zu Kampftrainern Mk. 3 CT und Mk. 3 D umgerüstet.
CF-100 Mk. 4: im Vergleich zur Mk. 3 mit verlängertem Rumpf und neuer Spitze; zwei Baureihen: Mk. 4 A (Triebwerk „Orenda 9“) und Mk. 4 B (Triebwerk „Orenda 11“); Erstflug einer Mk. 4 am 11. Oktober 1952.
CF-100 Mk. 5: Weiterentwicklung der Mk. 4. Erstflug am 12. Oktober 1955; die Version Mk. 5 D wurde für den elektronischen Kampf verwendet.

Neben den Luftstreitkräften Kanadas beschaffte auch Belgien Maschinen dieses Typs. In Kanada wurden sie Mitte der sechziger Jahre durch kanadische Lizenzmaschinen vom Typ F-104 G abgelöst. 30 CF-100 verblieben als Schulflugzeuge.

Rumpf: Ganzmetall-Halbschalenbauweise; Triebwerke beiderseits des Rumpfes; ausfahrbarer Behälter mit MGs im Mittelrumpf; aufgesetzte Kabine; Sitze hintereinander.
Tragwerk: Tiefdecker in Ganzmetallbauweise; Trapezflügel; Tragflügelendbehälter mit ungelenkten Raketen.
Leitwerk: einfaches Leitwerk in Ganzmetallbauweise; Höhenleitwerk etwa in der Häfte des Seitenleitwerks angesetzt.
Fahrwerk: einziehbar mit Bugrad; alle Streben mit Zwillingsrädern.

Canadair CL-28 „Argus“ Aufklärungs- und U-Boot-Bekämpfungsflugzeug

Canadair entwickelte die CL-28 „Argus“ für die kanadischen Luftstreitkräfte als Seeaufklärungs-, U-Boot-Such- und Bekämpfungsflugzeug. Bei der Konstruktion im Jahr 1954 konnte sich die Firma auf die Bristol 175 „Britannia“ stützen. Von diesem Verkehrsflugzeug übernahm man Tragwerk, Leitwerk und Fahrwerk mit nur geringen Änderungen. Der Rumpf mußte für die militärischen Erfordernisse jedoch neu konstruiert werden. Im Rumpfbug entstand für den Bombenschützen eine Bugkanzel. Das Cockpit wurde erweitert und völlig verglast. Ferner wurden im Rumpf Waffenschächte und die umfangreiche elektronische Ausrüstung untergebracht. Das Rumpfheck erhielt den bekannten „Stachel“ für magnetische U-Boot-Suchgeräte. Die PTL-Motoren der „Britannia“ wurden durch Kolbenmotoren ersetzt, da das Flugzeug in geringen Höhen 24 h in der Luft bleiben sollte.
Die kanadischen Luftstreitkräfte bezeichneten die Maschine als CP-107.
Der Prototyp flog erstmals am 28. März 1957. Von 1958 bis 1960 wurden 13 CL-28 Mk. 1 und 20 Mk. 2 (Unterschiede bestehen nur in der Ausrüstung und in der Unterbringung der Geräte) für Kanadas Seefliegerkräfte gefertigt.

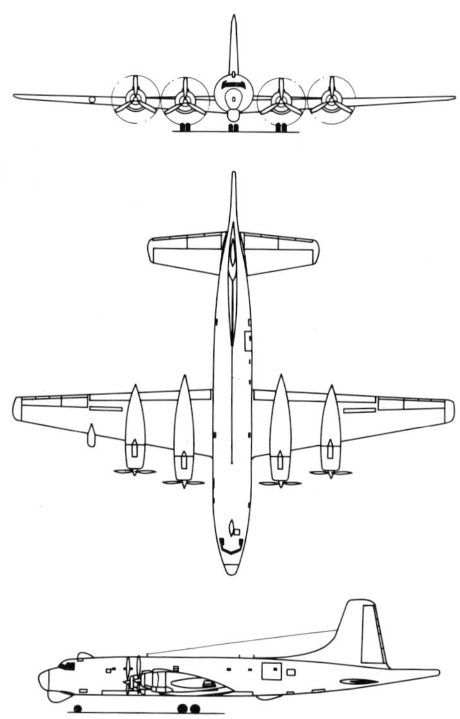

Rumpf: Ganzmetall-Schalenbauweise; Kabine mit Heizung und Belüftung.
Tragwerk: freitragender Tiefdecker in Ganzmetallbauweise mit Kastenholm; Doppelspaltklappen; Spoiler; thermische Enteisung.
Leitwerk: freitragende Normalbauweise in Ganzmetall; thermische Enteisung.
Fahrwerk: einziehbar; Bugstrebe mit Zwillingsrädern; Hauptstrebe mit Fahrwerkschlitten und je vier Rädern; hydraulische Bremsen mit Blockierungsschutz.

Canadair CL-44 „Forty Four"
Verkehrs- und Transportflugzeug

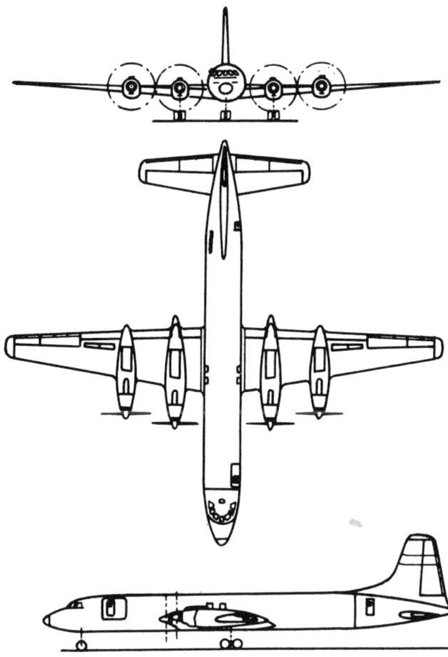

1956 hatte man bei Canadair die Projektstudie eines Truppentransporters und Frachters für Kanadas Luftwaffe erarbeitet. Zu jener Zeit stellte Canadair den aus der „Britannia" hervorgegangenen Hochseeaufklärer „Argus" in kleiner Serie her. Deshalb verwendete man für den Truppentransporter das gleiche Ausgangsmuster. 1960 wurde der erste von 12 Transportern CL-44-6 als CC-106 „Yukon" an die Luftstreitkräfte übergeben. Die Beladung geschah auf konventionelle Weise über zwei seitliche Frachttore (Erstflug des Prototyps am 15. November 1959).
Gleichzeitig entwickelte Canadair ab 1958 eine Ausführung mit Klappheck für sperrige Lasten (Erstflug am 16. November 1960). Von dieser Ausführung CL-44 D-4 wurden 26 Flugzeuge gebaut.

Versionen:
CL-44: mit seitlichen Ladepforten, noch ohne Klappheck.
CL-44 D: Verkehrs- und Frachtflugzeug mit Klappheck.
CL-44 J: um 4,62 m verlängerte CL-44 D-4 für 189 Passagiere statt 160, mit Klappheck.
CL-44 G: Transportflugzeug mit Klappheck.

Mehrere CL-44 D-4 sind zu CL-44 J umgebaut worden.

Rumpf: Ganzmetall-Halbschalenbauweise; Heck hydraulisch nach Steuerbord klappbar.
Tragwerk: freitragender Tiefdecker in Ganzmetallbauweise; Doppelspalt-Fowlerklappen; Spoiler auf der Tragflügeloberseite.
Leitwerk: freitragende Normalbauweise in Ganzmetall.
Fahrwerk: einziehbar; Zwillingsräder an der Bugstrebe und vier Räder an jeder Hauptstrebe; hydraulische Scheibenbremsen mit Blockierungsschutz.

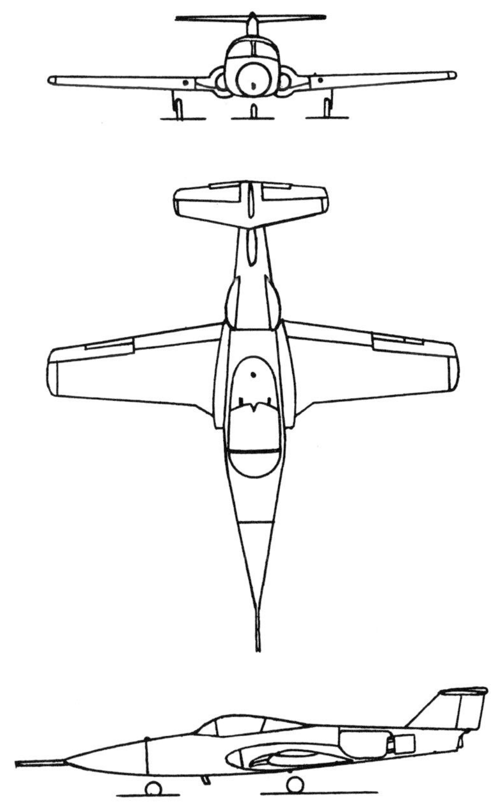

Canadair CL-41 „Tutor"
Mehrzweckflugzeug

Canadair entwickelte Ende der fünfziger Jahre im Auftrag der Luftstreitkräfte Kanadas für die Nachfolge der veralteten T-33 „Silver Star" die CL-41 als Schul- und Übungsflugzeug.

Versionen für Spezialaufgaben:
CL-41 A „Tutor": Ausführung für Anfangs- und Grundschulung; bei den kanadischen Luftstreitkräften als CT-114 „Tutor" bezeichnet; von 1962 bis 1966 190 Exemplare gebaut.
CL-41 G: diente außer zur Ausbildung auch zur Bekämpfung von Erdzielen; mit Teleskop-Visier, beleuchtetem Fadenkreuz und GFK-Panzerung für die Besatzung versehen; Erstflug im Juni 1964; von 1967 bis 1969 20 Maschinen gebaut und als „Tebuan" an Malaysia geliefert.
CL-41 R (Skizze): Version mit „Starfighter"-Bug zur Ausbildung für die CF-104 (F-104 G) unter realen Bedingungen (Erstflug am 13. Juli 1962).
Der Prototyp der CL-41 startete am 13. Januar 1960 zum Erstflug, bald darauf folgte der zweite. 160 CT-114 „Tutor" standen im Dienst der Seefliegerkräfte Kanadas. Die Luftwaffe Kanadas ersetzte die CL-41 durch die in Lizenz gefertigte F-5 F.

Rumpf: Ganzmetall-Halbschalenbauweise; zwei Sitze nebeneinander mit Doppelsteuerung und Schleudersitzen; Druckkabine; Luftbremsen beiderseits am Heck.
Tragwerk: freitragender Tiefdecker mit einem Holm; Spaltklappen.
Leitwerk: freitragendes T-Leitwerk.
Fahrwerk: hydraulisch einziehbar; steuerbares Bugrad; Niederdruckreifen; Scheibenbremsen; ölpneumatische Dämpfung.

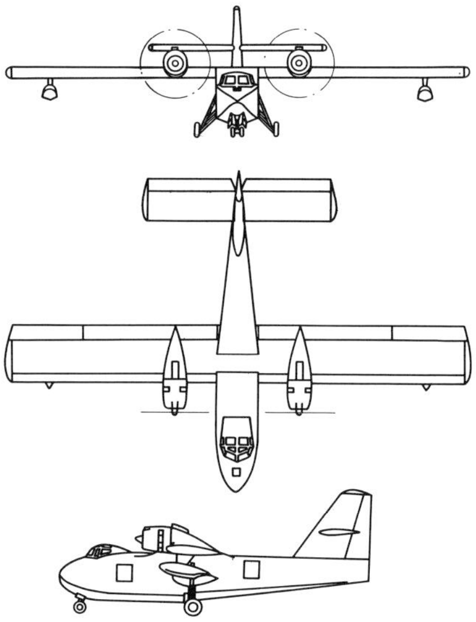

Canadair CL-215 / CL-415
Mehrzweck-Amphibienflugzeug

Mit der Entwicklung der CL-215, des ersten speziellen Flugzeugs der Welt für die Bekämpfung von Waldbränden, hatte die Firma Canadair Ltd. 1966 begonnen. Bei Feueralarm fliegt das Flugzeug leer in die Nähe der Brandstelle, sucht den nächsten See oder Fluß auf, tankt im Tiefflug beim Überstreichen der Wasserfläche mit einem ausfahrbaren Rüssel 5445 l Wasser, fliegt zur Brandstelle und wirft bei 175 km/h das Wasser ab. Möglich ist die Brandbekämpfung auch mit einem Wasser-Chemikalien-Gemisch.
Als Verkehrsflugzeug nimmt die CL-215 26 bis 32 Passagiere auf. Ferner eignet sie sich für den Seenot- und Rettungsdienst sowie für den Einsatz in der Land- und Forstwirtschaft. In der militärischen Ausführung dient das Flugzeug zur Aufklärung, für den Überwachungs- und Geleitdienst sowie zur U-Boot-Bekämpfung.
Frankreich kaufte 15 Maschinen. Weiterhin erhielten Griechenland (15), Italien (4), Kanada (49), Spanien (20), Jugoslawien, Thailand (2) und Venezuela (2) diese Maschine. Der Erstflug des Prototyps war am 23. Oktober 1967. Der Serienbau begann 1968. Bis 1988 wurden 125 CL-215 ausgeliefert.
Zwei CL-215 sind durch den Einbau von Turboproptriebwerken Pratt and Whitney PW 123 AF (je 1775 kW) zu CL-215 T modifiziert worden. Der Erstflug dieses Typs war am 7. Dezember 1987.
Spanien ließ ab 1989 15 CL-215 zu CL-215 T umbauen und bestellte 1991 10 neue. Die verbesserte Ausführung CL-415 (Serienbau ab 1993) ist von Kanada (8) und Frankreich (12) bestellt worden. Die Version CL-415 M kann für Überwachungs- und Rettungsaufgaben sowie als ziviler / militärischer Personen- und Frachttransporter dienen.

Rumpf: Bootsrumpf in Ganzmetallbauweise; als Wasserlöschflugzeug im Mittelrumpf Tank für 5445 l Wasser, das durch zwei große Luken abgelassen werden kann.
Tragwerk: freitragender Hochdecker in Ganzmetallbauweise.
Leitwerk: freitragende Normalbauweise in Ganzmetall; Höhenleitwerk nach oben versetzt; Trimmklappen auf beiden Seiten des Höhenruders und im Seitenruder.
Schwimmwerk/Fahrwerk: Bootsrumpf mit Stützschwimmern unter den Tragflügeln; einziehbar mit Bugrad.

De Havilland of Canada DHC-2 „Beaver" / „Turbo Beaver" / DHC-3 „Otter"
Mehrzweckflugzeuge

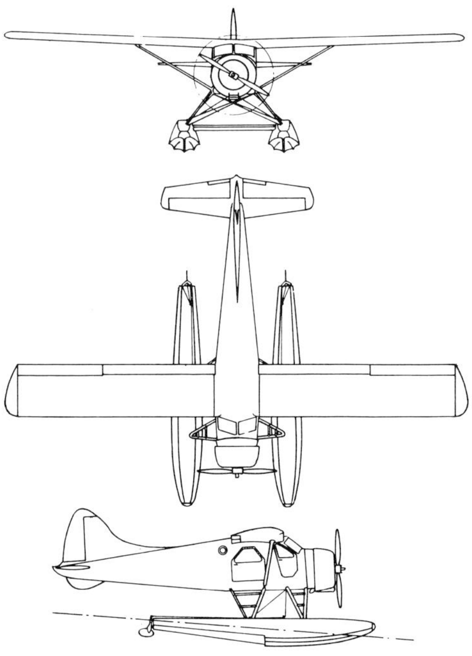

Die DHC-2 „Beaver" flog erstmalig am 16. August 1947. Sie dient als Passagier- und Frachtflugzeug, zur Kontrolle von Erdölleitungen und Waldbränden, als Sanitätsflugzeug für einen Pfleger und zwei sitzende Patienten sowie zwei auf Tragen, als Polizeiflugzeug, zur Luftbildvermessung sowie vor allem als Landwirtschaftsflugzeug. Außer der Standardausführung gibt es die „Beaver Amphibian" (Skizze) mit zwei Schwimmern und einfahrbaren Rädern in der Mitte der Schwimmer.
Die DHC-2 „Turbo Beaver" entstand aus der „Beaver". Sie ist mit einem PTL-Triebwerk ausgerüstet. Der Erstflug war am 30. Dezember 1963. Die „Turbo Beaver" hat einen längeren Rumpf, so daß zwei Passagiere mehr Platz finden.
Bis 1967 verließen 1657 „Beaver" die Werkhallen. Davon erhielt die Luftwaffe der USA allein 968 Maschinen (Bezeichnung U-6 A, früher L-20 A), 45 bezogen die britischen Streitkräfte (Beaver AL.Mk. 1). Flugzeuge des Typs DHC-2 wurden in 65 Länder geliefert.
Zur Befriedigung der Nachfrage nach einem Flugzeug mit den guten Kurzstarteigenschaften der DHC-2 „Beaver", aber mit größerem Ladevermögen, entstand die DHC-3 „Otter". Diese Maschine flog erstmalig am 12. Dezember 1951. Sie dient als Passagierflugzeug, zur Waldbrandüberwachung, der Kontrolle von Erdölleitungen, als Luftbild- und Sanitätsflugzeug sowie auf dem militärischen Sektor als Such- und Rettungsflugzeug, Verbindungs-, Transport-, Lastenabwurf- und Fallschirmjägerflugzeug. Die „Otter" hat sich unter den verschiedensten klimatischen Bedingungen, darunter auch in der Antarktis, bewährt.
Bis 1966 wurden 460 „Otter" produziert, die in

zehn Länder verkauft wurden. In den USA-Streitkräften erhielt der Typ die Bezeichnung U-1. Kanadas Fliegerkräfte setzten 66 DHC-3 als Such- und Rettungsflugzeug, zum Absetzen von Fallschirmspringern sowie für Fotoflüge ein (militärische Bezeichnung CSR-123).
Die DHC-3 „Otter" ist außerdem an Australien, Bangladesh, Burma, Indien, Indonesien, Kambodscha, Kolumbien, Panama und Paraguay geliefert worden. In der Militärvariante nimmt das Flugzeug neben zwei Mann Besatzung 10 Soldaten oder sechs Verwundete auf Tragen und vier Sanitäter an Bord.
AIRTECH CANADA versah ab 1987 8 DHC-2 und 9 DHC-3 mit polnischen Triebwerken PZL-3 S bzw. ASch-62 IR (DHC-2 / PZL-3 S bzw. DHC-3 / 1000 „Otter").

Rumpf: Ganzmetallbauweise mit rechteckigem Querschnitt; vier Türen, zwei davon als Doppeltüren für sperrige Fracht; DHC-3: backbords mit Doppeltür.
Tragwerk: abgestrebter Schulterdecker in Ganzmetallbauweise mit zwei Holmen; Schlitz-Querruder und Auftriebsklappen; DHC-3: Doppelspaltklappen; auf jedem Tragflügel ein Grenzschichtzaun.
Leitwerk: freitragende Normalbauweise in Ganzmetall; DHC-3: Höhenleitwerk etwas nach oben versetzt.
Fahrwerk: starr; steuerbares Spornrad; Ausrüstung mit Schwimmern oder Schneekufen oder mit einer Kombination von Rädern und Schneekufen oder Schwimmern ist möglich.

De Havilland of Canada DHC-4 „Caribou" / DHC-5 „Buffalo" Mehrzweckflugzeuge

Das Mehrzweckflugzeug DHC-4 „Caribou" (oberes Foto, Skizze) hat die STOL-Eigenschaften der „Beaver" und der „Otter", aber eine wesentlich größere Zuladung, die etwa der der DC-3 entspricht. Die Maschine dient als Passagier-, Fracht- und militärisches Mehrzweckflugzeug. Der Erstflug fand am 30. Juli 1958 statt. Bei den kanadischen Luftstreitkräften heißt sie CC-108, in den USA C-7.
Die DHC-4 „Caribou" wurde in verschiedene Länder exportiert, z. B. nach Australien (31), Ghana (8), Indien (20), Kuweit (2), Spanien (16 T-9), den USA (160 C-7 A und C-7 B, frühere Bezeichnung CV-2 A) sowie an die UNO geliefert. Die Produktion ist 1973 nach 307 Exemplaren ausgelaufen.
Die DHC-5 „Buffalo" (unteres Foto) entstand aus der weiterentwickelten DHC-4 „Caribou", die den 1962 ausgeschriebenen Wettbewerb der USA-Armee für ein STOL-Flugzeug gewonnen hatte.

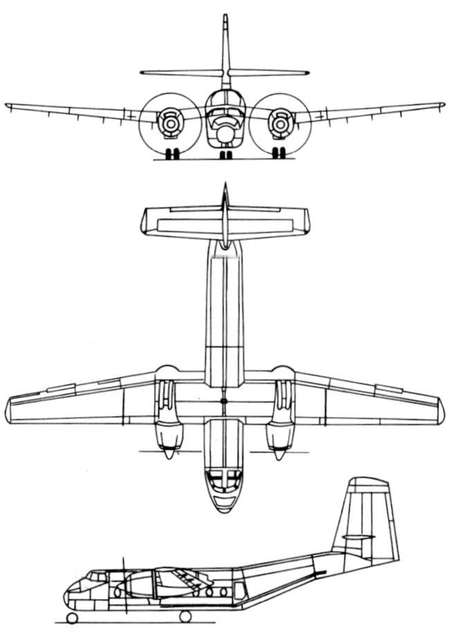

Diese Maschine wurde als „Caribou II" bezeichnet. Sie hatte im Vergleich zur „Caribou" einen größeren Rumpf, PTL-Triebwerke, ein neues T-Leitwerk und ein neues Flügelmittelstück.
Die Verkehrsversion kann bis zu 43 Passagiere befördern. Als Truppentransporter befördert die „Buffalo" (Erstflug am 9. April 1964) 41 voll ausgerüstete Soldaten oder 24 liegende Verwundete und 6 Sanitäter oder 6400 kg Fracht oder 35 Fallschirmjäger, die entweder über die Heckrampe oder aus der Seitentür abspringen.
Seit August 1967 wird das Flugzeug an die kanadischen Luftstreitkräfte geliefert. Diese DHC-5 werden in den USA als C-8 A, die DHC-5 A als CC-115 bezeichnet.
Ab 1969 wurden zahlreiche „Buffalo" an die Luftstreitkräfte Brasiliens (36 C-115), Perus (16) und anderer Länder geliefert. In Indien wurde die Maschine in Lizenz gebaut. Ab 1976 erhielten mehrere afrikanische Staaten (z. B. Sambia und Zaïre), außerdem auch Ekuador, die Version DHC-5 D.
Im Dezember 1986 ist die letzte von 126 DHC-5 ausgeliefert worden.

Rumpf: Ganzmetall-Halbschalenbauweise; Heck hochgezogen mit Heckklappe, die als Laderampe am Boden und als Absetzrampe in der Luft dient; DHC-5: eingebaute Ladewinden.
Tragwerk: freitragender Hochdecker in Ganzmetallbauweise mit Knickflügel; zwei Holme; Doppelspaltklappen; DHC-5: Spoiler an der Flügeloberseite.
Leitwerk: freitragende Normalbauweise in Ganzmetall; Höhenleitwerk nach oben versetzt; DHC-5: T-Leitwerk in Ganzmetallbauweise.
Fahrwerk: einziehbar mit Bugrad und Zwillingsrädern an allen Streben; steuerbares Bugrad; Ausrüstung mit kombiniertem Rad-/Schneekufenfahrwerk auf Wunsch.

De Havilland of Canada DHC-6 „Twin Otter" Mehrzweckflugzeug

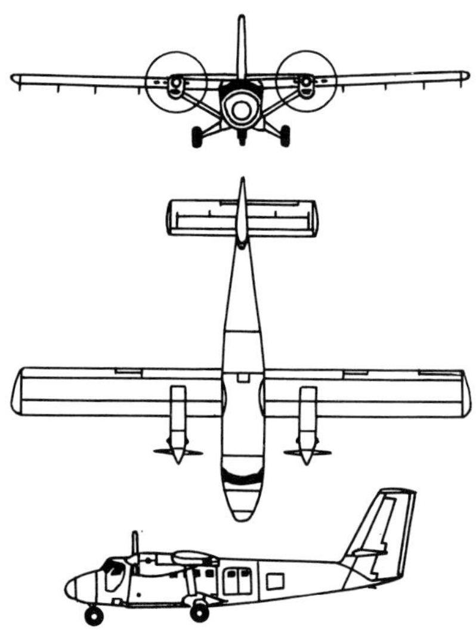

Die DHC-6 „Twin Otter" ging aus der DHC-3 „Otter" hervor. Im Vergleich zu dieser hat sie zwei PTL-Triebwerke, einen längeren Rumpf, ein größeres und verstärktes Tragwerk und ein größeres Leitwerk. Der Erstflug fand am 20. Mai 1965 statt. Im gleichen Jahr begann die Serienproduktion.
In der Verkehrsausführung befördert die Maschine 18 bis 20 Passagiere, als Sanitätsflugzeug 9 Kranke auf Tragen und 3 auf Sitzen. Als Transporter nimmt sie 1815 kg Fracht auf. Ferner dient die „Twin Otter" als Reiseflugzeug, für verschiedene militärische Zwecke und zur Waldbrandbekämpfung.
Bis September 1988 sind 834 DHC-6 „Twin Otter" aller Serien an Kunden in 80 Länder geliefert worden. Außer den Seestreitkräften Kanadas (dort als CC-138 für Rettungs- und Seenotflüge verwendet) erhielten mehrere südamerikanische Staaten dieses Flugzeug.

Versionen:
Serie 100: 1966 gebaut; insgesamt 115 Exemplare; nach Chile, Norwegen, Paraguay, Peru geliefert.
Serie 200: verbesserte Standardversion; 115 Exemplare; nach Argentinien, Jamaika, Nepal exportiert.
Serie 300: ab 1969 gebaut; mit kurzer Nase und Schwimmern; von den 12 Flugzeugen erhielt Peru 10.
Serie 300 S: seit 1973 sechs Maschinen gebaut; verbesserte Transportversion mit günstigen Kurzstart- und Kurzlandeeigenschaften.

Rumpf: Ganzmetallbauweise; auf jeder Seite eine Tür zum Cockpit; backbords große Doppeltür zum Laden sperriger Frachten, steuerbords eine kleinere Tür.
Tragwerk: abgestrebter Schulterdecker in Ganzmetallbauweise; Doppelspaltklappen über die gesamte Spannweite, wobei die äußeren Teile zugleich als Querruder dienen.
Leitwerk: freitragende Normalbauweise in Ganzmetall.
Fahrwerk: starr; steuerbares Bugrad, Ausrüstung mit Schwimmern, Schneekufen oder kombiniertem Fahrwerk ist möglich.

De Havilland of Canada DHC-7 „Dash 7" Verkehrsflugzeug

Die DHC-7 wird auch als „Quiet-STOL-Verkehrsflugzeug" bezeichnet. Sie soll mit Pisten von 600 m Länge auskommen und dadurch von Flughäfen aus einsetzbar sein, die von Stadtzentren nicht weit entfernt liegen.
Im Frühjahr 1974 begannen die Entwicklungsarbeiten an diesem Flugzeug, das eine Weiterentwicklung und Vergrößerung der „Twin Otter" darstellt. Der Erstflug war am 27. März 1975. Bis April 1988 waren 108 DHC-7 an 35 Abnehmer in 22 Ländern geliefert und sechs weitere bestellt. Damit ist der Serienbau beendet. Die Luftwaffe Kanadas ersetzte mit diesem Typ CC-132 ihre in der BRD stationierten CC-109 „Cosmopolitan".

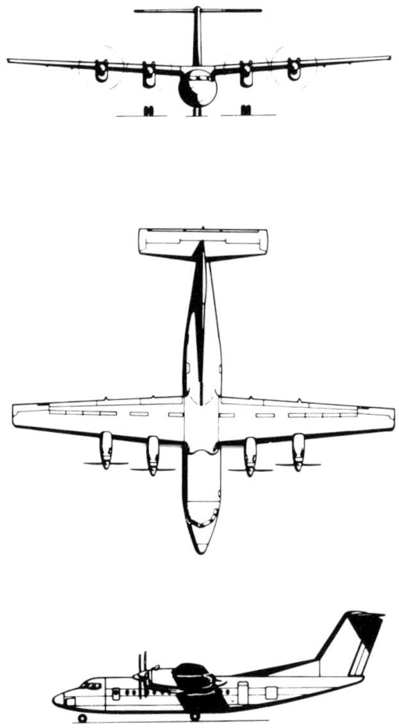

Rumpf: Ganzmetallbauweise mit rundem Querschnitt; Druckkabine; Tür hinten auf der Backbordseite.
Tragwerk: freitragender Schulterdecker in Ganzmetallbauweise; Auftriebshilfen an Flügelhinterkante und Spoiler auf Flügeloberseite; pneumatische Enteisung.
Leitwerk: freitragendes T-Leitwerk in Ganzmetall; pneumatische Enteisung.
Fahrwerk: einziehbar; Zwillingsräder an allen Streben; hydraulisch steuerbares Bugrad; ölpneumatische Dämpfung; Bremsen mit Blockierungsschutz.

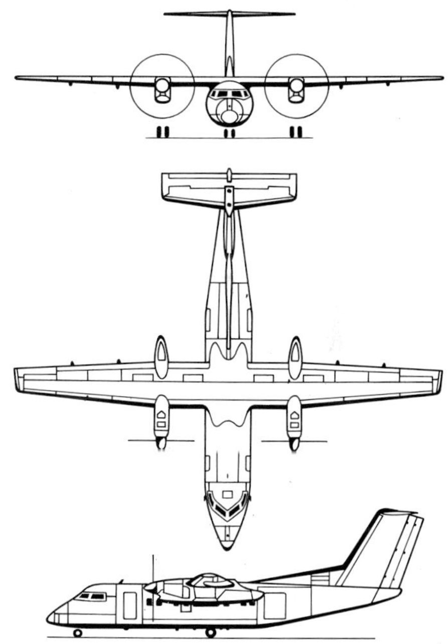

Boeing Kanada DHC-8 „Dash 8" Zubringerflugzeug

Dem Entwurf für dieses 36- bis 44sitzige Zubringerflugzeug lag nicht wie bei früheren DHC-Maschinen die Forderung nach extrem guten STOL-Eigenschaften zugrunde. Vielmehr war eine hohe Reisegeschwindigkeit von 500 km/h verlangt. Der erste von 4 Prototypen (C-GNDK) der „Dash 8"-Serie 100 nahm am 20. Juni 1983 die Flugerprobung auf. Es folgten die C-GGMP am 26. Oktober und der dritte im November 1983. Die vierte Maschine (zugleich die erste mit Triebwerken PW 120) flog erstmals Anfang 1984, die erste Serienmaschine im Juni 1984. Der Liniendienst begann am 19. Dezember des gleichen Jahres.

Versionen:
„Dash 8" Serie 100: Modell 102 mit Triebwerken PW 120 A; Modell 103 mit PW 121; „Commuter": Standardausführung für lokale Flüge mit 36 Passagieren samt Gepäck; „Corporate": für den USA-Markt (größere Reichweite, 17 Plätze bzw. Version mit 24 Plätzen).
DHC-8 „Dash 8 M": 2 als CC-142 für den Personen- bzw. Frachttransport an die kanadischen Truppen in der BRD geliefert; 4 als Navigationstrainer CT-142 mit verändertem Bug; 2 als E-9 A an die USA-Luftwaffe für Kontrollflüge über dem Golf von Florida.
„Dash 8" Serie 300: um 3,5 m verlängerter Rumpf; 50 bis 56 Sitze; verlängerte Flügelspitzen; stärkerer Antrieb (Turbomach T-40 APU, je 1 775 kW); Erstflug (umgebaute Serie 100 C-GDNK) am 15. Mai 1987; ab 27. Februar 1989 im Liniendienst.
„Dash 8" Serie 400: geplante Ausführung; Rumpf nochmals um 3,5 m verlängert; 64 bis 70 Sitze.

Von 1986 bis 1991 war das Unternehmen Teil von Boeing. Seitdem gehört es der Bombardier Inc. (51%) und der Provinz Ontario (49%).
Bis März 1993 waren von 285 bestellten „Dash 8" der Serien 100 / 100 A / 100 B 257 Einheiten (darunter 10 militärische „Dash 8 M") ausgeliefert. Zum gleichen Zeitpunkt flogen 85 von 120 bestellten „Dash 8" Serie 300. Der Erstflug der Serie 400 wird für Mitte 1996 erwartet.

Rumpf: konventionelle Halbschalenbauweise; kreisförmiger Querschnitt; im Bug sowie im Rumpf- und im Tragflügelbereich Kevlar und andere Kompositionsbaustoffe; Sitze für 2 Piloten; Passagierraum mit Viererreihen.
Tragflügel: Schulterdecker; gerades Mittelstück; Enden trapezförmig; außen leicht positive V-Form; Kompositionswerkstoffe.
Leitwerk: T-förmig; gepfeilt; zum Rumpf flossenförmig übergehend.
Fahrwerk: doppelt bereiftes Bugrad in den Rumpf, doppelt bereifte Hauptträder in Triebwerksgondeln einziehbar.

Anahuac „Tauro 300“
Arbeitsflugzeug

Die Fábrica de Aviones Anahuac entwickelte das Landwirtschaftsflugzeug „Tauro 300“. Das Projekt wurde im Jahr 1967 unter Leitung von Gjumlich begonnen. Mit der Konstruktion beschäftigte man sich ab Juli des gleichen Jahres. Der Prototyp flog erstmalig am 3. Dezember 1968, die erste Serienmaschine am 5. Juni 1970.
Es gibt ferner eine Version mit einem 255-kW-Motor und 1 000 kg Zuladung sowie eine zweisitzige Ausführung als Schulflugzeug.

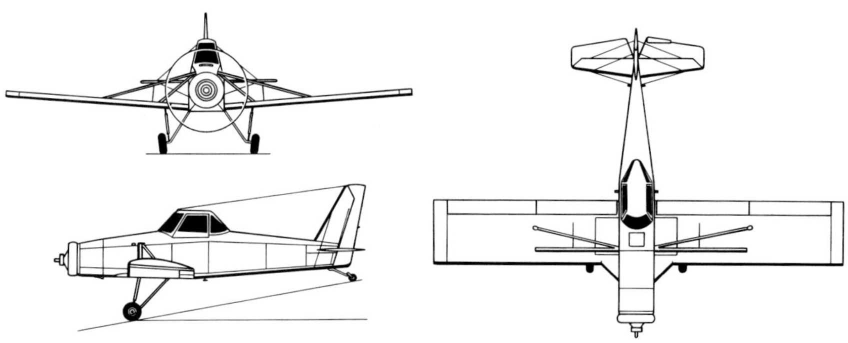

Rumpf: Stahlrohrbauweise mit Aluminiumbeplankung; geschlossenes Cockpit mit Belüftung.
Tragwerk: abgestrebter Tiefdecker; Leichtmetall-Holme und Rippen mit Stoffbespannung; Landeklappen und Querruder in gleicher Konstruktion.
Leitwerk: Normalbauweise in Stahlrohr mit Stoffbespannung; Ruder aerodynamisch ausgeglichen; Trimmklappe im Backbord-Höhenruder; Höhenruder nach oben und unten verstrebt.
Fahrwerk: starr mit Spornrad; Haupträder mit Bremsen.

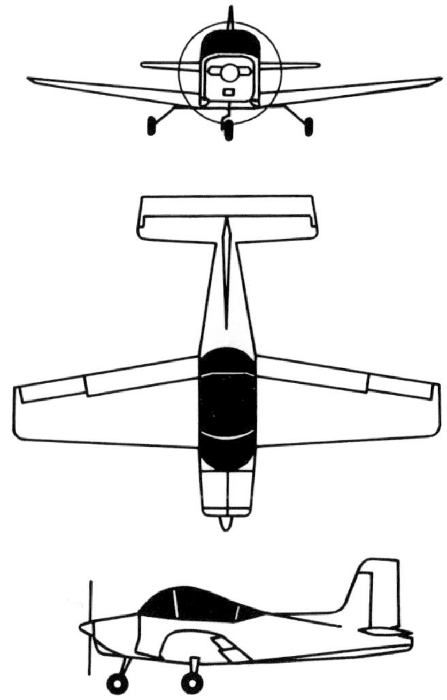

Aero Engines Services „Airtourer 150“ Schul- und Sportflugzeug

Die australische Firma Victa Ltd. erwarb die Produktionsrechte an einem kleinen Zweisitzer-Tiefdecker, dessen Prototyp in Holzbauweise erstmals am 31. März 1959 geflogen war. Am 12. Dezember 1961 flog die erste Ganzmetallausführung der „Airtourer“, der am 4. Juli 1962 die erste Serienmaschine folgte. Gebaut wurden bis Ende 1963 40 Flugzeuge („Airtourer 100“ und „Airtourer 115“). Die „Airtourer 150“ wurde aus der „Airtourer“ abgeleitet. Das Unternehmen Victa Ltd. verkaufte später alle Rechte und Produktionseinrichtungen an Aero Engines Services Ltd. in Neuseeland. Dort begann 1967 die Produktion der „Airtourer 150“.
Die „Airtourer 150“ ist voll kunstflugtauglich. Sie flog erstmalig am 18. September 1968.
Aus dieser Maschine ist das zweisitzige militärische Schulflugzeug NZAI CT-4 „Airtrainer“ abgeleitet worden, dessen Prototyp am 21. Februar 1972 die Flugerprobung aufnahm. Ab 1973 wurden mindestens 200 Maschinen gebaut und an die Fliegerkräfte von Australien, Hongkong, Neuseeland, Singapur und Thailand geliefert.

Rumpf: Ganzmetallbauweise; Vollsichtverglasung; zwei Sitze nebeneinander mit Doppelsteuerung; Schallisolierung, Heizung und Belüftung.
Tragwerk: freitragender Tiefdecker in Ganzmetallbauweise; ein Holm; Luftbremse unter dem Rumpf; Querruder und Klappen über die gesamte Spannweite.
Leitwerk: freitragende Normalbauweise in Ganzmetall.
Fahrwerk: starr; steuerbares Bugrad; hydraulische Scheibenbremsen.

Air Parts / Fletcher FU-24 / 1160 Mehrzweckflugzeuge

Die FU-24 (oberes Foto und Skizze) ist eine Entwicklung der Fletcher Aviation Company (USA). Seit 1964 wird die Maschine von Air Parts in Neuseeland hergestellt.
Der Prototyp flog erstmalig im Juli 1954. Auf Wunsch kann das Flugzeug mit einem 210- oder einem 230-kW-Triebwerk ausgerüstet werden. Ihren Hauptverwendungszweck findet die FU-24 in der Landwirtschaft. Zu diesem Zweck können in einem Tank im Rumpf hinter dem Cockpit 1 045 l Sprühmittel mitgeführt werden. Von dieser Version sind 260 Maschinen gebaut worden.
Aus der FU-24 wurde die 1160 abgeleitet. Sie erhielt ein PTL-Triebwerk. Ferner vergrößerte man den Rumpf, so daß ein größerer Laderaum entstand und das Cockpit zur Verbesserung der Sicht vor dem Tragwerk angebracht werden konnte. Auch das Tragwerk wurde vergrößert und verstärkt.
Der Prototyp flog erstmalig im Dezember 1967. Während der Flugerprobung zeigte die Maschine gute Leistungen. Sie verunglückte jedoch bei einem Testflug. Im Jahr 1970 wurde eine zweite Maschine mit verschiedenen Verbesserungen und einem stärkeren Triebwerk fertig. Die Serienproduktion begann 1979.

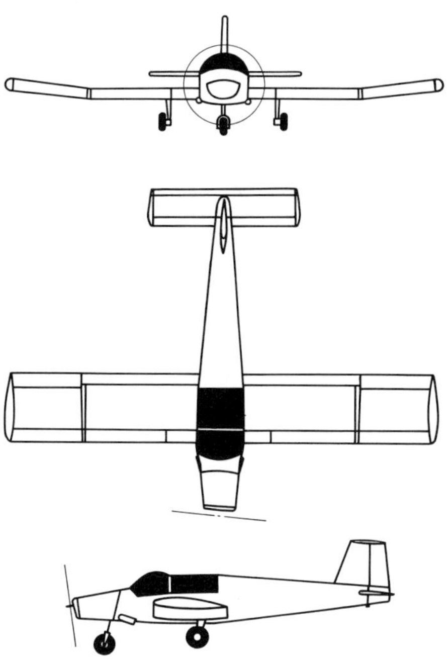

Rumpf: Ganzmetall-Halbschalenbauweise; Einstiege zu den Vordersitzen nach hinten aufschiebbar; große Tür im Dach als Einstieg zu den vier Rücksitzen bzw. zum Frachtraum.
Tragwerk: freitragender Tiefdecker in Ganzmetallbauweise mit zwei Metallholmen; Ganzmetall-Auftriebsklappen.
Leitwerk: freitragende Normalbauweise in Ganzmetall; ungedämpftes Höhenleitwerk.
Fahrwerk: starr mit Bugrad; ölpneumatische Dämpfung; hydraulische Bremsen; 1160: alle Streben doppelt bereift.

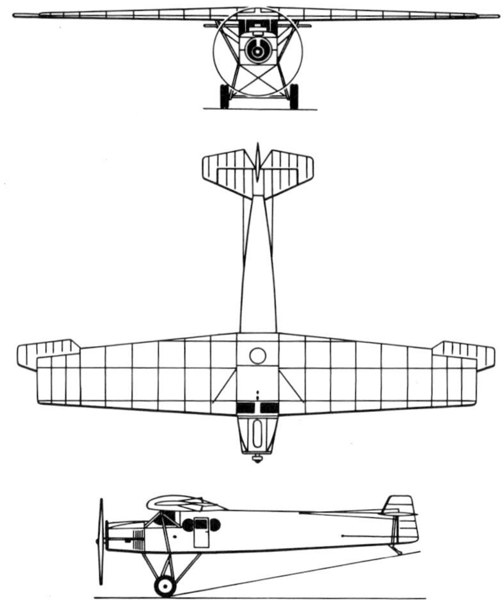

Fokker F-II
Verkehrsflugzeug

Am Ende des ersten Weltkriegs gingen auch die Fokker-Flugzeugwerke in Schwerin zur Entwicklung von Verkehrsflugzeugen über. Nach dem nicht verwirklichten Projekt F-I schuf der Konstrukteur Platz die F-II, die im Gegensatz zu ihrer Vorgängerin eine geschlossene Kabine für insgesamt sechs Personen hatte. Der Prototyp V-45 flog erstmalig im Oktober 1919. Im Jahr darauf wurden er und eine weitere F-II heimlich von Schwerin nach den Niederlanden überführt, wohin sich Fokker mit Plänen, Projekten, Motoren, Flugzeugteilen und großen Geldbeträgen bei Kriegsende abgesetzt hatte.
Die ersten Flugzeuge hatten einen 135-kW-Motor. Später erhielten sie Triebwerke von 175 kW Startleistung.
Die F-II flog vor allem in Belgien, Deutschland, Dänemark und den Niederlanden.
Die verbesserte Version F-II b entstand unter Leitung von Grulich in Berlin-Staaken, wohin Fokker die Lizenzrechte vergeben hatte. Sie wurde als Fokker-Grulich bezeichnet. Die F-II war das Ausgangsmuster einer ganzen Familie von Verkehrsflugzeugen.
Von den rund 30 ausgelieferten Maschinen blieben 10 F-II b bis 1934 im Streckendienst.

Rumpf: Stahlrohrbauweise mit Stoffbespannung; geschlossene Kabine; Doppelsteuerung; eine Tür backbords.
Tragwerk: abgestrebter Schulterdecker in Holzbauweise mit Sperrholzbeplankung.
Leitwerk: Normalbauweise aus Stahlrohren mit Stoffbespannung; ungedämpftes Seitenruder.
Fahrwerk: starr; durchgehende Achse; Hecksporn.

Fokker F-III
Verkehrsflugzeug

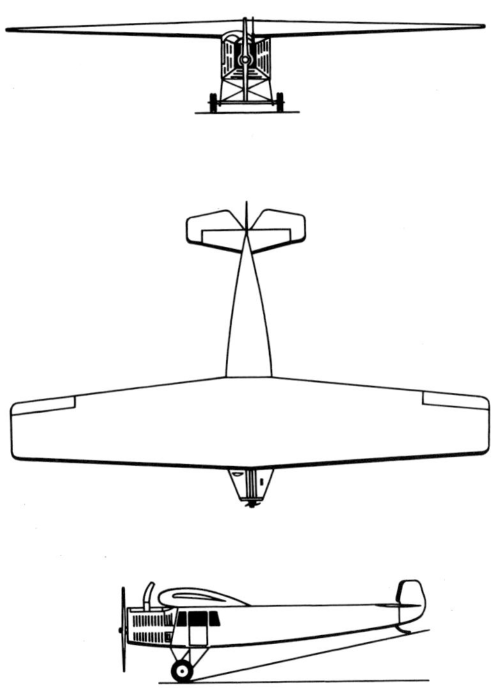

Im Jahr 1920 begann Fokker mit der Entwicklung der F-III, die eine vergrößerte F-II darstellte und in der Kabine fünf Passagiere aufnahm. Die Spannweite war größer, aber das Cockpit bot nur Platz für einen Piloten. Bei dieser Auslegung mußte ein Reihenmotor eingebaut werden, damit der Pilot neben dem Motor sitzen konnte.

Die F-III wurde noch in Schwerin entwickelt. Der Prototyp flog erstmalig im April 1921. Auch die Serienfertigung lief in Schwerin. Die Erzeugnisse gingen aber dann nach Schiphol, wo die Amsterdamer Firma Fokker sie verkaufte. Allein die KLM kaufte 14 F-III. Insgesamt wurden bei Fokker 34 F-III gebaut.
In Staaken wurde die F-III in Lizenz hergestellt (als Fokker-Grulich bezeichnet).
Die DERULUFT verwendete von 1922 bis 1930 20 Maschinen vom Typ F-III auf ihrer Strecke von Königsberg (heute Kaliningrad) nach Moskau. Die Sowjetunion erhielt insgesamt 10 F-III mit einem 265-kW-Motor.

Rumpf: Stahlrohrbauweise mit Stoffbespannung; offenes Cockpit für einen Piloten auf der Steuerbordseite vor dem Tragwerk neben dem Triebwerk.
Tragwerk: freitragender Schulterdecker mit dickem Flügel in Holzbauweise mit Sperrholzbeplankung; zwei Kastenholme mit Sperrholzseitenteilen.
Leitwerk: abgestrebte Normalbauweise in Holz.
Fahrwerk: starr mit durchgehender Achse; Hecksporn; sowjetische F-III mit Schneekufen.

Fokker F-VII
Verkehrsflugzeug

Das berühmteste Fokker-Flugzeug war die F-VII. Auftraggeber für den Typ war die KLM. Zunächst entstand die siebensitzige, einmotorige F-VII mit geschlossenem Cockpit. Im Juli 1924 startete der Prototyp zum Erstflug. Eine der fünf Serienmaschinen stand bis 1936 bei der KLM im Dienst.
Das verbesserte Muster F-VII a (295 statt 265 kW) flog am 12. März 1925 erstmals. Diese Maschine wurde auch in der ČSR, in Polen und in Ungarn in Lizenz gebaut. Sie gehörte zum Flugzeugpark vieler Länder. Wahlweise konnten auch andere Motoren verwendet werden. Neben Passagierversionen wurden auch solche als Krankentransporter, Foto- und Fallschirmabsetzmaschinen gebaut. Die F-VII a bewährte sich auch bei Expeditionen und Langstreckenflügen.
Fokker hoffte, mit diesem Typ in den USA ebenfalls ins Geschäft zu kommen. Deshalb beteiligte er sich mit der nunmehr dreimotorigen F-VII a-3m in den USA an einem Zuverlässigkeitswettbewerb. Die F-VII a-3m flog erstmalig am 4. September 1925. Nach dem Wettbewerb übernahm Admiral Byrd diese Maschine für seine Arktis-Expedition. Das Flugzeug mit dem Namen „Josephine Ford" überflog am 9. Mai 1926 laut Byrd als erste Maschine den Nordpol.
Eine Ausführung mit einem größeren Flügel wurde als F-VII b-3m bezeichnet (höchste Produktionszahl aller Fokker-Typen, nach Schätzungen 154). Mit einem solchen Flugzeug, der „Southern Cross", überquerte Kingsford Smith 1928 erstmalig den Pazifik.
Diese Flugzeuge wurden bis 1930 gebaut. In den USA wurde die Maschine in Lizenz hergestellt. Polnische und tschechoslowakische Werke bauten die F-VII b-3m zu Bombern um (Skizze). Eine F-VII befindet sich im niederländischen Luftfahrtmuseum Amsterdam/Schiphol, eine weitere im Verkehrshaus der Schweiz in Luzern.

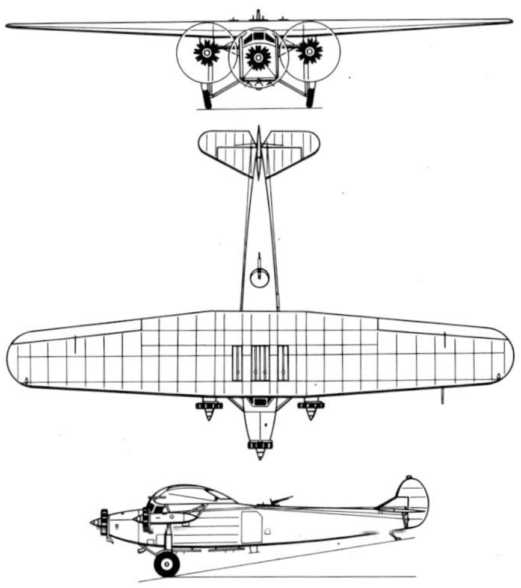

Rumpf: Stahlrohrbauweise mit Stoffbespannung.
Tragwerk: freitragender Hochdecker mit dickem Flügel in Holzbauweise mit Sperrholzbeplankung.
Leitwerk: Normalbauweise in Stahlrohr mit Stoffbespannung; Kielflosse bei Ausfall eines Seitenmotors austrimmbar.
Fahrwerk: starr; je zwei Streben zu den unteren Rumpfholmen und je eine federnde Strebe zu den Motorgondeln; steuerbarer Hecksporn.

Fokker F-XX
Verkehrsflugzeug

Am 1. März 1934 eröffnete die KLM den Frühjahrsluftverkehr auf der mit der Deutschen Lufthansa gemeinsam beflogenen Strecke Amsterdam—Berlin mit ihrem neuen dreimotorigen Flugzeug F-XX „Zilvermeeuv". Diese im Jahr 1933 gebaute Maschine setzte die Verkehrsflugzeug-Serie von Fokker fort, die mit den einmotorigen F-II/F-III begonnen worden war. Sie war die erste Fokker-Verkehrsmaschine mit einziehbarem Fahrwerk.
Als die F-XX erschien, gab es in Europa insgesamt 596 Verkehrsflugzeuge, davon 172 von Fokker und 114 von Junkers.
Fokker versuchte mit dem neuen dreimotorigen Typ, der aus den USA drohenden Konkurrenz (Boeing 247 und Douglas DC-2) moderner Schnellflugzeuge zu begegnen. Offensichtlich gelang das jedoch nicht, und bei Fokker ging man sodann zu viermotorigen Maschinen über.
Die F-XX wurde 1936 an die französische Gesellschaft Air Tropic verkauft. Von dort gelangte das Flugzeug in die Republik Spanien.

Rumpf: Gemischtbauweise; elliptischer Querschnitt; ein Triebwerk in der Rumpfspitze.
Tragwerk: Schulterdecker mit hängenden Triebwerken.
Leitwerk: abgestrebte Normalbauweise.
Fahrwerk: einziehbar; alle Streben einfach bereift.

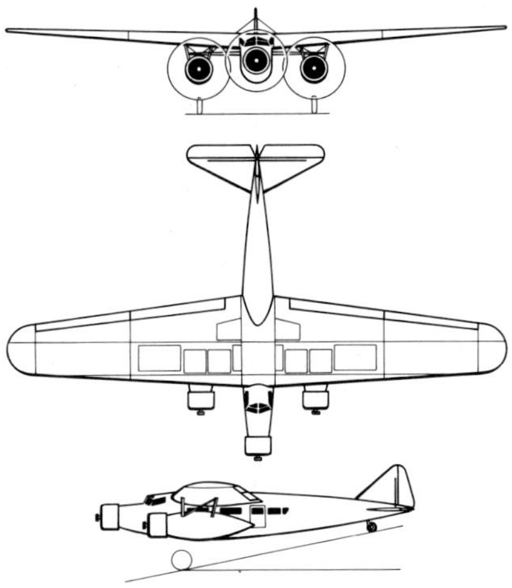

Fokker T-V
Mehrzweck-Kampfflugzeug

Im Jahr 1935 brachte Fokker mit dem zweimotorigen Mitteldecker T-V eine recht originelle Konstruktion heraus, die sich von den damals international noch häufigen verpannten und verstrebten Doppeldeckern deutlich unterschied.
Ursprünglich sah das Projekt eine aufgesetzte Flugzeugführerkabine vor. Dann bezog man sie aber in die Rumpfkontur ein. Die Besatzung bestand aus dem Schützen im verglasten Bug hinter der 22-mm-Kanone, dem Flugzeugführer, dem hinter ihm sitzenden Schützen an der ausfahrbaren und nach hinten gerichteten Waffe (eine 22-mm-Kanone oder ein 7,9-mm-Zwillings-MG) sowie dem im Heck liegenden Schützen mit einem Einzel- oder Zwillings-MG.
Gedacht war der Typ als mittlerer Bomber und als Fernjagdflugzeug, jedoch reichten die Flugleistungen für einen Jäger nicht aus.
Insgesamt sind 16 T-V mit unterschiedlichen Triebwerken gebaut und 1940 bei der Abwehr der einfallenden deutschen Truppen verwendet worden.

Rumpf: dreiteilig; Mittelteil in einem Stück mit dem Flügel; Vorderteil aus Duralumin mit Blechbeplankung; Rest Stahlrohr-Fachwerk mit Stoffbespannung; spitzes Heck verglast.
Tragwerk: freitragender Mitteldecker; einteiliger Flügel, mit Rumpfmittelteil in einem Stück; Kraftstoffbehälter beiderseits des Rumpfes im Flügel; zweiholmig; Holzgerippe mit Sperrholz- und Bakelitbeplankung; Landeklappen.
Leitwerk: abgestrebtes Höhenleitwerk; Seitenleitwerk als Endscheiben; Gemischtbauweise.
Fahrwerk: einziehbar mit Heckrad; alle Streben einfach bereift.

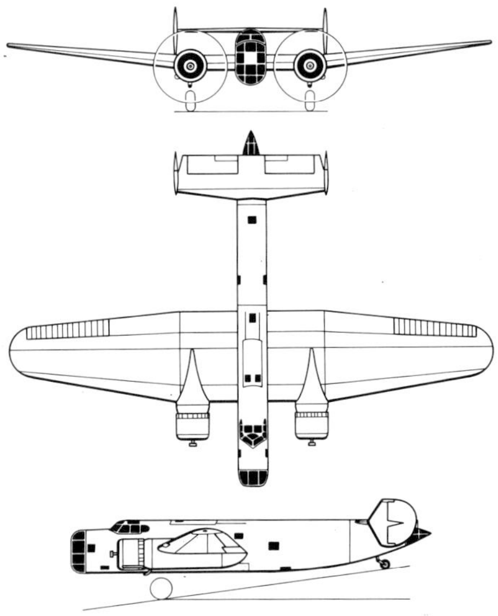

Fokker T. 8-W
Aufklärungs- und Bomben-/Torpedoflugzeug

In der zweiten Hälfte der dreißiger Jahre bestellten die Seefliegerkräfte der Niederlande als Nachfolgemuster für das veraltete Schwimmerflugzeug T. IV aus dem Jahr 1924 (24 Stück gebaut, ab Mitte der dreißiger Jahre in Niederländisch-Ostindien eingesetzt) ein neues hochseefähiges Kampfflugzeug. Dazu entwarf man bei Fokker das Muster T. 8-W, dessen Erstflug im Jahr 1938 stattfand.
Die erste Serie T. 8-W/G (Foto und Skizze) wurde 1939 als dreisitzige Schwimmermaschine (Aufklärer und Torpedoträger) in 19 Exemplaren ausgeliefert. Im Jahr darauf folgte die größere und schwerere T. 8-W/M (Rumpfhinterteil in Metallbauweise, 12 Flugzeuge hergestellt). Beide Versionen wurden zur Aufklärung sowie zur U-Boot-Jagd an der Küste verwendet. Nach einer Bestellung Finnlands wurden 5 T. 8-W/C gebaut. Als die deutschen Truppen im Mai 1940 in die Niederlande einfielen, konnten 12 Maschinen nach Großbritannien entkommen. Dort bildeten sie die Staffel 320, die man zur Kontrolle des Seegebietes westlich der britischen Inseln einsetzte.
20 Maschinen der Versionen G und M setzte die Luftwaffe Hitlerdeutschlands bis 1942 über der Nordsee und dem Mittelmeer zur Aufklärung, zur U-Boot-Jagd und im Seenotdienst ein. Dabei konnte die Maschine ebenso wie im Transporteinsatz bis zu sechs Mann an Bord nehmen.

Rumpf: dreiteilig mit ovalem Querschnitt; T. 8-W/G: Bug als Leichtmetallschale, Mitte als Holzschale und Heck als Stahlgerüst mit Stoffbespannung; T. 8-W/M: Heck ebenfalls als Leichtmetallschale.
Tragwerk: freitragender Mitteldecker; T. 8-W/G: zweiholmige Holzkonstruktion mit Bakelitrippen und Sperrholzbeplankung; T. 8-W/M: zweiholmige Ganzmetallbauweise.
Leitwerk: Leichtmetallgerüst mit Stoffbespannung; abgestrebte Höhenflosse.
Schwimmwerk: einstufig, gekielt, aus korrosionsfestem Duralumin; je sechs wasserdichte Abteilungen und ein Reserve-Kraftstoffbehälter.

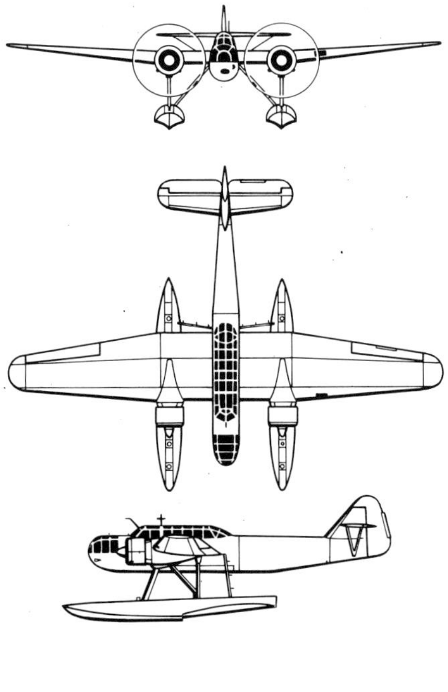

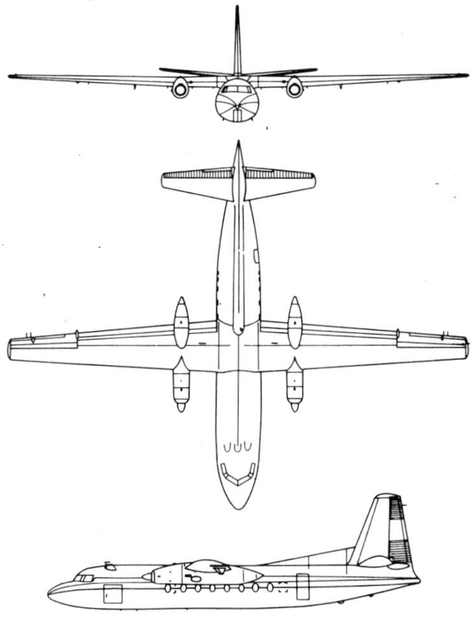

Fokker F-27 „Friendship" / F-50 Verkehrsflugzeuge

Das PTL-Mittelstrecken-Verkehrsflugzeug F-27 „Friendship" wurde in den USA (von Fairchild) und in Indonesien in Lizenz gebaut. Fairchild baute insgesamt 205 F-27 und die als FH-227 bezeichnete Weiterentwicklung. In den USA wird die Maschine nicht mehr produziert. Beteiligt am Bau war die französische Firma Bréguet. Der erste Prototyp mit 22,30 m Länge flog erstmalig am 24. November 1955. Er bot 28 Passagieren Platz. 1958 erhielt er stärkere Triebwerke. Der zweite Prototyp (Erstflug am 31. Januar 1957) hatte eine Rumpflänge von 23,10 m und war für 32 Passagiere vorgesehen. Aus diesem Typ entstand die ab November 1958 ausgelieferte Serienmaschine.

Versionen:
F-27 Serie 100: Verkehrs- und Reiseflugzeug.
F-27 Serie 200: Weiterentwicklung mit stärkeren Triebwerken.
F-27 Serie 300 „Combiplane": Ausführung als Fracht- oder als gemischtes Fracht-/Passagierflugzeug der Serie 100 mit großer Ladepforte und verstärktem Rumpfboden.
F-27 Serie 400 „Combiplane": abgeleitet aus der Serie 200, entspricht der Serie 300.
F-27 Serie 500: vergrößerte Ausführung mit 25 m Rumpflänge, verstärktem Fahrwerk und großer Frachtpforte.
F-27 Serie 600: entspricht der Serie 200; hat aber eine weit größere Frachttür; ist für den Palettentransport eingerichtet; Erstflug am 28. November 1968.
F-27 M „Troopship": Militärausführung mit großer Frachtpforte und Absetztüren auf jeder Seite für 45 Fallschirmspringer; eignet sich auch zum Frachttransport oder als Sanitätsflugzeug mit 24 Tragen und sieben Sitzplätzen.
F-27 Mk. 500 M: der Serie 400 ähnlich; mit verlängertem Rumpf; eingerichtet für 50 Fallschirmjäger.
F-27 MPA „Maritime" (oberes Foto): für Seeüberwachung; aus der „Troopship" abgeleitet; von Peru, Spanien und Thailand eingeführt.

Mit 991 gebauten Maschinen gilt die F-27 als das erfolgreichste Turboprop-Flugzeug der Welt, es wurde bis Januar 1987 produziert. Die Maschine wird nicht nur als Passagier- und Transportflugzeug, sondern auch für Postflüge und kartografische Zwecke verwendet.

Am 28. Dezember 1985 begann der erste Prototyp der F-50 die Flugerprobung. Ein zweiter Prototyp folgte am 30. April 1986, das erste Serienflugzeug am 13. Februar 1987. Von den Fokker-Werken wird jedoch betont, daß es sich bei dieser Maschine nicht um eine weiterentwickelte F-27, sondern um eine Neuentwicklung (geänderter Rumpf, verfeinerte Flügel, wirtschaftlichere und leisere Triebwerke mit Sechsblatt-Luftschrauben, 10% höhere Geschwindigkeit, 30% weniger Verbrauch, Hydraulik statt Pneumatik) mit gleichem Äußeren handelt. Bis Mitte 1993 waren von 182 bestellten 150 Fokker 50 ausgeliefert. Angeboten werden spezielle Militärversionen, so die Maritime Enforcer Mk. 2 (Erstflug Demonstrator 1992, von Singapur 8 geordert). Für die Luftwaffe der Niederlande wird die Fokker 60 als gestreckte Version entwickelt (1,62 m längerer Rumpf, vorn rechts Frachttor 3,05 m × 1,78 m, 8 t Fracht, 58 Sitze oder 27 Tragen, für Fallschirmjäger geeignet, neue Avionik und Selbstschutzsysteme). Ziviler Absatz ist erhofft.

Rumpf: Ganzmetall-Schalenbauweise; Druckkabine; kreisförmiger Querschnitt.
Tragwerk: freitragender Hochdecker in Ganzmetall-Schalenbauweise; Tragflügelmittelstück und zwei Außenteile mit zwei Holmen; Enteisung durch aufblasbaren Gummischlauch; elektrisch betätigte Spaltklappen.
Leitwerk: freitragende Normalbauweise; Gummischlauch-Enteisung.
Fahrwerk: pneumatisch ausfahrbar; einfaches Bugrad mit Zwillingsrädern an den Hauptstreben; pneumatische Bremsen mit Blockierungsschutz.

Fokker F-28 „Fellowship" / F-100 Verkehrsflugzeuge

Im Frühjahr 1962 kündigte Fokker die Entwicklung eines kleinen, zweistrahligen Kurzstrecken-Verkehrsflugzeugs für 40 bis 65 Passagiere an. Im Sommer 1964 wurden Verträge mit ausländischen Firmen über die gemeinsame Entwicklung und den Bau dieses Flugzeugs geschlossen. Danach waren außer Fokker die Firmen MBB sowie VFW (BRD) und Short Bros. and Harland (Großbritannien) beteiligt. Der Prototyp nahm am 9. Mai 1967 die Flugerprobung auf. Die F-28 wurde bis 1986 produziert (237 Maschinen).

Versionen:

F-28 Mk. 1000: 65 Plätze; Erstflug 28. März 1969; Mk. 1000 C hat eine veränderte Passagiertür; gebaut wurden 85 Mk. 1000 und 7 Mk. 1000 C.

F-28 Mk. 2000: gestreckte Version durch Einbau von zwei Sektionen; 79 Plätze; Erstflug am 28. April 1971; 10 Exemplare im Dienst.

F-28 Mk. 3000: wie Mk. 4000, aber mit kürzerem Rumpf für 60 bis 65 Passagiere.

F-28 Mk. 4000: seit 1975 gefertigt; 85 Plätze; für Betrieb unter hohen Außentemperaturen.

F-28 Mk. 5000: wie Mk. 1000, aber mit stärkeren Triebwerken und größerer Spannweite.

F-28 Mk. 6000: wie Mk. 2000, aber mit größerer Spannweite und stärkeren Triebwerken; Erstflug am 27. September 1973.

F-28 Mk. 6600: gestreckte Version der Mk. 6000.

Für den Küstenschutz wurde eine Spezialversion entwickelt.

Zunächst war vorgesehen, die F-28 zu verlängern, jedoch entschied man sich unter der F-100 für ein neues Flugzeug, das am 30. November 1986 erstmalig flog und seit 1988 in Serie gebaut wird.

Bis Mitte 1993 waren von 254 bestellten 160 Fokker 100 ausgeliefert; Optionen für 114 weitere liegen vor.

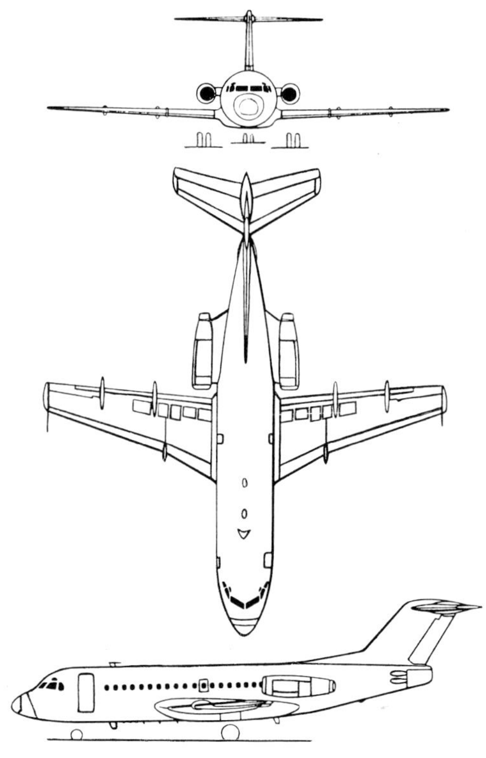

Rumpf: Ganzmetall-Schalenbauweise mit rundem Querschnitt; hydraulisch betätigte Luftbremse am Heck; Cockpitverglasung mit elektrischer Enteisung.
Tragwerk: freitragender Tiefdecker in Ganzmetallbauweise; zwei Kastenholme; Mittelstück mit dem Rumpf integral verbunden; thermische Enteisung; hydraulisch betätigte Fowler-Doppelspaltklappen; vor den Klappen auf jedem Flügel fünf hydraulisch betätigte Spoiler.
Leitwerk: T-Leitwerk in Ganzmetallbauweise; thermische Enteisung; vierholmige Seitenflosse; kein Trimmruder.
Fahrwerk: einziehbar mit Zwillingsrädern an allen Streben; steuerbares Bugrad; elektrisch kontrolliertes Bremssystem.

Koolhoven FK-58 Jagdflugzeug

Im Jahr 1938 projektierte Schatzki in einer Rekordzeit von drei Monaten das Abfangjagdflugzeug FK-58. Der robuste Tiefdecker mit dem damals durchaus noch nicht üblichen Einziehfahrwerk erweckte auf dem Luftfahrtsalon in Paris das Interesse der Fachleute.

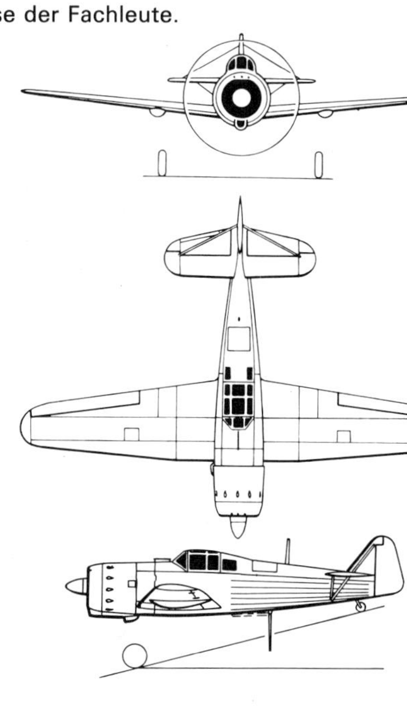

Am 22. September 1938 nahm der Prototyp mit einem Hispano-Suiza-Motor (795 kW) die Flugerprobung auf. Im Oktober des gleichen Jahres wurde er französischen Militärs vorgeführt, die ihn in Cazaux erprobten und daraufhin 50 Maschinen für die überseeischen Gebiete bestellten.

Es wurden zwei Versionen bestellt: die FK-58 mit dem Motor des Prototyps und die FK-58 A mit dem Gnôme et Rhône 14 N 16. Bis Juni 1939 wurden acht Maschinen an Frankreich geliefert, insbesondere vom Typ FK-58 A.

Die inzwischen von der belgischen Firma SABCA gebauten Maschinen konnten nicht komplettiert werden, da Frankreich infolge des Krieges keine Triebwerke mehr lieferte. Die Regierung der Niederlande bestellte daraufhin diese Maschinen mit dem Triebwerk „Taurus". Bis zur Besetzung der Niederlande und Belgiens durch Hitlerdeutschland wurden nur zwei Prototypen fertig.

Bis zu diesem Zeitpunkt waren an Frankreich insgesamt 18 FK-58 und FK-58 A geliefert worden. Dort waren aus Polen emigrierte Flugzeugführer auf diesen Typ umgeschult worden, und sie wurden in einer Staffel mit 14 FK-58 eingesetzt.

Rumpf: Gemischtbauweise; vorn metallverkleidet, hinten holzbeplankt; geschlossene Kabine in die Rumpfkontur einbezogen.
Tragwerk: freitragender Tiefdecker; dreiteiliger Flügel; Holzbauweise.
Leitwerk: verstrebte Gemischtbauweise.
Fahrwerk: einziehbar mit Heckrad; alle Streben einfach bereift.

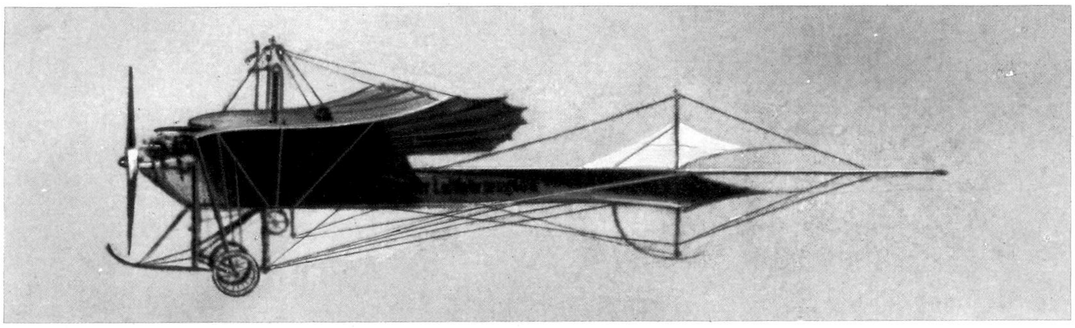

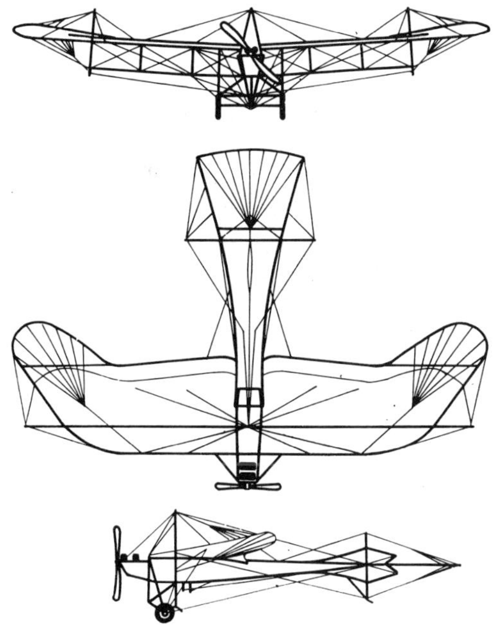

Etrich „Taube"
Militär- und Sportflugzeug

Neben Blériot ist Igo Etrich als Pionier des leistungsfähigen Eindeckers anzusehen. Schon sein Vater Ignaz Etrich, der aus dem Nachlaß von Lilienthal ein Gleitflugzeug gekauft hatte, konstruierte 1899/1900 einen eigenen Gleitapparat. Igo Etrich unterstützte seinen Vater dabei.
Im Jahr 1904 unternahm er zusammen mit Franz Wels seine ersten eigenen Flugexperimente. Zuerst entstand das Modell eines schwanzlosen Gleiters, der nach erfolgreicher Erprobung zu einem bemannten Gleiter weiterentwickelt wurde. Danach erhielt der Gleiter einen 18-kW-Motor, mit dem die Flüge jedoch nicht erfolgreich verliefen. Als direkter Vorgänger der „Taube" ist dieses Flugzeug jedoch nicht zu bezeichnen, sondern eine andere Maschine, die 1909 vorgeführt wurde und eine Geschwindigkeit von 70 km/h sowie eine Flugweite von 4750 m erreichte.
Im März 1910 stellte Igo Etrich einen Eindecker fertig, dem er die äußere Form einer Taube im Gleitflug gab. Beim Erstflug am 10. April 1910 beschädigte Etrich den Eindecker bei der Landung. Etrichs Werkmeister Ilner führte am 20. April 1910 die ersten Flüge aus und flog am nächsten Tag bereits Kurven und Achten.
Für die „Taube" bekam Rumpler in Deutschland eine Lizenz. Streitigkeiten zwischen Etrich und den Rumpler-Werken nutzten andere deutsche Flugzeugfabrikanten sofort dazu aus, den erfolgversprechenden Typ nachzubauen. In 9 Fabriken sind insgesamt etwa 500 Flugzeuge dieses Typs gebaut worden, in sehr unterschiedlichen Ausführungen und mit unterschiedlichen Triebwerken.
Die Taubenform gab dem Flugzeug eine außerordentliche Stabilität, so daß es kaum ins Trudeln kam. Die großen Erfolge machten es zu einem idealen Schulflugzeug, und auch die Armee bestellte das Flugzeug in großen Mengen. Die hohe Stabilität beeinträchtigte allerdings die Wendigkeit, und das unbewaffnete Flugzeug mußte nach dem Aufkommen bewaffneter Typen im Jahr 1915 aus dem Frontbereich zurückgezogen werden.

Rumpf: Holzbauweise mit Stoffbespannung.
Tragwerk: verspannter Schulterdecker; Spanntürme über und unter dem Tragwerk; Bambusbauweise mit Stoffbespannung; Quersteuerung durch Verwindung der Tragflügelenden an den Spitzen.
Leitwerk: Holm und Seitensteuer aus Bambus mit Stoffbespannung; verspannt.
Fahrwerk: starr; durchgehende Achse; abgefederte Räder; Hecksporn.

Lohner B-I / C-I
Aufklärer

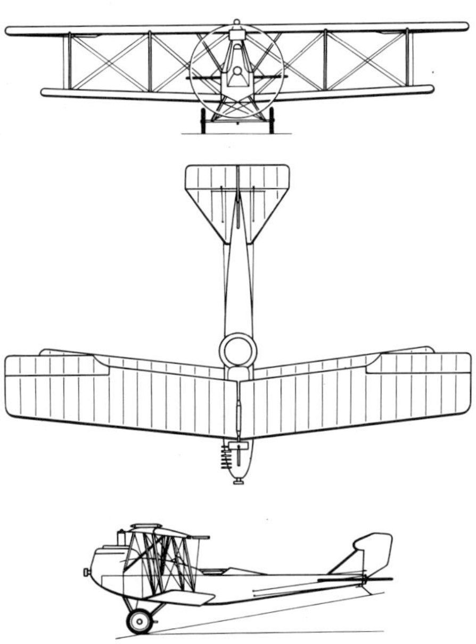

Die Firma Jacob Lohner in Wien baute ab 1913 den Doppeldecker B (mit B wurden unbewaffnete zweisitzige Doppeldecker bezeichnet), der als Aufklärer, Artilleriebeobachter und für Verbindungsaufgaben verwendet wurde. Als Antrieb diente ein 75-kW-Motor von Austro-Daimler. In leicht modifizierter Form hieß der Typ B-I. Mit längerem Rumpf, einem MG sowie einem Drehkranz am Beobachtersitz wurde die Ausführung als C-I bezeichnet (C stand für bewaffnete zweisitzige Doppeldecker).
Die ersten C-I hatten einen 65-kW-Motor von Hieronymus, die späteren einen stärkeren Motor. Den Grundtyp B-I hatte man während der Produktion wiederholt modifiziert, z. B. mit einem 90-kW-Motor von Mercedes oder einem 120-kW-Motor von Austro-Daimler ausgerüstet, und auch zum Flugboot umgebaut (K/C-I).
Die vom Aufklärer ermittelten Ergebnisse wurden damals durch Brieftauben, die an Bord des Flugzeugs mitgenommen wurden, an die Stäbe weitergegeben. Daher die Brieftauben auf dem Foto, die von der Besatzung auf den Start einer C-I vorbereitet werden. Die Skizze zeigt eine B-I.

Rumpf: Holzbauweise mit Stoffbespannung; offene Sitze hintereinander; keine Panzerung.
Tragwerk: zweistieliger, verspannter Doppeldecker; Holzbauweise mit Stoffbespannung; Querruder nur oben; unterer Flügel mit geringerer Spannweite und Tiefe; Falltank vor dem Baldachin.
Leitwerk: aufgesetzte dreieckige Seitenflosse; Seitenruder oben übergreifend; dreieckige Höhenflosse; ungeteiltes Höhenruder; Holzbauweise mit Stoffbespannung.
Fahrwerk: starr mit Hecksporn; durchgehende Achse.

Lohner L
Flugboot

Die 1821 von Ludwig Laurenzi gegründete Wagenbauwerkstätte wurde 1825 von Jakob Lohner übernommen und 1897 von Ludwig Lohner zur Automobilfirma erweitert. 1908 baute diese Firma ihr erstes Flugzeug und 1911 ihr erstes Seeflugzeug. Die Entwürfe dafür schuf Werkmeister Karl Paulal. Dessen Arbeiten führte Leopold Bauer fort. Bis Juli 1914 erweiterte die Firma ihren Mitarbeiterstamm beträchtlich, so daß sie eine größere Anzahl Flugzeuge – darunter Flugboote verschiedener Typen, die sich in den Abmessungen und der Motorleistung aber nur geringfügig unterschieden – liefern konnte.
Bereits vor Beginn des ersten Weltkriegs hatte es zu den Aufgaben der österreichischen Marineflieger gehört, Aufklärung zu fliegen, die Verbindung zwischen den Seestreitkräften und den Stäben aufrechtzuerhalten sowie zahlreiche Sonderaufgaben zu lösen. Dabei führten einige Maschinen Brieftauben mit, weil nicht alle über Funk verfügten.
Zu den bei Kriegsbeginn vorhandenen Typen gehörte das Flugboot L, das in Italien die Entwicklung maßgeblich beeinflußt hat. Als nämlich das Flugboot L-40 am 27. Mai 1915 nach einem Motorausfall bei Porto Corsini den Italienern unversehrt in die Hände fiel, untersuchten diese die Maschine gründlich und empfahlen den Nachbau. Den übernahm die Firma Societa Anonimo Nieuport-Macchi, die 139 exakte Kopien als L 1 baute und sie mit einem italienischen Isotta-Franchini-Motor und einem 6,5-mm-Revelli-MG versah. Die Weiterentwicklung L 2 produzierte man nur in 10 Exemplaren, da sich die modifizierte L 3 (Foto) als gelungener erwies. Nach 107 L 3 fertigte man die verbesserte M 3, nach der die Reihe M 5/M 8/M 9 entstand. In Österreichs Marinefliegerkräften erwiesen sich die Flugboote überhaupt als richtige konstruktive Entscheidung. Denn obwohl sie wesentlich schwerer als Schwimmermaschinen waren, waren sie bedeutend seetüchtiger.

Rumpf: Bootsrumpf in Gemischtbauweise; offenes Cockpit; Sitze nebeneinander.
Tragwerk: verstrebter und verspannter Doppeldecker in Gemischtbauweise; Unterflügel kürzer; Motor mit Druckschraube an Gerüst zwischen den Flügeln; Unterflügel leichte V-Form.
Leitwerk: Gemischtbauweise; verspannt und verstrebt; Höhen- und Seitenleitwerk hochgesetzt; außenliegende Steuerseile.
Schwimmwerk: einstufiger gekielter Bootsrumpf; Stützschwimmer unter Flügelenden.

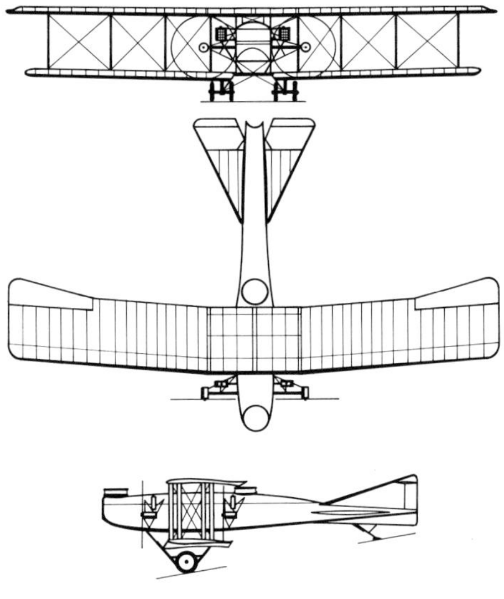

Mises R-1
Bombenflugzeug

Bei Ausbruch des ersten Weltkriegs hatten die Streitkräfte Österreich-Ungarns unter den Großmächten den schlechtesten Ausrüstungsstand, was die Militärflugzeuge betraf. Die Rolle des Flugzeugs als militärisches Mittel hatte man völlig unterschätzt. Dennoch gelang es während des Krieges, einige leistungsfähige Flugzeugmuster zu entwickeln sowie mehrere der in Lizenz gefertigten deutschen Flugzeuge zu verbessern.
Bei den Bombern war man aber völlig auf Lieferungen aus Deutschland angewiesen. Zwar wurden mehrere Bombertypen entwickelt, aber keines der mehrmotorigen Muster (als G-Flugzeuge, bei der Marine als KG bezeichnet) ging in Serie. Zu diesen Bombern zählte der dreimotorige Lloyd-Dreidecker mit drei Rümpfen (die beiden seitlichen trugen je einen 6-Zylinder-Motor mit Zugluftschraube und 120 kW Startleistung, der mittlere 12-Zylinder-Motor mit 225 kW hatte eine Druckluftschraube).
Ein ähnliches Schicksal hatte die von der Firma Aviatik in Wien nach Plänen des Aerodynamikers von Mises entworfene zweimotorige Maschine R-1, die ab 1915 gebaut und mit dem Versuchspiloten Sattler am 2. Juli 1916 in Aspern zum Erstflug gestartet war. Kurze Zeit darauf ereignete sich ein Unfall, und es wurde ein zweiter, verbesserter Prototyp gebaut. Insgesamt arbeitete man über zwei Jahre mit einem sehr hohen finanziellen Aufwand an diesem Bombenflugzeug, ohne den Typ zur Serienreife zu bringen. So gab man das Projekt mit Kriegsende auf.
Die Zuordnung von Druck- und Zugpropeller je Motor hat in der Literatur den Irrtum aufkommen lassen, die R-1 hätte vier Triebwerke besessen. An der Konstruktion der Triebwerke war übrigens der spätere Auto- und Panzerkonstrukteur Porsche beteiligt. Im Gegensatz zum damaligen Flugzeugbau erwies sich der Flugmotorenbau Österreichs als leistungsstärker. So kamen die in Deutschland geschaffenen Triebwerke nicht an die 225 kW der von den österreichischen Daimler Motoren A. G. in Wiener Neustadt heran.

Rumpf: eckiger Querschnitt; Holzbauweise; im Rumpfbug und hinter den Tragflügelkanten je ein offener MG-Stand, dazwischen die offenen Sitze für die Flugzeugführer; im Rumpf zwischen den MG-Ständen quer zur Längsachse des Flugzeugs nebeneinanderliegende Motoren; von dort sehr komplizierte Vorgelege zu je einem Luftschraubenpaar.
Tragwerk: vierstieliger, verspannter Doppeldecker; Ausschnitte in den Unterflügeln für die hinteren Luftschrauben (befanden sich seitlich des Rumpfes vor und hinter den Tragflügeln); Querruder nur oben.
Leitwerk: doppeltes, dreieckiges Seitenleitwerk, nach vorn in den Rumpf übergehend; doppeltes, dreieckiges Höhenleitwerk, obere Fläche kleiner als die untere.
Fahrwerk: nicht einziehbar; an beiden Hauptfahrwerkstreben zwei Räder mit durchgehender Achse; gefederter Hecksporn.

Lublin R-XIII
Verbindungsflugzeug

Mitte der zwanziger Jahre vertrat die militärische Führung Polens die Auffassung, daß die Landstreitkräfte zur besseren Unterstützung aus der Luft über eigene Fliegerkräfte verfügen müßten. Die dazu benötigten Flugzeuge sollten leicht sowie schnell montierbar sein, mit Funkgerät und Verteidigungswaffen ausgerüstet sein und auf unbefestigten Flugplätzen starten und landen können. Drei Werke erhielten den Auftrag, derartige Flugzeuge zu bauen. So schuf PWS fünf PWS-5t2, PZL 26 Ł-2 und Plage und Laskiewicz in Lublin (LWS) sieben R-X.
Da PZL nicht schnell genug weiterentwickelte Ł-2 liefern konnte und die PWS-5t2 nicht befriedigte, bekam LWS den Auftrag, die R-X weiterzuentwickeln. So enstand die R-XIII, die wie die R-X von Rudlicki projektiert wurde. Im September 1931 begann die Serienproduktion, und im Jahr darauf wurden die ersten der 50 bestellten Maschinen ausgeliefert. Ebenfalls 1932 erhielten die Einheiten die R-XIII A und die verbesserte R-XIII B. Noch im gleichen Jahr entstand die Schwimmerversion R-XIIIbis/hydro (1 Prototyp, 3 Vorserienflugzeuge), deren Serienausführungen R-XIIIter in 10 Exemplaren und R-XIII hydro in 6 Exemplaren für die Marinefliegerabteilung gebaut wurden. Im Jahr 1935 wurde mit einer R-XIII Dr ein Flug nach Australien über 11 138 km unternommen.
Von 1932 bis 1938 wurden insgesamt 273 R-XIII in fünf Hauptversionen und mehreren Sonderausführungen (z. B. mit geschlossener hinterer Kabine) geliefert. Die Ausführungen unterschieden sich vor allem in den Triebwerken sowie in der aerodynamischen Gestaltung der Zelle und der Motorverkleidung.
Zu Kriegsbeginn verwendete man 50 Maschinen für Verbindungs- und Kurierflüge sowie als Nahaufklärer. Während der Belagerung Warschaus konnten drei Maschinen vom Flugplatz Mokotow starten und die Kampflinie überfliegen. Insgesamt gelang es 17 R-XIII aus Kampf- und Schulstaffeln, nach Rumänien zu entkommen.

Rumpf: Gemischtbauweise; Stahlrohr mit Blechverkleidung und Stoffbespannung.
Tragwerk: verstrebter Hochdecker in Gemischtbauweise.
Leitwerk: verstrebte Normalbauweise.
Fahrwerk: starr mit Heckrad; alle Streben einfach bereift.

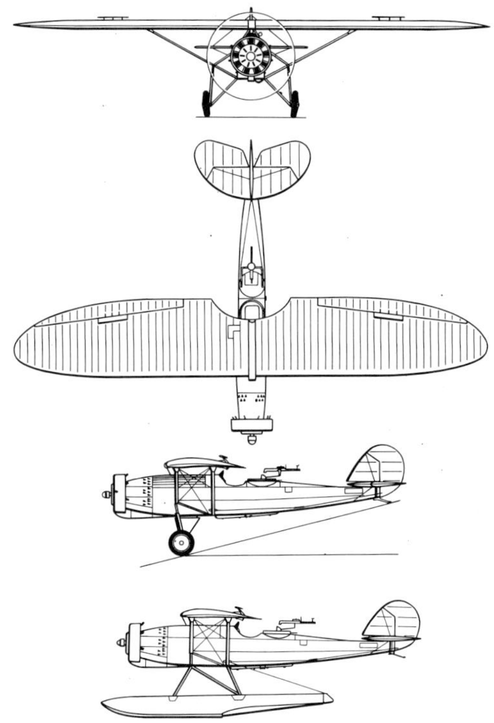

PWS-26
Schul- und Übungsflugzeug

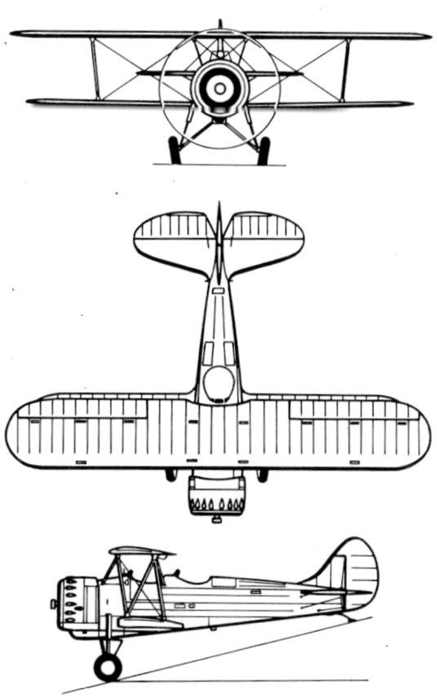

Im Jahr 1934 modernisierte Bobek das von ihm geschaffene Schulflugzeug PWS-16bis, das ab 1933 in 20 Exemplaren gebaut worden war. Die Maschine wurde aerodynamisch verbessert, mit einem stärkeren Triebwerk versehen und speziell zur Ausbildung für MG- und Bombenschützen ausgerüstet. Außerdem wurde die neue Maschine für die Ausbildung im Kunstflug eingerichtet. Vorgesehen war, 400 Flugzeuge für die militärischen und zivilen Fliegerschulen zu bauen und die als PWS-26 bezeichnete Maschine zur PWS-27 und PWS-28 weiterzuentwickeln. Im Jahr 1936 begann die Serienproduktion mit 10 PWS-26 je Monat, und ab 1937 waren es 18 je Monat. Damit wurde die Maschine zum Standard-Schulflugzeug Polens in der zweiten Hälfte der dreißiger Jahre. Mitte 1939 hatten 310 PWS-26 das Werk verlassen.
Nach dem Überfall Hitlerdeutschlands auf Polen am 1. September 1939 wurden zahlreiche PWS-26 als Aufklärungs- und Verbindungsmaschinen benutzt. Etwa 10 Flugzeuge gelangten auf rumänisches Gebiet, wo sie unter zivilem Kennzeichen flogen. Zahlreiche erbeutete PWS-26 benutzte die Luftwaffe Hitlerdeutschlands als Schulflugzeuge.
Eine Maschine befand sich nach 1945 unbeschädigt auf polnischem Gebiet. Nach einer Überholung flog sie unter dem Kennzeichen SP-AJB von 1949 bis 1953 im polnischen Fliegerklub. Heute befindet sie sich mit der ursprünglichen militärischen Farbgebung in Kraków (Foto).

Rumpf: Stahlrohrbauweise mit Bespannung; ovaler Querschnitt; vorn mit Duralumin-Beplankung; teilweise mit Sperrholz verkleidet; offene Sitze.
Tragwerk: weitgehend aus Holz gefertigte Flügel; Unterflügel geringfügig kürzer.
Leitwerk: verspannte Holzbauweise mit außen liegenden Seilzügen für das Leitwerk.
Fahrwerk: starre, verstrebte Räder; Hecksporn.

PZL L-2
Aufklärungs- und Übungsflugzeug

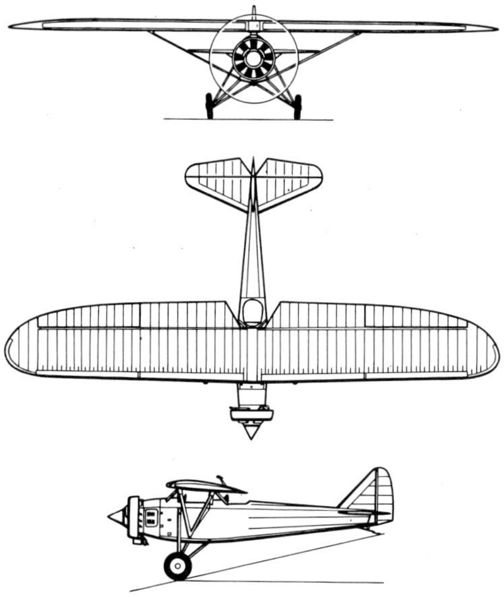

Dabrowski und Kott konstruierten das Aufklärungs- und Übungsflugzeug L-2. Der Prototyp flog erstmalig im Jahr 1929. Er ist im Jahr darauf in Brno und Bukarest vorgestellt worden. Bekannt wurde die Maschine außerdem durch einen Afrika-Rundflug über eine Entfernung von 25 050 km in der Zeit vom 1. Februar bis 5. Mai 1931. Das war der erste Langstreckenflug eines polnischen Flugzeugs.
Die polnischen Streitkräfte hatten 25 L-2a bestellt, die 1931 fertig wurden. Offensichtlich befriedigte der Typ jedoch nicht; denn als Nachfolgemuster wurde die R-XIII bestellt. Die Weiterentwicklung der L-2 war die PZL-10 für 16 Passagiere.
Das Flugzeug zeichnete sich durch außerordentliche kurze Start- und Landestrecken aus. Einige Maschinen waren versuchsweise mit Metallpropellern ausgerüstet worden.

Rumpf: Stahlrohrbauweise mit Holzformleisten und Stoffbespannung; zwei offene Sitze hintereinander mit Doppelsteuerung.
Tragwerk: abgestrebter, am Baldachin befestigter Hochdecker; Flügel klappbar; zwei Holme; Metallbauweise mit Stoffbespannung.
Leitwerk: Normalbauweise; Höhenleitwerk abgestrebt; Stoffbespannung.
Fahrwerk: starr mit Hecksporn; ölpneumatische Dämpfung.

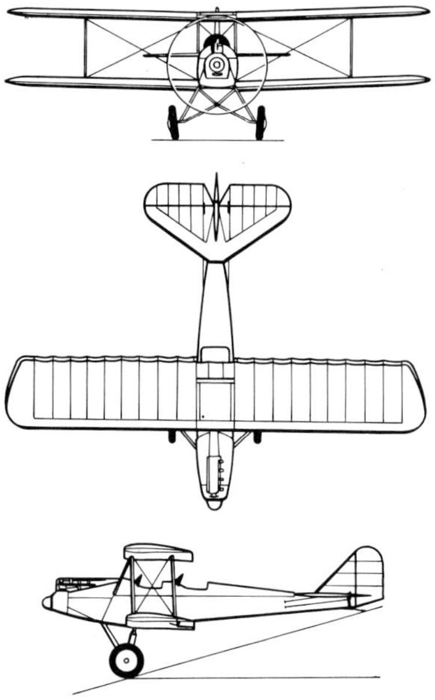

PZL-5
Schul- und Sportflugzeug

Als in den Jahren 1927/28 die ersten polnischen Fliegerklubs entstanden, fehlten die Flugzeuge für die Anfängerausbildung. Deshalb wurde bei den Flugzeugwerken PZL eine Maschine bestellt, die diesen Anforderungen genügen sollte. Sie erhielt die Bezeichnung PZL-5 und war das erste in Polen in Serie gebaute Sportflugzeug. Es wurde von Malinowski und Kozlowski konstruiert. Der Prototyp flog erstmalig im Mai 1930. Im Januar darauf folgten 11 als PZL-5a bezeichnete Maschinen. Die polnischen Aeroklubs stellten die Maschine als Sport- und Schulflugzeug in Dienst. Wegen der äußerlichen Ähnlichkeit mit der DH-60 „Moth" von de Havilland (Großbritannien) hieß das Flugzeug oft „Polski Moth".
In den Jahren 1931/32 beteiligten sich mehrere polnische Piloten mit Maschinen vom Typ PZL-5a an internationalen Flugwettbewerben. Da mit der RWD-5 bald ein besseres Schulflugzeug zur Verfügung stand, setzte man die Fertigung der PZL-5a nicht kontinuierlich fort. Zwar erschien 1932 der Prototyp der PZL-5bis als Weiterentwicklung, doch wurden insgesamt nur 15 PZL-5 hergestellt.

Rumpf: Holzbauweise mit rechteckigem Querschnitt; vorn und oben mit Sperrholz beplankt, sonst stoffbespannt; zwei offene Sitze hintereinander mit Doppelsteuerung.
Tragwerk: einstieliger, verspannter Doppeldecker in Holzbauweise mit zwei Holmen und Stoffbespannung; Flügel nach hinten klappbar; Querruder nur am unteren Flügel.
Leitwerk: freitragende Normalbauweise; Flossen sperrholzbeplankt; Ruder stoffbespannt.
Fahrwerk: starr mit Hecksporn; geteilte Achse; ölpneumatische Dämpfung.

PZL P-11
Jagdflugzeug

Der Konstrukteur Zygmunt Pulawski ist der Schöpfer des polnischen Standardjagdflugzeugs der dreißiger Jahre. Die P-11 entstand aufgrund der Erfahrungen mit den einsitzigen Hochdecker-Jagdflugzeugen P-1 (Erstflug des ersten Prototyps im September 1929, des zweiten 1930, kein Serienbau), P-6 (1930, zwei Prototypen) und P-7 (von 1932 bis 1933 in 150 Exemplaren als P-7a – untere Seitenansicht – gebaut, 105 noch 1939 im Einsatz). Für die P-11 schuf Pulawski bereits 1930 die Grundlage. Bevor das Flugzeug in Serie ging, entstanden die Prototypen P-8 I und P-9 (auch als P-8 II bezeichnet).
Außer einem anderen Triebwerk erhielt die P-11 eine aerodynamisch verfeinerte Zelle. Der Prototyp der P-11 startete im September 1931 zum Erstflug. Nach dem Tod von Pulawski führte Jakimiuk

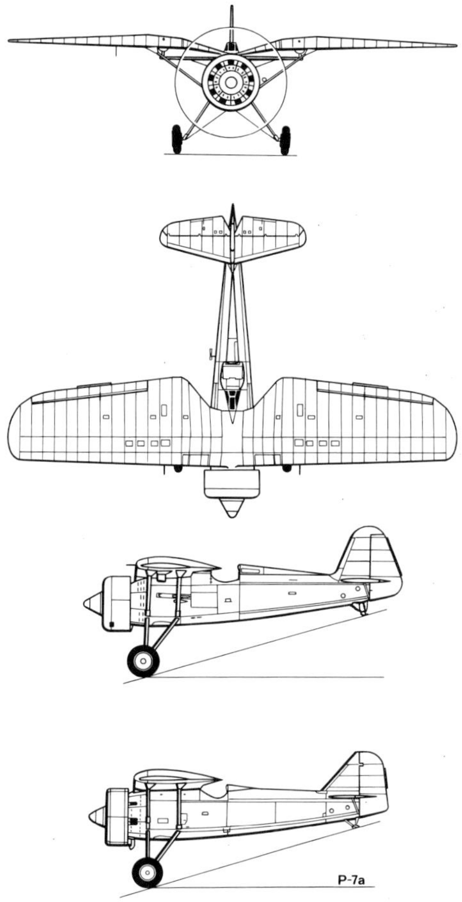

die Arbeiten weiter. Nach insgesamt vier Prototypen mit unterschiedlichen Triebwerken wurden 1934 50 P-11 a für die polnischen Luftstreitkräfte gebaut. Es folgten 50 P-11 b für Rumänien, und von 1934 bis 1935 fertigten die PZL-Werke 175 P-11 c (Skizze) für Polen. Damals gab es kein anderes Land der Welt, dessen Jagdfliegerkräfte vollständig mit Ganzmetallflugzeugen ausgerüstet waren.
Die Maschine wurde in Rumänien von IAR in Lizenz gefertigt (1930 bis 1938: 80 P-11 f mit französischem 335-kW-Motor). Im Laufe der Bauzeit erhielt die Maschine in Polen Triebwerke mit Leistungen zwischen 370 und 515 kW. 1939 wurde der Prototyp P-11 g „Kobuz" gefertigt, der aber nicht mehr zur Serienreife gelangte. Eine P-11 c (Foto) steht im Luftfahrtmuseum Kraków.

Als Hitlerdeutschland Polen am 1. September 1939 überfiel, verfügten die Kampfstaffeln über 130 P-11, 35 waren in Reparatur bzw. an Schulen. Es gelang etwa 50 polnischen Piloten, mit ihren P-11 und P-7 nach Rumänien zu entkommen, 2 P-11 kamen nach Ungarn, 1 in die UdSSR.

Rumpf: Ganzmetall-Schalenbauweise mit ovalem Querschnitt; offenes Cockpit.
Tragwerk: abgestrebter Hochdecker in Ganzmetallbauweise; geknicktes Mittelstück zur Sichtverbesserung; zwei Doppel-T-Holme aus Duralumin; Rippen aus Duralumin; Beplankung aus Leichtmetall; Querruder aus Duralumin.
Leitwerk: abgestrebte Normalbauweise aus Duralumin.
Fahrwerk: starr mit Sporn; ölpneumatische Dämpfung.

PZL P-24
Jagdflugzeug

Jakimiuk leitete die P-24 im Jahr 1933 aus der P-11 als Exportversion ab. Er versah sie mit einem französischen Triebwerk, da seinen Entwürfen in Frankreich großes Interesse entgegengebracht wurde. Hatte der erste Prototyp noch ein 560-kW-Triebwerk, so wurde für die nächsten beiden Prototypen ein 685-kW-Motor verwendet. Diese beiden Maschinen stellte man 1934 auf dem Luftfahrtsalon in Paris aus.
1935 entstand der Prototyp P-24 / IV Super, der sich von seinen Vorgängern vor allem durch das geschlossene Cockpit unterschied. Es wurden sechs Maschinen gebaut.
Die Türkei bestellte 1936 40 P-24 A (Foto) und C. Im gleichen Jahr begannen die Lieferungen, und im Jahr darauf nahm man in der Türkei die Lizenzproduktion von 50 P-24 auf. Bulgarien kaufte 14 P-24 B, Rumänien 6 P-24 E und fertige 40 P-24 E in Lizenz. Griechenland kaufte 1937 bis 1939 36 P-24 A, F und G. Die Versionen P-24 A, B, C und E hatten ein Triebwerk mit 685 kW Startleistung, die Versionen P-24 F (Skizze) und G 715 kW. Die Bewaffnung war bei allen Versionen unterschiedlich. Insgesamt sind 189 P-24 aller Versionen gebaut worden. Eine P-24 steht im griechischen Luftfahrtmuseum.

Rumpf: Duralumin-Schalenbauweise; geschlossenes Cockpit.
Tragwerk: abgestrebter Hochdecker mit Knickflügel; zwei Doppel-T-Holme; Blechbeplankung.
Leitwerk: Normalbauweise in Ganzmetall; Höhenleitwerk abgestrebt; Höhenflosse zur Trimmung verstellbar.
Fahrwerk: starr; Räder stromlinienförmig verkleidet; ölpneumatische Dämpfung; Hecksporn.

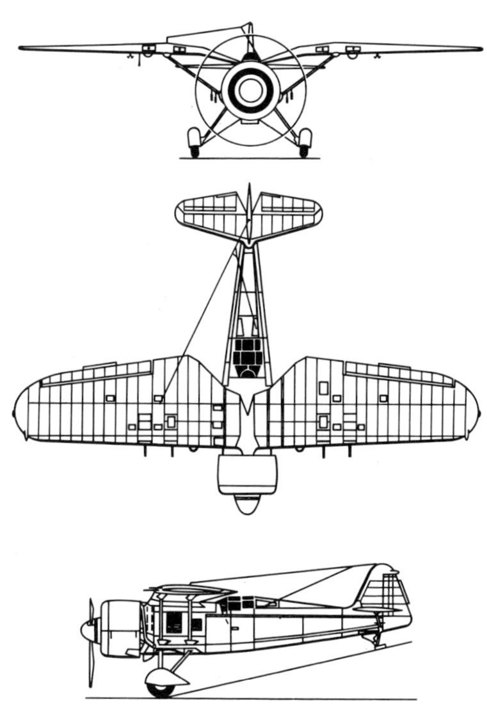

PZL P-23 „Karaś“ Schlachtflugzeug

Zu Beginn der dreißiger Jahre sah sich die Führung der polnischen Luftstreitkräfte gezwungen, die veralteten französischen Kampfflugzeuge Potez XXV und Bréguet XIX durch moderne Typen zu ersetzen. In drei polnischen Flugzeugwerken boten sich Ablösemuster an: Bei P & L wurde das Projekt Lublin R-XVII geschaffen, bei PWS entstand die PWS-19 und bei PZL die PZL-13, allerdings für zivile Zwecke.
Nach ausführlichen Untersuchungen entschied man sich für das Projekt PZL-13. Unter rein militärischen Gesichtspunkten wurde es überarbeitet und als PZL P-23 bezeichnet. Der Auftrag für die Entwicklung des dreisitzigen Aufklärungs- und Bombenflugzeugs wurde Stanislaw Prauss erteilt. Im Frühjahr 1932 waren die Arbeiten abgeschlossen, jedoch gab es noch mehrere Änderungswünsche, die sich besonders auf die Bewaffnung bezogen. Im Ergebnis dessen entstand die für die PZL P-23 charakteristische Gondel unter dem Rumpf, in der ein Schütze die Bombenabwurfeinrichtung und ein MG nach hinten bedienen konnte. Dem Bau von vier Prototypen dieses für damalige Verhältnisse im konstruktiven Aufbau für die Serienfertigung sehr günstigen Flugzeugs (Erstflug der PZL-23/I mit 435-kW-Motor im August 1934, danach Umbau der Kabine für eine bessere Sicht, der PZL-23/II im Frühjahr 1935) folgte die erste Serie von 40 PZL P-23 A „Karaś“ in der zweiten Hälfte des Jahres 1935. Genau ein Jahr später war die erste Staffel mit dieser Maschine ausgerüstet.
Das schnellere, schwerere und mit geschlossener Kabine versehene Flugzeug begeisterte die an die Potez XXV gewöhnten Piloten zunächst wenig. Mit aerodynamisch günstigerer Zelle und stärkerem Triebwerk verließen ab Anfang 1936 bis Anfang 1938 210 PZL P-23 B das Werk.
Während der Serienproduktion unternahm das Werk mit der „Karaś“ zahlreiche Studien und Versuche. So probierte man den 680-kW-Motor „Pegasus XX“ mit Metalluftschraube aus, verwendete andere Gondeln, andere Bewaffnungen und baute schließlich das Versuchsmuster PZL-42 mit doppeltem Seitenleitwerk. Die dabei gewonnenen Erfahrungen flossen ein in die „Karaś“-Weiterentwicklungen PZL-43 (Export für Bulgarien) und PZL-46 „Šum“. Bulgarien bestellte 54 PZL-43, von denen 1937 bis 1939 45 geliefert wurden. 5 Maschinen beschlagnahmten die polnischen Luftstreitkräfte im Jahr 1939. Diese Maschinen hatten eine Startleistung von 715 kW.
Beim Überfall Hitlerdeutschlands auf Polen am 1. September 1939 verfügten die polnischen Luftstreitkräfte über 168 PZL-23, wovon sich nur 118 bei den Kampfstaffeln befanden. Der Rest war bei den Schul- und Reserveeinheiten stationiert oder befand sich in Reparatur. Die mit PZL P-23 ausgerüsteten Staffeln konzentrierten sich bei der Abwehr der deutschen Truppen darauf, Panzergruppierungen anzugreifen. Außerdem unternahmen „Karaś“-Piloten zahlreiche Aufklärungsflüge. Als der organisierte Widerstand unter der Übermacht der Aggressoren zusammenbrach, entzogen sich 11 „Karaś“-Besatzungen dem deutschen Zugriff und flogen nach Rumänien. Dort wurden die Flugzeuge 1940 von den rumänischen Fliegerkräften als Aufklärer und Schulflugzeuge verwendet. Noch 1946 benutzte man in Rumänien eine PZL P-23 zum Schleppen von Luftzielen.
Im Luftfahrtmuseum Kraków steht heute eine Maschine dieses Typs.

Rumpf: Halbschalenbauweise; mit Glattblech beplankt; Sitz des Schützen hinter dem Piloten mit Blick in Flugrichtung; Sitz des rückwärtigen Schützen oben offen, dessen MG konnte während des Fluges in einer speziellen Rumpföffnung arretiert werden.
Tragwerk: Tiefdecker in Ganzmetallbauweise; Alu-Glattblechbeplankung; um 45° ausfahrbare Landeklappen.
Leitwerk: Normalbauweise in Ganzmetall.
Fahrwerk: starr mit Heckrad; Hauptfahrwerk mit Hosenbeinverkleidung; Landescheinwerfer im Ansatz unter dem Tragwerk; nicht einziehbarer Schleifsporn.

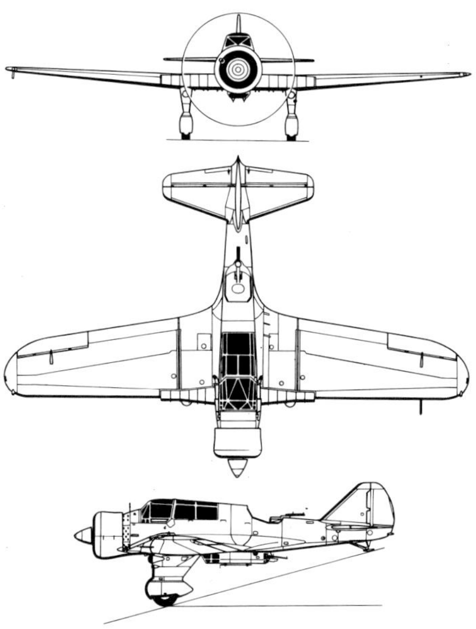

PZL P-37 „Łos“ Bombenflugzeug

Zu Beginn der dreißiger Jahre bemühte sich die Führung der polnischen Luftstreitkräfte, den aus veralteten polnischen Maschinen sowie Flugzeugen der Typen Fokker F-VII und Potez XXV bestehenden Bomberpark zu modernisieren. Zu diesem Zweck wurde Dabrowski im Jahr 1934 beauftragt, ein zweimotoriges Bombenflugzeug für den Tag- und Nachtflug zu entwickeln.
Für das Projekt PZL P-37 „Łos“ entstand noch im gleichen Jahr eine Holzattrappe im Maßstab 1:1. Ende Juni 1936 war der erste Prototyp PZL-37/I zum Erstflug bereit, im April 1937 der zweite. Im Unterschied zu dem einfachen Seitenleitwerk und dem einrädrigen Gabelfahrwerk der PZL-37/I besaß die II ein doppeltes Seitenleitwerk (besseres Schußfeld nach hinten) sowie doppelt bereifte Haupträder. Der Antrieb der Maschine war verstärkt worden (PZL-37/I: Bristol „Pegasus XIIB“, je 640 kW; II: Bristol „Pegasus XX“, je 675 kW).
In dieser Ausführung ging die „Łos“, die bereits im Ausland Aufsehen erregt hatte, in die Serienproduktion. Ab 1937 wurde eine Serie von zehn PZL-37 A mit dem ursprünglichen Fahrwerk gebaut. Die folgende Serie von 20 PZL-37 A bis erhielt das Fahrwerk des zweiten Prototyps.
Im Mai 1938 unternahm eine PZL-37 Abis einen Reklameflug durch Rumänien, Bulgarien, Griechenland und Jugoslawien. Die Serien A und Abis dienten vorwiegend der Ausbildung des Personals. Mit stärkerem Triebwerk und doppeltem Seitenleitwerk wurde ab 1937 die PZL-37 B (Foto, Skizze) produziert. Von dieser Version wurden bis Kriegsbeginn von 120 bestellten rund 100 Maschinen fertig, von denen im Frühjahr 1939 46 in die Truppenteile gelangten.
Im Jahr 1937 hatte man bei PZL auch den dritten „Łos“-Prototyp fertiggestellt: die PZL-37/III. Diese Maschine mit den französischen Triebwerken Gnôme et Rhône 14 NO (je 715 kW) war als Erprobungsmuster für die nach Jugoslawien und Bulgarien (PZL-37 C) sowie nach Rumänien und in die Türkei zu exportierenden Versionen (PZL-37 D) gedacht, wozu es aber infolge des Kriegsausbruchs nicht mehr kam. Die Version PZL-49 „Mis“ blieb Projekt.
Bei der Abwehr der eingedrungenen Hitlerwehrmacht wurden „Łos“-Einheiten – meist ohne Begleitjäger – vor allem gegen Panzer mit großem Erfolg eingesetzt. Hervorgehoben wurden in den Berichten die hohe Manövrierfähigkeit der Maschine, ihre gute Bewaffnung und Bombenzuladung sowie die hervorragenden Flugeigenschaften. Aus der Bomberbrigade gelang es 18, aus der Reserve 30 Flugzeugführern, mit ihren „Łos“ nach Rumänien zu entkommen, drei PZL-37 landeten auf sowjetischem Gebiet, von denen eine im wissenschaftlichen Institut der sowjetischen Luftstreitkräfte erprobt wurde. Die Hitlerwehrmacht setzte eine erbeutete Maschine wieder instand. Die in Rumänien gelandeten „Łos“ wurden von den rumänischen Fliegerkräften nach der Umrü-

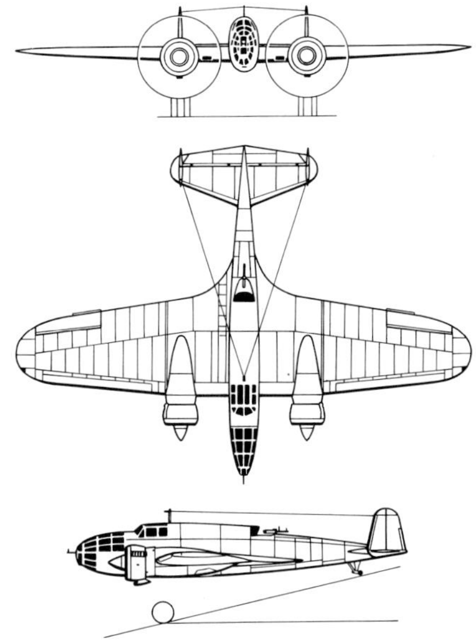

stung auf deutsche Bordwaffen gegen die UdSSR eingesetzt. Von diesen 40 Flugzeugen flogen in Rumänien noch einige nach 1945. Die letzten Maschinen wurden in den Jahren 1956/57 als Schlepper für Luftziele verwendet.

Angaben zur PZL-37 B:
Rumpf: Ganzmetall-Schalenbauweise; sehr schmaler elliptischer Querschnitt; Rumpfbug und Kabine stark verglast; offener Heckstand, Landescheinwerfer im Bug.
Tragwerk: freitragender Mitteldecker in Ganzmetallbauweise; dreiteilig; Bombenschächte im Tragflügelmittelstück.
Leitwerk: freitragend; Ganzmetallbauweise; Doppelseitenleitwerk; Höhenleitwerk leicht überstehend.
Fahrwerk: Doppelräder; sehr kleines und nicht einfahrbares Heckrad.

PZL-44 „Wicher" Verkehrs- und Transportflugzeug

Jakimiuk, der Konstrukteur der Flugzeuge P-11 und P-24, projektierte im Jahr 1936 ein schnelles Verkehrsflugzeug, das die alten Muster ablösen sollte. Zu dieser Zeit konzentrierte man sich bei PZL jedoch darauf, den schnellen Bomber „Łos" zur Serienreife zu bringen. Deshalb konnte der PZL-44-Prototyp erst am 12. März 1938 zum Erstflug starten. Ab 1941 sollte dieser Typ auf den polnischen Fluglinien Verwendung finden.
Als sich die Gefahr eines Überfalls durch Hitlerdeutschland immer deutlicher abzeichnete, erhielten die Konstrukteure den Auftrag, aus dem „Wicher"-Projekt eine Transportmaschine abzuleiten, um damit in kürzester Zeit die veralteten, teilweise auch noch als Nachtbomber verwendeten Fokker F-VIIb/3m abzulösen. Für den Serienbau waren die leistungsstärkeren polnischen Triebwerke „Pegasus" vorgesehen. Wie auch bei anderen Flugzeugmustern verhinderte jedoch der Überfall auf Polen die Realisierung dieses Planes. Bei Kriegsbeginn wurde der Prototyp von dem Piloten der LOT, Klisz, nach Lwow und von dort in die UdSSR geflogen.
Die PZL-44 „Wicher" war seinerzeit das modernste polnische Verkehrs- und Transportflugzeug. Infolge der neuen Technologie war die Maschine allerdings sehr teuer.

Rumpf: Ganzmetall-Halbschalenbauweise; ovaler Querschnitt; links vorn Einstieg für die Besatzung, links hinten Passagiertür.
Tragwerk: Tiefdecker in Ganzmetall-Glattblechbauweise; hydraulisch ausfahrbare Landeklappen; abgerundete Endkappen.
Leitwerk: doppeltes Seitenleitwerk als Endscheiben, Ganzmetallbauweise.
Fahrwerk: nach vorn in die Motorgondel einfahrbare Haupträder; einfahrbares Heckrad.

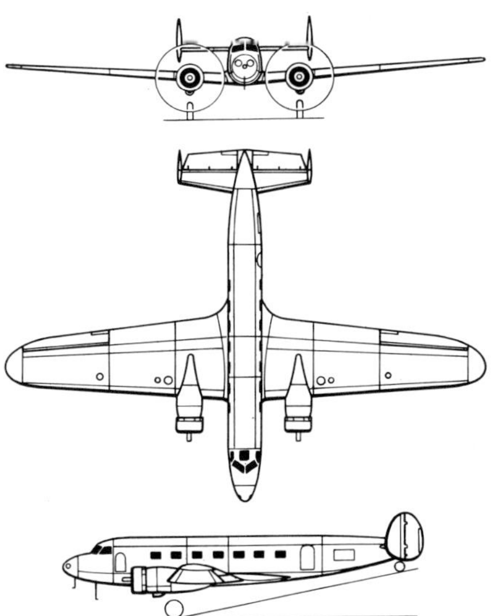

PZL-46 „Šum" Leichtes Bomben- und Schlachtflugzeug

Im Jahr 1936 stellte die Führung der polnischen Luftstreitkräfte einen Modernisierungsplan der Flugzeugtechnik auf, wonach die als Schlacht- und Aufklärungsflugzeug gedachte PZL-23 „Karás" durch zwei modernere Typen ersetzt werden sollte. Das waren der leichte Aufklärer PZL-45 und der leichte Bomber PZL-46 „Šum", der auch als Schlachtflugzeug Verwendung finden sollte. Bei der PZL-46 „Šum" war an eine Weiterentwicklung der „Karaś" gedacht, wobei die Versuche mit der PZL-42 (PZL-23 mit doppeltem Seitenleitwerk, 1936 erprobt) als Grundlage dienten. Nach diesem

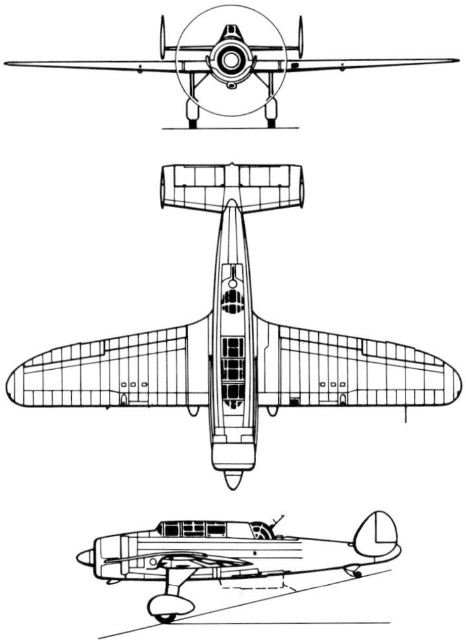

Plan entwickelte Prauss die PZL-46, deren Projektierungsarbeiten er 1937 abschloß.
Zu Beginn des Jahres 1938 erhielten die PZL-Werke den Auftrag für vier Prototypen: drei sollten der Flugerprobung und einer der statischen Untersuchung dienen. Bereits im Oktober 1938 begann die Flugerprobung des ersten Prototyps PZL-46/I mit dem Triebwerk „Pegasus XX" (675 kW). Nach den Erfahrungen mit dieser Maschine begann das Werk mit dem Bau des zweiten Prototyps PZL-46/II. Als er im Frühjahr 1939 eingeflogen wurde, zeigten sich Schwierigkeiten bei der nach unten ausfahrbaren Waffengondel. Dadurch verzögerte sich der Beginn des Serienbaus, der erst im Sommer 1939 anlaufen konnte. Die Auslieferung der ersten Serienmaschinen war für November/Dezember 1939 vorgesehen. Sie kam aber infolge des Überfalls Hitlerdeutschlands nicht mehr zustande.
Es sollten 300 PZL-46 A (140 für die Kampfeinheiten, 160 für die Ausbildung sowie als Reserve) gebaut werden, wobei mit monatlich 19, im Mobilisierungsfall mit 30 Maschinen gerechnet wurde. Das Verteidigungsministerium Bulgariens bestellte 16 PZL-46 B, die mit dem Triebwerk Gnôme et Rhône 14 N 21 (755 kW) ausgestattet werden sollten. Vorbild dafür war der im Sommer 1939 in der Endmontage befindliche Prototyp PZL-46/III. Zu dieser Zeit befand sich auch ein als „Losos" bezeichnetes Projekt für ein Schlachtflugzeug – basierend auf der PZL-46 – im fortgeschrittenen Stadium.
Nach dem Einfall deutscher Truppen in Polen unternahmen polnische Piloten der 216. Bomberstaffel mit der am 17. September 1939 nach Bukarest evakuierten PZL-46/II einen bemerkenswerten Flug: Sie starteten am 26. September 1939 (angeblich zu den Flugzeugwerken Brașov) nach Warschau, um den polnischen General Rommel auszufliegen. Trotz heftiger Bodenabwehr gelangen Landung und Start im besetzten Warschau. Die dann nach Kowno (UdSSR) geflogene und dort internierte Maschine wurde später von den sowjetischen Luftstreitkräften verwendet.
Der Kraftstoff befand sich bei der PZL-46 im Rumpf und in den Tragflügeln. Zur Ausrüstung zählten: Landescheinwerfer, Funkgerät, Fotoapparatur, Blindflugausrüstung.

Rumpf: Ganzmetallbauweise; runder Querschnitt; lange Auspuffrohre bis zur Tragflügelmitte; Kabine aufgesetzt; beweglicher Heckstand auf dem Rumpf; ausfahrbare MG-Wanne unter dem Rumpf.
Tragwerk: Mitteldecker in Ganzmetallbauweise; vorn gerader Flügel.
Leitwerk: Normalbauweise in Ganzmetall mit doppeltem Seitenleitwerk als Endscheiben.
Fahrwerk: verstrebt und verkleidet; starr mit Heckrad.

PZL SM-2
Hubschrauber

Der Hubschrauber SM-2 wurde Ende der fünfziger Jahre aus der SM-1 (Lizenzproduktion der sowjetischen Mi-1 ab 1957 in 1594 Exemplaren) abgeleitet, von der Triebwerk, Antriebsanlage, Haupt- und Hilfsrotor übernommen wurden.

Aufgrund der neuen Kabine konnte die SM-2 sehr vielseitig eingesetzt werden, so für den Passagierflug für vier Fluggäste, im Frachtflug für 320 kg Fracht, als Sanitätshubschrauber sowie für Rettungszwecke. Für letztere befand sich eine Strickleiter oder ein ausschwenkbarer, hydraulischer Kran mit einer Tragfähigkeit von 120 kg und einer Seillänge von 20 m an Bord. Der Hubschrauber konnte unter allen klimatischen Bedingungen,

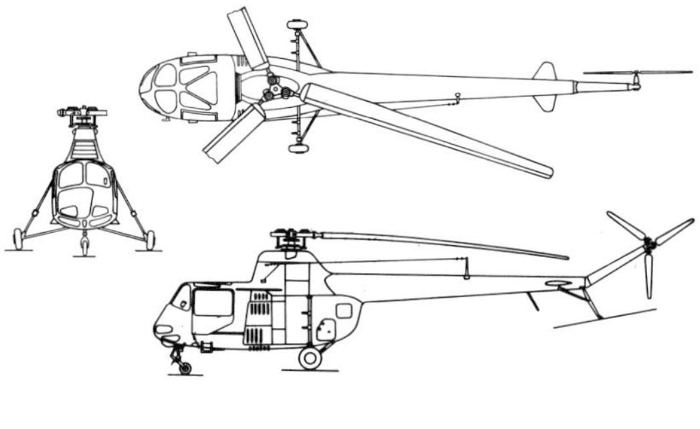

auch in der Arktis und in den Tropen, eingesetzt werden. Erstmals wurde der Hubschrauber im September 1960 öffentlich gezeigt, nachdem der erste Prototyp 1959 zum Erstflug gestartet war. Die Serienproduktion begann 1961 im WSK Swidnik. Gebaut wurden 85 Hubschrauber für Verbindungszwecke, als Sanitätsausführung und als Frachtvariante. Die SM-2 wurde von den polnischen Luftstreitkräften als Mehrzweckhubschrauber verwendet. Die Maschine wurde auch exportiert, so in die ČSFR, wo eine im Luftfahrtmuseum Prag-Kbely ausgestellt ist. In Polen ist die SM-2 durch die Mi-2 ersetzt worden.
Je eine SM-1 und SM-2 befinden sich im Luft- und Raumfahrtmuseum Kraków.

Rumpf: Stahlrohr-Fachwerk mit Spants und Längsstreben aus Duralumin; metallbeplankt; Heckschraubenträger aus Duralumin in Schalenbauweise.
Tragwerk: Dreiblatt-Tragrotor mit Gelenken; Blätter mit Stahlrohrholmen und Holzrippen, mit Sperrholz beplankt und mit Stoff bezogen.
Fahrwerk: dreirädrig; große Spurweite.

PZL W-3 „Sokol“ Mehrzweckhubschrauber

Auf der Grundlage der Lizenzproduktion sowjetischer Hubschrauber (Mi-1, Mi-2) schufen Polens Flugzeugbauer die für den Export bestimmten Helikopter „Kania“ (2 Allison 250-C 20 B, je 315 kW; Erstflug 3. 6. 1979; Zulassung 1. 10. 1981) als Weiterentwicklung der Mi-2 sowie die W-3 „Sokol“ als Neukonstruktion. Während die „Kania“ nicht über 4 Prototypen und 6/7 Vorserienmaschinen hinaus kam, gelangte die W-3 – wenn auch durch die politische und wirtschaftliche Lage mit großen Verzögerungen – zur Serienreife: Projektbeginn Mai 1974, 1. von 5 Prototypen Flugerprobung ab 16. 11. 1979; unter extremen Bedingungen in exUdSSR (so bei Temperaturen von −60° bis +50°) getestet. Serienproduktion seit 1985: bis zu 9 pro Jahr. Endgültige LBA Verkehrszulassung für Helikopter Kategorie A und B in Transport Category, zugelassen für „VFR Day und Night an IFR“. In seiner Kategorie ist es der einzige Hubschrauber, der serienmäßig über eine volle Enteisung der Haupt- und Heckrotorblätter verfügt. Alle Modelle können mit den großen Schwimmballons versehen werden, die in max. 6 s aufblasbar sind.

Versionen:
W-3 A: für 12 Passagiere / 10 Soldaten / 2100 kg Fracht außen oder innen / 1600 l Wasser / Rettungs- oder Polizeiaufgaben u. a.
W-3 RM ANACONDA: für SAR-Dienst sowie militärische oder zivile Aufgaben über See spezialisiert, für absichtliche Wasserungen ausgelegt.
W-3 K HUZAR: in 6 Standardvarianten zu bewaffnen: 23-mm-Zwillingskanone, Raketen, Panzerabwehrlenkraketen (Foto: Prototyp).
Geplant sind Versionen zur U-Jagd, für elektronische Aufgaben, mit gestrecktem Rumpf für 14 Soldaten und mit Tandemsitzen als Kampfhubschrauber. Nach 13 Prototypen und Vorserienmaschinen fliegen 72 W-3 in 8 Ländern. Dresdens Polizei hat die erste nach Deutschland gelieferte W-3 A im Bestand.

Rumpf: Ganzmetallbauweise; Heckrotorträger mit Hecksporn und Ausgleichflächen; Kabine schallisoliert; auf Wunsch Heizung oder Belüftung.
Tragwerk: Vierblatt-Tragschraube aus Verbundwerkstoffen.
Leitwerk: rechts angebrachte Dreiblatt-Ausgleichschraube.
Fahrwerk: starr; Bugrad doppelt, Haupträder einfach bereift.

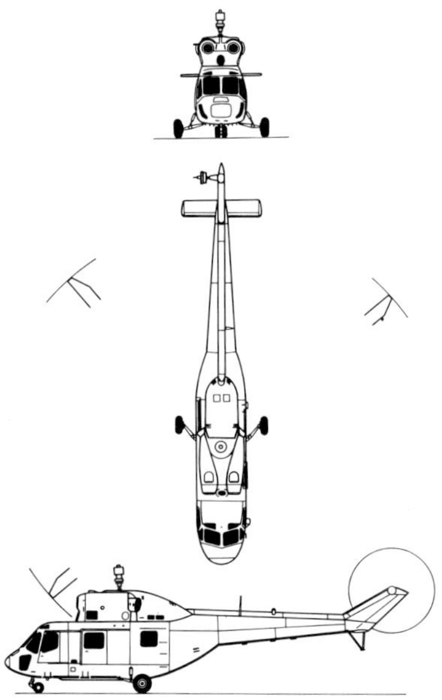

PZL MD-12 Verkehrsflugzeug

Das viermotorige Kurzstrecken-Verkehrsflugzeug für Passagier-, Fracht- oder gemischte Fracht-/Passagierbeförderung wurde von Misztal und Duleba konstruiert. Der Erstflug des Prototyps (Foto) fand am 21. Juli 1959 statt, und die Erprobung des zweiten Prototyps MD-12 P (Skizze) begann am 7. Januar 1961. Der fünfwöchigen Erprobung auf der Linie Warschau–Rzeszów folgte die Prototypenversion für ein fotogrammetrisches Flugzeug, das als MD-12 F (untere Seitenansicht) bezeichnet wurde. Der Erstflug war am 21. Juli 1962. Am 19. September 1963 stürzte der erste Prototyp mit fünf Besatzungsmitgliedern ab. Danach wurden die Arbeiten an der M-12 eingestellt.
Die MD-12 F befindet sich seit 1967 im Luft- und Raumfahrtmuseum Kraków.

Rumpf: Ganzmetall-Halbschalenbauweise.
Tragwerk: freitragender Tiefdecker in Ganzmetallbauweise mit einem Holm; Mittelstück mit dem Rumpf fest verbunden; Außenflügel in Schalenbauweise; Spaltquerruder und Auftriebsklappen; thermische Enteisung.
Leitwerk: freitragende Normalbauweise in Ganzmetall; thermische Enteisung.
Fahrwerk: hydraulisch einziehbar mit Bugrad und Zwillingsrädern an allen Streben; hydraulische Bremsen.

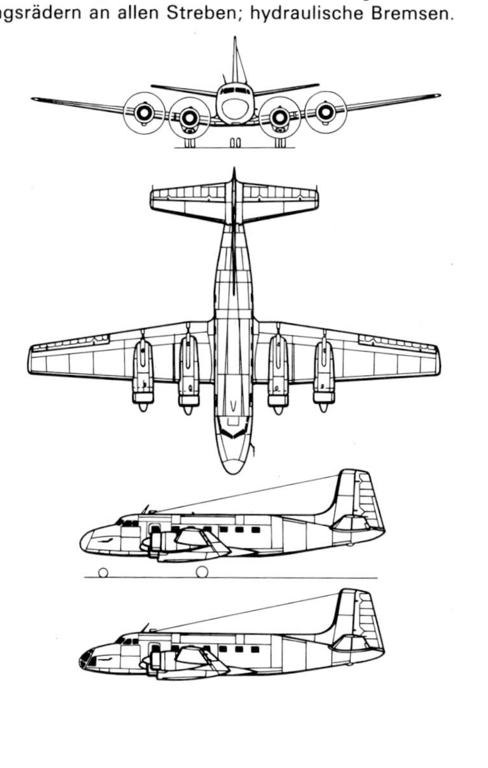

PZL TS-8 „Bies"
Schulflugzeug

Mit dem Übergang auf die Strahlflugzeuge MiG-15 und MiG-15bis benötigten die Luftstreitkräfte Polens ein neues Schulflugzeug mit Bugrad, das für Anfänger und Fortgeschrittene verwendbar war, den Übergang auf diese Strahljagdflugzeuge ermöglichte und auch zur Kunstflug- und Blindflugausbildung dienen konnte.
Bereits Ende der vierziger Jahre hatte sich unter Leitung von Soltyk ein Konstrukteurskollektiv mit dem Projekt eines neuen Schulflugzeugs beschäftigt, das einen Argus As 10 C (175 kW Startleistung) erhalten sollte. Das Vorhaben scheiterte an Triebwerksproblemen. Soltyk griff das Vorhaben im Jahr 1953 im polnischen Luftfahrtinstitut (poln. Abkürzung: IL – deshalb haben auch die dort entwickelten Flugzeuge oft die Bezeichnung IL, so TS-8 „Bies" [IL] für den ersten Prototyp P. 1) wieder auf, als der in Polen projektierte und gebaute 235-kW-Motor WN-3 verfügbar war. Die Arbeiten an der Konstruktion, Dokumentation und statischen Erprobung des Prototyps waren 1955 abgeschlossen.
Am 23. Juli 1955 startete IL-Versuchspilot Ablamowicz mit dem Prototyp P. 1 (Kennung SP-GLF, gehört seit 1964 zum Magazinbestand des Museums für Luft- und Raumfahrt in Kraków) zum Erstflug. Es folgten die Prototypen P. 2 (SP-GLG, 13. März 1956) und P. 3 (SP-GLH 18. August 1956). Danach wurden 10 Vorserienmaschinen vom Flugzeugwerk PZL Okęcie für die Truppenerprobung ausgeliefert. Diese Maschinen waren mit je einem 12,7-mm-MG bewaffnet. Von 1958 bis 1961 produzierte das Werk WSK Mielec 229 Serienflugzeuge in mehreren Versionen, die sich vor allem in der Ausrüstung unterschieden. So hatte die Serie TS-8 BII keine Bewaffnung, sondern nur ein Foto-MG (Kontrollkamera zum Registrieren der „Schieß"ergebnisse), und in der Serie TS-8 BIII gab es eine verbesserte Funk- sowie Navigationsausrüstung, beispielsweise eine Signalisation bei Überflug der Funkfeuer. Teils wurde eine feste Holzluftschraube und teils die Verstell-Luftschraube WR-1 verwendet.
Die TS-8 wurden an den Fliegerschulen der Luftstreitkräfte, der Luftverteidigung und der Seefliegerkräfte sowie in deren Einheiten geflogen. Ab 1958 wurde die „Bies" auch an der Offiziershochschule Deblin verwendet. Ab Mitte der sechziger Jahre wurden die Maschinen nach und nach an die Fliegerklubs des Landes übergeben, nachdem die strahlgetriebene TS-11 „Iskra" an die Stelle der „Bies" getreten war. So erhielten die Fliegerklubs von 1966 bis 1975 insgesamt 101 TS-8, die bis 1978 im Einsatz waren. Die beiden Prototypen P. 2 und P. 3 flogen bis 1972 im Dienst des Luftfahrtinstituts.
Zum Bestand des Museums in Kraków gehört die TS-8 BII „Bies" (Fabriknummer 1EO309) seit 1967 als Exponat. Eine weitere TS-8 BII (Fabriknummer 1EO306) ist auf der Freifläche der Zitadelle in Poznań ausgestellt.
In den Jahren 1956/57 stellten die Testpiloten Ablamowicz und Natkaniec mit einer TS-8 „Bies" für Flugzeuge der Klasse bis 1 500 kg (C-c1) sieben internationale Rekorde auf – so 317 km/h auf der 2 000-km-Strecke, 7 084 m Höhe und Flugstrecke von 2 884 km.
Zwei Flugzeuge TS-8 „Bies" sind nach Indonesien geliefert worden.

Rumpf: Schalenkonstruktion mit Duralblechbeplankung, versteift mit Rippen und Z-Profilen; geräumige Kabine mit hintereinanderliegenden Sitzen; zweiteilige Plexiglaskabine, unabhängig voneinander verschiebbar, im Notfall geschlossen abwerfbar; drei miteinander verbundene Kraftstoffbehälter unter dem Rumpfboden.
Tragwerk: Tiefdecker; dreiteiliger Ganzmetallflügel; Mittelstück in Schalenbauweise und fest mit Rumpf verbunden; hinterer Teil des Mittelstücks nimmt die Haupträder auf.
Leitwerk: Höhenruder etwas hochgesetzt, freitragend; Flossen duralbeplankt; Ruder aus Stahlrohrholmen und Duralblechrippen; stoffbespannt.
Fahrwerk: hydraulisch einziehbares Bugradfahrwerk; alle Streben einfach bereift; alle Räder mit ölpneumatischen Stoßdämpfern; Bugrad lenkbar.

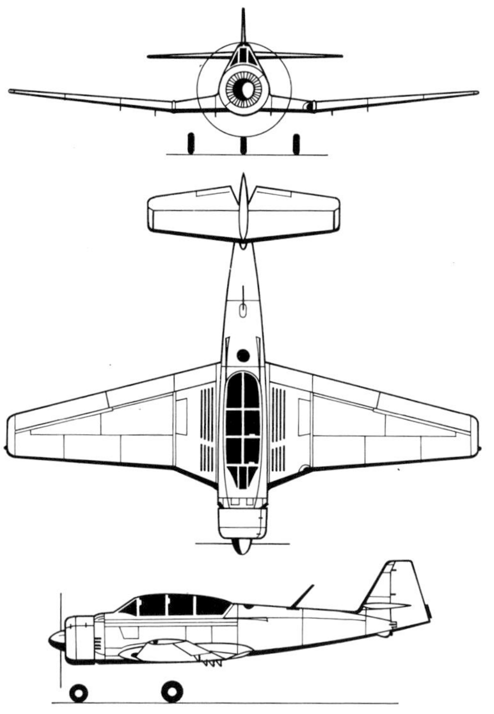

PZL TS-11 „Iskra"
Schul- und Übungsflugzeug

Der Strahltrainer TS-11 „Iskra" ist das erste polnische TL-Flugzeug eigener Konstruktion. Es ist ein voll kunstflugtaugliches Schul- und Übungsflugzeug für Piloten von TL-Flugzeugen. Da es auch mit leichter Bewaffnung ausgerüstet werden kann, ist es ein im Betrieb und in der Anschaffung billiges Ausbildungs- und Übungsflugzeug für Jagdflieger.
Der Konstrukteur dieses Flugzeugs ist Soltyk. Ihren Erstflug unternahm die TS-11 „Iskra" (Prototyp 02, da die 01 1959 statischen Erprobungen unterzogen wurde) am 5. Februar 1960. Im März 1963 wurden die ersten TS-11bis A in Dienst gestellt. Am 2. September 1964 erreichte eine TS-11 auf einer geschlossenen Strecke von 100 km 715,7 km/h, am 24. September 1964 über 500 km 730,7 km/h, am 26. September 1964 über eine Meßstrecke 15/25 km 839 km/h.
Die Prototypen flogen mit einem Importtriebwerk, die ersten Serien mit dem Triebwerk HO-10 (7 850 N). Ab 1967 wurde das Einkreis-Strahltriebwerk SO-1 mit 9 810 N Schub eingebaut, ab 1969 das SO-3 mit gleicher Leistung.

Versionen:
TS-11 „Iskra": Prototyp (4).
TS-11 bis A: erste Serienausführung als Anfänger- und Fortgeschrittenentrainer.
TS-11 bis B: wie die A, aber mit 2 Unterflügelstationen; Prototyp „Iskra 100", 1968.
TS-11 „Iskra 200 BR": einsitziges Jagdbomben- und Übungsflugzeug; in der rechten Rumpfseite eine 23-mm-Kanone und unter jedem Flügel Kassetten mit ungelenkten Raketen; 1972; nicht in Serie gebaut; nur Prototyp.
TS-11bis C: zweisitzige Aufklärerversion; 4 Unterflügelstationen; Prototyp „Iskra 200"; 1975.
TS-11bis D: zweisitziger Anfänger- und Fortgeschrittenen-Trainer; Prototyp „Iskra 200 SB"; 1973; 1976 wurden 50 Maschinen an Indien geliefert.
TS-11bis DF: wie die D, aber mit Triebwerk SO-3W (10 790 N) und 3 Kameras; seit 1981 in der Produktion.

423 TS-11 wurden bis Produktionsende 1987 ausgeliefert. Ende 1991 erhielten Polens Marineflieger als Ersatz für ihre modifizierten MiG-15 Uti 6 Küstenaufklärer TS-11 R (umgerüstete TS-11 bis DF: mit Bendix/King-Radar, GPS-Navigationssystem und 3 Kameras AFA-39 exUdSSR).
Aus der TS-11 leitete Soltyk den nur als Prototyp gebauten Überschalltrainer TS-17 ab.

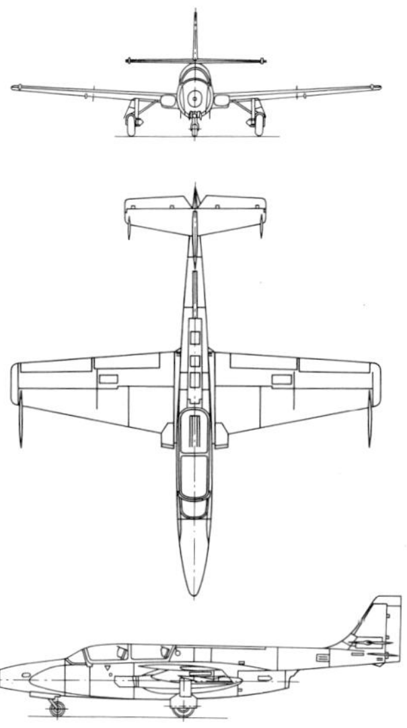

Rumpf: Ganzmetall-Halbschalenbauweise; Druckkabine mit Schleudersitzen hintereinander; beide Kabinendächer klappen nach hinten auf.
Tragwerk: freitragender, zweiholmiger Mitteldecker in Schalenbauweise; spaltlose Querruder; Landeklappen; aerodynamische Bremsen.
Leitwerk: freitragende Normalbauweise; Höhenruder statisch und dynamisch ausgeglichen; Höhenflosse elektrisch verstellbar.
Fahrwerk: einziehbar mit Bugrad und Niederdruckreifen; ungefederter Notsporn; ölpneumatische Dämpfung; Scheibenbremsen.

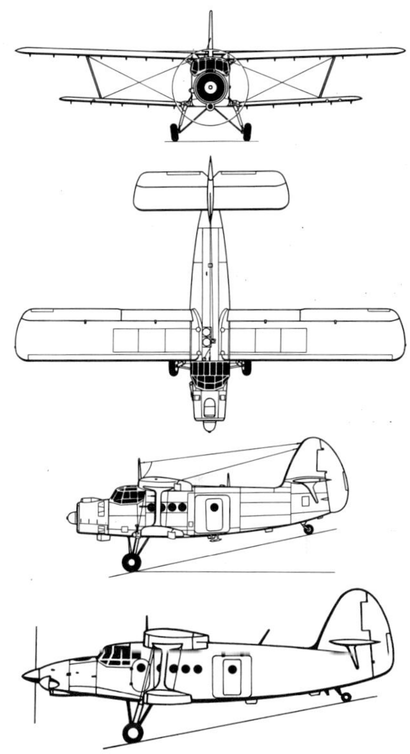

PZL An-2 / An-3 Mehrzweckflugzeuge

Antonow begann im Jahr 1947 mit der Entwicklung eines Landwirtschaftsflugzeugs. Das Muster wurde als SCh-1 (Selsko Chosjaistwo) bezeichnet. Der Erstflug des Prototyps fand am 31. August 1947 statt. Die Erprobung dauerte bis Juni 1948. Die Serienfertigung begann im Jahr 1949. Das Flugzeug war damals mit einem 560-kW-Triebwerk ausgerüstet. Es erhielt später die offizielle Typenbezeichnung An-2.
In der UdSSR wurden folgende Versionen entwickelt:
An-2 F: Fotoaufklärer mit Doppelleitwerk, verglastem unterem Rumpf und 12,7-mm-MG oder 23-mm-Kanone nach hinten (1948).
An-2 K-NAK: Flugzeug zur Kontrolle des Artilleriefeuers.
An-2 M: Landwirtschaftsmaschine mit größerem, eckigem Seitenleitwerk (1954).
An-2 P: für 12 bis 14 Passagiere.
An-2 PP: Waldüberwachungsmaschine.
An-2 S: für sechs liegende Verwundete.
An-2 SCh: Landwirtschaftsausführung.
An-2 T: Transportmaschine (1948).
An-2 TD: für 12 Fallschirmspringer.
An-2 TP: für 12 Passagiere oder Fracht (1949).
An-4 (An-2 W): Schwimmerversion der An-2 T (Flugmasse 5 250 kg) als Wasserbomber (1951).
An-6 „Meteo“: Wetteraufklärer mit verglaster Verdickung vor dem Seitenleitwerk; Erstflug am 21. März 1948; Serienbau von 1956 bis 1958.
Versuchsweise erhielten einige An-2 in der UdSSR andere Fahrwerke. Bis 1959 wurden in Kiew 5 000 An-2 gebaut.
Seit 1960 stellt das Werk für Verkehrsgeräte PZL Mielec die An-2 in Lizenz her. Das Flugzeug wurde ständig weiterentwickelt und exportiert. Bis 1993 wurden über 11 950 Maschinen gebaut, davon 90% für den Export (Bulgarien, DDR, ČSFR, Frankreich, Großbritannien, Jugoslawien, KDVR, Kuba, Mongolei, Niederlande, Rumänien, Türkei, UdSSR, Ungarn, USA). Allein die UdSSR bezog über 10 600 An-2. Als Nachfolgetyp wird in Polen die An-28 gefertigt.
Versionen:
An-2 M: Schwimmerversion.
AN-2 P: Salonversion für sechs Passagiere; ab 1972 gebaut.
An-2 PK: Salonversion für fünf Passagiere.
An-2 R: Landwirtschaftsversion; über 5500 Stück gebaut.
An-2 S: Sanitätsversion; 6 Tragen und Sanitäter.
An-2 T: Transportversion; 1500 kg Fracht oder 12 Passagiere.
An-2 TD: Version für Fallschirmspringer.
An-2 TP: Transport- und Passagierversion.
China fertigt die An-2 als Y-5 in Lizenz: NAMC Nanchang 1957/68: 727; SAP Shijiazhuang ab 1970: 225; seit Mitte 1989 Landwirtschaftsversion Y-5 B und Standard-Transporter Y-5 N.
Der Flugsimulator für die An-2 heißt TP An-2. 1979 wurde in der DDR eine An-2 mit der Multispektralkamera MKF 6 M ausgerüstet, um aus 3 600 m Höhe Aufnahmen im Maßstab 1:28 000 zu machen. Dazu erhielt die umgerüstete Maschine Luken im Boden.
Bereits 1970 wurde im Konstruktionsbüro Antonow an einer Variante des Flugzeugs gearbeitet, das mit einem Turboprop-Triebwerk versehen und somit leistungsfähiger werden sollte. Ende 1976 begannen in Kiew Versuche, die An-2 mit einem PTL-Triebwerk Isotow TW-2-117 A (1 125 kW) zu modernisieren. Diese Maschine wird als An-3 bezeichnet. Nach neueren Informationen ist jedoch nicht das TW-2-117 A eingebaut worden, sondern der 1979 erstmals gestartete Prototyp der An-3 flog mit dem Triebwerk TWD-10 B (715 kW Startleistung). Spätere Maschinen haben das Gluschko-Triebwerk TWD-20 (1 080 kW) und eine Dreiblatt-Luftschraube erhalten. In den Jahren 1982/83 hat der Typ die staatliche Flugerprobung in der UdSSR absolviert. Er nimmt mit 2 200 l Chemikalien doppelt so viel auf wie die An-2. Die Kosten der Bearbeitung landwirtschaftlicher Flächen aus der Luft liegen um 25 bis 30 % unter denen mit der An-2.

Rumpf: Ganzmetall-Schalenbauweise mit ovalem Querschnitt vorn und hinten, rechteckigem Querschnitt im Kabinenteil; Doppelsteuerung; rechts Cockpitverglasung thermisch, in der Mitte und links elektrisch enteist; Heizung und Belüftung.
Tragwerk: einstieliger, verspannter Anderthalbdecker in Metallbauweise mit zwei Holmen; vorn metallbeplankt, aber Vorderholm stoffbespannt; automatische Vorflügel über die gesamte Spannweite des oberen Flügels; elektrisch betätigte Spaltklappen oben und unten.
Leitwerk: freitragende Normalbauweise in Metall; stoffbespannt; Trimmklappen in den Rudern.
Fahrwerk: starr mit Spornrad; pneumatische Bremsen; auf Wunsch Schneekufen oder Schwimmer.

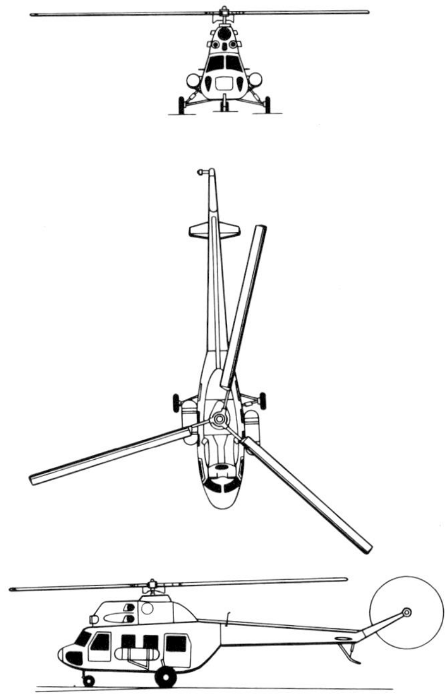

PZL Mi-2 Mehrzweckhubschrauber

Aufgrund eines Lizenzabkommens vom Januar 1964 wurden die Weiterentwicklung, die Produktion und der Verkauf des Turbinenhubschraubers Mi-2 von Mil (UdSSR) der polnischen Luftfahrtindustrie übertragen. Entwickelt worden war die Mi-2 von Mil ab 1961 als Nachfolgerin der Mi-1.
Die Produktion der Mi-2 begann 1965 (Erstflug des Prototyps am 4. November 1965, Triebwerkproduktion in Polen ab 1966) in vier Versionen: als Passagier-, Transport-, Sanitäts- und Landwirtschaftshubschrauber. Diese Ausführungen wurden ständig weiterentwickelt. In der Passagierausführung bietet die Maschine außer dem Piloten acht Passagieren Platz. Die Transportversion befördert bis zu 1000 kg Nutzmasse, entweder in der Kabine oder außen. Die Landwirtschaftsausführung hat Behälter für flüssige und pulvrige Chemikalien auf beiden Seiten des Rumpfes mit einem Fassungsvermögen von je 600 l. Die Sanitätsversion kann den Piloten, vier Tragen und einen Arzt aufnehmen. Die Mi-2 wird auch auf Schiffen (Eisbrecher, sowjetische Grenzwachtboote) mitgeführt.
Im Juli 1974 wurden erstmals mit MGs, Kanonen sowie Panzerabwehrraketen oder ungelenkten Raketen bewaffnete Versionen der Mi-2 gezeigt. Inzwischen wird die Mi-2 als Jagdhubschrauber mit vier Fla-Raketen zum Bekämpfen von Luftzielen ausgerüstet. Am 1. Juli 1974 startete die verbesserte Version Mi-2 M mit stärkeren Triebwerken (je 330 kW) zum Erstflug. Bis 1993 hat PZL Swidnik über 5250 Mi-2 ausgeliefert, den größten Teil davon in die UdSSR, die DDR, nach Bulgarien, in die ČSFR, nach Jugoslawien, Ungarn, Libyen, in die KDVR und in den Irak. Die US-Firma Spitfire Helicopter rüstete die Mi-2 versuchsweise mit dem Allison-Turbomotor 250-C 20 B. aus.

Rumpf: Ganzmetall-Halbschalenbauweise in drei Teilen; Bug mit Cockpit, Mittelteil und Heckrotorträger.
Tragwerk: Dreiblatt-Rotor; Rotorbremse; hydraulische Vibrationsdämpfung; elektrische Enteisung.
Leitwerk: Zweiblatt-Ausgleichsrotor; verstellbare horizontale Dämpfungsflächen, elektrische Enteisung.
Fahrwerk: starr; Bugstrebe mit Zwillingsrädern; ölpneumatische Dämpfung; pneumatische Bremsen, Schneekufen zusätzlich zu den Rädern sind möglich.

PZL-101 „Gawron" Mehrzweckflugzeug

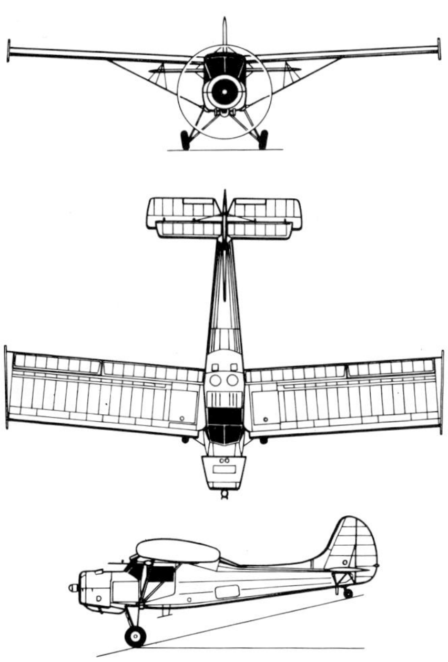

Für den Bedarf der Land- und Forstwirtschaft baute WSK Okęcie 1959/60 137 Jak-12 A und von 1956 bis 1960 1054 Jak-12 M nach sowjetischen Lizenzen. Daraus entwickelte ein Kollektiv unter Lassoty die PZL-101 „Gawron". Am 15. April 1958 flog der erste Prototyp. Die Serienproduktion begann 1960. 1962 wurde der Serienbau der verbesserten PZL-101 A aufgenommen. Am 9. März 1962 startete die PZL-101 B als weitere Verbesserung zum Erstflug. Von 1960 bis 1969 wurden 325 „Gawron" (davon 215 Zweisitzer für die Landwirtschaft, 78 Viersitzer für Fliegerklubs und 32 Sanitätsmaschinen) gebaut und 143 in 10 Länder exportiert.

Versionen:
- Landwirtschaftsflugzeug: Chemikalienbehälter mit 805 l Inhalt.
- Sanitätsausführung: Platz für den Piloten, begleitendes Sanitätspersonal und zwei Kranke auf Tragen.
- Reiseflugzeug: vier bequeme Sitze; auf Wunsch mit Doppelsteuer; konnte auch zum Segelflugzeug- und Bannerschlepp verwendet werden.
- Verbindungs- und Frachtflugzeug: 90-l-Zusatztank vergrößerte die Reichweite auf 1000 km; transportiert 300 kg Nutzmasse.

Bulgarien verwendete die PZL-101 als Sport- und Landwirtschaftsmaschine, Ungarn als Schlepper von Segelflugzeugen.

Rumpf: Stahlrohrbauweise; vorn mit Leichtmetallbeplankung, sonst mit Stoffbespannung; rechteckiger Querschnitt; eine Tür auf jeder Seite; Heizung und Belüftung; auf Wunsch Doppelsteuerung.
Tragwerk: abgestrebter Hochdecker in Metallbauweise mit Stoffbespannung; zwei Holme; feste Vorflügel; Spaltklappen; Flügelendscheiben.
Leitwerk: Normalbauweise in Metall mit Stoffbespannung; Höhenruder abgestrebt.
Fahrwerk: starr; pneumatische Bremsen; steuerbares Spornrad; Schneekufen möglich.

PZL-104 „Wilga" Mehrzweckflugzeug

Die PZL-104 „Wilga" wird als Reise-, Sport-, Schul-, Fracht- und Sanitätsflugzeug sowie in der Landwirtschaft eingesetzt. In jedem Flügel sind 175 l Kraftstoff untergebracht. Im Laufe der Zeit gab es eine ganze Reihe von Ausführungen:

„Wilga 1": Prototyp; Erstflug am 24. April 1962; 135 kW Startleistung.
„Wilga 2": Erstflug am 5. April 1963; oberes Foto.
„Wilga C": mit 170-kW-Motor Continental 0-470.
„Wilga 3": mit 195-kW-Motor PZL AI-14 R; Erstflug am 31. Dezember 1965.
„Wilga 3 A": Serienausführung der „Wilga 3"; in kleinerer Serie für Fliegerklubs gebaut.
„Wilga 3 P": Reise-, Verbindungs- und Frachtflugzeug.
„Wilga 3 R": Landwirtschaftsausführung.
„Wilga 3 S": Sanitätsausführung.
„Wilga 32": vornehmlich exportierte Ausführung, die aus der „Wilga 3" hervorgegangen ist; in Indonesien von 1964 bis 1975 als „Gelatik-32" in Lizenz hergestellt.
„Wilga 35": Schul- und Übungsflugzeug, eignet sich auch zum Segelflugschlepp und zum Absetzen von Fallschirmspringern; Erstflug am 28. Juli 1967; Serienbau ab 1968.
„Wilga 35 P": Passagierausführung für Reise- und Verbindungsflüge und als Lufttaxi.
„Wilga 35 R": Landwirtschaftsversion mit seitlichen Behältern; Erstflug am 13. Februar 1978.
„Wilga 35 S": Sanitätsausführung.
„Wilga 35 H": Schwimmerausführung; Erstflug 31. Oktober 1979; in Serie als „Wilga 80" produziert.

Bis 1992 sind insgesamt 931 PZL-104 aller Versionen für Abnehmer in 21 Ländern hergestellt worden. Gegenwärtige Produktionsmodelle sind die „Wilga 35" und die „Wilga 80".
Maschinen des Typs PZL-104 „Wilga" gingen an Polen, Ägypten, Belgien, BRD, Bulgarien, Dänemark, DDR, ČSFR, Großbritannien, Indonesien, Italien, Kanada, KDVR, Kuba, Rumänien, Schweden, Schweiz, Spanien, Türkei, UdSSR (über 380), Ungarn, USA und Venezuela.

Rumpf: Ganzmetall-Halbschalenbauweise mit tragender Blechbeplankung.
Tragwerk: freitragender Hochdecker in Ganzmetallbauweise mit einem Holm; Flügelnase als Torsionskasten; Spaltklappen; fester Vorflügel.
Leitwerk: abgestrebte Normalbauweise in Metall; Ruder aerodynamisch ausgeglichen; thermische Enteisung.
Fahrwerk: starr mit Heckrad; ölpneumatische Dämpfung; Niederdruckreifen; hydraulische Bremsen; Ausrüstung mit Schneekufen auf Wunsch.

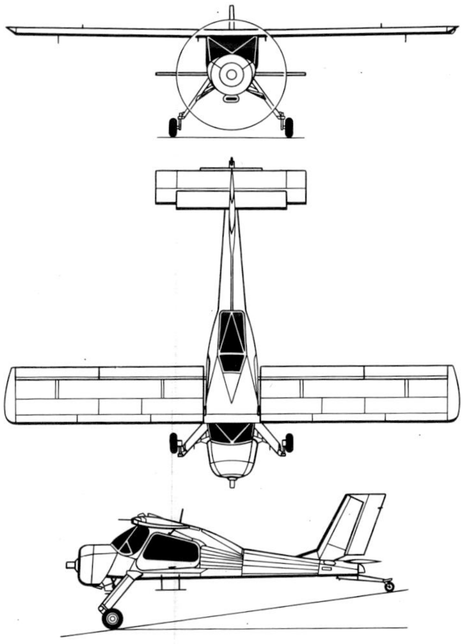

PZL-106 „Kruk" Arbeitsflugzeug

Im Jahr 1971 begann im polnischen Luftfahrtinstitut unter Leitung von Frydrychewicz die Projektierung des Arbeitsflugzeugs PZL-106. Die Attrappe der Maschine war Anfang 1972 fertig. Der erste Prototyp (SP-PAS) flog erstmalig am 27. April 1973, der zweite (SP-PBG) im Oktober des gleichen Jahres. Beide erhielten das Triebwerk Lycoming IO-720 AIB mit 195 kW. Der erstmals im Oktober 1974 geflogene dritte Prototyp erhielt das polnische Triebwerk PZL-3 S.
Die PZL-106 ist eine Gemeinschaftsentwicklung mehrerer polnischer Flugzeugwerke als Ersatz für die Z-37.
Von 1977 bis Januar 1990 hat das Werk WSK Okecie 246 PZL-106 aller Versionen ausgeliefert. Im Juli 1978 erhielt die Interflug zwei PZL-106 A, insgesamt hat die DDR 54 PZL-106 A gekauft.
Versuchsweise wurde die PZL-106 A mit einem zweiten Platz für einen Fluglehrer versehen. Der Bedarf wurde allein in den RGW-Staaten auf etwa 600 „Kruk" geschätzt.
Die Chemikalienbehälter fassen 1400 l. Die Arbeitsbreite beträgt bei Feststoffen 28 m, bei Flüssigstoffen 40 m.

Versionen:
PZL-106 A: erste Serienmaschine mit PZL-3 S (440 kW); 1972 bis 1981 gebaut (144).

PZL-106 AS: mit ASch-62 IR (745 kW); Erstflug am 19. August 1981.
PZL-106 B: Prototypen für weiterentwickelte Serie; der erste von drei Prototypen flog erstmalig am 15. Mai 1981, die anderen flogen im Juli und September 1981.
PZL-106 BR: Version mit PZL-3 SR; Erstflug am 8. Juli 1983 (64 bis 1990).
PZL-106 BS: mit ASch-62 IR; Erstflug des Prototyps am 8. März 1982; größere Startmasse (15 bis 1991).
PZL-106 BT „Turbo Kruk": mit PTL-Triebwerk Walter M-601 D (545 kW). Dreiblatt-Luftschraube Avia V 508; Erstflug des Prototyps am 18. September 1985; in Serie seit Anfang 1988.
1993 lagen 50 Bestellungen aus Afrika und Lateinamerika vor. PZL-106 exINTERFLUG sind in die USA verkauft worden.

Rumpf: Gitterrohrbauweise; Außenhaut besonders widerstandsfähig gegen Chemikalien; Düngemittelbehälter vor der Kabine; Platz für den Mechaniker hinter dem Pilotensitz.
Tragwerk: doppelt abgestrebtes, gepfeiltes Tragwerk; Laminarelemente; große Klappen.
Leitwerk: verstrebtes T-Leitwerk; offene Funkantenne von der Kabine bis zum Höhenleitwerk.
Fahrwerk: starr mit Heckrad; ölpneumatische Dämpfung; pneumatische Bremsen.

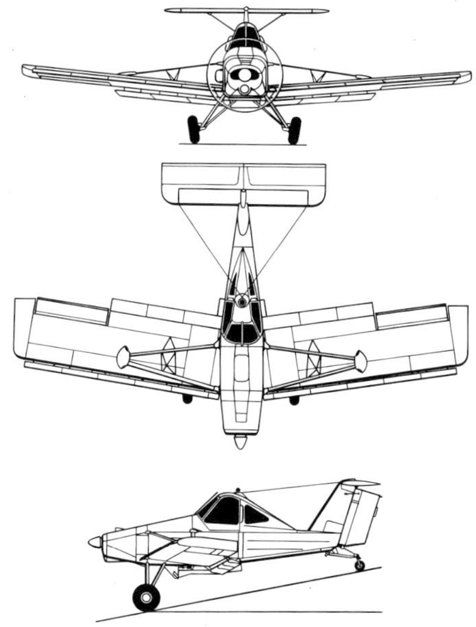

PZL-130 „Orlik"
Anfänger- und Fortgeschrittenentrainer

Am 12. Oktober 1984 startete Testpilot Witold Lukomski in Warschau mit einer neuen Kolbenmotormaschine zum Erstflug (Foto). Erste Projektstudien für dieses Flugzeug hatte es im Jahr 1980 gegeben, und im Herbst 1981 war unter Leitung von Frydrychewicz die Konstruktionsarbeit aufgenommen worden. Im ersten Halbjahr 1985 begannen zwei weitere Prototypen mit der Flugerprobung.
Mit der PZL-130 wollte man einen kostengünstigen Flugzeugtyp schaffen, der sowohl für die Ausbildung von Anfängern in den Fliegerklubs geeignet ist, sich aber auch als Fortgeschrittenentrainer für den Übergang der Militärpiloten auf strahlgetriebene Kampfmaschinen eignet.
Nach der Erprobung von drei Prototypen (SP-PCA: 29. Dezember 1984; SP-PCC: 12. Januar 1985; SP-PCB) wurde der Typ auf Turboprop-Antrieb umgestellt: Am 13. 7. 1986 startete die SP-PCC – nun als SP-RCC PZL-130 T „Turbo-Orlik" – mit einem P&W PT6A-25A zum Erstflug. Es folgten: Nr. 7 mit Motorlet M 601 (560 kW) als PZL-130 TM am 12. 1. 1989 und 8 mit PT6-25A (410 kW) als PZL-130 TP am 2. 6. 1993. Die ersten vier (2 PZL-130 TM, Oktober 1992; 2 PZL-130 TB mit veränderter Ausrüstung Dezember 1992 / März 1993) von 50 geplanten Maschinen hat die Fliegerhochschule in Deblin erhalten. Schleudersitze, stärkere Bremsen, Bugradlenkung und eine um 1 m vergrößerte Spannweite sind Unterschiede zu den Prototypen. Für den Export werden Ausführungen mit unterschiedlichen Triebwerken sowie polnischer oder westlicher Avionik und Martin-Baker-Schleudersitzen angeboten.
Um Kosten zu sparen, sind Erfahrungen der gesamten polnischen Flugzeugindustrie ausgewertet oder bereits vorhandene Baugruppen verwendet worden (beispielsweise für das Fahrwerk Komponenten von Fahrwerken der Typen PZL-104, PZL-106 und PZL W-3).

Rumpf: Ganzmetallbauweise; Schleudersitze in Tandemanordnung.
Tragwerk: freitragender Tiefdecker; Ganzmetallbauweise; integrale Kraftstofftanks.
Leitwerk: freitragend; Ganzmetall; Höhenflosse weit zurückgesetzt.
Fahrwerk: einziehbares Bugradfahrwerk; alle Streben einfach bereift.

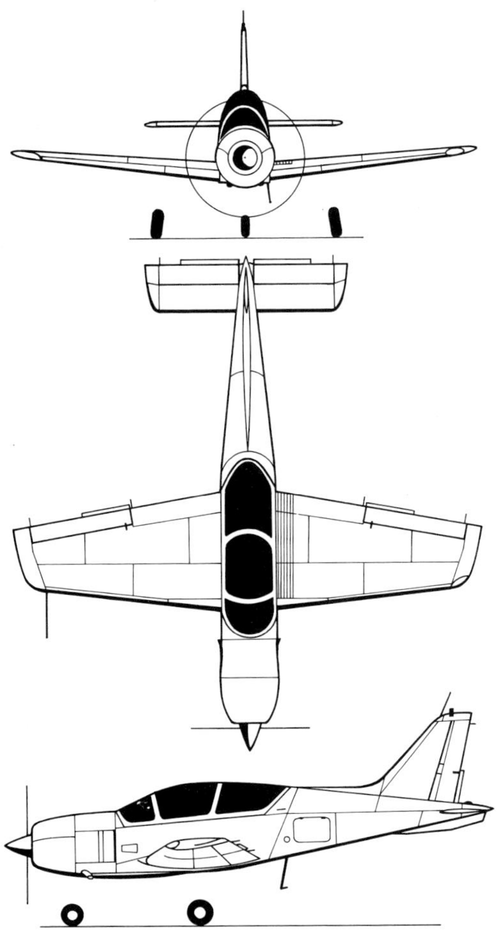

PZL Lala-1
Experimentalflugzeug

Vertreter der Sowjetunion und Polens unterzeichneten am 2. Dezember 1971 eine Vereinbarung, wonach die polnische Flugzeugindustrie ein neues Agrarflugzeug entwirft und baut. Der als M-15 bezeichnete Typ wurde von einer Gruppe sowjetischer und polnischer Konstrukteure unter Leitung von Hauptkonsultant R. A. Ismailow (UdSSR) und Hauptkonstrukteur K. Gocyla (Polen) im polnischen Flugzeugwerk WSK Mielec projektiert.
Da die Maschine als Doppeldecker mit Strahlantrieb ausgelegt werden sollte, ergaben sich für die Vorbereitungsphase besondere Aufgaben. Diese in der Geschichte der Fliegerei bisher einmalige konstruktive Lösung war in der Vorauswahl den anderen Vorschlägen – einer weiterentwickelten An-2 mit Kolbenmotor ASch-62 oder PTL-Triebwerk M-14 – vorgezogen worden. Um alle Probleme des Strahlantriebs für die Landwirtschaftsfliegerei gründlich untersuchen und erproben zu können, wurde festgelegt: Neben den üblichen Windkanalversuchen werden zwei fliegende Laboratorien (polnische Abkürzung: lala oder ll, Schreibweise auch LaLa, LALA oder Lala bzw. LL) gebaut und getestet. Während das erste fliegende Laboratorium Lala-1 aus dem Vorderteil einer An-2 R samt Triebwerk, Kabine, Tragwerk und Hauptfahrwerk mit zusätzlichem Zweikreis-Strahltriebwerk AI-25 sowie neuem Stahlgitterrumpf mit großflächigem doppeltem Seitenleitwerk bestand, entsprach die LLM-15 als zweites Experimentalflugzeug schon weitgehend der Serienmaschine M-15. Äußerliche Merkmale der Lala-1 waren außerdem: großer Lufteinlauf für das Strahltriebwerk rechts am Rumpf in Höhe der Kabine, an der linken Rumpfseite angebrachte Leiter zum Einstieg in das Cockpit und doppelt bereiftes Spornrad am Ende des verkleideten Rumpfteils.
Mit dem Erstflug am 10. Februar 1972 begann Ablamowicz die Erprobung der Lala-1. Untersucht wurde mit diesem Flugzeug u. a., wie sich der Strahlantrieb – insbesondere die aus der Verdichterstufe abgezweigte komprimierte Luft – für die aviochemische Ausrüstung künftiger Agrarmaschinen ausnutzen läßt (z. B. Steigerung der Arbeitsbreite gegenüber der von herkömmlichen Landwirtschaftsmaschinen, bei denen nur der Luftstrom am Flugzeug die Chemikalien verteilen kann).
An Bord der Lala-1 befanden sich 400 l Kraftstoff für das Strahltriebwerk, 1 200 l für den Kolbenmotor sowie der Behälter für Chemikalien und die übliche Landwirtschaftsausrüstung der An-2 R. Nach der Erprobung wurde die Maschine im Jahr 1974 demontiert. Die letzte Aufgabe des Flugzeugs Lala-1 bestand darin, der Ausbildung jener Piloten zu dienen, die mit der M-15 fliegen sollten.

Rumpf: Vorderteil wie An-2, hinter dem Tragflügel Verjüngung zur Strahlaustrittsöffnung, Übergang in nach oben gezogenen Stahlrohrgitterträger für das Leitwerk.
Tragwerk: verstrebter und verspannter Doppeldecker, original wie An-2.
Leitwerk: hoch angesetztes Höhenleitwerk mit durchgehender Höhenflosse und durchgehendem Höhenruder; Seitenleitwerk in Form oben gerader, unten stark abgerundeter Endscheiben, nach unten stark überstehend.
Fahrwerk: Haupträder original wie An-2, doppelt bereiftes Spornrad unter der Gasaustrittsöffnung.

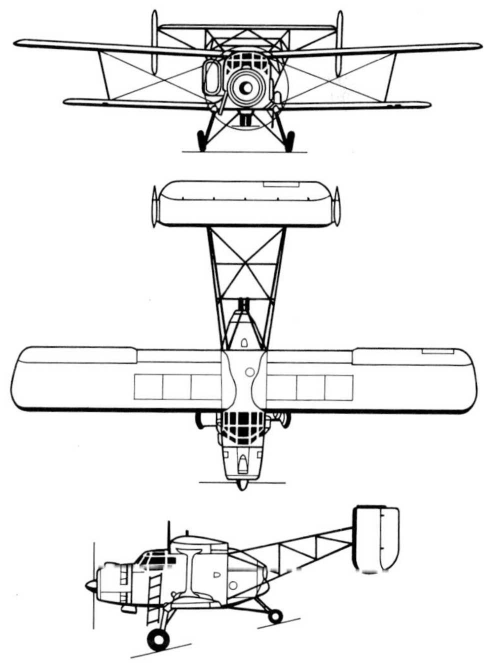

Lim-5 M
Jagdbombenflugzeug

Zu Beginn der Lizenzproduktion sowjetischer strahlgetriebener Jagdflugzeuge war erwogen worden, die Jak-17 oder die Jak-23 zu fertigen. Jedoch entschied man sich, die erfolgreichere MiG-15 im Interesse einer Standardisierung der Ausrüstung in den Streitkräften der sozialistischen Staaten zu übernehmen und in Lizenz zu bauen.
Mitte Mai 1951 erhielten die polnischen Fachleute die MiG-15-Dokumentation, und am 17. Juli 1952 war die erste in Polen noch aus Teilen sowjetischer Produktion zusammengebaute MiG-15 fertig. Sie erhielt die Bezeichnung Lim-1 (licencyjny myśliwiec – Lizenzjagdflugzeug; Werkbezeichnung 1 A). Im Herbst 1952 startete Versuchspilot Pniewski mit der ersten Lim-1 zum Erstflug, die völlig aus in Polen hergestellten Teilen bestand. Gefertigt wurden die Maschinen von WSK Mielec in Kooperation mit WSK Swidnik von 1952 bis 1954. Auch das Triebwerk RD-45 F wurde in Polen hergestellt – im Werk WSK Rzeszów unter der Bezeichnung Lis-1 (intern im Werk: G-4). Lis ist die Abkürzung für Lizenztriebwerk. Von 1954 bis 1956 folgte die Lim-2 (Werkbezeichnung: 1 B) mit dem Triebwerk Lis-2 (MiG-15bis mit WK-1 A). Außerdem rüstete man in dieser Zeit die Lim-1 auf den Standard Lim-2 um. Populär wurden diese Maschinen als Lim-1,5.
Die Schulversion MiG-15 UTI wurde in Polen ebenfalls in Lizenz hergestellt – als SBLim-1 (SB – szkolno-bojowy – Schul- und Kampf-) mit dem Triebwerk Lis-1 und als SBLim-2 mit dem Triebwerk Lis-2 sowie einigen anderen Verbesserungen.
Zahlreiche Standard-Lim sind in Polen für andere Aufgaben modifiziert worden, so zum Aufklärer Lim-2 R (statt der 37-mm-Kanone Fotoapparate) oder zu Schleppmaschinen für Zielscheiben, auf die die Flak schoß. So entstand 1965 die zweisitzige SBLim-1 A (A – Abkürzung für artylerii) und 1968 die SBLim-2 A. Als Ausbildungsmaschine für die Schlepp-Piloten diente die SBLim-2 M.
In den Jahren 1956 bis 1963 schloß sich im WSK Mielec an die MiG-15-Produktion die der MiG-17 an. Gefertigt wurden die Versionen Lim-5 mit dem Triebwerk Lis-5 (MiG-17 F mit WK-1 F, Werkbezeichnung 1 C; auch als Aufklärer Lim-5 R mit Fotoapparaten und 3 23-mm-Kanonen), Lim-5 P (Werkbezeichnung 1 D, MiG-17 PF, Triebwerk wie Lim-5 / MiG-17 F), Lim-5 M (Triebwerk Lis-5) und Lim-6 (Triebwerk Lis-5).
Bei der Lim-5 M handelte es sich um eine polnische Weiterentwicklung der MiG-17 F / Lim-5 zu einem Jagdbombenflugzeug. Bei gleichem Grundaufbau gab es im wesentlichen Veränderungen am Trag- und am Fahrwerk: Um auch auf Feldflugplätzen starten und landen zu können, versah man das Hauptfahrwerk mit Zwillingsrädern. Da diese Fahrwerkbeine nicht mehr im dünnen Tragflügel unterzubringen waren, erhielt dieser bis zur Höhe des ersten Grenzschichtzaunes ab Rumpf eine Verdickung, die man bis vor die Kabine zog. Den zusätzlichen Raum nutzte man zur Aufnahme von Kraftstoff. Im Verlaufe der Produktion brachte man am Heck über der Abgasöffnung eine Verdik-

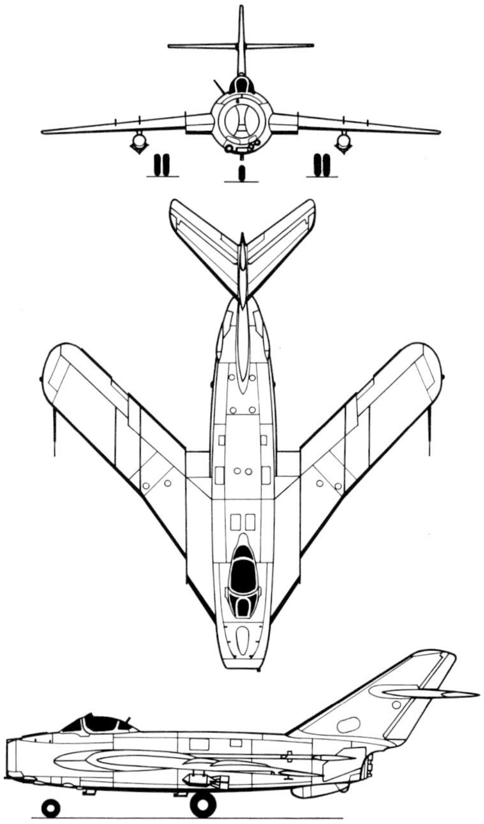

kung zur Aufnahme eines Bremsschirms an. Die Maschinen der letzten Serie erhielten unter den Innenflügeln zwei zusätzliche Stationen zur Aufnahme von je einem Behälter für insgesamt 16 ungelenkte Raketen des Kalibers 57 mm.
Der Lim-5-M-Prototyp wurde 1960 getestet, und die 1961 ausgelieferten 60 Maschinen blieben bis 1965 im Truppendienst. Als Aufklärer wurde die Lim-5 MR projektiert, aber nicht produziert.

Rumpf: Ganzmetall-Halbschalenbauweise; Lufteinlauf im Bug; Bremsklappen seitlich am Heck; Kabinenhaube nach hinten aufschiebbar.
Tragwerk: freitragender Mitteldecker in Ganzmetallbauweise; Verdickung nach unten und mit größerer Tiefe im Bereich Rumpf bis zum ersten Grenzschichtzaun.
Leitwerk: freitragende Normalbauweise; Ganzmetall; Höhenleitwerk weit nach oben versetzt; hydraulischer Steuerverstärker.
Fahrwerk: einziehbar mit Bugrad; Hauptstreben doppelt bereift.

Lim-6
Jagdbombenflugzeug

Der Truppeneinsatz des auf der Basis der MiG-17 F in Polen entwickelten Jagdbombers Lim-5 M hatte gezeigt, daß der technologisch sehr aufwendige Einbau des Doppelrad-Fahrwerks sowie die damit verbundene Verdickung des Tragwerks keine besonderen Vorteile brachten. Da sich aber die MiG-17 insgesamt gesehen als ein Frontflugzeug erwiesen hatte, das durchaus als Jagdbomber verwendet werden konnte, modifizierten die Fachleute der polnischen Luftfahrtindustrie die als Lim-5 in Lizenz gefertigte MiG-17 F zum Jagdbomber Lim-6, dessen Prototyp im ersten Halbjahr 1963 getestet wurde. Im gleichen Jahr nahm das Flugzeugwerk WSK Mielec die Serienproduktion auf, und im Jahr 1964 übernahmen die polnischen Luftstreitkräfte den in mehreren Versionen gefertigten Typ.
Grundsätzlich entspricht die mit dem Nachbrennertriebwerk Lis-5 (WK-1 F) versehene Lim-6 dem Ausgangsmodell MiG-17 F. Jedoch übernahm man von der Lim-5 M den Bremsschirm (eingebaut unter dem Seitenleitwerk) sowie die zusätzliche Raketenbewaffnung. Ursprünglich konnte unter jedem MiG-17-Flügel an einer Aufhängung nur ein Kraftstoffzusatzbehälter, eine Bombe oder eine Rakete bzw. ein Raketenbehälter mitgeführt werden. Zusätzlich gibt es bei der Lim-6 unter dem Innenflügel eine weitere Aufhängevorrichtung für je einen Behälter mit je 16 ungelenkten Luft-Boden-Raketen vom Kaliber 57 mm. Neben der Grundversion Lim-6 gibt es die Lim-6bis (Hauptversion; 1963/64 drei Serien geliefert; Unterflügelstationen auch zur Aufnahme von Kraftstoffzusatzbehältern geeignet), Lim-6 R (Aufklärer), Lim-6bis R (Aufklärer, aber wie Lim-6bis) und Lim-6 M (3 23-mm-Kanonen NR-23, ohne Funkmeßgerät, sonst wie MiG-17 PF / Lim-5 P, ohne Bremsschirm).
Die letzten Lim-6 gingen 1993 außer Dienst.

Rumpf: Ganzmetall-Halbschalenbauweise; Schleudersitze; Bremsschirmbehälter im Heck.
Tragwerk: freitragender Mitteldecker in Ganzmetallbauweise; unter jedem Tragflügel 2 Aufhängevorrichtungen.
Leitwerk: freitragende Normalbauweise in Ganzmetall.
Fahrwerk: hydraulisch betätigt; einziehbar; mit Bugrad; alle Streben einfach bereift.

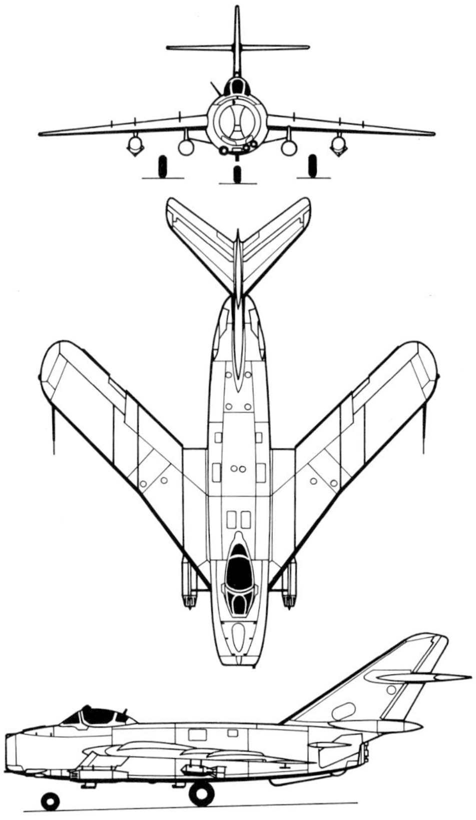

PZL M-15 „Belphegor" Landwirtschaftsflugzeug

Die Ergebnisse der Flugerprobung mit der Lala-1 fanden ihren Niederschlag in der M-15, die ab 1971 in Zusammenarbeit mit dem Ministerium für zivile Luftfahrt der UdSSR (Erarbeitung der technischen Bedingungen) sowie Fachleuten der sowjetischen Flugzeugindustrie entstand.
Das Flugzeug sollte mithelfen, das RGW-Komplexprogramm zu verwirklichen. Im Vergleich zu den Landwirtschaftsflugzeugen Typ Z-37 wollte man die Nutzmasse um das Fünffache steigern.
Für die neue Maschine wurden Baugruppen bewährter Flugzeuge verwendet: Tragflächen und Fahrwerk der An-14, Triebwerk der Jak-40. Die M-15 ist für extrem kurze Start- und Landebahnen eingerichtet und kann bei niedrigen Geschwindigkeiten in sehr geringen Höhen fliegen. Der Pilot kann alle Tätigkeiten während des Fluges allein ausführen. Bei besonderen Aufgaben fliegt ein Mechaniker mit.
Der erste Prototyp LLM-15 (Foto) hatte noch den Flügel der An-14 A. Er startete am 30. Mai 1973 zum Erstflug. Der erst M-15-Prototyp flog erstmals am 9. Januar 1974.
Im Herbst 1975 wurde die Maschine in der Umgebung Moskaus erprobt. Sie beförderte 2 200 kg Dünger in Form von Granulat oder Flüssigkeit in den beiden Behältern zwischen den Tragflügeln (Arbeitsbreite 40 bis 70 m). Das Projekt wurde eingestellt.

Rumpf: Zentralrumpf aus Ganzmetall mit Kabine und Antrieb; sehr schmale, hoch angesetzte, doppelte Heckträger.
Tragwerk: abgestrebter Doppeldecker in Ganzmetallbauweise; Chemikalienbehälter zwischen den Tragflügeln; Streudüsen in den unteren Flügeln.
Leitwerk: doppeltes Seitenleitwerk; dazwischen das hoch angesetzte Höhenleitwerk.
Fahrwerk: starr; steuerbares Bugrad.

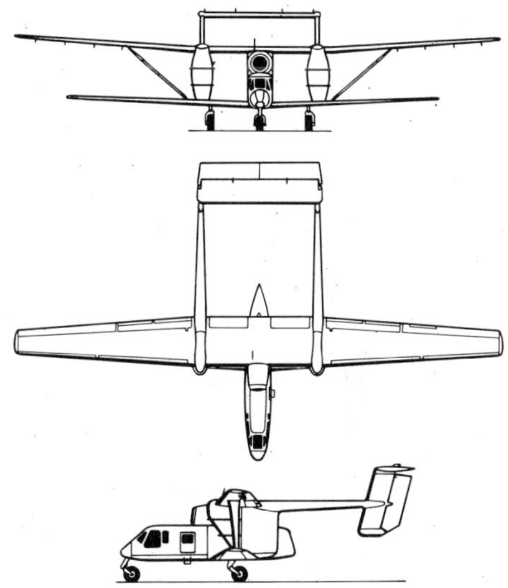

PZL M-18 „Dromader" Landwirtschaftsflugzeug

Das PZL-Werk in Mielec begann Mitte der siebziger Jahre mit der Entwicklung eines Landwirtschaftsflugzeugs, das sich durch eine größere Zuladung als die bis dahin verwendeten Maschinen auszeichnen sollte. Die Federführung für das Projekt hatte Oleksiak. Für die in Zusammenarbeit mit USA-Firmen geschaffene Maschine übernahm man Teile der „Trush-Commander", so die Kabine und Baugruppen für Rumpf und Tragflügel.
Die Flugerprobung des ersten Prototyps begann am 27. August 1976, die des zweiten Prototyps am 2. Oktober des gleichen Jahres, und 1977 wurde die Maschine auf dem Luftfahrtsalon in Paris ausgestellt. Im Jahr darauf begann die Produktion einer Informationsserie (10 M-18), die in verschiedenen Ländern vorgestellt wurde. Bis Anfang 1988 sind 408 (davon 90 % Export) M-18 in 15 Länder (u. a. Bulgarien, DDR, ČSFR, Frankreich, Griechenland, Japan, Jugoslawien, Kanada, Kuba, Ungarn, USA) geliefert worden.
Die M-18 gilt als schweres Landwirtschaftsflugzeug mit einer Arbeitsbreite von 40 bis 70 m, das normal 1 500 kg Chemikalien laden kann, maximal in zwei Behältern 2 600 kg. Als Antrieb dient ein sowjetischer Motor ASch-62 IR, der von PZL in Lizenz hergestellt wird.
Die M-18 A (Erstflug 1983) hat einen zweiten Platz für den Mechanisator.
Die M-18 bildete die Basis für die Modelle M-21 „Dromader Mini", M-24 „Dromader Super" und M-25 „Dromader Mikro".

Rumpf: Ganzmetallbauweise; Stahlrohrgerüst; höckerförmige Kabine.
Tragwerk: Tiefdecker; Ganzmetallbauweise; gerades Mittelstück; Außenflügel leicht nach oben gezogen.
Leitwerk: Normalbauweise; von unten verstrebtes Höhenleitwerk.
Fahrwerk: starr mit Bugrad; alle Streben einfach bereift.

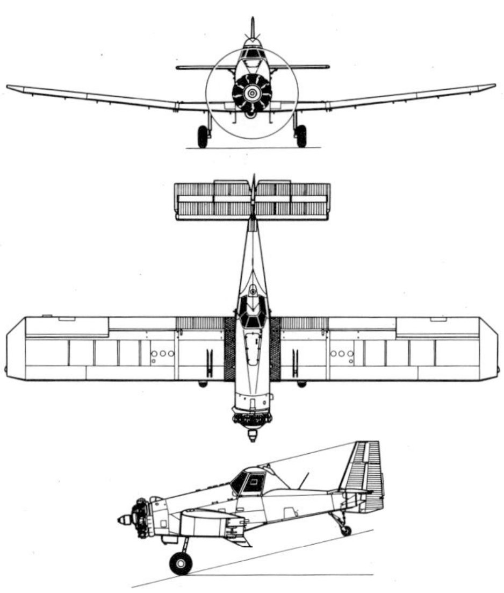

RWD-2 / RWD-4
Sportflugzeuge

Rogalski, Wigura und Drzewiecki konstruierten als Studenten des Warschauer Polytechnikums ihre erste Maschine – das zweisitzige Sportflugzeug RWD-2. Es flog erstmalig im Jahr 1929 und wurde ein Erfolg. Im gleichen Jahr erreichten die Piloten Zwirko und Kocjan mit einer RWD-2 eine Höhe von 1004 m, was internationalen Rekord bedeutete. Im Jahr darauf nahm die Maschine am dritten internationalen Leichtflugzeug-Wettbewerb und am zweiten Europa-Rundflug teil. Die RWD-2 wurde allerdings nur in geringer Stückzahl hergestellt. Als Antrieb diente der Salmson 9 AD mit 30 kW.

Aufgrund der Erfahrungen mit der RWD-2 schufen Rogalski, Wigura und Drzewiecki die größere RWD-4 (untere Seitenansicht), die ein Triebwerk Cirrus Hermes mit 75 kW erhielt. Das Tragwerk war völlig neu entwickelt worden. Diese Verbesserungen brachten eine erhebliche Leistungssteigerung mit sich. Das Sportflugzeug RWD-4 gilt als die erste in Serie gebaute RWD-Maschine. 1930 wurden 10 Exemplare dieses Typs gefertigt.

Rumpf: Ganzholzbauweise mit sechseckigem Querschnitt; zwei halboffene Sitze hintereinander mit beschränkter Sicht nach vorn.
Tragwerk: freitragender Hochdecker in Holzbauweise mit zwei Holmen; Flügelnase bis zum Vorderholm sperrholzbeplankt; dahinter stoffbespannt.
Leitwerk: freitragende Normalbauweise in Holz, Flossen sperrholzbeplankt; Ruder stoffbespannt.
Fahrwerk: starr mit Hecksporn; Gummidämpfung.

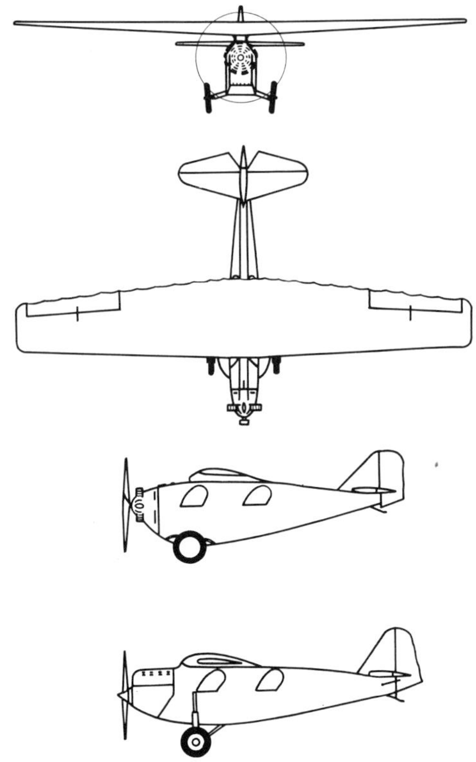

RWD-8
Schul- und Sportflugzeug

Nach der RWD-4 baute das Werk ab 1931 eine Serie von 20 zweisitzigen Hochdeckern für die Fliegerklubs. 1932 folgte das nur in drei Exemplaren hergestellte zweisitzige Sportflugzeug RWD-6. Im Jahr 1932 schufen Rogalski, Wigura und Drzewiecki die RWD-8. Der Prototyp war noch mit dem britischen 75-kW-Triebwerk Blackburn „Cirrus" ausgerüstet. Die Serienflugzeuge erhielten polnische Motoren. Während das Werk PWS die RWD-8 für die Luftstreitkräfte baute, fertigte das Werk DWL den Typ für die Aeroklubs.
In Estland und in Jugoslawien wurde diese Maschine in Lizenz gebaut. Die RWD-8 war in den dreißiger Jahren das am meisten verwendete Schulflugzeug Polens. Sie wurde auch zum Absetzen von Fallschirmspringern verwendet.
Mit den 570 gebauten RWD-8 sind in Polen etwa 1000 Piloten ausgebildet worden.

Rumpf: Stahlrohrbauweise mit Holzleisten zur Profilgebung; vorn und oben sperrholzbeplankt, sonst stoffbespannt; zwei offene Sitze hintereinander mit Doppelsteuerung.
Tragwerk: abgestrebter Hochdecker auf Baldachin in Holzbauweise mit zwei Holmen; vorn sperrholzbeplankt, sonst stoffbespannt; gepfeilter, dreiteiliger Flügel; Mittelstück am Baldachin befestigt.
Leitwerk: abgestrebte und verspannte Normalbauweise in Holz; Flossen sperrholzbeplankt; Ruder stoffbespannt.
Fahrwerk: starr mit Hecksporn; ölpneumatische Dämpfung.

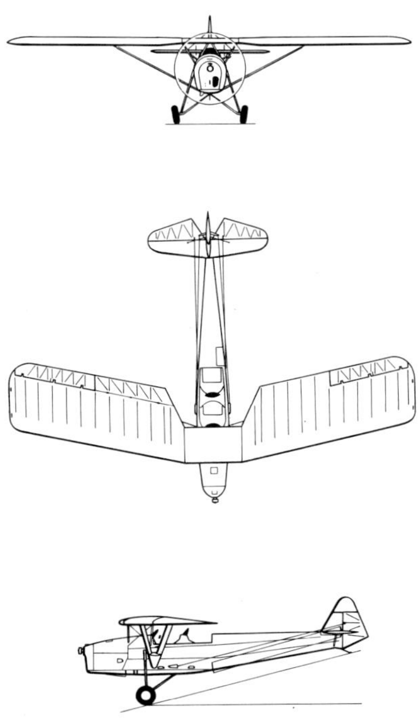

RWD-10
Übungsflugzeug

Die RWD-10 war ein einsitziges, kunstflugtaugliches Übungsflugzeug. Sie wurde von Rogalski, Wigura und Drzewiecki konstruiert. Der Prototyp flog erstmalig im Jahr 1933 und war mit einem britischen 75-kW-Triebwerk ausgestattet. Gebaut wurden 1937/38 23 RWD-10, die in den Fliegerklubs für die Kunstflugausbildung benutzt wurden.

Rumpf: Stahlrohrbauweise mit Holzformleisten und Stoffbespannung; rechteckiger Querschnitt, oben und unten abgerundet; offenes Cockpit.
Tragwerk: abgestrebter Hochdecker auf Baldachin; Holzbauweise mit zwei Holmen; vorn sperrholzbeplankt, hinten stoffbespannt; Tragflügel zur Sichtverbesserung vor dem Cockpit eingezogen.
Leitwerk: freitragende Normalbauweise in Holz; Flossen sperrholzbeplankt; Ruder stoffbespannt.
Fahrwerk: starr mit Hecksporn; ölpneumatische Dämpfung; Bremsen.

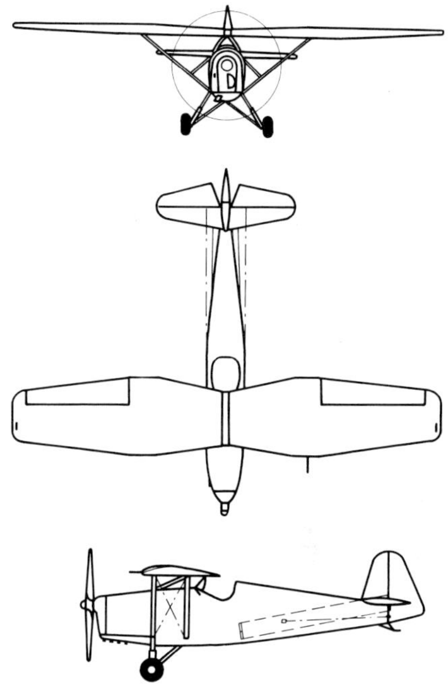

RWD-13
Reiseflugzeug

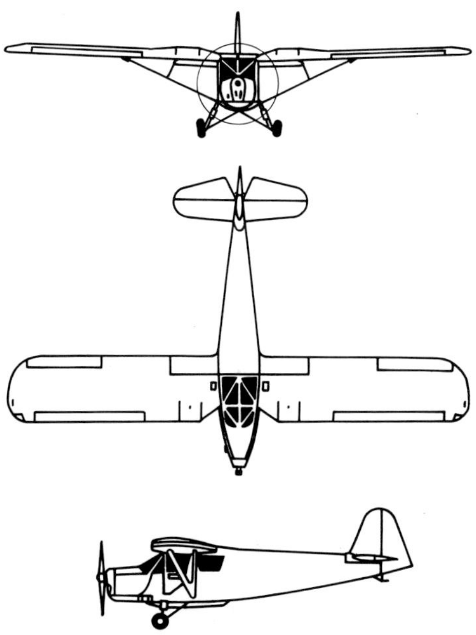

Aufgrund der Erfahrungen mit der RWD-6 und der RWD-9 bei den Europa-Rundflügen in den Jahren 1932 und 1934 wurde die RWD-13 als dreisitziges Reiseflugzeug entwickelt. Diese Maschine wies bei relativ geringer Triebwerksleistung hohe Flugleistungen auf. Sie kam 1935 heraus (Erstflug am 15. Januar 1935) und wurde in 90 Exemplaren an die polnischen Aeroklubs sowie für den Export geliefert. Insgesamt 20 RWD-13 gingen nach Brasilien, Estland, Jemen, Palästina, Österreich, Spanien, in die USA und nach Venezuela. In Jugoslawien wurde die RDW-13 in Lizenz hergestellt.
Bis zum zweiten Weltkrieg befanden sich diese Maschinen in Polen, Rumänien und im Nahen Osten im Einsatz.
Die RWD-13 S wurde 1937 entwickelt und in 15 Exemplaren gebaut. Sie war als Sanitätsflugzeug konstruiert.
Im September 1939 entkamen 25 RWD-13, darunter 5 RWD-13 S, nach Rumänien. Nach dem zweiten Weltkrieg gab es in Rumänien noch 21 RWD-13, von denen 4 (SP-ARH, SP-ARG, SP-MSZ, SP-ARL) nach Polen zurückkamen. Sie wurden im zivilen Dienst noch mehrere Jahre geflogen. Die SP-ARL steht heute im Luft- und Raumfahrtmuseum in Kraków.

Rumpf: Stahlrohrbauweise mit Stoffbespannung; rechteckiger Querschnitt, oben und unten durch Holzformleisten abgerundet; vorn zwei Sitze nebeneinander mit Doppelsteuerung, dahinter ein Sitz mit besonderer Tür.
Tragwerk: abgestrebter Schulterdecker; Flügel faltbar; Handley-Page-Schlitzflügel an zwei Dritteln der Flügelnase; Holzbauweise mit zwei Holmen; vorn sperrholzbeplankt, sonst stoffbespannt; Landeklappen; Schlitzquerruder.
Leitwerk: freitragende Normalbauweise in Holz; Flossen sperrholzbeplankt; Ruder stoffbespannt.
Fahrwerk: starr mit Hecksporn; ölpneumatische Dämpfung; Niederdruckreifen; Bremsen.

RWD-14 „Czapla"
Aufklärer

Im September 1939 verfügten die polnischen Luftstreitkräfte über sechs Aufklärungsstaffeln, die mit dem neuen Flugzeug RWD-14 „Czapla" ausgerüstet waren.
Entstanden war dieses Flugzeug aufgrund einer Ausschreibung für einen Nachfolger der R-XIII. Nach dem Projekt von Luboinski wurden im Werk RWD zwischen 1934 und Ende 1937 vier Prototypen gebaut, die sich vor allem im Triebwerk unterschieden: erster Prototyp mit „Wasp Junior" (310 kW), zweiter mit PZL-„Mors I" (1936, 250 kW), dritter mit dem gleichen Motor (1937), vierter mit PZL-„Mors II" (310 kW). Der zweite und der dritte Prototyp hießen RWD-14 a, der vierte hieß RWD-14 b.
Der Serienbau der 65 bestellten Maschinen wurde dem Werk RWD übertragen, wo ab Mitte 1938 monatlich acht Maschinen fertig wurden. Die Produktion lief im Februar 1939 aus.
Bewaffnet war die RWD-14 mit einem starren 7,7-mm-MG (500 Patronen) sowie einem 7,7-mm-MG im Drehkranz. Ein Scheinwerfer, Signalraketen, Fotapparat und Funkgerät gehörten zur Standardausrüstung.

Rumpf: Metallrohrgerüst; vorn blechbeplankt, hinten stoffbespannt.
Tragwerk: verstrebter Hochdecker in Holzbauweise; Stoffbespannung; automatische Vorflügel, für die Unterbringung im Hangar zurückzuklappen.
Leitwerk: verstrebtes Höhenleitwerk in Gemischtbauweise.
Fahrwerk: starr mit Heckrad.

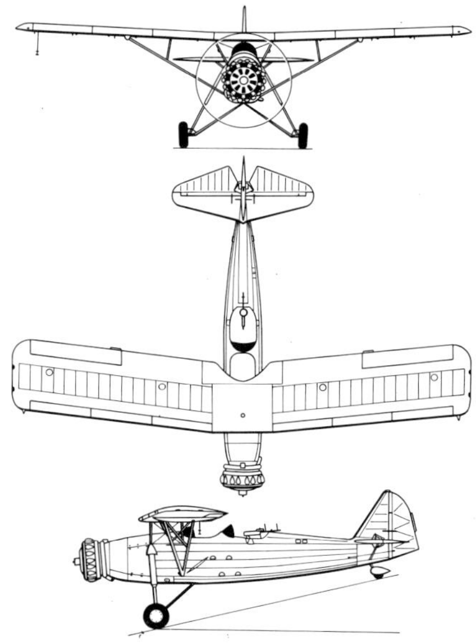

I-22 „Iryd"
Schulkampfflugzeug

Im Oktober 1986 zeigte das polnische Fernsehen erste Fotos von dem neuen Strahltrainer I-22, der im Luftfahrtinstitut Warschau-Okęcie ab Ende der siebziger Jahre unter Leitung von Alfred Baron entwickelt worden ist. Das Flugzeugwerk Mielec fertigte die beiden Prototypen. Nach dem Strahltrainer TS-11 „Iskra" ist es der zweite polnische Eigenbau mit einheimischem Strahlantrieb. Der erste Prototyp nahm am 3. März 1985 die Flugerprobung auf. Entwickelt wurde der Typ als Nachfolgemuster für die TS-11. Er soll ebenso für die Pilotenausbildung dienen wie für die Schulung Fortgeschrittener. Außerdem soll das keine großen Ansprüche an Wartung und Instandhaltung sowie Start- und Landeflächen stellende Flugzeug auch als leichte Allwetter-Erdkampfmaschine sowie als Aufklärer verwendbar sein.
Unter dem Rumpf ist eine zweirohrige 23-mm-Kanone GSch-23 installiert, und unter jedem Tragflügel können an zwei Aufhängungen Bomben bis zu je 500 kg sowie gelenkte oder ungelenkte Raketen mitgeführt werden. Der Ergebniskontrolle dient eine Schußkamera. Nach 5 Prototypen begann der Bau von 9 Vorserienmaschinen (Erstflug: 5. Mai 1992, Truppendienst ab November 1992; gefolgt vom 4. Prototyp SP-PWD nach Umrüstung der Triebwerke PZL-5 / je 10,79 kN auf K-15 / je 14,71 kN als Demonstrator für die Serienversion M-92). Erprobt wird die M-93 mit Rolls Royce Viper je 14,19 kN sowie Triebwerken aus Frankreich und den USA. Polens Luftwaffe erhält 36–40 I-22 M-92 (Gesamtbedarf: 80–120). Exporthoffnungen bestehen auch für die vorgesehenen Versionen M-95 (Zweisitzer-Aufklärer), M-97 S (Einsitzer-Erdkämpfer) und M-97 MS (Einsitzer-Erdkämpfer / Jäger).

Rumpf: konventionelle Ganzmetall-Halbschalenbauweise; Schleudersitze (vorn tiefer: Schüler, hinten höher: Lehrer) hintereinander; Bug stark herabgezogen; ovale Lufteinläufe seitlich des Rumpfes; 2 Kraftstoffbehälter für 1 360 l (Gesamtvorrat intern: 2 540 l).
Tragwerk: Schulterdecker, vorn gepfeilt, hinten gerade; drei Integraltanks für 1 180 l Kraftstoff; vier Aufhängevorrichtungen für bis zu 2 000 kg Waffen bzw. für 400-l-Zusatzbehälter.
Leitwerk: Ganzmetall-Normalbauweise.
Fahrwerk: Bugrad im Rumpf; Haupträder in Triebwerkseinläufe einziehbar; alle Beine einfach bereift.

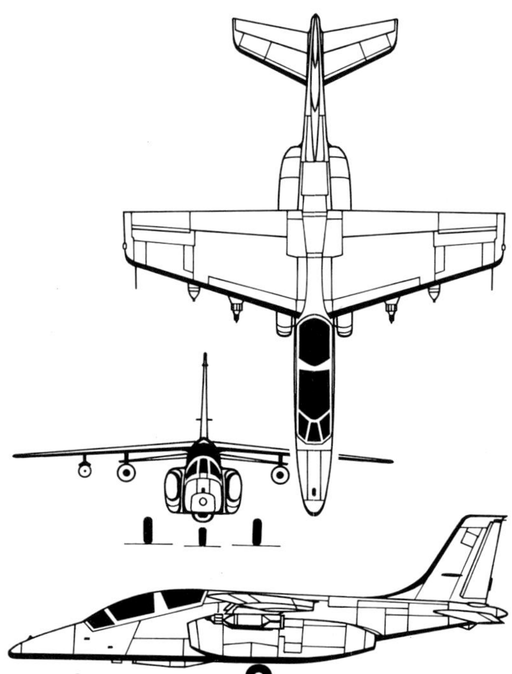

IAR-14 / IAR-15 / IAR-16
Jagdflugzeuge

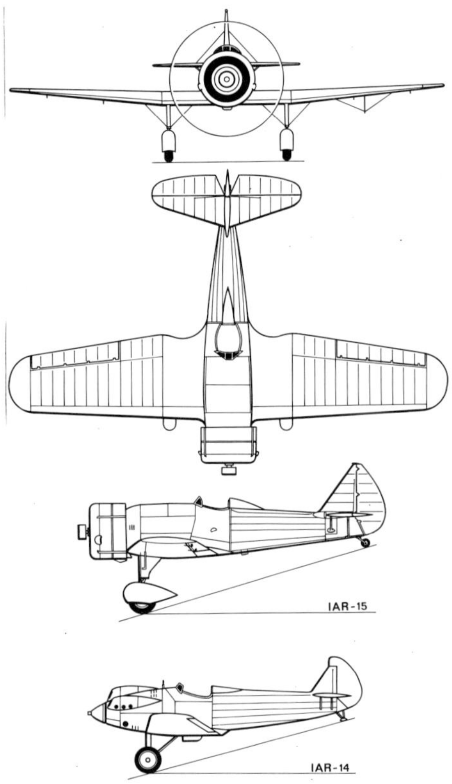

Mit der im Februar 1927 angelaufenen Produktion von 30 Schulflugzeugen des Typs MS-35 (Lizenz von Morane-Saulnier) sowie dem anschließenden Lizenzbau von 70 Potez XXV (Aufklärer und leichter Bomber) entwickelten sich im Flugzeugwerk IAR in Brașov eigene Fachkräfte.
1930 schufen Carafoli und der französische Ingenieur Virmoux bei IAR den Prototyp eines Jagdflugzeugs – die CV-11. Im Gegensatz zu den damals üblichen Doppeldeckern legte man diesen Jäger als Tiefdecker aus, unverspannt und unverstrebt, aber mit starrem Fahrwerk. Obwohl die CV-11 gute Eigenschaften aufwies, kam es nicht zum Serienbau. Bei dem Versuch, am 9. Dezember 1931 den seit 1924 bestehenden Geschwindigkeitsrekord über die 500-km-Distanz zu brechen (306,696 km/h, aufgestellt von Joseph Sadi-Lecointe auf einer Nieuport-Delage), hatte der Testpilot Popescu infolge einer Triebwerksstörung notlanden müssen, wobei er ums Leben gekommen war. Wahrscheinlich wurde deshalb die Weiterentwicklung der hoffnungsvollen CV-11 (IAR-11) untersagt.
Dennoch weist die ab 1934 in Serie gehende IAR-14 (untere Seitenansicht, 10 Maschinen gebaut) eine große Ähnlichkeit mit der CV-11 auf. Den Übergang zwischen beiden Mustern stellten die Prototypen IAR-12 und IAR-13 von 1932/33 her. Die größten äußerlichen Unterschiede aller vier Typen bestehen im Seitenleitwerk.
Die IAR-14 war das erste in Serie gebaute Jagdflugzeug dieses Werkes. Sie wurde von den Luftstreitkräften Rumäniens übernommen. Als Antrieb diente ein Lorraine-Dietrich-Motor von 330 kW. Das 1540 kg schwere Flugzeug erreichte eine Geschwindigkeit von 294 km/h. Die mit einem stärkeren Triebwerk versehene IAR-15 (Foto, Skizze, 5 Flugzeuge gefertigt) erhielt eine NACA-Haube und stromlinienförmig verkleidete Hauptträder. Mit der IAR-16 (sie hatte ein anderes Triebwerk, unverkleidete Räder und leicht veränderte Abmessungen) stellte Papana 1935 einen rumänischen Höhenrekord mit 11631 m auf.
Zu einer größeren Serienfertigung aller dieser Muster kam es nicht, da man 1933 in Polen 50 Jagdflugzeuge vom Typ P-11 b kaufte und später im Flugzeugwerk IAR 80 P-11 f mit dem nach einer französischen Lizenz gebauten Triebwerk K-9 fertigte. Dennoch haben die Erfahrungen mit den Jagdflugzeugen CV-11 bis IAR-16 dazu beigetragen, später ein so bemerkenswertes Jagdflugzeug wie die IAR-80 zu bauen.

Technische Angaben zur IAR-15:
Rumpf: in drei Sektionen gefertigt; mittlere als einheitliches Stück mit dem Tragflügelmittelteil; Chrom-Molybdän-Stahlrohrrahmen; Vorderteil aluminiumbeplankt; Hinterteil stoffbespannt; offenes Cockpit; Nackenschutz.
Tragwerk: unverspannter Tiefdecker in Gemischtbauweise; Tragflügelmittelteil mit Rumpfzentrum verbunden und aluminiumbeplankt; Außenflügel mit Querrudern stoffbespannt; Rippen aus Holz; Flügelnasen sperrholzbeplankt.
Leitwerk: Gemischtbauweise; Höhenleitwerk verspannt; ausgeglichene Ruder.
Fahrwerk: verstrebt; starr; Hecksporn; Haupträder verkleidet; Radbremsen.

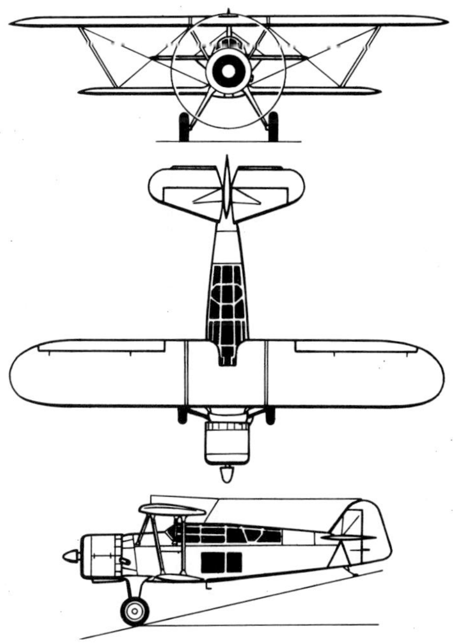

IAR-37 / IAR-38 / IAR-39
Aufklärungs- und leichte Bombenflugzeuge

Im Jahr 1937 begann das rumänische Flugzeugwerk IAR mit der Entwicklung eines dreisitzigen Doppeldeckers, der als militärisches Mehrzweckflugzeug Verwendung finden sollte. Als erster Prototyp flog 1937 die IAR-37 (Foto). Neu an der Maschine war die geschlossene und langgestreckte Kabine, die außer dem Flugzeugführer den Schützen sowie den Funker aufnahm. Charakteristisch

für das Flugzeug war außerdem die große seitliche Rumpfverglasung, die der Besatzung für Beobachtung und Bombenwurf beste Sicht verschaffen sollte.
Diesem mit einem Triebwerk IAR K 14-II C 32 (rumänischer Lizenzbau des französischen Gnôme et Rhône „Mistral Major") ausgerüsteten Flugzeug folgte im Jahr 1938 die ebenfalls in Gemischtbauweise gefertigte IAR-38, die erstmals 1939 flog. Die in den Abmessungen etwas größere Maschine entsprach bis auf das Triebwerk (verwendet wurde ein deutscher BMW 132 mit 515 kW) dem Vorgängermuster.
Als Serienmaschine wurde ab 1940 die nach den Erfahrungen mit diesen beiden Mustern im Jahr 1939 entwickelte IAR-39 gebaut. Das Triebwerk sowie die Abmessungen wurden geringfügig verändert. Bewaffnet wurde die Maschine mit einem starren, vom Piloten zu bedienenden 7,92-mm-MG und zwei beweglichen MGs 15 nach hinten. Je nach Verwendungszweck erhielt die IAR-39 ein Bombenvisier oder Aufklärungsfotoapparate. Auf jeder Seite konnten drei Leuchtbomben mitgeführt werden.
Nach dem Abschluß der Flugerprobung begann in Braşov die Fertigung von 100 IAR-39, weitere 96 Maschinen baute das Flugzeugwerk S.E.T. in Bukarest. Das im Auftrag der rumänischen Streitkräfte entwickelte und universell einsetzbare Flugzeug (es war der erste Doppeldecker von IAR) löste veraltete Aufklärungs- und Bombenflugzeuge ab. Der Typ blieb bis 1944 im Frontdienst. Bis Ende der vierziger Jahre wurde er für Schul- und Verbindungsaufgaben verwendet.

Rumpf: Gemischtbauweise; stark verglaste und langgestreckte Kanzel; seitliche Rumpfverglasung; MG in Marschlage strömungsgünstig verkleidet.
Tragwerk: verspannter und verstrebter Doppeldecker in Holzbauweise; Querruder nur am oberen, wesentlich größeren Flügel.
Leitwerk: Gemischtbauweise; Höhenleitwerk verstrebt.
Fahrwerk: unverstrebt; starr mit Hecksporn.

IAR-80 / IAR-81
Jagdflugzeug, Jagdbomber

Das Flugzeugwerk IAR erwarb die Lizenzrechte für die Serienfertigung des polnischen Hochdekker-Jägers PZL-24 E. Bei der Produktion dieses in Rumänien mit dem französischen Triebwerk Gnôme et Rhône 14 K „Mistral Major" (690 kW) versehenen Flugzeugs sammelten die rumänischen Flugzeugbauer umfangreiche Erfahrungen. Das versetzte sie in die Lage, ihr Können an eigenen Konstruktionen zu erproben: Im April 1939 startete der Tiefdecker-Jäger IAR-80 – unter Leitung von Grossu-Vizirus konstruiert – zum Erstflug. Diesem ebenfalls mit einem „Mistral Major" sowie einer offenen Kabine versehenen Modell folgte ab 1941 (nach dem Auslaufen der PZL-24 E-Produktion) das Serienmodell mit stärkerer Bewaffnung. Für die Konstruktion hatte man Details der PZL-24, so den hinteren Teil des Rumpfes und das Leitwerk, übernommen. Bis zur Aufnahme der Lizenzproduktion der Me 109 verließen 436 IAR-80 und IAR-81 (um 20 cm längerer Jagdbomber) die Hallen von Braşov.

Gebaut wurden folgende Versionen:
IAR-80: Jagdflugzeug; Prototyp und erste Serie; vier 7,92-mm-MGs; 51 Maschinen.
IAR-80 A: Jagdflugzeug; sechs 7,92-mm-MGs; 90 Maschinen.

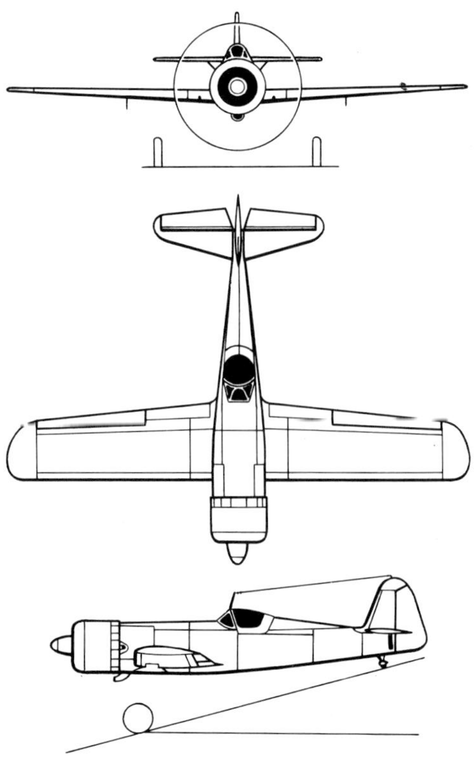

IAR-80 B: Jagdflugzeug; Funkgerät; vier 7,92-mm-MGs, zwei 13,2-mm-MGs; 31 Maschinen.
IAR-81: Jagdbomber; sechs 7,92-mm-MGs; größere Spannweite; Bombenaufhängungen unter den Tragflügeln für neun 50-kg-Bomben oder Raketen; eine 250-kg-Bombe unter dem Rumpf; 50 Maschinen.
IAR-81 A: Jagdbomber; wie die IAR-81; vier 7,92-mm-MGs; zwei 13,2-mm-MGs; 29 Maschinen.
IAR-81 B: Jagdflugzeug; wie die IAR-81; vier 7,92-mm-MGs; zwei 20-mm-Kanonen; 50 Maschinen.
IAR-81 C: Jagdbomber, wie die IAR-81; vier 7,92-mm-MGs; zwei 20-mm-Mauser; 135 Maschinen.
Alle Jagdflugzeuge konnten zwei 50-kg-Bomben tragen.
1950 wurden einige IAR-80 durch Einbau eines zweiten Sitzes (vorn offen, hinten mit Haube) zum Schulflugzeug IAR-80 DC umgebaut und bis 1956 verwendet.

Rumpf: Ganzmetallbauweise; weit zurückgesetzte Kabine.
Tragwerk: Tiefdecker; gerade Tragflügelvorderkante.
Leitwerk: Normalbauweise; verstrebtes Höhenleitwerk.
Fahrwerk: einziehbar; einfach bereift; Prototyp: Hecksporn; Serie: Heckrad.

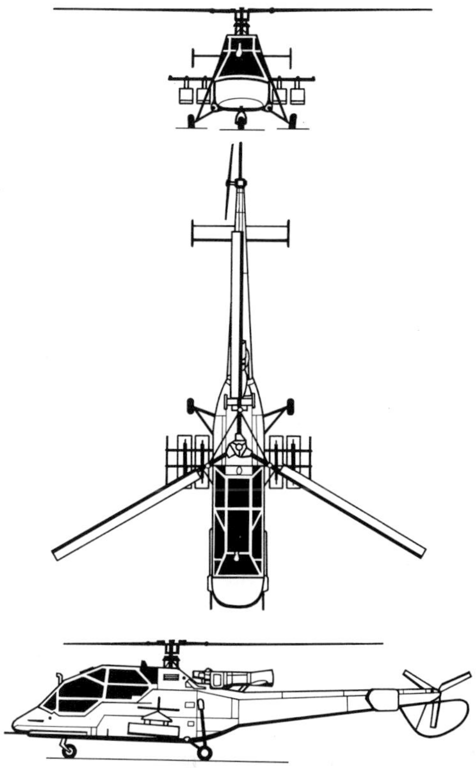

IAR-317 „Airfox"
Kampfhubschrauber

Die rumänische Firma IAR fertigt seit Jahren französiche Hubschrauber nach Aerospatiale-Lizenzen. So wurde aus dem Hubschrauber „Alouette III" (Bezeichnung des Lizenzmusters: IAR-31 B) ein Kampfhubschrauber entwickelt, den IAR auf dem Pariser Luftfahrtsalon 1985 als IAR-317 vorstellte.
Für den in konventioneller Bauweise konstruierten Kampfhubschrauber, der an beiden Seiten des Rumpfes eine Waffenzuladung bis 600 kg mitführen kann und der vor allem als Mittel gegen Panzer vorgesehen ist, wurden die dynamischen Teile und die Antriebsteile der „Alouette III" übernommen. Der Prototyp hat im April 1984 die Flugerprobung aufgenommen, und die Serienproduktion begann im Jahr 1986.
Der Kraftstoffvorrat beträgt 454 kg, die Reichweite mit Kraftstoffzusatzbehälter 810 km. Die Sitze der Besatzung sowie der Kraftstofftank sind gepanzert.

Rumpf: Ganzmetallbauweise; beide Sitze hintereinander; Kabine stark verglast; Bewaffnung an seitlichen Auslegern befestigt.
Tragwerk: dreiblättrige Tragschraube.
Leitwerk: dreiblättrige Ausgleichsschraube auf der rechten Seite.
Fahrwerk: nicht einziehbares Bugradfahrwerk; Hauptträder an seitlichen Auslegern; alle Streben einfach bereift; gebogener Stahlrohrrahmen als Schutz vor dem Heckrotor und zugleich als Notsporn.

IAR-813
Schul- und Sportflugzeug

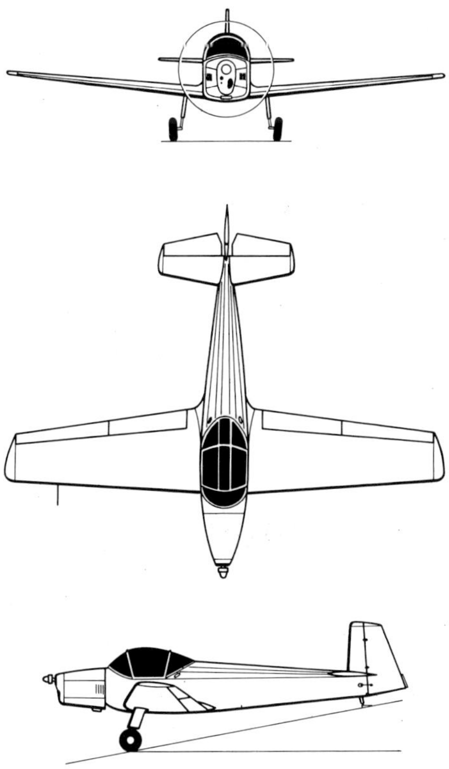

Die Flugzeugwerke I.C.R.M.A. in Baneasa-Bukarest schufen nach dem zweiten Weltkrieg mehrere Schul-, Sport- und leichte Mehrzweckflugzeuge. Um den Bedarf an Ausbildungsflugzeugen für die rumänischen Sportflieger und für die vormilitärische Ausbildung zu decken, entstand 1950 das zweisitzige Schul- und Sportflugzeug IAR-813.
Mit Flugzeugen dieses Typs wurden mehrere Rekorde in der Klasse C-1 b (Flugzeuge mit einer Flugmasse von 500 bis 1 000 kg) aufgestellt.

Rumpf: Stahlrohrbauweise mit Stoffbespannung; zwei Sitze nebeneinander mit Doppelsteuerung; voll verglaste Kabinenhaube.
Tragwerk: freitragender Tiefdecker in Holzbauweise.
Leitwerk: Normalbauweise.
Fahrwerk: starr mit Spornrad.

IAR-818
Mehrzweckflugzeug

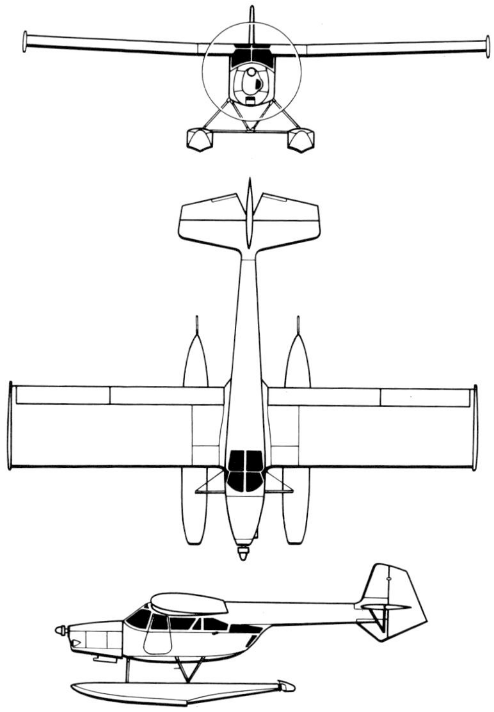

Im Jahr 1955 schuf Manicatide den Hochdecker IAR-817, dessen Rumpf hinter der Kabine als hochangesetzter Leitwerkträger ausgebildet war. Durch diese eigenwillige Bauweise läßt sich die Kabine mit sperrigen Gegenständen von hinten beladen, und Fallschirmspringer sind gefahrlos abzusetzen. Neben der Transportversion entstand die Sanitätsmaschine IAR-817 S, die eine Trage an Bord nehmen konnte.
1960 wurde die Version IAR-818 mit etwas stärkerem Triebwerk abgeleitet. Äußerlich ist diese Version an den geraden Tragflügelenden zu erkennen, bei der IAR-817 sind sie rund. Die Konstruktion ist robust und die Wartung einfach. Als Reiseflugzeug bietet die IAR-818 vier Personen Platz. In der Sanitätsversion befördert sie außer dem Piloten einen Kranken auf einer Trage und einen Kranken oder einen Begleiter auf einem Sitz. Die Landwirtschaftsversion faßt 300 kg Chemikalien. Ferner dient die Maschine Überwachungs-, Luftbild-, Fracht- und Postzwecken sowie dem Segelflugzeugschlepp.
Die IAR-818 wurde in Serie gebaut. Im Jahr 1965 entstand im IRMA Bukarest die Version IAR-818 H mit zwei Schwimmern.

Rumpf: Stahlrohrbauweise mit Duraluminbeplankung; hochliegender dünner Leitwerkträger; Türen an beiden Seiten und im Heck; Klapptür im Kabinenboden.
Tragwerk: freitragender Schulterdecker in Holzbauweise mit Sperrholzbeplankung; Auftriebsklappen und Flügelendscheiben.
Leitwerk: verspannte Normalbauweise.
Fahrwerk: starr mit Bugrad und Niederdruckreifen; Räder gegen Schneekufen oder Schwimmer austauschbar.

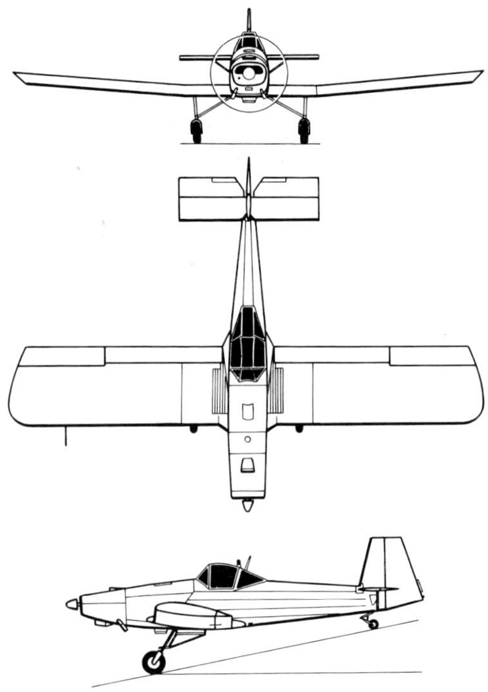

IAR-822 / IAR-826 / IAR-827
Arbeitsflugzeuge

Die von Manicatide konstruierte IAR-822 wurde von der IAR-821 abgeleitet, die 1967 entstanden war. Außer in der Landwirtschaft wird die Maschine zur Straßenenteisung, für geologische Messungen, als Frachtflugzeug (700 kg Nutzmasse) und für den Segelflugzeugschlepp verwendet. Hinzu kommen Einsätze für Luftbildaufnahmen und -vermessung, die Waldbrandbekämpfung und die Fischschwarmsuche.
Die IAR-822 (Foto, Skizze) wurde Anfang 1970 erprobt. Die Serienfertigung begann 1971.
Im Dezember 1972 startete die zweisitzige IAR-822 B zum Erstflug. Sie ist für den Segelflugzeugschlepp sowie als Schul- und Landwirtschaftsflugzeug gedacht.
Im Jahr 1973 begann die Fertigung der IAR-826 als Ganzmetallausführung der IAR-822. Bei ihr läßt sich bei Bedarf hinter dem Cockpit ein zweiter Sitz anbringen. Beide Ausführungen – die IAR-822 und die IAR-826 – wurden Ende der siebziger Jahre parallel hergestellt.
Die IAR-826 verfügt über ein 215-kW-Triebwerk, ihre Weiterentwicklung IAR-827 über ein solches mit 295 kW. Diese nimmt 1 000 kg Nutzmasse auf. Die IAR-827 ist in der Serie ab 1979 mit unterschiedlichen Triebwerken ausgerüstet worden. 1979 flogen zwei Prototypen mit dem Triebwerk PZL-3 S (445 kW). Nach fünf Vorserienmaschinen fertigte IAC Brașov ab 1981 zehn IAR-827 A mit dem gleichen Triebwerk.

Rumpf: Metallbauweise; geschlossenes Cockpit mit Überschlagbügel; Kabinenhaube abwerfbar.
Tragwerk: freitragender Tiefdecker; Mittelteil in Stahlrohrbauweise mit Metallbeplankung; Außenflügel mit einem Holm in Holzbauweise mit Sperrholzbeplankung; Spaltklappen.
Leitwerk: abgestrebte Normalbauweise, Trimmklappen an den Rudern.
Fahrwerk: starr; Ausrüstung mit Schneekufen oder Schwimmern ist möglich; ölpneumatische Dämpfung; steuerbares Spornrad; hydraulische Bremsen.

IAR-823
Mehrzweckflugzeug

Die IAR-823 wurde von Manicatide konstruiert. Sie hat unterschiedliche Aufgaben zu erfüllen. Als Zweisitzer ist die Maschine voll kunstflugtauglich. In dieser Version eignet sie sich als Schul- und Sportflugzeug. Als dreisitziges Übungsflugzeug dient sie der Ausbildung im Instrumenten- und Nachtflug und bei der Navigation. Fünfsitzig ist sie als Reise-, Taxi- und Verbindungsflugzeug verwendbar. Als Frachtausführung kann sie 400 kg Nutzmasse aufnehmen, als Sanitätsflugzeug eine Trage und einen Begleiter. Schließlich kann die IAR-823 für Luftbildaufnahmen verwendet werden.
Die Konstruktion begann 1970, der Erstflug fand im Juli 1973 statt, und 1974 begann die Produktion bei ICA in Brașov. Bis 1984 sind etwa 100 Maschinen für zivile und militärische Zwecke ausgeliefert worden. Die Serie endete im Jahr darauf.

Rumpf: Ganzmetall-Schalenbauweise mit Spants und Stringern; eine Tür auf jeder Seite; Doppelsteuerung; Heizung und Belüftung.
Tragwerk: freitragender Tiefdecker in Ganzmetallbauweise; ein Holm und Hilfsholm; elektrisch betätigte Schlitzlandeklappen.
Leitwerk: freitragende Normalbauweise in Ganzmetall; Trimmklappen im Höhenruder.
Fahrwerk: elektrisch betätigt, einziehbar; steuerbares Bugrad; ölpneumatische Dämpfung; hydraulische Bremsen.

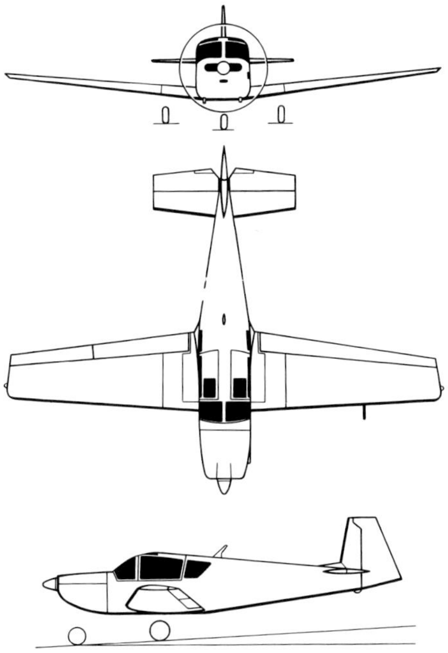

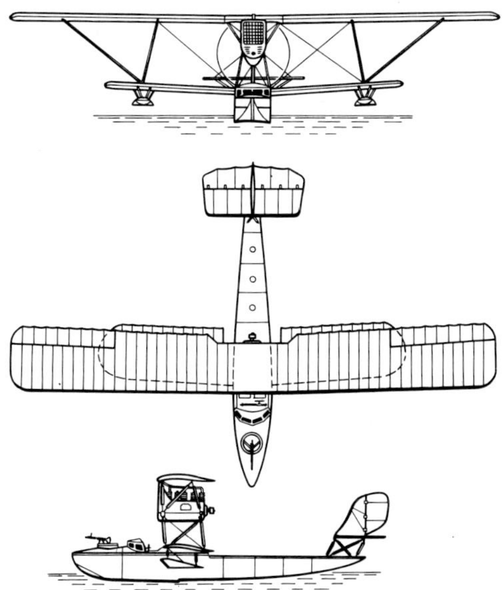

RAS-1 „Getta"
Schul- und Übungsflugboot

Am 27. August 1925 startete von der Marinestation Titan im Hafen von Constanța ein als RAS-1 „Getta" bezeichnetes Flugboot mit der Besatzung Popescu, Diaconescu und Culluri zum Erstflug. Dieses von Stoika entwickelte Flugboot sollte zur Umschulung des fliegenden Personals dienen, das zu den Marinefliegern versetzt wurde.
Die Firma Societatea de Transport Constanța baute neben dem Prototyp, der nach der Flugerprobung für weitere statische Versuche verwendet wurde, drei weitere Flugzeuge dieses Typs. Diese drei Flugboote bildeten das erste Fluggerät der neuen Marinefliegerschule in der Flottenbasis von Mamaia.
Vorgesehen war ursprünglich eine größere Bauserie, doch wurde die Entwicklung eigener maritimer Fugzeugtypen in Rumänien 1927 eingestellt, weil man sich auf einmotorige leichte Flugzeuge konzentrieren und Flugboote sowie Schwimmermaschinen nach ausländischen Lizenzen produzieren wollte. So baute man ab 1936 nach Lizenzen von Savoia-Marchetti das Flugboot S-62 bis.

Rumpf: bootsförmig in Gemischtbauweise mit einem MG-Drehkranz im offenen Mechanikersitz im Bug; dahinter offene Kabine für den Flugzeugführer und den Navigator.
Tragwerk: verstrebter und verspannter Anderthalbdekker; Reihenmotor mit Druckschraube unter dem oberen Flügel hängend; unterer Flügel wesentlich kürzer; Querruder nur oben.
Leitwerk: zum Schutz vor Spritzwasser im unteren Drittel gitterförmig; darüber Normalbauweise.
Schwimmwerk: Rumpf fast in gesamter Länge als Boot ausgebildet; eine Stufe; unter jedem Flügel ein verstrebter Schwimmer.

Rg-7 „Soim"
Schul- und Sportflugzeug

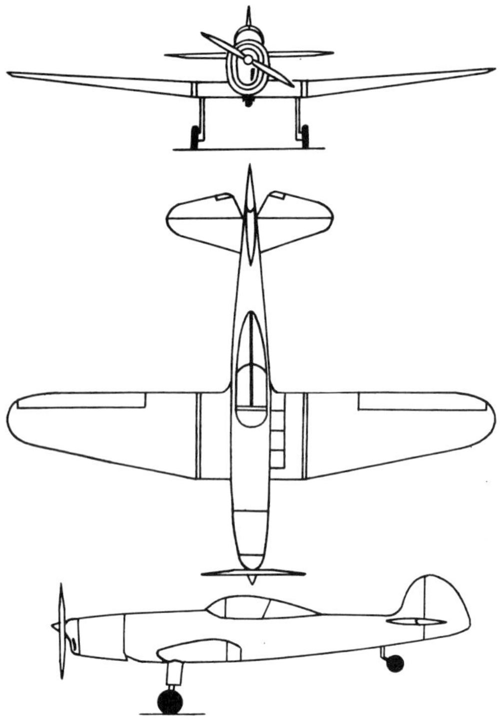

Die zweisitzige Rg-7 „Soim" gilt als Spitzenleistung des rumänischen Flugzeugbaus. Sie wurde 1958 unter Leitung von Novitchi konstruiert. Das Flugzeug steht am Ende einer längeren Entwicklungsreihe. Der unmittelbare Vorläufer war das zweisitzige Schul- und Sportflugzeug Rg-6 aus dem Jahr 1957, das mehrere Rekorde in der Klasse C-1a aufstellte.
Die Rg-7 „Soim" ist voll kunstflugtauglich. Aufgrund des großen Geschwindigkeitsbereichs und der relativ guten Steigleistung können Kunstflugfiguren mit niedriger Geschwindigkeit und kleinem Radius geflogen werden. 1959 folgte die einsitzige Rg-7 „Soim III" als Hochleistungssportflugzeug (Skizze und Foto).

Rumpf: Holzbauweise mit ovalem Querschnitt; Sitze hintereinander.
Tragwerk: freitragender Tiefdecker in Holzbauweise; Landeklappen.
Leitwerk: freitragende Normalbauweise in Holz.
Fahrwerk: starr; steuerbares Spornrad; Bremsen.

SET-7
Schul- und Mehrzweckflugzeug

Das Flugzeugwerk Societatea pentru exploatari tehnice (SET) baute ab 1930 für die Anfängerausbildung von Flugzeugführern der Luftstreitkräfte den konventionell ausgelegten Doppeldecker SET-7 in großer Serie. Für die Ausbildung von Flugzeugführern der Marineflieger rüstete man 1931 in der Marinestation Mamaia eine SET-7 mit Schwimmern aus. Diese Maschine erhielt eine Dreiblattluftschraube, während die SET-7 an sich mit einer Zweiblattluftschraube ausgerüstet war. Die Schwimmerversion bewährte sich jedoch nicht und wurde nicht in Serie gebaut.
Zum Training von Besatzungen der Aufklärungsflugzeuge stattete man die SET-7 an den Fliegerschulen mit einem Funkgerät sowie Kameras aus. Die dabei gesammelten Erfahrungen führten dazu, eine Version mit Ganzmetallflügeln zu schaffen und diese ab 1934 als zweisitzigen Aufklärer in Serie zu produzieren. Diese als SET-7 K bezeichnete Maschine erhielt ein etwas stärkeres Triebwerk (310 kW), eine Funkstation, eine Kamera sowie zwei MGs (eins starr eingebaut und synchronisiert durch den Luftschraubenkreis feuernd, eins im Beobachtersitz mit Drehkranz eingebaut) und zwei Bombenschlösser unter den Flügeln. Im Jahr 1935 wurde die verbesserte Version SET-7 KB und 1939 die SET-7 KD ausgeliefert. Den Antrieb hatte man verstärkt, die Zuladung auf 24 Bomben erhöht, die Reichweite auf 580 km vergrößert. So konnte die Maschine als taktischer Aufklärer und für Verbindungsaufgaben verwendet werden. Insgesamt sind etwa 100 SET-7 K produziert worden.
Abgelöst wurden die SET-7-Aufklärer von den ab 1939 in Serie gebauten IAR-39. Das bei der SET-7 angewendete Bauschema benutzten die Konstrukteure bei einer Reihe anderer Flugzeuge dieser Firma, so bei den zweisitzigen Nacht- und Blindflugtrainern SET-4 und SET-41 von 1931/32, dem einsitzigen Trainingsjagdflugzeug SET-X (1932, offenes Cockpit) und dem Jagdflugzeug SET-XV (1934, geschlossene Kabine).

Rumpf: Gemischtbauweise; vorn blechbeplankt; hinten stoffbespannt; zwei offene Sitze hintereinander.
Tragwerk: einstieliger, verspannter Doppeldecker; Querruder am Ober- und am Unterflügel.
Leitwerk: Normalbauweise; Höhenleitwerk nach unten abgestrebt.
Fahrwerk: starr; verstrebt; Hecksporn.

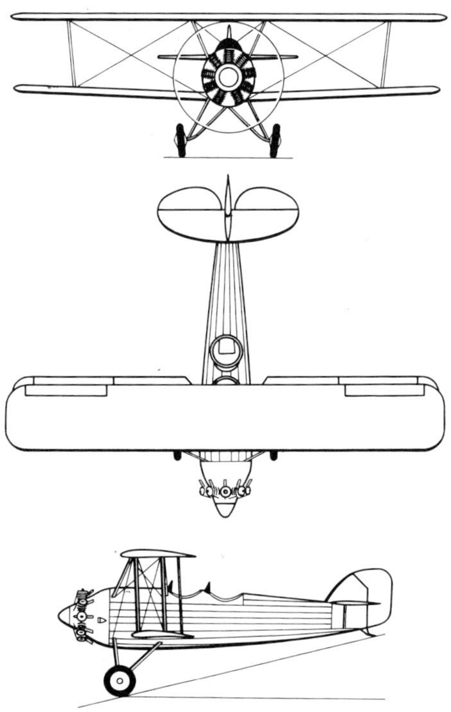

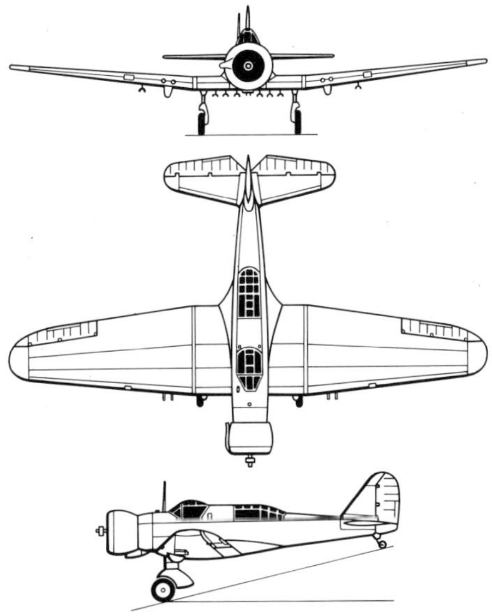

ASJA B-5
Sturzbombenflugzeug

Der Weg bis zur schwedischen B-5 war lang. Ursprünglich hatte Northrop mit der A-17 sein erstes Militärflugzeug geschaffen. Der im August 1933 fertiggestellte Prototyp Modell 2 C war im Juni 1934 nach der Werkerprobung von den USA-Streitkräften als YA-13 übernommen und getestet worden. Mit einem stärkeren Triebwerk versehen, hieß die Maschine XA-16 und mit nochmals verändertem Antrieb als Standardschlachtflugzeug ab 1936 dann A-17.

Davon wurden 110 Maschinen ausgeliefert, von der Version A-17 A bis 1939 weitere 93. Nach rund $1\frac{1}{2}$ Jahren verkaufte man die Flugzeuge an Großbritannien und an Frankreich. Der nun von Douglas übernommene Typ wurde als Modell 8 A (bei den USA-Luftstreitkräften ab 1942 31 Maschinen als A-33) für den Export freigegeben. Von den verschiedenen Versionen gingen Flugzeuge nach Argentinien, Irak, Kanada, den Niederlanden und Peru. Schweden kaufte 1937 eine Maschine des Modells 8 A-1 und die Lizenzrechte. Am 22. April 1938 wurde sie als B-5 A in Dienst gestellt. ASJA baute bis 1940/41 64 B-5 B und 39 B-5 C. Die letzte B-5 soll bis 1950 geflogen sein.

Rumpf: Ganzmetallbauweise; Kabine vorn und hinten verglast, in der Mitte Metallverkleidung; vordere Kabine mit Buckel.
Tragwerk: Tiefdecker in Ganzmetallbauweise; gerades Tragflügelmittelstück; leicht V-förmige Außenflügel.
Leitwerk: freitragende Normalbauweise.
Fahrwerk: starr mit Heckrad; alle Streben einfach bereift.

FFVS J-22
Jagdflugzeug

Nach Ausbruch des zweiten Weltkriegs versuchte Schweden, im Ausland moderne Jagdflugzeuge zu kaufen, was sich jedoch als sehr schwierig er-

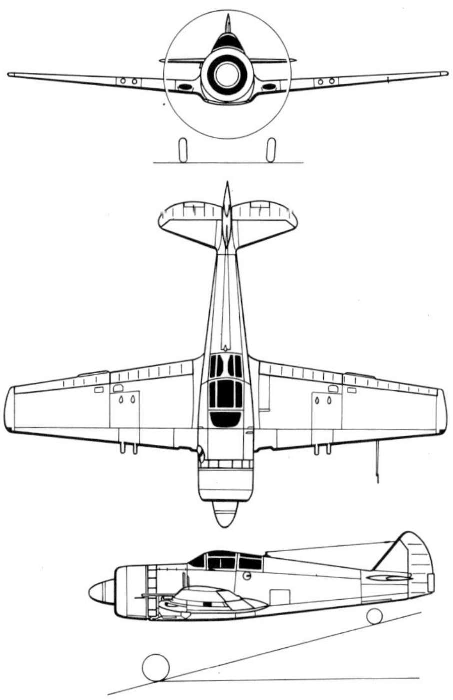

wies: Von 100 in den USA bestellten Jagdeinsitzern EP-1 von Republic erhielt Schweden nur 60 (J-9), von 144 bestellten 48 C von Vultee nicht eine, von 50 Sturzkampfbombern 2-PA von Republic nur zwei (B-6). Da auch die Lieferung von Fernaufklärern abgelehnt wurde, kaufte Schweden in Italien u. a. 72 Doppeldecker-Jäger CR-42 (J-11).
Weil die SAAB-Werke völlig ausgelastet waren, erteilten die schwedischen Luftstreitkräfte ihren Werkstätten den Auftrag, kurzfristig einen modernen Jagdeinsitzer zu entwickeln. Da Leichtmetall knapp war, orientierte man wie in der UdSSR auf das reichlich vorhandene Stahlrohr und Holz. Die Entwicklung und Erprobung des Jagdflugzeugs J-22 wurden zudem dadurch beeinflußt, daß die Zahl der schwedischen Geschwader nach dem Überfall Hitlerdeutschlands auf die UdSSR auf 18 erhöht wurde.
Die Flygförvaltningens Verkstad (FFVS) hatte 1941 mit dem Projekt begonnen, für das der in Schweden in Lizenz gefertigte Motor Pratt & Whitney R-1830 SC 3-G „Twin Wasp" (785 kW) verwendet wurde. Nach der Flugerprobung im Jahr 1942 lief die Ausrüstung der Jagdgeschwader mit der J-22 am 23. November 1943 an. Bei FFVS wurden 181, bei CVA 18 J-22 A (zwei 7,9-mm- und zwei 13,2-mm-MGs) und J-22 B (vier 13,2-mm-MGs) gebaut.
Zunächst hat man damit die J-9, im Jahr 1944 auch die J-11 ersetzt. Die meisten J-22 blieben bis 1946/47 im Dienst. Dann wurden sie von den in den USA gekauften P-51 „Mustang" abgelöst. Die letzte J-22 ging 1952 außer Dienst.

Rumpf: konventionelle Gemischtbauweise; Kabine in Rumpfkontur einbezogen.
Tragwerk: Tiefdecker; je Flügel ein 7,9-mm- und ein 13,2-mm-MG (J-22 A) bzw. zwei 13,2-mm-MGs (J-22 B).
Leitwerk: freitragende Normalbauweise.
Fahrwerk: einziehbar mit Heckrad; alle Streben einfach bereift.

Flygindustri K. 47
Kampfflugzeug

Ab 1927 entwickelten Plauth und Pohlmann für die Firma Flygindustri AB in Malmö den Kampfzweisitzer K. 47. Diese Firma baute Junkers-Maschinen in Lizenz, da nach dem Vertrag von Versailles in Deutschland keine Flugzeuge mehr gebaut werden durften. Die Maschine wurde später auch als Ju 47 K bezeichnet.
Unter der Zulassung S-AABW startete der Prototyp am 1. November 1927 zum Erstflug. Die bis 1932 in Serie gebaute Maschine war mit unterschiedlichen Triebwerken ausgestattet: Bristol „Jupiter VII" (355 kW), Pratt & Whitney „Wasp" (405 kW), Bristol „Mercury IV. S 2" (395 kW, mit diesem Kompressormotor erreichte die Maschine in 4 000 m Höhe 324 km/h), Pratt & Whitney „Hornet" (425 kW).
Die K. 47 wurde auch exportiert. So kaufte Japan

12 mit „Hornet“-Motor ausgerüstete Flugzeuge, und die UdSSR beschaffte zwei K. 47, die 1930 im Versuchszentrum der Luftstreitkräfte erprobt wurden.
Neu war bei diesem Flugzeug, daß der untere Teil des Rumpfes als abwerfbarer Kraftstoffbehälter ausgebildet war. Um freies Schußfeld nach hinten zu erhalten, hatte man das Seitenleitwerk beiderseits der Höhenflosse angeordnet. Zwei MGs feuerten durch den Luftschraubenkreis, während in der Wiegenlafette des Beobachters eine Waffe oder ein Doppel-MG schwenkbar untergebracht war. Es konnten bis zu 100 kg Splitterbomben mitgeführt werden.
Eine zivile Ausführung (A 48 fi) erhielt ein einfaches Seiten- und ein modifiziertes Höhenleitwerk.

Rumpf: Leichtmetall-Schalenbauweise; tragende Glattblechhaut; ovaler Querschnitt; offene Sitze hintereinander.
Tragwerk: abgestrebter Tiefdecker; dreiteiliger Flügel; Mittelstück fest mit der Rumpfunterseite verbunden; Metallgerüst mit Wellblechbeplankung.
Leitwerk: doppeltes Seitenleitwerk; Seitenruder ausgeglichen; Duralumin-Gerüst mit Blechbeplankung.
Fahrwerk: starr; durchgehende Haupt- und Hilfsachse; Drahtauskreuzung zum Rumpf; Achsen durch Brücke verbunden.

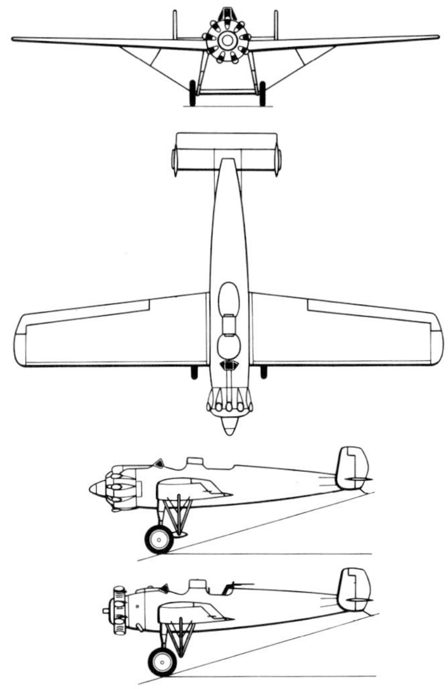

SAAB-21
Jagdflugzeug und Jagdbomber

Zu Beginn der vierziger Jahre unternahm die schwedische Luftfahrtindustrie große Anstrengungen, um die Fliegerkräfte mit eigenen Flugzeugen auszurüsten. Zu den Eigenentwicklungen gehörte auch der Doppelrumpfjäger SAAB-21, dessen erster Prototyp J-21 am 30. Juli 1943 zum Erstflug startete. Im Jahr 1944 begann die Serienproduktion, und 1945 wurden die ersten Jagdflugzeuge der Serie J-21 A-1 in den Truppendienst übernommen. Insgesamt sind 298 SAAB-21 produziert worden.
Die völlig unkonventionelle Bauweise (Motor und Druckschraube hinter der Flugzeugführerkabine – siehe Skizze) brachte Probleme für den Fallschirmabsprung im Notfall mit sich. Deshalb hatte die SAAB-21 als eines der ersten Flugzeuge in der Welt serienmäßig einen Schleudersitz erhalten, der ab 1939 für diese Maschine entwickelt und erprobt worden war.
Die Jagdbomber wurden als B-21 A-3 oder als A-21 A bezeichnet.
Da Schweden infolge der Kriegsereignisse relativ stark isoliert war, hatte es den Anschluß an die Strahltriebwerk-Entwicklung verpaßt. Um den so verlorenen Boden aufzuholen, rüstete man nach dem Krieg drei J-21 A mit dem britischen Strahltriebwerk „Goblin“ (11 000 N Startschub) von de Havilland aus. Dazu waren einige Änderungen am Leitwerk und am Fahrwerk sowie die Verbreiterung des Rumpfhecks notwendig.
Am 10. März 1947 startete die erste der als J-21 R (Foto) bezeichneten Maschinen zur Flugerprobung, die erfolgreich war. Allerdings wurden von den bestellten 120 J-21 R (Jagdbomber A-21 R) nur 60 ausgeliefert, da inzwischen der Serienbau der SAAB-29 vorbereitet worden war. Ab 1949 wurden bei den schwedischen Luftstreitkräften die J-21 RA mit „Goblin 2“ (13 600 N Schub) und die J-21 RB mit „Goblin 3“ (15 000 N Schub) eingesetzt. Bewaffnet waren die Maschinen mit einer 20-mm-Kanone, vier 12,7-mm-MGs und ungelenkten Raketen. Die im Vergleich zur J-21 A um 200 kg schwereren Flugzeuge erreichten eine Höchstgeschwindigkeit von 830 km/h, eine Steiggeschwindigkeit von 23,4 m/s und 1 280 km Flugweite (1954 und 1956 alle außer Dienst).

Rumpf: Zentralrumpf mit hintenliegendem Motor und Druckschraube; Balkenträger für das Heck.
Tragwerk: Tiefdecker in Ganzmetallbauweise; dreiteiliger Flügel.
Leitwerk: doppeltes Seitenleitwerk als Endscheiben; gerades Höhenleitwerk.
Fahrwerk: einziehbar mit Bugrad; alle Streben einfach bereift.

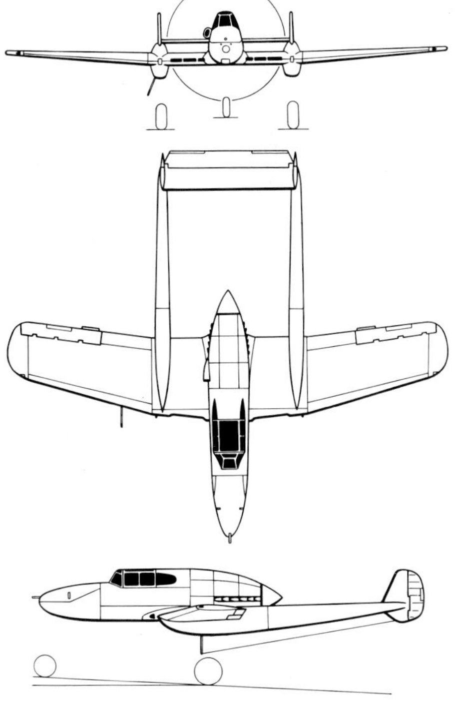

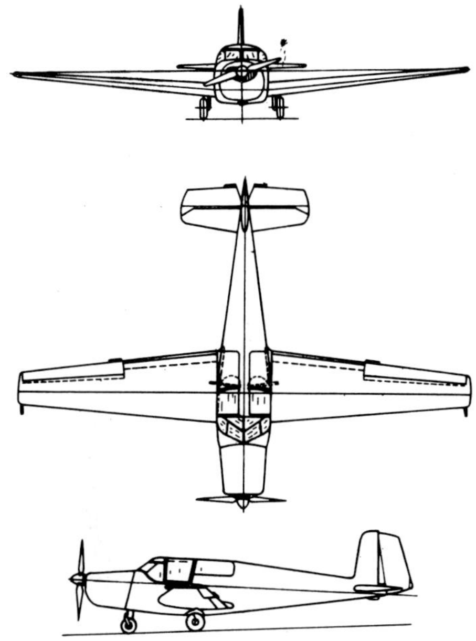

SAAB S-91 „Safir" Mehrzweckflugzeug

Die S-91 „Safir" eignete sich als Schulflugzeug für die Ausbildung von Anfängern und Forgeschrittenen, für den Kunst- und Blindflug und zum Waffentraining. Außerdem fand sie als Lufttaxi, Reiseflugzeug, Sanitätsflugzeug und Luftbildflugzeug Verwendung.
Der Prototyp flog erstmalig am 20. November 1945.

Versionen:
S-91 A: erste Serienausführung mit drei Plätzen; 105-kW-Triebwerk, Standardschulflugzeug; ab 1946 49 Maschinen gebaut.
S-91 B: wie die A, aber mit 140-kW-Motor; Erstflug am 15. Januar 1949; ab 1951 135 Maschinen ausgeliefert.
S-91 C: Weiterentwicklung der B, aber mit vier Plätzen; Erstflug September 1953; diente als Schul- und Verbindungsmaschine; 39 Exemplare hergestellt; bei Schwedens Luftwaffe als SK 50 C bezeichnet.
S-91 D: Weiterentwicklung der C mit 130-kW-Triebwerk und verschiedenen Verbesserungen; von 1957 bis 1967 100 Maschinen gebaut.

Der Typ wurde in folgenden Ländern geflogen: Äthiopien, Finnland, Norwegen, Österreich, Schweden und Tunesien.

Rumpf: Ganzmetall-Halbschalenbauweise; zwei Sitze vorn, zwei dahinter; Doppelsteuerung; Einstieg durch drei aufklappbare Hauben.
Tragwerk: freitragender Tiefdecker in Ganzmetallbauweise; ein Holm; hinter dem Holm stoffbespannt; Spreizklappen.
Leitwerk: freitragende Normalbauweise in Ganzmetall; Ruder stoffbespannt.
Fahrwerk: mechanisch einziehbar; Bugrad fährt nicht ganz ein, um bei Notlandungen Beschädigungen zu verhindern; hydraulische Scheibenbremsen.

SAAB-90 A-2 „Scandia" Verkehrsflugzeug

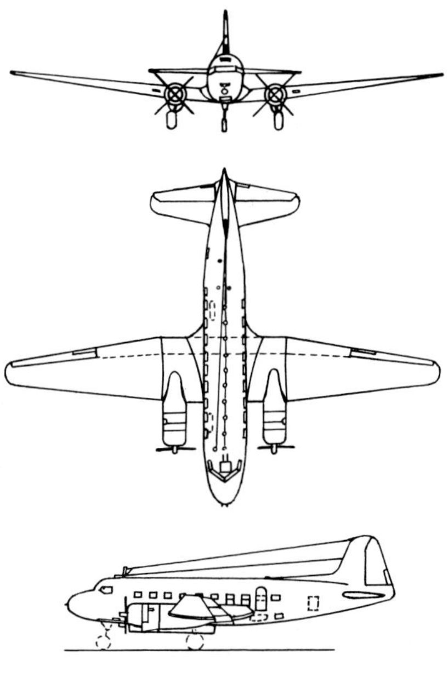

Im Jahr 1944 begann bei SAAB unter der Projektbezeichnung CT die Arbeit an einem zweimotorigen Verkehrsflugzeug, das wie zahlreiche andere Maschinen in mehreren Ländern die DC-3 ersetzen solllte.

Der Erstflug des Prototyps fand am 16. November 1946 statt. In den Liniendienst wurde die Maschine im Jahr 1950 gestellt. Insgesamt wurden 17 Flugzeuge SAAB-90 A-2 gebaut, von denen 11 in den skandinavischen Ländern flogen und 6 von der brasilianischen VASP verwendet wurden. Die VASP übernahm außer dem Prototyp später alle anderen SAAB-90.

Die größeren Versionen SAAB-90 A-3 und B-3 blieben Projekte.

Rumpf: Ganzmetallbauweise.
Tragwerk: freitragender Tiefdecker in Ganzmetallbauweise.
Leitwerk: freitragende Normalbauweise.
Fahrwerk: einziehbar mit Bugrad; hydraulisch betätigt.

SAAB-29
Jagd-, Erdkampf- und Aufklärungsflugzeug

Die SAAB-29, bei den schwedischen Luftstreitkräften als J-29 bezeichnet, war das erste Flugzeug mit Pfeilflügeln in Westeuropa. Der Erstflug des ersten von drei Prototypen war am 1. September 1948.

Versionen:
A-29: Jagdbomber, aus der J-29 A abgeleitet.
J-29 A: erstes Serienmodell mit 22600-N-Triebwerk; Lieferung ab Mai 1951; Tagjäger mit vier 20-mm-Kanonen.
J-29 B: Weiterentwicklung der J-29 A mit größerer Reichweite; 1953 herausgebracht.
J-29 E: Weiterentwicklung der J-29 B mit veränderten Außenflügeln.
J-29 F: Weiterentwicklung der J-29 E und der versuchsweise mit einem Nachbrennertriebwerk ausgestatteten J-29 D; Außenflügel und Sägezahn; mit Nachbrenner; im Jahr 1961 30 an die österreichischen Luftstreitkräfte geliefert.
S-29 C: Luftbildaufklärer mit verändertem Rumpfbug für sechs Kameras; Erstflug am 3. Juni 1953.

Der Serienbau lief von 1951 bis 1956. Ab Mai 1951 erhielten die Fliegereinheiten 661 SAAB-29, die größte Flugzeugserie in der Geschichte des Werkes.

Rumpf: Ganzmetallbauweise in drei Sektionen um den zentralen Luftkanal herumgebaut; Druckkabine mit Schleudersitz.
Tragwerk: freitragender Schulterdecker in Ganzmetallbauweise mit dünnem Laminarprofil; zwei Holme; außen automatische Vorflügel; Luftbremsen anfangs in den Tragflügeln, später im Rumpf.
Leitwerk: freitragende Normalbauweise in Ganzmetall; elektrisch betätigte Trimmung.
Fahrwerk: einziehbar; einfach bereift; Bugrad.

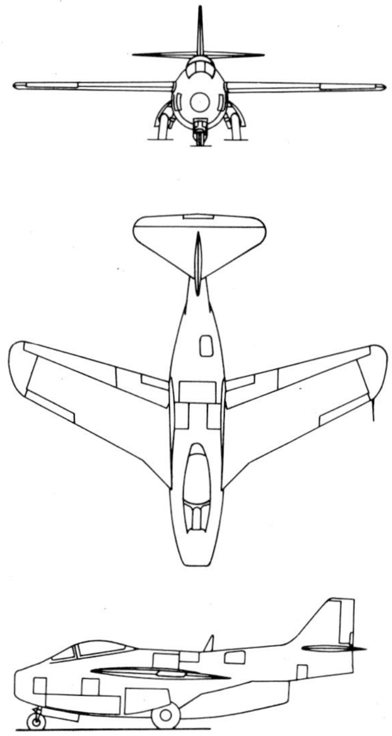

SAAB-32 „Lansen"
Erdkampf-, Jagd- und Aufklärungsflugzeug

Die SAAB-32 „Lansen" wurde für die schwedischen Luftstreitkräfte als zweisitziges Allwetter-Kampfflugzeug mit Radarausrüstung zum Einsatz gegen Land- und Seeziele entwickelt. Der erste Prototyp flog erstmalig am 3. November 1952.

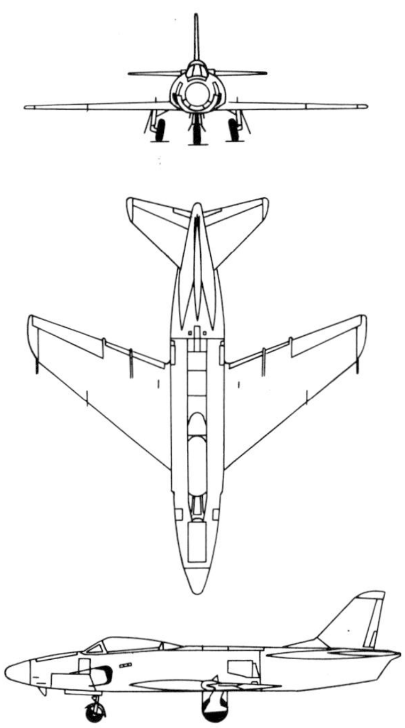

Die SAAB-32 war das erste schwedische Flugzeug, das Überschallgeschwindigkeit erreichte (25. Oktober 1953), zugleich die erste schwedische Militärmaschine mit eingebautem Suchradar.

Versionen:
A-32 A „Lansen": Serienausführung als zweisitziges Allwetter-Erdkampfflugzeug; erste Lieferung Ende 1955; von 1955 bis 1958 285 Maschinen gebaut.
J-32 B „Lansen": aus der A-32 abgeleitetes Allwetter-Abfangjagdflugzeug mit stärkerem Triebwerk und verbessertem Nachbrenner; Erstflug 1957; 1958/60 120 Exemplare hergestellt.
S-32 C: Aufklärungsversion mit Kameras im veränderten Bug sowie mit elektronischen Aufklärungsgeräten; Erstflug 1957; 1969/60 45 Maschinen ausgeliefert.

SAAB baute insgesamt 450 „Lansen".
Mehrheitlich blieben sie 28 Jahre im Dienst.

Rumpf: Ganzmetall-Schalenbauweise; vier Bremsklappen am Heck; abklappbares Heck für den Zugang zum Triebwerk; Druckkabine mit zwei Schleudersitzen hintereinander; Radar im Bug.
Tragwerk: freitragender Tiefdecker in Ganzmetallbauweise; dünnes Laminarprofil; Fowlerklappen; Querruder mit hydraulischer Kraftverstärkung.
Leitwerk: freitragende Normalbauweise in Ganzmetall, gepfeilt; Ruder mit hydraulischer Kraftverstärkung.
Fahrwerk: einziehbar, hydraulisch betätigt; Bugrad; Bremsen mit Blockierungsschutz.

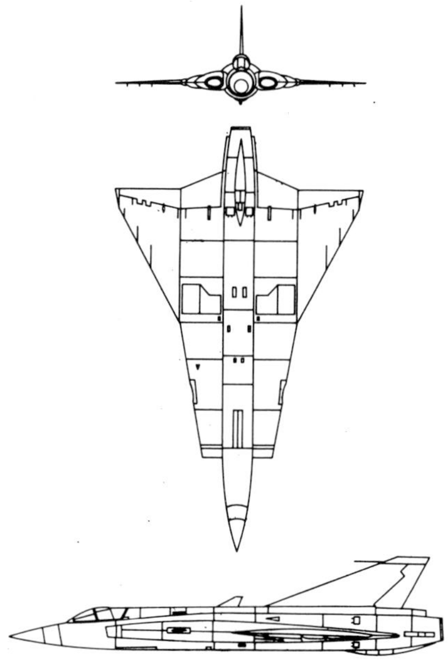

SAAB-35 „Draken“ Kampfflugzeug

Die SAAB-35 „Draken“ sollte als Abfangjäger auch Überschall-Bombenflugzeuge bei jeder Wetterlage bekämpfen. Eine Besonderheit des Flugzeugs ist die Flügelform, die in Schweden entwickelte „Doppeldelta“-Bauweise.
Der erste von drei Prototypen flog erstmalig am 25. Oktober 1955. 1960 wurde die „Draken“ in Schweden in den Truppendienst gestellt.

Versionen:
J-35 A: Bezeichnung der schwedischen Luftstreitkräfte für die Serienflugzeuge als einsitzige Allwetter-Abfangjäger; Erstflug am 15. Februar 1958.
J-35 B: Jagdbomber; Weiterentwicklung der J-35 A mit verbessertem Radar- und Feuerleitsystem; Erstflug am 29. November 1959; 6 J-35 BS an Finnland geliefert.
J-35 C oder Sk 35 C: zweisitzige Ausbildungsversion der J-35 A mit Sitzen hintereinander; Erstflug am 30. Dezember 1959; 2 Maschinen an Finnland geliefert.
J-35 D: Jagdbomber; Weiterentwicklung der J-35 B mit stärkerem Triebwerk; Höchstgeschwindigkeit über M 2; Erstflug am 27. Dezember 1960.
J-35 F: Abfangjagdflugzeug; Weiterentwicklung der J-35 D mit verbessertem Feuerleitsystem, neuer Radaranlage und in Schweden in Lizenz gebauten amerikanischen Luft-Luft-Raketen; Erstflug im Jahr 1961; Serienbau ab 1965.
J-35 E oder S-35 E: Aufklärungsversion mit sieben Kameras; Erstflug am 27. Juni 1963.
SAAB-35 XS: Exportausführung der J-35 F; 12 Maschinen von Valmet (Finnland) zusammengebaut; 15 weitere aus Schweden bezogen.
Produziert worden sind neben 3 Prototypen 606 „Draken“ verschiedener Serien für Schweden (von 1957 bis 1971) sowie 65 Flugzeuge für Dänemark (F-35, TF-35) und Finnland. 1985 kaufte Österreich 24 J-35 F, die gemäß den österreichischen Forderungen geändert und ab 1987 geliefert wurden.
SAAB modifizierte 70 Maschinen für den eigenen Bedarf (zusätzliche Außenlastträger für Luft-Luft-Raketen und Zusatzbehälter, verbesserte Avionik, erweiterte Ausrüstung für den elektronischen Kampf).
Nach 35 Dienstjahren werden die ältesten „Draken“ ab 1995 ausgemustert.

Rumpf: Ganzmetall-Schalenbauweise; vier Bremsklappen im Heck; Bugradar; Druckkabine mit Schleudersitz.
Tragwerk: freitragender Mitteldecker in Doppeldelta-Form; Ganzmetallbauweise in drei Teilen; Landeklappen am Mittelteil; Querruder an den Außenteilen.
Leitwerk: Seitenleitwerk auf dem Rumpfheck in Ganzmetallbauweise; Höhenleitwerk im Deltaflügel.
Fahrwerk: einziehbar, hydraulisch betätigt mit Bugrad; Scheibenbremsen mit Blockierungsschutz; Spornkufe unter dem Rumpfheck.

SAAB-37 „Viggen“
Mehrzweck-Kampfflugzeug

Die SAAB-37 „Viggen“ setzt die Entwicklung, die mit der SAAB-32 „Lansen“ und der SAAB-35 „Draken“ verfolgt wurde, fort. Bei ihrer Konstruktion Ende der fünfziger Jahre kam es darauf an, hohe Flugleistungen, vielfältige Bewaffnungsmöglichkeiten, präzise Navigation und Waffenauslösung, kürzeste Rollstrecken und optimale Zugänglichkeit aller Bordsysteme für Wartung und Inspektion zu vereinen. Für dieses Waffensystem entschied sich die schwedische Regierung im April 1962, um damit in den siebziger Jahren die „Lansen“ und die „Draken“ zu ersetzen.
Der erste von sieben Prototypen flog erstmalig am 8. Februar 1967.

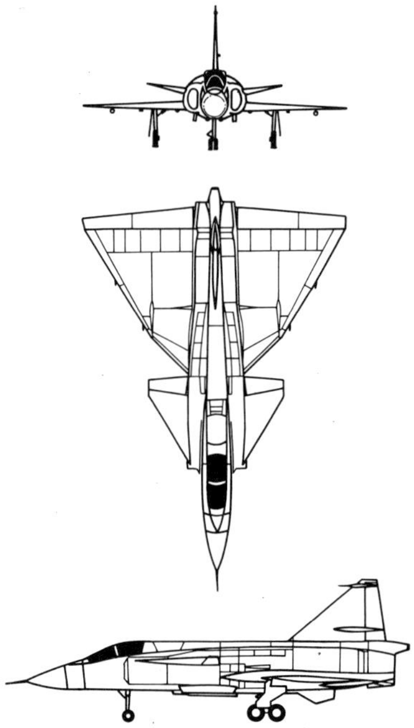

Versionen:
- AJ-37: einsitzige Ausführung als Erdkampfflugzeug und als Abfangjäger; 138 Maschinen ab Juni 1971 bis 1975/76 für die A-32 A eingeführt.
- JA-37: einsitzige Ausführung als Abfangjäger und zur Erdkampfunterstützung; Erstflug des ersten Prototyps am 4. November 1977 (vier Prototypen, 1 Vorserien-, 138 Serienmaschinen).
- SF-37: einsitzige Ausführung zur Luftaufklärung; Erstflug am 21. Mai 1973; Ersatz für die S-35 E (37 Maschinen).
- SH-37: einsitzige Allwetter-Aufklärungsversion für die Marine; ersetzte die S-32 C „Lansen“; Erstflug des Prototyps am 10. Dezember 1973; Ende 1975 Beginn der Serienproduktion (14 Maschinen).
- Sk-37: zweisitzige Ausführung zur Pilotenschulung und zum Training; Erstflug des Prototyps am 2. Juli 1970; von Juni 1972 bis 1975/76 25 Maschinen.

Insgesamt sind 329 „Viggen“ (davon 7 Prototypen) aller Versionen gebaut worden.

Rumpf: Ganzmetall-Schalenbauweise; bestehend aus Vorderrumpf mit Radarbug und Hinterrumpf; Druckkabine mit Schleudersitz.
Tragwerk: Tandem-Mitteldecker mit kleinerem Delta-Bugflügel mit Landeklappen und nach unten gestaffelt; dahinter Delta-Tragwerk mit kombiniertem Quer- und Höhenruder.
Leitwerk: Seitenflossen mit Ruder und Kielflosse; Steuerung mit Kraftverstärkung.
Fahrwerk: einziehbar; Zwillingsräder an der Bugstrebe; zwei tandemartig hintereinander angeordnete Räder an jeder Hauptstrebe.

SAAB-105 / Sk-60
Mehrzweckflugzeug

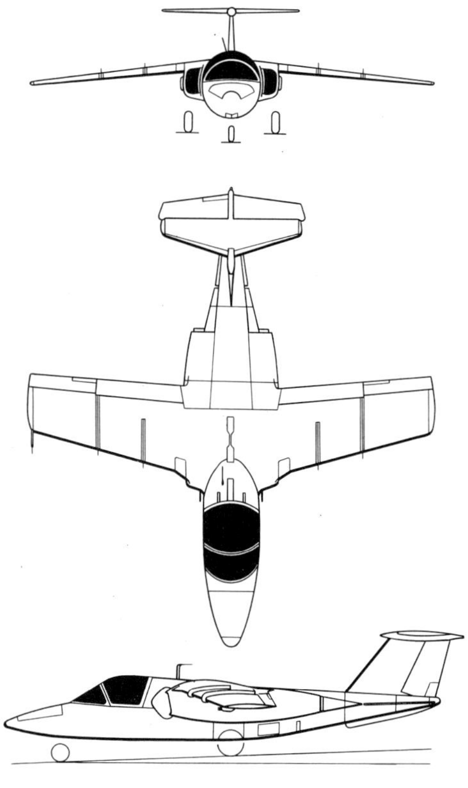

Im Jahr 1959 begann SAAB mit der Entwicklung eines TL-Trainers mit zwei Triebwerken. Zwei Jahre darauf forderten die schwedischen Luftstreitkräfte, daß der TL-Trainer auch als leichtes Kampfflugzeug zur Unterstützung der Armee und der Marine geeignet sein sollte.
Der Erstflug des Prototyps fand am 29. Juni 1963 statt, ein zweiter flog am 17. Juni 1964. Bei den schwedischen Luftstreitkräften heißt die Maschine Sk-60.
Die SAAB-105 gilt als eines der besten Schulflugzeuge. Sie wird noch heute für diese Aufgabe verwendet. Außerdem wird sie für den Erdkampf und zur Aufklärung eingesetzt.

Versionen:
- Sk-60 A: Schulflugzeug mit zwei Sitzen nebeneinander; an den Tragflächen sechs Aufhängepunkte für Bewaffnung, so auch als leichtes Tiefangriffsflugzeug verwendbar.
- Sk-60 B: zweisitziges Schul- und leichtes Tiefangriffsflugzeug.
- Sk-60 C: zweisitziges Schul- und leichtes Aufklärungsflugzeug.
- SAAB-105 C: aus der Sk-60 C abgeleitete Zivilversion als Reiseflugzeug; verlängerter Rumpf für insgesamt fünf Personen.
- SAAB-105 G: Ausbildungs- und Erdkampfflugzeug; Erstflug 26. Mai 1972 (Foto).
- SAAB-105 XT: Kampf- und Übungsflugzeug; Erstflug am 29. April 1967; als 105 OE nach Österreich exportiert.

Insgesamt sind 150 SAAB-105 an Schweden (von 1965 bis 1970) und 40 an Österreich (von 1970 bis 1972) geliefert worden.
Nach einem Vertrag von 1994 werden 115 der noch geflogenen 134 Sk-60 modernisiert (Triebwerk FJ 44; geringere Masse und mehr Schub: 8,45 gegen 7,3 kN), für die restlichen ist eine Option erteilt.

Rumpf: Ganzmetall-Halbschalenbauweise; unter dem Rumpf hinter dem Fahrwerk hydraulisch betätigte Luftbremsen.
Tragwerk: freitragender Schulterdecker in Ganzmetallbauweise mit zwei Holmen; hydraulisch betätigte Spaltklappen; negative V-Stellung.
Leitwerk: freitragendes T-Leitwerk in Ganzmetall; elektrisch betätigte Trimmklappen in den Rudern; kleine Bauchflosse, zugleich Notsporn.
Fahrwerk: hydraulisch betätigt; steuerbares Bugrad; ölpneumatische Dämpfung; hydraulische Bremsen mit Blockierungsschutz.

SAAB-340
Zubringerflugzeug

In Zusammenarbeit von SAAB (Schweden) und Fairchild (USA) entstand zu Beginn der achtziger Jahre ein Zubringerflugzeug, das die Bezeichnung SF-340 erhielt. Der erste von drei Prototypen (SE-ISF) nahm am 25. Januar 1983 die Flugerprobung auf. Die vierte Maschine (SE-E04) – als erstes Serienmodell 340 A – flog erstmals am 5. März 1984. Die schwedische Luftfahrtzulassung wurde am 30. Mai 1984 erteilt. Mit der fünften Maschine nahm die Crossair (Schweiz) den Liniendienst am 14. Juni 1984 auf. Inzwischen verfügt sie über 16 dort als „Cityliner“ bezeichnete SAAB 340. Das sechste Flugzeug übernahm die USA-Gesellschaft Comair im Juli 1984.

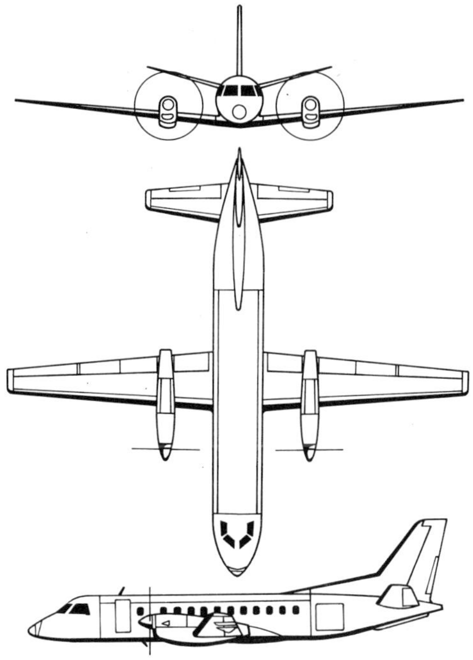

Da Fairchild mit Wirkung vom 1. November 1985 aus dem Unternehmen ausschied, wird der Typ nicht mehr als SF-340 geführt, sondern als SAAB-340. Zunächst hatte man noch die vorhandenen USA-Bauteile verwendet, doch seit dem 109. Serienflugzeug fertigt SAAB die komplette Maschine allein. Bis 1988 sind 137 bestellt worden, davon über die Hälfte aus den USA. Weitere Bestellungen kamen aus Europa, Australien, Taiwan und Südamerika. Bis zum 22. Juni 1988 haben 117 SAAB-340 A die Werkhallen verlassen.
Eine gestreckte Ausführung für 40 bis 50 Passagiere ist ebenso projektiert wie die stärkere Ausführung SAAB-340 B mit Turboprop-Triebwerken CT-7-9B mit je 1395 kW Startleistung. Die Firma SAAB-Scania Aktiebolag Linköping gab dieser Version ein größeres Höhenleitwerk sowie eine größere Startmasse. Mit maximaler Nutzmasse soll die Reichweite 1500 km sein.
Der Kraftstoffvorrat der SAAB-340 A beträgt 3350 l, der Verbrauch 560 l/h.
Gesamtproduktion bis 1993: 330.

Rumpf: konventionelle Halbschalenbauweise, weitgehend aus Metall; Einstiegtür links vorn; Frachtluke links hinten; drei Sektionen.
Tragwerk: freitragender Tiefdecker; positive V-Form; trapezförmig; Triebwerke aufgesetzt; Teile aus Kevlar bzw. Glasfiber.
Leitwerk: gepfeilt; stufenförmiger Übergang zum Rumpf; Normalbauweise; Höhenleitwerk positive V-Form.
Fahrwerk: doppelt bereiftes Bugrad in Bugspitze; doppelt bereifte Haupträder in Triebwerkgondeln einfahrbar.

SAAB
MFI-15 „Safari" / MFI-17 „Supporter"
Mehrzweckflugzeug / Erdkampfflugzeug

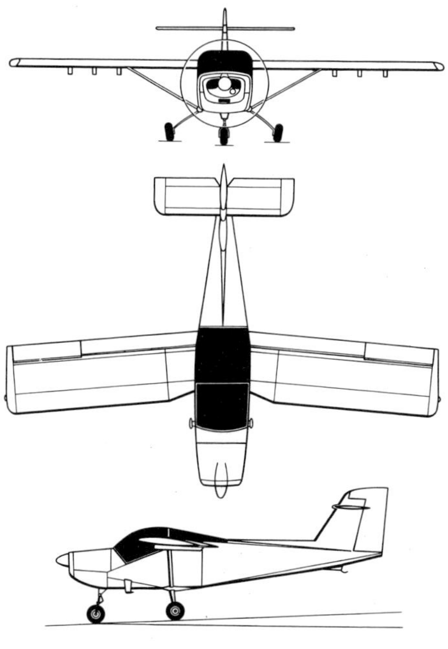

Das Schul-, Sport- und Übungsflugzeug „Safari" wurde aus der MFI-9 „Junior" (Lizenzproduktion der Bo 208 C „Junior" von MBB (BRD)) abgeleitet und mit einem stärkeren Triebwerk versehen. Der Erstflug des Prototyps MFI-15 fand am 11. Juli 1968 (nach anderen Quellen: 1969) statt. Am 26. Februar 1971 startete das erste Muster mit einem 145-kW-Motor. Das in einer Normal-, Mehrzweck- und Kunstflugversion gebaute Flugzeug kann in Außenflügelbehältern bis zu 300 kg mitführen.
Die MFI-17 (Skizze) wurde aus der MFI-15 abgeleitet (Unterstützung der Bodentruppen, Aufklärung, Artilleriebeobachtung, Verbindungsflüge, Zielflug, Zielschlepp). Die nebeneinander angeordneten Sitze lassen das Flugzeug für die Anfangsschulung zu. An Außenaufhängungen können 300 kg Waffen befestigt werden. Der Einsatz von Feldflugplätzen aus ist möglich.
Der Erstflug fand am 6. Juli 1972 statt. Ab 1973 verließen die Serienmaschinen das Werk. Pakistan hat ab 1976 den Typ als „Mushak" (227), Dänemark 32 (als T-17) „Supporter" erhalten. Auch Sambia hat den Flugzeugtyp bestellt.

Rumpf: Ganzmetallbauweise mit kastenförmigem Querschnitt; zwei Sitze nebeneinander (auf Wunsch dritter Sitz dahinter) mit Doppelsteuerung; Heizung und Belüftung; thermische Enteisung der Cockpit-Stirnscheibe; abwerfbare Cockpithaube; Notausstieg durch große Klappe unter dem Tragwerk.
Tragwerk: abgestrebter Schulterdecker in Ganzmetallbauweise; ein Holm; elektrisch betätigte Auftriebsklappen; Randkappen aus GFK.
Leitwerk: T-Leitwerk in Ganzmetallbauweise; Höhenleitwerk etwas nach unten versetzt.
Fahrwerk: starr; wahlweise mit Bugrad; Heckrad oder Schneekufen; Scheibenbremsen.

Comte AC-4 „Gentleman“
Schul-, Sport- und Reiseflugzeug

Die Flugzeugwerke Alfred Comte in Horgen (Schweiz) schufen das Sport- und Schulflugzeug AC-4 „Gentleman“. Konstruiert wurde es von Fierz, Schätti und Weber. Der Erstflug fand am 16. Juni 1928 statt.

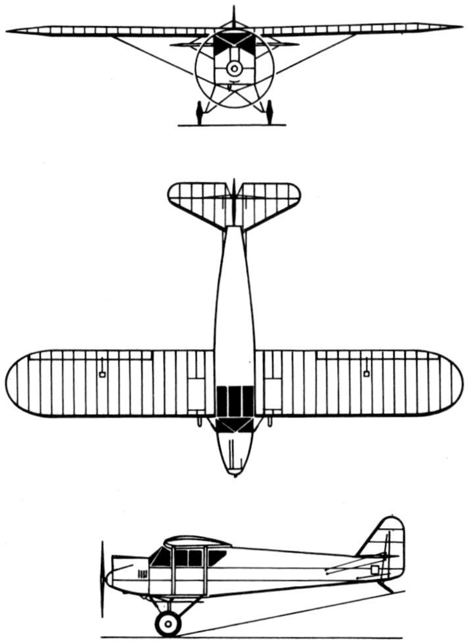

Die Maschine wurde entsprechend den Wünschen der Besteller mit unterschiedlichen Triebwerken ausgerüstet, und zwar mit Leistungen zwischen 55 und 105 kW.
Die AC-4 „Gentleman“ fand auch Verwendung für den Reiseflug, für Rund-, Foto- und Schleppflüge. Auch die Schweizer Fliegertruppe verwendete eine AC-4. Bis auf wenige Maschinen, die noch länger flogen, waren die Flugzeuge dieses Typs von 1931 bis 1938 im Einsatz. Es wurden Piloten- und Passagierfallschirme verwendet.

Im zweiten Weltkrieg wurde ein Flugzeug dieses Typs mit Argus-As-8-Motor und Holzkohlegenerator ausgerüstet. Es flog mit Erfolg.
Rumpf: Stahlrohrbauweise mit Stoffbespannung; geschlossene Kabine; Tür steuerbords; Sitze hintereinander mit Doppelsteuerung.
Tragwerk: abgestrebter Hochdecker in Holzbauweise mit Stoffbespannung.
Leitwerk: verspannte Normalbauweise in Holz mit Stoffbespannung.
Fahrwerk: starr mit geteilter Achse; ölpneumatische Dämpfung.

Eidgenössische Flugzeugwerke C-3603 / 3605
Mehrzweckflugzeuge

Der einmotorige Tiefdecker C-3601 entstand nach einem Projekt aus dem Jahr 1935 für einen Fernaufklärer, der zugleich für Erdangriffe verwendet werden sollte. Die Flugerprobung verlief befriedigend, jedoch erwies sich das 630-kW-Triebwerk als zu schwach. Der Prototyp stürzte ab, der zweite (C-3602) erhielt einen 735-kW-Motor und eine verbesserte Zelle. Nach der befriedigenden Flugerprobung vom 21. April bis zum 30. Mai 1940 erhielt das Herstellerwerk diese Maschine zur Verbesserung der Nullserie sowie zu Belastungsversuchen.
Die guten Testergebnisse waren Anlaß, mit dem Bau von zehn Flugzeugen der Nullserie und zugleich von 142 Kampf- (C-3603-1) und zwei Schulflugzeugen (C-3603-1 Tr, geflogen von 1945 bis 1974) zu beginnen. Von 1942 bis 1952 war die C-3603 (Foto) das Standard-Erdkampfflugzeug und der Standard-Fernaufklärer der Schweiz.
In den siebziger Jahren standen noch 60 Maschinen für Spezialaufgaben zur Verfügung. Mehrere C-3603-1 dienten als Schleppmaschinen.
Die ab 1946 gefertigte C-3604 ist eine Weiterentwicklung der C-3603. Da der Kolbenmotor der C-3603 inzwischen veraltet, die Zelle aber noch einwandfrei war, schuf man nach einem Pflichtenheft von 1963, nach dem mehrere Flugzeuge getestet wurden (so die Fairey „Gannet“ Mk. 4, die North American T-28 D, die North American OV-10 A, die Short „Skyvan“, die Dornier „Skyservant“, die Mitsubishi MU-2, die Pilatus „Turbo-Porter“ PC-6/B-1 HS), die C-3605 mit PTL-Triebwerk (Skizze). Wegen der geringen Masse der Turbine mußte das Flugzeug eine 1,8 m längere Rumpfnase als seine Vorgänger erhalten.
Der Erstflug des Prototyps fand am 19. August 1968 statt. 1969 konnte nach einigen Verbesserungen der Serienumbau von 23 C-3603 zu C-3605 beginnen.
Sie blieben bis 1987 im Dienst.

Rumpf: Ganzmetallbauweise; Sitze hintereinander in geschlossenem Cockpit; bewegliches Zwillings-MG für den Beobachter nach hinten.
Tragwerk: freitragender Tiefdecker in Ganzmetallbauweise; Landeklappen.
Leitwerk: Ganzmetallbauweise; zwei Seitenleitwerke als Endscheiben am Höhenleitwerk für freies Schußfeld nach hinten.
Fahrwerk: Einziehfahrwerk und Spornrad; Servobremsen.

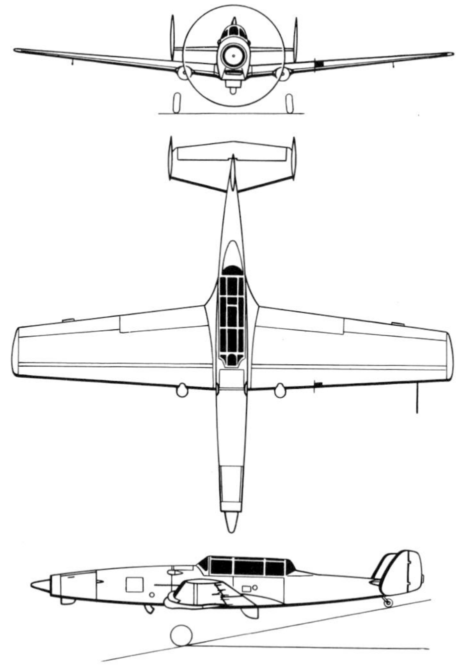

Eidgenössische Konstruktions-Werkstätten DH-3 Aufklärungs- und Übungsflugzeug

Die Eidgenössischen Konstruktions-Werkstätten begannen 1915 unter der Leitung von Haefeli mit der Entwicklung des zweisitzigen Aufklärungsflugzeugs DH-3. Als Vorlage für das Projekt diente die DH-2. Da die Güte dieser Maschine bekannt war, bestellte man ohne Erprobung 30 DH-3. Der Erstflug fand 1917 statt. Von dieser Serie erhielten 24 Maschinen (M III) den Motor Argus As-II (90 kW), die DH-3 (M IIIa) den Hispano-Suiza HS-418 Aa (110 kW) und die DH-3 (M IIIb) den LFW (110 kW). Diese 1917/18 gebauten Maschinen blieben bis 1922/23 im Einsatz. 1919 wurde die zweite Serie der DH-3 gebaut (30 M IIIa mit dem Triebwerk HS-418 Aa), die bis 1939 im Dienst blieb. 1925 baute man eine weitere Serie von 25 DH-3 (M IIIa), die bis 1939 geflogen wurde. 1931 rüstete man 56 DH-3 der zweiten und der dritten Serie mit Spalt- und Vorflügeln aus.
Der Chefpilot der Schweizer Fliegertruppe Bider unternahm mit einer DH-3 am 21. Juli 1919 den ersten Flug rund um die Schweiz über eine Entfernung von 900 km mit zweimaliger Überquerung der Alpen. Am 17. August 1919 landete Ackermann mit einem Passagier auf dem 3600 m hohen Jungfraujoch und vollbrachte damit die erste Gletscherlandung; zwei Tage später flog er von dort ohne Passagier zurück. Die letzten DH-3 erhielten 145-kW-Motoren. Die Maschinen dieses Typs befanden sich von 1917 bis 1939 in Dienst, u. a. als Postflugzeuge. Zuletzt wurden sie jedoch nur noch für Schul- und Übungszwecke verwendet.
Gesamtproduktion: 109.
1. Schweizer Flugzeug mit synchronisiertem MG.

Rumpf: Stahlrohrbauweise mit Stoffbespannung; zwei offene Sitze hintereinander; im hinteren Sitz Drehkranz mit MG für Beobachter.
Tragwerk: zweistieliger, verspannter Doppeldecker in Holzbauweise mit Stoffbespannung.
Leitwerk: abgestrebte Normalbauweise in Holz mit Stoffbespannung.
Fahrwerk: starr mit durchgehender Achse und Hecksporn.

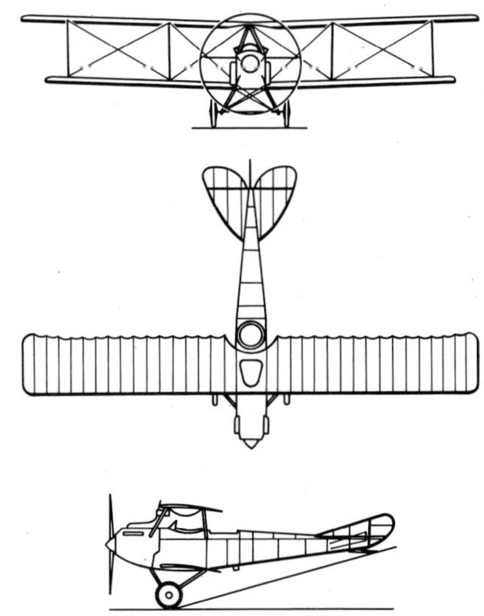

Eidgenössische Konstruktions-Werkstätten DH-5 (MV-1) Aufklärungsflugzeug

Als Weiterentwicklung der DH-3 schuf Haefeli 1918 die DH-5, die später auch als Schul- und Übungsflugzeug Verwendung fand. Zuerst erhielt das Flugzeug einen 145-kW-Motor, dessen Leistung dann auf 160 kW gesteigert werden konnte. Der Erstflug der Maschine fand im März 1919 statt.
Am 12. September 1919 stellte Progin mit dem Konstrukteur Haefeli als Passagier einen schweizerischen Höhenrekord mit 7250 m und kurz darauf ohne Passagier mit 8100 m auf.
1922 bauten die Eidgenössischen Konstruktions-Werkstätten 39 DH-5, die bis 1938 als Aufklärer verwendet wurden. Als 1924 ein um 15 kW stärkeres Triebwerk zur Verfügung stand, wurde eine weitere Serie von 20 DH-5 gebaut, die bis 1940 als Nahaufklärer und Übungsflugzeuge dienten.
1930 erhielten die damals noch vorhandenen 24 DH-5 der ersten Serie Spalt- und Vorflügel, die beiden Besatzungsmitglieder Fallschirme. Die Bezeichnung der umgebauten Maschine lautete DH-5 (MV-1) 1. Serie. Nach den Erfahrungen mit dieser Serie wurden noch 18 DH-5 der 2. Serie in gleicher Weise zu DH-5 (MV-1) 2. Serie umgebaut.
Gesamtproduktion: 80.

Rumpf: Stahlrohrbauweise mit Stoffbespannung; zwei offene Sitze hintereinander mit Doppelsteuerung.
Tragwerk: einstieliger, verspannter, gestaffelter Doppeldecker in Holzbauweise mit Stoffbespannung; Querruder nur am Oberflügel.
Leitwerk: freitragende Normalbauweise in Holz mit Stoffbespannung.
Fahrwerk: starr mit durchgehender Achse und Hecksporn.

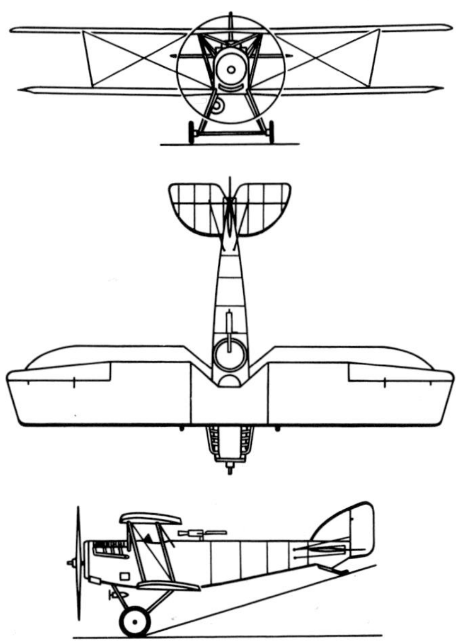

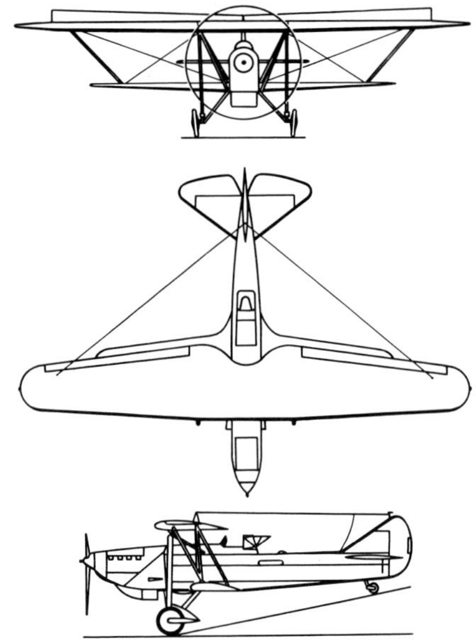

Eidgenössische Konstruktions-Werkstätten C-35 Mehrzweckflugzeug

Im Jahr 1934 forderte die Schweizer Flugwaffe als Nachfolger für das Leichtmetall-Hochdecker-Jagdflugzeug Dewoitine D-27 ein neues, zweisitziges Flugzeug für Aufklärung, Luftverteidigung sowie Bombenwürfe aus dem Horizontal- und Sturzflug. Die D-27 war 1926 für die französische Luftwaffe entwickelt, aber von dieser abgelehnt worden. Daraufhin bauten die EKW den Prototyp und flogen ihn 1928 ein. Gebaut wurden 1930 5 Vorserienmaschinen sowie 1931 15 und 1932 45 Flugzeuge dieses Typs.

Die Schweizer Kommission entschied sich für die von den Eidgenössischen Konstruktions-Werkstätten in Thun entwickelte C-35. Als Vorlage für die C-35 dienten die in der Schweiz verwendete Fokker CV-E sowie die Fokker C-X. Der Erstflug fand 1936 statt. Die Triebwerke für dieses Flugzeug wurden in der Schweiz in Lizenz hergestellt.

Mit einigen Verbesserungen verließen nach zwei Prototypen 80 Serienmaschinen zwischen Mai 1937 und Ende 1938 das Werk. In den Jahren 1941/42 wurden aus Ersatzteilen nochmals acht Maschinen zusammengebaut.

In der Schweiz befand sich die C-35 bis 1954 im Einsatz. Jedoch traten in den Frontstaffeln an ihre Stelle die moderneren C-3603. 65 C-35 wurden 1943 umgebaut und als Nachtjäger C-35-1 verwendet. Eine C-35 steht im Verkehrshaus in Luzern.

Rumpf: rechteckiges Stahlrohrfachwerk; vorn und oben mit Blech verkleidet, sonst stoffbespannt.
Tragwerk: einstieliger, verspannter, gestaffelter Anderthalbdecker; einteiliger Oberflügel; zweiteiliger Unterflügel am Rumpf angesetzt; mittragende Sperrholzbeplankung bis zum Hinterholm, dahinter Stoffbespannung; Spaltquerruder am Oberflügel; Spreizklappen am Hinterflügel.
Leitwerk: Normalbauweise in Stahlrohr mit Stoffbespannung; Höhenflosse nach unten abgestützt; Ruder aerodynamisch ausgeglichen; Flossen trimmbar.
Fahrwerk: starr mit Spornrad.

Pilatus PC-6 „Porter" / PC-6 A „Turbo Porter" Mehrzweckflugzeuge

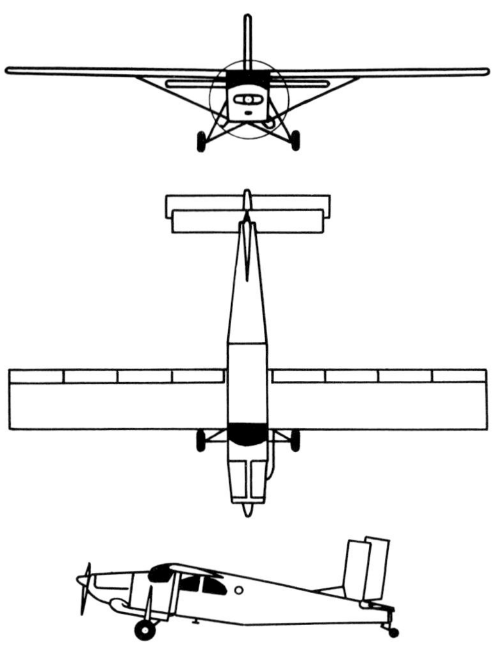

Die Entwicklung der PC-6 „Porter" begann 1957, und der Erstflug fand am 4. Mai 1959 statt. Die PC-6 A (Erstflug 2. Mai 1961) ist eine Weiterentwicklung mit PTL-Triebwerk. Die Ausrüstung mit Schneekufen oder Schwimmern ist möglich. Beide Flugzeuge sind für folgende Einsatzzwecke geeignet:

- Personen- und Frachttransport,
- Brandbekämpfung mit 800-l-Tank und Schnellablaß,
- Krankentransport (zwei Tragen, vier Sitze),
- Luftbildaufnahmen und Aufklärung,
- Absetzen von Fallschirmspringern und Lastenabwurf,
- Schädlingsbekämpfung.

Die ersten PC-6 wurden im Sommer 1961 ausgeliefert. Danach entstanden zahlreiche Versionen mit PTL-Triebwerk, die sich vor allem durch das Motor-Fabrikat und dessen Leistung unterschieden. Als erste „Turbo-Porter" wurden die Serien PC-6 A, A-1, A-2, B, C 2-H 2 und D-H 3 ausgeliefert.

Außerdem gibt es folgende Versionen:

PC-6 B-1: mit 405-kW-Triebwerk; Erstflug am 1. Mai 1964.

PC-6 B-2: mit 405-kW-Triebwerk; ab 1970 gebaut.

PC-6 C: mit 425-kW-Triebwerk; Erstflug im Oktober 1965.

PC-6 C-1: mit 425-kW-Triebwerk; gebaut ab 1970.

Die Fairchild-Werke (USA) fertigten die PC-6 B und die PC-6 C in Lizenz. Aus der vor allem als Landwirtschafts- und Mehrzweckflugzeug verwendeten „Turbo-Porter" entwickelte Fairchild 1970 den schwer bewaffneten Typ AU-23 A „Peacemaker". Diesen Typ bestellten die Luftstreitkräfte Thailands. In Ungarn verwendete der Staatliche Flugrettungsdienst die „Turbo-Porter" als Sanitätsmaschine.

Als zweimotorige Ableitung entstand aus der PC-6 die PC-8 „Twin Porter".

Bis Mitte 1988 sind über 470 PC-6 aller Versionen (einschließlich der USA-Lizenzbauten) in 50 Länder ausgeliefert worden, in der Mehrzahl PC-6 B.

Rumpf: Ganzmetall-Halbschalenbauweise; Türen auf beiden Seiten zum Cockpit; große Schiebetür steuerbords zur Kabine; Doppeltür backbords; Luke im Rumpfboden; Schallisolierung, Heizung und Belüftung.
Tragwerk: abgestrebter Hochdecker in Ganzmetallbauweise; ein Holm; Doppelspaltklappen.
Leitwerk: freitragende Normalbauweise in Ganzmetall.
Fahrwerk: starr mit Spornrad und Öl-Dämpfung; Scheibenbremsen; Ausrüstung mit Schwimmern, Rädern oder Schneekufen auf Wunsch.

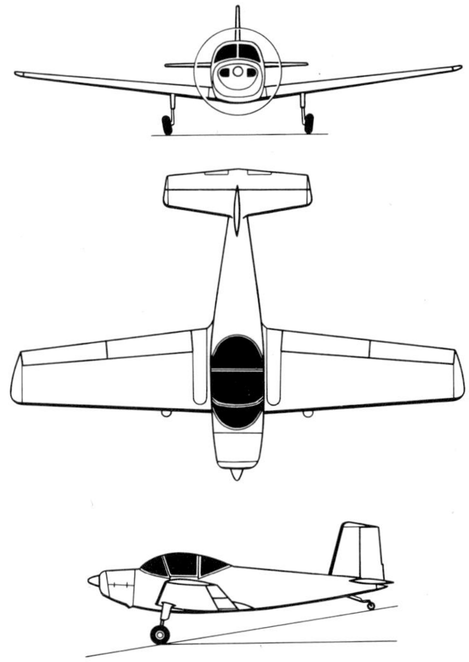

AISA I-11 B „Pegul"
Schul-, Übungs- und Sportflugzeug

Das Werk Aeronautica Industrial S. A. (AISA) beschäftigt sich seit 1923 mit dem Bau, der Wartung und der Reparatur von Flugzeugen. 1953 übernahm das Werk die Produktion der aus der AISA I-11 (entwickelt bei Iberia S. A.) abgeleiteten I-11 B „Pegul".
Die I-11 flog erstmalig im Jahr 1950. Dieser Typ hatte noch ein Bugradfahrwerk. Die I-11 B erhielt auf Wunsch der Kunden ein Spornradfahrwerk. Der Prototyp dieser Ausführung flog erstmalig am 16. Oktober 1953.
Als Einsitzer war die Maschine voll kunstflugtauglich. Bei den spanischen Luftstreitkräften hieß sie L. 8 C.
Die ersten 17 I-11 B waren als Anfangsausbildungsflugzeuge instrumentiert. Alle 110 Maschinen der zweiten Serie waren voll blindflugtauglich.

Rumpf: Ganzholz-Schalenbauweise; zwei Sitze nebeneinander mit Doppelsteuerung; Cockpitverglasung nach oben aufklappbar.
Tragwerk: freitragender Tiefdecker; zwei Holzholme mit Sperrholzbeplankung; Querruder in Holzbauweise mit Stoffbespannung; Auftriebsklappen.
Leitwerk: freitragende Normalbauweise in Holz; Flossen holzbeplankt; Ruder stoffbespannt; Trimmklappen an den Rudern.
Fahrwerk: starr; Heckrad steuerbar; hydraulische Bremsen.

CASA C-207 „Azor"
Verkehrs- und Transportflugzeug

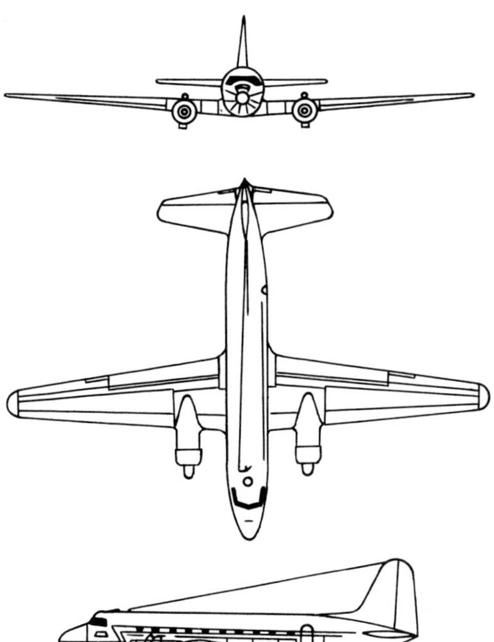

Der Flugzeugkonzern Construcciones Aeronautica S. A. (CASA) baut seit 1924 Flugzeuge. Die C-207 „Azor" war für den Mittel- und Kurzstreckenflug gedacht. Die Kabine konnte für 30, 35 oder 40 Passagiere eingerichtet werden.
Die spanischen Luftstreitkräfte bekamen die C-207 A als T-7 A für 30 Passagiere. Außerdem erhielt die spanische Luftwaffe die Frachtausführung C-207 C (T-7 B). Das Flugzeug diente ferner zum Transport von Fallschirmjägern, zum Abwurf von Lasten und in einer Sanitätsausführung.
Der Erstflug des Prototyps fand am 28. September 1955 statt. Das Flugzeug wurde bis 1967 produziert. Das Ablösemuster für die 22 C-207 war die C-212.

Rumpf: Ganzmetall-Halbschalenbauweise.
Tragwerk: freitragender Tiefdecker in Ganzmetallbauweise; zwei Holme; Landeklappen.
Leitwerk: freitragende Normalbauweise.
Fahrwerk: einziehbar mit Bugrad; an den Hauptstreben Zwillingsräder; hydraulische Bremsen.

CASA C-212 „Aviocar“
Mehrzweckflugzeug

In Zusammenarbeit mit dem BRD-Konzern MBB schuf CASA das PTL-Flugzeug C-212 mit STOL-Eigenschaften für zivile und militärische Zwecke. Die Maschine sollte vor allem die Transporter Ju 52/3 m, DC-3 und C-207 ablösen.
Die Frachtausführung befördert 2000 kg Nutzmasse. Über eine große Heckladerampe können auch sperrige Güter, z. B. Fahrzeuge, verladen werden. Die Sanitätsversion bietet 12 Verwundeten auf Tragen und drei Mann Begleitpersonal Platz. Als Transporter nimmt die Maschine 16 Fallschirmjäger auf. Die Verkehrsversion befördert 18 bis 21 Passagiere.
Der Erstflug fand am 26. März 1971 statt. Die Serienproduktion begann Mitte 1975. Bestellt wurde die „Aviocar“ u. a. von Spanien (42), Portugal (24), Indonesien (6) und Jordanien (4).
Bis 1988 wurden 413 (203 zivile, 210 militärische) Maschinen in verschiedenen Versionen (Transporter, Luftbild-, Navigations-, Landwirtschafts- oder Vermessungsflugzeug) gebaut. Neun C-212 SAR mit Funkmeßgerät im Bug werden von der Luftwaffe Spaniens für Seenotrettungsaufgaben verwendet. 1985 wurde die Version C-212-200 ECM als Ausführung für den elektronischen Kampf in Dienst gestellt.

Rumpf: Ganzmetall-Halbschalenbauweise; zwei Türen auf der Backbordseite; Heckladerampe.
Tragwerk: freitragender Schulterdecker in Ganzmetallbauweise; Doppelspaltklappen; pneumatische Enteisung.
Leitwerk: freitragende Normalbauweise in Ganzmetall; Trimmklappen in den Rudern; pneumatische Enteisung.
Fahrwerk: starr; steuerbares Bugrad, ölpneumatische Dämpfung; hydraulische Scheibenbremse.

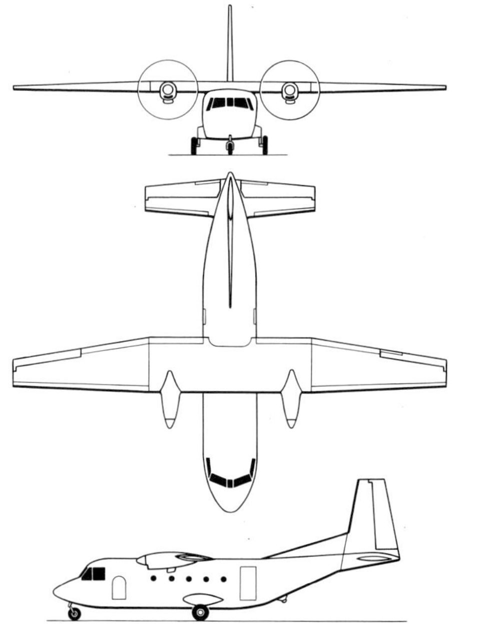

CASA C-101 „Aviojet“
Trainings- und Tiefangriffsflugzeug

Im September 1975 schlossen das Luftfahrtministerium Spaniens und die CASA-Werke einen Vertrag über die Konstruktion eines Nachfolgemusters für die veralteten Strahltrainer T-33 A von Lockheed und HA-200 „Saeta“. Bestellt wurden vier Prototypen für die Flugerprobung und zwei für statische Tests. Der erste Prototyp nahm am 27. Juni 1977 die Flugerprobung auf.
Im Jahr 1978 begann unter Beteiligung von MBB (BRD) und Northrop (USA) in Getafe die Fertigung von Tragflügeln und anderer Teile, in Sevilla von Rümpfen für die ersten zehn C-101.
Geplant waren zunächst Trainerausführungen als C-101 EB und bewaffnete Maschinen als C-101 ET. Die „Aviojet“ ist vorgesehen für Tiefangriffe und Aufklärungsaufgaben, zur Begleitung, zum Waffentraining, für den elektronischen Krieg sowie für Fotoflüge.
Am 17. März 1980 übernahm eine spanische Staffel die ersten vier von 88 C-101 EB. Die bewaffnete Export-Schulversion heißt C-101 BB (14 für Chile und 4 für Honduras).
Die um 725 kg schwerere C-101 CC hat ein stärkeres Triebwerk, einen Behälter mit einer 30-mm-Kanone unter dem Rumpf sowie 6 Außenlastträger unter den Flügeln, jedoch zivile Navigations- und einfache Waffenzielgeräte. Chile erhielt 25 C-101 CC.
Zum Luftfahrtsalon 1985 in Paris wurde die C-102 DD als leichtes einsitziges Erdkampfflugzeug vorgestellt. Sie ist mit einem leichten digitalen Navigations- und Waffeneinsatzsystem ausgerüstet, 75 kg schwerer als die CC und soll auch für die Waffeneinsatzausbildung verwendet werden.

Rumpf: Ganzmetall-Halbschalenbauweise; Sitze hintereinander.
Tragwerk: Tiefdecker mit Trapezflügeln aus Ganzmetall; leichte V-Form.
Leitwerk: Normalbauweise; Ganzmetall; Abgasöffnung überragend.
Fahrwerk: einziehbar mit Bugrad; alle Streben einfach bereift.

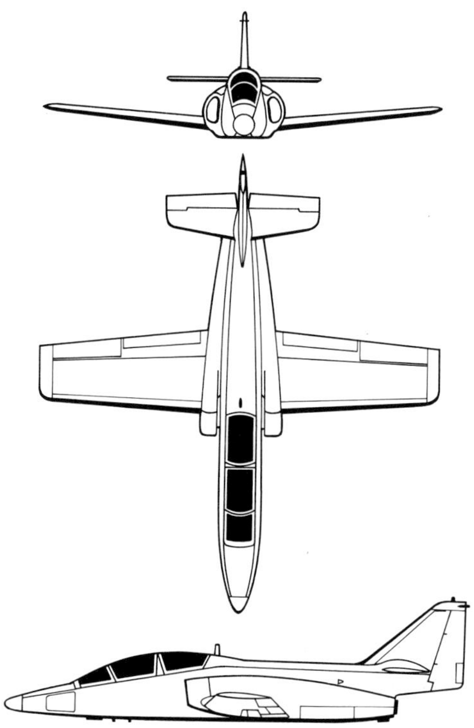

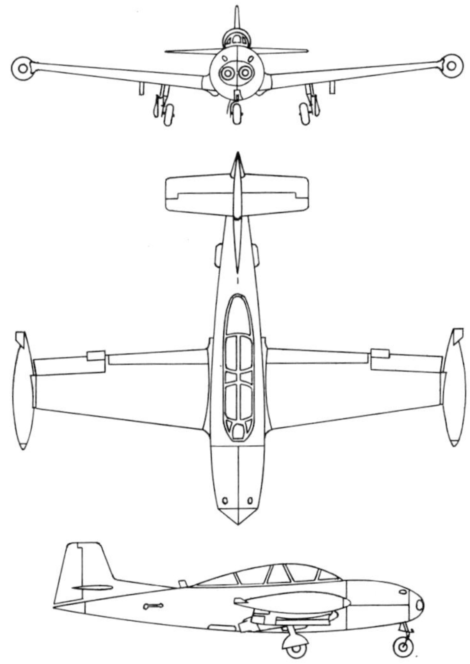

Hispano Aviacion HA-200 „Saeta“ / HA-220 „Super Saeta“
Schul-, Übungs- und Erdkampfflugzeuge

Die zweisitzige HA-200 „Saeta" (wie der mit einem Sternmotor ausgerüstete Vorgänger HA-100 von Messerschmitt konstruiert) diente sowohl der Anfangsschulung wie der Fortbildung. Zur Schieß- und Waffenausbildung ist die Maschine mit Maschinengewehren bestückt. Außerdem kann sie mit einer Luftbildausrüstung versehen werden sowie Bomben, Raketen und Lenkwaffen tragen. Der erste von zwei Prototypen flog erstmalig am 12. August 1955, das erste Serienflugzeug am 11. Oktober 1962.

Die Versionen A und B unterscheiden sich lediglich in der Waffenausrüstung. Die D-Version hat 3925-N-Triebwerke (Foto, Skizze).
Aus der bis 1967 gebauten HA-200 entstand 1968 die leistungsstärkere einsitzige HA-200 „Super Saeta", die – zunächst als HA-200 E bezeichnet – bis 1974 produziert wurde. Der Sitz des Flugzeugführers ist gepanzert. In der linken Kabine befindet sich ein Kraftstoffbehälter, der für Schulflüge ausgebaut werden kann.

Versionen:
HA-200: Vorserie; 10 Maschinen.
HA-200 A: Serie; 30 für Spanien.
HA-200 B: Lizenzproduktion in Ägypten von 1960 bis 1965 als „Alkahira" (90).
HA-200 D: Erstflug im April 1965; 55 als AE-10 A und AE-10 B für Spanien.
HA-220: Erstflug am 22. April 1970; 25 als A-10 C für Spanien (Einsitziger Jabo).
Umbau von 40 HA-200 D mit Triebwerk Marbore VI, neuer Avionik und Luft-Boden-Raketen.
Je eine HA-200 und eine HA-220 stehen im Flugzeugmuseum Madrid.

Rumpf: Ganzmetall-Halbschalenbauweise; Druckkabine mit zwei Sitzen hintereinander und Doppelsteuerung.
Tragwerk: freitragender Tiefdecker in Ganzmetallbauweise mit einem Holm; Spalt-Wölbungsklappen.
Leitwerk: freitragende Normalbauweise in Ganzmetall.
Fahrwerk: einziehbar mit Bugrad, hydraulisch betätigt; hydraulische Dämpfung.

Hispano-Nieuport HA-52 C 1
Jagdflugzeug

Als am 18. Juli 1936 der Franco-Putsch gegen die Republik Spanien begann, verfügten die Luftstreitkräfte des Landes lediglich über rund 70 Flugzeuge. Es waren meist veraltete Typen: Bréguet XIX, einige Fokker- und Douglas-Verkehrsflugzeuge. Zu den Jagdflugzeugen gehörten au-

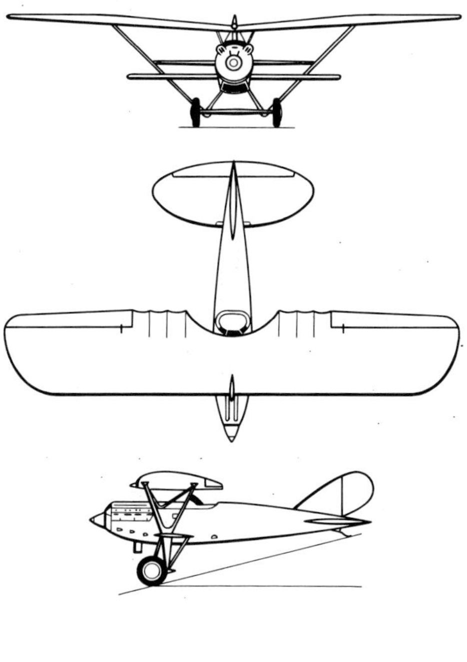

ßer einer modernen „Fury" von Hawker 12 HA-52 C 1 von Hispano-Nieuport, in der Literatur oft als C-52 oder Nieuport 52 bezeichnet. Die Firma Hispano-Aviacion hatte den Typ ab 1929 in 125 Exemplaren mit kleinen Konstruktionsänderungen nach einer französischen Lizenz gefertigt.
Ausgangsmuster des als Nieuport-Delage NiD 52 bezeichneten Typs war die Nieuport-Delage 40 C 1 aus dem Jahr 1924, ein abgestrebter Anderthalbdecker mit starrem Fahrwerk und einem 295-kW-Motor von Hispano Suiza. Die 40 C 1 wurde wiederholt modifiziert. Das betraf vor allem den Antrieb, die Luftschrauben, den Kühler und das Fahrwerk (Bremsen, Federung, Aufhängung), während der grundsätzliche Aufbau unverändert blieb. So erhielt die 42 C 1 als unmittelbare Vorgängerin der HA-52 C 1 einen 370-kW-Motor von Hispano Suiza, während man für die Versionen 44 C 1 und 46 C 1 andere Triebwerke mit veränderten Stirnpartien und Luftschrauben wählte. Von der 42 C 1 unterscheidet sich die HA-52 C 1 durch den vor dem Fahrwerk aus dem Rumpf tretenden flachen Kühler.

Rumpf: Halbschalenbauweise; vorn Aluminium-Verkleidung; hinten stoffbespannt; offener Sitz.
Tragwerk: nicht verspannter, einstieliger Anderthalbdekker, Querruder nur oben; an Hinterkante runder Ausschnitt; Gemischtbauweise.
Leitwerk: freitragende Normalbauweise.
Fahrwerk: starr mit Hecksporn; durchgehende Achse.

A-40/Be-42 „Albatros" Amphibienflugzeug für Seenotrettung

Während der Luftfahrtschau am 19. August 1989 in Tuschino wurde der Prototyp eines Seenotrettungsflugzeugs vorgeführt, von dessen Erstflug die Öffentlichkeit kurz vorher durch sowjetische Zeitungen informiert worden war. Als Chefkonstrukteur gilt Konstantinow vom Konstruktionsbüro Berijew.

Die Notwendigkeit für den Bau eines solchen Flugzeugs wird damit begründet, daß jährlich etwa 300 Schiffe auf den Weltmeeren verlorengehen und selbst die vollständige Ausstattung der Schiffe mit Rettungsmitteln keine Garantie dafür bietet, das Leben von Schiffbrüchigen zu retten. Ein weiteres wichtiges Problem besteht darin, daß der menschliche Körper im Wasser 25mal rascher abkühlt als bei gleicher Temperatur in der Luft. Die Unterkühlung behindert das Handeln und führt zum schnellen Tod. Je eher daher Schiffbrüchige aus dem Wasser geborgen werden, desto größer sind die Chancen, sie zu retten. Flugzeuge und Hubschrauber können sich der Unglücksstelle zwar schnell nähern, doch oft werden Rettungsmittel von Flugzeugen aus ungenau abgeworfen, und Schiffbrüchige können nicht an Bord genommen werden. Hubschrauber sind zudem bezüglich Geschwindigkeit und Aktionsradius begrenzt. Daher wird der Ausweg im Amphibienflugzeug gesehen, das direkt an der Unglücksstelle wassern kann.

Die Ausrüstung der A-40 erlaubt es, bei Tag und Nacht in Seenot Geratene zu finden. Funk-, Radarsowie optoelektronische Mittel und starke Suchscheinwerfer stehen der Besatzung zur Verfügung. Die Rettungsgruppe kann Motorboote, Rettungsflöße und -boote, mechanisierte Gangways sowie Spezialgeräte einsetzen. Die Geretteten gelangen über besondere Luken in die Maschine. Zur medizinischen Ausstattung zählen Einrichtungen zum schnellen Erwärmen, zum Wiederbeleben sowie für chirurgische Eingriffe. An Bord können 60 Schiffbrüchige untergebracht werden.

Im Mittelpunkt umfangreicher Untersuchungen für die zweckmäßigste Konstruktion eines solchen Flugzeugs standen die Aero-Hydromechanik, die Festigkeit von Rumpf und Tragflügeln sowie die Zuverlässigkeit der Energieanlagen.

Der erste von 2 Prototypen begann im Dezember 1986 die Flugerprobung. Es wird damit gerechnet, daß Rußland einen Bedarf von 20 Be-42 (Werkbezeichnung A-40) für die Seenotrettung und U-Bootbekämpfung bzw. Minensuche hat. Varianten als Feuerlösch-, Passagier- und Frachtmaschinen werden projektiert.

Rumpf: bootsförmiger, gekielter Boden mit kleinen seitlichen Auslegern in Höhe der Tragflügel; dahinter Stufe und flaches, sich zum Heck verjüngendes und nach oben gezogenes Hinterteil; Nachtanksonde über großem Funkmeßgerät in der Bugspitze.
Tragwerk: Schulterdecker großer Spannweite; vorn gepfeilt, hinten gerade; Mittelstück etwas zurückversetzt mit hochliegendem Strahltriebwerk auf jeder Seite; Verdickungen bis zur Vorderkante beiderseits des Rumpfes.
Leitwerk: sehr großes, leicht pfeilförmiges Seitenleitwerk; aufgesetztes T-förmiges Höhenleitwerk.
Schwimm-/Fahrwerk: Bootsrumpf und Stützschwimmer an den Tragflügelenden.

Alexandrow/Kalinin AK-1 Verkehrsflugzeug

Die AK-1 wurde im Zentralen Aero- und Hydrodynamischen Institut (ZAGI) unter Leitung von Alexandrow und Kalinin konstruiert. Dabei bestand die Aufgabe darin, die Möglichkeiten des Baues von Flugzeugen mit dickem Flügelprofil zu untersuchen und die bei der Projektierung benutzten Berechnungsverfahren zu überprüfen. Erstmalig benutzte man experimentelle und analytische Methoden der Festigkeitsbestimmung, die dann allgemein Eingang fanden.

Gefertigt wurde die Maschine im Werk GAZ Nr. 5 „Samoljot" von April bis November 1923. Die Flugerprobung begann der Flugzeugführer Tomaschewski am 8. März 1924. Nach der Luftverkehrszulassung beflog die AK-1 im Auftrag der Dobrolet als erstes sowjetisches Passagierflugzeug die Strecke Moskau—Kasan, wobei sie über 11 000 km zurücklegte. Vom 10. Juni bis 17. Juli 1925 nahm das Flugzeug an dem Fernflug Moskau—Peking teil, wofür ein 100-l-Zusatztank eingebaut wurde. Von Peking aus wurden Flüge in andere chinesische Städte unternommen.

Rumpf: Holzbauweise mit Stoffbespannung; offenes Cockpit für zwei Personen; geschlossene Kabine.
Tragwerk: abgestrebter Schulterdecker mit trapezförmigem Grundriß; Holzbauweise mit Stoffbespannung.
Leitwerk: abgestrebte Normalbauweise in Holz mit Stoffbespannung.
Fahrwerk: starr mit durchgehender Achse und Hecksporn.

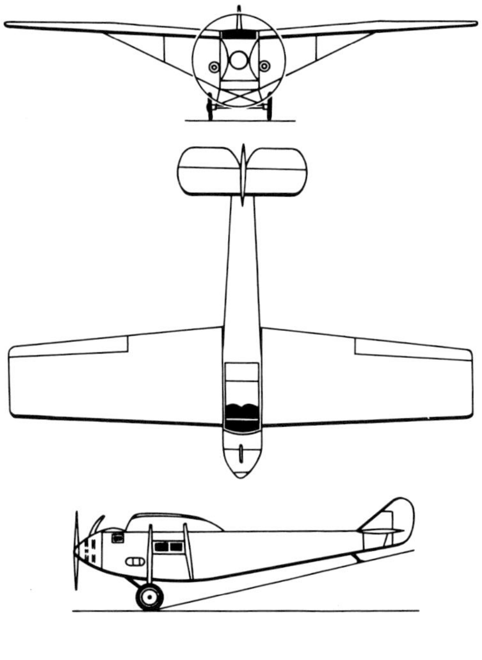

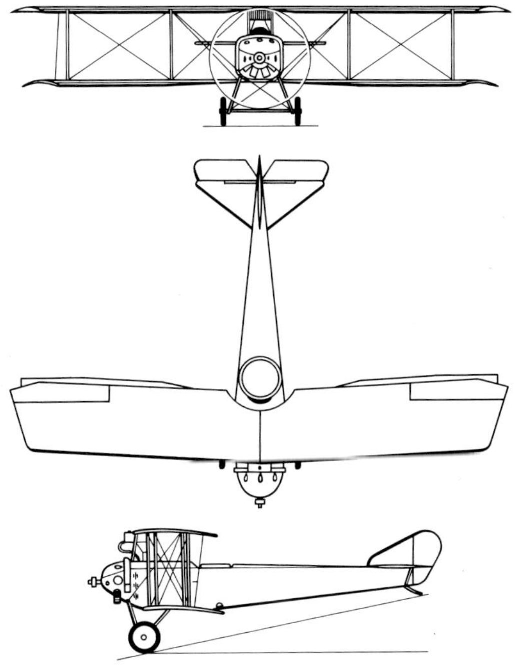

Anatra D
Aufklärungsflugzeug

Im Sommer 1915 begann im Anatra-Werk in Odessa die Projektierung eines Doppeldecker-Aufklärers, dessen Flugerprobung am 19. Dezember 1915 aufgenommen wurde. In deren Verlauf veränderte man z. B. die Lage der Sitze mehrmals, da sich Probleme mit dem Schwerpunkt der Maschine ergeben hatten. Am 16. Mai 1916 wurde die erste Serienmaschine ausgeliefert. Bis zum nächsten Jahr wurden 170 Flugzeuge dieses Typs hergestellt. Während die Mehrzahl mit dem Triebwerk Gnôme „Monosoupape B" ausgestattet wurde, erhielt eine kleine Anzahl den 9-Zylindermotor Clerguet (80 kW). Diese Maschinen hießen auch „Anaclé" oder „Anacler".
Am 25. Juni 1916 erprobte man eine Anatra, deren oberen Tragflügel man etwas verkürzt hatte, mit einem 120-kW-Motor von Salmson. Damit ergaben sich bessere Flugleistungen. Von 1917 bis 1920 wurden nach diesem Schema 60 bis 70 Flugzeuge gefertigt. Das Grundmuster wurde auch insofern modifiziert, als auf den unteren Tragflügelhälften je ein Motor angebracht wurde, der eine Druckschraube hatte.
Die Anatra D hatte einen guten Ruf, da sie sich einfach bauen und reparieren ließ.

Rumpf: rechteckiger Querschnitt; Holzbauweise; vorn blechbeplankt; offene Sitze hintereinander.
Tragwerk: verspannter, zweistieliger Doppeldecker; unterer Flügel mit geringerer Spannweite; Querruder nur oben.
Leitwerk: aufgesetzte Seitenflosse; geteiltes Höhenruder; Gemischtbauweise.
Fahrwerk: starr mit Hecksporn; durchgehende Achse.

Antonow A-7
Lastensegler

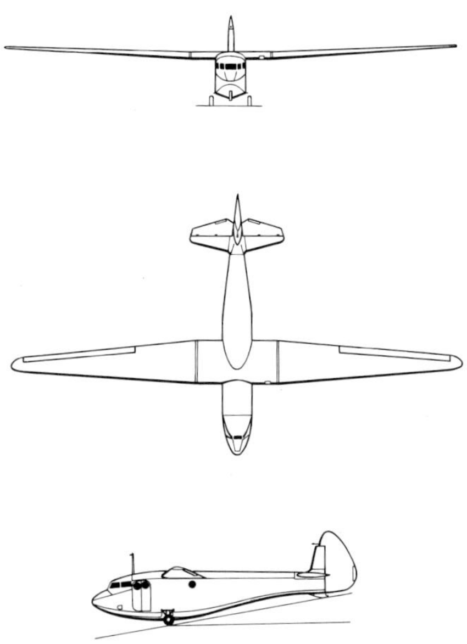

Neben Segelflugzeugen entwickelte Antonow in den dreißiger Jahren auch militärische Lastensegler, mit denen sich auf recht wenig kostenaufwendige Weise der Transportraum der Luftstreitkräfte vergrößern ließ. Außerdem waren die bis in einen bestimmten Raum geschleppten, dann ausgeklinkten und ihrem Ziel fast lautlos entgegengleitenden Transporter ein geeignetes Mittel, um mit Soldaten, Waffen, leichten Fahrzeugen und Nachschubgütern aller Art unbemerkt hinter den feindlichen Linien zu landen. Die ersten sowjetischen Lastensegler entstanden in der zweiten Hälfte der dreißiger Jahre, nachdem Marschall Tuchatschewski, der damalige Volkskommissar für Verteidigung, in einer Studie aus dem Jahr 1934 die Entwicklung von Luftlandeseglern und Lastenseglern angeregt hatte.
Antonow schuf zunächst den mit einem 135-kW-Motor ausgestatteten Motorsegler Lem-2 für 1 000 kg Nutzmasse. 1938 begann er die Arbeiten an dem in der Form damaligen Leistungssegelflugzeugen ähnelnden Lastensegler RF-8 (RF – Rot Front), der – nach der Erprobung 1940 durch den Kriegsbeginn verzögert – ab Winter 1942 in rund 300 (nach anderen Quellen 500) Exemplaren gefertigt wurde. Als Schlepper dienten die Bombenflugzeuge DB-3 F, SB-2 oder TB-3 (Länge des Schleppzuges SB und A-7: 310 m). Verwendet wurden diese Lastensegler zur Versorgung von hinter den feindlichen Linien abgesetzten oder abgeschnittenen Truppenteilen sowie zur Unterstützung und als Verbindungsmittel zu den Partisanen. Der Lastensegler A-7 war nicht für den Transport von Fahrzeugen oder sperrigen Gütern geeignet. Nach den Erfahrungen mit der A-7 entstanden in der UdSSR größere, leistungsfähigere Lastensegler.

Rumpf: Gemischtbauweise; Kastenform; zwei Ladetüren auf der linken Seite.
Tragwerk: freitragender Schulterdecker in Gemischtbauweise mit geradem Tragflügelmittelteil; Querruder und Landeklappen; breite Bremsklappen auf den Tragflügeln.
Leitwerk: freitragende Normalbauweise in Holz mit Stoffbespannung.
Fahrwerk: Gleitkufe unter dem Rumpf; an den Seiten einklappbare Räder; am Heck starrer Sporn.

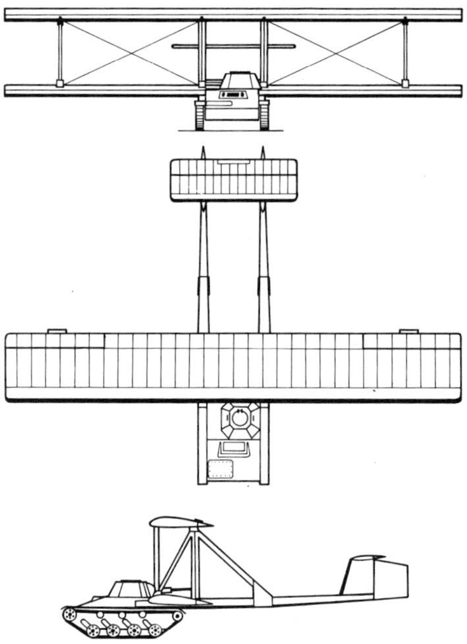

Antonow A-40 (KT)
Fliegender Panzer

Zu den Kuriositäten in der Geschichte der Luftfahrt gehört der fliegende Panzer (KT – krylaty tank, üblich waren auch die Bezeichnungen A-40 oder A-T) des Flugzeugkonstrukteurs Oleg Antonow. Ausgangspunkt für die Entwicklung eines Gleiters, der einen leichten Panzer tragen sollte, war das Bestreben, Luftlandeoperationen sowie die Partisanenverbände mit schwerer Kampftechnik zu unterstützen. Bei der Suche nach einer Lösung des Problems griff Antonow auf die international bereits mehrmals geäußerte Idee zurück, eine leichtes Panzerfahrzeug mit Flügeln sowie allen notwendigen Vorrichtungen zu versehen, um es von Schleppflugzeugen durch die Luft zu ziehen.
Nach dieser Grundkonzeption ließ Antonow einen 5,8 t schweren Panzer T-60 so umbauen, daß sich in der Fahrerkabine zusätzlich alle Organe für die Steuerung des Flugzeugs befanden. An dem Fahrzeug wurde das nach der Landung abzusprengende, insgesamt 2004 kg schwere „Flugwerk" befestigt. Die Konstruktion entsprach den Forderungen nach einer genügend großen tragenden Fläche, nach hoher Festigkeit und dennoch geringer Masse.
Im Sommer 1942 war die Maschine fertig. Nach einem Schnellkurs für Panzerfahrer erprobte der Segelflieger Anochin die A-40. Als Schleppmaschine diente ein Bomber TB-3, der von Jeremejew gesteuert wurde. Zunächst unternahm man mit dem Gespann Bodenversuche, um danach mehrere kurze Gleitsprünge auszuführen. Am 7. August 1942 startete der Schleppverband von einem Flugplatz nahe Moskaus zum Erstflug. Zwar verhielt sich die A-40 nach Anochins Urteil etwas träge, doch war er insgesamt mit ihrem Flugverhalten zufrieden. Da die Triebwerke der Schleppmaschine jedoch bald heißliefen, mußte Anochin noch vor dem vorgesehenen Punkt ausklinken und landen. Auch bei den folgenden Flügen zeigten sich ähnliche Ergebnisse: Das Gerät A-40 war zwar flugfähig, erzeugte aber durch seine äußerst ungünstige Formgebung einen sehr hohen Luftwiderstand, so daß sich die Triebwerke der Schleppmaschine überhitzten. Deshalb (und weil die Sowjetarmee in der damaligen Situation an der Front große Mengen an einfacher und robuster Kampftechnik benötigte) gab man am 2. September 1942 alle weiteren Arbeiten an diesem Projekt auf.

Rumpf: schmaler Doppelrumpf als verbindendes Element von Panzer, Tragflügel und Leitwerk.
Tragwerk: verspannter Doppeldecker mit N-Stielen; Gemischtbauweise.
Leitwerk: großflächiges Höhenleitwerk; doppeltes Seitenleitwerk über den Rumpfenden.
Fahrwerk: ohne eigenes Fahrwerk.

Antonow An-8
Mehrzweckflugzeug

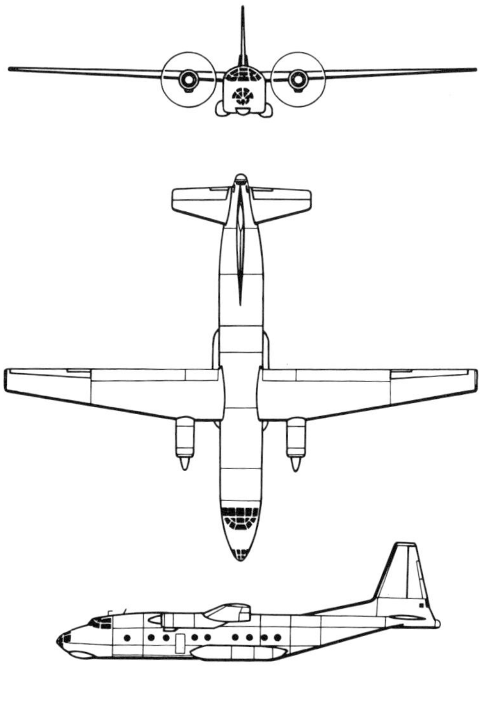

Die An-8 wurde für militärische und zivile Zwecke geschaffen. Der Erstflug des Prototyps fand 1953 statt, die Serienlieferungen begannen 1955. Mit der An-8 entstand der erste Turboprop-Transporter, der den Bedingungen des modernen Gefechts entsprach.
Die An-8 kann auf kleinen Flugplätzen ohne Betonpiste starten und landen. Die Größe des Frachtraums entspricht der eines vierachsigen Eisenbahn-Güterwagens. In der Militärversion dient die Maschine zum Absetzen von Fallschirmjägern und zur Beförderung sperriger Lasten, wie Fahrzeuge, Panzer, Kanonen, Versorgungsgüter. Sie befördert bis zu 70 Soldaten.
In der Zivilversion wurde die An-8 als Passagier- und Frachtflugzeug bei der Polarfliegerei verwendet. Die An-12 ist eine größere Variante der An-8. Eine An-8 steht im Luftfahrtmuseum Monino (Foto).
Nach 5 Prototypen entstanden etwa 100 An-8, von denen sich einige noch 1994 im Dienst befanden.

Rumpf: Ganzmetall-Schalenbauweise mit rechteckigem Querschnitt; Heck hochgezogen zur Unterbringung einer Heckladepforte; Bug verglast; Waffenstand im Heck; Radar unter dem Bug.
Tragwerk: freitragender Schulterdecker in Ganzmetallbauweise; zweiteilige Landeklappen zwischen Querruder und Rumpf.
Leitwerk: freitragende Normalbauweise in Ganzmetall.
Fahrwerk: einziehbar; Bugstrebe mit Zwillingsrädern; Bugrad steuerbar; Hauptstreben mit je vier Rädern.

Antonow An-10
Verkehrsflugzeug

Antonow begann im Jahr 1954 mit der Entwicklung eines Verkehrsflugzeugs, das auch von kleinen, unbefestigten Flugplätzen aus eingesetzt werden sollte. Der Prototyp „Ukraina“ flog erstmalig im März 1957. Diese Version hatte 84 Passagierplätze. Im Juli 1959 nahm sie den Liniendienst bei der Aeroflot auf.
Aus diesem Muster entstand 1957 die An-10 A, die einen um 2 m längeren Rumpf hatte und 100 Fluggäste befördern konnte. Zur Erhöhung der Kursstabilität wurde außerdem das Leitwerk verändert. Die An-10 A begann ihren Liniendienst im Februar 1960. Auf der Weltausstellung „Expo 58“ in Brüssel erhielt sie eine Goldmedaille. Die in der Polarfliegerei der Aeroflot eingesetzten Maschinen dieser Ausführung waren mit Schneekufen ausgestattet.
Die An-10 B für 130 Passagiere flog erstmalig 1963 und wurde ab 1965 im Liniendienst eingesetzt.
Eine im Prototyp für 130 Passagiere gebaute Version erhielt die Bezeichnung An-16.
Die letzten der 200 An-10 gingen 1972 außer Dienst.

Rumpf: Ganzmetall-Schalenbauweise mit kreisförmigem Querschnitt; Bugkanzel verglast mit Sitz für Navigator.
Tragwerk: freitragender Schulterdecker in Ganzmetallbauweise mit zwei Holmen; Fowler-Doppelklappen; elektrothermische Enteisung.
Leitwerk: freitragende Normalbauweise in Ganzmetall; an beiden Enden des Höhenleitwerks Seitenendscheiben; Stabilisierungsflosse unter dem Rumpfheck; elektrothermische Enteisung.
Fahrwerk: einziehbar, hydraulisch betätigt; Bugstrebe mit Zwillingsrädern; Hauptstreben mit Fahrwerkschlitten und je vier Rädern; hydraulische Scheibenbremsen; Ausrüstung mit Schneekufen möglich.

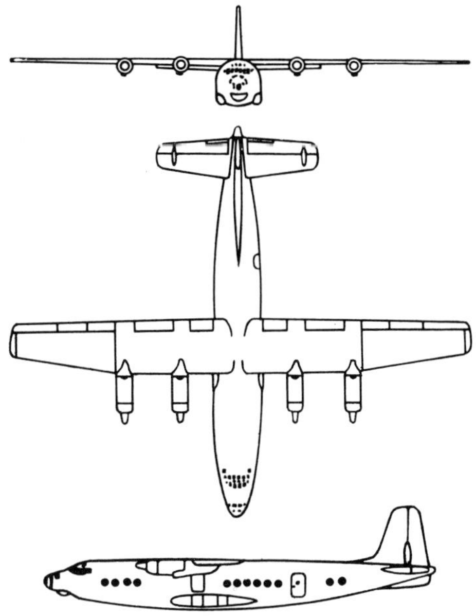

Antonow An-12
Fracht- und Transportflugzeug

Etwa gleichzeitig mit der An-10 wurde die An-12, ein PTL-Fracht- und Transportflugzeug für zivile und militärische Zwecke, entwickelt. Der Hauptunterschied zur An-10 besteht in dem völlig veränderten Rumpfheck, das hochgezogen ist und eine herunterklappbare Laderampe hat.

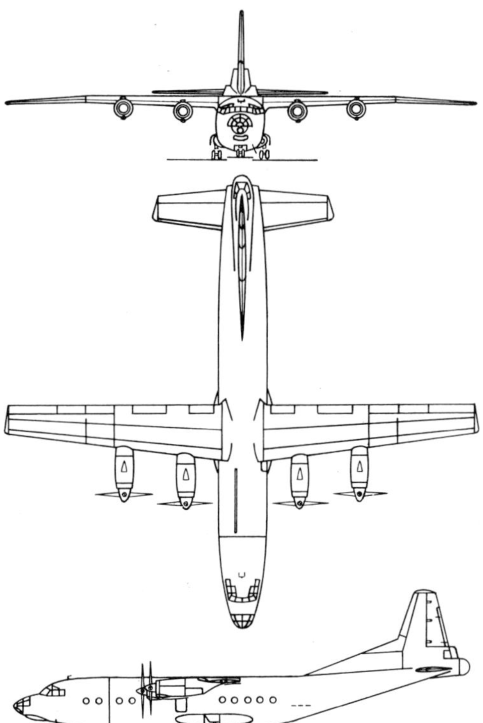

Für das Begleitpersonal ist eine Druckkabine mit 14 Plätzen vorhanden. Die Frachtkabine ist 13,5 m × 2,6 m × 3,5 m groß. Das robuste Fahrwerk mit Niederdruckreifen, die hoch über dem Erdboden gelegenen Triebwerke sowie die günstigen Start- und Landeeigenschaften gestatten den Einsatz von unbefestigten Landeplätzen aus.
Das Flugzeug wird auch für Such- und Rettungsflüge sowie für wissenschaftliche Expeditionen eingesetzt. Bei den Luftstreitkräften findet es als Transporter für militärische Ausrüstungen und als Absetzflugzeug für Fallschirmtruppen Verwendung. Der Erstflug des Prototyps war im März 1957.
Die An-12 fliegt außer in der UdSSR in Afghanistan, Angola, Äthiopien, Bangladesh, Ghana, der ČSFR, China, Indien, Indonesien, im Irak, in Polen, Ägypten, Bulgarien, Jugoslawien, Algerien, Syrien und Kuba. Die Zivilversion An-12 B transportiert 20 000 kg Fracht oder 130 Passagiere. Sie flog erstmalig 1961 und wurde ab 1962 in Serie gebaut. In Indien diente die An-12 B als Behelfsbomber.
Die An-12 BK hat verbesserte Ladeeinrichtungen. Als An-12 BP wird eine als fliegendes Laboratorium verwendete Ausführung bezeichnet.
An-12 gehörten bis zum Abzug aus Deutschland (Mitte 1994) zum Bestand der 16. Luftarmee. Einige An-12 sind für den elektronischen Kampf umgerüstet worden. Von 1959 bis 1973 verließen über 900 An-12 in 40 Modifikationen das Werk.
In China fertigte die Shaanxi Aircraft Corporation (SAC) zwischen 1969 und 1993 etwa 40 An-12 B als Y-8. 1986 wurde dort ein Prototyp als Marineaufklärer erprobt.

Rumpf: ähnlich der An-10; Heckunterseite jedoch hochgezogen mit herunterklappbarer Lade- und Abwurframpe für sperrige Lasten und Fahrzeuge; verstärkter Rumpfboden, bewaffneter Heckstand möglich.
Tragwerk: wie An-10.
Leitwerk: wie An-10, aber ohne Endscheiben am Höhenleitwerk und ohne Stabilisierungsflosse unter dem Heck.
Fahrwerk: wie An-10; Ausrüstung mit heizbaren Schneekufen möglich.

Antonow An-14 / An-14 M
Mehrzweckflugzeuge

Am 15. März 1958 flog erstmalig das zweimotorige STOL-Mehrzweckflugzeug An-14, das wegen seiner kurzen Start- und Landestrecken verblüffte. Antonow entwickelte das Flugzeug weiter und rüstete es mit zwei PTL-Triebwerken aus. Zugleich wurde der Rumpf verlängert und der Hochauftriebsflügel verbessert. Die Weiterentwicklung An-14 M flog erstmalig im September 1969. Sie ist zugleich der Prototyp für die An-28.

Die An-14 diente für Passagier-, Reise-, Fracht-, Brandbekämpfungs-, Such- und Rettungs-, Landwirtschafts- und Sanitätsflüge, zum Absetzen von Fallschirmspringern, für geologische Forschungen und als Luftbildflugzeug.

Die Luftstreitkräfte der DDR verwendeten vier An-14 bis 1981 als Verbindungsflugzeuge. Sie wird auch in Bulgarien und China (als Y-8) geflogen.

Der erst 1965 angelaufene Serienbau umfaßte über 300 An-14. Je eine An-14 A gehört zu den Sammlungen des Militärhistorischen Museums Dresden sowie des Luftwaffenmuseums Berlin-Gatow.

Rumpf: Ganzmetall-Halbschalenbauweise; hochgezogenes Heck mit Luke zum Be- und Entladen.
Tragwerk: abgestrebter Schulterdecker in Ganzmetallbauweise; automatische Vorflügel; zweiteilige Landeklappen; An-14 M: thermische Enteisung.
Leitwerk: zwei Seitenleitwerke, dahinter das Höhenleitwerk, das auf dem Rumpf aufliegt; An-14 M: thermische Enteisung.
Fahrwerk: starr mit Bugrad und Niederdruckreifen; Ausrüstung mit Schneekufen möglich.

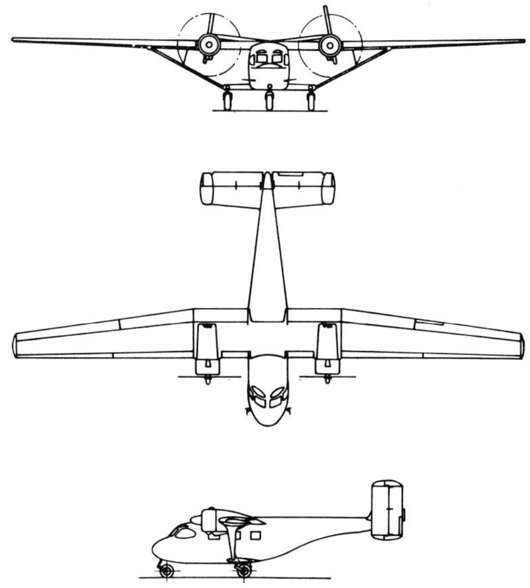

Antonow An-22 „Antäus"
Transportflugzeug

Die An-22 „Antäus" wurde auf dem Pariser Luftfahrtsalon 1965 vorgestellt. Sie erregte besonderes Aufsehen, weil sie sowohl in ihren Ausmaßen als auch in ihrer Zuladung bis dahin nicht erreichte Werte aufwies. Der Frachtraum ist 33 m lang, 4,4 m breit und 4,4 m hoch. Hinter dem Besatzungsraum liegt eine Überdruckkabine für 29 Mann Begleitpersonal.

Bei der An-22 wurde als Neuerung ein elektrisches Schweißverfahren mit Kaltkleben angewendet, wobei sich der Kleber zwischen den geschweißten Teilen gleichmäßig verteilt. Die Zug- und Verdrehungsfestigkeit ist daher dreimal so hoch wie bei anderen modernen Verfahren. Die An-22 ist mit einem Bordrechner ausgestattet. Der Erstflug des Prototyps fand am 24. Februar 1965 statt. Im Jahr 1970 erschien die An-22 M mit einem großen Funkmeßgerät im Rumpf. Am 26. Oktober 1967 stellte der Testpilot Dawidow mit einer An-22 15 Rekorde auf. Mit 100444,6 kg Nutzmasse erreichte er eine Höhe von 7848 m, was gleichbedeutend mit Rekorden für 35000, 40000, 45000, 50000, 55000, 60000, 65000, 70000, 75000, 80000, 85000, 90000, 95000 und 100000 kg Nutzmasse war.

Am 26. Oktober 1974 erreichte eine An-22 mit 35000 kg Nutzmasse über 5 h eine Geschwindigkeit von 500 km/h, mit 30000 kg erreichte sie 597 km/h. Am 17. April 1975 schließlich flog eine An-22 mit 40000 kg über 5000 km 584 km/h. Am Steuer saß Generalleutnant Pakilew, Chef der sowjetischen Transportfliegerkräfte.

Gebaut wurden ab 1968 etwa 100 An-22, von denen 1983 noch 48 flogen.

Rumpf: Ganzmetall-Schalenbauweise; Laderampe im hinteren Teil unter dem hochgezogenen Heck.
Tragwerk: freitragender Schulterdecker in Ganzmetallbauweise mit Enteisungseinrichtungen; Flügel aus sieben Teilen in Trapezform; Doppelspaltklappen; Spoiler.
Leitwerk: Normalbauweise; doppeltes Seitenleitwerk zur Vermeidung großer Ausmaße und Drehmomente.
Fahrwerk: einziehbar mit Bugrad; Hauptfahrwerk mit je sechs Zwillingsrädern auf jeder Seite; Luftdruck der Räder kann vom Cockpit aus zwischen 0,25 und 0,5 MPa geregelt werden.

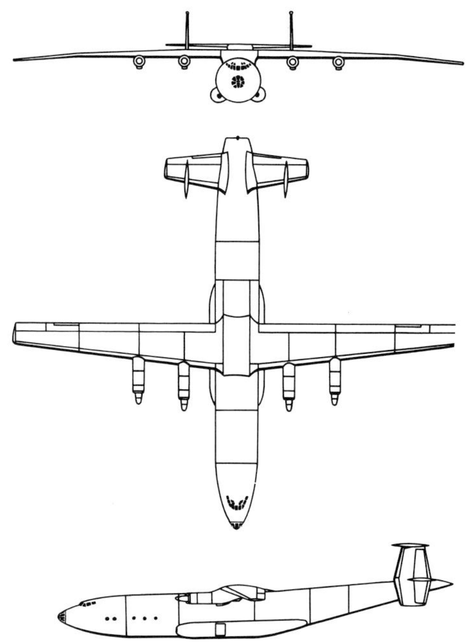

Antonow An-24
Verkehrs-, Fracht- und Transportflugzeug

Das PTL-Flugzeug An-24 löste die Kolbenmotor-Verkehrsflugzeuge Li-2, Il-12 und Il-14 ab. Der 1960 von der Aeroflot bestellte Typ begann im April 1960 mit der Flugerprobung. Nach zwei Prototypen baute man fünf Maschinen der Nullserie. Im September 1962 waren die staatlichen Prüfungen abgeschlossen, und ein Jahr darauf begann der Liniendienst.

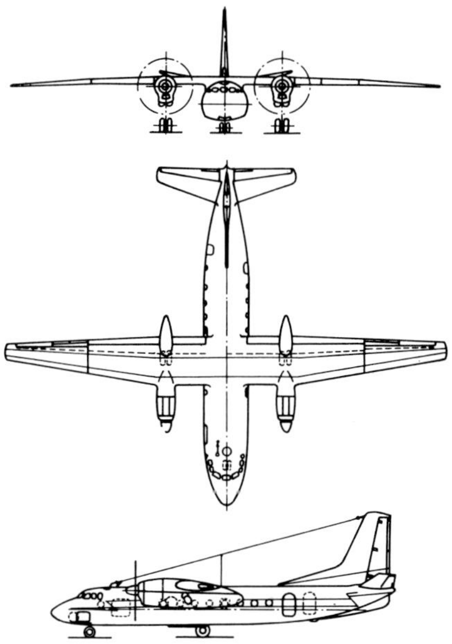

Bei der Konstruktion wurde besonderer Wert auf die Sicherheit gelegt. Das Flugzeug kann auch mit einem Triebwerk starten und den Flug mit einem Triebwerk in 3000 m Höhe fortsetzen. Bemerkenswert ist ferner, daß viele Bauteile geklebt sind, sehr viele Teile integral hergestellt und sehr viel Plast verwendet wurden.
Die An-24 errang 24 internationale Rekorde und wurde in zahlreichen Spezialvarianten gefertigt. In China wurde sie bei XIAN als XAC Y-7 produziert.

Versionen:
An-24: Verkehrsflugzeug für 44 bis 50 Passagiere; als Reiseflugzeug 16 bis 32 Sitze; gemischte Passagier-/Frachtausführung für 32 Passagiere mit vergrößerten Räumen für Fracht und Post.
An-24 RT: Frachtausführung mit dem zusätzlichen Strahltriebwerk RU-9-300 in der rechten Triebwerkgondel.
An-24 RW: 1967 erstmals gezeigt; mit RU-9-300.
An-24 T: Frachtflugzeug, für Sanitätsaufgaben, zum Absetzen von Fallschirmjägern sowie zum Abwurf von Lasten; mit nach oben gezogenem Rumpfheck.
An-24 W: weiterentwickelte Ausführung mit stärkeren Triebwerken.

Die An-24 wurde ab 1974 in 23 Länder exportiert. 1979 baute Antonow eine An-24 RW mit achtblättrigen (statt vierblättrigen) Luftschrauben, die besonders leise sein sollen. Die An-24 ist außerdem das Ausgangsmuster für das Transportflugzeug An-26 sowie für das Fotoflugzeug An-30.

Rumpf: Ganzmetall-Halbschalenbauweise; Bugradar.
Tragwerk: freitragender Schulterdecker; Holmkasten als Integraltank ausgebildet; Außenflügel mit negativer V-Stellung; thermische Enteisung.
Leitwerk: freitragende Normalbauweise; starke V-Stellung des Höhenleitwerks.
Fahrwerk: einziehbar mit Bugrad; Zwillingsräder und Scheibenbremsen.

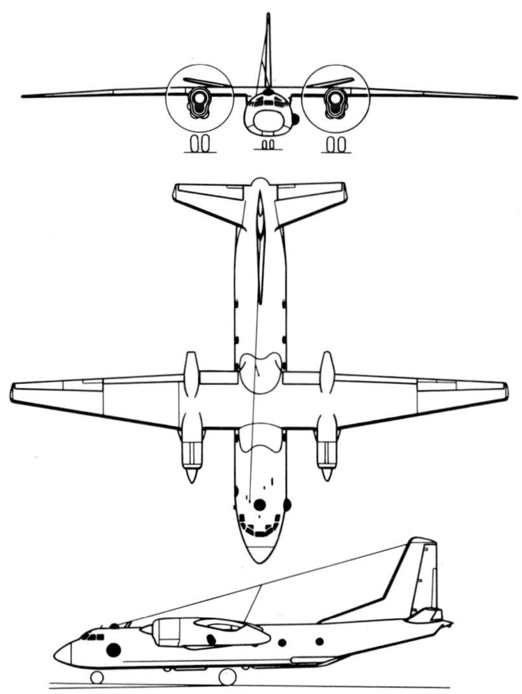

Antonow An-26
Transportflugzeug

Die An-26 ist eine Weiterentwicklung der An-24 RT und der An-24 T. Sie wurde erstmalig auf dem Pariser Salon der Luft- und Raumfahrt 1969 gezeigt.
Wie die An-24 RT hat sie außer den beiden PTL-Triebwerken in der rechten Triebwerksgondel ein zusätzliches TL-Triebwerk. Aufgrund dessen kann die Maschine mit maximaler Startmasse auch bei hohen Temperaturen oder von Flughäfen bis zu 1500 m Höhe eingesetzt werden.
Das Rumpfheck wurde im Vergleich zur An-24 T neu gestaltet. Die große Heckladepforte ermöglicht das Ein- und Ausfahren großer Pkws. Die Laderampe kann beim Absetzen von Fallschirmjägern oder Lasten aus der Luft unter den Rumpf gefahren werden. Über der Heckladepforte befindet sich ein Bordkran mit einer Tragfähigkeit von 1500 kg.

Zur Beförderung von Personen (z. B. Fallschirmjägern) sind an den Kabinenseiten der An-26 T 38 abklappbare Sitze angebracht. In der Sanitätsversion bietet die Maschine Platz für 24 Tragen und einen Begleiter. In 30 min läßt sich die in der Wartung sehr anspruchslose Maschine von einer Variante in die andere umrüsten.
Dem Erstflug des Prototyps 1969 folgte bereits 1970 der Serienbau von mehr als 1000 An-26. AEROFLOT erhielt über 200, und weltweit übernahmen 27 Luftwaffen den Typ.
Die NVA bezog für die Transportstaffel 24 Dresden 12 An-26 (Foto: mit ziviler Kennung Hilfseinsatz in Äthiopien), die nach der deutschen Einheit bei der Bundeswehr flogen, aber 1993 verkauft wurden. Eine An-26 (als Meßmaschine ausgerüstet) gehört dem Luftwaffenmuseum Berlin-Gatow.
China fertigt die An-26 bei Xian als Y7H-500.
Bei den Typen An-24, An-26 und An-30 sind Tragflügel, Heckleitwerk, Fahrwerk und andere Baugruppen austauschbar. Die An-26 ist das Ausgangsmuster für die mit zwei Turboproptriebwerken AI-20 M ausgestattete An-32 (Erstflug 1976, Serienbau ab 1982), von der 118 als „Sutlej" an Indiens Luftwaffe und 15 an Peru geliefert wurden. Von den An-26 / 32 gibt es Feuerlösch-Varianten.

Rumpf: Ganzmetall-Halbschalenbauweise; hochgezogenes Heck mit Ladeluke; Winde mit Frachtförderanlage.
Tragwerk: freitragender Hochdecker; Holmkasten in Integralbauweise als Kraftstofftank; Außenflügel mit negativer V-Stellung; thermische Enteisung.
Leitwerk: freitragende Normalbauweise in Ganzmetall; Höhenleitwerk mit starker V-Stellung.
Fahrwerk: einziehbar; Zwillingsräder an allen Streben; steuerbares Bugrad; Hauptfahrwerkräder mit Scheibenbremsen.

Antonow An-28
Mehrzweckflugzeug

In dem Bestreben, die bewährte An-14 durch die Verwendung von PTL-Triebwerken leistungsfähiger werden zu lassen, entstand der Prototyp An-14 M. Erstmals flog diese Maschine im September 1969. Nach Abschluß der Werkerprobungen im Jahr 1972 erhielt dieser neue Typ die Bezeichnung An-28, unter der er im April 1974 bei der Aeroflot erprobt wurde.
Im Unterschied zur An-14 hat die An-28 außer den stärkeren Triebwerken auf der linken Seite hinter dem Cockpit eine Passagiertür sowie einen längeren Rumpf. Auch die Form des doppelten Seitenleitwerks wurde verlängert.
Die An-28 ist als Nachfolgerin der An-2 gedacht in der Landwirtschaft, als Expeditionsmaschine, für die fliegende Feuerwehr, als Absetzmaschine für Fallschirmsportler sowie als Passagierflugzeug. Als Düngerstreuer kann die An-28 800 kg Chemikalien laden.
Im Februar 1978 gab die polnische Presse bekannt, daß PLZ den Serienbau der An-28 vorbereitet. Er ist 1982 angelaufen. Hauptabnehmer ist die UdSSR. Anfang 1988 waren 44 An-28 fertig.

Rumpf: Ganzmetall-Halbschalenbauweise; Passagiertür links vor dem Tragwerk; Frachtluke im Heck beiderseits zu öffnen; Landescheinwerfer im Bug.
Tragwerk: abgestrebter Schulterdecker mit hängenden Triebwerken; Enteisungsanlage.
Leitwerk: freitragende Ganzmetallbauweise, doppeltes Seitenleitwerk unten überstehend.
Fahrwerk: starr mit Bugrad; je Strebe ein Rad; Schwimmer oder Schneekufen sind möglich.

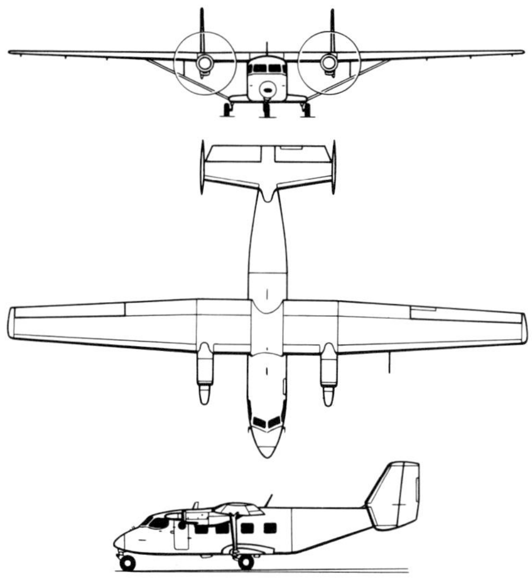

Antonow An-30
Luftbildflugzeug

Aus der bewährten Serie An-24 / An-26 leitete das Konstruktionsbüro Antonow die An-30 als Spezialflugzeug für Luftbildaufnahmen zu kartografischen Zwecken ab. Der Öffentlichkeit wurde das Flugzeug im Frühjahr 1974 vorgeführt. Äußerlich unterscheidet es sich von seinen Vorgängern durch die stark verglaste Bugspitze für den Navigator, wie sie im sowjetischen Flugzeugbau von der Il-28 oder von Tupolew-Konstruktionen bekannt ist. Das Cockpit überragt (ebenfalls im Gegensatz zur An-24 / An-26) die übrige Rumpfoberkante etwas.
Im Cockpit haben die vier Besatzungsmitglieder ihre Plätze. Im Rumpf befinden sich Räume für zwei Fotooperateure sowie die Aufnahmegeräte, die Dunkelkammer und Vorratsschränke für Filme, Objektive und Zusatzgeräte.
Die Ausrüstung ermöglicht Flüge in großen Höhen, halbautomatische und automatische Luftbildaufnahmeflüge sowie Flüge bei Schlechtwetter. Start und Landung sind auf unbefestigten Flugplätzen möglich. Ein Bordrechner überwacht Kurs, Geschwindigkeit und Flughöhe.
In Bulgarien wird die An-30 auch als Transporter verwendet.

Rumpf: Ganzmetall-Halbschalenbauweise; Bug stark verglast; fünf Kameraluken im Kabinenboden; großer Arbeitsraum hinter dem Cockpit.

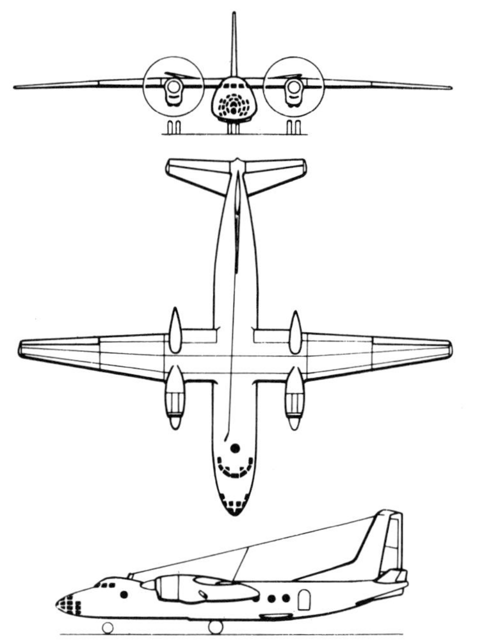

Tragwerk: freitragender Schulterdecker in Ganzmetallbauweise; Außenflügel mit negativer V-Stellung.
Leitwerk: freitragende Normalbauweise in Ganzmetall; Höhenleitwerk leicht V-förmig; Stabilisierungsflosse unter dem Heck.
Fahrwerk: einziehbar mit Bugrad; alle Streben mit Zwillingsrädern.

Antonow An-72 / An-74
Passagier- und Frachtflugzeuge

Nach den Erfolgen mit den Typen An-24, An-26 und An-30 wird die auf dieser Flugzeugfamilie basierende An-32 seit 1977 als Transporter mit fünf Mann Besatzung sowie einer Kapazität für 39 Passagiere, 30 Fallschirmjäger mit Ausrüstung oder 24 Verwundete auf Tragen verwendet. Bei dieser Maschine wurde neben dem Leitwerk vor allem der Antrieb verändert, er besteht aus zwei TL-Triebwerken Iwtschenko AI-20 M (je 3 860 kW).
Eine weitere Entwicklung in dieser Reihe ist die An-72, die am 22. Dezember 1977 die Flugerprobung aufgenommen hat und seit 1979 im Dienst steht. Im Gegensatz zu ihren Vorgängerinnen verfügt sie über Zweikreistriebwerke, die auf dem geraden Tragflügelmittelteil sitzen, um den „Coanda-Effekt“ ausnutzen zu können. Infolge der Ablenkung des über die Flügeloberseite blasenden Abgasstrahls entsteht ein zusätzlicher Auftrieb, der der Maschine hervorragende Kurzstarteigenschaften verleiht. Da die Triebwerke sehr hoch liegen, können ihre Gondeln die Fahrwerkstreben nicht aufnehmen. Der Rumpf wurde deshalb mit Wülsten versehen, um die Spurweite

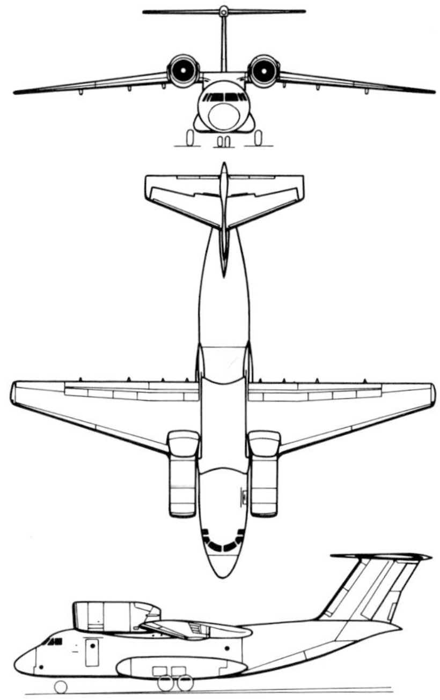

möglichst groß zu halten. Damit sind Start und Landung auf Grasflächen möglich. Erstmals hat eine Antonow-Konstruktion ein T-Leitwerk.
Den beiden Prototypen An-72 sowie der Vorserie An-72 A folgte 1984 die für Arbeitsflüge ausgelegte An-74 (längerer Rumpf, Schneekufen, 4 Mann Besatzung) in mehreren Ausführungen.
Der jährliche Ausstoß wird auf 20 An-72 / 74 geschätzt. Ländern im pazifischen Raum wird die An-72 P (maritimes Patrouillen-Flugzeug) mit israelischer Elektronik als Jointventure angeboten.

Rumpf: Ganzmetall-Halbschalenbauweise mit kreisförmigem Querschnitt; Heck hochgezogen, große Ladeluke.
Tragwerk: gerades Mittelstück mit Triebwerken; Außenflügel mit negativer V-Form (– 10°) und Vorderkantenpfeilung (25°); Doppelspaltklappen über gesamte Spannweite; Außenflügel mit Nasenklappen.
Leitwerk: freitragend in T-Form; Flossen und Ruder; Seitenleitwerk wie Flügel gepfeilt.
Fahrwerk: einziehbar; Bugrad doppelt, Zwillings-Hauptfahrwerk einfach bereift.

Antonow An-124 „Ruslan" Transportflugzeug

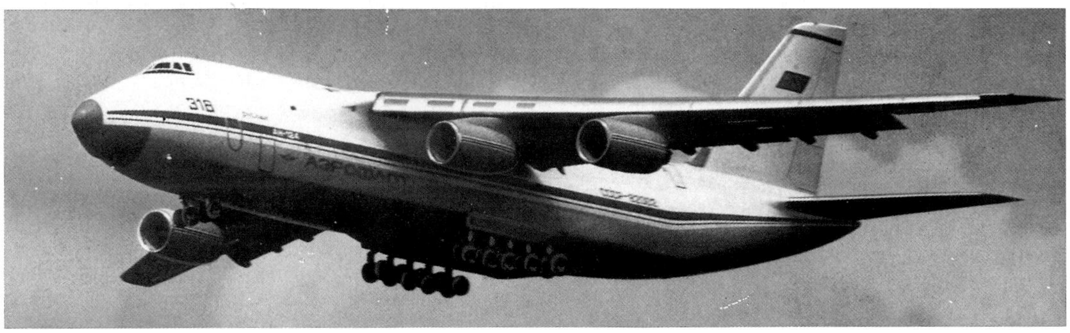

Zum 36. Luftfahrtsalon in Paris Le Bourget im Mai 1985 stellte die UdSSR erstmals ihr neues Schwerlasttransportflugzeug An-124 „Ruslan" (2. Prototyp: SSSR 82002, Nr. 318) vor, das im Konstruktionsbüro Antonow unter Leitung von Chefkonstrukteur Balabujew entwickelt worden ist. Den Erstflug unternahm die SSSR 680125 am 26. Dezember 1982. Inzwischen hat die Maschine zahlreiche Rekorde aufgestellt.
Die An-124 ist eine Weiterentwicklung der An-22 „Antäus", die 20 Jahre vorher erstmals vorgestellt worden war. Die An-124 ist zum Transport großer Flugzeuge und sperriger Lasten vorgesehen. Im zivilen Bereich soll sie vor allem in Sibirien, im Hohen Norden und im Fernen Osten alle jene Güter transportieren, die nicht mit der Eisenbahn zu befördern sind. Die Hauptfrachtkabine mit den Abmessungen 36,5 m × 6,4 m × 4,4 m, also einem Volumen von über 1 000 m³, ist von vorn und von hinten über Bordrampen erreichbar. Container oder Behälter sowie sperrige Frachten lassen sich mit Hilfe von zwei Kranpaaren für je 10 t sowie zwei Winden für je 3 t, außerdem von Verstauungs-, Hebe- und Zurrwerkzeugen oder Spurbahnen im Titanboden zu ihrem Platz im Frachtraum befördern und befestigen. Im Deck über dem 150 t aufnehmenden Hauptfrachtraum befindet sich eine Kabine, in der für 88 Passagiere Sitze angebracht werden können, außerdem im Vorderteil das Cockpit, die Bordküche sowie zwei Ruhe- und Aufenthaltsräume für die sechsköpfige Reservebesatzung.
Das Cockpit ist mit den modernsten Geräten zur Flugzeugführung ausgestattet. Alle Steuerkommandos werden elektrisch übertragen. Um höchste Sicherheit zu gewährleisten, sind vier derartige Systeme sowie ein Notsystem vorhanden. Über Computer lassen sich der Beladeplan und die Schwerpunktverlagerung berechnen, die durch den Kraftstoffverbrauch während des Fluges entsteht. Der Kraftstoff wird automatisch umgepumpt, um ständig eine stabile Fluglage zu sichern.

Neue, leichtere und festere Aluminium- und Titanlegierungen sowie der Einbau von zahlreichen Baugruppen aus Kohlefaser- und Glasfaserverbundstoffen trugen dazu bei, die Gesamtmasse der Maschine zu reduzieren, Arbeitszeit einzusparen, aber die Festigkeits- und Lebensdauer der Zelle zu erhöhen. Die Anordnung des Tragflügels in der Schulterdeckerbauweise wurde gewählt, um eine große lichte Höhe der Frachtkabine und die Form des Leitwerks zu ermöglichen.
1985 erflog die An-124 21 Weltrekorde (Tragfähigkeit), und 1987 kam ein Weitstreckenrekord (20150,921 km in 25 h 30 min) hinzu. Von 1984 bis 1993 wurden über 30 An-124 ausgeliefert, von denen mehrere international gechartert werden. So stehen 5 An-124 im Dienst von HeavyLift / Volga-Dnepr (Großbritannien / Rußland).

Rumpf: Ganzmetallbauweise; Bug zum Be- und Entladen hochklappbar; Heckladeluke; Frachtraum unten, Besatzung, Reservebesatzung und Passagiere im oberen Teil.
Tragwerk: freitragender Schulterdecker in Ganzmetallbauweise; Triebwerke einzeln in nach vorn gezogenen Gondeln unter den Flügeln untergebracht.
Leitwerk: freitragendes, gepfeiltes Normalleitwerk in Ganzmetallbauweise; Höhenleitwerk mit Rumpfoberseite abschließend.
Fahrwerk: einziehbar, zwei fünfachsige Hauptfahrwerksgruppen mit Zwillingsrädern, die separate Abdeckbleche aufweisen; zwei doppelt bereifte Bugfahrwerke.

Antonow An-225 „Mrija" / „Metschta" Transportflugzeug

Eine Attraktion auf dem Pariser Salon der Luft- und Raumfahrt 1989 war das Transportflugzeug An-225 „Mrija" / „Metschta" (Traum – ukr./russ.) mit der Raumfähre „Buran" auf dem Rücken.

Die Arbeiten an der An-124-Weiterentwicklung begannen Mitte 1985. Am 30. November 1988 stellte man den Typ der Öffentlichkeit vor, und am 21. Dezember 1988 startete die An-225 zum Erstflug (Startlänge unbeladen 1000 m, Flughöhe 7500 m, Flugdauer 90 min). Anfang Februar 1989 endete die erste Erprobungsetappe, wobei man die Flughöhe auf 9500 m und die Flugdauer auf 4,5 h gesteigert hatte. Mit dem 44. Flug am 22. März 1989 hatte die Maschine in der Klasse der Strahlflugzeuge über 300 t insgesamt 109 Rekorde aufgestellt, u. a. 156,4 t Nutzmasse und 508,2 t Startmasse (bis dahin eine Boeing 747-400 mit 404,8 t). Im Mai 1989 begannen die Flüge mit der „Buran" auf dem Rücken, und im August 1989 unternahm die An-225 einen 24000 km langen Flug von Moskau über Petropawlowsk, Anchorage, Vancouver, Quebec, Neufundland zurück nach Moskau.

Sperrige Frachten, 16 Großcontainer oder 80 Pkws Lada können im Laderaum, sperrige Frachten mit einem Durchmesser bis zu 10 m und einer Länge von 70 m auf dem Rumpfrücken befördert werden.

Rumpf: aufklappbare Bugnase; Frachtraum 43 m × 6,4 m × 4,4 m; Halterungen für Huckepack-Lasten an der Rumpfoberseite.
Tragwerk: Schulterdecker; gepfeilt; Triebwerke an Stielen hängend.
Leitwerk: stark gepfeilt; doppelte, unten überstehende Seitenleitwerke.
Fahrwerk: am Bug doppelte Fahrwerkbeine mit Doppelrädern; Hauptfahrwerk in Wagenform mit 7 Radpaaren je Seite in Rumpfwulst einfahrbar.

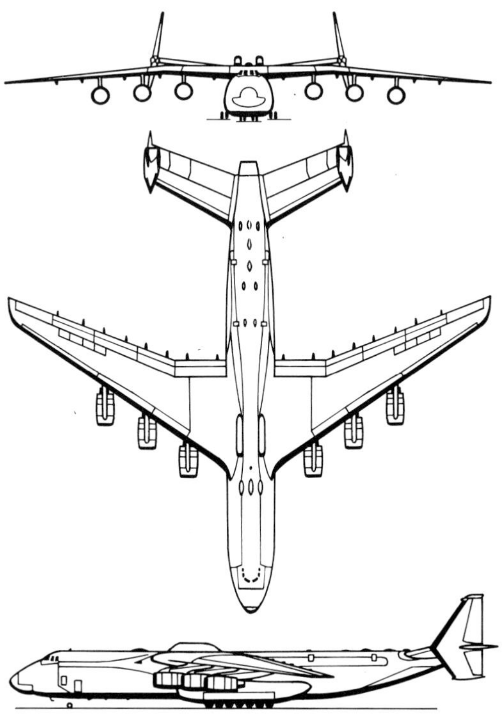

Berijew MBR-2 Flugboot

Berijew entwickelte im Jahr 1931 das Flugboot ZKB-25, das als MBR-2 (Morskoi Blishni Raswedtschik – Marineaufklärer) von 1935 bis 1941 in Serie gebaut wurde. Das verbreitetste sowjetische Flugboot (es wurden über 1300 Maschinen gebaut, nach anderen Quellen etwa 1500) bewährte sich als Militär- und Verkehrsflugzeug (MP-1, eingerichtet für 8 Passagiere) vor dem zweiten Weltkrieg und leistete auch während des Krieges in der Baltischen, in der Nordmeer- sowie in der Schwarzmeerflotte (als MBR-2 Wu zur Führung von Torpedo-Schnellbooten und Schlachtflugzeugen) für Aufklärungsflüge und Bombenangriffe Hervorragendes. Danach war es bis in die fünfziger Jahre bei den Seestreitkräften und für verschiedene Aufgaben der Volkswirtschaft im Einsatz.

Der Prototyp hatte ein Triebwerk BMW VI Z. Die ersten Serien waren mit dem wassergekühlten 12-Zylindermotor M-17 (500 kW Startleistung), die ab 1937 folgenden mit dem 620-kW-Motor M-34 versehen. Diese Flugzeuge wurden auch als MBR-2 bis bezeichnet.

Die sowjetische Pilotin Ossipenko stellte mit der Zivilversion MP-1 verschiedene internationale Frauenrekorde auf. Am 22. und 23. Mai 1937 erreichte sie eine Höhe von 8864 m, mit 500 kg Nutzmasse 7605 m und mit 1000 kg noch 7009 m. Dieser Rekord wurde erst 1960 gebrochen. Im Mai 1938 flog sie zusammen mit den Fliegerinnen Lomako und Raskowa ohne Zwischenlandung von Sewastopol nach Archangelsk und stellte damit einen Langstreckenrekord für diese Flugzeugklasse auf.

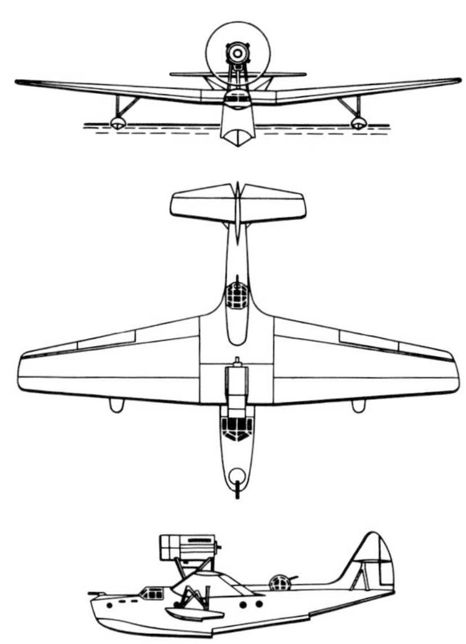

Rumpf: gekielter Bootsrumpf in Holzbauweise.
Tragwerk: freitragender Schulterdecker in Holzbauweise; zwei Holme; zwischen den Holmen Sperrholzbeplankung; sonst Stoffbespannung.
Leitwerk: Normalbauweise in Holz; nach oben versetztes Höhenleitwerk abgestrebt.
Schwimmwerk: gekielter Bootsrumpf mit zwei Stufen und zwei Stützschwimmern unter den Tragflügeln; für den Wintereinsatz und für die arktischen Gebiete besondere Schneekufen.

Berijew Be-2 (KOR-1) Schwimmerflugzeug

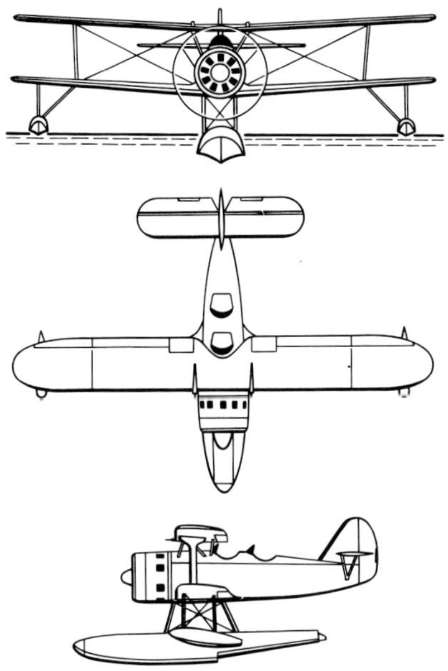

Die Wasserflugzeuge der sowjetischen Seestreitkräfte waren fast ausschließlich Flugboote oder mit Schwimmern ausgerüstete Landflugzeuge. Zu den wenigen Ausnahmen gehörte die KOR-1 (ab 1941 als Be-2 bezeichnet), die von Anfang an als Schwimmerflugzeug ausgelegt war. Die Flügel konnten abgeklappt werden.
Berijew entwickelte das katapultierfähige Bordflugzeug KOR-1 (Korabelny Raswedtschik – Bootsaufklärer) im Jahr 1936 als Ersatz für die veraltete KR-1. Die Fertigung einer kleinen Serie begann im Jahr darauf. Das Flugzeug diente als Aufklärer und wurde als Bordflugzeug von größeren Schiffen (z. B. den schweren Kreuzern „Kirow" und „Maxim Gorki") aus mit Dampfkatapult oder auch von den Küstenfliegerverbänden eingesetzt. Ferner diente die KOR-1 zur Artilleriebeobachtung, zum Bombenwurf im Sturzflug und zum Jagdeinsatz. Im obereren Tragflügel befanden sich 2 starr nach vorn schießende 7,62-mm-MGs. Eine weitere derartige Waffe war im Drehkranz des Beobachters. Außerdem konnten 100 kg Bomben mitgeführt werden. Während des Krieges erhielten einige Be-2 der Schwarzmeerflotte ein provisorisches Radfahrgestell. Sie wurden in der Zeit von Juni bis Oktober 1942 als Schlachtflugzeuge verwendet.

Rumpf: Metallbauweise mit ovalem Querschnitt und Stoffbespannung; offene Sitze hintereinander; bewegliches Beobachter-MG in Ruhestellung halb eingezogen.
Tragwerk: einstieliger, verspannter Doppeldecker in Ganzmetallbauweise mit Stoffbespannung.
Leitwerk: Normalbauweise in Metall mit Stoffbespannung; Höhenleitwerk abgestrebt.
Schwimmwerk: Zentralschwimmer mit zwei seitlichen Stützschwimmern; Schwimmer abgestrebt und verspannt.

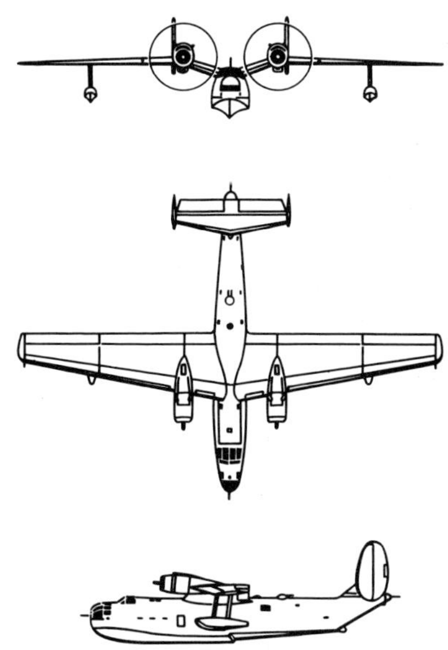

Berijew Be-6 Flugboot

Im Jahr 1945 entwickelte Berijew für die sowjetische Marine das zweimotorige Flugboot LL-143 (Letajustschaja Lodka – Flugboot; acht Mann Besatzung, drei 20-mm-Kanonen), das 1948 als Prototyp den Erstflug absolvierte. Das Flugboot gehörte zu den wenigen Flugzeugen mit Kolbenmotoren, die in jener Zeit in größerer Serie gebaut wurden. Es diente ab 1951 für viele Zwecke: Fernaufklärung, U-Boot-Bekämpfung, Küstenüberwachung, Transport. Die Polarfliegerei verwendet es als Transportflugzeug.
Mit der Be-6 stellte man zahlreiche Untersuchungen über die Stabilität und Manövrierfähigkeit von Flugbooten auf dem Wasser an. Außerdem untersuchte man die hydrodynamische Belastung bei Start und Landung.
Der Serienbau unter der Bezeichnung Be-6 begann 1949. Im Vergleich zum Prototyp, der zwei 1470-kW-Triebwerke hatte, wurde die Serienausführung mit 1765-kW-Motoren sowie mit Radar ausgerüstet.
Über viele Jahre versah die Be-6 ihren Dienst bei allen sowjetischen Seekriegsflotten, bis sie von der Be-12 abgelöst wurde.

Rumpf: Ganzmetall-Bootsrumpf, gekielt, mit zwei Stufen.
Tragwerk: freitragender Schulterdecker in Ganzmetallbauweise mit Knickflügeln.
Leitwerk: Normalbauweise in Ganzmetall mit zwei Seitenleitwerken als Endscheiben.
Schwimmwerk: Bootsrumpf mit zwei Stützschwimmern unter den Außenflügeln.

Berijew Be-12 „Tschaika"
Amphibienflugzeug

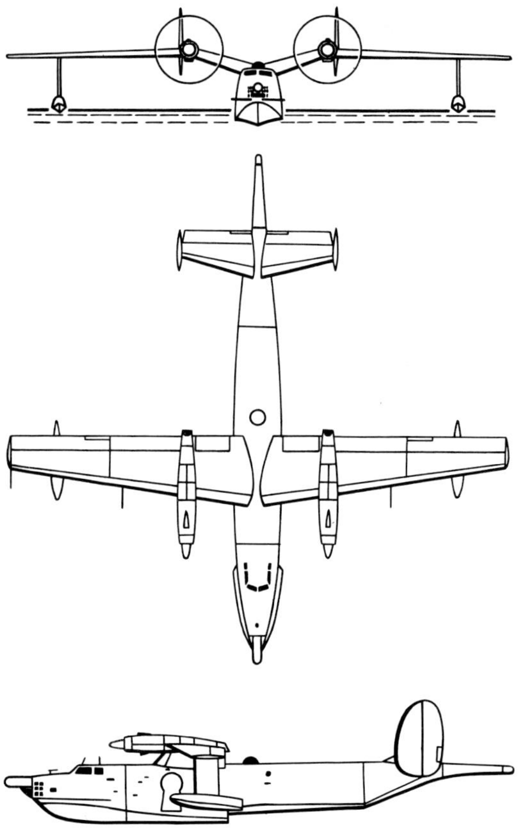

Die Be-12 (Erstflug 1960) entstand aufgrund der Erfahrungen mit den Typen Be-8, Be-6, R-1 und Be-10. Sie wurde der Öffentlichkeit als Prototyp auf der Luftparade 1961 in Moskau-Tuschino vorgestellt. An der Luftparade in Moskau-Domodedowo 1967 nahmen drei Be-12 teil.
Im Jahr 1964 stellte die Be-12 (Bezeichnung: M-12) eine Reihe von Rekorden auf. Beispielsweise erreichte die Besatzung Michailow, Kuprianow und Kusnezow am 23. Oktober 1964 mit 1 000 und 2 000 kg Nutzmasse 11 336 m Höhe, am 24. Oktober mit 5 000 kg Nutzmasse 10 685 m Höhe und am 27. Oktober eine Gipfelhöhe von 12 305 m. Am 25. April 1968 erreichte sie über eine geschlossene Strecke von 500 km eine Geschwindigkeit von 565,347 km/h, am 12. Oktober über 1 000 km (geschlossene Strecke) 551,871 km/h. Fünf weitere Rekorde wurden Ende 1973 aufgestellt.
Die Serienproduktion begann 1964. Ab Mitte der sechziger Jahre ersetzte die Be-12 die Be-6 in den sowjetischen Seefliegerkräften. Im Vergleich zu ihrer Vorgängerin wurde die Be-12 aerodynamisch verändert und in ihrer Reichweite durch die Turboprop-Triebwerke verbessert. Zur Ausrüstung des Amphibienflugboots gehören ein MAD- (Magnetanomaliendetektor-) Stachel für die Ortung getauchter U-Boote im Heck sowie Funkmeßgeräte und abwerfbare U-Boot-Ortungssonden.
1988 verfügten die sowjetischen Seeflieger über 95 Be-12.
Eine Be-12 steht im Luftfahrtmuseum Monino.

Rumpf: Bootsrumpf mit einer Stufe; Wulst am Bug zum Schutz der Propeller vor Spritzwasser; Bugradar; verglaster Bug für den Navigator-Bombenschützen; verglaste Kanzel auf dem Rumpf für Beobachtung und astronomische Navigation.
Tragwerk: freitragender Schulterdecker mit Knickflügel; zwei Waffenaufhängungen unter dem Flügel.
Leitwerk: hochgesetztes Höhenleitwerk mit zwei Seitenleitwerken als Endscheiben.
Schwimm-/Fahrwerk: Bootsrumpf und einziehbares Fahrwerk mit Spornrad; feste Stützschwimmer unter den Flügeln.

Bolchowitinow DB-A
Bombenflugzeug

Der im Jahr 1929 entwickelte schwere Bomber ANT-6 (TB-3) von Tupolew war zu seiner Zeit international führend. Als er jedoch neueren Erkenntnissen nicht mehr entsprach, schlug ein Flugzeugwerk, das den Serienbau ausführte, eine Modernisierung dieses Typs vor. Unter der Leitung von Bolchowitinow wurde die Konstruktion überarbeitet. Bereits im März 1936 nahmen zwei Prototypen die Flugerprobung auf. Sie erhielten die Bezeichnung DB (Dalny Bombardirowtschik – Fernbomber). Die neue Maschine ähnelte in den Ausmaßen und im Umriß der TB-3. Aber statt mit Wellblech war sie mit Glattblech beplankt. Das Cockpit und die Waffenstände waren verglast, die Bombenschächte im Rumpfinnern vergrößert. Das Fahrwerk war halb einziehbar.
Mit dem zweiten Prototyp DB-2 A stellten Njuchtikow und Lipkin im November 1936 einen internationalen Rekord auf: Mit 13 000 kg Nutzmasse erreichten sie eine Höhe von 4 535 m. Im Frühjahr 1937 flogen Baidukow und Kastanajew zwei weitere Rekorde mit 5 000 kg Nutzmasse über 1 000 und 2 000 km Entfernung.
Am 12. August 1937 startete eine Besatzung unter Held der Sowjetunion Lewanowski mit einer DB-A zu einem ersten Flug mit Post und Fracht von Moskau über den Nordpol nach den USA. Sie traf sehr komplizierte meteorologische Bedingungen an. Am 13. August meldete sie um 13.40 Uhr die Nordpolüberquerung, um 14.32 Uhr funkte sie den Ausfall eines Triebwerks. Danach riß die Verbindung ab. Besatzung und Flugzeug blieben verschollen.
Die DB-A wurde 1936/1937 in einer kleinen Serie von 12 Maschinen produziert. Zuletzt diente sie als Transporter.
Nach den Erfahrungen mit der DB-A begann 1940 die Entwicklung des schweren Bombers TB-7.

Rumpf: Ganzmetall-Halbschalenbauweise mit Glattblechbeplankung; geschlossenes Cockpit und geschlossene Waffenstände; Bomben im Rumpfschacht.
Tragwerk: freitragender Mitteldecker in Ganzmetallbauweise mit Glattblechbeplankung; Flügel aus einem Stück.
Leitwerk: Normalbauweise in Ganzmetall.
Fahrwerk: halb einziehbar mit hosenartigen Verkleidungen und Spornrad.

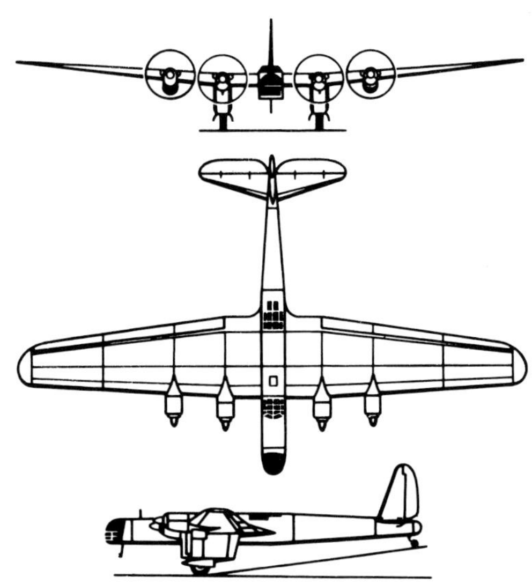

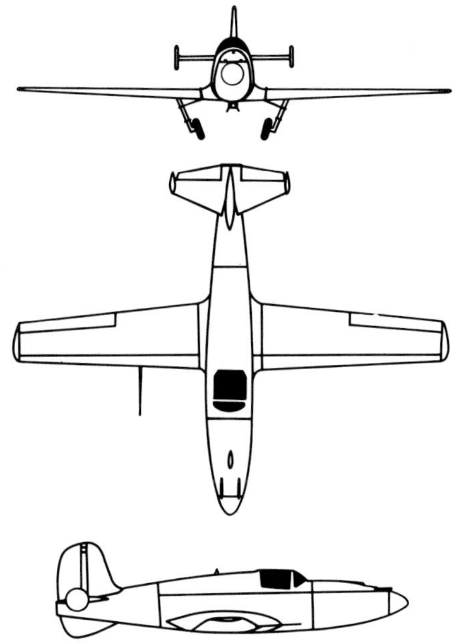

Bolchowitinow BI-1
Jagdflugzeug

Im Jahr 1939 erhielten drei sowjetische Konstruktionsgruppen den Auftrag, ein Raketen-Abfangjagdflugzeug zu entwickeln; Polikarpow schuf die „Maljutka" und Tichonrawow die I-302. Während die Arbeiten an der „Maljutka" nach dem Tod des Konstrukteurs im Jahr 1944 eingestellt wurden, kam die I-302 über Gleitversuche nicht hinaus.
Bolchowitinow leitete die Entwicklung der BI-1, die von Beresnjak und Issajew (daher BI) konstruiert wurde. Ab 10. September 1941 fanden Flugversuche im Schlepp einer Pe-2 von Petljakow statt. Am 15. Mai 1942 unternahm der Testpilot Bachtschiwandschi den Erstflug, der erfolgreich verlief. Im März 1943 wurde die BI-1 verschiedenen Hochgeschwindigkeitsprüfungen unterzogen. Dabei verunglückte der Testpilot tödlich. Die Entwicklung von Raketenjägern wurde danach zunächst abgebrochen, da zu jener Zeit statt der Abfangjagdflugzeuge vor allem Jagdflugzeuge mit großer Reichweite gebraucht wurden.
Das Einkammer-Raketentriebwerk D-1A-1100 arbeitete mit Kerosin und Salpetersäure als Oxydator. Das Triebwerk ermöglichte eine Flugdauer von etwa 8 min.
Die restlichen fünf BI-1 dienten weiterhin Testflügen. Insgesamt wurden neun Maschinen gebaut, darunter mehrere als Einsatzflugzeuge BI-2. Die BI-2 (BI-M 2) mit dem Triebwerk RD-1 als letztes Raketenflugzeug von Bolchowitinow erreichte 950 km/h. Im März 1945 wurden alle Versuche eingestellt.
Eine Attrappe der BI-1 ist in Originalgröße im Luftfahrtmuseum Monino ausgestellt. Daneben befindet sich ein Originaltriebwerk der BI-1.

Rumpf: Schalenbauweise mit ovalem Querschnitt; Raketentriebwerk im Hinterteil; Kraftstoffbehälter hinter dem Cockpit.
Tragwerk: freitragender Tiefdecker in Gemischtbauweise.
Leitwerk: nach oben und unten abgestrebte Normalbauweise.
Fahrwerk: Haupträder und Spornkufe durch Druckluft ein- und ausfahrbar; im Winter Kufen an allen 3 Streben.

ChAI-1
Verkehrsflugzeug

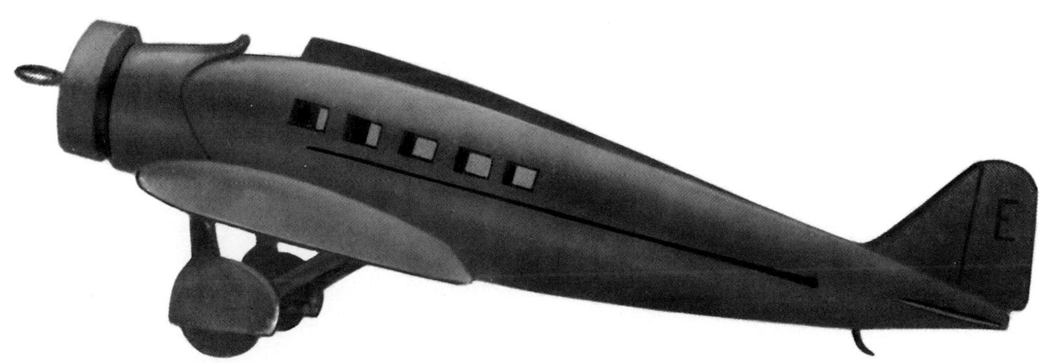

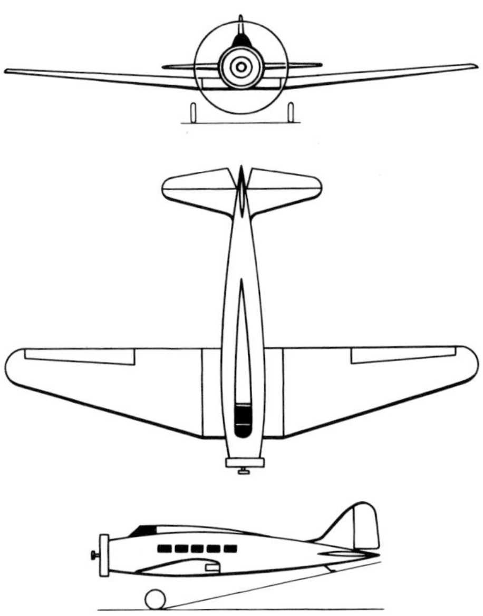

Das Charkower Luftfahrtinstitut ChAI (Charkowski Awiazionni Institut) konstruierte und baute im Jahr 1932 unter Leitung von Neiman das Schnellverkehrsflugzeug ChAI-I. Der Erstflug fand am 8. Oktober 1932 statt.
Die ChAI-1 war das erste sowjetische Flugzeug mit Einziehfahrwerk und das erste, das schneller als 300 km/h flog. Von 1934 bis 1937 wurden 43 Flugzeuge dieses Typs gebaut.
Aus dieser Maschine wurde später die Militärversion R-10 abgeleitet und in Serie gebaut. Die R-10 wurde mit einem 550-kW-Triebwerk ausgerüstet. Sie war den damals üblichen Doppeldecker-Jagdflugzeugen in der Geschwindigkeit überlegen. Die ChAI-1 flog bis zum Beginn des zweiten Weltkriegs auf der Linie Moskau—Simferopol sowie auf anderen Fluglinien des Landes.

Rumpf: Holz-Schalenbauweise mit rundem Querschnitt; offenes Cockpit.
Tragwerk: freitragender Tiefdecker in Holzbauweise.
Leitwerk: freitragende Normalbauweise.
Fahrwerk: einziehbar mit Hecksporn, ohne Federung; Niederdruckreifen.

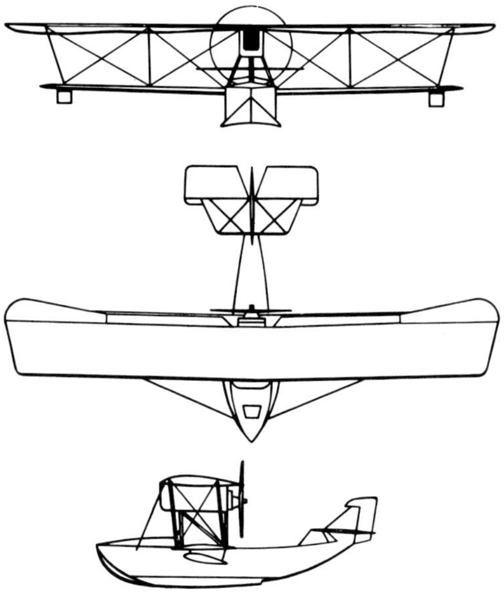

Grigorowitsch M-24 Aufklärungsflugboot

Grigorowitsch erhielt 1922 den Auftrag, in der Flugzeugfabrik „Roter Flieger" ein neues Flugboot zu entwickeln. Dabei stützte er sich auf die Erfahrungen mit den Flugbooten M-5 und M-9 aus dem ersten Weltkrieg. Das neue Flugboot M-24 wurde von dieser Fabrik in Petrograd (heute: Petersburg) gebaut. Es ging im Frühjahr 1923 mit einem 160-kW-Triebwerk in Serie. Eine verbesserte Version M-24 bis erschien im Frühjahr 1924. Sie hatte ein 190-kW-Triebwerk und Stützschwimmer unter den Tragflügeln. Von 1923 bis 1924 verließen rund 60 Flugboote M-24 das Werk. Bis 1924 wurden von den Seefliegern 40 M-24 und 20 M-24 bis verwendet.

Rumpf: gekielter Bootsrumpf in Holzbauweise; Heck hochgezogen.
Tragwerk: verstielter und verspannter Doppeldecker in Holzbauweise.
Leitwerk: verspannte Normalbauweise.
Schwimmwerk: gekielter Bootsrumpf mit Stützschwimmern unter dem Tragwerk; für den Landeeinsatz im Winter Ausrüstung mit Schneekufen möglich.

„Ilja Muromez" Bomben- und Verkehrsflugzeug

Im Sommer 1912 bildete sich im Russisch-Baltischen Waggonwerk (RBWS) in Petersburg (heute: Leningrad) unter Leitung von Igor Sikorsky ein Konstruktionsbüro, das mehrere Großflugzeuge schuf. Dazu zählte auch die viermotorige „Ilja Muromez". Sie flog erstmalig im Dezember 1913. Die Leistung der vier Motoren mit zusammen 295 kW reichte für das große Flugzeug allerdings nicht aus, so daß zwei Triebwerke mit je 105 kW und zwei mit je 90 kW eingebaut wurden. Im Jahr 1914 erhielt das Flugzeug 110-kW-Triebwerke. In den Jahren 1913 und 1914 stellte die „Ilja Muromez" zahlreiche Weltrekorde für Zuladung, Dauer, Höhe und Strecke auf.
Die Militärbehörden bestellten zunächst 32 Flugzeuge für Aufklärungszwecke. Da sich die Maschinen auch als Bomber bewährten, wurden während des ersten Weltkriegs weitere in Auftrag gegeben. Die Leistung und die Bewaffnung dieser Flugzeuge verbesserte man ständig. Insgesamt wurden 80 „Ilja Muromez" der Serien B, W, G, D und E gebaut, von denen die der Serie E die besten Leistungen aufwiesen.
Seit 1986 zählt eine „Ilja Muromez" zu den Exponaten des Luftfahrtmuseums Monino.

Rumpf: Holzbauweise mit Stoffbespannung; verglastes Cockpit; beheizte Kabine; Doppelsteuerung; rechteckiger Querschnitt.
Tragwerk: sechsstieliger, verspannter Doppeldecker; Holzbauweise mit Stoffbespannung.
Leitwerk: abgestrebte und verspannte Normalbauweise in Holz mit Stoffbespannung; parallel zum Seitenruder auf beiden Seiten auf dem Höhensteuer aufgesetzte Seitenstabilisierungsflossen; großes Höhenleitwerk als mittragende Fläche.
Fahrwerk: je zwei Räder an Hauptstreben; Kufen; Hecksporn.

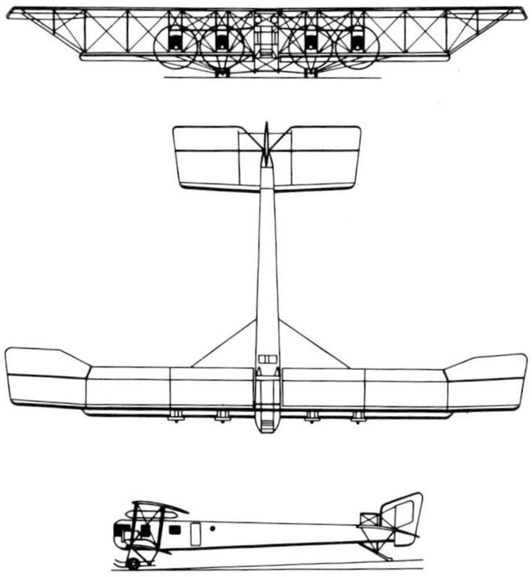

Iljuschin Il-2
Schlachtflugzeug

Die Il-2 hat im zweiten Weltkrieg in der taktischen Luftkriegsführung eine wichtige Rolle gespielt. Seit 1936 beschäftigten sich verschiedene sowjetische Konstruktionsgruppen mit der Entwicklung eines Erdkampfflugzeugs. Sie hatten frühzeitig erkannt, daß in einem solchen Flugzeug die Besat-

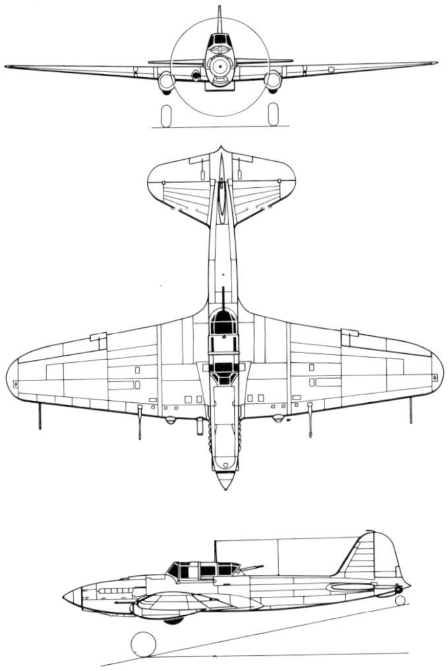

zung und die wichtigsten Teile der Maschine gegen kleinkalibrige Bodenwaffen geschützt werden mußten. Dabei sollte zwischen Masse, Panzerung und Geschwindigkeit ein günstiges Verhältnis bestehen. Zur Einsparung an Masse zog Iljuschin die Panzerung zur Ausbildung tragender Teile heran. Diese Flugzeuge erhielten in der Sowjetunion die Bezeichnung BSch (Bronirowanna Schturmowik – gepanzertes Schlachtflugzeug). Insgesamt wurden 36136 Flugzeuge dieses Typs gebaut. Außer der UdSSR benutzten Polen, die Tschechoslowakei, Bulgarien, Ungarn und Jugoslawien die Il-2.

Versionen:
ZKB-55 (BSch-2, DBSch): 1938 entwickelter Prototyp; Erstflug am 30. Dezember 1939; Zweisitzer.
ZKB-57 (BSch-2): einsitzige Ausführung, die auf Forderung der Luftstreitkräfte entwickelt worden war; Prototyp der Il-2; Erstflug am 12. Oktober 1940.
Il-1: einsitzer Jagdbomber mit Triebwerk AM-42; 1944 erprobt.
Il-2: Bezeichnung der Luftstreitkräfte für die ZKB-57; Beginn der Serienproduktion 1941.
Il-2 J: Jagdbomber; 1943 als Prototyp erprobt.
Il-2 M: zweisitzige Ausführung mit MG nach hinten; Erstflug im Juli 1942.
Il-2 U: zweisitzige Version für Schulung und Übung; 1942 entwickelt.
Il-2 T: Torpedoträger.
Il-2 mit ASch-82: 1942 erprobter Prototyp.
Il-2 Typ 3: leicht veränderte Il-2 M.
Il-2 Typ 3 M: mit Panzerabwehrbewaffnung.
Als Weiterentwicklung der Il-2 Typ 3 entstanden 1944 die Il-8 und 1945 die Il-16 mit dem Triebwerk AM-42. Zugunsten der Il-10 sah man jedoch von einem Serienbau der Il-8 und der Il-16 ab.

Rumpf: Schalenbauweise; hinten stoffgespannt; Vorderteil einschließlich Triebwerk und Kabine gepanzert; Cockpit vorn und hinten mit Panzerglasscheiben.
Tragwerk: freitragender Tiefdecker in Metallbauweise; Landeklappen; beschußsichere Tanks.
Leitwerk: freitragende Normalbauweise; Ruder stoffbespannt.
Fahrwerk: einziehbar mit Spornrad; Öl-Dämpfung.

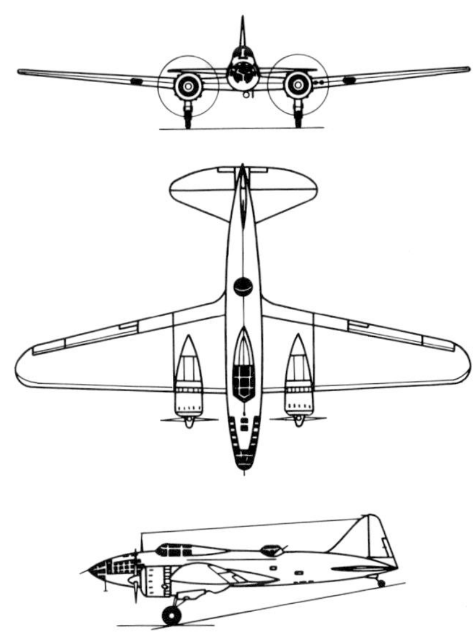

Iljuschin Il-4
Bombenflugzeug

Im Jahr 1934 beendete die Konstruktionsbrigade Iljuschin im ZKB (Zentrales Konstruktionsbüro) die Projektierung eines schnellen, zweimotorigen Langstrecken-Bombenflugzeugs. Der Prototyp ZKB-26 war noch in Gemischtbauweise hergestellt worden und begann die Flugerprobung im Jahr 1935.
Der Testpilot Kokkinaki stellte die Leistungsfähigkeit dieser Maschine durch mehrere internationale Rekorde unter Beweis. Im Sommer 1936 erreichte er mit 500 kg Nutzmasse 12816 m Höhe, mit 1000 kg 12101 m und mit 2000 kg 11005 m.
Inzwischen war als zweite Version das Ganzmetallflugzeug ZKB-30 fertiggestellt worden. Kokkinaki flog dieses Flugzeug mit dem Navigator Brjandinski im Jahr 1937 mit 1000 kg Nutzmasse über eine 5000 km lange Strecke (Moskau–Sewastopol–Swerdlowsk–Moskau) mit einer Durchschnittsgeschwindigkeit von 325 km/h. Ein Jahr später flog er mit der ZKB-30 „Moskwa" im Nonstop-Flug über 7600 km von Moskau nach dem Fernen Osten in 24 h 36 min. Die Durchschnittsgeschwindigkeit betrug dabei 307 km/h. Im April 1939 fand ein Nonstop-Flug von Moskau über Grönland nach Nordamerika (8000 km) in 22 h 56 min statt (Durchschnittsgeschwindigkeit 348 km/h).
Das aus den Prototypen ZKB-26 und ZKB-30 abgeleitete Flugzeug DB-3 (DB-3 B, DB-3 M, DB-3 F) befand sich von 1938 bis 1946 in großer Stückzahl (bis 1944 1528 DB-3 und 5256 Il-4) im Dienst der sowjetischen Luftstreitkräfte. Im Jahr 1941 wurde die Bezeichnung Il-4 (Foto) eingeführt.
Das Flugzeug wurde auch zur Langstreckenaufklärung, als Schleppflugzeug für Lastensegler, als Absetzflugzeug und als Torpedoflugzeug DB-3 T (Il-4 T) verwendet. Die Il-4 war das letzte Bombenflugzeug Iljuschins mit Kolbenmotor.
Als Weiterentwicklung entstand 1942 der in vier Exemplaren gebaute Fernbomber Il-6 mit Dieselmotoren ATSch-30 B und anders geformten Flügeln. Im August 1943 unternahm Kokkinaki mit einer Il-6 den Erstflug. Die Maschine wurde nicht in Serie gebaut.

Rumpf: Ganzmetallbauweise; auf dem Rumpf MG-Drehturm; verglaster Bug; ovaler Querschnitt mit verhältnismäßig kleinem Durchmesser.
Tragwerk: freitragender Tiefdecker in Ganzmetallbauweise mit dickem Profil; abgerundete Doppeltrapezflügel.
Leitwerk: freitragende Normalbauweise.
Fahrwerk: einziehbar; starres Spornrad.

Iljuschin Il-10
Erdkampfflugzeug

Die Il-10 ist eine parallel zur Il-8 geschaffene Weiterentwicklung der Il-2 von 1943/44. Die Flugzeuge ähnelten sich äußerlich. Die schlankere, aerodynamisch günstigere (Kühler in den Rumpf verlegt) Il-10 war in Ganzmetallbauweise hergestellt worden und hatte deshalb eine größere Festigkeit und Lebensdauer. In diese Zelle konnte der stärkere AM-42-Motor mit 1470 kW eingebaut werden, wodurch sich die Flugleistungen wesentlich verbesserten. Verbessert wurden auch die Kabine, die Ausrüstung, das Klappen- und Fahrwerksystem und vor allem die Bewaffnung.

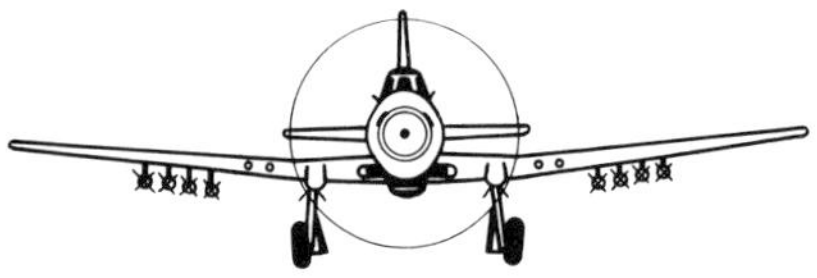

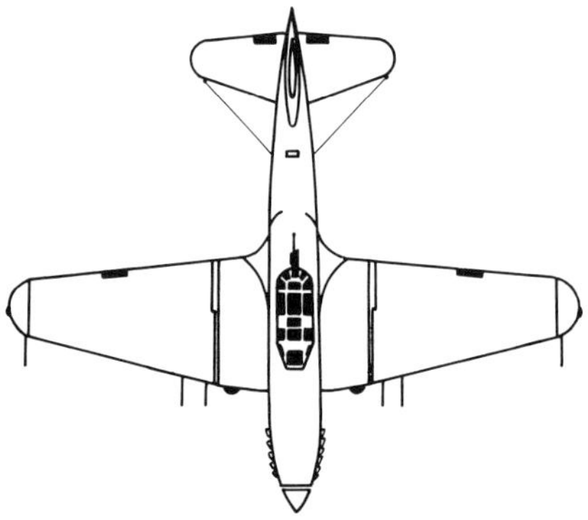

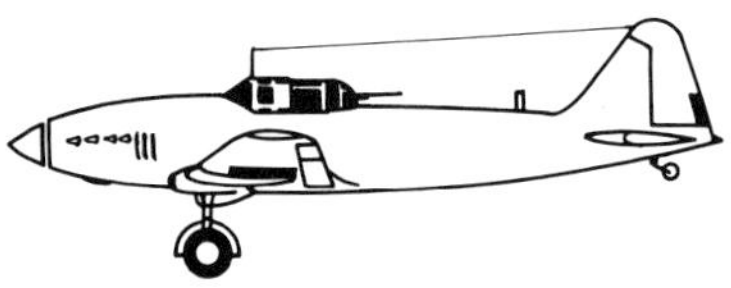

Der Serienbau begann im Herbst 1944. Ab Oktober 1944 kam die Il-10 zum Einsatz. Bis zum Kriegsende wurden etwa 100 Maschinen ausgeliefert. Die Produktion wurde nach dem zweiten Weltkrieg weitergeführt.
Als Il-10-Weiterentwicklungen entstanden in der UdSSR die Schulversion Il-10 UT mit Doppelsteuerung ohne Heckbewaffnung sowie die Il-10 M. Von 1951 bis 1955 baute die ČSSR 1200 Il-10 (B-33) und Il-10 UT (CB-33) in Lizenz. Nach 1945 wurde die Il-10 außerdem von den Luftstreitkräften Polens, Bulgariens, Rumäniens, Ungarns (Il-10, 70 B-33, 12 CB-33 – in Ungarn als BS-33 bezeichnet), Chinas sowie der KDVR verwendet, wo sie noch während des Korea-Krieges im Jahr 1950 geflogen wurde.
Insgesamt sind in der UdSSR 4966 Il-10 gebaut worden, während die 1944 entwickelte Version Il-16 nach der 53. Maschine ab Herbst 1945 nicht weitergebaut wurde.
Im Luftfahrtmuseum Monino steht eine Il-10, eine weitere ist neben der Il-2 im Armeemuseum Warschau zu sehen.

Rumpf: Ganzmetall-Schalenbauweise; Triebwerk und Kabine gepanzert; Cockpit vorn und hinten mit Panzerglasscheiben.
Tragwerk: freitragender Tiefdecker in Ganzmetallbauweise; Landeklappen; beschußsichere gepanzerte Kraftstofftanks.
Leitwerk: freitagende Normalbauweise in Ganzmetall.
Fahrwerk: ölgedämpft; einziehbar mit Spornrad.

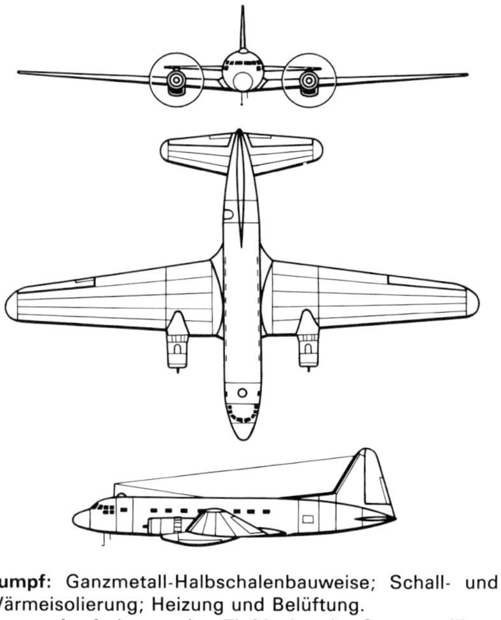

Iljuschin Il-12
Verkehrsflugzeug

Bereits im Jahr 1944 beschäftigte sich die Konstruktionsbrigade Iljuschin mit der Entwicklung eines Verkehrsflugzeugs für Kurz- und Mittelstrekken als Ablösemuster für die Li-2. Besonderen Wert legte man dabei auf eine sehr große Sicherheit und Einsatzmöglichkeiten unter allen klimatischen Bedingungen.
Der erste Prototyp erhielt noch Dieselmotoren. Den Erstflug unternahm Testpilot K. K. Kokkinaki am 7. Januar 1946. Nach umfassender Erprobung wurde die Maschine unter der Bezeichnung Il-12 in Serie gebaut. Am 22. August 1947 setzte sie die Aeroflot erstmalig im Liniendienst ein. Im Laufe der Produktion wurde die Maschine verschiedentlich verbessert. Das betraf beispielsweise die thermische Enteisung am Tragwerk, die Flüssigkeitsenteisung an den Luftschrauben, das Leitwerk und die Cockpitverglasung.
Die Il-12 wurde auch in der Arktis und in der Antarktis eingesetzt. Neben der Normalversion für 27 Passagiere entstanden Versionen für 18 und 32 Passagiere. Von den insgesamt 3000 Il-12 erhielten die ČSA sowie die LOT mehrere Maschinen. In der Transportausführung hatte der Typ links eine zweiflüglige Tür. Die Version Il-12 D (1948, ebenfalls mit Doppeltür) hatte auf dem Rumpf einen bewaffneten Drehturm. Als Militärtransporter konnte die Il-12 T (1947, Doppeltür für Fracht links) 26 Soldaten oder 30 Fallschirmspringer oder 16 Tragen und 6 sitzende Kranke unterbringen. Auch als Schlepper von Lastenseglern wurde die Il-12 verwendet. Eine Il-12 steht im Luftfahrtmuseum Monino.

Rumpf: Ganzmetall-Halbschalenbauweise; Schall- und Wärmeisolierung; Heizung und Belüftung.
Tragwerk: freitragender Tiefdecker in Ganzmetallbauweise; trapezförmiger Flügel; thermische Enteisung; Mittelteil vorgezogen.
Leitwerk: freitragende Normalbauweise in Ganzmetall; thermische Enteisung.
Fahrwerk: hydraulisch einziehbar; Zwillingsräder an den Hauptstreben; Bremsen am Hauptfahrwerk; Bugstrebe einfach bereift.

Iljuschin Il-18
Verkehrsflugzeug

Bereits im Jahr 1946 wurde als Weiterentwicklung der Il-12 das Projekt für ein viermotoriges Verkehrsflugzeug für 55 bis 66 Passagiere unter der Bezeichnung Il-18 erarbeitet. Der Prototyp (Erstflug am 30. Juli 1947) erhielt vier 1360-kW-Kolbenmotoren. Diese Maschine wurde jedoch nicht in Serie gebaut, dafür aber das ab 1955 entwickelte PTL-Flugzeug Il-18 mit vier 2940-kW-Triebwerken. Der Prototyp startete am 4. Juli 1957 zum Erstflug. Diesem folgten zwei weitere Prototypen. Die Se-

rienproduktion begann Anfang des Jahres 1958. Die Il-18 errang 12 Weltrekorde. Beispielsweise erreichte sie 1959 über eine Strecke von 2000 km mit 15000 kg Nutzmasse eine Geschwindigkeit von 719 km/h. Im gleichen Jahr brachte sie 20000 kg Zuladung auf eine Höhe von 12000 m. Bekannt wurde auch der Langstreckenflug von Moskau nach Mirny (Antarktis) im Dezember 1961. Die Entfernung von 25793 km wurde in 44 Flugstunden zurückgelegt.
Insgesamt sind 565 Il-18 gebaut worden. Eine Maschine dieses Typs steht als Denkmal am Flughafen Moskau-Wnukowo. Eine mit verschiedenen Antennen versehene Il-18 „Zyklon" diente als fliegendes Laboratorium des Zentralen Geologischen Observatoriums der UdSSR.

Versionen:
Il-18 A: Startmasse 59200 kg.
Il-18 B: 1959 erste Serienausführung für 89 bis 110 Passagiere; Startmasse 61200 kg.
Il-18 W: Hauptversion 1962, Ausgangsmuster für Il-18 D (1964) und E (1965).
Il-18 D und E: mit stärkeren Triebwerken (je 3125 kW); verlängerte Druckkabine, so daß bis zu 122 Passagiere befördert werden können; Ausführung D vor allem für Langstreckenflüge; mit einem 6300-l-Zusatztank.
Il-20 bzw. Il-26: mit Seitensichtradar unter dem Rumpf (untere Seitenansicht).
Il-22: Umbau zur fliegenden Befehlsstelle.
Il-38: Marineaufklärungs- und U-Boot-Abwehrflugzeug (mittlere Seitenansicht).

Rumpf: Ganzmetall-Schalenbauweise nach dem Failsafe-Prinzip mit kreisförmigem Querschnitt; Funkmeßgerät unter Plastverkleidung im Bug.
Tragwerk: freitragender Tiefdecker in Ganzmetallbauweise mit drei Holmen im Mittelteil, zwei in den Außenflügeln; Spaltklappen; elektrothermische Enteisung.
Leitwerk: freitragende Normalbauweise; elektrothermische Enteisung.
Fahrwerk: einziehbar, Zwillingsräder an der Bugstrebe und Fahrwerkschlitten mit je vier Rädern an den Hauptstreben.

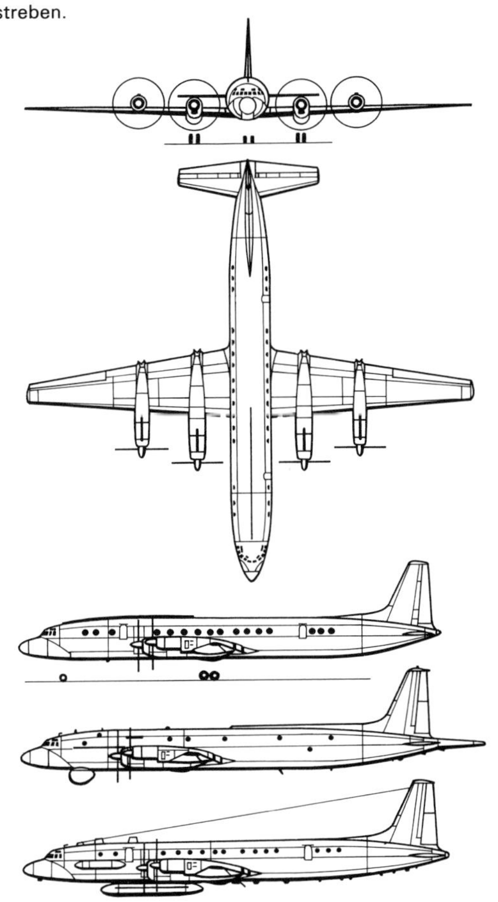

Iljuschin Il-28 Bombenflugzeug

Zur ersten Generation der sowjetischen Bomber mit Strahlantrieb zählte der mittlere Bomber Il-28. Er eignete sich ebenso für den Hohen Norden wie für die Tropen oder Subtropen. In der UdSSR, in anderen sozialistischen Staaten sowie in Ägypten, Finnland, Indonesien und mehreren afrikanischen Staaten stand er über 15 Jahre im Dienst.
Die Entwicklung der Il-28 begann 1947, der Serienbau 1949. Der Öffentlichkeit wurde der Typ am 1. Mai 1950 vorgestellt. Den Erstflug unternahm W. Kokkinaki am 8. August 1948. Der Prototyp hatte noch zwei Strahltriebwerke RD-45 mit je 22370 N Schub. Außer ihrer eigentlichen Zweckbestimmung diente die Il-28 als Marineflugzeug, als Erdkampf- und Aufklärungsflugzeug, für die Zieldarstellung und den Zielkörperschlepp sowie zur Schulung.
Das Flugzeug wurde in zahlreiche Länder exportiert (in die ČSFR als B-228). China baute die Il-28 als H 5 (1988 noch 450 im Bestand). Je eine Il-28 steht in den Luftfahrtmuseen Monino und Prag-Kbely, im Armeemuseum Warschau sowie im Luftwaffenmuseum Berlin-Gatow. Die NVA hatte ab 1960 in der Zieldarstellungskette in Peenemünde mehrere Il-28 (gesamt: 7 Il-28, 2 Il-28 R, 1 Il-28 U, letzte 1982 außer Dienst).

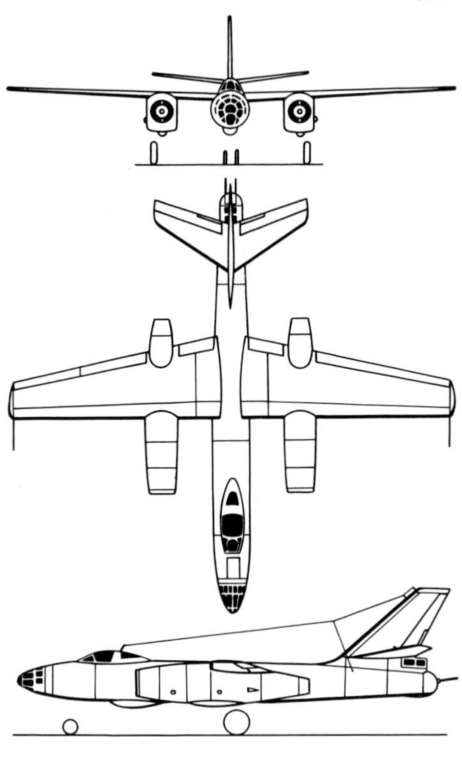

Versionen:
Il-28: mittleres Bombenflugzeug; 1948.
Il-28 P: zivile Version als Postflugzeug; 1954, auch als Il-20 bezeichnet.
Il-28 R: Aufklärer mit Leucht- oder Blitzbomben; Kraftstoffbehälter an den Flügelenden; 1950.
Il-28 T: Marineversion mit Zielgeräten für den Hoch- oder Tiefangriff mit Torpedos oder Minen; 1951.
Il-28 U: Schulflugzeug ohne Bugverglasung und ohne Bewaffnung; 1950.

Rumpf: Ganzmetallbauweise mit kreisförmigem Querschnitt; verglaster Bug für Navigator; Pilot im Rumpfoberteil; Bordschütze hinter dem Leitwerk im Heckstand.
Tragwerk: freitragender Schulterdecker in Ganzmetallbauweise ohne Pfeilung; Landeklappen.
Leitwerk: freitragende Normalbauweise in Ganzmetall.
Fahrwerk: einziehbar; Bugstrebe mit Zwillingsrädern; Hauptstreben mit je einem Rad.

Iljuschin Il-54
Versuchsbombenflugzeug

Nach dem Erfolg mit dem Frontbomber Il-28 schuf das Konstruktionsbüro Iljuschin ab 1949 mit der Il-30 das erste sowjetische Bombenflugzeug, das eine Geschwindigkeit von 1000 km/h erreichte. Dieses zunächst als Il-28-2 bezeichnete Muster mit zwei unter den Flügeln hängenden Triebwerken TR-3 (je 45110 N Schub) hatte im Gegensatz zur Il-28 gepfeilte Tragflügel.

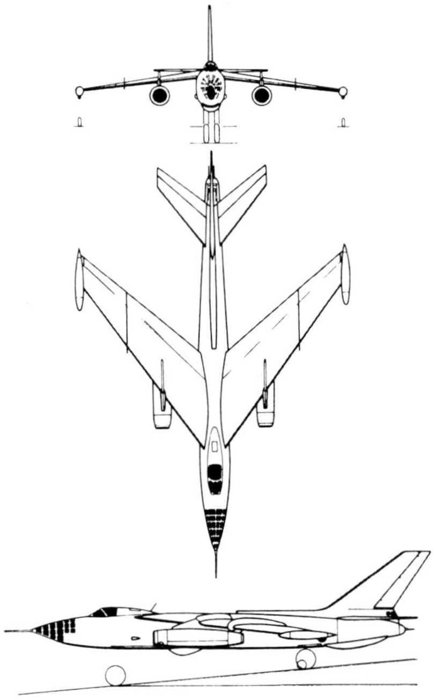

Als nach 1951 das leistungsstärkere Triebwerk AL-5 von Ljulka verfügbar war, schuf das Iljuschin-Büro den Prototyp eines schweren Bombers. Die als Il-46 bezeichnete Maschine war quasi eine Vergrößerung der Il-28: Rumpf, Tragflügel und Leitwerk entsprachen weitgehend den Baugruppen der Il-28, sie waren jedoch annähernd doppelt so groß. Als Antrieb dienten zwei Triebwerke AL-5. Die Höchstgeschwindigkeit betrug 930 km/h, die Bombenzuladung 6000 kg und die Reichweite 5000 km. Am Seitenleitwerk befand sich oben ein Radarwarngerät. Alle Räder waren doppelt bereift.
Am 25. Juni 1956 wurde einer Gruppe ausländischer Militärs auf dem Flughafen Kubinka in der Nähe Moskaus eine Reihe neuer Flugzeuge gezeigt. Darunter befand sich auch das letzte Iljuschin-Bombenflugzeug, die zunächst als Il-149 bezeichnete Il-54. Prinzipiell neu waren an diesem ab 1954 in mehreren Prototypen gebauten schweren Bomber die aerodynamische Komponente (Schulterdecker – alle früheren Il-Bomber waren Mitteldecker –, Tragflügelvorderkante mit einer Pfeilung von 55°, sehr spitzer Bug, Triebwerk in relativ kleinen Gondeln unter den Flügeln hängend) sowie das Fahrwerk. Es war als sog. Wagen- oder Einspurfahrwerk ausgelegt, mit je einem Radpaar im Bug unter der Flugzeugführerkabine und im letzten Rumpfdrittel sowie mit je einem Stützrad am Flügelende, das in den spindelförmigen Körper an der Flügelendkappe eingezogen wurde. Auch die Il-30 hatte ein solches Fahrwerk. Bei ihr brachte man die Stützräder jedoch in den Triebwerkgondeln unter, und alle Räder waren doppelt bereift, bei der Il-54 nur die Haupträder.
Bewaffnet war die Il-54 mit zwei starren Kanonen im Bug und zwei beweglichen Waffen im bemannten Heckstand. Die Il-54 wurde 1955 erprobt. Da sich die Jak-25 aber als leistungsfähiger erwies, kam es nicht zum Serienbau.

Rumpf: Ganzmetallkonstruktion mit ovalem Querschnitt, langem Schacht für Bomben und Torpedos sowie verglastem Bug für den Navigator; aufgesetzte Flugzeugführerkabine sowie bemannter Stand hinter dem Leitwerk; doppelter Kiel am Heck.
Tragwerk: stark gepfeilte Flügel mit leicht negativer V-Form; hängende Triebwerke; je Seite zwei Grenzschichtzäune sowie Tragflügelendkeulen.
Leitwerk: nach hinten überhängendes Seiten- und stark gepfeiltes Höhenleitwerk in Normalbauweise.
Fahrwerk: Wagenfahrwerk; doppelt bereifte Haupträder vorn und hinten in den Rumpf, einfach bereifte Stützräder in die Tragflügelenden einfahrbar.

Iljuschin Il-62 / Il-62 M
Verkehrsflugzeuge

Die Il-62 wurde der Öffentlichkeit am 24. September 1962 in Moskau vorgestellt. Ab 1960 war der Typ entwickelt worden, und zwei Jahre später begann die Flugerprobung. Die ersten Serienflugzeug waren 1966 fertig, und im gleichen Jahr nahm die Aeroflot die Linienerprobung vor.
Das Flugzeug kann bis zu 186 Passagiere befördern und die Strecke Moskau–New York (7700 km) mit allen notwendigen Kraftstoffreserven im Nonstop-Flug zurücklegen. Die Druckkabine hält den Bodendruck bis zu einer Höhe von 7000 m. In einer Höhe von 14000 m entspricht der Kabinendruck einer Höhe von 2400 m.

Die Il-62 M ist eine Weiterentwicklung von 1969. Sie wurde erstmalig auf dem Pariser Salon der Luft- und Raumfahrt 1971 gezeigt. Die Maschine erhielt stärkere und sparsamere Triebwerke mit Schubumkehr, außerdem wurden die Cockpitausstattung verbessert sowie die Funk- und Navigationsausrüstung modernisiert. Zur Erhöhung der Reichweite baute man in die Leitwerkflosse einen 5000-l-Zusatztank ein. Die Kabine wurde verlängert, so daß bis zu 198 Passagiere befördert werden können. Varianten für 186 und 161 Passagiere sind möglich. Die Nonstop-Flugweite wurde von 8800 km (Il-62) auf 10500 km erhöht. Das Gepäck wird im Unterschied zur Il-62 palettiert abgefertigt. 1978 erschien die verbesserte Ausführung Il-62 MK. Bis 1990 sind etwa 225 Il-62 gebaut und einzelne nachbestellt worden.

Rumpf: Ganzmetall-Halbschalenbauweise; zwei Passagiertüren vor dem Tragwerk backbords; Druckkabine; Schall- und Wärmeisolierung.
Tragwerk: freitragender Tiefdecker in Ganzmetallbauweise; drei Holme; stark gepfeilt; „Sägezahn" an der Vorderkante; an jedem Flügel dreiteilige Querruder; elektrisch betätigte Doppelspaltklappen; zwei hydraulisch betätigte Spoiler vor den Klappen.
Leitwerk: freitragendes T-Leitwerk in Ganzmetallbauweise; Trimmklappen in den Rudern; elektrisch verstellbare Höhenflosse.
Fahrwerk: einziehbar; Zwillingsräder an der Bugstrebe und Fahrwerkschlitten mit je vier Rädern an den Hauptstreben; ausfahrbare Stützen mit Zwillingsrädern im Heck.

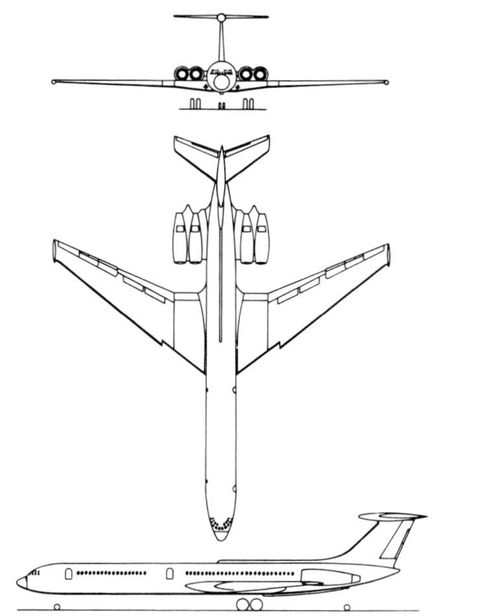

Iljuschin Il-76
Fracht- und Transportflugzeug

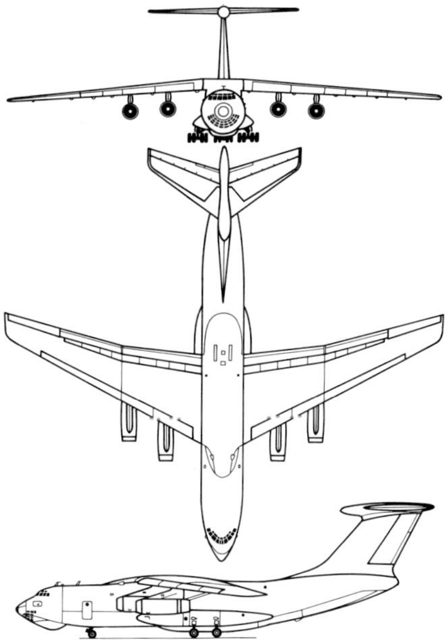

Die Il-76 wurde ab 1969 im Konstruktionsbüro S. W. Iljuschin unter Leitung des Generalkonstrukteurs Nowoshilow konstruiert. Sie flog erstmalig am 25. März 1971 (4 Prototypen) und wurde im Mai des gleichen Jahres auf dem Pariser Luftfahrtsalon der Öffentlichkeit vorgestellt. Im Jahr 1975 begann die Serienproduktion. Die Maschine kann unbefestigte Flugplätze anfliegen sowie mit Spezialfahrwerk auch auf nassem Grund landen. Bordeinrichtungen zur Be- und Entladung machen sie von Bodeneinrichtungen unabhängig. Der gesamte Laderaum ist als Druckkabine ausgelegt. Im Rumpf können auch sperrige Güter bis zu 40 000 kg untergebracht werden. Die Höhe des Laderaumes beträgt 3,25 m. In 40 min kann die Il-76 be- oder entladen werden (bei Containern in kürzerer Zeit).

Von 1975 bis 1992 wurden etwa 700 Il-76 gebaut. Abnehmer waren außer der AEROFLOT und der eigenen Luftwaffe u. a.: Algerien, Indien (24 als „Gajaraj"), Irak, Kuba, Libyen, Polen, Syrien, Tschechien. Die schweizerische Jet Aviation betreibt seit 1990 5 Il-76 TD, und auch die britische HeavyLift Cargo Airlines verfügt über Il-76.

Versionen:
- Il-76: Basisausführung.
- Il-76 T: zivile Frachtversion, 1977.
- Il-76 M: Militärversion mit Radar und Zwillingskanone 23 mm im Heck; für 140 Soldaten oder 125 Fallschirmjäger; Störkörper gegen IR-Raketen. Rückgrat der Transportflotte.
- Il-76 TD: unbewaffnet, aber mit Triebwerken D-30 KP-2, größerem Kraftstoffvorrat, geringerem Verbrauch. Arktiseinsatz. 90 Passagiere. 1982. In Entwicklung mit CFM 56 Turbofans (138,8 kN).
- Il-76 MD: Militärversion der Il-76 TD. Mindestens zwei (mit zivilen Kennern: SSSR-76450, -76451) im Testzentrum Shukowski als fliegende Kommandozentrale stationiert.
- Il-76 MDK: spezialisiert für Kosmonautenausbildung.
- Il-76 MF: um 6,6 m gestreckter Transporter mit PS-90 AN Turbofans je 156,9 kN, in Entwicklung.
- Il-76 DMP: Feuerlöschversion für 44 t Wasser, 1990 vorgeführt.
  Il-76 LL: fliegendes Laboratorium (Triebwerktests), vier Maschinen seit 1991 verfügbar.
- Il-76 / Be-976: Auch als A-50 bezeichnete Frühwarnversion mit großem Radarteller über dem Rumpf. Eingerichtet für Zusammenwirken mit MiG-29 / 31 und Su-27. Basis: Il-76 TD.
- Erprobungsträger 1979, 3 Prototypen ab 1982, Serienbau ab 1992 (25 bis 1992 ausgeliefert, 2 für Iran). Nachtankvorrichtung im Bug.
- Il-78 / 78 M: fliegende Tanker, Basis Il-76 MD, im Dienst seit 1987. 12 im Bestand 230. Lufttankregiment (1992). Il-78: unter jedem Flügel eine Nachtankeinrichtung, Il-78 M: dritte auf linker Heckseite.

Rumpf: Ganzmetallbauweise; Bug unten verglast für Navigator; hochgezogenes Heck mit seitlich aufklappbaren Frachttüren und nach unten schwenkbarer Laderampe.
Tragwerk: freitragender, gepfeilter Schulterdecker in Ganzmetallbauweise mit zahlreichen Auftriebshilfen.
Leitwerk: gepfeiltes T-Leitwerk in Ganzmetallbauweise.
Fahrwerk: in Rumpfwülsten einziehbar; Niederdruckreifen; Bugfahrwerk mit vier Rädern nebeneinander; Hauptfahrwerk hat auf jeder Seite zwei Fahrwerkbeine mit je vier Rädern nebeneinander.

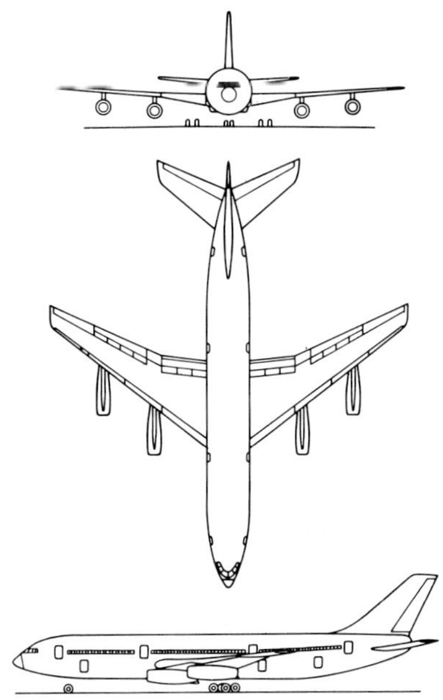

Iljuschin Il-86 „Aerobus"
Verkehrsflugzeug

Auf den wichtigsten Luftverkehrslinien der UdSSR verkehren die Flugzeuge in einer solchen Dichte, daß der ständig steigende Verkehr kaum noch durch eine größere Zahl von Flugzeugen zu bewältigen ist. Aus diesem Grund wurde im Konstruktionsbüro S. W. Iljuschin seit 1970 das Großraum-Verkehrsflugzeug Il-86 entwickelt, das zur dritten Generation der Verkehrsflugzeuge gehört. Die 350 bis 380 Passagiere werden im Oberteil des Rumpfes (6,08 m Durchmesser) untergebracht, während der Unterteil für die Beförderung von Fracht – darunter auch für das von den Passagieren selbst abgestellte Gepäck – gedacht ist. Die Maschine wird im gesamten Mittelstreckenbereich zwischen 1 200 und 4 800 km eingesetzt. Mit Hilfe der Bordnavigationsautomatik soll die Il-86 auf entsprechend ausgerüsteten Flugplätzen auch bei dichtem Nebel landen können.
Der erste von 2 Prototypen flog erstmals am 22. Dezember 1976. Am 10. März 1977 war die erste Erprobungsetappe abgeschlossen. Im Jahr 1980 nahm die Il-86 bei der Aeroflot den internationalen Liniendienst auf.
Mitte 1993 waren 97 Il-86 fertig, mindestens eine davon ist als fliegende Kommandozentrale eingerichtet (Shukowski 1992: SSSR-86 146-49).
Erwogen wird die Umrüstung auf günstigere westliche Triebwerke CFM 56 (35% geringerer Verbrauch).
Nach einem Regierungsabkommen vom 13. Mai 1977 baut PZL Mielec (Polen) das Leitwerk, die Triebwerksgondeln und die Flügel für die Il-86.
In der UdSSR wurde ein Il-86-Flugsimulator entwickelt. Nach dem Vorbild der Il-86 entstand die Il-96-300.

Rumpf: Ganzmetall-Halbschalenbauweise; Fracht- und Gepäckräume im unteren Teil; Passagiere im oberen Teil.
Tragwerk: freitragender Tiefdecker in Ganzmetallbauweise mit Hochauftriebshilfen.
Leitwerk: freitragendes, gepfeiltes Normalleitwerk in Ganzmetallbauweise.
Fahrwerk: einziehbar; die drei Hauptfahrwerkgruppen mit je zwei Radpaaren; am Bug Zwillingsräder.

Iljuschin Il-96-300
Langstreckenverkehrsflugzeug

Zu den UdSSR-Exponaten des Pariser Luftfahrtsalons 1989 zählte die Il-96-300. Dieser langerwartete Typ sollte 1993 bis zu 300 Passagiere, Post und Fracht auf Strecken befördern. In modifizierter Form sollten bis zu 11000 km möglich sein. Wie andere RGW-Fluggesellschaften hatte auch die DDR-INTERFLUG die Übernahme der Il-96-300 geplant. Der erste von 5 Prototypen begann am 28. September 1988, der 2. am 28. November 1989 mit der Flugerprobung. Sie ergab mit voller Nutzlast (38 t) eine Reichweite von 6000 km (Eigenmasse und Verbrauch der speziell für den Typ geschaffenen Triebwerke PS-90 A zu groß). Ansonsten war an der Il-96-300 vieles neu, von der Aerodynamik über die Bordrechner, die Werkstoffe, die Zelle bis hin zu den Navigations- und Funkanlagen. Die moderne Avionik (charakteristisches Merkmal sind Farbbildschirm-Displays anstelle herkömmlicher Bordgeräte) sichert einen hohen Automatisierungsgrad der Flugzeugführung. Selbst den Landeanflug soll die Il-96-300 bei schlechtester Sicht mit Hilfe der Automatikanlage bewältigen.

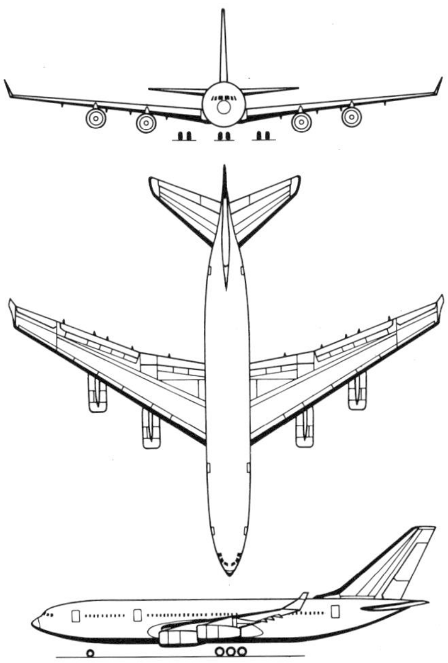

Die politische Wende gab die Möglichkeit, mit Pratt & Whitney einen Vertrag über die Lieferung von USA-Triebwerken 10 PW 2337 abzuschließen. Nach der Auslieferung von 9 Il-96-300 bis 1992 folgt nun der Serienbau der Il-96 M. Der Prototyp Il-96-MO (Projekt Il-96-350) hatte am 30. März 1993 in Moskau rollout, und am 6. April 1993 begann die Flugerprobung. Das Zertifikat FAR 25 wird für 1995 erwartet, der Lieferbeginn für 1996. Neben dem Basismodell Il-98 M sind die Il-96 MK mit stärkeren Triebwerken sowie der Frachter Il-96 T projektiert. Im April 1993 lag die Bestellung für 30 Il-96 M von den Gesellschaften Russia International Airlines, Uzbekistan Airways und Far East Aviation vor.

Rumpf: zweistöckig; oben 22 1.-Klasse-, 40 Business-Klasse- und 173 Touristenklasse-Plätze; unten Frachtraum.
Tragwerk: Tiefdecker; positive V-Form; Winglets; superkritisches Profil; Vorflügel entlang der gesamten Flügelnase; unter den Flächen innen Doppelspalt- und außen einteilige Klappen; innen Querruder und Störklappen.
Leitwerk: Normalbauweise; Höhen- und Seitenleitwerk stark gepfeilt.
Fahrwerk: Bugradfahrwerk doppelt bereift; je Hauptfahrwerkbein drei Radpaare hintereinander.

IS-1 (I-220)
Versuchsjagdflugzeug

In der zweiten Hälfte der dreißiger Jahre beschäftigten sich der Flugzeugführer Schewtschenko und der Konstrukteur Nikitin mit dem Problem, ein Flugzeug zu entwickeln, das den Start und die Landung als Doppeldecker und den Streckenflug als Eindecker ausführen kann. Damit sollten die Vorteile beider Bauweisen in einem Flugzeug vereinigt werden.
Schewtschenko schuf dazu ein Projekt, bei dem das Fahrwerk in den unteren Flügel und dieser in den weitaus größeren oberen Flügel eingefahren werden sollte. Im November 1938 wurde dieses Projekt bestätigt. Anfang 1939 führten die Konstrukteure die Attrappe vor, und im Juni 1940 erhob sich die I-220, auch als IS-1 (Skizze, IS – Istrebitjel Skladnoi – zusammenfaltbarer Jäger) oder Monobiplan bezeichnet, erstmals in die Luft. Einen Monat nach Beginn der Flugerprobung fuhr der Testpilot, Held der Sowjetunion Schijanow, erstmals den Unterflügel ein. Im Januar 1940 war der zweite Monobiplan, als IS-2 (I-220 bis) bezeichnet, fertig. Bei dem dritten Modell, der mit einem Bugradfahrwerk ausgestatteten IS-4 (Foto), wurde ein stärkeres Triebwerk verwendet.
Insgesamt entstanden zwischen 1938 und 1941 vier flugfähige Modelle sowie 18 Projekte von Doppeldecker-Eindecker-Mustern, womit die Möglichkeit nachgewiesen wurde, mit einem Flugzeug bei Veränderung der Tragflügel sehr geringe und sehr hohe Geschwindigkeiten zu erreichen. Der Überfall Hitlerdeutschlands verhinderte, daß Schewtschenko seine Arbeiten weiterführte. Nach dem Krieg griff man das Projekt nochmals auf, doch der Übergang auf den Strahlantrieb drängte diese Schwenkflügelversuche zunächst in den Hintergrund.

Rumpf: Gemischtbauweise; offenes Cockpit sehr weit zurückgesetzt; sehr kurzer Abstand zwischen Kabine und Seitenleitwerk; teils blechbeplankt, teils stoffbespannt.
Tragwerk: freitragender Anderthalbdecker; Querruder über die ganze Hinterkante des oberen Tragflügels; unterer Tragflügel wurde im inneren Drittel in die Rumpfseiten und in den äußeren Dritteln in den oberen eingezogen.
Leitwerk: Normalbauweise; Höhenleitwerk mit einem Draht verstrebt.
Fahrwerk: außer IS-4 mit Heckrad; Haupträder in den unteren Tragflügel einfahrbar.

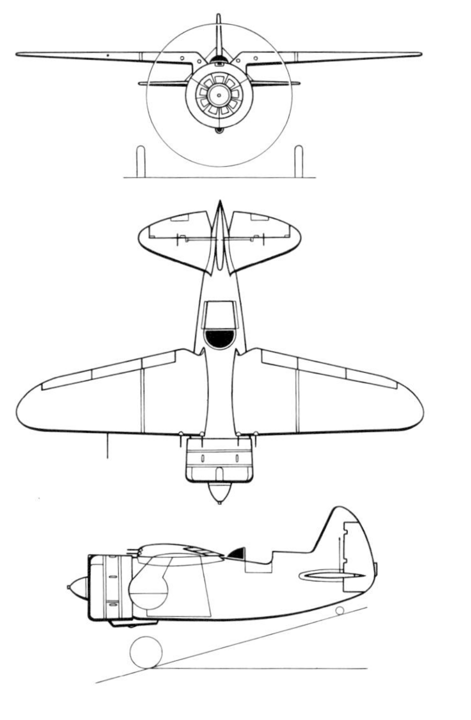

Jakowlew Ja-1 „Awijetka"
Sport- und Schulflugzeug

Jakowlew schuf im Alter von 20 Jahren sein erstes Flugzeug. Ursprünglich wollte er ein einsitziges Leichtflugzeug bauen, ließ sich dann aber davon überzeugen, daß ein zweisitziges Flugzeug vielseitiger, vor allem auch als Schulflugzeug, zu verwenden ist.
Der Erstflug der zuerst als WWA-3 (Abkürzung für Militärakademie der Luftstreitkräfte), dann als AIR-1 bezeichneten Maschine fand am 12. Mai 1927 statt. Der Testpilot Piontkowski flog dieses leichte Flugzeug mit Jakowlew als Passagier von Moskau über Charkow nach Sewastopol. Zurück flog er allein; auf dem Passagiersitz war ein Zusatztank untergebracht worden. Die Strecke Sewastopol—Moskau legte Piontkowski im Nonstop-Flug zurück. Für die 1420 km brauchte er 15 h 30 min, was gleichbedeutend mit Dauer- und Entfernungsrekorden für Sportflugzeuge war.
Die Ja-1 gehört heute zur Sammlung des Konstruktionsbüros Jakowlew, das 1974 ein eigenes Museum eröffnete.

Rumpf: Holzbauweise mit Stoffbespannung; Vorderteil mit Sperrholz beplankt; offene Sitze hintereinander.
Tragwerk: einstieliger, verspannter Doppeldecker mit Baldachin in Holzbauweise mit Stoffbespannung.
Leitwerk: Normalbauweise in Holz mit Stoffbespannung.
Fahrwerk: starr mit durchgehender Achse und Hochdruckreifen; Hecksporn.

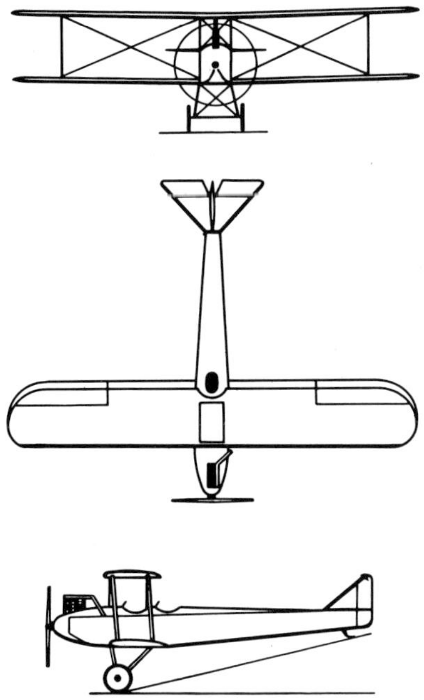

Jakowlew Ja-2
Sport- und Schulflugzeug

Die ursprünglich als AIR-2 bezeichnete Maschine war eine Weiterentwicklung der AIR-1. 1928 entstand eine Version mit einem 50-kW-Motor. Die beiden Sitze waren mit Zelluloid verglast. Die Verglasung bot allerdings keine Vorteile, und auch das Triebwerk befriedigte nicht. Nach einer 1929 herausgekommenen Version mit einem 45-kW-Motor Walter NZ-60 erhielt das Flugzeug im Jahr 1931 einen 65-kW-Motor Siemens. Diese Version AIR-2 s hatte bessere Flugeigenschaften und war mit Schwimmern von Schawrow ausgerüstet. Die Flugerprobung fand am 18. Mai 1931 auf der Moskwa statt, was damals für die Hauptstadt eine Sensation bedeutete.
Insgesamt sind sechs Ja-2 gebaut worden, vier erhielten das sowjetische Triebwerk NAMI M-23 mit 50 kW Startleistung.

Rumpf: Holzbauweise mit Stoffbespannung; Vorderteil mit Sperrholz beplankt; zwei offene Sitze hintereinander.
Tragwerk: einstieliger, verspannter Doppeldecker mit Baldachin in Holzbauweise mit Stoffbespannung.
Leitwerk: Normalbauweise in Holz mit Stoffbespannung.
Schwimmwerk: zwei Schwimmer.

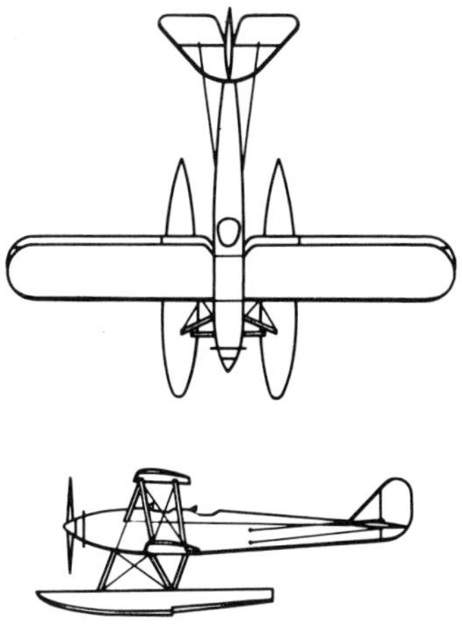

Jakowlew Ja-3 „Pionerskaja Prawda" Sport- und Schulflugzeug

Die Moskauer Kinderzeitschrift „Pionerskaja Prawda" organisierte eine Geldsammlung, um Jakowlew, der damals an der Shukowski-Militär-Luftfahrtakademie studierte, den Bau eines Flugzeugs zu ermöglichen.
Jakowlew baute es im Sommer 1929 als Student im 2. Studienjahr gemeinsam mit freiwilligen Helfern. Rumpf, Fahrwerk und Leitwerk wurden fast unverändert von der AIR-2 übernommen.
Der Erstflug fand im Sommer 1929 statt. Im September 1929 unternahm Filin, ebenfalls Student an der Militärakademie, mit Kowalkow als Passagier einen Nonstop-Flug von Mineralnyje Wody nach Moskau, wobei er die 1835 km lange Strecke mit einer Durchschnittsgeschwindigkeit von 166,8 km/h zurücklegte. Damit stellte er zwei internationale Rekorde auf, in der Reichweite sowie in der mittleren Fluggeschwindigkeit.
1930 verfeinerte Jakowlew die Ja-3 zur Ja-4, die ein neues Fahrwerk mit geteilter Achse erhielt. Versuchsweise erhielt diese Maschine 1933 Vorflügel und Wölbungsklappen, womit sie eine Landegeschwindigkeit von 35 km/h erreichte.

Rumpf: Holzbauweise mit Stoffbespannung; Triebwerkverkleidung aus Leichtmetall; Rumpf an den Sitzen mit Sperrholz beplankt; zwei offene Sitze hintereinander.
Tragwerk: abgestrebter Hochdecker mit Baldachin in Holzbauweise mit Stoffbespannung; zwei parallele Stahlrohrstreben auf jeder Seite.
Leitwerk: Normalbauweise in Holz mit Stoffbespannung.
Fahrwerk: starr mit durchgehender Achse und Hecksporn.

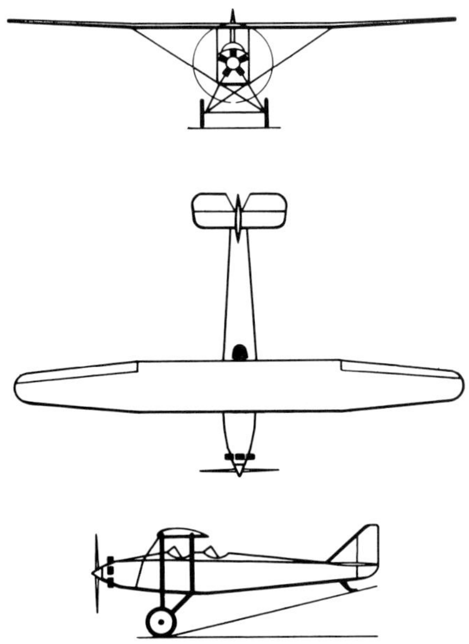

Jakowlew Ja-6 (AIR-6) Verkehrsflugzeug

Im Jahr 1931 konstruierte Jakowlew den leichten Schulterdecker Ja-5 (AIR-5) mit Holzflügeln und Stahlrohrrumpf. Da sich die zivile Fluggesellschaft nicht für diesen Viersitzer mit Wright-J. 4-„Whirlwind"-Triebwerk interessierte, blieb es beim Prototyp, und Jakowlew entwickelte aus der Ja-5 den leichten Dreisitzer Ja-6, der dann auf den örtlichen Luftverkehrslinien der Aeroflot das am meisten benutzte Flugzeug war.
Das Flugzeug wurde als Land- und als Wasserflugzeug in Serie gebaut. Im Jahr 1934 legten Maschinen dieses Typs im Gruppenflug die Strecke Moskau–Irkutsk–Moskau (10000 km) mit Zwischenlandungen zurück. Am 23. Mai 1937 flog eine Ja-6 (mit dem Piloten Pismenni) im Nonstop-Flug Kiew–Batumi über 1297 km in 10 h 25 min einen Rekord. Die Reisegeschwindigkeit betrug dabei 124 km/h. Von 1934 bis 1936 wurden insgesamt 468 Flugzeuge gebaut, davon 20 Sanitätsflugzeuge.
1933 entstand die AIR-6 A mit zwei Heckschwimmern von Schawrow.

Rumpf: rechteckiger Querschnitt mit geschlossener Kabine; auf jeder Seite eine Tür.
Tragwerk: abgestrebter Schulterdecker.
Leitwerk: abgestrebte und verspannte Normalbauweise.
Fahrwerk: starr ohne Achse; Hecksporn.

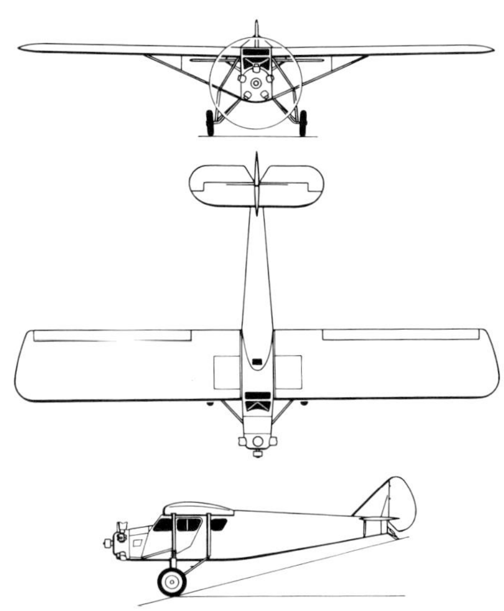

Jakowlew Ja-7 (AIR-7)
Sport-, Übungs- und Kurierflugzeug

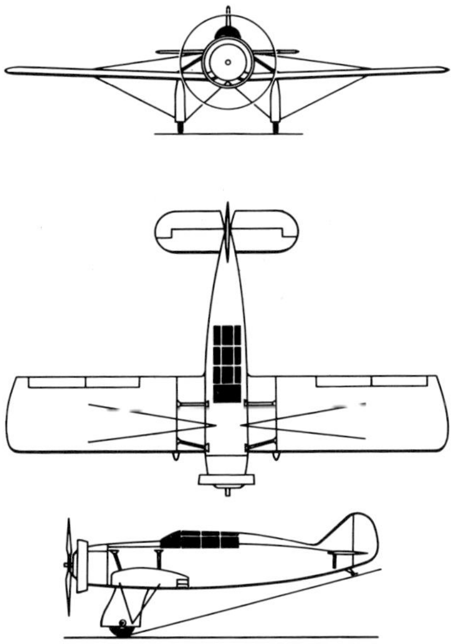

Jakowlew schuf die Ja-7 zum einen als schnelles Sportflugzeug, das den Geschwindigkeitsrekord für die UdSSR erobern sollte, und zum anderen als Kurierflugzeug für die schnelle Beförderung von Zeitungsmatrizen. Zugleich wollte er beweisen, daß ein zweisitziger Eindecker mit dem gleichen Triebwerk wie die damaligen Jagdeinsitzer-Doppeldecker (I-5 von Polikarpow) bessere Leistungen zu erzielen vermag. Unter vielen Schwierigkeiten setzte Jakowlew den Bau durch.
Nach erfolgreichen Probeflügen im Sommer 1932, wobei eine Geschwindigkeit von 325 km/h erreicht wurde (im Frühjahr 1933 kam er auf 332 km/h), mußte der Testpilot Piontkowski bei einem Flug im Jahr 1934 notlanden, da ein Querruder abgerissen und die Bespannung beschädigt war. Die Querruderbefestigung genügte nicht der Geschwindigkeit, weil man damals die Flattererscheinungen noch nicht genügend erforscht hatte.
Die Erfahrungen mit diesem Typ verwertete Jakowlew später bei dem Jagdflugzeug Jak-1.

Rumpf: Stahlrohrbauweise mit Stoffbespannung; geschlossene Kabine mit Sitzen hintereinander.
Tragwerk: nach oben abgestrebter, nach oben und nach unten verspannter Tiefdecker in Holzbauweise mit Stoffbespannung.
Leitwerk: verspannte Normalbauweise in Duralumin mit Stoffbespannung.
Fahrwerk: starr mit Hecksporn; hosenförmige Verkleidung; Gummifederung.

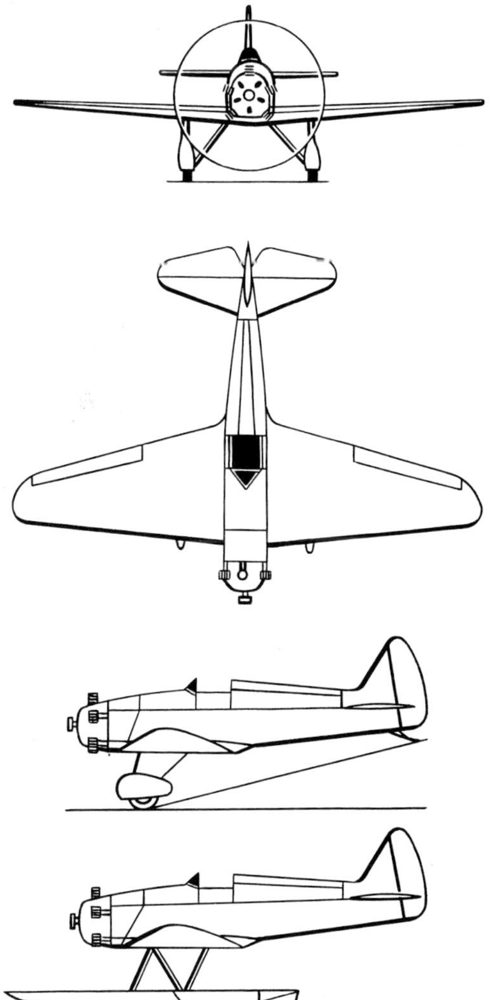

Jakowlew UT-1
Übungsflugzeug

Nachdem der UT-2-Vorläufer AIR-10 im Sommer 1935 in Moskau-Tuschino einen Wettkampf der sowjetischen Sportflugzeuge überlegen gewonnen hatte, arbeitete Jakowlew intensiv an einem einsitzigen Übungsflugzeug zur Ausbildung von Jagdfliegern und insbesondere zur Übung im Kunstflug. Diese neue Maschine hieß offiziell UT-1. Die Werkbezeichnung war AIR-14. Bei Jakowlew erhielt sie die Listenbezeichnung Ja-14, in der Ausführung mit Schwimmern wurde sie als WT-1 oder UT-1 W geführt, aber auch als Ja-15 und UT-1 p bezeichnet.
Im Herbst 1936 begann der Serienbau in zwei Werken. Bis 1942 waren 1 241 UT-1 ausgeliefert worden.

Am 24. Juli 1937 gewann die UT-1 den Wettbewerb der Sportflugzeuge Moskau—Sewastopol—Moskau (2 815 km) mit einer Durchschnittsgeschwindigkeit von 218 km/h. Mit einer WT-1 stellte Kokkinaki einen Höhenrekord auf, und auch die sowjetische Fliegerin Grisodubowa flog im Oktober 1937 mit 3 267 m Höhenrekord. Mit der UT-1 wurden acht internationale Geschwindigkeits-, Höhen- und Weitstreckenrekorde aufgestellt.
Das Flugzeug wurde während des zweiten Weltkriegs mit unterschiedlicher Bewaffnung auch an der Front eingesetzt.

Rumpf: Stahlrohrbauweise mit Stoffbespannung.
Tragwerk: freitragender Tiefdecker in Holzbauweise mit Stoffbespannung; zwei Holme.
Leitwerk: abgestrebte und verspannte Normalbauweise in Leichtmetall mit Stoffbespannung.
Fahrwerk: starr, verkleidet mit Hecksporn; Ausrüstung mit Schneekufen oder Schwimmern möglich.

Jakowlew UT-2
Schul- und Übungsflugzeug

Jakowlew projektierte die UT-2 im Jahr 1935, um den Schul-Doppeldecker U-2 (Po-2) von Polikarpow zu ersetzen. Das Flugzeug war eine verbesserte und vergrößerte Ausführung der AIR-10 und hieß zunächst AIR-20 oder Nr. 20. Die UT-2 wurde bis 1948 gebaut. Dann löste die Jak-18 sie ab. Eine als UT-2 MW bezeichnete Version mit geschlossener Kabine wurde 1943 in kleiner Stückzahl produziert. Unter der Bezeichnung WT-2 gab es eine Ausführung mit Schwimmern. Als stärkere Triebwerke zur Verfügung standen, verstärkte man die Zelle. Die UT-2 benutzten sowohl die zivilen als auch die militärischen Fliegerschulen. Ab 1943 flogen auch die in der UdSSR gebildeten polnischen Schulstaffeln die UT-2. Nach 1945 wurde die UT-2 auch in Ungarn und in Jugoslawien (dort zur U-2 M verbessert) geflogen.
Insgesamt wurden 7 243 Flugzeuge dieses Typs gebaut.

Rumpf: Stahlrohrbauweise mit Stoffbespannung; zwei Sitze hintereinander mit Doppelsteuerung.
Tragwerk: freitragender Tiefdecker in Holzbauweise mit Stoffbespannung; zwei Holme.
Leitwerk: Normalbauweise; Höhen- und Seitenflosse verspannt; Holzbauweise mit Stoffbespannung.
Fahrwerk: starr mit Hecksporn; Ausrüstung mit Schwimmwerk möglich.

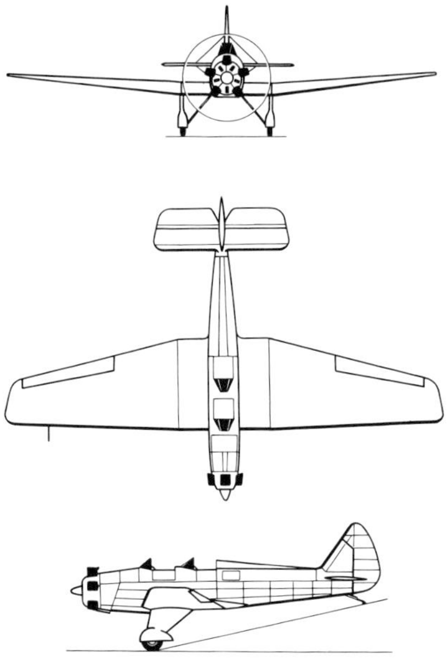

Jakowlew Jak-2 / Jak-4 (BB-22)
Aufklärungs- und Bombenflugzeug

Zu den ersten Militärflugzeugen Jakowlews zählt ein zweimotoriger Tiefdecker, dessen Konstruktion Anfang 1939 abgeschlossen werden konnte. Zur Luftparade am 1. Mai 1939 war die formschöne Maschine erstmals öffentlich zu sehen. Ursprünglich war sie als schneller Aufklärer gedacht. Bei Jakowlew hieß sie Ja-22, bei den Luftstreitkräften BB-22 (Blishni Bombardirowtschik – Nahbombenflugzeug). In der Serienproduktion wurde das Flugzeug mit Triebwerken M-103 Jak-2 und mit M-105 Jak-4 genannt. Es zeichnete sich durch eine gute aerodynamische Formgebung und eine hervorragende Oberflächenbeschaffenheit aus. Die Maschine war damals schneller als viele Jagdflugzeuge.

Der Prototyp Ja-22 (bis 1940 erprobt: Höchstgeschwindigkeit 530 km/h, Gipfelhöhe 9 000 m, Reichweite 800 km, ein 7,62-mm-MG, zwei 12,7-mm-MGs, 400 kg Bomben) hatte zwei 810-kW-Motoren, die aber in 4 000 m Höhe nur noch 705 kW leisteten. Der Einbau der Waffen verschlechterte die Aerodynamik und erhöhte die Masse der Jak-4. Die Produktion wurde deshalb nach dem Bau von 600 Maschinen zugunsten der Pe-2 von Petljakow eingestellt. In den ersten Monaten des Krieges wurden die Jak-4 als Aufklärer und leichter Bomber verwendet.
Die mit der Jak-4 gesammelten Erfahrungen verwertete Jakowlew erfolgreich bei der Jak-1.

Rumpf: Stahlrohrbauweise mit Stoffbespannung; zwei Sitze hintereinander; verglastes Cockpit.
Tragwerk: freitragender Tiefdecker in Holzbauweise mit Sperrholzbeplankung.
Leitwerk: zwei Seitenleitwerke als Endscheiben am Höhenleitwerk; Duraluminbauweise mit Stoffbespannung.
Fahrwerk: einziehbar mit Hecksporn; Ausrüstung mit Schneekufen möglich.

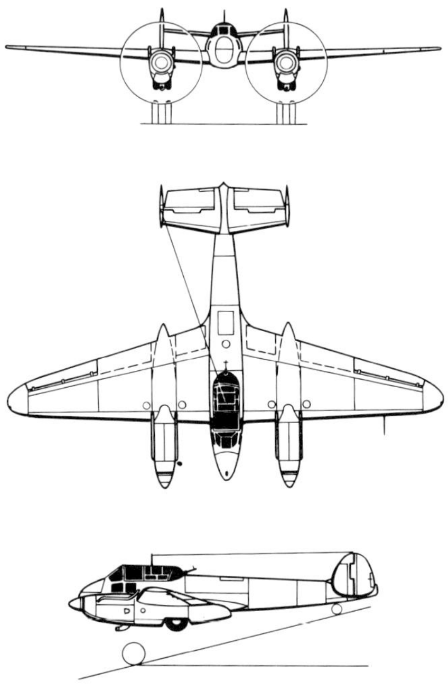

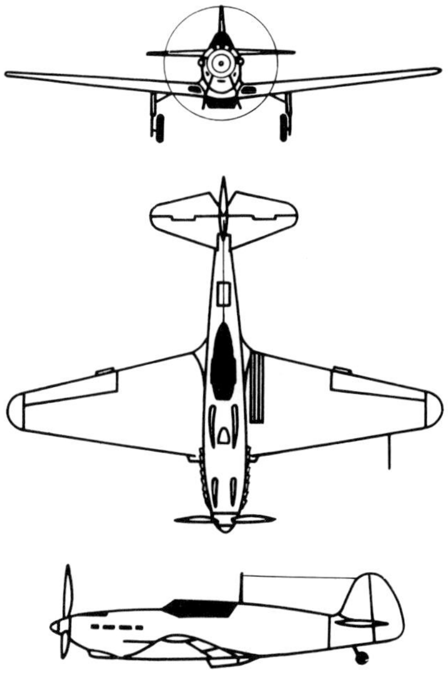

Jakowlew Jak-1
Jagdflugzeug

Die sowjetische Regierung schrieb im Jahr 1939 die Entwicklung eines schnellen Jagdflugzeugs aus, das die Maschinen der Typen I-15, I-16 und I-153 von Polikarpow ablösen sollte. Gefordert wurden: hohe Geschwindigkeit, hervorragende Steigleistung, Wendigkeit, große Feuerkraft und Reichweite. Diese Forderungen waren nur schwer zu vereinen. Jakowlew richtete sein Augenmerk auf die Geschwindigkeit. Er schuf deshalb mit der Jak-1 einen Eindecker, bei dem besonderer Wert auf eine hervorragende Oberflächenbeschaffenheit gelegt wurde.
Der erste Prototyp I-26 startete am 13. Januar 1940 auf dem Werkflugplatz zum Erstflug. Piontkowski, der bis dahin alle Jakowlew-Konstruktionen eingeflogen hatte, fand am 27. April 1940 bei der weiteren Erprobung dieses Typs infolge eines Defekts den Tod. Da der Fehler schnell gefunden wurde und keine konstruktive Ursache hatte, ging die Maschine 1940 in den Serienbau. Im Dezember 1940 wurde sie als Jak-1 bezeichnet.
Das vorwiegend bei der Moskauer Luftverteidigung verwendete Flugzeug wurde nach den ersten Kriegserfahrungen zur Jak-1 M modifiziert. Dabei fiel die stromlinienförmige Verkleidung der Kabine weg, um Sicht nach hinten zu erhalten. Diese Version wurde bis 1943 gebaut. Insgesamt wurden 8721 Jak-1 produziert.
Entwickelt wurden außerdem ein Prototyp Jak-3 (nicht identisch mit der Serie Jak-3), ein Höhenjäger Nr. 28, die Jak-16 als Modifikation der Jak-1, eine Ganzmetall-Jak-1, ein Höhenjäger Jak-5 sowie einige Jak-1 mit dem Triebwerk WK-106, einer Kanone MP-20 und einem MG UBS.

Auf der Basis der Jak-1 entstanden die Jak-7 und der Leichtbaujäger Jak-3.
Die Jak-1 wurde von Polen und Jugoslawien übernommen.

Rumpf: Stahlrohrbauweise mit rechteckigem Querschnitt und Abrundungen; geschlossenes Cockpit.
Tragwerk: freitragender Tiefdecker in Holzbauweise; zwei Holzholme; Sperrholzbeplankung.
Leitwerk: freitragende Normalbauweise.
Fahrwerk: einziehbar mit Spornrad.

Jakowlew Jak-7
Jagdflugzeug

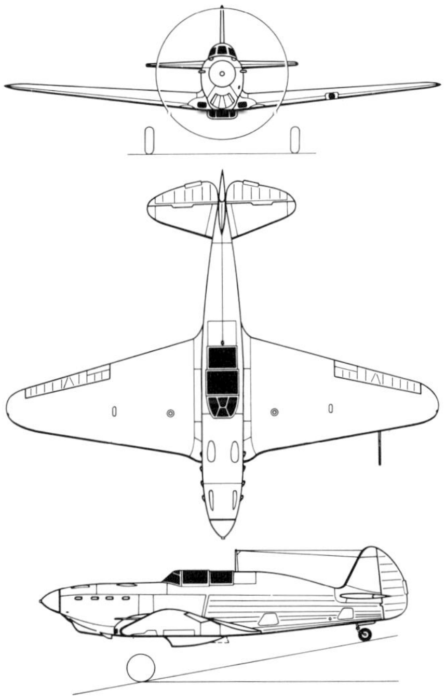

Fast gleichzeitig mit der Jak-1 entstand im Konstruktionsbüro Jakowlew das Jagdflugzeug Jak-7. Beide Typen wurden während des zweiten Weltkriegs parallel weiterentwickelt.
1941 erschien als erste Version die Jak-7, die Serienausführung des aus der Jak-1 abgeleiteten, ab Mitte 1940 erprobten zweisitzigen Schulflugzeugs UTI-26. (Sie wird oft auch als I-26 UTI, Jak-7 U oder Jak-7 UTI bezeichnet.)
Ende 1941 ging die einsitzige Jak-7 A in die Serienproduktion, um den Bedarf an Jagdflugzeugen zu decken. Im Vergleich zur Jak-1 war die Jak-7 A mit einer 20-mm-Kanone, zwei 12,7-mm-MGs sowie zehn Raketengeschossen oder 100 kg Bomben feuerstärker. Für Versuchsflüge bekam 1944 eine Jak-7 A zwei zusätzliche Strahltriebwerke und sodann die Bezeichnung Jak-7 WRD.
Die Jak-7 B, aus der Jak-7 A abgeleitet, erhielt verschiedene Verbesserungen und eine günstigere aerodynamische Form. Da die Jagdflieger vor allem über die mangelnde Reichweite klagten, schuf Jakowlew im Jahr 1942 die Jak-7 DI. Holme aus Duralumin lösten die Holzholme ab, und in den Flügeln konnte Kraftstoff mitgeführt werden. Aus der Jak-7 B wurde dann die zweisitzige Schulmaschine Jak-7 W abgeleitet. Zu Versuchszwekken modifizierte man die Jak-7 mehrmals, so zur Jak-7 B mit hermetisierbarer Kabine und zur Jak-7 mit dem Triebwerk M-82.
Insgesamt wurden von der bis 1945 verwendeten Jak-7 6399 Maschinen aller Versionen gebaut. In Polen wurde die Jak-7 bis 1946, in Ungarn bis 1947 geflogen, einige sogar bis 1953.

Rumpf: Stahlrohrbauweise mit rechteckigem Querschnitt und Abrundungen; geschlossenes Cockpit.
Tragwerk: freitragender Tiefdecker in Holzbauweise; zwei Holzholme und Sperrholzbeplankung.
Leitwerk: freitragende Normalbauweise.
Fahrwerk: einziehbar mit Spornrad.

Jakowlew Jak-6 / NBB
Bomben- und Verkehrsflugzeug

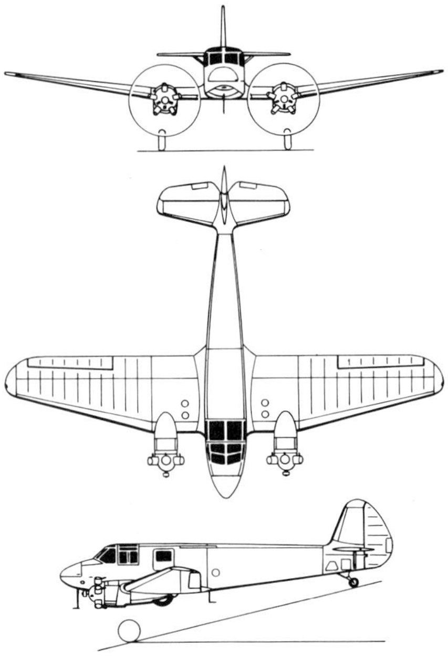

Im Jahr 1942 nahm ein im Jakowlew-Kollektiv entwickeltes zweimotoriges Flugzeug NBB mit leichten Triebwerken die Flugerprobung auf. Das Flugzeug war in zwei Varianten projektiert worden:

Jak-6: Verkehrsflugzeug für zwei Mann Besatzung und sechs Passagiere; 1943 produziert; größere Bedeutung als die Bomberausführung; oft von weiblichen Piloten geflogen; auch zur Ausbildung von Bomberbesatzungen, Bordfunkern und Navigatoren verwendet.

NBB (Notschnoi Blishni Bombardirowtschik): Nachtbomber für fünf 50- oder zwei 250-kg-Bomben; ein bewegliches 7,62-mm-MG SchKAS; 1943 produziert.

Jakowlew legte bei der Konstruktion Wert auf gutmütige Flugeigenschaften und einfache Herstellung. Außerdem vermied er Materialien, die kriegsbedingt Mangelware waren. Weitgehend wurde Holz verwendet. Bei Kriegsende entstand die leistungsstärkere Passagierversion Jak-8 für sechs Fluggäste.

Rumpf: Holzbauweise mit Sperrholzbeplankung.
Tragwerk: freitragender Tiefdecker in Holzbauweise mit Stoffbespannung; zwei Holme; Landeklappen.
Leitwerk: Normalbauweise in Holz mit Sperrholzbeplankung und Stoffbespannung; abgestrebtes Höhenleitwerk.
Fahrwerk: einfahrbar mit Spornrad.

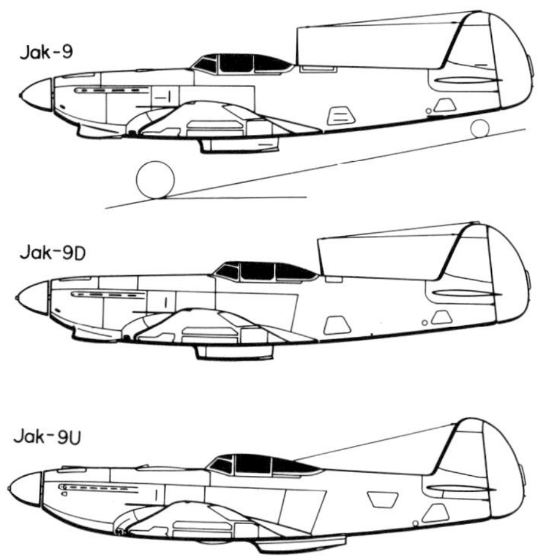

Jakowlew Jak-9
Jagdflugzeug

Von der Jak-9 wurden im zweiten Weltkrieg allein in den Jahren 1943 bis 1945 14514 Maschinen gebaut. Einschließlich der nach dem Krieg produzierten Flugzeuge waren es insgesamt 16759, wodurch sie unter den damaligen sowjetischen Jagdflugzeugen an erster Stelle stand. Die Jak-9 war eine Weiterentwicklung der Jak-1, wobei auch die Erfahrungen mit der Jak-7 berücksichtigt wurden.

Die Jak-9 zeichnete sich durch eine einfache Konstruktion aus. Bei der Herstellung wurde auf Duralumin weitgehend verzichtet, da es daran mangelte. Statt der Holzholme erhielt die Jak-9 Metallholme, was die Tragwerkmasse verringerte und den Einbau größerer Kraftstofftanks erlaubte.

Versionen:

Jak-9: Jagdflugzeug; ab Oktober 1942 geliefert; eine 20-mm-Kanone, ein 12,7-mm-MG.

Jak-9 B: Jagdbomber mit insgesamt 400 kg Bomben; 1944 entwickelt; Bewaffnung wie Jak-9.

Jak-9 D: Begleitschutz-Jagdflugzeug mit einer Reichweite von 1400 km statt 1000 km; Kraftstoffvorrat von 300 auf 480 kg erhöht; Bewaffnung wie Jak-9.

Jak-9 DD: Langstrecken-Jagdflugzeug mit einer Reichweite von 2000 km (Rekord: 2300 km); Bewaffnung wie Jak-9.

Jak-9 K: mit 4,5-cm-Kanone und 12,7-mm-MG ausgerüstete Version zum Einsatz gegen Panzer und Schiffe.

Jak-9 M: ab Mai 1943 in kleiner Serie mit zwei Kanonen.

Jak-9 P: Weiterentwicklung der Jak-9 U als Abfangjagdflugzeug; letztes Kolbenmotor-Jagdflugzeug Jakowlews; eine Jak-9 P steht im Armeemuseum Warschau (Foto).

Jak-9 T: Jagdflugzeug mit schweren Kanonen (37 oder 57 mm) zum Einsatz gegen Panzer; 1943 in Serie gegangen.

Jak-9 U: Serienflugzeug ab 1944 (Flugerprobung); Ganzmetallbauweise; in 5000 m Höhe wurde eine Geschwindigkeit von 698 km/h erreicht; noch 1951 von den Luftstreitkräften der KDVR erfolgreich gegen die P-51 „Mustang“ eingesetzt.

Polens Luftstreitkräfte verwendeten von 1944 bis 1953 die Versionen Jak-9, M (zu zweisitziger Schulmaschine umgebaut), D, T, P und W, und zwar insgesamt etwa 200 Exemplare. Ungarn hat nach 1945 mindestens 50 Jak-9 P eingesetzt.

Weitere Versionen waren: Jak-9 L (Variante der Jak-9 B), Jak-9 R (Fotoaufklärer), Jak-9 UW (zweisitzige Jak-9 U), Jak-9 „Kurier“ (mit Passagierkabine, unbewaffnet), Jak-9 MPWO (Nachtabfangjäger), Jak-9 PD (Jäger für 14000 m Höhe). Insgesamt gab es 20 Versionen, von denen 13 in Serie gefertigt wurden.

Die letzten Serien erhielten das 1215-kW-Triebwerk WK-107 A, wodurch die Maschine auf eine Höchstgeschwindigkeit von 700 km/h kam.

Rumpf: Stahlrohrbauweise; geschlossenes Cockpit mit Rundumverglasung.
Tragwerk: freitragender Tiefdecker in Holzbauweise; Metallholme.
Leitwerk: freitragende Normalbauweise in Holz.
Fahrwerk: einziehbar mit Spornrad.

Jakowlew Jak-3
Jagdflugzeug

Anfang 1942 begann das Jakowlew-Kollektiv mit den Projektierungsarbeiten an einem neuen Jagdflugzeug, der Jak-3. Diese Maschine war eine Weiterentwicklung der Jak-1 und der Jak-9, bei gleichem oder stärkerem Triebwerk jedoch leichter als jene. Beispielsweise ersetzte man die Holzholme durch leichtere Metallholme. Äußerlich unterschied sie sich dadurch, daß der Ölkühler nicht mehr unter dem Triebwerk, sondern weiter hinten angeordnet war. Aerodynamisch günstig wirkte sich auch das einziehbare Heckrad aus.
Im Unterschied zur Jak-1 wurde der hintere Rumpf niedriger gebaut, so daß der Pilotensitz rundum verglast werden konnte. Die Serienproduktion der Jak-3 lief 1943 an. Insgesamt wurden 18 Modifikationen entwickelt, von denen 11 in den Serienbau gelangten. Bis zum Kriegsende verließen 4560 Jak-3 die Werkhallen. Mit den nach dem Krieg produzierten Maschinen sind alles in allem 4848 Flugzeuge dieses Typs gebaut worden.
Die an der sowjetischen Front kämpfenden französischen („Normandie-Njemen") und polnischen (Jagdfliegergeschwader 1 „Warschau") Jagdflieger waren auch mit der Jak-3 ausgerüstet.
Die Weiterentwicklung Jak-3U hatte einen 1175-kW-Motor. Im Januar 1945 erschien die Jak-3T mit zwei 20-mm-Kanonen und einer 37-mm-Kanone.
Als Jak-3RD (Jak-3R) wurde eine Maschine mit zusätzlichem Beschleuniger im Heck bezeichnet. Sie erreichte eine Geschwindigkeit von 801 km/h. Versuchsweise erhielt eine Jak-3 im Jahr 1945 ein Triebwerk ASch-82. Jedoch wurde diese Version ebensowenig benötigt wie die projektierte Schulmaschine Jak-3 UTI mit Tandemsitzen.
Einige Jak-3 sind in Ungarn bis 1950 geflogen.
Eine Jak-3 steht im Museum de l'Air in Paris.

Rumpf: Stahlrohrbauweise; geschlossenes Cockpit mit Rundumverglasung.
Tragwerk: freitragender Tiefdecker in Holzbauweise; Metallholme.
Leitwerk: freitragende Normalbauweise in Holz.
Fahrwerk: einziehbar mit Spornrad.

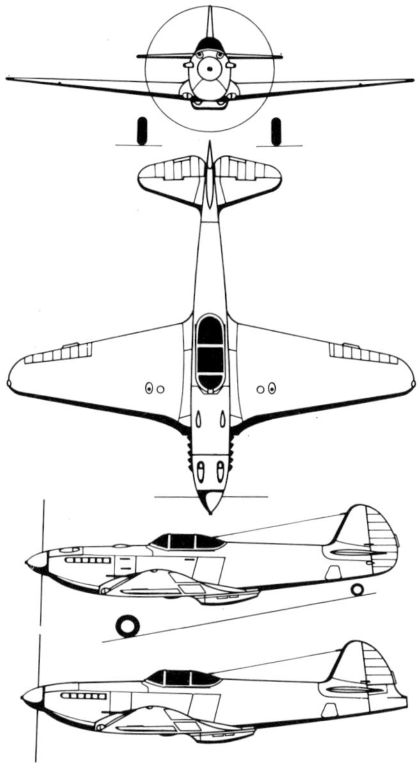

Jakowlew Jak-11
Schul- und Übungsflugzeug

Im Jahr 1944 begann Jakowlew mit der Entwicklung eines Schul- und Übungsflugzeugs, das die Piloten nach der Anfangsschulung befähigen sollte, sich an schnelle Jagdflugzeuge zu gewöhnen. Bei der Entwicklung wertete Jakowlew die Erfahrungen mit der Jak-9 aus, verwendete jedoch einen Sternmotor. Die Flugerprobung fand 1946 statt. Die sowjetischen Luftstreitkräfte erhielten Ende 1947 die ersten Jak-11, die polnischen 1949, die der DDR 1956.
In den Jahren 1951, 1953 und 1954 wurden mit der Jak-11 vier Weltrekorde aufgestellt.
Um die Ausbildung den mit Bugradfahrwerken ausgestatteten Strahljagdflugzeugen anzupassen, erhielt eine 1956 gebaute Jak-11U (oder Jak-10) ein Bugrad. In der UdSSR wurden 3859 Jak-11 hergestellt.
In der ČSFR gab es eine Lizenzproduktion von 700 Maschinen, die von 1952 bis 1956 im Flugzeugwerk LET in Kunovice unter den Bezeichnungen C-11 (auch an Ungarn geliefert) und C-11U gebaut wurden. In allen sozialistischen Ländern, in Afghanistan, Algerien, Ägypten, der VDR Jemen und in Österreich war die Jak-11 bis Ende der fünfziger Jahre im Einsatz. Eingebaut werden konnten ein Foto-MG sowie Gehänge für Übungsbomben oder ungelenkte Raketen.
Seit 1964 steht eine Jak-11 im Luft- und Raumfahrtmuseum Krakow. Eine der insgesamt 99 bis 1962 geflogenen Jak-11 exNVA steht in sehr gut renoviertem Zustand im Luftwaffenmuseum Berlin-Gatow.

Rumpf: Stahlrohrbauweise; vorn mit Sperrholz beplankt, hinten stoffbespannt; geschlossenes Cockpit mit Sitzen hintereinander und Doppelsteuerung.
Tragwerk: freitragender Tiefdecker in Ganzmetallbauweise mit zwei Holmen.
Leitwerk: freitragende Normalbauweise; Flossen blechbeplankt; Ruder stoffbespannt; Trimmklappen am Höhenruder.
Fahrwerk: einziehbar mit Spornrad; ölpneumatische Dämpfung.

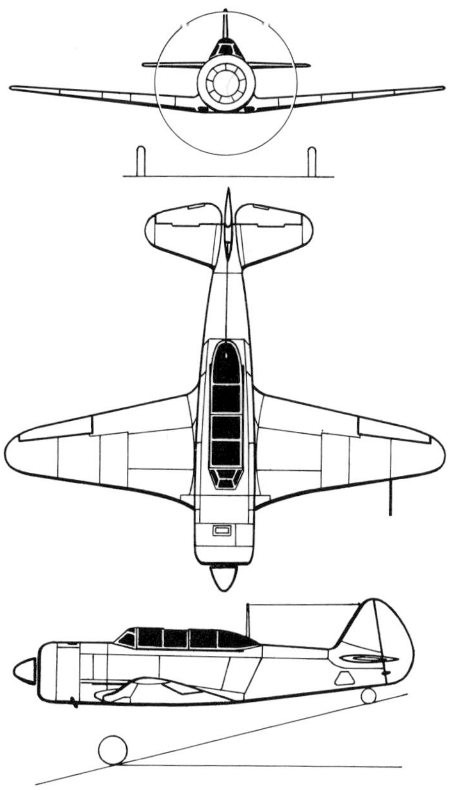

Jakowlew Jak-12
Mehrzweckflugzeug

Die Jak-12 als Ablösemuster für die Po-2 wurde in der Sowjetunion und in Polen in großen Serien hergestellt. Es entstanden der verstrebte Hochdecker Jak-10 mit starrem Fahrwerk und der freitragende Tiefdecker Jak-12 mit Einziehfahrwerk. Da der Tiefdecker abgelehnt wurde, konzentrierte sich Jakowlew auf den Hochdecker, den man in Jak-12 umbenannte. Die Projektierung begann 1944, die Erprobung 1946, und in Serienherstellung befand sich die Maschine von 1949 bis 1960.
Die Jak-12 eignete sich für verschiedene Zwecke, so als Zubringer- und Taxiflugzeug, als Reiseflugzeug, als Sanitätsausführung (ein Kranker auf einer Trage sowie zwei sitzende Personen), als Frachtflugzeug für 300 kg Fracht und als Landwirtschaftsflugzeug (470-l-Tank). In der Militärausführung diente das Flugzeug als Verbindungs-, Beobachtungs- und Luftbildflugzeug. Als Schul- und Übungsflugzeug war die Jak-12 mit Doppelsteuerung ausgerüstet.

Versionen:
Jak-12: mit 175-kW-Triebwerk.
Jak-12 A (Foto, Skizze): Weiterentwicklung der Jak-12 M von 1957 mit größeren Tanks für eine längere Reichweite und mit größerer Nutzmasse; bei der DOSAAF als Schlepper für Segelflugzeuge und als Fallschirmspringerabsetzer; im Winter mit Schneekufen; in Polen von 1956 bis 1960 bei PZL Okęcie 137 Maschinen in Lizenz gebaut, vor allem für den Export.
Jak-12 G: Ausführung als Wasserflugzeug mit zwei Schwimmern.
Jak-12 M: Weiterentwicklung der Jak-12 in Metallbauweise; Beginn der Serienfertigung 1955; auf der Oberseite des Rumpfhecks vor dem Seitensteuer eine Kielflosse.
Jak-12 P: in Gemischtbauweise (Holz und Metall) hergestellt; Prototyp mit 105-kW-Motor, Serienausführung mit 120 kW.
Jak-12 R: Weiterentwicklung der Jak-12 mit 175-kW-Triebwerk; Erstflug 1952.
In Polen wurde die Jak-12 M zur PZL-101 A „Gawron" weiterentwickelt. Der Erstflug des Prototyps war am 14. April 1958.
Eine Jak-12 steht im Luft- und Raumfahrtmuseum Kraków.

Rumpf: Stahlrohrbauweise mit rechteckigem Querschnitt; vorn metallbeplankt, hinten stoffbespannt; Heizung und Belüftung.
Tragwerk: abgestrebter Hochdecker mit V-Streben in Metallbauweise mit zwei Holmen; Ruder und Klappen stoffbespannt; Vorflügel über die gesamte Spannweite.
Leitwerk: verspannte Normalbauweise in Stahlrohr mit Stoffbespannung.
Fahrwerk: starr mit Spornrad; Ausrüstung mit Schneekufen oder Schwimmern möglich.

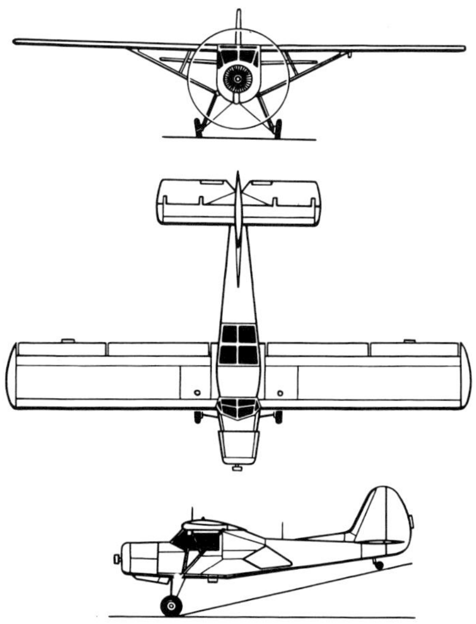

Jakowlew Jak-14
Lastensegler

Zentrum des sowjetischen Lastenseglerbaus blieb auch nach dem zweiten Weltkrieg das Konstruktionsbüro von Jakowlew. Im Jahr 1947 entwickelte das Jakowlew-Kollektiv einen Großraum-Lastensegler, der mit seiner Nutzmasse die damaligen zweimotorigen Iljuschin-Flugzeuge übertraf. Der Rumpf hatte einen seitlich aufklappbaren Bug, so daß Fahrzeuge oder Geschütze schnell ins Innere oder ins Freie gelangen konnten. Um einerseits ein gutes Blickfeld für den Piloten zu schaffen und ihn andererseits bei den harten Landungen auf unvorbereiteten Landeflächen zu schützen, setzte man die mit einer Vollsichthaube versehene Kabine auf die linke Rumpfseite. Während der Lastensegler Z-25 vorwiegend Soldaten beförderte, trug die Jak-14 3,5 t Material. Die Jak-14 wurde während der Luftparade im Jahr 1949 der Öffentlichkeit erstmals gezeigt.
Lastensegler verblieben in den sowjetischen Luftstreitkräften bis zum Erscheinen leistungsstarker Hubschrauber und Kurzstreckentransporter zu Beginn der fünfziger Jahre.
Auch die Luftstreitkräfte der Tschechoslowakei verwendeten die Jak-14 (mit der Bezeichnung NK-14) bis in die fünfziger Jahre.
Insgesamt baute die UdSSR 413 Lastensegler vom Typ Jak-14. Eine Parallelentwicklung war Iljuschins Lastensegler Il-32, von dem nur der Prototyp gebaut und getestet wurde.

Rumpf: Gemischtbauweise in Kastenform mit Vollsichtkabine auf der linken Rumpfseite; große und nach beiden Seiten aufklappbare Rumpfluke.
Tragwerk: verstrebter Schulterdecker in Gemischtbauweise mit großem und geradem Tragflügelmittelstück; normales Querruder und Landeklappen.
Leitwerk: verspannte Normalbauweise in Holz mit Stoffbespannung.
Fahrwerk: starr mit Bugrad.

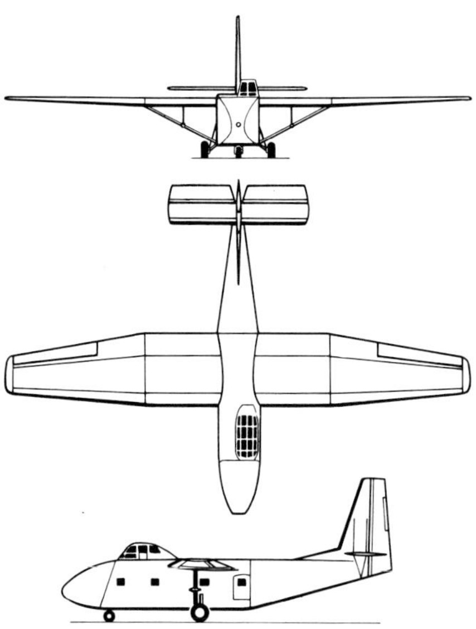

Jakowlew Jak-15
Jagdflugzeug

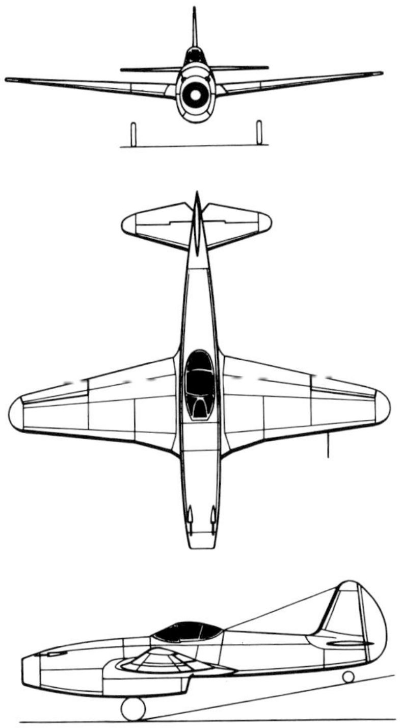

Die Jak-15 und die MiG-9 waren die ersten in Serie gebauten sowjetischen TL-Jagdflugzeuge. Nachdem Jakowlew eine Jak-3 zusätzlich mit einem Flüssigkeits-Raketentriebwerk ausgerüstet hatte, entwickelte er die Jak-15, die außer dem Antrieb über die gleichen Einrichtungen wie ein Kolbenmotorflugzeug verfügte. Dadurch sollte der Pilot Vertrauen zu der neuen Antriebsform finden.

Jakowlew versah deshalb eine weitere Jak-3 mit einem TL-Antrieb. Während der Bug dieser Maschine verändert werden mußte, konnten Kabine, Tragwerk, Leitwerk und Fahrwerk weitgehend unverändert bleiben. Da die Schubdüse des Strahltriebwerks Jumo 004 unter dem Rumpf die Maschine in Brand setzen konnte, verkleidete man den Rumpf mit hauchdünnem, feuerfestem Stahl. Auch das Spornrad mußte verändert werden, da es bei jedem Flug verbrannte.

Der Testpilot M. I. Iwanow unternahm den Erstflug mit dieser Maschine am 24. April 1946. Am gleichen Tag nahm auch die MiG-9 die Flugerprobung auf. Erstmalig öffentlich gezeigt wurde die Jak-15 zur Luftparade am 18. August 1946 in Tuschino. Am 5. Oktober des gleichen Jahres begann die Erprobung der ersten Serienmaschine mit dem Triebwerk RD-10 (Nachbau des Jumo 004). Für Versuche entstand die zweisitzige Schulmaschine Jak-21 mit Spornradfahrwerk.

Die Jak-15 war das erste Strahlflugzeug, das die Luftstreitkräfte der UdSSR übernahmen. Sie diente vor allem der Umschulung der Piloten von Kolbenmotor- auf TL-Jagdflugzeuge.

Weiterentwicklungen waren die Jak-17 und die Jak-19. Insgesamt sind 280 Jak-15 produziert worden.

Rumpf: Stahlrohrbauweise; unten mit feuerfestem Stahl verkleidet.
Tragwerk: freitragender Tiefdecker in Holzbauweise; Metallholme.
Leitwerk: freitragende Normalbauweise.
Fahrwerk: einziehbar mit Spornrad.

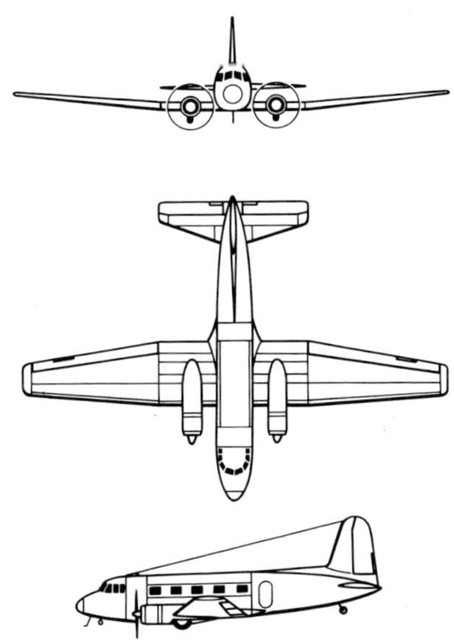

Jakowlew Jak-16
Verkehrsflugzeug

Jakowlew schuf in den ersten Jahren nach dem zweiten Weltkrieg ein zweimotoriges Verkehrsflugzeug für 10 bis 12 Passagiere. Trotz der verhältnismäßig schwachen Triebwerke erreichte es eine Geschwindigkeit von 370 km/h. Der Erstflug fand 1949 statt. Da der Luftverkehr in der UdSSR stark anstieg, entsprach die Kapazität dieses Flugzeugs nicht den Bedürfnissen der Aeroflot. Es wurden deshalb nur wenige Exemplare in Dienst gestellt (nach anderen Quellen nur der Prototyp). Die sowjetischen Luftstreitkräfte benutzten es als Ausbildungs- und Verbindungsflugzeug.

Rumpf: Ganzmetallbauweise; Doppelsteuerung; Schall- und Wärmeisolierung.
Tragwerk: freitragender Tiefdecker in Ganzmetallbauweise.
Leitwerk: freitragende Normalbauweise.
Fahrwerk: einziehbar mit Spornrad; Haupträder ragten im eingefahrenen Zustand zum Schutz der Zelle fast zur Hälfte heraus.

Jakowlew Jak-17
Jagdflugzeug

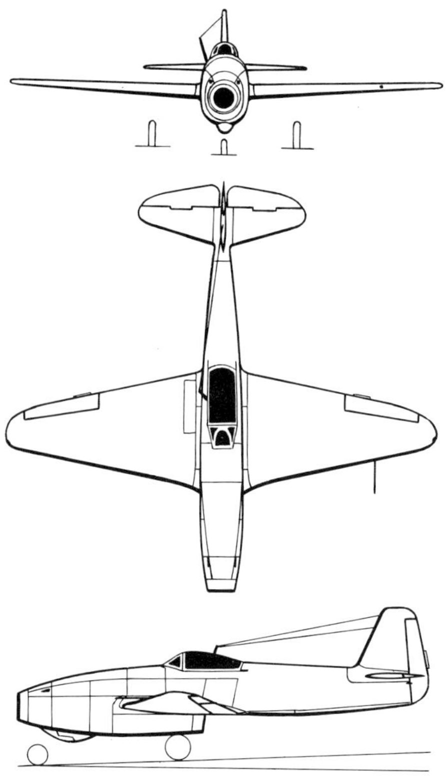

Die Jak-17 war eine Weiterentwicklung der Jak-15, weshalb sie zunächst als Jak-154 oder Jak-15 U bezeichnet wurde. Sie ist aufgrund der Erfahrungen mit der Jak-15 aerodynamisch und konstruktiv verbessert worden, erhielt eine größere Festigkeit, ein wirksameres Leitwerk, ein Bugradfahrwerk, Tragflügelendbehälter sowie ein stärkeres Triebwerk. Die im Jahr 1947 herausgebrachte Jak-17 war jedoch nur eine Übergangslösung bis zur Entwicklung leistungsfähigerer Flugzeuge.
Zur Erleichterung des Übergangs auf dieses TL-Jagdflugzeug schuf Jakowlew die unbewaffnete Jak-17 UTI (zunächst als Jak-21 T bezeichnet), das auch international erste zweisitzige TL-Übungsflugzeug mit Doppelsteuerung (Erstflug im Mai 1947).
Die Jak-17 war das erste Strahlflugzeug der UdSSR, das exportiert wurde. Polen führte den Typ 1950 als erstes Strahlflugzeug der polnischen Luftstreitkräfte ein, ebenfalls die ČSSR (Š-100). Nach den Erfahrungen mit der Jak-17 entstanden die Jak-23, die Jak-19 und die Jak-25.
Insgesamt sind 430 Jak-17 gebaut worden. Je eine Jak-17 steht im Luftfahrtmuseum Monino bei Moskau und in Prag-Kbely. Die einzige Jak-17 UTI steht im Luftfahrtmuseum Kraków.

Rumpf: Stahlrohrbauweise; Bug als Lufteinlauf gestaltet; Triebwerk unter dem Rumpf; untere Seite mit Stahl verkleidet.
Tragwerk: freitragender Tiefdecker in Holzbauweise; Metallholme.
Leitwerk: freitragende Normalbauweise.
Fahrwerk: einziehbar; Bugrad nur angehoben und in tropfenförmiger Gondel unter dem Rumpf untergebracht, da das Triebwerk keinen Platz im Bug ließ.

Jakowlew Jak-18
Mehrzweckflugzeug

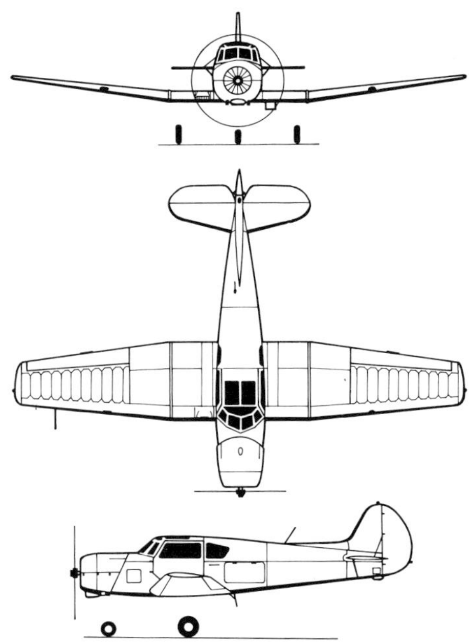

Die Jak-18 war in erster Linie Schul- und Sportflugzeug. Sie wurde in der Sowjetunion und in vielen sozialistischen Ländern als Anfangsschulflugzeug und für die Ausbildung im Kunstflug benutzt. Vorgänger der Jak-18 waren das Schulflugzeug UT-2 L von 1943 mit starrem Fahrwerk und deren einsitzige Ausführung Jak-5 von 1944 (Versuchsmaschine als Trainer für Jagdflieger, Einziehfahrwerk).

Versionen:
Jak-18: erstes Serienmodell im Jahr 1946 zur Ablösung der UT-2; 120-kW-Motor.
Jak-18 A: Weiterentwicklung im Jahr 1957 mit 190-kW-Motor (Foto).
Jak-18 P: einsitzige Ausführung der Jak-18 A; besonders für Kunstflug geeignet.
Jak-18 PM: Weiterentwicklung der Jak-18 P mit 220-kW-Motor.
Jak-18 PS: Weiterentwicklung der Jak-18 PM; im Interesse einer geringeren Flugmasse statt des Bugradfahrwerks ein Hecksporn und das leichte Fahrwerk der Jak-18.
Jak-18 T: als Reiseflugzeug für drei Passagiere, als Schulflugzeug, als Sanitätsflugzeug, als Verbindungsflugzeug sowie als Frachtflugzeug für 250 kg Fracht geeignet; Erstflug 1967 (Skizze).
Jak-18 U: 1955 aus der Jak-18 abgeleitete Ausführung mit gleichem Triebwerk, jedoch mit einziehbarem Bugradfahrwerk und Funkanlage.
Bis zum Erscheinen der Jak-18 PM im Jahr 1971 als letzter Jak-18-Version wurden 6 760 Maschinen dieses Typs gebaut. 1975 begann die Erprobung der Weiterentwicklung Jak-50 mit geradem Flügel.

Rumpf: Stahlrohrbauweise mit Duraluminbeplankung; hinten stoffbespannt.
Tragwerk: freitragender Tiefdecker in Metallbauweise mit zwei Holmen; Landeklappe am hinteren Holm unter dem Rumpf durchgehend; Flügelnase metallbeplankt, sonst stoffbespannt.
Leitwerk: abgestrebte und verspannte Normalbauweise; Ruder stoffbespannt.
Fahrwerk: Bugradfahrwerk; Jak-18 PS: Spornradfahrwerk; pneumatische Bremsen.

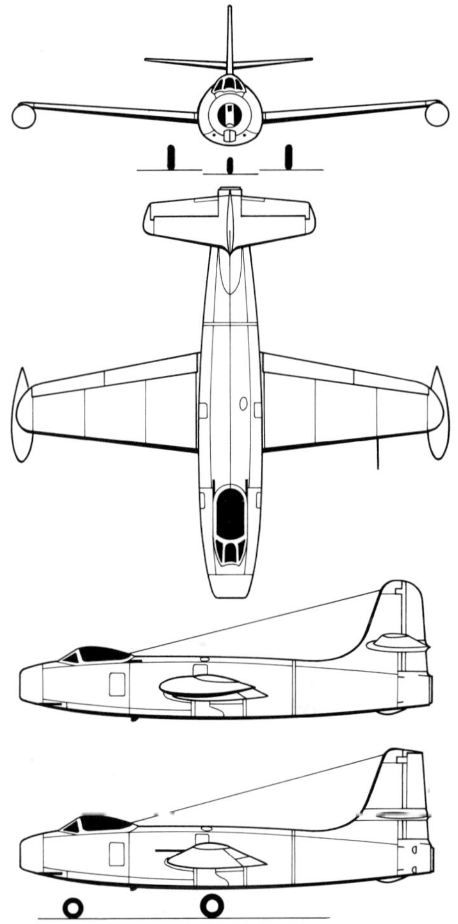

Jakowlew Jak-19 / Jak-30 Versuchsjagdflugzeuge

Nach dem Bau der ersten Strahlflugzeuge des Konstruktionsbüros Jakowlew (Jak-15 und Jak-17 von 1946) entwickelten die Konstrukteure dieses Kollektivs Ende der vierziger/Anfang der fünfziger Jahre mehrere Versuchsjagdflugzeuge. Die dabei gewonnenen Erfahrungen gingen ein in die Jagdflugzeuge, Aufklärer und leichten Bomber der Baureihen Jak-23, Jak-25 und Jak-28. Im Jahr 1947 entstand mit dem weiterentwickelten Triebwerk der Jak-17 (statt RD-10 jetzt RD-10 F, erstes sowjetisches Strahltriebwerk mit Nachbrenner) das äußerst leichte Versuchjagdflugzeug Jak-19 mit nicht hermetisierbarer Kabine. Mit dieser Maschine erreichte Anochin in 5 000 m Höhe eine Geschwindigkeit von 904 km/h. Die Erprobung wurde am 21. August 1947 abgeschlossen. Nach den Erfahrungen mit der Jak-19 schuf das Jakowlew-Konstruktionsbüro den serienmäßig gefertigten Jäger Jak-23.
Im gleichen Jahr wie die Jak-19 (Skizze) wurde auch das Versuchsjagdflugzeug Jak-25 entwickelt, ebenfalls als Mitteldecker mit trapezförmigen Tragflügeln, jedoch mit Kraftstoffbehältern an den Tragflügelenden. Im Gegensatz zu dem gerade aufragenden Seitenleitwerk der Jak-19 war das der Jak-25 anders geformt: mit gerader Oberkante und nach hinten überhängend. Diese Jak-25 (auch Jak-25/I) ging nicht in Serie. Deshalb wurde diese Bezeichnung später noch einmal für den zweisitzigen und zweistrahligen Allwetterjäger vergeben (Jak-25/II).
Als nächstes einsitziges Versuchsflugzeug der Jak-Serie entstand 1948 das Abfangjagdflugzeug Jak-30 (oberes Foto) mit Pfeilflügeln (35°). Ansonsten glich diese Maschine weitgehend der Jak-25/I. Jedoch hatten die Flügel eine negative V-Form (−2°). Vom 4. September bis 16. Dezember 1948 erprobte Anochin die Maschine, wobei er eine Geschwindigkeit von 1 025 km/h erreichte. Der Testpilot lobte die hohe Manövrierfähigkeit der Jak-30 auch bei hohen Geschwindigkeiten. Da die MiG-15 und die La-15 bereits zur Verfügung standen, unterblieb der Serienbau der Jak-30.
Als Konkurrent zur MiG-17 PF schuf Jakowlew 1949 den mit einem Funkmeßvisier sowie einem Pfeilflügel versehenen Abfangjäger Jak-50 (unteres Foto, Flugerprobung vom 15. Juli 1949 bis zum 30. Mai 1950). Da man davon ausging, daß der Übergang der an die MiG-15 gewöhnten Piloten auf die sehr ähnliche MiG-17 PF leichter falle als auf die Jak-50, wurde dieses Flugzeug nicht in Serie gebaut, sondern nur in zwei Prototypen.
Aus der Jak-50 entwickelte Jakowlew als Konkurrenzmuster zur Überschall-Maschine MiG-19 die Jak-1000. Als Antrieb war für diesen Deltaflügler die Strahlturbine AL-5 vorgesehen. Wie die Jak-50 wurde auch die Jak-1000 mit einem Tandemfahrwerk ausgestattet, das aus einem Bugrad, einem Zwillingsrad unter der Rumpfmitte sowie je einem ebenfalls einfahrbaren Stützrad an den Tragflügelenden bestand.

Technische Angaben zur Jak-19:
Rumpf: Ganzmetall-Halbschalenbauweise; zentraler Lufteinlauf; aufgesetzte Kabine; Gasaustrittsöffnung im Heck.
Tragwerk: Mitteldecker; Ganzmetallbauweise.
Leitwerk: Normalbauweise in Ganzmetall.
Fahrwerk: einfach bereift mit Bugrad.

Jakowlew Jak-23
Jagdflugzeug

Die Jak-23 war eine Weiterentwicklung der Jak-15 und der Jak-17. Die Flügel und das Fahrwerk wurden von der Jak-19 übernommen. Sie wurde im Sommer 1947 erprobt, wobei man eine Höchstgeschwindigkeit von 932 km/h erreichte. Im Unterschied zu ihren beiden Vorgängerinnen war die Jak-23 in Ganzmetallbauweise ausgeführt worden, und sie hatte auch ein stärkeres Triebwerk. Wegen ihrer Leichtbauweise verfügte die Jak-23 über sehr gute Leistungen, vor allem über eine gute Steigfähigkeit. Am 12. September 1947 schloß M. I. Iwanow die Flugerprobung ab.
Der Serienbau der 310 Jak-23 lief von 1948 bis 1950. 1949 begann die Produktion der Jak-23 UTI. Die Jak-23 wurde auch in Albanien, Bulgarien, der ČSSR (Š-101), in Polen, Rumänien und Ungarn geflogen. 1956 wurde bei der rumänischen Version die Kabine verlängert, um Platz für den Instrukteur zu schaffen. Diese Schulversion wurde als Jak-23 D. C. bezeichnet. Eine Jak-23 steht im Armeemuseum Warschau (Foto), je eine weitere ist im Luft- und Raumfahrtmuseum Kraków und im Luftfahrtmuseum Prag-Kbely zu sehen.

Rumpf: Ganzmetallbauweise; geschlossenes Cockpit mit Schleudersitz.
Tragwerk: freitragender Tiefdecker in Ganzmetallbauweise mit trapezförmigem Umriß; nicht gepfeilt; Laminarprofil.
Leitwerk: freitragende Normalbauweise in Ganzmetall; Höhenleitwerk nach oben versetzt.
Fahrwerk: einziehbar mit Bugrad.

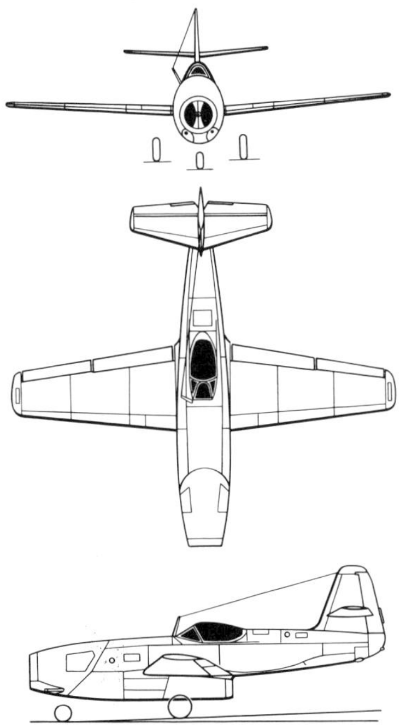

Jakowlew Jak-24
Hubschrauber

Ab 1946 entwickelte das Jakowlew-Kollektiv einen kleinen Versuchshubschrauber, der 1947 die Flugerprobung aufnahm. Ihm folgten zwei Prototypen des leichten Versuchshubschraubers Jak-100, die vom November 1948 bis zum Juni 1950 die Werkerprobung durchliefen.
Die Sowjetregierung beauftragte Ende 1951 das Kollektiv Mil mit der Entwicklung eines einmotorigen Hubschraubers für 12 und das Büro Jakowlew mit der Entwicklung eines zweimotorigen für 24 Passagiere. Für die Erarbeitung des Projekts, den Bau des Prototyps und die Versuchsflüge war eine Frist von einem Jahr gesetzt worden. Der erste Freiflug war am 3. Juli 1952. Nach Abschluß der Werkerprobung gegen Ende 1956 begann die Serienproduktion des damals größten Hubschraubers dieser Klasse. Vier Jak-24 nahmen 1955 an der Flugparade in Moskau teil und sorgten für Aufsehen.
Am 17. Dezember 1955 stellte eine Jak-24 einen internationalen Rekord auf, als sie mit 4 000 kg Nutzmasse eine Höhe von über 2 000 m erreichte. Am gleichen Tag trug eine Jak-24 2 000 kg Nutzmasse in eine Höhe von 5 082 m. Die Jak-24 hatte in der ersten Serie (1955) ein stoffbespanntes Rumpfmittelstück und Stabilisatoren in 60°-Stellung.
Einige Muster dieser Serie besaßen ein zusätzliches Trimmruder. In der zweiten Serie war die Jak-24 ganz aus Metall; sie hatte Stabilisierungsflächen in 20°-Stellung. Die Nutzmasse dieser ebenfalls 1955 entstandenen Version betrug 2 000 bis 4 000 kg. Ab 1957 wurde die Jak-24 U gebaut. Sie hatte 21 m Rotorkreisdurchmesser und Stabilisierungsflossen in waagerechter Stellung. Der um 40 cm breitere Rumpf gestattete eine Nutzmasse von 3 000 bis 4 700 kg. Davon abgeleitet wurden die zivile Version Jak-24 A (1960, für 30 Passagiere) und die Jak-24 K. Ab 1959 wurde die Jak-24 mit einem Autopiloten ausgestattet.
Insgesamt sind 48 Jak-24 gebaut worden. Die Militärversion trägt ein 12,7-mm-MG im Bug (Foto).

Rumpf: Ganzmetallbauweise mit rechteckigem. Querschnitt; Heckladeklappe; große Fenster; Türausschnitt klappt nach unten als Einstiegtreppe.
Tragwerk: zwei Vierblatt-Rotoren in Tandemanordnung; jeder durch einen Motor angetrieben; beide Motoren durch eine Welle verbunden.
Leitwerk: abgestrebtes Leitwerk mit zwei Seitenleitwerken als Endscheiben.
Fahrwerk: starr; vier Räder an Rumpfauslegern.

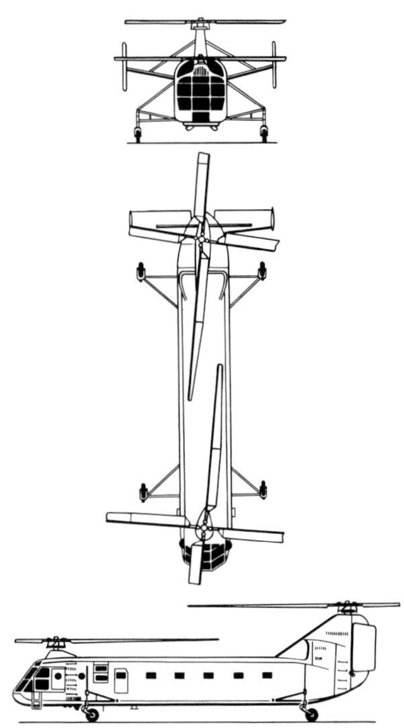

Jakowlew Jak-25
Mehrzweckflugzeug

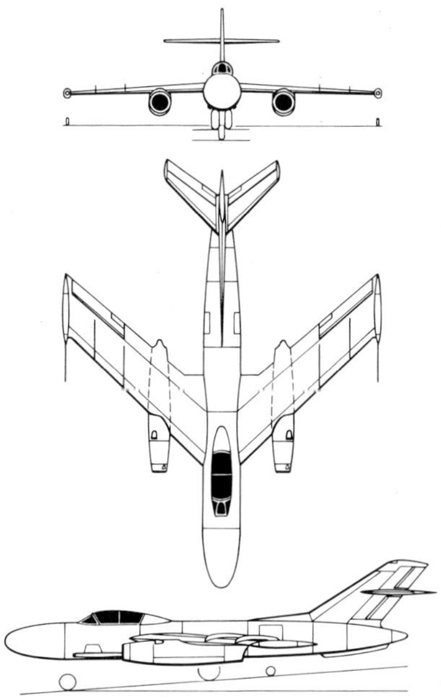

Im Jahr 1949 erhielten die Konstruktionsbüros von Mikojan, Suchoi, Lawotschkin und Jakowlew den Auftrag, erstmalig in der UdSSR ein Nacht-Abfangjagdflugzeug für Allwettereinsatz zu schaffen. Daraufhin wurden 1952 die Flugzeuge I-320 (R), Su-15, La-200 und Jak-120 getestet. Nach eingehender Erprobung wurde die Jak-120 für diesen Zweck ausgewählt und als Jak-25 in die Großserie überführt. 1955 wurde die Maschine während der Flugparade in Moskau der Öffentlichkeit vorgestellt.

Folgende Versionen wurden entwickelt:
- zweistrahliges Allwetter-Jagdflugzeug Jak-25 mit Radarbug; zwei Sitze hintereinander (Foto aus dem Museum in Monino; Skizze).
- Schulflugzeug mit Doppelsteuerung.
- Bombenflugzeug Jak-25 B mit Glaskanzel für den Navigator-Bombenschützen; Bordradar in einer Verkleidung unter dem Rumpf.
- Aufklärungsflugzeug Jak-25 R (Jak-125), das im wesentlichen dem Erdkampfflugzeug entspricht, aber mit geraden Flügeln.

Nach dem Bau von 20 Jak-25 mit den Triebwerken AM-5 (je 19800 N Startschub) erhielten die nächsten Flugzeuge die stärkeren Triebwerke RD-9.

Die Jak-25 stellt außerdem den Prototyp für eine ganze Reihe von Überschallversionen der Jak-28 dar. In Monino steht die Höhenrekordversion der Jak-25, die als RW bezeichnet wurde. Sie kam mit 1000 bzw. 2000 kg Nutzmasse auf Höhen von 20300 bzw. 20200 m.

Rumpf: Ganzmetall-Halbschalenbauweise mit rundem Querschnitt; Druckkabine; Schleudersitze hintereinander; Kabine gepanzert.
Tragwerk: freitragender Mitteldecker in Ganzmetallbauweise; stark gepfeilt, besonders zwischen Triebwerkgondeln und Rumpf; Flügelpfeilung 45°; Flügelhinterkante zwischen Triebwerkgondeln und Rumpf gerade.
Leitwerk: freitragende Normalbauweise in Ganzmetall; Höhenleitwerk nach oben versetzt, stark gepfeilt; schmale Stabilisierungsflosse unter dem Heck.
Fahrwerk: Tandemfahrwerk am Rumpf; Stützräder an den Flügelspitzen; alle Räder einziehbar; an jeder Strebe ein Rad; Haupträder doppelt bereift.

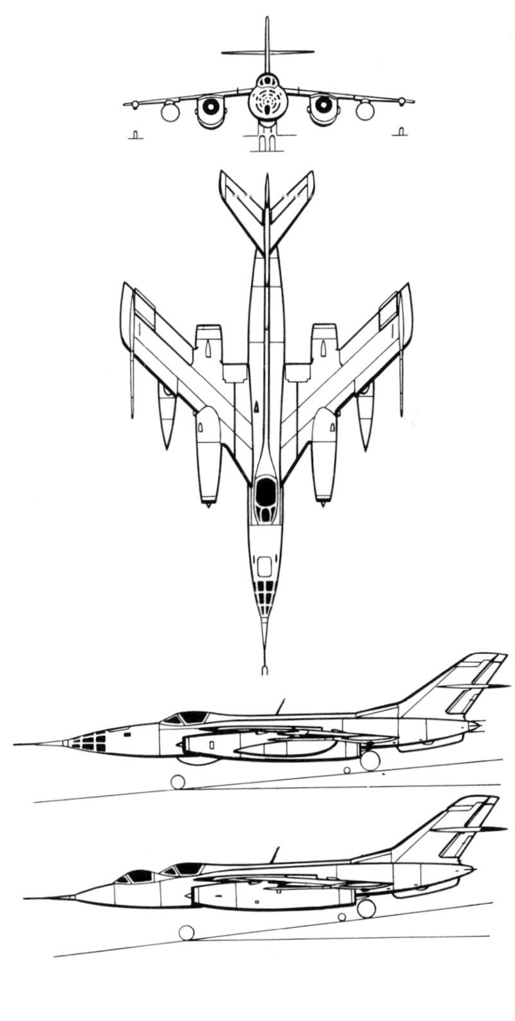

Jakowlew Jak-28
Jagdflugzeug

Die Auslegung der Jak-25 bot große Möglichkeiten für weitere Entwicklungen. Sie diente als Grundlage einer ganzen Reihe von Überschall-Kampfflugzeugen für verschiedene Verwendungszwecke, die die Bezeichnung Jak-28 erhielten.
In der Luft wurde die Jak-28 erstmalig 1961 gezeigt. Als Abfangjäger Jak-28 P (Perechwatschik) wurde sie erstmalig im Juli 1967 auf der Luftparade in Moskau-Domodedowo (Foto) ausgestellt. Von der Jak-25 unterscheidet sie sich dadurch, daß sie als Schulterdecker ausgelegt ist, der Innenflügel stärker nach vorn gezogen wurde und die Maschine wesentlich stärkere Triebwerke mit Nachbrennern erhielt, so daß sie im Überschallbereich operieren kann. Wegen der größeren Abmessungen wurde das Tandemfahrwerk mit Zwillingsrädern ausgerüstet.
Auch von der Jak-28 gibt es Versionen als Aufklärungsflugzeug (Skizze) und als Erdkampfflugzeug. Eine weitere Version mit Doppelsteuerung und zweiter Kabine ist für Schulungs- und Übungszwecke gedacht (untere Seitenansicht). Als Bombenflugzeug führt die Jak-28 Bomben an den äußeren Waffenaufhängungen und in einem Bombenschacht mit.

Rumpf: Ganzmetall-Halbschalenbauweise; Sitze hintereinander; gepanzerte Druckkabine mit Schleudersitzen.
Tragwerk: freitragender Schulterdecker in Ganzmetallbauweise; stark gepfeilt; Innenflügel stärker gepfeilt; Hinterkante der Innenflügel gerade.
Leitwerk: freitragende Normalbauweise in Ganzmetall; Höhenleitwerk nach oben versetzt und stark gepfeilt; Stabilisierungsflossen unter dem Rumpfheck.
Fahrwerk: Tandemfahrwerk; an jeder Strebe zwei Räder; Stützräder an den Flügelenden; alle Räder einziehbar.

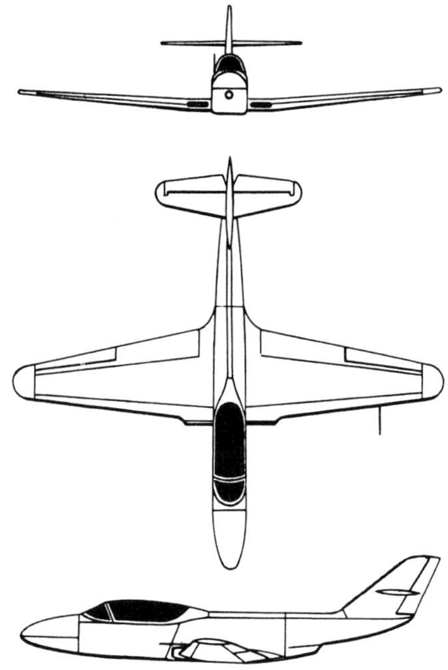

Jakowlew Jak-30 / Jak-32
Schul- und Sportflugzeuge

Im Jahr 1960 entwickelte Tumanski im Konstruktionsbüro Jakowlew den zweisitzigen Strahltrainer Jak-30. Das Flugzeug ist voll kunstflugtauglich. Am 25. September 1961 stellte Smirnow mit 16128 m einen Höhenrekord auf. Bereits am 22. September hatte er mit einem Passagier über eine Strecke von 15/25 km mit 737,308 km/h einen Geschwindigkeitsrekord erzielt.
Vorgesehen war die Jak-30 als Standard-Strahltrainer für die Luftstreitkräfte der Warschauer Vertragsstaaten. Als beim Vergleichsfliegen der Prototypen TS-11 „Iskra" (Polen), Jak-30 und L-29 „Delfin" (ČSSR) auf dem Flugplatz Monino bei Moskau die L-29 am besten abschnitt, kam es nicht zum Serienbau der Jak-30.
Im Jahr 1961 erschien die einsitzige Kunstflugversion Jak-32. Sie war von der zweisitzigen Ausführung Jak-30 abgeleitet worden. Die Jak-32 ist ebenso ausgelegt wie diese. Am 22. Februar 1961 flog eine Jak-32 mit 14283 m einen internationalen Höhenrekord. Im Jahr 1965 folgten weitere Rekorde: 775 km/h auf der 15/25-km-Basis und in einer Höhe von 16128 m.

Rumpf: Ganzmetall-Halbschalenbauweise; Schubrohr unter dem Rumpf.
Tragwerk: freitragender Tiefdecker in Ganzmetallbauweise; Flügel ungepfeilt.
Leitwerk: Normalbauweise in Ganzmetall; Höhenleitwerk nach oben versetzt.
Fahrwerk: einziehbar mit Bugrad; ein Rad an jeder Strebe.

Jakowlew Jak-36 / Jak-38
Mehrzweckflugzeuge

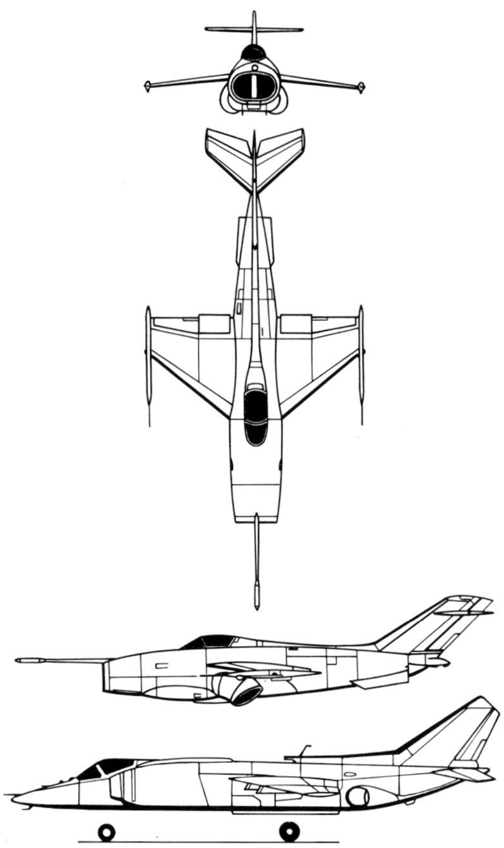

Die Jak-36 mit VTOL-Eigenschaften (Skizze, Foto oben) wurde auf der Luftparade im Juli 1967 in Moskau-Domodedowo erstmals öffentlich vorgestellt. Dabei beeindruckten das schnelle Abheben vom Boden und die rasche Transition ohne starke Neigung der Flugzeuglängsachse (Erstflug 1963).
Jedes der beiden nebeneinanderliegenden Triebwerke hat eine Schwenkdüse, die im abgesenkten Zustand in der Schwerpunktebene mit einem Winkel von 90° zueinander angeordnet sind. Beim Vertikalflug sorgen vier Druckgasdüsen für die Stabilisierung, je eine an beiden Flügelenden, je eine im Rumpfheck und im langen Auslegearm über dem Rumpfbug.
Unter dem Rumpfbug befindet sich eine große Klappe, die vor Start und Landung nach unten geschwenkt wird. Sie gibt zusätzliche Lufteinlauföffnungen für die beiden Strahltriebwerke frei und verhindert zugleich das Ansaugen der heißen Strahlgase.
Ein Senkrechtstarter Jak-36 steht im Luftfahrtmuseum Monino bei Moskau (Foto oben).
Vom äußerlich wesentlich veränderten Einsatzflugzeug Jak-38 (Riß/Foto unten; zunächst als Jak-36 MP bezeichnet; Prototyp Jak-36 M, Erstflug 1971; Serie ab 1975) kamen 1976 12 auf den U-Jagd-Kreuzer Kiew. Es folgte die Ausrüstung der Minsk, Noworossisk, Baku und Kusnetzow. Insgesamt er-

hielt die Flotte bis 1986 über 230 Jak-38, Jak-38 M (stärkere Triebwerke, 1984) und Jak-38 U (doppelsitziger Trainer, 2 je Schiff).

Technische Daten: Jak-36
Rumpf: Ganzmetall-Schalenbauweise mit breitem ovalem Querschnitt; Triebwerke im Vorderteil; geteilter Triebwerkeinlauf im Bug; zwei Schwenkdüsen unter dem Rumpf in Höhe des Tragwerks.
Tragwerk: freitragender Mitteldecker in Ganzmetallbauweise; abgeschnittener Deltaflügel; Hinterkante aus Querruder und Spaltklappen bestehend.
Leitwerk: gepfeilte Normalbauweise in Ganzmetall; Höhenleitwerk hochgesetzt; im Vertikalflug vier Druckgasdüsen.
Fahrwerk: einziehbare Haupträder in Tandemanordnung; Bugstrebe mit einem Rad; Heckstrebe mit Zwillingsrädern; kleine Stützräder unter den Flügelenden.

Rumpf: Ganzmetall-Schalenbauweise; Druckkabine; Einstiegtreppe im Heck; elektrische Enteisung der Cockpitscheiben.
Tragwerk: freitragender Tiefdecker in Ganzmetallbauweise mit trapezförmigem Umriß; ungepfeilt; Spaltklappen; thermische Enteisung.
Leitwerk: freitragendes T-Leitwerk in Ganzmetallbauweise; thermische Enteisung.
Fahrwerk: einziehbar mit Bugrad und je einem Rad an allen Streben; hydraulische Scheibenbremsen.

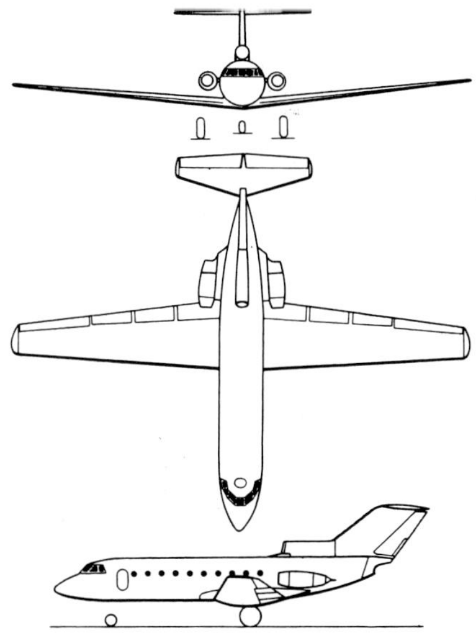

Jakowlew Jak-40 Verkehrsflugzeug

Das dreistrahlige TL-Verkehrsflugzeug Jak-40 erschließt dem Strahlluftverkehr die örtlichen Linien. Bei der Entwicklung dieses Flugzeugs wurde besonderer Wert auf geringe Anforderungen an die Start- und Landeplätze gelegt. Die Jak-40 benötigt keine Betonpisten und kommt auch mit kleinen Plätzen aus. Eine Ausführung als luxuriöses Reiseflugzeug bietet zehn Passagieren Platz.
Der Erstflug des Prototyps fand am 21. Oktober 1966 statt. 1968 nahm die Aeroflot mit dieser Maschine den Flugdienst auf. Seit 1970 wird die Jak-40 exportiert. Insgesamt wurden etwa 1000 Jak-40 gebaut. Maschinen dieses Typs flogen als Passagier-, Fracht-/Passagier- oder als Frachtversion mit größerer Frachttür (Jak-40 K) sowie als militärische Verbindungsmaschine in der UdSSR, in Bulgarien, Kuba, Polen, der ČSFR, Jugoslawien, der BRD, Italien, Griechenland, Österreich, Afghanistan, Angola, Guinea, Syrien, Vietnam, Frankreich und Laos. Das Foto zeigt eine Jak-40 in der ČSFR als Erprobungsträger für das PTL-Triebwerk M-602. Die Jak-40 ist das erste UdSSR-Flugzeug mit dem USA-Zertifikat FAR 25. Insgesamt kauften 18 Länder 122 Jak-40. 1991 wurde das Projekt Jak-40 TL bekannt, bei der 2 Lycoming LF 507-1 N (je 31,14 kN) an die Stelle der AI-25 (je 14,7 kN) treten.

Jakowlew Jak-42 Verkehrsflugzeug

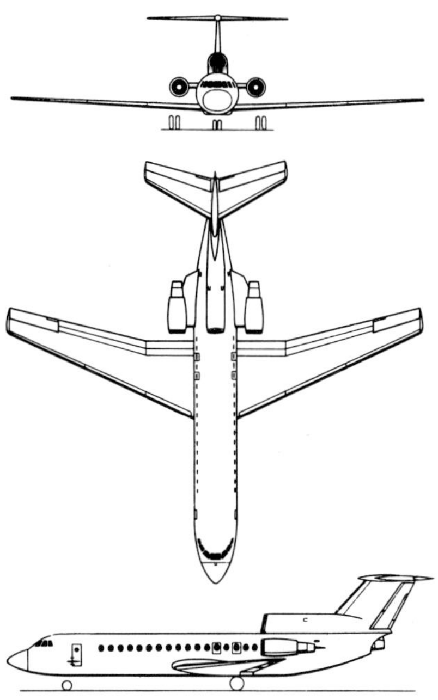

Nach den Erfahrungen mit der Jak-40 entwickelte das Konstruktionsbüro Jakowlew die nach dem gleichen Schema ausgelegte, jedoch weitaus größere Jak-42. Am 7. März 1975 begann der erste von 3 Prototypen die Flugerprobung. Dem Basismodell folgten die Versionen Jak-42 D (größere Reichweite), Jak-42 E-LL (Erprobungsträger für Propfan-Triebwerk D-236) und Jak-42 F (unter jedem Flügel ein langer Behälter mit elektrooptischen Geräten). Von den 100 bis 1990 gebauten Jak-42 gingen 2 nach Kuba und 6 nach China. Seit 1991 wird am Prototyp Jak-42 M gearbeitet, bei dem sich 2 Turbofan-Triebwerke unter den Flügeln befinden. Das dritte D-436 M sitzt traditionell im Seitenleitwerk. Die seit 1990 verfügbare Jak-42 D ist die Basis für die 1994 zur Ila 94 vorgestellten Jak-142, die über ein neues Avionik-System von Allied Signal verfügt.
Ebenso wie bei der Jak-40 befinden sich die für eine hohe Sicherheit bürgenden drei Triebwerke im Heck. Das Fahrwerk wurde genauso niedrig gehalten wie bei der Jak-40, so daß auch die Jak-42 ohne Gangway auskommt.
Ersetzt wurden Maschinen wie die Tu-104 und die Il-18, aber auch die Tu-124 und die Tu-134 sowie die An-24. Im November 1977 begann in Saratow die Serienproduktion, am 22. Dezember 1980 der planmäßige Passagierdienst Moskau–Krasnodar. Die Aeroflot bezog 90 Jak-42. Seit 1988 ist die um 4,5 m längere Jak-42 M (156 bis 168 Sitze) verfügbar.

Rumpf: Ganzmetall-Schalenbauweise; Triebwerke rechts und links im Heck; links vorn und hinten je eine Tür.
Tragwerk: freitragender Tiefdecker in Ganzmetallbauweise; Tragflügelvorderkante 25° gepfeilt.
Leitwerk: freitragendes T-Leitwerk in Ganzmetallbauweise; drittes Triebwerk im Seitenleitwerk.
Fahrwerk: einziehbar mit Bugrad; alle Streben mit Zwillingsrädern.

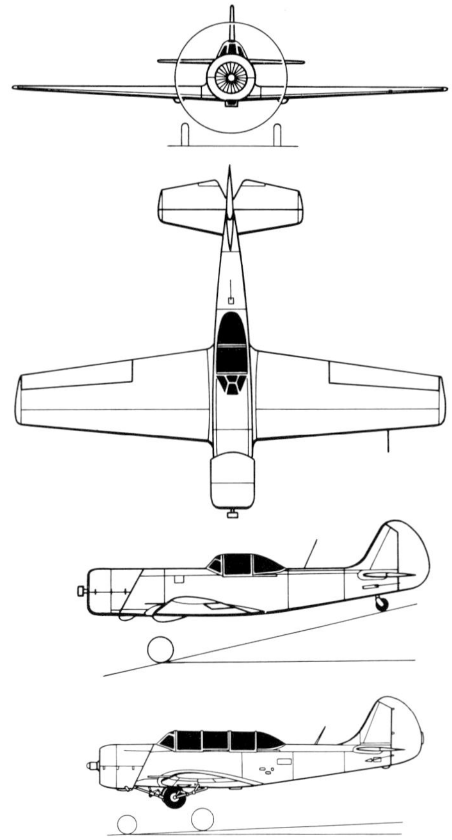

Jakowlew Jak-50 / Jak-52
Sportflugzeuge

Bei den VIII. Weltmeisterschaften der FAI im Motorkunstflug 1976 in Kiew belegte die Jak-50 mit den sowjetischen Flugsportlern die Plätze 1, 2, 5, 7 und 9, mit den Flugsportlerinnen die Plätze 1 bis 5. Damit schob sich ein Sportflugzeug in den Vordergrund, über das bis zu den Meisterschaften außer der Bezeichnung wenig bekannt war.
Die Jak-50 ist eine Modifikation der Jak-18 PS, das Triebwerk eine Weiterentwicklung des auch von anderen Fluggeräten (z. B. Jak-18 T und Ka-26) bekannten Motors AI-14 R, der in Polen in Lizenz produziert wird. Die zweiblättrige Luftschraube besteht aus Holz. Der Kraftstoffbehälter faßt 55 l. Die Jak-50 wird in Serie produziert.
Auf der 15/25-km-Strecke stellte 1977 eine Jak-50 mit 319,5 km/h einen Rekord auf.
Aus der Jak-50 entstand die zweisitzige Jak-52. Diese 1 250 kg schwere und 300 km/h schnelle Maschine hat das gleiche Triebwerk wie die Jak-50. Die einsitzige Bugradversion heißt Jak-53. Seit 1979 baut das rumänische Werk IAR die Jak-52 in Lizenz.

Rumpf: Ganzmetall-Halbschalenbauweise; aufgesetzte Kabine.
Tragwerk: Tiefdecker; trapezförmig; zwei Holme; Ganzmetall.
Leitwerk: Normalbauweise in Ganzmetall.
Fahrwerk: mit Heckrad; Jak-52: einziehbar mit Bugrad.

Jermolajew Jer-2 (DB-240)
Bombenflugzeug

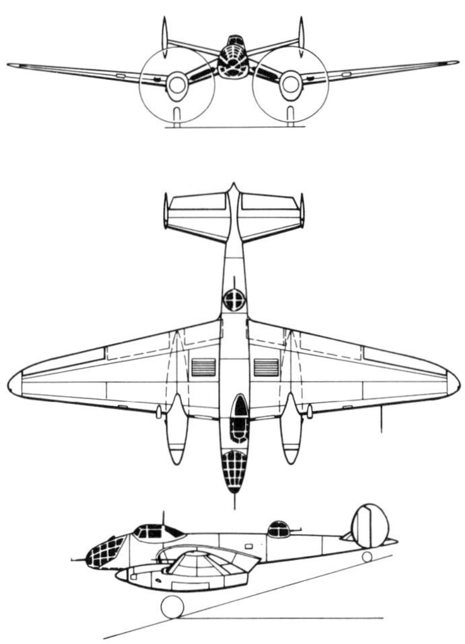

Im Juni 1940 hatte die Konstruktionsgruppe Jermolajew ein Nachtbombenflugzeug fertiggestellt, das mit großer Reichweite auch in größeren Höhen operieren sollte. Als Vorlage für den neuen Bomber diente das Passagierflugzeug Stahl-7 von Bartini. Das zunächst als DB-240 bezeichnete Flugzeug, dann in Jer-2 unbenannt, begann die Flugerprobung im Jahr 1940. Während des Serienbaus modifizierten die Konstrukteure die Bewaffnung, den Antrieb, die Spannweite sowie die Tragflügelform. Bis zum Herbst 1942 wurden 128 Jer-2 mit dem Triebwerk M-105 (je 770 kW Startleistung) gebaut. Danach stellte die Flugzeugindustrie rund 300 Flugzeuge mit ATscha-30 B-Triebwerken (je 920 bis 1 105 kW) her.
Versuchsweise wurde die Jer-2 mit drei Torpedos ausgestattet. Eine Weiterentwicklung aus dem Jahr 1945 war die Jer-4 mit ATscha-30 BF-Triebwerken, die es aber nur als Prototyp gab. Die Jer-2 DN mit ATscha-30 B-Triebwerken entstand 1944 als Langstrecken-Passagierflugzeug. Nach 1945 benutzte man die Jer-2 auch zu Probeflügen mit erbeuteten Turbostrahltriebwerken der Flügelbombe V 1.
Die Jer-2 war im April 1945 am Sturm auf Berlin beteiligt.

Rumpf: Ganzmetall-Schalenbauweise; verglaster Bug.
Tragwerk: freitragender Tiefdecker in Ganzmetallbauweise.
Leitwerk: freitragendes Leitwerk mit Endscheiben als Seitenleitwerk.
Fahrwerk: einziehbar mit Spornrad.

Kalinin K-5
Verkehrsflugzeug

Im Jahr 1923 begann Kalinin als Leiter der Entwicklungsabteilung im Flugzeugreparaturwerk Nr. 6 in Kiew mit der Entwicklung des Passagierflugzeugs K-1, einer der ersten sowjetischen Ganzmetallmaschinen. Es erhielt einen aerodynamisch vorteilhaften Flügel in elliptischer Form in Holzbauweise. Diese Flügelform wurde bei fast allen Kalinin-Typen beibehalten. Es folgten das Verkehrsflugzeug K-2 in Ganzmetallbauweise (1926 in einigen Exemplaren gebaut), das erste sowjetische Sanitätsflugzeug K-3 in Gemischtbauweise (1927) und das Verkehrs-, Sanitäts- und Luftbildflugzeug K-4 (1928 bis 1930 22 Maschinen gebaut).

Die K-5 war wie die Typen K-1 bis K-4 ein Schulterdecker. Mit insgesamt zehn Plätzen entsprach sie besser den Anforderungen des sowjetischen Luftverkehrs. Fast das gesamte Flugzeug bestand aus einheimischen Materialien. Importiert wurden lediglich die Halbachsen des Fahrwerks aus Chrom-Molybdän-Stahl.
Bei der Erprobung mit dem 370-kW-Triebwerk M-17 F stürzte eine Maschine infolge Flügelbruchs ab. Daraufhin verstärkte man das Tragwerk.
Die K-5 ersetzte auf den Luftverkehrslinien der Ukraine die bis dahin verwendeten deutschen Flugzeuge. Sie war bis 1940 im Luftverkehr der UdSSR eines der verbreitetsten Muster.
Ingesamt verließen bis 1934 260 K-5 die Werkhallen.
Eine Weiterentwicklung stellte das Postflugzeug K-6 dar (1930), von dem es aber nur einen Prototyp gab.

Rumpf: Stahlrohrbauweise mit rechteckigem Querschnitt; vorn mit Duralumin beplankt; hinten stoffbespannt; geschlossenes Cockpit.
Tragwerk: abgestrebter Schulterdecker mit elliptischem Umriß in Holzbauweise mit Stoffbespannung.
Leitwerk: Normalbauweise; Höhenleitwerk abgestrebt; Stahlrohrbauweise mit Stoffbespannung.
Fahrwerk: starr mit geteilter Achse und Hecksporn; Gummidämpfung.

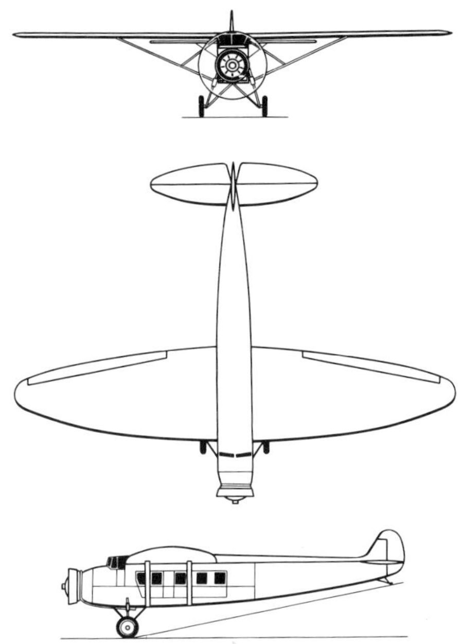

Kalinin K-7
Bomben- und Verkehrsflugzeug

In den bis zu 2,33 m dicken Flügeln dieses Großflugzeugs waren 120 Plätze für Passagiere geplant. In erster Linie war die K-7 jedoch als schwerer Bomber vorgesehen. An der Tragflügelvorderkante waren 6 Triebwerke M-34 F angeordnet, während das 7. Triebwerk mit Druckpropeller hinter dem Tragflügel am Ende der Besatzungsgondel untergebracht war. Die Enden der Leitwerkträger nahmen je einen Stand mit einer 20-mm-Kanone auf. Eine weitere Kanone befand sich im Bug des Rumpfes. In den Gondeln unter den Flügeln hatten das Fahrwerk, 4 MG-Stände sowie Bomben ihren Platz.
Die Projektierung begann 1930. Am 29. Juli 1933 nahm man die Rollversuche auf, wobei sich erhebliche Schwingungen an verschiedenen Teilen, besonders in den Leitwerkträgern, einstellten, so daß zahlreiche Verstärkungen vorgenommen werden mußten. Am 11. August 1933 fand der Erstflug ohne militärische Ausrüstung statt. Bei der Flugerprobung erwiesen sich weitere Verbesserungen als erforderlich. Am 21. November 1933 stürzte der Testpilot Snegirew bei dem 9. Flug mit 14 Personen an Bord ab, von denen nur fünf den Unfall überlebten. Der Bruch eines der dreieckigen Leitwerkträger war die Ursache.
Noch im Jahr 1933 begann der Bau zweier weiterer K-7 mit rechteckigen Leitwerkträgern, der aber 1935 eingestellt wurde.

Rumpf: Leitwerkträger mit dreieckigem Querschnitt; Cockpitgondel vor dem Tragwerk; Passagierkabine im Tragwerk.
Tragwerk: freitragender Eindecker mit dickem Profil; vier Holme; elliptischer Umriß; Stahlrohrbauweise; Mittelstück mit Duralumin beplankt; sonst stoffbespannt.
Leitwerk: zwei Seitenleitwerke mit Trimmklappen; durchgehendes Höhenleitwerk mit zwei Trimmklappen.
Fahrwerk: je drei Räder großen Durchmessers in jeder Fahrwerkgondel; in der Militärversion in den Gondeln Waffenstände; in den Kanalstreben Treppen zu den Kabinen im Tragwerk.

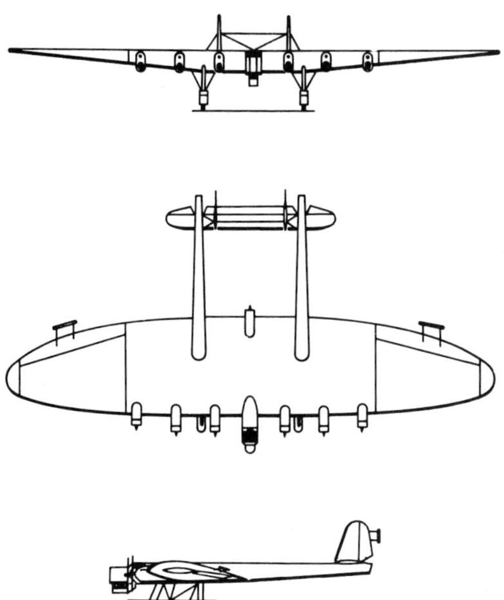

Kamow Ka-8 Hubschrauber

Bereits gegen Kriegsende beschäftigten sich Kamow und eine kleine Gruppe seiner Mitarbeiter mit dem Projekt eines winzigen einsitzigen Hubschraubers. Obwohl sein Tragschrauber ZAGI A-7 von 1932 in der sowjetischen Fachliteratur als das erfolgreichste Fluggerät dieser Art in der UdSSR bezeichnet wird, wandte sich Kamow nach 1945 nicht mehr dem Tragschrauber, sondern konsequent dem Hubschrauber und dabei wiederum dem mit zwei koaxial übereinander angeordneten Tragschrauben zu. In einem Interview mit der Zeitung „Nedelja" äußerte er: „Nach dem Kriege wurde ich mir über die Vorteile solcher Hubschrauber klar. Die haben eine besondere Eigenschaft: voneinander unabhängige Steuerelemente. In gewöhnlichen Hubschraubern mit einem Rotor lenkt der Pilot, sagen wir, mit einem Hebel, wobei zugleich auch alle anderen Steuermechanismen betätigt werden müssen. Bei den Hubschraubern mit zwei koaxialen Rotoren sind sämtliche Steuerelemente autonom angeordnet. Ein solcher Hubschrauber kann sogar auf einem stark schaukelnden Schiff einwandfrei niedergehen. Andere Vorteile sind seine geringere Vibration und die kleinen Ausmaße."

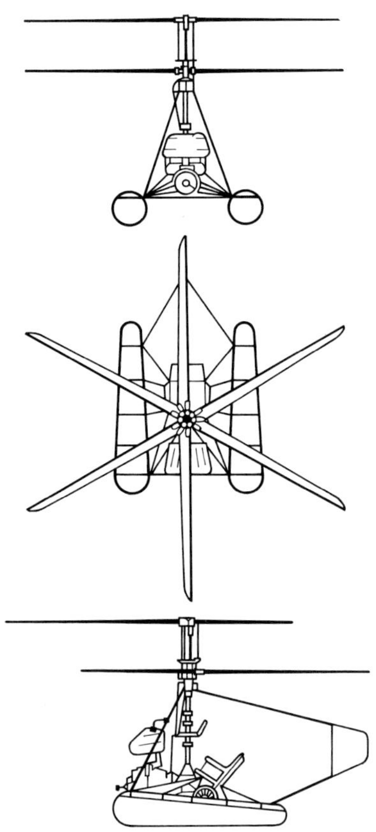

Offensichtlich hat der Einsatz seines Tragschraubers A-7 auf dem Eisbrecher „Jermak" im Jahr 1938 den Konstrukteur nachdrücklich auf die maritime Komponente dieses Fluggeräts aufmerksam werden lassen. Tatsächlich jedenfalls hat er diesen Aspekt bei seinen Hubschraubern von Anfang an beachtet.
Die Ka-8 war der erste Hubschrauber, den die Kamow-Gruppe schuf. Kamow war schon bei den Projektarbeiten im Jahr 1945 von der Nützlichkeit solchen Fluggeräts im zivilen und militärischen Bereich überzeugt, doch wurde der Bau von 3 Prototypen erst 1947 bewilligt.
Am 12. November 1947 startete Gurow mit der Ka-8 zum Erstflug. Bei diesem sowie bei weiteren Probeflügen wurden die Erwartungen an diesen kleinen Hubschrauber voll erfüllt. Die denkbar einfach konstruierte Ka-8 bezeichnete man in Anspielung auf den zweizylindrigen 750-cm^3-Motorradmotor als „fliegendes Motorrad". Der Öffentlichkeit wurde der auch „Irkutjanin" genannte Hubschrauber erstmals zur Luftparade von Tuschino am 25. Juli 1948 gezeigt, als Gurow damit auf der Ladefläche eines Lkw landete. Mit diesem Hubschrauber war erstmals die Möglichkeit gegeben, bei Ausfall des Rotors durch Autorotation sicher zu landen. Als erstaunlich galt, daß die Ka-8 nach der Auslieferung aus der Werkhalle in keiner Weise mehr verändert werden mußte.
Da sich die Seekriegs- und die Handelsflotte gleichermaßen für den Typ interessierten, kam es zu zahlreichen Versuchs-, Demonstrations- und Trainingsflügen mit Landungen und Starts auf Wasserfahrzeugen unterschiedlichster Art und Größe. Obwohl Reichweite und Tragfähigkeit noch nicht befriedigten, war die Zweckmäßigkeit des Hubschraubers auch für den maritimen Bereich ebenso erwiesen wie die hohe Stabilität durch das gewählte Rotorsystem.
Die 3 gebauten Ka-8 gelten auch als erste Helikopter, mit denen sowjetische Hubschrauberpiloten ausgebildet worden sind.
Der Erfolg dieser Entwicklung trug maßgeblich dazu bei, daß Kamow im Jahr 1948 ein eigenes Hubschrauber-Konstruktionsbüro eröffnen konnte – damals das vierte neben denen von Bratuchin, Jakowlew und Mil.

Rumpf: offenes Stahlrohrgerüst mit offenem Sitz hinter der Rotorachse.
Tragwerk: 2 hölzerne Dreiblattrotoren, koaxial übereinander angeordnet; Antrieb vom Motor über einen Verteilerreduktor zu den Tragschrauben.
Leitwerk: einfacher Stahlrohrrahmen mit einer kleinen Seitenleitwerksscheibe.
Fahrwerk: 2 luftgefüllte Gummischwimmer mit Zwischenschotten.

Kamow Ka-10 Hubschrauber

Ende 1948 erhielt das OKB Kamow von den sowjetischen Seestreitkräften den Auftrag, einen maritimen Hubschrauber zu konstruieren, mit dem die Verbindung zwischen den Schiffen hergestellt werden konnte und der sich für Aufklärungsaufgaben verwenden ließ. Als Grundlage benutzte Kamow die Ka-8. In der Fachliteratur ist auch der Hinweis zu finden, die Ka-8 wäre der Prototyp und die mit einem stärkeren Motor versehene Ka-10 stelle die Serienausführung dar.
Die Flugerprobung der Ka-10 begann am 30. August 1949. Der Hubschrauber hatte im wesentlichen den gleichen Aufbau wie die Ka-8. Charakteristisch allerdings ist, daß Kamow auf ein eigens für diesen Zweck kontruiertes Triebwerk von Iwtschenko (Vierzylinder-Boxermotor AI-4 W) zurückgreifen konnte, was zugleich den Beginn der Zusammenarbeit zwischen dem Hubschrauber-Konstruktionsbüro und dem Triebwerks-Konstruktionsbüro Iwtschenko darstellt.
Nach der Boden- und der Flugerprobung von insgesamt 4 Ka-10 folgten von 1950 bis 1954 zahlreiche Versuche auf sowjetischen Kampfschiffen im Schwarzen Meer – auf kleinen Panzerbooten ebenso wie auf dem Kreuzer „Maxim Gorki" – bei verschiedensten Wind- und Seebedingungen. Dabei bewies die Ka-10 ihre außerordentliche Manövrierfähigkeit. Beispielsweise wurde sie auch dann erfolgreich eingesetzt, wenn die Schiffe mit Höchstgeschwindigkeit fuhren. Gute Ergebnisse zeigten sich bei Verbindungsaufgaben sowie bei der visuellen Suche von Minen und U-Booten.
Nach diesen Versuchen begann 1954 der Bau einer 12 Ka-10 M umfassenden Kleinserie. Neben einigen anderen Verbesserungen (vereinfachte Steuerung, günstigere Bedingungen für unerfahrene Hubschrauberführer) erhielt die Ka-10 M zwei senkrechte elliptische Stabilisierungsflächen sowie neu konstruierte Tragschraubenblätter.
Die Ka-10 M diente in der Flotte als Ausbildungsgerät für Schiffshubschrauberbesatzungen. Darüber hinaus wurden einige auf Eisbrechern und Walfängern zum Erforschen der Eisbedingungen

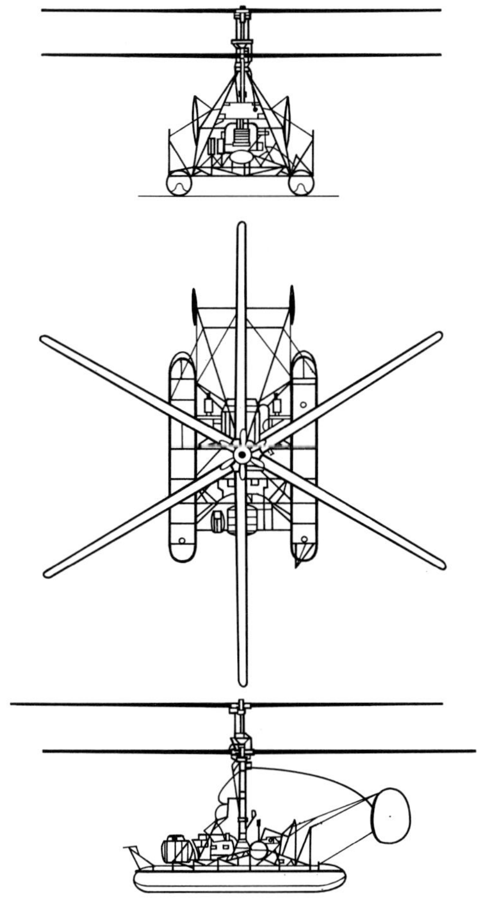

oder zum Aufsuchen von Walrudeln verwendet. An Land benutzte man die Ka-10 M zum Überwachen von Waldmassiven und Hochspannungsleitungen sowie von Erdgas- und Erdöltrassen. Die Ka-10 M war in der Lage, im Notfall einen Passagier aufzunehmen.

Rumpf: offener Stahlrohrrahmen mit offenem Sitz hinter der Rotorachse.
Tragwerk: 2 hölzerne Dreiblattrotoren, koaxial übereinander angeordnet.
Leitwerk: 2 Seitenleitwerkscheiben.
Fahrwerk: 2 luftgefüllte Gummischwimmer mit Zwischenschotten.

Kamow Ka-15 Hubschrauber

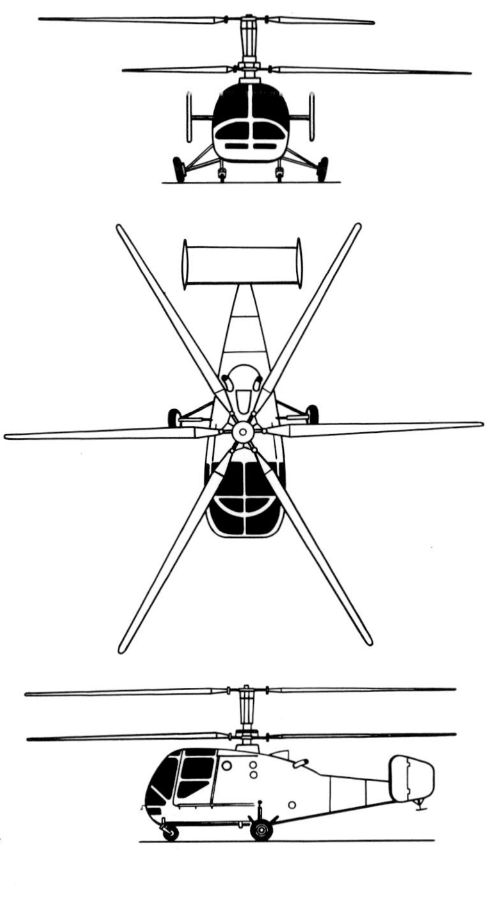

Unmittelbar nach Erprobungsbeginn der Ka-10 beschäftigte sich Kamow mit der Entwicklung des neuen zweisitzigen Hubschraubers Ka-15. Dabei wurde das Prinzip mit zwei koaxialen, gegenläufigen Rotoren beibehalten. Der neue Hubschrauber war zweisitzig und hatte einen verkleideten Rumpf. Die reiche Verglasung bot ausgezeichnete Sicht. Die Ka-15 war zum Einsatz bei den Seestreitkräften bestimmt.
Der Prototyp nahm Anfang 1952 die Flugerprobung (Testpilot Winitzki) auf, und 1954 erhielten die sowjetischen Seefliegerkräfte die erste Ka-15 zur Bodenerprobung. Für Ausbildungszwecke wurde die mit Doppelsteuerung versehene Version UKa-15 gebaut.
Im Jahr 1957 entstand zur Verwendung bei der Marine und in der Volkswirtschaft die Mehrweckversion Ka-15 M (ab 1960 mit AI-14 WF-Motor, 205 kW). Ein Jahr später begann die Serienfertigung.
Am 19. Mai 1958 stellte eine Ka-15 mit 162,784 km/h einen Geschwindigkeitsrekord über 100 km auf. Am 5. Mai 1959 wurden über 500 km 170,455 km/h erreicht.
Bei der Aeroflot diente der Hubschrauber auf örtlichen Linien zur Beförderung eines Fluggastes und von 100 kg Post oder Fracht. Im Sanitätsdienst beförderte er Ärzte oder zwei Kranke auf Liegen in Gondeln beiderseits des Rumpfes. Als Frachthubschrauber nahm er bis zu 300 kg auf. Ferner diente er in der Landwirtschaftsfliegerei, zur Waldbrandüberwachung, zur Überwachung von Hochspannungsleitungen sowie von Erdöl- oder Erdgasleitungen und zur Fisch- oder Eiserkundung.

Rumpf: Vorderteil in Stahlrohrbauweise mit Leichtmetallbeplankung; hinterer Teil in Ganzmetall-Schalenbauweise.
Tragwerk: zwei Dreiblatt-Rotoren, koaxial übereinander angeordnet und gegenläufig; Rotoren in Holzbauweise; Enteisungseinrichtung.
Leitwerk: zwei Seitenleitwerk-Scheiben.
Fahrwerk: vier Räder und Notsporn; vordere Räder schwenkbar; Ausrüstung mit zwei luftgefüllten Gummischläuchen mit Zwischenschotten möglich.

Kamow Ka-18
Hubschrauber

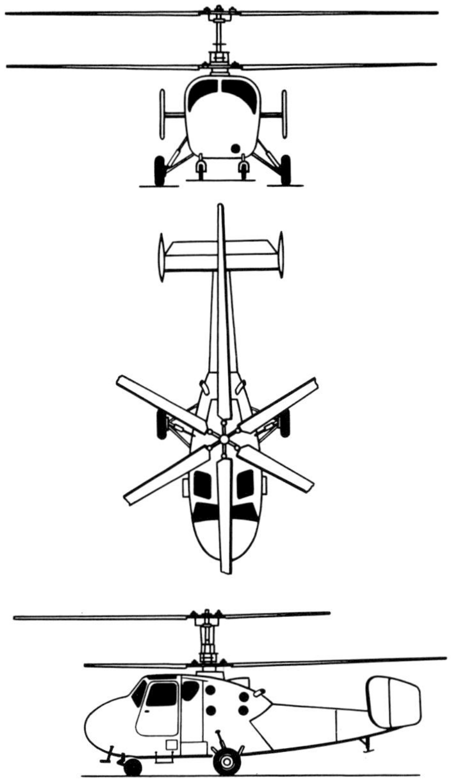

Aus dem zweisitzigen Hubschrauber Ka-15 entwikkelte Kamow die viersitzige Ka-18, die erstmalig im Jahr 1957 (Serienbau ab 1958) flog. Er behielt auch hier die koaxiale, gegenläufige Anordnung von zwei Dreiblatt-Rotoren bei.

Der Mehrzweckhubschrauber diente als Lufttaxi für drei Passagiere und zur Beförderung von Fracht und Post. Außerdem wurde er für Landwirtschaftszwecke und für die Luftbildvermessung verwendet. In der Sanitätsversion konnte die Trage durch den aufklappbaren Rumpfbug eingeschoben werden. Auch die sowjetische Flotte verwendete diesen Hubschrauber. Die Ka-18 ist allwettertauglich. Zur Weltausstellung Expo 58 in Brüssel erhielt sie eine Goldmedaille.
Die Ka-18 ist wie die Ka-15 in größerer Stückzahl gebaut und über 15 Jahre verwendet worden. Eine Ka-18 steht im Luftfahrtmuseum Monino.

Rumpf: Vorderteil in Stahlrohrbauweise mit Leichtmetallbeplankung; hinterer Teil in Ganzmetall-Schalenbauweise.
Tragwerk: zwei Dreiblatt-Rotoren, koaxial übereinander angeordnet und gegenläufig; Holzbauweise; Enteisungseinrichtung.
Leitwerk: Normalbauweise; Höhenflosse auf dem Rumpfheck aufgesetzt; doppeltes Seitenleitwerk als Endscheiben.
Fahrwerk: vier Räder und Notsporn; vordere Räder schwenkbar; Ausrüstung mit luftgefüllten Schlauchschwimmern möglich.

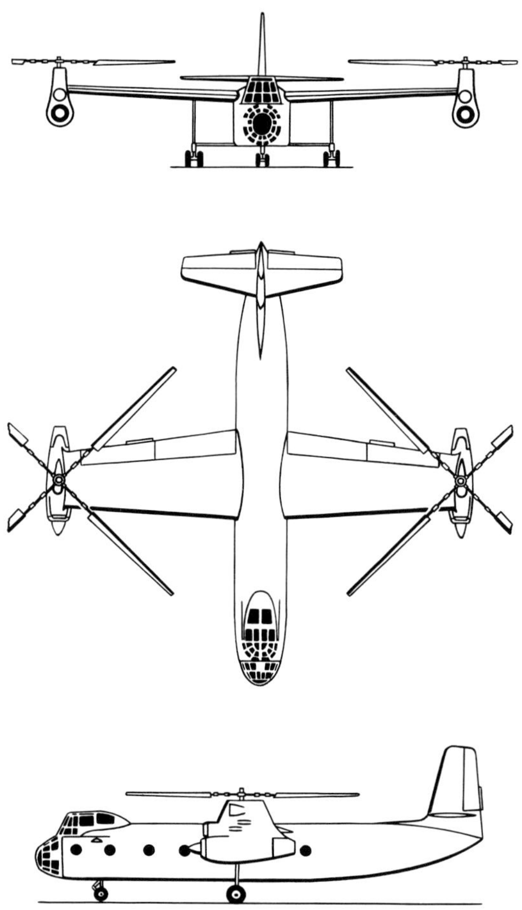

Kamow Ka-22 „Wintokryl"
Kombinationshubschrauber

Besonderes Aufsehen erregte auf der Luftparade 1961 in Moskau-Tuschino die Ka-22 „Wintokryl", die damals als größtes VTOL-Flugzeug der Welt vorgestellt wurde. Dieses Flugzeug verfügt über die Steuerungseinrichtungen eines Hubschraubers und eines Starrflüglers. Bei senkrechtem Start und senkrechter Landung wird fast die gesamte Triebwerksleistung auf die Rotoren gelenkt. Beim Übergang zum Horizontalflug wird die Triebwerksleistung durch automatische Verminderung der Anstellwinkel der Rotorblätter und Erhöhung der Anstellwinkel der Zugschrauben von den Trag- auf die Zugschrauben übergeleitet.

Der Rumpf der Ka-22 entspricht in seiner Größe dem der An-12. Von den Leistungen der Ka-22 zeugen folgende Rekorde: Am 7. Oktober 1961 stellte sie mit 356,3 km/h einen Geschwindigkeitsrekord über eine Strecke von 15/25 km auf. Am 24. November 1961 brachte sie eine Nutzmasse von 15000 kg auf eine Höhe von 2588 m.
(Erstflug 1959, gesamt 8 Rekorde).

Rumpf: Ganzmetall-Halbschalenbauweise mit rechteckigem Querschnitt; Heck hochgezogen zur Anbringung einer Laderampe.
Tragwerk: freitragender Schulterdecker in Ganzmetallbauweise; Hinterkante des trapezförmigen Flügels besteht aus Querrudern und Landeklappen; Triebwerkgondel an den Tragflügeln, darauf Vierblatt-Rotoren.
Leitwerk: freitragende Normalbauweise in Ganzmetall.
Fahrwerk: starr mit Bugrad und Zwillingsrädern an allen Streben.

Kamow Ka-25
Mehrzweckhubschrauber

Die Ka-25 ist der erste Hubschrauber Kamows mit Turbinenantrieb. Die bewährten Konstruktionsprinzipien, wie zwei koaxiale, gegenläufige Rotoren, Vierradfahrwerk und mehrere Seitenleitwerke, wurden auch bei diesem Hubschrauber beibehalten. Die beiden Turbinentriebwerke liegen nebeneinander über dem Rumpf, so daß sie für die Wartung leicht zugänglich sind und der Kabinenraum für andere Ausrüstungen und Kraftstofftanks freibleibt.

Der Hubschrauber Ka-25 wurde der Öffentlichkeit bei der Luftparade 1961 in Moskau im Prototyp als Ka-20 vorgestellt.

Bei den Seestreitkräften der UdSSR gehörte der mit einem großen Funkmeßgerät ausgestattete Hubschrauber Ka-25 B Sch (Skizze) u. a. zur Ausrüstung der U-Jagd-Kreuzer „Moskwa", „Leningrad", „Minsk", „Kiew", „Noworossisk" und „Baku". Aus dem Militärhubschrauber Ka-25 leitete Kamow eine zivile Standardausführung für 12 Fluggäste oder 2500 kg Fracht ab. Als Prototyp entstand die Kranvariante Ka-25 K mit zusätzlicher unterer Kanzel (Foto). Die Ka-25 ist in etwa 460 Exemplaren in verschiedenen Versionen (SAR: Ka-25 PS, U-Jäger: KA-25 PL, Raketenleitung: Ka-25 T, Minensuche: Ka-25 BShZ) gebaut und auch an Indien (5), Jugoslawien (10), Syrien (5) und Vietnam (15) geliefert worden.

Angaben zur Ka-25 B Sch:
Rumpf: Ganzmetall-Halbschalenbauweise; Suchradar unter dem Bug; weitere U-Boot-Ortungsgeräte im Rumpf und unter dem Heck; bei Transportausführung: 12 Klappsitze und Schiebetür backbords.
Tragwerk: zwei Dreiblatt-Rotoren, koaxial übereinander angeordnet und gegenläufig; Rotorblätter falten sich nach hinten; Enteisungseinrichtung.
Leitwerk: dreiteiliges Seitenleitwerk mit zwei Endscheiben, dazwischen Höhenleitwerk.
Fahrwerk: 4 Räder, starr, aufblasbarer Notschwimmsack.

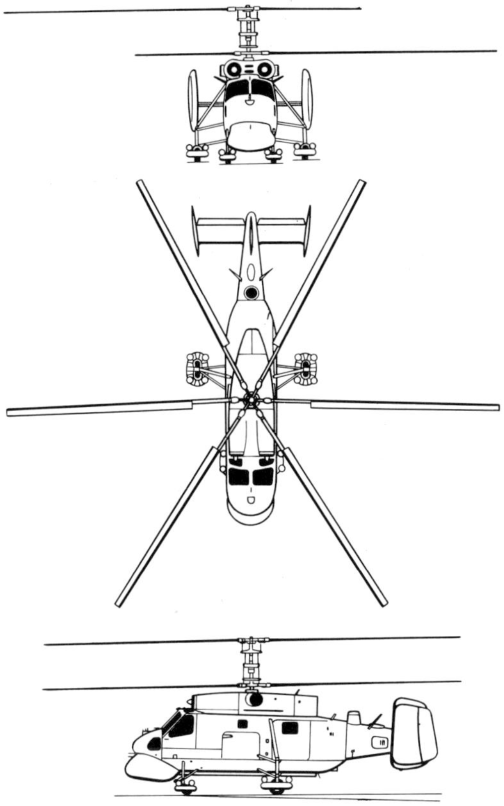

Kamow Ka-26
Hubschrauber

Anfang 1965 stellte die UdSSR den Prototyp des Mehrzweckhubschraubers Ka-26 vor. Die Passagierkabine mit sechs klappbaren Sitzen (Skizze) ist leicht gegen einen Chemikalienbehälter für 900 kg und eine Apparatur zum Bestäuben oder Besprühen auszuwechseln (Foto). Für Lasttransporte kann eine Spezialplattform für Fracht angebaut werden. Ohne diese Zusatzeinrichtung ist der Hubschrauber ein fliegender Kran (bis zu 1100 kg).

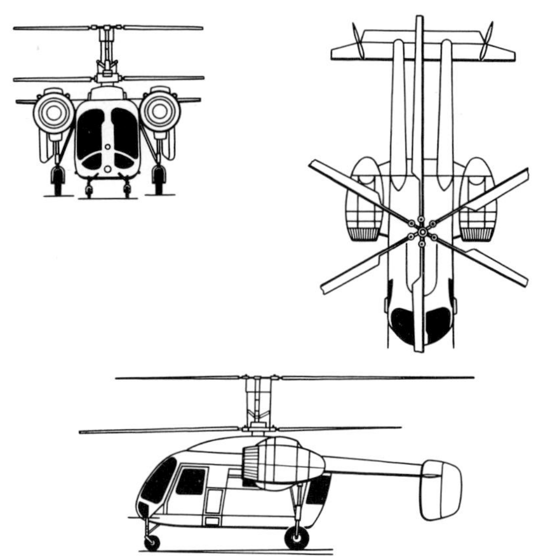

Über 850 zivile Ka-26 wurden in 15 Länder exportiert, so nach Bulgarien, in die DDR, nach Frankreich, Japan, Schweden, Ungarn, in die USA und Großbritannien sowie Italien. Bulgarien und Ungarn verwenden die Ka-26 auch für militärische Zwecke. Nach dem Projekt von 1984, den Hubschrauber mit PTL-Antrieb zu versehen, startete der Prototyp SSSR-01963 1986 zum Erstflug. Nach den 4 Vorserienmustern (Flugerprobung ab 19. Oktober 1988) übernahm IAR/Rumänien die Produktion in Lizenz. Die erste Ka-126 aus eingeführten Teilen flog in Rumänien ab 31. Dezember 1988, die erste von IAR gefertigte folgte am 14. Februar. Nach dem Bau von 7 Maschinen gab IAR 1992 die Fertigung an Kamow zurück.

Rumpf: Kabine für zwei Besatzungsmitglieder; dahinter schnell abnehmbare Passagierkabine, Chemikalienbehälter oder Frachtplattform; zwei Leitwerkträger aus GFK; Ausleger für Triebwerke; auf Wunsch Doppelsteuerung.
Tragwerk: zwei Dreiblatt-Rotoren, koaxial übereinander angeordnet und gegenläufig; Rotorblätter aus GFK.
Leitwerk: an zwei Leitwerkträgern aufgehängt mit doppeltem Seitenleitwerk aus GFK.
Fahrwerk: vier Räder; starr; Hauptfahrwerk an den Triebwerkgondeln angebracht; pneumatische Bremsen.

Kamow Ka-27 / Ka-28 / Ka-29 / Ka-32 Mehrzweckhubschrauber

Im Jahr 1983 machte ein neuer sowjetischer Hubschrauber auf sich aufmerksam, der als Nachfolger der Ka-25 gilt: Die Pilotinnen Tatjana Sujewa und Nadeshda Jerjomina erreichten mit der Ka-32 Weltrekord, als sie in 4 min 46,5 s auf eine Höhe von 6000 m und danach weiter auf 6552 m stiegen. Im Schnellsteigen erreichten sie in 2 min 11,1 s eine Höhe von 3000 m. Getestet wurde er auch unter extremen Bedingungen beim Lotsen von Schiffen während der Polarnacht, beim Holztransport im Nordkaukasus sowie bei der Montage von Masten auf der Krim. Im Januar 1985 wurden mit der Ka-32 zwei weitere Weltrekorde aufgestellt: mit 1000 bzw. 2000 kg stieg sie auf 7305 bzw. 6400 m.
Entwickelt worden ist die Ka-32 (Skizze) im Versuchskonstruktionsbüro N. I. Kamow, das seit dessen Tod von Chefkonstrukteur Michejew geleitet wird. Ziel war es, einen Hubschrauber zu schaffen, der bei maximaler Wirtschaftlichkeit über ausgezeichnete flugtechnische Parameter verfügt, unter allen Witterungsbedingungen verwendbar, mit einer modernen Steuer-, Navigations- und Funkausrüstung sowie einem Bordrechner ausgestattet ist. Auf Schiffen lassen sich die Rotorblätter zusammenklappen. Die Gesamtlänge beträgt dann 12,25 m. Die Abmessungen der Frachtkabine sind 4,52 m × 1,30 m × 1,32 m. Für den Sanitätsdienst finden in der Kabine vier Kranke auf Tragen Platz, vier weitere Kranke sowie ein Arzt und ein Pfleger können sitzen.

Versionen:
Ka-27: Transporter Ka-27 L 1 (U-Jagd, Raketenleitung, Seenotrettung Ka-27 PS – Foto – bis 1988 etwa 75 in UdSSR-Seekriegsflotte).
Ka-28: Exportversion der Ka-27 (Indien: 18, Jugoslawien: 8; 1989)
Ka-29: bordgestützter bewaffneter Transporthubschrauber.
Ka-29 TB: mit Bewaffnung gegen Überwasser- und Landziele versehen; kein großes Funkmeßgerät unter dem Bug.
Ka-32 S: zivile Bordausführung, Bordwine, SAR.
Ka-32 T: fliegender Kran, ab 1992.

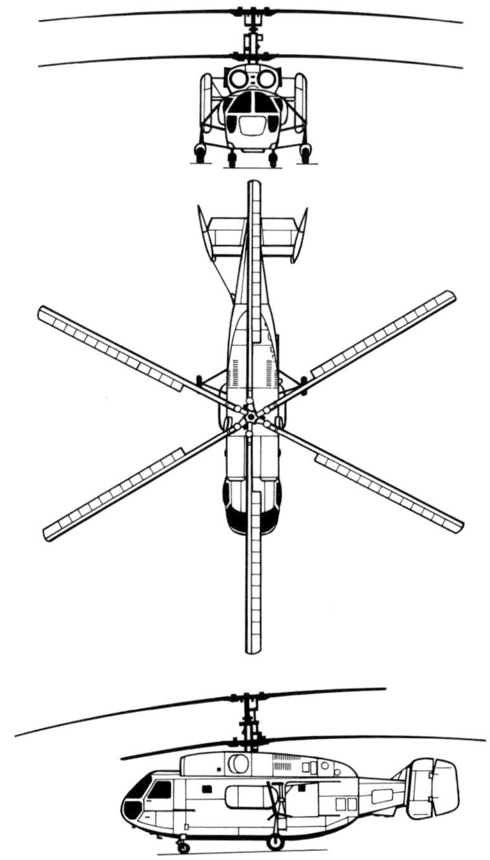

Der Gesamtausstoß wird auf 250 Ka-27 bis Ka-32 geschätzt (russische Flotte: 100 Ka-27, über 30 Ka-29 TB, 2 Frühwarnhelikopter Ka-27 RLD; AEROFLOT und andere zivile Abnehmer: über 150 Ka-32).

Rumpf: Ganzmetallbauweise, vor allem Aluminiumlegierungen; Tür vorn für den Piloten, rechts für den Navigator und den Operateur, hintere linke Tür Zugang zum Frachtraum; Einbau einer Doppelsteuerung ist möglich, außerdem auch Zusatztank im Rumpf.
Tragwerk: zwei gegenläufige Tragschrauben mit je 3 Blättern, deren Grundriß eine rechteckige Form hat; vollständig aus Verbundwerkstoffen hergestellt; elektrothermische Enteisung; Holmspitzen der Tragschraubenblätter durch verschleißfesten Gummimantel mit Metallbeschlag geschützt.
Leitwerk: Höhenleitwerk mit doppeltem Seitenleitwerk.
Fahrwerk: nicht einziehbares Vierstreben-Fahrwerk; zum Notwassern in seitlichen Rumpfverkleidungen aufblasbare Schwimmer; Kufen für Landungen auf Schnee oder weichem Untergrund möglich.

KaSkr Tragschrauber

In der zweiten Hälfte der zwanziger Jahre waren es in der Sowjetunion vor allem die Ingenieure Kamow und Skrshinski, die die Tragschrauberidee des Spaniers Cierva aufgriffen und ein eigenes Projekt für ein solches Fluggerät ausarbeiteten. Finanziell wurden sie dabei von der Wehrsportorganisation Ossoaviachim (Vorläufer der späteren DOSAAF), wissenschaftlich-technisch von einer Expertenkommission unter Jurjew unterstützt.
So begann die Entwicklung der als KaSkr-1 (**Ka**mow, **Skr**shinski) „Krasnij Inshener" (Roter Ingenieur) bezeichneten ersten sowjetischen zweisitzigen Tragschraubers. Um möglichst ökonomisch zu bauen, verwendete man einen Schuldoppeldecker U-1 als Grundlage. Man übernahm den kompletten Rumpf, das Fahrwerk, das Leitwerk sowie das Triebwerk – einen Umlaufmotor N-2 (Nachbau des Rhône mit 90 kW Startleistung). Entfernt wurde der gesamte Oberflügel, während man den unteren beibehielt, aber wesentlich verkleinerte und zum Rumpf hin abstrebte. Über dem Rumpf wurde auf einem Bock aus 4 Streben die frei drehende Tragschraube untergebracht, die

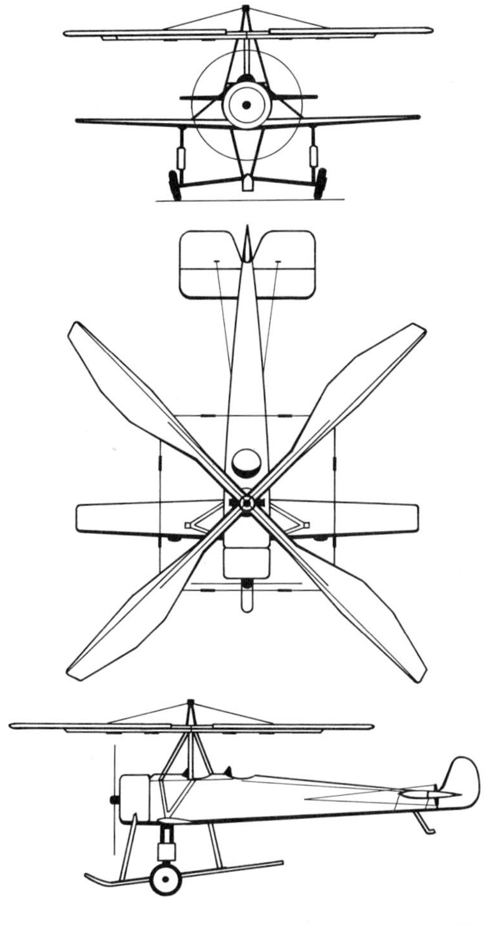

stark verspannt war. Horizontale und vertikale Gelenke dienten als Befestigungen für die Blätter, Kabel mit Gewichten als Schwingungsdämpfung. Gummischürzen hielten die Blätter im Ruhezustand in der oberen Lage.
Am 1. September 1929 begannen die Bodenerprobungen, wobei die Rotorblätter mit zunehmender Geschwindigkeit ihre Lage so sehr veränderten, daß sie das Seitenleitwerk und sich selbst beschädigten. Man nahm deshalb das Leitwerk zurück und machte es niedriger. Diese Erkenntnis ging in alle späteren sowjetischen Tragschrauber ein. Während der weiteren Bodenerprobung zeigte sich die ganze Kompliziertheit eines Tragschraubers, für den in der Sowjetunion zu jener Zeit noch keinerlei Erfahrungen vorlagen. So ergaben sich erhebliche Probleme mit der Steuerung, weil mit dem Anwachsen der Geschwindigkeit große Drehmomente auftraten. Auch der Ausgleich mit einem 8-kg-Block unter dem rechten Tragflügel half nicht viel.
Am 29. September 1929 starteten Michejew und Kamow zum Erstflug. Wenige Tage später kippte der KaSkr-1 um, beide Insassen wurden verletzt, der Tragschrauber (in der Sowjetunion als Awtogiro bezeichnet) beschädigt. Es erwies sich, daß ein stärkeres Triebwerk benötigt wurde – bei der damaligen Abhängigkeit von Importen ein großes Problem. Als ein stärkerer Motor (Gnôme et Rhône „Titan", 165 kW) verfügbar war, baute man den Tragschrauber zum KaSkr-2 um. In den Jahren 1930/31 starteten die Piloten Michejew und Koshiz zu rund 90 erfolgreichen Flügen, wobei der längste 28 min dauerte. Die Erfahrungen mit dem Tragschrauber KaSkr wurden für die Entwicklung einer ganzen Reihe weiterer sowjetischer Tragschrauber genutzt.

Rumpf: Holzbauweise mit Stoffbespannung; zwei offene Sitze hintereinander.
Tragwerk: vierblättrige Tragschraube in Gemischtbauweise.
Leitwerk: Höhen- und Seitenleitwerk mit außen liegenden Steuerseilen.
Fahrwerk: nicht einziehbares Fahrwerk mit Hecksporn und Gleitkufe zwischen den Fahrwerkstreben.

„Konjok-Gorbunok" Arbeitsflugzeug

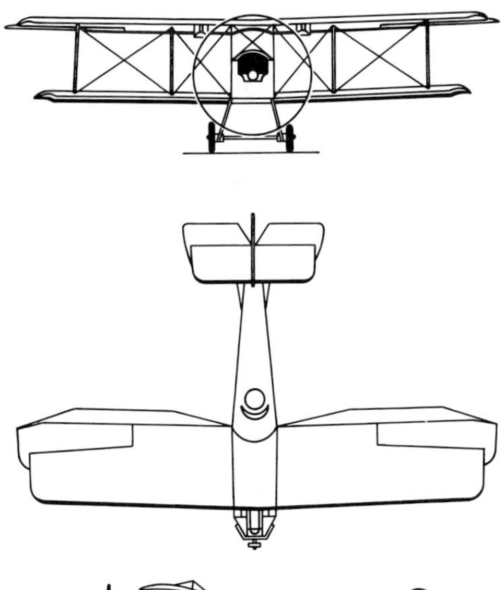

In den früheren Anatra-Werken in Odessa befanden sich 1923 noch Einzelteile des einstigen Flugzeugs „Anada". Außerdem lagerten dort zahlreiche 75-kW-Fiat-Triebwerke. Der in diesem Werk arbeitende Pilot Chioni schlug vor, aus den vorhandenen Teilen ein Schulflugzeug zu schaffen. Im Frühjahr 1923 war das Flugzeug fertiggestellt. Es hieß „Konjok-Gorbunok", gelegentlich auch Chioni Nr. 5.
Da es damals genügend Schulflugzeuge gab, fand man eine neue Verwendungsmöglichkeit: Bekämpfung der Heuschrecken. Im vorderen Sitz brachte man einen Chemikalienbehälter und ein Streugerät unter. Somit war diese in 30 Exemplaren gebaute Maschine das erste Landwirtschaftsflugzeug der Sowjetunion. Es stand bis 1928 im Dienst der Landwirtschaftsfliegerei.

Rumpf: Holzbauweise mit rechteckigem Querschnitt und Sperrholzbeplankung; zwei offene Sitze hintereinander.
Tragwerk: zweistieliger, verspannter Doppeldecker in Holzbauweise; Querruder nur am Oberflügel.
Leitwerk: abgestrebte Normalbauweise.
Fahrwerk: starr mit durchgehender Achse und Hecksporn.

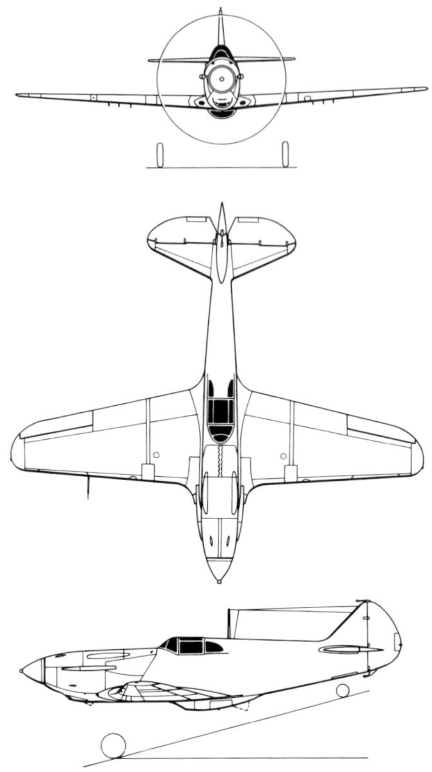

Lawotschkin/Gorbunow/Gudkow LaGG-3 Jagdflugzeug

Lawotschkin beschäftigte sich jahrelang mit der Entwicklung eines Holzbaustoffs, der durch chemische Behandlung und Pressen ein geeignetes Flugzeugmaterial ergeben sollte. Es mußte leichter als Duralumin, nicht brennbar, gut formbar und auf Holz- und Metallbearbeitungsmaschinen zu bearbeiten sein. Nachdem Lawotschkin dieses Material entwickelt hatte, entwarf er zusammen mit Gorbunow und Gudkow die LaGG-1.

Diese Maschine flog erstmalig am 30. Mai 1940. Die Bezeichnung des Prototyps und des Werkes war I-22. Rund 100 LaGG-1 verließen das Werk. Ende Juli 1941 ging die verbesserte LaGG-3 (Erstflug des Prototyps am 14. Juni 1940; militärische Bezeichnung zunächst I-301) in Serie.
Die neuartige Holzbauweise erlaubte den schnellen und billigen Bau großer Serien. Dadurch konnten die schweren Verluste nach Kriegsbeginn im Jahr 1941 rasch ersetzt werden. Die LaGG-3 wurde in verschiedenen Varianten bewaffnet. Das Flugzeug wurde bis Anfang 1942 gebaut (insgesamt 6528 Stück).
Die LaGG-3 war der Ausgangspunkt für die Jagdflugzeug-Reihe La-5, La-7, La-9, La-11.

Rumpf: Ganzholzbauweise; geschlossenes Cockpit.
Tragwerk: freitragender Tiefdecker in Ganzholzbauweise.
Leitwerk: freitragende Normalbauweise in Ganzholz.
Fahrwerk: einziehbar mit Spornrad.

Lawotschkin La-5 Jagdflugzeug

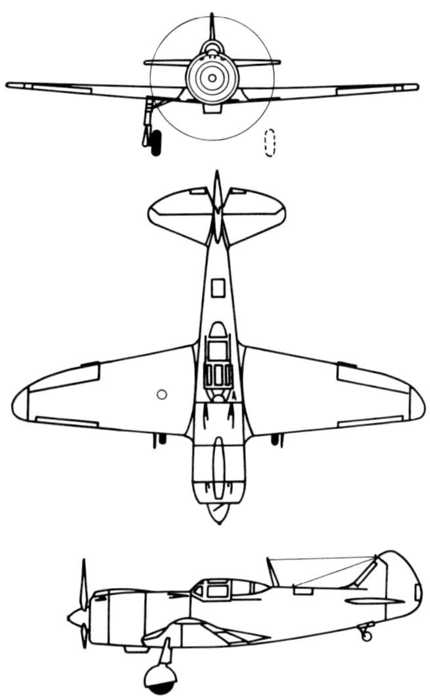

Als die Produktion der LaGG-3 auslief, hatte Schwezow den Doppelsternmotor ASch-82 fertig. Der Übergang vom flüssigkeitsgekühlten zum luftgekühlten Motor brachte eine Einsparung an Masse mit sich und zugleich eine höhere Triebwerksleistung. Die La-5 flog erstmals im Frühjahr 1942, ging unmittelbar darauf in Serie und wurde in der Schlacht bei Stalingrad (heute Wolgograd) eingesetzt. Noch im gleichen Jahr erschien die verbesserte La-5 F.
Für Umschulung und Übung schuf Lawotschkin aus der La-5 SF die zweisitzige Version mit hintereinanderliegenden Sitzen La-5 U, die bei den Luftstreitkräften La-5 UTI hieß.
Im Frühjahr 1943 brachte Schwezow den stärkeren ASch-82-FN-Motor mit direkter Kraftstoffeinspritzung heraus. Für diesen Typ überarbeitete Lawotschkin die La-5 F und konstruierte die La-5 FN, die außer dem neuen Triebwerk noch folgende Verbesserungen aufwies: automatische Vorflügel, Metallholme, leichteres Fahrwerk. In der Schlacht bei Kursk im Sommer 1943 waren schon starke Fliegerverbände damit ausgerüstet. Insgesamt wurden rund 10000 La-5 aller Modifikationen gebaut. Damit war sie nach der Jak-9 das sowjetische Jagdflugzeug mit der größten Stückzahl im zweiten Weltkrieg.
Mit der La-5 FN wurde auch das in der UdSSR formierte 1. Tschechoslowakische Jagdfliegergeschwader ausgerüstet. Eine La-5 FN (S-95) steht heute im Luftfahrtmuseum Prag-Kbely.

Rumpf: Ganzholzbauweise; geschlossenes Cockpit.
Tragwerk: freitragender Tiefdecker in Holzbauweise mit Metallholmen; Landeklappen; automatische Vorflügel.
Leitwerk: freitragende Normalbauweise.
Fahrwerk: einziehbar mit Spornrad.

Lawotschkin La-7
Jagdflugzeug

Aufgrund der Fronterfahrungen entwickelte Lawotschkin Ende 1943 die La-5 zur La-7 (Werkbezeichnung: La-120) weiter. Von Januar bis April 1944 durchlief der Typ die staatliche Erprobung, und im Sommer 1944 begannen Serienbau und Auslieferung an die Truppe. Der Motor dieses Flugzeugs hatte eine bessere Höhenleistung. Das Kraftstoffassungsvermögen war vergrößert worden. Die Bewaffnung war stärker. Schließlich war die Steigleistung verbessert worden. Statt ausschließlich Holz verwendete Lawotschkin bei diesem Flugzeug schon in stärkerem Maße Metall.
Für Ausbildungs- und Übungszwecke wurde die zweisitzige Version La-7 U (Foto, untere Seitenansicht) geschaffen. Die beiden Sitze waren hintereinander angeordnet. Außerdem entstanden La-7 mit drei 23-mm-Kanonen und 200 kg Bomben mit dem Triebwerk ASch-83 (1 470 kW, 725 km/h) sowie Versuchsmuster mit zusätzlichen reaktiven Triebwerken unter den Flügeln (La-7/PuWRD), mit denen zwischen Oktober 1944 und Februar 1945 eine Geschwindigkeit von 742 km/h erreicht wurde.
Von der La-7 wurden insgesamt 5 752 Exemplare gebaut. Versuchsweise stattete man die La-7 mit Turboladern (La-7 TK), mit den Triebwerken ASch-71 (La-7/ASch-71) und ASch-83 (La-7/ASch-83) sowie mit einem Raketentriebwerk im Heck (La-7 R bzw. La-120 R) aus.
Mit der La-7 waren auch die Luftstreitkräfte der Tschechoslowakei ausgerüstet. Eine La-7 steht heute im Luftfahrtmuseum Monino.

Rumpf: Holzbauweise; teilweise metallbeplankt; geschlossenes Cockpit.

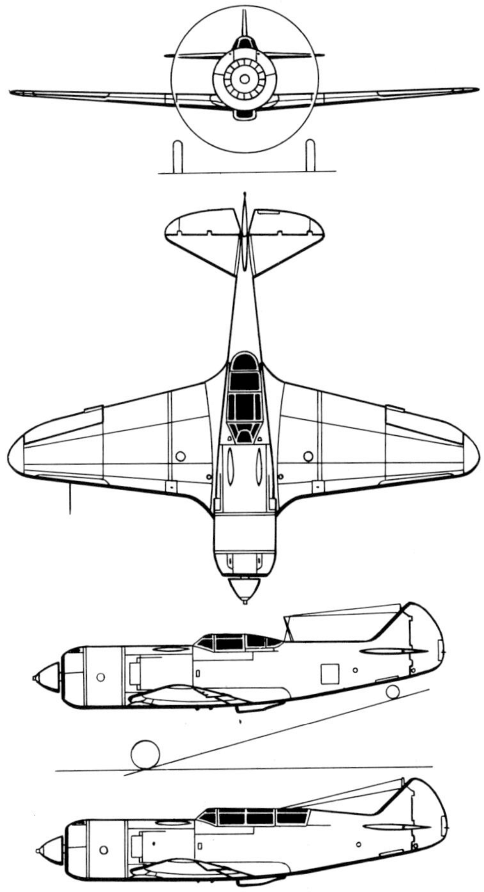

Tragwerk: freitragender Tiefdecker mit Metallholmen, Landeklappen und automatischem Vorflügel.
Leitwerk: freitragende Normalbauweise.
Fahrwerk: einziehbar mit Spornrad.

Lawotschkin La-9
Jagdflugzeug

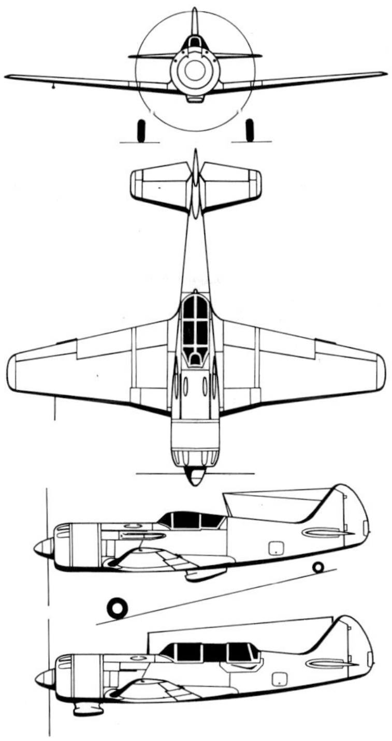

Die La-9 (Werkbezeichnung: La-130) entstand aufgrund der Erfahrungen mit der La-7, und sie stellte deshalb eine ausgereifte Konstruktion dar. Sie war größer als ihre Vorgängerin, unterschied sich äußerlich aber kaum von dieser. Die Werkerprobung begann im Juni 1946, und die staatliche Erprobung schloß im Oktober 1946 ab.
Mit der La-9 ging Lawotschkin von der Holzbauweise völlig zur Metallbauweise über. Eine weitere wichtige Neuerung war das ASch-82-FNW-Triebwerk, das eine wesentlich höhere Dauerleistung aufwies, wodurch die Marschgeschwindigkeit erheblich gesteigert wurde. Zugleich verlängerte sich die Reichweite.
Zur Verbesserung der Steigfähigkeit und zur Erhöhung der Geschwindigkeit erhielten einige Flugzeuge dieses Typs das Raketentriebwerk RD-13 im Rumpfheck. Diese Ausführung hieß La-9 I oder La-9 RD, die Geschwindigkeit vergrößerte sich um 127 km/h. Eine andere Version, die La-9 II (oder La-138), erhielt zwei Staustrahltriebwerke PWRD-430 als Zusatztriebwerke unter den Flügeln. Sie ging jedoch nicht in Serie.
Der Doppelsitzer-Trainer La-9 UTI (unterer Riß) entstand 1947 und kam 1948 in die Truppe. Insgesamt wurden nur etwa 1 000 La-9 gebaut. Übernommen haben diesen Jäger China, Ungarn und Rumänien. Eine La-9 steht im Militärmuseum Bukarest. Der NVO-Vorläufer KVP (Kasernierte Volkspolizei) erhielt 1952 5 La-9 für die technische Ausbildung.

Rumpf: Ganzmetallbauweise; geschlossenes Cockpit.
Tragwerk: freitragender Tiefdecker in Ganzmetallbauweise; abgeschnittene Flügelenden.
Leitwerk: freitragende Normalbauweise.
Fahrwerk: einziehbar mit Spornrad.

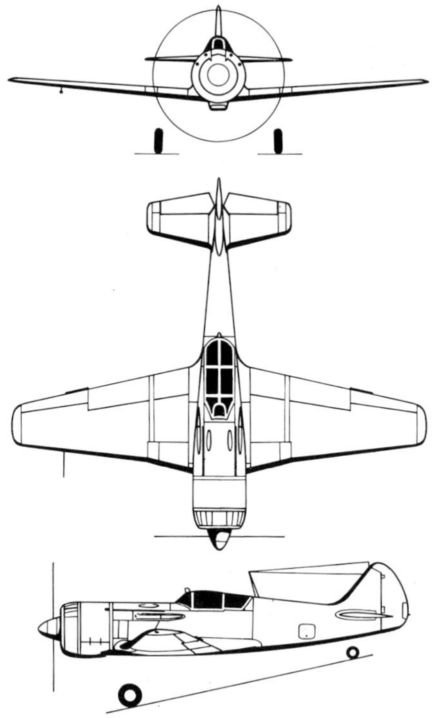

Lawotschkin La-11
Jagdflugzeug

Die La-11 war das letzte Jagdflugzeug Lawotschkins mit Kolbenmotor. Im Vergleich zu seinen Vorgängern hatte dieses Flugzeug ein stärkeres Triebwerk und eine von 1735 km (La-9) auf 2550 km gesteigerte Reichweite, um als Begleit-Jagdflugzeug für die Bomber Tu-2 und Tu-4 zu dienen. Die Serienfertigung der Maschine, die 1944 entwickelt worden war, begann im Mai 1947. Allerdings wurden nur noch 1500 La-11 – einige davon als doppelsitzige Schulversion La-11 UTI – gebaut, da der technische Fortschritt in Gestalt der Strahlflugzeuge diesen Jäger überholt hatte.

Die Werkerprobung des als La-140 bezeichneten Prototyps war im Juni 1947, die staatliche Abnahme wurde im August des gleichen Jahres abgeschlossen. La-11 sind von UdSSR-Luftstreitkräften im Korea-Krieg als Nachtjäger 1950/51 geflogen worden. Als Aufklärer trug die La-11 eine Kamera im Rumpf unter der Kabine.

Die La-11 ist in geringer Stückzahl an China geliefert worden. Eine La-11 ist Exponat des Museums der Luftstreitkräfte in Monino (Foto).

Rumpf: Ganzmetallbauweise.
Tragwerk: freitragender Tiefdecker in Ganzmetallbauweise mit rechteckigem Umriß; Laminarprofil.
Leitwerk: freitragende Normalbauweise.
Fahrwerk: einziehbar mit Spornrad.

Lawotschkin La-15
Jagdflugzeug

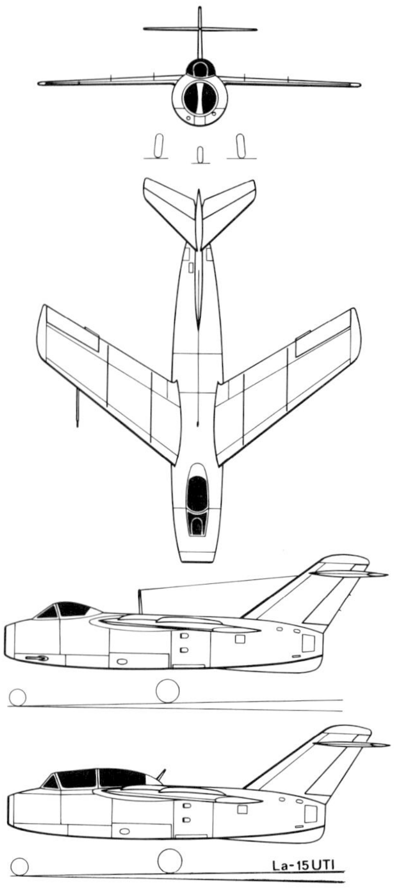

Die Konstruktionsgruppe Lawotschkin verwendete erstmals in der UdSSR Pfeiltragwerke, um dadurch in den Überschallbereich eindringen zu können. Mit der La-160, die im Sommer 1946 den Erstflug unternahm, wurde der erste sowjetische Strahljäger mit Pfeilflügeln erprobt. Aus diesem Flugzeug entstanden sodann zahlreiche Varianten; die La-15 (Werkbezeichnung La-174 D mit Triebwerk Rolls Royce „Derwent", in der Serie als RD-500 nachgebaut) ging im August 1949 in Serie.

Die Erprobung nahm Testpilot Fjodorow 1948 vor. Im Unterschied zu den anderen sowjetischen Strahljägern war der Pfeilflügel der La-15 als Schulterdecker angeordnet. Das Flugzeug ließ sich außerordentlich leicht fliegen.

Die 1949 in zwei Exemplaren gebaute zweisitzige Trainer-Version hieß La-15 UTI (Werkbezeichnung La-180).

Die erfolgreiche MiG-15 verhinderte den Großserienbau der La-15.

Die La-15 zählte bis 1954 zur Ausrüstung der sowjetischen Luftstreitkräfte. Eine La-15 steht im Luftfahrtmuseum in Monino (Foto).

Rumpf: Ganzmetall-Schalenbauweise.
Tragwerk: freitragender, gepfeilter Schulterdecker in Ganzmetallbauweise mit Grenzschichtzäunen.
Leitwerk: freitragend in Ganzmetallbauweise; hochgesetztes Höhenleitwerk.
Fahrwerk: einziehbar mit Bugrad.

Lawotschkin La-250
Jagdflugzeug

Die La-250 war die letzte Entwicklung des Konstrukteurs Lawotschkin, der 1960 gestorben ist. Die Anfang der fünfziger Jahre begonnenen Projektierungsarbeiten liefen parallel mit der Erprobung des leichteren Vorgängermusters La-200 B (Erstflug der La-200-01 am 9. September 1949).
Dieses mit Pfeilflügeln versehene Abfangjagdflugzeug war für den Unterschallbereich gedacht, während die mit ungewöhnlich viel Elektronik ausgerüstete La-250 im Überschallbereich operieren sollte. Am 16. Juli 1956 fand der Erstflug statt. Nach einer Havarie bald darauf wurde der Bug zur besseren Sicht für den Piloten etwas nach unten gezogen. Als der Prototyp 1957 die Erprobung wieder aufnahm, standen mit der Jak-28 P und der Tu-28 bessere Maschinen in Entwicklung und Erprobung. Deshalb wurden die Arbeiten an der La-250 eingestellt.
Das Flugzeug steht heute im Luftfahrtmuseum Monino (Foto).

Rumpf: Ganzmetall-Halbschalenbauweise; aufgesetzte Kabine; runde seitliche Lufteinläufe; Rumpfwanne; Notsporn unter dem Heck.
Tragwerk: freitragender Mitteldecker mit Deltaflügeln; leichte V-Form.
Leitwerk: Normalbauweise in Ganzmetall; deltaförmiges Pendelruder-Höhenleitwerk; großflächiges Seitenleitwerk.
Fahrwerk: einziehbar mit sehr geringer Spurweite; Bugstrebe mit Zwillingsrädern.

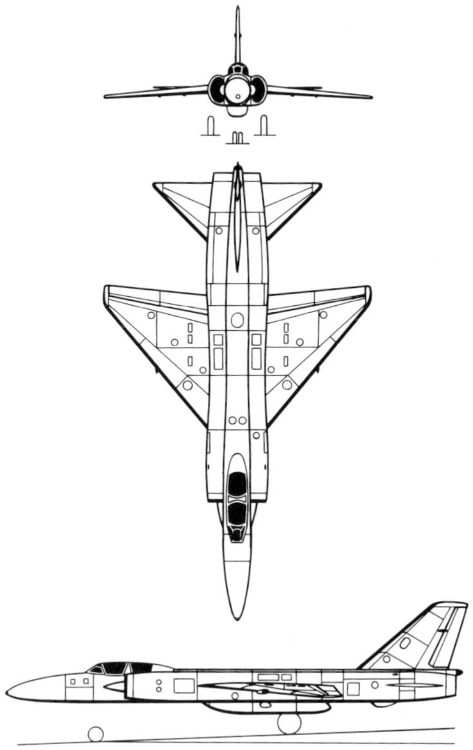

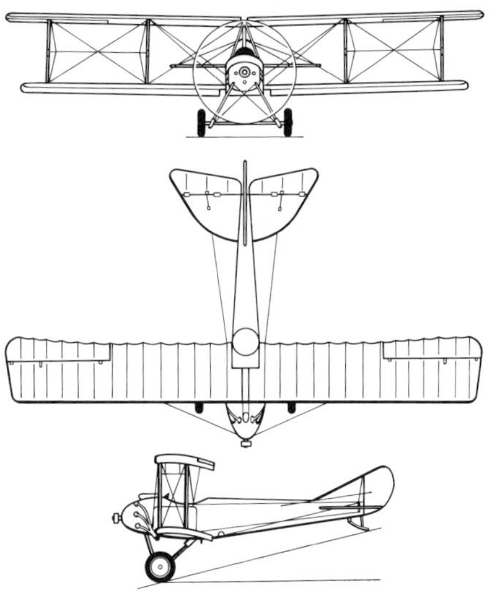

Lebedew „Lebed XII"
Aufklärer

Die Luftschiffbau AG W. A. Lebedew in Petersburg (später: Leningrad) baute aus erbeuteten Albatros-Flugzeugen (B-II) sowie Mercedec-Benz- und Maybach-Motoren (75 bis 120 kW) in den Jahren 1915/16 etwa zehn Aufklärer „Lebed XI" zusammen. Aufgrund der Erfahrungen mit diesem Typ entstand die „Lebed XII". Mit ihrem Bau hatte man Mitte 1915 begonnen. Die Erprobung mit einem Salmson-Triebwerk (95 kW) war im Dezember des gleichen Jahres. Sie brachte gute Ergebnisse, die nach dem Einbau eines 105-kW-Motors noch besser wurden.
Die stark an die Albatros-Flugzeuge erinnernde Maschine wurde am 19. Juni 1915 in 225 Exemplaren bestellt. Der Serienbau begann im August 1916, und bis zum 1. Mai 1919 wurden 216 Maschinen gebaut, davon 192 mit einem 110-kW-Salmson- und die restlichen mit einem 120-kW-Motor.
Die Aufklärer waren an der Front nicht beliebt, weil sie schwer zu fliegen sowie schlecht aus dem Sturzflug zu bringen waren und zudem die Abgase ständig in die Kabine schlugen. Deshalb gab man die Maschinen gern an die Schulen ab. Trotzdem wurde die „Lebed XII" noch bis 1924 als Aufklärer verwendet und dann endgültig ausgemustert.

Rumpf: rechteckiger Querschnitt; vier Gurte; Holzbauweise; Rumpfspitze aus Aluminium-Blech; zwei offene Sitze hintereinander.
Tragwerk: zweistieliger, verspannter Doppeldecker; unten geringere Spannweite; Holzbauweise; Querruder nur oben.
Leitwerk: dreieckige, aufgesetzte Seitenflosse; geteiltes Höhenruder.
Fahrwerk: starr mit Hecksporn; durchgehende Achse.

Lisunow Li-2
Verkehrs- und Transportflugzeug

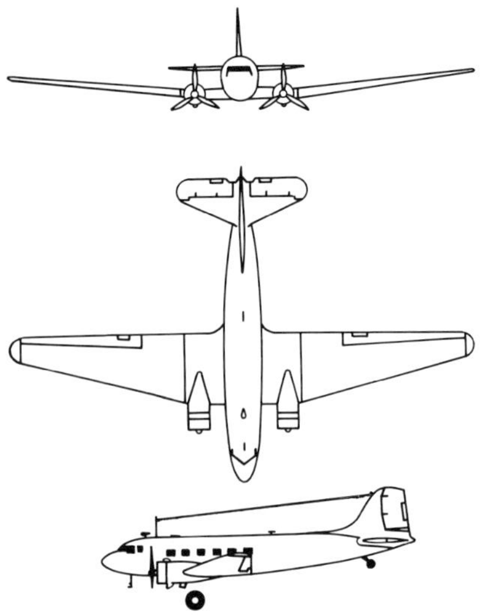

Der schnell anwachsende Luftverkehr der UdSSR erforderte Flugzeuge, die gute Flugeigenschaften aufwiesen und wirtschaftlich waren. So entschloß man sich im Jahr 1938, das zu seiner Zeit hervorragende amerikanische Verkehrsflugzeug DC-3 in Lizenz zu bauen. Ende 1939 nahm das Flugzeugwerk Nr. 84 in Chimka bei Moskau die Produktion der Maschine auf.

Das Flugzeug flog ab 1940 als Verkehrsflugzeug unter der Bezeichnung PS-84. Es wurde außerdem als Fracht- und Wetterflugzeug sowie bei der Polarfliegerei eingesetzt.
Der sowjetische Ingenieur Lisunow leitete den Aufbau der Lizenzproduktion. Deshalb führte die PS-84 seit dem 17. September 1942 die Bezeichnung Li-2.
Im zweiten Weltkrieg wurde die Li-2 als Transporter, als Schlepper von Lastenseglern und sogar als Nachtbomber mit bewaffneter Drehkuppel auf dem Rumpf und Bug-MG eingesetzt. Besonders verdient machte sie sich als Verbindungsflugzeug zu den Partisanen. Die Version für die Luftlandetruppen hieß Li-2 D.
Nach dem zweiten Weltkrieg bildetete die Li-2 bis zum Erscheinen der Il-12 und der Il-14 die Grundausrüstung der Aeroflot und der Luftverkehrsgesellschaften anderer sozialistischer Länder (so in Polen, Ungarn und der Tschechoslowakei), in denen sie auch als militärischer Transporter verwendet wurde. 1956 entstand die Version Li-2 W für den Einsatz im Hochgebirge sowie für Wetterflüge in großen Höhen. Die Li-2 wurde auch als Fotoflugzeug verwendet. Noch bis weit in die siebziger Jahre befand sich der Typ mit Schneekufen bei der Polarfliegerei im Einsatz.
Insgesamt produzierte die UdSSR bis 1945 rund 2000 Li-2. Viele davon blieben 30 Jahre im Dienst. Die an Jugoslawien gelieferten Maschinen erhielten dort Pratt-and-Whitney-Triebwerke R-1830 und hießen inoffiziell Li-3.

Rumpf: Ganzmetallbauweise mit Holmen und Spants; Glattblechbeplankung.
Tragwerk: freitragender Tiefdecker in Ganzmetallbauweise; dreiteiliger Flügel; Mittelteil rechteckig; Außenflügel trapezförmig; hydraulisch betätigte Landeklappen; drei Holme.
Leitwerk: freitragende Normalbauweise in Ganzmetall.
Fahrwerk: einziehbar mit Spornrad, hydraulisch betätigt; eingezogene Räder ragen aus den Triebwerkgondeln etwas heraus; ölpneumatische Dämpfung; Ausrüstung mit Schneekufen möglich.

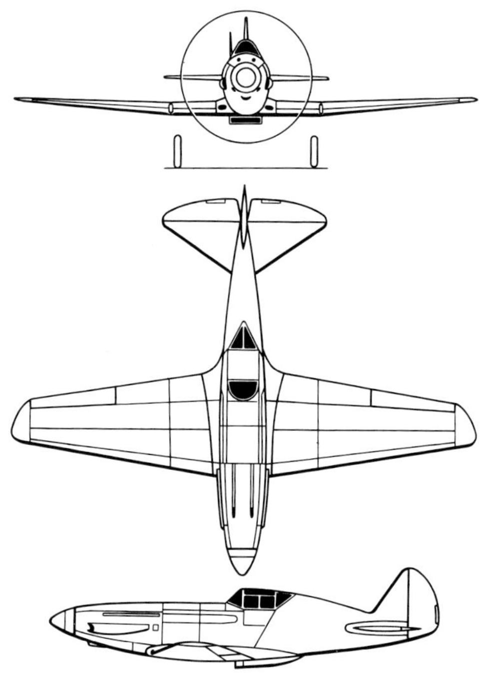

Mikojan/Gurewitsch MiG-1 / MiG-3
Jagdflugzeuge

Im Oktober 1939 gründeten Mikojan und Gurewitsch ein Konstruktionsbüro (OKB) und erarbeiteten zwei Flugzeugprojekte: einen Höhenjäger in den Versionen I-61 mit dem Triebwerk AM-35 A und I-63 mit dem Triebwerk AM-37 sowie das gepanzerte Schlachtflugzeug 65 mit dem Motor AM-37. Die 65 entfiel, da die Il-2 für den Serienbau bestimmt wurde. Das OKB erhielt den Auftrag, sich auf die I-61 zu konzentrieren. Im Dezember 1939 war das Projekt fertig. Drei Prototypen I-200 (im Januar 1940 in MiG-1 umbenannt) gingen in die Flugerprobung. Den Erstflug führte Jekatow am 5. April 1940 aus.
Am 24. Mai 1940 erreichte die MiG-1 in einer Höhe von 6900 m 648,5 km/h. So schnell war noch kein sowjetisches Flugzeug geflogen.
Die MiG-1 wurde zusammen mit der Jak-1 und der LaGG-1 erprobt. Die Maschine war selbst in großer Höhe sehr schnell und erreichte eine beachtliche Gipfelhöhe. Ungenügend waren jedoch die geringe Reichweite, die hohe Landegeschwindigkeit und die mangelnde Längsstabilität. Die MiG-1 war anderen Flugzeugen in der Bewaffnung und in der Wendigkeit unterlegen. Es wurden deshalb nur rund 100 MiG-1 (Skizze) gebaut.
Nach Aufnahme der Serienproduktion der MiG-1 begannen Mikojan und Gurewitsch Ende 1940 mit der Weiterentwicklung dieser Maschine. Dabei untersuchten sie das gesamte Flugzeug im Windkanal. Trag- und Leitwerk übernahm man von der MiG-1. Der Rumpf wurde geringfügig verlängert, um die Längsstabilität zu verbessern. Ein zusätzlicher Kraftstoffbehälter unter dem Sitz des Piloten vergrößerte die Reichweite wesentlich. Auch die Kabinenverkleidung wurde überarbeitet, um die Sicht des Piloten nach hinten zu verbessern. Die MiG-3 ging Anfang 1941 in den Serienbau.
Allerdings blieb die Bewaffnung unzureichend, und das Flugzeug war in geringen und mittleren Höhen nicht schnell genug. Die Maschine wurde deshalb vor allem als Höhenjagdflugzeug in der Luftverteidigung verwendet. Im Jahr 1942 wurde der Serienbau eingestellt. Bis dahin waren 3322 Stück gebaut worden.
Die MiG-1 und die MiG-3 erhielten verschiedene Triebwerke, um die günstigsten Möglichkeiten zu finden. Beispielsweise wurde ein Prototyp der MiG-3 mit dem Motor AM-37 ausgerüstet, während eine andere Maschine das Triebwerk M-82 bekam. Nach dem Auslaufen der Serienproduktion unternahm das OKB zahlreiche Versuche mit Weiterentwicklungen der MiG-3, die später ihren Niederschlag beim Bau neuer Hochgeschwindigkeitsflugzeuge fanden.

Rumpf: Gemischtbauweise in Stahlrohr und Holz; vorn Metallbeplankung; geschlossenes Cockpit.
Tragwerk: freitragender Tiefdecker in Holzbauweise; Mittelstück aus Metall.
Leitwerk: freitragende Normalbauweise in Holz.
Fahrwerk: einziehbar mit Spornrad.

Mikojan/Gurewitsch DIS (MiG-5) Langstreckenbegleitjäger

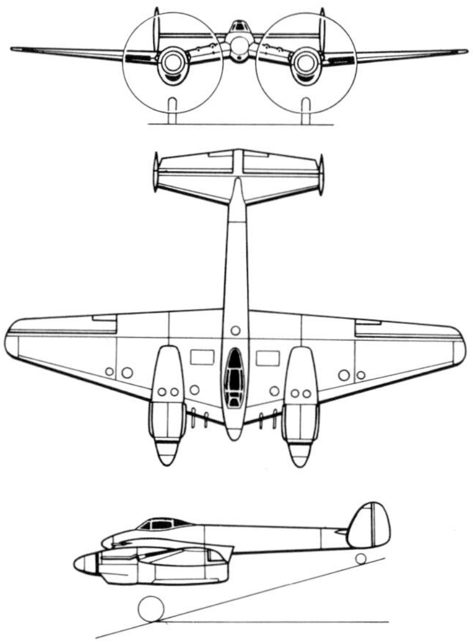

Im Frühjahr des Jahres 1941 entwickelte das Mikojan-Kollektiv ein zweimotoriges Jagdflugzeug für Begleitaufgaben, das für den Fall der Serienfertigung MiG-5 heißen sollte. Bereits im Sommer des gleichen Jahres startete der Prototyp DIS (Dalni Istrebitel Soprowshdenija – Langstreckenbegleitjäger; in der Literatur auch als zweimotoriger Begleitjäger bezeichnet) mit zwei AM-37-Triebwerken zu seinem Erstflug. Die ganz aus Holz gebaute Maschine sollte mit einer 37-mm-Kanone im Bug sowie drei MGs in den Tragflügeln auch für Kämpfe mit Bomberpulks verwendet werden. Der Rumpfmittelteil sollte Bomben, die Bugspitze Kameras aufnehmen, so den Einsatzbereich möglichst vielseitig gestaltend.
Während der Evakuierung des Kontruktionsbüros nach dem Überfall Hitlerdeutschlands auf die UdSSR mußte der Prototyp zerstört werden. Im Jahr 1945 entwarf das MiG-Kollektiv eine modifizierte Version mit zwei luftgekühlten Triebwerken AM-52. Diese Entwicklung wurde jedoch eingestellt, da die UdSSR bereits über genügend neue und kampfstarke Jagdflugzeuge verfügte, die technologisch weniger aufwendig waren und zudem nur ein Triebwerk benötigten.
Die Steigzeit der MiG-5 auf 5000 m betrug 6,3 min.

Rumpf: Ganzholzbauweise; ovaler Querschnitt; Kabine aufgesetzt; in der ersten Version mit kleinem Hecksteiß.
Tragwerk: Mitteldecker in Holzbauweise mit dreiteiligem und gepfeiltem Flügel; Mittelteil (zwischen Rumpf und Triebwerkgondeln) mit stark negativer V-Form; Außenflügel leicht positive V-Form.
Leitwerk: Normalbauweise in Holz; doppeltes Seitenleitwerk als Endscheiben.
Fahrwerk: einfach bereift, einziehbar mit Heckrad.

Mikojan/Gurewitsch I-250 (N) Versuchsjagdflugzeug

Nach der Konstruktion der Jagdflugzeuge MiG-1 und MiG-3 entwickelte das Mikojan-Kollektiv während des Krieges zahlreiche Experimentalflugzeuge, um in neue Geschwindigkeits- und Höhenbereiche vorzustoßen. Dazu gehörten die zweimotorige MiG-5 (DIS) sowie die einmotorigen Maschinen I-211 (E), I-230 (D), I-220 (A), I-231 (2D), I-221 (2A) – auch als MiG-7 bezeichnet –, I-224 (4A), I-225 (5A7) und I-250 (N). Die I-250 (N) war als Objektschutzjäger gedacht und ab 1944 mit einem Mischantrieb versehen worden: Um hohe Geschwindigkeiten zu erreichen, hatte das Flugzeug neben dem Kolbenmotor im Heck ein TL-Triebwerk von Choltschewnikow, das der Maschine in 7800 m Höhe eine Geschwindigkeit von 825 km/h verlieh. Die Höhe von 5000 m wurde mit dem Mischantrieb in 4,6 min erreicht. Der Erstflug fand am 3. März 1945 statt. Versuchspilot war Dejew. Innerhalb von drei Monaten waren die Testflüge mit zwei Prototypen abgeschlossen, und das Flugzeug wurde in einer kleinen Serie gebaut.
Neben dem Studium von aerodynamischen und technologischen Problemen war es mit dieser Maschine möglich, bereits eine größere Anzahl von Flugzeugführern auf die künftigen reinen Strahlflugzeuge vorzubereiten.
Die Marineflieger der UdSSR erhielten 1946 für die Staffeln der Baltischen und der Nordmeerflotte 50 als MiG-13 bezeichnete I-250 (N). Sie wurden bis 1950 in der Küstenverteidigung verwendet.

Rumpf: Ganzmetallbauweise; ovaler Querschnitt; Kabine weit hinten; Heck als Abgasöffnung für das Strahltriebwerk ausgebildet.
Tragwerk: Tiefdecker in Ganzmetallbauweise; trapezförmig mit leicht positiver V-Form.
Leitwerk: Normalbauweise in Ganzmetall.
Fahrwerk: einziehbar mit Heckrad.

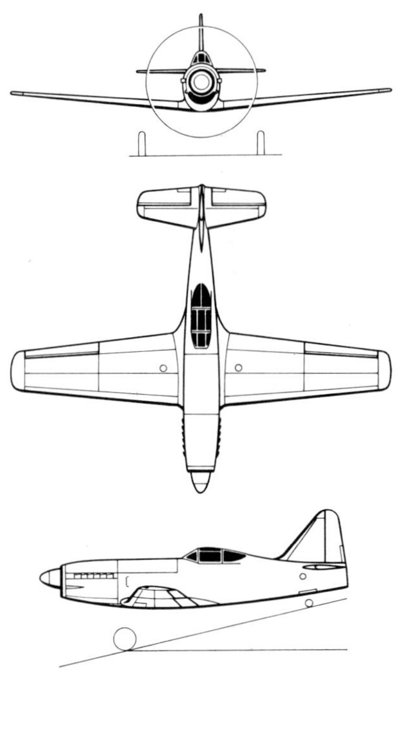

Mikojan/Gurewitsch MiG-8 „Utka" Versuchsflugzeug

Ende 1945 – fünf Monate vor dem Erstflug der MiG-9 – startete in der UdSSR ein nach der Entenbauweise gefertigtes Flugzeug zum Erstflug, das ein fliegendes Laboratorium darstellte. Mit dieser leichten Maschine, in deren Kabine der Flugzeugführer und zwei Passagiere Platz fanden, wurde beispielsweise das Verhalten von Tragflügeln mit geringer Pfeilung (sie betrug bei der MiG-8 20°) bei niedrigen Geschwindigkeiten untersucht. Damit gewann das Konstruktionsbüro Erfahrungen, wie sich Pfeilflügelflugzeuge (z. B. später die MiG-15) im Landeanflug verhalten. Außerdem wurde – neben anderen aerodynamischen Problemen – die Vibration des Bugrades (das bis dahin im Flugzeugbau kaum angewendet wurde) bei der Landung untersucht.
Eingeflogen wurde die MiG-8 von einem der ältesten sowjetischen Testpiloten der damaligen Zeit, von Shukow. Auch der von seinen Flügen mit der MiG-9 bekannte Testpilot Grintschik erprobte die MiG-8, um daraus für die Flüge mit den künftigen Strahlflugzeugen zu lernen. Bei der zweiten MiG-8-Variante befanden sich die Seitenleitwerke an den Tragflügelenden.

Rumpf: Holzbauweise; spitzer und sehr flacher Bug mit dem Höhenleitwerk an der Spitze; stark verglaste Kabine, in derem hinteren Ende das mit einer Druckschraube versehene Triebwerk liegt.
Tragwerk: leicht gepfeilter, verstrebter Hochdecker in Holzbauweise.
Leitwerk: Höhenleitwerk an Tragflügelhinterkante; schräg gestellt; Tragflügel nach oben und unten überragend; Kanten stark abgerundet.
Fahrwerk: einfach bereift mit Bugrad; Hauptträder verkleidet.

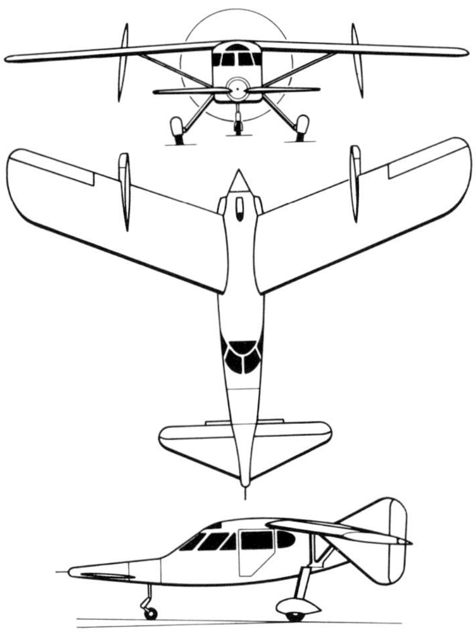

Mikojan/Gurewitsch MiG-9 Jagdflugzeug

Nach den Flugzeugen mit Mischantrieb schufen Mikojan und Gurewitsch ihr erstes TL-Flugzeug I-300 (auch als F bezeichnet), das später MiG-9 hieß.
Den Auftrag dazu hatte das Staatliche Verteidigungskomitee am 18. Februar 1945 erteilt. Verlangt wurde – auch von den Konstruktionsbüros Lawotschkin, Jakowlew und Suchoi – ein Strahljagdflugzeug, das eine Geschwindigkeit von 900 km/h erreichen sollte.
Der Erstflug des ersten Prototyps F-1 (2 Triebwerke BMW 003) mit dem Testpiloten Grintschik fand am 24. April 1946 statt. Nach dem tödlichen Absturz Grintschiks infolge eines Montagefehlers an den Flettner-Rudern am 24. Mai des gleichen Jahres setzten unter anderem die Testpiloten Gallai, Antipow und Schijanow die Erprobung mit den Prototypen F-2 und F-3 (Triebwerke RD-20) fort. Dabei erreichte die I-300 in 4500 m Höhe eine Geschwindigkeit von 911 km/h. Auf der Luftparade in Moskau-Tuschino am 18. August 1946 wurde die MiG-9 zusammen mit der Jak-15 der Öffentlichkeit vorgestellt.
Der Serienbau begann im Jahr 1947. Bereits 1946 war eine zweisitzige Version mit Schleudersitzen für Schulung und Übung herausgekommen. Die dem Grundmuster folgenden Versionen MiG-9 FR (Triebwerke RD-21), MiG-9 FL und MiG-9 UTI (Doppelsitzer, auch als FT, UTI MiG-9 und I-301 T bezeichnet, Triebwerke RD-21) waren mit hermetisierbaren Kabinen sowie mit stärkeren Triebwerken ausgerüstet. Diese erste MiG mit TL-Triebwerken war das Ausgangsmuster der berühmten MiG-TL-Jagdflugzeuge.
Versuchsweise erhielt eine MiG-9 eine 57-mm-Kanone. Der normale Kampfsatz bestand aus 40 37-mm- und 160 23-mm-Granaten.
Eine weitere Testvariante war die MiG-9 L mit Bordradar zur Leitung des Flugkörpers KS-1. Schätzungsweise sind bis Mitte 1948 550 MiG-9 gebaut worden. Die MiG-9 (I-301 FS) ist Exponat des Museums in Monino (Foto).

Rumpf: Ganzmetall-Schalenbauweise; Druckkabine.
Tragwerk: freitragender Mitteldecker in Ganzmetallbauweise; gerades trapezförmiges Tragwerk mit Vorflügeln und Landeklappen.
Leitwerk: freitragende Normalbauweise in Ganzmetall.
Fahrwerk: einziehbar; Bugrad mit Shimmy-Dämpfung.

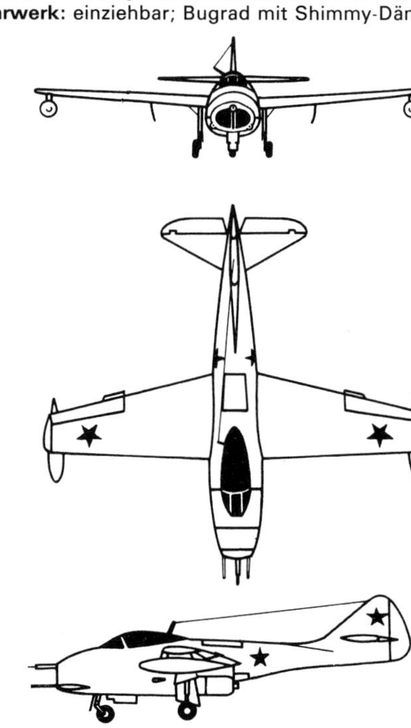

Mikojan/Gurewitsch MiG-15 Jagdflugzeug

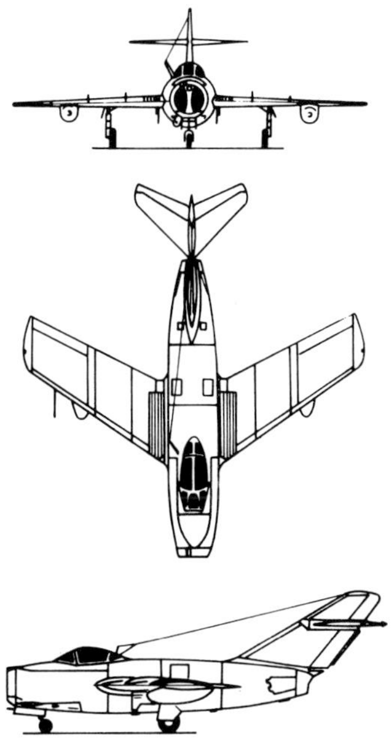

Im Jahr 1946 erhielt das Konstruktionsbüro Mikojan/Gurewitsch den Auftrag zur Entwicklung eines strahlgetriebenen Jagdflugzeugs mit Pfeilflügeln, das in der Serienausführung über 1 000 km/h, eine Dienstgipfelhöhe von 14 000 m und eine Flugdauer von mindestens 1 h erreichen sollte. Zu den umfangreichen Forderungen gehörten ferner: Kanonenbewaffnung, Druckkabine, Schleudersitz, Möglichkeiten zum Starten und Landen auf Grasbahnen, gute Tiefflugeigenschaften und Einsatzmöglichkeiten in allen Gebieten der UdSSR. Allerdings stand damals noch kein geeignetes Triebwerk zur Verfügung.
Als das Triebwerk Rolls Royce „Nene" (22 250 N) kam, mußte das Projekt geändert werden, weil dieses Triebwerk einen Radialverdichter hatte, im Projekt aber eine Turbine mit Axialverdichter angenommen worden war.
Der Prototyp I-310 (auch als S oder S-01 bezeichnet) flog erstmalig am 30. Dezember 1947. Er ging wegen ungenügender Langsamflugeigenschaften verloren. Daraufhin wurden die Tragflügel verändert. Sie erhielten eine negative V-Stellung und je zwei Grenzschichtzäune. Der Serienbau begann 1948. Im Jahr darauf erhielten die ersten Einheiten diesen Typ. Die MiG-15 wurde zu einem der erfolgreichsten und verbreitetsten Jagdflugzeuge. In einigen Ländern flog sie bis in die siebziger Jahre.

Versionen:
MiG-15: erstes Serienflugzeug mit RD-45 oder RD-45 F, je 22450 N Schub und 17,25 m² Flügelfläche; Bezeichnung der polnischen Lizenzproduktion: Lim-1.
MiG-15 bis (SD): Weiterentwicklung von 1949 mit WK-1 oder WK-1 A, je 26470 N Schub und 20,60 m² Flügelfläche (Lim-2: Polen, Š-103: ČSFR).
MiG-15 bis (IScha): Jagdbomber mit zwei großen Balkenträgern für Bomben (Prototyp Monino).
MiG-15 P: Version mit Funkmeßgerät.
MiG-15 R bis: Aufklärer mit Luftbildausrüstung.
MiG-15 S und MiG-15 S bis: Begleitjäger.
MiG-15 T: unbewaffnete Schleppversion ČSFR.
MiG-15 UTI (UTIMiG-15 oder ST, unten): Schul- und Übungsflugzeug mit zwei Sitzen hintereinander; ab 1951 gebaut; in Polen als SBLim-1 und SBLim-2 A sowie in der Tschechoslowakei als CS-102 in Lizenz hergestellt, in China als JJ-2 bezeichnet. (Foto unten; eine MiG-15 UTI ex NVA ist Exponat des Luftwaffenmuseums Berlin-Gatow).
Zu den zahlreichen Versuchsausführungen gehört die zum Nachtanken in der Luft durch den Bomber Tu-4 modifizierte MiG-15 bis.
Polen produzierte 227 Lim-1, 500 Lim-2 sowie eine geringe Anzahl Doppelsitzer. Die in der Tschechoslowakei gefertigten MiG-15 hießen S-102, die MiG-15 bis S-103 (China: J-1 bzw. J-2). Die Gesamtproduktion des in 38 Länder gelieferten Jägers wird auf 7500 geschätzt.

Rumpf: Ganzmetall-Halbschalenbauweise mit Spants und Stringern und tragender Außenhaut aus Duralumin; im Bug geteilte Ansaugöffnung; am Heck seitliche Bremsklappen.
Tragwerk: freitragender Mitteldecker in Ganzmetallbauweise; zwei Holme aus Stahl; Rippen aus Duralumin; auf jedem Flügel zwei Grenzschichtzäune.
Leitwerk: freitragende Normalbauweise; Höhenleitwerk nach oben versetzt; Seitenleitwerk um 56°, Höhenleitwerk um 40° gepfeilt.
Fahrwerk: einziehbar mit Bugrad und ölpneumatischer Dämpfung; hydraulische Betätigung; Notbetätigung durch Druckluft.

Mikojan/Gurewitsch MiG-17 Jagdflugzeug

Als Weiterentwicklung der MiG-15 erhielt im Jahr 1949 ein Flugzeug (I-330 oder SI) ein neues Tragwerk mit einem durchschnittlichen Pfeilwinkel von 45°. Dieses Flugzeug hieß MiG-17. Der Erstflug war am 1. Februar 1950. Im gleichen Monat erreichte der Testpilot Iwastschenko mit einer Maschine dieses Typs im Horizontalflug erstmalig die Schallgeschwindigkeit. Die Serienlieferungen begannen im Jahr 1953. Wie die MiG-15 war auch die MiG-17 viele Jahre Standardjäger des Warschauer Paktes sowie anderer Staaten. Insgesamt flogen 35 Luftwaffen in aller Welt diesen Typ (geschätzte Produktion: 8000; Polen fertigte etwa 1000 Lim-5/6; China baute die MiG-17 F als J-5 bzw. F-5 für den Export, die MiG-17 PF als J-5 A/F-5A und einen selbst entwickelten Doppelsitzer mit Radar als JJ-5/FT-5.

Versionen:
MiG-17: Standard-Tagjagdflugzeug mit Triebwerk WK-1 A.
MiG-17 F (Skizze): Prototyp SF; Mehrzweckjäger mit Nachbrenner-Triebwerk WK-1 F; diente als Abfangjagdflugzeug, als Erdkampfflugzeug und mit zwei 400-l-Kraftstoffzusatzbehältern als Begleitjäger (polnische Lizenzproduktion: Lim-5 F); Serienbau in der UdSSR ab Herbst 1953.
MiG-17 P: Prototyp SP-7; Abfangjäger mit Funkmeßvisier, aber ohne Nachbrenner; ab 1953.
MiG-17 PF (Foto): Prototyp SP-7 F; Allwetter-Jagdflugzeug mit Radarausrüstung, drei 23-mm-Kanonen (Lim-5 P).
MiG-17 PFU: Prototyp SP-9; Allwetter-Abfangjagdflugzeug mit Raketenbewaffnung.
MiG-17 SN: 1949 entwickelte Version mit seitlichen Lufteinläufen und schwenkbaren Kanonen (kein Serienbau).
Lim-5 M, Lim-6 und Lim-6 bis: in Polen entwickelte,

aus der MiG-17 F abgeleitete Jagdbomberversionen.
Zu Versuchszwecken baute man mehrere Modifikationen, so den Nachtjäger MiG-17 SF, den Fotoaufklärer MiG-17 SR-2 und eine Version mit Vorflügeln.
Bis Anfang der achtziger Jahre wurden MiG-17 mit erweiterter Bewaffnung als Jagdbomber verwendet.
Eine von der NVA als Jagdbomber modifizierte MiG-17 F ist Exponat des Militärhistorischen Museums Dresden.

Rumpf: Ganzmetall-Halbschalenbauweise mit Spants, Holmen und Pfetten und angenieteter Duraluminbeplankung; Bremsklappen seitlich am Heck; Lufteinlauf im Bug; Druckkabine mit Schleudersitz; Kabinenhaube nach hinten aufschiebbar.
Tragwerk: freitragender Mitteldecker in Ganzmetallbauweise; pfeilförmiger, zweiteiliger Flügel; Haupt- und Hilfsholm; hydraulisch betätigte Landeklappen.
Leitwerk: freitragende Normalbauweise in Ganzmetall; Höhenleitwerk nach oben versetzt; hydraulische Steuerverstärkung.
Fahrwerk: einziehbar mit Bugrad; hydraulisch betätigt; Notbetätigung durch Druckluft.

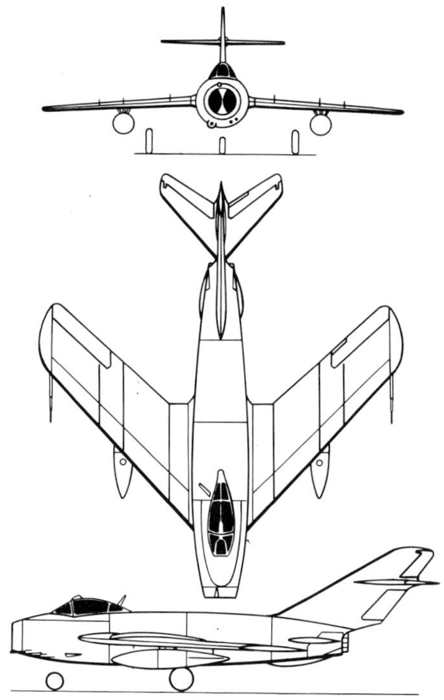

Mikojan/Gurewitsch I-320 (R) Versuchsabfangjagdflugzeug

Fast gleichlaufend mit den Jagdflugzeugen MiG-15 und MiG-17 entwickelte das Mikojan-Kollektiv Ende 1949 das erste Strahlflugzeug dieses Konstruktionsbüros mit nebeneinanderliegenden Sitzen. Mit dieser Maschine sollten die Möglichkeiten eines schweren zweisitzigen Allwetterabfangjägers getestet werden, der mit einem Funkmeßvisier sowie mit zwei Strahltriebwerken ausgerüstet ist. Für den gleichen Zweck wurden die La-200 sowie die Jak-25 entwickelt. Letztere ging in den Serienbau. Erprobt wurde die I-320 (R) von den Versuchspiloten Sultan und Wernikow.
Die beiden Strahltriebwerke (Version R-1, 1949 erprobt, mit zwei RD-45 F, je 22 270 N Schub, Version R-2, 1950 erprobt, mit zwei WK-1, je 26 500 N) waren auf originelle Weise untergebracht: Das erste lag unter dem Rumpf, und die Schubdüsenöffnung befand sich etwa in Höhe der Tragflügelhinterkante. Das zweite Triebwerk lag wie bei der MiG-15 / 17-Serie im Rumpfheck, und das Schubrohr endete wie üblich unter dem Seitenleitwerk. Seiten- und Höhenleitwerk ähnelten stark den entsprechenden Baugruppen der MiG-15 und der MiG-17. Bei gleichen Abmessungen der Versionen R-1 und R-2 ergaben sich in den Leistungen geringfügige Unterschiede: Die R-2 war um 30 km/h schneller, und in der Gipfelhöhe erreichte sie 500 m mehr als die R-1. Unterschiedlich war die Funkmeßausrüstung, die bei beiden Versionen in der Bugnase über der runden Lufteintrittsöffnung lag. Die Kanonen waren im Rumpfunterteil untergebracht.
Gebaut wurde noch eine dritte Maschine (R-3), die mit WK-1-Triebwerken ausgerüstet war, aber eine andere Flügelform erhielt.
Die Erfahrungen der Erprobung dieser Versuchsabfangjagdflugzeuge trugen mit dazu bei, Anfang der fünfziger Jahre die zweistrahlige MiG-19 als erstes sowjetisches Überschalljagdflugzeug zu entwickeln.

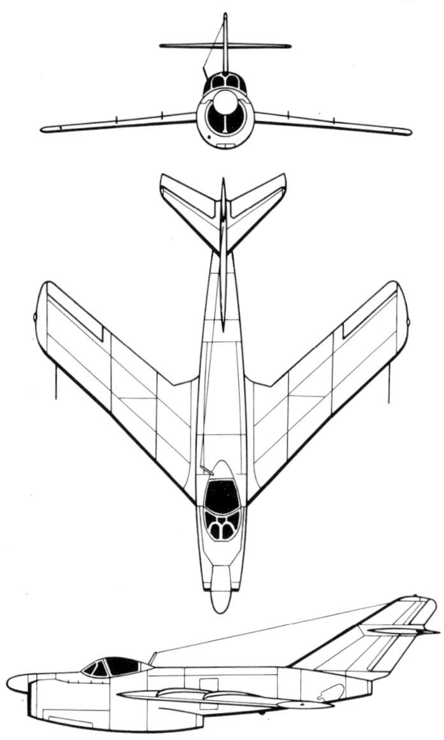

Rumpf: Ganzmetall-Halbschalenbauweise; kreisförmiger Lufteinlauf; aufgesetzte Kabine; stufenförmiger Rumpf infolge der versetzten Triebwerke; Bremsklappen im Heck.
Tragwerk: doppelt gepfeilte Flügel; Mitteldecker; je Flügel zwei Grenzschichtzäune und ein Staurohr.
Leitwerk: gepfeiltes Höhenleitwerk im oberen Drittel des hinten stark überhängenden Seitenleitwerks; Ganzmetallbauweise.
Fahrwerk: einfach bereift mit Bugrad.

Mikojan/Gurewitsch MiG-19 Jagdflugzeug

In den Jahren 1951 bis 1954 beschäftigte sich das Konstruktionsbüro Mikojan/Gurewitsch mit der Entwicklung des Überschall-Jagdflugzeugs MiG-19 (Werkbezeichnung: SM). Das Muster entstand als Weiterentwicklung der MiG-17, erhielt aber zwei Triebwerke, eine stärkere Tragflügelpfeilung und ein voll schwenkbares Höhenruder.
Am 16. Mai 1951 begann die Flugerprobung der mit einem Strahltriebwerk TR-3 A ausgestatteten I-350 (M). Es folgten am 27. Mai 1952 die I-360 (SM-2) mit zwei Triebwerken AM-5 und im Jahr darauf die I-370 (I) mit dem Nachbrennertriebwerk WK-5 F. Die I-360 (SM-2) erwies sich als die gelungenste Version. Schließlich bildete die SM-9 (Erstflug am 5. Januar 1954 durch Sedow) den Prototyp für die ab 1954 ausgelieferten MiG-19.
25 Luftwaffen der Welt flogen die MiG-19. Der Gesamtausstoß wird auf 2500 MiG-19 geschätzt. Die

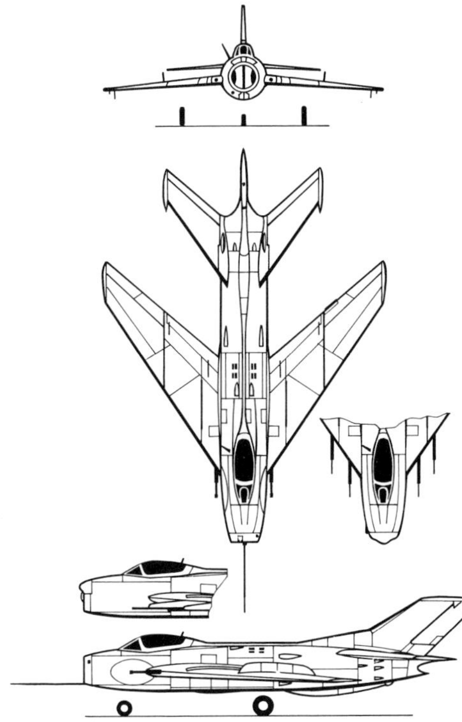

NVA hatte von 1959 bis 1967 je 12 MiG-19 S/MiG-19 PM. Eine MiG-19 PM ist Exponat des Luftwaffenmuseums Berlin-Gatow, eine weitere ist technisches Denkmal im JG 73 (bis 1994 Preschen, danach Laage). Das Foto zeigt den Prototyp I-360 SM-7/2 M (MiG-19 PM) in Monino.

MiG-19: Überschall-Abfangjagdflugzeug für Tageinsatz.
MiG-19 PF: Allwetter-Jagdflugzeug mit Radarausrüstung und Raketenbewaffnung.
MiG-19 PM: Allwetter-Jagdflugzeug mit Radarausrüstung im Bug (unvollständige Risse).
MiG-19 S: Jagdflugzeug mit Nachbrenner und drei Kanonen (in der ČSSR als Š-105 in Lizenz gebaut); Staurohr im Hangar hochklappbar.
Von der MiG-19 gibt es zahlreiche Versuchsmuster, so die MiG-19 SM-30 für den Start vom fahrbaren Katapult aus (fünf Maschinen wurden gebaut), SM-12 PM (eine der MiG-21 ähnliche Maschine mit großem Funkmeßvisier), SM-12 PMU (zwei Strahltriebwerke RSM-26 sowie ein Raketenbeschleuniger U-19 unter dem Rumpf) und die SM-50 (1959 gebaut, zwei Strahltriebwerke RD-9 BM und ein Raketenbeschleuniger U-19, mit 1 800 km/h schnellste MiG-19-Version). Die MiG-19 (Lizenzbau in China als F-6, mehrmals modifiziert: MiG-19 SF als F-6, MiG-19 PF als F-6 S, MiG-19 UTI als FT-6) gilt als Übergangsmuster zur MiG-21.

Rumpf: Ganzmetall-Schalenbauweise mit kreisförmigem Querschnitt; Luftbremsen unter dem Rumpf; geteilter Lufteinlauf im Bug; Bremsschirm.
Tragwerk: freitragender, stark gepfeilter Mitteldecker mit einem Grenzschichtzaun auf jedem Tragflügel; Fowler-Auftriebsklappen.
Leitwerk: freitragende Normalbauweise, stark gepfeilt; Stabilisierungsflosse unter dem Heck.
Fahrwerk: einziehbar mit Bugrad.

Mikojan/Gurewitsch MiG-21 Jagdflugzeug

Der einsitzige Deltajäger MiG-21 wurde im Jahr 1956 der Öffentlichkeit in mehreren Prototypen (darunter befand sich auch eine Pfeilflügelversion) vorgestellt. Er ist eines der leistungsfähigsten Mehrzweckjäger der Welt. Alle Luftwaffen des Warschauer Paktes und die zahlreicher anderer Länder (insgesamt 45) stellten die in vier Generationen und über 20 Unterversionen produzierten rund 7500 (nach anderen Schätzungen über 10000) MiG-21 in den Dienst. Die Tschechoslowakei fertigte 100 MiG-21 F, Indien baute MiG-21 FL (196), MiG-21 M (150) und MiG-21 bis (200) in Lizenz. Zu den Modernisierungsprogrammen zählt die zur Ila 94 in Berlin vorgestellte MiG-21-93 mit zahlreichen neuen Elementen (Radar, Bewaffnung, Avionik). In China wird die dort produzierte MiG-21 als F-7 bzw. J-7 bezeichnet. Sie ist auch an Ägypten geliefert worden. Die Rekordflugzeuge E-66 A, E-33 und E-76 sind Versionen der MiG-21. Diese Flugzeuge stellten Geschwindigkeits- und Höhenrekorde auf, wobei sie 2388 km/h und 34 714 m erreichten.
Bei Flugvorführungen in Moskau-Tuschino im Jahr 1961 zeigte dieser Überschalljäger Starts auf Graspisten. Das Flugzeug war dabei mit zwei abwerfbaren Startraketen ausgerüstet und kam mit einer Startrollstrecke von 200 m aus.
Die MiG-21 wurde mehrmals modifiziert, erhielt ein Funkmeßgerät und statt einer zwei Waffenaufhängungen unter jedem Tragflügel. Es gibt auch mehrere zweisitzige Schulflugzeugversionen. Auf der Luftparade in Moskau-Domodedowo im Juli 1967 wurde die STOL-Version der MiG-21 erstmals gezeigt. In den Rumpf der MiG-21 hatte man ein etwa 1,20 m langes Zwischenstück eingefügt, in das zwei Hubtriebwerke senkrecht eingebaut waren. Das MiG-21-Versuchsmuster A-144 war mit verkleinerten Tu-144-Flügeln ausgerüstet worden. Es steht heute im Luftfahrtmuseum Monino.
MiG-21 exNVA sind in mehreren deutschen Sammlungen zu sehen (z. B. Militärhistorisches Museum Dresden, Luftwaffenmuseum Gatow, Expositionen an den Flugplätzen Cottbus, Dessau, Finow).

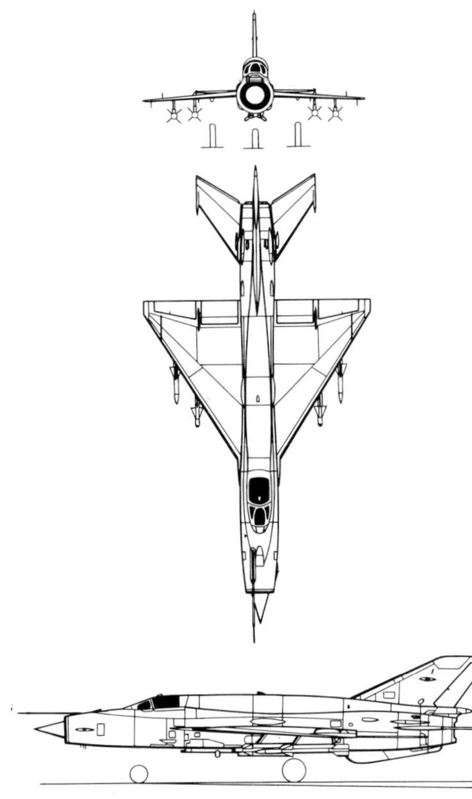

Versionen:
MiG-21 F: erste Serienversion mit zwei 30-mm-Kanonen; F-13 mit einer Kanone und zwei Trägern für Raketen.
MiG-21 PF: Abfangjagdflugzeug mit Funkmeßvisier und aerodynamischen Verbesserungen; 1961 erstmals gezeigt (Foto).
MiG-21 PFM: Abfangjagdflugzeug mit größerem Seitenleitwerk.
Die MiG-21 PF, PFS und PFM zählen zur 2. Generation.
MiG-21 M/MF: Abfangjagdflugzeuge mit doppelrohriger 23-mm-Kanone und vier Trägern für Raketen (3. Generation, Skizze).
MiG-21 bis: in modernen Ausführungen mit Triebwerk R-25 (4. Generation).
MiG-21 R: Aufklärer.
MiG-21 U, US, UM: Doppelsitzer-Schulversionen.
Alle neueren MiG-21-Versionen haben im Rumpf eine zweirohrige 23-mm-Kanone. An den vier Aufhängepunkten können sechs Luft-Luft-Raketen

oder Behälter mit je 16 oder 32 ungelenkten 57-mm-Raketen oder Bomben oder Kombinationen von Kraftstoffzusatzbehältern, Waffenzuladungen bzw. Aufklärungsbehältern mitgeführt werden.

Rumpf: Ganzmetall-Schalenbauweise; Druckkabine mit Schleudersitz; Luftbremse unter dem Rumpf; Bremsschirm im Heck; MiG-21 STOL: Einlauföffnung für Hubtriebwerke mit ausschwenkbarer Klappe hinter dem Cockpit auf dem Rumpf; in der Unterseite jalousieartige Öffnung für die Hubtriebwerke.

Tragwerk: freitragender Delta-Mitteldecker; kleiner Grenzschichtzaun kurz vor jeder Flügelspitze.
Leitwerk: freitragende Normalbauweise; stark gepfeilt; Stabilisierungsflosse unter dem Rumpfheck.
Fahrwerk: einziehbar mit Bugrad.

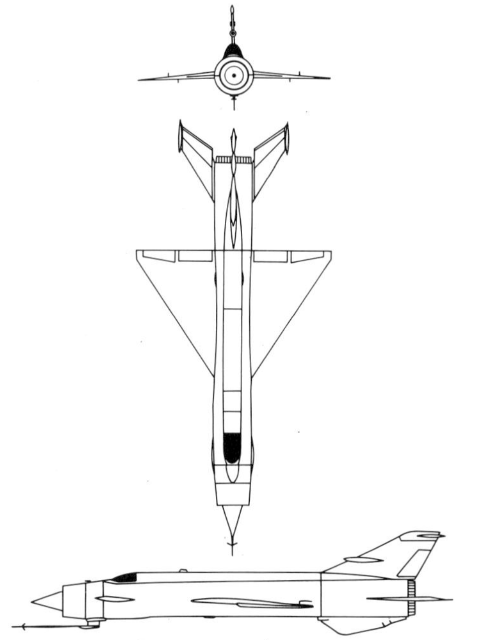

Mikojan/Gurewitsch E-166 Rekordflugzeug

Das Konstruktionsbüro Mikojan entwickelte im Jahr 1959 aus den Höhenabfangjagdflugzeugen E-150 und E-151 das Rekordflugzeug E-166. Dabei konnte man sich auch auf die Erfahrungen mit der E-66 (MiG-21) stützen. Die E-166 ähnelte der MiG-21 im prinzipiellen Aufbau, war aber bedeutend größer.
Feodotow stellte am 7. Oktober 1961 einen internationalen Geschwindigkeitsrekord über eine geschlossene Strecke von 100 km mit 2401 km/h auf. Am 7. Juli 1962 erreichte Mossolow über eine 15/25-km-Meßstrecke eine Durchschnittsgeschwindigkeit von 1681 km/h. Am 11. September 1962 schließlich stellte Ostapenko mit 22670 m einen Höhenrekord auf.
Heute befindet sich die E-166 im Museum der sowjetischen Luftstreitkräfte in Monino (Foto).

Rumpf: Ganzmetall-Schalenbauweise; kreisförmiger Lufteinlauf im Bug.
Tragwerk: Mitteldecker in Ganzmetallbauweise mit Deltaflügel geringer Dicke; Grenzschichtzäune in der Mitte unter jedem Flügel; kleine Grenzschichtzäune an der Oberseite weit außen.
Leitwerk: freitragende Normalbauweise; Höhenleitwerk als Pendelleitwerk: Stabilisierungsflosse unter dem Rumpfheck.
Fahrwerk: einziehbar mit Bugrad; an jeder Strebe ein Rad.

Mikojan/Gurewitsch MiG-23 / MiG-27 Jagdflugzeug / Jagdbomber

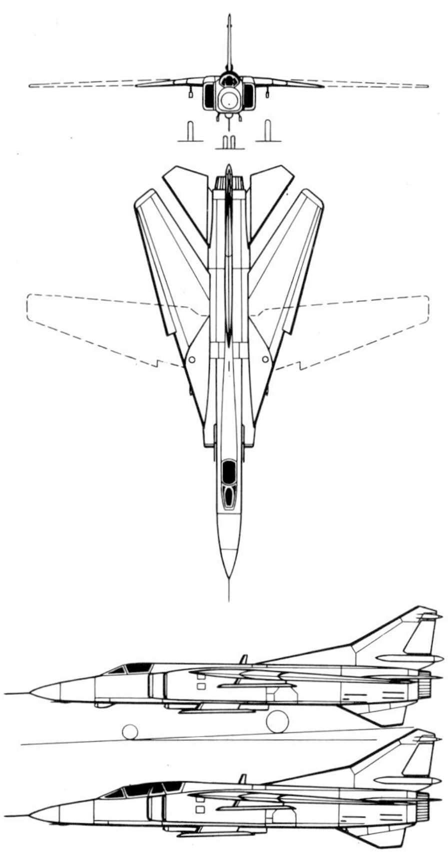

Der einsitzige, einstrahlige Schwenkflügler MiG-23 wurde der Öffentlichkeit bei der Luftparade im Juli 1967 in Moskau-Domodedowo in zwei Prototypen (heute im Luftfahrtmuseum Monino zu sehen) gezeigt. Der Prototyp mit der Bordnummer 23 (in der Literatur auch als MiG-23 DPD bezeichnet) hatte deltaförmige Tragflügel und im Rumpf zusätzliche Hubtriebwerke, der Prototyp mit der Bordnummer 231 war ein Schwenkflügler (Schwenkvorgang bis über 70° nur 6 s).
Es gibt einsitzige Allwetter-Jagdflugzeuge, z. B. mit großem Funkmeßvisier im Bug (Foto, Skizze: MiG-23 MF), zweisitzige Schul- und Übungsflugzeuge MiG-23 UB (untere Seitenansicht) sowie Jagdbomber mit herabgezogenem Rumpfbug. Von dieser als MiG-23 BN bezeichneten Ausführung gibt es eine Ableitung, die MiG-27 genannt wird. Sie hat ein anderes Triebwerk, eine mehrrohrige Kanone im Bug (MiG-23 und BN: zweirohrige 23-mm-Kanone, auch im Unterflügelbehälter mitführbar) sowie Stationen für Außenlasten unter den Lufteinläufen (MiG-23 BN unter dem Rumpf).
Mit den Ländern des Warschauer Paktes übernahmen 25 Luftwaffen den Schwenkflügel-Typ. Indien produzierte bis 1990 165 MiG-27 M in Lizenz. Die UdSSR-Gesamtproduktion wird auf über 3000 MiG-23/27 geschätzt.
MiG-23 exNVA sind in mehreren deutschen Sammlungen ausgestellt, so im Deutschen Museum München Außenstelle Schleißheim sowie im Luftwaffenmuseum Berlin-Gatow. Die USA bezogen von der Bundesrepublik etwa 10 MiG-23 ML/BN aus dem NVA-Bestand.

Rumpf: Ganzmetall-Schalenbauweise mit Druckkabine; Radarnase; rechteckige Lufteinlauföffnungen mit vorgezogener Grenzschicht- und Stoßwellenschneide an jeder Rumpfseite vor der Flügelwurzel; Luftbremse auf jeder Seite des hinteren Rumpfes unter dem Leitwerk.
Tragwerk: freitragender Schulterdecker in Ganzmetallbauweise; Schwenkgelenke direkt am Rumpf; dadurch beim Ausspreizen doppelte Spannweite; Waffenaufhängungen im starren Teil.
Leitwerk: freitragende Normalbauweise in Ganzmetall; Kielflosse unter dem Rumpfheck; Höhen- und Seitenleitwerk deltaförmig und schräg abgeschnitten.
Fahrwerk: einziehbar; Bugrad doppelt bereift; Hauptträder in Lufteinläufen unterbringbar.

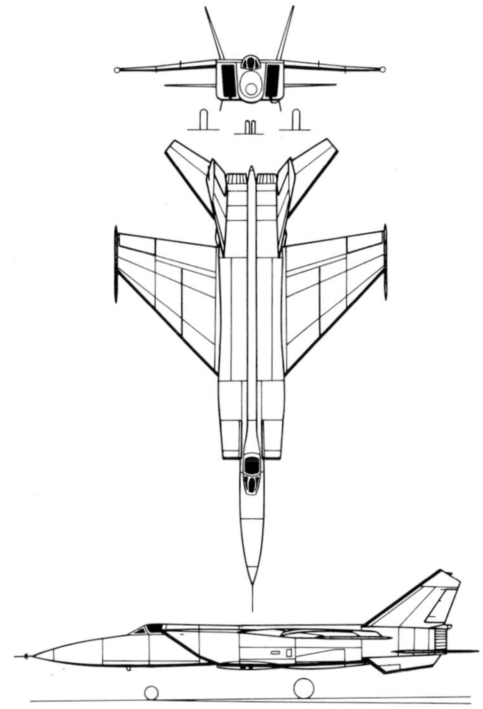

Mikojan/Gurjewitsch MiG-25 UdSSR Mehrzweckjäger

Die MiG-25 (Rekordmaschine E-266) wurde der Öffentlichkeit vorgestellt in vier Exemplaren bei der Luftparade 1967 in Moskau-Domodedowo. Bereits im April 1965 hatte Feodotow einen Rekord erzielt: Mit 2000 kg Nutzmasse erreichte er auf einer geschlossenen Strecke von 1000 km in einer Höhe von 21000 bis 22000 m 2300 km/h. Am 5. Oktober 1967 stellte Feodotow einen neuen Rekord auf. Mit 2000 kg Nutzmasse kam er auf 30010 m. Einen weiteren Rekord stellte am gleichen Tag Komarow mit einer Durchschnittsgeschwindigkeit von 2981,5 km/h über eine geschlossene Strecke von 500 km auf. Ostapenko erreichte am 27. Oktober 1967 mit 2000 kg Nutzmasse auf einer geschlossenen Strecke von 1000 km 2920,67 km/h.
Bis Mitte 1975 stellten E-266-Flugzeuge 18 Weltrekorde auf, darunter die dynamische Gipfelhöhe von 36240 m und 35200 m mit 1000 kg Nutzmasse. Mit der Version E-266 M wurden am 16. Mai 1975 drei Weltrekorde aufgestellt: Ostapenko stieg in 189,7 s auf 30000 m, Feodotow in 154,2 s auf 25000 m und in 251,3 s auf 35000 m.
Entwicklungsbeginn 1959 als Abfänger von Cruise Missiles und Aufklärern A-11/SR-71.
3 Prototypen E-155 (Erstflug E-155 R-1: 6. 3. 1964, E-155 P-1: 9. 9. 1964). Gesamt 1969/1985 etwa 600: Abfangjäger MiG-25 P (eine 1976 in Japan gelandet); Modifikationen MiG-25 PD (stärkere Triebwerke, verbesserte Avionik sowie Raketenbewaffnung) und MiG-25 PDS (längerer Rumpf, in der Luft betankbar) Trainer MiG-25 PU. Höhenaufklärer MiG-25 R/RB (keine Kanonen/Raketen, aber 6 × 500-kg-Bomben als Außenlast); mehrere Modifikationen, so MiG-25 RBV und RBT (elektronische Missionen), MiG-25 RBK (veränderte Avionik, keine Kameras, verringerte Bombenlast), MiG-25 RBS, -25 RBSh/-25 RBF als verbesserte Ausführungen 1975 bis 1981. Trainer MiG-25 RU.
MiG-25 BM als Ableitung der MiG-25 RB (neueste Elektronik, 4 Antiradar-Raketen Ch-58/AS-11 KILTER; 1982–1985 produziert). 4 MiG-25 R flogen 1971/72 in Ägypten. Lieferungen an: Algerien (MiG-25 P/RB), Indien (MiG-25 RB/PU), Irak (MiG-25 P), Libyen (MiG-25 P/RB/RBK/PDS), Syrien MiG-25 P/RB).

Rumpf: spitzer Rumpfbug mit Plastverkleidung; zwei Flossen unter dem Heck zur Erhöhung der Seitenstabilität, seitliche Lufteinläufe in rechteckiger Form mit oben weit nach vorn gezogenen Stoßwellenschneiden; zwei Bremsschirme im Heck.
Tragwerk: freitragender Schulterdecker, gepfeilt; geringe Streckung; sehr dünne Tragflügel.
Leitwerk: freitragendes Leitwerk; zwei Seitenleitwerke und Stabilisierungsflosse unter dem Rumpf; stark gepfeiltes Höhenleitwerk.
Fahrwerk: einziehbar mit Bugrad; doppelt bereift.

Mikojan/Gurewitsch MiG-29 Jagdflugzeug

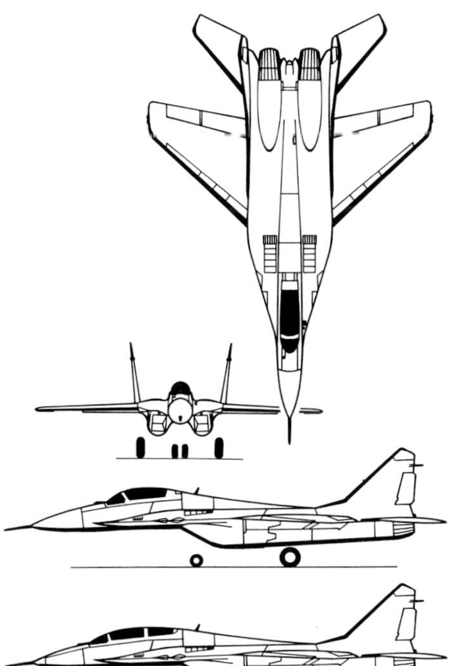

Der Öffentlichkeit wurde die MiG-29 bekannt, als sechs Maschinen in der Zeit vom 1. bis 4. Juli 1986 vom Flugplatz Kubinka aus finnische Jagdflieger in Rissala besuchten. Es folgten Vorführungen 1988 in Farnborough sowie 1989 in Paris, Vancouver und Moskau.
Die Arbeiten an diesem Jagdflugzeug einer neuen Generation begannen Mitte der siebziger Jahre. Der Prototyp wurde ab 1977 erprobt. Die Serienproduktion der MiG-29 begann 1982.
Neben dem in mehreren Baureihen hergestellten Einsitzer (Kraftstoffvorrat und Ausrüstung unterschiedlich; in der Exportausführung auch als MiG-29 E bezeichnet) sowie dem Doppelsitzer MiG-29 UB gibt es mehrere Test-Maschinen, so die MiG-29 K für Deckslandungen (3 gebaut), die zur Ila 94 in Berlin gezeigte Weiterentwicklung MiG-29 S/SE als gegenwärtiges Angebot sowie die in der Erprobung befindliche MiG-29 M (5 Flugzeuge, Serienbau nach Auftragslage). Neben den eigenen Luft/Seestreitkräften (über 600) bezogen Bulgarien, DDR (20 Einsitzer, 4 Doppelsitzer; bei der Luftwaffe im JG-73 Laage im Dienst), Indien, Iran, Irak, Ex-Jugoslawien, Kuba, Malaysia, Nordkorea, Polen, Rumänien, Ex-Tschechoslowakei und Syrien die MiG-29.
Die MiG-29 kann von Feldflugplätzen aus operieren. Der automatisierte Landeanflug bis auf 40 m Höhe ist möglich. Für die Bordbewaffnung (30-mm-Kanone, 6 Luft-Luft-Raketen, Raketen, Bomben) sind verfügbar: Impuls-Dopplerfunkmeßgerät mit 100 km Reichweite zum gleichzeitigen Beobachten mehrerer Luftziele, darunter in geringen Höhen fliegender; Infrarotsuchanlagen zur Zielortung und -verfolgung bei Nacht mit Helmsichtgerät; Laserentfernungsmesser. Damit ist die MiG-29 in der Lage, Luftziele in allen Höhen- und Geschwindigkeitsbereichen am Tage, in der Nacht, innerhalb und außerhalb der Wolken abzufangen. Die Maschine gilt als sehr manövrierfähig, sie läßt sich relativ einfach führen und „verzeiht" selbst gröbere Steuerfehler.

Rumpf: kein eigentlicher Rumpf, sondern integriertes Schema mit dem Tragwerk; rechteckige Lufteinläufe unter dem Rumpf, die sich beim Aufsetzen automatisch schließen, um das Eindringen von Fremdkörpern zu verhindern; dabei Übergang zur Luftversorgung über Ansaugklappen an den Oberseiten; Bremsschirmbehälter zwischen Triebwerksöffnungen.
Tragwerk: Mitteldecker; pfeilförmiger Trapezflügel mittlerer Streckung; zusammengesetzt mit Deltaflügel kleiner Streckung (Hybridflügel); Flügelwurzeln weit nach vorn gezogen.
Leitwerk: stark gepfeilte Doppelhöhenflosse; ganz an das Rumpfende verlegt; stark gepfeiltes Doppelseitenleitwerk.
Fahrwerk: sehr robustes Bugradfahrwerk mit großen Rädern; Bugradbein doppelt bereift.

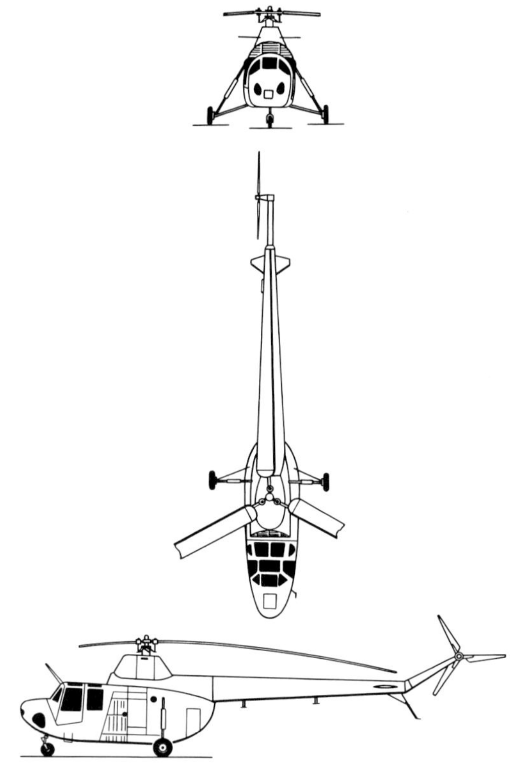

Mil Mi-1 „Moskwitsch" Hubschrauber

Die Mi-1 „Moskwitsch" war eine verbesserte Version der in großen Stückzahlen für Passagier- und Postbeförderung, Sanitätsdienst und Landwirtschaft gebauten Mi-1, deren Prototyp im September 1948 zum Erstflug startete. Insgesamt drei Prototypen durchliefen ohne größere Probleme die Flugerprobung. Die „Moskwitsch" wurde 1960 der Öffentlichkeit vorgestellt. Im Unterschied zur Mi-1, deren Rotorblätter in Gemischtbauweise hergestellt waren, sind die der Mi-1 „Moskwitsch" aus Ganzmetall.
Außer der Landausführung mit starrem Bugradfahrwerk gab es eine Amphibienausführung mit längeren Fahrwerkstreben und außer den Rädern aufblasbaren Gummischläuchen (Mi-1 P, auch auf Walfängern verwendet).

In Polen wurde die Mi-1 von 1957 bis 1965 in Lizenz als SM-1 gebaut. Daraus leitete die polnische Luftfahrtindustrie 1959 den Hubschrauber SM-2 mit verändertem Rumpf ab.
Über viele Jahre befand sich der Hubschrauber Mi-1 bei den Luftstreitkräften der sozialistischen Länder im Bestand. Er wurde durch die Mi-2 ersetzt.
Die DOSAAF verwendete die Mi-1 bis Anfang der achtziger Jahre zur Ausbildung von Hubschrauberpiloten und -technikern.
In den fünfziger Jahren sind mit der Mi-1 15 Rekorde aufgestellt worden.
Insgesamt sind über 1000 Mi-1 hergestellt worden. Der Export ging in 12 Länder. Eine Mi-1 ist im Luftfahrtmuseum Monino zu sehen. Die Mi-1 exNVA des Luftwaffenmuseums Berlin-Gatow ist sehr sorgfältig von der Flugzeugwerft Kamenz restauriert worden. In der NVA flogen von 1958 bis 1972 22 Mi-1/SM-1.

Rumpf: Stahlrohrbauweise mit Metallbeplankung; Heckrotorträger in Halbschalenbauweise; Kabine schallisoliert, mit Heizung und Belüftung.
Tragwerk: Dreiblatt-Rotor in Ganzmetallbauweise mit Enteisung; Rotorbremse.
Leitwerk: Dreiblatt-Heckrotor mit Enteisung.
Fahrwerk: starr; steuerbares Bugrad; Hauptträder mit Bremsen.

Mil Mi-4 Hubschrauber

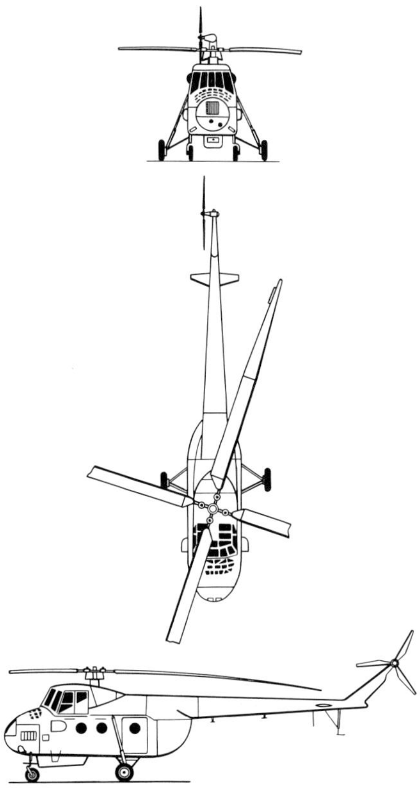

Der Hubschrauber Mi-4 flog erstmalig im Jahr 1952. Damals sind mehrere tausend Stück gebaut und z. T. exportiert worden. Als Frachthubschrauber beförderte die Mi-4 Automobile oder Nutzmassen bis 1650 kg. Im Sanitätshubschrauber fanden acht Kranke auf Tragen sowie Sanitätspersonal Platz. Die Mi-4 konnte auch als „fliegender Operationsraum" geliefert werden.
Mit der Mi-4 wurden verschiedene Rekorde aufgestellt. Am 25. April 1956 hob sie eine Nutzmasse von 2000 kg auf 6017 m. Im Jahr 1957 flog eine Mi-4 die 7000 km lange Strecke von Moskau zur Station Nordpol-6, wo sie ein Jahr lang im Einsatz war. Bei der Rückkehr nach Moskau mußte sie auf einer Entfernung von 740 km offenes Meer überqueren.

Versionen:
Mi-4: Grundmodell; Mi-4 A vorwiegend für militärischen Einsatz; mit Rumpfgondel und 12,7-mm-MG.
Mi-4 M: Marineversion mit Funkmeßgerät unter dem Bug, herablaßbarem U-Boot-Suchgerät am

Heck und weiteren maritimen Ausrüstungsteilen seitlich des Rumpfes und U-Boot-Bekämpfungsmitteln im Inneren.

Mi-4 P: für bis zu 16 Passagiere, Mi-4 S Salonausführung; beide mit großen, eckigen Fenstern. Landwirtschaftsversion mit Behälter für 1000 kg Chemikalien oder 1500 l Sprühmittel.

Mit Mi-4 wurden 8 Weltrekorde aufgestellt, und 1958 erhielt der Typ in Brüssel eine Goldmedaille. Der Ausstoß betrug etwa 3500 Mi-4 (1952–1969; davon 700 in 34 Länder exportiert und teilweise bis in 80er Jahre eingesetzt), in China Lizenzbau: etwa 1000 Z-5 700 Mi-4 (1959–1961).

Die NVA flog den Typ von 1956 bis 1978 (43 Mi-4 A, 1 Mi-4 S, 4 Mi-4 MÄ). Je eine Mi-4 A gehört zu den Sammlungen des Militärhistorischen Museums Dresden sowie des Luftwaffenmuseums Berlin-Gatow.

Die Mi-4 ist in den Armeen der sozialistischen Staatengemeinschaft und anderer Länder sowie im zivilen Dienst vieler Staaten bis in die achtziger Jahre geflogen worden.

Rumpf: Ganzmetall-Halbschalenbauweise; in der Frachtversion zweiteilige Heckluke.
Tragwerk: Vierblatt-Rotor mit Enteisung; Blätter mit Stahlholm und mit Sperrholz beplankt.
Leitwerk: Dreiblatt-Ausgleichsrotor.
Fahrwerk: starr; vier Räder; Ausrüstung mit Schlauch möglich; dabei ragen die Räder aus der Schlauchausrüstung heraus.

Mil Mi-6/Mi-22
Hubschrauber

Die Mi-6 war der erste zweimotorige Turbinenhubschrauber der Welt und ebenfalls der erste Hubschrauber, der schneller als 300 km/h flog. Die Turbinenleistung bleibt bis zu einer Höhe von 3000 m unverändert. Bei Ausfall eines Triebwerks kann die Mi-6 den Flug mit voller Zuladung fortsetzen. Zur Versorgung mit Elektrizität und zum Anlassen der Triebwerke hat die Mi-6 eine kleine Hilfsturbine, so daß sie von Bodeneinrichtungen unabhängig ist.

Wenn der Hubschrauber nicht für Schwebeflugeinsätze benötigt wird, sondern für Transportzwecke, wird er mit einem Tragflügelstummel ausgerüstet, was wesentlich zur Entlastung des Rotors beiträgt.

Projektbeginn Juni 1948, Erstflug Prototyp 5. Juni 1957 (4 weitere folgten), 30 Vorserien- und etwa 800 Serienhubschrauber ab 1958, davon noch etwa 400 im Einsatz. Export an Algerien, Indien, Irak, Peru, Polen, USA, Vietnam. Bis Abzug der GUS-Truppen in Deutschland (August 1994) 1 Regiment mit Mi-6 in Oranienburg. Die Mi-6 war die Basis für die Kranhubschrauber Mi-10/10 K. Antrieb und Tragschraube wurden in Doppelform für den Typ W-12 übernommen.

Mi-22 heißt eine neuere Ausführung als fliegende Kommandozentrale mit zahlreichen Antennen.

Die Frachtkabine ist 12 m × 2,65 m × 2,50 m groß. Für das Training am Boden gibt es einen Flugsimulator. In der Militärversion hat die Mi-6 ein bewegliches 12,7-mm-MG im Bug.

Für die Leistungsfähigkeit der Mi-6 sprechen 17 Weltrekorde. Am 13. September 1962 brachte sie eine Nutzmasse von 20000 kg auf 2738 m. Am 15. September des gleichen Jahres erreichte sie mit einer Nutzmasse von 2000 kg über 500 km Strecke eine Geschwindigkeit von 315,657 km/h.

In China wird der Hubschrauber als H-6 produziert.

Seit etwa 1985 tritt in der UdSSR die Mi-26 an die Stelle der Mi-6.

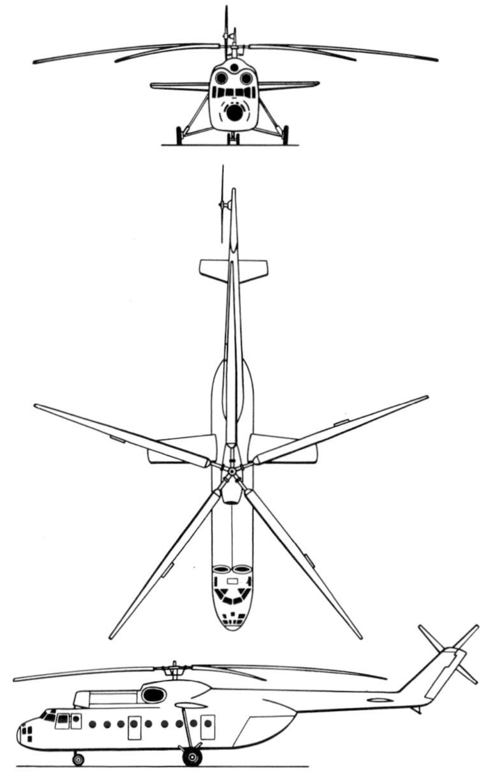

Rumpf: Ganzmetallbauweise; verstärkter Kabinenboden; große Heckladepforte nach beiden Seiten aufklappbar; eingebaute Fahrzeugrampen.
Tragwerk: Fünfblatt-Rotor in Ganzmetallbauweise mit elektrothermischer Enteisung; Flügelstummel zur Entlastung des Rotors bei Schnellflug anbringbar.
Leitwerk: Vierblatt-Ausgleichsrotor mit Enteisungseinrichtung.
Fahrwerk: starr; Bugstrebe mit Zwillingsrädern; steuerbares Bugrad.

Mil Mi-8 / Mi-17
Transport- und Kampfhubschrauber

Die Mi-8 ist so groß wie die Mi-4, übertrifft diese aber hinsichtlich Zuladung und Raum für Passagiere und Fracht um mehr als das Doppelte. Die Hauptbauteile, wie z. B. die Rotorblätter, wurden von der Mi-4 unverändert übernommen.

In der Frachtversion befördert sie bis zu 4000 kg Nutzmasse. In der geräumigen Kabine lassen sich auch sperrige Frachtstücke unterbringen. Außen können bis 2500 kg befördert werden. Die Sanitätsversion mit 12 Tragen und einem Sitz für einen Sanitäter kann durch Umbau der Passagier- oder Frachtversion schnell hergerichtet werden. In der militärischen Transportversion Mi-8 T (Foto rechts, Skizze) trägt der Hubschrauber an jeder Seite zwei Kassetten für je 16 ungelenkte Raketen.

Die Version als Kampfhubschrauber Mi-8 TB hat im Bug ein bewegliches 12,7-mm-MG und seitlich des Rumpfes je drei Kassetten mit je 32 Luft-Bo-

den-Raketen sowie Startvorrichtungen für Panzerabwehrraketen.
Die Entwicklung der Mi-8 begann 1960. Im Jahr darauf war der Erstflug. Der erste Prototyp der Mi-8 (W-8) war nur mit einer Turbine ausgerüstet gewesen.
Im Jahr 1964 stellte die Mi-8 über eine geschlossene Strecke von 2000 km einen Geschwindigkeitsrekord von 201,834 km/h auf; zugleich flog sie in geschlossener Strecke einen Streckenrekord mit 2464 km.
Bis 1992 wurden über 8000 Mi-8 in zahlreichen Versionen gebaut – darunter Mi-8 S für 8 bis 24 Passagiere, Mi-8 PP für Kommunikation und elektronischen Kampf, Mi-8 TG mit Gasantrieb, Mi-9 als fliegender Gefechtsstand. Etwa 1500 Mi-8 sind bis 1985 an 40 Länder exportiert worden. 1975 kam die Mi-8 MT mit stärkerem Antrieb sowie mehreren Verbesserungen heraus, die als Exportmodell Mi-17 heißt (militärische und zivile Ausführungen, an über 10 Länder geliefert). Zum Produktionsprogramm des Werkes Kasan gehören Mi-17 und Mi-171 (mit Radargerät unter dem Bug), während das Werk Ulan Ude Mi-8-Ausführungen herstellt. Der Ausstoß wird auf 2000 Mi-17 geschätzt. Mehrere deutsche Museen zeigen Mi-8 aus dem NVA-Bestand (vorhanden waren am 3. 10. 1990 117 Mi-8 T, Mi-8 S, Mi-8 TB, Mi-9; sie wurden von der Bundeswehr bis auf 6 Mi-8 S der Flugbereitschaft zum Ende 1994 außer Dienst gestellt).

Rumpf: Ganzmetall-Halbschalenbauweise; in der Frachtversion große Ladepforte und eingebaute Rampen.
Tragwerk: Fünfblatt-Rotor; thermische Enteisung.
Leitwerk: Dreiblatt-Ausgleichsrotor; thermische Enteisung.
Fahrwerk: starr; Bugstrebe mit Zwillingsrädern; ölpneumatische Dämpfung; Bremsen an den Haupträdern.

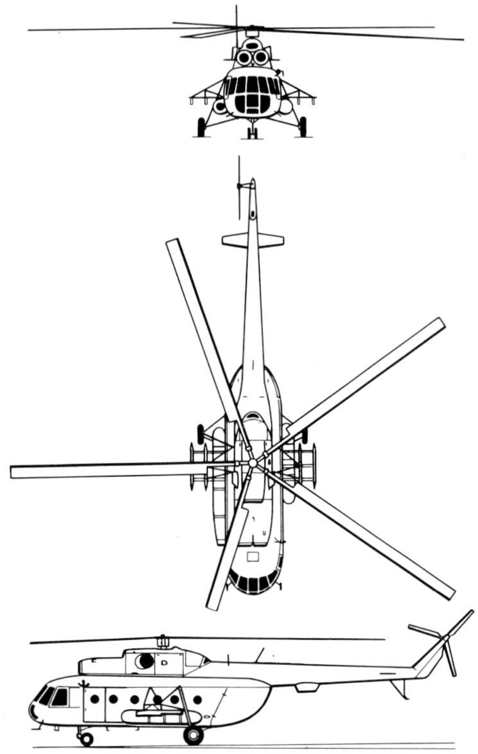

Mil Mi-10
Hubschrauber

Im Juni 1960 startete eine Weiterentwicklung der Mi-6 zum Erstflug. Der Öffentlichkeit wurde sie am 4. Juli 1961 erstmals vorgestellt. Dieser als Mi-10 bezeichnete Hubschrauber hat ein breites und hohes Portalfahrwerk (Skizze). Damit rollt der Hubschrauber über die zu transportierenden Lasten. Vom Cockpit aus bedienbare hydraulische Lastanschlüsse verbinden die Last mit dem Rumpf. Die Mi-10 stellte am 23. September 1961 einen Weltrekord auf, als sie 15103 kg auf 2200 m Höhe brachte.
Die Mi-10 K (Foto) ist vor allem für Baumontagen bestimmt. Da bei dieser Version auf das große und schwere Portalfahrwerk der Mi-10 verzichtet wurde, kann der Hubschrauber außen bis zu 11000 kg transportieren (Mi-10 bis zu 8000 kg). Für die genaue Steuerung bei Montagearbeiten hat die Mi-10 K eine zweite, verglaste Kabine unter dem Rumpf, die mit einem zweiten Piloten besetzt wird. Am 28. Mai 1965 hob dieser Hubschrauber eine Nutzmasse von 25105 kg auf 2840 m Höhe.

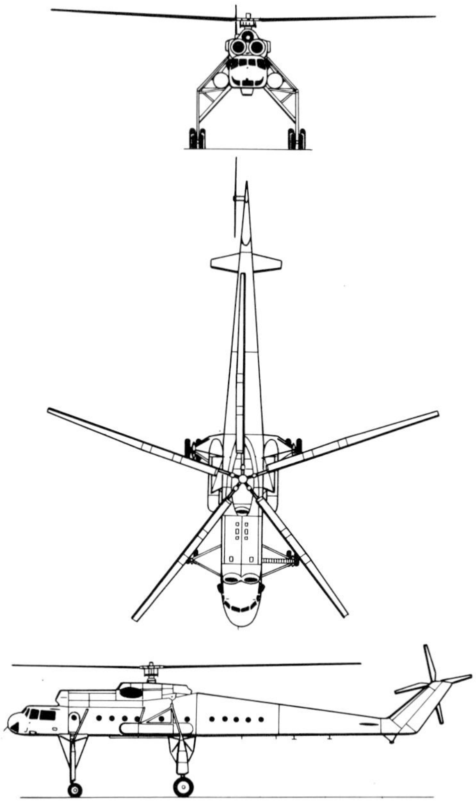

Mit der Mi-10 wurden acht Rekorde aufgestellt. Eine Maschine dieses Typs steht im Luftfahrtmuseum Monino.

Rumpf: Ganzmetall-Halbschalenbauweise; Kabine mit 28 faltbaren Sitzen; bei der Mi-10 K unter dem Rumpf vorn Pilotenkabine mit vollständiger Steuerung.
Tragwerk: Fünfblatt-Rotor in Ganzmetallbauweise mit elektrothermischer Enteisung.
Leitwerk: Vierblatt-Ausgleichsrotor mit Enteisungseinrichtung; Höhenflosse als Stabilisator.
Fahrwerk: Vierstreben-Portalfahrwerk (Mi-10) bzw. Vierstreben-Fahrwerk (Mi-10 K) mit Zwillingsrädern an allen Streben; ölpneumatische Dämpfung.

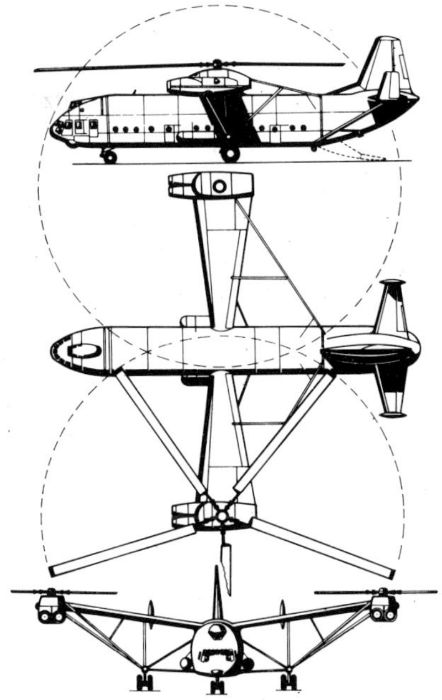

Mil W-12
Hubschrauber

Als größtes Rotorflugzeug der Welt erregte die W-12 auf dem Pariser Salon der Luft- und Raumfahrt 1971 großes Aufsehen. Bereits am 22. Februar 1969 hatte diese Maschine vier Weltrekorde aufgestellt, die die bisherigen Bestleistungen weit übertrafen. Eine Besatzung mit dem Testpiloten Koloschenko an der Spitze hatte mit 31 030 kg Nutzmasse eine Höhe von 2 950 m erreicht. Am 6. August des gleichen Jahres wurde mit 40 204,5 kg Zuladung eine Höhe von 2 250 m erreicht.

Chefkonstrukteur Remissow leitete die Entwicklung der W-12. Das bei den Hubschraubern Mi-6 und Mi-10 bewährte Antriebssystem konnte auch bei der W-12 angewendet werden.
Die W-12 war in der Lage, die gleichen Container wie die An-22 „Antäus" und die Il-76 aufzunehmen. Der Rumpf ist so geräumig, daß auch große sperrige Lasten befördert werden konnten.
Der Hubschrauber steht heute im Luftfahrtmuseum Monino.

Rumpf: Flugzeugrumpf in Ganzmetall-Schalenbauweise; Besatzung in zwei Kabinen übereinander (oben Navigator); hydraulisch nach den Seiten aufklappbare Hecktore und nach unten schwenkbare Laderampe; im Rumpf oben zwei Laufkrane, unten Förderrollen; unter dem Bug Wanne für Radargerät.
Tragwerk: zwei Fünfblatt-Rotoren, gegenläufig arbeitend, an Tragflügelauslegern.
Leitwerk: Normalbauweise in Ganzmetall mit Endscheiben am Höhenleitwerk.
Fahrwerk: starr mit Bugrad und Zwillingsrädern an allen Streben; Hauptfahrwerk an der Auslegerverstärkung angebracht.

Mil Mi-24
Kampfhubschrauber

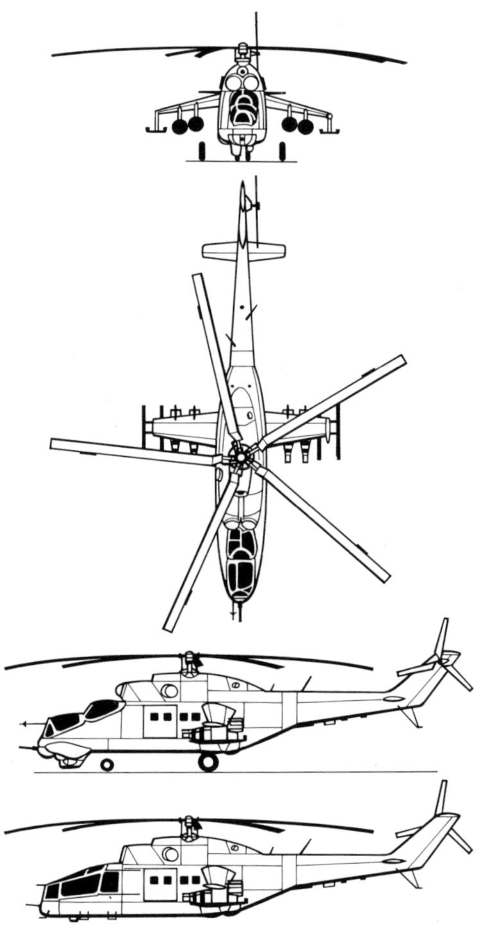

Ende der sechziger Jahre begann im Konstruktionsbüro Mil unter Leitung von Tischtschenko die Entwicklung eines Kampfhubschraubers, der unter der Bezeichnung A-10 im Jahr 1975 durch mehrere Rekordflüge auf sich aufmerksam machte. Die Erprobung fand in den Jahren 1970/71 statt.
Die erste Serienausführung der Mi-24 A (durchgehende Kabine, untere Seitenansicht) kam etwa 1974 in den Truppendienst. Die Verwandtschaft zur Mi-8 ist unschwer festzustellen. Zu den markantesten Unterschieden zählen: einziehbares Fahrwerk (erstmals im sowjetischen Hubschrauberbau); wesentlich schmalerer Rumpf; nach unten gezogene, stark verglaste Kabine; Stummelflügel mit je drei Aufhängepunkten für Kassetten mit ungelenkten 57-mm-Raketen, Bomben, Abwurfbehältern, Kanonencontainern sowie Panzerabwehrlenkraketen; eine bewegliche 12,7-mm-Waffe im Bug. Im Rumpf können acht Luftlandesoldaten befördert werden. Breite, geteilte Klapp-

türen ermöglichen das schnelle Besteigen und Verlassen.
Die Mi-24 D (ab 1976) weist stufenförmig angebrachte Kabinen für die beiden Besatzungsmitglieder auf. Außerdem verlegte man die Heckschraube auf die andere Seite und versah die Lufteinläufe mit einem Schutz. Installiert wurden im Bug eine vierläufige 12,7-mm-Waffe Jak B sowie moderne Ortungs- und Leiteinrichtungen.
Die Ausrüstung der Mi-24 steht in keiner Weise der moderner Jagd- und Bombenflugzeuge nach, so daß Bodenziele unter allen Bedingungen bekämpft werden können.
Als Mi-24 P (ab 1985) hat der Hubschrauber statt der vierläufigen Waffe an der rechten Seite eine doppelrohrige 30-mm-Kanone.
Ab 1972 sind etwa 2300/2500 Mi-24 aller Versionen an 25 Länder geliefert worden. Die NVA verfügte am 3. 10. 1990 über 39 Mi-24 D und 12 Mi-24 P. Sie wurden von den Heeresfliegern der Bundeswehr nicht übernommen. Je eine Mi-24 D/P erhielt die USAF.
Eine Exportausführung heißt Mi-25. Teilweise sind die Kampfhubschrauber mit zusätzlichen Schutzausrüstungen versehen.

Rumpf: Ganzmetall-Halbschalenbauweise; seitliche Ladeluken.
Tragwerk: Fünfblatt-Rotor; Enteisungseinrichtung.
Leitwerk: Drehblatt-Ausgleichsschraube rechts oder links; Enteisungseinrichtung.
Fahrwerk: einziehbar; Bugrad doppelt, Hauptstreben einfach bereift.

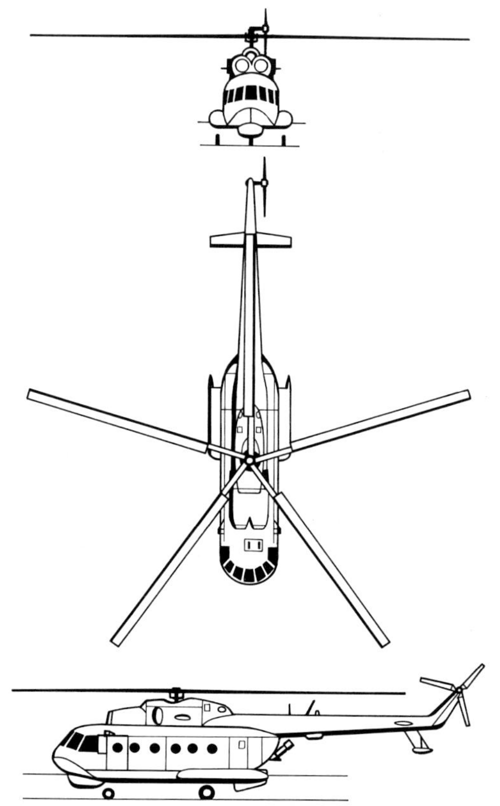

Mil Mi-14
Maritimer Hubschrauber

Seit Anfang der achtziger Jahre steht der Hubschrauber Mi-14 im Truppendienst der sowjetischen Seefliegerkräfte, um Aufgaben der Verbindung, der Suche und Bekämpfung von Unterwasserfahrzeugen (U-Jagd), der Seenotrettung sowie der Aufklärung zu erfüllen.
Erstmals steht mit der Mi-14 ein spezieller schwimmfähiger sowjetischer Hubschrauber zur Verfügung. Der untere Teil des Rumpfes samt Funkmeßwanne ist bootsmäßig. Die seitlichen Rumpfwülste tragen an den Enden unter den hochklappbaren Seitenblechen aufblasbare Schwimmer, wodurch die Lage im Wasser stabilisiert wird. Hinter dem Cockpit mit den beiden Hubschrauberpiloten und dem Bordtechniker liegt der Raum mit den Geräten und dem Sitz für den Steuermann, der für die eigentliche Suche bzw. Bekämpfung des U-Bootes verantwortlich ist. Den Abschluß des Rumpfes bildet der Raum für den Kraftstoffzusatzbehälter, für die hydroakustische Anlage sowie für die Winden dieser und des Magnetortungsgeräts (bei der Mi-14 PL).

Versionen:
Mi-14 BT: Minenräumausführung; Suchgerät wird vom Schiff übernommen (Foto unten).
Mi-14 PL: für die U-Jagd; mit einem absenkbaren Magnetortungsgerät im Heck, abwerfbaren hydroakustischen Funkbojen und Orientierungsbomben in der Suchversion (Seitenansicht) sowie Bomben in der Schlagversion.
Mi-14 PS: Such- und Rettungsausführung.
Gefertigt wurden etwa 230 Mi-14, und gekauft wurde der Typ von 10 Ländern. Zu den ersten Exportkunden des aus der Mi-8 abgeleiteten Amphibienhelikopters (Erstflug Prototyp W-14 September 1969) zählten die Marinen Polens (12 Mi-14 PL/PW, 5 Mi-14 PL) und der DDR (Stand 3. 10. 1990: 8 Mi-14 PL, 6 Mi-14 BT). Die von der Bundeswehr nicht übernommenen Maschinen sind von der Firma Erotec Rothenburg/Sachsen zu Feuerlöschhubschraubern umgebaut worden (vorgeführt zur Ila 94 in Berlin), der Rest ist in Museen ausgestellt.

Rumpf: Ganzmetall-Halbschalenbauweise; Schiebetür auf der linken Seite, darüber Winde zur Aufnahme geretteter Personen möglich; Funkmeßgerät unter Rumpfbug; seitliche Rumpfwülste.
Tragwerk: Fünfblatt-Rotor mit thermischer Enteisung.
Leitwerk: Dreiblatt-Ausgleichsrotor links, mit Enteisungseinrichtung; seitliche Stabilisierungsflächen am Ende des Heckträgers.
Fahrwerk: einziehbares Vierstreben-Fahrwerk; Stützschwimmer unter dem Heck.

Mil Mi-26
Transporthubschrauber

Die UdSSR stellte auf dem Luftfahrtsalon in Paris Le Bourget Anfang Juni 1981 erstmals den neuen schweren Hubschrauber Mi-26 vor. Im Gegensatz zu dem zweimotorigen Hubschrauber W-12 ist die Mi-26 nach dem klassischen Bauschema der Mil-Turbinenhubschrauber ausgelegt: über dem Kabinendach liegende Triebwerke, eine Tragschraube, stark verjüngter Heckträger mit Sporn, Höhenflosse als Stabilisator, rechts angebrachte Ausgleichsschraube.
Vor den Lufteinläufen trägt die Mi-26 die von der neueren Version des Kampfhubschraubers Mi-24 bekannte sowie ebenfalls bei der Mi-17 vorhandene Staubschutzvorrichtung. Das Navigationssystem der Mi-26 erlaubt auch Flüge bei komplizierten meteorologischen Bedingungen. Die achtblättrige Tragschraube verursacht nur geringe Vibration. Weitere Merkmale des Hubschraubers sind ein tragfähiger Kranausleger und eine Fernsehkamera im Frachtraumbereich sowie eine klimatisierte Hubschrauberführerkabine.
Die Mi-26 gilt als erster Schwerlasthubschrauber in der Welt, der große Entfernungen (etwa nach

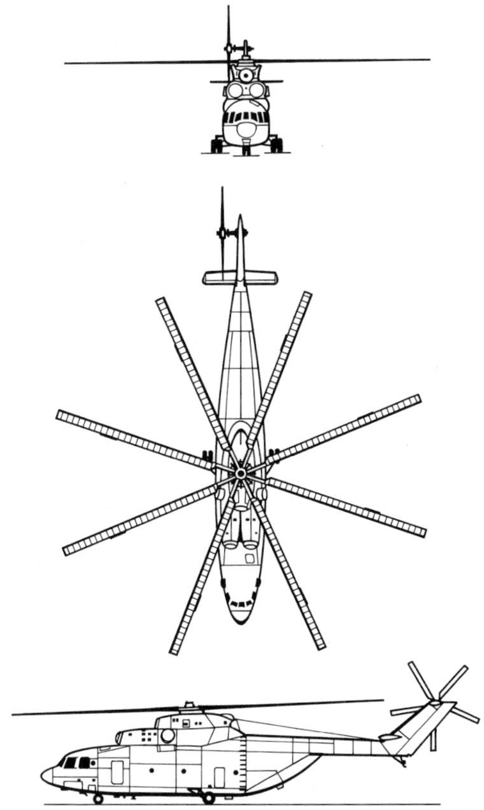

Sibirien oder dem Hohen Norden) zurücklegen kann, um dann größtmögliche Lasten (20 t über 800 km bei einer Marschgeschwindigkeit von 255 km/h) zu transportieren. Als einmalig gelten der kompakte Titanrotorkopf sowie die Kraftübertragung von 1 470 kW über nur ein Hauptgetriebe. Konstruiert wurde der als Ablösemuster für die Mi-6 vorgesehene Hubschrauber im Versuchskonstruktionsbüro Mil, das seit dessen Tod von Tischtschenko geleitet wird.
Seit 1983/84 befindet sich die Mi-26 im Dienst der sowjetischen Luftstreitkräfte. Im Laderaum finden zwei Luftlandepanzer oder Fallschirmjäger Platz.
Vom Basismodell Mi-26 sind mehrere Versionen abgeleitet (Frachter Mi-26 T, Mi-26 P mit 63 Sitzen, Mi-26 MS für medizinische Aufgaben, Mi-26 A mit verbessertem Navigationssystem) und Projekte (modernisierte Mi-26 M, Tanker Mi-26 TZ) entwikkelt worden. Von den 70 gebauten Mi-26 erhielt Indien 10.

Rumpf: Ganzmetallbauweise; zwei Türen links; Heckladetore mit Laderampe; Radargerät im Bug; Klappsitze an den Wänden.

Tragwerk: Achtblattrotor mit Enteisungsanlage.
Leitwerk: Fünfblatt-Ausgleichsrotor (Durchmesser 7,61 m) mit Enteisungseinrichtung; Höhenflosse als Stabilisator.
Fahrwerk: Dreistreben-Fahrwerk, jede Strebe doppelt bereift; Nothecksporn; Radstand 8,95 m.

Mil Mi-28
Kampfhubschrauber

Mitte der achtziger Jahre häuften sich in der Fachliteratur Informationen über einen neuen sowjetischen Kampfhubschrauber, der zum Pariser Salon der Luft- und Raumfahrt 1989 erstmals öffentlich vorgeführt worden ist. Dabei stellte sich heraus, daß er tatsächlich so wendig ist, wie die Fachleute vermutet hatten.
Im Gegensatz zur Mi-24 hat die Mi-28 keinen Laderaum im Rumpf. Unter dem Bug ist eine 30-mm-Kanone installiert, die sich horizontal um 110° und vertikal von −13 bis +45° schwenken läßt. Damit ist die Mi-28 in der Lage, ein Luftziel auf gleichem Kurs oder im Nahkampf zu bekämpfen. Die gelenkten Raketen – je Seite acht – dienen der Panzerabwehr, und mit den ungelenkten 80-mm-Raketen (in jedem Behälter 20) lassen sich Bodenziele bekämpfen. Alle wichtigen Steuer- und Regelsysteme – so die Hubschrauber- und die Triebwerkssteuerung – sind doppelt vorhanden. Die Kabine ist stark gepanzert. Da es sich in Notsituationen gezeigt hatte, daß man das Fahrwerk der Mi-24 nicht immer rechtzeitig ausfahren konnte, hat man bei der Mi-28 darauf verzichtet. Das Fahrwerk ist sehr robust, so daß auch notfalls relativ sicher gelandet werden kann. Die Sitze des Hubschrauberführers und des Operateurs lassen sich der jeweiligen Landesituation anpassen.
Der Bedien- und Wartungsaufwand ist nicht sehr anspruchsvoll. Gemischte elastische Materialien sowie Kohlenfaserstoffe setzten die Startmasse erheblich herab. Von der Mi-24 übernahm man die Anordnung der Sitze, jedoch hat der vorn sitzende Operateur nicht mehr die Aufgabe, den Hubschrauber in Notsituationen zu steuern. Er kann sich somit voll auf die Bewaffnung konzentrieren. Viele Prozesse der Hubschrauberführung sind automatisiert worden.
Erstflug: 10. November 1982. Serienbeginn: 1994. Projektiert sind: Nachtkampfausführung Mi-28 N, Version für die Unterstützung maritimer Landungen sowie Luft-Luft-Missionen.

Rumpf: abgestufte Besatzungskabine; dahinter seitlich die Triebwerke; schlanker Heckträger; Stummelflügel zur Aufnahme der Bewaffnung; Kinnturm mit schwenkbarer Kanone und Feuerleiteinrichtung am Bug.
Tragwerk: fünfblättrige Tragschraube.
Leitwerk: vierblättrige Heckschraube (3,84 m Durchmesser) rechts; links Ausgleichsfläche.
Fahrwerk: nicht einziehbares, an allen Rädern einfach bereiftes Heckradfahrwerk.

Mil Mi-34
Sporthubschrauber

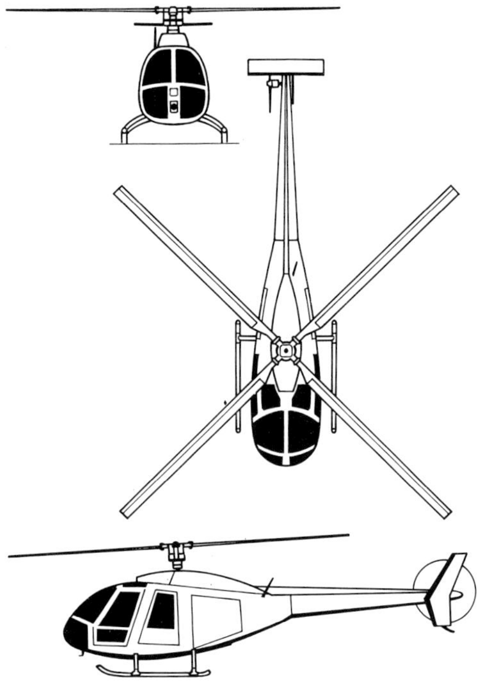

Auf dem Pariser Salon der Luft- und Raumfahrt 1987 stellte die UdSSR erstmals den kleinen Hubschrauber Mi-34 im Prototyp vor. Er ist für den Kunstflug, für Sport-, Schul- und Übungsaufgaben ebenso gedacht wie für Verbindungs- oder Kontrollflüge. Ausdrücklich wird die Mi-34 für Präzisionsflüge sowie für den Hubschrauber-Slalom bei Flugwettbewerben empfohlen. Hinter den Hubschrauberführern können zwei Passagiere oder Gepäck untergebracht werden. Der Kunstflug ist bis zu einer Abflugmasse von 1020 kg erlaubt.

Erstflug: 1986, 2. Prototyp 1987. Serienbeginn: 1993.

Rumpf: geschlossene, stark verglaste und je Seite mit zwei Türen versehene Kabine (größte Breite 1420 mm); hochgezogenes Heck; zum Ende stark verjüngter Heckträger; Triebwerk über der Kabine.
Tragwerk: Vierblatt-Tragschraube.
Leitwerk: Zweiblatt-Ausgleichsschraube rechts; T-förmige Ausgleichsflächen.
Fahrwerk: feste Gleitkufen (Basisbreite 2060 mm).

Mjassischtschew DWB-102
Bombenflugzeug

Im Jahr 1939 beschäftigte sich die Konstruktionsgruppe OKB-2 von Mjassischtschew mit der Entwicklung eines sehr hoch fliegenden Langstreckenbombers. Das Versuchsmuster sollte mehrere neue Elemente in Ausrüstung, Bewaffnung und Konstruktion enthalten. Der Bau eines Prototyps wurde 1940 begonnen, doch durch den Kriegsbeginn unterbrochen. Deshalb war der Langstrecken-Höhenbomber DWB-102 (Dalni Wyssotny Bombardirowschtschik) erst im Jahr 1942 fertig. Die Besonderheiten dieses Flugzeugs waren Druckkabinen und das einziehbare Bugradfahrwerk (beides erstmals im sowjetischen Bomberbau). In der Rumpfmitte befand sich ein 5,7 m langer Schacht für 3000 kg Bomben.

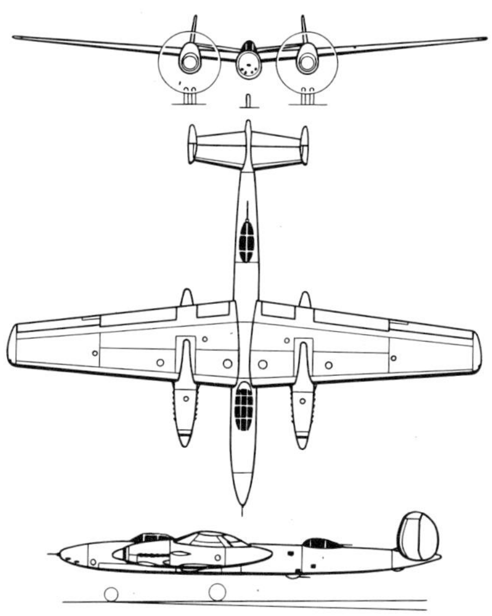

Der Prototyp besaß zwei 1325-kW-Triebwerke M-120 mit Turbokompressor TK-3, die aber bald gegen 1620-kW-Motoren ausgewechselt werden mußten.
Die DWB-102 wurde nur in kleiner Serie mit unterschiedlichen Triebwerken (so als DWB-102 DM mit MB-102 ohne hermetisierbare Kabine, mit M-20, mit ASch-73 und TK-3) gebaut.
Die Erprobung des Bombers DWB-102 zog sich im Moskauer Flugzeugwerk Nr. 482 bis 1946 hin und wurde dann eingestellt.

Rumpf: Ganzmetall-Schalenbauweise; vorn Druckkabine für Pilot und Navigator; dahinter Waffenschacht und Druckkabine für den hinteren Waffenstand mit zwei Schützen.
Tragwerk: freitragender Schulterdecker in Ganzmetallbauweise.
Leitwerk: doppeltes Seitenleitwerk als Endscheiben.
Fahrwerk: einziehbar mit Bugrad.

Mjassischtschew M-4 / 3 M / 201 M
Bomben- und Aufklärungsflugzeuge

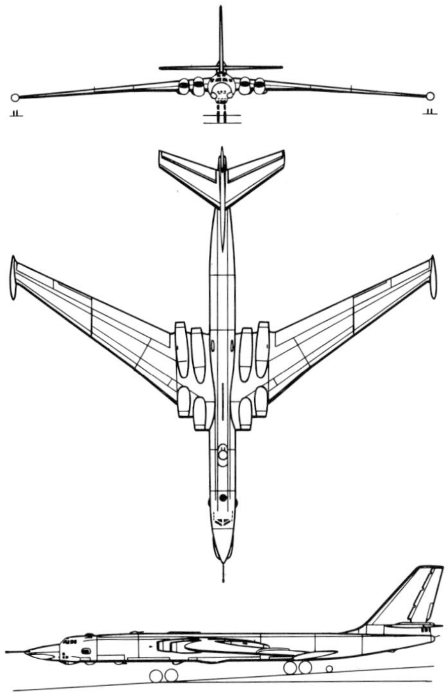

Die 201 M ist die Rekordversion des Bombers M-4 (Erstflug am 20. Januar 1953), der der Öffentlichkeit am 1. Mai 1954 vorgestellt wurde. Dem Grundmuster M-4 folgten die Weiterentwicklungen M-4 A, 3 M (Riß) und die 201 M. Letztere war erstmalig im Juli 1967 in Moskau-Domodedowo zu sehen. Sie hat einen unverglasten Bug und Einrichtungen zur Luftbetankung. Das Höhenleitwerk dieses Typs hat keine V-Stellung mehr. Die Seitenleitwerke wurden vergrößert, und es wurden stärkere Triebwerke eingebaut.

Die M-4 und die 3 M dienten außer als Bombenflugzeuge auch als Raketenträger, als Fernaufklärer und als Tankflugzeuge. Die M-4 hat unter der Bezeichnung 103 M verschiedene Rekorde aufgestellt. So stieg sie am 29. Oktober 1959 mit 55220 kg Nutzmasse auf 13121 m Höhe. Am 30. Oktober des gleichen Jahres erreichte sie mit 27000 kg Nutzmasse über 1000 km geschlossene Strecke eine Geschwindigkeit von 1028,664 km/h.

Erstflug M-4 1953, Serienbau ab 1954 (3 M: 1956/1956). 1981 entstand auf der Basis der 3 M der Containerträger (für Elemente der Raumrakete „Energija") WM-T „Atlant" (Foto). Ein Teil der M-4/3 M-Flotte ist abgewrackt, der Rest eingemottet worden. Der Gesamtbestand wurde 1976 auf etwa 150 strategische Bomber dieser Typen geschätzt.

Rumpf: Ganzmetall-Halbschalenbauweise mit rundem Querschnitt; ferngesteuerte Waffenstände auf und unter dem Rumpf, bemannter Heckstand.
Tragwerk: freitragender Schulterdecker in Ganzmetallbauweise; stark gepfeilt, je ein Grenzschichtzaun an den Außenflügeln; im Tragflügelmittelstück mit gerader Hinterkante befinden sich die Triebwerke.
Leitwerk: freitragende Normalbauweise in Ganzmetall.
Fahrwerk: einziehbares Tandemfahrwerk im Rumpf; einziehbare Stützräder in den Flügelendkörpern.

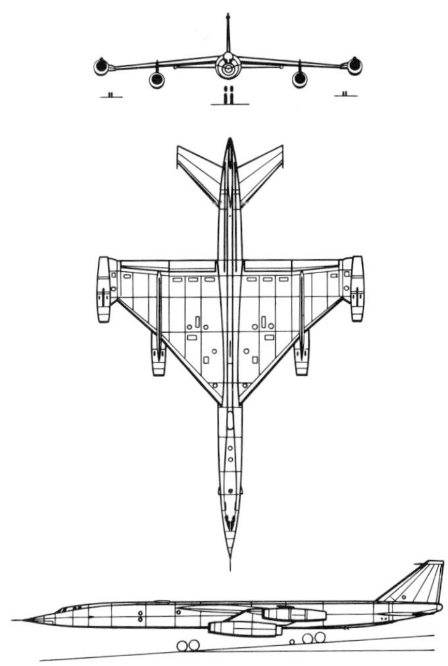

Mjassischtschew M-50
Bombenflugzeug

Der 1959 zum Erstflug gestartete, 1961 der Öffentlichkeit vorgestellte und nur in zwei Prototypen gebaute strategische Überschall-Bomber M-50 (Foto: M-50 in Monino) war für lange Zeit die letzte Flugzeugentwicklung des OKB-23 (Konstruktionsbüro Mjassischtschew) – es spezialisierte sich 1960 auf kosmische Raketen.

Die M-50 hat einen 12 m langen Bombenschacht, in dem Waffen aller Art untergebracht werden können. Die beiden Sitze für die Besatzung liegen hintereinander; sie sind von unten durch getrennte Luken zu erreichen. Die unter den Deltaflügeln hängenden Triebwerke sind mit Nachbrennern ausgestattet.

Der zweite Prototyp hieß M-52.

Rumpf: Ganzmetall-Schalenbauweise; mit ovalem Querschnitt.
Tragwerk: freitragender Schulterdecker; Deltaflügel starker Pfeilung.
Leitwerk: freitragende Normalbauweise, stark gepfeilt.
Fahrwerk: Tandemfahrwerk im Rumpf mit je vier paarweise angeordneten Rädern; Stützräder an den Flügelspitzen.

Petljakow Pe-8
Bombenflugzeug

Nach den Forderungen von 1934 (Höchstgeschwindigkeit 400 km/h, Reichweite 1200 bis 3800 km, 2000 kg Bomben, Gipfelhöhe 12000 m) entwickelte die Konstruktionsgruppe von Petljakow einen schnellen viermotorigen Bomber. Ende 1936 war der Prototyp ANT-42 fertig, und der Erstflug fand am 26. Dezember 1936 statt. Bis März 1937 wurde der Typ erprobt. Besaß das erste Flugzeug noch 685-kW-Motoren, so wurden später solche mit einer Leistung von je 1360 kW (ASch-82 FN) eingebaut. Es gab auch Ausführungen mit vier Dieselmotoren ATSch-30 B (je 920 kW) von Tscharomski.

Der schwere viermotorige Bomber war damals

aufgrund seiner vier nebeneinanderliegenden Triebwerke, der Ganzmetallbauweise aus glattem Blech, des Einziehfahrwerks und der hohen Flächenbelastung auch international ein Spitzenerzeugnis. Ab 1940 hieß das Flugzeug nach seinem Konstrukteur Pe-8. Nachdem Petljakow im Januar 1942 tödlich verunglückt war, entwickelte Newal die Maschine weiter.

TB-7 war die Bezeichnung der Luftstreitkräfte für dieses Flugzeug. ZAGI-42 oder PS-42 hieß eine Zivilversion als Fracht- und Passagierflugzeug.

Im Mai 1942 startete eine Serien-Pe-8 (Antrieb: AM-35 A) unter Passepa zu einem Flug mit einer Regierungsdelegation über Großbritannien in die USA.

Die Pe-8 der Fernfliegerkräfte griffen während des Krieges Berlin, Königsberg (heute: Kaliningrad) und Danzig (heute: Gdańsk) an.

Insgesamt wurden von 1939 bis Ende 1944 (mit Unterbrechungen) 2 Prototypen und 91 Serienmaschinen mit unterschiedlichen Triebwerken gebaut. Bei Kriegsende waren 37 Pe-8 einsatzbereit. Ende 1946 Übergabe von 15 Pe-8 an Erprobungsinstitute, der Rest wurde verschrottet.

Rumpf: Ganzmetallbauweise in Glattblech.
Tragwerk: freitragender Mitteldecker in Ganzmetallbauweise aus Glattblech.
Leitwerk: freitragende Normalbauweise in Ganzmetall.
Fahrwerk: einziehbar mit Spornrad.

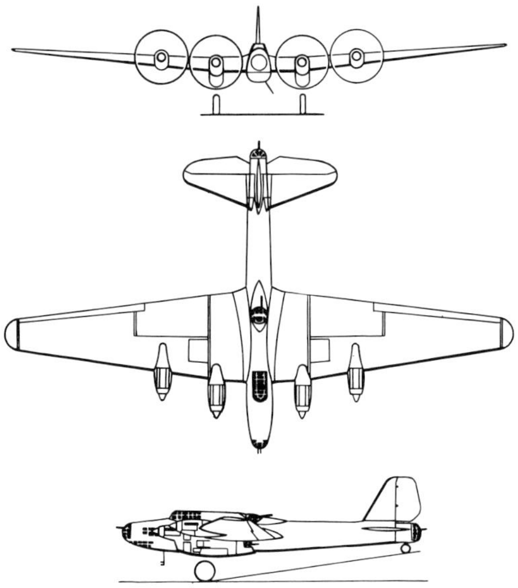

Petljakow Pe-2 Sturzkampfflugzeug

Im Jahr 1938 schuf das Konstruktionskollektiv Petljakow das zweimotorige Höhenjagdflugzeug WI-100 nach einem Projekt des ZAGI. Bei der Erprobung am 7. Mai 1939 erreichte die Maschine in 10 000 m Höhe bei 6000 kg Startmasse eine Geschwindigkeit von 623 km/h. Interessant war die Rettungseinrichtung des Flugzeugs, bei der sich die Besatzung mit Fallschirmen durch Bodenluken retten konnte. Als erste mehrsitzige Maschine erhielt die WI-100 eine hermetisierbare Kabine.

Da die Maschine ein 11faches Bruchlastvielfaches besaß und zu dieser Zeit ein schneller Sturzbomber fehlte, schlug man vor, aus der WI-100 einen solchen zu entwickeln. Dazu erhielt sie Sturzflugbremsen und eine Abfangautomatik. Der Erstflug dieser Ausführung (PB-100) fand am 22. Dezember 1939 statt. Ende 1940 begann die Herstellung von zehn als Pe-2 bezeichneten Maschinen; dann folgte der Serienbau. Der Sturzkampfbomber bewährte sich außerordentlich gut, unter anderem bei den Kämpfen an der Wolga, am Kuban und bei Kursk. Das Flugzeug wurde bis nach dem zweiten Weltkrieg gebaut. Auch die polnischen, tschechoslowakischen und jugoslawischen Luftstreitkräfte stellten es in Dienst. Insgesamt wurden 11 427 Stück gebaut, davon 427 nach dem Krieg.

Versionen:
WI-100 „Sotka": Prototyp eines Höhenjagdflugzeugs (zwei Triebwerke M-105, je 770 kW mit Turbolader).
PB-100: Prototyp eines Sturzbombers (ohne Turbolader TK-3).
Pe-2: erste Serienausführung (zwei Triebwerke M-105 R, je 810 kW), 458 Pe-2 gab es am 21. Juni 1941.
Pe-3 bis: Jagdflugzeug, Aufklärer, Schul- und Übungsflugzeug; 1941 enstanden 200 Pe-3 bis; 1944 verbessert.
Pe-2 R: Aufklärungsflugzeug mit größerer Reichweite von 1942.
Pe-2 FT: Serienausführung als Sturzbomber von 1943.
Pe-2 FT-3: 1943 erprobt mit neuer Navigatorkabine; in Serie gebaut.
Pe-2 M: Modifizierung von Ende 1943.
Pe-2 I: Ausführung mit 1 215-kW-Triebwerken als Jagdflugzeug in kleiner Serie gebaut.
Pe-2 UT (auch UPe-2): Schul- und Übungsflugzeug mit Doppelsteuerung.
Pe-32: Bezeichnung für die in der ČSFR verwendeten Flugzeuge.

Zahlreiche Pe-2-Modifikationen sind in Prototypen oder kleinen Serien erprobt worden, so die Pe-2 „Parawan" mit einer Vorrichtung zum Zerschneiden der Stahltrossen von Sperrballons. Je eine Pe-2 steht im Luftfahrtmuseum Monino sowie im Armeemuseum Warschau (Pe-2 FT, Foto).

Rumpf: Ganzmetall-Schalenbauweise; geschlossenes Cockpit für Piloten und Bombenschützen; offener Waffenstand im Rumpf oben für den Bordschützen/Funker; Sitze und Rumpfunterseite gepanzert.
Tragwerk: freitragender Tiefdecker in Ganzmetallbauweise; Sturzflugbremsen unter den Tragflügeln; elektrisch betätigte Landeklappen; Abfangautomatik.
Leitwerk: Höhenleitwerk mit zwei Seitenleitwerken als Endscheiben.
Fahrwerk: einziehbar mit Spornrad, elektrisch betätigt; Ausrüstung mit einziehbaren Schneekufen möglich.

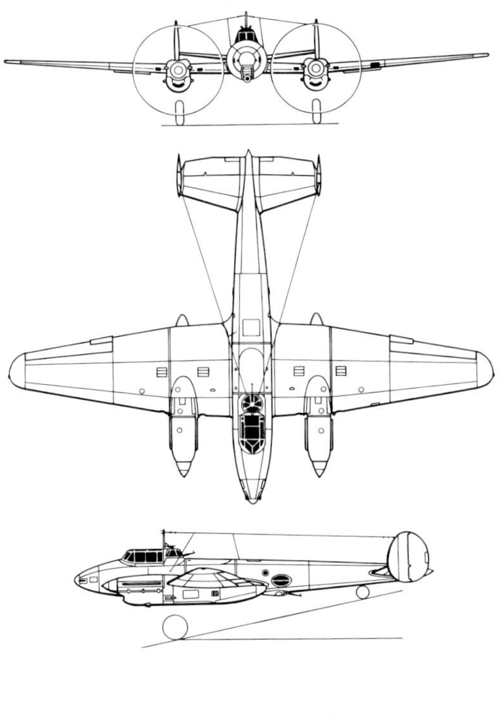

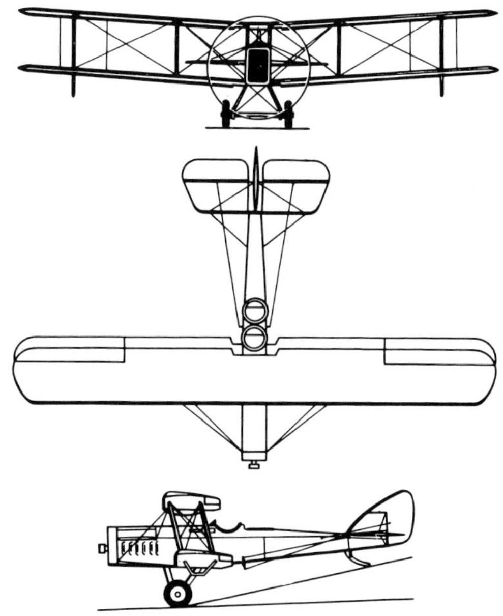

Polikarpow R-1 / R-2 Mehrzweckflugzeuge

Die Luftstreitkräfte der jungen Sowjetunion mußten auf Flugzeuge zurückgreifen, die sie von der zaristischen Armee übernommen oder in den Interventionskriegen erbeutet hatten. Zu den ersten unter der Sowjetmacht hergestellten Maschinen gehörte die R-1 (Raswedtschik – Aufklärer). Sie wurde von dem britischen Flugzeug DH-9 (de Havilland) abgeleitet, dessen Zeichnungen die Moskauer Dux-Flugzeugwerke im Herbst 1917 erworben hatten. Ab 1918 leitete Polikarpow die Entwicklungsarbeiten. Die ersten Flugzeuge erhielten US-amerikanische 295-kW-Motoren. Später baute man den sowjetischen Motor M-5 ein.
Die R-1 diente als zweisitziger Aufklärer, als leichtes Bombenflugzeug, als Erdkampfflugzeug sowie für Ausbildungs- und Übungszwecke. In einer Zivilversion wurde sie als Postflugzeug verwendet.
Von den Leistungen dieses Flugzeugs zeugen einige bemerkenswerte Fernflüge. Drei Maschinen nahmen 1925 an einem Flug von Moskau nach Peking teil. Im Juli 1926 flog Moissejew von Moskau nach Teheran (6 200 km) in 36 Flugstunden.
Von 1923 bis 1930 baute die Luftfahrtindustrie 2 800 R-1.
Die R-2, die sich in der Zelle kaum von der R-1 unterschied, wurde zwischen 1923 und 1925 hergestellt. Sie war mit dem Puma-Triebwerk von Siddeley (160 kW) ausgerüstet.
Nach dem Auftrag von 1924, aus der R-1 einen Marineaufklärer abzuleiten, schuf das Polikarpow-Kollektiv den mit hölzernen Schwimmern ausgestatteten Marineaufklärer MR-1. Er wurde 1925 von Gromow erprobt und darauf in 124 Exemplaren ausgeliefert.

Rumpf: Holzbauweise; vorn mit Holzbeplankung, hinten mit Stoffbespannung; zwei offene Sitze hintereinander.
Tragwerk: zweistieliger, verspannter Doppeldecker in Holzbauweise mit Stoffbespannung; Baldachin zwischen Rumpf und oberem Tragflügel; zwei Kastenholme.
Leitwerk: verspannte Normalbauweise in Holz mit Stoffbespannung.
Fahrwerk: starr mit durchgehender Achse und Hecksporn; Ausrüstung mit Schwimmern oder Schneekufen möglich.

Polikarpow I-1 Jagdflugzeug

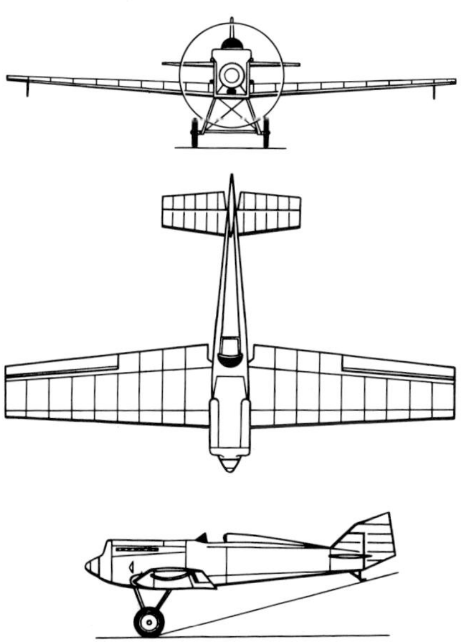

Anfang der zwanziger Jahre stand vor den sowjetischen Luftstreitkräften die Aufgabe, sich von den veralteten ausländischen Typen zu lösen. Polikarpow begann daher mit der Konstruktion eines Jagdflugzeugs, das er im Gegensatz zu den Gepflogenheiten im Ausland als Eindecker auslegte. Die Entwurfsarbeiten begannen im Frühjahr 1923. Dieses erste sowjetische Jagdflugzeug I-1 (Istrebitel) hieß wegen des Liberty-Triebwerks auch IL-400.
Die Dux-Werke bauten das Flugzeug in kurzer Zeit, und im Sommer 1923 sollte der Testpilot Arzeulow das Flugzeug erproben. Beim Erstflug am 23. August 1923 verunglückte das Flugzeug, und der Pilot brach sich die Beine. Daraufhin fand im aerodynamischen Laboratorium des ZAGI eine Überprüfung statt, wobei sich die Schwerpunktlage als falsch herausstellte.
Die zweite Version IL-400bis bestand die Abnahmeprüfung und ging im Juni 1925 in Serie. Bald ereignete sich jedoch ein neuer Unfall, weil die Maschine nicht aus dem Trudeln herauskam. Nach nochmaliger Veränderung des Schwerpunkts und verschiedenen Verbesserungen ließ sich das Flugzeug schließlich besser beherrschen.
Insgesamt wurden 33 Flugzeuge gebaut, jedoch nicht an die Luftstreitkräfte übergeben, da die Maschine nicht als absolut sicher galt. Dennoch zeigte die I-1 als erstes serienmäßig gefertigtes, freitragendes Tiefdecker-Jagdflugzeug der Welt die Entwicklungsrichtung an.
Rumpf: Ganzholzbauweise mit rechteckigem Querschnitt; offenes Cockpit.
Tragwerk: freitragender Tiefdecker in Holzbauweise mit Stoffbespannung; trapezförmiger Flügel; zwei Holme; Rippen aus Duralumin.
Leitwerk: freitragende Normalbauweise in Holz; Rippen aus Duralumin; Stoffbespannung.
Fahrwerk: starr mit durchgehender Achse und Hecksporn.

Polikarpow I-2bis Jagdflugzeug

Die Sowjetregierung forderte für die Luftstreitkräfte des Landes schnellere und leistungsfähigere Flugzeuge. Nach der Ausschreibung von 1923 für einen Jäger schufen die Konstruktionskollektive von Polikarpow und Grigorowitsch die I-2. Die Projektierung der Maschine begann 1923. Die Prototypen (erster 1923, zweiter Herbst 1924) besaßen noch einen US-amerikanischen 295-kW-Motor. In die Serienflugzeuge wurde das sowjetische Triebwerk M-5 eingebaut.

Die geringe Spannweite, das starke Triebwerk und die guten Flugeigenschaften machten das Flugzeug in hervorragender Weise für den Kunstflug geeignet. Es galt nach damaligen taktischen Begriffen auch als gutes Jagdflugzeug. Nach verschiedenen Verbesserungen ging es als I-2bis in Serie.
Die Maschinen vom Typ I-2 wurden in größerer Zahl gebaut (von 1926 bis 1929 211 I-2 und I-2 bis) als die des Typs I-1, da ihre Flugeigenschaften wesentlich besser waren als die jener Maschine. Sie war das erste Jagdflugzeug sowjetischer Konstruktion, das an die Luftstreitkräfte des Landes geliefert wurde.

Rumpf: Holzbauweise mit Stoffbespannung; rechteckiger Querschnitt; Mittelteil als Stahlrohrgerüst.
Tragwerk: einstieliger, verspannter Doppeldecker in Holzbauweise mit Stoffbespannung.
Leitwerk: freitragende Normalbauweise in Holz mit Stoffbespannung; Ruder aerodynamisch ausgeglichen.
Fahrwerk: starr mit durchgehender Achse und Hecksporn.

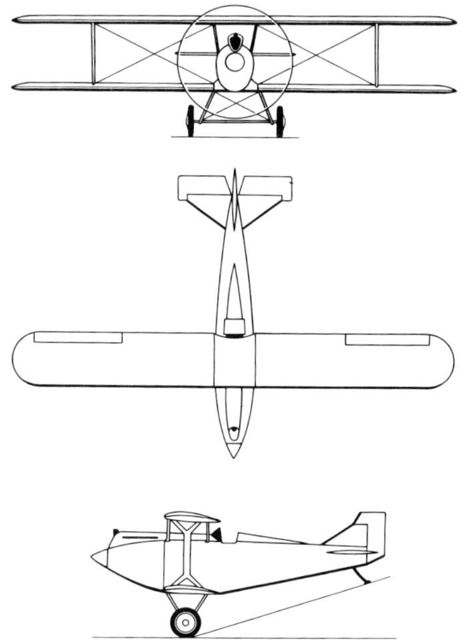

Polikarpow PM-1 Verkehrsflugzeug

Nach der Eröffnung zahlreicher neuer Fluglinien in der Sowjetunion im Jahr 1924 entstand die Notwendigkeit, eigene Verkehrsflugzeuge zu entwikkeln und die bis dahin verwendeten Maschinen von Junkers, Fokker und Dornier zu ersetzen. Eines der ersten Flugzeuge war der Anderthalbdecker PM-1, auch als P-2 bezeichnet.

Der Erstflug fand am 10. Juni 1925 statt. Die Erprobung ergab keine Beanstandungen, und es wurden sofort zehn Flugzeuge in Auftrag gegeben. Am 26. Juli 1925 folgte die Luftverkehrszulassung und anschließend der Einsatz auf den Strecken Moskau—Jegorowsk, Moskau—Leningrad und Moskau—Berlin. Infolge Triebwerkausfalls ging 1926 ein Flugzeug zwischen Königsberg (heute: Kaliningrad) und Berlin verloren. Die Produktion wurde dann eingestellt, da die für das Flugzeug verwendeten Maybach-Motoren nicht mehr gebaut wurden und Kalinin inzwischen neue Verkehrsflugzeuge geschaffen hatte.

Rumpf: Sperrholz-Schalenbauweise mit ovalem Querschnitt; offenes Cockpit.
Tragwerk: einstieliger, verspannter Anderthalbdecker in Holzbauweise mit Stoffbespannung.
Leitwerk: Normalbauweise in Holz mit Stoffbespannung.
Fahrwerk: starr mit durchgehender Achse und Hecksporn.

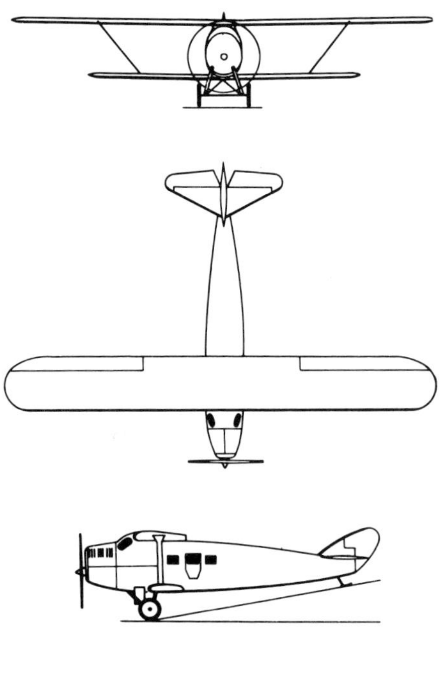

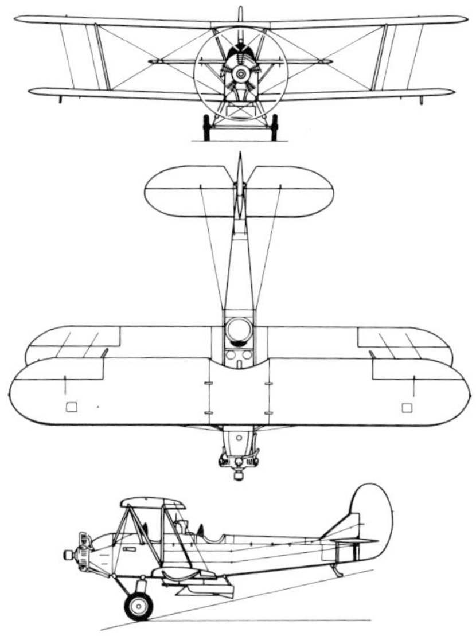

Polikarpow Po-2
Mehrzweckflugzeug

Polikarpow entwarf diesen Doppeldecker unter der Bezeichnung U-2. Der Prototyp wurde im Jahr 1927 gebaut. Der Erstflug war am 7. Januar 1928. Zur Erinnerung an den Konstrukteur benannte die Sowjetregierung im Jahr 1944 dieses Flugzeug in Po-2 um.
Über 20 Jahre war die Po-2 das einheitliche Schulflugzeug für die Anfangsausbildung der sowjetischen Flieger. Während des zweiten Weltkriegs wurde sie als leichter Nachtbomber (U-2 WS, am 1. Dezember 1941 waren 71 fertig, meist von Frauen geflogen), als Nacht-Artillerie-Flugzeug (U-2 NAK), als Propagandaflugzeug (U-2 GN) und als fünfsitziges Verbindungsflugzeug (U-2 SchS) eingesetzt. Als Arbeitsflugzeug Po-2 A wurde die Maschine vor allem in der Landwirtschaft verwendet. Unter der Bezeichnung SP diente sie als dreisitziges Reise-, Kurier- und Verbindungsflugzeug sowie zur Passagierbeförderung. Die Sanitätsversion hatte die Bezeichnung S-1. Ferner wurde die Po-2 als Absetzmaschine für Fallschirmspringer bekannt. 1944 entstand die U-2 M mit Zentralschwimmer.
1937 gab es bereits 1 200 U-2. Insgesamt wurden etwa 40 000 Stück gebaut!
Zu den hervorragenden Eigenschaften der Maschine zählten die große Flugsicherheit, die unkomplizierte Bedienung, die geringe Landegeschwindigkeit und die einfache Wartung. Die zivile Luftfahrt verwendete den Typ bis 1960. Von 1948 bis 1954 baute man in Polen die Po-2 als CSS-13 (600 Exemplare) in mehreren zivilen und militärischen Varianten in Lizenz. Noch 1956 verwendeten die polnischen Luftstreitkräfte diesen Typ. Im militärhistorischen Museum Dresden ist die letzte in der DDR verwendete Po-2 zu sehen.
In Jugoslawien baute man einige Po-2 auf tschechoslowakische Walter-Triebwerke um.

Rumpf: Vorderteil einschließlich zweier Sitze in Gerüstbauweise mit Sperrholzbeplankung; hinterer Teil in Gliederbauweise in Holz mit zusätzlicher Verspannung und Stoffbespannung.
Tragwerk: verspannter Doppeldecker in Holzbauweise mit Stoffbespannung; Oberflügel dreiteilig; Unterflügel zweiteilig.
Leitwerk: Normalbauweise in Holz mit Stoffbespannung; später mit Gewichts- oder aerodynamischem Ausgleich- und Trimmruder.
Fahrwerk: abgestrebt mit durchgehender Achse und Hecksporn; Gummifederung; Hochdruckreifen; keine Bremse; Schneekufen möglich.

Polikarpow I-3
Jagdflugzeug

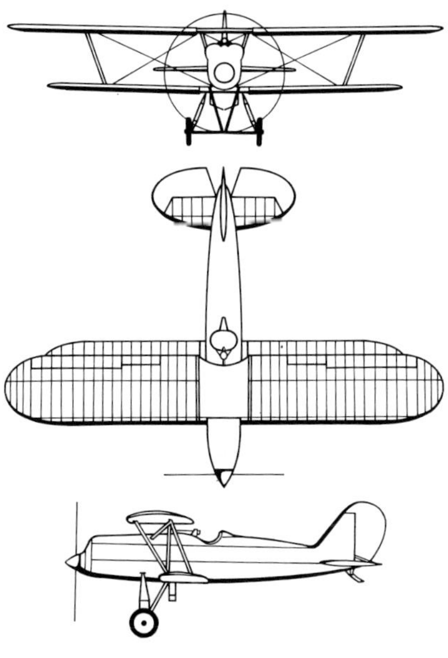

Nach zahlreichen Diskussionen in Fliegerkreisen, ob bei Jagdflugzeugen die Geschwindigkeit oder die Manövrierfähigkeit überwiegen muß, beauftragte die Sowjetregierung Polikarpows Konstruktionsgruppe mit der Entwicklung eines schnellen und manövrierfähigen Jagdflugzeugs. Die Konstruktionsgruppe begann im Jahr 1926 mit der Projektierung des Jagdflugzeugs I-3. Dazu konstruierte Polikarpow seinen zweisitzigen Jäger 2 I-N 1 in eine einsitzige Maschine um. Der Erstflug war im Frühjahr 1928.
Die ersten Maschinen waren noch mit dem 12-Zylinder-BMW-VI-Motor mit einer Leistung von 370 kW ausgerüstet. Dieses Triebwerk wurde später in der Sowjetunion unter der Bezeichnung M-17 in Lizenz hergestellt und in die folgenden Flugzeuge vom Typ I-3 eingebaut. Insgesamt baute das Flugzeugwerk 400 I-3, die über einen Zeitraum von fünf Jahren zur Ausrüstung der Luftstreitkräfte gehörten. Die Flugzeugführer lobten die hohe Manövrierfähigkeit der Maschine.

Rumpf: Holzbauweise mit abgerundetem rechteckigem Querschnitt; vier Holme; 13 Spants.
Tragwerk: einstieliger, verspannter Anderthalbdecker in Holzbauweise mit Stoffbespannung; N-Stiele; Kastenholme.
Leitwerk: freitragende Normalbauweise in Duralumin mit Stoffbespannung.
Fahrwerk: starr mit durchgehender Achse; Schneekufen möglich.

Polikarpow I-5
Jagdflugzeug

Die wirtschaftlichen Erfolge der UdSSR im ersten Fünfjahrplan ermöglichten auch der Flugzeugindustrie, neue Typen zu entwickeln. Im Jahr 1928 begannen Polikarpow und Grigorowitsch mit dem Bau eines neuen Jagdflugzeugs, wobei sie sich auf die Erfahrungen mit der I-3 stützten. Die Maschine sollte trotz einer geringen Startmasse über eine ausreichende Festigkeit verfügen sowie gutes Steigvermögen mit Wendigkeit vereinen.
Der Erstflug fand am 29. April 1930 unter Buchholz statt. Es wurden drei Prototypen WT-11 mit unter-

schiedlichen Triebwerken erprobt. Die Serienfertigung von 803 I-5 (zunächst mit zwei synchronisierten MGs PW-1) begann Ende 1932 und dauerte mehrere Jahre. Es gab auch eine Version mit vier MGs.
Das Flugzeug spielte bei der Kunstflug- und Kampfausbildung der sowjetischen Jagdflieger eine große Rolle und beeinflußte lange Zeit die Jagdflugzeugentwicklung von Polikarpow. Äußerlich glich es den besten damaligen Jagdflugzeugen der Welt von Bristol, Gloster und Boeing, zeigte aber bereits die für Polikarpow typischen Merkmale, die später die Typen I-15, I-15bis und I-153 aufwiesen.

Rumpf: Stahlrohrbauweise mit Stoffbespannung; vorn Metallbeplankung.
Tragwerk: einstieliger, verspannter Anderthalbdecker in Holzbauweise; N-Stiele.
Leitwerk: freitragende Normalbauweise; Ruder aerodynamisch ausgeglichen.
Fahrwerk: starr mit durchgehender Achse und Hecksporn.

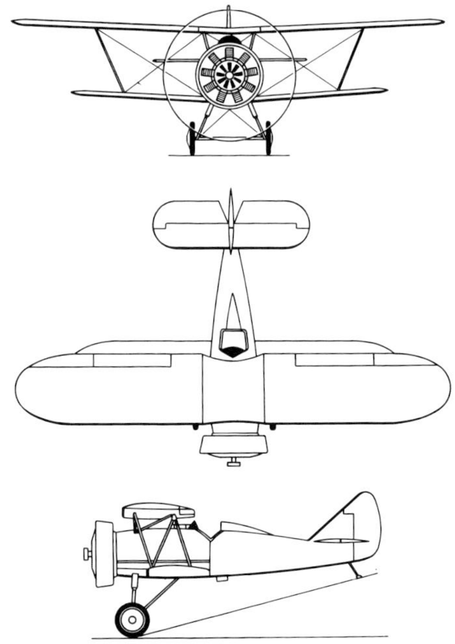

Polikarpow R-5 Mehrzweckflugzeug

Polikarpow schuf im Jahr 1928 das militärische Mehrzweckflugzeug R-5. Es diente als leichter Bomber, Aufklärer, Torpedoträger und als Erdkampfflugzeug (R-5 Sch). Die Serienproduktion begann 1930. Die Zivilversionen hießen P-5 und PL-5.
Die Flugzeugführer lobten die R-5 wegen ihrer guten Flugleistungen und Steuereigenschaften, aber auch wegen ihrer Robustheit, Anspruchslosigkeit und zahlreichen Einsatzmöglichkeiten. Für die Qualität der R-5 spricht der internationale Wettbewerb 1930 in Teheran, an dem sich auch französische, britische und niederländische Militärflugzeuge beteiligten, bei dem aber nur die R-5 alle Wettbewerbsbedingungen erfüllte.
Von der R-5 wurden in sechs Jahren mehr als 7000 Exemplare gebaut, davon etwa 1000 in der zivilen Ausführung P-5 (Postflugzeug), von dem es zahlreiche Versionen gab. Allein von der Passagier-/Transport-Ausführung PR-5 gab es neun Modifikationen. Die PR-5 wurde bis 1941 gebaut und auf vielen Aeroflot-Linien eingesetzt – bis in die Nachkriegsjahre hinein. Neben der U-2 war die P-5 / PR-5 das verbreitetste sowjetische Zivilflugzeug der Vorkriegszeit. Auch das Aufklärungsflugzeug wurde in mehreren Versionen gebaut, so als R-5 SSS sowie als R-Z mit kürzerem Rumpf, geschlossener Kabine und stärkerem Triebwerk als letzter sowjetischer Aufklärer in Doppeldeckerbauweise.
Besonders bekannt wurde die R-5, als 1934 mit Flugzeugen dieses Typs die 83köpfige Besatzung des Eisbrechers „Tscheljuskin" gerettet wurde. 1933 wurden R-5 zur Unterstützung der fortschrittlichen Kräfte in China eingesetzt, und ab 1937 lieferte die UdSSR R-5 an die Republik Spanien. 1938/39 flogen R-5 auch im Fernen Osten gegen die japanischen Eindringlinge. Im sowjetisch-finnischen Krieg sowie in der ersten Periode des Großen Vaterländischen Kriegs flogen R-5 noch immer als leichte Bomber und Aufklärer. 1941 gab es in den sowjetischen Luftstreitkräften 27 R-5 und fünf R-Z-Geschwader. Bis 1944 wurde die R-5 als leichter Nachtbomber und zur Verbindung zu Partisanengebieten verwendet.
Rumpf: Ganzholzbauweise mit abgerundetem, rechteckigem Querschnitt; zwei offene Sitze hintereinander mit Doppelsteuerung.
Tragwerk: verstielter und verspannter Anderthalbdecker in Holzbauweise mit Stoffbespannung; zwei Kastenholme.
Leitwerk: verspannte Normalbauweise in Holz.
Fahrwerk: starr mit Hecksporn; durchgehende Achse; Gummifederung; ab 1933 mit Bremsen.

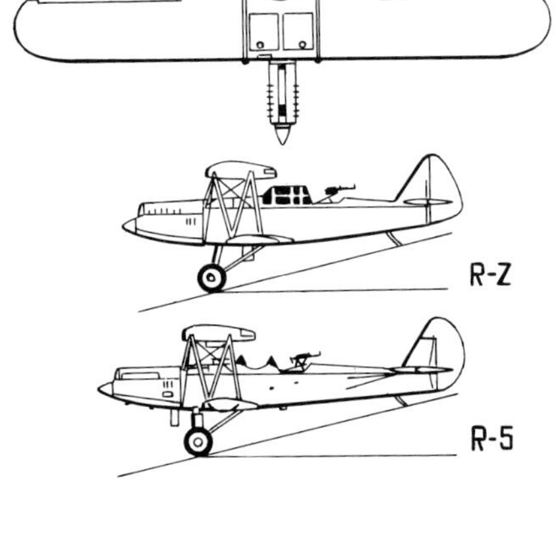

Polikarpow I-15 / I-15bis
Jagdflugzeuge

Nach der in Tupolews OKB von der Brigade Suchoi entwickelten I-14 schuf das Polikarpow-Kollektiv die ZKB-3. Im Oktober 1933 flog der berühmte Testpilot Tschkalow die Maschine ein. Ab 1934 bildete der in der Serienfertigung als I-15 bezeichnete Typ die Jagdflugzeug-Grundausrüstung der sowjetischen Luftstreitkräfte.

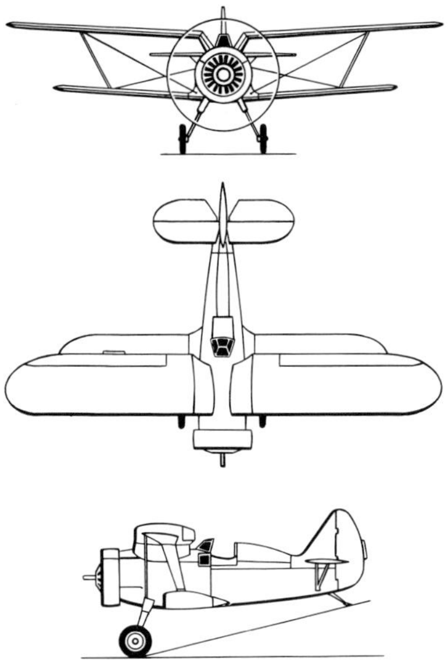

Aufbauend auf der I-5 entwickelte Polikarpow die I-15 als schnellen Doppeldecker mit zahlreichen aerodynamischen Verbesserungen. Diese Maschine erhielt als erstes sowjetisches Flugzeug eine Rückenpanzerung für den Piloten.

Versionen:
- I-15 (Skizze): Bezeichnung der Luftstreitkräfte für die 404 Serienmaschinen mit sowjetischen Triebwerken M-22 (355 bis 465 kW) und die 270 Flugzeuge mit M-25 (525 kW); oberer Flügel als Knickflügel ausgebildet.
- I-15bis (ZKB-365, Foto): Weiterentwicklung von 1937 mit M-25-B-Motor (550 kW); oberer Flügel gerade; Kokkinaki erreichte mit einer I-15bis im September 1935 eine Höhe von 14575 m (Weltrekord), gebaut wurden 2408 I-15bis.
- I-152: mitunter gebrauchte Bezeichnung der I-15bis.

Die I-15 wurde während der Kämpfe am Chalchyn Gol sowie auf Seiten der spanischen Luftstreitkräfte gegen die Faschisten (an die Republik Spanien wurden 550 I-15 und I-15bis geliefert), im sowjetisch-finnischen Krieg sowie in der ersten Phase des Großen Vaterländischen Kriegs verwendet. Es wurden 3082 I-15 gebaut.

Rumpf: Stahlrohrbauweise mit Stoffbespannung; nur vorn Duralumin-Beplankung; offenes Cockpit.
Tragwerk: einstieliger, verspannter Doppeldecker in Holzbauweise; I-Stiele.
Leitwerk: Normalbauweise; Höhenleitwerk nach unten abgestrebt.
Fahrwerk: starres verkleidetes Einbeinfahrwerk mit Hecksporn.

Polikarpow I-16
Jagdflugzeug

Mit der I-16 ging Polikarpow von der verstielten und verspannten Doppeldeckerbauart mit starrem Fahrwerk ab. Er gehörte zu den ersten, die Jagdflugzeuge als freitragende Eindecker mit Einziehfahrwerk bauten.
Man vermied bei dieser Maschine alle widerstandserhöhenden Verspannungen und baute Triebwerk und Bewaffnung strömungsgünstig ein. Die I-16 war mit ihrem Rumpf und ihrem günstigen Profil ein in Geschwindigkeit, Wendigkeit und Bewaffnung hervorragendes Jagdflugzeug, das Mitte der dreißiger Jahre zusammen mit der I-15 und der I-153 (1938) die Hauptausrüstung der sowjetischen Jagdfliegerverbände bildete. Insgesamt wurden 9450 Flugzeuge dieses Typs gebaut.
Den Erstflug absolvierte Tschkalow am 21. Dezember 1933. Die I-16 flog am Chalchyn Gol erstmals mit reaktiven Geschossen. In Spanien (an die Republik wurden 475 I-16 geliefert) erwies sie sich allen auf faschistischer Seite verwendeten Doppeldecker-Jagdflugzeugen als überlegen. Im zweiten Weltkrieg wurde die Maschine bis Ende 1942 (auch unter der TB-3 angehängt und gegen spezielle Ziele verwendet) eingesetzt.

Einige Versionen:
- I-16: Serienflugzeug, ausgerüstet mit unterschiedlichen Triebwerken zwischen 465 und 810 kW Leistung.
- I-16 P: Versuchsausführung als Kanonen-Jagdflugzeug.
- I-16 UTI: zweisitzige, unbewaffnete Ausführung als Schul- und Übungsflugzeug (auch UTI-4).
- SPB: Ausführung als Sturzbomber und Erdkampfflugzeug.
- ZKB-12: Prototyp mit 355-kW-Triebwerk.
- ZKB-12bis: Bezeichnung des Konstruktionsbüros für die I-16.

Je eine I-16 befindet sich in Tschkalowsk und im Marinemuseum Petersburg. Im Luftfahrtmuseum Monino ist eine originalgroße I-16 Attrappe ausgestellt.

Rumpf: Ganzholz-Schalenbauweise mit rundem Querschnitt; vorn mit Duralumin beplankt; offenes Cockpit mit Rückenpanzerung.
Tragwerk: freitragender Tiefdecker in Holzbauweise.
Leitwerk: freitragende Normalbauweise.
Fahrwerk: einziehbar mit Hecksporn; Ausrüstung mit Schneekufen möglich.

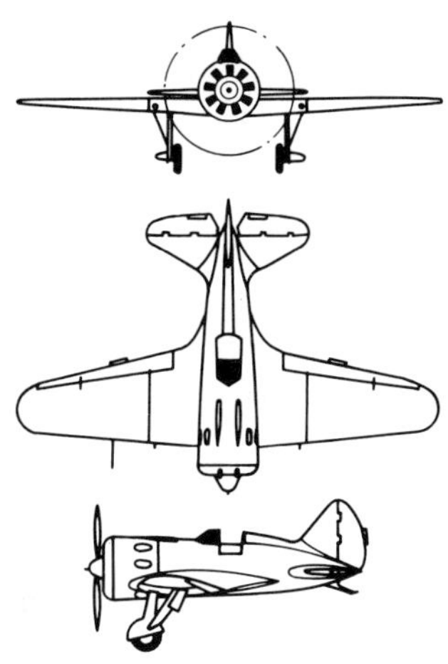

Polikarpow I-17
Jagdflugzeug

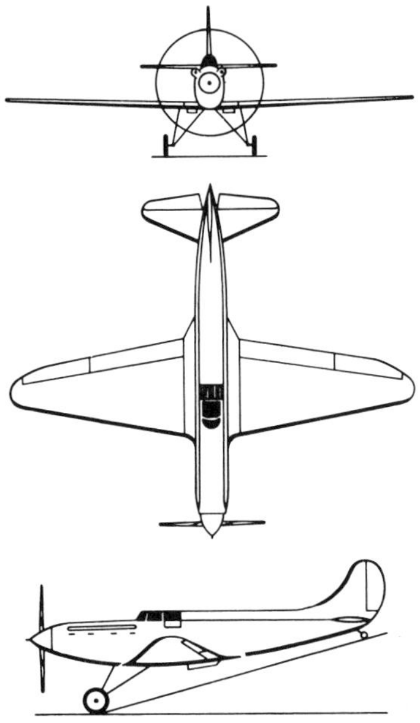

Die Konstruktionsgruppe Polikarpow erhielt 1933 den Auftrag, bis 1935 ein Jagdflugzeug zu schaffen, das die Leistungen der I-16 wesentlich übertreffen und eine Geschwindigkeit von 500 km/h erreichen sollte. Da noch keine leistungsfähigen Sternmotoren zur Verfügung standen, sah man flüssigkeitsgekühlte Reihenmotoren vor.

Versionen

ZKB-15: im Sommer 1934 fertiggestellter Prototyp mit 635-kW-Triebwerk Hispano Suiza 12 Ydrs; Geschwindigkeit 487 km/h; Erstflug am 1. September 1934; das komplizierte Einziehfahrwerk verursachte etliche Schwierigkeiten; außerdem war das Cockpit sehr eng.

ZKB-19: Weiterentwicklung mit den gleichen Abmessungen, aber mit verbessertem Fahrwerk; mit sowjetischem Motor M-100 (Lizenz des Hispano Suiza) ausgerüstet; bei Flugerprobung im Jahr 1935 500 km/h und 9700 m Höhe erreicht; in einigen Prototypen gebaut; geplante Vorserienbezeichnung I-17.

ZKB-33: wie die ZKB-19, aber mit Triebwerk mit Verdampfungskühlung, sollte an das Bombenflugzeug TB-3 angehängt und in der Luft abgeworfen werden; Kühlsystem war jedoch beschußempfindlich, so daß sich diese Ausführung nicht eignete.

Eine I-17 steht heute in Tschkalowsk.

Rumpf: Ganzmetall-Schalenbauweise; geschlossenes Cockpit.
Tragwerk: freitragender Tiefdecker in Metallbauweise; dreiteiliger Flügel; Mittelstück blechbeplankt, sonst stoffbespannt; Landeklappen.
Leitwerk: Normalbauweise in Metall; Ruder stoffbespannt.
Fahrwerk: einziehbar mit Hecksporn; pneumatisch betätigt.

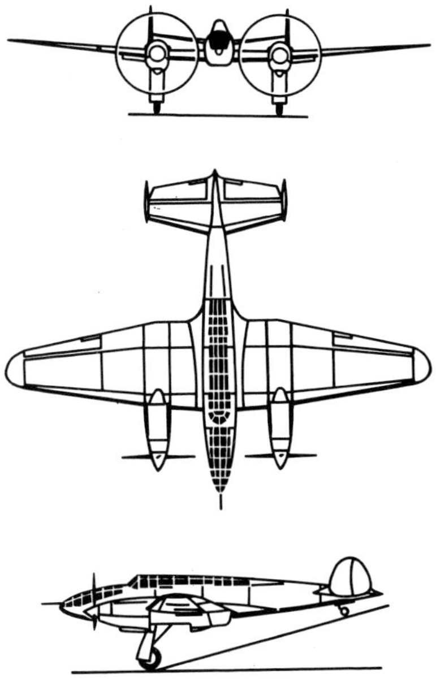

Polikarpow WIT-1 / WIT-2
Erdkampfflugzeuge

Im Auftrag der Luftstreitkräfte entwickelte die Konstruktionsgruppe Polikarpow im Jahr 1936 die WIT (Wosdushnyje Istrebiteli Tankow – fliegende Panzerjäger). Gedacht war der Typ zum Bekämpfen von Panzern, Panzerzügen, befestigten Anlagen sowie beweglichen Zielen durch Kanonenfeuer oder durch im Sturzflug geworfene Bomben. Die WIT-1 (ZKB-44) hatte zwei 700-kW-Triebwerke M-103, vier 3,7-cm-Kanonen in den Flügeln, eine 2-cm-Kanone im Bug und ein bewegliches MG in der hinteren Kabine sowie einen Schacht für 600 kg Bomben. Die Stabilität des Flugzeugs beim Schießen befriedigte jedoch nicht, und die Start- und Landestrecken erwiesen sich schließlich als zu lang.
Die 1938 in die Flugerprobung überführte verbesserte Version WIT-2 (ZKB-48, Erstflug am 11. Mai 1938 unter Tschkalow) hatte stärkere Triebwerke M-105 mit je 770 kW, ein doppeltes Seitenleitwerk, eine veränderte Kabine und verstärkte Bewaffnung. Diese Ausführung wurde in fünf Exemplaren gebaut. Die WIT-2 war eines der ersten Flugzeuge, die in Originalgröße im großen Windkanal des ZAGI untersucht wurden.

Rumpf: Ganzmetallbauweise; geschlossenes Cockpit; Sitze hintereinander; aerodynamische Bremsen am Heck.
Tragwerk: freitragender Tiefdecker in Ganzmetallbauweise.
Leitwerk: freitragende Bauweise in Ganzmetall; Höhenleitwerk mit V-Stellung; zwei Seitenleitwerke als Endscheiben; Trimmklappen an allen Rudern.
Fahrwerk: einziehbar mit Heckrad.

Polikarpow I-153
Jagdflugzeug

Im Jahr 1938 entwickelte Polikarpow aus der I-15bis die I-153 (auch als I-15ter bezeichnet). Das stärkere Triebwerk und das Einziehfahrwerk sowie die aerodynamischen Verbesserungen bewirkten erheblich höhere Leistungen. Insbesondere erhöhten sich die Geschwindigkeit und die Steigfähigkeit. Das Flugzeug gehörte zu den schnellsten Doppeldeckern, die je gebaut wurden. Es wurde unter anderem bei den Kämpfen im Fernen Osten 1938/39 und später auch im zweiten Weltkrieg eingesetzt, zuletzt als Jagdbomber. Insgesamt wurden 3437 Stück gebaut.

Die I-153 war der letzte sowjetische Jagd-Doppeldecker. Zu Versuchszwecken wurde im Oktober 1940 unter jedem Tragflügel einer I-153 ein Strahltriebwerk DM-2 oder DM-4 befestigt.

Die I-153BS von 1940 besaß statt der vier 7,62-mm-MGs SchKAS zwei UBS 12,7 mm. In geringer Anzahl wurden die Kanonenversion I-153P mit zwei 20-mm-Kanonen SchWAK sowie die Höhenvariante I-153GK (mit Überdruckkabine und Turbolader-Triebwerken M-62TK, 11800 m Gipfelhöhe) gebaut.

Eine technisch verfeinerte I-153 war die I-190 von Polikarpow, die im Sommer 1939 eingeflogen wurde. Der zweite Prototyp I-190TK war als Höhenjäger ausgelegt. Die schnellere Ausführung I-195 wurde 1940 nur noch projektiert.

Wie die I-15 wurde auch die I-153 mehrfach als Erprobungsjäger verwendet.

Heute steht eine Maschine dieses Typs in Paris im Museum de l'Air (Foto).

Rumpf: Stahlrohrbauweise mit Stoffbespannung; vorn mit Duralumin beplankt; offenes Cockpit.
Tragwerk: einstieliger, verspannter Anderthalbdecker in Holzbauweise; Oberflügel zur Sichtverbesserung des Piloten mit Knick direkt am Rumpf angeschlossen.
Leitwerk: Normalbauweise; Höhenleitwerk nach unten abgestrebt.
Fahrwerk: mechanisch einziehbar mit Spornrad; Ausrüstung mit Schneekufen möglich.

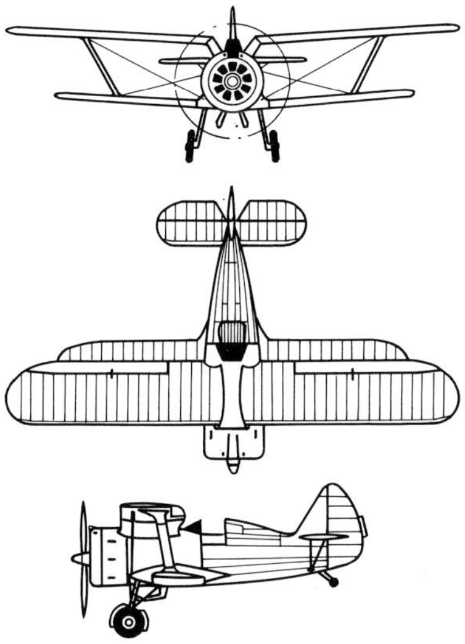

Polikarpow I-185
Versuchsjagdflugzeug

Ende der dreißiger Jahre unternahm das Konstruktionsbüro Polikarpow mehrere Versuche, die Jagdflugzeuge I-153 und I-16 zu modernisieren. So entwickelte es 1939 aus der I-153 die I-190 und die I-190GK mit hermetisierbarer Kabine und im Jahr zuvor aus der I-16 die I-180. Mit der ersten I 180 stürzte der berühmte Testpilot Tschkalow am 15. Dezember 1938 ab, als das Triebwerk im Landeanflug aussetzte. Nach dem Bau von drei Prototypen und zehn Vorserienmaschinen I-180S gab man diesen Typ auf, weil inzwischen die I-185 existierte, bei der die Erfahrungen mit der I-180 verwendet wurden.

In der Rekordzeit vom 25. Januar bis zum 10. März 1940 hatten die Flugzeugbauer die I-185 geschaffen – mit einer einfachen, für den Großserienbau günstigen Technologie. Erstmals im sowjetischen Flugzeugbau war diese Maschine mit einem luftgekühlten Triebwerk ausgestattet.

Bis April 1942 wurden fünf I-185 fertig: I-185/M-90 (auch als „E", „02" oder Projekt 188/M-90 bezeichnet) mit dem Triebwerk M-90 geplant, jedoch auf M-81 umgerüstet; I-185/M-81 mit dem Triebwerk M-81, zwei MGs SchKAS und zwei MGs BS sowie 250 kg Bomben; I-185/M-82A (Foto) mit dem Triebwerk M-82A, drei synchronisierten 20-mm-Kanonen SchWAK und acht Raketengeschossen RS-82; I-185/M-71 (Skizze) mit dem Triebwerk M-71, zwei MGs UBS und zwei MGs SchKAS, acht RS-82 oder 400 kg Bomben; I-185/M-71 mit gleichem Triebwerk, drei 20-mm-Kanonen SchWAK, acht RS-8 oder 500 kg Bomben als Ausgangsmuster für die Serienfertigung.

Die Erprobung an der Kalinin-Front Ende 1942 brachte gute Ergebnisse, und die Serienfertigung wurde vorbereitet, als es zu einer Katastrophe kam: In geringer Höhe setzte das Triebwerk aus, und der Testpilot Stepantschenko kam ums Leben. Da zu dieser Zeit nicht genügend M-71 zur Verfügung standen und die Serienfertigung der La-5 unmittelbar bevorstand, verzichtete man auf den Serienbau der I-185.

Polikarpow bemühte sich, die aus der I-185 abgeleitete I-187 zur Serienreife zu führen. Sie blieb jedoch Projekt.

Rumpf: Holzbauweise; Kraftstoffbehälter im Rumpf.
Tragwerk: Tiefdecker; dreiteilig; Vorflügel; Ganzmetall.
Leitwerk: freitragende Gemischtbauweise.
Fahrwerk: einziehbar mit Heckrad; alle Streben einfach bereift.

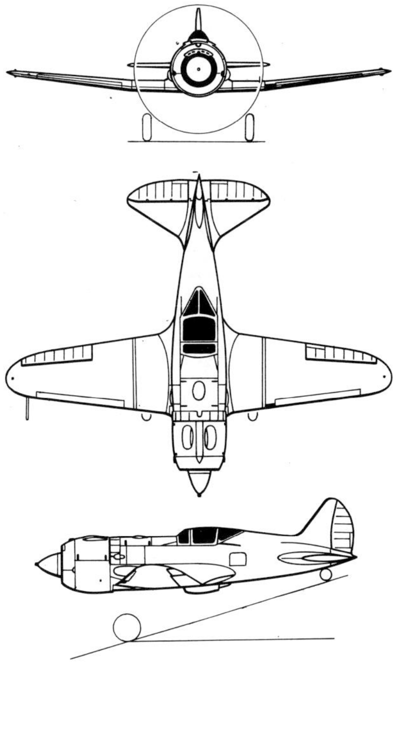

Polikarpow TIS
Jagdflugzeug

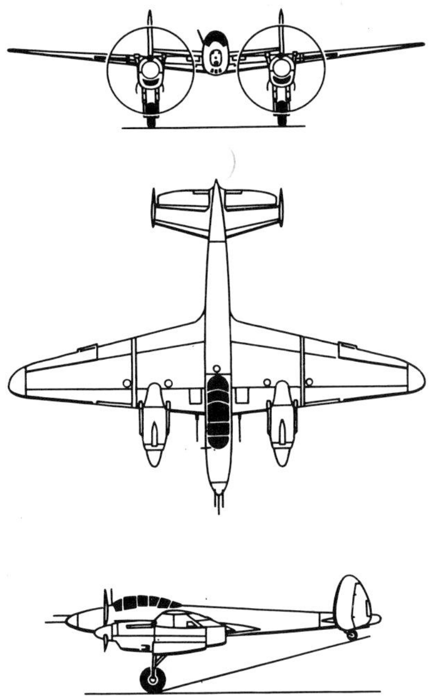

Im Jahr 1938 schrieben die sowjetischen Luftstreitkräfte ein Langstrecken-Jagdflugzeug aus, das für den Begleitschutz der Bombenflugzeuge eingesetzt werden konnte. Daraufhin projektierten Mikojan den Typ DIS (MiG-5) und Polikarpow das Muster TIS (Tjasholy Istrebitel Saprowosdenija – schweres Begleitjagdflugzeug).

1941 war der erste Prototyp TIS (A) mit AM-37 (je 1 050 kW) fertiggestellt. Er nahm im Sommer 1941 die Flugerprobung auf, die jedoch wegen des Überfalls auf die Sowjetunion unterbrochen werden mußte. Die Entwicklung konnte erst 1943 fortgesetzt werden. Der verbesserte Prototyp TIS (MA) mit AM-39 (je 1 450 kW) wurde allerdings nicht mehr erprobt, da die Kriegslage ein derartiges Flugzeug nicht mehr notwendig machte.
Bewaffnet war die TIS (A) mit vier starren 7,62-mm-MGs SchKAS nach vorn und einem MG nach hinten. Vorgesehen waren für die Serienausführung zwei starre Kanonen SchWAK und eine 37-mm-Kanone. Diese Bewaffnung wurde in die TIS (MA) eingebaut. Die TIS (A) erreichte in Bodennähe beachtliche 522 km/h, in 3 400 m Höhe sogar 652 km/h.

Rumpf: Ganzmetall-Schalenbauweise; geschlossenes Cockpit; Sitze hintereinander.
Tragwerk: freitragender Tiefdecker in Ganzmetallbauweise; Landeklappen.
Leitwerk: freitragende Bauweise in Metall; zwei Seitenleitwerke als Endscheiben; alle Ruder mit Trimmklappen.
Fahrwerk: einziehbar mit Spornrad; Radbremsen.

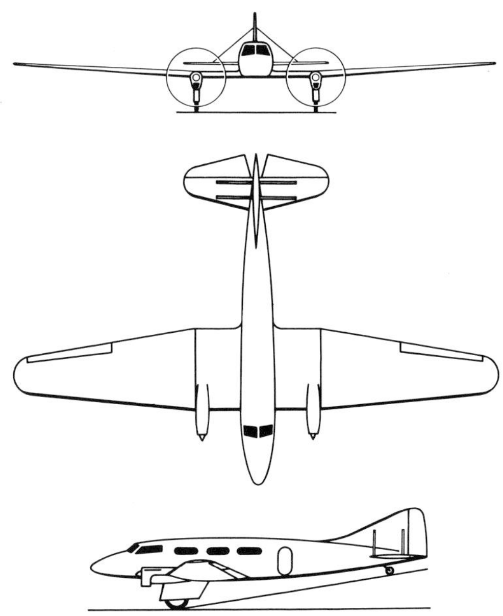

PS-89
Verkehrsflugzeug

Dieses Ganzmetallflugzeug wurde im Jahr 1935 von Ingenieuren des Wissenschaftlichen Forschungsinstituts der Zivilen Luftflotte entwickelt. Das erste Muster dieser Maschine wurde im Flugzeugwerk Nr. 89 gebaut. Die Aeroflot bezeichnete das Flugzeug deshalb als PS-89, die Werkbezeichnung war SIG-1 (Sawod Imeni Golzmana).
Das Verkehrsflugzeug wurde 1937/38 in einer kleinen Serie von acht Exemplaren gebaut und von der Aeroflot eingesetzt. In den Jahren 1938 bis 1940 beflog es die Strecken Moskau—Irkutsk, Moskau—Simferopol und einige Linien im Hohen Norden.
Die Konstrukteure hatten der Flugsicherheit sowie einer niedrigen Landegeschwindigkeit große Aufmerksamkeit geschenkt.

Rumpf: Ganzmetall-Schalenbauweise.
Tragwerk: freitragender Tiefdecker in Ganzmetallbauweise.
Leitwerk: Normalbauweise in Duralumin mit Stoffbespannung; Höhenleitwerk abgestrebt.
Fahrwerk: starr mit Spornrad; Haupträder verkleidet; Bremsen an den Haupträdern; Schneekufen möglich.

Putilow Stahl-2
Verkehrsflugzeug

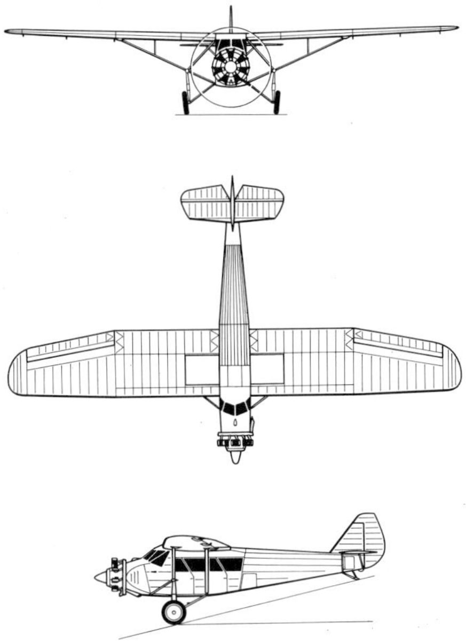

Das Wissenschaftliche Forschungsinstitut der Zivilen Luftflotte entwickelte im Jahr 1930 das einmotorige Verkehrsflugzeug Stahl-2. Der Konstrukteur Putilow wurde später als Luftschiffkonstrukteur bekannt. Der Erstflug war am 11. Oktober 1931, der Serienbau begann allerdings erst 1934, da die neuen Materialien und Technologien erst beherrscht werden mußten.
Besonderheiten dieses Flugzeugs waren die Anwendung des Punktschweißens und die Verwendung von nichtrostendem Stahl.
Zunächst erhielten die Maschinen Triebwerke M-26 mit je 220 kW Startleistung, dann die gleichstarken, aber besseren MG-31.
Die Aeroflot setzte Maschinen vom Typ Stahl-2 in Sibirien und in Mittelasien ein. Insgesamt wurden bis 1935 111 Flugzeuge gebaut. Sie flogen bis 1940.

Rumpf: Stahlrohrbauweise mit rechteckigem Querschnitt; Kabine sperrholzbeplankt, dahinter stoffbespannt.
Tragwerk: abgestrebter Hochdecker mit rechteckigem Umriß; zwei Holme und Rippen aus nichtrostendem Stahl; Stoffbespannung; Querruder.
Leitwerk: Normalbauweise in Stahlrohr mit Stoffbespannung; Höhenleitwerk nach unten abgestrebt.
Fahrwerk: starr mit geteilter Achse und Hecksporn; Ausrüstung mit Schneekufen oder Schwimmern möglich.

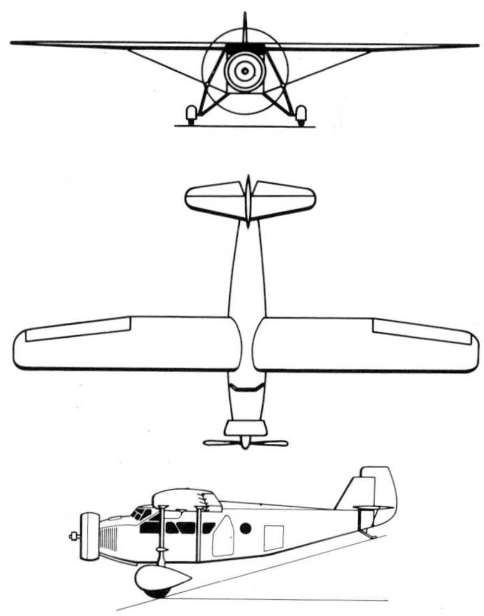

Putilow Stahl-3
Verkehrsflugzeug

Aufgrund der Erfahrungen mit der Stahl-2 entwickelte das Konstruktionsbüro Putilow die Stahl-3 für sechs Passagiere. Der Erstflug fand 1933 statt. In den Jahren 1935/36 wurden 79 Flugzeuge hergestellt (einige davon mit dem Reihenmotor M-17), für ein Verkehrsflugzeug damals eine beachtliche Zahl. Die Aeroflot benutzte die Stahl-3 bis 1941, danach dienten die Maschinen als Militärtransporter.
Die Erwartungen, daß der nichtrostende Stahl die Lebensdauer des Flugzeugs verlängern würde, erfüllten sich nicht. Die Schweißpunkte, die Schrauben und die Bolzen verlangten ebensoviel Wartung wie bei anderen Flugzeugen, so daß es kaum zu rechtfertigen war, nichtrostenden Stahl, der importiert werden mußte und sehr teuer war, zu verwenden.

Rumpf: Stahlrohrbauweise mit Stoffbespannung; geschlossenes Cockpit mit Doppelsteuerung; Kabine für sechs Passagiere mit Tür backbords.
Tragwerk: abgestrebter Schulterdecker in Stahlbauweise mit Stoffbespannung; Spaltklappen und -querruder.
Leitwerk: Normalbauweise in Stahl mit Stoffbespannung; Höhenflosse nach unten abgestrebt; Seitenruder aerodynamisch ausgeglichen.
Fahrwerk: starr mit geteilter Achse und Hecksporn; Radbremsen.

„Russki Witjas“ Verkehrsflugzeug

Das erste erfolgreiche viermotorige Flugzeug der Welt wurde in Rußland gebaut. Im Russisch-Baltischen Waggonwerk (RBWS) in Petersburg (heute Leningrad) wurde im Sommer 1912 ein Konstruktionsbüro für Flugzeuge unter Leitung von Sikorsky gebildet. Zuerst entstand das zweimotorige Großflugzeug „Grand-RBWS“, aus dem dann ein viermotoriges Flugzeug entwickelt wurde. Die vier Triebwerke waren tandemartig angeordnet. Von dieser Bauart ging man ab und brachte die vier 75-kW-Motoren in einer Reihe auf der unteren Tragfläche an. Dieses Flugzeug erhielt die Bezeichnung „Russki Witjas“ („Russischer Recke“). Es flog erstmalig am 23. Juli 1913. Am 2. August des gleichen Jahres stellte die große Maschine mit sieben Personen einen Flugdauer-Weltrekord mit 1 h 54 min auf. Das Flugzeug wurde schwer beschädigt, als ein anderes, den Flugplatz überquerendes Flugzeug seinen Motor verlor, der auf die „Russki Witjas“ fiel.

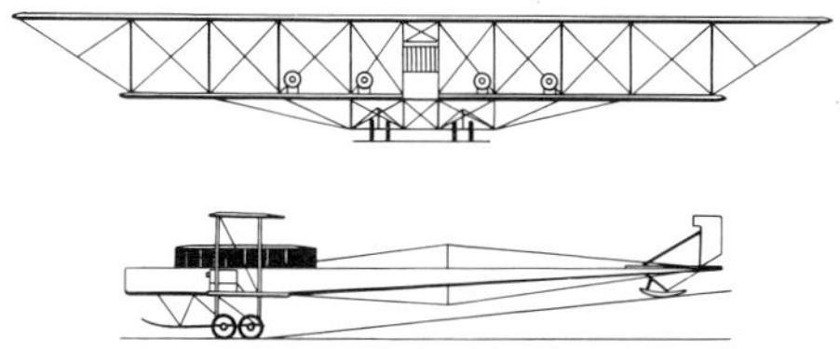

Rumpf: Holzbauweise mit Sperrholzbeplankung; rechteckiger Querschnitt; verglastes Kabinenoberteil für Besatzung und Fluggäste; hinterer Rumpf als Leitwerkträger; vorn im Bug ein offener Raum zur Bedienung eines Scheinwerfers; Doppelsteuerung.
Tragwerk: mehrstieliger, verspannter Doppeldecker in Holzbauweise mit Stoffbespannung.
Leitwerk: Normalbauweise mit zwei Seitenleitwerken.
Fahrwerk: insgesamt acht Räder, je vier paarweise auf einem Schlitten; mehrere große gebogene Kufen, die bis vor den Rumpf ragten zum Schutz gegen Überschläge; große Heckkufe.

Schawrow Sch-1 / Sch-2 Mehrzweckflugzeuge

Schawrow schuf 1928 das erste Amphibienflugzeug der Sowjetunion. Er projektierte, konstruierte und berechnete das Flugzeug mit Korwin, das er dann zusammen mit dem Bordmechaniker Funtikow baute. Die Maschine erhielt einen 65-kW-Motor. Sie erreichte eine Höchstgeschwindigkeit von 125 km/h und eine Gipfelhöhe von 2470 m.
Der Bau der Sch-1 begann am 16. April 1928, der erste Probeflug war am 4. Juni 1929 und der Erstflug vom Wasser aus am 21. Juni 1929. Nach der Erprobung auf dem Wasser wurde das Fahrwerk angebaut, und am 6. August 1929 folgte der Erstflug als Amphibienflugzeug. Ende September war die staatliche Abnahme.
Das Triebwerk genügte für sportliche Zwecke. Für die Ausbildung wurde jedoch eine stärkere Version mit dem Triebwerk M-11 (75 kW) gefordert. Diese Weiterentwicklung hieß Sch-2. Sie flog erstmalig am 14. November 1930 und wurde von 1932 bis 1934 sowie 1939/40 in einigen hundert Exemplaren in Serie gebaut. 16 Maschinen sind als Sanitätsflugzeuge hergestellt worden. Im Jahr 1951 versah man einige Sch-2 mit dem stärkeren Triebwerk M-11 D, und ab 1952 erhielten einige Maschinen eine geschlossene Kabine mit einem durchsichtigen Dach. Sie wurden bis 1964 in Sibiriens Volkswirtschaft verwendet.
Die Maschine diente als Schul- und Übungsflugzeug, als Erkundungsflugzeug auch von Schiffen aus, zur Fischfang- und Eisaufklärung sowie zur Überwachung von Waldbränden. Die Aeroflot verwendete sie auf örtlichen Linien als Passagier- und Postflugzeug. Ferner wurde sie als Rettungs- und Sanitätsflugzeug eingesetzt. Insgesamt wurden etwa 700 Stück gebaut.
Im Arktis-Antarktis-Museum in Leningrad steht eine der ersten Sch-2 (die Maschine des bekannten Fliegers Babuschkin).

Rumpf: Bootsrumpf in Holzbauweise.
Tragwerk: abgestrebter Anderthalbdecker mit abgestütztem oberem Flügel in Holzbauweise mit Stoffbespannung; Mittelflügel aus Duralumin.
Leitwerk: Normalbauweise in Holz; Höhenleitwerk nach unten abgestrebt.
Schwimm-/Fahrwerk: Bootsrumpf mit seitlichen Stützschwimmern am unteren Flügel; zwei nach oben klappbare Räder und Hecksporn; Ausrüstung mit Schneekufen möglich.

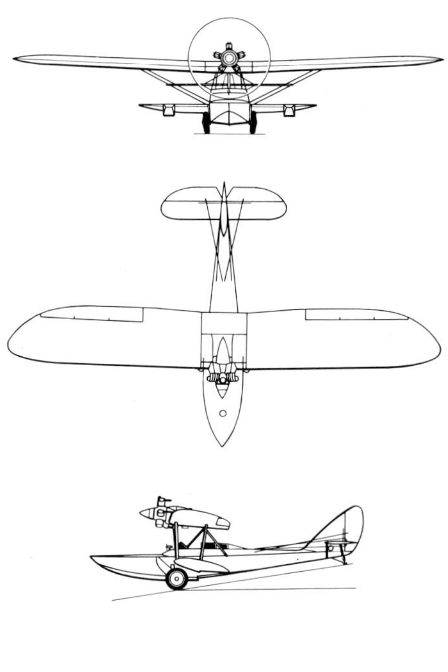

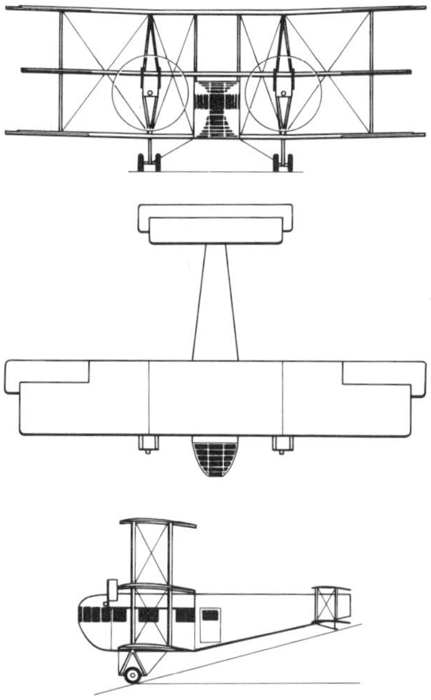

Shukowski/Archangelski/Tupolew KOMTA
Verkehrsflugzeug

Im Jahr 1919 rief die Sowjetregierung die Kommission für schwere Luftfahrt KOMTA ins Leben. Den Vorsitz übernahm Shukowski. Die KOMTA untersuchte die Möglichkeiten des Luftverkehrs und der dafür notwendigen Flugzeuge. Im Auftrag der KOMTA projektierte, konstruierte und baute das ZAGI einen zweimotorigen Dreidecker, der als KOMTA bezeichnet wurde. Der Bau der KOMTA begann 1919. Verwendet wurden dabei zahlreiche „Ilja-Muromez"-Baugruppen bzw. Teile in der gleichen Bauweise. Zwei Jahre darauf kam das fertige Flugzeug zur Erprobung nach Moskau. Die Flugerprobung im März 1922 zeigte allerdings, daß das als zweimotoriger Dreidecker ausgelegte Flugzeug veraltet war. Die ersten Testflüge ergaben eine ungünstige Schwerpunktlage, so daß die Triebwerke um 1 m nach vorn verlegt werden mußten. Im Sommer 1924 wurde die Maschine einer Bombereinheit zu Schulzwecken übergeben. Die KOMTA ist als Beginn des eigenständigen sowjetischen Flugzeugbaus zu betrachten.

Rumpf: geschlossener Rumpf mit verglastem Bug; geschlossene Kabine; offenes Cockpit im Rumpf oben hinter dem Tragwerk.
Tragwerk: verstielter und verspannter Dreidecker.
Leitwerk: verstieltes und verspanntes, doppeltes Höhen- und Seitenleitwerk.
Fahrwerk: starr mit Zwillingsrädern und Hecksporn.

Schtscherbakow Schtsche-2
Verkehrsflugzeug

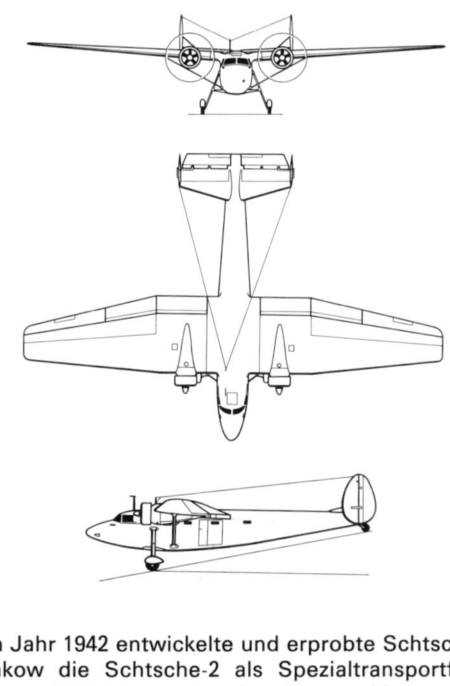

Im Jahr 1942 entwickelte und erprobte Schtscherbakow die Schtsche-2 als Spezialtransportflugzeug mit leichten und geräuscharmen Motoren für die Armee. Das sehr leichte Flugzeug (zunächst als TS-1 – Transportny Samolot – bezeichnet) kam aufgrund seiner geringen Landegeschwindigkeit mit kleinen Flugplätzen ohne befestigte Startbahnen aus. Der Werkerprobung im Juni 1943 folgte die staatliche Abnahme im August 1943. Die Maschine wurde vom 3. Oktober 1943 bis 1946 in 550 Exemplaren gefertigt.
Sie diente als Nachschubflugzeug, insbesondere für die Partisanenverbände und zum nächtlichen Absetzen von neun Fallschirmspringern. Als Sanitätsflugzeug nahm es 11 Tragen auf. Insbesondere transportierte die Maschine Flugzeugersatzteile. So konnte sie alle damals verwendeten Flugzeugtriebwerke befördern.
Nach dem Krieg flog die Schtsche-2 in der Sowjetunion, in Polen und in Jugoslawien, dort vor allem zur Fallschirmspringerausbildung. Sie war noch kurze Zeit auf örtlichen Linien eingesetzt und diente dann als Schul-, Post- und Sanitätsflugzeug, für Luftbildaufnahmen und Vermessungsflüge.
Ein Projekt der zweirumpfigen Ausführung mit drei M-11 D wurde nicht verwirklicht.

Rumpf: Holzschalenbauweise mit ovalem Querschnitt.
Tragwerk: abgestrebter Schulterdecker in Holzbauweise mit Stoffbespannung; zwei Holme; Landeklappen.
Leitwerk: doppeltes Seitenleitwerk als Endscheiben; Höhenleitwerk nach unten abgestrebt.
Fahrwerk: starr mit geteilter Achse; Haupträder verkleidet; Spornrad.

Suchoi Su-2 (BB-1) Bombenflugzeug

Im Jahr 1936 schuf Suchoi ein leichtes Aufklärungsflugzeug unter der Bezeichnung ANT-51 oder S-3 für das Projekt „Iwanow", für das auch andere Konstrukteure ihre Vorschläge einreichten. (Damals arbeitete Suchoi noch im Kollektiv von Tupolew.) Der Erstflug dieser Maschine noch mit nicht einziehbarem Fahrwerk war am 25. August 1937.
Nach Gründung des Konstruktionsbüros Suchoi wurde der Entwurf in ein leichtes Bombenflugzeug umgearbeitet. Es entstanden Prototypen mit unterschiedlichen Triebwerken. Unter der Bezeichnung Su-2 ging die Maschine im Jahr 1939 in Serie. Im Jahr 1940 wurde eine Erdkampfversion mit etwas veränderter Zelle und stärkerer Panzerung entwickelt. Die Abwehrbewaffnung und die Panzerung der Su-2 genügten jedoch nicht gegen Angriffe von hinten. Die Maschine wurde bis 1942 in Serie gebaut, insgesamt 793 Maschinen, die letzte Serie mit einem 1 030-kW-Triebwerk ASch-82. Dann folgte die Su-4 als verbesserte Version der Su-2 in einer kleinen Serie.

Versionen:
ANT-51 „Iwanow": Projekt im Konstruktionsbüro Tupolew.
BB-1 (Blishni Bombardirowschtschik): Bezeichnung der Luftstreitkräfte für die Su-2.
S-3: Prototyp mit M-62-Motor.
SchB (Schtormowik Bronirowanni): Bezeichnung für die Erdkampfversion der Su-2.
Su-2: Bezeichnung für die ab 1939 in Serie gebauten Flugzeuge (Foto).

Rumpf: Metallbauweise mit rundem Querschnitt; geschlossenes Cockpit; verglaster Drehturm für den Bordschützen.
Tragwerk: freitragender Tiefdecker in Metallbauweise; Landeklappen.
Leitwerk: freitragende Normalbauweise in Metall.
Fahrwerk: einziehbar mit Spornrad; Radbremsen; Schneekufen möglich.

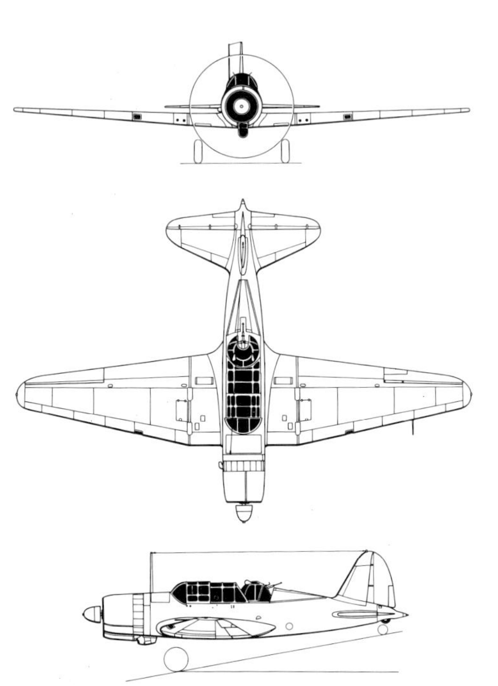

Suchoi Su-5 (I-107) Versuchsabfangjagdflugzeug

Mitte der vierziger Jahre unternahmen sowjetische Konstrukteure zahlreiche Versuche, um die Geschwindigkeit kolbenmotorgetriebener Maschinen mit Hilfe zusätzlicher Raketen-, Kompressorturbinen- oder Strahltriebwerke zu beschleunigen. Zu dieser Kategorie von Flugzeugen aus der Übergangszeit zum reinen Strahlantrieb zählt auch die Su-5, eine Parallelentwicklung zu Mikojans I-250 (N). Gemeinsam mit dieser auch als I-107 bezeichneten Maschine schuf das Suchoi-Kollektiv im Jahr 1944 das Versuchsabfangjagdflugzeug Su-7.
Während für die Su-7 ein Mischantrieb aus dem Kolbenmotor ASch-82 FN und dem Flüssigkeitsraketentriebwerk RD-1 CHS (3000 N Schub) gewählt wurde, erhielt die Su-5 einen Antrieb, der sich aus dem WK-107 A sowie dem Kompressorturbinentriebwerk WRDK zusammensetzte. Dieses zweite Triebwerk, das auch als Cholschtschewnikow-Beschleuniger bezeichnet wurde, bestand im wesentlichen aus einem in den Abgasstrom des flüssigkeitsgekühlten Reihenmotors WK-107 A eingebauten Kompressor sowie einer zusätzlichen Kraftstoffeinspritzung. Für rund 10 min konnte so die Leistung um 660 kW erhöht werden.
Die erste Etappe der Werkerprobung dauerte von April bis Juni 1945 und stand unter Leitung des Testpiloten Komarow. Die Geschwindigkeitszunahme durch das Triebwerk WRDK betrug in Bodennähe 90 km/h und in großen Höhen 100 km/h. Nach der Beschädigung des Triebwerks wurden die Entwicklungsarbeiten im Juli 1945 abgebrochen, weil sich zu dieser Zeit bereits die größeren Perspektiven des Strahlantriebs abzeichneten.

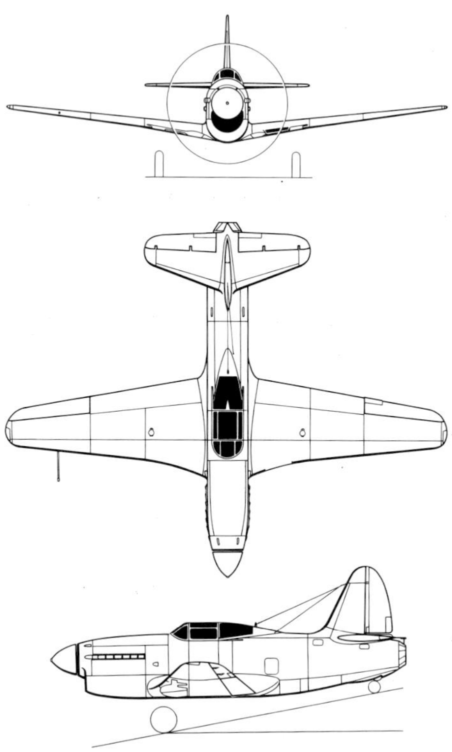

Rumpf: Ganzmetallbauweise; Kanone durch die Luftschraubennabe, Maschinengewehr durch den Luftschraubenkreis schießend; Lufteinlauf unter dem Triebwerk; Gasaustrittsöffnung im Heck.
Tragwerk: Tiefdecker; ein Teil des Kraftstoffvorrats in den Flügeln; einholmig.
Leitwerk: Normalbauweise in Ganzmetall.
Fahrwerk: einziehbar mit Heckrad.

Suchoi Su-6
Erdkampfflugzeug

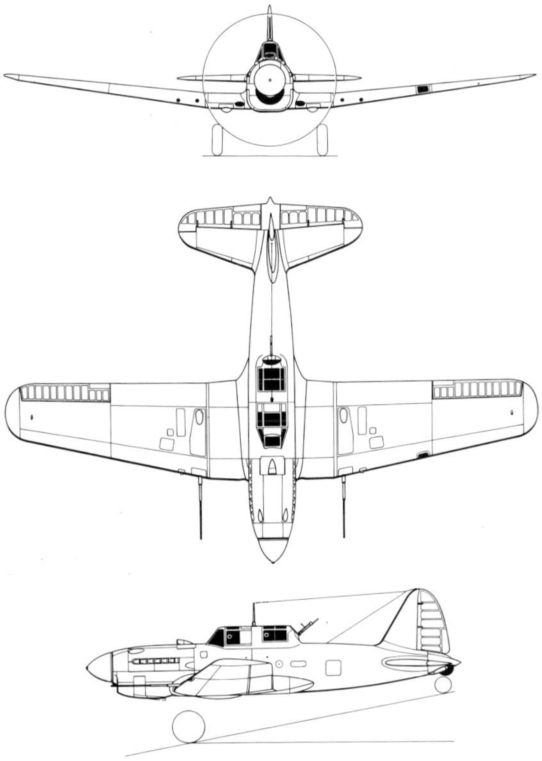

Aufgrund der gleichen Ausschreibung, nach der Iljuschin die Il-2 entwickelt hatte, schuf Suchoi sein erstes Erdkampfflugzeug, die Su-6. Es war zunächst ebenfalls einsitzig (Su-6 [SA]) ausgeführt worden. Da die Erprobung infolge des Überfalls durch Hitlerdeutschland abgebrochen werden mußte und die ersten Schlachtflugzeuge die Notwendigkeit der zweisitzigen Ausführung nachgewiesen hatten, schuf Suchoi die zweisitzige Version Su-6 (S-2A, Skizze) mit MG nach hinten, weil die Einsitzer den Angriffen feindlicher Jagdflugzeuge von hinten sonst schutzlos ausgeliefert waren.
Die im Jahr 1942 herausgebrachte Su-6 hatte einen Sternmotor. Ihre Besonderheit bestand in der Ausführung des gesamten Vorderteils des Rumpfes als Panzerwanne mit Wandstärken von 2 bis 12 mm. Im Jahr 1943 erschien eine weiterentwickelte Su-6 (S-3 A, Foto) mit dem Triebwerk AM-42 (1 470 kW). Da die Triebwerke nicht in genügender Anzahl verfügbar waren und sich die Il-2 als sehr gut erwiesen hatte, ging die Su-6 nicht in Serie.

Rumpf: Ganzmetallbauweise; Vorderteil einschließlich Triebwerkverkleidung gepanzert.
Tragwerk: freitragender Tiefdecker in Ganzmetallbauweise; Vorflügel und Landeklappen.
Leitwerk: freitragende Normalbauweise in Ganzmetall; alle Ruder mit Trimmklappen.
Fahrwerk: einziehbar mit Spornrad.

Suchoi Su-7
Versuchsabfangjagdflugzeug

Aus einer einsitzigen Ausführung des Erdkampfflugzeugs Su-6 entwickelte Suchoi 1943 den Jagdeinsitzer Su-7. Da die sowjetischen Streitkräfte damals die in großen Serien gebauten Jak-9, Jak-3, La-5 und La-7 als Jagdflugzeuge benutzten, bestand keine Notwendigkeit, ein weiteres Jagdflugzeug in Großserie zu produzieren. Die Su-7 wurde deshalb zu Versuchszwecken mit einem zusätzlichen TL-Triebwerk ausgerüstet. Sie erreichte mit einem Kolbentriebwerk eine Geschwindigkeit von 590 km/h; mit dem TL-Zusatztriebwerk RD-1-ChS 705 km/h. Es bestand aus einem Verdichter, einer einstufigen Turbine und einer Brennkammer. Bei einer Drehzahl von 26 000 min^{-1} ergab sich ein Schub von 2 940 N. 1944 begannen die Probeflüge, die eine Höchstgeschwindigkeit von 705 km/h und eine Gipfelhöhe von 12 700 m (mit RD 1 ChS) brachten.

Rumpf: Ganzmetallbauweise; geschlossenes Cockpit.
Tragwerk: freitragender Tiefdecker in Ganzmetallbauweise; Vorflügel und Landeklappen.
Leitwerk: freitragende Normalbauweise in Metall; alle Ruder mit Trimmklappen.
Fahrwerk: einziehbar mit Spornrad; Radbremsen.

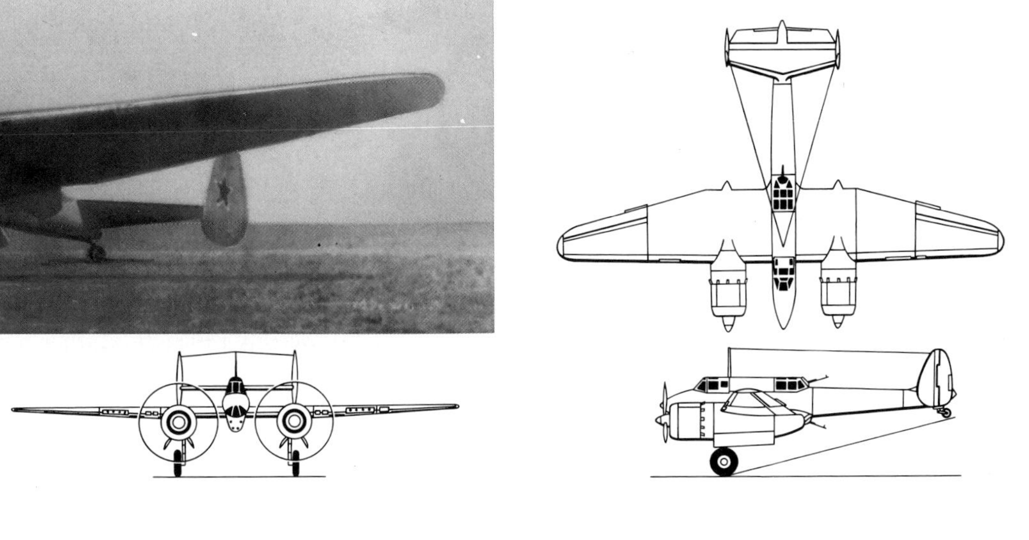

Suchoi Su-8 (DDBSch)
Erdkampfflugzeug

Da die Reichweite der Il-2 etwa ab 1943 oft nicht mehr ausreichte, um von weiter hinten gelegenen Flugplätzen mit den schnell vordringenden Panzerspitzen Schritt zu halten, wurde die Entwicklung eines Typs verlangt, der mit starker Bewaffnung gepanzerte Ziele angreifen konnte und über eine große Reichweite verfügen sollte. Die Bezeichnung für ein solches Flugzeug lautete DDBSch (Dwuchmotorny Dalny Bronirowanny Schturmowik – zweisitziges gepanzertes Fernschlachtflugzeug). Dafür entstand 1943 die Su-8, die das am stärksten bewaffnete und zugleich sturzflugfähige sowjetische Erdkampfflugzeug war. Es wurde im Jahr 1944 eingeflogen. Ein Serienbau erwies sich jedoch infolge der veränderten Kriegslage als nicht mehr erforderlich.
Die Maschine war sehr wendig und leicht zu fliegen.

Rumpf: Gemischtbauweise; stark gepanzerter Rumpf mit kleinem Querschnitt.
Tragwerk: freitragender Tiefdecker in Gemischtbauweise.
Leitwerk: freitragende Bauweise in Ganzmetall; zwei Seitenleitwerke als Endscheiben am Höhenleitwerk; an allen Rudern Trimmklappen.
Fahrwerk: einziehbar mit Spornrad.

Suchoi Su-9 (K)
Frontjagd- und leichtes Bombenflugzeug

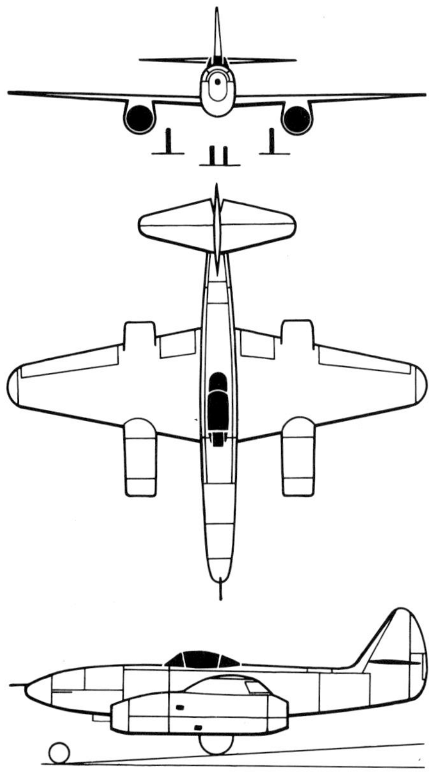

Im Dezember 1945 erörterte die Sowjetregierung mit ihren Flugzeugkonstrukteuren, ob die deutsche Me 262 von Messerschmitt nachgebaut werden sollte. Die sowjetischen Konstrukteure lehnten den Nachbau wegen der Mängel dieses Typs und aufgrund der inzwischen gesammelten eigenen Erfahrungen ab. Deshalb wurden Aufträge zur Entwicklung von einstrahligen Jagdflugzeugen an Jakowlew (Jak-15), Lawotschkin (La-150) sowie von zweistrahligen Jagdflugzeugen an Mikojan (MiG-9) und Suchoi (Su-9) erteilt.
Die Su-9 unterscheidet sich von den anderen Typen durch die Anordnung der Triebwerke unter den Tragflügeln. Der Erstflug fand im Juli 1946 statt. Am 3. August 1947 nahm der Typ an der Luftparade teil, und im Dezember 1947 waren die Probeflüge abgeschlossen. Als leichter Bomber trug die Su-9 500 kg Bomben.
Da die MiG-9 früher fertig geworden und infolgedessen schon ausgereifter war, wurde die Su-9 nicht in großer Serie gebaut, sondern zum Jagdbombenflugzeug Su-11 (LK) mit zwei Triebwerken TR-1 (je 19 700 N Startschub) weiterentwickelt. Als Starthilfe wurden unter dem Rumpf zwei Feststoffraketen U-5 mit je 11 300 N Schub (Brenndauer 8 s) befestigt. Der Sitz des Flugzeugführers war mit 12 bis 15 mm dicken Stahlplatten gepanzert. Der Typ wies folgende Neuerungen im sowjetischen Flugzeugbau auf: Hydraulikverstärker in der Steuerung, Katapultsitz, Bremsschirm und aerodynamische Bremsen an den Tragflügeln.

Rumpf: Ganzmetall-Schalenbauweise mit ovalem Querschnitt; geschlossenes Cockpit; Katapultsitz; Starthilfsraketen; Bremsschirm im Heck.
Tragwerk: freitragender Tiefdecker in Ganzmetallbauweise; Landeklappen und Luftbremsen zwischen Rumpf und Triebwerk.
Leitwerk: Normalbauweise in Metall; Höhenleitwerk nach oben versetzt.
Fahrwerk: einziehbar; an der Bugstrebe Zwillingsräder.

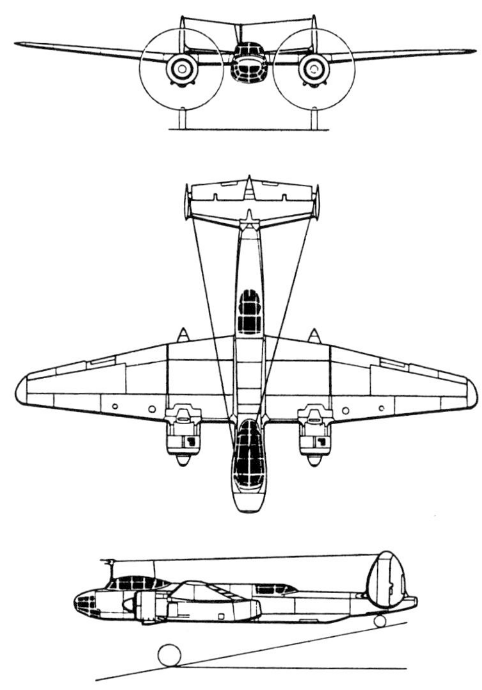

Suchoi UTB-2
Schul- und Übungsbombenflugzeug

In den Nachkriegsjahren unternahmen sehr viele spätere Bomberpiloten sowie Navigatoren der sowjetischen Luftstreitkräfte ihre ersten Flüge mit der leichten, sehr wendigen, ökonomischen und dabei einfach zu fliegenden UTB-2. Diese Maschine war im Jahr 1946 vom Konstruktionsbüro Suchoi entwickelt worden, und sie stand bereits wenig später den Fliegerschulen für die Anfangsausbildung sowie den Bombereinheiten als Trainer zur Verfügung.
Die kurze Dauer von der Entwicklung bis zur Serienproduktion war möglich, weil Suchoi in den Grundelementen auf den bewährten Bomber Tu-2 zurückgriff. Das Leitwerk, die Flügel sowie das Rumpfhinterteil wurden komplett übernommen. Neu waren die Kabine mit zwei nebeneinanderliegenden Sitzen für den Flugschüler und den Fluglehrer sowie die leistungsschwächeren Triebwerke, die für ein Schulflugzeug völlig genügten. Die vor allem durch das wesentlich stärkere

Rumpfvorderteil von der Tu-2 zu unterscheidende UTB-2 war um 4000 kg leichter als das Ausgangsmuster.
Die UTB-2 wurde auch zur Ausbildung des fliegenden Personals der Aeroflot sowie der Luftstreitkräfte Polens verwendet.

Rumpf: Ganzmetall-Halbschalenbauweise; stark verglaster Bug mit nach vorn zu öffnender Luke; Heck leicht nach oben gezogen; die ursprünglich vorhandenen Bombenräume im Rumpf dienten der Aufnahme zusätzlicher Navigations- und Funkgeräte.
Tragwerk: Mitteldecker in Ganzmetallbauweise; Mittelteil bis zu den hängend angebrachten Triebwerken; Trimmruder am rechten Querruder.
Leitwerk: Ganzmetallbauweise; doppeltes Seitenleitwerk als Endscheiben.
Fahrwerk: einfach bereift; Haupträder wurden in die Triebwerkgondel eingezogen; einziehbares Heckrad ebenfalls durch Klappen abgedeckt.

Suchoi Su-7 B
Jagd- und Erdkampfflugzeug

Im Konstruktionsbüro Suchoi begann 1953 die Entwicklung eines Jagdflugzeugs mit Tragflügeln großer Pfeilung für das Strahltriebwerk AL-7. Die

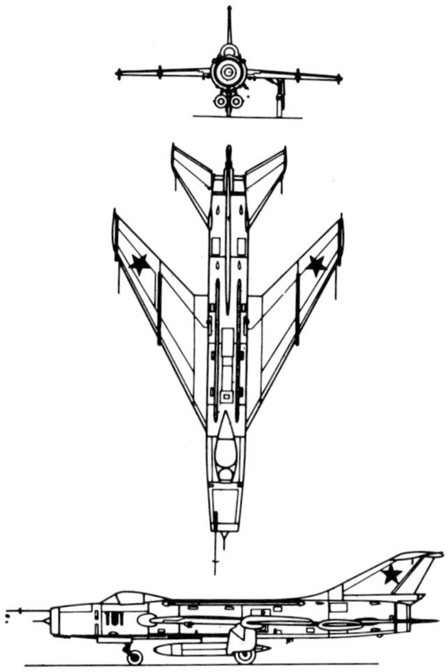

Flugerprobung der als S-1 bezeichneten Maschine begann 1955. Im Jahr 1957 wurde damit eine Geschwindigkeit von 2170 km/h erreicht. Mit der S-1 hatte erstmals ein sowjetisches Flugzeug einen regelbaren Lufteinlauf, ein schwenkbares Höhenleitwerk sowie Raketen in Kassetten. Nach der S-1 sind mehrere weitere Prototypen geschaffen worden.
Der Prototyp S-22 als unmittelbarer Vorläufer der Su-7 B wurde der Öffentlichkeit zur Luftparade 1956 in Moskau-Tuschino gezeigt. Das Flugzeug kann auch von unbefestigten Plätzen aus eingesetzt werden. Zur Verkürzung der Startstrecke lassen sich unter dem Mittelrumpf zwei Raketentriebwerke anbringen.
Außer den einsitzigen Ausführungen (z. B. Su-7 BKP als verbesserte Su-7 B und Su-7 BKL mit zwei Bremsschirmen und absenkbaren Gleitvorrichtungen an den Rädern für Start und Landung auf Rasen oder Schnee) gibt es eine Schul- und Übungsversion Su-7 BU, bei der zwei Sitze hintereinander mit Doppelsteuerung angeordnet sind.
Die Su-7 B wurde in zahlreichen Ländern, so in der ČSFR, in Polen, Algerien, Ägypten und Indien geflogen. Nachfolgemuster sind die Su-17, die Su-20 und die Su-22. Im Verlauf der Serienfertigung wurde die Su-7 B ständig verbessert. So weisen die neueren Versionen mehr Aufhängepunkte für Waffenzuladungen unter den Tragflügeln auf. Mitgeführt werden 100-, 250- oder 500-kg-Bomben, Raketen 57 mm (in Behältern je 8 oder 16) bis 240 mm. Serienbau 1958 bis 1976, geschätzter Ausstoß: 1500.
Rumpf: Ganzmetall-Schalenbauweise; Bremsschirm im Heck unter dem Seitenleitwerk.
Tragwerk: freitragender gepfeilter Mitteldecker in Ganzmetallbauweise; an jedem Flügel zwei Grenzschichtzäune; große Wölbungslandeklappen.
Leitwerk: freitragende Normalbauweise in Ganzmetall.
Fahrwerk: einziehbar mit Bugrad.

Suchoi Su-9 B / Su-11
Jagdflugzeuge

In den Jahren 1955/56 entwickelte das OKB Suchoi drei Prototypen von Deltajägern – die T-3 (Erstflug am 26. Mai 1956, fester Lufteinlaufkegel), die PT-7 (asymmetrischer Lufteinlauf, Querschnitt regelbar) und die PT-8 (Lufteinlauf mit zentralem verschiebbarem Diffusor), die erstmalig 1956 auf der Luftparade in Moskau-Tuschino vorgestellt wurde. Bei der Luftparade 1961 erschien die weiterentwickelte, seit 1959 in Serie gebaute Su-9.
Die sowjetischen Rekordflugzeuge T-405 und T-431 gelten als Versionen dieses Flugzeugs. Am 14. Juli 1959 stellte Iljuschin jr. mit der T-432 mit 28852 m einen Höhenrekord auf. Am 4. September 1962 durchflog er eine Strecke von 15/25 km in einer Höhe von 21170 m. Am 25. September 1962 flog Kosnow mit der T-431 mit 1337 km/h einen Geschwindigkeitsrekord über 500 km geschlossene Strecke.
Eine Maschine steht heute im Museum der sowjetischen Luftstreitkräfte in Monino (Foto).
Die nur mit Luft-Luft-Raketen versehene Su-9 war gegen Ziele in Höhen um 20 km bestimmt (Serienbau ab 1958, Doppelsitzer Su-9 U ab 1959), die auch in der Feuerleitausstattung verbesserte Su-11 (Prototyp T-47 1959, Trainer Su-11 U) gegen solche um 23 km (Hintergrund für die Entwicklung dieser Jäger war, daß die über 20 km hoch einfliegenden NATO-Aufklärer mit der MiG-15/17 nicht abgefangen werden konnten (z. B. britische Spezial-Canberra; Bezeichnung und Besatzungen 1994 noch geheim!, nach NATO-Angaben wurden in den 50er Jahren 20 NATO-Aufklärer über der SU abgeschossen).

Rumpf: Ganzmetall-Halbschalenbauweise mit rundem Querschnitt; Kabinenhaube öffnet sich nach hinten; vier Luftbremsen am Heck; Schleudersitz; Bremsschirm.
Tragwerk: freitragender Mitteldecker in Ganzmetallbauweise, Deltaflügel.
Leitwerk: freitragende Normalbauweise in Ganzmetall; Höhensteuer ungedämpft, stark gepfeilt.
Fahrwerk: einziehbar mit Bugrad; ein Ruder an jeder Strebe.

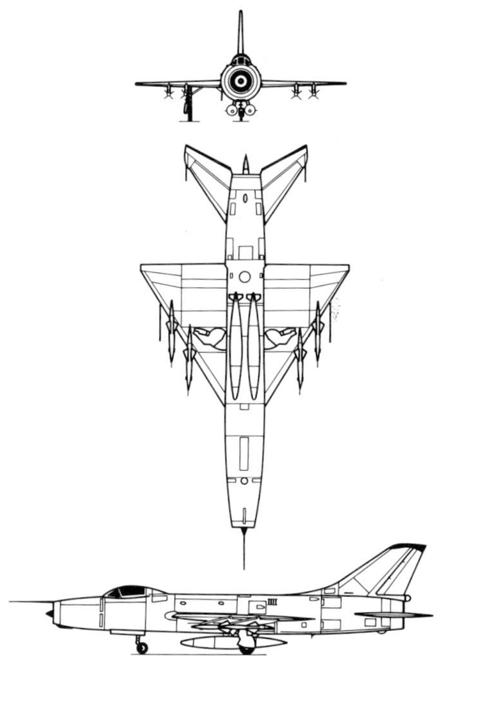

Suchoi Su-15
Jagdflugzeug

Dieses zweistrahlige Jagdflugzeug mit Deltaflügel, dessen Vorläufer die T-49 mit zentralem Lufteinlauf war, wurde erstmals auf der Luftparade 1967 in Moskau-Domodedowo öffentlich gezeigt. Es ähnelt in Leitwerk und Deltaflügel der Su-9 B. Wegen der umfangreichen Elektronik-Ausrüstung im Bug mußten die Triebwerkeinläufe an die Rumpfseiten verlegt werden. Die rechteckigen Lufteinläufe haben weit vorgezogene Grenzschichtschneiden.
Als unmittelbarer Vorläufer der Su-15 gilt das Abfangjagdflugzeug T-58 von 1961 mit zwei Triebwerken R-11F-300 von Tumanski. Die Su-15 ist mehrmals modifiziert worden, so zur Su-15 bis mit dem Triebwerk RD-25. Die Versuchsausführung T-58 WD (auch als Su-15 DPD bekannt) trug Hubtriebwerke im Doppeldeltaflügel (vergrößerte Fläche, Grenzschichtzäune, im Juni 1967 in Domodedowo gezeigt, Startrollstrecke 300 m). Die Schulversion Su-15 U hat eine längere Kabine. Zum Start der Su-15 U können Hilfsraketen verwendet werden. Die Su-15 bis erhielt eine andere Radarnase, Doppeldeltaflügel und Triebwerke R-25.
Sowjetische Piloten bezeichneten den Typ als „Taifun". Er zählte zu den Jagdflugzeugen der UdSSR-Luftverteidigung (Weiterentwicklung: Su-21).
Der Prototyp flog 1963, die Serienausführung ab 1965. Geschätzter Ausstoß: 1 000 Su-15/TM/bis/UT.

Rumpf: Ganzmetall-Schalenbauweise; an beiden Rumpfseiten in Höhe des Cockpits Lufteinläufe mit rechteckigem Querschnitt und vorgezogenen Grenzschicht- und Stoßwellenschneiden; Luftbremsen an beiden Seiten des Hecks.
Triebwerk: freitragender Mitteldecker in Ganzmetallbauweise; Deltaflügel mit gerader Vorderkante; auf jeder Seite ein Grenzschichtzaun.
Leitwerk: stark gepfeilte Normalbauweise in Ganzmetall.
Fahrwerk: einziehbar mit Bugrad; je ein Rad an jeder Strebe.

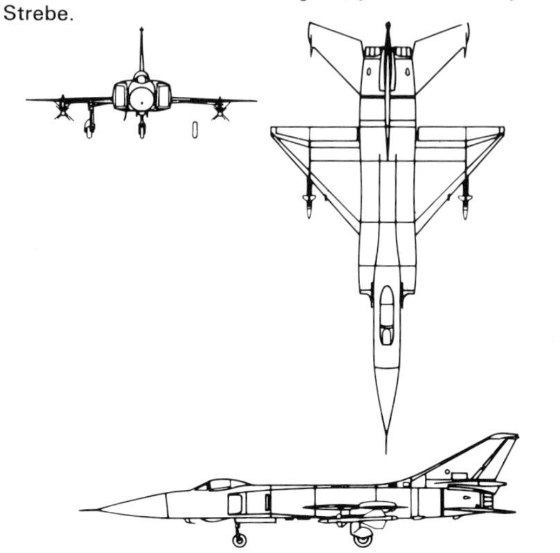

Suchoi Su-17 / Su-20 / Su-22
Jagd- und Erdkampfflugzeuge

Auf der Luftparade 1967 in Moskau-Domodedowo wurde die Su-7 IG als Experimentalausführung für ein Mehrzweckflugzeug mit veränderlicher Tragflügelgeometrie vorgestellt. Sie war neben der MiG-23 eines der ersten sowjetischen Flugzeuge mit veränderlicher Flügelpfeilung. Geschwenkt werden nur die Außenflügel. Bei ausgespreizten Tragflügeln wird die Mindestgeschwindigkeit herabgesetzt, so daß der Einsatz auch von kleinen Flugplätzen aus möglich ist. Rumpf-, Leit- und Fahrwerk wurden von der Su-7 B nahezu unverändert übernommen.

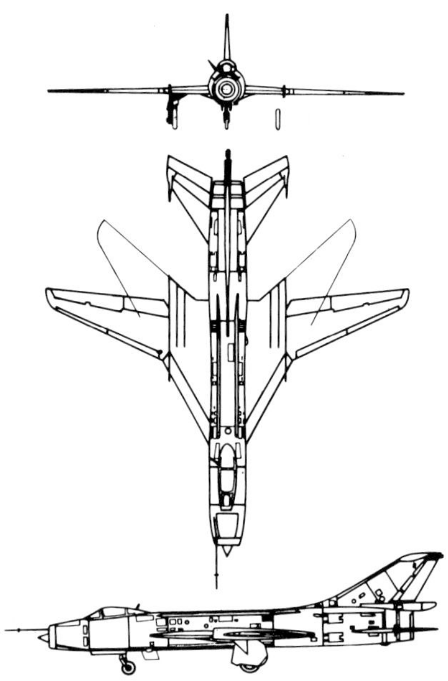

Der am 2. August 1966 in die Flugerprobung überführte Prototyp S-22 I (SU-7 IG, Basis: SU-7 BM) bildete den Ausgang einer langen Jagdbomberreihe, von der die ersten Maschinen zu Beginn der 70er Jahre den Dienst als Su-17 begannen. Als Su-20 und Su-22 sind die späteren Versionen an den Warschauer Pakt sowie an 10 weitere Staaten geliefert worden. Die NVA unterhielt in Laage ab 1984/84 2 Geschwader mit 46 Su-22 M 4 (Foto) und 8 Trainern Su-22 UM 3 K. Nach der deutschen Einheit gingen die Maschinen zu Museen oder wurden verschrottet. Im März 1991 erhielt die USAF 2 Su-22 M 4 (Nr. 380 und 724) des früheren Marinefliegergeschwaders 28 Laage. Geschätzte Gesamtproduktion bis 1989/90: 1500.

Einige Versionen:
- Su-17: Bezeichnung der sowjetischen Luftstreitkräfte (z. B. Su-17 M 3 von 1977 und Su-17 M 4 von 1979 mit modernisiertem Ziel- und Navigationssystem sowie erweiterter Bewaffnung).
- Su-20: Exportausführung (z. B. Polen 1974, Skizze, Werksbezeichnung: Su-17 MK).
- Su-22: modernere Exportausführung in mehreren Versionen, darunter auch doppelsitzige Kampftrainer.

Rumpf: Ganzmetall-Schalenbauweise; Bremsschirm im Heck unter dem Seitenleitwerk.
Tragwerk: freitragender Mitteldecker in Ganzmetallbauweise; Außenflügel mit veränderlicher Pfeilung; Klappen an der Nase und an der Hinterkante; zwischen Mittelteil und Außenflügel Grenzschichtzäune.
Leitwerk: freitragende Normalbauweise in Ganzmetall.
Fahrwerk: einziehbar mit Bugrad.

Suchoi Su-24
Bombenflugzeug

In der internationalen Fachpresse erschienen in der zweiten Hälfte der siebziger Jahre zunächst Zeichnungen und Angaben, später auch Fotos von einem als Su-19 bezeichneten neuen sowjetischen Kampfflugzeug. Mit dem Codenamen „Fencer" drückte die NATO aus, daß sie den Typ als Jagdflugzeug/Jagdbomber ansah. Sowjetische Zeitschriften veröffentlichten ab 1982 Bilder von diesem Suchoi-Typ, dessen Prototyp etwa 1970 die Flugerprobung aufgenommen hatte. Vier Jahre später begann die Serienproduktion, und ab 1975 erhielten die sowjetischen Frontfliegerkräfte die zweisitzige Su-24, die in Wirklichkeit ein Bomber ist und die Tradition der Typen Il-28 und Jak-28 fortsetzt.
Als Basis für die Su-24 gelten die 1967 getesteten Prototypen T-61 mit zusätzlichen Triebwerken sowie die T-62 mit Schwenkflügeln. Das Suchoi-Büro entschied sich wie das Mikojan-Büro bei der MiG-23 für die Schwenkflügelversion, um die

Start- und Landeeigenschaften zu verbessern. Der Flugzeugführer der Su-24 sitzt links, der Navigator rechts. Ausgerüstet ist der Typ mit einer modernen Avionik für den Allwetter- und Tiefflug, mit einem Laser- Zielanstrahlsystem sowie einem Laser-Entfernungsmeßgerät. Während bei der Jak-28 zahlreiche Werte an verschiedenen Geräten abzulesen waren, werden sie bei der Su-24 auf digitalen Displays angezeigt. Su-24-Piloten betonen, daß die neuen elektronischen Geräte die Bedienung bedeutend erleichtern, sie verlangten aber für die Flugvorbereitung mehr Zeit; denn die Computer müssen mit Ausgangsdaten, Programmen und Reservevarianten gefüttert werden.
Die Ljulka-Triebwerke liefern mit Nachbrenner einen Startschub von je 110 kN, ohne Nachbrenner von je 87,5 kN. Im Rumpf sind eine 23-mm-Kanone mit 500 Granaten und drei 23-mm-Kanonen mit je 400 Granaten untergebracht. Acht Aufhängungen – davon zwei bewegliche an den schwenkbaren Tragflügelteilen – nehmen bis zu 8 000 kg Waffen auf.
Projektbeginn 1964; Erstflug Prototyp T-6-1 Juni 1967 mit festem Flügel und STOL-Eigenschaft; Schwenkflügler T-6 IG: Januar 1970; Serienanlauf 1973. Ausstoß: 60–70 pro Jahr, gesamt etwa 1 000: Frontbomber Su-24/24 M (Stand 31. Oktober 1991: rund 750 in mehreren Unterversionen; Exportmuster Su-24 MK – Iran 24, Libyen 15, Syrien 12); etwa 65 Aufklärer Su-24 MR (auch für Marine), ECM-Version Su-24 MP (etwa 125). Die Skizze und das Foto zeigen die Su-24 K.

Rumpf: Ganzmetall-Halbschalenbauweise; in der Mitte geteiltes Kabinendach nach hinten oben zu öffnen; Vorrichtung zum Nachtanken in der Luft.
Tragwerk: Schulterdecker mit festem Mittelteil und schwenkbaren Außenflügeln; Aufhängungen für zwei 2 000-l-Zusatzbehälter unter dem Mittelteil.
Leitwerk: stark gepfeilte Ganzmetall-Normalbauweise.
Fahrwerk: einziehbares Bugradfahrwerk; alle Fahrwerkbeine doppelt bereift.

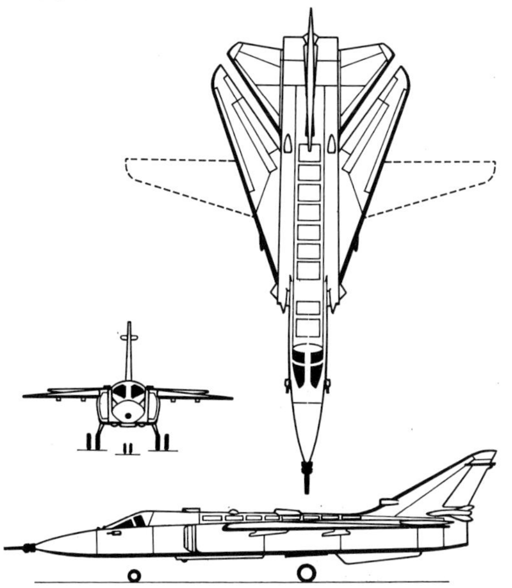

Suchoi Su-25 Schlachtflugzeug

Die Su-25 flog erstmalig 1975, sie ist vor allem für den Tiefflug zur unmittelbaren Unterstützung der Landstreitkräfte auf dem Gefechtsfeld gedacht.
Die Maschine hat sich den Ruf eines sehr zuverlässigen Flugzeugs erworben. Zur hohen Überlebenswahrscheinlichkeit tragen folgende Elemente bei (insgesamt 7,5 Prozent der Startmasse): geschweißte Kabine aus Titan und durchsichtige Stirnpanzerung, speziell geschützte Kraftstofftanks, feuersichere Triebwerkszelle und brandgeschützte Teile der Zelle, die mit den Tanks Berührung haben, beschädigungssichere Übertragungselemente, gepanzerte Aggregate und Systeme, doppeltes Längsneigungssystem und Führungssysteme mit erhöhter Lebensdauer.
Die Waffenausrüstung des sehr manövrierfähigen Flugzeugs besteht aus dem Visierkomplex mit Laser-Entfernungsmesser, dem Waffenleitsystem sowie einem breiten Waffenspektrum, das an 10 Außenaufhängungen mitführbar ist. Fest eingebaut ist eine zweirohrige 30-mm-Kanone mit 250 Granaten. Als Antrieb dienen zwei robuste, nachbrennerlose Strahltriebwerke.
Projektbeginn 1968; Erstflug Prototyp T-8-1: 22. Februar 1975; Basisversion Su-25 (Export: Su-25 K – Afghanistan, Bulgarien, Tschechoslowakei, Irak); S-25 BM mit zusätzlichen Unterflügelstationen. Doppelsitzer: SU-25 UB (Export: SU-25 UBK), Su-25 UT/Su-28 (unbewaffnet), Su-25 UTG (November 1989 Decklandung auf Träger TBILISSI, als Serienmuster Su-25 UBT (10 Su-25 UB umgebaut für KUZNETZOW). Gesamtausstoß bis Produktionende 1989 in Tbilissi: 330. Seitdem Fertigung im Werk Ulan Ude (siehe vorn unter Rußland: Su-34).

Rumpf: ovaler Querschnitt; Triebwerke an den Seiten; spitz auslaufender Bug zur Sichtverbesserung nach unten gezogen; Rückspiegel auf zur Seite klappbarer Kabinenhaube.
Tragwerk: Schulterdecker mit leicht gepfeilter (29°) Vorder- und gerader Hinterkante; Klappen und Querruder über gesamte Länge; Vorflügel, Sägezahn und Spreizbremsen in Flügelenden.
Leitwerk: Normalbauweise; trapezförmig.
Fahrwerk: einfach bereiftes Bugradfahrwerk.

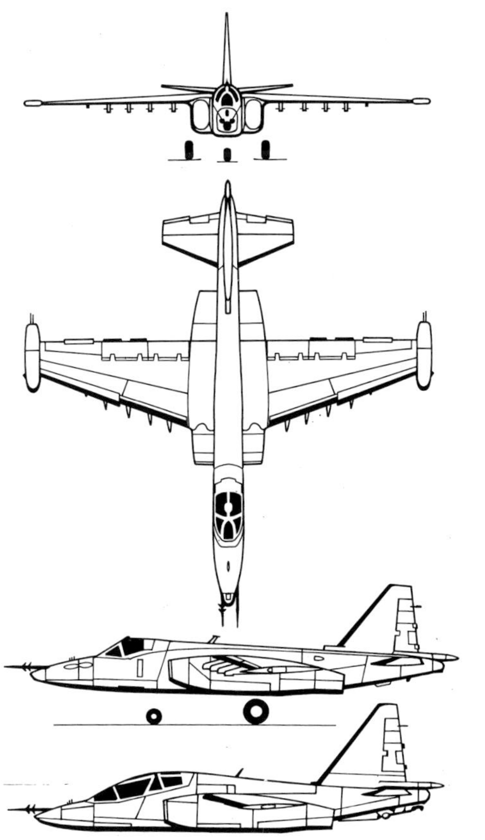

Suchoi Su-26
Sportflugzeug

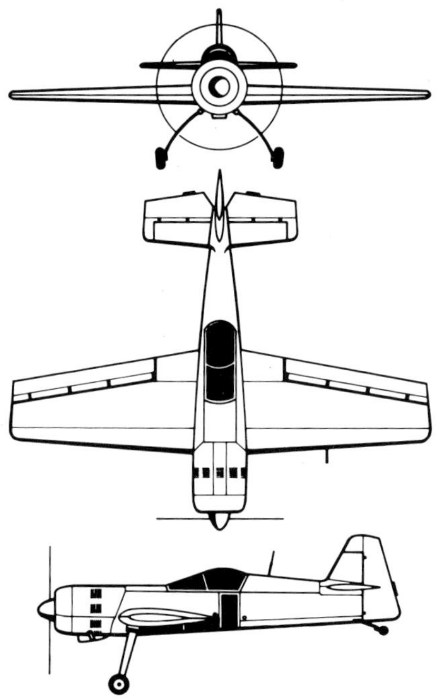

Im Versuchskonstruktionsbüro Suchoi bildete sich 1982 eine Konstruktionsbrigade für Sportflugzeuge, zu der sich vor allem junge Ingenieure des OKB zusammengeschlossen hatten. Nach Forderungen der UdSSR-Kunstflugauswahlmannschaft schufen sie mit der Su-26 einen Flugzeugtyp, der zur Teilnahme an Europa- und Weltmeisterschaften ebenso dienen sollte wie als Maschine für Kunstflugwettkämpfe oder Schauflüge. Nach der sehr kurzen Zeit von etwa einem Jahr war das Projekt S-42 – so die Werkbezeichnung – zum Prototyp für die Flugerprobung startbereit. Das OKB Suchoi arbeitete dabei sehr eng mit den Studenten des Luftfahrtinstituts Moskau sowie mit dem DOSAAF-Werk ESAG in Prenai (Litauen) zusammen, woher die Tragflügel stammen.
Das Triebwerk M-14P (Weiterentwicklung des Iwtschenko-Motors AI-14, mit dem beispielsweise mehrere Typen von Jakowlew-Sportflugzeugen ausgerüstet waren) war zunächst mit der Zweiblatt-Luftschraube V-530, später mit der Dreiblatt-Hoffmann-Luftschraube (Durchmesser 2,80 m) versehen.
Zur besseren ständigen Beobachtung der Kunstflugzonenbegrenzung (Vermeidung von Strafpunkten im Wettkampf) erhielt die Su-26 eine Verglasung der Rumpfseiten sowie des Bodens. Zugelassen ist die Maschine für Überbelastungen von +11 bis −9 g. Um diese Belastung besser ertragen zu können, wurde die Sitzrückenlehne um 45° nach hinten geneigt, wodurch eine halb liegende Position möglich ist. Erstmals trat die Su-26 zur Kunstflugweltmeisterschaft 1984 in Erscheinung. Die modifizierte Version (seit 1985) heißt Su-26 M mit veränderter Kabinenhaube und anderem Seitenruder.
Die Exportversion Su-26 MX ist auch in England und in den USA eingeführt. Weiterentwicklungen: Doppelsitzer Su-29, 1991; Einsitzer Su-31 T, 1992; Su-31 U, 1993.

Rumpf: geschweißtes Gerüst aus hochfesten Edelstahlrohren, außer Motorverkleidung bestehend aus abnehmbaren Teilen aus Glasfaserlaminat.
Tragwerk: freitragender Mitteldecker, völlig aus Kunststoffen hergestellt als Neuerung im Flugzeugbau (Holme aus Glasfaserverbundwerkstoffen, Beplankung aus dreischichtigem Glasfaser/Phenolplastlaminat); alle Verbindungen geklebt; Querruder in gleicher Bauart; Integral-Tanks mit 50 l Kraftstoff in jedem Tragflügel eingearbeitet.
Leitwerk: freitragend; Normalbauweise; gleiches Material wie Tragflügel.
Fahrwerk: nicht einziehbares Heckradfahrwerk.

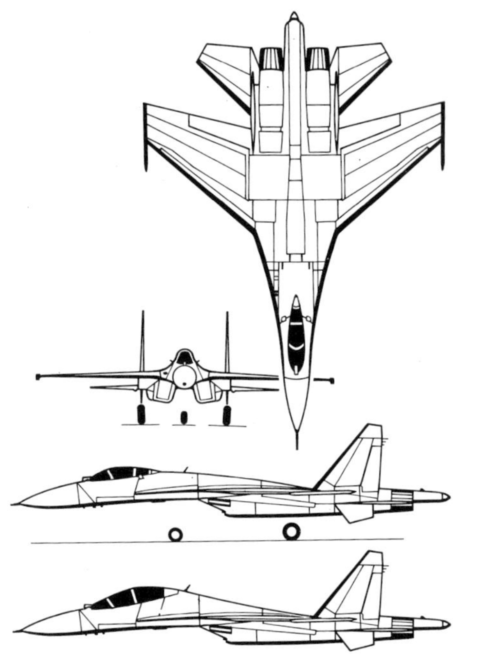

Suchoi Su-27
Abfangjagdflugzeug

Nach dem sensationellen Auftreten der Su-27 auf dem Pariser Salon der Luft- und Raumfahrt 1989 begeisterte der Typ erneut die Öffentlichkeit, als zum Aerosalon in Moskau 1989 zwei Su-27 mit Höchstgeschwindigkeit anflogen, sich neben eine Mi-24 in die inzwischen als Pugatschow-Cobra bezeichnete Flugfigur stellten und gemeinsam mit dem Hubschrauber den Platz überflogen. (Bei dieser Flugfigur wird aus dem Horizontalflug heraus ein Anstellwinkel von etwa 110° eingenommen, dann mit dem Heck voran weitergeflogen und ohne Höhenverlust zum Horizontalflug übergegangen. Bei dieser Flugfigur wird die Geschwindigkeit von 800 auf 170 km/h verringert.)
Die Entwicklungsarbeiten an diesem Typ begannen 1969. Am 20. Mai 1977 flog der Prototyp T-10 (heute Exponat in Monino) erstmalig. Insgesamt sind acht Prototypen gebaut worden, und zwar alle ohne Integralflügel, der erst 1981 erprobt wurde. Ihn übernahm man für die Serienmaschine, die erstmalig am 20. April 1981 flog.
Die Su-27 bildete die Basis für die doppelsitzige Schul- und Übungsversion Su-27 UB, die alle Kampfeigenschaften des Einsitzers und eine ausgezeichnete Sicht von beiden Sitzen aus hat. Mit der Rekordversion P-42 wurden zwischen 1986 und 1988 27 Weltrekorde im Schnellsteigflug und im horizontalen Höhenflug aufgestellt.
1989 wurden Schiffslandungen mit dem Prototyp T-10-24 unternommen. Danach ist die Trägerversion Su-27 K mit nebeneinanderliegenden Sitzen gebaut worden (etwa 20). Hintereinander sitzt die Besatzung im Langstreckenabfangjäger Su-27 PU. Die Su-27/K/PU ist die Basis für die Reihe Su-30/33/34/35. Mit der Su-27 war das 582. Jagdflieger-Regiment der bis 1993 in Polen stationierten 4. Luftarmee ausgerüstet. Als einziger Auslandskunde für die Su-27 gilt China (1991: 8 von 24 bestellten). Indien hat Interesse bekundet.

Rumpf: kein eigentlicher Rumpf; integrale Bauweise mit viel Titanlegierungen.
Tragwerk: Mitteldecker mit leicht negativer V-Form; vorn 40° Pfeilung; automatisch verstellbare Vorder- und Hinterkante; Aufhängungen für 10 Luft-Luft-Raketen.
Leitwerk: doppeltes gepfeiltes Seitenleitwerk; gepfeiltes Höhenleitwerk hinten von den Triebwerken überragt.
Fahrwerk: einfach bereiftes Bugradfahrwerk.

Tschetwerikow Tsche-2 (MDR-6) Aufklärungsflugboot

Das Konstruktionsbüro Tschetwerikow beschäftigte sich vor allem mit dem Bau von Flugbooten. Die Tsche-2 wurde als See-Fernaufklärer gebaut und hieß deshalb auch MDR (Morskoi Dalni Raswedtschik).
Bei diesem Typ wendeten die sowjetischen Konstrukteure erstmals den Tschaika-Flügel bei Marineflugzeugen an. Die Projektierung begann im Jahr 1936, der Erstflug des Prototyps fand im Sommer 1937 statt. Der Serienbau wurde nach dem Erprobungsprogramm von 1938 aufgenommen. Die Leistungen genügten bis zum Jahr 1940, dann wurden Verbesserungen erforderlich. Anstatt der Sternmotoren baute man wassergekühlte Triebwerke bis zu 1 250 kW ein. Außerdem ordnete man die Stützschwimmer einziehbar an. Einige Ausführungen mit kleinerem Tragwerk erreichten Geschwindigkeit bis zu 450 km/h.
Die einzelnen Versionen MDR-6 A und MDR-6 B-1 bis MDR-6 B-5 unterschieden sich vor allem durch die Triebwerkleistung.

Versionen:
MDR-6 A: 1938; 705-kW-Triebwerke; 50 Maschinen gebaut.
MDR-6 B-1: 1940; 770-kW-Triebwerke.
MDR-6 B-2: 1941; gleiche Triebwerke wie die MDR-6 B-1; einziehbare Stützschwimmer.
MDR-6 B-4: 1943.
MDR-6 B-5: 1946; 1 250-kW-Triebwerke; Rumpf aerodynamisch verbessert.
Mitte der fünfziger Jahre wurde die Tsche-2 von der Be-6 abgelöst.

Rumpf: gekielter Bootsrumpf in Ganzmetallbauweise mit zwei Stufen; geschlossene Drehtürme im Bug und auf dem Rumpf; geschlossenes Cockpit.
Tragwerk: freitragender Schulterdecker in Ganzmetallbauweise; leichter Knickflügel; trapezförmiger Umriß.
Leitwerk: Normalbauweise; Höhenleitwerk bis zur Mitte des Seitenleitwerks nach oben versetzt, nach unten abgestrebt.
Schwimmwerk: gekielter Bootsrumpf in zwei Stufen; Stützschwimmer auf jeder Seite.

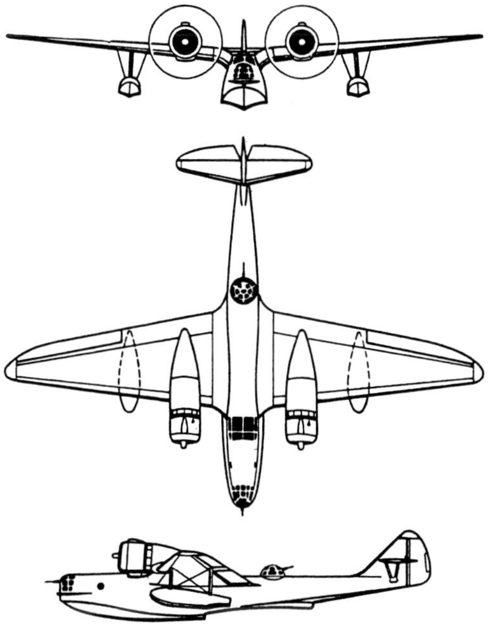

Tupolew ANT-1 Versuchsflugzeug

Im Sommer 1922 begann Tupolew mit einigen Mitarbeitern den Bau seines ersten Flugzeugs, und zwar in dem Haus, in dem sich heute das Shukowski-Museum befindet. Fertig war die Maschine im Oktober 1923. Die Konstruktionsgruppe wollte damit im Laufe der Projektierung und des Bauens Methoden der Festigkeitsberechnung freitragender Tragflügel ausarbeiten und Erfahrungen bei der erstmaligen Anwendung von Koltschugino-Aluminium (Duralumin) im Flugzeugbau sammeln.
Der Erstflug fand am 20. Oktober 1923 statt.

Rumpf: Holzbauweise mit rechteckigem Querschnitt; Vorderteil und Oberseite mit Leichtmetall beplankt.
Tragwerk: freitragender Tiefdecker in Gemischtbauweise; alle Rippen aus Duralumin; Holzbeplankung.
Leitwerk: freitragende Normalbauweise in Duralumin.
Fahrwerk: starres Fahrwerk mit durchgehender Achse und Gummidämpfung; Hecksporn.

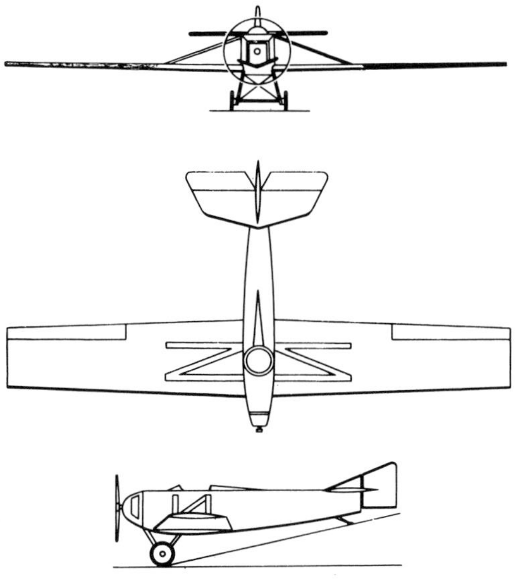

Tupolew ANT-2
Verkehrsflugzeug

Die ANT-2 leitete im sowjetischen Flugzeugbau einen neuen Abschnitt ein. Während in fast allen anderen Ländern vorwiegend verspannte Doppeldecker aus Holz mit Stoffbespannung gebaut wurden, kam die ANT-2 als freitragender Hochdecker in Ganzmetallbauweise heraus. Tupolew mußte sich in der Sowjetunion mit diesem Projekt erst durchsetzen, denn Holz und Leisten standen als Rohstoffe ausreichend zur Verfügung, Leichtmetall jedoch nicht. Die ANT-2 war vollständig aus dem sowjetischen Koltschugino-Aluminium hergestellt.
Der Erstflug fand am 26. Mai 1924 statt. Das Flugzeug benötigte eine äußerst lange Startstrecke. Bei der ersten Erprobung stieg es nicht höher als 400 m. Außerdem reagierte das Flugzeug schlecht auf Steuerausschläge, und die Kursstabilität war mangelhaft. Verschiedene Verbesserungen, vor allem die Vergrößerung des Seitenleitwerks, brachten zufriedenstellende Resultate.
Im praktischen Luftverkehrseinsatz hat sich die ANT-2 jedoch nicht bewährt. Trotzdem war sie als freitragender Eindecker in Ganzmetallbauweise ein Meilenstein im sowjetischen Flugzeugbau. Die Maschine steht heute im Museum der sowjetischen Luftstreitkräfte in Monino.

Rumpf: Ganzmetallbauweise mit dreieckigem Querschnitt, Holmen, Spants und Wellblechbeplankung; offenes Cockpit in der Flügelnase; Kabine mit Sitzen einander gegenüber; Tür backbords.
Tragwerk: freitragender Schulterdecker in Ganzmetallbauweise mit Duralumin-Wellblechbeplankung; Flügel mit dickem Profil und zwei Holmen.
Leitwerk: freitragende Normalbauweise in Ganzmetall.
Fahrwerk: starres Fahrwerk mit Hecksporn; starre durchgehende Achse direkt unter dem Rumpf.

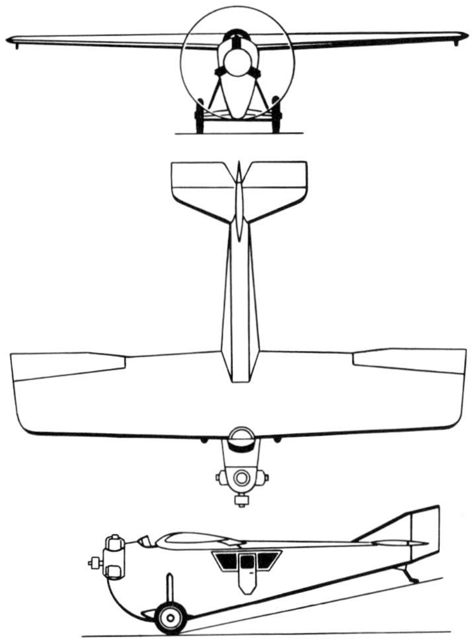

Tupolew R-3 / ANT-3
Aufklärungsflugzeug

Anfang 1924 wurde Tupolew die Aufgabe gestellt, das erste sowjetische Ganzmetall-Kampfflugzeug zu entwickeln, nachdem er die Armeeführung mit der ANT-2 von den Vorteilen dieser Bauweise überzeugt hatte. Als Militärflugzeug wurde es nach den damaligen Anschauungen allerdings nicht als freitragender Eindecker gebaut.
Der Erstflug fand am 20. August 1925 statt. Bereits am 12. September 1925 startete die ANT-3 zu einem Flug von Moskau nach Charkow. Aufsehen erregte ein Europa-Rundflug im August/September 1926 des Flugzeugs „Proletarii“ (eine der ersten Serienmaschinen) mit Gromow am Steuer. Bei dem Flug über Berlin—Paris—Rom—Wien—Prag—Warschau wurden 7150 km in 34 h 15 min zurückgelegt, was einem Durchschnitt von 209 km/h entspricht. Im August 1927 flog Schestakow mit der Maschine „Nasch Otwet“ von Moskau nach Tokio und zurück. Für die 22000 km lange Strecke benötigte er 153 Stunden.
Die sowjetischen Luftstreitkräfte stellten das Flugzeug im Mai 1926 als Aufklärer in Dienst. Es wurde bis Mitte der dreißiger Jahre auch als leichtes Bombenflugzeug sowie als Erdkampfflugzeug mit unterschiedlichen Triebwerken verwendet.
Insgesamt wurden bis zum Frühjahr 1930 rund 110 ANT-3 (als R-3, R-3 LD und Prototyp ANT-10/R-7) gebaut.

Rumpf: Ganzmetallbauweise mit rechteckigem Querschnitt; unten spitz auslaufend; offenes Cockpit hinter dem Tragflügel; dahinter offener Beobachtersitz mit MG-Drehkranz.
Tragwerk: einstieliger, verspannter Anderthalbdecker in Ganzmetallbauweise; Prototyp mit N-Stielen; K-Stiele bei Serienbau; zweiholmiger Flügel; Duraluminrippen mit tragender Wellblechverkleidung; nur oberer Flügel mit Querruder.
Leitwerk: Normalbauweise; Höhensteuer abgestrebt; Ruder aerodynamisch ausgeglichen.
Fahrwerk: starres Fahrwerk mit geteilter Achse und Hecksporn; Kufen im Winter.

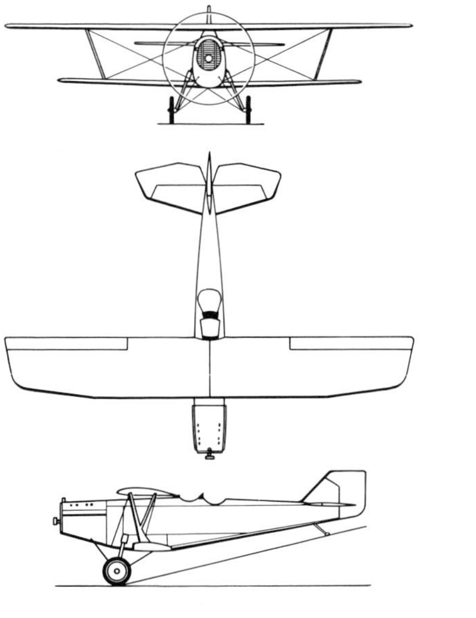

Tupolew TB-1 / ANT-4
Bomben- und Frachtflugzeug

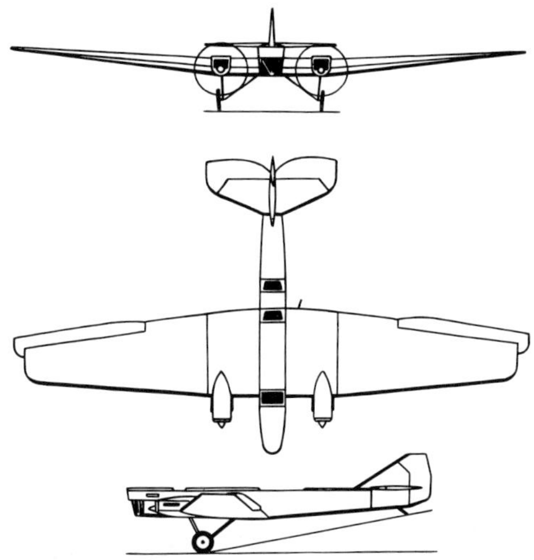

Die ANT-4 war zu ihrer Zeit eines der größten und besten Flugzeuge dieser Art in der Welt. Tupolew leitete die Konstruktion, an der auch Archangelski, Petljakow und Putilow mitwirkten. Ursprünglich war ein Rumpf mit dreieckigem Querschnitt ähnlich der ANT-2 geplant. Die Windkanalversuche im ZAGI ergaben jedoch, daß diese Form mit ihren scharfen Tragflügel-Rumpf-Übergängen bedeutend mehr Widerstand bot als ein rechteckiger Rumpf.
Der Erstflug war am 26. November 1925. Der Flug Schestakows mit der „Strana Sowjetow" im Jahr 1929 von Moskau nach New York über Sibirien und den Stillen Ozean machte das Flugzeug berühmt. Es befand sich von 1928 bis 1932 im Serienbau und bildete mit 218 Stück den Hauptanteil der sowjetischen Bomberflieger.
In den Prototyp wurden 12-Zylindermotoren BMW VI (Startleistung 405 kW, Gipfelhöhe 4800 m, 212 km/h) mit französischen Lamblin-Kühlern eingebaut, in die Serienmaschinen der Nachbau M-17.
Zur Verbesserung des Starts erhielten die Flugzeuge im Jahr 1932 sechs Startraketen. Eine ANT-4 war das erste sowjetische Flugzeug, das in der Luft betankt wurde. Als G-1 (Grusowoi) wurde die ANT-4 nach 1936 von der zivilen Luftflotte zum Transport sperriger und schwerer Güter eingesetzt, nachdem diese Maschinen von den Luftstreitkräften ausgesondert worden waren. Von 1932 bis 1935 rüstete man rund 60 Flugzeuge mit Schwimmern aus und bezeichnete sie als TB-1 P. Sie wurden als Torpedoflugzeuge verwendet.
Bewährt hat sich die ANT-4 auch in der Arktis. Bei der Rettung der vom Eis eingeschlossenen Tscheljuskin-Besatzung war eine ANT-4 die erste Maschine, die in der Nähe des Schiffes landen und die Rettungsaktion beginnen konnte.
Bei Kriegsbeginn (1941) gab es noch einige TB-1/G-1 in Hilfseinheiten.

Rumpf: Ganzmetallbauweise mit rechteckigem Querschnitt; Kastenholme; Spants mit Wellblechbeplankung; Bugunterseite verglast; offenes Cockpit; Doppelsteuerung.
Tragwerk: freitragender Tiefdecker in Ganzmetallbauweise mit Wellblechbeplankung und fünf Holmen.
Leitwerk: abgestrebte Normalbauweise; Ruder aerodynamisch ausgeglichen.
Fahrwerk: starres Fahrwerk mit geteilter Achse und Hecksporn bzw. Schwimmer; Schneekufen möglich.

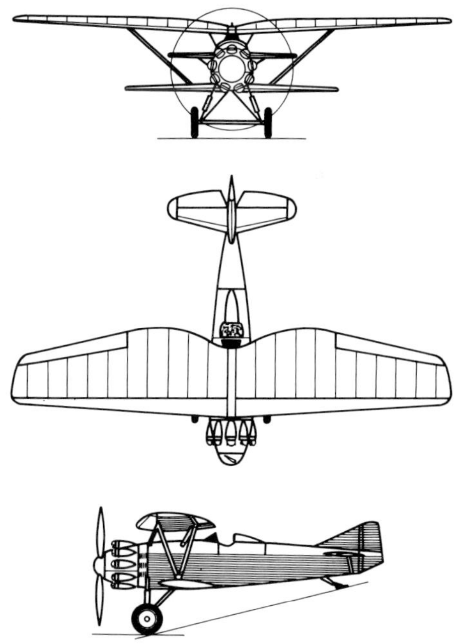

Tupolew I-4 / ANT-5
Jagdflugzeug

Im Jahr 1925 beschäftigte sich die Konstruktionsgruppe Suchoi unter Leitung von Tupolew mit der Entwicklung eines Jagdeinsitzers aus Ganzmetall. Leichte Steuerbarkeit, große Wendigkeit und Dauerhaftigkeit sollten das Flugzeug auszeichnen. Es wurde im Sommer 1927 fertiggestellt, und von Juli bis August dauerte die Werkerprobung des ersten Prototyps. Zwischen 1928 und 1933 wurde dieses Flugzeug in großer Serie (370 Exemplare) gebaut. ANT-5 war die Bezeichnung des Konstruktionsbüros, I-4 die der Luftstreitkräfte für dieses Jagdflugzeug.
Während die beiden Prototypen sowie die Vorserienmaschinen mit ausländischen Triebwerken flogen, erhielten die Serienflugzeuge den sowjetischen Motor M-22.
Im Dezember 1931 unternahm man Versuche mit einer I-4, die rückstoßfreie Kanonen hatte. Bei der Version I-4bis (1931) ließ man den unteren Flügel weg und versah den Oberflügel mit einem Vorflügel. Versionen ohne unteren Tragflügel dienten auch zur Erprobung des Starts vom fliegenden Flugzeugträger TB-1 aus. Von 1934 bis 1938 wurde die I-4 nach und nach den Schuleinheiten zugeteilt.
Da kein Bedarf an Schwimmer-Jagdflugzeugen bestand, kam es zu keinem Serienbau dieser Ausführung, die im Sommer 1931 erfolgreich erprobt worden war.

Rumpf: Ganzmetallbauweise mit Holmen und Wellblechbeplankung; offenes Cockpit.
Tragwerk: einstieliger, unverspannter Anderthalbdecker; Ganzmetallbauweise mit Wellblechbeplankung.
Leitwerk: Normalbauweise in Ganzmetall; Höhenleitwerk abgestrebt.
Fahrwerk: starres Fahrwerk mit durchgehender Achse und Hecksporn.

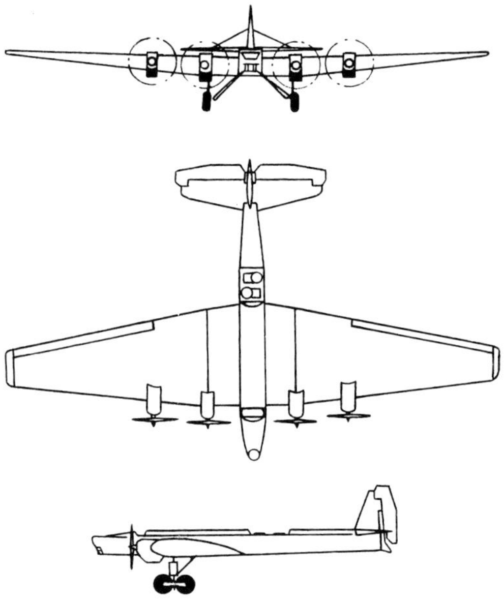

Tupolew TB-3 / ANT-6
Bomben- und Verkehrsflugzeug

Nach dem Erfolg mit der ANT-4 arbeitete die Konstruktionsgruppe Tupolew an einem schweren Bomber. Die TB-3 (Tjasholy Bombardirowschtschik) war das erste Bombenflugzeug der Erde als freitragender Ganzmetalleindecker mit vier Motoren in einer Reihe.
Der Erstflug des Prototyps unter Tupolews Chefpilot Gromow fand am 22. Dezember 1930 statt. Von 1932 bis 1937 wurden 818 ANT-6 aller Versionen gebaut. Gute Flugeigenschaften, die starke Bewaffnung, die große Bombenlast und eine beachtliche Reichweite zeichneten die ANT-6 aus. Es wurden verschiedene Triebwerke mit Leistungen zwischen 440 und 735 kW eingebaut.
Im Jahr 1933 begann man mit Versuchen, das Flugzeug als fliegenden Flugzeugträger einzusetzen, wobei vier Jagdflugzeuge unter und über dem Tragwerk angebracht wurden. Im Frühjahr 1934 gelang es, ein Jagdflugzeug in der Luft an Bord zu nehmen. Die TB-3 wurde im Herbst 1941 in einigen Fällen an der Front als Flugzeugträger eingesetzt. Ferner diente sie als Bomber, Transporter und zum Absetzen von Fallschirmjägern, ab 1939 auch für Arktis-Expeditionen.
Die ANT-6 stellte verschiedene Rekorde auf. Am 16. September 1936 erreichte sie mit 10 000 kg Nutzmasse eine Höhe von 6605 m und am 28. Oktober 1936 mit 5 000 kg 8 980 m.

Versionen:
ANT-6: Bezeichnung des Konstruktionsbüros.
G-2: erstes sowjetisches Fracht- und Großverkehrsflugzeug; etwa 50 Exemplare gebaut; im Mai 1941 noch 35 bei Aeroflot.
MTB-1: Version für die Seefliegerkräfte, die vor allem als Torpedoflugzeug verwendet wurde.
TB-A: Weiterentwicklung von Bolchowitinow, der einen ovalen Rumpf und ein halb einziehbares Fahrwerk sowie statt Wellblech Glattblech verwendete.
TB-3: Bezeichnung der Luftstreitkräfte; Hauptversion; ab 1932 mit Motor M-17, ab 1938 mit dem stärkeren M-34; Vorläufer der ANT-20 und der ANT-20bis.

Rumpf: Ganzmetallbauweise mit Wellblechbeplankung; rechteckiger Querschnitt mit gewölbter Oberseite; verglaster Bug; offenes Cockpit, offene MG-Stände.
Tragwerk: freitragender Tiefdecker in Ganzmetallbauweise mit Wellblechbeplankung.
Leitwerk: Normalbauweise in Ganzmetall.
Fahrwerk: starres Fahrwerk mit je zwei Rädern hintereinander oder je einem größeren Rad; Gummi- oder ölpneumatische Stoßdämpfer; Ausrüstung mit Schneekufen möglich.

Tupolew ANT-7
Mehrzweckflugzeug

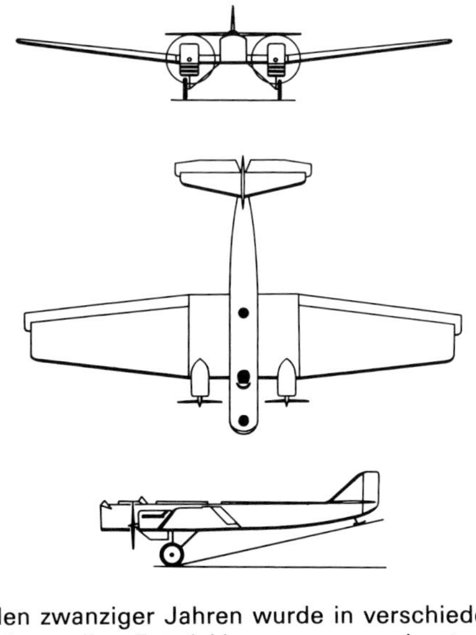

In den zwanziger Jahren wurde in verschiedenen Ländern die Entwicklung von zweimotorigen Mehrzweckflugzeugen erörtert, da diese den Jagdeinsitzern der damaligen Zeit an Geschwindigkeit nicht nachstanden. Das Konstruktionsbüro Tupolew beschäftigte sich mit der Projektierung eines derartigen Flugzeugs im Oktober 1926, wobei man von der ANT-4 ausging, bei gleichen Triebwerken die Abmessungen und Massen aber vermindern wollte.
Bis zum 11. September 1929 wurde ein Prototyp fertiggestellt. Die offizielle Erprobung begann im Mai 1930. Die Luftverkehrszulassung wurde am 5. Oktober 1931 erteilt.
Im Jahr 1936, als die ANT-7 für militärische Einsatzzwecke veraltet war, wurde eine größere Anzahl an die zivile Luftflotte übergeben. Von da an diente sie bei den Luftstreitkräften vor allem als Ausbildungsflugzeug, im zweiten Weltkrieg vereinzelt als Transportflugzeug.
Am 5. Mai 1937 überflog Gromow mit einer ANT-7 den Nordpol, um dort die Landemöglichkeiten zu erkunden.

Versionen (die zivilen Versionen entstanden ab 1935, als sich die Veraltung der militärischen Muster abzeichnete):
ANT-7: Bezeichnung des Konstruktionsbüros.
Kr-6: dreisitziger Begleitjäger (auch mit Schwimmern); bis 1935 in Kleinserie gebaut.
MR-6: 1932 bis 1934 als Seeaufklärer mit Schwimmern.
MP-6: Zivilvariante der MR-6.
P-6: Passagierflugzeug.
PS-7: Zivilausführung der Kr-6.
R-6: Aufklärungsflugzeug, bis 1932 in 45 Exemplaren gebaut.

Rumpf: Ganzmetallbauweise mit Wellblechbeplankung; offenes Cockpit; offene Waffenstände im Bug und auf dem Rumpf; ein Drehturm nach unten ausfahrbar.
Tragwerk: freitragender Tiefdecker in Ganzmetallbauweise mit Wellblechbeplankung; vier Holme.
Leitwerk: abgestrebte Normalbauweise in Ganzmetall; Höhenflosse zur Trimmung verstellbar.
Fahrwerk: starres Fahrwerk mit großer Spurweite und geteilter Achse; Hecksporn.

Tupolew ANT-9 / PS-9 Verkehrsflugzeug

Das Verkehrsflugzeug ANT-9 sollte die deutschen Verkehrsflugzeuge in der Sowjetunion ablösen. Im Oktober 1927 in Auftrag gegeben, wurde es von der Arbeitsgruppe Archangelski im Büro Tupolew im Jahr 1928 konstruiert und in viereinhalb Monaten gebaut. Der Erstflug war im April 1929. Vom 6. bis 12. Juni 1929 flog die ANT-9 (von der etwa 70 Maschinen gebaut wurden) die mehr als 4000 km lange Strecke Moskau—Odessa—Sewastopol—Kiew—Moskau. Mit der ANT-9 „Krylja Sowjetow“ unternahm Gromow vom 10. Juli bis 8. August 1929 einen Europa-Rundflug mit acht Passagieren. Auf der ersten Etappe Moskau—Berlin betrug die Reisegeschwindigkeit 170 km/h, auf der zweiten Etappe Berlin—Paris 180 km/h. Für die Strecke Moskau—Berlin—Travemünde—Paris—Rom—London—Paris—Berlin—Warschau—Moskau (9037 km) benötigte diese Maschine 53 Flugstunden.
Die Flugzeuge erhielten unterschiedliche Triebwerke (Prototyp: Gnôme et Rhône „Titan“, 165 kW; 1. Serie: M-26, 225 kW; 2. Serie: USA-Triebwerke, 225 kW).
Nach Umwandlung in eine zweimotorige Maschine (mit zwei M-17, je 510 kW) hieß der Typ PS-9. Davon wurden 1932/33 75 Flugzeuge gebaut. Sie hatten ein verändertes Tragflügelmittelstück, so daß die Motorbefestigung und die Motorgondeln der ANT-7 übernommen werden konnten. Dadurch vergrößerte sich die Spannweite um 0,5 m.
Das Flugzeug kam auf Inland- und internationalen Strecken zum Einsatz. Im zweiten Weltkrieg flog es als Transporter und als Sanitätsflugzeug, wobei die Besatzungen teilweise aus Frauen bestanden.

Rumpf: Ganzmetallbauweise mit rechteckigem Querschnitt; Doppelsteuerung; Einstiegtür links.
Tragwerk: freitragender Schulterdecker in Ganzmetallbauweise; dreiteiliger Flügel mit Holmgerüst und Leichtmetallbeplankung.
Leitwerk: Normalbauweise; Höhenleitwerk abgestrebt und verspannt.
Fahrwerk: starres Fahrwerk mit Hecksporn und geteilter Achse; Gummidämpfung.

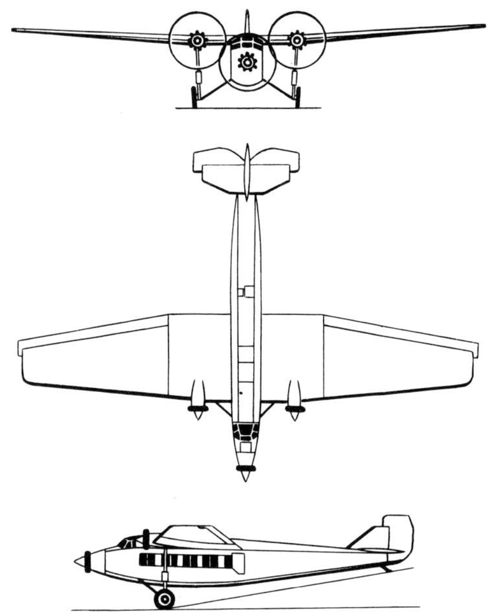

Tupolew ANT-14 „Prawda“ Verkehrsflugzeug

Unter Leitung von Tupolew entwickelte die Konstruktionsbrigade Petljakow das Verkehrsflugzeug ANT-14. Dem Luftverkehr sollte nach der ANT-9 ein größeres Flugzeug zur Verfügung gestellt werden. Dabei machte man sich die Erfahrungen mit dem Großflugzeug ANT-6 zunutze und übernahm von diesem beispielsweise das Tragwerk unverändert.
Der Erstflug fand am 14. August 1931 unter Gromow statt. Dabei erwies sich die Konstruktion als nahezu fehlerlos.
Außer als Passagier- und Agitationsflugzeug war die Maschine auch als Transporter und Bombenflugzeug gedacht, kam jedoch nicht in den Serienbau; einerseits gebührte aufgrund der internationalen Lage dem Militärflugzeug der Vorrang, und andererseits fehlten ausgebaute Flugplätze für ein solches Flugzeug. Zudem war der Flugzeugtyp mit 36 Passagierplätzen der Zeit weit voraus. Damals wurden Maschinen für zehn Passagiere benötigt. Die ANT-14 war zehn Jahre für Rundflüge im Einsatz, wobei sie 40000 Passagiere beförderte. Auf der Rumpfoberseite befand sich eine Aussichtskuppel.

Rumpf: Ganzmetallbauweise mit Holmen und Wellblechbeplankung; rechteckiger Querschnitt; Doppelsteuerung; drei Kabinen.
Tragwerk: freitragender Schulterdecker in Ganzmetallbauweise mit Wellblechbeplankung; dreiteiliger Flügel; vier Holme.
Leitwerk: abgestrebte Normalbauweise in Ganzmetall; Ruder aerodynamisch ausgeglichen.
Fahrwerk: starr; zwei Räder hintereinander auf jeder Seite; Hecksporn.

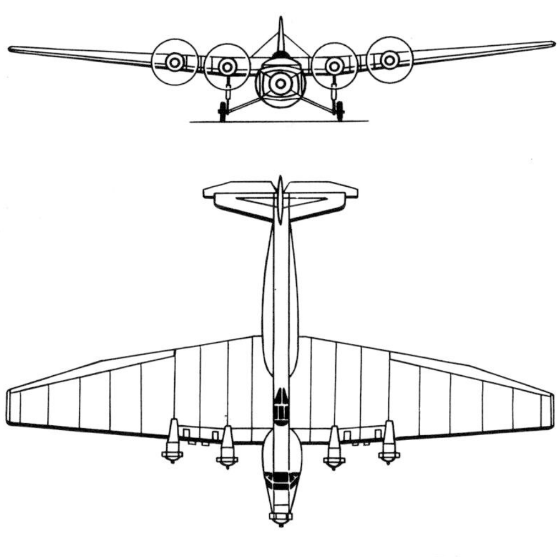

Tupolew TB-4 / ANT-16
Bombenflugzeug

Die ANT-16 war eine Weiterentwicklung der ANT-6. Sie hatte allerdings fast die doppelte Flügelfläche und sechs Triebwerke, von denen zwei in Tandemform auf einem Stahlrohrblock über dem Rumpf angeordnet waren. Die Maschine wurde zu einer Zeit entwickelt, als man bei Bombenflugzeugen den Hauptwert auf die Tragfähigkeit legte und glaubte, daß sich ein Bombenflugzeug am besten durch seine Größe und seine zahlreichen Waffenstände schützen könne.
Die Konstruktionsarbeiten begannen im März 1930. Der Erstflug der ANT-16 war am 3. Juli 1933. Die staatliche Zulassung wurde am 29. September 1933 erteilt.
Die Leistungen der ANT-16 waren jedoch unbefriedigend, da die Triebwerke für das große Flugzeug zu schwach waren (andere Motoren standen damals nicht zur Verfügung) und da außerdem der Tragflügel mit mehr als 2 m Dicke den Schraubenwirkungsgrad herabsetzte. Die maximale Flughöhe lag bei 2000 m. Im Vergleich zur TB-3 bedeutete die TB-4 keine Verbesserung. Trotzdem erbrachte die ANT-16 wichtige Erkenntnisse, so daß das Riesenflugzeug ANT-20 „Maxim Gorki" binnen kurzer Zeit geschaffen werden konnte.

Rumpf: Ganzmetallbauweise; zwei 5 m lange Bombenschächte; Einrichtung für Luftbetankung.
Tragwerk: freitragender Tiefdecker in Ganzmetallbauweise mit Wellblechbeplankung.
Leitwerk: Normalbauweise in Ganzmetall; Ruder elektrisch betätigt.
Fahrwerk: starr, zum Rumpf abgestützt; ölpneumatische Dämpfung, Spornrad.

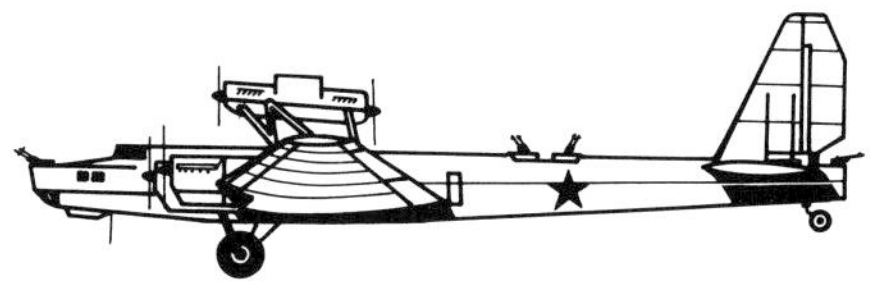

Tupolew
ANT-20 „Maxim Gorki" / ANT-20bis
Agitations- bzw. Verkehrsflugzeuge

Mit der ANT-20 schuf die Konstruktionsbrigade Petljakow unter Leitung von Tupolew das damals größte und schwerste Landflugzeug der Welt. Da der Baubeginn mit dem 40jährigen Jubiläum der literarischen Tätigkeit Maxim Gorkis zusammenfiel, erhielt das achtmotorige Riesenflugzeug den Namen ANT-20 „Maxim Gorki". Der Erstflug fand am 17. Juni 1934 statt.
Das Flugzeug kam für Agitationsaufgaben zum Einsatz und verfügte für diesen Zweck über eine Elektrostation, eine Druckerei, ein Fotolabor, eine Kinoeinrichtung, Arbeitsräume und außerdem über Plätze für 72 Passagiere. Die Maschine stürzte am 18. Mai 1935 ab, als sie in der Luft von einem Jagdflugzeug I-5 gerammt wurde.
Als Weiterentwicklung der ANT-20 „Maxim Gorki" brachte Tupolew das Verkehrsflugzeug ANT-20bis (Foto, Skizze) heraus. Da inzwischen leistungsfähigere Antriebe zur Verfügung standen, konnte man auf zwei Triebwerke verzichten, die auf dem Rumpf der ANT-20 tandemartig aufgebaut waren. Damit verbesserten sich die aerodynamischen Eigenschaften, und zugleich verringerte sich die Masse des Flugzeugs. Die Flugerprobung fand 1938 statt.
Die Maschine wurde im zivilen Luftverkehr als L-760, später als PS-124 bezeichnet. In den Jahren 1939/40 beflog sie die Linie Moskau—Mineralnyje Wody. Während des zweiten Weltkriegs kam sie auf der Strecke Taschkent—Tschardshou—Urgentsch zum Einsatz. Die Maschine wurde am 14. Dezember 1942 bei einer Landung unter schwierigen Wetterbedingungen zerstört.

Rumpf: Ganzmetallbauweise mit Holmen und Wellblechbeplankung.
Tragwerk: freitragender Mitteldecker in Ganzmetallbauweise; dreiteiliger Flügel; Mittelteil mit drei Holmen; Außenflügel mit Holmgerüst; Wellblechbeplankung.
Leitwerk: Normalbauweise in Ganzmetall; Höhenleitwerk abgestrebt.
Fahrwerk: starr mit geteilter Achse und Zwillingsrädern; Spornrad; ölpneumatische Dämpfung.

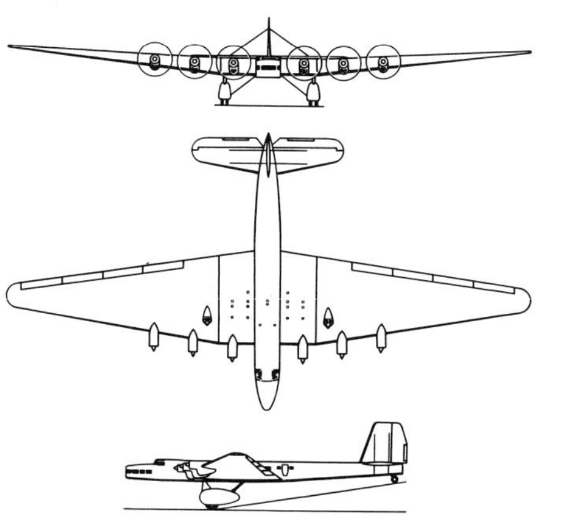

Tupolew ANT-22
Aufklärungs- und Verkehrsflugzeug

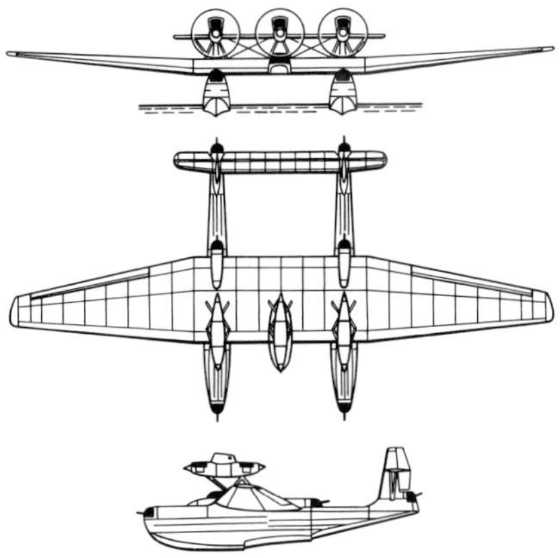

Im Jahr 1934 entwickelte die Konstruktionsgruppe Tupolew ein Wasserflugzeug mit Doppelrumpf. Die beiden Rümpfe verliehen dem Flugzeug auf dem Wasser eine hervorragende Stabilität. Das gesamte Flugzeug bestand aus einer seewasserbeständigen Aluminiumlegierung. Die paarweise Anordnung der Triebwerke in Tandemform auf hohen Stahlrohrböcken schützte diese bei Start und Landung vor Spritzwasser.

Der Erstflug war am 8. August 1934. Für die Leistungen des Flugzeugs spricht der Rekordflug des Piloten Rjabenko am 8. Dezember 1936, der mit 10 000 kg Nutzmasse auf beachtliche 1 942 m Höhe kam.
Die Seestreitkräfte hatten vorgesehen, das Flugzeug unter der Bezeichnung MK-1 als Fernaufklärer und als Flottenbegleitflugzeug einzusetzen. Da sich die Ansichten der militärischen Leitung zum Marineflugzeug geändert hatten, ging die ANT-22 jedoch nicht in Serie.

Rumpf: zwei gekielte Bootsrümpfe in Ganzmetallbauweise.
Tragwerk: ähnlich der ANT-6 mit vier Holmen und Wellblechbeplankung.
Leitwerk: zwei Seitenleitwerke und durchgehendes Höhenleitwerk in Ganzmetallbauweise.
Schwimmwerk: zwei gekielte Bootsrümpfe.

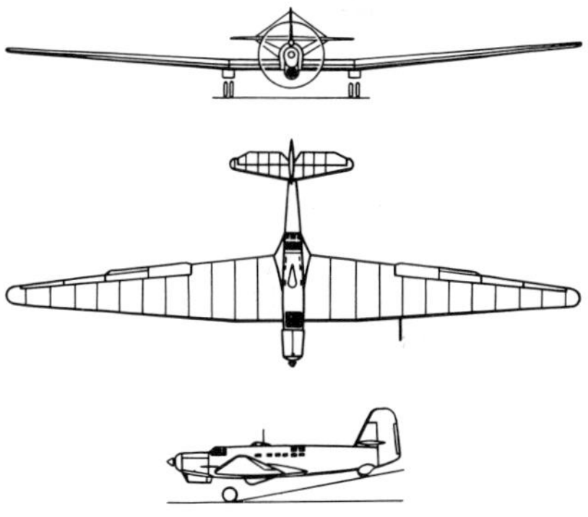

Tupolew ANT-25
Bomben- und Langstreckenflugzeug

Die Konstruktionsgruppe Tupolew erhielt nach dem Bau der Großflugzeuge den Auftrag, ein Flugzeug für Langstreckenflüge zu bauen. Die Konstruktion unter Leitung von Suchoi begann im Jahr 1932. Am 15. April 1933 war die Maschine fertig. Den Erstflug unternahm Gromow am 22. Juni 1933. Am 10. September des gleichen Jahres folgte die RD-2 der RD-1.
Zur Erhöhung der Reichweite mußte der Widerstand verringert werden. Aus diesem Grund baute man ein Tragwerk großer Streckung. Der Rumpf aus Glattblech wurde poliert, und die Nieten wurden versenkt. Das ursprünglich mit Wellblech beplankte Tragwerk überspannte man zur Verminderung des Reibungswiderstands mit Stoff und lackierte es anschließend.
Vom 10. bis 12. September 1934 flog Gromow einen Weltrekord über eine geschlossene Strecke ohne Zwischenlandung. Er blieb 75 h 2 min in der Luft und legte dabei eine Strecke von 12 411 km zurück. International bekannt wurde die Besatzung Tschkalow, Baidukow und Beljakow mit ihrem Flug von Moskau über den Nordpol nach Portland (USA), der vom 18. bis 20. Juni 1937 über 9 130 km (von der FAI als direkte Entfernung zwischen Start- und Landeplatz anerkannt: 8 504 km) in 63 h 25 min stattfand. Einige Wochen später, vom 12. bis 14. Juli 1937, flogen Gromow, Jumaschew und Danilin von Moskau über den Nordpol nach San Jacinto (USA). Sie schafften in 62 h 17 min 11 500 km und hatten Kraftstoffreserven für weitere 1 500 bis 1 700 km.

Versionen:
ANT-25; Bezeichnung der Konstruktionsgruppe.
BOK-1, 7, 11, 15: Versionen als Höhenforschungsflugzeuge.
DB-1 (auch als ANT-25 WW bezeichnet): erster sowjetischer Fernbomber für zwei Mann Besatzung und mit kleineren Tragflügeln; 1933/34 in kleiner Serie gebaut; Bau wurde eingestellt, da Geschwindigkeit und Höhe nicht ausreichten.
RD: Bezeichnung nach Eroberung des Langstreckenrekords (Rekord Dalnosti).
ZAGI-25: Bezeichnung des ZAGI.
Insgesamt wurden 20 ANT-25 gebaut. Die verbesserte Ausführung ANT-36 blieb Projekt.

Rumpf: Ganzmetallbauweise mit ovalem Querschnitt; Holme und Stringer; Doppelsteuerung: vorn auf dem ersten und hinten auf dem dritten Sitz; dazwischen Platz des Navigators; Kabine mit Heizung.
Tragwerk: freitragender Tiefdecker großer Streckung in Ganzmetallbauweise mit Wellblechbeplankung, mit Stoff überzogen und lackiert; drei Holme; dreiteiliger Flügel; luftgefüllte Gummisäcke im Tragflügelmittelstück zur Schwimmfähigkeit bei Notlandungen auf dem Wasser.
Leitwerk: Normalbauweise in Ganzmetall; Höhenleitwerk verspannt.
Fahrwerk: halb einziehbar mit Spornrad; Hauptfahrwerk mit Zwillingsrädern.

Tupolew ANT-35 / PS-35 Verkehrsflugzeug

Im Jahr 1935 erhielt die Konstruktionsgruppe Archangelski unter Leitung von Tupolew den Auftrag, ein Schnellverkehrsflugzeug als Ablösemuster für die ANT-9 / PS-9 zu schaffen. Der Erstflug fand im August 1936 statt. Für dieses neue, als ANT-35 bezeichnete Flugzeug konnten die Erfahrungen beim Bau des Bombers SB verwertet werden, jedoch verwendete man einen anderen Rumpf. Auf dem XV. Aerosalon in Paris erregte die ANT-35 großes Aufsehen.

In der damaligen Zeit war die ANT-35 ein hervorragendes Flugzeug. Bei einem Nonstop-Flug (dem 21. Flug mit dem Prototyp) am 25. September 1936 erreichte Gromow mit dem Navigator Danilin auf der Strecke Moskau—Leningrad—Moskau eine Durchschnittsgeschwindigkeit von 348 km/h (maximal 400 km/h).
Das Flugzeug wurde 1937/38 in einer Serie von neun Maschinen (davon gingen acht als PS-35 an die Aeroflot) gebaut. Wenn es auch schneller war als die DC-3 von Douglas, so war es doch nicht so wirtschaftlich wie diese; denn die Kabine bot nur zehn Passagieren Platz. Gefordert wurden jedoch: 20 Sitzplätze, 300 km/h und 1 000 km Reichweite. Aus diesem Grund erwarb die Sowjetunion die Lizenz der DC-3 und baute sie als Li-2 in Serie.

Rumpf: Ganzmetall-Halbschalenbauweise mit ovalem Querschnitt; Glattblechbeplankung; Schall- und Wärmeisolierung; Heizung.
Tragwerk: freitragender Tiefdecker in Ganzmetallbauweise; Landeklappen von Querruder zu Querruder unter dem Rumpf durchgehend; zwei Holme; dreiteiliger Flügel.
Leitwerk: freitragende Normalbauweise in Ganzmetall.
Fahrwerk: einziehbar mit Spornrad.

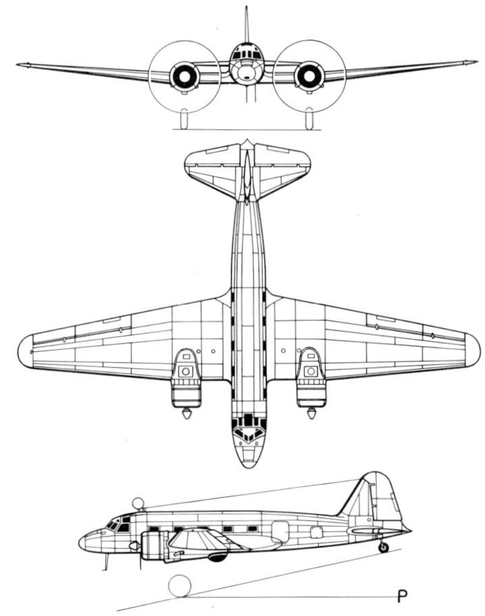

Tupolew ANT-37 / ANT-37bis Bombenflugzeuge

Aus der DB-1, einer Version der ANT-25, leitete Suchoi im Konstruktionsbüro Tupolew die zweimotorige Ausführung DB-2 (ANT-37) ab. Die Arbeiten begannen im Dezember 1934. Der Fernbomber sollte 1 000 kg Bomben mit einer Geschwindigkeit von 250 km/h über eine Entfernung von 5 000 km tragen.
Die Flugerprobung begann am 16. Juni 1935. Bei einem Flug am 20. Juli 1935 brach wegen der Vibration des Höhenleitwerks der Rumpf hinter dem Tragwerk; zwei der drei Besatzungsmitglieder konnten sich retten. Daraufhin wurden bei der zweiten Maschine DB-2D Rumpf und Tragwerk verstärkt. Am 20. August 1936 begann damit die Flugerprobung. Diese Maschine legte die Strecke Moskau—Omsk—Moskau (4 955 km) mit einer durchschnittlichen Geschwindigkeit von 213 km/h in 23 h 20 min zurück. Dabei flog sie in 4 200 m Höhe.
Im Februar 1937 wurde die Ausführung ANT-37bis (DB-2bis „Rodina") für Rekordflüge mit einer Reichweite von über 7 000 km fertiggestellt. Statt der 590-kW-Motoren hatte sie solche mit 700 kW Leistung. Die Zelle war nahezu unverändert, nur die Tanks wurden vergrößert, die Waffenstände abgedeckt und die Bewaffnung ausgebaut.
Am 24./25. September 1938 stellten die Fliegerinnen Grisodubowa, Ossipenko und Raskowa einen Entfernungsrekord für Frauen mit 5 908 km in 26 h 29 min auf.
Das Flugzeug befand sich bis 1943 im Dienst.

Rumpf: Ganzmetallbauweise mit Glattblechbeplankung; ovaler Querschnitt.
Tragwerk: freitragender Tiefdecker in Ganzmetallbauweise mit Glattblechbeplankung; Stahlrohr-Holmgerüst.
Leitwerk: freitragende Normalbauweise in Ganzmetall; Höhenleitwerk nach oben versetzt; Seitenruder aerodynamisch ausgeglichen und mit Trimmklappe; Höhenflosse zur Trimmung verstellbar.
Fahrwerk: elektrisch einziehbar mit Spornrad; Zwillingsräder an der Hauptstrebe.

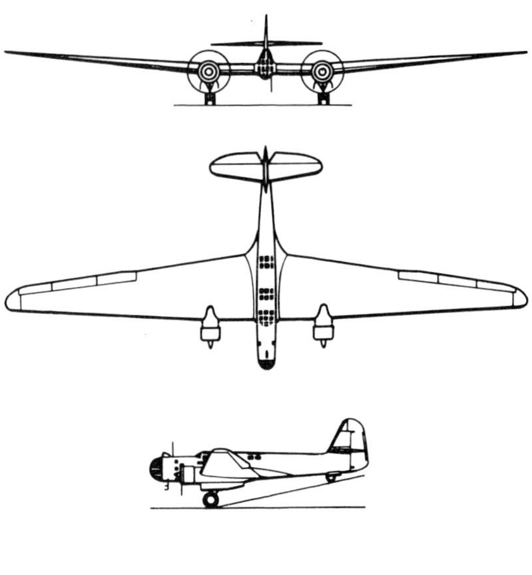

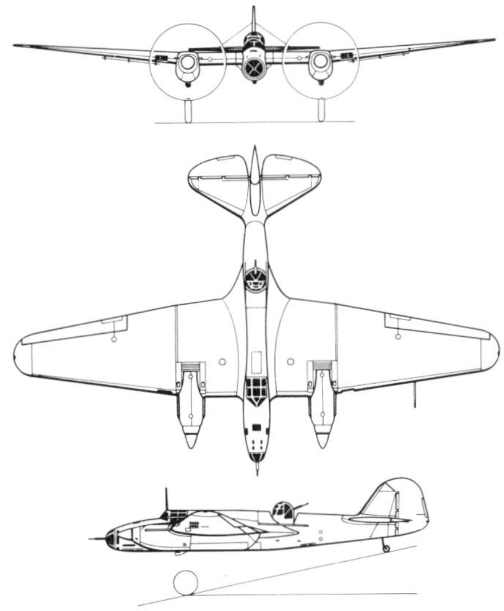

Tupolew SB-2
Bombenflugzeug

Unter Leitung von Tupolew entwickelte die Konstruktionsgruppe Archangelski den Schnellbomber ANT-40. Die Projektierung und der Bau von zwei Prototypen (ANT-40.1, von der Luftflotte als SB-1 bezeichnet, ANT-40.2 bzw. SB-2) begannen im Jahr 1934.
Der Prototyp SB-1 flog erstmalig am 7. Oktober 1934. Die bei dieser Maschine auftretenden Flattererscheinungen konnten theoretisch erforscht und praktisch beseitigt werden. Da sich der Prototyp SB-2 (Erstflug am 30. Dezember 1934) als vorteilhafter erwies, ging er in Serie. Im ersten Quartal 1936 erhielten die ersten Staffeln den neuen Bomber.
Von den Leistungen der Maschine zeugt der Weltrekord am 2. September 1937, bei dem der Pilot Alexejew mit einer SB-2bis mit 1000 kg Nutzmasse eine Höhe von 12246 m erreichte.
Insgesamt wurden 6656 Exemplare dieses Typs gebaut. 210 SB-2 erhielt die Republik Spanien.

Versionen:
ANT-40: Bezeichnung des Konstruktionsbüros.
AR-2: Bezeichnung der letzten Version der SB-2bis mit zwei 880-kW-Triebwerken und kleinerem Tragwerk; Höchstgeschwindigkeit 480 km/h (Skizze).
B-71: Bezeichnung der in der Tschechoslowakei verwendeten SB-2; 1938 aus der UdSSR 60 eingeführt; 66 bei Avia in Lizenz gebaut; einige weitere Maschinen bei Aero und Letov hergestellt; ausgerüstet mit dem Triebwerk Hispano Suiza 12 Yrds (Lizenzproduktion bei Avia); 24 Maschinen als „Zerav" an Bulgarien geliefert.
PS-40: Zivilversion für fünf Passagiere; ab 1937 auch als Postflugzeug; ab 1941 als Verbindungsmaschine des Generalstabs zur Front; Triebwerke M-100 A mit je 635 kW.
PS-41: Zivilversion der SB-2bis; Triebwerke M-103 mit je 705 kW.
SB-1: Prototyp mit 530-kW-Triebwerken.
SB-2: Serienflugzeug mit 630-kW-Triebwerken.
SB-2bis: Weiterentwicklung mit 735-kW-Triebwerken.
SB-2bis U: Schul- und Übungsflugzeug mit Doppelsteuerung.
SB-3: Ausführung mit Drehturm auf dem Rumpfrücken.
SB-RK: Bezeichnung der Luftstreitkräfte für die AR-2.
ZAGI-40: Bezeichnung des ZAGI.
Eine rekonstruierte SB-2 steht im Museum der sowjetischen Luftstreitkräfte in Monino bei Moskau.

Rumpf: Ganzmetallbauweise mit Glattblechbeplankung; Bug mit zwei MGs; auf dem Rumpf hinter der Tragfläche ein bewegliches MG unter aufschiebbarer Glashaube.
Tragwerk: freitragender Mitteldecker in Ganzmetallbauweise mit Glattblechbeplankung.
Leitwerk: Normalbauweise in Leichtmetall.
Fahrwerk: einziehbar mit Spornrad; Ausrüstung mit einziehbaren Schneekufen möglich.

Tupolew ANT-44
Bomben- und Aufklärungsflugboot

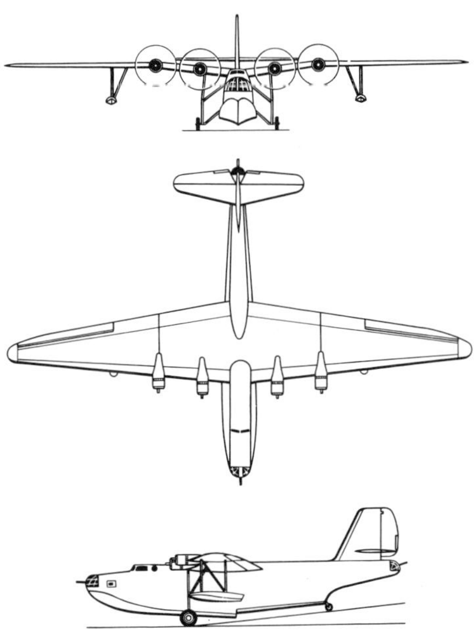

Die Projektierung der ANT-44 begann im Frühjahr 1935. Der Erstflug des ersten Prototyps mit vier Gnôme-et-Rhône-Triebwerken 14 Krsch (je 600 kW) fand am 19. April 1937 statt. Dieser Prototyp war als reines Flugboot entwickelt worden. Der zweite Prototyp ANT-44bis oder ANT-44 D mit vier M-87-Triebwerken (je 630 kW) erhielt ein einziehbares Fahrwerk. Dieses Amphibienflugzeug flog erstmalig im Juni 1938. Auch der erste Prototyp wurde dann zu einer Amphibienmaschine umgebaut. Beide Flugzeuge erhielten die Bezeichnung MTB-2 A. Im Januar 1940 wurden die Entwicklungsarbeiten an diesem Typ eingestellt.
Mit einer MTB-2 A (auch als ZAGI-44 D bezeichnet) stellte der Pilot Suchomlin im Jahr 1940 verschiedene internationale Rekorde auf. Im Juni erreichte er mit 1000 kg Nutzmasse eine Höhe von 7134 m, mit 2000 kg 6284 m und mit 5000 kg 5219 m. Eine Strecke von 1000 km durchflog er mit 1000 kg Nutzmasse mit einer Durchschnittsgeschwindigkeit von 277,456 km/h. Am 7. Oktober legte er die gleiche Strecke mit 2000 kg Nutzmasse und einer Durchschnittsgeschwindigkeit von 241,909 km/h zurück.
Das viermotorige Amphibienflugzeug besaß einen fünften Motor im Bootsrumpf, der einen zentralen Lader für alle vier Triebwerke antrieb. Während des Krieges waren mehrere Maschinen im Schwarzmeerraum für Gefechts-, Transport- und Verbindungsaufgaben eingesetzt.

Rumpf: Bootsrumpf in Ganzmetallbauweise; Waffenstände im Bug und im Heck als Drehtürme.
Tragwerk: freitragender Schulterdecker in Ganzmetallbauweise; große Spannweite mit dünnem Profil.
Leitwerk: Normalbauweise in Ganzmetall; Höhenleitwerk abgestrebt.
Schwimm-/Fahrwerk: Bootsrumpf; einziehbare Räder; Spornrad.

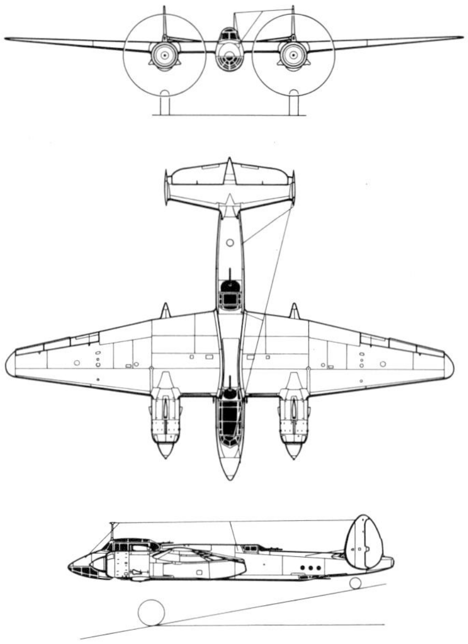

Tupolew Tu-2
Mehrzweckflugzeug

Im Jahr 1939 begann Tupolew mit der Entwicklung eines sturzfähigen Frontbombenflugzeugs, das auch als Aufklärer eingesetzt werden sollte. Der Erstflug der 103 fand am 3. Oktober 1940 statt. Die staatliche Erprobung lief vom Dezember 1940 bis zum Mai 1941. Nach verschiedenen Verbesserungen ging das Flugzeug 1942/43 in Serie. Insgesamt wurden bis Kriegsende 800 Stück gebaut. Ab 14. September 1942 wurde es an der Front eingesetzt. Nach 1945 erhielten die Luftstreitkräfte der UdSSR weitere 2500 Tu-2, die bis 1956 verwendet wurden. In den Luftstreitkräften sowie in der Marine Polens flog die Tu-2 von 1950 bis 1954 in der ersten Linie, bis 1957 für Hilfsaufgaben, einige sogar bis 1962. In Ungarn zählte die Tu-2 bis 1955 zum Bestand der Luftstreitkräfte. Auch an Bulgarien und China ist die Tu-2 geliefert worden.

Versionen:
103 (ANT-58, auch Flugzeug 58, FB, T-58): Bezeichnungen der Flugzeugindustrie für den Prototyp mit zwei 1030-kW-Motoren.
103 U: Bezeichnung der verbesserten 103 im Jahr 1941.
103 W: Ausgangsmuster für den Serienbau.
ANT-59: Bezeichnung des Konstruktionsbüros für die 103 U; auch Flugzeug 59.
ANT-60: Bezeichnung des Konstruktionsbüros für die 103 W.
Tu-1: Abfangjäger mit Radargerät.
Tu-2: Bezeichnung des Serienflugzeugs mit 1130-kW-Triebwerken.
Tu-2 R: Version der Tu-2 S als Fotoaufklärer.
Tu-2 S: Bezeichnung der Serienflugzeuge ab 1943 mit stärkeren Triebwerken.
Tu-2 T: Version der Tu-2 S als Torpedoflugzeug.
Tu-2 U: Version für Schulung und Übung mit Doppelsteuerung.
Tu-8: aus der Tu-2 S abgeleitet; letzte Serienversion der Tu-2.
Tu-12: Weiterentwicklung der Tu-2 von 1947 mit zwei Strahltriebwerken Rolls-Royce „Nene" (5 gebaut).

Es gab zahlreiche weitere Versionen. Außerdem diente die Tu-2 als Erprobungsträger, so 1947 für Strahltriebwerke.
Je eine Tu-2 steht in den Museen Monino, Wrocław und Warschau (Foto).

Rumpf: Ganzmetallbauweise; verglaster Bug; aufgesetzte Hauptkanzel; verglaste rückwärtige Waffenstände.
Tragwerk: freitragender Mitteldecker in Ganzmetallbauweise.
Leitwerk: doppeltes Seitenleitwerk als Endscheiben am Höhenleitwerk.
Fahrwerk: einziehbar mit Spornrad.

Tupolew Tu-4
Bombenflugzeug

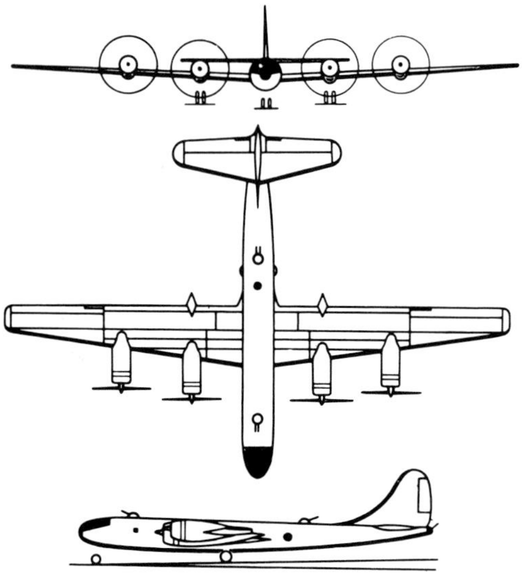

Das Konstruktionsbüro Tupolew begann 1945 nach dem Vorbild der B-29 mit der Entwicklung eines schnellen und schweren Bombenflugzeugs. Die Tu-4 bildete den Übergang zu einem schweren Bombenflugzeug mit großer Reichweite.
Die Flugerprobung der Tu-4 fand 1947/48 statt. Das Flugzeug wurde nach der Erprobung von 20 Prototypen in Serie gebaut. Abgeleitet davon wurden das Passagierflugzeug Tu-70 sowie der Transporter Tu-75. Zu den Testpiloten, die die Tu-4 eingeflogen haben, gehörte auch Gallai.
Ab 1948 begann die Ausstattung von Truppenteilen der neu geschaffenen Fernbomben-Fliegerkräfte mit der Tu-4. Sie war der letzte sowjetische Bomber mit Kolbentriebwerken; denn die Weiterentwicklungen Tu-80 und Tu-85 gingen nicht in Serie. Gebaut wurden etwa 1000 Tu-4, darunter auch strategische Aufklärer TU-4 R. Die Tu-4 LL waren fliegende Laboratorien. Eine Tu-4 steht im Luftfahrtmuseum in Monino. Als die An-12 noch nicht verfügbar war, erhielten die Luftlandetruppen die Tu-4 als Transporter, der unter jedem Flügel einen Luftlandepanzer ASU-57 in einer Fallschirmkabine befördern konnte. Die Tu-4 diente auch als Schlepper für Lastensegler sowie für Versuche mit dem Nachtanken in der Luft. Die Tu-4 ist an China geliefert worden.

Rumpf: Ganzmetall-Schalenbauweise mit rundem Querschnitt; drei Druckkabinen für die Besatzung.
Tragwerk: freitragender Mitteldecker in Ganzmetallbauweise; Landeklappen.
Leitwerk: freitragende Normalbauweise.
Fahrwerk: einziehbar mit Bugrad; Zwillingsräder an allen Streben.

Tupolew Tu-14
Mehrzweckflugzeug

Der dreistrahlige Fernaufklärer Tu-79 bildete den Ausgangspunkt für die Entwicklung der Tu-14, deren eigentlicher Prototyp die modifizierte zweistrahlige Tu-81 war.
Die Tu-14 ist das erste in der Sowjetunion gebaute mittelschwere TL-Bombenflugzeug. Sie wurde etwa zur gleichen Zeit entwickelt wie die Il-28. Der erste Prototyp nahm am 29. Dezember 1947 die Flugerprobung auf. Der Serienbau begann 1951, und kurze Zeit darauf gehörte der Typ zur Ausrüstung der Seefliegerkräfte.
Außer als Bombenflugzeug eignete sich die Tu-14 zur See-Aufklärung und -Überwachung, zur U-Boot-Bekämpfung sowie als Torpedo- und Minenflugzeug.
Als Besonderheit hatte das Flugzeug zunächst das dritte Triebwerk im Rumpfheck mit Lufteinlauf auf dem Rumpf vor der Seitenflosse, das aber wegfiel, als die Leistungen der Triebwerke verbessert wurden.

Versionen:
Tu-14: Bezeichnung des Marine-Mehrzweckflugzeugs (Flugzeug „78").
Tu-14 R: Aufklärerversion mit Kameraausrüstung und zusätzlichem Kraftstoff (3300 l im Bombenschacht); ab 1952 in Serie (Flugzeug „89").
Tu-14 T: Torpedoflugzeug; ebenfalls ab 1952 in Serie (Flugzeug „81").
Tu-73: dreistrahliger Prototyp; Erstflug am 29. Dezember 1947 (Flugzeug „73").
Tu-78: zweiter Prototyp; Flugerprobung ab 17. April bis Ende 1948.
Tu-81: Prototyp mit zwei Triebwerken, drei Mann Besatzung und 36 Bomben.
Tu-89: während der Serienfertigung der Tu-14 entstandener Prototyp mit zwei Triebwerken WK-1.
Insgesamt erhielt die Marine 87 Tu-14.

Rumpf: Ganzmetall-Schalenbauweise; verglaster Bug; Schützenstand im Heck; Radar in Wanne unter dem Vorderrumpf.
Tragwerk: freitragender Schulterdecker in Ganzmetallbauweise; trapezförmiger Umriß; Landeklappen zwischen Rumpf und Triebwerkgondeln sowie zwischen Triebwerkgondeln und Querruder.
Leitwerk: freitragende Normalbauweise in Ganzmetall; Höhensteuer nach oben versetzt; Seitenleitwerk auf dem Rumpf weit nach vorn gezogen; Höhenleitwerk gepfeilt.
Fahrwerk: einziehbar mit Bugrad; ein Rad an jeder Strebe.

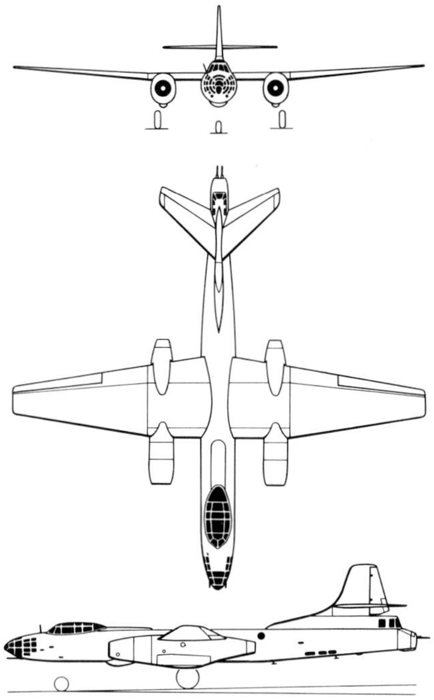

Tupolew Tu-16
Bombenflugzeug

Auf der Grundlage des Auftrags von 1951 an die Konstruktionsbüros Iljuschin und Tupolew zur Entwicklung eines mittleren Bombers vergrößerte Iljuschin die Il-28 zur Il-46, und Tupolew leitete aus der Reihe Tu-82, Tu-83 und Tu-86 den Prototyp Tu-88 (auch Flugzeug N) ab.
Die Flugerprobung des Prototyps begann am 27. 4. 1952. Der Serienbau begann 1953. Der Öffentlichkeit wurde das Bombenflugzeug erstmalig im Jahr 1954 gezeigt. Im Jahr 1961 erschien die Tu-16 mit ferngelenkten Flügelbomben unter dem Rumpf. Diese Ausführung hat statt der früheren Glaskanzel eine große Radaranlage. Außerdem haben alle Flugzeuge dieses Typs eine Radareinrichtung in einer Wanne unter dem Rumpf in Höhe des Cockpits. Die Maschinen haben Einrichtungen zur Luftbetankung.
Außer der Ausführung als Bomber gibt es Versionen als Aufklärer und als Lufttanker. Die sowjetischen Marineflieger verwenden eine Version, unter deren Rumpf sich ein am Fallschirm abwerfbares Rettungsboot befindet. Aus der Tu-16 wurde das Verkehrsflugzeug Tu-104 entwickelt.
Ab 2. Juli 1961 erhielt Indonesien 25 Tu-16. Auch an Ägypten (1979: 25) und an den Irak (9) sind Tu-16 geliefert worden. Von insgesamt über 1500 in mehr als 20 Versionen gebauten Tu-16 gab es 1991 bei den Marinefliegern noch etwa 80 für die Seeraumüberwachung/ECM-Aufgaben und 75 als Tanker sowie bei den Fernfliegern etwa 80 Bomber/Raketenträger, 10 Tanker und 130 Aufklärer/ECM-Flugzeuge. China fertigte den Bomber von 1968 bis 1990 (160 als H-6/B-6).

Rumpf: Ganzmetallbauweise mit kreisförmigem Querschnitt.
Tragwerk: freitragender Mitteldecker mit starker Pfeilung; zwei Grenzschichtzäune auf jedem Flügel.
Leitwerk: freitragende, gepfeilte Normalbauweise in Ganzmetall.
Fahrwerk: einziehbar mit Bugrad, Fahrwerkschlitten mit vier Rädern an den Hauptstreben.

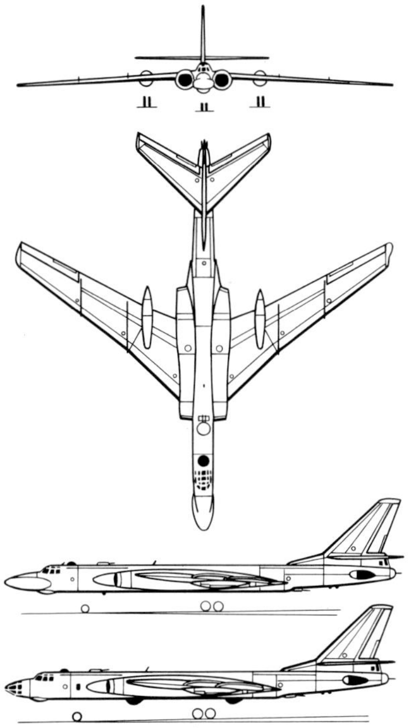

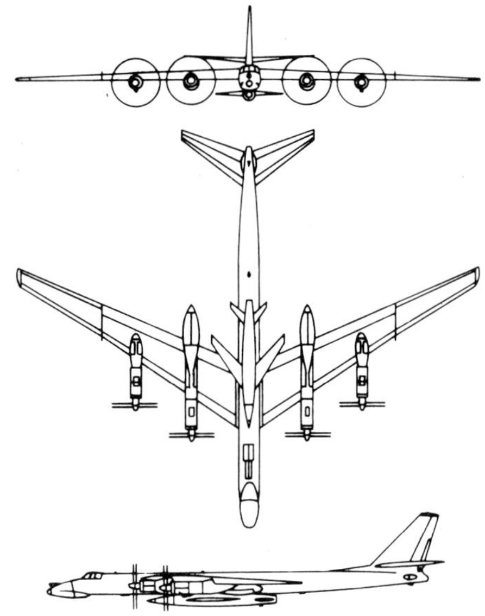

Tupolew Tu-20 / Tu-95 K / Tu-142 Bombenflugzeuge

Das einzige PTL-Langstecken-Bombenflugzeug der Welt ist die Tu-20 (Werkbezeichnung Tu-95). Sie wurde im Jahr 1955 der Öffentlichkeit vorgestellt. Im gleichen Jahr ging der Typ in den Truppendienst. In seinem Aufbau und seinen Abmessungen ähnelt er der Tu-114, die allerdings einen größeren Rumpf hat. Die ersten Ausführungen hatten eine verglaste Bugkanzel. 1961 erschien die Tu-95 K (Skizze) mit einer geflügelten Lenkwaffe unter dem Rumpf, die die Größe eines Jagdflugzeugs hat. Diese Ausführung hat statt der verglasten Bugkanzel Bugradar. Eine Tu-95 K steht im Museum in Monino (Foto).

Außer als Bombenflugzeug eignete sich die Maschine als Fernaufklärer, Lufttanker, Frühwarnflugzeug mit großer, kreisförmiger Funkmeßantenne sowie als Transportflugzeug.
1973 entstand die vergrößerte Version Tu-142.
Der Prototyp von 1952 hatte 8 paarweise untergebrachte PTL-Triebwerke TW-2 F, da die unter Mitarbeit deutscher Fachleute (1945/46 in die UdSSR verbracht) geschaffenen NK-12 noch nicht verfügbar waren. Die Serienmaschinen erhielten je 4 NK-12.
Die Tu-95 MS (eingerichtet für 6 weitreichende Flügelraketen Luft-Schiff/Boden sowie zur Betankung in der Luft nach dem Schlepptrichter-Verfahren) besaß die Triebwerke NK-12 MW. Von den rund 250 bis 300 strategischen Flugzeugen dieser Serie (zahlreiche von ihnen wurden umgebaut bzw. modernisiert) befanden sich im Sommer 1992 noch 151 im Bestand der Fernflieger – hauptsächlich Tu-95 K-22 (Bomber und Träger von 2 Ch-22-Flugkörpern AS-4 KITCHEN und Tu-95 MS 16; Rußland 89, Kasachstan 40, Ukraine 22), während die Marine über 15 Aufklärer Tu-95 RT und 60 Tu-142 verschiedener Modifikationen (U-Bootsuche und -Bekämpfung, elektronische Missionen) verfügte. Indiens Marine hat 10 Tu-142.

Rumpf: Ganzmetall-Schalenbauweise mit rundem Querschnitt; Bugkanzel zunächst verglast, später Bugradar; fernbediente Waffenstände.
Tragwerk: freitragender Mitteldecker, gepfeilt; Ganzmetallbauweise mit drei Holmen.
Leitwerk: gepfeilt und freitragende Normalbauweise.
Fahrwerk: einziehbar mit Bugrad.

Tupolew Tu-22 Bombenflugzeug

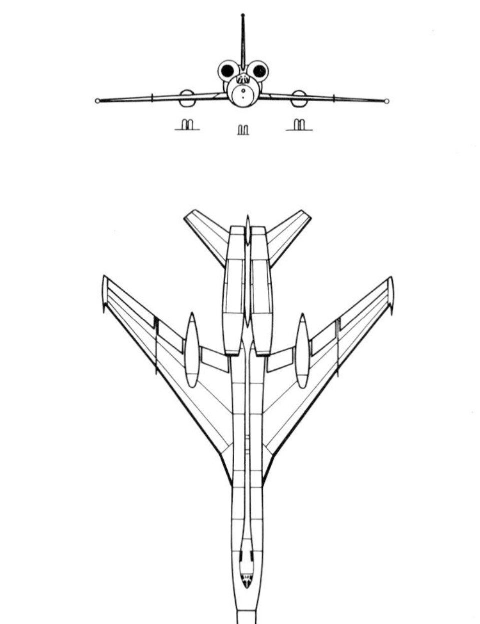

Das Überschall-Bombenflugzeug Tu-22 (Werkbezeichnung Tu-105; 1957 erprobt, ab 1958 in Serie gebaut) wurde der Öffentlichkeit 1961 vorgestellt. Bei ihm waren die Triebwerke zum ersten Male am Heck angebracht, so daß ein sauberer Flügel entstand.
Die Schulversion Tu-22 U trägt eine aufgesetzte Kabine für den Fluglehrer. Insgesamt sollen etwa 250 Tu-22 gebaut worden sein.
1992 hatte Rußlands Luftwaffe noch etwa 75 Maschinen im Bestand – Bomber TU-22, Raketenträger Tu-22 K (Ch-22/AS-4 KITCHEN), Trainer Tu-22 U und Tu-22 P für elektronische Aufgaben (ECM). Die Marine verfügte über 30 Bomber Tu-22/22 K und 20 Tu-22 R (Aufklärer/ECM). Einige Tu-22 sind an den Irak und an Libyen geliefert worden.

Rumpf: Ganzmetallbauweise nach der Flächenregel mit ovalem Querschnitt; Bug als Träger von Radar- und Elektronikausrüstung ausgebildet; auf dem Bug Einrichtung zur Luftbetankung; zwischen den Triebwerken Abwehrwaffen mit Feuerleitradar.
Tragwerk: freitragender Tiefdecker; stark gepfeilt.
Leitwerk: freitragende und stark gepfeilte Normalbauweise; Höhenleitwerk ziemlich tief angesetzt; großflächiges Seitenleitwerk.
Fahrwerk: einziehbar; Bugstrebe mit Zwillingsrädern; an den Hauptstreben Fahrwerkschlitten mit je vier Rädern.

Tupolew Tu-22 M / Tu-26 Bombenflugzeuge

Erste Informationen über eine Weiterentwicklung der Tu-22 mit schwenkbaren Tragflügeln gab es 1969. Zu dieser Zeit war der Prototyp dieses Bombenflugzeugs fertig, das als Tu-22 M bezeichnet wurde.
Im Gegensatz zur Tu-22 ist bei der Tu-22 M die Viererbesatzung in einer gemeinsamen Kabine mit jeweils zwei nebeneinanderliegenden Sitzen untergebracht. Vor dem Bugrad gibt es eine flache Radarwanne.
Verwendet wird der Typ als herkömmlicher Bombenträger (im Bombenschacht sowie an den Halterungen unter den Lufteinlaufschächten lassen sich bis zu 10 t Bomben unterbringen) oder als Träger eines unter dem Rumpf befestigten Flugkörpers.
Anfang der 70er Jahre begann der Bau von 12 Vorserienmaschinen Tu-22 M-1. Die etwas vergrößerte, äußerlich veränderte Tu-22 M-2 als 1. Serienausführung (für Flügelrakete Ch-22/AS-4 KITCHEN, in der Luft nachbetankbar; 3-Seiten-Riß) trägt im Heck eine radargesteuerte 23-mm-Zwillingskanone. 1977 erschien die in der Fachpresse Tu-26 genannte, tatsächlich aber Tu-22 M-3 heißende Version mit 2 Triebwerken NK-25 (Schubkraft 242 kN, Vmax 2300 km/h, Gipfelhöhe 14 km, Startmasse 122 t; im Westen erstmals 1992 in Farnborough gezeigt). Die Tu-22 M-3 hat eine veränderte, unten etwas abgerundete Bugspitze (Foto, Riß unten) sowie große viereckige, schräg von oben nach unten verlaufende Triebwerkseingangsteile. Bis zu 24 t Bomben oder Raketen können im Rumpf (z. B. 6 Antiradarflugkörper Ch-15 P/AS-16 KICKBAG in einem drehbaren Träger) sowie unter den Flügeln mitgeführt werden. Die Jahresproduktion (1973 bis 1985) in Kasan betrug etwa 30 Tu-22 M. 1992/93 hatte die Luftwaffe rund 200, die Marine 160 Tu-22 M verfügbar.

Rumpf: konventionelle Halbschalenbauweise in Ganzmetall; dielektrische Materialien in der Bugspitze; Feuerleitradar und 23-mm-Kanone als Rumpfabschluß zwischen den Triebwerkabgasöffnungen.
Tragwerk: Ganzmetall-Mitteldecker; stark gepfeilte Vorderkante; gerade Hinterkante des festen Tragflügelmittelstücks; schwenkbare Außenflügel; je Seite ein Grenzschichtzaun kurz vor dem schwenkbaren Teil; die für viele Tupolew-Konstruktionen typischen Fahrwerkgondeln in den Flügeln fehlen.
Leitwerk: Normalbauweise in Ganzmetall; stark gepfeilt; Seitenleitwerk mit weit nach vorn gezogener Abstufung.
Fahrwerk: Bugradfahrwerk; Hauptfahrwerkräder (je Seite 2 Radpaare hintereinander) in den Rumpf, Beine in die Tragflügel einfahrbar; doppelt bereift.

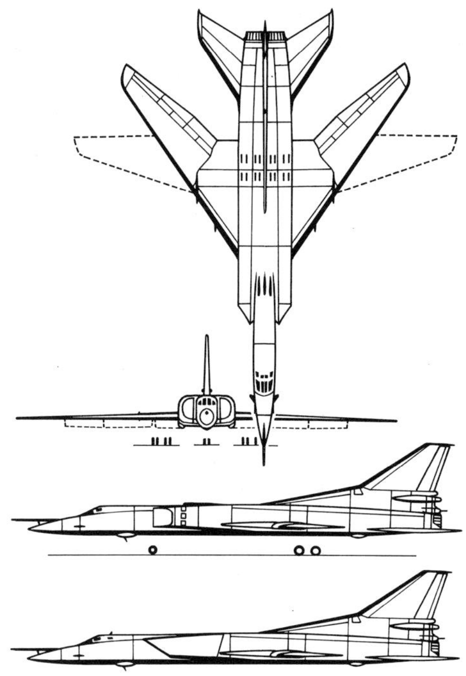

Tu-28 P / Tu-128 Langstreckenjagdflugzeuge

Der zunächst als Tu-28 P, in modernisierter und modifizierter Form als Tu-128 bezeichnete zweisitzige Typ gilt als das größte Jagdflugzeug der Welt. Der Typ ist nicht exportiert worden.
Erste Hinweise auf eine Tupolew-Maschine mit seitlich des Rumpfes liegenden Triebwerken, deren Austrittsöffnungen im Gegensatz zu denen der Tu-16 von 1951 sich im Heck befinden (Tu-16: kurz hinter den Flügelenden), gab es 1956. Damals wurde einer USA-Militärdelegation der Versuchsbomber Tu-98 (Höchstgeschwindigkeit 1240 km/h, 2 AL-7-Triebwerke) vorgestellt, der nach diesem Schema konstruiert war, und den man irrtümlich zunächst als Jak-42 bezeichnete. Die Tu-98 war die Basis für die Entwicklung des neuen Jägers, der zum Abfangen von B-52 sowie der strategischen Flugkörper SNARK aus dem Arktis-Raum dienen sollte. Der Prototyp Tu-28-80 nahm am 18. März 1961 die Flugerprobung auf. Notwendige Nachbesserungen, die sich aus der ab 20. März 1962 erfolgten staatlichen Erprobung ergaben, verzögerten den Serienbau. Die Tu-28 P (Triebwerke WD-19) bzw. Tu-128 (AL-7 F-2, Mach 1,57, später AL-7 F-4 für Mach 1,96) blieben über 20 Jahre im Truppendienst. Die Serienfertigung als Tu-28 P / Tu-128 bzw. Schulausführung Tu-128 U soll von 1959 bis 1968/69 gelaufen sein. Zur Luftparade 1967 flogen drei Serienmaschinen.

Rumpf: Ganzmetall-Halbschalenbauweise nach der Flächenregel mit ovalem Querschnitt; Lufteinlauf an beiden Seiten des Rumpfes; Druckkabine; Bugradar; Sitze hintereinander; Triebwerke im Heck.
Tragwerk: freitragender Mitteldecker in Ganzmetallbauweise; stark gepfeilt.
Leitwerk: freitragende Normalbauweise in Leichtmetall, stark gepfeilt; unter dem Heck anfangs zwei Stabilisierungsflossen.
Fahrwerk: einziehbar mit Bugrad; Hauptfahrwerk mit großer Spurweite mit je vier Rädern.

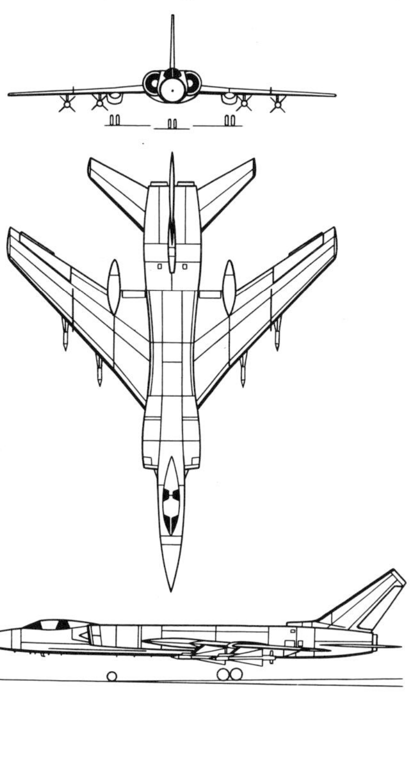

Tupolew Tu-104
Verkehrsflugzeug

Mit der aus dem Bomber Tu-16 abgeleiteten Tu-104 schuf Tupolew das erste TL-Verkehrsflugzeug der Welt, das sich im Liniendienst bewährte. Erstmals flog die Maschine am 17. Juni 1955.

Versionen:
Tu-104: erstes Serienflugzeug; Aufnahme des Liniendienstes bei der Aeroflot am 15. September 1956 auf der Linie Moskau–Irkutsk; für 50 Passagiere ausgelegt.
Tu-104 A: Weiterentwicklung der Tu-104 für 70 Passagiere; Aufnahme des Liniendienstes bei der ČSA 1957, bei der Aeroflot 1958; später für 100 Passagiere umgebaut.
Tu-104 B: unterscheidet sich von den beiden anderen Versionen durch einen 1,20 m längeren Rumpf; für 100 Passagiere ausgelegt; 1958 eingeführt.
Tu-104 E: entspricht der Tu-104 B, aber mit wirtschaftlicheren Triebwerken und 115 Plätzen; ab 1960 gebaut.
Tu-104 W: Kurzstreckenversion für 100 Passagiere; im Sommer 1960 vorgestellt.
Tu-110: 1957 erprobte Version mit vier Triebwerken AL-5 (je 50000 N Schub) und 100 Plätzen.
Nach sowjetischen Angaben wurden mehr als 200 Tu-104 (außer Dienst: 1980, eine Tu-104 am Flugplatz Moskau-Wnukowo als technisches Denkmal) und 2 Tu-110 gebaut. Auch die ČSA hat die Tu-104 außer Dienst gestellt.
Bis 1960 hatten die Maschinen dieses Typs 22 internationale Rekorde aufgestellt.

Rumpf: Ganzmetall-Schalenbauweise mit kreisförmigem Querschnitt; Bremsschirme im Heck; Druckkabine.
Tragwerk: freitragender Tiefdecker in Ganzmetallbauweise mit je zwei Holmen; Fowler-Klappen; thermische Enteisung.
Leitwerk: freitragende Normalbauweise; gepfeiltes Höhenleitwerk; elektrische Enteisung.
Fahrwerk: einziehbar; am Bug Zwillingsräder; an den Hauptbeinen Schlitten mit je vier Rädern; Bugrad steuerbar; Bremsen mit Blockierungsschutz.

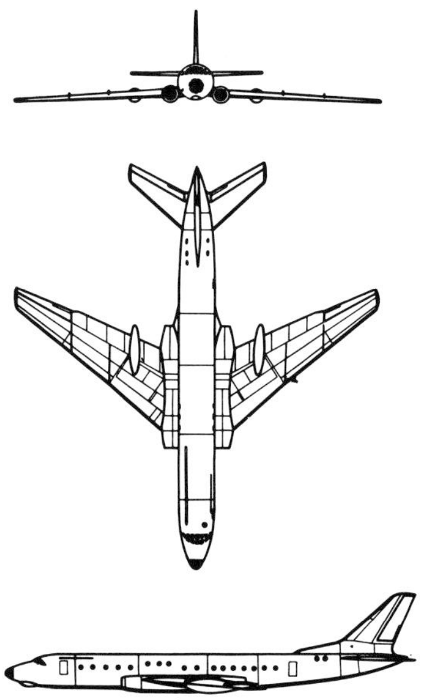

Tupolew Tu-114
Verkehrsflugzeug

Im Jahr 1956 begann ein Tupolew-Kollektiv die Entwicklung des großen Langstrecken-Passagierflugzeugs Tu-107, bei dem man auf Elemente der Tu-20 zurückgriff. Als die PTL-Maschine im Jahr 1957 der Öffentlichkeit als Tu-114 vorgestellt wurde, war sie das größte Verkehrsflugzeug der Welt. Der Erstflug hatte am 3. Oktober 1957 stattgefunden. Die Normalausführung beförderte bis zu 170 Passagiere mit Gepäck und Fracht. Sie war für kontinentale Strecken wie Moskau—Chabarowsk oder Moskau—Wladiwostok bestimmt. Diese Ausführung nahm bei der Aeroflot den Liniendienst am 24. April 1961 auf. Inzwischen ist die Maschine ausgemustert worden.
Eine andere Version für interkontinentale Strecken hatte 120 Passagierplätze. Die Touristenausführung mit 220 Sitzen verkehrte auf verhältnismäßig kurzen Strecken, wie Moskau – Sotschi. Der Rumpf hatte zwei Decks. Die Druckkabine hielt in 10000 m Höhe einen Druck, der 2400 m Höhe entsprach. Neben 32 Tu-114 (ab Ende der 50er Jahre bis 1967 Flaggschiff der AEROFLOT) sind 2 Tu-116 (auch: Tu-114 D) mit Triebwerken NK-12 als direkte Ableitung des Bombers Tu-95 gebaut worden (2 hermetisierbare Salons für je 20 Passagiere, 1958. Moskau – Wladiwostok ohne Zwischenlandung).
Eine Tu-114 steht heute im Luftfahrtmuseum Monino.

Rumpf: Ganzmetall-Halbschalenbauweise mit kreisförmigem Querschnitt; im Oberdeck Cockpit und Passagierkabine, im Unterdeck Küche und zwei Frachträume.
Tragwerk: freitragender Tiefdecker in Ganzmetallbauweise mit drei Holmen; Fowler-Klappen; elektrothermische Enteisung.
Leitwerk: gepfeilte und freitragende Normalbauweise; elektrothermische Enteisung.
Fahrwerk: einziehbar; Zwillingsräder an der Bugstrebe; an den Hauptstreben Fahrwerkschlitten mit je vier Rädern.

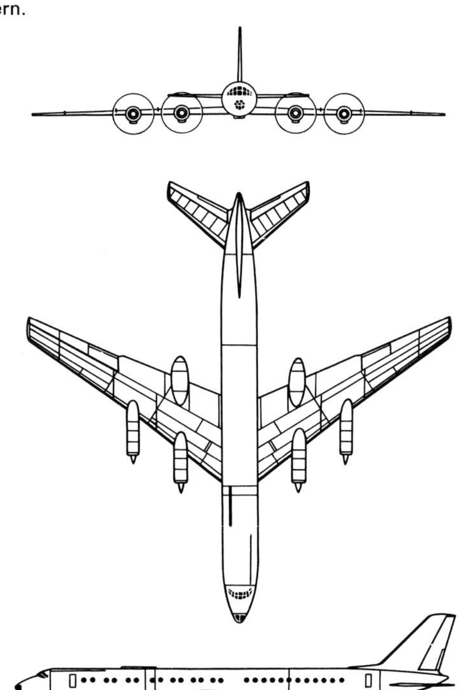

Tupolew Tu-124 Verkehrsflugzeug

Die nach Forderungen für ein Kurz- und Mittelstreckenflugzeug entwickelte Tu-124 war das erste sowjetische Verkehrsflugzeug mit ZTL-Triebwerken. Den Liniendienst bei der Aeroflot nahm sie am 2. Oktober 1962 auf. Im Jahr 1959 hatten die Konstruktionsarbeiten begonnen, im Juni 1960 die Flugerprobung.

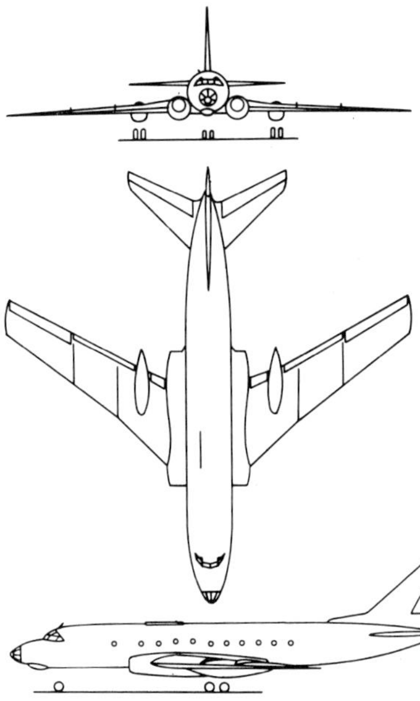

Die Tu-124 stellt eine um etwa 25 % verkleinerte Tu-104 dar. Sie befördert etwa die Hälfte der Nutzmasse der Tu-104, hat jedoch bessere Start- und Landeeigenschaften. Sie kann auch von kleineren Flugplätzen aus eingesetzt werden.
Tragwerk, Fahrwerk und Triebwerk sind vom Boden aus zugänglich, was die Wartung wesentlich vereinfacht. Auch die elektrische Ausrüstung ist im Rumpfboden zusammengefaßt und kann durch entsprechende Klappen leicht erreicht werden.
Insgesamt sind über 150 Tu-124 gebaut worden. Die NVA flog von 1960 bis 1975 3 Tu-124 für VIP-Aufgaben (1 mit militärischer Kennung Bordnummer 495, 2 mit INTERFLUG-Kennung DM-SDA und DM-SDB; danach Verkauf an AEROFLOT, die INTERFLUG selber hatte keine Tu-124!).

Versionen:
- Tu-124: Prototyp und erste Serienversion; 44 Passagiere.
- Tu-124 K: 36 Passagiere und Fracht.
- Tu-124 K-2: 22 Passagiere und Fracht.
- Tu-124 W: 56 Passagiere.

Rumpf: Ganzmetall-Halbschalenbauweise mit kreisrundem Querschnitt; verglaste Bugkanzel als Arbeitsraum des Navigators; Luftbremse unter dem Rumpf.
Tragwerk: freitragender, gepfeilter Tiefdecker; Triebwerke in den Flügelwurzeln; Doppelspaltklappen; Luftbremsen auf der Tragflügeloberseite; thermische Enteisung.
Leitwerk: freitragende und stark gepfeilte Normalbauweise;
Fahrwerk: einziehbar mit Scheibenbremsen; Bugrad mit Zwillingsrädern; Hauptstreben mit je vier Rädern.

Tupolew Tu-134 Verkehrsflugzeug

Für Kurz- und Mittelstrecken schuf Tupolew 1961 die Tu-134, die aus der Tu-124 abgeleitet wurde. Sie wurde zunächst als Tu-124 A bezeichnet und flog erstmalig im Herbst 1963. Die Serienproduktion begann 1965, und der erste Flug im Linienverkehr war am 9. September 1967. Tupolew wendete hierbei die erprobten Bauweisen der Tu-104 und der Tu-124 an, ging aber erstmalig bei einem Verkehrsflugzeug zu Hecktriebwerken über. Besonders interessant ist das Fahrwerk, das durch Absenken oder Ausfahren beim Start einen größeren Anstellwinkel und bei der Landung eine negative Anstellung ermöglicht, wodurch die Start- und Landerollstrecken wesentlich kürzer werden.
Während die beiden Prototypen die Triebwerke D-20 P hatten, sind die 5 Vorserien- und die Serienflugzeuge mit D-30 ausgestattet.
Die Version Tu-134 A hat einen um 2,10 m längeren Rumpf. Im Heck befindet sich ein Hilfstriebwerk, das von Bodengeräten unabhängig macht. Während des Fluges kann es als Notstromaggregat dienen.
Die Linienerprobung der Tu-134 A begann im Frühjahr 1970, und im Herbst des gleichen Jahres wurde sie im Liniendienst eingesetzt. Die ersten Tu-134 A hatten wie die Tu-134 einen verglasten Bug sowie eine Radarwanne (Skizze). Bei späteren Serienmaschinen fehlt er (Foto). Die verbesserte Ausführung heißt Tu-134 B.
Insgesamt sind über 850 Tu-134 aller Versionen gebaut worden. Mit der deutschen Einheit übernahm die Luftwaffe 3 Tu-134 A exNVA, die zunächst weiter als militärische Passagier- und VIP-Flugzeuge geflogen, zum 20. 12. 1990 aber außer Dienst gestellt und verkauft wurden. 1991 sind einige Tu-134 B als Trainer Tu-134 UBL (für Tu-160-Piloten) und Tu-134 BSh (Navigationstrainer für Tu-22 M-Besatzungen) mit dem jeweiligen Typ angepaßten Bug umgebaut worden.

Rumpf: Ganzmetall-Halbschalenbauweise mit kreisförmigem Querschnitt; Triebwerke links und rechts am Heck.
Tragwerk: freitragender Tiefdecker mit stark gepfeilten Flügeln und negativer V-Stellung; fünfteilige Flügel; zwei Holme; thermische Enteisung.
Leitwerk: freitragendes T-Leitwerk; thermische Enteisung.
Fahrwerk: einziehbar; Zwillingsräder an der Bugstrebe; an Hauptstreben Fahrwerkschlitten mit je vier Rädern.

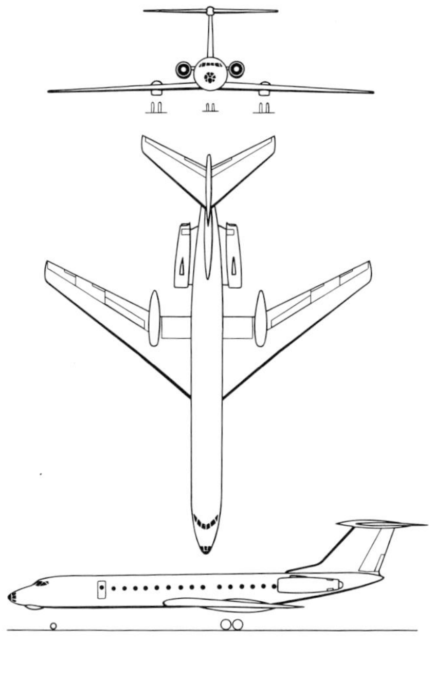

Tupolew Tu-144
Verkehrsflugzeug

Am 31. Dezember 1968 startete auf einem Flugplatz in der Nähe Moskaus als erstes Überschall-Verkehrsflugzeug die Tu-144 zum Erstflug. Dieser Flug dauerte 38 min, der zweite Flug des ersten Prototyps am 8. Januar 1969 währte 50 min. Im Mai 1970 erreichte die Tu-144 als erstes Verkehrsflugzeug doppelte Schallgeschwindigkeit (2150 km/h in 16300 m Höhe), und im Herbst des gleichen Jahres flog sie in 17000 m Höhe 2430 km/h. Ende 1971 begannen zwei weitere Prototypen die Flugerprobung. Die Entwicklung des Typs war 1964 aufgenommen worden.
Am 26. Dezember 1975 nahm die Tu-144 den Flugverkehr auf der ersten Überschallroute der Welt Moskau–Alma-Ata–Moskau auf. In den Hauptabmessungen unterscheiden sich die Tu-144 (15 Maschinen gebaut) und die französisch-britische „Concorde" nur geringfügig.

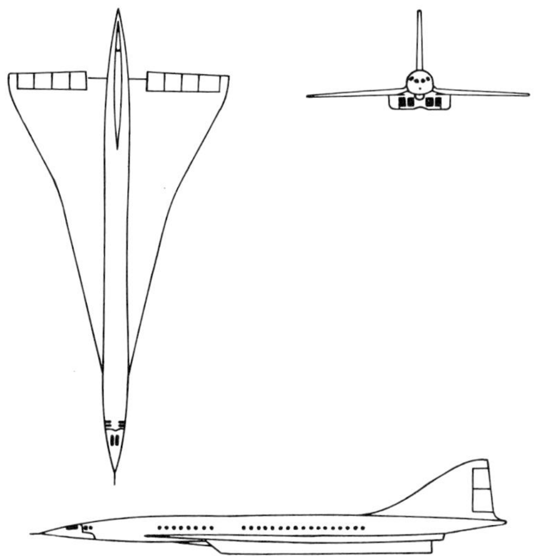

Forderungen der Aeroflot zur Erhöhung der Flugsicherheit wurden nicht erfüllt, so daß die Tu-144 außer Dienst gestellt wurde. Einige Maschinen dienen Versuchszwecken.
Eine Tu-144 sowie die mit der gleichen Flügelform versehene MiG-21 (A-144) befinden sich heute im Museum Monino.

Rumpf: Ganzmetall-Halbschalenbauweise; Rumpfspitze bei Start und Landung um 12° in 10 s absenkbar; Bremsschirme im Heck.
Tragwerk: freitragender Tiefdecker in Ganzmetallbauweise; Doppeldeltaform; Vorderkante und temperaturbeanspruchte Teile aus Titanlegierungen; an jeder Flügelhälfte vier Ruder als Höhen- und Querruder.
Leitwerk: großes Seitenleitwerk; zwei Seitenruder.
Fahrwerk: einziehbar; Bugstrebe mit Zwillingsrädern; an jeder Hauptstrebe Fahrwerkschlitten mit sechs Zwillingsrädern.

Tupolew Tu-154
Verkehrsflugzeug

Das dreistrahlige Verkehrsflugzeug Tu-154 löste im Liniendienst der Aeroflot die Tu-104, die Il-18 und die An-10 ab. Erstmalig flog es am 3. Oktober 1968. Die Entwicklungsarbeiten hatten 1966 begonnen. Die Erprobung wurde mit sechs Flugzeugen vorgenommen. Die Serienproduktion begann 1970. Seit Februar 1972 befindet sich die Maschine im Liniendienst.
Die Tu-154 hat die gleichen Triebwerke wie die Il-62, jedoch mit nur 93200 N Schub. Die beiden Außentriebwerke haben Schubumkehr, so daß auch bei nassen oder vereisten Landebahnen auf Bremsschirme verzichtet werden kann.

Versionen:
Tu-154: 164 Sitze.
Tu-154 A: 167 Sitze.
Tu-154 B: 180 Sitze.
Tu-154 M: 180 Sitze; modernisiert.
Tu-154 S: Frachtversion mit großer Ladeluke.
Tu-155: Versuchsausführung für Flüssiggasbetrieb (1988).
Die Tu-154 A erhielt leistungsfähigere Triebwerke NK-8-2 U. Ihre Reichweite beträgt 4800 km. Von der Version Tu-154 B gibt es mehrere Ausführungen mit unterschiedlichen Triebwerken, höherer Abflugmasse und verbesserter Elektronik. Hauptversion ist die ab 1978 gelieferte Serie B-2, auf deren Standard frühere Versionen umgerüstet wurden.
Bis zum September 1992 haben über 1000 Tu-154 die Werkhallen verlassen. Von der noch produzierten Tu-154 M ist die Tu-154 M 2 mit 2 Turbofans PS-90 A abgeleitet worden, die in die Erprobung gehen soll. Die Bundesluftwaffe fliegt die beiden Tu-154 M exNVA in der Flugbereitschaft. Eine Maschine ist in Dresden für das Projekt „Open Skies" umgerüstet worden.

Rumpf: Ganzmetall-Halbschalenbauweise; im Heck Hilfstriebwerk; unter der Kabine Frachtraum mit mechanischer Ladeeinrichtung.
Tragwerk: freitragender Tiefdecker in Ganzmetallbauweise mit drei Holmen; dreiteiliger Flügel; Dreispaltklappen; Spaltvorflügel und Spoiler; Flügelnase mit thermischer, Vorflügel mit elektrischer Enteisung.

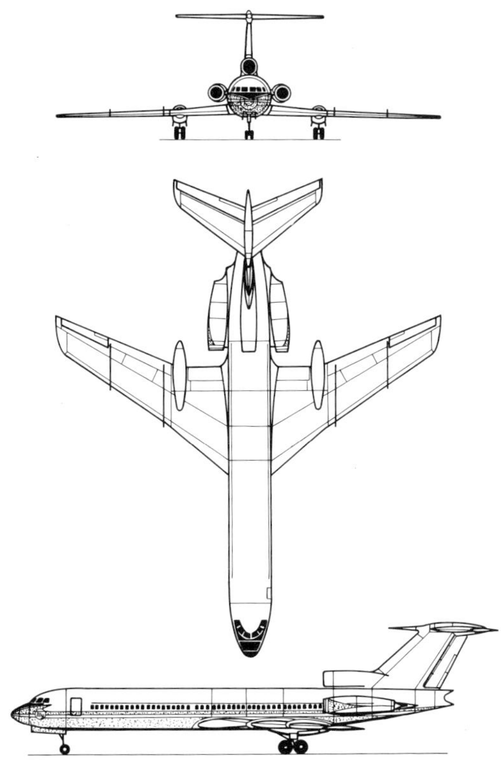

Leitwerk: freitragendes und gepfeiltes T-Leitwerk in Ganzmetallbauweise; Höhenleitwerk zur Trimmung verstellbar; vor dem Seitenleitwerk Lufteinlauf des Mitteltriebwerks; thermische Enteisung.
Fahrwerk: einziehbar mit Scheibenbremsen und Blockierungsschutz; Bugstrebe mit Zwillingsrädern; Hauptstreben mit Fahrwerkschlitten und je sechs Rädern.

Tupolew Tu-126
Frühwarnflugzeug

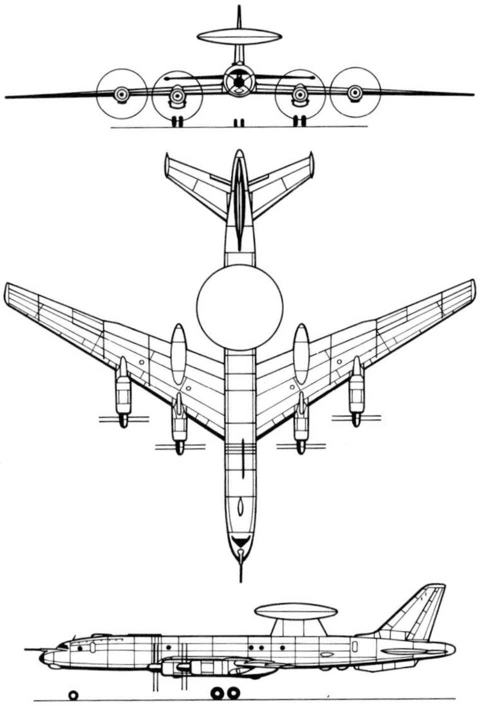

Frühwarnflugzeuge oder Flugzeuge für die funktechnische Aufklärung, Benachrichtigung und Leitung sind gegenwärtig ein außerordentlich bedeutsames Mittel für die erfolgreiche Gefechtstätigkeit der Luftstreitkräfte. Zu den Aufgaben derartiger Flugzeuge gehört es, automatisch Daten (vor allem über niedrig fliegende Luftziele) zu erfassen, zu identifizieren, zu beurteilen und zu übermitteln. Außerdem dienen solche Flugzeuge zur Leitung von Gefechtshandlungen der eigenen taktischen Fliegerkräfte, der Truppenteile und Einheiten der Luftverteidigung sowie im Bedarfsfall zum Sicherstellen der Funkverbindungen in oder zwischen einzelnen Teilstreitkräften.
In der Sowjetunion erschienen 1967/68 zwei Versionen eines Frühwarnflugzeugs, das auf der Typenreihe Tu-20/Tu-95/Tu-114 basiert. Beide Versionen erhielten in der internationalen Fachliteratur die Bezeichnung Tu-126. Sie unterscheiden sich äußerlich vor allem durch die Größe des Trägers der linsenförmigen Funkmeßantenne (Durchmesser 11 m, dreht sich um die eigene Achse) sowie durch den Abschluß des Rumpfes. Vor der Flugzeugführerkanzel befindet sich der Stutzen zum Nachtanken in der Luft. Der Rumpf hinter dem Cockpit nimmt die funkelektronischen Geräte, Bordrechner, Detektoren für die Gefechtsavionik sowie die klimatisierten Arbeitsplätze der Operateure auf. Im hinteren Teil des Rumpfes sind an den Seiten und unten weitere Antennen der funkelektronischen Ausrüstung installiert. Mit Hilfe des Hauptfunkmeßgeräts ist es möglich, aus einer Höhe von 9000 bis 10000 m ein Gebiet mit einem Radius von mehreren hundert Kilometern zu kontrollieren.
Jedes Triebwerk ist mit zwei gegenläufigen Vierblatt-Luftschrauben AV-60 N mit einem Durchmesser von 5,60 m versehen.

Rumpf: Ganzmetall-Halbschalenbauweise mit rundem Querschnitt, Durchmesser 3,7 m; Verstärkungen hinter den Tragflügeln und Anpassungen für den Antennenträger des Hauptfunkmeßgeräts; verglaste Navigator-Kabine.
Tragwerk: freitragender Ganzmetall-Tiefdecker; gepfeilte Flügel (an der Wurzel 35°, an den Enden 37°) in Halbschalenbauweise; vier Holme im inneren, drei im äußeren Teil; integrale Tanks für 60800 kg Kraftstoff.
Leitwerk: freitragend; Ganzmetall; Stabilisierungsfläche unter dem Heck; bei neuerer Version steißartige Verlängerung des Rumpfes.
Fahrwerk: einziehbares Bugradfahrwerk; Zwillingsräder an Bugstrebe; Hauptstreben mit Fahrwerkschlitten und je vier Rädern; ausfahrbare Hilfs-Teleskopstütze im hinteren Rumpfteil.

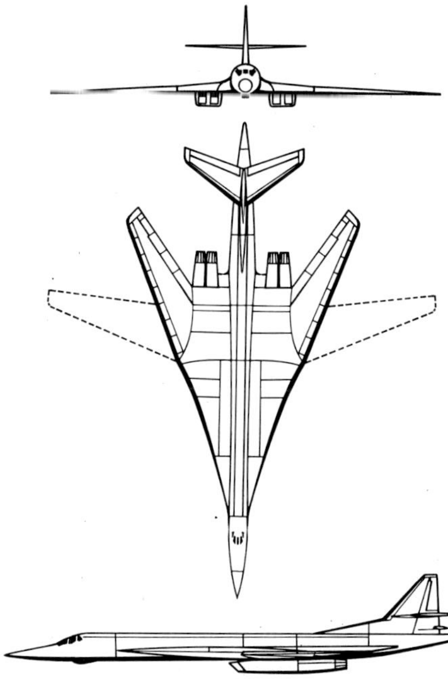

Tupolew Tu-160
Strategisches Bombenflugzeug

Erste offizielle Fotos von diesem Typ erschienen – jedoch noch ohne Namen –, nachdem die Maschine dem damaligen USA-Verteidigungsminister Carlucci während seines UdSSR-Besuchs im August 1988 auf dem Militärflughafen Kubinka vorgestellt worden war. Die Bezeichnung Tu-160 wurde in der UdSSR erstmals Mitte 1989 öffentlich genannt.
Die Truppenerprobung der 12 Prototypen bzw. Vorserienflugzeuge hat nach sowjetischen Presseberichten Fragen zur Notwendigkeit eines solchen Flugzeugs aufkommen lassen. Außerdem wird betont, die Maschine wäre nicht wartungsgünstig, da nicht gleichzeitig mehrere Versorgungsfahrzeuge an die Maschine herankämen (Kraftstoff, technische Gase, Prüf- und Kontrollstationen u. ä.).
Die in Kubinka gezeigte Tu-160 kann in zwei Rumpf-Waffenkammern je sechs Marschflugkörper mit 3000 km Reichweite oder je 12 Kurzstreckenraketen aufnehmen.
Die Erprobung vom „Flugzeug 70" begann am 19. Dezember 1981, und im Mai 1987 erhielt das 184. Regiment in Priluki/Ukraine die ersten Maschinen. Nach der Fertigung von 20 Serienflugzeugen soll die Produktion 1992 in dem neuen Werk in Kasan eingestellt worden sein. Zunächst war damit gerechnet worden, mit 80 bis 100 Tu-160 die Tu-20/95 und M 4 zu ersetzen sowie den Typ auch bei der Marine einzuführen.

Rumpf: spitz auslaufender Bug; Kabine in die Rumpfkontur einbezogen.
Tragwerk: Tiefdecker mit festem, stark gepfeiltem Mittelstück und schwenkbaren Flügelenden (20 bis 62°); keine Aufhängevorrichtungen für Außenlasten; Triebwerkpaare unter festem Mittelflügel.
Leitwerk: stark gepfeiltes Seiten- und Höhenleitwerk; Höhenleitwerk etwa in Seitenleitwerksmitte befestigt.
Fahrwerk: einziehbares Bugradfahrwerk; an Hauptfahrwerkbeinen wagenförmig; doppelt bereift.

Tupolew Tu-204
Verkehrsflugzeug

Am 2. Januar 1989 startete der Prototyp der Tu-204 zum Erstflug (Foto). Es ist vorgesehen, mit diesem Typ auf Flugstrecken bis zu 3500 bis 4000 km die Tu-154 abzulösen.
Die zu der gleichen Klasse wie die Boeing 757 zählende Tu-204 ist mit einer hocheffektiven Tragflügelmechanik sowie modernen, geräuscharmen und verbrauchsgünstigen Triebwerken Solowjew D-90 A (wie die Il-96) ausgerüstet. Im Interesse einer möglichst geringen Leermasse erhielt die Tu-204 zahlreiche, aus neuen Baustoffen – hauptsächlich Kunststoffen – bestehende Konstruktionsgruppen. Die Zelle ist für 45000 Flugstunden und 30000 Landungen vorgesehen. Sechs Bildschirmanzeigen im Cockpit, eine vollelektronische Steuerung sowie ein dreifach ausgelegtes Navigationssystem sind Merkmale der Tu-204. Die automatische Steuerung soll auch die Landung übernehmen (bei maximal 200 m Sichtweite und 0 m Sichthöhe).
Für die in Entwicklung befindliche Passagiermaschine Tu-334 als Nachfolgerin der Tu-134 sollen 60 % aller Rumpfbaugruppen sowie ein großer Teil der Ausrüstung übernommen werden.

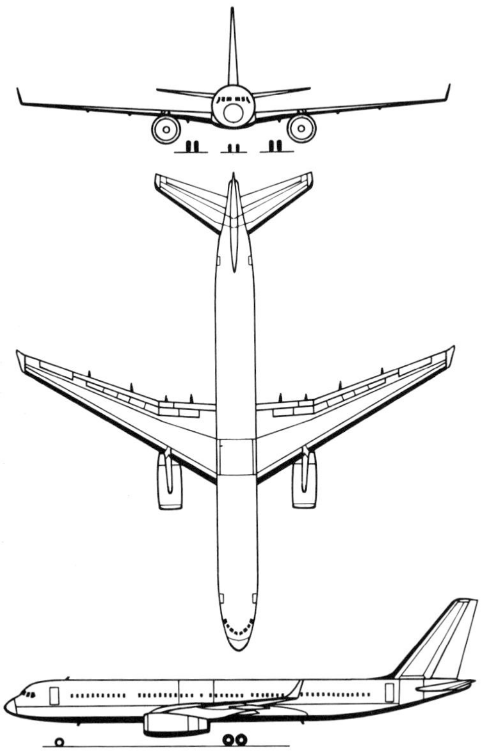

Der 1. Prototyp (SSSR-64001, 2 weitere für die Flug- und 2 für strukturelle sowie Festigkeitstests) flog mit Triebwerken PS-90 AT. Am 14. August 1992 startete die in Farnborough gezeigte Tu-204 mit RB-211-535 E4-B zum Erstflug, und die 1993 in Paris gezeigte hatte PW 2240-Triebwerke. Bisher sind 10 Flugzeuge ausgeliefert worden. Das Werk AVIASTAR (Tupolew) in Uljanowsk will jährlich 80 bis 90 Tu-204 (Gesamtbedarf: etwa 500) ausliefern.

Rumpf: fast kreisförmiger Querschnitt; Sechserreihen mit Mittelgang; 214 Plätze in der Touristenklasse; bei gemischten Klassen 12 1.-Klasse-, 47 Business-Klasse- und 111 Touristenklasse-Plätze.
Tragwerk: gepfeilter Tiefdecker mit Winglets; hängende Triebwerke.
Leitwerk: Normalbauweise; Seiten- und Höhenleitwerk gepfeilt.
Fahrwerk: Bugradfahrwerk; Hauptfahrwerk wagenförmig; Doppelreifen.

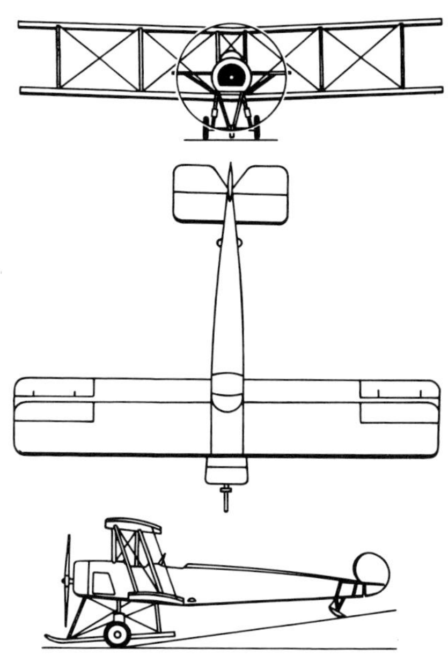

U-1
Schulflugzeug

Im Jahr 1919 wurde im Kampf gegen die britische Interventionsarmee bei Petrosawodsk ein britisches Flugzeug vom Typ Avro-504 abgeschossen. Iljuschin, damals Mechaniker in einer Fliegerabteilung, brachte das Flugzeug nach Moskau, wo im Flugzeugwerk Dux danach Zeichnungen angefertigt wurden. Das Werk „Krasny Lotschik" in Petrograd (später Leningrad) nahm sodann die Serienfertigung auf.
Die U-1 war für viele Jahre das Standard-Schulflugzeug der UdSSR. Bis 1932 befand es sich im Dienst der Luftstreitkräfte, bis 1935 bei zahlreichen Aeroklubs. Dieses Flugzeug ersetzte die Vielzahl der Schulflugzeugtypen, die bis auf die alte Farman aus der Zeit vor dem Ersten Weltkrieg zurückgingen. Insgesamt sind von 1926 bis 1939 482 Schulflugzeuge U-1 produziert worden.
Für die Ausbildung der Seeflieger gab es ab 1925 die Version MU-1 (Morskoi Utschebny) mit Schwimmern, die in 120 Exemplaren gebaut wurde. Die Geschwindigkeit war fast ebenso hoch wie bei der U-1, jedoch waren Wendigkeit und Steigfähigkeit erheblich geringer. Die MU-1 wurde bis 1934 eingesetzt.

Rumpf: Holzbauweise mit Stoffbespannung; zwei offene Sitze hintereinander mit Doppelsteuerung.
Tragwerk: zweistieliger, verspannter Doppeldecker, gestaffelt; Holzbauweise mit Stoffbespannung.
Leitwerk: Normalbauweise in Holz mit Stoffbespannung; Höhenflosse nach unten zum Rumpf abgestrebt.
Fahrwerk: starr mit durchgehender Achse und Hecksporn; zwischen den Rädern zum Schutz gegen Überschlag eine Kufe.

ZAGI A-7
Tragschrauber

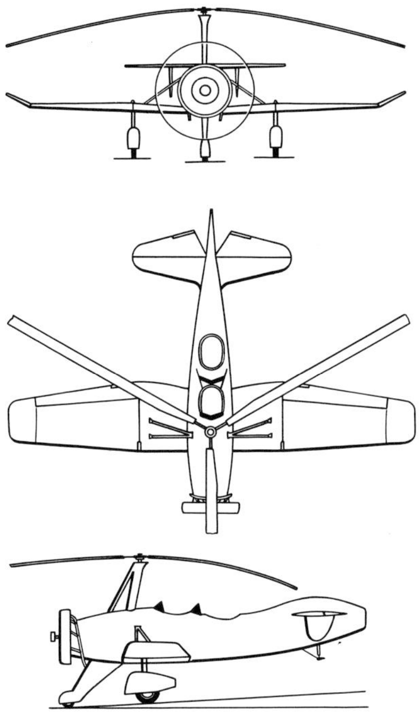

Im Sommer 1931 begann im ZAGI die Entwicklung eines Tragschraubers, der für die Nahaufklärung und Artilleriebeobachtung verwendet werden sollte. Kamow leitete das Projekt.
Zur Ausrüstung des Tragschraubers A-7 (zunächst ZAGI 7-EA) gehörten außer den normalen Überwachungs- und Navigationsgeräten auch eine Funkstation und Fotoapparate. Außerdem wurde international erstmalig im Tragschrauberbau eine Bewaffnung installiert: ein synchronisiertes MG im Bug und ein bewegliches Doppel-MG für den Beobachter.
Der Erstflug fand am 20. September 1934 statt. Die Flugerprobung dauerte bis zum 9. Dezember 1935, da verschiedene Flattererscheinungen am Rotor sowie am Leitwerk und eine Überhitzung auftraten.
Aufgrund der Flugerprobung fand eine sorgfältige Weiterentwicklung statt, aus der sich im Sommer 1936 die A-7bis ergab. Sie nahm im Mai 1937 die Flugerprobung auf, die im Juli 1938 beendet wurde.
Nach einem Einsatz auf dem Eisbrecher „Jermak" wurde der Tragschrauber in der Forstwirtschaft verwendet. Bei den Streitkräften dienten die fünf A-7bis nach Kriegsausbruch für Aufklärungsflüge und zum Abwurf von Flugblättern in der Nacht. Bei dieser Einheit diente der spätere Hubschrauberkonstrukteur Mil als Ingenieur.

Rumpf: dreiteilig; vorn mit Triebwerk und Tanks; in der Mitte mit zwei offenen Sitzen hintereinander; hinten mit Leitwerk.
Tragwerk: Dreiblatt-Rotor, Tragflächen in Tiefdeckeranordnung, nach oben abgestützt; Flügelenden nach oben gebogen; Querruder.
Leitwerk: Rumpf in Heckflosse auslaufend; hoch angesetztes Höhenleitwerk; auf beiden Seiten nach unten Stabilisierungsflächen.
Fahrwerk: starr mit Bugrad; hydraulische Bremsen; Räder gegen Schneekufen auswechselbar.

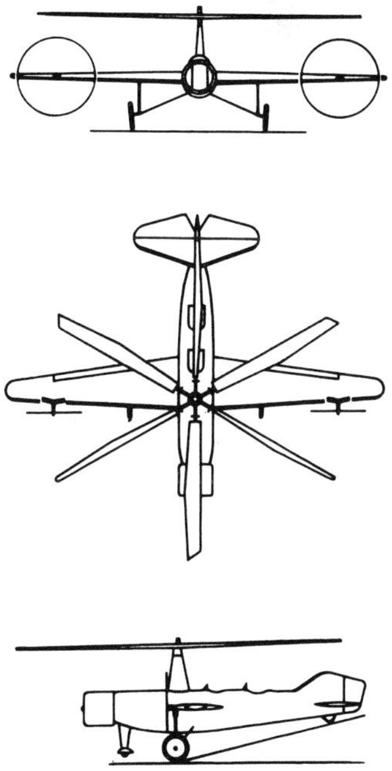

ZAGI 11-EA
Rotorflugzeug

Aufgrund der Erfahrungen mit den Rotorflugzeugen 1-EA und 5-EA begann 1934 unter Leitung von Bratuchin die Entwicklung eines neuartigen Rotorflugzeugs. Die Flugerprobung begann im Sommer 1936.
Das zweisitzige Rotorflugzeug stellte eine Kombination von Trag- und Hubschrauber dar. Es hatte einen Flugzeugrumpf mit Flugzeugleitwerk und kleinem Tragflügel.

Rumpf: Stahlrohrbauweise.
Tragwerk: freitragender Mitteldecker; zwei Dreiblatt-Rotoren in einer Ebene; kleiner Rotor dient zur Steuerung.
Leitwerk: Normalbauweise; zwei Dreiblatt-Verstell-Ausgleichsschrauben außen an den Tragflügeln.
Fahrwerk: starr mit geteilter Achse; Stützrad am Bug; Spornrad.

Zybin Z-5
Lastensegler

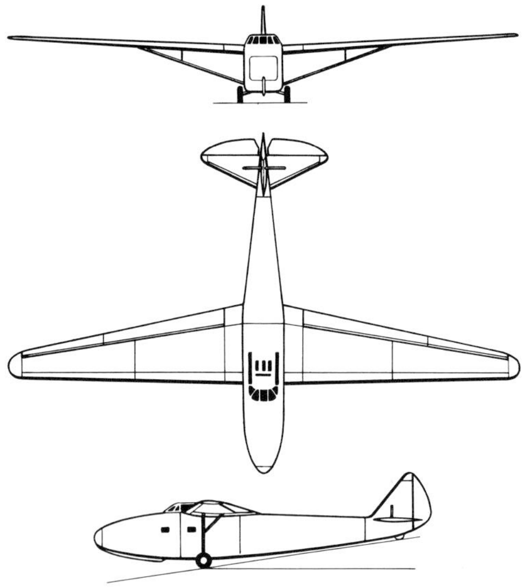

Aufgrund der guten Erfahrungen mit Lastenseglern im Großen Vaterländischen Krieg gingen die sowjetischen Konstrukteure nach 1945 daran, eine neue Generation dieser Flugzeugart zu entwickeln. Um angesichts der massiven Drohung seitens der imperialistischen Länder die Lufttransportkapazität kurzfristig zu vergrößern, wurden Lastensegler als schnell zu schaffendes und relativ billiges Luftfahrtgerät sowie als Übergangslösung bis zum Erscheinen der modernen PTL-Großtransporter angesehen. So schufen die Konstruktionsbüros von Iljuschin (Il-32) und Jakowlew (Jak-14) sowie der Segelflugzeugbauer Zybin mehrere Lastensegler, die auch militärische Flugzeuge sowie leichte Artilleriewaffen an Bord nehmen konnten.
Während die Il- und Jak-Typen als Großlastensegler gebaut wurden, stellte die Z-25 einen Sturmtransporter für einen Infanteriezug dar, der damit ins Kampfgebiet befördert werden sollte. Als Ausgangspunkt für die 1948 entwickelte Z-25 wählten die Konstrukteure den bereits im Krieg verwendeten Lastensegler KZ-20 (von Kolesnikow und Zybin). Später modernisierte man die Z-25 zur Z-25bis. Die Z-25 wurde auch von den Luftstreitkräften der Tschechoslowakei (als NK-25) verwendet, wo sie bis in die fünfziger Jahre im Dienst blieb.

Rumpf: Gemischtbauweise mit fast quadratischem Querschnitt; Bug als Einstieg ausgebildet; Kabine aufgesetzt.
Tragwerk: abgestrebter Schulterdecker in Gemischtbauweise; gerade Tragflügelvorderkante; abgerundete Tragflügelenden.
Leitwerk: freitragende Normalbauweise in Holz mit Stoffbespannung.
Fahrwerk: Landekufe unter dem Rumpfbug; Haupträder seitlich des Rumpfes in Höhe der Tragflügelverstrebung; Bugrad; Hecksporn.

Lloyd C-I bis C-V
Aufklärer

Nach dem Vorbild des Doppeldeckers B-I fertigte die Ungarische Lloyd Flugzeug- und Motorenfabrik Aszod für die Luftstreitkräfte Österreich-Ungarns ab 1914 den Aufklärer C-I. Mit einer Maschine dieses Typs stellte Bier mit einem Passagier an Bord am 27. Juni 1914 einen Höhenrekord von 6170 m auf. Als Antrieb diente ein 110-kW-Motor von Austro-Daimler. Von der bei Lloyd auch als Serie 41 bezeichneten C-I wurden 32 Maschinen gebaut.
Als Serie 42 folgte die C-II, bei der man vor allem die Flügelform verändert hatte: Die Außenflügel wiesen nicht mehr die stark nach hinten gezogene Rundung auf, sondern waren an der Vorderkante leicht gepfeilt. Die Maschinen dieses Typs waren z. T. mit einem 120-kW-Motor von Hieronymus, z. T. mit einem 120-kW-Motor von Austro-Daimler ausgerüstet. Gebaut wurden 70 Maschinen.
Ab 1916 folgten 50 Flugzeuge des verbesserten Typs C-III (Serie 43). Acht weitere Maschinen der gleichen Ausführung baute die Wiener Karosserie- und Flugzeugfabrik Dr. Gutmann (WKF) in Wien. Bewaffnet waren die Aufklärer C-II und C-III mit einem 7,69-mm-MG.
Von den Versionen C-III, C-IV und C-V sind insgesamt etwa 500 Maschinen hergestellt worden.

Rumpf: eckiger Querschnitt; oben bis Cockpithöhe abgerundet; Holzbauweise mit Sperrholzbeplankung und Stoffbespannung; offene Sitze hintereinander.
Tragwerk: zweistieliger, verspannter Doppeldecker; Holz mit Stoffbespannung; überhängende Querruder nur oben.
Leitwerk: verspannte Normalbauweise; aufgesetzte Dreieck-Seitenflosse; durchgehendes Höhenruder.
Fahrwerk: starr mit Hecksporn; durchgehende Achse.

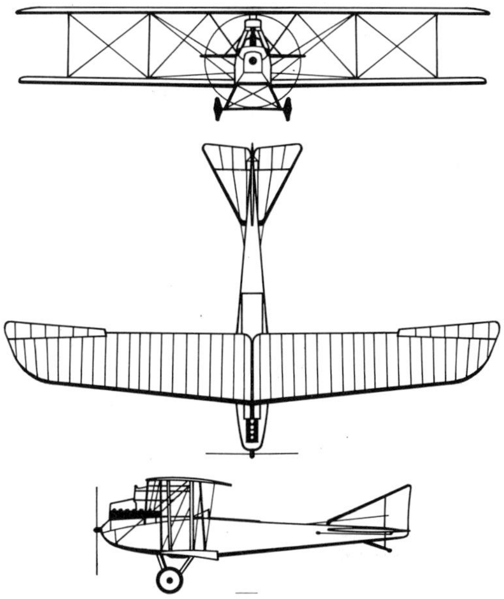

Weiss Manfred WM-21 „Soljom"
Aufklärungsflugzeug

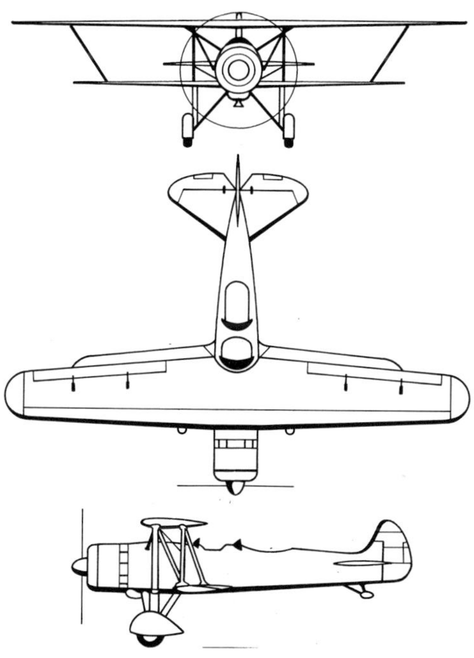

Die ungarische Firma Weiss Manfred nahm Mitte der dreißiger Jahre die Produktion des Doppeldeckers WM-16 „Budapest" auf. Es handelte sich dabei um eine Weiterentwicklung des Aufklärers Fokker C.V-D. Dieses erfolgreiche, sehr einfach gehaltene Flugzeug ist in jenen Jahren mehrfach von kleineren Ländern nachgebaut worden.
In Ungarn startete 1934 der Prototyp für die WM-16 A „Budapest" zum Erstflug. Diese in 8 Exemplaren gebaute Version hatte einen Motor Gnôme et Rhône 9 K Mistral (in Ungarn in Lizenz hergestellt) mit einer Startleistung von 405 kW. Im Jahr darauf folgten vier WM-16 B „Budapest II" mit einigen Verbesserungen sowie dem Triebwerk Gnôme et Rhône 14 K Mistral-Major (ebenfalls Lizenzbau) mit einer Startleistung von 635 kW. Die WM-16 blieb bis 1942 im Dienst.
Als Weiterentwicklung der WM-16 fertigten ungarische Fabriken (Weiss Manfred, Staatliche Waggon-Fabrik und MAVAG) bis zum Beginn der vierziger Jahre insgesamt 128 WM-21 „Soljom" (Falke). Sie wurden von mehreren ungarischen Nahaufklärungsstaffeln benutzt und gehörten auch zur Ausrüstung der Verbände, die an der Seite Hitlerdeutschlands ab Juli 1942 in die UdSSR einfielen. Ab Ende 1941 diente die WM-21 auch für Verbindungs- und Schulungszwecke, und 1943 wurde sie aus dem militärischen Bestand entfernt. Bewaffnet war die WM-21 mit zwei starr nach vorn durch den Luftschraubenkreis schießenden 7,9-mm-MGs, während ein drittes MG beweglich in den Drehkranz des hinten sitzenden Beobachters eingebaut war. Unter Flügelaufhängungen konnten 12 10-kg-Bomben oder eine 120-kg-Bombe befestigt werden. Die mit dem Triebwerk WM K. 14 (ungarische Bezeichnung für Gnôme et Rhône 14 K) ausgerüsteten Maschinen wurden als WM-21 oder WM-21 A bezeichnet, die mit dem Triebwerk WM K. 14 B (Startleistung 760 kW) hießen WM-21 B.

Rumpf: Stahlrohrrahmen-Konstruktion, vorn beplankt, hinten bespannt; Sitze in Tandemform.
Tragwerk: einstieliger, unverspannter Doppeldecker; untere Tragflügel kürzer und mit geringerer Tiefe; Querruder nur oben.
Leitwerk: Normalbauweise; Fläche des Seitenruders im Verhältnis zur Flosse sehr groß.
Fahrwerk: nicht einziehbar; einfach bereift; mit gefedertem Hecksporn.

Aerocar Modell III

Die Firma Aerocar beschäftigt sich seit 1958 mit der Entwicklung eines Flugzeugs, das – wenig umgerüstet – auch als Auto fahren kann. Der Prototyp wurde im Oktober 1949 fertiggestellt. Das verbesserte Modell Aerocar I erhielt die Luftverkehrszulassung am 13. Dezember 1956. Vom Modell Aerocar I sind vier weitere Fahrflugzeuge gebaut worden. Aufgrund der damit gesammelten Erfahrungen wurde das wesentlich verbesserte Modell III aus einer Aerocar I konstruiert. Das abmontierte und umgedrehte Rumpfhinterteil kann zusammen mit den Tragflügeln als Anhänger des „Pkw" auf der Straße fahren. Das Straßenfahrzeug ist 3,35 m lang, mit angehängten Flugzeugteilen 8,07 m. Das Auto erreicht eine Geschwindigkeit von 112 km/h und hat einen Wenderadius von 4,57 m. Der Erstflug des Modells III war im Juni 1968.
Als weiteres Modell entstand die viersitzige Aerocar Modell IV. Die veränderten USA-Zulassungsbedingungen für Autos beendeten die Arbeiten des Konstrukteurs Taylor an der Reihe Aerocar, da die Maschinen zu schwer und zu teuer geworden wären.

Rumpf: Metallbauweise mit GFK-Beplankung; hinterer Teil demontierbar; vorderer Teil dann als Automobil verwendbar; zwei Sitze nebeneinander.
Tragwerk: abgestrebter Schulterdecker in Leichtmetallbauweise; für den Straßentransport haben die Flügel an den Flügelwurzeln einziehbare Räder.
Leitwerk: Y-Leitwerk; Höhenleitwerk als V-Leitwerk; Seitenleitwerk unten als Kielflosse; Trimmklappen in den Rudern.
Fahrwerk: einziehbar; vier Räder; steuerbare Fronträder; Scheibenbremsen an den Vorderrädern; Trommelbremsen an den Hinterrädern.

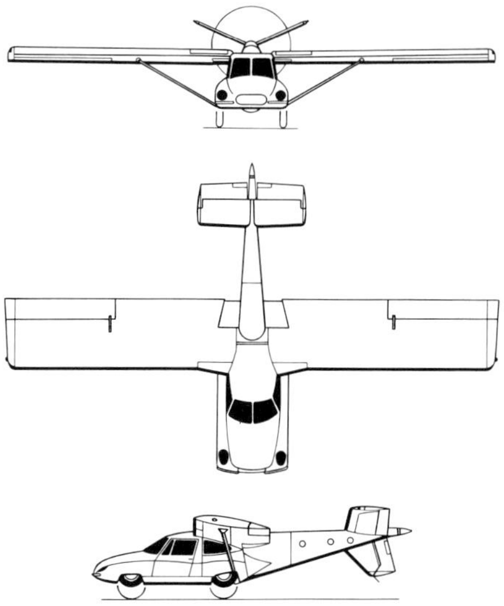

Aerocar „COOT" Amphibienflugzeug

Die Firma Aerocar entwickelte das zweisitzige, für den Amateurnachbau geeignete Amphibienflugzeug „COOT", dessen Prototyp im Juni 1969 fertig war. Die Tragflügel sind so angeordnet, daß beim Start und bei der Landung auf dem Wasser wie auf dem Lande ein Luftkissen entsteht, so daß auf Auftriebshilfen verzichtet werden konnte.
Das Modell A besitzt ein Heck in konventioneller Bauweise. Das Triebwerk befindet sich auf einem Bock hinter der Kabine auf dem Rumpf. Es hat eine Druckluftschraube. Das Modell besteht nur aus der Rumpfgondel und zwei Leitwerkträgern, die am Ende Seitensteuer und dazwischen das Höhenleitwerk tragen.
Nach den Erfahrungen mit den beiden Prototypen „COOT" A und B wurde die „Sooper-COOT" (auch als „Amphibien-COOT" bezeichnet) entwickelt, deren Modell-A-Prototyp erstmals im Februar 1971 flog. Inzwischen sind zahlreiche „Sooper-COOT" A mit unterschiedlichen Triebwerken ausgeliefert worden.
Das Flugzeug wurde bis in die 80er Jahre gebaut.

Rumpf: Holzbauweise; Sitze nebeneinander; Modell A: Bootsrumpf; Heck in Ganzmetall oder Metallgerüst mit Stoffbespannung; Modell B: Bootsrumpfgondel mit zwei Leitwerkträgern in Metallbauweise.
Tragwerk: freitragender Mitteldecker in Holzbauweise; Flügel nach hinten klappbar; Flügelnase aus GFK, sonst Stoffbespannung; Querruder aus Leichtmetall mit Stoffbespannung.
Leitwerk: Stahlrohrbauweise mit Stoffbespannung oder Ganzmetallbauweise; Modell A: Normalbauweise mit nach oben versetzten Höhenleitwerken; Modell B: zwei Seitenleitwerke mit dazwischenliegendem Höhenleitwerk.
Schwimm-/Fahrwerk: einziehbar mit Bugrad; Bootsrumpf.

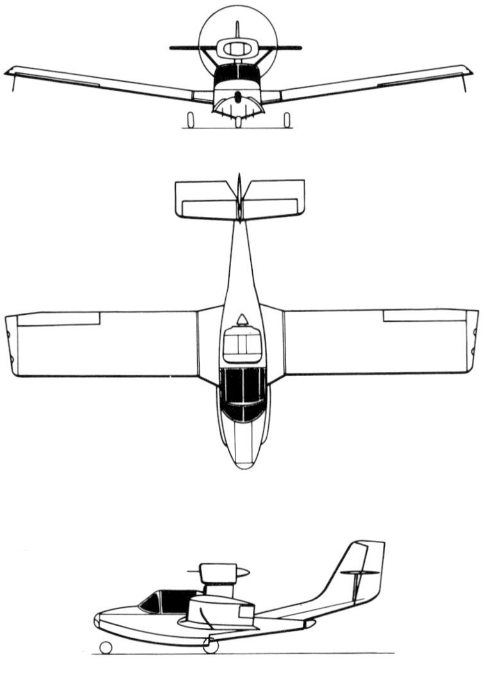

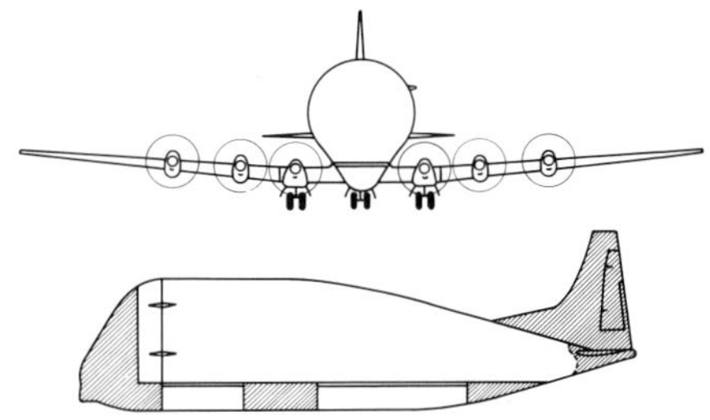

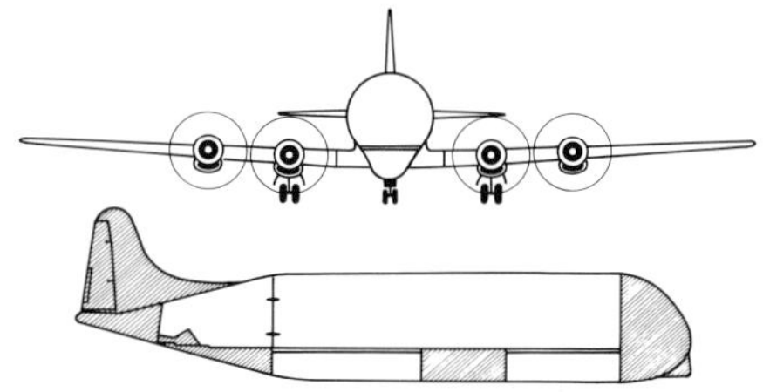

Aero Spacelines „Mini Guppy" / „Super Guppy" Frachtflugzeuge

Die 1961 gegründete Lufttransportgesellschaft Aero Spacelines beauftragte die Firma On Mark Engineering Corp. mit dem Umbau von Flugzeugen, so daß sie sich zum Transport sperriger Lasten, insbesondere von Raumfahrt-Trägerraketenteilen, eignen. Unter Verwendung von Elementen einer Boeing 377 „Stratocruiser" entstand die B-377 PG „Pregnant Guppy", die am 19. September 1962 erstmalig flog. Ab Sommer 1963 transportierte sie nach einem NASA-Vertrag Raketenteile. Aus dieser Maschine ging die „Mini Guppy" (Foto oben, untere Skizze) hervor. Ein besonderes Merkmal dieses Flugzeugs ist, daß sich der gesamte Frachtraum mit großem Durchmesser fast in der ganzen Ausdehnung nicht verengt. Das Flugzeug wurde erstmalig auf dem Luftfahrtsalon 1967 in Paris gezeigt.
Aufgrund des Erfolgs der „Pregnant Guppy" sollte ein Flugzeug geschaffen werden, das auch die zweite Stufe der Saturn-V-Trägerrakete zu transportieren in der Lage war. Dazu wurde die Frachtausführung der Boeing 377 „Stratocruiser", die C-97 J, umgebaut. Der Erstflug der B-377 SG „Super Guppy" fand am 31. August 1965 statt. Eine weitere Version war die „Super Guppy" SGT-201, die für den Transport von Bauteilen des Airbusses A-300 und des Überschallflugzeugs „Concorde" gedacht war. Diese Maschine erhielt die Luftverkehrszulassung am 26. August 1971.
Die in der oberen Skizze gezeigte sechsmotorige Ausführung blieb ebenso Projekt, wie der Umbau einer B-52 zur „Collosal Guppy" (Foto unten, Skizze oben: „Super Guppy").
Die 4 in Europa geflogenen „Super Guppys" gingen 1993 (20 Jahre unfallfrei) außer Dienst.

Rumpf: Ganzmetall-Halbschalenbauweise; Bug für Beladung zur Seite klappbar; Cockpit und vordere Kabine mit Klimaanlage.
Tragwerk: freitragender Tiefdecker in Ganzmetallbauweise.
Leitwerk: freitragende Normalbauweise in Ganzmetall.
Fahrwerk: einziehbar; Zwillingsräder an der Bugstrebe und an den Hauptstreben.

Acrosport „Rail" Sportflugzeug

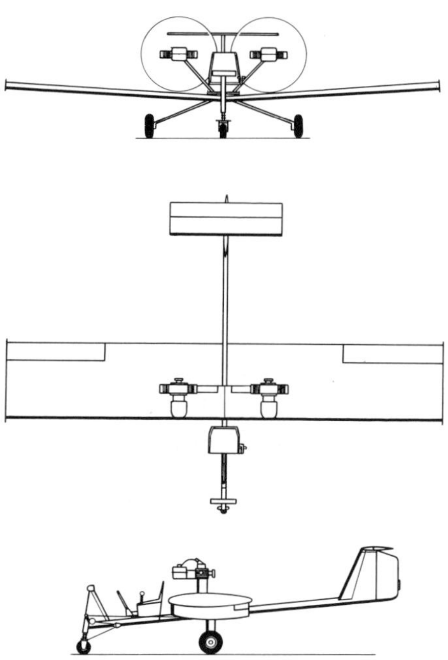

Das einsitzige Flugzeug „Rail" gehört zu den Baukastenflugzeugen. Die Bauteile können einzeln oder in Sätzen bezogen werden, der Aufbau ist verhältnismäßig einfach.
Das Grundgerüst des Flugzeugs besteht aus einer Aluminiumschiene, auf der die Triebwerke an Auslegern, der Flügel, das Leitwerk und das Fahrwerk befestigt werden. Bemerkenswert ist die Ausrüstung mit zwei Triebwerken.
Die Maschine ist nicht kunstflugtauglich. Sie erhielt Druckluftschrauben, damit der Pilot – er sitzt in einem offenen Sitz – nicht den Schraubenstrahl und die Auspuffgase abbekommt. Der Erstflug fand am 4. November 1970 statt.

Rumpf: Schiene aus Aluminium; darauf Sitze aus GFK montiert.
Tragwerk: freitragender Flügel in Ganzmetallbauweise; an der Rumpfschiene befestigt.
Leitwerk: T-Leitwerk in Metallbauweise; am Ende der Rumpfschiene befestigt.
Fahrwerk: starr mit Bugrad; mechanische Bremsen.

Aircraft Hydro-Forming „Bushmaster-2000" Verkehrs- und Frachtflugzeug

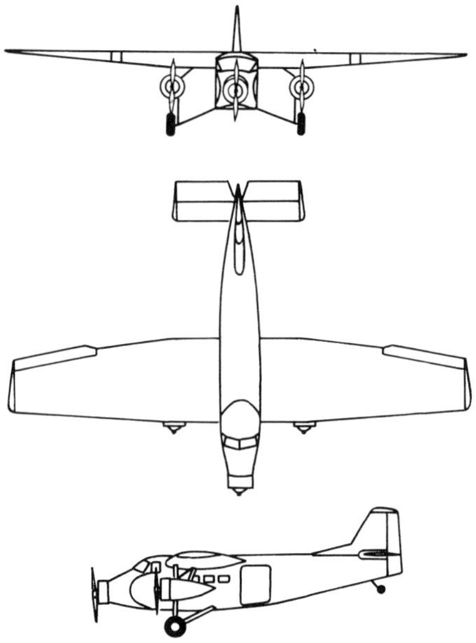

Der Konstrukteur Stout, der in den dreißiger Jahren die „Ton Goose" geschaffen hatte, schlug vor, dieses Flugzeug wegen seiner Einfachheit im Betrieb und in der Wartung, seiner hohen Zuverlässigkeit und seiner STOL-Eigenschaften in modernisierter Form herauszubringen. Dabei verwendete man Triebwerke, die trotz einer um 50% höheren Leistung eine geringere Masse hatten als die früheren. Außerdem wurden Verstellpropeller eingebaut, eine ölhydraulische Dämpfung des Fahrwerks vorgesehen, die Sichtbedingungen vom Cockpit aus verbessert, der Kabinenboden verstärkt und eine große Frachtluke eingeführt.
Das Flugzeug ist für den Passagierverkehr von noch nicht ausgebauten Flugplätzen gedacht, außerdem zum Frachttransport, zur Luftbildvermessung, zur Waldbrandbekämpfung und für andere Dienste in der Land- und Forstwirtschaft. Der Prototyp entstand im Jahr 1966. Die Serienfertigung kam nicht zustande.

Rumpf: Metallbauweise mit rechteckigem Querschnitt und Wellblechbeplankung.
Tragwerk: freitragender Schulterdecker in Ganzmetallbauweise; drei Haupt- und fünf Hilfsholme; Wellblechbeplankung.
Leitwerk: abgestrebte und verspannte Normalbauweise in Metall.
Fahrwerk: starr; steuerbares Spornrad; hydraulische Dämpfung; Scheibenbremsen; Ausrüstung mit Schneekufen, Schwimmern oder kombiniertem Fahrwerk möglich.

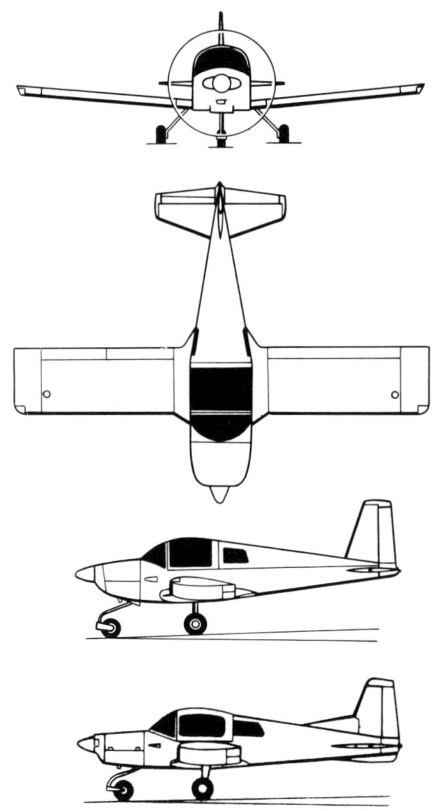

American Aviation Corporation AA-1 „Yankee" / AA-5 „Traveler" Schul-, Sport- und Reiseflugzeuge

Die Firma American Aviation Corporation wurde im Jahr 1964 gegründet, um die Konstruktion von Bede zu produzieren, deren Prototyp er unter der Bezeichnung BD-1 selbst gebaut hatte. Die Maschine wird nahezu vollständig im Metallkleberverfahren hergestellt.
Der Prototyp flog erstmalig am 11. Juli 1963. Die Versionen „Standard Yankee", „Yankee Trader" und „Yankee Clipper" unterscheiden sich lediglich in der Kabinen-, Navigations- und Funkausstattung. Die Schulflugzeug-Version AA-1 A „Trainer" flog erstmalig am 6. November 1970.
Eine verlängerte Ausführung des Zweisitzers AA-1 „Yankee" stellt die AA-5 „Traveler" dar. Das stärkere Triebwerk, die größere Spannweite und der gestreckte Rumpf ermöglichen die Beförderung von vier Personen. Die Maschine flog erstmalig am 21. August 1970.

Rumpf: Ganzmetallbauweise mit geklebten Waben; Heizung und Belüftung; Schallisolierung; Entfrostung der Frontscheibe; Kabinenhaube nach hinten aufschiebbar.
Tragwerk: freitragender Tiefdecker in Ganzmetallbauweise; dreiteiliger Rohrholm; Mittelstück fest mit dem Rumpf verbunden; Rumpfübergänge aus GFK; elektrisch betätigte Wölbungsklappen.
Leitwerk: freitragende Normalbauweise in Ganzmetall; rechtes Höhenruder mit Trimmklappe.
Fahrwerk: starr mit Bugrad; hydraulische Bremsen; Parkbremse.

Bede BD-2 „LOVE ONE"
Rekordflugzeug

Bede gab im Dezember 1966 bekannt, daß er ein Leichtflugzeug baue, das die Erde am Äquator ohne Zwischenlandung und ohne Auftanken in der Luft umrunden soll. Der Erstflug fand am 11. März 1967 statt.
Zur Entwicklung des Flugzeugs und zur Organisierung des Flugs um die Erde gründete Bede die World Flight Incorporate. Die Bezeichnung „LOVE ONE" ist eine Abkürzung für Low Orbit, Very Efficiently Nr. 1.

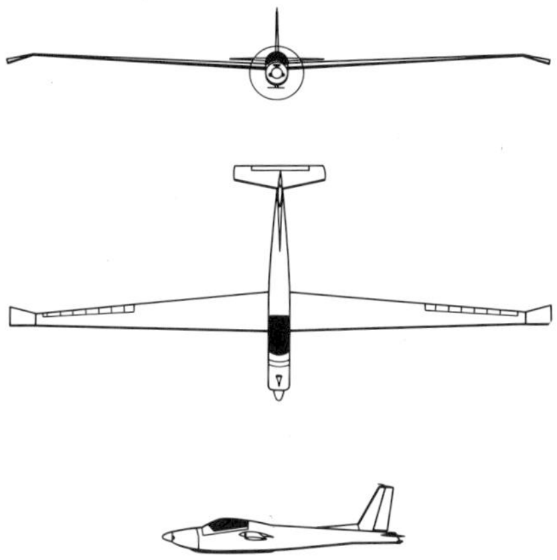

Die Zelle beruht auf dem zweisitzigen Ganzmetall-Segelflugzeug 2-32 von Schweizer. Nach Erreichen einer bestimmten Höhe wird das Fahrwerk abgeworfen. Gelandet wird dann auf einer Kufe, wobei vor dem Aufsetzen das Triebwerk ausgeschaltet wird und der Anlasser die Luftschraube in eine horizontale Stellung bringt. Bei einem Testflug vom 7. bis 10. November 1969 über 14442 km stellte Bede zwei Rekorde auf.

Rumpf: Ganzmetall-Halbschalenbauweise; aufklappbare Plastverglasung des Cockpits; Kabinenheizung.
Tragwerk: freitragender Mitteldecker in Ganzmetallbauweise; gesamter Flügel ist abgedichtet und dient der Kraftstoffunterbringung, stoffbespannte Querruder; keine Auftriebsklappen.
Leitwerk: freitragende Normalbauweise in Ganzmetall; Ruder stoffbespannt; ungedämpftes Höhenleitwerk.
Fahrwerk: mit Fallschirm abwerfbar; Bugrad; Landekufe.

Bede BD-4
Sportflugzeug

Die BD-4 gehört zu den Baukastenflugzeugen. Das Material kann geschlossen oder in sieben Sätzen bestellt werden. Ein Mann soll das Flugzeug in drei bis vier Monaten zusammenbauen können. Die gesamte Rumpfkonstruktion der BD-4 ist verschraubt, so daß zum Zusammenbau ein Schraubendreher genügt.

Als Zweisitzer hat die Maschine ein Triebwerk von 80 bis 105 kW, als Viersitzer ein solches von 110 bis 145 kW. Zweisitzig ist die Maschine kunstflugtauglich.
Der Erstflug des Prototyps fand am 1. August 1968 statt. Es wurden rund 2500 BD-4 verkauft.
Die Firma Bede entwickelte noch weitere Baukastenflugzeuge, zu denen der einsitzige Tiefdecker BD-5 „Micro", den es mit verschiedenem Antrieb (30, 40 und 50 kW) gibt, und die BD-5 J mit Strahltriebwerk gehören.

Rumpf: verschraubte Metallbauweise; Beplankung aus Leichtmetall oder GFK; auf jeder Seite unter dem Flügel eine Tür.
Tragwerk: freitragender Hochdecker; Leichtmetall-Rohrholm, auf dem GFK-Einzelelemente aufgeschoben und miteinander verbunden werden; Auftriebsklappen und Querruder; Flügel abnehmbar oder anklappbar.
Leitwerk: freitragende Normalbauweise in Ganzmetall; ungedämpftes Höhenleitwerk.
Fahrwerk: starr, Gummidämpfung; Bugrad nicht steuerbar; hydraulische Bremse; auf Wunsch Radverkleidung.

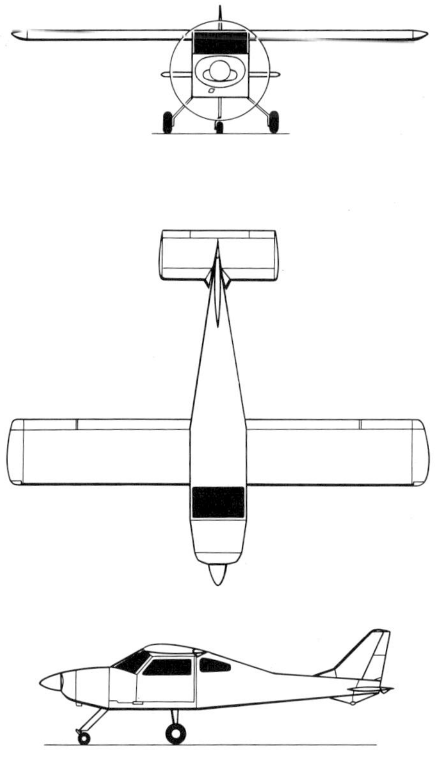

Beechcraft 17 / UC-43 „Traveller“
Reise- und Verbindungsflugzeug

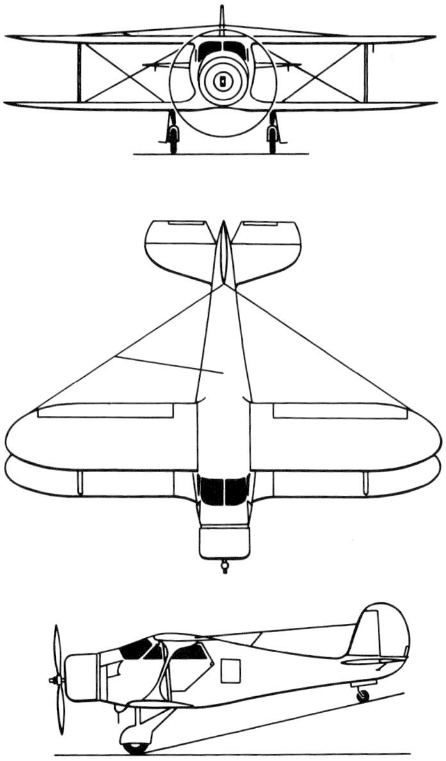

Die Beech Aircraft Corporation, die 1932 gegründet wurde, brachte als erstes Serienflugzeug den Doppeldecker Modell 17 heraus. Insgesamt sind davon bis 1948 248 Maschinen hergestellt worden. Von dem Modell D-17 S (auch D-175) erprobten die USA-Streitkräfte drei Exemplare unter der Bezeichnung YC-43 als Verbindungsflugzeug. Danach wurden 207 UC-43 als Standard-Militärflugzeug für Verbindungs- und leichte Transportaufgaben bestellt und geliefert. 118 requirierte Zivilflugzeuge vom Modell 17 baute man während des Krieges zu UC-43 A bis UC-43 K um. Auch die USA-Marine stellte diese Flugzeuge für Verbindungszwecke in Dienst, und zwar unter den Bezeichnungen GB-1 und GB-2 – insgesamt 360. Die 105 an Großbritannien gelieferten GB-1 und GB-2 hießen dort „Traveller“.

Die Gesamtproduktion umfaßte 781 Flugzeuge in über 20 militärischen und zivilen Versionen.

Rumpf: Stahlrohrbauweise; vorn bis einschließlich Tür blechbeplankt, dahinter stoffbespannt.
Tragwerk: einstieliger, verspannter, negativ gestaffelter Doppeldecker; zwei Holzholme; Stoffbespannung; Flügelnasen mit Duralumin beplankt, Querruder an den Oberflügeln; elektrisch betätigte Landeklappen an den Unterflügeln.
Leitwerk: freitragende Normalbauweise, Flossen in Ganzholzbauweise; Ruder in Stahlrohrbauweise mit Stoffbespannung; Trimmklappen.
Fahrwerk: elektrisch einziehbar mit Spornrad; ölpneumatische Dämpfung, hydraulische Bremsen.

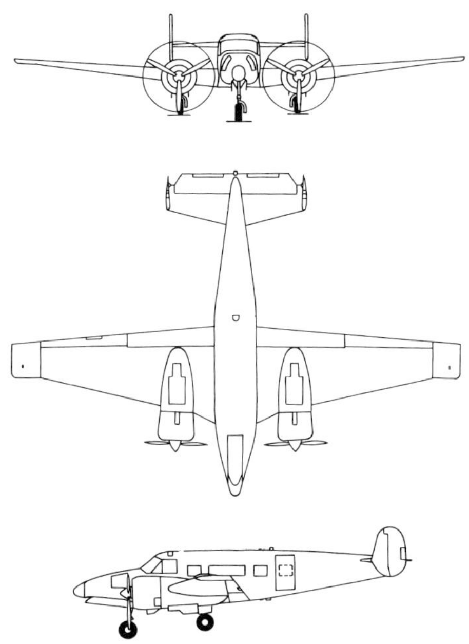

Beechcraft 18 / „Super 18“
Reise- und Verkehrsflugzeug

Unter den zweimotorigen Reiseflugzeugen von Beechcraft ist die „Super 18“ insofern bemerkenswert, als der Prototyp Beech 18 bereits am 15. Januar 1937 erstmalig flog und das Flugzeug über 30 Jahre lang (bis 1944 allein 6975 Maschinen) gebaut wurde. In dieser Zeit verbesserte man die zivil und militärisch (C-45) in zahlreichen Versionen verwendete Maschine ständig.

In mehreren Ländern flog die C-45 als leichter Militärtransporter im und nach dem 2. Weltkrieg, so in Italien. Auch Südamerika, Kanada und Holland benutzten Beechcraft 18-Ausführungen.
Am 10. Dezember 1953 startete die bis ins kleinste Detail verbesserte und modernisierte Version E-18 S als Prototyp zum Erstflug, die kurze Zeit später als „Super 18“ in Serie produziert wurde. Bis 1958 verließen über 300 „Super 18“ das Werk. Ab 1963 wurden ein Bugradfahrwerk und eine Radaranlage eingebaut. Ferner wurde das Fahrwerk völlig abgedeckt und die Sicht durch Herunterziehen der Rumpfnase verbessert.

Rumpf: Ganzmetall-Halbschalenbauweise; abgeschlossenes Cockpit für zwei Personen mit Doppelsteuerung; Kabine mit fünf bis sieben Sitzen; Tür backbords; Schallisolierung, Heizung und Belüftung.
Tragwerk: freitragender Tiefdecker in Ganzmetall mit zwei Holmen; Querruder stoffbespannt; Ganzmetall-Landeklappen; auf Wunsch pneumatische Enteisung.
Leitwerk: Höhenleitwerk mit zwei Endscheiben-Seitenleitwerken in Metallbauweise; Ruder stoffbespannt; auf Wunsch pneumatische Enteisung.
Fahrwerk: einziehbar; Sporn- oder Bugrad; Scheibenbremsen.

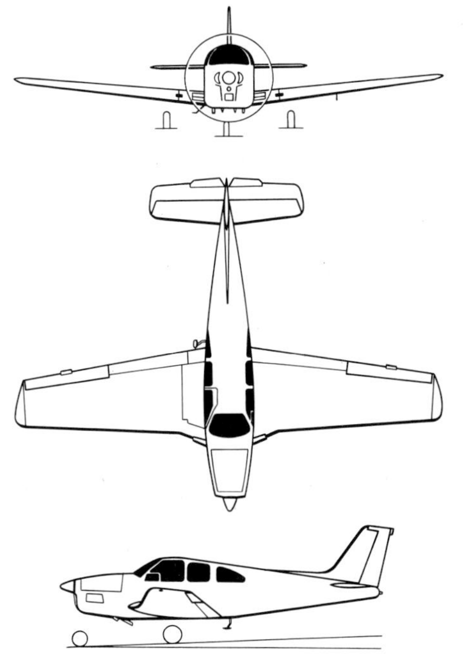

Beechcraft „Bonanza" Reiseflugzeug

Die „Bonanza" war nach dem zweiten Weltkrieg das erste viersitzige Ganzmetall-Reiseflugzeug mit großem Komfort. Der Erstflug dieser Maschine, die durch ihr V-Leitwerk auffiel, war am 22. Dezember 1945. Es wurden zwei Prototypen und zwei Bruchzellen getestet. Im Februar 1947 begann die Serienproduktion, und im März 1957 verließ bereits die 5000. „Bonanza" das Werk.

Im Laufe der Zeit wurde dieser Flugzeugtyp ständig verbessert. So kam im Jahr 1968 die „Bonanza E 33" heraus, die in verschiedenen Versionen geliefert wird. Diese Versionen unterscheiden sich vor allem in der Art des Triebwerks. Bis 1980 sind etwa 2500 E-33 als zivile und militärische Schulflugzeuge geliefert worden.
Im gleichen Jahr erschien die „Bonanza 36", ebenso wie die „Bonanza E 33" mit einem Leitwerk in Normalbauweise, aber mit insgesamt sechs Sitzen. Von dieser Version sind bis 1980 etwa 1300 zivile und militärische Flugzeuge gebaut worden.

Die „Bonanza G 33" wurde im Jahr 1972 erstmalig der Öffentlichkeit vorgestellt. Sie ist viersitzig.

Rumpf: Ganzmetall-Halbschalenbauweise; Türen zur Kabine und zum Gepäckraum steuerbords; Doppelsteuerung; Heizung und Belüftung.
Tragwerk: freitragender Tiefdecker in Ganzmetallbauweise mit zwei Holmen; Spaltklappen.
Leitwerk: V-Leitwerk („Bonanza") bzw. Normalbauweise (bei späteren Modellen) in Ganzmetall.
Fahrwerk: einziehbar mit steuerbarem Bugrad, ölpneumatische Dämpfung, hydraulische Scheibenbremsen.

Beechcraft „Baron" / „Turbo Baron" Reiseflugzeuge

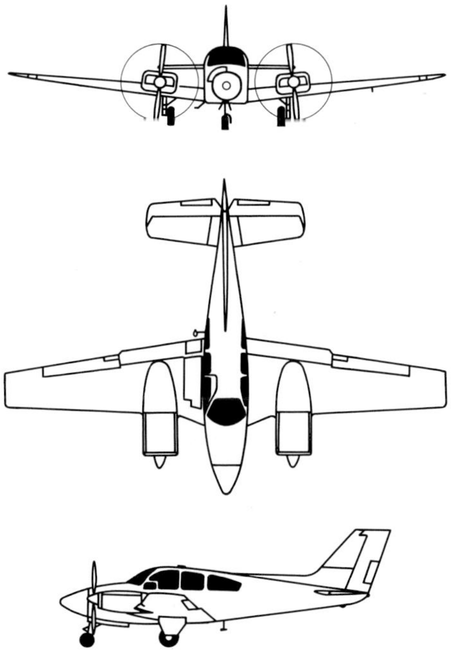

Die „Baron"-Reihe ist eine Weiterentwicklung der „Travel Air". Sie unterscheidet sich von dieser durch stärkere Triebwerke, eine verbesserte und verstärkte Zelle sowie eine reichhaltige Blindflugausrüstung. Der Prototyp flog erstmalig am 29. Februar 1960.

Einige Versionen:
„Baron" B-55: vier- bis sechssitziges Reiseflugzeug mit 190-kW-Motoren; 1961 eingeführt.
„Baron" D-55: vier- bis sechssitziges Reiseflugzeug mit 210-kW-Motoren.
„Turbo-Baron": Ausführung der D-55 mit zwei Turbolader-Motoren mit je 280 kW; Luftverkehrszulassung am 19. Mai 1967 erteilt.
T-42 A: Ausführung der B-55 für die USA-Armee als Blindflug-Schulflugzeug.
Bis 1978 sind etwa 4000 Flugzeuge der Versionen B-55, E-55, B-58, B-58 P und B-58 TC verkauft worden.
Die B-58 hat einen verlängerten Rumpfbug, neue Triebwerkgondeln und 210-kW-Triebwerke. Die B-58 P ist druckbelüftet, und ihre Triebwerke haben je 230 kW Startleistung. Die B-58 TC schließlich hat die gleichen Triebwerke, aber keine Druckkabine.
Bis Januar 1993 haben insgesamt 2310 „Baron" Modell 58 die Werkhallen verlassen.

Rumpf: Ganzmetall-Halbschalenbauweise; Tür steuerbords.
Tragwerk: freitragender Tiefdecker in Ganzmetallbauweise; elektrisch betätigte Spaltlandeklappen; auf Wunsch Gummischlauchenteisung.
Leitwerk: freitragende Normalbauweise in Ganzmetall, auf Wunsch Gummischlauchenteisung.
Fahrwerk: elektrisch einziehbar; steuerbares Bugrad; hydraulische Scheibenbremsen.

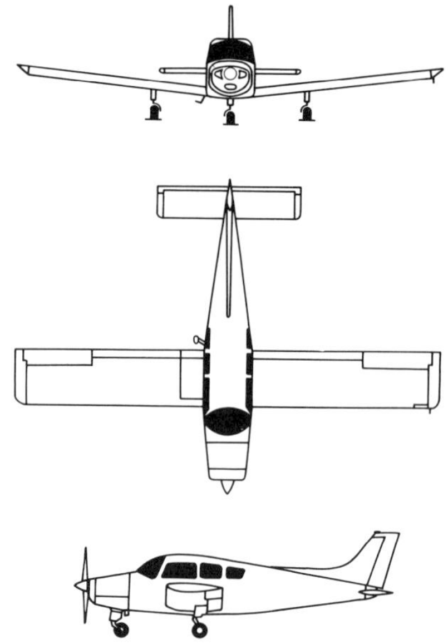

Beechcraft „Musketeer“
Schul- und Sportflugzeug

In der großen Reihe der Beechcraft-Flugzeuge ist die „Musketeer“ das kleinste, das sich vor allem für die Flugausbildung und den Betrieb in Fliegerklubs eignet, aber auch als kleines Reiseflugzeug zu verwenden ist.
Der Erstflug fand am 23. Oktober 1961 statt. Die Serienlieferungen begannen im Herbst 1962.
Einige Versionen:
„Musketeer Sport“: 110-kW-Triebwerk; zweisitzig mit Doppelsteuerung vor allem für Schulung, auch bei den USA-Luftstreitkräften; nach Hongkong, Indonesien, Kanada (als CT-134) und Mexiko geliefert.
„Musketeer Custom“: 130-kW-Triebwerk; viersitzig als Reiseflugzeug, umbenannt in „Sundowner“.
„Musketeer Super“: 145-kW-Triebwerk; viersitzig, auf Wunsch auch sechssitzig.
„Sierra 2000“: vier oder sechssitzig mit Einziehfahrwerk.
Insgesamt sind über 4000 Maschinen vom Typ „Musketeer“ gebaut worden.

Rumpf: Ganzmetallbauweise; Kabinenboden und untere Rumpfbeplankung bilden die tragende Konstruktion im Kabinenbereich; hinterer Teil in Halbschalenbauweise; Tür steuerbords.
Tragwerk: freitragender Tiefdecker in Ganzmetallbauweise; einteiliger Hauptholm; vorn Stringer und Aluminiumbeplankung mit Rippen verklebt, hinten genietet; Spaltquerruder und elektrisch betätigte Spaltklappen mit Wellblechbeplankung.
Leitwerk: freitragende Normalbauweise in Ganzmetall; Pendel-Höhenruder mit Hilfsruder über die gesamte Spannweite.
Fahrwerk: starr mit steuerbarem Bugrad; Gummidämpfung; hydraulische Scheibenbremsen.

Beechcraft 99
Verkehrsflugzeug

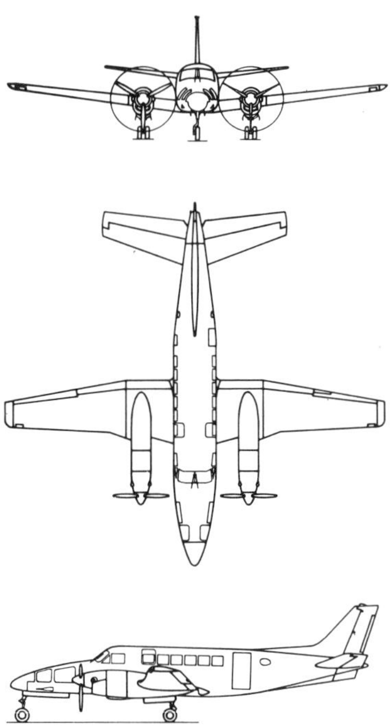

Die Beechcraft 99 ist in erster Linie als Zubringer-Verkehrsflugzeug gedacht. In dieser Version befördert sie bis zu 16 Passagiere.
Seit 1969 wird die Maschine auch als Reiseflugzeug „Executive“ geliefert. Diese Ausführung ist besonders luxuriös ausgestattet und bietet 8 bis 17 Passagieren Platz.
Die Flugerprobung begann im Juli 1966, die Serienproduktion im Sommer 1968. Die Gesamtproduktion betrug 239 Maschinen.

Rumpf: Ganzmetall-Halbschalenbauweise; Doppelsteuerung; neben der Passagiertür Zusatztür; Heizung und Belüftung.
Tragwerk: freitragender Tiefdecker in Ganzmetall; zwei Holme; Landeklappen; auf Wunsch pneumatische Enteisung.
Leitwerk: freitragende Normalbauweise in Ganzmetall; gepfeilt; Ruder aerodynamisch ausgeglichen; auf Wunsch pneumatische Enteisung.
Fahrwerk: einziehbar mit steuerbarem Bugrad; Zwillingsräder an den Hauptstreben; ölpneumatische Dämpfung; Scheibenbremsen.

Bell YFM-1 „Airacuda"
Jagdflugzeug

Eines der eigenartigsten Jagdflugzeuge baute die Firma Bell in der zweiten Hälfte der dreißiger Jahre. Die Bezeichnung FM (Fighter Multiplace) drückte bereits aus, daß die Maschine für mehrere Aufgaben gedacht war, auch als Begleitjäger. Dafür sprach die starke Bewaffnung: In den Motorgondeln befand sich je Seite die Attrappe einer beweglichen 37-mm-Kanone (derartige Waffen gab es damals in den USA noch nicht für Flugzeuge), und in sog. Schwalbennestern seitlich des Rumpfes gab es je ein MG. Zur Besatzung zählten fünf Mann.

Am 1. September 1937 startete der Prototyp XFM-1 (Foto) zum Erstflug. Als Antrieb dienten zwei Allison-Triebwerke V-1710-13 (je 845 kW). Die 7870 kg schwere Maschine erreichte eine Höchstgeschwindigkeit von 490 km/h.
Offensichtlich war man zunächst mit den Ergebnissen zufrieden, denn es wurden 13 Flugzeuge der Vorserie YFM-1 (Skizze) bestellt. Im September 1939 war die erste YFM-1 fertig, und die ersten acht Maschinen wurden bis 1940 übergeben. Sie waren wahlweise mit 12,7-mm-MGs (je 500 Patronen) oder 7,62-mm-MGs (je 600 Patronen) bewaffnet. Als Antrieb dienten mit Turbokompressoren versehene V-1710-23. Außer den Rohrwaffen konnten 146 kg Bomben an Bord genommen werden. Die nächsten drei, etwas modifizierten Maschinen wurden als YFM-1 A bezeichnet, die beiden letzten (mit V-1710-41, je 800 kW) als YFM-1 B.
Über den Einsatz dieser Maschinen während des Krieges ist nichts bekannt geworden. Sie dürften sich aber als wenig zweckmäßig – zumindest für die gedachten Aufgaben – erwiesen haben; denn insgesamt waren die zweimotorigen oder doppelsitzigen Jagdflugzeuge aus der Vorkriegszeit wenig erfolgreich. Lediglich bei Nachteinsätzen gab es Verwendungsmöglichkeiten. Als ungünstig erwiesen sich auch die Wartungsmöglichkeiten unter Feldbedingungen.

Rumpf: Kabine in Rumpfkontur einbezogen; seitliche MG-Stände tropfenförmig.
Tragwerk: freitragender Mitteldecker; vorn verglaste und bemannte Motorgondeln.
Leitwerk: Normalbauweise
Fahrwerk: einziehbar; alle Streben einfach bereift.

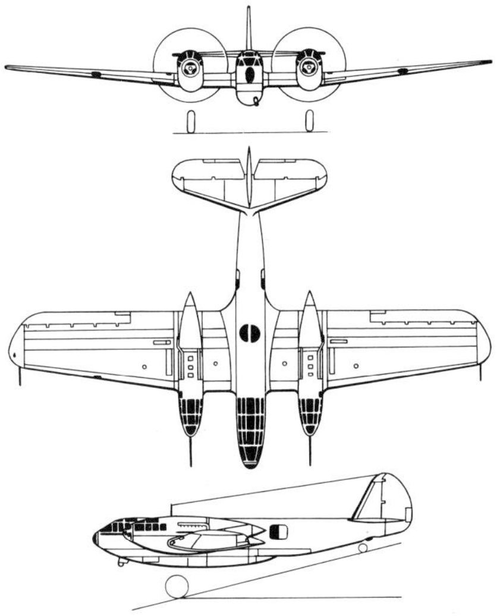

Bell P-39 „Airacobra"
Jagdflugzeug

Das Jagdflugzeug P-39 „Airacobra" unterschied sich von den meisten anderen Jagdflugzeugen dadurch, daß das Triebwerk hinter dem Cockpit untergebracht war. Außerdem gab es im Rumpfbug genügend Platz für ein Bugrad, so daß diese Maschine das erste USA-Jagdflugzeug mit einem Mittelmotor und einem Einziehfahrwerk war. Konstruiert hat sie Wood.
Die P-39 „Airacobra", die am 6. April 1939 zum ersten Male flog, wurde in zahlreichen Versionen gebaut. Vor allem diente sie zur Erdkampfunterstützung. Es wurden 9558 P-39 gebaut, darunter auch doppelsitzige Trainer TP-39. Davon wurden 4924 P-39 N und P-39 Q der UdSSR zugesagt, jedoch erreichten infolge der Kriegsereignisse nur 4743 Maschinen das Land. Großbritannien hatte etwa 400 P-39 D erhalten. Auch Frankreich verfügte über Maschinen dieses Typs. Die italienische Luftwaffe erhielt 170 P-39, die portugiesische 18, und nach 1945 sind einige P-39 in Ungarn geflogen.
Als schwächste Stelle erwies sich die verhältnismäßig kurze Lebensdauer des Motors, was der Maschine in den USA den Spitznamen „timebomb" verschaffte.
Als Weiterentwicklung erschien 1943 die P-63 „Kingcobra", von der bis 1945 an die französischen Luftstreitkräfte 300 P-63 C und an die UdSSR 2421 geliefert wurden. Insgesamt verließen 3303 P-63 die Werkhallen.

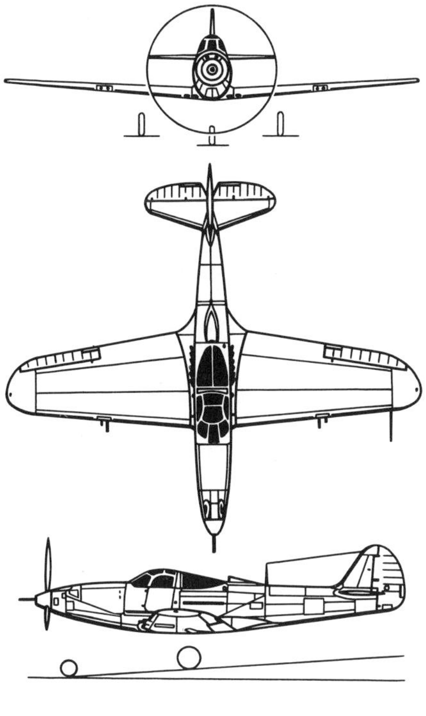

Rumpf: Ganzmetallbauweise; geschlossenes Cockpit; Triebwerk im Schwerpunkt hinter dem Cockpit.
Tragwerk: freitragender Tiefdecker in Ganzmetallbauweise.
Leitwerk: freitragende Normalbauweise.
Fahrwerk: einziehbar mit Bugrad, Radbremsen.

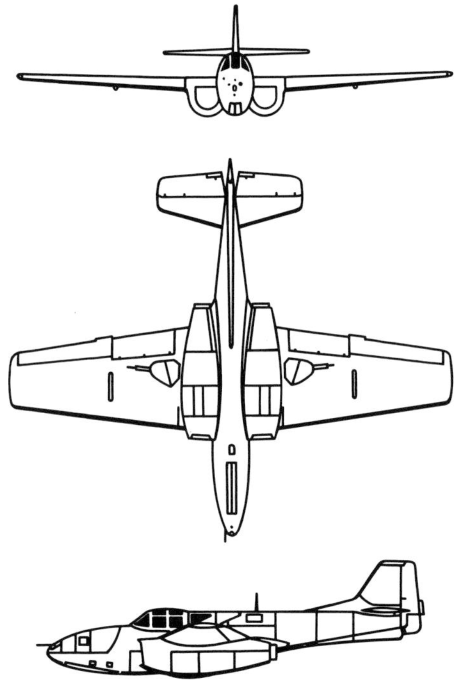

Bell P-59 „Airacomet"
Jagdflugzeug

Die P-59 „Airacomet" war das erste in den USA gebaute TL-Flugzeug. Den Auftrag zur Entwicklung dieses Flugzeugs hatten die US-amerikanischen Luftstreitkräfte am 4. September 1941 erteilt. Die Konstruktion begann im Frühjahr 1942. Der Prototyp XP-59 A flog erstmalig am 1. Oktober 1942. Die Vorserienflugzeuge YP-59 A wurden 1944 geliefert.

Die Serienflugzeuge erhielten die Bezeichnung P-59 A. Sie waren – obwohl bewaffnet – Übungsflugzeuge. Die P-59 B wies verschiedene Verbesserungen und andere Triebwerke auf.

Insgesamt sind 66 P-59 ausgeliefert worden. Eine P-59 B steht im Museum der USA-Luftwaffe (Foto).

Rumpf: Ganzmetallbauweise: Triebwerke auf beiden Seiten des Rumpfes unter dem Tragwerk.
Tragwerk: freitragender Mitteldecker in Ganzmetallbauweise.
Leitwerk: freitragende Normalbauweise in Ganzmetall.
Fahrwerk: einziehbar mit Bugrad; Hauptfahrwerk großer Spurweite.

Bell X-1
Forschungsflugzeug

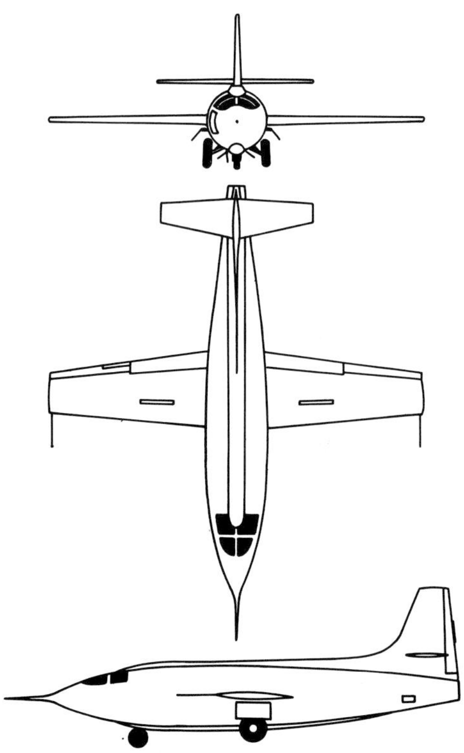

Die X-1 ging in die Luftfahrtgeschichte ein, da mit ihr zum ersten Male ein Mensch Überschallgeschwindigkeit flog. Erste Gedanken, ein Hochgeschwindigkeitsflugzeug zu schaffen, wurden in den Bell-Werken bereits Ende 1943 geäußert. Aber erst ein Jahr darauf entstand nach Absprachen mit den Luftstreitkräften das Projekt MX-524. Es sollten drei Flugzeuge gebaut werden, davon eines für die amerikanische Luftfahrtbehörde NACA. Im März 1945 beschloß man, dieses Flugzeug mit Raketentriebwerken auszustatten. Als Treibstoff dienten flüssiger Sauerstoff sowie eine Mischung von Alkohol und Wasser. Das Projekt hieß fortan MX-653. Die ersten Flugerprobungen fanden Anfang 1946 statt, allerdings ohne Triebwerk. Die Erstflüge mit Triebwerk begannen im Dezember 1946.

Am 14. Oktober 1947 gelang Charles Yeager der erste Flug mit Überschallgeschwindigkeit. Im Jahr 1949 stellte dieses Flugzeug mit 22 250 m einen Höhenrekord auf.

Das Flugzeug konnte nicht selbst starten, sondern mußte von einem Bombenflugzeug B-29 auf mindestens 9 000 m Höhe gebracht werden, wo es abgeworfen wurde. Nach dem Abwurf zündete der Pilot das Raketentriebwerk, das eine Brenndauer von 2,5 min hatte. Danach landete das Flugzeug im Gleitflug. Zur Landung diente ein ausgetrockneter 35 km langer Salzsee bei Los Angeles. Das zweite Flugzeug wurde für Forschungszwecke benutzt und später zur X-1 E umgerüstet. Das dritte Flugzeug, das ein anderes Raketentriebwerk und eine größere Flugmasse hatte, explodierte am 9. November 1951 vor seinem ersten Flug. Im Nationalen Luft- und Raumfahrtmuseum der USA befindet sich eine X-1.

Rumpf: Ganzmetall-Schalenbauweise.
Tragwerk: freitragender Mitteldecker in Ganzmetallbauweise; Landeklappen zwischen Querruder und Rumpf; aerodynamische Bremsen; gerader, rechteckiger Flügel.
Leitwerk: freitragende Normalbauweise in Ganzmetall.
Fahrwerk: einziehbar mit Bugrad.

Bell UH-1 „Iroquois“ Hubschrauber

Im Jahr 1955 gewann Bell die Ausschreibung der USA-Armee für einen Mehrzweckhubschrauber mit der Bezeichnung Modell 204. Der erste Prototyp flog erstmals am 22. Oktober 1956.

Einige Versionen:

HH-1: ab 1970 gebauter Rettungshubschrauber.

UH-1: Nullserie.

UH-1 A: erste Serienausführung mit 630-kW-Triebwerk; für sechs Personen („Huey“).

UH-1 B: Weiterentwicklung mit stärkerem Triebwerk; für neun Personen; erste Lieferung im März 1961; 90 Stück von Fuji-Bell-Helicopter (Japan) in Lizenz gebaut.

UH-1 C: 1964 produziertes Serienmodell; Basis für die AH-1.

UH-1 D: Militärausführung des Modells 205; Erstflug am 16. August 1961; von Dornier (BRD) in 352 Exemplaren gebaut (gesamt 2000 UH-1 D).

UH-1 E: Version der UH-1 B für die USA-Marine.

UH-1 F: Version der UH-1 B als Arbeitshubschrauber für Arbeiten an Raketenabschußrampen.

UH-1 H Modell 205: mit 1030-kW-Triebwerk; in Japan und Taiwan in Lizenz gebaut; Gesamtproduktion über 5500 UH-1 H, zivil: Bell 412.

Modell 204 B: Zivilausführung der UH-1 B für zwei Mann Besatzung und acht Fluggäste; Lizenzbau in Italien als AB-204 B bei Agusta, bei Fuji in Japan als 204 B-2 (30 Stück).

Modell 205/205 A: vergrößerte und verbesserte Ausführung der 204 für 12 Passagiere; Erstflug des Prototyps am 16. August 1961; bis 1973 7000 Stück gebaut, 205 A-1 ist 15sitziges ziviles Muster, das in Italien als AB-205 A-1 in Lizenz produziert wird.

EH-1 H: für den elektronischen Kampf.

Als UH-1-Ausführung mit zwei Triebwerken (zugleich der erste USA-Hubschrauber dieser Bauweise) schuf Bell das Modell 212. Der Erstflug war im April 1969. Die Serienlieferungen begannen im Jahr 1970 (militärische Bezeichnung UH-1 N in den USA, CUH-1 N in Kanada).

Als Weiterentwicklung der 212 entstand 1972 die 16sitzige Bell 214. Die für den Iran geschaffene Version (Erstflug 13. März 1974) wird als 214 A bezeichnet. Daraus wurde die zivile Version Bell 214 B abgeleitet. Die Bell 214 ST ist leistungsstärker, hat zwei Triebwerke und 18 Sitze.

Agusta (Italien) baute das Muster AB-212 in Lizenz (auch als U-Jagd-Hubschrauber).

1985: Produktionsende nach etwa 10500 UH-1. Seit 1993 Modernisierungsprogramm Bell 205 HP „Huey II“.

Rumpf: Ganzmetall-Halbschalenbauweise.
Tragwerk: Zweiblatt-Rotor in Ganzmetallbauweise.
Leitwerk: Zweiblatt-Ausgleichsrotor in Ganzmetallbauweise.
Fahrwerk: Kufen.

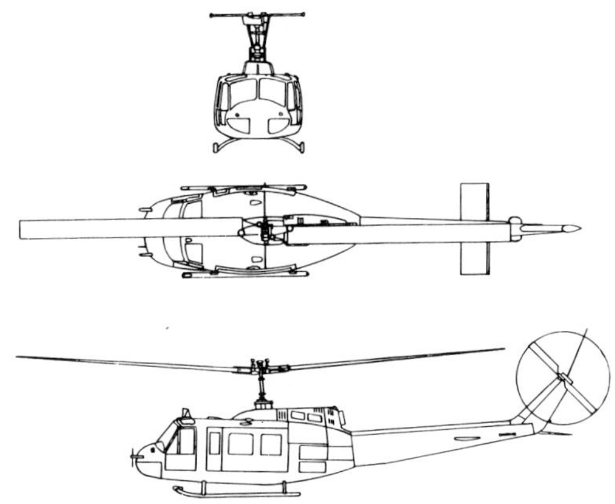

Bell AH-1 „Huey Cobra“ Hubschrauber

Die Verluste bei Hubschraubereinsätzen in Vietnam veranlaßten die USA zur Entwicklung von waffentragenden Begleithubschraubern. In Konkurrenz zur UH-2 „Seasprite“ von Kaman und zur S-61 von Sikorsky erhielt Bell den Auftrag für die AH-1 „Huey Cobra“, da diese schnell geliefert werden konnte (Werkbezeichnung: Modell 209).

Für diesen Hubschrauber (Erstflug am 7. September 1965) übernahm man die dynamischen Teile von der UH-1 B. Der Rumpf erhielt eine neue Form, um die Geschwindigkeit erhöhen zu können. Er ist nur 91 cm breit (UH-1 B; 2,54 m). Sitze und Rumpf wurden gepanzert. Unter dem Rumpf befindet sich ein Drehturm, der von dem vorn sitzenden Schützen bedient wird.

Einige Versionen:

AH-1 G: erste Serienausführung; ab 1967 in Vietnam eingesetzt; einige zu Trainern TH-1 G umgerüstet; 20 Maschinen erhielt Spanien (als Z-14 für Angriffe auf Schiffe); über 1800 Stück ausgeliefert.

AH-1 J: zweimotorige Ausführung für das USA-Marine Corps („Sea Cobra“); ab 1970 69 Stück ausgeliefert; ab 1972 an den Iran 202 Hubschrauber verkauft.

AH-1 R und S: mit neuem Triebwerk (1340 kW) und veränderten Aggregaten.

AH-1 T: Weiterentwicklung der AH-1 J für das Marine Corps mit stärkerem Antrieb; 69 Stück gebaut.

AH-1 Q: für Panzerabwehrlenkwaffen TOW; 290 AH-1 G in den Jahren 1975 bis 1977 umgebaut.

AH-1 W „Super Cobra“: Flugerprobung im Sommer 1985; 1270 kW Leistung; 44 Hubschrauber entstanden bis 1988 durch Umbau der AH-1 T.

Anfang 1991 übernahm das US Marine Corps ihre 100. AH-1 W (damit insgesamt 229 „Cobras“ im Bestand). Die AH-1-Versionen sind mehrmals umgerüstet/umbewaffnet und damit umbenannt worden. Die Gesamtproduktion umfaßt etwa 1700 AH-1.

Rumpf: Metall-Halbschalenbauweise; Sitze hintereinander.
Tragwerk: Zweiblatt-Rotor und kurzer Tragflügel.
Leitwerk: Zweiblatt-Ausgleichsrotor; Höhenstabilisierungsflosse am Rumpf.
Fahrwerk: schmale Kufen mit nach außen gewölbten Verstrebungen.

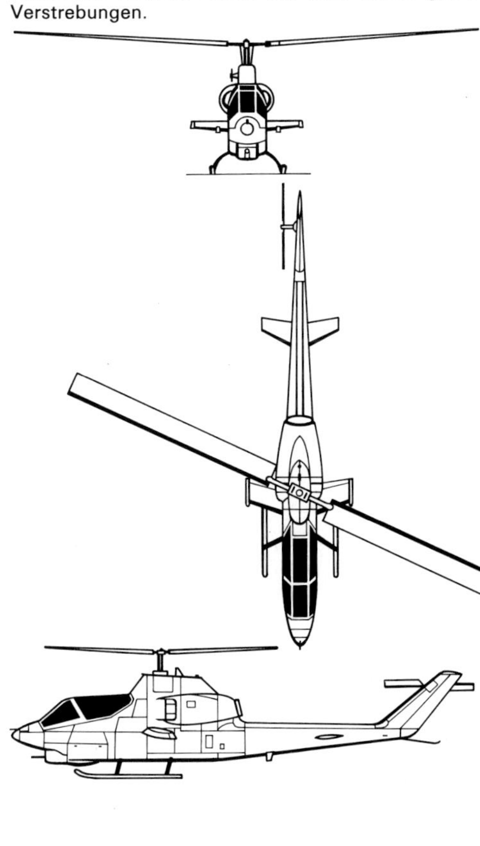

Bell 206 „Jet Ranger“ / OH-58 „Kiowa“ Hubschrauber

Die 206 „Jet Ranger“ wird als fünfsitziger Reisehubschrauber und als militärischer Mehrzweckhubschrauber angeboten. Der Erstflug fand am 10. Januar 1966 statt. Die Serienlieferungen begannen im Januar 1967.
Die USA-Armee bezeichnet die 206 A als OH-58 A „Kiowa“, die kanadische als CH-136 und COH-58 A. In Italien wird der Hubschrauber als AB-206 B in Lizenz gebaut. In der USA-Marine wird er unter der Bezeichnung TH-57 A als Schul- und Übungshubschrauber benutzt.
1971 wurde die 206 B „Jet Ranger II“ entwickelt, 1973 das fünfsitzige Modell 206 L „Long Ranger“.
Bis Anfang 1988 hatten Bell und die Lizenznehmer insgesamt mehr als 7000 (davon über 4600 zivile) Bell 206 aller Versionen hergestellt.
1984 nahmen zwei Prototypen der Weiterentwicklung Bell 400 „Turbo Ranger“ die Flugerprobung auf. Sie sind mit Vierblattrotor und ummantelter Luftschraube versehen.
1988 verfügten die USA-Landstreitkräfte über 1300 OH-58 A. Sie werden seit 1987 in die Version OH-58 D (Vierblatt-Tragschraube aus Verbundwerkstoff, stärkeres Triebwerk mit 450 kW, verbesserte Avionik) umgerüstet.
1993 waren einschließlich der Lizenzfertigung 9000 „Jet Ranger“ aller Versionen (davon über 5400 zivile) ausgeliefert.

Rumpf: Kabine in Ganzmetall-Sandwichbauweise; dahinter Ganzmetall-Halbschalenbauweise; Heckrotorträger in Ganzmetallbauweise; Triebwerkverkleidung nach außen in GFK; zwei Vordersitze; hinten Sitzbank mit drei Sitzen; zwei Türen auf jeder Seite.
Tragwerk: Zweiblatt-Rotor in Ganzmetallbauweise.
Leitwerk: Zweiblatt-Ausgleichsrotor; Stabilisierungsflossen nach oben und nach unten.
Fahrwerk: Leichtmetallkufen; Ausrüstung mit Schlauchschwimmern auf Wunsch.

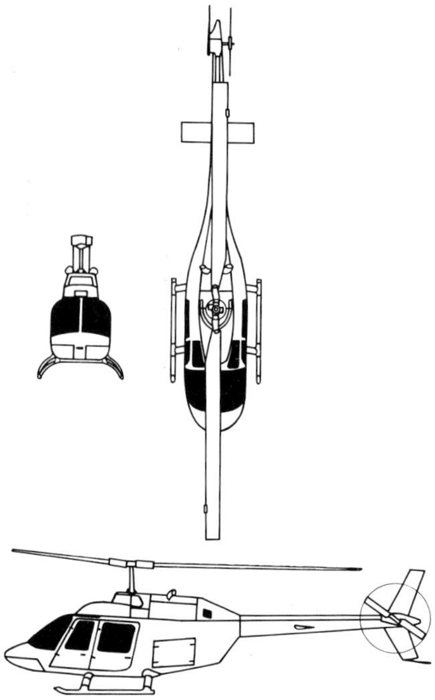

Bell/Boeing V-22 „Osprey“ Mehrzweck-Kipprotorflugzeug

Unter der Bezeichnung JVX übernahmen die Konzerne Bell Helicopter Textron und Boeing Helicopters einen Auftrag des USA-Verteidigungsministeriums zur Entwicklung eines Kipprotorflugzeugs. Zunächst war das Projekt nur für das Heer vorgesehen, 1983 jedoch auf den Bedarf der Marine erweitert worden. Das Projekt, basierend auf dem Bell-Modell 301/XV-15 (650 Flugstunden seit 1977) erhielt im Januar 1985 den Namen V-22 „Osprey“. Nach umfangreichen Arbeiten sowie simulierten Flügen begann 1986 der Bau von 6 Prototypen (Bell: 1,3,6; Boeing 2,4,5) sowie 3 nicht flugfähigen Zellen für statische Tests. Das Rollout des ersten Prototys (163911) fand bei Bell am 23. Mai 1988 statt, und nach mehrmonatigen Vorbereitungen begann am 19. 3. 1989 die Flugerprobung.

Vorgesehene Versionen:
CV-22 A: für Spezialeinsätze der US-Luftwaffe.
HV-22: Such- und Rettungsflugzeug für die US-Marine; als Ersatz für die HH-3 vorgesehen.
MV-22 A: Kampfzonentransporter für die US-Marine; als Ersatz für die CH-46 „Sea Knight“ und die CH-53 „Sea Stallion“ geplant.
SV-22 A: für U-Boot-Such- und -Bekämpfung; als Ersatz für die S-3 A erwogen.
Vorgesehen sind außerdem Kampfzonentransporter MV-22 für die Landstreitkräfte. In dieser Form können als Außenlast bis zu 6800 kg mitgeführt werden.
Am 21. Juli 1992 stürzte ein Erprobungsträger ab. Bis 1994 waren insgesamt 10 Maschinen fertig.

Rumpf: Ganzmetall-Halbschalenbauweise (Boeing); stark verglastes Cockpit; hochgezogenes Heck.
Tragwerk: Schulterdecker mit kurzen, leicht negativ gepfeilten und V-förmigen Tragflügeln in Verbundbauweise; an den Enden kippbare Triebwerke mit großen Dreiblatt-Rotoren (Bell).
Leitwerk: gerades Höhenleitwerk; doppelte, trapezförmige Seitenleitwerke.
Fahrwerk: einziehbares Bugradfahrwerk; alle drei Fahrwerksbeine doppelt bereift.

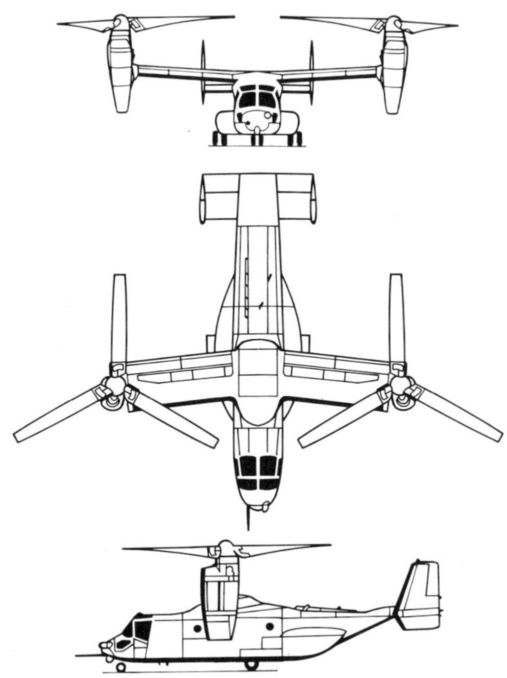

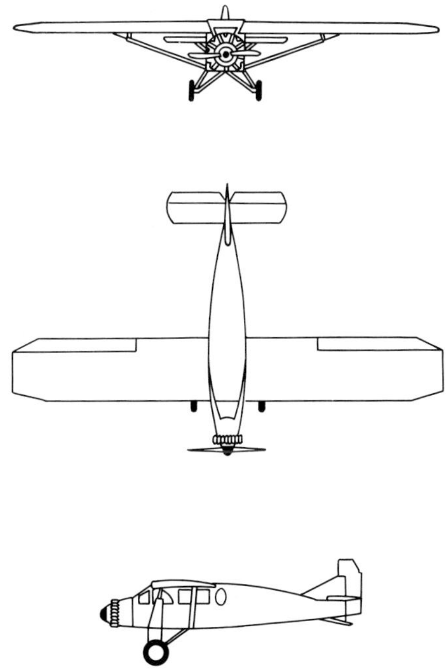

Bellanca WB-2 „Columbia“
Transportflugzeug

Bellanca baute in den USA in den zwanziger Jahren hochwertige Flugzeuge, wobei er Profile entwickelte, die seiner Zeit weit voraus waren. Sein bekanntestes Flugzeug ist die WB-2, die Anfang 1927 einen Dauerweltrekord ohne Nachtanken mit 51 h 11 min aufstellte.
Das war die Vorbereitung für einen Atlantik-Flug, der ungefähr zur gleichen Zeit wie der Lindberghs mit der „Ryan“ stattfand. Beide Flugzeuge hatten das gleiche Triebwerk, doch war die „Columbia“ kein Spezialflugzeug wie die „Ryan“, sondern ein Serienflugzeug mit Kurzstarteigenschaften.
Chamberlin startete am 4. Juni 1927 mit der „Columbia“ zum Erstflug New York—Berlin. An Bord befand sich Levine, der Besitzer des Flugzeugs. Chamberlin hatte von Mitteleuropa keine Karte, fand sich über dem Ruhrgebiet mit der riesigen Staubglocke nicht zurecht und flog immer auf Ostkurs. Am 6. Juni 1927 landete er in strömendem Regen mit dem letzten Tropfen Benzin bei Eisleben. Nach dem Tanken flog er weiter in Richtung Berlin. Er verflog sich jedoch abermals und landete bei Cottbus. Bei der Notlandung beschädigte er den Propeller. Am nächsten Tag kam er schließlich nach Berlin-Tempelhof, wo ihm ein begeisternder Empfang zuteil wurde. Damit hatte er Lindberghs Dauerflugrekord überboten und einen neuen Streckenweltrekord erobert. Er flog 6 283 km und saß zwei Tage und zwei Nächte ununterbrochen am Steuer.

Rumpf: Stahlrohrbauweise mit Stoffbespannung; vorn mit Leichtmetallbeplankung.
Tragwerk: abgestrebter Schulterdecker mit Stoffbespannung.
Leitwerk: abgestrebte Normalbauweise.
Fahrwerk: starr mit Hecksporn und geteilter Achse; Hochdruckreifen.

Bellanca „Champ“
Sportflugzeug

Die „Champ“ gehört zu den populärsten Leichtflugzeugen in den USA. Die frühere Firma Aeronca hatte das Flugzeug im Jahr 1946 herausgebracht. Als später diese Firma in die Champion Aircraft Corporation überging, wurde der Weiterbau dieser Maschine eingestellt. Nachdem Champion von der Firma Bellanca übernommen worden war, beschloß man, die Konstruktion des Leichtflugzeugs gründlich zu überarbeiten.
Die Maschine erhielt einen neuen Motor mit einer Leistung von 45 kW. Außerdem wurde das Fahrwerk durch Federstahlstreben verbessert und die Haltbarkeit der Bespannung durch synthetisches Material erhöht.

Rumpf: Stahlrohrbauweise mit Stoffbespannung; Sitze hintereinander mit Doppelsteuerung; eine Tür steuerbords.
Tragwerk: abgestrebter Schulterdecker; zwei Holme; Stoffbespannung.
Leitwerk: verspannte Normalbauweise in Stahlrohr mit Stoffbespannung; Trimmklappen; Backbord-Höhenruder.
Fahrwerk: starr mit Spornrad; hydraulische Bremsen.

Boeing F-4 B / P-12
Jagdflugzeug

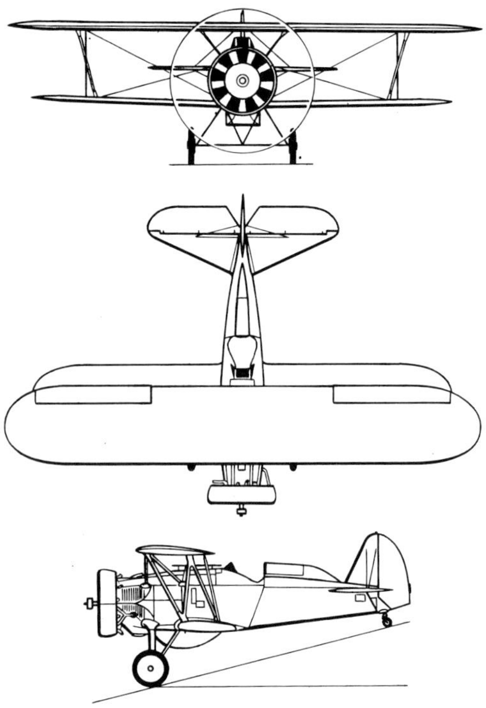

Am 25. Juni 1928 startete der Boeing-Prototyp 83 mit einem 295-kW-Triebwerk von Pratt & Whitney zum Erstflug, dem kurz darauf der Prototyp 89 folgte. Beide Doppeldecker wurden von der Marine als XF-4 B-1 übernommen und auf Flugzeugträgern getestet. Danach wurde eine Serie von 27 Maschinen bestellt, die man als F-4 B-1 (Boeing Typ 99) bezeichnete. Die erste F-4 B-1 flog erstmals am 6. Mai 1929, und einen Monat später folgten die ersten Serienmaschinen.
Nach den Berichten der Marine interessierte sich auch das Fliegerkorps für diese Maschine und bestellte neun Flugzeuge (Boeing Typ 102, Heeresbezeichnung P-12). Mit geändertem Fahrwerk, verlängerter Motorverkleidung und einigen anderen Abweichungen wurde eine zehnte Maschine als XP-12 A gebaut. Die Weiterentwicklung für die Marine stellte die F-4 B-2 (anderes Querruder, Townendring, geteilte Fahrwerkachse) dar, von der 42 Maschinen bestellt wurden. In Ganzmetallbauweise folgten 21 F-4 B-3, deren Nachfolger F-4 B-4 eine größere Kopfstütze, eine breitere Kielflosse sowie ein größeres Seitenruder erhielt. Es wurden 71 F-4 B-4 gebaut, die für die USA-Flugzeugträger bestimmt waren. Die ersten Maschinen wurden im Juli 1932 ausgeliefert, die letzten 1933. Im aktiven Dienst blieb die F-4 B-4 bis 1938. Einige Maschinen verwendete man noch 1942 als ferngesteuerte Aufklärungsflugkörper.
Die F-4 B-4 (Foto) war mit Schwimmzellen versehen, um die Maschine bei Notwasserungen unsinkbar zu machen. Gummirettungsfloß, Notsender und Empfänger sowie der Fanghaken unter dem Heck vervollständigten die Ausrüstung.
Die Entwicklung der P-12 verlief wie folgt: Nach der P-12 A bestellte das Fliegerkorps 90 P-12 B mit verändertem Querruder und kürzerem Fahrwerk, 96 P-12 C (Townendring, anderes Fahrwerk), 35 P-12 D (stärkeres Triebwerk), 110 P-12 E (mit Metallrumpf [Skizze]) sowie 25 P-12 F (mit 440-kW-Triebwerk). Die letzten P-12 wurden 1932 ausgeliefert. Sie blieben bis zur Ablösung durch die P-26 A (1934/35) im Dienst.
Einige F-4 B und P-12 wurden nach Brasilien und Spanien geliefert. Einschließlich der Prototypen stellten die Boeing-Werke 586 F-4 B / P-12 her. Das war bis zum zweiten Weltkrieg die größte Produktionszahl für ein USA-Flugzeug.

Rumpf: Metallbauweise; z. T. stoffbespannt; offenes Cockpit; F-4 B-4 mit höckerartig verlängerter Kopfstütze und dahinter hochaufragender Antenne; bei Marineausführungen ausklappbarer Fankhaken unter dem Heck.
Tragwerk: verstrebter und verspannter Doppeldecker; unterer Flügel schmaler und etwas kürzer; Querruder nur am oberen Flügel.
Leitwerk: Normalbauweise; Höhenleitwerk verspannt; Seitenleitwerk bei F-4 B-4 größer als bei Vorgängern.
Fahrwerk: verstrebt; nicht einziehbar; z. T. mit durchgehender Achse; in den letzten Versionen Heckrad statt Sporn.

Boeing P-26 „Peashooter"
Jagdflugzeug

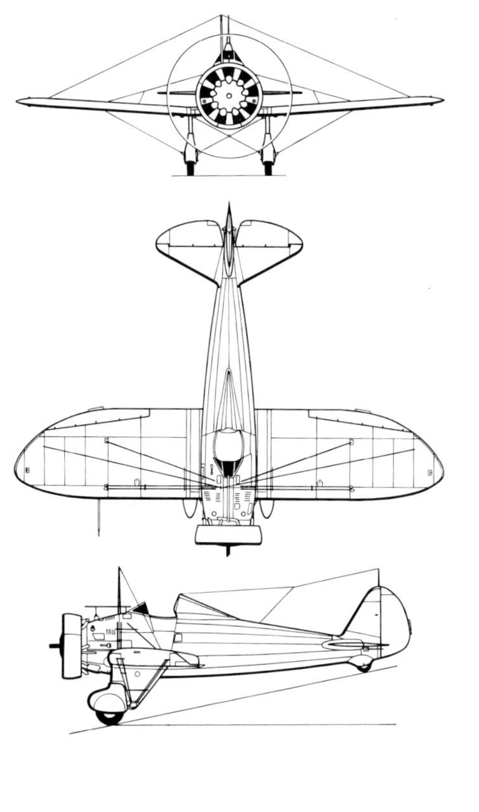

Die P-26 war eines der markantesten USA-Jagdflugzeuge der dreißiger Jahre (das erste in den USA aus Ganzmetall, das letzte mit offenem Cockpit und nicht einziehbarem Fahrwerk), das in sich einige überholte und einige neuartige Bauelemente vereinigte: Veraltet waren beispielsweise das einen starken Widerstand erzeugende Hosenbeinfahrwerk sowie die Verspannung des Ganzmetallflügels. (Zu dieser Zeit gab es bereits den Bomber B-9 von Boeing mit Einziehfahrwerk.) Neu war die Eindeckerbauweise zu einer Zeit, als noch viele Länder (z.B. Großbritannien, Italien, Deutschland) Doppeldecker-Jäger bauten.
Hervorgegangen war die P-26 aus dem im Jahr 1931 auf private Initiative, aber mit Unterstützung des US-Armeekorps entwickelten Projekt Modell 248. Als erster von drei bestellten Prototypen startete die XP-936 am 20. März 1932 zum Erstflug. Die Fliegerkräfte der USA übernahmen die drei als XP-26, YP-26 und P-26 bezeichneten Maschinen und bestellten am 11. Januar 1933 111 P-26 A, die auch als Boeing 266 bezeichnet wurden. Im Unterschied zu den Prototypen erhielten die Serienmaschinen eine größere Kopfstütze sowie eine verkürzte stromlinienförmige Fahrwerkverkleidung. Außerdem hatten die Tragflügel eine größere Spannweite. Ende des Jahres 1933 begann die Ablieferung dieser Maschinen an die Jagdfliegergeschwader. Auch die auf Hawaii und in der Panamakanalzone stationierten Fliegerkräfte der USA wurden mit diesem Typ ausgestattet.
Da sich das robuste und schnelle Flugzeug bewährte, wurde eine weitere Serie von 25 Maschinen bestellt. Davon erhielten die beiden ersten, als P-26 B (Modell 266 A) bezeichneten Maschinen ein Pratt-&-Whitney-Triebwerk R-1340-33 mit Kraftstoffeinspritzung, die übrigen 23 (als P-26 C oder Modell 266 bezeichnet) waren mit dem Triebwerk der P-26 A ausgestattet. Guatemala erhielt mehrere P-26 A. 12 Flugzeuge Modell 281 (Motor R-1340-33) wurden an China geliefert, wo sie 1937 gegen japanische Flugzeuge eingesetzt wurden. Eine Maschine kam nach Spanien, und 12 P-26 erhielten die Philippinen, wo sie 1941 ebenfalls gegen japanische Flugzeuge eingesetzt wurden.

Rumpf: selbsttragende Ganzmetallbauweise; offene Kabine mit Nackenschutz; Zielfernrohr vor der Windschutzscheibe; runder Querschnitt.
Tragwerk: Tiefdecker in Ganzmetallbauweise mit externer Verspannung; leicht positive V-Form.
Leitwerk: Normalbauweise in Ganzmetall; offene Langdrahtantenne.
Fahrwerk: starr; breite Hosenbeinverkleidung der Haupträder mit Verspannung; Heckrad verkleidet.

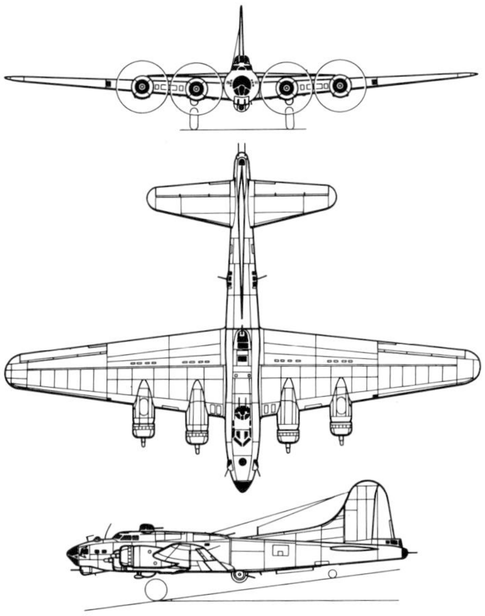

Boeing B-17 „Flying Fortress" Strategischer Bomber

Im Jahr 1934 forderte das Luftkorps der USA-Armee einen Langstreckenbomber, um gegnerische Schiffsverbände weit vor der eigenen Küste angreifen zu können. Nach einem langen Streit mit der Marine über Kompetenzfragen folgte dem Prototyp Modell 299 (XB-17, Erstflug am 28. Juli 1935, drei Monate später abgestürzt) erst am 17. Januar 1936 die Bestellung von 13 Vorserienmaschinen YB-17. Im Vergleich zum Prototyp besaßen sie stärkere Triebwerke (4 × 685 kW statt 4 × 550 kW) und eine von acht auf neun Mann erweiterte Besatzung. Eine weitere Vorserienmaschine (YB-17 A, später in B-17 A umbenannt) mit zusätzlichen Abgasturboladern und besserer Höhenleistung kam am 31. Januar 1939 hinzu.
Zwischen Juli 1939 und März 1940 wurden 39 B-17 B ausgeliefert – mit geänderter Bugverglasung, etwas vergrößerten Landeklappen und anderen Bremsen. Noch 1939 waren 39 B-17 C bestellt worden, ohne die als Schwalbennester bezeichneten Waffenstände an den Rumpfseiten. Die von Großbritannien im Jahr 1940 gekauften 20 B-17 C wurden dort als „Fortress I" bezeichnet. Infolge der zu schwachen Bewaffnung wurde dieser Typ jedoch zu einem Mißerfolg. Die restlichen B-17 C wurden in den USA auf die B-17 D umgerüstet – mit selbstschließenden Tanks und stärkerer Panzerung. Insgesamt gab es 42 B-17 D.
Die B-17 E, die erstmalig am 5. September 1941 flog, war radikal umkonstruiert worden: Sie hatte eine größere Seitenflosse, ein weiter spannendes Höhenleitwerk, eine stärkere Bewaffnung in zwei Drehtürmen und einen Heckstand. Von diesem Typ wurden 512 Maschinen gebaut. Davon gingen 45 Exemplare an die britischen Luftstreitkräfte als „Fortress II A".
Die Produktion der B-17 F begann im April 1942 (Boeing 2300, Douglas 605, Lockheed Vega 500). Sie hatte eine wiederum veränderte Bugverglasung und sieben MGs, deren Zahl später auf zehn erhöht wurde. Am 27. Januar 1943 war der erste Tageseinsatz der „Flying Fortress" auf Ziele in Deutschland. Da die gestaffelt fliegenden Bomberverbände mit ihren 12,7-mm-Waffen nach hinten einen dichten Feuergürtel bis auf eine Entfernung von 2000 m bilden konnten (die günstigste Schußentfernung der Jagdflugzeuge lag dagegen unter 500 m), gingen die Jäger dazu über, die B-17 von vorn anzugreifen. Dieser Gefahr begegnete man mit der B-17 G (Skizze). Die ab Juli 1943 gebaute Version mit einem Kinnturm unter dem Bug war die Ausführung, die in der größten Stückzahl produziert wurde (Boeing 4035, Lockheed Vega 2250, Douglas 2395).
Bis Kriegsende sind insgesamt 12731 B-17 gebaut worden. Zahlreiche Maschinen dieses Typs rüstete man für spezielle Zwecke aus, so als Flak-Kreuzer zum Schutz der Bomberverbände gegen Jäger. Diese Modifikation hat sich jedoch nicht bewährt, weil sie zu langsam und zu schwerfällig war.
Nach dem Krieg übernahmen einige Länder die B-17 als Bomber oder für spezielle Aufgaben, z.B. mit einem abwerfbaren Rettungsboot unter dem Rumpf (Foto; 50 Umbauten aus B-17 G, zunächst als B-17 H bezeichnet, dann in Seenotrettungsflugzeug SB-17 G umbenannt). Einige Maschinen dienten als Versuchsträger für neue Motoren oder Flugkörper.
Als Vorteile der B-17 wurden die starke Abwehrbewaffnung, die guten Höhenflugleistungen und die geringe Beschußempfindlichkeit angesehen.

Rumpf: Ganzmetall-Schalenbauweise; verglaster Bug; aufgesetzte Flugzeugführerkabine; durchgehender Gang zu den Waffentürmen auf und unter dem Rumpf sowie zum Heckstand und zu den MG-Ständen.
Tragwerk: Mitteldecker in Ganzmetallbauweise; Enteisungsanlage an Vorderkante.
Leitwerk: Ganzmetallbauweise; sehr hoch aufragendes Seitenleitwerk; Vorderkante mit Enteisungsanlage.
Fahrwerk: Haupträder in innere Triebwerke einziehbar, aber leicht hervorstehend; Heckrad; alle Streben einfach bereift.

Boeing B-50 „Stratofortress“ Bombenflugzeug

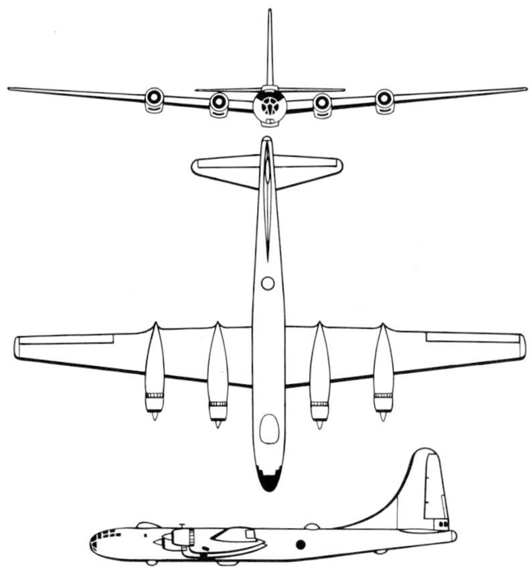

Aus dem ersten Atomwaffenträger der USA, der B-29 D, entwickelten die Boeing-Werke nach dem zweiten Weltkrieg einen Bomber mit Kolbenmotoren, die B-50 (Prototyp XB-44). Von der Vorgängerin wurden ganze Baugruppen übernommen, jedoch erhielt die neue Maschine andere Tragflügel und ein neues Fahrwerk. Auch der Bug wurde verändert.

Versionen:
B-50 A: Erstflug am 25. Juni 1947.
B-50 B: mit größerer Startmasse; modifiziert zum Aufklärer RB-50 B.
B-50 D: mit größerem Kraftstoffvorrat, Außenflügelstationen für Bomben, Nachtankeinrichtung und Funkmeßgeräten.
KB-50: Tankversion, betankt gleichzeitig drei Flugzeuge in 5 bis 8 min mit je 5000 kg Kraftstoff.
RB-50 E: Aufklärerversion der B-50 D.
RB-50 F: Aufklärerversion mit neuen elektronischen Geräten.
RB-50 G: Fotoaufklärerversion der B-50 D.
T-50 D: Trainingsversion für Bombenschützen, Radar- und Navigationspersonal.
TB-50 H: Schulversion.

Während die Bomberversionen in den fünfziger Jahren nach und nach durch modernere Muster ersetzt wurden (im Korea-Krieg hatten sie sich als veraltet erwiesen), benutzte man die Tanker- und Aufklärerversionen noch längere Zeit.
Insgesamt verließen 390 B-50 aller Versionen die Werkhallen.

Rumpf: Ganzmetall-Halbschalenbauweise; Kabine in Rumpfkontur einbezogen, stark verglaster Bug; bemannter Heckstand hinter dem Seitenleitwerk.
Tragwerk: Mitteldecker in Ganzmetallbauweise; Fowler-Klappen; thermische Enteisung.
Leitwerk: Normalbauweise in Ganzmetall; großflächiges Seitenleitwerk.
Fahrwerk: einziehbar; Bugstrebe mit Zwillingsrädern.

Boeing 377 „Stratocruiser“ / KC-97 Verkehrsflugzeug bzw. Tanker

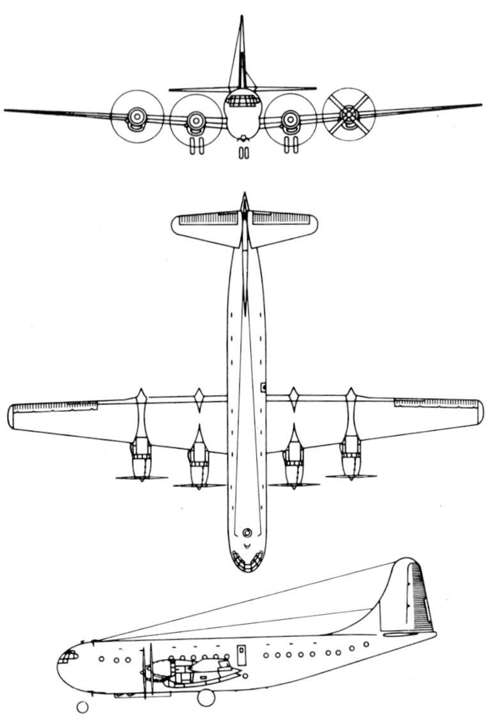

Als Transporterversion des Bombers B-29 leitete Boeing noch während des Krieges das Modell 367 ab, von dem drei Prototypen XC-97 gebaut und erprobt wurden (Erstflug am 15. November 1944). Von der B-29 hatte man Tragflügel, Triebwerk, Heck und Fahrwerk übernommen. Die sechs Vorserienmaschinen YC-97 A (Erstflug im Januar 1948) dagegen waren an der inzwischen gefertigten B-50 orientiert (Triebwerk, Seitenleitwerk).
Noch vor der YC-97 A hatte die zivile Ableitung 377-10-19 die Flugerprobung aufgenommen (8. Juli 1947), die als Boeing 377 „Stratocruiser" in Serie ging. Der große Rumpf bot den Passagieren einen außergewöhnlichen Komfort.
Die Besonderheit des Rumpfes bestand in den beiden Decks: Im Oberdeck konnten bis zu 100 Passagiere untergebracht werden, im Unterdeck befanden sich vorn und hinten Frachträume und in der Mitte ein Passagierabteil mit 14 Plätzen (oftmals jedoch als Bar eingerichtet).
Im März 1950 war der Bau von 55 „Stratocruiser" für sechs zivile Luftverkehrsgesellschaften abgeschlossen. Die letzten wurden 1959 außer Betrieb genommen.
Für militärische Zwecke sind von 1945 bis 1956 insgesamt 888 Maschinen ausgeliefert worden, vor allem als Tanker KC-97 (Erstflug im Dezember 1950). Die Version KC-97 G wurde zur KC-97 L, zur C-97 G, zur C-97 K (Fracht- bzw. Truppentransporter „Stratofreighter") sowie zur HC-97 G (Such- und Rettungsflugzeug) umgebaut. Die Luftwaffen Israels und Spaniens erhielten auch die KC-97.

Rumpf: Ganzmetall-Halbschalenbauweise; Querschnitt in Form einer stehenden Acht; Druckkabine.
Tragwerk: freitragender Mitteldecker in Ganzmetallbauweise mit zwei Holmen; elektrisch betätigte Fowler-Klappen; thermische Enteisung.
Leitwerk: freitragende Normalbauweise; thermische Enteisung.
Fahrwerk: einziehbar mit Bugrad; Zwillingsräder.

Boeing B-47 „Stratojet" Bombenflugzeug

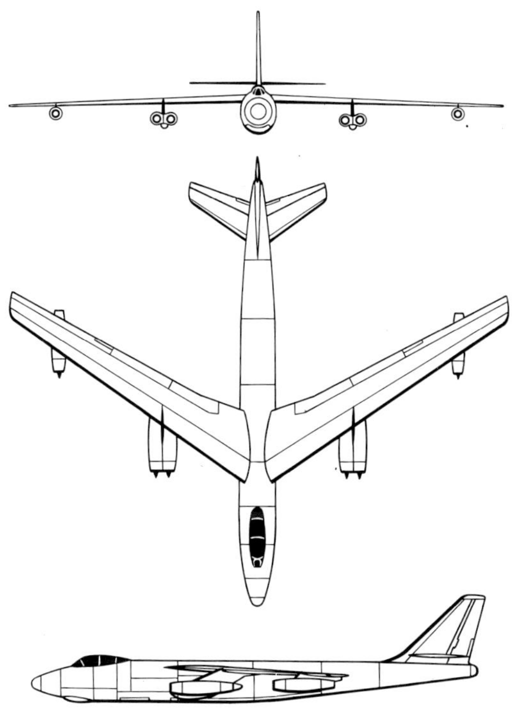

Nach dem zweiten Weltkrieg suchten die USA-Luftstreitkräfte neue strategische Bombenflugzeuge, um die veralteten Kriegsmuster zu ersetzen. Am 17. Dezember 1947 nahm der erste von zwei XB-47-Prototypen (Werkbezeichnung Modell 450) die Erprobung auf. Doch erst im Juni 1950 folgten die ersten Serienmaschinen B-47 A (10 Stück gebaut). Die nächsten Versionen erhielten verbesserte Triebwerke. Bis 1957 wurden insgesamt etwa 1 800 Maschinen folgender Versionen gebaut:

B-47 B: 25 800-N-Triebwerke; Kraftstoffzusatzbehälter unter den Tragflügeln; Wassereinspritzsystem zur Schuberhöhung; ab 1951 398 Stück gebaut.
B-47 C: auch XB-56 oder YC-47 B; mit 47 000-N-Triebwerken.
B-47 D: 1955 in zwei Exemplaren gebaut; zusätzlich zwei PTL-Triebwerke mit je 7 350 kW.
B-47 E: Weiterentwicklung mit 26 720-N-Triebwerken; Erstflug am 30. Januar 1953; 1 560 Stück ausgeliefert.
DB-47 B: Versuchsausführung für Lenkwaffen; vier Umbauten aus der B-47 B.
KB-47 B: Versuchsausführung als Tanker.
RB-47 B: Fotoaufklärer mit acht Kameras; 24 Umbauten aus der B-47 B.
RB-47 E: Allwetter-Aufklärer.
RB-47 K: wie die RB-47 E, zusätzlich zur Wetteraufklärung ausgerüstet.
RB-47 F: letzte und beste Version; 1 150 km/h; Aufklärer und Kampfflugzeug.
TB-47: 40 Umbauten aus der B-47 B.
XB-47 C: Versuchsausführung mit vier Allison-Triebwerken.
XB-47 D: modifizierte B-47 B für Triebwerksversuche; zwei Prototypen.

Wegen der veralteten Konzeption und der zu geringen Leistungen wurden die Bomberversionen der B-47 1966 aus dem aktiven Dienst genommen und in die Reserve überführt. Die von zahlreichen Luftspionageaffären berüchtigten Aufklärerversionen blieben jedoch im Einsatz.
Im Jahr 1958 hatte man alle B-47 E und B für Tiefflüge umgerüstet und zugleich versucht, sie als fliegende Abschußrampen zu benutzen, so als unbemanntes Fernlenkflugzeug QB-47.
Im Oktober 1957 haben die USA als erstes Land eine Antisatellitenwaffe getestet: Eine von einer B-47 abgeschossene Rakete fing einen „Explorer-6"-Satelliten ab.

Rumpf: Ganzmetall-Schalenbauweise; aufgesetzte Kabine; Funkmeßgerät in der Bodenwanne; unbemannter Heckstand; Vorrichtungen zur Aufnahme von Starthilfsraketen.
Tragwerk: Schulterdecker in Ganzmetallbauweise mit Pfeilflügeln; Triebwerke paarweise und einzeln in Gondeln aufgehängt.
Leitwerk: stark gepfeilte Normalbauweise in Ganzmetall.
Fahrwerk: einziehbar; Tandemfahrwerk mit Stützrädern unter Motorgondeln; Hauptstreben mit Zwillingsrädern.

Boeing B-52 „Stratofortress“ Bombenflugzeug

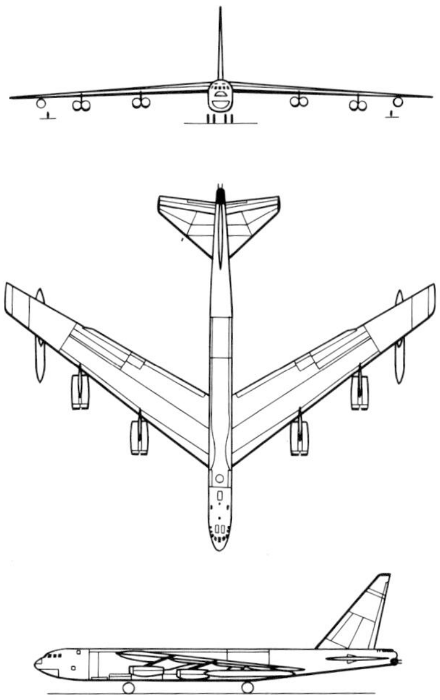

Die zwischen 1954 und 1962 in Serie gebaute B-52 „Stratofortress“ (Werkbezeichnung Modell 464) bildet noch heute einen Hauptbestandteil der strategischen Luftstreitkräfte der USA. Das achtstrahlige Langstrecken-Bombenflugzeug kann in der Luft aufgetankt werden. Der erste der beiden Prototypen flog erstmals am 2. Oktober 1952.

Versionen:
B-52 A; drei Vorserienflugzeuge, Erstflug am 5. August 1954.
B-52 B: Weiterentwicklung der B-52 A, die auch für Luftbildaufklärung und insbesondere zur Spionage eingesetzt werden kann; Erstflug am 25. Januar 1955; 23 gebaut.
RB-52 B: Aufklärerversion der B-52 B; 27 ausgeliefert.
B-52 C: Weiterentwicklung der B-52 B mit stärkeren Triebwerken und größeren Tanks unter den Flügeln; 35 hergestellt.

B-52 D: Ausführung der B-52 C ausschließlich für Langstreckenflüge; Erstflug am 4. Juni 1956; 170 produziert.
B-52 E: Weiterentwicklung der B-52 D mit verbesserter elektronischer Ausrüstung; Erstflug am 3. Oktober 1957; 100 gebaut.
B-52 F: Weiterentwicklung der B-52 E mit stärkeren Triebwerken; Erstflug am 6. Mai 1958; 89 hergestellt.
B-52 G: Weiterentwicklung der B-52 F mit größeren Tanks in den Tragflügeln und vier MGs im Heckturm; Erstflug am 26. Oktober 1958; 193 geliefert.
B-52 H: Weiterentwicklung der B-52 G mit stärkeren Triebwerken, Kanonenbewaffnung im Heck und Luft-Luft-Raketen; Erstflug am 6. März 1961; 102 gebaut.

Ab 1972 wurden 96 B-52 G und B-52 H zum Einsatz von Abwurflenkwaffen umgebaut, ab 1973 folgten 80 B-52 D, die man mit einem Aufwand von 212 Mill. US-Dollar bis 1975 modernisierte (elektronisches Zielsystem, neue Kameras, verbesserte Elektronik).

Ende 1988 verfügten die USA-Luftstreitkräfte noch über 167 B-52 G und 95 B-52 H. Mitte Dezember 1982 war die erste Staffel mit B-52 G einsatzbereit, die auf Flügelraketen AGM-86 B umgerüstet sind. Jeder Bomber nimmt 12 Flügelraketen an Außenaufhängungen auf. Insgesamt sind inzwischen 90 Bomber der noch vorhandenen B-52-Flotte dafür umgerüstet worden. B-52 dienten wiederholt als fliegende Prüfstände (Foto: B-52 F mit einem zu prüfenden Triebwerk an der rechten inneren Aufhängung).

Die Gesamtproduktion betrug 744 B-52 (Ende: Oktober 1962). Noch am Golfkrieg 1991 waren B-52 beteiligt. Die USA haben sich verpflichtet, etwa 350 zu verschrotten und nur noch 130 B-52 zu erhalten. Am 17. September 1959 startete von einer B-52 erstmals die raketengetriebene X-15. Sie erreichte eine Geschwindigkeit von 7297 km/h (Mach 6,72) und eine Höhe von 107 960 m.

Rumpf: Ganzmetall-Halbschalenbauweise; Druckkabine; im Cockpit Pilot, Kopilot, Bordschütze und elektronischer Abwehrschütze mit Schleudersitzen nach oben; im Unterdeck zwei Bombenschützen-Navigatoren mit Schleudersitzen nach unten; Bremsschirm im Heck.
Tragwerk: freitragender Schulterdecker in Ganzmetallbauweise; negative V-Stellung; Spoiler auf der Flügeloberseite; Landeklappen.
Leitwerk: freitragende Normalbauweise in Ganzmetall.
Fahrwerk: vier Hauptstreben mit Zwillingsrädern; Stützräder an den Tragflügeln außerhalb der äußeren Triebwerke.

Boeing C-135 „Stratolifter“/ KC-135 "Stratotanker" Transport- und Tankflugzeug

Aus dem Prototyp 367-80 der Boeing 707 wurden das Tankflugzeug KC-135 und das Langstrecken-Transportflugzeug C-135 „Stratolifter“ abgeleitet. Es kann 126 voll ausgerüstete Soldaten oder als Sanitätsflugzeug 44 Verwundete auf Tragen und 54 auf Sitzen aufnehmen.

Versionen:
C-135 A (Boeing 717-157): erste Serienausführung, deren Triebwerke einen Schub von je 61 200 N leisten; Erstflug am 19. Mai 1961; 15 Exemplare gebaut.
C-135 B (Boeing 717-158): Weiterentwicklung mit stärkeren Triebwerken und vergrößertem Leitwerk; 30 Exemplare gebaut.
EC-135 C: fliegender Kommandoposten.
KC-135 „Stratotanker“: Tanker/Transporter; 732 Stück gebaut.
KC-135 F: 1964 in 12 Exemplaren für Frankreich zum Betanken der „Mirage IV A“ ausgeliefert.
RC-135 A (Boeing 739-700): Ausführung als Aufklärungs- und Luftbildflugzeug.
RC-135 B (Boeing 739-445 B): Ausführung für elektronische Aufklärung.
NKC-135: fliegendes Laboratorium für Versuchs-Laser-Waffen.
VC-135 C: Ausführung der C-135 B als Verkehrsflugzeug des Präsidenten der USA.
WC-135 C: Ausführung als Langstrecken-Wetter-Aufklärungsflugzeug.

Eine C-135 B stellte mit jeweils 30 000 kg folgende Rekorde auf: Am 17. April 1962 erreichte sie eine Höhe von 14 377 m, und am 17./18. April 1962 durchflog sie eine geschlossene Strecke von 2000 km Länge mit einer Geschwindigkeit von 991,01 km/h.

1988 gab es in den USA-Luftstreitkräften 11 C-135 als Transporter. Ab 1974 sind nach und nach die Flügeloberseiten verstärkt worden. 1985 begann die Modernisierung von 27 KC-135 durch neue Triebwerke.

Bis 1995 werden 350 KC-135 A zu KC-135 R umgerüstet (Mantelstromtriebwerke CFM 56, tragende Zellenstruktur verstärkt), um mindestens bis 2005 im Dienst zu bleiben (Werkbezeichnung KC-135: Modell 717).

Rumpf: Ganzmetall-Schalenbauweise; verstärkter Rumpfboden zur Palettenverladung.
Tragwerk: freitragender Tiefdecker in Ganzmetallbauweise; zwei Holme; Doppelspaltklappen; Querruder für den Langsamflug außen, für den Schnellflug zwischen den Landeklappen; zwei Spoiler auf jedem Flügel.
Leitwerk: freitragende Normalbauweise in Ganzmetall; in den Rudern Trimmklappen; trimmbare Höhenflosse.
Fahrwerk: einziehbar; an der Bugstrebe Zwillingsräder, an den Hauptstreben Fahrwerke mit je vier Rädern.

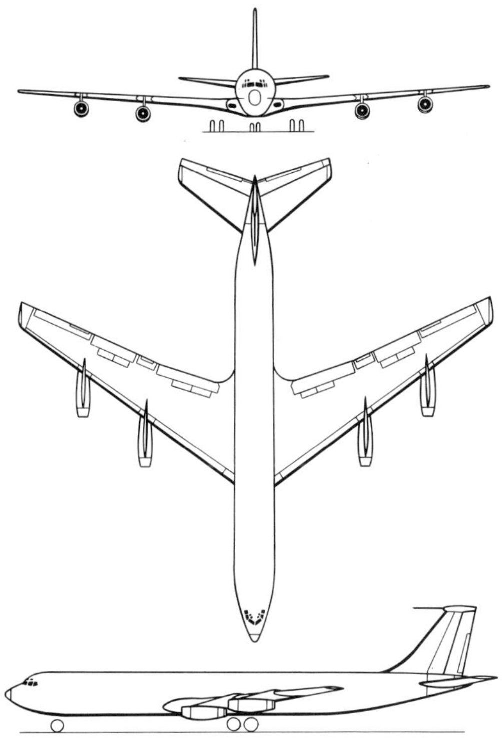

Boeing E-3 A „Sentry" Frühwarnflugzeug

Die Firma Boeing erhielt am 8. Juli 1970 den Auftrag, das AWACS (Airborne Warning and Control System) zu entwickeln. Die zu Erprobungszwekken gebaute EC-137 D wurde aus der Boeing 707-320 D abgeleitet. Sie dient für Überwachungs-, Kontroll- und Nachrichtenübermittlungsaufgaben. Auffallend ist die 9,14 m breite und 1,83 m hohe Drehkuppel an zwei Streben über dem Rumpf hinter den Tragflächen, die sich in 6 min einmal dreht.
Zunächst war geplant, den Typ mit acht Triebwerken General Electric TF-34GE-2 auszurüsten (Skizze), doch verwendete man dann vier Triebwerke Pratt & Whitney TF-33P-7 (Foto).
Die beiden Prototypen EC-137 D (mit unterschiedlichem Radar, Beginn der Flugerprobung der ersten Maschine am 9. Februar 1972) hatten die gleichen Triebwerke wie die Boeing 707-320. Nach der Auswahl des Funkmeßsystems (Oktober 1972) wurde das AWACS 1973 in Europa truppenerprobt. Das erste Vorserienmuster der E-3 A startete am 24. Februar 1975 zum Erstflug. 1977 erhielt der Typ die Bezeichnung „Sentry".
1985 verfügten die USA-Luftstreitkräfte über die bestellten 34 Maschinen, und die NATO hatte die vorgesehenen 18 Flugzeuge erhalten.
Die älteren E-3 sind auf den E-3 A-Standard gebracht worden. Es folgten die Modernisierungsprogramme E-3 B / E-3 C. Nach diesen 52 Maschinen wurden 16 E-3 mit den Triebwerken CFM 56 sowie Vorrichtungen für die Luftbetankung ausgeliefert: Großbritannien 7 E-3 D (AEW Mk. 1. ECM-Pods an Flügelspitzen), Saudi Arabien 5 (dazu 8 Tanker KE-2 A), Frankreich 4 E-3 F SDA. Mit diesen Maschinen fand die Fertigung der Boeing 707 im Frühjahr 1993 nach insgesamt 1010 Exemplaren ihren Abschluß.

Rumpf: Ganzmetall-Halbschalenbauweise.
Tragwerk: freitragender Tiefdecker in Ganzmetallbauweise mit zwei Holmen; Mittelstück durch den Rumpf gehend; zwei Fowler-Klappen; innere und äußere Querruder an jedem Flügel; Vorflügel über die gesamte Spannweite; zwei Spoiler auf jedem Flügel.
Leitwerk: freitragende Normalbauweise in Ganzmetall; trimmbare Flossen.
Fahrwerk: einziehbar; Zwillingsräder an der Bugstrebe und Fahrwerke mit je vier Rädern an den Hauptstreben; ölpneumatische Dämpfung; Mehrfach-Scheibenbremsen mit Blockierungsschutz.

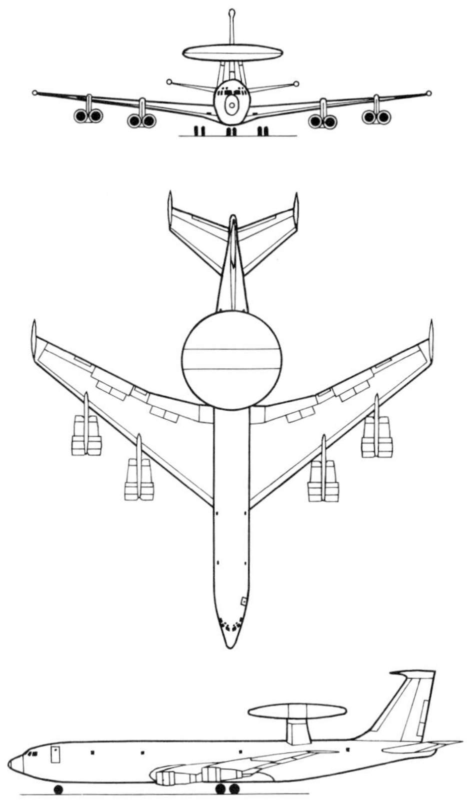

Boeing 247
Verkehrsflugzeug

Die Boeing-Werke begannen 1927 mit dem Bau von Verkehrsflugzeugen. Im Ergebnis einer langen Flugzeugreihe – angefangen bei der Serie 40 über die Typen 80, 80 A und 95 sowie das Modell 204 bis zum Monon-Mail-Eindecker und dem Bomber B-9 – entstand 1932 das Modell 247, das als Schnellverkehrsflugzeug in großer Serie gebaut wurde (60 Exemplare waren damals viel). Der Erstflug fand am 8. Februar 1933 statt.
Das Modell 247 war das erste in Serie gebaute mehrmotorige Verkehrsflugzeug mit einem einziehbaren Fahrwerk. Auch die Tiefdeckerbauweise war für jene Zeit neu. Die ersten Maschinen waren mit einem 330-kW-Triebwerk ausgestattet und erreichten eine Höchstgeschwindigkeit von 288 km/h (Reisegeschwindigkeit 260 km/h). Die späteren Serien waren leistungsstärker und schneller. Die Frachtversion 247 D wurde ab 1935 ausgeliefert.
Ein großer Teil der Maschinen wurde auf kontinentalen Strecken eingesetzt, auch nachts. So dauerte ein Flug New York—Los Angeles mit mehreren Zwischenlandungen 18 h.
Die Kabine der 247 war 6 m lang und 1,85 m hoch. Vor jedem der gut gepolsterten Sitze gab es einen aufklappbaren Tisch. Eine Stewardeß bediente die Fluggäste. Den beiden Flugzeugführern standen Tastfunkgerät, Peilanlage, Echolot und Blindfluginstrumente zur Verfügung.
Das Modell 247 war der Ausgangspunkt einer ganzen Reihe weiterer Verkehrsflugzeuge, war es doch das Vorbild des aerodynamisch sauber konstruierten zweimotorigen Eindeckers mit einziehbarem Fahrwerk.

Rumpf: Ganzmetall-Halbschalenbauweise; Luke für den Zugang zum Gepäckraum in der Bugspitze.
Tragwerk: Ganzmetall-Tiefdecker; fünfteilig; Mittelstück fest mit dem Rumpf verbunden.
Leitwerk: freitragende Normalbauweise in Ganzmetall.
Fahrwerk: einziehbar; alle Streben einfach bereift.

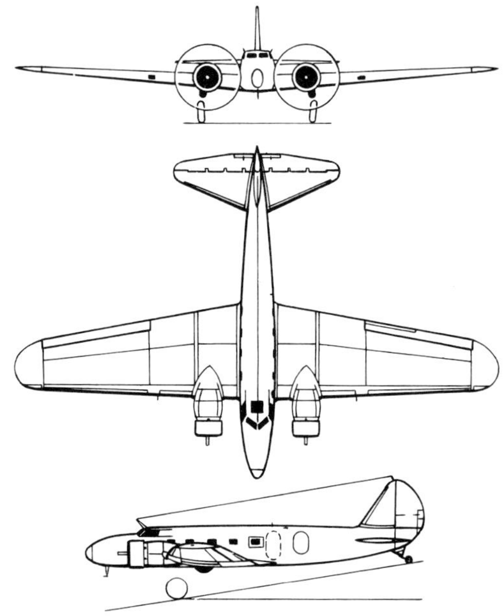

Boeing 707
Verkehrsflugzeug

Die Boeing 707 war das erste TL-Verkehrsflugzeug, das in den USA gebaut wurde. Sie gehört zu den verbreitetsten TL-Langstrecken-Verkehrsflugzeugen der Welt.
Versionen:
367-80: Prototyp, der erstmalig am 15. Juli 1954 flog.
707-020: interne Werkbezeichnung für die Mittelstreckenausführung, als Boeing 720 bekannt.
707-120: erstes Serienmodell; Erstflug am 20. Dezember 1957.
707-120 B: Umbauten und 36 Neubauten; stärkere Triebwerke, größerer Kraftstoffvorrat; Erstflug am 22. Juni 1960.
707-220: Version der 707-120 mit stärkeren Triebwerken.
707-320 „Intercontinental": vergrößerte Langstrecken-Ausführung; Erstflug am 11. Januar 1959.
707-320 B „Intercontinental": Weiterentwicklung der 707-320 mit zahlreichen Verbesserungen am Tragwerk zur Erhöhung des Auftriebs; Erstflug am 31. Januar 1962; probeweise eine Maschine mit den Triebwerken CFM-56 (Foto) ausgerüstet, die für die nicht realisierte 707-700 vorgesehen waren.
707-320 C „Convertible": Fracht- oder gemischte Fracht-/Passagierausführung mit großer vorderer Ladetür und besonderen Ladeeinrichtungen für Paletten und Behälter.
707-320 C „Freighter": Frachtversion.
707-420 „Intercontinental": Version der 707-320 mit anderen Triebwerken; Erstflug 19. Mai 1959.
CC-137: Bezeichnung bei Luftstreitkräften Kanadas;
VC-137 A: Bezeichnung der 707-120 bei den USA-Luftstreitkräften.
VC-137 C: Bezeichnung der 707-320 B bei den USA-Luftstreitkräften.

Von 1958 bis 1984 wurden 834 zivile Boeing 707 gebaut, aber auch zahlreiche Maschinen für militärische Zwecke an mehrere Länder geliefert. Da sich die Zelle trotz des relativ hohen Alters für spezielle Missionen eignet, fliegen weltweit 198 Boeing 707 der Baureihen von 1954 bis 1982 in 27 Luftwaffen als Plattformen für elektronische Systeme sowie für weitere Aufgaben (so als fliegendes Fernmeldezentrum E-6 A „Hermes", als fliegender Gefechtsstand E-8 C „Joint Stars" und EC-18 B/D). Seit 1985 werden Maschinen vom Typ Boeing 707 zu militärischen Tankern bzw. Transportflugzeugen umgebaut. Spanien erhielt zwei Maschinen zum Nachbetanken der „Mirage F-1" und der F-18.

Rumpf: Ganzmetallbauweise mit elliptischem Querschnitt.
Tragwerk: freitragender Tiefdecker in Ganzmetallbauweise mit zwei Holmen, zwei Doppelspaltklappen an und zwei Spoiler auf jedem Flügel.
Leitwerk: freitragende Normalbauweise.
Fahrwerk: einziehbar; Zwillingsräder an der Bugstrebe und Fahrwerkschlitten mit je vier Rädern an den Hauptstreben.

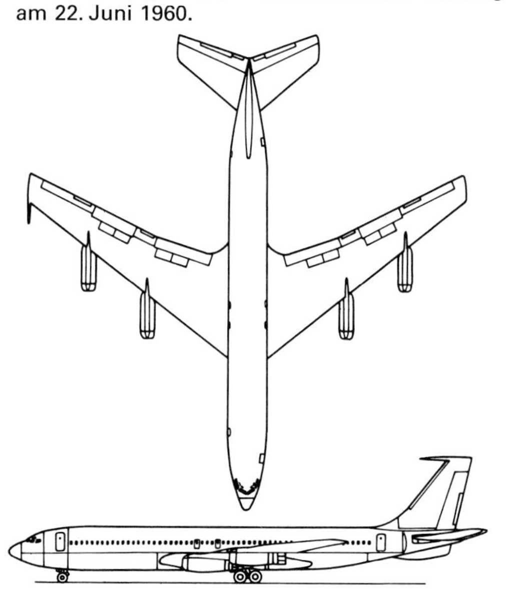

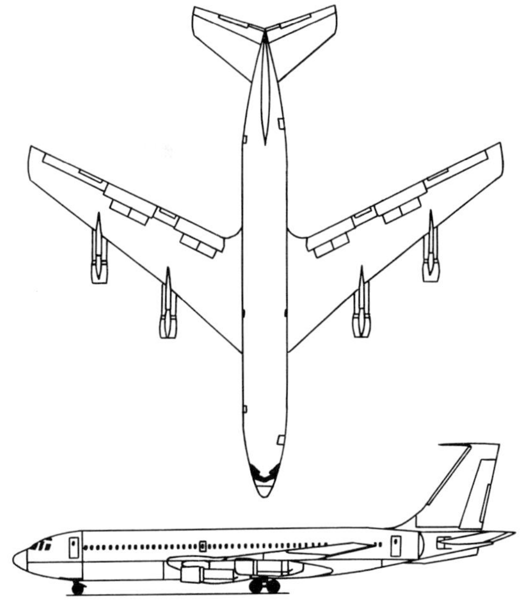

Boeing 720
Verkehrsflugzeug

Für lange Mittelstrecken schuf Boeing die 720 (Werkbezeichnung: 707-020 / 707-020 B). Rumpfdurchmesser, Innenausstattung der Kabine und des Cockpits sowie zahlreiche Systeme blieben im Vergleich zur 707 unverändert. Zwischen Rumpf und inneren Triebwerkgondeln erhielt die 720 jedoch eine schärfere Flügelnase, die die Flügeltiefe steigert. An der Flügelvorderkante wurden zur Verbesserung der Start- und Landeeigenschaften auf beiden Seiten je drei ausspreizbare Nasenklappen angeordnet. Ferner wurde die Kraftstoffzuladung vermindert, so daß sich die Startmasse verringerte.
Die Boeing 720 flog erstmalig am 12. November 1959. Der Liniendienst begann am 5. Juli 1960.
Die Boeing 720 B wurde mit ZTL-Triebwerken ausgestattet, so daß sich die Flugleistungen und die Wirtschaftlichkeit erhöhten. Sie flog erstmalig am 6. Oktober 1960; und der Liniendienst begann am 12. März 1961.

Insgesamt wurden 154 Boeing 720 / 720 B hergestellt.
Rumpf: Ganzmetallbauweise mit Doppelkreis-Querschnitt.
Tragwerk: freitragender Tiefdecker in Ganzmetallbauweise mit zwei Holmen; Doppelspaltklappen; Spoiler; Nasenklappen.
Leitwerk: freitragende Normalbauweise in Ganzmetall.
Fahrwerk: einziehbar; Zwillingsräder an der Bugstrebe und Fahrwerkschlitten an den Hauptstreben mit je vier Rädern.

Boeing 727
Verkehrsflugzeug

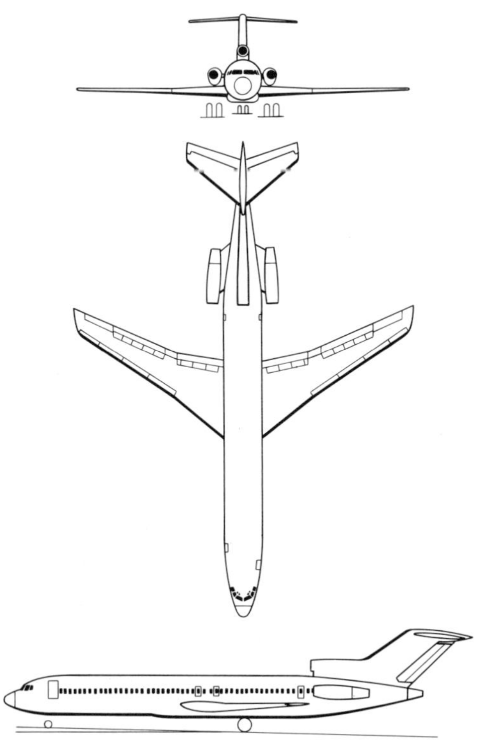

Die Boeing 727 hatte als erstes Flugzeug von Boeing die Triebwerke am Heck, so daß am „sauberen Flügel" zahlreiche Auftriebshilfen angebracht werden konnten. Neu war auch die Ausrüstung mit drei Triebwerken. Viele Teile, vor allem am Rumpf und in der Geräteausrüstung, wurden von den Boeing 707 und 720 übernommen. Der erste Prototyp flog erstmalig am 9. Februar 1963. Die Serienlieferungen begannen Ende 1963.

Versionen:
727-100: Standard-Serienflugzeug.
727-100 C „Convertible": kombinierte Passagier-/Frachtversion; Umrüstung in reine Passagierversion in 2 h; Erstflug am 30. Dezember 1965; im Liniendienst ab 23. April 1966.
727 M: Militärversion (Nachschubtransport).
727 QC „Quick Change": Spezialausführung mit der Möglichkeit, schnell von Passagier- auf Frachtverkehr oder umgekehrt umzustellen.
727-200: Weiterentwicklung mit um 6,10 m gestrecktem Rumpf; Erstflug am 27. Juli 1967.
727-200 „Advanced": in drei unterschiedlichen Ausführungen gebaute Version mit unterschiedlichen Triebwerken, Abflugmassen und Kraftstoffzuladungen; Erstflüge am 3. März 1972, 12. Januar 1976 und 26. Juli 1973.
727-200 „Freighter": mit Triebwerken Pratt & Whitney JT 8 D-17 A; Erstflug im Mai 1983; im Dienst seit August 1983.
Insgesamt wurden 672 Boeing 727-100 und 1 260 727-200 gebaut. Die Produktion endete 1984.

Rumpf: Ganzmetall-Halbschalenbauweise.
Tragwerk: freitragender Tiefdecker in Ganzemetallbauweise mit zwei Holmen; hydraulisch gesteuerte Querruder mit Spoilern, die zusammen als Luftbremse ausgefahren werden können, gekuppelt; Dreifachspaltklappen; Vorflügelklappen; thermische Enteisung.
Leitwerk: freitragendes T-Leitwerk; Höhenruder zur Trimmung verstellbar; Seitenruder aus zwei Teilen; thermische Enteisung.
Fahrwerk: einziehbar mit Bugrad; Zwillingsräder an allen Streben; Bremsen mit Blockierungsschutz an allen Rädern.

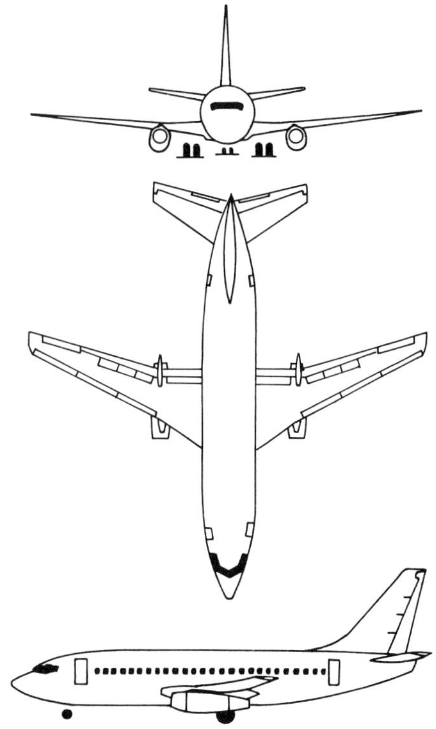

Boeing 737
Verkehrsflugzeug

Boeing begann am 11. Mai 1964 mit der Entwicklung eines zweistrahligen Kurzstrecken-Verkehrsflugzeugs für 60 Passagiere. Diesen Entwurf lehnten die Luftverkehrsgesellschaften jedoch wegen der zu geringen Kapazität ab. Daraufhin schuf Boeing eine größere 737, wobei man von der Heckanordnung der Triebwerke abging. Trotzdem konnte man von der 727 etwa ein Drittel der Bau- und Ausrüstungsteile übernehmen.
Der Erstflug des Prototyps fand am 9. April 1967 statt, der des ersten Serienflugzeugs am 13. Mai 1967.

Versionen:
737-100: Grundausführung für 76 bis 103 Passagiere und Gepäck; 30 Stück gebaut.
737-100 C: Version für den kombinierten Fracht-/Passagierverkehr mit zusätzlicher großer Ladetür backbords.
737-100 E: Luxusausstattung für 25 Passagiere.
737-100 M: militärischer Mehrzwecktransporter.
737-200: Version mit einem um 1,78 m längeren Rumpf für 88 bis 117 Passagiere und Gepäck sowie stärkeren Triebwerken; Erstflug am 8. August 1967.
737-200 „Business Jet“: entspricht der 737-200; 20 Passagiere; Reichweite 6500 km.
737-200 C: Version für den kombinierten Fracht-/Passagierverkehr; ähnlich der 737-100 C.
737-200 QC „Quick Change“: entspricht der 737-200 C (Foto); kann infolge moderner Ladesysteme sehr schnell umgerüstet werden.
737 „Advenced“: für Passagiere und/oder Fracht; Erstflug im März 1979; im Dienst seit Mai 1979.
737-300: mit 130 Plätzen und Triebwerken CFM 56-3-B1 (je 90000 N Startschub); Erstflug im Februar 1984; im Dienst seit Dezember 1984.
737-400: modernisiert und vergrößert; seit Ende 1988 im Dienst.
737-500: Kombination der Versionen 300 und 400 mit kürzerem Rumpf; 100 bis 120 Sitze.
19 Boeing 737-200 gingen als T-43 A (gebaut 1973/74) an die USA-Luftstreitkräfte als Navigationstrainer.
737 MP (-2 X 9 „Surveiller“): 3 maritime Patrouillenflugzeuge von 1982/83 für Indonesien. Gesamtbestellung: 3010 Maschinen aller Versionen.

Rumpf: Ganzmetall-Halbschalenbauweise mit kreisförmigem Querschnitt.
Tragwerk: freitragender Tiefdecker in Ganzmetallbauweise mit zwei Holmen; Querruder; Dreispalt-Fowler-Landeklappen; dreiteilige Nasenklappen; Spoiler auf der Flügeloberseite.
Leitwerk: freitragende Normalbauweise in Ganzmetall.
Fahrwerk: einziehbar mit Zwillingsrädern an allen Streben; ölpneumatische Dämpfung; Mehrfach-Scheibenbremsen; steuerbares Bugrad.

Boeing 747
Verkehrsflugzeug

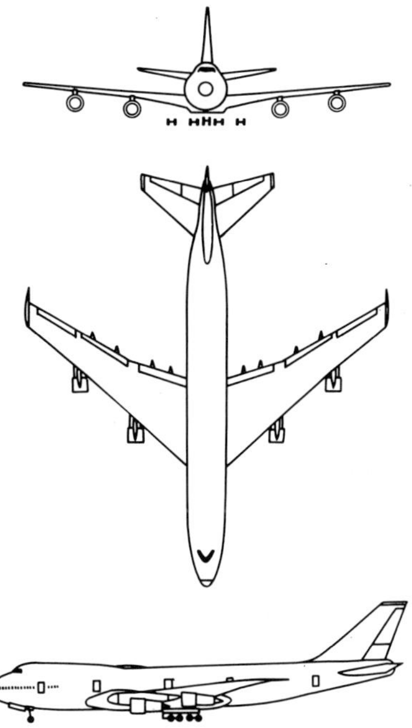

Boeing begann im Frühjahr 1963 mit der Projektierung eines Großverkehrsflugzeugs für die siebziger Jahre. Die erste Maschine war am 30. September 1968 fertig. Der Erstflug war am 9. Februar 1969.

Versionen:
747-100: Passagierflugzeug für maximal 500 Passagiere; im Dienst seit dem 22. Januar 1970.
747-100 B: mit Triebwerken CF 6-45 A 2; Erstflug am 21. Juni 1979; im Dienst seit September 1979.
747-200 B: Ausführung mit größerer Reichweite und verbessertem Gepäck- und Frachtladesystem; Erstflug am 18. November 1974; im Dienst seit März 1975.
747-200 C: kombinierte Fracht-/Passagierversion; Erstflug am 23. März 1973; im Dienst seit dem 5. Dezember 1973.
747-200 F: Frachtausführung; Erstflug am 30. November 1971; im Dienst seit dem 19. April 1972.
747-SP: verkürzte Ausführung: etwa 400 Plätze; Reichweite etwa 11 000 km; Erstflug am 4. Juli 1975; im Dienst seit dem 15. März 1976.
747 SR: Langstreckenversion der 747-100 für hochgelegene Flugplätze; ab September 1972 an Japan geliefert.
E-4: Version der USA-Luftstreitkräfte.
747-300: mit größerem Kabinenvolumen (gestrecktes Oberdeck); Erstflug im Januar 1983; seit Februar 1983 im Dienst.
747-300 „Combi": mit unterschiedlichen Triebwerken lieferbar; Erstflug am 14. Oktober 1982, im Dienst seit März 1983.
747-400: Version für 412 Passagiere; Reichweite 12 900 km; seit Ende 1988 im Liniendienst.

Die 1000. Boeing 747 wurde am 24. Mai 1990 ausgeliefert. Anfang 1995 flogen 83 Airlines und andere Betreiber 1 046 Boeing 747 (darunter die Präsidentenmaschine VC-25 A sowie die fliegenden Kommandostellen – 3 E-4 A und 1 E-4 B), auch zu dieser Zeit noch das größte Verkehrsflugzeug der Welt. (140 weitere Bestellungen!).

Rumpf: Ganzmetall-Halbschalenbauweise; Frachträume unter der Kabine; fünf bzw. vier (747 SP) Passagiertüren auf jeder Seite.
Tragwerk: freitragender Tiefdecker in Ganzmetallbauweise; acht Spalt- und drei Krüger-Klappen an jeder Flügelnase; sieben Spoiler auf jedem Flügel; Spaltklappen an der Flügelhinterkante.
Leitwerk: freitragende Normalbauweise in Ganzmetall; verstellbare Flossen; keine Trimmklappen.
Fahrwerk: einziehbar; Bugstrebe mit Zwillingsrädern; zwei Hauptstreben mit je vier Rädern am Rumpf unter der Flügelvorderkante; ölpneumatische Dämpfung; Scheibenbremsen.

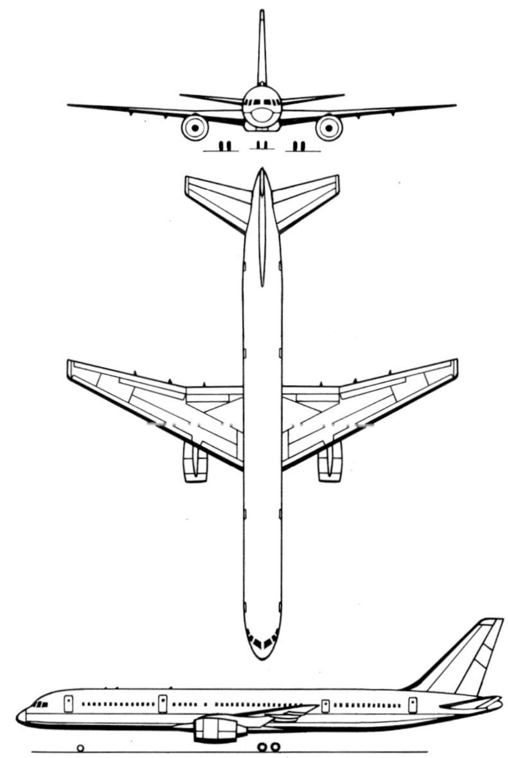

Boeing 757
Mittelstreckenverkehrsflugzeug

Ende 1978 war bekannt geworden, daß Boeing die Arbeiten an einer neuen Familie von Verkehrsflugzeugen begonnen hatte, für die man die neueste Technologie anwenden wollte. Als vergrößertes Nachfolgemuster für die Boeing 727-200 (Gesamtproduktion: 1 260) schuf man die 757 mit gleichem Rumpfdurchmesser. Für diesen Flugzeugtyp entwickelten zwei Firmen spezielle Triebwerke: Rolls Royce das RB. 211-535C (166,4 kN) und Pratt & Whitney das PW 2037 (178,4 kN).
Die erste 757 startete am 19. Februar 1982 zum Erstflug. Vier weitere Maschinen folgten bis zur Erteilung der USA- (21. Dezember 1982) und der britischen (25. Januar 1983) Luftverkehrszulassung.
Die Eastern Air Lines der USA und die British Airways begannen Anfang 1983 mit dem Liniendienst der Boeing 757-200. Als Antrieb diente das Rolls-Royce-Triebwerk. Damit war die 757 das erste Boeing-Flugzeug mit einem nichtamerikanischen Triebwerk. Die erste 757 mit dem PW 2037 flog erstmals am 14. März 1984.
1986 entstand die 757-200 PF (PF – Package Freighter) mit großer Frachtluke im Vorderrumpf. Im gleichen Jahr kam das Modell 757-200 M als kombinierte Passagier- und Frachtausführung dazu. Je nach Antrieb hat die 757-200 eine Abflugmasse von 99 750 oder 108 864 kg. Die Cockpitbesatzung besteht je nach Fluggesellschaft aus 2 oder 3 Mann. Ende 1993 waren 499 757-200, 1 -200 M und 34 -200 PF ausgeliefert (Gesamtbestellungen: 761 575-200, 1 -200 M, 61 -20 PF).
Rumpf: Ganzmetall-Halbschalenbauweise; kreisförmiger Querschnitt.
Tragwerk: Ganzmetall-Mitteldecker; gepfeilt; Hinterkante mit geradem Mittelstück.
Leitwerk: Ganzmetall-Normalbauweise; Seitenleitwerk gepfeilt.
Fahrwerk: Bugrad doppelt bereift; Hauptfahrwerkbeine mit je vier Rädern (Unterbringung in verstärktem Flügel-Rumpf-Übergang).

Boeing 767
Mittel- und Langstrecken-verkehrsflugzeug

Als amerikanisches Gegenstück zum westeuropäischen Airbus A 310 schuf Boeing das Modell 767. Es hat einen um etwa 1 m kleineren Rumpfquerschnitt und nimmt einige Passagiere mehr an Bord. Die Konstruktionsarbeiten waren am 6. April 1979 aufgenommen worden. Als Basismodell für 220 Passagiere bestimmte man die 767-200, die am 26. September 1981 zum Erstflug startete (Bordnummer N67BA). Als Antrieb dienten Pratt & Whitney-Triebwerke JT9D. Das fünfte Flugzeug flog erstmals mit den Triebwerken General Electric CF6-80A am 19. Februar 1982. Für beide Ausführungen wurde die Luftverkehrszulassung erteilt (30. Juli bzw. 30 September 1982). Sie gelangten am 8. September bzw. 15. Dezember 1982 in den Liniendienst.

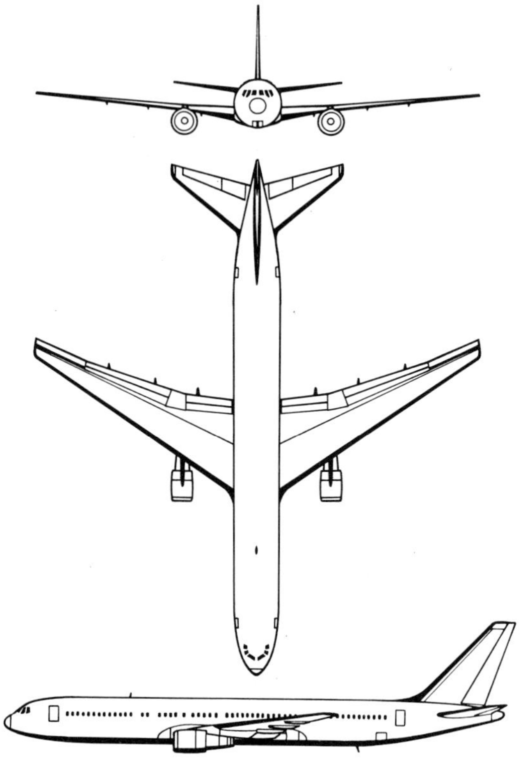

Versionen:
767-200 ER (Extanded Range – vergrößerte Reichweite): Erstflug am 6. März 1984.
767-300: um 6,48 m gestreckte Version für 169 Sitze, Erstflug am 30. Januar 1986.
767-300 ER: mit längeren Tragflügeln und größeren Tanks; Antrieb General Electric CF6-8002, Pratt & Whitney PW 4000 oder Rolls Royce RB211-524H.
Am 17. April 1988 erreichte eine 767-200 ER einen Langstreckenrekord für zweistrahlige Verkehrsflugzeuge, als sie die Strecke Halifax – Mauritius über 14044 km in 16 h 27 min zurücklegte. Ende 1993 waren 640 Maschinen in 6 Versionen geordert, davon 479 ausgeliefert.

Rumpf: konventionelle Ganzmetall-Halbschalenbauweise; Mehrklassen-Innenausstattung (767-300: 1. Klasse 24 Passagiere in Sechserreihen, 237 Tourist-Passagiere in Siebenerreihen).
Tragwerk: Tiefdecker; starke Vorderkantenpfeilung; gerades Hinterkantenmittelstück; teilweise Hybridkonstruktion; Vorderkantenenteisung.
Leitwerk: Ganzmetall-Normalbauweise; Seitenleitwerk gepfeilt.
Fahrwerk: Bugrad doppelt, Hauptfahrwerkbeine vierfach bereift.

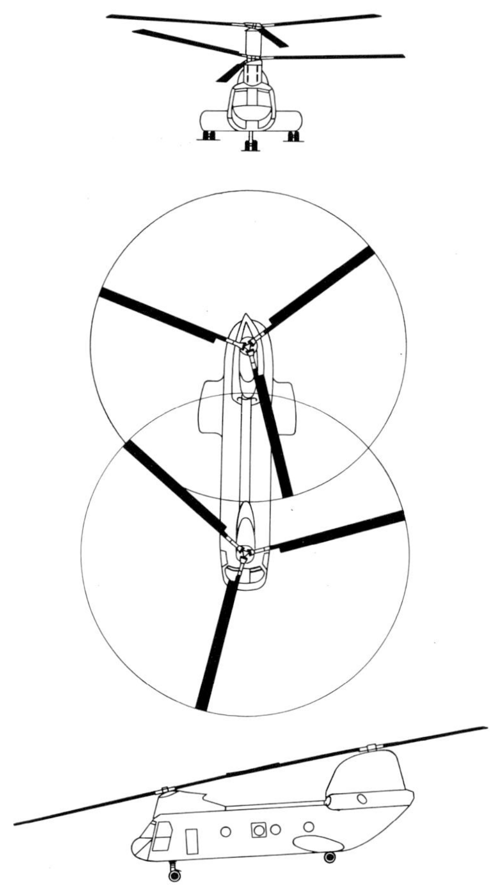

Boeing-Vertol CH-46 Hubschrauber

Die Vertol Aircraft Corporation, die 1960 in die Boeing Company eingegliedert wurde, begann Anfang 1956 mit den Projektstudien für den Hubschrauber 107, der mit zwei Turbinentriebwerken ausgerüstet wurde. Der Erstflug des Prototyps fand am 22. April 1958 statt.

Versionen:
KV-107 II A: in Japan von Kawasaki 150 Exemplaren gebautes Lizenzmuster für die Streitkräfte Japans; nach Burma, Thailand und Schweden exportiert.
VHC-1 A: aus der 107 entwickelte Militärversion mit stärkeren Triebwerken; Erstflug am 27. August 1959.
107 II: ziviles Produktionsmodell mit zahlreichen Verbesserungen; für 25 Passagiere ausgelegt; Erstflug am 25. Oktober 1960; 149 Stück gebaut.
CH-46 A „Sea Knight“: Version der 107 II für die USA-Marine; Erstflug im Oktober 1962.
CH-46 C: abgeleitet aus der YHC-1 A mit schwimmfähigem Rumpf; Rumpfstummel sind ebenfalls schwimmfähig; Erstflug am 27. August 1959.
UH-46 A „Sea Knight“: Bezeichnung der USA-Marine; verbessert zur UH-46 D „Sea Knight“.
Von 1971 bis 1985 sind insgesamt 624 CH-46/UH-46 produziert worden. 273 Maschinen wurden zur CH-46 E modernisiert (stärkere Turbinen, verbesserte Seenotrettungsausrüstung).

Rumpf: Ganzmetall-Halbschalenbauweise mit rechteckigem Querschnitt; Heckladerampe; wasserdicht, so daß Starts und Landungen auf dem Wasser ohne besondere Einrichtungen möglich sind.
Tragwerk: zwei Dreiblatt-Rotoren in Tandemanordnung; entgegengesetzt drehend.
Fahrwerk: starr mit Bugrad und Zwillingsrädern an allen Streben.

Boeing-Vertol CH-47 „Chinook" Hubschrauber

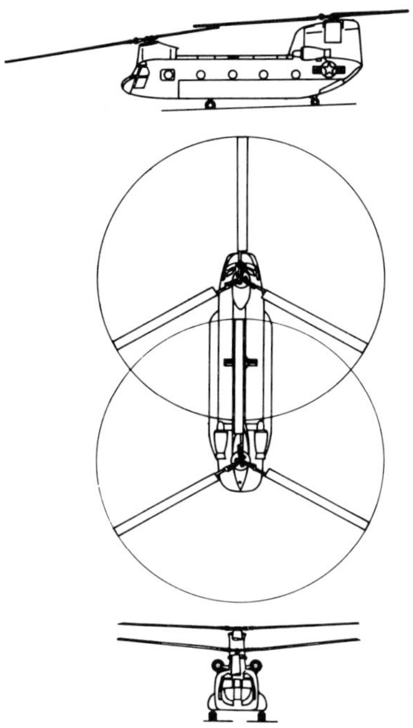

Die Vertol Aircraft Corporation erhielt im September 1958 den Auftrag zur Entwicklung dieses Hubschraubers. Der Erstflug des Prototyps fand am 21. September 1961 statt. Die USA-Armee benutzt die CH-47 A „Chinook" (Werkbezeichnung: 114, 439 gebaut) zum Transport von Nachschub und Raketen, zum Bergen beschädigter Flugzeuge, zum Absetzen von Stoßtrupps bis zu 44 Mann Stärke, als Sanitätshubschrauber und als fliegenden Tanker für Fahrzeuge oder Flugzeuge. Die hydraulisch absenkbare Heckladepforte kann auch während des Fluges ganz oder teilweise geöffnet bleiben. Ein Hilfstriebwerk macht von Bodenaggregaten unabhängig, dient zum Anlassen der Triebwerke und zum Antrieb der eingebauten Winde.
Die Version CH-47 B (Erstflug im Oktober 1966, 108 gebaut) hat stärkere Triebwerke mit je 2095 kW. Die CH-47 C (Erstflug 14. Oktober 1967, 270 gebaut) hat 2760-kW-Triebwerke.
Die USA setzten 550 CH-47 in Vietnam ein. Der Typ steht bei den Streitkräften von 13 Ländern im Einsatz, so in Australien, Iran, Israel, Italien, Kanada (CH-147), Spanien (Z-16), Österreich, der Schweiz, Thailand und den USA.
Großbritanniens Streitkräfte beschafften von 1980 bis 1986 insgesamt 42 als „Chinook" HC Mk. 1 bezeichnete Hubschrauber, die zum Transport von Truppen, Material, Geschützen, Munition, Kraftstoff und Geräten verwendet werden. Im Frühjahr 1986 lieferte Boeing sieben CH-47 J für Japans Streitkräfte, die von Kawasaki mit der Avionik und der Innenausstattung komplettiert werden. Insgesamt wurden von 1982 bis 1993 472 CH-47 A/B/C zur CH-47 D modernisiert und 33 neu gebaut. Für Langstreckenflüge unter erschwerten Bedingungen erhält die US Army 95 CH-47 E. Die Fertigung umfaßte über 1000 CH-47 aller Versionen in den USA plus 200 von Agusta/Italien und 53 von Kawasaki/Japan.

Rumpf: Ganzmetall-Halbschalenbauweise; wasserdicht; Laderampe im Heck; verstärkter Rumpfboden; äußerer Frachthaken für 7250 kg.
Tragwerk: zwei Dreiblatt-Rotoren mit Stahlholm, Leichtmetallrippen und GFK-Beplankung; chemische Enteisung.
Fahrwerk: starr mit vier Streben und Zwillingsrädern; ölpneumatische Dämpfung; hydraulische Bremsen.

Boeing-Vertol YUH-61 A Hubschrauber

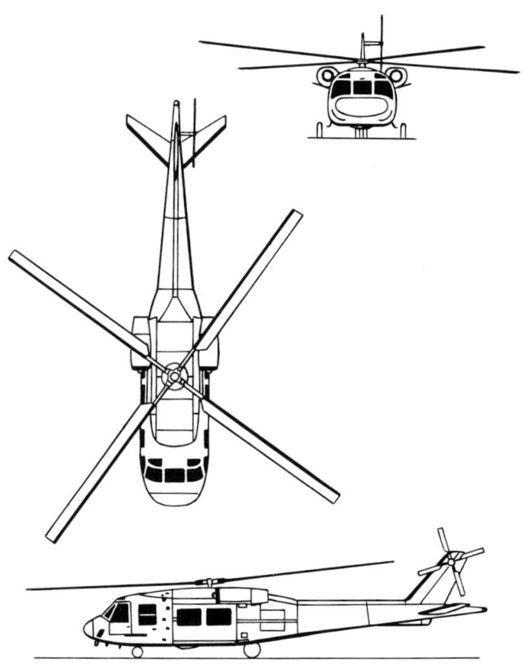

Als Nachfolgemuster für den Mehrzweckhubschrauber UH-1 H „Iroquois" entwarf Boeing-Vertol zu Beginn der siebziger Jahre nach militärischen Forderungen des Programms UTTAS (Utility Tactical Transport Aircraft System) einen Einrotorhubschrauber mit zwei Turbinentriebwerken. Am 30. August 1972 bestellte das Pentagon drei Prototypen.
Forderungen für diesen sowohl zum Truppentransport (11 ausgerüstete Soldaten, drei Mann Besatzung) wie für Nachschubzwecke vorgesehenen Hubschrauber betrafen auch die Kosten. Sie sollten bei der Beschaffung und beim Einsatz des Hubschraubers möglichst gering sein.
Der erste Prototyp YUH-61 A (Modell 179) startete am 29. Dezember 1974 zum Erstflug, der zweite folgte am 19. Februar 1975 und der dritte Mitte 1975. Für das gleiche Programm entwickelte auch Sikorsky einen Hubschrauber. Nach Abschluß der Flugerprobung entschied man sich für die Sikorsky-Entwicklung.

Rumpf: Ganzmetallbauweise; stark verglaster Bug; Türen für die Besatzung links und rechts des Cockpits; links doppelte Schiebetüren.
Tragwerk: Vierblatt-Tragschraube.
Leitwerk: Seitenflosse mit kleinem Notsporn; Höhenflosse in Trapezform.
Fahrwerk: Bugrad; Hauptstreben mit Zwillingsrädern; Haupträder einziehbar.

Cessna 310
Reiseflugzeug

Die Cessna 310 gehört zu den erfolgreichsten zweimotorigen Flugzeugen dieser Firma. Der Prototyp flog erstmalig am 3. Januar 1953. Die Serienlieferungen begannen 1954.
Die Cessna 310 P kam 1969 heraus. Im Interesse einer besseren Kursstabilität war bei ihr das Rumpfheck geändert worden. Ferner wurden die Triebwerkgondeln und die Innenausstattung verbessert. Ebenfalls 1969 kam die Cessna 310 P „Turbo System" heraus, die wegen ihrer Motoren mit Turboauflader eine höhere Reisegeschwindigkeit in großen Höhen, eine bessere Einmotorenleistung und verbesserte Startleistungen bei höher gelegenen Flugplätzen aufzuweisen hat.
Von 1954 bis 1980 haben über 5 100 zivile und militärische Maschinen die Werkhallen verlassen.
Unter den Bezeichnungen U-3 A „Blue Canoe" (160 Stück gebaut) und U-3 B (35 Stück hergestellt) wird die Cessna 310 von den USA-Luftstreitkräften als Verbindungs- und leichtes Frachtflugzeug verwendet.
Als fünfsitzige Weiterentwicklung folgte die Cessna 320 „Skynight", deren Prototyp im Frühjahr 1961 zum Erstflug startete. Im August des gleichen Jahres begannen die Lieferungen. Danach ist die Maschine hinsichtlich der Steuerung, der Funkausrüstung, der Kabinenausstattung sowie der Klimaanlage ständig verbessert worden, so zur Cessna 411 mit anderen Motoren.

Rumpf: Ganzmetall-Halbschalenbauweise; Tür steuerbords; Doppelsteuerung; Schallisolierung, Heizung und Belüftung.
Tragwerk: freitragender Tiefdecker in Ganzmetallbauweise; elektrisch betätigte Auftriebsklappen; Trimmklappe im Backbord-Querruder.
Leitwerk: freitragende Normalbauweise in Ganzmetall; Trimmklappen im Höhen- und Seitenruder; gepfeiltes Seitenleitwerk.
Fahrwerk: einziehbar; steuerbares Bugrad; Spornkufe im Heck; Scheibenbremsen.

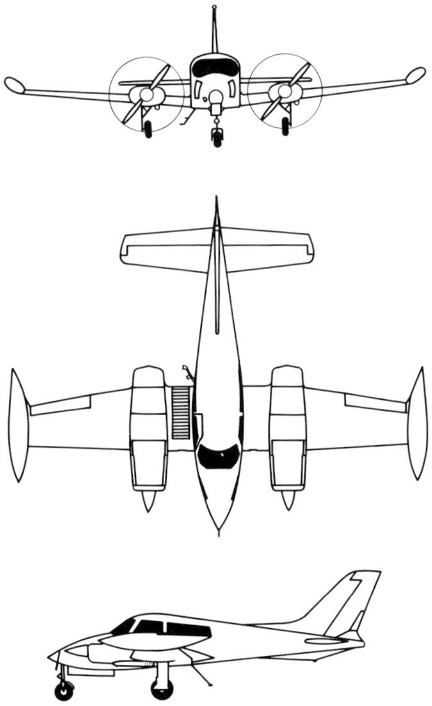

Cessna 172 „Skyhawk"
Reiseflugzeug

Das Modell 172 ist einer der vielen Cessna-Hochdecker. Von 1955 bis zum Produktionsende 1983 wurden 35 773 Maschinen (bei Reims Aviation 2144) gebaut. Im Laufe der Bauzeit wurde die Maschine ständig verbessert. Neben den Zivilausführungen – die „Skyhawk" ist die Luxusversion mit verbesserter Ausstattung – dient die 172 als leichtes Schul-, Übungs- und Verbindungsflugzeug der USA-Armee sowie anderer Länder (T-41 A: 1964/65 237 Maschinen geliefert nach Ekuador, Griechenland, Peru, Saudi-Arabien und den USA; T-41 B; 1966/67 255 Maschinen geliefert nach Laos und den USA; T-41 C: 1967/68 52 Maschinen für die USA; T-41 D: über 240 Maschinen für 13 Staaten, in Pakistan in Lizenz gebaut). Die Maschine wird in Frankreich seit 1963 von Reims Aviation als F-172 und FR-172 in Lizenz gebaut.
Als Weiterentwicklung der Cessna 150 und 172 wurde für anspruchsvollere Kunden die zunächst mit einem 110-kW-Motor ausgestattete Cessna 177 „Cardinal" geschaffen. 1970 kam die „Cardinal RG" mit Einziehfahrwerk und 145-kW-Motor hinzu. Eine Weiterentwicklung ist auch die Cessna 182.
Der erste Cessna-Schulterdecker mit Einziehfahrwerk war das Reiseflugzeug 210 „Centurion" (Erstflug im Januar 1957), das ebenfalls ständig verbessert wurde.
Seit 1959/60 sind über 8000 Cessna 210 für zivile und militärische Abnehmer gebaut worden.

Rumpf: Ganzmetall-Halbschalenbauweise; auf jeder Seite eine Tür; gesonderte Tür zum Gepäckraum backbords; Schallisolierung, Heizung und Belüftung.
Tragwerk: abgestrebter Hochdecker in Ganzmetallbauweise.
Leitwerk: freitragende Normalbauweise in Ganzmetall; Trimmklappe im Steuerbord-Höhenruder.
Fahrwerk: starr; steuerbares Bugrad; hydraulische Scheibenbremsen; Ausrüstung mit Schneekufen oder Schwimmern möglich.

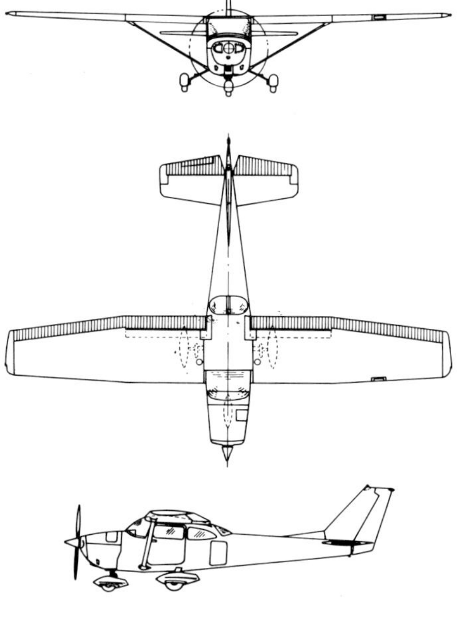

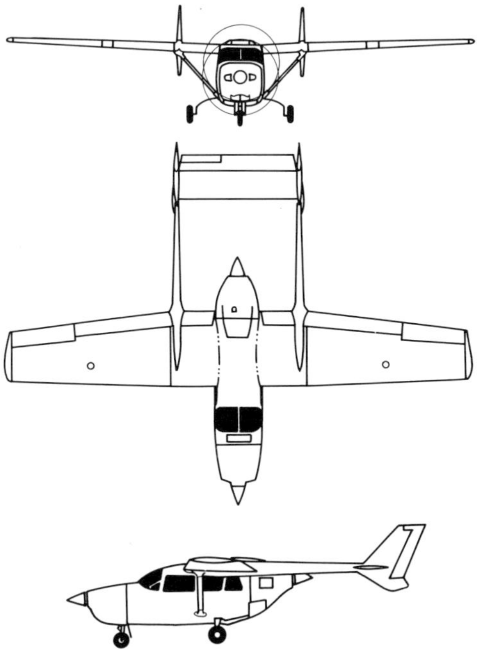

Cessna „Super Skymaster" Reiseflugzeug

Diese Maschine soll die Sicherheit eines zweimotorigen Flugzeugs mit dem leichten Fliegen eines einmotorigen verbinden. Erreicht wurde dies durch das „Zentralschubprinzip". Das Hecktriebwerk wurde im Kabinenrumpf angeordnet und arbeitet auf eine Druckschraube. Beide Propeller befinden sich daher in einer Linie hintereinander.
Der Erstflug des Prototyps fand am 28. Februar 1961 statt, die Luftverkehrszulassung wurde am 22. Mai 1962 erteilt.
Das erste Modell, die Cessna 337 „Skymaster" (Skizze), hatte noch ein starres Fahrwerk. Sie wurde ab Mai 1963 geliefert. Die „Super Skymaster" kam Anfang 1965 heraus. Sie war in verschiedener Hinsicht verbessert worden und hatte ein Einziehfahrwerk erhalten.

Militärische Versionen:
O-2 A: Nahaufklärer und Beobachtungsflugzeug; Erstflug 1967.
O-2 B: Ausführung für die USA-Luftstreitkräfte zur psychologischen Kriegsführung.
Bis zum Ende der Lieferungen 1970 waren 544 militärische Maschinen fertig, davon wurden 70 in Vietnam eingesetzt. Der Iran bestellte 1970 12 Flugzeuge O-2 A für Trainings-, Verbindungs- und Aufklärungsaufgaben. Ab 1965 sind über 1 700 zivile „Super Skymaster" hergestellt und in 10 Länder exportiert worden.
In Frankreich wurde die „Super Skymaster" als F-337 in Lizenz gebaut und an 11 Länder geliefert. Als militärisches Mehrzweckflugzeug heißt sie F-339 „Milirole".

Rumpf: Ganzmetall-Halbschalenbauweise; je eine Tür steuerbords und backbords; Schallisolierung, Heizung und Belüftung; hinter der Kabine zwei Leitwerkträger in Schalenbauweise.
Tragwerk: abgestrebter Hochdecker in Ganzmetallbauweise mit zwei Holmen; elektrisch betätigte Spaltklappen; auf Wunsch pneumatische Enteisung; Landeklappen auch zwischen den Leitwerken.
Leitwerk: freitragende Ganzmetallbauweise; gepfeilte Seitenleitwerke an den Leitwerkträgern; dazwischen Höhenleitwerk mit Trimmklappen; auf Wunsch pneumatische Enteisung.
Fahrwerk: einziehbar; steuerbares Bugrad, hydraulische Scheibenbremsen.

Cessna 230 / 300 „Agwagon" Arbeitsflugzeuge

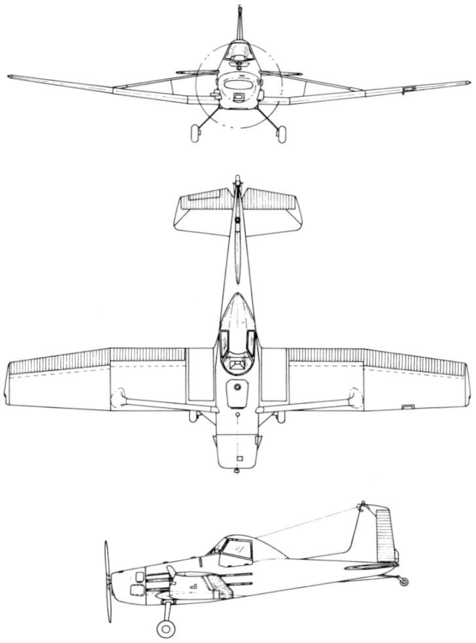

Der große Bedarf der Landwirtschaftsfliegerei an leistungsfähigen Spezialflugzeugen veranlaßte Cessna, die „Agwagon" zu schaffen. Der Erstflug des Prototyps fand im Februar 1965 statt. Die Serienlieferungen begannen Mitte des darauf folgenden Jahres. Die Modelle 230 und 300 unterscheiden sich durch die Triebwerke, die 170 bzw. 220 kW leisten.

Rumpf: Stahlrohrbauweise mit Metallbeplankung; Chemikalienbehälter aus GFK zwischen Triebwerk und Pilot; große Ladeluke vor der Windschutzscheibe; abnehmbare Beplankung für Wartung und Reinigung.
Tragwerk: abgestrebter Tiefdecker in Ganzmetallbauweise; mechanisch betätigte Landeklappen.
Leitwerk: freitragende Normalbauweise in Ganzmetall.
Fahrwerk: starr; steuerbares Spornrad.

Cessna 421 „Golden Eagle" Reiseflugzeug

Das Modell 421 ist ein typisches Beispiel für eine Vielzahl von zweimotorigen Reiseflugzeugen der Firma Cessna. Mit diesem Muster wollte Cessna ein Reiseflugzeug schaffen, das mit einer Druckkabine ausgerüstet ist und im Komfort einem Verkehrsflugzeug entspricht. Um dieses Flugzeug möglichst preiswert herstellen zu können, wurde auf Turbinentriebwerke verzichtet, und man verwendete Kolbenmotoren mit Turboladern.

Der Erstflug des Prototyps fand am 14. Oktober 1965 statt. Bis zum Produktionsende 1985 sind 1 909 Flugzeuge der Modelle 421 B und 421 C verkauft worden. Spätere Ausführungen erhielten einen längeren Rumpfbug.

Rumpf: Ganzmetall-Halbschalenbauweise; Druckkabine; zwei Sitze im Cockpit, vier in der Kabine.
Tragwerk: freitragender Tiefdecker in Ganzmetallbauweise; zwei Holme; Spreizklappen.
Leitwerk: freitragende Normalbauweise in Ganzmetall; großes gepfeiltes Seitenleitwerk; Ruder aerodynamisch ausgeglichen; Trimmklappen an allen Rudern.
Fahrwerk: einziehbar mit Bugrad; Doppelscheibenbremsen.

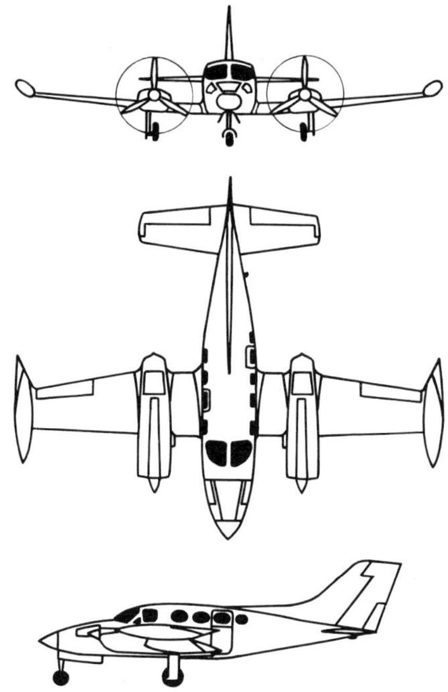

Cessna T-37 Mehrzweckflugzeug

Die Cessna 318 wurde in 15 Staaten unter der Bezeichnung T-37 als Schulflugzeug der Luftstreitkräfte verwendet. Der erste von zwei Prototypen XT-37 flog erstmalig am 12. Oktober 1954. Der Truppenerprobung dienten 11 Vorserienflugzeuge. Die erste Serienmaschine flog am 27. September 1955. Bis zum 1. März 1977 waren insgesamt 1 268 Maschinen aller Versionen ausgeliefert worden.

Versionen:
T-37 A: erste Serienausführung; von 1954 bis 1959 416 (nach anderen Quellen 537) Stück geliefert; später auf Standard T-37 B umgebaut.
T-37 B: verbesserte Navigations- und Funkausrüstung; stärkere Triebwerke; von 1959 bis 1967 447 Stück hergestellt; seit 1959 im Dienst der Luftstreitkräfte der USA, Thailands, Chiles, Griechenlands, der Türkei, Pakistans und der BRD (47).
T-37 C: entspricht der T-37 B; hat aber Waffenaufhängevorrichtungen unter den Tragflügeln für 226 kg; vor allem ins Ausland geliefert (z. B. nach Portugal, Peru, Chile, Griechenland, Pakistan, Thailand, der Türkei, Brasilien und Kolumbien); bis Mitte 1975 252 Stück gebaut.
YAT-37 D: Erprobungsmodell einer Erdkampfausführung; aus der T-37 B abgeleitet; Erstflug am 22. Oktober 1963.
AT-37 D: Erdkampfflugzeug mit einer wesentlich verstärkten Zelle und einem doppelt so starken Triebwerk wie die Schulflugzeugausführung.

Rumpf: Ganzmetall-Halbschalenbauweise; zwei Schleudersitze nebeneinander; absprengbares Kabinendach; Doppelsteuerung; hydraulisch betätige Luftbremse unter dem Rumpf.
Tragwerk: freitragender Tiefdecker in Ganzmetallbauweise; drei Holme mit Stringern und Rippen; Lufteinläufe in den Flügelwurzeln.
Leitwerk: freitragende Normalbauweise in Ganzmetall; Höhensteuer über dem Rumpf angesetzt; elektrisch betätigte Trimmklappen am Seitensteuer und am Backbord-Höhenruder.
Fahrwerk: einziehbar mit Bugrad; ölpneumatische Dämpfung; Scheibenbremsen.

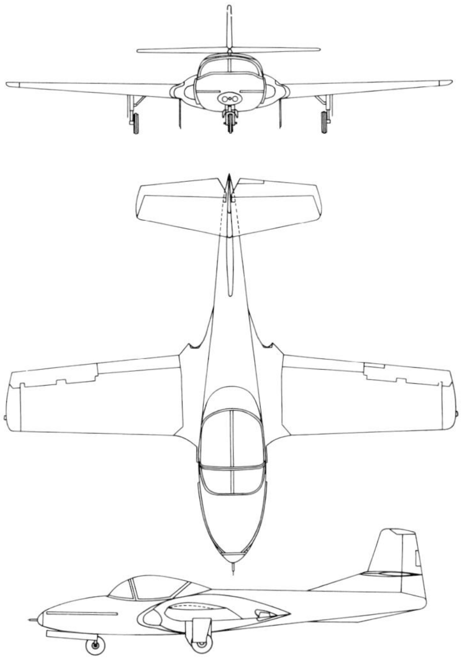

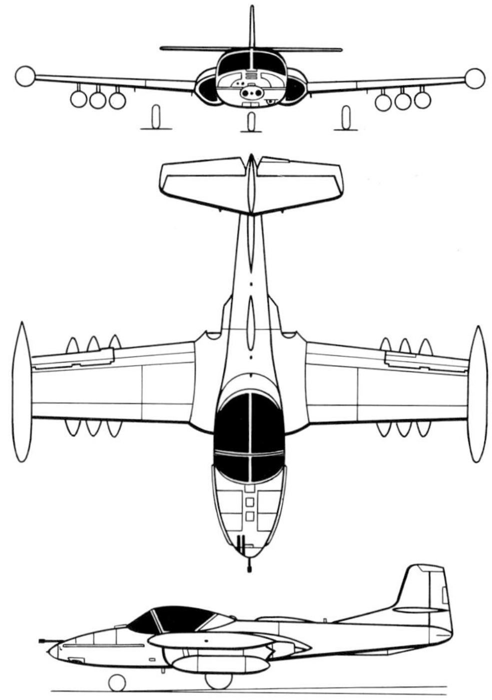

Cessna A-37 B „Dragonfly"
Kampfflugzeug

Aus der T-37 leitete Cessna in den sechziger Jahren den leichten Jagdbomber A-37 B ab. Der Hauptunterschied zwischen dieser Maschine und dem Schul- und Übungsflugzeug besteht im stärkeren Triebwerk und in der Bewaffnung. Außerdem ist die A-37 B zum Nachtanken in der Luft eingerichtet. Außer den Zusatztanks am Tragflügelende können an vier Aufhängepunkten je Flügel Zusatztanks sowie zahlreiche Waffenkombinationen mitgeführt werden.
Die ab 1966 gebaute Maschine wurde auch im Vietnam-Krieg eingesetzt. Nach drei Prototypen und 39 Serienmaschinen A-37 A lieferte das Werk von 1968 bis 1977 577 A-37 B aus. Aus A-37 B zu OA-37 B umgebaute Armed FAC (Forward Air-Control) bezogen die USA und Kolumbien. A-37 flogen in Chile, Dominikanische Republik, Ekuador, El Salvador, Guatemala, Honduras, Panama, Peru, Südkorea, Thailand und Uruguay.

Rumpf: Ganzmetall-Halbschalenbauweise; hydraulisch betätigte Luftbremse unter dem Rumpf; Triebwerke seitlich des Rumpfes in Tragflügelwurzeln; zwei Schleudersitze nebeneinander.
Tragwerk: freitragender Tiefdecker in Ganzmetallbauweise; Lufteinläufe in den Flügelwurzeln.
Leitwerk: Normalbauweise in Ganzmetall mit über dem Rumpf angesetztem Höhensteuer; Trimmklappen in den Seitenrudern.
Fahrwerk: einziehbar; ölpneumatische Dämpfung; steuerbares Bugrad; Scheibenbremsen.

Cessna „Citation"
Reiseflugzeug

Mit der Entwicklung dieses TL-Flugzeugs, das zunächst „Fanjet" 500 hieß, wurde beabsichtigt, eine Geschäftsreisemaschine für kleinere Flugplätze zu schaffen, die in den Anschaffungs- und Unterhaltungskosten nicht teurer als ein PTL-Reiseflugzeug sein sollte. Ferner sollten Piloten, die bislang Reiseflugzeuge mit Kolbenmotoren flogen, ohne Schwierigkeiten mit dem ZTL-Flugzeug zurechtkommen.
Der Erstflug war am 15. September 1969, die Serienfertigung des in „Citation" umbenannten Typs für 6 bis 8 Passagiere begann am 30. Juni 1972. Im Dezember 1976 wurde der Typ nach Auslieferung des 350. Flugzeugs in „Citation I" umbenannt. Am 31. Januar 1977 startete die „Citation II" zum Erstflug (Modell 550, 10 bis 12 Passagiere). Ende März 1978 begann der Serienbau dieses Typs, von dem es auch eine Version mit nur einem Piloten gibt. Die USA-Marine beschaffte ab 1985 12 „Citation S/II" (Modell 552) als Trainer T-47 A. Die völlig neue „Citation III" (Modell 700) hat einen superkritischen Flügel und 15 Passagierplätze. Sie flog erstmalig am 30. Mai 1979.
Eine Weiterentwicklung ist die „Citation V" (Modell 560), deren Prototyp 1987 erstmals flog.
Ausgeliefert wurden über 480 „Citation".

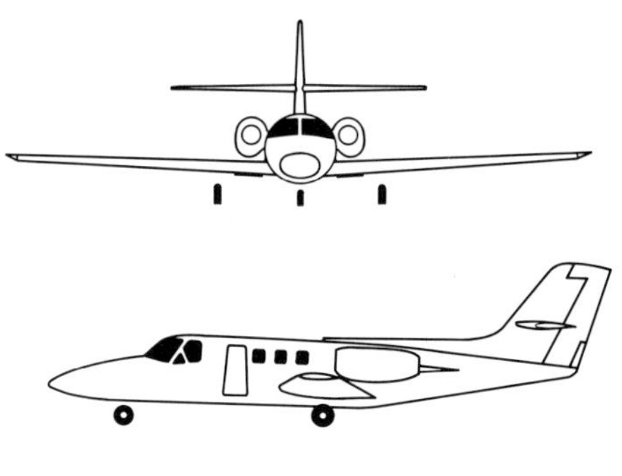

Rumpf: Ganzmetall-Halbschalenbauweise; Druckkabine; Doppelsteuerung; Frontscheibenenteisung.
Tragwerk: freitragender Tiefdecker in Ganzmetallbauweise; zwei Hauptholme; ein Hilfsholm.
Leitwerk: freitragende Normalbauweise in Ganzmetall; Höhensteuer nach oben versetzt.
Fahrwerk: einziehbar mit Bugrad.

Champion „Citabria" Schul- und Sportflugzeug

Die „Citabria" gehört zu den wenigen US-amerikanischen Flugzeugen, die kunstflugtauglich sind. Der Erstflug war am 1. Mai 1964.
Es gibt verschiedene Versionen, die sich im Triebwerk, im Tragwerk und in den Leistungen unterscheiden.

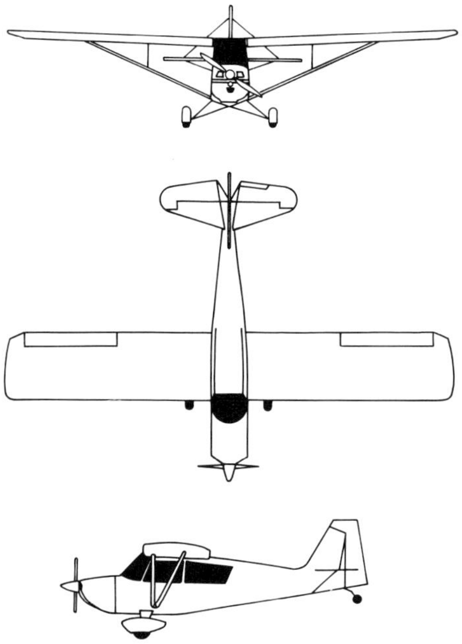

Rumpf: Stahlrohrbauweise mit Stoffbespannung; zwei Sitze hintereinander mit Doppelsteuerung; eine Tür auf der Backbordseite; Schallisolierung und Heizung.
Tragwerk: abgestrebter Hochdecker mit zwei Holzholmen, Leichtmetallklappen und Stoffbespannung.
Leitwerk: verspannte Normalbauweise in Stahlrohr mit Stoffbespannung; Trimmung im Höhenruder.
Fahrwerk: starr mit Spornrad; Haupträder stromlinienförmig verkleidet; Scheibenbremsen; Ausrüstung mit Schneekufen oder Schwimmern möglich.

Chance-Vought F4U „Corsair" Jagdflugzeug

Die F4U „Corsair" war das letzte propellergetriebene Jagdflugzeug der USA. Es wurde aufgrund einer Ausschreibung der USA-Marine aus dem Jahr 1938 für einen Jagdeinsitzer entwickelt.
Der Prototyp XF4U-1 des träger- oder landgestützten Jagdflugzeugs unternahm den Erstflug am 29. Mai 1940. Nach der Flugerprobung und verschiedenen Verbesserungen flog das erste Serienflugzeug am 25. Juni 1942.

Einige Versionen:
F4U-1: erste Serienausführung; Bewaffnung verstärkt.
F4U-1A: wie die F4U-1, aber ohne faltbare Tragflügel.
F4U-1B: Ausführung für die britischen Marineflieger; ab 1943 als „Corsair" geliefert.
F4U-1C: Ausführung mit vier Kanonen statt MGs in Tragflügeln und einem abwerfbaren Tank unter dem Rumpf.
F4U-1D: ab April 1944 gelieferte Ausführung als Jagdbomber mit abwerfbarem Tank und Bombenaufhängungen unter dem Rumpf und unter dem Tragwerk.
F4U-2: Ausführung als Nachtjäger (ab 1943); erster Jagdeinsitzer mit Radarausrüstung.
F4U-4: Ausführung ab 1944 mit 1800-kW-Triebwerk, verbesserter Panzerung und Raketenbewaffnung.
F4U-4B: ebenso wie die F4U-1P als Luftbildaufklärer.
F4U-5N: Nachtjäger mit Funkmeßgerät im rechten Tragflügel und Triebwerk Pratt and Whitney R-2800 (Foto).
XF4U-3: Versuchsausführung als Höhenjäger mit zweistufigen Turboladern.
Bis 1952 wurden 12681 Maschinen gebaut, von denen viele am Korea-Krieg teilnahmen und bis 1965 im Dienst blieben.

Rumpf: Ganzmetall-Halbschalenbauweise; geschlossenes Cockpit; Cockpit und Tank gepanzert.
Tragwerk: freitragender Tiefdecker mit Knickflügel; dreiteiliger Flügel; Mittelstück in Ganzmetall; Außenholm hinter dem Hauptholm mit Stoffbespannung.
Leitwerk: freitragende Normalbauweise in Ganzmetall.
Fahrwerk: einziehbar mit Spornrad.

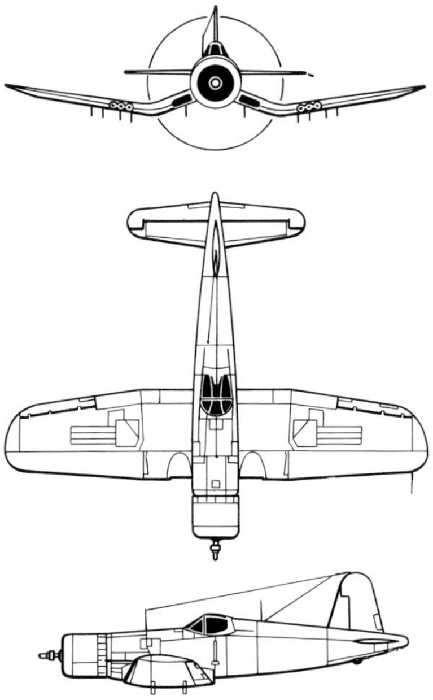

Chance-Vought F-5 U „Skimmer“ Forschungsflugzeug

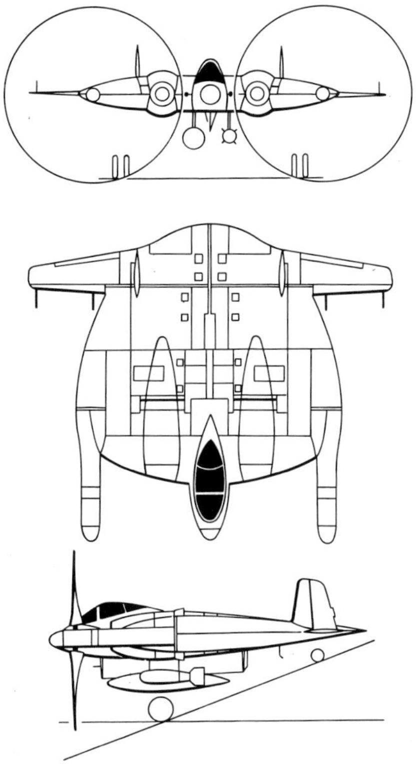

Chance-Vought wollte ein schnelles Jagdflugzeug schaffen, das von kleinen Flugzeugträgern aus starten und dort wieder landen konnte.
Im Jahr 1938 begann man mit der Konstruktion des Prototyps V-173, der einen Flügel mit unregelmäßig ovaler Form und zwei 60-kW-Triebwerke hatte. Die beiden Luftschrauben waren an Auslegern montiert. Im hinteren Bereich des Flügels gab es Ruderflächen, die zugleich Höhensteuer und Querruder darstellten. Der Erstflug fand im Oktober 1942 statt.
Inzwischen hatte die Konstruktion des Modells F-5 U-1 begonnen. Das Jagdflugzeug sollte sechs Kanonen erhalten sowie zwei große Bomben und genügend Kraftstoff für lange Strecken über See mitnehmen können. Die beiden Sternmotoren befanden sich vollständig im Flügel. Für den Einsatz auf Flugzeugträgern war ein Landehaken angebracht. In der verglasten Rumpfspitze befanden sich Scheinwerfer und Kameras sowie der Sitz des Piloten mit Panzerung und Seenotausrüstung.
Dieses erstaunliche Flugzeug, das erstmalig ein Höhenleitwerk hatte, wie es heute bei Delta-Flüglern üblich ist, sollte auch fast senkrecht starten und in der Luft fast stillstehen können. Da der zweite Weltkrieg inzwischen zu Ende war, wurden der Erstflug und die Flugerprobung verschoben. Schließlich wurde die weitere Entwicklung aufgegeben, da Flugzeuge mit Kolbenmotoren Ende der vierziger Jahre technisch überholt waren.

Rumpf: Rumpfgondel am Flügel angesetzt.
Tragwerk: unregelmäßig ovale Form.
Leitwerk: kombinierte Höhen- und Querruder am hinteren Teil des Tragwerks; zwei aufgesetzte Seitenleitwerke.
Fahrwerk: einziehbar mit Spornrad; an allen Streben Zwillingsräder.

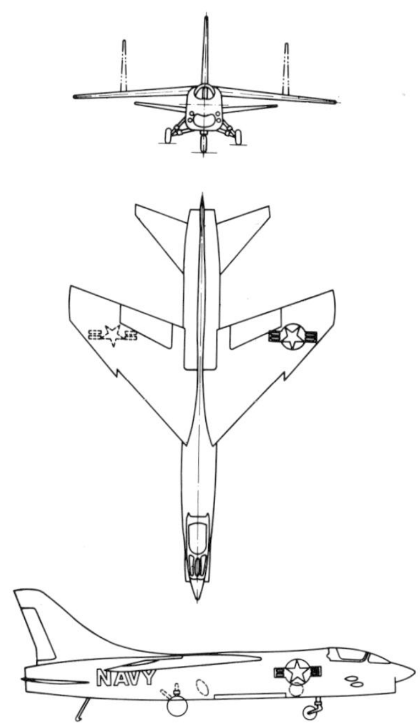

Chance-Vought F-8 „Crusader“ Jagd-, Kampf- und Aufklärungsflugzeug

Chance-Vought gewann 1953 den Wettbewerb der USA-Marine für ein trägergestütztes Jagd- und Aufklärungsflugzeug mit Überschallgeschwindigkeit. Der Prototyp flog erstmalig am 25. März 1955, das erste Serienflugzeug am 20. September 1955.

Versionen:
F-8 A: bis 1959 gebaute Serienausführung.
F-8 B: Weiterentwicklung mit verbesserter Radarausrüstung.
F-8 C: F-8 A mit besseren Höhenleistungen; unter dem Rumpfheck zwei Leitflossen.
F-8 D: Allwetter-Abfangjäger mit einer Geschwindigkeit von fast Mach 2.
F-8 E: Weiterentwicklung der F-8 D mit verbessertem Radar; seit 1962 mit Waffenaufhängevorrichtungen unter dem Tragwerk.
RF-8 A: aus der F-8 A abgeleiteter Luftbildaufklärer.
TF-8 A: Umbau der F-8 A zu einem zweisitzigen Kampf- und Übungsflugzeug; mit Bremsschirm ausgerüstet.

An Frankreich sind 42 bordgestützte Jagdbomber F-8 E (FN) geliefert worden. Die Philippinen bezogen F-8 H. Die Gesamtproduktion des mehrmals modernisierten Typs umfaßte von 1957 bis 1965: 318 F-8 A, 130 F-8 B, 187 F-8 C, 152 F-8 D, 286 F-8 E, 42 F-8 E (FN) und 144 RF-8 A.
Anfang 1976 hatte die US Marine noch 100 F-8.

Rumpf: Ganzmetallbauweise mit Holmen unter Verwendung von Titan.
Tragwerk: freitragender Schulterdecker; Tragflügel mit veränderlichem Einstellwinkel; großer Winkel für Start und Landung, kleiner für Horizontalflug; Außenflügel klappbar; Vorderkante mit „Sägezahn“.
Leitwerk: freitragende Normalbauweise; ungedämpftes Höhenleitwerk.
Fahrwerk: einziehbar; hydraulisch betätigt; Bugrad; Fanghaken im Heck.

Consolidated PBY „Catalina"
Flugboot/Amphibienflugzeug

Die „Catalina" (Modell 28) gehört zu den erfolgreichsten Wasserflugzeugen, die je gebaut wurden. Der Erstflug des Prototyps XP-3 Y-1 für das Aufklärungsflugboot fand am 28. März 1935 statt. Die guten Erprobungsergebnisse veranlaßten die Weiterentwicklung des Aufklärungsflugboots zum Bombenflugzeug mit stärkeren Triebwerken und geändertem Leitwerk. Diese Erprobung begann im Mai 1936.

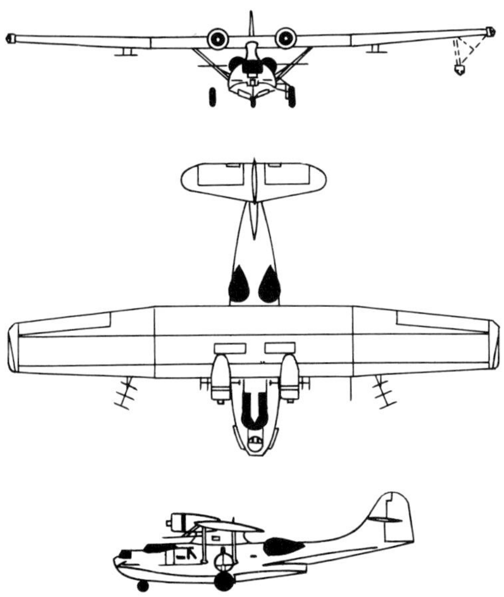

Erster ausländischer Käufer war die UdSSR, die drei Maschinen erwarb und die Lizenzfertigung vereinbarte. In Taganrog wurde die Maschine unter der Bezeichnung GST (Gydr Samoljot Transportny) 1939/40 in 27 Exemplaren für die Polarflotte gebaut.
Großbritannien erhielt ab 1941 neben 11 Amphibienflugzeugen PBY-5A 700 Flugboote. Maschinen dieses Typs wurden auch an die Luftstreitkräfte Australiens, Kanadas und der Niederlande geliefert. In Kanada wurde das Flugzeug in Lizenz hergestellt. Die USA und Kanada bauten insgesamt 3 290 „Catalina".
Nach dem Krieg dienten „Catalina"-Flugboote noch in vielen Ländern für Passagier- und Transportflüge. Der bekannte französische Tiefseeforscher Cousteau verwendete für seine Expeditionen ebenfalls eine „Catalina".

Von den vielen Versionen seien folgende genannt:
PBY-1: Serienflugzeug für die USA-Marine ab Oktober 1936; 60 gebaut; 670-kW-Motoren R-1830-64,
PBY-2: Weiterentwicklung mit veränderter Ausrüstung ab Mai 1937.
PBY-3: mit 740-kW-Triebwerken R-1830-60.
PBY-4: mit 785-kW-Triebwerken R-1830-72 „Twin Wasp" und verglasten seitlichen Gefechtsständen; Erstflug im Mai 1938.
XPBY-5 A: aus der PBY-4 im Jahr 1939 abgeleiteter Prototyp als Amphibienflugzeug; Erstflug im November 1939.
PBY-5: mit 880-kW-Triebwerken und geändertem Leitwerk; erste Lieferung am 18. September 1940.
PBY-5 A: Serienausführung als Amphibienflugzeug; 134 geliefert ab Dezember 1941.
PBN-1 „Nomad": Umbau mit hydrodynamischer Verbesserung des Rumpfes.
PBY-6 A: Amphibienflugzeug, geliefert ab April 1944; mit den Neuerungen der „Nomad".

Rumpf: Bootsrumpf in Ganzmetallbauweise.
Tragwerk: abgestrebter Hochdecker; mit dem Rumpf durch schachtartigen Aufbau verbunden, in dem Zugang zu den Motorgondeln möglich ist; Ganzmetallbauweise.
Leitwerk: freitragende Normalbauweise in Ganzmetall; Trimmklappen.
Schwimm-/Fahrwerk: Bootsrumpf in Ganzmetallbauweise, zweistufig, gekielt; Stützschwimmer an den Außenflügeln; einziehbar mit Bugrad.

Consolidated B-24 „Liberator"
Bombenflugzeug

Die Entwicklung der B-24 „Liberator" beruhte auf einer Ausschreibung der USA-Luftstreitkräfte für ein schweres Bombenflugzeug, das mehr leisten sollte als die B-17. Die Flugerprobung des ersten Prototyps XB-24 begann am 29. Dezember 1939, und 1941 wurde die Maschine in Dienst gestellt. Die B-24 war das USA-Flugzeug, das bis 1945 in größter Stückzahl (18 188 B-24 aller Versionen) gebaut worden ist.
Einige Versionen:
YB-24: 7 Vorserienmuster zur Truppenerprobung.
B-24 A: erstes Serienflugzeug; 30 als Atlantik-Transporter für die USA; 100 von Frankreich bestellt, infolge dessen Kapitulation von Großbritannien neben 164 weiteren Maschinen übernommen.
XB-24 B: Versuchsausführung mit Turbolader-Triebwerken.
B-24 C: Serienausführung der XB-24 B, jedoch mit anderen Waffenständen; 9 gebaut.
B-24 D: Ausführung mit größerer Flugmasse; in Großbritannien als „Liberator" Mk. III und Mk. IIIA.
B-24 J: Ausführung mit verbessertem Bugturm, Bombenzielgerät und Autopiloten.
B-24 L: Ausführung mit veränderter Bewaffnung.
C-87: Transporter; 276 gebaut.
C-109: Tankflugzeug.
F-7: Aufklärungsflugzeug mit Fotoausrüstung (ab 1943).
SB-24: Spezialausführung als Bombenflugzeug mit Radarzielgerät.
XB-24 F: Versuchsausführung der B-24 D mit thermischer Enteisung.
XB-24 K: Versuchsausführung mit einfachem Seitenleitwerk.
B-24 wurden von den Fliegerkräften der USA (Luftstreitkräfte und Marine), Großbritanniens sowie der Alliierten verwendet.

Rumpf: konventionelle Ganzmetallbauweise; Bombenschacht; Bombenluken wurden beim Öffnen vollständig in den Rumpf eingezogen, um den Widerstand zu verringern.
Tragwerk: freitragender Schulterdecker in Ganzmetallbauweise; pneumatische Enteisung; Landeklappen.
Leitwerk: Höhenleitwerk auf dem Rumpf; zwei Seitenleitwerke als Endscheiben; pneumatische Enteisung.
Fahrwerk: einziehbar mit Bugrad.

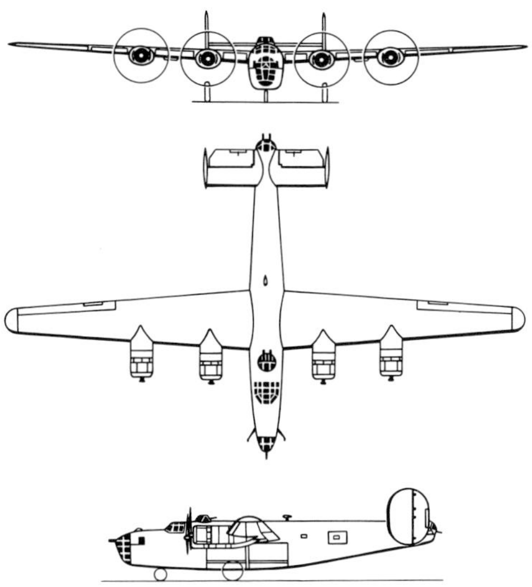

Convair B-36
Bomben- und Aufklärungsflugzeug

Die Entwicklung dieses schweren, unförmigen strategischen Bombers geht auf Forderungen der USA-Luftstreitkräfte vom 11. April 1941 nach einem Typ von maximal 32660 kg Bombenzuladung und 16000 km Reichweite zurück. Der Prototyp XB-36 (Modell 36) startete am 8. August 1946 zum Erstflug. Nach zahlreichen Versuchen (so mit dem Prototyp YB-36) folgte am 4. Dezember 1947 der Erstflug des Produktionsprototyps YB-36 A mit verändertem Fahrwerk. Danach wurden 22 B-36 A gebaut, die später zum Aufklärer RB-36 E umgerüstet wurden. Als Antrieb erhielten die B-36 A sechs 2205-kW-Motoren. Diese Maschinen dienten dem Training der Besatzungen.

Weitere Versionen:
B-36 B: erste voll bewaffnete Version; sechs 2575-kW-Motoren; Erstflug am 8. Juli 1948; später in B-36 D umgerüstet; 73 gebaut.
YB-36 C: geplante Version mit Zugluftschrauben und Triebwerken R-4360-51.
B-36 D: zusätzlich mit vier Strahltriebwerken ausgerüstet; Erstflug am 26. März 1949; 22 Neu- und 64 Umbauten aus der B-36 B.
B-36 F: Bomber und Aufklärer mit sechs 2795-kW-Motoren und vier Strahltriebwerken; Erstflug am 5. November 1950; 50 hergestellt, davon 24 als RB-36 F mit größerem Kraftstoffvorrat.
RB-36 D: von der B-36 D abgeleiteter Langstreckenaufklärer; Erstflug am 18. Dezember 1949; 17 Neu- und 7 Umbauten aus der RB-36 B.
RB-36 E: nach dem Schema der B-36 D umgerüstete und mit stärkeren Triebwerken versehene B-30 A, 22 gebaut.
GRB-36 F: 1954 in 12 Exemplaren umgebaute Maschinen als Träger je eines Parasitjägers GRF-84 F.
R-36 H: Erstflug am 5. April 1952; 156 gebaut.
R-36 J: Erstflug am 3. September 1953; 33 gebaut.
Insgesamt wurden 381 B-36 gebaut. Da sie sich als strategische Bomber ungeeignet erwiesen, baute man zahlreiche Maschinen zu Versuchszwecken mit Kernwaffen, mit neuen Triebwerken und mit unter dem Rumpf aufzunehmenden Jagdflugzeugen um.
Im Jahr 1956 wurden die militärisch wenig geeigneten B-36 von der B-52 abgelöst.

Rumpf: Ganzmetall-Sektionsbauweise; weit nach vorn ragender Bug mit verglaster Spitze und aufgesetzter Kabine.
Tragwerk: Schulterdecker mit gepfeilter Tragflügelvorderkante; Druckluftschrauben mit Lufteinläufen an Vorderkanten; Strahltriebwerke paarweise an Stielen hängend.
Leitwerk: Normalbauweise in Ganzmetall mit sehr großem Seitenleitwerk.
Fahrwerk: einziehbar; Bugstrebe mit Zwillingsrädern; Hauptstreben mit je vier Rädern.

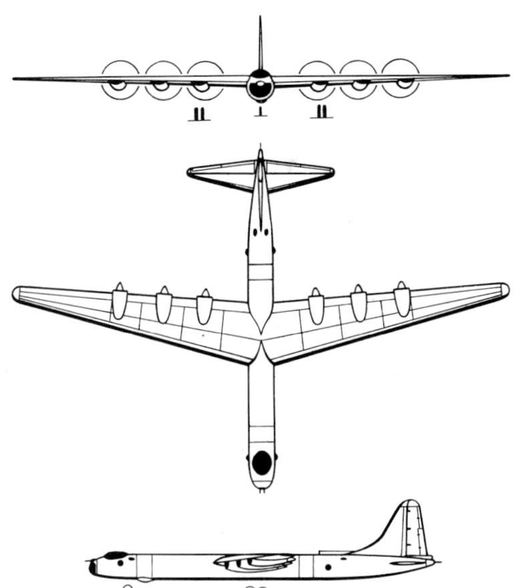

Convair 240
Verkehrsflugzeug

Die Convair 240 wurde als leistungsfähiger Ersatz für die DC-3 von Douglas geschaffen. Der Prototyp flog erstmalig am 16. März 1947. Die ersten Serienflugzeuge wurden im Februar 1948 geliefert.

Von der 240 abgeleitete Versionen:
C-131: Sanitätsausführung mit großer Ladeluke; geeignet für 37 sitzende oder 27 liegende Patienten.
C-131 B: fliegendes Laboratorium zur Erprobung von elektronischen Ausrüstungen.
T-29 A: ohne Druckkabine; aber mit Sauerstoffausrüstung zur Ausbildung in großen Höhen.
T-29 B: aus der T-29 A abgeleitete Ausführung mit Druckkabine und größeren Kraftstofftanks.
T-29 C: im allgemeinen wie die T-29 B, aber mit stärkeren Motoren.
VT-29 E: mit Kabineneinrichtung als Reiseflugzeug für militärisches Stabspersonal.
Die Gesamtproduktion umfaßte von 1950 bis 1957 508 Militärflugzeuge (48 T-29 A, 105 T-29 B, 119 T-29 C, 93 T-29 C, 26 C-131 A, 36 C-131 B, 33 C-131 D, 10 C-131 E, 36 C-131 F, 2 VT-29 E). 17 C-131 A sind zu HC-131 A zur U-Boot-Bekämpfung, die Elektronik-Trainer C-131 E zu RC-131 F und G umgebaut worden. Kanada erhielt die C-131 B „Samaritan" als CC-109, Paraguay bezog Convair 340 und Bolivien sowie Sri Lanka Convair 440.

Rumpf: Ganzmetallbauweise mit kreisförmigem Querschnitt; Druckkabine.
Tragwerk: freitragender Tiefdecker in Ganzmetallbauweise mit zwei Holmen; thermische Enteisung.
Leitwerk: freitragende Normalbauweise; thermische Enteisung.
Fahrwerk: einziehbar; steuerbares Bugrad.

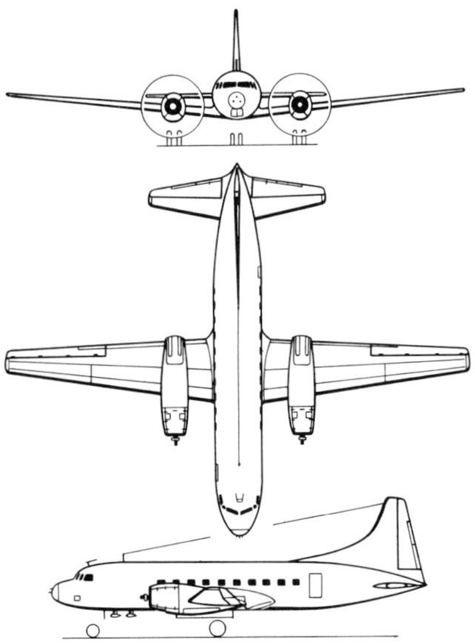

Convair 340 / 440 „Metropolitan"
Verkehrsflugzeuge

Die Convair 340 wurde aus der 240 abgeleitet. Von dieser unterscheidet sie sich durch einen größeren Rumpf, eine größere Spannweite und eine größere Flügelfläche. Der Rumpf wurde um 1,36 m verlängert, so daß mehr Sitze oder mehr Fracht untergebracht werden können.

Der Erstflug der Convair 340 (Skizze) fand am 5. Oktober 1951 statt. Aus der Maschine wurden auch verschiedene militärische Ausführungen abgeleitet, so als Militärtransporter (VC-131 D), als Ausbildungsflugzeug der strategischen Luftstreitkräfte (TC-131 E) und als Reiseflugzeug der USA-Marine (TR-4 Y-1 Z). Das Foto zeigt eine zur CV-540 umgebaute CV-340 mit PTL-Antrieb.
Die Convair 440 „Metropolitan" war eine verbesserte Convair 340. Infolge der stärkeren Triebwerke erreichte sie eine etwas größere Reisegeschwindigkeit. Außerdem wurde die Schallisolierung verbessert und ein Bugradar vorgesehen.
Der Prototyp flog erstmalig am 6. Oktober 1955. Das erste Serienflugzeug wurde am 15. Dezember des gleichen Jahres geliefert.

Rumpf: Ganzmetallbauweise mit kreisförmigem Querschnitt; Druckkabine.
Tragwerk: freitragender Tiefdecker in Ganzmetallbauweise; thermische Enteisung.
Leitwerk: freitragende Normalbauweise; thermische Enteisung.
Fahrwerk: einziehbar; Zwillingsräder an allen Streben; steuerbares Bugrad; Bremsen mit Blockierungsschutz.

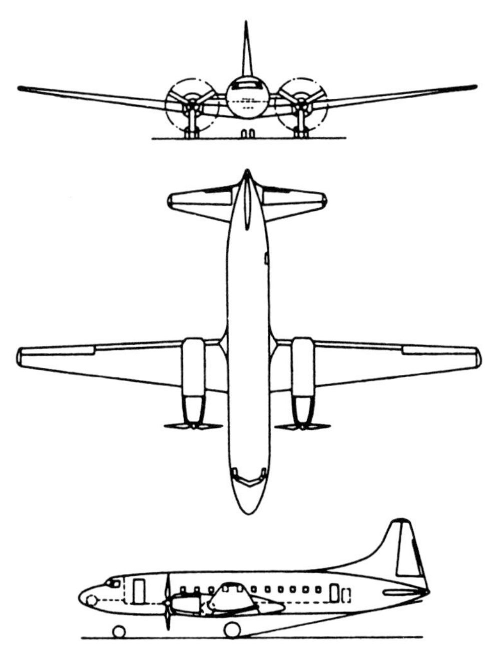

Convair 600 / 640
Verkehrsflugzeuge

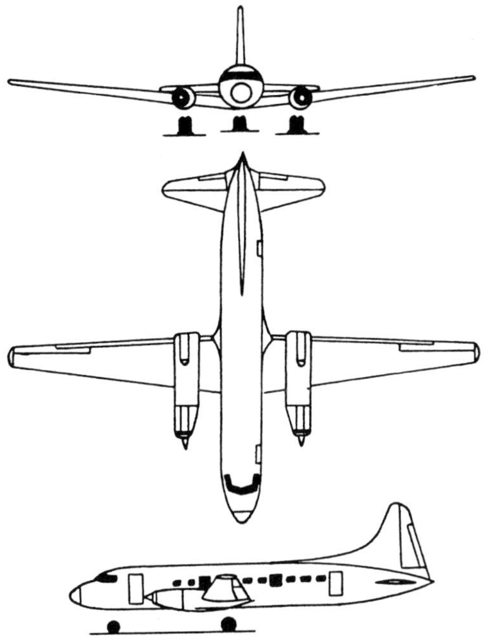

Um mit neueren PTL-Flugzeugen konkurrieren zu können, sah man vor, die Convair-Typen 240, 340 und 440 in PTL-Flugzeuge umzubauen. Untersuchungen hatten ergeben, daß die Zelle dieser Flugzeuge eine Lebensdauer von etwa 60 000 Flugstunden hat, die damals bei weitem noch nicht erreicht war.

Bereits 1954 wurden Maschinen vom Typ Convair 240 unter der Bezeichnung YC-131 C mit PTL-Triebwerken ausgerüstet. Auch für die Verkehrsluftfahrt wurden Maschinen umgebaut, mit stärkeren Triebwerken versehen und als Convair 580 bezeichnet.
Im Februar 1955 rüstete Napier eine Convair 340 mit PTL-Triebwerken aus. Diese Ausführung hieß Convair 40. Die Umbauten kamen meist auf Initiative der Triebwerkhersteller zustande. Die Convair 600 (aus der 240) wurde dagegen gemeinsam vom Zellenhersteller General Dynamics und der Triebwerkfirma Rolls Royce entwickelt. Der Erstflug des Prototyps fand am 20. Mai 1965 statt.
Die Convair 640 wurde aus der 340/440 abgeleitet und mit den gleichen Triebwerken wie die 600 (Foto und Skizze) ausgerüstet.

Rumpf: Ganzmetall-Schalenbauweise mit kreisförmigem Querschnitt; Druckkabine.
Tragwerk: freitragender Tiefdecker in Ganzmetallbauweise mit zwei Holmen; thermische Enteisung.
Leitwerk: freitragende Normalbauweise; thermische Enteisung.
Fahrwerk: einziehbar; steuerbares Bugrad; Bremsen mit Blockierungsschutz.

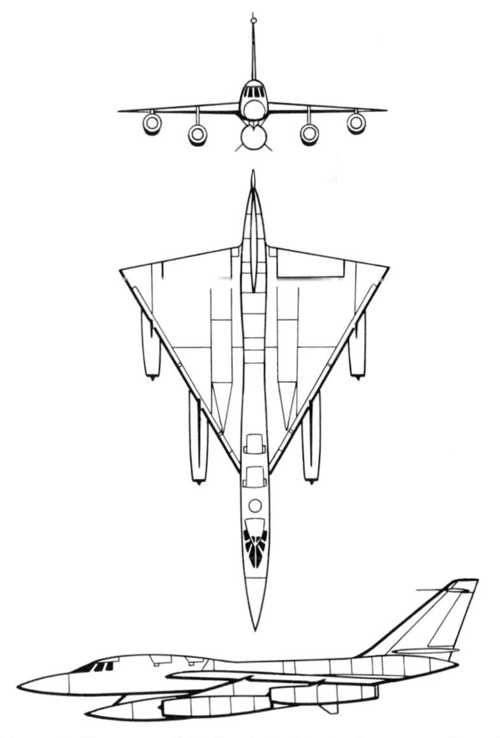

Convair B-58 „Hustler"
Bombenflugzeug

Convair entwickelte den vierstrahligen Überschall-Bomber (Werkbezeichnung Modell 4, Arbeit am Projekt ab Mitte 1949) im Auftrag der USA-Luftstreitkräfte. Maßgebend bei der Entwicklung war die Schaffung eines Bombenflugzeugs mit sehr guten Leistungen bei vielseitiger Einsetzbarkeit und verhältnismäßig kleinen Ausmaßen. Deshalb ist der Rumpf, in dem die dreiköpfige Besatzung untergebracht ist, ziemlich klein.
Der Erstflug des ersten von zwei Prototypen XB-58 fand am 11. November 1956 statt, der zweite Prototyp nahm im Februar 1957 die Flugerprobung auf.
Das Flugzeug stellte 19 internationale Rekorde für Geschwindigkeit und Höhe bzw. Nutzmasse auf. Am 10. Mai 1961 gewann es die Blériot-Trophäe für das erste Flugzeug, das 30 min lang mehr als 2 000 km/h fliegt. Es unternahm den bis dahin längsten Überschallflug von Tokio nach London (12 920 km) in 8 h 35 min. Den Prototypen folgten 30 Versuchsmuster XB-58.

Versionen:
B-58 A: Serienausführung.
TB-58 A: Schulflugzeug mit Doppelsteuerung; ohne Bewaffnung; 8 Maschinen durch Umbau aus der YB-58 A hergestellt; Erstflug am 10. Mai 1968.
NB-58 A: in einem Exemplar als Teststand für das Triebwerk J-93 gebaut.
Insgesamt wurden sechs Staffeln des strategischen Luftwaffenkommandos der USA mit 86 B-58 ausgerüstet. Inzwischen wurden alle Maschinen als Reserve konserviert.

Rumpf: Ganzmetall-Halbschalenbauweise unter Beachtung der Flächenregel; Metallklebeverfahren; Besatzung hintereinander; Einstieg von oben durch separate Klappen; Schleudersitze; Bremsschirm im Heck.
Tragwerk: freitragender Delta-Mitteldecker in Ganzmetall-Sandwichbauweise; Klappen an der Flügelnase; konische Wölbung der Flügelvorderkante.
Leitwerk: Klappenruder an der Tragflügelhinterkante; Seitenleitwerk.
Fahrwerk: einziehbar; Bugstrebe mit Zwillingsrädern; Hauptstreben mit Schlitten mit je vier Zwillingsräderpaaren.

Convair 880 / 990
Verkehrsflugzeuge

Im Jahr 1954 wurde das Projekt für ein Strahlverkehrsflugzeug begonnen, das zunächst „600 Skylark" oder „Golden Arrow" heißen sollte. Im Frühjahr 1956 kündigte Convair dann die Entwicklung eines vierstrahligen Mittelstrecken-Verkehrsflugzeugs mit TL-Antrieb an, das als CV 880 am 27. Januar 1959 zum Erstflug startete. Infolge der verspäteten Fertigstellung konnte es allerdings nicht die Erfolge erzielen, die Boeing und Douglas mit ihren vierstrahligen Maschinen hatten.

Versionen:

880 Modell 22: erste Serienausführung; 48 Stück gebaut.

880 M Modell 31: Ausführung mit größeren Kraftstofftanks und größerer Startmasse; Erstflug am 3. Oktober 1960; 17 Stück gebaut.

990: Weiterentwicklung der 880 mit einem um 3,05 m längeren Rumpf und stärkeren Triebwerken; Luftverkehrszulassung am 15. Dezember 1961 erteilt.

990 A „Coronado": verbesserte Ausführung mit größerer Geschwindigkeit, Nutzmasse und Reichweite; Luftverkehrszulassung im Oktober 1962 erteilt.

Insgesamt sind nur 37 CV 990 gebaut, aber nicht alle verkauft worden. Mit einem Verlust von 425 Mill. US-Dollar stellte das Projekt CV 880/990 einen der größten Mißerfolge im Flugzeugbau jener Zeit dar.

1985 befanden sich noch sechs CV 880 im Einsatz; in Spanien flogen noch fünf CV 990 „Coronado".

Rumpf: Ganzmetallbauweise mit kreisförmigem Querschnitt; zwei Passagiertüren vorn und hinten backbords; zwei Ladetüren steuerbords; Ladeluken an der Unterseite.

Tragwerk: freitragender Tiefdecker in Ganzmetallbauweise mit drei Holmen; dreiteilige Doppelspaltklappen auf jeder Seite; Spoiler; thermische Enteisung.

Leitwerk: freitragende Normalbauweise in Ganzmetall.

Fahrwerk: einziehbar; an der Bugstrebe Zwillingsräder; an den Hauptstreben Fahrwerkschlitten mit je vier Rädern; Scheibenbremsen an allen Rädern; steuerbares Bugrad.

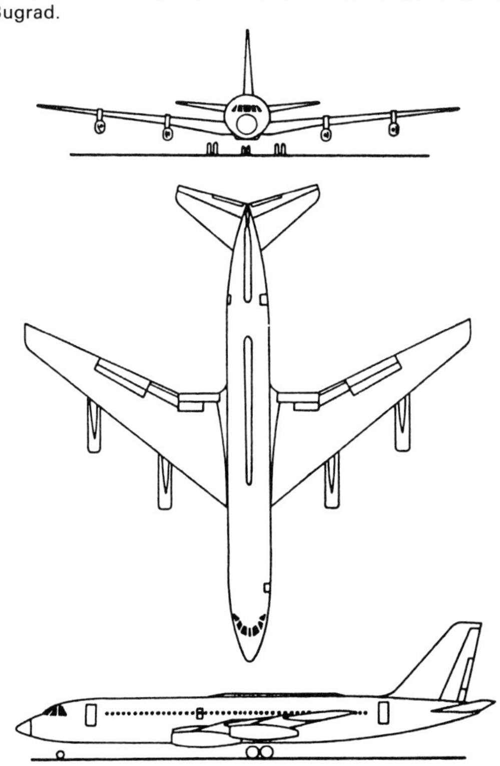

Convair F-102 „Delta Dagger"
Jagdflugzeug

Convair gewann im Jahr 1961 einen Wettbewerb für ein Abfang-Jagdflugzeug mit Raketenbewaffnung. Als Ausgangspunkt der Entwicklung diente der Delta-Abfangjäger XF-92 (Erstflug am 18. September 1948), der aber aufgegeben worden war.

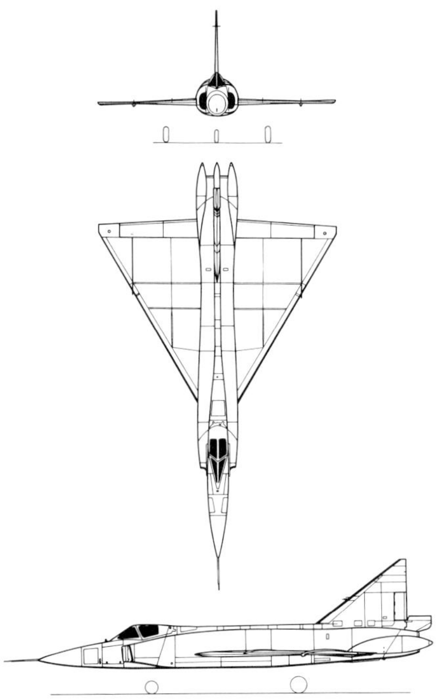

Versionen:

F-102 A: Serienausführung als Abfang-Jagdflugzeug.

TF-102 A: zweisitzige Ausführung als Abfang-Jagdflugzeug und als Übungsflugzeug.

YF-102: Prototypen, von denen der erste am 24. Oktober 1953 und der zweite am 11. Januar 1954 erstmalig flogen.

YF-102 A: weiterentwickelte Prototypen für Überschallgeschwindigkeit, mit längerem Rumpf, geänderter Auslegung, verbessertem Tragwerk und Cockpit und stärkerem Triebwerk; Erstflug am 20. Dezember 1954.

Von 1956 bis April 1958 wurden nach 14 Prototypen und Vorserienmustern 875 F-102 A und 63 TF-102 A geliefert. Außer in den USA wurden F-102-Staffeln in Südvietnam, in Japan und in der BRD stationiert. Maschinen der Typen F-102 A und TF-102 A sind auch an die Luftstreitkräfte Griechenlands (16) und der Türkei geliefert worden.

Ab Anfang 1973 wurden 146 F-102 zu Fernlenkflugzeugen QF-102 A bzw. PQM-102 A umgerüstet.

Rumpf: Ganzmetall-Halbschalenbauweise; Druckkabine mit Schleudersitz; Ansaugschächte bis zur Kabine vorgezogen.

Tragwerk: freitragender Mitteldecker in Ganzmetallbauweise; Deltaflügel mit fünf Holmen.

Leitwerk: Dreieckseitenleitwerk in Ganzmetallbauweise; Bremsschirm unter dem Seitenruder.

Fahrwerk: einziehbar mit Bugrad; ein Rad an jeder Strebe.

Convair F-106 „Delta Dart"
Jagdflugzeug

Die F-106 ist eine Weiterentwicklung der F-102. Sie wurde allerdings erheblich verändert und erhielt ein stärkeres Triebwerk. Zunächst hieß sie F-102 B, bis sie 1955 in F-106 umbenannt wurde.

Die Entwicklung der Maschine begann im Jahr 1954. Der Erstflug des Prototyps F-106 A, der Ausführung als Jagdeinsitzer, fand am 26. Dezember 1956 statt. Die Serienlieferungen begannen im

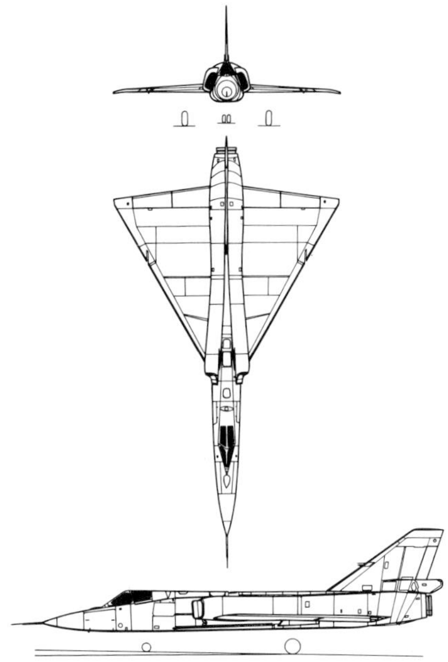

Sommer 1959. Der Prototyp der F-106 B, einer zweisitzigen Ausführung als Jagd- und Übungsflugzeug, hatte am 9. April 1958 seinen Erstflug. Beide Ausführungen stimmen in Abmessungen und Leistungen überein.
Das Flugzeug erhielt eine umfangreiche elektronische Ausrüstung, die es ermöglichte, das Ziel in der Luft automatisch zu erfassen, das Flugzeug auf Angriffskurs zu bringen, im geeigneten Moment die Waffen auszulösen und abzudrehen.
Am 15. Dezember 1959 stellte die F-106 A mit 2 455,736 km/h einen Geschwindigkeitsrekord auf.

Bis Ende 1961 wurden 227 F-106 A und 63 F-106 B fertig. Danach modifizierte man die F-106 durch den Einbau einer neuen Elektronik und neuer Schleudersitze.

Rumpf: Ganzmetall-Halbschalenbauweise; Druckkabine mit Schleudersitz; Ansaugschächte am Rumpf in der Flügelwurzel; am Bugradar Enteisung durch Glykol; Frontscheibe mit Enteisungseinrichtung.
Tragwerk: freitragender Mitteldecker in Ganzmetallbauweise; Deltaform mit fünf Holmen; thermische Enteisung in der Flügelnase.
Leitwerk: trapezförmiges Seitenleitwerk in Ganzmetallbauweise; hydraulisch betätigtes Seitenruder; keine Trimmung; Bremsschirm unter dem Seitenruder; Höhenleitwerk an der Hinterkante des Tragwerks.
Fahrwerk: einziehbar; steuerbares Bugrad mit Zwillingsrädern.

Curtiss-Wright T-32 / BT-32 „Condor II" Bomben- und Transportflugzeug

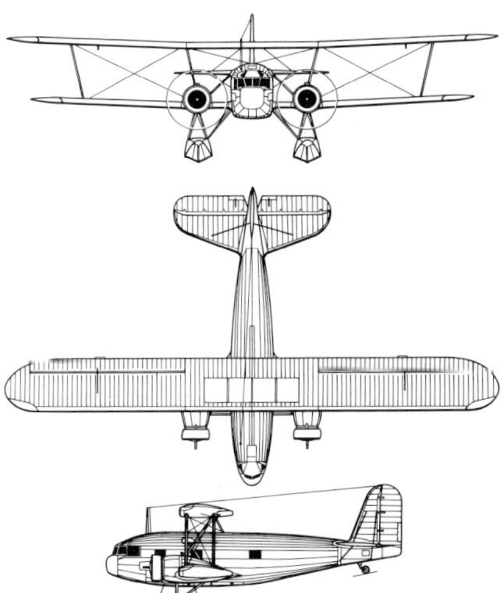

Im Jahr 1929 lieferte Curtiss den zweimotorigen Doppeldecker Modell 18 mit nicht einziehbarem Fahrwerk und doppeltem Seitenleitwerk als Verkehrs- und Frachtflugzeug aus. Drei Jahre darauf projektierte Chefkonstrukteur Page nach dem gleichen Schema einen zweimotorigen Doppeldecker (Werkbezeichnung CW-4; Erstflug am 30. Januar 1933), der als schwerer Bomber und Truppentransporter verwendet werden sollte. Obwohl insgesamt nur 45 Maschinen gebaut wurden, fand der Typ relativ weite Verbreitung. So wurde er als „Schlafflugzeug" für 12 Personen zwischen New York und Miami ebenso eingesetzt wie als Versuchsmaschine für Atlantiküberquerungen zwischen Kanada und Großbritannien, als Flugzeug mit Zusatztanks für die Byrd-Expedition 1933 zur Antarktis, als Postflugzeug der Swissair (CH 170) auf der Linie Zürich—Berlin und als Bomber BT-32 (Foto) und Truppentransporter in China. In Mandschukuo erbeuteten die Japaner zwei dieser Maschinen und verwendeten sie als die damals größten Bomber ihrer Luftstreitkräfte.
Die Transport- und Passagierausführung hieß T-32. In der schalldicht verkleideten Passagierkabine fanden 15 Fluggäste (in der weniger komfortablen Transporterkabine 24 Soldaten; von der USA-Armee 1938 zwei Maschinen als YC-30 in Dienst gestellt) und eine Stewardeß Platz. Jeder Sitz verfügte über regulierbare Frischluftzufuhr und Warmluftanlagen an den Füßen, außerdem über Leselicht und eine Klingel für den Service.
Als Passagierflugzeug hatte die Maschine 2 Piloten, als Bomber vier Mann Besatzung.
In der Militärvariante befand sich im Bug ein starr eingebautes MG nach vorn. Zwei weitere Waffen in Schwenklafetten gab es in den Rumpfseiten. In einer anderen Variante hatte die Maschine je ein schwenkbares MG in einer verglasten Kuppel über dem Rumpf vor und hinter dem oberen Tragflügel sowie eine Bodenlafette. Unter dem Rumpf konnten ein Torpedo und vier 25-kg-Bomben sowie acht 110-kg-Bomben befestigt werden.
Das Fahrwerk ließ sich gegen Schwimmer oder Schneekufen austauschen.

Rumpf: rechteckiges Stahlrohr-Fachwerk zu ovalem Querschnitt verkleidet; stoffbespannt; geräumige Kabine mit Funk- und Navigationsgeräten für Blindflüge.
Tragwerk: zweistieliger, verspannter Doppeldecker; Spannweite des Oberflügels etwas größer; beide Flügel dreiteilig; zwei Holme aus verschweißtem Stahlrohr; Duraluminrippen; Stoffbespannung; beide Triebwerke mit dreiflügeligen Verstell-Luftschrauben in Gondeln auf dem unteren Flügel; Querruder nur oben über die gesamte Hinterkante des Außenflügels.
Leitwerk: Seitenflosse gegen die Höhenflosse verspannt; Höhen- und Seitenruder ausgeglichen; Trimmklappe am Seitenruder; Metallgerüst mit Stoffbespannung.
Fahrwerk: Haupträder elektrisch nach hinten einziehbar; Radbremsen; Spornrad.

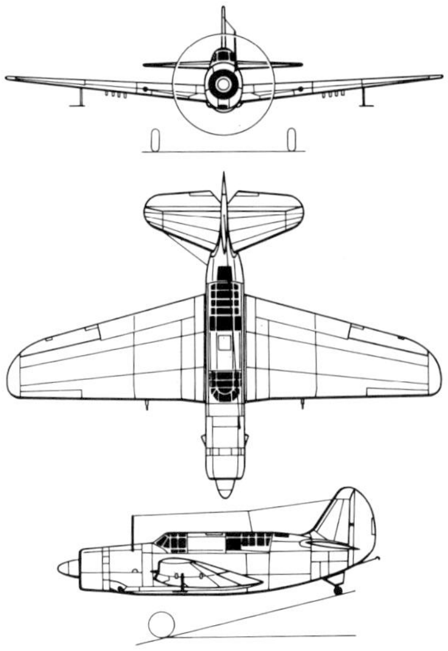

Curtiss SB2 C „Helldiver" Trägergestütztes Sturzkampfflugzeug

Nach den Forderungen der Marine für einen zweisitzigen Sturzkampfbomber entwickelte Curtiss 1939 unter der Werkbezeichnung Modell 8 den Prototyp XSB2 C-1, der am 18. Dezember 1940 zum Erstflug startete und Anfang 1941 bei einer Havarie zerstört wurde. Nach zahlreichen wesentlichen Änderungen flog im Juni 1942 die erste Serienmaschine SB2 C-1.
Die lange Entwicklungszeit ist auf den Wunsch des Fliegerkorps zurückzuführen, den Typ als A-25 A „Strike" (Modell S84) in 900 Exemplaren zu erhalten. Danach mußten die Forderungen der Marine und der Luftstreitkräfte vereint werden. Schließlich wurden nur wenige A-25 A ausgeliefert, und die SB2 C-1 A wurden von der USA-Marine übernommen. Das Foto zeigt eine SB2 C-1.
Inzwischen hatte die „Dauntless" von Douglas die entstandene Lücke eingenommen, und Curtiss lieferte die jeweils veränderten (im Triebwerk und in der Bewaffnung) Serien SB 2 C-3, C-4 und C-5 aus, wobei die zweite Baureihe übersprungen wurde. Die ersten „Helldiver" griffen im November 1943 in das Geschehen im Pazifik ein.
Zwei kanadische Werke produzierten den Typ in 1 194 Exemplaren als SBF-1, SBF-3 und SBF-4 E sowie als SBW-1, SBW-4, SBW-4 E und SBW-5. Insgesamt wurden 7 200 Flugzeuge dieses Typs hergestellt. Nach dem Krieg wurde eine große Zahl von Maschinen als taktisches Kampfflugzeug in Frankreich, Griechenland, Italien, Portugal und Thailand verwendet.
Bei vollem Tankinhalt (maximal 2 100 bis 2 450 l) konnte die Maschine als Aufklärer bis zu 2 360 km weit fliegen. Bewaffnet war die „Helldiver" mit vier starren 12,7-mm-MGs oder zwei 20-mm-Kanonen sowie einem beweglichen Zwillings-MG. Außer einer 720- oder 900-kg-Bombe im 2,5 m langen Bombenschacht konnten unter den Flügeln acht ungelenkte 127-mm-Raketen oder zwei 225-kg-Bomben mitgeführt werden. Die normale Flugdauer betrug 4 h, maximal 9 h.

Rumpf: sehr gedrungene Ganzmetallbauweise; aufgesetzte Kabine, deren Verglasung bei Gefechtsflügen oft zurückgeschoben wurde; nach hinten gerichtetes Zwillings-MG aerodynamisch verkleidet; Fanghaken hinter dem Heckrad.
Tragwerk: freitragender Mitteldecker in Ganzmetallbauweise; hydraulisch betätigte Vorflügel; großflächige, gelochte Spreizklappen; Außenflügel nach oben klappbar.
Leitwerk: freitragende Normalbauweise.
Fahrwerk: einziehbar, Heckrad nicht; alle Streben einfach bereift.

Curtiss-Wright F-11 C-2 „Goshawk (BFC-2) Maritimes Mehrzweckflugzeug

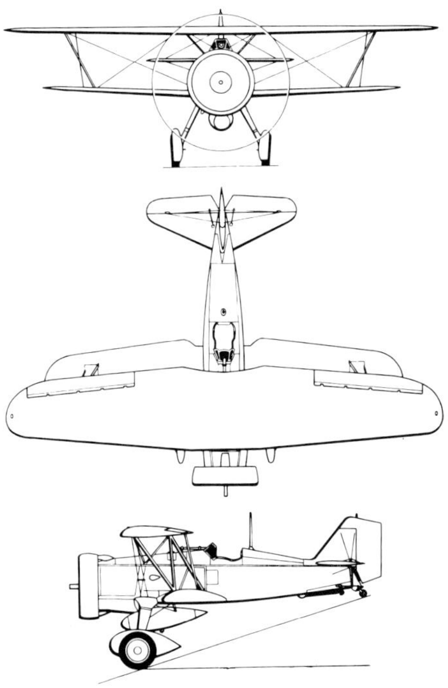

Die Bezeichnung F (Fighter) für dieses Flugzeug täuscht über seinen wahren Verwendungszweck, zählte es doch zu den Mehrzweckflugzeugen der USA-Marine. Deshalb wurde es im März 1934 in BFC-2 (Bomber-Fighter) umbenannt.
Hervorgegangen war die Maschine aus der Serie P6 F-6 C, die man mit einem Sternmotor ausgestattet hatte. Zur Erprobung schuf das Curtiss-Werk die XF-11 C-1 (Wright „Whirlwind"-Doppelsternmotor) sowie die XF-11-2 („Cyclone"-Triebwerk). Dieses Muster flog zuerst. Da es sich besser als die XF-11 C-1 bewährte, wurden davon im Oktober 1932 28 Maschinen bestellt. Dieser nach der Umrüstung auch als Sturzbomber verwendbare Typ blieb bis zum Februar 1938 im Einsatz.
Die 28. Maschine wurde zur XF-11-3 (später XB F-2 C-1) umgebaut: Durch die Verwendung eines stärkeren „Cyclone"-Triebwerks sowie eines einziehbaren Fahrwerks bildete sie den Prototyp für den in 27 Exemplaren gebauten Typ F-11 C-3

(BF-2 C-1), der an Bord des USA-Flugzeugträgers „Ranger" verwendet wurde.
Inzwischen hatte sich das Ausland für dieses Flugzeug interessiert, wo es als „Hawk" bekannt wurde („Hawk" I und II: 520-kW-Motor und größerer Kraftstoffvorrat als die F-11 C-2, „Hawk" III und IV: einziehbares Fahrwerk, 550-kW-Motor). Insgesamt konnten 215 „Hawk" in folgende Länder verkauft werden: Argentinien („Hawk" IV), Bolivien und China (mehr als 100 „Hawk" II und III), Kolumbien, Kuba, Deutschland (zwei „Hawk" II, siehe Foto) Siam (heute Thailand, „Hawk" III), Spanien und die Türkei (24 „Hawk" II). Außerdem wurde die „Hawk" in China in Lizenz gebaut.

Rumpf: verschweißtes Stahlrohrgerüst; Vorder- und Oberteil mit Blech verkleidet; Seitenwände mit Stoff bespannt; hinter der Kopfstütze Rettungsboot eingebaut; Zielgeräte vor der Windschutzscheibe.
Tragwerk: verspannter und verstrebter Doppeldecker; Holzbauweise mit Stoffbespannung; Querruder nur am Oberflügel; blechbeplankt.
Leitwerk: Normalbauweise; verstrebt; Metallgerüst mit Stoffbespannung.
Fahrwerk: starr mit Heckrad; Haupträder verkleidet.

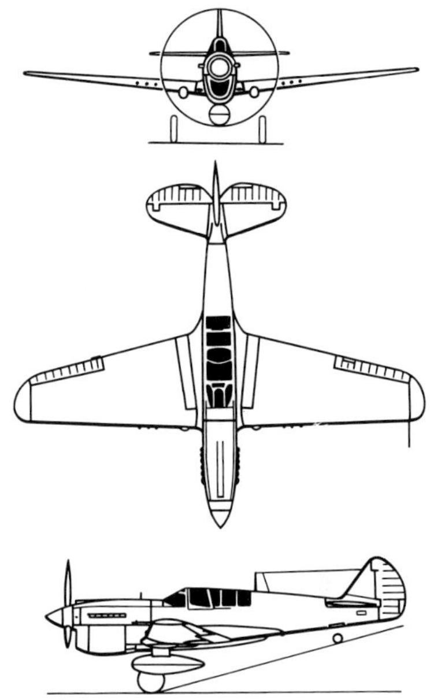

Curtiss-Wright P-40 „Warhawk" Jagdflugzeug

Die P-40 „Warhawk" gehörte zu den am meisten geflogenen Jagdflugzeugen der USA. Bis 1944 wurden 13733 P-40 gebaut, allein von der Version P-40 N 5200. Die Maschine wurde auch nach Frankreich, Großbritannien, China und der Sowjetunion geliefert.
Einige Versionen:
P-40: erstes Serienflugzeug mit 765-kW-Motor.
P-40 B: verbesserte Ausführung mit Panzerung für den Piloten.
P-40 D: verbesserte Ausführung mit stärkerem Triebwerk, verbesserter Waffenausrüstung; 1941 herausgebracht.
P-40 K: Ausführung mit 975-kW-Motor; schwerste Version.
P-40 N: am meisten gebaute Ausführung (1943/44) mit geringerer Startmasse, kleinerem Kraftstoffvorrat (Skizze).
TP-40 N: zweisitzige Ausführung für Schulungszwecke.
XP-40: Prototyp; Erstflug im Oktober 1938.

In Großbritannien erhielt die P-40 die Bezeichnungen „Tomahawk" bzw. „Kittyhawk" (Foto).

Rumpf: Ganzmetall-Schalenbauweise; Längsstringer; geschlossenes Cockpit.
Tragwerk: freitragender Tiefdecker in Ganzmetallbauweise; dreiteiliger Flügel; hydraulisch betätigte Spreizklappen zwischen Rumpf und Querruder.
Leitwerk: freitragende Normalbauweise in Metall mit Stoffbespannung; Trimmklappen in allen Rudern.
Fahrwerk: einziehbar; Heckrad ebenfalls; Radbremsen.

Curtiss-Wright CW-20 / C-46 „Commando" Verkehrs- und Transportflugzeug

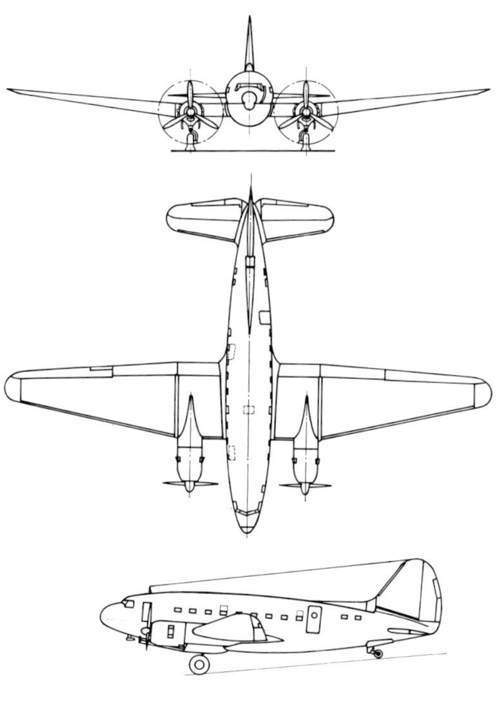

Curtiss-Wright entwickelte ein Verkehrs- und Transportflugzeug, das unter der Bezeichnung CW-20 am 26. März 1940 erstmalig flog. Es wurde während des zweiten Weltkriegs in 3180 Exemplaren für die USA-Luftstreitkräfte (C-46 „Commando", verbesserte Version: C-55) gebaut. Das bei seinem Erscheinen größte zweimotorige Flugzeug der Welt diente nach dem Krieg in größerer Anzahl im Luftverkehr.

Einige Versionen:
C-46: Militärversion; 1490-kW-Motoren; ab Juli 1942 im Dienst.
C-46 A: große Frachtluke; verstärkter Boden; 40 Klappsitze.
R5C-1: Marineversion; ähnlich der C-46 A; 160 gebaut.
C-46 D: Mannschaftstransporter; 1610 gebaut.
C-46 E: Mehrzwecktransporter; 17 hergestellt.
C-46 F: Frachter mit Luken auf beiden Seiten.

Rumpf: Ganzmetallbauweise.
Tragwerk: freitragender Tiefdecker in Ganzmetallbauweise; Gummischlauch-Enteisung.
Leitwerk: freitragende Normalbauweise; Gummischlauch-Enteisung.
Fahrwerk: einziehbar mit Heckspornrad.

Curtiss-Wright X-19
Forschungsflugzeug

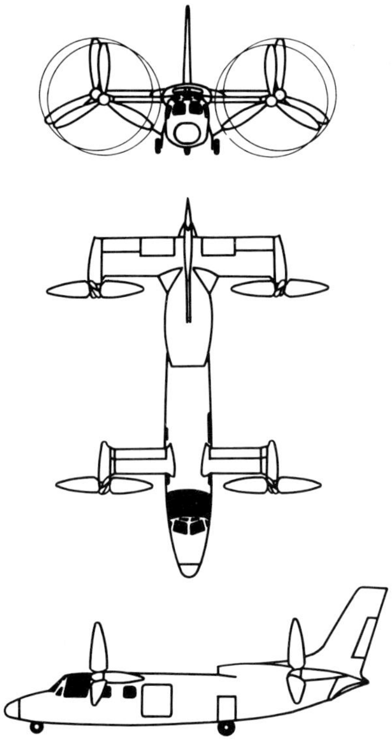

Im Frühjahr 1960 entwickelte Curtiss-Wright das neuartige VTOL-Forschungsflugzeug X-100. Die für die USA-Luftstreitkräfte geschaffenen zwei weiteren Flugzeuge (nach der gleichen Konzeption, aber größer) hießen beim Hersteller Modell 200, bei den Luftstreitkräften X-19. Die beiden Turbinentriebwerke im Rumpf trieben die vier Dreiblatt-Propeller aus GFK an den Enden der beiden tandemartig angeordneten Tragflügel an. Die Flügelstummel mit den Propellern ließen sich um fast 90° schwenken, so daß sie beim Senkrechtstart und bei der Senkrechtlandung nach oben gerichtet waren und als Rotoren wirkten. Im Vorwärtsflug ließ sich die X-19 wie andere Flugzeuge steuern.

Der Erstflug fand am 26. Juni 1964 statt. Zunächst war vorgesehen, aus der X-19 den senkrecht startenden Transporter LT-1 abzuleiten. Nach einigen Flugversuchen gab man jedoch die Entwicklung auf.

Rumpf: Ganzmetall-Halbschalenbauweise; eine Tür backbords; Kabine mit Klima- und Druckanlage.
Tragwerk: zwei Tragflügel in Tandemanordnung mit schwenkbaren Propellern in Flügelstummeln.
Leitwerk: freitragende Normalbauweise.
Fahrwerk: einziehbar; Bugrad; ein Rad an jeder Strebe.

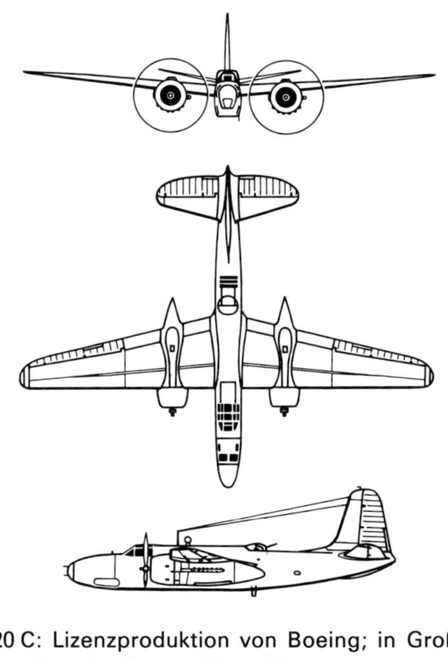

Douglas
DB-7 „Boston" / A-20 „Havoc"
Bomben- und Erdkampfflugzeug

Douglas hatte 1936 mit der Entwicklung eines Tiefangriffsbombers unter der Bezeichnung Modell 7 A begonnen. Nach einigen Änderungen entstand als Modell 7 B ein Prototyp; er flog erstmalig im Dezember 1938. Douglas erhielt dafür eine Bestellung der französischen Streitkräfte. Das Muster wurde jedoch aufgrund der französischen Forderungen erheblich überarbeitet. Die neue Ausführung erhielt die Bezeichnung DB-7 und flog erstmalig am 17. August 1939. Die USA-Streitkräfte nannten das Flugzeug A-20.

Einige Versionen:
A-20 A: verbesserte Ausführung der A-20; oft als „Havoc" bezeichnet.
A-20 C: Lizenzproduktion von Boeing; in Großbritannien als „Boston" bezeichnet.
A-20 G: am meisten gebaute Ausführung, auch an die UdSSR (2908 B, C, D, G und J) geliefert; bis zum Produktionsstop im Jahr 1944 wurden 7385 (nach anderen Quellen 7478) A-20 gebaut.
F-3: Aufklärungsflugzeug mit Fotoausrüstung.
P-70: Nachtjagdflugzeug.

Rumpf: Ganzmetallbauweise.
Tragwerk: freitragender Mitteldecker in Ganzmetallbauweise.
Leitwerk: freitragende Normalbauweise in Ganzmetall.
Fahrwerk: einziehbar mit Bugrad.

Douglas A-1 „Skyraider" Bombenflugzeug

Noch während des zweiten Weltkriegs beauftragte die USA-Marine die Douglas-Werke, ein einmotoriges, bordgestütztes Bomben- und Tiefangriffsflugzeug zu schaffen. Der Erstflug fand am 18. August 1945 statt. Der Korea-Krieg war Anlaß, das ursprünglich auf fünf Jahre geplante Bauprogramm auszuweiten, da die USA kein moderneres Flugzeug für diese Aufgaben hatten. So wurden bis 1957 insgesamt 3180 „Skyraider" produziert, die noch im Indochina-Krieg eingesetzt wurden. 1966 befanden sich noch 670 A-1 E, 713 A-1 H und 72 A-1 J im Bestand der Luftstreitkräfte der USA, Südvietnams, Frankreichs und Kambodschas.
Insgesamt entstanden 50 unterschiedliche „Skyraider"-Modifikationen, so auch dreisitzige wie die A-1 E, mit großem Funkmeßgerät unter dem Rumpf ausgerüstete wie die AD-4 W als U-Boot-Jagdflugzeug sowie spezielle Versionen für den Nachteinsatz und als Tanker.

Rumpf: Ganzmetall-Schalenbauweise; klobiger Rumpf mit aufgesetzter Kabine; vorn zwei Sitze; hinten ein Sitz; ausfahrbarer Fanghaken.
Tragwerk: freitragender Tiefdecker mit selbsttragender Beplankung und Verstärkung für Schwerlastaufhängungen.
Leitwerk: Normalbauweise in Ganzmetall; sehr großes Seitenleitwerk.
Fahrwerk: einziehbar mit Spornrad.

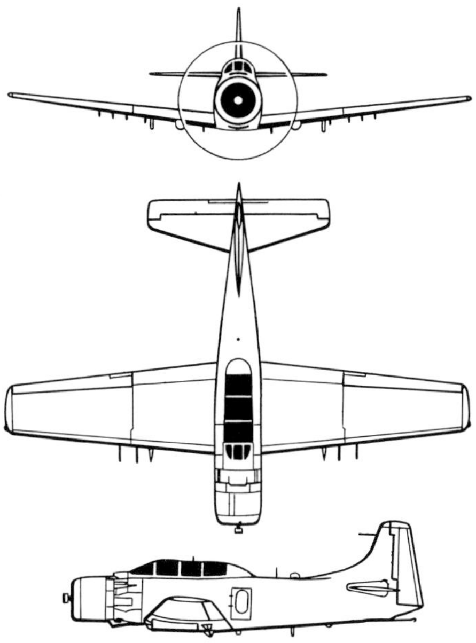

Douglas A-3 „Skywarrior" / B-66 „Destroyer" Bombenflugzeuge

Anfang der fünfziger Jahre benötigte die USA-Marine ein Ablösemuster für ihre veralteten zweimotorigen Trägermaschinen mit Kolbenantrieb. Der Prototyp des bordgestützten Bombenflugzeugs flog erstmalig am 28. Oktober 1952. Ab März 1956 erhielten die Flugzeugträger der „Essex" – und „Midway"-Klasse die ersten Maschinen einer Zwischenserie von 50 A-3 A (alte Bezeichnung A-3 D-1, Erstflug am 16. September 1953). Es folgten mit stärkeren Triebwerken die in 164 Exemplaren produzierte Standardversion A-3 B (A-3 D-2, Skizze), mit der zwischen 1957 und Ende 1965 sechs Angriffs-, drei Aufklärer- und zwei Schulstaffeln ausgerüstet wurden. Dazu wurden aus der A-3 B (mit 4,60 m langer Waffenwanne für 5500 kg Bomben, Minen oder Tiefgangwaffen) der fünfsitzige Aufklärer RA-3 B (30 produziert), die siebensitzige Elektronikstörversion EA-3 B (25 gebaut) und die Radar-Übungsmaschine TA-3 B (12 hergestellt) abgeleitet. Maschinen der Versionen A-3 A und A-3 B sind bis 1961 zu Tankflugzeugen KA-3 B (je 4925 l, 50 Maschinen) und Tank- sowie Elektronikstörflugzeugen EKA-3 B (39 Maschinen) umgebaut worden.
Außer diesem als „Skywarrior" bezeichneten Marineflugzeug entstanden zwischen 1954 und 1958 209 aus der A-3 hervorgegangene taktische Bomben- und Aufklärungsflugzeuge für die USA-Luftstreitkräfte, die als B-66 „Destroyer" bezeichnet wurden (Foto). Dem Prototyp XB-66 (Erstflug am 28. Juni 1954) folgten eine Testreihe von fünf RB-66 A (im Februar 1956 geliefert) und kurz darauf die Bomberversion B-66 B für 6000 kg Bomben, einschließlich Kernwaffen. Daneben gab es den Nachtaufklärer RB-66 B, den Allwetter-Funkmeßaufklärer RB-66 C sowie den Wetteraufklärer WB-66 D. Die Bomber waren Mitte der siebziger Jahre veraltet, die verschiedenen Aufklärermuster jedoch noch im Einsatz.
Zwischen den Reihen A-3 und B-66 gibt es erhebliche technische Unterschiede, so hinsichtlich der Triebwerke und der Tragwerkkonstruktion.
Am 27. September 1991 stellte die US Navy mit der EA-3 B die letzten von insgesamt 282 „Skywarrior" (Spitzname „Whale" – Wal) außer Dienst.

Rumpf: Ganzmetall-Halbschalenbauweise; quadratischer Querschnitt mit stark gerundeten Ecken; Besatzungsraum hinter Bugkonus mit Navigations- und Zielsuchradar; beheizbarer Bombenschacht hinter Kraftstoffbehältern; große seitliche Luftbremsen im Heck.
Tragwerk: Schulterdecker mit gepfeilten Tragflügeln in Ganzmetallbauweise; unter den Tragflügeln an breiten Stielen hängende Triebwerke; zwei Holme; Außenteile hochklappbar.
Leitwerk: Normalbauweise mit hoher und großflächiger Seitenflosse; oberhalb der Höhenflosse umklappbar; bewegliche Höhenflosse.
Fahrwerk: einziehbar mit Bugrad; hydraulisch betätigter Notsporn.

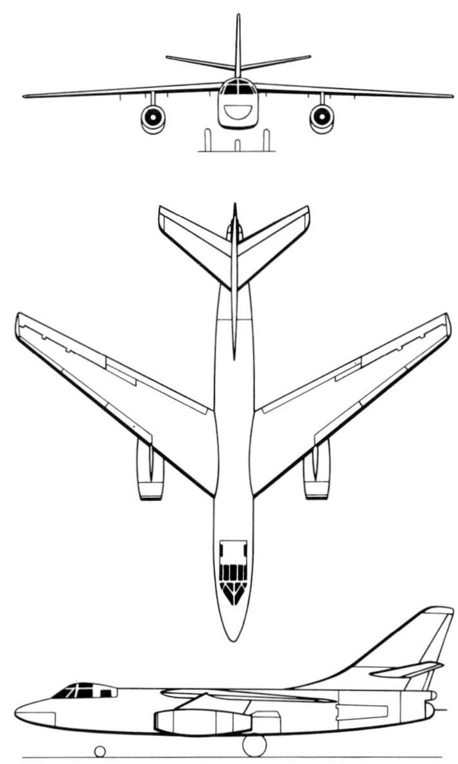

Douglas C-124 „Globemaster II" Transportflugzeug

In den ersten Nachkriegsjahren entwickelte Douglas das Transportflugzeug „Globemaster" (militärische Bezeichnung: C-74), von dem jedoch nur 14 Maschinen gebaut wurden, da inzwischen die größere „Globemaster II" fertig war. Flügel, Motoren und Heckpartie wurden von der C-74 übernommen, der Rumpf wurde neu konzipiert.
Die C-124 „Globemaster II" diente als Transportflugzeug für Truppen und schweres Gerät. Die Maschine bot 200 voll ausgerüsteten Soldaten Platz. In der Sanitätsausführung nahm sie 127 Tragen auf. Der Erstflug des Prototyps war am 27. November 1949.

Versionen:
C-124 A: Serienmodell mit 2575-kW-Motoren.
C-124 C: Ausführung mit 2795-kW-Motoren und Bugradar.
YC-124 B: Versuchsausführung mit vier PTL-Triebwerken mit je 4045 kW.
Douglas lieferte insgesamt 446 Flugzeuge dieses Typs an die USA-Luftstreitkräfte.

Rumpf: Ganzmetall-Halbschalenbauweise; Bugradar; bei Truppentransport Einbau eines Zwischendecks; unterer Bug zur Beladung aufklappbar; Ladeeinrichtungen.
Tragwerk: freitragender Tiefdecker in Ganzmetallbauweise; Laminarprofil; zwei Holme; Fowler-Landeklappen über die gesamte Spannweite, außen als Querruder dienend; thermische Enteisung.
Leitwerk: freitragende Normalbauweise in Ganzmetall; Ruder stoffbespannt mit Trimmklappen.
Fahrwerk: einziehbar mit Bugrad; Zwillingsräder an allen Streben; Notsporn am Heck.

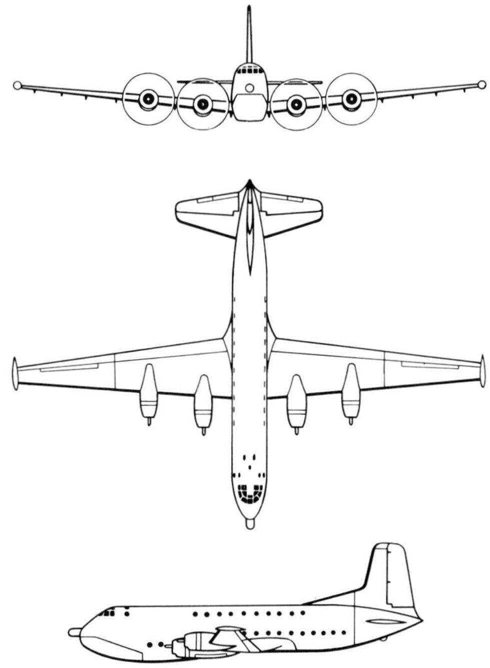

Douglas C-133 „Cargomaster" Transportflugzeug

Das PTL-Flugzeug C-133 „Cargomaster" war der Nachfolger der C-124 „Globemaster". Obwohl es kaum größer war als sein Vorgänger, konnte es die doppelte Nutzmasse befördern. Die „Cargomaster" wurde vor allem zum Transport von Lenkwaffen benutzt. Außer der Fracht fanden 200 voll ausgerüstete Soldaten Platz. Die Maschine konnte auch als Sanitätsflugzeug eingesetzt werden. Der Erstflug fand am 23. April 1956 statt. Die Produktion endete 1961.
Versionen:
C-133 A: erste Serienausführung, die am 16. Dezember 1958 mit 53478 kg eine Höhe von 3050 m erreichte und damit einen Nutzmasse-Höhenrekord aufstellte; ab 1957 34 Maschinen ausgeliefert.
C-133 B: Weiterentwicklung mit größerer Startmasse und größeren Ladetoren; Erstflug am 31. Oktober 1959; 15 Maschinen ausgeliefert.

Rumpf: Ganzmetall-Halbschalenbauweise; Druckkabine; Ladeluke vorn backbords; Heckklappe; eingebaute Ladeeinrichtungen; Bugradar.
Tragwerk: freitragender Hochdecker in Ganzmetallbauweise; zweiteilige Doppelspaltklappen zwischen Querruder und Rumpf; zwei Holme; thermische Enteisung.
Leitwerk: freitragende Normalbauweise in Ganzmetall; pneumatische Enteisung.
Fahrwerk: einziehbar; steuerbare Bugstrebe mit Zwillingsrädern; an den Hauptstreben Fahrwerkschlitten mit je vier Rädern.

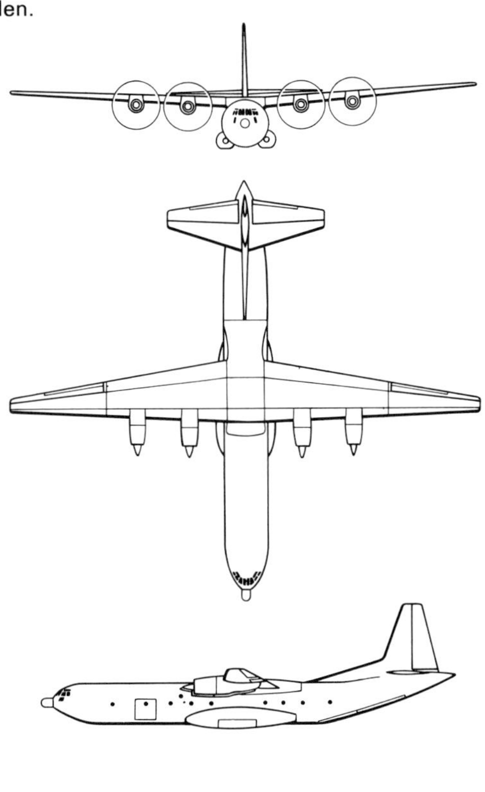

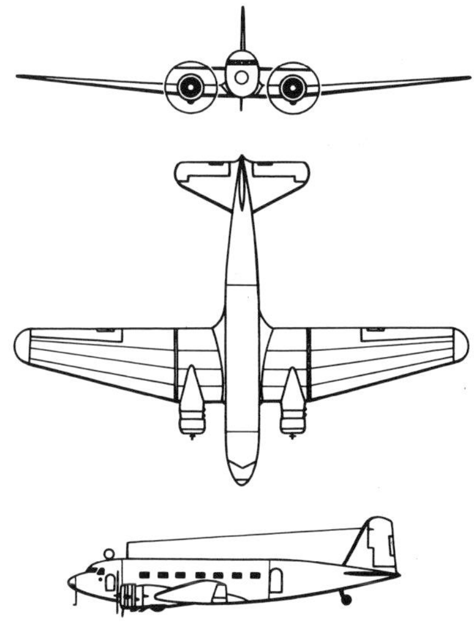

Douglas DC-2
Verkehrs- und Transportflugzeug

Im Jahr 1932 kam das zweimotorige Verkehrsflugzeug Boeing 247 heraus. Die Fluggesellschaft United Airlines blockierte mit ihren Bestellungen jedoch lange Zeit für andere die Produktion, weshalb die Transcontinental & Western Air bei Douglas ein Gegenmuster in Auftrag gab. Daraus entstand die DC-1.
Bei der Flugerprobung zeigte sich, daß bei einer Verbesserung der Triebwerksleistung die Zuladung erheblich gesteigert werden könnte, wenn man den Rumpf in seiner Struktur verstärkte. So ergab sich die DC-2 als Ganzmetall-Verkehrsflugzeug für 14 bis 16 Passagiere mit einem damals ungewöhnlichen Komfort.
In ihren Leistungen und im Komfort übertraf die DC-2 die Boeing 247 und konnte sich deshalb schnell durchsetzen. Sie flog in den USA, in Australien (10), Deutschland (6), Finnland (3), Großbritannien und Japan. Insgesamt verließen 138 DC-2 die Werkhallen. Hinzu kamen die militärischen Versionen C-32 A (1 Prototyp XC-32, 24 regenerierte DC-2), C-33 (von der XC-32 abgeleitet, 18 Exemplare), YC-34 (wie die XC-32, aber mit anderer Innenausstattung, 2 hergestellt), C-38 (eine C-33 mit Leitwerk der DC-3), C-39 (umkonstruierte C-33, 35 ausgeliefert), C-41, C-41 A, C-42 (drei C-39 mit unterschiedlichen Triebwerken) sowie R2D-1 (5 DC-2 für die USA-Seeflieger). Die militärische DC-2 war ab 1936 im Dienst und flog noch in den ersten Kriegsjahren.
Der Erstflug der DC-2 war im April 1934.

Rumpf: Ganzmetallbauweise.
Tragwerk: freitragender Tiefdecker in Ganzmetallbauweise.
Leitwerk: freitragende Normalbauweise in Ganzmetall.
Fahrwerk: einziehbare Haupträder; Spornrad; Radbremsen; eingezogene Räder ragen zum Schutz bei Notlandungen etwas heraus.

Douglas DC-3
Verkehrsflugzeug

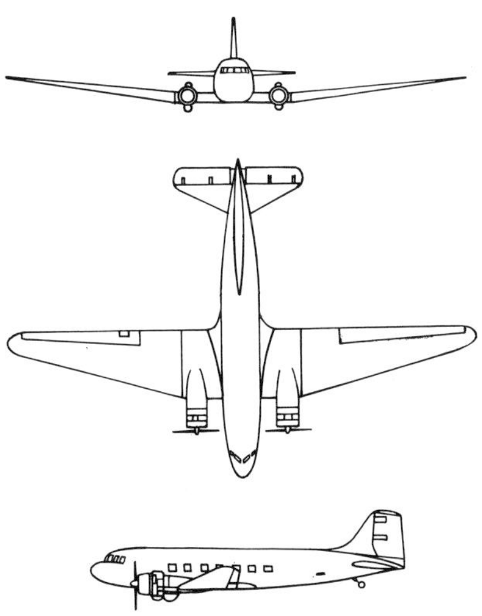

Aus den Mustern DC-1 und DC-2 entwickelte Douglas die DC-3, die in ihrer Zeit zum erfolgreichsten Verkehrsflugzeug der Welt wurde. Sie war der erste freitragende Tiefdecker, der mit glattem Blech beplankt war. Der Erstflug fand am 19. Dezember 1935 statt.
Allein in den USA wurden bis 1947 10 928 Flugzeuge dieses Typs gebaut. In mehreren Ländern kamen Lizenzbauten heraus, z. B. in der Sowjetunion die Li-2. Das Flugzeug wurde in der gesamten Welt unter dem Namen „Dakota" bekannt.
Die militärischen Versionen führten die Bezeichnung C-47 „Skytrain" (Frachttransporter mit verstärktem Kabinenboden und Lastenseglerschlepper), C-53 „Skytrooper" (Truppentransporter vor allem zum Absetzen von Fallschirmjägern) und R-4 D (Transporter für die USA-Marine).
Nach dem zweiten Weltkrieg führten Modernisierungsversuche zur Turbo-DC-3. Die USA-Firma Convoy baute zwei PTL-Triebwerke mit je 1 175 kW ein. Damit erreichte die Maschine 400 km/h Höchst- und 330 km/h Dauergeschwindigkeit, eine Gipfelhöhe von 7 600 m und eine Reichweite von 3 300 km.
Im Vietnam-Krieg verwendeten die USA-Luftstreitkräfte ab 1965 zu fliegenden Waffenplattformen umgebaute DC-3 als AC-47 D. Als EC-47 wurden für Funkabhöraufgaben verwendete Maschinen bezeichnet, als EC-47 Q für elektronische Störaufgaben benutzte.
Noch 1995 flogen einige DC-3 bei zivilen und militärischen Haltern.

Rumpf: Ganzmetallbauweise ohne Druckkabine.
Tragwerk: freitragender Tiefdecker in Ganzmetallbauweise.
Leitwerk: freitragende Normalbauweise in Ganzmetall.
Fahrwerk: einziehbare Haupträder ragen im eingezogenen Zustand zum Schutz bei Notlandungen etwas heraus; Heckrad.

Douglas DC-4 / C-54 „Skymaster“ Verkehrs- und Transportflugzeug

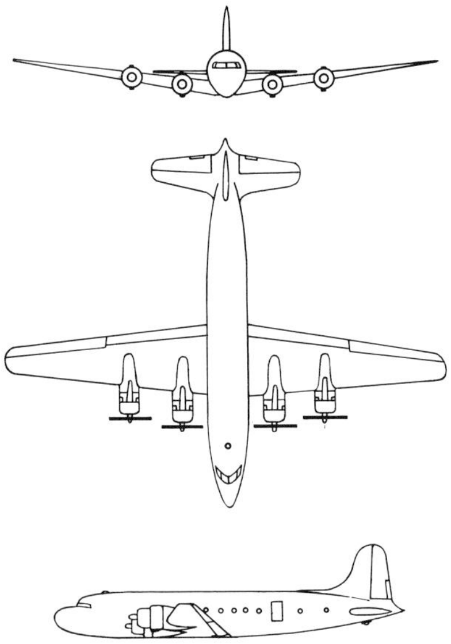

Mitte 1935 begann bei Douglas die Entwicklung eines 52sitzigen Passagierflugzeugs mit 4 Triebwerken und dreifachem Seitenleitwerk. Gebaut wurden 2 Prototypen, deren erste NX-18100 am 7. Juni 1938 die Flugerprobung aufnahm. Da die auch als DC-4 E bezeichnete Maschine keine Druckkabine besaß, interessierten sich die Luftverkehrsgesellschaften nicht für diesen Typ, sondern für die höhenfluggeeignete Boeing 307.
Die Gesellschaften erhofften sich zudem von einem kleineren Typ eine größere Wirtschaftlichkeit, so daß Douglas eine neue Maschine für 42 Passagiere und mit einem einfachen Seitenleitwerk schuf. Von dieser als DC-4 A (später DC-4) bezeichneten Konstruktion wurden 61 Maschinen bestellt. Der Prototyp startete am 14. Februar 1942 zum Erstflug.
Die erste Serie von 24 DC-4 A wurde als Transporter C-54 „Skymaster“ requiriert. Insgesamt wurden bis 1945 1 088 C-54 in verschiedenen Versionen (darunter 211 R-5 D für die Marine) gebaut. Viele von ihnen wurden nach dem Krieg neben den 154 eigentlichen Verkehrsflugzeugen DC-4 (bis 1947 produziert) für den zivilen Langstreckendienst verwendet.

Rumpf: Ganzmetallbauweise ohne Druckkabine.
Tragwerk: freitragender Tiefdecker in Ganzmetallbauweise.
Leitwerk: freitragende Normalbauweise.
Fahrwerk: einziehbar; steuerbares Bugrad; an den Hauptstreben Zwillingsräder.

Douglas DC-6 / C-118 „Liftmaster“ Verkehrs- und Transportflugzeug

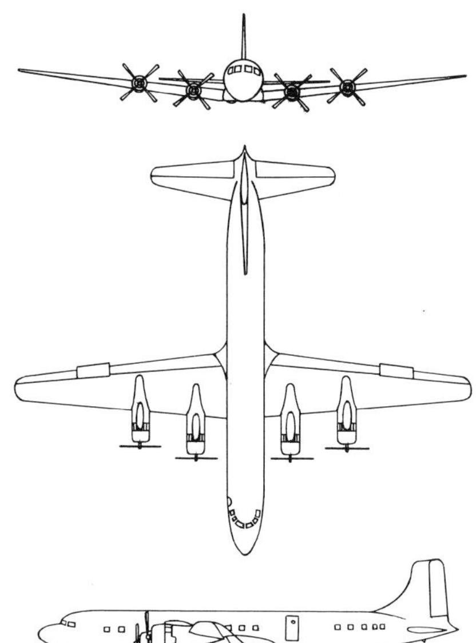

Die DC-6 ist eine auf Veranlassung der USA-Luftwaffe noch während des Krieges entstandene Weiterentwicklung der DC-4. Sie unterscheidet sich von dieser durch einen längeren Rumpf mit geräumigerer Kabine, durch eine Druckkabine, stärkere Triebwerke und durch thermische Enteisung des Tragwerks, des Leitwerks und der Cockpitverglasung.
Der Prototyp flog unter der Bezeichnung XC-112 A erstmalig am 15. Februar 1946. Die ersten Serienflugzeuge wurden am 24. November des gleichen Jahres geliefert. Insgesamt waren es bis Ende 1958 537 DC-6. Einige DC-6 flogen noch 1990.

Versionen:
DC-6: erstes Produktionsmodell mit 1 765-kW-Motoren für 48 bis 58 Passagiere; 175 gebaut.
DC-6 A: Frachtversion mit gleichem Trag-, Leit- und Fahrwerk, aber um 1,52 m verlängertem Rumpf; 1 840-kW-Motoren; ab 1951 im Liniendienst; 75 hergestellt; später einige für 107 Passagiere umgebaut und als DC-6C bezeichnet.
DC-6 B: Passagierausführung der DC-6 A für 64 bis 92 Passagiere; 287 produziert.
C-118 „Liftmaster“: Bezeichnung der USA-Luftstreitkräfte für die DC-6; ausgeliefert wurden 100 C-118 A und 61 C-118 II.
R-6 D-1 „Liftmaster“: Bezeichnung der USA-Marine für die DC-6 A.
Super 6: Bezeichnung der Pan American World Airways für die an sie gelieferte DC-6 B.

Einige DC-6 sind außerdem als militärische Stabsreiseflugzeuge (1 VC-118 A, 4 VC-118 B) verwendet worden.

Rumpf: Ganzmetall-Halbschalenbauweise; Druckkabine.
Tragwerk: freitragender Tiefdecker; thermische Enteisung.
Leitwerk: freitragende Normalbauweise; thermische Enteisung.
Fahrwerk: einziehbar mit Bugrad; hydraulische Bremsen.

Douglas DC-7
Verkehrsflugzeug

Die DC-7 ist eine Weiterentwicklung der DC-6. Sie entstand nach einer Anregung der Luftverkehrsgesellschaft American Airlines. Die erste DC-7 flog am 18. Mai 1953. Am 29. November 1953 wurde die erste Maschine dieses Typs in Dienst gestellt.

Versionen:

DC-7: das erste Modell dieser Reihe, das sich von der DC-6 vor allem durch die 2390-kW-Triebwerke und den um 2,44 m längeren Rumpf unterscheidet; 120 Maschinen gebaut.

DC-7 B: Interkontinental-Version mit vergrößerten Tanks und 2465-kW-Triebwerken; Klappensystem am Tragwerk völlig verändert; Erstflug am 25. April 1955; 97 hergestellt.

DC-7 C: verbesserte Version der DC-7 B; Erstflug am 20. Oktober 1955; Spannweite im Vergleich zur DC-7 B um 3,05 m vergrößert, so daß Innentriebwerke um 1,50 m weiter vom Rumpf entfernt werden konnten; Rumpf um 1 m verlängert; Seitenleitwerk um 0,60 m vergrößert; 121 produziert.

DC-7 F: Frachtversion; als die DC-7 infolge der TL-Verkehrsflugzeuge veraltet war, wurden die Maschinen DC-7 und DC-7 C zu dieser Version („Speedfreighter") umgebaut; verstärkter Rumpf, verstärkter Kabinenboden und große Ladeluke.

1967 flogen noch etwa 200 DC-7 bei verschiedenen Gesellschaften.

Rumpf: Ganzmetall-Halbschalenbauweise.
Tragwerk: freitragender Tiefdecker in Ganzmetallbauweise mit drei Holmen; Doppelspaltklappen.
Leitwerk: freitragende Normalbauweise in Ganzmetall mit zwei Holmen.
Fahrwerk: einziehbar mit Zwillingsrädern an den Hauptstreben; steuerbares Bugrad; Scheibenbremsen.

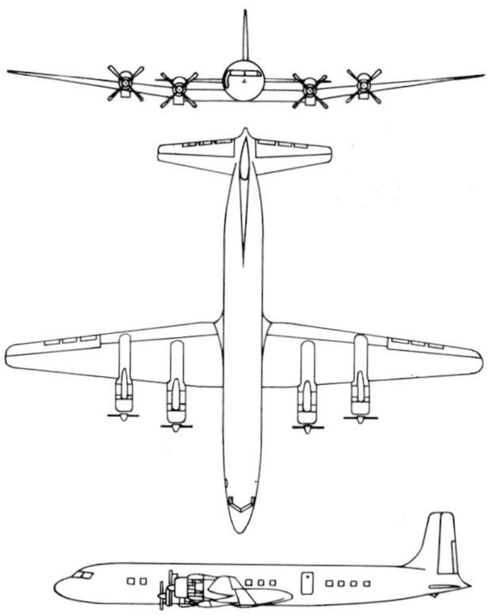

Fairchild Hiller C-119 „Flying Boxcar"
Transportflugzeug

Während des zweiten Weltkriegs wurde für die USA-Luftstreitkräfte ein Transportflugzeug mit zentralem Rumpf und großer Heckladeluke entwickelt. Der Prototyp XC-82 des neuen Transporters mit doppeltem Leitwerk startete am 10. September 1944 zum Erstflug. Die Serienproduktion der C-82 hatte bis 1948 einen unbedeutenden Umfang. Dann folgte mit der C-119 B die modernere Ausführung (stärkere Triebwerke, größerer zentraler Laderaum, versetztes Flugdeck, Erstflug im November 1947, 55 gebaut). Mit wiederum stärkeren Triebwerken folgten 347 C-119 C, deren Marineversion als R-4 Q-1 bezeichnet wurde. Auch von der C-119 F (210 Stück gebaut) gab es eine als R-4 Q-2 bezeichnete Marineversion.

Der Korea-Krieg ließ den Bedarf an Kampfzonentransportern stark anwachsen, so daß ab 1952 die letzte Serienversion C-119 G in Großserie (480 Exemplare) gebaut wurde. Bis 1955 entstanden insgesamt 1147 C-119. Diesen Typ setzten die USA ab 1966 während des Kriegs gegen Vietnam ein, so auch die mit vielen Maschinengewehren, kleinkalibrigen Kanonen und Leichtbomben sowie Scheinwerfern ausgerüsteten Nachtschlachtflugzeuge AC-119 G „Gunship" und AC-119 K.

Außer dem USA erhielten die Luftstreitkräfte Belgiens, Brasiliens, Indiens, Italiens, Kanadas, Norwegens und Taiwans Flugzeuge des Typs C-119. Kanada stellte die Maschinen 1965 außer Dienst, Belgien kurz darauf. Indien (Bestand Anfang 1976: 40 C-119) modernisierte sie, indem zusätzliche Strahltriebwerke installiert wurden. In den USA rüstete man einige C-119 durch den Einbau elektronischer Geräte zu Wetteraufklärern um.

Taiwan hatte noch 1989 C-119 G (480 gebaut) im Dienst.

Rumpf: Ganzmetall-Halbschalenbauweise; zentraler Rumpf mit Cockpit und Laderaum; schmale Heckträger
Tragwerk: Schulterdecker; Tragflügelmittelstück bis zu den Triebwerken in negativer V-Form.
Leitwerk: Ganzmetallbauweise; doppeltes Seitenleitwerk; dazwischen Höhenleitwerk; Stabilisierungsflächen unter den Seitenleitwerken.
Fahrwerk: einziehbar mit Bugrad.

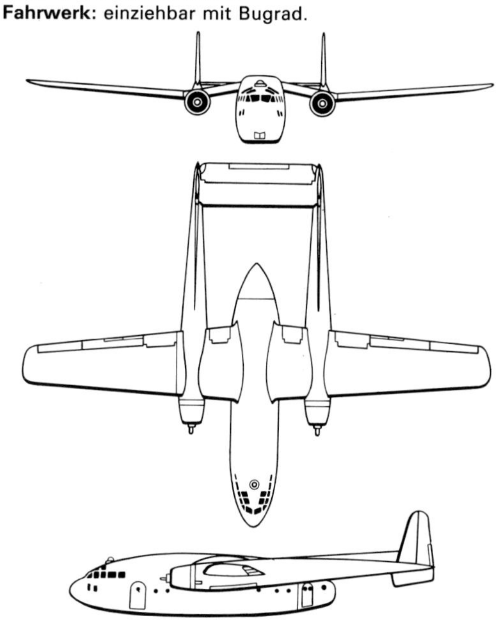

Fairchild Hiller C-123 „Provider" Transportflugzeug

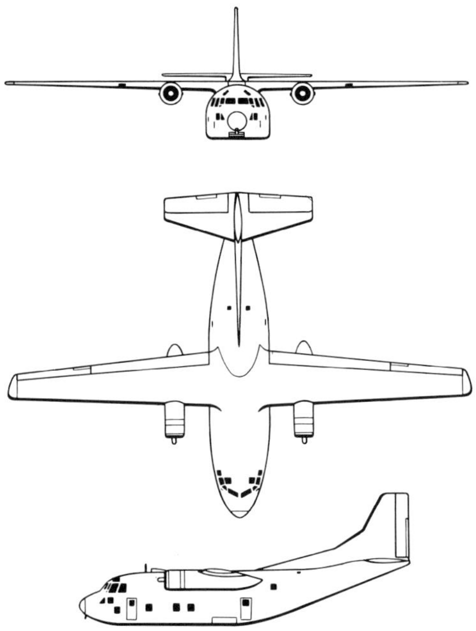

Während des zweiten Weltkriegs entwickelte die Chase Aircraft Company unter der Bezeichnung XCG-20 „Avitruc" einen Transportgleiter, mit dem zahlreiche Versuche unternommen wurden. Nachdem diese Firma eingegangen war, übernahm die Stroukoff Company dieses Muster, das auch Wasserlandungen ausführte. Der Korea-Krieg war Anlaß, dieses Modell zum Kampfzonentransporter weiterzuentwickeln, weil sich die Heckladeluke zum Absetzen von Personal und Material aus der Luft anbot. Diese Aufgabe übernahm Fairchild Hiller. Im Juni 1953 war das Projekt fertig, und von September 1954 bis 1958 verließen 5 Vorserien- und 302 Serienmaschinen C-123 B „Provider" das Werk.

Von 1955 bis 1968 baute man 183 C-123 B zu C-123 K mit je zwei zusätzlichen Strahltriebwerken J85-GE-17 (je 12 800 N Schub) unter den Tragflügeln um.

Saudi-Arabien, Thailand und Venezuela erhielten dieses Flugzeug ebenfalls, das noch im Vietnam-Krieg als Truppentransporter, Artilleriefeuerleit-, Absetz- und Nachschubflugzeug verwendet wurde. Außerdem benutzten die USA-Luftstreitkräfte dieses Flugzeug in der Version UC-123 B, um groß angelegte, antihumane Entlaubungsflüge durch Absprühen von Gift gegen die Vegetation Vietnams zu starten. Für die besonderen Bedingungen der Feldflugplätze entstand die Version C-123 H mit verstärktem Fahrwerk.

Rumpf: Ganzmetall-Halbschalenbauweise; leicht gepanzerte Kabine; hochgezogenes Heck; während des Fluges zu öffnende Heckladeluke.
Tragwerk: Schulterdecker mit Trapezflügeln in Ganzmetallbauweise; Zusatztanks an den Außenflügeln.
Leitwerk: Normalbauweise; sehr hohes Seitenleitwerk.
Fahrwerk: einziehbar; Bugrad mit Zwillingsrädern.

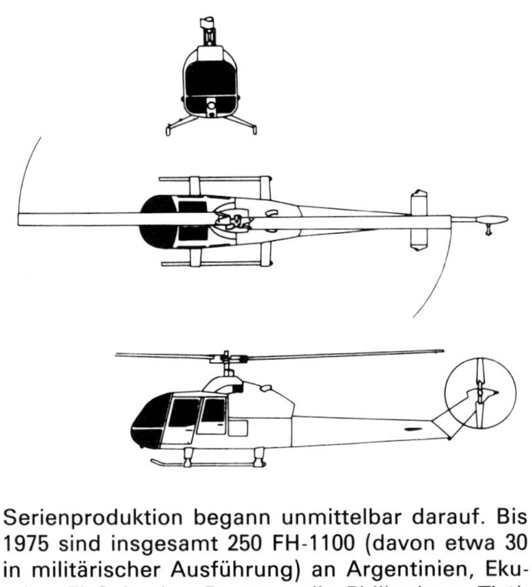

Fairchild Hiller FH-1100 Hubschrauber

Im Jahr 1959 schrieb die USA-Armee einen Wettbewerb für einen leichten Beobachtungshubschrauber aus. Zwei Jahre später wurden drei Firmen zum Bau von Prototypen aufgefordert: Bell (OH-4 A), Fairchild Hiller (OH-5 A), Hughes (OH-6 A).

Der erste Prototyp von Fairchild Hiller begann die Flugerprobung am 28. Januar 1963. Die Hubschrauber aller drei Firmen gingen Ende 1963 an die Testabteilung der Armee und flogen dort je 1 000 h.

Fairchild Hiller erklärte 1965, daß das Muster OH-5 A ungeachtet einer militärischen Auftragserteilung in der zivilen Version FH-1100 hergestellt würde. Die Luftverkehrszulassung für diesen Hubschrauber wurde im November 1966 erteilt. Die Serienproduktion begann unmittelbar darauf. Bis 1975 sind insgesamt 250 FH-1100 (davon etwa 30 in militärischer Ausführung) an Argentinien, Ekuador, El Salvador, Panama, die Philippinen, Thailand und Zypern geliefert worden.

Eine Besonderheit dieses Hubschraubers besteht darin, daß die Rotorkreisflächenbelastung sehr niedrig ist, so daß bei Triebwerksausfall eine hohe Sicherheit gewährleistet ist.

Rumpf: Ganzmetall-Halbschalenbauweise; Heckrotorträger als Leichtmetallröhre; Schallisolierung.
Tragwerk: Zweiblatt-Rotor in Ganzmetallbauweise.
Leitwerk: Zweiblatt-Ausgleichsrotor; Dämpfungsflosse.
Fahrwerk: zwei Kufen.

Fairchild Hiller FH-227 Verkehrsflugzeug

Zur Deckung des Bedarfs der amerikanischen Regionalgesellschaften an modernem Fluggerät erwarb Fairchild Hiller die Lizenz zum Nachbau der F-27 „Friendship" von Fokker (Niederlande). Die erste von Fairchild Hiller gebaute F-27 unternahm am 15. April 1958 ihren Erstflug.

Mit leistungsfähigeren PTL-Triebwerken schuf Fairchild Hiller eine gestreckte Ausführung der F-27 mit einem um 1,8 m längeren Rumpf. Dieses als FH-227 bezeichnete Flugzeug nahm im Sommer 1966 den Liniendienst auf.

Hieraus leitete Fairchild Hiller die verbesserte Ausführung FH-227 B ab, die sich von ihrer Vorgängerin durch eine um 900 kg höhere Startmasse, bessere Kurzstarteigenschaften, eine um 10 % höhere Reisegeschwindigkeit sowie durch neue Räder und Bremsen unterscheidet. Diese Ausführung steht seit 1967 im Streckendienst.

Insgesamt wurden 128 F-27 und 78 FH-227 gebaut.

Rumpf: Ganzmetall-Schalenbauweise mit kreisförmigem Querschnitt.
Tragwerk: freitragender Hochdecker in Ganzmetall-Schalenbauweise; Mittelstück und zwei Außenteile mit zwei Holmen; Gummischlauch-Enteisung; elektrisch betätigte Spaltklappen.
Leitwerk: freitragende Normalbauweise; Gummischlauch-Enteisung.
Fahrwerk: einziehbar; einfaches Bugrad und Zwillingsräder an den Hauptstreben.

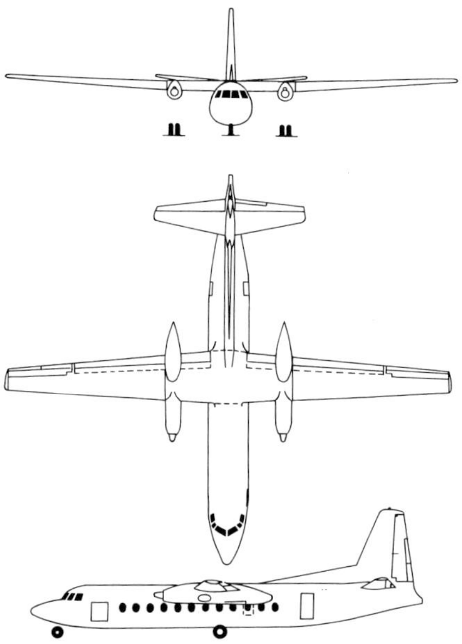

Fairchild Hiller A-10 A „Thunderbolt II" Erdkampfflugzeug

Die USA-Luftstreitkräfte schrieben 1970 einen Wettbewerb für ein Erdkampfflugzeug aus, den Fairchild Hiller mit der A-10 A gegen die A-9 A von Northrop gewann.

Die heruntergezogenen Flügelspitzen sollten den Auftrieb vor allem bei niedrigen Geschwindigkeiten erhöhen. Um die Lagerhaltung von Ersatzteilen zu rationalisieren, sind linke und rechte Teile wie Fahrwerk, Querruder und Leitwerk austauschbar. Die Triebwerke sind am Rumpfheck angeordnet, und zwar oben dicht hinter und über den Flügeln, um sie vor Fremdkörpern zu schützen.

Der Erstflug fand am 10. Mai 1972 statt. Die ersten drei der 1974 bestellten 22 A-10 wurden Anfang 1976 ausgeliefert. Nach der Erprobung von 2 Prototypen und 10 Vorserienmaschinen war zunächst geplant, bis 1979 insgesamt 729 Flugzeuge zu beschaffen. Da der Typ jedoch den Erwartungen nicht voll entsprach, wurde der Serienbau 1982 nach der 707. A-10 A beendet.

Am 4. Mai 1979 flog die zweisitzige Version A-10 B (zunächst als N/AW A-10 bezeichnet) erstmalig. Am 1. Oktober 1987 nahmen die ersten 6 OA-10 A den Truppendienst als Ersatz für die OA-37 B „Dragonfly" als Flugleitflugzeug in der taktischen Luftunterstützung auf.

Rumpf: Ganzmetall-Halbschalenbauweise; gepanzertes Cockpit mit Rundumsicht.
Tragwerk: freitragender Tiefdecker in Ganzmetallbauweise mit nach unten geknickten Flügelspitzen; selbstdichtende Kraftstofftanks.
Leitwerk: Höhenleitwerk am Rumpf hinter dem Strahlaustritt der Triebwerke; zwei Seitenleitwerke als Endscheiben am Höhenleitwerk.
Fahrwerk: einziehbar; ein Rad an jeder Strebe; Bugrad nach rechts versetzt; Räder ragen im eingefahrenen Zustand zum Teil heraus.

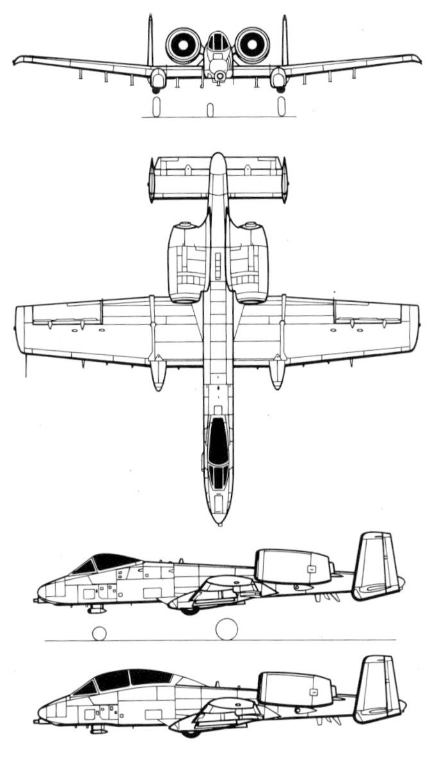

Gates Lear Jet
Mehrzweckflugzeug

Im November 1959 begannen in St. Gallen (Schweiz) Projektierungsarbeiten für ein zweistrahliges, leichtes Reiseflugzeug. Zum Bau dieses Flugzeugs wurde im April 1961 in den USA die „Swiss American Aviation Corporation" gegründet, die im August 1962 in „Lear Corporation" umbenannt wurde.
Der Erstflug des Prototyps fand am 7. Oktober 1963 statt.

Versionen:
Lear Jet 23: erstes Serienflugzeug; geliefert ab Oktober 1964.
Lear Jet 24: verbesserte Ausführung mit größerer Zuladung; Luftverkehrszulassung erteilt am 17. März 1966.
Lear Jet 25: Ausführung mit um 1,32 m verlängertem Rumpf, größerer Startmasse und stärkeren Triebwerken; Erstflug am 12. August 1968.
Stark veränderte Weiterentwicklungen sind die Serien Lear Jet 28/29 (größere Spannweite und Reichweite; 1977/78 erprobt), Lear Jet 35 A und 36 (mit Zweikreistriebwerken TFE 731-2; Erstflug des Prototyps am 4. Januar 1973) sowie Lear Jet 54/55/56 (wie die 28/29, aber mit Zweikreistriebwerken).
Bis 1992 sind insgesamt ca. 1700 Lear Jet aller Versionen ausgeliefert worden. Der Typ dient auch für den elektronischen Kampf (EC-35 A), zur Aufklärung (RC-35 B), zum Zielschlepp, zur Seeraumüberwachung (PC-35 C), zur Luftstraßenvermessung, zur Seenotrettung, zur Fotogrammetrie, als Übungsflugzeug und als Transporter (KC-35 A).

Rumpf: Ganzmetallbauweise; Einstieg durch zweiteilige Tür auf der Backbordseite; Druckkabine.
Tragwerk: freitragender Tiefdecker in Ganzmetallbauweise; acht Holme; hydraulisch betätigte Spaltklappen und Spoiler; thermische Enteisung.
Leitwerk: freitragendes T-Leitwerk in Ganzmetallbauweise; Trimmklappen im Seitenruder; thermische Enteisung.

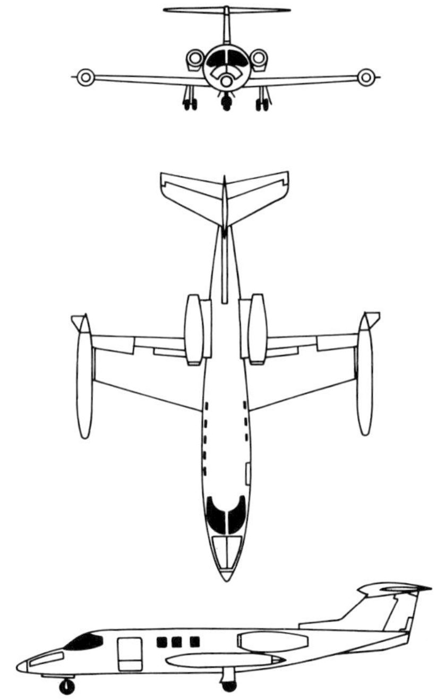

Fahrwerk: einziehbar; an den Hauptstreben Zwillingsräder; steuerbares Bugrad; hydraulische Scheibenbremsen mit Blockierungsschutz.

General Dynamics F-111
Jagdflugzeug

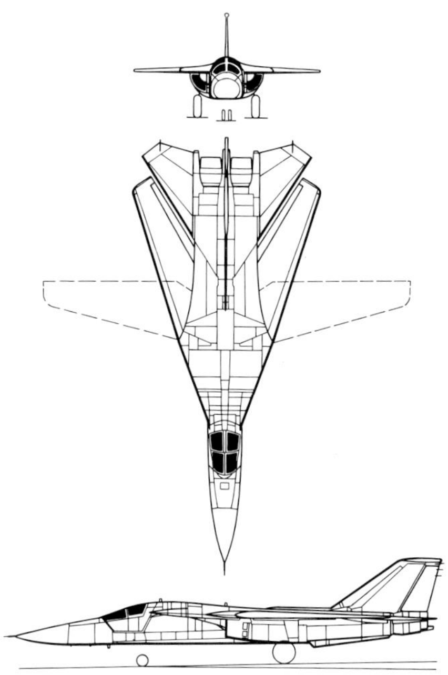

Zu Beginn der sechziger Jahre bestellte das Pentagon unter der Projektbezeichnung TFX einen zweisitzigen Mehrzweckjäger und taktischen Bomber mit veränderlicher Tragflügelgeometrie, der für die Luftstreitkräfte und die Marine der USA gedacht war.
Die großen Erwartungen, die die Militärs der USA in dieses Projekt setzten, erfüllten sich jedoch nicht. Bereits während der Projektierungsarbeiten stellte sich heraus, daß die errechnete Startmasse um Tausende Kilogramm und die geplanten Kosten wesentlich überschritten werden. Während des Einsatzes der Maschine traten wiederholt Schwierigkeiten auf, die zu Abstürzen und Sperrungen führten. Im Vietnam-Krieg bewährte sich die Maschine nicht. Großbritannien trat als Käufer zurück, und insgesamt wurden weit weniger F-111 gebaut als ursprünglich vorgesehen. Erprobt wurden 28 Versuchsmaschinen.

Versionen:
F-111 A: zweisitziger Jagdbomber der USA-Luftstreitkräfte; Erstflug am 21. Dezember 1964; gebaut wurden 141 Maschinen (1965 bis 1973); zunächst zwei Flugzeuge zu Elektronikstörmaschinen EF-111 A umgebaut.
F-111 B: Version der USA-Marine; Erstflug am 18. Mai 1965; geplant waren fünf Versuchs- und 24 Serienmaschinen; gebaut wurden aber nur sieben.
F-111 C: etwas veränderte Ausführung der F-111 A für Australien; 24 Maschinen gebaut (4 zu RF-111 C).
F-111 D: in 96 Exemplaren für die Navigations- und Waffenausbildung gebaute Version; bis Februar 1973 hergestellt.
F-111 E: verbesserte F-111 A; 94 Stück (1969/70) gebaut.
F-111 F: Jagdbomber; entspricht der F-111 D, aber mit um 25% stärkerem Antrieb und größerer Startmasse; 118 Maschinen von 1971 bis 1975 hergestellt.
F-111 K: für Großbritannien vorgesehene Version; nicht produziert.
FB-111 A: zweisitziger strategischer Bomber; 1965 210 Maschinen zum Ersatz der B-52 C/F und der B-58 A bestellt: 1967 Bestellung auf 64 reduziert und 1969 auf 76 erhöht; Erstflüge der beiden Prototypen am 30. Juli 1967 und am 13. Juli 1968; Produktion 1968 bis 1971.
EF-111 A: von Grumman für den elektronischen Krieg umgerüstete F-111 A; 42 Maschinen umgebaut; Erstflug des Prototyps 1975.
RF-111 A: als Jagdbomber für Aufklärungszwecke umgebaute F-111 A (nur Prototypen); Projekt inzwischen aufgegeben.
YF-111 A: zwei Jagdbomber/Aufklärer als Versuchsmuster für die ursprünglich von der britischen Regierung bestellten 50 F-111 K.

Rumpf: Ganzmetall-Halbschalenbauweise unter Verwendung von Titan und Stahl für Verstärkungselemente; nebeneinanderliegende Sitze; Lufteinläufe hinter dem Cockpit unter den Tragflügeln; Triebwerke im hinteren Teil nebeneinander.
Tragwerk: Schulterdecker mit veränderlicher Tragflügelgeometrie; Tragflügelvorderkantenpfeilung zwischen 16° und 72°30′ veränderbar; dabei Außenaufhängung stets parallel zur Flugzeuglängsachse.
Leitwerk: gepfeilte Normalbauweise in Ganzmetall; Höhenleitwerk mit leicht negativer Form.
Fahrwerk: einziehbar, Bugstrebe zwillingsbereift.

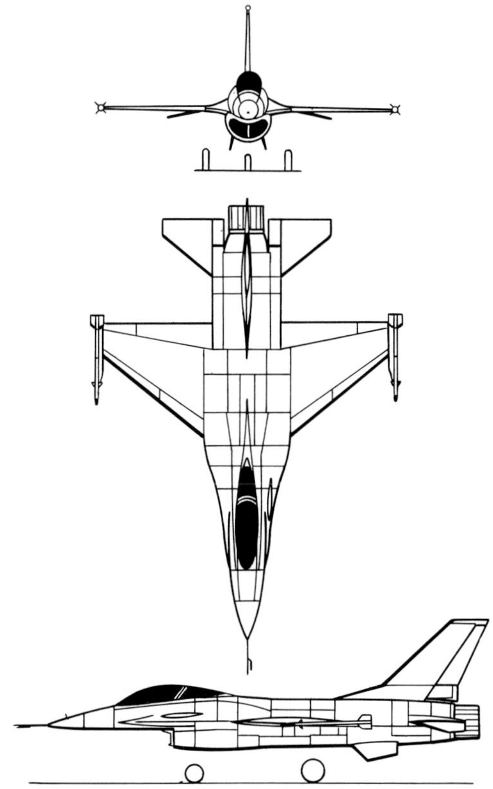

General Dynamics F-16 „Fighting Falcon" Jagdflugzeug

Mit der Entwicklung dieser Maschine folgten die USA dem in der UdSSR bereits vor zwanzig Jahren eingeschlagenen Weg des Leichtjägerbaus (MiG-21: bedeutendster Vertreter).
Der Prototyp YF-16 nahm am 2. Februar 1974 seine Flugerprobung auf. Als Konkurrenzmuster entstand die YF-17 von Northrop. Anfang 1975 entschieden sich die USA-Luftstreitkräfte für die F-16 als zukünftigen Luftkampfjäger.
In den europäischen NATO-Staaten war die F-16, Konkurrent der französischen „Mirage F-1".
Die erste in Belgien montierte F-16 A nahm im Dezember 1978 die Flugerprobung auf, die erste in den Niederlanden im Mai 1979.
Die zweisitzige Version der F-16 heißt F-16 B. Insgesamt wurden 1408 F-16 A und F-16 B gebaut. Die verbesserten Versionen F-16 C und D sind aus der F-16 A bzw. B entstanden. Sie haben ein verbessertes Radar, eine größere Reichweite, eine verstärkte Zelle, bessere elektronische Gegenmittel und eine größere Startmasse und zeichnen sich durch eine größere Manövrierfähigkeit aus.
Nach 2 Prototypen und 8 Vorserienjägern sind seit 1978 über 3835 F-16 aller Versionen einschließlich der Lizenzfertigung (SABCA/Belgien und Fokker/Niederlande 348 F-16 A/B; TUAS/Türkei 162 F-16 C/D und SAMSUNG/Südkorea 72 F-16 C/D) geliefert worden (Jahresproduktion 1987: 299, 1995/96: je 70 bis 80). Entwickelt wurden mehrere Versuchsmodelle, so 1985 für die NASA 2 F-16 XL oder die F-16 ES (Erstflug 5. November 1994; ES – Enhanced Strategic Fighting Falcon) mit großen seitlichen Verkleidungen für zusätzliche Tanks, geplanter Einsatzradius: 1600 km. Israels Wettbewerbsauftrag ging aber an die gleichweite F-15 E. Folgende Länder bezogen F-16: Ägypten 174, Bahrein 12, Belgien 160, Dänemark 70, Griechenland 80, Indonesien 12, Israel 210, Südkorea 160, Niederlande 213, Norwegen 74, Pakistan 111, Portugal 20, Singapore 10, Thailand 36, Türkei 240, USAF 2203, US Navy 26, Venezuela 24.

Rumpf: Ganzmetallbauweise; spitzer Bug; aufgesetzte Kabine; ovaler Lufteinlauf unter dem Rumpf in Höhe der Kabinenmitte; Nachbrennersegmente überragen Heck.
Tragwerk: freitragender Mitteldecker mit Pfeilflügeln und gerader Tragflügelhinterkante; Luft-Luft-Raketen an den Tragflügelenden; Zusatzbehälter unter den Tragflügeln möglich.
Leitwerk: stark gepfeilte Normalbauweise; Höhenleitwerk mit negativer V-Form; zwei schräg stehende Stabilisierungsflächen unter dem Heck.
Fahrwerk: einziehbar mit Bugrad.

Grumman JF-1 „Duck" Katapultfähiges Amphibienflugzeug

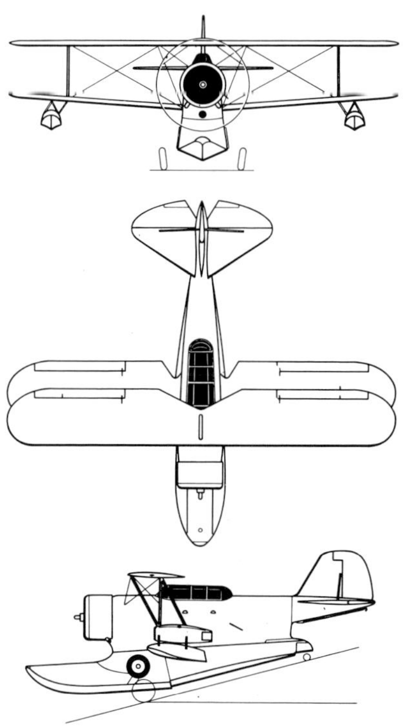

Am 4. Mai 1933 startete in den USA mit dem Prototyp XJF-1 eine äußerlich recht eigenartige Maschine, die sich über Jahrzehnte hinweg bewähren sollte. In den Jahren 1934/35 fertigte man die Serien JF-1 (Foto) bis JF-3 für die Marine und die Küstenwache der USA (insgesamt 55 Maschinen). Nach der Erprobung einer auf Flugzeugträgern verwendbaren Version (J2 F-1), die am 25. Juni 1935 erstmalig flog, baute Grumman bis 1941 die Serien J2 F-1 bis J2 F-5. Da der Typ auch als Bordmaschine für Schlachtschiffe, Kreuzer und Flugzeugträger gefragt war, baute die Columbia Aircraft bis 1945 eine zusätzliche Serie von 330 J2 F-6 (Skizze), die bis in die sechziger Jahre hinein in süd- und mittelamerikanischen Ländern als Nahaufklärer, für die Küstenüberwachung und zur U-Boot-Abwehr sowie für den Fischereischutz verwendet wurde. Insgesamt sind 653 „Duck" aller Versionen gebaut worden.
Je nach Version wurden unterschiedliche Triebwerke eingebaut, zunächst ein 9-Zylinder-Sternmotor mit 590 kW. Die Bewaffnung bestand aus einem synchronisierten MG im Bug sowie einem beweglichen Einzel- oder Doppel-MG, das nach hinten gerichtet war. Außerdem konnten 100 bis 150 kg Bomben mitgeführt werden.
Die Eindeckerausführung XJL-1 (G-42) wurde erst nach Kriegsende fertig (Erstflug: Ende 1946) und nur in 2 Prototypen gebaut, die bis 1957 in Alaska für Rettungsflüge dienten.

Rumpf: Ganzmetall-Schalenbauweise; großer Zentralschwimmer organisch mit dem Rumpf verbunden; tragende Glattblechhaut aus Aluminium-Legierung.
Tragwerk: einstieliger, verspannter, stark gestaffelter Doppeldecker; beide Flügel mit gleicher Spannweite und Tiefe an Bord nach hinten zu klappen; Querruder oben und unten; zweiholmiges Leichtmetallgerüst mit Stoffbespannung, später mit Blechhaut.
Leitwerk: Leichtmetallgerüst mit Stoffbespannung oder Leichtmetallhaut; abgestrebte Höhenflosse.
Fahrwerk: einstufiger, gekielter Zentralschwimmer mit Spornrad; ungestufte, aber gekielte Stützschwimmer; Haupträder in Mittelschwimmer einziehbar.

Grumman „Ag-Cat“ Arbeitsflugzeug

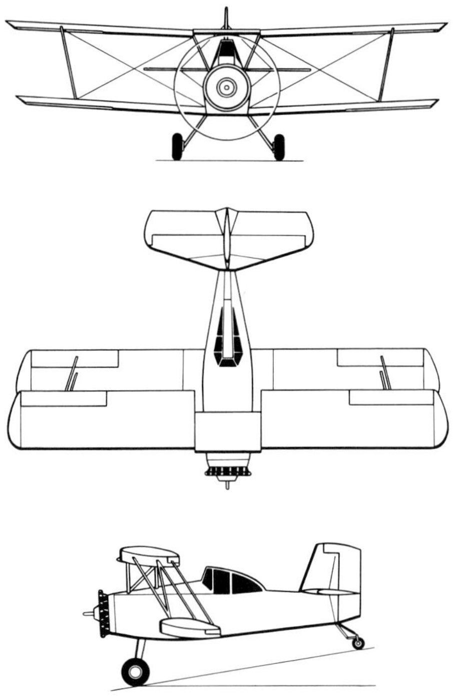

Die „Ag-Cat“ ist trotz der Doppeldeckerbauart ein neu konstruiertes Flugzeug. Diese Bauart wurde gewählt, weil sie eine größtmögliche Flügelfläche, d. h. Auftriebsfläche, mit minimaler Spannweite vereinigt. Infolgedessen ist die Maschine im Langsamflug unempfindlich, und sie läßt sich ausgezeichnet steuern.

Das Sprühsystem läßt sich schnell auf Bestäubung umstellen. Die Sprühweite beträgt bis zu 27 m, die Bestäubungsbreite 15 m. Das Flugzeug wird mit unterschiedlichen Triebwerken von 160 bis 220 kW Leistung ausgerüstet. Unter der Bezeichnung „Super Ag-Cat“ oder „Ag-Cat B“ wird es mit einem 330-, 385- oder 440-kW-Motor geliefert. Diese Ausführung hat eine Startmasse von 2760 kg.

Die 2000. „Ag-Cat“ ist 1977 ausgeliefert worden. Seit 1978 produziert Grumman die „Ag-Cat C“ mit einem 440-kW-Motor sowie einem 1900-l-Tank für Sprühmittel. 1979 wurde auf dem Pariser Salon der Luft- und Raumfahrt eine zweisitzige Trainerversion vorgeführt. Seit Anfang 1979 bietet die Firma Gulfstream Ausführungen als „Turbo Ag-Cat“ mit unterschiedlichen Triebwerken an (500, 550 oder 625 kW).

Rumpf: Stahlrohrbauweise mit Leichtmetallbeplankung; geschlossenes Cockpit; Notsitze für Beladehelfer; Chemikalientank bis zu 1117 l.
Tragwerk: einstieliger, verspannter Doppeldecker; beide Flügel weitgehend identisch; zwei Leichtmetall-Holme; Nase und Oberseite metallbeplankt; Unterseite stoffbespannt.
Leitwerk: verspannte Normalbauweise in Stahlrohr mit Stoffbespannung.
Fahrwerk: starr mit steuerbarem Bugrad; Scheibenbremsen.

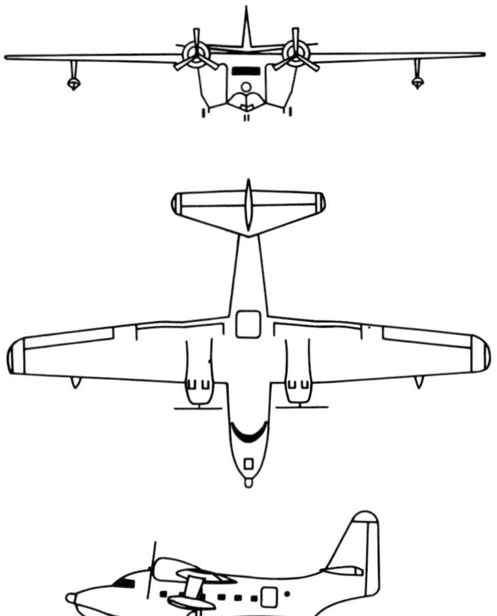

Grumman HU-16 „Albatros“ Amphibienflugzeug

Das Amphibien-Mehrzweckflugzeug „Albatros“ wurde zum Betrieb von Schnee- oder Eisflächen aus mit einer Rumpf-Landekufe und an den Flügelspitzen mit einziehbaren Schnee- bzw. Eiskufen ausgerüstet.

Der Erstflug des ersten Prototyps fand am 24. Oktober 1947 statt, und die ersten Lieferungen begannen 1949. Nach 7 Prototypen und Vorserienmaschinen wurden bis 1954 folgende Versionen gebaut:

HU-16 A: Grundmuster; 305 gebaut; ab 1957 meistens zur HU-16 B umgerüstet (Foto, Skizze); Erstflug der HU-16 B am 16. Februar 1956.
HU-16 C: Marineausführung; 112 gebaut; später zur HU-16 D modernisiert.
HU-16 E: Ausführung für die Küstenwache der USA; 35 gebaut.
TU-16 C: Schulversion; 5 gefertigt.

Die Maschine wurde in den USA vor allem für den Seenotrettungsdienst und die Küstenüberwachung eingesetzt. Sie ist in viele Länder exportiert worden; nach Argentinien, Brasilien, Chile, Griechenland, Indonesien, Italien, Japan, Kanada, Mexiko, Norwegen, Pakistan, Peru, Philippinen, Spanien, Taiwan, Thailand und Venezuela.

Rumpf: Ganzmetall-Halbschalenbauweise mit zwei Stufen; große Tür backbords; Notausstieg steuerbords; große Ladeluke auf der Oberseite; Bugradar.
Tragwerk: freitragender Hochdecker in Ganzmetallbauweise; dreiteiliger Flügel; Spaltklappen; Querruder stoffbespannt; pneumatische Enteisung.
Leitwerk: freitragende Normalbauweise in Ganzmetall; Trimmklappen in allen Rudern; V-Stellung des Höhenleitwerks; pneumatische Enteisung.
Fahrwerk: Bootsrumpf; Stützschwimmer; einziehbar; an der Bugstrebe Zwillingsräder; ölpneumatische Dämpfung; Scheibenbremsen.

Grumman F-11 F-1 „Tiger" Jagdflugzeug

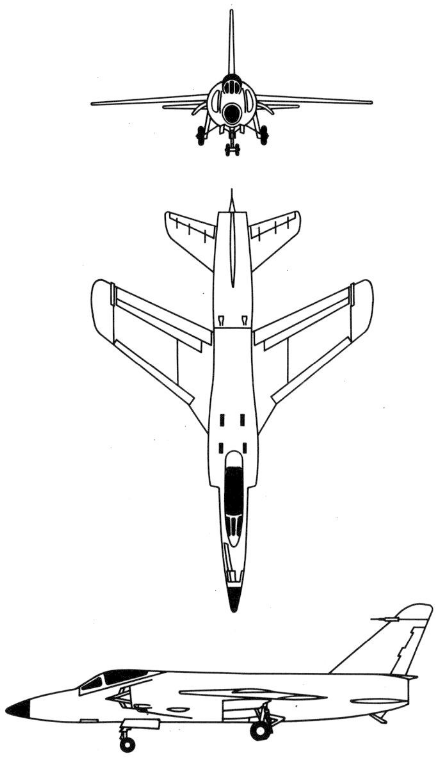

Das Überschallflugzeug F-11 F-1 „Tiger" wurde für die USA-Marine entwickelt.
Versionen:
F-11 F-1: erste Serienausführung; Erstflug des Prototyps am 30. Juli 1954.
F-11 F-1 F: veränderte Ausführung mit vergrößerten Lufteinläufen; einer der beiden Prototypen stellte am 18. April 1958 einen Höhenrekord mit 23 449 m auf, der aber nur kurze Zeit bestand.
F-11 F-1 FT: zweisitziges Schul- und Übungsflugzeug mit etwas verlängertem Rumpf.

Rumpf: Ganzmetall-Halbschalenbauweise; Cockpit mit Druckkabine und Schleudersitz; Bremsklappe unter dem Rumpf in Höhe der Tragwerkhinterkante; ausfahrbarer Tankstutzen an der Steuerbordseite.
Tragwerk: freitragender, gepfeilter Mitteldecker in Ganzmetallbauweise; Vorflügel fast über die gesamte Spannweite; Landeklappen fast über die gesamte Hinterkante; Quersteuerung durch Spoiler; Flügelenden klappbar.
Leitwerk: freitragende Normalbauweise in Ganzmetall; ungedämpftes Höhenleitwerk.
Fahrwerk: einziehbar; an der Bugstrebe Zwillingsräder.

Grumman OV-1 „Mohawk" Aufklärungs- und Kampfflugzeug

Die „Mohawk" ist das erste von Grumman für die USA-Armee entwickelte Flugzeug. Sie dient als Aufklärungs-, Schlacht- und Nachschubflugzeug sowie zur Begleitung oder Bekämpfung von Hubschraubern. Die Maschine hat Kurzstart- und Kurzlandeeigenschaften.
Der Erstflug fand am 14. April 1959 statt. Die erste Serienmaschine flog im Oktober des gleichen Jahres. Nach 9 Versuchsmustern folgte von 1960 bis 1970 die Serienfertigung folgender Versionen:

OV-1 A: Bildaufklärer; 64 gebaut.
OV-1 B: Elektronik-Aufklärer mit Seitensichtradar; 101 ausgeliefert; 16 mit neuen elektronischen Aufklärungsgeräten zur EV-1E umgebaut.
OV-1 C: Bildaufklärer mit Infrarotausrüstung; 133 hergestellt.
OV-1 D: Aufklärer mit Seitensichtradar oder Infrarotgeräten; 37 gebaut.
Ab 1974 wurden 108 OV-1 B und OV-1 C zur OV-1 D umgerüstet (neue Bildaufklärungsausrüstung).

Rumpf: Ganzmetall-Halbschalenbauweise; an beiden Seiten des Rumpfes zwischen Trag- und Leitwerk Luftbremsen; Doppelsteuerung; Kabine gepanzert; Windschutzscheibe beschußsicher; Sitze nebeneinander mit Schleudersitzen; Rundsichtverglasung.
Tragwerk: freitragender Mitteldecker in Ganzmetallbauweise; Nasenklappen an der gesamten Vorderkante; Landeklappen vom Rumpf bis zu den Querrudern.
Leitwerk: freitragende Ganzmetallbauweise; ein Mittel- und zwei Endscheiben-Seitensteuer; Trimmklappen am mittleren Seiten-, rechten Quer- und an den Höhenrudern; Flossen und Ruder austauschbar.
Fahrwerk: einziehbar; Niederdruckreifen; ölpneumatische Dämpfung; steuerbares Bugrad; Scheibenbremsen; Ausrüstung mit Schneekufen oder Schwimmern möglich.

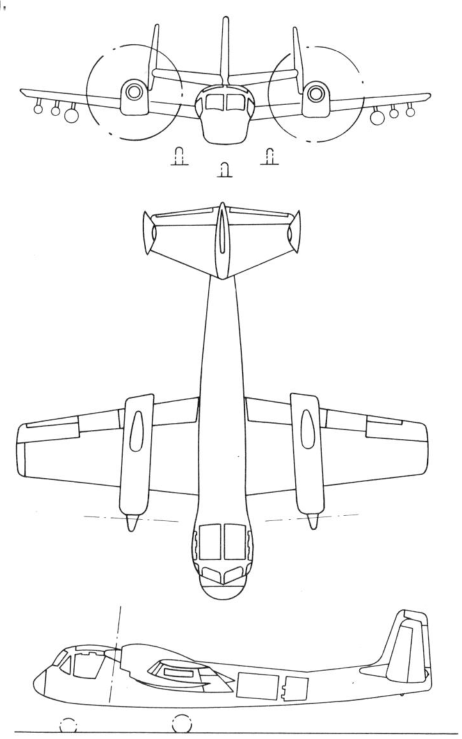

Grumman A-6 „Intruder“ Kampfflugzeug

Im Korea-Krieg zu Beginn der fünfziger Jahre hatten sich zahlreiche Schwächen der USA-Flugzeuge offenbart. Deshalb bemühten sich mehrere Waffengattungen nach diesem Krieg um neues Fluggerät. Am Wettbewerb für ein relativ leichtes und kleines bordgestütztes Kampf- und Aufklärungsflugzeug beteiligten sich 8 Flugzeughersteller mit 11 Entwürfen. Den Wettbewerb gewann im Dezember 1957 Grumman mit dem Projekt G.218 „Intruder“. Dieser Typ vermag, im Unterschallflug sehr große Massen an Flugkörpern, Bomben und anderen Waffen mitzuführen. Die umfangreiche Elektronik gestattet den Einsatz bei Nacht und Schlechtwetter. Das erste von acht Vorserienflugzeugen nahm am 16. April 1960 die Flugerprobung auf.

Versionen:
A-6 A: bordgestütztes Tiefangriffsflugzeug der USA-Marine; ab Februar 1963 505 ausgeliefert.
A-6 B: mit Lenkwaffen und anderer Elektronik; dazu wurden 19 A-6 A umgerüstet.
A-6 C: nachtkampffähige A-6 B; dazu wurden 12 A-6 A umgebaut.
A-6 E: mit verbesserter Avionik; Erstflug am 27. Februar 1970; bis 1992: 708 gebaut.
EA-6 A: entspricht der A-6 A, hat aber eine spezielle Elektronik, um gegnerische Funktätigkeit zu unterbinden; bis 1980 90 ausgeliefert, darunter umgebaute A-6 A.
EA-6 B: Weiterentwicklung der EA-6 A mit einem um 1,02 m längeren Rumpf, so daß das Cockpit vier Personen Platz bietet.
KA-6 D: Tankversion; dazu wurden 70 A-6 A umgerüstet.
Insgesamt wurden 1215 Maschinen gebaut, davon zahlreiche später mehrmals modernisiert.

Rumpf: Ganzmetall-Halbschalenbauweise; Schleudersitze nebeneinander; Cockpithaube nach hinten aufschiebbar; Bremsklappen an beiden Seiten des Rumpfes hinter dem Tragwerk; Radarbug.
Tragwerk: freitragender Mitteldecker in Ganzmetallbauweise; Nasen- und Landeklappen über die gesamte Spannweite; Quersteuerung durch Störklappen; Spoiler vor Landeklappen und Querruder; Flügelaußenteile nach oben klappbar.
Leitwerk: freitragende Normalbauweise in Ganzmetall; ungedämpftes Höhenleitwerk.
Fahrwerk: einziehbar; Bugstrebe mit Zwillingsrädern; Landehaken unter dem Rumpfbug.

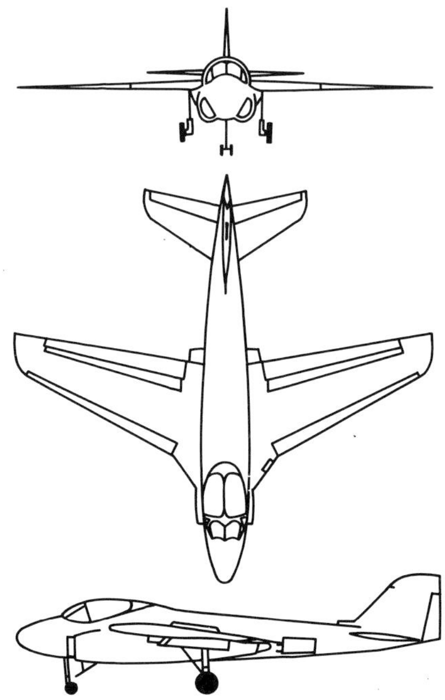

Grumman EA-6 B „Prowler“ Spezialflugzeug für den elektronischen Krieg

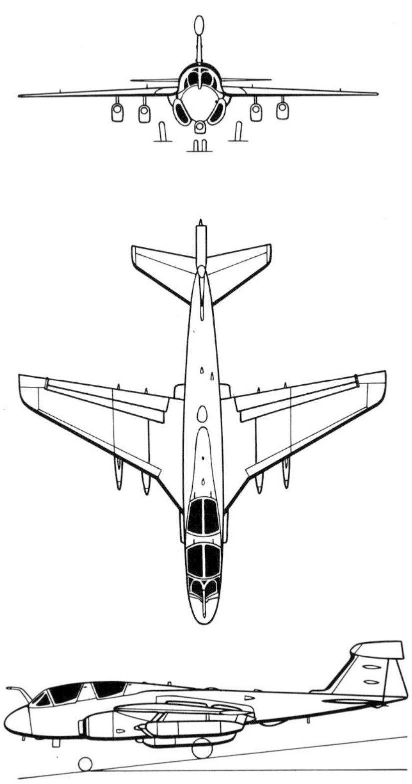

Aus dem Jagdbomber A-6 „Intruder“ entwickelten die Grumman-Werke als eines der ersten speziellen Flugzeuge für den elektronischen Krieg die EA-6 B „Prowler“. Die Aufgabe dieser Maschine besteht darin, Funkmeßstationen und Funkstationen zu lokalisieren und zu stören. Dazu ist das Flugzeug mit zahlreichen elektronischen Geräten ausgestattet, wovon die rund 30 Antennen an der Zelle zeugen. Diese Geräte wiegen insgesamt 4060 kg, wovon 3630 kg innerhalb und 430 kg außerhalb des Rumpfes untergebracht sind.
Die „Prowler“ unterscheidet sich von der „Intruder“ vor allem durch den längeren Rumpf und die zweite Kabine für die beiden Besatzungsmitglieder, die die Elektronikapparaturen bedienen. Dieses Spezialflugzeug wurde im Vietnam-Krieg eingesetzt. 1991 waren 170 EA-6 B verfügbar.
Wie alle neueren „Intruder“-Varianten besitzt auch die „Prowler“ eine Vorrichtung zum Nachbetanken in der Luft.

Rumpf: Ganzmetall-Halbschalenbauweise; Schleudersitze paarweise nebeneinander; Cockpithaube nach hinten aufklappbar; aerodynamische Bremsklappen an beiden Seiten des Rumpfes hinter dem Tragwerk; rechts vor dem Cockpit ausfahrbarer Tankstutzen zur Luftbetankung.
Tragwerk: freitragender Mitteldecker in Ganzmetallbauweise; Nasen- und Landeklappen über die gesamte Spannweite; Quersteuerung durch Störklappen vor den Landeklappen; Spoiler vor Landeklappen und Querrudern; Außenflügel nach oben klappbar.
Leitwerk: freitragende Normalbauweise in Leichtmetall; großer Antennenwulst auf dem Seitenleitwerk; ungedämpftes Höhenleitwerk.
Fahrwerk: einziehbar; Bugstrebe mit Zwillingsrädern; Landehaken unter dem Heck.

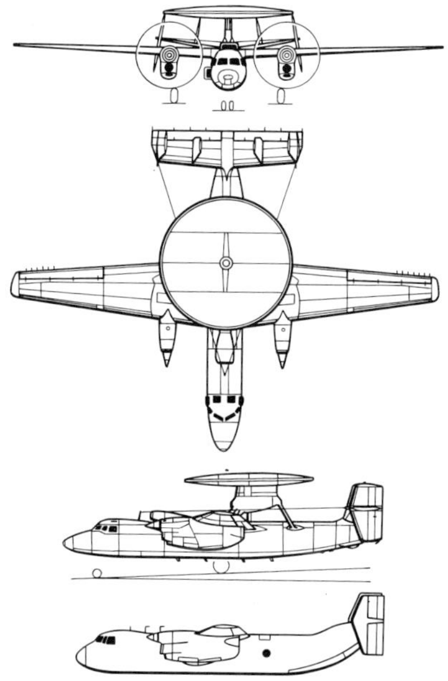

Grumman E-2 „Hawkeye" Warnflugzeug

Das zweimotorige PTL-Flugzeug E-2 A „Hawkeye" (Foto, Skizze) ist das Nachfolgemuster der E-1 „Tracer" und dient zur Frühwarnung oder Leitung von Abfangjägern. Es ist für den Allwettereinsatz von Flugzeugträgern oder vom Festland aus bestimmt. Die Spürgeräte empfangen ihre Angaben durch ein über dem Rumpf angebrachtes, tellerförmiges Rotodrom, das sich im Flug sechsmal in der Minute dreht und zur Unterbringung an Bord 61 cm einfahren läßt.
Die E-2 A flog erstmalig am 21. Oktober 1960. Die Lieferung von 59 E-2 A begann im Juni 1964. Ab 1965 wurden Maschinen dieses Typs gegen Vietnam eingesetzt.
Da einige Bordgeräte dieser ersten Version nicht zuverlässig arbeiteten, wurde 1968 der Auftrag erteilt, neue Ausführungen mit einwandfreien Geräten zu entwickeln. Es entstanden 52 E-2 B durch Umbau von E-2 A und 67 E-2 C mit verbesserter elektronischer Ausrüstung und einer Einrichtung zum Betanken in der Luft. Anfang 1975 erhielt die USA-Marine die ersten E-2 C, nachdem der Prototyp im Januar 1971 und die erste Serienmaschine im Dezember 1972 erstmalig geflogen waren. Neben geringfügigen Änderungen hat die E-2 C stärkere Triebwerke mit je 3310 kW. Als Trainer wurden zwei TE-2 A hergestellt. Sie wurden später zur TE-2 C modernisiert.
Anfang 1989 verfügten die USA über 133 E-2 B und E-2 C, Japan über 13 und Israel über 4 „Hawkeye". Aus der E-2 wurde speziell für die USA-Marine die C-2 A „Greyhound" (untere Seitenansicht) geschaffen. Dank ihrer faltbaren Flügel kann die Maschine auf Trägerschiffen sowohl in den Flugzeugdecks wie in den Fahrstühlen untergebracht werden. Sie ist für den Katapultstart vorbereitet und mit Landehaken ausgerüstet. Die Maschine soll vor allem Frachten zwischen Trägerschiffen oder zwischen Schiffen und Landeplätzen transportieren. Sie kann aber auch 39 voll ausgerüstete Soldaten oder 20 Tragen sowie vier Mann Sanitätspersonal befördern. Der Erstflug war am 18. November 1964. Die Lieferung der Serienflugzeuge begann 1966.
E-2 wurden auch von Australien, Griechenland, Südkorea, Singapore, Taiwan und Frankreich (4) beschafft. Die US Navy bestellte für 1995 20 weitere E-2 C, und ältere Maschinen werden modernisiert.

Rumpf: Ganzmetall-Halbschalenbauweise; eine Tür backbords.
Tragwerk: freitragender Hochdecker in Ganzmetallbauweise; Außenflügel nach hinten klappbar; Fowler-Klappen; pneumatische Enteisung.
Leitwerk: freitragende Ganzmetallbauweise; V-Stellung des Höhenleitwerks; vier Seitenleitwerke; pneumatische Enteisung.
Fahrwerk: einziehbar; an der Bugstrebe Zwillingsräder; ölpneumatische Dämpfung; hydrauliche Bremsen; hydraulisch ausfahrbarer Hecksporn; Fanghaken.

Grumman „Gulfstream I" Verkehrs- und Reiseflugzeug

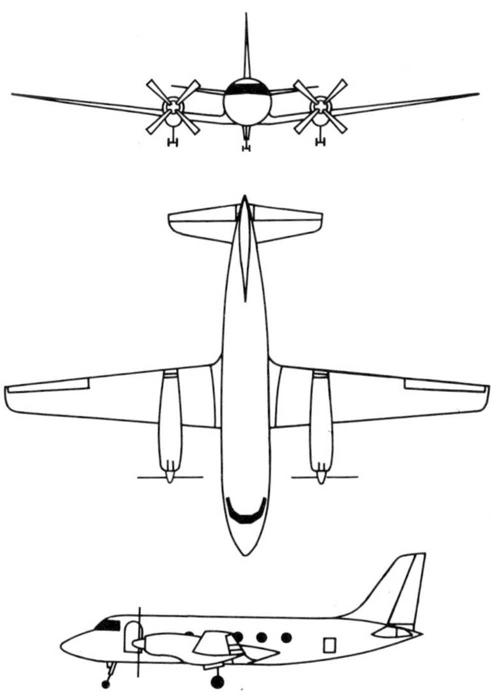

Grumman baute von 1958 bis 1968 das PTL-Flugzeug „Gulfstream I" als komfortables Reiseflugzeug mit großer Reichweite. Es bietet 10 bis 14 Fluggästen Platz. Eine Verkehrsflugzeug-Version hat 24 Passagierplätze. Außer diesen beiden Ausführungen gibt es noch zwei Militärversionen:
TC-4 C: Version für die USA-Marine zur Ausbildung von Piloten, Navigatoren und Bombenschützen für die A-6 A „Intruder".
VC-4 A: Version für die USA-Küstenwache als Verbindungsflugzeug.
Der Erstflug fand am 14. August 1958 statt. Zu Beginn der achtziger Jahre wurde eine Neuproduktion als Kurzstreckenmaschine für 32 bis 38 Passagiere oder Frachttransport erwogen.
Die Mehrzahl der 200 „Gulfstream I" (9 TC-4 C, 2 VC-4 A) kauften Kunden in Nordamerika. Einige Maschinen wurden zu „Gulfstream I-C" umgebaut (Rumpf um 3,25 m gestreckt, 37 Passagiere).

Rumpf: Ganzmetall-Halbschalenbauweise; Druckkabine.
Tragwerk: freitragender Tiefdecker in Ganzmetall-Halbschalenbauweise; Spaltklappen.
Leitwerk: freitragende Normalbauweise in Ganzmetall.
Fahrwerk: einziehbar; Bugrad mit Zwillingsrädern an allen Streben; hydraulische Scheibenbremsen.

Grumman „Gulfstream II" Reiseflugzeug

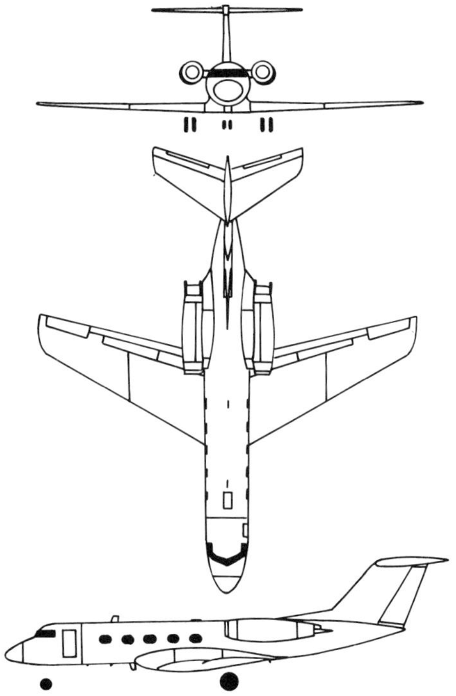

Aufgrund der Erfahrungen mit der „Gulfstream I" entstand das TL-Reiseflugzeug „Gulfstream II". Es war das erste Reiseflugzeug, das transkontinentale oder interkontinentale Flüge unternehmen konnte, da es über Kraftstoffreserven verfügt, wie sie im Zivilluftverkehr vorgeschrieben sind.
Die Maschine hat ein Hilfsaggregat zum Anlassen der Triebwerke und zur Versorgung mit Elektroenergie am Boden. Der Erstflug fand am 2. Oktober 1966 statt. Bis zum Produktionsende 1979 wurden 256 Maschinen ausgeliefert. Eine Maschine wurde vom Küstenkommando der USA beschafft und als VC-11 A bezeichnet. Zwei weitere Flugzeuge dienten als Simulatoren für das Space-Shuttle-Unternehmen.
1975 erprobte man die „Gulfstream II"-Ausführung mit Tragflügelendbehältern und einer Reichweite von 5900 km.

Auf der Basis der „Gulfstream II" wurde 1978 die „Gulfstream III" entwickelt, die eine neue Tragflügelkonstruktion mit Winglets erhielt. Sie flog erstmalig am 2. Dezember 1979.
Ab 1980 folgten ein weiterer Prototyp, 110 19-Sitzer (darunter 11 C-20 A/B/C als VIP-Transporter) sowie ab 1985 4 Prototypen und 180 „Gulfstream IV" (davon 5 C-20 G).

Rumpf: Ganzmetall-Halbschalenbauweise; Bug aus GFK aufklappbar zur Unterbringung von Radareinrichtungen.
Tragwerk: freitragender Tiefdecker in Ganzmetallbauweise; gepfeilt; Fowler-Klappen; Spoiler als Luftbremsen und zur Unterstützung der Quersteuerung; ein Grenzschichtzaun auf jeder Seite.
Leitwerk: freitragendes T-Leitwerk in Ganzmetallbauweise; gepfeilt; Trimmklappen in den Rudern.
Fahrwerk: einziehbar mit Bugrad; Zwillingsräder an allen Streben.

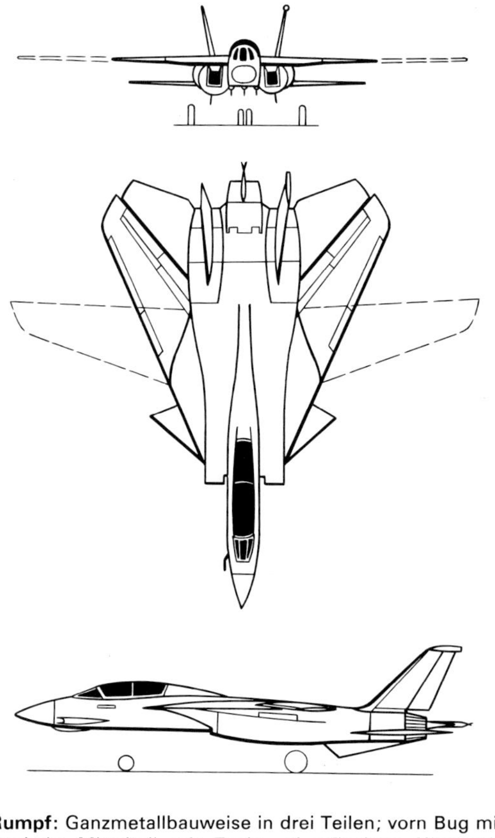

Grumman F-14 „Tomcat" Jagdflugzeug

Da die F-4 „Phantom II" von McDonnell-Douglas veraltete und die US-amerikanischen Jagdflugzeuge hinter denen der Sowjetunion zurückblieben, schrieb die USA-Marine einen Wettbewerb zur Entwicklung eines Jagdflugzeugs für Flugzeugträger aus. An diesem Wettbewerb beteiligten sich mehrere Flugzeugwerke. Grumman ging mit seiner F-14 „Tomcat" als Sieger hervor. Der Prototyp flog erstmalig am 21. Dezember 1970. Beim zweiten Flug am 30. Dezember 1970 stürzte die Maschine kurz vor der Landung ab. Die beiden Piloten konnten sich mit Hilfe ihrer Schleudersitze retten. Die Ursache für den Absturz lag in einem Bruch der Titan-Hydraulikleitungen, die durch solche aus rostfreiem Stahl ersetzt wurden.

Am 24. Mai 1971 startete schließlich der zweite Prototyp zu seinem Erstflug.
Die Maschine wird als Jagdflugzeug, zum Schutz von Schiffsverbänden und zum Einsatz gegen Erdziele verwendet.
Die erste Serienversion F-14 A wurde erstmals auf dem Pariser Salon der Luft- und Raumfahrt 1973 gezeigt. Der Erprobung dienten 12 Vorserienmodelle. Anfang 1989 hatten die USA-Seefliegerkräfte 500 F-14 A in Dienst gestellt. Der Iran bestellte 80 F-14, die ab Anfang 1976 ausgeliefert wurden.
Am 12. September 1973 startete der Prototyp der F-14 B zum Erstflug. Gesamtproduktion: 636 F-14 A (1978/90: 32 zum Doppelsitzer F-14 B umgebaut), 38 neue F-14 B 1987/90, 38 F-14 D „Super Tomcat" 1990/92 mit stärkeren Triebwerken und wirkungsvollerer Elektronik (plus 18 Umbauten aus F-14 A, bis 1999 210 Umbauten geplant).

Rumpf: Ganzmetallbauweise in drei Teilen; vorn Bug mit Cockpit; Mittelteil mit Tanks, abgeflachtes Hinterteil; Luftbremse an der Oberseite; Schleudersitze hintereinander.
Tragwerk: freitragender Mitteldecker in Ganzmetallbauweise mit veränderlicher Geometrie; Vorflügel; Landeklappen; Spoiler; kleine Stützflügel fahren beim Zurückschwenken der Flügel aus.
Leitwerk: zwei Seitenleitwerke über den Enden der Triebwerkzellen; Kiel-Stabilisierungsflossen unter jeder Triebwerkzelle.
Fahrwerk: einziehbar, an der Bugstrebe Zwillingsräder; an den Hauptstreben je ein Rad; Fanghaken unter dem Rumpfheck.

Grumman X-29 A
Versuchsflugzeug

Die Fachwelt hatte vermutet, der USA-Flugzeugkonzern Grumman würde zur Luftfahrtschau in Paris Le Bourget 1985 das Versuchsflugzeug X-29 A im Original vorführen. Das war jedoch nicht der Fall, vielmehr wurde eine originalgroße Attrappe des Flugzeugs gezeigt, an dem die Bauweise der nach vorn gepfeilten Flügel erprobt wird. Zum Pariser Salon gab die Firma Grumman bekannt, man habe den USA-Luftstreitkräften vorgeschlagen, mit dem zweiten Flugzeug X-29 FSW ebenfalls die Flugerprobung zu beginnen. Zu dieser Zeit bereitete man mit dem ersten X-29-Modell die ersten Flüge im Überschallbereich vor.
Unter Verwendung moderner Werkstoffe wertete man beim Bau der X-29 bereits vorhandene Erfahrungen mit nach vorn gepfeilten Tragflügeln aus. Um die Start- und Landeeigenschaften des Versuchsflugzeugs zu verbessern, wurde am Rumpf eine zweidimensionale Schwenkdüse vorgesehen. Für die Testflüge mit Außenlasten erwog man den Anbau eines Anti-Trudelschirms. Zu den Aufgaben des Testflugzeugs gehört es, Möglichkeiten zur Erhöhung der Stabilität bei Flügen in großen Höhen mit hohen Anstellwinkeln zu finden. Eingebaut sind dazu drei digitale Bordrechner mit je einem Reserverechner.

Rumpf: Ganzmetallbauweise unter Verwendung moderner Werkstoffe; weit nach vorn gezogener Bug; eckige seitliche Lufteinläufe in Höhe der Kabine.
Tragwerk: Mitteldecker; seitlich der Kabine stummelförmige Trapezflügel; freitragende Tragflügel; nach vorn gepfeilt, im letzten Teil parallel zum Rumpf verlaufend.
Leitwerk: Höhenleitwerk in Entenbauweise; Seitenleitwerk stark gepfeilt.
Fahrwerk: einziehbares Bugradfahrwerk.

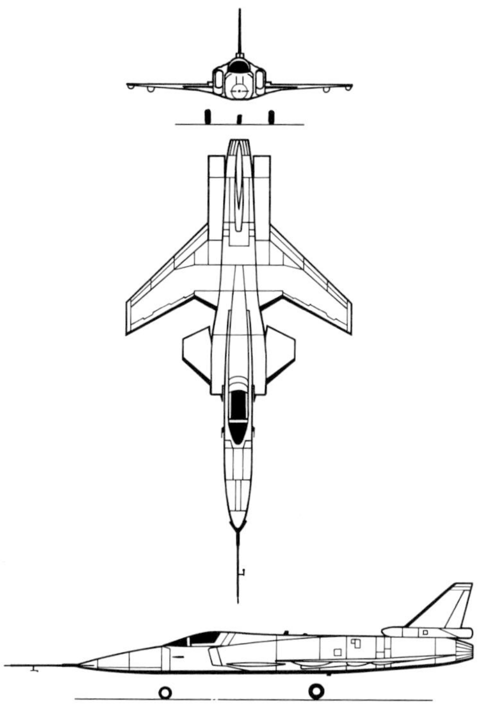

Helio „Courier"
Mehrzweckflugzeug

Der Prototyp des viersitzigen STOL-Flugzeugs „Courier" flog erstmalig 1953. Das Serienflugzeug wurde als Fünfsitzer ab 1954 gebaut.
Die „Courier Mk. II" ist eine Weiterentwicklung mit sechs Sitzen. Sie dient als Verbindungs- und Taxiflugzeug, als Fracht- und Forschungsflugzeug in unwegsamen Gebieten sowie als Landwirtschaftsflugzeug. Die Entwicklung dieser Ausführung begann 1963. Der Erstflug fand im Mai 1964 statt.
Es wurden über 450 Maschinen aller Serien hergestellt, darunter mehr als 130 militärische Verbindungsflugzeuge UH-10 „Courier" der Versionen A, B und D.

Rumpf: Ganzmetallbauweise; Kabine in Stahlrohrbauweise mit Leichtmetallbeplankung; dahinter Leichtmetall-Schalenbauweise; Sitze paarweise in drei Reihen; Doppelsteuerung; eine Tür auf jeder Seite.
Tragwerk: freitragender Hochdecker in Ganzmetallbauweise; ein Holm; automatischer Vorflügel über die gesamte Flügelnase; Spaltklappen; Spoiler auf der Oberseite; Querruder in Leichtmetall mit Stoffbespannung.
Leitwerk: freitragende Normalbauweise in Ganzmetall; Pendel-Höhenruder mit Trimmklappe.
Fahrwerk: starr mit Spornrad; Scheibenbremsen.

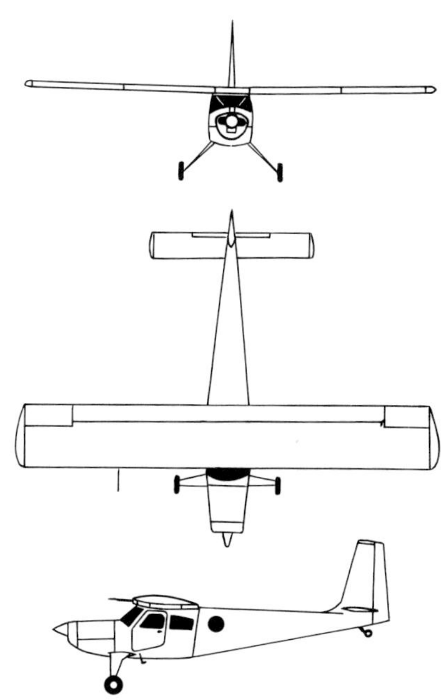

Hughes 200 / 300 Hubschrauber

Im Jahr 1955 begann Hughes unter der Werkbezeichnung 261 die Entwicklung eines leichten, zweisitzigen Hubschraubers. Der Prototyp flog erstmalig im Jahr darauf. Bei der Weiterentwicklung achtete man auf möglichst einfachen Aufbau, auf Robustheit und Wartungsfreiheit. Im Jahr 1961 wurde die Serienproduktion aufgenommen. Bis zum Produktionsende 1968 verließen 1 175 zivile Hubschrauber das Werk.

Versionen:

Hughes 200 „Deluxe“: zweisitziger Reisehubschrauber.

Hughes 200 „Utility“: Hubschrauber mit einfacher Ausstattung für Überwachungsflüge, Luftbildaufnahmen und Ausbildung.

Hughes 300 (Werkbezeichnung Hughes 269 A): Reisehubschrauber mit drei Sitzen nebeneinander; Beginn des Serienbaus 1965.

Hughes 300 C: dreisitzig, mit einigen Verbesserungen.

Hughes 300 AG: Landwirtschaftshubschrauber mit vereinfachter Ausstattung und Geräten zum Spritzen, Sprühen und Stäuben sowie mit einem Chemikalientank für 225 l.

TH-55 A „Primary Trainer“: Schulhubschrauber für die USA-Armee (von 1964 bis 1968: 792 Stück).

TH-55 J: Lizenzbau von Kawasaki (Japan); 48 hergestellt.

Rumpf: Stahlrohrbauweise mit Leitwerkträger in Schalenbauweise; Vollsichtkanzel; Sitze nebeneinander.
Tragwerk: Dreiblatt-Rotor.
Leitwerk: Zweiblatt-Ausgleichsrotor.
Fahrwerk: abgefederte Kufen; auf Wunsch Ausrüstung mit Schwimmern.

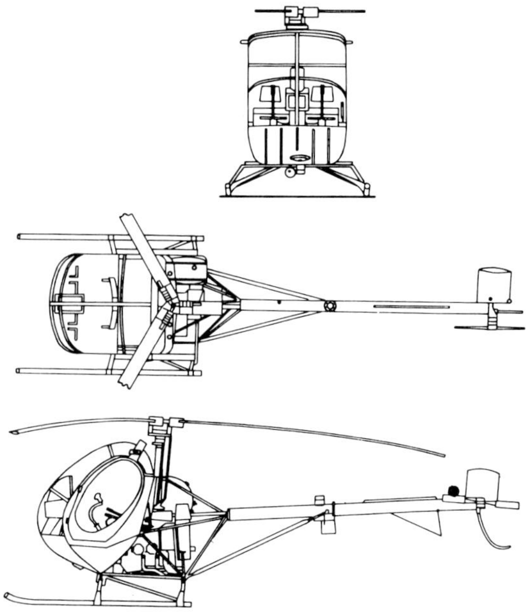

Hughes 500 (OH-6 „Cayuse“) Beobachtungshubschrauber

Aufgrund einer Ausschreibung der USA-Armee im Jahr 1959 für einen leichten Beobachtungshubschrauber entstand im Wettbewerb mit der OH-4 A von Bell und der OH-5 A von Fairchild Hiller die OH-6 A. Der erste von fünf Prototypen flog am 27. Februar 1963. Die Truppenerprobung fand im November 1963 statt. Aus dieser Version leitete Hughes zwei zivile Ausführungen ab:

Hughes 500: Reisehubschrauber mit komfortabler Ausstattung und drei Sitzen vorn und zwei hinten.

Hughes 500 U: Mehrzweckhubschrauber mit zwei Sitzen vorn und Doppelsteuerung; hinterer Raum nutzbar für Frachttransporte; weitere Einsatzmöglichkeiten als Landwirtschafts- und Schulhubschrauber.

Die Serienlieferung der Hughes 500 (in den Versionen 500, 500 C, 500 D und 500 M) sowie der OH-6 A (und ihrer Versionen OH-6 C und D) begannen im zweiten Halbjahr 1966. Die zivile und die militärische Ausführung unterscheiden sich im Antrieb sowie naturgemäß in der Bewaffnung.

Bis 1970 sind 1 434 OH-6 A ausgeliefert worden. Die leicht bewaffnete Exportausführung der OH-6 A wird als Hughes 500 M bezeichnet, die Ausführung mit vier Panzerabwehrlenkraketen TOW als Hughes MD „Defender“ oder MD TOW. Davon erhielt Kenia 15 Maschinen. Die Hughes 500 ist in Argentinien, Italien, Pakistan und Japan in Lizenz gebaut worden. 1972/73 kam die Version Hughes 500 ASW in 12 Exemplaren als U-Jagd-Hubschrauber heraus, 1984 der Kampfhubschrauber Hughes 530 MG als Version der Hughes 530 F.

Hughes-500-Ausführungen werden geflogen in Argentinien, Bolivien, Dänemark, der Dominikanischen Republik, Finnland, Japan, Kolumbien, Mexiko, Nikaragua, Pakistan, den Philippinen, Spanien, Taiwan und den USA.

Von der Reihe Hughes 500/530 sind seit 1968 über 4 000 Maschinen ausgeliefert worden.

Rumpf: Ganzmetallbauweise; Rohrträger für den Ausgleichsrotor; Vollsichtkanzel; vier Türen; Kabine mit Klimaanlage und schallisoliert.
Tragwerk: Vierblatt-Rotor mit flexiblen Blättern.
Leitwerk: Zweiblatt-Ausgleichsrotor und drei Stabilisierungsflossen.
Fahrwerk: zwei starre Kufen.

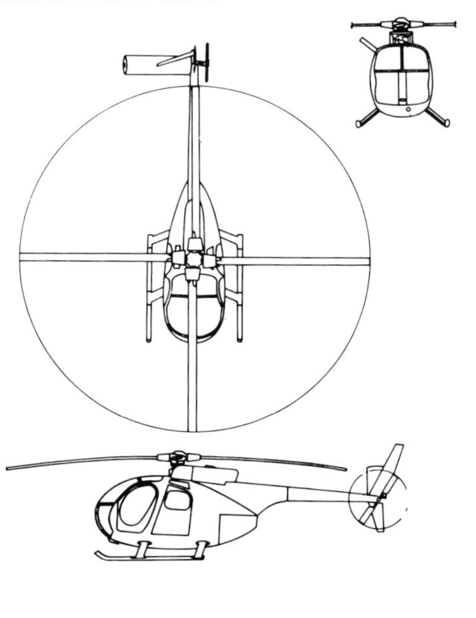

Kaman UH-2 „Seasprite"
Mehrzweck-Hubschrauber

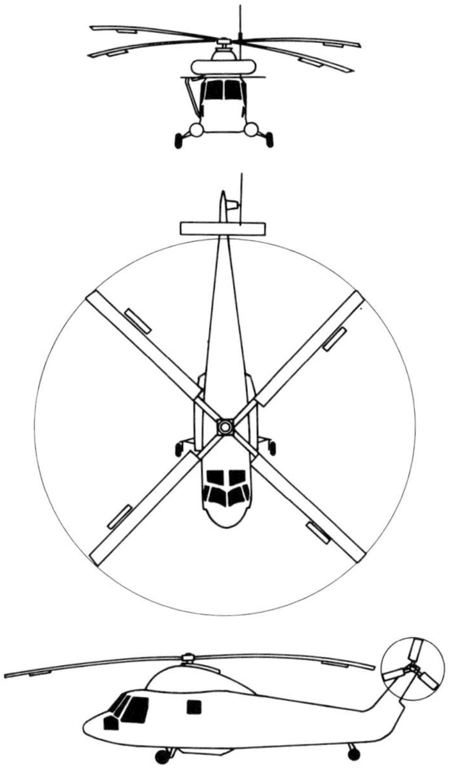

Den Turbinenhubschrauber MU-2 K (später UH-2) „Seasprite" hat die Firma Kaman für die USA-Marine gebaut. Hauptsächlich wird er im Seenotrettungsdienst eingesetzt. Er dient aber auch für Verwundetentransporte, Artilleriebeobachtung, Aufklärung und Verbindungsflüge. Die elektronische Ausrüstung ermöglicht den Allwettereinsatz. An einem Außenhaken kann er 1 800 kg befördern. Der Prototyp flog erstmalig am 2. Juli 1959.

Versionen:
UH-2 A: erste Serienausführung mit einem Turbinentriebwerk mit 920 kW; ab Dezember 1962 geliefert; insgesamt 88 Maschinen.
UH-2 B: vereinfachte, ab 1963 gelieferte Ausführung ohne die umfangreiche Navigationsausrüstung; nicht allwettertauglich; 102 Stück gebaut.
UH-2 C: Ausführung mit zwei Turbinentriebwerken; die Lieferung von 42 umgebauten UH-2 A und B begann im Mai 1967; die früheren Ausführungen wurden auf die Zweimotoren-Ausführung umgerüstet.
HH-2 C: bewaffnete UH-2 C für die USA-Marine.
HH-2 D: bewaffnete Version; 1969 entwickelt; ab 1970 geliefert.
NUH-2 C: Version mit Luft-Luft-Raketen, umbenannt in NUH-2 D; 1971 erprobt.
SH-2 D: Mehrzweckversion; aus HH-2 D abgeleitet; geeignet für U-Boot-Jagd und Schiffsbekämpfung; 1971 ausgeliefert.
SH-2 F: ab Mai 1973 gelieferte Version (88) mit zahlreichen Verbesserungen, einschließlich einer neuen Tragschraube.
SH-2 G „Super Seasprite": neue Triebwerke; modernisierte Ausrüstung.
YSH-2 E: mit neuer Radarausrüstung; 1972 geliefert.

Rumpf: Ganzmetall-Schalenbauweise; schwimmfähiger Rumpf.
Tragwerk: Vierblatt-Rotor in Aluminium mit GFK; Blätter faltbar.
Leitwerk: Dreiblatt-Ausgleichsrotor mit horizontaler Stabilisierungsfläche am Träger des Ausgleichsrotors.
Fahrwerk: einziehbare Hauptträder; starres Spornrad; ölpneumatische Dämpfung; Schwimmrumpf.

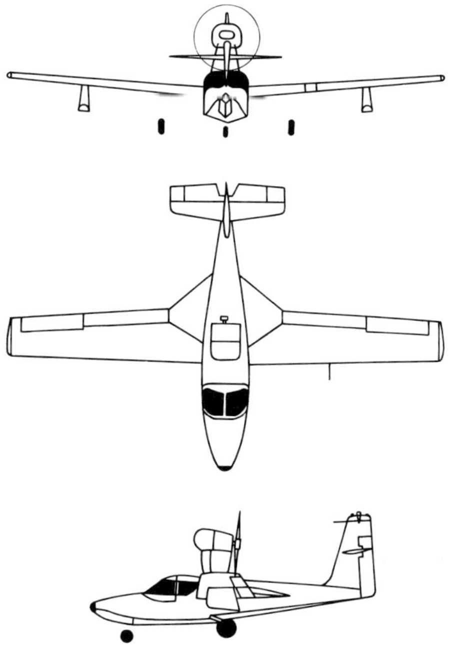

Lake La-4-2 „Buccaneer"
Amphibienflugzeug

Die Firma Lake Aircraft kaufte von der Colonial Aircraft die Konstruktionsunterlagen für die „Skimmer C-2" (Erstflug im Mai 1948). Daraus leitete sie die viersitzige La-4 ab, die erstmalig im November 1959 flog. Das Triebwerk ruht auf einem Motorblock über dem Rumpf. Dadurch sind Motor und Druckschraube vor Spritzwasser geschützt.
Seit 1965 bietet die Firma die militärische Version „Seawolf" an. Sie ist mit dem stärkeren Triebwerk Lycoming 10-540-C4B5 (185 kW, feste Dreiblattluftschraube) ausgerüstet und hat je Seite zwei Unterflügelstationen zur Aufnahme von Kraftstoffzusatzbehältern sowie Raketen und Abwurfwaffen.
Bis 1980 sind etwa 1 000 Maschinen verkauft worden.

Rumpf: einstufiger, abgedichteter Bootsrumpf in Ganzmetallbauweise; zwei vordere, aufklappbare Kabinenhauben; Doppelsteuerung.
Tragwerk: freitragender Mitteldecker; ein Duralumin-Holm; Nasen- und Hinterkantenkasten in Duraluminbauweise; hydraulisch betätigte Spaltklappen über 80 % der Spannweite.
Leitwerk: freitragende Normalbauweise in Ganzmetall; Höhenleitwerk nach oben versetzt; Außenteile des Höhenruders zur Trimmung verstellbar; Quer-, Seiten- und Höhenruder mit Schubstangen befestigt.
Schwimm-/Fahrwerk: Bootsrumpf; einziehbar; steuerbares Bugrad; Scheibenbremsen; feste Stützschwimmer unter den Flügeln; Ausrüstung mit Schneekufen möglich.

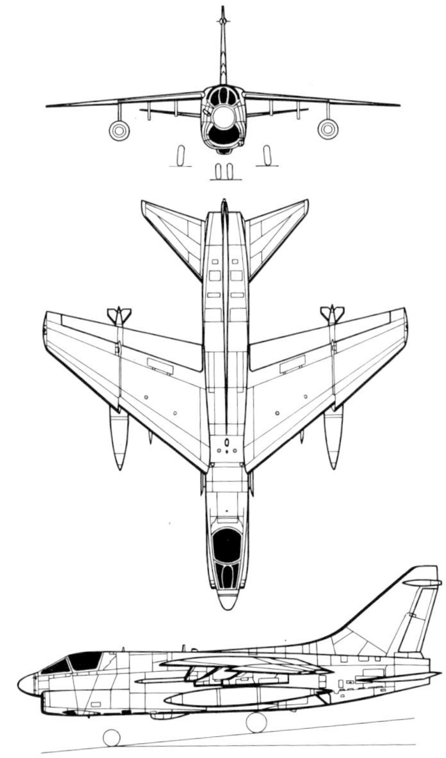

Ling-Temco-Vought A-7 „Corsair II“ Kampfflugzeug

Das Fehlen eines leichten Kampfflugzeugs mit einfacher Wartung veranlaßte die USA-Marine, Ling-Temco-Vought am 19. März 1964 mit der Entwicklung und Produktion eines solchen Flugzeugs zu beauftragen. Die Firma konnte sich dabei auf die Erfahrungen mit der F-8 „Crusader“ von Chance-Vought stützen. Im Interesse einer einfachen Wartung wurde bei dem neuen Flugzeug auf ein Tragwerk mit veränderlichem Einstellwinkel verzichtet.
Das Flugzeug sollte vor allem im Tiefflug eingesetzt werden. Es wurde für den Vietnam-Krieg in großer Stückzahl bestellt. Der Erstflug des Prototyps fand am 27. September 1965 statt.

Versionen:
A-7 A: erstes Serienflugzeug; Mitte September 1966 geliefert; bis 1968 199 hergestellt.
A-7 B: Version für die USA-Marine; Produktionsbeginn am 6. Februar 1968; zahlreiche der bis 1969 produzierten 196 Maschinen wurden ab Mai 1969 in Vietnam eingesetzt.
A-7 C: zweisitzige Ausführung; von 1969 bis 1971 67 ausgeliefert.
A-7 D: Ausführung für die USA-Luftstreitkräfte mit starker Panzerung und umfassender elektronischer Ausrüstung; Erstflug am 6. April 1968; Auslieferung von 459 (nach anderen Quellen 669) Maschinen ab Mitte 1970.
A-7 E: Ausführung mit besonderer elektronischer Ausrüstung ILAAS (Integrated Light Attacks Avionics System); Erstflug am 25. November 1968; ab 1969 542 (nach anderen Quellen 692) gebaut.
A-7 H: vereinfachte Landversion der A-7 E für Griechenland; Erstflug am 6. Mai 1975; 60 gefertigt.
A-7 P: Ausführung für Portugal; bis 1984 50 gefertigt.
EA-7 L: Trainer für den elektronischen Kampf.
TA-7 P: Doppelsteuerversion für Portugal; 6 geliefert.
TA-7 C: zweisitzige Ausführung; 40 Umbauten der A-7 B und 41 der A-7 C in den Jahren 1975 bis 1979.

Rumpf: Ganzmetall-Halbschalenbauweise; an der Seite zwischen Bugrad und Hauptfahrwerk große Bremsklappe; Cockpitpanzerung; selbstschließende Kraftstofftanks.
Tragwerk: freitragender Schulterdecker mit Hochauftriebshilfen an beiden Kanten; Vorflügel an der gesamten Vorderkante; große Landeklappe; Spoiler; Flügelenden hochklappbar.
Leitwerk: freitragende Normalbauweise; ungedämpfte Höhenflosse.
Fahrwerk: einziehbar; Zwillingsräder an der steuerbaren Bugstrebe.

Ling-Temco-Vought XC-142 A „Tri-Service“ Versuchsflugzeug

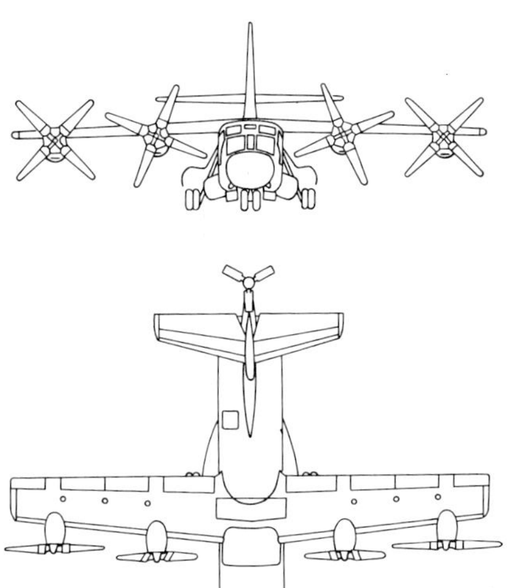

Die XC-142 A „Tri Service" ist eine Versuchsmaschine, gedacht zum Transport von Kampftruppen und Ausrüstungsgeräten sowie zum Nachschub von Angriffsschiffen aus oder für Landungen in unvorbereiteten Gebieten. Sie hat Kippflügel und Propellerstrahlumlenkung mit vier verbundenen PTL-Triebwerken, so daß ein einzelnes Triebwerk alle vier Propeller und den Heckrotor antreiben kann. Zum Vertikalflug werden die Tragflügel und Turbinen geschwenkt, während der Rumpf in horizontaler Lage bleibt. Nach Erreichen der gewünschten Flughöhe schwenken die Tragflügel und Turbinen nach vorn, und das Flugzeug fliegt horizontal.

Das erste von fünf Flugzeugen flog erstmalig am 29. September 1964. Der erste Schwebeflug fand am 29. Dezember 1964 statt. Am 11. Januar 1965 gelang der Erstflug mit Übergang vom Vertikal- zum Horizontalflug sowie zur Senkrechtlandung.

Rumpf: Ganzmetall-Halbschalenbauweise mit sechs Längsholmen und Längsversteifungen an der Unterseite; große Heckladerampe.
Tragwerk: freitragender Schulterdecker mit 100° Flügelschwenkung; Doppelspaltklappen über die gesamte Spannweite; Vorflügel.
Leitwerk: freitragende Normalbauweise in Ganzmetall; Höhenleitwerk nach oben versetzt.
Fahrwerk: einziehbar; Bugrad mit Zwillingsrädern.

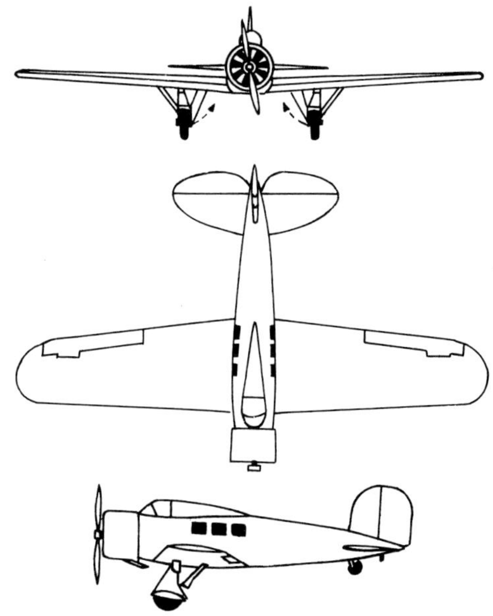

Lockheed 9 „Orion" Verkehrsflugzeug

Im Jahr 1931 brachte Lockheed die „Orion" heraus, die als Schnellverkehrsflugzeug bezeichnet wurde und eine neue Etappe im Verkehrsflugzeugbau einleitete. Die erste Ausführung hatte einen 330-kW-Sternmotor.

Sie erreichte eine Reisegeschwindigkeit von 260 km/h und war damit um 40 km/h schneller als alle anderen damaligen Verkehrsflugzeuge. Im Jahr 1932 erhielt die Maschine einen 425-kW-Motor. Damit erreichte sie eine Höchstgeschwindigkeit von 360 km/h.

Im März 1932 kamen 2 Lockheed 9 „Orion" nach Europa, wo sie die Swissair auf der Strecke Zürich—Amsterdam einsetzte.

Insgesamt wurden 35 „Orion" in 9 Varianten gebaut. 1936 gingen 13 Maschinen an Spaniens Luftwaffe.

Rumpf: Ganzmetall-Schalenbauweise.
Tragwerk: freitragender Tiefdecker.
Leitwerk: freitragende Normalbauweise in Holz mit Sperrholzbeplankung.
Fahrwerk: einziehbar mit Spornrad.

Lockheed A-29 „Hudson" Bomben-, Aufklärungs- und Ausbildungsflugzeug

Die Ableitung eines leistungsfähigen Militärflugzeugs aus einem Verkehrsflugzeug gelang selten. Zu den Ausnahmen zählt die „Hudson", die aus dem Verkehrsflugzeug Lockheed 14 entstanden war. Der Erstflug dieser Maschine fand am 10. Dezember 1938 statt. Erst als die britischen und australischen Luftstreitkräfte eine große Anzahl der „Hudson" erhalten hatten, bestellten die USA-Luftstreitkräfte diesen Typ unter der Bezeichnung A-28. Die A-28 A konnte für Truppentransporte umgerüstet werden. Sie hatte Pratt-&-Whitney-Triebwerke.

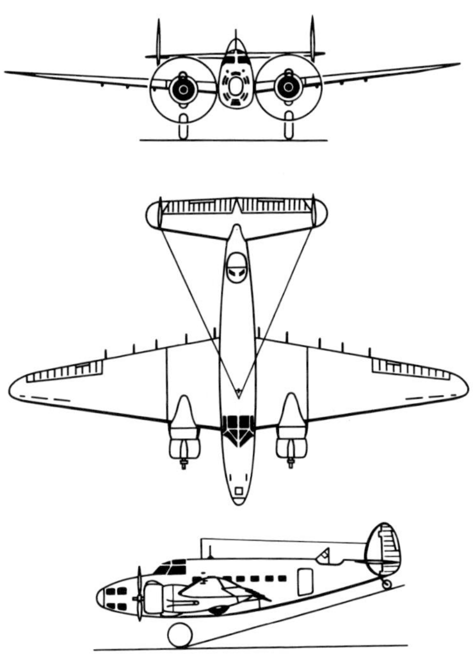

Weitere Versionen:
A-29: Ausführung mit Wright-Triebwerken.
A-29 B: Aufklärungsausführung mit einer Fotoausrüstung.
AT-18: ähnlich der A-29; diente zur Ausbildung im Luftschießen und zum Zielschleppen.
AT-18 A: Ausbildungsflugzeug für Navigation; ohne Drehturm.

Mehr als 2000 „Hudson" dienten in den Staffeln des britischen Küstenkommandos, vor allem auch zur U-Boot-Suche und Seeüberwachung. Die Heeres- und Marinefliegerkräfte der USA verwendeten 650 „Hudson". Die Produktion wurde 1943 nach dem Bau von 2936 Flugzeugen eingestellt.

Rumpf: Ganzmetall-Schalenbauweise mit Spants und Längsversteifungen.
Tragwerk: freitragender Tiefdecker in Ganzmetallbauweise; dreiteiliger Flügel mit einem Holm; elektrisch betätigte Landeklappe zwischen Querruder und Rumpf.
Leitwerk: freitragende Ganzmetallbauweise; doppeltes Seitenleitwerk.
Fahrwerk: einziehbar mit Spornrad; Radbremsen.

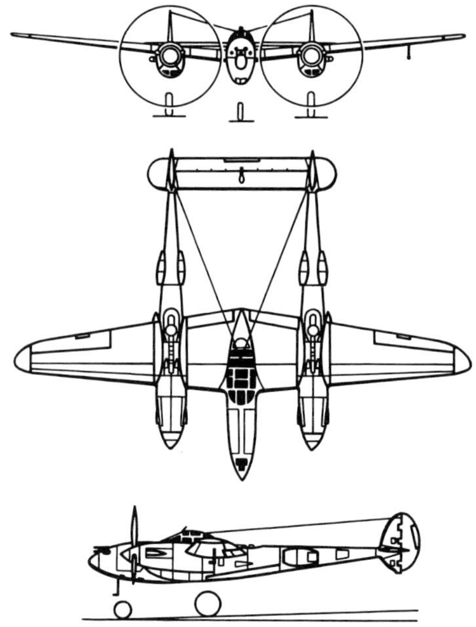

Lockheed P-38 „Lightning" Jagdflugzeug

Aufgrund einer Ausschreibung von 1937 für ein Abfangjagdflugzeug, das 580 km/h in 6000 m Höhe und 467 km/h in Bodennähe fliegen sowie auf 6000 m Höhe in 6 min steigen sollte, schuf Lockheed das Modell 22. Es erregte damals erhebliches Aufsehen, da die Startmasse höher war als bei manchen Bombenflugzeugen und außer vier MGs in der Bugnase eine 2,3-cm-Kanone eingebaut war.

Der Prototyp der Lockheed 22 hieß XP-38. Er flog erstmalig am 27. Januar 1939. Nach verschiedenen Änderungen entstand das Vorserienflugzeug YP-38 (Lockheed 122), das am 16. September 1940 erstmalig flog.

Einige Versionen:
P-38 (Lockheed 222): Serienflugzeug mit Cockpitpanzerung (ab Sommer 1941).
P-38 D „Lightning": Serienflugzeug (ab August 1941) mit selbstdichtenden Tanks und verändertem Leitwerk zur Vermeidung von Flatterer-scheinungen.
P-38 F (Lockheed 322): Ausführung mit Bombengehängen unter den inneren Flügeln und Einrichtungen für „Nebelvorhänge"; die F-4 und die F-5 wurden auch als Aufklärer verwendet.
P-38 J (Lockheed 422): Muster mit stärkeren Triebwerken und größeren Kraftstofftanks, so daß das Flugzeug 12 h in der Luft bleiben konnte.
P-38 L: am meisten gebaute Ausführung; ähnlich der P-38 J, jedoch mit stärkeren Triebwerken als Jagdbomber.
P-38 M: zweisitzige Ausführung mit Radarausrüstung als Nachtjäger.
TP-38 L: zweisitzige Ausführung für Schulungszwecke.
XP-49: Versuchsausführung mit Druckkabine.
XP-58: Versuchsausführung als zweisitziges Jagdflugzeug mit Drehturm.

Die „Lightning" diente später vornehmlich zur Erdkampfunterstützung und als Jagdbomber. Deshalb erhielten verschiedene Ausführungen einen verglasten Rumpfbug für einen Bombenschützen und wurden dann als „Pfadfinder" für Bomberverbände eingesetzt. Insgesamt wurden von 1940 bis 1945 9923 P-38 gebaut.

Rumpf: Gondel zwischen zwei Leitwerkträgern, die Triebwerk, Turbolader, Kühler, Fahrwerk und das Leitwerk aufnehmen.
Tragwerk: freitragender Flügel in Ganzmetallbauweise mit elliptischem Umriß; Landeklappen.
Leitwerk: zwei Seitenleitwerke am Ende der Leitwerkträger; dazwischen ein Höhenleitwerk; Trimmklappen an allen Rudern.
Fahrwerk: einziehbar mit Bugrad; Radbremsen.

Lockheed F-80 „Shooting Star" Jagdflugzeug

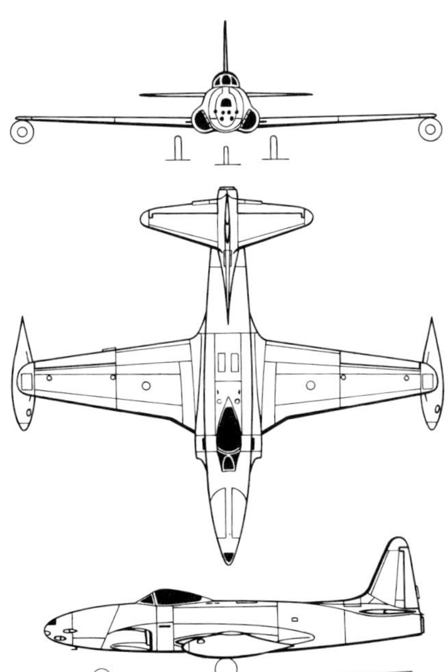

Noch während des zweiten Weltkriegs entstand in den Lockheed-Werken mit britischer Unterstützung der einsitzige Jäger und Jagdbomber „Shooting Star", dessen Prototyp XP-80 mit einem Triebwerk de Havilland H-1 B (11 100 N Startschub) und fünf 12,7-mm-MGs im Rumpfbug am 8. Januar 1944 zum Erstflug startete.
Als XP-80 A folgten 2 verbesserte Maschinen (größere Abmessungen, höhere Startmasse, Triebwerke General Electric I-40 mit 17 500 N Startschub). Von der Nullserie YP-80 A wurden 13 Maschinen produziert (höhere Startmasse, sechs 12,7-mm-MGs) und ab Oktober 1944 an die Erprobungskommandos geliefert. Die Serienmaschinen wurden zunächst als P-80, dann als F-80 bezeichnet.
Neben der später entstandenen „Thunderjet" blieb dieses Flugzeug bis Anfang der fünfziger Jahre der Standardjagdbomber der USA-Luftstreitkräfte. Im Korea-Krieg zeigte er sich allerdings den sowjetischen MiG-15 unterlegen, so daß er durch Maschinen vom Typ F-86 ersetzt

wurde. Die ausrangierten „Shooting Star" wurden an Chile, Peru und Uruguay geliefert. Insgesamt sind mehr als 1700 Maschinen gebaut worden.

Versionen

P-80 A: erste Serienversion, die nach den ersten Flugerfahrungen umgerüstet und als F-80 B bezeichnet wurde.

F-80 B: mit verstärktem Bugteil und stärkerer Feuerkraft.

F-80 C: mit stärkerem Triebwerk und stärkerer Feuerkraft; Hauptversion; Erstflug am 1. März 1948.

RF-80 C: unbewaffnete Aufklärerversion mit fünf Kameras im Rumpf.

TV-1: zunächst als TO-1 bezeichnete Marineversion der F-80 C.

Auf der Basis der F-80 C schuf Lockheed den zweisitzigen Strahltrainer T-33 (Marineversion TO-2, später als TV-2 bezeichnet) sowie das zweisitzige Allwetterjagdflugzeug F-94.

Rumpf: Ganzmetall-Halbschalenbauweise; spitzer Bug; Lufteinläufe seitlich des Rumpfes; aufgesetzte Kabine.
Tragwerk: freitragender Tiefdecker in Ganzmetallbauweise; trapezförmiger Umriß; Kraftstoffzusatzbehälter an den Enden anbringbar.
Leitwerk: Normalbauweise; Langdrahtantenne zum Seitenleitwerk.
Fahrwerk: einziehbar; steuerbares Bugrad.

Lockheed T-33
Übungsflugzeug

Für die Besatzungen des in großer Zahl geflogenen Jägers F-80 „Shooting Star" entwickelte Lockheed den zweisitzigen Strahltrainer T-33, der von den Luftstreitkräften aus rund 30 Staaten übernommen wurde. Insgesamt stellte Lockheed die Baugruppen für 5691 T-33 her. Davon montierten Lockheed 4825, Canadair 656 (CT-33) und Kawasaki 210 Maschinen.

Versionen:

T-33 A: Hauptversion; nach den Forderungen der USA-Luftstreitkräfte gebaut.

T-33 B: Version für die USA-Marine (dort als TV-2, früher als TO-2 bezeichnet).

RT-33 A: einsitziger Fotoaufklärer; auf Wunsch Thailands und der Türkei gebaut.

WT-33 A: Wetteraufklärer.

DT-33 A: Zieldarstellungsmaschine.

Rumpf: Ganzmetall-Halbschalenbauweise; Lufteinläufe seitlich des Rumpfes; aufgesetzte Kabine; Sitze hintereinander.
Tragwerk: freitragender Tiefdecker mit trapezförmigem Grundriß in Ganzmetallbauweise; Zusatztanks an den Flügelenden.
Leitwerk: Normalbauweise.
Fahrwerk: einziehbar, steuerbares Bugrad.

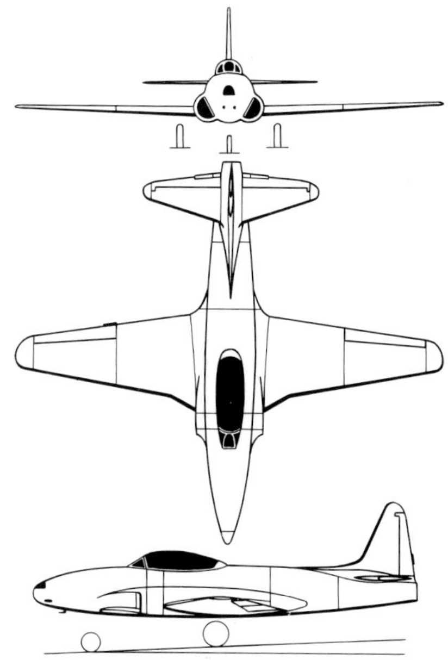

Lockheed F-94 „Starfire"
Jagdflugzeug

Für die F-94 wurde ein großer Teil der Baugruppen der F-80 C übernommen, so Tragwerk, Fahrwerk, Leitwerk und Elemente des Rumpfes. Infolge des überholten Konstruktionsschemas der F-94 ließ sich ihre Geschwindigkeit im Vergleich zur F-80 allerdings nicht wesentlich steigern.

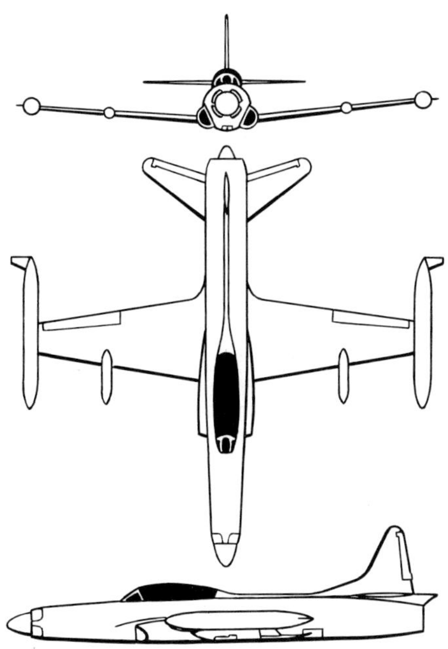

Die F-94 galt als erstes Allwetter-Jagdflugzeug der USA. Auch war sie das erste Flugzeug des Landes mit einem Nachbrenner-Triebwerk. Ab Dezember 1949 wurden insgesamt 853 F-94 produziert.

Versionen:

F-94 A: Zelle des Trainers T-33 mit zusätzlicher Radarausrüstung im Bug und Sichtgerät in der zweiten Kabine.

F-94 B: mit weiterentwickelter Elektronik und Tragflügeltanks.

F-94 C: mit stärkerem Triebwerk und längerem Rumpf; ringförmiger Raketenbehälter für 24 ungelenkte Raketen im Bug; Autopilot; verbesserte Elektronik (Foto).

Rumpf: Ganzmetall-Halbschalenbauweise; Funkmeßantenne in der Bugspitze; Lufteinläufe seitlich des Rumpfes; aufgesetzte Kabine; Sitze hintereinander.
Tragwerk: freitragender Tiefdecker in Ganzmetallbauweise; Flügelendzusatztanks.
Leitwerk: Normalbauweise; hinter dem Leitwerk Bremsschirm.
Fahrwerk: einziehbar; steuerbares Bugrad.

Lockheed P-2 „Neptune“ Aufklärungs- und U-Boot-Bekämpfungsflugzeug

Die Entwicklung der „Neptune“ (Werkbezeichnung L-26) begann unter der Bezeichnung P-2 V am 6. Dezember 1941. Der Erstflug des Prototyps fand am 17. Mai 1945 statt. In den USA verließen zwischen 1945 und 1962 insgesamt 1 195 P-2 „Neptune“ in acht Versionen die Werkhallen. Die Maschine wurde in viele Länder exportiert, so nach Argentinien, Australien, Brasilien, Frankreich, Japan, Kanada, den Niederlanden und Portugal. In Japan wurde sie überdies in Lizenz gebaut.

Einige Versionen:
P-2 V-1: erstes Serienflugzeug, das am 29. September 1946 einen Weltrekord durch einen Non-stop-Flug in 55 h 17 min von Perth (Australien) nach Columbus (USA) über eine Strecke von 17 976 km aufstellte.
P-2 V-2: Ausführung mit acht zusätzlichen Startraketen für Versuchsstarts auf Trägerschiffen.
P-2 V-3: Ausführung mit verbesserter Radarausrüstung zur Entdeckung von U-Booten.
P-2 V-5 (später P-2 E): Version mit verbesserter Radar- und elektronischer Ausrüstung; einige Flugzeuge erhielten erstmalig die Glaskanzel und außerdem das lange Heck zur Aufnahme magnetischer Spürgeräte.
P-2 V-6 (P-2 F): Ausführung mit längerem Rumpf zum Minenlegen und zum Torpedoabschuß.
P-2 V-7 (P-2 H): Serienausführung mit zwei Kolbenmotoren, mit Abgasturbinen und zwei TL-Triebwerken; auf diese Ausführung wurden später alle anderen Versionen umgerüstet; bei Kawasaki in Japan gebaute Weiterentwicklung unter der Bezeichnung P-2 J (längerer Rumpf, leistungsfähigere Navigationsgeräte, modernere Sensoren für die U-Boot-Abwehr, zwischen 1969 und 1975 69 Stück ausgeliefert).

Rumpf: Ganzmetall-Halbschalenbauweise.
Tragwerk: freitragender Mitteldecker in Ganzmetall; Fowler-Klappen; thermische Enteisung.
Leitwerk: freitragende Normalbauweise in Ganzmetall; thermische Enteisung.
Fahrwerk: einziehbar mit Bugrad; hydraulische Bremsen.

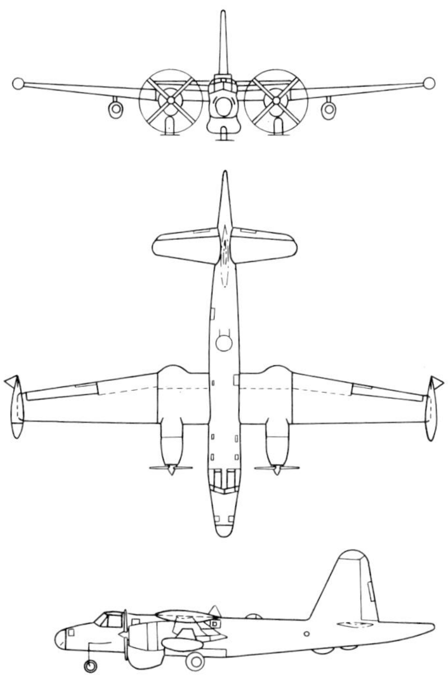

Lockheed „Constellation“ / „Super Constellation“ / „Starliner“ Verkehrsflugzeuge

Im Juni 1939 begann Lockheed mit der Entwicklung eines viermotorigen Verkehrsflugzeugs, der L-49 „Constellation“. Nach dem Eintritt der USA in den zweiten Weltkrieg wurde dieses Muster zu dem Militärtransporter C-69 umgewandelt, der seinen Erstflug am 9. Januar 1943 unternahm. Verwendet wurden 20 requirierte L-49. Erst im Jahr 1947 konnte die „Constellation“ als Verkehrsflugzeug herausgebracht werden.

Versionen:
L-149: entspricht der L-49, hat aber den Außenflügel der L-749; 51 hergestellt.
L-649 A: erste „Constellation“ aus dem Jahr 1946.
L-749: Langstreckenausführung; ab 1947 produziert.
L-749 A: wie die L-749, aber mit größerer Startmasse und stärkerem Triebwerk.
C-121 A: Militärbezeichnung der L-749 für Passagier- und Frachtbeförderung.
VC-212 B: Militärbezeichnung der L-749, ausgestattet als Langstrecken-Reiseflugzeug für Stabspersonal.
WV-1: Marinebezeichnung der L-749.
Insgesamt verließen 232 „Constellation“ die Werkhallen, darunter 12 militärische.
Die L-1049 „Super Constellation“ ist eine Weiterentwicklung der „Constellation“. Sie hat einen längeren Rumpf, eine größere Startmasse und bessere Leistungen. Der Erstflug des Prototyps war am 13. Oktober 1950.

Versionen:
L-1049 C: entspricht der L-1049, hat aber stärkere Triebwerke; Erstflug am 17. Februar 1953.
L-1049 D: Frachtausführung mit 156 m^3 Frachtraum und großen Ladeluken; gebaut wurden 60 L-1049 C und D.
L-1049 E: verbesserte Version; von 56 bestellten nur 18 ausgeliefert; Rest zu L-1049 G weiterentwickelt.
L-1049 G: Erstflug am 7. Dezember 1954; 38 Um- und 61 Neubauten.
L-1049 H: Frachtausführung; 53 produziert.
C-121 C: Militärbezeichnung der L-1049.
EC-121 C (Foto): Version der USA-Luftstreitkräfte als Frühwarn-, Radar- und Aufklärungsflugzeug.
EC-121 D: Weiterentwicklung der EC-121 C.
VC-121 E: Reiseflugzeug des Präsidenten der USA.
YC-121 F: Flugzeug der USA-Luftstreitkräfte für Passagiere, Fracht oder Verwundete; mit PTL-Triebwerken (je 4 190 kW).
WV-2, WV-3: Marineversionen der EC-121 C und EC-121 D.
R-7 V-1: Bezeichnung der USA-Marine für die L-1049 B als Transportflugzeug.
R-7 V-2: Bezeichnung der USA-Marine für die Version mit PTL-Triebwerken, ähnlich der YC-121 F.
Durch weitere Veränderungen entstand schließlich die L-1649 „Starliner“. Der Rumpf war nochmals um 0,79 m verlängert, der Flügel mit einer Spannweite von 45,72 m neu konstruiert worden. Der Prototyp flog erstmals am 10. Oktober 1956. Angesichts der aufkommenden Strahlflugzeuge wurden jedoch nur 43 „Starliner“ gebaut.
Nach 856 Maschinen aller Versionen wurde die Produktion Ende der 50er Jahre abgeschlossen.

Rumpf: Ganzmetall-Halbschalenbauweise mit kreisförmigem Querschnitt; Druckkabine.
Tragwerk: freitragender Tiefdecker in Ganzmetallbauweise; zwei Holme; Fowler-Klappen.
Leitwerk: dreifaches Seitenleitwerk.
Fahrwerk: einziehbar; Bugrad; Zwillingsräder an allen Streben.

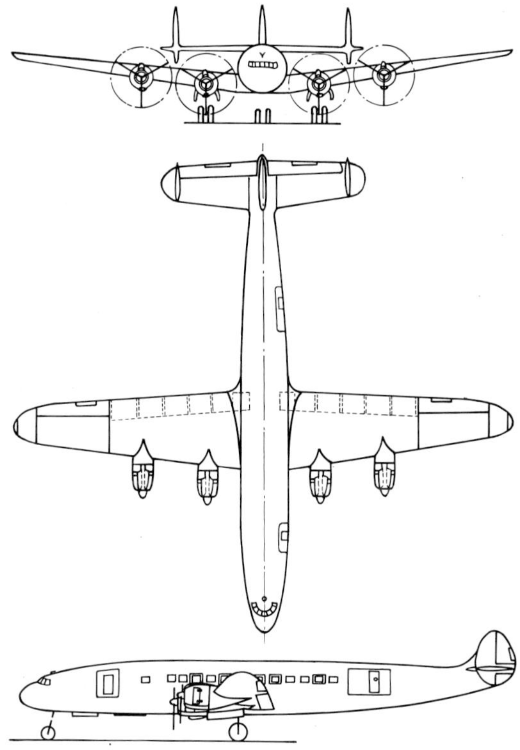

Lockheed F-104 „Starfighter“ Jagdflugzeug

Unter dem Eindruck der in Korea gegenüber der F-86 im Hinblick auf die Steigleistung, die Gipfelhöhe und die Feuerkraft überlegenen MiG-15 forcierte Lockheed zu Beginn der fünfziger Jahre die Entwicklung des Tagjagdflugzeugprojekts L-83. Es wurden zwei Prototypen XF-104 und 17 Vorserienmaschinen YF-104 A erprobt. Der Erstflug fand am 28. Februar 1954 statt. Später entstand daraus die F-104 G „Super Starfighter“, die praktisch ein neues Flugzeug ist, das verschiedenen Einsatzzwecken genügen sollte: Abfangjäger, Aufklärer sowie Jagdbomber mit konventionellen und nuklearen Waffen.

Die F-104 wurde in Kanada, Japan, in der BRD sowie in Italien in Lizenz gebaut.

Einige Versionen:

CF-104: in Kanada in Lizenz gebaute F-104 G; Erstflug am 26. Mai 1961; 200 gebaut.

CF-104 D: zweisitzige kanadische Version; 38 hergestellt.

F-104 A „Starfighter“: erstes Serienflugzeug als Tagjäger; Erstflug Januar 1958; 153 gebaut.

F-104 B: aus der F-104 A abgeleitete Version als Ausbildungs- und Kampfflugzeug mit zwei Sitzen hintereinander; 26 gebaut.

F-104 C: aus der F-104 A abgeleiteter Jagdbomber mit stärkerem Triebwerk; 77 produziert.

F-104 D: zweisitzige Trainerversion der F-104 C.

F-104 DJ: für Japan in 20 Exemplaren gebaute F-104 D.

F-104 F: wie die F-104 D, jedoch mit anderer Avionik; 30 produziert.

F-104 G „Super Starfighter“: Weiterentwicklung der F-104 C als einsitziges Mehrzweck-Kampfflugzeug; gesamte Struktur wesentlich verstärkt; Seitenleitwerk vergrößert; Erstflug am 5. Oktober 1960, 1 127 gebaut.

F-104 J: in Japan in 210 Exemplaren gebaut.

F-104 N: Ausführung der F-104 A als Astronautentrainer für die USA-Weltraumbehörde NASA; 3 gebaut; auch als NF-104 A bezeichnet.

F-104 S: in Italien hergestelltes Allwetter-Abfangjagdflugzeug; 245 Exemplare für Italien und die Türkei.

N-104 A: Raumfahrttrainer mit verlängerten Flügeln und Zusatzraketentriebwerk; erreicht größere Höhen.

QF-104: umgebaute F-104 A, die als unbemannter, ferngelenkter Zielflugkörper für Boden-Luft-Lenkwaffen dient; 24 hergestellt.

TF-104 G: zweisitzige Trainerversion der F-104 G; 220 produziert.

Inzwischen ist die F-104 in fast allen Ländern ausgemustert und ersetzt worden, so durch die F-16 und die „Tornado“.

1992 flogen in den USA noch 14 F-104 für die Forschung. Italien hat noch F-104 S im Bestand. Deutschland stellte 1992 die letzte F-104 G außer Dienst. Taiwan (noch 160 F-104) ist größter Ersatzteilabnehmer.

Rumpf: Ganzmetall-Schalenbauweise; Druckkabine; Schleudersitz; Luftbremsen an beiden Seiten des Hecks; Lufteinläufe beiderseits des Rumpfes; Bremsschirm im Heck; einziehbarer Fanghaken im Heck.
Tragwerk: freitragender Mitteldecker in Ganzmetall mit zwei Holmen; Stummelflügel mit messerscharfer Flügelnase; negative V-Stellung; durchgehender Vorflügel; zweiteilige Klappen an der Hinterkante, außen als Querruder, innen als Auftriebsklappen wirkend.
Leitwerk: freitragendes T-Leitwerk in Ganzmetall; Ruder mit Kraftverstärkung.
Fahrwerk: einziehbar; steuerbares Bugrad; Scheibenbremsen mit Blockierungsschutz.

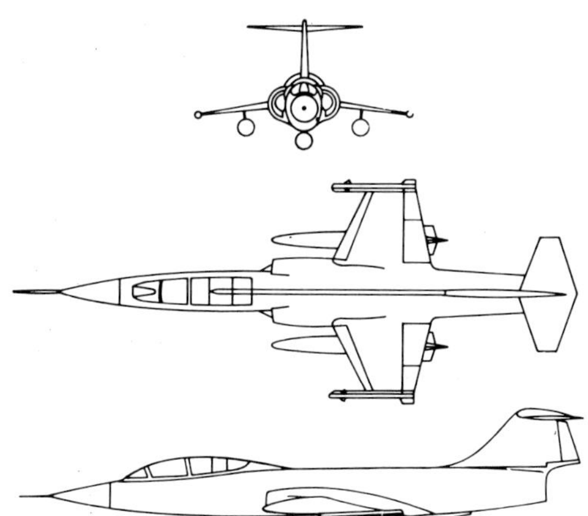

Lockheed C-130 „Hercules"
Transportflugzeug

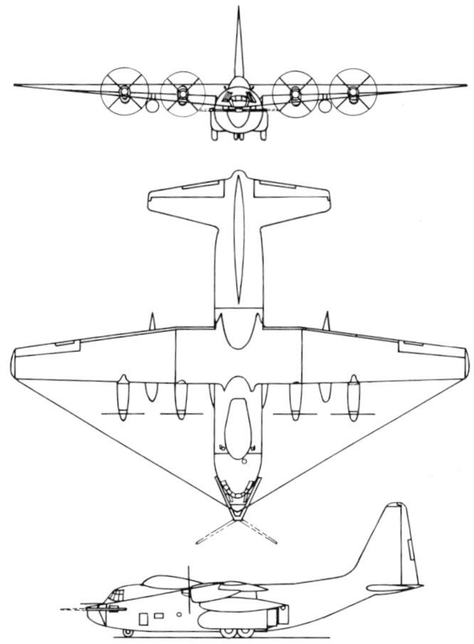

Im Jahr 1951 verlangte das Taktische Luftwaffenkommando der USA als Ablösemuster für seine veralteten Kolbenmotor-Transporter einen moderneren Typ mit PTL-Triebwerken, großer Heckladeluke sowie der Möglichkeit, auch von unvorbereiteten Landeplätzen aus operieren zu können. Der Auftrag ging im September 1951 an Lockheed, der zwei Prototypen YC-130 entwickelte. Das erste Muster startete am 23. August 1954 zum Erstflug.
Nach mehreren Verbesserungen begann Ende 1956 der Serienbau. Bis 1994 sind fast 2100 Flugzeuge in rund 50 Versionen gebaut und an 64 Länder geliefert worden. Monatsproduktion 1994/95: 3 C-130. Neuestes Modell: C-130 J mit Zwei-Mann-Cockpit (bisher 4 Mann); neue Triebwerke mit 6-Blatt-Luftschrauben, weniger Verbrauch, größere Reichweite.

Einige Versionen:
AC-130 A und E: mit seitlichen Waffenständen, Panzerung und Aufklärungssensoren.
C-130 A: erste Serienausführung; Erstflug am 7. April 1955; von Dezember 1956 bis Februar 1959 gebaut.

C-130 B: verbesserte Ausführung mit stärkeren Triebwerken, größeren Tanks und kräftigerem Fahrwerk; Erstflug am 20. November 1958; Serienbau ab Juni 1959; 461 C-130 A und B wurden gebaut.
C-130 D: Version der C-130 A mit Starthilfsraketen und kombiniertem Rad-/Schneekufenfahrwerk für den Einsatz in der Antarktis.
C-130 E: vergrößerte Ausführung der C-130 B mit Zusatztanks unter den Tragflügeln; Erstflug am 25. August 1961; Lieferung ab April 1962; 503 hergestellt.
C-130 H: Standardtransporter für 92 Soldaten; in über 20 Länder exportiert.
EC-130 TACAMO: 1981 in drei Exemplaren bestelltes Fernmeldeflugzeug.
HC-130 B: Spezialausführung der C-130 B zur Satellitenbeobachtung.
HC-130 E und WC-130: Wetterflugzeuge.
HC-130 H: Ausführung für den Seenotrettungsdienst.
JC-130: für die Weltraumforschung.
KC-130 F: fliegender Tanker, der zwei TL-Flugzeuge gleichzeitig auftanken kann.
RC-130 A: Ausführung für Luftüberwachung.
Die USA verwenden über 600 C-130 für den militärischen und 85 L-100 und deren gestreckte Versionen für den zivilen Lufttransport.
AC-130 U „Gunship": neueste Waffenplattform gegen Bodenziele, 1. Maschine 1994, weitere 12 bestellt. 7 von der Luftwaffe ausgemusterte C-130 dienen als fliegende Feuerwehr (je 150 hl in 8 Kammern).

Rumpf: Ganzmetall-Halbschalenbauweise; Druckkabine für Besatzung; Heckladepforte.
Tragwerk: freitragender Hochdecker in Ganzmetall mit zwei Holmen; thermische Enteisung.
Leitwerk: freitragende Normalbauweise in Ganzmetall; thermische Enteisung.
Fahrwerk: einziehbar; steuerbares Bugrad; an der Bugstrebe Zwillingsräder; an den Hauptstreben Fahrwerkschlitten mit je vier Rädern; Ausrüstung mit Rad-/Schneekufenfahrwerk möglich.

Lockheed U-2
Höhenaufklärungsflugzeug

Dieses Flugzeug errang traurige Berühmtheit, als eines bei einem Spionageflug über der Sowjetunion am 1. Mai 1960 abgeschossen wurde. Bis dahin hatten die USA geglaubt, daß die U-2 bei ihren Einsätzen in großen Höhen für die sowjetische Raketenabwehr unerreichbar sei.
Die Entwicklung der U-2 begann im Jahr 1954. Der Erstflug des ersten von zwei Prototypen war am 1. August 1955.

Versionen:
U-2 A: Höhenforschungsflugzeug für die NASA und strategischer Aufklärer.

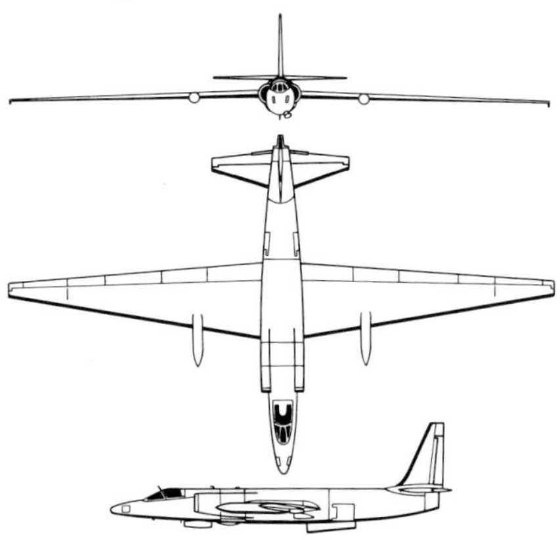

U-2 B: strategisches Aufklärungsflugzeug für die USA-Luftstreitkräfte; aus der U-2 A abgeleitet; hat im Unterschied zu dieser lediglich einen unverglasten Bug.
U-2 C: strategisches Höhenaufklärungsflugzeug mit einem unverglasten Bug, einem stärkeren Triebwerk und einem schwarzen Anti-Reflex-Schutzanstrich; Fotoausrüstungen erlauben aus 21 000 m Höhe Aufnahmen eines 200 km breiten Geländestreifens.
U-2 CT: zweisitziger Trainer der U-2 C.
U-2 D: zweisitzige Version.
In den Jahren 1955/60 verließen etwa 60 U-2 A/H und J (keine USA-Angaben veröffentlicht!) die Werkhallen. Zwei weitere Serien folgten ab 1968 (siehe TR-1). Am 15. 1. 1992 ging eine U-2 im Raum Korea verloren. Während des Kalten Krieges flogen auch britische Piloten bei Einsätzen über der UdSSR die U-2.

Rumpf: Ganzmetall-Schalenbauweise mit rundem Querschnitt; Druckkabine mit Schleudersitz; Bremsklappen an den Seiten hinter dem Tragwerk.
Tragwerk: freitragender Mitteldecker in Ganzmetallbauweise; zweiholmiger Flügel großer Streckung; an der gesamten Hinterkante Klappen.
Leitwerk: freitragende Normalbauweise in Ganzmetall.
Fahrwerk: einziehbares Zwillingsrad unter dem Rumpf vor dem Schwerpunkt; einziehbares Spornrad im Heck; Stützräder unter dem Flügel beim Start, die nach dem Abheben abgeworfen werden.

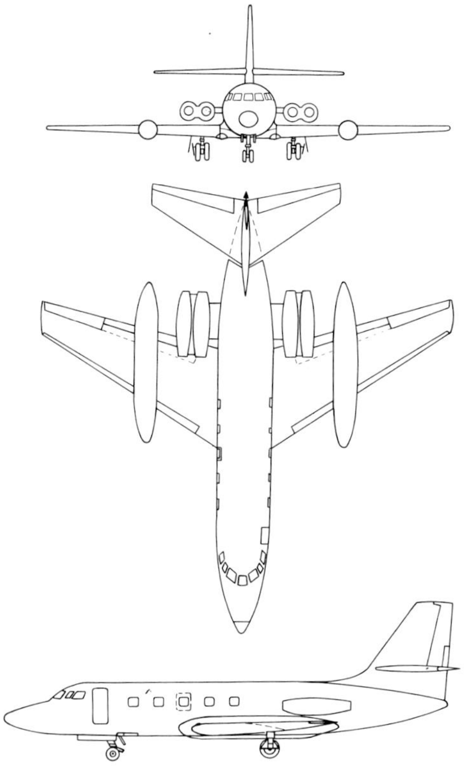

Lockheed L-329 „Jet Star" Mehrzweckflugzeug

Die L-329 „Jet Star" ist unter den TL-getriebenen Reiseflugzeugen das einzige Muster mit vier Triebwerken. Ihre Entwicklung begann 1956. Der erste Prototyp flog erstmalig am 4. September 1957. Die beiden Prototypen hatten noch zwei Triebwerke. Die Serienflugzeuge – das erste flog im Sommer 1960 – erhielten dann vier Triebwerke, Schubumkehrvorrichtungen, Zwillingsräder an allen Streben und eine Nasenklappe zur Auftriebserhöhung.

Versionen:

C-140 A: Ausführung für die amerikanischen Luftstreitkräfte zur Überwachung von Navigationseinrichtungen; bei den Streitkräften der BRD Verbindungsflugzeug.

Dash 8: Version des Reiseflugzeugs mit stärkeren Triebwerken.

L-329 „Jet Star": Werkbezeichnung für das Reiseflugzeug für zwei bis drei Besatzungsmitglieder und zehn Fluggäste (Foto, Skizze).

VC-140 B: Ausführung für die USA-Luftstreitkräfte als Reiseflugzeug für zehn Fluggäste, als Navigationstrainer für zwei Lehrer und fünf Schüler, als Sanitätsflugzeug mit 12 bis 14 Plätzen, als Mehrzweck-Transportflugzeug für 17 Passagiere und als Frachtflugzeug für 1 590 kg Fracht.

Bis 1973 verließen 162 „Jet Star" (nachträglich als „Jet Star I" bezeichnet) die Werkhallen, davon 24 in militärischer Ausführung. Am 10. Juli 1974 startete die erste „Jet Star II", und im Frühjahr 1975 begann die Serienfertigung. Beide Ausführungen unterscheiden sich vor allem in den Triebwerken.

Rumpf: Ganzmetall-Halbschalenbauweise; Druckkabine; hydraulisch betätigte Luftbremse unter dem Rumpf.
Tragwerk: freitragender Tiefdecker in Ganzmetallbauweise; Doppelspaltklappen und Nasenklappen; pneumatische Enteisung.
Leitwerk: freitragende Normalbauweise; Höhenleitwerk hochgesetzt; pneumatische Enteisung.
Fahrwerk: einziehbar mit Bugrad; Zwillingsräder an allen Streben.

Lockheed L-188 „Electra" Verkehrsflugzeug

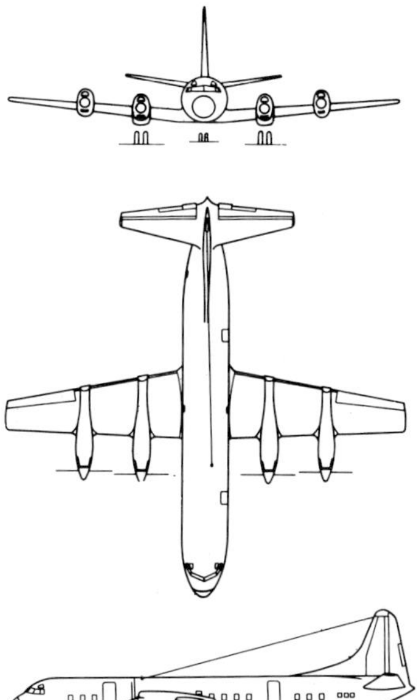

Die L-188 „Electra" ist das einzige Verkehrsflugzeug der USA mit PTL-Triebwerken. Sie eignet sich für Kurz- und Mittelstrecken, kann aber mit Zusatztanks auch auf Langstrecken eingesetzt werden.

Der erste Prototyp flog am 6. Dezember 1957, der zweite am 13. Februar 1958. Im Januar 1959 wurde die Maschine in Dienst gestellt.

Das Flugzeug hatte jedoch ernste Rückschläge, da 1959 verschiedene schwere Unfälle durch Schwingungserscheinungen verursacht wurden. Die Flügel und die Motorgondeln mußten deshalb nach umfangreichen Flugerprobungen verstärkt werden. Im Jahr 1961 wurden die Beschränkungen aufgehoben. Außer den Prototypen wurden 170 „Electra" gebaut. Die L-188 A und die L-188 C (größerer Kraftstoffvorrat, höhere Startmasse, 99 Passagiere) wurden von USA-Gesellschaften sowie denen von fünf anderen Ländern geflogen.

Rumpf: Ganzmetall-Halbschalenbauweise.
Tragwerk: freitragender Tiefdecker in Ganzmetallbauweise; Fowler-Klappen.
Leitwerk: freitragende Normalbauweise in Ganzmetall.
Fahwerk: einziehbar mit Bugrad; Zwillingsräder an allen Streben.

Lockheed P-3 „Orion“ U-Boot-Such- und -Bekämpfungsflugzeug

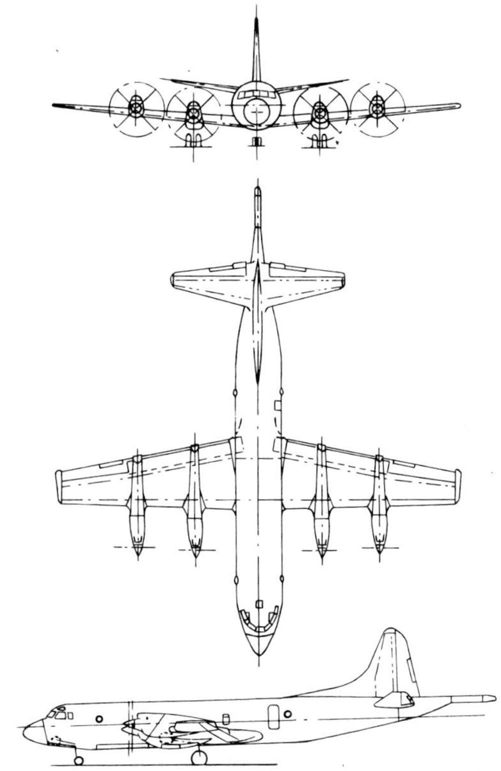

Die P-3 „Orion“ löste die P-2 „Neptune“ ab. Sie wurde aus der L-188 „Electra“ abgeleitet und hatte die Werkbezeichnung L-185. Der erste Prototyp entsprach noch der „Electra“ und flog erstmalig am 19. August 1958. Zur Einsparung an Masse kürzte man den Rumpf um etwa 2,10 m, ließ die Passagierfenster weg und baute ein größeres Radar im Bug ein. Im neuen langgestreckten Heckdorn aus GFK brachte man magnetische Ortungsgeräte unter. Der zweite Prototyp YP-3 V-1 (später YP-3 A) hatte bereits eine volle elektronische Ausrüstung und unternahm den Erstflug am 25. November 1959. Der Erstflug des ersten Serienflugzeugs war am 15. April 1961.

Einige Versionen:
- P-3 A: Basismodell, 1960/66: 157.
- P-3 B: 1966/69: 144; stärkere PTL (je 3650 kW), modernere Elektronik.
- P-3 C: ab Juni 1969: 265; 7fach gesteigerte Computerleistung, Erstflug: 18. 9. 1968; zahlreiche Umbauten zu Aufklärern, Trainern, Eloka-Maschinen, VIP-Transportern. 1985 3 P-3 AEW „Sentinel“ mit rotierender Radarantenne über dem Rumpf für US-Zoll. Bei Kawasaki/Japan außerdem ab 1982 in Lizenz: 107 P-3 C, 2 Trainer UP-3 C, 3 ELINT/Elektronik-Maschinen EP-3 E und Testversion NP-3 E. 14 CP-140 „Aurora“/3 CP-140 A „Arctorus“: Maschinen für Kanada mit Elektronik der Lockheed S-3 „Viking“. Nachrüstprogramme Update I 1975, Update II 1977, Update III 1984, Update IV 1994. P-3 werden in 13 Ländern geflogen. Ab 1995 erhält die US Navy 125 „Orion II“ mit vielen Elementen der stornierten P-7.
- P-3 F: Seeaufklärer und U-Boot-Jäger; ohne Datenverarbeitungsanlage; bis Mitte 1975 acht Stück an den Iran geliefert.
- PR-3 D: modifizierte P-3 C für ozeanische Untersuchungen.
- WP-3 A: Wetteraufklärungsversion der P-3 A; seit 1970 im Dienst der USA-Marine.

Rumpf: Ganzmetall-Halbschalenbauweise; Druckkabine.
Tragwerk: freitragender Tiefdecker in Ganzmetallbauweise.
Leitwerk: freitragende Normalbauweise.
Fahrwerk: einziehbar; Zwillingsräder an allen Streben; steuerbares Bugrad; Scheibenbremsen.

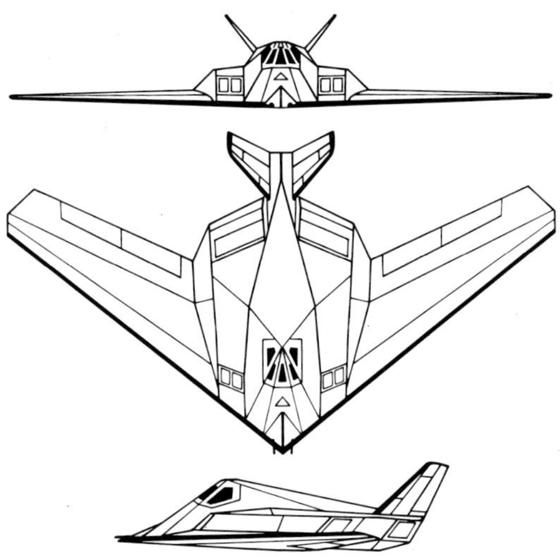

Lockheed F-117 A „Nighthawk“ Jagdflugzeug

Anfang November 1988 veröffentlichte die USA-Luftwaffe ein erstes Foto, das mehr die Umrisse als die Einzelheiten des geheimnisumwitterten Stealth-Flugzeugs F-117 A zeigte.
Zu Beginn der siebziger Jahre hatte das Verteidigungsministerium der USA das Forschungsprogramm „Have Blue“ für die Stealth-Technologie bestätigt. 1978 begannen die konkreten Arbeiten als Projekt XST, das in der Öffentlichkeit als F-19 A zu vielen Spekulationen führte. Im Jahr 1981 waren die experimentellen Arbeiten abgeschlossen, und im Juni 1981 startete der erste Prototyp zum Erstflug. 1986 gab es 20 Maschinen.
Der im Oktober 1983 in den operativen Dienst der USA-Luftwaffe übernommene Typ ist neben einer Staffel von 18 A-7 D in Nevada stationiert. Zunächst wurde nur nachts geflogen, seit Ende 1988 auch am Tage.
Von August 1982 bis Sommer 1990 liefen der 37th Tactical Fighter Wing alle bestellten 59 F-117 A zu.
Erste Kampfeinsätze: Panama 1989, Golfkrieg 1991. Verluste bis 1993: 3 durch Unfälle.
Kaum 5 Prozent der gesamten Flugzeugkonstruktion bestehen aus Metall. Elemente für Verkleidungen, Holme und Spants sind aus einem Borfaser-Verbundwerkstoff hergestellt. Im Triebwerksabschnitt befinden sich kühlende Zwischenwände und Luftleitbleche. Parallel zur Mittellinie jedes Triebwerks sind um die Abgasdüsen Schlitze angeordnet. Der Triebwerkskörper ist doppelwandig, der Zwischenraum ist mit kleinen und mit den Spitzen zur Triebwerksachse gerichteten pyramidalen Körpern ausgefüllt. Damit wird eine bedeutende Geräuschminderung erreicht.
Die Abmessungen der F-117 A gestatten es, das Flugzeug in dem Transporter C-5 A „Galaxy“ zu befördern.

Rumpf: kein eigentlicher Rumpf; übergehend in Tragflügel; hinten als Leitwerkträger überstehend; seitliche Lufteinläufe.
Tragwerk: Tiefdecker mit starker Pfeilung; Konfiguration als tetrahedral bezeichnet.
Leitwerk: V-förmiges Seitenleitwerk; Höhenleitwerk am Tragflügelmittelteil.
Fahrwerk: keine Angaben.

Lockheed SR-71 „Blackbird"
Strategischer Aufklärer

Als Nachfolgemuster für das Spionageflugzeug U-2 schuf Lockheed in Zusammenarbeit mit der CIA einen Flugzeugtyp, der als Hochgeschwindigkeits-Höhenaufklärer möglichst schlecht vom Radar erfaßt werden konnte. Die äußere Form ist nicht nur aerodynamisch begründet, sondern drückt auch das Bestreben nach einer möglichst kleinen Radarrückstrahlfläche aus. Typisch dafür sind die nach innen geneigten Seitenflossen sowie die langgezogene Flügelwurzelverkleidung. Federführend an der Entwicklung dieses Typs war Chefkonstrukteur Johnson, der auch die U-2 gebaut hat. Die Entwicklung dieses Flugzeugs begann unter strenger Geheimhaltung im Jahr 1959. Eigentlicher Baubeginn war 1963.

Versionen:
- A-11: Prototyp, später als YF-12 A bezeichnet; Erstflug am 16. April 1961; der Öffentlichkeit am 30. September 1964 vorgestellt; in vier Exemplaren gebaut; nach anderen Quellen 18 bzw. 25 A-11 hergestellt, davon 3 zu YF-12 A (Foto, Skizze) umgebaut; YF-12 A mit 4 Luft-Luft-Raketen erprobt, wahrscheinlich auch als A-12 bezeichnet; zur Tarnung Versuchsjagdflugzeug genannt; vierter Prototyp YF-12 C war das Ausgangsmuster für die SR-71.
- SR-71 A: strategisches Aufklärungsflugzeug mit verlängertem Rumpf; keine Stabilisierungsflossen; Erstflug am 22. Dezember 1964; 31 gebaut.
- SR-71 B: Schul- und Übungsflugzeug mit zweiter Kabine; Lieferung ab Januar 1966; 2 Exemplare aus der SR-71 A umgebaut.
- SR-71 C: Trainer-Version; 1 Maschine.

Am 1. Mai 1965 stellten Stephens und Andre mit der YF-12 A über eine Meßstrecke 15/25 km mit 3 331,507 km/h einen Geschwindigkeitsrekord auf. Zugleich errangen sie dabei mit 24 462,596 m einen Höhenrekord. Am gleichen Tag flogen Daniel und Cooney über eine geschlossene Strecke von 1 000 km mit 2 718,006 km/h einen Geschwindigkeitsweltrekord.
1990 wurden alle 32 SR-71 außer Dienst gestellt, da sich die U-2 R/TR-1 als praktischer erwiesen hatte. Die NASA erhielt 3 SR-71 A zu Forschungszwecken.

Rumpf: Titan-Halbschalenbauweise; Sitze hintereinander; aufklappbare Hauben; Waffenschächte in den Seitenwülsten; Bugradar; Bremsschirmbehälter; Flugbetankungsstutzen hinter Cockpit.
Tragwerk: freitragender Mitteldecker in Deltaform; Titan-Bauweise.
Leitwerk: Seitenruder ohne Flossen über dem Ende jeder Triebwerkgondel; Höhenruder an den Tragflügelhinterkanten zwischen Rumpf und Triebwerkgondel; Seitenstabilisierungsflossen unter den Triebwerkgondeln und unter dem Rumpf (außer SR-71 A).
Fahrwerk: einziehbar; an den Hauptstreben drei, an der Bugstrebe zwei Räder.

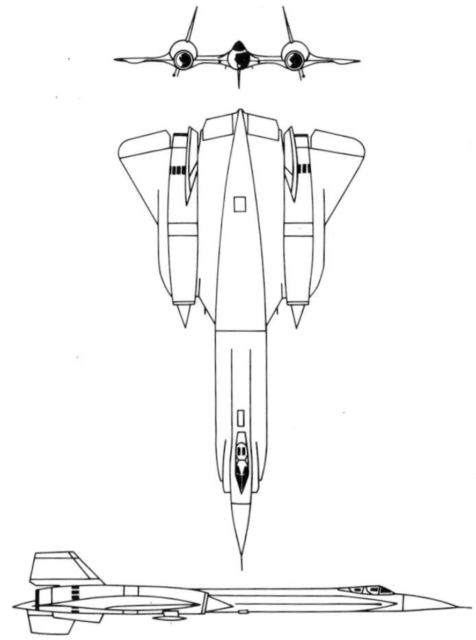

Lockheed C-141 „Starlifter"
Transportflugzeug

Die Ausschreibung für ein strategisches TL-Transportflugzeug gewann Lockheed mit seiner C-141 „Starlifter". Ohne die sonst üblichen Prototypen zu bauen, nahm am 17. Dezember 1963 das erste Serienflugzeug die Erprobung auf. Die eigentliche Produktion begann am 20. Oktober 1964.

Versionen:
- C-141 A: Militärausführung (Foto, Skizze); befördert bis zu 154 Soldaten oder 123 Fallschirmspringer; als Sanitätsflugzeug befördert es 80 Verwundete auf Tragen und acht Sanitäter; 285 Maschinen von 1964 bis 1968 gebaut.
- L-200: Zivilversion als Frachtflugzeug; blieb Projekt.
- L-300: Zivilversion als Frachtflugzeug mit 51,60 m langem Rumpf; blieb ebenfalls Projekt.

Mitte der siebziger Jahre wurde ein Projekt zum Umbau von 270 C-141 A der USA-Transporteinheiten erarbeitet. Den Rumpf verlängerte man um 7,14 m auf 51,34 m. Der Laderaum vergrößerte sich dadurch um ein Drittel.
Am 12. Januar 1977 begann mit der Mustermaschine YC-141 B die Flugerprobung, und bis 1982 wurden alle C-141 A zu C-141 B umgebaut (4 Testmaschinen NC-141 A).

Rumpf: Ganzmetall-Halbschalenbauweise; hochgezogenes Heck mit eingebauter Laderampe; Druckkabine.
Tragwerk: freitragender Hochdecker in Ganzmetallbauweise mit zwei Kastenholmen.
Leitwerk: freitragendes T-Leitwerk in Ganzmetall.
Fahrwerk: einziehbar; steuerbares Bugrad; an der Bugstrebe Zwillingsräder; an den Hauptstreben Fahrwerkschlitten mit je vier Rädern; Scheibenbremsen mit Blockierungsschutz.

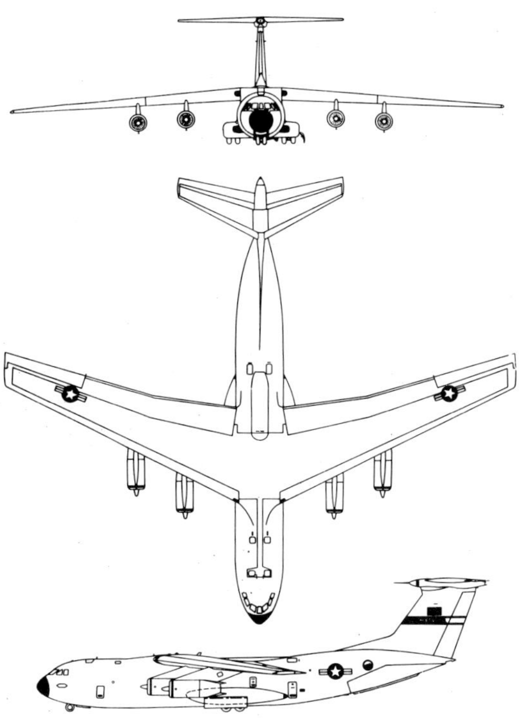

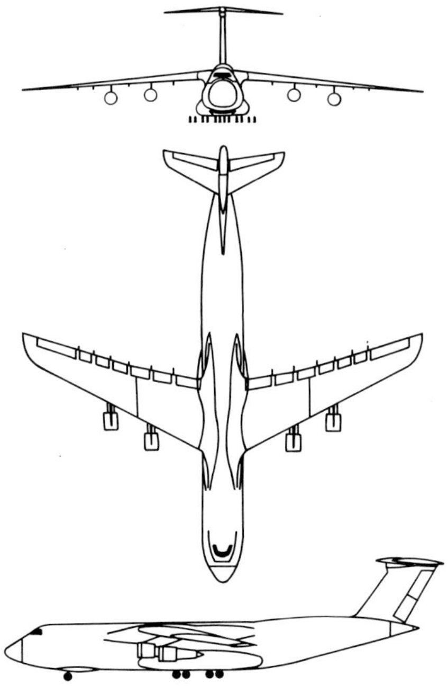

Lockheed C-5 „Galaxy" Transportflugzeug

Im Jahr 1963 wurde in den USA eine Ausschreibung unter der Bezeichnung CX-4 für ein militärisches Transportflugzeug veröffentlicht. Sie wurde unter der Bezeichnung CX-HLS für ein Transportflugzeug mit 56 700 kg Nutzmasse und 12 875 km Reichweite spezifiziert, wobei die Maschine mit den gleichen Pisten auskommen sollte wie die C-141 „Starlifter". Im Herbst 1963 erhielten Lockheed und General Electric die Aufträge für die Zelle und das Triebwerk.
Der Erstflug des Prototyps fand am 30. Juni 1968 statt. Die Serienlieferungen der C-5 A (Foto, Skizze) begannen im Sommer 1969. 1972 wurde der Bau des Riesentransporters eingestellt (8 Versuchs-, 81 Serienmuster, geplant waren zunächst 200, dann 115 Flugzeuge).
Von Bord einer C-5 A wurde am 24. Oktober 1974 in großer Höhe eine 39 000 kg schwere Rakete aus der Heckluke an zwei Fallschirmen abgeworfen und ferngezündet. Am 5. April 1975 stürzte eine C-5 A in der Nähe Saigons mit vietnamesischen Kindern an Bord ab. Bereits am 17. Oktober 1970 wurde eine C-5 A auf dem Lockheed-Gelände beim Enttanken zerstört.
Am 12. Juli 1985 war die erste von 50 bestellten C-5 B fertig. Der Erstflug dieser Maschine war am 10. September 1985. Dieser strategische Transporter ist in der Lage, zwei Kampfpanzer M-1 aufzunehmen. Im Dezember 1985 wurden die ersten C-5 B von den USA-Luftstreitkräften übernommen. Mit dem neuen verstärkten Flügel der C-5 B sind auch die noch vorhandenen 77 C-5 A ausgerüstet worden.
Die C-5 B ähnelt der C-5 A in den Abmessungen, hat aber zahlreiche Modifikationen einschließlich einer neuen Avionik. Die in der Luft nachzubetankende Maschine hat vier Triebwerke General Electric TF-39-1C mit je 182 000 N Startschub.

Rumpf: Ganzmetall-Halbschalenbauweise aus Leichtmetall und Titanlegierungen; Cockpit und Kabine im Oberdeck; Frachtraum im Unterdeck; hochklappbarer Rumpfbug; Heckladepforte; Räume im Ober- und Unterdeck als Druckkabine mit Klimaanlage.
Tragwerk: freitragender Schulterdecker in Ganzmetallbauweise; an jedem Flügel sieben Vorflügelabschnitte und sechs Fowler-Klappen; thermische Enteisung.
Leitwerk: freitragendes T-Leitwerk in Ganzmetall; alle Ruder zweiteilig.
Fahrwerk: einziehbar; vier Bugräder nebeneinander und je sechs Räder an den vier Hauptfahrwerk-Drehgestellen; Beryllium-Bremsen.

Lockheed L-1011 „Tri Star" Verkehrsflugzeug

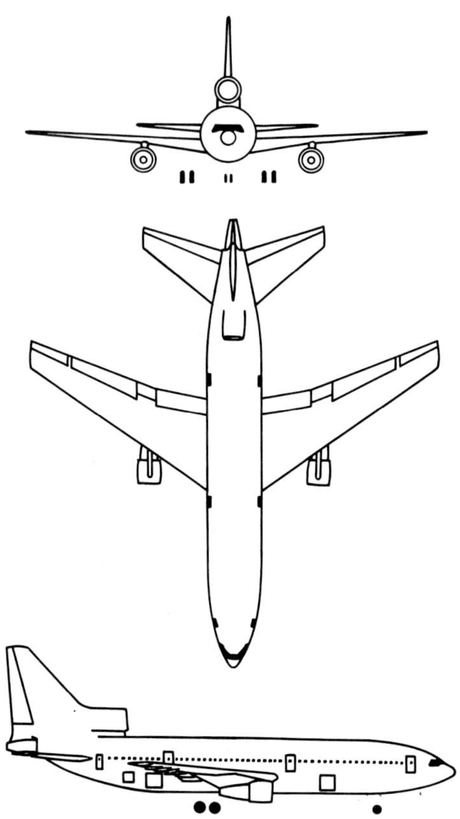

Lockheed gehörte bis Ende der fünfziger Jahre zu den führenden Verkehrsflugzeugwerken der USA. Die Entwicklung der L-188 „Electra" anstelle eines TL-Flugzeugs veranlaßte viele Fluggesellschaften, zu Boeing und Douglas überzugehen. Mit dem Großraumflugzeug L-1011 „Tri Star" wollte die Firma ihre führende Position auf dem Verkehrsflugzeugmarkt zurückgewinnen. Die Entwicklung dieser Maschine begann im Jahr 1969. Der erste Prototyp startete am 16. November 1970 zum Erstflug.
Versionen:
L-1011-1: Grundmodell für 256 bis 400 Passagiere; seit 6. April 1972 im Liniendienst; Triebwerke RB 211-22 B, je 187 000 N.
L-1011-100: Langstreckenversion.
L-1011-200: Mittel- bis Langstreckenversion.
L-1011-250: Version mit um 19 000 kg vergrößerter Startmasse.
L-1011-500: für sehr große Reichweite; Startmasse maximal 224 980 kg; Rumpf um 4,11 m gekürzt; 222 bis 230 Passagiere; Erstflug im Oktober 1982.
Die Produktion der „Tri Star" endete 1984 mit der 250. Maschine.
1985 wurde die erste von sechs zu Tankflugzeugen „Tri Star" KMk. 1 umgebauten L-1011-500 für die britischen Luftstreitkräfte fertig. Im gleichen Jahr modifizierte man sechs L-1011-1 zur L-1011-250 (Triebwerke RB-211-524 B mit je 222 000 N, Startmasse um 15% auf 224 985 kg erhöht).

Rumpf: Ganzmetall-Schalenbauweise; auf jeder Seite vier Türen.
Tragwerk: freitragender Tiefdecker in Ganzmetallbauweise; an der Vorderkante Krüger-Klappen und Vorflügel; an der Hinterkante Querruder und Landeklappen.
Leitwerk: freitragende Normalbauweise; bewegliche Höhenflosse; oberes und unteres Seitenruder.
Fahrwerk: einziehbar mit Bugrad; Zwillingsräder am Bugrad; Hauptstreben mit Fahrwerkschlitten und je vier Rädern.

Lockheed S-3 A „Viking"
U-Boot-Such- und -Bekämpfungsflugzeug

Die USA-Marine schrieb einen Wettbewerb zur Entwicklung eines U-Boot-Jagdflugzeugs als Nachfolger für die S-2 „Tracker" von Grumman aus, in dessen Ergebnis Lockheed 1969 den Auftrag erhielt. Die S-3 A „Viking" operiert von Flugzeugträgern aus. Zur schnellen Verarbeitung aller Beobachtungen befindet sich an Bord ein Allzweck-Digitalrechner.

Der Erstflug des Prototyps (Foto) war am 21. Januar 1972. Im Oktober 1973 begann die Auslieferung von acht Vorserienmaschinen für die Erprobung. Ab Frühjahr 1974 bis Ende 1978 wurden die bestellten 186 S-3 A ausgeliefert.
Davon wurden 16 zu ECM-Maschinen ES-3 A und 6 zu bordgestützten Transportern US-3 A (S-3 A/COD) umgebaut. 160 S-3 A werden auf den Standard S-3 B (Prototyp 1985) umgerüstet.

Rumpf: Ganzmetall-Halbschalenbauweise; eingebauter Waffenschacht mit aufklappbaren Luken; eingebaute Gleitbahn für Horchbojen; ausfahrbarer Ausleger mit Suchgeräten im Heck; Pilot und Kopilot nebeneinander, die anderen Besatzungsmitglieder dahinter, alle mit Schleudersitzen; Tür auf der Steuerbordseite.
Tragwerk: freitragender Schulterdecker in Ganzmetallbauweise; gepfeilt; Vorflügel von den Triebwerkzellen bis zur Flügelspitze; Fowler-Klappen mit einem Spalt; Spoiler an der Ober- und der Unterseite.
Leitwerk: freitragende und gepfeilte Normalbauweise in Ganzmetall; Trimmklappen in den Rudern; Seitenleitwerk umklappbar.
Fahrwerk: einziehbar; an den Hauptstreben je ein Rad; an der Bugstrebe Zwillingsräder; Katapultbefestigung an der Bugstrebe; Fanghaken.

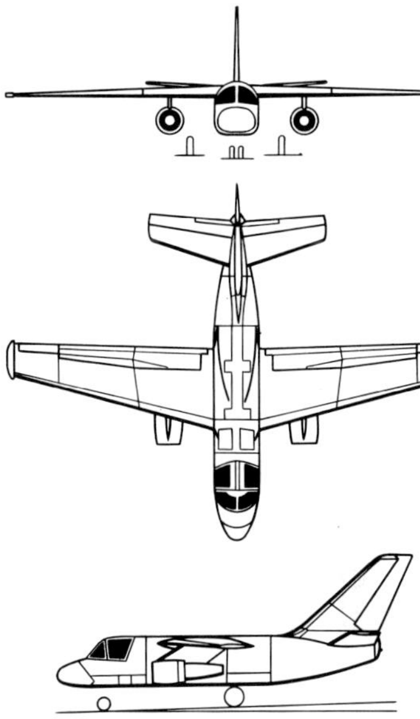

Lockheed TR-1
Höhenaufklärer

Auf der Basis der U-2 entwickelte Lockheed die U-2 R (Erstflug 28. August 1967; Spannweite um 7 m vergrößert, Kraftstoffvorrat um 6000 l, Zelle um 40%, Aufklärungselektronik modernisiert). Mit der U-2 R sind mehrere Baugruppen austauschbar, auch die Tragflügel. Diese sind fast über die gesamte Spannweite als Kraftstoffbehälter ausgebildet. Im Flug werden zunächst die inneren Behälter geleert, damit die kraftstoffgefüllten äußeren Tanks die Flächenbiegung dämpfen.
Produktion 1968/69: 12 Einsitzer U-2 R, 1 Doppelsitzer U-2 RT. Die Hälfte der Maschinen erhielt die CIA. Da die USAF einen weiteren Bedarf anmeldete, begann die Produktion erneut: 1979/1989 – 25 TR-1 A (verbesserte U-2 R, mehrere Baugruppen austauschbar, so die Tragflügel; Erstflug: 1. August 1981), 2 Doppelsitzer-Trainer TR-1 B, 7 U-2 R, 3 ER-2 als „demilitarisierte" TR-1 A für die NASA. Stationiert sind die Maschinen auf der Beale Air Base in Kalifornien, einige sind jedoch ständig nach Großbritannien und Taiwan abgestellt.
Mit den 2 t schweren Geräten soll die TR-1 in der Lage sein, ohne Verlassen des eigenen Luftraumes bei Tag und in der Nacht sowie unter allen Wetterbedingungen die eigenen Bodentruppen durch die Gefechtsfeldüberwachung zu unterstützen. Beispielsweise sollen mit dem Entfernungsmeßsystem gegnerische Funksignale und die Standorte der Sendestellen lokalisiert werden. Die weiterverarbeiteten Informationen werden an die eigenen Führungsstellen zur Bekämpfung der Funk- bzw. Funkmeßmittel am Boden übermittelt. Die Geräte sind in dem auswechselbaren Flugzeugbug sowie in den beiden Behältern unter den Tragflügeln (Eigenmasse je 540 kg), im hinteren Flugzeugteil und in den Tragflügeln plaziert. Die maximale Flugdauer der TR-1 ist mit 12 h angegeben.

Rumpf: Ganzmetallkonstruktion; besteht vor allem aus wartungsarmem Aluminium; Kabine mit Schleudersitz.
Tragwerk: freitragender Mitteldecker in Ganzmetallbauweise mit 2 großen Unterflügelbehältern.
Leitwerk: freitragend; Normalbauweise; Ganzmetall.
Fahrwerk: einziehbares Tandemfahrwerk; etwa in Rumpfmitte größere, im Heck kleinere Räder; Stützräder etwa in Tragflügelmitte; alle Streben doppelt bereift.

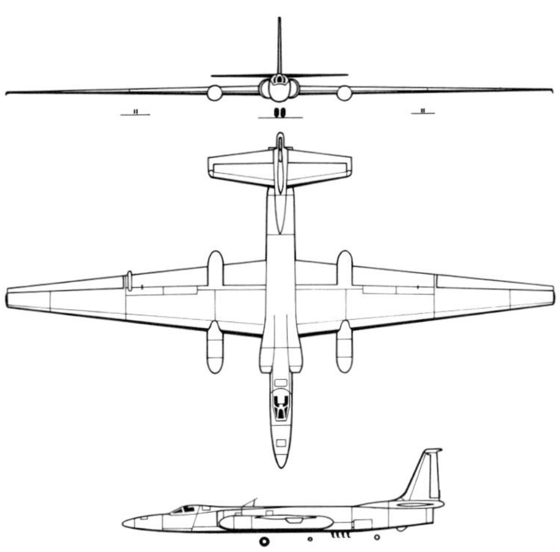

Martin MB
Bomben-, Verkehrs- und Postflugzeug

Die MB war über zehn Jahre das Standard-Bombenflugzeug der USA. Der Serienbau hatte 1918 begonnen.
Außer als Bomber wurde die Maschine als Verkehrs-, Fracht- und Postflugzeug verwendet. Diese Ausführungen hießen MBT und M-12 P. Die Zivilversion wurde oft auch als „Express" bezeichnet. Als Verkehrsflugzeug beförderte die Maschine 12 Passagiere, als Post- und Frachtflugzeug 680 kg Nutzmasse bei einer Reichweite von 885 km.

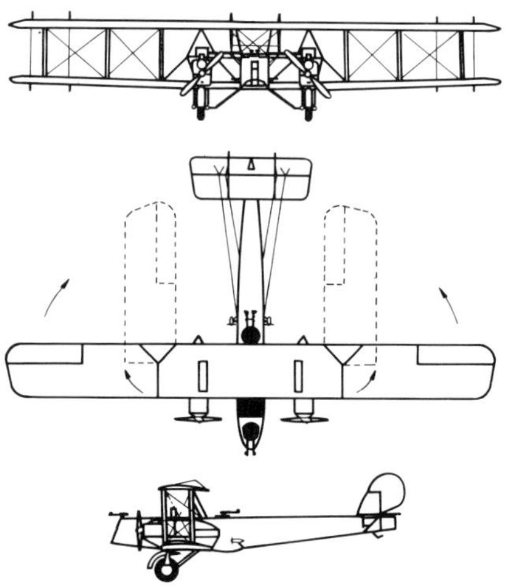

Rumpf: Holzbauweise mit Stoffbespannung; rechteckiger Querschnitt; Bugstand für den Bordschützen; dahinter offenes Cockpit für zwei Personen; hinter dem Tragwerk offener Stand für Bordschützen.
Tragwerk: dreistieliger, verspannter Doppeldecker in Holzbauweise mit Stoffbespannung.
Leitwerk: Höhenleitwerk auf dem Heck aufliegend und abgestrebt; zwei parallele, auf das Höhenleitwerk aufgesetzte Seitenleitwerke.
Fahrwerk: starr mit Hecksporn.

Martin 130 „China Clipper"
Verkehrsflugboot

Im Jahr 1931 erhielt die Firma Martin von der Luftverkehrsgesellschaft Pan American den Auftrag zur Entwicklung eines Flugboots, das den Luftverkehr zwischen der Westküste der USA einerseits und den Philippinen, Hawaii und China andererseits besorgen konnte.
Der Prototyp wurde 1932 gebaut. Am 22. November 1935 nahm er den regulären Flugbetrieb über den Stillen Ozean zwischen den USA und dem Fernen Osten über Hawaii auf. Für die 13000 km benötigte die Maschine viereinhalb Tage. Zunächst wurden nur Postflüge, ab 21. Oktober 1936 aber auch Passagierflüge unternommen. Das Flugzeug wurde in Serie gebaut.
Das Flugboot beförderte bei Tagflügen 46 bis 48 Passagiere. Bei Nachtflügen standen den Passagieren 18 Bettplätze zur Verfügung.

Rumpf: Bootskörper in Ganzmetallbauweise; Wellblechbeplankung oben; Glattblechbeplankung unten.
Tragwerk: abgestrebter Hochdecker in Ganzmetallbauweise; dreiteiliger Flügel mit zwei Holmen; Kastenträger, bestehend aus den beiden Holmen, den Fachwerkrippen dazwischen mit Wellblechbeplankung; davor Nasenkästen aus Rippenwerk mit Glattblechbeplankung; dahinter Hinterkantenkästen mit Stoffbespannung.
Leitwerk: verspannte Normalbauweise; Höhensteuer nach oben versetzt in Metallbauweise; Seitenflosse blechbeplankt; sonst stoffbespannt; Ruder mit Trimmklappen.
Schwimmwerk: zweistufiger, gekielter Bootskörper mit fünf Schotträumen; Rumpfstummel aus mehreren Längs- und Querwänden, die zugleich Kraftstoffbehälter für 7000 l bilden.

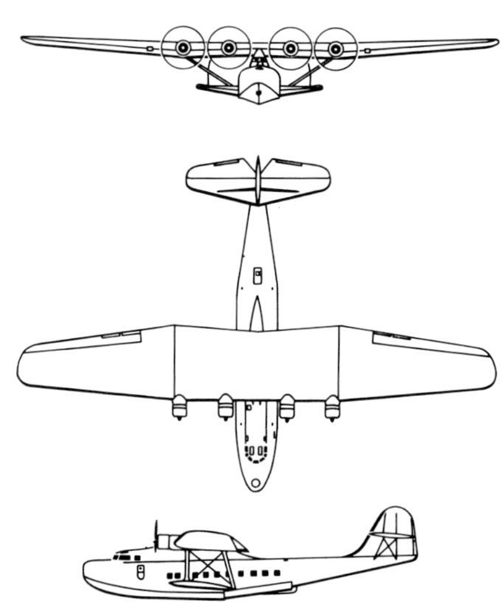

Martin 162 PBM „Mariner" Aufklärungs-, Bomben- und Transportflugboot

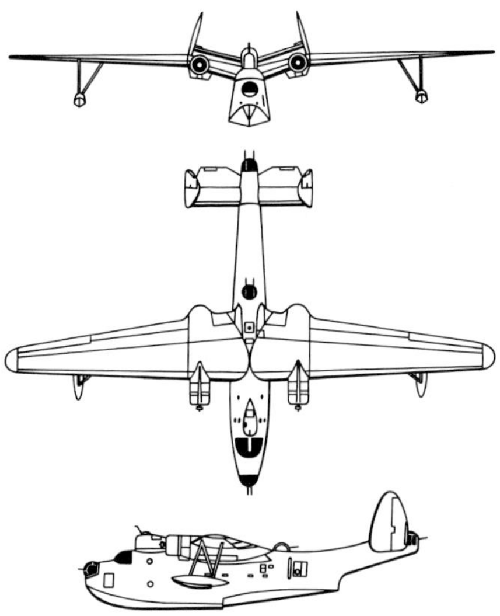

Martin begann im Jahr 1937 mit der Entwicklung des Modells 162 als Mittelstrecken-Flugboot für Bombenabwurf und Aufklärung. Im gleichen Jahr bestellte die USA-Marine einen Prototyp unter der Bezeichnung XPBM-1, der erstmalig am 18. Februar 1939 flog. Die ersten Serienflugzeuge PBM-1, die später den Beinamen „Mariner" trugen, wurden im September 1940 geliefert.

Versionen:
PBM-3: mit größeren, festen Stützschwimmern.
PBM-3 C: Aufklärungs- und Bombenflugboot (ab September 1942).
PBM-3 D: Ausführung mit stärkeren Triebwerken und verbesserter Panzerung.
PBM-3 R: Transportausführung für 20 Passagiere.
PBM-3 S: Muster für die U-Boot-Bekämpfung (ab September 1944).
PBM-5: Ausführung mit 1 545-kW-Triebwerken (ab September 1944).
PBM-5 A: Amphibien-Ausführung (36 Maschinen bis 1947 produziert).
Die Mehrzahl der zwischen 1940 und 1947 gebauten 1 290 Maschinen waren PBM-3. Im Dienst der USA-Marine flog die „Mariner" bis 1956. In Uruguay und Argentinien verblieben die Maschinen bis zum Ende der sechziger Jahre als Militärflugboote.

Rumpf: Ganzmetall-Halbschalenbauweise; geschlossenes Cockpit mit Schallisolierung.
Tragwerk: freitragender Schulterdecker in Ganzmetallbauweise mit Knickflügel.
Leitwerk: Ganzmetallbauweise; Höhenleitwerk mit starker V-Stellung; zwei Seitenleitwerke als Endscheiben; Ruder mit Trimmklappen.
Schwimmwerk: zweistufiger, gekielter Bootsrumpf; auf jeder Seite ein Stützschwimmer unter dem Flügel (bei PBM-1 einziehbar).

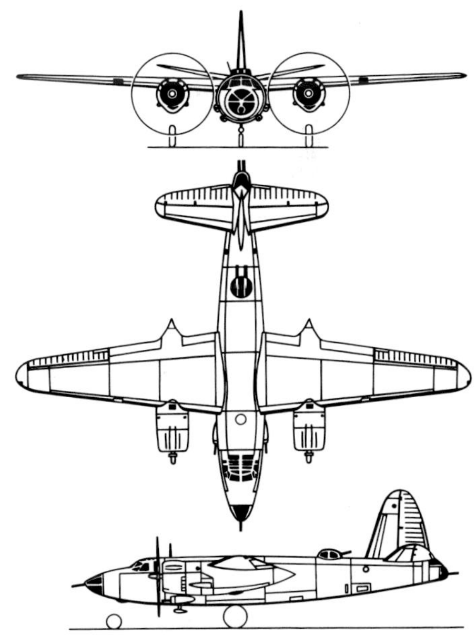

Martin B-26 „Marauder" Bombenflugzeug

Im Jahr 1937 suchten die USA-Luftstreitkräfte ein mittleres Bombenflugzeug, das mit hoher Geschwindigkeit, Reichweite und Gipfelhöhe eine Besatzung von fünf Mann, 1 000 kg Bomben und vier MGs befördern sollte. Wegen der hohen Geschwindigkeit sollten lange Startstrecken und hohe Landegeschwindigkeiten in Kauf genommen werden. Die Firma Martin gewann die Ausschreibung. Wegen der hohen Geschwindigkeiten wurde eine Flächenbelastung vorgesehen, wie sie zuvor noch kein USA-Flugzeug hatte. Die Werkbezeichnung Martin 179 wurde bei den Luftstreitkräften in B-26 geändert. Der Erstflug der Maschine fand am 25. November 1940 statt.
Die Lieferungen begannen 1941. Die Einführung der Maschine ging jedoch langsam voran, da die hohe Landegeschwindigkeit eine lange Umschulung erforderlich machte. Nach der Fertigung von 5 157 Maschinen wurde die Produktion am 30. März 1945 eingestellt. Großbritannien erhielt 52 „Marauder I" (B-26 A), 19 „Marauder I A" (B-26 B), 100 „Marauder II" (B-26 C) und 350 „Marauder III" (B-26 F und G).
Eingesetzt wurde die „Marauder" von den USA-Luftstreitkräften zunächst vorwiegend im Fernen Osten, ab 1942 auch über Afrika und von 1943 bis Kriegsende in Europa, wo die Maschinen vielfach als Tiefangriffsflugzeuge verwendet wurden.

Rumpf: Ganzmetallbauweise mit rundem Querschnitt; Bombenschacht im Mittelrumpf.
Tragwerk: freitragender Schulterdecker in Ganzmetallbauweise.
Leitwerk: freitragende Normalbauweise in Ganzmetall.
Fahrwerk: einziehbar mit Bugrad.

Martin 170 JRM „Mars"
Transportflugboot

Im August 1938 erhielt Martin den Auftrag zur Entwicklung eines Langstrecken-Aufklärungsflugboots. Der Erstflug fand jedoch erst am 3. Juli 1942 statt.
Die ursprünglich vorgesehenen Waffenstände fielen später weg. Die Kabinenböden wurden verstärkt, die Ladeluken vergrößert, so daß ein Transportflugzeug entstand. Unter der Bezeichnung JRM-1 bestellte die USA-Marine diese Maschinen, die zu ihrer Zeit die größten Flugboote waren.
Als „Mars"-Flugboote wurden die Maschinen bekannt. Das erste „Mars"-Flugzeug wurde am 31. Dezember 1943 in Dienst gestellt. Die hohe Zuladefähigkeit ermöglichte einen wirtschaftlichen Einsatz. Auf der Strecke nach Honolulu waren die Kosten je Tonnenmeile geringer als bei der DC-4 von Douglas.
Die Flugboote stellten verschiedene Weltrekorde auf. Am 27. August 1948 flog die „Caroline Mars" mit 42 Passagieren und 6373 kg Fracht von Honolulu nach Chicago im Nonstop-Flug über 7640 km. Wenige Tage später beförderte das gleiche Flugzeug eine Nutzmasse von 30963 kg. Die „Marshall Mars", die 1950 durch Feuer zerstört wurde, beförderte am 19. Mai 1949 301 Passagiere und sieben Mann Besatzung.
Bis 1948 wurden insgesamt sechs „Mars" (die letzte als JRM-2) gebaut, die bis 1955 im Dienst der USA-Marine blieben. Danach benutzte Kanada vier „Mars" als Wasserbomber (30000 l) gegen Waldbrände.

Rumpf: Bootskörper in Ganzmetallbauweise.
Tragwerk: freitragender Hochdecker in Ganzmetallbauweise.
Leitwerk: freitragende Normalbauweise in Ganzmetall.
Schwimmwerk: Bootsrumpf mit zwei Stützschwimmern unter dem Tragwerk.

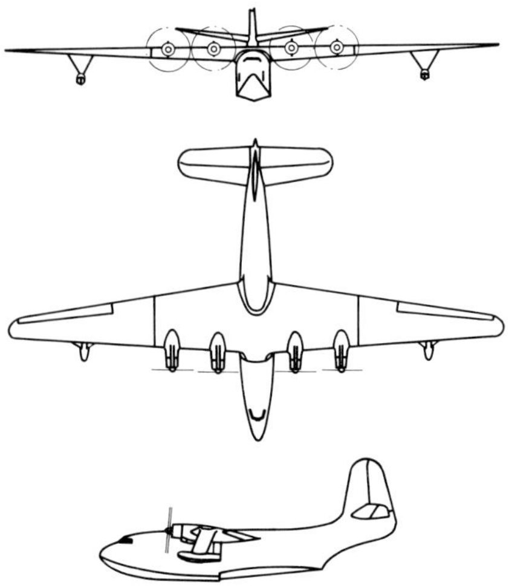

Martin 2-0-2 / 4-0-4
Verkehrsflugzeuge

Die Martin 2-0-2 – das erste zweimotorige USA-Verkehrsflugzeug der Nachkriegszeit – wurde als Ersatz für die DC-3 von Douglas entwickelt. Der erste von zwei Prototypen flog erstmalig am 22. November 1946. Als Neuerungen im Verkehrsflugzeugbau hatte er eine eingebaute Passagiertreppe, die am Rumpfende aus der Rumpfunterseite hydraulisch aus- und eingefahren wurde, Betankungseinrichtungen an der Unterseite der Tragflügel und Tanks aus Gummi.
Die Firma Martin baute 25 Maschinen für die Northwest Orient Airlines, vier weitere erhielten chilenische und zwei venezolanische Luftverkehrsgesellschaften.
Nach einem Unfall wurde ab 20. Juni 1947 ein Prototyp 3-0-3 (Passagierflugzeug, 3-0-4: geplante Frachtversion) mit Druckkabine als Weiterentwicklung getestet. 1949 ließ man beide Projekte zugunsten der 4-0-4 fallen. Bevor die größere 4-0-4 gebaut wurde, lieferte Martin als Zwischenlösung noch 12 2-0-2 A ohne Druckkabine aus.
Die Martin 4-0-4 unterscheidet sich von der 2-0-2 vor allem durch einen längeren Rumpf, eine Druckkabine mit Klimaanlage und eine höhere Flugmasse. Der Prototyp (N 40400 aus einer umgebauten 2-0-2) flog erstmalig am 21. Oktober 1950. Die Luftverkehrszulassung wurde am 5. Oktober 1951 erteilt. Zwischen Herbst 1951 und Frühjahr 1953 wurden 103 Martin 4-0-4 ausgeliefert. 60 kauften die Eastern Airlines, 41 die Trans World Airlines. Die beiden restlichen erhielt die USA-Küstenwache als militärische Version unter der Bezeichnung RM-1.

Rumpf: Ganzmetallbauweise ohne Druckkabine; 4-0-4: mit Druckkabine und Klimaanlage.
Tragwerk: freitragender Tiefdecker in Ganzmetallbauweise.
Leitwerk: freitragende Normalbauweise.
Fahrwerk: einziehbar; Bugstrebe mit einem Rad; Hauptstreben mit Zwillingsrädern.

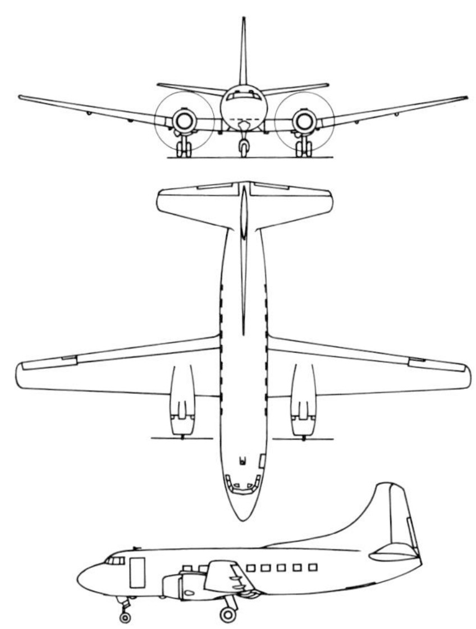

Martin 272/B-57 „Canberra"
Aufklärungsflugzeug

Zu Beginn der fünfziger Jahre übernahm der Flugzeugkonzern Martin von Großbritannien die Lizenzrechte zur Produktion der „Canberra" B.Mk.2 von BAC. Das erste Flugzeug dieser Baureihe startete am 20. Juli 1953 unter der Bezeichnung B-57 zum Probeflug. Insgesamt wurden acht B-57 A und 222 weiterentwickelte B-57 B produziert. Als Übungsflugzeuge entstanden 38 TB-57 C sowie 68 Mehrzweckflugzeuge B-57 E.
Als Höhenaufklärer mit Kameras und vielfältigen

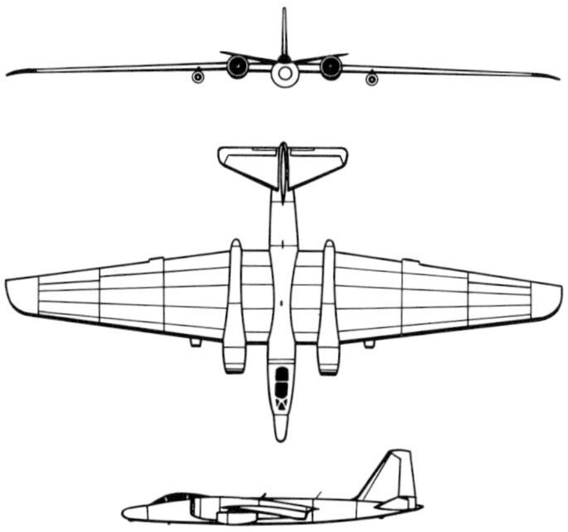

elektronischen Geräten entwickelte der Konzern außerdem die Version RB-57 D. Im Vergleich zum Ausgangsmuster B-57 B wurden die Tragflügel bedeutend vergrößert. Als Antrieb dienten zwei TL-Triebwerke mit je 44 540 N Schub.
Als letzte wesentliche Änderung entstand die RB-57 F. Bei dieser als strategischer Aufklärer für extreme Höhen gedachten Maschine wurden noch längere Tragflügel und stärkere Triebwerke eingebaut. Außerdem erhielt die RB-57 F zwei in Gondeln angebrachte zusätzliche Triebwerke (Foto, Skizze). Der Rumpf wurde zur Aufnahme neuer elektronischer Geräte verlängert. Im Juli 1964 erhielt das Lufttransportkommando der USA die ersten von 12 RB-57 F als Wetteraufklärer.
Zwischen 1964 und 1970 gab es zahlreiche Umbauten: Modernisierungen der Versionen B-57 A, B und C; 17 B-57 B und 4 RB-57 D zu strategischen Höhenaufklärern RB-57 F; Umbau von 16 B-57 B zu Nachtschlachtflugzeugen B-57 G; Umbau älterer Ausführungen zu Elektronikstörflugzeugen EB-57 A, D und E sowie von RB-57 F zu verbesserten Wetteraufklärern WB-57 F.
Außer den USA erhielt Pakistan Maschinen vom Typ B-57 (B-57 B und RB-57 F).

Rumpf: Ganzmetall-Halbschalenbauweise; kreisförmiger Querschnitt; aufgesetzte Kabine.
Tragwerk: Ganzmetallbauweise; gerades Mittelstück zwischen den Haupttriebwerken; Außenflügel mit extremer Spannweite in Trapezform.
Leitwerk: Normalbauweise; tief angesetztes Höhenleitwerk in V-Form.
Fahrwerk: einziehbar; Bugstrebe mit Zwillingsrädern.

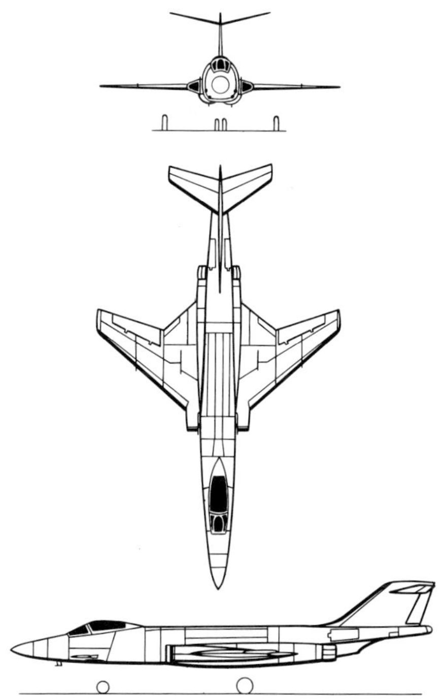

McDonnell F-101 „Voodoo" Mehrzweckjagdflugzeug

Als die USA-Luftstreitkräfte Anfang der fünfziger Jahre ein leistungsfähiges Begleitjagdflugzeug benötigten, griff McDonnell auf die mehrmals gescheiterte Konstruktion XF-88 zurück, um nach deren Grundzügen und mit neuen, stärkeren Triebwerken das Projekt eines Begleitjagdflugzeugs einzureichen. Im Jahr 1952 erhielt die Firma den Bauauftrag.
Während der Projektierungsarbeiten traten große Schwierigkeiten auf, die vor allem mit dem damals noch nicht vollends gelösten Problem des Überschallflugs zusammenhingen. Langwierige Versuche und mehrmals geänderte Entwürfe führten dazu, daß der Erstflug des Prototyps erst am 29. September 1954 stattfand. Dabei erreichte die XF-101 allerdings bereits Überschallgeschwindigkeit.
Mit der Anfang 1955 begonnenen Vorserie wurden zahlreiche Versuche unternommen und mehrere Komplexe gleichzeitig getestet, um Zeit für den Beginn der Serienfertigung zu gewinnen.

Versionen:
F-101 A: Jäger und Jagdbomber; ab 1957 79 hergestellt; später zum unbewaffneten Fotoaufklärer RF-101 A und zur F-101 C umgebaut.
F-101 B: zweisitziger Langstreckenabfangjäger; Erstflug am 27. März 1957; in großer Zahl zu Kampftrainern CF-101 F, TF-101 B und TF-101 F umgerüstet; F-101 A und B wurden auch zu Aufklärern RF-101 G und H modifiziert.
F-101 C: Mehrzweckjäger und Jagdbomber für Kernwaffeneinsätze.
RF-101 A: Aufklärer mit verändertem Bug; 35 gefertigt.
RF-101 C: einsitziger Aufklärer; Erstflug am 12. Juli 1957; 166 produziert; im Vietnam-Krieg von den USA unbewaffnet zu Langstreckenaufklärungsflügen eingesetzt.

Die „Voodoo" blieb für viele Jahre das größte und schwerste Jagdflugzeug der USA. Zu Beginn seiner Serienfertigung war es auch das schnellste Flugzeug seiner Zeit: 1957 stellte eine F-101 A mit 1943,5 km/h einen Geschwindigkeitsrekord auf. Insgesamt wurden 478 F-101 B und TF-101 B „Voodoo" gebaut.

Rumpf: Ganzmetall-Schalenbauweise; sehr langer Rumpf, um die für Langstreckeneinsätze benötigte Kraftstoffmenge zu fassen; Lufteinläufe in den Tragflügelwurzeln; Titanlegierungen hinter den Triebwerken, an den Rumpfspants und den Befestigungspunkten der Tragflügel.
Tragwerk: freitragender Mitteldecker; automatische Stabilisierungshilfen sowie kleine Grenzschichtzäune im Bereich der Querruder.
Leitwerk: gepfeilte Normalbauweise in Ganzmetall; trapezförmig; sehr hoch angebrachtes ruderloses Höhenleitwerk.
Fahrwerk: einziehbar; Bugstrebe mit Zwillingsrädern.

McDonnell Douglas A-4 „Skyhawk“ Jagdbomben- und Erdkampfflugzeug

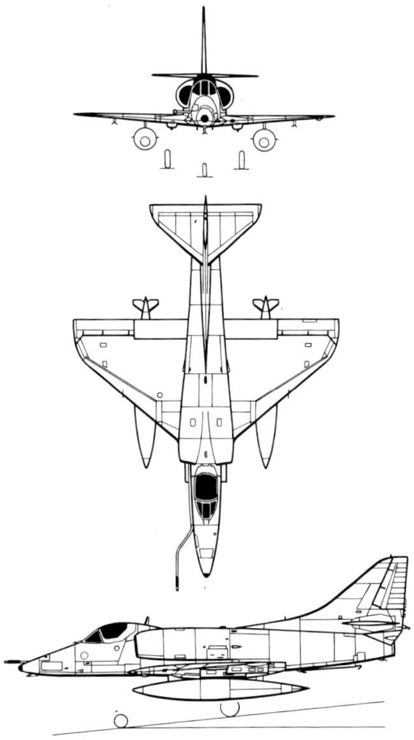

Die A-4 „Skyhawk“ wurde als einsitziges Erdkampf- und Jagdbombenflugzeug für die USA-Marine entwickelt. Die Abmessungen sind so gehalten, daß die Maschine die normalen Aufzüge auf den Flugzeugträgern benutzen kann, ohne die Flügel zu falten. Der Erstflug des Prototyps fand am 22. Juli 1954 statt.

Versionen:

A-4 A: erste Serienausführung mit 34 270-N-Triebwerk; Erstflug am 14. August 1954; Lieferung ab Oktober 1956; 166 hergestellt.

A-4 B: entspricht der A-4 A, jedoch mit zahlreichen Verbesserungen für verschiedenartige Bewaffnung und Einrichtungen als Tankflugzeug; Erstflug am 26. März 1956; 542 produziert.

A-4 C: Weiterentwicklung mit längerer Nase für Elektronik zum Allwettereinsatz; Erstflug am 21. August 1958; 638 gefertigt.

A-4 E: Ausführung mit 37 820-N-Triebwerk, größerer Reichweite und Nutzmasse sowie Schleudersitz; Erstflug am 12. Juli 1961 (Skizze); 449 geliefert.

A-4 F: Ausführung mit 41 400-N-Triebwerk; Panzerung, verbesserte Elektronik; Erstflug am 31. August 1966; Lieferung der 154 Maschinen ab Juni 1967.

A-4 G: Ausführung von 16 A-4 F für Australien.

A-4 H: Version für Israel; von 1967 bis 1972 108 Stück geliefert.

A-4 K: ab 1970 an Neuseeland gelieferte Modifikation der A-4 F (10 Maschinen).

A-4 L: ab 1969 an die USA-Marine-Reserveluftwaffe gelieferte Umbauten der A-4 C.

A-4 M „Skyhawk II“: mit neuem Triebwerk (49 830 N Schub); ab 1970 geliefert; 36 an Kuweit.

A-4 N: Exportversion der A-4 M; seit Juni 1972 in der Produktion.

A-4 P und Q: Ausführungen der A-4 B für Argentinien; insgesamt 66 Stück geliefert.

A-4 S: Umbau von A-4 A für Singapur.

A-4 Y: auf neues Bombensystem umgerüstete Ausführung.

TA-4 F: zweisitzige Übungsversion der A-4 F.

TA-4 G, H, K, Ku: zweisitzige Versionen der TA-4 F für Australien, Israel, Neuseeland und Kuweit.

TA-4 J: vereinfachte TA-4 F; seit 1969 in der Produktion.

TA-4 S: zweisitzige Version; Umbau von 112 A-4 B für Singapur.

Nach dem Ausliefern von 2 960 A-4 aller Versionen ist die Produktion am 27. Februar 1979 in den USA beendet worden.

Rumpf: Ganzmetall-Halbschalenbauweise; hinterer Rumpfteil abziehbar zur Wartung des Triebwerks; Bug aufklappbar zur Wartung der Elektronik; Schleudersitz; Luftbremsen auf beiden Seiten des Rumpfes; Waffenaufhängung unter dem Rumpf; Stutzen zur Luftbetankung auf der Steuerbordseite.
Tragwerk: freitragender Tiefdecker in Ganzmetallbauweise; Deltaform; drei Metallholme; Spaltklappen; automatische Vorflügel; Spoiler; vier Waffenaufhängungen unter den Flügeln.
Leitwerk: freitragende Normalbauweise in Ganzmetall; elektrisch trimmbare Höhenflosse.
Fahrwerk: einziehbar mit einem Rad an jeder Strebe; steuerbares Bugrad; Landehaken unter dem Rumpfheck.

McDonnell Douglas DC-8 Verkehrsflugzeug

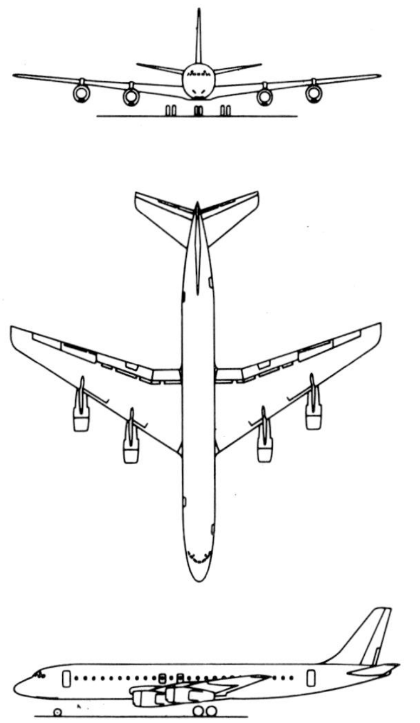

Die DC-8 ist das erste TL-Verkehrsflugzeug der Douglas-Werke, die 1967 mit McDonnell zur McDonnell Douglas Corporation fusionierten.

Versionen:

Serie 10 „Domestic": erstes Serienmodell; Erstflug am 30. Mai 1958; Indienststellung am 18. September 1959; Triebwerke mit je 60 080 N Schub; 28 gebaut.

Serie 20: wie die Serie 10, aber mit 70 300-N-Triebwerken, 33 hergestellt.

Serie 30 „Intercontinental": Langstreckenversion mit 74 750-N-Triebwerken; 57 produziert.

Serie 40: wie die Serie 30, aber mit 77 940-N-Triebwerken; ein Flugzeug dieser Serie überschritt bei einem Testflug am 21. August 1961 als erstes Verkehrsflugzeug die Schallgeschwindigkeit (M 1,012 ≙ 1 073 km/h); 32 gebaut.

Serie 50: wie die Serie 30, aber mit 75 700-N-Triebwerken; 89 hergestellt (Skizze).

Alle diese Ausführungen haben die gleichen Abmessungen und die gleiche Ausrüstung. Die folgenden Versionen entstanden durch Verlängerung des Rumpfes.

DC-8 Super 61: aus der Serie 50 abgeleitet; Rumpf um 11,43 m länger; befördert bis zu 251 Passagiere; Erstflug am 14. März 1966; 88 gebaut.

DC-8 Super 62: Langstreckenversion (Foto); Rumpf um 2,03 m verlängert; Spannweite um 1,80 m vergrößert; Erstflug am 29. August 1966; 62 hergestellt.

DC-8 Super 63: Rumpf wie die Super 61: Tragwerk wie die Super 62; Erstflug am 10. April 1967; 107 ausgeliefert.

In den achtziger Jahren begann die Ausrüstung mit den Triebwerken CFM-56-2-1 C zu den Versionen DC-8 Super 71, 72 und 73 (Erstflug am 15. August 1981; insgesamt 110 Maschinen).

Rumpf: Ganzmetallbauweise mit Doppelkreis-Querschnitt.

Tragwerk: freitragender Tiefdecker in Ganzmetallbauweise; zwei Holme; Doppelspaltklappen; Spoiler auf der Flügeloberseite; thermische Enteisung.

Leitwerk: freitragende Normalbauweise in Ganzmetall; Höhenflosse trimmbar; thermische Enteisung.

Fahrwerk: einziehbar; steuerbares Bugrad mit Zwillingsrädern; an den Hauptstreben Fahrwerkschlitten mit je vier Rädern; Scheibenbremsen.

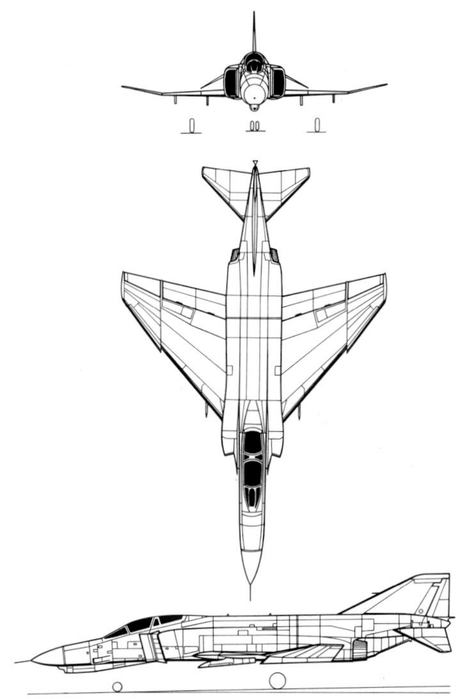

McDonnell Douglas F-4 „Phantom II" Jagdflugzeug

Die „Phantom II" ist ein Langstrecken-Allwetterflugzeug zum Einsatz als Abfangjäger, Erdkampf- und Aufklärungsflugzeug. Der Prototyp XF-4 H-1 flog erstmalig am 27. Mai 1958.

Versionen:

F-4 A: Versuchsausführung für Erdkampfeinsatz, abgeleitet von der F-4 B.

F-4 B: Standard-Jagdflugzeug der USA-Marine; seit 1961 gebaut.

F-4 C: Jagdflugzeug der USA-Marine; abgeleitet aus der F-4 A; Erstflug am 27. Mai 1963.

F-4 D: Weiterentwicklung der F-4 C für die USA-Luftstreitkräfte; Erstflug am 8. Dezember 1965.

F-4 E: vereinfachte Ausführung (nach speziellen Forderungen der BRD als Ersatz für die F-104 G) zum Einsatz im Luftkampf, aber auch im Erdkampf; stärkere Triebwerke als vorhergehende Versionen; am 28. März 1975 erste von 38 bestellten Maschinen an Griechenland geliefert.

F-4 EJ: 120 bei Mitsubishi (Japan) in Lizenz gebaut.

F-4 F: 1975 in der BRD als Jäger und Jagdbomber geflogene Version.

F-4 G: Weiterentwicklung der F-4 B für die USA-Marine; 116 Maschinen „Wild Weasel" als Spezialflugzeuge für den elektronischen Krieg.

F-4 J: Abfangjäger und Erdkampfflugzeug.

F-4 K: Ausführung für die britische Marine.

F-4 M: Ausführung der F-4 K für die britischen Luftstreitkräfte.

F-4 N: Marinebezeichnung für die F-4 B.

F-4 S: Marinebezeichnung für die F-4 J.

RF-4 E: unbewaffnete Aufklärerversion für große Reichweite; Seitensichtradar und Aufklärungssensoren; für Allwettereinsatz geeignet.

RF-4 EJ: 138 bei Mitsubishi (Japan) in Lizenz gebaut.

Die USA-Serienproduktion endete im Oktober 1979 nach der 5 057. F-4. Flugzeuge dieses Typs waren an allen militärischen Konflikten der letzten 30 Jahre beteiligt. Befanden sich 1985 weltweit noch etwa 3 500 F-4 im Einsatz, so sind es 1994 nur noch rund 1 200 (mehrheitlich in der US National Guard). Modernisierungsprogramme gibt es in der BRD (F-4 F), in Großbritannien, Japan, Israel und den USA.

Rumpf: Ganzmetall-Halbschalenbauweise in drei Teilen; Rumpfboden und Heck aus Stahl und Titan; Bremsschirme im Heck.

Tragwerk: freitragender Tiefdecker in Ganzmetallbauweise; stark gepfeilt; „Sägezahn"-Vorderkante; Spoiler auf der Oberseite; Querruder schlagen nur nach unten aus; Vorflügel; Spaltklappen.

Leitwerk: freitragende Normalbauweise in Ganzmetall; Rippen und Stringer aus Stahl; Vorderkanten in Stahl-Wabenbauweise; Beplankung mit Titan; Höhenleitwerk mit 23° negativer V-Stellung.

Fahrwerk: einziehbar; je ein Rad an den Hauptstreben und Zwillingsräder an der Bugstrebe; steuerbares Bugrad.

McDonnell Douglas DC-9
Verkehrsflugzeug

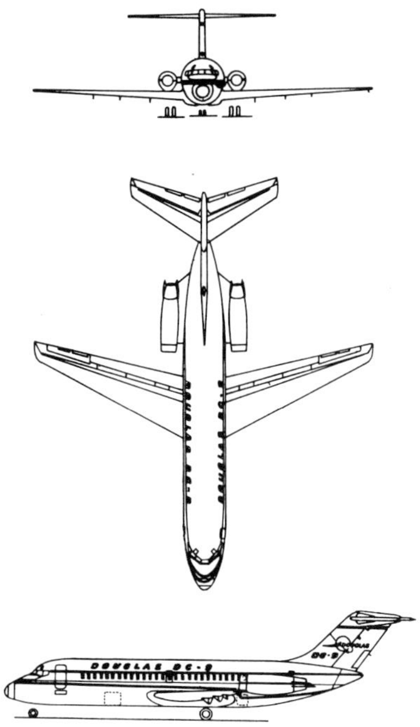

Am 8. April 1963 kündigte Douglas ein Kurzstrecken-Verkehrsflugzeug unter der Bezeichnung 2086 an. Es war das erste Kurzstrecken-Strahlflugzeug der USA. An der Entwicklung und Produktion war auch de Havilland of Canada beteiligt. Die erste DC-9 flog am 25. Februar 1965.

Versionen:
Serie 10-11: erste Serienausführung; 80 Passagiere; 2 Triebwerke Pratt & Whitney JT8D-5, je 54000 N Startschub.
Serie 20: 90 Passagiere; JT8D-1, je 64000 N Startschub.
Von den Serien 10, 15 und 20 wurden 147 Maschinen gebaut.
Serie 30: mit einem um 4,60 m längeren Rumpf; bis zu 115 Passagiere; JT8D, je 62000 bis 70000 N Startschub; 662 Stück gebaut.
Serie 40: bis zu 125 Passagiere; 71 Stück produziert.
Serie 50: bis 139 Passagiere; JT8D-15 oder 17, je 70000 oder 72000 N Startschub; 96 Stück gebaut.
Super 80: Rumpf gegenüber DC-9-51 um 4,34 m länger; bis zu 172 Passagiere; JT8D-209 oder 217; Erstflug am 18. Oktober 1979 (Foto).
Super 80 SF: wie die Serie 40, aber mit Tragflügeln der Super 80.
C-9 A „Nightingale": militärisches Sanitätsflugzeug; 1968 bis 1972 21 gebaut; wie die Serie 30, aber mit JT8D-9.
C-9 B „Skytrain II": Militärtransporter; 1972 bis 1975 14 gebaut.
VC-9 C: Stabsreiseflugzeug; 1975 3 ausgeliefert.
Von den bis 1982 ausgelieferten 976 DC-9 (danach Bau der vergrößerten Super 80/MD-80; Gesamtausstoß über 2000) gab es 1994 weltweit noch mehr als 700 Exemplare, die durch ein Modernisierungsprogramm bis weit über das Jahr 2000 im Dienst bleiben sollen.

Rumpf: Ganzmetall-Halbschalenbauweise.
Tragwerk: freitragender Tiefdecker in Ganzmetallbauweise; Doppelspaltklappen; mehrteilige Flügelholme.
Leitwerk: freitragendes T-Leitwerk in Ganzmetall.
Fahrwerk: einziehbar; steuerbares Bugrad; Zwillingsräder an allen Streben.

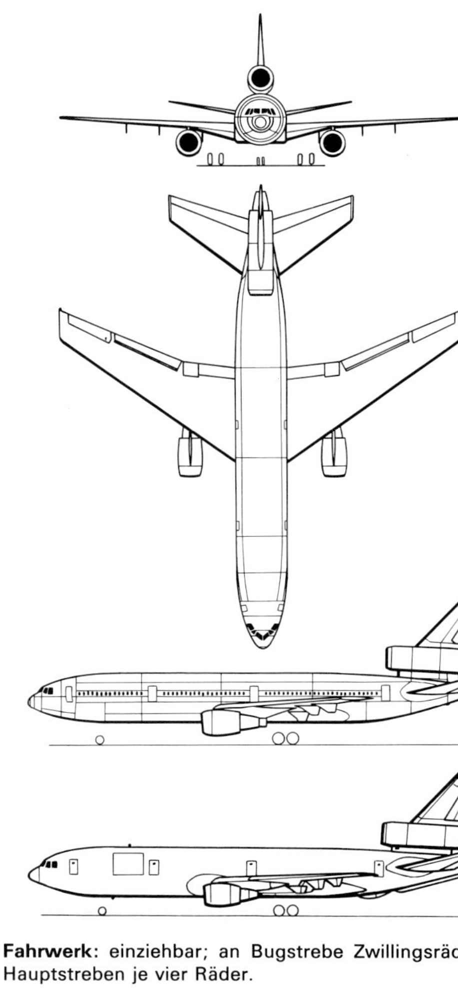

McDonnell Douglas DC-10
Verkehrsflugzeug

Bei den Großraumflugzeugen konkurrierte McDonnell Douglas mit seiner dreistrahligen DC-10 mit der vierstrahligen Boeing 747 und der dreistrahligen L-1011 von Lockheed. Es gibt die Kurz- und Mittelstreckenversionen DC-10-10 und DC-10-15 (größere Startmasse) sowie die Langstreckenversion DC-10-30. Der Erstflug der Serie 10 war am 29. August 1970, der der Serie 30 am 21. Juni 1972. Die Langstreckenversion hat eine größere Spannweite und eine höhere Startmasse, so daß ein stärkeres Hauptfahrwerk erforderlich wurde. Außer der Langstreckenvariante als reines Passagierflugzeug gibt es eine gemischte Passagier-/Frachtversion (DC-10-30 CF) und eine reine Frachtversion DC-10-30 ER.
Mit anderen Triebwerken, sonst der der Serie 30 ähnlich, wird die DC-10-40 angeboten. Als militärische Tankflugzeuge wurden 60 KC-10 A "Extender" mit je 68610 l Kraftstoff aus der DC-10-30 CF abgeleitet (untere Seitenansicht). Damit setzte sich McDonnell gegen die Boeing 747 durch.
Insgesamt sind 446 DC-10 gebaut worden.

Rumpf: Ganzmetall-Schalenbauweise; Passagierkabinen im oberen Deck; Frachträume und Küche im unteren Deck; acht Türen; die sich beim Öffnen nach oben in den Rumpf schieben.
Tragwerk: freitragender Tiefdecker in Ganzmetallbauweise; Vorflügel; Landeklappen.
Leitwerk: freitragende Normalbauweise in Ganzmetall; Pendel-Höhenruder.
Fahrwerk: einziehbar; an Bugstrebe Zwillingsräder; an Hauptstreben je vier Räder.

McDonnell Douglas MD-81 / MD-82 MD-83 / MD-87 / MD-88 Verkehrsflugzeuge

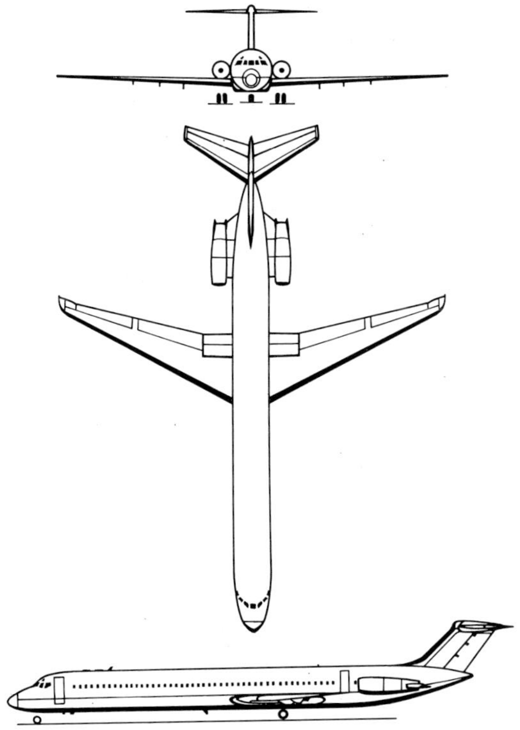

Ende der siebziger Jahre entwickelte der Flugzeugkonzern unter der Projektbezeichnung DC-9 Super 80 ein Verkehrsflugzeug für 172 Passagiere. Im Grunde genommen handelte es sich dabei um eine superlange DC-9. Im Vergleich zum Ausgangsmuster verlängerte man den Rumpf um 13,2 m – die längste Streckung des Rumpfes bei einem Verkehrsflugzeug. Das als Super 80 bzw. MD-80 bezeichnete Grundmuster (Erstflug am 18. Oktober 1979) erhielt die moderneren Mantelstrom Triebwerke Pratt & Whitney JT8D-209 sowie eine verstärkte Zelle, um der höheren Abflugmasse gerechnet zu werden.
Am 5. Oktober 1980 stellte die SWISSAIR als erste Luftverkehrsgesellschaft die Serienversion MD-81 in Dienst. Am 8. Januar 1981 flog erstmals eine MD-82. Die Abflugmasse dieser Version war auf 66 680 kg gesteigert worden. Sie nahm den Liniendienst im August 1981 auf. Eine Modifikation mit Triebwerken JT8D-217 A (vorher JT8D-217) erhielt Mitte 1982 das Zertifikat.
Nach einem Vertrag von 1985 fertigt China 26 MD-82. Die Bausätze dafür werden von den USA geliefert und von der Shanghai Aviation Industrial Corporation (SAIC) montiert. Später sollen in zunehmendem Maße Teile aus einheimischer Fertigung verwendet werden. Am 2. Juli 1987 flog die erste von SAIC montierte MD-82, und am 4. August des gleichen Jahres wurde sie in Dienst gestellt. Die Option zur Produktion von weiteren 15 MD-82 in China ist erteilt worden.
Am 17. Dezember 1984 startete die mit den stärkeren Triebwerken JT8D-219 versehene MD-83 zum Erstflug. Ihre Reichweite beträgt 5 600 km (bei Rekordflügen erreichte sie 6 308 bzw. 8 401 km).
Die MD-87 gilt als kürzeste Version der Reihe. Im Vergleich zum Ausgangsmuster hat man den Rumpf für die Aufnahme von maximal 130 Passagieren um 5,40 m verkürzt. Die MD-87 soll die DC-9 einmal ablösen. Am 4. Dezember 1987 war der Erstflug, und im September 1988 gingen die ersten Serienmaschinen an die Kunden. Als Antrieb dienen Triebwerke vom Typ JT8D-217 C. Möglich sind aber auch JT8D-219 oder andere Muster der Serie JT8D-200.
Die am 15. August 1987 zum Erstflug gestartete MD-88 ist im Prinzip eine MD-83 mit verbesserter Cockpitausrüstung (Bildschirmanzeigen). Als Antrieb dienen Triebwerke JT8D-219.
Alle Versionen der Reihe MD-80 basieren auf dem gleichen Tragflügel und lassen sich mit Triebwerken der Serie JT8D-200 ausrüsten.
Bis 1987/88 waren 505 MD-80 aller Serien ausgeliefert, hinzu kamen 10 Maschinen der Versionen MD-87/MD-88. Insgesamt sind bis 1993 1 058 MD-80 aller Versionen ausgeliefert und 197 weitere bestellt worden.

Rumpf: Ganzmetall-Halbschalenbauweise; Cockpitbesatzung 2 Mann; Passagiersitze in Fünferreihen in Standardausführung oder entsprechend den Kundenwünschen.
Tragwerk: Tiefdecker in Ganzmetallbauweise; Vorderkante gepfeilt; Hinterkante im Mittelteil gerade.
Leitwerk: Ganzmetallbauweise; T-förmig; Seiten- und Höhenflosse gepfeilt.
Fahrwerk: einziehbares Bugradfahrwerk; doppelt bereift.

McDonnell Douglas F-15 „Eagle" Mehrzweckkampfflugzeug

McDonnell Douglas gewann im Dezember 1969 die Ausschreibung für einen neuen Jäger und Jagdbomber der USA-Luftstreitkräfte, an der sich außerdem Rockwell und Fairchild Hiller beteiligten. Der erste Prototyp des Flugzeugs nahm die Flugerprobung am 27. Juli 1972 auf.

Versionen:
10 Prototypen/Vorserienmuster
F-15 A: Basisversion ab 1973 (365).
F-15 B: Doppelsitzer-Trainer, Erstflug: 7. Juli 1973 (59).
F-15 C: Startmasse auf 30,8 t erhöht, Erstflug: 27. Februar 1979 (512, USAF: 410).
F-15 D: Trainer zur F-15 C (90, USAF: 61).
F-15 E: Zweisitziger Jabo mit stärkerem Antrieb, Erstflug: 8. Juli 1980 (210 an USAF). Ableitung F-15 F – vereinfachter Einsitzer für den Export.
F-15 I/S: Exportausführungen der F-15 E für Israel bzw. Saudi Arabien (Israel hat 55 F-15, Saudi Arabien 50 F-15 – 50 weitere sollen folgen).
F-15 J, DJ: 187, davon 173 Lizenzbauten (Mitsubishi 1981/82). Von den 1400 F-15 bezog die USAF rund 1200. In Deutschland waren 3 F-15-Staffeln stationiert.

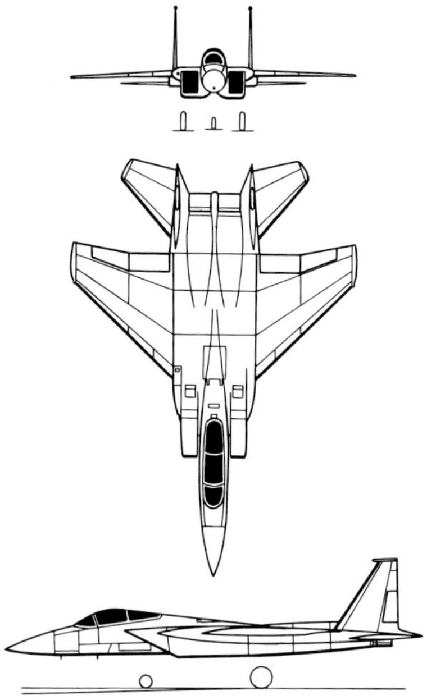

Am 15. September 1985 ist über dem Pazifik von einer F-15 aus über 10000 m Höhe ein infratrotgelenkter, zweistufiger Satellitenabwehr-Flugkörper (ASAT) abgefeuert worden, der einen 550 km hoch fliegenden Satelliten zerstörte.

Rumpf: Ganzmetallbauweise; spitzer Bug; hinter der Kabine stark nach unten gezogen; kastenförmige Lufteinläufe am Rumpf; nebeneinanderliegende Triebwerke im Heck.
Tragwerk: freitragender Schulterdecker mit Deltaflügeln.
Leitwerk: freitragendes, stark gepfeiltes Höhenleitwerk; als Flossenruder ausgebildet; doppeltes Seitenleitwerk.
Fahrwerk: einziehbar mit Bugrad.

McDonnell Douglas AH-64 A „Apache" Kampfhubschrauber

Der von der Firma Hughes (inzwischen in McDonnell Douglas aufgegangen) entwickelte Prototyp YAH-64 nahm am 30. September 1975 die Flugerprobung auf. Dieses Modell hatte sich gegenüber der modernisierten „Cobra" von Bell durchgesetzt. Von Anfang 1980 bis Ende 1981 untersuchte man die Vorserienmaschinen AVO.4 bis AVO.6. Bis 1986 waren die ersten 100 von 675 bestellten AH-64 A an die USA-Landstreitkräfte ausgeliefert.
Zur Ausrüstung zählen: Fernsehteleskop mit hoher Auflösung, Laser-Zielbeleuchter und -Entfernungsmesser, Doppler-Navigationssystem mit automatischer Nachrichtenmöglichkeit, Nachtsichtausrüstung als Helmvisier.
Speziell für die AH-64 A schuf Hughes eine 30-mm-Kanone mit 1200 Schuß/min. Es können 8 Panzerabwehrraketen, 16 lasergelenkte Luft-Boden-Raketen mit einer Reichweite von 5000 bis 6000 m oder Waffenkombinationen mitgeführt werden. 1987 verlegte der erste AH-64-Verband nach Deutschland. Bis 1994 sind 950 AH-64 ausgeliefert worden. 227 AH-64 A läßt die US Army auf AH-64 D-Standard bringen: Mastvisier, Allwetter-Elektronik, besseres Infrarot-Visier für Lenkwaffen. AH-64 bezogen auch Ägypten, Griechenland, Israel, Saudi Arabien, Südkorea, Abu Dhabi.

Rumpf: konventionelle Halbschalenbauweise aus Aluminium; Sitze tandemartig: Kopilot/Schütze vorn, Pilot hinten; große planverglaste, gepanzerte Kabine; Triebwerke beiderseits des Rumpfes; Rumpf in Leitwerkträger übergehend.
Tragwerk: Vierblatt-Tragschraube aus Edelstahlvielspalt/GFK (gegen Geschosse bis 23 mm widerstandsfähig); Stummelflügel als Waffenträger.
Leitwerk: hochgesetzte Heckflosse mit Vierblatt-Ausgleichsschraube links; T-förmige Flosse.
Fahrwerk: Heckradfahrwerk; alle Beine einfach bereift; im Flug an den Rumpf anklappbar.

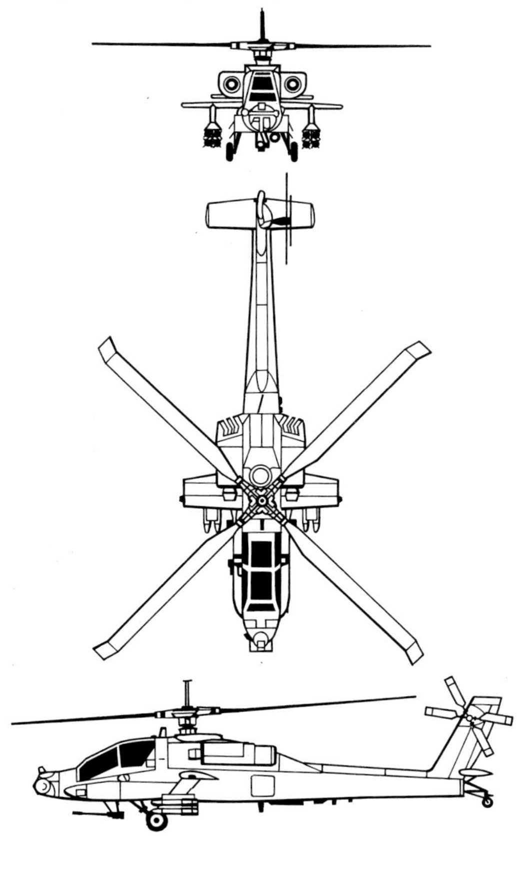

McDonnell Douglas F/A-18 „Hornet"
Mehrzweck-Jagdflugzeug

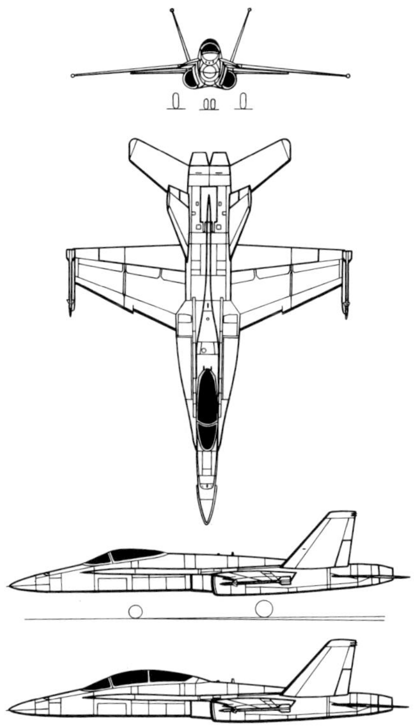

Im Jahr 1974 bestätigte das Pentagon das Projekt VFAX der Marine für einen bordgestützten Nachfolger der F-4 „Phantom II". Sechs USA-Konzerne versuchten daraufhin, den profitträchtigen Auftrag zu erhalten. Der USA-Kongreß entschied jedoch, die Prototypen YF-16 von General Dynamic und YF-17 von Northrop zu nutzen. Als sich die Luftstreitkräfte im Januar 1975 für die YF-16 entschieden, forderte die Marine, aus der YF-17 ein ihren Anforderungen entsprechendes Mehrzweck-Jagdflugzeug zu entwickeln. Es erhielt die Bezeichnung F/A-18 „Hornet". Die Anfang 1976 erteilte Baugenehmigung ging jedoch nicht an Northrop, sondern an den einflußreicheren Konzern McDonnell Douglas.
Bereits am 13. September 1978 verließ der erste Prototyp die Werkhallen, und am 18. November startete er zum Erstflug. Diese schnelle Entwicklung war möglich, weil man sich auf die YF-17 stützen konnte. Im Vergleich zu dieser erhielt die F/A-18 einen veränderten Bug, um das 56 km weit reichende Funkmeßgerät aufnehmen zu können. Außerdem vergrößerte man die Tragflügel und modifizierte die Flügelhinterkanten sowie das Seiten- und Höhenleitwerk. Die Tragflügelvorderkante wurde weiter nach vorn gezogen. Änderungen ergaben sich auch daraus, daß die F/A-18 für den Einsatz auf Flugzeugträgern gedacht ist.
Die 11 bestellten F/A-18 der Vorserie (darunter zwei TF-18 A) waren bis März 1980 ausgeliefert. Seit 1981/82 befindet sich der Typ im Truppeneinsatz.
Bis 2002 sollen 1700 F/A-18 gefertigt sein, 1993 waren es 1366. Seit 1989 ist die modernste Version F/A-18 D mit Einsatzmöglichkeiten am Tage und in der Nacht unter allen Wetterbedingungen im Bau. Ende 1995 soll die kostengünstiger zu produzierende F-18 E/F zum Erstflug starten.
Bis 1993 wurden ausgeliefert: US-Navy 718 F/A-18 A/C; Marines 153 F/A-18 B/D; Kanada 98 CF-18 A und 40 CF-18 B; Australien 57 AF-18 A und 18 AF-18 B; Spanien EF-18 A und 12 EF-18 B; Kuwait 32 KAF-18 C und 8 KAF-18 D. Finnland bezieht ab 1993 64 Maschinen, und die Schweiz kauft 34 als Ablösemuster für die „Mirage"-Jäger. Die von Kanada, Australien und Spanien beschafften Flugzeuge haben keine Trägerausrüstung.

Rumpf: Ganzmetall-Halbschalenbauweise; Aufhängungen für 6200 kg Waffen unter dem Rumpf; Landehaken am Heck.
Tragwerk: Mitteldecker mit weit nach vorn gezogenen Flügelvorderkanten; je Flügel drei Aufhängungen, je eine am Flügelende.
Leitwerk: doppeltes Seitenleitwerk; Flächen leicht nach außen gestellt; Höhenleitwerk dahinter.
Fahrwerk: einziehbar; Bugrad doppelt, Haupträder einfach bereift.

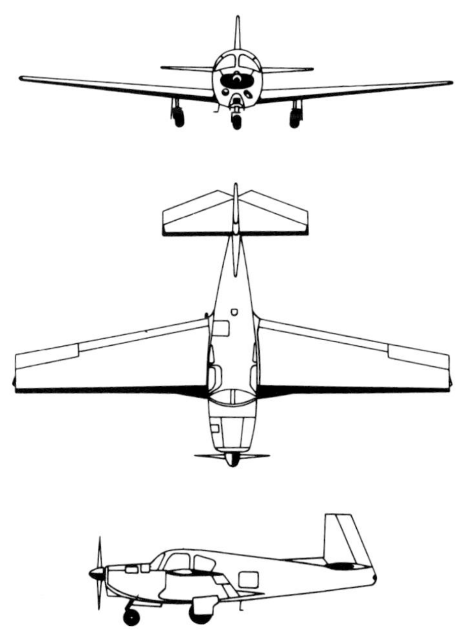

Mooney „Mark 21" / „Super 21"
Reiseflugzeuge

Die Firma Mooney ist durch ihre viersitzigen Reiseflugzeuge mit einziehbarem Fahrwerk bekannt geworden.
Die Typen „Mark 21" und „Super 21" sind im Grundaufbau gleich. Sie unterscheiden sich im Triebwerk und dadurch in den Leistungen sowie in der Ausrüstung.
Der Erstflug des Prototyps fand am 23. September 1961 statt, der des ersten Serienflugzeugs am 7. November des gleichen Jahres. Seit 1977 wird die Grundversion Mooney 201 angeboten, und 1978 kam die Turbo Mooney 231 hinzu, die auf Wunsch mit Wetterradar ausgestattet werden kann. Bis 1984 sind 798 Mooney 231 hergestellt worden.

Rumpf: Stahlrohrbauweise mit Leichtmetall-Beplankung; Klimaanlage.
Tragwerk: freitragender Tiefdecker in Ganzmetallbauweise; Hauptholm und hinterer Hilfsholm; Laminarprofil; Spaltklappen an 70% der Hinterkante.
Leitwerk: freitragende Normalbauweise in Ganzmetall.
Fahrwerk: einziehbar; steuerbares Bugrad.

North American T-6 „Texan" / „Harvard" Schul- und Übungsflugzeug

Im März 1937 wurde in den USA die Entwicklung eines Schul- und Übungsflugzeugs ausgeschrieben, das weitgehend die Ausrüstung und die Eigenschaften eines Einsatzflugzeugs haben sollte. Unter der Bezeichnung NA-26 (Erstflug des Prototyps 1937) schuf North American ein Flugzeug mit einziehbarem Fahrwerk, Bewaffnung, Funkgerät und entsprechender Navigations- und Instrumentenausrüstung. Die ersten Serienflugzeuge trugen die Werkbezeichnung NA-36, bei der USA-Armee indes die Bezeichnung BC-1 (Erstflug 1938). In den USA hießen die Flugzeuge „Texan", in Großbritannien „Harvard".
Die BC-2 hatte weiterentwickelte Triebwerke, Dreiblatt-Metallpropeller und einen Ganzmetallrumpf.

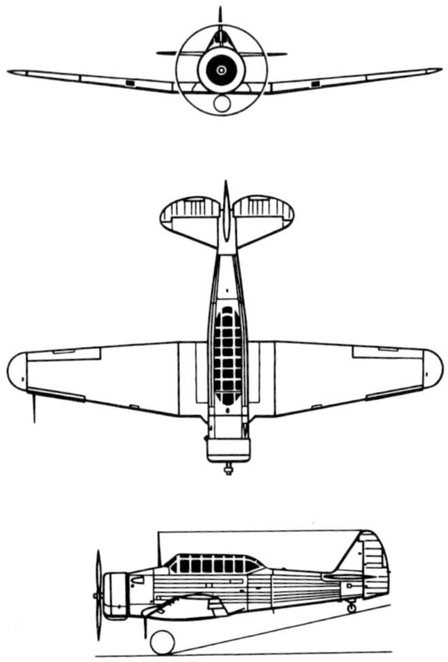

Einige Versionen:
AT-6: Übungsflugzeug für Fortgeschrittene.
AT-6 A: anderes Triebwerk und andere Tankausführung; im zweiten Weltkrieg für die Weiterbildung der USA-Piloten benutzt.
AT-6 B: zur Ausbildung im Luftschießen.
AT-6 C: kriegsbedingte Umkonstruktion, bei der das knappe Aluminium durch Stahl und Sperrholz ersetzt wurde.
AT-6 D: wieder aus Leichtmetall hergestellt.
AT-6 F: letzte Kriegsausführung.
Die Gesamtproduktion umfaßte von 1940 bis 1945 in den USA 15 094 T-6 aller Versionen. In Kanada sind von 1940 bis 1954 555 „Harvard" in Lizenz hergestellt worden. Auch Australien hat diesen Typ während des zweiten Weltkriegs in Lizenz gefertigt.
Nach dem zweiten Weltkrieg modernisierten die USA-Luftstreitkräfte ihre „Texan" und änderten die Bezeichnung in T-6 A, T-6 C, T-6 D und T-6 F. Schließlich baute man 1949/50 2 068 T-6 und „Harvard" in T-6 G (Werkbezeichnung NA-168) um. Die Flugzeuge hatten größere Tanks, eine bessere Verglasung am vorderen Sitz, einen erhöhten Sitz für den Ausbilder hinten und andere Änderungen.
Noch Ende der siebziger Jahre verwendeten mehrere Länder, so Nikaragua, Paraguay und Uruguay, Maschinen vom Typ T-6.

Rumpf: Ganzmetallbauweise; zwei Sitze hintereinander in geschlossener Kabine; Doppelsteuerung.
Tragwerk: freitragender Tiefdecker in Ganzmetallbauweise; Landeklappen.
Leitwerk: freitragende Normalbauweise in Metall; Ruder stoffbespannt und mit Trimmklappen.
Fahrwerk: einziehbar mit Spornrad; Radbremsen.

North American B-25 „Mitchell" Bombenflugzeug

Die B-25 „Mitchell" (nach General Mitchell benannt) war eines der leistungsfähigsten Bombenflugzeuge der USA im zweiten Weltkrieg. North American hatte aufgrund einer Ausschreibung der USA-Luftstreitkräfte 1938 mit der Entwicklung des dreisitzigen Schulterdeckers unter der Bezeichnung NA-40-1 begonnen. Die 810-kW-Triebwerke wurden einige Zeit nach dem Erstflug im Januar 1939 gegen 990-kW-Triebwerke ausgetauscht. Diese Ausführung hieß dann NA-40-2 oder NA-40-B.
Die Weiterentwicklung NA-62 hatte einen größeren Rumpf, eine Besatzung von fünf Mann und einen Heckstand. Diese Maschine ging unter der Bezeichnung B-25 in die Serienproduktion. Der Erstflug fand am 19. August 1940 statt. Eingebaut waren zwei 1 250-kW-Motoren. Da die Richtungsstabilität nicht befriedigte, wurde das Tragwerk geändert, so daß ein leichter Knickflügel entstand.
Die Gesamtproduktion umfaßte 9 816 B-25, davon erhielten die Verbündeten der USA 2 500 (die UdSSR 862 B-25 B, C, D, G und J).
Nach 1945 blieben viele B-25 in den USA und in anderen Ländern. China verwendete noch längere Zeit die 1948/49 erbeuteten B-25.

Einige Versionen:
B-25 A: mit beschußsicheren Tanks und Panzerung für den Piloten; 40 gebaut.
B-25 B: ohne Heckstand, aber mit elektrisch gesteuerten Türmen; 1941 herausgekommen; 119 hergestellt.
B-25 C: mit Autopilot, größeren Tanks und stärkeren Triebwerken; Ende 1941 herausgekommen; 1 619 gefertigt.
B-25 D: wie die C.
B-25 G: Ausführung mit einem 7,5-cm-Armee-Feldgeschütz im Bug zur Bekämpfung japanischer Schiffe; 405 gebaut.
B-25 H: Weiterentwicklung der B-25 G; zusätzlich zahlreiche 12,7-mm-MGs; war das am schwersten bewaffnete „Mitchell"-Flugzeug; 1 000 gefertigt.
B-25 J: Erdkampfausführung ohne Kanone, aber mit 18 MGs, außerdem acht 12,7-cm-Raketen unter den Tragflügeln; 4 318 gebaut.
F-10: Ausführung als Fernaufklärer mit Fotoausrüstung, ohne Waffen; 10 Umbauten aus der D; 2 290 gebaut; geliefert ab 1943.
AT-25/TB-25: in den Jahren 1943/44 umgebaute 60 Serienflugzeuge für Ausbildungszwecke; bis 1959 im Dienst.

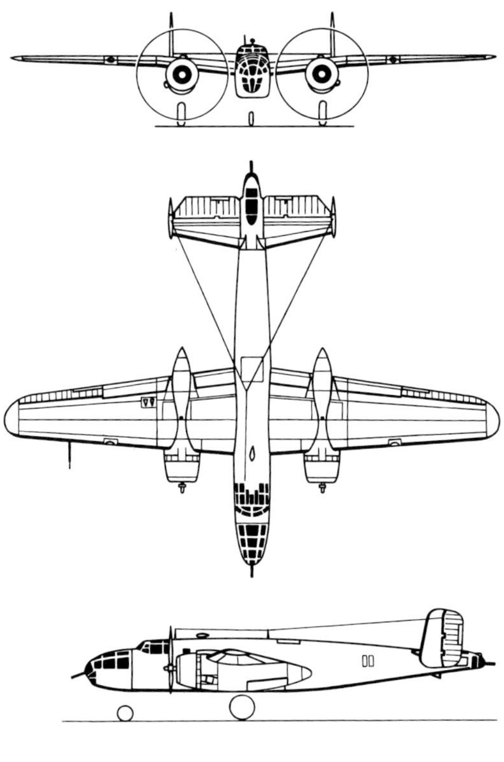

XB-25 E: Versuchsflugzeuge mit thermischer Enteisung; 2 Umbauten aus der C.
XB-25 F: Versuchsflugzeug mit elektrischer Enteisung.
XB-25 G: Prototyp mit 75-mm-Feldgeschütz; aus der C umgebaut.
Die Versionen B, D und J flogen bei den britischen Luftstreitkräften als „Mitchell I" (23), „Mitchell II" (533) und „Mitchell III" (314).

Rumpf: Ganzmetallbauweise.
Tragwerk: freitragender Mitteldecker in Ganzmetallbauweise; leichter Knickflügel.
Leitwerk: auf dem Rumpf aufgesetztes Höhenleitwerk mit zwei Seitenleitwerken als Endscheiben.
Fahrwerk: einziehbar mit Bugrad; Hilfssporn.

North American P-51 „Mustang" Jagdflugzeug

Die Serienproduktion der „Mustang" beruhte auf einem Auftrag der britischen Luftstreitkräfte für einen Flugzeugtyp, der als NA-73 X in privater Initiative bei North American entwickelt worden war. In den USA gab es zu Beginn des zweiten Weltkriegs nur Jagdflugzeuge mit luftgekühlten Sternmotoren. Großbritannien forderte aber die Ausrüstung mit Reihenmotoren und eine Bewaffnung mit acht MGs.
North American übernahm den Auftrag. Bei dem Entwurf unter der Werkbezeichnung NA-73 lag der Kühler als Bauchkühler ziemlich weit hinten, um den Widerstand zu verringern. Konstruiert wurde die Maschine von Rice und Schmued.
Der Prototyp flog erstmalig am 26. Oktober 1940, das erste Serienflugzeug Ende 1941.

Einige Versionen:
„Mustang I": Ausführung mit acht MGs (je vier 12,7- und 7,62-mm-) für die britischen Luftstreitkräfte; 620 gebaut.
„Mustang IA": mit vier 20-mm-Kanonen; 57 an die USA, 93 an Großbritannien.
„Mustang II": wie die I, aber mit stärkerem Triebwerk und vier 12,7-mm-MGs; Langstreckenausführung; 50 an Großbritannien.
P-51 A: Ausführung mit vier MGs und besseren Höhenleistungen für die USA-Luftstreitkräfte; 275 geliefert.
P-51 B: Serienausführung mit sechs MGs und größerem Kraftstoffvorrat für die USA-Luftstreitkräfte; 1988 gebaut.
P-51 D: Großserienflugzeug; zur Verbesserung der Sicht war der Rumpf niedriger und hatte eine verglaste, nach hinten aufschiebbare Haube; Triebwerkleistung 1095 kW.
P-51 K: letzte Serienausführung; 1337 gebaut.
A-36 B: Erdkampfausführung; 500 hergestellt.
F-6 A: bewaffneter Aufklärer mit Kameraausrüstung; veränderte P-51; 55 geliefert.
F-6 B: Aufklärer; veränderte P-51 A; 35 beschafft.
XP-51: zwei „Mustang I"-Testmaschinen für die USA.
XP-51 B: Versuchsausführung mit 955-kW-Triebwerk für die P-51; 2 Exemplare.
XP-51 F und XP-51 G: Leichtbauausführungen.
1948 beschaffte die Schweiz aus USA-Kriegsbeständen 130 P-51 D, die bis 1957 als Abfangjagd- und Bombenflugzeug (115), bewaffneter Aufklärer (12) und Zweisitzer (3) verwendet wurden.

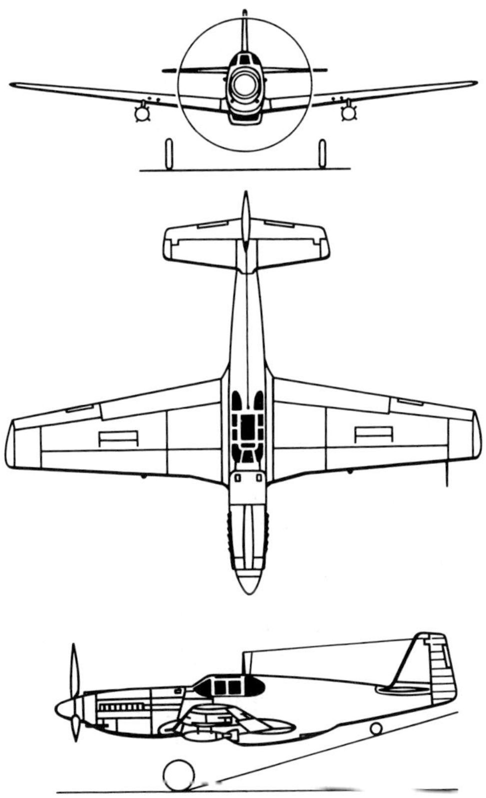

Rumpf: Ganzmetall-Schalenbauweise; geschlossenes Cockpit.
Tragwerk: freitragender Tiefdecker in Ganzmetallbauweise; Laminarprofil.
Leitwerk: freitragende Normalbauweise in Ganzmetall.
Fahrwerk: einziehbar mit einziehbarem Spornrad.

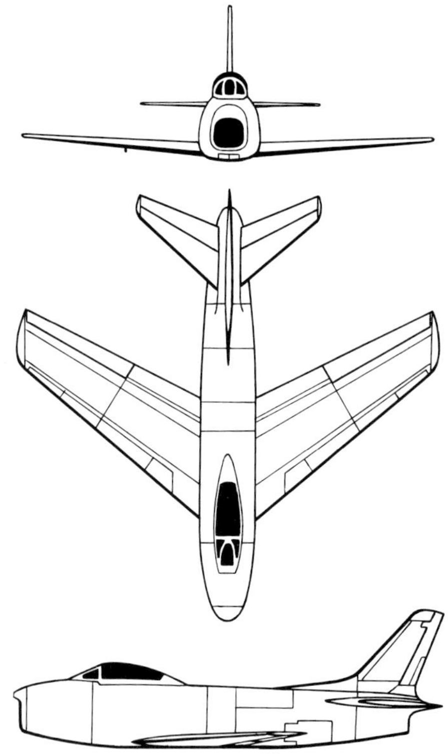

North American F-86 „Sabre" Jagdflugzeug

Am 1. Oktober 1947 flog erstmalig der erste von zwei Prototypen XF-86. Mit diesem Jagdflugzeug gelang North American das große Geschäft; denn die F-86 wurde über viele Jahre in großen Stückzahlen in den USA sowie bei ausländischen Lizenznehmern gebaut.
Während des Korea-Kriegs erwies sich die MG-Bewaffnung wie bei der F-84 den Kanonen der MiG-15 unterlegen. Die schwere F-86 war der sowjetischen Maschine außerdem hinsichtlich Gipfelhöhe und Kurvenflugfähigkeit nicht gewachsen. In den siebziger Jahren gehörte die F-86 in den USA zur Reserve sowie zur Nationalgarde.

Versionen:
F-86 A: Tagjäger und Jagdbomber; von Mai 1948 bis Dezember 1950 produziert; stellte mit 1 073,569 km/h einen Weltrekord auf.
F-86 D: Allwetterjäger mit Funkmeßgerät über dem ovalen Lufteinlauf; Erstflug am 22. Dezember 1949; von März 1951 bis September 1955 2 504 Stück gebaut; nur mit Raketen bewaffnet.
F-86 E: Tagjäger und Jagdbomber; Weiterentwicklung der F-86 A; von Dezember 1950 bis April 1952 456 Maschinen gebaut.
F-86 F: Tagjäger und Jagdbomber; Erstflug am 19. März 1952; Weiterentwicklung der F-86 E; von März 1952 bis Januar 1955 1 794 Stück gebaut; in Japan von Mitsubishi 300 F-86 F-40 montiert (1956 bis 1961).
F-86 H: Tagjäger und Jagdbomber; mit zahlreichen Verbesserungen; von 1953 bis August 1955 475 gebaut.
F-86 K: Weiterentwicklung der F-86 D; Erstflug am 15. Juli 1954; bis März 1955 341 gebaut.
F-86 L: Allwetterjäger mit neuer Elektronik und neuen Feuerleitanlagen; Bezeichnung für modifizierte F-86 D; insgesamt 981 F-86 D zu F-86 L mit moderner Elektronik umgebaut.
RF-86 F: einsitziger Aufklärer.
TF-86 F: zweisitzige Kampftrainerversion der F-86 F; ab 14. Dezember 1953 in zwei Exemplaren erprobt, aber nicht in Serie gebaut.
Kanadische Lizenzbauten: 350 CL-13 „Sabre" Mk.2, 438 Mk.4, 370 Mk.5, 655 CL-13 B „Sabre" Mk.6.
Australische Lizenzbauten: 112 CA-27 „Sabre" Mk.30, 31, 32.
Italienische Lizenzbauten: 63 F-86 K für die eigenen, 88 für die BRD- und 60 für die französischen Luftstreitkräfte.
Für die USA-Marine fertigte North American 1 115 „Fury" in den Versionen FJ-2, FJ-3, FJ-4 und FJ-4 B. Der Erstflug einer aus der F-86 abgeleiteten „Fury" war am 27. Dezember 1951.

Rumpf: Ganzmetall-Sektionsbauweise; ovaler Querschnitt; Lufteintritt im Bug; aufgesetzte Kabine.
Tragwerk: Mitteldecker in Ganzmetallbauweise mit gepfeilten Flügeln; zwei Holme; Zusatzbehälter unter den Flügeln.
Leitwerk: gepfeilte Normalbauweise.
Fahrwerk: einziehbar; steuerbares Bugrad.

North American F-100 „Super Sabre" Jagdbombenflugzeug

Als die USA-Militärs während des Korea-Kriegs feststellen mußten, daß die sowjetischen MiG-15 den Strahljägern aus den USA besonders in der Steigleistung, der Gipfelhöhe, der Wendigkeit und der Feuerkraft überlegen waren, erhielt der Konzern North American im Januar 1951 den Auftrag, ein Überschalljagdflugzeug schnellstens zur Serienreife zu führen. Man verzichtete deshalb auf Prototypen und begann sofort, die Vorserienmuster in die Flugerprobung zu nehmen. Der erste Prototyp YF-100 A startete am 25. Mai 1953 zum Erstflug.

Versionen:
F-100 A: erstes Serienflugzeug; von Ende 1953 bis 1955 gebaut; geplant waren ursprünglich 1 000 Maschinen dieses Typs; nach mehreren Abstürzen wurde er jedoch gesperrt und der Serienbau beim Muster 203 beendet.
F-100 B: Allwetterjäger mit dem Lufteinlauf auf dem Rumpfrücken; später als F-107 A bezeichnet; Entwicklung nach der Erprobung eines Prototyps aufgegeben.
F-100 C: Jagdbomber; ab Mai 1956 476 Maschinen an die USA-Luftstreitkräfte geliefert.
F-100 D: verbesserter Jagdbomber; Erstflug am 24. Januar 1956; 1 274 ausgeliefert.
F-100 F: durch Verlängerung des Rumpfes der F-100 C um 91,5 cm entstandener Kampftrainer; zwischen 1957 und 1959 333 Maschinen gebaut; Erstflug am 7. März 1957.
DF-100 F: Trägerflugzeug für Zielflugkörper.

In Vietnam verwendeten die USA F-100 verschiedener Versionen als Jagdbomber.
Über Maschinen vom Typ F-100 verfügten Ende der siebziger Jahre noch die USA-Nationalgarde sowie die dänischen (26), französischen (56) und türkischen (100) Luftstreitkräfte. 1985 hatte die Türkei noch 40 F-100 D.

Seit 1979 werden F-100 zu unbemannten Zielflugzeugen QF-100 umgerüstet. Die erste Maschine war am 1. Oktober 1983 einsatzbereit.

Rumpf: Ganzmetallbauweise nach der Flächenregel; flacher Lufteinlauf im Bug; darunter Staurohr.
Tragwerk: Tiefdecker mit 45° Pfeilung; Flügelvorderkantenklappen.
Leitwerk: stark gepfeilte Normalbauweise in Ganzmetall; Höhenleitwerk sehr tief angesetzt; Seitenleitwerk stark nach hinten überhängend.
Fahrwerk: einziehbar mit Bugrad.

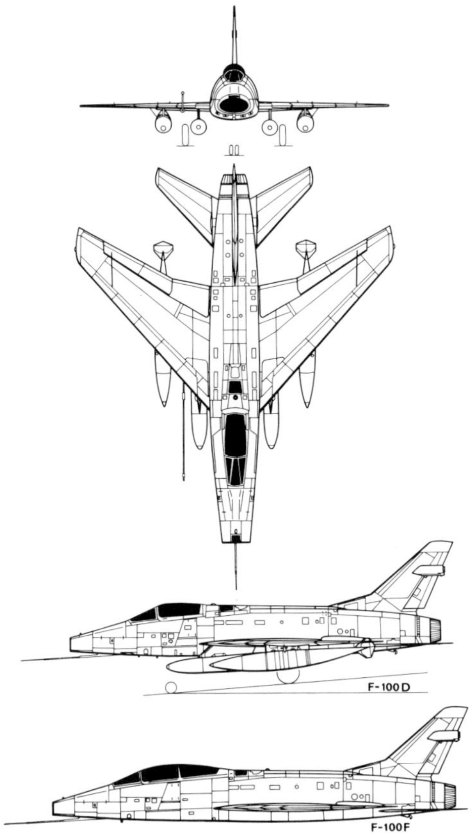

North American F-107 A Versuchsjagdbombenflugzeug

Unter der Bezeichnung NA-212 erarbeitete der Flugzeugkonzern North American Ende des Jahres 1953 das Projekt für ein Jagdbombenflugzeug, das bei der Luftwaffe der USA als F-100 B eingeführt werden sollte. Gedacht war die Maschine als Nachfolge- oder Ablösemuster für die F-100 A, deren erstes Serienmodell am 29. Oktober 1953 zum Erstflug gestartet war. Zu dieser Zeit war jedoch bereits klar, daß der Typ nicht die in ihn gesetzten Erwartungen bezüglich der Höchstgeschwindigkeit erfüllen würde: Bei einem Hochgeschwindigkeitsversuch mit einer der Vorserienmaschinen (auf Prototypen war verzichtet und sofort mit der Vorserie begonnen worden) hatte diese mit 1 215 km/h nur knapp Überschallgeschwindigkeit erreicht.
Da das Projekt NA-212 jedoch völlig von der Konstruktion der F-100 abwich, verzichteten die USA-Luftstreitkräfte auf diese Ausführung und verlangten eine direkte Weiterentwicklung der F-100, wie sie die dann geschaffenen Versionen F-100 C, D und F darstellten.
Als die Luftwaffe der USA wenig später einen Jagdbomber für hohe Überschallgeschwindigkeit verlangte, griff man bei North American wieder auf das Projekt NA-212 zurück und schuf die F-107 A. Der erste von drei Prototypen (55-5118, -5119 und -5120) startete am 10. September 1956 zum Jungfernflug. Mit den für den Abwurf einer Kernladungsbombe vorgesehenen und mit je vier 20-mm-Kanonen M-39G bewaffneten Maschinen wurde eine Höchstgeschwindigkeit von etwa Mach 2 erreicht.
Im Jahr 1957 entschieden sich die Luftstreitkräfte jedoch für das von der Firma Republic geschaffene Konkurrenzmuster F-105 „Thunderchief", so daß es zu keiner Serienproduktion der F-107 A kam. Die drei Prototypen allerdings wurden noch weiter erprobt, der letzte bis 1969. Kurzzeitig flog der dritte Prototyp F-107 A im Auftrag der Luftfahrtversuchsanstalt NACA der USA, wobei es zu einer Havarie kam. Der zweite Prototyp (Foto) ist seit 1958 Exponat des Luftwaffenmuseums der USA.

Rumpf: Ganzmetallbauweise; spitzer Rumpfbug; Lufteinläufe auf dem Rumpfrücken hinter der Kabine; langes Staurohr in Bugmitte.
Tragwerk: Mitteldecker mit 45° Pfeilung; Flügelvorderklappen; Flügelaufbau stark an F-100 angelehnt.
Leitwerk: stark gepfeilte Normalbauweise in Ganzmetall; sehr tief angesetztes Höhenleitwerk; Seitenleitwerk stark nach hinten überhängend.
Fahrwerk: einziehbar mit Bugrad; Hauptstreben einfach, Bugstreben doppelt bereift.

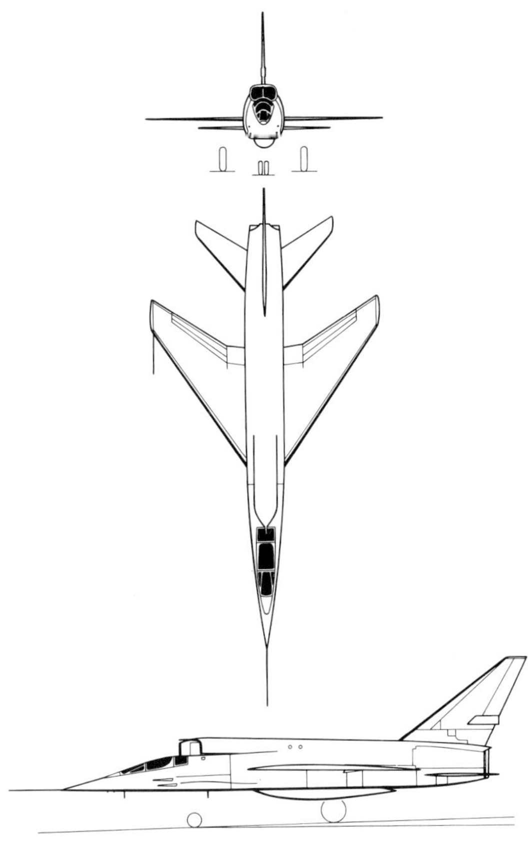

North American RA-5 C „Vigilante“ Jagdbomben- und Aufklärungsflugzeug

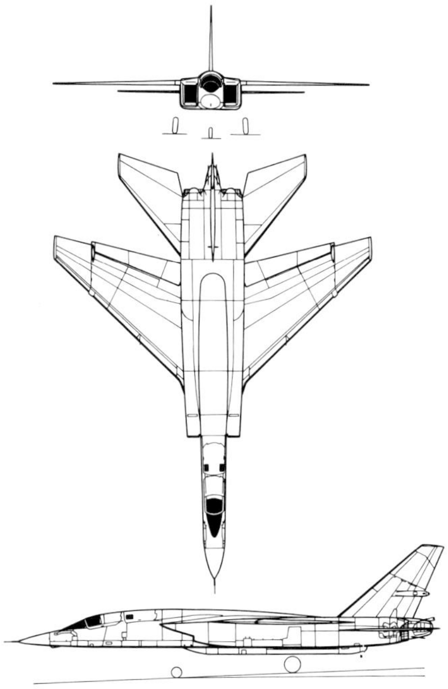

Im Jahr 1955 forderte das Pentagon ein allwettertaugliches Flugzeug im Unterschallbereich, das als Bomber und Aufklärer von Flugzeugträgern aus verwendet werden und atomare sowie konventionelle Waffen im Hoch- oder Tiefangriff einsetzen kann.

Der Prototyp YA 3J-1 nahm am 31. August 1958 die Flugerprobung auf.

Versionen:

A-5 A (ursprünglich A3J-1): Jagdbomber (Foto), der die Mehrzahl der Bomben im Rumpf aufnimmt; am 13. Dezember 1960 stellte eine Maschine dieses Typs mit 1 000 kg Nutzmasse einen Höhenrekord mit 27 874 m auf; der Typ entsprach nicht den Erwartungen (nur 2 718 kg Waffenzuladung, ungenügende Reichweite).

A-5 B (A3J-2): Langstreckenausführung; Erstflug am 29. April 1962; entsprach ebenfalls nicht den Erwartungen, so daß alle A-5 in die Version RA-5 C umgebaut wurden.

RA-5 C: Aufklärungs- und Mehrzweckkampfflugzeug, das auch in Vietnam verwendet wurde; zur Verbesserung der Reichweite wurden der Kraftstoffvorrat erhöht und die Tragflügel verändert; Erstflug am 30. Juni 1962; umgebaut wurden 55 A-5 A und 20 A-5 B, neugebaut 40 RA-5 C; die ersten RA-5 C wurden im Juni 1964 auf dem Träger „Ranger“ stationiert.

Rumpf: Ganzmetall-Halbschalenbauweise; hinter dem Cockpit erweitert zur Aufnahme der Triebwerke und des Bombentunnels; Luftbremse unter dem Rumpf; für Unterbringung auf Schiffen Bug aufklappbar.
Tragwerk: freitragender Schulterdecker; hydraulisch betätigter Vorflügel; statt Querruder Spoiler über und Klappen unter den Flügeln; Grenzschichtkontrolle.
Leitwerk: freitragende Normalbauweise in Ganzmetall; Höhen- und Seitenleitwerk ungeteilt und im ganzen beweglich.
Fahrwerk: einziehbar mit Bugrad; hydraulische Scheibenbremsen.

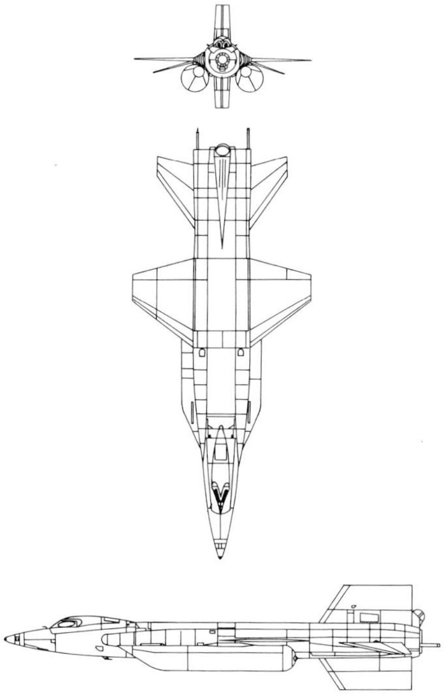

North American X-15 Forschungsflugzeug

Das Forschungsflugzeug X-15 diente für Versuche in hohen Geschwindigkeitsbereichen und großen Höhen. Es war nicht eigenstartfähig, sondern wurde von einem Trägerflugzeug in 15 000 m Höhe getragen und dort abgeworfen. Zur Steuerung in großen Höhen, wo die Luftdichte sehr gering ist, wurde eine Strahlsteuerung mit acht Düsen im Rumpf und vier in den Flügelspitzen geschaffen.

Am 10. März 1959 brachte zum ersten Mal eine NB-52 A eine X-15 A in große Höhen. Am 8. Juni 1959 fand der erste Gleitflug ohne Raketenantrieb statt. Am 17. September des gleichen Jahres war der erste Flug einer zweiten X-15 A mit Raketenantrieb (1962 umgebaut und mit zusätzlichen seitlichen Kraftstofftanks ausgerüstet, als X-15 A-2 bezeichnet, Foto, Skizze). Am 18. November 1966 erreichte das Flugzeug eine Höchstgeschwindigkeit von 6 812 km/h, im August 1963 eine Höhe von 107 826 m.

Eine X-15 war mit zwei Vierkammer-Raketentriebwerken Reaction Motors XLR-11 (je 35 590 N) ausgestattet, die beiden anderen hatten Einkammer-Triebwerke XLR-99-RM-1 bzw. XLR-99-RM-2 mit einem maximalen Schub von 253 550 N.

Rumpf: Ganzmetall-Schalenbauweise aus Titan und Nikkel-Stahl-Legierung mit rundem Querschnitt und Integraltanks; an beiden Seiten absprengbare Zusatztanks.
Tragwerk: trapezförmiger Stummelflügel in Ganzmetallbauweise; hydraulisch betätigte Landeklappen.
Leitwerk: horizontale Stabilisierungsflosse in negativer V-Form; vertikale, keilförmige Stabilisierungsflosse über und unter dem Rumpf (untere abwerfbar).
Fahrwerk: ausfahrbar; steuerbare Bugstrebe mit Zwillingsrädern; an den Hauptstreben am Rumpfschwanz Stahlkufen.

North American XB-70 „Valkyrie“ Forschungsflugzeug

Der große Deltaflügler B-70 sollte ursprünglich als strategischer Bomber die B-52 „Stratofortress“ ablösen. Im Gegensatz zu bis dahin gebauten Bombenflugzeugen, die nur zeitweise mit Überschallgeschwindigkeit fliegen konnten, sollte das neue Flugzeug die gesamte Strecke im Überschallflug zurücklegen. Da aber unterdessen Fernraketen die bemannten Bombenflugzeuge ersetzen sollten, entschied die USA-Regierung 1963, nur zwei dieser Flugzeuge für Forschungszwecke zu bauen.

Die ursprüngliche Forderung, in 21 000 m Höhe mit dreifacher Schallgeschwindigkeit Strecken von 12 000 km zurücklegen zu können, schien zunächst nicht erfüllbar. Es stellte sich aber dann heraus, daß das Flugzeug in dieser Höhe und mit dieser Geschwindigkeit auf der eigenen Stoßwelle gleitet.

Der Erstflug der XB-70-1 (62-0001, Foto) fand am 21. September 1964 statt. Am 14. Oktober 1965 wurde in 21 336 m Höhe eine Geschwindigkeit von 3 218 km/h erreicht.

Infolge einer Unachtsamkeit des Piloten einer Begleitmaschine kam es bei einem Fotoflug des zweiten Prototyps (62-0002, Erstflug am 17. Juli 1965) für die Presse am 8. Juli 1966 nach insgesamt 45 Starts zu einer Kollision, und die XB-70-02 „Valkyrie“ stürzte ab.

Der zweite Prototyp war für Hochgeschwindigkeits-Versuche vorgesehen gewesen. Doch mußte der Test im Mach-3-Bereich nach etwa 2 min abgebrochen werden, weil sich Schwierigkeiten mit der Beplankung zeigten. Zur Zeit des Absturzes der XB-70-02 war die XB-70-01 nicht flugfähig, sie wurde jedoch für weitere Forschungsflüge wieder instandgesetzt. Insgesamt kostete das Projekt XB-70 1,3 Mrd. US-Dollar.

Rumpf: Metall-Schalenbauweise; Vorderrumpf aus Titan; Druckkabine mit Schleudersitzen in Kapseln mit Notausrüstung.
Tragwerk: Deltaform; Flügelnase aus Titan; im Schnellflug lassen sich die Außenflügel nach unten klappen zur Verkleinerung der effektiven Flügelfläche und zur Stabilisierung um die Längsachse.
Leitwerk: doppeltes Seitenleitwerk; Steuer- und Stabilisierungsflosse am Bug; Nasen des Seitenleitwerks aus Titan.
Fahrwerk: einziehbar; steuerbares Bugrad mit Zwillingsrädern; an den Hauptstreben Fahrwerkschlitten mit je vier Rädern.

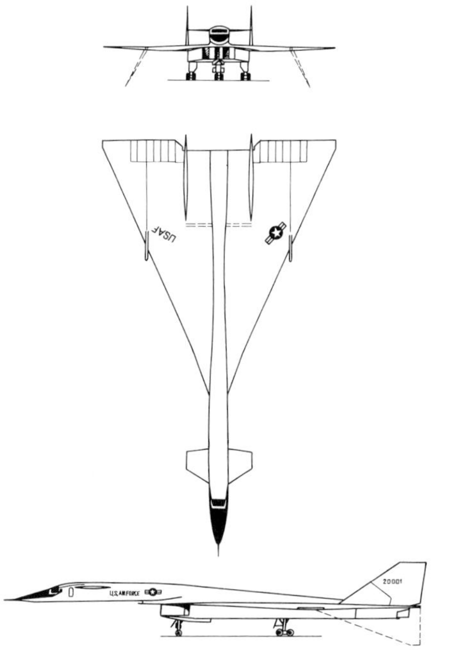

Northrop B-2 „Spirit“ Bombenflugzeug

Unter der Bezeichnung ATB (Advenced Technology Bomber) begann 1981 die Entwicklung eines völlig neuen Bombenflugzeugs, das in der Öffentlichkeit als „Stealth“ (heimlich, verstohlen, hinterrücks) bekannt geworden ist. Beabsichtigt ist, mit diesem Kernwaffenträger weitgehend unentdeckt in fremde Gebiete einzudringen.

Die erste B-2 ist der Öffentlichkeit am 22. November 1988 vorgestellt worden und am 17. Juli 1989 zum Erstflug gestartet. Zunächst sollten 130 B-2 beschafft werden. Nach mehreren Planänderungen wurden bis 1994 10 ausgeliefert und 10 weitere bestellt. Fünf weitere B-2 sind im Gespräch. Die Luftbetankung der B-2 erfolgt durch KC-135/KC-10.

Das Flugzeug ist seiner Aufgabe gemäß konstruiert: In der Draufsicht bildet es ein großes W. Die gesamte Hinterkante ist gezackt und vermeidet lange und radaranfällige Linien. Die deltaförmige Nurflügelmaschine ist oben grau und unten schwarz. Rumpf und Seitenleitwerk fehlen, die vier Triebwerke F118-GE-100 mit je 84,6 kN Startschub wurden weitgehend in die Kontur einbezogen, ebenso Cockpit, Waffenstationen und Kraftstofftanks.

Das Fehlen von kantigen Flächen und Vorsprüngen soll die Reflexionsfläche verringern, fließende Übergänge zwischen den Baugruppen sollen zusätzliche Resonanzelemente vermeiden. Oberflächenschichten aus nichtmetallischen Verbundwerkstoffen und absorbierende Kunststoffe sorgen für eine minimale Radarreflexion im Tiefflug.

Die Maschinen werden mit Hilfe modernster Spionagesatelliten (Laser-Radarplattform, erster Satellit 1988 von der Raumfähre „Atlantis“ aus auf die Umlaufbahn gebracht) geführt, damit sie sich nicht durch elektromagnetische Wellen der eigenen Zielerfassungsgeräte „verraten“. Sensoren sollen der zweiköpfigen Besatzung Informationen über angepeilte und erfaßte Ziele mit Hilfe von Bordrechnern in Sekundenschnelle liefern.

Rumpf: an sich nicht vorhanden; Verdickung über die gesamte Tiefe des Tragflügels mit der Besatzungskabine.
Tragwerk: stark gepfeilte Vorderkante; Hinterkante W-förmig mit kombiniertem Höhen- und Querruder.
Leitwerk: fehlt an sich; der Schub der beiden Triebwerkspaare läßt sich für Richtungsänderungen dosieren; Spreizklappen an den Flügelenden.
Fahrwerk: einziehbares Bugradfahrwerk doppelt bereift; Hauptfahrwerk wagenförmig.

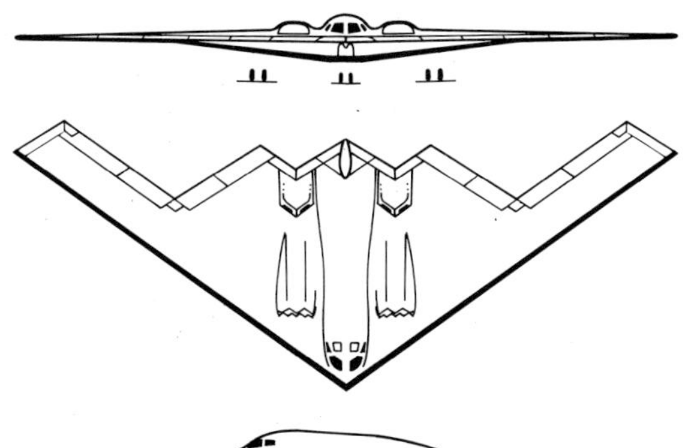

Northrop P-61 „Black Widow" Nachtjagdflugzeug

Da die Alliierten zur Abwehr deutscher Luftangriffe über keinen speziellen Nachtjäger verfügten, begann Northrop 1941, ein entsprechendes mehrsitziges Jagdflugzeug zu projektieren. In Großbritannien hatte man in der Nachtjagd Erfahrungen mit der veralteten „Defiant" sowie den zweimotorigen „Beaufighter" und „Mosquito" gesammelt. Dabei hatte sich ergeben, daß einsitzige Maschinen für die Nachtjagd wenig geeignet sind; denn der Flugzeugführer ist vollauf mit der Bedienung der Maschine und der Orientierung beschäftigt. Diese Überlegungen berücksichtigte Northrop bei der neuen Maschine, die am 26. Mai 1942 als XP-61 die Flugerprobung aufnahm.

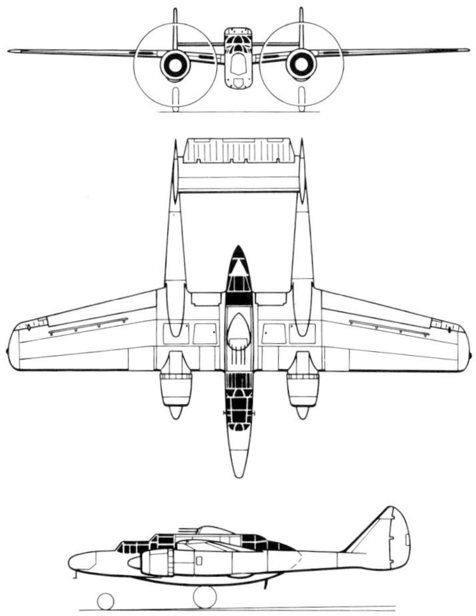

Die originelle Maschine mit den Abmessungen eines mittleren Bombers nahm im Zentralrumpf vier starre 20-mm-Kanonen, in den späteren Ausführungen ein Funkmeßgerät unter dem Bug und in der versetzt angeordneten Kabine den Flugzeugführer, darüber den Funkmeßoperateur/Bordschützen und hinten den Funker/Schützen auf.

Im Juni 1942 startete der zweite Prototyp zum Erstflug, und im April 1943 begann die Erprobung eines neuen Funkmeßgeräts. Etwa zu dieser Zeit wurden mehrere mit der P-61 ausgerüstete Verbände nach Europa und auf den pazifischen Kriegsschauplatz verlegt.

Bis Ende 1944 verließen insgesamt 707 P-61 die Fließbänder. Dieser Standardnachtjäger der USA löste die für den gleichen Zweck gebaute P-70 von Douglas ab. Es wurden verschiedene Versionen gebaut, z.B. die P-61 A (Skizze) und die P-61 C, die man auch als Aufklärer, Kurier-, Foto- und Verbindungsflugzeuge verwendete. Die Versionen unterschieden sich vor allem in der Bewaffnung und in der Ausrüstung. Im Jahr 1945 wurden 36 Maschinen als unbewaffnete Fotoaufklärer F-15 A ausgeliefert.

Rumpf: Ganzmetallbauweise; doppelte Heckträger mit dem Motor an der Spitze.
Tragwerk: Mitteldecker in Ganzmetallbauweise; gerade Vorderkante; Mittelstück zwischen den Motoren leicht V-förmig.
Leitwerk: freitragend; Ganzmetallbauweise; als Endscheiben ausgebildete Seitenleitwerke.
Fahrwerk: einziehbar mit Bugrad; alle Streben einfach bereift.

Northrop F-89 „Skorpion" Jagdflugzeug

In der zweiten Hälfte der vierziger Jahre entwickelte Northrop mit der F-89 das schwere Standard-Allwetterjagdflugzeug der USA-Luftstreitkräfte. Den damaligen Ansichten der USA-Militärs entsprechend erhielt die Maschine statt eines modernen Pfeilflügels noch den überholten Trapezflügel großer Streckung. Ebenfalls überholt war die kleinkalibrige Bewaffnung, was sich im Korea-Krieg im Vergleich mit den Schnellfeuerkanonen der sowjetischen MiG-15 erwies.

Der Prototyp der F-89 startete am 16. August 1948 zum Erstflug. Im Juli des gleichen Jahres begann die Lieferung von insgesamt 1050 F-89 aller Versionen.

Versionen:
F-89 A: 21830-N-Triebwerke mit Nachbrenner.
F-89 B: 22270-N-Triebwerke.
F-89 C: Weiterentwicklung der F-89 B.
F-89 D: 24920-N-Triebwerke; größere Zusatzbehälter unter dem Rumpf; Raketenbehälter an den Flügeln.
F-89 H: verbesserte Elektronik; je Tragflügelaußenbehälter drei Luft-Luft-Raketen oder Kernraketen.
F-89 J: Bezeichnung für auf F-89 H-Standard nachgerüstete 350 F-89 D; als Abfangjäger der Luftverteidigung verwendet.
XF-89 E: Versuchsausführung.

Die F-89 blieb bei den USA-Luftstreitkräften bis 1958 Flugzeug der ersten Linie, ehe sie in den Reservebestand überging bzw. in den Versionen F-89 H und F-89 J von der Nationalgarde übernommen wurde.

Rumpf: Ganzmetall-Schalenbauweise; Lufteinläufe beiderseits in Höhe der Kabine; hochgezogenes Heck.
Tragwerk: Mitteldecker in Ganzmetallbauweise mit Trapezflügeln und Endbehältern.
Leitwerk: Normalbauweise in Ganzmetall; rundes Seitenleitwerk mit hochgesetztem trapezförmigem Höhenleitwerk.
Fahrwerk: einziehbar; Bugstrebe mit Zwillingsrädern.

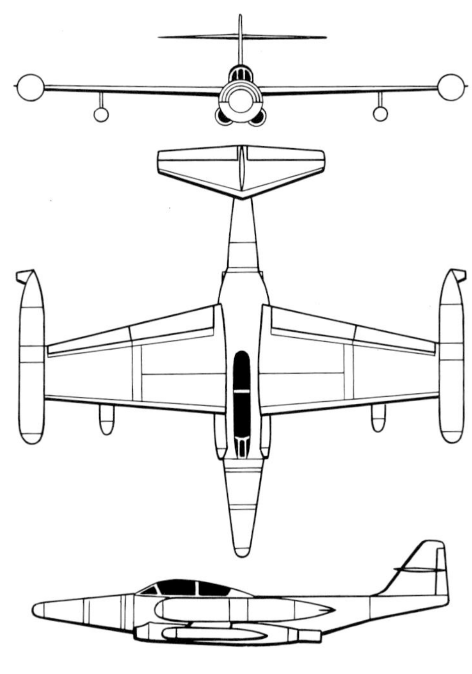

Northrop F-5
Jagd- und Übungsflugzeug

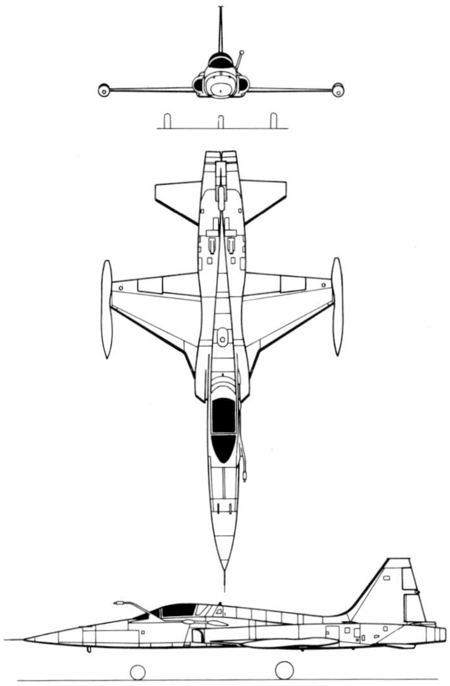

Im Jahr 1956 erhielt Northrop den Auftrag der USA-Luftstreitkräfte zur Entwicklung der T-38 „Talon", die als Ausbildungs- und Übungsflugzeug die T-33 von Lockheed ablösen sollte. Daraus leitete der Konzern das Jagdflugzeug F-5 (zunächst als „Freedom-Fighter" bezeichnet) ab, das vorwiegend für kleine Länder gedacht war. Insgesamt sind etwa 2700 F-5 aller Versionen für 30 Länder ausgeliefert worden.

Versionen:

F-5: von der USA-Regierung in Auftrag gegeben.

F-5 A: einsitziges Jagdflugzeug; Erstflug des Prototyps am 30. Juli 1959, des ersten Serienflugzeugs im Oktober 1963; gilt als 1. Generation; noch 1985 an Taiwan und andere Länder über 300 Maschinen verkauft.

F-5 B: im Aufbau der F-5 A ähnlich, aber mit zwei Sitzen hintereinander.

Von der F-5 A und der F-5 B sind insgesamt 1040 Maschinen gebaut worden.

F-5 E: Weiterentwicklung; als „Tiger II" bezeichnet; von 19 Staaten eingeführt; 248 in Taiwan in Lizenz gebaut; gilt als 2. Generation.

F-5 F: zweisitzige Version der F-5 E; in Kanada in Lizenz gebaut; 36 an Taiwan geliefert.

Insgesamt sind 1400 F-5 E und F-5 F gebaut worden.

F-5 G: ursprüngliche Bezeichnung für die F-20 „Tigershark" als Maschine der 3. Generation; Erstflug des Prototyps am 30. August 1982.

CF-5 A: kanadische Version.

CF-5 B: Zweisitzer; in Kanada gebaut.

N-156 F: Werkbezeichnung für die F-5.

N-156 T „Talon": Werkbezeichnung für ein zweisitziges Überschallflugzeug; Erstflug am 10. April 1959.

NF-5 A/B: ein- bzw. zweisitzige Version für die Luftstreitkräfte der Niederlande; 105 Exemplare in Kanada gebaut.

RF-5 A: Aufklärerversion der F-5 A mit vier Kameras; ab Mitte 1968 gebaut.

RF-5 G: Aufklärerversion für Norwegen; 16 Maschinen geliefert.

SF-5 A/B: von CASA in 70 Exemplaren als Ein- bzw. Zweisitzer für die spanischen Luftstreitkräfte gebaut.

SRF-5 A: von CASA gefertigte RF-5 A.

T-38 „Talon": Bezeichnung der USA-Luftstreitkräfte für die N-156 T.

1994 flogen etwa 1700 F-5 in 26 Ländern. Für den Typ gibt es zahlreiche Modernisierungsprogramme.

Rumpf: Ganzmetall-Halbschalenbauweise unter Beachtung der Flächenregel; zwei aerodynamische Bremsen unter dem Rumpf vor dem Hauptfahrwerk; Druckkabine mit Schleudersitzen hintereinander.

Tragwerk: freitragender Tiefdecker in Ganzmetallbauweise; Querruder in der Mitte der Tragflügel; Landeklappen an der Innenseite.

Leitwerk: freitragende Ganzmetallbauweise; ungedämpftes Höhenruder mit negativer V-Stellung.

Fahrwerk: einziehbar; steuerbares Bugrad.

Piper PA-18 „Super Cub"
Schul-, Übungs- und Sportflugzeug

Das zweisitzige Flugzeug PA-18 „Super Cub" wurde bekannt durch seine robuste Konstruktion, seine gutmütigen Flugeigenschaften und seine Fähigkeit, mit sehr kleinen Landeplätzen auszukommen. Außer für Schulung und Sport diente es zur Überwachung von Wäldern, Hochspannungsleitungen, Erdölleitungen, zur Erkundung bei Expeditionen, zur Fischsuche, für Bergrettungen, Sanitätseinsatz und viele andere Zwecke.

Die erste PA-18 mit einem 65-kW-Motor wurde im November 1949 zugelassen, die Ausführung mit 110-kW-Motor im Jahr 1954. Bis Februar 1978 sind etwa 40000 PA-18 ausgeliefert worden. Seit Beginn der achtziger Jahre werden jährlich etwa 200 dieser klassischen Sportflugzeuge gebaut. Die PA-18 ist in zahlreiche Länder in ziviler oder militärischer Ausführung (L-18 A, B, C oder U-7 A, B, Verbindungs- und Beobachtungsflugzeug) exportiert worden.

Einige Versionen:

„Standard Super Cub 95": Ausführung mit 65-kW-Boxermotor.

„Deluxe Super Cub 95": wie die Standard 95, aber mit elektrischem Anlasser und Positionslichtern, Metall- statt Holzpropeller und einer besseren Ausrüstung.

„Standard Super Cub 150": Ausführung mit 110-kW-Motor.

„Deluxe Super Cub 150": entsprechend Deluxe 95.

„Standard PA-18-A 150": Landwirtschaftsausführung; einsitzig; ansonsten wie Standard 150.

„Deluxe PA-18-A 150": entsprechend Deluxe 150.

Rumpf: Stahlrohrbauweise mit rechteckigem Querschnitt; zwei Sitze hintereinander; eine große Tür steuerbords; Kabinenheizung.

Tragwerk: abgestrebter Hochdecker; Holme und Rippen aus Leichtmetall; Landeklappen.

Leitwerk: verspannte Normalbauweise in Stahlrohr.

Fahrwerk: starr mit Gummifederung; hydraulische Bremsen; Ausführung mit Schneekufen, Schwimmern oder kombiniertem Rad-/Schneekufenfahrwerk, Spezialfahrwerk mit zwei hintereinander angeordneten Rädern auf jeder Seite oder mit übergroßen Niederdruckreifen möglich.

Piper PA-24 „Comanche"
Reiseflugzeug

Der Prototyp der PA-24 „Comanche" flog erstmalig am 24. Mai 1956 und das erste Serienflugzeug am 21. Oktober 1957. Im September 1965 kam die „Comanche B" mit einem 190-kW-Motor heraus. Die Britin Scott stellte mit diesem Typ in einem Rund-um-die-Welt-Flug vom 18. Mai bis 20. Juni 1966 einen Klassenrekord auf. Während ihres Alleinflugs legte sie 46 760 km zurück.

Außer der Standardausführung gibt es dieses Flugzeug in den Versionen „Custom" und „Sportsman", die sich jedoch nur in der Ausrüstung und Ausstattung unterscheiden.

Insgesamt verließen etwa 4000 PA-24 die Werkhallen.

Rumpf: Ganzmetall-Halbschalenbauweise; eine Tür steuerbords; Doppelsteuerung; Schallisolierung, Heizung und Belüftung.
Tragwerk: freitragender Tiefdecker in Ganzmetallbauweise; drei Holme; elektrisch betätigte Spaltklappen.
Leitwerk: freitragende Normalbauweise in Ganzmetall; ungedämpftes Höhenruder mit Trimmklappen.
Fahrwerk: einziehbar; steuerbares Bugrad, ölpneumatische Dämpfung; hydraulische Scheibenbremsen; auf Wunsch zusätzliche Schwimmer.

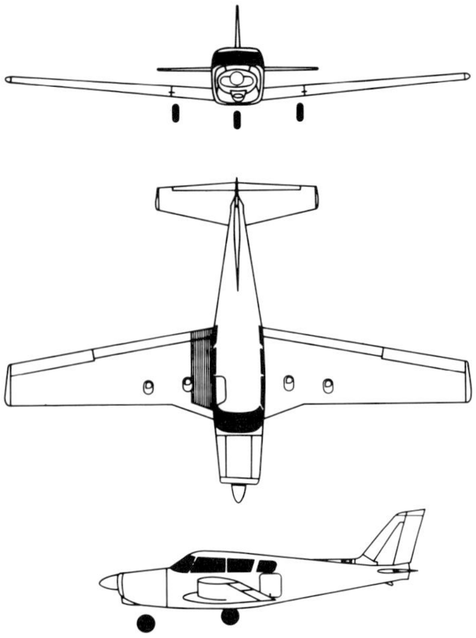

Piper PA-25 „Pawnee"
Arbeitsflugzeug

Die PA-25 „Pawnee" gilt als das erste Piper-Flugzeug, das speziell für die Landwirtschaft entwikkelt worden ist. Verschiedene Vorkehrungen sollen die Sicherheit des Piloten erhöhen, z. B. wurde das Cockpit nach hinten verlegt. Im Raum zwischen Cockpit und Triebwerk befindet sich der Behälter für 568 l Sprühmittel. Die Sicht für den Piloten in der robusten Maschine ist sehr gut.

Versionen:
PA-25-150 „Pawnee A": erste Serienausführung mit 110-kW-Motor; Luftverkehrszulassung am 20. Mai 1959 erteilt.
PA-25-235 „Pawnee B": ab 1. März 1962 gebaute Ausführung mit 175-kW-Motor; Luftverkehrszulassung am 14. März 1962 erteilt.
PA-25-235 „Pawnee C": ab 2. Januar 1967 gelieferte Ausführung.
PA-25-260: Sonderausführung.

Ab 1973 lieferte Piper die vergrößerte und leistungsfähigere Weiterentwicklung PA-36 „Brave" 300 aus, die 1980 verbessert wurde.
Nach rund 5000 Maschinen wurde die Produktion Anfang 1982 endgültig eingestellt.

Rumpf: Stahlrohrbauweise mit Stoffbespannung und abnehmbaren Leichtmetallplatten; rechteckiger Querschnitt; nach hinten verlegter Pilotensitz und Ausbildung des Cockpits als „Sicherheitskapsel".
Tragwerk: nach oben abgesetzter Tiefdecker mit Landeklappen.
Leitwerk: verspannte Normalbauweise; zwischen Leitwerk und Cockpit Kabelablenker.
Fahrwerk: starr; mit ölpneumatischer Dämpfung; durch Kabelschneider geschützt; Spornrad.

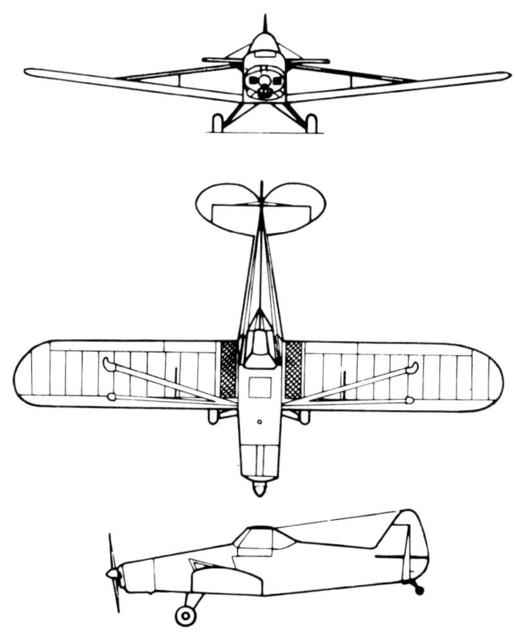

Piper PA-28 „Cherokee“ Reiseflugzeug

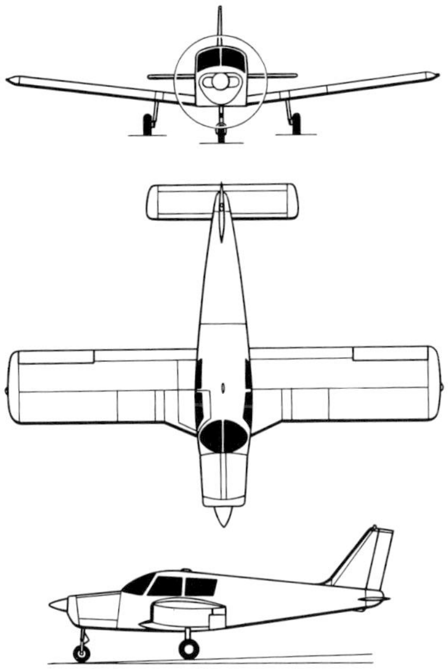

Der Erstflug eines Serienflugzeugs der „Cherokee“-Reihe fand am 10. Februar 1961 statt. Seitdem ist die „Cherokee“ das am meisten gebaute Flugzeug von Piper. Sie wird in zahlreichen Versionen gefertigt:

PA-28-140 „Cherokee 140“: zweisitziges Schul- und Sportflugzeug, das auch als Reiseflugzeug verwendet werden kann; Luftverkehrszulassung erteilt am 14. Februar 1964; seit 1968 wird die „Cherokee 140 B“ in Serie gebaut, die mit einem 110-kW-Motor ausgerüstet ist; eine weitere Version ist die „Cherokee Flite Liner“.

PA-28-180 „Cherokee D“: dient als Schul- und Reiseflugzeug; mit einem 130-kW-Motor ausgerüstet.

PA-28-180 R „Cherokee Arrow“: im Juni 1967 der Öffentlichkeit vorgestellt; Zelle entspricht der „Cherokee D“; aber einziehbares Bugradfahrwerk.

PA-28-235 C „Cherokee 235“: Weiterentwicklung der PA-28-180, aber mit 175-kW-Motor; Erstflug am 9. Mai 1962; verbesserte Ausführung im Frühjahr 1968 herausgebracht.

PA-232-260 „Cherokee Six“: Weiterentwicklung der „Cherokee 235“; sechssitzig.

Es folgte eine Reihe weiterer sechssitziger Versionen.

Rumpf: Ganzmetall-Halbschalenbauweise; Triebwerkverkleidung aus GFK; Tür steuerbords; Schallisolierung, Heizung und Belüftung.
Tragwerk: freitragender Tiefdecker in Ganzmetallbauweise; ein Holm; Spaltklappen; Flügelspitzen aus GFK.
Leitwerk: freitragende Normalbauweise in Ganzmetall; ungedämpftes Höhenleitwerk.
Fahrwerk: starr bzw. einziehbar (PA-28-180 R); steuerbares Bugrad; ölpneumatische Dämpfung; Scheibenbremsen; auf Wunsch Ausrüstung mit Schneekufen oder Schwimmern.

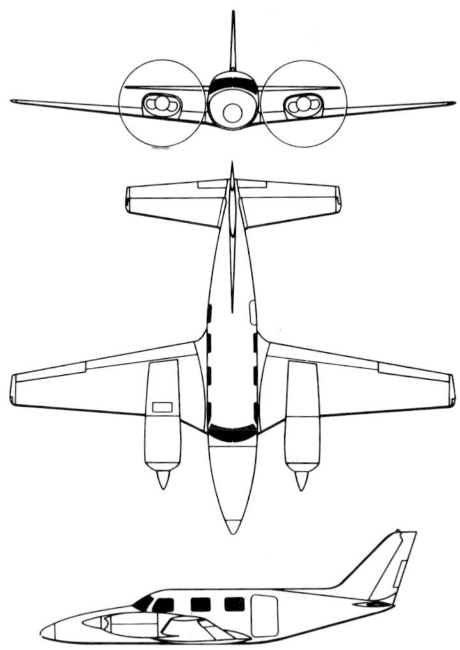

Piper PA-31 „Navajo“ / „Turbo Navajo“ Reiseflugzeuge

Die PA-31 „Navajo“ flog erstmalig am 30. September 1964. Als PA-31 „Turbo Navajo“ wurde sie mit Triebwerken mit Turboladern geliefert. Die PA-31 P wurde im März 1970 bekanntgegeben, nachdem die Entwicklung bereits Anfang 1966 begonnen hatte und der Prototyp im März 1968 erstmalig geflogen war. Im Unterschied zu ihren Vorgängerinnen hat diese Maschine eine Druckkabine. Die Standardausführung hat sechs Sitze in drei Reihen. In der Ausführung „Executive“ befinden sich sieben Sitze: zwei im Cockpit, vier in der Kabine in Konferenzanordnung und einer dahinter.

Die PA-31-350 „Navajo-Chieftrain“ ist die verlängerte und leistungsstärkere Version der „Navajo“. Modelle der „Navajo“-Reihe zählen auch in den achtziger Jahren zum Produktionsprogramm von Piper.

Die Produktion endete 1986 nach dem Bau von 1317 „Navajo“-Maschinen.

Rumpf: Ganzmetall-Halbschalenbauweise; Schallisolierung, Heizung und Belüftung.
Tragwerk: freitragender Tiefdecker in Ganzmetallbauweise; ein Hauptholm; vorderer und hinterer Hilfsholm, elektrisch betätigte Klappen.
Leitwerk: freitragende Normalbauweise in Ganzmetall; Trimmklappen in den Rudern.
Fahrwerk: einziehbar; steuerbares Bugrad; Scheibenbremsen.

Pitts S-1 „Special"
Sportflugzeug

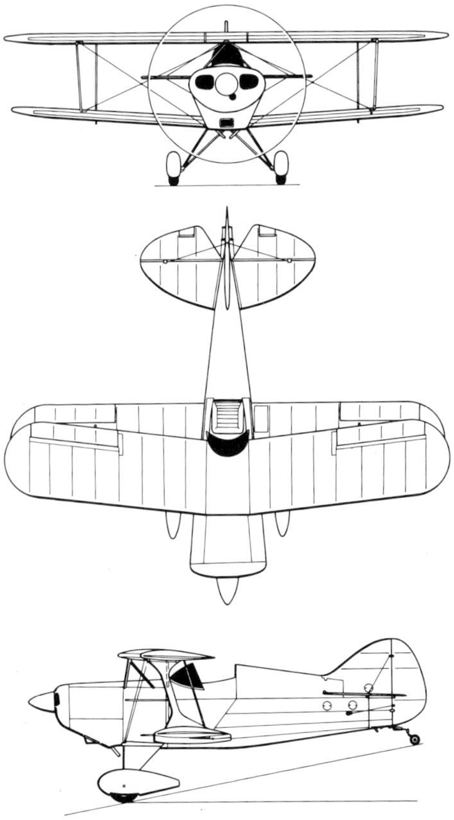

Der Konstrukteur Pitts gehört zu den bekanntesten amerikanischen Konstrukteuren für Sportflugzeuge. Der Entwurf des kleinen Doppeldeckers „Special" begann bereits 1943, und der Erstflug des Prototyps fand im Sommer 1944 statt. Die ersten Flugzeuge wurden mit Triebwerken von 50 bis 70 kW Leistung ausgerüstet. Die Weiterentwicklungen erhielten stärkere Motoren.
Das enorme Steigvermögen und die Wendigkeit machen das Flugzeug für den Kunstflug besonders geeignet.

Versionen:
S-1 A: Kunstflugversion (Foto, Skizze).
S-1 D: für den Eigenbau bestimmt.
S-1 T: ab 1977 hergestellt leistungsfähigere Version mit 130-kW-Motor.
S-1 T „Special": nach Käuferwünschen spezialisierte S-1 T; ab 1981 gebaut.
S-2 A: zweisitzige Ausführung; 1967 entwickelt; aerodynamisch verfeinert.
S-2 B: zweisitzige Ausführung mit 190-kW-Motor; Erstflug des Prototyps im September 1982.
S-2 S: Ausführung mit 190-kW-Triebwerk; S-2 A ohne vorderen Sitz (1978).

Rumpf: Stahlrohrbauweise mit Stoffbespannung; offenes Cockpit.
Tragwerk: einstieliger, verspannter Doppeldecker; Oberflügel auf Baldachin; Holzbauweise mit Stoffbespannung; Querruder an allen vier Flügeln.
Leitwerk: verspannte Normalbauweise in Stahlrohr mit Stoffbespannung.
Fahrwerk: starr; Gummidämpfung; steuerbares Spornrad; hydraulische Bremsen; Räder verkleidet.

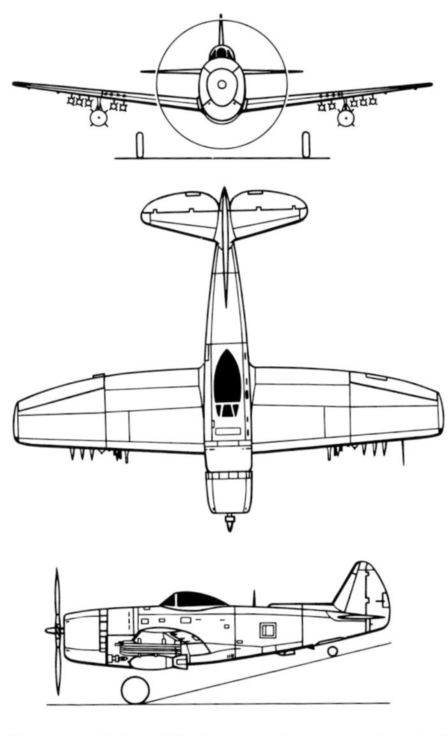

Republic P-47 „Thunderbolt"
Jagdflugzeug

Die P-47 "Thunderbolt" war der letzte bedeutende Jäger der USA-Luftstreitkräfte mit Sternmotor und zugleich das schwerste einmotorige Jagdflugzeug im zweiten Weltkrieg. Den Typ hatte Republic für den im Juni 1940 ausgeschriebenen Jagdeinsitzer-Wettbewerb entwickelt. Um die geforderten Leistungen zu erreichen, verwendete man das damals stärkste Triebwerk, den luftgekühlten 18-Zylinder-Doppelsternmotor Pratt & Whitney „Double Wasp" mit 1470 kW Startleistung. Probleme brachten die Unterbringung des Abgasturboladers im Rumpf hinter dem Cockpit, die bis dahin nicht übliche schwere Bewaffnung mit acht 12,7-mm-MGs in den Tragflügeln sowie die Bodenfreiheit für die Vierblatt-Luftschraube mit einem Durchmesser von 3,66 m

Am 6. Mai 1941 begann die Flugerprobung des Prototyps XP-47 B (mit einem 1620-kW-Motor), der 662 km/h erreichte (die höchste Geschwindigkeit damaliger USA-Jäger). Acht Monate später begann der Serienbau. Insgesamt wurden von diesem Typ 15634 Stück gebaut.

Einige Versionen:
P-47 B: ab 1942 geliefertes Serienflugzeug mit guten Sturzflugeigenschaften und sehr hoher Beschußfestigkeit; Wendigkeit und Steigleistung waren allerdings nicht überragend; 171 gebaut.
P-47 C: mit zusätzlichem, abwerfbarem 750-l-Tank unter dem Rumpf und verlängertem Bug; 602 gefertigt.
P-47 D: mit zwei zusätzlichen, abwerfbaren 500-l-Tanks unter dem Tragwerk; stärkeres Triebwerk; Einsatz auch als Jagdbomber; 12559 hergestellt, davon 203 an die UdSSR geliefert, 446 an Frankreich, 50 an Brasilien.
P-47 N: verstärkte Weiterentwicklung der P-47 D mit größerer Spannweite; Reichweite bis zu 3750 km; 1816 gebaut.

Rumpf: Ganzmetall-Schalenbauweise; sehr dicker Rumpf; geschlossenes Cockpit mit Rundumverglasung.
Tragwerk: freitragender Tiefdecker in Ganzmetalbauweise; Landeklappen.
Leitwerk: freitragende Normalbauweise in Ganzmetall.
Fahrwerk: einziehbar einschließlich Spornrad; Radbremsen.

Republic F-84 „Thunderjet“ / „Thunderstreak“ Jagdbombenflugzeuge

Der erste Strahljäger der Republic-Werke war die F-84, deren Prototyp XF-84 am 28. Februar 1946 zum Erstflug startete. In den Jahren danach wurde die F-84 in großer Stückzahl von den USA-Luftstreitkräften sowie von den NATO-Ländern, aber auch von anderen Staaten beschafft. Bis 1953 entstanden allein von den „Thunderjet“-Versionen (bis F-84 E und F-84 G) 4457 Maschinen, von der „Thunderstreak“ nochmals 2711 (1953 bis 1957).

Die im Korea-Krieg verwendete „Thunderjet“ zeigte sich der MiG-15 hinsichtlich Feuerkraft und Manövrierfähigkeit unterlegen. In den USA gingen alle F-84-Versionen zu Beginn der sechziger Jahre in den Bestand der Nationalgarde über oder wurden an kleinere Länder abgegeben, wo sie über viele Jahre verwendet wurden.

Versionen:

XP-84: zwei von drei geplanten Prototypen fertiggestellt.

YP-84 A: 15 bewaffnete Vorserienmaschinen; im Vergleich zum Prototyp nur geringfügig geändert; später in F-84 B umgerüstet.

F-84 B: erstes Serienmodell; verändertes Cockpit; einige Flugzeuge mit ungelenkten Raketen; 226 gebaut.

F-84 D: Weiterentwicklung der F-84 B hinsichtlich Hydraulik-System und Kraftstoffanlagen; 154 ausgeliefert.

F-84 E: 22 270-N-Triebwerke; längerer Rumpf; größerer Kraftstoffvorrat; größere Reichweite; stärkere Bewaffnung; 843 hergestellt.

YF-84 F: Pfeilflügel-Prototyp.

F-84 F „Thunderstreak“: mit Pfeilflügeln versehene Version; 2713 gefertigt.

RF-84 F: Aufklärerversion der F-84 F; als „Thunderflash“ bezeichnet; 725 Maschinen gebaut.

F-84 G: letzte Version und zugleich Hauptmuster der „Thunderjet“-Reihe; Weiterentwicklung der F-84 E; 3025 gebaut.

XF-84 H: zwei Maschinen F-84 F umgebaut zur Erprobung von Überschall-Luftschrauben.

YF-84 J: zwei F-84 F umgebaut mit Triebwerk General Electric J.73.

F-84 KX: 80 F-84 B umgebaut als Zielflugzeuge der USA-Marine.

Rumpf: Ganzmetallbauweise; Lufteinlauf im Bug; aufgesetzte Kabine; Lufttankeinrichtung.
Tragwerk: Mitteldecker in Ganzmetallbauweise; trapezförmiger Umriß großer Streckung; Tragflügelendtanks; Aufhängevorrichtungen für Waffen unter den Flügeln.
Leitwerk: Normalbauweise; kleiner Kiel unter dem Heck.
Fahrwerk: einziehbar; steuerbares Bugrad.

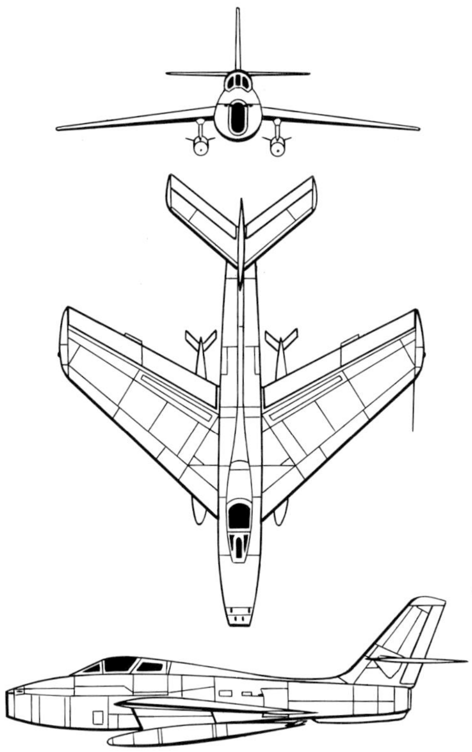

Republic F-105 „Thunderchief“ Jagdbombenflugzeug

Die Firma Republic schuf unter der Bezeichnung AP-63-31 einen Überschall-Jagdbomber, der mit großer Geschwindigkeit über große Entfernungen sowohl konventionelle als auch nukleare Waffen ins Ziel bringen sollte. Die Entwicklung begann 1951. Der Erstflug eines Prototyps fand am 22. Oktober 1955 statt. Dabei wurde bereits Überschallgeschwindigkeit erreicht.

Bis zum Produktionsende 1964 lieferte das Werk 833 F-105 aus.

Versionen:

F-105 B: Serienausführung als Tag-Jagdbomber; Erstflug am 26. Mai 1956; Lieferung ab Sommer 1958.

F-105 D: einsitziger Allwetter-Jäger; Erstflug am 9. Juni 1959; Lieferung ab Sommer 1960.

F-105 F: zweisitzige Ausführung als Jagdbomber und als Ausbildungsflugzeug; im Vergleich zur F-105 D Rumpf verlängert; Erstflug am 11. Juni 1963.

F-105 G „Wild Weasel“: aus der F-105 F abgeleitete Version für den elektronischen Krieg.

JF-105 B: Aufklärungsflugzeug mit Kamera im Bug; zu Forschungszwecken verwendet; ursprünglich als RF-105 B bezeichnet und nur in 3 Prototypen gefertigt.

Die USA setzten die F-105 außer der F-4 „Phan-

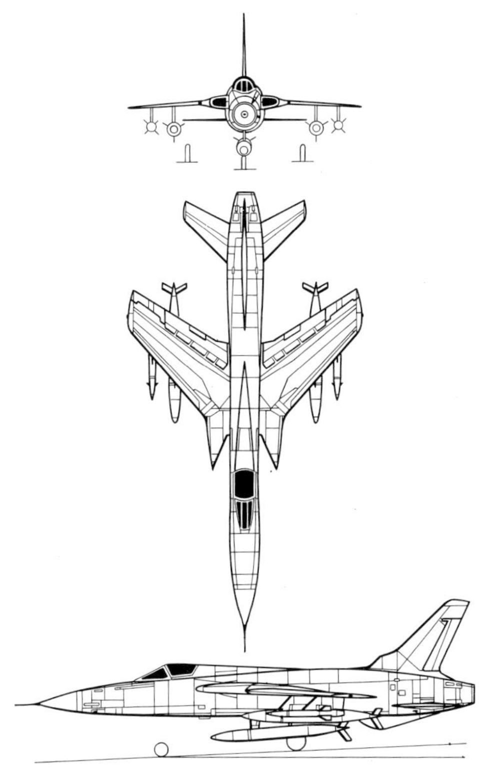

tom“ in großem Maße im Vietnam-Krieg ein, wobei sie sich als sehr beschußempfindlich erwies. Da die F-105 über eine unzureichende Navigationsausrüstung verfügte, rüstete man sie mit verbesserten Zielpeilsystemen aus. Sie wurde dann als „Thunderstreak II“ bezeichnet.

Rumpf: Ganzmetall-Halbschalenbauweise mit Einschnürung nach der Flächenregel; Bugradar; Waffenschacht in Höhe des Tragwerks; vier hydraulisch betätigte Luftbremsen aus Titan und rostfreiem Stahl rund um das Heck; F-105 F: zwei Sitze hintereinander; jedes Cockpit mit besonderer Druckkabine und Schleudersitz.
Tragwerk: freitragender Mitteldecker in Ganzmetallbauweise; Pfeilflügel mit Nasen- und Spaltklappen; Spoiler auf der Oberseite zur Quersteuerung bei hohen Geschwindigkeiten.
Leitwerk: freitragende Normalbauweise in Ganzmetall; stark gepfeilt; steuerbare Höhenflosse; Ruder hydraulisch betätigt; Stabilisierungsflosse unter dem Rumpf.
Fahrwerk: einziehbar mit Bugrad; ein Rad an jeder Strebe; ölpneumatische Dämpfung; Scheibenbremsen.

Rockwell T-2 „Buckeye“
Bordgestütztes Mehrzweckschulflugzeug

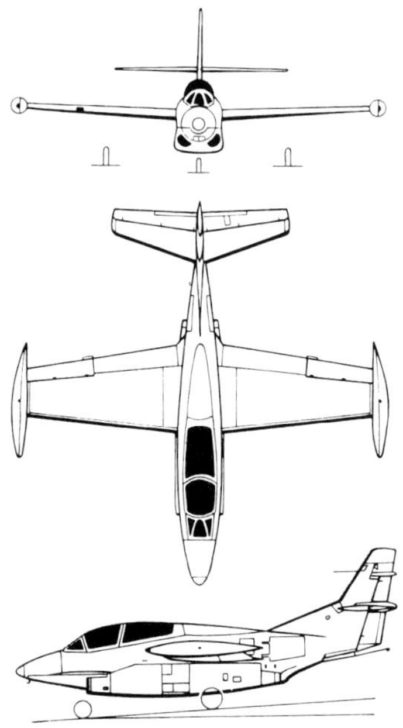

Im Jahr 1956 erhielt der Konzern North American den Auftrag, einen Strahltrainer für die Marine zu entwickeln und zu bauen. Der erste (XT-2 J1) von zwei Prototypen startete am 31. Januar 1958 zum Erstflug. Von 1959 bis 1961 lief die Produktion von 219 T-2 J-1 für die USA-Marineflieger. Dieser Typ wurde später in T-2 A umbenannt. Er besaß ein Triebwerk Westinghouse J34-WE-48 (15110 N Schub) ohne Nachbrenner.
Abgelöst wurden diese Maschinen bis zum Jahr 1973 durch die T-2 B und die T-2 C. Die T-2 B (T-2 J-2) war durch den Umbau von zwei T-2 A zu Flugzeugen mit zwei Triebwerken (Pratt & Whitney J60-P6, je 13340 N Schub) entstanden, von denen das erste am 30. August 1962 zum Erstflug startete. Von 1965 bis 1969 wurden insgesamt 97 T-2 B ausgeliefert. 17 T-2 B modernisierte man auf den T-2-C-Standard.
Es folgte die Version T-2 C (Skizze), die im wesentlichen der T-2 B entspricht, aber andere Triebwerke besitzt. Die erste Serienmaschine T-2 C startete am 10. Dezember 1968 zum Erstflug. Bis 1975 wurden 231 Maschinen an die USA-Luftwaffe abgeliefert.
Griechenland kaufte 40 T-2 E, eine etwas modifizierte Ausführung der T-2 C. Die Luftwaffe Venezuelas bestellte 1973 zwölf T-2 D (Foto), eine für Landbedingungen modifizierte T-2 C-Ausführung. Die Produktion endete 1980 mit der 609. T-2.
In den Marinefliegerkräften der USA wird die T-2 „Buckeye“ zur Ausbildung auf Flugzeugträgern, zum Waffentraining im Luftkampf sowie für Tiefangriffe gegen See- und Erdziele verwendet.

Rumpf: Ganzmetall-Halbschalenbauweise; Lufteinläufe im Rumpfunterteil und weit zurückgezogen; Gasaustrittsöffnungen hinter den Tragflügeln; hochgezogenes Heck; Landehaken.
Tragwerk: freitragender Mitteldecker in Ganzmetallbauweise; leichte V-Stellung; Tragflügelendbehälter mit je 385 l Treibstoff; zwei MG-Behälter oder Raketen-Kassetten bzw. Bomben unter den Flügeln.
Leitwerk: Höhenflosse in der Hälfte des doppelt gepfeilten Seitenleitwerks; Ganzmetallbauweise.
Fahrwerk: hydraulisch betätigt; mit Bugrad; einfach bereift; pneumatische Bremsen.

Rockwell OV-10 „Bronco“
Kampf- und Aufklärungsflugzeug

Den Wettbewerb zur Entwicklung eines leichten Kampfflugzeugs für bewaffnete Aufklärung gewann im August 1964 die Firma North American mit ihrem Projekt NA-300, das die militärische Typenbezeichnung OV-10 „Bronco“ erhielt. Die „Bronco“ sollte die Lücke zwischen dem langsamen Hubschrauber und dem schnellen TL-Kampfflugzeug schließen. Sie wurde 1968 in Vietnam eingesetzt.
Der Prototyp YOV-10 A flog erstmalig am 6. Juli 1965. Aufgrund der Erfahrung mit sieben Prototypen wurden die Spannweite vergrößert, stärkere Triebwerke eingebaut und die Triebwerkgondeln weiter nach außen versetzt. Das erste Serienflugzeug flog am 6. August 1967.
Außer der Standardversion OV-10 A für das USA-Marine-Corps (114) und die USA-Luftstreitkräfte (157) sind Versionen für Thailand (40 OV-10 C), Venezuela (16 OV-10 E) und Indonesien (16 OV-10 F) entwickelt worden. Dabei handelte es sich um nachgerüstete OV-10 A. Für Nachteinsätze entstand das Muster YOV-10 D/OV-10 D (17 für die USA-Marine hergestellt). Die Bundeswehr beschaffte 6 OV-10 B und 12 OV-10 B(Z) als Zielschleppmaschinen mit einem dritten TL-Triebwerk.
Hauptaufgabe des Flugzeugtyps OV-10 ist die bewaffnete Aufklärung; jedoch kann der Rumpf auch 1500 kg Fracht, 5 Fallschirmjäger oder 2 Verwundete auf Tragen und 1 Sanitäter aufnehmen.
Je eine „Bronco“ ist Exponat des Militärhistorischen Museums Dresden und des Luftwaffenmuseums Berlin-Gatow.

Rumpf: zentrale Rumpfgondel in Ganzmetall-Halbschalenbauweise vor dem Flügel; Pilot und Beobachter hintereinander; Bug aus GFK; zwei Leitwerkträger in Ganzmetall-Schalenbauweise; Doppelsteuerung; Schleudersitz; Ladetür am Gondelende.
Tragwerk: freitragender Schulterdecker in Ganzmetallbauweise; zwei Holme; ungepfeilter Flügel; fünf hydraulisch betätigte Doppelspaltklappen; auf der Oberseite Spoiler; kurzer Hochauftriebsflügel.
Leitwerk: doppelter Leitwerkträger in zwei Seitenleitwerke auslaufend; dazwischen nach oben versetztes Höhenleitwerk; alle Ruder mit Trimmklappen.
Fahrwerk: einziehbar mit Bugrad; ein Rad an jeder Strebe; ölpneumatische Dämpfung; hydraulische Scheibenbremse; Ausrüstung mit Schwimmern oder Schneekufen möglich.

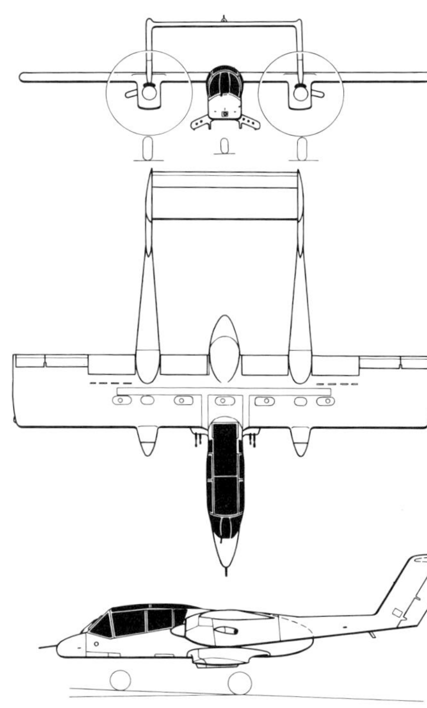

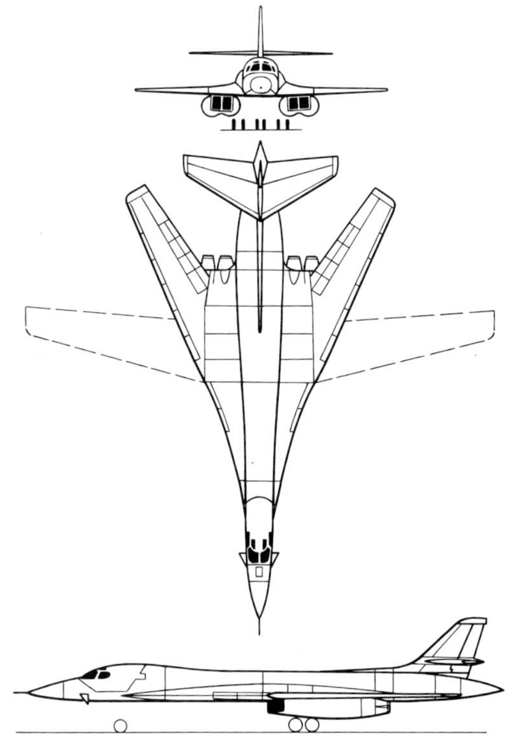

Rockwell B-1
Bombenflugzeug

Seit vielen Jahren wird in den USA die Notwendigkeit erörtert, die veralteten strategischen Bomber der B-52-Versionen zu modernisieren (s. auch XB-70 von North American). Bereits im Jahr 1963 wurde eine Studie über zukünftige interkontinentale ballistische Flugkörper und strategische Bomber der USA angefertigt. Ende 1969 gaben die USA-Luftstreitkräfte die Ausschreibung für die B-1 heraus, und im Juni 1970 erhielten Rockwell den Auftrag zum Bau der Zelle und General Electric zum Bau der Triebwerke.
Der ursprünglich geplante Bau von sechs Prototypen und einer Bruchzelle wurde im Januar 1971 auf drei Flugzeuge und eine Zelle reduziert. Weitere Auseinandersetzungen und langwierige Verhandlungen um Termine und Kosten folgten.
Nach vielen Verzögerungen startete der Prototyp (Foto, Skizze) am 23. Dezember 1974 zum Erstflug.
Bei der Flugerprobung stellte sich heraus, daß die Kabine, die notfalls als Ganzes hinausgeschleudert werden sollte, in möglichen Serienmustern durch konventionelle Schleudersitze zu ersetzen ist, so daß die Bugsektion völlig umkonstruiert werden mußte.
Zu Beginn des Jahres 1976 begannen die Diskussionen um die Anschaffung dieses kostspieligen Bombers. Im Gespräch waren 244 B-1. 1977 wurde das Entwicklungsprogramm zugunsten der Cruise Missiles eingestellt.
Im Oktober 1981 kam die B-1 erneut ins Gespräch, als der USA-Präsident für die Modernisierung der strategischen Waffensysteme 100 B-1 forderte. Verlangt wurde eine Nutzmasse von 57 000 kg. Infolge von Verstärkungen der Zelle und des Fahrwerks der B-1 A ergab sich für die Weiterentwicklung B-1 B eine Startmasse von 216 000 kg. Die der B-1 A betrug 179 000 kg. Rockwell erhielt zunächst den Auftrag zum Bau von 18 B-1 B, der 1985 um 82 erweitert wurde. Die erste B-1 B kam im Juni 1985 zur Truppe, die letzte 1988.
Jede B-1 B nimmt in drei Waffenschächten sowie an vier Aufhängepunkten unter den Tragflügeln 30 Cruise Missiles auf (Waffenzuladung 33 500 kg, Kraftstoff 12 000 l, Aktionsradius 5 800 km).
Im Zeitraum 1987/92 stürzten 3 B-1 B ab. 1994 waren noch 94 Maschinen verfügbar.

Rumpf: Leichtmetall-Halbschalenbauweise mit Spants, Längsgurten und Beplankungsblechen; Titan an Stellen, an denen hohe Temperaturen und Schalldrücke auftreten; dielektrische Werkstoffe für Antennenverkleidungen; Nachttankvorrichtung im Vorderteil; Kampfzuladung in drei Rumpfschächten.
Tragwerk: Tiefdecker mit Schwenkflügeln; Schwenkgelenk im Rumpf; Triebwerke paarweise in Tragflügelwurzeln.
Leitwerk: gepfeiltes Höhenleitwerk; trapezförmiges, nach hinten überhängendes Seitenleitwerk.
Fahrwerk: einziehbar; Bugstrebe mit Zwillingsrädern; Hauptfahrwerk mit je vier Rädern.

Rockwell „Shrike Commander" Reiseflugzeug

Die „Shrike Commander" mit zwei 215-kW-Motoren ist das kleinste zweimotorige Flugzeug von Rockwell. Die Sitze können nach den Wünschen des Bestellers für 4 bis 7 Passagiere oder 7 bis 9 Soldaten angeordnet werden. Die Maschine ist vor allem für Piloten mit größerer Flugerfahrung bestimmt. Sie wird von Luftverkehrsgesellschaften und Luftstreitkräften auch als Ausbildungs- sowie als leichtes Transportflugzeug benutzt (USA: „Commander 520" als U-4 A, „Commander 680" als U-9 C und D). Die „Shrike Commander" (früher als „Commander 500 U" bezeichnet) ist für einfachen Kunstflug zugelassen.
Seit 1951 wird der Flugzeugtyp in verschiedenen Serien und Versionen mit zahlreichen Verbesserungen in über 15 Ländern geflogen. 1977 gab es über 2 000 Exemplare.

Rumpf: Ganzmetall-Halbschalenbauweise; backbords zwei Türen und eine Klappe zum Gepäckraum.
Tragwerk: freitragender Schulterdecker in Ganzmetallbauweise; zwei Holme; Spaltklappen hydraulisch betätigt; auf Wunsch Enteisung.
Leitwerk: freitragende Normalbauweise in Ganzmetall; Trimmklappen in den Rudern; auf Wunsch Enteisung.
Fahrwerk: einziehbar; steuerbares Bugrad; hydraulische Bremsen.

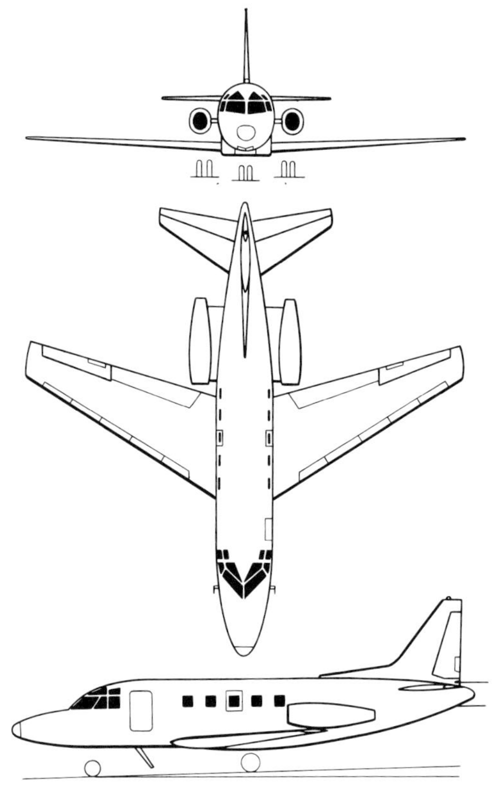

Rockwell T-39 „Sabreliner" Reiseflugzeug

North American schuf 1965 den später als T-39 „Sabreliner" bezeichneten Typ als privates Vorhaben. Da er den Forderungen nach einem zweistrahligen Verbindungs- und Ausbildungsflugzeug entsprach, beschloß man die Serienfertigung und beauftragte damit die Firma Rockwell.
Aus dem ursprünglichen Militärflugzeug sind bis in die Gegenwart produzierte Geschäftsreiseflugzeuge abgeleitet worden. Als Basismodell der zivilen „Sabreliner"-Reihe gilt das Modell Serie 40, dem u. a. die Modelle Serie 60, 65, 70, 75 (Skizze), 80 und 85 folgten.
Der Erstflug des Prototyps fand am 16. September 1958 statt.

Versionen:
T-39 A: Ausbildungs- und Verbindungsflugzeug sowie Mehrzwecktrainer der USA-Marine und der USA-Luftstreitkräfte; von Januar 1959 bis 1963 143 Maschinen ausgeliefert, davon 3 als Radarschulflugzeuge für die elektronische Kampfführung; Antrieb: zwei J-60.
T-39 B: Ausbildungsflugzeug mit besonderer Radarausrüstung für Piloten und Navigatoren; sechs Maschinen gebaut.
T-39 D: Ausführung mit besonderer Radarausrüstung für die USA-Marine; 42 Maschinen gebaut.
CT-39 E und G: in je sieben Exemplaren für Transportaufgaben der USA-Marine gebaut.
Gefertigt wurden 213 militärische und über 600 zivile Maschinen dieses Modells.

Rumpf: Ganzmetall-Halbschalenbauweise; aerodynamische Bremse unter dem Rumpf; Tür backbords.
Tragwerk: freitragender Tiefdecker in Ganzmetallbauweise mit zwei Holmen; Vorflügel; Landeklappen; thermische Enteisung.
Leitwerk: freitragende Normalbauweise in Ganzmetall.
Fahrwerk: einziehbar; Bugstrebe mit Zwillingsrädern; sonst Einzelräder; steuerbares Bugrad; hydraulische Bremse.

Rockwell „Darter Commander" Reiseflugzeug

Mit der Übernahme der Volaire-Flugzeugwerke wurde auch das Flugzeug „Volaire Modell 10" übernommen. Es handelte sich um einen robusten, viersitzigen Hochdecker mit starrem Fahrwerk. Diese Maschine hatte die Luftverkehrszulassung am 30. November 1961 erhalten.

Das Muster wurde überarbeitet und verbessert und als „Aero Commander 100" angeboten. Es dient vorwiegend als Reiseflugzeug, kann aber auch als Schul- und Sportflugzeug verwendet werden. Später wurde die Maschine in „Darter Commander" umbenannt.

Rumpf: Ganzmetallbauweise aus Stahlrohr mit Leichtmetallbeplankung; auf jeder Seite eine große Tür; Rundumverglasung.
Tragwerk: abgestrebter Hochdecker in Ganzmetallbauweise.
Leitwerk: freitragende Normalbauweise.
Fahrwerk: starr; steuerbares Bugrad.

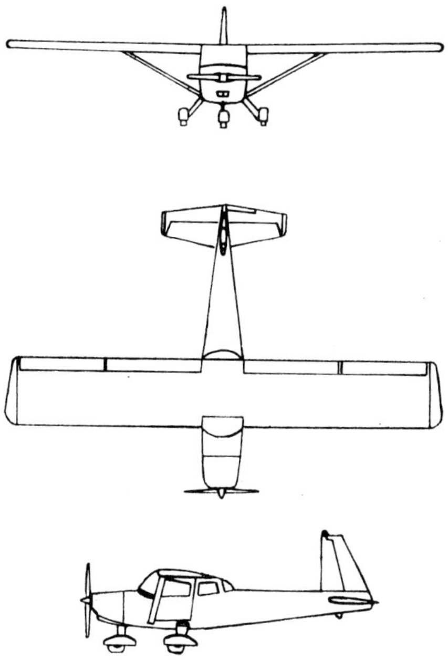

Rockwell „Courser Commander" Reiseflugzeug

Die „Courser Commander" gehört zu den großen zweimotorigen Reiseflugzeugen von Rockwell. Die Vorgängertypen waren die „Aero Commander 680" und später die „Grand Commander". Im Aufbau entspricht die „Courser Commander" der „Shrike Commander", unterscheidet sich von dieser vor allem durch stärkere Triebwerke, einen längeren Rumpf, eine größere Fahrwerksspurweite und ein größeres Leitwerk. Das erste Flugzeug dieser Reihe flog am 29. Dezember 1962.
Außer der „Courser Commander" gibt es die „Courser Liner Commander", die bis zu zehn Passagiere befördern kann, eine große Kabinendoppeltür hat und sich schnell auf Frachttransport umrüsten läßt. Außerdem gibt es eine Ausführung mit Druckkabine.

Rumpf: Ganzmetall-Halbschalenbauweise; Tür backbords.
Tragwerk: freitragender Schulterdecker in Ganzmetallbauweise; zwei Holme; hydraulisch betätigte Spaltklappen; auf Wunsch Enteisungsanlage.
Leitwerk: freitragende Normalbauweise in Ganzmetall; Trimmklappen in den Rudern; Enteisungsanlage auf Wunsch.
Fahrwerk: einziehbar; steuerbares Bugrad; hydraulische Bremsen.

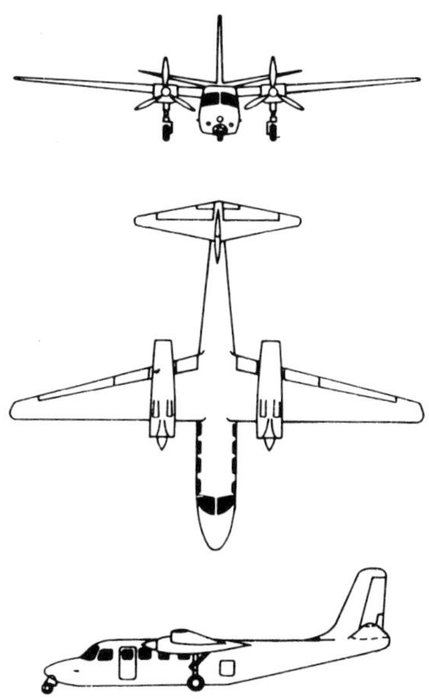

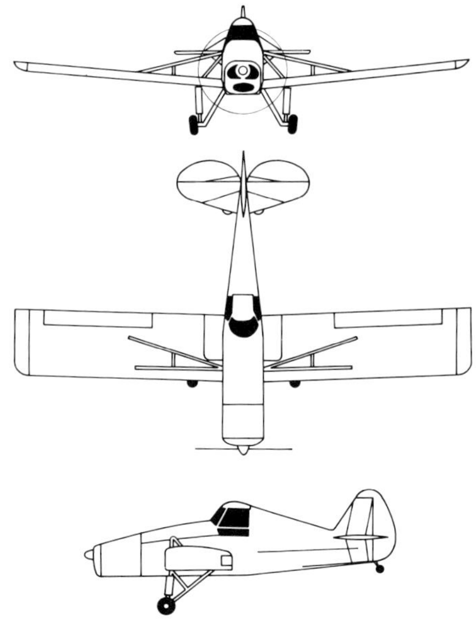

Rockwell „Sparrow Commander" Arbeitsflugzeug

Die „Sparrow Commander" geht auf das Flugzeug „Call Air A-9" der Firma IMCO zurück, das von Rockwell übernommen wurde. Die Maschine enthält die verschiedensten Ausrüstungen für alle landwirtschaftlichen Arbeiten. Der Chemikalientank hat ein Fassungsvermögen von 643 l, auf Wunsch von 814 l. Verstärktes Cockpit, Kabelabweiser und Kabelschneider gehören zu den Sicherheitseinrichtungen. Die Serienfertigung begann Anfang 1963.

Die Weiterentwicklung der „Sparrow Commander" ist die „Quail Commander", die seit etwa 1976 von der mexikanischen Firma AAMSA als „Quail A-9/A-B" produziert wird.

Mitte der siebziger Jahre fertigte Rockwell Landwirtschaftsflugzeuge der Reihe „Trush Commander" mit größerer Startmasse und größeren Streumittelbehältern, so die Version 600 für 1514 l und die Version 800 mit stärkerem Motor, aber gleicher Tankkapazität. Eine derartige Maschine wurde in Polen mit dem Motor PZL-3S (440 kW) ausgerüstet. Die Produktion dieser Maschinen hat Rockwell 1977 an die Agres Corporation abgegeben.

Rumpf: Stahlrohrbauweise mit Stoffbespannung; Cockpit hinter dem Chemikalienbehälter; Heizung und Belüftung.
Tragwerk: abgestrebter Tiefdecker mit rechteckigem Umriß; Holzholme; Flügelnase mit Metallbeplankung, sonst stoffbespannt.
Leitwerk: verspannte Normalbauweise in Stahlrohr mit Stoffbespannung.
Fahrwerk: starr mit Spornrad; Federstahldämpfung; Niederdruckreifen; Bremsen.

Rockwell 1121 „Jet Commander" Reiseflugzeug

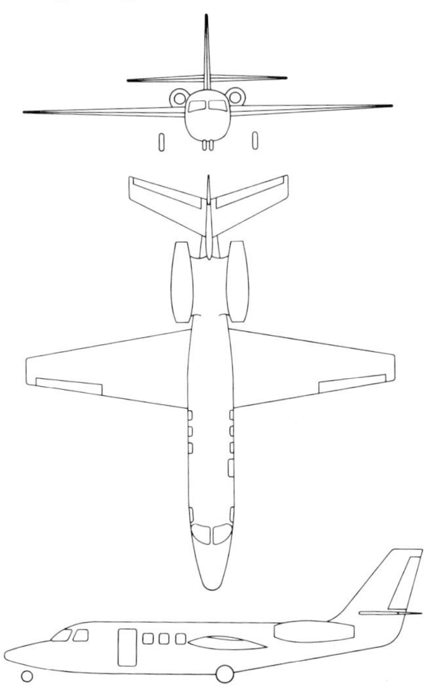

Das TL-Reiseflugzeug 1121 „Jet Commander" wurde bereits im Jahr 1961 projektiert. Der Erstflug fand am 5. Oktober 1964 statt, nachdem ein früherer Prototyp mit kürzerem Rumpf und geringerer Flugmasse den Erstflug am 27. Januar 1963 unternommen hatte. Dieses TL-Flugzeug benötigt keine längeren Start- und Landebahnen als die entsprechenden Kolbenmotorflugzeuge.

1967 übernahm die israelische Firma IAI die Rechte für dieses Modell, nachdem in den USA etwa 120 Maschinen produziert worden waren. In den USA und in Israel werden drei Versionen (1121, 1121 A, 1121 B) mit geringfügigen Unterschieden gebaut. In Israel heißt das Flugzeug mit einer um 0,15 m längeren Kabine und Flügelendtanks „Westwind", das für den eigenen zivilen und militärischen Bedarf sowie für den Export in die USA, nach Kanada, in die BRD, nach Mexiko und Panama gebaut wird.

Rumpf: Ganzmetallbauweise mit Glattblechbeplankung; Tür auf der Backbordseite; im Bug auf Wunsch Wetterradar.
Tragwerk: freitragender Mitteldecker in Ganzmetallbauweise; gerader Trapezflügel; zweiteilig mit zwei Hauptholmen und einem Hilfsholm; hydraulisch betätigte Luftbremsen.
Leitwerk: freitragende Normalbauweise; etwas hochgesetzt; leicht gepfeilt; elektrisch betätigte Trimmklappen.
Fahrwerk: einziehbar; steuerbares Bugrad mit Zwillingsrädern.

Rockwell „Hawk Commander" Reiseflugzeug

Nachdem die „Grand Commander" mit Druckkabine entwickelt worden war, lag es nahe, dieses Flugzeug auch mit PTL-Triebwerken auszurüsten. Die „Hawk Commander" schließt zugleich im Produktionsprogramm die Lücke zwischen den Flugzeugen mit Kolbenmotor und denen mit TL-Triebwerken. Bis auf die Triebwerke entspricht die „Hawk Commander" der „Grand Commander" mit Druckkabine.
Der Erstflug des Prototyps fand am 31. Dezember 1964 statt. Die Serienlieferung begann nach verschiedenen Änderungen im Sommer 1966.

Rumpf: Ganzmetall-Halbschalenbauweise; eine Tür zur Kabine backbords vor dem Tragwerk; Gepäckraumtür hinter der Kabine backbords.
Tragwerk: freitragender Schulterdecker in Ganzmetallbauweise mit zwei Holmen; hydraulisch betätigte Klappen.
Leitwerk: freitragende Normalbauweise in Ganzmetall.
Fahrwerk: einziehbar; ein Rad an jeder Strebe; steuerbares Bugrad; Scheibenbremsen.

Rockwell „Aero Commander 111/112" Reiseflugzeug

Die „Aero Commander"-Baureihe bestand lange Zeit aus hochwertigen, zweimotorigen Hochdeckern. Dadurch war das Angebot beschränkt, und die Konkurrenz von Beechcraft, Cessna und Piper beherrschte den Markt mit einmotorigen Flugzeugen. Um hier konkurrenzfähig bleiben zu können, entwickelte Rockwell eine neue Serie, die aus leichten Tiefdeckern besteht.
Die „Aero Commander 111" kam nach der 112 heraus. Sie unterscheidet sich von dieser durch das starre Bugfahrwerk und ein leichteres Triebwerk. In der Zelle stimmen beide Typen überein. Der Prototyp nahm die Flugerprobung am 11. September 1971 auf. Die Serienlieferungen begannen 1972.
Die Entwicklung der „Aero Commander 112" wurde im Dezember 1969 aufgenommen. Am 4. Dezember 1970 fand der Erstflug statt.
Rumpf: Ganzmetall-Halbschalenbauweise; auf jeder Seite eine Tür; Tür zum Gepäckraum backbords; Heizung und Belüftung.
Tragwerk: freitragender Tiefdecker in Ganzmetallbauweise; elektrisch betätigte Spaltklappen.
Leitwerk: freitragende Normalbauweise in Ganzmetall; Höhenleitwerk nach oben versetzt; Trimmklappen im Höhenruder.
Fahrwerk: starr (111) bzw. einziehbar mit Bugrad; ölpneumatische Dämpfung.

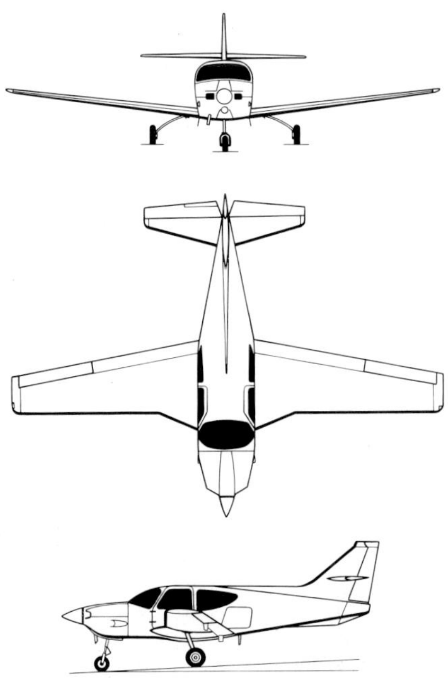

Rockwell „Turbo Commander 690" Reiseflugzeug

Das PTL-Reiseflugzeug „Turbo Commander 690" wurde der Öffentlichkeit am 21. September 1971 vorgestellt. Unter den PTL-Reiseflugzeugen dieser Firma nimmt die Maschine bezüglich Größe, Triebwerkleistung und Komfort eine Spitzenstellung ein. Zwei internationale Klassenrekorde unterstreichen die Leistungsfähigkeit der Maschine: Am 10. April 1972 legte sie eine 507 km lange Dreieckstrecke in 4877 m Höhe mit einer Geschwindigkeit von 542 km/h zurück. Vorher hatte sie die Strecke von Los Angeles nach Phoenix (etwa 600 km) mit einer Geschwindigkeit von 621 km/h zurückgelegt.
Im Januar 1976 hatte die Ableitung „Turbo Commander 690 B" ihren Erstflug, die in zwei Versionen mit unterschiedlicher Ausrüstung für je sieben Passagiere angeboten wird.
Rumpf: Ganzmetall-Halbschalenbauweise; Druckkabine; Cockpit mit Dachverglasung; Tür backbords.
Tragwerk: freitragender Schulterdecker in Ganzmetallbauweise; zwei Metallholme; Spaltklappen; pneumatische Enteisung.
Leitwerk: freitragende Normalbauweise in Ganzmetall; pneumatische Enteisung.
Fahrwerk: einziehbar; steuerbares Bugrad; ein Rad an jeder Strebe; hydraulische Scheibenbremsen.

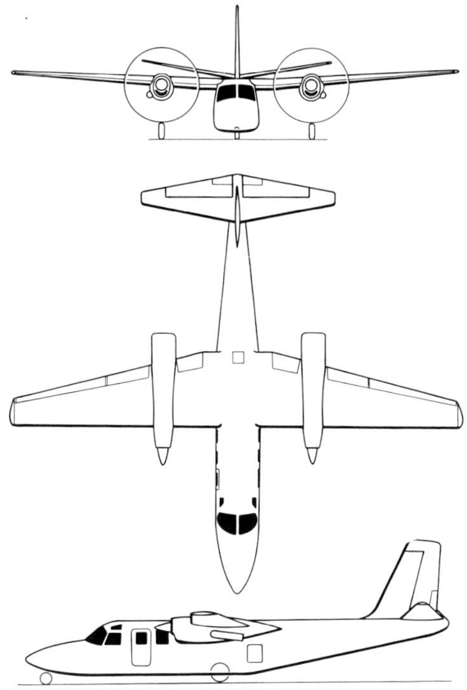

Ryan NYP „Spirit of St. Louis"
Spezial-Langstreckenflugzeug

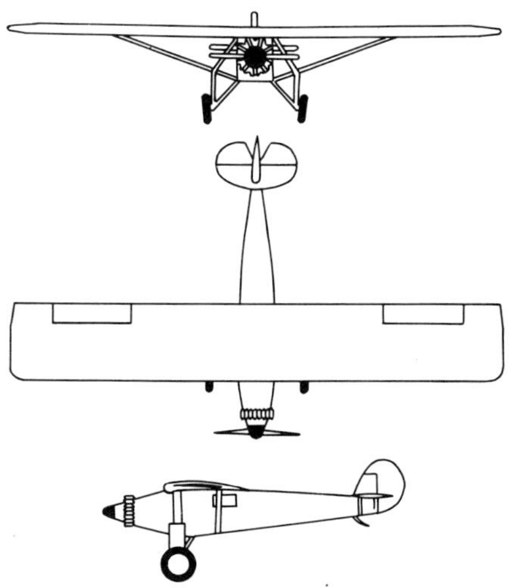

Die Ryan NYP (New York—Paris) war kein überragendes Flugzeug und trug nicht dazu bei, die Luftfahrttechnik voranzubringen. Aber sie genügte den großen Anforderungen einer Atlantik-Überquerung.
Das Flugzeug wurde aus der dreisitzigen Ryan M-2 entwickelt, erhielt aber von 11 auf 14 m verlängerte Tragflügel, wodurch sich die Flügelfläche um ein Drittel vergrößerte. Auch die Rippen waren zur Gewährleistung des Profils dichter angeordnet. Große Kraftstoffbehälter wurden zwischen Triebwerk und Pilotensitz untergebracht, also in der Nähe des Schwerpunkts, da Lindbergh bei einer Bruchlandung nicht zwischen Triebwerk und Kraftstoffbehälter sitzen wollte. Allerdings hatte er somit keinerlei Sicht nach vorn. Er konnte nur durch die Fenster nach der Seite bzw. durch das geöffnete Fenster schräg nach vorn sehen.
Am 28. April 1927 fand der Erstflug der Ryan NYP statt. Es folgten einige Testflüge, um die Haltbarkeit des Fahrwerks (die Startmasse war doppelt so groß wie die Leermasse) zu erproben.
Vom 10. bis zum 12. Mai 1927 flog Lindbergh mit dieser Maschine in 21 h 40 min mit einer Zwischenlandung in St. Louis von San Diego nach New York, was einen neuen kontinentalen Rekord bedeutete.
Am 20. Mai 1927 startete Charles A. Lindbergh vom Roosevelt Field bei New York zu seinem Flug nach Paris, und zwar ohne Funkausrüstung. Als er nach 28 h die Südspitze Irlands erreichte, war er selbst überrascht, daß er genau auf dem berechneten Kurs geflogen war. Nach fast 34 h landete er in Pa-

ris und überbot damit auch den Weltrekord von Boehm im Dauerflug ohne Nachtanken, der am 10./11. Juli 1914 eine Flugzeit von 24 h 10 min erreicht hatte.
Pilot und Flugzeug kehrten an Bord des Kriegsschiffs „Memphis" am 11. Juni 1927 in die USA zurück. Im Anschluß daran unternahm Lindbergh mit der Maschine noch mehrere Langstreckenflüge in den USA sowie in Mittel- und Südamerika. Der letzte Flug mit der „Spirit of St. Louis" führte am 30. April 1928 von St. Louis nach Washington, zum heutigen Nationalen Luft- und Raumfahrtmuseum, wo das Flugzeug ausgestellt ist.

Rumpf: Stahlrohrbauweise mit Stoffbespannung; Bug mit poliertem Leichtmetall beplankt.
Tragwerk: abgestrebter Hochdecker in Ganzholzbauweise mit zwei Holmen.
Leitwerk: Normalbauweise mit Stoffbespannung; abgestrebte Höhenflosse.
Fahrwerk: starr mit Hecksporn.

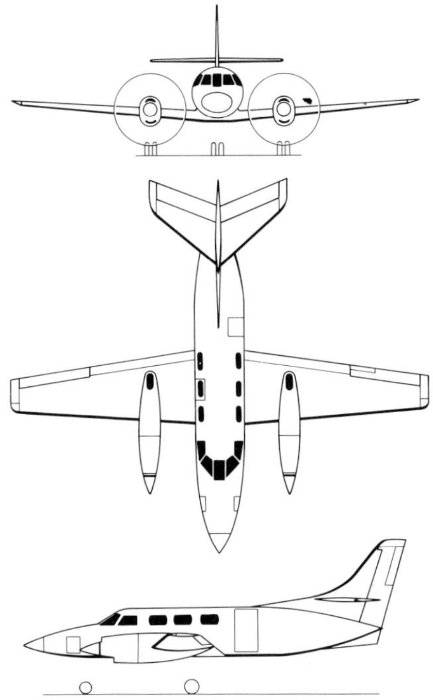

Schweizer-Swearingen „Merlin III" Reiseflugzeug

Das PTL-Reiseflugzeug „Merlin III" ist eine Weiterentwicklung der „Merlin II B". Die neue Maschine unterscheidet sich von ihrer Vorgängerin durch stärkere Triebwerke, einen etwas längeren Rumpf, ein neu konstruiertes Leitwerk sowie ein verstärktes Trag- und Fahrwerk. Größere Kraftstofftanks bieten die Möglichkeit, längere Strecken ohne Zwischenlandung zurückzulegen.
Ihre Leistungsfähigkeit stellte die „Merlin III" unter Beweis, als sie am 7. Juli 1971 das Luftrennen von London nach Victoria (Westkanada) über 8600 km gewann.
Am 27. Juli hatte die Maschine die Luftverkehrszulassung erhalten.

Rumpf: Ganzmetallbauweise mit rundem Querschnitt; Bugrad; Druckkabine.
Tragwerk: freitragender Tiefdecker in Ganzmetallbauweise; Doppelspaltklappen; zwei Holme; pneumatische Enteisung.
Leitwerk: freitragende und gepfeilte Normalbauweise in Ganzmetall; Höhensteuer etwas nach oben versetzt; Kielflosse unter dem Rumpfheck; pneumatische Enteisung.
Fahrwerk: einziehbar mit Zwillingsrädern an allen Streben; steuerbares Bugrad; hydraulische Scheibenbremsen.

Sikorsky S-38 / S-41 Amphibienflugzeuge

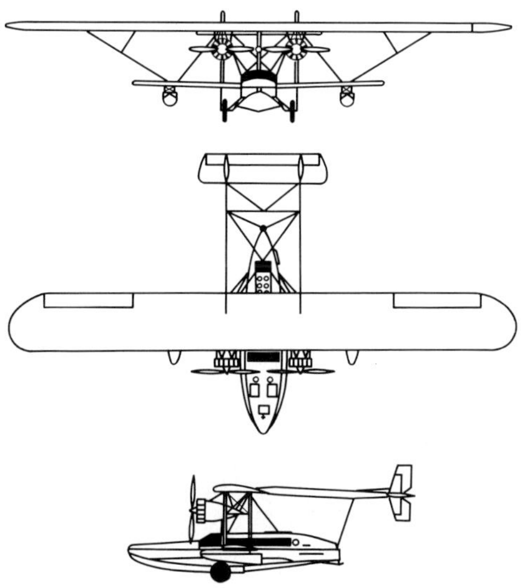

In den Jahren 1923/24 baute Sikorsky in den USA sein erstes Flugzeug, das zweimotorige Landverkehrsflugzeug S-29. Nach verschiedenen anderen Flugzeugen gelang ihm mit dem Amphibien-Verkehrsflugzeug S-38 ein Erfolg, der ihn zu einem der führenden Flugzeughersteller der USA machte.
Die S-38 wurde als Amphibienflugzeug entwickelt, da sie auf den Linien in der Karibischen See sowie in Mittel- und Südamerika verwendet werden sollte. Der Erstflug fand im September 1928 statt, und am 31. Oktober des gleichen Jahres begann der Liniendienst. Eine spätere Ausführung erhielt 385-kW-Triebwerke. Die Räder des Fahrwerks waren abnehmbar, so daß die Maschine als Flugboot eingesetzt werden konnte.
Die S-41 war eine Weiterentwicklung der S-38. Der Hauptunterschied bestand in den stärkeren Triebwerken, wodurch sich die Massen und die Leistungen erhöhten. Der Erstflug war im Jahr 1932. Infolge des Einbaus von 650-l-Zusatztanks konnte die Reichweite auf den beachtlichen Wert von 1335 km erhöht werden.

Rumpf: Bootsrumpf in Holzbauweise mit Duraluminbeplankung; zwei hochgesetzte Leitwerkträger; geschlossenes Cockpit.
Tragwerk: verstielter, abgestrebter Anderthalbdecker; Duralumin-Holme und -Rippen; Stoffbespannung.
Leitwerk: zwei Seitenleitwerke am Ende der Leitwerkträger; Höhenleitwerk auf beiden Seiten über die Seitenleitwerke hinausragend.
Schwimm-/Fahrwerk: einstufiger Bootsrumpf mit zwei Stützschwimmern unter den Flügeln; zwei einziehbare Räder und Hecksporn; Öl-Dämpfung; hydraulische Bremsen.

Sikorsky S-40
Amphibienflugzeug

Mit der S-40 setzte Sikorsky die Reihe seiner Amphibien-Verkehrsflugzeuge fort. Die S-40 hatte die gleichen Doppelleitwerkträger wie die S-38, sie war aber viel größer. Die Pan American bestellte am 20. Dezember 1929 drei S-40. Der Erstflug fand Anfang 1930 statt, und im November 1931 nahm die Gesellschaft den Betrieb mit der S-40 auf. Die Maschine wurde in der Karibischen See und in Südamerika eingesetzt.
Obwohl die S-40 als Amphibienflugzeug gebaut worden war, diente sie später als Flugboot. Dadurch konnte die Leermasse gesenkt und die Zuladung erhöht werden. Allerdings wurden die Räder weiterhin mitgeführt, um damit die Flugzeuge an Land ziehen zu können.

Rumpf: Bootsrumpf; zwei Leitwerkträger; Ganzmetallbauweise.
Tragwerk: abgestrebter und verspannter Hochdecker; Tragflügel stark nach oben versetzt; Holme und Rippen aus Leichtmetall; Stoffbespannung.
Leitwerk: durchgehendes Höhenleitwerk mit aerodynamischem Ausgleich; zwei parallele Seitenleitwerke mit aerodynamischem Ausgleich.
Fahrwerk: zweistufiger Bootsrumpf; Stützschwimmer an Auslegern; hochziehbares Fahrwerk mit Spornrad; Öl-Dämpfung; Bremsen.

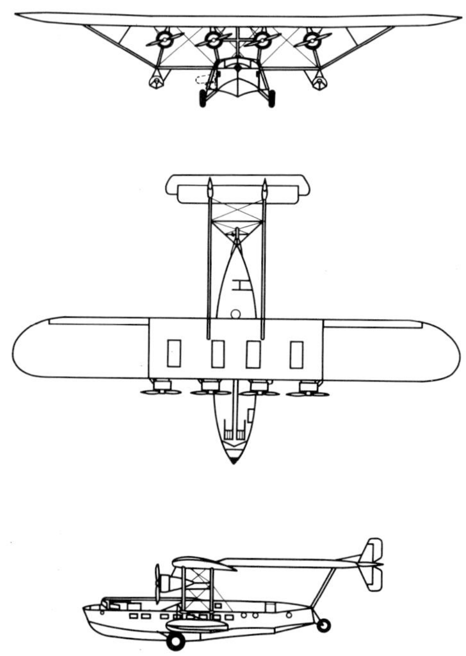

Sikorsky S-42 „Clipper"
Verkehrsflugboot

Die S-42 „Clipper" war ein reines Verkehrsflugboot, das für die Pan American nach einer Bestellung von 1932 gebaut wurde. Der Erstflug fand im März 1934 statt, und am 16. August 1934 nahm die erste S-42 den Dienst auf der Strecke Miami—Rio de Janeiro auf.
Rumpf, Tragwerk und Leitwerk waren aerodynamisch verbessert worden. Das viel Widerstand bietende Gewirr von Streben und Spanndrähten hatte man reduziert.

Im Vergleich zu ihren Vorgängerinnen hatte die S-42 einen höheren Komfort und eine größere Nutzmasse. Mit 32 Passagieren und Fracht legte sie eine Strecke von 1 200 km zurück.
Eine modifizierte S-42 mit zusätzlichen Kraftstofftanks unternahm im Frühjahr 1935 einen Erkundungsflug über eine Entfernung von 4 828 km (21 h 30 min).
Im Jahr 1937 überquerte eine S-42 den Nordatlantik. Kurz darauf flog eine andere von San Francisco nach Neuseeland.

Rumpf: Bootsrumpf in Ganzmetallbauweise; Cockpit für vier Personen; vier Kabinenabteile; Einstieg durch eingebaute Treppe im Heck oben.
Tragwerk: abgestrebter und verspannter Hochdecker; Leichtmetall-Holme und -Rippen; Flügelvorderteil metallbeplankt, sonst stoffbespannt.
Leitwerk: auf den Rumpf aufgesetztes, abgestrebtes Höhenleitwerk; darauf zwei parallele Seitenleitwerke; Leichtmetallbauweise mit Stoffbespannung.
Schwimmwerk: zweistufiger Bootsrumpf; zwei Stützschwimmer unter dem Tragwerk; Räder ansetzbar zum Anlandziehen.

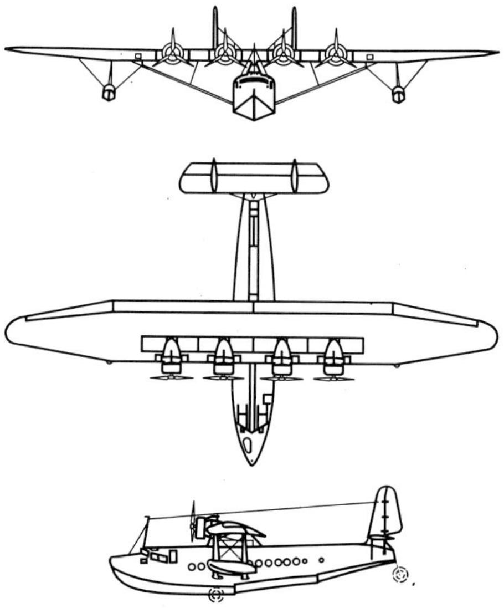

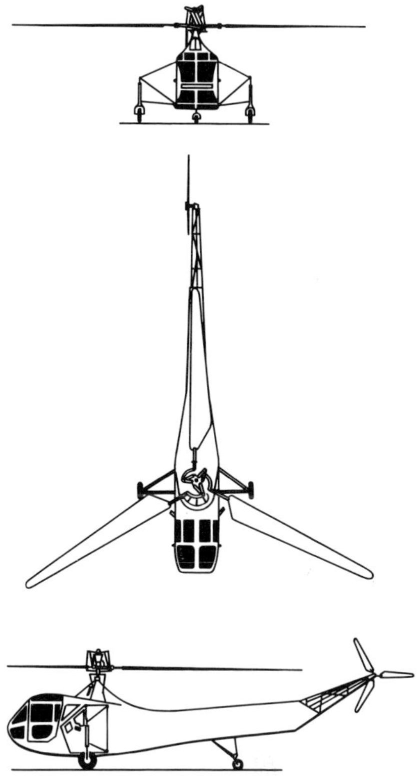

Sikorsky R-4 Hubschrauber

Die Erfolge Sikorskys mit der VS-300 veranlaßten die USA-Luftstreitkräfte zu einem Auftrag für eine Weiterentwicklung in doppelter Größe und mit doppelter Triebwerkleistung. Unter der Bezeichnung XR-4 wurde ein Prototyp bestellt. Er war ebenfalls einrotorig ausgelegt, hatte aber schon einen geschlossenen Rumpf sowie eine geschlossene Kabine mit zwei Sitzen nebeneinander und Doppelsteuerung. Die Steuerung wurde bereits so ausgeführt, wie sie heute noch bei allen Hubschraubern üblich ist.
Der Erstflug fand am 14. Januar 1942 statt. Im Jahr 1943 erhielt der Prototyp XR-4 C ein stärkeres Triebwerk und um 60 cm längere Rotorblätter.
Die R-4 wurde bei der USA-Marine, den Luftstreitkräften (auch als VS-316 oder HNS-1 „Hoverfly I" bezeichnet) und der Küstenwache (23), den britischen Luftstreitkräften (52) und den Luftstreitkräften Neuseelands eingesetzt. Mit diesem Hubschrauber begann in den USA die Serienproduktion von Schraubenflüglern. Der XR-4 folgten 3 YR-4 A, 27 YR-4 B und 100 R-4 B.

Rumpf: Stahlrohrbauweise; verkleidet; geschlossene Kabine mit zwei Sitzen nebeneinander; Doppelsteuerung.
Tragwerk: Dreiblatt-Rotor.
Leitwerk: Dreiblatt-Ausgleichsschraube am Heck.
Fahrwerk: starr; drei Räder; Stützkufen am Bug; Gummischwimmer für Wasserlandung möglich.

Sikorsky R-5 Hubschrauber

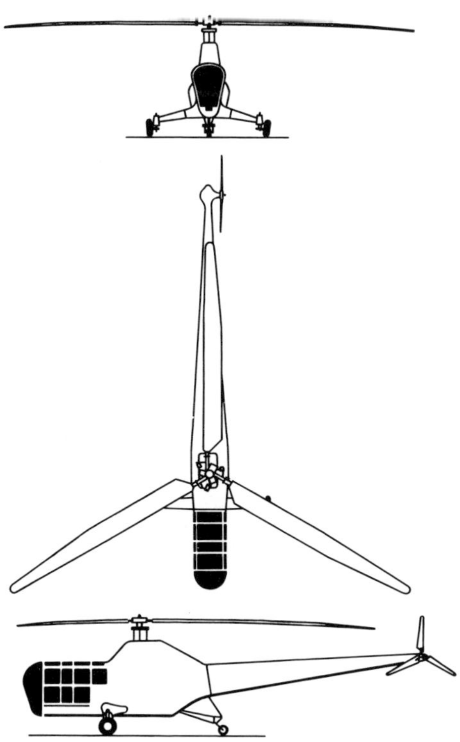

Da die Flugerprobung mit der R-4 erfolgreich verlief, beauftragten die USA-Luftstreitkräfte Sikorsky mit der Entwicklung eines größeren Hubschraubers, der für Beobachtungszwecke eingesetzt werden sollte.
Der erste von vier bestellten Prototypen XR-5 flog erstmalig am 18. August 1943. Danach bestellten die USA-Fliegerkräfte 26 Vorserienmaschinen YR-5 A, von denen die erste im Februar 1945 geliefert wurde. Bei den Serienhubschraubern R-5 A (über 300 produziert) konnte man außen an jeder Seite eine Trage befestigen, weshalb sie die ersten Hubschrauber für den Rettungsdienst der USA darstellten.
Aus diesem Hubschrauber entwickelte Sikorsky die zivile Version S-51, die erstmalig am 16. Februar 1946 flog.
Im Jahr 1948 führten die USA-Luftstreitkräfte neue Bezeichnungen für Hubschrauber ein. Statt des Buchstabens R (Rotorcraft) wählte man den Buchstaben H (Helicopter).

Rumpf: Stahlrohrbauweise; geschlossene Kabine mit Sitzen hintereinander; für Rettungszwecke an jeder Seite eine Trage anbringbar.
Tragwerk: Dreiblatt-Rotor.
Leitwerk: Dreiblatt-Ausgleichsschraube.
Fahrwerk: drei Räder.

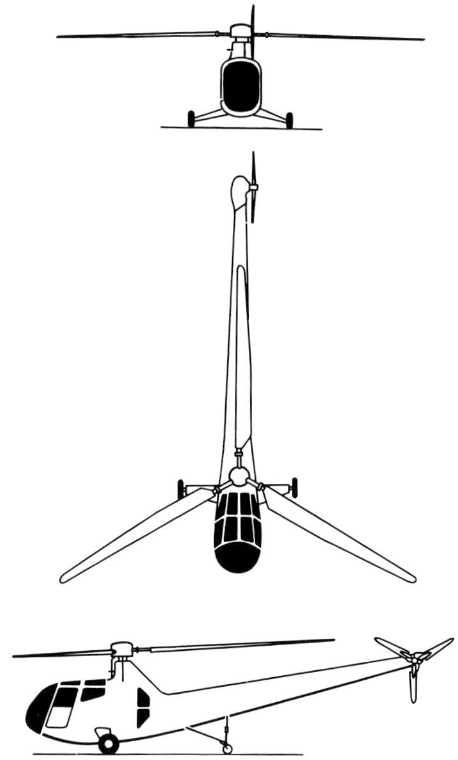

Sikorsky R-6
Hubschrauber

Nach der R-5 entwickelte Sikorsky die R-6 (auch als HOS-1 „Hoverfly II" bezeichnet). Mit diesem Hubschrauber kehrte er wieder zu den kleineren Abmessungen der R-4 zurück. Dabei verwertete er jedoch alle Erfahrungen und Erkenntnisse mit den vorher gebauten Hubschraubern, so daß die R-6 sowohl äußerlich als auch in den Leistungen einen erheblichen Fortschritt darstellte. Der Erstflug fand am 15. Oktober 1943 statt.

Die R-6 wurde für Rettungszwecke, zur Beförderung von Stabsoffizieren und für den Nachschub von Ersatzteilen eingesetzt. Mit diesem Typ wurden zwei Rekorde aufgestellt: Flugdauer 4 h 50 min, Flugweite 622 km.

Rumpf: Stahlrohrbauweise; verkleidet; geschlossene Kabine mit zwei Sitzen nebeneinander.
Tragwerk: Dreiblatt-Rotor.
Leitwerk: Dreiblatt-Ausgleichsschraube am Heck.
Fahrwerk: zwei Räder; davor und dahinter je ein kleines Rad.

Sikorsky S-58
Hubschrauber

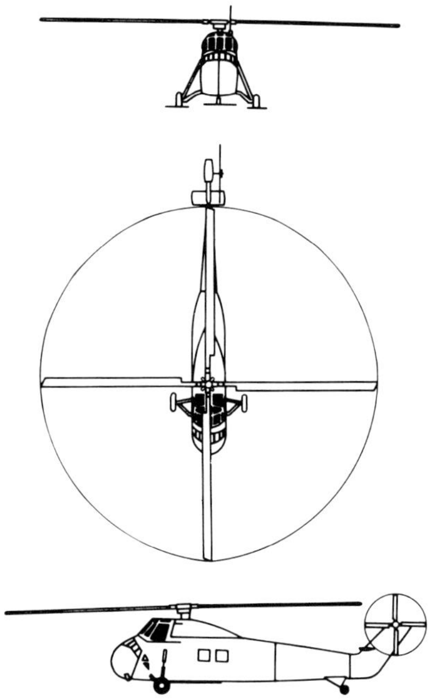

Die S-58 ist einer der erfolgreichsten Hubschrauber von Sikorsky. Der Erstflug fand am 8. März 1954, der des ersten Serienhubschraubers am 20. September 1954 statt.
Die Zivilausführungen heißen S-58 A, B, C und D.

Die ersten Zivilausführungen wurden 1959 geliefert.
Die einzelnen Versionen sind je nach Ausstattung Passagier- oder Frachthubschrauber.
Die Militärversionen tragen die Bezeichnungen CH-34 „Choctaw", VH-34, UH-34 „Seahorse" und SH-34 „Seabat". In den USA wurden von 1954 bis 1969 1 821 S-58 gebaut.
Die S-58 wurde in zahlreiche Länder exportiert und in Frankreich von Sud Aviation (166), in Japan von Mitsubishi (40) in Lizenz gebaut. Weiterentwicklungen mit Turbinenantrieb baute Westland in Großbritannien unter der Bezeichnung „Wessex" (von 1958 bis 1972 376 Maschinen in verschiedenen Versionen). In den USA heißen die Ausführungen mit Turbinenantrieb S-58 T und S-58 Mk. II (bis 1974 über 100 produziert).

Rumpf: Leichtmetall-Halbschalenbauweise; Kabine und Cockpit mit Schallisolierung und Heizung.
Tragwerk: Vierblatt-Rotor in Ganzmetallbauweise mit Leichtmetall-Holm und Nasenkasten; Rotorblätter nach hinten faltbar.
Leitwerk: Vierblatt-Ausgleichsschraube in Ganzmetallbauweise; am Heck Seiten- und Höhenflosse zur Stabilisierung.
Fahrwerk: starr mit Heckrad; ölpneumatische Dämpfung; Scheibenbremsen; Ausrüstung mit Schwimmern oder Luftschläuchen möglich.

Sikorsky S-62
Hubschrauber

Der Amphibienhubschrauber S-62 entstand aufgrund der Erfahrungen Sikorskys mit Amphibienflugzeugen und Flugbooten. Er war der erste Turbinenhubschrauber von Sikorsky. Er erhielt einen verstärkten Rumpfboden, so daß er von Land, Wasser, Eis, Schnee, Sand und Sumpf aus eingesetzt werden kann.
Der Erstflug fand am 14. Mai 1958 statt.

Versionen:
HH-52 A: Ausführung für die USA-Küstenwache als Seenothubschrauber (99 Stück).
S-62 A: erste Serienausführung; Rotoren, Getriebe und hydraulisches System von der S-55 übernommen.

S-62 B: wie die S-62 A, aber mit Rotorsystem der S-58.
S-62 C: Ausführung der HH-52 A für den Luftverkehr und für den Export an ausländische Streitkräfte.
Die japanische Firma Mitsubishi fertigte ab 1963 26 S-62 A in Lizenz. Anfang 1976 waren die ersten 25 Hubschrauber für den eigenen zivilen und militärischen Bedarf sowie für den Export fertig.

Rumpf: Ganzmetall-Halbschalenbauweise; Kabine mit Heizung und Belüftung; Tür steuerbords.
Tragwerk: Dreiblatt-Rotor; Leichtmetall-Holme; Rotorbremse.
Leitwerk: Zweiblatt-Ausgleichsrotor; Höhen-Stabilisierungsflosse steuerbords.
Fahrwerk: Bootsrumpf mit seitlichen Stabilisierungsschwimmern; einziehbares Fahrwerk; starres Heckrad; ölpneumatische Dämpfung; Scheibenbremsen.

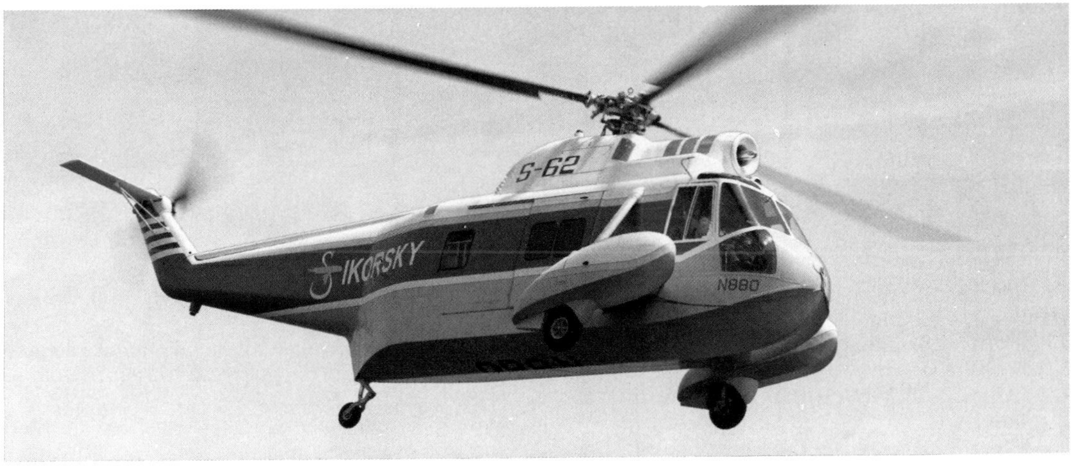

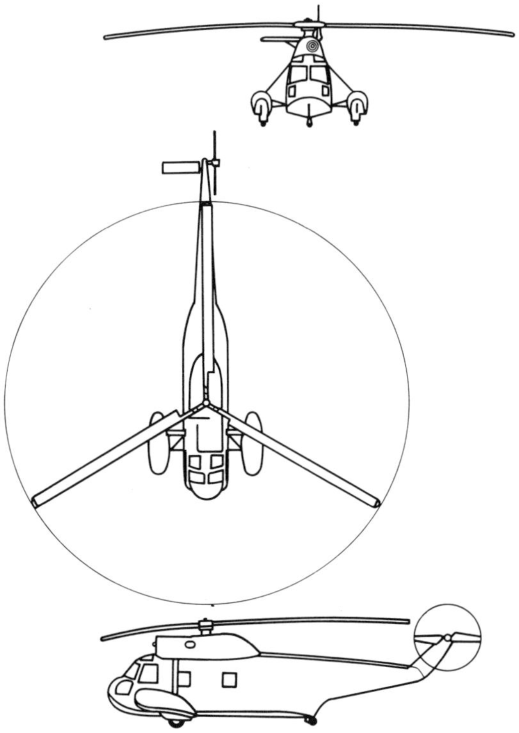

Sikorsky S-61 Hubschrauber

Die S-61 wurde nach der S-62 geschaffen. Sie war der zweite Hubschrauber Sikorskys mit Turbinenantrieb. Die S-61 wurde unter der Bezeichnung SH-3 „Sea King" für die USA-Marine zur U-Boot-Suche und -Bekämpfung entwickelt. Der Erstflug fand am 11. März 1959 statt.

Einige Versionen:
CH-3 B: Ausführung der S-61 A für die USA-Luftstreitkräfte zum Transport von Raketen.
CH-3 C: Ausführung der S-61 R für die USA-Luftstreitkräfte zu Transportzwecken.
CH-3 E: Weiterentwicklung der CH-3 C; mit 1 105-kW-Triebwerken.
HH-3 E: Ausführung der S-61 R für die USA-Luftstreitkräfte zur Rettung von Flugzeug- und Raumschiffbesatzungen.
S-61 A: Amphibienhubschrauber.
S-61 L: Verkehrsausführung für 28 Passagiere; kein Schwimmrumpf; Rumpf auf 22,12 m verlängert.
S-61 N: Verkehrshubschrauber für 26 Passagiere; mit Schwimmrumpf.
S-61 R: Weiterentwicklung der SH-3 A mit Heckrampe, Hilfstriebwerk und verschiedenen anderen Verbesserungen.
S-61 F: Forschungshubschrauber mit zusätzlichem TL-Antrieb und Tragflügeln für Geschwindigkeiten bis zu 370 km/h.
SH-3 A und D: UAW-Hubschrauber; 20 Maschinen ab 1966 zu Minenabwehrhubschraubern umgebaut.

Insgesamt wurden bis 1985 mehr als 1 000 S-61 für zivile und militärische Zwecke gefertigt.
Mitsubishi (Japan) baute 61 Hubschrauber, Agusta (Italien) 34 in Lizenz für die U-Boot-Abwehr sowie für die Seenotrettung. Produziert wurden die Versionen S-61 A-1 (Rettung), S-61 B (HSS-2) und S-61 B-1 (HSS-2 A) zur U-Boot-Jagd sowie die HH-3 E für den Bergungs- und Rettungsdienst.

Rumpf: Ganzmetall-Halbschalenbauweise mit seitlichen Schwimmkörpern; zweiteilige Laderampe am Heck; Tür zum Cockpit backbords, zur Kabine steuerbords.
Tragwerk: Fünfblatt-Rotor in Metallbauweise; Rotorbremse.
Leitwerk: Fünfblatt-Ausgleichsrotoren in Metallbauweise; feste Stabilisierungsflosse steuerbords.
Fahrwerk: Schwimmrumpf; einziehbares Hauptfahrwerk mit starrem Spornrad; Zwillingsräder an den Hauptstreben; ölpneumatische Dämpfung; Scheibenbremsen.

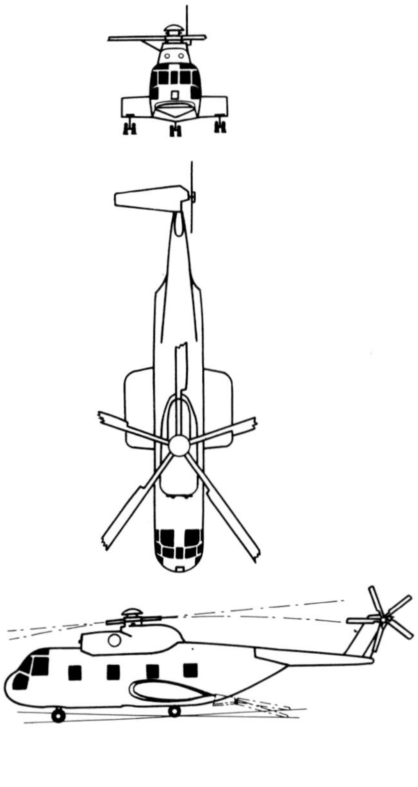

Sikorsky S-65 A
Hubschrauber

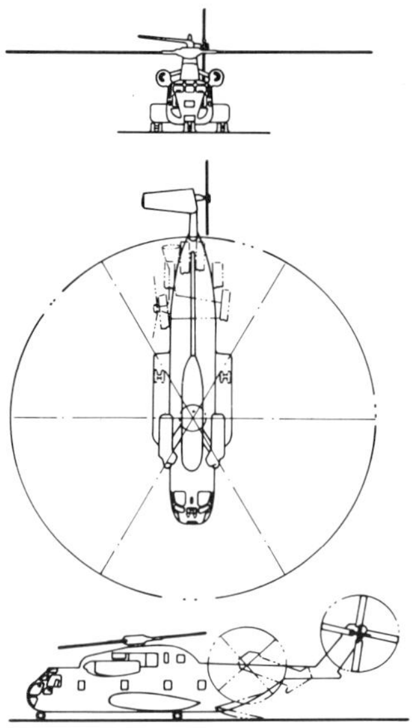

Ende 1962 gewann Sikorsky einen Wettbewerb der USA-Marine für einen schweren Transporthubschrauber, der 38 bewaffnete Soldaten mit einer Geschwindigkeit von 278 km/h befördern kann und auch unter Schlechtwetterbedingungen einsatzfähig ist. Ferner wurden eine einfache Wartung bei der Truppe und leichte Zugänglichkeit zu den Bauteilen gefordert. Außerdem sollte der Hubschrauber alle Luft-Luft-Lenkwaffen und alle Luft-Boden-Lenkwaffen transportieren können.
Die Konstrukteure vereinigten für den neuen Typ viele bewegliche Teile aus der Hubschrauberfamilie CH-54/S-64 mit einem wasserdichten Rumpf wie bei der größeren Version S-61 „Sea King".
Der erste von zwei Prototypen wurde im Mai 1964 fertiggestellt. Erstmalig flog er am 14. Oktober des gleichen Jahres.

Einige Versionen:
CH-53 A „Sea Stallion": 139 produziert.
MH-3 A: Minenräumversion; 15 gebaut.
CH-53 D: Bezeichnung beim USA-Marine-Corps; 126 ausgeliefert.
CH-53 D/G: von VFW (BRD) in Lizenz gebaute, modifizierte Version; 153 Exemplare.
HH-53 B „Super Jolly": Bezeichnung der USA-Luftstreitkräfte für die Seenotausführung mit Lufttankeinrichtung, Zusatztanks und Rettungswinde; Erstflug am 16. März 1967; 8 gefertigt.
HH-53 C „Super Jolly": Transportversion mit stärkeren Triebwerken; 44 gebaut.
RH-53 A: Minensuchhubschrauber.
RH-53 D: verbesserter Minensuchhubschrauber; auch als MH-53 D „Sea Stallion" bezeichnet, stärkere Triebwerke; 20 Stück an USA-Marine.
S-65: Variante für Israel (25 geliefert) und für Irans Marine (6 geliefert).
S-65 C: Version für den Stadtverkehr; 44 Sitze.
S-65 Oe: Such- und Rettungs-Ausführung für die Armee Österreichs; 2 geliefert.
YCH-53 E: dreimotorige CH-53 D.
CH-53 E: verbesserte Serie; Erstflug am 8. Dezember 1975.
CH-53 G: 112 Maschinen für die BRD; überwiegend dort zusammengebaut bzw. Lizenzfertigung. (1994: noch 107).
HH-53 H „Super Jolly": mit verbesserter Allwetternavigationsausrüstung für die USA-Luftwaffe; ein Prototyp und acht Maschinen.
MH-53 E: Minenräumversion.
Die Angaben über die Produktion des in rund 30 Versionen gefertigten Hubschraubers schwanken zwischen 400 und 650. Offiziell sind die Angaben über 162 MH-53 E „Sea Dragon" und CH-53 E „Super Stallion" für US Marines und Navy sowie 10 Maschinen dieser Ausführungen für Japan.

Rumpf: Ganzmetall-Halbschalenbauweise; Hecktür aus zwei Teilen, unterer Teil als Laderampe; zwei eingebaute Winden mit je 900 kg Tragfähigkeit.
Tragwerk: Sechsblatt-Rotor.
Leitwerk: Vierblatt-Ausgleichsrotor.
Fahrwerk: einziehbar mit Bugrad.

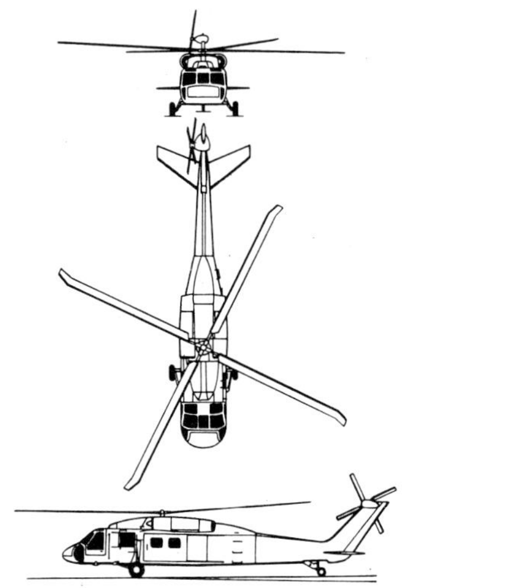

Sikorsky S-70 / UH-60 A „Black Hawk"
Hubschrauber

Ende August 1972 beauftragte die USA-Armee Sikorsky und Boeing-Vertol, Prototypen für einen militärischen Mehrzweckhubschrauber zu schaffen, der Ende der siebziger Jahre den Hubschrauber UH-1 H „Iroquois" ersetzen sollte. Das Programm hieß UTTAS, das Boeing-Projekt YUH-61 A.
Gebaut wurden sechs Prototypen. Der erste startete am 17. Oktober 1974 zum Erstflug, der zweite am 21. Januar 1975 und der dritte am 28. Februar 1975. Nach dem Test aller Prototypen wurde entschieden, daß die S-70 (militärische Bezeichnung UH-60 A) in Serie gebaut und Standard-Transporthubschrauber des USA-Heeres wird. Die Abmessungen des Hubschraubers wurden so gewählt, daß die C-130 „Hercules" eine und die C-5 „Galaxy" sechs S-70 befördern können. Die Serienfertigung begann 1978.
Aus der S-70 entwickelte Sikorsky für die USA-Marine die SH-60 B „Seahawk" (S-70 B), für die 83% der Bauteile des Ausgangsmusters verwendet wurden. Ab 1983 verließen 225 „Seahawk" die Werkhallen. Aus der SH-60 B entwickelte Sikorsky ab 1985 die Flugzeugträgerversion SH-60 F (zunächst CV-HELO genannt).
Für den Passagierhubschrauber S-76 verwendete man das Rotorsystem der S-70. Außerdem entstanden für zivile und militärische Zwecke mehrere Projekte (S-70 C, HH-60 H, Reihe H-76/S-76).

Der Hubschrauber ist in rund 2000 Exemplaren und in über 15 Versionen gefertigt und an 12 Länder geliefert worden.

Rumpf: Ganzmetall-Halbschalenbauweise; gepanzerte Pilotensitze; stark verglaste Kabine mit seitlichen Schiebetüren für die Besatzung; große Schiebetür an der linken Seite des Laderaums.
Tragwerk: zusammenklappbarer Vierblatt-Rotor.
Leitwerk: Seitenleitwerk mit Vierblatt-Heckschraube; gepfeiltes, leicht V-förmiges Höhenleitwerk.
Fahrwerk: einziehbar mit Heckrad.

Thomas-Morse S-4 „Scout“ Schulflugzeug

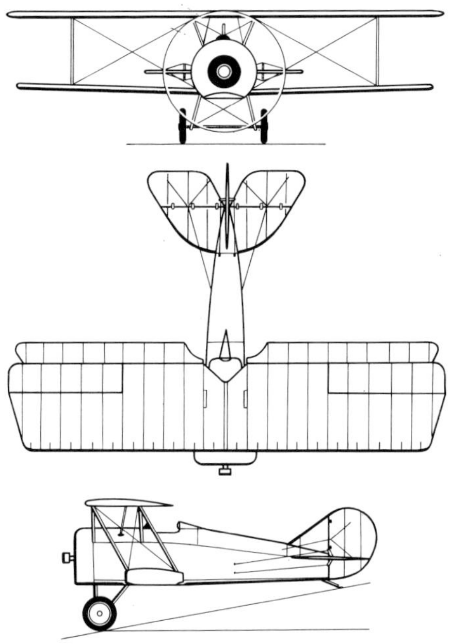

Im Jahr 1910 stellten die Thomas-Werke ihren ersten Doppeldecker her. Da die Konstruktion gelungen war, baute man weitere Flugzeuge dieses Typs. Auf einem stellte man 1913 einen Höhenrekord auf.
Im Jahr 1917 gab sich die Firma den Namen Thomas-Morse. Vorher – ab 1914 – hatte man für die britischen Firmen Vickers und Sopwith Flugzeuge gebaut. Das erste Flugzeug eigener Produktion war die während des ersten Weltkriegs entstandene einsitzige S-4 „Scout“, die einen Umlaufmotor mit 75 kW hatte und auch als Wasserflugzeug getestet wurde. Nach der Erprobung im Jahr 1917 bestellte man 50 Serienmaschinen S-4 B. Diese Zahl wurde dann auf 150 erhöht, da die Armee eine größere Anzahl benötigte.
Von der verbesserten Version S-4 C wurden insgesamt 447 Maschinen bestellt, die zur Schulung von Flugzeugführern mit Flugerfahrung dienten. Als letzte Serie erschien die S-4 E mit einer geringeren Spannweite, einer höheren Geschwindigkeit und einem synchronisierten 7,62-mm-MG. Es war auch möglich, ein Foto-MG einzubauen, um so die Ergebnisse simulierter Luftkämpfe festzuhalten.
Die S-4 war das bekannteste und beliebteste Schulflugzeug der USA in der Zeit des ersten Weltkriegs.

Rumpf: kreisförmiger Querschnitt; offener Flugzeugführersitz mit Nackenschutz; Holzbauweise; Stoffbespannung.
Tragwerk: verspannter und verstrebter Doppeldecker; Querruder nur oben; Holzbauweise; Stoffbespannung.
Leitwerk: Normalbauweise; außen liegende Steuerdrähte.
Fahrwerk: starr mit Hecksporn; durchgehende Achse; einfach bereifte Hauptstreben; Gummifederung.

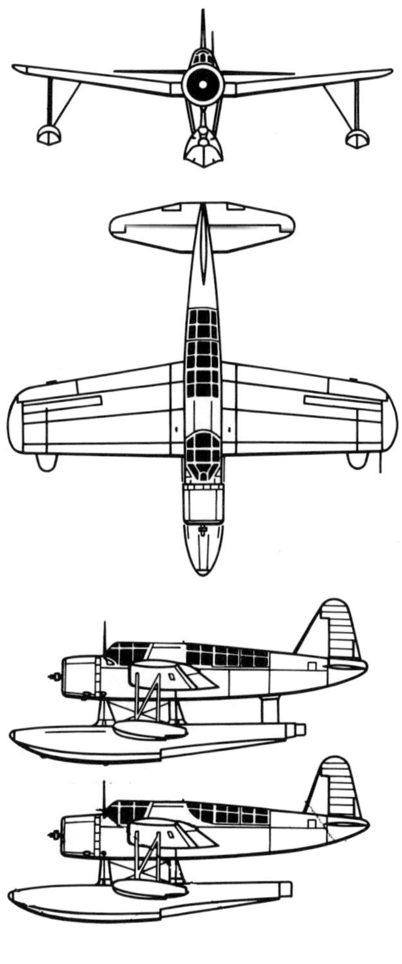

Vought-Sikorsky OS-2 U „Kingfisher“ Aufklärungsflugboot

Die Vought-Sikorsky-Werke schufen unter der Bezeichnung VS-210 ein zweisitziges, katapult- und hochseefähiges Aufklärungsflugboot. Die Marine bestellte im März 1937 den Prototyp XOS-2 U-1 „Kingfisher“, der erstmalig am 20. Juli 1938 flog. Das Schwimmwerk konnte abgebaut und für den Einsatz auf Flugzeugträgern durch ein starres Fahrwerk ersetzt werden.
Das erste Serienflugzeug flog unter der Bezeichnung OS-2 U-1 erstmalig im April 1940. Im August 1940 wurde es auf dem Schlachtschiff „Colorado“ stationiert. Von dieser Version lieferte Vought 5 Maschinen. Mit einer neuen Ausrüstung versehen, fertigte das Werk 158 OS-2 U-2.
Die OS-2 U-3 erhielt einen Panzerschutz für den Piloten und beschußsichere Tanks. Ab 1941 wurden von Vought 1 006 und von NAF weitere 300 geliefert. Unter der Bezeichnung „Kingfisher“ dienten 100 OS-2 U-3 als Katapultflugzeuge auf bewaffneten britischen Handelsschiffen.
Weitere OS-2 U-3 erhielten die Streitkräfte Argentiniens (9), Chiles (15), der Niederlande (26) und Uruguays (6).
Eine OS-2 U-1 mit Radfahrwerk steht heute im Revolutionsmuseum in Havanna.

Rumpf: Ganzmetall-Schalenbauweise mit ovalem Querschnitt; verglaste Kabine mit Sitzen hintereinander; Doppelsteuerung.
Tragwerk: freitragender, tiefgesetzter Mitteldecker mit leichter V-Stellung und geringer Streckung; ein Holm; Nase metallbeplankt; hinter dem Holm stoffbespannt.
Leitwerk: freitragende Normalbauweise; Flossen in Ganzmetall; Ruder in Stahlrohrbauweise mit Stoffbespannung.
Schwimmwerk: gekielter, einstufiger Zentralschwimmer; unter den Flügeln auf jeder Seite ein starrer Stützschwimmer.

Vought-Sikorsky VS-300 Hubschrauber

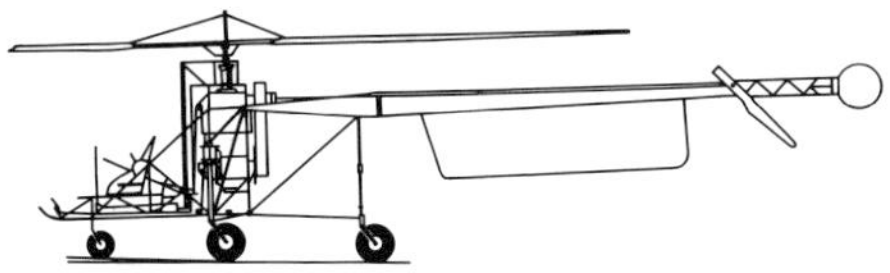

Sikorsky brachte 1939 den ersten brauchbaren einmotorigen Hubschrauber in den USA heraus. Der Erstflug fand am 14. September 1939 statt, wobei sich der Hubschrauber nur wenig über den Boden erhob. Im November 1939 wurden die Flüge bis zu 2 min Dauer ausgedehnt. Dabei hielten Männer den Hubschrauber mit Stricken fest, um ein unbeabsichtigtes Entweichen zu verhindern. Der erste freie Flug war am 13. Mai 1940.
Im Sommer des gleichen Jahres gelangen Flüge bis zu 15 min, am 6. Mai 1941 flog Sikorsky einen Dauerrekord von 1 h 32 min 26 s.
Die besondere technische Leistung lag in der einrotorigen Auslegung mit Ausgleichsschraube am Heck, die bis heute für alle Sikorsky-Hubschrauber typisch geblieben ist.
In einer zweiten Variante hatte der Hubschrauber einen geschlossenen Sitz sowie einen dreieckigen Gitterheckträger. Verwendet wurde zudem ein stärkeres Triebwerk (mit 110 statt 95 kW). Mit einer Flugzeit von 1 h 32 min überbot der Hubschrauber den von dem Typ FW 61 gehaltenen Rekord von 1 h 20 min.

Rumpf: Stahlrohrbauweise in Gitterform; offener Pilotensitz.
Tragwerk: Dreiblatt-Rotor.
Leitwerk: Ausgleichsschraube am Heck.
Fahrwerk: starr; vier Räder.

Waco CG-3 Lastensegler

In den USA begann die Entwicklung von Lastenseglern für militärische Einsätze erst unter dem Eindruck der Luftlandeunternehmen der Hitler-Wehrmacht, besonders der Landung auf Kreta. Vor allem die Firma Waco Aircraft Company of Troy in Ohio nahm sich der Konstruktion von Lastenseglern an und schuf während des Krieges mehrere Typen. Im Februar 1941 begann die Flugerprobung des leichten Gleiters CG-3 (C – Cargo, Fracht; G – Glider, Gleiter) im Prototyp XCG-3. Insgesamt baute man nur 100 CG-3 A, die sich lediglich in Kleinigkeiten vom Prototyp unterschieden. Offensichtlich wurde die Tatsache als Nachteil angesehen, daß die acht Luftlandesoldaten den Gleiter nur über die Flugzeugführerkanzel verlassen konnten, deren Haube nach rechts abzuklappen war.
Der Lastensegler CG-3 A war zwar als Kampfsegler entwickelt, jedoch während des zweiten Weltkriegs nicht verwendet worden. Wahrscheinlich wurde er nur für Ausbildungszwecke benutzt.

Rumpf: Rahmen aus verschweißten Stahlrohren; verglaste Kabine in die Rumpfkontur einbezogen; größtenteils stoffbespannt.
Tragwerk: abgestrebter Hochdecker; Flügel zweiteilig in Gemischtbauweise.
Leitwerk: verstrebtes Höhenleitwerk; Gemischtbauweise.
Fahrwerk: nicht einziehbares Heckradfahrwerk; Gleitkufe für Notfälle unter dem Rumpf.

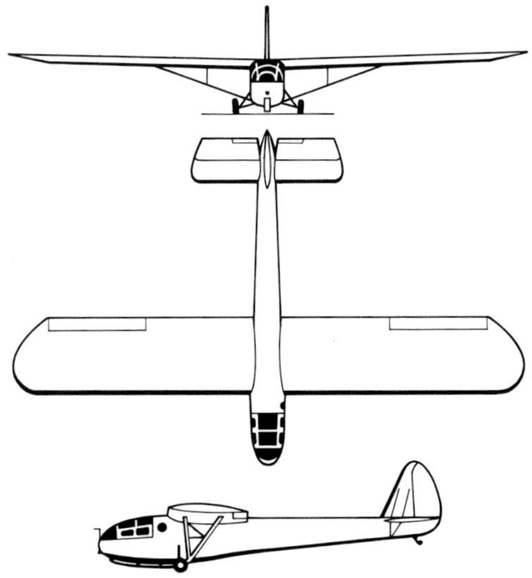

Waco CG-4
Lastensegler

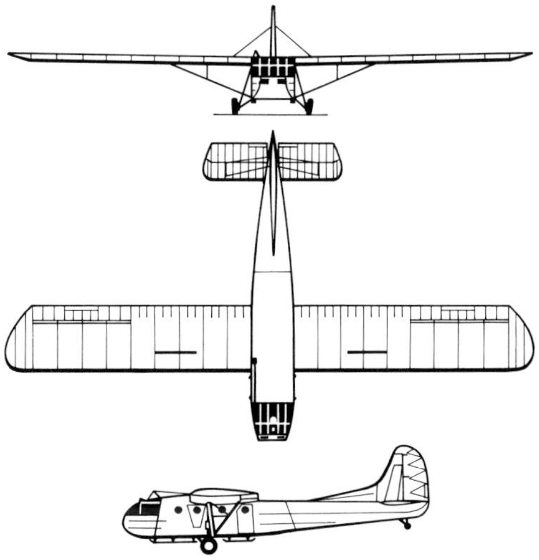

Etwa gleichzeitig mit der Konstruktion des Lastenseglers CG-3 nahm die Firma Waco auch die des Typs CG-4 auf. Der Prototyp XCG-4 begann am 5. Mai 1942 die Flugerprobung. Nach dem Bau eines weiteren Prototyps wurde die Serienfertigung dieses Lastenseglers aufgenommen. Insgesamt soll es bei der Firma Waco sowie bei mehreren Lizenznehmern 16 Produktionslinien gegeben haben, die bis Kriegsende 12393 (nach anderen Quellen 13909) CG-4 A ausgeliefert haben. Nach dem Krieg ist die Version in G-4 A umbenannt worden. In dieser Zeit baute man 35 G-4 A zu G-4 C um. Die 13 an die Marinefliegerkräfte der USA gelieferten CG-4 A wurden dort als LRW-1 bezeichnet (damit betrug die Gesamtproduktion 12406 bzw. 13912).
Im Rahmen des Lend-Lease-Abkommens sind 694 CG-4 A an Großbritannien geliefert und dort als „Hadrian I" bzw. „Hadrian II" bezeichnet worden. Auch Kanadas Streitkräfte erhielten Lastensegler vom Typ CG-4 A.

Noch während des Krieges fertigte Waco eine Ganzholzausführung des Lastenseglers, die als XCG-4 B in einem Exemplar getestet worden ist. Im Unterschied zum Typ CG-3 A konnte bei der CG-4 A der gesamte Führerstand hochgeklappt werden. Das ermöglichte die Mitnahme eines Fahrzeugs in Jeep-Größe mit 4 Soldaten oder einer 75-mm-Haubitze mit 3 Mann oder das schnelle Entladen von 15 Luftlandesoldaten. Erstmals setzte man die CG-4 (gilt als einziger USA-Lastensegler-Typ, der im Krieg verwendet worden ist) bei der Landung in Sizilien ein, später auch in der Normandie und während der Invasion in Südfrankreich, aber auch bei Arnheim, am Rhein und bei Operationen in Burma.

Rumpf: Gemischtbauweise – Holz und Metall; Stoffbespannung; im Frachtraum an jeder Seite 4 runde Fenster und links eine Tür sowie eine zusätzliche Ausstiegluke.
Tragwerk: abgestrebter Schulterdecker in Gemischtbauweise.
Leitwerk: verspanntes Höhenleitwerk in Gemischtbauweise.
Fahrwerk: nicht einziehbares Auslegerfahrwerk mit Heckrad; jede Strebe einfach bereift; Landekufen unter dem Bug.

Waco CG-13
Transport- und Lastensegler

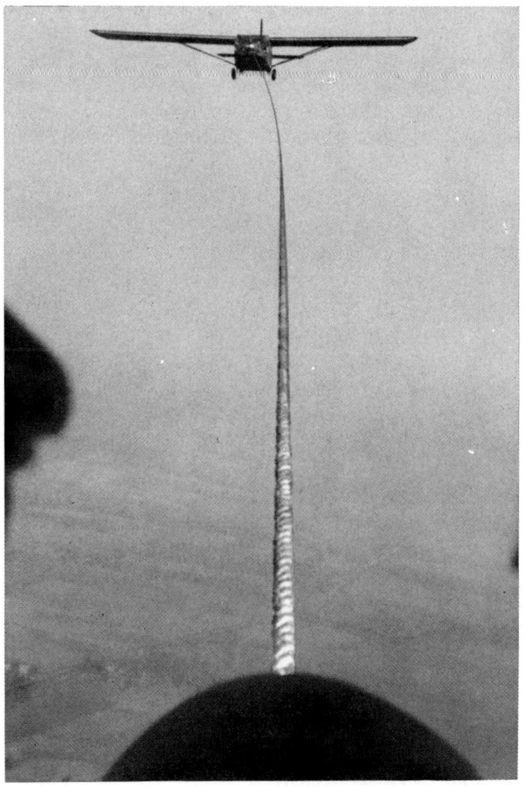

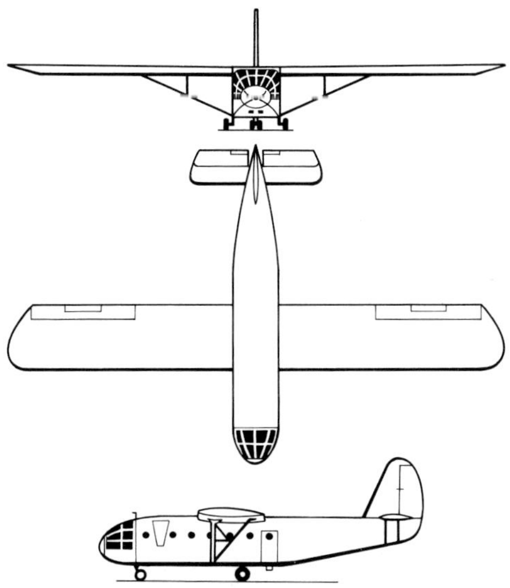

Der Erfolg des Lastenseglers CG-4 A sowie die Forderungen der Truppen nach Seglern zum Befördern schwerer und sperriger Lasten veranlaßten die Firma Waco, einen Typ zu projektieren, der die doppelte Fracht der CG-4 A transportieren konnte. Der Prototyp XCG-13 wurde im März 1943 in zwei Exemplaren getestet. Die Verbesserungen erprobte man an dem Versuchsmuster YCG-13, von dem die Firmen Ford und Northwestern je ein Exemplar fertigten.
Da die Ergebnisse noch nicht befriedigten, baute man einen Prototyp zur Version XCG-13 A um und testete diese. Danach entstand die Ausführung YCG-13 mit neuem Leitwerk und Bugradfahrwerk (vorher mit Heckrad), von der Ford einen Gleiter und Northwestern zwei herstellten.
Von dem als CG-13 A bezeichneten Serienmodell lieferten die Firma Ford 85 Exemplare (davon 48 mit 30 Plätzen und 37 mit 42 Plätzen) und die Firma Northwestern 54 Exemplare aus. Diese 139 Lastensegler sind von den Transportgruppen der USA-Luftwaffe außerhalb der Kampfgebiete in den Jahren 1943 bis 1944 zum Befördern schwerer Frachten verwendet worden. Auch nach dem Krieg blieben sie für einige Zeit im Dienst.
Rumpf: Gemischtbauweise – Holz und Metall; Stoffbespannung; rechteckiger Querschnitt; hochklappbarer Führerstand; Flugzeugführersitze nebeneinander; 7 runde Fenster je Seite; links Tür und Luke.
Tragwerk: abgestrebter Schulterdecker in Gemischtbauweise.
Leitwerk: abgestrebte Höhenflosse; Gemischtbauweise.
Fahrwerk: nicht einziehbares Bugfahrwerk; Bugstrebe doppelt, Hauptstreben einfach bereift.

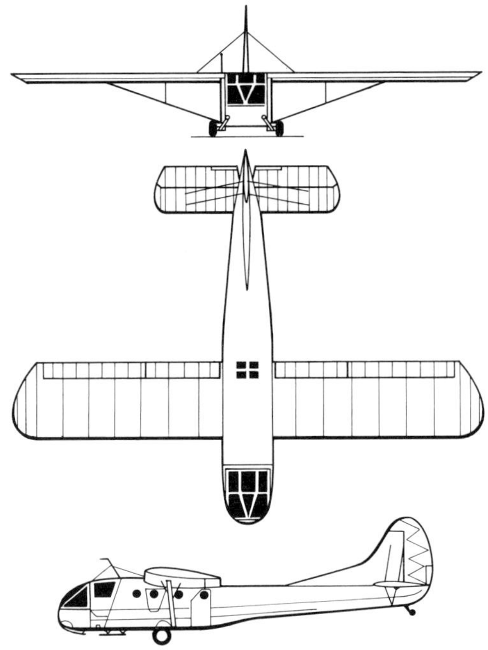

Waco CG-15 A Lastensegler

Im Jahr 1943 begannen die Arbeiten an einer Modifizierung des Lastenseglertyps Waco CG-4 A, die dazu führten, daß am Ende des Jahres die Flugerprobung des Lastenseglers XCG-15 aufgenommen werden konnte, der im Prinzip eine umgebaute aerodynamisch verfeinerte CG-4 A war. Diesen Gleiter verbesserte man schließlich zur in 2 Exemplaren hergestellten XCG-15 A, die in die Serienproduktion überführt wurde. Insgesamt lieferte die Firma Waco 427 CG-15 A aus, davon 585 mit jeweils 15 und 42 mit jeweils 16 Sitzen.
Die CG-15 A wurde noch kurz vor Kriegsende in einigen Einsätzen gemeinsam mit der CG-4 A verwendet.
Im Jahr 1945 ist ein CG-15 A versuchsweise mit 2 Kolbentriebwerken Jacobs R-755-9 (je 180 kW Startleistung) versehen worden. Es kam jedoch zu keiner Serienproduktion.

Rumpf: Gemischtbauweise; stoffbespannt; gesamter Bug hochklappbar; zwei Türen und eine Ausstiegluke links; Flugzeugführersitze nebeneinander.
Tragwerk: abgestrebter Schulterdecker in Gemischtbauweise.
Leitwerk: verspanntes Höhenleitwerk; Gemischtbauweise.
Fahrwerk: nicht einziehbares Heckradfahrwerk; alle Streben einfach bereift.

Wright „The Flyer"

Die Brüder Wright sind die Erbauer und Piloten des ersten Motorflugzeugs der Erde! Sie begannen mit dem Bau 1903. Nachdem Daimler und Benz den Viertakt-Ottomotor für Automobile und Luftschiffe brauchbar gemacht hatten, schufen die Wrights für ihr Flugzeug selbst ein Triebwerk. Auch die Propeller konstruierten sie selbst.
Der Motor trieb über Ketten zwei Druckpropeller an. Die längere Kette nach Backbord wurde in Form einer Acht gekreuzt, so daß sich dieser Propeller entgegengesetzt zum anderen drehte. Dadurch glich sich das Luftschrauben-Drehmoment aus. Auf der unteren Tragfläche befanden sich nebeneinander der Pilotensitz und der Motor.
Das Flugzeug hatte kein Fahrwerk, das bei den Flugversuchen in Sanddünen auch gar nicht zu gebrauchen gewesen wäre. Die Maschine startete mit Hilfe eines Startgestells. Die Wrights verwendeten keine Fußsteuerung. Ein Hebel, der mit der linken Hand bedient wurde, betätigte das Höhensteuer. Ein zweiter Hebel auf der rechten Seite betätigte bei Bewegung nach vorn oder hinten das Seitensteuer, und bei Bewegung nach links oder rechts wurden die Tragflügelenden zur Quersteuerung verwunden.
Das Flugzeug „Flyer I" startete am 17. Dezember 1903 in Kill Devil Hills (North Carolina) mit Orville Wright am Steuer zum ersten Flug, der 12 s dauerte. Am gleichen Tag folgten drei weitere Flüge, der längste mit 59 s durch Wilbur Wright. Die Maschine wurde später öffentlich gezeigt und gelangte auch nach Europa, wo sie 1928 im Science Museum London aufgestellt wurde. Während des zweiten Weltkriegs wurde sie zusammen mit anderen Exponaten in der Londoner U-Bahn vor Luftangriffen geschützt. 45 Jahre nach dem Erstflug, am 17. Dezember 1948, kam sie nach Washington in das Nationale Luft- und Raumfahrtmuseum, wo sie heute noch steht.

Rumpf: Fichtenholzgerüst als Leitwerkträger.
Tragwerk: mehrstieliger, verspannter Doppeldecker in Holzbauweise mit Stoffbespannung; Enden der Tragflügel flexibel und durch Seilzug zur Quersteuerung wechselseitig verdrehbar; Holzstiele; Verspannung durch Klaviersaitendraht.
Leitwerk: vorn liegendes Höhensteuer in Doppeldeckerbauart; zwei Seitensteuer nebeneinander hinter den Tragflächen.

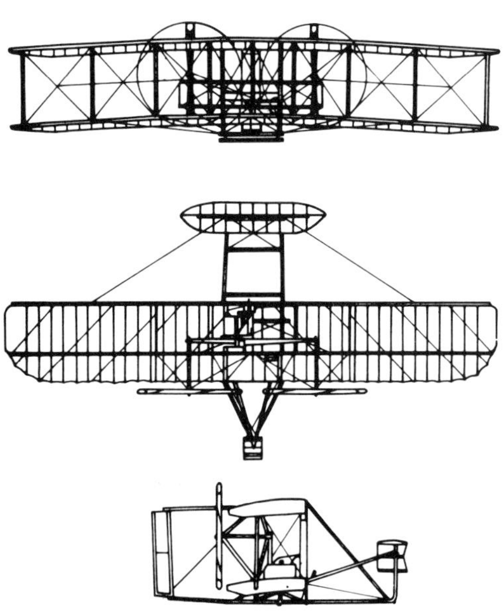

Verzeichnis der Flugzeugfirmen und Konstruktionsbüros

Argentinien

Aero Boero: In den 60er Jahren von den Brüdern Cesar E. und Hector C. Boero in Cordoba gegründete Firma zum Bau von leichten Mehrzweck-Flugzeugen. Dazu zählt auch die Landwirtschaftsmaschine AB 260 A, ein Tiefdecker.

FMA – Fabrica Militar de Aviones (Militärische Flugzeugfabrik): 1927 als zentrale Organisation für die Beschaffung und den Unterhalt von Militärflugzeugen in Cordoba gegründetes Unternehmen. Mehrmals umbenannt: Instituto Aerotecnico (1943); Industrias Aeronauticas y Mecanicas del Estado – IAME (1952); Direccion Nacional de Fabricaciones Aeronauticas – DINFIA (1957). 1968 erhielt die staatliche Einrichtung wieder den ursprünglichen Namen als Teil der AMC (Area de Material Cordoba – Einrichtung der Luftstreitkräfte Argentiniens). Gebaut werden Militärflugzeuge nach eigenen Entwicklungen sowie Cessna-Modelle in Lizenz. Neuere Entwicklungen haben die Typenbezeichnung I.A.

Australien

Commonwealth Aircraft Corporation PTY, LTD: 1936 in Melbourne gegr. Baute zunächst Militärflugzeuge nach ausländischen Lizenzen, entwickelte aber auch eigene Typen. Gegenwärtig werden Aermacchi MB-326 H in Lizenz produziert, Lockheed P-3 C zu Langstreckenmaschinen modifiziert, Teile für die F/A-18 hergestellt sowie das militärische und zivile Fluggerät des Landes einschließlich der Triebwerke überholt. Insgesamt hat die Firma bisher mehr als 1750 Militärflugzeuge produziert.

GAF – Government Aircraft Factories: Von der Regierung Australiens in Melbourne gegr. Unternehmen, fertigt neben der „Nomad" Teile für Boeing 727 und Fokker F-28.

Transavia – Transavia Division, Transfield (NSW) PTY, LTD: 1964 gegr. Werk als Bestandteil der Transfield (NSW), einer der ältesten Konstruktions-Gesellschaften des Landes. Liefert kleine Landwirtschafts- und Mehrzweckflugzeuge auch nach Europa, Asien und Afrika.

Belgien

Avions Fairey: 1931 gegr. belgische Filiale der britischen Fairey-Gesellschaft, fertigte in Lizenz Fairey-Typen, aber auch Eigenentwicklungen des Ingenieurs E.O. Tipsy. Im April 1978 in die halbstaatliche SONACA SA umgeformt.

Renard – Constructions Aeronautiques G. Renard: Alfred Renard begann 1922/23 mit den Konstrukteuren Stampe und Vertongen in Antwerpen die Arbeit an Flugzeugentwürfen. Das von ihnen geschaffene Jagdflugzeug „Epervier" fand jedoch nicht die Zustimmung der belgischen Luftstreitkräfte, die der britischen „Firefly" den Vorzug gaben. R. schied aus der Gruppe aus und gründete 1929 mit seinem Bruder in Brüssel-Evére die Firma Constructiones Aeronautiques, in der eine Reihe von Sport-, Transport-, Jagd- und Aufklärungsflugzeugen entwickelt wurde. Die bekannteste Maschine war die in 38 Exemplaren gebaute R-31. Im Jahr 1947 ist die Firma mit der Flugzeugfabrik Stampe et Vertongen zur Stampe et Renard zusammengeschlossen worden.

SABCA – Société Anonyme Belge de Constructions Aéronautiques: 1920 als älteste belgische Flugzeugfabrik gegr. Produzierte bis zum zweiten Weltkrieg mehr als 600 Militär- und Zivilflugzeuge eigener Entwicklung oder in Lizenz. Seit Bestehen ist SABCA am Flugzeugbau anderer Länder mit der Fertigung von Baugruppen beteiligt, in letzter Zeit an den Programmen F-104 G / TF-104 G; Mirage III/5/F 1; Dassault-Bréguet/Dornier „Alpha Jet"; Aerospatiale SA-330 „Puma"; General Dynamics F-16 sowie Fokker F-27 / 28.

Stampe et Renard: 1947 durch Zusammenschluß der Firmen Stampe et Vertongen (1922 gegr., Spezialität: Leichtflugzeuge) und Renard (in den 20er Jahren gegr.) entstanden.

Brasilien

EMBRAER – Empresa Brasileira de Aeronautica SA: Am 19. August 1969 gegr. Flugzeugwerk. Fertigt vor allem Piper-Typen (von 2053 bis 1979 ausgelieferten Maschinen waren 1222 Piper-Modelle) sowie Eigenentwicklungen. In Lizenz wird auch die Aermacchi MB-326 GB gebaut.

NEIVA – Industria Aeronautica NEIVA SA: Filiale von EMBRAER, baut einmotorige Typen.

BRD

Bölkow GmbH: Am 1. Jan. 1965 aus der Bölkow-Entwicklungen KG entstandene Firma in Ottobrunn bei München, Produktionswerke in Nabern, Laupheim und Schrobenhausen mit Kapitalbeteiligung von Ludwig Bölkow, Boeing (USA) und Nord Aviation (Frankreich). Produzierte Flugzeuge, Hubschrauber und Waffensysteme. 1968 zur → Messerschmitt-Bölkow GmbH fusioniert.

Dornier GmbH: Seit 1972 als GmbH in Friedrichshafen ansässig, nach Zusammenschluß mehrerer D.-Unternehmen. Fertigt neben Eigenentwicklungen Baugruppen für die „Alpha Jet", für die F-4 „Phantom II", Boeing E-3 A „Sentry" (AWACS); Zusammenarbeit mit Pilatus (Schweiz) und Gulfstream American Corporation.

Hamburger Flugzeugbau GmbH (HFB): 1933 als Unterabteilung der damals größten deutschen Schiffswerft Blohm & Voß gegr. Zunächst Teile der Ju 52 im Lizenzbau, ab 1934 nach Entwicklung eines Übungsdoppeldeckers (Ha 135) hauptsächlich große Flugboote (1938: BV 138 und BV 222) sowie Langstreckenschwimmermaschinen (1935: Ha 139) und asymmetrische Flugzeuge (1941: BV 141). 1937 umbenannt in Blohm & Voß, Abt. Flugzeugbau. 1941 neues Flugzeugwerk in Finkenwerder. Ab 1954 mit Weser Flugzeugbau und Siebel ATG als Flugzeugbau Nord GmbH Lizenzbau von 129 „Noratlas" 2501 für die Bundeswehr (wieder als HFB). Anfang der 60er Jahre neben Eigenentwicklung beteiligt an „Transall" und Fokker F-28. Seit 1969 Tochtergesellschaft von MBB.

MBB – Messerschmitt-Bölkow-Blohm GmbH: Im Mai 1969 durch Fusion zwischen der Messerschmitt-Bölkow GmbH und HFB gebildeter größter Luftfahrt- und Raketenkonzern der BRD. Ende 1980 Zusammenschluß mit VFW. Neben Eigenentwicklungen am Bau des „Tornado", des Airbus A 300 B sowie des Strahltrainers C-101 beteiligt. Wartung von F-104, F-4 und C-160.

RFB – Rhein-Flugzeugbau GmbH: Tochtergesellschaft der VFW GmbH in Mönchengladbach. 1956 gegr., besitzt seit 1976 100% des Betriebskapitals von Sportavia-Pützer. Fertigt Leicht- und Segelflugzeuge.

VFW – Vereinigte Flugtechnische Werke GmbH: 1963 durch Fusion der Weser-Flugzeugbau GmbH und Focke-Wulf GmbH in Bremen entstandenes Unternehmen, dem 1964 auch die Ernst Heinkel Flugzeugbau GmbH Speyer eingegliedert wurde. Hinzu kamen 1968/69 die Rhein-Flugzeugbau GmbH und die Henschel Flugzeugwerke AG Kassel. Am 1. Jan. 1970 Vereinigung mit Fokker zur Zentralgesellschaft VFW-Fokker GmbH mit Sitz in Düsseldorf, die Anfang 1980 auseinanderging, dafür Ende 1980 Zusammenschluß mit MBB. Eigenentwicklungen sowie Beteiligung an der C-160 „Transall". Wartung und Überholung militärischer Flugzeuge und Hubschrauber.

Bulgarien

DAR – Dsiershawna Aeroplanna Rabotilnica: Staatliches Flugzeugwerk in Sofia-Bojurista. Fertigte in den Jahren 1924 bis 1941 mehrere Flugzeugtypen in Lizenz sowie Eigenentwicklungen: DAR-U-1 (Albatros) – 7 Exemplare, DAR-2 (Albatros S-3) – 12, DAR-1 A – 12, DAR-3 (Garwan) – 6, DAR-4 – 1, DAR-5 – 1, DAR-6 – 1, DAR-8 (Slawej) – 2, DAR-9 und DAR-10.

China

Nach 1949 ist die bis dahin nicht sehr entwickelte Luftfahrtindustrie Chinas mit Hilfe der UdSSR aufgebaut worden. Nach sowjetischen Lizenzen begann etwa ab 1950 die Produktion, zunächst von Schulflugzeugen Jak-18, ab 1954 auch von Doppeldeckern An-2, Hubschraubern Mi-4 sowie von Triebwerken ASch-62 und ASch-82, später auch von Militärmaschinen. Zu den wichtigsten Produktionsbetrieben für Luftfahrtgerät zählen die Werke in Shenyang, Sian, Harbin, Shanghai, Peking und Nanchang.

ČSSR

AERO: Kurzbezeichnung für die tschechoslowakischen Flugzeugwerke Aero Tovarna Letadel Dr. Kabes, 1919 gegr., nach 1945 verstaatlicht. Fertigte zivile und militärische Flugzeuge, nach 1945 Reiseflugzeuge und Hubschrauber, bei Aero Vodochody (nordwestlich von Prag) Lizenzbau von MiG-15, von 1963 bis 1974 Strahltrainer L-29 „Delfin", danach L-39 „Albatros".

Avia A.S. Prumysl Letecky: Zwischen 1919 und 1921 formiertes Flugzeugwerk, das bis zur Besetzung durch deutsche Truppen eine große Anzahl militärischer und ziviler Flugzeugtypen entwikkelte und baute. Zu den in Lizenz gebauten Mustern zählt die Fokker F VII. Nach 1945 verstaatlicht, Nachbau von Me 109 sowie Produktion von Reise- und Sportflugzeugen. Um 1960 hat der Automobilbau bei A. die Flugzeugproduktion verdrängt, heute nur noch Flugzeugteile.

LET: Staatliches Flugzeugwerk in Kunovice, 1950 erbaut, 1951 Aufnahme der Lizenzproduktion von C-11 (Jakowlew Jak-11), später beteiligt am Bau der Aero 45 / 145, L-200 „Morava", des Landwirtschaftsflugzeugs Z-37 „Čmelak" sowie von Segelflugzeugen L-13 „Blanik", jetzt L-410 „Turbolet" sowie Segelflugzeuge; bereitet die Produktion der L-610 vor.

Letov – Letadla Tovarna Vojenska: Älteste tschechoslowakische Flugzeugfabrik, 1918 gegr., Stellte zahlreiche Typen von Jagd-, Aufklärungs- und Schulflugzeugen her. Nach der Okkupation mußte das Werk für die Hitlerwehrmacht produzieren. 1945 verstaatlicht. Bau der Ju 290 als L-290, heute in Praha-Letnany Bau von Flugsimulatoren.

Moravan: Am 8. Juli 1935 als Zlinska Letecka Akciova Společnost aus dem 1934 vom Schuhkonzern Bata als Bata A.S.Zlin gegr. Flugzeugwerk hervorgegangen. Schuf vor der Okkupation einige einmotorige Schul- und Reiseflugzeuge. Nach 1945 verstaatlicht und Produktion der Bü 181 „Bestmann" als Zlin Z-281 und Z-381, später Bau der berühmten „Trener"-Reihe. Danach kamen aus Otrokovice Kunstflugmaschinen Z-50 sowie Schul- und Reiseflugzeuge Z-42 / 43 / 142.

Praga: Typenbezeichnung für die Flugzeuge der 1931 gegr. Flugzeugfabrik Českomorawska-Kolben-Danek. Brachte ab 1932 mehrere Typen von Jagd- und Sport- sowie Reiseflugzeugen heraus, 1945 verstaatlicht.

DDR

VEB Flugzeugbau: Ab Mitte der 50er Jahre bis zum Beginn der 60er Jahre in Dresden ansässiger Betrieb für den Bau von Flugzeugen. Produktion von 80 Il-14 P nach sowjetischen Lizenzen sowie Fertigung mehrerer Prototypen des Strahlverkehrsflugzeugs 152.

Deutschland

AEG – Allgemeine Elektrizitätsgesellschaft, Abteilung Flugzeugbau, Berlin-Hennigsdorf: Ab Anfang 1910 betrieben, zunächst Nachbau des Wright-Doppeldeckers aus Holz. 1911 Übergang zur Gemischtbauweise. Im ersten Weltkrieg Bau von 658 Beobachtungs- und Tiefangriffsflugzeugen sowie 523 Bombern. Nach Kriegsende aufgelöst.

Albatros Flugzeugwerke Berlin-Johannisthal: Eine der größten Flugzeugfabriken, die vor dem ersten Weltkrieg in Berlin-Johannisthal gegr. wurden – zunächst 1909 als Ikaros-Gesellschaft (Gr.: Walter Huth), dann umbenannt in Pilot-Flugtechnische Gesellschaft, die Kunst- und Schauflüge veranstalten sollte. Wenig später entstand die Flugzeugbau-Firma A. Aus beiden wurde im Frühjahr 1910 die A.-F. Zunächst Nachbau von Antoinette-Eindeckern sowie Farman- und Sommer-Gitterrumpf-Doppeldeckern. Bildete Flugzeugführer aus. Erster deutscher Heeresflugzeuglieferant. April 1914 Eröffnung des Zweigwerkes in Schneidemühl (heute: Pila). 1916 Zweigwerk in Friedrichshagen bei Berlin (Wasserflugzeuge) und Reparaturwerk in Warschau für die Ostfront. A. baute im ersten Weltkrieg insgesamt 10 350 Militärflugzeuge (davon 5 042 in Johannisthal und 300 in Friedrichshagen). 1931 kaufte Focke-Wulf die A.-F. auf.

Arado Flugzeugwerke GmbH, Potsdam-Babelsberg: 1925 als A. Handelsgesellschaft mbH aus der 1917 gegr. Flugzeugbau Friedrichshafen GmbH entstanden. Baute ab 1925 Übungs-, Sport-, See- und Jagdflugzeuge. Zweigwerke entstanden im Zuge der Aufrüstung in Warnemünde, Anklam, Rathenow, Wittenberge, Brandenburg und Babelsberg.

Blohm & Voß: → Hamburger Flugzeugbau.

Bücker Flugzeugbau, Berlin-Johannisthal: Von Flugzeugkonstrukteur Carl Clemens B. 1933 gegr. 1935 nach Rangsdorf übersiedelt. Dort Konstruktion und Bau mehrerer Sportflugzeuge (Bü 131, Bü 133, Bü 180, Bü 182), die weltbekannt wurden.

DFS – Deutsches Forschungsinstitut für Segelflug: 1925 in Darmstadt gegr., stand zunächst unter Leitung von Georgii und bearbeitete alle Fragen des Segelflugzeugbaus und des Segelflugs. In Vorbereitung auf den zweiten Weltkrieg für militärische Aufgaben herangezogen, so zur Entwicklung des Hochleistungs-Aufklärungsflugzeugs DFS 228 und im Jahr 1937 zur Entwicklung des Lastenseglers DFS 230.

Dornier-Werke GmbH: Von Claudius Dornier (ab 1910 bei Versuchsanstalt des Luftschiffbau Zeppelin tätig, ab 1914 dort eigene Versuchsabteilung zur Entwicklung von Riesenwasserflugzeugen) 1922 in Lindau am Bodensee gegr. Ab 1915 produzierte die Firma Zeppelin-Lindau-Dornier (Filiale von Zeppelin) Flugzeuge unter der Typenbezeichnung Dornier. Nach dem ersten Weltkrieg, als in Deutschland der Flugzeugbau verboten war, gründete D. in Altenrhein/Schweiz ein Zweigwerk und produzierte die „Wal"-Flugboote u. a. in Italien, andere Typen in Japan, den Niederlanden und Spanien. Neben vielen Passagierflugzeugen bis Ende des zweiten Weltkriegs Konstruktion und Bau zahlreicher Aufklärer, Bomber, Jagdflugzeuge und militärischer Flugboote. Nach 1945 Weiterarbeit in Spanien (Oficinas Techninica Dornier – Bau der Do 25), bis 1955 die Firma in der BRD gegr. wurde. → Dornier (BRD).

Fieseler – Gerhard Fieseler Flugzeugwerke GmbH: 1930 von G. F. – damals bekannter Sportflieger und Fluglehrer – in Kassel gegr. Serienbau von Sport- und Reiseflugzeugen, weniger erfolgreich bei ausgesprochenen Kampfflugzeugen. Bekanntestes Muster ist das Mehrzweckflugzeug Fi 156 „Storch" (Nachbau in mehreren Ländern: Rumänien im Krieg, Tschechoslowakei nach 1945, dort weiterentwickelt zur L-60). Ab 1942 Produktion des berüchtigten Flügelgeschosses Fi 103 (V-1: Vergeltungswaffe 1).

Focke-Wulf-Flugzeugbau GmbH: 1923 von Focke und Wulf gegr. Flugzeugwerkstatt, am 1. Jan. 1924 mit dem Bremer Kaufmann Naumann als AG zum Flugzeugwerk erweitert. In den ersten 8 Jahren Bau von kleinen Schul-, Sport- und Verkehrsflugzeugen. Sept. 1931 Ankauf der → Albatros-Werke, 1936 in GmbH umbenannt, Kapital vergrößert, um im Rahmen der Kriegsvorbereitung stärker am Gewinn teilhaben zu können. Unter dem neuen Chefkonstrukteur Kurt Tank ab 1933 Entwicklung und Bau von militärischen Übungs-, Aufklärungs- und Bombenflugzeugen. 1951 Wiederaufbau des Werkes und Fertigung von Hochleistungssegelflugzeugen. Ab 1955/56 wieder Produktion militärischer Flugzeuge, zunächst als Arbeitsgemeinschaft Focke-Wulf und Ingenieurbüro Blume: Lizenzbau von italienischen Schul- und Übungsmaschinen bis 1961. Am Lizenzbau der F-104 G beteiligt. 1963 Fusion mit Weser-Flugzeugbau GmbH zu → VFW (BRD).

Fokker: 1912 gründete der niederländische Flugzeugkonstrukteur Anthony Herman Gerard F. in Berlin-Johannisthal den A. H. G. Aeroplanbau (1913 umbenannt in Fokker Aeroplanbau). 1914 übersiedelt nach Schwerin-Görries, zunächst Produktion verspannter Eindecker nach dem Vorbild der Morane-Saulnier H, aber mit Rümpfen in Stahlrohrbauweise. Im ersten Weltkrieg vorwiegend Jagdflugzeuge (Ein-, Doppel- und Dreidecker; Konstrukteure: F., Palm, Kreuzer, Platz). Zweigwerke: Flugzeugwaffenfabrik in Berlin-Reinickendorf, Flugzeugwerft in Travemünde, Filiale Moga-Mobil in Budapest. Nach dem Krieg gelang es F., einen großen Teil seines Profits sowie Baumaterialien, Pläne, ganze Flugzeuge und Baugruppen, Patente und Flugmotoren nach den Niederlanden zu bringen. Gründete dort 1919 die N.V. Koninklijke Nederlandse Vliegtuigenfabriek Fokker in Amsterdam-Schiphol, wo zahlreiche Verkehrs-, Jagd-, Bomben- und Wasserflugzeuge entstanden. Nach dem zweiten Weltkrieg vor allem Verkehrsflugzeuge und Beteiligung am Lizenzbau von Militärmaschinen (F-104 G u. a.). 1970 Zusammenschluß mit → VFW (BRD) zu Fokker-VFW, 1980 wieder getrennt.

Friedrichshafen Flugzeugbau AG: In Manzell am Bodensee am 25. Juli 1912 von Kober (Gesellschafter: u. a. Graf Zeppelin) gegr. Bau von Seeflugzeugen, zunächst nach dem Vorbild des Curtiss-Flugboots. Bis 1914 Produktion von Schwimmerflugzeugen in Gitterrumpf- und Rumpfbauweise, auch Entwicklung von Flugbooten. Später mit der Werft in Warnemünde als Filiale der F.F. Hauptlieferant von Seeflugzeugen, aber auch zweimotoriger Bomber. Aus der Werft Warnemünde entstand 1925 das → Arado-Werk.

Gotha – Gothaer Waggonfabrik, Abteilung Flugzeugbau: Anfang 1913 gegr. Bis Kriegsbeginn Bau von Eindeckern („Tauben") und Zweideckern, im Krieg vor allem zweimotorige Bomben- und Seeflugzeuge – insgesamt 582 Maschinen (Konstrukteure: Grulich, Büchner, Bartl, Rösner, Burkhard, Schmieder, Klaube). Nach dem ersten Weltkrieg durch die Bestimmungen des Versailler Vertrags zerstört, 1933 Wiederaufnahme der Flugzeugproduktion mit Schul-Doppeldecker Go 145. Im zweiten Weltkrieg vor allem Lastensegler und Lizenzbau von Typen anderer Firmen.

Halberstadt – Halberstädter Flugzeugwerke GmbH: 1913 aus den 1912 gegr. Deutschen Bristol-Werken entstanden. Im Krieg Bau von 2002 Kampfflugzeugen, vor allem bewaffneten Aufklärern (Konstrukteure: Burkhard – später bei Gotha, Voigt und Theiß).

Hansa Brandenburg: Kurz vor Beginn des ersten Weltkriegs durch Zusammenschluß der Firmen Brandenburgische Flugzeugwerke (Anfang 1914 von Igo Etrich, dem Konstrukteur der Taube gegr.) und Hansa Flugzeugwerke (von Caspar in Hamburg gegr.) als GmbH in Briest a. d. Havel entstanden. Im Krieg hauptsächlich Seeflugzeuge für die deutsche und österreichische Marine gebaut und Landflugzeuge für Österreichs Heer entwickelt, die von den österreichisch-ungarischen Firmen Oeffag, Phönix und Ufag in Lizenz produziert wurden (Chefkonstrukteur Heinkel).

Heinkel Flugzeugwerke AG: Am 1. Dez. 1922 in Warnemünde von Ernst Heinkel gegr. Zunächst Konstruktion vorwiegend von Seeflugzeugen, die im Ausland gebaut (Schweden: He 1 und He 2 in großen Serien als S 1 und S 2) oder als Einzelexemplare ins Ausland verkauft wurden (USA, Japan, UdSSR – auch Preßluftkatapulte). Nach zahlreichen kleinen Wasserflugzeugen Bau von Schnellverkehrsmaschinen, später im Zuge der Aufrüstung Hitlerdeutschlands Entwicklung und Bau von Bombern (weniger erfolgreich bei Jägern), Aufklärern, aber auch Raketen- und Strahlflugzeugen. 1955: E. H. Flugzeugbau GmbH/ Speyer, 1965 von → VFW übernommen (BRD).

Henschel Flugzeugwerke AG: Tochtergesellschaft für Flugzeugbau der 1848 in Kassel gegr. Lokomotivfabrik Henschel & Sohn AG in Kassel. Henschel beabsichtigte 1931 Übernahme der → Junkers-Flugzeugwerke (befanden sich in der Krise). Als dies nicht gelang, Gründung einer eigenen Firma am 30. März 1933 als GmbH, bald darauf Umwandlung in AG. Im gleichen Jahr in Werkstätten in Berlin-Johannisthal Baubeginn des einsitzigen Übungsflugzeugs Hs 121. Am 15. Okt. 1934 Baubeginn des Werkes und des Werkflugplatzes in Berlin-Schönefeld. Dort am 22. Dez. 1935 Produktionsbeginn: Nahaufklärer, Schlacht- und Höhenflugzeuge, später auch Fernlenkwaffen im Rahmen der Kriegsvorbereitung. 1945 als Rüstungsbetrieb in Schönefeld vernichtet, 1958 in Kassel (BRD) Neuaufbau des Unternehmens zum Überholen und Instandsetzen von Hubschraubern sowie Luftfahrtzubehör. 50 % des Aktienkapitals im Besitz von → VFW (BRD).

Junkers Dessau: Hugo J. gründete 1895 in Dessau die Firma J. & Co zum Bau von Gasbadeöfen und Kalorimetern, befaßte sich ab 1908 theoretisch mit dem Flugzeugbau, entwarf 1909 ein Ganzmetall-Nurflügelflugzeug, errichtete 1913 in Aachen den ersten Windkanal Deutschlands und baute ab 1915 als erster Ganzmetallflugzeuge mit freitragenden Flügeln. Auf Verlangen der militärischen Führung entstand 1917 die Junkers-Fokker AG, um gegenseitig Erfahrungen auszutauschen und den Bau von Militärflugzeugen zu beschleunigen. Nach diesem formalen Akt blieb jede Firma bei ihrer Bauweise, J. ab J. 4 beim freitragenden Flügel in räumlicher Fachwerkbauweise aus Duralrohren und mittragender Außenhaut aus Duralwellblech. J. behielt sie bis 1931 konsequent bei. Im In- und Ausland (z. B. Japan, Schweden) entstanden zahlreiche Passagier- und Militärflugzeuge. J. wurde 1933 von den Faschisten enteignet und aus seinen Werken verdrängt. Sein Name, der Weltruf hatte, wurde für die Werke beibehalten. Jedoch hatte J. mit den modernen Bomben-, Mehrzweckkampfflugzeugen und Transportern nichts mehr zu tun. 1936 Zusammenschluß der J. Flugzeugwerke Dessau mit dem J. Motorenbau Dessau zu J. Flugzeug- und Motorenwerken.

Klemm – Leichtflugzeugwerke Klemm GmbH: Von Hanns Klemm (1917 Mitarbeiter von → Dornier, ab 1918 Konstruktion von Leichtflugzeugen bei der Daimler-Motoren-Gesellschaft Abt. Flugzeugbau) 1927 gegr. zum Bau von Schul-, Sport- und Reiseflugzeugen, die im Inland sowie in Schweden und Rumänien auch für militärische Zwecke verwendet wurden. Nach dem zweiten Weltkrieg Bau einer der letzten Konstruktionen (Kl 107) bei → Bölkow (BRD) in 30 Exemplaren.

LFG – Luftfahrzeuggesellschaft mbH, Berlin-Charlottenburg: 1908 zum Bau von Parseval-Luftschiffen gegr., ab 1912 Fertigung von Flugzeugen, 1914/15 Übernahme der Wright-Werke in Berlin-Adlershof. Im Krieg zunächst → Albatros-Konstruktionen in Lizenz, dann auch Eigenentwicklungen. Um Verwechslungen mit den Maschinen der → LVG zu vermeiden, führte man die Bezeichnung Roland als Markenzeichen ein.

LVG – Luft-Verkehrs-Gesellschaft Berlin-Johannisthal: 1908 gegr. für Passagier- und Reklamefahrten mit Parseval-Luftschiffen, ab 1911 Lizenzbau von Farman-Typen, ab 1912 Fertigung von Eigenentwicklungen (Aufklärer, Schulmaschinen, Bomber, Schlachtflugzeuge).

Messerschmitt AG: Im Jahr 1938 aus den Bayerischen Flugzeugwerken (BFW) entstanden. Dieses in Augsburg ansässige Unternehmen war 1927 in den ehemaligen Werken von Rumpler aus dem Flugzeugbau Messerschmitt (1923 in Bamberg gegr., 5 Mitarbeiter, Bau von Segel- und kleinen Reiseflugzeugen) und dem Udet-Flugzeugbau Ramersdorf hervorgegangen. Unter Chefkonstrukteur W. Messerschmitt wurden kleine Sport- und leichte Verkehrsflugzeuge entwickelt, die teilweise international erfolgreich waren. Letztes Reiseflugzeug: Bf 108. Danach im Zuge der Kriegsvorbereitung Kampfflugzeuge: Jäger Bf 109, Zerstörer Bf 110 (nach Bildung der M. AG in Me umbenannt, danach nur noch Me-Typen). Nach Kriegsende zuerst Kabinenroller u. ä., ab 1956 wieder Militärflugzeuge: zunächst im Rahmen der Flugzeugunion Süd in Lizenz Fouga „Magister", dann G-91 und F-104 G sowie Beteiligung am „Transall"-Programm. Tochtergesellschaften: Junkers Flugzeug- und Motorenwerke AG (in der BRD nach 1945 gegr. Unternehmen), Flugzeugunion Süd GmbH und Messerschmitt Metall- und Montagebau GmbH (Flugzeuge, Satelliten, Waffensysteme). Seit dem 6. Juni 1968 Teil der → MBB.

Pfalz Flugzeugwerke GmbH Speyer a. Rh.: Von Alfred, Ernst und Walther Eversbusch sowie Gustav Otto im Juli 1913 gegr. Zunächst Lizenzproduktion von Morane-Saulnier-Typen L und H, außerdem Otto-Gitterrumpf-Doppeldecker, später Eigenentwicklungen (Jagdeinsitzer) sowie Bau von Roland- und Rumpler-Maschinen in Lizenz.

Rohrbach – Rohrbach-Metall-Flugzeugbau GmbH: Am 1. Juli 1922 von dem früheren Chefkonstrukteur der Staakener Zeppelin-Werke Adolf K. Rohrbach gegr. für den Bau mehrmotoriger Ganzmetallflugzeuge. 1931 Betrieb wegen wirtschaftlicher Schwierigkeiten eingestellt, 1934 von der Weser-Flugzeugbau übernommen.

Sablatnig Flugzeugwerke GmbH Berlin: Am 5. Oktober 1916 gegr. Vorher (ab 1915) aber schon Konstruktion von Seeflugzeugen für die Marine (16 Maschinen bei Bootsbau Retel in Friedrichshagen und Flugzeugbau Goerze Berlin produziert). 1916 wurden Teile der Firma Goerze aufgekauft. Im Krieg ausschließlich Seeflugzeuge (Aufklärer, Jäger), danach Umbau von Militärmaschinen zu Verkehrsmaschinen sowie Neuentwicklungen von Passagierflugzeugen.

Siebel Flugzeugwerke Halle (Saale): 1934 von dem Flugzeugführer und Industriellen Friedrich Wilhelm Siebel gegr., zuerst Lizenzbau der FW 44, He 46 und Do 17. Dann unter Leitung von Chefkonstrukteur Fechner Entwicklung von Reise- und Sportflugzeugen. 1952 in der BRD Bildung der S.-Werke ATG GmbH (SIAT) in München aus S.-Flugzeugwerken und Allgemeine Transportanlagen Gesellschaft (ATG) Leipzig (hervorgegangen aus DFW). 1955 Aufnahme des Flugzeugbaus: Seiten- und Höhenleitwerke sowie Außenflügel für „Noratlas", Heck der F-104 G, SIAT 222 als Weiterentwicklung der Si 202. Später Übernahme der Firma durch → MBB (BRD).

Siemens-Schuckert-Werke (SSW) – Abteilung Flugzeugbau, Berlin-Siemensstadt: Beginn der Produktion von Luftfahrzeugen im Jahr 1907 mit dem Bau eines halbstarren Luftschiffs, dem bis 1911 zwei weitere folgten. Nach Aufnahme der Flugzeugproduktion ab 1909 auf dem Bornstedter Feld bei Potsdam Bau einiger Doppel- und Eindekker, doch noch vor dem ersten Weltkrieg Einstellung der Flugzeugfertigung. Nach Beginn des Krieges auf Vorschlag der Militärs erneut Bau von Flugzeugen, und zwar im Dynamowerk in Berlin, ab 1916 auch im Transformatorenwerk Nürnberg. Fertigung von Bombern und Jagdflugzeugen.

Udet Flugzeugbau GmbH: Von dem ehemaligen Militärflieger Udet mit Unterstützung finanzkräftiger Kreise im Jahr 1920 in Ramersdorf gegr. Bau mehrerer Reise- und Verkehrsmaschinen, 1926 liquidiert und in die Firma BFW übergegangen (→ Messerschmitt).

Zeppelin Flugzeugwerft GmbH, Staaken bei Berlin: 1915 entwickelte und baute eine von Graf Zeppelin, Gustav Klein und Robert Bosch gegr. Firma (V. G. O. Zeppelin Versuchsbau GmbH Gotha Ost) in von der Gothaer Waggonfabrik zur Verfügung gestellten Werksanlagen sog. Riesenflugzeuge. Da die Hallen bald nicht mehr ausreichten, übersiedelte man 1916 nach Staaken, dort gab es ein Zweigwerk des Luftschiffbau Zeppelin. Die Leitung der zur Z. F. vereinigten Firma behielt Alexander Baumann, der bereits in Gotha als Werkleiter fungiert hatte. Nach dem ersten Weltkrieg beschäftigte man sich mit dem Bau großer Verkehrsflugzeuge, bis das Flugzeugbauverbot der Siegermächte auch hier die Flugzeugfertigung unterband.

Finnland

Heinonen: Von Flugzeugingenieur Juhani H. auf dem Flugplatz Helsinki aus Liebhaberei betriebener Flugzeugbau.

PIK – Polyteknikkojen Ilmailukerho: Im Jahr 1931 an der Technischen Hochschule in Helsinki gegr. Fliegerklub, der mehrere Segel- und leichte Sportflugzeuge entwickelt hat. Segelflugzeuge dieses Typs fertigt heute die Firma Eiriavion in Lahti.

Valmet Oy Kuoreveden Tehdas: Dieses Flugzeugwerk in Tampere ist 1921/22 entstanden und damit das älteste finnische Flugzeugwerk. Als Teil des staatlichen Metallkonzerns ist es mehrmals umbenannt und umformiert worden. Bis 1980 sind dort über 30 unterschiedliche Flugzeugmuster gebaut worden, darunter 18 Eigenentwicklungen. So wurden ab 1958 für die Luftstreitkräfte des Landes 62 CM-170 „Magister" und in den 70er Jahren Baugruppen für die „Hawk" Mk. 51 produziert.

Frankreich

Aerospatiale: Kurzwort für das staatliche Luft- und Raumfahrtunternehmen Société Nationale Industrielle Aerospatiale (SNIAS). Gebildet am 1. Jan. 1970 auf Betreiben der Regierung. Zusammenschluß von Nord- und Sud-Aviation und der Vereinigung SEREP, der über einen längeren Zeitraum vor sich ging. Stellt Flugzeuge, Hubschrauber, Lenkwaffen und Bomben her.

Avions Marcel Dassault: Heute Bestandteil des am 14. Dez. 1974 gegr. Flugzeugkonzerns AMD/Bréguet Aviation. 1931 gründete Marcel Bloch (nahm nach 1945 den Namen Dassault an) das Werk Société des Avions Marcel Bloch, in dem zahlreiche schwere Verkehrs- und Bombenflugzeuge, aber auch Jäger gebaut wurden. B. hatte 1915 eine Luftschraube entwickelt und das Patent an → Caudron verkauft. Mit den Luftschrauben waren im ersten Weltkrieg viele französische Flugzeuge ausgerüstet. Mit Potez schuf B. 1918 den Kampfzweisitzer SEA-4, mit Blériot 1928 den Bomber MB-60. 1937 wurde die Firma B. nationalisiert und in die Gruppe SNCASO aufgenommen, B. mit ihrer Leitung beauftragt. In den von ihm neu gegr. Werken entstanden bis Kriegsbeginn mehrere Jagd- und Schlachtflugzeugmuster. Nach der Befreiung aus dem KZ Buchenwald nannte B. seinen Betrieb zunächst General Aeronautique Marcel Dassault (GAMD), in dem Reiseflugzeuge (Typenbezeichnung: MB), ab 1947 Mehrzweckflugzeuge und Strahljäger (jetzt schon als Marcel Dassault – MD) erschienen. Es folgte eine Reihe weiterer Strahljäger bis zur Mirage F. 1, Mirage 2000 und 4000.

Blériot: Von Louis Blériot und Gabriel Voisin 1904/05 gegr. Werkstatt für Aeroplane, 1906 in Blériot Aeronautique S.A. umbenannt. Baute zunächst Doppeldecker, ab 1906 Eindecker nach eigener Konstruktion. Im ersten Weltkrieg vor allem Jagdflugzeuge der Spad-Reihe, nach dem Krieg Militär- und Sportmaschinen sowie Flugboote. 1936 verstaatlichte man das Werk.

Bloch: → Avions Marcel Dassault.

Bréguet: 1911 von Louis Charles und Jaques B. als Société des Ateliers d'Aviation Louis Bréguet gegr., vor dem ersten Weltkrieg mehrere Wasserflugzeuge, im Krieg Mehrzweck- und Bombenflugzeuge. Danach mehrere Verkehrs- und Bombenflugzeuge sowie Flugboote. 1936 Verstaatlichung des Betriebs. 1936 kauft B. die Flugzeugfabrik → Latécoère, in der wiederum zahlreiche Militärmaschinen entstanden. Nach 1945 Tätigkeit unter gleichem Namen: Marineflugzeuge und Transporter, Beteiligung an der „Jaguar", „Caravelle", „Mirage III" sowie Fokker F-27. 1971 Zusammenschluß mit → Avions Marcel Dassault.

Caudron – Société Anonyme des Avions Caudron: Französisches Flugzeugwerk im ersten Weltkrieg, produzierte vor allem ein- und zweimotorige Gitterrumpfdoppeldecker, darunter Jagd- und Aufklärungsmaschinen.

Dewoitine: 1922 von E. D. als Société Aeronautique Francaise für die Produktion von Ganzmetallflugzeugen gegr., 1927 reorganisiert. Baute vor allem Jagd-, aber auch Verkehrsflugzeuge. Nach 1945 keine Produktion. Während der Besetzung „unter Kontrolle" von → Arado.

Farman – Avions H. et M. Farman: Im Jahr 1912 durch Zusammenlegung der Flugzeugwerkstätten der Brüder Henri und Maurice F. in Boulogne-Billancourt gegr., deren Erzeugnisse durch mehrere Weltrekorde bekannt wurden. In der Folgezeit zu einem Luftfahrtkonzern ausgebaut, der sehr viele zivile und militärische Flugzeugmuster entwickelte. 1936 verstaatlicht und der Gruppe SNCAC zugeordnet. Nach 1945 als Société des Usines Farman wieder entstanden und bis in die 50er Jahre Bau kleiner Sportflugzeuge.

Hanriot-Dupont: Flugzeugkonstrukteure Marcel Hanriot (Sohn des Fahrrad- und Automobilindustriellen René H., ab 1912 Direktor der Firma) und M. Dupont, der bei den H.-Werken beschäftigt war. Als eigentliche Flugzeugfirma schuf R. H. 1924 das Werk Compagnie des Avions Hanriot, das ab 1926 mehrere Flugzeugtypen (zumeist Doppeldecker für Sanitäts- und Ausbildungszwecke, aber auch Bomber) herstellte. Im Jahr 1936 in den Flugzeugkonzern Aerocentre (Société Nationale de Constructions Aeronautiques du Centre) übernommen, → Nord Aviation.

Latécoère – Société Industrielle D'Aviation Latécoère: 1919 von Pierre L. gegr., spezialisiert auf den Bau großer Flugboote sowie Marineflugzeuge. 1939 mit dem Konzern → Bréguet vereinigt, nachdem dieser die Firma 1936 gekauft hatte. 1948/49 nochmals unter dem alten Namen gegr.

Levavasseur: Nach dem franz. Luftfahrtpionier Leon L. ab 1903 benannte Flugzeuge und Flugmotoren, nicht zu verwechseln mit den Sport- und Reise-, vor allem aber Wasserflugzeugen der Firma Levasseur (Établissiments P. Levasseur), die bis zum Beginn des zweiten Weltkriegs bestand.

Lioré-Olivier – Société Anonyme des Etablissiments Lioré & Olivier: 1906 gegr., ab 1918 Bau eigener Typen. Spezialisiert auf schwere Muster, vor allem Bomber und Flugboote. Nach Verstaatlichung der Rüstungsindustrie 1936 mit den Firmen Bloch (→ Dassault) und Blériot Zusammenschluß in der Gruppe Sud-Ouest.

Morane-Saulnier – Aeroplanes Morane-Saulnier S. A.: 1911 von Leon Morane und Raymond Saulnier gegr., produzierte Sport- und Schulflugzeuge, im ersten Weltkrieg und danach Jagdflugzeuge, später Schul- und Reisemaschinen (auch mit Strahlantrieb). Einige Typen der seit 1966 nicht mehr existierenden Firma baut → SOCATA als Nachfolgerin.

Nieuport – Ateliers et Chantiers de la Loire-Nieuport: Der Luftfahrtpionier Edouard de N. baute ab 1908 in eigener Werkstatt Flugzeuge. Die Firma erhielt später den Namen N.-Astra, nach dem ersten Weltkrieg (in dieser Zeit vor allem Doppeldecker-Jagdflugzeuge) N.-Delage, wiederum vor allem Jagdflugzeuge (Hochdecker). 1936 verstaatlicht.

Nord Aviation: 1936 durch Verstaatlichung der Rüstungsindustrie als Société Nationale de Constructions Aéronautiques du Nord (SNCAN) aus den Firman Henri Potez, C. A. M. S., Caudron-Renault, Amiot, Hanriot und SFECNAS (ehemals Arsenal) entstanden. 1958 umbenannt in N.-A. Bau von Militärtransportern, Passagiermaschinen, Raketenwaffen und Flugkörpern. Auf Beschluß der französischen Regierung mit Wirkung vom 1. Jan. 1970 mit Sud-Aviation und SEREP zur Société Nationale Industrielle Aerospatiale (SNIAS) vereinigt.

Potez – Société des Avions et Moteurs Henri Potez: H. P., → Dassault und Louis Coroller gründeten 1916 die Flugzeugfabrik Société d'Etudes Aeronautique (SEA), die Militärmaschinen baute. Daraus entstand 1919 die Firma Aeroplanes H. P., die Passagier-, Sport- und Militärflugzeuge produzierte. Die 1936 nationalisierte Firma ging in die Gruppe Nord ein, jedoch 1939 neu gegr., → Nord Aviation. Die nach 1945 unter gleichem Namen eröffnete Firma ging 1967 in die Gruppe Sud Aviation ein.

Robin – Avions Pierre Robin: Im Oktober 1957 gegr., 1969 umbenannt, Produktion von einmotorigen Tiefdecker-Reiseflugzeugen.

SIPA – Société Industrielle pour L'Aeronautique: 1938 gegr., während der Besetzung Produktion von Arado Ar 296, danach kleiner Sport-, Reise- und Passagiermaschinen, auch mit Strahlantrieb, so 1952 erstmals in der Welt zweisitziges Leichtflugzeug mit Strahltriebwerk für Reise und Sport (SIPA S-200 „Minijet").

SNCASE – Sud-Aviation - Société Nationale de Constructions Aéronautique: Ehemaliges franz. Staatsunternehmen für Flugzeugbau in Form einer Aktiengesellschaft. 1957 entstanden aus Zusammenschluß der Staatsunternehmen Sud-Est-Aviation (vormals SNCASE) und Ouest Aviation (vormals SNCASO). 1967 wurden Potez-Werke eingegliedert. Seit dem 1. Jan. 1970 ist S.-A. Teil der → Aerospatiale.

SOCATA – Société de Construction d'Avions de Tourisme et d'Affaires: Tochtergesellschaft von Sud-Aviation, 1966 gegr. zum Bau leichter Schul-, Sport- und Reiseflugzeuge mit Kolbenantrieb. Ist Nachfolgerin der Gerance des Etablissiments Morane-Saulnier.

SPAD: → Blériot.

Voisin: Flugzeuge der Brüder Gabriel und Charles V., die 1907 ihr erstes Flugzeug konstruierten, mit dem C. V. im März 1907 80 m weit flog. Im Jahr 1911 schufen sie ihr erstes Amphibienflugzeug.

Wassmer Aviation: Inzwischen nicht mehr bestehendes Unternehmen für den Bau von Leichtflugzeugen und Seglern.

Großbritannien

AIRCO – Aircraft Manufacturing: Von G. H. Thomas im Jahr 1914 in einer Autobusgarage gegründete Firma, für die er den durch einige Flüge bereits bekannten Goeffrey de Havilland als Chefingenieur und Versuchspilot engagierte.

Airspeed Ltd.: 1934 gegr., Sport-, Reise- und Schulflugzeuge, auch zweimotorige militärische Muster (AS-10 „Oxfort") sowie Seeaufklärer und Lastensegler, nach dem Krieg Passagiermaschinen. 1951 in den Konzern de Havilland eingegangen.

Armstrong Whitworth – W. G. Armstrong Whitworth Aircraft Ltd.: 1915 in Coventry gegr., 1935 im Konzentrationsprozeß der britischen Flugzeugindustrie Zusammenschluß mit A. Siddeley Motors Ltd., A. V. Roe and Co. Ltd. zum Konzern Hawker Siddeley Aviation. Vor und nach dem Krieg Bau zahlreicher Jäger, Bomber, Schulflugzeuge sowie Passagiermaschinen.

Aviation Traders: 1949 gegr. Unternehmen, baute Eigenentwicklungen A. T. „Accountant", spezialisiert auf Umbauten.

Avro – A.V. Roe Aircraft Ltd.: 1909 von dem Flugpionier Alliot V. Roe gegr. (als ältestes britisches Unternehmen dieser Art), spezialisiert auf den Bau großer, mehrmotoriger Bomben- und Verkehrsflugzeuge. 1935 eingegangen in die Gruppe Hawker Siddeley. In Kanada Filiale (A.V. Roe Canada Ltd.), dort nach 1945 Produktion von Avro C.

BAC – British Aircraft Corporation Ltd.: Britischer Flugzeugkonzern, der zwischen 1959 und 1963 durch Zusammenschluß der Firmen Bristol, English Electric und Hunting Aircraft Ltd. entstanden ist, um ein Gegengewicht zur USA-Konkurrenz zu schaffen. Durch Regierungsdruck im April 1977 Zusammenschluß von BAC mit Hawker Siddeley Aviation, Hawker Siddeley Dynamics und Scottish Aviation zu BAe – British Aerospace. Alle Typen tragen die Bezeichnung BAe, z. B. BAe HS-748 oder BAe (BAC-167) „Strikemaster".

Beagle – British Executive General Aviation Aircraft Ltd.: Britischer Konzern für die Entwicklung und Produktion von Sport- und Reiseflugzeugen mit Sitz in Shorenhamby-Sea, bestand bis 1971. War aus dem Zusammenschluß von Auster Aircraft Ltd., F.G. Miles Ltd. und Lancashire Aircraft Corporation Ltd. zu einem Staatsunternehmen entstanden.

Blackburn Aircraft Ltd.: Vom Luftfahrtpionier Robert B. 1909 als Blackburn Aeroplane Company gegr., 1914 unter neuem Namen auf Marineflugzeuge spezialisiert, nach 1918 auch Schul- und Sport- sowie Jagdflugzeuge, Flugboote, Torpedoträger und Marinejagdflugzeuge. 1930 Übernahme des Flugmotorenwerkes Cirrus Hermes Engeneering. Mehrmals umbenannt. Nach 1949 Zusammenschluß mit General Aircraft Ltd. große zivile und militärische Transporter. Im Konzentrationsprozeß aufgegangen in die Hawker Siddeley Group Ltd.

Boulton-Paul Ltd.: 1915 gegr., 1917 Produktionsbeginn von Militärmaschinen. 1935 reorganisiert und umbenannt. Bis 1953 Jagd-, Bomben- und Schulflugzeuge, danach keine Flugzeuge mehr, sondern Teile und Zubehör. Im Krieg hydraulische MG-Türme.

Bristol Aircraft Ltd.: Von dem Luftfahrtpionier George White am 19. Febr. 1910 gegr., damals als British and Colonial Aeroplane Comp. bezeichnet, 1919 in B.A. Ltd. umbenannt. Allein bis 1946 rund 170 verschiedene, hauptsächlich militärische Flugzeugtypen. Im ersten Weltkrieg große Zahl von Jagdflugzeugen: F-28 – 4500 Exemplare. Auch im zweiten Weltkrieg sehr große Bauserien von B.-Typen. Nach 1945 Konzentration auf Verkehrs- und Transportmaschinen sowie Hubschrauber. 1960 dem Konzern → BAC angegliedert.

Britten-Norman Ltd.: Von John Britten und Norman Defender gegr. Firma, die zivil und militärisch verwendbare Mehrzweckflugzeuge baut. Wegen finanzieller Schwierigkeiten aufgelöst und von der Fairey-Gruppe im November 1971 übernommen. Inzwischen Teil des Pilatus-Konzerns als Pilatus B.-N. Vergabe der „Islander"-Lizenz an Rumänien.

De Havilland Ltd. (Abk.: DH): 1925 von dem Konstrukteur und Luftfahrtpionier Sir Geoffrey de Havilland gegr., mehrmals umbenannt. Produzierte sehr ökonomische Sport-, Schul- und Verbindungsmaschinen. Zu den berühmtesten Mustern zählt die „Mosquito". Nach dem Krieg Serie von Strahljagdflugzeugen, Passagier- und Transportflugzeuge. Aufgegangen in der Gruppe Hawker Siddeley. Filialen in Australien, Südafrika, Kanada (DHC) und in den USA.

Fairey – The Fairey Aviation Company Ltd: Von Richard F. 1915 gegr., spezialisiert auf Militär-, vor allem Seeflugzeuge—Flugboote, Aufklärer, Torpedoträger, nach dem ersten Weltkrieg auch Amphibienflugzeuge, Jagdflugzeuge und Mehrzweckmaschinen, ebenso im zweiten Weltkrieg, danach auch Strahlflugzeuge. Tochterunternehmen: 1931 Société Anonyme Belge Avions und 1948 F. Canada Ltd. Ging ein in den Konzern Hawker Siddeley.

General Aircraft Ltd.: 1934 gegr., zunächst Konstruktion und Bau von Reise- (ST-11) und Verkehrsflugzeugen (ST-18), 1941 Marineaufklärer GAL-38 „Fleet Shadower", danach Lastensegler.

Gloster Aircraft Company Ltd.: 1917 gegr., spezialisiert auf Leichtflugzeuge. In den 20er Jahren viele Jagdmaschinen, Seeaufklärer. 1941/42 erstes britisches Versuchsstrahlflugzeug, nach 1944 mehrere Strahljäger. Ging ein in den Konzern Hawker Siddeley.

Handley Page Ltd.: 1909 in Radlett von Sir Frederick Handley Page gegr., zunächst einmotorige Maschinen, ab 1912 Militärflugzeuge, im ersten Weltkrieg vor allem Doppeldecker-Bomber. Nach 1918 zahlreiche Torpedo-, Bomben- und Passagiermaschinen. Im zweiten Weltkrieg vor allem viermotoriger Bomber „Halifax". Ab 1944 Transporter, 1952 strategischer Strahlbomber „Victor". 1969 Produktion von Flugzeugen wegen finanzieller Schwierigkeiten eingestellt, 1970 als Firma liquidiert.

Hawker: G.H. Hawker – Versuchspilot von Sopwith während des ersten Weltkriegs – übernahm die 1920 liquidierte Firma → Sopwith Aviation Co. und bildete sie zur G.W. Hawker Engineering Company um. Militärmaschinen aller Ausführungen wurden die Spezialität der Firma, die im kapitalistischen Konzentrationsprozeß ab 1935 als Hawker-Siddeley-Gruppe die Kontrolle über die Firmen Armstrong-Whitworth, Gloster, Hawker, und Avro übernahm. 1977 ging der Konzern in der BAe (→ BAC) auf.

Miles: F.G. Miles bildete 1935 aus der Firma Phillips and Powis Aircraft (1933 gegr., M. war dort Chefkonstrukteur) die Philipps and Powis Aircraft Ltd., die 1943 in M. Aircraft Ltd. umbenannt wurde. 1948 übernahm die Gruppe → Handley Page die Fabrik für Sport- und Reiseflugzeuge (gebaut wurden auch leichte Aufklärer und Transporter). 1951 entstand eine neue Firma als F.G. Miles Ltd. Die Maschinen aller Betriebe trugen den Namen M.

Royal Aircraft Factories – RAF: Während des ersten Weltkriegs in South Farnborough, Hants ansässiger Betrieb, der zahlreiche Typen von Jagdflugzeugen und Aufklärern in großer Stückzahl von unterschiedlichen Konstrukteuren fertigte. BE stand für Blériot Experimental, SE für Santos-Dumont-Experimental.

Scottish Aviation Ltd.: Im Jahr 1935 gegr., ab 1950 Eigenentwicklungen – insbesondere Schul-, leichte Passagier- und Transportmaschinen. 1977 mit anderen Firmen Zusammenschluß zur BAe (→ BAC).

Short Brothers & Harland Ltd.: 1898 von den Brüdern Oswald und Eustacea B. gegr., zunächst Bau von Ballons, ab 1908 Flugzeuge – als Short Brothers in Leysdown zum Nachbau von Wright-Maschinen. Nach dem ersten Weltkrieg spezialisiert auf Schwimmerflugzeuge und Flugboote. 1936 Zusammenschluß mit Harland & Wolf Limited. Ab 1939 Bomber „Stirling". Neue Flugzeugwerke in Rochester und Belfast, 1947 Name wie oben. Nach dem zweiten Weltkrieg Flugboote, Bomber, Transporter, maritime Aufklärer. Heute größtenteils im Staatsbesitz.

Sopwith Aviation Co.: Eine der bekanntesten britischen Flugzeugfabriken im ersten Weltkrieg, gegr. 1912 vom Luftfahrtpionier T.O.M. Sopwith. Versuchspilot der Firma war der junge Australier G.W. Hawker. S. war im Krieg auf Jagdflugzeuge spezialisiert. Die Umstellung auf Zivilflugzeuge gelang nach dem Krieg nicht, die Firma wurde liquidiert und von → Hawker neu gegr.

Supermarine: → Vickers

Vickers-Armstrong Ltd.: Eine der ältesten britischen Flugzeugfabriken, vor 1914 als V. Limited entstanden, 1928 in V. (Aviation) Ltd. umbenannt. Bis dahin Bau von Jagdflugzeugen, Bombern, Aufklärern und Mehrzweckmaschinen. Im gleichen Jahr Gründung der Tochtergesellschaft Supermarine, deren Typen als S. oder V.-S. angeboten wurden. 1938 Teil des Konzerns V.-A. (Typen: V.-A.). Im zweiten Weltkrieg vor allem Bomber, danach ebenfalls, aber mit Strahlantrieb, Verkehrsflugzeuge. 1960 in → BAC aufgegangen.

Westland Aircraft Ltd.: 1915 von der Firma Petters in Yeovil gegr., Bau von Wasserflugzeugen für die Seestreitkräfte; 1935 umgebildet und umbenannt. Im ersten Weltkrieg Lizenzbauten von → Sopwith, → Short, de Havilland und → Vickers, ab 1933 Mehrzweckmaschinen, Jagdflugzeuge, Bomber, Drehflügler (1934). 1947 Aufnahme der Lizenzproduktion von USA-Hubschraubern. Ab 1959 Aufkauf anderer Firmen (Saunders-Roe Ltd., Helicopter Division of Bristol Aircraft Ltd. sowie Fairey Aviation Ltd.). Im Endergebnis des kapitalistischen Konzentrationsprozesses Hubschrauberkonzern, ab 1. Okt. 1966 W. Helicopters Ltd. zuständig für Hubschrauberbau, andere Unternehmen (z. B. Normalair-Garrett Ltd.) fertigen Flugzeugteile und Zubehör, so für die „Tornado". W arbeitet eng mit Firmen anderer Länder zusammen, so Frankreichs.

Indien

HAL – Hindustan Aeronautics Ltd.: Größter Produzent von Luftfahrtgeräten in Indien, dessen Hauptauftraggeber die Luftstreitkräfte des Landes sind. Am 1. Okt. 1964 durch Zusammenschluß der Werke H. Aircraft Ltd. (1940 gegr.) und Aeronautics India Ltd. (1963 gegr.) entstanden. Baute zunächst in Lizenz kleine Schul- und Verbindungsflugzeuge. Zur Zeit in 10 großen Bereichen in verschiedenen Städten mehrere Schul-, Transport- und Kampfmaschinen sowie Hubschrauber (Kanpur: HS-748 in Lizenz; Nasik, Koraput und Hyderabad: MiG-21; Lucknow: britische, französische und USA-Maschinen; Bangalore: Triebwerke, eigene Jagdflugzeuge, Landwirtschaftsmaschinen und Hubschrauber).

International

Firmen siehe bei den Herstellerländern

Israel

IAI – Israel Aircraft Industries Ltd.: Flugzeugkonzern, hervorgegangen aus der 1953 gegr. Bedek Aircraft (heute als B. Aviation Überholung von 30 Typen ziviler und militärischer Flugzeuge sowie 28 Typen von Triebwerken). Ab 1. April 1967 heutiger Name. Produktion von Jagd-, Transport- und Passagierflugzeugen durch Manufacturing Division. Angeschlossen sind über 10 weitere Werke, so für Elektronik und Waffen. Enges Zusammenwirken mit USA-Konzernen.

Italien

Aeritalia: Am 12. Nov. 1969 in Neapel gegr. Konzern für Luftfahrzeuge und Zubehör, seit 1. Jan. 1972 unter diesem Namen tätig. Besteht aus den Gruppen FIAT und IRI Finmeccanica (zu dieser zählen die Firmen Aerfer und Salmoiraghi). Bau militärischer und ziviler Maschinen; eng liiert mit → Boeing/USA. Mit → Aermacchi und Brasilien Bau des Kampfflugzeuges AM X. Lizenzbau von F-104 S, beteiligt an der „Tornado".

Aermacchi – Aeronautica Macchi SpA: 1912 in Varese von Guilio M. gegr. Im ersten Weltkrieg 1 375 Maschinen verschiedener Typen, nach dem Krieg vor allem Wasser-, Jagd-, Verkehrs- und Sportflugzeuge, mehrmals Weltrekorde. Im zweiten Weltkrieg Jagdmaschinen, danach Reise- und Schulmaschinen, Strahltrainer (Lizenzen nach Südafrika). Seit Dez. 1959 ist → Lockheed/USA an A. mit beteiligt.

Agusta – Costruzioni Aeronauticce Giovanni Agusta SpA: Ältestes italienisches Flugzeugwerk, 1907 von Giovanni A. gegr., ab 1908 zahlreiche Experimental- und Serienmuster, Zweigwerke in Albanien und Tripolis. Bis zum zweiten Weltkrieg Schul- und Reisemuster. Ab 1952 Bell-Lizenzen – Erstflug der Bell 47 G: 22. Mai 1954. Danach zahlreiche Lizenzen (Bezeichnung AB) und Eigenentwicklungen (B). An → SIAI Marchetti beteiligt.

Ambrosini: Im Jahr 1934 durch Zusammenschluß der Firmen Societa Aeronautica Italiana und Ambrosini & Co. entstanden – Societa Aeronautica Italiana, Ign. Ambrosini & C. Ab. 1935 unter der Typenbezeichnung SAI, S und F Fertigung mehrerer kleiner Sport-, Reise- und Schulflugzeuge, im zweiten Weltkrieg Konstruktion und Bau je eines Kurier- und Jagdflugzeugs sowie Lastenseglers.

Ansaldo: → FIAT.

Breda – Societa Italiana Ernesto Breda: 1917 gegr., war eine der größten italienischen Flugzeugfabriken. Bis 1945 zahlreiche zivile und militärische Muster, danach bis zur Liquidierung des Werkes in den 50er Jahren nur noch zivile.

CANT – Cantieri Riuniti Dell'Adriatico: Durch Teilung der Firma Cantiere Monfalco 1923 gegr. für den Bau von Flugbooten und Schwimmerflugzeugen für zivile und militärische Zwecke.

Caproni: 1908 von Gianni C. gegr. als Aero C. Trenti, mehrmals umformiert und umbenannt. Im ersten Weltkrieg zahlreiche Muster zweimotoriger Bomber, danach Verkehrs-, Bomben- und Sportmaschinen, Jagd- und Sportflugzeuge. 1940 als C.-Ampini N-1 eines der ersten Strahlflugzeuge. 1950 Produktion von Motor- und Strahlflugzeugen eingestellt. Danach Gründung mehrerer Firmen mit dem Namen C. Ab 1969 als C.-Vizzola Serienbau von Segelflugzeugen.

FIAT – Fabrica Italiana Automobil Torino: Einer der größten Konzerne Italiens, produziert Fahrzeuge, Flugzeuge, Flugtriebwerke und Hubschrauber. 1916 als Societa Anonima per Construzione Ing. O. Pomilio & Co gegr., 1920 in Aeronautica Ansaldo (Typen: Ansaldo) umbenannt. Seit 1926 Societa per Azioni FIAT, dessen Flugzeugproduktionsbereich als FIAT-Stablimento Avio bezeichnet wurde. Ab 1919 unter Typenbez. FIAT zahlreiche Muster von Bombern, Mehrzweck-, Jagd-, Schul- und Sportflugzeugen sowie Flugbooten, ab 1954 Strahltrainer und -jagdflugzeuge (G-80 von 1954: erstes Strahlflugzeug von FIAT). Am 12. Nov. 1969 mit Finmeccanica zur → Aeritalia zusammengeschlossen.

Partenavia Costruzioni Aeronautiche SpA: 1957 von den Brüdern Luigi und Nino Pascale gegr. zum Bau leichter Schul- und Reiseflugzeuge. Chefkonstrukteur: L. P.

Piaggio & Co. Societa per Azioni: 1884 gegr., baute Drachen und Marinegerät, ab 1916 Flugzeuge. Nach dem ersten Weltkrieg viele Eigenentwicklungen: Jagdflugzeuge, Marineaufklärer, Flugboote, Schul- und Sportmaschinen, 1934 mit dreimotorigem Bomber erste Ganzmetallkonstruktion von P., danach mehrere schwere Bomber-Muster und Jagdflugzeuge. Nach 1945 Amphibien- und leichte Schulflugzeuge. 1964 umformiert zur Industrie Aeronautiche e Mecchaniche Rinaldo Riaggio SpA. Produziert leichte Turboprop-Transporter.

Procaer – Progetti Costruzioni Aeronautiche SpA: In Mailand ansässige Firma für den Bau von einmotorigen Mehrzweckflugzeugen.

Reggiane – Officine Mecchaniche „Reggiane" S. A.: Zum Konzern → Caproni gehörendes Werk. Produzierte im ersten Weltkrieg C.-Maschinen, ab 1939 bis Kriegsende Entwicklung und Bau eigener Muster (Jagdflugzeuge).

Savoia-Marchetti (SIAI-M. SpA): Im ersten Weltkrieg gegr. Konzern Societa Italiana Aeroplani Idrovolanti S. I. A. I. M. (Societa Idrovolanti Alta Italia), spezialisiert auf Schwimmer- und Bombenflugzeuge sowie Flugboote, mit denen zahlreiche Weltrekorde errungen wurden. Ab 1945 Verkehrs- und Reisemaschinen. Firma 1951 liquidiert, 1953 als SIAI-M. neu gegr., baut kleine Sport- und Reisemaschinen, beteiligt am Überholen von C-130 und anderen Militärmaschinen, Zulieferung für andere Programme – so → Aeritalia G-222.

Japan

Fuji Jukogyo Kabushiki Kaisha (engl.: Fuji Heavy Industries Ltd.): Seit 15. Juli 1953 Nachfolger des 1919 gegr. Flugzeugkonzerns Nakajima (bis Ende des zweiten Weltkriegs insgesamt 29 925 Militärflugzeuge). Mit US-amerikanischem Kapital entstanden. Zunächst leichte Schul- und Mehrzweckflugzeuge nach Cessna- und Beech-Lizenzen, davon einige Typen abgeleitet. Auch Bell-Hubschrauber in Lizenz. Ab 1958 Eigenentwicklungen mit Strahlantrieb. Leichtflugzeuge, Anfangstrainer und Hubschrauber gehören heute zum Produktionsprogramm.

Kawanishi Kokuki Kabushiki Kaisha: 1928 gegr., baute bis 1945 vor allem Großflugzeuge für Japans Kriegsmarine – Bomber und Flugboote, Aufklärer und Marinejagdflugzeuge. Im Rahmen der Wiederaufrüstung Japans 1949 als → Shin Meiwa neu gegründet.

Kawasaki Jukogyo Kabushiki Kaisha: 1928 gegr., baute neben Kriegsschiffen auch Kriegsflugzeuge, zunächst nach Lizenz (Salmson), später Eigenentwicklungen: Bomber, Jagdflugzeuge. Im März 1954 Firma neu gegr., ab 1955 Nachbau von T-33 (USA), aber 1959 P 2 V-7 „Neptun", daraus Eigenentwicklung, ab 1981 P-3 C „Orion". Hubschrauberbau seit 1953 nach USA-Lizenzen. Zulieferer für andere japanische Firmen.

Mitsubishi Jukogyo Kabushiki Kaisha: 1921 Beginn der Flugzeugproduktion. Bis 1945 rund 100 verschiedene Typen in 18 000 Exemplaren ausgeliefert, daneben 52 000 Flugmotoren. Neben Lizenzmustern (Junkers K 37 und G 38; Me 163) eigenentwickelte Bomber, Jagdflugzeuge und Aufklärer. Überholte nach 1945 zunächst amerikanische F-86, dann Lizenzproduktion von 300 F-86 F, 230 F-104 J bzw. DJ, außerdem Hubschrauber S-55, S-61, SH-3 A und S-62. Ab 1963 Eigenentwicklungen. Baut auch Lenkwaffen und Teile für die DC-10. Seit 1977 F-15 in Lizenz.

NAMC – Nihon Aeroplane Manufacturing Co.: 1956 entstanden, enge Zusammenarbeit mit → Mitsubishi, → Fuji, → Shin Meiwa, → Kawasaki und Showa. Ab 1962 YS-11 in zahlreichen Versionen. Entwickelte den Truppentransporter C-1, der bei Kawasaki produziert wird. Besteht als Flugzeugproduzent nicht mehr.

Shin Meiwa Industry C. Ltd.: 1949 als Nachfolger des ehemaligen japanischen Flugzeugkonzerns → Kawanishi gegr. Zunächst Reparaturwerk, lieferte dann Teile für die P-2 J und YS-11. Entwikkelte im Zuge der Neuaufrüstung das Langstrekkenflugboot SS-2 und das Amphibium SS-2 A.

Jugoslawien

Ikarus Tvornica Aero i Hydroplana: 1923 gegr., zunächst französische und britische Flugzeuge in Lizenz. 1945 verstaatlicht, ab 1946 als Staatskonzern Bau von Flugzeugen unter der Bezeichnung I.

Soko Vazduhoplovna Industrija: 1951 in Mostar gegr. Ab 1952 Kolbenmotorschulflugzeuge, später militärische Strahl- (Trainer und Jagdbomber) sowie Leichtflugzeuge. Mit Rumänien gemeinsam „Orao" entwickelt.

UTVA – Fabrika Aviona Utva: Begann 1939 in Pančevo mit Bau von Segelflugzeugen. Nach dem Krieg erweitert, zunächst zur Überholung von „Mosquito" und „Aero-2", 1958 Beginn von Eigenentwicklungen – leichten Hoch- und Tiefdeckern für Reise-, Sanitäts- und Landwirtschaftsflüge. Zur Zeit Produktion von einmotorigen zwei- und viersitzigen Tiefdeckern UTVA-75.

Kanada

Avro Canada: → Avro (Großbritannien)

Canadair Ltd.: Früheres kanadisches Zweigwerk von General Dynamics Corporation (USA). Produzierte ab 1944 als C. Vickers Ltd. amerikanische und britische Flugzeuge in Lizenz. Ab 1954 Weiter- und Eigenentwicklungen, ab 1976 der Regierung unterstellt. Produziert Passagierflugzeuge und Flugboote.

De Havilland Aircraft of Canada Ltd.: → De Havilland Ltd. (Großbritannien). 1928 als Tochterunternehmen dieser Firma gegr., war später Teil der

→ Hawker Siddeley Gruppe, seit 26. Juni 1974 der Regierung unterstellt. Seit 1986 Tochtergesellschaft von Boeing (USA). Produziert mehrere Versionen der Serien DHC-5 „Buffalo“, DHC-6 „Twin Otter“, DHC-7 „Dash“ und „Ranger“ sowie DHC-8 „Dash“.

Mexiko

Anahuac – Fabrica de Aviones Anahuac SA: In den 60er Jahren gegr. zur Entwicklung und zum Bau spezieller Landwirtschaftsflugzeuge. Die „Tauro 350“ wurde in Kleinserie produziert.

Neuseeland

Aero Engines Services: Am 1. April 1973 Zusammenschluß mit → Air Parts zur Firma New Zealand Aerospace Industries Limited: Weiterbau von FU-24 und deren Ableitungen als Aerospace Fletcher FU-24-954 und Aerospace „Cresco“ 600.

Air Parts: Am 1. April 1973 Zusammenschluß mit Aero Engines Services.

Niederlande

Fokker BV: → F. (Deutschland) und VFW (BRD). Nach 1945 beteiligt an den Programmen Gloster „Meteor“, Hawker „Hunter“ und Lockheed F-104 mit Werken in Schiphol, außerdem an → Bréguet “Atlantic” und → Canadair (Northrop) CF-5 / NF-5. Zur Zeit neben F-50 und F-100 in verschiedenen Versionen am NATO-Programm für die F-16 beteiligt.

Koolhoven Vliegtuigen N. V.: 1910 von Ingenieur Frederick K. gegr., baute bis zum zweiten Weltkrieg Schul-, Passagier- und Militärflugzeuge.

Österreich

Lohner – Jacob Lohner & Co: Flugzeugfabrik in Wien, fertigte im ersten Weltkrieg 19 Typen von Versuchs-, Aufklärungs- und Jagdflugzeugen sowie ein Flugboot.

Polen

Lublin – Lubelska Wytwornia Samolotow: Älteste polnische Flugzeugfabrik, nach dem ersten Weltkrieg unter dem Namen E. Plage und T. Laśkiewicz gegr., produzierte ab 1920 italienische Ansaldo und französische → Potez in Lizenz. Nach der Verstaatlichung umbenannt in Lubelska W. S. Alle von Rudlicki geschaffenen Typen (Reise- und Verkehrs-, Sanitäts- und Verbindungsflugzeuge sowie Aufklärer) erhielten die Bezeichnung Lublin und eine Nummer hinter dem Buchstaben R, alle anderen aus diesem Werk: LWS und eine Nummer.

PWS – Podlaska Wytwornia Samolotow: 1923 in Biala Podlaska gegr., entwickelte und baute zahlreiche Schul-, Reise-, Verkehrs-, Jagd-, Bomben- und Aufklärungsflugzeuge, meist als einmotorige Hoch- oder Doppeldecker.

PZL – Panstwowe Zaklady Lotnicze: 1928 in Warschau gegr. als erste staatliche Flugzeugfabrik, entwickelte und baute zahlreiche Zivil- und Militärmaschinen der Ingenieure Pulawski, Zalewski und Dabrowski. Personell und nach Anzahl der Fertigungsstätten bis 1939 stark vergrößert. 1932 wurden → PWS und 1935 Plage und Laśkiewicz in → Lublin verstaatlicht und zählten zu PZL. PZL baute auch vor dem Krieg Motoren. 1944 wurden alle Flugzeug- und Flugmotorenbetriebe verstaatlicht und als PZL – Polskie Zaklady Lotnicze (Polnische Flugzeugwerke) vereinigt. Mit Fertigungsstätten in mehreren Orten (Flugzeuge, Hubschrauber, Motoren – Eigenentwicklungen und Lizenzproduktion). Ab 1975 tragen alle in Polen entwickelten Maschinen das Symbol PZL.

RWD: Abkürzung für die Namen der Ingenieure und Flieger Rogalski, Wigura und Drzewiecki (nach dem Tode von Wigura wurde Wedrichowski in die Gruppe aufgenommen) als Konstrukteure aller zwischen 1928 und 1938 geschaffenen Sport-, Reise- und Verkehrsflugzeuge (meist einmotorige Schulterdecker). Alle gebaut in den Luftfahrtversuchswerkstätten (Doświadczalne Warstaty Lotnicze) Warschau.

Rumänien

IAR – Industria Aeronautica Romana: 1925 in Braşov als Aktiengesellschaft (Blériot-Spad und Loraine-Dietrich/Frankreich sowie Astra/Rumänien) gegr., später staatlich. Bau nach französischen, USA- und polnischen Lizenzen sowie Eigenentwicklungen, auch Triebwerke. Vor dem Krieg in 18 Jahren mehr als 20 verschiedene Typen produziert. Nach dem Krieg verschiedene Entwicklungsstufen. Gegenwärtig Bau von Eigenentwicklungen sowie Lizenzbau französischer Hubschrauber und britischer Flugzeuge. Mit Jugoslawien Gemeinschaftsentwicklung „Orao“.

IS – Iosif Silimon: Ingenieur und Konstrukteur von Segelflugzeugen in der 1960 gegr. Sektion Seglerkonstruktion in Braşov (heute ICA – Intreprinderea de Constructii Aeronautice). Zu den Konstruktionen gehört auch das Landwirtschaftsflugzeug IS-23.

Rg (auch RG): Konstruktionen des 1950 in Reghin unter Leitung von Vladimir Novitchi gegr. Betriebs I. F. I. L., später umbenannt in C. I. L. – Combinatul pentru industrializarea lemnului.

SET – Societatea pentru exploatari tehnice: Nach → IAR das bedeutendste rumänische Flugzeugwerk bis Kriegsende. Nahm 1924 Tätigkeit mit Umbau von de Havilland-Maschinen zu Passagierflugzeugen auf. Später zahlreiche Eigenentwicklungen und Lizenzbauten.

Schweden

ASJA – Svenska Järnvägsverkstäderna AB: Größter Schienenfahrzeugkonzern Skandinaviens, gründete 1930 in Linköping einen Zweigbetrieb für Flugzeugbau. Bau eigener und deutscher Modelle, britischer DH „Moth“. 1937 Reorganisation und Vergrößerung von 150 auf 500 Mitarbeiter, verstärkte Produktion für die Luftstreitkräfte, 1939 in die Firma → SAAB aufgegangen.

SAAB – Scania Aktiebolag: 1937 Svenska Aeroplan A. B. in Linköping zur Produktion militärischer Flugzeuge gegr. (von 1921 bis 1933 gab es bereits eine SAAB – Svenska Aero A. B., die von der → ASJA übernommen wurde). Zunächst Lizenzproduktion deutscher und USA-Muster, ab 1940 Eigenentwicklungen von Bomben- und Jagdflugzeugen. Ständige Vergrößerung durch Übernahme anderer Werke (1937: Sparmann Flygplanverkstad; 1939: ASJA und AB Förenade Flygindustri; 1968: Autobus- und LKW-Werke Scania-Vabis und Malmö Flygindustri MFI). Stellt auf dem Luftfahrtsektor Jagdflugzeuge und Jagdbomber, Strahltrainer und Aufklärer sowie kleine Mehrzweckflugzeuge und Lenkwaffen her.

Schweiz

Comte – Alfred Comte, Aviation et Constructions Aeronautiques: Flugzeugwerk in Zürich, hervorgegangen aus einer erfolgreichen Fliegerschule, bestand in den 20er und 30er Jahren, 1934 Konkurs.

Eidgenössische Flugzeugwerke: Auch als Eidgenössisches Flugzeugwerk oder Flugzeugwerk (F + W) in Emmen bezeichnet – gehört zur kriegstechnischen Abteilung (KTA) des Militärdepartements (ist Teil der Schweizerischen Fliegertruppe). Schuf eine ganze Reihe von Militärflugzeugen, so die modifizierte „Mirage III-S“.

Eidgenössische Konstruktionswerkstätten (K + W) Thun: Im Frühjahr 1915 gegr. staatliches Unternehmen. Ende der 30er Jahre Abtrennung der Montageeinrichtungen in der Flugzeugabteilung. Zu Beginn des zweiten Weltkriegs Serienmontage von Kampfflugzeugen im neuen Flugzeugwerk Emmen, daraus 1942 F + W als selbständige Einheit (Direktion, Konstruktion, Materialeinkauf, Fabrikation und Montage) entstanden.

Pilatus Flugzeugwerke AG: Im Dez. 1939 als Teil der Oerlikon-Bührle-Gruppe gegr. Noch für einige Jahre mit dem „Porter“-Programm ausgebucht, Übernahme durch Britten-Norman.

Spanien

AISA – Aeronautica Industrial SA: 1923 gegr., Entwicklung und Bau mehrerer Leicht- und Schulflugzeuge, 1955 von der Iberavia SA (1946 gegr.) übernommen.

CASA – Construcciones Aeronauticas SA: Im März 1923 gegr., um Ganzmetallflugzeuge für die spanische Luftwaffe zu bauen. Beginn mit Lizenzproduktion von Bréguet XIX. Ab 1952 auch Eigenentwicklungen im Serienbau, außerdem an mehreren Lizenzmustern (Northrop F-5, MBB Bo 105) sowie Reparaturprogrammen (F-4, Bell 47 G, 205 und 205, Sikorsky H-19) beteiligt. 1972 Übernahme von → Hispano Aviacion SA, im Juni 1973 auch Motorenwerk ENMAS übernommen.

Hispano-Suiza – La Hispano Aviacion SA: Mitte der 20er Jahre in Barcelona gegr., Eigenentwicklungen und Lizenzproduktion, zunächst französische Jagdflugzeuge, später Me 109 als HA-1109, auch He-111. Nach 1945 Messerschmitt-Entwicklungen HA-200 und HA-300. 1972 vom Konzern → CASA aufgenommen.

UdSSR

Antonow, Oleg Konstantinowitsch: 1931 bis 1938 in Leningrad Chefkonstrukteur eines Segelflugzeugwerks, danach zwei Jahre im → Jakowlew-Büro. Leitete dann eine Gruppe, die Segelflugzeuge und Lastensegler baute. Ab 1943 im Konstruktionsbüro Jakowlew 1. Stellvertreter, an der Konstruktion von Jagdflugzeugen beteiligt. Leitet ab 1946 eigenes Versuchs- und Konstruktionsbüro (heute in Kiew ansässig); schuf zahlreiche Transport-, Passagier- und Mehrzweckflugzeuge, zuletzt An-72 – erste An mit Strahltriebwerken.

Berijew, Georgi Michailowitsch (eigentlich Beriaschwili): Von 1934 bis 1968 Leiter eines Versuchskonstruktionsbüros für Seeflugzeuge. Schuf neben einigen Schwimmerflugzeugen und einer Passagiermaschine vor allem Flugboote und Amphibienflugzeuge, einige auch mit Strahlantrieb, so 1951 R-1 und 1959 Be-10.

Bolchowitinow, Viktor Fjodorowitsch: Ab 1919 mit Konstruktion von Flugzeugen beschäftigt, 1924 erstes Segelflugzeug. Mit einer Gruppe an der Ingenieur-Akademie der Luftstreitkräfte Entwicklung der DB-A. Ab 1938 Bau von Strahlflugzeugen, danach Raketenjagdflugzeuge.

ChAI – Charkower Luftfahrtinstitut: Seit Beginn der 30er Jahre entwickeln Studenten und Dozenten dieser Ausbildungseinrichtung in unregelmäßigen Abständen leichte Sport-, Verkehrs- und Übungsflugzeuge, die die Bezeichnung ChAI erhalten.

Grigorowitsch, Dimitri Pawlowitsch: Als Student bereits erstes Flugzeugprojekt. Vor 1913 drei Flugzeugprojekte, konnte sie erst als Technischer Direktor des Werkes „Erste Russische Luftfahrtgesellschaft S. S. Schtschetinin Petersburg" verwirklichen. Dort entstand sein erstes Wasserflugzeug M-1. Im Krieg ganze Serie bewaffneter und unbewaffneter Flugboote der M-Serie. M-9 auch an Großbritannien, Frankreich, Italien und die USA verkauft. Erbeutete M-Flugboote wurden gern benutzt. In den 20er Jahren M-Typen verbessert sowie Konstruktion mehrerer Schlacht- und Jagdflugzeuge. G. war ab 1922 Chefkonstrukteur des Werkes „Krasny Lotschik" (Roter Flieger) in Petrograd (Leningrad) sowie Leiter des maritimen Versuchsflugzeugbaus. Diese Funktion übernahm später → Berijew.

Iljuschin, Sergej Wladimirowitsch: Bis 1921 Flugzeugmechaniker, 1926 Abschluß des Studiums, als Student Projektierung und Bau von Segelflugzeugen. 1926 bis 1931 im Wissenschaftlich-Technischen Komitee der Luftstreitkräfte. Ab 1931 Leiter einer Brigade des Flugzeugkonstruktionsbüros ZKB, 1933 beteiligt am Bau des Stratosphärenballons SSSR. Zunächst Konstruktion mehrerer zweimotoriger Bomber, später Schlachtflugzeuge (berühmtestes Muster: Il-2). Kurz vor Kriegsende Beginn der Konstruktion am ersten Passagierflugzeug Il-12. Danach parallel Passagierflugzeuge mit Kolbenmotoren und strahlgetriebene Bomber (größter Erfolg: Frontbomber Il-28), später Turboprop-Passagiermaschinen und solche mit Strahlantrieb. Mit Il-76 erster sowjetischer Transporter mit Strahltriebwerken. Bis Ende 1968 mehr als 57000 Flugzeuge Il ausgeliefert. Nach Iljuschins Tod behielt das Konstruktionsbüro den Namen Il bei. Geleitet wird es von Genrich Nowoshilow.

Jakowlew, Alexander Sergejewitsch: Bereits als Student am Bau von Schul- und Sportflugzeugen beteiligt, 1931 Abschluß des Studiums. 1934 Chefkonstrukteur, 1937 Generalkonstrukteur eines Versuchskonstruktionsbüros. 1940/48 Stellvertreter des Volkskommissars, dann Minister für Luftfahrtindustrie. Sehr vielseitiges Schaffen: Schul-, Sport-, Reise-, Verkehrs-, Bomben-, Jagd- und Transportflugzeuge, Lastensegler und Hubschrauber, Strahltrainer und Senkrechtstarter. In den letzten Jahren Senkrechtstarter für die großen U-Jagd-Schiffe der sowjetischen Flotte sowie Passagierflugzeug Jak-42. War immer ein Vertreter der Leichtbauweise.

Kalinin, Konstantin Alexejewitsch: Bekannter sowjetischer Flugzeugkonstrukteur der 20er Jahre, 1916 Militärflieger, 1925 Ingenieur. Im gleichen Jahr Erstflug seines ersten Flugzeugs K-1. Schuf insgesamt 16 Flugzeugtypen und Modifikationen der Muster K-1 bis K-13.

Kamow, Nikolai Iljitsch: Bereits 1929 mit Skrshinski erster sowjetischer Tragschrauber KaSkr-1 (Ka und Skr). Leiter einer Arbeitsbrigade im Versuchskonstruktionsbüro für Drehflügler. Bis zum zweiten Weltkrieg an mehreren erfolgreichen Tragschraubern beteiligt (darunter bewaffneter → ZAGI 7-EA). Nach 1945 eigenes Konstruktionsbüro. Entwicklung mehrerer erfolgreicher Hubschrauber mit koaxialen Rotoren, vielfach in der Marine erprobt und eingesetzt. Leiter des Konstruktionsbüros ist nach Kamows Tod Sergej Michejew.

Lawotschkin, Semjon Alexejewitsch: Im → Tupolew-Büro an der Serienvorbereitung der TB-1 beteiligt, nach 1929 im Zentralen Aero- und Hydrodynamischen Institut (ZAGI) tätig. 1935 Chefkonstrukteur. 1940 mit Gorbunow und Gudkow Jagdflugzeug LaGG-1 entwickelt. Verbesserungen und später Eigenentwicklungen (ab La-5). Letztes Jagdflugzeug mit Kolbenmotor: La-11. Zu der Zeit bereits Arbeit an Strahljägern. Versuche mit Pfeilflügeln sowie schweren Allwetterabfangjagdflugzeugen. Letztes Muster: La-250. Nach Lawotschkins Tod Auflösung des Konstruktionsbüros.

MiG – Mikojan und Gurewitsch: Artjom Iwanowitsch Mikojan ab 1936 im Büro → Polikarpows, traf dort mit Gurewitsch zusammen. Ab 1939 eigenes Konstruktionsbüro, Zusammenarbeit mit Gurewitsch über Jahrzehnte. Nach den Höhenjagdflugzeugen MiG-1 / 3 zahlreiche Experimentalflugzeuge. Nach 1945 erfolgreichste sowjetische Jagdflugzeugentwicklungen. Maschinen im Serienbau mit Bezeichnung MiG auch nach dem Tod von Mikojan und Gurewitsch; Versuchsflugzeuge mit I- und E-Bezeichnungen. Michail Jossipowisch Gurewitsch, ab 1929 in der sowjetischen Luftfahrtindustrie, zunächst im Büro von → Polikarpow, im gemeinsamen Konstruktionsbüro Stellvertreter von M. Von 1957 bis 1964 Chefkonstrukteur. Vor allem als Mathematiker am Erfolg der gesamten MiG-Reihe beteiligt.

Mil, Michail Leontjewitsch: 1931 Arbeitsbeginn in der Sektion für Autogiros und Versuchshubschrauber. Ab 1939 Stellvertreter von Chefkonstrukteur → Kamow. Bei Kriegsausbruch leitender Ingenieur einer Tragschrauberstaffel. Bis 1945 insgesamt an 14 Typen sowjetischer Autogiros und 7 Hubschraubertypen mitgearbeitet. 1948 Chefkonstrukteur eines Versuchs- und Konstruktionsbüros für Hubschrauber. Entwicklung und Serienbau erfolgreicher Hubschrauber mit einer Tragschraube (außer W-12) und einer Ausgleichsschraube im Heck. Die Leitung des Konstruktionsbüros Mil hat M. N. Tischtschenko übernommen. Der Name Mil wurde für die Konstruktionen weiterhin beibehalten.

Mjassischtschew, Wladimir Michailowitsch: Begann 1923 während des Studiums mit der Konstruktion von Flugzeugen, ab 1936 Mitarbeit im Konstruktionsbüro Tupolews unter Leitung von → Petljakow an den Tragflügeln für die Bomber TB-1, TB-3 und TB-4. Leitete dann ein Büro für Experimentalflugzeuge. Ab 1939 eigenes Konstruktionsbüro für den Bau schneller Höhenbomber. 1942 Chefkonstrukteur des Werkes, das den Sturzbomber Pe-2 in Serie baute. Nach dem Krieg Generalkonstrukteur, Entwicklung mehrerer schwerer Bomber mit 4 Strahltriebwerken.

Petljakow, Wladimir Michailowitsch: Arbeit im → ZAGI. Schuf dort im → Tupolew-Kollektiv zahlreiche Baugruppen, so bei ANT-2 oder TB-1. Vor allem Verdienste bei Festigkeitsberechnungen, Konstruktion von Ganzmetallmaschinen und deren Einführung in den Serienbau. Ab 1936 eigene Bomberentwicklungen.

Polikarpow, Nikolai Nikolajewitsch: Arbeit im → Russisch-Baltischen Luftschiff- und Flugzeugwerk in Petersburg (heute: Leningrad). Ab 1918 Leiter verschiedener Flugzeugwerke. In den 20er und 30er Jahren sowjetischer „Jägerkönig" – vorwiegend Polikarpow-Jagdflugzeuge bestimmten zu jener Zeit die Ausrüstung der sowjetischen Luftstreitkräfte. Schuf insgesamt etwa 70 Flugzeugmuster. Ab 1943 Professor am Moskauer Luftfahrtinstitut und Lehrstuhlinhaber für Projektierung und Konstruktion von Flugzeugen.

Putilow, A. I.: Begann als Konstrukteur und Ingenieur des Moskauer Luftfahrtinstitutes (MAI) mit der Projektierung der Stahl-1. Setzte diese erfolgreiche Tätigkeit als Chefkonstrukteur des Flugzeugwerks Nr. 81 fort, wohin auch sein Konstruktionsbüro übersiedelt war. Einige Stahl-Modelle schuf der aus Italien stammende Ingenieur Rudolf Ludowigowitsch Bartini, so die Stahl-6 und -7. Bartini schuf das erste sowjetische Flugzeug mit Einziehfahrwerk.

RBWS – Russisch-Baltisches Waggonwerk: 1911 in Petersburg (heute: Leningrad) gegr., erstes größeres russisches Flugzeugwerk, stand unter Leitung von I. I. Sikorsky. Baute neben den mehrmotorigen Maschinen bis zum Jahr 1916 auch mehrere Typen von ein- und zweisitzigen Doppeldecker-Jägern.

Schawrow, Wadim Borissowitsch: 1925/27 am Bau von Wasserflugzeugen im Versuchskonstruktionsbüro von → Grigorowitsch beteiligt. Ab 1929 selbständige Konstruktionen, insbesondere Flugboote und Amphibien. Ab 1950 am Technologischen Luftfahrtinstitut Moskau. Ab 1960 Publikationen als Luftfahrthistoriker, so mehrere Standardwerke über sowjetische Flugzeugkonstruktionen.

Schtscherbakow, Alexej Jakowlewitsch: Bis 1935 Mitarbeit im Konstruktionsbüro → Kalinins, dann in Moskau im Werk für Spezialkonstruktionen, dort 1937 Projekt eines Stratosphärengleiters sowie eines Abfangjägers. 1939/40 beteiligt am Bau von Koroljows Raketen-Segelflugzeugen. Ab 1941 Zusatzeinrichtungen für verschiedene Flugzeuge (z. B. zusätzliche Kabinen für die Flügel der Po-2), leichte Transporter und Projekte für Höhenjäger (nach 1948).

Suchoi, Pawel Ossipowitsch: Mitarbeiter im → ZAGI, bald in leitenden Funktionen. 1932 Abteilungsleiter im Konstruktionsbüro → Tupolew und stellvertretender Chefkonstrukteur. In dieser Funktion mehrere Flugzeugentwicklungen, alle aber noch unter der Bezeichnung ANT/Tu. Später eigenes Versuchskonstruktionsbüro, vor allem Schlacht- und Jagdbombenflugzeuge entwickelt. Zahlreiche Versuchs- und Rekordmaschinen mit Strahltriebwerken (oft von Wladimir Iljuschin geflogen, Sohn vom → Iljuschin S. W.). Heute kommen aus diesem Konstruktionsbüro vor allem Jagdbomber.

Tschetwerikow, I. W.: Leitete in den 20er und 30er Jahren ein Versuchskonstruktionsbüro für Wasserflugzeuge, in dem mehrere Typen von Flugbooten entstanden.

Tupolew, Andrej Nikolajewitsch: Bereits als Student an Konstruktion und Bau von Gleitflugzeugen beteiligt; studierte bei N.J. Shukowski; noch während des Studiums Leiter der Abteilung Wasserflugzeuge in der Flugzeugfabrik „Dux" in Moskau. Mehrere Funktionen im sowjetischen Flugzeugbau der Jahre 1917/18. Als engster Mitarbeiter Shukowskis im Dezember 1918 an der Gründung des → ZAGI beteiligt, 1918 bis 1935 dessen stellvertretender Leiter. 1922: im ZAGI Gründung eines Versuchskonstruktionsbüros für den Flugzeugbau unter Leitung von T. Ab 1923/24 dort Pionierleistungen im sowjetischen Ganzmetallflugzeugbau. T. entwickelte mit seinem Kollektiv über 100 Jagd-, Bomben-, Passagier-, Aufklärungs- und Rekordflugzeugtypen, darunter mehrere Wasserflugzeuge. T. ist als Altmeister des sowjetischen Flugzeugbaus Lehrer zahlreicher bekannter Konstrukteure, so → Suchois und → Mjassistschews.

ZAGI – Zentralny Aero-Gidrodinamitscheski Institut (Zentrales Aero-Hydrodynamisches Institut): Am 1. Dez. 1918 gegr. wissenschaftliches Forschungszentrum für die Luftfahrt der UdSSR. Sehr früh ausgezeichnete Ausstattung (in 20er Jahren größter Windkanal der Welt), ständig vervollkommnet. Zunächst auch für den Versuchsbau zuständig, daher auch Typenbezeichnung ZAGI. Selbständiger Sektor bis Mitte 30er Jahre war Versuchsflugzeugbau → Tupolews. Immer eng mit sowjetischer Luftfahrt verbunden. 1935 neuer Gebäudekomplex außerhalb Moskaus, dort neuer Windkanal, in dem zweimotorige Bomber im Original mit unter Volllast laufenden Triebwerken untersucht werden konnten. Nach 1945 besonders mit Problemen des Hochgeschwindigkeitsflugs beschäftigt, wissenschaftliche Hilfe für die Konstruktionsbüros.

Zybin, Pawel Wladimirowitsch: Chefkonstrukteur, schuf mit D.N. Kolesnikow, nach 1945 allein, mehrere Lastensegler sowie Versuchsgleiter.

Ungarn

Lloyd – Ungarische Lloyd Flugzeug- und Motorenfabrik: In der kaiserlich-königlichen Donaumonarchie Österreich-Ungarn gab es mehrere Flugzeugwerke, die sehr eng mit deutschen Betrieben zusammenarbeiteten. Bei Lloyd in Aszod baute man vor allem Aufklärer. Alle Lloyd-Konstruktionen trugen die Seriengruppe 40 (z.B. 43 Lloyd C-III Aufklärer von 1916). Insgesamt entwickelte dieses Werk im ersten Weltkrieg 10 verschiedene Typen.

Weiss Manfred: Flugzeug- und Motorenfabrik, stellte den Nahaufklärer Fokker C.V-D sowie französische Triebwerke in Lizenz her, später mehrere Eigenentwicklungen.

USA

Aerocar Incorporated: 1948 gegr. Firma, die sich zunächst mit dem Bau von Autoflugzeug-Kombinationen des Ingenieurs M.B. Taylor beschäftigte. Später kleine Flugboote sowie Flugzeuge für den Amateurbau.

Aero Spacelines: 1961 gegr., inzwischen nicht mehr bestehende Firma, die mehrere Typen großer Flugzeuge zum Transport sperriger Frachten umbaute.

Aerosport Incorporated: 1970 von H.L. Woods, vorher Chefingenieur der Bensen Aircraft Corporation, gegr. Firma zur Entwicklung verschiedener Baukastenflugzeuge – Hoch-, Tief- und Doppeldecker.

Bede Aircraft, Inc.: Von James R. Bede gegr., inzwischen nicht mehr bestehende Firma für die Entwicklung und Fertigung von Leicht- und Baukastenflugzeugen.

Beechcraft – Beech Aircraft Corporation: 1932 von den Leichtbaupionieren Walter H.B. und Olive Ann B. als Beech Aircraft Company entstanden, ab 1936 heutiger Name. Einer der ersten Erfolge war viersitziger Doppeldecker Beech 17 (Reiseflugzeug, geschlossene Kabine), gebaut in großen Serien und vielen Versionen. Seit über 30 Jahren in 11000 Exemplaren Bonanza V-35 B gebaut. Heute außerdem militärische Trainer, Verbindungs- und Marineflugzeuge sowie über 20 Typen ziviler Sport-, Schul-, Reise- und Kleinverkehrsflugzeuge.

Bell Aircraft Corporation: 1935 vom Flugzeugkonstrukteur Lawrence D.B. gegr., auf Jagdflugzeuge spezialisiert, nach 1945 Versuche mit Hochgeschwindigkeitsflugzeugen sowie Hubschraubern. Von 1935 bis 1955: 13000 Jagd-, 700 Bombenflugzeuge sowie 1500 Hubschrauber. Heute als Bell Helicopter Textron einer der größten Hubschrauberproduzenten.

Bellanca Aircraft Corporation: 1927 von Guiseppe B. gegr., spezialisiert auf Sport- und Verkehrsmaschinen. Mehrere Atlantik-Flüge mit B.-Maschinen vor dem zweiten Weltkrieg. Nach 1945 beschäftigt mit Entwicklung von Glasfiber-Bauteilen für die Flugzeugindustrie. 1971 umstrukturiert zur B. Aircraft Engineering Inc., Bau des Modells 19-25 „Skyrocket". Den Namen B. übernahm 1970 außerdem eine in Alexandria (Minnesota) ansässige Firma (B. ursprünglich in New Castle/Delaware), die Leichtflugzeuge in drei Serien baut (Tiefdecker „Viking", Hochdecker „Champion" und „Scout").

Boeing – The B. Company: Größtes Unternehmen der USA-Luftfahrtindustrie, besteht aus den großen Bereichen B. Commercial Airplane (Fertigung der Verkehrsflugzeuge B.707, 727, 737, 747, 757, 767), B. Aerospace Company (u. a. E-3 „Sentry" AWACS; E-4), B. Military Airplane Company (B-52-Umbauten, KC-135 A „Stratotanker"). Juli 1916 von William Edward B. gegr. als Pacific Aero Products Company, später als B. bezeichnet, mehrmals umformiert und umbenannt. Im ersten Weltkrieg Schulflugzeuge, danach Militär- und Verkehrsmaschinen. Spezialisiert auf große Bomber und zivile Flugboote, aber auch Jagdflugzeuge bis zum zweiten Weltkrieg. Von 1939 bis 1945: 16000 Militärflugzeuge verschiedener Typen, vor allem viermotorige Bomber. Danach zahlreiche Muster von Passagier- und Militärflugzeugen mit Strahlantrieb. Seit 1960 gehört das Hubschrauberwerk B.-Vertol zum Konzern. B. ist eng mit Luftfahrtkonzernen anderer Länder verbunden. Übernahme von DHC Canada.

Boeing-Vertol Company: Seit 1960 bestehendes Unternehmen des → B.-Konzerns. Fertigte bis 1980 etwa 2500 Hubschrauber mit Tandem-Rotoren für die USA-Streitkräfte sowie andere Länder.

Cessna Aircraft Company: Einer der größten Hersteller von Schul- und Reiseflugzeugen in den USA mit Sitz in Wichita, Kansas. Von dem Luftfahrtpionier Clyde V. Cessna gegr., als Gesellschaft am 7. Dez. 1927 eingetragen. Heute zahlreiche Tochterunternehmen, auch Zulieferindustrie und andere Branchen, mit 49% an → Reims Aviation (Frankreich) beteiligt. Bis Jan. 1980 hat C. insgesamt 159949 Flugzeuge ausgeliefert. Zum heutigen Programm zählen über 50 Modelle – einmotorige Reisehochdecker und Arbeitsflugzeuge, zweimotorige Tiefdecker, Maschinen mit Zug- und Druckpropeller, Aufklärer, militärische Leichtflugzeuge sowie Teile für die F-4 „Phantom II".

Champion Aircraft Corporation: 1954 gegr. Firma für den Bau von Leichtflugzeugen, besteht seit Ende der 60er Jahre nicht mehr.

Chance-Vought: 1917 von dem Wright-Schüler Chance Milton Vought und dessen Freund Birdsey B. Lewis als Werkstatt für Konstruktion und Bau von Flugzeugen als Lewis & Vought Corporation gegr. 1917 erster Eigenbau, danach mehrere Modelle von Wasserflugzeugen (Schulung, Jagd, Aufklärung), ab 1920 auf militärische Wasserflugzeuge spezialisiert. Wurde 1929 Teil des Rüstungskonzerns United Aircraft Corporation. 1939 mit → Sikorsky Aircraft Corporation vereinigt (als Vought-Sikorsky). 1943 Trennung, frühere Bezeichnung. Im zweiten Weltkrieg Bau von 13000 C.-Maschinen. 1954 umbenannt in C.V. Aircraft Incorporated. → Ling-Temco-Vought, → Sikorsky.

Consolidated-Vultee: 1923 gegr. Flugzeugwerk durch Zusammenschluß von Dayton Wright Company und Gallaudet Aircraft Corporation. 20 Jahre später vereinigt mit Vultee Aircraft Incorporated zur C. Vultee Aircraft Corporation, abgek. Convair. Vorher aber noch Übernahme der Thomas-Morse Aircraft Corp. in Ithaca. In den 20er Jahren Doppeldecker-Schulmaschinen, Flugboote als Bomber und Verkehrsmaschinen, in den 30er Jahren Jäger, militärische Flugboote und Bomber, nach dem Krieg mehrere Passierflugzeuge, schwere Bomber, Transporter, strahlgetriebene Wasser-Jagdflugzeuge, Flugboote, Senkrechtstarter. 1954 im Zuge des Monopolisierungsprozesses in den Konzern → General Dynamics eingegangen.

Convair: → Consolidated-Vultee

Curtiss-Wright: Glenn Hammond C. gründete 1910 die Firma C. Aeroplane and Motor Company Incorporated. Mehrere Typen erfolgreicher Wasserflugzeuge, zahlreiche Geschwindigkeitsrekorde nach 1918 mit C-Flugzeugen. 1929 mit Wright-Aeronauticle Corp. vereinigt zur C.-W. Airplane Company Incorporated, zwischen den Weltkriegen einer der größten USA-Konzerne für den Bau von Militärflugzeugen. Allein von 1939 bis 1945 von C.-W. 23000 Militärmaschinen. Ab 1947 beschäftigt mit Experimentalflugzeugen und Senkrechtstartern. Mitte der 60er Jahre mit anderen Flugzeugkonzernen der USA vereinigt.

Douglas Aircraft Company Inc.: Von Donald Wills D. 1920 in Santa Monica, Kalifornien als Werft gegr., bald Bau eigener Flugzeugentwicklungen: Marine-, Post- und Sportmaschinen sowie Bomber und Verkehrsmaschinen. Nach 1945 Langstrecken-Verkehrsflugzeuge, Schlacht- und Bombenflugzeuge. Am 28. April 1967 fusioniert mit der → McDonnell Co. zur → McDonnell Douglas Corporation. In Douglas Aircraft Company (eine Abteilung der McDonnell Douglas Corporation) z.B. DC-8, DC-9, DC-10, KC-10 A und A-4 „Skyhawk".

Fairchild Republic Company: USA-Großkonzern, in Farmingdale, New York, ansässig, eigene Flugzeugentwicklungen, Baugruppen für andere Typen, Luft- und Raumfahrtzubehör, Avionik und Elektronik. Haupterzeugnis war Tiefangriffsflugzeug A-10 „Thunderbolt II". 1925 F. Aircraft Corporation gegr., 1931 vereinigt mit Seversky Aircraft Co. Republic zur → Republic Aviation Corp. Nach verschiedenen Umgliederungen und Umbenennungen (z. B. 1965 Fairchild Hiller Corporation) trägt das Unternehmen den heutigen Namen.

Gates Learjet Corporation: Im Aug. 1962 aus der Swiss American Aviation Corp. (im April 1961 zum Bau eines leichten schweizerischen Verkehrsflugzeuges gegr.) entstanden. Im Bau sind mehrere Versionen und Weiterentwicklungen (einschließlich Marineversion) des Ausgangsmusters.

General Dynamics Corporation: USA-Konzern mit ausgedehnter Struktur, so Militär- und Passagierflugzeuge, Lenkgeschosse, Raketen, elektronische Aufklärungs- und Nachrichtengeräte mit Hauptsitz in St.-Louis, Missouri. 1974 aus 7 Firmen hervorgegangen, heute 4 Zweigfirmen: → Convair-Division in San Diego, Kalifornien (Fertigung großer Teile für → McDonnell Douglas DC-10, Wartung und Umbau der Serie Convair 240/340/440 sowie Convair 880/990, Bau von Cruise Missile „Tomahawk" für USA-Marine); Fort Worth Division in Fort Worth, Texas (Projektion, Entwicklung und Bau von Militärflugzeugen, z. Z. Serienbau von F-16 und Umbau von F-111); Pomona Division, Pomona, Kalifornien (taktische Raketen und andere Flugkörper); Electronics Division, San Diego und Orlando, Florida (Radargeräte, Rechner, Navigationssysteme, U-Bootbekämpfungsmittel, Nachrichtengerät).

Grumman Corporation: USA-Konzern für Produktion militärischer und ziviler Flugzeuge, für Raum- und Luftfahrtzubehör sowie elektronische Apparaturen. 1929 als The Grumman Aircraft Engineering Corporation gegr., zunächst zahlreiche Marineflugzeuge, darunter Schwimmer- und Trägermaschinen sowie Flugboote, von 1939 bis 1945 rund 17 000 Flugzeuge verschiedener Typen. Nach 1945 weiterhin vorwiegend maritime Militärmaschinen, gegenwärtig Jagdflugzeug F-14 „Tomcat", Elokamaschine EA-6 B „Prowler" und maritimer Aufklärer E-2 C „Hawkeye". F-111 werden zu EF-111 A für den elektronischen Krieg umgebaut. Die am 1. Sept. 1978 gegr. Tochtergesellschaft Gulfstream America fertigt Passagiermaschinen der „Gulfstream"-Serie sowie Landwirtschafts-Doppeldecker Ag-Cat und Ag-Cat-Turboprop.

Hughes Helicopters: Tochtergesellschaft der H.-Dachorganisation Summa Corporation, fertigt außer Hubschraubern (Modell 300 und 500 in verschiedenen Versionen, AH-64) Flugzeug-Feuerleitsysteme, Luft-Luft-Raketen, Radar- und Datenverarbeitungsgeräte, Panzerabwehrwaffen, Fernmeldesatelliten, Laser- und Infrarotgeräte. Lizenzen für H.-Hubschrauber an Japan (Kawasaki), Argentinien und Italien erteilt. 1984 in McDonnell-Douglas.

Kaman Aerospace Corporation: Hubschrauberwerk im Kaman-Konzern, 1945 als K. Aircraft Corporation gegr., baute von 1945 bis 1949 drei Typen von Versuchshubschraubern (K-125, K-190 und K-225), ab 1950 Serienbau militärischer Hubschrau

Lake Aircraft Division: Teil des Konzerns Consolidated Aeronautic Inc. 1962 gegr., kontinuierliche Produktion des Amphibienflugzeuges La-4. Bis 1980 waren rund 1 000 Maschinen in verschiedenen Versionen fertig.

Ling-Temco-Vought Incorporated: USA-Konzern mit Sitz in Dallas (Texas). Die Tochtergesellschaft LTV Aerospace Corporation (seit 1977 → Vought Corporation) fertigt Marinejagdbombenflugzeuge A-7 „Corsair II" in verschiedenen Versionen sowie Teile der S-3 A „Viking", außerdem: Raketen, Ausrüstungen für Luft- und Raumfahrt, Lenkwaffen, elektronische Geräte sowie andere Ausrüstungen der Streitkräfte. Ursprünglich von dem Luftfahrtpionier Chance Milton Vought gegr. → Chance, mehrmals umbenannt. 1961 nach Zusammenschluß mit Elektronik-Firma Ling Temco zu LTV. Seit den 20er Jahren spezialisiert auf militärische Marineflugzeuge, früher Schwimmer-, später Trägermaschinen mit Strahlantrieb.

Lockheed Aeronautical Systems Company (LASC): Einer der größten USA-Luft- und Raumfahrtkonzerne mit Sitz in Burbank, Kalifornien. 1916 gegr. als Loughead Aircraft Manufacturing Co. (von den Brüdern Allan und Malcolm Loughead), 1926 umbenannt in Lockheed Aircraft Co.; 1941 Aufkauf der Vega Aircraft Corporation (1937 gegr.). In den 20er Jahren zahlreiche Verkehrsflugzeuge, ab 1935 auch Jäger, Bomber, Aufklärer und Transporter. Von 1939 bis 1945 Auslieferung von 19 273 Maschinen verschiedener Typen. Heute Marineaufklärer, Transporter und U-Jagdflugzeuge, Passagiermaschinen, Bau verschiedener Arten von Lenkwaffen, Raketen und elektronischen Ausrüstungen. Mehrfach umbenannt.

Martin – The Glenn Luther Martin Company: Eine der ältesten USA-Flugzeugfirmen, 1909 gegr., aber erst 1911 so benannt. Danach Produktion vorübergehend eingestellt, im ersten Weltkrieg zeitweilige Zusammenarbeit mit den Wright-Werken, später eigenes Unternehmen, das sich stark vergrößerte. In den 30er Jahren vor allem große Flugboote, aber auch Bomber und Passagiermaschinen. Im zweiten Weltkrieg mittlere Bomber, Schlachtflugzeuge und Flugboote, danach einige militärische Strahlflugzeuge. Ab 1959 als Martin Marietta einige Forschungsfluggeräte, meist aber mit Raketen und Raumfahrtgeräten beschäftigt, weniger mit Flugzeugen.

McDonnell – McDonnell Aircraft Corporation: Von dem Piloten und Konstrukteur James Smith McD. am 6. Juli 1939 gegr. (von 1928 bis 1930 hatte es bereits die von ihm gegr. Firma McDonnell und Co. gegeben). Bau von Jagd-, Versuchs- und Marineflugzeugen, ab 1946 auch Hubschrauber, Strahljäger, Versuchsmaschinen. Am 28. April 1967 Zusammenschluß mit → Douglas zur → McDonnell Douglas Corporation.

McDonnell Douglas Corporation: Durch Zusammenschluß von → Douglas und → McDonnell entstandener Riesenkonzern, produziert u. a. Raketen, Lenkwaffen und Raumfahrzeuge. Die McDonnell Aircraft Company fertigt Verkehrsflugzeuge, Jagdflugzeuge und Senkrechtstarter, baut Flugzeuge für den elektronischen Krieg um.

Mooney Aircraft Corporation: Im Juni 1948 in Wichita, Kansas gegr. zum Bau von leichten Reiseflugzeugen. Inzwischen Standortwechsel nach Kerville, Texas und Veränderungen der Besitzverhältnisse. Im Programm sind z.Z. mehrere kleine Tiefdecker mit vier Plätzen.

North American Aviation Incorporated: 1928 gegr., 1935 Aufnahme der Flugzeugproduktion, vor allem Militärmaschinen, insbesondere Jagdflugzeuge, aber auch Schul-, Trainings- und Aufklärungsmaschinen. Von 1939 bis 1945 Bau von 40 000 Militärflugzeugen, vor allem P-51 „Mustang", T-6 „Texan" und B-25 „Mitchell", nach 1945 Jagdflugzeuge mit Strahlantrieb, Jagdbomber und Trainer. 22. Sept. 1967 Fusion mit der → Rockwell-Standard Corp. zur North American Rockwell Corp. Mehrmals reorganisiert. → Rockwell International.

Northrop Corporation, Aircraft Group: USA-Luftfahrtkonzern mit Sitz in Hawthorne, Kalifornien. Gegr. 1939 von John K. Northrop und anderen zum Bau von Militärflugzeugen. Im Krieg schwere Nachtjäger und zahlreiche Versuchsentwicklungen. Nach dem Krieg große Nurflügler, Transporter und Strahl-Jagdflugzeuge, 1959 umbenannt, auch Produktion von Waffensystemen, Zielflugkörpern, Zubehör für Luft- und Raumfahrtindustrie.

Piper Aircraft Corporation: USA-Flugzeugfirma mit Sitz in Lock Haven, Pennsylvania, Teil des Konzerns Bangor Punta Corporation, einer der größten Hersteller von Schul-, Sport-, Reise-, Arbeits- und Kleinverkehrsflugzeugen. 1937 entstanden aus der Taylor Aircraft Co. Damals wurde die erfolgreiche „Cub"-Serie gebaut (bis 1940 10 000 Maschinen geliefert). Bis April 1976 sind insgesamt 100 000 Piper-Flugzeuge ausgeliefert worden.

Republic Aviation Corporation: 1939 aus der Seversky Aircraft Corporation (1931 gegr.) entstanden. Baute im zweiten Weltkrieg erfolgreiche Jagdflugzeuge. Nach 1945 Jagdflugzeuge mit Strahlantrieb. → Fairchild.

Pitts Aerobatic: Von Curtis Pitts gegr. Werk für den Bau von Hochleistungsdoppeldeckern. In Produktion: S-1 „Special", S-2 A „Special", S-2 S, auch Kleinflugzeuge zur Selbstmontage.

Rockwell International Corporation: Mehrmals umformierter Konzern, 1967 mit → North American vereinigt. Besteht aus mehreren Unternehmensbereichen. Zu den letzten Flugzeugentwicklungen zählen T-2 „Buckeye", OV-10 „Bronco" und B-1.

Ryan Aeronautical Company: Von dem Luftfahrtpionier und Konstrukteur T. C. Ryan 1922 gegr., später umbenannt. Zunächst Produktion von Reise-, Sport- und Schulflugzeugen, später auch Jagdmaschinen, Versuchsflugzeuge und Zielflugkörper.

Schweizer Aircraft Corporation: In Elmira, New York ansässiges Werk für Segelflugzeuge, Verkehrs- und Landwirtschaftsmaschinen.

Sikorsky Aircraft: Igor Iwanowitsch Sikorsky verließ nach der Oktoberrevolution 1917 seine Heimat und gründete 1923 in den USA das Flugzeugwerk S. Aero Engineering Corp. Schuf mehrere bekannte Flugboot-Typen, aber auch Bomber und Transporter. Ab 1937 Entwicklung von Hubschraubern. Wurde Teil des Konzerns United Technologies Corp., zeitweilig vereinigt mit → Vought (alle Typen in dieser Zeit als Vought-Sikorsky bezeichnet). Etwa ab 1943 nur noch Hubschrauber.

Waco – Waco Aircraft Company Incorporated: Stellte viersitzige Reiseflugzeuge (1931: CS), zweisitzige Doppeldeckerjagdflugzeuge (1934: D-2) sowie Sportmaschinen (1935: F-5) her. Im zweiten Weltkrieg Bau von Lastenseglern.

Technische Daten

Die Werte wurden – sofern mit Kommastelle – auf Zehntel gerundet.
Die Angaben für die Startleistung wurden auf volle 5 oder 10 kW gerundet.
Startleistung und Startschub beziehen sich jeweils auf **ein** Triebwerk.

Erläuterung der Abkürzungen

Art des Triebwerks

KTW	Hubkolbentriebwerk für Starr- und Drehflügler
KKTW	Kreiskolbentriebwerk für Starr- und Drehflügler
PTL	Propellerturbinenluftstrahltriebwerk für Starrflügler
TL	Turbinenluftstrahltriebwerk für Starrflügler
ETL	Einstromstrahltriebwerk für Starrflügler
ZTL	Zweistromstrahltriebwerk für Starrflügler
GTW	Gasturbinentriebwerk für Drehflügler
RTW	Raketentriebwerk
HTW	Hubstrahltriebwerk für Senkrechtstarter

Bei *Kolbentriebwerken* bedeuten die Angaben dahinter:

Zahl — *Anzahl der Zylinder*

1. Buchstabe
Zylinderanordnung
B Boxeranordnung
H H-Anordnung
R Reihenanordnung
S Sternanordnung
V V-Anordnung
W W-Anordnung

2. Buchstabe
Kühlungsart
F Flüssigkeitskühlung
L Luftkühlung

3. Buchstabe
A mit Aufladung

Bei *Gasturbinentriebwerken* bedeuten die Angaben dahinter:

Zahl — *Anzahl der Rotorwellen*

Buchstaben vor dem Bindestrich
Verdichterbauweise
A Axialverdichter
R Radialverdichter
A/R kombinierter Axial-Radialverdichter

Buchstaben nach dem Bindestrich
Turbinenbauweise
A Axialbauweise
R Radialbauweise
A/R kombinierte Axial-Radialbauweise

Bezeichnung des Triebwerks

AI	A. Iwtschenko
AL	A. Ljulka
AiR	AiResearch
AM	A. Mikulin
AS	Armstrong Siddeley
As	Argus
ASch	A. Schwezow
BMW	Bayerische Motorenwerke
Brist.	Bristol
BS	Bristol Siddeley
Bz	Benz
Cont.	Continental
CW	Curtiss Wright
D	P. Solowjew
DB	Daimler Benz
DH	De Havilland
Ga	Garrett
GaAiR	Garrett AiResearch
GE	General Electric
G + R	Gnôme et Rhône
HAL	Hindustan Aeronautics
HS	Hispano Suiza
IF	Isotta Fraschina
IHI	Ishlkawajima Harimo Jukogyo Kabushiki Kaisha
Ju	Junkers
KHD	Klöckner-Humboldt-Deutz
Lyc.	Lycoming
MAN	Maschinenfabrik Augsburg–Nürnberg
MB	Maybach
Mc	Mercedes
MTU	Motoren-Turbinen-Union
NK	N. Kusnezow
P/W	Pratt & Whitney
RR	Rolls Royce
Sh	Siemens & Halske
Sid.	Siddeley
SNECMA	Société Nationale d'Etude et de Construction de Moteurs d'Aviation
Turb.	Turbomeca
UACL	United Aircraft of Canada
VW	Volkswagen
WK	W. Klimow
WN	W. Narkiewicz

Spannweite, Flügelfläche, Flügelstreckung

Unterscheiden sich die Spannweiten der Ober- und Unterflügel bei Doppeldeckern, so sind die Angaben durch einen Bruchstrich getrennt.

Geschwindigkeiten

Die Klammerwerte geben die Höhe in m an.
Dabei bedeutet (0) „am Boden".

Start- und Landerollstrecke

L Landausführung,
W Wasserausführung

Bewaffnung

ABo	Atombombe
Bo	Bombe(n)
Fk	Flugkörper
Gw	Granatwerfer
Ka	Kanone(n)
Kw	Kernwaffen
Lw	Lenkwaffen
Mi	Mine(n)
MG	Maschinengewehr(e)
MK	Maschinenkanone(n)
Ra	Rakete(n)
To	Torpedo(s)
UBo	Unterwasserbombe
Wf	Waffen
Zw	Zwillings-
b	beweglich
gl	gelenkt
konv	konventionell
st	starr
ugl	ungelenkt

Typ	Besatzung	Passagiere	Triebwerk					Abmessungen					
			Anzahl	Art	Bezeichnung	Startleistung	Startschub	Spannweite	Rotorkreisdurchmesser	Länge	Höhe	Flügelfläche	Flügelstreckung
						kW	kN	m	m	m	m	m²	
ARGENTINIEN													
Aero Boero 95		3-4	1	KTW 4BL	Cont. C 90	70		10,4		6,9	2,1	16,4	6,5
Aero Boero 115	1	2	1	KTW 4BL	Lyc. O-235-C2A	85		10,4		6,9	2,1	16,4	6,5
Aero Boero 180		3-4	1	KTW 4BL	Lyc. O-360	130		10,7		7,4	2,7	16,4	6,7
Aero Boero 210	1	3	1	KTW 6BL	Cont. IO-360	155		10,4		7,4	2,7	16,4	6,7
FMA I.A. 50 „Guarani II"	1	10-15	2	PTL 1A/R-A	Turb. „Bastan IV A"	685		19,6		15,3	5,6	41,8	9,0
FMA I.A. 58 A „Pucara"	2		2	PTL	Turb. „Astazou XVI G"	825		14,5		13,9	5,2	30,3	
FMA I.A. 63 „Pampa"	2		1	ZTL	Ga TFE 731-2-2 N		15,6	9,6		10,9	4,3	15,6	
AUSTRALIEN													
CAC CA. 12 „Boomerang"	1		1	KTW S	P + W R-1830-S 3 C 4 G	880		11,1		7,8	3,5	21,4	
CAC CA-1 „Wirraway"	2		1	KTW	P/W S1 H 1-G	440		13,1		8,4	3,7	23,7	
GAF N-24	2	11-15	2	PTL 2A-R	Allison 250 B-17 B	295		16,5		14,3	5,5	29,7	9,1
Transavia PL-12 „Airtruk"	1	2	1	KTW 6BL	Cont. IO-520-D	220		12,0		6,4	2,7	23,8	
Transavia PL-12 „Flying Mango"	1	4	1	KTW 6BL	Cont. IO-520-D	220		12,1		6,4	2,8	23,8	
BELGIEN													
Avions Fairey „Tipsy Nipper"	1		1	KTW 4BL	Pollmann KFM 40/350	30		6,0		4,5	1,9	7,2	4,8
Renard R. 31	2		1	KTW 12 VF	RR „Kestrel" II SDS	355		14,4		9,2	2,9	32,0	
SABCA S-2	2	4	1	KTW 6R	AS „Puma"	180		14,6		9,8		39,0	
Stampe et Vertongen SV-4 C	2		1	KTW 4RL	DH „Gipsy Major 10"	105		8,4		6,9	2,6	18,0	
BRASILIEN													
EMBRAER EMB-110 „Bandeirante"	2	22	2	PTL 2A/R-A	P + W PTG 34	560		15,3		15,08	4,73	29,8	8,1
EMBRAER EMB-120 „Brasilia"	3	30	2	PTL	P/W 118	1 325		18,8		19,8	6,4	39,4	
EMBRAER EMB-121 „Xingu"	2	5-9	2	PTL	PT6A-28	500		14,5		12,3	4,7	27,5	
EMBRAER EMB-200/201 „Ipanema"	1		1	KTW 6BL	Lyc. IO-540-KID 5	220		11,7		7,4	2,2	9,9	7,0
EMBRAER EMB-312 „Tucano"	2		1	PTL	PT 6 A-25 C	560		11,1		9,9	3,4	19,4	
Neiva 360 C „Regente"	1		1	KTW 4BL	Lyc. O-360 A 1 D	180		9,1		7,1	2,9	13,5	6,0
Neiva „Regente Elo"	1-4		1	KTW 6BL	Cont. IO-300-D	155		9,1		7,2	2,8	13,5	6,1
Neiva Paulistinha 56-C/56-D	1	1	1	KTW 4BL	Cont. C 90-8 F/12 F	65		10,6		6,8	2,1	17,0	
Neiva N-621 „Universal"/T-25	1	1-2	1	KTW 6BL	Lyc. IO-540-KID 5	220		11,0		8,6	3,0	17,2	6,9
BRD													
Aero-Technik Bü-133 D „Jungmeister"	1		1	KTW 7SL	Sh 14 A 4	120		6,6		6,0	2,2	12,0	7,3
Claudius Dornier SEASTAR	2	12	2	PTL	PT 6A-135	480		17,8		12,5	4,6	30,6	
Dornier Do 27	1	5-7	1	KTW 6BL	Lyc. GO-480-B 1 A 6	200		12,0		9,6	2,7	19,4	7,4
Dornier Do 28 A 1	1	7	2	KTW 6BL	Lyc. O-540	165		13,8		9,1	2,8	22,4	8,5
Dornier Do 28 B 1	1	7	2	KTW 6BL	Lyc. IO-540	215		13,8		9,1	2,8	22,4	8,5
Dornier Do 28 B 2	1	7	2	KTW 6BL	Lyc. IO-540	215		13,8		9,1	2,8	22,4	8,5
Dornier Do 28 D „Skyservant"	1	14	2	KTW 6BLA	Lyc. IGSO-540-A 1 E	285		15,6		11,4	3,9	21,0	
Dornier Do 128-6	2		2	PTL	P/W PT 6A-110	295		15,5		11,4	3,9	29,0	
Dornier Do 228-100	2	15	2	PTL	GaAiR TPE 331-5	525		16,9		15,0	4,9	32,0	
Dornier Do 228-200	2	19	2	PTL	GaAiR TPE 331-5	525		16,9		16,5	4,9	32,0	
HFB 320 „Hansa-Jet"	2	7-12	2	ETL 1A-A	GE CJ 610-1		12,7	14,5		16,6	4,8	30,1	6,0
MBB Bo 105	1	3-4	2	GTW 1R-A	MAN (BMW) 6022 A 3	275			9,3	7,8	3,1		
MBB Bo 209 „Monsun A"	1	1	1	KTW 4BL	Lyc. O-235	85		8,4		6,4	2,3	10,2	6,9
MBB Bo 209 „Monsun B"	1	1	1	KTW 4BL	Lyc. O-320	110		8,4		6,4	2,3	10,2	6,9
MBB Bo 209 „Monsun C"	1	1	1	KTW 4BL	Lyc. IO-320	120		8,4		6,4	2,3	10,2	6,9
Pützer „Elster"	2		1	KTW 4BL	Lyc. O-320	110		13,2		7,1	2,5	17,5	
Rhein-Flugzeugbau „Fantrainer"	2		1	PTL	Allison 250-C 20 B	295		9,6		8,0	2,9	13,9	
VFW-614	2-3	36-40	2	ZTL	BS/SNECMA M 45		34,3	21,5		20,6	7,7	64,0	7,2
BULGARIEN													
DAR-3 „Garvan"	2		1	KTW S	Lorraine-Dietrich	895		11,9		6,9	1,9	37,0	
DAR-10 F	2		1	KTW S	FIAT A. 74 RC 38	700		12,6		9,8	3,0	22,9	

Massen			Flugleistungen										Bewaffnung
Rüstmasse	Zuladung	Startmasse	Höchstgeschwindigkeit	Reisegeschwindigkeit	Landegeschwindigkeit	Steigleistung	Gipfelhöhe	Reiseflughöhe	Startrollstrecke	Landerollstrecke	Reichweite max. Kraftstoff	Reichweite max. Nutzmasse	
kg	kg	kg	km/h	km/h	km/h	m/s	m	m	m	m	km	km	
422	278	700	200	170		5,0	5200		115	70	900		
490	280	770	210	190		5,0	6700		115	50	800		
570	530	1100	235	225		6,0	7000		120	80	800		
670	430	1100	240	225		6,0	6000		170	130	800		
4000	6500	6500-7750	490	485		13,4	12500		145	250	2500	2000	
4037	2763	6800	550	500	125	18,0	10000	8000	705	603	3400		2 30-mm-Ka, 1600kg Bo
2650	1160	3700-5000	740	650	180	27,0	12900		640	880	1500		
2974	518	3492	474 (2320)	418		15,0	8845	6000			2500	1500	2 20-mm-Ka, 4 7,7-mm-MG
1805		2881	330	283		9,9	7000				1150		3 7,7-mm-MG, 230 kg Bo
1964	1665	3629	325	269		8,5	8230	6800	250	400	1500		
820	1030	1850	276	215	103	8,9	6890	4000	330	183	610	530	
830	893	1723	208	188	97	4,1	3200	2000	274	183	1290	1200	
165	135	300	158	145	68	3,0	9500		95	110	400		
1314	306	2114	320 (6000)	280	130	6,6	4500	3000			1000		3-4 7,6-mm-MG
1230	770	2000	165		80		5000						
505	275	780	205	150	72	4,0					600		
3394	2276	5630	460 (2440)	425	145	9,6	9000		650	710	1830	350	
7030	3100	9600-11500	555	487	190	14,7	9250	8000	1450	1370	2400	1300	
3500	900	5630	475	450		7,1	7925				2350	1670	
800	1100	1900	305	238			4570		440	490	940		
1810	1000	2850-3175	458 (4115)	320	124	11,7	7315		550		1920		1000 kg Wf
640	400	1040	220	210		3,5	3600		300	150	900		
680	360	1040	252	235		3,8	3700		150	145	950		4 Pkt. f. Bo u. Ra
400	260	660	170	160	47	4,0					900	900	
1150	550	1700	310	300	105	7,0	8000		150	650	1000		
425	160	585	220	200	90	6,6	4500		115	140	500		
2800	1800	4600	360 (3000)	340		8,0	8600				1650	555	
1130	720	1850	250	210		5,5	5000		185	80	1350	1350	
1670	780	2450	252				5900		185	90	1220		
1725	995	2720	280			6,5	6300		150	110	1780		
1775	945	2720	287			7,0	8900		157	115	1730		
2077	1423	3500	325	273		6,5	7600	3000	152	142		200	
2184		4300	340			6,4	8200		554		1658		
3235	1650	3413-5700	450	428	140	10,3	9020		411	700	1343		
3379	1650	3540-5700	450	428	140	10,3	9020		411	700	600		
5000	3500	8500	850	819	208	22,0	11600		785	385	2320	1455	
1050	700	1750	240	210		8,8	7000				500		
450	300	750	246	225	82	4,0	4500		220	170	1200		
474	346	820	270	250	85	5,3	5000		190	180	1000		
484	336	820	274	255	85	6,0	5200		180	180	1200		
490	260	750	185	160	65	5,9	5000					450	
925		1350-1580	354 (0)			10,2			390	410	1300		
9813	6067	15880	735						500		2500	800	
		1850	205 (0)	180	85	8,2							
2030		2900	454 (5000)	380			9000				1400		2 Ka, 1 MG, 500 kg Bo

Typ	Besatzung	Passagiere	Triebwerk Anzahl	Triebwerk Art	Triebwerk Bezeichnung	Triebwerk Startleistung kW	Triebwerk Startschub kN	Abmessungen Spannweite m	Abmessungen Rotorkreisdurchmesser m	Abmessungen Länge m	Abmessungen Höhe m	Abmessungen Flügelfläche m²	Abmessungen Flügelstreckung
CHINA													
Harbin C-11	2	6-8	2	KTW 9S	Honsai-6 (AJ-14 RF)	215		17,0		12,0	4,6	34,0	
Nanchang A-5	1		2	TL	Wopen WP-6		36,70	9,7		16,26	4,52	27,95	
„Peking-1"	2	8	2	KTW	AJ-14 R	190		17,5		13,0			
Shenyang BT-6	2		1	KTW	Honsai-6	215		10,2		8,4	3,3		
Xian Y-7-100	3	56	2	PTL	WJ5A-1	1 950		29,6		23,7	8,5	75,0	
Xian F-7 M	1		1	TL	Wopen WP-7BM		59,8	7,2		19,9	4,1	23,0	
ČSFR													
Aero Ae-02	1		1	KTW 8VF	HS 8 Ba	160		7,7		5,5	2,8	16,7	
Aero A-42	3		1	KTW 18WF	Isotta-Fraschini „Asso" RV	590		20,8		13,8	5,3	54,0	
Aero 145	1	3	2	KTW 4RLA	M 332	105		12,3		7,5	2,4	17,1	
Avia BH-3	1		1	KTW 6RW	BMW-III a	190		10,2		7,0	3,1	16,0	
Avia B-534	1		1	KTW 12VW	Avia HS 12 Y crs	630		9,4		8,2	2,8	23,6	
Avia B-135			1	KTW	Avia HS 12 Y ers	625		10,9		8,5		17,0	
HC-2 „Heli Baby"	1	1	1	KTW 2BL	Praga DH	60			8,8	10,5	2,3		
HC-102	1	1	1	KTW 4BL	M-110 H	85			8,8	10,5			
L-60 „Brigadyr"	1	3	1	KTW 6BL	Praga „Doris M 208 B I"	175		14,0		8,5	2,7	24,3	
L-40 „Meta Sokol"	1	3	1	KTW 4Rla	M-332	105		10,0		7,5	2,5	14,5	6,9
L-200 „Morava"	1	4	2	KTW 6RLA	M-337	155		12,0		8,6	2,2	17,0	
L-29 „Delfin"	2		1	ETL 1R-A	M-701 C		8,7	10,3		10,8	3,1	19,8	5,4
L-39 „Albatros"	2		1	ZTL 2A-A	AI-25 T 2		14,7	9,5		12,3	4,7	18,8	
L-410 „Turbolet"	2	12-17	2	PTL 2A/R-A	M-601	575		17,5		13,6	5,7	32,9	
L-610	2	40	2	PTL	Motolet M-602	1 340		25,6		21,4	7,6	56,0	11,7
Letov ŠM-1	2		1	KTW 6 RF	Breitfeld & Danek „Hiero L"	170		13,2		8,3	3,2	33,9	
Letov Š-8	1		1	KTW 12WF	Napier „Lion"	330		11,4		8,3	3,2	33,9	
Letov Š-231	1		1	KTW 9SLA	Brist. „Mercury"	410		10,1		7,8	3,0	21,5	
Letov Š-328	2		1	KTW 9SL	Walter „Pegasus" II-M 2	380		13,7		10,6		39,4	
Praga E-114 „Air Baby"	2		1	KTW 2BL	Praga B	30		11,0		6,6	2,6	15,3	7,8
Z-126 „Trener"	2		1	KTW 4RL	Walter Minor 4-III	75		10,3		7,5	2,1	14,9	
Z-226 T „Trener"	2		1	KTW 6RL	Walter Minor 6-III	120		10,3		7,5	2,1	14,9	
Z-326 „Trener Master"	2		1	KTW 6RL	Walter Minor 6-III	120		10,6		7,8	2,1	15,5	
Z-526 F „Trener"	1	1	1	KTW 6RL	M-137	130		10,6		8,0	2,1	15,5	
Z-526 L „Trener"	1	1	1	KTW 4BL	Lyr. AIO-360-B 1 B	145		10,6		7,7	2,6	15,5	7,3
Z-726 K „Universal"	1-2		1	KTW 6RL	M-337 A	155		9,9		8,0	2,1	15,0	6,6
Z-37 „Čmelak"	1-2		1	KTW 9SLA	M-462 RF	230		12,2		8,6	2,9	23,8	
Z-42	2		1	KTW 6RL	M-137	130		8,6		6,9	2,8	14,5	
Z-43	1	3	1	KTW 6RLA	M-337	155		9,8		7,8	2,6	14,5	6,6
Z-50 L	1		1	KTW 6BL	Lyc. AE-10-540 D 4	195		8,6		6,6	1,9	12,5	
Z-142	2		1	KTW GRLA	M-337 AK	155		9,2		7,3	2,8	13,2	
DÄNEMARK													
LB-II „Dankok"	1		1	KTW 9S	Brist. „Jupiter IV"	295		9,9/8,9		8,0			
Haerens Flyv. CV-E	2		1	KTW 9SL	Bristol „Pegasus"	500		15,3		9,5	3,5	39,2	
DDR													
Flugzeug 152	4-6	48,57,72	4	TL	Pirna 014		31,0	27,0		31,4	9,0	138,0	
Il-14 P	4-6	26	2	KTW 14SLA	ASch-82 T	1 395		31,7		21,3	7,9	100,0	
DEUTSCHLAND													
AEG I 1	2		1	KTW RF	Bz IV	145		13,5		7,4	3,3	33,2	
AEG C IV	2		1	KTW RF	Mc D III	120		13,0		7,2	3,3	39,0	
AEG G I	3		2	KTW	Mc D I	75		16,0		8,7	3,5	59,0	
AEG G II	3		2	KTW	Bz III	110		16,2		9,1	3,5	59,0	
AEG G III	3		2	KTW	Mc D IV	160		18,4		9,2		67,0	
AEG G IV	3		2	KTW	Mc D IVa	190		18,4		9,7	3,9	67,0	
AEG G V	3		2	KTW	Mc D IVa	190		27,3		10,8	4,5	89,5	
Albatros B I	2		1	KTW 6RF	Mc	75		14,3		8,6	3,5	43,0	
Albatros B II	2		1	KTW 6RF	Mc D 1	75		12,8		7,7	3,2	36,0	
Albatros C V	2		1	KTW 8RF	Mc D IV	175		12,8		9,0	4,5	43,4	
Albatros C VII	2		1	KTW 6RF	Bz IV	145		12,8		8,7	3,6	43,4	
Albatros I 1	2		1	KTW 6RF	Bz IV	145		14,1		8,8	3,3	42,8	
Albatros D I	1		1	KTW 6RF	Mc D III	125		8,5		7,4	3,0	22,9	
Albatros W 4	1		1	KTW 6RF	Mc D III	125		9,5		8,5	3,7	31,6	

Massen			Flugleistungen										Bewaffnung
Rüst-masse	Zuladung	Startmasse	Höchst-geschwin-digkeit	Reise-geschwin-digkeit	Lande-ge-schwin-digkeit	Steig-lei-stung	Gipfel-höhe	Reise-flug-höhe	Start-roll-strecke	Lande-roll-strecke	Reichweite max. Kraft-stoff	Reichweite max. Nutz-masse	
kg	kg	kg	km/h	km/h	km/h	m/s	m	m	m	m	km	km	
2 050	1 450	3 500	220	165			4 000				1 000		
6 635	3 000	12 000	1 300	950	250	83,0	16 000	12 000	920	900	800		2 23-mm-Ka, 1 500 kg Bo
			300				4 800				1 072		
1 095		1 400	770	290	115	6,3	5 080	4 000	280	350	750		
14 900	6 900	21 800	520	425		7,6	8 750		1 300	620	1 900	910	
5 275	2 255	7 530	2 175	1 000	300-320	180,0	18 200		700-950	600-900	2 230	1 000	2 30-mm-Ka, Ra
675	270	945	225	190		2,9							
2 940	1 800	4 740	270	250		1,7	7 000				1 200		3 MG, 1 000 kg Bo
1 000	600	1 600	280	265		5,0	5 900		250	225	1 700		
778	247	1 025	225	190		7,9	7 800						
1 460	520	1 980	405	375	135	15,0	10 600				600		4 7,2-mm-MG
1 924	538	2 462	535	460		13,5	8 500				550		1 Ka, 2 MG
370	210	580	126	100		2,3	3 030				150		
468	213	681	133	120		2,6	2 750				175		
955	460	1 415	190	175	69	4,0	4 500		90	75	720		
534	400	934	237	204	95	4,5	5 000				1 100		
1 275	675	1 950	310	295	112	6,4	4 950		120	300	1 700		
2 280	1 260	3 540	655	575	135	14,0	11 500		550	440	900		
3 540	1 000	4 500	755 (5 000)	680	170	17,3	13 400	10 000	330	735	800		16 Ra 57 mm / 2 × 500-kg-Bo
3 100	2 300	5 400	400	370	135	9,5	8 000	3 000	550	450	1 200		
8 730	5 270	14 000	490	400	170	9,5	10 250	4 000	875	1 030	2 400	870	
861	514	1 375	194	168			6 000				715		1 st MG, 1 b Zw-MG, 2 50-kg-od. 12 10-kg-Bo
1 030	200	1 230	360	330			7 000				400		
1 280	490	1 770	348	310			9 300				450		
1 680	960	2 640	280	150		5,0	7 200				700		2 st MG, 1 b Zw-MG, 350 kg Bo
290	200	490	147	135	60	1,7	3 500		140	123	450		
505	245	750	205	180	74	3,0	4 500	170	150		600		
570	248	818	220	195	73	5,5	6 000	120	145		480		
637	263	900	245	215	70	4,4	4 800	240	150		580		
665	310	975	248	214		6,0	5 800	180	190		560		
650	300	975	260	240		7,0	6 800	180	190		460		
690	256	946	270	245			5 500				900		
935	915	1 850	200	185		4,0	4 050	127	112		600		
650		920	230	200		4,5					1 200		
660	290	950	250	210		5,0	5 500				1 200		
510-550	140-200	720	340	260	100	15,0	8 000	150	300		640	250	
730		970-1 090	230	215		5,5	4 250	430	395		940		
		1 260	235										2 7,9-mm-MG
1 550	900	2 450	280 (2000)	235 (2000)		6,7	7 600				1 400	900	2-3 MG, 200 kg Bo
27 740	6 180	46 500	950	800-850	200		10 700	1 000	690		2 540	2 060	
12 000	4 800	16 500	395	320	135		7 000	470	430		3 200	1 500	
1 450	290	1 740	150			2,8	4 500				375		
800	450	1 250	158	140		2,8	5 000				560		2 7,9-mm-MG, 100 kg Bo
1 160	800	1 960	125			1,3	2 400				450		2 MG, 200 kg Bo
1 450	920	2 470	130			1,5	3 000				700		2 MG, 200 kg Bo
2 000	1 075	3 075	155			2,8	3 500				700		2 MG, 300 kg Bo
2 400	1 230	4 630	165			3,3	4 500				750		2 MG, 400 kg Bo
2 700	2 100	4 800	145			2,8	6 500				1 160		2 MG, 600 kg Bo
600	200	800	100			1,0			50		650		
720	350	1 070	110			2,0	3 000				400		
1 035	550	1 585	170			2,1					450		1 st MG, 1 b MG, Bo
989	561	1 550	170			3,2	5 000				500		1 st MG, Bo
1 398	410	1 808	140	110	85	2,3	4 500				350	275	3 7,9-mm-MG
674	229	900	175			3,3	6 000				300		2 st MG0
790	280	1 070	160			3,3	3 000				450		2 st MG

Typ	Besatzung	Passagiere	Triebwerk Anzahl	Art	Bezeichnung	Startleistung kW	Startschub kN	Abmessungen Spannweite m	Rotorkreisdurchmesser m	Länge m	Höhe m	Flügelfläche m²	Flügelstreckung
noch DEUTSCHLAND													
Albatros G III	3		2	KTW 6RF	Bz IV a	145		18,0		11,9	4,2	79,0	
Albatros L 58	2	6	1	KTW 6RF	MB IV	190		18,0		10,9	3,6	44,5	
Albatros L 73	2	8	2	KTW 6RF	BMW IV	235		19,7		14,6	4,7	92,0	7,0
Albatros L 75 „Ass"	2		1	KTW 6RF	BMW V A	280		12,5		10,0			
Arado Ar 66 C	2		1	KTW 8VL	As 10 C	175		10,0		8,3	2,9	29,6	
Arado Ar 68 E-1	1		1	KTW 12 VF	Jumbo 210 Ea	505		11,0/8,0		9,5	3,3	27,3	
Arado Ar 96 B-2	2		1	KTW 12 VL	As 410 A	340		11,0		9,1	2,6	17,1	
Arado Ar 196 A-3	2		1	KTW 9SLA	BMW 132 K	705		12,4		11,0	4,5	28,3	
Blohm & Voß Ha 139	4-5		4	KTW 6RFA	Jumbo 205 C Zweitakt Diesel	440		27,0		19,5	4,5	117,0	
Blohm & Voß BV 142	4-5		4	KTW 9SLA	BMW 132 H	735		29,5		19,7	4,4	130,0	6,7
Blohm & Voß BV 141 B-02	3		1	KTW 14SLA	BMW 801 A-O	1 145		17,5		14,0	3,6	52,9	
Bücker Bü 131 „Jungmann"	2		1	KTW 4RL	Hirth HM 60 R	60		7,4		6,7	2,3	13,5	
DFS 230 B-1	2	8	-	-	-	-		22,0		11,2	2,4	41,3	
Dornier Do D-1	1		1	KTW 6RF	BMW III a	135		7,8		6,4	2,6	18,6	
Dornier Rs IV	4-5		4	KTW 6RF	MB IV a	190		37,0		22,3	8,6	226,0	
Dornier Gs I/Gs II	2	6	2	KTW 6RF	MB IV a	190		21,0		15,3	4,7	80,0	
Dornier Cs 2 „Delphin"	1	5	1	KTW 6RF	BMW III a	135		17,0		11,5	3,1	50,0	
Dornier Do C-3 „Komet I"	1	4	1	KTW 6RF	BMW III a	135		17,0		9,5	2,8	50,0	5,7
Dornier Do C-3 „Komet II"	1	4	1	KTW 6RF	BMW IV	185		17,0		10,3	3,3	50,0	5,7
Dornier Do C-3 „Komet III"	2	6	1	KTW 12VF	RR „Eagle IX"			19,6		12,3	3,5	62,0	
Dornier „Wal"	2-4	10-12	2	KTW 12VF	RR 1928	265		22,5		16,2	4,7	96,0	
Dornier „Wal"	2-4	10-12	2	KTW	BMW VI	440		27,0		18,2	5,8	113,2	
Dornier „Spatz"	1	2	1	KTW 5SL	Sh-7	60		9,8		6,9	2,8	15,5	
Dornier Do-B „Merkur"	2	6-7	1	KTW 12VF	BMW VI	500		19,6		12,8	3,8	62,0	
Dornier Do X	10	72	12	KTW 12VF	Curtiss „Conqueror"	440		48,0		40,1	10,1	450,0	5,0
Dornier Do 23 D	4		2	KTW 12 VF	BMW VI U	540		25,6		18,8	5,4	108,0	
Dornier Do 17	4		2	KTW 9SLA	BMW „Bramo 323 P"	770		18,0		15,8	4,6	55,0	
Dornier Do 18 E	4		2	KTW 6RF	Jumo 205 Zweitakt Diesel	440		23,7		19,3	5,4	98,0	
Dornier Do 18 F	4		2	KTW 6RF	Jumo 205 Zweitakt Diesel	440		26,3		19,3	5,4	111,2	6,3
Dornier Do 24 T-1	6		3	KTW 9SL	BMW „Bramo 323"	735		27,0		21,9	5,8	108,0	
Dornier Do 19 V-1	4-5		4	KTW 9SLA	BMW „Bramo 322"	480		35,0		24,5	5,8	162,0	7,6
Dornier Do 22 W	3		1	KTW 12 VFA	HS 12 Y 21	670		16,2		13,1	4,8	41,3	5,8
Dornier Do 26	4		4	KTW 6RFA	Jumo 205 C Zweitakt Diesel	440		30,0		24,5	6,9	120,0	7,5
Dornier Do 335 B-2	1		2	KTW	DB-603 A	1 800		13,8		13,9	5,0	38,5	
Fieseler Fi 156 „Storch"	2-3		1	KTW 8VL	As-10 C	175		14,3		9,9	3,1	26,0	
Focke-Wulf A 16 a	1	3-4	1	KTW 6RF	Mc D I	75		14,0		9,1	2,4	27,0	
Focke-Wulf A 16 b	1	3-4	1	KTW 6RL	Ju L-1 a	55		14,0		9,1	2,4	27,0	
Focke-Wulf A 16 c	1	3-4	1	KTW 9SL	Sh-12	75		14,0		9,1	2,4	27,0	
Focke-Wulf A 16 d	1	3-4	1	KTW 6RF	Mc D II	100		14,0		9,1	2,4	27,0	
Focke-Wulf A-17 „Möwe"	1-2	8-9	1	KTW 9SL	G + R „Jupiter 9 Ab"	310		20,0		13,0	3,2	62,5	
Focke-Wulf A-19 „Ente"	1	3	2	KTW 7SL	Sh-14	80		10,0		10,5	4,2	27,0	
Focke-Wulf FW 44 „Stieglitz"	1	1	1	KTW 7SL	Sh-14 A	120		9,0		7,3	2,7	20,0	
Focke-Wulf FW 56 „Stößer"	1		1	KTW 8 VL	As-10 C	175		10,5		7,6	2,6	14,0	
Focke-Wulf FW 200 „Condor"	4	26	4	KTW 9 SLA	BMW H	610		32,9		23,9	6,0	118,0	
Focke-Wulf FW 189 A-1	3		2	KTW 12 L	As-410 A	340		18,4		11,9	3,1	38,0	
Focke-Wulf FW 190	1		1	KTW 12 VFA	Jumo 213 A-1	1 285		10,5		10,2	4,0	18,3	
Fokker A-1912 „Spinne"	1	1	1	KTW 4RF	As	75		13,6		8,0	3,0	26,5	
Fokker M-5 L	2		1	KTW 9SL	Oberursel	60		9,5		7,2	2,4	16,0	
Fokker Dr. 1	1		1	KTW 9SL	Oberursel UR-II Umlauf	75		7,2/6,2/5,7		5,8	3,0	16,0	
Fokker D VII	1		1	KTW 6RF	Mc D-III	125		8,9		7,0	2,8	20,5	
Friedrichshafen FF-33 L	2		1	KTW 6RF	Bz-III	120		13,2		8,9	4,0	40,5	
Friedrichshafen FF-49 c	2		1	KTW 6RF	Bz-IV	170		17,5		11,7	4,5	71,2	
Friedrichshafen G II	3		2	KTW	Bz IV	145		20,3		11,1	3,6	70,0	
Friedrichshafen G III a	3		2	KTW	Mc D IV a	190		22,6		12,9	4,1	86,0	
Friedrichshafen G IV	3		2	KTW	Mc D IV a	190		22,6		12,0	3,5	86,0	
Gotha G I	3		2	KTW 6RF	Bz-III	110		22,0/19,7		12,9	3,9	82,0	
Gotha G V	3		2	KTW 6RF	Mc D-IV a	190		23,7/21,7		12,4	4,3	89,5	
Gotha Go 242 A-1	2	23	-	-	-	-		24,5		15,8	4,3	64,4	
Grade Eindecker	1	1	1	KTW 4VL	Grade Zweitakt	20		10,0		7,5	2,0	25,0	
Halberstadt CL IV	2		1	KTW 6RF	Mc D-III a	120		10,7		6,5	2,7	27,0	
Hansa-Brandenburg W.29	2		1	KTW RF	Bz-III	110		13,5		9,4	3,0	31,6	
Heinkel He 45	2		1	KTW 12VF	BMW-VI-J 32	550		11,5/10,0		10,0	3,6	34,6	
Heinkel He 46	2		1	KTW 9SLA	Bramo SAM 322	480		14,0		9,5	3,4	32,2	
Heinkel He 50	1-2		1	KTW 9SLA	Bramo SAM 322	440		11,5		9,6	4,4	34,8	

Massen			Flugleistungen										Bewaffnung
Rüstmasse	Zuladung	Startmasse	Höchstgeschwindigkeit	Reisegeschwindigkeit	Landegeschwindigkeit	Steigleistung	Gipfelhöhe	Reiseflughöhe	Startrollstrecke	Landerollstrecke	Reichweite max. Kraftstoff	Reichweite max. Nutzmasse	
kg	kg	kg	km/h	km/h	km/h	m/s	m	m	m	m	km	km	
2064	1086	3150	150	140		1,9					600		
1370	880	2250	160	145	80		3000				450		
2910	1690	4600	158	180	92	1,8	3000		260		600		
1165	670	1835	208		85		5100				1950		
				175									
905	425	1330	210	280	80	4,3	5200	4000			720		
1600	420	2020	335	275	97	12,6	8100	5000			500		2 MG, 60 kg Bo
1220	530	1750	330	268	80	5,5	7000	4000			990		1-2 MG
2335	1265	3600	315			6,9	6600	4000			1080	820	1 st MG, 1-2 b MG, Ka, 100 kg Bo
				260									
10360	7140	17500	315	350	100						5300		
10310	6390	16700	400	350	100	6,6	6800				4400		
4700	1100	5800	410	150	130		10000	7000	600		1900	1200	2 st MG, 2 b MG, 200 kg Bo
350	280	630	170	180	76	3,2	3500		140	120	680		
860		2100	209										3 7,9-mm-MG
				80									
725	160	885	200				8100						2 MG
7000	3500	10500	145	140	80		2800				1300		
3115	1200	4315	170	125		1,6	4250				600		
1600	600	2200	150	130			4000				380		
1450	600	2050	160	135			4000				500		
1500	500	2200	165	150			5000				500		
2070	1150	3220	170		90	2,0	3600				1050		
				150									
2720	1380	4100	180	180			3500						
5600	4400	10000	230	120			3500				3600		
490	310	800	141				3500						
2280	1420	3700		175			5200				1000		
28250	19750	48000	200	210			420				3600	1100	
5600	3150-3400	8750-9200	260	376	85	4,5	4000	2500			1200		3 MG, 1000 kg Bo
5230	3660	8890	410		125	5,0	9000				2000		4 7,9-mm-MG, 1000 kg Bo
				240									
6260	3740	10000	260	220	95	3,3	4200				5100	2600	
6500	4500	11000	250	255	85	2,9	5000				5800	3300	
10600	7800	18400	340 (4800)	250	122	2,5	5900		55		4800	2400	4 MG, 1 30-mm-Ka, 600 kg Bo
11000	7500	18500	320-380	310	90		5500	4000			1600		
2850	850-1150	3700-4000	350	310	94		8500				1600	800	2-3 MG
10200	9800	20000	335		110	5,5	4600				9000		
7400	2210	9610	700 (5000)			11,0	12000				2250	1100	2 MG, 1 30-mm-Ka, 500 kg Bo
				150									
1320	390	1710	175			4,6	4600			25	385		
				125									
570	350	1165	140	120	70	1,4	3200		130	100	500		
		970	136	125	61	1,2	3000		150	100	500		
		1000	140	130	65	1,7	3200		130	100	500		
		1270	150		75	2,4	3500		140	120	550		
				160									
2130	1480	3610	180	128	80	1,9	4300		170	150	700		
1175	475	1650	142	168	83		3000		200	100			
560	340	900	185	255	67	3,4	4400		140	140		540	
755	230	985	278	390	90	8,4	6200					385	1-2 MG, Bo
11780	5470	17250	430	317	110	6,2	7200					2300	
2690	1260	3950	344 (2500)		120	8,0	4000	2500			940		4 MG, 200 kg Bo
3170	1390	4560	704			20,0	11300				850		2 13-mm-MG, 2 20-mm-MG
660	335	995	115				2100						
390	280	670	130				3000						
406	180	586	185			5,7	5000				250		2 st MG
670	290	960	189			4,0	5000						2 MG
				140									
940	475	1415	136			2,1					450		1 st MG, 1 b MG
1515	632	2147	140			1,7					700		1 st MG, 1 b MG
2200	971	3171	148										2 MG, 450 kg Bo
2880	2100	4980	142	120			4500				600		2 MG, 800 kg Bo
2897	2097	4994	142			2,8	3600				600		2 MG, 1000 kg Bo
		2810	130	130		1,4	2700				540		1 MG od 1 Ka, 150 kg Bo
2740	1235	3975	140	210		4,1	6500					840	4 MG, 1000 kg Bo
3200		6800	240										4-8 7,9-mm-MG
130	60	190	70	150			400		30	35			
728	334	1062	165			3,7	6000				500		3 7,9-mm-MG, 50 kg Bo
1000	490	1490	170			2,8	5000				600		2 7,9-mm-MG
				230									
2105	640	2745	290	220	105	7,1	5500		180		1200		1 st 7,9-mm-MG, 1b 7,9-mm-MG
1765	535	2300	260	190	95	6,4	6000		180		1000		1 b 7,9-mm-MG
1756	864	2620	235		95	5,5			250		600		1 st MG

Typ	Besatzung	Passagiere	Triebwerk Anzahl	Art	Bezeichnung	Startleistung kW	Startschub kN	Abmessungen Spannweite m	Rotorkreisdurchmesser m	Länge m	Höhe m	Flügelfläche m²	Flügelstreckung
noch DEUTSCHLAND													
Heinkel He 51	1		1	KTW 12VF	BMW VI 7,3 Z	550		11,0/8,6		8,4	3,2	27,2	
Heinkel He 59	4		2	KTW 12VF	BMW VI 6,0 ZU	485		23,7		17,4	7,1	153,4	
Heinkel He 60	2		1	KTW 12VF	BMW VI 6,0 ZU	485		13,5/11,5		11,5	5,3	56,2	
Heinkel He 63	2		1	KTW 8VL	As-10 Ca	160		10,8/8,0		8,2	2,7	24,4	
Heinkel He 64 B	2		1	KTW 4RL	As-8 a	110		9,8		8,3	2,1	14,4	
Heinkel He 70 „Blitz"	1-2	4-5	1	KTW 12VF	BMW VI 7,3 Z	550		14,8		12,0	3,1	36,5	
Heinkel He 72 B-1 „Kadett"	1	1	1	KTW 7SL	Sh-14 A	90		9,0		7,5	2,7	20,7	
Heinkel He 111 P-4	5		2	KTW 12VFA	DB-601 A-1	865		22,6		16,4	4,0	87,6	
Heinkel He 112 B-1	1		1	KTW 12VFA	Jumo 210 G	490		9,1		9,3	3,9	17,0	4,9
Heinkel He 100 V-4	1		1	KTW 12VFA	DB-601 A	810		9,4		8,2	3,6	14,6	
Heinkel He 114 A-2	2		1	KTW 9SL	BMW 132 K	610		13,3		11,9	5,2	42,3	
Heinkel He 115 C-1	3		2	KTW 9SL	BMW 132 K	705		22,3		17,3	6,6	86,7	
Heinkel He 116	3		4	KTW 8VLA	Hirth HM 508 C	200		22,0		13,7	3,3	62,9	
Heinkel He 176	1		1	RTW	Walter HWK-RI 203		5,9	5,0		5,2	1,4	5,4	
Heinkel He 178	1		1	ETL 1A/R-R	Heinkel-Hirth He S 3 B		4,9	7,2		7,5	2,1	9,1	
Heinkel He 177 „Greif"	6		2	KTW 24FA	DB-610 A-1/B-1	2170		31,4		22,0	6,7	102,0	
Heinkel He 219 A-2	3		2	KTW 12F	DB-603 A	1285		18,5		15,6	4,4	44,5	
Henschel Hs 123	1		1	KTW 9SLA	BMW 132 DC	485		10,5/8,0		8,3	3,2	24,9	
Henschel Hs 126 B-1	2		1	KTW 9SLA	Bramo 323 A-1	660		14,5		10,9	3,8	31,6	
Henschel Hs 129 B-1	1		2	KTW 14SL	G + R 14 M 04/05	545		14,2		9,8	3,3	29,0	
Junkers J.1	1	1	1	KTW 6RF	Mc D-II	100		13,0		8,6	3,1	24,6	
Junkers J.4 (I 1)	2		1	KTW RF	Bz-IV	145		16,0		9,1	3,4	49,4	
Junkers J.10	2		1	KTW 6RF	Mc D-III a	130		12,3		7,9	3,1	27,7	
Junkers F 13	1-2	4-5	1	KTW 6RF	Ju L-2	170		17,8		10,5	3,5	40,0	
Junkers F 13	1-2	4-5	1	KTW 6RF	Ju L-5	230		17,8		10,5	3,5	40,0	
Junkers G 23	2	9	3	KTW 6RF	Ju L-2	170		28,5		14,0	5,5	89,0	
Junkers G 24	2	9	3	KTW 6RF	Ju L-5	230		29,9		15,8	5,9	97,8	
Junkers W 33	2	6	1	KTW 6RF	Ju L-5	205		17,8		10,5	3,6	44,0	
Junkers T 29	1	1	1	KTW 6RF	Ju L-1 a	60		11,5		7,2	2,3	17,9	
Junkers G 31	2	16	3	KTW 9SLA	BMW „Hornet" A	385		30,3		17,3	6,0	100,0	
Junkers G 38	3-7		4	KTW 6RF	Jumo 204 Zweitakt Diesel	550		44,0		23,2	7,2	305,0	6,4
Junkers Ju 49	2		1	KTW 12VF	Ju L-88 a	590		28,3		17,2	4,8		
Junkers Ju 52/3 m Land	3	17	3	KTW 9SLA	BMW 132 A	485		29,3		18,9	4,5	110,5	
Junkers Ju 52/3 m Wasser	3	17	3	KTW 9SLA	BMW 132 L	590		29,3		19,4	5,7	110,5	
Junkers Ju 86 E-1	4		2	KTW 6RFA	Jumo 205 C Zweitakt Diesel	440		22,5		17,6	4,7	82,0	6,2
Junkers Ju 87 D-1	2		1	KTW 12VFA	Jumo 211 J	1045		15,0		11,1	3,8	32,0	
Junkers Ju 88	4		2	KTW 12VFA	Jumo 211 J	1045		20,1		14,4	4,8	54,5	
Junkers Ju 90	3	40	4	KTW 9SLA	BMW 132 H	550		35,0		26,3	7,5	184,0	
Klemm L 25	1	1	1	KTW 4RL	Hirth HM 60 R	60		13,0		7,1	2,1	20,0	8,5
Klemm Kl 32	1	2	1	KTW 7SL	Sh-14 a	120		12,0		7,6	2,0	15,4	
LFG Roland C-II	2		1	KTW 6RF	Mc D-III	120		10,3		7,7	2,9	26,0	
LFG V 13 „Strela-See"	1	4	1	KTW 6RF	Bz-IV	145		17,5		10,9		70,0	
LFG V 130 „Strela-Land"	1	4-5	1	KTW 6RF	BMW-IV	235		17,5		10,2	3,5	70,0	
LVG C-II	2		1	KTW 6RF	Mc D-III	120		12,9		8,1	2,9	37,6	
Lilienthal Gleitflugzeug	1		-					6,7				13,0	
Messerschmitt M 20 a	2	8-10	1	KTW 12VF	BMW-VI	500		25,5		14,9	3,2	65,0	
Messerschmitt M 20 b	2	8-10	1	KTW 12VF	BMW-VI	500		25,5		15,9	4,2	65,0	
Messerschmitt Bf 108 B „Taifun"	1	3	1	KTW 8VL	As-10 C	175		10,6		8,3	2,9	16,4	6,7
Messerschmitt Me 109 G-2	1		1	KTW 12VFA	DB-605 A	1085		9,9		8,5	2,5	16,1	
Messerschmitt Me 110 G-4	2		2	KTW 12VFA	DB-605 B	1065		16,2		12,3	4,0	38,5	
Messerschmitt Me 321	3	200	-	-	-	-		55,0		28,2	10,2	300,0	
Messerschmitt Me 323 D-1	5		6	KTW 14SLA	G + R 14 N	730		55,0		28,2	9,6	300,0	
Messerschmitt Me 163 B-1 a „Komet"	1		1	RTW	Walter HWK 109-509 A-2		15,7	9,3		5,9	2,8	18,5	
Messerschmitt Me 262	1		2	ETL 1 A-A	Jumo 004 B-2		8,8	12,6		10,6	3,6	21,7	7,3
Pfalz D-XII	1		1	KTW RF	Mc D-III aü	130		9,0		6,4	2,7	21,7	
Rohrbach „Rocco"	3	10	2	KTW 12VF	RR „Condor"	480		26,0		19,3	6,7	94,0	
Rohrbach Ro-VIII „Roland"	2	10	3	KTW 6RF	BMW-IV	170		26,0		16,3	4,5	88,0	
Rohrbach „Romar"	5		3	KTW 12VF	BMW-VI AU	590		36,9		22,5	8,5	170,0	
Sablatnig Sab P-I	1	4	1	KTW 6RF	Bz-IV	170		11,0		8,7		54,0	
Sablatnig Sab P-III	2	6	1	KTW 6RF	Bz-IV	170		16,0		8,9	3,3	45,0	
Siebel Fh 104 „Hallore"	1	4	2	KTW 8VL	Hirth HM 508 D	205		12,6		9,5	2,6	22,3	6,5
Siebel Si 202 P-3 „Hummel"	1	1	1	KTW 4RL	Zündapp Z-9-92	35		10,5		6,4	1,9	14,0	7,9
Siebel Si 204	2	8	2	KTW 12VLA	As-410	280		21,3		13,0	4,3	46,0	9,9

Massen			Flugleistungen										Bewaffnung
Rüstmasse	Zuladung	Startmasse	Höchstgeschwindigkeit	Reisegeschwindigkeit	Landegeschwindigkeit	Steigleistung	Gipfelhöhe	Reiseflughöhe	Startrollstrecke	Landerollstrecke	Reichweite max. Kraftstoff	Reichweite max. Nutzmasse	
kg	kg	kg	km/h	km/h	km/h	m/s	m	m	m	m	km	km	
1 473	427	1 900	330	280	95	12,6	7 700		100	150	700		1 st 7,9-mm-MG
5 440	3 510	8 950	240	205	88	3,5			580		800		3 MG
2 730	670	3 600	240	215	90	5,5	5 000				900		1 b 7,9-mm-MG
			200	190	76	3,2	3 900		270		1 100		1 st MG
470	310	780	245	222	52	4,3	6 000		88		1 500		
2 530	930	3 460	360	305	105	5,2	5 500		350	260	890		
625	275	900	190	158		2,8	4 200				500		
8 015	5 485	13 500	390	373	115	2,4	8 000		850	1 000	2 400	2 000	7 MG, 8 250 kg Bo
1 850	400	2 250	510	475	135	13,8	9 500	5 000			950	850	2 MG, 2 20-mm-Ka
2 097	443	2 540	630	530	150	16,0	11 000	7 000	350	380	1 050		2 7,9-mm-MG, 1 20-mm-Ka
2 314	1 106	3 420	292	265	95	3,0	4 800	3 000			1 050	910	1 7,9-mm-MG
6 870	3 810	10 680	300 (1 000)	290		5,0	6 500				2 800		5 7,9-mm-MG, 1 250 kg Bo
4 050	3 080	7 130	375	355		4,2	6 600		400	330	3 500		
900	720	1 620	750	700	135	60,6	9 000		480		95		
1 620	380	1 998	700	580	165								
20 180	10 820	31 000	505	450	148	3,5	8 000	6 500			5 600	2 000	3 MG, 4 Ka, 3 500 kg Bo
9 220	4 360	13 580	616 (6 400)	550	150	8,7	9 300	8 000			2 150		4 20-mm-Ka, 2 30-mm-Ka
1 400	710	2 110	342	317		15,0	9 000				860		2 7,9-mm-MG, 4 50-kg- od. 1 250-kg-Bo
2 060	1 100	3 160	354	300	95	3,0	8 050				1 000		1 st MG, 1 b MG, 100 kg Bo
4 050	910	4 960	408 (3 800)	320	145	6,0	9 000	7 000			880		2 7,9-mm-MG, 2 20-mm-Ka
900	180	1 080	170	160		1,0					230		
1 766	410	2 176	155	140		3,0	3 000				310		3 7,9-mm-MG
735	420	1 155	190	170		4,3	5 000				380		2 st MG, 1 b MG
1 150	700	1 850	170	140	95	2,4	4 000				1 200		
1 480	1 220	2 700	205	175	104		5 100				1 200		
3 600	2 400	6 000	160	140	105	2,1	3 800		200				
4 370	2 830	7 200	210	175	110	2,1	5 000	3 800			1 300		
1 418	1 282	2 700	205	170	95		4 000				1 000		
515	175	690	130	115	75		2 500						
5 250	3 250	8 500	211	180	111	3.0			320	380	1 050		
14 900	9 100	24 000	225	210	80	3,3	6 400				3 500	1 000	
		4 250	146				13 000						
6 665	3 835	10 500	290	255	100	4,0	5 800		340	245	1 300		
7 275	3 725	11 000	305	295	100		6 200						
5 200	2 500-3 000	7 700-8 200	325	285	98	5,4	6 800	4 500			2 000		3 MG, 1 000 kg Bo
2 760	2960	5 720	408	350	110		7 320					1 000	2 st MG, 2 b MG, 1 800 kg Bo
8 620	3 502	12 122	472	370		9,2	8 235				2 700	1 400	7 MG, 3 000 kg Bo
14 300	9 700	24 000	350	325	109	4,0	5 500					2 000	
400	320	720	160	140	60	2,7	4 800				650		
590	360	950	205	180	80	4,2	6 000				750		
765	517	1 282	165			2,7	4 500				825		2 7,9-mm-MG
1 460	668	2 128	140		60		4 000				770	360	
1 343	792	2 135	145		70	1,5	3 500				800	400	
845	560	1 405	130	115							440		1 MG, 40 kg Bo
15													
		4 500	175	160	90	2,3	4 700		190	200	950		
		4 800	220	180	85	3,1	5 000		190	200	1 000		
880	500	1 380	265			6,0	5 000		180	130	1 000		
2 265	1 085	3 360	635 (9 000)	530		24,5	12 500				850		2 7,9-mm-MG, 1 20-mm-Ka
5 090	4 300	9 390	500 (7 000)	450	145	10,0	10 000				1 200		5 MG, 2 Ka
12 200		34 000	220	180-200									2 7,9-mm-MG
27 330	15 670	43 000	285	218		3,5					1 100		5 MG
1 908	2 402	4 310	955		170	81,0	12 000					80	2 30-mm-Ka
3 800	3 200	7 000	873			20,0	11 000				1 000		4 30-mm-Ka, 24 Ra
717	185	902	195	180	65	6,7	7 000				400	260	2 7,62-mm-MG
5 990	3 610	9 600	220	168	115	3,0	3 150					2 400	
		5 265	195		100	2,5	5 500				925		
10 800	8 200	19 000		175			3 000					4 000	
640	530	1 170	130										
1 334	850	2 184	160	150							450		
1 610	740	2 350	350	312	99	9,5	6 600		200	280	1 500	900	
320	230	550	160	140	72	2,0	4 300		250	170	500	500	
3 460	1 540	5 000	322	300	110	4,3	6 400		460	510	2 000	1 000	

Typ	Besatzung	Passagiere	Triebwerk Anzahl	Triebwerk Art	Triebwerk Bezeichnung	Startleistung	Startschub	Abmessungen Spannweite	Rotorkreisdurchmesser	Länge	Höhe	Flügelfläche	Flügelstreckung
						kW	kN	m	m	m	m	m²	
noch DEUTSCHLAND													
Siemens-Schuckert R I	4		3	KTW	Bz III	110		28,0		17,5	5,2	138,0	
Siemens-Schuckert R III	4		3	KTW	Bz IV	145		34,3		17,7	4,6	177,0	
Siemens-Schuckert R V	4		3	KTW	Bz IV	145		34,3		17,7	4,6	177,0	
Siemens-Schuckert R VI	4		3	KTW	Bz IV	145		33,4		17,7	4,6	171,0	
Siemens-Schuckert R VIII	7		6	KTW	Ba + Selve BuS IV a	220		48,0		21,6	7,4	440,0	
Siemens-Schuckert D.III	1		1	KTW	Siemens Sh III	118		8,4		5,7	2,8	18,9	
Siemens-Schuckert D.IV	1		1	KTW	Siemens Sh IIIa	118		8,4		5,7	2,8	15,1	
Udet U 11 „Kondor"	2	8	4	KTW 9SL	Sh-12	90		22,0		16,0	4,0	70,0	
Udet U 12 a „Flamingo"	1	1	1	KTW 7SL	Sh-11	70		10,0		7,5	2,8	24,0	
Udet U 12 b „Flamingo"	1	1	1	KTW 9SL	Sh-12	90		10,0		7,4	2,8	24,0	
Zeppelin V. G. O. I	6		3	KTW	Maybach HS	175		42,2		24,0	6,6	323,0	
Zeppelin V. G. O. III	6		6	KTW	Mc D III	118		42,2		24,5	6,8	332,0	
Zeppelin R VI	7		4	KTW 6RF	Mc D IV a	190		42,2		22,1	6,3	332,0	
Zeppelin 8301	5		4	KTW 6RF	Mc D IV a	190		42,4		21,0	6,8	340,5	
Zeppelin E-4/20	3	12-18	4	KTW 6RF	MB-IV a	190		31,0		16,6		106,0	3,1
FINNLAND													
Heinonen HK-1	1		1	KTW 4RL	Walter Micron III	50		6,9		5,4	2,1	7,0	6,8
Heinonen HK-1	1		1	KTW 4BL	Cont. C-85	65		6,9		5,4	2,1	7,0	6,8
Heinonen HK-2	2		1	KTW 4BL	Lyc. O-235 C 1	85		7,9		6,1	2,2	8,5	7,4
PIK-15 „Hinu"	2		1	KTW 4BL	Lyc. O-320-A 2 B	110		10,0		6,3	1,7	14,0	7,2
PIK-19 „Muhinu"	2		1	KTW 4BL	Lyc. O-320-B 2 C	120		10,0		6,9	2,6	14,0	7,1
Valmet L-70 „Vinha"	2	2	1	KTW	Arco-Lyc. AEJO-360-A 1 B 6	145		9,9		7,5	3,3	14,0	
FRANKREICH													
Aerospatiale „Epsilon"	2		1	KTW 6B	Arco Lyc. IO 540 L 1 B 5 D	220		7,9		7,6	2,7	12,0	
Aerospatiale SA-318 „Alouette II"	1	4	1	GTW 2R-A	Turb. „Artouste II C"	385			10,2	9,7	2,8		
Aerospatiale SA-316/SA-319	1	6	1	GTW 2R-A	Turb. „Artouste III B"	420			11,0	10,1	3,0		
Aerospatiale SA-321	2	30-34	3	GTW 2A/R-A	Rurb. „Turmo III C 3"	1 090			18,0	23,0	6,7		
Aerospatiale SA-315 B	1	4	1	GTW 2R-A	Turb. „Artouste III B"	420			11,0	10,3	3,1		
AMD MD-450 „Ouragan"	1		1	ETL 1R-A	HS „Nene" 104 B		22,6	12,2		10,7	4,0	25,0	
AMD „Mystère IV"	1		1	ETL 1R-A	HS Verdon 350		34,3	11,1		12,8	4,6	32,0	
AMD „Mirage III E"	1		1	ETL 1A-A	SNECMA „Atar" 9 C		58,9	8,2		15,3	4,2	34,9	2,0
AMD „Mirage IV"	2		2	ETL 1A-A	SNECMA „Atar" 9 K		66,7	11,9		23,5	5,7	78,0	
AMD „Mercure"	2	134-155	2	ZTL 1A-A	P + W JT 8 D-15		69,0	30,6		34,0	11,4	116,0	8,1
Blériot XI „La Manche"	1		1	KTW 3WL	Anzani	20		8,2		7,7	2,6	14,0	
Blériot XI/2	1	1	1	KTW 7SL	Gnôme Umlauf	60		10,4		8,4	2,5	19,0	
Blériot Spad-56	2	4	1	KTW 9SL	G + R „Jupiter"	275		13,1		9,0		46,0	
Bloch 220	3	16	2	KTW 14SLA	G + R 14 NO	655		22,2		19,3		72,0	8,2
Bloch MB-131	5		2	KTW 14SLA	G + R 14 N 10/11	610		20,0		17,9		52,0	7,7
Bloch MB-150/MB-151/MB-152/MB-155	1		1	KTW 14SLA	G+R14N21	735		10,5		9,1	3,0	17,3	
Bréguet 1 „Gyroplane"	1		1			30			8,0			26,0	
Bréguet 14	2		1	KTW 12VF	Renault 12 Fcx	220		14,4		9,0	3,3	49,0	
Bréguet XIX	2		1	KTW 12VF	HS 12 Nb	480		18,3/11,5		10,7	4,1	60,0	
Bréguet 521 „Bizerte"	5		3	KTW 14SLA	G + R 14 Krs	680		35,1/18,9		20,3	7,5	169,8	
Bréguet 462 „Vultur"	4		2	KTW 14SLA	G + R 14 NO	700		20,5		14,8		57,0	7,4
Bréguet 763 „Provence"	2-5	107-135	4	KTW 18SLA	P + W R-2800 CA 18	1 765		43,0		28,9	9,9	185,4	10,0
Bréguet 1050 „Alizé"	3		1	PTL 1RA	RR „Dart Mk.21"	1 450		15,6		13,7	5,0	36,0	6,8
Bréguet 941	2	55-60	4	PTL-1RA	Turb. „Turmo III D-3"	1 105		23,4		23,8	9,4	83,4	6,5
Bréguet 1150 „Atlantic"	12		2	PTL 2AA	RR „Tyne" RTy 20	4 410		36,3		31,8	11,3	120,0	11,0
Bréguet-Michelin BrM-5	2		1	KTW SL	Renault	165		17,6		9,9	3,9	70,5	
Caudron G-3	2		1	KTW 7SL	Le Rhône	60		13,4		6,4	2,6	27,0	
Caudron G-IV	2		2	KTW 9SL	Rotationsmotor Le Rhône	60		17,2		7,2	2,6	36,8	
Dassault-Bréguet „Super Etendard"	1		1	ETL 1A-A	SNECMA „Atar" 8		44,1	9,6		14,3	7,9	28,4	3,0
Dassault-Bréguet „Mirage F-1"	1		1	ETL 1A-A	SNECMA „Atar" 9 K 50		49,1	8,5		15,0	4,5	25,0	
Dassault-Bréguet „Mirage 5"	1		1	ETL 1A-A	SNECMA „Atar" 9 C		62,8	8,2		14,8	4,2	34,9	2,0
Dassault-Bréguet „Mirage 2000"	1		1	ZTL	SNECMA M-53-5	90		9,0		14,4	5,3	41,0	
Dassault-Bréguet „Mirage 4000"	1		2	ZTL	SNECMA M 53	100		12,0		18,7		73,0	
Dassault-Bréguet „Falcon 10"	2	4-10	2	ZTL 2A/R-A	GaAiR TFE-731		14,4	13,1		13,7	4,4	22,5	
Dewoitine D-338	4	22	3	KTW 9SL	HS 9 Vd	425		29,4		22,1		99,0	8,7
Farman MF-7	2		1	KTW 8VL	Renault	50		15,5		11,5	3,4	60,0	
Farman F-20	2		1	KTW 7SL	Gnôme Umlauf	60		14,0		8,3	3,2	35,0	

Massen			Flugleistungen										Bewaffnung
Rüstmasse	Zuladung	Startmasse	Höchstgeschwindigkeit	Reisegeschwindigkeit	Landegeschwindigkeit	Steigleistung	Gipfelhöhe	Reiseflughöhe	Startrollstrecke	Landerollstrecke	Reichweite max. Kraftstoff	Reichweite max. Nutzmasse	
kg	kg	kg	km/h	km/h	km/h	m/s	m	m	m	m	km	km	
4 000	1 200	5 200	128	110		1,5	3 700				520		1 MG, 500 kg Bo
5 400	1 320	6 820	132	120		1,5	3 000				480		3 MG, 500 kg Bo
5 300	1 466	6 766	132	120		1,5	3 000				480		3 MG, 500 kg Bo
5 250	1 410	6 660	132	120		1,5	2 900				720		3 MG, 500 kg Bo
10 500	5 400	15 900	125				4 000				800		5 MG
523	202	725	180	150		9,5	8 000				360		2 7,9-mm-MG
540	195	735	190	160		8,7	8 000				380		2 7,9-mm-MG
3 000	1 500	4 500	165	150	90	1,6	3 200		300	200			
525	275	800	140	115	75	2,3	3 700				450		
550	250	800	145	120	75	2,8	3 800				480		
6 520	3 000	9 520	110	100		2,8	3 000						4 7,9-mm-MG, 1 000 kg Bo
8 600	3 000	11 600	120	105		2,8	3 000					600	5 7,9-mm-MG, 500 kg Bo
7 680		11 460	130	120		1,4	3 800				800		4-6 MG, 1 800kg Bo
9 000	3 500	12 500	130			0,9					1 000		5 MG, 18 100-kg- od. 1 000kg Bo
		8 500	230	211	130								
250	150	400	223	195	75	3,5	6 100				760		
265	150	415	240	209	75	6,1	6 100				760		
395	270	665	235	207	84	4,5			200		875		
502	262	764	240	215	83	5,8	8 050		90	100			
560	280	840	230	210		7,0					800		
740	460	1 200	360	240	85	5,7	5 000	3 000	260	300	1 015	860	
826		1 150-1 250	520	363	120	9,4	6 100		410	575	1 300		300 kg Wf
895	705	1 600	185	170		4,2	4 500				620	100	Lw
1 105	995	2 100	210	200		5,5	6 050				565	500	1 20-mm-Ka, Lw
6 320	5 680	12 000	265	245		7,6	4 800			845	100		
995	755-1 205	1 750-2 200	210	192		6,7	6 300			510			
4 140	1 160-2 660	5 300-6 800	856 (9 000)			40,0	14 700				1 200		4 30-mm-Ka, 16 Ra
5 860	1 640-3 240	7 500-9 100	990 (1 200)	820		45,0	13 700				1 310		2 30-mm-Ka, Ra, 2 Bo
7 050	1 800	13 500	M 2,2	1 000		83,0	20 000		700-1 300	700	1 000		2 30-mm-Ka, Bo, Lw
14 500	6 600	33 475	M 2	950		45,0	20 000				1 600		
28 900	23 100	52 000		920	220				1 550	1 340	1 700	1 300	
210	60	270	75	70									
335	250	585	115			1,4							
1 160	1 150	2 310	205	170		1,7	5 600						
6 410	2 750	9 160	343	295			7 000				1 400		
		6 500	400	350							2 000		1 Ka, 2 MG, 2 000 kg Bo
2 103	590	2 693	482	440			10 000				580		2 2-cm-Ka, 2 7,5-mm-MG
340	238	578											
1 140	600	1 740	180			3,8	6 000				900		1 st MG, 2 b MG, 300 kg Bo
2 190	4 510	6 700	245				6 500				950		
8 855	7 145	16 000	243 (2 000)	200		3,8	6 600				3 000	2 000	4 MG, 2 To, 200 kg Bo
4 350	3 850	8 200	402			6,8	8 300				3 100	900	1 23-mm-Ka, 1 500 kg Bo
32 241	19 359	51 600		380		5,5	6 000	3 000			4 000	2 300	
5 700	2 500	8 200	460	370		7,0	8 000		575	470	2 500		To od. Mi, Ra, Lw
13 120	13 380	26 500	520	480	90		8 500		115	65	3 100	800	
25 700	6 000	43 500	650	320	165	12,4	10 000	9 100	1 750		9 000	2 900	To, Wabo, Minen
1 391	400	1 921	142	130	80	2,8	4 300				700		1 MG od. 1 Ka, 290 kg Bo
445	289	734	106			2,3	3 000				300		1 MG
821		1 322	132				4 300				350		2 MG, 113 kg Bo
6 450		11 200	1 200	900	220	100,0	15 500		700	800-500	3 000	1 600	2 30-mm-Ka, 1 400 kg Bo, Ra od. Zt
7 450	3 650	11 000	M 2,2 (2 350)	1 000	260	260	20 000		500-800	500-800	3 300		2 30-mm-Ka, Bo, Ra
5 915	6 085	12 000	M 2	1 000	250		29 500		246	700	1 200		3 30-mm-Ka, 4 000 kg Al
7 400		16 500	2 333				20 000				1 800		2 30-mm-Ka, 5 000 kg Wf
			2 333										2 30-mm-Ka, Wf
4 474	3 826	8 300	920	770					400		4 000	3 370	
6 960	4 140	11 100	300	260	120	2,6	5 000				2 000	850	
580	275	855	90			0,8							
360	300	660	110			1,5	315				250		1 MG

Typ	Besatzung	Passagiere	Triebwerk Anzahl	Triebwerk Art	Triebwerk Bezeichnung	Startleistung kW	Startschub kN	Abmessungen Spannweite m	Rotorkreisdurchmesser m	Länge m	Höhe m	Flügelfläche m²	Flügelstreckung
noch FRANKREICH													
Farman F-60 „Goliath"	2	12	2	KTW 9SL	Salmson CM.9	190		26,5		14,3	4,9	161,0	
Farman F-121 „Jabiru"	1-2	9	4	KTW 8VF	HS 8 A C	130		19,0		13,7		80,0	
Farman F-222	5-6		4	KTW 14S	G + R 14 Kirs	715		36,2		21,5	5,2	188,0	
Hanriot-Dupont HD-1	1		1	KTW SL	Rotationsmotor Le Rhône	80		8,7		5,8	2,5	18,0	
Latécoère L.28	2	8	1	KTW 12 VF	Renault 12 7 B	370		19,3		13,6		48,6	
Latécoère L.302	4		4	KTW 12 VFA	HS 12 Ydrs 2	685		44,2		26,2	8,0	260,0	
Latécoère L.380/L.381	3		2	KTW 12 VFA	HS 12 Ydrs 2	685		31,4		17,2		130,0	7,5
Latécoère L.521	6	70	6	KTW 12 VFA	HS 12 Ybrs	630		49,3		31,6	9,7	330,0	7,3
Latécoère L.298	3		1	KTW 12 VFA	HS 12 Ycrs	630		15,5		12,6	5,2	31,6	
Latécoère L.631	6	70	6	KTW 14 SLA	Wright Cycl. GR 2600-A 5 B	1 175		57,4		43,5		350,0	
Levavasseur „Antoinette"	1		1	KTW 8VF	"Antoinette"	40		14,8		11,8		50,0	
Lioré-Olivier LeO-451	4		2	KTW 14SLA	G+ R 14 N 48/49	780		22,5		17,2	4,5	68,0	7,5
Morane-Saulnier Typ N	1		1	KTW	Rotationsmotor Gnôme	80		8,3		6,7	2,5	11,0	
Morane-Saulnier MS-35	2		1	KTW 9S	G + R	60		10,6		6,8	3,6	18,0	
Morane-Saulnier MS-406	1		1	KTW 12R	HS 12 Y-31	635		10,6		8,2	2,8	16,1	
Nieuport-Dunne	2		1	KTW 7SL	Gnôme	130		14,8		6,8		50,0	
Nieuport 2	1		1	KTW 7SL	Gnôme Umlauf	25		8,7		7,2	2,8	21,6	
Nieuport 17 C-1	1		1	KTW SL	Rotationsmotor Le Rhône	80		8,2/7,4		5,8	2,4	14,8	
Nieuport 28 C-1	1		1	KTW 9SL	Rotationsmotor Gnôme	125		8,7		6,4	2,6	15,8	
Nord Aviation Nord-2501	4-5	36-45	2	KTW 14SLA	SNECMA 758	1 500		32,5		22,0	6,0	101,2	10,1
Potez 25	2		1	KTW 12 WF	Lorraine-Dietrich 12 EB	330		14,0		9,0		46,0	
Potez CM-170 „Magister"	2		2	ETL 1R-A	Turb. „Marboré II A"		3,9	12,2		10,1	2,8	17,3	7,4
Potez MS-760 „Paris"	1	5	2	ETL 1R-A	Turb. „Marboré VI"		4,7	11,5		10,8	2,6	20,7	5,1
Potez 841	2	24	4	PTL 2A/R-A	P + W PT 6 A 6	425		19,6		15,9	5,2	35,0	10,8
Potez 842	2	8	4	PTL 1A/R-A	Turb. „Astazou X"	495		19,6		16,8	5,2	35,0	10,8
Robin DR-1051 „Sicile Record"	1	2-3	1	KTW 4BL	Potez 4 E-20	55		8,7		6,4		13,6	5,6
Robin HR-100/200	1	3	1	KTW 4BL	Lyc. IO-360-A 1 D 6	145		9,0		7,3	2,3	14,4	5,5
Salmson Sal II A 2	2		1	KTW RF	Salmson	200		11,7		8,5	2,9	37,3	
Savary	2-3		1	KTW 7SL	Gnôme Umlauf	60		19,0		12,0		68,0	
SIPA S-2510 „Antilope"	1	4	1	PTL 1A/R-A	Turb. „Astazou X"	495		11,1		9,0	2,6	16,2	7,7
SNCASE SE-161 „Languedoc"	5	33	4	KTW 14SLA	P + W R-1830-92	880		29,4		24,3	5,6	111,3	
SNIAS SO-4050 „Vautour II N"	2		2	ETL 1 A-A	SNECMA „Atar 101 E-3"		34,3	15,1		16,5	4,3	45,3	
SNIAS SE-210 „Caravelle III"	2-3	64-94	2	ETL 1A-A	RR „Avon" Ra 29-527		52,0	34,3		32,0	8,7	146,7	8,0
SNIAS SE 210 „Caravelle 12"	2	128-140	2	ZTL 2A-A	P + W JT 8 D 9		64,5	34,3		36,2	9,0	146,7	8,0
SNIAS „Frégate"	2	26-29	2	PTL 1A/R-A	Turb. „Bastan VII"	825		22,6		19,3	6,2	55,8	9,1
SNIAS SN-600 „Corvette"	2	6-12	2	ZTL 2A-A	SNEC./Turb. M 49 „Larzac"		13,2	12,8		13,8	4,2	22,0	7,5
SNIAS SO-1221 „Djinn"	2		1	GTW 1R-A	Turb. „Palouste IV"	140			11,0	5,3	2,6		
SNIAS SA-360/SA-365 „Dauphin"	2	8	1	GTW 2A/R-A	Turb. „Astazou XVIII A"	860			11,5	13,4	3,4		
SOCATA „Rallye 7"	1	6	1	KTW 6BL	Lyc. IO-540-K	220		12,7		8,9	3,2	17,0	7,6
SPAD 13	1		1	KTW 8VF	HS 8 Ba	160		8,2		6,3	2,4		
SPAD SA-2	2		1	KTW SL	Le Rhône	60		9,6		7,3	2,7	25,3	
SPAD S-11	2		1	KTW SL	H.S. 8 BA	160		11,2		7,8	2,6		
Voisin LA 5 B 2	2		1	KTW	Rotationsmotor Canton-Unne	110		14,7		9,5	3,6	45,0	
Wassmer D-120 „Paris-Nice"	1	1	1	KTW 4BL	Cont. C-90-12 F	70		8,2	6,4	2,1	12,3	5,5	
GROSSBRITANNIEN													
AIRCO DH-2	1		1	KTW 9SL	Umlaufmotor Gnôme	75		8,6		7,7	2,9	20,4	
AIRCO DH-4	2		1	KTW 12VF	RR „Eagle"	275		12,9		9,3	3,6	40,6	
AIRCO DH-9	2		1	KTW	Puma	170		12,9		9,4	3,3	40,5	
Airspeed A. S. 6 „Envoy"	2	6	2	KTW 7SLA	AS „Cheetah IX"	260		15,9		10,5	2,8	31,5	
Airspeed A. S. 51 „Horsa I"	2	25	-	-	-	-		26,8		20,4	5,9	102,6	
Airspeed A. S. 58 „Horsa II"	2	25	-	-	-	-		26,8		20,7	6,2	102,6	
Airspeed A. S. 57 „Ambassador"	3	28-50	2	KTW 18SLA	Brist. „Centaurus 661"	1 930		35,1		25,0	5,6	111,5	11,0
Armstrong-Whitworth F. K. 8	2		1	KTW RF	Beardmore	90		13,3		9,5	3,3	50,1	
Armstrong-Whitworth A. W. 35 „Scimitar"	1		1	KTW S	"Panther XI A"	535		10,1/8,0		7,6	3,5	24,2	
Armstrong-Whitworth A. W. 38 „Whitley"	4-6		2	KTW 12VFA	RR „Merlin X"	840		25,6		21,5	4,6	114,4	5,7
Armstrong-Whitworth „Sea Hawk" Mk.101	1		1	ETL 1R-A	RR „Nene" Mk. 103		24,0	11,9		12,3	3,0	25,8	5,5
Aviation Traders ATL-98 „Carvair"	2-3	85	4	KTW 14SLA	P + W „Twin Wasp"	1 065		35,8		31,3	9,1	135,8	
Avro 504	2		1	KTW 9SL	Gnôme Umlauf	75		11,0		9,0	3,2	30,6	
Avro „Anson" Mk. I	6		2	KTW S	AS „Cheetah IX"	260		17,2		12,9	4,0	38,1	
Avro „Lancaster" Mk.III	7		4	KTW 12	RR „Merlin" 24	1 075		31,1		21,2	6,1	120,5	

Massen: Rüstmasse kg	Massen: Zuladung kg	Massen: Startmasse kg	Flugleistungen: Höchstgeschwindigkeit km/h	Reisegeschwindigkeit km/h	Landegeschwindigkeit km/h	Steigleistung m/s	Gipfelhöhe m	Reiseflughöhe m	Startrollstrecke m	Landerollstrecke m	Reichweite max. Kraftstoff km	Reichweite max. Nutzmasse km	Bewaffnung
2 500	2 370	4 870	130	120			4 000				400		
3 000	2 000	5 000	180				4 000				600		
10 488	4 712-8 212	15 200-18 700	320	280		4,9	8 000				1 995		3 7,5-mm-MG, 4 200 kg Bo
407		605	183				7 000				550		1 MG
2 194	1 846	4 040	225 (2 000)	200 (2000)			5 500				1 000		
14 300	11 700	23 000	238 (1 000)	195	90	2,7	4 600				4 800		8 MG, 4 75-kg-Bo
5 475	4 000	9 475	209				4 700				4 000		
21 480	15 920	37 400	250 (3 000)	213	105		6 300				5 800		
2 360	1 763	4 123	270	243	125							800	1 st MG, 2 Zw-MG, 1 700-kg-To
32 332	39 018	71 350	405 (3 650)	320 (500)							6 000		
550													
7 813	3 587	11 400	495 (4 800)	420	115		9 000				2 300	1 400	2 MG, 1 20-mm-Ka, 500-2 000 kg Bo
333		510	165				3 950				300		1 MG
450	250	700	135	120		3,0	4 600						
1 900	530-820	2 430-2 720	486 (5 000)	400		9,9	9 500				1 100	790	1 20-mm-Ka, 2 7,5-mm-MG
			95								250		
310	150	460	120	100									
374		559	177	160			5 300				520		1-2 MG
435		710	220				6 100				730		2 7,9-mm-MG
13 614	8 071	21 685	410	320		5,5	6 750	2 000	750	400	2 500	1 270	
		1 945	230			4,2							1 st MG, 1 b MG, Bo
2 150	950	3 100	715			15,0	11 000		655		1 200		2 7,5-mm-MG, Ra, Bo od. Lw
2 250	1 750	4 000	670	620		12,0	12 000		760		2 000	1 500	
5 510	3 390	8 900		450	135	9,2			630	500			
5 510	3 390	8 900		500	135	10,5	8 000		560	500	3 000		
420	360	780	250	230		3,6	4 500		250	180	1 000		
700	500	1 200	285	250	110	5,1	5 100		420	400	2 400	1 200	
780		1 290	186			5,1	6 250				520		2-3 MG, 91kg Bo
600	450	1 050	75	65									
990	910	1 900	430	400		13,5	11 000		210	230	2 300		
12 700	9 300	22 000	425	350	115	4,5	7 200				3 000	1 000	
9 880	7 120	17 000	958 (12 000)			60,0	14 000				2 750		4 20-mm-Ka, 1 850 kg Bo
37 710	8 290	46 000	845 (7 600)	805	230	11,2	11 000	9 150		1 000	2 500	1 640	
32 400	23 600	56 000		812					2 320	1 570	3 740	1 870	
6 200	4 600	10 800	418	410		6,1	8 695		570	320	2 400	1 020	
3 492	2 608	6 100	870	630		23,9	12 200		420		2 350	1 600	
360	400	760	125	100			3 000				210		
1 550	1 150-1 500	2 700-3 050	315	265		9,0	2 250				650		
980	880	1 860	280	270		4,0	4 800		260	200	1 350		
600	256	856	190			8,2	6 400				300		2 st MG
535		815	112			2,1	3 000				250		1 MG, 23 kg Bo
674		1 048	176			4,8	7 000				300		2-3 MG, 49-70 kg Bo
798		1 400	100	190			3 500					350	1 MG, 60-90 kg Bo
380	270	650	210	265	75	3,5	4 250	150			1 000	1 000	
475	250	725	120			2,7	4 300				250		1 b 7,62-mm-MG
1 083		1 575	230				6 700					700	2-3 MG, 204 kg Bo
994		1 506	188 (3 000)				5 330					450	3 MG, 208 kg Bo
1 920	1 040	2 960	325	270		7,0	6 700				990		
3 797		7 031	241	161									
3 797		7 144	241	161									
18 025	6 934	24 959		463		6,3	7 600	3 000			1 930	934	
870		1 275	150 (2 500)	120			3 900				350		2 MG, 73 kg Bo
1 276	584	1 860	343 (4 270)			12,3	9 330				670		2 7,7-mm-MG
8 770	4 030	12 800	357	297		4,1	5 360				2 600	760	5 MG, 3 150 kg Bo
4 800	1 400-2 700	6 200-7 500	965 (6 000)	650	180	32,0			200	800	2 500		4 20-mm-Ka, 225 kg Bo od. 30 Ra
18 762	14 713	33 475		350	172			3 000			5 560	3 400	
499	317	816	132				3 960				300		1 MG, 4 9-kg-Bo
2 438	1 192	3 630	303	254	106	3,8	5 800				1 270		2-3 MG, 170 kg Bo
16 738	14 106-15 012	30 844-31 750	462 (3 500)	390		2,5	7 470	6 100			3 600	1 800	8 7,7-mm-MG, 6 340 kg Bo

Typ	Besatzung	Passagiere	Triebwerk Anzahl	Triebwerk Art	Triebwerk Bezeichnung	Triebwerk Startleistung	Triebwerk Startschub	Abmessungen Spannweite	Abmessungen Rotorkreisdurchmesser	Abmessungen Länge	Abmessungen Höhe	Abmessungen Flügelfläche	Abmessungen Flügelstreckung
						kW	kN	m	m	m	m	m²	
noch GROSSBRITANNIEN													
BAC „Canberra"	2		2	ETL 1A-A	RR „Avon 109"		32,9	19,5		20,0	4,8	89,2	4,3
BAC „Jet Provost" T. Mk. 4	2		1	ETL 1A-A	BS „Viper 11"		10,9	11,3		9,9	3,1	19,9	
BAC „Lightning"	1		2	ETL 1A-A	RR „Avon 302 C"		58,8	10,6		16,8	6,4	35,3	
BAC VC-10	4-6	108-151	4	ZTL 2A-A	RR „Conway RCo-42"		93,4	44,6		48,4	12,0	264,3	6,8
BAC Super VC-10	4-6	163-180	4	ZTL 2A-A	RR „Conway RCo-43"		100,1	42,7		52,3	12,0	268,2	6,8
BAC 1-11 „One Eleven" 200	2-3		2	ZTL 2A-A	RR „Spey-2506"		46,3	27,0		28,2	7,2	91,0	8,0
BAC 1-11 „One Eleven" 500	1	86-119	2	ZTL 2A-A	RR „Spey-25512"		55,8	28,5		32,7	7,5	95,8	
BAC 145/164/166/167	2		1	TL	BS „Viper 11"		11,1	10,8		10,3	3,1		5,8
BAe ATP	2	64-72	2	PTL	PW 124 A	1 850		20,6		26,0	7,2	78,3	
BAe 146-200	4-6	93-122	4	MTL	ALF 502 R-5		31,0	26,3		28,6	8,6	77,3	
Beagle „Husky"	1	1-3	1	KTW 6BL	Lyc. O-360-A 2 A	130		11,0		7,1	2,5		
Beagle „Terrier 2"	1	2	1	KTW 4RL	DH „Gipsy Major 10"	105		11,0		7,1	2,7	17,1	7,0
Beagle AOP Mk. 11 „Mark Eleven"	3		1	KTW 6BL	RR/Cont. IO-470 D	190		11,1		7,2	2,7	18,4	6,7
Beagle B-206	1	4-7	2	KTW 6BL	RR/Cont. GIO-470	230		13,9		10,3	3,4	19,9	10,0
Beagle B-242	1	3-4	2	KTW 6BL	RR/Cont. IO-360	145		11,3		7,6	2,6	15,8	8,5
Beagle B-121 C „Pup"	2	1	1	KTW 4BL	RR/Cont. O-2001	75							
BAe SA-3 „Buldog"	1	1-2	1	KTW 4BL	Lyc. IO-360-A 1 B 6	145		10,1		7,1	2,3	12,0	8,4
Blackburn „Baffin"	2		1	KTW 9SL	Brist. „Pegasus IM 3"	405		13,9		11,6	4,1	63,4	
Blackburn „Perth"	6		3	KTW 12VFA	RR „Buzzard I MS"	605		29,6		21,3	8,1	233,3	
Boulton-Paul „Sidestrand"	3-4		2	KTW 9SL	Brist. „Jupiter VII F"	370		22,0		12,5	4,5	91,6	
Boulton-Paul „Overstrand"	3-4		2	KTW 9SL	Brist. „Pegasus II M"	440		21,9		14,0	4,7	91,0	
Boulton-Paul „Defiant" N. F. Mk. II	2		1	KTW 12VFA	RR „Merlin III"	760		12,0		10,8	3,5	23,2	
Bristol F 2 B „Fighter"	2	-	1	KTW SL	RR Falcon III	210		12,0		7,9	3,0	37,8	
Bristol 105 „Bulldog II A"	1		1	KTW 9SLA	Brist. „Jupiter VII F"	360		10,3		7,7	2,7	28,5	
Bristol 130 „Bombay"	3-4	24	2	KTW 9SLA	Brist. „Pegasus XXII"	710		29,3		20,6	6,1	124,5	
Bristol 170 „Freighter"/"Wayfarer"	3	44-56	2	KTW 14SLA	Brist. „Hercules 734"	1 455		32,9		20,8	8,6	138,1	7,9
Bristol 175 „Britannia"	3-9	84-139	4	PTL 2A/R-A	Brist. „Proteus 765"	3 270		43,4		37,9	11,4	192,7	9,8
Britten-Norman BN-2 „Islander"	1	9	2	KTW 6BL	Lyc. O-540-E	190		14,9		10,9	4,1	30,9	
Britten-Norman BN-2 A Mk. III „Trislander"	1-2	16-17	3	KTW 6BL	Lyc. O-540-E	190		16,2		13,3	4,1	31,3	8,0
De Havilland DH-60 „Moth"	2		1	KTW 4RL	A. D. C. „Cirrus I"	45		9,1		7,2	2,7	22,6	
De Havilland DH-87 „Hornet Moth"	1	1	1	KTW 4RL	DH „Gipsy Major"	95		9,8		7,6	2,0	20,5	
De Havilland DH-89 „Rapide"	2	6-8	2	KTW 6BL	DH „Gipsy Six"	145		14,6		10,5	3,2	31,3	
De Havilland DH-91	4	22	4	KTW 12VA	DH „Gipsy Twelve"	385		32,0		21,8	6,8	100,0	
De Havilland DH-98 „Mosquito"	2		2	KTW 12VFA	RR „Merlin 21/23"	1 090		16,5		12,6	5,3	42,2	
De Havilland DH-100 „Vampire"	1		1	ETL 1R-A	DH „Goblin D. Gu. 2"		13,7	12,2		9,4	2,7	24,7	
De Havilland DH-112 „Venom"	1		1	ETL 1R-A	DH „Ghost"		23,5	12,7		10,1	1,9	25,9	
Fairey „Campania"	2		1	KTW	Sunbeam „Maori II"	190		18,8		13,1	4,6	58,3	
Fairey „Fox"	2		1	KTW 12VFA	RR „Kestrel II S"	405		11,6		9,9	3,3	34,0	
Fairey „Hendon II"	5		2	KTW 12VF	RR „Kestrel IV"	440		31,0		18,5	5,6	110,0	
Fairey „Swordfish"	3		1	KTW 9SLA	Brist. „Pegasus III M"	505		13,9		11,3	3,9	56,4	
Fairey „Battle"	3		1	KTW 12VFA	RR „Merlin"	755		16,5		15,9	4,7	39,2	6,9
Fairey „Firefly" FR-I	2		1	KTW 12VFA	RR „Griffon II B"	1 270		13,6		11,5	4,1	30,7	
Fairey „Gannet" Mk. 4	3		1	PTL 1A-A	BS „Double Mamba"	2 230		16,6		13,4	4,2	45,5	
General Aircraft „Hotspur"	2	6	-	-	-	-		15,2		12,1	3,6	25,1	
General Aircraft „Hamilcar"	2	40	-	-	-	-		33,5		20,7	6,2	154,0	
Gloster „Gladiator" Mk. I	1		1	KTW 9SLA	Brist."Mercury IX"	620		9,8		8,4	3,2	30,0	
Gloster G-40	1		1	ETL 1R-A	Power Jets „Whittle 1"		3,8	8,8		7,6	2,7		
Gloster G-41 „Meteor" F-1	1		2	ETL 1R-A	RR „Welland I"		7,6	13,1		12,6	4,0	34,7	
Handley Page H. P. 12	2	10-14	2	KTW 12 VF	RR „Eagle VIII"	265		30,5		19,6	6,7	153,0	
Handley Page V/1 500	5-7	20	4	KTW 12VF	RR „Eagle VIII"	265		38,5		19,5	7,0	300,0	
Handley Page „Heyford"	4		2	KTW 12VFA	RR „Kestrell III S"	425		22,9		17,7	5,3	136,6	
Handley Page „Halifax" B Mk. VI	7		4	KTW S	Brist. „Hercules 100"	1 315		31,8		21,4	6,3	118,5	
Handley Page H. P. 52 „Hampden"	4		2	KTW 9SLA	Brist. „Pegasus XVIII"	735		21,1		17,0	4,6	62,0	
Handley Page „Dart Herald"	2	50-56	2	PTL 1R-A	RR „Dart Mk. 527"	1 570		28,9		23,1	7,3	82,3	
Handley Page (BAe) „Victor" B-2	5		4	ZTL 2A-A	RR „Conway R. Co. 11"		76,8	36,8		35,0	9,2	241,3	
Handley Page H. P. 137 „Jetstream"	1-2	8-18	2	PTL 2A-/R-A	Turb. „Astazou XIV"	625		15,9		14,7	5,1	25,1	10,0
Hawker „Audax"	2		1	KTW 12RF	RR „Kestrell II S"	385		11,4		9,0	3,2	32,4	
Hawker „Hurricane"	1		1	KTW 12VFA	RR „Merlin XX"	940		12,2		9,0	4,0	24,0	
Hawker „Thyphoon" I B	1		1	KTW 24HFA	Napier „Sabre II A"	1 605		12,7		9,7	4,7	25,9	
Hawker Siddeley „Comet 4 C"	4	72-102	4	ETL 1A-A	RR „Avon 525 B"		46,7	35,0		38,6	9,0	197,0	
Hawker Siddeley „Shackleton"	10		4	KTW 12VFA	RR „Griffon 67"	1 800		36,8		26,6	5,3	132,4	
Hawker Siddeley „Heron"	1-2	8-10/14-17	4	KTW 6RL	BS „DH Gipsy Queen" 30	185		21,8		14,8	4,8	46,4	
Hawker Siddeley „Hunter"	1-2		1	ETL 1A-A	RR „Avon" RA 28		44,1	10,2		14,0-14,9	4,3	32,4	3,3
Hawker Siddeley „Sea Vixen"	2		2	ETL 1A-A	RR „Avon" Ra 28		44,5	15,2		16,3	3,4	60,2	3,9
Hawker Siddeley „Vulcan B"	5		4	ETL 2A-A	BS/RR „Olympus 301"		89,0	33,8		30,5	8,3	368,3	3,1

Massen			Flugleistungen										Bewaffnung
Rüstmasse	Zuladung	Startmasse	Höchstgeschwindigkeit	Reisegeschwindigkeit	Landegeschwindigkeit	Steigleistung	Gipfelhöhe	Reiseflughöhe	Startrollstrecke	Landerollstrecke	Reichweite max. Kraftstoff	Reichweite max. Nutzmasse	
kg	kg	kg	km/h	km/h	km/h	m/s	m	m	m	m	km	km	
12680	12245	24925	827			17,3	14700				5800	1300	4 20-mm-Ka, Bo, Lw
2112	1198	3310	660			20,0		9100			1075		2 MG, Ra, Bo
		19000	M 2,3			152,0	18300		960	960			2 od. 4 30-mm-Ka, 2 gl od. 48 ugl Ra
67094	74427	141521		915				11000			8328	6680	
71325	80675	152000		915				11000			8617	5745	
20473	13320	33793	885 (6000)								2310		
24900	22300	47200	890	890 (6400)					2100	1250	4000	2900	
		4173	700			20,0	11200	7000	350	500	1450		Foto-MG, 2 7,62-mm-MG od. Lw od. Bo
14150	8303	22453	490	465	190	7,5	8100		1500	1050	3600	1450	
23200	18984	42184	780	709	190	12,0	9150		1500	1000	3400	2000	
646	444	1090	206	183		4,0	4270		168	107			
726	362	1088	191	172	74	3,1	3500	1000	234	137	450		
750	410	1160	240	234		7,6	6100		95	65			
1978	1245	3223	352	348		7,5	6210	3000	268	238	3000	1850	
1140	490	1630	348	320	100	8,3		2400	250		1500		
418	262	680	225					2000			800		
644	421	1065	242	222		5,2			275		1010		260 kg Bo
1900	1550	3450	218	160	96	2,4	4500					725	
9500	5240	14740	213	175	101	6,1	3500				2780	1600	1 37-mm-Ka, 1 Zw-MG, 3 MG, 900 kg Bo
2700	1900	4630	225		87	5,6	7300						3 MG, 650 kg Bo
3600	1850	5450	245		87	3,8	6900					1000	3 MG, 1000 kg Bo
2757	1008	3765	489			9,6	9200				750		4 7,62-mm-MG
875		1261	200				6000					580	3 MG, 109 kg Bo
		1600	286				8950				600	440	2 7,7-mm-MG, 4 9-kg-Bo
6260	2810	9070	308	257		3,8	7620				3500	1400	2-4 MG, 2000 kg Bo
12415	7552	19967	360	254		5,0	7000	1500			3800	1200	
42230	41685	83915		652		7,0	9700				8600	6870	
1407	953	2360	272	255	90	6,5	6750		200	130	1300		
2557	1684	4241	309	290		5,7	5120		350	253	1610		
350	210	560	146	130		2,2	3960				515		
570	340	910	200	170	64		4300				1000		
1465	920	2385	250	210	130	4,5	5800				900		
9620	3760	13380	355	325		2,8	4600				5300	1700	
7082	3418	10500	620			6,2	10000				2400		900 kg Bo
2890	1000	3890	869			21,3						1175	4 20-mm-Ka
4050		7150	920			30,0	12200				1100		4 20-mm-Ka, 900 kg Bo od. Ra
1660	760	2420	137			1,4	1520				450		1 b MG, 2 30-kg-Bo
1450	690-850	2140-2300	304 (4000)		89	7,5	8500						2 sl MG, 1 b MG, 260 kg Bo
5774	3298	9072	249	215		5,1	6500				2200	1900	3 MG, 1100 kg Bo
2360	1782	4142	223	207 (1500)		2,5	4000				1650	1000	2 MG, 1 To, 1 Mi, 6 Bo
3000	1900	4900	386	388	96	7,3	7000				1600		2 MG, 500 kg Bo
4420	1980	6400	509				8530				1720		4 20-mm-Ka, 900 kg Bo
6382	3828	10210	481 (0)			11,7					1065		1300 kg Mi, Bo od. To, 40 Ra
796		1648											
8845		16105-16283	240										
1500	600	2100	408	350		11,0	7500						
1700	470	2170	370			12,3	10030				690		4 7,7-mm-MG
3690	2570	6260	620			37,0	15240						4 20-mm-Ka
3776	1690	5466	157			2,5	2600				1000		
		16240	160	130		1,7					2090		
4580	3030	7610	222 (3000)			4,7	6400				1480	650	3 b MG, 1400 kg Bo
17500	7480-13345	24980-30845	502 (6000)			2,4	7310	6100			3540	2030	9 7,7-mm-MG, 6550 kg Bo
5340	3170	8510	408	350		5,0	6900				3200	1400	6 MG, 1800 kg Bo
11684	7820	19504	495	445	165	7,3	8140				2800	1764	
49500		91000	1038	957			18300				5635		Bo
3869	1788	5657		498			10000	4500-7000		2897	400		
1336	651	1987	274	240		5,9	6400				600		2-4 MG, 250 kg Bo
2630	910	3540	545 (6000)			11,3	10850				740		4 20-mm-Ka, 2226-kg-Bo
3992	1178	5170	673	530			10360	8000			1530	980	4 20-mm-Ka, 900 kg Bo od. 8 Ra
36430	37052	73482		865	233			10000			6700	5350	
45000		87000	485	375		4,3	6000				6000		2 20-mm-Ka, Bo
3848	2276	6124		295		5,5	5500				1813	645	
6020	4865	10885	1150	900		30,0	16760	10000			2900	900	4 30-mm-Ka, Bo, Ra od. Lw
		16780	1158				14630						4 30-mm-Ka, Bo, Ra od. Lw
		91000	1000				18300	12000			6400		1 Lw od Bo

Typ	Besatzung	Passagiere	Triebwerk Anzahl	Triebwerk Art	Triebwerk Bezeichnung	Startleistung kW	Startschub kN	Abmessungen Spannweite m	Rotorkreisdurchmesser m	Länge m	Höhe m	Flügelfläche m²	Flügelstreckung
noch GROSSBRITANNIEN													
Hawker Siddeley „Gnat"	1		1	ETL 1A-A	BS „Orpheus 701"		20,1	6,8		9,1	2,7	12,7	3,6
Hawker Siddeley „Buccaneer"	2		2	ZTL 2A-A	RR „Spey R. B. 168-1 A"		50,4	13,0		19,0	4,9	46,5	
Hawker Siddeley „Argosy"	2-3	84	4	PTL 1R-A	RR „Dart 532/1"	1 630		35,1		26,4	8,9	135,4	
Hawker Siddeley (BAe) HS-748	2	40-58	2	PTL 1R-A	RR „Dart R. Da. 7"	1 570		30,0		20,4	7,6	75,3	
Hawker Siddeley „Andover" C. Mk. 1	2-3	52	2	PTL !R-A	RR „Dart R. Da. 10"	2 250		29,9		23,8	9,0	77,2	
Hawker Siddeley „Trident"	3	77-103	3	ZTL 2A-A	RR „Spey RB 1 631"		43,8	27,4		35,0	8,2	126,2	
Hawker Siddeley „Trident 3 B"	3	122-170	3	ZTL 2A-A	RR R. B. 163-25		53,1	29,9		40,0	8,8	138,7	
				ETL 1A-A	RR R. B. 162		28,5						
Hawker Siddeley HS-125	1	6-8	2	ETL 1A-A	BS „Viper 521"		13,9	14,3		14,6	5,0	32,8	
Hawker Siddeley HS-1127 „Harrier"	1		1	ZTL 2A-A	RR/Brist. „Pegasus 6"		85,4	7,7		14,2	3,4	18,7	
Hawker Siddeley HS-801 „Nimrod"	11		4	ZTL 2A-A	RR „Spey" Mk. 511-5 W		48,7	35,0		38,6	9,0	197,0	
Hawker Siddeley HS-1182 „Hawk"	2		1	ZTL 2A-A	RR „Adour" Mk. 151		23,8	9,4		11,8	4,1	16,7	5,3
Miles „Magister"	2		1	KTW 4RL	DH „Gipsy Major"	95		10,4		7,7	2,0	16,4	6,6
R. A. F. BE-2 c	2		1	KTW 8VL	R. A. F. 1 a	65		11,3		8,3	3,4	34,5	
R. A. F. S. E. 5	1		1	KTW 8VF	HS	145		8,1		6,4	2,9	23,0	6,0
R. A. F. RE-8	2		1	KTW 12RL	RAF-4 a	110		13,0		8,5	3,5	35,0	8,4
Scottish Aviation „Twin Pioneer"	2	16	2	KTW 9SLA	Alvis Leonides 531/8 B	470		23,3		13,8	3,7	62,2	
Short-Bomber	2		1	KTW FR	RR „Eagle III"	185		25,9		13,7	4,6	62,2	
Short S-19 „Singapore III"	6		4	KTW 12VFA	RR „Kestrel"	410		27,4		23,2	7,2	170,4	
Short „Calcutta"	4-5	12-15	3	KTW 9SL	Brist. „Jupiter XI F"	390		28,3		20,4	7,2	171,0	
Short S-23 „Empire"	5	24	4	KTW 9SLA	Brist. „Pegasus X C"	675		34,7		26,8	9,7	140,0	8,7
Short SC. 7 „Skyvan"	2	18	2	PTL 1A-A	Turb. „Astazou X"	495		19,5		12,2	4,6	34,7	11,0
Short SC. 5/10 „Belfast"	4-6	240	4	PTL 2A-A	RR „Tyne RTy"	4 215		48,4		41,6	14,3	230,0	10,2
Sopwith „Tabloid"	1		1	KTW SL	Gnôme „Monosuape"	60		7,8		6,2	2,6	22,4	
Sopwith „Baby"	1		1	KTW SL	Gnôme „Monosuape"	75		7,8		7,0	3,1	22,4	
Sopwith „Pup"	1		1	KTW 7SL	Le Rhône 96	60		8,1		5,9	2,9	23,6	
Sopwith „Triplane"	1		1	KTW 9SL	Clerget	95		8,1		5,9	3,1	24,6	
Sopwith „Camel" F-I	1		1	KTW 9SL	Clerget 9 B Umlauf	95		8,5		5,7	2,6	21,5	
Sopwith 7 F-1 „Snipe"	1		1	KTW	Bentley B. R. 2	170		9,2		6,0	2,9	25,2	
Sopwith T. F. „Salamander"	1		1	KTW 9SL	Bentley BR 2	170		9,5		5,9	2,6	25,3	
Supermarine „Spitfire V"	1		1	KTW 12VFA	RR „Merlin 45"	1 060		11,2		9,1	3,5	22,5	
Vickers F. B. 2	2		1	KTW SL	Gnôme	75		11,1		8,3	3,5	35,5	
Vickers „Vimy"	3		2	KTW 12VF	RR „Eagle VIII"	265		20,7		13,3	4,7	123,0	
Vickers „Wellington"	4		2	KTW 14SLA	Brist. „Hercules VI"	1 165		26,3		19,5	5,3	70,0	
Vickers „Viking 1 B"	3-4	21-38	2	KTW 14SLA	Brist. „Hercules 634"	1 250		27,2		19,2	6,0	81,9	9,0
Vickers „Viscount 700 D"	2-3	40-63	4	PTL 1R-A	RR „Dart 510"	1 230		28,5		24,9	8,5	89,3	9,2
Vickers „Viscount 800"	2	52-75	4	PTL 1R-A	RR „Dart 525"	1 405		28,6		26,1	8,2	89,5	9,2
Vickers „Scimitar"	1		2	ETL 1A-A	RR „Avon 202"		50,0	11,3		16,9	4,7		
Vickers „Vanguard"	2-3	97-139	4	PTL 1A-A	RR „Tyne RTy S 12"	4 075		36,0		37,5	10,6	142,0	9,1
Vickers-Supermarine „Walrus I"	3-4		1	KTW 9SL	Pegasus II L 2 P	440		14,1		11,6	4,7	56,7	
Westland „Wessex I"	2	12-16	1	GTW 2A-A	RR „Gazelle 18"	1 175			17,1	20,1	4,4		
Westland „Wessex II"			2	GTW 2A-A	BS „Gnôme H. 1 200"	995			17,1	20,0	4,9		
Westland „Scout"	1	4-5	1	GTW 2A/R-A	BS „Nimbus"	770			9,8	12,3	2,7		
Westland „Wasp"	1	4-5	1	GTW 2A/R-A	BS „Nimbus 503"	770			9,8	12,3	3,6		
Westland „Whirlwind" 3	1	8-10	1	GTW 2A-A	BS „Gnôme"	795			16,2	19,0	4,0		
INDIEN													
CAD „Revathi I"	1		1	KTW 6BL	RR/Cont. O-300-C	105		9,8		7,6	3,1	13,9	6,9
Hindustan HT-2	2		1	KTW 4RL	Blackburn „Cirr. Major III"	115		10,6		7,6	2,7	16,1	7,1
Hindustan HUL-26 „Pushpak"	2		1	KTW 4BL	Cont. C-90-8F	65		11,0		6,4	2,8	16,3	
Hindustan HA OP-27 „Krishak"	1	3	1	KTW 6BL	Cont. O-470-J	165		11,4		6,0	3,3		
Hindustan HF-24 „Marut"	1		2	ETL 1A-A	RR „Orpheus 703"		21,6	9,0		15,7	4,0	27,4	
Hindustan HJT-16 „Kiran"	2		1	ETL 1A-A	BS „Viper 11"		11,1	10,7		10,6	3,6	19,0	
Hindustan HA-31 „Basant"	1		1	KTW 6BLA	RR/Cont. TSIO-470	190		12,0		8,2	3,7	24,0	6,0
Hindustan „Ajeet"	1		1	TL	RR Orpheus 701,01		20,0	6,7		9,1	2,5	12,7	
INTERNATIONAL													
AMX	1		1	TL	RR „Spey" Mk 807		49	9,0		13,6	4,6	21,0	
Dassault-Bréguet/Dornier „Alpha-Jet"	2		2	ZTL 2A-A	Turb./SNECMA „Larzac"		13,2	9,2		11,7	4,1	17,5	
„Orao"/IAR-93	1		2	ETL 1A-A	RR „Viper Mk. 632-41"		17,8	7,6		12,9	3,8	18,0	3,2
Panavia MRCA „Tornado"	2		2	ZTL 3A-A	RR/Turbo Union RB-199-34 R		63,3	13,9/8,6		18,1	5,7	30,0	
SEPECAT „Jaguar E"	2		2	ZTL 2A-A	RR/TurboUnionRT172"Adour"		31,8	8,7		16,4	4,9	24,0	3,2
SNIAS/BAC „Concorde"	3-4	136	4	ETL 2A-A	RR/SNECMA „Olympus 593"		156,4	25,6		58,8	11,6	358,3	1,7

Massen			Flugleistungen										Bewaffnung
Rüstmasse	Zuladung	Startmasse	Höchstgeschwindigkeit	Reisegeschwindigkeit	Landegeschwindigkeit	Steigleistung	Gipfelhöhe	Reiseflughöhe	Startrollstrecke	Landerollstrecke	Reichweite max. Kraftstoff	Reichweite max. Nutzmasse	
kg	kg	kg	km/h	km/h	km/h	m/s	m	m	m	m	km	km	
2200	900	4020	1040	900		45,6	15000	11000			1600		2 30-mm-Ka, Bo od. Ra
13610	7300	20800	1159	1038		71,0	15200	10000			6200	1000	7300 kg Bo
22150	20035	42185	539	462				6000			3510	1667	
11498	8233	19731		441				7000			3299	1733	
12373	10307	22680	555	435				6000	245	245	4818	1668	
30600	21568	52168		980				9000			4600	2920	
51255	16785	68040		935 (7620)							2750	2000	
5900	3400	9300		757				11000			2780	2500	
5440	1820	7260	M 1,25	800				11000			3700	1000	2 30-mm-Ka, Bo, Ra, To
39000		87000	920	780		22,0	12800	9700	1500			9260	6890 kg Wf
3379	1656-2064	5035-5443	956 (11000)	650			12000	9100			2780		1 30-mm-Ka, Bo, Ra
560	270	830	235	210	74		5600					620	
620	350	970	116 (2000)			4,3	3050				300		1 MG, 4 11-kg-Bo
695	234	929	215			1,0	6000				400		2 MG
818		1302	164 (2000)	140		6,0	3300				550		2-3 MG, 118 kg Bo
4627	1995	6622		526	110		5500		150	160	1200	600	
2086		3084	123				2900				700		1 MG, 4 104- od 8 51-kg-Bo
8355	4115	12470	233	170			4570				1600		3 MG, 900 kg Bo
6280	3920	10200	190	156		3,5	4000				1040		
10660	8340	19000	320	265		3,8	6100				1225		
3500	2160	5660		345	116	4,7	7110	3000	425	246	1065	450	
53750	48308	102058		576		7,5		7000			10200	2000	
309		480	150	130		6,0	2000				450	350	1-2 MG, 18 kg Bo
557		795	164	145			2300				300		1 MG, 40 Ra
357	199	556	179			3,6	5334				300		1 st MG, 4 11-kg-Bo
500	199	699	182	170		5,3	6200				450		1 7,92-mm-MG
422	237	659	185			4,4	5790				350		2 st MG, 4 Bo
595	322	917	194			6,2	5950						2 7,62-mm-MG 4 9-kg-Bo
836		1139	195	170			3960				250		2 MG, 195 kg Bo
2225	685	2910	600	493		13,5	11300				750		8 bzw. 4 MG od. 2 bzw. 4 Ka, 226 kg Bo
555		930	112	90			2700				350		1-2 MG
3220	2225	5445	165			1,5	3200				1450	725	2 MG
11940	4610	16550	402	290		2,8					1700	1200	3 MG, 2700 kg Bo
10886	4536	15422		337		8,1	6000	3000			3600	1800	
17177	11399	28576		530	220	7,1	8700	6100			3345	2815	
19731	13155	32000		576	225	7,0	7650	7000			2600	2500	
		18144	1143			60,0							4 30 mm Ka, Bo od. Ra
37780	28670	66450		680	170	13,5	9200	7600			5040	2950	
2015	1001	3016	208 (1000)	148	87	5,1	5670				1000		2 7,7-mm-MG
3447	2268	5715	212	202		8,9	3048				625		4 Lw
3674	2450	6124	213	204		8,4	5300				500	600	
1444	960	2404	213	185		8,4	5182				520		To, Lw
1566	929	2395	194			7,3	3810				487		2 120-kg-To od. Lw
2159	1470	3629	170	167		6,1	4870				834	174	4 Lw od. 2 20-mm-Ka
546	339	885	213	195		3,6	4570		227	200	640		
758	284	1042	210	185	87	4,0	4400				560		
394	218	612	160	144			4700				400	400	
894	376	1270	230	212									
6195		8900-10900	1083 (12200)	900			14000					680	4 30-mm-Ka, 1 875 kg Bo, Ra od. Lw
2432	1066	3498	760		130		4300		450		960		
		1720	222			3,8	14000				860		
2307	1863	4170	1100	900			12000				900		2 30-mm-Ka
6750	3800	9900-13000	1025	860	210	62,0	13500		1300		3000	900	1 20- od. 2 30-mm-Ka, 3500 kg Bo
3600	1350-2200	5435-7000	1000	850	205	60,0	15000		650	400	2700	900	1 30- od. 27-mm-Ka, 2200 kg Bo
4300	4700	9000	M 0,95		225	92,0	14000		295	1000	400		2 30-mm-Ka, 500 kg Bo u. Ra
12700		18000-24500	2230 (11000)		180		15000				3900	1200	2 27-mm-MG, 7250 kg Bo u. Ra
		11000-15500	1350 (11000)										2 30-mm-Ka, 1000 kg Bo od. Ra
				2335			20000	19500	1500		6500		

Typ	Besatzung	Passagiere	Triebwerk					Abmessungen					
			Anzahl	Art	Bezeichnung	Startleistung	Startschub	Spannweite	Rotorkreisdurchmesser	Länge	Höhe	Flügelfläche	Flügelstreckung
						kW	kN	m	m	m	m	m²	
noch INTERNATIONAL													
A-300		252	2	ZTL 3A-A	RR RB 211-28		211,4	44,8		50,3	16,1	255,0	7,8
A-300 B-4	4-5	220-300	2	ZTL 2A-A	GE CF 6-50 C		226,9	44,8		53,6	16,5	260,0	7,7
ATR-42	3-4	42-50	2	PTL	PW 120	1 325		24,6		22,7	7,6	54,5	
Aerospatiale/Westland SA-330 „Puma"	2	12-18	2	GTW 2A/R-A	Turb. „Turmo III C 2"	995			15,0	18,8	5,1		
Aerospatiale/Westland SA-341 „Gazelle"	1	4	1	GTW 2A/R-A	Turb. „Astazou III B"	440			10,5	11,9	3,2		
VFW/HFB/SNIAS „Transall" C-160	3-4	93	2	PTL 2A-A	MAN/RR „Tyne RTy 20"	4 850		40,0		32,1	11,7	160,0	10,0
Westland/SNIAS „Lynx"	2	11	2	GTW 2A/R-A	RR 360-17	660			12,8	15,2	3,7		
ISRAEL													
IAI-101 „Arava"	2	24	2	PTL 2A/R-A	PT 6 A-34	575		20,9		13,0	5,2	45,7	10,0
IAI „Kfir" C2	1		1	ETL 1A-A	GE J 79-GE-17		52,8	8,2		15,5	4,2	34,9	
ITALIEN													
Aeritalia G-91	1		1	ETL 1A-A	BS „Orpheus 803"		22,3	8,6		11,1	4,5	16,4	4,5
Aeritalia AM-3 C	3		1	KTW 6BLA	Cont. GTSIO-520-C	250		12,6		8,9	2,7	20,4	7,2
Aeritalia G-222	3-4	40	2	PTL 1A-A	GE T-64-P-4 D	2 500		28,7		22,7	9,8	82,0	
Aermacchi MC-72	1		2	KTW 24VFA	FIAT A. S. 6	2 280		9,5		8,2	3,3		6,3
Macchi MC-94	3	12	2	KTW SL	Alfa Romeo 126-R. C. 10	550		22,8		16,2		76,0	7,5
Macchi MC-200 „Saetta"	1		1	KTW 14SLA	FIAT A-74 RC-38	620		10,6		8,2	3,5	16,8	6,6
Aermacchi MB-326	2		1	ETL 1A-A	BS „Viper 11"		11,1	10,0		10,7	3,5	19,0	5,3
Aermacchi MB-326 K	1		1	ETL	RR „Vipan 632-43"		18,1	10,2		10,7	3,7	19,4	5,3
Agusta A-109 C „Hirundo"	1	7	1	GTW 2A/R-A	Allison 250-C 20 B	310			11,0	11,2	2,9		
Agusta A-129 „Mangusta"	2		2	GTW	RR Gem 2-3	605			11,9		3,4		
Agusta/Bell AB-47 G	3		1	KTW 6BL	Lyc. VO-435	190			10,7	12,6	2,8		
Agusta/Bell AB-47 J „Super Ranger"	1	34	1	KTW 6BL	Lyc. VO-540	190			11,3	13,2	2,8		
Ambrosini AL-12 P	2	12	-	-	-	-		21,3		14,3		58,3	
Ansaldo SVA-5	1		1	KTW R	SPA-6 A	160		9,1		8,1	3,2		
Breda 25	2		1	KTW 7SL	Alfa Romeo D-2	175		9,8		7,8	2,8	25,0	
Caproni Ca-33	4		3	KTW	IF B-4 B	110		22,2		10,9	3,7	100,0	
Caproni Ca-42	5		3	KTW 8RL	Isotta-Fraschini V. 5	200		29,9		15,1	6,3	200,0	
Caproni Ca-101	34		3	KTW 7SL	Piaggio „Stella VII"	275		19,7		14,4	3,9	61,7	
C. R. D. A. Cant Z. 501 „Gabbiano"	4-5		1	KTW 12V	Isotta-Frasch. „Asso XI R.C.38"	660		22,5		14,3	4,4	62,0	
FIAT CR-20	1		1	KTW 12VF	FIAT A. 20	295		9,8		6,6	2,7	25,8	
FIAT CR-25	3		2	KTW 14SLA	FIAT A. 74 R. C. 38	620		16,0		13,6	3,4	39,2	
FIAT CR-32	1		1	KTW 12VFA	FIAT A. 30 R-A	440		9,5/6,2		7,5	2,6	22,1	
FIAT CR-42 „Falco"	1		1	KTW 14 SLA	FIAT A. 74 R. C. 38	620		9,7/6,6		8,3	3,4	22,4	
FIAT BR-20 „Cicogna"	4-5		2	KTW 18 SLA	FIAT A. 80 R. C. 41	735		21,6		16,2	4,8	74,0	
FIAT G-12 T	3	14	3	KTW 14 SLA	FIAT A. 74 R. C. 42	565		28,8		20,5	7,8	113,0	
FIAT G-55 A „Centauro"	1		1	KTW 12-VFA	FIAT RA 1050	965		11,9		9,4	3,1	21,1	
Partenavia P-57 „Fachiro II"	4		1	KTW 6BL	Lyc. O-360-A 2 A	130		9,1		6,6	2,4	13,4	6,2
Partenavia P-59 „Jolly"	2		1	KTW 4BL	Cont. O-200	75		10,2		6,6	2,1	15,2	6,9
Partenavia P-64 B „Oscar B"	1	3	1	KTW 4BL	Lyc. IO-360-A 1 A	145		10,0		7,2	2,8	13,4	7,5
Partenavia P-68 „Victor"	1	5	2	KTW 4BL	Lyc. IO-360-A 1 B	145		12,0		9,2	3,4	18,6	7,8
Partenavia P-70 „Alpha"	2		1	KTW 4BL	RR/Cont. O-200-A	75		8,5		7,0	2,8	11,6	6,2
Piaggio P-32 I	4-5		2	KTW 12VF	Isotta Frasch. „Asso XIRC"	605		18,0		16,3	5,2	60,0	5,5
Piaggio P-32 II	4-5		2	KTW 14SLA	Piaggio P XI RC 40	735		18,0		16,3	5,2	60,0	5,5
Piaggio P-136 L	1	4	2	KTW 6BL	Lyc. GO-480	200		13,5		10,8	3,9	25,1	
Piaggio P-149 D Reiseflugzeug	1	3-4	1	KTW 6BL	Lyc. 60-480-B 1 A 6	200		11,1		8,8	2,9	18,8	
Piaggio P-166 B „Portofino"	1-2	5-9	2	KTW 6BLA	Lyc. IGSO-540-A 1 C	265		14,3		11,9	5,0	26,3	
Piaggio/Douglas PD-808 „Vespa Jet"	2	5-8	2	ETL 1A-A	BS „Viper 525"		14,7	12,6		12,5	4,5	20,9	7,4
Procaer F-15	1	3	1	KTW 6BL	Cont. IO-470 E	170		10,1		7,5	2,8		7,4
Reggiane Re. 2005 „Sggittario"	1		1	KTW 12V	FIAT RA-1050 RC-58	1 090		11,0		8,7	3,2	20,4	
Savoia-Marchetti S-55 X	5-6		2	KTW 18WF	Isotta Frasch. „Asso-750 R"	650		22,0		16,5	5,0	92,0	
Savoia-Marchetti S-62 bis	4		1	KTW 18WF	Isotta Frasch. „Asso-750 R"	650		16,7		12,3	4,2	60,5	

Massen			Flugleistungen										Bewaffnung
Rüstmasse	Zuladung	Startmasse	Höchstgeschwindigkeit	Reisegeschwindigkeit	Landegeschwindigkeit	Steigleistung	Gipfelhöhe	Reiseflughöhe	Startrollstrecke	Landerollstrecke	Reichweite max. Kraftstoff	Reichweite max. Nutzmasse	
kg	kg	kg	km/h	km/h	km/h	m/s	m	m	m	m	km	km	
74 700	50 000	124 700	M 0,84	945					1 510		3 000	2 200	
86 950	63 050	150 000	900				10 700				5 150	3 890	
10 600	6 100	16 700	500	470	195	10,6	8 800		1 200	1 050	2 100	1 000	
3 250	3 150	6 400	300	278			4 200				570		
883	817	1 700	310 (0)	255 (0)		7,5	5 500					670	2 st u. 1 b 7,62-mm-MG, Ra, Lw
29 000	17 087-21 987	44 200-51 000	535 (0)	495		6,6	8 500	4 500-8 000	990	870		4 850	
1 970	1 660	3 630	300			9,6	3 050				1 850		
3 999	2 804	6 803	397	319	140		7 315		223	119	1 300	323	
7 290		9 072-14 500	2 285 (11 000)				15 250						2 30-mm-Ka, 4 000 kg Bo, Lw
3 000	2 200	5 200	1 020	407			12 000		790	370	2 300	700	4 12,7-mm-MG od. 2 30-mm-Ka
1 080	420-620	1 500-1 700	270	240		30,5	8 200-8 900		70-130		880		2 Pkt. f. 150 kg Wf
11 940	6 810	18 750	460	375	150	8,9	7 200	4 500	750		3 700	3 000	
2 500	407	2 907	702										
5 350	2 850	8 200	292	250		6,6	6 000						
2 014	519	2 533	503	455	125	20,3	8 900						2 12,7-mm-MG
2 237	983	3 220	806		137	22,5	13 400		500	300	1 100		3 MG, 4 Ra od. Bo
2 830	2 614	5 444	820			33,0	12 200		415		1 100		2 30-mm-Ka, Bo, Ra
1 200	1 100	2 300	280 (2 000)	250		12,5	6 000				700		2 MG, Ra
2 530		3 655	270	250							500		1 000 kg Bo
703	407	1 110	161	144			3 850				350	350	
781	226-559	1 007-1 340	169	166		8,5	5 425				463	390	
1 588	1 224	2 812											
684		949-1 050	230				6 170				800		2 7,9-mm-MG
790	248	1 038		195	71		7 500				500		
2 304		3 810	137				4 085					450	2-4 MG, 454 kg Bo
3 500		6 500-6 700	125			2,4	3 000				900	600	4 MG 1 450 kg Bo
3 435	1 700	5 135	250	205	93	4,9	6 000				1 000		2-4 MG, 500 kg Bo
3 860	2 105	5 965	280 (2 500)	240	90	3,7	6 500	4 000			1 700	2 400	3-6 7,7-mm-MG, 640 kg Bo
940	460	1 400	280		90		7 900				600		4 MG
3 900	2 280	6 180	490	390	125		8 100-9 800				2 100	1 500	4 7,7-mm-MG, 1 12,7-mm-MG, 500 kg Bo
1 260	590	1 850	375 (3 000)		105	11,0	8 800				750		2 12,7-mm-MG, 12 Bo
1 680	545	2 225	430	345	125		10 000	7 000			775		2 12,7-mm-MG, 2 100-kg-Bo
6 400	3 700	10 100	430	340	107	5,5	7 200		350	202	3 000		2 12,7-mm-MG, 2 7,7-mm-Zw-MG, 1 600 kg Bo
9 400	6 100	15 500	390	309			8 500				3 160		
2 630	575	3 205	620				13 400				1 460		4 12,7-mm-MG
620	430	1 050	240	218	75	4,0	4 500		280	140	800		
520	230	750	189	172	57	2,6	5 000		210	110	810		
670	485	1 155	260	240		5,0	5 300		245	200	1 200		
1 100	760	1 860	325	312	91	8,6			262	213	1 670		
470	250	720	225	210		4,0	3 962		220	130	850		
6 355	3 000	9 355	393 (4 600)		125	4,4	8 000				2 000		5 MG, 1 600 kg Bo
6 200	3 000	9 200	424 (4 600)		125	5,3	8 000				2 100		
1 996	724	2 720	293	270		4,4	6 000	2 800			1 700		
1 160	520	1 680	304	270		3,7		2 500				1 150	
2 520	1 280	3 800	396	359	121	7,2	8 870		274	304		1 090	
4 188	3 069	7 257	850	690	160	20,0	14 750		762	588	2 300	2 340	
800	500	1 300	340	315		6,5	5 900		240	250	2 300		
2 600	1 010	3 610	678 (6 950)	515	136	18,0	12 000				1 250	1 600	3 20-mm-Ka, 2 12,7-mm-MG
5 750	5 000	10 750	282	233	112	6,9	7 000				4 500	1 090	4 MG, 800 kg Bo, Mi od. To
2 650	1 500	4 150	218	180	98	3,0	4 500				1 800	2 000	2 7,7-mm-MG

Typ	Besatzung	Passagiere	Triebwerk An-zahl	Art	Bezeichnung	Startleistung kW	Startschub kN	Abmessungen Spannweite m	Rotorkreisdurchmesser m	Länge m	Höhe m	Flügelfläche m²	Flügelstreckung
noch ITALIEN													
Savoia-Marchetti S-73	4	18	3	KTW 9SLA	Piaggio „Stella IX R. C."	515		24,0		17,5		93,0	6,2
Savoia-Marchetti SM-79 II „Sparviero"	5		2	KTW14 SLA	Piaggio P. XI R. C. 40	735		21,2		16,2	4,1	61,7	
Savoia-Marchetti SM-82 „Canguro"	5-6		3	KTW 14SLA	P + W R-1830	785		29,7		23,0	5,5	118,6	
Savoia-Marchetti SM-95	4-5	44	4	KTW 14SLA	P + W R-1830	1 045		35,3		27,2	5,4	134,5	
SIAI-Marchetti „Riviera FN-333"	4		1	KTW 6BL	Cont. IO-470-P	185		10,4		7,4	3,2	15,0	6,7
SIAI-Marchetti S-205-18 F	1	3	1	KTW 4BL	Lyc. O-360-A 1 A	130		10,9		8,0	2,9	16,1	7,0
SIAI-Marchetti S-205-22 R	1	3	1	KTW 4BL	Lyc. IO-360-A 1 A	145		10,9		8,0	2,9	16,1	7,0
SIAI-Marchetti S-208	1	3-4	1	KTW 6BL	Lyc. O-540-E 4 A 5	190		10,9		8,0		16,1	6,8
SIAI-Marchetti S-210	1	5	2	KTW 4BL	Lyc. IO-360-A 1 A	145		11,6		8,6	3,1	17,2	
SIAI-Marchetti SM-1 019 E	2		1	PTL 2A/R-A	Allison 250-ß 17	295		11,0		8,5	2,9	16,1	7,4
SIAI-Marchetti f-260 x	2		1	KTW 6BL	Lyc. O-540-E	190		8,5		7,1	2,4	10,1	
JAPAN													
Fuji T-1 „Hatsutaka"	2		1	ETL 1A-A	BS „Orpheus 80506"		17,8	10,5		12,1	4,1	22,2	5,0
Fuji LM-1	1	3	1	KTW 6BL	Cont. O-470-13 A	165		10,0		7,9	2,9	16,5	6,1
Fuji KM-2	4-5		1	KTW 6BLA	Lyc. GSO-480-B 1 A 6	250		10,0		7,9	2,9	16,5	6,1
Fuji FA-200-160 „Aero Subaru"	1	3	1	KTW 4BL	Lyc. O-360	130		9,4		8,0	2,6	14,0	
Kawanishi N 1 K 2-J „Shiden-kai"	1		1	KTW S	NK 9 H Homare 21	1 465		12,0		9,4	4,0	23,8	
Kawasaki 92	1		1	KTW 12VF	BMW/Kawasaki	440		9,6		7,2	3,1	24,0	
Kawasaki C-1	5	60	2	ZTL 2A-A	P + W JT 80 D-M-9 A		64,5	30,6		29,0	10,0	120,5	7,8
Kawasaki T-4	2		2	MTL	F3-IHI-30		16,3	9,9		13,0	4,6	21,0	
Kokusai Ku-8	2	18	-	-	-	-		23,2		13,4		50,5	
Mitsubishi G-3 M Typ 96	5		2	KTW 14SLA	Mitsubishi „Kinsei"	735		25,0				75,0	
Mitsubishi Ki-15 Typ 97	2		1	KTW 9SL	Kotobuki III	405		12,0		8,2	3,5	20,0	7,2
Mitsubishi A-6 M „Zero-sen"	1		1	KTW 14SLA	Nakajima „Sakae S-12"	695		12,0		9,1	2,9	22,4	
Mitsubishi Ki-46 II „Dinah"	2		2	KTW SLA	HA-112-II	1 105		14,7		11,0	3,9	32,0	
Mitsubishi J 2 M „Raiden"	1		1	KTW SLA	Kasei Ka-23 a	1 325		11,8		9,7	3,8	20,1	
Mitsubishi J 8 M „Shusui"	1		1	RTW			14,7	9,5		6,1	2,7	17,7	
Mitsubishi MU-2	1-2		2	PTL 1A/R-A	Turb. „Astazou II"	415		10,3		10,1	4,0		7,7
Mitsubishi MU-2 G	1-2	5-13	2	PTL 1R-A	AiR TPE 331-1-151	520		12,0		12,0	4,2	16,6	2,9
Mitsubishi T-2	2		2	ZTL 2A-A	RR/Turb. „Adour"		22,8	7,9		17,9	4,5	21,2	10,8
NAMC YC-11	2	52-60	2	PTL 1R-A	RR „Dart" R. Da 10	2 250		32,0		26,3	9,1	94,8	
Shin-Meiva PS-1	5-10		4	PTL 1A-A	GE T-64	2 250		33,1		33,5	9,7	135,8	
			1	PTL 2A-A	T-58 GE-8 B	920							
Yokosuka MXY-7 Mod. 11	1		3	RTW	4 Mk. 1 Mod. 20		2,7	5,1		6,1	1,2	6,0	
Yokosuka MXY-7 Mod. 22	1			TL	Tsu-11		2,0	4,1		6,9	1,2	4,0	
JUGOSLAWIEN													
Ikarus Ik-2	1		1	KTW 12R	HS 12 Yers	635		11,3		7,9	3,8	18,0	
Ikarus S-49 C	1		1	KTW R	HS 12 Z	1 105		10,3		9,1	2,9		
Soko G-2 A „Galeb"	2		1	ETL 1A-A	BS „Viper 11 Mk. 22-6"		11,1	10,4		10,4	3,3	19,4	5,6
Soko J-1 „Jastreb"	1		1	ETL 1A-A	RR „Viper 531"		13,9	11,7		10,7	3,6	19,0	6,0
Soko P-2 „Kraguj"	1		1	KTW 6BLA	Lyc. GSO-480-B 1 A 6	250		10,6		7,9	3,0	17,0	
UTVA-56	1	3	1	KTW 6BL	Lyc. GO-435-C 2 B 2	190		11,4		8,3	2,7	18,1	7,2
UTVA-60 AG	1	3	1	KTW 6BL	Lyc. GO-480-B 1 A 6	200		11,4		8,2	2,7	18,1	
KANADA													
Avro Canada CF-100 „Canuck"	2		2	ETL 1A-A	"Orenda 11"		33,4	18,5		16,5	4,4	54,9	
Canadair CL-28 „Argus"	15		4	KTW 18SLA	Wright Turb. 98 TC 18 EA	2 720		43,4		39,3	11,2	192,8	9,8
Canadair CL-44 „Forty Four"	4	167	4	PTL 2A-A	RR „Tyne R. Ty. 12"	4 215		43,4		41,7	11,8	193,0	9,8
Canadair CL-41 A „Tutor"	2		1	ETL 1A-A	GE J 85 CAN-40		12,7	11,1		9,8	2,9	20,4	6,0
Canadair CL-215	2	32	2	KTW 18SLA	P + W R-2800-51 M 4	1 560		28,6		19,8	9,0	100,3	8,2
DHC-2 „Beaver"	2	6	1	KTW 9SLA	P + W R-985	330		14,6		9,3	2,7	23,2	
DHC-2 „Turbo Beaver"	2	8-9	1	PTL 2A/R-A	Can. P + W PT 6 A-6	425		14,6		10,7	3,4	23,2	9,0
DHC-3 „Otter"	1-2		1	KTW 9SLA	P + W R-1340	440		17,7		12,8	3,8	34,8	10,0
DHC-4 „Caribou"	2		2	KTW 14SLA	P + W R-2000 IM 2	1 065		29,2		22,0	9,7	84,7	9,8
DHC-5 „Buffalo"	2	43	2	PTL 1A-A	GE T-64 P	2 245		29,3		23,6	8,7	87,8	10,1
DHC-6 „Twin Otter"	1-2	18-20	2	PTL 2A/R-A	Can. P + W PTGA-20	425		19,8		15,1	5,7	39,0	10,6
DHC-7 „Dash 7"	2	48	4	PTL 2A/R-A	Can. P + W PTGA-50	825		28,4		24,5	8,0	79,9	
Boeing Canada DHC-8 „Dash-8"	3	36-44	2	PTL	PW 12097	1 470		25,9		22,3	7,6	54,5	

Massen			Flugleistungen										Bewaffnung
Rüstmasse	Zuladung	Startmasse	Höchstgeschwindigkeit	Reisegeschwindigkeit	Landegeschwindigkeit	Steigleistung	Gipfelhöhe	Reiseflughöhe	Startrollstrecke	Landerollstrecke	Reichweite max. Kraftstoff	Reichweite max. Nutzmasse	
kg	kg	kg	km/h	km/h	km/h	m/s	m	m	m	m	km	km	
5 800	3 500	9 300	330 (4 000)	280	90	3,3	7 400				1 600	900	
7 600	3 700	11 300	434	320			7 000				3 500	1 990	4 MG, 2 200-kg-To
11 950	6 750	18 700	381	328		5,1	6 800		390	420		2 500	1 12,7-mm-MG, 3 7,7-mm-MG, 4 000 kg Bo
14 000	10 000	24 000	400 (3 000)			4,9	7 000		320	360		2 000	
1 030	455	1 485	285	264	110	6,2	5 600		290		1 300	1 000	
			235	215		3,5	4 500		238	185	1 230	1 230	
750	500	1 250	295	280		5,9	6 200		220	190	1 325	1 325	
780	570	1 350	320	300			6 400				1 200		
1 030	820	1 850	355	340		10,0	8 100		280	240	1 800		
690	760	1 450	287	235	107			6 500			1 130		
755	345-445	1 100-1 200	436	340	137		5 000		580	345	1 440		
2 420	2 580	5 000	925	620		33,0	15 900		400	560	1 300		1 12,7-mm-MG, 2 Ka od. 4 Ra od. 2 Bo
950	650	1 600	297			5,0			178	164	1 540		
1 090	660	1 750	335		100	5,5	9 917		301	268	1 545		
620	440	1 060	225	211	84	5,0	4 724		160	110	1 295		
2 658	1 442-2 342	4 100-5 000	595 (5 700)			15,7	10 800				2 335	1 710	4 20-mm-Ka, 500 kg Bo
1 280	420	1 700	330	280		12,5	9 500				850	600	2 7,7-mm-MG
23 700	14 900	38 600	815	705		11,9	12 200		671	366	3 300	1 300	
3 700	3 800	7 500	1 038	900	170	50,8	15 200		560	670	1 670	1 300	2000 kg Wf
1 700	1 793	3 493	195										
4 813	2 839	7 657	378		118	7,8	9 800				6 000		1 20-mm-Ka, 3 7,7-mm-MG
				320	115						2 400		
		2 336-2 796	509 (5 000)		111	13,4	10 300				1 000-1 900		1 20-mm-Ka, 2 7,7-mm-MG, 2 30-kg-Bo
3 263	1 787	5 050	604	422			10 720				2 470		1 7,7-mm-MG
2 574	861-1 372	3 435-3 946	612		162	17,2	11 500						4 20-mm-Ka, 120 kg Bo
1 445	1 555	3 000	900		150	47,5					530		
2 072	1 528	3 600		523			11 000				2 830		
2 915	1 785	4 700	525	480		13,2	8 230				2 500		
6 200	3 450	9 650	M 1,6 (11 000)				15 250				2 870		1 20-mm-Ka, 8-12 Bo, 2-4 Ra
14 770	8 030	22 800	545	476	133	4,7	8 380		600	375	2 390	610	
26 300	16 700	43 000					9 000				4 700		
440	1 700	2 140	927								37		1 200 kg Bo
545	905	1 450	514								130		600 kg Bo
1 440	510	1 950	435 (4 000)	300		13,0	10 500				400		1 20-mm-Ka, 2 7,9-mm-MG
		3 200-3 470	640				10 000				800		1 20-mm-Ka, 2 12,7-mm-MG, 4 Ra
2 488	1 226	3 710	812 (6 200)			25,0	10 000	6 200	490	400		1 250	2 MG, Bo, Ra
2 694	1 774	4 468	820								1 250		3 12,7-mm-MG, 2 Bo od. 6 Ra
1 130	494	1 624	295 (1 500)	280 (1 500)		8,0			110	120	800		2 7,7-mm-MG, 200 kg Bo, Ra
830	460	1 290	260	230		6,0			100	140			
1 002	728	1 730	238	219		6,2	4 900		93-128		750		
9 200	6 040	15 240	1 025	800		50,8	16 000				3 200		
36 741	30 390	67 131	470	370		5,2		1 600	930				Bo, To, Mi, Ra, Lw
50 350	44 900	95 250		650				6 100			9 110	4 500	
		3 350	780				13 570				1 500		
12 400	3 470	15 870		350							925		
1 360	950	2 310	257	209		5,2	6 100		137	150	752	250	
1 252	1 061	2 313	285	261		6,5	6 400						
2 010	1 510	3 520	257	222	100	3,7	6 300	1 500	192	134	1 500	325	
8 337	4 563	12 900	347	290	103	8,0	8 100	2 300	170	170	1 760	370	
10 433	8 165	18 598		455		10,0	8 900	3 000			3 375	700	
2 654	2 107	4 761		297				3 050				200	
10 433	8 164	18 597		442		8,1	7 315		335		2 200	1 420	
10 300	5 330	15 630	525	475	175	10,0	8 500		1 300	950	1 500	1 200	

Typ	Besatzung	Passagiere	Triebwerk Anzahl	Art	Bezeichnung	Startleistung kW	Startschub kN	Abmessungen Spannweite m	Rotorkreisdurchmesser m	Länge m	Höhe m	Flügelfläche m²	Flügelstreckung
MEXIKO													
Anahuac „Tauro 300"	1		1	KTW 7SL	Jacobs R-755-A-MI	220		11,5		7,2	2,3	20,3	6,4
NEUSEELAND													
Aero Engines Services „Airtourer 150"	2		1	KTW 4BL	Lyc. O-320-E 2 A	110		7,9		6,6	2,1	11,2	6,0
Air Parts/Fletcher FU-24	1	5	1	KTW 6BL	Cont. IO-470 D	190		12,8		9,7	2,8	27,3	6,3
Air Parts/Fletcher 1 160	1-2	4-5	1	PTL 1R-A	GaAiR TPE 331	450		13,4		10,8	2,8	28,6	
NIEDERLANDE													
Fokker F-II	2	4	1	KTW 6RF	BMW-IV	135		17,6		10,3	3,7	42,0	
Fokker F-III	1	5	1	KTW 6RF	Sid. „Puma"	175		17,6		11,1	3,4	39,1	
Fokker F-VII-3 m	2	8	3	KTW 5SLA	Wright 1-4 „Whirlwind"	145		19,3		14,0	3,9	59,0	
Fokker F-XX	3	12	3	KTW SL	Wright Cycl. R-1820-F 2	525		25,7		16,7	4,9	96,0	
Fokker T-V	5		2	KTW	Brist. „Pegasus XXVI"	680		21,0		16,0	5,1	66,2	
Fokker T. 8 W	3	6	2	KTW 9SLA	Wright „Whirlwind"	330		18,0		13,0		43,9	
Fokker F-27 „Friendship"	2-3	40-56	2	PTL 1R-A	RR „Dart R Da 7"	1 485		29,0		23,5	8,4	70,0	12,0
Fokker F-50	4	50-55	2	PTL	PW 124	1 765		29,0		25,3	8,6	70,0	
Fokker F-28 „Fellowship"	2	40-65	2	ZTL 2A-A	RR „Spey" 55-15		43,8	23,6		27,4	8,5	76,5	7,3
Fokker F-100	4-5	85-107	2	MTL	RR RB.183-03TAY		59,3	28,1		35,1	8,6	93,5	
Koolhoven FK-58 A	1		1	KTW 14SL	G + R 14 N/16	795		11,0		8,7	3,0	17,2	
ÖSTERREICH													
Etrich „Taube"	1	1	1	KTW 6RF	MC	75		14,3		9,9		38,0	
Lohner C-I	2		1	KTW	Austro-Daimler	120		13,5/11,3		9,2	3,6	26,0	
Lohner L 40	2		1	KTW	Rapp	110		16,2/11,8		10,9			
Lohner L 78	2		1	KTW	Hiero	105		16,0/11,0		10,9	3,5		
Mises R-1	4		2	KTW 12	Austro-Daimler	225		22,6		15,4		118,0	
POLEN													
Lublin R-XIII D	2		1	KTW S	Škoda Wright	175		13,3		8,5	2,8	24,5	
Lublin R-XIIIter hydro	2		1	KTW S	Škoda Wright	175		13,3		9,1	3,1	24,5	
PWS-26	2		1	KTW 9SL		175		9,0		7,0	2,9	25,0	
PZL-5	2		1	KTW 4RL	DH „Gipsy I"	60		8,5		6,9	2,7	21,8	
PZL L-2	1		1	KTW 9SL	Škoda „Whirlwind"	160		13,4		7,9	2,7	25,8	
PLZ P-11 C	1		1	KTW 9SLA	Brist. „Mercury IV"	380		10,7		7,6		18,0	
PZL P-24	1		1	KTW 14SLA	G + R 14 N 7	715		10,7		7,6	3,2	16,9	6,2
PZL P-23 „Karaš"	3		1	KTW 9SLA	Brist. „Pegasus VIII A"	500		14,0		9,7	3,3	26,8	
PZL P-37 „Los"	4		2	KTW 9SLA		642		17,9		12,9	4,3	53,5	
PZL-44 „Wicher"	2	15	2	KTW 9SLA	Wright Cycl. GR-1820	735		23,8		18,5	4,8	75,0	
PZL-46 „Šum"	3		1	KTW 9SLA	Brist. „Pegasus XX"	675		14,6		10,5	3,3	31,5	
PZL SM-2	1	4	1	KTW 7SLA	Li-3	425			14,3	17,0	3,1		
PZL „Sokol"	2	12	2	PTL	PZL-10 W	640			15,7	18,9	4,2		
PZL MD-12 P	2	20	4	KTW 7SL	WN-3 C	230		21,4		15,9	5,8	55,0	
PZL TS-8 „Bies"	2		1	KTW 9SL	WN-3 A	235		10,5		8,6	3,0	19,1	
PZL-101 „Gawron"	1	3	1	KTW 9SLA	AI-14 R	190		12,7		9,0	2,8	23,7	6,7
PZL-104 „Wilga 2"	1	3	1	KTW 6BL	WN-6/RB-2	145		11,1		8,3	2,7	15,5	8,0
PZL-104 „Wilga 3"	1	3	1	KTW 9SLA	AI-14 R	190		11,1		8,0	2,8	15,5	8,0
PZL-104 „Wilga 32"	1	3	1	KTW 6BL	Cont. O-470-R	170		11,1		8,2	2,5	15,5	8,0
PZL-104 „Wilga 35"	1	3	1	KTW 9SLA	AI-14 R	190		11,1		8,1	2,9	15,5	8,0
PZL-106 „Kruk"	1	1	1	KTW 7SLA	PZL-35	440		13,0		8,4	2,9	24,5	
PZL-130 „Orlik"	2		1	KTW 9SLA	M-14 PM	245		8,0		8,5	4,0	12,3	
PZL Lala-1	2		1	KTW 9SLA	ASch-62 IR	735	14,7	18,2		12,4	4,0	71,5	
				ZTL ZA-A	AI-25								
PZL Lim-5 M	1		1	TL	Lis-5		33,1	9,6		11,3	3,8	22,6	
PZL Lim-6bis	1		1	TL	Lis-5		33,1	9,6		11,3	3,8	22,6	
PZL M-15 „Belphegor"	1-2		1	ZTL 2A-A	AI-25		14,7	22,0		12,5	5,2	67,2	
PZL M-18 „Dromader"	1		1	KTW 9SSA	ASch-62 IR	735		17,7		9,5	3,1	40,0	
RWD-2	2		1	KTW 9SL	Salmson AD-9	30		9,8		6,2	1,9	13,6	
RWD-4	2		1	KTW 4RL	ADC „Cirrus Mk. II"	60		10,5		7,0		15,0	
		3	1	ZTL 2A-A	AI-25								

Massen			Flugleistungen										Bewaffnung
Rüstmasse	Zuladung	Startmasse	Höchstgeschwindigkeit	Reisegeschwindigkeit	Landegeschwindigkeit	Steigleistung	Gipfelhöhe	Reiseflughöhe	Startrollstrecke	Landerollstrecke	Reichweite max. Kraftstoff	Reichweite max. Nutzmasse	
kg	kg	kg	km/h	km/h	km/h	m/s	m	m	m	m	km	km	
895	715	1 610	193	145		2,5	4 250		350	250	375		
500			241	230		6,6			140	150			
1 815	908	2 723	230	204	77	4,6	5 180		152	152		600	
1 275	1 425	2 700		245	96	6,3			198	130			
1 650	650	2 300	150	130	70		4 000				600		
1 200	700	1 900	160	135	90						600		
2 150	1 450	3 600	200	170	75	4,0	4 750		240	240	850		
5 600	3 800	9 400	325	288	110	5,0	6 200				1 300		
4 750	2 600-3 000	7 350-7 750	415 (3 000)	345		6,7	7 700				1 630		1 22-mm-Ka, 4-5 7,9-mm-MG, 1 000 kg Bo
3 120	1 930	5 050	358	270		9,0	5 600				1 700	840	1 st, 1 b MG, 750 kg Mi, Bo od. To
10 500	7 190	17 690	510	485	167	8,3	9 200	6 000	570		2 000	1 300	
12 575	8 145	20 720	526	495	185	9,0	9 500		1 200	1 000	4 000	2 900	
14 100	10 620	24 720	M 0,76	849	207	20,2					1 990	1 043	
23 500	18 000	41 500	860	795	210	11,0	11 950		1 800	1 300	4 400	1 500	
1 800	750	2 550	503	449		14,5	10 400				750		4 7,5-mm-MG
650	200	850	100										
950	410	1 360	137				3 500				300		1 MG
1 148	550	1 698	105				2 000				600		1 8-mm-MG, 150 kg Bo
960	499	1 459	110				2 500				600		1 8-mm-MG, 150 kg Bo
3 080		4 720	150				2 500				600		2-4 MG, 350-500 kg Bo
887	413	1 300	185	165	90	4,2	4 450				600		1 7,7-mm-MG, 160 kg Bo
1 031	394	1 425	175	155	78	3,2	3 800				450		1 7,7-mm-MG
285-355	855	1 170-1 240	201	172	78	4,1	4 200				460		1 7,7-mm-MG, 2 12-kg-Bo
410	335	745	170	125	70	2,8	5 000				600		
892	390	1 282	183		60		4 730		55	45			
1 108	482	1 590	390 (5 500)	250		14,5	11 000				700		4 7,7-mm-MG
1 332	583	1 915	430		105	14,7	10 500		100	275	700		2 Ka, 2 MG
1 980	913-1 545	2 893-3 525	319	270	110	6,7	7 300				1 260		3 7,7-mm-MG, 400-600 kg Bo
4 920	3 945-4 185	8 865-9 105	396	310 345	115	5,1	4 800		465	340	1 800	1 050	3 MG, 2 560 kg Bo
5 990	3 270-3 510	9 260-9 500	374	316	110	6,1	6 000		250		2 200	1 840	
1 995	1 595	3 550	425	350	110	6,0	7 700				1 300		6 7,7-mm-MG, 600 kg Bo
1 934	616	2 550	170	130			3 700				320-350		
2 490	3 320-3 510	5 810-6 000	260	220		9,4	5 000				600		
4 950	2 550	7 500	300	285	130	4,2	3 500	2 000	450		700		
1 292		1 672	315 (1 000)	270	115	6,3	5 900		330	330	620		
1 025	787	1 812	170	140	59	2,8	3 380		100	100	570		
670	480	1 150	200	170	75	5,0	5 000		110	100	700		
700	450	1 150	210	195		8,5	6 700		90	100	700		
740	490	1 230	205	180		4,5	4 850		120	100	700		
825	405	1 230	210	190		6,3	4 500		125	210	680		
1 150	1 100	2 250		160		3,0			300	240	1 440		
947		1 300-1 500	385	330		7,4	7 000		160	210			
4 400		5 500	200	180		7,0	7 000					180	
3 900		5 400	1 100	500	210	50,0	16 000					1 000	2 23-, 1 37-mm-Ka, 200 kg Bo
3 900		5 400	1 100	500	210	50,0	16 000					1 000	2 23-, 1 37-mm-Ka, 32 57-mm-Ra
2 400	2 900	5 300		140-180									
2 470	1 730-2 830	4 200-5 300	256	205	95	5,8	6 500		275		520		
250	250	500	155	130	65	2,3	4 000						
400	380	780	180	150		2,1	5 000						

Typ	Besatzung	Passagiere	Triebwerk Anzahl	Triebwerk Art	Triebwerk Bezeichnung	Startleistung kW	Startschub kN	Abmessungen Spannweite m	Rotorkreisdurchmesser m	Länge m	Höhe m	Flügelfläche m²	Flügelstrekkung
noch POLEN													
RWD-8	2		1	KTW	P. Z. Inz. „Junior"	80		11,0		8,0	2,3	19,3	
RWD-10	1		1	KTW	P. Z. Inz. „Junior"	80		7,5		6,2	1,9	9,0	
RWD-13	3		1	KTW 4RL	Walter „Major 4"	95		11,5		7,9	2,1	16,0	8,3
RWD-14 „Czapla"	2		1	KTW	PZL G-1 620 B Mars II	315		11,9		9,0	3,0	22,0	
PZL TS-11 „Iskra"	2		1	ETL 1A-A	SO-1	880		10,1		11,3	3,5		
PZL An-2	2	12	1	KTW 9SLA	ASch-62 IR	735		18,2/14,2		12,7	6,1	71,6	
PZL Mi-2	1	8	2	GTW 2A/R-A	Isotow GTD-350	295			14,5	17,4	3,8		
I-22 „Iryd"	2		2	TL	SO-3W22		10,8	9,6		13,2	4,3	19,9	
RUMÄNIEN													
IAR-15	1		1	KTW 9S	G + R 9 Krse	440		11,0		8,3	2,7	19,0	
IAR-16	1		1	KTW 9SL	Brist. „Mercury IV"	410		11,7		7,4	2,8	20,3	
IAR-39	3		1	KTW	IAR K-14-IV C 32	640		13,1		9,6	4,0	40,3	
IAR-80 B	1		1	KTW	IAR K-14-1 000 A	735		10,5		8,9	3,6	16,0	
IAR-317 „Airfox	2		1	GTW 2RA	Turb. „Artouste II B""	650			11,0	12,6	3,0		
IAR-813	2		1	KTW 4RL	Walter Minor 4-III	75		10,1		8,4	2,3		
IAR-818	1	3	1	KTW 6RLA	M-337	155		12,1		10,0		25,4	
IAR-822	1		1	KTW 6BL	Lyc. IO-540-G 1 D 5	215		12,8		9,4	2,8	26,0	6,3
IAR-823	1	2-4	1	KTW 6BL	Lyc. IO-540-G 1 D 5	215		10,0		8,2	2,5	15,0	
RAS-1 „Getta"	3		1	KTW RF	Hiero	160		16,0		10,5	3,5	50,0	
Rg-7 „Soim"	1		1	KTW 4RL	Walter Minor 4-III	75		9,5		7,8		12,9	6,9
Rg-7 „Soim"	2		1	KTW 4RL	Walter Minor 4-III	75		9,9		7,8		13,8	7,0
SET-7	2		1	KTW 9S	Jaguar	270		9,8		7,3	3,2	26,6	
SCHWEDEN													
ASJA B-5	2-3		1	KTW	SFA/Brist. „Mercury XXIV"	720		14,6		9,7	3,8	33,8	
FFVS J-22 A	1		1	KTW 14S	SFA/P + W TWC-36	785		10,0		7,9	2,8	16,1	
Flygindustri K. 47	2		1	KTW 9SL	Brist. „Mercury IV"	395		12,4		8,6	2,6	23,5	
SAAB-21 A	1		1	KTW 12R	DB-605 B	1 085		11,6		10,4	4,0	22,2	
SAAB-21 RB	1		1	TL	DH „Goblin 3"		15,0	11,4		10,6	2,9	22,3	
SAAB-91 „Safir"	1	3	1	KTW 4BL	Lyc. O-360-A 1 A	130		10,6		8,0	2,2	13,6	8,3
SAAB-90 A-2 „Scandia"	2-5	32	2	KTW 14SLA	P + W R-2 180-E 1	1 230		28,0		21,3	7,1	85,7	
SAAB-29	1		1	ETL 1R-A	DH „Ghost 50"		22,6	11,0		10,1	3,8	24,0	
SAAB-32 „Lansen"	2		1	ETL 1A-A	RR „Avon R. A. J."		35,8	13,0		14,7	4,8	37,4	4,5
SAAB-35 „Draken"	1		1	ETL 1A-A	Volvo Flygm. RM 6 C		56,9	9,4		15,4	3,9	49,2	1,8
SAAB-37 „Viggen"	1		1	ZTL 2A-A	Volvo Flygm. RM 8 A		115,7	10,6		16,3	5,9	52,2	
SAAB-105	1-2	3-4	2	ETL 1A-A	GE J 85-17 B		12,7	9,5		10,5	2,7	16,3	
SAAB-105 G	2		2	ETL 1A-A	GE J 85-17 B		12,7	9,5		10,8	2,7	16,3	
SAAB-340	3	33	2	PTL	GE CT7A-5A	1 275		21,4		19,7	6,9	41,8	
SAAB MFI-15 „Safari"	2		1	KTW 4BL	Lyc. O-320	110		8,9		7,0	2,6	11,9	
SAAB MFI-17 „Supporter"	2		1	KTW 4BL	Lyc. IO-360	145		8,9		7,0	2,6	11,9	
SCHWEIZ													
Comte AC-4 „Gentleman"	1	2	1	KTW 4RL	DH „Cirrus Hermes"	85		12,1		8,1	2,8	20,0	
EFW C-3603	2		1	KTW 12VFA	HS	735		13,7		10,2	4,1	28,7	
EFW C-3605	2		1	PTL 1A/R-A	Lyc. F-5307 A	810		13,7		12,0	4,1	28,7	
EKW DH-3	2		1	KTW 8VF	HS	110		12,5		8,0	3,1	38,0	
EKW DH-5	2		1	KTW 8VF	HS	160		11,2		7,5	3,1	30,0	
EKW C-35	2		1	KTW 12VFA	HS 12 Yers	630		13,1/8,7		9,5	3,2	32,0	
Pilatus PC-6 „Porter"	1	7-9	1	KTW 6BLA	Lyc. GSO-480-B 1 A 6	250		15,1		10,2	3,2	28,8	8,0
Pilatus PC-6 A „Turbo Porter"	1	7	1	PTL 1A/R-A	Turb. „Astazou II"	390		15,2		11,1	3,2	28,8	8,0
SPANIEN													
AISA I-11 B „Pegul"	1	1	1	KTW 4BL	Cont. C-90	65		9,3		6,5	1,9	13,4	6,5
CASA C-207 „Azor"	4	30-40	2	KTW 14SLA	Brist. „Hercules 730"	1 500		27,8		20,9	7,8	85,8	9,0
CASA C-212 „Aviocar"	2	15-21	2	PTL 1R-A	GaAiR TPE 331-201	555		19,0		15,2	6,3	40,0	
CASA C-101 „Aviojet"	2		1		Ga TFE 731-2		15,6	10,6		12,3	4,3	20,0	
Hispano Aviacion HA-200 E „Saeta"	2		2	ETL 1R-A	Turb. „Marboré VI"		4,7	10,9		9,0	2,9	17,4	6,4
Hispano Nieuport HA-52 C1	1		1	KTW 12 R	HS 12 Hb	425		12,0		7,5	3,0	29,3	

Massen: Rüstmasse kg	Massen: Zuladung kg	Massen: Startmasse kg	Flugleistungen: Höchstgeschwindigkeit km/h	Reisegeschwindigkeit km/h	Landegeschwindigkeit km/h	Steigleistung m/s	Gipfelhöhe m	Reiseflughöhe m	Startrollstrecke m	Landerollstrecke m	Reichweite max. Kraftstoff km	Reichweite max. Nutzmasse km	Bewaffnung
500	248	748	170	140	75	4,6	5 000						
350	125	475	230	180			6 000				360		
530	360	890	210	180	67	3,4	4 200				900		
1 225	475	1 700	247	210	80	6,1	5 100		140	160	675	580	2 7,7-mm-MG
		3 400-3 800	800			16,0	12 500						1 23-mm-Ka, Bo, Ra
3 445	2 055	5 500	253	180	70	2,8	4 160		150	170	900		
2 350	1 150	3 500		210		3,4	4 000				600	170	
3 962	3 538	7 500	950 (0)	850		35,0	12 600		1 020	950	1 670		2 23-mm-MG, 2 000 kg Bo
1 368	339	1 707	352	300	107	10,4	10 000				600		2 7,7-mm-MG
1 224	426	1 650	342	290	110		11 500						
2 177	908	3 085	336	295			8 000		136	170	650		3 7,9-mm-MG, 24 12-kg-Bo
1 780	770	2 550	510	450		9,0	10 500				940		4 7,92-mm-MG, 2 13,2-mm-MG, 100 kg Bo
1 050		2 200	220	190		10,0	3 200				810	525	600kg Bo od. Ra
520	240	760	190	175		3,6	5 500						
825	475	1 300	185	165		4,0	4 000		80	35	900	250	
1 060	840	1 900	195	170		3,5	4 500		135	130	500		
880	620	1 500	300 (0)	280		7,5	5 800		230	200	1 350	700	
1 245	800	2 045	160	140			4 000				1 000		1 7,7-mm-MG
482	158	640	251	200	55	4,2	5 300				600		
520	230	750	215	195	65	3,4	5 000				600		
912	398	1 310	240	200		9,0			200	150	400		
2 435	1 565	4 000	330	275		12,7	6 900				1 500		4 8-mm-MG, 800 kg Bo
2 000	835	2 835	575	510			9 300				1 270		2 7,9-mm-MG, 2 13,2-mm-MG
1 150	600	1 750	324 (4 000)	245	110	8,3	10 000				675	480	3-4 7,9-mm-MG
3 242	908	4 150	640	522			11 000	9 500			1 500	880	1 20-mm-Ka, 2-4 13,2-mm-MG
3 110	1 230	4 340	830			23,4					1 280		1 20-mm-Ka, 4 12,7-mm-MG, Ra
710	495	1 205	265	235		4,1	5 000				1 050		
9 960	6 540	16 500	450	391	130	6,5	7 500	3 000			2 510		
		6 000	1 060				15 700						4 20-mm-Ka, Ra
7 000	3 000	10 000	1 125		200		15 000						4 20-mm-Ka, Bo, Ra, Lw
7 630	1 000	11 400-15 000	M 2	950	215	200,0	15 000	10 000		600	3 250		4 30-mm-Ka, Lw, Ra
9 000	6 000	16 500-22 500	M 2+	1 200	220	91,5	15 500	10 000	400	450		1 000	Ka, Do, Mi, Ra, Lw
2 583	1 417	4 000	770	700		20,0	12 000		610	550	1 840		
3 085	3 415	6 500	970	865			13 000		410		1 980		2 350 kg Bo u. Ra, Lw
8 100	4 270	12 370	505	485	200	9,0	8 200		1 300	1 000	3 000	1 100	
646	254-554	900-1 200	365	236		5,8	4 100				800	800	
646	254-554	900-1 200	365	236		5,8	4 100				800	800	2 7,62-mm-MG, Ra, Bo
500	300	800	170	140	75	3,0	4 000				700		
2 315	1 275	3 590	477	430		10,4	10 000				680		1 20-mm-Ka, 4 7,5-mm-MG, 400 kg Bo
2 634	666-1 066	3 300-3 700	430	420		12,5	10 000		180	180	1 000		
690	390	1 080	145			2,8			96	82			1 7,45-mm-MG
780	490	1 270	186			2,3	5 000				480		3 7,45-mm-MG
1 725	1 050	2 775	335 (4 000)			7,0	10 000				600		1 20-mm-Ka, 3 7,5-mm-MG, 220 kg Bo
1 120	1 080	2 200	240	210 (2 400)		2,9	5 300		200	150	1 200	640	
1 070	890	1 960	280	250		8,7	8 500		130	67	1 000		
421	228	649	188	172	79	3,6	4 550		157	124	650		
11 088	5 412	16 500	455	400	144		8 000	3 000	610		2 600	1 500	
3 650	2 750	6 400	400	360	117	8,4	7 500		370	245	2 300	600	
3 350	2 250	4 570-6 300	775 (9 760)	730	183	17,0	13 700	11 000	670	530	3 750		1 30-mm-Ka, 2 12,7-mm-MG, 1 815 kg Wf
2 020	1 580	3 600	700			17,0	12 000				1 700		2 7,7-mm-MG, Bo, Ra, Lw
1 365	435	1 800	270	220		7,4	8 200				700		2 7,7-mm-MG

Typ	Besatzung	Passagiere	Triebwerk An-zahl	Art	Bezeichnung	Startleistung kW	Startschub kN	Abmessungen Spannweite m	Rotorkreisdurchmesser m	Länge m	Höhe m	Flügelfläche m²	Flügelstreckung
UDSSR													
Alexandrow/Kalinin AK-1	1-2	2-3	1	KTW 9SF	"Salmson"	125		14,9		11,0	3,1	37,0	
Anatra D	2				Gnôme „Monosouape A"	75		11,4/10,3		8,1	2,9	37,0	
Antonow A-7	1	7						18,0		10,5	2,7	23,2	
Antonow A-40 (KT)	1		-	-	-	-		12,9		11,5		68,0	
Antonow An-8	5	70	2	PTL 1A-A	AI-20 D	3810		37,0		30,7	10,04	117,2	
Antonow An-10 A	5	100-132	4	PTL 1A-A	AI-20 K	2940		38,0		34,0	9,03	121,7	
Antonow An-12	6	130	4	PTL 1A-A	AI-20 M	3125		38,0		33,1	10,53	121,7	
Antonow An-14	1	7-9	2	KTW 9SLA	AI-14 Rf	220		21,99		11,8	4,63	39,72	
Antonow An-14 M	2	15	2	PTL	TWD-650	595		22,0		13,0	4,6	39,7	
Antonow An-22 „Antäus"	6		4	PTL 1A-A	NK-12 MA	11030		64,4		57,5	12,5	345,0	
Antonow An-24	2	44-50	2	PTL 1A-A	AI-24	1875		29,2		23,5	8,3	72,5	
Antonow An-24 RT	3-4		2 + 1	PTL ETL	AI-24 T + RU-19-300	2075	8,8	29,2		25,5	8,3	75,0	
Antonow An-26	5	38-40	2 + 1	PTL ETL	AI-24 T + RU-19-300	2075	8,8	29,2		23,8	8,6	75,0	11,4
Antonow An-28	1-2	15-26	2	PTL 2	TWD-10 B	705		22,0		13,0	4,5	41,0	
Antonow An-30	6-7		2 + 1	PTL ETL	AI-24 WT + RU-19 A	2075	7,8	29,2		24,3	8,3	75,0	11,4
Antonow An-72	3	32	2	ZTL	Lotarew D-36		62,8	31,8		28,07	8,2	99,0	
Antonow An-124 „Ruslan"	6	88	4	ZTL	Lotarew D-18 T		229,9	73,6		69,5	21,1	628,0	
Antonow An-225 „Mrija"	6-8		6	ZTL	Lotarew D-18 T		230,0	88,4		84,0	18,1	942,0	
Berijew MBR-2 bis	4		1	KTW 12VFA	AM-34 B	595		18,9		13,5	5,9	55,0	
Berijew Be-2	2		1	KTW 9SLA	M-25 P	550		11,0		8,3	3,8	32,0	
Berijew Be-6	8		2	KTW 18 SLA	ASch-73 TK	1765		33,0		23,7	7,6	120,0	
Berijew Be-12 „Tschaika"	6-10		2	PTL 1A-A	AI-20 D	3810		29,9		30,1	7,4	99,0	
Bolchowitinow DB-A	11		4	KTW 12VFA	AM-34 FRN	660		39,5		24,4	8,5	234,5	
Bolchowitinow BI-1	1		1	RTW	Duschkin D-1 A		10,8	6,5		5,3	2,1	7,0	
ChAI-1	1	6	1	KTW 9SLA	M-63	705		19,4		15,7		52,0	
Grigorowitsch M-24 bis	3		1	KTW F	Renault	190		15,9/13,5		9,0		55,0	
"Ilja Muromez"	10		4	KTW 8VF	Sunbeam „Cossack"	110		30,9/22,0		17,1	4,72	148,0	
Iljuschin Il-2	2		1	KTW 12VFA	AM-38 F	1300		14,6		11,6	2,95	38,5	
Iljuschin Il-4	3-4		2	KTW 14SLA	M-88 B	810		21,4		14,8	4,1	66,7	
Iljuschin Il-10	2		1	KTW 12VFA	AM-42	1470		13,4		11,1	4,3	30,0	
Iljuschin Il-12	4-5	18-24	2	KTW 14SLA	ASch-82 FN	1360		31,7		21,3	8,1	100,0	9,3
Iljuschin Il-18 B	5	89-110	4	PTL 1A-A	AI-20	2940		37,4		35,9	10,2	140,0	10,0
Iljuschin Il-18 D	5		4	PTL 1A-A	AI-20 M	3125		37,5		40,0	10,2	140,0	
Iljuschin Il-28	3		2	ETL 1R-A	WK-1		27,0	21,5		17,7	6,7	60,8	7,5
Iljuschin Il-54	3		2	TL	AL-7		49,0	17,7		21,8	6,4	64,8	
Iljuschin Il-62	5	115-186	4	ZTL 2A-A	NK-8-4		102,9	43,3		53,1	12,4	279,6	6,4
Iljuschin Il-62 M	5	161-198	4	ZTL 2A-A	D-30 KU		107,8	43,3		53,1	12,4	279,6	6,4
Iljuschin Il-76	4		4	ZTL 2A-A	D-30 KP		117,7	50,5		49,3	14,8	300,0	
Iljuschin Il-86	5	350	4	ZTL 2A-A	NK-86		127,5	48,3		58,4	15,7	320,0	7,3
Iljuschin Il-96	13	300-350	4	MTL	Solowjow D-90 A		156,9	57,7		55,4	17,6	350,0	
IS-1 (I-220)	1		1	KTW 9SLA	M-63	660		8,6/7,1		6,7		20,8/13,0	
IS-4 (I-20)	1		1	KTW 18SLA	M-120	1215		8,6/7,1		8,4		20,8/13,0	
Jakowlew Ja-1 „Awietka"	2		1	KTW 4RL	A. D. C. „Cirrus I"	45		8,9		7,0	2,7	18,7	
Jakowlew Ja-2	2		1	KTW 5SL	Siemens Sh 13 a	60		8,9		7,7		18,7	
Jakowlew Ja-3 „Pionerskaja Prawda"	2		1	KTW 5SL	Walter	45		11,0		7,1	2,4	16,5	
Jakowlew Ja-6 (AIR-6)	1	2	1	KTW 5SL	M-11	80		12,1		8,0	2,3	19,8	
Jakowlew Ja-7 (AIR-7)	2		1	KTW 9SLA	M-22	355		11,0		7,8		19,4	
Jakowlew UT-1	1		1	KTW 5SL	M-11 E	120		7,3		5,8	2,0	8,3	
Jakowlew UT-2	1	1	1	KTW 5SL	M-11	75		10,2		7,0	3,0	17,1	
Jakowlew Jak-1 M	1		1	KTW 12VFA	WK-105 PF	870		10,0		8,5	1,7	17,2	
Jakowlew Jak-4 (BB-22)	2		2	KTW 12VFA	M-105 R	810		14,0		9,3	3,1	32,0	
Jakowlew Jak-7 B	1		1	KTW 12VFA	WK-105 PF	870		10,0		8,5	1,7	17,2	
Jakowlew Jak-6	2	6	2	KTW 5SL	M-11 F	103		14,0		10,4	3,0	29,6	
Jakowlew Jak-9	1		1	KTW 12VFA	WK-105 PF	930		9,7		8,5	3,2	17,1	
Jakowlew Jak-3	1		1	KTW 12VF	WK-105 PF	910		9,2		8,5	2,4	14,8	
Jakowlew Jak-11	2		1	KTW 7SLA	ASch-21	515		9,4		8,5	3,3	15,4	
Jakowlew Jak-12 M	1	3	1	KTW 9SLA	AI-14 R	190		12,6		9,0	3,1	23,9	
Jakowlew Jak-14	1	35	-					26,2		18,4	7,5	97,6	
Jakowlew Jak-15	1		1	ETL 1A-A	RD-10		9,0	9,2		8,7	2,2	14,8	
Jakowlew Jak-16	2	10	2	KTW 7SLA	ASch-21	515		20,0		14,5			
Jakowlew Jak-17	1		1	ETL 1A-A	RD-10 A		9,8	9,6		8,1	2,9	16,4	
Jakowlew Jak-18	2		1	KTW 5SL	M-11 FR	120		10,6		8,0	2,2	17,0	
Jakowlew Jak-18 A	2		1	KTW 9SLA	AI-14 R	190		10,6		8,5	3,4	17,0	
Jakowlew Jak-18 PM	1		1	KTW 9SLA	AI-14 RF	230		10,6		8,4	3,4	17,0	

Massen			Flugleistungen										Bewaffnung
Rüstmasse	Zuladung	Startmasse	Höchstgeschwindigkeit	Reisegeschwindigkeit	Landegeschwindigkeit	Steigleistung	Gipfelhöhe	Reiseflughöhe	Startrollstrecke	Landerollstrecke	Reichweite max. Kraftstoff	Reichweite max. Nutzmasse	
kg	kg	kg	km/h	km/h	km/h	m/s	m	m	m	m	km	km	
1 145	540	1 685	147	130		1,0	2 200		90	120	500		
814	350	1 164	144	115		3,0	4 300		60	90			2 MG, 30 kg Bo
955	800	1 755	300	105	80								
2 320	2 180	4 500	160										
24 400	11 000	43 400	520	450	190	10,1	9 600				4 400	1 000	2 23-mm-Ka
30 500	14 500	54 000	725	580	170	10,0	10 000		650	500	3 350	1 800	
30 500	20 000	54 000-61 000	650	600	170		10 000		850	860	3 350	750	2 23-mm-Ka
2 800	720	3 750	220	190	78	5,3	5 000		100	100	780	300	
3 500	2 100	5 600	350	304			6 000		215	200	1 550		
116 000	60 000	250 000	740	550	160		10 000		1 100	800	9 000	3 100	
14 500	5 300	21 000		500	165		8 400		620	580	2 280	890	
15 048	6 752	21 800		450	170		9 000		630	540	2 930	600	
16 000	2 800	24 000	540 (6 000)	430	175	3,3	7 500		640	610	2 550	980	
3 600	2 100	5 100	350	300	120	12,0	11 500		180	280	1 300	1 000	
15 950	7 050	23 000	540	430							2 000	1 000	
	10 000	26 500-30 500	750	720	165		11 000	8 000	400-450	350-400	3 200	1 000	
	150 000	405 000	910	865	200	10,0	12 000		700		16 500	4 500	
		600 000	850	750					3 500	3 500	14 500	4 500	
3 186	1 059	4 245	275	190	110		7 900				1 200	650	2 MG, 300 kg Bo
1 800	700	2 500	240	185			6 600				870	530	3 MG, 100 kg Bo
18 827	4 573	23 400	550 (2 500)	400	155		6 000				4 000	2 900	4 23-mm-Ka
20 000	10 000	35 000	650	350			10 500				4 000		3 000 kg Bo
14 000	5 000	19 000	300	260			8 000				2 450		8 MG, 3 000 kg Bo
958	725	1 683	800			50,0							2 20-mm-Ka
4 100	2 600	6 700	360				9 000						
1 200		1 700	150	130			4 000						
3 800	1 300	5 100	110			1,1					600		8 MG, Bo
4 200	1 160	5 360	430	320			6 000				800	600	2 23-mm-Ka, 3 MG, 400-600 kg Bo od. Ra
5 400	4 655	10 055	429	340	125		9 700				3 800	1 200	3-8 MG, 2 500 kg Bo
4 680	1 655	6 335	560	370	150		7 000		450		830	420	5 Ka, 8 Ra, 600 kg Bo
9 000	8 000	17 000	375	320	145	5,0			500	700	1 900	300	
34 500	26 700	61 200	685	650	190			9 000	1 200	800	5 000		
35 000	29 000	64 000	670	625			8 650		1 350	850	4 270		
12 890	4 810-8 310	17 700-21 200	935 (4 000)	800	190	15,0	12 500		1 250	950	2 260		4 23-mm-Ka, 3 000 kg Bo
22 500		29 500-38 000	1 150	1 050			13 000				3 400	2 400	4 23-mm-Ka, 2 500kg Bo
67 800	89 700	157 500	950	900	235	18,0	10 000		1 800	1 000	9 200	6 700	
69 400	95 600	165 000	950	900 (9000)	240	18,0	13 000	12 000			10 200	8 000	
		157 000	975	850			13 000		850	450	6 000	4 800	2 23-mm-Ka
		206 000	950	900	240		10 000				5 250	3 300	
117 000	99 000	216 000	950	850-900	250-270		12 000	11 000	2 300-2600	2 000	9 000	7 500	
		2 300	435				8 500				600		
		2 900	720/436		107		12 500						4 7,62-mm-MG 2 12,7-mm-MG, 2 20-mm-Ka
335	200	535	140	120	60	2,1	3 800		90		480		
470	240	710	140	120	65	1,8	3 350				500		
392	370	762	146	125	66	2,1	4 200		60				
620	373	993	166	140	68		4 500				650		
900	500	1 400	325		110						1 300		
430	160	590	255	190	85	4,7	7 120				670		
616	240	856	200	160	95		3 200				750		
2 330	670	3 000	580			18,5	10 000				850		1 20-mm-Ka, 2 7,62-mm-MG, 6 Ra
2 330	720	5 245	530	400			9 500				1 600	800	1 7,62-mm-MG, 400 kg Bo
1 433		3 050	520				10 000				600		1 20-mm-Ka, 2 12,7-mm-MG
2 200		2 350	180	150	93				265	165	1 000	800	1 MG, 500 kg Bo
2 105		2 873-3 060	595 (4 300)				11 000				1 000	850	1 20-mm-Ka, 1 12,7-mm-MG
		2 650	660	560	150		10 700				900		1 20-mm-Ka, 1 12,7-mm-MG, Ra od. Bo
1 900	518	2 418	456	400	127		8 000		400	500	1 290		1 12,7-mm-MG
1 014	421	1 435	220	160	73	4,1	4 600		126	190	760		
3 000	3 750	6 750	300										
2 600		3 200	800	650			12 500				600		2 MG
5 200	1 200	6 400	370	300			5 000				1 000		
2 400		3 000	830	600			13 000				740		2 Ka
810	302	1 112	248			3,5	4 000		205	270	1 015		
1 025	291	1 316	263			5,4	5 060		215	270	900		
		1 100	320			10,0	5 000		140	130	400		

Typ	Besatzung	Passagiere	Triebwerk Anzahl	Triebwerk Art	Triebwerk Bezeichnung	Startleistung kW	Startschub kN	Abmessungen Spannweite m	Rotorkreisdurchmesser m	Länge m	Höhe m	Flügelfläche m²	Flügelstreckung
noch UDSSR													
Jakowlew Jak-18 T	1	3	1	KTW 9SLA	M-14 P	265		11,2		8,4	3,2	18,8	
Jakowlew Jak-18 U	2		1	KTW 5SL	M-11 FR	120		10,6		8,3	3,4	17,0	
Jakowlew Jak-19	1		1	ETL 1A-A	RD-10 F		10,8	8,7		8,1		13,5	
Jakowlew Jak-30	1		1	ETL 1A-A	RD-500		15,6	8,7		9,0		15,0	
Jakowlew Jak-23	1		1	ETL 1A-A	RD-500		15,6	8,7		8,2	3,3	13,5	
Jakowlew Jak-24	3	20	2	KTW 14SLA	ASch-82 W	1 250			21,0	21,3	6,5		
Jakowlew Jak-25	2		2	ETL 1A-A	RD-9		25,5	11,0		15,6	4,4	29,0	
Jakowlew Jak-28	2		2	ETL 1A-A	R-11		58,4	12,5		21,7	4,4	37,5	
Jakowlew Jak-30	2		1	ETL 1	RU-19		8,8	9,8		9,3		14,3	
Jakowlew Jak-32	1		1	ETL 1	T-29		7,8	9,8		10,1		14,3	
Jakowlew Jak-36	1		2	ETL			39,2	10,5		17,0	4,5		
Jakowlew Jak-40	2	24-33	3	ZTL 2A-A	AI-25		14,7	25,0		20,2	6,5	70,0	
Jakowlew Jak-42	2-4	100-120	3	ZTL 3A-A	D-36		63,1	35,0		35,0	9,8	150,0	
Jakowlew Jak-50	1		1	KTW 9SLA	M-14 P	265		9,5		7,8	3,2	15,0	
Jakowlew Jak-52	1		1	KTW	M-14 P	265		9,5		7,7	3,0	16,0	
Jermolajew Jer-2 (DB-240)	4		2	KTW 12VFA	M-105	810		21,7		16,3		72,1	
Kalinin K-5	2	6	1	KTW 9SLA	M-22	355		20,5		15,9		56,3	
Kalinin K-7	3	120	7	KTW 12VFA	M-34 F	550		53,0		28,0		454,0	6,2
Kamow Ka-8	1		1	KTW	M-76	35			5,6	3,7	2,5		
Kamow Ka-10	1		1	KTW 4BL	AI-4 W	40			6,1	3,7	2,5		
Kamow Ka-10 M	1	(1)	1	KTW 4BL	AI-4 W	40			6,1	3,7	2,5		
Kamow Ka-15 M	2		1	KTW 9SLA	AI-14 W	185			10,0	6,0	3,3		
Kamow Ka-18	1	3	1	KTW 9SLA	AI-14 WF	200			10,0	7,0	3,4		
Kamow Ka-22	5		2	GTW 2		4 190		28,0					
Kamow Ka-25	2		2	GTW 2	GTD-3 BM	660			15,7	15,7	5,4		
Kamow Ka-26	2	6	2	KTW 9SLA	AI-14 W 26	240			13,0	7,8	4,1		
Kamow Ka-27 PS	3		2	GTW	TW-3-117	1 620			15,9	15,9	5,4		
Kamow Ka-29 TB	2		2	GTW	TW-3-117	1 620			15,9	15,9	5,4		
Kamow Ka-32	3	16	2	GTW 2A-A	TWS-117	1 665			15,9	11,3	5,4		
Kamow Ka-32 S	3	16	2	GTW	TW-3-117	1 620			15,9	11,3	5,4		
KaSkr 1	2		1	KTW	N-2 (Rhône)	90			12,0	9,3	4,6		
KaSkr 2	2		1	KTW	G + R „Titan"	165			12,0	9,8	4,6		
„Konjok-Gorbunok"	1	1	1	KTW RF		75		11,5/10,0		7,8	3,0	37,0	
Lawotschkin LaGG-3	1		1	KTW 12VFA	WK-105 P	810		9,8		8,9	3,3	17,5	
Lawotschkin La-5 FN	1		1	KTW 14SLA	ASch-82 FN	1 360		9,8		8,5	3,4	17,5	
Lawotschkin La-7	1		1	KTW 14SLA	ASch-82 FNU	1 360		9,8		8,6	2,8	17,5	
Lawotschkin La-9	1		1	KTW 14SLA	ASch-82 FNW	1 360		9,8		8,6	2,8	17,7	
Lawotschkin La-11	1		1	KTW 18SLA	ASch-70	1 545		9,8		8,7	2,9	17,7	
Lawotschkin La-15	1		1	ETL 1A-A	RD-500		15,6	8,8		9,0	3,6	16,2	
Lawotschkin La-250	2		2	ETL 1A-A	AL-7 F		63,7	13,9		25,0		80,0	
Lebedew „Lebed XII"	2		1	KTW R	Salmson	105		13,2		8,0	3,4	42,0	
Lisunow Li-2	4	14-24	2	KTW 9SLA	ASch-62 IR	735		28,8		19,7	5,2	91,7	
Mikojan/Gurewitsch MiG-1	1		1	KTW 12VFA	AM-35 A	995		10,3		8,2	3,3	17,6	
Mikojan/Gurewitsch MiG-3	1		1	KTW 12VFA	AM-35 A	995		10,3		8,6	2,65	17,6	
Mikojan/Gurewitsch I-250 (N)	1		2 + 1	KTW 12VFA + ETL	WK-107 R + WRDK	1 215	13,2	11,1		8,8		15,0	
Mikojan/Gurewitsch DIS (MiG-5)	1		2	KTW 14SLA	ASch-82 F	1 250		15,9		11,5	3,4	38,9	
Mikojan/Gurewitsch MiG-8 „Utka"	1	2	1	KTW 5SL	M-11 FM	80		9,5		7,1		15,0	
Mikojan/Gurewitsch MiG-9	1		2	ETL 1A-A	RD-20		7,8	9,5		9,5	3,0	18,2	
Mikojan/Gurewitsch MiG-15 bis	1		1	ETL 1R-A	WK-1		26,5	10,1		10,1	3,7	20,6	4,9
Mikojan/Gurewitsch MiG-17 F	1		1	ETL 1R-A	WK-1 F (N)		32,1	9,6		11,4	3,8	22,6	
Mikojan/Gurewitsch I-320 (R-2)	2		2	ETL 1R-A	WK-1		26,5	14,2		15,8		41,2	
Mikojan/Gurewitsch MiG-19	1		2	ETL 1A-A	RD-9 B (N)		31,9	9,0		12,5	4,1	23,0	
Mikojan/Gurewitsch MiG-21 F-13	1		1	ETL 1A-A	R-11 F-300 (N)		64,7	7,2		13,5	4,4	28,9	
Mikojan/Gurewitsch E-166	1		1	ETL	P-166		98,0	8,5		18,5		28,2	
Mikojan/Gurewitsch MiG-23	1		1	ETL	R-29		120,0	7,8-14,0		16,8	5,5	27,3	
Mikojan/Gurewitsch MiG-25	1		2	ETL	RD-31		147,0	14,0		22,3	5,6	56,0	
Mikojan-Gurewitsch MiG-29 A	1		2	TL	RD-33		81,4	11,4		17,3	4,7	38	
Mi Mi-1 „Moskwitsch"	1	3	1	KTW 7SLA	AI-26 W	315			14,5	21,1	3,3		
Mi Mi-4	1-3		1	KTW 14SLA	ASch-82 W	1 250			21,0	16,8	4,4		
Mi Mi-6	5	65	2	GTW 2A-A	TW-2 WM	4 045		15,3	35,0	41,7	9,9		
Mi Mi-8	2-3	28	2	GTW 2A-A	TW-2-117	1 105			21,3	18,3	5,6		
Mi Mi-10	3	28	2	GTW 2A-A	TW-2 M	4 045			35,0	32,9	9,9		
Mi Mi-10 K	2-3	28	2	GTW 2A-A	D-25 W	4 045			35,0	35,0	9,9		
Mi W-12	6-10		4	GTW 2A-A	D-25 WF	4 780		67,0	35,0	37,0	12,5		
Mi Mi-24	2-3	16	2	GTW	GTD-3	1 105			17,1	17,0	4,3		
Mi Mi-14 PL	4		2	GTW 2A-A	TWS-117	1 120			21,3	25,3	6,9		
Mi Mi-26	5		2	GTW	D-136	8 385			32,0	33,7	8,1		
Mil Mi-28	2		2	GTW	TW-3-117	1 640			17,2	16,9	4,8		
Mil Mi-34	2	2	1	KTW	M-14 B26	240			10,0	8,7	2,8		

Massen			Flugleistungen										Bewaffnung
Rüstmasse	Zuladung	Startmasse	Höchstgeschwindigkeit	Reisegeschwindigkeit	Landegeschwindigkeit	Steigleistung	Gipfelhöhe	Reiseflughöhe	Startrollstrecke	Landerollstrecke	Reichweite max. Kraftstoff	Reichweite max. Nutzmasse	
kg	kg	kg	km/h	km/h	km/h	m/s	m	m	m	m	km	km	
1 200	420	1 620	300	250		5,0	5 000		200	200	1 000	600	
884	288	1 172	230			2,4	3 440		260	295	900		
2 200	800-1 150	3 000-3 350	904		180		15 000				1 000	700	2 23-mm-Ka
2 415	890-1 215	3 305-3 630	1 025				15 000				1 500	1 000	3 23-mm-Ka
2 000	1 350	3 350	915	640	157	35,0	10 000				1 030		2 23-mm-Ka
11 000		15 830-17 000	210				5 500				1 000	400	
9 850	6 150	16 000	1 090	900			15 500				3 000		2 37-mm-Ka, Ra
11 000		15 000	M 1,2	M 0,95			20 000				3 000	1 000	1 30-mm- Ka, Ra, Bo
		2 500	660		140	18,0	14 000					965	
1 435		1 930	700		140		14 000					970	
		8 000											Ra
9 060		16 000	600	550		9,1	12 000		700	515	1 600	600	
		52 000	870	820	180-200	12,0			500		1 850	1 000	
765	135	900	320	240	100	16,0	6 000		200	250	550		
1 000	290	1 290	285	210		10,0	6 600				550		1 37-mm-Ka, 2 23-mm-Ka
		11 300-13 700	445 (4 250)	380			7 500				3 000-4 500		1 20-mm-Ka, 2 12,7-mm-MG, 1 000 kg Bo
2 500	1 500	4 000	190	150	80	2,2	4 500		250	200	800		
24 400	13 600	38 000	234	180			4 000						
183		275	80				250				40		
334		375	90				500				95		
334		375	90				500				95		
968	402	1 370	150	120			750				390		
1 032	470	1 502	160	130			560				450	300	
			356	340			3 000						
4 200		12 000	200	195			3 500				450	400	
2 020	900	2 920	175	140			3 000				1 200	400	
		12 000	270								700		
		12 000	265								500		Ra
		11 000	250	230			6 000	3 500			800		
		12 600	250								800		
750		950	90	60									
885		1 100	110	90			450				160		
700	275	975	122			1,7	3 500				320		
2 650	570	3 190	560	450	155		9 700				800		1 20-mm-Ka, 2 12,7-mm-MG, 200 kg Bo u. Ra
2 800	560	3 360	660		155	18,1	11 000				800		2 20-mm-Ka, 150 kg Bo od. Ra
2 270	995	3 265	670	450		18,7	11 800				800		3 20-mm-Ka, Bo od. Ra
2 708	1 025	3 733	690	560			10 800				1 735		4 23-mm-Ka
2 770	1 220	3 990	674				10 250				2 550	1 200	3 23-mm-Ka
2 575	1 275	3 850	1 025	900			13 000				1 100		2 23-mm-Ka
15 000	10 000	25 000	2 000				18 000				2 000		Ra
840	350	1 190	133	105		2,5	3 000				300		2 7,7-mm-MG, 100 kg Bo
7 700	3 000	10 700	320	220	108	5,0	5 600	400	390		2 200	1 200	
2 600	500	3 100	628			16,0	12 000						1 12,7-mm-MG, 2 7,62-mm-MG, 200 kg Bo
2 700	585	3 285	640			16,0	12 000				1 250	800	1 12,7-mm-MG, 2 7,62-mm-MG, 200 kg Bo
		3 680	825				11 900				1 820		3-4 20-mm-Ka
640	510	1 150	205		77						500		
		5 070	910 (5 000)				13 000				1 100	800	1 37-mm-Ka, 2 23-mm-Ka
		4 960	1 076		175	50,0	16 000		550	700	2 000	1 400	1 37-mm-Ka, 2 23-mm-Ka, 400 kg Bo od. Ra
		5 200	1 114			50,0	15 000				2 000		1 37-mm-Ka, 2 23,-mm-Ka, Bo od. Ra
7 367	2 908-3 353	10 275-10 720	1 090	950	200		15 500				1 940		1 37-mm-Ka
		8 600	1 450				18 600				2 200	1 400	3 30-mm-Ka, Ra
5 800	3 280	9 080	2 170 (11 000)		270		19 000				2 000	600	1 30-mm-Ka, Ra, Lw
			2 681				22 670						
11 000		18 000	M 2,8								3 000		Ka, Ra, Lw
20 000		35 000-37 000	M 3,3				31 000				2 000		Ka, Ra, Lw
9 000	9 000	18 000	2 450	1 500	250	330,0	18 000		240	600	2 100	1 500	1 30-mm-MG, 6 Ra, Bo
1 785	615	2 400	170	140			4 500				590	200	
4 860	2 390	7 250	210	160			5 500				400	250	1 12,7-mm-MG
27 240	15 260	42 500	300	250			4 500				1 450	200	1 12,7-mm-MG
		11 100-12 000		230			4 000				350-690	100	
27 000	16 450	43 450	235	200			3 000					250	
		43 450	200	180			300				630	250	
60 000	37 000-45 000	97 000-105 000	260	240			3 500					500	
4 700	3 700	8 400	310	295		12,5	4 500	2 200			720		1 12,7-mm-MG, 4 x 32 Ra
		14 000	230	200								800	Wf
28 200		49 500-56 000	295	255				6 500			800		
7 000	4 400	11 400	305	265		15,0	6 000					470	30-mm-MG, Ra, Bo
		1 200	210	180			4 500				450	180	

Typ	Besatzung	Passagiere	Triebwerk An-zahl	Triebwerk Art	Triebwerk Bezeichnung	Triebwerk Start-leistung kW	Triebwerk Start-schub kN	Abmessungen Spann-weite m	Abmessungen Rotor-kreis durch-messer m	Abmessungen Länge m	Abmessungen Höhe m	Abmessungen Flügel-fläche m²	Abmessungen Flügel-streckung
noch UDSSR													
Mjassischtschew DWB-102	4		2	KTW 18SLA	ASch-71 TK 3	1 470	93,2 / 94,6	25,3		18,9	4,7	78,8	8,2
Mjassischtschew 3M	7		4	ETL	WD-7 B / RD-3M500			53,5		48,8	11,5	351,78	
Mjassischtschew 201 M	8		4	ETL	D-15		127,5	50,5		47,2	12,8	350,5	
Mjassischtschew M-50	2		4	ETL	WD-7 B		93,2	25,1		57,0	8,3	290,0	
Petljakow Pe-8	8-12		4	KTW 12VFA	AM-35 A	880		39,1	23,6		188,7		
Petljakow Pe-2	2		2	KTW 12VFA	WK-105 PF	920		17,2	12,7	4,0	45,5		
Polikarpow R-1	2		1	KTW 12VF	M-5	295		14,0	9,2	3,3	44,5		
Polikarpow I-1	1		1	KTW 12VF	M-5	295		10,8	8,2	2,9	26,8		
Polikarpow I-2 bis	1		1	KTW 12VF	M-5	295		10,8	7,3	2,9	26,8		
Polikarpow PM-1	2	5	1	KTW 6RF	Maybach	190		15,5	11,0		38,5		
Polikarpow Po-2	1	1-2	1	KTW 5SL	M-11	75-120		11,4	8,2	3,1	33,2		
Polikarpow I-3	1		1	KTW 12VF	BMW-VI	370		11,0/9,0	8,1	4,1	27,9		
Polikarpow I-5	1		1	KTW 9SLA	M-22	355		10,2/7,4	6,8	2,1	21,3		
Polikarpow R-5	2		1	KTW 12VF	M-17	370		15,5/12,0	10,6	3,6	50,2		
Polikarpow I-15	1		1	KTW 9SLA	M-25 B	735		10,2	6,3		23,6		
Polikarpow I-16	1		1	KTW 9SLA	M-62	550		8,9	6,1		15,0		
Polikarpow I-17	1		1	KTW 12VF	M-100	550		10,1	7,4		17,7		
Polikarpow WIT-2	2		2	KTW 12VFA	M-105	770		16,0			40,4		
Polikarpow I-153	1		1	KTW 9SLA	M-62	735		10,2/8,3	6,2	2,8	22,2		
Polikarpow I-185	1		1	KTW L	M-71	1 250		9,8	8,1		15,5		
Polikarpow TIS	2		2	KTW 12 VFA	AM-37	1 030		15,5	11,7		34,9		
PS-89	2	12	2	KTW 12VF	M-17	500		23,1	16,3		72,0		
Putilow Stahl-2	2	4	1	KTW 9SL	M-26	220		15,2	9,8	3,0	31,0		
Putilow Stahl-3	2	6	1	KTW 9SLA	M-22	355		17,0	10,7		34,8		
"Russki Witjas"	2	6	4	KTW 4RF	Argus	70		27,0/20,0		20,0	120,0		
Schawrow Sch-2	1	2	1	KTL 5SL	M-11	75		13,0/5,4	8,2	2,8	24,7		
Shukowski KOMTA	2	12	2	KTW 6RF	FIAT A 12	205		15,0	9,7	6,0	92,3		
Schtscherbakow Schtsche-2	2	8	2	KTW 5SL	M-11 D	90		20,5	14,3	4,0	63,9		
Suchoi Su-2	2		1	KTW 14SLA	M-88 B	735		14,3	10,3		29,0		
Suchoi Su-5	1		1 + 1	KTW 12VFA+ETL	WK-107 A+WRDK	1 215	8,8	10,6	8,5		17,0		
Suchoi Su-6	2		1	KTW 18SLA	Asch-71 F	1 620		13,5	9,2		26,0		
Suchoi Su-7	1		1 + 1	KTW 14SLA	ASch-82 FN+RD-1-ChS	1 340	2,9	13,5	9,2		26,0		
Suchoi Su-8	2		2	KTW 18SLA	ASch-71 F	1 620		20,5	13,6		60,0		
Suchoi Su-9	1		2	ETL 1A-A	RD-10		8,8	11,2	10,6	5,0	20,2		
Suchoi UTB-2	3		2	KTW 7SLA	ASch-21	515		18,9	14,0	4,8	48,8		
Suchoi Su-7 B	1		1	ETL 1A-A	AL-7 F		78,4	8,9	17,4	4,6	31,6		
Suchoi Su-9 B	1		1	ETL 1A-A	TRD-31 (N)		98,0	9,4	17,3	5,0	25,0		
Suchoi Su-15	1		2	ETL 1A-A	R-13 F-300		64,7	10,5	20,5	5,0	35,7		
Suchoi Su-17 M4	1		1	ETL	AL-21 F3		110,0	10,3-13,7	19,1	5,1	34,5 / 38,5		
Suchoi Su-20	1		1	ETL			78,4	9,0-12,5		17,0			
Suchoi Su-26 M	1		1	KTW 9SLA	M-14 P	270		6,8	7,8	2,7	11,9		
Suchoi Su-24 MK	2		2	TL	AL-21F-3A		110,0	10,4-17,6		24,5	5,0	42,0	
Suchoi Su-25	1		2	TL	TRD R-195		45,0	14,4		15,5	4,8	37,6	
Suchoi Su-27	1		2	TL	Ljulka AL-31 F		123,5	14,7		21,9	5,9	63,2	
Suchoi Su-28	2		2	TL	R-95 Sch		40,2	14,2		15,4	5,4	37,6	
Tschetwerikow Tsche-2	4		2	KTW 9SLA	M-63	740		19,4		15,7		52,0	
Tupolew ANT-1	1		1	KTW 3WL	Anzani	25		7,5		5,0	1,7	10,0	
Tupolew ANT-2	1	2	1	KTW SL	Bristol „Jupiter"	75		10,5		7,6	2,1		
Tupolew ANT-3	2		1	KTW 12VF	M-5	295		13,0		9,9	3,9	36,0	
Tupolew ANT-4	5		2	KTW 12VF	M-17	370		28,7		18,0	6,6	121,5	
Tupolew ANT-5	1		1	KTW 9SL	M-22	310		11,4/5,7		7,3	3,4	19,8/4,0	
Tupolew ANT-6	8	16	4	KTW 12VF	M-17 F	525		39,5		24,4	8,5	230,0	
Tupolew ANT-6	8	16	4	KTW 12VFA	AM-34	625		39,5		24,4	6,5	234,5	
Tupolew ANT-7	3-5	9	2	KTW 12VF	M-17	500		23,2		15,1	6,1	80,0	
Tupolew ANT-9	2	9	3	KTW 5SL	GR „Titan"	170		23,7		16,8	5,0	84,0	
Tupolew ANT-14	4-5	36	5	KTW 9SL	GR „Jupiter" 9 AKK	355		40,4		26,5	5,4	240,0	
Tupolew ANT-16	12		6	KTW 12VFA	AM-34 R	610		54,0		32,0	11,7	422,0	
Tupolew ANT-20	8	72	6	KTW 12VFA	AM-34 R	550		63,0		33,0	10,6	486,0	
Tupolew ANT-20 bis	9	64	6	KTW 12VFA	AM-34 FRNW	735		64,0		34,1	7,0	486,0	
Tupolew ANT-22	8		6	KTW 12VFA	AM-34 R	625		51,0		24,1	6,4		
Tupolew ANT-25	3		1	KTW 12VFA	M-34	630		34,0		13,9	5,5	87,9	13,8
Tupolew ANT-35	2	10	2	KTW 14SLA	M-85	590		20,8		15,0	5,9	58,0	
Tupolew ANT-37 bis	3		2	KTW SLA	M-86	590		31,0		15,0	3,8	85,0	
Tupolew SB-2 bis	3	6	2	KTW 12VFA	M-100 A	630		20,3		12,7	4,3	52,0	

Massen			Flugleistungen										Bewaffnung
Rüstmasse	Zuladung	Startmasse	Höchstgeschwindigkeit	Reisegeschwindigkeit	Landegeschwindigkeit	Steigleistung	Gipfelhöhe	Reiseflughöhe	Startrollstrecke	Landerollstrecke	Reichweite max. Kraftstoff	Reichweite max. Nutzmasse	
kg	kg	kg	km/h	km/h	km/h	m/s	m	m	m	m	km	km	
12 173		15 500-17 750	565 (9 500)	445		25,6	11 500		640-750	900	3 600		3 20-mm-Ka, 4 12,7-mm-MG,
		184 000	950				11 000					2 230	1 7,62-mm-MG, 2 000-3 000 kg Bo
		165 000-205 000	1 050				12 500				11 000-17 000		6 Ka, Ra, Lw, 20 000 kg Bo
85 000	90 000-115 000	175 000-200 000	1 950	1 500 (11 000)			16 500				7 400		
18 000	14 000	32 000	440	340			11 000				6 000	3 000	2 20-mm-Ka, 4 MG, 2 000-4 000 kg Bo
5 870	2 650	8 520	581	480			8 800				1 200		3 12,7-mm-MG, 2-4 7,62-mm-MG, 600-1 000 kg Bo
1 450	750	2 200	200	185			5 000				700		1 st MG, 1 b MG, 200 kg Bo
1 252	300	1 552	240				5 600		160	210	600		2 7,62-mm-MG
1 380	980	2 360	180		90	1,6	4 100				1 200		
740	243	983	146	100-130	70	2,5	5 000		65	100		430	
		1 863	280				7 200				580		2 MG
943	412	1 355	278	250		8,3	7 300				660		2 7,62-mm-MG
2 180	1 243	3 351	230				6 150				600		3 MG, 250 kg Bo
1 310	390	1 700	370	290		10,9	9 000				600		4 7,62-mm-MG
1 490	410	1 900	525	290			9 000				400-470		2 MG, 2 Ka, 6 Ra od. 2 Bo
1 710	205	1 915	490	440			9 700				800		4 7,62-mm-MG, 1 Ka, 100 kg Bo
		6 300	513 (4 500)				8 200				1 000		6 Ka, 2 MG, 1 000 kg Bo
1 440	420	1 860	443	290			10 700				500-800		4 7,62-mm-MG, Ra od Bo
2 595	890	3 485	680 (6 100)		132	15,7	11 000		300	370	800		2 12,7-mm-MG, 2 7,62-mm-MG, 8 Ra
6 280	2 000	8 280	520 (0)	420			10 200				1 700	1 000	2 20-mm-Ka, 2 12,7-mm-MG
4 900	2 200	7 100	284	250	95						1 300		
1 150	750	1 900	210	170	70	4,2	5 150				750		
1 672	1 145	2 817	224		127	3,5	5 340		280	230	940		
3 500	700	4 200	90										
680	257	937	140	110	65		3 500			120L 100W	900	430	
		3 600	130				600				130		
2 270	1 130	3 400	159	140	70	1,5	3 000		980	560	640		
3 000	1 400	4 400	460			7,8	3 800				1 200		5 7,62-mm-MG, 600 kg Bo
2 954	850	3 804	810		140		12 050				600		1 23-mm-Ka, 2 12,7-mm-MG
4 000	2 500	6 500	500 (3 800)				8 100				970		2 37-mm-Ka, 3 MG, 10 Ra, 400 kg Bo
		4 360	705 (7 500)				12 750				700		2 23-mm-Ka
9 180	3 245	12 425	550				9 000				1 100		4 45-mm-Ka, 9 7,62-mm-MG, 1 12,7-mm-MG
4 060	2 320	6 380	895 (8 000)				12 500				1 100		1 37-mm-Ka, 2 23-mm-Ka, 2 Bo
		6 546	380	340			6 000		460	375			1 12,7-mm-MG, 4 50…100-kg-Bo
8 020	5 480	13 500	1 700 (11 000)				18 000				1 450		2 30 mm Ka, Bo, Ra
		10 500-13 500	2 337	M 1,3		117,0	28 852						4 Ra
		20 000	M 2,5										2 Ra
10 667	4 000	19 430	1 850 (11 000)	1 200	285		15 200		850	1 200	2 500	460	4 000 kg Bo, Ra; 3 30-mm-Ka
		12 000											
680		835	450	310	115	18,0	4 000		160	250	800		
		39 700	1 400	950					1 300	950	3 600	560	4 23-mm-MG, 8 000 kg Wf
9 500	8 100	17 600	970	800	210	90,0	7 000		600	500	1 250	750	4 400 kg Wf
15 000	15 000	30 000	2 500	1 000	275	32,0	18 300		500	600	4 000	1 500	1 30-mm-MG, 10 Ra
		17 222	1 000	850	210	85,0			450-800	700-800	1 050	560	
4 100	2 600	6 700	360				7 800				2 050	1 100	1 7,62-mm-MG, 1 12,7-mm-MG, Bo od. To
205	150	355	120	100	70		400				400		
		836	170			2,4	3 000						
1 351	752	2 103	204			3,5	4 600		200	180	750		3 7,62-mm-MG
4 420	2 292	6 712	200				4 800				1 000		3 7,62-mm-MG, 700 kg Bo
921	442	1 363	250				7 500				580		2 MG
		17 047	182			1,4	3 600				2 200		4 MG, 3 000 kg Bo
12 500		18 700	245	200		3,4	7 700	4 500			2 000		
3 855	2 615	6 470	230		110	4,0	4 900		120	250	800		3 Zw-MG, 500 kg Bo
3 353	2 847	6 200	210	170-195			3 750		280	155	1 800	1 000	
10 650	6 496	17 146	236	195	105	4,0	4 220				1 200		3 Zw-MG, 2 600 kg Bo, 4 20-mm-Ka,
21 400	11 880	33 280	200		105		2 750		800	400	1 450	775	10 7,62-mm-MG, 4 000 kg Bo
31 950	10 050	42 000	220	190	100	4,8	4 500				2 000	1 200	
		44 000	275	225			5 500				900		
		28 750-33 560	230				3 500						2 Ka, 6 MG, 6 000 kg Bo
4 200	7 300	11 500	210	165			7 000		1 590		15 000		
		6 620-7 000	376	350	95		7 200				1 600		
5 855	6 645	12 500	300				8 000		1 000		7 000		
4 060	1 672	5 732	420	360		8,2	6 600				1 600	1 000	4 MG, 1 500 kg Bo

Typ	Besatzung	Passagiere	Triebwerk Anzahl	Art	Bezeichnung	Startleistung kW	Startschub kN	Abmessungen Spannweite m	Rotorkreisdurchmesser m	Länge m	Höhe m	Flügelfläche m²	Flügelstreckung
noch UDSSR													
Tupolew ANT-44	4-5		4	KTW SLA	M-87	735		37,0		24,0	9,0	144,7	
Tupolew Tu-2	4		2	KTW 14SLA	ASch-82	1 360		18,9		13,8	4,5	48,8	
Tupolew Tu-4	11		4	KTW 18SLA	ASch-73 TK	1 705		43,1		30,2	8,5	161,5	
Tupolew Tu-14 T	3		2	ETL 1R-A	WK-1		26,5	21,7		21,9	6,0	67,4	
Tupolew Tu-16	6		2	ETL 1A-A	AM-3 M		93,1	32,9		34,8	10,9	164,7	
Tupolew Tu-20			4	PTL 1A-A	NK-12 M	11 030		51,0		49,0	13,0	310,0	10,4
Tupolew Tu-22	3		2	ETL 1A-A			117,7	28,8		41,7	8,6	190,0	
Tupolew Tu-22 M/Tu-26	4		2	TL	Kusnezow NK-44		215,0	34,5-26,4		39,6	10,8	167,2	
Tupolew Tu-28	2		2	ETL 1A-A			117,7	20,0		28,0			
Tupolew Tu-104 A	5	70	2	ETL 1A-A	RD-3 M-500		93,1	34,5		38,9	11,9	174,4	6,8
Tupolew Tu-104 B	5	100	2	ETL 1A-A	RD-3 M-500		93,1	34,5		40,1	11,9	183,5	8,5
Tupolew Tu-114	5	170-220	4	PTL 1A-A	NK-12	10 880		51,1		54,1	15,5	311,1	8,4
Tupolew Tu-124	3	44-56	2	ZTL 2A-A	D-20 P		52,9	25,6		30,6	8,1	119,4	
Tupolew Tu-134	3-4	64-72	2	ZTL 2A-A	D-30		66,7	29,0		34,4	9,0	127,3	
Tupolew Tu-134 A	3	76-80	2	ZTL 2A-A	D-30 II		66,7	29,0		37,1	9,1	127,3	
Tupolew Tu-144	3-4	108-135	4	ZTL 2A-A	NK-144		127,5	24,7		55,0	10,5	507,0	
Tupolew Tu-154	3	128-164	3	ZTL 2A-A	NK-8-2		93,2	37,6		47,9	11,4	201,5	7,9
Tupolew Tu-126	20		4	PTL 1A-A	NK-12 MV	11 035		51,1		55,2	16,1	311,1	
Tupolew Tu-160	4		4	TL	Kusnezow NK-144		196,0	54,0-36,7		53,0	13,5	370,0	
Tupolew Tu-204	2-3	214	2	MTL	Solowjew D-90 A		156,9	42,0		46,2	13,9	168,6	
U-1	2		1	KTW SL	M-2	90		10,9		8,8	3,2	30,0	
ZAGI A-7 bis	2		1	KTW 9SLA	M-22	355			15,2				
ZAGI 11-EA	2		1	KTW 12VF	Curtiss „Conqueror"	465		10,7	15,4		3,5	11,0	
Zybin Z-25	2	25	-					25,2		16,5			
UNGARN													
Lloyd C-II	2			KTW	Hiero	110		14,6		8,8	3,1	37,6	
Weiss Manfred WM-21 „Soljom"	2		1	KTW	WM K-14	640		12,9/9,4		9,6	3,5	32,7	
USA													
Aero Spacelines „Mini Guppy"	3		4	KTW 28SLA	P + W R-4360	2 575		43,0		38,7	11,6		
Aero Spacelines „Super Guppy"	3-4		4	PTL 1A-A	P + W T-34 PI WA	5 145		47,7		43,1	11,7		
Aerosport „Rail"	1		2	KTW 2BL	Aerosport 600 (Zweitakt)	20		7,1		4,8	1,8	7,6	6,7
Beechcraft 17 „Traveller"	1	3-4	1	KTW 9SLA	P + W „SB Wasp. Jun."	295		9,8		8,2	2,4	27,5	
Beechcraft „Super 18"	1-2	5-7	2	KTW 9SLA	P + W R-985 AN-14	330		15,1		10,7	2,9	33,5	6,9
Beechcraft „Baron B-55"	1	3-5	2	KTW 6BL	Cont. IO-470-L	190		11,5		8,3	2,9	18,5	7,2
Beechcraft „Turbo Baron"	1	3-5	2	KTW 6BLA	Lyc. TIO-541 E 1 B 4	280		11,3		8,6	2,9	18,5	7,2
Beechcraft „Musketeer" Sport	2		1	KTW 4BL	Lyc. O-320-E 2 C	110		10,0		7,6	2,5	13,6	7,5
Beechcraft 99	1-2	15-16	2	PTL 2A-A	P + W PT 6 A-20	405		14,0		13,8	4,4	25,0	7,8
Bell YFM-1 „Airacuda"	5		2	KTW R	Y-1710-23	800		21,3		14,0	3,9	55,8	
Bell P-39 „Airacobra"	1		1	KTW 12VFA	Allison V-1710-85	880		10,4		9,2	3,8	19,8	
Bell P-59 „Airacomet"	1		2	ETL	GE J-31-GES		89,0	13,9		11,8	3,8	35,8	
Bell X-1	1		1	RTW	Reactions Motors XLR-11		26,7	8,5		9,5	3,4		
Bell UH-1 „Iroquois"	2	12	1	GTW 2A/R-A	Lyc. T-53-L-11	845			14,6	23,8	4,3		
Bell 206 A „Jet Ranger"	1	4	1	PTL 2A/R-A	Allison 250 C 18 A	235			10,2	11,8	2,9		
Bell/Boeing V-22 „Osprey"	3	24	2	PTL	Allison T 406-4D-400	4 585	25,8	11,6		19,1	5,4		
Bell AH-1 „Huey Cobra"	2		1	GTW 2A/R-A	Lyc. T-53-L-13	1 030			13,4	16,1	4,1		
Bellanca WB-2 „Columbia"	2		1	KTW 9SL	Wright „Wirlwind" J 5 C	165		14,0				25,3	
Bellanca „Champ"	1	1	1	KTW 2BL	Franklin 2 A-120	45		10,7		6,6	2,2	15,8	7,3
Boeing F-4 B-4	1		1	KTW 9SLA	P + W R-1340-16	370		9,1		6,2	3,0	21,1	
Boeing P-26 A „Peashooter"	1		1	KTW 9SLA	P + W R-1340-27	440		8,5		7,3	3,2	13,9	
Boeing B-17 G „Flying Fortess"	11		4	KTW S	Wright-Cycl. GR-1820-97	885		31,6		22,7	5,8	141,9	

Massen			Flugleistungen										Bewaffnung
Rüstmasse	Zuladung	Startmasse	Höchstgeschwindigkeit	Reisegeschwindigkeit	Landegeschwindigkeit	Steigleistung	Gipfelhöhe	Reiseflughöhe	Startrollstrecke	Landerollstrecke	Reichweite max. Kraftstoff	Reichweite max. Nutzmasse	
kg	kg	kg	km/h	km/h	km/h	m/s	m	m	m	m	km	km	
		21 500	350	250			7 200				4 500	2 500	6 MG, 2 000 kg Bo od. Ra
8 260	3 340	11 600	545	442 (5 800)		8,3	9 500				2 100		2 20-mm-KA, 3 12,7-mm-MG, 1 000-2 000 kg Bo
35 000	26 300	61 300	570 (10 000)				11 000				5 000		10 23-mm-Ka, 5 000 kg Bo
10 000	14 000	24 000	861	800			11 200				4 800	3 000	4 23-mm-Ka, 1 000 kg Bo, Mi, To
		72 000	1 000	850			13 000				6 400	5 000	7 23-mm-Ka, 3 000 kg Bo
		160 000	1 000	900			17 000				15 000		Ka, Lw, Bo, Kw
		65 000	M 2,0				17 000				5 000	2 400	Bo, Lw, Kw
47 175	82 095	129 270	2 124				18 000				4 200		2 23-mm-MG, 10 000 kg Wf
		40 000	M 2,0				20 000				4 500		Ra, Bo Lw
41 600	34 400	76 000	950	800	230			10 000	2 000	1 100	3 100	2 650	
42 500	33 500	76 000	950	800	230			10 000	2 000	1 800	3 100	2 100	
91 000	73 000	164 000	870	770	205			12 000			10 000	6 200	
23 000	15 000	38 000	970	840	190		13 000	10 000	1 000	900	2 100	1 600	
27 000	17 000	44 000	1 000	880			13 000	10 000	1 000	750	3 200	2 500	
29 000	18 000	47 000	900	850	220			9 800	1 400	780	3 500	2 000	
98 000	15 000	130 000-150 000	2 500	2 200				20 000	1 900	1 500	6 500	3 500	
46 300	43 700	90 000		950	230		11 000				4 500		3 750-5 600
115 000		170 000	850	650							12 550		
118 000	149 000	267 000	2 400	960			16 000				7 300		17 000 kg Wf
60 000	25 200	93 500	850	810	250		12 600	11 000	2 400		5 500	4 000	
600	240	840	137		68	3,0	4 500		85	100	195		
1 300	756	2 056	210				4 800						1 st MG, 1 b MG
		2 600	60				500				50		
2 320	2 180	4 500	232										
930	382	1 312	150	130			4 300				800		1 7,9-mm-MG
2 450		3 450	320	275			8 000				600		3 7,9-mm-MG, Bo
41 275	23 495	64 770		400									
47 600	31 800	79 400	480					6 000					
200	117	317	145	106			3 567		70	92	160	160	
1 150	750	1 900	325 (2 950)		81		7 600		186	229	1 070		
2 665	1 825	4 490	380	350		7,1	6 500	1 500			2 400		
1 395	918	2 313	380	362		6,4	6 400		277	256	2 270		
1 665	1 055	2 710	466	450		10,2	10 000		305	390	1 482		
612	408	1 020	225	211		3,7	3 630		256	180	1 450		
2 580	2 060	4 640	402 (3 000)			10,6			560	385	1 600	670	
6 200	1 990-2 450	8 190-8 650	431	383	123	7,5	9 300	7 000			2 880	1 510	2 7,62-mm-MG, 1 12,7-mm-MG, 146 kg Bo
2 560	1 205	3 765	620			16,9	10 670				1 200		1 37-mm-Ka, 4 12,7-mm-MG, 1 226-kg-Bo
3 700	2 510	6 210	663 (9 100)	560		16,2	14 000						1 37-mm-Ka, 3 12,7-mm-MG, Bo
2 948	3 176	6 124	1 078				22 250						
2 280	2 029	4 309	204	204			4 150				1 340	135	4 MG od 48 Ra od. MG u. Ra od. Lw od. Gw
617	698	1 315	269	217		6,5	6 155					640	
13 933	13 500	27 433	556	510							3 890	740	
2 939	1 596	4 535	315	227		8,6	3 600					700	1 7,62-mm-MG, 1 40-mm-Gw, 8 Ra
				180							8 050		
340	213	553	155	133		2,0			160		500		
1 017	534	1 551	301	257			8 380				1 335	645	2 MG, 210 kg Bo
996	344	1 340	377	322		12,0	8 350				1 000		2 MG, 2 45- od. 5 14-kg-Bo
24 900	7 820	32 720	438 (9 150)	250		4,6	10 700	8 000			2 980		13 12,7-mm-MG, 8 000 kg Bo

Typ	Besatzung	Passagiere	Triebwerk Anzahl	Art	Bezeichnung	Startleistung kW	Startschub kN	Abmessungen Spannweite m	Rotorkreisdurchmesser m	Länge m	Höhe m	Flügelfläche m²	Flügelstreckung
noch USA													
Boeing B-50 „Stratofortress"	11		4	KTW 28SLA	P + W R-4360-35	2575		43,1		30,2	10,0	164,2	
Boeing B-377 „Stratocruiser"	5	55-100	4	KTW 28SLA	P + W R-4360	2575		43,0		33,7	11,7	164,2	11,6
Boeing B-47 E „Stratojet"	3		6	ETL 1A-A	GE J-47-GE-25 A		26,7	35,4		32,6	8,5	132,7	
Boeing B-52- H „Stratofortress"	6		8	ZTL 2A-A	P + W TF-33-P-3		75,7	56,4		47,6	12,4	371,6	8,6
Boeing C-135 „Stratolifter"	4-5	126	4	ZTL 2A-A	P + W TF-33-P-5			39,9		41,0	11,7	226,0	
Boeing E-3A „Sentry"	17		8	ZTL 2A-A	P+W TF-33-PW-100/100 A		40,0	44,4		46,6	12,9	279,6	7,1
Boeing 247 D	3	10	2	KTW SL	P + W	405		22,6		16,3	3,7	77,6	
Boeing 707-320 B	4	110-189	4	ZTL 2A-A	P + W JT-3 D-3		80,1	44,4		45,6	12,9	273,3	
Boeing 720 B	3-4	110-149	4	ZTL 2A-A	P + W JT-3 D-1		75,6	39,9		41,5	11,7	226,0	
Boeing 727-100	3	70-131	3	ZTL 2A-A	P + W JT-8 D-1		62,3	32,9		42,0	10,4	153,3	7,7
Boeing 727-200	3	163-189	3	ZTL 2A-A	P + W JT-8 D-15		68,9	32,9		46,7	10,4	157,9	
Boeing 737-100	2-3	76-103	2	ZTL 2A-A	P + W JT-8 D-7		62,3	28,4		28,7	11,3	91,1	8,2
Boeing 737-200	2-3	88-117	2	ZTL 2A-A	P + W JT-8 D-9		66,3	28,4		30,4	11,3	91,1	8,2
Boeing 747	3	bis 490	4	ZTL 2A-A	P + W JT-9 D-3		193,5	59,6		70,5	19,3	511,0	7,0
Boeing 747 SP	3	225-385	4	ZTL 2A-A	P + W JT-9 D-IW		209,1	59,6		56,4	20,0	511,0	7,0
Boeing 757	8-10	170-228	2	MTL	RR RB 211-535 C		184,5	38,0		47,3	13,6	181,2	
Boeing 767	9-12	174-255	2	MTL	PW 4000		248,5	47,6		48,5	15,9	283,3	
Boeing-Vertol CH-46	3	25	2	GTW 2A-A	GE CT-58-110	920			15,2	13,7	5,2		
Boeing-Vertol CH-47 „Chinook"	2-3	44	2	GTW 2A-A	Lyc. T-55-L-7	1950			18,0	30,0	5,7		
Cessna 310 P	1	4-5	2	KTW 6BL	Cont. IO-470-VD	190		11,3		9,0	3,0	16,6	7,3
Cessna 172 „Skyhawk"	1	3	1	KTW 6BL	Cont. O-300-C	107		11,0		8,2	2,7	16,2	7,5
Cessna „Super Skymaster"	1	3-5	2	KTW 6BL	Cont. IO-360-C	155		11,6		8,9	2,8	18,7	7,2
Cessna „Turbo Super Skymaster"	1	3-5	2	KTW 6BLA	Cont. TSIO-360-A	165		11,6		9,1	2,8	18,7	7,2
Cessna 230 „Agwagon"	1		1	KTW 6BL	Cont. O-470-R	170		12,3		7,7	2,3	18,8	
Cessna 300 „Agwagon"	1		1	KTW 6BL	Cont. IO-520-D	220		12,3		7,7	2,3	18,8	
Cessna 421 „Golden Eagle"	1-2	4-5	2	KTW 6BLA	Cont. GTSIO-520-D	275		12,2		10,3	3,5	18,6	7,4
Cessna T-37 B	2		2	ETL 1A-A	Cont. J-69-T-25		4,6	10,3		8,9	2,9	17,1	6,2
Cessna A-37 B „Dragonfly"	1-2		2	ETL 1A-A	GE J-85-GE-17 A		12,7	10,9		8,9	2,7	17,1	6,2
Cessna „Citation"	2	6	2	ZTL 2A-A	P + W JT-15 D-1		9,8	13,4		13,1	4,0	31,2	6,6
Champion „Citabria"	1	1	1	KTW 4BL	Lyc. O-235-01	80		10,2		6,9	2,1	15,3	6,7
Chance-Vought F-4 U-1 A „Corsair"	1		1	KTW 18SLA	P + W R-2800-8	1470		12,5		10,1	3,7	29,2	
Chance-Vought F-5 U-1 „Skimmer"	1		2	KTW 14SLA	P + W R-2000-2	995		7,1		8,7	5,1	44,1	
Chance-Vought F-8 E „Crusader"	1		1	ETL 2A-A	P + W J-57-P-4 A (N)		71,2	10,7		16,6	4,8	34,8	
Consolidated 28 „Catalina"	6-9		2	KTW 14SLA	P + W „Twin Wasp"	880		30,5		19,5	18,3	130,0	
Consolidated B-24 „Liberator"	7-12		4	KTW 14SLA	P + W R-1830-43	880		33,6		20,2	5,5	97,4	
Convair B-36 D	16		6+4	KTW28SLA ETL	P + W R-4360 + GEJ-17	2575	23,1	70,1		49,4	14,3	443,3	
Convair 240	3-4	40	2	KTW 18SLA	P + W R-2800-CA 18	1765		28,0		22,7	8,3	75,9	
Convair 340	3-4	44	2	KTW 18SLA	P + W R-2800-CB 16	1765		32,1		24,1	8,6	85,5	12,0
Convair 440	3-4	44-52	2	KTW 18 SLA	P + W R-2800-CB 17	1840		32,1		24,1	8,6	85,5	12,0
Convair 600/640	2-3	49-56	2	PTL 2A-A	RR RD-10/1	2225		28,0		22,8	8,2	75,9	
Convair 880/990 22-M	5	88-110	4	ETL 1A-A	GE CJ-805-3 B		51,8	36,6		39,4	11,0	185,8	7,0
Convair B-58 „Hustler"	3		4	ETL 1A-A	GE J-79-GE-5 C		69,2	17,4		29,6	9,6	143,3	
Convair F-106 „Delta Dart"	1		1	ETL 2A-A	P + W J-75-P-17 (N)		107,0	11,7		21,6	6,2	64,8	2,2
Convair F-102 „Delta Dagger"	1		1	ETL 2A-A	P + W J-57-P-35 (N)		66,7	11,6		20,8	4,5	61,5	
Curtiss-Wright BT-32 „Condor"	2-4	12-24	2	KTW 9SL	Wright „Cycl. SR-1820-F 3"	520		25,9		15,0	4,4	125,5	
Curtiss-Wright SB 2 C-5 „Helldiver"	2		1	KTW 14S	Wright R-2600-20	1285		15,2		10,8	5,0	39,2	
Curtiss-Wright F-11 C-2 „Goshawk"	1		1	KTW 9SLA	Wright R-1820-78	515		9,6		7,6	3,2	23,5	
Curtiss-Wright P-40 N-20 „Warhawk"	1		1	KTW 12VFA	Allison V-1710-81	1000		11,4		10,2	3,8	21,9	
Curtiss-Wright C-46 R „Commando"	3-5	62	2	KTW 18 SLA	P + W R-2800-51 M-1	1495		32,9		23,3	6,6	126,3	
Curtiss-Wright X-19	2	4	2	PTL 2A-A	Lyc. T-55	1950		10,5		13,5	5,2	14,4	
Douglas DB-7	4		2	KTW 14SLA	Wright R-2600-23	1765		18,7		14,6	3,4	43,0	
Douglas A-1 E „Skyraider"	1		1	KTW 18SLA	Wright R-3350-26 WA	1985		15,5		12,2	6,4	37,2	
Douglas A-3/B-66	3		2	ETL 2A-A	P + W J-57-P-10 (N)		46,7	22,1		23,3	7,0	67,8	6,8
Douglas C-124 „Globemaster II"	5	200	4	KTW 28SLA	P + W R-4360-63	2795		53,1		39,8	14,7	233,0	
Douglas C-133 „Cargomaster"	4	200	4	PTL 1A-A	P + W T-34-P-9 W	4410		54,8		48,0	14,7	248,3	
Douglas DC-2	2	14-16	2	KTW 9SLA	Wright R-1820-25	550		25,9		18,9	4,9	87,2	
Douglas DC-3	2	21-32	2	KTW 14SLA	P + W R-1830-92	880		18,9		19,7	5,2	91,7	8,2
Douglas DC-4	4	40-44	4	KTW 14SLA	P + W R-2000-25	1065		35,8		28,6	8,4	136,0	
Douglas DC-6	3-5	64-92	4	KTW 18SLA	P + W R-2800-CB 17	1840		35,8		32,2	8,7	136,0	
Douglas DC-7	3-5	48-105	4	KTW 18SLA	Wright R-3350-18	2500		35,8		34,2	9,7	152,0	9,9

Massen			Flugleistungen										Bewaffnung
Rüstmasse	Zuladung	Startmasse	Höchstgeschwindigkeit	Reisegeschwindigkeit	Landegeschwindigkeit	Steigleistung	Gipfelhöhe	Reiseflughöhe	Startrollstrecke	Landerollstrecke	Reichweite max. Kraftstoff	Reichweite max. Nutzmasse	
kg	kg	kg	km/h	km/h	km/h	m/s	m	m	m	m	km	km	
		140 000-164 500	640	480			18 000					9 600	7 12,7-mm-MG, 12 710 kg Bo
37 910	38 290	76 200	600	540	150	5,5	9 800				7 360		
36 630	30 130-36 160	93 760-99 790	1 010	790			12 340					6 400	2 20-mm-Ka, 9 080 kg Bo
111 350	110 000-114 650	221 350-226 000	1 070	900	260	10,0	18 300	12 000	2 800		16 000	11 800	4 20-mm-Ka, 34 000 kg Bo, Lw, Ra
47 000	78 000	125 000	970	650			10 700		2 400		14 800	4 900	
		150 000	1 010	965	195	15,0	11 730			785	12 000		
4 100	1 850	5 950	324	304	98	4,6	7 000	3 000					
62 370	86 410	148 780		960	256	12,2	11 000	7 600			8 690	7 885	
49 705	54 165	103 870		1 000		12,2	12 800	10 600			8 400	6 700	
38 700	30 350	69 050		930	220						3 620	2 610	
45 000	41 635	86 635	1 010	958		13,2	10 700		1 774	610	5 000	3 600	
23 862	20 138	44 000				16,0							
25 432	23 103	48 535	965 (7 160)		184	16,0					3 800	3 000	
238 820	83 230	322 050	990	965		10,2					13 000	9 650	
140 200	154 640	294 840		950				13 500			11 000		
57 300	56 100	113 400	910	875	240	13,0	12 900		2 300	1 700	8 000	6 800	
82 300	76 910	159 210	950	855	255	14,0	13 200		2 600	1 550	8 900	6 700	
4 870	3 750	8 620	270	250		6,0	4 170					320	
8 110	6 856	14 966	269	241		8,9	4 328					370	
1 478	921	2 399	380	357 (2 000)		7,8	6 060		440	170	1 740	1 250	
607	436	1 043	223	210		3,2	3 990		264	158	1 160	960	
		1 996	320	307		6,1	5 944	3 000	273	183	1 500		
		2 041	360	314		5,9	9 174		285	183	1 400		
807	690-915	1 497-1 722	222	206		3,8	4 175		245	116		539	
816	681-998	1 497-1 814	240	227		4,8	4 785		186	116		515	
1 922	1 162	3 084	383	375 (3 000)		6,6	7 900		613	319	2 700		
2 982			685	579		17,1	11 795				1 400		
2 820	3 530	6 350	816 (5 000)	787		35,0	12 700				1 600	400	1 7,62-mm-MG, 1 800 kg Bo
2 400	1 910	4 310	665	648		17,2	11 900				2 540	1 100	
440	308	748			80		3 600-5 300		170	123	860-1 400		
4 024	1 733	5 757	620 (2 000)			14,5	11 300				2 500		6 12,7-mm-MG
		7 491	680		64				200		1 600		6 20-mm-Ka, 2 450-kg-Bo
		12 500	M 2	1 165							3 900		4 20-mm-Ka, Bo, Ra, Lw
9 485	5 215-6 581	14 700-16 066	275	250		2,7	4 500				4 100		5 MG, 1800 kg Bo od. 2 To od. 4 UBo
			487 (5 000)				9 750				4 580		10 12,7-mm-MG, 5 800 kg Bo
72 051	90 111	162 162	696	362	152		13 700			1	6 000		12-16 20-mm-Ka, 32 600 kg Bo
12 530	6 442	18 972	538	480	140	6,8	9 150				2 800		
13 282	8 056	21 338		485	180	4,3	7 200				3 200		
14 200	8 070	22 270	499	465	137	6,5	7 590				1 750		
		20 412-22 215	550	520							1 900		
42 185	45 355	87 540		990				7 500-13 000	10 700		7 100	6 400	
		77 600	2 230	1 800			18 300				4 300		1 20-mm-Ka, 15 000 kg Bo, Abo, Lw
10 730	5 170	15 900	2 300	2 010			16 000				2 400		Ra, Lw
		12 950-14 500	1 550	1 300			16 400				2 400		6 Ra
5 192	2 428	7 620	274	235	79	5,2	7 150	4 000			2 700	550	3 MG, 1 800 kg Bo
4 800	1 585-2 750	6 385-7 550	474 (5 100)	360		9,3	8 400				1 860	1 120	2 20-mm-Ka, 1 12,7-mm-MG, 900 kg Bo, 8 Ra
1 515	589-785	2 104-2 300	320	250		6,0	7 400	5 000			920	460	2 7,62-mm-MG
2 720	1 294	4 014	608 (3 200)	263		11,2	11 580				400		6 12,7-mm-MG, 1 226-kg-Bo
13 562	8 208	21 770		370		5,8	6 700		950	675	2 770		
4 400	1 800	6 200	720	650		20,0					1 200		
7 830	4 500	12 330	558 (3 800)	475			8 600				1 035		4 20-mm-Ka, 5 7,62-mm-MG, 1 180 kg Bo
5 350-5 650	6 000	11 350-11 650	530	450	135	11,8	7 620				2 400		4 20-mm-Ka, 5 400 kg Ra
17 550	15 450-20 900	33 000-38 450	920 (12 000)			20,0	12 500				3 800-4 850		2 20-mm-Ka, 6 500 kg Bo
		84 000		520			6 100				6 500	1 970	
54 600	75 100-81 400	129 700-136 000	558	500	214	6,7	6 125				7 000	3 600	
5 448	2 971	8 149	320	300			6 100				1 400		
8 041	3 395	11 436	350	300		5,5	6 620	2 800			2 170	320	
20 000	13 140	33 140	450	365	160	5,4	6 900				6 000	2 200	
24 583	23 542	48 125	575	495	150	6,2		6 000			7 856		
35 785	29 080	64 865	650	560	156	5,3	6 850				9 000	7 400	

Typ	Besatzung	Passagiere	Triebwerk Anzahl	Art	Bezeichnung	Startleistung	Startschub	Abmessungen Spannweite	Rotorkreisdurchmesser	Länge	Höhe	Flügelfläche	Flügelstreckung
						kW	kN	m	m	m	m	m²	
noch USA													
Fairchild Hiller C-119 G „Flying Boxcar"			2	KTW 28SLA	P + W R-4360-89 W	2575		33,3		26,4	8,0	134,4	
Fairchild Hiller C-123 B „Provider"	2		2	KTW 18SLA	P + W R-2800-99 W	1840		33,6		23,3	10,4	113,6	
Fairchild Hiller FH-1100	1	4	1	GTW 2A/R-A	Allison 250-C 18	200			10,8	12,6	2,8		
Fairchild Hiller FH-227 B	2-3	44-56	2	PTL 1R-A	RR RDa-7 Mk. 532	1655		29,0		25,5	8,4	70,0	12,0
Fairchild Hiller A-10 A	1		2	ZTL 2A-A	GE TF-34-GE-100		40,9	16,8		16,0	4,5	47,0	
Gates Lear Jet 24	2	6	2	ETL 1A-A	GE CJ-610-4		12,7	10,9		13,2	3,8	21,5	5,0
Gates Lear Jet 25	2	8	2	ETL 1A-A	GE CJ-610-6		13,1	10,8		14,5	3,8	22,2	5,5
General Dynamics F-111	2		2	ZTL 2A-A	P + W TF-30-P-3		82,3	9,7-19,2		22,4	5,2	48,8/61,1	
General Dynamics F-16 A	1		1	ZTL 2A-A	P + W F-100-PW-100		112,1	9,3		14,4	5,0	26,0	
Grumman JF-1 „Duck"	2		1	KTW 14S	Wright R-1820-54	660		11,9		10,4	4,3	37,5	
Grumman „Ag-Cat"	1		1	KTW 9SLA	P + W R-985	330		11,0		7,3	3,4	30,5	7,8
Grumman „Albatros"	2-4	10-22	2	KTW 9SLA	Wright R-1820-76 A	1050		29,5		19,2	7,9	96,2	
Grumman F11 F-1 „Tiger"	1		1	ETL 1A-A	Wright J-65-W-6		33,8	9,7		12,5	3,9	23,2	
Grumman OV-1 „Mohawk"	2		2	PTL 2A/R-A	Lyc. T-53-L-7	810		12,8		12,5	3,9	30,7	5,4
Grumman A-6 „Intruder"	2		2	ETL 2A-R	P + W J-52-P-8 A		41,3	16,2		16,3	4,9	49,2	
Grumman EA-6 B „Prowler"	4		2	ETL 2A-2	P + W J-52-P-8	2980	41,4	16,2		16,3	5,0	49,1	
Grumman E-2 A „Hawkeye"	5		2	PTL 1A-A	Allison T-56 A-8	1550		24,6		17,2	5,6	65,0	
Grumman „Gulfstream I"	2	10-24	2	PTL 1R-A	RR RDa-7/2			23,9		19,4	6,8	56,7	
Grumman „Gulfstream II"	2-3	12-19	2	ZTL 2A-A	RR MK 511-8		50,7	21,0		24,4	7,5	73,7	
Grumman F-14 A „Tomcat"	2		2	ZTL 2A-A	P + W TF-30 P-412 A		93,0	10,0-19,8		18,9	4,9	50,5	
Hughes 200	1	1	1	KTW 4BL	Lyc. HIO-360	235			7,7	6,8	2,5		
Hughes 500 (OH-6 A)	1	4-6	1	GTW 2A/R-A	Allison 250-C-18	910			8,0	9,2	2,6		
Kaman UH-2 „Seasprite"	1	11	2	GTW 2A-A	GE T-58-GE-8 B	130			13,4	15,9	4,7		
Lake La-4	2	3	1	KTW 4BL	Lyc.O-360-A 1 A			11,6		7,6	2,8	15,8	8,7
Ling-Temco-Vought A-7 „Corsair II"	1		1	ZTL 2A-A	P + W TF-30-P-6	2095	50,5	11,8		14,5	5,0	34,8	4,0
Ling-Temco-Vought XC-142 A „Tri-Service"	2	24-44	4	PTL 1A-A	GE T-64			20,6		17,8	8,0	49,7	8,6
Lockheed „Orion"	1	4	1	KTW 9SLA	Wright R-1820	425		13,0		8,4	3,0	27,3	
Lockheed „Hudson"	4		2	KTW 9SLA	Wright	880		20,0		13,5	3,6	51,2	7,6
Lockheed P-38 „Lightning"	1		2	KTW 12VFA	Allison V-1710-111	1085		15,9		11,5	3,0	30,5	
Lockheed F-80 C „Shooting Star"	1		1	ETL 1R-A	Allison J-33-A-35		20,5	11,9		10,5	3,5	21,5	
Lockheed T-33	2		1	ETL 1R-A	Allison J-33-A-5		24,0	11,9		11,5	3,6	22,0	
Lockheed F-94 C „Starfire"	2		1	ETL 1R-A	P + W J-48-P-5 (N)		36,9	11,9		12,6	4,2	21,6	
Lockheed P-2 H „Neptune"	7		2	KTW 18SLA	Wright R-3350-32 W	2575		31,7		27,9	8,9	92,9	
Lockheed „Constellation"	4	32-81	4	KTW 18SLA	Wright R-3350-18	1620		37,5		29,0	7,0	153,3	
Lockheed „Super Constellation"	4	47-94	4	KTW 18SLA	Wright R-3350-DA 1	2390		37,5		34,7	7,6	153,5	9,1
Lockheed F-104 G „Super Starfighter"	1		1	ETL 1A-A	GE J-79-GE 11 A (N)		70,3	6,7		16,7	4,1	18,2	2,5
Lockheed C-130 „Hercules"	4-5	92	4	PTL 1A-A	Allison T-56-A-15	3085		40,4		29,8	11,7	162,1	10,1
Lockheed U-2 C	1		1	ETL 2A-A	P + W J-75-P-13		66,7	24,4		15,1	4,0	52,5	
Lockheed 329 „Jet Star"	2-3	10-17	4	ETL 1A-A	P + W JT-12-A-6 A		13,4	16,6		18,4	6,2	50,5	5,4
Lockheed 188 „Electra"	5	44-98	4	PTL 1A-A	Allison 501-D 13	2755		30,2		31,8	9,8	120,8	7,5
Lockheed P-3 „Orion"	10		4	PTL 1A-A	Allison T-56-A-14	3645		30,4		35,6	10,3	120,8	7,5
Lockheed SR-71	2		2	ETL 1A-A	P + W J-58-JT-11 (N)		151,1	17,0		32,7	5,6	167,2	
Lockheed C-141 A „Starlifter"	4	154	4	ZTL 2A-A	P + W TF-33-P-7		93,5	48,7		44,2	12,0	299,8	7,9
Lockheed C-5 A „Galaxy"	6		4	ZTL 2A-A	GE TF-39-GE-1		182,9	67,9		74,9	19,8	576,0	7,8
Lockheed L-1011 „Tri Star"	2-3	256-345	3	ZTL	RR RB-211		180,5	47,4		54,0	16,9	312,1	7,0
Lockheed S-3 A „Viking"	4		2	ZTL 2A-A	GE TF-34-GE-2		41,2	20,9		16,3	6,9	55,6	7,9
Lockheed TR-1	1		1	ETL 2A-A	P + W J-75-P-13 B		75,6	31,7		19,2	4,9	92,9	10,2
Lockheed F-117 A	1		2	TL	GE F 404		55,7	13,2		20,9	3,8	98,0	
Martin MB	2	12	2	KTW 12VF	Liberty	295		21,8		14,1	4,3	99,4	
Martin 130 „China Clipper"	6	46-48	4	KTW 14SLA	P + W „Twin Wasp"	610		39,7		27,3	7,3	215,0	7,8
Martin 162 PBM „Mariner"	7		2	KTW 14SLA	Wright A-5 B	1250		36,0		34,4	8,4	130,0	
Martin B-26 „Marauder"	7		2	KTW 18SLA	P + W R-2800-43	1410		21,6		27,1	6,1	61,1	
Martin 170 JRM „Mars"	7	40	4	KTW 18SLA	CW R-3350	1620		61,0		36,6	13,6	242,0	
Martin 2-0-2	3-4	36	2	KTW 18SLA	P + W R-2800-CA 18	1765		28,0		21,4	8,5	80,5	10,0
Martin 4-0-4	3-4	40-44	2	KTW 18SLA	P + W R-28oo-CB 18	1765		28,0		22,4	8,5	80,5	10,0
Martin RB-57 B	2		2	ZTL 2A-A	P + W TF-33-P-11		80,1	37,3		21,0	5,8	89,2	
McDonnell F-101 A „Voodoo"	1		2	ETL 2A-A	P + W J-57-P-13 (N)		52,0	12,1		20,6	5,5	43,2	4,5
McDonnell Douglas A-4 „Skyhawk"	1		1	ETL 1A-A	P + W J-52-P-8 A (N)		41,4	8,4		12,6	4,6	24,2	
McDonnell Douglas DC-8 Serie 50	3-5	105-189	4	ZTL 2A-A	P + W JT-3 D-1		75,7	43,4		45,9	12,9	257,5,2	7,3
McDonnell Douglas DC-8 Super 63	3-5	251	4	ZTL 2A-A	P + W JT-3 D-3 B		80,2	45,3		57,1	13,0	271,9	
McDonnell Douglas DC-9 Serie 10	2	65-90	2	ZTL 2A-A	P + W JT-8 D-5		53,4	26,7		31,8	8,3	85,9	8,3
McDonnell Douglas DC-10-10	3	270-343	3	ZTL 2A-A	GE CF 6-6		178,1	47,3		55,3	17,7	329,8	
McDonnell Douglas DC-10-30	5	270-345	3	ZTL 2A-A	GE CF 6-50 A		218,1	49,2		55,6	17,7	335,4	7,2
McDonnell Douglas MD-83	7-9	142-172	2	MTL	PW JT 8D-219		93,4	32,9		45,1	9,1	118,8	
McDonnell Douglas MD-87	5-6	100-130	2	MTL	PW JTD-219		93,4	32,9		39,9	9,3	118,8	
McDonnell Douglas F-4 E (F) „Phantom II"	1		2	ETL 1A-A	GE J-79-GE-17 (N)		52,8	11,7		19,4	5,0	49,2	

Massen			Flugleistungen										Bewaffnung
Rüstmasse	Zuladung	Startmasse	Höchstgeschwindigkeit	Reisegeschwindigkeit	Landegeschwindigkeit	Steigleistung	Gipfelhöhe	Reiseflughöhe	Startrollstrecke	Landerollstrecke	Reichweite max. Kraftstoff	Reichweite max. Nutzmasse	
kg	kg	kg	km/h	km/h	km/h	m/s	m	m	m	m	km	km	
18 152	15 626	33 778	470	320	170		7 300				3 640		
14 100	13 140	27 240	392		120	51,0	7 000				2 350		
635	615	1 250	250	210		9,4	5 240				1 175	640	
12 478	8 162	20 640	483					7 600			2 500	800	
10 196	8 830-10 804	19 026-21 000	834	550	175	27,0	8 000		750		4 200	1 000	1 30-mm-Ka, 8 390 kg Wf
3 002	2 898	5 900	903	900		30,5	13 800	12 500	550	700	3 100	1 800	
4 536	2 264	6 800	900	860 (12 500)		28,5	13 700				3 070	2 700	
20 943	20 557	41 500	2 650				18 000				5 100		
6 330	3 450-8 670	9 780-15 000	M 1,2 (0)		210		19 000		300-850	500-760	3 200	500	1 20-mm-Ka, 5 000 kg Wf, 2 Ra
1 860	540-1 640	2 400-3 500	250 (1 500)	200		5,0	7 100	6 000			600	400	3 MG, 100-150 kg Bo
1 220	821-1 540	2 041-2 760	236			5,5			267				
10 350	4 150-6 650	14 500-17 000	379	360			7 600		640	335	5 000		Ra, Bo, To
		6 290-8 380	1 430 (11 000)			60,0	16 700				1 000		4 20-mm-Ka, Ra
4 339	1 207-2 026	5 546-7 365	558	345	107		10 700		135	116	2 770		MG od. Ka, Ra, Lw, Bo
		27 500	1 000	770			12 700		497		5 000		
15 686	10 849-12 969	26 535-28 655	965 (0)	850			11 600				4 000		
16 358	6 092	22 450	600	500			9 660		367		3 000		
9 930	5 930	15 920		575 (7 625)	135	9,7	10 670		635	460	3 780		
17 235	8 845	26 080	947			25,6	13 100	12 200			6 050		
18 176		31 100	M 2+	1 400			18 300					1 500	1 20-mm-Ka, 4 Lw, 6 577 kg Bo u. Ra
420	338	758	140	129			4 260					320	
464	623-759	1 087-1 223	240	240		9,0	6 200				2 600	800	
3 335	1 179	4 514	254	241		9,7	5 600				700		
726	363	1 089	217	211	82	4,0	4 270			145L 185W	1 000		
		16 100	935 (0)	600			16 000				2 200	585	4 Ka, Lw, Bo, Ra, Mi
10 250			667			115,0	7 620				756	370	
1 630	820	2 450	360	293							900		
5 800	3 600	9 400	405 (4 500)	330		8,1	8 000				1 400		5 7,7-mm-MG, 725 kg Bo
6 200	1 590-3 760	7 790-9 960	667 (7 620)	467		17,8	13 200		730	1 035	3 640		1 20-mm-Ka, 4 12,7-mm-MG, 1 450 kg Bo
3 740	3 200-3 905	6 940-7 645	875 (7 620)			19,0	13 400				2 200		6 12,7-mm-MG, 2 454-kg-Bo od. Ra
3 810	1 630-2 090	5 440-5 900	965			27,8		14 700			2 150		2 12,7-mm-MG
4 350	4 730-7 900	9 080-12 250	976			47,0	14 600				800		48 Ra
22 592	13 599	36 191	648				6 800	3 000			5 930		2 12,7-mm-MG, 16 Ra, Bo, To od. Mi
29 300	15 190	44 490		515	185	8,6	8 500	5 500			4 800		
31 100	29 280	60 380	600	530	160	5,8		6 000			7 700	5 340	
6 490	6 676	13 166	2 400		270	160,0	24 400		1 000	840		370	1 20-mm-Ka, 2 200 kg Bo od Ra, Lw
32 800	37 510-46 580	70 310-79 380		587	200	9,5	6 900		1 100	650	7 000	5 800	
		7 815	850	750 (2 100)				24 000			7 000		
9 468	9 110	18 578	917		196	24,1	13 115	8 000	1 300	686	3 620		
25 999	26 665	52 664	722	652	170	10,0	8 650				5 570	4 400	
		57 831-61 000	720	652	200	18,0	12 000	8 600	1 200	335	8 900	3 500	Bo, Ra, To
36 290	40 820	77 110	3 380	2 125	278		27 950	20 000	1 650	1 100	6 000	4 800	4 Ra
61 898	81 712	143 610	920	885	220	10,7	12 500	8 000	1 600		11 400	6 440	
169 750	132 000	371 000	920	871	225	12,7	11 000		2 500		13 472	5 600	
102 000	83 500	185 000	965			19,2		12 800				5 000	
12 065	7 210	19 280	815	650	185	21,3	11 000		700		5 700		Bo, Ra, Mi, To
8 620	4 500	18 143	955	690	160	30,0	23 340		550		8 000	4 500	2 000 kg Elektronik
13 250	3 600	19 600	1 000	900	220	30,0	16 000		1 000		3 500	1 500	3 000 kg Waffenlast
3 322	2 155	5 477	172		96	2,6					2 400	772	4-5 MG, 750 kg Bo od. To
11 160	12 430	25 590	290 (2 400)	265 (3 000)	113	2,8	5 200				5 150		
14 660	10 740	25 400	325	240		2,3	6 150						8 12,7-mm-MG, 2 000 kg Bo
11 340	5 960	17 300	465 (1 500)	345		5,1	6 000				1 770		11 12,7-mm-MG, 1 800 kg Bo
34 300	32 830	67 130	383	298		6,1	5 182				9 334		
12 220	5 880	18 100	500	450				3 600			3 600	1 000	
13 600	6 766	20 366											
13 680		24 721	880	770		17,8	15 000				6 440	1 770	
12 700	5 300-9 550	18 000-25 250	1 940 (12 000)	950	278	200,0	15 800				4 800		4 20-mm-Ka, 15 Ra
		11 110	1 100		220						3 200		2 20-mm-Ka, Bo, Ra, Lw, To
57 000	85 880	142 880		932	246						11 100	9 200	
69 739	89 201	158 760		965		11,0					12 390	7 400	
		35 245		895		14,0		10 000					
		185 970		965	132						5 900		
		251 750	925 (7 620)		132	11,0	9 965	9 750					
37 100	35 475	72 575	925	870	270	11,0	19 200		2 900	1 900	6 100	4 500	
33 100	34 700	67 800	970	875	260	15,0	11 500		2 300	1 300	7 000	5 000	
13 500		20 282	2 500	1 100	250	250,0	18 420		594	717	3 700	700	1 20-mm-Ka, Ra

Typ	Besatzung	Passagiere	Triebwerk: Anzahl	Art	Bezeichnung	Startleistung kW	Startschub kN	Abmessungen: Spannweite m	Rotorkreisdurchmesser m	Länge m	Höhe m	Flügelfläche m²	Flügelstreckung
noch USA													
McDonnell Douglas F-15 A „Eagle"	1		2	ZTL 2A-A	P + W F-100-PW-100		112,1	12,9		19,2	5,7	56,5	
McDonnell Doug. AH-64 A „Apache"	2		2	GTW	GE T 1700-GE-701	1 240			14,6	15,1	4,2		
McDonnell Douglas F-18 „Hornet"	1		2	TL	GE F-404-GE-400 (N)		72,5	11,4		17,1	4,5	37,2	
Mooney „Mark 21"	1	3	1	KTW 4BL	Lyc. O-360	130		10,7		7,1	2,6	15,5	7,3
Mooney „Super 21"	1	3	1	KTW 4BL	Lyc. IO-360-A 1 A	145		10,7		7,1	2,6	15,5	7,3
North American T-6 „Texan"	2		1	KTW 9SLA	P + W R-1340-49	440		12,8		8,8	3,6	23,6	
North American B-25 J „Michell"	3-6		2	KTW 14SLA	Wright R-2600-92	1 250		20,6		16,1	4,9	56,7	
North American P-51 D „Mustang"	1		1	KTW 12VFA	Packard V-1650-I	1 095		11,3		9,8	4,2	21,7	
North American F-86 E „Sabre"	1		1	ETL 1A-A	GE J-47-GE-13		23,2	11,3		11,5	4,3	25,4	
North American F-100 C „Super Sabre"	1		1	ETL 2A-A	P + W J-57-P-21 (N)		66,7	11,6		14,3	4,9	35,8	
North American F-107 A	1		1	ETL 2A-A	P + W J-75-P-9 (N)		93,0	11,2		18,5	6,0	39,7	
North American RA-5 C „Vigilante"	2		2	ETL 1A-A	GE J-79-8 (N)		75,6	16,2		22,3	5,6	65,0	
North American X-15	1		1	RTW	Thiokol XLR-99		253,7	6,7		15,8	4,1	18,6	2,5
North American XB-70 A „Valkyrie"	2		6	ZTL	GE XY-93		133,4	32,0		56,4	9,1	565,0	
Northrop P-61 A „Black Widow"	3		2	KTW 18SL	P + W R-2800-65	1 470		20,1		15,1	4,5	61,5	
Northrop F-89 D „Skorpion"	2		2	ETL 1A-A	Allison J-35-A-35 (N)		33,4	18,2		16,3	5,4	52,2	
Northrop F-5 A	1-2		2	ETL 1A-A	GE J-85-GE-13 (N)		18,1	7,7		14,4	4,0	15,8	3,8
Northrop B-2	2		4	TL	GE F 118-GE-100		84,6	52,4		21,0	5,2	47,7	
Piper PA-18 „Super Cub 150"	1	1	1	KTW 4BL	Lyc. O-320	110		10,8		6,9	2,0	16,6	
Piper PA-23 „Turbo Aztec C"	1-2	4-5	2	KTW 6BLA	Lyc. TIO-540	230		11,3		9,2	3,2	19,2	6,8
Piper PA-24 B-260 „Comanche"	1	3-5	1	KTW 6BL	Lyc. O-540	165		11,0		7,7	2,3	16,5	7,3
Piper PA-25 C „Pawnee 235"	1		1	KTW 6BL	Lyc. O-540	165		11,0		7,5	2,2	17,0	
Pitts S-1 „Special"	1		1	KTW 4BL	Lyc. O-360-A 1 A	130		5,3		4,4	1,7	6,4	5,8
Republic P-47 „Thunderbolt	1		1	KTW 18SLA	P + W R-2800-77	2 060		13,0		11,0	4,5	30,0	
Republic F-84G „Thunderjet""	1		1	ETL 11A-A	Allison J-35-A-29 (N)		24,9	11,4		11,7	3,8	24,2	
Republic F-105 „Thunderchief"	1-2		1	ETL 2A-A	P + W J-75-P-19 W (N)		118,0	10,7		21,1	6,2	35,8	3,2
Rockwell T-2 C „Buckeye"	2		2	ETL 1A-A	GE J-85-GE-4		13,1	11,6		11,7	4,5	23,7	
Rockwell OV-10 A „Bronco"	2		2	PTL 1R-A	GaAiR T-76-G-10/12	525		12,2		12,1	4,6	27,0	
Rockwell B-1 A	4		4	ZTL 2A-A	GE F-101-GE-100 (N)		75,7	41,8		46,0	10,4	181,2	
Rockwell B-1 B	4		4	ZTL 2A-A	Electric F-101-GE-102 (N)		139,5	23,9-41,7		45,8	10,2	181,0	
Rockwell „Shrike Commander"	1	3-6	2	KTW 6BL	Lyc. IO-540-E 1 B 5	215		15,0		10,6	4,5	23,6	9,5
Rockwell T-39 „Sabre"	2	7	2	ETL 1A-A	P + W JT-12-A-6 A		13,3	13,5		13,4	4,9	31,8	
Rockwell „Sparrow Commander"	1		1	KTW 6BL	Lyc. O.540-B 2 B 5	175		10,7		7,3	2,3	16,9	
Rockwell 1121 „Jet Commander"	2	4-6	2	ETL 1A-A	GE CJ-610-1		12,7	14,1		15,5	4,8	28,2	
Ryan NYP „Spirit of St. Louis"	1		1	KTW 9SL	Wright Which J-5 C	165		14,0		8,4	2,5	29,7	
Sikorsky S-38	2	10	2	KTW 9SLA	P + W „Wasp"	310		21,8/11,0		12,3	4,4	66,9	
Sikorsky S-41	2	14	2	KTW 9SLA	P + W „Hornet B"	425		24,0		13,8	4,6	67,8	
Sikorsky S-40	4	40	4	KTW 9SLA	P + W „Hornet B"	425		34,8		23,4	7,3	174,0	
Sikorsky S-42 „Clipper"	4	32-37	4	KTW 9SLA	P + W „Hornet" S-5-D 1 G	515		34,8		20,6	5,3	123,5	
Sikorsky R-4	1	1	1	KTW SL	Warner R-500-3	130			11,6	14,7	3,8		
Sikorsky R-5	1	1	1	KTW 9SLA	P + W R-985	330			14,6	17,4	4,0		
Sikorsky R-6	1	1	1	KTW 6BL	Franklin O-405-9	175			11,6	11,5	3,2		
Sikorsky S-58	2	12-18	1	KTW 9SLA	Wright R-1820-84 B/D	1 120			17,1	17,3	4,9		
Sikorsky S-62	2	11	1	GTW 2A-A	GE T-58-8 B	920			16,2	13,9	4,9		
Sikorsky S-61	2	11	2	GTW 2A-A	GE T-58-10	1 030			18,9	22,2	5,1		
Sikorsky S-65 A	3	38	2	GTW 2A-A	GE T-64-12	2 525			22,0	20,5	7,6		
Sikorsky S-70	2-3	11	2	GTW	GE T-700-GE-700	1 105			16,2				
Thomas-Morse S-4 C „Scout"	1		1		Le Rhône 9 C	60		8,1		5,6	2,5	21,7	
Vought-Sikorsky VS-210	2		1	KTW 9SLA	P + W „Wasp Junior"	330		11,0		10,2	4,6	24,3	
Vought-Sikorsky VS-300	1		1	KTW 4L		55		8,5					
Wright „The Flyer"	1		1	KTW 4RF	Wright	10		12,3		6,1	2,4	48,0	6,2
Waco CG-3 A	2	7	-	-	-	-		22,3		14,8		39,0	
Waco CG-4 A	2	13	-	-	-	-		25,5		14,6		79,2	
Waco CG-13 A	2	40	-	-	-	-		26,2		16,5	6,1	81,1	
Waco CG-15 A	2	13	-	-	-	-		18,9		14,9	3,9	57,9	

Massen			Flugleistungen										Bewaffnung
Rüstmasse	Zuladung	Startmasse	Höchstgeschwindigkeit	Reisegeschwindigkeit	Landegeschwindigkeit	Steigleistung	Gipfelhöhe	Reiseflughöhe	Startrollstrecke	Landerollstrecke	Reichweite max. Kraftstoff	Reichweite max. Nutzmasse	
kg	kg	kg	km/h	km/h	km/h	m/s	m	m	m	m	km	km	
12 245	5 900-12 755	18 145-25 000	2 655 (11 000)		225	267	20 400		275	760	8 000	4 500	1 20-mm-Ka, 6 800 kg Wf
4 657	3 349	8 006	300	293			8 000				310	610	1 30-mm-MG, 6 300 kg Wf
10 800	7 700	20 000	2 000	1 250	240	228	15 000		450		3 700	740	1 20-mm-Ka, 7 700 kg Bo u. Ra
694	474	1 168	298	285	92	5,1	5 250		250		1 650		
708	460	1 168	317	306	92	7,1	5 750		250		1 860		
1 770	1 570	3 340	337	274		6,8	7 350				1 000		1 7,7-mm-MG
9 100	6 770	15 870	440 (4 300)	370		5,5	7 620				2 100		12 12,7-mm-MG, 1 300 kg Bo
3 460	1 120-1 810	4 580-5 270	635	610		17,6	12 190				1 700		4-6 MG, 2Bo od. 10 Ra
4 540	2 950	7 490	1 072			51,0	16 000				2 000		6 12,7-mm-MG, 16 Ra od. 2 500- od. 1 000-kg-Bo
9 500	3 200	12 700	1 216		287	71,0	15 250				920		4 20-mm-Ka, 2 720 kg Bo, Ra
16 852		22 204	2 200 (12 000)	1 100							1 900		4 20-mm-Ka, 4 540 kg Bo
		27 300	M 2+				18 300				3 700		Kw od. konv. Wf
		15 105	6 696				107 826						
		205 000	3 218				21 336				12 000		
10 637	5 783	16 420	589			9,3	10 600	8 000			4 000		4 20-mm-Ka, 4 12,7-mm-MG
11 428		18 160	1 010 (3 400)				15 250				3 200	104	Ra 70 mm
3 565	5 552	9 117	M 1,4			152,0	16 000		560	550		592	2 20-mm-Ka
54 450	27 215	136 000	955-1 010	785	265	11,0	16 000		2 300		12 000	550	34 Bo
422	372	794	209	185		5,0	5 800		110	730			
1 417	942	2 359	412	380		7,6	9 144				1 950		
784	622	1 406	312	293		7,0	6 523		232	282	1 900		
643	672	1 315		160					250	260			
375	165	540	280	220	110	14,0	6 000		70		500		
4 990	4 410	9 400	750 (9 800)			8,9	13 100				3 750		8 12,7-mm-MG, 900 kg Bo
5 033	3 422-5 637	8 455-10 670	970 (0)	775			12 350				1 680		6 12,7-mm-MG, 32 Ra od. 1 ABo
12 880	11 620	24 500	2 240	950		170,0	16 000		600	975	3 300	1 000	1 20-mm-Ka, 5 500 kg Kw, Ra, Bo
3 680	2 300	5 980	840	750	161	31,5	12 300				1 685	1 460	290 kg Bo od. Ra
3 161	1 333-3 402	4 494-6 563	450	312	112	11,8			207			370	4 7,62-mm-MG, 810 kg Wf
		181 000	M 2,1	1 100							10 000		3 x 8 Fk, 3 400 kg Bo
81 640		216 367	2 335 (12 000)	1 200			15 000				12 000		20 Fk
2 050	1 000	3 050	370	345		7,4	5 300					1 450	
4 447	4 013	8 460		850	186			10 000	760	570	3 100		
726	771	1 497	193	170		3,3	4 265		180	140	480	480	
5 350	2 270	7 620	825	670	163	36,0	12 200	8 000			2 800		
975	1 405	2 380	210	180			5 000				6 600		
	1 783		200	175	90	3,8	5 486				965		
11 225	4 197	15 422	215	185	105	3,6	3 962				1 400		
3 675	2 585	6 260	210	185	106	3,1	5 550				925		
8 965	8 272	12 237	290	255	105	5,1	4 877				1 930		
915	260	1 175	120	104			2 400				104		
1 724	500	2 224	168			6,9	4 570				470		
930	250	1 180	151			5,1	3 350				518		
3 481-3 754	2 419-2 596	5 900-6 350	198	158		5,6	2 900				450		
2 200	1 474-1 565	3 674-3 765	175	155		5,9	3 400				750		
5 400	3 100	8 500	260	214		10,3	4 000				1 000	450	
9 560	9 491	19 051	313	278			4 300					300	
		9 979	296										MG
438	167-185	605-623	156		113		4 500	2 300					
1 870	670-850	2 540-2 720	260	195		2,2	4 080				1 300		2 7,62-mm-MG, 8 14- od. 2 45-kg-Bo
		340											
1 089	907	1 996	195										
1 560	1 840	3 400	192		80								
3 946	4 627	8 573	220		128								
1 740	1 910	3 650	100		85								

Typ	Besatzung	Passagiere	Triebwerk: Anzahl	Triebwerk: Art	Triebwerk: Bezeichnung	Triebwerk: Startleistung kW	Triebwerk: Startschub kN	Abmessungen: Spannweite m	Abmessungen: Rotorkreisdurchmesser m	Abmessungen: Länge m	Abmessungen: Höhe m	Abmessungen: Flügelfläche m²	Abmessungen: Flügelstreckung
BELGIEN													
Promavia „Jet Squalus"	2		1	ZTL	Ga TFE 109-1		5,9	9,0		9,4	3,6	13,6	
BRASILIEN													
EM B-145	2-4	30	2	ZTL	GE GMA 3007 A		31,1	20,2		29,3	6,5	47,0	
DEUTSCHLAND													
DO 328-100	2+1	33	2	PTL	P/W 119 B	1625		21,0		21,3	7,2	39,0	
Grob G 115 T	1	1	1	KTW	AEIO-540 D4 A5	191		10,0		8,2	2,6	39,7	
Grob GF-200	1	3-4	1	KTW	Teledyne Continental	230		11,0		8,7	3,4	12,5	
Grob „Strato 2C"	2	2	2	PTL	Teledyne Continental	300		56,5		24,0		150,0	
Ruschmeyer R 90-230 FG	1	3	1	KTW	Lycoming 10-540/230	170		9,5		7,9	2,7	12,9	
FRANKREICH													
Dassault „Rafale" M	1		2	ZTL	SNECMA M 88-2		72,9	10,9		15,3	5,2	45,5	
GROSSBRITANNIEN													
Avro RJ 85	2	80-85	4	ZTL	Textron Lycoming LF 507		31,2	22,2		22,2	8,6	77,3	
„Defender 4000"	2-4	(9)	2	PTL	Allison 250 B 17 F	299		16,2		12,4	4,2	31,3	
INDIEN													
HAL ALH	2	14	2	GTW	Turb. TM 333-2 B	746			13,2	12,9	3,8		
INTERNATIONAL													
Airbus A-321	2+ 6-9	186-200	2	ZTL	CFM 56-5B1 oder IAE V 2500-A5		133,0	34,1		44,5	11,8	122,5	
Airbus A-330	2+10	262-375	2	ZTL	P/W 4164		300,0	60,3		63,7	10,9	365,0	
Airbus A-340	2+12	262-295	4	ZTL	CFM 56-5C2		140,0	60,3		59,5	12,9	365,0	
BAe/Mc Dou. „Harrier II Plus"	1		1	ZTL	RR Pegasus 11-61		104,8	9,2		14,4	3,6	21,4	
CN AMC/PAC K-8	2		1	ZTL	Ga TFE 731-2A-2A		16,0	9,6		11,6	4,2	17,1	
„Strato 1"	1		1	PTL	Ga TPE-331-14 F	731		31,4		12,2	5,8		
EH-101	2	30	3	GTW	RR/Turb. RTM 322	1570		4,6	18,6	22,9	6,5		
Eurocopter „Tiger"	2		2	GTW	MTU, RR/Turb. MTR 390	960			13,0	14,1	4,0		
Eurocopter EC-135	1	5-6	2	GTW	TM 319-1B1 Arrius	380			10,2	11,2	3,9		
EF-2000	1		2	ZTL	EJ 200		90,0	10,5		14,5	5,3	50,0	
ITALIEN													
Aermacchi MB-339 C	2		1	TL	RR Viper 680-43		19,5	11,2		11,2	3,9	19,3	
Piaggio P-180	1-2	7-10	2	PTL	PT 6A-66	634		14,0		14,5	4,0	16,0	
NIEDERLANDE													
Fokker 70	2+2	70-79	2	ZTL	RR Tay 620		62,2	28,1		30,9	8,5	93,5	
RUSSLAND													
Kamow Ka-50	1		2	GTW	Isotow TW-117 WK	1635			14,5	15,0	5,0		
Mikojan/Gur. MiG-31	2		2	ZTL	Solowjew D30-F6		150,0	13,5		22,7	6,2	60,0	
Mil Mi-35 M1	2	8	2	GTW	Klimow TW 117 W	1650			17,3	17,5	4,5		
Mjassischtschew M-55	1		2	ZTL	PS-30 W12		9,32	37,5		22,9	4,8		
Suchoi Su-30	2		2	ZTL	Saturn AL-31 F		122,0	14,7		21,9	6,5	65,5	
Suchoi Su-35	1		2	ZTL	Ljulka/Saturn AL-35 F		137,0	14,7		21,9	5,9	63,2	
Suchoi Su-39	1		2					14,5		15,5	5,2	37,6	
SCHWEDEN													
SAAB-39	1		1	ZTL	GE/Volvo RM 12		80,5	8,4		14,1	4,5	25,0	
SAAB-340 AEW			2	PTL	GE CT7-9 B	1395		21,4		19,7	6,9	41,8	
SAAB-2000	2+2	50-58	2	PTL	GE GMA 2100	3052		24,8		27,0	7,7	55,7	
SCHWEIZ													
Pilatus PC-12	1-2	9	1	PTL	P/W Canada PT 6 A-67 B	895		13,8		14,0	4,1	22,6	
SÜDAFRIKA													
C5H-2	2		2	GTW	Makila/Topas	1492		5,2	15,6	16,6	5,2		
TSCHECHIEN													
Aero L-139	2		1	ZTL	Ga TPE 731-4		18,2	9,5		12,1	4,8	18,8	
UKRAINE													
Antonow An-70	3		4	Propfen	Progress D-27	10290		44,1		40,3	16,1		
USA													
Beechcraft Beech 400 A	2	4	2	ZTL	P/W Canada JT 15 D-5 B		12,9	13,3		14,8	4,2	22,4	
Bell 230	1	6-10	2	GTW	Allison 250-C 30 G 2	522			12,8	13,0			
Boeing 777	2+ 10-14	298-440	2	ZTL	P/W 4074 A		332,0	60,2		63,7	18,4	370,0	
Boeing/North. E-8	4+18		4	ZTL	P/W JT 3 D-3 B		80,1	44,4		44,6	12,9	283,4	
Cessna „Citation X"	2	8-10	2	ZTL	Allison GMA-300 7 C		28,5	19,5		21,5	5,6	48,0	
Learjet	2	6-9	2	ZTL	P/W Canada PW 305 A		20,5	13,3		17,9	4,7	24,6	
Lockheed F-22	1		2	ZTL	P/W F119-PW100		156,5	13,6		18,9	5,0	77,9	
McDounnell Dougl. „Globemaster III"	3		4	ZTL	P/W F117-PW100		184,4	52,3		53,1	16,8	353,0	

Massen			Flugleistungen										Bewaffnung
Rüstmasse	Zuladung	Startmasse	Höchstgeschwindigkeit	Reisegeschwindigkeit	Landegeschwindigkeit	Steigleistung	Gipfelhöhe	Reiseflughöhe	Startrollstrecke	Landerollstrecke	Reichweite max. Kraftstoff	Reichweite max. Nutzmasse	
kg	kg	kg	km/h	km/h	km/h	m/s	m	m	m	m	km	km	
1 300		2 000-2 400	638	480	160		11 275	7 620	760	700	1 850		600 kg WF
11 200		18 500	800	750	220	12,7	12 500	11 000	1 750	1 900	3 000	1 600	
8 200		12 250-13 400	620		185		9 500		1 150		2 600	1 800	
		1 300	330	306		23,0			311		1 310		
	600	1 700	420	374		6,1			362		2 356		
6 650		13 350					26 000				18 000		
850	500	1 350	280			4,6	4 900				1 100		
10 500		22 000	2 200	1 050	250	260,0			250	300	3 750	1 000	8 000 kg WF
24 378		42 284	800	600			12 500	9 500	1 125	1 290		2 130	
1 950		3 855	363	287		6,4					1 300		
2 216		4 000	280	245		9,0	6 000				800	400	
46 000		73 000-82 200	900	828	250		12 500	10 000	2 600	2 600	5 500	3 300	
120 000		173 000-212 000	910	860	240		12 500	11 000	3 000	3 000	12 000	7 000	
126 000		186 000-253 000	914	880	260		12 500	11 000	3 300	3 300	14 500	11 000	
6 820		13 495-14 969	1 100	930	0	100,0	18 500	12 000	0-400	500-0	3 850	1 000	2 Ka, 4 175 kg WF
2 690		3 630-4 330	810	675	165	27,5	13 000	10 000	410	450	2 250	500	943 kg WF
		4 200	350	300		7,6	16 200	13 700			2 700		
7 622		14 290	310	280			4 600				1 700	650	4 To, 1 000 kg WF
3 300		5 800	280	260			4 700	1 000			1 200		1 Ka, 1 300 kg WF
1 300		2 700	287	240		9,2	6 095				855		
9 750		16 000-21 000	2 100	1 000	275	275,0	18 500	12 000	400	500	3 000	560	1 Ka, 6 000 kg WF
3 325		6 350	902	785	200	40,0	14 600	12 000	650	700	1 800	900	1 850 kg WF
4 309		5 239	732	482	172	14,9	11 890	10 000	869	822	3 148	2 230	
23 000		36 740	845	737	220		11 900		1 600		3 000	1 700	
5 000		10 800	310	285		10,0	6 000	1 000			700	250	1 Ka, 2 000 kg WF
22 000		41 000-46 200	3 000	1 100	280	250,0	22 000	12 000	1 200	800	5 500	2 000	6 000 kg WF
8 300		12 000	330	280			4 800	1 200			650		1 Ka, 2 23-mm-MG, 2 000 kg WF
14 000		23 800		700-750			20 000				4 965		
14 800		24 000-34 000	2 500	1 000	275	320,0	19 000	11 000	550	670	5 200	3 000	1 Ka, 7 000 kg WF
			2 500				18 000						1 Ka, 8 000 kg WF
9 500		16 500-19 500	950				10 000		600	700	700	400	1 Ka, 4 360 kg WF
4 500		8 000-12 000	2 450	1 000	280	290,0	18 500	12 000	400	500	3 800	900	1 Ka, 2 500 kg WF
			522	467		10,4	7 620						
13 500		22 000	678	556	200	11,8	10 500	9 000	1 500		2 300	1 100	
2 183		4 000	497			10,4	7 620				2 966		
5 910		8 750	309	278		11,2	5 580				1 260	700	1 Ka, Ra
3 458		6 000	760	720	183	21,3	11 800	9 000	500	600		1 610	1 Ka, 2 23-mm-MG, 900 kg WF
		112 000-123 000	780	740			9 600					5 000	
4 817		7 303	865	830		20,1	13 770	12 470			3 540		
2 245		3 810	259				4 575	500				780	
122 000		172 000-229 500	930	880	250		12 500		3 300		12 500	7 500	
78 378		151 315	973	920		20,3	11 810	10 000			9 270	1 850	
8 450		14 070	925	904	200	14,8	15 400	12 500	1 600	850	6 150	3 700	
6 470		10 320-10 480	884	843	240		15 550	13 500	1 650	1 400	5 200	3 900	
14 500		27 216	3 000	1 500	270	55,0	22 000	17 000	750	800	3 500	1 500	1 Ka, 4 600 kg WF
122 000		258 500-263 100	905	825	210	11,0	12 500	10 000	2 000	2 500	8 800	4 500	